中华人民共和国民法典

条文精释与实案全析

（珍藏版）

上

主　编　杨立新

撰稿人　（以撰写章节先后为序）

杨立新　焦清扬　李付雷

阙梓冰　杜泽夏　苏　烨

姜福晓　牛文静　范佳慧

中国人民大学出版社

·北京·

教育部人文社会科学重点研究基地重大项目

"中华人民共和国民法典评注"（18JJD820001）研究成果

主 编 简 介

　　杨立新，男，1952年1月出生，中国人民大学法学院教授，中国人民大学民商事法律科学研究中心研究员，中国民法学研究会副会长，世界侵权法学会主席，东亚侵权法学会理事长；兼任全国人大常委会法工委立法专家委员会立法专家，参与合同法、物权法、侵权责任法、消费者权益保护法等十余部法律的起草和修订工作。2015年以来，全程参与民法典编纂工作，参加了民法典各编的起草工作。

　　研究领域为民法总则、侵权责任法、人格权法、物权法、债法、婚姻家庭法和继承法。出版民法专著、教材、其他读物等100余部，在《中国社会科学》《法学研究》《中国法学》等刊物发表民法论文500余篇。

  《〈中华人民共和国民法典〉条文精释与实案全析》于 2020 年 6 月出版，适逢《中华人民共和国民法典》（以下简"民法典"）通过，因而立即受到了广大读者的欢迎。本书出版后，在读者中积累了很好的口碑和声誉，对民法典的学习、普及和传播起到了很好的作用，已经成为一本有影响力的精解民法典的著作。因此，我们决定推出本书的珍藏版。

  民法典通过以后，为了配合民法典的贯彻实施，最高人民法院相继于 2020 年 12 月 29 日、2020 年 12 月 31 日出台了若干有关民法典的司法解释，包括《关于适用〈中华人民共和国民法典〉时间效力的若干规定》《关于适用〈中华人民共和国民法典〉物权编的解释（一）》《关于适用〈中华人民共和国民法典〉有关担保制度的解释》《关于适用〈中华人民共和国民法典〉婚姻家庭编的解释（一）》《关于适用〈中华人民共和国民法典〉继承编的解释（一）》。2021 年 1 月 1 日，民法典与上述配套司法解释同步施行。

  最高人民法院关于适用民法典的配套司法解释，多数有其可追溯的前身，即对"类法典化"立法时期的民法司法解释进行整理、修改、新增和删除，使这些司法解释与民法典的规范互解配套。因此，在对民法典进行解读时，就不能仅停留在法典本身的 1 260 个条文，还要结合最新的关于适用民法典的司法解释的规定，正确理解民法典的条文要义，同时，以配套的相关司法解释作为补充，全面、准确地掌握民法典条文的精髓，保证其在司法实践中的正确适用，实现民法典的立法期待。

  有鉴于此，在珍藏版中，作者按照民法典及配套司法解释的规定对本书做了全面的修订、增补。修订、增补的主要内容如下。

（1）新增"配套司法解释"栏目。民法典的配套司法解释不仅对法条本身进行了更为完整、精细的补充和完善，而且也对民法典条文的溯及适用以及如何溯及适用作出了规定。为了帮助读者更快捷地找到与民法典条文直接关联的司法解释，珍藏版在本书第一版"条文要义""案例评析"两个栏目的基础上，新增"配套司法解释"栏目，将配套司法解释纳入其中。

（2）对民法典新规则进行了详细的解读。本书第一版"条文要义"与"案例评析"均侧重于对条文本身进行解读。珍藏版围绕民法典新规则的精髓，进行了增补。

（3）通过对民法典条文和配套司法解释规定的细致梳理与对比，珍藏版不仅在"条文要义"中对条文的变化进行了系统阐释，也在"案例评析"中对新规则进行了实例解读，以期助益于对民法典新规则的精确理解与适用。

此外，珍藏版也对部分案例进行了更换、调整，希望能够帮助读者更好地结合实际案例来准确理解民法典的条文。

期待广大热心读者的指正。

中国人民大学民商事法律科学研究中心研究员

中国人民大学法学院教授、博士生导师

兰州大学民法典研究院名誉院长、首席研究员

杨立新

2021 年 8 月 30 日

2020年5月28日，第十三届全国人民代表大会第三次会议审议通过了《中华人民共和国民法典》（以下简称"民法典"），从此，中华人民共和国有了自己的民法典。我作为参与民事立法全过程的专家感慨系之，民法典的立法五起四落，经历了非法典化、类法典化和法典化时期的大开大合，终于迎来了它的诞生。

党的十八大以来，以习近平同志为核心的党中央顺应实践发展要求和人民群众期待，把编纂民法典摆上重要日程。民法典是习近平总书记亲自领导、谋划、推动完成的重大立法成果。它的诞生，结束了我国长期没有民法典的局面，使我国正式进入民法的法典化时代，意义重大。更重要的是，这部诞生于21世纪的民法典，在世界民法立法史上具有重要的地位。民法典以鲜明的人文主义立场，积极回应时代的需求，在遵循民法基本原理的基础上，作出了许多创新性的规定。我们相信，这部充满人文关怀、彰显时代精神的民法典，必然是21世纪民法典的代表之作，将为世界民法立法史增添浓墨重彩的一笔。

民法典不论是立法体例还是立法内容，都很完整、完善。在立法体例上，民法典共分七编，分别是总则编、物权编、合同编、人格权编、婚姻家庭编、继承编及侵权责任编。其中，人格权独立成编是我国民法典的最大亮点，形成了完整的人格权及其保护体系，人格权编与其他各编一起，共同保护民事主体的各项民事权利。在立法内容上，各编都增加了新的内容和规则，如物权编新增了居住权和农村土地的三权分置；合同编新增了保理合同、保证合同、物业服务合同等；婚姻家庭编新增了亲子关系确认与否认规则；继承编新增了新的代位继承以及遗嘱管理人；侵权责任编新增了自甘风险、自助行为等免责事由；等等。可以看到，民法典包含了我国民事法律关系调整的全部范围和基本规则，是一部真正意义上的社会生活的"百科全书"。

民法典肩负着确定民事主体的地位、保护民事主体权利、规范民事法律行为、维护民事流转秩序，使民事生活沿着正常轨道向前发展的重任。民法典颁布后，民法学研究的重大任务是准确理解和适用民法典，让民法典在社会生活中发挥更充分的调整作用。本人有幸参与了民法典编纂的全过程，对民法典条文的内涵有比较深刻的理解，因而在民法典颁布之际，组织研究班子进行充分准备，对民法典进行深入研究，结合典型案例对其条文进行阐释，形成了这部探讨民法典精义的著作——《〈中华人民共和国民法典〉条文精释与实案全析》。

民法典普法工作，是"十四五"时期普法工作的重点，为了帮助广大读者更好地理解、掌握和运用民法典，本书对民法典的每一个条文进行阐释，每一条的阐释分为两部分：一是对条文进行精释，二是选择与特定条文直接相关的案例，借案例对条文进行解读。需要说明的是，民法典刚刚颁布，尚无与其条文直接对应的案例，故所选案例都是现有的案例。以原来类法典化的民法适用中的典型案例来说明现行民法典，主要目的是解读民法典条文的精神，这并不影响本书对条文的阐释与说明所具有的参考意义。

民法典博大精深，作者对民法典的理解也在逐渐深入，因而在阐释和说明中难免存在不当之处，盼读者批评指正，提出宝贵意见。

中国人民大学民商事法律科学研究中心研究员
中国人民大学法学院教授、博士生导师
杨立新
2020 年 5 月 30 日

总目

目录

《中华人民共和国民法典》条文精释与实案全析（珍藏版）

《Zhonghua Renmin Gongheguo Minfadian》

Tiaowen Jingshi yu Shian Quanxi

第一编　总则

第一章 基本规定

▶▶ **第一条** 为了保护民事主体的合法权益，调整民事关系，维护社会和经济秩序，适应中国特色社会主义发展要求，弘扬社会主义核心价值观，根据宪法，制定本法。

🏛 条文要义

本条是对民法典立法目的和依据的规定。

民法典的立法目的是：（1）民法是民事权利的"圣经"，民法典的立法目的，就是保护民事主体的合法权益。（2）民法典保护民事权益，是通过调整民事法律关系实现的，通过调整民事权利和民事义务构成的各种民事法律关系，督促民事义务的履行，保障民事权益的实现。（3）民法典通过保护民事主体的合法权益以及调整民事法律关系，维护社会和经济秩序，使市民社会的生活秩序和财产流转秩序得到稳定发展。（4）通过上述这些目的的实现，民法典最终保障中国特色社会主义稳步发展，使社会主义核心价值观得到弘扬。

我国民法典的立法依据是《中华人民共和国宪法》。宪法是根本大法，是制定其他法律的依据。民法典是民法的基本法，是国家最重要的基本法，在民事领域中具有最高的地位。特别需要强调的是，民法典必须服从于宪法，依据宪法的基本原则制定和实施。

🔘 案例评析

李某与柏某委托合同纠纷案[①]

案情： 2016 年年末，柏某与李某口头商定，柏某拿出 5 万元"好处费"，李某帮助柏某办理其外甥女到电业局工作的委托事宜。直至 2017 年，案涉办理工作事项未予办成，柏某诉请退还"好处费"。法院认为，柏某向李某支付"好处费"为其亲属办理工作以及李某收取"好处费"的行为均已违反相关法律规定，破坏了正常的社会秩序，不属民事法律所应保护的合法权益。故此，柏某的诉讼请求不应得到法律保护。

---

① 审理法院：吉林省吉林市中级人民法院，案号：（2019）吉 02 民终 2369 号。

评析：根据民法典第1条对立法宗旨的规定，民法保护的对象仅限于民事主体的合法权益，因而对"民事主体的合法权益"作出准确界定即构成了对民事纠纷加以正确裁判的重要前提条件之一。基于此，有必要确立合理且具有可操作性的判断"民事主体合法权益"的标准，其中最主要的即为对合法性的判断，但由于民事利益具有相当的抽象性，因而判断起来有一定难度，需要通过司法实践予以明确。本案中，法院依据《民法总则》第1条和第8条的规定，认为民事主体从事民事活动应遵循守法原则，应在法律允许的范围内进行，民事法律通过保护民事主体的合法权益，从而达到维护社会和经济秩序的目的。国家行政机关及企业、事业单位招聘工作人员均须经法定程序进行，本案中当事人的行为明显违反相关法律规定，故不属于民事法律应予以保护的合法权益。

> ▶▶ **第二条**　民法调整平等主体的自然人、法人和非法人组织之间的人身关系和财产关系。

🏛 条文要义

本条是关于民法调整对象的规定。

民法典的调整对象，是平等主体的自然人、法人和非法人组织的人身关系和财产关系。这一规定的主要含义是：法律的调整对象就是特定法律所调整的特定社会法律关系。民法典的调整对象就是民事法律关系，包括民事法律关系的主体、客体和内容。我国民事法律关系的主体为自然人、法人和非法人组织。本条在《民法通则》第2条关于"中华人民共和国民法调整平等主体的公民之间、法人之间、公民和法人之间的财产关系和人身关系"规定的基础上，进行了重大修改。

本条新规则的要点如下。

1. 调整人身关系与财产关系的排列顺序。人身关系和财产关系的排列顺序直接体现了民法典究竟是坚持"人文主义"还是"物文主义"的立场问题。《民法通则》第2条将财产关系放在人身关系之前，体现的是19世纪和20世纪中前期民法典"物文主义"的立法传统。民法典第2条将人身关系放在财产关系之前，就体现了20世纪中后期和21世纪民法典的"人文主义"的立场。我国民法典作为21世纪民法典的最新之作，作出这样的立法选择，奠定了民法典重视人文关怀的人文主义基调。

2. 新增非法人组织为民事法律关系主体。民法典将《民法通则》中规定的没有民事主体地位的其他组织改为非法人组织，赋予其独立的民事主体地位，形成了三元的民事主体结构。进而，民法调整自然人、法人与非法人组织之间的民事法律关系。自然人、法人与非法人组织均是民事主体，地位平等。民法调整的正是三者之间平等的法律关系，而不调整非平等主体之间的法律关系。如行政关系，是纵向的法律关系，不属于民法调整的范围。

3. 文字表达上更为准确、简洁。首先，法律用语更为准确。民法典将公民的表述修改为自然人，法律用语更为准确，更能体现民法的私法属性。其次，法律用语更为简洁。《民法通则》第 2 条规定的是"公民之间、法人之间、公民和法人之间"的民事法律关系，用语略显重复。民法典第 2 条规定为"自然人、法人和非法人组织之间"的民事法律关系，简洁明确，准确地表达了民法调整范围的内容。

民法典第 2 条对调整对象和调整范围作出的上述修改，不仅明确了民法特定的调整对象和调整范围，更重要的是凸显了民法的私法品格，坚持了人文主义的基本精神。

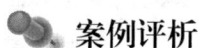 ## 案例评析

何某与三门县国土某局采矿权纠纷案[①]

案情：原告何某与被告三门县国土某局签订了一份"浙江省采矿权有偿出让合同"，原告取得三门县横渡镇白溪河道 A 采矿区范围内普通建筑用砂的开采权和采矿许可证。许可证到期后被告与三门县水利局、三门县横渡镇人民政府组织人员利用挖掘机等机械设备，将原告在白溪砂场内的采（制）砂设备强行予以拆毁。后原告提起行政诉讼及行政赔偿诉讼。现原告又以被告未完全履行采矿权有偿出让合同的义务为由，向人民法院提起民事诉讼，请求法院判令被告承担违约责任。双方争点之一在于本案是否系民事诉讼调整范围。法院认为，双方当事人意思表示一致后，签订了讼争的合同，一方以违约为由诉至法院，应属民事诉讼的调整范围。

评析：平等主体界定了民法调整内容的主体范围，在诉讼中判断当事人是否属于法律地位平等的主体是确定案件是否由民事审判庭审理的重要方式之一。但是，在判断当事人是否属于法律地位平等的主体时，不能在一般意义上作出判断，亦即不能仅根据当事人之间在一般情况下所具有的管理和被管理的关系就认为当事人之间不是平等的民事主体关系，而是应当判断当事人是否以平等的身份介入到具体的社会关系当中，即在实质意义上作出判断。本案中，虽然签订"浙江省采矿权有偿出让合同"的双方当事人分别为自然人何某和三门县国土某局，何某在一般情况下需要接受三门县国土某局的管理，这种管理具有强制性，但就本案的合同来看，订立合同的意思表示系由何某自愿作出，并不具有强制性，因而属于三门县国土某局代表国家，作为矿产资源所有权人这一民事主体将其享有的矿产资源所有权这一民事权利的占有、使用、收益权能，通过收取一定的对价让渡给其他民事主体的一种等价有偿的市场交易行为，故应由民法调整。

---

① 审理法院：一审法院为浙江省台州市三门县人民法院，案号：(2011) 台三民初 419 号；二审法院为浙江省台州市中级人民法院，案号：(2012) 浙台民终 181 号。

▶▶ **第三条**　民事主体的人身权利、财产权利以及其他合法权益受法律保护，任何组织或者个人不得侵犯。

🏛 条文要义

本条规定的是民事权益依法保护原则。

《民法通则》第 5 条也规定了民事权益依法保护原则，即"公民、法人的合法的民事权益受法律保护，任何组织和个人不得侵犯"。相比较而言，本条文不论在体系上还是在内容上都进行了调整。

民事权益依法保护原则就是私权神圣原则。私权神圣原则指的是，民事主体的人身权利和财产权利以及其他合法权益，在民法领域中具有神圣的地位，受到法律的全面保护。西方法谚所称"风可以进，雨可以进，国王不可以进"，就是私权神圣的意思，任何组织和个人不得侵犯。

本条新规则的要点如下。

1. 民事权益依法保护原则的地位改变。《民法通则》规定的基本原则首先是平等原则，即第 3 条"当事人在民事活动中的地位平等"；其次是自愿、公平、等价有偿、诚实信用原则，即第 4 条关于"民事活动应当遵循自愿、公平、等价有偿、诚实信用的原则"的规定；最后才是民事权益依法保护原则，即第 5 条。与此相反，民法典总则编中民事权益依法保护原则位列基本原则之首，成为最主要的民法基本原则，充分体现了民法典对私权神圣原则的重视。

2. 民事权益依法保护原则的内容调整。一是主体改变。《民法通则》第 5 条规定的是公民、法人的民事权益受到保护，本条文将主体界定为"民事主体"，实质上是将非法人组织纳入了民事权益依法保护原则的涵摄范围。二是民事权益表述改变。《民法通则》第 5 条规定的是保护民事权益，本条文将其细化为人身权利、财产权利以及其他合法权益，一方面是对民事权益内容的全面表达，另一方面是对人文主义精神的贯彻与落实。

🔘 案例评析

垣曲县新城镇西峰山村西中居民组与王甲、刘某、王乙

侵害集体组织成员权益纠纷案①

案情： 原告王甲于 1993 年 4 月取得被告居民组户口，就学、生活一直在被告居民组，其户口至今仍在被告居民组；原告刘某与原告王甲结婚取得被告居民组户口；

---

① 审理法院：一审法院为山西省运城市垣曲县人民法院，案号：（2016）晋 0827 民初 313 号；二审法院为山西省运城市中级人民法院，案号：（2016）晋 08 民终 1518 号。

原告王乙出生后取得被告居民组户口。原告王甲1993年4月至2011年6月之前未享受被告居民组成员的相关分配权。被告以原告王甲不具有合法的西峰山村西中居民组集体经济组织成员资格而取消了三原告享受村民福利待遇的权利。另查明：被告居民组成员王丙1981年与丈夫宋某离婚，原告王甲系王丙妹妹之子，其出生后便由王丙抚养，后结婚生子均在被告居民组，并与王丙共同生活在一起。户主为王丙的常住人口登记卡上记载原告王甲为"子"、原告刘某为"儿媳"、原告王乙为"孙子"。法院经审理认为，王甲自幼被其姨妈收养，户口也随迁至其姨妈户口所在地，其与王丙形成事实上的收养关系。案涉三人户口在西中居民组，三人应具有西中居民组成员的资格，依法享有西中居民组成员应享有的权利。西中居民组以王甲与王丙之间收养关系不成立为由，否认王甲的村民资格，以《西峰山村村民自治条例》、村民会议决议为由否认三人参与分配的权利，侵犯了三人的合法权益，其行为无效。

评析："民事主体的人身权利、财产权利以及其他合法权益"这一表述具有很强的包容性，囊括所有在民法上被明确规定的权利，以及尚未被立法明确规定为权利，但是理应获得保护的利益。由于这一条所具有的包容性，在援引这一条作为保护某项民事权益的依据时，应当对该项民事权益的正当性和保护必要性进行充分论证。在本案中，人民法院即通过详细阐明原告三人具有集体经济组织成员资格的理由，论证了原告三人基于其集体经济组织成员资格所享有的民事权益保护的正当性，并依据保护"民事主体的人身权利、财产权利以及其他合法权益"保护了原告的民事权益，使这一规范发挥了应有的作用。

▶▶ **第四条　民事主体在民事活动中的法律地位一律平等。**

🏛 条文要义

本条是对民事主体地位平等原则的规定。

平等原则是民法的最高原则，是指所有的民事主体在地位上一律平等，没有任何一个民事主体的地位可以高于其他民事主体地位的基本准则。

平等原则是由民法调整的社会关系的性质决定的。民事主体地位平等的前提是人格独立和人格平等，因而任何民事主体的法律地位一律平等。平等的实现，体现为民事主体相互之间互不隶属，各自能独立地表达自己的意愿，其合法的民事权益得到平等保护。

平等原则的含义是：（1）民事主体的资格平等，即所有的民事主体的民事权利能力一律平等。（2）民事主体的地位平等，任何一方都不具有凌驾于或者优越于他方的法律地位。（3）民事主体平等地享有权利和负担义务，平等地享有人格权、身份权、物权、债权、知识产权、继承权、股权等民事权利，平等地承担民事义务。

（4）对民事主体在适用法律时平等对待，在法律面前人人平等，民事主体平等地受到法律的拘束，违反法律时平等地承担民事责任，对其不得有任何偏袒和歧视。

（5）民事主体的民事权益平等地受到法律保护，当出现他人侵害民事权益时，法律予以平等保护。

🟤 案例评析

徐某等与金秀瑶族自治县桐木镇桐木村民委解放街第三村民小组
侵犯集体组织成员权益纠纷案①

案情：原告巫某系被告金秀瑶族自治县桐木镇桐木村民委解放街第三村民小组村民，在平南县思旺镇崇秀村鱼鳞屯与原告徐某结婚并生活在该屯，先后共同生育了5个子女。后原告徐某带其子女回到解放街三组，经被告集体同意，原告徐某及其子女加入并取得被告的户籍。现被告以村民会议及部分村民签名的形式，决定不让原告徐某户参与集体收益的分配。法院经审理认为，原告徐某户籍已确定加入被告，并长期生产、生活在该组，应当认定原告具有该集体经济组织成员的资格，享有与该集体经济组织其他成员同等的权益。该权益不允许也不能够任意由当事人的多数表决加以剥夺。虽然被告的村民会议讨论形式是其村民自治的表现，但其作出的收益分配决定，是对具有与其集体成员同等权益的原告不予分配，侵犯了原告享有的同等收益分配的权利，该部分决定内容应为无效。

评析："民事主体平等地享有权利、承担义务"和"民事主体的民事权益平等地受法律保护"是民事主体在民事活动中法律地位平等的两种重要表现。本案中，原告和被告的其他成员均具有该集体经济组织成员的资格，均为出租或发包集体所有的不动产或动产所获得的集体收益的所有权人，共同享有所有权，且这种权利的享有应具有平等性。这种平等性一方面体现为原告和被告集体其他成员均有权分配集体收益，另一方面体现为该项权利平等地受法律保护。基于此，在被告的其他成员获得收益分配款时，原告作为与其他成员法律地位平等的民事主体，亦应获得相应的收益分配款。

> ▶▶ **第五条**　民事主体从事民事活动，应当遵循自愿原则，按照自己的意思设立、变更、终止民事法律关系。

🏛 条文要义

本条是对自愿原则即意思自治原则的规定。

_____

① 审理法院：广西壮族自治区金秀瑶族自治县人民法院，案号：（2011）金民初269号。

　　自愿原则，即意思自治原则，是指平等民事主体之间在设立、变更或者终止民事法律关系时，要以各自的真实意志来表达自己意愿的民法基本准则。

　　自愿原则的具体内容是：（1）确立民事主体在法律允许的范围内具有最广泛的行为自由。意思自治原则的实质，就是赋予民事主体以意思自由，在法律允许的范围内，自主决定自己的事务，自由从事各种民事活动，确定参与社会生活的交往方式，最充分地实现自己的价值。（2）确立民事主体自由实施法律行为，调整民事主体之间的相互关系。根据民法的一般性规定，民事主体通过自主协商而达成合意，并使其具有优先于法律任意性规范的适用效力，据此设立、变更或者终止相互之间的民事法律关系。（3）确立"法无明文禁止即可为"的原则。在私法领域，民事主体实施民事法律行为，只要法律未设立明文禁止的规范，民事主体即可为之；只要不违反法律的强制性规定，民事主体就可以自由行使自己的民事权利。

 **案例评析**

薛某诉北京祁连房地产开发有限公司房屋买卖合同纠纷案[①]

　　案情：案涉×号房屋系由被告北京祁连房地产开发有限公司所有。原告薛某向被告支付诚意金1万元，但未就×号房屋签订购房意向书及商品房预售合同，其后被告与案外人福兴公司签订北京市商品房认购书，并收款定金5万元。现原告表示其与被告的销售人员之前已就×号房屋的购买事宜达成一致意见，后被告的销售人员又以各种理由推托，因×号房屋价格大幅上涨，被告拒绝与其签订商品房预售合同。法院经审理认为，原告自始未与被告就×号房屋签订任何书面的商品房认购合同和商品房预售合同，因此原告要求被告与其签订×号房屋的商品房预售合同的诉讼请求，有违合同自愿原则和相关法律规定。

　　评析：自愿原则意味着应对民事主体在民事活动中的意思自由加以保护，"民事主体有权依法从事某种民事活动和不从事某种民事活动"与"民事主体有权选择其行为相对人"是这种意思自由的应有之义，这就要求民事主体在从事民事活动时对其他民事主体的意思自由予以尊重，法院亦应对民事主体的意思自由加以保护。而合同行为作为最典型的双方法律行为，需要双方当事人对应的意思表示达成一致才能成立，且双方当事人的意思表示需要满足自愿性的要求。在本案中，原告薛某虽然交纳了诚意金，被告也出具了针对前述款项的收据，但被告并未作出与原告订立房屋买卖合同的意思表示。相较于此，其后被告与福兴公司签订北京市商品房认购书，对购房价格以及认购定金作出约定，接受福兴公司向其支付的定金并为其出具收款收据的一系列行为，表明其选择福兴公司作为另一方当事人订立房屋买卖合同

的意思。这是被告基于自愿原则行使其选择订立或不订立房屋买卖合同以及合同相对人的意思自由，具有正当性，应受到法律保护。原告要求被告违反其意愿与自身订立买卖合同，侵犯了被告按照自己的意思设立民事法律关系的自由，不符合自愿原则的要求。

▶▶ **第六条** 民事主体从事民事活动，应当遵循公平原则，合理确定各方的权利和义务。

🏛 条文要义

本条是对公平原则的规定。

公平原则，是民法针对民事权益确定的基本准则，是指对市民社会的人身利益、财产利益进行分配，确定权利和义务时，须以社会公共人的公平观念作为基础，维持民事主体之间的利益均衡的基本准则。

公平是民法的最高规则，是进步和正义的道德感在民法上的体现。在处理民事权利冲突和利益争执的纠纷时，公平原则是最基本的衡量标准。

公平原则的含义是：（1）基本要求是对民事利益分配关系达到均衡，以实现分配正义。对民事主体进行利益分配，要体现公正、正直、不偏袒、公道的特质和品质，以及公平交易或者正当行事的理念，保证民法分配正义的实现。（2）具体要求是民事主体依照公平观念行使权利、履行义务，以实现交换正义。在民事利益交换中，体现民法的正义要求，不得滥用权利，侵害他人的合法权益，防止造成不公平的后果。（3）确定民事活动目的性的评价标准，以实现实质正义。判断民事活动是否违背公平原则，主要是从结果上判断是否符合公平的要求，如果交易的结果导致当事人之间的利益失衡，除非当事人自愿接受，否则法律就应当作出适当调整。（4）是法官适用民法应当遵循的基本理念，以实现裁判正义。民法是最充分体现公平、正义要求的法律，法官在适用法律裁判民事纠纷时，应当严格依照公平理念作出判断，公正无私地进行司法活动，保障裁判正义的实现。

🍡 案例评析

宁夏建丰房地产开发有限公司与严某合同纠纷案①

案情：被告宁夏建丰房地产开发有限公司欠原告严某借款，无力偿还。原告（甲方）与被告（乙方）签订借款抵顶商品房合同一份。约定：乙方用案涉房屋抵顶

① 审理法院：一审法院为宁夏回族自治区吴忠市红寺堡区人民法院，案号：（2016）宁 0303 民初 339 号；二审法院为宁夏回族自治区吴忠市中级人民法院，案号：（2016）宁 03 民终 601 号。

借款及利息，原告委托被告对房屋进行销售。后原告发现，根据吴忠市房屋产权产籍管理所红寺堡工作站、中国农业银行红寺堡支行向原告出具的证明及被告提供的银行交易明细、收据，证明被告已将案涉房屋出售，但双方就溢价款归属产生纠纷。法院认为，本案应为以物抵债后原告委托被告销售房屋，关于出售房屋溢价款问题，因双方在借款抵顶商品房合同中并未就原告委托被告销售的溢价款如何分配进行约定，故应按照公平原则，被告应分得一部分。结合本案案情，判令由被告分得超出抵顶价格部分的 20%。

评析：公平原则旨在实现民事主体在民事活动中利益分配的均衡。就本案而言，这种利益的分配即为对被告将房屋高于 1 340 000 元出售所产生的溢价款的分配，而如果单纯以房屋已抵顶给原告作为理由，并将包括溢价款在内的出售款全部归于原告，则使得交易结果有失公平。法院在双方当事人对此没有进行约定的情况下，根据原告委托被告销售房屋的事实，认定前述溢价款系被告劳动所得的成果，理应由被告与原告共同分割。这一判决结果发挥了公平原则矫正形式平等所带来的利益分配不均衡的作用，实现了实质意义上的公平，同时也体现出了人民法院根据公平观念处理民事纠纷的司法理念。

▶▶ **第七条** 民事主体从事民事活动，应当遵循诚信原则，秉持诚实，恪守承诺。

🏛 条文要义

本条是对诚信原则的规定。

诚实信用原则，主要是民法对具有交易性质的民事法律行为和民事活动确立的基本准则，是将诚实信用的市场伦理道德准则吸收到民法规则中，约束具有交易性质的民事法律行为和民事活动的行为人诚实守信，信守承诺。故诚信原则被称为民法，特别是债法的最高指导原则，甚至被奉为"帝王原则"。

诚信原则的基本功能是：第一，确定民事法律行为的规则，包括：（1）行使民事权利应当以诚信为本，不滥用权利；（2）履行民事义务应当恪守诚信，守信用，重承诺；（3）与他人设立、变更、终止民事法律关系，应当诚实守信，不欺诈、不作假，不损害他人的利益和社会公共利益。第二，为解释法律和合同确定准则，并填补法律漏洞和合同漏洞。诚信原则被贯彻于民法的各个环节，通行于民法的各个领域。在解释法律和合同时，应当遵守诚信原则，在法律出现漏洞、规范不足或者空白时，法官应当依据诚信原则作出补充；在合同出现漏洞时，也应当依据诚信原则进行补充。第三，依据诚信原则衡平当事人的利益冲突。在当事人利益发生冲突时，应当以事实为依据、以法律为准绳，全面保护各方当事人的合法权益，平衡其相互之间的利益关系。

🔖 案例评析

曹某与黄某、李某房屋买卖合同纠纷案①

案情： 原告曹某与第三人李某为夫妻关系。第三人李某与被告黄某就案涉房产买卖达成协议。之后，被告黄某按约将购房款支付给第三人李某，第三人李某将"绝卖房契"中约定的建筑物及附属物、土地使用权证原件交付被告黄某。被告黄某于 2006 年 12 月搬入居住使用至今，并对房屋进行了装修。现原告以该房屋买卖违反法律规定为由诉至法院，请求依法确认被告黄某与第三人李某签订的"绝卖房契"（房产转让合同）无效，并将房产返还给原告。法院认为，本案双方当事人签订的"绝卖房契"系双方自愿签订，意思表示真实，且不违反法律法规的禁止性规定，应认定为合法有效，被告对讼争房屋已长期、稳定地占有、使用，应维护当事人现有生活状态的稳定、和谐，原告主张"绝卖房契"无效的行为违背了民法倡导的诚实信用原则，据此，对原告要求确认"绝卖房契"无效的诉讼请求不予支持，依法予以驳回。

评析： 诚实信用原则要求民事主体在进行民事活动时，以善意的方式行使权利、履行义务，在进行民事活动时遵循基本的交易道德。这也就意味着，司法机关在判断民事主体是否遵循了诚实信用原则时，需要参考的一个重要标准即为"善意"。本案中，原告在其配偶自愿与被告签订并履行房屋买卖合同 10 年后，因征拆房屋价值上涨而以房屋买卖合同违反法律、法规的强制性规定为由主张无效，可见其实施该行为只是为了获取更大的利益，而这一行为将会对被告的利益造成损害，这无疑不符合从事民事活动的"善意"标准，因而也就违背了诚实信用原则，自然不应在法律上获得支持。

> ▶▶ **第八条** 民事主体从事民事活动，不得违反法律，不得违背公序良俗。

🏛 条文要义

本条是对公序良俗原则的规定。

公序良俗原则，也是民法针对民事法律行为和民事活动确定的最高规则，是指以一般道德为核心，民事主体在进行民事行为时，应当尊重公共秩序和善良风俗的基本准则。这体现了民法要求民事主体对社会和道德予以起码的尊重，在非交易的民事行为和民事活动中，公序良俗是衡量利益冲突的一般标准。法官依据公序良俗

---

① 审理法院：一审法院为福建省龙岩市新罗区人民法院，案号：（2016）闽 0802 民初 57 号；二审法院为福建省龙岩市中级人民法院，案号：（2016）闽 08 民终 786 号。

原则，填补法律漏洞，平衡利益冲突，确保公共利益，协调冲突，保护弱者，维护社会正义。

公序良俗原则作为民法的基本原则之一，首次出现在《法国民法典》中。《法国民法典》第6条将公共秩序和善良风俗规定在一起，即"任何人均不得以特别约定违反涉及公共秩序和善良风俗的法律"。民法典总则编规定公序良俗原则，正是将其作为确定民事法律行为和民事活动的最高规则。

将公序良俗原则规定为民法基本原则的意义如下。

第一，实现对社会秩序的控制。控制社会秩序的良好运转不可能全部由强行法来完成。通过公序良俗原则，就可以强调民事主体从事民事活动时，必须遵循社会所普遍认同的道德和必须遵守的秩序，补充强行法规定的不足，从而使社会有序发展。

第二，实现对私法自治的必要限制。意思自治原则并不意味着当事人作出任何约定都可以具有法律拘束力，只有在不违背公序良俗原则的前提下，意思自治才能够得到法律的肯定性评价，才可以称之为适法。因此，意思自治原则必须依赖于公序良俗原则作为配套，才能够得到真正的实现。也只有将两个原则共同作为民法的基本原则，民事行为才能得到法律的肯定性评价，获得更为全面的保护。

第三，弘扬社会公共道德，建立稳定的市民社会秩序，从而保障市民社会的有序发展。公序良俗原则是民法要求民事主体对社会和道德予以起码的尊重。在交易和非交易的民事法律行为和民事活动中，首要的就是民事主体恪守公序良俗。一旦发生冲突，法官也需要依据公序良俗原则，填补法律漏洞，平衡利益冲突，保护弱者，维护国家和社会的利益，维护社会正义，从而稳定市民社会的秩序。

《民法通则》第7条规定尊重社会公德和不得损害社会公共利益，其实就是公序良俗。1986年制定《民法通则》时所持的观念是，一些资本主义国家民法使用的概念尽量不用或者少用。受此影响，《民法通则》便以社会公共道德和社会公共利益作为替代公序良俗的概念。在制定民法典总则编时，立法机关突破了意识形态上的禁区，摒弃了社会公共道德和社会公共利益的概念，将公序良俗原则写进了民法典，使其成为民法基本原则。

案例评析

王某与付乙等侵权责任纠纷上诉案①

案情：付甲前妻尚某，即原告付乙的母亲于1976年去世，原告回家祭祀时发现，被告王某在尚某坟墓所在位置，建起四层住宅楼。被告在诉讼中称其住房是按

---

① 审理法院：一审法院为河南省巩义市人民法院，案号：（2014）巩民初1658号；二审法院为河南省郑州市中级人民法院，案号：（2015）郑民四终100号。

照巩义市孝北村委指定的地址进行建造并向村委缴纳了 3 300 元费用，于 2011 年 8 月左右建造四层住宅，该住宅占地面积为 129 平方米，在地基上共打入 30 多根八九米深的桩子。另查明，被告建造住房并未办理相关规划审批许可手续，亦未取得集体土地建设用地使用证。法院经审理认为，坟墓是人们追忆、祭祀已逝亲属的特定场所，后人对其存在重大的精神寄托。被告将其住房建造在尚某的坟墓上，使死者亲属遭受了感情创伤和精神痛苦，酌定被告赔偿原告精神损害抚慰金若干。

评析： 在判断一个行为是否违反了公序良俗时，需要依靠法官的自由裁量，主要是由法官对特定案件所涉及的道德和利益是否能够达到公共秩序和善良风俗的程度作出判断，特别是在某种违反公序良俗的行为尚未被法律明确规定时，只有在论证了某种道德和利益构成了公共秩序和善良风俗时，才能以特定行为违反了前述道德或损及了前述利益为由，对该行为在法律上给予否定性评价。本案中，法院即通过阐明坟墓所蕴含的重大精神寄托，论证了其所涉及的道德已经构成社会全体成员所普遍认许、遵循的道德准则，并在完成前述论证的基础上，否定了被告在坟墓上建造房屋的行为，从而为司法实践运用公序良俗原则裁判案件提供了良好的指引。

> ▶▶ **第九条**　民事主体从事民事活动，应当有利于节约资源、保护生态环境。

🏛 条文要义

本条是对绿色原则的规定。

绿色原则，也称生态原则，是指民法要求民事主体在从事民事活动时，应当有利于节约资源，保护生态环境，实现人与资源关系的平衡，促进人与环境和谐相处的基本准则。

绿色原则作为民法的基本原则之一，在民法典分则各编都有所体现，其中，以物权编、合同编以及侵权责任编体现得最为鲜明。比如，民法典第 346 条规定："设立建设用地使用权，应当符合节约资源、保护生态环境的要求，遵守法律、行政法规关于土地用途的规定，不得损害已经设立的用益物权"（物权编）。民法典第 625 条规定："依照法律、行政法规的规定或者按照当事人的约定，标的物在有效使用年限届满后应予回收的，出卖人负有自行或者委托第三人对标的物予以回收的义务"（合同编）。侵权责任编则专章（第七章）规定环境污染和生态破坏责任。

民事主体从事民事活动遵循绿色原则的目的，就是节约资源，保护生态环境，促进人与自然的和谐发展。其作为贯穿物权、债权、知识产权、婚姻家庭、继承以及侵权责任制度的基本准则，意味着任何民事主体从事民事活动，行使民事权利时，都须遵循保护生态环境、节约资源的基本精神。申言之，民事主体不仅要在行使物权、债权、知识产权等财产权利时，充分发挥物的效能，防止和避免资源被滥用，使有限的资源在一定范围内得到更充分的利用，达到利益最大化；在婚姻家庭、继承等方面，也要体现绿色原则，缓解与资源的紧张关系，在利用家庭财产，以及在继承领域分配遗产时，采用最有利于发挥物的效能的方法；严格执行侵权责任编对环境污染和生态破坏责任的规定。

🔵 案例评析

乐某峰、袁某燕租赁合同纠纷案①

案情： 袁某燕与乐某峰签订房屋出租合同，约定袁某燕将案涉房屋出租给乐某峰居住（经商）使用，并约定租赁期、租金、支付方式等。后双方同意解除房屋租赁合同，袁某燕在被告延迟退出门店时发现房屋存在损坏，即要求赔偿，遭拒后双方发生纠纷，袁某燕拒不接收房屋并将门店锁住。法院认为，本案双方当事人就解除房屋租赁合同达成一致意见后，乐某峰应当依约将腾退的房屋交付给袁某燕，袁某燕应当及时接收房屋。乐某峰未依约返还房屋，应当承担违约责任，而袁某燕仅以房屋存在损害为由拒不接收，导致该房屋长时间处于闲置状态，造成资源浪费，其不得就扩大的损失要求赔偿。

评析： 民法典第9条为新增条文，体现了节约资源、保护生态环境的立法目的。本案中，袁某燕明知乐某峰已经将房屋腾退清空，仅以房屋存在损害为由拒不接收房屋，致使房屋一直处于闲置状态，造成了资源的浪费，其行为有悖于我国民法规定的绿色原则。法院根据《合同法》第119条规定，即"当事人一方违约后，对方应当采取适当措施防止损失的扩大；没有采取适当措施致使损失扩大的，不得就扩大的损失要求赔偿"，认为袁某燕没有采取适当措施致使损失扩大，不得就扩大的损失要求赔偿，对其损失赔偿额进行了酌定。本案裁判将绿色原则中"节约资源"的意涵与具体的法律规则相融合，合理酌定赔偿数额，对民事主体未遵守绿色原则进行了否定性评价，发挥了裁判指引的功能。

> ▶▶ **第十条** 处理民事纠纷，应当依照法律；法律没有规定的，可以适用习惯，但是不得违背公序良俗。

🏛 条文要义

本条是对民法法源的规定。

---

① 审理法院：一审法院为湖北省通山县人民法院，案号：（2019）鄂 1224 民初 1181 号；二审为湖北省咸宁市中级人民法院，案号：（2020）鄂 12 民终 230 号。

相较于《民法通则》第 6 条关于"民事活动必须遵守法律，法律没有规定的，应当遵守国家政策"的规定，本条文发生了重大的变化。

民法的法源，是指民法的表现形式。在民法领域，除了成文法是民法的普通法源之外，还有习惯和法理是民法的补充法源。在民法的成文法之外，规定习惯和法理是民法的法源，是因为市民社会的生活过于复杂，民事法律关系的种类纷繁多样，再完备的民法也不可能把全部市民社会的生活都概括进来，必定会有遗漏。因而在法律没有明文规定时，应当适用习惯处理民事纠纷；没有成熟的习惯作为习惯法，应当用法理进行补充。

本条新规则的要点如下。

1. 删除了国家政策作为民法法源之一。在以往的民事基本法律中，还曾规定国家政策是民法的法源。国家政策是党和政府为解决某一特定问题所作出的指导性意见。《民法通则》之所以将国家政策作为民法的补充法源，一是因为当时的政策与法律的界限还未分清；二是当时的民事法律、民事习惯及法理还不完备，因而寻求国家政策来弥补立法不足。制定民法典时，关于是否继续规定国家政策作为民法的法源，还存有争议；后基于法律与政策之间在性质、制定的主体、特性等各方面的不同，否定了政策作为民法法源的意见。政策的指导性作用不可否认，但是只有政策转化为法律时，才具有法律的性质，才可以成为民法法源。

2. 新增了习惯作为民法法源之一。在《民法通则》以来的民事立法中，习惯作为民法法源未能得到承认，只有在《物权法》第 85 条关于"法律、法规对处理相邻关系有规定的，依照其规定；法律、法规没有规定的，可以按照当地习惯"的规定中，规定了习惯是处理相邻关系的法源。也就是说，习惯作为民法的补充法源，只是特殊性规则，仅限于在物权的相邻关系之中适用，而不是一般性规则。民法典总则编在制定时，破除了以往的观念束缚，直接规定习惯是民法的补充法源，可以适用于任何民事领域。

民法典第 10 条删除了国家政策作为民法法源之一，正确地厘定了法律与政治的关系；新增习惯作为民法补充法源，则是填补了民法适用的空白，为民事主体提供了请求权基础，为民事裁判提供了适用依据，更有利于处理民事纠纷，定分止争。遗憾的是，民法典未规定民法的另一个补充法源，即法理。法理的基本功能在于补充法律及习惯法的不备，是执法者自立于立法者的地位，寻求就该案件所应适用的法则，以实现公平与正义，调和社会生活上相对立的各种利益。[①] 制定民法典总则编时，多位专家学者就此提出意见，建议新增法理作为民法法源。但是，立法机关未予采纳。笔者认为，尽管立法上未明确法理作为民法的补充法源，但是在具体的民事裁判中，在没有法律的规定以及习惯时，法官仍旧可以以法理

---

① 王泽鉴 . 民法总则 . 台北：三民书局，2008：64 - 65.

作为裁判依据，处理民事纠纷，以充分发挥法理的基本功能，解决法律适用上的难题。

 **案例评析**

东方码头公司与威兰德天津公司等港口作业纠纷案[①]

案情：案外人威兰德香港公司与案外人共同海运公司签订合作协议，约定双方在华北关西航线上共同派船、舱位互换的事宜。本案诉争港口费用涉及该国际班轮运输航线的 19 个航次，其中均有威兰德香港公司与共同海运公司互换的舱位。涉案 19 个航次中威兰德香港公司所占舱位产生的港口费用未付，故港口作业人东方码头公司提起诉讼。法院经审理认为，本案涉及国际班轮运输中舱位互换的经营模式。在行业实践中，舱位互换是指由两家以上的集装箱船公司组成的航运集团，各船公司分别提供一艘或多艘性能及设备相近的集装箱船，通过相互协商，共同调整班期，各船公司在彼此的集装箱船上都拥有一定比例的舱位使用权，但港口船舶使用费仍由所属船公司自行支付。在港口作业操作实务中，鉴于外国国际班轮运输经营者在我国境内支付相关港口费用的局限性，存在港口作业方要求国际船舶代理人支付其代理的船舶或舱位所产生的港口费用的交易习惯，因此，在涉案 19 个航次中，东方码头公司完成港口作业服务后，威兰德天津公司应当支付相关报酬。

评析：民法典第 10 条规定了法律和习惯两类民法渊源，在法律无法为法官提供充分的裁判依据时，习惯可以补充作为裁判依据。但是，在适用习惯作为裁判依据时，法官需持审慎态度，这不仅要求法官充分说明以习惯作为裁判依据的必要性，还要求法官对该习惯是否具有通用性以及是否违背公序良俗加以判断。本案中，一审、二审的判决结果虽然一致，但二者的裁判依据并不相同：一审以交易习惯作为裁判依据，二审则以成文法作为裁判依据。较之于一审法院，二审法院对待交易习惯更为审慎。首先，其找到了能够解决本案争议焦点的成文法规范，否定了适用习惯作为裁判依据的前提条件。其次，其分别对一般规范意义和个别规范意义上的（交易）习惯进行识别，并得出了不存在能够作为裁判依据的（交易）习惯的结论。二审法院的做法体现出民法渊源在适用上的先后顺序，以及适用成文法以外的渊源时所应秉持的审慎态度。

> ▶▶ **第十一条** 其他法律对民事关系有特别规定的，依照其规定。

---

① 审理法院：一审法院为天津海事法院，案号：（2014）津海法商初 514－524 号、639－646 号；二审法院为天津市高级人民法院，案号：（2014）津高民四终 91－109 号。

🏛 条文要义

本条是对民法特别法及效力的规定。

民法普通法是国家立法机关关于民法的集中的、专门的规定，即民法典。其特征是：（1）立法内容的完整性。（2）立法方式的概括性。（3）立法形式的完善性。（4）适用范围的全面性。

民法特别法是指民法普通法以外的单行法律和其他非民事法律中规定的民事法律规范所构成的民事法律规范的总和。其特征是：（1）表现形式是民法典以外的法律规定，包括民法典以外的其他民事法律，以及其他法律中规定的民事法律规范。（2）具体内容与民法普通法的内容不同。（3）民法特别法的适用范围与民法普通法的不同。

我国的民法特别法分为两种类型：（1）以法律形态出现的民法特别法，以商法的地位最为显著，知识产权法本来就属于民法，《民法总则》第128条规定所链接的《未成年人保护法》《老年人权益保障法》《残疾人保障法》《妇女权益保障法》《消费者权益保护法》，其主要部分是民法特别法。（2）其他非民事法律规定的民法特别法，例如《土地管理法》大量涉及的是物权法的规范，《道路交通安全法》有关道路交通事故责任的规定等，都是民法特别法。

《立法法》第92条所规定的民法特别法的适用规则，是特别法优先于普通法：（1）对作为民法特别法的法律规定优先适用。当一个具体案件所适用的法律是作为民法特别法中的具体法律条款时，应直接适用该法的民法特别法条款，例如《消费者权益保护法》规定7天无理由退货，就要直接适用。（2）对于作为民法特别法的法律规范优先适用。这样的民法特别法本身就是请求权的法律基础，应依据这样的规定，直接确定争议双方当事人的权利义务，解决双方的争议。

🎯 案例评析

大连蓝宇科技有限公司*与中国货运航空有限公司等**
航空货物运输合同纠纷案①

案情：蓝宇科技与案外人中航华东光电有限公司签订产品购销合同，约定中航华东光电有限公司向蓝宇科技购买液晶屏。通达公司受蓝宇科技委托将液晶屏交由货航公司托运，货航公司出具了托运人为通达公司的航空货运单并将该液晶屏交由东方航空实际承运。蓝宇科技到东方航空提货时只收到一半数量的液晶屏，东方

---

　　* 以下简称"蓝宇科技"。

　　** 以下简称"货航公司"。

　　① 审理法院：一审法院为辽宁省大连市甘井子区人民法院，案号：（2013）甘民初 4428 号；二审法院为辽宁省大连市中级人民法院，案号：（2015）大民三终 783 号。

航空向原告出具了"货物运输事故记录",对承运过程中发生部分货物丢失的事实予以认可。双方就航空货运单上"关于承运人责任限额的声明"条款的效力发生争议。法院经审理认为,航空货运单上"关于承运人责任限额的声明"的约定虽然是货航公司事先拟好的格式条款,但该条款内容符合权利与义务相一致的公平原则。故法院依据《中华人民共和国民用航空法》,判决货航公司、东方航空向蓝宇科技按声明所载明的赔偿方式支付违约金若干元。

评析: 民法典第 11 条规定了在法律适用上特别法优先于普通法的原则。而本案的裁判依据之一,即《合同法》第 123 条规定,"其他法律对合同另有规定的,依照其规定",该条规定的内容同样体现出了特别法优先于普通法的法律适用原则。本案涉及的是航空运输合同纠纷,《民用航空法》作为调整航空运输合同的特别法,自然应当优先适用。

▶▶ **第十二条**　中华人民共和国领域内的民事活动,适用中华人民共和国法律。法律另有规定的,依照其规定。

🏛 条文要义

本条是对民法典地域适用范围的规定。

民法的适用范围,是指民法规范在何时、何地、对何人发生法律效力。民法的地域适用范围,也就是民法的空间效力范围。

民法的地域适用范围,是指民事法律规范在地域范围上所具有的效力。任何国家都是根据主权、领土完整和法制统一的原则,来确定各种法律、法规的空间效力范围。民法的地域效力范围分为域内效力和域外效力。

民法的域内效力,是指一国民法的法律效力可以及于该国管辖的全部领域,而在该国管辖领域以外无效。一般原则是,我国民事法律规范的效力及于我国主权管辖的全部领域,但在确定某一个具体民事法律、法规的效力时,由于制定、颁布民事法律、法规的机关不同,民事法律规范适用的空间范围也不相同。凡属全国人民代表大会及其常务委员会制定并颁布的法律,国务院制定并颁布的民事法规,适用于中华人民共和国的领土、领空、领海,以及根据国际法、国际惯例应当视为我国领域的一切领域,例如我国驻外使领馆,我国航行或停泊于我国境外的船舶、飞机等。

本条没有规定民法典的域外效力。民法典的域外效力是指民法在其制定国管辖领域以外的效力。在现代社会,法律一般不能当然产生域外效力,但是随着国际交往的发展,为保护国家和自然人、法人、非法人组织的利益,也可以在例外情况下产生域外效力。

后段规定的"法律另有规定的，依照其规定"，主要指的是《涉外民事关系法律适用法》的规定，以及其他法律的规定，主要涉及的是国际私法问题。对此，依照具体的法律规定处理。

案例评析

嘉宏国际运输代理有限公司* 与江苏舜天盛泰贸易有限公司** 海上货物运输合同纠纷案[①]

案情： 舜天公司将一批全棉针织婴儿服装出售给美国 B 公司，S 银行应 B 公司申请开立了可转账信用证，约定第一受益人中间商 IPO 公司，中转行汇丰银行台北分行，第二受益人舜天公司。舜天公司委托嘉宏公司承运上述出口货物。嘉宏公司签发并向舜天公司交付的正本提单载明，托运人舜天公司，收货人凭 S 银行指示，通知人 B 公司。汇丰银行（台湾）有限公司致函 IPO 公司，称其自开证行收到信用证项下退回的单证。现舜天公司持有上述全套正本提单。舜天公司要求嘉宏公司承担相应损失。双方就是否适用中国法律处理产生争议。法院认为本案中，双方当事人均是在中国大陆注册成立且营运的公司，嘉宏公司和舜天公司均非涉外合同当事人，且涉案运输合同的签订地和货物出运港亦均在中国上海，故解决双方当事人的合同争议应当适用中华人民共和国法律。

评析： 本条规定了我国民事法律适用的空间范围，这涉及人民法院在处理具体民事案件时对准据法的选择，进而影响案件的裁判结果。本案中，嘉宏公司提出应适用我国香港地区法律，但法院根据双方当事人的注册成立、营运地，涉案运输合同的签订地和货物出运港所在地等，认为双方当事人签订运输合同的行为属于在中华人民共和国领域内进行的民事活动，所以应当适用中华人民共和国法律。

---

* 以下简称"嘉宏公司"。

** 以下简称"舜天公司"。

① 审理法院：一审法院为上海海事法院，案号：（2010）沪海法商 867 号；二审法院为上海市高级人民法院，案号：（2011）沪高民四（海）53 号。

第二章 自然人

第一节 民事权利能力和民事行为能力

▶▶ **第十三条** 自然人从出生时起到死亡时止，具有民事权利能力，依法享有民事权利，承担民事义务。

🏛 条文要义

本条是对自然人民事权利能力的规定。

自然人，是指依自然规律产生，具有自然生命，区别于其他动物的人。自然人是最典型的民事主体。民事主体特别是自然人有一个员数，法律并无特别限制，以一人为通例，以数人为例外。

自然人的民事权利能力开始于出生，只要胎儿全部脱离母体，且在分离之际有呼吸行为，为出生完成。"出"，指胎儿的身体与母体分离；"生"，则是脱离母体的婴儿应有生命，而不论其生命保持时间的长短。按照当代医学公认的出生标准，出生应为胎儿完全脱离母体，独立存在，并能自主呼吸。自然人出生，即具有民事权利能力，享有民事权利，承担民事义务。

自然人的民事权利能力终止于死亡，包括生理死亡和宣告死亡。生理死亡是自然死亡，是指自然人生命的自然终结，现行的标准是心肺死，学理上多有主张脑死亡。宣告死亡是基于法律的规定而宣告自然人死亡。

自然人死亡的法律效果是：（1）该自然人不再具有民事权利能力，不能再作为民事权利主体；（2）民事权利和民事义务终止，发生继承开始、遗嘱继承或遗赠发生效力、婚姻关系消灭、委托关系终止等法律效果。

🫧 案例评析

社区居民委员会左营居民小组二组侵害集体经济组织成员权益案①

案情： 原告刘某的父亲刘甲生前系宜良县匡远街道办事处永丰社区居民委员

---

① 审理法院：云南省昆明市宜良县人民法院，案号：（2015）宜民初 670 号。

会左营居民小组二组村民。原告刘某系刘甲与付某之女。因征地事宜，居民小组二组讨论并通过了土地补偿款分配实施方案，其中规定"死亡人口，不论是否有土地，不予分配征地款"。由于原告父亲刘甲已死亡，故未分配征地款。对此，原告刘某以侵害集体经济组织成员权益为由，提起诉讼。法院经审理认为，公民的民事权利始于出生，终于死亡。本案被告居民小组二组在分配相关土地补偿费时，原告父亲刘甲已经死亡，其享有的民事权利于其2012年死亡时终止，刘甲不再具有村集体经济组织成员资格，原告刘某的诉讼请求没有事实和法律依据，法院不予支持。

评析： 民事权利能力是民事主体享有权利的条件之一，因而在司法实践中判断特定民事主体是否享有某项民事权利以及是否要对该项权利予以保护时，首先需要判断民事主体是否享有民事权利能力。就本案而言，原告父亲享有集体经济组织成员的经济权利并基于此获得土地补偿费的前提之一，是其具有民事权利能力，但是由于其在被告分配相关土地补偿费时已经死亡，其民事权利能力亦随之终止，故不再具备享有集体经济组织成员的相关经济权利的前提条件，因而在前述权利已经消灭的情况下，被告未向原告父亲分配土地补偿费的行为自然不构成侵权。

▶▶ **第十四条　自然人的民事权利能力一律平等。**

🏛 **条文要义**

本条是对自然人民事权利能力平等的规定。

民事权利能力，是指作为民事主体可以享受民事权利、承担民事义务的资格。所有的自然人都具有民事权利能力。自然人民事权利能力的特征是：（1）自然人的民事权利能力具有属人性，即民事权利能力与民事主体具有一致性，属于特定人的民事权利能力。（2）自然人的民事权利能力具有普遍性，每一个人都具有民事权利能力。（3）自然人的民事权利能力不得让与和抛弃。一旦让与或者抛弃民事权利能力，人将不再是人。

自然人的民事权利能力是普遍的，因而派生了自然人的民事权利能力具有平等性的特征。人人皆享有权利能力，就说明在权利能力的享有上，人人都处于同等地位，不论男女、种族、阶级、财富、宗教等的不同，仅凭其自然出生的事实，自然人就取得民事权利能力，没有高低、多少的区别。这就是自然人民事权利能力的平等性。

案例评析

杨某甲与信阳市平桥区平桥街道办事处十八里居民委员会

杨西村民组*侵害集体经济组织成员权益纠纷案①

案情： 原告杨某甲及其父母户口均登记在被告杨西村民组。被告杨西村民组两次共计向其村民组成员每人分配集体收益款。现原告诉称"经其父母争取，被告杨西村民组的组长姜某某同意按半人向其分配集体收益款"，原告认为被告杨西村民组侵害了其作为集体经济组织成员的权益，遂诉至法院。法院经审理认为，公民从出生时起到死亡时止，具有民事权利能力，依法享有民事权利，承担民事义务；公民的民事权利能力一律平等。原告杨某甲作为被告杨西村民组的成员，依法平等享有村民组成员的权益，被告杨西村民组应按村民组每位成员应分得的收益款向原告分配该款。

评析： 自然人的民事权利能力所具有的平等性要求自然人平等地享有民事权利，且法律对其享有的民事权利予以平等保护。本案中，原告杨某甲作为被告杨西村民组的成员，与其他成员在集体经济组织成员资格的享有上不存在差异，平等地享有集体经济组织成员的经济权利，且该项权利平等地受到法律保护。被告杨西村民组的组长姜某某在没有正当理由的情况下，按半人向原告杨某甲分配集体收益款，该行为违反了"自然人的民事权利能力一律平等"的规则，侵犯了原告杨某甲作为集体经济组织成员所享有的经济权利，不具有正当性。

> ▶▶ **第十五条** 自然人的出生时间和死亡时间，以出生证明、死亡证明记载的时间为准；没有出生证明、死亡证明的，以户籍登记或者其他有效身份登记记载的时间为准。有其他证据足以推翻以上记载时间的，以该证据证明的时间为准。

条文要义

本条是对自然人的出生时间和死亡时间所作出的规定。

自然人的出生时间和死亡时间，在民法上具有重要意义，主要是因为出生与死亡是自然人民事权利能力的享有与终止的事实构成。自然人出生，具有民事权利能力，依法享有民事权利，承担民事义务。自然人死亡，民事权利能力终止，不再享有民事权利、承担民事义务。因此，必须对出生与死亡的时间作出准确的认定，才

---

* 以下简称"杨西村民组"。

① 审理法院：一审法院为河南省信阳市平桥区人民法院，案号：（2016）豫 1503 民初 1565 号；二审法院为河南省信阳市中级人民法院，案号：（2016）豫 15 民终 2609 号。

能准确认定自然人民事权利能力的起止时间。

自然人的出生时间和死亡时间认定的具体规则如下。

第一，自然人的出生时间和死亡时间，以出生证明和死亡证明记载的时间为准。自然人在出生和死亡后，应当由医院和有关部门开具出生证明书和死亡证明书。自然出生和自然死亡的时间，一般都会在出生证明书和死亡证明书上标注清楚。因此，应当以出生证明书和死亡证明书上记载的时间，作为自然人出生和死亡的时间。

第二，自然人没有出生证明或者死亡证明的，应当以户籍登记或者其他有效身份登记记载的时间为准。民法典总则编（草案·第一次审议稿）和民法典总则编（草案·第二次审议稿）只规定了户籍登记作为补充认定标准。民法典总则编（草案·第三次审议稿）修改为以登记作为补充认定标准。民法典最终通过时，为了对出生与死亡时间的认定方法作出更为明确的说明，规定以户籍登记或者其他有效身份登记记载的时间为补充标准。户籍登记就是公安机关对自然人的户籍进行登记，并发给自然人户口簿的一种行政行为。户口簿是户籍登记的证明文件。有效身份登记，主要是指身份证，而军人使用军官证、军人证。户口簿、身份证、军人证等都是有效的身份证明。没有出生证明和死亡证明的，户籍登记和有效的身份登记记载的出生时间，就是自然人的出生时间；户籍登记的死亡时间，就是自然人死亡的时间。

第三，出生证明或者死亡证明，以及户籍登记和有效身份登记中记载的时间，与自然人出生或者死亡的真实时间有出入时，其他证据能够证明足以推翻以上记载的时间的程度，则应以这些相关证据证明的时间，作为自然人出生或者死亡的真实时间。

案例评析

北方华锦化学工业集团有限公司与蔡某军劳动合同纠纷案[①]

案情： 蔡某军于1975年在华锦公司办理了入职登记手续，其档案中第一张入职登记信息表中填写的年龄为19岁，而在其他后续档案记载中，出生年月一栏里填写的是1958年。2017年11月，华锦公司向盘锦市人力资源和社会保障局报送蔡某军退休的相关材料，社保局经审查认为，按照国家相关政策，蔡某军退休时间应当以职工档案中第一次填写的入职申请表中记载的年龄为准，以此推定蔡某军应出生于1956年，遂认定其退休时间为2016年2月9日，并依此给蔡某军颁发了《职工退休证》。蔡某军以2016年2月至2018年2月期间未领取到退休金为由要求华锦公司赔偿损失。法院认为，蔡某军档案材料中有明确"年月日"记载的，其出生日期均为1958年2月7日，户籍登记和有效身份登记记载时间为1958年2月9日，且蔡某军

---

① 审理法院：一审法院为辽宁省盘锦市双台子区人民法院，案号：(2018) 辽 1102 民初 1427 号；二审法院为辽宁省盘锦市中级人民法院，案号：(2018) 辽 11 民终 1203 号。

并未提供有效证据足以推翻以上记载时间，蔡某军的出生日期应认定为 1958 年 2 月 9 日。认定华锦公司按蔡某军的实际年龄为其办理退休手续没有过错。

评析：依据民法典第 15 条的规定，自然人的出生时间以出生证明为准，没有出生证明的，以户籍登记或者其他有效身份登记记载的时间为准。有其他证据足以推翻以上记载时间的，以该证据证明的时间为准。本案中，蔡某军主张自己出生时间的依据是个人档案中一表格年龄处有"19 岁"的记录，并据此推断自己的出生日期为 1956 年，这与户籍记载时间不一致，与有效身份证记载时间也不一致，且其推论方法无任何事实和法律依据，不足以推翻上述记载时间，故无法得到法院的支持。

> ▶▶ **第十六条**　涉及遗产继承、接受赠与等胎儿利益保护的，胎儿视为具有民事权利能力。但是，胎儿娩出时为死体的，其民事权利能力自始不存在。

🏛 条文要义

本条是关于胎儿利益保护的规定。

胎儿，是指自然人未出生但在受胎之中的生物体状态。为了保护胎儿的利益，民法实行预先保护主义，规定胎儿以将来非死产者为限，关于其个人利益之保护，视为既已出生。其含义是，在胎儿娩出时是活体的情况下，法律将其出生时间提前，视胎儿为已出生，使胎儿具有部分民事权利能力，从而得以享受部分权利。

胎儿取得部分民事权利能力系以"娩出时为活体"为条件。确定胎儿民事权利能力产生的时间，应当从胎儿出生的事实推溯于其出生前享有部分民事权利能力。在胎儿出生前，可以享有的一切权利，包括损害赔偿请求权、抚养费请求权、继承权、受赠与权、非婚生胎儿对其生父的认领请求权等，均已存在，尚未实际享有，待其出生成为法律上的"人"时，即可当然地、溯及既往地以自己的名义享有和行使这些权利。

部分民事权利能力，是只具有部分人格要素的主体在特定情况下享有的民事权利能力状态。胎儿就是享有部分民事权利能力，不具有完整的民事主体资格的主体。对于胎儿的部分民事权利能力，本条规定了遗产继承、接受赠与和"等"字所包含的内容，应当包括的内容是：（1）继承权。（2）受遗赠权和受赠与权。（3）人身损害赔偿请求权。（4）抚养损害赔偿请求权。（5）身份权请求权，如对于其生父享有抚养费给付请求权。

胎儿享有部分民事权利能力，因而他们在母体中尚未出生时并不能行使这些权利，须待其出生后享有完全民事权利能力时方可行使。如果胎儿为死产者，尽管其曾经享有部分民事权利能力，但其民事权利能力在事实上并未取得，故以上各项请求权均未发生，也不发生其权利的继承问题。

📌 案例评析

罗某清、蓝某珍与遂川县中医院医疗损害责任纠纷案①

案情：罗某清和蓝某珍系夫妻关系。2018 年 7 月 21 日，蓝某珍因怀孕待产入住遂川县中医院，2018 年 7 月 22 日 13 时 30 分出现规律性下腹痛，零时 45 分胎儿娩出后 1 分钟阿氏评分 0 分，经心肺复苏，注射肾上腺素，氧气吸入，5 分钟阿氏评分 0 分，继续心肺复苏 10 分钟后阿氏评分 0 分。经鉴定，遂川县中医院在蓝秀珍分娩过程中未尽到注意义务，存在过错，建议过错参与度为 60%～70%。罗某清和蓝某珍诉请遂川县中医院赔偿损失若干，其中包含死亡赔偿金。法院认为，经法医鉴定，蓝某珍胎儿符合在分娩过程中死亡，属于死产儿，娩出时不存在生命体征，依法不享有民事权利能力。故对罗某清和蓝某珍主张的死亡赔偿金的诉讼请求，不予支持。

评析：民法典第 16 条的但书明确规定，胎儿娩出时为死体的，其民事权利能力自始不存在，换言之，胎儿民事权利能力以其出生为前提条件。本案是否支持死亡赔偿金，关键在于案涉胎儿出生后是否具有民事权利能力。本案中，经鉴定胎儿符合在分娩过程中死亡，属于死产儿，娩出时不存在生命体征，所以依据法律规定不具有民事权利能力，故法院对于死亡赔偿金的诉请不予支持。

> ▶▶ **第十七条　十八周岁以上的自然人为成年人。不满十八周岁的自然人为未成年人。**

🏛 条文要义

本条是对成年人和未成年人年龄界限的规定。

我国民法对自然人的年龄界分采用两分法，即成年人和未成年人。界分的标准是 18 周岁，18 周岁以上的自然人是成年人，不满 18 周岁的自然人是未成年人。这种标准与自然人能否辨认自己民事行为的法律后果相一致。在年龄上，能够辨认自己行为后果的，规定为 18 周岁以上，不满 18 周岁的未成年人，对自己行为的法律后果缺少必要的辨认能力，因此才以 18 周岁作为标准，确定成年人和未成年人的界限。

民法区分自然人为成年人和未成年人的意义是，成年人能够辨认自己行为的法律后果，因此具有完全民事行为能力，对自己的行为承担全部法律后果；未成年人不能或者不能完全辨认自己行为的后果，不具有民事行为能力，或者民事行为能力

---

① 审理法院：一审法院为江西省遂川县人民法院，案号：（2019）赣 0827 民初 1521 号；二审法院为江西省吉安市中级人民法院，案号：（2020）赣 08 民终 874 号。

受到限制，因而其实施民事法律行为需要其法定代理人代理。

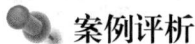 **案例评析**

张甲与张乙抚养费纠纷案①

案情： 原告张甲系被告张乙与案外人孙某的女儿。张乙与孙某协议离婚，约定张甲由母亲孙某抚养。张乙再婚，生育一子张某某。原告张甲诉称：原告考入大学，每年费用至少3万元。被告共给付原告抚养费15 000元后不再支付。原告还有两年半毕业，因此被告应继续负担原告的抚养费用。被告张乙辩称：离婚协议明确约定，支付抚养费到原告18周岁止，且根据《婚姻法》第21条规定，自己也无须继续支付抚养费。法院经审理认为，未成年的或不能独立生活的子女，有要求父母付给抚养费的权利。本案原告张甲已满20周岁，系成年人。不能独立生活的子女，是指尚在校接受高中及以下学历教育，或者丧失或未完全丧失劳动能力等非因主观原因而无法维持正常生活的成年子女。本案原告张甲系普通高等学校在读学生，亦无丧失或未完全丧失劳动能力等情形。故判决驳回原告张甲的诉讼请求。

评析： 年满18周岁的自然人一般已经具有相当的社会经验和知识，能够独立生活和就业，因此将18周岁作为自然人已经成年的标志是合理的，而当自然人年满18周岁时，其所享有的权利和承担的义务也会在一定程度上有所改变，如本案所涉及的抚养费支付请求权。在本案中，原告张甲已经年满20周岁，不存在不能独立生活的特殊情形，根据法律规定，已经不属于需要父母给付抚养费的对象，对于其学业所需的支出，亦可以通过申请各类奖助学金、勤工俭学、参与实习等途径获得。在被告张乙已足额支付从离婚到原告年满18周岁的抚养费的情况下，原告要求被告继续支付抚养费的诉讼请求没有法律上的正当性，不应获得支持。

> ▶▶ **第十八条** 成年人为完全民事行为能力人，可以独立实施民事法律行为。
> 十六周岁以上的未成年人，以自己的劳动收入为主要生活来源的，视为完全民事行为能力人。

🏛 条文要义

本条是对成年人为完全民事行为能力人的规定。

民事行为能力，是民事主体以其行为参与民事法律关系，取得民事权利，履行民事义务和承担民事责任的资格。

自然人具有民事权利能力，就有资格享受权利、负担义务。基于法律规定而享

有权利和负担义务，只要具备法律规定的要件，权利人即与他人发生权利义务关系。基于人的行为而取得权利、负担义务，则不仅要具有民事权利能力，而且必须具备民事行为能力，才能通过自己的行为与他人发生权利义务关系。

民事行为能力制度的功能，是通过全部或部分否定欠缺民事行为能力的人所实施的民事法律行为效力的方式，使他们免受其行为引起的约束。

成年人能够完全辨认自己行为的法律后果，因此具有完全民事行为能力，是完全民事行为能力人，能够以自己的意志独立实施民事法律行为，能够取得民事权利、负担民事义务，对自己实施的行为承担完全的法律后果。

16 周岁以上的未成年人，以自己的劳动收入为主要生活来源的，视为完全民事行为能力人。这是民事行为能力缓和的表现，与《劳动法》第 15 条关于劳动能力自16 周岁起的规定相一致。年满 16 周岁的未成年人，只要不欠缺辨认自己行为的能力，一是具有一定的劳动收入，即依靠自己的劳动获得了一定的收入，二是劳动收入构成其主要生活来源，也就是其劳动收入能够维持其生活，即视为完全民事行为能力人。其法律意义是，对年满 16 周岁的未成年人，在符合法律规定的条件下，将其视为完全民事行为能力人，其可以实施民事法律行为，取得民事权利，负担民事义务，独立承担民事法律后果。

🔹 案例评析

陈某诉王某买卖合同纠纷案[①]

案情： 被告王某向原告陈某出具欠条一份并签字捺印，该欠条载明王某欠陈某电瓶货款若干元。现原告以被告系付款义务人为由要求其支付货款，被告则以原、被告之间无买卖关系为由拒绝支付，遂成诉。被告辩称：原、被告之间无实际交易往来，涉案欠款实际应该是被告王某的父亲王甲的欠款，被告在出具欠条时仍是一名学生，且该欠条是被告在原告强迫之下所签，并非被告真实意思表示。法院经审理认为，被告在出具欠条时已经成年，系完全民事行为能力人。被告向原告出具欠条确认债务并自愿将涉案债务转移到自身，属于债的转移，未违反法律法规，合法有效。债权人有权要求债务人按照约定清偿债务。被告未清偿债务的行为，已经侵害了原告的合法权益，原告要求被告清偿债务的诉请，法院予以支持。

评析： 具有完全民事行为能力的成年人可以独立实施民事法律行为，这种独立性表现为其实施的民事法律行为只要不存在其他瑕疵，即产生相应的法律效力。就本案而言，被告在出具欠条时已经年满 18 周岁，系具备完全民事行为能力的成年人，其学生身份并不会对其所具有的完全民事行为能力产生影响。尽管被告声称该欠条是在原告强迫之下所签的，并非其真实的意思表示，因而在效力上具有瑕疵，

---

① 审理法院：浙江省绍兴市柯桥区人民法院，案号：（2016）浙 0603 民初 10670 号。

但在被告没有充分举证证明的情况下，无法构成否定欠条效力的充分理由。因此，被告负有按照欠条记载的内容向原告支付欠款的义务，如果被告不按期履行该义务，原告有权通过诉讼的方式请求人民法院强制其履行，从而保证自身债权的实现。

> ▶▶ 第十九条　八周岁以上的未成年人为限制民事行为能力人，实施民事法律行为由其法定代理人代理或者经其法定代理人同意、追认；但是，可以独立实施纯获利益的民事法律行为或者与其年龄、智力相适应的民事法律行为。

🏛 条文要义

本条是关于未成年限制民事行为能力人的主体范围与有效行为范围的规定。

限制民事行为能力，是指自然人因年龄的原因或者辨认自己行为的原因，不具有完全民事行为能力，只能在法律限定的范围内，进行有效的法律行为，并取得权利、承担义务的民事行为能力状态。

未成年限制民事行为能力人指的是8周岁以上不满18周岁的未成年人，是因年龄原因而不具有完全民事行为能力的限制民事行为能力人。

与《民法通则》第12条的规定相比，本条新规则降低了限制民事行为能力人的年龄标准，扩大了未成年限制民事行为能力人的有效行为范围。

1. 扩大未成年限制民事行为能力人的主体范围。《民法通则》第12条规定的未成年限制民事行为能力人的年龄标准是10周岁。规定10周岁以上的未成年人才有部分民事行为能力，与现实情况差距较大。民法典总则编审议时，曾根据大多数学者的意见，将该年龄标准调整为6周岁。后来，因为人大代表的意见不统一，有支持6周岁的，有支持8周岁的，还有支持10周岁的，立法机关选择了折中的办法，将民法典总则编（草案·建议表决稿）中的这一年龄标准改为8周岁，形成了现在的规定，即8周岁以上不满18周岁的未成年人，是因年龄原因而不具有完全民事行为能力的限制民事行为能力人。通过下调未成年限制民事行为能力人的年龄标准，进一步扩大了未成年限制民事行为能力人的范围，赋予部分未成年人参与民事活动的能力和机会，是立法上的重大进步。

2. 扩张未成年限制民事行为能力人的有效行为范围。《民法通则》第12条规定："十周岁以上的未成年人是限制民事行为能力人，可以进行与他的年龄、智力相适应的民事活动；其他民事活动由他的法定代理人代理，或者征得他的法定代理人的同意。不满十周岁的未成年人是无民事行为能力人，由他的法定代理人代理民事活动。"据此，未成年限制民事行为能力人所能独立实施的民事法律行为仅是与其年龄、智力相适应的法律行为。本条文新增了纯获利益的民事法律行为，扩大了未成年限制民事行为能力人的有效行为范围。这些民事法律行为一经独立实施，就发生法律效力，体现了对未成年人的权利的尊重。

3. 增加了未成年限制民事行为能力人实施民事法律行为的有效情形。《民法通则》第12条规定，限制民事行为能力的未成年人不能独立实施的民事法律行为，应当由法定代理人代理或者经法定代理人同意。只有在这两种情形下，未成年限制民事行为能力人不能独立实施的民事法律行为才具有法律效力。本条文新增了法定代理人的追认权。也就是说，经法定代理人事后追认，未成年限制民事行为能力人不能独立实施的民事行为也具有法律效力。这样一来，就避免了因过度限制未成年限制民事行为能力人实施法律行为的效力而抑制市场交易的积极性。

4. 调整常态与非常态。《民法通则》第12条先规定未成年限制民事行为能力人可以独立实施的民事法律行为规则，后规定未成年限制民事行为能力人不能独立实施的民事法律行为规则。按照这一规定，未成年限制民事行为能力人独立实施民事法律行为为常态，法定代理人代为实施为非常态，与实际状况不符。本条调整了这一关系，先规定限制民事行为能力人由法定代理人代为实施民事法律行为为常态，后规定限制民事行为能力人独立实施为非常态。这样规定显然比原来的规定好，更加契合实际。

案例评析

郑某诉许某民间借贷纠纷案①

案情： 被告许某向原告郑某借款 60 000 元，并出具借条一份。双方对借款期限及利息均未作书面约定。经原告催讨，被告至今未还该款。另查明，被告借款时未满 18 周岁。原告诉请确认原、被告之间的借款合同无效，被告即时返还原告人民币 60 000 元。法院经审理认为，被告向原告借款时未满 18 周岁，系限制民事行为能力人，其向原告借款 60 000 元属于与其年龄、智力不相适应的民事活动，原告也未提供证据证明被告向其借款已经被告的法定代理人追认，故双方之间的借款合同无效，被告应返还原告人民币 60 000 元。

评析： 限制民事行为能力人独立实施的民事行为并不当然无效，其实施的纯获利益的民事法律行为和与其年龄、智力相适应的民事法律行为是有效的。因此，在司法实践中，人民法院需要判断其实施的民事法律行为是否属于纯获利益的民事法律行为或者与其年龄、智力相适应的民事法律行为，进而判断其实施的民事法律行为的效力。就本案而言，被告所实施的借款行为显然并非接受奖励、赠与、报酬等纯获利益的民事法律行为，那么则需要判断该行为是否与其年龄、智力相适应。在没有其他证据的情况下，对于借款时不满 18 周岁的被告而言，借款 60 000 元的行为并不属于其日常生活所必需的行为，且其法定代理人也未予追认，所以本案中被告的

---

① 审理法院：浙江省慈溪市人民法院，案号：（2017）浙 0282 民初 479 号。

借款行为与其年龄、智力并不相适应，进而该行为的效力也就难以在法律上获得承认。

> ▶▶ **第二十条**　不满八周岁的未成年人为无民事行为能力人，由其法定代理人代理实施民事法律行为。

🏛 条文要义

本条是对不满 8 周岁的未成年人为无民事行为能力人的规定。

无民事行为能力，是指自然人完全不具有独立进行有效法律行为，取得民事权利和承担义务的民事行为能力状态。《民法通则》规定不满 10 周岁的自然人为无民事行为人，剥夺了一些未成年人参与民事活动的能力和机会。未满 8 周岁的未成年人年龄尚小，处于生长发育的最初阶段，虽然其中有些也有一定的辨识能力，但不能理性地从事民事活动，如果法律准许其实施民事行为，既容易使他们蒙受损害，也不利于交易安全，因而根据有些人大代表的意见，根据我国实际情况，本条规定其为无民事行为能力人，不能自己独立实施民事法律行为，应由他们的法定代理人代理进行。

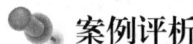 案例评析

袁某诉邓某波房屋买卖合同纠纷案①

案情： 袁某的法定代理人黄某与案外人袁某 1 原系夫妻关系，袁某系两人之女，由黄某抚养。黄某代袁某（当时不满 8 周岁）与邓某波签订《房屋出售转让合同》，邓某波支付相应房款 95 万余元，案涉房屋亦交付至邓某波，但在办理过户事宜时，黄某表示不卖房了。邓某波诉请法院判令袁某协助办理过户手续，袁某辩称房屋出售应由未成年人父母共同决定，因黄某出售房屋未经其父亲同意，故袁某不同意继续交易。法院认为，不满 8 周岁的未成年人为无民事行为能力人，由其法定代理人代理实施民事法律行为，同时法律并未规定未成年人的民事活动必须经由全部法定代理人共同实施或一致同意方才生效，故认定案涉合同有效，袁某应协助原告办理过户手续。

评析： 依据本条规定，不满 8 周岁的未成年人为无民事行为能力人，由其法定代理人代理实施民事法律行为。再根据相关法律规定，代理人在代理权限内，以被代理人名义实施的民事法律行为，对被代理人发生效力。本案中，袁某主张自己为

---

① 审理法院：一审法院为上海市闵行区人民法院，案号：（2018）沪 0112 民初 19302 号；二审法院为上海市第一中级人民法院，案号：（2019）沪 01 民终 3191 号。

无民事行为能力人，房屋出售应当由父母共同决定，而案涉交易未经自己的父亲同意。法院认为，法律没有规定未成年人的民事活动必须经由全部法定代理人共同实施或一致同意方才生效，而且袁某的父亲在相当长的时间内并未就黄某出售房屋提出异议，且黄某代理出售房屋取得了合理对价，并未侵害未成年人利益，所以没有采纳袁某的主张。本案体现了不满 8 周岁的未成年人为无民事行为能力人，由其法定代理人代理实施民事法律行为的条文意旨。

> ▶▶ **第二十一条**　不能辨认自己行为的成年人为无民事行为能力人，由其法定代理人代理实施民事法律行为。
>
> 　　八周岁以上的未成年人不能辨认自己行为的，适用前款规定。

🏛 条文要义

本条是关于无民事行为能力人的规定。

《民法通则》规定，只有完全不能辨认自己行为的精神病患者为无民事行为能力人，这不完全正确。除了精神病患者之外，还有植物人、老年痴呆症患者等成年人也没有民事行为能力。根据实际情况，民法典采取了新的成年人无民事行为能力的标准，即不能辨认自己行为。已满 18 周岁的成年人，只要不能辨认自己的行为，就是无民事行为能力人，而不再区分是因何原因而不能辨认自己的行为。

8 周岁以上的未成年人原本是限制民事行为能力人，如果 8 周岁以上的未成年人也不能辨认自己的行为，与不能辨认自己行为的成年人一样，也是无民事行为能力人。

无民事行为能力的成年人或者 8 周岁以上不能辨认自己行为的未成年人，在实施民事法律行为时，都须由其法定代理人代理，不得自己独立实施，否则该行为无效。

 案例评析

郭某与夏甲离婚纠纷案①

案情： 郭某与夏甲婚后生一女，取名夏乙。后夏甲被诊断为精神分裂症，自知力丧失。郭某出现视力模糊，被诊断为颅内占位性病变（鞍结节）。因双方陆续患病，影响了夫妻生活质量，故郭某以夫妻感情破裂为由诉至法院，请求判决离婚。本案诉讼夏乙代理夏甲进行。法院经审理认为，郭某与夏甲虽然系自主婚姻，婚后感情尚好，但因夏甲患精神分裂症多年，严重影响了夫妻感情，又因郭某也患病导致双眼视力下降，生活难以自理，更无法承受照顾夏甲的责任，郭某和夏甲已经

---

① 审理法院：安徽省合肥市庐阳区人民法院，案号：（2016）皖 0103 民初 859 号。

难以维持基本的夫妻生活。故郭某现诉讼请求离婚，法院予以准许。

评析： 能否辨认自己的行为是对自然人的民事行为能力作出判断的另一标准，对于不具备辨认自己行为能力的自然人，需要法定代理人代理其进行民事法律行为。就本案而言，被告夏甲被诊断为患有精神分裂症，且根据某医院分别于 2013 年 11 月 25 日、2014 年 3 月 17 日、2015 年 5 月 29 日出具的出院记录，可以认定夏甲已经因为患病丧失了心智，进而也就丧失了识别能力和判断能力，为了对其利益加以保护，需要由其法定代理人代理进行民事活动。本案中，夏甲 23 岁的女儿符合担任其法定代理人的条件，因此代理其实施一系列与离婚诉讼有关的民事法律行为具有法律上的正当性。

> ▶▶ **第二十二条** 不能完全辨认自己行为的成年人为限制民事行为能力人，实施民事法律行为由其法定代理人代理或者经其法定代理人同意、追认；但是，可以独立实施纯获利益的民事法律行为或者与其智力、精神健康状况相适应的民事法律行为。

🏛 条文要义

本条是关于限制民事行为能力的成年人的主体范围与有效行为范围的规定。

限制民事行为能力的成年人，是指因其不能完全辨认自己行为的原因而不具有完全民事行为能力，只能在法律限定的范围内实施有效的民事法律行为，取得权利、承担义务的成年人。

年满 18 周岁、但不能完全辨认自己行为的成年人，尽管已经成年，由于只具有受限制的民事行为能力，因而只能实施与其智力和健康状况相适应的法律行为，其他民事法律行为则应由其法定代理人代理进行，或者征得其法定代理人的同意、追认。

限制民事行为能力的成年人可以实施纯获利益的民事法律行为。纯获利益的民事法律行为因未课以限制民事行为能力的成年人以法律上的义务，故限制民事行为能力的成年人可以独立实施。那些无偿的借用、借贷等，虽然限制民事行为能力人能够从中获得权利和利益，但还负有返还义务，因而不属于纯获利益的民事法律行为。

限制民事行为能力的成年人可以实施与其智力、精神健康状况相适应的民事法律行为。例如，一些日常生活所必需的交易行为，限制民事行为能力人完全可以实施；否则，不仅会限制其行为自由，还会给其生活造成不便。

与《民法通则》第 13 条第 2 款的规定相比，本条规定扩大了限制民事行为能力的成年人的范围与有效行为范围。

1. 扩大限制民事行为能力的成年人的主体。《民法通则》第 13 条第 2 款规定限制民事行为能力的成年人仅限于不能完全辨认自己行为的精神病人。但是，事实上，患有其他病症的患者也有可能无法完全辨认自己的行为。如果按照《民法通则》的规定，这类群体只能被认定为完全民事行为能力人，与事实不符。民法典第 22 条将"精神病人"修改为"成年人"，扩大了范围，将患有其他疾病的患者纳入了限制民事行为能力人的范围，是正确的立法选择。

2. 扩大限制民事行为能力的成年人的有效行为范围。根据《民法通则》第 13 条第 2 款关于"不能完全辨认自己行为的精神病人是限制民事行为能力人，可以进行与他的精神健康状况相适应的民事活动；其他民事活动由他的法定代理人代理，或者征得他的法定代理人的同意"的规定，限制民事行为能力的成年人只能独立实施与其精神健康状况相适应的法律行为。本条文在此基础上新增了限制民事行为能力的成年人能够独立实施纯获利益的法律行为，以及实施与其智力状况相适应的法律行为，进一步扩大了限制民事行为能力的成年人的有效行为范围，不仅符合实际情况，也能够体现对限制民事行为能力的成年人权利的尊重。

3. 增加了限制民事行为能力的成年人实施民事法律行为的有效情形。《民法通则》第 13 条第 2 款规定了对于限制民事行为能力的成年人不能独立实施的民事法律行为，应当由法定代理人代理或者经法定代理人同意。只有在这两种情形下，限制民事行为能力的成年人不能独立实施的民事法律行为才具有法律效力。本条文新增了法定代理人的追认权。这样一来，经法定代理人事后追认，限制民事行为能力的成年人不能独立实施的民事行为也具有法律效力。

4. 调整常态与非常态。《民法通则》第 13 条第 2 款先规定限制民事行为能力的成年人可以独立实施的民事法律行为规则，后规定限制民事行为能力的成年人不能独立实施的民事法律行为规则。按照这一规定，限制民事行为能力的成年人独立实施民事法律行为为常态，法定代理人代为实施为非常态，与现实情况不符。本条规定调整了这一关系，先规定限制民事行为能力的成年人由法定代理人代为实施民事法律行为为常态，后规定限制民事行为能力的成年人独立实施为非常态。这样规定显然比原来的规定更加契合实际。

案例评析

杨某凤、张某与上海浦东发展银行股份有限公司 天津分行金融借款合同纠纷案[①]

案情： 原告上海浦东发展银行股份有限公司天津分行诉称，杨某凤借款

[①] 审理法院：一审法院为天津市河西区人民法院，案号：（2018）津 0103 民初 10862 号；二审法院为天津市第二中级人民法院，案号：（2019）津 02 民终 4649 号。

1 400 000 元，并签订《个人借款合同》，张某（杨某凤之夫）在"共同还款人"处签字，借款到期后未偿还本金和利息。张某辩称，杨某凤为智力四级残疾，于常理无法完成借款数额高达 1 400 000 元的借贷行为，张某在借款合同上签字并不当然认定为属于法定代理人追认的情形，故借款合同应认定为无效合同。经查，杨某凤为残疾人，残疾类别为智力，残疾等级为四级，系限制民事行为能力人，监护人为张某。法院认为，杨某凤在签订《个人借款合同》时为限制民事行为能力人，但其完全可以通过其监护人（法定代理人）张某代理或者征得其监护人（法定代理人）同意而进行民事活动。张某自认是其带杨某凤去签的字，在签字前已经明知所签的材料是向银行借款所需要的手续。因此，杨某凤、张某的上述行为应视为杨某凤签订《个人借款合同》已经征得其监护人张某的同意及追认，案涉合同合法有效。

评析：本条规定，不能完全辨认自己行为的成年人为限制民事行为能力人，实施民事法律行为由其法定代理人代理或者经其法定代理人同意、追认，除非该行为是纯获利益的民事法律行为或者是与其智力、精神健康状况相适应的民事法律行为。本案涉及限制民事行为能力人的借贷行为，不属于但书条款规定的内容，所以应关注是否由法定代理人代理或者同意、追认。杨某凤在签订《个人借款合同》时是由张某所陪同，杨某凤在借款人处签字，张某在共同还款人处签字，且张某明知所签的材料是向银行借款，故杨某凤、张某的行为表明杨某凤签订《个人借款合同》已经征得其监护人张某的同意及追认。综上，杨某凤签订的《个人借款合同》以及张某在"共同还款人"处签字确认的行为均系各方当事人真实意思表示，内容不违反法律、行政法规的强制性规定，合法有效。据此，双方应当按照案涉合同的约定履行各自义务。

> **▶▶第二十三条　无民事行为能力人、限制民事行为能力人的监护人是其法定代理人。**

🏛 条文要义

本条是对无民事行为能力人和限制民事行为能力人的法定代理人的规定。

对无民事行为能力人或者限制民事行为能力人应当设置监护人。无民事行为能力人或者限制民事行为能力人与他们的监护人形成监护法律关系。在监护法律关系中，与监护人相对应的无民事行为能力人和限制民事行为能力人是被监护人，包括不满 8 周岁的无民事行为能力人和 8 周岁以上不满 18 周岁的限制民事行为能力人，不能辨认自己行为的无民事行为能力的成年人和不能完全辨认自己行为的限制民事行为能力的成年人。

为无民事行为能力人和限制民事行为能力人设置的监护人的范围是：（1）无民

事行为能力或者限制民事行为能力的未成年人，首先是他们的父母基于亲权而作为其监护人；如果他们的父母不能履行监护职责，或者已经去世，或者被剥夺了亲权，则应当按照本编规定的监护顺序，确定监护人。（2）无民事行为能力或者限制民事行为能力的成年人，根据法定的监护顺序，或者根据意定监护协议等，决定他们的监护人。

无民事行为能力人不能独立实施民事法律行为，限制民事行为能力人只能实施与其年龄、智力和精神健康状况相适应的民事法律行为。不能独立实施的民事法律行为，都需要由其法定代理人代理实施。无民事行为能力人、限制民事行为能力人的监护人，就是其法定代理人，由他们代理无民事行为能力人、限制民事行为能力人依法实施民事法律行为。

案例评析

邓某与重庆河东房地产开发有限公司、邓甲确认合同效力纠纷案①

案情： 邓甲与赵某协议离婚，并约定婚生子邓某由邓甲抚养。邓甲作为邓某的法定代理人与重庆河东房地产开发有限公司（以下简称河东房地产公司）签订了《重庆市商品房买卖合同》并办理登记备案。之后，邓甲作为邓某监护人与开发商协议退房，办理预售登记注销事宜。其后，赵某向法院提起变更抚养关系之诉。原告邓某一审诉称：邓甲与河东房地产公司在未经赵某同意的情况下擅自签订了退房协议并办理注销登记，侵害了邓某的合法权益，故请求法院确认《退房协议》无效。法院经审理认为，因邓某在与河东房地产公司签订《商品房买卖合同》及《退房协议》时尚未满10周岁，属于无民事行为能力人，故应由其法定代理人代理其从事民事活动。邓甲作为邓某的监护人，亦是其法定代理人，故邓甲有权代理邓某与河东房地产公司签订《商品房买卖合同》及《退房协议》，且邓甲作为邓某法定代理人签订《退房协议》的行为并不会直接侵害邓某的合法权益，综上，邓某的上诉理由不成立。

评析： 本案中，原告邓某不具备能够独立签订《商品房买卖合同》及《退房协议》的民事行为能力，需要由其法定代理人代理其实施前述民事法律行为，在法定代理人的代理行为没有影响民事法律行为效力的瑕疵的情况下，法定代理人所代理的民事法律行为应当是有效的。在签订《商品房买卖合同》及《退房协议》时，被告邓甲作为原告邓某的监护人，具有作为邓某法定代理人的资格，其代理邓某实施签订《商品房买卖合同》及《退房协议》的民事法律行为，不需要经过赵某的同意，且在没有证据显示邓甲、河东房地产公司及案外人黄某存在恶意串通的事实的情况下，亦无法以此为由否定《退房协议》的效力。因此，邓某要求确认《退房协议》

---

① 审理法院：一审法院为重庆市北碚区人民法院，案号：（2015）碚法民初8043号；二审法院为重庆市第一中级人民法院，案号：（2016）渝01民终3301号。

无效的诉讼请求缺乏法律上的依据，不应得到支持。

> ▶▶ **第二十四条** 不能辨认或者不能完全辨认自己行为的成年人，其利害关系人或者有关组织，可以向人民法院申请认定该成年人为无民事行为能力人或者限制民事行为能力人。
>
> 被人民法院认定为无民事行为能力人或者限制民事行为能力人的，经本人、利害关系人或者有关组织申请，人民法院可以根据其智力、精神健康恢复的状况，认定该成年人恢复为限制民事行为能力人或者完全民事行为能力人。
>
> 本条规定的有关组织包括：居民委员会、村民委员会、学校、医疗机构、妇女联合会、残疾人联合会、依法设立的老年人组织、民政部门等。

�🏛 条文要义

本条是关于无民事行为能力人或者限制民事行为能力人的认定及恢复的规则。

申请认定成年人为无民事行为能力人或者限制民事行为能力人的主体，是其利害关系人或者有关组织，他（它）们可以向人民法院申请该认定。应具备的要件是：（1）被认定人不能辨认或者不能完全辨认自己的行为。（2）须由利害关系人或者有关组织申请。（3）须经人民法院认定。法院审查属实的，作出认定为无民事行为能力人或者限制民事行为能力人的裁判，并指定监护人。

对无民事行为能力人或者限制民事行为能力人民事行为能力恢复的认定，请求的主体是本人、利害关系人或者有关组织。其要件是：（1）被人民法院认定为无民事行为能力人或者限制民事行为能力人的成年人，已经恢复或者部分恢复了民事行为能力；（2）经本人、利害关系人或者有关组织的申请；（3）人民法院可以根据其智力、精神健康恢复的状况，认定该成年人恢复为限制民事行为能力人或者完全民事行为能力人。

能够申请认定或者恢复民事行为能力人的有关组织，为居民委员会、村民委员会、学校、医疗机构、妇女联合会、残疾人联合会、依法设立的老年人组织、民政部门等。其中依法设立的老年人组织，是指依照《老年人权益保障法》的规定设立的老年人组织，而不是乡、村等自愿设立的老年人协会等组织。

上述关于不完全民事行为能力人的认定及恢复的规则中，有两方面是民法典新规定的内容。

1. 新增有关组织作为无民事行为能力人或者限制民事行为能力人的申请认定及恢复的主体。《民法通则》第19条规定："精神病人的利害关系人，可以向人民法院申请宣告精神病人为无民事行为能力人或者限制民事行为能力人。被人民法院宣告为无民事行为能力人或者限制民事行为能力人的，根据他健康恢复的状况，经本人或者利害关系人申请，人民法院可以宣告他为限制民事行为能力人或者完全民事行为能力人。"本条以该规定为基础，新增规定了有关组织作为申请认定及恢复的主体，而不仅仅局限于利害关系人。这样有利于保障无民事行为能力人或者限制民事行为能力人的合法权益，也能够督促居民委员会、村民委员会、民政部门、学校等履行相应的职责。

2. 将对民事行为能力欠缺的宣告改为认定。《民法通则》第19条规定了精神病人民事行为能力的宣告制度。民法典总则编将《民法通则》的"宣告"改为"认定"。"宣告"的用语较为强硬，"认定"的用语比较缓和。尽管只是文字上的修改，但是"认定"更能够表达对人的尊严的尊重，体现的是人文主义立法思想。

案例评析

宁波吉欧光电科技有限公司与彭某英认定公民无民事行为能力、限制民事行为能力纠纷案①

案情：申请人宁波吉欧光电科技有限公司与科联华公司因经济纠纷致诉，法院判决科联华公司支付拖欠货款；其后科联华公司变更法定代表人为被申请人彭某英。申请人认为，彭某英系古稀老人，因患有疾病常年在家休养，且从未参与过科联华公司的经营管理，故认为科联华公司原股东为了达到逃避债务目的，通过合法形式掩盖其非法行为，将公司股权转让给被申请人，并将法定代表人变更为被申请人，请求依法对被申请人的民事行为能力作出认定，以保护广大债权人的合法权益。法院认为，《民事诉讼法》第187条第1款以及《民法总则》第24条第1款和第3款对成年人行为能力的申请宣告主体作出了明确的界定，宁波吉欧光电科技有限公司并非适格的申请人，故对其申请不予支持。

评析：成年人如被认定为限制行为能力人或无民事行为能力人，将对其处理自身人身或财产权益产生严重影响，故在实践中法院对其申请主体是否适格应严格按法律规定进行审查。按照法律规定，适格的申请主体只有利害关系人和有关组织。本案中，被申请人虽系科联华公司的股东、法定代表人，但科联华公司与被申请人系两个不同的主体，被申请人与宁波吉欧光电科技有限公司间并不存在任何财产关系或其他利害关系，所以宁波吉欧光电科技有限公司相对于被申请人而言并不属于利害关系人；同时，宁波吉欧光电科技有限公司也并不属于"居民委员会、村民委员会、学校、医疗机构、妇女联合会、残疾人联合会、依法设立的老年人组织、民政部门等"有关组织，故法院驳回了申请人的申请。当然，至于本案中申请人提出的科联华公司的原股东将股权转让给被申请人是为了达到逃避债务的目的，通过合法形式掩盖非法行为，此非特别程序审查之范围，申请人可另行请求依法处理。

---

① 审理法院：江苏省启东市人民法院，案号：（2020）苏 0681 民特 3 号。

▶▶ **第二十五条** 自然人以户籍登记或者其他有效身份登记记载的居所为住所；经常居所与住所不一致的，经常居所视为住所。

🏛 **条文要义**

本条是对自然人的住所和经常居所的规定。

住所，是指自然人长期居住生活的地点，是自然人参与的各种法律关系发生的中心地域。认定住所的要件是：（1）久住的意思，即长期居住的意思，依客观事实（如户籍登记、居住情形、家属概况及是否在当地工作等事实）认定该主观的意思。（2）居住的事实，即在事实上住于该地的事实。认定住所采客观主义立场，并不特别要求考察当事人是否具有久住的意思，因而规定以户籍登记或者其他有效身份登记记载的居所为自然人的住所。户籍登记，是公安机关按照国家户籍管理法律、法规，对公民的身份信息进行登记记载的制度。其他有效身份登记，主要包括居住证、外国人的有效居留证件所作的登记。这些身份登记记载的居所就是住所。

住所的法律意义是：（1）确定自然人的民事主体状态，如宣告失踪或者宣告死亡，以自然人离开住所地下落不明为前提条件。（2）决定债务的清偿地。在没有其他标志确定债务履行地时，可以用债务人的住所地作为标志，确定债务清偿地。（3）决定婚姻登记等身份事项的管辖地点。（4）在涉外民事关系中确定法律适用的准据法。（5）决定诉讼管辖法院和司法文书送达地。

经常居所，也被简称为"居所"，是指自然人为了某种目的而临时居住，并无久住意思的处所。住所与经常居所的区别在于有无久住的意思，与居住时间的长短无关，例如在监狱服刑，具有长期居住的事实，但无久住的意思，不能认为设定住所于该地，仅能认其系设定居所而已。

经常居所的法律意义是，当经常居所与住所不一致时，将经常居所视为住所。

🔵 **案例评析**

周某诉叶某等民间借贷纠纷案[①]

案情：原告叶某与被告周某、中宇公司签订了《借款合同》，载明合同履行中如有争议可由各方协商解决，协商不成，由原告方所在地有管辖权的人民法院管辖。原告叶某提交了居民委员会及派出所出具的"证明"，证实原告叶某的经常居住地属福建省福州市中级人民法院辖区。一审法院依法将本案移送福建省福州市中级人民法院受理。被告周某提出应将本案移送福建省厦门市中级人民法院审理的管辖权异

---

① 审理法院：一审法院为福建省泉州市中级人民法院，案号：（2015）泉民初 964 号；二审法院为福建省高级人民法院，案号：（2015）闽民终 1678 号。

议，该管辖权异议被一审法院驳回。二审法院经审理认为，根据协议管辖条款的约定，结合本案的诉讼标的额，本案应由福州市中级人民法院管辖。

评析： 在确定当事人的住所时，经常居所相较于登记的居所具有一定优先性。本案中，原告和被告在《借款合同》中通过管辖条款约定争议由原告方所在地（住所地）有管辖权的人民法院管辖。根据原告提交的证据，能够证明原告叶某的经常居所在福建省福州市鼓楼区，故应当以其经常居所作为原告的住所地，并以此来确认管辖法院。

第二节　监护

▶▶ **第二十六条**　父母对未成年子女负有抚养、教育和保护的义务。
成年子女对父母负有赡养、扶助和保护的义务。

🏛 条文要义

本条规定的是父母子女的权利义务关系。

第 1 款规定的是父母与未成年子女之间的亲权法律关系，强调的是亲权关系中的义务；第 2 款规定的是父母与成年子女之间的亲属权法律关系，强调的是亲属权中成年子女对父母的义务。本条延续了《民法总则》第 26 条的规定，而之前的《民法通则》未规定这一内容，是新增加的规则。

亲权，是指父母对未成年子女在人身和财产方面的抚养、教育和保护的权利与义务。亲权是身份权，其主要体现为义务。父母对于未成年子女负有的亲权义务，包括人身照护的义务和财产照护的义务。这两种义务集中表现为本条第 1 款规定的父母对未成年子女负有抚养、教育和保护的义务。

亲属权是指除配偶、未成年子女与父母以外的，其他近亲属相互之间的基本身份权，表明这些亲属之间互为亲属的身份利益为其专属享有和支配，其他任何人均不得侵犯。其中，子女一经成年，即脱离父母亲权的保护，父母不再享有亲权，父母与成年子女之间的身份法律关系转化为亲属权法律关系。本条第 2 款规定的亲属权法律关系，就是父母与成年子女之间的亲属权法律关系，特别强调的是成年子女对父母的义务，即赡养、扶助和保护义务。这是父母与成年子女之间亲属权法律关系的主要内容，成年子女必须承担这些义务。

相较于《民法通则》第 16 条将亲权与监护等同，本条规定与第 27 条规定已然区分了亲权和监护权的界限，属于重大的立法突破。同时，民法典第 112 条规定了身份权，其中就包括亲权。因此，总则编的规定为此确立了法律基础，也解决了亲权与监护权的关系。

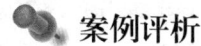 **案例评析**

杜某1诉杜某2抚养费纠纷案①

案情： 原告的法定代理人王某与被告杜某2婚后育有女儿杜某1，夫妻因感情不和而离婚，约定杜某1随女方王某共同生活，男方每月提供抚养费1500元，交至杜某1十八周岁。杜某1诉请判令杜某2按约定支付其抚养费。杜某2辩称，约定的抚养费过高，请求按照国家标准给付抚养费。法院经审理认为，父母对子女有抚养教育的义务，父母不履行抚养义务时，未成年的或不能独立生活的子女有要求父母给付抚养费的权利。原告母亲王某和被告于2015年6月30日签订的离婚协议系双方当事人的真实意思表示，且不违反法律和行政法规的禁止性规定，故该离婚协议合法有效。双方当事人均应按照离婚协议的约定履行各自的义务。故认定杜某2应当按约定支付杜某1抚养费。

评析： 本案中，被告杜某2作为原告杜某1的父亲，对未成年的原告负有抚养、教育和保护的义务。原告及其法定代理人王某与被告共同生活时，可以认为在此期间被告对原告履行了相应的抚养、教育和保护义务。但是，被告与原告的法定代理人王某离婚后，其应有必要通过支付抚养费的方式继续履行对原告的抚养、教育和保护义务，且抚养费的金额应能够起到保障原告生活的作用。本案中，双方在离婚时对于杜某1的抚养费作出了明确的约定，该协议系双方真实意思表示，故双方均应自觉遵守、履行离婚协议，且杜某2并未提供自己丧失抚养能力的证据，因此其主张降低抚养费于法无据。基于此，人民法院判决杜某2补充支付杜某1的抚养费，并按约定按月支付后续抚养费，具有法律上的正当性。

> ▶▶ **第二十七条**　父母是未成年子女的监护人。
>
> 未成年人的父母已经死亡或者没有监护能力的，由下列有监护能力的人按顺序担任监护人：
>
> （一）祖父母、外祖父母；
>
> （二）兄、姐；
>
> （三）其他愿意担任监护人的个人或者组织，但是须经未成年人住所地的居民委员会、村民委员会或者民政部门同意。

🏛 条文要义

本条是对未成年人的监护人及监护顺序的规定。

---

① 审理法院：一审法院为山东省烟台市福山区人民法院，案号：（2019）鲁0611民初880号；二审法院为山东省烟台市中级人民法院，案号：（2019）鲁06民终5484号。

未满 18 周岁的未成年人都需要依法被监护，在监护法律关系中都是被监护人。

法定监护是由法律直接规定谁为监护人。法定监护应依照法律规定的监护顺序，以顺序在先者为监护人，在前一顺序的法定监护人缺位时，依次由后一顺序的法定监护人担任。

未成年人的法定监护顺序是：第一，未成年人的父母是未成年人的监护人，这是未成年人的亲权人作为未成年人的监护人。第二，未成年人的父母已经死亡或者没有监护能力的，由下列有监护能力的人按顺序担任监护人：祖父母、外祖父母；兄、姐；其他愿意担任监护人的个人或者组织，但是须经未成年人住所地的居民委员会、村民委员会或者民政部门同意。其中第三顺序的监护人是自愿监护人，即"其他愿意担任监护人的个人或者组织，但是须经未成年人住所地的居民委员会、村民委员会或者民政部门同意"。自愿监护人的范围比较宽，个人或者组织均可自愿担任监护人；但自愿监护人的条件比较严格，须经未成年人住所地的居民委员会、村民委员会或者民政部门同意。

本条新规则的变化之处如下。

1. 对未成年人确定监护人的监护顺位。《民法通则》第 16 条未规定未成年人的法定监护顺序。民法典第 27 条补足了这一立法漏洞，规定了未成年人的法定监护顺序。这样一来，不仅有利于解决法定监护人之间的纠纷，避免了法定监护人互相推诿或者互相争抢，也能够在前一顺序的法定监护人缺位时，立即由后一顺序的法定监护人接替，以及时保障未成年人的合法权益。

2. 扩大了未成年人自愿监护人的范围。无论是《民法通则》第 16 条还是民法典第 27 条，都规定了自愿监护人，不同的是后者的范围有所扩大。《民法通则》规定的自愿监护人仅限于关系密切的亲属、朋友，而且要经过未成年人的父、母的所在单位或者未成年人住所地的居民委员会、村民委员会同意。民法典第 27 条为了更多体现"自愿"的性质，扩大了自愿监护人的范围，即"愿意担任监护人的个人或者组织"均可以作为未成年人的监护人。同时，考虑未成年人的父母所在单位并不具有同意监护的职能，改为赋予未成年人住所地的居委会、村委会或者民政部门以同意权。不过，如果是 8 周岁以上的未成年人不同意自愿监护人作为自己的监护人，应当尊重其意愿。

案例评析

季某彪、沈某英申请确定张某爻监护人案[1]

案情：张某爻出生于 2009 年 6 月 12 日，其父母于 2020 年因意外事故去世。张某爻并无兄、姐，季某彪、沈某英系张某爻外祖父母，张某荣、骆某娟系其祖父母；

---

[1] 审理法院：江苏省苏州市姑苏区人民法院，案号：（2020）苏 0508 民特 46 号。

现张某爻需要一名监护人代为行使相关权利，因为其二人及张某爻祖父母年事已高，不能很好地照顾张某爻，故其四人及张某爻本人均同意由其叔叔张某担任监护人。张某已向张某爻住所地苏州市姑苏区某某街道某某社区居民委员会申请担任张某爻监护人，并获得同意，故向法院提起申请。法院认为，由于张某爻的父母已经去世，其祖父母、外祖父母均年事已高且其并无兄、姐，其近亲属共同协商一致由张某作为张某爻的监护人，相关申请也已经由张某爻住所地所在居民委员会审核同意，故法院对申请予以认可。

评析：民法典第 27 条对未成年人监护人及监护顺序进行了规定。本案中，张某爻的父母因意外事故去世，无法担任监护人；则应当由第二顺位的人担任监护人，然而张某爻无兄、姐，其祖父母、外祖父母均年事已高，确实无能力承担监护职责。张某是张某爻的叔叔，其作为亲属也愿意承担监护职责，且经过被监护人住所地的居民委员会的同意，符合法定监护的资格。故有理由相信，张某能够担负起监护张某爻的职责，故按照法律规定，法院同意了申请人的申请。

> ▶▶ **第二十八条** 无民事行为能力或者限制民事行为能力的成年人，由下列有监护能力的人按顺序担任监护人：
>
> （一）配偶；
>
> （二）父母、子女；
>
> （三）其他近亲属；
>
> （四）其他愿意担任监护人的个人或者组织，但是须经被监护人住所地的居民委员会、村民委员会或者民政部门同意。

🏛 条文要义

本条是关于无民事行为能力或者限制民事行为能力的成年人的监护人的规定。无民事行为能力和限制民事行为能力的成年人被设立监护人后，为被监护人。在无民事行为能力或者限制民事行为能力的成年人中，丧失或者部分丧失民事行为能力的老年人更需要监护制度予以保护。如老年痴呆症作为一种智力上的障碍，直接影响辨认能力，甚至会使其意思能力完全消失，须设置监护人予以保护。

对丧失或者部分丧失民事行为能力的成年人的监护人范围和监护顺序是：配偶；父母、子女；其他近亲属；其他愿意担任监护人的个人或者组织，但是须经被监护人住所地的居民委员会、村民委员会或者民政部门同意。依照法定监护方式设定监护人，按上述法定顺序，由顺序在先的监护人自动担任，监护人设定之后，即发生监护法律关系。

本条第 4 项规定的其他愿意担任监护人的个人或者组织也是自愿监护人。自愿监护人也叫无因监护人，是指不负有法定监护义务的人自愿监护，并经有关组织同意的监护人。自愿监护人与法定监护人的最大区别，在于是否有法律规定的监护义务。自愿监护人应以有关组织同意为必要，非经同意不能作为监护人。作为无民事行为能力或者限制民事行为能力的成年人的自愿监护人的资格是：第一，须被监护人不存在法定监护人和意定监护人；第二，须自愿监护人出于自愿；第三，须经被监护人住所地的居民委员会、村民委员会或者民政部门同意。

🔵 案例评析

王某芳申请宣告王某艳无民事行为能力案①

案情：王某芳、王某艳系姐妹关系，王某艳患精神分裂症，一直由其父照顾。现其父突发脑出血，已经生活不能自理，失去行为能力，不能履行监护人责任，王某艳无人照顾，故王某芳申请认定王某艳无民事行为能力，并确认其姐姐王某芳为监护人。法院依法委托哈尔滨市第一专科医院司法鉴定所对王某艳的民事行为能力进行司法鉴定，鉴定意见为：（1）目前患精神分裂症；（2）限制民事行为能力。故法院对王某芳的申请予以支持。

评析：本案中，王某艳经哈尔滨市第一专科医院司法鉴定所鉴定为限制民事行为能力，故王某艳应被确认为限制民事行为能力人。王某艳的母亲已经死亡，父亲年事已高且身患疾病，不具有照顾王某艳的能力，且王某艳的代理人王某玲同意由王某芳作为监护人。故根据法律规定，法院对于王某芳申请指定其为王某艳监护人的申请予以支持。

▶▶ **第二十九条　被监护人的父母担任监护人的，可以通过遗嘱指定监护人。**

🏛 条文要义

本条是对遗嘱监护制度的规定。

遗嘱监护人，是指未成年人的父母在担任监护人时，通过遗嘱为未成年子女指定的监护人。

父母通过遗嘱指定监护人时，遗嘱人应当具备以下资格：第一，遗嘱人须是亲权人，非亲权人不得以遗嘱指定监护人。之所以遗嘱监护的权利只能由父母来行使，是因为更符合子女利益最大化的目标，也是对其行使亲权的尊重。② 第二，遗嘱人须是承担监护职责的亲权人。并非所有的父母都可以通过遗嘱指定监护人。享有遗嘱指定

---

① 审理法院：黑龙江省哈尔滨市道外区人民法院，案号：（2019）黑 0104 民特 45 号。

② 余延满. 亲属法原论. 北京：法律出版社，2007：486.

监护资格的必定是担任监护人的父母，其监护权没有被剥夺或者撤销。第三，遗嘱人须是后死的亲权人。若尚有亲权人在世，无须指定监护人。如果亲权人共同遗嘱指定监护人，后死的亲权人没有改变遗嘱的意思，应当认为是后死亲权人的遗嘱。亲权人共同遗嘱指定监护人，且又是同时死亡的，如在同一事件中死亡推定为同时死亡的，遗嘱有效。第四，遗嘱须符合法律要求，违反遗嘱法律要求的遗嘱无效，不发生遗嘱指定监护人的效力。

指定监护人的遗嘱符合法律要求，承认其指定的监护人的效力。遗嘱有效的要求包括遗嘱的内容、程序、形式均须合法、有效，应依遗嘱的一般规定判断。遗嘱符合上述三项条件要求的，为有效遗嘱监护，遗嘱指定的监护人在遗嘱生效之时即为监护人，取得监护权，发生监护法律关系。

值得注意的是，行为能力欠缺的成年人的父母遗嘱指定监护可以参照适用本条规定，即不是作为亲权人的父母，对自己丧失或者部分丧失民事行为能力的成年子女，可以通过遗嘱为其设立监护。民法典总则编第一次审议稿和第二次审议稿均将遗嘱监护规定在未成年人的监护人条文中。自第三次审议稿开始，将其单列为一条。从立法对遗嘱指定监护制度的体例调整可以看出，遗嘱监护并不仅限于未成年人的父母通过遗嘱指定监护人，同样可以适用于成年人的父母通过遗嘱指定监护人。

民法典第 29 条规定遗嘱监护，是立法的突破，只是具体规则还有待完善。尤其是遗嘱指定监护人不一致时的适用规则。民法典（草案·第一次审议稿）第 26 条第 3 款规定了"未成年人的父母可以通过遗嘱指定未成年人的监护人；其父、母指定的监护人不一致的，以后死亡一方的指定为准。"第二次审议稿将其修改为："其父、母指定的监护人不一致的，应当尊重被监护人的意愿，根据最有利于被监护人的原则确定。"第三次审议稿以及最后的建议表决稿都删除了"指定监护人不一致"的规则。对此，有必要在将来的司法解释中作出规定。

案例评析

沈某 1 与沈某 2 财产损害赔偿纠纷案[①]

案情：原告沈某 1 患有精神分裂症，是限制民事行为能力人，与被告沈某 2 系兄弟关系。二人的母亲黄某明在世时，曾立有遗嘱：房屋归沈某 2，存款归沈某 1，沈某 2 是沈某 1 的监护人。现沈某 1 认为沈某 2 持有上述存款，是侵占自己的财产，要求归还；沈某 2 辩称其作为沈某 1 的监护人，是在履行其职责，无侵占行为。法院认为，黄某明通过遗嘱方式指定被告沈某 2 为原告沈某 1 的监护人，符合法律规定。被告作为原告的监护人，有保护被监护人的人身权利、财产权利以及其他合法

[①] 审理法院：重庆市渝北区人民法院，案号：（2018）渝 0112 民初 8447 号。

权益的职责。被告持有原告的银行存款属于保管行为，并非处分行为，并不损害原告的合法权益，故驳回原告的诉请。

评析：依据本条规定，被监护人（包括未成年人以及无民事行为能力或者限制民事行为能力的成年人）的父母可以通过立遗嘱的方式为被监护人指定监护人，前提是被监护人的父母正担任着监护人。此外，一般而言，遗嘱指定较之于法定监护具有更为优先的地位。本案中，黄某明是沈某1的监护人，其在世时通过遗嘱的方式指定沈某2为自己身后沈某1的监护人，符合法律的规定。据此，沈某2管理沈某1的财产是履行其监护职责的行为，且未损害被监护人的利益，故法院依法驳回了沈某1的诉请。

> ▶▶ **第三十条**　依法具有监护资格的人之间可以协议确定监护人。协议确定监护人应当尊重被监护人的真实意愿。

🏛 条文要义

本条是对协议监护作出的规定。

具有监护人资格的人对于确定谁作为被监护人的监护人，可以协商确定，这种由具有监护资格的人协商确定监护人的监护，就是协议监护。

监护是法定职责，具有强行性特点，核心在于保护被监护人，原本不宜委托。我国司法实践从对被监护人的教育和照顾的必要性出发，有条件地承认监护委托，通过协商确定具有监护人资格的人做被监护人的监护人，实际上就是一种监护委托。本条确认这种具有监护资格的人通过协商委托其中一人作为监护人的协议，具有法律上的效力。

协议设立监护人应当有协议文书，将协议签订的具体内容表述清楚、明确，具有监护资格的人应当在监护协议书上签字、盖章或者按指印。

在具体确立协议监护人时，应当充分尊重被监护人的真实意愿。本条以《最高人民法院关于贯彻执行〈中华人民共和国民法通则〉若干问题的意见（试行）》第15条关于"有监护资格的人之间协议确定监护人的，应当由协议确定的监护人对被监护人承担监护责任"的规定为基础，最重要的变化，就在于新增了"尊重被监护人的真实意愿"的规则。尊重被监护人的真实意愿的具体要求是：第一，被监护人为限制民事行为能力人，具有一定的辨认自己行为能力的，应当征求被监护人的意见，究竟愿意由谁作为自己的监护人，不得违背被监护人的意见，硬性协议由一个被监护人不愿意接受的人作为监护人。第二，被监护人为无民事行为能力人的，应当根据被监护人的实际利益，确定由能够尊重被监护人的真实意愿的人担任监护人。

案例评析

申请人商某兰与被申请人姚某红申请宣告公民限制民事行为能力案①

案情：被申请人姚某红系申请人商某兰的叔父。姚某红未婚、无子女、天生耳聋、视力模糊、不识字，日常生活起居均需有人照看。姚某红一直居住在申请人家中，长达35年。鉴于姚某红不能辨认自己的行为能力，申请人特向法院申请姚某红为限制民事行为能力人，并依法为其指定监护人。法院确认姚某红为限制民事行为能力人，对申请人申请宣告被申请人为限制民事行为能力人的请求予以支持。但是对于确定监护人的问题，经查明，姚某红与商某兰的丈夫姚某林之间系叔侄关系，而姚某林有兄弟四人，根据法律规定，应由具有监护资格的人先商议确定，协商不成的才可以申请法院指定监护人，故驳回指定监护人的诉请。

评析：监护人可以由具有监护资格的人之间协议确定，且应尊重被监护人的个人意愿。就本案来看，被申请人姚某红无配偶、子女，父母亦死亡，姚某林四兄弟均属被申请人的其他近亲属，依法均具有监护资格。按照法律规定，监护人可以由姚某林等四人商议确定，并尊重被监护人的个人意愿。再结合《民法总则》第28条对于监护人顺序的规定，如果无法商议确定，才能向法院申请指定监护人。据此，法院驳回申请人商某兰关于指定监护人的诉请。

> ▶▶ **第三十一条** 对监护人的确定有争议的，由被监护人住所地的居民委员会、村民委员会或者民政部门指定监护人，有关当事人对指定不服的，可以向人民法院申请指定监护人；有关当事人也可以直接向人民法院申请指定监护人。
>
> 居民委员会、村民委员会、民政部门或者人民法院应当尊重被监护人的真实意愿，按照最有利于被监护人的原则在依法具有监护资格的人中指定监护人。
>
> 依据本条第一款规定指定监护人前，被监护人的人身权利、财产权利以及其他合法权益处于无人保护状态的，由被监护人住所地的居民委员会、村民委员会、法律规定的有关组织或者民政部门担任临时监护人。
>
> 监护人被指定后，不得擅自变更；擅自变更的，不免除被指定的监护人的责任。

条文要义

本条是对指定监护制度的规定。

《民法通则》第16条第3款以及第17条第2款分别规定了对未成年人与精神病

---

① 审理法院：陕西省白河县人民法院，案号：（2018）陕0929民特24号。

人的指定监护，民法典第 31 条将上述内容合并，借鉴司法解释的规则，规定了指定监护的新规则。

发生指定监护人的前提条件，是对担任监护人有争议。若没有这个条件，则不发生指定监护的问题。具有指定监护人资格的机构，是被监护人住所地的居民委员会、村民委员会或者民政部门。它们有权指定有监护资格的人担任监护人。由居民委员会或者村民委员会以及民政部门指定的监护人，就是指定监护人。当有关当事人对上述机构指定监护人不服时，本条还规定了司法救济程序，即有关当事人可以向人民法院提出申请；有关当事人也可以直接向人民法院提出申请监护人，由人民法院指定。人民法院通过裁判指定的监护人，也是指定监护人。

无论是居民委员会、村民委员会、民政部门还是人民法院，指定监护人须符合的要求是：（1）应当尊重被监护人的真实意愿，凡是被监护人能够表达自己真实意愿的，都应当予以尊重；（2）按照最有利于被监护人的原则，选择被监护人；（3）在具有监护资格的人中指定监护人，而不是在其他人中指定监护人。

居民委员会、村民委员会、民政部门以及人民法院在依照上述规定指定监护人之前，如果被监护人的人身、财产权利及其他合法权益处于无人保护状态的，应当采取临时监护措施，由被监护人住所地的居民委员会、村民委员会、法律规定的有关组织或者民政部门担任临时监护人，担负起对被监护人的监护职责，避免被监护人由于监护人的缺位而使其合法权益受到侵害。

监护人被指定后，任何人都不得擅自变更。如果对指定监护人擅自进行变更的，法律没有直接规定变更无效，而且并不免除被指定的监护人的监护责任，被指定的监护人仍须承担监护责任。

🟤 案例评析

瞿某 1 与瞿某 2 监护权纠纷案[①]

案情：被监护人李某的父母与丈夫已去世。李某育有三子一女，分别为长子瞿某 2、次子瞿某 1、三子瞿某 3（2015 年 7 月 30 日去世）、长女瞿某 4。李某被法院宣告为无民事行为能力人，村委会指定瞿某 2 为李某的监护人，遂发生争议。法院认为，本案中瞿某 2 作为李某的长子，具有成为李某的监护人的资格，村委会具有指定李某监护人的资格。故村委会指定瞿某 2 为李某的监护人并无不当。本案中，瞿某 1 并未举证证明瞿某 2 作为监护人不履行对李某的监护义务或给李某造成财产损失，故对瞿某 1 变更监护人的请求不予支持。

评析：除了法定监护，民法典总则编还规定了指定监护的监护方式。指定监护是指适格的监护人对担任监护人有争议时，由有关单位或组织指定监护人的监护设

---

① 审理法院：北京市门头沟区人民法院，案号：（2016）京 0109 民特 22 号。

定方式。从本案来看，监护人的指定符合下列构成要件：第一，瞿某2是李某的长子，是法律规定范围内的近亲属。第二，当事人所住小区为回迁小区，暂未成立居委会，相关事务仍由村委会处理，因此村委会有权作出指定监护的决定。第三，指定监护时，瞿某1和瞿某2作为同一顺序有监护资格的人，村委会在认定相关事实的基础上，如瞿某1之前并未尽心照顾李某，遂指定瞿某2作为监护人。因此，村委会作出的指定监护决定并无不妥。庭审中，瞿某1并未提供证据证明瞿某2损害了李某的权利或给李某造成财产损害，不适合做李某的监护人，法院自然也无法支持申请人的申请。

> ▶▶ **第三十二条** 没有依法具有监护资格的人的，监护人由民政部门担任，也可以由具备履行监护职责条件的被监护人住所地的居民委员会、村民委员会担任。

🏛 条文要义

本条是对公职监护人的规定。

没有依法具有监护资格的人的，监护人由民政部门担任，或者由被监护人住所地的居民委员会、村民委员会担任。该监护人是公职监护人。

设定公职监护人，须被监护人没有依法具有监护资格的人，包括法定监护人、意定监护人和自愿监护人。上述民政部门或者居民委员会、村民委员会对被监护人作出监护意思表示的，即为公职监护人。

政府的民政主管部门在监护制度中具有两项重要职责：一是对无民事行为能力人和限制民事行为能力人的监护进行监督，监督无民事行为能力或者限制民事行为能力的监护人依法履行监护职责；二是在无民事行为能力人或者限制民事行为能力人的监护人缺位时，自己可以作为其监护人，履行监护职责。在江苏省徐州市铜山区人民法院审理的申请人徐州市铜山区民政局与被申请人邵某某、王某某申请撤销监护人资格一案中，王某某离婚后遗弃其女邵某。邵某某（邵某之父）在抚育邵某期间，对其进行性侵，后被判处徒刑羁押，邵某被他人照顾，申请人请求法院判决撤销其父的监护资格，由自己作为邵某的监护人。法院判决支持了徐州市铜山区民政局的诉讼请求，指定民政局为邵某的监护人，履行监护职责，这个判决具有典型意义。

《民法通则》分别规定了未成年人与精神病人的公职监护人：一是第16条第4款规定，"没有第一款、第二款规定的监护人的，由未成年人的父、母的所在单位或者未成年人住所地的居民委员会、村民委员会或者民政部门担任监护人"。二是第17条第3款规定，"没有第一款规定的监护人的，由精神病人的所在单位或者住所地的居民委员会、村民委员会或者民政部门担任监护人"。相比之下，民法典第32条进行了两处修改。

1. 删除了未成年人的父、母或者精神病人的所在单位作为公职监护人。在计划经济时代，职工与单位之间具有极强的人身依附属性，单位也承担着重要的社会保障功能。随着市场经济体制的不断发展成熟，单位已经不再具有管理社会的公共职能，因此予以删除。

2. 突出了民政部门的监护职责。《民法通则》第16条第4款以及第17条第3款规定的是单位、居民委员会、村民委员会或者民政部门担任监护人，暗含了担任公职监护人的顺位。本条规定首先由民政部门作为公职监护人，也可以由具备履行监护职责条件的被监护人居所地的居民委员会、村民委员会担任，突出了国家主管部门的监护职责，由居民委员会、村民委员会作为补充性的公职监护人。

🔖 案例评析

程某海与宁安市东京城镇光明村村民委员会监护人责任纠纷案[①]

案情：程某海是案外人程某文的叔叔。程某文未婚，其4岁时，其父去世，其母离家出走、至今杳无音信，程某文与祖父、祖母共同生活。之后，程某文祖父程某去世。程某海与程某文及程某海母亲共同生活至今，且未婚。此后，程某文经诊断患有适应性障碍症与精神分裂症，由程某海一直照料。程某海诉请光明村村委会支付医疗费等相关费用。法院认为，程某文患病期间，其有法定监护人，相应的监护责任应当由法定监护人履行，而光明村村委会并非程某文的法定监护人，其无须承担程某海因照料程某文所支出的费用。

评析：在没有适格的自然人能够担任监护人时，监护人由民政部门或者具备履行监护职责条件的被监护人住所地的居民委员会、村民委员会担任，可以防止出现未成年人、无民事行为能力或者限制民事行为能力的成年人无人监护的现象。本案中，程某文有法定监护人存在，即其母亲和祖母，所以光明村村委会并不是其法定监护人，没有义务支付相关费用。同时，程某海虽然与程某文不属于近亲属关系，但是他在与其母亲共同生活中，基于亲属关系照料程某文的日常生活，并支付相应的费用，属于家庭成员内部权利义务事宜，与光明村村委会无关。故程某海要求光明村村委会支付相应费用的请求未能得到法院的支持。

> ▶▶ **第三十三条**　具有完全民事行为能力的成年人，可以与其近亲属、其他愿意担任监护人的个人或者组织事先协商，以书面形式确定自己的监护人，在自己丧失或者部分丧失民事行为能力时，由该监护人履行监护职责。

---

① 审理法院：一审法院为黑龙江省宁安市人民法院，案号：（2019）黑1084民初1828号；二审法院为黑龙江省牡丹江市中级人民法院，案号：（2020）黑10民终236号。

🏛 条文要义

本条规定了成年人的意定监护制度。

《民法通则》只规定了法定监护制度和指定监护制度。本条文规定意定监护制度，是借鉴《老年人权益保障法》第26条规定制定的新规则。

意定监护制度指的是具备完全民事行为能力的成年人，可以在近亲属或者其他与自己关系密切、愿意承担监护责任的个人、组织中，通过签订监护协议，合意确定自己的监护人。当签订了监护协议的成年人在丧失或者部分丧失民事行为能力时，意定监护人依照监护协议，依法承担监护责任，对被监护人实施监护。意定监护制度具有更好地保护丧失或者部分丧失民事行为能力的成年人的重要意义。《老年人权益保障法》制定时，为了更好地保障老年人的权益，第26条第1款首次规定老年人的意定监护制度，即"具备完全民事行为能力的老年人，可以在近亲属或者其他与自己关系密切、愿意承担监护责任的个人、组织中协商确定自己的监护人。监护人在老年人丧失或者部分丧失民事行为能力时，依法承担监护责任"。民法典第33条借鉴了《老年人权益保障法》第26条第1款的经验，并扩大了意定监护的范围，规定了成年人的意定监护制度，确认了成年意定监护是合法的监护设置方式。

成年人设定意定监护人时，双方都必须具备主体资格要件：成年人应当在本人具有完全民事行为能力时，依自己的意思选任监护人；意定监护人也应当具有完全民事行为能力，可以是法定监护人，也可以是法定监护人之外的其他人，即近亲属或者其他与自己关系密切、愿意承担监护责任的个人、组织。

成年意定监护须以书面形式通过意定监护协议，为自己确定监护人。成年人与意定监护人进行协商，达成合意后，签订意定监护协议，约定在自己丧失或者部分丧失民事行为能力时，由意定监护人进行监护。监护协议应当经过公证。意定监护对于被监护人的权利保护意义重大，目前还没有规定监护登记程序，可以借鉴公证方法，确认意定监护协议经公证更为稳妥。通过监护协议，确立意定监护法律关系后，当本人丧失或者部分丧失民事行为能力时，意定监护协议发生效力，产生监护关系，意定监护人履行监护职责。

意定监护人履行监护职责时，应当依据民法典第34条以及第35条的规定，最大限度地尊重被监护人的真实意愿，保障被监护人的合法权益，更不得擅自变更监护人。

意定监护应当配有意定监护监督制度。意定监护制度的确立，体现了对完全民事行为能力人自我决定权的尊重，是自我意愿的真实表达。但是，如果没有相应的监督制度督促意定监护人履行监护职责，则很有可能发生侵害被监护人合法权益的情形。由于未规定意定监护监督制度，当出现了意定监护人侵害被监护人权益的情形时，可以通过民法典第 36 条关于撤销监护人资格的制度，撤销监护协议，指定新的监护人，保护好被监护人。

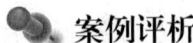 **案例评析**

段某 1、段某 2 等与段某仙返还原物纠纷案[①]

案情： 原告段某 1、段某 2 系段某锦子女。段某锦与其弟弟段某斌、段某祥以及妹妹段某仙、段某会五人召开家庭会议，段某锦将其监护权交由其余四人行使，并签字确认。2018 年段某锦去世。被告段某仙保管着段某锦的身份证、工资卡、医保卡至今，现原告诉请将上述物品归还。法院认为，段某锦确定了其兄妹四人为其监护人，是合法有效的，被告有权对段某锦的财物进行保管。但是，段某锦去世后，监护人的监护权自然终止，故支持原告要求被告返还财物的诉请。

评析： 民法典第 33 条规定了具有完全民事行为能力的成年人设定意定监护的方式，这与《老年人权益保障法》第 26 条第 1 款规定的内容在一定程度上是一致的。本案中，段某锦生前以家庭会议的形式，书面确定了段某斌、段某祥、段某仙、段某会为自己的监护人，符合本条款的规定，法院对这一意定监护的设立予以认可。基于该意定监护，被告段某仙成为段某锦的监护人之一，其有权对段某锦的身份证、工资卡、医保卡等财物进行保管。但是现在段某锦已经去世，监护人的监护权自然终止，两原告作为段某锦子女，有权利要求被告返还其保管的段某锦的物品。

> ▶▶ **第三十四条** 监护人的职责是代理被监护人实施民事法律行为，保护被监护人的人身权利、财产权利以及其他合法权益等。
>
> 　监护人依法履行监护职责产生的权利，受法律保护。
>
> 　监护人不履行监护职责或者侵害被监护人合法权益的，应当承担法律责任。
>
> 　因发生突发事件等紧急情况，监护人暂时无法履行监护职责，被监护人的生活处于无人照料状态的，被监护人住所地的居民委员会、村民委员会或者民政部门应当为被监护人安排必要的临时生活照料措施。

🏛 **条文要义**

本条是对监护人职责的规定。

监护权，是指监护人享有的对未成年人、丧失或者部分丧失民事行为能力的成年人的人身权益、财产权益加以监督、保护的准身份权。监护权的中心内容是义务，

---

① 审理法院：云南省梁河县人民法院，案号：（2018）云 3122 民初 281 号。

这种义务被称为监护职责。我国监护权的中心内容就是监护职责。

监护权的监护职责包括：（1）身上监护权。对未成年人的监护，是身上照护权，也有管教权的内容。对成年人的监护，内容大体一致，略有区别，不具有管教权的内容。具体包括居住所指定权、交还请求权、身上事项同意权、扶养义务、监督教育义务和护养医疗义务。（2）财产监护权。监护人应全面保护被监护人的财产权益。具体内容是：财产管理权、使用权和处分权，以及禁止受让财产义务。（3）民事法律行为和民事诉讼行为的代理权。首先是代理民事法律行为，即以被监护人的名义进行民事活动，为被监护人取得和行使权利，设定和履行义务。其次是代理民事诉讼行为。对于被监护人发生的诉讼活动，监护人亦为法定代理人，享有诉讼代理权，代理被监护人参加诉讼，行使诉讼权利、承担诉讼义务。

监护人应当承担两种民事责任：（1）监护人不履行监护职责，造成被监护人人身损害或者财产损害的，应当承担相应的民事责任。（2）监护人侵害被监护人合法权益的，是滥用监护权，造成被监护人人身损害或者财产损害的，应当承担赔偿责任。

本条规定的新规则的内容是，因突发事件等紧急情况，监护人暂时无法履行监护职责的，有关组织对被监护人负有临时生活照料义务。这是根据新冠肺炎防控工作的实际情况和总结的经验确定的新规则，其要点如下。

1. 有关组织临时照料义务的适用条件是：第一，因发生突发事件等紧急情况，例如，发生新冠肺炎的大规模传染，此前发生的"非典"，以及其他类似突发事件等；第二，无民事行为能力人或者限制民事行为能力人的监护人对被监护人暂时无法履行监护职责，例如新冠肺炎防控期间对武汉采取的特殊措施，使分离的监护人对其未成年子女不能履行监护职责；第三，由于监护人无法履行监护职责，因而被监护人的生活处于无人照料状态，无法正常生活，陷入窘迫甚至危难。具备这三个要件，即应适用本条第4款规定的临时生活照料义务的规定。

2. 对被监护人负有临时生活照料义务的组织，是被监护人住所地的居民委员会、村民委员会或者民政部门。居民委员会和村民委员会是地方自治组织，是特别法人，对本区的居民、村民负有职责。民政部门是政府的主管部门，不仅是监护的监督机关，而且是负有监护义务的监护部门。当出现上述突发事件等紧急情况时，这些组织就负有对陷入困境甚至危难的被监护人承担安排必要的临时生活照料措施的义务。这是法定义务，是必须履行的。

3. 该义务的具体内容是为被监护人安排必要的临时生活照料措施。例如，为被监护人设置专人进行生活照料，或者将被监护人集中起来进行生活照料等，使临时脱离监护的被监护人能够正常生活，防止出现意外。

案例评析

张某胜与卫某所有权纠纷案①

案情：张某胜与卫某登记结婚，生育一子名张某。双方经法院判决离婚，张某与卫某共同生活。因张某胜持有张某的出生证，拒不交付给卫某，故致诉。张某胜认为自己在工作、户籍方面更有优势，其积极为张某办理入学、户籍、健康医疗事宜，更有利于孩子的正当权益。法院认为，监护人应当按照最有利于被监护人的原则履行监护职责。因离婚时，卫某取得张某的抚养权，故卫某有责任对张某的人身及财物进行直接管理，张某胜应提供配合返还张某的出生证明。

评析：本案中，法院首先通过生效判决，明确张某随原告卫某共同生活，故为了保障张某生活、学习的便利，其相关证件理应由原告持有、保管，被告张某胜应当将张某的出生证交予原告，以配合为张某办理相关手续。根据《民法总则》第 34 条第 1 款和第 2 款的规定，原告基于监护人的身份，有责任对被监护人的人身和财物进行直接管理。当然，被告对张某亦有相应监护责任，故其应当以孩子健康成长的利益为重，配合并监督原告对张某的直接抚养行为，并在方便孩子的生活和学习等方面提供支持。原、被告作为父母均应当认识到出生证对孩子的重要作用，共同为孩子选择合适的学校以及创造其他有利于孩子成长的条件，承担起自己为人父母的责任，尽可能避免双方的矛盾影响孩子。法院的说理以及判决彰显了保护被监护人权利的立法精神。

> ▶▶ **第三十五条**　监护人应当按照最有利于被监护人的原则履行监护职责。监护人除为维护被监护人利益外，不得处分被监护人的财产。
>
> 未成年人的监护人履行监护职责，在作出与被监护人利益有关的决定时，应当根据被监护人的年龄和智力状况，尊重被监护人的真实意愿。
>
> 成年人的监护人履行监护职责，应当最大程度地尊重被监护人的真实意愿，保障并协助被监护人实施与其智力、精神健康状况相适应的民事法律行为。对被监护人有能力独立处理的事务，监护人不得干涉。

🏛 条文要义

本条规定的是监护人履行监护职责的要求。

1968 年《法国民法典》开始改革成年监护制度时，提出了最大限度地尊重被监

---

① 审理法院：一审法院为上海市浦东新区人民法院，案号：（2020）沪 0115 民初 14314 号；二审法院为上海市第一中级人民法院，案号：（2020）沪 01 民终 7757 号。

护人的意愿，最大限度地尊重被监护人的自我决定权，最大限度地保障被监护人的合法权益。① 我国在制定《民法通则》时，受苏联民事立法与理论的影响，只规定了监护人的监护职责，而未强调监护人如何履行监护职责。民法典第 35 条顺应时代的潮流，新增了监护职责的履行要求，强调最有利于被监护人原则，尊重被监护人意愿，凸显的正是以被监护人的权利为本位的理念。

1. 最有利于被监护人原则。这是监护人履行监护职责时的基本要求。监护的这一原则，不仅体现在人身权益方面，而且体现在财产权益方面。尤其是处分被监护人的财产时，只有为了被监护人的利益才可以为之。

2. 尊重被监护人的真实意愿。这对未成年人的监护人和成年人的监护人履行监护职责分别作不同的要求。首先，未成年人的监护人履行监护职责，无论是对被监护人的人身权益进行监护，还是对其财产权益的监护，以及代理被监护人实施民事法律行为或者民事诉讼行为，在作出与被监护人上述权益有关的决定时，应当根据被监护人的年龄和智力状况，尊重被监护人的真实意愿。如果被监护的未成年人已经能够表达自己的真实意愿，并且不违反对未成年人保护的意旨的，应当按照被监护人的真实意愿处理监护事宜。其次，成年被监护人的监护人在履行监护职责的要求：其一，凡是成年被监护人能够表达自己真实意愿的，应当依照其真实意愿处理监护事宜；成年被监护人不能正确表达自己的真实意愿的，也应当根据其利益推定其真实意愿，最大限度地按照其真实意愿处理监护事宜。其二，保障并协助被监护人独立实施与其智力、精神健康状况相适应的民事法律行为，监护人应当对该成年被监护人实施这类民事法律行为予以保障，并且协助完成。其三，如果根据成年被监护人的智力和精神健康状况，其有能力独立处理的事务，应当让成年被监护人独立实施该民事法律行为，处理自己的事务，监护人不得干涉。

案例评析

胡甲与胡乙、朱某、胡丙、俞某、胡某、沈某
确认合同无效纠纷案②

案情：胡丙与胡甲系父子关系。胡乙与平湖市城市改造指挥部签订《平湖市城市规划控制区农房拆迁安置补偿协议》，胡乙等 7 人共获得四套安置房。后本案各方当事人签订了《家庭房产分户协议书》一份，约定归属。胡丙、胡某分别作为胡甲及沈某的法定代理人在该协议书上签名。后胡甲以胡丙代为签字的《家庭房产分户协议书》损害了其利益为由，请求人民法院确认无效。法院认为，本案中，胡甲对

---

① 杨立新．民法总则精要十讲．北京：中国法制出版社，2017：102.
② 审理法院：一审法院为浙江省平湖市人民法院，案号：（2016）浙 0482 民初 1263 号；二审法院为浙江省嘉兴市中级人民法院，案号：（2016）浙 04 民终 1531 号。

安置房屋享有财产权益，胡丙以监护人的身份代理胡甲放弃上述财产权益虽损害了胡甲的权益，但胡丙的行为违反的仅是管理性的强制性规定，并不导致案涉《家庭房产分户协议书》无效。

评析：保护被监护人的人身、财产权利及其他合法权益是监护人应当履行的监护职责，且监护人在履行监护职责时应当秉持最有利于被监护人的原则。具体到本案，胡丙作为胡甲的父亲，系胡甲的监护人，其有权代理胡甲实施民事法律行为，即胡丙有权代胡甲签订《家庭房产分户协议书》。但其代理行为须秉持最有利于被监护人胡甲的原则，保护胡甲的人身、财产权利及其他合法权益。而根据《家庭房产分户协议书》所约定的内容，胡丙在没有正当理由的情况下，代胡甲作出了放弃前述财产权益的意思表示，损害了胡甲的利益，其行为显然与保护被监护人利益的立法精神不符，应当承担相应的法律责任。

▶▶ **第三十六条** 监护人有下列情形之一的，人民法院根据有关个人或者组织的申请，撤销其监护人资格，安排必要的临时监护措施，并按照最有利于被监护人的原则依法指定监护人：

（一）实施严重损害被监护人身心健康的行为；

（二）怠于履行监护职责，或者无法履行监护职责且拒绝将监护职责部分或者全部委托给他人，导致被监护人处于危困状态；

（三）实施严重侵害被监护人合法权益的其他行为。

本条规定的有关个人、组织包括：其他依法具有监护资格的人，居民委员会、村民委员会、学校、医疗机构、妇女联合会、残疾人联合会、未成年人保护组织、依法设立的老年人组织、民政部门等。

前款规定的个人和民政部门以外的组织未及时向人民法院申请撤销监护人资格的，民政部门应当向人民法院申请。

🏛 条文要义

本条是对撤销监护人资格的条件及程序的规定。

撤销监护人资格的条件：（1）实施严重损害被监护人身心健康行为的，如对未成年子女实施性侵行为或者虐待被监护人的行为；（2）怠于履行监护职责，或者无法履行监护职责，并且拒绝将监护职责部分或者全部委托给他人，导致被监护人处于危困状态的，例如不履行人身照护或者财产照护职责，或者自己不能履行监护职责又不将监护职责委托他人，且均须导致被监护人处于危困状态；（3）有严重侵害被监护人合法权益的其他行为的，例如转卖、侵吞被监护人的财产等。

撤销监护人资格的程序，应当由有关个人或组织向人民法院提出撤销监护人资格的申请，人民法院认为符合上述条款规定的条件的，作出撤销监护人的裁判，同时要先安排好临时监护措施，并根据最有利于被监护人的原则指定新的监护人。监护人的资格被撤销以后，应当按法定监护顺序继任或指定监护人。新的监护人产生以后，监护法律关系的变更即完成。在撤销了监护人的资格，并指定新的监护人之前，须指定临时监护人对被监护人进行监护，避免出现被监护人的权益无法受到保护的情况。临时监护人是被监护人住所地的居民委员会、村民委员会、法律规定的有关组织或者民政部门。民政部门作为国家主管监护职责的机关，有权向人民法院提出申请。

监督监护人履行监护职责的个人和组织是监护监督人，包括负有监护职责的个人和监护监督机关。有监护监督资格的个人，就是其他有监护资格的人。监护监督机关，是指负责对监护人的监护活动进行监督，以确保被监护人利益的机关，包括居民委员会、村民委员会、学校、医疗卫生机构、妇女联合会、残疾人联合会、未成年人保护组织、依法设立的老年人组织、民政部门等。

与《民法通则》第18条第3款关于"监护人不履行监护职责或者侵害被监护人的合法权益的，应当承担责任；给被监护人造成财产损失的，应当赔偿损失。人民法院可以根据有关人员或者有关单位的申请，撤销监护人的资格"的规定相比，本条规定细化、完善了监护人资格撤销制度。

1. 细化撤销监护人资格的事由。《民法通则》第18条第3款采用了概括性的规定，只规定了监护人不履行监护职责或者侵害被监护人合法权益作为撤销监护人资格的事由。本条规定借鉴了《最高人民法院关于贯彻执行〈中华人民共和国民法通则〉若干问题的意见（试行)》第21条关于"夫妻离婚后，与子女共同生活的一方无权取消对方对该子女的监护权，但是，未与该子女共同生活的一方，对该子女有犯罪行为、虐待行为或者对该子女明显不利的，人民法院认为可以取消的除外"的规定，细化了监护人资格撤销的事由，比如损害身心健康等。

2. 明确了申请撤销监护资格的主体。《民法通则》第18条第3款只规定了由有关人员或者有关单位提出申请，但并未明确指出是哪些人员与单位。本条规定明确列举了负有监护监督职责的个人和组织；同时，强化了民政部门兜底监护监督的职责，以及时保障被监护人的合法权益，避免其受到监护人的侵害。

3. 删除了民事责任条款。《民法通则》第18条第3款不仅规定了监护人监护资格的撤销制度，还规定了监护人需要承担的民事责任。本条规定监护人资格撤销制度时，删除了民事责任条款，并不意味着监护人怠于履行监护职责或者侵害被监护人合法权益时无须承担民事责任，而只是一种立法技术上的处理，凸显本条文的要旨是监护人监护资格撤销。

📖 配套司法解释

最高人民法院关于适用《中华人民共和国民法典》婚姻家庭编的解释（一）

第六十二条　无民事行为能力人的配偶有民法典第三十六条第一款规定行为，其他有监护资格的人可以要求撤销其监护资格，并依法指定新的监护人；变更后的监护人代理无民事行为能力一方提起离婚诉讼的，人民法院应予受理。

📌 案例评析

湘潭市雨湖区响水乡响水村村民委员会与刘某某、沈某某
申请撤销监护人资格案①

案情：被申请人刘某某、沈某某是被监护人乙的外祖父母。乙原由母亲甲抚养，现申请人村委会提出要求撤销刘某某、沈某某监护人的资格，由申请人担任监护人，并称由于被申请人自身身体情况、经济能力较差，客观上履行不了对未成年人乙的监护责任和抚养义务。被申请人刘某某、沈某某对申请人提出的申请没有意见。法院认为，监护是对无民事行为能力或限制民事行为能力的未成年人实施保护的一项法律制度。刘某某、沈某某已83岁，身体状况欠佳、精力有限，自身都为农村五保户供养人员，不便于履行监护职责，且乙无其他法定监护人。为保护少年儿童身心健康，申请人湘潭市雨湖区响水乡响水村村民委员会更便于履行监护职责，且指定申请人湘潭市雨湖区响水乡响水村村民委员会为被监护人的监护人更为适当。

评析：本案中，被申请人刘某某、沈某某作为乙的监护人，在乙迁入被申请人的家庭后，被申请人勉强同意乙在其家暂住一晚，第二天就召开了由近亲属参加的全体家庭成员会议，商量的结果是被申请人及其近亲属都拒绝照顾抚养乙，导致乙居无定所。经村委会、乡人民政府、九华经济技术开发区民政部门多次上门宣传法律政策，被申请人及其近亲属坚决推脱，仍对乙不管不问。被申请人怠于履行监护职责的行为已经导致被监护人处于危困状态，属于能够根据有关个人和组织的申请，撤销监护人资格，并由人民法院依法指定新监护人的情形。申请人湘潭市雨湖区响水乡响水村村民委员会作为被监护人住所地的村民委员会，有权向人民法院申请撤销刘某某、沈某某的监护人资格，并具备担任乙监护人的资格，人民法院指定其为乙监护人的判决符合最有利于被监护人的原则，能够为乙提供良好的成长环境。

> ▶▶ **第三十七条**　依法负担被监护人抚养费、赡养费、扶养费的父母、子女、配偶等，被人民法院撤销监护人资格后，应当继续履行负担的义务。

---

① 审理法院：湖南省湘潭市雨湖区人民法院，案号：（2016）湘0302民特23号。

🏛 条文要义

本条规定了监护人被撤销监护资格后仍存在身份权义务。

《民法通则》对此未作出规定，本条是民法典总则编规定的新规则。

一般而言，监护资格被撤销后，监护法律关系终止。但是，监护人负有的身份权义务并不免除。这是因为，监护人的监护权与近亲属之间的身份权是不同的。监护人资格被撤销后，如果监护人是被监护人的近亲属，只是撤销了其监护人的身份，而无法撤销其近亲属的身份，该被撤销监护资格的人与原来的被监护人之间的身份关系仍然存在，基于该身份关系产生的权利和义务都仍然继续保持，并不发生变化。《未成年人保护法》第108条就规定了未成年人的父母被撤销监护资格后，仍然需要承担抚养费的义务，即"未成年人的父母或者其他监护人不依法履行监护职责或者严重侵犯被监护的未成年人合法权益的，人民法院可以根据有关人员或者单位的申请，依法作出人身安全保护令或者撤销监护人资格。被撤销监护人资格的父母或者其他监护人应当依法继续负担抚养费用"。本条提到的被撤销监护资格的父母、子女、配偶等，也是如此。当其监护人的资格被撤销后，近亲属之间的身份权利义务并没有发生变化，因而应当依照亲权、亲属权和配偶权的要求，继续负担被监护人的抚养费、赡养费、扶养费。

🗨 案例评析

原告蒋某勇、蒋某星与被告袁某云抚养费纠纷案[①]

案情： 蒋某良与前妻生育原告蒋某勇，原告蒋某星系蒋某良的妹妹。蒋某良与被告袁某云登记结婚，育有一女蒋某琪。后蒋某良因病去世。蒋某琪的学杂费由蒋某勇负担，生活主要由蒋某星负责照顾。因被告袁某云不依法履行监护职责，被法院判决撤销监护权，指定蒋某星、蒋某勇共同行使监护权。现原告诉请被告承担由原告垫付的抚养费。法院认为，根据法律规定，依法负担被监护人抚养费、赡养费、抚养费的父母、子女、配偶等，被人民法院撤销监护人资格后，应当继续履行负担的义务，故支持原告的诉请。

评析： 本案系抚养费纠纷。父母对子女有抚养教育的义务。本案中被监护人的父亲因病去世，而被告袁某云作为被监护人的法定监护人，应该履行其法定的抚养义务，尽到做母亲的抚养责任，但实际是由原告承担了对被抚养人经济和生活的照顾义务。被告虽然被法院撤销了监护权，但并不意味其无须履行抚养义务。根据本条规定，被告应当继续履行相应的义务，支付原告所垫付的抚养费。本案中，人民法院的判决体现了民法典第37条的立法精神，从本质上保护了被监护人的合法权益。

---

① 审理法院：湖南省株洲市天元区人民法院，案号：（2019）湘0211民初1001号。

> ▶▶ 第三十八条　被监护人的父母或者子女被人民法院撤销监护人资格后，除对被监护人实施故意犯罪的外，确有悔改表现的，经其申请，人民法院可以在尊重被监护人真实意愿的前提下，视情况恢复其监护人资格，人民法院指定的监护人与被监护人的监护关系同时终止。

🏛 条文要义

本条是关于监护人资格恢复的制度。

《民法通则》规定撤销监护人资格的制度时，未规定相应的配套恢复制度。民法典总则编补充规定的这一配套制度，属于增加的新规则。

1. 监护人恢复监护资格的要件

曾有学者指出，民法典总则编不宜规定监护人资格的恢复制度，主要理由是"被打乱的监护秩序已经恢复，不宜仅仅因'确有悔改'即恢复其监护人资格，并终止新监护人的监护资格，再次打乱好不容易刚刚恢复的监护秩序。并且，所谓'确有悔改'极难通过证据认定，终止新的监护人的监护资格，亦必然挑起矛盾冲突"[①]。尽管监护人资格恢复确实会存在上述提到的问题，但是，完全断绝了监护人资格恢复的可能性，不利于对行为能力欠缺人的保护。与其删除监护人资格恢复制度，不如设置较为严格的条件。因此，由民法典第38条的规定可知，与监护人资格的撤销相比，监护人资格的恢复确实更为严格。

第一，可以恢复监护资格的监护人仅限于被监护人的父母或者子女。民法典（草案·第一次审议稿）第35条规定所有被撤销监护人资格的监护人都有可能恢复监护资格，第二次审议稿修改为"未成年人的父母"，第三次审议稿才修改为"被监护人的父母或者子女"。这样的规定，是为了维护家庭成员关系的和谐、稳定。

第二，撤销监护资格的监护人未对被监护人实施故意犯罪。如果监护人是因为其对被监护人实施故意犯罪行为，如故意侵害被监护人的人身、财产构成犯罪，则不得恢复其监护人资格。这是因为，被监护人是无民事行为能力人或者限制民事行为能力人，无法辨别监护人对其实施故意犯罪行为的后果。为了更周延地保护被监护人的合法权益，法律对这种行为予以否定性评价，且不允许其恢复监护资格。

第三，撤销监护资格的监护人必须具有悔改表现。主观上有悔改的意思表示，客观上也有悔改的行为，才可以认定为确有悔改表现。

2. 监护人恢复监护资格的程序

首先，必须是被撤销监护资格的监护人自己申请恢复监护人资格，未经申请者，不得恢复其监护资格。被撤销监护资格的主体自行申请恢复，表达了被撤销监护资

---

① 梁慧星.《中华人民共和国民法总则（草案）》：解读、评论和修改建议. 华东政法大学学报，2016（5）.

格人的悔改意愿。

其次，必须尊重被监护人真实意愿。被监护人愿意接受被撤销监护资格的监护人继续作为自己的监护人的，才可以恢复监护人的资格。如果被监护人明确拒绝被撤销监护资格的监护人继续作为自己的监护人，不宜违背被监护人的意愿。

最后，符合上述要件要求的，法院可以视情况判决被撤销监护资格的人恢复监护资格。被监护人难以识别监护人是否有侵害其合法权益的可能的，即使被监护人愿意接受被撤销监护资格的监护人继续作为自己的监护人，法院也须斟酌具体情形，根据最有利于被监护人原则综合审查。

3. 监护人恢复监护资格的法律效果

人民法院判决恢复监护人的监护资格，人民法院指定的监护人与被监护人的监护关系终止，恢复监护资格的监护人与被监护人的法律关系产生。

案例评析

申请人杨某某与被申请人王某某申请撤销监护人资格案①

案情： 申请人杨某某与被申请人王某某育一子取名王某 2，育一女取名王某 1。此被申请人在贵州家中、在出租房中奸淫女儿王某 1，此案经审理，法院判决被申请人王某某犯强奸罪，判处有期徒刑 6 年 6 个月。被申请人现在湖南省津市监狱服刑。现申请人申请撤销被申请人的监护人资格。法院认为，监护人应当履行监护职责，保护被监护人的人身、财产及其他合法权益。监护人不履行监护职责或侵害被监护人的合法权益的，其他有监护资格的人员或者有关单位可以申请撤销、变更监护人。被申请人王某某作为王某 1 的监护人，未尽监护职责，对其进行性侵害，严重损害了被监护人的身心健康，现申请人杨某某要求撤销被申请人的监护人资格，且被申请人亦认可该申请，法院依法予以支持。

评析： 本案中，由于被申请人王某某对被监护人王某 1 实施了奸淫行为，严重损害了被监护人的身心健康，在杨某某向人民法院申请撤销王某某监护人资格的情况下，人民法院应当撤销被申请人王某某的监护人资格。同时，因为王某某对王某 1 实施了故意犯罪，所以即使此后王某某有悔改情形，并向人民法院提出恢复监护人资格的申请，人民法院也不能恢复其监护人资格。

▶▶ 第三十九条　有下列情形之一的，监护关系终止：

（一）被监护人取得或者恢复完全民事行为能力；

（二）监护人丧失监护能力；

---

① 审理法院：浙江省台州市路桥区人民法院，案号：（2015）台路民特 2 号。

（三）被监护人或者监护人死亡；

（四）人民法院认定监护关系终止的其他情形。

监护关系终止后，被监护人仍然需要监护的，应当依法另行确定监护人。

🏛 条文要义

本条是对监护关系终止的规定。

《民法通则》未规定监护关系的终止，民法典第 39 条对此进行补充，是新规则。

1. 监护关系终止不同于监护关系撤销

监护关系终止指的是因某些法定原因的存在而使监护关系永远地消灭。监护关系终止不同于监护关系撤销。首先，二者的法定事由并不相同。监护关系终止主要是因死亡、取得或者恢复完全民事行为能力等客观原因而终止。监护关系撤销主要是因监护人实施了侵害被监护人的合法权益等主观事由而撤销。其次，二者的程序不同。监护关系终止基本是自然终止，无须特意申请终止。监护关系的撤销必须经过有关个人和组织提出申请，法院裁判撤销被监护人的监护资格。最后，二者的法律效果不尽相同。监护关系终止一般不需要再确定监护人。监护关系撤销时，法院需要同时指定监护人。

2. 监护关系终止的具体原因

监护关系终止的具体原因是：第一，被监护人取得或者恢复完全民事行为能力。未成年人已经满 18 周岁，即取得了完全的民事行为能力，监护关系自然消灭。第二，监护人丧失监护能力。监护人丧失监护能力，不能继续担任监护人，是因监护人的原因而消灭监护关系。第三，被监护人或者监护人死亡。无论是被监护人死亡还是监护人死亡，都会引起监护关系的消灭。第四，人民法院认定监护关系终止的其他情形。例如，被监护的未成年人被生父母认领或者被他人收养。

3. 监护关系终止的法律后果

监护关系终止分为绝对终止和相对终止。

监护关系绝对终止，是监护法律关系的最终消灭，产生的法律后果是：第一，被监护人脱离监护，即成为完全民事行为能力人，可以独立行使民事权利，独立承担民事义务，人身、财产权益均由自己维护，民事行为的实施亦独立为之。第二，在财产上，监护关系的消灭引起财产的清算和归还。财产的清算，应当对监护人予以监护的财产进行账目结算。结算完毕后，剩余的财产应当归还被监护人。被监护人死亡的，归还其继承人。被监护人死亡，其监护关系也是绝对终止，其后果是产生财产的继承问题。

监护关系相对终止，是监护关系终止后，被监护人仍然需要继续进行监护，实际上是监护关系的变更，应当依照法律规定另行确定监护人。确定监护人后，原监护人应当与新监护人清算被监护人的财产，并将剩余财产交给新监护人管理。

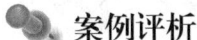 **案例评析**

韩某荣、韩某生申请确定监护人案①

案情： 申请人韩某荣与韩某生系姐弟关系，刘某凤为二人的母亲。韩某生经诊断患器质性精神障碍被确定为无民事行为能力人，无法作为刘某凤的监护人，故申请法院撤销其监护人资格，依法指定申请人韩某荣为刘某凤的法定监护人。法院认为，韩某生身患多种疾病，已经丧失监护能力，而韩某荣也愿意承担监护人职责，故对申请人的申请予以支持。

评析： 所谓监护人丧失监护能力，就是监护人出现了消极资格，不能有效履行监护职责、保护被监护人的权益，因而不再具有担任监护人的资格。一般而言，监护人丧失民事行为能力才会导致监护人监护能力的丧失。本案中，韩某生身患多种疾病，丧失监护能力，如其继续作为监护人，可能对被监护人刘某凤的身心健康及其他权益造成不利影响，故法院根据本条第 1 款第 2 项的规定，撤销韩某生对刘某凤的监护权。而为了更好地照顾被监护人刘某凤的合法权益，经申请人韩某荣进行申请，法院再依照本条第 2 款的规定，重新指定韩某荣为刘某凤的监护人。

第三节　宣告失踪和宣告死亡

> ▶▶第四十条　自然人下落不明满二年的，利害关系人可以向人民法院申请宣告该自然人为失踪人。

🏛 条文要义

本条是对自然人宣告失踪条件的规定。

宣告失踪是指自然人离开自己的住所下落不明达到法定期限，经过利害关系人申请，人民法院依照法定程序宣告其为失踪人的制度。规定宣告失踪的目的，是通过人民法院确认自然人失踪的事实，结束失踪人财产无人管理及其应履行的义务不能得到及时履行的非正常状态，以保护失踪人和利害关系人的利益，维护社会经济秩序的稳定。

宣告失踪应当具备的条件是：（1）须自然人下落不明满 2 年。下落不明，是指自然人离开自己最后的住所或经常居所后没有音讯，并且这种状况为持续、不间断的。只有从自然人音讯消失起开始计算，持续地、不间断地经过 2 年时间，才可以

---

① 审理法院：天津市津南区人民法院，案号：（2020）津 0112 民特 204 号。

申请宣告失踪。（2）须由利害关系人向人民法院提出申请。利害关系人的范围界定较宽，包括被申请宣告失踪人的配偶、父母、子女、兄弟姐妹、祖父母、外祖父母、孙子女、外孙子女，以及其他与被申请人有民事权利义务关系的人。其他与被申请人有民事权利义务关系的人，主要是指失踪人的合伙人、债权人等，因为宣告失踪的目的主要是了结债权债务关系，将合伙人和债权人作为利害关系人应属当然。宣告失踪的申请可由这些利害关系人中的一人提出或数人同时提出，没有先后顺序的区别。（3）须由法院根据法定程序宣告。法院在收到宣告失踪的申请以后，应当依据《民事诉讼法》规定的特别程序，发出寻找失踪人的公告。公告期满以后，仍没有该自然人的音讯时，人民法院才能宣告该自然人为失踪人。

案例评析

田某彬申请宣告周某春失踪案[①]

案情：申请人与被申请人系夫妻关系，并生育一子。被申请人周某春于 2007 年 7 月外出未归，至今下落不明已逾 12 年。被申请人失踪已达到法定期限，申请人故诉至法院请求宣告被申请人失踪。经查，法院在《四川法治报》上发出寻找周某春的公告。法定公告期间为 3 个月，现已届满，被申请人仍不落不明。法院认为，周某春外出未归至今已逾 12 年，经多方寻找无下落，且在法院发出寻人公告 3 个月期满后，仍下落不明。现申请人田某彬申请宣告周某春失踪，符合法律规定，判决宣告周某春为失踪人。

评析：此案涉及民法典第 40 条的规定。民法典第 40 条沿袭了《民法通则》第 20 条第 1 款的规定。本案中，周某春自 2007 年 7 月外出一直未归，经寻找后仍然无下落，法院发出寻人公告 3 个月期满后，周某春仍下落不明。民法典第 40 条规定，自然人下落不明满 2 年的，利害关系人可以向人民法院申请宣告该自然人为失踪人，而周某春下落不明已经超过 12 年，满足下落不明大于或等于 2 年的条件。据此，田某彬依照相关规定，向人民法院申请宣告周某春为失踪人，完全符合法律的规定。

> ▶▶ **第四十一条**　自然人下落不明的时间自其失去音讯之日起计算。战争期间下落不明的，下落不明的时间自战争结束之日或者有关机关确定的下落不明之日起计算。

条文要义

本条是对自然人下落不明时间起算的规定。

---

① 审理法院：四川省泸县人民法院，案号：（2019）川 0521 民特 57 号。

宣告自然人失踪，最重要的条件就是符合法定的下落不明的时间要求。具体计算下落不明起算的时间，应当从其失去音讯之日起计算，也就是从最后获得该自然人音讯之日起开始计算。例如，在飞机失事事件中，飞机失事的时间其实就是计算下落不明的起算时间。

在战争期间下落不明的，则从战争结束之日或者有关机关确定的下落不明之日起，计算下落不明的时间。

其中，自然人下落不明的时间起算规则以及战争期间下落不明的起算规则，均是本次民法典规定的新规则。

1. 新增了自然人下落不明的时间的起算规则。《民法通则》尽管规定了宣告失踪为 2 年、宣告死亡为 4 年的时间要求，但未规定时间起算点。《最高人民法院关于贯彻执行〈中华人民共和国民法通则〉若干问题的意见（试行）》第 28 条对此作了补充解释："民法通则第二十条第一款、第二十三条第一款第一项中的下落不明的起算时间，从公民音讯消失之次日起算。"民法典第 41 条以此为基础，规定了自然人下落不明的时间从其失去音讯之日起计算，也就是从最后获得该自然人音讯之日起开始计算。

2. 修改了战争期间下落不明的起算规则。战争期间下落不明，无法具体确定失去音讯之日，故本条规定仍坚持《民法通则》第 20 条以及第 23 条规定的自战争结束之日起计算的规则；同时，考虑到战争结束之日有时也难以确定，因而增加有关机关确定的下落不明之日作为下落不明时间的起算点。

案例评析

覃某文申请宣告覃某安失踪案[①]

案情：申请人覃某文称，覃某安系其儿子。被申请人覃某安于 1995 年 2 月外出，后经多方寻找未果，至今下落不明。经查，申请人申请宣告覃某安失踪后，法院于 2019 年 5 月 20 日在《广西法制报》发出寻找覃某安的公告。法定公告期限为 3 个月，现已届满，覃某安仍然下落不明。法院认为，覃某安下落不明已满 2 年，且在法院发出寻找公告 3 个月期满后，仍下落不明。据此，申请人覃某文作为覃某安的父亲，其申请法院宣告覃某安失踪并申请指定覃某花（其姐）为覃某安的财产代管人，符合法律规定，法院予以支持。

评析：此案涉及民法典第 41 条的规定。本条沿袭了《民法通则》第 20 条第 2 款的规定，同时对《最高人民法院关于贯彻执行〈中华人民共和国民法通则〉若干问题的意见（试行）》第 28 条进行了修改。本案中，覃某安于 1995 年 2 月外出，至今杳无音信，经过亲属和公安机关多方寻找，仍然无法找到。自然人下落不明的时

---

① 审理法院：广西壮族自治区马山县人民法院，案号：（2019）桂 0124 民特 4 号。

间，从其失去音信之日起计算，因此覃某安下落不明的时间，应当从 1995 年 2 月起计算。显然，其下落不明的时间已经超过 2 年，符合法律规定的宣告失踪的条件。之后法院发出寻人公告，3 个月期满后，覃某安仍下落不明。据此，其父亲覃某文依照相关规定，向人民法院申请宣告覃某安为失踪人，符合法律规定，法院应当判决宣告覃某安为失踪人。

> ▶▶第四十二条　失踪人的财产由其配偶、成年子女、父母或者其他愿意担任财产代管人的人代管。
>
> 代管有争议，没有前款规定的人，或者前款规定的人无代管能力的，由人民法院指定的人代管。

🏛 条文要义

本条是对自然人被宣告失踪后的财产代管人的规定。

在自然人被宣告为失踪人以后，由于其民事主体资格仍然存在，所以不产生婚姻关系解除和继承开始的后果，只在财产关系上发生财产代管关系，即为失踪人的财产设定代管人。

法院判决宣告自然人失踪的，应当同时指定失踪人的财产代管人。能够作为财产代管人的人，除了其配偶、成年子女、父母之外，还包括其他愿意担任财产代管人的人，无论是失踪人的兄弟姐妹、祖父母、外祖父母、孙子女、外孙子女，还是其他朋友等，只要愿意担任财产代管人的，都可以请求担任财产代管人，法院应当从上述人员中为失踪人指定财产代管人。失踪人是无民事行为能力人或者限制民事行为能力人的，由其监护人作为财产代管人较为妥当。

在以下情况中，由人民法院指定失踪人的财产代管人：（1）对于由谁担任财产代管人发生争议；（2）失踪人没有配偶、父母、成年子女或者其他愿意担任财产代管人的人；（3）失踪人的配偶、父母、成年子女或者其他愿意担任财产代管人的人无代管财产能力。出现上述情况之一，人民法院应该根据实际情况指定失踪人的财产代管人。

💿 案例评析

张某申请宣告瞿某失踪案①

案情：申请人张某与被申请人瞿某系好友。2009 年 9 月 22 日，瞿某与他人共同注册成立临汾禾田助力车有限公司，法定代表人是瞿某。瞿某多次以公司名义或个

---

① 审理法院：河南省上蔡县人民法院，案号：（2018）豫 1722 民特 35 号。

人名义向申请人借款，至今未还。现申请人向被申请人以及临汾禾田助力车有限公司主张债权，但被申请人失踪，导致申请人不能顺利主张债权。故申请人向法院提出申请，请求宣告被申请人翟某失踪，并指定财产代管人。经查，翟某自 2013 年 7 月 6 日出走，至今杳无音信，法院于 2018 年 7 月 6 日在《河南经济报》发出寻找翟某的公告。法定公告期间为 3 个月，现已届满，翟某仍然下落不明。法院对申请人请求宣告翟某失踪予以支持，同时由于翟某的哥哥拒绝代管财产，母亲无能力代管，故指定临汾市尧都区某某镇某某村村民委员会为翟某失踪期间的财产代管人。

评析： 此案涉及民法典第 42 条的规定。本条沿袭了《民法通则》第 21 条第 1 款之规定。本案中，申请人张某作为被申请人翟某的债权人，即作为利害关系人，依法有权诉请法院宣告翟某失踪。被申请人翟某下落不明已满 5 年，并在法院发出寻找翟某的公告期间届满后，仍下落不明，应依法推定其为失踪人。针对申请人张某请求人民法院指定财产代管人，因翟某和他人注册成立的临汾禾田助力车有限公司住所地位于某某村，且翟某哥哥拒绝代管其失踪期间的财产，翟某母亲也无能力担任其财产代管人，故法院根据法律规定，指定某某村村民委员会为翟某失踪期间的财产代管人。

> ▶▶ **第四十三条**　财产代管人应当妥善管理失踪人的财产，维护其财产权益。
> 　　失踪人所欠税款、债务和应付的其他费用，由财产代管人从失踪人的财产中支付。
> 　　财产代管人因故意或者重大过失造成失踪人财产损失的，应当承担赔偿责任。

🏛 条文要义

本条规定的是宣告失踪后财产代管人的义务与责任。

我国《民法通则》第 21 条对宣告失踪只规定了设立财产代管人以及履行失踪人的债务，即"失踪人的财产由他的配偶、父母、成年子女或者关系密切的其他亲属、朋友代管。代管有争议的，没有以上规定的人或者以上规定的人无能力代管的，由人民法院指定的人代管。失踪人所欠税款、债务和应付的其他费用，由代管人从失踪人的财产中支付"。但是，并未具体规定财产代管人的义务与责任。民法典第 43 条至第 45 条对此进行了补充完善。其要点如下。

1. 宣告失踪后财产代管人负有管理财产及代为履行债务的义务

民法典第 43 条第 1 款与第 2 款是关于财产代管人义务的规定。可见，财产代管人兼具财产保管人和指定代理人的性质。

财产代管人是代管财产的保管人，应当以善良管理人的注意妥善管理失踪人的财产。管理失踪人的财产既包括保管，也包括处分。对于保管而言，财产代管人应当确保失踪人的财产始终处于正常稳定的状态。如果是涉及生鲜等容易腐坏的食品，财产代管人应当及时处分，并保管处分该类财产的价款。可见，相对于保管而言，处分财产的要求更高，必须是为了维护失踪人的财产利益时，才可以处分。

财产代管人也是失踪人的指定代理人，在法律以及法院授权的范围内，有权代理失踪人从事一定的民事活动，包括代理失踪人履行债务和受领他人的履行，以维护失踪人的财产权益。比如，财产代管人应当履行失踪人的债务，包括但不限于失踪人所欠税款、债务和应付的其他费用。至于如何履行，则是用失踪人的财产负担清偿义务。

2. 补充规定财产代管人的责任

民法典第 43 条第 3 款规定的是财产代管人客观上未履行义务，造成失踪人财产损失时的民事责任。《民法通则》对此未作出规定，该条文属于新规则。

代管人应当管理失踪人的财产，维护失踪人的财产权益。因而，代管人造成失踪人财产损失的，应当承担赔偿责任。不过，财产代管人仅在故意或者重大过失造成失踪人财产损害时才承担赔偿责任。原因是，代管失踪人财产行为是无偿行为。无偿为他人利益处理事务，虽负善良管理人注意义务，但无须对因一般过失造成的损害承担赔偿责任。

案例评析

中国平安财产保险股份有限公司与贺某志等
保险人代位求偿权纠纷案[①]

案情： 2014 年 2 月 13 日，贺某（贺某志之父）与农行海淀支行签订《个人担保借款合同》，约定借款 9 万余元，并就该笔借款向平安公司投保信用保证保险，以农行海淀支行为被保险人，与平安公司签订《平安个人消费信贷保证保险保险单》。其后，农行海淀支行发放贷款，但贺某未按照合同约定履行还款义务，平安公司依约向被保险人理赔。因贺某被法院宣告为失踪人，现平安公司诉请其财产代管人贺某志代偿款项。法院认为，案涉合同均有效，依照法律规定贺某志应从其代管贺某的财产中支付贺某所欠债务。

评析： 此案涉及民法典第 43 条的规定。本条沿袭了《民法通则》第 21 条第 2 款的规定，同时新增了两个条款。本案中，法院查明案涉合同均系双方当事人真实意思表示，且不违反法律、行政法规的强制性规定，合法有效，均应依约履行，对平安公司要求贺某支付拖欠的未付保险费的诉讼请求予以支持。经查，贺某已被宣

---

① 审理法院：北京市大兴区人民法院，案号：（2018）京 0115 民初 14276 号。

告为失踪人，其子贺某志为财产代管人。根据法律规定，财产代管人不仅有代为管理财产的职责，而且有代为偿还债务的职责。所以对于贺某所欠债务，法院判定贺某志应从其代管的贺某的财产中进行支付。

▶▶第四十四条　财产代管人不履行代管职责、侵害失踪人财产权益或者丧失代管能力的，失踪人的利害关系人可以向人民法院申请变更财产代管人。

财产代管人有正当理由的，可以向人民法院申请变更财产代管人。

人民法院变更财产代管人的，变更后的财产代管人有权请求原财产代管人及时移交有关财产并报告财产代管情况。

🏛 条文要义

本条规定的就是变更财产代管人的条件及财产代管人变更后的法律效果。

《最高人民法院关于贯彻执行〈中华人民共和国民法通则〉若干问题的意见（试行）》第35条也曾规定财产代管人的变更，即"失踪人的财产代管人以无力履行代管职责，申请变更代管人的，人民法院比照特别程序进行审理。失踪人的财产代管人不履行代管职责或者侵犯失踪人财产权益的，失踪人的利害关系人可以向人民法院请求财产代管人承担民事责任。如果同时申请人民法院变更财产代管人的，变更之诉比照特别程序单独审理"。本条规定借鉴了这一规则，细化了申请变更财产代管人的事由及法律后果。

本条新规则的具体内容如下。

1. 失踪人的利害关系人申请变更财产代管人的事由：第一，代管人不履行代管职责，即代管人疏于履行职责；第二，侵害失踪人财产权益，即滥用代管职权；第三，代管人丧失代管能力。符合上述财产代管人变更事由的，失踪人的利害关系人可以向人民法院申请变更财产代管人。符合变更事由要求的，人民法院判决变更财产代管人。

2. 财产代管人申请变更财产代管人的事由：财产代管人有正当理由的，可以向人民法院申请变更财产代管人。申请变更理由正当的，人民法院判决变更财产代管人。

3. 变更财产代管人后新财产代管人的权利，即新的财产代管人有权要求原财产代管人及时移交有关财产并报告财产代管情况。与之相对应的便是原财产代管人的义务，即原代管人是义务人，负有移交财产和报告财产代管情况的义务。由人民法院裁判变更财产代管人的，原财产代管人应当对失踪人的财产在代管期间的情况进行清算，列出财产清单及在代管期间发生的变化，并且向新的财产代管人进行移交，以确保失踪人财产代管继续顺利进行。

案例评析

孟某某诉陈某某、申请为失踪人、变更财产代管人纠纷案①

案情：原告孟某某诉称，其同胞兄弟孟某生离家出走，后被宣告为失踪人，指定被告陈某某为失踪人的财产代管人。但被告不履行财产代管人的管理职责，随意处分失踪人的财产，导致失踪人的财产无法追回，造成失踪人巨大的财产损失。请求撤销被告的财产代管人资格，变更原告为失踪人孟某生的财产代管人。被告对此予以否认。法院认为，原告系失踪人孟某生的同胞哥哥，在庭审过程中原告主张被告不履行代管职责，损害失踪人的财产利益，但是原告未举示证明被告有不履行代管职责、损害失踪人的财产利益之行为的任何证据，因此原告请求撤销被告的财产代管人资格，变更原告为失踪人孟某生的财产代管人的诉讼请求，法院不予支持。

评析：此案涉及民法典第 44 条的规定。本条沿袭了《最高人民法院关于贯彻执行〈中华人民共和国民法通则〉若干问题的意见（试行）》第 35 条之规定。本案中，重庆市渝北区人民法院于 2014 年 11 月 26 日作出民事判决，宣告孟某生为失踪人，并指定陈某某为失踪人的财产代管人。原告孟某某认为，被告陈某某作为财产代管人，不履行财产代管人的管理职责，随意处分失踪人的财产，导致失踪人的财产无法追回，造成失踪人巨大的财产损失。因此请求撤销被告的财产代管人资格，变更原告为失踪人孟某生的财产代管人。民法典第 44 条规定，财产代管人不履行代管职责、侵害失踪人财产权益或者丧失代管能力的，失踪人的利害关系人可以向人民法院申请变更财产代管人。在本案中，孟某某主张陈某某不履行代管职责，但是却未举示任何证据证明被告有不履行代管职责，以及有损害失踪人的财产利益之行为。且代管人事实上也还没有开始履行代管职责，亦无法损害失踪人之财产利益。因此，孟某某根据相关规定请求撤销被告的财产代管人资格，并申请变更自己为失踪人的财产代管人的诉讼请求，法院应当不予支持。

▶▶ **第四十五条**　失踪人重新出现，经本人或者利害关系人申请，人民法院应当撤销失踪宣告。

失踪人重新出现，有权请求财产代管人及时移交有关财产并报告财产代管情况。

条文要义

本条是对失踪人重新出现撤销失踪宣告的规定。

---

① 审理法院：重庆市渝北区人民法院，案号：(2015) 渝北法民初 11702 号。

被宣告失踪的人重新出现，包括确知其下落的，应当撤销对失踪人的失踪宣告。被宣告失踪的本人或者利害关系人应当向人民法院申请，人民法院应当依据法定程序，撤销对失踪人的失踪宣告。

失踪宣告一经撤销，财产代管人与失踪人的财产代管关系随之终止。被撤销失踪宣告的自然人的权利是：第一，要求财产代管人及时移交有关财产；第二，报告财产代管情况。代管人负有满足其权利的义务：一是将其代管的财产及时移交给被撤销失踪宣告的人；二是向被撤销失踪宣告的人报告在其代管期间对财产管理和处置的情况。只要代管人非出于恶意，其在代管期间支付的各种合理费用，失踪人不得要求代管人返还。

本条规定新增的规则表面上看是被撤销失踪宣告的自然人的权利，实际上也就是增加了财产代管人负有相应义务的规则。通过将被撤销失踪宣告的自然人的权利与财产代管人的义务规范化，有利于定分止争，保护好被撤销失踪宣告的自然人的合法权益。

 **案例评析**

易某生要求撤销对易某后的失踪宣告案[①]

案情： 申请人易某生系被宣告失踪人易某后胞兄。申请人易某生要求撤销对易某后的失踪宣告一案，经查，易某后的儿子肖某源于 2013 年 9 月 25 日向法院申请宣告其父亲易某后失踪，法院于 2014 年 1 月 15 日作出（2013）双民特字第 7 号民事判决，宣告易某后失踪。现易某后已重新出现。法院认为，被宣告失踪的易某后已重新出现，其胞兄易某生向法院申请撤销对易某后的失踪宣告的请求符合法律规定。依照《中华人民共和国民法通则》第 22 条、《中华人民共和国民事诉讼法》第 186 条之规定，判决撤销法院宣告易某后失踪的（2013）双民特字第 7 号民事判决。本判决为终审判决。

评析： 此案涉及民法典第 45 条的规定。本条在《民法通则》第 22 条的基础上新增了一款规定。民法典第 45 条规定，失踪人重新出现，经本人或者利害关系人申请，人民法院应当撤销失踪宣告。本案系被宣告失踪人易某后的利害关系人易某生向法院申请撤销对失踪人的失踪宣告。只要是失踪人重新出现，无论是失踪人本人向人民法院申请，还是其利害关系人向人民法院申请，人民法院都应当撤销对失踪人的失踪宣告，失踪人重新出现后，其有权要求财产代管人及时移交有关财产并报告财产代管情况。

---

① 审理法院：湖南省邵阳市双清区人民法院，案号：（2015）双民特 4 号。

▶▶第四十六条　自然人有下列情形之一的，利害关系人可以向人民法院申请宣告该自然人死亡：

（一）下落不明满四年；

（二）因意外事件，下落不明满二年。

因意外事件下落不明，经有关机关证明该自然人不可能生存的，申请宣告死亡不受二年时间的限制。

🏛 条文要义

本条是对自然人宣告死亡的规定。

宣告死亡，是自然人下落不明达到法定期限，经利害关系人申请，人民法院经过法定程序，在法律上推定失踪人死亡的民事主体制度。

宣告死亡应当具备的条件如下。

第一，自然人下落不明。下落不明是指生死不明，即自然人离开其原来之住所或居所生死不明。如果知道某人仍然生存，只是没有和家人联系或者不知道其确切地址，不能认为是下落不明。

第二，自然人下落不明须达到法定期限。法定期限：一般下落不明满4年；因意外事件下落不明起满2年，但是因意外事件下落不明，经有关机关证明该自然人不可能生存的，申请宣告死亡不受2年时间的限制。

第三，须由利害关系人向法院提出申请。宣告死亡的利害关系人的范围与宣告失踪的利害关系人的范围相同。宣告死亡的利害关系人没有顺序的要求。

第四，须由人民法院依法定程序作出宣告。法院受理死亡宣告申请后，依照《民事诉讼法》规定的特别程序进行审理，发出寻找下落不明人的公告，在公告期届满没有其音信的，人民法院才能作出死亡宣告的判决。

上述规则与《民法通则》相比，有部分发生了变化。

1. 增加了因意外事件下落不明的特殊规则。增加了因意外事件下落不明的例外规则，是因为规定宣告死亡制度，就是为了消除自然人长期下落不明造成财产关系和人身关系的不稳定状态，及时了结下落不明的人与他人之间的财产关系和人身关系，维护正常的社会秩序。当有关机关证明其不可能生存时，应当及时宣告死亡，尽早结束法律关系。

2. 删除了战争期间下落不明计算规则。本法第41条已经规定了因战争期间下落不明的计算规则，为了避免重复，本条规定删除了这一内容。

案例评析

高某雨、徐某某申请宣告高某根死亡案[①]

案情： 申请人高某雨、徐某某称，失踪人高某根系申请人高某雨、徐某某的儿子。高某根与申请人失去联系达11年之久，申请人均属残障人，生活无着，靠亲友照顾生活，难以为继。申请人申请"五保"和国家照顾，因户口本显示有儿子高某根而不符合条件。为了解决申请人今后的生活困难问题，特申请依法宣告高某根死亡。另，法院在《法制日报》发出寻找高某根的公告。法定公告期间为1年，现已届满，高某根仍下落不明。法院认为，公民下落不明满4年的，利害关系人可以向人民法院申请宣告他死亡。高某根下落不明长达十余年，经法院公告查找仍下落不明，且长期在公安信息网上无活动轨迹显示，符合宣告死亡条件。

评析： 此案涉及民法典第46条的规定。本条系在《民法通则》第23条的基础上进行了修改。本案中，高某根于2004年8月随一刚到砖厂打工的贵州人离开竹山外出打工，此后就与其家人失去联系，截至2016年12月13日，有关机关也未发现高某根活动轨迹。法院发出公告1年后，仍然没有找到高某根，高某根下落不明的时间已经超过4年，申请人高某雨、徐某某作为高某根的利害关系人，向法院申请高某根死亡于法有据，法院应当判决宣告高某根死亡。

> ▶▶**第四十七条**　对同一自然人，有的利害关系人申请宣告死亡，有的利害关系人申请宣告失踪，符合本法规定的宣告死亡条件的，人民法院应当宣告死亡。

条文要义

本条是对宣告失踪和宣告死亡顺序的规定。

对一个下落不明的自然人，既符合宣告失踪的条件，也符合宣告死亡的条件，有的利害关系人申请宣告死亡，有的利害关系人申请宣告失踪的，形成请求宣告死亡和宣告失踪的冲突。对此，本条规定的规则是，宣告死亡优先。这是因为，符合宣告死亡条件的，必然符合宣告失踪的条件要求，宣告死亡的法律后果同时也将实现宣告失踪的后果，因而按照利害关系人宣告死亡的申请宣告该自然人死亡，虽然不符合宣告失踪申请人的意图，但是可以达到宣告失踪的法律效果，所以，决定宣告死亡是最好的选择。本规定确定了宣告死亡优先适用的法律效力。

宣告失踪与宣告死亡的利害关系人不受顺位的限制。当处于不同顺位的利害关系人分别请求宣告失踪与宣告死亡时，如父母申请宣告死亡，配偶申请宣告失踪，

[①]　审理法院：湖北省竹山县人民法院，案号：（2015）鄂竹山民特3号。

如果受到顺位的限制，那么只要在前顺位的利害关系人不申请宣告，后一顺位的申请人就不能申请宣告死亡，将使相互之间的法律关系长期处于不确定状态。为了简化法律关系，避免争议，认定不同的利害关系人均不受顺位的限制，即不因配偶未申请宣告死亡而拒绝宣告死亡，更为合理。

案例评析

朱某国、朱某起申请宣告朱某忠死亡案①

案情：申请人朱某国、朱某起诉称：被申请宣告死亡人朱某忠原系滴道区某社区居民，因其患有精神疾病，由二申请人及其姐姐送到老年公寓托管，后朱某忠走失，至今已满4年杳无音信。申请人朱某国、朱某起与朱某忠系兄弟关系，根据法律规定特向法院申请请求宣告朱某忠死亡。经查，朱某忠姐姐朱某云不同意申请宣告朱某忠死亡，其弟弟朱某全患有疾病不能表达意志。法院在《人民法院报》发出公告，法定公告期为1年，现已届满，朱某忠仍然下落不明。法院认为，根据法律规定，朱某国、朱某起、朱某云作为同一顺序的利害关系人，其三人有的申请宣告死亡，有的不同意宣告死亡，则应当宣告朱某忠死亡。

评析：此案涉及民法典第47条的规定，本条沿袭了《最高人民法院关于贯彻执行〈中华人民共和国民法通则〉若干问题的意见（试行）》第29条的规定。在本案中，被申请人朱某忠于2010年3月15日下午从老年公寓走失后，经过家属和有关机关的多方寻找，仍然杳无音信。截至2014年10月15日，朱某忠下落不明已经满4年，既符合申请宣告失踪的要件，也符合申请宣告死亡的要件。申请人朱某国、朱某起根据法律规定向法院申请请求宣告朱某忠死亡，而同一顺序的利害关系人朱某云不同意申请宣告朱某忠死亡，根据法律规定，对同一自然人，有的利害关系人申请宣告死亡，有的利害关系人申请宣告失踪，符合宣告死亡条件的，人民法院应当宣告死亡。此案中，法院应当宣告朱某忠死亡，故法院应当判决支持申请人朱某国、朱某起的诉讼请求，依法宣告朱某忠死亡。

> ▶▶**第四十八条** 被宣告死亡的人，人民法院宣告死亡的判决作出之日视为其死亡的日期；因意外事件下落不明宣告死亡的，意外事件发生之日视为其死亡的日期。

🏛 条文要义

本条是关于被宣告死亡的自然人死亡日期的确定规则。

---

① 审理法院：黑龙江省鸡西市滴道区人民法院，案号：（2014）滴民特1号。

自然人被宣告死亡后，发生与自然死亡相同的法律后果，被宣告死亡的自然人在法律上被认定为已经死亡，其财产关系和人身关系都发生变动。故宣告死亡时的死亡日期与自然死亡时的死亡日期一样，都对自然人的人身关系与财产关系具有重大的意义。

确定被宣告死亡的自然人的死亡日期的新规则是：第一，人民法院在判决中确定宣告死亡的日期，即判决书确定了被宣告死亡人的死亡日期的，该日期就视为其死亡的日期；第二，法院判决没有确定死亡日期，判决作出之日视为其死亡的日期；第三，因意外事件下落不明宣告死亡的，意外事件发生之日应该视为其死亡的日期。其中，判决作出之日是较为模糊的概念，究竟是判决书签发之日，还是打印完毕之日，或者是判决书送达之日，不易确定。在司法实践中，一般认为判决书签发之日就是判决书作出之日，以此为准认定被宣告死亡人的死亡日期，比较适当。

案例评析

梁某英与广东省佛山市石湾镇街道湾华村村民委员会等财产损害赔偿纠纷案[①]

案情：原告梁某英诉称：原告是梁某某的妹妹。梁某某离家出走后去向不明，后法院于 2016 年 2 月 22 日宣告梁某某死亡，判决书于 2016 年 2 月 25 日生效。原告拿到判决后，持法院上述判决多次到被告处要求继承梁某某村股份分红。被告以法院只是宣告梁某某死亡，并未确认原告是梁某某的遗产继承人为由拒绝给付。法院认为，继承从被继承人生理死亡或被宣告死亡时开始。失踪人被宣告死亡的，以法院判决中确定的失踪人的死亡日期，为继承开始的时间，因此梁某某遗产的继承开始时间系 2016 年 2 月 25 日，原告系梁某某遗产的唯一继承人，故确认案涉股份证内所载股份的分红均属于被继承人梁某某的遗产，原告梁某英享有上述股份分红的全部继承权。

评析：此案涉及民法典第 48 条的规定。民法典第 48 条与《最高人民法院关于贯彻执行〈中华人民共和国民法通则〉若干问题的意见（试行）》第 36 条第 1 款的规定一脉相承，但在措辞上进行了修改。本案中一个重要的争议点在于原告梁某英继承股份分红应当从何时开始的问题，而要确定原告开始继承分红的时间，就需要先确定梁某某死亡的日期。在本案中，法院于 2016 年 2 月 22 日作出民事判决，宣告梁某某死亡，该判决书于 2016 年 2 月 25 日生效。因此，在本案中，2 月 22 日应当视为梁某某的死亡日期。根据《继承法》和相关司法解释的规定，继承从被继承

---

① 审理法院：广东省佛山市禅城区人民法院，案号：（2016）粤 0604 民初 3508 号。

人生理死亡或被宣告死亡时开始。因此，原告梁某英拿到判决后，持判决要求继承梁某某村股份分红的请求合法有据，法院应当确认梁某英享有梁某某生前所有的股份及股份的分红的全部继承权。

▶▶ **第四十九条** 自然人被宣告死亡但是并未死亡的，不影响该自然人在被宣告死亡期间实施的民事法律行为的效力。

🏛 条文要义

本条是关于宣告死亡判决效力的规定。

宣告死亡判决发生被宣告的自然人死亡的法律后果，这种效力是相对的空间效力，即自然人尽管被宣告死亡，但这只是一种推定，有可能还在异地生存。坚持相对的空间效力，就承认该自然人在异地实施的民事法律行为的效力。

宣告死亡的目的并不是要绝对地消灭或剥夺被宣告死亡人的主体资格，而在于结束以被宣告死亡人原住所地为中心的民事法律关系，因此，被宣告死亡人的民事权利能力消灭，并不是全部的事实上的丧失，而是仅仅在法律上的死亡推定，并非已经丧失民事权利能力。被宣告死亡的人在其存活地的民事权利能力并不终止，仍可依法从事各种民事活动。既然如此，被宣告死亡的人如果仍然生存，并且继续实施民事法律行为，就应当实事求是地确认其所实施的民事法律行为的效力，被宣告死亡并不会影响其民事法律行为的效力。

本条新规则的变化虽只是文字上的修改，但是充分地展现了立法技术的进步。《民法通则》第24条第2款规定的是自然人在被宣告死亡期间实施的民事法律行为有效。《最高人民法院关于贯彻执行〈中华人民共和国民法通则〉若干问题的意见（试行）》第36条第2款，也是采用了"有效"的表述，即"被宣告死亡和自然死亡的时间不一致的，被宣告死亡所引起的法律后果仍然有效，但自然死亡前实施的民事法律行为与被宣告死亡引起的法律后果相抵触的，则以其实施的民事法律行为为准"。这样的规定并不够妥当。这是因为，被宣告死亡人实施的民事法律行为有可能因违法或者悖俗而无效，也有可能因欺诈或者胁迫而可撤销，所以，并不能直接认定民事法律行为有效。《民法通则》与司法解释这样规定，实质上是以偏概全。民法典第49条规定被宣告死亡人实施的民事法律行为不因其被宣告死亡而影响其在被宣告死亡期间实施的民事法律行为的效力。以这样的方法进行概括，显然更为准确，具有较好的包容性。这就是被宣告死亡的人实施的民事法律行为所具有的相对的空间效力，是十分有道理的。

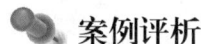 **案例评析**

张某申请撤销宣告张某民死亡案[1]

案情： 申请人张某称，被申请人张某民于 2014 年 1 月 6 日回到家中，故申请撤销法院宣告张某民死亡的（2012）昆民一特字 14 号民事判决。法院经审理查明：被申请人张某民与申请人张某系父子关系。法院于 2013 年 7 月 2 日宣告张某民死亡。经苏州市人口信息管理系统核对照片，询问张某、夏某核实情况，现证实该男子是张某民本人。庭审中证人夏某到庭作证，其称与张某民为连襟关系，张某是其老婆李某某的侄子，并指认到庭的被申请人是张某民。法院认为：根据公安机关出具的证明及证人夏某的指认，可以证实本案的被申请人张某民与（2012）昆民一特字第 14 号民事判决中的被申请人张某民系同一人。现张某民重新出现，故利害关系人有权申请撤销对被申请人张某民的死亡宣告。

评析： 此案涉及民法典第 49 条的规定。本条沿袭了《民法通则》第 24 条第 2 款及相关司法解释的规定。本案中，法院于 2013 年 7 月 2 日作出民事判决，宣告张某民死亡，张某民所在地的派出所已于 2013 年 7 月 11 日将其户籍信息注销。然而事实上，张某民只是离开昆山去了北京，因经济条件不好，没有联系过家里人。民法典第 49 条规定，自然人被宣告死亡但是并未死亡的，不影响该自然人在被宣告死亡期间实施的民事法律行为的效力。因此，虽然张某民在 2013 年 7 月 2 日被宣告死亡，但事实上张某民没有死亡，其在北京期间实施的例如购买日常用品、租赁房屋等民事法律行为，只要没有其他的效力瑕疵，就仍然应当认定为是有效的民事法律行为。

▶▶ **第五十条** 被宣告死亡的人重新出现，经本人或者利害关系人申请，人民法院应当撤销死亡宣告。

🏛 条文要义

本条是对撤销死亡宣告的规定。

被宣告死亡的人重新出现或者确知他没有死亡，经本人或者利害关系人申请，人民法院应当撤销对他的死亡宣告。

死亡宣告撤销的要件是：（1）须被宣告死亡人仍然生存，重新出现。（2）须由本人或利害关系人提出申请。撤销宣告死亡的利害关系人的范围与申请宣告死亡的利害关系人的范围是一样的，没有顺序的限制。（3）须由人民法院作出撤销死亡的

---

[1] 审理法院：江苏省昆山市人民法院，案号：（2014）昆民特字 1 号。

宣告。

在上述死亡宣告撤销的三个要件中，第一个要件是实体性要件，即被宣告死亡的人重新出现；后两个要件是程序性要件。

 **案例评析**

冯某某申请撤销宣告公民死亡案①

案情： 申请人冯某某称，申请人确于1998年2月离家外出，因长期未与家人联系，经家人申请，法院曾先后宣告其为失踪人与死亡人。现申请人已从外地回来，宣告其失踪与死亡的条件消失，故向法院提出申请，要求撤销宣告其死亡的判决。法院经审理查明，2002年2月8日，因冯某某下落不明，法院判决双方离婚在案，双方所生之子冯某1随管某某共同生活，后冯某1更名为管某。又因自1998年2月底起，冯某某离家外出，未知音信，经冯某1申请，法院宣告冯某某为失踪人，再后法院宣告冯某某死亡。现申请人从外地返沪，并办理了身份登记的相关手续，故要求撤销宣告死亡的判决。法院认为，申请人现返沪，与家人取得联系，并办理了身份登记的相关手续，符合撤销宣告死亡的法定要件。

评析： 此案涉及民法典第50条的规定。本条沿袭了《民法通则》第24条第1款的规定。在冯某某申请撤销宣告公民死亡案中，系被宣告死亡人冯某某本人向人民法院申请撤销对自己的死亡宣告，只要是被宣告死亡的人重新出现，不管是被宣告死亡人本人向人民法院申请撤销死亡宣告，还是其利害关系人向人民法院申请撤销死亡宣告，人民法院都应当撤销对被宣告死亡人的死亡宣告。

> ▶▶**第五十一条**　被宣告死亡的人的婚姻关系，自死亡宣告之日起消除。死亡宣告被撤销的，婚姻关系自撤销死亡宣告之日起自行恢复。但是，其配偶再婚或者向婚姻登记机关书面声明不愿意恢复的除外。

🏛 条文要义

本条是关于死亡宣告撤销后婚姻关系的法律效果。

对于自然人被宣告死亡之后和重新出现时婚姻关系的处理，《民法通则》未作出规定，本条是增加的新规则。

自然人被宣告死亡，发生同自然死亡相同的法律后果，其配偶关系自死亡宣告之日起消除，自不必多论。

在被宣告死亡的人重新出现后，被宣告死亡的自然人的配偶没有再婚，死亡宣

---

① 审理法院：上海市静安区人民法院，案号：（2016）沪0106民特24号。

告撤销后，原来的婚姻关系自撤销死亡宣告之日起自行恢复，仍与原配偶为夫妻关系，不必进行结婚登记。但有例外，即在被宣告死亡的人重新出现后，配偶一方向婚姻登记机关书面声明不愿意恢复的，婚姻关系不自行恢复。这是为了尊重婚姻当事人的意志，贯彻婚姻自由原则，如果其配偶向婚姻登记机关声明不愿意与被撤销死亡宣告的配偶恢复婚姻关系的，则不能自行恢复夫妻关系。

被宣告死亡的人的配偶在宣告死亡期间再婚的，当然不能恢复原来的配偶关系。

值得研究的问题是，配偶再婚后又离婚，或者再婚后配偶死亡的情形，应当怎样处理。对此，《最高人民法院关于贯彻执行〈中华人民共和国民法通则〉若干问题的意见（试行）》第37条规定："被宣告死亡的人与配偶的婚姻关系，自死亡宣告之日起消灭。死亡宣告被人民法院撤销，如果其配偶尚未再婚的，夫妻关系从撤销死亡宣告之日起自行恢复；如果其配偶再婚后又离婚或者再婚后配偶又死亡的，则不得认定夫妻关系自行恢复。"按照该条文规定，如果其配偶再婚后又离婚或者再婚后配偶又死亡的，则不得认定夫妻关系自行恢复，是有道理的。对此，尽管民法典总则编没有规定这一内容，但是可以继续适用这个规则，即配偶再婚后离婚或再婚后配偶死亡，被撤销死亡宣告的人如果想要继续和配偶成立婚姻关系，应当进行婚姻登记，而不能自行恢复婚姻关系。

案例评析

谷某某与王某某离婚纠纷案[①]

案情：法院在审理原告谷某某诉被告王某某离婚纠纷一案中，经查，原告谷某某早年曾下落不明，被告王某某向法院申请宣告原告谷某某死亡，法院宣告下落不明人谷某某死亡。被告王某某于1995年2月14日登记再婚。后原告谷某某重新出现，法院撤销对谷某某的死亡宣告。原告谷某某诉请离婚。法院认为，被宣告死亡的人与配偶的婚姻关系，自死亡宣告之日起消除。死亡宣告被人民法院撤销，如果其配偶尚未再婚的，夫妻关系从撤销死亡宣告之日起自行恢复；如果其配偶再婚后又离婚或者再婚后配偶又死亡的，则不得认定夫妻关系自行恢复。本案中，被告王某某已于原告谷某某被宣告死亡后再婚，原、被告间已不存在婚姻关系，故对原告谷某某的离婚诉请法院不予支持。

评析：此案涉及民法典第51条的规定。本条与《最高人民法院关于贯彻执行〈中华人民共和国民法通则〉若干问题的意见（试行）》第37条的规定一脉相承。本案中，天津市河西区人民法院于1994年11月28日作出民事判决，宣告谷某某死亡，而谷某某的原配偶王某某于1995年2月14日登记再婚。虽然之后谷某某重新出现，法院也于2015年4月22日作出民事判决，撤销对谷某某的死亡宣告，但民

---

① 审理法院：天津市南开区人民法院，案号：（2015）南民初4214号。

法典第 51 条规定，被宣告死亡的人的婚姻关系，自死亡宣告之日起消除。死亡宣告被撤销的，婚姻关系自撤销死亡宣告之日起自行恢复，但是其配偶再婚或者向婚姻登记机关书面声明不愿意恢复的除外。本案中王某某已于原告谷某某被宣告死亡后再婚，故谷某某和王某某的婚姻关系无法自行恢复，而没有婚姻关系自然无离婚可言，故对谷某某与王某某的离婚诉请法院应当不予支持。

> ▶▶ **第五十二条**　被宣告死亡的人在被宣告死亡期间，其子女被他人依法收养的，在死亡宣告被撤销后，不得以未经本人同意为由主张收养行为无效。

🏛 条文要义

本条规定的是死亡宣告撤销后亲子关系的法律效果。

规定本条时，借鉴了《最高人民法院关于贯彻执行〈中华人民共和国民法通则〉若干问题的意见（试行）》第 38 条的规定，确认了死亡宣告撤销后亲子关系的法律效果，即"被宣告死亡的人在被宣告死亡期间，其子女被他人依法收养，被宣告死亡的人在死亡宣告被撤销后，仅以未经本人同意而主张收养关系无效的，一般不应准许，但收养人和被收养人同意的除外"。

被撤销死亡宣告的自然人有子女的，即使其在被宣告死亡后，父母子女的亲子关系并不会因此而消灭，仍然保持亲子关系。如果在被宣告死亡期间，被宣告死亡人的子女被他人依法收养的，则消灭了亲子关系。被宣告死亡人的死亡宣告被撤销后，该收养关系仍然有效，被撤销死亡宣告的人不得主张因自己的死亡宣告已经被撤销，该收养关系未经其同意而无效，收养关系应当继续保持。

如果被撤销死亡宣告的人主张解除在其宣告死亡期间设立的有关自己子女的收养关系，须依照法定程序，经原收养人、送养人协议解除原收养关系，才能恢复被撤销死亡宣告人与子女的亲子关系。如果子女是 8 周岁以上的未成年人，根据本法第 1114 条的规定，应当征得本人的同意。

📌 案例评析

张某远与李某人身财产纠纷案①

案情： 2002 年张某远与李某结婚，育有一子张某。2004 年 6 月 5 日，张某远不辞而别，李某于 2008 年 8 月向其所在地的法院申请宣告张某远死亡。2009 年 8 月 23 日法院判决宣告张某远死亡。2009 年 11 月，李某将儿子张某送给邻县的赵氏夫妇收养，卖掉了与张某远婚后共同购置的房屋，并将张某远婚前购置的一辆白色昌河车

---

① 案例来源：被宣告死亡后归来，如何面对妻离子散. 检察日报，2010—12—04（3）.

送给了自己的堂弟，之后与本村的王某结婚。2010 年 6 月，张某远突然回到家乡要求归还孩子和自己的财产。

评析： 此案涉及民法典第 52 条的规定。本条规定与《最高人民法院关于贯彻执行〈中华人民共和国民法通则〉若干问题的意见（试行）》第 38 条的规定基本一致。根据相关法律规定，张某远被宣告死亡又重新出现后，会发生如下法律效果：第一，李某已经再婚的事实无法改变，张某远与李某之间的婚姻关系不复存在，张某远可以再婚。被宣告死亡的人的婚姻关系，自死亡宣告之日起消除。死亡宣告被撤销的，婚姻关系自撤销死亡宣告之日起自行恢复。但是，其配偶再婚或者向婚姻登记机关书面声明不愿意恢复的除外。从这一规定可以看出，法律承认宣告死亡后配偶的再婚行为。死亡宣告被法院撤销后，被宣告死亡人的配偶尚未再婚的，夫妻关系自行恢复，而配偶再婚的，则不得认定夫妻关系自行恢复。本案中，李某已经再婚，因此，即使张某远的死亡宣告被法院撤销，也不得认定夫妻关系自行恢复。因而张某远可以不经离婚程序直接再次组建家庭。第二，张某远可以与赵氏夫妇协商解除收养关系。被宣告死亡的人在被宣告死亡期间，其子女被他人依法收养的，在死亡宣告被撤销后，不得以未经本人同意为由主张收养行为无效。因此，张某远如果以自己不知情为由，要求解除赵氏夫妇对张某的收养关系或认定收养关系无效没有法律依据。但他可以在征求赵氏夫妇以及张某的同意后，解除该收养关系。

> ▶▶ **第五十三条** 被撤销死亡宣告的人有权请求依照本法第六编取得其财产的民事主体返还财产；无法返还的，应当给予适当补偿。
>
> 利害关系人隐瞒真实情况，致使他人被宣告死亡而取得其财产的，除应当返还财产外，还应当对由此造成的损失承担赔偿责任。

🏛 条文要义

本条是关于死亡宣告撤销后财产关系的法律效果的规定。

本条第 1 款主要是依照《继承法》的规定，规定被宣告死亡人的财产被其继承人继承的，当其死亡宣告被撤销后，原来发生的继承关系消灭，其继承人继承的财产都应当返还给被撤销死亡宣告的人，使其财产权益得到保护。因其他原因取得财产的，也负有返还财产的义务。

返还财产还是应当以返还原物为原则，如果原物不存在，应予以适当补偿。对于如何确定应补偿的数额，主要是考虑返还义务人所取得的财产的价值、返还能力等。

利害关系人隐瞒真实情况，致使他人被宣告死亡而取得其财产的，实际上是恶意利用宣告死亡的方法非法取得被宣告死亡人的财产，构成侵权行为，应当承担侵权责任。故宣告死亡被撤销后，该利害关系人除应当返还原物以外，还应当对由此造成的损失承担赔偿责任，赔偿的原则是全部赔偿。

其中，返还财产和利害关系人的赔偿责任都是本次民法典新规定的规则。

1. 扩大了返还的范围。《民法通则》规定的是返还原物。原物的概念比较单一，就是指原来那个物，只有原物还存在的，才能够返还原物。这样就使返还的范围比较窄。本条将返还原物修改为返还财产，就扩大了返还的范围。

2. 新增利害关系人的赔偿责任。本条第 2 款借鉴了《最高人民法院关于贯彻执行〈中华人民共和国民法通则〉若干问题的意见（试行）》第 39 条关于"利害关系人隐瞒真实情况使他人被宣告死亡而取得其财产的，除应返还原物及孳息外，还应对造成的损失予以赔偿"的规定，新增了利害关系人的赔偿责任条款。利害关系人负有返还财产的义务，其隐瞒真实情况致使他人取得财产，是故意侵害被宣告死亡人的财产权，应当承担赔偿责任。

案例评析

周某某与全某某、庞某某物权保护纠纷案[①]

案情： 原告周某某诉称，2005 年 7 月 12 日唐山市路北区人民法院判决宣告周某某死亡。2014 年 10 月 16 日唐山市路北区人民法院判决撤销宣告周某某死亡的（2004）北民初字第 1 号民事判决。其间，张某某将其享有的房屋产权的 50% 份额赠与被告全某某与其妻庞某某，并办理赠与公证。同日，被告又以原告因病去世为由，继承了原告房屋产权的 50% 份额，并办理继承公证。后被告进行了房屋所有权转移登记申请，现已取得该宗房产的所有权，双方为此产生争执。法院认为，本案原告在被其近亲属宣告死亡期间，二被告基于继承、赠与方式取得房产所有权，由于原告出现并已撤销宣告死亡判决书，故对原告要求确认二被告继承房屋产权的行为无效的诉讼请求，应当予以支持；对原告主张要求确认产权 50% 份额归原告所有，与本案为不同法律关系，本案不予处理。

评析： 此案涉及民法典第 53 条的规定。本条在《民法通则》第 25 条和《最高人民法院关于贯彻执行〈中华人民共和国民法通则〉若干问题的意见（试行）》第 39 条的基础上进行了修改。本案中，2005 年 7 月 12 日唐山市路北区人民法院作出民事判决，宣告周某某死亡。2014 年周某某本人申请，要求撤销宣告死亡。周某某的死亡宣告被撤销后，其自然有权依照法律规定请求返还财产或者要求给予适当补偿。本案二被告全某某、庞某某基于周某某被宣告死亡的事实，通过继承方式取得房产的所有权，而周某某的死亡宣告被撤销后，这种继承应当归于无效，故对周某某要求确认二被告继承其房屋 50% 产权的行为无效的诉讼请求，法院应当予以支持。

---

① 审理法院：河北省唐山市路北区人民法院，案号：（2015）北民初 927 号。

第四节　个体工商户和农村承包经营户

> ▶▶ **第五十四条**　自然人从事工商业经营，经依法登记，为个体工商户。个体工商户可以起字号。

🏛 条文要义

本条是对个体工商户的规定。

个体工商户是指在法律允许的范围内，依法经核准登记，从事工商经营活动的自然人或者家庭。单个自然人申请个体经营，应当是16周岁以上有劳动能力的自然人。家庭申请个体经营，作为户主的个人应该有经营能力，其他家庭成员不一定都有经营能力。

个体工商户应当依法进行核准登记。无论是自然人个体还是家庭，凡是要进行个体经营的，都须依法向市场监督管理部门提出申请，并且经过市场监督管理部门的核准登记，颁发个人经营的营业执照，取得个体工商户的经营资格。

个体工商户应当在法律允许的范围内从事工商业经营活动，包括手工业、加工业、零售行业以及修理业、服务业等。对此，应当在市场监督管理部门核准的经营范围内进行经营活动。

个体工商户可以起字号，对其字号享有名称权，其他任何人不得侵犯。在经营活动中，没有起字号的个体工商户，应当以市场监督管理部门登记的经营者的姓名作为经营者的名义，这种经营者使用的姓名实际上已经与自然人本身的姓名有所区别，具有了字号的含义。

案例评析

黄某诉刘某债权人撤销权纠纷案[①]

案情：被告刘某系个体工商户，为广汉市某胶合板加工厂业主。原告黄某在该胶合板加工厂上班，工作时受伤。原告与广汉市某胶合板加工厂就工伤事故赔偿达成协议，双方已履约。后经鉴定，黄某伤残为十级，故其诉请撤销赔偿协议。法院认为本案案由属合同纠纷项下的债权人撤销权纠纷。而劳动者与起有字号的个体工商户产生的劳动争议诉讼，人民法院应当以营业执照上登记的字号为当事人，但应同时注明该字号业主的自然情况。同时，起字号的个体工商户，在民事诉讼中，应以营业执照登记的户主（业主）为诉讼当事人，在诉讼文书中注明系某字号的户主。故黄某以业主刘某为当事人，并无不妥。本案中黄某伤残等级为十级，协议金额明

---

① 案例来源：最高人民法院公报，2013（1）.

显低于应取得的工伤保险待遇，构成显失公平。据此，撤销案涉赔偿协议。

评析：民法典第 54 条规定，自然人从事工商业经营，经依法登记，为个体工商户。个体工商户可以起字号。本案中，个体工商户雇工属于个人劳务的范畴，发生工伤损害的由个人工商户按照《侵权责任法》《劳动法》等有关法律法规的规定承担相应的责任。起字号的个体工商户，在民事诉讼中，应以营业执照登记的户主（业主）为诉讼当事人，在诉讼文书中注明系某字号的户主。

> ▶▶▶第五十五条　农村集体经济组织的成员，依法取得农村土地承包经营权，从事家庭承包经营的，为农村承包经营户。

🏛 条文要义

本条是对农村承包经营户的规定。

农村承包经营户是指在法律允许的范围内，按照农村土地承包经营合同的约定，利用农村集体土地从事种植业以及副业生产经营的农村集体经济组织的成员或者家庭。

农村承包经营户是农村集体经济组织的成员。其依照法律规定与集体经济组织签订农村土地承包经营合同，利用农村集体土地进行农副业生产，成为农村承包经营户。在我国农村，承包农村土地基本上是以户的形式进行的，只有单身的农民才以个人名义承包土地。

土地承包经营合同应当约定承包的生产项目，交付使用的生产资料的数量和承包日期，交纳集体的公积金、公益金、管理费，承包户有使用水利等公共设施的权利，以及双方各自的权利和义务与违约责任。

农村承包经营户的经营范围是利用集体土地，从事土地承包合同约定的农业或者副业生产。随着我国农村经济的发展，农村承包经营户也可以行使"三权分置"中的土地经营权，利用承包的农村集体土地进行商业化开发，进行商业活动，进一步开发土地的利用价值，把承包的农村集体土地作为生产资料，扩大经营范围，在农村经营中取得更好的效益。

📌 案例评析

王某平、韶山市清溪镇杨荣村北岸村民小组承包地征收补偿费用分配纠纷案①

案情：王某平出生于韶山市，自出生后户口就落在北岸组，婚后虽与其夫在城市生活，但是自己的户口未迁出，并且在北岸组办理了韶山市新型农村合作医疗。

---

① 审理法院：一审法院为湖南省韶山市人民法院，案号：湘 0382 民初 248 号；二审法院为湖南省湘潭市中级人民法院，案号：（2019）湘 03 民终 1099 号；再审法院为湖南省湘潭市中级人民法院，案号：（2020）湘 03 民再 21 号。

现北岸组获征地补偿款，在分配时将王某平排除在外，进而产生争议。一二审以及再审法院均认为，根据法律规定，农村集体经济组织的成员，依法取得农村土地承包经营权，自然能够享受因土地承包经营权所带来的收益，但是如何判断村民是否具有该集体经济组织成员资格并不仅仅依据户口，法院认为，本案中王某平不具有北岸组的集体经济组织成员资格，故不应享有征收款的分配权。

评析： 本条款规定的是农村集体经济组织成员，依身份所取得的农村土地承包经营权等，而本案体现的是判断自然人是否符合农村集体经济组织成员资格的认定标准，这是享有土地承包经营权的前提。我国现行法律没有对农村集体经济组织成员的资格认定作出具体规定。在司法实践中，认定农村集体经济组织成员的资格需要综合考虑以下因素：（1）在征地补偿方案确定时户籍是否仍在原集体经济组织；（2）在征地补偿方案确定时是否仍在原集体经济组织实际生产和生活，与该集体经济组织形成特定的权利义务关系；（3）是否仍然依赖原集体经济组织的土地为其基本生活保障。本案中，法院认为王某平除户籍符合条件以外，其生活生产均与北岸组无关，所以认定其不具有北岸组集体经济组织成员资格，自然对其请求分配土地补偿款不予支持。

> ▶▶ **第五十六条** 个体工商户的债务，个人经营的，以个人财产承担；家庭经营的，以家庭财产承担；无法区分的，以家庭财产承担。
>
> 农村承包经营户的债务，以从事农村土地承包经营的农户财产承担；事实上由农户部分成员经营的，以该部分成员的财产承担。

🏛 条文要义

本条是对个体工商户和农村承包经营户债务承担的规定。

个体工商户和农村承包经营户在经营中所负债务的承担规则，与法人、非法人组织及自然人负担的债务的承担规则有所不同。

个体工商户在经营中所负债务的清偿原则是：（1）个体工商户是以个人进行经营的，其所负债务就是个人债务，应当以个人财产承担。以个人财产对债务承担无限责任，与夫妻共同财产和家庭共同财产没有关系。（2）以家庭为单位进行经营的，无论是其收益还是负债，都是家庭共有财产，对在个体经营中负担的债务，应当以家庭的全部财产承担无限责任。（3）个体工商户在经营中无法区分是个人经营还是家庭经营的，应当按照有利于债务人的原则确认，认定为家庭经营，以家庭财产承担。

农村承包经营户对所负债务的清偿规则是：（1）农村承包经营户的债务，以从事农村土地承包经营的农户财产承担，负无限清偿责任。（2）农村承包经营户的经营活动尽管是以户的方式承包，但事实上是由农户的部分成员经营，证明确实属实的，以该部分成员的财产承担无限清偿责任，该"户"其他没有进行共同经营活动的成员对此债务不承担责任。

上述区分个体工商户和农村承包经营户的责任承担规则，是新的规则。《民法通则》注意到了个体工商户、农村承包经营户与其他民事主体的不同，但没有注意到个体工商户与农村承包经营户的不同，有失妥当。本条规定弥补了这一不足，对于个体工商户、农村承包经营户的责任承担规则进行类型化的区分，具有重要意义。这不仅有利于责任承担规则的准确适用，还有助于维护以户为单位的非经营人员的合法权益。不过，本条存在一个瑕疵，即在本条第 1 款的表述中，个体工商户既然是户，债务承担的规则应当以家庭财产承担为一般性规定，只有当个人经营时，才是个人财产承担，故宜将家庭财产承担原则提前至个人财产承担之前，才符合立法的逻辑。

 ## 案例评析

王某东与张某玲、柳某峰买卖合同纠纷案①

案情： 柳某系本案被告柳某峰之父、张某玲之夫，已过世。其生前在原告王某东处赊购玉米种子并出具欠条。其在世时偿还部分欠款，剩余部分未予偿还。现原告诉请两被告进行偿还。经查，柳某生前与张某玲共同在辽宁省法库县经营承包地，柳某峰彼时已经成家另过，并不参与柳某夫妻承包地的经营和收益的分配。法院认为，农村承包经营户的债务，事实上由农户部分成员经营的，应该以该部分成员的财产承担，故判决张某玲承担还款义务。

评析： 民法典第 57 条第 2 款规定，农村承包经营户的债务，以从事农村土地承包经营的农户财产承担；事实上由农户部分成员经营的，以该部分成员的财产承担。本案中，柳某向原告购买的玉米种子所欠的价款，系柳某生前与被告张某玲因共同经营承包地所欠，柳某与张某玲为实际经营人，故该债务应由柳某和张某玲共同偿还。柳某去世后，原告向被告张某玲主张权利符合法律规定，故原告请求被告张某玲偿还剩余欠款得到法院的支持。但是，原告请求被告柳某峰承担还款义务，未能证明其参与承包地的经营和收益，故法院不予支持。

---

① 审理法院：辽宁省新民市人民法院，案号：（2020）辽 0181 民初 462 号。

第三章　法人

第一节　一般规定

▶▶**第五十七条　法人是具有民事权利能力和民事行为能力，依法独立享有民事权利和承担民事义务的组织。**

🏛 条文要义

本条是对法人概念的规定。

法人，是指法律规定具有民事权利能力和民事行为能力，能够独立享有民事权利和承担民事义务的组织。法人的特征是：（1）法人是具有独立名义的社会组织体，具有民事权利能力和民事行为能力。（2）法人具有独立的财产。（3）法人具有独立的意思，能够依自己的意思行使民事权利、承担民事义务。（4）法人独立承担责任。

法人的本质，是关于法人何以能够与自然人同样具有民事权利能力，成为享有权利、负担义务的民事主体。我国民法学通说采用法人实在说，在立法上也是以法人实在说作为理论基础的。

民法典以法人成立目的的不同为标准，将法人分为营利法人、非营利法人和特别法人。

🫧 案例评析

王某容与宜章县梅田镇人民政府确认劳动关系纠纷案[①]

案情：宜章县梅田镇敬老院系宜章县梅田镇人民政府举办、经核准登记成立的事业单位法人，期满后，该单位未注销。薛某艺生前与王某容系夫妻关系，薛某艺在敬老院工作并担任副院长的职务，工作期间，薛某艺与宜章县梅田镇人民政府未签订劳动合同。后薛某艺死亡，其妻王某容遂诉至法院，请求确认薛某艺与宜章县

---

① 　审理法院：湖南省郴州市中级人民法院，案号：（2015）郴民一终 822 号。

梅田镇人民政府之间存在劳动关系。法院认为：本案中，薛某艺虽于 2005 年 10 月被宜章县梅田镇人民政府安排在宜章县梅田镇敬老院担任副院长职务，其自工作之日起一直在该敬老院工作，但工作内容只限定于为农村五保户提供集中养老服务，负责供应对象的衣、食、住、医、葬等，而从未参与过宜章县人民政府具有行政性质的事务管理工作。因此，薛某艺自 2005 年 10 月起与用人单位之间的权利和义务应当全部由具备法人资格后的宜章县梅田镇敬老院继承。

评析：民法典第 57 条与《民法通则》第 36 条第 1 款规定相同："法人是具有民事权利能力和民事行为能力，依法独立享有民事权利和承担民事义务的组织。"本案中，2011 年 12 月 6 日，宜章县梅田镇敬老院依法登记为事业单位法人，取得独立承担民事责任的法人资格，成为独立的法人主体，符合《劳动合同法》第 2 条规定的用人单位的条件。故自 2011 年 12 月 6 日起，宜章县梅田镇人民政府与薛某艺之间不再存在劳动关系。

> ▶▶ **第五十八条** 法人应当依法成立。
>
> 法人应当有自己的名称、组织机构、住所、财产或者经费。法人成立的具体条件和程序，依照法律、行政法规的规定。
>
> 设立法人，法律、行政法规规定须经有关机关批准的，依照其规定。

🏛 条文要义

本条是对法人成立及成立条件的规定。

法人成立，是指法人开始取得民事主体资格，享有民事权利能力。法人的成立，表现为营利法人、非营利法人以及特别法人开始具有法人的人格，成为民事权利主体的始期。

法人的成立与法人的设立是不同的概念。设立是行为，成立是结果；设立时尚未成立，成立必须经过设立。

法人成立的条件是：（1）须有设立行为。法人必须经过设立人的设立行为，才可能成立。（2）须符合设立的要求：1）应当有自己的名称，确定自己法人人格的文字标识；2）应当有能够进行经营活动的组织机构；3）必须有自己固定的住所；4）须有必要的财产或者经费，能够进行必要的经营活动和承担民事责任。（3）须有法律依据或经有关机关批准。中国的法人设立不采取自由设立主义，凡是成立法人，均须依据相关的法律、行政法规，以法律、行政法规作为成立的依据。（4）须经登记。法人的设立，原则上均须经过登记方能取得法人资格。机关法人成立不须登记。事业单位法人和社会团体法人，除法律规定不需要登记的以外，也要办理登记。成立法人，须完成以上条件才能够取得法人资格。

就上述这一部分法人成立的条件而言，民法典作出了较多的改动，主要表现在五个方面。

1. 将法人依法成立单列为一款。法人应当依法成立，这是法人成立条件的概括性规定，而非条件之一。《民法通则》第37条将其作为条件之一，有失妥当。将其单列为一款，体现了立法技术的进步。

2. 删去了财产或者经费的限定语。2013年《公司法》修订时，删除了出资的最低要求，从实缴制转变为认缴制。与此相协调，本条规定删除了《民法通则》第37条关于财产或者经费的"必要"要求。

3. 删去了能够独立承担民事责任的内容。能够独立承担民事责任是法人成立后的法律效果，而非法人成立的条件。删除这一内容是正确的。

4. 增加了法人成立须依照法律、行政法规规定的具体条件和程序办理。法人的成立必须依照法定的条件和程序进行办理，否则不得成立。

5. 增加了法人设立法律、行政法规规定须经批准的，应当经过批准。法人的成立与法人的设立是不同的概念。设立是行为，成立是结果；设立时尚未成立，成立必须经过设立。法人的设立方式包括自由设立主义、特许设立主义、行政许可主义、准则设立主义以及强制设立主义。对一般的法人设立，采取自由设立主义，但是法律、行政法规规定须经批准成立的，须遵守许可主义的设立方式要求，应当经过批准，否则不得设立。

案例评析

孙某与双辽市世博职业技术学校、刘某东申请执行人执行异议之诉案[①]

案情： 在执行申请执行人孙某与被执行人刘某东民间借贷纠纷一案中，法院查封了世博学校内的综合楼。后世博学校向法院提出执行异议，请求中止对案外人世博学校的执行。经查，世博职业技术学校取得了民办学校办学许可证，但未取得相应的工商登记。二审法院认为，本案系申请执行人执行异议之诉，所需审理的关键问题在于案外人世博学校对案涉执行标的是否享有足以排除人民法院强制执行的民事权益，对案涉执行标的应否继续执行。由于世博学校未依法登记，所以尚不具有法人的民事权利能力和民事行为能力，不具备提起执行异议的主体资格，就案涉执行标的亦不享有足以排除人民法院强制执行的民事权益，故支持孙某的上诉请求，准许执行世博学校的综合楼。

评析： 本条与《民法总则》第58条相一致，规定了法人应当依法成立。同时，法律规定设立民办学校等非企业法人组织，设立人可以根据设立的目的，选择登记

---

① 审理法院：一审法院为吉林省长春市中级人民法院，案号：（2019）吉01民初8号；二审法院为吉林省高级人民法院，案号：（2020）吉民终152号。

为营利法人，或者登记为社会服务机构。但无论登记为营利法人还是社会服务机构，均应当依法登记方能成立。本案中，世博学校虽然取得了"办学许可证"，但这只是民办培训学校取得办学资格的证明。由于其并未登记，所以并未依法成立，不具有独立法人资格，不能独立享有民事权利和承担民事义务，就案涉执行标的不享有足以排除人民法院强制执行的民事权益。申请人认为其属于刘某东的个人财产于法有据，可以进行执行，故法院予以支持。

> ▶▶ **第五十九条**　法人的民事权利能力和民事行为能力，从法人成立时产生，到法人终止时消灭。

🏛 条文要义

本条是对法人的民事权利能力和民事行为能力的规定。

法人的民事权利能力，是指法人作为民事主体，享受民事权利并承担民事义务的资格。法人作为民事权利主体，与自然人一样，具有民事权利能力，但是二者有所不同：（1）民事权利能力的范围不同。法人不享有与自然人人身不可分离的权利，如生命权、健康权、身体权、姓名权、肖像权、隐私权，以及配偶权、亲权、亲属权、继承权等。（2）民事权利能力的开始与终止的时间不同。法人的民事权利能力始于法人成立，终于法人消灭，即法人的民事权利能力从其成立时产生。法人的民事权利能力在法人的存续期间与法人不可分离。法人的民事权利能力从其终止时消灭。自然人的民事权利能力始于出生，终于死亡。（3）民事权利能力的限制不同。法人民事权利能力限制在法律或者行政命令的范围之内，并且受到设立人的意志的约束，设立人在设立法人时确立的目的范围直接决定了法人的权利能力范围。自然人的民事权利能力未受到限制。

法人的民事行为能力，是指法人作为民事主体，以自己的行为享受民事权利并承担民事义务的资格。法人的民事行为能力从法人成立时产生，到法人终止时消灭。法人的民事行为能力的特点是：（1）法人的民事行为能力与其民事权利能力取得和消灭的时间相一致。（2）法人的民事行为能力与民事权利能力的范围相一致。（3）法人的意志取决于团体的意志。

🎯 案例评析

金某新与富蕴县昊远运输有限责任公司合同纠纷案①

案情：被告运输公司的挂车在阜康市境内发生交通事故，随后由原告施救车将事故车辆拖送至阜康市龙腾汽车钣金喷漆修理部进行修理，被告欠施救费未支付，

---

① 审理法院：新疆维吾尔自治区富蕴县人民法院，案号：（2015）富民初 782 号。

经原告多次催要未果。原告向法院提起诉讼。法院认为，原告系个体工商户，是阜康市安泰汽车救援中心的业主，其经营的字号为阜康市安泰汽车救援中心，应作为原告提起诉讼，故金某新作为原告起诉主体错误。另查明，被告富蕴县昊远运输有限责任公司已被富蕴县工商行政管理局注销登记，故原告将富蕴县昊远运输有限责任公司列为被告主体错误。故裁定驳回原告金某新的起诉。

评析：本案所依据的是《民法通则》第36条第2款，法人的民事权利能力和民事行为能力，从法人成立时产生，到法人终止时消灭。这与民法典第59条规定相同。本案中，被告富蕴县昊远运输有限责任公司已被富蕴县工商行政管理局注销登记，因而被告的法人主体地位终止，相应地，其民事权利能力和民事行为能力也随之消灭，不具备作为被告的主体地位和民事行为能力。原告将富蕴县昊远运输有限责任公司列为被告主体错误。被告的法人地位终止之后，应当依法进行清算，以清算财产为限对原告进行债务清偿。

▶▶ **第六十条　法人以其全部财产独立承担民事责任。**

🏛 条文要义

本条是对法人承担民事责任的规定。

法人以其全部财产独立承担民事责任，即承担有限责任。无论法人应当承担多少责任，最终都以其全部财产来承担，不承担无限责任。

法人以其全部财产独立承担民事责任，这就是法人的民事责任能力。民事责任能力，是指民事主体据以独立承担民事责任的法律地位或法律资格，也叫作侵权行为能力。我国民法采取法人实在说，承认法人的民事责任能力。法人作为一个实在的组织体，对其法定代表人及成员在执行职务中的行为造成他人的损害，承担民事责任，即代表责任或者替代责任。法人代表责任的根据在于：法人的法定代表人是法人的机关成员，是法人的组成部分，在代表法人从事经营活动时，其职权是由章程以及法律加以确定的，其活动的内容和范围主要是由法人规定的，其活动的目的是实现法人的职能。既然机关成员的经营活动就是法人的行为，他们在合法的职权范围内从事经营活动，所产生的权利和义务理所当然地应由法人承担。因此，法人的机关成员在经营活动中实施的行为造成他人损害的，民事责任由法人承担。

应当注意的是，本条规定整合了法人承担民事责任的规则。《民法通则》第48条规定了企业法人的民事责任，并细化了不同类型的企业法人承担民事责任的规则。但是，其本质上是一致的，即任何类型的企业法人都应当以其全部财产承担民事责任。而企业法人与其他类型的法人相比，均属于法人这类民事主体，其承担民事责任也是相同的，也是以法人的全部财产承担民事责任。既然如此，本条便统一规定了法人承担民事责任的规则，不仅能够体现立法上的简洁，还能避免司法适用时的烦琐。

案例评析

创锐公司与《环球纪事》杂志社、对外翻译公司联合办刊合同纠纷案①

案情： 创锐公司与《环球纪事》杂志社、对外翻译公司联合办刊合同纠纷一案，执行法院立案执行后，《环球纪事》杂志社无财产可供执行。经查，对外翻译公司系《环球纪事》杂志社的出资单位和组建单位。《环球纪事》杂志社被吊销营业执照，对外翻译公司未对其财产、债权债务进行清理。后《环球纪事》杂志刊名改为《东方壹周》，其系对外翻译公司下属部门，不具备法人资格。执行法院认为《东方壹周》只是对外翻译公司出版的刊物名称，不具备变更为被执行人的主体资格。创锐公司要求追加对外翻译公司为执行人。法院认为，根据现有证据及上述规定，不能认定《东方壹周》杂志是《环球纪事》杂志的延续，亦不能认定《东方壹周》杂志是属于《环球纪事》杂志社的刊物。故创锐公司关于追加对外翻译公司为被执行人的请求，不符合法律规定，执行法院裁定驳回其请求并无不当，应予维持。

评析： 民法典第 60 条规定，法人以其全部财产独立承担民事责任。法人是法律拟制的民事主体，具有民事权利能力与民事行为能力，法人作为独立的民事主体以其全部财产独立承担民事责任，其独立性表现在以登记的法人为单位承担责任，责任范围为该独立法人的全部财产。法人一旦登记设立，就成为独立的民事主体，法人财产也独立于其设立人或者股东的财产，法人民事责任的承担仅以独立法人的独立财产为限，不溯及其设立人或者股东。本案中，根据相关法律规定，在确认《东方壹周》不属于《环球纪事》杂志社的刊物的基础上，法院确认《环球纪事》杂志社是完全独立于《东方壹周》及对外翻译公司的法人主体，依法独立承担民事责任。

> ▶▶ **第六十一条**　依照法律或者法人章程的规定，代表法人从事民事活动的负责人，为法人的法定代表人。
>
> 法定代表人以法人名义从事的民事活动，其法律后果由法人承受。
>
> 法人章程或者法人权力机构对法定代表人代表权的限制，不得对抗善意相对人。

🏛 条文要义

本条是对法人的法定代表人及权限范围的规定。

法人的法定代表人是法人机关。法人机关是指存在于法人组织体内部的、担当

---

① 审理法院：北京市第二中级人民法院，案号：（2014）二中执复 761 号。

法人行为和责任的机构。法人机关可以分为三类：（1）意思形成机关即权力机关；（2）意思表示机关即执行机关；（3）法人的监督机关。法人的活动要有一个代表人，代表法人进行意思表示，通过代表人的行为代表法人的行为，法人通过代表人的行为参加民事活动。

法人的法定代表人是指依照法律或法人的组织章程的规定，代表法人行使职权的负责人。法定代表人的特征是：（1）法定代表人是由法人的章程所确定的自然人。（2）法人的法定代表人有权代表法人从事民事活动。（3）法人的法定代表人是法人的主要负责人。在民事诉讼中，应由法定代表人代表法人在法院起诉和应诉。

法定代表人以法人名义从事的民事活动，都是法人的民事活动。法人通常都是通过法定代表人来表达自己的意思，从事民事活动的。因而，法定代表人以法人名义从事的民事活动，就是法人的民事活动，其后果都由法人承受。

法人的章程或者权力机构对法定代表人的代表权范围的限制，对于法定代表人有完全的效力，即法定代表人不得超出其法人章程或者权力机构对其的限制。如果法定代表人代表法人进行的民事活动超出了法人章程或者法人权力机构对法定代表人代表权的限制范围，法人可以追究其责任。

法人的章程或者权力机构对法定代表人的代表权范围的限制，对于第三人不具有完全的效力。只要进行民事活动的相对人是善意的，对其超出职权范围不知情且无过失，法人就不能以超越职权为由对抗该善意相对人；如果相对人知情，则法人可以主张该民事法律行为无效或者撤销。对此，应当对照民法典第504条规定的条件和要求，确定法定代表人超越权限订立的合同的效力。

与《民法通则》第38条关于"依照法律或者法人组织章程规定，代表法人行使职权的负责人，是法人的法定代表人"以及第43条"企业法人对它的法定代表人和其他工作人员的经营活动，承担民事责任"的规定相比，本条除了将"代表法人行使职权"修改为"代表法人从事民事活动"外，还调整了法定代表人从事民事活动法律后果归属的表述，新增了对法定代表人权限进行限制的效力范围。

1. 将代表法人行使职权改为以法人名义从事民事活动。之所以作出这样的修改，是因为法人行使职权的范围很宽，但是在民法领域，只有规定法人的法定代表人代表法人从事民事活动，才具有意义。

2. 调整了法定代表人从事民事活动法律后果归属的表述。法定代表人以法人名义从事民事活动的法律后果，不论民事权利、民事义务，还是民事责任，应当全部归属于法人。《民法通则》第43条只规定了企业法人对法定代表人的经营活动承担民事责任，而未就法定代表人从事民事活动所取得的民事权利，或者应当承担的民事义务的归属作出规定。本条对此进行改进，规定了法定代表人从事民事活动的法律后果归属的一般规则。

3. 新增了法定代表人的越权行为的效力问题。对此，《民法通则》以及《最高人民法院关于贯彻执行〈中华人民共和国民法通则〉若干问题的意见（试行）》都未作出规定。《合同法》对法定代表人越权订立合同的行为作了规定，即第 50 条："法人或者其他组织的法定代表人、负责人超越权限订立的合同，除相对人知道或者应当知道其超越权限的以外，该代表行为有效。"民法典第 61 条第 3 款在《合同法》的这一规定的基础上，扩展适用至所有的民事法律行为，包括但不限于订立合同，并且还调整了法律效果，即未指明该代表行为是否有效，而只是说了对抗效力范围不能及于善意相对人。至于该代表行为是否有效，还需根据上述所提及的本法第 504 条确认。

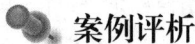 **案例评析**

福州三松线缆有限公司* 与福建福硕线缆有限公司**

商标权转让合同纠纷上诉案①

案情：陈某铃为福硕公司经营的目的，在取得三松公司法定代表人陈某国同意，但未取得三松公司另一股东林某珠同意的情况下，借用三松公司的名义申请文字商标。后三松公司的法定代表人陈某国以三松公司的名义与原告福硕公司签订了《商标转让协议书》和《商标转让补充协议书》。三松公司的法定代表人陈某国与福硕公司签订转让协议未取得另一股东林某珠的同意，导致商标局向福硕公司发出《转让申请补正通知书》。福硕公司受让讼争商标未果，遂以三松公司为被告向法院提起诉讼。法院认为，陈某国作为三松公司的法人代表，其以公司的名义对外签订协议的行为应视为公司意思的体现，由此产生的相关法律责任应由三松公司承担。即使陈某国对外签署转让协议的行为未经过股东会决议或者超出公司章程授予的权力范围，也不能因此否定法定代表人以公司名义对外签署协议的法律效力。

评析：本案依据《民法通则》第 43 条所作出的判决反映了企业法人对它的法定代表人和其他工作人员的经营活动承担民事责任，这与民法典第 61 条规定相同。本案讼争的《商标转让协议书》及《转让/申请注册商标申请书》系三松公司的执行董事兼法定代表人陈某国以三松公司的名义与原告福硕公司签订的，其签章的真实性三松公司亦予以认可，陈某国作为公司的执行董事，本身就具备形成公司意思的资格，在签订上述协议时虽然未取得其余股东的同意，也未形成股东会决议，但其代表三松公司签订的对外协议应视为公司意思的体现，其所签订的对外协议当然是公司真实意思的表现，在没有导致合同无效的其他事由的情形下，应当认定其所签订的协议是真实有效的。至于陈某国是否滥用了其执行董事的事务决定权和法定代表人的代表权，系三松公司或三松公司的股东与陈某国的内部纠纷，可由三松公司或

---

　*　以下简称"三松公司"。

　**　以下简称"福硕公司"。

　①　审理法院：福建省高级人民法院，案号：（2011）闽民终 641 号。

三松公司的股东另案向陈某国提起诉讼解决。

> ▶▶ **第六十二条**　法定代表人因执行职务造成他人损害的，由法人承担民事责任。
>
> 法人承担民事责任后，依照法律或者法人章程的规定，可以向有过错的法定代表人追偿。

🏛 条文要义

本条是关于法定代表人执行职务致害他人责任的规定。

法人的法定代表人执行职务致害他人的责任，包含在本法第1191条规定的"用人单位的责任"之中。法人为法定代表人因执行职务造成损害承担侵权责任构成要件是：第一，须有加害他人的侵权行为。第二，须因法人的法定代表人及其他工作人员的执行职务行为造成损害。第三，须因执行职务的行为所发生。法人承担的责任形态是替代责任，即其法定代表人的执行职务行为造成他人的损害，由法人承担责任。

有所不同的是关于追偿权的规则。民法典第62条第2款规定，法人承担了赔偿责任以后，依照法律或者法人章程的规定，可以向有过错的法定代表人追偿。民法典第1191条第1款规定，用人单位只能向有故意或者重大过失的工作人员追偿。这两个条文的规定并不相同：一是依照第62条的规定，法定代表人有过错，法人依照法律或者法人章程可以追偿，问题是，如果法人章程没有规定就不可以追偿了吗？二是依照第1191条规定，法人的法定代表人只有具有故意或者重大过失的，法人才可以向其追偿，但是，法定代表人只有过失，究竟是可追偿还是不可追偿呢？

对于上述问题，应当斟酌法人的意志。如果法人的章程确实规定法定代表人有过失的执行职务行为致人损害，应当进行追偿，那就可以追偿，如果规定不准追偿，当然可以尊重法人的意志，不予追偿；反之，法人的法定代表人如果致人损害的执行职务行为有故意或者重大过失的，则应当依照第1191条规定，依法进行追偿。但这毕竟是法人自己的问题，是否追偿，还是要看法人团体的意志，并非必须进行追偿。

🟤 案例评析

北京宏天宾馆有限公司[*]**与北京呼家楼宾馆有限公司**[**]

房屋租赁合同纠纷案[①]

案情：宏天宾馆、呼家楼宾馆均系从事住宿等经营的有限责任公司，双方签订

---

　　[*]　以下简称"宏天宾馆"。

　[**]　以下简称"呼家楼宾馆"。

　　[①]　审理法院：北京市第三中级人民法院，案号：（2015）三中民终2048号。

《房屋租赁合同》，约定呼家楼宾馆将案涉楼出租给宏天宾馆用于写字楼办公使用。后呼家楼宾馆以该《房屋租赁合同》为之前的法定代表人私自签订等为由要求解除合同，双方无法达成一致，遂诉至法院。法院认为：呼家楼宾馆原法定代表人执行职务时所签订的合同，其法律后果应由呼家楼宾馆承担，呼家楼宾馆内部的审批程序不能影响其行为的对外效力，故法院对呼家楼宾馆要求解除《房屋租赁合同》的上诉请求不予支持。

评析：法定代表人对外执行职务的行为，其后果由法人承担，公司内部对于法定代表人权限范围的限制不影响法定代表人对外履行职务行为的有效性。法定代表人擅自超越职权给法人造成损害的，法人可以向有过错的法定代表人追偿，但是不影响法人与第三人的权利义务关系，法人与法定代表人的追偿问题，和法人向行为相对方承担义务的问题分别独立成诉。

▶▶ **第六十三条　法人以其主要办事机构所在地为住所。依法需要办理法人登记的，应当将主要办事机构所在地登记为住所。**

🏛 条文要义

本条是对法人住所的规定。

法人的住所，是指法人主要办事机构及与他人发生法律关系的中心地域。法人的住所在法律上的重要意义是：（1）决定登记管辖；（2）决定债务履行地；（3）决定诉讼管辖；（4）决定法律文书的送达地点；（5）决定涉外民事法律关系的准据法。

确定法人住所的基本规则是，法人以其主要办事机构所在地为住所。如果法人仅有一个办事机构，无所谓主要、次要之分，该办事机构的所在地就是法人的住所。如果法人有两个以上的办事机构，应当区分主要办事机构，该主要办事机构之外的办事机构为次要办事机构，主要办事机构的所在地就是该法人的住所。

🎯 案例评析

遵义同一房地产开发有限公司* 与遵义市红花岗区国有资产投资经营有限责任公司** 商品房销售合同纠纷案①

案情：被上诉人国投公司诉上诉人同一公司商品房销售合同纠纷一案，贵州省

---

 * 以下简称"同一公司"。

 ** 以下简称"国投公司"。

 ① 审理法院：贵州省高级人民法院，案号：（2016）黔民辖终 48 号。

遵义市中级人民法院受理后，同一公司在答辩期间提出管辖权异议，称法人以其主要办事机构所在地为住所，现上诉人建设工程完工后的主要营业地在重庆市渝北区，请求将本案移送至重庆市渝北区人民法院审理。法院认为，本案诉讼标的额已达到我省中级人民法院管辖第一审民商事案件的标准，故贵州省遵义市中级人民法院对本案依法享有管辖权。法律规定，法人或者其他组织的住所地是指法人或者其他组织的主要办事机构所在地，但上诉人同一公司提供的遵义市工商行政管理局出具的同一公司工商登记信息，并不能证明其主要办事机构所在地为重庆市渝北区，故其上诉理由缺乏相应的事实依据。综上，上诉人同一公司的上诉理由不能成立，法院不予支持。

评析：法人的住所为主要办事机构所在地，在民事诉讼中法人的住所地往往涉及管辖权问题。正如本案所示，同一公司提出公司的主要办事机构所在地为重庆，那么其需要提供公司主要办事机构的名称地址、登记注册信息、主要营业证明等证据，其提供的遵义市工商行政管理局出具的工商登记信息，不足以证明其主要办事机构在重庆，因此遵义市中级人民法院有权管辖。

> ▶▶ **第六十四条**　法人存续期间登记事项发生变化的，应当依法向登记机关申请变更登记。

🏛 条文要义

本条是对法人变更登记的规定。

法人登记，是行政主管机关对法人成立、变更、终止的法律事实进行登录，以为公示的制度。法人登记的意义是：（1）私法上的意义，在于对法人成立、变更、终止的法律事实进行公示，使世人周知，以使他人了解法人变动的事实。因为法人成立、变更、终止的法律事实仅仅存在尚不足以发生相应的法律效果，只有登记后，才能发生法律效力。（2）具有公法上的管理职能，政府主管部门依法对法人的成立、变更、终止的情况进行管理。

法人的变更登记，是法人在进行了设立登记之后，其实际情况与登记的事项不一致，发生变更的，应当进行的登记。变更登记的机关与该法人设立登记的机关相同，即由对法人进行设立登记的机关负责变更登记。

变更登记的义务人是法人的法定代表人。变更登记的事项包括：法人合并与分立，以及法定代表人、住所、注册资本、名称、经营范围、增减分支机构等事项的变动。法人在存续期间，凡是上述事项发生变动的，都应当进行变更登记。

案例评析

上诉人郑州中原铁道凯盛置业有限公司与被上诉人吕某勤及原审被告郑州铁路局房地产综合开发总公司、郑州凯驰企业管理有限公司、郑州铁佑企业管理有限公司侵权责任纠纷案[①]

案情： 吕某勤原系郑州铁路局建筑段副段长，并兼任其下属企业郑州中原铁道凯盛置业有限公司法定代表人。后吕某勤离开郑州中原铁道凯盛置业有限公司，到新工作岗位任职，但其法定代表人资格一直未变更。吕某勤诉请法院判令案涉相关公司召开股东大会，选举新的法定代表人，并办理法定代表人工商变更登记。法院认为，吕某勤未实际参与公司经营管理，不能履行法定代表人的职责，应当选举出新的法定代表人，并根据法律规定进行变更登记。

评析： 法定代表人作为代表公司法人进行经营活动的负责人，理应实际参与公司的经营管理，而吕某勤已被任命新职务且已离开郑州中原铁道凯盛置业有限公司多年，并未实际参与公司经营管理，仅系郑州中原铁道凯盛置业有限公司名义上的法定代表人，不能履行法定代表人的职责，应当予以变更。所以，吕某勤请求依法判令郑州中原铁道凯盛置业有限公司等履行职责，依法召开股东大会，选举出新的法定代表人，并办理法定代表人工商变更登记，符合本条规定，其诉讼请求得到法院的支持。

▶▶ **第六十五条**　法人的实际情况与登记的事项不一致的，不得对抗善意相对人。

🏛 条文要义

本条是对法人的实际情况与登记的事项不一致的规定。

由于不同的原因，法人的实际情况可能与在法人登记机关的登记事项不相一致。法人及其法定代表人在与他人从事民事活动中出现这种情况，将会影响民事法律行为的效果。法人及其法定代表人在与他人从事民事活动中，其实际情况与该法人在登记机关登记的事项不一致，当该民事行为对该法人不利益的时候，该法人可能会以法人的实际情况与登记的事项不一致，而主张该民事活动不发生法律效力，以保障自身的利益。在这种情况下，与该法人进行民事活动的相对人，一方面可以认可该法人的主张，认为该民事活动没有效力；另一方面，相对人知道或者应当知道该法人的实际情况与登记的事项不一致，也可以认可该民事活动无效，或者直接承受该民事活动无效的后果。但是，当法人以其实际情况与登记的事项不一致而主张该

民事活动无效时，如果与其进行民事活动的相对人对该法人的实际情况与登记的事项不一致并不知情，且为无过失即为善意的，该法人不得以实际情况与登记的事项不一致为由对抗该善意相对人，不得否认已经实施的民事活动的效力，应当承受所从事的民事活动的后果。

适用本条规定，应当与民法典第 505 条规定相衔接，不得仅以超越经营范围确认合同无效。

案例评析

沈某芬等诉深圳某五金塑胶有限公司公司解散纠纷案①

案情： 原告沈某芬、叶某伟是被告五金公司的实际出资人，案外人刘某兰、潘某超是被告的名义股东。后原告与作为名义股东的案外人刘某兰、潘某超矛盾渐起且日益激化，终至原告失去对公司的支配权。为保护自身权益，原告以五金公司、刘某兰、潘某超为被告或第三人，以财产权属纠纷、股权纠纷、股权确认纠纷等案由多次提起诉讼，被告五金公司已停止经营，五金公司的公章、财务章等仍由刘某兰、潘某超控制。原告诉请解散五金公司。广东省深圳市前海合作区人民法院经审理认为：根据《公司法》第 181 条规定和《最高人民法院关于适用〈中华人民共和国公司法〉若干问题的规定（二）》第 1 条规定，原告作为被告五金公司的实际出资人，又称隐名股东，是没有登记在公司股东名册上的股东，故原告不能提起公司解散之诉。原告的起诉不适格，应予以驳回。

评析： 民法典第 65 条规定，法人的实际情况与登记的事项不一致的，不得对抗善意相对人。如果纠纷涉及公司以外的第三人，需要遵循商事外观主义原则，尊重公司登记制度的公示效力。市场交易纷繁复杂，时间和效率是决定经济效益的关键因素，便利迅捷的交易方式是商主体追求效益的必要条件，要求交易双方在交易前耗费大量时间精力去详尽调查对方的真实情况是不现实的，而且作为公司以外的第三方不可能如公司股东一般详细掌握公司的情况，如让善意第三方承担过于严格的甄别责任，则必然增加其交易成本，降低其交易积极性，交易不积极、资源不流动，则不利于社会财富的积累。在这种涉及公司外部的纠纷中，必须侧重保护外部第三人对登记内容乃至登记制度的信赖，故而也必须侧重保护基于这种信赖而发生的经济往来，因此工商登记在册的显名股东方是适格主体，而隐名股东是不适格的。

> ▶▶ **第六十六条** 登记机关应当依法及时公示法人登记的有关信息。

---

① 审理法院：广东省深圳市前海合作区人民法院，案号：（2015）深前法涉外民初 73 号。

⛩ 条文要义

本条是对登记机关及时公示法人登记信息义务的规定。

法人的登记机关是法人登记的主管机关，代表国家对法人行使法人登记的管理职责。法人登记机关对法人登记，既是其行政管理权力，也是其行政管理义务。其中重要义务之一，是按照法人登记的公示要求，对法人登记的信息及时进行公布。

对登记机关履行登记公示义务的具体要求是：（1）公示应当及时，只要法人进行了相关的登记，就应该及时向社会公布，将法人的相关信息予以公示。（2）公示的法人登记信息的内容，应当包括法人登记的主要事项，即法人的成立、法人合并与分立，以及法定代表人、住所、注册资本、名称、经营范围、增减分支机构等事项。

本条没有规定法人登记机关违反上述登记义务应当承担的责任。对此，如果没有及时公示法人登记事项，给法人造成损失，且存在过失的，应该按照《国家赔偿法》以及其他法律的有关规定，承担国家赔偿责任。

🌑 案例评析

张某、庆阳市腾祥混凝土有限责任公司与庆阳市工商行政管理局工商行政管理登记案①

案情： 庆阳市腾祥混凝土有限责任公司在庆阳市工商行政管理局登记注册成立并登记备案。后公司股东张某将其股权转让给张某飞并登记备案。此后，张某未征得腾祥混凝土有限责任公司法定代表人宁某某及股东张某某、张某飞、宁甲同意，伪造虚假的授权委托书等，向庆阳市工商行政管理局申请变更各股东股份，并获准变更。此后，腾祥混凝土有限责任公司发现公司股东的变更情况后，请求庆阳市工商行政管理局撤销其所作的股东变更登记，遭拒绝后提起行政诉讼。法院认为，本案张某提交的股东及股东出资变更登记材料虽然符合法定形式，但是在法定代表人签名、股东签名等与备案不一致的情况下，不能证明工商登记机关尽到了审慎审查义务，故判决撤销登记。

评析： 民法典第66条规定，登记机关应当依法及时公示法人登记的有关信息。这意味着登记机关依法就法人登记事项进行登记和公示，在进行登记时依照行政法律、法规确立的规则实施登记并及时公示，未尽到法定审查义务导致登记错误的，法律规定的相关利害关系人可以提起行政诉讼。登记机关就法人登记事宜造成损害的，依照行政法律、法规及《国家赔偿法》的规定承担责任。

---

① 审理法院：甘肃省庆阳地区中级人民法院，案号：（2014）庆中行终17号。

▶▶ **第六十七条** 法人合并的，其权利和义务由合并后的法人享有和承担。

法人分立的，其权利和义务由分立后的法人享有连带债权，承担连带债务，但是债权人和债务人另有约定的除外。

🏛 条文要义

本条是关于法人变更后权利义务的继受主体及规则的规定。

法人的变更，是指法人的合并和法人的分立，是法人的主体发生变化。

法人合并，是指两个或两个以上的法人合而为一，归并成为一个法人的行为。分为两种类型：（1）新设合并，也叫创设合并，是指两个或两个以上的法人合并成一个新的法人，被合并的原法人全部归于消灭的法人合并形式，原来被合并的法人所有的权利和义务都由新的法人承受。（2）吸收合并，也叫存续合并，是指一个或多个法人归入一个现存的法人之中，被合并的法人主体资格消灭，存续的法人主体资格仍然存在，权利义务由合并后存续的法人享有和承担。

法人分立，是指一个法人分成两个或两个以上的新法人的行为。分为两种类型：（1）新设分立，也叫创设分立，是指将原来一个法人分割成两个或者两个以上的新的法人，原法人资格消灭，分立后的新法人成立。（2）派生分立，也叫存续分立，是指将原来法人分出一部分，成立一个新的法人，原法人资格仍然存在，分立的法人成为新法人。新设分立，要将原来法人的财产所有权和债权债务分割成两个部分或者多个部分，就分割后的财产成立数个新的法人。派生分立，仅仅是在仍然存续的法人中，将财产所有权和债权债务分出一部分，归分立后的新法人所有。法人分立的，其权利和义务由分立后的法人享有连带债权，承担连带债务，只有债权人和债务人另有约定的，才不适用这一规则，按照约定处理。

与《民法通则》第44条关于"企业法人分立、合并或者有其他重要事项变更，应当向登记机关办理登记并公告。企业法人分立、合并，它的权利和义务由变更后的法人享有和承担"的规定相比，本条规定不仅扩大了适用范围，区分了企业法人合并与分立的规则，还增加了一个但书。

1. 扩大了适用范围。《民法通则》第44条仅规定了企业法人变更后的继受主体及规则。本条规定扩大了适用范围，企业法人与非企业法人都适用同样的规则。

2. 类型化区分了法人变更后的规则。《民法通则》第44条仅是概括性地规定了企业法人分立、合并后，它的权利和义务由变更后的企业和法人承担。制定民法典时，一审稿第63条继续沿袭《民法通则》第44条的规定，二审稿进一步细化了法人分立与合并的责任承担规则。三审稿与建议表决稿都承袭了二审稿的表述。最终，民法典类型化区分了法人合并与分立后的责任承担规则。法人合并与分立尽管均属于法人变更，但二者终究还是有所不同。通过类型化区分，民法典第67条关于法人变更责任的规则更加完整、准确。

3. 尊重分立后债权人和债务人的意思自治。《民法通则》第 44 条仅规定了企业法人分立、合并后继受主体责任承担的一般性规则，即由变更后的企业法人承担。这一表述并未给债权人和债务人留下足够的自治空间。本条规定新增"但是债权人和债务人另有约定的除外"的这一规则，充分体现了对分立后债权人和债务人的意思自治的尊重。

案例评析

锦州国家粮食储备库与锦州桃园粮库金融借款合同纠纷案①

案情： 1998 年 11 月，在中国人民银行锦州市中心支行主持下对桃园粮库所欠贷款进行了分割，桃园粮库承担其中 10 790 万元贷款的清偿义务，此后长城公司沈阳办事处受让案涉贷款本金及利息。现长城公司沈阳办事处因多次向桃园粮库催收债务，其仍不偿还，遂诉至法院。法院认为，在企业分立的情形下，如果对分立前企业债务的承担主体债权人与债务人有约定的，应从其约定；无约定的，应由分立后的企业承担连带责任。本案中，桃园粮库应承担案涉贷款的清偿义务。

评析： 民法典第 67 条规定，法人合并的，其权利和义务由合并后的法人享有和承担。法人分立的，其权利和义务由分立后的法人享有连带债权，承担连带债务，但是债权人和债务人另有约定的除外。本案中锦州国家粮食储备库是桃园粮库分立的企业，法人分立后，在中国人民银行锦州市中心支行主持下对桃园粮库所欠农发行锦州分行营业部贷款 30 119 万元及交通银行贷款 370 万元进行了分割，桃园粮库承担其中 10 790 万元贷款的清偿义务，且各方当事人对于债务的分割均没有异议，此种情形下即可认定为债权人和债务人就债务进行了明确约定。

> ▶▶ **第六十八条**　有下列原因之一并依法完成清算、注销登记的，法人终止：
>
> （一）法人解散；
>
> （二）法人被宣告破产；
>
> （三）法律规定的其他原因。
>
> 法人终止，法律、行政法规规定须经有关机关批准的，依照其规定。

条文要义

本条是对法人终止的规定。

法人的终止也叫法人的消灭，是指法人丧失民事主体资格，不再具有民事权利

---

① 审理法院：最高人民法院，案号：（2010）民二终 71 号。

能力与民事行为能力。法人终止后，其民事权利能力和民事行为能力消灭，民事主体资格丧失，终止后的法人不能再以法人的名义对外从事民事活动。

法人终止的原因是：（1）法人解散。法人解散是法人终止的主要原因，依照民法典第69条规定确定。（2）法人被宣告破产，法人应当终止。（3）法律规定的其他原因。在法人存续期间，当出现了法律规定的法人消灭的其他原因时，法人终止。

法人终止的程序是：（1）有法定终止的原因；（2）须依法完成清算程序；（3）进行了注销登记程序；（4）法律、行政法规规定须经有关机关批准的，须经过有关机关批准，法人资格才能够终止。

与《民法通则》第45条关于"企业法人由于下列原因之一终止：（一）依法被撤销；（二）解散；（三）依法宣告破产；（四）其他原因"的规定相比，本条规定扩大了适用范围，删除了撤销事由，同时新增了法人终止须经有关机关批准的应当经过批准的规定。

1. 扩大适用范围。《民法通则》第45条仅规定了企业法人的终止。本条规定在沿袭《民法通则》第45条基本内容的基础上，将适用范围扩大至所有的法人，包括企业法人与非企业法人。

2. 删除撤销事由。与《民法通则》第45条相比，本条规定删除法人依法被撤销作为终止事由之一。法人依法被撤销是法人解散的事由，而不是终止的事由。删除法人依法被撤销，而将其放置在民法典第69条规定的情形中，是正确的立法安排。

3. 新增法人终止须经批准的应当经过批准。《民法通则》第45条未对此作出规定。本条第2款新增该内容，与民法典第58条第3款关于"设立法人，法律、行政法规规定须经有关机关批准的，依照其规定"的规定相呼应。

案例评析

宜宾市南溪区江峰资源开发有限公司与宜宾市南溪区镁尔建筑建材有限公司企业借贷纠纷案[①]

案情： 原告宜宾市南溪区江峰资源开发有限公司与被告宜宾市南溪区镁尔建筑建材有限公司从2015年1月起即存在业务合作关系。2016年起，被告先后两次向原告借款并出具借条。借款期限届满后，被告并未偿还款项，故原告诉请还款。经查，被告已于2018年6月28日因决议解散而办理注销登记，法院向原告释明后，原告拒绝申请变更诉讼主体，故法院依法驳回起诉。

评析： 本案中，被告宜宾市南溪区镁尔建筑建材有限公司企业已经因决议解散而办理注销登记。根据法律规定，法人解散是法人终止的事由之一。被告因决议而

---

① 审理法院：四川省宜宾市南溪区人民法院，案号：（2018）川1503民初1172号。

解散，且已经完成注销登记，所以被告法人已经终止。法人终止意味着该公司已经不具备诉讼主体资格，致使本案没有明确的适格被告，不符合起诉条件。原告在经法院释明后仍然坚持起诉该主体，故被法院驳回起诉。

> ▶▶ **第六十九条** 有下列情形之一的，法人解散：
> （一）法人章程规定的存续期间届满或者法人章程规定的其他解散事由出现；
> （二）法人的权力机构决议解散；
> （三）因法人合并或者分立需要解散；
> （四）法人依法被吊销营业执照、登记证书，被责令关闭或者被撤销；
> （五）法律规定的其他情形。

🏛 条文要义

本条规定的是法人解散的事由。

《民法通则》仅规定了法人解散是法人终止的事由之一，但并未规定何种情形下会发生法人解散。本条借鉴《公司法》第180条关于"公司因下列原因解散：（一）公司章程规定的营业期限届满或者公司章程规定的其他解散事由出现；（二）股东会或者股东大会决议解散；（三）因公司合并或者分立需要解散；（四）依法被吊销营业执照、责令关闭或者被撤销；（五）人民法院依照本法第一百八十二条的规定予以解散"的规定，归纳了所有类型法人解散的事由，属于新规则。

根据这一新规则，法人出现应当解散的情形是：第一，法人章程规定的存续期间届满或者法人章程规定的其他解散事由出现。法人章程规定了法人存续期间的，在存续期间届满时应当解散；法人章程规定法人解散事由的，解散事由出现后应当解散。第二，法人的权力机构决议解散。法人的权力机构作出解散的决议，是因法人成员的共同意志而解散。第三，因法人合并或者分立需要解散。法人合并或者分立也涉及解散的情形，民法典总则编（草案·第三次审议稿）才增加了法人的合并分立作为解散的事由。根据合并分立方式的不同，法人是否解散也不同。具体而言，新设合并的，原法人资格消灭，都需解散；吸收合并的，被吸收法人也需要解散。新设分立的，原法人资格消灭，需解散；派生分立没有需要解散的法人。第四，法人依法被吊销营业执照、登记证书，责令关闭或者被撤销，这些事由都消灭了法人资格，都要解散法人。第五，法律规定的其他情形。例如，成立特定的法人是为完成特定的目的，当目的实现后，该法人没有必要继续存在；如果法人的目的已经确定无法实现，法人也应当解散。再如，《公司法》第182条规定的法院解散，即"公司经营管理发生严重困难，继续存续会使股东利益受到重大损失，通过其他途径不能解决的，持有公司全部股东表决权百分之十以上的股东，可以请求人民法院解散公司"。

 **案例评析**

林某清诉常熟市凯莱实业有限公司[*]、戴某明
公司解散纠纷案①

案情：凯莱公司成立于 2002 年 1 月，林某清与戴某明系该公司股东，各占 50％ 的股份。凯莱公司章程明确规定：对公司增加或减少注册资本、合并、解散、变更公司形式、修改公司章程作出决议时，必须经代表 2/3 以上表决权的股东通过。2006 年起，林某清与戴某明两人之间的矛盾逐渐显现。现原告林某清诉称：公司经营管理发生严重困难，陷入公司僵局且无法通过其他方法解决，其权益遭受重大损害，请求解散凯莱公司。法院认为：本案中，只要两名股东的意见存有分歧、互不配合，就无法形成有效表决，显然影响公司的运营。由于凯莱公司的内部机制已无法正常运行、无法对公司的经营作出决策，即使尚未处于亏损状况，也不能改变该公司的经营管理已发生严重困难的事实，且凯莱公司的僵局通过其他途径长期无法解决。故凯莱公司已符合股东提起解散公司之诉的条件。

评析：依照公司法的相关规定，公司的经营管理发生严重困难属于公司解散的事由之一，这与民法典第 69 条的规定一致。公司经营管理是否出现严重困难的认定，不局限于公司是否缺乏资金或长期亏损，更重要的是公司法人的治理结构是否正常运转，若长期出现公司僵局无法形成有效决议，使股东们的合法权益得不到保障，经由符合法律规定条件的股东起诉，人民法院可以依司法职权解散公司。

> ▶▶ **第七十条** 法人解散的，除合并或者分立的情形外，清算义务人应当及时组成清算组进行清算。
>
> 法人的董事、理事等执行机构或者决策机构的成员为清算义务人。法律、行政法规另有规定的，依照其规定。
>
> 清算义务人未及时履行清算义务，造成损害的，应当承担民事责任；主管机关或者利害关系人可以申请人民法院指定有关人员组成清算组进行清算。

🏛 条文要义

本条是对法人解散进行清算的规定。

清算，是指法人在终止前，应当对其财产进行清理，对债权债务关系进行了结

---

* 以下简称"凯莱公司"。

① 审理法院：江苏省高级人民法院，案号：（2010）苏商终 43 号。

的行为。法人的清算有两种形式：（1）依破产程序进行的清算。（2）非依破产程序进行的清算。

清算中的主体是：（1）清算法人，是指在清算期间只具有部分民事权利能力的法人，即清算期间，法人存续，但是不得从事与清算无关的活动。（2）清算组织，也叫作清算人，是指在法人清算中专门从事清算活动的人，如清算委员会、清算小组等。（3）清算义务人，包括法人的董事、理事等执行机构或者决策机构的成员。如果法律另有规定的，凡是符合法律规定的人，都是清算义务人。

法人在清算期间，其人格并不消灭，清算组织就是法人在清算期间的意思机关和执行机构，由清算组织代表法人行使职权。清算组织的职权是：对内清理财产，处理法人的有关事务；对外代表法人了结债权债务，在法院起诉和应诉。

清算义务人在清算中未及时履行清算义务的后果是：（1）要承担法律后果，即应当承担民事责任，也即未及时履行清算义务给清算法人造成损害的，应当承担赔偿责任。（2）启动救济程序，即主管机关或者利害关系人可以申请人民法院指定有关人员组成清算组进行清算。其利害关系人，是与清算法人有权利义务关系的民事主体，例如清算法人的债权人。主管机关和利害关系人都可以请求人民法院指定有关人员组成清算组，对清算法人的财产进行清算。

与《民法通则》第47条关于"企业法人解散，应当成立清算组织，进行清算。企业法人被撤销、被宣告破产的，应当由主管机关或者人民法院组织有关机关和有关人员成立清算组织，进行清算"的规定相比，本条规定扩大了适用范围，新增了清算义务人的范围以及未尽义务的法律后果。

1. 扩大了清算规则的适用范围。《民法通则》第47条只规定了企业法人的清算，本条规定则是在承袭该条文的基础上，规定了所有类型法人的清算规则，扩大了适用范围。尚需注意的是，《民法通则》第47条还包括企业法人被宣告破产的情形，本条规定排除了法人破产以及法人合并、分立的类型。因而，当法人破产或者合并、分立时，并不适用这一规则。

2. 新增了清算义务人。本条规定借鉴《公司法》第183条关于"公司因本法第一百八十条第（一）项、第（二）项、第（四）项、第（五）项规定而解散的，应当在解散事由出现之日起十五日内成立清算组，开始清算。有限责任公司的清算组由股东组成，股份有限公司的清算组由董事或者股东大会确定的人员组成。逾期不成立清算组进行清算的，债权人可以申请人民法院指定有关人员组成清算组进行清算。人民法院应当受理该申请，并及时组织清算组进行清算"的规定，确定了法人的清算义务人，即董事、理事等执行机构或者决策机构的成员。

3. 新增关于清算义务人未及时履行清算义务的法律效果。清算义务人负有及时组成清算组开展清算活动的义务。为了确保清算的顺利进行，本条新规定了清算义务人不履行义务的民事责任以及救济程序，以保障法人的合法权益。

案例评析

上海存亮贸易有限公司* 诉拓恒公司、房某福、蒋某东、王某明
买卖合同纠纷案①

案情：存亮公司与拓恒公司建立钢材买卖合同关系。存亮公司履行供货义务，拓恒公司尚欠货款若干元。另，房某福、蒋某东和王某明为拓恒公司的股东，拓恒公司因未进行年检被工商部门吊销营业执照，至今股东未组织清算。原告存亮公司请求判令拓恒公司偿还货款，房某福、蒋某东和王某明对拓恒公司的债务承担连带清偿责任。法院认为，存亮公司按约供货后，拓恒公司未能按约付清货款，应当承担相应的付款责任及违约责任。房某福、蒋某东、王某明作为拓恒公司的股东，应在拓恒公司被吊销营业执照后及时组织清算。房某福、蒋某东和王某明怠于履行清算义务，导致拓恒公司的主要财产、账册等均已灭失，无法进行清算，应当对拓恒公司的债务承担连带清偿责任。

评析：法人解散的，清算义务人应当及时组成清算组进行清算。法人的董事、理事等执行机构或者决策机构的成员为清算义务人。但是，法律、行政法规另有规定的除外。清算义务人未及时履行清算义务，造成损害的，应当承担民事责任。

> ▶▶ **第七十一条** 法人的清算程序和清算组职权，依照有关法律的规定；没有规定的，参照适用公司法律的有关规定。

📖 条文要义

本条是对法人清算程序和清算组职权的规定。

清算程序，是指在法人解散的清算过程中，按照有关法律、法规的规定，应该经过的具体步骤。清算是一个按照法律设置的严格程序进行的过程：（1）法人解散事由出现之日起15日内要成立清算组，清算组正式成立后，法人开始进入实质性清算程序。（2）公告债权人，并进行债权人登记，清理公司财产，编制资产负债表和财产清单。（3）制定清算方案，在经过相关部门组织确认后，可按照方案来分配财产。（4）清算结束后，清算组应当制作清算报告和清算期间收支报表及各种财务账簿，在股东会（股东大会）或者人民法院确认后，报送登记机关申请注销公司登记，并进行公告。

依照清算程序的目的，清算人的职责是：（1）了结现务，将法人于解散前已经

---

* 以下简称"存亮公司"。

① 审理法院：上海市第一中级人民法院，案号：（2010）沪一中民四（商）终1302号。

着手而未完成的事务予以了结；（2）收取债权，清算人应将属于法人的债权一一收取，对于尚未到期的债权，或者条件未成就的债权，应当予以转让或者变价处理；（3）清偿债务，清算人对法人所负债务应当予以清偿，对于未到期债务，应当抛弃期限利益，提前清偿；（4）移交剩余财产，清算人负责将剩余财产移交于有权获得此财产的人；（5）代表法人参加民事诉讼。

法人的清算程序和清算组职权，除了按照法律的上述规定之外，如果没有具体规定，可以参照适用公司法律的有关规定。

案例评析

闽发证券有限责任公司与北京辰达科技投资有限公司、

上海元盛投资管理有限公司、上海全盛投资发展有限公司、

深圳市天纪和源实业发展有限公司合并破产清算案①

案情： 申请人闽发证券有限责任公司清算组以被申请人闽发证券有限责任公司（以下简称"闽发证券"）资不抵债，不能清偿到期债务为由，申请宣告闽发证券破产还债，并申请将上海元盛投资管理有限公司（以下简称"上海元盛公司"）、上海全盛投资发展有限公司（以下简称"上海全盛公司"）、北京辰达科技投资有限公司（以下简称"北京辰达公司"）、深圳市天纪和源实业发展有限公司（以下简称"深圳天纪和源公司"）纳入闽发证券破产清算程序，合并清算。经查，被申请人闽发证券因严重违法违规经营，被责令关闭，并委托中国东方资产管理公司成立清算组对其进行行政清算。被申请人上海元盛公司、上海全盛公司、北京辰达公司、深圳天纪和源公司均是闽发证券为逃避监管，借用他人名义设立的重要关联公司，四家关联公司与闽发证券在资产和管理上严重混同，公司治理结构不完善，是闽发证券从事违法违规经营活动的工具。法院认为，依照《企业破产法》，四家关联公司由闽发证券出资设立，与闽发证券在管理上和资产上严重混同，无独立的公司法人人格，是闽发证券逃避监管、违法违规开展账外经营的工具，应当与闽发证券一并破产，合并清算。

评析： 关联公司资产混同、管理混同、经营混同以致无法个别清算的，可将数个关联公司作为一个企业整体合并清算。人民法院将清算工作的职责定位为监督和指导，监督是全面的监督，指导是宏观的指导，不介入具体清算事务以保持中立裁判地位。这是从破产衍生诉讼中破产企业方实际缺位、管理人与诉讼对方不对称掌握证据和事实的实际情况出发，不简单适用当事人主义审判方式，而是适时适度强化职权主义审判方式的应用。

---

① 案例来源：最高人民法院公报，2013（11）.

▶▶ **第七十二条** 清算期间法人存续，但是不得从事与清算无关的活动。

法人清算后的剩余财产，按照法人章程的规定或者法人权力机构的决议处理。法律另有规定的，依照其规定。

清算结束并完成法人注销登记时，法人终止；依法不需要办理法人登记的，清算结束时，法人终止。

🏛 条文要义

本条是对清算法人的资格、清算剩余财产及法人终止的规定。

法人在清算期间有部分民事权利能力。（1）清算期间的法人是具有部分民事权利能力的民事主体，其民事主体资格仍然存在，只是民事权利能力受到限制，民事行为能力也受到限制。（2）享有部分民事权利能力的清算中的法人，由于其主体资格还存在，因而还能享有部分民事权利，负担民事义务。（3）由于其民事主体资格即将消灭，仅需要对法人的财产关系进行清理，尽管其人格利益关系还存在，但其财产一旦清理完毕并予以注销，其人格关系和财产关系就完全消灭。

清算中的法人具有的部分民事权利能力的内容，是在清算期间，法人仍然存续，但是不得从事与清算无关的活动，即清算中的法人的民事权利能力范围只限于可以实施与清算有关的民事活动。如公司法人清算的主要内容是：（1）清理公司财产、分别编制资产负债表和财产清单；（2）通知、公告债权人；（3）处理与清算有关的公司未了结的业务；（4）清缴所欠税款以及清算过程中产生的税款；（5）清理债权债务；（6）处理公司清偿债务后的剩余财产；（7）代表公司参与民事诉讼活动。清算中的法人对上述活动享有民事权利并负担民事义务，对超出该范围的内容，不再享有民事权利和负担民事义务。

法人清算终结，是指清算人完成了清算职责。清算终结后，如果清算法人还有剩余财产，对于剩余财产的处理，根据法人章程的规定或者根据法人权力机构的决议，决定对剩余财产进行分配，或者作其他处理。如果法律另有规定的，就按照法律的规定处理。

清算终结之后，由清算人向登记机关办理注销登记并予以公告。完成注销登记和公告之后，法人即告终止。如果该法人依法不需要办理注销登记的，在其清算终结时，该法人终止。

本条规定的新规则是清算后的剩余财产处理规则。《民法通则》第47条以及第46条规定的是清算法人的一般规则，但缺乏有关清算后剩余财产究竟如何处理的规则。本条规定新设这一内容，为法人清算后的剩余财产处理提供了直接的法律依据，能够减少不必要的争议。

案例评析

中国农业银行股份有限公司吉林市东升支行* 与吉林市碧碧溪外国语实验学校** 借款担保合同纠纷执行案①

案情：根据农行东升支行与被执行人碧碧溪学校、吉林市碧碧溪经贸信息咨询有限责任公司借款担保合同纠纷执行一案，被告碧碧溪学校应偿还原告农行东升支行两笔借款，如被告碧碧溪学校对其中一笔借款逾期未偿付，则以其所有的办公用房变价所得价款，由农行东升支行优先受偿。碧碧溪学校向法院提出异议称，其是从事教育行业的社会公益事业组织，所查封的房屋及土地使用权为正在使用中的教育用地和教育用房，申请解除查封，或暂缓采取进一步执行措施。农行东升支行提出，碧碧溪学校系民办非企业法人，其营业期限已经超期，不应被认定为公益事业单位。法院认为，碧碧溪学校被撤销登记之后、办理注销登记之前，其法人资格依然存在，但权利能力与行为能力受到限制，只能开展清算范围之内的活动。本案中，碧碧溪学校以单位名义从事活动，必须严格限定在参与执行程序的必要活动中，不得从事清理既有债权债务关系之外的活动。

评析：民法典第 72 条第 1 款规定："清算期间法人存续，但是不得从事与清算无关的活动。"法人清算结束，注销登记之后法人资格始终止，未注销登记的法人的主体资格依然存在，诉讼时是适格一方当事人。法人在进行清算时，民事行为能力受到限制，只能从事与清算有关的债权债务工作。本案中，碧碧溪学校被吉林市民政局公告撤销民办非企业（法人）单位登记，碧碧溪学校不能继续以民办学校名义进行活动，应进入清算阶段，但发生本案诉争时，碧碧溪学校尚未办理注销登记，其法人资格依然存在，碧碧溪学校作为被执行人参与执行程序，应为债权债务清理工作的一部分，但是其行为必须严格限定在参与执行程序的必要活动中，不得从事清理既有债权债务关系之外的活动。

▶▶ **第七十三条　法人被宣告破产的，依法进行破产清算并完成法人注销登记时，法人终止。**

🏛 条文要义

本条是关于法人被宣告破产时的清算。

---

* 以下简称"农行东升支行"。
** 以下简称"碧碧溪学校"。
① 审理法院：最高人民法院，案号：（2015）执申字第 55 号。

法人清算分为破产清算与非破产清算。《民法通则》第 47 条统一规定企业法人的清算，即"企业法人解散，应当成立清算组织，进行清算。企业法人被撤销、被宣告破产的，应当由主管机关或者人民法院组织有关机关和有关人员成立清算组织，进行清算"。民法典总则编则将破产清算与非破产清算分别规定。其中，民法典第 70 条至第 72 条已经规定了非破产清算。本条规定破产清算，属于新规则。

依照这一新规则，法人在其全部资产不足以清偿到期债务的情况下，经法人的法定代表人、主管部门或者法人的债权人等提出申请，由人民法院宣告法人破产。法人被宣告破产后，应当进行破产清算，由清算组依照破产清算程序，进行破产清算，清算组负责对破产法人的财产、债权和债务进行清理，并变卖法人的财产清偿债务。对于破产法人，应仅以其资产清偿其债务。破产法人进行完破产清算后，应当进行法人注销登记，经过破产法人的注销登记后，法人资格终止。

案例评析

广东省东莞市西伦电器实业有限公司* 等与浙江昌盛玻璃有限公司** 债务纠纷上诉案①

案情： 原告昌盛公司称其与西伦公司从 1994 年发生业务至今，后者结欠其货款未清，催讨未果，遂起诉西伦公司。起诉后方知西伦厂和西伦公司并非同一法人，西伦厂已于 2005 年 7 月 28 日被吊销营业执照。因吊销后其法定代表人柯某仍以西伦厂的名义与其发生业务，请求法院判决西伦公司与柯某共同清偿尚欠昌盛公司的货款。被告西伦公司辩称：其与西伦厂是两个独立的法人主体，且与昌盛公司的交易全部付清，西伦厂的债务与西伦公司无关。法院认为，柯某作为独立法人的法定代表人，在明知西伦厂被吊销营业执照，已丧失合法经营资格的情况下，仍继续以其名义经营，且在明知西伦厂与昌盛公司货款未清的情况下，不仅不披露该信息，反而利用人事、机构、业务与西伦厂混同的西伦公司承继其业务，继续与昌盛公司交易，损害债权人利益，最终导致昌盛公司无法及时回收货款。柯某滥用法人独立地位和股东有限责任，不诚信经营，规避法律，在此过程中，西伦公司完全听从控股股东柯某的安排，丧失独立意志，应与柯某共同承担清偿责任。

评析： 法人被宣告破产的，依法进行破产清算并完成法人注销登记时，法人终止。但是本案中，西伦厂被吊销营业执照数年，却并未办理注销登记，仅作为法律

---

　　* 以下简称"西伦公司"。

　** 以下简称"昌盛公司"。

　　① 审理法院：浙江省湖州市中级人民法院，案号：（2011）浙湖商终 377 号。

意义上的主体存在，而西伦公司亦是独立法人，柯某为上述二法人之法定代表人，法院考虑到诉讼经济、诚信及正义理念，运用法人人格否认理论，结合诚实信用原则和禁止权利滥用原则，否定西伦公司的法人独立资格，将其与操控其规避法律的控股股东兼法定代表人柯某视同一体，共同承担清偿责任，避免债权人利益受损。由此，明知企业法人被吊销营业执照，实际经营人员不披露该信息，仍以该法人名义经营，导致不知情交易相对人利益损失的，应承担个人责任。法定代表人操纵公司混同经营，滥用法人独立人格与股东有限责任，损害交易相对人利益，应承担个人责任。股东通过对公司的控制而实施不正当影响，使公司丧失独立意志，成为股东牟利之工具，由此导致公司法人独立地位无从体现的，则公司应与操控其之股东视同一体，共同承担相应的责任。

▶▶**第七十四条** 法人可以依法设立分支机构。法律、行政法规规定分支机构应当登记的，依照其规定。

分支机构以自己的名义从事民事活动，产生的民事责任由法人承担；也可以先以该分支机构管理的财产承担，不足以承担的，由法人承担。

🏛 条文要义

本条是对法人设立分支机构及责任承担的规定。

法人的分支机构，是指企业法人投资设立的、有固定经营场所、以自己名义直接对外从事经营活动的、不具有法人资格，其民事责任由其隶属企业法人承担的经济组织。包括企业法人或公司的分厂、分公司、营业部、分理处、储蓄所等机构。

法人设立分支机构，可以根据自己的实际需要确定。只有在法律、行政法规规定，分支机构应当办理登记的时候，设立的分支机构才需要按照规定办理登记。

法人的分支机构是法人的组成部分，其产生的责任，本应由法人承担有限责任，由于法人的分支机构单独登记，又有一定的财产，具有一定的责任能力，因而法人的分支机构自己也能承担一定的责任。故法人的分支机构承担责任的规则是：（1）法人直接承担责任。法人的分支机构以自己的名义从事民事活动，产生的民事责任由法人承担。（2）分支机构先承担责任、法人承担补充责任。先以该分支机构管理的财产承担，不足以承担的，由法人承担。这种补充责任是不真正连带责任的一种变形形态。（3）两种责任承担方式的选择权由相对人享有。相对人可以根据自己的利益，选择法人承担民事责任，或者选择法人的分支机构承担民事责任，法人承担补充责任。

📖 配套司法解释

最高人民法院关于适用《中华人民共和国民法典》有关担保制度的解释

第十一条 公司的分支机构未经公司股东（大）会或者董事会决议以自己的名义对外提供担保，相对人请求公司或者其分支机构承担担保责任的，人民法院不予支持，但是相对人不知道且不应当知道分支机构对外提供担保未经公司决议程序的除外。

金融机构的分支机构在其营业执照记载的经营范围内开立保函，或者经有权从事担保业务的上级机构授权开立保函，金融机构或者其分支机构以违反公司法关于公司对外担保决议程序的规定为由主张不承担担保责任的，人民法院不予支持。金融机构的分支机构未经金融机构授权提供保函之外的担保，金融机构或者其分支机构主张不承担担保责任的，人民法院应予支持，但是相对人不知道且不应当知道分支机构对外提供担保未经金融机构授权的除外。

担保公司的分支机构未经担保公司授权对外提供担保，担保公司或者其分支机构主张不承担担保责任的，人民法院应予支持，但是相对人不知道且不应当知道分支机构对外提供担保未经担保公司授权的除外。

公司的分支机构对外提供担保，相对人非善意，请求公司承担赔偿责任的，参照本解释第十七条的有关规定处理。

🔍 案例评析

南通长城建设集团有限公司、郑某成民间借贷纠纷案①

案情： 南通长城建筑安装工程有限公司于 2015 年 2 月 3 日更名为南通长城建设集团有限公司（以下简称"南通长城公司"），南通长城安达分公司（现已注销）系南通长城公司设立的分公司。2012 年 10 月 10 日，南通长城安达分公司的负责人葛某钧向郑某成借款并出具了加盖有南通长城公司公章的借条，借款到期后南通长城安达分公司未偿还。法院认为，根据法律规定，法人可以依法设立分支机构，分支机构以自己的名义从事民事活动，产生的民事责任由法人承担，也可以先以该分支机构管理的财产承担，不足以承担的，由法人承担。故判令南通长城公司向郑某成承担还款义务。

评析： 本案中，南通长城安达分公司系南通长城公司设立的分公司。依据《民法总则》第 74 条的规定，南通长城安达分公司以自己的名义从事民事活动，产生的民事责任由法人南通长城公司负担，也可以先以南通长城安达分公司管理的财产承担，不足以承担的，由南通长城公司承担。现南通长城安达分公司已被南通长城公

---

① 审理法院：一审法院为黑龙江省安达市人民法院，案号：（2018）黑 1281 民初 1003 号；二审法院为黑龙江省绥化市中级人民法院，案号：（2019）黑 12 民终 660 号。

司撤销后注销，所以在南通长城安达分公司无法按约定偿还借款的情况下，南通长城公司应当偿还借款及相应利息。

▶▶第七十五条 设立人为设立法人从事的民事活动，其法律后果由法人承受；法人未成立的，其法律后果由设立人承受，设立人为二人以上的，享有连带债权，承担连带债务。

设立人为设立法人以自己的名义从事民事活动产生的民事责任，第三人有权选择请求法人或者设立人承担。

🏛 条文要义

本条是关于设立中的法人的规定。

设立中的法人不同于筹备前的法人。筹备前的法人，是指发起人开始筹备设立某个法人组织，但还没有成立筹备机构从事实际的设立行为。设立中的法人须成立了筹备机构，实际从事了设立法人的行为。

由于设立中的法人在从事设立行为中要从事某些民事法律行为，发生一定的债权债务关系，故设立中的法人是具有部分民事权利能力的特殊团体。其受到的限制是：（1）其民事权利能力的范围仅限于从事必要的设立行为；（2）应当以将来法人成立为条件而享有相应的民事权利能力。

设立中的法人已经具有独立的行为机构、独立的财产和相对独立的责任能力，具有一定的民事权利能力；但因其并未通过登记获得公示，为保护债权人利益，其责任不能完全独立。其责任承担的规则是：（1）设立人为设立法人从事的民事活动，其法律后果在法人成立后由法人承受。法人设立完成，具有了完全民事权利能力，当然在设立中从事的民事活动后果均由该法人承受。（2）设立中法人的设立行为没有成功，法人未成立的，其在设立法人过程中从事的民事活动的法律后果，应当由设立人承受。设立人如果为二人以上，所有的设立人应当承担连带责任。（3）上述规则存在缺陷，即有一定组织形式的设立中法人，通常有筹备组，有相对独立的财产，能够承担民事责任的，具有自己承担民事责任的能力，完全可以用设立中法人的名义承担民事活动的法律后果，设立中的法人的成员对于设立中的法人的债务承担无限责任。

在法人设立中，设立人为设立法人而以自己的名义从事民事活动，不是以设立中的法人的名义从事民事活动，因而产生的民事责任，对第三人发生效力。第三人是相对于设立人和法人之外的当事人，即设立人为设立法人而从事民事活动的对方当事人。其效力是，第三人享有选择权，既可以请求法人承担该民事活动的后果，也可以请求法人的设立人承担该民事活动的后果，该第三人可以根据自己的利益，选择行使哪一个请求权。

 **案例评析**

南通市崇川区琴墨书院传统文化培训中心*与徐某军

装饰装修合同纠纷案①

案情：徐某军与胡某签订了琴墨书院紫琅路店装饰装修工程合同，徐某军依约进行施工并交付使用。琴墨书院培训中心登记为民办非企业法人单位。琴墨书院培训中心董事会成员有：孟某兵等六人为法定代表人。现双方就装修工程款发生争议。法院认为，发起人以设立中的法人名义对外签订合同，法人成立后，合同相对人请求法人承担合同责任的，人民法院应予支持。虽然胡某与徐某军签订装修合同的时间在琴墨书院培训中心成立之前，但从合同履行来看，胡某作为董事以设立中的琴墨书院名义对外签订的装修合同，孟某兵作为琴墨书院培训中心的法定代表人支付装修款，均系为琴墨书院培训中心设立而进行的必要准备和支出。对于设立过程中发生的费用和债务，理应由成立后的琴墨书院培训中心承担。

评析：民法典第 75 条第 1 款规定，设立人为设立法人从事的民事活动，其法律后果由法人承受；法人未成立的，其法律后果由设立人承受，设立人为二人以上的，享有连带债权，承担连带债务。本案中，诚如法院所判，胡某作为董事以设立中的琴墨书院名义对外签订装修合同，孟某兵作为琴墨书院培训中心的法定代表人支付装修款，均系为琴墨书院培训中心设立而进行的必要准备和支出。对于设立过程中发生的费用和债务，成立后的琴墨书院培训中心需承担上述费用和债务。

第二节 营利法人

> ▶▶ **第七十六条** 以取得利润并分配给股东等出资人为目的成立的法人，为营利法人。
>
> 营利法人包括有限责任公司、股份有限公司和其他企业法人等。

🏛 条文要义

本条规定的是营利法人的内涵与外延。

《民法通则》将法人分为企业法人、事业单位法人、机关法人、社会团体法人等。制定民法典总则编时，大多数学者主张重新回归传统大陆法系民法典的法人分

---

* 以下简称"琴墨书院培训中心"。

① 审理法院：江苏省南通市中级人民法院，案号：（2015）通中民终 1504 号。

类方法，将法人分为公法人与私法人、社团法人和财团法人。立法机关未予采纳，最终独创了新的分类，即营利法人、非营利法人以及特别法人。

1. 本条第 1 款规定的是营利法人的概念。营利法人是指依法设立，以取得利润并分配给其股东等出资人为目的的法人。营利法人是法人中的典型类型。营利法人的法律特征是：第一，营利法人具有人格性，具有法律上的人格。营利法人是独立的民事主体，独立享有民事权利能力和民事行为能力，享有权利，承担义务。第二，营利法人是个人结合的社团，是社团法人，具有人合性，具有鲜明的团体性特征。营利法人的团体性特征决定其由多数股东组成。股份有限公司比有限责任公司的股东数量更多。第三，营利法人的设立目的是取得利润并分配给其股东，其原则就是股东至上，实现利益最大化。营利法人与非营利法人、特别法人的核心区别就在于是否以营利为目的，即是否能够取得利润以及分配给出资人。

2. 本条第 2 款规定的是营利法人的外延，包括有限责任公司、股份有限公司和其他企业法人等。有限责任公司的股东，以其认缴的出资额为限对公司承担责任。股份有限公司的股东以其认购的股份为限对公司承担责任，与有限责任公司的主要区别是，承担有限责任的财产范围不同。其他企业法人，则是有限责任公司和股份有限公司以外的其他以营利作为设立目的的企业法人，如无限责任公司、两合公司，性质都属于企业法人，也属于营利法人。

案例评析

夏某平与江苏鹏胜集团有限公司*、江苏鹏胜重工股份有限公司** 等民间借贷纠纷案①

案情： 夏某平与兴业公司、鹏胜集团、鹏胜重工公司、泗州饭店、中医院先后签订《债务转让协议》《借款协议书》，约定兴业公司对夏某平所有欠款中的本金转让给鹏胜集团履行，鹏胜重工公司、泗州饭店、中医院自愿共同承担连带责任担保。现原告夏某平诉请还款，同时鹏胜重工公司、泗州饭店、中医院在本金及利息范围内承担连带还款责任。被告中医院辩称：中医院是以公益为目的的事业单位，其对外担保无效。法院认为，虽然中医院具有医院特有的公益性，但并不具有非营利性，其财产构成也不是事业单位法人规定的国有资产，故中医院不属于以公益为目的的事业单位，中医院可以作为保证人，保证合同有效。

评析： 依据民法典第 76 条、第 87 条的规定，营利法人与非营利法人的判断标准是是否取得利润以及是否向股东、出资人及会员等分配利润，二者的区分与法人

---

　* 以下简称"鹏胜集团"。

　** 以下简称"鹏胜重工公司"。

　① 审理法院：江苏省江阴市人民法院，案号：(2015) 澄民初 991 号。

是否经营公益性事业无关，法人虽从事公益性事业，但只要取得并向股东或成员分配利润，即为营利法人，而非非营利法人。本案中，中医院从事的是具有公众服务性质的医疗事业，但是改制之后，大量社会资本投入其中并参与利润分配，中医院的性质不再是非营利的事业单位法人，而是营利法人。

▶▶ **第七十七条　营利法人经依法登记成立。**

🏛 条文要义

本条是关于营利法人依法登记的规定。

营利法人成立的必要条件是依法登记。经依法登记成立的营利法人才能取得法人资格。

营利法人成立，是指发起和设立营利法人须经过一系列筹建行为而取得法人资格的结果。成立营利法人，首先必须具有民法典第 58 条第 2 款规定的法人成立条件，即有自己的名称、组织机构、住所、财产或者经费。其次必须符合营利法人设立的程序要求，特别是须依照法律规定进行登记。设立有限责任公司须向市场监督管理部门申请设立登记，法律、法规规定须经有关部门审批的，采行政许可主义，经批准后设立。设立股份有限公司，须经过国务院授权的部门或者省级人民政府批准，采行政许可主义。其他企业法人的设立，首先须经主管部门或者有关审批机关批准，然后才能向登记机关申请登记，采行政许可主义。

公司设立登记的性质有成立要件主义（依法必须登记的法人，非经登记不得成立）和对抗要件主义（是指团体已经成立，即使未经登记，也具有法人的权利能力）。我国采取成立要件主义，即营利法人经依法登记成立，登记是法人成立的要件，非经登记不能取得法人资格。

本条新规则的要点是，在《民法通则》第 41 条的基础上抽取了营利法人成立的一般规则，而不再将其区分为全民所有制企业、集体所有制企业、中华人民共和国领域内设立的中外合资经营企业、中外合作经营企业和外资企业。这样一来，本条规定更为简明，内容上也更加具有包容性。

🔵 案例评析

黄某娜与衡阳市高新区天空培训学校有限公司房屋租赁合同纠纷案[①]

案情：原告与被告衡阳市高新区天空培训学校有限公司签订《场地合作租用协议》，约定将被告承租的写字楼以合作转租形式转租给原告，原告依约向被告足额支付租金及保证金。因被告与涉案房屋所有权人提前终止原租赁合同关系，导致案涉

---

① 审理法院：湖南省衡阳市蒸湘区人民法院，案号：（2020）湘 0408 民初 300 号。

租赁协议无法继续履行，转租合同关系实际解除。现原告诉请被告返还保证金。经查，被告未在市场监督管理局登记注册，法院认定被告不具备被告主体资格，故裁定驳回原告起诉。

评析：依据民法典第 77 条的规定，营利法人经依法登记成立。本案中衡阳市高新区天空培训学校有限公司应当依法经行政职能机关登记而设立，否则不具备法人资格，自然也没有相应的诉讼主体资格，据此法院驳回原告的起诉。

> ▶▶ **第七十八条**　依法设立的营利法人，由登记机关发给营利法人营业执照。营业执照签发日期为营利法人的成立日期。

🏛 条文要义

本条是对营利法人营业执照的规定。

营业执照，是在我国的法人制度中，法人经依法登记成立后，由法人登记机关发给法人的资格证明。营业执照作为营利法人登记活动的产物之一，在我国民商事领域具有重要地位。营业执照既能够证明法人的资格和地位，又是建立法人信用的主要方式。企业法人在营业执照核准的范围内从事经营活动才受法律保护，这使营业执照的颁发被赋予了双重功能，即法人资格的取得和营业资格的取得。

具体的内容是：（1）营业执照由法人登记机关发给经过设立登记的营利法人。营利法人经过设立登记，即依法成立，由负责登记的市场监督管理部门颁发营业执照。（2）营业执照具有双重属性，既是营利法人资格的证明，也是营利法人经营能力的证明。当与营利法人进行交易活动时，相对人审查营利法人的资格和营业能力，主要检查该营利法人的营业执照，因而营业执照在法人进行交易活动中具有重要的地位。（3）营业执照是营利法人成立时间的证明，营利法人以营业执照签发的日期为营利法人成立的日期。

📌 案例评析

大连佳期置业代理有限公司* 诉大连德享房地产开发有限公司**
委托合同纠纷抗诉案①

案情：佳期公司与德享公司签订委托代理协议等，主要内容为德享公司就案涉建设用地委托佳期公司办理开发贷款。佳期公司在工商行政管理局注册的私营企业

---

　　* 以下简称"佳期公司"。

　　** 以下简称"德享公司"。

　　① 审理法院：最高人民法院，案号：（2013）民抗 18 号。

经营范围是房屋租售代理；房地产信息咨询；投资咨询。德享公司自己与相关银行、其他企业管理顾问有限公司系统处理贷款事宜等。现佳期公司因与德享公司的委托合同纠纷诉至法院。法院认为，佳期公司作为非金融类私营企业开展的代办贷款业务并非设定行政许可的项目，房地产经纪机构可以提供代办贷款业务。因此，佳期公司在本案中的居间代理行为没有违反国家限制经营、特许经营以及法律、行政法规禁止经营的规定，案涉委托代理协议并非无效。

评析： 民法典第78条规定，依法设立的营利法人，由登记机关发给营利法人营业执照。营业执照签发日期为营利法人的成立日期。由此，法人的营业执照既是营利法人资格的证明，也是营利法人经营能力的证明，因而营业执照在法人进行交易活动中具有重要的地位。实践中出现相当多的法人超越营业执照记载的经营范围开展营业活动的案例，针对此种民事行为的效力，不应简单粗暴地认定其无效，在法律没有禁止性规定的情况下，从维护交易稳定、保护交易相对人的角度出发，一般认定为有效。

▶▶ **第七十九条** 设立营利法人应当依法制定法人章程。

🏛 条文要义

本条是关于依法制定法人章程的规定。

营利法人的章程，是指营利法人的成员就该法人的活动范围、组织机构以及内部成员之间的权利义务等问题所订立的书面文件。营利法人的章程，既是营利法人成立的必备要件，也是营利法人治理的重要依据，还是营利法人的自治性规则。

营利法人的章程调整的是法人成员与法人之间的关系，参与章程行为的当事人的意思表示并不指向其他成员，而是指向法人的意思形成机构，不仅拘束同意该行为的当事人，对于没有表示同意但事后加入的当事人，也具有法律的拘束力。

营利法人章程的内容包括：（1）绝对必要记载事项，是法律规定在章程中必须具备的内容，这些内容不予以记载，该章程无效，登记机关将不予登记。绝对必要记载事项的内容包括法人的名称、宗旨、经营范围、住所、注册资本、股东姓名或名称、出资情况等。（2）任意记载事项，不是由法律明文规定不可缺少的事项，其既可以规定，也可以不规定在章程中。不适当的任意记载事项规定在章程中的，将会对营利法人日后的发展形成障碍。

对于营利法人章程的制定有不同的要求。法律要求有限责任公司的章程由股东共同制定。法律对股份有限公司章程的制定，如果采用发起设立的方式，只要发起人制定章程即可；如果采取募集设立方式，则须由发起人制定章程，并提请创立大会通过。

本条规定扩大了应当制定章程的主体范围。《民法通则》第41条只规定了全民所有制企业、集体所有制企业应当具备组织章程，而未规定中华人民共和国领域内设立的中外合资经营企业、中外合作经营企业和外资企业也应当具备组织章程。本条规定营利法人应当依法制定章程，不仅包含了原来的全民所有制企业、集体所有制企业，也包含了中外合资经营企业、中外合作经营企业、外资企业，当然还包括了民营企业。规范营利法人应当依法制定章程的行为，将有助于交易秩序的正常运转。

🔵 案例评析

江苏中淮建设集团有限公司*诉陈某林行使股东撤销权致其公司财产损失要求赔偿被驳回案[①]

案情： 被告陈某林系原告中淮公司的股东，原告诉称为取得银行贷款，原告召开股东会并形成股东会决议，延长公司营业期限。原告按照公司章程规定通知了被告陈某林会议的时间、地点，但被告陈某林拒绝参加会议，发函要求取消股东会，并向淮安市清河区人民法院提起诉讼，以股东会召集程序违反公司章程规定以及决议内容违反公司章程为由，请求撤销股东会决议。因陈某林的撤销诉讼，原告未能完成股东会决议的工商变更登记，为偿还银行贷款不得不通过其他途径借款并支付银行罚息，造成原告额外损失。法院认为，中淮公司在未能取得建设银行淮安健康支行贷款的情形下，即使存在通过向案外人朱某宇等人借款筹资以偿还所欠债务本息的事实，与陈某林提起诉讼要求撤销股东会关于延长公司经营期限等决议的行为之间并无必然因果关系，故判决驳回原告诉讼请求。

评析： 公司依法制定的公司章程对于公司的重大事项具有约束力，股东认为股东会在召集程序、表决方式方面违反法律、行政法规或公司章程或者决议内容违反公司章程的，可以依照《公司法》第22条规定，自决议作出之日起60日内，请求人民法院撤销。公司认为股东撤销权诉讼导致公司财产受损并要求股东赔偿，必须证明股东行使撤销权达到滥用的程度，且其公司财产损失与股东行使撤销权之间具有因果关系，否则人民法院对其主张不予支持。

> **▶▶ 第八十条** 营利法人应当设权力机构。
>
> 权力机构行使修改法人章程，选举或者更换执行机构、监督机构成员，以及法人章程规定的其他职权。

🏛 条文要义

本条是对营利法人权力机构的规定。

---

* 以下简称"中淮公司"。

① 审理法院：一审法院为江苏省淮安市清河区人民法院，案号：（2012）河商初233号；二审法院为江苏省淮安市中级人民法院，案号：（2012）淮中民终1445号。

法人不同于自然人，无法通过自身表达意思、实施民事法律行为。故法人治理自己的事务必须依赖于法人的组织机构。一般而言，组织机构的设置必须服务于法人的需要。满足这种治理的需求应具有三个要素：一是意思的形成，二是意思的实施和执行，三是对行为的监督。[1] 为顺利开展营利活动，营利法人应当设立相应的组织机构，具体包括权力机构、执行机构以及监督机构。《民法通则》未对法人的组织机构作出规定。《公司法》则分章规定了有限责任公司和股份有限公司的组织机构。民法典总则编在抽取《公司法》关于组织机构一般条款的基础上，补足了《民法通则》的立法漏洞，属于新设的规则。

营利法人的权力机构，也称营利法人的意思机关，是营利法人形成法人意思的机关。营利法人的权力机构是营利法人的最高权力机关，是对法人内部作出意思表示的机关。权力机关并不对外进行意思表示，对外的意思表示是由执行机构进行的。

营利法人权力机构的组成形式，是股东会或者股东大会。营利法人作为社团，由相应的社员组成。营利法人的社员为"股东"，原则上所有的成员都参与对社团事务的决定，股东必须参加按照章程召开的大会，以多数决的方式对社团的事务作出决定。

营利法人权力机构的职权范围是：（1）修改法人章程。法人章程在成立时通过并且生效。对法人章程的修改，是法人的重大事项，必须经过法人的权力机构作出决议。（2）选举或者更换执行机构、监督机构成员。法人成立时设置执行机构和监督机构，成员由权力机构选举。法人成立后更换执行机构和监督机构的成员，由权力机构作出决定。（3）法人章程规定的其他职权。法人章程规定了的法人权力机构的职权，就是权力机构的职权。

案例评析

黄某忠诉陈某庆等股东资格确认案[2]

案情： 原告黄某忠与被告陈某庆、陈某、张某、顾某平、王某英共同设立了宏冠公司。其后，苏州市太仓工商行政管理局根据宏冠公司的申请，作出了注册资本、股东及持股比例变更登记，其中包括新宝公司出资1 100万元，持股73.33%，上述变更登记的主要依据为《太仓宏冠钢结构制品有限公司章程》和《太仓宏冠钢结构制品有限公司股东会决议》。后查实，决议非原告签署，且被告新宝公司用于所谓增资宏冠公司的1 100万元系完成验资后，就以"借款"的形式归还给新宝公司。法院认为，对宏冠公司设立时的股东内部而言，案涉增资行为无效，且对于黄某忠没有法律约束力，判决确认黄某忠自设立后至股权转让前持有宏冠公司20%的股权。

评析： 民法典第80条规定，营利法人应当设权力机构。权力机构行使修改法人

---

① 施天涛. 公司法论. 4版. 北京：法律出版社，2018：300.

② 审理法院：上海市第二中级人民法院，案号：（2013）沪二中民四（商）终188号。

章程，选举或者更换执行机构、监督机构成员，以及法人章程规定的其他职权。股东会是法人的最高权力机关，履行公司章程，按照公司章程的规定表决公司的重大事项，如变更公司的股权构成、决定增资等。本案中，未经公司有效的股东会决议通过，他人虚假向公司增资以"稀释"公司原有股东股份，该行为损害原有股东的合法权益，即使该出资行为已被工商行政管理机关备案登记，仍应认定为无效，公司原有股东股权比例应保持不变。

> ▶▶ 第八十一条　营利法人应当设执行机构。
>
> 　　执行机构行使召集权力机构会议，决定法人的经营计划和投资方案，决定法人内部管理机构的设置，以及法人章程规定的其他职权。
>
> 　　执行机构为董事会或者执行董事的，董事长、执行董事或者经理按照法人章程的规定担任法定代表人；未设董事会或者执行董事的，法人章程规定的主要负责人为其执行机构和法定代表人。

🏛 条文要义

本条是关于营利法人执行机构的新规则。

营利法人的执行机构，是对法人的权力机构所形成的意志进行贯彻执行的机构。营利法人的执行机构是营利法人的办事机构，只有法定代表人或者法定代表人授权的代表，才能对外代表法人为意思表示，并非由执行机构直接对外作意思表示。

营利法人执行机构的职权是：（1）执行机构召集权力机构会议。按照法人章程的规定，执行机构确定权力机构会议的召开时间、召开地点、参加会议的人员、会议讨论的议题等。权力机构会议作出决议后，执行机构要贯彻落实。（2）决定法人的经营计划和投资方案。法人的经营计划和投资方案应当符合法人的设立宗旨和目的，不得违背权力机构的意志。法人的经营计划和投资方案决定后，执行机构还要贯彻落实。（3）决定法人内部管理机构的设置，确定和聘任具体的管理人员，以使法人开展正常的经营活动。（4）行使章程规定的其他职权。

采用董事会或者执行董事制的营利法人，董事会和执行董事是执行机构。董事会由股东大会选举产生，向股东大会负责，董事长、执行董事或者经理为营利法人的法定代表人，有权对外代表该法人。营利法人未设董事会或者执行董事的，法人章程规定的主要负责人既是其执行机构，又是其法定代表人。

法定代表人的职权范围是对外代表营利法人，对内享有业务执行权，负责营利法人的日常事务的处理。值得注意的是，法定代表人的职权仅限于执行业务，业务的决定权属于董事会。

案例评析

上海佳动力环保科技有限公司*与李某军董事会决议纠纷上诉案①

案情：原告李某军系被告佳动力公司的股东，并担任总经理。公司章程规定：董事会行使包括聘任或者解聘公司经理等职权；董事会须由三分之二以上的董事出席方才有效；董事会对所议事项作出的决定应由占全体股东三分之二以上的董事表决通过方才有效。佳动力公司董事长葛某乐召集并主持董事会，三位董事均出席，会议形成了"鉴于总经理李某军不经董事会同意私自动用公司资金在二级市场炒股，造成巨大损失，现免去其总经理职务，即日生效"等内容的决议。原告李某军诉称董事会的召集程序、表决方式及决议内容均违反了公司法的规定，请求法院依法撤销该董事会决议。法院认为：聘任和解聘总经理是公司董事会的法定职权，只要董事会决议在程序上不违反公司法和公司章程的规定，内容上不违反公司章程的规定，法院对解聘事由是否属实不予审查和认定，其对董事会的决议效力亦不构成影响。本案中"李某军不经董事会同意私自动用公司资金在二级市场炒股，造成巨大损失"这一理由仅是对董事会为何解聘李某军总经理职务作出的有因陈述，该陈述本身不违反公司章程，也不具有执行力。

评析：民法典第81条规定，营利法人应当设执行机构。执行机构行使召集权力机构会议，决定法人的经营计划和投资方案，决定法人内部管理机构的设置，以及法人章程规定的其他职权。执行机构为董事会或者执行董事的，董事长、执行董事或者经理按照法人章程的规定担任法定代表人；未设董事会或者执行董事的，法人章程规定的主要负责人为其执行机构和法定代表人。本案中，董事会是公司的执行机构，遵守公司章程，履行股东会决议，制定公司经营计划和投资方案，对于董事会决议效力的司法审查应遵循公司自治的原则，将审查范围严格限定在《公司法》第22条的规定事项之内。对于公司高管因董事会决议不当罢免其职务而寻求诉讼救济的，法院应根据不同的请求权基础，区别不同的法律关系，正确适用不同的法律规定作出相应裁判。

▶▶ **第八十二条** 营利法人设监事会或者监事等监督机构的，监督机构依法行使检查法人财务，监督执行机构成员、高级管理人员执行法人职务的行为，以及法人章程规定的其他职权。

---

* 以下简称"佳动力公司"。

① 审理法院：上海市第二中级人民法院，案号：（2010）沪二中民四（商）终436号。

🏛 条文要义

本条是关于营利法人监督机构的新规则。

营利法人的监督机构，是对营利法人的执行机构进行的业务活动进行专门监督的机构。营利法人的监督机构是监事或者监事会，也是营利法人的法定必备常设机构。监事会应当包括股东代表和适当比例的公司职工代表，具体比例由法人章程规定。为了保证监事会的独立性，法人的董事、高级管理人员不得兼任监事。监事会与董事会为独立并行的营利法人的机关，共同向股东会负责，监事会行使监督权不受董事会的影响和干涉。

监事会的主要功能是对公司的经营者的活动进行监督检查，防止其滥用权力，以保障公司、股东及公司债权人的合法权益，职权是：（1）监督机构依法检查法人的财务，有权对法人的有关财务的所有内容进行检查，进行监督。（2）对执行机构成员及高级管理人员执行法人职务的行为进行监督。当董事和经理的行为损害公司利益时，监督机构应要求董事和经理予以纠正。（3）行使章程规定的其他职权。

📌 案例评析

金某福诉扬州同创塑胶制品有限公司要求在监事任期届满新监事未产生前继续履行监事检查权纠纷案[①]

案情：原告金某福与陈某良共同投资成立扬州同创塑胶制品有限公司（以下简称"同创公司"），金某福为公司的监事。2010年，原告向被告同创公司发出书面通知，要求查阅、复制同创公司财务账簿及会计报告；原告查阅后认为被告账目记载混乱、伪造虚假凭证、虚构支出、减少收入等，使公司经营出现异常，故诉求被告提供所有财务会计报告、会计账簿及原始凭证交原告检查。本案的争议焦点之一是原告于监事任期届满后，是否有调查权。法院认为，尽管依据公司章程，原告的监事任期已经届满，但在公司股东大会选举出新的监事之前其仍然有权行使对公司的调查权。

评析：民法典第82条规定，营利法人设监事会或者监事等监督机构的，监督机构依法行使检查法人财务，监督执行机构成员、高级管理人员执行法人职务的行为，以及法人章程规定的其他职权。监事所负勤勉义务要求其行使职权应当谨慎并符合维护公司利益的原则。本案中，法院根据《公司法》的规定"监事会、不设监事会的公司的监事发现公司经营情况异常，可以进行调查"进行裁判。依据公司章程，监事虽然任期届满，但在公司股东大会选举出新的监事之前，如发现公司经营异常，为保护公司正常运转和股东合法权益，其仍然有权行使对公司的监事检查权。

---

① 审理法院：江苏省扬州市中级人民法院，案号：（2013）扬商终9号。

> ▶▶第八十三条 营利法人的出资人不得滥用出资人权利损害法人或者其他出资人的利益；滥用出资人权利造成法人或者其他出资人损失的，应当依法承担民事责任。
>
> 营利法人的出资人不得滥用法人独立地位和出资人有限责任损害法人债权人的利益；滥用法人独立地位和出资人有限责任，逃避债务，严重损害法人债权人的利益的，应当对法人债务承担连带责任。

🏛 条文要义

本条是关于滥用出资人权利和法人人格否认的新规定。

《民法通则》未对此作出规定。本条在借鉴《公司法》第20条关于"公司股东应当遵守法律、行政法规和公司章程，依法行使股东权利，不得滥用股东权利损害公司或者其他股东的利益；不得滥用公司法人独立地位和股东有限责任损害公司债权人的利益。公司股东滥用股东权利给公司或者其他股东造成损失的，应当依法承担赔偿责任。公司股东滥用公司法人独立地位和股东有限责任，逃避债务，严重损害公司债权人利益的，应当对公司债务承担连带责任"的规定的基础上，新设了这一规则，要点如下。

1. 本条第1款规定的是滥用出资人权利的民事责任。滥用出资人权利，是指营利法人的出资人为自己的利益或者为第三人谋取利益，利用自己作为出资人的权利，损害法人或者其他出资人利益的行为。构成滥用出资人权利的要件是：第一，行为的主体是营利法人的出资人；第二，营利法人的出资人实施了不正当地利用自己出资人权利的行为；第三，出资人滥用自己权利的目的，是为自己的利益或者为第三人谋取利益，是故意所为；第四，出资人滥用自己权利的行为，给法人或者其他出资人造成损失，滥用权利的行为与损害后果之间具有引起与被引起的因果关系。滥用出资人权利的法律后果是依法承担损害赔偿责任。损害赔偿请求权人，是因此受到损害的法人或者其他出资人。

2. 本条第2款规定的是法人人格否认规则。法人人格否认，是指法人虽为独立的民事主体，承担独立于其成员的责任，但当出现有悖于法人存在目的及独立责任的情形时，如果坚持形式上的独立人格与独立责任将有悖于公平，则在具体个案中视法人的独立人格于不顾，直接将法人的责任归结为法人成员的责任。法人人格否认的构成要件是：第一，法人人格否认的行为人是营利法人的出资人；第二，法人人格否认的行为，是营利法人的出资人滥用法人独立地位和出资人有限责任而逃避债务；第三，营利法人的出资人滥用其权利逃避债务的目的，是为自己或者其他第三人谋取利益；第四，出资人滥用法人独立地位和出资人有限责任的行为，损害了法人的债权人的利益，滥用行为与损害后果之间具有因果关系，法人的债权人是实际损害的受害人，其损害的程度应当达到严重的程度。构成法人人格否认，应当承担损害赔偿责任，请求权人是受到严重损害的法人的债权人。责任主体是滥用权利地位的出资人和法人，共同对受到损害的法人的债务人承担连带责任。损害赔偿的范围是法人的债权人受到的实际损害，通常是法人的债权人所享有债权的可得利益。

案例评析

侯某国诉郝某印、刘某玲等股东损害公司债权人
利益责任纠纷案[①]

案情：第三人富典公司作为借款方和原告侯某国作为贷款方签订借款合同。原告侯某国将款项存入被告郝某印的个人银行账户，被告刘某玲对此事知晓。后因第三人富典公司未能偿还上述借款，原告侯某国向菏泽仲裁委员会提起仲裁，请求第三人富典公司支付其借款本金、利息和手续费并承担违约责任。法院认为，本案争议焦点之一为被告郝某印和被告刘某玲是否滥用公司法人独立地位和股东有限责任，严重损害原告侯某国的利益。第三人富典公司的账目和股东被告郝某印的个人账目存在混同，被告郝某印的行为损害了公司债权人侯某国的利益。但公司人格在个案中被否认，并不影响公司在其他法律关系中的独立人格。同时，侵权人所追究的责任主体，仅限于在事实上滥用公司法人人格、实际参加公司经营管理的股东，而不涉及公司所有股东。根据本案证据情况，法院对刘某玲是否构成抽逃出资、滥用公司法人人格未予认定。

评析：公司人格否认的效力仅限于提起否认公司人格的债权人所依存的特定法律关系中，仅是对特定具体法律关系中已经丧失独立人格的特定的公司状态的一种确认，而不是对公司独立人格全面、永久的否认。公司人格在个案中被否认，并不影响公司在其他法律关系中的独立人格。同时，债权人所追究的责任主体，也限于在事实上滥用公司法人人格、实际参加公司经营管理的股东，而不涉及公司所有股东。

> ▶▶**第八十四条**　营利法人的控股出资人、实际控制人、董事、监事、高级管理人员不得利用其关联关系损害法人的利益；利用关联关系造成法人损失的，应当承担赔偿责任。

条文要义

本条是关于利用关联交易损害法人利益的新规则。

---

① 审理法院：山东省菏泽市中级人民法院，案号：（2013）菏商初 29 号。

《民法通则》未对此作出规定。在制定民法典总则编时，草案一审稿至三审稿也都未增加关联交易的规则。直至第四次审议时，考虑到关联交易损害法人的利益在实践中较为常见，便借鉴《公司法》第21条关于禁止关联交易的规定，即"公司的控股股东、实际控制人、董事、监事、高级管理人员不得利用其关联关系损害公司利益。违反前款规定，给公司造成损失的，应当承担赔偿责任"，新设了这一规则。其要点如下。

1. 关联交易，是指营利法人控股出资人、实际控制人、董事、监事、高级管理人员利用与其直接或者间接控制的企业之间的关系，以及可能导致法人利益发生转移的其他关系，而进行的交易。关联交易的关键在于交易的当事人具有关联关系，即在营利法人之间，如果一方控制、共同控制另一方，或者对另一方施加重大影响，以及两方或两方以上同受一方控制、共同控制或重大影响的，构成关联方。在关联方相互之间进行的交易就是关联交易。

2. 正当的关联交易，法律并不禁止。但是，营利法人的控股出资人、实际控制人、董事、监事、高级管理人员，利用这种关联关系，进行关联交易，损害法人的利益，造成法人损害的，构成利用关联交易损害法人利益的行为。构成利用关联关系损害法人利益的行为应具备的要件是：第一，行为的主体是营利法人的控股出资人、实际控制人、董事、监事、高级管理人员；第二，上述行为人与和自己有关联关系的营利法人进行交易行为，即利用双方之间的关联关系，进行关联交易；第三，上述行为人实施关联交易的后果损害了法人的利益，造成了法人的财产损失，具有因果关系。

3. 构成利用关联关系损害法人利益的，应当承担赔偿责任。损害赔偿请求权人是因关联交易受到损害的法人，法人可以向实施关联交易的法人的控股出资人、实际控制人、董事、监事、高级管理人员请求承担损害赔偿责任。与法人实施关联交易的行为人进行交易的对方当事人，如果知道关联交易行为，应当与控股出资人、实际控制人、董事、监事、高级管理人员等承担连带责任。

案例评析

王某玉与杜某仓公司关联交易损害责任纠纷案[①]

案情：被告杜某仓等人出资注册成立了河南南亚工程机械有限责任公司，杜某仓担任该公司的执行董事及法定代表人。原告王某玉等人出资注册成立了河南成钢工程机械有限公司，王某玉系该公司股东及法定代表人。后原告王某玉与被告杜某仓及四川成都成工工程机械有限公司共同出资设立了第三人河南成工机电设备有限公司。被告杜某仓代表各方签署了案涉协议。原告认为，被告杜某仓在未经第三人

---

① 审理法院：河南省新郑市人民法院，案号：（2019）豫 0184 民初 5682 号。

河南成工机电设备有限公司董事会与股东决议批准的情况下，代表河南成工机电设备有限公司通过付款说明书代其控制的河南南亚工程机械有限责任公司向四川成都成工工程机械股份有限公司支付了货款已构成关联交易，被告利益输送之目标明确、路径清晰，应当承担赔偿责任。法院认为，河南成工机电设备有限公司代河南南亚工程机械有限责任公司向四川成都成工工程机械股份有限公司支付货款，应是该公司的正常经营行为，原告在确认单上签字，表明其当时对此是明知并同意的，该行为并没有给第三人河南成工机电设备有限公司造成损失，亦没有给原告王某玉造成实际的损失。因此，原告的诉讼请求没有事实及法律依据，法院依法不予支持。

评析： 民法典第 84 条规定，营利法人的控股出资人、实际控制人、董事、监事、高级管理人员不得利用其关联关系损害法人的利益；利用关联关系造成法人损失的，应当承担赔偿责任。但是本案中，原告对被告的行为明知且同意，同时，被告的行为亦未给原告造成实际的损失，所以不构成关联交易损害法人的情形，法院对原告王某玉的诉请不予支持是妥当的。

> ▶▶ **第八十五条** 营利法人的权力机构、执行机构作出决议的会议召集程序、表决方式违反法律、行政法规、法人章程，或者决议内容违反法人章程的，营利法人的出资人可以请求人民法院撤销该决议。但是，营利法人依据该决议与善意相对人形成的民事法律关系不受影响。

🏛 条文要义

本条是关于营利法人决议瑕疵效力的新规则。

关于营利法人的权力机构、执行机构所作出的瑕疵决议效力，《民法通则》未作出规定。《公司法》第 22 条规定公司决议的无效或者撤销，即"公司股东会或者股东大会、董事会的决议内容违反法律、行政法规的无效。股东会或者股东大会、董事会的会议召集程序、表决方式违反法律、行政法规或者公司章程，或者决议内容违反公司章程的，股东可以自决议作出之日起六十日内，请求人民法院撤销。股东依照前款规定提起诉讼的，人民法院可以应公司的请求，要求股东提供相应担保。公司根据股东会或者股东大会、董事会决议已办理变更登记的，人民法院宣告该决议无效或者撤销该决议后，公司应当向公司登记机关申请撤销变更登记"。制定民法典总则编时，借鉴了《公司法》第 22 条的规定，新设了营利法人决议瑕疵效力的规则。

决议区别于决定。决议是营利法人权力机构和执行机构的会议决议。营利法人具有人合性，所作出的决策属于大家共同决议的内容。决定是捐助法人的决策机构、执行机构或者其法定代表人作出的决定。捐助法人是财团法人，不具有人合性，难以形成决议，故所作出的决策可以称之为决定。

营利法人的权力机构或者执行机构作出的决议在内容上或者程序上存在瑕疵，构成营利法人的决议瑕疵，应当适用法律规定的有关行为瑕疵的规则，对其予以纠正。营利法人决议瑕疵分为：第一，程序瑕疵，如会议召集程序瑕疵（如通知存在瑕疵，会议目的事项之外的决议等）、会议方法瑕疵（如无表决权，股东或者表决权受限制的股东出席会议并参加表决，没有满足法定人数，要求或者计算方法违法等）。第二，实体瑕疵。一是决议内容违反章程。营利法人章程本为股东之团体合意，权力机构、执行机构的决议违反章程的规定构成决议实体瑕疵。二是决议内容违反法律、行政法规的规定。值得注意的是，如果决议内容违反的是法律、行政法规的强制性规定，决议内容无效，而非可撤销。

对法人决议瑕疵的救济方法如下。

1. 营利法人的出资人享有撤销权，可以请求人民法院对有瑕疵的会议决议予以撤销，会议决议一经撤销，就不再对法人具有拘束力。

2. 如果营利法人依据该具有瑕疵的决议，已经与相对人形成了民事法律关系，只有相对人为善意即相对人对法人的决议瑕疵不知情且无过失的，该民事法律关系的效力不受影响；否则，因瑕疵的决议而实施的民事法律行为建立的民事法律关系，法人的出资人可以请求撤销。

📋 配套司法解释

最高人民法院关于适用《中华人民共和国民法典》有关担保制度的解释

第八条　有下列情形之一，公司以其未依照公司法关于公司对外担保的规定作出决议为由主张不承担担保责任的，人民法院不予支持：

（一）金融机构开立保函或者担保公司提供担保；

（二）公司为其全资子公司开展经营活动提供担保；

（三）担保合同系由单独或者共同持有公司三分之二以上对担保事项有表决权的股东签字同意。

上市公司对外提供担保，不适用前款第二项、第三项的规定。

第九条　相对人根据上市公司公开披露的关于担保事项已经董事会或者股东大会决议通过的信息，与上市公司订立担保合同，相对人主张担保合同对上市公司发生效力，并由上市公司承担担保责任的，人民法院应予支持。

相对人未根据上市公司公开披露的关于担保事项已经董事会或者股东大会决议通过的信息，与上市公司订立担保合同，上市公司主张担保合同对其不发生效力，且不承担担保责任或者赔偿责任的，人民法院应予支持。

相对人与上市公司已公开披露的控股子公司订立的担保合同，或者相对人与股票在国务院批准的其他全国性证券交易场所交易的公司订立的担保合同，适用前两款规定。

第十条　一人有限责任公司为其股东提供担保，公司以违反公司法关于公司对外担保决议程序的规定为由主张不承担担保责任的，人民法院不予支持。公司因承担担保责任导致无法清偿其他债务，提供担保时的股东不能证明公司财产独立于自己的财产，其他债权人请求该股东承担连带责任的，人民法院应予支持。

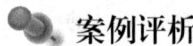 **案例评析**

林某森与广州市锦桂房地产开发有限公司[*]
公司决议效力确认纠纷上诉案[①]

案情： 汤始公司与广州燃料集团有限公司、广州广燃房地产开发有限公司开设了锦桂公司。广州燃料集团有限公司、广州广燃房地产开发有限公司与林某森、汤始公司、曾某坚签署案涉股东会决议、公司章程修正案等，其上写有"林某森"的签名，载明所作出决议经公司股东表决权100%通过，同意林某森将其持有的锦桂公司28%股权转让给汤始公司等内容，申请将锦桂公司的股东由汤始公司、林某森、曾某坚变更为汤始公司（持股100%）。林某森认为其没有参加相关会议，也未签名，诉请确认股东会决议无效。法院认为，根据锦桂公司的章程，股东会由股东按照出资比例行使表决权，因此，本案股东会决议是否生效应当由股东按照出资比例行使表决权后，根据表决的结果决定决议事项。林某森认为本案股东会决议无效的理由不能成立。

评析： 股东会会议由股东按照出资比例行使表决权，但是，公司章程另有规定的除外。股东会决议没有侵犯股东的实体权益，也没有违反法律、行政法规、公司章程的规定，该决议即使有瑕疵，仍为有效决议。法院不宜径直判令此类股东会决议无效，否则有悖合同意思自治原则。这与民法典第85条所规定的"营利法人的权力机构、执行机构作出决议的会议召集程序、表决方式违反法律、行政法规、法人章程，或者决议内容违反法人章程的，营利法人的出资人可以请求人民法院撤销该决议。但是，营利法人依据该决议与善意相对人形成的民事法律关系不受影响"，具有内涵上的一致性。

▶▶**第八十六条　营利法人从事经营活动，应当遵守商业道德，维护交易安全，接受政府和社会的监督，承担社会责任。**

🏛 **条文要义**

本条是对营利法人经营活动准则的规定。

　＊　以下简称"锦桂公司"。
　①　审理法院：广东省广州市中级人民法院，案号：（2016）粤01行终117号。

营利法人经营活动准则的内容是：（1）遵守商业道德。商业道德是指公认的道德规范在具体商业活动中的应用，为一定的社会经济和文化所决定，而且反作用于一定的社会经济，对商业活动具有重要的指导意义，主要表现为为人民服务，向人民负责，文明经商，礼貌待客，遵纪守法，货真价实，买卖公平，诚实无欺。（2）维护交易安全。营利法人在交易中必须诚实信用，须做到平等互利，严格遵守强行法的规定，保障和维护正常的交易秩序，促进交易的有序、顺利进行，以减少和消除交易活动中的不安全因素，确保交易行为的法律效用和法律后果的可预见性。（3）接受政府和社会的监督。接受政府的监督，政府有权对营利法人进行监督，对营利法人出现的违法活动依法进行纠正；接受社会的监督，包括各种社会团体对企业的监督，更多的是接受消费者的监督。（4）承担社会责任。营利法人在创造利润、对出资人和员工承担法律责任的同时，还要承担对消费者、社会和环境的责任，要求营利法人超越把利润作为唯一目标的传统理念，强调在生产过程中对人的价值的关注，以及对环境、对消费者、对社会的贡献。

案例评析

北京大地愉家生态旅游开发有限公司等与北京市怀柔区长哨营满族乡大地村村民委员会合同纠纷上诉案①

案情： 怀柔区长哨营满族乡大地村村北的大地北沟水库是由原长哨营公社于1976年组织各村摊派义务工修建的，修建的目的是保证农田灌溉和人畜饮水，属于村集体自建小型水库。2007年3月，杨树湾村将该水库、水面及山场出租给大地愉家公司进行经营。当年干旱，因为灌溉用水问题，大地村村民与大地愉家公司产生了争议，后者拒不放水，故起诉至法庭，要求大地愉家公司、杨树湾村委会放水并赔偿经济损失。法院在此案中特别说明的是，企业社会责任日益深入人心并已内化为企业持续、长远、健康发展的关键因素，相关法律法规亦彰显了企业社会责任的重要性。故而，法院提示大地愉家公司在合法经营的同时，应努力平衡协调好营利性和社会责任之间的辩证关系，以此来增强自身的长久竞争力。

评析： 民法典第86条规定，营利法人从事经营活动，应当遵守商业道德，维护交易安全，接受政府和社会的监督，承担社会责任。此案中，法院在判决书中作出了企业应当承担社会责任的相关提示，值得关注。因涉案水库具有与村民灌溉息息相关的特殊性，在遵守市场公平竞争，不妨害企业经济利益的前提下，应当遵守三方约定的灌溉协议，保证村民的用水权，这不仅是合同自治的要求与体现，也是企业应当承担的社会责任。

---

① 审理法院：北京市第三中级人民法院，案号：（2016）京03民终13173号。

第三节 非营利法人

▶▶**第八十七条** 为公益目的或者其他非营利目的成立，不向出资人、设立人或者会员分配所取得利润的法人，为非营利法人。

非营利法人包括事业单位、社会团体、基金会、社会服务机构等。

🏛 条文要义

本条是对非营利法人概念的规定。

非营利法人是指为公益目的或者其他非营利目的成立，不取得利润或者不向其出资人、设立人或者会员分配利润的，具有民事权利能力和民事行为能力的法人。非营利法人的法律特征是：（1）非营利法人具有法人资格，而不同于非法人组织。（2）非营利法人的设立目的具有非营利性。（3）非营利法人财产权结构具有独特性。（4）非营利法人兼具公与私的双重属性。

非营利法人包括：（1）事业单位法人；（2）社会团体法人；（3）捐助法人，包括基金会、社会服务机构以及宗教捐助法人等。

📌 案例评析

金某敏与杭州新语林语言专修学校*合伙协议纠纷案①

案情： 原告金某敏和新语林学校签订项目合作协议，约定双方共同出资合作经营，利润按出资比例分配，现合作期限届满，新语林学校未按约定向原告支付利润。故原告诉至法院。经查，新语林学校在杭州市西湖区民政局登记为民办非企业单位，杭州市西湖区教育局作为业务主管部门向该校颁发民办学校办学许可证，明确该校为非学历教育培训的专修学校，出资人不要求取得合理回报。故法院认定，案涉合作因违反法律禁止性规定而无效，释明后原告仍基于无效合作协议要求被告付利润，法院不予支持。

评析： 民法典第87条规定，为公益目的或者其他非营利目的成立，不向出资人、设立人或者会员分配所取得利润的法人，为非营利法人。非营利法人包括事业单位、社会团体、基金会、社会服务机构等。本案中，新语林学校在民政部门登记为非营利性学校，其办学许可证也明确举办者不要求取得合理回报，该设立目的决定新语林学校不得分配利润。如果新语林学校在其成立期间可以分配利润，

---

* 以下简称"新语林学校"。

① 审理法院：浙江省杭州市西湖区人民法院，案号：（2017）浙 0106 民初 8722 号。

则与商法规制的有限责任公司、股份有限公司等营利法人难以区分，背离民办非企业单位的设立目的。非营利学校的核心是禁止任何组织及个人分配办学所取得的利润，而应将利润全部用于办学事业，以践行其分担和补充国家公益职责的设立宗旨。而本案原告与新语林学校签订合作协议，与新语林学校合伙经营办学事业，共同劳动，共担风险，利润及亏损按比例享有和分担。双方的上述行为是将新语林学校这一公益法人作为营利法人进行运作。故法院认为双方签订的合作协议，其内容违反了法律的禁止性规定，应认定为无效合同。原告基于无效合同的诉请，法院不予支持。

> ▶▶ **第八十八条** 具备法人条件，为适应经济社会发展需要，提供公益服务设立的事业单位，经依法登记成立，取得事业单位法人资格；依法不需要办理法人登记的，从成立之日起，具有事业单位法人资格。

🏛 条文要义

本条是对事业单位法人的规定。

事业单位法人，是指为适应经济社会发展需要，提供公益服务设立的，由设立人出资，从事非营利性的社会服务活动的非营利法人。例如从事新闻、出版、广播、电视、电影、教育、文艺等事业的法人。

事业单位法人的特征是：（1）设立的目的具有公益性，是完全为了适应经济社会发展需要，实现公益目的而设立的事业单位法人；（2）事业单位法人的设立人，通常是国家机关或者其他组织，通常是用国有资产出资；（3）从事的活动通常是教育、科技、文化、卫生等公共事业，活动的方式是进行社会服务；（4）性质属于非营利法人，事业单位法人符合法人条件，不具有私益性，不取得利润，也不向其设立人分配利润。我国事业单位法人的独特性在于，其任务是要完成政府所希望的，而又不必由政府直接解决的公共或行政事宜；事业单位法人具有公共性，即是由政府出资成立，但又不是政府行政机关的公共机构；要完成政府希望办的事业，但不能成为政府部门的附属而沦为政府权力随意延伸的工具。

事业单位法人的成立，须经县级以上人民政府及有关主管部门（以下统称审批机关）批准，并且应当依照《事业单位登记管理暂行条例》的规定登记或者备案。法律规定具备法人条件、自批准设立之日起即取得法人资格的事业单位，或者法律、其他行政法规规定具备法人条件、经有关主管部门依法审核或者登记，已经取得相应的执业许可证书的事业单位，不再办理事业单位法人登记，由有关主管部门按照分级登记管理的规定向登记管理机关备案。

案例评析

王某凤与巴彦县西集镇政府、马某斌民间借贷纠纷案[①]

案情：2014年3月15日，被告畜牧服务站负责人马某斌以单位名义在原告王某凤处借款10 000元，约定月利率1‰。后经原告王某凤多次索要，被告一直未予偿还。现原告王某凤诉至法院，要求被告畜牧服务站承担还款责任，西集镇政府、马某斌对上述借款本息承担连带清偿责任。法院认为，本案争议的焦点之一为被告畜牧服务站是否依法终止。本案中，被告畜牧服务站经巴彦县机构编制委员会核准后下发事业单位证书，并依法进行了登记，取得黑龙江省事业单位证书，虽被告畜牧服务站负责人马某斌称服务站已经解体，但因未经登记机关办理注销登记或者注销备案，结合巴彦县人民政府常务会议纪要关于乡镇畜牧兽医综合服务"仍属事业单位，实行企业化管理，经济上自收自支"的意见，本案被告畜牧服务站事业单位法人资格存续，应独立承担民事责任。故被告畜牧服务站应对原告王某凤的借款本息承担给付义务。

评析：民法典第88条规定，具备法人条件，为适应经济社会发展需要，提供公益服务设立的事业单位，经依法登记成立，取得事业单位法人资格；依法不需要办理法人登记的，从成立之日起，具有事业单位法人资格。本案中，被告畜牧服务站经巴彦县机构编制委员会核准后下发事业单位证书，并依法进行了登记，取得黑龙江省事业单位证书，即具备事业单位法人资格，应当具有独立承担民事责任的资格，对原告王某凤的借款本息应当承担还款义务。

> ▶▶ **第八十九条** 事业单位法人设理事会的，除法律另有规定外，理事会为其决策机构。事业单位法人的法定代表人依照法律、行政法规或者法人章程的规定产生。

🏛 条文要义

本条是对事业单位法人治理结构的规定。

事业单位法人是以公益为目的而设立的法人。其治理结构的特点是：（1）事业单位法人的决策机构，原则上是理事会。事业单位法人可以设立理事会，该理事会是该事业单位法人的决策机构，对事业单位法人的重大事项作出决策。（2）事业单位法人也要设立法定代表人，由该法定代表人代表事业单位法人行使管理职权，对外代表该法人。事业单位法人须有章程，其法定代表人应该按照法人章程的规定产

---

① 审理法院：黑龙江省哈尔滨市巴彦县人民法院，案号：（2019）黑0126民初295号。

生。（3）如果法律对事业单位法人的组织机构、法定代表人另有规定的，应当依照其规定，设立事业单位法人的组织机构，确定其法定代表人。

事业单位的设立目的实现，或者政府有关部门批准或者决定撤销，或者其权力机构作出解散的决议，事业单位法人资格终止。事业单位法人终止后，其剩余财产，应该按照民法典第95条的规定处理，不得向其设立人分配剩余财产，仍应用于公益目的，或者转给宗旨相同或者相近的事业单位法人。

案例评析

原告怀化市国有资产经营有限公司与被告龙旭东、第三人怀化市中南电子职业中等专业学校合同纠纷案①

案情： 中南电子职工中等专业学校（代表签字：谭某廉）先后与有不同代表的怀化市中南电子职业中等专业学校（代表签字：王某辉，代表签字：龙某东）签订《协议书》与《补充协议》，均约定后者是前者参股的一所股份形式办学的学校，并约定权利义务。现原告怀化市国有资产经营有限公司认为中南电子职工中等专业学校与怀化市中南电子职业中等专业学校签订的《协议书》《补充协议》未经主管部门批准，且两份协议签订主体是更名前与更名后的，实为一个主体，签约主体资格不符，是无效协议，故诉至法院。法院认为，案涉《协议书》和《补充协议》是否有效的前提即签订主体是否适格。经查明，怀化市中南电子职业中等专业学校全体股东制定并于第一次股东会表决通过《怀化市中南电子职业中等专业学校章程》，2009年11月18日，经龙某东申请，并经中国会计学会电子分会同意，怀化市事业单位登记管理局向怀化市中南电子职业中等专业学校颁发事业单位法人证书（有效期自2010年3月22日至2014年3月22日），法定代表人龙某东。……故原告所称因签订主体系同一主体，《协议书》《补充协议》是无效协议的理由，法院不予认可。

评析： 民法典第89条规定，事业单位法人设理事会的，除法律另有规定外，理事会为其决策机构。事业单位法人的法定代表人依照法律、行政法规或者法人章程的规定产生。本案中，怀化市中南电子职业中等专业学校全体股东制定并于第一次股东会表决通过《怀化市中南电子职业中等专业学校章程》，并通过章程确定其法定代表人为龙某东，符合本条对于事业单位法定代表人产生方式的规定。

> ▶▶ **第九十条** 具备法人条件，基于会员共同意愿，为公益目的或者会员共同利益等非营利目的设立的社会团体，经依法登记成立，取得社会团体法人资格；依法不需要办理法人登记的，从成立之日起，具有社会团体法人资格。

---

① 审理法院：湖南省怀化市鹤城区人民法院，案号：（2017）湘1202民初2054号。

🏛 条文要义

本条是对社会团体法人的规定。

社会团体法人是指基于会员的共同意愿，为实现公益目的或者会员共同利益等非营利目的而设立的非营利法人。其特征是：（1）设立的目的具有公益性或者团体性，即为了实现公益目的或者会员的共同利益而设立社会团体法人；（2）社会团体法人的设立是基于会员的共同意愿，经过发起人发起，会员集资形成法人的财产；（3）从事的活动比较广泛，既有公益性活动，也有基于会员共同利益进行的活动；（4）性质属于非营利法人，须符合法人条件，不得进行商业经营活动，不得获取经营利益。

申请成立社会团体应当经其业务主管单位审查同意，由发起人向登记管理机关申请筹备。成立社会团体应当具备的条件是：（1）有50个以上的个人会员或者30个以上的单位会员；个人会员、单位会员混合组成的，会员总数不得少于50个。（2）有规范的名称和相应的组织机构。（3）有固定的住所。（4）有与其业务活动相适应的专职工作人员。（5）有合法的资产和经费来源，全国性的社会团体有10万元以上活动资金，地方性的社会团体和跨行政区域的社会团体有3万元以上活动资金。（6）有独立承担民事责任的能力。

符合上述条件要求，法律规定需要办理登记的，办理登记手续后，或者法律规定不需要办理法人登记的，则自成立之日起，即具有社会团体法人资格，成为民事主体，享有民事权利能力和民事行为人能力。

案例评析

嘉鱼县美术家协会、嘉鱼县文学艺术界联合会一般人格权纠纷案①

案情： 周某阳在嘉鱼县民政局申请登记"嘉鱼县美术家协会"（以下简称嘉鱼美协）社团组织并领取了社会团体法人登记证书。吴某放加入嘉鱼美协后以"嘉鱼美协"的名称办理私事且造成影响，故嘉鱼县民政局注销了嘉鱼美协的社团法人登记。后周某阳向嘉鱼县民政局申请重新组建嘉鱼美协并获批。嘉鱼美协在筹备新一届协会会员代表大会时，嘉鱼文联对嘉鱼美协的组织活动加以干涉，经嘉鱼县有关部门协调，将嘉鱼美协主管部门变更为嘉鱼县文体广电新闻出版局。嘉鱼文联任命吴某放为"嘉鱼美协"主席及其他组成人员名单与职务。吴某放私刻"嘉鱼美协"公章并领取财政经费，从事社团活动，办理相关业务等。嘉鱼美协以嘉鱼文联侵犯了其名誉权为由提起诉讼。法院认为，本案争点之一为案涉嘉鱼县美术家协会是否具有法人资格以及是否享有相应权利。法院认为，嘉鱼县美术家协会在民政部门依

---

① 审理法院：湖北省咸宁市中级人民法院，案号：（2018）鄂12民终1456号。

法登记并核发了社会团体法人登记证书，依法取得社会团体法人资格，嘉鱼美协具备适格的民事主体资格，其依法享有名称、名誉、荣誉权等权利并受法律保护。

评析：民法典第90条规定，具备法人条件，基于会员共同意愿，为公益目的或者会员共同利益等非营利目的设立的社会团体，经依法登记成立，取得社会团体法人资格；依法不需要办理法人登记的，从成立之日起，具有社会团体法人资格。本案中，嘉鱼美协这一社会团体组织已经过民政部门依法登记并核发社会团体法人登记证书，依法取得社会团体法人资格，故其有独立的法人资格，享有相应的法人权利。嘉鱼文联的行为损害了嘉鱼美协的合法权益，应当承担相应的民事责任。

> ▶▶ **第九十一条** 设立社会团体法人应当依法制定法人章程。
>
> 社会团体法人应当设会员大会或者会员代表大会等权力机构。
>
> 社会团体法人应当设理事会等执行机构。理事长或者会长等负责人按照法人章程的规定担任法定代表人。

🏛 条文要义

本条是对社会团体法人治理结构的规定。

社会团体法人的治理结构要比事业单位法人的治理结构复杂，比营利法人的治理结构简单。社会团体法人的设立条件是：（1）设立社会团体法人的章程。在成立之前，应当先制定章程草案，在成立的会员大会或者会员代表大会上通过，成为该社会团体法人的组织行动纲领。（2）设置权力机构。我国的社会团体法人的权力机构分为两种：1）会员较少的设会员大会；2）会员较多的，推举会员代表，成立会员代表大会。（3）设立执行机构。执行机构是理事会，理事由会员大会或者会员代表大会选举产生，成立理事会，代表社会团体法人，执行会员大会或者会员代表大会的决议，按照章程组织社会团体的工作，进行日常管理。（4）设立法定代表人。依照法人章程的规定，该社会团体的理事长或者会长担任法定代表人，对外代表该社会团体法人。

🔵 案例评析

林某强诉义乌市建德商会等民间借贷纠纷案[①]

案情：郑某来向义乌市建德商会借款并签订借款合同，约定借款本金由原借款人林某强直接转入郑某来账户内。林某强、谢某定自愿为该借款提供连带责任担保。郑某来未履行还款义务，林某强、郑某来、谢某定向义乌市建德商会出具还款承诺

[①] 审理法院：浙江省金华市中级人民法院，案号：（2015）浙金商终 2587 号。

书一份，但仍未履行。义乌市建德商会诉至法院。林某强称案涉借款系社团经费，义乌市建德商会未经法定程序与郑某来签订借款合同并出借商会经费系无效行为，且出借资金的行为违反了章程规定，亦违反了社会团体法人性质的要求。法院认为，案涉借款合同系各方当事人真实意思表示，内容不违反国家法律法规禁止性、强制性规定，应认定其合法有效。林某强以义乌市建德商会借款给商会会员郑某来赚取利息违反了商会的章程及商会的设立宗旨为由，主张借款合同和担保合同无效，依据不足。

评析： 社会团体法人应当订立法人章程，社会团体法人的会员符合章程的行为，其内容不违反国家法律法规禁止性、强制性规定，应认定合法有效。本案中义乌市建德商会系依法成立的社会团体法人，涉案借款经过副会长会议和理事会会议决议通过，且商会将款项出借给商会会员没有超出登记的业务范围，没有违反国家相关的法律法规，应当认定其效力。

> ▶▶ **第九十二条**　具备法人条件，为公益目的以捐助财产设立的基金会、社会服务机构等，经依法登记成立，取得捐助法人资格。
>
> 　依法设立的宗教活动场所，具备法人条件的，可以申请法人登记，取得捐助法人资格。法律、行政法规对宗教活动场所有规定的，依照其规定。

🏛 条文要义

本条是对捐助法人及宗教捐助法人的规定。

1. 捐助法人，是指自然人或者法人、非法人组织为实现公益目的，以自愿捐助一定资金为基础而成立，并对捐助资金进行专门管理的非营利法人。捐助法人的特点是：（1）捐助法人是财产集合体，是以财产的集合为基础成立的法人，为财团法人；（2）捐助法人没有成员或者会员，不存在通常的社会团体法人由会员大会组成的权力机构，只设立理事会和监事会；（3）捐助法人具有非营利性，活动宗旨是通过资金资助进行科学研究、文化教育、社会福利或从事其他公益事业，不具有营利性，为公益法人。

2. 捐助法人的类型是：（1）基金会，是利用自然人、法人或者非法人组织捐赠的财产，以从事公益事业为目的，按照基金会管理条例成立的非营利法人；（2）社会服务机构，是由社会公益性资金或政府财政拨款举办的以公益为目的，运用专业技能在某些专业领域提供社会服务的机构；（3）宗教捐助法人。

3. 宗教捐助法人也是捐助法人，由于具有特殊性，本条第2款对于宗教捐助法人作出专门规定。

4. 依法设立的宗教活动场所，具有法人条件的，可以申请法人登记，取得捐助法人资格。故宗教捐助法人是依法设立，具有法人条件的宗教活动场所，经过登记成立的捐助法人。其特点是：（1）是依法设立的宗教活动场所，包括寺院、道观、教会等；（2）应当具备法人条件，有自己的名称、组织机构、住所、财产和经费；（3）依照宗教活动场所自己的意愿，可以申请登记成立捐助法人，也可以不申请登记成立捐助法人，愿意登记为宗教捐助法人的须经过登记，登记后取得宗教捐助法人资格，成为民事主体，享有民事权利能力和民事行为能力，能够独立承担民事责任。

案例评析

天津合生珠江房地产开发有限公司*、常州市嘉泽园林绿化工程有限公司**建设工程施工合同纠纷案①

案情： 嘉泽公司、合生公司就天津市宝坻区大觉禅寺前广场园林绿化工程项目签订施工合同，约定嘉泽公司承建上述项目。后合生公司为控制成本及其他原因，告知嘉泽公司不再进行施工，嘉泽公司向合生公司索要部分工程款未果，故诉至法院。合生公司辩称，涉案绿化工程建设单位为大觉禅寺，合生公司仅是基于工程开发专业能力和经验代管代建大觉禅寺，据此，工程款付款责任主体是大觉禅寺，而不是合生公司。法院认为，大觉禅寺工程尚处于建设之中，并未竣工验收，不具备宗教活动场所登记条件，更不具备法人登记条件，实际亦未在登记机关办理法人登记，据此，大觉禅寺不具备独立民事主体资格，不能独立行使民事权利、承担民事义务。合生公司全程参与规划报建，选定勘查、设计、施工、监理单位，工程节点控制管理，竣工验收，工程结算，保修终结等建设流程，是大觉禅寺建设管理行为人，实际履行涉案绿化工程施工合同，应为合同相对方，负有付款义务。

评析： 民法典第 92 条第 2 款规定："依法设立的宗教活动场所，具备法人条件的，可以申请法人登记，取得捐助法人资格。法律、行政法规对宗教活动场所有规定的，依照其规定。"这表明宗教活动场所具备法人条件的前提是依法进行法人登记、取得捐助法人资格。本案中，大觉禅寺工程尚处于建设之中，并未竣工验收，不具备宗教活动场所登记条件，更不具备法人登记条件，结合实际情况来看，其亦未在登记机关办理法人登记，所以其不具备独立民事主体资格，自然不应当承担付款义务。

▶▶ **第九十三条**　设立捐助法人应当依法制定法人章程。

捐助法人应当设理事会、民主管理组织等决策机构，并设执行机构。理事长等负责人按照法人章程的规定担任法定代表人。

捐助法人应当设监事会等监督机构。

---

* 以下简称"合生公司"。
** 以下简称"嘉泽公司"。
① 审理法院：天津市第一中级人民法院，案号：（2019）津 01 民终 2714 号。

Ⅲ 条文要义

本条是关于捐助法人章程及治理机构的规定。

1. 这是对捐助法人章程及治理结构的规定。

捐助法人应当制定章程，规定捐助法人的设立宗旨和活动范围等。捐助法人的章程应当经过理事会等捐助法人的决策机构通过，方可生效。

2. 捐助法人的治理结构包括：（1）决策机构。理事会是捐助法人的决策机构和议事机构，依照捐助法人章程的规定产生，决定捐助法人的重大决策和重要事项。（2）执行机构。根据捐助法人的章程规定，设置捐助法人的执行机构，从而执行决策机构的决定，管理捐助法人的日常事务。（3）监督机构。监督机构一般为监事会，若章程规定监督机构另有名称的，按照捐助法人的章程设置监督机构。监督机构监督决策机构和执行机构，依照国家法律的规定和捐助法人章程的规定，监督捐助法人的事务，对于违反国家法律规定和捐助法人章程的行为，有权提出纠正的意见。（4）法定代表人。捐助法人有理事会的，由理事长作为捐助法人的法定代表人，章程另有规定的，依照其规定。

案例评析

北京市丰台区西山老年公寓等与申某军等
请求变更公司登记纠纷上诉案①

案情： 西山老年公寓经批准登记成立，性质为民办非企业单位（法人），法定代表人为韩某霞，业务范围为养老、敬老、康复医疗。因出资纠纷，申某军等五人发出会议通知召开会议，韩某霞、杨某军缺席。会议于2013年4月25日召开，以五票通过了西山老年公寓理事会决议。韩某霞和杨某军提出，经过第二届理事会，现理事会及监事成员已经变更，并且通过新的法人章程，且该章程已经丰台区民政局审查合格并备案。申某军等五人对该章程真实性不予认可，经查，该章程未予变更。法院认为，本案中，以五票通过的理事会决议符合公司章程，应当具有效力；但现有证据不足以证明西山老年公寓2013年8月职工代表大会选举产生的第二届理事会和监事会已经发生法律效力。

评析： 本案中，西山老年公寓属于非营利的民办非企业单位，该称谓在《慈善法》中被统称为"社会报备机构"，民法典第92条也采用了这个概念。作为非营利法人应当按照法律规定制定法人章程，规定理事会、监事会等法人机构，按照法人章程的要求召开相关会议，遵循法人章程进行重大事项的表决，因此一审法院根据法人章程的规定判决认定西山老年公寓于2013年4月25日召开的理事会会议符合

---

① 审理法院：北京市第二中级人民法院，案号：（2016）京02民终3812号。

章程规定。

> ▶▶ 第九十四条 捐助人有权向捐助法人查询捐助财产的使用、管理情况，并提出意见和建议，捐助法人应当及时、如实答复。
>
> 捐助法人的决策机构、执行机构或者法定代表人作出决定的程序违反法律、行政法规、法人章程，或者决定内容违反法人章程的，捐助人等利害关系人或者主管机关可以请求人民法院撤销该决定。但是，捐助法人依据该决定与善意相对人形成的民事法律关系不受影响。

🏛 条文要义

本条是对捐助法人的捐助人所享有权利的规定。

设置捐助法人的财产，由捐助人提供，因而捐助人尽管不从捐助法人的活动中获得利益，但是对于捐助法人享有部分权利。捐助人对捐助法人享有的权利是：（1）查询捐助财产的使用、管理情况。捐助法人对此负有义务，应当及时、如实答复。（2）对捐助法人使用和管理捐助财产有权提出意见和建议，便于改进工作，使捐助财产发挥更好的公益效益。（3）对于捐助法人错误的决定有权向法院主张撤销。捐助法人的决策机构、执行机构或者其法定代表人作出的决定违反捐助了法人章程的规定，不符合捐助人捐助财产设置捐助法人的意愿，捐助人享有向人民法院请求予以撤销的权利，查证属实的，人民法院应当予以撤销。与捐助法人有关的利害关系人或者捐助法人的主管机关，对此也享有撤销权，可以请求人民法院予以撤销。

如果捐助人、利害关系人或者主管机关请求撤销捐助法人违反法人章程的决定得到人民法院的支持，捐助法人的该决定可以被撤销，但是捐助法人依据该决定与善意相对人形成的民事法律关系不受影响，不能因为捐助法人的该决定被撤销，而主张捐助法人与善意相对人形成的民事法律关系无效或者被撤销。相对人知道或者应当知道捐助法人的决定违反法人章程，该捐助法人与该相对人形成的民事法律关系应当归于无效。

🍡 案例评析

傅某生与傅某华等名誉权纠纷案①

案情： 因连城县遭受重大水灾，包括项某森、傅某华、黄某在内的泉州连城同乡会爱心人士自愿捐款捐物，以解部分受灾且生活极其困难的乡亲燃眉之急。连城

---

① 审理法院：福建省龙岩市连城县人民法院，案号：（2016）闽 0825 民初 380 号。

同乡会回乡人员在向受捐户发放善款过程中，发现有比原告傅某生更困难的受灾户，便将原本要发放给原告的善款进行了更换。在此过程中，有人将初定的"捐助对象最终确定名单"在微信上发布。原告因未受到捐助，向省委巡视组信访称傅某华勾结伙同贪污救灾款物，朋口镇人民政府以朋信复字（2016）8号文对原告作出答复，答复意见书认为原告的信访事项不实。法院认为，法律意义上的侵犯名誉权，是指以书面、口头等形式宣扬他人的隐私，或者捏造事实公然丑化他人人格，以及用侮辱、诽谤等方式损害他人名誉，造成一定影响的。在本案中，被告未侵犯原告名誉权，原告要求五被告连带赔偿其名誉损失5 000元的诉讼请求没有事实和法律依据，法院不予支持。

评析： 民法典第94条第1款规定，捐助人有权向捐助法人查询捐助财产的使用、管理情况，并提出意见和建议，捐助法人应当及时、如实答复。尽管本案中的情形为一般社会捐助，不涉及捐助法人的问题，但是很好地体现了捐助人应当享有的知情权，对于捐助财产的使用可以提出意见和建议。此外，如果捐助财产的使用不符合捐助人的捐助意愿，捐助人有权向法院起诉撤销捐助财产，这也是鼓励捐助义举，保护捐助人合法权利，促进社会公益事业良性发展的应有之义。

> ▶▶ **第九十五条** 为公益目的成立的非营利法人终止时，不得向出资人、设立人或者会员分配剩余财产。剩余财产应当按照法人章程的规定或者权力机构的决议用于公益目的；无法按照法人章程的规定或者权力机构的决议处理的，由主管机关主持转给宗旨相同或者相近的法人，并向社会公告。

🏛 条文要义

本条是对非营利法人终止的规定。

由于为公益目的成立的非营利法人的财产权结构的特殊性，以及其本身的非营利性，非营利法人在终止时，须遵守的特别规则是：（1）不得向其出资人、设立人或者会员分配剩余财产。如果进行分配，就违背了设立法人的公益目的，也违背了出资人或者设立人、会员设立法人的初衷。（2）其剩余财产应当按照章程的规定或者权力机构的决议用于公益目的。法人章程对其剩余财产的处置有规定的，依照其规定处置；法人章程对其剩余财产的处置没有规定的，由该法人的权力机构对如何处置其剩余财产作出决议，按照决议的要求处置其剩余财产。（3）其剩余财产不能按照法人章程规定或者权力机构的决议处理的，由该非营利法人的主管机关主持协调，将其转给与终止的非营利法人宗旨相同的或者相近的以公益为目的的法人，由该受让剩余财产的非营利法人取得所有权，并向社会公告。

对其他不具有公益目的而是以其他非营利目的成立的非营利法人，在终止时对剩余财产的处理，不受上述法律规定的限制。

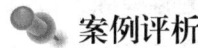 **案例评析**

通道侗族自治县农业农村局与通道侗族自治县板饰家私店

装饰装修合同纠纷案①

案情： 通道侗族自治县农业农村局与通道侗族自治县板饰家私店因合同产生纠纷，通道侗族自治县板饰家私店诉请通道侗族自治县农业农村局履行合同义务，支付相应款项。经查，被告通道侗族自治县农民素质教育办公室职责已划入被告通道侗族自治县农业农村局，不再保留被告通道侗族自治县农民素质教育办公室。一审法院认定通道侗族自治县农业农村局应当支付欠款，其不服，遂上诉。二审法院认为，非营利法人在法人资格终止后，其剩余财产需要按照法律规定处理；一审法院对于本案中通道侗族自治县农民素质教育办公室是否经注销登记、是否存有剩余财产、剩余财产由谁继受等事实均未查清，遂裁定撤销一审判决，发回重审。

评析： 本案中，通道侗族自治县农民素质教育办公室属事业单位法人，系批准后经通道侗族自治县事业单位登记管理局登记而取得法人资格。其法人资格终止亦须经登记单位注销。其法人资格终止后，剩余财产应当依照本条规定处理，即一是应当按照法人章程的规定或者权力机构的决议用于公益目的；二是无法按照法人章程的规定或者权力机构的决议处理的，由主管机关主持转给宗旨相同或者相近的法人，并向社会公告。其从事民事活动所欠的债务，在法人终止时首先应当以剩余财产清偿。故二审法院认为一审法院并未按照本条规定，对案涉主体的注销登记程序、剩余财产状况以及继受情况进行查清，径行判决通道侗族自治县农业农村局承担债务偿还责任缺乏依据，遂发回重审。本案体现了对于非营利法人的剩余财产所不同于营利法人的分配规则，其根源在于非营利法人以公益为目的的设立初衷。

第四节　特别法人

> ▶▶ **第九十六条**　本节规定的机关法人、农村集体经济组织法人、城镇农村的合作经济组织法人、基层群众性自治组织法人，为特别法人。

🏛 **条文要义**

本条是关于特别法人的外延的规定。

---

① 审理法院：一审法院为湖南省通道侗族自治县人民法院，案号：（2019）湘 1230 民初 349 号；二审法院为湖南省怀化市中级人民法院，案号：（2019）湘 12 民终 2600 号。

特别法人是在本法之前没有用过的一个概念，《民法通则》规定法人的分类为企业法人、机关法人、事业单位法人和社会团体法人。对于农村集体经济组织、城镇农村的合作经济组织、基层群众性自治组织等，在《民法通则》的分类标准下，并不具有法人的资格，不属于独立的法人。为了满足实践中的需要，民法典总则编改变了《民法通则》的法人分类标准，在将法人区分为营利法人、非营利法人以及特别法人后，将机关法人、农村集体经济组织、城镇农村的合作经济组织、基层群众性自治组织都归类为特别法人。本条规定特别法人，是新增的规则。

本条对特别法人的概念没有下具体定义，而是从特别法人的外延方面作的规定。应当确定的内容如下。

1. 特别法人是指我国现实生活中存在的，既不属于营利法人，也不属于非营利法人，具有民事权利能力和民事行为能力，依法独立享有民事权利和承担民事义务的组织。

2. 特别法人的特点是：第一，特别法人既不属于营利法人也不属于非营利法人。特别法人是为公益目的或者其他非营利目的而成立，但不具有出资人和设立人，而是依据国家法律或者政府的命令而设立的法人。第二，特别法人具有法人的组织形式。特别法人有自己的名称、组织机构、住所，也有一定的财产或者经费及法定代表人，并且依照法律的规定而设立，具备法人的所有组织形式，是一个具有法人资格的组织体。第三，特别法人具有民事权利能力和民事行为能力，能够以自己的财产或者经费承担民事责任。第四，特别法人的外延具有法定性，只有法律规定的机关法人、农村集体经济组织法人、城镇农村的合作经济组织法人、基层群众性自治组织法人，才属于特别法人。其他类型的法人基于目的的不同分别归为营利法人或者非营利法人一类。

3. 规定特别法人后，就可以明确机关法人、农村集体经济组织、城镇农村的合作经济组织、基层群众性自治组织具有民事主体资格，依法享有民事权利、承担民事义务。

案例评析

劳某某与防城港市金盈实业发展总公司*、防城港市委直属机关工作委员会**合同纠纷案①

案情： 南宁铁路运输中级法院在执行劳某某与金盈公司、机关工委联营合同纠纷一案中，驳回劳某某提出追加防城港市人民政府为本案被执行人及查封防城港市人民政府财产的请求。劳某某不服该裁定，提出异议称被执行人机关工委具有独立

---

*　以下简称"金盈公司"。

**　以下简称"机关工委"。

①　审理法院：广西壮族自治区高级人民法院，案号：（2015）桂执复29号。

机关法人资格的事实发生在判决生效后，而本案诉讼开始至终审判决作出时，机关工委没有单独的组织编制，没有独立经费，属于防城港市委下设的工作机构，要求依法追加防城港市人民政府为被执行人。法院认为，被执行人机关工委自1993年成立就有单独的编制，主管部门为中共防城港市委员会，经费由防城港市人大会议审查批准后由防城港市财政全额拨付，有独立经费，机关工委属于机关法人，依法独立享有民事权利和承担民事义务。

评析：本案中，法院依据《民法通则》第50条"有独立经费的机关从成立之日起，具有法人资格"，认定机关工委属于机关法人，其形式尽管是政府及其有关部门，完全是依照公法组成的机构，但是它在进行民事活动时具有民事权利能力，也有民事行为能力，并且能够用自己的经费承担民事责任，即其依法独立享有民事权利和承担民事义务。现在，民法典第96条规定："本节规定的机关法人、农村集体经济组织法人、城镇农村的合作经济组织法人、基层群众性自治组织法人，为特别法人。"如此规定，更明确了上述法人的性质与地位。

> ▶▶ **第九十七条**　有独立经费的机关和承担行政职能的法定机构从成立之日起，具有机关法人资格，可以从事为履行职能所需要的民事活动。

🏛 条文要义

本条是关于机关法人及成立的规定。

机关法人是指依照法律和行政命令组建，享有公权力，有独立的经费，以从事国家管理活动为主的各级国家机关。这种机关从成立之日起，即具有法人资格。

其基本特征是：（1）代表国家行使公权力；（2）机关法人的独立经费来自中央或者地方财政拨款；（3）只能在因行使职权所必需时才能参与民事活动，如购买办公用品、租赁房屋、购买交通工具与房屋等。

机关法人分为两类：（1）有独立经费的机关；（2）有独立经费的承担行政职能的法定机构。前者包括国家权力机关法人、国家行政机关法人等；后者包括根据法律、法规授权和中央有关政策规定，行使行政职权的事业单位、非行政主体和无法律法规授权而承担行政职能的事业单位。

上述机关法人都须有独立经费，能够在从事为履行职能所需要的民事活动中，以其独立的经费承担民事责任。独立经费，应是就独立的预算单位而言的。

机关法人作为民事主体，只有在其从事为履行职能所需要的民事活动时，才有意义。这是因为机关法人的主要职能是行使公权力，而不是进行民事活动。只有为行使其公权力所需进行民事活动，机关法人作为民事主体，其法人资格才有意义。

应当说明的是，本条规定相比较之前的规定而言，表达更为准确。《民法通则》

第 50 条主要关注的是机关法人有独立经费，而忽略了机关法人之所以具有法人资格在于其从事的是民事活动，而且只有在为履行行政职能时从事的民事活动，其身份才能被认定为是机关法人。本条规定新增了"行政职能"与"民事活动"这两个限定词，更为准确地表达了机关法人概念的核心要义。

案例评析

湛江市城市建设资产经营有限公司*与吴川市人民政府办公室**等

许可执行纠纷上诉案①

案情： 湛江市中级人民法院作出民事裁定：冻结市府办在中国农业银行吴川支行账户存款若干元。市府办提出执行异议，认为其不是本案的被执行人，其具备独立的法人资格，属于有独立编制的财政预算部门，其资金与吴川市政府的其他资金无牵连，法院冻结其资金是错误的。但城建公司认为市府办作为吴川市政府的内设机构，没有独立的民事权利能力和行为能力，没有独立的财产，不能独立对外承担民事责任。市府办管理的财产实质上是吴川市政府的财产。法院认为，市府办是依法成立、具有独立法人资格的行政机关，其经费纳入财政预算，其财政预算保障其开展日常工作。故城建公司请求许可执行市府办的财产依据不足。

评析： 本案争议焦点之一是案涉市府办是否具有独立法人资格。市府办系属市政府的工作部门，即市政府办公室，是市政府领导下的负责政府与其各职能部门和其他相关机构联络的事务性综合部门，市政府办公室一般下设九个职能科和市打击走私工作领导小组办公室，是有独立经费的机关和承担行政职能的法定机构，故本案法院以"有独立经费的机关从成立之日起，具有法人资格"作为裁判依据，认定市政办是具有独立法人资格的行政机关。这与现行民法典第 97 条的规定相一致。

> ▶▶ **第九十八条**　机关法人被撤销的，法人终止，其民事权利和义务由继任的机关法人享有和承担；没有继任的机关法人的，由作出撤销决定的机关法人享有和承担。

条文要义

本条是对机关法人终止及责任承担的规定。

机关法人的终止事由，是该机关被撤销。机关法人一经被撤销，其法人资格就

---

*　以下简称"城建公司"。

**　以下简称"市府办"。

①　审理法院：广东省高级人民法院（2010），案号：粤高法民一终 103 号。

终止，不再具有民事权利能力和民事行为能力。

机关法人因被撤销而终止后，关于其民事责任的承担规则是：（1）机关法人终止后，其在从事为履行机关法人职能所需要的民事活动中发生的民事责任，由于自己的法人资格已经终止，无法承担，因而由继续履行其职能的机关法人承担。（2）机关法人终止后，如果没有继续履行其职责的机关法人，被终止资格的机关法人从事为履行职责所需要的民事活动所应当承担的民事责任，就由撤销该机关法人的机关法人承担。

案例评析

安阳市北关区彰北街道办事处与侯福堂企业资产有偿转让合同纠纷①

案情：北郊乡政府对所属的集体企业建工总公司进行整体改制，以该公司的资产实行公开竞标有偿转让，确定竞标人侯某为购买人。另一竞买人张某某以确认建工总公司竞买行为效力纠纷为由，对北郊乡政府提起诉讼，后法院对确认建工总公司竞买行为效力纠纷案件调解结案，北郊乡政府与侯某恢复正常移交资产工作。在此期间双方发生合同纠纷，诉请法院。在本案二审审理中，北郊乡政府被撤销，二审裁定中止本案诉讼，侯某请求变更彰北办事处为本案当事人参加诉讼。彰北办事处认为将其列为被上诉人没有法律依据，应由成立北郊乡政府的原安阳市郊区政府或作出撤销北郊乡政府的上级机关承担法律后果。法院认为，本着公平的原则，直接依据本案事实，确定由彰北办事处作为北郊乡政府的权利义务继受人解决本案纠纷。

评析：本案可谓机关法人撤销后的民事责任承担问题的典型案例，诚如本案中法院认为，《民法通则》对机关法人撤销后的民事责任承担主体并无规制，但法院不可因为法律无明文规定而拒绝裁判，故法院运用法理逻辑，援用《合同法》第90条关于"当事人订立合同后分立的，除债权人和债务人另有约定的以外，由分立的法人或者其他组织对合同的权利和义务享有连带债权，承担连带债务"之规定，认为既然北郊乡政府被撤销后，其相应区划分别并入彰北办事处及其他办事处，彰北办事处应对北郊乡政府的债务承担连带责任。而民法典第98条解决了无直接法条可依循的状况，明确规定机关法人被撤销的，法人终止，其民事权利和义务由继任的机关法人享有和承担；没有继任的机关法人的，由作出撤销决定的机关法人享有和承担。这样即明确规定了机关法人被撤销后的责任承担主体，且顺位是先由继续履行职能的机关法人承担，倘若没有继续履行职能的机关法人的，则由撤销该机关法人的机关法人承担。本案的处理结果即说明了这一点。

---

① 审理法院：河南省高级人民法院，案号：（2012）豫法民再2号。

▶▶ **第九十九条　农村集体经济组织依法取得法人资格。**

法律、行政法规对农村集体经济组织有规定的，依照其规定。

🏛 条文要义

本条是对农村集体经济组织法人的规定。

对于农村集体经济组织，我国《土地管理法》《农村土地承包法》《物权法》《村民委员会组织法》等法律、法规都作了规定，但没有对这个概念作出解释。民法典总则编确认农村集体经济组织具有法人资格。

农村集体经济组织法人，是指在自然乡村范围内，农民将其各自所有的生产资料投入集体所有，集体组织农业生产经营，集体劳动或者个人承包，按劳分配，具有民事权利能力和民事行为能力的特别法人。

我国的农村集体经济组织法人，经历了长时间的演变。现有的农村集体经济组织形式多样，有村经济合作社、村股份经济合作社、自然村经济实体等。这些农村集体经济组织都具有法人资格，具有民事权利能力和民事行为能力，以自己的财产承担民事责任。

🔵 案例评析

原告禤某某诉被告佛山市三水区乐平镇人民政府行政处理案[①]

案情：原告禤某某原为城镇居民，后将户口迁入康乐村，但未向第三人康乐股份社出资购股。康乐村对本村的征地款分配方案进行表决并分配征地款。原告认为其在征地合同签订前早已迁回康乐村，作为村集体成员理应享有村集体土地被征收而产生的财产分配权利。被告以原告未购买第三人股份为由作出的行政处理决定，刻意回避了村集体土地与村民之间权利义务不可分割的法律关系，混淆了村民小组与村股份合作经济社的关系，严重侵害了原告的合法财产权益。法院认为，本案的争议焦点在于原告是否享有获得征地补偿款分配的权利，而该权利又以原告是否具有第三人成员资格为基础。因此，基于原告属于非转农、城市回迁人员这一情况，原告就必须用现金购股后才具有第三人的成员资格。原告未按规定进行现金购股，依法不能主张征地款分配。

评析：目前没有法律具体规定农村集体经济组织的法律形态，这还是一个空白。农村集体经济组织是农村集体资产经营管理的主体，依法代表农民集体行使农村集体资产所有权，承担经营管理事务，明确其民事主体地位有利于其从事民事活动，有利于完善农村集体经济的实现形式和运行机制，增强农村集体经济发展活力。本

---

① 审理法院：广东省佛山市三水区人民法院，案号：(2012)佛三法行初42号。

案中，法院依据《广东省农村集体经济组织管理规定》认定依法成立的农村集体经济组织的性质、地位，进而作出裁判。本案体现了民法典第 99 条第 2 款的规定，即"法律、行政法规对农村集体经济组织有规定的，依照其规定"。

▶▶ **第一百条** 城镇农村的合作经济组织依法取得法人资格。

法律、行政法规对城镇农村的合作经济组织有规定的，依照其规定。

🏛 条文要义

本条是关于城镇农村的合作经济组织法人的规定。

合作经济组织也是我国社会主义制度下的一种特殊组织形式。《民法通则》未确定其民事主体的地位，不利于合作经济组织民事活动的正常开展。民法典总则编作出了立法突破，确认了其法人主体地位。

合作经济组织法人，是指城市居民或者农民等小生产者，为了维护和改善各自的生产及生活条件，在自愿互助和平等互利的基础上，遵守合作社的法律法规和规章制度，联合从事特定经济活动所组成的具有企业性质的特别法人。合作经济组织依法成立后，符合法律要求的，就具有法人资格，具有民事权利能力和民事行为能力，依法承担民事责任。

城镇农村的合作经济组织法人，其实就是合作社法人。合作社是指依据平等原则，在互助的基础上，自筹资金，共同经营，共同劳动，并共同分享收益的法人。当前，合作社具有越来越普及的趋势。

合作社法人的特点是：（1）是社员自愿联合的组织体。合作社成员基于自己的利益，自愿联合，结成共同的经济体，是私益法人。（2）主要目的是社员之间的互帮互助、互惠互利。设立目的不是为公益，而是为社员谋求经济利益和生活改善。（3）合作社成员的经济利益机制和分配方式特殊，采取按劳分配、按交易额分配，或者在按劳分配、按交易额分配的基础上，结合一定比例的按资分配。（4）合作社的经营须共同经营、民主管理，不得将任何社员排除在合作事业经营之外，管理实行民主制，每一社员享有的投票权完全平等。（5）合作社有相应的法人机关。最高权力机构是社员大会或者代表大会，执行机构可以是理事会，也可以是董事会。

对城镇农村的合作经济组织，其他法律、行政法规有特别规定的，应当依照其规定。

📌 案例评析

杨某某与佛山市禅城区祖庙街道办事处*行政决定纠纷案①

案情： 杨某某原属于第三人鲤鱼沙经济社农业户，后迁出。2014 年 8 月，杨某

---

* 以下简称"祖庙街道办"。

① 案例来源：广东省佛山市中级人民法院，案号：（2015）佛中法行终 314 号。

某认为其应具有第三人的股东资格，遂向祖庙街道办提出申请，要求祖庙街道办作出行政处理决定，责令第三人确认其股东资格，并向其发放相应的股份分配和福利待遇等。祖庙街道办对申请不予支持。法院认为，农村集体经济组织成员户口迁出或者户籍改为"非农业"之后，即不再承担农村集体经济组织成员的相关义务，除农村集体经济组织章程另有规定以外，其不再具备农村集体经济组织成员资格。经查明，案涉章程并无另行规定，且不违反相关法律法规，故认定杨某某不具备鲤鱼沙经济社股东资格。

评析： 民法典第 100 条第 2 款规定，法律、行政法规对城镇农村的合作经济组织有规定的，依照其规定。本案中，法院认为，《广东省农村社区合作经济组织暂行规定》对农村合作经济组织成员资格采取"户籍＋义务"的认定模式，对"户口迁出者"的成员资格尊重社章规定，故认为上诉人是否具备鲤鱼沙经济社股东资格，应根据法律和经济社章程来综合判定，即符合本条"法律、行政法规对城镇农村的合作经济组织有规定的，依照其规定"，并由此进行裁判。

> ▶▶**第一百零一条** 居民委员会、村民委员会具有基层群众性自治组织法人资格，可以从事为履行职能所需要的民事活动。
>
> 　　未设立村集体经济组织的，村民委员会可以依法代行村集体经济组织的职能。

🏛 条文要义

本条是关于居民委员会法人和村民委员会法人的规定。

《民法通则》只规定了居民委员会、村民委员会的监护监督职责，而未明确居民委员会与村民委员会的民事主体地位。本条规定确认了居民委员会和村民委员会的法人资格，是具有重要意义的新规则。

1982 年《宪法》第 111 条第 1 款规定："城市和农村按居民居住地区设立的居民委员会或者村民委员会是基层群众性自治组织。居民委员会、村民委员会的主任、副主任和委员由居民选举。居民委员会、村民委员会同基层政权的相互关系由法律规定。"长期以来，法律没有认可其具有法人资格。通常认为，居民委员会受街道办事处领导，村民委员会接受乡镇政府领导。但实际上，居民委员会和村民委员会都是独立的实体，是群众性的自治组织，并不是街道办事处和乡镇政府的下属机构。为了进一步强化居民委员会和村民委员会的法律地位，本条规定确认居民委员会和村民委员会具有法人资格，为特别法人。

居民委员会和村民委员会具备法人的条件。确认居民委员会和村民委员会为特别法人，具有民事权利能力和民事行为能力，能够承担民事责任，就使居民委员会和村民委员会成为民事主体，能够根据自己履行职责的需要，从事民事活动，建立民事法律关系，享有民事权利，负担民事义务，并且以自己的财产和经费承担民事责任。

特别是，农村的村民委员会实际上还具有对村民的某些行政管理职能，对组织农业生产、服务村民生活，都负有重要的职责。如果在一个村没有设立集体经济组织的，村民委员会可以依法代行村集体经济组织的职能，对村集体的财产，享有并行使所有权，组织农业生产，安排农业活动，为村民生活创造物质条件。

案例评析

山西美特好连锁超市股份有限公司*租赁合同纠纷案①

案情： 原告美特好公司诉称，枣园居委会与鑫梓公司约定枣园居委会提供土地，鑫梓公司提供资金，双方共同兴建位于太原市长风东街的房屋。枣园居委会向美特好公司出具承诺函，同意鑫梓公司与美特好公司签订房屋租赁合同，并承诺对鑫梓公司在租赁合同项下的全部责任和义务承担连带责任。美特好公司与嘉和盛公司、鑫梓公司签订相关协议，约定美特好公司租赁商业房屋，用于经营商业超市及仓储使用。现涉案房屋仍未交付。法院认为，本案中关于枣园居委会是否应当对上述债权承担连带还款责任的问题，除合同无效导致连带保证责任无效以外，另因居民委员会属于基层群众自治组织，其任务是办理本居住区居民的公共事务，不具有担保主体资格，其提供的担保一般无效，故美特好公司要求枣园居委会对上述债权承担连带还款责任的主张无事实和法律依据，法院不予支持。

评析： 民法典第 101 条规定，居民委员会、村民委员会具有基层群众性自治组织法人资格，可以从事为履行职能所需要的民事活动。未设立村集体经济组织的，村民委员会可以依法代行村集体经济组织的职能。本案中，居民委员会提供担保无效，一是因为主合同无效导致从合同无效，二是因居民委员会系基层群众性自治组织，其任务是办理本居住区居民的公共事务，从事为履行职能所需要的民事活动。而本案中的担保作用明显已经超越其职能范畴，故法院认定其不具有担保主体资格。所以本案从另一面对民法典总则编的这一规定进行了诠释，即居民委员会能够从事的民事活动应当是为了履行其自身职能所需，而不能超越这一职能范畴。

---

* 以下简称"美特好公司"。
① 审理法院：山西省太原市中级人民法院，案号：（2014）并民初 583 号。

第四章　非法人组织

> ▶▶第一百零二条　非法人组织是不具有法人资格，但是能够依法以自己的名义从事民事活动的组织。
>
> 　　非法人组织包括个人独资企业、合伙企业、不具有法人资格的专业服务机构等。

🏛 条文要义

本条是关于非法人组织概念的新规定。

我国以前的民事立法中并没有非法人组织的概念。《民法通则》只规定了两类民事主体，分别是自然人和法人。有关合伙、联营等特别的民事主体则分别规定在自然人、法人一章中。《合同法》第2条创设了第三类民事主体"其他组织"，即"本法所称合同是平等主体的自然人、法人、其他组织之间设立、变更、终止民事权利义务关系的协议。婚姻、收养、监护等有关身份关系的协议，适用其他法律的规定"。这样就形成了立法矛盾，即《民法通则》没有规定其他组织是民事主体，而《合同法》却承认了其他组织的民事主体地位。制定民法典总则编时，为了给第三类民事主体的发展提供制度空间，明确了非法人组织的民事主体地位。本条新规则的要点如下。

1. 非法人组织的内涵。非法人组织是不具有法人资格，但是能够依法以自己的名义从事民事活动的组织。其基本特征是：第一，不同于自然人和法人的社会组织；第二，非法人组织有自己的名称，以自己的名义进行民事活动，是不具备法人资格的社会组织；第三，非法人组织具有相应的民事权利能力和民事行为能力；第四，非法人组织有自己特定的民事活动目的，如进行经营活动，发展教育、科学、宗教以及慈善事业。

2. 非法人组织的外延。非法人组织包括：第一，个人独资企业，是指依照法律规定在中国境内设立，由一个自然人投资，财产为投资人个人所有，投资人以其个人财产对企业债务承担无限责任的经营实体。第二，合伙企业，包括普通合伙企业和有限合伙企业。普通合伙企业是指由普通合伙人组成，合伙人对合伙企业债务承担无限连带责任的组织，有限合伙企业是指由普通合伙人和有限合伙人组成的合伙企业。第三，不具有法人资格的专业服务机构，这是特殊的普通合伙企业，是指以凭专门知识和专门技能为客户提供有偿服务为目的，并依法承担责任的普通合伙企业，主要是指律师事务所、会计师事务所等提供专业服务的企业。第四，其他非法人组织，如依法登记领取我国营业执照的中外合作经营企业、外资企业以及经依法登记领取营业执照的乡镇企业、街道企业，符合民法典总则编关于非法人组织条件的要求的企业。

值得注意的是，法人的分支机构不属于非法人组织。民法典总则编草案第一次审议时，其第91条第2款规定："非法人组织包括个人独资企业、合伙企业、营利性法人或者非营利性法人依法设立的分支机构等。"法人的分支机构若属于非法人组织，则必须承担无限责任，与法人的有限责任相矛盾。因此，在第二次审议时，便删除了法人的分支机构作为非法人组织体之一。

案例评析

黄某开、廖某春合伙协议纠纷案[①]

案情：廖某春挂靠案外公司承建宁明县武装部那支哨所改建工程。合同签订后，由黄某开与廖某春合伙承建，但双方未签订合伙协议，也未对出资比例、利润分成等事项进行约定。工程建设过程中，廖某春因故离开，由黄某开独自施工并参与工程的验收工作。竣工后双方就工程款的分配发生纠纷。法院认为，根据法律规定，案涉双方应当属于自然人之间的合伙关系，双方当事人在合伙解散时并未进行清算，且合伙关系成立时也未进行相关约定，故无法确定合伙人之间的份额，故对于黄某开的诉请不予支持。

评析：非法人组织清算，是处理该组织的各项未了事务和剩余财产，最终结束该组织所有法律关系、消灭该组织的民事主体资格的法律行为和必经程序。《民法通则》对于个人合伙组织的清算虽然未作明确规定，但《民法总则》和民法典将个人合伙组织概括纳入非法人组织序列，且规定非法人组织解散的，应当依法进行清算。本案中，黄某开与廖某春合伙承建宁明县武装部那支哨所改建工程，但双方没有对合伙的出资比例、利润分成等事项进行约定；合伙承建的工程结束后双方合伙关系实际已经终止，但双方也没有对工程进行结算，导致无法查明工程实际开支情况。所以法院认为一方主张工程款的分配不均缺乏事实和法律依据，无法予以支持。

▶▶ **第一百零三条**　非法人组织应当依照法律的规定登记。
设立非法人组织，法律、行政法规规定须经有关机关批准的，依照其规定。

[①]　审理法院：一审法院为广西壮族自治区宁明县人民法院，案号：(2018) 桂 1422 民初 703 号；二审法院为广西壮族自治区崇左市中级人民法院，案号：(2018) 桂 14 民终 619 号。

🏛 条文要义

本条是关于非法人组织设立程序的规定。

关于非法人组织的设立程序，在制定民法典总则编过程中，没有统一的意见。一种意见认为，非法人组织就是《合同法》所规定的其他组织。之前的民事立法未规定其他组织设立时的具体要求，民法典总则编也不应当过度规定非法人组织的设立要求。另一种意见认为，为了保证非法人组织在独立进行民事活动时，具有相当的公示性，保障交易安全，民法典总则编应当严格规定非法人组织的设立要求。立法机关采纳了后一种意见。

本条第1款规定的是非法人组织必须依照法律规定进行登记，即按照个人独资企业、合伙企业、不具有法人资格的专业服务机构等的设立登记程序进行登记，取得非法人组织的经营资格，同时也取得民事主体地位。

本条第2款规定的是非法人组织必须依照法律规定进行批准。对某一类非法人组织的设立，法律或者行政法规规定须经过有关机关批准才能设立的，则应当按照该法律或者行政法规的规定报批。其经批准后取得非法人组织的资格，成为民事主体。例如，律师事务所、会计师事务所等不具有法人资格的专业服务机构，按照法律规定应当经过批准，只有经过有关机关的批准，才能取得非法人组织的资格，成为民事主体。

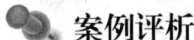 案例评析

厦门市鼓浪屿房屋管理所* 与厦门梅园物业管理有限公司**
房屋租赁合同纠纷案①

案情：原告鼓浪屿房管所诉称，被告梅园物业公司向原告承租案涉房产，合同到期后，双方未再签订合同。根据鼓浪屿申遗规划、管理和保护等要求，原告告知被告不再续租，但被告至今仍拒不返还房屋。被告梅园物业公司辩称理由之一为，鼓浪屿房管所系机关非法人单位，并不具有民事主体资格，其并非本案适格原告。法院认为，鼓浪屿房管所虽不具有法人资格，但其属依法登记的非法人组织，具有民事主体资格，可以参加民事法律关系，享有民事权利和承担民事义务。故，鼓浪屿房管所与梅园物业公司签订的讼争《厦门市直管非住宅房屋租赁协议》系双方当事人的真实意思表示，内容合法，为有效合同，双方当事人均应严格遵守履行。

评析：民法典第103条规定，非法人组织应当依照法律的规定登记。设立非法

---

　　*　以下简称"鼓浪屿房管所"。
　　**　以下简称"梅园物业公司"。
　　①　审理法院：福建省厦门市思明区人民法院，案号：（2015）思民初11802号。

人组织，法律、行政法规规定须经有关机关批准的，依照其规定。本案中，鼓浪屿房管所不具有法人资格，但其依法登记即属于非法人组织，具有民事主体资格，可以参加民事法律关系，享有民事权利和承担民事义务。故，鼓浪屿房管所与梅园物业公司签订的讼争房屋租赁协议系双方当事人的真实意思表示，内容合法，应当认定为有效合同，双方当事人均应严格遵守履行。

▶▶**第一百零四条**　非法人组织的财产不足以清偿债务的，其出资人或者设立人承担无限责任。法律另有规定的，依照其规定。

🏛 条文要义

本条是关于非法人组织责任的规定。

1. 非法人组织承担的责任是无限责任。《个人独资企业法》第31条规定了个人独资企业的无限责任，即"个人独资企业财产不足以清偿债务的，投资人应当以其个人的其他财产予以清偿"。《合伙企业法》也规定了合伙组织的无限责任，即第38条"合伙企业对其债务，应先以其全部财产进行清偿"以及第39条"合伙企业不能清偿到期债务的，合伙人承担无限连带责任"。

2. 非法人组织承担的无限责任与法人承担的有限责任不同，是非法人组织与法人的根本性区别之一。无限责任是投资人或者设立人在非法人组织的债务超过了非法人组织拥有的财产时，出资人或者设立人不仅应接受出资损失的事实，以非法人组织的财产清偿债务，还应当以自己的全部其他财产对非法人组织的债务承担责任。

3. 承担非法人组织债务的主体是出资人或者设立人。对非法人组织的债务，所有的出资人或者设立人都承担无限责任。出资人或者设立人为二人以上的，对非法人组织的债务所承担的无限责任是无限连带责任。

4. 非法人组织承担债务的财产范围包括两部分：第一，非法人组织自己的财产，即出资人或者设立人对非法人组织出资的财产。第二，出资人或者设立人自己个人的财产，由于要承担无限责任，因而自己的财产也是承担非法人组织债务的财产。在清偿过程中，应当先以非法人组织自己的财产进行清偿。非法人组织自己的财产不足以清偿债务的，由出资人或者设立人承担无限责任。民法典总则编草案三次审议均未规定清偿的顺序，只规定了非法人组织的出资人或者设立人承担无限责任。为了减轻非法人组织的出资人或者设立人的经济负，建议表决稿规定先由非法人组织财产清偿，无法全部清偿的，由出资人或者设立人的个人财产清偿。

5. 如果其他法律对非法人组织的债务承担责任另有规定的，应当依照其特别规定，确定非法人组织承担民事责任的方法。例如《合伙企业法》第2条第3款规定有限合伙的有限合伙人承担有限责任。这就是法律对非法人组织债务承担责任的

"另有规定"，因而不适用无限责任的规定。

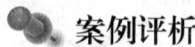 **案例评析**

陈某某诉周某等加工合同纠纷案①

案情：被告周某与陈某某、潘某、叶某某约定合伙经营五金锁具的制造、销售，成立瑞安市科比瑞五金厂，企业类型为个人独资企业，名义投资人为周某。其后被告与陈某某、潘某、叶某某签订一份《公司股权转让协议》，约定被告将其在瑞安市科比瑞五金厂所占的25％份额转让给陈某某、潘某、叶某某。此外，原告陈某某一直与上述不同主体存在线切割加工业务关系。现原告陈某某起诉，要求二被告向原告支付加工费及赔偿利息损失。法院认为，本案的争议焦点在于案涉债务的责任承担主体问题：一是被告瑞安市科比瑞五金厂是否应当承担偿还责任问题。个人独资企业在性质上属于非法人组织，虽然不具有法人资格，但具有独立的经营实体地位，享有相应的权利能力和行为能力，能够以自己的名义进行法律行为。二是被告周某是否应当承担偿还责任。个人独资企业并不具有法人资格，不能独立承担责任，个人独资企业财产不足以清偿债务的，投资人应当以其个人的其他财产予以清偿。

评析：民法典总则编专章规定非法人组织，条文虽然不多，但内容丰富，是立法对传统民法主体制度的突破，为现实社会之所需。非法人组织与自然人、法人并列为民事主体之一，其具有相应的民事权利能力与民事行为能力，但其是不具有法人资格的社会组织。民法典总则编列举了个人独资企业、合伙企业、不具有法人资格的专业服务机构。诚如本案中瑞安市科比瑞五金厂系个人独资企业，属于非法人组织之一种，其可以自己的名义享受民事权利和负担民事义务，也可以自己的名义进行必要的民事活动，但非法人组织不具有完全民事责任能力，其投资人或设立人对非法人组织的债务承担无限责任。故本案中，瑞安市科比瑞五金厂系个人独资企业，能够以自己的名义从事法律行为，但是不能够独立地承担责任，当其财产不足以清偿债务时，由投资人为其承担补充清偿责任。

> ▶▶ **第一百零五条**　非法人组织可以确定一人或者数人代表该组织从事民事活动。

🏛 条文要义

本条是对非法人组织代表人的规定。

非法人组织可以设定代表人，代表该非法人组织。非法人组织的代表人，是由非法人组织的出资人或者设立人推举产生的对外代表非法人组织的利益、对内组织

经营管理的出资人或者设立人。例如独资企业本来就是出资人个人负责，自己就是负责人，因而才规定为"可以"设定代表人。

确定非法人组织的代表人，如果有数个出资人或者设立人，应当由数个出资人或者设立人全体来推举代表人。非法人组织的代表人可以是一人，也可以是数人，遵从非法人组织的设立人和出资人的意愿。如果不推举代表人，则其全体出资人或者设立人为代表人。

非法人组织的代表人与非法人组织事务执行人不同。非法人组织的代表人也可能是非法人组织的事务执行人，即使如此，身份也有区别，非法人组织的代表人对外代表非法人组织，对内组织经营活动；而非法人组织的事务执行人仅对非法人组织的个别经营事务具体负责。

 案例评析

马某某与辛某某侵权责任纠纷案①

案情： 原告马某某与王某某联合办雄鹰煤矿，并办理注册登记，全体合伙人为两人，执行合伙企业事务的合伙人为王某某。辛某某与王某某、熊某某签订兼并协议书及补充条款，雄鹰煤矿企业名称变更为安龙县龙山炜烨煤矿，企业性质为辛某某投资的个人独资企业。经查，上述行为存在伪造他人虚假身份证明和伪造他人签名取得登记的情况。马某某以其系雄鹰煤矿合伙人为由，以贵州省工商行政管理局为被告，辛某某为第三人，要求确认登记行为违法并撤销该登记行为，要求工商局及第三人赔偿经济损失。法院认为，仅针对王某某是否有权执行相关事务的问题，应当认定，马某某与王某某二人合伙开办安龙县龙山雄鹰煤矿，在合伙企业营业执照上明确记载合伙企业事务执行人为王某某，王某某在执行合伙企业事务的过程中，代表合伙企业与辛某某签订兼并协议，将合伙企业的资产整体转让给辛某某。王某某作为经依法登记的合伙事务执行人，其对外行为的法律效力当然及于全体合伙人。

评析： 民法典第 105 条规定非法人组织可以确定一人或者数人代表该组织从事民事活动。合伙企业属于非法人组织之一种，故应当适用本条规定。本案还体现了民法典总则编与《合伙企业法》的衔接——法院根据《合伙企业法》第 26 条第 2 款"按照合伙协议的约定或者经全体合伙人决定，可以委托一个或者数个合伙人对外代表合伙企业，执行合伙事务"以及该法第 27 条"依照本法第二十六条第二款规定委托一个或者数个合伙人执行合伙事务的，其他合伙人不再执行合伙事务。不执行合伙事务的合伙人有权监督执行事务合伙人执行合伙事务的情况"的规定，认为既然安龙县龙山雄鹰煤矿这一合伙企业事务执行人为王某某，那么王某某依法有权对外代表合伙企业签订协议处理合伙企业的相关事宜，其在执行合伙企业事务的过程中，

① 审理法院：贵州省贵阳市中级人民法院，案号：（2014）筑民一终 1342 号。

代表合伙企业与他人签订兼并协议等对外行为的法律效力及于全体合伙人。

> ▶▶ **第一百零六条** 有下列情形之一的，非法人组织解散：
> （一）章程规定的存续期间届满或者章程规定的其他解散事由出现；
> （二）出资人或者设立人决定解散；
> （三）法律规定的其他情形。

🏛 条文要义

本条是对非法人组织解散的规定。

非法人组织解散是非法人组织的终止，是根据法律的规定终结设立非法人组织的协议，经过解散和清算等程序，最终注销非法人组织。如果是合伙企业，其解散就是散伙。

非法人组织解散的事由是：（1）章程规定的存续期间届满或者章程规定的其他解散事由出现。非法人组织章程规定的存续期间届满，出资人或者设立人决定不再经营，非法人组织可以解散。非法人组织章程规定的其他解散事由出现的，非法人组织可以解散。（2）出资人或者设立人决定解散，在非法人组织存续期间内，只要全体出资人或者设立人决定终止非法人组织，就可以解散非法人组织。（3）法律规定的其他情形。法律或者行政法规规定了非法人组织解散的其他事由，当该事由出现后，非法人组织依照这些法律或者行政法规的规定予以解散，例如非法人组织被兼并或者被宣告破产，也导致非法人组织解散。

📌 案例评析

国电武汉燃料有限公司* 与重庆市渝北区黄印煤矿**、秦某某合同纠纷案①

案情： 国电公司、黄印煤矿、鑫然公司系业务往来单位，由于黄印煤矿、鑫然公司未履行还款义务而发生纠纷。黄印煤矿系秦某某个人独资企业，根据渝北府发（2013）43号文，黄印煤矿于2013年9月6日被当地政府关闭。国电公司一审时诉称协议约定的还款期限已过，但两公司并未履行还款义务，给国电公司造成重大损失。此外，根据《个人独资企业法》的相关规定，黄印煤矿作为秦某某个人投资的个人独资企业，其投资人秦某某对债务清偿亦应承担无限责任。法院认为，国电公

　＊　以下简称"国电公司"。
　＊＊　以下简称"黄印煤矿"。
　①　审理法院：湖北省高级人民法院，案号：（2016）鄂民终195号。

司与黄印煤矿、鑫然公司之间形成买卖合同关系，2013 年 8 月 23 日，国电公司与黄印煤矿、鑫然公司签订《煤炭预付款清收及偿还协议》，黄印煤矿在协议上加盖印章并由该个人独资企业的投资人秦某某签名，不违反法律规定，是其真实意思表示，黄印煤矿此时并未解散，《煤炭预付款清收及偿还协议》不存在《合同法》第 52 条规定的法定无效情形，应依约履行义务。

评析：我国《个人独资企业法》第 26 条规定："个人独资企业有下列情形之一时，应当解散；（一）投资人决定解散；（二）投资人死亡或者被宣告死亡，无继承人或者继承人决定放弃继承；（三）被依法吊销营业执照；（四）法律、行政法规规定的其他情形。"本案中，黄印煤矿系个人独资企业，秦某某系黄印煤矿的投资人，黄印煤矿被政府关闭，符合上述法条第四项"法律、行政法规规定的其他情形"；而根据民法典第 102 条第 2 款的规定，即个人独资企业属于非法人组织之一种，所以当出现民法典第 106 条的情形，即"（一）章程规定的存续期间届满或者章程规定的其他解散事由出现；（二）出资人或者设立人决定解散；（三）法律规定的其他情形"之一时，非法人组织解散。如此，民法典总则编的该条规定与《个人独资企业法》的规定相衔接。

▶▶ **第一百零七条**　非法人组织解散的，应当依法进行清算。

🏛 条文要义

本条是对非法人组织解散进行清算的规定。

非法人组织解散后，应当依法进行清算，依法清理非法人组织的债权债务，以终结非法人组织现存的各种法律关系。本条对于非法人组织解散以后的清算并没有规定具体规则，应当依照民法典第 108 条关于"非法人组织除适用本章规定外，参照适用本编第三章第一节的有关规定"的规定，参照第 70～73 条的规定进行，包括成立清算组、清算程序、清算组的职权、清算期间非法人组织的存续，以及清算后的财产和注销登记等。

🔵 案例评析

郭某某与张某某合伙协议纠纷上诉案①

案情：原告郭某某与被告张某某系合伙人。原、被告共同承包他人转包的棋盘井千川惠泽酒店装修工程，并于 2012 年 7 月签订《单项施工合同》。被告张某某于 2013 年 2 月 4 日向原告郭某某出具欠条一份，内容为："今欠到工人垫付 13646＋材

---

① 审理法院：内蒙古自治区乌海市中级人民法院，案号：（2014）乌中民一终 186 号。

料款 18109，共计 31755 元"。被告张某某于同日向原告郭某某出具欠条一份，内容为："今欠到大老虎材料款 3438 元"；被告于 2013 年 10 月 8 日在同一欠条上备注："2013 年 10 月 8 日付 2000 元"。原告与被告就返还垫付款发生纠纷。法院认为，本案原告依据被告向其出具的两张垫付工人工资、材料款的欠条要求被告支付款项，实为合伙一方在合伙未经清算的情况下请求退回出资的法律纠纷。合伙解散必须依法进行清算，只有进行清算，根据清算结果，以处理合伙财产所得价款清偿债务后仍有剩余财产的，合伙人才有权请求返还出资。未经合伙清算，在不能确定盈利或亏损或平本的情况下，合伙人不能直接诉请返还出资。

评析：本案中，法院根据《民法通则》第 30 条、第 35 条，即"个人合伙是指两个以上公民按照协议，各自提供资金、实物、技术等，合伙经营、共同劳动"，"合伙的债务，由合伙人按照出资比例或者协议的约定，以各自的财产承担清偿责任。合伙人对合伙的债务承担连带责任，法律另有规定的除外。偿还合伙债务超过自己应当承担数额的合伙人，有权向其他合伙人追偿"，认为合伙解散只有在清算后，方能确定在合伙期间是盈利、亏损或平本，除非确定各合伙人的出资清偿合伙债务后仍有剩余，否则要求退伙并退还出资是缺少事实和法律依据的。民法典第 107 条规定，非法人组织解散的，应当依法进行清算，这为今后相似案例提供了更为直接的法律依据。

▶▶**第一百零八条　非法人组织除适用本章规定外，参照适用本编第三章第一节的有关规定。**

🏛 条文要义

本条是对非法人组织具体规则法律准用的规定。

民法典对非法人组织的规定比较简明，具体规则不足，故本条规定了非法人组织具体规则的法律准用条款。

关于非法人组织的具体规则准用内容，包括：非法人组织的民事权利能力和民事行为能力；非法人组织的成立；非法人组织代表人的职责和责任；非法人组织的住所；非法人组织的登记；非法人组织解散的清算；非法人组织解散的后果；非法人组织在设立和清算期间的民事权利能力和民事行为能力；等等。这些规则，在非法人组织设立和运行以及解散中都应参照适用。

非法人组织并非一种特定的组织形式，而是由不同的组织形式构成的一种民事主体类型。民法典第 102 条第 2 款列举的个人独资企业、合伙企业、不具有法人资格的专业服务机构等，都有专门的法律和行政法规对其进行规范。因此，非法人组织除了适用民法典总则编第四章关于非法人组织的规定，还可以参照适用总则编第三章第一节关于法人的一般规定，同时也要适用不同的非法人组织类型的专门的法律、行政法规的规定。

 案例评析

陈某某与浙江天城建设集团有限公司*、浙江天城建设集团有限公司湖北宜昌分公司** 买卖合同纠纷案①

案情： 原告陈某某诉称，原告系经营电工电料、五金批发销售的个体工商户。被告天城宜昌分公司向原告购买电工电料、五金产品。被告拖欠原告货款若干，故原告诉请被告天城宜昌分公司应当支付欠款，同时被告天城公司作为被告天城宜昌分公司的总公司，应对其分公司即被告天城宜昌分公司的债务负有连带清偿责任。被告天城宜昌分公司辩称，其不具备承担本案原告债务的义务，被告天城宜昌分公司不能够与被告天城公司承担连带清偿责任。法院认为，被告天城宜昌分公司系被告天城公司设立的分公司，其作为其他组织可以作为本案的当事人参加本案的诉讼。同时，其他组织也即非法人组织，其承担的民事责任是相对独立的民事责任。因此，作为设立天城宜昌分公司的被告天城公司应当在被告天城宜昌分公司不能足额清偿涉案债务时，承担对涉案债务的补充清偿责任。

评析： 民法典第108条规定："非法人组织除适用本章规定外，参照适用本编第三章第一节的有关规定。"本条是对本节非法人组织规定的补充，即非法人组织亦适用本章第一节的规定。本案中，被告天城宜昌分公司系被告天城公司设立的分公司，其作为非法人组织，依照相关规定，能够以自己名义从事民事活动，具有一定民事权利能力和民事行为能力，但因其仅能在其支配、使用的财产或经费范围内承担民事责任，故其承担的民事责任是相对独立的民事责任，当其财产或经费不足以清偿债务时，应由设立人承担补充清偿责任，也即最终的全部民事责任是由设立人来承担的，法院据此作出相应判决。

＊　以下简称"天城公司"。
＊＊　以下简称"天城宜昌分公司"。
①　审理法院：湖北省宜昌市兴山县人民法院，案号：（2016）鄂 0526 民初 452 号。

第五章　民事权利

▶▶ **第一百零九条　自然人的人身自由、人格尊严受法律保护。**

🏛 条文要义

本条是对自然人的人格尊严和人身自由权的规定。

本条规定承认了人身自由和人格尊严私权利的属性。《宪法》第37条规定了人身自由："中华人民共和国公民的人身自由不受侵犯。任何公民，非经人民检察院批准或者决定或者人民法院决定，并由公安机关执行，不受逮捕。禁止非法拘禁和以其他方法非法剥夺或者限制公民的人身自由，禁止非法搜查公民的身体。"《宪法》第38条规定了人格尊严："中华人民共和国公民的人格尊严不受侵犯。禁止用任何方法对公民进行侮辱、诽谤和诬告陷害。"可见，《宪法》第37条、第38条的规定确立了人身自由权、人格尊严的公权利属性。制定《民法通则》时，民法学界曾试图实现人身自由权、人格尊严从公权利到私权利的转变。立法机关局限于人身自由权的公权利属性，未将其纳入民事权利的范围。《民法通则》第101条承认了人格尊严的私权利属性，但是，却将人格尊严作为名誉权的内容之一，实际上降低了人格尊严的地位。为了应对实践中人身自由权、人格尊严被侵犯的情形，最高人民法院制定《关于确定民事侵权精神损害赔偿责任若干问题的解释》（2001年）时，承认了人身自由权、人格尊严的民事权利属性，即在第1条第1款规定："自然人因下列人格权利遭受非法侵害，向人民法院起诉请求赔偿精神损害的，人民法院应当依法予以受理：（一）生命权、健康权、身体权；（二）姓名权、肖像权、名誉权、荣誉权；（三）人格尊严权、人身自由权。"经过理论与实践30年的努力，人格尊严与人身自由的私权利属性终于在本条中得到了承认。

本条至第111条规定的都是人格权。人格权是指由民事主体专属享有，以人格利益为客体，为维护民事主体独立人格所必备的固有民事权利。

本条规定的"人格尊严"是一般人格权。由于民法典第990条也规定了一般人格权，故这里只对一般人格权作概括性解释。

一般人格权的性质是抽象人格权。其与民法典第130条规定的自我决定权和第993条规定的公开权一道，构成抽象人格权的体系。一般人格权更为抽象和具有概括性，不同于各项具体人格权，是个人的基本权利。一般人格权属于抽象人格权，不是一种主观权利，不具有独立的权利地位，主要是一种权能性的权利，但具有一定的独立性。

一般人格权的范围极其广泛，在内容上不可能列举穷尽，因而需要采用高度概括的方式，阐释一般人格权的具体内容。一般人格权的内容是人格独立、人格自由和人格尊严。一般人格权的这三项基本内容，是一般人格权客体的三大法益，可以概括一般人格权的所有内容。

一般人格权的功能，是指一般人格权在人格权体系中所发挥的基本作用，包括解释功能、创造功能和补充功能。这些功能分为两种，一种是抽象功能，包括解释功能和创造功能，发挥的是一般人格权的母权利和渊源权的作用；另一种是具体功能即补充功能，为对具体人格权无法提供保护的其他人格利益提供保护。

人身自由权是指自然人在法律规定的范围内，按照自己的意志和利益进行行动和思维，人身不受约束、控制或妨碍的权利。其客体人身自由，是自由的一种表现形式，指人的身体和思维不受约束、不受控制和不受限制的状态，包括身体自由和思维自由。人格权法研究的自由，是人身自由，而不是一般的自由。人身自由权的内容包括身体自由权和思维自由权。民法典第 1011 条规定的是身体自由权。

案例评析

廖某某与王某某同居关系析产纠纷案①

案情：本案双方当事人同居期间未生育子女，后为解除同居关系，自愿达成协议，内容为廖某某付王某某 6 万元，以后与王某某没有任何关系；王某某以后不再与廖某某有任何来往，此协议自廖某某付给王某某 6 万元时生效。王某某诉称廖某某未履行付款承诺。廖某某辩称，该合同是受胁迫所签，且该协议是附条件合同，合同未生效。法院认为，根据双方当事人的陈述，双方签订协议时有廖某某的父母、媒人马某某在场，且廖某某并未就其主张的受胁迫的情况向公安机关报警，难言受胁迫。但公民的人身自由受法律保护，双方签订的协议中约定以廖某某给付 6 万元作为解除同居关系的前提条件，不符合法律规定，廖某某随时有权要求解除同居关系，故双方协议中关于附条件解除同居关系的约定无效。双方协议约定的付款事项是对双方同居期间取得财产的处理，应为有效约定，廖某某应当按照协议约定履行付款义务。

评析：本案中，双方所签订的协议中既涉及人身亦涉及财产问题，法院的裁判明确指出，公民的人身自由受法律保护，双方签订的协议中约定以廖某某给付 6 万元作为解除同居关系的前提条件，不符合法律规定，廖某某随时有权要求解除同居

---

① 审理法院：江苏省宿迁市中级人民法院，案号：（2013）宿中民终 1052 号。

关系，故双方协议中关于附条件解除同居关系的约定无效。但是，双方协议约定的付款事项是对双方同居期间取得财产的处理，应为有效约定，廖某某应当按照协议约定履行付款义务。裁判区分了案涉协议对于人身自由与对债权债务的不同效力，但是囿于《民法通则》并没有明确提出人身自由之保护，故裁判只能以法理加以填补。现在，民法典第109条明确指出应当保护自然人的人身自由、人格尊严，这一概括性的条款为类似案件提供了直接法条依据，亦体现了民法典总则编的人本思想。

> ▶▶ **第一百一十条**　自然人享有生命权、身体权、健康权、姓名权、肖像权、名誉权、荣誉权、隐私权、婚姻自主权等权利。
> 　　法人、非法人组织享有名称权、名誉权和荣誉权。

🏛 条文要义

本条是对自然人和法人、非法人组织享有具体人格权的规定。

自然人享有的具体人格权是：（1）生命权，是指自然人维持其生命存在，以保证其生命安全利益为基本内容的具体人格权。民法典第1002条规定的是生命权及其内容。（2）身体权，是自然人维护其身体完全并支配其肢体、器官和其他组织的具体人格权。民法典第1003条规定的是身体权及其内容。（3）健康权，是指自然人以自己的机体生理机能正常运作和功能完善发挥，维持人体生命活动的利益为内容的具体人格权。民法典第1004条规定的是健康权及其内容。（4）姓名权，是指自然人决定、使用和依照规定改变自己姓名，并维护其姓名利益的具体人格权。民法典第1012条规定的是姓名权及其内容。（5）肖像权，是自然人以在自己的肖像上所体现的精神利益和财产利益为内容所享有的具体人格权。肖像权及其内容规定在民法典第1018条。（6）名誉权，是指自然人和法人、非法人组织对于就其自身属性和价值所获得的社会评价，享有的保有和维护的具体人格权。名誉权及其具体内容规定在民法典第1024条。（7）荣誉权，是指自然人、法人和非法人组织对其获得的荣誉及其利益所享有的保持、支配的具体人格权。民法典第1031条规定的是荣誉权及其内容。（8）隐私权，是自然人对其个人与公共利益无关的私人信息、私人活动和私人空间等私生活安宁利益自主进行支配和控制，他人不得侵扰的具体人格权。隐私权及其具体内容规定在民法典第1032条。（9）婚姻自主权，是自然人按照法律规定，自己做主决定其婚姻的缔结和解除，不受其他任何人强迫或干涉的具体人格权。民法典人格权编没有规定婚姻自主权，具体内容规定在婚姻家庭编。

法人、非法人组织享有名称权（民法典第1013条）、名誉权（民法典第1024条）、荣誉权（民法典第1031条）等具体人格权。

 **案例评析**

冯某与马某一般人格权纠纷案①

案情：马某与李某原系夫妻，因李某有外遇，遂协议离婚。离婚后，冯某与李某同居生活。冯某多次用李某的手机辱骂马某，并给马某发刺激性的照片。某日，马某将冯某与李某的亲密相片、酒店订单等发布在陌陌网上。冯某得知后，立即要求马某删除。现马某已经删除，并作出口头保证，明确以后不会发布类似内容。冯某向法院起诉，请求马某公开赔礼道歉，赔偿精神抚慰金。法院认为，公民的人格尊严受法律保护，禁止用侮辱、诽谤等方式损害公民、法人的人格尊严。是否构成侵犯人格权的责任，应当根据受害人确有人格被损害的事实、行为人行为违法、违法行为与损害后果之间具有因果关系、行为人主观上有过错来认定。本案中，原被告双方在处理纠纷过程中均未能理性对待，被告在沟通过程中出现不当行为，应予以批评，但单凭上述行为不足以认定原告人格权受损事实的存在，故对原告的诉讼请求，法院不予支持。

评析：名誉权是指自然人和法人、非法人组织对于就其自身属性和价值所获得的社会评价，享有的保有和维护的具体人格权。其客体名誉，是指人们对自然人或法人、非法人组织的品德、才能及其他素质的社会综合评价。民法典第110条第1款是对自然人人身权利的规定，将《民法通则》第五章第四节所规定的权利进行了规整，明确规定了自然人所享有的人身权利；而第2款则是对法人、非法人组织权利项的规定。本案中，马某将李某与冯某的亲密照片、酒店入住订单等信息发布到网络上。由于马某及时删除了上述内容，并且向陌陌网站申请删除记录并销号，未给冯某、李某造成客观上社会评价的降低，因此法院判决马某不承担侵权责任。如若马某拒绝删除照片、订单信息等内容，则可能造成冯某、李某的名誉权受损，此时马某就需要承担侵权责任。

> ▶▶ **第一百一十一条** 自然人的个人信息受法律保护。任何组织或者个人需要获取他人个人信息的，应当依法取得并确保信息安全，不得非法收集、使用、加工、传输他人个人信息，不得非法买卖、提供或者公开他人个人信息。

🏛 条文要义

本条是对自然人享有的个人信息权的规定。

个人信息权，是指自然人依法对其本人的个人资料信息所享有的支配并排除他

---

① 审理法院：辽宁省朝阳市双塔区人民法院，案号：（2020）辽 1302 民初 2355 号。

人侵害的人格权。个人信息权的特征是：（1）个人信息权是具体人格权；（2）个人信息权的客体是个人的资料信息等人格要素；（3）个人信息权的主体是自然人个人；（4）个人信息权的权利要求是以自我决定权作为其权利基础，是排他的自我支配权。

个人信息权的权利内容包括：（1）占有权；（2）决定权；（3）保护权；（4）知情权；（5）更正权；（6）锁定权；（7）被遗忘权。

信息权的义务人应当承担的义务，是本条后段规定的内容：任何组织或者个人应当确保依法取得的个人信息安全，不得非法收集、使用、加工、传输他人个人信息，不得非法买卖、提供或者公开他人个人信息。违反这样的义务，应当承担侵权责任。

负有保护自然人个人信息权的特别义务主体，是依法取得个人信息的任何组织或者个人。具体包括：依法取得个人信息的网络服务提供者、其他企业事业单位、国家机关及工作人员，以及其他任何组织或者个人。

凡依法取得自然人个人信息的任何组织和个人，都负有确保自然人个人信息安全、防止信息泄露的义务，一旦发生或者可能发生信息泄露，都必须立即采取补救措施，防止扩大损害，如果未尽此义务，则构成不作为的侵权行为。对于上述侵害自然人个人信息权的侵权行为，应当依照民法典侵权责任编的规定，承担侵权责任，保护自然人的个人信息权。

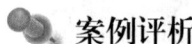 **案例评析**

田某某诉郑州市公安局东风路分局信息公开案①

案情： 2014 年 10 月 15 日，原告田某某以邮寄方式向被告郑州市公安局东风路分局提交《政府信息公开申请书》，申请被告公开原告本人于 1993 年之后户籍注册、迁移、变更等全部档案材料及所依据的相关法规、政策性文件。邮件载明的原告住址为郑州市金水区某村××号，该地址于 2013 年 12 月因拆迁已不存在，留有的两个联系电话号码均非原告本人所有。由此，田某某与郑州市公安局东风路分局因信息公开事由产生纠纷，后田某某起诉。法院认为，田某某要求公开的户籍档案信息，属于重要的个人身份信息，涉及个人隐私。本案的重要意义在于应厘清个人信息保护与政府信息公开的合理边界问题。对于个人身份信息，政府应慎重公开。

评析： 将个人信息保护纳入民法典总则编中加以规定，无疑是立法的亮点与进步。诚如本案，个人信息公之于众的，极易被滥用，若冒名或伪造即能轻易获得户籍信息，公民个人信息将无安全可言，不仅侵害公民权益，亦不利于个人隐私权的保护，故本案所体现的基本价值取向是保护个人信息，对个人信息的公布与利用应当谨慎且符合法律规定。除此之外，本条规定的积极意义在于，将自然人的个人信

---

① 审理法院：河南省郑州市中级人民法院，案号：（2015）郑行终 202 号。

息作为一种权利进行立法保护，明确对于社会现存的各种形式的非法收集、使用、加工、传输个人信息以及非法买卖、提供或公开他人个人信息作出否定性评价，如此立法体现了民法的人本主义精神，且符合现代社会的实践需求。同时，这与《全国人民代表大会常务委员会关于加强网络信息保护的决定》第4条规定相互衔接，即"网络服务提供者和其他企业事业单位应当采取技术措施和其他必要措施，确保信息安全，防止在业务活动中收集的公民个人信息泄露、损毁、丢失"。这亦是对大数据时代下个人信息保护为数不多的法律支持。由于此前法律、法规对个人信息保护的规定的数量较为匮乏且位阶较低，因而民法典总则编制定本条，强调获取或者拥有个人信息者对于个人信息的保护义务。

▶▶ **第一百一十二条** 自然人因婚姻家庭关系等产生的人身权利受法律保护。

🏛 条文要义

本条是对自然人身份权的规定。

身份权，是指自然人基于特定的身份关系产生并由其专属享有，以其体现的身份利益为客体，为维护该种利益所必需的人身权利。换言之，身份权是由亲属身份关系发生的人身权利。其法律特征是：（1）身份权表达的是亲属之间的身份地位；（2）身份权是亲属之间的权利义务关系；（3）身份权的主体有范围的限制；（4）身份权的客体是身份利益；（5）身份权的本质以义务为中心。

身份权的对外关系，表明身份权的绝对性——是绝对性的民事权利，表明享有身份权的权利主体享有这种权利，其他任何人都负有不得侵犯该权利的义务。身份权的对内关系来源于身份权的相对性——由于总是在特定的、相对应的亲属之间享有身份权，因此，身份权的主要内容是对内的权利义务关系。

具体身份权包括配偶权、亲权和亲属权。

配偶是指男女双方因结婚而生的亲属，即具有合法婚姻关系的夫妻相互间的同一称谓和地位。在婚姻关系存续期间，妻是夫的配偶，夫是妻的配偶，双方互为配偶。配偶权就是配偶之间的身份权，具体内容包括：（1）夫妻姓氏权；（2）住所决定权；（3）同居义务；（4）忠实义务；（5）职业、学习和社会活动自由权；（6）日常事务代理权；（7）相互扶养、扶助权；（8）生育权。

亲权是指父母对未成年子女在人身和财产方面的管教和保护的权利与义务。亲权确定的是父母与未成年子女之间的身份关系，属于亲属法上的身份权。亲权的主要内容是：（1）身上照护权，是父母对未成年子女人身的教养、保护的权利和义务；（2）财产照护权，是父母对未成年子女的财产负有的保护义务。

亲属权也叫作其他亲属权，是指除配偶、未成年子女与父母以外的其他近亲属之间的基本身份权，表明这些亲属之间互为亲属的身份利益为其专属享有和支配，其他任何人均负不得侵犯的义务。主要内容是扶养权，分为抚养权、赡养权和扶养权。

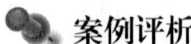 **案例评析**

丁某、乔某某与徐某人格权纠纷案①

案情： 原告丁某诉称，华兴公司员工丁某某于宿舍不幸去世。原告丁某为死者与前妻的亲生儿子，乔某某为死者母亲，被告徐某为死者现任妻子。死者去世后，原告丁某与死者两个弟弟和妹妹赶赴深圳处理死者后事。然而，由于被告徐某拖延，致使原告至今无法拿到相应赔偿。被告徐某的所作所为违反了作为妻子的基本义务，侵犯了死者的人格利益和死者近亲属的精神利益，也违反了社会公序良俗与社会公德。原告诉请判令被告不具有遗体处分权并赔偿相关损失。法院认为，原告丁某是死者之子，其因亲属权而自然享有对死者遗体的处分权。原告乔某某是死者的母亲，其同样因亲属权而享有对死者的遗体处分权。被告与死者生前是夫妻关系，其因配偶权而享有对被继承人的遗体处分权。二原告与被告均不能排除任一主体而成为被继承人独立的继承人和遗体处理人，因此，原告要求判决被告不具有遗体处分权，无法律依据，法院不予支持。关于精神损失，被告因享有特定的配偶身份权，对被继承人享有处理与身份权有关后事的权利，其在处理事务期间未恶意损毁被继承人名誉及遗体，原告主张由其赔偿精神损失，无事实与法律依据，法院不予支持。

评析： 自然人的身份权是指自然人基于特定的身份而享有的人身权，包括配偶权、亲权、亲属权等，上述权利是自然人因婚姻、家庭关系等所产生的。民法典第112条规定，自然人因婚姻家庭关系等产生的人身权利受法律保护。本案即是对身份权的保护。本案中，原告与被告分别为死者的儿子、母亲以及妻子，三人均享有因家庭或婚姻关系而产生的亲权、亲属权与配偶权，他们对死者的遗体均有处分权。三人均不能任意剥夺、排除任一主体所享有的身份权以及因该身份而享有的继承权以及遗体的处分权，故法院并未支持原告剥夺被告遗体处分权的诉求，符合本条的规定。

▶▶ **第一百一十三条　民事主体的财产权利受法律平等保护。**

🏛 条文要义

本条是对民事主体财产权利平等保护的规定。

---

① 审理法院：广东省深圳市宝安区人民法院，案号：（2016）粤 0306 民初 7488 号。

本条与民法典第 3 条关于"民事主体的人身权利、财产权利以及其他合法权益受法律保护,任何组织或者个人不得侵犯"的规定相呼应,特别强调法律对财产权利予以平等保护,矫正了《民法通则》的区分保护思想。《民法通则》第 73 条第 2 款规定国家所有权,即"国家财产神圣不可侵犯,禁止任何组织或者个人侵占、哄抢、私分、截留、破坏"。《民法通则》第 75 条第 2 款规定公民财产所有权,即"公民的合法财产受法律保护,禁止任何组织或者个人侵占、哄抢、破坏或者非法查封、扣押、冻结、没收"。两种所有权相对比,《民法通则》仅规定了国家所有权神圣不可侵犯。这种区别保护的立法表达,不利于自然人私有财产的保护。因此,本条特别规定了法律对财产权利予以平等保护。

规定民事主体的财产权利平等保护原则,对保护自然人的私有财产权利具有更重要的意义。故这一条文相当于"私有财产神圣不可侵犯"原则。有了这一原则,就可以更好地保护自然人的私有财产,进而鼓励自然人创造更多的财富,拥有更好的物质生活保障。

财产权利平等保护原则,是指不同的民事主体对其所享有的财产权利享有平等地位,适用规则平等和法律保护平等的民法原则。其内容是:(1)财产权利的地位一律平等,最主要的含义是强调自然人和其他权利人的财产权利受到平等保护。(2)适用规则平等,对于财产权利的取得、设定、移转和消灭,都适用共同规则,体现法律规则适用的平等性。(3)保护的平等,在就财产权利出现争议时,平等保护所有受到侵害的财产权利,不受任何歧视。

财产权利的内容是:(1)物权;(2)债权;(3)知识产权;(4)继承权;(5)股权和其他投资性权利;(6)其他财产权利与利益。

案例评析

闫某某与国网冀北电力有限公司唐山供电公司*排除妨害纠纷案①

案情:原告闫某某系自建平房的房屋所有权人,被告唐山供电公司改电表时将两个表箱八块电表悬挂于原告闫某某家外墙上,原告闫某某曾就此事与被告唐山供电公司多次协商未果。后被告唐山供电公司将原告闫某某家所使用的电表拆除,停止给原告闫某某提供生活用电。原告诉请唐山供电公司停止对其私有房屋的侵害、恢复原状。法院认为,被告将非原告家的电表箱、电表安装于原告自建平房的外墙,侵害原告的财产权利,故对原告起诉要求被告停止侵害、恢复原状的诉讼请求,法院予以支持,被告应将除原告家电表之外的其他电表及电表箱从原告自建平房外墙上拆除。

---

* 以下简称"唐山供电公司"。
① 审理法院:河北省唐山市路北区人民法院,案号:(2015)北民重 126 号。

评析： 民法典第113条规定，民事主体的财产权利受法律平等保护。本条与民法典第3条所规定的"民事主体的人身权利、财产权利以及其他合法权益受法律保护，任何组织或者个人不得侵犯"相呼应；民法典总则编中规定自然人的私有财产权利受法律保护，意指公民的私有财产权利不受侵犯，这是对自然人财产权应当受到保护的法律依据。本案中，被告将非原告家的电表箱、电表安装于原告自建平房的外墙，属于侵害原告财产权利的行为，其合法权益依法应当受到法律保护。

> ▶▶ **第一百一十四条**　民事主体依法享有物权。
> 物权是权利人依法对特定的物享有直接支配和排他的权利，包括所有权、用益物权和担保物权。

🏛 条文要义

本条是对物权及物权体系的规定。

物权是指民事主体在法律规定的范围内直接支配一定的物，享受利益并排除他人干涉的权利，是人与人之间对于物的归属和利用关系在法律上的体现。

物权的范围是：（1）所有权，是所有人依法按照自己的意志通过对其所有物进行占有、使用、收益、处分等方式，独占性支配其所有物并排斥他人非法干涉的永久性物权。所有权包括单独所有权、共有权、建筑物区分所有权及相邻权。（2）用益物权，是指非所有权人对他人所有之物所享有的占有、使用和收益的他物权。用益物权包括土地承包经营权、建设用地使用权、宅基地使用权、居住权、地役权等。（3）担保物权，是指债权人所享有的为确保债权实现，在债务人或者第三人所有的物或者权利之上所设定的，当债务人的债务不履行时，或者发生当事人约定的实现担保物权的情形时，就担保物的变价优先受偿的他物权，包括：1）抵押权；2）质权；3）留置权；4）所有权保留；5）优先权；6）让与担保。①

《民法通则》仅规定了财产所有权（第71条）、土地使用权与承包经营权（第80条）、自然资源使用权与承包经营权（第81条）。直至制定《物权法》时，才明确了物权的概念，即《物权法》第2条规定："因物的归属和利用而产生的民事关系，适用本法。本法所称物，包括不动产和动产。法律规定权利作为物权客体的，依照其规定。本法所称物权，是指权利人依法对特定的物享有直接支配和排他的权利，包括所有权、用益物权和担保物权。"本条承袭了《物权法》第2条的规定，明确了物权的内涵与外延，同时强调民事主体依法享有物权，对于物权的保护具有宣示性的意义。

---

① 其中，抵押权、质权和留置权在物权编中规定，所有权保留在合同编规定，优先权在分则各编规定；让与担保在民法典中没有规定，但在最高人民法院的司法解释中有规定。

案例评析

朱某 1、朱某 2、朱某 3 与朱某 4 排除妨害纠纷①

案情： 原告朱某 1 与被告朱某 4 原系夫妻，原告朱某 2、朱某 3 系原告朱某 1 与被告朱某 4 的子女。原告朱某 1、被告朱某 4 经法院判决离婚。原告朱某 1 向法院提起诉讼，要求分割讼争房屋。在法院判决生效前，被告因与原告朱某 3 产生纠纷，将房屋钥匙更换，三原告至今无法进入涉案房屋。法院认为，原、被告原系同一家庭成员，对于离婚后家庭共有的房产，原、被告对各自使用的部分享有直接支配和排他的权利。现被告更换房屋钥匙，致三原告无法进入，无法直接支配、使用判决归各自使用的房屋，侵害了三原告的物权，显属不当，应立即停止该侵权行为。

评析： 民法典第 114 条规定，民事主体依法享有物权。物权是权利人依法对特定的物享有直接支配和排他的权利。本案主要体现的是所有权，即所有人依法按照自己的意志通过对其所有物进行占有、使用、收益和处分等方式，独占性支配其所有物并排斥他人非法干涉的永久性物权。本案中，原、被告因原系同一家庭成员，房产为家庭共有财产，且在原告朱某 1 与被告朱某 4 离婚后进行相应的分割，故原、被告对诉争房产的各自部分享有相应物权，即对各自使用的部分享有直接支配和排他的权利。被告更换钥匙的行为系对他人物权的侵犯，使得他人无法直接使用、支配属于自己的部分的房屋。民法典总则编规定民事主体享有物权，是对于"权利"的强调，有一定的进步意义。

> ▶▶ 第一百一十五条　物包括不动产和动产。法律规定权利作为物权客体的，依照其规定。

🏛 条文要义

本条是对物及其范围的规定。

物，是指具有实用价值、能够满足人的某种需要，并能为人所控制和支配的物质对象。包括除人体之外，能够为人力所控制并能够满足人类社会生活需要的有形物和自然力。

物具有的法律特征是：（1）物能够为人力所控制；（2）物能够满足人类的某种需要；（3）物须存在于人身之外；（4）物须为独立一体。在民事法律关系中，物作为最重要的民事权利客体的财产利益，代表的是物质财富，体现的是市民社会的基本财产形态。

---

① 审理法院：浙江省台州市中级人民法院，案号：（2016）浙台民终 940 号。

物的类型包括：（1）不动产，是指依自然性或者法律的规定在空间上占有固定位置，移动后会影响其经济价值的物，包括土地、土地定着物、与土地尚未脱离的土地生成物、因自然或者人力添附于土地并且不能分离的其他物。（2）动产，是指不动产以外的其他能在空间上移动而不会损害其经济价值的物。故不动产以外的其他的物都是动产。在法律上各种可以支配的自然力，也属于动产。货币和有价证券，为特别动产。

区分不动产和动产的意义是：（1）物权类型不同，用益物权限于以不动产为客体，而动产质权、留置权的客体则以动产为限；（2）以法律行为作为物权变动的法定要件不同，动产物权变动一般以交付为要件，而不动产物权变动则以登记为要件；（3）公示方式不同，不动产物权以登记为公示方式，而动产物权以占有为公示方式，通常不要求进行登记。

法律规定权利作为物权客体的，依照其规定。主要是指著作权、商标权和专利权中的财产权，建设用地使用权，宅基地使用权等，都能够作为担保物权的客体，都属于法律规定能够作为物权客体的权利。

 **案例评析**

张某某等与陈某、陈某某相邻通行纠纷案[①]

案情： 陈某某诉称，其是案涉楼房地产的使用权人及所有人。案涉楼房相连共有三栋，以北向南为序第一栋是陈某某的，第二栋是邓某某的，第三栋是张某某使用。在二三栋楼房首层之间有一大门口是本小区的通道，其与陈某、张某某一直共同使用该小区的公用空地和公用通道。陈某某在取得合法准建的情况下，搭建临时平房，为此引起张某某、陈某不满。二人于 2012 年 2 月 13 日在公用空地上以 90 度角的形式故意建造围墙封住陈某某新建造的平房门口，并将公用通道大门的铁锁换掉，强行禁止陈某某一家人通行，给陈某某一家人的日常生活造成极大不便。法院认为，张某某、陈某二人应停止侵害，排除妨害，立即开脱小区公共通道大门的铁锁，以保障陈某某的正常通行。

评析： 民法典第 115 条规定，物包括不动产和动产。法律规定权利作为物权客体的，依照其规定。本条与《物权法》第 2 条"因物的归属和利用而产生的民事关系，适用本法。本法所称物，包括不动产和动产。法律规定权利作为物权客体的，依照其规定。本法所称物权，是指权利人依法对特定的物享有直接支配和排他的权利，包括所有权、用益物权和担保物权"的规定一致。本案中相邻关系属于法律规定的物权客体，是指毗邻各方在各自行使财产权利时发生的权利义务关系，故其纠纷应当属于物权法的调整范围。本案中当事人陈某某应当享有小区的 3.8 米通道上

---

① 审理法院：广东省高级人民法院，案号：（2015）粤高法审监民提 78 号。

通行的权利，这是民法典总则编与《物权法》赋予民事主体以及物权人的应有权利。

> ▶▶ **第一百一十六条** 物权的种类和内容，由法律规定。

🏛 条文要义

本条是对物权法定原则的规定。

物权法定原则是物权法的一项基本原则，也是物权法区别于债法和合同法的重要标志。它又称物权法定主义，是指物权只能依据法律设定，禁止当事人自由创设物权，也不得变更物权的种类、内容、效力和公示方法。

物权法定原则的内容，包括物权类型强制和物权内容强制。物权类型强制的含义是，物权的种类非经法律规定，当事人不得创设。当事人只能依照法律明确规定的物权类型和条件设立物权，不能超出法律的规定设立法定物权以外的物权类型。物权内容强制（即物权内容固定）的含义是，物权的内容非经法律规定，当事人不得创设。法律对一个具体物权的内容规定是什么就是什么，不得由当事人约定法定物权的具体内容。

本条规定的缺点是没有规定物权法定之缓和，因而使我国的物权法定原则过于僵化，缺少必要的灵活性，不能完全适应我国正在变化着的市场经济形势的需求。

📌 案例评析

贵州紫云农村商业银行股份有限公司*诉安顺市恒丰房地产开发有限公司**借款合同纠纷案①

案情： 原、被告双方签订固定资产借款合同和抵押合同，恒丰公司以其在建工程为上述贷款提供抵押，并办理抵押登记。后被告恒丰公司因资金周转困难，至今未偿还借款本金及相应利息，致成诉讼。原告紫云农商行诉请偿还借款及利息，对抵押物享有优先受偿权。法院认为：被告恒丰公司与原告紫云农商行签订的借款、抵押合同和展期协议系双方当事人的真实意思表示，且对抵押物办理了抵押登记，并未违反法律规定，故借款、抵押合同和展期协议合法有效，各方当事人均应按约履行。抵押权属于担保物权，物权法定原则要求当事人不能在《物权法》之外设定物权，也不能以《物权法》之外的方式消灭物权，而我国现行《物权法》并未规定抵押权可以因当事人的约定期间或登记时强制登记的期间而消灭，因此当事人的约

---

* 以下简称"紫云农商行"。

** 以下简称"恒丰公司"。

① 审理法院：贵州省安顺市中级人民法院，案号：（2016）黔 04 民初 28 号。

定或登记部门的登记存续期间，对抵押权的存续不具有法律约束力，故紫房建松山镇字第××号他项权证所记载的抵押期限无效，原告仍然享有对本案所涉抵押物的优先受偿权。

评析：物权法定是《物权法》的重要原则之一，也是物权法区别于债法和合同法的重要标志，是指当事人能且只能依照法律规定设立物权的种类及其内容，物权的取得和变更、物权的效力和公示方法等都应由法律明确规定，而不得由当事人依照自己的意思随意创设或变更。民法典总则编规定物权法定原则，是对该原则的强调。诚如本案中，我国《物权法》没有规定抵押权可以因当事人的约定期间或登记时强制登记的期间而消灭，故本案中所涉抵押物的优先受偿权仍属于原告所享有，并不会因为当事人的约定或登记部门的登记存续期间而对该抵押权的存续产生法律上的效力变化。这即是物权法定原则的体现。

▶▶ **第一百一十七条**　为了公共利益的需要，依照法律规定的权限和程序征收、征用不动产或者动产的，应当给予公平、合理的补偿。

🏛 条文要义

本条是对征收、征用应予补偿的规定。

《民法通则》未规定征收、征用的条款。制定《物权法》时，也只规定了征收的内容，即第 42 条："为了公共利益的需要，依照法律规定的权限和程序可以征收集体所有的土地和单位、个人的房屋及其他不动产。征收集体所有的土地，应当依法足额支付土地补偿费、安置补助费、地上附着物和青苗的补偿费等费用，安排被征地农民的社会保障费用，保障被征地农民的生活，维护被征地农民的合法权益。征收单位、个人的房屋及其他不动产，应当依法给予拆迁补偿，维护被征收人的合法权益；征收个人住宅的，还应当保障被征收人的居住条件。任何单位和个人不得贪污、挪用、私分、截留、拖欠征收补偿费等费用"。在此基础上，本条概括性地规定了征收、征用。

征收是政府为了公共利益的需要，依照法律规定的权限和程序，将集体所有或者个人所有的财产变为国家所有，加以利用的行为。征用是政府为了公共利益的需要，依照法律规定的权限和程序，将集体所有或者个人所有的财产征召与使用的行为。征收、征用的主体都是国家，通常是政府部门以行政命令的方式，从集体和个人处取得土地、房屋等财产的所有权或者使用权，集体和个人必须服从。

征收、征用必须符合为了公共利益需要的目的。征收导致集体或者个人所有权的丧失，征用导致集体或者个人的所有权受到限制，都会使权利人的财产权利受到损害。因此，国家的征收或者征用行为，虽然是被许可的、合法的，但是都须为了公共利益的目的。民法典第 243 条也规定，限制政府非为公共利益而进行的征收行为，以保护集体和个人的财产权利。

征收、征用必须依照法律规定的权限和程序进行。凡是违反法律规定的权限和程序进行的征收、征用，都是违法行为，都不发生征收、征用的后果。违法的征收、征用给集体或者个人的财产权益造成损害的，国家应当承担赔偿责任。

征收、征用必须给予权利人公平、合理的补偿。公平、合理的补偿标准，就是指不能使被征收、征用财产的权利人，因征收、征用而受到损失。补偿应当公平，不能出现不公平的现象；补偿应当合理，即补偿的数额应当合情合理，符合实际损失能够得到合情合理补足的要求。

案例评析

毛某某诉永昌县人民政府房屋征收补偿决定案①

案情：甘肃省永昌县人民政府作出房屋征收的决定，原告毛某某与刘某某、毛某 2（系夫妻、父子关系）共同共有的住宅房屋一处、工业用房一处均在被征收范围内。房屋征收部门就补偿事宜与毛某某多次协商无果，告知其对房屋估价复核结果有异议可申请鉴定。毛某某在规定的期限内未申请鉴定。后毛某某、刘某某、毛某 2 认为补偿不合理，补偿价格过低，向市政府提起行政复议，后又提起行政诉讼，请求撤销征收补偿决定。法院认为，因房屋征收部门与被征收人在征收补偿方案确定的签约期限内未达成补偿协议，县政府具有依法按照征收补偿方案作出补偿决定的职权。在征收补偿过程中，评估机构系原告自己选定，该评估机构具有相应资质，复核评估报告对原告提出的漏评项目已作出明确说明。原告对评估复核结果虽有异议，但在规定的期限内并未向金昌市房地产价格评估专家委员会申请鉴定。因此，县政府对因征收行为给原告的住宅房屋及其装饰、工业用房及其附属物、停产停业损失等给予补偿，符合相关规定，驳回原告诉求。

评析：民法典第 117 条规定，为了公共利益的需要，依照法律规定的权限和程序征收、征用不动产或者动产的，应当给予公平、合理的补偿。规定本条是针对为公共利益需要征收、征用不动产、动产而应给予补偿的情况，在实践中适用该条多体现的是对民事主体私有财产的尊重。这与《物权法》的规定相一致，即我国《物权法》第 42 条第 1 款规定："为了公共利益的需要，依照法律规定的权限和程序可以征收集体所有的土地和单位、个人的房屋及其他不动产。"第 3 款规定："征收单位、个人的房屋及其他不动产，应当依法给予拆迁补偿，维护被征收人的合法权益；征收个人住宅的，还应当保障被征收人的居住条件。"从一定意义上说，这确立了征

---

① 案例来源：最高法院公布征收拆迁十大案例之七．北大法宝：http://www. pkulaw.cn/Case/. [2017-03-18].

收补偿这一带有"公法"属性行为的私法基础与私法要求，填补了法律规范与社会事实的缝隙。正如本案中，县政府为公共事业的需要，组织实施县城北海子生态保护与景区规划建设，但这势必会对涉案被征收范围内民事主体的住宅房屋、房屋室内外装饰、工业用房及附属物等造成影响乃至损失，故应当依照相应的程序，按照评估价格进行公平、合理的补偿。现代社会，在正确处理社会公共利益与私权冲突的过程中，需要构建起公平合理的平衡机制，强化被征收人合法权益的保护，健全被征收人权利救济途径，将公平合理补偿、正当程序纳入法律保障体系之中，这样才能更好地处理好城市房屋征收纠纷，促进社会和谐稳定。

应当补充说明的是，民法典第117条在《物权法》第42条的基础上规定了征用的规则。据此，如果本案中的县政府并未征收毛某某的住宅房屋，而是征用其房屋用来满足疫情防控需要，则应根据法律规定的权限和程序来征用房屋，同时给予毛某某相应的补偿。在征用结束之后，应返还其房屋。

> ▶▶ **第一百一十八条　民事主体依法享有债权。**
> 债权是因合同、侵权行为、无因管理、不当得利以及法律的其他规定，权利人请求特定义务人为或者不为一定行为的权利。

🏛 条文要义

本条是对债权及债权种类的规定。

债权是按照合同约定或者依照法律的规定，在当事人之间产生的特定的权利和义务关系，也称债权关系或者债的关系。

在债权关系中，享有权利的人为债权人，负有义务的人为债务人。债权人享有的权利为债权，债务人承担的义务为债务。债权就是在债的关系中，一方（债权人）请求另一方（债务人）为一定行为或者不为一定行为的权利。

债权的法律特征是：（1）债权是相对权，是在特定主体之间发生的民事法律关系；（2）债权的性质是请求权，债权的实现有赖于债务人为一定行为或者不为一定行为，即债权人只能请求债务人为一定行为或者不为一定行为；（3）债权具有期限性，原则上不能永久存在；（4）债权具有相容性，对同一标的物可以成立内容相同的数个债权，其相互之间并不排斥；（5）债权具有平等性，数个债权人对同一债务人，先后发生数个普通债权时，其效力一律平等；（6）债权的客体具有多样性；（7）债权具有任意性。

债权分为合同之债、侵权之债、无因管理之债和不当得利之债。

案例评析

张某某诉李某 1、李某 2、许某某、郭某某承揽合同纠纷案①

案情： 被告李某 1、李某 2、许某某、郭某某签订承德市丰宁抽水蓄能电站 1、2 号路建桥工程合作协议，李某 1 为该项目负责人。李某 1 以四人名义向原告张某某出具欠条，载明欠模板加工费、材料费若干。原告诉称欠款至今未给付，为此诉至法院。被告许某某辩称：我个人和原告无任何关系，债务也和我无关。被告郭某某辩称，我没有和原告洽谈过，我也没有为原告出过欠条，谁出的欠条，谁偿还。法院认为，合伙负责人在执行业务中所产生的法律后果，应由全体合伙人承担民事责任。被告许某某、郭某某未能提供证据证实原告加工的模板用于被告李某 1 个人承包的工程，而非合伙工程，况且被告许某某也承认在原告处拉过模板。故此，法院对被告许某某、郭某某的抗辩理由不予采纳。

评析： 民法典第 118 条规定，民事主体依法享有债权。债权是因合同、侵权行为、无因管理、不当得利以及法律的其他规定，权利人请求特定义务人为或者不为一定行为的权利。本条规定民事主体依法享有债权，并且列举了债权的发生根据，同时指出债权即权利人请求特定义务人为或者不为一定行为的权利。本条源自《民法通则》第 84 条，即"债是按照合同的约定或者依照法律的规定，在当事人之间产生的特定的权利和义务关系。享有权利的人是债权人，负有义务的人是债务人。债权人有权要求债务人按照合同的约定或者依照法律的规定履行义务"。债是债权人与债务人之间的"法锁"。本案中，被告负有向原告给付欠款的义务，应当按照裁判结果履行该项义务。

> ▶▶ **第一百一十九条　依法成立的合同，对当事人具有法律约束力。**

🏛 条文要义

本条是对合同之债的规定。

依法成立的合同，对当事人具有法律约束力。法律约束力，就是合同之债的效力。合同成立之后，缔约当事人成为合同之债的债权债务关系当事人，享有权利的一方为债权人，负有债务的一方为债务人，合同约定的内容就是合同之债的债权债务内容，债权人有权请求债务人按照约定履行义务，实现自己的债权，义务人须依照法律规定和合同约定，履行合同义务，保障债权人的债权实现。如果债务人不履行或者不完全履行债务，应当承担违约责任。

---

① 审理法院：河北省承德市丰宁满族自治县人民法院，案号：（2015）丰民初 500 号。

关于合同之债的基本规则，民法典专设合同编予以规定。

案例评析

应某某诉亿贝易趣网络信息服务（上海）有限公司服务合同纠纷案①

案情： 易趣网为被告亿贝易趣公司经营的交易网站。原告应某某在阅读并接受易趣网的用户协议后注册成为易趣网的用户。原告通过易趣网竞拍成功由网上用户名为"我想有个家1"的注册卖家提供的MP3播放器。原告货款汇出后，未能按约定收到MP3播放器。现原告认为，被告作为网络交易的平台，在本案中理应承担相应的法律责任。法院认为，被告在本案中的义务，应当是合同法所规定的居间人的义务，如应当就有关订立合同的事项向原告如实报告，不得故意隐瞒与订立合同有关的重要事实或者提供虚假情况等。如果违反这些义务，被告理应承担违约责任。本案中，被告并未违反上述义务。被告已尽到了义务，不存在过错，故不应当对原告的损失承担赔偿责任。

评析： 民法典第119条与《民法通则》第85条、《合同法》第8条基本一致，即规定依法成立的合同受法律保护，对签订合同的各方当事人都具有约束力。该条文从正面规定依法成立的合同所具有的效力及于合同各方当事人。本案适用本条文，则从侧面说明只有合同的当事人才能受到该合同的约束，也体现出合同相对性的特点，即合同成立之后，缔约当事人成为合同之债的债权债务关系当事人，享有权利的一方为债权人，负有债务的一方为债务人，合同的约束力及于且仅仅及于合同双方当事人。

> ▶▶ **第一百二十条**　民事权益受到侵害的，被侵权人有权请求侵权人承担侵权责任。

条文要义

本条是对侵权之债的规定。

侵权人实施侵权行为，侵害了被侵权人的人身、财产权益，造成损害的，构成侵权责任。这种侵权责任具有双重属性，一是民事责任属性，二是债的属性。被侵权人享有的侵权请求权，性质属于债权，也属于权利保护请求权。侵权人负有赔偿被侵权人损失的债务。

应当注意的是，《民法通则》第84条规定了债的定义，即"债是按照合同的约

---

① 案例来源：聚法案例：http://www.jufaanli.com.［2017-03-18］. 审理法院：上海市黄浦区人民法院。

定或者依照法律的规定，在当事人之间产生的特定的权利和义务关系。享有权利的人是债权人，负有义务的人是债务人。债权人有权要求债务人按照合同的约定或者依照法律的规定履行义务"。该规定将侵权责任从债的体系中分离出来。本条规定则将侵权责任之债重新放置在债的类型之中，是对侵权责任所具有的债的属性的认可，实现了三十多年来侵权责任法向债法的回归。不过，尽管本法将侵权责任作为债的发生原因之一，使之回归债法体系，但侵权责任仍作为独立一编（第七编）规定。

🔖 案例评析

丈夫出车祸致性功能丧失，妻子起诉"性福权"受侵害案①

案情：司机周某某受珠海公交海洲运输有限公司指派，驾驶该公司所属大型卧铺客车，搭载乘客时发生重大交通事故，经认定，周某某承担事故全部责任。吕女士的丈夫詹某在事故中受伤，经司法鉴定阴茎勃起功能重度障碍，构成伤残六级。吕女士以丈夫受伤落下严重残疾，导致夫妻之间无法过正常的夫妻生活为由，诉请法院判令运输公司与周某某共同赔偿其精神损害抚慰金 5 万元。法院认为，詹某的身体被侵权最终导致无法过正常的夫妻生活，吕女士也是直接的受害人，对其在精神及肉体上所造成的痛苦也是显而易见的。夫（或）妻过正常夫妻生活的权利应包含在民事权益当中，当该权益受侵害时，权益人可以提起民事诉讼。

评析：本案法院依据《侵权责任法》第 2 条进行裁判，即"侵害民事权益，应当依照本法承担侵权责任。本法所称民事权益，包括生命权、健康权、姓名权、名誉权、荣誉权、肖像权、隐私权、婚姻自主权、监护权、所有权、用益物权、担保物权、著作权、专利权、商标专用权、发现权、股权、继承权等人身、财产权益。"夫（或）妻过正常夫妻生活的权利应包含在《侵权责任法》第 2 条规定的"民事权益"当中，当该权益受侵害时，权益人可以提起民事诉讼。因此，妻子有权提起诉讼，并且理应得到恰当数额的精神损害赔偿。这与民法典第 120 条的规定相一致。夫（或）妻过正常夫妻生活的权利亦是自然人因婚姻产生的人身权利，这一民事权益理应受法律保护。

> ▶▶ **第一百二十一条** 没有法定的或者约定的义务，为避免他人利益受损失而进行管理的人，有权请求受益人偿还由此支出的必要费用。

---

① 丈夫出车祸致性功能丧失妻子起诉"性福权"受侵害 韶关首例案件终审宣判女子获赔精神损害抚慰金 . http：//www. pkulaw. cn/case/pal_1258436903. html？keywords＝性福权 &-match＝Exact.［2015－06－08］. 审理法院：广东省南雄市人民法院。

🏛 条文要义

本条是对无因管理之债的规定。

无因管理是指没有法定义务或者约定的义务，为避免他人利益受到损失而进行管理或者服务的行为。管理他人事务的人称为管理人，其事务被他人管理的人称为本人或者受益人。

构成无因管理须具备三个条件：（1）管理人须对他人事务进行管理或者服务；（2）管理人没有法定的或者约定的义务，无因是指管理人对他人事务的管理没有法律上的原因；（3）管理人须为避免他人利益受损失而管理。

无因管理的效力是指无因管理构成后在本人和管理人之间发生债权债务关系。无因管理的管理人本无管理本人事务的义务，但管理人一经管理，就应当管好，这是法律为保护民事主体的合法利益和维护社会秩序的必然要求，也是无因管理成为适法行为的必然结果。

民法典没有规定债法总则，因此，在合同编设置了"准合同"分编，规定了无因管理之债和不当得利之债的规则。

📌 案例评析

崇左市旅游局与湖南金瀚船艇制造有限公司无因管理纠纷案①

案情：原、被告约定原告崇左市旅游局向被告湖南金瀚船艇制造有限公司采购双层观光接待画舫船一艘即"左江"游船，被告完成交付。原告诉称，被告交付的船舶与合同约定、相关规范不符，并存在重大安全隐患，原告遂向法院提起诉讼，并经法院判决解除合同、被告返还原告购船款、被告支付原告公证船检费、看船人员工资以及被告于判决生效后10日内自行提走该船。在此期间，崇左市左江旅游开发有限公司分别与林某某（船长）、何某（轮机长）、杨某某（水手）签订劳动合同，约定由三人负责看护案涉游船。法院认为，本案系无因管理纠纷，判决被告湖南金瀚船艇制造有限公司向原告崇左市旅游局支付看船人员工资6万元。

评析：民法典第121条规定，没有法定的或者约定的义务，为避免他人利益受损失而进行管理的人，有权请求受益人偿还由此支出的必要费用。本条是对无因管理的规定，与《民法通则》第93条的规定一致。无因管理是指没有法定义务或者约定的义务，为避免他人利益受到损失而进行管理或者服务的行为。管理他人事务的人称为管理人，其事务被他人管理的人称为本人或者受益人，无因管理是债的发生根据之一。本案中，合同解除后直至被告提走案涉船舶之日期间，原告对于案涉船舶没有法定或约定的看管义务，但因被告拒绝提船，原告聘用三名人员对该船进行看护管理，

---

① 审理法院：广西壮族自治区北海海事法院，案号：（2015）海商初86号。

避免该船因无人看管而受损，而被告实质上因为原告的看护船只行为而受益，故原告在上述期间聘用人员看护船只且支付工资的行为构成无因管理，应当适用本条规定。

> ▶▶ **第一百二十二条**　因他人没有法律根据，取得不当利益，受损失的人有权请求其返还不当利益。

🏛 条文要义

本条是对不当得利之债的规定。

不当得利是指没有合法根据而通过造成他人损失而取得不当利益，受损人有权请求得利人返还其不当利益。当事人之间因不当得利所发生的债权债务关系，称为不当得利之债。获得利益的一方为得利人，受到损失的一方为受损人。不当得利是日常生活中经常发生的现象。

构成不当得利请求权，须具备四个要件：（1）一方获得利益；（2）他方受有损失；（3）取得利益与受有损失之间有因果关系；（4）无合法根据。

不当得利分为两大类：（1）基于法律行为又无法律上的根据而得利；（2）非基于法律行为但也无法律直接根据而取得利益。

不当得利的法律效果是，得利人应当将取得的不当利益返还受损人。得利人返还的利益可以是原物、原物的价款或者其他利益。

🔵 案例评析

杨某某与顾某某不当得利纠纷案①

案情： 原告杨某某为了承包鱼塘、养牛、养猪，故将其房产扩建。后该房屋面临拆迁，因考虑到被告顾某某曾做过十几年的社区书记，人脉广，可以使原告在拆迁中的合法权益尽可能得到全面的维护，原告就委托被告办理房产拆迁的相关事宜。但房屋拆迁后，拆迁补偿款严重偏离正常的补偿幅度。据此，原告认为被告非法侵吞了原告的房屋拆迁补偿款，遂诉至法院，请求判令被告返还不当得利款。法院认为本案的争议焦点之一为被告取得部分拆迁补偿款是否构成不当得利。被告未能向法院提供充分有效的证据证明其为房屋权利人，故其取得案涉拆迁补偿款没有合法根据，构成不当得利，应予返还。

评析： 民法典第 122 条规定，因他人没有法律根据，取得不当利益，受损失的人有权请求其返还不当利益。本条是对不当得利制度的规定，与《民法通则》第 92 条"没有合法根据，取得不当利益，造成他人损失的，应当将取得的不当利益返还

---

① 审理法院：江苏省南京市六合区人民法院，案号：（2015）六民初 1590 号。

受损失的人"的规定一致。本案符合不当得利的构成要件：（1）被告获得利益；（2）原告受到损失；（3）获得利益与受损失之间存在因果关系，即被告获得案涉拆迁补偿款这一获利使得原告有所损失；（4）没有合法根据，即被告无证据证明自己作为房屋权利人而取得该房屋拆迁补偿款。故本案应当适用《民法通则》第92条进行裁判，判决被告返还不当得利。

> ▶▶ **第一百二十三条** 民事主体依法享有知识产权。
>
> 知识产权是权利人依法就下列客体享有的专有的权利：
>
> （一）作品；
>
> （二）发明、实用新型、外观设计；
>
> （三）商标；
>
> （四）地理标志；
>
> （五）商业秘密；
>
> （六）集成电路布图设计；
>
> （七）植物新品种；
>
> （八）法律规定的其他客体。

🏛 条文要义

本条是对知识产权的概念及客体的规定。

《民法通则》只规定了著作权、专利权、商标专用权等，但并未规定上述权利的概念，也并未规定知识产权的概念。本条规定抽取了著作权、专利权、商标专用权等内容的一般规定，界定了知识产权的概念。

知识产权，也叫智慧财产所有权，是指民事主体基于其创造性智力成果和工商业标记而依法产生的专有民事权利的统称。知识产权是一种无形财产权，属于广义的财产权利范畴，其客体是智慧劳动成果或者知识产品，是一种没有形体的精神财富，也是创造性的智力劳动所产生的劳动成果。

知识产权的内容包括两大部分：（1）人身权利，也称精神权利，是指权利同取得智力成果的人身不可分离，是人身关系在法律上的反映，包括作者的署名权、作品的发表权、作品的修改权、维护作品完整权等。（2）财产权利，也称经济权利，是指智力成果被法律承认以后，权利人可以利用这些智力成果取得报酬或者得到奖励的权利。

主要的知识产权类型是：（1）著作权，是制作者及相关主体基于各类作品的创作，依法享有的权利；广义的著作权，是指除了狭义著作权以外，还包括表演者、录音录像制品的作者与广播电视局旨在传播作品的过程中，就自己的创造性劳动成果所享有的民事权利。（2）专利权，是发明创造人或其他权利受让人对特定的发明创造，在一定期限内依法享有的独占实施的知识产权。（3）商标权，是指商标主管机关依法授予商标所有人的，对其注册商标予以国家法律保护的专有知识产权。（4）其他知识产权，例如地理标志权、商业秘密权、原产地名称权、植物新品种权以及集成电路布图设计专有权等。

《民法通则》只规定了著作权、专利权、商标专用权等，但并未规定上述知识产权的客体。之后，立法机关陆续制定了知识产权法的单行法，包括但不限于《著作权法》《专利法》《商标法》《植物新品种保护条例》。本条规定结合上述单行法，扩展了知识产权的客体。知识产权的客体是：（1）作品，包括创作的文学、艺术和自然科学、社会科学、工程技术等作品。（2）发明、实用新型、外观设计，其中，发明是指对产品、方法或者其改进所提出的新的技术方案；实用新型是指对产品的形状、构造或者其结合所提出的适于实用的新的技术方法；外观设计是指对产品的形状、图案或者其结合以及色彩与形状、图案的结合所作出的富有美感并适于工业应用的新设计。（3）商标，是注册商标，即经商标局核准注册的商标，包括商品商标、服务商标和集体商标、证明商标。（4）地理标志，即原产地标志，是鉴别原产于一成员国领土或该领土的一个地区或一个地点的产品的标志，标志产品的质量、声誉和其他确定的特性，应当主要决定于其原产地。（5）商业秘密，是不为公众所知悉、能为权利人带来经济利益，具有实用性，并经权利人采取保密措施的技术信息和经营信息。（6）集成电路布图设计，涉及对电子元件、器件间互连线模型的建立，所有的器件和互连线都需安置在一块半导体衬底材料之上，从而形成电路。（7）植物新品种，是指经过人工培育的，或者对发现的野生植物加以开发，具有新颖性、特异性、一致性和稳定性并有适当命名的植物品种。（8）法律规定的其他客体，例如民法典第 127 条规定的数据，就是数据专有权的客体。

案例评析

张掖市丰玉鑫陇种子有限公司与甘肃省敦煌种业股份有限公司*植物新品种权权属纠纷案[①]

案情：原告敦煌种业公司诉称：玉米新品种"吉祥 1 号"取得植物新品种权，品种权人为武威市农业科学研究所（现已更名为武威市农业科学研究院）、黄某某（现已将品种权转让给武威市农业科学研究院）。原告与品种权人签署协议，品种权人将其拥有的生产、经营权有偿转让给原告敦煌种业公司。原告发现被告在甘州区三闸乡符家堡村生产"吉祥 1 号"杂交种。原告认为被告未经品种权人许可，擅自

---

* 以下简称"敦煌种业公司"。
① 审理法院：甘肃省张掖市中级人民法院，案号：（2012）张中民初 83 号。

生产、经营"吉祥1号"构成侵权，依法应当承担侵权责任。法院认为，武威市农业科学研究院享有本案涉案繁殖材料"吉祥1号"的品种权，依法可以转让自己的生产经营权，可以授权他人对未经品种权人许可的侵权行为提起诉讼，判决被告应立即停止侵权，不得销售生产的"吉祥1号"杂交玉米种子，并赔偿原告相应损失。

评析：民法典第123条规定："民事主体依法享有知识产权。知识产权是权利人依法就下列客体享有的专有的权利：（一）作品；（二）发明、实用新型、外观设计；（三）商标；（四）地理标志；（五）商业秘密；（六）集成电路布图设计；（七）植物新品种；（八）法律规定的其他客体。"本条是对《民法通则》第94至97条规定的归纳与扩充，明确了民事主体享有知识产权，并列举了典型知识产权客体的类型。本案中，所涉争议变更行为属于行政主管部门的公示行为，是否公示变更并不影响当事人依法享有的民事权利——武威市农业科学研究院对"吉祥1号"享有知识产权，而知识产权属于民事权利，行政主管部门对知识产权著录事项的登记、变更、公示等行为仅仅是一种行政管理措施，当事人可以通过民事法律行为依法处分自己享有的知识产权。这从侧面体现了民法典总则编中本条的价值意义。

> ▶▶**第一百二十四条**　自然人依法享有继承权。
> 自然人合法的私有财产，可以依法继承。

🏛 条文要义

本条是对继承权及其客体的规定。

继承权，是指自然人按照被继承人所立的合法有效遗嘱或者法律的直接规定而享有的继承被继承人遗产的权利。在继承中，遗留财产的死者称为被继承人；死者的财产称为遗产；取得遗产的人称为继承人；继承人继承遗产的权利称为继承权。继承权的特征是：（1）继承权的主体是自然人，而不能是法人、非法人组织或者国家；（2）继承权是自然人依照合法有效的遗嘱或者法律的直接规定而享有的权利，其发生根据有两种：一是法律的直接规定，二是合法有效的遗嘱的指定；（3）继承权的客体是被继承人的财产权利，并不是被继承人的遗产；（4）继承权的性质是财产权，同时具有身份属性，因为继承通常是在特定的亲属之间发生的，因而继承权具有双重属性。

遗产就是自然人死亡时遗留下来的个人合法财产：（1）遗产是自然人死亡时遗留下的财产，不是自然人死亡时留下的遗产不能成为遗产；（2）遗产是自然人的个人财产，不属于个人的财产不能成为遗产；（3）遗产是自然人的合法财产，不是自然人合法取得和合法享有的财产，不能成为遗产。

遗产的法律特征是：（1）时间上的限定性。被继承人死亡的时间是划定遗产的特定时间界限，在被继承人死亡之前，该自然人具有民事权利能力，其享有财产所有权等各种权利。自然人死亡后，不再有民事权利能力，其财产即转变为遗产。（2）内容上的财产性。遗产只能是自然人死亡时遗留的个人财产，具有财产性。（3）范围上的预定性。遗产必须是自然人死亡时遗留的个人财产，只有在被继承人生前属于被继承人个人所有的财产才能成为遗产。（4）性质上的合法性。自然人死亡时遗留下的财产，只有依法可以由自然人拥有的，并且被继承人有合法取得根据的财产才是遗产。（5）处理上的流转性。遗产是要转由他人承受的被继承人死亡时遗留的遗产，因而必须具有流转性。

对于遗产的范围，民法典第 1122 条改变《继承法》规定的"列举＋概括"的做法，采取概括式立法方法，即"遗产是自然人死亡时遗留的个人合法财产。依照法律规定或者根据其性质不得继承的遗产，不得继承。"

案例评析

陈某某诉黄某某继承纠纷案[①]

案情：陈某某系陈某与其前妻粟某某的婚生独女，陈某与粟某某协议离婚后与黄某某结婚，婚后共同居住于公有住房，两人在婚姻关系存续期间内未生育子女。该诉争公有住房产权归属于重棉三厂。后陈某因病去世，重棉三厂将该诉争公有住房承租人变更为黄某某，黄某某一直独自在诉争房屋内居住生活并负担相关的租赁费用。原告陈某某诉称，现公有住房进行拆迁，拆迁人按规定对居住使用权人进行了拆迁补偿安置，故诉请确认原告就诉争房屋的拆迁补偿款享有遗产继承权。法院认为，陈某死亡后，该公有住房承租权应当以遗产方式进行分割，故在原告未明示放弃继承的情况下，其继承利益依然凝聚在该公有住房承租权上，虽然后来该公有住房进行了拆迁和产权调换，但原告并未丧失对该承租权及其转化的利益的继承权。

评析：民法典第 124 条规定，自然人依法享有继承权。自然人合法的私有财产，可以依法继承。本条规定自然人合法的私有财产，可以依法继承，自然人在生前将个人财产作出分配，死后个人财产按照其生前意志进行流转，这是保护私有财产的体现。法条规定，自然人死亡时遗留的个人合法财产应当予以继承，遗产的范围应当包括物和权利，故本案中陈某死亡后，该公有住房承租权应当以遗产方式进行分割，故在原告未明示放弃继承的情况下，其继承利益依然凝聚在该公有住房承租权上，其可以依法继承该房屋的承租权及其转化的利益。

---

① 审理法院：重庆市南岸区人民法院，案号：（2010）南法民初 3056 号。

▶▶ 第一百二十五条　民事主体依法享有股权和其他投资性权利。

🏛 条文要义

本条是对股权和其他投资性权利的规定。

股权是指股东基于出资行为，在依法设立的公司中取得股东地位或者出资人资格，在公司中享有的以财产收益权为核心，并可以依法参与公司事务的权利。股权是财产权利。

其他投资性权利，是指股权以外的自然人、法人或者非法人组织作为出资人或者开办人，基于其向非公司性的营利法人或者非法人组织出资而获得的出资人或者开办人的身份而享有的经营收益权。这些其他投资性权利也属于民事权利，与股权类似，民法予以保护。

股权的客体，在股份有限公司是股份，在有限责任公司是出资份额。股份代表对公司的部分拥有权，其包含三层含义：(1) 股份是股份有限公司资本的构成成分；(2) 股份代表了股份有限公司股东的权利义务；(3) 股份可以通过股票价格的形式表现其价值。股份的特点是：(1) 股份具有金额性；(2) 股份具有平等性；(3) 股份具有不可分性；(4) 股份具有可转让性，股东可以将持有的股份依法转让给他人。

出资份额，是有限责任公司的股东对该有限责任公司出资的比例。即有限责任公司以外的其他营利法人以及非法人组织，对于有限责任公司依据其出资，在该有限责任公司等单位资本构成上所占有的份额。出资份额是有限责任公司等资本的构成成分，也代表了有限责任公司等股东的权利和义务，同时能够通过其份额的比例表现其价值，并且可以依法转让。

本条规定了股权和其他投资性权利，具有重大意义。制定《民法通则》时，还未完全摆脱计划经济体制的影响，在民事权利类型中未规定股权和其他投资性权利。制定《侵权责任法》时，明确了股权为受保护的民事权益之一，但是也未规定其他投资性权利。本条第一次宣示了股权和其他投资性权利的民事权利地位，为股权和其他投资性权利的积极确权和消极保护提供了请求权基础。将来对上述民事权利进行保护时，可以直接适用这一规则。

🍂 案例评析

张某某诉武某 1、武某 2 股权转让纠纷案①

案情： 原告张某某诉称，其与武某 1 原系夫妻关系，在离婚诉讼期间，武某 1 与其父武某 2 恶意串通签订股权转让协议，将其名下北京天德盛模板租赁有限公司

① 审理法院：北京市朝阳区人民法院，案号：(2013) 朝民初 3916 号。

（以下简称"天德盛公司"）20%的股权低价转让给武某2，使得离婚诉讼中，并未对上述股权进行处理。张某某认为上述股权属于夫妻共同财产，武某1与武某2的行为严重侵害了其合法权益，故诉至法院。法院认为，案涉天德盛公司20%的股权系武某1与张某某婚姻关系存续期间取得的财产，属于夫妻共同共有，夫妻作为共同共有人，对共有财产享有平等的占有、使用、收益和处分的权利，任何一方不得擅自处分。现武某2、武某1均未提供证据证明其已提前将股权转让一事征得共同共有人张某某的同意，且事后亦未获得张某某的追认，故武某1擅自转让股权属于无权处分行为，侵害了共同共有人张某某的合法权益，武某2受让武某1名下天德盛公司20%股权的行为亦不构成善意取得。故张某某主张的武某1与武某2签订的股权转让协议无效的诉讼请求于法有据，法院予以支持。

评析：股权是指股东基于出资行为，在依法设立的公司中取得股东地位或者出资人资格，在公司中享有的以财产收益权为核心，并可以依法参与公司事务的权利。民法典第125条规定，民事主体依法享有股权和其他投资性权利。本案从侧面印证了"民事主体依法享有股权和其他投资性权利"。本案中武某1与张某某原系夫妻关系，在夫妻关系存续期间，取得天德盛公司20%的股权，即依法共同享有股权，并且对共有财产享有平等的占有、使用、收益和处分的权利。

> ▶▶ **第一百二十六条　民事主体享有法律规定的其他民事权利和利益。**

🏛 条文要义

本条是对其他法律规定民事权利和法益的规定。

民法典在"民事权利"一章无法对所有的民事权利都作出规定，因而规定其他法律规定的民事权利，民事主体也都享有，依法予以保护。例如，无论刑法还是行政法都规定了侵害他人性自主权的违法行为的刑事责任和民事责任，民法典第1010条对性骚扰行为作出规制，因而性自主权是民事权利。总则编也没有规定信用权，民法典第1029条和第1030条规定了对信用权的保护，因而信用权也是独立的人格权。对于担保物权，物权编没有规定所有权保留和优先权，民法典第642条规定了所有权保留，其他多部法律都规定了优先权，都是担保物权。对让与担保，民法典也没有规定，但是最高人民法院的司法解释认可其为担保物权。类似这样的其他法律规定的民事权利，都是民事主体享有的民事权利。

法律所保护的利益，就是法益。本条规定的民事主体享有法律规定的利益是狭义的法益。广义的法益泛指一切受法律保护的利益，权利当然也包含在法益之中。民法在保护民事利益时，对于比较成熟的、具有独立性的民事利益的保护，采用设置民事权利的方式予以保护，例如对身体、健康、生命、姓名、肖像、名誉、隐私、婚姻自主等民事利益，就规定单独的人格权予以保护。对于一些尚不具有独立保护价值的民事利益，当需要予以保护时，法律就规定对其按照法益进行保护。例如，胎儿的人格利益和死者的人格利益，都是由于胎儿和死者只具有部分民事权利能力，而无法设置民事权利，法律又须对其进行保护，因而胎儿的人格利益和死者的人格利益就用法益予以保护。民法的法益的范围是：人格法益，如胎儿的人格利益和死者的人格利益；身份法益，是配偶权、亲权、亲属权等身份权无法包含的其他身份法益；财产法益，是物权、债权等财产权利所不能包含的其他财产利益。

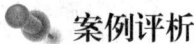 ## 案例评析

高某与高某燕所有权确认纠纷案①

案情： 高某与高某燕登记结婚。其后，高某与案外人签订《房屋买卖合同》，购买涉案某小区房屋。经查，该房屋属于小产权房。现二人婚姻关系破裂。高某燕向法院诉请确认涉案房屋属于高某燕与高某共同财产，并获得一审法院支持。高某以涉诉房屋系小产权房，没有不动产登记证书，权利属性尚不明确，不宜通过法院判决的方式确认权利归属为由上诉至二审法院。二审法院认为，涉案房屋购买于高某与高某燕婚姻关系存续期间，虽未取得产权证明，但其亦具有一定的经济利益，属于民事主体受到法律保护的财产权益的范畴，故对高某燕提出确认涉案房屋属共同财产的诉讼请求予以支持。

评析： 民法典第126条规定，民事主体享有法律规定的其他民事权利和利益。这是对法律未规定的权利、利益的兜底。司法实践是认可小产权房属于财产范围之内的。因此，本案中的房屋涉诉自然应属于高某燕和高某之间的共同财产，虽然没有产权证明，但其仍依法受到法律的保护。当然，诚如法院判决所述，本案判决虽认可案涉小产权房的财产属性并予以保护，但这不代表对小产权房合法性的认定，不能以此对抗行政处罚，不能作为产权归属证明或拆迁依据等。

▶▶ **第一百二十七条**　法律对数据、网络虚拟财产的保护有规定的，依照其规定。

🏛 条文要义

本条是关于数据和网络虚拟财产是民事权利客体的规定。

数据可以分为原生数据和衍生数据。原生数据是指不依赖于现有数据而产生的数据；衍生数据是指原生数据被记录、存储后，经过算法加工、计算、聚合而成的

---

① 审理法院：一审法院为北京市通州区人民法院，案号：（2019）京 0112 民初 12674 号；二审法院为北京市第三中级人民法院，案号：（2019）京 03 民终 11428 号。

系统的、可读取、有使用价值的数据，例如购物偏好数据、信用记录数据等。能够成为知识产权客体的数据是衍生数据。衍生数据的性质属于智力成果，与一般数据不同。在数据市场交易和需要民法规制的数据是衍生数据。以衍生数据为客体建立的权利是数据专有权。数据专有权是一种财产权，其性质属于新型的知识产权。数据专有权与传统的知识产权在权利的主体、客体以及保护等方面，存在明显的差别。数据专有权具备传统知识产权无形性、专有性、可复制性的特点，但不具备传统知识产权的地域性、时间性的特点，因此是新型的权利类型。

网络虚拟财产是指虚拟的网络本身以及存在于网络上的具有财产性的电磁记录，是一种能够用现有的度量标准度量其价值的数字化的新型财产。网络虚拟财产作为一种新型财产，具有不同于现有财产类型的特点。网络虚拟财产属于特殊物，具有以下意义：（1）把网络虚拟财产归入特殊物，顺应了物权法的发展趋势。（2）特殊物准确反映了网络虚拟财产的特性，是对网络虚拟财产的客观界定和准确描述。

对数据和网络虚拟财产的法律保护，是指法律对其有保护规定的，依照其规定。这对衍生数据和网络虚拟财产的保护是很明确的，即对衍生数据应当用数据专有权来保护，对网络虚拟财产用物权来保护。

 **案例评析**

刘某与李某网络购物合同纠纷案[①]

案情：某日，刘某与李某通过闲鱼平台就买卖"安卓 V 区、和平精英玛莎拉蒂车钥匙"游戏道具一套达成协议。刘某向李某付款后，李某未向刘某交付游戏道具。之后，双方就游戏道具的交付问题发生纠纷。诉讼中，李某将款项退还给刘某。法院认为，本案所涉的游戏道具，属于网络虚拟财产的范畴，网络虚拟财产同样具有民事法律中财产的法律属性，同样应当受到法律的保护。刘某与李某之间成立网络虚拟财产的买卖法律关系。李某未交付游戏道具，构成违约，因其已经退还价款，遂驳回刘某的诉讼请求。

评析：网络虚拟财产是指虚拟的网络本身以及存在于网络上的具有财产性的电磁记录，是一种能够用现有的度量标准度量其价值的数字化的新型财产。一种新型的物的分类方法——认为网络虚拟财产属于特殊物，较好地解决了网络虚拟财产的权利客体定位问题。网络虚拟财产与现实中的物一样，具有民事法律中财产的法律属性，同样应当受到法律的保护。民法典第 127 条是对数据以及网络虚拟财产具有民事法律中财产的法律属性之承认，是对其应受法律保护的肯定。本案中，"安卓 V 区、和平精英玛莎拉蒂车钥匙"游戏道具一套为 850 元的约定，实则是对网络虚拟

---

① 审理法院：湖北省武汉市洪山区人民法院，案号：（2020）鄂 0111 民初 1128 号。

财产具有财产属性的解释，即网络虚拟财产是指具有使用价值和交换价值的网络游戏角色、装备、游戏货币等网络物品。故法院认定本案所涉的游戏账号，属于网络虚拟财产的范畴。依据民法典第 127 条规定，应当对其予以承认与保护。

▶▶ **第一百二十八条**　法律对未成年人、老年人、残疾人、妇女、消费者等的民事权利保护有特别规定的，依照其规定。

🏛 条文要义

本条规定单行的权利保护法属于民法特别法。

与《民法通则》第 104 条只强调了对婚姻、家庭、老人、母亲和儿童以及残疾人这类特殊群体进行法律保护不同，本条规定修改了民事主体用语，扩大了保护的范围，同时规定了转致性条款，有助于司法裁判的适用。

第一，修改民事主体用语。《民法通则》第 104 条规定的是婚姻、家庭、老人、母亲和儿童以及残疾人受法律保护。其中，婚姻和家庭并不是民事主体，老人、母亲和儿童以及残疾人才是民事主体。本条规定对这类特殊群体保护时，将其修改为未成年人、老年人、残疾人、妇女、消费者等，用语更为规范。

第二，扩大保护范围。《民法通则》第 104 条主要保护的是老人、母亲、儿童以及残疾人。本条规定明确新增了消费者这类群体，同时还增加了兜底条款，扩大了民法的保护范围。

第三，新增转致性条款。《民法通则》第 104 条只规定了上述各类特殊群体受到法律保护，但并未规定受何种法律保护以及受到何种程度的特殊保护。本条规定新增转致性条款，直接链接到《未成年人保护法》《消费者权益保护法》等，有助于司法裁判的适用。

实质上，本条与民法典第 11 条规定相衔接，已经制定的《未成年人保护法》《老年人权益保障法》《残疾人保障法》《妇女权益保障法》《消费者权益保护法》等法律，都是对某一类弱势群体的权利予以特别保护的法律，这些被保护的权利又主要是民事权利，因而它们是民法特别法，是民法体系的组成部分。民法典总则编通过规定民法特别法条款，整合民法普通法和民法特别法的关系，实现民法体系的一体化，而不使民法特别法游离于民法之外，避免了不能适用私法保护方法保护这些弱势群体的民事权利、割裂民法体系的情况。

对民法典以外的其他法律本身就是民法特别法的，在民法特别法的识别上，应当识别在民法特别法的法律中的那些不属于民法特别法的规范。无论是商法的单行法，还是知识产权法的单行法，以及《消费者权益保护法》《未成年人保护法》《残疾人保障法》《老年人权益保障法》《妇女权益保障法》等，其主要的法律规范都是民事法律规范。其中包含的非民事法律规范并不是民法特别法，不具有在民法领域中优先适用的效力，而是应当遵循公法的适用方法予以适用。对于它们的识别，应当依照"另有"和"特别"的要件加以衡量，不具有这些要件的，就不是民法特别法，应排除其民事法律适用的效力。

 **案例评析**

柯甲与张甲变更抚养关系案①

案情： 原告柯甲与被告张甲登记结婚，并生育三子女。后双方离婚，双方约定三个子女全部由被告张甲抚养。由于被告工作繁忙等原因，三个子女一直在被告母亲家生活居住。现原告柯甲因要求变更婚生二儿子的抚养权问题与被告发生纠纷，诉至法院。另查明，原告柯甲目前没有再婚且进行了绝育手术，并提交二儿子亲笔书写的字条，二儿子在其中表示愿意跟随原告柯甲生活。法院认为，原、被告均有抚养教育子女的权利和义务，现二儿子亦明确表示愿随母生活，且原告现因做绝育手术已丧失生育能力，应在有利子女权益的条件下，照顾女方的合理要求。

评析： 民法典第128条规定，法律对未成年人、老年人、残疾人、妇女、消费者等的民事权利保护有特别规定的，依照其规定。本条体现的是对特殊民事主体，即未成年人、老年人、残疾人、妇女、消费者等的特别保护。本条规定，如果有特别法对上述民事主体有特别规定的，应当适用特别法。本案中，原告因做绝育手术已丧失生育能力，根据《最高人民法院关于人民法院审理离婚案件处理子女抚养问题的若干具体意见》第3条"对两周岁以上未成年的子女，父方和母方均要求随其生活，一方有下列情形之一的，可予优先考虑：（1）已做绝育手术或因其他原因丧失生育能力的"和《妇女权益保障法》第50条"离婚时，女方因实施绝育手术或者其他原因丧失生育能力的，处理子女抚养问题，应在有利子女权益的条件下，照顾女方的合理要求"的规定，将婚生子判给母亲一方是对妇女这一类较为弱势群体的特别保护，这体现的是民法的人文关怀精神与追求实质公平的理念。

▶▶ **第一百二十九条**　民事权利可以依据民事法律行为、事实行为、法律规定的事件或者法律规定的其他方式取得。

🏛 条文要义

本条是对民事权利取得方式的规定。

制定《民法通则》时，仅规定了所有权的取得，即第72条规定："财产所有权

---

① 审理法院：广东省茂名市茂南区人民法院，案号：（2014）茂南法民一初5号。

的取得，不得违反法律规定。按照合同或者其他合法方式取得财产的，财产所有权从财产交付时起转移，法律另有规定或者当事人另有约定的除外。"与该规定相比，本条规定了所有类型的民事权利的取得，且规定的取得方式更加多元。

民事权利的取得，是指民事主体依据法律赋予，或者依据合法的方式或根据，获得并享有民事权利。通说认为，民事权利的取得方式有两种：一是原始取得，二是继受取得。依据民法典第129条的规定，民事权利取得的具体方式如下。

1. 民事法律行为。民事法律行为是取得民事权利的基本方式。例如，缔约当事人通过订立合同的行为取得合同债权。

2. 事实行为。事实行为是法律事实的一种，是指行为人实施的不具有设立、变更和消灭民事法律关系的意图，但是依照法律的规定能引起民事法律后果的行为。其特征是：（1）行为作为法律事实，是一种由事实构成的行为，不考虑当事人的意思要素；（2）因事实行为而引起的法律后果，非出于当事人的意思表示，而是民法的强行性规范；（3）对于事实行为而言，若没有当事人的意思表示，则法律并不赋予其强制的法律后果，只有在其符合法律要求时才产生法律后果。例如民法典第231条规定："因合法建造、拆除房屋等事实行为设立或者消灭物权的，自事实行为成就时发生效力。"

3. 事件。事件是指与人的意志无关，能够引起民事法律后果的客观现象。事件与民事主体的意志无关，独立于人的意志之外，是不受人的意志控制的客观事实，它的发生、发展都依照客观规律。事件一经发生，在法律规定的范围内可以引起法律后果，并使相关主体取得民事权利。如民法典第229条规定的那样："因人民法院、仲裁机构的法律文书或者征收决定等，导致物权设立、变更、转让或者消灭的，自法律文书或者征收决定等生效时发生效力。"这一规定确认了司法行为、仲裁行为和行政行为的法律属性，其在民法上属于事件。

4. 法律规定的其他方式。法律规定的民事权利的其他取得方式，主要是法律直接赋予。法律直接赋予的民事权利只有人格权，因此，人格权是固有权利，而不是基于某种事实而取得的权利。人格权的固有性是人格权与其他民事权利的基本区别之一。

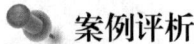 **案例评析**

李某某与南靖县山城镇桥头村三组*侵害集体经济

组织成员权益纠纷案①

案情： 原告李某某母亲谢某某系被告桥头村三组村民，谢某某与南靖县村民李

＊　以下简称"桥头村三组"。

①　审理法院：福建省漳州市南靖县人民法院，案号：（2015）靖民初1157号。

某1生育原告李某某，后二人办理结婚登记，原告户籍登记在母亲谢某某所在村组，取得村民资格。被告拒绝发放给原告村小组集体土地发包分红款等若干，故原告诉至法院。法院认为，原告李某某的母亲谢某某系桥头村三组的村民，且原告李某某也实际落户于桥头村三组，因此，原告基于原始取得方式取得桥头村三组的村民资格。虽然原告系属于补报户籍，但其作为自然人的民事权利从其出生时即取得，并不因其父母是否违反计划生育政策而受影响，作为被告桥头村三组的集体组织成员，原告李某某依法享有其他集体组织成员所应享有的权利。原告李某某享有与其他村民一样公平参加集体收益和集体福利分配的权利。

评析：民法典第129条规定，民事权利可以依据民事法律行为、事实行为、法律规定的事件或者法律规定的其他方式取得。事件与民事主体的意志无关，独立于人的意志之外，是不受人的意志控制的客观事实，它的发生、发展都依照客观规律。事件一经发生，在法律规定的范围内可以引起法律后果，取得民事权利，而出生就是典型的事件，出生会引起民事权利的变动。本案中，原告即是通过出生这一事件依法取得民事权利，其享有桥头村三组其他集体组织成员所应享有的权利。

> ▶▶ **第一百三十条**　民事主体按照自己的意愿依法行使民事权利，不受干涉。

🏛 条文要义

本条是对自我决定权的规定。

民事权利主张，是在民事权利的存在或权利的行使受到妨碍时，权利人对特定人提出的承认其权利的存在，或者排除妨碍保障权利行使的要求。民事权利行使，是指民事权利主体具体实施构成民事权利内容的行为，实现其受法律保护的合法民事利益。民事权利行使就是把这种可能性变为现实性的过程。把民事权利的这种可能性变为现实性的具体行为，就是行使民事权利，将民事权利的内容予以实现。民事权利实现，是民事权利行使的最终目的，是把民事权利的可能性变为最终的现实性，是行使权利的最终结果。在这三个概念中，民事权利行使是核心概念。民事权利行使的要求是完全尊重民事权利主体的意愿，这就是自我决定权。

自我决定权是自然人按照自己的意志，以发展自己的人格和利益为目的，对于生命、身体、健康、姓名、肖像、名誉、荣誉、隐私等民事权利的行使，有权自行决定，不受他人干涉的抽象人格权。作为权利人对自己的具体民事权利进行自我控制与支配，自我决定权是权利人针对自己的人格发展的要求，做自己权利的主人，决定自己的权利行使，实现自己的人格追求。其特征是：（1）自我决定权是一个体现自我价值、根据自己意愿行使权利的权利。（2）自我决定权是相对宽泛却独立的保护对象，即民事权益。（3）自我决定权不是一个具体的民事权利，而是一个支配民事权利的权利，因此是具有权能性的权利。自我决定权的权利内容，就是权利主体对自己所享有的民事权利和利益，依照自己的意愿进行支配，按照自己的意愿行使，通过支配和行使自己的权利，满足自己的要求，实现自我价值。

案例评析

湖南楚诚置业有限公司与郴州市北湖区金源小额贷款股份有限公司等借款合同纠纷执行异议案①

案情：湖南楚诚置业有限公司注册成立，彭某某、蔡某某系湖南楚诚置业有限公司股东。股份变更登记后，楚诚置业有限公司的股东为彭某1、彭某2、刘某，蔡某某、彭某某仍在公司工作。在执行之诉中，异议人湖南楚诚置业有限公司称异议人是依法成立的企业法人，被执行人蔡某某、彭某某只是异议人的公司职员，异议人在法律上没有对公司职员的债务承担责任的义务，法院冻结异议人的公司账户没有事实依据和法律依据。法院认为，异议人湖南楚诚置业有限公司系依法成立的法人，其在存续期间依法进行股东的转换符合法律规定。本案当中，借款合同关系发生在申请执行人郴州市北湖区金源小额贷款股份有限公司与被执行人蔡某某、彭某某之间，在申请执行人无法提供进一步证据证明蔡某某、彭某某是异议人的实际控制人的情形下，异议人不对被执行人蔡某某、彭某某的债务承担责任。

评析：民法典第130条规定，民事主体按照自己的意愿依法行使民事权利，不受干涉。这是对民事主体享有并行使民事权利的正面规定。本案中，湖南楚诚置业有限公司系依法成立的法人，具有独立的人格，其在存续期间依法进行股东的转换符合法律规定，实质是根据自己的意愿在法律范围内委托他人进行经营活动，该行为未违反法律法规规定，不应受干涉。

> ▶▶ **第一百三十一条　民事主体行使权利时，应当履行法律规定的和当事人约定的义务。**

🏛 条文要义

本条是对民事权利与民事义务相一致原则的规定。

民事权利与民事义务相一致原则，是指民事权利和民事义务相辅相成，民事权利与民事义务永远相对应，民事主体在行使民事权利时，必须履行民事义务的民法基本准则。

民事权利与民事义务相一致的主要表现是：（1）就特定的民事权利而言，必然

---

① 审理法院：湖南省郴州市永兴县人民法院，案号：（2015）永执异11号。

与特定的民事义务相对应。当一个民事主体享有民事权利时，必有其他民事主体对该民事权利负有民事义务。（2）就特定的民事主体而言，当权利人享有民事权利时，必定也负有相应的民事义务。（3）就特定的行使民事权利行为而言，当一个特定的权利人行使自己的民事权利时，这个权利人的义务人必须履行自己相应的民事义务，以保障民事权利主体享有的民事权利的实现。

正因为民事权利与民事义务相一致是民法的基本原则，所以要求民事主体在行使自己权利时，也必须履行法律规定的和当事人约定的义务。要求是：（1）无论是行使自己的绝对权还是相对权，都有合法的根据，都是依照法律在行使自己的权利。（2）民事主体在行使自己权利时，也应当履行民事义务，当然也包括绝对权法律关系的民事义务和相对权法律关系的民事义务。

 **案例评析**

张某等诉仇某占有物返还纠纷案[①]

案情：张某与仇某及其母亲周甲共同居住在某小区。该小区之前并未划设车辆停车位。由于不能满足购车业主停车需求，因而该小区在仇某所居住房屋单元门口，紧邻房屋外墙和单元门口处划设了一个车辆停车位，即本案双方诉争的停车位。张某的房屋在该车位所在道路的对面。张某将其车停放在诉争车位上，并缴纳了有关停车费用，后因对物业公司提供物业服务持有异议，张某停止缴纳诉争车位的停车费用，但仍将车辆停放在诉争车位上。后仇某也将车辆停放在诉争车位上并缴纳停车费用，遂发生纠纷。法院认为，民事活动应当遵守法律，法律没有规定的，应当遵守善良风俗和习惯。仇某占有诉争车位系合法占有使用，张某要求仇某返还诉争停车位并赔偿车位费，不符合法律规定。

评析：本案中，张某与仇某作为小区的业主，对于诉争车位共同享有使用权及管理权，在该小区已经形成了交费业主可相对固定地使用地面停车位的使用习惯的情况下，仇某缴纳了车位费用，因而有权使用诉争车位。张某在主张诉争车位使用权时，应当同时履行对仇某的使用权予以尊重、不得侵犯的义务。基于此，张某的诉讼请求不符合法律规定，违反了民事权利与民事义务相一致这一基本规则，不应得到支持。

> ▶▶ **第一百三十二条** 民事主体不得滥用民事权利损害国家利益、社会公共利益或者他人合法权益。

---

① 审理法院：江苏省南京市中级人民法院，案号：（2015）宁民终 4921 号。

条文要义

本条是对禁止滥用权利原则的规定。

权利人行使权利是自己的自由，但超出必要限度行使权利，就是滥用权利。法律一方面鼓励权利人行使民事权利，获得民事利益，另一方面禁止权利滥用，为权利的行使划清具体边界，防止因行使权利而损害国家利益、社会公共利益或者他人的民事权益。

权利滥用是指在外表上虽属于民事权利主体行使权利的行为，但实际上是背离权利本质或超越权利界限的违法行为。其特征是：（1）权利滥用具有行使权利的表征或与行使权利有关，这是权利滥用的形式特征；（2）权利滥用是违背权利本旨或超越权利正当界限的行为，这是权利滥用的实质特征；（3）权利滥用是一种违法行为，这是权利滥用的法律特征。法律对权利滥用行为予以否认，或者限制其效力的原则，就是禁止权利滥用原则。

民事权利行使尽管是为了实现自己的权益，但是，也事关义务人的利益，甚至事关国家、社会的利益。因此，民事主体行使民事权利，法律在依法保护的同时，也对民事权利行使进行一定的限制，不能超越边界。这些限制是：（1）宪法限制。（2）民法限制，包括诚实信用原则的限制、公序良俗的限制和禁止权利滥用原则的限制。

禁止权利滥用原则的功能是：（1）指导民事主体行使民事权利的功能，要求民事主体在行使民事权利的时候不能越界；（2）提供评价民事法律行为标准的功能，法官在审查因民事法律行为发生争议时，根据禁止权利滥用原则，评判和解释民事主体行使权利的行为；（3）给法官提供解释和补充法律规定民事权利不足时的尺度。

认定权利滥用的标准是，行使民事权利违背其本质或超越其正当界限。这是因为行使权利违背其本质或者超越其正当界限，就是与权利的功能不相容的行为，所以属于权利滥用。

 案例评析

张某玉等诉尹某丁等健康权纠纷案①

案情： 原告张某玉、尹某红与被告尹某丁为邻居，约定被告尹某丁在建房屋靠原告张某玉、尹某红房屋一侧第三间只能建一层。被告尹某丁在将第三间房屋建了一层后，违约在该房屋上扎好 2 米以上的钢柱，并在第三间房屋的一层上建造了几层砖墙，原告张某玉前去阻拦，被正在组织施工的被告尹某丁的父亲尹某移致伤。另查明，被告尹某丁所开设的排水沟明显高于路面，使原告与被告房屋后山的排水

---

① 审理法院：湖南省邵阳市洞口县人民法院，案号：（2010）洞民初 1093 号。

同排水沟盖板上的滴水往原告张某玉房屋墙底冲刷，这对原告张某玉房屋的墙基有影响。法院认为，针对原告要求被告尹某丁排除妨碍的侵权法律关系问题，开设排水沟虽是被告尹某丁的合法权利，但权利不能滥用，不得对相邻方造成侵害，被告尹某丁应当对滥用民事权利的行为采取补救措施，故责令被告尹某丁对开设排水沟行为采取补救措施，直至排水沟表面不高于原告张某玉房屋底层地面为止。

评析： 民法典第132条规定，民事主体不得滥用民事权利损害国家利益、社会公共利益或者他人合法权益。本条是对民事主体行使民事权利的限制，即民事主体不得滥用民事权利。民事主体行使权利是自己的自由，但不能超出必要限度行使权利，否则就是滥用权利。民法典总则编规定保护权利人行使民事权利、获得民事利益的自由，但亦禁止权利滥用，为权利的行使划清具体的边界，防止因行使权利而损害国家利益、社会公共利益或者他人的民事权益。本案中，开设排水沟是被告尹某丁的合法权利，但权利不能滥用，不得对相邻方造成侵害，尹某丁所开设的排水沟明显高于路面，使原告与被告房屋后山的排水同排水沟盖板上的滴水往原告张某玉房屋墙底冲刷，对原告张某玉房屋的墙基造成影响，这明显是对原告权利的侵害，故法院裁判被告尹某丁应当对滥用民事权利的行为采取补救措施。

第六章　民事法律行为

第一节　一般规定

▶▶ 第一百三十三条　民事法律行为是民事主体通过意思表示设立、变更、终止民事法律关系的行为。

🏛 条文要义

本条是对民事法律行为概念的规定。

在理论上给民事法律行为概念定义，还要在本条规定的基础上有所补充。民事法律行为是指自然人、法人或者非法人组织，通过意思表示设立、变更、终止民事权利和民事义务关系，能够产生当事人预期法律效果的行为。民事法律行为是行为的一种类型，是行为中最主要的形式，是法律事实的最基本形式。

法律事实是民事流转的动力，由于法律事实的出现，民事法律关系才得以产生、变更或消灭，民事法律关系的产生、变更和消灭，推动了市民社会的不断发展。民事法律行为作为推动民事流转的基本的、主要的形式，在民法社会中发挥着极为重要的作用，具有重要意义。民事法律行为制度不仅统辖着合同编、继承编、婚姻家庭编等具体设权行为的规则，形成了民法不同于法定主义体系的独特法律调整制度，而且以完备系统的理论形态，概括了民法中一系列精致的概念和原理，形成了学说中令人瞩目的独立领域。

本条对民事法律行为的定义与《民法通则》第 54 条的规定相比较，有重大修正：（1）删除了关于合法性的规定，因为《民法通则》第 54 条把民事法律行为限定为合法行为，混淆了行为的成立与行为的有效，本条一律采用民事法律行为的概念，避免了这样的问题。（2）增加了意思表示要素，采取通过意思表示设立、变更、终止民事权利和民事义务的表述，定义更为精准。（3）弥补了行为人范围的不足，《民法通则》第 54 条规定行为人的范围是公民和法人，本条把行为人规定为自然人、法人和非法人组织。

案例评析

徐某与林某 1、张某合伙协议纠纷案①

案情： 某砂石厂原系被告林某 1 之父林某 2 日创办，后林某 2 将其转让给被告林某 1，其法定代表人亦变更为被告林某 1。被告林某 1 在经营过程中吸纳被告张某为合伙人。被告林某 1 和张某在经营期间，因管理不善，砂石场经营已陷入瘫痪状态，遂邀请原告徐某入伙。2014 年 1 月 1 日，原告徐某与被告林某 1、张某签订合伙协议一份。由于经营中出现纠纷，形成讼争。针对原、被告所签订的案涉合伙协议的效力问题，法院认为该协议系原告徐某与被告林某 1、张某在平等、自愿的基础上，经过充分协商，于 2014 年 1 月 1 日签订的。签订该合伙协议的民事法律行为是双方当事人的真实意思表示，不违反法律或者社会公共利益，该协议合法有效。对其法律效力，法院予以确认。

评析： 在私法范围内，法律允许个人自由创设法律关系，只要不违反法律的强制性规定和公序良俗即可，而民事法律行为乃个人创设法律关系最主要的方式。民事法律行为是以意思表示为要素，依照意思表示内容以发生法律效果为目的的行为，相当于当事人为自己制定法律，其中最主要的类型就是合同。因此，在裁判中，法官可以依据当事人是否订立合同以及合同的内容来判断当事人之间的权利义务。本案中，原、被告系以合伙协议的方式约定相互之间的权利义务，是双方当事人的真实意思表示，不违反法律或者社会公共利益，该协议合法有效。

▶▶ **第一百三十四条**　民事法律行为可以基于双方或者多方的意思表示一致成立，也可以基于单方的意思表示成立。

法人、非法人组织依照法律或者章程规定的议事方式和表决程序作出决议的，该决议行为成立。

🏛 条文要义

本条是对民事法律行为成立的规定。

民事法律行为在符合其成立要件时成立。民事法律行为成立是指民事法律行为在客观上已经存在。不符合民事法律行为成立要件的行为，视为民事法律行为不存在。

民事法律行为的成立要件是：（1）民事法律行为须含有设立、变更或终止民事法律关系的意图。此即民事法律行为必须包含追求一定法律效果的意思，没有这种

① 审理法院：湖北省荆州市沙市区人民法院，案号：（2016）鄂 1002 民初 810 号。

效果意思就不能成立民事法律行为。（2）民事法律行为须内容表达完整。意思表示表达不完整的，不能成立民事法律行为。（3）民事法律行为须将内心意思表达于外部。仅仅存在于内心的意思而未表达于外部的，不能成立民事法律行为。如果在民事法律行为是要物行为和要式行为时，除上述要件外，还必须具备特别要件：要物行为必须交付实物，要式行为必须符合法定的形式要求。

按照民事法律行为参加的当事人的数量，民事法律行为可以分为双方民事法律行为、单方民事法律行为和多方民事法律行为。

双方的民事法律行为是两方当事人参加的民事法律行为，买卖、赠与合同是典型的双方民事法律行为。单方民事法律行为是当事人一方的意思表示就构成的民事法律行为，如设置幸运奖、遗嘱等。多方民事法律行为是三方以上的当事人参加的民事法律行为，典型的如三方以上的当事人关于设立公司的协议。

法人、非法人组织依照法律或者章程规定的议事方式和表决程序作出的决议，属于多方民事法律行为。这种民事法律行为只要是依照法律或者章程规定的议事方式和表决程序作出的，该决议行为就是民事法律行为，有效成立。

🔖 案例评析

李某生、刘某伟诉四川省莲花湖旅游开发有限公司* 公司决议效力确认案①

案情：李某生、刘某伟、王某年、袁某为莲花湖公司股东。某日，王某年告知李某生、刘某伟因其股权受让方要求将注册资本增资到 5 000 万元以后再办理股权变更登记手续，所以其想找一家代办公司评估增资。某日，莲花湖公司起诉王某年、袁某、李某生、刘某伟，请求其缴纳增资款，李某生、刘某伟才知晓莲花湖公司于 2013 年 3 月 25 日、2013 年 4 月 11 日形成了两次增资《股东会决议》，但其以未接到关于召开公司增资股东会决议的通知，也不知道两次增资的股东会决议，更没有在股东会决议上签字为由，请求判令莲花湖公司关于增资的《股东会决议》不成立。法院认为，对于增资的事宜，刘某伟在开会时告知了李某生和王某年、袁某，可以证明四股东通过开会并达成对增资事宜的意思表示。而且，李某生、刘某伟以实际行为追认了他人代为签名的法律效力，增资款均是通过其个人银行账户向公司验资账户支付。最后，股东会决议是否成立应以股东对决议内容达成一致或多数意思表示为实质要件，符合法律规定的行为方式为形式要件。综上，诉争的两份《股东会决议》依法成立。

评析：本案所涉及的争议焦点是股东会决议是否依法成立。决议行为不同于买卖合同等双方意思表示达成一致的民事法律行为，也不同于单方意思表示作出的民

---

*　以下简称"莲花湖公司"。
①　审理法院：四川省成都市中级人民法院；案号：（2019）川 01 民终 290 号。

事法律行为，这种民事法律行为只要按照法律的规定和公司章程的规定，作出多数决，即成立民事法律行为。在本案中，依照公司章程的规定，增资事宜须股东一致同意。李某生、刘某伟、王某年、袁某均就公司的增资达成了一致的意思表示，股东会决议已经成立。其后，李某生、刘某伟等人通过其个人的银行账户向公司支付了相应的增资款的行为，就是对股东会决议的内容的履行。法院认定股东会决议成立，适用法律正确，值得赞同。

▶▶ **第一百三十五条** 民事法律行为可以采用书面形式、口头形式或者其他形式；法律、行政法规规定或者当事人约定采用特定形式的，应当采用特定形式。

🏛 条文要义

本条是对民事法律行为表现形式的规定。

书面形式，是指以书面文字的方式进行的意思表示，分为一般书面形式和特殊书面形式。一般书面形式是指以用一般性的文字记载形式进行的意思表示，特殊书面形式是指以获得国家机关或者其他职能部门认可的形式进行的意思表示。电子数据、电报信件、传真等，都是特殊的书面形式。书面形式可以促使当事人在深思熟虑后实施法律行为，使权利义务关系明确化，并方便证据保存，主要适用于不能即时清结、数额较大的法律行为。

口头形式，是指以谈话的方式进行的意思表示。当面交谈、电话交谈、托人带口信、当众宣布自己的意思等，都是口头形式。口头形式具有简便、迅速的优点，但发生纠纷时举证较为困难。主要适用于即时清结或者标的数额较小的交易。

特定形式包括以下两种主要情形：（1）推定形式，是指以有目的、有意识的积极行为表示其意思的民事法律行为形式。例如，租期届满后，承租人继续缴纳租金而出租人予以接受的行为，即可推定当事人延长了租赁期限。（2）沉默形式，即赋予沉默以成立法律行为意义的形式，是指既无语言表示又无行为表示的消极行为，在法律有特别规定的情况下，视当事人的沉默已经构成了意思表示，因而使法律行为成立。在通常情况下，沉默不能作为意思表示的方式。

法律和行政法规规定或者当事人约定采用特定形式的，应当采用特定形式。其中，行政法规规定与当事人约定采用特定形式，是民法典规定的新规则。《民法通则》只规定了法律规定采用特别形式，应当采用特别形式。本条规定扩大了范围，即"行政法规规定"与"当事人约定"采用特别形式的，也应当采用特别形式。这样一来，当行政法规规定或者当事人约定采用特别形式，但是未采用的，当事人可以适用本条规则，请求采用特定形式，补足形式瑕疵。

本条未规定违反特定形式要件的法律后果，可以参照本法第 490 条第 2 款关于履行治愈规则的内容，即"法律、行政法规规定或者当事人约定合同应当采用书面形式订立，当事人未采用书面形式但是一方已经履行主要义务，对方接受时，该合同成立"。不过，值得注意的是，违反法定形式要件与违反约定形式要件的法律后果应当有所不同。究竟如何进行区分，还需要司法裁判中综合各种因素考量。

 **案例评析**

王某与孙某、尹某民间借贷纠纷案①

案情： 孙某以尹某出具的借条及银行和支付宝转账流水及微信聊天记录为据，要求尹某偿还借款 10 万元及利息，并要求王某承担连带保证责任。法院认为，孙某向王某银行账户转款的事实，因有转款凭证，予以确认；孙某与尹某之间存在借贷关系的事实，因有尹某出具的借条为证，亦予以确认。虽孙某给王某转款的事实存在，但仅凭银行及支付宝转账凭证和微信聊天记录不能证明孙某和王某之间的借贷关系或担保关系成立，驳回孙某对王某的诉讼请求。

评析： 民法典第 135 条规定，民事法律行为可以采用书面形式、口头形式或者其他形式；法律、行政法规规定或者当事人约定采用特定形式的，应当采用特定形式。本案中，孙某上诉提出王某对尹某的欠款承担共同偿还或连带偿还责任的主张，关键在于微信聊天记录是否构成书面保证形式。《担保法》第 13 条规定"保证人与债权人应当以书面形式订立保证合同"，原审和二审法院认为，孙某上诉认为微信聊天记录属于《合同法》第 11 条"书面形式是指合同书、信件和数据电文（包括电报、电传、传真、电子数据交换和电子邮件）等可以有形地表现所载内容的形式"中规定的"电子数据交换"，其主张于法无据，不符合法律规定的保证合同形式要求。理由在于，微信聊天记录属于书面形式中"电子数据交换"的主张扩大了现有法律规定的合同书面形式的范围，微信聊天内容相对于书面合同而言具有随意性，当事人并不一定意识到其在微信中所述内容会成为其承担保证责任的依据，因此，依据微信聊天内容认定保证合同成立不符合保证合同要求采用书面形式的立法本意。

▶▶ **第一百三十六条** 民事法律行为自成立时生效，但是法律另有规定或者当事人另有约定的除外。

行为人非依法律规定或者未经对方同意，不得擅自变更或者解除民事法律行为。

🏛 **条文要义**

本条是对民事法律行为生效的规定。

---

① 审理法院：河南省洛阳市中级人民法院，案号：（2016）豫 03 民终 2433 号。

民事法律行为的生效，是指民事法律行为因符合法律规定而能够引起民事法律关系的设立、变更或者终止的法律效力。民事法律行为成立之后，须具备生效的要件，才能使民事法律行为产生法律上的效力，发生设立、变更或者消灭民事法律关系的法律后果。

民事法律行为成立和生效的时间，既有相一致的情形，也有不一致的情形。有两种不同的形式：一是民事法律行为的成立和有效处于同一个时间点，依法成立的民事法律行为，具备法律行为生效要件的，即时生效。二是民事法律行为的成立和生效并非同一个时间，有三种情形：（1）法律规定民事法律行为须批准、登记生效的，成立后须经过批准、登记程序才能发生法律效力。（2）当事人约定民事法律行为生效条件的，约定的生效条件成就的，才能发生法律效力。（3）附生效条件、附生效期限的民事法律行为，其所附条件成就，或者所附期限到来时，该民事法律行为才能生效，其成立和生效也并非同一时间。其中，除外规则是民法典新规定的规则。《民法通则》第57条规定了法律行为从成立时起具有法律约束力，而未规定例外情形。本条规定新增了除外规则，即"法律另有规定或者当事人另有约定的除外"。增加这一规则，更加符合实际情况。比如法律规定需要经过批准，或者当事人附有条件和期限，则应当在满足了相应的要求时，民事法律行为才生效。

民事法律行为生效后，对行为人产生法律上的拘束力。民事法律行为生效后的法律拘束力是：（1）民事法律行为生效后，行为人必须信守自己的承诺，自觉、全面履行义务，接受民事法律关系的拘束。（2）在民事法律行为生效后，如果对已经生效的民事法律行为需要作出变更和解除的，必须依照法律规定，或者是按照当事人的双方约定，才可以实施，否则就是违约。

案例评析

乙公司与甲公司等借款合同纠纷案[①]

案情：被告甲公司与第三人丙公司签订了借款协议。被告陈某作出承诺书，承诺代偿欠丙公司款项。后第三人丙公司将基于借款协议和承诺书对二被告产生的全部权利以及衍生权利转让给原告。现二被告尚未清偿上述债务。法院判决被告甲公司向原告乙公司返还财产本金及孳息，被告陈某在本案中承担连带给付责任。

评析：依照民法典第136条的规定，除法律另有规定或当事人另有约定外，民事法律行为自成立时生效，即双方就约定事项达成合意时生效。本案中，争议的焦点是丙公司与甲公司签订的借款协议、丙公司与乙公司的债权转让行为和陈某的担保或债务承担行为是否有效。被告与第三人公司均系无贷款经营资质的企业法人，双方之间进行企业间借贷，违反了国家有关金融法规的规定，案涉借款协议无效。

但协议无效并不影响第三人丙公司处分自己财产的权利，其与原告乙公司之间的转让财产的行为均系双方真实意思表示，自成立时生效，故第三人丙公司与原告乙公司之间的转让财产的行为有效。此外，被告陈某作为完全民事行为能力人作出承诺书，明确表示其自愿代偿款项，被告陈某的行为性质应属于并存的债务承担，系其真实意思表示，自其成立时生效，故被告陈某的债务承担行为有效。

第二节　意思表示

> ▶▶ 第一百三十七条　以对话方式作出的意思表示，相对人知道其内容时生效。
>
> 以非对话方式作出的意思表示，到达相对人时生效。以非对话方式作出的采用数据电文形式的意思表示，相对人指定特定系统接收数据电文的，该数据电文进入该特定系统时生效；未指定特定系统的，相对人知道或者应当知道该数据电文进入其系统时生效。当事人对采用数据电文形式的意思表示的生效时间另有约定的，按照其约定。

🏛 条文要义

本条是对意思表示及意思表示生效时间的规定。

意思表示，是指民事主体向外部表明意欲发生一定的民法上法律效果的意思行为。"意思"，是指设立、变更、终止民事法律关系时的内心意图；"表示"，是将内在的意思以适当的方式向适当的对象表示出来的行为。意思表示在具备了表示行为和效果意思两个要素以后就成立，意思表示成立就是意思表示生效。意思表示生效包括两个方面：（1）表意人在自己作出意思表示并且生效之后，自己要受自己的意思表示的拘束，不得推翻自己的意思表示或者否认自己的意思表示；（2）意思表示生效以后，对于对方当事人即表意人的相对人也发生效力，表意人的相对人将产生对意思表示作出相关意思表示的权利，他可以对表意人的意思表示作出承诺，也可以对表意人的意思表示作出修改，提出反要约。

本条将有相对人的意思表示生效，分为以对话方式作出的意思表示生效和非以对话方式作出的意思表示生效。在此之前，《合同法》第16条规定了要约的生效时间，即"要约到达受要约人时生效。采用数据电文形式订立合同，收件人指定特定系统接收数据电文的，该数据电文进入该特定系统的时间，视为到达时间；未指定特定系统的，该数据电文进入收件人的任何系统的首次时间，视为到达时间"。该规定区分了要约生效时间的一般情形，并对采用数据电文作出要约的生效时间作出系统性的规定。《合同法》第23条规定了承诺的生效时间，即"承诺应当在要约确定的期限内到达要约人。要约没有确定承诺期限的，承诺应当依照下列规定到达：

（一）要约以对话方式作出的，应当即时作出承诺，但当事人另有约定的除外；（二）要约以非对话方式作出的，承诺应当在合理期限内到达"。该规定按是否以对话方式作出区分了承诺生效的时间。本条借鉴了上述两条规定的立法经验，扩大适用于有相对人的意思表示的生效时间，并细分为以对话方式作出的意思表示生效和非以对话方式作出的意思表示生效。

对话，可以理解为当面以口头方式表达，地隔千里以电话沟通也属于对话式的意思表示。除此之外，通过互联网，微信的视频、音频作出的意思表示，也属于对话方式。以对话方式作出的意思表示，在相对人了解该意思表示的内容时生效。

以非对话方式作出的意思表示，其生效采取到达主义，即表意人的意思表示在到达相对人时，该意思表示才生效。以非对话方式作出意思表示，并不是说空间的问题，而是表达意思的表示方式。到达主义，是意思表示到达相对人以后发生效力。表意人的意思表示到达相对人能够控制的范围，该意思表示生效。

在以非对话方式作出的意思表示中，以数据电文形式作出的意思表示的生效规则，也采取到达主义，具体情形分为两种：（1）如果相对人已经指定了特定系统接收数据电文的，表意人以非对话方式作出的采取数据电文形式的意思表示，该数据电文进入该特定系统时，意思表示生效。（2）如果双方没有约定接收数据电文的特定系统的，表意人以非对话方式作出的采用数据电文形式的意思表示，相对人知道或者应当知道该数据电文进入其系统时，该意思表示生效。这是指相对人的任何一个接收数据电文的系统接收该项数据电文，都构成到达。除外条款是，当事人对采用数据电文形式的意思表示的生效时间另有约定的，就按照其约定的时间作为该意思表示生效的时间。

案例评析

王某、宋某与韦某 1、韦某 2 确认合同有效纠纷案[①]

案情： 反诉原告韦某 2 和靖西县民族服装总厂签订《承包租赁合同》，民族服装总厂将厂房大楼租给韦某 2 经营汇美超市。反诉原告韦某 2 委托其弟即本案的被告韦某 1 和反诉被告王某签订《联营合同书》及《房屋租赁协议书》。合同即将到期时，被告韦某 1 以传真的方式给原告王某、宋某发了一份《补充合同》，内容为联营合同延期时间及场地费。但原告（反诉被告）对被告韦某 1 发出的要约没有作出承诺的意思表示。后被告以重新装修店面为由要求原告搬离租赁场地引致诉讼。法院认为，本案中原告收到被告传真的《补充合同》即收到被告的要约后，没有向被告作出承诺通知，也没有根据交易习惯或者要约的要求作出承诺的行为，应视为原告对被告发出的要约没有作出承诺的意思表示，不产生合同要约承诺双方意思表示的

[①]　审理法院：广西壮族自治区百色市靖西县人民法院，案号：（2013）靖民一初 1515 号。

后果。故，原告与被告之间没有达成合同要约承诺双方意思表示。

评析： 本案的争议核心是原、被告之间的《补充合同》是否已经生效。依据民法典第137条的规定，以非对话方式作出的意思表示，其生效采取到达主义，即表意人的意思表示在到达相对人的时候，该意思表示才生效。案中被告韦某1以传真的方式向原告发出的《补充合同》属于要约，在到达原告时虽然已经生效，但《补充合同》要在原、被告之间产生拘束力，仍需原告承诺的意思表示到达被告，而原告并未向被告作出承诺的意思表示，更不可能存在生效的承诺，故《补充合同》并不能拘束原告，法院的判决合法合理，值得赞同。

> ▶▶ **第一百三十八条** 无相对人的意思表示，表示完成时生效。法律另有规定的，依照其规定。

🏛 条文要义

本条是对无相对人的意思表示生效的规定。

无相对人的意思表示就是单方民事法律行为的意思表示，例如单方允诺、抛弃、遗嘱等。由于无相对人的意思表示没有意思表示的相对人，不存在表示发出和到达的问题，因此法律规定意思表示完成时，就发生法律效力。意思表示完成，就是意思表示具备了表示行为和效果意思两个要素，即表意人的效果意思通过其外部行为作出了表示。

该条文后段规定的"法律另有规定的，依照其规定"，主要是指遗嘱。遗嘱这种意思表示是无相对人的意思表示，遗嘱作出以后并不立即生效，而是在立此遗嘱的人死亡时才生效，因此本条规定了这一除外条款。

🔵 案例评析

郑某与曾某、唐某2等所有权确认纠纷案①

案情： 唐某1与被告郑某确定恋爱关系。唐某1与被告郑某为乙方，重庆富悦实业集团有限公司为甲方，签订了《重庆市商品房买卖合同》。被告郑某出具承诺书一份，载明自愿无条件放弃本人对该房的所有权利。承诺书原件由原告曾某持有。后唐某1突然死亡，无遗嘱。法院认为，郑某出具的承诺书明确表示愿意放弃该房屋权利，配合办理相关过户、买卖、继承等手续。该承诺是郑某行使个人权利的单方民事法律行为，即抛弃所有权，是其真实意思表示，不违反法律或者社会公共利益，合法有效。判决被告郑某协助将登记在其名下的案涉产权过户登记给原告曾

---

① 审理法院：重庆市第一中级人民法院，案号：（2014）渝一中法民终746号。

某等。

评析：本案的争议核心是被告郑某出具的放弃房屋所有权的承诺书是否已经生效。依据民法典第 138 条的规定，无相对人的意思表示，表示完成时生效。法律另有规定的，依照其规定。易言之，由于无相对人的意思表示没有意思表示的相对人，因而不存在表示到达的问题，因此法律规定意思表示完成时，就发生法律效力，例如悬赏广告、单方允诺、抛弃、遗嘱等。案中被告所作出的承诺书乃抛弃所有权的单方意思表示，无须相对人承诺，更无须相对人要求履行，在其作出意思表示时立刻生效，对承诺人发生拘束力。法官认定承诺书已经生效，三原告要求郑某协助将郑某名下产权过户登记给三原告的诉讼请求合法合理，该判决值得赞同。

> ▶▶ **第一百三十九条**　以公告方式作出的意思表示，公告发布时生效。

🏛 条文要义

本条是对以公告方式作出意思表示生效时间的规定。

对有相对人，但表意人不知道意思表示的相对人，或者不能知道相对人的下落的，可以依照《民事诉讼法》关于公告送达的规定，以公告的方式作出意思表示。以公告方式作出的意思表示，公告发布时即生效。

📍 案例评析

李某与甲公司等悬赏广告纠纷案①

案情：乙公司发布竞猜活动及奖励方案，其中载明中超级大奖的顾客可前往任意一家参加本次活动的乙公司门店，凭手机中的中奖记录，由乙公司服务人员登记中奖人姓名、电话、地址。原告李某中得超级大奖，被告甲公司工作人员以奖品发放完毕为由，拒绝兑付奖品，原告遂提起诉讼。法院认为，本案中，被告提供有奖竞猜活动的宣传海报明确载明本次有奖竞猜活动发布人为乙公司，应视乙公司为本次竞猜活动的悬赏人，甲公司作为本次有奖竞猜活动宣传单位及领奖单位之一，并非实际悬赏人。故原告与被告之间不存在权利义务关系。法院判决驳回原告李某的诉讼请求。

评析：本案争议核心是案中的悬赏广告是否生效和对谁生效。悬赏广告是悬赏人以广告方式声明，对完成一定行为的人给予约定报酬的行为，悬赏人与完成一定行为的人形成了权利义务关系。依据民法典第 139 条的规定，以公告方式作出的意思表示，公告发布时生效。悬赏广告作为一种典型的以公告方式作出的意思表示，

① 审理法院：吉林省长春市朝阳区人民法院，案号：（2014）朝民初 2362 号。

在乙公司发布悬赏广告之时，相应的意思表示即已生效，原告李某在完成相应的行为之后便与悬赏广告的发布者即乙公司成立法律关系，但是并非与本案被告甲公司发生法律关系，因为悬赏广告的意思表示并非由被告作出。法官在认定悬赏广告意思表示成立的同时，以被告并非实际悬赏人为由驳回原告的诉讼请求，合法合理，值得赞同。

> ▶▶ 第一百四十条　行为人可以明示或者默示作出意思表示。
>
> 　沉默只有在有法律规定、当事人约定或者符合当事人之间的交易习惯时，才可以视为意思表示。

🏛 条文要义

本条是对意思表示方式的规定。

本条规定意思表示的方式时，借鉴了《合同法》第 22 条关于承诺方式的规定。《合同法》第 22 条规定："承诺应当以通知的方式作出，但根据交易习惯或者要约表明可以通过行为作出承诺的除外。"承诺属于意思表示。承诺以通知的方式作出，是一种明确的意思表示；以行为的方式作出，是一种默示的意思表示。本条规定在此基础上，明确了意思表示的方式包括明示方式、默示方式和特定沉默方式。

1. 明示方式，是指行为人以语言、文字或者其他直接表意方法，表示内在意思的表意形式。明示具有表意直接、明确的特点，不易产生纠纷，具有广泛的适用性。对于特别需要采用明示方式的法律行为，应当明确规定明示方式方为有效，默示方式无效。

2. 默示方式，是指行为人以使人推知的方式，间接表示其内在意思的表意形式。行为人以某种表明法律意图的行为间接表示其内在意思的默示，也称行为默示或者推定行为。例如在收费停车场停放车辆，登乘公共汽车等行为，就是意思实现，是行为默示或者推定行为。

3. 特定沉默方式，是指行为人以不作为或者有特定意义的沉默，间接表示其内在意思的表达形式。只有在法律规定或者当事人有约定或者当事人之间有交易习惯的情况下，才能将特定沉默视为默示。例如双方长期供货、受领、支付价款，没有书面合同和口头约定，只是交易习惯的，就是沉默方式的应用。

🔵 案例评析

某银行诉某电器公司等金融借款合同纠纷案①

案情：原告某银行诉称：其与某电子公司、岑某、某塑模公司分别签订了《最

---

① 审理法院：浙江省宁波市中级人民法院，案号：（2014）浙甬商终 369 号。

高额保证合同》，约定三被告为某电器公司一定时期和最高额度内借款提供连带责任担保。某电器公司从某银行借款后，不能按期归还部分贷款，故诉请判令被告某电器公司归还原告借款本金，支付利息、罚息和律师费用；岑某、某塑模公司、某电子公司对上述债务承担连带保证责任。本案的争议焦点为，某电子公司签订的最高额保证合同未被选择列入借款合同所约定的担保合同范围，某电子公司是否应当对此借款合同项下债务承担保证责任。法院认为，某电子公司应当承担保证责任。理由是案涉借款合同虽未将某电子公司签订的最高额保证合同列入，但原告未以明示方式放弃某电子公司提供的最高额保证，故某电子公司仍是该诉争借款合同的最高额保证人。

评析：所谓意思表示，是指向外部表明意欲发生一定私法上法律效果之意思的行为，表示之形式可以为明示或者默示。因为意思表示之成立与否影响当事人的权利义务甚巨，故必须对意思表示成立的判断标准予以规范限制，方能准确地认定当事人的真实意思。在明示的情形下，当事人的真实意思自然容易认定，在默示的情形下，当事人的真实意思难以认定，为了保障法律主体能够真实地表达自己的意思，民法典第140条规定，沉默只有在有法律规定、当事人约定或者符合当事人之间的交易习惯时，才可以视为意思表示。因为沉默在大多数情形下不仅表明当事人没有表示行为，更在于没有表示的意愿。本案中原告的默示不属于法律规定、当事人约定或者当事人交易习惯中的任一情形，不能被视作对其保证权利的放弃。

> ▶▶ **第一百四十一条**　行为人可以撤回意思表示。撤回意思表示的通知应当在意思表示到达相对人前或者与意思表示同时到达相对人。

🏛 条文要义

本条是对意思表示撤回的规定。

本条规定意思表示撤回时，借鉴了《合同法》关于要约以及承诺的撤回的规定。《合同法》第17条规定的是要约的撤回，即"要约可以撤回。撤回要约的通知应当在要约到达受要约人之前或者与要约同时到达受要约人"。《合同法》第27条规定的是承诺的撤回，即"承诺可以撤回。撤回承诺的通知应当在承诺通知到达要约人之前或者与承诺通知同时到达要约人"。要约、承诺均属于意思表示。本条规定意思表示撤回规则时，基本承袭了《合同法》第17条、第27条的规定。

意思表示撤回，是指意思表示人在发出意思表示之后，在意思表示生效之前，或者在意思表示到达相对人的同时，宣告收回发出的意思表示，取消其效力的行为。

意思表示撤回权，是缔约当事人的一项重要权利。由于意思表示的撤回发生在意思表示生效之前，受意思表示人还未被赋予承诺的资格，一般不会给表意人造成损害。法律允许表意人根据市场的变化、需求等各种经济情势，改变发出的意思表示，以保护意思表示人的利益。

撤回意思表示的通知应当在意思表示到达受意思表示人前或者同时到达受意思表示的相对人的，行为人才可以将意思表示撤回。意思表示撤回的通知不应当迟于受意思表示人收到意思表示的时间，才不至于使受意思表示人的利益受损。以语言对话形式表现的意思表示，由于当事人是当面进行订约的磋商，意思表示一经发出，受意思表示人即刻收到，对话意思表示本身的性质决定了是无法撤回的。由他人转达的语言意思表示，应当视为需要通知的形式，是可以撤回的。

意思表示的撤回符合规定的，发生意思表示撤回的效力，视为没有发出意思表示，受意思表示人没有取得承诺资格。意思表示撤回的通知迟于意思表示到达受意思表示人的，不发生意思表示撤回的效力，意思表示仍然有效，受意思表示人取得承诺的资格。

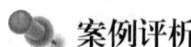 **案例评析**

司某与某银行信用卡纠纷案①

案情：2012 年 2 月 13 日，司某填写了某银行信用卡申请表，司某名下的涉案信用卡于 2012 年 2 月 25 日通过短信的方式激活。2013 年 6 月 19 日，因司某向某银行反映并未收到且未使用该信用卡，某银行冻结了该信用卡。在此期间，该信用卡一直正常使用和正常还款，并未出现逾期还款的情况且户主为司某。经查，司某在提交该申请表后不久即拨打客服电话向某银行声明不再办理信用卡了，客服人员答复：你申请使用信用卡的材料还没到，收到材料，就停止办理。此后司某未再询问，直到司某申请贷款时才得知在某银行办理了一张信用卡，但司某始终未收到任何信用卡，且已经撤销办理信用卡的要约。法院认为，无证据显示司某在申请办理信用卡的要约到达某银行前撤回要约，故认定办理信用卡的合同生效。

评析：本案的争议焦点之一是司某撤回要约的表示是否在某银行接收到要约之前到达。当事人订立合同，采用要约、承诺方式，要约到达受要约人时生效。承诺通知到达要约人时生效。承诺生效时合同成立，依法成立的合同，自成立时生效。依据民法典第 141 条的规定，要约可以撤回，撤回要约的通知应当在要约到达受要约人之前或者与要约同时到达受要约人。司某填写并提交信用卡申请表，表示遵守信用卡领用合约的各项规则并签字确认应视为要约。司某主张撤回办理信用卡的申请，某银行不予认可且司某未能提交证据予以证明，故对司某该项主张，法院不予采信，即司某未能在申请办理信用卡的要约到达某银行前撤回要约，要约依法生效，某银行有权进行承诺，某银行收到信用卡申请表审核予以批准发卡视为作出承诺，

---

① 审理法院：北京市第二中级人民法院，案号：（2016）京 02 民终 3302 号。

信用卡服务协议自承诺到达司某时生效。因司某已经收到涉案信用卡，即某银行的承诺通知到达司某，司某与某银行之间的信用卡合同关系依法成立并生效。且该合同内容并不违反法律规定，双方之间的信用卡合同合法有效。法院支持某银行的诉讼请求，值得肯定。

> ▶▶ **第一百四十二条** 有相对人的意思表示的解释，应当按照所使用的词句，结合相关条款、行为的性质和目的、习惯以及诚信原则，确定意思表示的含义。
>
> 无相对人的意思表示的解释，不能完全拘泥于所使用的词句，而应当结合相关条款、行为的性质和目的、习惯以及诚信原则，确定行为人的真实意思。

🏛 条文要义

本条是对意思表示解释的概念及解释方法的规定。

意思表示的解释，是指在意思表示不清楚、不明确而发生争议的情况下，法院或者仲裁机构对意思表示进行的解释。其特征是：（1）意思表示解释的主体是法院和仲裁机构；（2）意思表示解释的对象是对当时已经表示出来的意思进行解释；（3）意思表示解释的前提，是当事人对意思表示发生争议，影响法律关系的权利义务的内容，有必要进行解释；（4）意思表示解释是有权解释机构依据一定的规则进行的解释；（5）意思表示解释的主要功能，是法律行为的成立要件是否齐备，以及法律行为的具体法律效果是什么。

意思表示解释的方法分为以下两种。

1. 对有相对人的意思表示的解释，应当按照所使用的词句，结合相关条款、行为的性质和目的、习惯以及诚实信用原则，确定意思表示的含义。这是采取表示主义方法进行解释，因为有相对人的意思表示，是要让相对人接收、理解，并且可能基于该意思表示作出相对应的意思表示，所以，应该以表示主义为其方法，根据表达在外的意思的公开表示，确定意思表示的内容。

2. 对无相对人的意思表示的解释，不能拘泥于所使用的词句，而应当结合相关条款、行为的性质和目的、习惯以及诚实信用原则，确定行为人的真实意思。这是采取意思主义方法进行解释，因为对于没有相对人的意思表示而言，并没有接受意思表示的相对人，自己作出的意思表示成立后就发生效力，不存在用表示主义解释意思表示的客观要求，所以应当根据表意人自己的真实意思作出解释。

《合同法》第125条第1款曾规定关于合同解释方法，即"当事人对合同条款的理解有争议的，应当按照合同所使用的词句、合同的有关条款、合同的目的、交易习惯以及诚实信用原则，确定该条款的真实意思"。据此，合同解释的具体方法包括文义解释、体系解释、目的解释、习惯解释以及诚信解释。本条规定在《合同法》

第 125 条第 1 款的立法基础上，将意思表示的解释区分为有相对人的解释方法与无相对人的解释方法，更为细腻、准确。

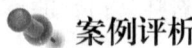 **案例评析**

乙公司与甲公司、钱某等企业借贷纠纷案①

案情： 甲公司与乙公司签订借款合同，在合同右下角手书"确保按约还款，钱某"字样。借款到期后，乙公司法定代表人张某一直致电钱某主张还款，但尚欠余款，至今未还。乙公司诉请法院判令甲公司、钱某归还借款本金及利息。本案争议焦点在于：钱某是否系本案借款人或保证人。法院认为，乙公司与甲公司签订的借款合同系双方当事人的真实意思表示，应属合法有效。判决甲公司归还乙公司借款本金及利息，钱某对甲公司的债务承担连带清偿责任。

评析： 本案中，当事人在签订借款合同时应当进行充分磋商，明确、合法地表达自身真实意思。钱某在借款合同空白处手书"确保按约还款"字样包含怎样的意思表示是问题的关键。保证是《担保法》明文规定的一种担保形式。依据民法典第 142 条规定的意思表示解释的一般原理，有相对人的意思表示，法院应根据双方在质证、辩论中体现的双方作出该行为当时的行为模式、客观环境，推导当事人在当时的真实意思。按照通常语言习惯，"确保"即确定保证。钱某在借款合同上手书"确保按约还款"，文义上存在保证的意思。乙公司亦是基于对钱某提供保证的信赖而向甲公司贷款。钱某认为自己书写"确保按约还款"仅有督促还款的意思，该解释与文义不符。钱某亦无其他证据证明其有不同的意思表示。虽然双方未就保证责任的类型、保证期间作具体约定，但是依据担保法的规定，钱某在借款合同上书写"确保按约还款"的行为应认定为连带责任保证，保证期间为主债务履行期届满之日起 6 个月。故对乙公司主张钱某承担相应还款责任的诉讼请求，法院依法予以支持，值得肯定。

第三节 民事法律行为的效力

▶▶ **第一百四十三条** 具备下列条件的民事法律行为有效：

（一）行为人具有相应的民事行为能力；

（二）意思表示真实；

（三）不违反法律、行政法规的强制性规定，不违背公序良俗。

---

① 审理法院：江苏省无锡市中级人民法院，案号：（2015）锡商终 500 号。

🏛 条文要义

本条是对民事法律行为生效要件的规定。

民事法律行为的生效，是指法律行为应符合法律规定，从而能够引起民事法律关系的设立、变更或者终止的法律效力。民事法律行为成立之后，具备生效要件的，才能使民事法律行为发生法律上的效力，发生设立、变更或者终止民事法律关系的法律后果。

本条规定的民事法律行为生效要件为三个，但实际上是四个要件。

1. 行为人具有相应的民事行为能力。民事法律行为以行为人的意思表示为要素，当事人必须具有健全的理智和判断能力，因而行为人必须具有相应的民事行为能力。

2. 意思表示真实。这是指当事人的内心意思与外部表示相一致。当事人必须在意思自由、能够辨认自己行为的法律效果的情况下进行意思表示，不存在胁迫、误解等情况。

3. 不违反法律、行政法规的效力性强制规定。不违反法律、行政法规，是指不违反效力性、强制性的法律和行政法规。违反管理性、强制性法律、行政法规规定的，要根据具体情况确定，而不是一律无效。违反法律、行政法规强制性规定的民事法律行为，是指当事人在订约目的、具体内容以及在形式上都违反法律和行政法规强制性规定的民事法律行为。

4. 不违背公序良俗。民法典第 8 条也规定了公序良俗原则，要求民事主体从事民事活动，不得违反法律，不得违反公序良俗，故违反法律、违反公序良俗的民事法律行为无效。

🔵 案例评析

曲某、付某商品房销售合同纠纷案①

案情： 曲某、付某、中介公司签订了《不动产买卖合同》，合同约定，付某向曲某购买不动产。合同落款处载明曲某签字及捺印，乙方付某签字及捺印，丙方中介公司经办人于某。其中，甲方处为其工作人员姜某以曲某的名义签名及捺印，其持有原告曲某的授权，并未在合同签订时告知被告。被告付某认为，合同甲方处签名及捺印不是原告本人，房产中介欺骗被告以其工作人员冒充原告与被告签订合同。原告认可不动产买卖合同不是其本人签字及捺印，但其已授权中介对外出售案涉房屋，遂向法院请求判令被告支付剩余购房款。一审法院认为，中介公司的工作人员未告知被告其真实身份，即以原告本人的名义在合同上签字并捺印，造成了被告的误解，被告的意思表示不真实，故该房屋买卖合同不符合合同成立及生效的条件，遂驳回原告诉求。二

---

① 审理法院：辽宁省沈阳市中级人民法院，案号：（2020）辽 01 民终 11072 号。

审法院认为，虽然签订合同时，中介公司的工作人员代替曲某签字，但第三人的行为已经得到曲某本人的认可，曲某也已收取部分购房款，视为当事人对合同的事后追认，故代签行为并不影响合同的成立与生效，原审以"第三人系冒用原告的名义与被告签订合同，造成了被告对合同相对方的误解，被告的意思表示不真实"为由，认定"该房屋买卖合同不符合合同成立及生效的条件"，适用法律错误，遂判决被告应支付购房款。

评析：本案的焦点在于原、被告双方所签订的房屋买卖协议是否有效。案涉房屋尽管是由房地产中介公司的人员代为签字，但是其持有原告的授权，而且原告事后与被告办理房屋移转登记手续、收取部分购房款的行为，也表明了其对中介公司工作人员代为签字行为的认可。因此，应当认定原告具有出卖房屋的真实意思表示。被告在购买房屋时，尽管房地产中介的工作人员未出示有关的授权书，但是其后按照合同约定的内容支付部分购房款、办理房屋变更登记手续，也表明其具有购买房屋的真实意思表示。依据民法典第143条的规定，曲某、付某作为完全民事行为能力人，达成一致的意思表示进行房屋买卖交易，不违反法律、行政法规的规定，不违背公序良俗，应当认定其房屋买卖合同合法有效，双方受《不动产买卖合同》的约束。据此，付某应当依照合同的约定，支付剩余的购房款。

> ▶▶ 第一百四十四条　无民事行为能力人实施的民事法律行为无效。

🏛 条文要义

本条是关于无民事行为能力人实施民事法律行为效力的规定。

无民事行为能力人实施的行为是绝对无效的法律行为，无论是无民事行为能力的未成年人，还是无民事行为能力的成年人，其实施的民事法律行为都自始无效。

《民法通则》第58条第1项规定，无民事行为能力人实施的民事法律行为是绝对无效的行为，从行为开始时起就没有法律约束力。《合同法》规定合同行为的效力时，仅规定了限制民事行为能力人订立的合同的效力状态，没有规定无民事行为能力人订立的合同的效力状态，因而须依照《民法通则》第58条第1项的规定，确认无民事行为能力人订立合同的效力。民法典总则编继续沿用《民法通则》的规定，确认无民事行为能力人实施的民事法律行为一律无效。

🌸 案例评析

哈某与曾某确认合同无效纠纷案①

案情：原告哈某与被告曾某签订《房地产买卖协议》，将原告名下房屋向被告转

---

① 审理法院：新疆维吾尔自治区昌吉回族自治州中级人民法院，案号：（2015）昌中民二终522号。

让，并办理了房屋过户登记手续，将本案诉争房屋过户到了被告曾某名下。原告的法定代理人得知此事后诉至法院，要求确认原、被告案涉《房地产买卖协议》无效。经查，原告哈某为多重残疾人，经新疆精卫法医精神病司法鉴定所确定为无民事行为能力人。法院认为，哈某与曾某所签订的案涉《房地产买卖协议》无效。

评析：本案争议焦点为上诉人哈某与被上诉人曾某签订的《房地产买卖协议》是否有效。依据民法典第144条的规定，无民事行为能力人实施的民事法律行为无效。无效的民事行为，从行为开始时起就没有法律约束力。法律之所以规定无民事行为能力人实施的民事法律行为无效，旨在保护尚无意思判断和表达能力的无民事行为能力人免受外界风险的损害，属于弱者优位原则的体现，无论相对人的主观状态如何，都一概认定无民事行为能力人所实施的民事法律行为无效，给予无民事行为能力人充分的保护。新疆精卫法医精神病司法鉴定所作出的鉴定意见书的鉴定意见为，上诉人哈某无民事行为能力。上诉人作为无民事行为能力人与被上诉人签订房屋买卖协议及办理过户的行为均无效，故，上诉人哈某与被上诉人曾某签订的《房地产买卖协议》无效。

> ▶▶**第一百四十五条**　限制民事行为能力人实施的纯获利益的民事法律行为或者与其年龄、智力、精神健康状况相适应的民事法律行为有效；实施的其他民事法律行为经法定代理人同意或者追认后有效。
>
> 相对人可以催告法定代理人自收到通知之日起三十日内予以追认。法定代理人未作表示的，视为拒绝追认。民事法律行为被追认前，善意相对人有撤销的权利。撤销应当以通知的方式作出。

🏛 条文要义

本条是对限制民事行为能力人实施的民事法律行为效力的规定。

限制民事行为能力人实施的两种行为有效：（1）纯获利益的民事法律行为。民法典第19条、第22条对此已经作了规定。（2）与其年龄、智力、精神健康状况相适应的民事法律行为。其中与其年龄相适应，是指限制民事行为能力的未成年人；与其智力、精神健康状况相适应，是指限制民事行为能力的成年人。

限制民事行为能力人实施的其他民事法律行为，是效力待定的民事法律行为，是由限制民事行为能力人独立实施的、依法不能独立实施的民事法律行为，其效力是，法律行为虽已成立，但是否生效尚不确定，只有经过特定当事人的行为，才能确定其生效或者不生效。

限制民事行为能力人实施了依法不能独立实施的法律行为，需要其法定代理人同意或者追认才可能生效。其效力须经由以下途径确定。

1. 法定代理人的同意权和追认权。经法定代理人同意的限制民事行为能力人实施的民事法律行为，发生法律效力；法定代理人虽然没有同意，但是在行为实施之后予以追认的，该民事法律行为同样生效。

2. 相对人的催告权。限制民事行为能力人实施的民事法律行为，其法定代理人没有同意又没有追认的，相对人可以在 30 日内催告法定代理人予以追认。法定代理人未作表示的，视为拒绝追认，该民事法律行为无效。

3. 善意相对人的撤销权。在该民事法律行为被追认前，善意相对人对该行为享有撤销的权利，撤销的方式应以通知的方式作出。撤销权是形成权，只要在该期限内行使，该民事法律行为就被撤销，自始不发生法律效力。

上述所提及的限制民事行为能力人实施民事法律行为的效力状态及效力确定途径，基本是民法典规定的新规则。第一，改变了限制民事行为能力人实施民事法律行为的效力状态。《民法通则》一概认定限制民事行为能力人实施的民事法律行为无效，阻碍了民事交易的顺利开展。《合同法》第 47 条修改了《民法通则》第 58 条的规则，认定限制民事行为能力人依法不能独立实施的民事法律行为是效力待定的。本条规定在承袭《合同法》第 47 条的基础上，规定限制民事行为能力人实施的民事法律行为一般是效力待定的，个别情形的有效。这样的规定有益于交易活动的开展，也是对限制民事行为能力人行使民事权利的尊重。第二，新增了限制民事行为能力人实施的民事法律行为的效力确定途径。本条规定借鉴了《合同法》第 47 条关于"限制民事行为能力人订立的合同，经法定代理人追认后，该合同有效，但纯获利益的合同或者与其年龄、智力、精神健康状况相适应而订立的合同，不必经法定代理人追认。相对人可以催告法定代理人在一个月内予以追认。法定代理人未作表示的，视为拒绝追认。合同被追认之前，善意相对人有撤销的权利。撤销应当以通知的方式作出"的规定，新增了法定代理人的同意权与追认权，相对人的催告权和撤销权。通过赋予法定代理人与相对人权利，能够尽快将民事法律行为的效力状态确定下来，避免因效力待定而阻碍交易活动的顺利进行。

🔵 案例评析

刘某与赵某、张某房屋买卖合同纠纷案[①]

案情： 被告赵某、张某系夫妻关系，第三人赵小某系二被告之子。原告刘某为精神残疾人，被唐山市路北区人民法院宣告为限制民事行为能力人。原告刘某在监护人未知情的情况下与第三人赵小某签订购房协议，并办理了诉争房产的过户手续。原告主张二被告及第三人利用开办房产中介之机，与有明显患有精神残疾的原告签订购房协议、房地产转让合同将房屋卖给被告及第三人自己，房地产转让合同应属无效。被告对此不予认可，认为原告在房屋买卖期间有认知能力，双方交易价格合

[①]　审理法院：河北省唐山市路北区人民法院，案号：（2013）北民重 40 号。

理，不存在欺诈，故原、被告之间签订的房屋购买协议是真实意思体现，应当依法成立并生效。法院认为，原、被告之间签订的房地产转让合同应属无效合同，被告取得的房产应予以返还。对二被告所交纳的相关款项原告应当返还。对于已交付的过户费用，按照公平原则，双方平均负担。

评析：本案焦点在于原、被告双方签订的房地产转让合同的效力。涉案原告系限制民事行为能力人，在其监护人未知情的情况下与第三人赵小某在某房屋信息服务部签订购房协议，将原告所有的诉争房产有偿转让给第三人赵小某，其后也未得到监护人的追认。民法典第145条规定，限制民事行为能力人实施的民事法律行为，未得到法定代理人追认的为无效民事法律行为。原告刘某系限制民事行为能力人，交易房产的行为应属与其精神健康状况不相适应，依法不能独立实施的民事法律行为，在签订购房协议后也未得到其监护人的追认，该行为依法应该认定为无效。法官的判决适用法律正确，值得赞同。

> ▶▶**第一百四十六条**　行为人与相对人以虚假的意思表示实施的民事法律行为无效。
> 　　以虚假的意思表示隐藏的民事法律行为的效力，依照有关法律规定处理。

🏛 条文要义

本条是对虚假行为和隐藏行为及效力的规定。

虚假行为，是指行为人与相对人通谋而为虚假的意思表示。虚假表示是双方行为，是双方进行串通的行为，是双方当事人的意思表示都不真实，而不是一方当事人的意思表示不真实。虚假行为的特点是双方当事人进行通谋，通常具有不良动机，因而在主观上是共同故意，在意思表示上是双方的不真实。如果仅有一方是非真意表示，而对方为真意表示，或有误解，或者发生错误的，不构成虚假意思表示。虚假行为的法律后果是一律无效，不具有虚伪表示的行为所应当发生的法律效力。

隐藏行为，是指行为人将其真意隐藏在虚假的意思表示中。表意人与相对人之间碍于情面或者其他原因，所为的意思表示虽非出于真意，却隐藏他项法律行为的真正效果，其实质就是在通谋虚伪的意思表示中，隐藏着他项法律行为。确定隐藏行为效力的原则是，虚伪行为隐藏其他法律行为者，适用关于该隐藏的法律行为的规定。这就是"依照有关法律规定处理"的含义。具体规则是：虚假的意思表示行为无效，至于其隐藏的真实意思表示行为是否有效，应当依照该行为的法律规定判断。符合该种法律行为的规定的，认定为有效，否则为无效。

《民法通则》第58条第6项与《合同法》第52条第3项曾规定以合法形式掩盖非法目的的民事法律行为无效。具有非法目的的民事法律行为属于隐藏民事法律行为，因违反了法律、法规的强制性规定而无效。不过，这只是隐藏民事法律行为的一种。此外，还有以非法形式掩盖非法目的的民事法律行为、以合法形式掩盖合法目的的民事法律行为以及以非法形式掩盖合法目的的民事法律行为这三种情况。对此，都应当依照被隐藏的民事法律行为的法律规定适用法律。

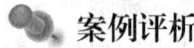 **案例评析**

内蒙古盛弘建筑工程有限责任公司 * 与内蒙古鑫海房地产开发集团有限公司 ** 买卖合同纠纷案①

案情： 某日，鑫海公司与盛弘公司签订解除合同协议书，约定鑫海公司实际尚欠盛弘公司工程款，自愿将涉案项目中的住宅、商业等，以 3 000 元/平方米的单价抵顶工程欠款。同日，鑫海公司与盛弘公司签订了商品房买卖合同，并出具了对应的三张收取足额购房款的收据。协议签订后，鑫海公司陆续支付了部分工程款，盛弘公司亦退还了部分房屋。后盛弘公司以鑫海公司违约为由，请求法院判令鑫海公司交付的房产归盛弘公司所有，协助盛弘公司办理登记手续并立即交付。一审法院认为，双方所签订的解除合同协议书和商品房买卖合同均系真实的意思表示，应当认定有效，并受法律保护，遂判如所请。二审法院认为，鑫海公司与盛弘公司的真实意思表示并非转让案涉房屋的所有权，而是担保工程款的支付，构成通谋虚伪意思表示，遂撤销原判，驳回盛弘公司的诉讼请求。

评析： 本案的焦点是原、被告双方签订的合同的真实意思为何以及其效力。综合鑫海公司与盛弘公司合同中关于房屋单价的约定以及实际履行情况可以发现，双方的真实意思表示并非转让案涉房屋的所有权，而是担保工程欠款的履行。这属于担保型买卖合同。依据法律规定，双方转让案涉房屋的所有权是虚假的意思表示，应该认定为无效。因此，盛弘公司无权请求确认其享有案涉房屋的所有权，亦无权要求鑫海公司协助办理登记手续、交付房屋。但是，这并不影响该合同所隐藏的真实意思表示的效力，应该依据合同效力的规则来认定。从双方的合同内容和履行的实际情况看，当事人之间实际存在的是工程欠款法律关系，案涉房屋是用来担保工程欠款的返还。据此，盛弘公司应当基于二者的建设工程施工合同法律关系，请求鑫海公司支付工程款及相应的利息、违约金等。

> ▶▶ **第一百四十七条** 基于重大误解实施的民事法律行为，行为人有权请求人民法院或者仲裁机构予以撤销。

---

* 以下简称"盛弘公司"。
** 以下简称"鑫海公司"。
① 审理法院：内蒙古自治区呼和浩特市中级人民法院，案号：（2018）内民终 1842 号。

🏛 条文要义

本条是对重大误解及效力的规定。

重大误解，是指一方当事人由于自己的过错，对法律行为的内容等发生误解，由此订立了法律行为，该法律行为所涉及的利益对当事人而言为重大。其特点是：（1）误解是当事人对民事法律行为发生认识上的错误。（2）误解是当事人对民事法律行为内容的认识错误。（3）误解直接影响当事人的权利和义务。

重大误解的构成要件是：（1）须是当事人因误解而作出了意思表示。（2）重大误解的对象须是民事法律行为的内容。（3）误解是由当事人自己的过失造成的。当事人由于重大误解而实施的民事法律行为，其法律后果是相对无效，发生重大误解的一方行为人，有权请求人民法院或者仲裁机构予以撤销。如果行为人不行使撤销权，不请求对该民事法律行为予以撤销，该重大误解的民事法律行为继续有效。

重大误解是民法上的错误的一种类型。民法典没有规定错误，只规定了重大误解，使其他的错误缺少法律适用依据。出现重大误解之外的其他错误，可以比照本条规定予以认定，例如第三人发生的错误，导致一方当事人的利益严重受损。

需要注意的是，本条规定删除了重大误解可变更的内容。《民法通则》第59条第1款规定重大误解可变更可撤销，即"下列民事行为，一方有权请求人民法院或者仲裁机关予以变更或者撤销：（一）行为人对行为内容有重大误解的；（二）显失公平的"。《合同法》第54条第1款承袭《民法通则》第59条第1款的规定，规定了重大误解的民事法律行为可变更可撤销，即"下列合同，当事人一方有权请求人民法院或者仲裁机构变更或者撤销：（一）因重大误解订立的；（二）在订立合同时显失公平的"。本条则只规定了重大误解的民事法律行为可撤销，删除了可变更的规定。之所以删除当事人的可变更权，原因在于变更法律行为需要双方当事人的合意，而不具有形成权的性质。如果双方当事人对于具有效力瑕疵的民事法律行为的变更达成了合意，就符合了民法典第133条关于"民事法律行为是民事主体通过意思表示设立、变更、终止民事法律关系的行为"的规定，而无须继续强调当事人的可变更权。因此，第147条至第151条均删除了可变更权。

🔵 案例评析

徐某与甲公司合伙协议纠纷案①

案情：原、被告签订合作协议，约定被告甲公司竞拍获得A、B、C公司债权。原告徐某在债权结算清单上签字。后原告认为被告对计提利息成本的结算有错误，主张按照合作协议约定的年息1%计提利息，现原告以被告拒绝重新结算，余款若干

---

① 审理法院：浙江省绍兴市柯桥区，案号：（2015）绍商初2105号。

元至今未付为由诉至法院。法院认为，原告诉请该结算款除利息外的计算方法均按债权结算清单记载的结算方式进行计算，最终归结为该结算清单中利息提取的标准为年利率1‰还是10‰，即关键在于原、被告对于讼争债权结算清单是否可撤销。法院判定债权结算清单中的利息部分，应按年利率1‰计算，故撤销原告徐某与被告甲公司签订案涉债权结算清单中的相关条款。

评析： 本案争议焦点为案涉债权结算清单是否存在重大误解，是否属于可撤销范畴。所谓重大误解，是指一方因自己的原因而对合同的内容等发生误解，订立了合同。依据民法典第147条的规定，因重大误解订立的合同，一方可以请求人民法院或者仲裁机构予以撤销。《最高人民法院关于贯彻执行〈中华人民共和国民法通则〉若干问题的意见（试行）》第71条规定：行为人因对行为的性质、对方当事人、标的物的品种、质量、规格和数量等的错误认识，使行为的后果与自己的意思相悖，并造成较大损失的，可以认定为重大误解。本案中，原告因三个债权结算清单起始段中载明按1‰标准计算而将其后按10‰计算的利息误以为按1‰计算，导致结算合同的订立，属于对标的数量的误解。另外，10‰与1‰相差达到10倍，若继续履行，原告将遭受较大损失，权利义务显著失衡，构成"重大"。本案法官依法认定涉案债权结算清单构成重大误解，允许原告行使撤销权。

> ▶▶ **第一百四十八条**　一方以欺诈手段，使对方在违背真实意思的情况下实施的民事法律行为，受欺诈方有权请求人民法院或者仲裁机构予以撤销。

🏛 条文要义

本条是对当事人一方欺诈行为及效力的规定。

当事人一方的欺诈，是指民事法律关系的当事人一方故意实施某种欺骗对方的行为，并使对方陷入错误而与欺诈行为人实施的民事法律行为。

一方欺诈的构成要件是：（1）欺诈的一方须出于故意，或者是以欺诈为手段引诱对方当事人与其实施民事法律行为，或者是实施民事法律行为的行为本身就是欺诈。（2）欺诈行为人在客观上实施了欺诈的行为，包括行为人故意捏造事实，虚构情况，诱使对方当事人上当受骗；以及行为人故意隐瞒真实情况，不将真实情况告知对方当事人，使对方当事人上当受骗，与其实施民事法律行为。（3）受欺诈一方是在违背真实意思的情况下实施民事法律行为。此即另一方当事人受行为人的欺诈，而使自己陷入错误的认识之中，由此作出错误的意思表示，与行为人实施民事法律行为。

一方欺诈行为的法律后果是，受欺诈方有权请求人民法院或者仲裁机构予以撤销，即可撤销的民事法律行为。对此，受欺诈的对方享有撤销权，可以行使该撤销权，向人民法院或者仲裁机构请求撤销该意思表示。在此之前，《民法通则》第58

条第 1 款第 3 项规定一方欺诈的民事法律行为无效，即"下列民事行为无效：……（三）一方以欺诈、胁迫的手段或者乘人之危，使对方在违背真实意思的情况下所为的"。《合同法》细化了不同情形下一方欺诈的民事法律行为的效力：一是损害国家利益时无效，即《合同法》第 52 条第 1 项规定："……一方以欺诈、胁迫的手段订立合同，损害国家利益……"二是损害当事人利益时可撤销可变更，即《合同法》第 54 条第 2 款规定："一方以欺诈、胁迫的手段或者乘人之危，使对方在违背真实意思的情况下订立的合同，受损害方有权请求人民法院或者仲裁机构变更或者撤销。"对此，学者一直持有批评反对意见。将欺诈区分为损害国家利益和损害当事人利益这两种形式，并且规定完全不同的法律后果，实质上是一种区分保护的思想，即国家利益特殊保护，当事人利益一般保护。制定民法典总则编时，为了充分贯彻平等原则，第 148 条对此进行了修改，统一规定一方欺诈的民事法律行为可撤销。

案例评析

郭某与某公司买卖合同纠纷案[①]

案情：原告郭某诉称，某公司推出卓越骇客大厦项目，其利用各种形式宣传项目为地上四层、地下三层，共七层贯通的商业中庭设计，地下负三层均为商铺，且性质为商铺活动中心。郭某与某公司签订《商品房预售合同》，购买了卓越大厦负三层的房屋。后南京市公安局消防局称卓越骇客大厦地下三层使用性质为复式汽车库、办公及设备用房。郭某诉请撤销案涉预售合同。法院判决，郭某要求撤销涉案合同、返还购房款的主张符合法律规定。

评析：本案的焦点是原、被告双方签订的《商品房预售合同》是否因郭某被欺诈而导致可撤销。本案中被告的欺诈行为具有持续性，被告不仅在签订合同时就承诺标的房产为商铺，其后被告发出的《交付入住通知书》，要求原告以商铺标准交纳物业服务费，并且原告按照相关要求缴纳了物业费。从常理而言，如上诉人明知涉案房屋不是商铺，则其不可能按照物业服务费较高的商铺的标准交纳物业服务费，可以认定原告系被欺诈而签订的合同。依据民法典第 148 条，一方以欺诈手段，使对方在违背真实意思的情况下签订合同，受欺诈方有权请求人民法院或者仲裁机构予以撤销。上诉法院按照原告请求依法撤销了涉案合同，值得赞同。

▶▶**第一百四十九条**　第三人实施欺诈行为，使一方在违背真实意思的情况下实施的民事法律行为，对方知道或者应当知道该欺诈行为的，受欺诈方有权请求人民法院或者仲裁机构予以撤销。

---

① 审理法院：江苏省南京市中级人民法院，案号：（2015）宁民终 5035 号。

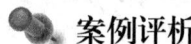 **条文要义**

本条是对第三人欺诈行为及效力的规定。

第三人欺诈行为，是指民事法律行为当事人以外的第三人，对一方当事人故意实施欺诈行为，致使该方当事人在违背真实意思的情况下，与对方当事人实施了民事法律行为。其构成要件是：（1）实施欺诈行为的人，是民事法律行为双方当事人之外的第三人，而不是民事法律行为的当事人。（2）第三人实施欺诈行为是对民事法律行为当事人的一方进行的，而不是对民事法律行为当事人的双方进行欺诈。（3）受欺诈的一方当事人由于受第三人的欺诈，在违背真实意思的情况下，与对方当事人实施了民事法律行为。（4）尽管第三人不是对受欺诈人的对方当事人实施欺诈行为，但是对方当事人在与受欺诈一方当事人实施民事法律行为时，可能知道或者应当知道第三人的欺诈行为，也可能不知道这种欺诈行为。

第三人欺诈行为的法律效力是，因第三人欺诈行为而实施的民事法律行为，对方当事人知道或者应当知道该欺诈行为的，构成可撤销的民事法律行为，受欺诈一方当事人享有撤销权，有权请求人民法院或者仲裁机构对该民事法律行为予以撤销。

案例评析

徐某、刘某与某银行金融借款合同纠纷案①

案情： 原告徐某、刘某、第三人卢某及案外人那某、潘某等与被告某银行签订《联保体授信合同》，约定：那某、潘某、卢某、徐某4人为联保体各成员，任一联保体成员及其在本合同中指定的控制企业均对联保体整体授信额度与期限内的非本人融资提供最高额连带责任保证。合同签订后，被告向联保体各成员发放了贷款，贷款到期后，第三人卢某未按期还款，被告在原告账户扣款用于归还第三人所欠贷款。原告认为，第三人在签订及履行借款合同过程中存在欺诈行为，第三人并不具备贷款资格及还贷能力，并且其提供的所有材料都是不真实的或不具备法律效力的，原告不应承担担保责任。法院认为，原告并无证据证明第三人在签订合同过程中存在欺诈行为，亦无证据证明被告存在放任第三人进行欺诈的行为，故判决驳回原告徐某、刘某的诉讼请求。

评析： 本案的争议之一是原告在签订联保体授信合同的过程中是否受到第三人的欺诈以及被告是否知悉。依据民法典第149条的规定，一方当事人因第三人欺诈行为而实施的民事法律行为，对方当事人知道或者应当知道该欺诈行为的，该行为属于可撤销的民事法律行为，受欺诈一方当事人享有撤销权。相反，在不存在第三

---

① 审理法院：辽宁省沈阳市和平区人民法院，案号：（2016）辽 0102 民初 4449 号。

人欺诈或者对方当事人不知悉欺诈的情况时，该当事人不能主张撤销权。案中原告虽然主张其在签订联保体授信合同的过程中受到第三人的欺诈并且被告已经知悉，但是并未提供证据证明自己的主张，在法律效果上与不存在第三人欺诈相同，法院驳回原告的诉讼请求，合法合理，值得赞同。

> ▶▶ **第一百五十条**　一方或者第三人以胁迫手段，使对方在违背真实意思的情况下实施的民事法律行为，受胁迫方有权请求人民法院或者仲裁机构予以撤销。

🏛 条文要义

本条是对一方或者第三人胁迫行为及效力的规定。

胁迫是指行为人以将来发生的祸害或者实施不法行为，给另一方当事人以心理上的恐吓或者直接造成损害，迫使对方当事人与其实施民事法律行为。胁迫分为两种，一种是以恐吓为手段的胁迫，另一种是以实施不法行为为手段的胁迫。

胁迫行为的构成要件是：（1）行为人须有实施威胁的事实。在以恐吓为手段的胁迫行为中，行为人威胁的事实是将来发生的祸害，包括涉及生命、身体、健康、财产、名誉、自由等方面所要受到的严重损害。在以实施不法行为为手段的胁迫行为中，使相对人感到恐怖的行为人直接实施的不法行为已经或者正在对相对人产生人身的或者财产的损害。（2）行为人实施胁迫行为须出于故意。胁迫的故意是通过威胁使相对人与其实施民事法律行为。（3）相对人因受到胁迫而实施民事法律行为。相对人由于在心理上或者人身上受到威胁，因而不得不与行为人实施民事法律行为。

胁迫行为是可撤销的民事法律行为，受胁迫方对该民事法律行为享有撤销权，有权请求人民法院或者仲裁机构予以撤销。

上述所提及的第三人胁迫及胁迫的效力是民法典的新规则。第一，新增了第三人胁迫的规则。在此之前，《民法通则》与《合同法》仅规定了一方胁迫的民事法律行为效力，而未规定第三人胁迫的民事法律行为效力。本条规定补足了这一立法漏洞。这样一来，当因第三人胁迫作出法律行为时，当事人就可以依照这一规则，请求撤销民事法律行为。第二，统一规定胁迫的法律行为效力是可撤销。《民法通则》第58条第1款第3项规定一方胁迫的民事法律行为无效；《合同法》细化了不同情形下一方胁迫的民事法律行为的效力：一是损害国家利益时无效，二是损害当事人利益时可撤销可变更，违反了平等保护的原则。制定民法典总则编时，便对胁迫的民事法律行为作出了修订，统一修改为可撤销，以体现对国家利益与个人利益的平等保护。

案例评析

胡某、廖某与赵某合同纠纷案[①]

案情： 胡某、廖某、黄某多次协商洽谈，达成以下协议："在 2014 年元月前还清赵某全部投资 640 万元……补偿赵某经济损失人民币 400 万元……在所有款项未到位的情况下工地财务由赵某监管……为了保证该协议能够执行到位，项目部负责人（廖某、胡某）必须对该协议内容全部负责，并承担相应的法律责任……本项目一切盈利及损失与赵某无关……"原告主张本案协议是廖某、胡某受胁迫所签订的，应予撤销，赵某强行领走的款项应予追回，并追究赵某胁迫的法律责任。法院根据证人辛某证言证实，胡某被赵某带走，直至在本案诉争协议上签字后才被其接回，廖某在签订协议前被人踢打，故判决撤销胡某、廖某与赵某签订的案涉协议。

评析： 案中双方当事人争议的焦点为赵某、胡某、廖某于 2013 年 12 月 13 日签订的协议是否属于可撤销的合同。根据民法典第 150 条的规定，一方或者第三人以胁迫手段，使对方在违背真实意思的情况下实施的民事法律行为，受胁迫方有权请求人民法院或者仲裁机构予以撤销。本条赋予被胁迫人以撤销权，旨在保护民事主体的真实意思表示能力，避免其因受到胁迫等非法因素的干扰而作出不真实的意思表示。其中，胁迫的方式包括以肉体或者精神损害来威胁。本案中廖某在签订协议前被人踢打，构成对廖某意思表示的胁迫，廖某依法享有撤销该意思表示的权利，法官的判决值得赞同。

> ▶▶ **第一百五十一条**　一方利用对方处于危困状态、缺乏判断能力等情形，致使民事法律行为成立时显失公平的，受损害方有权请求人民法院或者仲裁机构予以撤销。

条文要义

本条是对显失公平及其效力的规定。

本条将乘人之危的行为归并在显失公平的行为之中，统一称为显失公平。

显失公平，是指一方当事人利用对方处于困境或者缺乏判断能力等情形，与对方当事人实施对自己明显有重大利益而使对方明显不利的民事法律行为。其特征是：（1）民事法律行为的内容对双方当事人明显不公平，一方承担更多的义务却享有更少的权利，而另一方享有更多的权利却承担更少的义务；（2）获得利益的一方当事

---

① 审理法院：江西省抚州市中级人民法院，案号：（2015）抚民三初 7 号。

人所获得的利益超过法律所允许的程度；（3）受害的一方是在处于困境或者缺乏经验或紧迫的情况下实施民事法律行为的。

显失公平的构成要件是：（1）利用对方当事人处于困境或者缺乏经验等。困境包括经济、生命、健康、名誉等方面的窘迫或急需，情况比较紧急，迫切需要一方当事人提供金钱、物资、服务或劳务。对方当事人缺乏经验，是指承担不利后果的一方当事人在其自身有轻率、无经验等不利的因素时，对行为的内容认识不准确。（2）对方当事人因困境或者缺乏经验而与一方当事人实施民事法律行为。乘人困境，是指对方当事人明知一方当事人提出的条件是利用自己的危难或急迫从中获取不当利益，但因困境所迫，而与其实施民事法律行为。缺乏经验，是指对方当事人因无知、没有交易经验、不熟悉经营活动等，贸然与一方当事人实施民事法律行为。（3）一方所获得的利益超出了法律所准许的限度，其结果是显失公平的。一般认为，出卖人交付的标的物的价格少于其实有价值的一半，或者超出其市场价格的一倍的，属于显失公平。显失公平的发生时间在民事法律行为成立之时。

显失公平，受损害方有权请求人民法院或者仲裁机构予以撤销。受到损害的一方基于民事法律行为显失公平，有权向人民法院或者仲裁机构请求行使撤销权，撤销显失公平的民事法律行为。

上述所提及的显失公平的内涵以及法律效果是本次民法典规定的新规则。

第一，合并乘人之危与显失公平。《民法通则》以及《合同法》分别规定了乘人之危与显失公平。然而，实践中，乘人之危与显失公平难以作出明确的区分。因而，制定民法典总则编时，便将乘人之危与显失公平合并为同一个条款，统一称之为显失公平，这样减少了民事法律行为效力的类型，简化了法律关系，还解决了司法实践中的区分难题。

第二，调整了显失公平的法律效果。在此之前，《民法通则》分别规定了乘人之危与显失公平及其法律效果，其中第58条第1款第3项规定乘人之危所为的民事法律行为无效，第59条第1款第2项规定显失公平的民事法律行为可变更或可撤销。《合同法》仍然区分了乘人之危与显失公平，但是统一了二者的法律效果，即乘人之危与显失公平均是可变更可撤销的合同。制定民法典总则编时，便将乘人之危与显失公平合并为显失公平，并将其法律效果调整为可撤销，删除了可变更的内容。原因是，变更权与撤销权的性质不同，变更权不是形成权。变更法律行为必须要双方当事人意思表示合意，而不能由法院直接裁判。因而，本条规定删除了可变更的内容。尽管如此，当事人仍然可以就显失公平的法律行为达成变更的合意，只要符合相应的条件，即发生变更的法律效力。

案例评析

陈某某与成都百味汇餐饮管理有限公司确认合同无效纠纷案①

案情： 原、被告签订了《百味汇美食城经营管理合同》，并约定相应的权利义务。在经营过程中，原告主张被告于公共区域服务不到位，管理不尽责，宣传不力，原告无法实现投资经营目的，不愿再与被告合作，诉请案涉《百味汇美食城经营管理合同》因显失公平依法予以撤销。法院认为，美食城系一种特殊的经营模式，合同约定的打造、包装费系被告分摊给原告装修、装饰和配置美食城基本设施设备的费用，此项费用分摊至各档口并非过高，且原告在订立合同时已到美食城现场进行了查看。同时，综合服务和经营管理费并非明显过高，故判决驳回原告的诉讼请求。

评析： 本案的焦点是原、被告订立的《百味汇美食城经营管理合同》是否显失公平。依据民法典第 151 条的规定，一方当事人利用对方处于困境，或者缺乏判断能力等情形，与对方当事人实施的对自己明显有重大利益而使对方明显不利的民事法律行为，受损害方有权请求人民法院撤销该民事法律行为。而上述合同条款系原、被告就此种特殊的经营模式作出的约定，属于双方意思自治的范畴，合同本身并不违背平等、自愿、诚实信用的原则，也无显失公平的情形。可见，涉案合同条款并不满足构成显失公平的主客观要件，法官驳回原告撤销合同的请求，值得赞同。

> ▶ **第一百五十二条**　有下列情形之一的，撤销权消灭：
>
> （一）当事人自知道或者应当知道撤销事由之日起一年内、重大误解的当事人自知道或者应当知道撤销事由之日起九十日内没有行使撤销权；
>
> （二）当事人受胁迫，自胁迫行为终止之日起一年内没有行使撤销权；
>
> （三）当事人知道撤销事由后明确表示或者以自己的行为表明放弃撤销权。
>
> 当事人自民事法律行为发生之日起五年内没有行使撤销权的，撤销权消灭。

条文要义

本条是对撤销权及消灭事由、除斥期间的规定。

因重大误解、胁迫、欺诈以及显失公平而实施的民事法律行为，一方当事人享有撤销权。撤销权可以因一定的法定事由而消灭：（1）超过除斥期间没有行使权利；（2）撤销权人放弃撤销权。

撤销权的除斥期间有几种情形。（1）一般除斥期间，即当事人自知道或者应当知道撤销事由之日起 1 年内没有行使撤销权的，起算时间为知道或者应当知道撤销

---

① 审理法院：四川省成都高新技术产业开发区人民法院，案号：（2013）高新民初 2468 号。

事由之日。（2）特别除斥期间是：1）重大误解的除斥期间，是当事人自知道或者应当知道撤销事由之日起 90 日；2）当事人受胁迫而实施的民事法律行为的除斥期间为 1 年，起算时间是胁迫行为终止之日。对于胁迫行为，在起算时间上采取特别方法以保护受胁迫的当事人。（3）如果当事人不知道或者不应当知道撤销事由发生的，最长除斥期间是当事人自该民事法律行为发生之日起的 5 年。在上述规定的除斥期间完成后，撤销权消灭。

当事人放弃撤销权，也是撤销权消灭的法定事由。当事人放弃撤销权有两种形式：（1）以明示方式放弃撤销权，即当事人知道撤销事由后明确表示自己放弃撤销权的；（2）以默示方式放弃撤销权，即当事人知道撤销事由后，以自己的行为表明放弃撤销权。明示或者默示方式放弃撤销权的，原来的民事法律行为继续有效。

《最高人民法院关于贯彻执行〈中华人民共和国民法通则〉若干问题的意见（试行）》第 73 条、规定的内容为自行为成立时起 1 年。《合同法》第 55 条规定撤销权消灭的规则，即"有下列情形之一的，撤销权消灭：（一）具有撤销权的当事人自知道或者应当知道撤销事由之日起一年内没有行使撤销权；（二）具有撤销权的当事人知道撤销事由后明确表示或者以自己的行为放弃撤销权。"该规定较为概括。本条规定在借鉴这两条内容的基础上，细分了不同情形下的撤销权的除斥期间，规则更为完善。

 案例评析

陈某与文某房屋买卖合同纠纷案[①]

案情： 原告陈某与被告文某系母女关系。诉争房产系原告与其配偶（已故）合并计算工龄后购买的房改房。2011 年年初，被告利用原告年事已高（84 岁）不明白法律利害关系，且其掌握原告户籍簿、房产证的便利条件，谎称需要原告签名，将原告的房产过户至被告名下，被告并未将上述房款交付于原告。原告虽在《房屋买卖合同》及房款收据上签字，但被告未向原告告知签字文书中的内容，被告对签字所产生的法律效果并不知情。2016 年 4 月，原告得知诉争房产的产权人于 2011 年已变更为被告，于 2016 年 11 月向法院提出请求撤销原、被告于 2011 年签订的房屋买卖合同。法院认为原告于 2016 年才得知诉争房产变更为被告的事实，原告行使的撤销权并未超过除斥期间的规定，判决撤销案涉房屋买卖合同。

评析： 本案的焦点是原告提起诉讼是否超过除斥期间的要求。依据民法典第 152 条规定，当事人因被欺诈享有撤销权的，自知道或者应当知道被欺诈之日起 1 年内享有撤销权，超出 1 年除斥期间的，丧失撤销权。本案中，被告利用原告年事已高、没有文化的条件，让不明就里的原告在房屋买卖合同及房款收据上签字，其行为对

---

① 审理法院：四川省宜宾市翠屏区人民法院，案号：（2016）川 1502 民初 4676 号。

原告已构成欺诈。原告在 2016 年 4 月得知欺诈事由，在 2016 年 11 月便起诉请求撤销买卖合同，尚在撤销权期限范围内，法官支持原告撤销房屋买卖合同的请求，值得认可。需要说明的是，在本案发生之时，仍然适用《民法通则》与《合同法》，并无自法律行为发生之日起 5 年内没有行使撤销权导致撤销权消灭的最长期间限制。

▶▶ **第一百五十三条** 违反法律、行政法规的强制性规定的民事法律行为无效。但是，该强制性规定不导致该民事法律行为无效的除外。

违背公序良俗的民事法律行为无效。

🏛 条文要义

本条是对违反法律、行政法规强制性规定和违背公序良俗的民事法律行为无效的规定。

违反法律、行政法规的法律行为，是指当事人在订约目的、具体内容，以及形式上都违反法律和行政法规的强制性规定的民事法律行为。当事人在主观上可以是故意所为，也可以是过失所致。规定违反法律、行政法规的强制性规定的民事法律行为无效，其基础是民法典第 8 条。

"但是，该强制性规定不导致该民事法律行为无效的除外"，这个但书表明，在法律和行政法规中有些虽然也是强制性规定，但却不是效力性强制性规定，而是管理性的强制性规定。违反效力性强制性规定直接导致的后果是民事法律行为无效，违反管理性强制性法律规定并不一定直接导致该民事法律行为无效，而要看所违反的管理性强制性规定的法律属性。

这种行为的类型划分是：公然违法行为与非公然违法行为。前者称形式违法行为，是指当事人在实施法律行为时，明知法律行为违法，却仍然实施法律行为。公然违法的法律行为一经实施就是无效的法律行为。后者称实质违法行为，是指行为的违法性并非显而易见，而是表面合法、实质违法。一经查实，亦为绝对无效的法律行为。

认定违反公序良俗的民事法律行为，是因为在私权神圣的原则下，既要尊重民事主体的意思自治，按照自己的意思设立、变更、终止民事法律关系，也必须尊重公共秩序和善良风俗。违反公序良俗原则，法律强制认定这种民事法律行为无效。民事法律行为，特别是民事主体进行的非交易性质的民事法律行为，如果是社会全体成员普遍认为须遵循的道德准则，行为人违背了我国民法所恪守的基本理念，就构成违背善良风俗。非交易性质的民事法律行为，损害了全体社会成员的共同利益，破坏社会的共同生活规则，违反社会成员相互之间的共同行为准则，就是违背公共秩序的民事法律行为。这样的民事法律行为都是无效的。

上述违反法律、行政法规强制性规定和违背公序良俗的民事法律行为无效都有民法典新设的规则。

1. 违反法律、行政法规强制性规定的民事法律行为无效新增了除外条款。《民法通则》第58条第1款第5项规定违反法律或者社会公共利益的一概无效，即"下列民事行为无效……（五）违反法律或者社会公共利益的"。《合同法》第52条分别规定了损害社会公共利益以及违反法律、行政法规的规定无效，但同时限缩为违反法律、行政法规的强制性规定，即"有下列情形之一的，合同无效：……（四）损害社会公共利益；（五）违反法律、行政法规的强制性规定"。《最高人民法院关于适用〈中华人民共和国合同法〉若干问题的解释（二）》又进一步限缩为效力性强制性规定。然而，管理性强制性规定与效力性强制性规定的划分一直是司法实践中的难题。制定民法典总则编时，便在《民法通则》第58条以及《合同法》第52条规定的基础上，将其规定为违反法律、行政法规的强制性规定的民事法律行为无效，但是，该强制性规定不导致该民事法律行为无效的除外。通过增加这一除外规则，能够灵活地对待违反法律、行政法规的民事法律行为的效力，而不是"一刀切"地一概认定为无效。

2. 民法典规定的是违背公序良俗的民事法律行为，之前规定的是违反公共利益的民事法律行为。本法第8条将《民法通则》中关于公共利益的概念替换为公序良俗。本条规定也进行了调整，以公序良俗替换公共利益。据此，违背社会公共秩序和善良风俗的民事法律行为归于无效。

案例评析

李某与徐某居间合同纠纷案[①]

案情：甲公司就废旧设备拆除项目对外发出招标文件，徐某打算参与承接该拆除项目，经人介绍认识李某，在得知李某的哥哥当时担任新世纪公司（甲公司的上级单位）董事长后，双方商谈由李某居间协调，帮助徐某以乙公司名义中标该拆除项目并签订合同。徐某向李某出具欠条，载明"今欠到持据人人民币总额：甲公司拆除项目合同价的百分之十一作为准确数字……此据成立的前置条件为：立据人以乙公司名义参加甲公司拆除项目的中标及签订合同，合同签订后三个工作日内以现金方式足额支付持据人"。后乙公司未能中标涉案拆除项目。因中标单位丙公司未能按照规定交齐拆除款项，甲公司考虑时间紧迫，未组织重新招标，通知排名在该中标单位后包括乙公司在内的三家公司协商，约定按照丙公司中标价4 017万元，与先将该款项汇入甲公司账上的公司签订合同。乙公司最先完成款项汇入，双方签订合同。李某诉请徐某偿还款项。法院认为，案涉请托破坏了市场公平竞争的正常秩序，

---

① 审理法院：江苏省高级人民法院，案号：（2015）苏民终574号。

不受法律保护，由此形成的债权债务也不受法律保护。法院判决，驳回诉讼请求。

评析：本案争议焦点为李某要求徐某支付居间服务费是否应予支持。正如法官在判决书中所指出的，徐某向李某出具的欠条内容，实质上是徐某委托李某，利用其哥哥担任甲公司上级单位新世纪公司董事长的身份，为其从中打点疏通关系提供便利，以达到成功承接拆除项目工程赚取利润的目的。原告李某所主张的债务涉及权钱交易，明显违反了公平竞争的市场规则。因该债务违背了公序良俗，依据法律规定，违背公序良俗的民事法律行为无效，故李某所主张的债务因违背公序良俗自始无效，不受法律保护。法院驳回其诉讼请求，值得肯定。

▶▶ **第一百五十四条　行为人与相对人恶意串通，损害他人合法权益的民事法律行为无效。**

🏛 **条文要义**

本条是对恶意串通行为无效的规定。

恶意串通，是当事人为实现某种目的进行串通，共同订立民事法律行为，造成国家、集体或者第三人利益损害的违法行为。

恶意串通的构成要件是：（1）当事人在主观上具有恶意，当事人相互之间具有共同的非法目的。（2）当事人之间互相串通。串通是指相互串联、勾通，使当事人之间在行为的动机、目的、行为以及行为的结果上达成一致，共同实现非法目的。（3）双方当事人串通实施的行为损害他人的合法权益。如某城建集团将自己下属的一个资产总额1亿元的开发部，以300万元的对价出让给对方当事人，双方当事人均得到好处，利益受到损害的却是资产所有者。这样的行为就是恶意串通。

恶意串通的民事法律行为是绝对无效的民事法律行为，发生民事法律行为无效的法律后果。

本条所规定的恶意串通，限定在民法领域内进行评价。这一点体现在以下两个方面。

1. 删除了"损害国家、集体或者第三人利益"的规定。《民法通则》第58条第1款第4项与《合同法》第52条第2项规定了"恶意串通，损害国家、集体或者第三人利益"。本条规定将其删除，笼统地称之为损害他人合法权益。这样的修改是完全正确的。恶意串通仍然是民事法律行为，属于民法规范的领域，应当按照民法的规范处理，而不是刻意强调对于恶意串通行为一定要特别保护国家、集体的利益。

2. 删除了追缴恶意串通取得的财产的规定。《民法通则》第61条第2款规定了恶意串通获取财产的返还，即"双方恶意串通，实施民事行为损害国家的、集体的或者第三人的利益的，应当追缴双方取得的财产，收归国家、集体所有或者返还第三人"。《合同法》第 59 条也作了类似的规定，即"当事人恶意串通，损害国家、集体或者第三人利益的，因此取得的财产收归国家所有或者返还集体、第三人"。本条规定未延续这样的做法，显然是把恶意串通作为一个普通的无效民事法律行为来规定，而没有在规则上对恶意串通行为给予更多的否定性评价。

本条规定通过将恶意串通限定在民法领域内评价，别除公法的因素，避免了民法典与其他法律内容的过度杂糅，使民法典更为纯粹。

📌 案例评析

甲公司、乙公司、丙公司、丁公司买卖合同纠纷案[①]

案情：甲公司因与乙公司买卖大豆发生争议，双方达成和解协议，约定乙公司将在 5 年内分期偿还债务，并将乙公司旗下丙公司的全部资产，抵押给甲公司作为偿还债务的担保。此后，丙公司将其国有土地使用权、厂房、办公楼和油脂生产设备等全部固定资产转让给丁公司；丁公司与戊公司签订买卖合同，但戊公司取得上述国有土地使用权证后未付其余价款。经查，丁公司、丙公司、戊公司及乙公司旗下其他公司的直接或间接控制人均为同家族。由于丙公司已无可供执行的财产，甲公司遂诉请确认丙公司与丁公司签订的国有土地使用权及资产买卖合同无效，确认丁公司与戊公司签订的国有土地使用权及资产买卖合同无效。法院认定丙公司与丁公司、丁公司与戊公司签订的案涉合同均属于恶意串通、损害甲公司利益的合同，判决确认上述合同无效。

评析：本案中原告甲公司诉讼请求确认国有土地使用权及资产买卖合同和买卖合同无效，关键在于认定丙公司、丁公司、戊公司相互之间订立的合同是否构成"恶意串通、损害第三人利益"。诚如法官在判决中指出，以上三个公司控制人之间具有亲属关系，在明知可能负担巨额债务的情况下，以明显低价转让固定资产来规避债务，属于典型的恶意串通、损害第三人利益的情形。依据民法典第 154 条的规定，行为人与相对人恶意串通，损害他人合法权益的民事法律行为无效。法官认定以上买卖合同无效，值得赞同。

▶▶ **第一百五十五条** 无效的或者被撤销的民事法律行为自始没有法律约束力。

🏛 条文要义

本条是对民事法律行为被宣告无效或者被撤销后自始无效的规定。

---

① 审理法院：最高人民法院，案号：(2012) 民四终 1 号。

民事法律行为无效或者被撤销所发生的法律后果是必须由法律作出明确规定，确定应当如何承担无效或者被撤销的民事法律行为的后果。

无论是可撤销的民事法律行为，还是无效的法律行为，根据本条的规定，在其被撤销或者被宣告为无效以后，该民事法律行为就是自始、绝对、确定地不按照行为人设立、变更、终止民事法律关系的意思表示发生法律效力。

民事法律行为无效，是指民事法律行为不发生民事法律行为应有的法律约束力，民事法律行为约定的权利、义务不再发生，与原来没有民事法律行为的状况是一样的。民事法律行为无效包括绝对无效与相对无效。

绝对无效民事法律行为，由于都是因民事法律行为内容违反法律或公序良俗，因而民事法律行为在实施之始就没有效力。这种无效是绝对无效，不仅自始无效，而且不准当事人予以追认。

相对无效民事法律行为，在经过当事人请求，依法对民事法律行为予以撤销之后，该民事法律行为虽然在撤销前曾经有过一段效力，但民事法律行为一经撤销就自始无效，其无效的后果溯及既往，前面曾经发生过的效力亦一并消灭，回归到没有民事法律行为的状态。

无效或者被撤销的民事法律行为自始没有法律拘束力，仍然应当适用民法典第507条的规定，不能影响民事法律行为中关于解决民事法律行为争议方法的条款的效力，处理争议还必须按照原来民事法律行为的约定进行。包括四个方面：（1）民事法律行为被宣告无效的，解决民事法律行为争议方法的条款继续有效。（2）民事法律行为被撤销的，解决民事法律行为争议方法的条款不能撤销。（3）即使是变更民事法律行为，在争议处理中对解决民事法律行为争议方法的条款原则上也不能变更。（4）民事法律行为终止，解决民事法律行为争议方法的条款的效力不能消灭。

 案例评析

邱某与钱某提供劳务者受害责任纠纷案[①]

案情：邱某（原告）的配偶通过他人介绍的方式与钱某（被告）取得联系，从事砍伐、运输工作。邱某在做工过程中跌伤，邱某住院期间主要由其配偶陪护。钱某与邱某的配偶达成调解协议，其内容为：前段医疗的费用不计入此次调解内容……由钱某一次性补偿给邱某9 000元……邱某不得再以任何借口向钱某索要经济补偿及一切财物。后钱某未按约定支付补偿款。经司法鉴定，邱某的损伤构成Ⅵ级伤残，且评定邱某的后续治疗费约需人民币10万元。邱某请求撤销案涉调解协议。法院认为，由于作为一般公民对于伤情引起的伤残程度，在没有经有关机

---

① 审理法院：广东省肇庆市广宁县人民法院，案号：（2015）肇宁法新民初103号。

构评估之前是难以判断的，也无法得知因伤残所承受的经济损失程度，当然也无法合理衡量利益，造成了协议约定的赔偿数额与实际损失即 10 万元差距较大，显失公平。邱某请求撤销该款约定，符合法律规定，予以支持。

评析：本案的争议焦点之一是原、被告双方签订的调解协议的效力。因被告利用了原告处于危难、对未来情况不知情的处境，而与原告签订了赔偿数额与实际损失差距较大的协议，调解协议的第 3 款、第 4 款属于显失公平的条款，原告有权请求人民法院依法予以撤销。依据民法典第 155 条的规定，协议被撤销的，该协议自始无效。故原告有权按照过错比例要求被告赔偿除医疗费损失之外的实际损失，包括住院伙食补助费、误工费、残疾赔偿金、鉴定费和精神损害赔偿金等。法院依法部分支持原告撤销调解协议的诉讼请求，值得赞同。

▶▶ 第一百五十六条　民事法律行为部分无效，不影响其他部分效力的，其他部分仍然有效。

🏛 条文要义

本条是对民事法律行为部分无效的规定。

民事法律行为部分无效，是民事法律行为的部分内容违反法律或公序良俗等，但是其他部分并不存在这样的内容。如在一个买卖民事法律行为中，民事法律行为的其他内容都没有问题，但在价款上，当事人自行定价违反了政府定价，导致价款的内容无效，其他内容有效。对这种民事法律行为，无效条款并不影响其他条款的效力，其他条款是有效的，只要在价款条款上按照政府定价，民事法律行为即可继续履行。

民事法律行为无效部分的内容影响其他部分内容的效力的，民事法律行为全部无效。如双方当事人买卖国家禁止买卖的物品，尽管民事法律行为的其他条款都遵守国家的规定，但由于无效的内容影响其他内容的效力，该民事法律行为的全部内容均为无效。

🟤 案例评析

尚某、景小某与景某、李某、毕某土地承包经营权纠纷案[①]

案情：二原告（二原告尚某、景小某系母女关系）在双辽市某某镇某某村分得承包地 10.9 亩。2004 年，原告尚某与被告景某经双辽市人民法院（2004）双郊民初字第 94 号民事调解书调解离婚，母女俩迁往外地，所分承包地由被告景某耕种。原

告于 2014 年回来才得知，被告景某没有经过二原告同意，私自将其承包地转包给被告李某、毕某耕种。二原告诉至法院，请求法院确认三被告之间所签承包合同部分无效；退还二原告 10.9 亩土地经营权；诉讼费用由三被告共同承担。法院判决被告景某与被告李某、毕某签订的土地转包合同部分无效，即涉及原告尚某、景小某土地承包经营权的部分无效。

评析：本案的争议焦点是三被告之间签订的承包合同的效力。三被告未经原告同意而将原告所享有的承包地转包，且原告在事后不予追认，依据《合同法》和《农村土地承包法》的相关规定，应该认定三被告之间签订的转包合同无效。但是，民法以意思自治为原则，除违反强制性规定和公序良俗外，尽可能地承认当事人所实施的民事法律行为的效力，限制法律对于民事法律行为效力的干涉。依据民法典第 156 条的规定，民事法律行为部分无效，不影响其他部分效力的，其他部分仍然有效。涉案转包合同中涉及原告土地经营权的部分无效，并不影响其他部分的效力，法院的判决结果值得赞同。

> ▶▶ **第一百五十七条** 民事法律行为无效、被撤销或者确定不发生效力后，行为人因该行为取得的财产，应当予以返还；不能返还或者没有必要返还的，应当折价补偿。有过错的一方应当赔偿对方由此所受到的损失；各方都有过错的，应当各自承担相应的责任。法律另有规定的，依照其规定。

🏛 条文要义

本条是对民事法律行为无效、被撤销或者确定不发生效力后返还财产的规定。

民事法律行为无效、被撤销或者确定不发生法律效力后，其法律后果是返还或者折价补偿。

返还是恢复原状的一种处理方式，即无效的民事法律行为或者被撤销的民事法律行为自始没有法律约束力，已经按照约定进行的履行因无法律效力而需要恢复到没有履行前的状况，已接受履行的一方将其所接受的履行返还给对方，这是恢复原状的最基本的方式。

不是所有的已经履行的无效民事法律行为都能够或者需要采取返还方式。有些法律行为的性质决定了无法采取返还方式，如提供劳务的无效民事法律行为，提供工作成果的民事法律行为（如建设工程承包民事法律行为）。有些民事法律行为适用返还不经济，如返还需要的费用较高，强制返还带来经济上的极大浪费，因此，不能返还或者没有必要返还的，应当折价补偿。

无效民事法律行为或民事法律行为被撤销后造成损失的，有过错的一方应当赔偿对方因此所受到的损失，赔偿的标准是全部赔偿。如果是双方都有过错的，应当各自承担相应的赔偿责任。法律另有规定的除外，是指有的民事法律行为（例如贩毒）无效后，需要承担罚款、没收、收缴等法律责任的，就不能适用返还、补偿和赔偿损失的责任。

本条规定源于《民法通则》第 61 条第 1 款以及《合同法》第 58 条。《民法通则》第 61 条第 1 款规定无效、被撤销的法律后果，即"民事行为被确认为无效或者被撤销后，当事人因该行为取得的财产，应当返还给受损失的一方。有过错的一方应当赔偿对方因此所受的损失，双方都有过错的，应当各自承担相应的责任"。《合同法》第 58 条也作了类似的规定，即"合同无效或者被撤销后，因该合同取得的财产，应当予以返还；不能返还或者没有必要返还的，应当折价补偿。有过错的一方应当赔偿对方因此所受到的损失，双方都有过错的，应当各自承担相应的责任"。与这两条规定相比，本条规定的适用范围有所扩展，同时新增了除外规则。

1. 适用范围扩展。本条规定借鉴了《民法通则》第 61 条第 1 款以及《合同法》第 58 条的立法经验，将适用范围扩展至所有的效力瑕疵的民事法律行为，包括无效、撤销以及确定不发生效力。此即民事法律行为无效、被撤销或者确定不发生法律效力后，其法律后果均是返还或者折价补偿、赔偿损失。

2. 新增除外规则。本条规定同时新增了除外规则，即法律另有规定的依照其规定。但是该规定指向不明。有学者提出可能指向《民法通则》第 61 条第 2 款以及《合同法》第 59 条关于恶意串通的法律后果的规定。这一论断存在解释上的分歧，即对于这一规定，既可以按照新法优于旧法的规则，确定民法典第 157 条替代了《合同法》第 59 条，也可以认为《合同法》第 59 条是特别规定，具有特别法的效力。究竟属于前者还是后者，还需要有权威的法律解释作出回答。本书更偏向于《合同法》第 59 条是旧法。

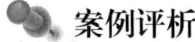 **案例评析**

沈某与胡某租赁合同纠纷案[①]

案情：胡某（甲方）与沈某（乙方）签订租房协议，甲方将案涉房屋出租给乙方从事普浴经营。沈某经营的海天浴场因行政执法责令停业至今。原审另查明：因未经规划许可，案涉地下室系违法建筑。原告沈某诉请确认其与被告签订的租房协议无效。法院认为，胡某作为房屋出租人负有保证其出租的房屋符合约定用途的义务，其应当知道出租的房屋是否属于合法建筑。但胡某在明知沈某承租房屋系用于从事普浴经营的情况下，仍将不具备合法建设手续的半地下室及一楼房屋出租给沈某，对导致租房协议无效有重大过错，应承担相应的民事责任。法院判决案涉租房协议无效。

---

① 审理法院：安徽省马鞍山市雨山区人民法院，案号：（2014）雨民一初 317 号。

评析：本案的争议焦点是原、被告双方签订的租房协议是否无效以及合同无效之后财产返还和损害赔偿问题。正如法官在判决书中所指出的，租房协议因标的房屋系违章建筑而无效，协议无效并非没有任何法律效力，而是指不发生当事人所约定的效力。在确认租房协议无效之后，依据民法典第 157 条的规定发生财产返还、原物不存在时折价补偿以及根据各自的过错程度分担损失等效力。本案中，除租金可以返还外，其他如房屋占有利益、部分装修物品等均无法进行原物返还，只能折价补偿。另外，对于协议无效的发生，双方当事人均存在过错，应该依据过错程度对相应的损失进行分担。法院判决考虑了以上各种因素，合法合理，值得赞同。

第四节　民事法律行为的附条件和附期限

▶▶ **第一百五十八条**　民事法律行为可以附条件，但是根据其性质不得附条件的除外。附生效条件的民事法律行为，自条件成就时生效。附解除条件的民事法律行为，自条件成就时失效。

🏛 条文要义

本条是对附条件民事法律行为效力的规定。

法律行为可以附条件，但是根据其性质不得附条件的除外。附条件的法律行为是指法律行为效力的开始或者终止，取决于将来不确定事实的发生或不发生的法律行为。法律规定民事法律行为可以附条件，目的是以所附的条件来确定或者限制法律行为的效力。这是市场经济发展的要求，是由社会生活复杂性、多样性所决定的。

条件是表意人附加于意思表示的一种任意限制，使他的意思表示的效力由将来客观不确定的事实的成就与否来决定。所附条件的种类是：（1）生效条件，即延缓条件，是指民事法律行为效力的发生决定于所附条件的成就。（2）解除条件，是指民事法律行为中所确定的民事权利和民事义务应当在所附条件成就时失去法律效力的条件，是决定民事法律行为的法律效力是否终止的条件。民事法律行为所附条件，可以是事件，也可以是行为。条件是：（1）约定的条件必须是将来发生的事实；（2）约定的条件必须是不确定的客观事实；（3）约定的条件必须是当事人任意选择的事实；（4）约定的条件必须是合法的事实。

附条件的民事法律行为的后果是：（1）附生效条件的民事法律行为，自条件成就时生效。（2）附解除条件的民事法律行为，自条件成就时失效。应当强调的是，不论是何种附条件的民事法律行为，尽管其所附条件没有成就，并不是对当事人没有拘束力，即当事人不得任意更改或者撤销。

上述所提及的除外规则以及附解除条件的民事法律行为的效力规则是本次民法

典新规定的内容。

1. 新增除外规则。《民法通则》第 62 条只规定了民事法律行为可以附条件，但是没有规定除外规则。事实上，结婚、离婚、收养和解除收养等身份行为不适宜附条件。如果附条件，则有悖于公序良俗。本条新设这一除外规则后，如果类似的行为附条件，便可以适用这一规则，主张附条件无效。

2. 新增了附解除条件的民事法律行为的效力规则。起初，《民法通则》第 62 条在规定附条件的民事法律行为时，只规定了附生效条件的民事法律行为。《合同法》第 45 条第 1 款在《民法通则》第 62 条的基础上，规定了附条件的合同，区分了附生效条件与附解除条件的合同效力，即"当事人对合同的效力可以约定附条件。附生效条件的合同，自条件成就时生效。附解除条件的合同，自条件成就时失效"。制定民法典总则编时，以《合同法》第 45 条第 1 款为立法基础，本条也规定了附条件的民事法律行为，继续细化了附生效条件的民事法律行为与附解除条件的民事法律行为。

总的来说，本条新增除外规则以及附解除条件的民事法律行为效力规则，使得附条件的民事法律行为效力规则更为完善。

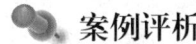 **案例评析**

王某与刘某、何某抵押合同纠纷案[①]

案情：被告刘某通过银行贷款以现金和转账方式陆续借钱给路某使用，二人没有出具借款凭证。路某因贪污罪被判处有期徒刑 10 年。原告王某与被告刘某、何某签订债务抵押协议书，约定甲方（王某）将挖掘机和两台大型农用车抵押给乙方（何某）替路某还债，同时约定王某与刘某债务抵押协议书一事，与路某核实之后如债务属实，王某自愿还款生效，否则王某与刘某债务抵押无效。关于原、被告签订抵押协议是否为附生效条件合同，条件是否成就，抵押协议是否有效的问题，法院认为，原、被告双方签订的抵押协议中含有附条件的约定，所附条件已经成就，该抵押合同成立、有效。

评析：本案的争议焦点之一是原、被告签订的抵押协议是否为附生效条件合同以及条件是否成就。一般而言，民事法律行为附条件旨在给予当事人更大的自主权，允许其以特定事件是否发生来控制民事法律行为效力的发生与否，以更好地安排生产和生活。在抵押协议中原、被告明确表示以被告与路某债务属实为原告自愿还款的条件，依据民法典第 158 条规定，民事法律行为自条件成就时生效，法官通过质证、庭审等程序核实债务属实之后，确认抵押协议有效，被告可依据该协议向原告主张履行抵押协议，法官驳回原告要求返还抵押物的请求实属合法合理。

---

① 审理法院：黑龙江省北安农垦法院，案号：（2014）北商初 112 号。

▶▶ 第一百五十九条　附条件的民事法律行为，当事人为自己的利益不正当地阻止条件成就的，视为条件已经成就；不正当地促成条件成就的，视为条件不成就。

🏛 条文要义

本条是对恶意阻止或者恶意促成条件的法律后果的规定。

附条件的法律行为一旦成立，就对当事人具有法律上的约束力，应当遵守法律行为的约定，无论是生效条件还是解除条件，都必须按照事实发生或者不发生的客观规律，任其自然地发生或者不发生，由此来确定法律行为的生效或者解除，不得人为地加以干预。

人为地干预法律行为所附条件的发生或者不发生，违背了法律行为所附条件的意义，使所附条件的成就或者不成就加入了人的意志的因素，而且是一方当事人的意志因素，使法律行为的生效或者解除由一方当事人加以控制，从而使法律行为的双方当事人的利益平衡发生动摇，违背民法的公平原则和诚实信用原则，因而应禁止这种恶意行为。凡是当事人不正当地阻止所附条件成就的，应当视为条件已经成就，法律行为应当按照原来的约定生效或者解除；凡是当事人不正当地促成所附条件成就的，视为条件不成就，应当按照法律行为原来的约定，确认法律行为不生效或者不解除。这样规定，有利于保护非恶意一方当事人的利益，制裁恶意的当事人，维护交易秩序，保护交易安全。

🪙 案例评析

蒋某与某货运公司经济补偿金纠纷案①

案情： 蒋某进入某货运公司工作，后某货运公司解除与蒋某的无固定期限劳动合同，签订《协商解除劳动合同经济补偿明细表》，载明某货运公司应支付蒋某解除劳动合同的经济补偿共若干元。蒋某出具《承诺书》，载明本人经手货主王某拖欠公司运费尚未收回，现本人承诺负责追回所欠运费后再领取买断补偿金。后蒋某诉至法院，货运公司表示愿意配合蒋某向法院起诉，通过法律途径向王某追讨所欠货款。但在法院限定的期间内，某货运公司并未向蒋某提供任何起诉材料。法院认为，货运公司的行为属于"为自己的利益不正当地阻止条件成就"，应视为被告向原告支付经济补偿金的条件已经成就。因此，法院判决被告支付原告经济补偿金。

评析： 本案的争议焦点是被告的行为是否构成不正当地阻止条件的成就。民法典第159条规定，当事人为自己的利益不正当地阻止条件成就的，视为条件已经成

---

① 审理法院：重庆市渝中区人民法院，案号：（2013）中区民初 5170 号。

就。这是诚实信用原则的具体化，根据诚实信用原则的基本理念，任何人不得从违反诚实信用的行为中获得利益，法律通过拟制相反的法律效果，来纠正试图阻碍事件自然发展趋势的不正当行为。按照诚实信用原则，案中被告本应配合原告依法向法院提起诉讼，向王某追讨货款，却消极地阻碍原告向王某追讨货款，构成了民法典第159条规定的不正当地阻止条件成就的行为，应该视为条件已经成就，被告应该依照《承诺书》向原告支付补偿金。

▶▶ 第一百六十条　民事法律行为可以附期限，但是根据其性质不得附期限的除外。附生效期限的民事法律行为，自期限届至时生效。附终止期限的民事法律行为，自期限届满时失效。

🏛 条文要义

本条是对附期限的民事法律行为的规定。

附期限的法律行为，是指在法律行为中附有一定的期限，并把该期限的到来作为当事人的民事权利和民事义务发生或者消灭前提的法律行为。如房屋租赁法律行为约定，一个月内将房屋租赁给承租人，就是附期限的民事法律行为。附期限的法律行为在法律行为的内容上，与一般的法律行为并没有严格的不同，只是在法律行为中约定一定的期限，将这个期限作为法律行为生效或者失效的条件，在这个期限届至或届满时，法律行为生效或者失效。

法律规定附期限的法律行为的意义在于，限制法律行为当事人所确定的民事权利和民事义务发生法律效力或者终止法律效力的时间，使法律行为能够按照当事人的约定有计划地进行。

法律行为的当事人限定法律行为在什么时候发生效力或失去效力，这种限定的时间就是期限。所附期限的种类是：（1）延缓期限，也称始期，是指在法律行为中规定的期限到来之前，该法律行为所确定的民事权利和民事义务尚不能发生法律效力，要等待期限的到来；期限到来，法律行为所约定的民事权利和民事义务就开始发生法律效力，权利人有权开始请求义务人履行义务，义务人才开始承担履行义务的责任。（2）终止期限，又称终期或解除期限，是指在法律行为中约定的期限到来时，该法律行为所约定的民事权利和民事义务的法律效力即行消灭的期限。该法律行为所约定的效力一直在延续，直至法律行为所约定的期限到来为止，法律行为的效力终止。

本条新设的这一附期限的民事法律行为效力规则较为完善。《民法通则》未规定附期限的民事法律行为。《最高人民法院关于贯彻执行〈中华人民共和国民法通则〉若干问题的意见（试行）》第76条规定："附期限的民事法律行为，在所附期限到来时生效或者解除。"《合同法》第46条在该规定的基础上，规定了"当事人对合同的效力可以约定附期限。附生效期限的合同，自期限届至时生效。附终止期限的合同，自期限届满时失效"。制定民法典总则编时，为了与附条件的民事法律行为相对应，民法典第160条规定了附期限的民事法律行为。不仅新增了附期限民事法律行为的除外规则，还区分了附生效期限与附终止期限的民事法律行为，为法律适用提供了充分的法律依据。

 **案例评析**

甲公司与乙公司买卖合同纠纷案①

案情：原告甲公司（乙方）与被告乙公司（甲方）签订供货合同，合同支付方式的约定为："……第三次付款：甲方将在质保期满后30天内，支付合同价款10%的质保金（质保期为设备连续负荷运转满十二个月），即人民币￥80 000元（大写：人民币捌万元整）。"合同签订后，原告向被告指定的丙公司发货。原告认为被告尚差欠原告货款若干，而被告认为此款系质保金，质保金付款条件未成就，故不应支付。原告诉至法院。法院认定该条款为附期限合同，就本案而言，若为附期限合同，则只产生一种后果：那就是被告当然负有付款义务，只是履行时间早晚的问题。被告仅能行使期限未届至的抗辩权，但其付款义务仍存在，原告实体权利并不消灭。因此，被告的付款义务是必然的，只是何时付款而已。如此，原告的合同目的才能得以实现。故法院裁判被告乙公司向原告甲公司支付货款若干元。

评析：本案的争议焦点是原、被告所签订的供货合同中有关第三次支付价款的约定究竟是附条件还是附期限。民法典第160条规定，民事法律行为可以附期限，但是根据其性质不得附期限的除外。附生效期限的民事法律行为，自期限届至时生效。附终止期限的民事法律行为，自期限届满时失效。与附条件的民事法律行为相同，附期限的民事法律行为体现了私人自治，易言之，民事法律行为的效力始期与终期均取决于当事人约定的期限，区别二者的关键在于未来事件是否确定地发生，如果确定发生，则为附期限，否则为附条件。本案中，被告的付款义务在原告依约履行供货义务之后是确定发生的，否则，原告将无法实现合同目的，故争议条款是附期限合同，被告应该按照约定的期限付款。在约定的期限不明时，原告可以随时要求支付价款，但是要给被告合理的准备时间。

---

① 审理法院：湖北省武汉市青山区人民法院，案号：（2016）鄂0107民初563号。

第七章 代理

第一节 一般规定

▶▶**第一百六十一条** 民事主体可以通过代理人实施民事法律行为。

依照法律规定、当事人约定或者民事法律行为的性质，应当由本人亲自实施的民事法律行为，不得代理。

🏛 条文要义

本条是对代理及不得代理的规定。

代理是指代理人在代理权范围内，以被代理人的名义独立与第三人实施法律行为，由此产生的法律效果直接归属于被代理人的民法制度。在代理关系中，以他人名义实施法律行为的人称为代理人；其名义被他人使用而由他人实施法律行为的人称为被代理人或者本人，即本条所说的"民事主体"；与代理人实施法律行为的相对人称为第三人。代理的法律特征是：（1）代理人要为被代理人作出意思表示。（2）代理人是否以被代理人的名义进行活动须区别对待。（3）代理人在代理权限内独立进行法律行为。（4）代理行为的法律后果直接归属于被代理人。

代理主要适用于民事法律行为。凡是民事主体有关权利、义务的设立、变更、消灭的民事法律行为，都可以适用代理制度，包括：（1）双方或者多方的法律行为，如买卖、租赁、借贷、承揽、保险等；（2）单方法律行为，例如代理他人行使追认权、撤销权等；（3）准法律行为，例如代理他人进行要约邀请、要约撤回、承诺撤回、债权的主张和承认等。代理还可以适用于下列行为：（1）申请行为，如代理申请注册商标。（2）申报行为，如申报纳税行为。（3）诉讼行为，代理诉讼中的当事人进行各种诉讼行为（包括申请仲裁的行为）。

不适用代理的行为包括：（1）法律规定不得适用代理的行为，例如设立遗嘱不得代理，结婚、离婚不得代理；（2）当事人约定某些事项不得代理的；（3）根据民事法律行为的性质，即根据该种民事法律行为的性质不得适用代理的；（4）人身行为，如婚姻登记、收养子女等；（5）人身性质的债务，如受约演出不得代为演出。

上述内容中，有三个方面是民法典规定的新规则。

1. 新增了依照民事法律行为的性质应当由本人亲自实施的民事法律行为不得代理。《民法通则》第 63 条第 3 款只规定了法律规定不得适用代理以及当事人约定不得适用代理的情形。然而，法律规定可能有所疏漏，当事人约定也可能有所遗漏。本条新增了依照民事法律行为的性质不得适用代理的情形，作为兜底条款来规范代理情形，具有较大的解释空间，可以周延保护相对方的权益。

2. 以民事主体替换公民与法人的概念。《民法通则》第 63 条只规定了公民与法人可以通过代理人实施民事法律行为，一方面是使用了公法上公民的概念，另一方面是忽略了非法人组织的民事主体地位。制定民法典总则编时，便以自然人、法人和非法人组织替换原来的公民、法人概念。民法典草案二审时，又以民事主体的概念替换了自然人、法人和非法人组织，规定更为概括、简练。

3. 代理的法律后果独立成条。《民法通则》第 63 条共分为 3 款，第 1 款与第 3 款是关于代理的适用范围，第 2 款是代理的法律后果。将适用范围与法律后果同时规定在一个条文中，不免有些杂糅。制定民法典总则编时，便将《民法通则》第 63 条第 1 款与第 3 款合并为一条，规定在民法典第 161 条；将第 2 款独立成一条，规定在民法典第 162 条。将代理的适用范围与法律后果分开规定，体现立法技术上的进步。

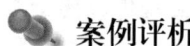 案例评析

甲公司诉乙公司货运代理合同纠纷案①

案情： 被告乙公司与原告甲公司签订展品运输委托代理协议，委托原告安排其参加巴西展会的展品从深圳工厂到巴西展会展位往返的运输、报关等事宜。后原告向被告发去催款通知函，要求被告按照协议约定支付去程、回程的运杂费。被告认为涉案货物不能顺利通关的责任在于原告，因为原告"作为具有多年物流报关经验的大公司，应该比我方更懂各个国家的货物清关条例，应该事先告知我们要注意哪些方面的条款，然而贵方在我方把货物交由贵方代理运输时却没有得到任何关于电脑不能用纸箱包装在航空箱里面的提醒。出货前也没帮我们把展品和装箱清单核实是否符合要求"，据此拒绝对运杂费作出全额支付。法院认为，双方之间的货运代理合同关系成立，对双方当事人具有约束力，故判决被告乙公司向原告甲公司支付运费。

评析： 代理是一种依他人独立的行为而使本人直接承担其法律效果的制度。现代社会中，因个人（包括法人）的精力、时间、技能有限，利用他人之才能从事活动，极大地拓展了私法自治范围，并被广泛地应用于商业活动中。依据民法典第 161

---

① 审理法院：广东省广州海事法院，案号：（2013）广海法初 694 号。

条规定，唯有依法律规定、当事人约定或者民事法律行为的性质不能适用代理的行为才不能代理，其他各种行为均可适用代理。本案中所涉及的纠纷乃货运代理合同，属于典型的代理行为，并不违反代理制度的适用范围限制，在发生争议后，法官应该依据代理相关规定予以裁决。

> ▶▶ **第一百六十二条**　代理人在代理权限内，以被代理人名义实施的民事法律行为，对被代理人发生效力。

🏛 条文要义

本条是对代理权和代理行为效力的规定。

代理权，是指代理人基于被代理人的意思表示、法律的规定或者有关机关的指定，能够代理他人实施法律行为的权利。

代理行为就是代理权行使的行为，是指代理人以被代理人的名义，在代理权限范围内与第三人实施的，法律效果直接归属于被代理人的法律行为。

代理行为的构成要件是：（1）代理人须有被代理人的授权。（2）代理人须以被代理人的名义实施。（3）须代理人独立为意思表示。（4）代理人须有相应的行为能力。

代理人在代理权限内，以被代理人名义实施的民事法律行为，对被代理人发生的效力包括两个方面：（1）代理行为的一般法律后果。符合代理行为的构成要件，发生代理的法律后果，即代理的法律后果直接归属于被代理人，而不是由代理人承受。（2）代理行为的撤销权或者解除权的效果。凡是在代理行为中因意思表示瑕疵而产生撤销权的，撤销权属于被代理人而不是代理人。同样，如果代理行为订立的合同具有解除事由，该解除权也由被代理人享有，而不是归属于代理人。

📌 案例评析

海上、通海水域货运代理合同纠纷案①

案情： 被告委托原告办理一票货物的订舱出运事宜。原告接受委托后，转委托甲公司处理订舱事宜，甲公司随后通过乙公司向丙公司进行了订舱。运输期间产生集装箱超期使用费，乙公司在向丙公司支付后，向甲公司收取了 18 778.80 美元。后甲公司诉请判令原告支付上述费用，法院支持诉请。现原告向被告追偿上述费用。法院认为，基于原、被告之间的货运代理合同关系，原告在对外支付了目的港集装箱超期使用费之后，是否有权向作为委托方的被告追偿，取决于两个因素：其一，

---

① 审理法院：上海海事法院，案号：（2015）沪海法商初 1875 号。

该费用是否属于原告为处理委托事务垫付的必要费用；其二，双方就该费用支付义务方是否有明确约定。本案中原告未能证明上述两项因素，其向被告追索该费用的诉请缺乏事实与法律依据，不予支持。

评析：本案的争议焦点在于原告的代理行为是否在代理权限以内，这也就决定了相应的代理费用是否应该由被告，也就是委托人来承担。代理权限是指委托人对于代理人代理权范围的限制，依据民法典第 162 条的规定，代理人唯有在代理权限内行使代理权时，其实施的代理行为的法律效果才应该由委托人（被代理人）承担，否则，代理人的代理行为构成无权代理，由代理人本人承担。本案中，被告委托原告办理的货运代理事项仅限于出口订舱，目的港所发生的集装箱超期使用费的支付已经超出了被告委托原告代理的权限，不应由被告承担。法官的判决事实认定清楚，适用法律正确，值得赞同。

▶▶ **第一百六十三条**　代理包括委托代理和法定代理。

委托代理人按照被代理人的委托行使代理权。法定代理人依照法律的规定行使代理权。

🏛 条文要义

本条是对委托代理和法定代理及代理权行使规则的规定。

委托代理，是指基于被代理人的委托授权而发生代理权的代理，为授权代理和意定代理。在委托代理中，委托授权行为是基于被代理人的意志进行的，本人的意思是发生委托代理的前提条件，代理法律关系的产生是基于被代理人的意志，由被代理人的授权而产生代理法律关系，使代理人具有代理权。

法定代理，是依据法律规定而产生代理权的代理。法定代理的产生，是基于自然人无法参与或只能有限制地参与个人事务，但是该种个人事务又必须进行，否则将会损害其合法权益，因此设定法定代理制度，使法定代理直接由法律作出规定，而不是依赖于任何授权行为，故法定代理是一种保护被代理人的法律制度，具有保护被代理人民事权益的功能。主要形式是：（1）父母对未成年子女的法定代理权；（2）其他人对未成年子女担任监护人的人，是该未成年子女的法定代理人；（3）夫妻日常家事代理权，也是法定代理；（4）基于紧急状态法律特别授权的代理，例如作为货主的代理人处理货物。

代理权的行使规则，是指代理人在履行代理权时应当遵守的规则，也就是代理人所应当承担的义务。代理人通过行使代理权的行为履行代理义务，代理人就实现了设立代理的目的。

委托代理人按照被代理人的委托行使代理权，法定代理人依照法律的规定行使代理权。行使代理权的基本要求是：（1）代理人必须为被代理人的利益实施代理行为。（2）代理人必须亲自实施代理行为。（3）代理人必须在代理权限范围内行使代理权。（4）代理人必须谨慎、勤勉、忠实地行使代理权。

本条规定删除了指定代理及其行使规则。在此之前，《民法通则》第 64 条照搬了法定监护、指定监护以及委托监护的类型划分，规定了代理的三种类型，分别是委托代理、法定代理以及指定代理，即"代理包括委托代理、法定代理和指定代理。委托代理人按照被代理人的委托行使代理权，法定代理人依照法律的规定行使代理权，指定代理人按照人民法院或者指定单位的指定行使代理权"。指定代理的内容和权限也是法定代理，仅仅是由法院依照法律规定去指定代理而已。因此，民法典第 163 条规定代理类型时删除了指定代理，仅保留了委托代理和法定代理。

案例评析

甲公司与乙公司货运代理合同纠纷案[①]

案情： 原告甲公司向被告乙公司发出订舱委托，委托被告代为办理两个 40 英尺集装箱的毛毯从连云港出口到俄罗斯的订舱、报关等事宜。后案涉货物运抵卸货港后，原告要求被告办理货物从俄罗斯退运的相关事宜，沟通中原告认为被告作为代理应当"全权办理退运"，被告表示其已向承运人马士基航运公司申请，而根据承运人的通知，在当地海关办理货物退运时必须提交收货人的弃货声明，原告表示其无法提交，涉案货物最终未能从卸货港成功退运。现原告诉请被告赔偿原告货款损失等。法院认为，接受原告的委托后，被告办理了代理报关事宜，并代原告向承运人马士基航运公司订舱。涉案货物顺利运抵卸货港，被告依约履行了合同义务。在原告要求办理货物退运时，被告提供了必要的协助和联络，被告主张其没有过错，有事实依据，法院予以支持；原告主张被告应赔偿原告的货物损失，缺乏事实和法律依据，不予支持。

评析： 本案乃货运代理合同纠纷，属于委托代理。依据民法典第 163 条，委托代理人按照被代理人的委托行使代理权。代理人还需尽到一定的勤勉与信义义务，以实现委托人的利益最大化。代理人在按照委托协议行使代理权并尽到相应的勤勉与信义义务之后，可以对造成的损失免责。本案被告依据有效的委托代理协议，为委托人办理了代理报关事宜，并代原告向承运人马士基航运公司订舱，依约履行了合同义务；在原告要求办理货物退运时，被告提供了必要的协助和联络，尽到了相应的勤勉和信义义务，不应对原告所提出的因货物未被退运而产生的集装箱超期使用费以及相关损失负责，法院依据代理协议驳回了原告的诉讼请求，合法合理，值得赞同。

[①] 审理法院：广东省广州海事法院，案号：（2014）广海法初 48 号。

> ▶▶ 第一百六十四条　代理人不履行或者不完全履行职责，造成被代理人损害的，应当承担民事责任。
>
> 代理人和相对人恶意串通，损害被代理人合法权益的，代理人和相对人应当承担连带责任。

🏛 条文要义

本条是对不当代理损害赔偿责任的规定。

未善尽代理职责的责任，是代理人因懈怠行为，即不履行勤勉义务、疏于处理或者未处理代理事务，使被代理人设定代理的目的落空，蒙受损失的赔偿责任。代理人根据被代理人的授权实施代理行为，应当负有善良管理人注意的勤勉义务，认真处理代理事务。未尽上述义务，就是懈怠行为。法律禁止代理人的懈怠行为，被代理人因此遭受的损失可以要求代理人赔偿。这种民事责任的构成，即使代理人没有故意、没有过失，就是不履行或者不完全履行代理职责，只要造成了被代理人的损害，就构成这种民事责任。赔偿责任的范围，按照实际损失的范围确定。

代理人与相对人恶意串通损害被代理人合法权益的连带责任，是指在代理人履行代理职责期间，代理人利用代理权，与相对人恶意串通，实施侵害被代理人合法权益的行为，代理人与相对人应当承担连带损害赔偿责任。这种行为发生在代理人与相对人之间，具有损害被代理人合法权益的共同故意，利用代理权实施损害被代理人合法权益的行为，并且造成了被代理人的人身或者财产权益的损害，行为和损害之间具有因果关系。这种责任的性质属于共同侵权行为，其行为后果是承担连带责任。被代理人可以请求代理人或者相对人单独承担责任，也可以要求代理人和相对人共同承担连带责任，代理人和相对人承担的最终责任份额应当依照各自的过错程度和损害的原因力来确定。

 案例评析

何某某与宁波市某律所委托合同纠纷案①

案情：何某某与某律所签订委托代理合同，约定某律所接受何某某的委托，指派"律师陈某（法律工作者）"为佳智公司民间借贷纠纷案件的一审代理人，代理权限为特别授权；同时指派该所另一名律师蔡某某代理同一案件中的对方。陈某向该院申请撤诉，双方达成调解协议。其后法院以严某某下落不明，严某某、佳智公司无财产可供执行为由，终结申请执行人何某某与被执行人严某某、佳智公司民间借

---

① 审理法院：浙江省宁波市中级人民法院，案号：（2011）浙甬商终 407 号。

贷纠纷一案的执行。另查明：在一份借款协议中，徐某某、佳智公司均为借款人严某某的连带责任保证人，故债权人何某某可在撤回对连带责任保证人徐某某的起诉之日起2年时效内继续要求徐某某承担连带保证责任。但何某某在撤诉后的2年时效内并未另诉。何某某于是诉请判令某律所赔偿损失。法院认为，有偿的委托合同，因受托人的过错给委托人造成损失的，委托人可以要求赔偿损失。本案中由于某律所的过错——指派该所的两名法律工作者分别担任该案何某某与严某某、徐某某、佳智公司的代理人，且在该案中代理何某某申请撤回对担保人徐某某的起诉，让担保人徐某某在该案中不承担担保责任，某律所作为何某某代理人未最大程度维护被代理人的合法权益，故某律所的过错行为与何某某的损失之间有一定的因果关系，酌情认定某律所对何某某的损失负担20%的赔偿责任。

评析： 本案争议的焦点是诉讼代理人是否存在不当代理行为导致损害原告的诉讼利益。因代理人在代理权限内实施的法律行为的法律效果由被代理人承担，且这一拘束力是不可抗拒的，具有强大的法律效力，所以代理人在实施代理行为时必须秉持诚实信用的原则。依据民法典第164条的规定，代理人不履行或者不完全履行职责，甚至与相对人恶意串通，损害被代理人利益的，应当承担民事责任。本案中，被告指派同一法律服务所的两名法律工作者分别担任该案何某某与严某某、徐某某、佳智公司的代理人，有可能存在双方代理人恶意串通，因而这与原告的诉讼利益受损具有一定的因果关系，应该相应地赔偿原告所受损失。主审法官酌情认定被告对何某某的损失承担一定的赔偿责任，合法合理，值得赞同。

第二节 委托代理

▶▶ **第一百六十五条** 委托代理授权采用书面形式的，授权委托书应当载明代理人的姓名或者名称、代理事项、权限和期限，并由被代理人签名或者盖章。

🏛 条文要义

本条是对委托代理授权委托书形式的规定。

委托代理必须有委托授权，被代理人将代理权授予代理人，才能使代理人有权代理被代理人实施民事法律行为。委托代理的授权是要式行为，被代理人和代理人首先应当签订书面合同，并依据该合同，由被代理人向代理人出具授权委托书。

授权委托书也叫代理证书，是证明代理人有代理权的书面文件。授权委托书与委托合同不同：（1）授权委托书是授权行为，是单方法律行为的表现形式；委托合同是授权委托的基础法律关系，但却是双方法律行为，被代理人依据委托合同出具授权委托书。(2) 授权委托书一经颁发，立刻产生授权的效力；委托合同需双方达成合意。(3) 授权委托书可以直接证明代理权的存在，至于其是否存在委托代理合同关系并不重要；而委托合同的存在并不能证明代理权的存在。

授权委托书的内容应当包括：(1) 代理人的姓名或者名称，代理人可以是自然人，也可以是法人或者非法人组织。(2) 代理事项，是被代理人向代理人授权代理民事法律行为的范围，根据代理事项的不同，将代理事项区分为一般代理和特别代理。(3) 权限，代理权限是在代理事项的范围内，可以作出何种决定。超出代理权限范围的，构成超越代理权的无权代理；没有规定明确的代理事项和代理权限，为代理事项和权限不明。(4) 期限，规定代理权的起止时间。(5) 被代理人签名或者盖章，表明是谁向代理人授予代理权。

本条规则删除了两方面的内容。

1. 删除了委托代理形式的规定。制定民法典总则编时，第 135 条已经对法律行为的形式作出了一般性规定，而且规定的法律行为的形式更加多元，包括书面、口头以及其他形式。为了避免重复，本条规定删除了《民法通则》第 65 条第 1 款关于委托代理形式的内容。

2. 删除委托书授权不明的法律后果。《民法通则》第 65 条第 3 款规定了委托书授权不明的法律后果后，多数学者对其提出了批评意见。有学者认为该规定并不恰当，理由是让代理人承担连带责任既不符合委托代理制度的基本法律构造，又与我国代理制度存在不合之处，还影响代理制度功能的发挥。有学者认为该规定并无用处，应当删除，理由是授权不明时应当通过意思表示解释规则予以确定，从而消除授权不明的状态。据此，代理行为或者是在授权意思的范围之外，构成无权代理，发生无权代理的法律后果；或者是在授权的意思之内，构成有权代理，发生有权代理的法律后果。如果最终无法通过意思表示解释规则明确授权行为的内容，则应当认定授权行为不成立。这类批评并非毫无道理。立法机关参考了这些意见，删除了关于委托书授权不明的法律后果的规定。遗憾的是，民法典未就委托代理授权不明时的法律后果继续作出妥善的规定。这就导致了如若出现委托代理授权不明的纠纷，只能通过学理进行解释。

🫧 案例评析

某物资公司与某建设公司、某市政公司

买卖合同纠纷案①

案情： 被告某建设公司与某实验中学就签订建设工程施工合同，被告某市政公司作为"委托代理人"在该合同上盖章，但该合同对某市政公司的代理权限（处理

---

① 审理法院：安徽省芜湖市镜湖区人民法院，案号：(2014) 镜民二初 547 号。

事项）未作具体规定。原告（甲方）与被告某市政公司（乙方）签订供货协议。其后，原告按约供货，但被告某市政公司未付剩余货款若干。原告遂诉至法院。关于某建设公司所应当承担的民事责任，法院认为本案中的证据未能明确某市政公司的代理权限（职责范围），由此可以认为代理授权不明，代理人与被代理人对第三人（即原告）承担连带民事责任。

评析：鉴于委托代理授权强大的效力以及郑重性，民法典第165条要求授权委托书采用书面形式，并且应当载明代理人的姓名或者名称、代理事项、权限和期限，以避免发生代理争议，或者利于在发生争议时保存证据。在实务中容易出现的情形是授权委托书中所载的委托权限不明，法官需要对代理争议发生之后的代理效力以及相应的责任承担进行解释。本案中，两被告所签订的代理协议未能明确某市政公司的代理权限，属于代理权限不明的情形，法官依据《民法通则》第65条要求两被告对原告的损失承担连带责任，符合法律规定，值得赞同。

> **▶▶第一百六十六条　数人为同一代理事项的代理人的，应当共同行使代理权，但是当事人另有约定的除外。**

🏛 条文要义

本条是对共同代理及规则的规定。

共同代理与单独代理相对，是以代理人的数量为标准对代理进行的分类。

单独代理是指代理人为一人的代理，即代理人只有一人，由代理人单独行使代理权。法定代理人只有一人的，也是单独代理。

共同代理是指代理权由数人共同行使的代理，即代理人为二人以上的数人行使代理权。共同代理的本质，是数人为同一委托事项的代理人。在被代理人作授权时，就应当把代理权授予数人，被授予代理权的数人应当都接受授权委托，共同为被代理人做代理人。

共同代理权的行使要求是"共同行使代理权"，即（1）每一个共同代理人都享有平等的代理权，地位平等。（2）共同代理权为共同代理人所共同享有，代理权是一个整体，如果被代理人将代理权分割给每一个代理人行使的，这构成数个代理而不是共同代理。（3）代理权由共同代理人共同行使，由共同代理人共同的意思决定。如果共同代理人中的一人单独行使代理权，未经被代理人或者其他共同代理人承认的，构成无权代理，不发生代理的效果。

上述规则，只有当事人另有约定的，才适用约定的规则。

📌 **案例评析**

甲公司与乙公司、丙公司货运代理合同纠纷案①

案情： 原告甲公司与丁公司签订服装供需合同，约定丁公司向原告订购一批服装，并约定金额、交货地点、时间、批次和数量。戊公司将涉案货物运至仓库装箱，被告乙公司负责该批货物从我国宁波海运至南非德班的出运订舱、报关等事宜。被告乙公司将提单交付给丁公司。被告乙公司将上述货物分两票报关，完成报关事项后将报关单交给原告。后涉案货物在目的港被卸下，货物随后被收货人提走。原告遂以两被告未交付正本提单造成其损失为由诉至法院。经查，被告丙公司向戊公司开具货代发票，戊公司向被告丙公司支付了上述费用。戊公司出具情况说明，认为涉案货物系其受原告委托生产，其与原告系贸易伙伴。对于本案各方关系，法院认为原告委托戊公司将货物运至被告乙公司指定地点，再经由被告乙公司将货物交给承运人、以自己的名义将涉案货物报关出运，并向被告丙公司支付了货代费用，其系海上货物运输的实际托运人；被告乙公司完成了订舱、报关等代理事项，被告丙公司向原告交付了报关单，并开具了内容为订舱费、报关费等费用的货代发票，两被告工作人员、办公地点混同，共同完成了涉案海上货运代理事项，系涉案海上货物运输的共同代理人。

评析： 在一些代理案件中，鉴于代理事项的复杂性，被代理人往往会委托多个代理人来代理委托事项。本案中原告与两被告签订了委托代理协议，约定由两被告共同完成涉案海上货运代理事项，可以认定两被告系海上货物运输的共同代理人。依据民法典第166条的规定，数人为同一代理事项的代理人的，应当共同行使代理权。只有全体代理人的共同同意，才能行使代理权，所实施的行为是全体代理人的共同行为，两被告在履行代理职责过程中进行了协商分工，符合共同代理的要求。

> ▶▶ **第一百六十七条** 代理人知道或者应当知道代理事项违法仍然实施代理行为，或者被代理人知道或者应当知道代理人的代理行为违法未作反对表示的，被代理人和代理人应当承担连带责任。

🏛 **条文要义**

本条是对代理违法责任的规定。

代理违法分两种，即代理人知道或者应当知道代理的事项违法仍然实施的代理

---

① 审理法院：浙江省宁波海事法院，案号：（2013）甬海法商初301号。

行为，以及被代理人知道或者应当知道代理人的代理行为违法而未作反对表示的代理行为。

代理人知道或者应当知道代理的事项违法，是指被代理人授权的代理事项本身就是违法的，代理人知道或者应当知道被代理人授权自己代理的事项违法，未作反对表示，仍然实施该代理行为，造成了相对人的损害。违法的代理行为是由代理人实施的，违法的代理是由被代理人授权的，因此，对造成相对人损害的后果，应当由代理人和被代理人共同承担连带责任。

被代理人知道或者应当知道代理人的代理行为违法，是指代理人实施的代理行为是违法的，而被代理人委托的代理事项并不违法，由于被代理人知道或者应当知道代理人实施的代理行为违法而未作反对表示，造成了相对人的损害。尽管被代理人授权的代理事项并不违法，但是代理人实施的代理行为违法，由于被代理人知道或者应当知道代理人实施的行为违法而未表示反对，因而对于造成相对人损害的后果，应当由代理人和被代理人共同承担连带责任。其中，代理人应当知道的情形是民法典新规定的规则。《民法通则》第 67 条只规定了代理人知道代理违法而仍然实施或者未作反对表示时需要承担连带责任。知道的证明标准较高，需要代理人明确知悉代理违法，这不利于保护相对人的权益。考虑到代理人是被代理人手臂的延伸，代理事项违法的实施离不开代理人的协助，为了避免代理违法事项发生，侵害他人的合法权益，本条规定新增了代理人应当知道的情形，对代理人科以更高的注意义务。

构成代理违法的连带责任，受到损害的权利人有权依照本条规定，请求代理人或被代理人一方或者双方承担连带赔偿责任。

 **案例评析**

某置业公司与某中心学校、金某房地产开发
经营合同纠纷案[①]

案情： 被告金某以某中心学校名义与赤壁市赤马港办事处赤马港社区二组签订《征用土地协议书》，约定：金某征用赤马港社区二组集体土地 8 亩，用于建设某中心学校教师楼项目。原告与被告某中心学校约定：被告某中心学校提供金某负责征用的案涉土地，由原告用该宗土地负责某中心学校教师住宅楼项目建设工程开发。后由于某中心学校教师楼建设项目没有得到项目批准和规划许可，因而原告与被告某中心学校签订的合同无法履行，原告诉至法院。经查，某中心学校向金某出具了一份授权委托书，委托金某负责办理某中心学校就赤马港社区二组教师住宅楼所有事宜。法院裁判原告某置业公司与被告某中心学校《联合开发合同》

---

① 审理法院：湖北省咸宁市赤壁市人民法院，案号：（2013）鄂赤壁民初 1820 号。

无效，被告金某返还原告某置业公司相关费用并赔偿利息，被告某中心学校负连带清偿责任。

评析：本案的争议焦点之一是两被告之间的代理行为是否属于违法代理。本案中，被告某中心学校授权委托被告金某征用的土地尚未取得建设用地规划许可，属于违法事项，并且被告金某在代理过程中没有明确表示反对，属于违法代理。依据民法典第 167 条的规定，代理人知道或者应当知道代理事项违法仍然实施代理行为的，被代理人和代理人应当承担连带责任。因此，两被告应该对原告承担连带责任。法院的判决依法维护了原告的合法权益，合法合理，值得赞同。

▶▶**第一百六十八条**　代理人不得以被代理人的名义与自己实施民事法律行为，但是被代理人同意或者追认的除外。

代理人不得以被代理人的名义与自己同时代理的其他人实施民事法律行为，但是被代理的双方同意或者追认的除外。

🏛 条文要义

本条是对禁止自己代理和双方代理的规定。

为了维护被代理人的利益，实行禁止代理权滥用规则，即法律规定或者委托合同约定的代理人不得滥用其代理权，实施损害被代理人权益的代理行为。自己代理和双方代理都是代理权的滥用方式。

自己代理，是指代理人在代理权限内，以被代理人的名义与自己实施法律行为。代理人同时作为代理人与自己作为当事人，交易双方的意思表示实际上是由一个人作出，交易行为是由一个人实施的，存在代理人为自己的利益而牺牲被代理人利益的极大危险，除非事前得到被代理人的同意或者事后得到追认，法律不承认自己代理的效力。自己代理分为两种情况：（1）代理人以自己的名义向被代理人发出要约且代理人以被代理人的名义予以承诺；（2）代理人以被代理人的名义向自己发出要约且以自己的名义进行承诺。特例是，如果被代理人同意或者追认，自己代理是经被代理人认可的，则不妨碍其代理行为的效力。

双方代理，也称同时代理，是指一个代理人同时代理双方当事人实施法律行为，也就是同时代理双方当事人的本人和相对人实施同一法律行为。同一个人代表两方当事人的利益，无法实现讨价还价的过程，两种利益难以达到平衡。因此，除非事前得到双方被代理人的同意或者事后的追认，法律不承认双方代理的效力。双方代理的特点是：（1）代理人获得了本人和相对人的授权，如果仅有一方当事人的授权，不构成双方代理；（2）双方授权的内容是相同的，如果双方都对同一个代理人作出了授权，但授权内容、代理事项不同，也不构成双方代理。

案例评析

郑某诉廖某房屋买卖合同纠纷案①

案情：被告廖某向原告郑某借款，并向原告出具了借条，担保人余某在借条上签名。原、被告办理了委托公证，委托书内容主要是：原告全权委托被告代为办理案涉房产的还贷、解除抵押登记、领取他项权证和房屋所有权证等一切相关手续；代为办理上述房产的买卖、过户、领证、拆迁及收取房款等一切相关手续；代为协助购房方办理银行按揭及房产的土地证过户、领证及相关事宜；被告在上述代理权限范围内所签署的一切有关法律文件，原告均予以承认。其后，被告以自己为受让方，代理原告为出让方，签订了案涉两套房屋的买卖合同，将原告两套房产转让过户至自己名下，并替原告还清银行按揭贷款、缴纳各种税费。现原告诉请法院撤销被告自己代理所签订案涉买卖合同。法院判决，对案涉买卖合同依法撤销。

评析：本案的争议焦点是被告代理原告签订两份《南昌县存量房屋买卖合同》的行为是否属于自己代理。自己代理系代理权滥用行为，民法典第168条规定，代理人不得以被代理人的名义与自己实施民事法律行为，但是被代理人同意或者追认的除外。如此规定旨在避免代理人在代理过程中出现利益冲突。本案中，被告以原告代理人的名义与自己签订案涉房屋买卖合同，违背了原告的真实意思，事后又未经原告追认，在法律上属于自己代理，法院按照原告的要求依法予以撤销，合法合理，值得赞同。

> ▶▶ **第一百六十九条** 代理人需要转委托第三人代理的，应当取得被代理人的同意或者追认。
>
> 转委托代理经被代理人同意或者追认的，被代理人可以就代理事务直接指示转委托的第三人，代理人仅就第三人的选任以及对第三人的指示承担责任。
>
> 转委托代理未经被代理人同意或者追认的，代理人应当对转委托的第三人的行为承担责任；但是，在紧急情况下代理人为了维护被代理人的利益需要转委托第三人代理的除外。

🏛 条文要义

本条是对转委托即复代理的规定。

转委托也叫复代理，与本代理相对应，是指代理人为实施代理权限内的全部或者部分行为，以自己的名义选定他人担任自己的被代理人的代理人，并由该他人代

---

① 审理法院：江西省南昌市南昌县人民法院，案号：（2013）南民初900号。

理被代理人实施法律行为的情形。被选定的该他人叫作复代理人（或者再代理人），其代理的法律效果直接归属于被代理人。代理人为被代理人另行委任代理人的权限，称为复任权，属于代理权的内容。

由于被代理人与代理人之间存在人身信赖关系，因此代理人负有亲自执行代理事务，不得转委托他人处理代理事务的义务。在以下两种情形，可以设定复代理：（1）紧急情况。在紧急情况下，代理人不能亲自处理代理事务，如此下去又会损害被代理人的利益时，法律允许进行复代理。紧急情况是指代理人身患急病、与被代理人通讯联络中断等特殊原因，代理人不能办理代理事项，又不能与被代理人及时取得联系，如果不及时转托他人代理，就会给被代理人的利益造成损失或者扩大损失的情况。（2）被代理人事先同意或者事后认可。如果被代理人事先同意或者事后认可复代理，法律也允许复代理。

转委托产生的复代理经被代理人同意或者追认的，被代理人可以就代理事务直接指示转委托的第三人即复代理人，他们之间发生的代理关系，由他们自己负责。在这种情况下，代理人仅就第三人即复代理人的选任以及对第三人即复代理人的指示承担责任，对于被代理人直接与复代理人之间发生的代理关系，不承担责任。

转委托的复代理如果未经被代理人同意或者追认的，代理人应当对转委托的第三人即复代理人的行为承担责任。只是在紧急情况下，代理人为了维护被代理人的利益需要转委托第三人作为复代理人代理的，按照前述规则，认可其复代理的效果。

上述被代理人的追认权以及转委托代理经同意后的法律后果，均是民法典规定的新规则。

1. 统一增加了被代理人的追认权。《民法通则》第 68 条规定："委托代理人为被代理人的利益需要转托他人代理的，应当事先取得被代理人的同意。事先没有取得被代理人同意的，应当在事后及时告诉被代理人，如果被代理人不同意，由代理人对自己所转托的人的行为负民事责任，但在紧急情况下，为了保护被代理人的利益而转托他人代理的除外。"在该规定中，只有被代理人的事先同意权，而未规定被代理人的事后追认权。本条规定新增了被代理人的事后追认权，有利于督促转委托的法律行为的效力确定。

2. 增加了转委托代理经被代理人同意或者追认时，被代理人的权利以及代理人的责任。《民法通则》第 68 条只规定了转委托代理未经被代理同意时的法律后果，而未规定经同意后的法律后果。本条规定新增了经过同意或者追认后被代理人的权利以及代理人的责任。将法律效果确定下来，能够减少不必要的纠纷。

案例评析

甲律师事务所与某公司等委托合同纠纷案[①]

案情： 某公司与乙律师事务所签订《全风险代理协议》，接受委托后，就某公司与中大公司合作开发合同纠纷一案，乙律师事务所指派律师刘某代理某公司向岳阳市中级人民法院提起诉讼。一审某公司胜诉，中大公司提起上诉。乙律师事务所将二审代理行为转委托给甲律师事务所，并与甲律师事务所签订《转委托协议书》，约定代理方式为风险代理，代理费由乙律师事务所直接支付给甲律师事务所，乙律师事务所与原委托人某公司签订的代理合同结算费用与甲律师事务所无关。后中大公司申请再审。某公司与甲律师事务所签订《委托代理合同》。此后，某公司与丙律师事务所签订《委托代理合同》，委托丙律师事务所代理案件的再审及执行，乙律师事务所没有委派律师出庭参加再审诉讼。现某公司与乙律师事务所均未支付甲律师事务所任何代理费用，甲律师事务所诉至法院。法院认为，案涉转委托行为取得了委托人某公司的同意，遂判决被告乙律师事务所给付原告甲律师事务所转委托代理费。

评析： 本案的核心争议之一是《转委托协议书》的效力及转委托费的支付问题。转委托是指代理人为处理其权限内事务之全部或一部，而以自己的名义授权他人代理之代理。依据民法典第169条的规定，代理人需要转委托第三人代理的，应当取得被代理人的同意或者追认。第三人在自己和代理人代理权限范围内所为行为，直接拘束本人和相对人。本案中，某公司虽然没有在甲律师事务所与乙律师事务所签订的《转委托协议书》上书面盖章，但是在某公司与中大公司合作开发合同纠纷一案的二审诉讼中，某公司书面授权给甲律师事务所代理该案，甲律师事务所亦按约完成了二审诉讼代理行为，可以推知该转委托行为取得了委托人某公司的同意，合法有效，被告乙律师事务所应该依据有效的转委托协议给付原告代理费。

> ▶▶**第一百七十条**　执行法人或者非法人组织工作任务的人员，就其职权范围内的事项，以法人或者非法人组织的名义实施的民事法律行为，对法人或者非法人组织发生效力。
>
> 　　法人或者非法人组织对执行其工作任务的人员职权范围的限制，不得对抗善意相对人。

🏛 条文要义

本条是对职务代理行为及后果的规定。

---

① 审理法院：湖南省长沙市天心区人民法院，案号：（2013）天民初1591号。

职务代理，是指根据代理人所担任的职务而产生的代理。尽管职务代理也是由于这个法人或者非法人组织的委托而产生的代理权，但是这种委托与委托代理的委托不同，是基于代理人在法人和非法人组织中的职务，经由法人和非法人组织的授权而产生代理权。职务代理的代理人，是执行法人或者非法人组织工作任务的人员。不具有这样身份的，不能构成职务代理。职务代理的代理人执行的事务是其职权范围内的事项。职务代理的代理人在自己职权范围内实施的行为，都是法人或者非法人组织的行为。职务代理的代理人执行职务实施的民事法律行为，应当以法人或者非法人组织的名义实施。没有表明是以法人或者非法人组织的名义实施的，其实也不影响代理的效果，因为只要职务代理人在自己的职权范围内实施的事项，都是有合法授权的事项。职务代理人在其职责范围内实施的民事法律行为，性质属于代理行为，因此其自己代理的一切事项，都对法人或者非法人组织发生法律效力，由职务代理人所在的法人或者非法人组织承受。

法人或者非法人组织的工作人员在执行职务代理行为时，如果超出了职权范围，构成越权代理的，法人或者非法人组织可以主张其工作人员越权代理实施的民事法律行为无效。不过，对法人或者非法人组织的工作人员超越职权范围的代理行为无效的请求，不得对抗善意相对人，只要其在与职务代理行为的代理人实施民事法律行为时，自己不知道或者不应当知道工作人员的职务代理行为越权，且无过失的，就可以否认民事法律行为无效的主张，确认该民事法律行为有效。

案例评析

某置业公司与肖某商品房销售合同纠纷案①

案情： 原告某置业公司、被告肖某签订了《认购协议书》，该协议甲方栏处由第三人杨某签字并盖有原告公司章印。根据该协议约定，被告肖某向第三人杨某支付部分购房款，杨某出具收条。后肖某未能按时将所剩款项支付。依照第三人杨某的要求，肖某以肖某之子张某的名义向杨某支付了部分房款，杨某出具了商业管理公司业务印章的收据。另查明，商业管理公司系受原告委托对原告开发的飞驰新天地广场商铺进行经营管理的独立法人单位，该公司与原告的法定代表人为同一人，第三人杨某系该公司经理。现原告以被告至今未付余款若干为由，诉请解除原、被告双方签订的案涉《商品房买卖合同》。本案争议焦点之一为对于第三人杨某收取被告款项的行为性质应如何认定。对此，法院认为第三人杨某代表原告签订《认购协议书》并预收被告房款的行为系职务行为，其行为产生的后果应由原告承担。故原告辩称杨某收取被告案涉房款系其与被告个人之间的往来而与原告无关，法院不予支持。

---

① 审理法院：江苏省盐城市中级人民法院，案号：(2014) 盐民初 14 号。

评析：本案的争议焦点之一是杨某收取被告款项的行为是否构成职务代理。依据民法典第170条的规定，职务代理人在其职权范围内实施的民事法律行为，性质属于代理行为，因此其自己代理的一切事项，都对法人或者非法人组织发生法律效力，由职务代理人所在的法人或者非法人组织承受。本案中杨某乃代表原告公司以房款的名义收取款项，并且杨某作为证人出庭作证时虽辩称该款项中部分为其与被告之间的借贷往来，但其未提供证据加以证实，可以认定杨某的行为构成职务代理，应该由被告承担相应的法律效果。法院依法驳回原告某置业公司的诉讼请求，值得赞同。

> ▶▶ 第一百七十一条 行为人没有代理权、超越代理权或者代理权终止后，仍然实施代理行为，未经被代理人追认的，对被代理人不发生效力。
>
> 相对人可以催告被代理人自收到通知之日起三十日内予以追认。被代理人未作表示的，视为拒绝追认。行为人实施的行为被追认前，善意相对人有撤销的权利。撤销应当以通知的方式作出。
>
> 行为人实施的行为未被追认的，善意相对人有权请求行为人履行债务或者就其受到的损害请求行为人赔偿。但是，赔偿的范围不得超过被代理人追认时相对人所能获得的利益。
>
> 相对人知道或者应当知道行为人无权代理的，相对人和行为人按照各自的过错承担责任。

🏛 条文要义

本条是对无权代理及其后果的规定。

无权代理，是指代理人不具有代理权、超越代理权或者在代理权终止后仍然实施的代理行为，包括不具有代理权的代理、超越代理权的代理和代理权终止后的代理。严格的无权代理仅指第一种情形，广义的无权代理包括上述三种情形。无权代理的特征是：（1）行为人实施的法律行为符合代理行为的表面特征。（2）行为人对所实施的代理行为不具有代理权。无权代理的法律效果是，只要未经被代理人追认，就不发生代理的法律效果。

本条第2款将无权代理行为规定为效力待定的行为。具体规则是：（1）被代理人享有追认权。无权代理设立的民事行为，如果经过被代理人的追认，使无权代理性质发生改变，其所欠缺的代理权得到补足，转化为有权代理，发生与有权代理同样的法律效果。（2）相对人享有催告权。如果无权代理行为的相对人欲使其有效，可以催告被代理人在30日内予以追认。被代理人未作表示的，视为拒绝追认，代理行为不发生效力。（3）善意相对人享有撤销权。善意相对人如果不承认该代理行为的效力，须在被代理人追认之前以通知的方式行使撤销权，撤销该代理行为。

本条规定了两种无权代理的民事责任：（1）无权代理人实施的行为未被追认的责任。无权代理人实施的行为未被追认的，善意相对人有权请求无权代理人履行债务，或者就其受到的损害请求行为人承担赔偿责任，赔偿范围不得超过被代理人追认时相对人所能获得的利益。（2）相对人知道或者应当知道代理人无权代理的责任。相对人知道或者应当知道代理人是无权代理，造成了被代理人权益损害的，相对人和行为人都存在过错，应当按照各自的过错承担按份责任。

《民法通则》第 66 条也规定了无权代理，即"没有代理权、超越代理权或者代理权终止后的行为，只有经过被代理人的追认，被代理人才承担民事责任。未经追认的行为，由行为人承担民事责任。本人知道他人以本人名义实施民事行为而不作否认表示的，视为同意。代理人不履行职责而给被代理人造成损害的，应当承担民事责任。代理人和第三人串通、损害被代理人的利益的，由代理人和第三人负连带责任。第三人知道行为人没有代理权、超越代理权或者代理权已终止还与行为人实施民事行为给他人造成损害的，由第三人和行为人负连带责任"。与此相比，本条规定修正了未作出表示时的法律后果，新增了相对人的权利，细化了无权代理的民事责任。

1. 修改了未作表示的法律后果。《民法通则》第 66 条第 1 款第 3 句规定："本人知道他人以本人名义实施民事行为而不作否认表示的，视为同意。"《合同法》第 48 条第 2 款修正了该规则，将未作表示的视为拒绝追认。本条延续了《合同法》第 48 条第 2 款的做法，与民法典第 140 条第 2 款关于沉默的规定相对应，坚持尊重被代理人的意思，当被代理人未作表示时，视为拒绝追认而非同意。

2. 新增了相对人的催告权与撤销权。《民法通则》未规定相对人的权利，忽略了相对人的催告权。《合同法》第 48 条第 2 款规定了相对人的催告权与善意相对人的撤销权，即"相对人可以催告被代理人在一个月内予以追认。被代理人未作表示的，视为拒绝追认。合同被追认之前，善意相对人有撤销的权利。撤销应当以通知的方式作出"。本条规定基本延续了这一内容，在民法典总则编确认了相对人的催告权与善意相对人的撤销权，适用于所有的民事法律行为，包括但不限于合同。

3. 细化无权代理的民事责任。《民法通则》第 66 条只规定了无权代理未被追认时，由行为人承担民事责任，但未规定具体的责任承担方式和赔偿范围。本条规定将其予以完善。一方面，本条第 3 款规定了善意相对人有权请求赔偿损失以及赔偿损失的范围不得超过被代理人追认时相对人所能获得的利益；另一方面，本条第 4 款规定了相对人非善意时，与行为人根据过错程度承担责任。

值得注意的是，《民法通则》第 66 条第 3 款和第 4 款还规定了相对人和代理人恶意串通的连带责任。这一内容与民法典第 164 条规定相互重合，故出现恶意串通的情形时，直接适用民法典第 164 条规定即可。

案例评析

于某俊与涿州市弘昕房地产开发有限公司*合同纠纷案①

案情：京陶公司授权宋某军与弘昕地产商谈北新家园项目后续合作和权益分割事宜。某日，宋某军代表京陶公司（乙方）与弘昕地产（甲方）、丙方刘某怀（见证人）签订《解除房地产项目合作开发协议书》。京陶公司认为，宋某军未经授权，以2 400万元的价格完成项目解除协议，涉嫌和弘昕地产恶意沟通。法院认为，京陶公司出具的授权委托书明确委托事项为"北新家园"合作项目中权益分割争议，并未涉及本案诉争的债权。宋某军处分案涉债权的行为属于超越代理权限的行为，不对京陶公司发生法律效力。

评析：本案的争议焦点在于被告的行为是否构成无权代理。无权代理是指无代理权的人以他人名义实施的代理行为，主要包括自始不存在代理权、代理权终止和超越代理权限三种情形。依据民法典第171条的规定，如果被代理人不予追认无权代理行为，则不对其发生效力。在于某俊与弘昕地产的合同纠纷案件中，京陶公司授权宋某军与弘昕地产商谈北新家园项目后续合作和权益分割事宜，未授权其处理本案所涉的债权，但宋某军擅自与弘昕地产签订解除协议，并以低价进行权益分割，属于典型超越代理权限的无权代理行为，该行为不对京陶公司发生法律效力。

应当注意的是，民法典第171条在《民法通则》第66条规定的基础上，细化了相对人善意或恶意时无权代理的法律后果。据此，如果本案中京陶公司是善意，有权请求宋某军赔偿自己的损失。若是能证明宋某军、弘昕地产存在恶意串通，则二者需要对京陶公司承担连带赔偿责任。

> ▶▶ **第一百七十二条** 行为人没有代理权、超越代理权或者代理权终止后，仍然实施代理行为，相对人有理由相信行为人有代理权的，代理行为有效。

🏛 条文要义

本条是对表见代理的规定。

规定表见代理行为及其法律后果时，本条规定借鉴了《合同法》第49条关于"行为人没有代理权、超越代理权或者代理权终止后以被代理人名义订立合同，相对人有理由相信行为人有代理权的，该代理行为有效"的规定，将其适用范围扩展至所有的民事法律行为，新设立了这一规则。

---

* 以下简称"弘昕地产"。
① 审理法院：河北省保定市中级人民法院，案号：（2020）冀06民初36号.

表见代理，是指被代理人的行为足以使第三人相信无权代理人具有代理权，并基于这种信赖而与无权代理人实施法律行为的代理。表见就是表现，表见代理就是表现为有权代理的无权代理。其意义是：（1）承认外表授权。外表授权是指具有授权行为的外表或者假象，而事实上并没有实际授权。外表授权规则的适用，使表见代理的性质发生了变化。（2）保护善意交易相对人的利益，使善意相对人不因相信表见代理人的行为而受到损害。（3）保护动态交易安全。

表见代理的构成要件是：（1）须行为人没有代理权。（2）客观上存在使相对人相信行为人具有代理权的理由，一是相对人相信行为人有代理权的事实，二是相对人对行为人有代理权建立了信赖。（3）相对人与无权代理人成立法律行为。（4）相对人对此为善意且无过失。

表见代理发生的主要原因是：（1）被代理人以书面或者口头形式直接或者间接地向第三人表示以他人为自己的代理人；（2）被代理人与代理人之间的委托合同不成立、无效或者被撤销，但尚未收回代理证书；（3）代理关系终止后被代理人未采取必要措施公示代理关系终止的事实，且尚未收回代理人持有的代理证书；（4）行为人的外观表象足以使第三人认为其有代理权而与之交易。

表见代理发生以下法律效力：（1）发生有权代理的效力。（2）表见代理人对被代理人的损失承担损害赔偿责任。（3）善意相对人主张撤销时，被代理人不得主张表见代理。

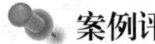 案例评析

王某1与刘某、某学院等房屋买卖合同纠纷案①

案情：被告王某2假冒被告某学院的名义，与被告刘某签订《房屋认购协议》，约定被告刘某购买涉案房屋，被告刘某支付了全款。原告王某1与被告刘某签订《无产证补充协议》，并与被告某公司签订房屋买卖委托协议，交付定金和余款。其后，原告收到被告某学院告知函，得知被告刘某无权处分涉案房屋，被告王某2涉嫌合同诈骗案发。现涉案房屋登记在被告某学院名下。法院认为，被告王某2出售涉案房屋时任华宇公寓物业副主任，且在涉案房屋的《城市供用水合同》中，被告王某2对外代表某学院在供水委托代理人处签字，因此，被告王某2具有某学院代理权的外观，符合表见代理的客观要件。虽被告刘某与某学院签订的《房屋认购协议》中某学院的公章是王某2伪造的，但被告刘某作为普通购房者并无辨别的能力，被告刘某有理由相信能够合法地从王某2手中购买涉案房屋。因此被告刘某作为第三人，主观上是善意的，其对王某2的代理行为的信赖是正当的。故法院判决被告某学院支付原告购房款。

---

① 审理法院：山东省德州经济技术开发区人民法院，案号：（2016）鲁 1491 民初 995 号。

　　评析：民法典第 172 条规定，行为人没有代理权、超越代理权或者代理权终止后，仍然实施代理行为，相对人有理由相信行为人有代理权的，代理行为有效。本案的争议焦点为被告王某 2 出卖房屋的行为是否构成表见代理。表见代理是指被代理人因疏忽的表见行为引起了善意第三人对无权代理人有代理权的合理信赖，为保护这种合理信赖，促进交易安全的实现，而让无权代理对本人产生与有权代理相同的法律效果。本案中，某学院在被告刘某办理缴纳水费手续时为其出具认可其所有权证明，且在涉案房屋的《城市供用水合同》中被告王某 2 对外代表某学院在供水委托代理人处签字，使得被告王某 2 具有代理权的外表和假象，被告刘某在善意的情况下与被告王某 2 签订买卖合同构成表见代理，某学院应该对被告王某 2 的行为承担责任。

第三节　代理终止

　　▶▶**第一百七十三条**　有下列情形之一的，委托代理终止：
　　（一）代理期限届满或者代理事务完成；
　　（二）被代理人取消委托或者代理人辞去委托；
　　（三）代理人丧失民事行为能力；
　　（四）代理人或者被代理人死亡；
　　（五）作为代理人或者被代理人的法人、非法人组织终止。

🏛 条文要义

　　本条是对委托代理终止原因的规定。

　　委托代理终止的具体原因是：（1）代理期限届满或者代理事务完成，包括代理授权所要进行的工作已经结束，或者代理的时间已经完成；（2）被代理人取消委托或者代理人辞去委托；（3）代理人丧失民事行为能力，丧失了行使代理权的资格和能力；（4）代理人或者被代理人死亡，不再存在行使代理权的主体；（5）作为代理人或者被代理人的法人、非法人组织终止，代理关系也不再存在，代理权终止。

　　代理权终止的效果是：（1）代理关系终止后，代理权终止，代理人不得再以被代理人的代理人身份进行活动。（2）代理权终止后，代理人在必要和可能的情况下，应当向被代理人或者其继承人、遗嘱执行人、清算人、新代理人等，就其代理事务及有关财产事项作出报告和移交。（3）委托代理人应向被代理人交回代理证书及其他证明代理权的凭证。

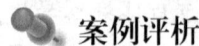 **案例评析**

王某 1 与王某 2 合同纠纷案①

案情：原告王某 1 与刘某（已去世）出具委托书一份，委托被告王某 2 代为办理出售二人共有的案涉房屋的相关手续，原告与刘某在委托书上签字，并办理公证。后该房屋因涉案被法院查封，现案涉房屋不能出售，无法实现原告与被告履行合同的目的，原告持诉称理由向法院提起诉讼，请求判决解除原告与被告签订的委托书，并由被告承担诉讼费用。法院认为，原告要求解除其向被告出具的委托书，目的在于取消被告委托代理权。被代理人取消委托或者代理人辞去委托，委托代理终止，故原告仅需单方取消被告委托代理权，即可发生委托代理终止的效果。原告该权利未受到妨害引起民事权益争议，其起诉不符合起诉条件，应驳回其起诉。

评析：委托代理权的终止涉及被代理人、代理人和相对人三方的利益，应该通过法律规定予以明确。依据民法典第 173 条的规定，委托代理权的消灭原因可以分为授权行为本身的原因、基础法律关系的原因、被代理人方面的原因和代理人方面的原因。本案中，原告要求解除其向被告出具的委托书，目的在于取消被告委托代理权，属于授权行为本身的原因，原则上委托人享有取消委托的"任意解除权"，性质上属于形成权，无须诉讼，委托人只要发出取消授权的通知即能达到委托代理终止的效果。

> ▶▶ **第一百七十四条**　被代理人死亡后，有下列情形之一的，委托代理人实施的代理行为有效：
>
> （一）代理人不知道且不应当知道被代理人死亡；
>
> （二）被代理人的继承人予以承认；
>
> （三）授权中明确代理权在代理事务完成时终止；
>
> （四）被代理人死亡前已经实施，为了被代理人的继承人的利益继续代理。
>
> 作为被代理人的法人、非法人组织终止的，参照适用前款规定。

🏛 条文要义

本条是对被代理人死亡后委托代理行为效力的规定。

被代理人死亡后的代理行为有效的情形是：（1）代理人不知道且不应当知道被代理人死亡的，即其确实不知道，并且也不应该知道。（2）被代理人的继承人予以承认。（3）代理权授权中明确代理权在代理事务完成时终止的。（4）在被代理人死

① 审理法院：辽宁省大连市庄河市人民法院，案号：（2015）庄民初 3807 号。

亡前已经实施，在被代理人死亡后为了被代理人的继承人的利益而继续代理。

除此之外，被代理人死亡后，委托代理人实施的代理行为无效。

作为被代理人的法人、非法人组织终止，相当于自然人的死亡，因而可以参照适用本条第 1 款的规定。

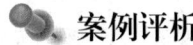 **案例评析**

洪某 1 与洪某 2、洪某 3 等确认合同无效纠纷案[①]

案情：洪某大与杜某系夫妻关系，婚后育有 5 个子女，为本案原告洪某 1、被告洪某 2、被告洪某 3、被告洪某 4 及被告洪某 5。洪某大于 1997 年去世。杜某原居住房屋所在地区遇拆迁，杜某被安置于新住处并取得该新住处房屋的房地产权证。2012 年 4 月 10 日，杜某及被告洪某 3 至公证处办理系争房屋出售的委托手续，杜某特委托洪某 3 代为办理案涉房屋的出售手续，委托期限为 1 年。2012 年 7 月 2 日杜某因病死亡。2013 年 3 月 16 日，被告洪某 3 持委托书代杜某与被告洪某 5 签订买卖合同，将系争房屋出售给杜某之子即被告洪某 5，后完成过户。原告洪某 1 诉至法院，请求判令案涉房屋买卖合同无效并恢复原状。法院认为，在委托期限内被告洪某 3 作为杜某的代理人与被告洪某 5 签订买卖合同，并办理了系争房屋的过户手续。但该买卖合同及产权变更的时间在杜某死亡之后，不属于法律规定的有效情形，洪某 3 属无权代理。又因杜某已死亡，其继承人未能对该买卖合同达成一致意见予以追认，该买卖合同应属无效。

评析：本案的争议焦点之一是洪某 3 作为代理人在被代理人死亡之后签订的买卖合同的效力。一般情况下，被代理人死亡后，代理关系终止。但是，在某些情况下，根据代理制度的本质以及诚实信用的原则，在被代理人死亡时，应该认可代理行为仍然有效。民法典第 174 条对这些特殊情形予以明确规定。本案中，被告在被代理人死亡后所进行的代理行为并不符合法律所规定的任何一种有效情形，属于无权代理，法院依法认定其无效，值得赞同。

> ▶▶ **第一百七十五条** 有下列情形之一的，法定代理终止：
>
> （一）被代理人取得或者恢复完全民事行为能力；
>
> （二）代理人丧失民事行为能力；
>
> （三）代理人或者被代理人死亡；
>
> （四）法律规定的其他情形。

---

① 审理法院：上海市闵行区人民法院，案号：（2013）闵民五（民）初 1473 号。

🏛 条文要义

本条是对法定代理终止原因的规定。

法定代理的终止与委托代理的终止原因不同。法定代理的终止原因有：（1）被代理人取得或者恢复完全民事行为能力。无民事行为能力或者限制民事行为能力的被代理人取得了民事行为能力或者恢复了民事行为能力，法定代理没有再存在的基础和必要。（2）代理人丧失民事行为能力，代理人无法行使代理权。（3）被代理人或者代理人死亡，法定代理的基础不再存在，消灭代理权。（4）法律规定的其他情形，例如人民法院或者其他指定代理的机关取消该指定代理，则丧失了法定代理的法律基础，因此消灭代理关系。在此之前，《民法通则》第70条规定："有下列情形之一的，法定代理或者指定代理终止：（一）被代理人取得或者恢复民事行为能力；（二）被代理人或者代理人死亡；（三）代理人丧失民事行为能力；（四）指定代理的人民法院或者指定单位取消指定；（五）由其他原因引起的被代理人和代理人之间的监护关系消灭。"与此相比，本条规定修改了多处表述：一是将"被代理人取得或者恢复民事行为能力"修改为"被代理人取得或者恢复完全民事行为能力"，新增"完全"二字，表达更为准确，即只有被代理人是完全民事行为能力人时，才不需要法定代理；二是将"代理人丧失民事行为能力"的顺序提前至第2项，与第1项"被代理人取得或者恢复完全民事行为能力"相对应，逻辑上更为周延缜密；三是将兜底条款的"由其他原因引起的被代理人和代理人之间的监护关系消灭"修改为"法律规定的其他情形"，这样的规定更为概括，具有更大的包容性，给法官留下一定的解释空间。

法定代理关系终止后，依据其产生的法定代理权即行终止。

🔵 案例评析

胡某均、胡某燕生命权、健康权、身体权纠纷案[①]

案情：胡某均、胡某燕系本案死者胡某与前妻李某碧之女，胡某与李某碧离婚后，胡某均由胡某抚养，胡某燕由李某碧抚养。蒋甲系王某与蒋某之子，王某与蒋某离婚后，蒋甲由王某抚养，蒋某一直在外务工，现下落不明。2002年，胡某与王某登记结婚，蒋甲、胡某均、王某与胡某共同居住生活，后蒋甲离家前往重庆。2015年，胡某与王某前往重庆找到蒋甲并将其接回家中，蒋甲精神状态正常，无异常表现。第二天，蒋甲在家中用菜刀将其继父胡某杀害。胡某均、胡某燕向法院请求蒋某、王某、蒋甲赔偿。一审法院认为，胡某与蒋甲形成继父子法律关系。蒋甲突发精神疾病时，胡某与王某、蒋某即成为蒋甲的法定监护人。蒋甲丧失认知能力，

属于无民事行为能力人，故蒋甲对胡某的死亡不承担赔偿责任。王某、蒋某均无法预见蒋甲突发精神分裂症，案发时亦不在现场，不存在过错。二审法院认为，胡某与蒋甲的监护关系在其被当场伤害致死时已经终止。蒋某、王某系蒋甲父母，应当对胡某的损害承担民事责任。考虑到蒋甲事发前并无异常，酌情决定由王某、蒋某承担责任。

评析：本案争议的焦点是蒋甲作为成年人，突发精神疾病致其继父胡某死亡，监护人的监护责任始于何时、终于何时。一审法院充分关注到了监护责任始于何时，认为，蒋甲突发精神疾病时，胡某即成了蒋甲的法定监护人。二审法院的着重点则是监护责任终于何时，认为根据《民法通则》第70条的规定，当胡某被蒋甲伤害致死时，胡某与蒋甲的监护关系发生终止。可见，一审法院尽管注意到了胡某成为蒋甲法定监护人的时间，却忽略了胡某在其死亡时，监护关系发生了自动终止。据此，蒋甲的法定监护人就是其亲生父母蒋某、王某。蒋甲作为无民事行为能力人，其行为致人损害，应当由其监护人承担侵权责任。据此，蒋某与王某需要对胡某的死亡承担损害赔偿责任。

应当补充说明的是，民法典第175条在《民法通则》第70条的基础上作出了适当的调整，将被代理人取得或者恢复民事行为能力修改为取得或者恢复完全民事行为能力。据此，如果本案中蒋甲未患有精神疾病，则其于自己成年之时，与蒋某、王某以及胡某的监护关系就终止。此时，若蒋甲杀害了胡某，应当由其本人承担侵权责任。

第八章　民事责任

▶▶**第一百七十六条**　民事主体依照法律规定或者按照当事人约定，履行民事义务，承担民事责任。

条文要义

本条是对民事义务和民事责任的规定。

民事义务是与民事权利相对应的概念，是指义务人为满足权利人的要求而为一定的行为或者不为一定行为的法律负担。其特征是：（1）民事义务产生于法律的规定和当事人的约定。（2）民事义务的内容表现为为一定行为或者不为一定行为。（3）民事义务的履行是为了满足民事权利人的利益。（4）履行民事义务具有法律的强制性。

民事责任，是指民事主体不履行或者不完全履行民事义务应当依法承担的不利后果。不履行或者不完全履行民事义务，就是违反民事义务。民事责任既是违反民事义务所承担的法律后果，也是救济民事权利损害的必要措施，还是保护民事权利的直接手段。民事责任的特征是：（1）民事责任是以民事义务的存在为前提产生的法律责任。（2）民事责任是具有强制性的法律责任。（3）民事责任是具有制裁性的法律责任。（4）民事责任主要是具有财产性的法律责任。（5）民事责任主要是具有补偿性的责任，也包括一定的惩罚性赔偿责任。

民事责任与民事义务的区别是：（1）民事责任产生在民事义务的不履行之后。（2）民事责任与民事义务分别与国家公权力、民事权利概念相关联。（3）民事义务属于"当为"，而民事责任不仅是"当为"，更是"必为"。

民事责任与民事义务既有严格的区别，又有密切的联系。本条同时规定民事义务和民事责任，反映的就是这样的关系，即违反民事义务的行为是产生民事责任的原因和依据，而民事责任是违反民事义务的行为所引起的不利法律后果。

案例评析

夏某祥、方某青生命权、健康权、身体权纠纷案[①]

案情：明瑞公司将其承运的时代新城建筑垃圾运往某地，并选任方某青（无铲

[①]　审理法院：湖北省十堰市中级人民法院，案号：（2020）鄂 03 民终 1719 号民事判决书．

车驾驶证）将明瑞公司倒入的渣土推平。方某青在操作无牌照、无保险的铲车过程中，有一块石头滚下斜坡，致夏某祥受伤。一审法院认为，明瑞公司在对其承运的建筑垃圾消纳处理中未尽到安全保障义务，导致其选任的方某青（无铲车驾驶证）在操作无牌照、无保险的铲车过程中使夏某祥受伤。方某青操作铲车不当负担次要责任，明瑞公司因管理和选任过失也负担相应的赔偿责任。二审法院持同样的观点，即方某青在未持有《特种机械操作证》的情况下，在操作自己所有的无牌照、无保险的铲车施工的过程中，导致石头滚落，造成夏某祥受伤，应当对损害后果承担民事赔偿责任。明瑞公司将倾倒建筑垃圾的工程发包给无相应操作资质的铲车司机方某青，具有选任过失，应当对夏某祥的损害后果承担相应的过错责任。

评析：此案涉及民法典第 176 条的规定。本条系以《民法通则》第 106 条为基础，并进行了语句的精简。在本案中，明瑞公司进行建筑垃圾消纳处理，应当尽到安全保障义务，避免他人因其垃圾处理行为受到损害。该安全保障义务不仅包括物方面的安保，即使用合格的设备设施，还包括人方面的安保，即配备专业的人员。然而，明瑞公司违反了这一安全保障义务，其所选任的方某青不仅没有铲车驾驶证，而且没有合格的铲车。在方某青不当操作的过程中，致使夏某祥受伤。可见，明瑞公司违反安全保障义务的行为，使得夏某祥遭受了人身损害。民法典第 176 条规定，民事主体依照法律规定或者按照当事人约定，履行民事义务，承担民事责任。明瑞公司作为建筑垃圾消纳处理方，依照法律规定应当履行安全保障义务。但其在履行安全保障义务时，未能恪尽职守，选任专业的人员，致使夏某祥受伤，应当承担赔偿责任。

> ▶▶ **第一百七十七条**　二人以上依法承担按份责任，能够确定责任大小的，各自承担相应的责任；难以确定责任大小的，平均承担责任。

🏛 条文要义

本条是对按份责任的规定。

按份责任是指数个责任人按照约定或者法律规定，按照不同的份额，对一个责任按份承担的民事责任。其分为两种形式：（1）约定的按份债务不履行发生的按份责任；（2）依照法律规定发生的按份责任，例如分别侵权行为发生的按份责任。

按份责任与连带责任的基本区别是，连带责任的责任人之间虽然也有份额，但是这种份额具有相对性，对外每一个责任人都负有全部承担责任的义务。而按份责任的各个责任人的责任份额不具有连带性，责任人只对自己的份额负责，不对整体责任负责。

按份责任的规则是，数个责任人承担按份责任的，如果能够确定责任大小的，应当按照行为人各自的过错程度和行为原因力的大小比例，承担相应的责任；如果难以确定责任大小的，则平均承担责任。发生按份责任，每个行为人只对自己的行为后果承担侵权责任。

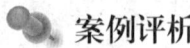 **案例评析**

徐某等与法库县叶茂台镇王某某装修部等侵权责任纠纷案①

案情： 黄某某经营水果超市，未经许可，欲接一简易钢构平房作为仓库。黄某某丈夫冯某浦与王某某口头订立施工合同，双方约定王某某包工包料；黄某某、冯某浦对建房事项不负责管理与安排，仅提供施工人员的伙食。某日，王某某雇佣的徐某施工期间，未戴安全帽亦未佩有安全带，不慎高压触电死亡。法院认为，本案属多因一果发生的损害赔偿纠纷，应按事故原因力比例承担按份责任。其中，供电公司未及时巡查发现高压电路并作整改，疏于管理，应承担20%的赔偿责任。水果超市作为定作人将存在重大安全隐患的项目承揽给不具有施工资质的王某某装修部施工存有一定过失，应承担30%的赔偿责任。王某某装修部明知钢结构库房正上方高压电力线具有高度危险性仍安排徐某进行施工，且在施工过程中未提供安全保护措施，应承担40%的赔偿责任。

评析： 此案涉及民法典第177条的规定。民法典第177条系以《侵权责任法》第12条为基础，并进行了文字上的改动。在本案中，王某某装修部安排徐某施工高度危险项目，且未尽到足够的安全保障义务，未提供足够的安全保护措施，致使其触电身亡，存在过错，应当承担民事责任。被告水果超市是定作人，其将未经许可的项目承揽给王某某装修部，存在定作过失。因此水果超市对于徐某的死亡具有过错，应当承担相应的民事责任。而被告供电公司未能及时查验出存在安全隐患的高压线路，导致徐某触电身亡，这同样是导致徐某死亡的原因。民法典第177条规定，二人以上依法承担按份责任，能够确定责任大小的，各自承担相应的责任；难以确定责任大小的，平均承担责任。本案审理法院经过综合考量，认为王某某装修部原因力酌定为40%；水果超市存在定作过失，原因力酌定为30%；供电公司疏于管理，原因力为20%。因此，法院判决责任人各自承担相应份额的赔偿责任。

▶▶ **第一百七十八条** 二人以上依法承担连带责任的，权利人有权请求部分或者全部连带责任人承担责任。

连带责任人的责任份额根据各自责任大小确定；难以确定责任大小的，平均承担责任。实际承担责任超过自己责任份额的连带责任人，有权向其他连带责任人追偿。

连带责任，由法律规定或者当事人约定。

---

① 审理法院：辽宁省阜新市中级人民法院，案号：（2021）辽09民终79号。

🏛 条文要义

本条是对连带责任的规定。

连带责任是指因违反连带债务或者依照法律的直接规定，二个以上的义务人向赔偿权利人连带承担全部责任，权利人有权要求连带责任人中的一人或数人承担全部责任，而一人或数人在承担全部责任后，将免除其他责任人的责任的民事责任形态。连带责任分为两种：（1）违反连带债务发生的连带责任，如连带义务人违反连带债务的违约责任；（2）依照法律的直接规定发生的连带责任，如共同侵权行为的侵权连带责任。

连带责任规则是：（1）连带责任的对外关系。凡是法律规定承担连带责任的，权利人有权请求部分或者全体连带责任人承担责任。因为连带责任是一个完整的责任，每一个连带责任人都有义务承担全部赔偿责任。（2）连带责任的对内关系。首先，连带责任人根据各自责任大小，确定相应的赔偿数额。责任大小的确定，一是过错程度，二是原因力大小；难以确定责任大小的，责任份额平均分配。其次，其中一个或者数个连带责任人支付超出自己赔偿责任份额的，有权向其他连带责任人追偿。

更简洁的规则是把连带责任分为中间责任和最终责任：（1）中间责任。任何一个连带责任人都应当对权利人承担全部责任，请求一个、数个或者全部连带责任人承担连带责任。（2）最终责任。每一个连带责任人最终承担的，是自己应当承担的责任份额。（3）一个连带责任人承担了超出自己责任份额的赔偿责任的（即中间责任），可以通过追偿的方法实现最终责任，将连带责任分配给每一个连带责任人。

连带责任的产生事由：（1）法律规定，如民法典合同编和侵权责任编都规定了连带责任；（2）当事人约定，如当事人约定的连带债务，当连带债务不履行时就产生了连带责任。

🔵 案例评析

威海嘉易烤生活家电有限公司*诉永康市金仕德工贸有限公司**、浙江天猫网络有限公司***侵害发明专利权纠纷案①

案情：原告嘉易烤公司诉称：金仕德公司未经其许可，在天猫商城等网络平台上宣传并销售侵害其专利权的产品，构成专利侵权；天猫公司在嘉易烤公司投诉金仕德公司侵权行为的情况下，未采取有效措施，应与金仕德公司共同承担侵权责任。

---

　　* 以下简称"嘉易烤公司"。
　　** 以下简称"金仕德公司"。
　　*** 以下简称"天猫公司"。
　　① 审理法院：未公开，案号：未公开。案例来源：最高人民法院 2017 年 3 月 6 日发布的指导案例 83 号。

请求判令金仕德公司立即停止销售被诉侵权产品，金仕德公司、天猫公司连带赔偿嘉易烤公司。法院认为，天猫公司在接到嘉易烤公司的通知后未及时采取必要措施，对损害的扩大部分应与金仕德公司承担连带责任。关于天猫公司所应承担责任的份额，应综合考虑侵权持续的时间及天猫公司应当知道侵权事实的时间，承担连带赔偿责任。

评析：此案涉及民法典第178条的规定。民法典第178条承继了《侵权责任法》第13条、第14条的规定。在本案中，被告金仕德公司销售的被诉侵权产品落入了嘉易烤公司涉案专利权利要求的保护范围之中，金仕德公司的行为自然构成侵犯嘉易烤公司专利权。而侵权责任法规定，网络用户利用网络服务实施侵权行为的，被侵权人有权通知网络服务提供者采取删除、屏蔽、断开链接等必要措施。网络服务提供者接到通知后未及时采取必要措施的，对损害的扩大部分与该网络用户承担连带责任。天猫公司在接到嘉易烤公司的通知后未及时采取以上必要措施，对损害的扩大部分应与金仕德公司承担连带责任。民法典第178条规定，二人以上依法承担连带责任的，权利人有权请求部分或者全部连带责任人承担责任。连带责任人的责任份额根据各自责任大小确定；难以确定责任大小的，平均承担责任。实际承担责任超过自己责任份额的连带责任人，有权向其他连带责任人追偿。因此本案原告可以同时起诉金仕德公司和天猫公司，同时天猫公司仅对所有损失中扩大部分的损失负有责任。

▶▶ **第一百七十九条** 承担民事责任的方式主要有：

（一）停止侵害；

（二）排除妨碍；

（三）消除危险；

（四）返还财产；

（五）恢复原状；

（六）修理、重作、更换；

（七）继续履行；

（八）赔偿损失；

（九）支付违约金；

（十）消除影响、恢复名誉；

（十一）赔礼道歉。

法律规定惩罚性赔偿的，依照其规定。

本条规定的承担民事责任的方式，可以单独适用，也可以合并适用。

🏛 条文要义

本条是对民事责任方式的规定。

民事责任方式，是指行为人将承担与其所实施的违反法定义务或者约定义务行为以及救济对方当事人相适应的民事责任的具体方法和形式。

民事责任方式的种类是：（1）返还财产，主要是指返还原物。（2）恢复原状，是指恢复权利被侵害前的原有状态。（3）修理、重作、更换，是指交付的标的物不符合合同要求的质量标准时，债务人应当承担的民事责任方式。（4）支付违约金，是指当事人通过协商预先确定的，在违约后作出的独立于履行行为之外的给付。（5）赔偿损失，包括补偿性损害赔偿和惩罚性损害赔偿。（6）停止侵害，是应当承担的立即停止侵害行为的民事责任方式。（7）消除影响、恢复名誉，是指行为人在侵权行为影响所及的范围内消除不良后果，恢复受害人的名誉评价到未受侵害时的状态的民事责任方式。（8）赔礼道歉，是指侵权行为人向受害人承认错误，表示歉意，求得受害人原谅。（9）继续履行，是指债务人应当将没有履行的义务继续履行完毕，以实现债权人的债权。（10）排除妨碍，是指行为人实施的行为使权利人无法行使或不能正常行使自己的财产权利、人身权利，行为人应当将妨碍权利实施的障碍予以排除。（11）消除危险，是指行为人的行为和其管领下的物件对他人的人身和财产安全造成威胁，行为人应当将具有危险因素的行为或者物件予以消除。

法律规定惩罚性赔偿的，主要有民法典和《消费者权益保护法》《食品安全法》等。其分为两种：（1）违约惩罚性赔偿，例如产品欺诈或者服务欺诈应当承担价金3倍的惩罚性赔偿责任。（2）侵权惩罚性赔偿，比如恶意的产品侵权或者服务侵权，造成消费者死亡或者健康严重损害的，应当承担损失两倍以下的惩罚性赔偿；侵权人故意违反国家规定损害生态环境造成严重后果的，应当承担惩罚性赔偿。

上述所提及的继续履行、惩罚性赔偿是民法典新增的民事责任承担方式。继续履行主要是违反合同之债的责任。《合同法》第107条规定："当事人一方不履行合同义务或者履行合同义务不符合约定的，应当承担继续履行、采取补救措施或者赔偿损失等违约责任。"民法典总则编制定时，吸收了其中关于继续履行的规定，将其作为民事责任的承担方式之一。惩罚性赔偿既是违反合同之债的责任，又是侵权责任之债的责任。比如，《消费者权益保护法》《食品安全法》《电子商务法》等都专门规定了惩罚性赔偿责任。本条专设惩罚性赔偿责任的转致性条款，直接链接到上述民法特别法，为特别法的适用提供了一般法上的依据。

适用民事责任方式的规则：（1）救济权利损害需要；（2）民事责任方式可以并用；（3）权利人可以适当处分；（4）必要情形下的先予执行。

📌 案例评析

安徽富光实业股份有限公司*诉泾阳县宜丰源超市**、浙江金多力杯业
有限公司***侵害商标权纠纷案①

案情： 原告富光公司诉称：原告经过多年经营"富光"品牌，所使用的商标在饮水口杯行业中具有知名度，原告拥有注册商标号的商标专用权，金多力公司存在生产侵权产品的事实，宜丰源超市予以销售。金多力公司从事口杯行业，对于原告在相关市场的知名度应当有着明确的认知，应承担相应的侵权责任。被告生产、销售侵害了原告拥有商标专用权的产品，给原告造成了巨大的经济损失和商誉损失，为维护原告的合法权益和正常的市场秩序，特向人民法院起诉。法院认定，金多力公司生产、销售侵权商品，应承担停止侵权、赔偿损失的责任，宜丰源超市销售侵权商品，但其能够证明涉案侵权商品是从陕西民润商贸有限公司合法取得，仅应承担停止侵权行为的民事责任。

评析： 此案涉及民法典第 179 条的规定。民法典第 179 条系在《民法通则》第 134 条的基础上进行修改的。在本案中，被告金多力公司未经许可，擅自在其生产的同类产品显著位置标注有原告享有商标专用权的商标字样，并由宜丰源超市进行销售，显然侵犯了原告的商标权。原告因此诉至法院，请求被告立即停止侵权行为，并共同赔偿经济损失。民法典第 179 条规定，承担民事责任的方式主要有：停止侵害；赔偿损失。这些承担民事责任的方式，可以单独适用，也可以合并适用。原告也因此要求被告在停止侵害的同时，赔偿相应的损失。被告的行为侵犯了原告的商标权是不争的事实，因此原告要求被告停止侵害于法有据。但是，由于被告之一宜丰源超市销售案涉商品系合法取得，符合《商标法》规定的不承担赔偿责任的情形，因此，法院判决宜丰源超市承担停止侵害的责任，无须向原告赔偿损失。

应当补充说明的是，民法典第 179 条新增了惩罚性赔偿为民事责任承担方式。与此同时，民法典第 1185 条增加了故意侵害他人知识产权时的惩罚性赔偿责任。据此，如果本案中被告金多力公司系故意侵害原告富光公司的商标专用权，造成富光公司巨额财产损失，富光公司有权要求金多力公司承担惩罚性赔偿责任。

> ▶▶**第一百八十条**　因不可抗力不能履行民事义务的，不承担民事责任。法律另有规定的，依照其规定。
>
> 　　不可抗力是不能预见、不能避免且不能克服的客观情况。

---

　*　以下简称"富光公司"。
　**　以下简称"宜丰源超市"。
　***　以下简称"金多力公司"。
　①　审理法院：陕西省高级人民法院，案号：（2020）陕民终 586 号。

🏛 条文要义

本条是对不可抗力及后果的规定。

不可抗力是指人力所不可抗拒的力量，包括自然原因（如地震、台风、洪水、海啸等）和社会原因（如战争等）。

不可抗力应当符合以下要求：（1）不可预见，是指根据现有的技术水平，一般人对某种事件的发生无法预料。（2）不可避免且不能克服，是指当事人已经尽到最大努力和采取一切可以采取的措施，仍然不能避免某种事件的发生并克服事件造成的损害后果。（3）属于客观情况，是指事件外在于人的行为的自然性。

司法实践应用不可抗力的基本规则是，因不可抗力造成损害的，当事人一般不承担民事责任，但须不可抗力作为损害发生的唯一原因，当事人对损害的发生和扩大不能产生任何作用。在发生不可抗力的时候，应当查清不可抗力与造成的损害后果之间的关系，并确定当事人的活动在发生不可抗力的条件下对所造成的损害后果的作用。

在法律有特别规定的情况下，不可抗力不作为免责事由。如《邮政法》第48条规定，保价的给据邮件的损失，即使是因不可抗力造成的，邮政企业也不得免除赔偿责任。

🖌 案例评析

王某林与巴里坤哈萨克自治县三塘湖镇人民政府等
林木折断损害责任纠纷上诉案①

案情：原告王某林在回工地的途中，步行至中湖村和三塘湖镇政府道路中段处，恰被路旁的、被风刮倒的一棵林木砸中，造成原告受伤的后果。故原告诉至法院，要求三塘湖镇政府承担相应的赔偿责任。法院认为，本案事发地点在中湖村和三塘湖镇政府道路中段处，是非营利性公共场所，中湖村并不因此获益，不应苛求其履行安全保障义务的标准和程度高于经营性公共场所的。作为林木管理人的三塘湖镇农业中心，对整棵林木的树干即便再尽到合理的管理和注意义务，也不能预见其会发生林木树干断裂的情况。本案系树干被风刮断致人损害的事件，具有不受当事人意志支配的特点，行为人的行为与损害事实的发生并无法律上的因果关系，行为人实际上无法控制和预防这一后果的发生，故应当认定折断林木将王某林损害的事件系不可抗力造成的。被告无须承担赔偿责任。

评析：此案涉及民法典第180条的规定。民法典第180条继承了《民法通则》第107条的规定。本案是典型的适用不可抗力作为免责事由进行裁判的案件。根据

---

① 审理法院：新疆维吾尔自治区哈密市（地区）中级人民法院，案号：（2020）新22民终375号。

本条规定，不可抗力是不能预见、不能避免且不能克服的客观情况。其中，诸如地震、台风、洪水、海啸等自然原因，一般可以认定为不可抗力。本案中，原告虽因林木折断遭受损害，被告三塘湖镇人民政府虽有对林木进行管理的义务，但是对林木被大风刮断的后果无法预见，其对林木折断也不存在过错，案涉损害的发生系不可抗力引起。因此，法院认定被告无须承担责任。

▶▶▶ **第一百八十一条**　因正当防卫造成损害的，不承担民事责任。

正当防卫超过必要的限度，造成不应有的损害的，正当防卫人应当承担适当的民事责任。

🏛 条文要义

本条是对正当防卫适用规则的规定。

正当防卫，是指当公共利益、他人或本人的人身或者其他利益遭受不法侵害时，行为人所采取的防卫措施。正当防卫是保护性措施，是合法行为，对造成的损害，防卫人不负赔偿责任。

构成正当防卫须具备的要件是：（1）须有侵害事实。（2）侵害须为不法。（3）须以合法防卫为目的。（4）防卫须对加害人本人实行。（5）防卫不能超过必要限度。

适用正当防卫的基本规则是：（1）构成正当防卫的，防卫人不承担侵权责任。（2）正当防卫超过必要限度的，是防卫过当。

对防卫过当的把握，关键在于对正当防卫必要限度的判断，民法上的正当防卫行为只能与不法侵害相适应，一般不应超过不法侵害的强度。判断必要限度通常考虑两个方面：（1）不法侵害的手段和强度。例如，为阻止不法侵害人偷窃而致其轻伤，是正当防卫；重伤或杀死小偷就超过了必要限度。（2）所防卫权益的性质。使用严重损害侵害者的反击方法来保卫较小的财产利益，为超过必要限度。

正当防卫超过必要限度造成不应有的损害的，应当承担适当的民事责任：（1）防卫过当不能免除民事责任。（2）对防卫过当造成的损害，应当减轻责任。（3）故意加害行为的赔偿责任，对超出必要限度的损害应当全部赔偿。防卫过当的赔偿范围，应当是超出防卫限度的那部分损害，即"不应有"的那部分损害。

🔖 案例评析

王某某诉潘某某侵犯健康权纠纷案[①]

案情：原、被告因宅基地发生争吵，原告王某某用柴刀将被告潘某某右小腿砍

[①]　审理法院：湖南省永州市中级人民法院，案号：（2020）湘11民终1244号。

伤，继而相互扭打在一起，被告用拳头致原告肋骨骨折、左手第 1 指近节指骨基底部骨折。原告受伤后，在永州市中医院住院治疗 17 天，花费住院治疗费 21 070 元。现原告起诉要求被告赔偿。法院认为，在本案中，王某某与潘某某因宅基地发生争吵，本应通过协商或者其他合法途径加以解决，但王某某未能通过合法途径主张权利，而是用柴刀将被告小腿砍伤，被告用拳头将王某某击伤。对于被告的行为，人民检察院不批准逮捕理由说明书认为犯罪嫌疑人潘某某的行为不涉嫌故意伤害罪，属于正当防卫，且未超过必要的限度。因此，法院根据相应规定，认定潘某某对王某某致伤的后果不承担民事责任。

评析：此案涉及民法典第 181 条的规定。民法典第 181 条承继了《民法通则》第 128 条的规定。本案中，被告潘某某的行为系针对原告王某某的侵害行为展开，其行为的主观目的是保护自身合法权益，完全符合正当防卫的对象条件。本案有疑义的是，被告的行为是否满足正当防卫的时间条件与限度条件的民事判断标准，也即潘某某的行为是否构成了防卫过当，毕竟潘某某的行为造成了王某某骨折的损害后果。但其实，从防卫的手段来看，根据当时情势及双方的力量对比，王某某系手持刀具，而潘某某系用拳头进行的防卫，加上当时潘某某已没有更好的选择，因此虽然被告的行为导致原告受伤，但不构成防卫过当，而只能认定为是为制止原告的不法侵害行为，在不得已的情况下采取的必要措施，系正当防卫行为，被告不应就原告所受伤害承担赔偿责任。

> ▶▶**第一百八十二条**　因紧急避险造成损害的，由引起险情发生的人承担民事责任。
>
> 危险由自然原因引起的，紧急避险人不承担民事责任，可以给予适当补偿。
>
> 紧急避险采取措施不当或者超过必要的限度，造成不应有的损害的，紧急避险人应当承担适当的民事责任。

🏛 条文要义

本条是对紧急避险适用规则的规定。

为了社会公共利益、自身或者他人的合法利益免受更大的损害，在不得已的情况下而采取的造成他人少量损失的紧急措施，称为紧急避险。紧急避险是一种合法行为，是在两种合法利益不可能同时都得到保护的情况下，不得已而采用的牺牲其中较轻利益、保全较重大利益的行为。

构成紧急避险须具备以下要件：（1）危险正在发生并威胁公共利益、本人或者他人的利益。（2）采取避险措施须为不得已。（3）避险行为不得超过必要的限度。

紧急避险规则的适用要求是：（1）引起险情发生的人的责任。如果有引起险情发生的人，应由引起险情发生的人承担民事责任。（2）自然原因引起险情的责任。危险是由自然原因引起，没有引起险情发生的人，在一般情况下，紧急避险人不承担民事责任；在特殊情况下，紧急避险人也可以给予适当补偿。（3）超过必要限度的赔偿。紧急避险采取措施不当或者超过必要限度，造成不应有损害的，避险人应当承担适当的民事责任。（4）受益人适当补偿。既没有第三者的过错，也没有实施紧急避险行为人本身的过错，遭受损害的人与受益人又不是同一个人的，则受益人应当适当补偿受害人的损失。

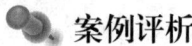 **案例评析**

东莞三英电子产品有限公司* 与东莞市荣骏金属制品有限公司** 等财产损害赔偿纠纷上诉案①

案情： 案涉损毁的财产位于荣骏公司内，系因火灾烧损了部分设施，而火灾导致消防水进入 B12 栋一楼厂房，致荣骏公司财产受损。根据权威部门的调查，该起火灾系三英公司内北侧 1 号氧化线设备故障起火引燃周围可燃物起火所致。故荣骏公司起诉要求三英公司赔偿。法院认为这是一起紧急避险行为，紧急避险事故的责任，自然应当由三英公司全部负担。故判决三英公司向荣骏公司支付各项损失赔偿款。

评析： 此案涉及民法典第 182 条的规定。民法典第 182 条延续了《民法通则》第 129 条的规定。在本案中，案涉火灾事故的起火原因系三英公司内北侧 1 号氧化线设备故障起火引燃周围可燃物起火所致，为了救火，大量消防水进入荣骏公司，导致荣骏公司的财产遭受损失。根据本条规定，因紧急避险造成损害的，由引起险情发生的人承担民事责任。三英公司作为引起险情发生的人，应对荣骏公司的损失承担全部的赔偿责任。当然，如果本案中存在消防不当导致荣骏公司财产损失扩大，造成不应有的损害的，紧急避险人也应当承担适当的民事责任。

> ▶▶ **第一百八十三条**　因保护他人民事权益使自己受到损害的，由侵权人承担民事责任，受益人可以给予适当补偿。没有侵权人、侵权人逃逸或者无力承担民事责任，受害人请求补偿的，受益人应当给予适当补偿。

条文要义

本条是对见义勇为受害人特别请求权的规定。

---

* 以下简称"三英公司"。
** 以下简称"荣骏公司"。
① 审理法院：广东省东莞市中级人民法院，案号：（2020）粤 19 民终 2929 号。

见义勇为受害人的特别请求权，是指行为人为了保护他人的民事权益，在为保护他人民事权益的见义勇为行为中自身受到损害，所享有的赔偿和补偿自己损失的请求权。见义勇为受害的人的请求权包含两个内容：（1）对侵权人的侵权损害赔偿责任请求权；（2）对受益人的适当补偿请求权，包括侵权人承担侵权责任的同时可以行使的补偿请求权，以及无侵权人、侵权人逃逸或者无力承担民事责任时行使的请求权。

产生见义勇为受害人特别请求权的要件是：（1）行为人实施了见义勇为行为，见义勇为行为须为保护他人民事权益而实施的行为，须行为人实施保护他人合法权益的行为无法定或约定义务，须针对侵害他人合法权益的侵害行为或者他人处于危难的危险事实，须在客观上使受益人少受或免受损害。（2）见义勇为的行为人须因实施该行为而遭受人身损害和财产损失。（3）见义勇为行为人遭受的损害与实施的见义勇为行为之间有因果关系。

行使见义勇为受害人特别请求权，承担民事责任的规则是：（1）侵权人应当承担民事责任，即侵权人应当按照人身损害、财产损失和精神损害责任的规定承担全部赔偿责任。（2）受益人承担适当补偿责任，即使侵权人承担了侵权赔偿责任，受益人也可以给予适当补偿。（3）没有侵权人、侵权人逃逸或者无力承担赔偿责任时受益人适当补偿责任，由于因见义勇为受害的人无法从侵权人处获得损害赔偿，受益人应当予以补偿。其中第二种适当补偿带有酬谢的意思，第三种适当补偿才是责任性质的补偿。

上述所提及的第三种适当补偿，是民法典新增的见义勇为受害人的特别请求权。《民法通则》第 109 条只规定了因见义勇为受到伤害时，受害人可以给予适当的补偿。为了彰显社会正气，制定民法典总则编时，特意增加了其他情形，规定了没有侵权人、侵权人逃逸或者无力承担民事责任时，受益人应当给予适当补偿，即见义勇为人享有适当补偿请求权。这对于保护见义勇为人的合法权益具有重要意义。

案例评析

李某群等诉李某堂见义勇为人受害责任纠纷上诉案[①]

案情：李某芳驾驶货车行至彰德钢材市场时，发现李某堂醉酒后横躺在彰德中间白线处，李某芳把车停在彰德入口处，到路中间拉李某堂。张某驾驶小型轿车由北向南超速行驶与李某芳、李某堂相撞，造成李某堂受伤、李某芳受伤经医院抢救无效死亡的交通事故。李某群系李某芳之父，起诉要求李某堂赔礼道歉并进行补偿。法院认为，李某堂醉酒后不省人事躺在通行的道路上，处境危险，李某芳与李某堂素不相识，无法定或约定义务，但李某芳为避免李某堂被过往车辆撞到而对其进行救助，其行为属于见义勇为。李某芳因救助李某堂被车辆撞伤后经医院抢救无效死亡，李某堂作为受益人，即使侵权人已经作出赔偿，从弘扬社会正气、维护见义勇

---

① 　审理法院：河南省安阳市中级人民法院，案号：（2020）豫 05 民终 314 号。

为人权益出发，可以给予李某芳近亲属适当补偿。

评析：此案涉及民法典第 183 条的规定。民法典第 183 条系在《侵权责任法》第 23 条的基础上，承继了《民法总则》第 183 条的规定。在本案中，死者李某芳在发现李某堂醉酒后横躺在马路中间的情况下，虽然与其素不相识，但不顾个人安危，出手相救，力图将李某堂拉入安全区域。李某芳的行为属于见义勇为，其为了救助他人，最终导致自己不幸身亡，其行为不仅是道德所提倡的，更应得到法律的肯定。在案件发生时，我国已经规定有见义勇为的特别请求权，因此本案受害人家属可以依据相应规定请求受益人适当补偿。在《民法总则》规定了见义勇为的特别请求权后，民法典总则编承继了这条规定，受害人仍可以根据此条主张赔偿。

▶▶ **第一百八十四条　因自愿实施紧急救助行为造成受助人损害的，救助人不承担民事责任。**

🏛 条文要义

本条是对善意救助人责任豁免的规定。

很多国家都规定"好撒玛利亚人法"，我国民间叫"好人法"。好撒玛利亚人就是善意救助人。好撒玛利亚人法的核心，是赋予好撒玛利亚人以责任的豁免权，救助者在救助过程中即使存在一般过失，也不对此承担责任。

我国规定"好撒玛利亚人法"的含义是：（1）坚持鼓励善意救助人的救助积极性；（2）承认特殊救助义务，不宜确定一般救助义务；（3）承认善意救助人的豁免权。

善意救助人享有豁免权须具备以下要件：（1）行为人为善意救助人；（2）行为人实施了救助行为；（3）行为人的善意救助行为造成了受救助者的损害。符合上述条件的善意救助者不承担民事责任。

在我国当前社会，在"好撒玛利亚人法"的适用方面，存在影响诚信道德建设的问题，主要是对好撒玛利亚人难辨真假而引起的法律适用问题。一方面，被救助者讹诈救助人，好撒玛利亚人蒙冤，导致错误地判决其承担侵权责任；另一方面，行为人造成损害后冒充好撒玛利亚人，混淆是非，造成社会影响。这些都需要进一步改进，按照本条的规定适用好法律，保护善意救助人。

🟤 案例评析

许某某与王某某道路交通事故人身损害赔偿案①

案情：许某某驾驶轿车沿红旗路由南向北行驶至红星美凯龙家居装饰广场附近

---

① 审理法院：天津市红桥区人民法院，案号：（2010）红民一初 837 号。

时，遇王某某在红旗路上由西向东跨越中心隔离护栏，后王某某倒地受伤，许某某协助 120 急救车将王某某送往天津市人民医院救治。王某某以许某某驾车将其撞伤且拒不承认为由，请求法院判令许某某赔偿。许某某答辩称，王某某跨越道路中心隔离护栏时不慎摔倒受伤，王某某的伤情与许某某没有任何关系，本案不属于交通事故，不同意赔偿王某某的损失。法院认为，根据鉴定结论与事故现场图、照片、勘验笔录、当事人述称等证据可以形成完整的证据链，足以认定王某某腿伤系许某某驾车行为所导致，许某某的驾车行为与王某某的损害之间存在因果关系。许某某主张王某某是自行摔伤、许某某是停车救助的理由不能成立，不予支持。

评析：此案涉及民法典第 184 条的规定。民法典第 184 条承继了《民法总则》第 184 条的规定。本条规定的重要法律价值在于保护善意救助者不受民事责任的追究，以便鼓励公民见义勇为。近年来，有关社会诚信道德和诚信秩序的数起案件的法律适用问题引发了大范围的争议。上述的许某某案就是其中一个典型的案例。在本案中，法院无法根据现有证据确认许某某车辆与王某某发生接触，也无法排除许某某车辆与王某某发生接触，但法院认为许某某在并道后发现王某某时距离王某某只有四五米，在此短距离内作为行人的王某某突然发现许某某车辆向其驶来必然会惊慌错乱，因此王某某的倒地定然会受到驶来车辆的影响。法院据此认定王某某的行为与许某某的损害之间具有因果关系，从而判决许某某承担赔偿责任。这样判决，显然不具有说服力，许某某认为自己是善意救助人，反而在事实真伪不明的情况下被判决承担赔偿责任，值得商榷。基于这种情况，《民法总则》第 184 条规定，因自愿实施紧急救助行为造成受助人损害的，救助人不承担民事责任，民法典第 184 条承继了相关规定。如此规定，有助于唤起社会良知，鼓励人们对处于危难和困境中的他人予以救助，端正社会风气，引领社会潮流。

▶▶ **第一百八十五条** 侵害英雄烈士等的姓名、肖像、名誉、荣誉，损害社会公共利益的，应当承担民事责任。

🏛 条文要义

本条是对侵害英雄烈士人格利益责任的规定。

侵害英雄烈士人格利益的本质就是侵害死者的人格利益。制定《民法通则》时，并未将人格利益的保护延伸至死者。随着侵害死者人格利益的案件增多，最高人民法院制定了《关于确定民事侵权精神损害赔偿责任若干问题的解释》（2001 年），其中第 3 条规定："自然人死亡后，其近亲属因下列侵权行为遭受精神痛苦，向人民法院起诉请求赔偿精神损害的，人民法院应当依法予以受理：（一）以侮辱、诽谤、贬损、丑化或者违反社会公共利益、社会公德的其他方式，侵害死者姓名、肖像、名誉、荣誉；（二）非法披露、利用死者隐私，或者以违反社会公共利益、社会公德的其他方式侵害死者隐私；（三）非法利用、损害遗体、遗骨，或者以违反社会公共利益、社会公德的其他方式侵害遗体、遗骨。"这一规定全面保护了死者的人格利益。对于死者的人格利益进行侵害的，构成侵权行为，应当承担民事责任。

现实生活中，一些人歪曲事实，诽谤抹黑，恶意诋毁、侮辱英雄烈士的名誉、荣誉等，损害了社会公共利益，社会影响恶劣。有鉴于此，本条规定，侵害英雄烈士等的姓名、肖像、名誉、荣誉，损害社会公共利益的，应当承担民事责任。这正是将保护死者人格利益的经验应用在对英雄烈士的人格利益保护问题上。对此，《英雄烈士保护法》也作出了具体规定。凡是侵害英雄烈士等的姓名、肖像、名誉、荣誉，损害社会公共利益的，应当判令侵权人承担民事责任。通过这样的规定，加强对英烈姓名、肖像、名誉、荣誉等的法律保护，对于促进社会尊崇英烈，扬善抑恶，弘扬社会主义核心价值观意义重大。

目 配套司法解释

最高人民法院关于适用《中华人民共和国民法典》时间效力的若干规定

第六条 《中华人民共和国民法总则》施行前，侵害英雄烈士等的姓名、肖像、名誉、荣誉，损害社会公共利益引起的民事纠纷案件，适用民法典第一百八十五条的规定。

案例评析

葛某某、宋某某诉洪某某侵害名誉权、荣誉权案[①]

案情：洪某某在财经网发表《小学课本"狼牙山五壮士"有多处不实》一文，对狼牙山五壮士事迹中的细节提出质疑。"狼牙山五壮士"两名幸存者的后人葛某某和宋某某分别向北京市西城区人民法院提起诉讼，要求被告洪某某立即停止侵权行为并公开道歉。关于洪某某是否构成侵权的问题，一审法院判决：被告洪某某立即停止侵害葛某某、宋某某名誉、荣誉的行为；被告洪某某公开发布赔礼道歉公告，消除影响。二审法院认为，满足公众的知情权与保护公民的人格权不受侵害并不矛盾。洪某某提出的满足公众知情权的行为，是建立在否认"狼牙山五壮士"英勇抗敌事迹和舍生取义精神这一基本事实基础上的，且这种否认无确凿真实的证据，这就决定了他的所谓"满足公众知情权"的行为不可避免地会成为误导社会公众的侵权行为。故洪某某以满足公众知情权为由主张免责，不能成立。

评析：此案涉及民法典第185条的规定。民法典第185条延续了《民法总则》第185条的规定。本案的判决体现了我国司法机关在对英烈的名誉权保护中的鲜明立场。在我国，虽然自然人已经去世，但死者的名誉权、荣誉权仍然受到法律保护。

---

① 审理法院：北京市第二中级人民法院，案号：（2016）京02民终6272号。

本案被告洪某某发表的两篇文章，对"狼牙山五壮士"在抗日战争中所表现的英勇抗敌的事迹和精神这一主要事实没有作出评价，而是考证在何处跳崖、跳崖是怎么跳的，在无充分证据的情况下，文章多处作出似是而非的推测、质疑乃至评价，的确使读者对"狼牙山五壮士"这一英雄人物群体及其事迹产生怀疑，从而否定主要事实的真实性，进而贬损、降低他们的英勇形象和精神价值，因而法官判决构成侵权，法官的这种理解也是合理的。

▶▶ **第一百八十六条**　因当事人一方的违约行为，损害对方人身权益、财产权益的，受损害方有权选择请求其承担违约责任或者侵权责任。

🏛 条文要义

本条是对违约责任与侵权责任竞合的规定。

民事责任竞合即请求权竞合，是指因某种法律事实的出现，而导致两种或两种以上的民事责任产生，各项民事责任相互发生冲突的现象；也是指当不法行为人实施的一个行为，在法律上符合数个法律规范的要求，因而使受害人产生多项请求权，这些请求权相互冲突的情形。民事责任竞合具有如下特点：（1）民事责任竞合是由违反民事义务的行为引起的，责任是违反法定义务的必然后果。（2）数个民事责任的产生是由一个违反民事义务的行为造成的。（3）一个行为产生的数个责任之间相互冲突。同一民事违法行为同时符合数种民事权利保护的规定，就构成民事责任竞合。

本条规定的违约责任与侵权责任竞合，是一个违约行为，既产生违约损害赔偿请求权，又产生侵权损害赔偿请求权，两个请求权救济的内容是一致的，权利人只能行使一个请求权。这个请求权实现之后，另一个请求权消灭。例如服务者为消费者服务造成人身损害，受害人既可以选择违约损害赔偿责任起诉，也可以选择侵权损害赔偿责任起诉。

本条虽然规定的只是违约责任与侵权责任的竞合规则，但为其他民事责任竞合也提供了法律依据，例如侵权责任与不当得利责任的竞合，也应当适用这样的规则。

🔵 案例评析

张某语诉于某娟房屋租赁合同纠纷案①

案情：原告张某语与被告于某娟签订《房屋租赁合同（非住宅）》，约定原告租赁位于高新园区的某房屋。后因租赁房屋漏水，原告的财产遭受损失，原告以本

---

① 审理法院：辽宁省大连高新技术产业园区人民法院，案号：（2020）辽 0293 民初 1039 号。

案被告、物业服务企业以及保险公司侵权为由，提起财产损害赔偿之诉。但一审和二审法院均没有支持原告要求本案被告进行赔偿的诉求。现原告再次以违约为由起诉，要求被告承担违约损害赔偿。法院认为，当发生违约责任与侵权责任竞合时，受损害方不能双重请求，只能选择其一而为请求，由于原告已另案选择侵权之诉要求被告承担赔偿责任，在未获支持的情况下，其再行提起诉讼要求被告承担违约责任的请求无法得到支持。

评析： 此案涉及民法典第 186 条的规定。民法典第 186 条系与《合同法》第 122 条一脉相承。在本案中，原告因租赁房屋漏水遭受了损害，此时，原告与被告事实上形成了两个法律关系。第一是针对租赁房屋漏水造成财产损害的事实，认为被告有侵权行为，因此要求被告承担侵权损害赔偿。第二是针对原告和被告签订的合同，原告认为二者之间形成了合同法律关系，依照合同的约定，原告有权要求被告承担违约责任。民法典第 186 条规定，因当事人一方的违约行为，损害对方人身权益、财产权益的，受损害方有权选择请求其承担违约责任或者侵权责任。本案中，原告已明确选择依侵权法律关系起诉，请求被告承担损害赔偿责任，此时就无法再次以违约为由再次起诉。因此，原告后来又以被告构成违约要求被告承担违约责任，就没有获得法院的支持。

> ▶▶ **第一百八十七条** 民事主体因同一行为应当承担民事责任、行政责任和刑事责任的，承担行政责任或者刑事责任不影响承担民事责任；民事主体的财产不足以支付的，优先用于承担民事责任。

🏛 条文要义

本条是对非冲突性责任竞合和民事责任优先权保障的规定。

制定《民法通则》时，并未规定民事责任与刑事责任、行政责任竞合的规则。但是《侵权责任法》第 4 条规定了法律责任的非冲突性竞合及民事责任的优先承担规则，即"侵权人因同一行为应当承担行政责任或者刑事责任的，不影响依法承担侵权责任。因同一行为应当承担侵权责任和行政责任、刑事责任，侵权人的财产不足以支付的，先承担侵权责任"。民法典总则编以此为立法基础，将侵权人修改为民事主体，使民事责任优先于刑事责任、行政责任的规则上升为民法的一般性规范，普遍地适用于民法典分则各编，而不仅仅局限于侵权责任，具有重要意义。

之所以会出现民事责任与刑事责任、行政责任竞合，原因在于法规竞合。法规竞合，是指一个违法行为，同时触犯数个法律或者数个法律条文，在法律适用时，选择适用该行为触犯的某一个法律条文，同时排除其他法律条文的适用，或者同时适用不同的法律条文的法律适用规则。其构成要件须为两个，即"同一行为"与

"多个法律条文"。

责任竞合是法规竞合的具体表现形式。作为一种客观存在的现象，责任竞合分为两种：（1）发生在同一法律部门内部的责任竞合，如前条规定的违约责任与民事责任竞合；（2）发生在不同的法律部门之间，如民事责任与刑事责任、民事责任与行政责任的竞合。后一种竞合为非冲突性竞合，数个法律规范可以同时适用，根据不同法律规范产生的数个法律后果并行不悖，可以共存。

民事责任与刑事责任或者行政责任竞合，后果是"不影响依法承担民事责任"。在形成民事责任与刑事责任或者民事责任与行政责任竞合时，一个违法行为人承担刑事责任或者行政责任，并不影响其承担民事责任。受害人一方主张有关机关追究违法行为人的刑事责任和行政责任，并不妨害受害人向违法行为人主张追究民事责任。

非冲突性法规竞合，产生民事主体损害赔偿请求权的优先权保障问题。由于对侵权行为有可能由刑法、行政法、侵权法等不同部门法进行规范，因此，形成了刑法、行政法、民法的法律规范竞合，性质属于非冲突性法规竞合。侵权人因同一个违法行为，同时要承担民事责任、刑事责任或者行政责任。由于不同部门法律规范的竞合属于非冲突性竞合，因此可以同时适用。例如，侵权人因同一个违法行为，既要承担罚金、没收财产的刑事责任，或者罚款、没收违法所得的行政责任，又要承担损害赔偿的民事责任，发生财产性的行政责任、刑事责任与民事责任的竞合，其应当同时承担。赋予请求权人以损害赔偿请求权的优先权，则该请求权的地位就优先于罚款、没收财产的刑事责任或者罚款和没收违法所得的行政责任请求权的地位，使民事主体的权利救济得到更有力的保障。这就是损害赔偿请求权优先于行政责任或者刑事责任的优先权保障赖以产生的法理基础。民事主体的财产不足以支付的，优先用于承担民事责任。

案例评析

吴某某与黄某某赡养费纠纷案[①]

案情：吴某某与黄某某系母子关系。吴某某与前夫黄某离婚，女儿由前夫抚养，儿子黄某某由吴某某抚养。后吴某某与吴某荣再婚，再婚后吴某某没有生育子女，一家人共同生活。黄某某因长期吸毒以及贩毒被捕，被判处无期徒刑，剥夺政治权利终身，并处没收个人全部财产。后吴某某患病，需医治缺钱，遂提起诉讼，认为黄某某不履行赡养义务。法院认为，子女有赡养父母的义务，子女不履行赡养义务时，无劳动能力的或生活困难的父母，有要求子女给付赡养费的权利。故原告之女及吴某荣的子女吴某明、吴某文负有共同赡养吴某某的法定义务。现吴某某仅向黄

① 审理法院：广东省中山市中级人民法院，案号：（2014）中中法民一终 509 号。

某某主张赡养费，黄某某被判处无期徒刑并被没收全部个人财产，但根据私权保障和私权优先的原理，本案赡养费应优先于黄某某被没收全部个人财产的刑事责任。

评析：此案涉及民法典第187条的规定。民法典第187条借鉴了《侵权责任法》第4条的规定，并对民事责任优先原则进行了强调。本条规定意味着我国改变了一切情况下"国家利益大于集体利益，集体利益大于个人利益"的观念。本案的一审判决认为，被判决没收个人全部财产的人，财产应当全部上交国家，自然不具有赡养能力。即便吴某某生活确有困难，也可向另外的赡养人或扶养人要求解决。这种判决就是重视公权力而忽视个人私权观念的体现。而二审法院基于私权保障和私权优先的理念，对案件进行改判，很好地践行了此条立法的理念。在本案中，黄某某基于子女的赡养义务对吴某某应给付赡养费是私法意义上的民事责任，其因贩卖毒品罪被判处没收全部个人财产，这属于公法即刑事法律规范调整的刑事责任，两者属于不同法律部门之间的责任，构成了非冲突性法规竞合和责任竞合。即便黄某某被判处没收全部个人财产，也不能免除其应负的赡养义务。同时权利人吴某某的给付赡养费请求权也应当具有优先受偿力。

第九章　诉讼时效

> ▶▶ **第一百八十八条**　向人民法院请求保护民事权利的诉讼时效期间为三年。法律另有规定的，依照其规定。
>
> 诉讼时效期间自权利人知道或者应当知道权利受到损害以及义务人之日起计算。法律另有规定的，依照其规定。但是，自权利受到损害之日起超过二十年的，人民法院不予保护，有特殊情况的，人民法院可以根据权利人的申请决定延长。

🏛 条文要义

本条是对诉讼时效期间的规定。

诉讼时效，是能够引起民事法律关系发生变化的法律事实，又称消灭时效，是指权利人在一定期间内不行使权利，即在某种程度上丧失请求利益的时效制度。设立诉讼时效制度的主要目的，是客观地促进法律关系安定，及时结束权利义务关系的不确定状态，稳定法律秩序，降低交易成本，即"法律帮助勤勉人，不帮助睡眠人"。

诉讼时效期间的种类是：（1）一般诉讼时效，是指由民法典统一规定的，普遍适用于法律没有作特殊诉讼时效规定的各种民事法律关系的消灭时效。（2）特别诉讼时效，也叫特殊诉讼时效，是指由民法典或民法单行法特别规定的，只适用于某些特殊民事法律关系的消灭时效。（3）最长诉讼时效，也称绝对诉讼时效，是指不适用诉讼时效中止、中断、延长规定的长期诉讼时效期间。

本条规定的是一般诉讼时效和最长诉讼时效的期间及起算的规则。

一般诉讼时效期间为 3 年，自权利人知道或者应当知道权利受到损害以及义务人之日起计算。期间起始的时间须具备两个要件：（1）权利人知道或者应当知道权利受到损害；（2）权利人知道或者应当知道义务人。具备了这两个要件，即开始起算诉讼时效期间。对诉讼时效期间的起算时间，法律另有规定的情况是民法典第189～191 条。

最长诉讼时效为 20 年。如果权利受到侵害的事实发生之后，权利人一直不知道或者不应当知道权利受到损害以及义务人的，则从权利受到损害之日起计算，超过20 年的，人民法院不予保护。不过，本条第 2 款最后一句有一个特别规定，即有特殊情况的，人民法院可以根据权利人的申请决定延长。这个条件比较有弹性，并非一律卡死，关键在于对特殊情况的判断，并且须有权利人的申请。其含义是，具有情况特殊情况和权利人申请两个要件的，可以突破20年的最长诉讼时效期间，寻求民法对民事权利的保护。

上述一般诉讼时效的期间、起算点以及诉讼时效延长的适用范围均是民法典规定的新规则。第一，时间的变化。《民法通则》第135条规定了一般诉讼时效为2年，即"向人民法院请求保护民事权利的诉讼时效期间为二年"。这一期间比较短暂，其立法目的在于促进权利人尽快行使其权利，以利于加速社会经济流转，但是对权利人来说未免苛刻。民法典总则编便将一般诉讼时效规定为3年。第二，起算点的变化。《民法通则》第137条规定："诉讼时效期间从知道或者应当知道权利被侵害时起计算。但是，从权利被侵害之日起超过二十年的，人民法院不予保护。有特殊情况的，人民法院可以延长诉讼时效期间。"本条将其修改为从知道或者应当知道权利受到损害时以及知道义务人之日起计算，不仅将"权利被侵害"修改为"权利受到损害"，使得该规定更有弹性，还新增了知道义务人作为条件，更符合起诉时的实际情况，加强了对权利人的保护。第三，明确了诉讼时效延长的适用范围。《民法通则》第137条在规定了一般诉讼时效之后，还规定了最长诉讼时效，最后规定了诉讼时效的延长。这在实践中引发了争议，即诉讼时效延长是否既适用于一般诉讼时效，也适用于最长诉讼时效。本条规定则明确了诉讼时效延长的适用范围，终结了这一争议。

案例评析

UGRINEKS 公司与沧州锐天管件制造有限公司[*]
国际货物买卖合同纠纷案[①]

案情：原告 UGRINEKS 公司诉称：2011年9月8日 UGRINEKS 公司向锐天公司发出两个订单，购买共计123吨的无缝钢管。锐天公司在收到订单后，于2011年9月14日向 UGRINEKS 公司发出了编号为 RT110831 的形式发票，对货物种类、型号、质量、价款等进行了约定。2011年10月26日锐天公司依据实际装运数量向 UGRINEKS 公司发出编号为 RT110831－1 的商业发票，货值72 289.23欧元。UGRINEKS 公司已全部付款。待货物运抵克罗地亚后，UGRINEKS 公司发现货物种类不符合约定，经检验锐天公司交付的是焊接钢管而非无缝钢管。UGRINEKS 公司发现锐天公司所交付的货物不符合约定后，向锐天公司提出损失赔偿请求，但锐天公司一直拖延不予解决。UGRINEKS 公司认为锐天公司的行为已构成根本违约，

---

[*]　以下简称"锐天公司"。
[①]　审理法院：天津市高级人民法院，案号：（2015）津高民四终2号。

故诉至法院。法院认为，在《联合国国际货物销售合同公约》中并未涉及诉讼时效问题的情况下，应依据《合同法》第129条之规定确定本案诉讼时效，UGRINEKS公司在2014年1月提起的诉讼并未超过诉讼时效。

评析：此案涉及民法典第188条的规定。民法典第188条承继了《民法总则》第188条的规定。在《民法总则》生效后，向人民法院请求保护民事权利的诉讼时效期间正式由2年变为3年。但是，本条规定，法律另有规定的，依照其规定。本案就是适用"法律另有规定"的典型案例。关于UGRINEKS公司的起诉是否超过诉讼时效的问题，由于《联合国国际货物销售合同公约》中并没有涉及诉讼时效的相关规定，故应当适用中国《合同法》的规定。《合同法》第129条规定，因国际货物买卖合同和技术进出口合同争议提起诉讼或者申请仲裁的期限为4年，而非普通的2年诉讼时效期间。因此，从2011年12月UGRINEKS公司知道货物存在瑕疵，到2014年1月提起诉讼，并未超过诉讼时效。

▶▶ 第一百八十九条 当事人约定同一债务分期履行的，诉讼时效期间自最后一期履行期限届满之日起计算。

🏛 条文要义

本条是对分期债务诉讼时效期间的规定。

《民法通则》未规定分期债务的诉讼时效期间，致使在司法实践中形成了裁判分歧，既有法院认为应当从每期债务履行期届满之日起算，也有法院认为应当自最后一期履行期限届满之日起计算。2008年《最高人民法院关于审理民事案件适用诉讼时效制度若干问题的规定》第5条定分止争，支持了后一种意见，规定："当事人约定同一债务分期履行的，诉讼时效期间从最后一期履行期限届满之日起计算。"该规定已于2020年修正。本条规定吸取司法解释的经验，新设了这一规则，即对于分期债务诉讼时效期间的起算，诉讼时效期间自最后一期履行期限届满之日起计算。

分期债务，是当事人约定把一个债务分成若干期、若干批分次清偿，例如分期付款买卖的付款义务。定期债务，是按照约定的期限按月、按年定期清偿，如房屋租赁的租金通常是按月给付。本条所称分期债务是指前者。

分期债务是一个债务，计算诉讼时效期间是自最后一期债务清偿期届满时开始计算诉讼时效期间，不能将每一期的给付定为单独的给付而单独计算诉讼时效期间。如购买一辆汽车50万元，要用5年时间分期付款，每年付10万元人民币，自最后一期款的10万元付款期限届满之日，开始计算诉讼时效期间。

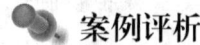

案例评析

郑某红诉魏某债权纠纷案[①]

案情：原告郑某红和被告魏某办理离婚登记手续，双方于 2005 年 9 月 28 日签订的离婚协议书第 3 条记载："男方支付女方 10 万元，该款在本协议生效起三年内还清，即 2006 年 12 月 21 日前付 3 万元，2007 年 12 月 10 日付 3 万元，2008 年 12 月 31 日付 4 万元。"2006 年 1 月 23 日，双方复婚，2008 年 4 月 22 日又再办理离婚手续。经查明，2006 年 1 月 7 日，被告支付原告 3.5 万元，2007 年 1 月 19 日支付 4.4 万元，2008 年 1 月 31 日支付 5 万元。郑某红于 2010 年 12 月 7 日诉至法院，请求判令：被告魏某立即支付原告 10 万元，并支付上述款项逾期付款利息 10 410 元。法院认为，原、被告于 2005 年 9 月 28 日签订的离婚协议书合法有效，双方应按约履行。当事人约定同一债务分期履行的，诉讼时效期间从最后一笔债务履行期限届满之日起计算，郑某红的起诉并未超过诉讼时效。2006 年 1 月 7 日，魏某支付给郑某红的 3.5 万元系在双方离婚期间，应认定为归还欠款性质。判决魏某应支付郑某红款项 6.5 万元及利息损失。

评析：此案涉及民法典第 189 条的规定。民法典第 189 条关于分期履行债务的诉讼时效计算规定延续了 2008 年《最高人民法院关于审理民事案件适用诉讼时效制度若干问题的规定》第 5 条和《民法总则》第 189 条的规定。当某一笔债务发生后，当事人约定了分期履行的时间并依照约定的时间分期履行的，债务的内容和范围在债务发生时就已经确定，不因分期偿还而发生变化。本案中，郑某红和魏某在 2005 年 9 月 28 日的离婚协议书中约定由魏某支付郑某红 10 万元，分三期偿还以及每期的还款时间，从约定的内容看，从双方办理离婚登记之日起，该债权即已确定，其符合同一债务分期履行的特征。郑某红与魏某的最后一笔债务履行期限为 2008 年 12 月 31 日，而她的起诉时间是 2010 年 12 月 7 日，并未超过诉讼时效期间。因此郑某红对魏某剩余的 6.5 万元债权应当获得法院的支持。

> ▶▶ **第一百九十条**　无民事行为能力人或者限制民事行为能力人对其法定代理人的请求权的诉讼时效期间，自该法定代理终止之日起计算。

🏛 条文要义

本条是对起诉法定代理人诉讼时效期间的规定。

无民事行为能力人或者限制民事行为能力人因自己的法定代理人侵害其合法权

[①]　审理法院：浙江省宁波市中级人民法院，案号：(2011) 浙甬民二终 472 号。

益，而对法定代理人提起诉讼的，其诉讼时效期间是一样的，都是三年。但是，为了保护无民事行为能力人或者限制民事行为能力人的合法权益，设定了诉讼时效期间的特殊起算方法。

本条规定的法定代理人，包括未成年人的父母，以及无民事行为能力或者限制民事行为能力的成年人的监护人。无民事行为能力人或者限制民事行为能力人的法定代理人侵害了无民事权利能力人或者限制民事行为能力人的人身权益或者财产权益，权利人产生保护自己权利的请求权，可以向自己的法定代理人主张损害赔偿请求权。

无民事行为能力人或者限制民事行为能力人对自己的法定代理人行使请求权，其诉讼时效期间的起算，自该法定代理终止之日起计算。原因是，无民事行为能力人或者限制民事行为能力人在法定代理人履行职责期间，并不具有民事行为能力或者民事行为能力受限制，无法判断自己的权益是否受到损害，如果按照诉讼时效期间起算的一般规则，会损害其合法权益。只有当他们取得或者恢复了民事行为能力，法定代理终止，才能有效地行使其权利。从这时开始计算诉讼时效期间能够更好地保护他们的合法权益。

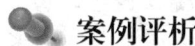 **案例评析**

刘乙与刘丙分家析产纠纷案[①]

案情： 原告刘乙与第三人刘甲均为被告刘丙与第三人滕某的女儿，第三人滕某与被告原为夫妻关系，被告曾于 2015 年 6 月诉至法院，要求与第三人滕某离婚，法院判决不准两人离婚，2016 年 4 月，被告再次诉至法院，要求与滕某离婚，法院于 2016 年 6 月判决两人离婚，该判决现已生效。2008 年，被告一户 4 口人取得征地分红 104 338.32 元/人，2012 年，被告一户 4 口人取得征地分红 2 170 元/人。2016 年 4 月，原告向法院起诉，后又申请追加滕某、刘甲作为本案第三人参加诉讼。针对本案所涉诉讼时效问题，法院认为，原告是被告的女儿，在被告与原告母亲即第三人滕某 2015 年 6 月发生婚姻纠纷时，才产生征地补偿款的分割问题，原告最早应从此时起知道或应当知道权利被侵害，故原告于 2016 年 4 月提起本案诉讼未超过法定的诉讼时效期间。

评析： 此案涉及民法典第 190 条的规定。民法典第 190 条延续了《民法总则》第 190 条的规定。本案中，原告刘乙与被告系女儿与父亲的关系。被告多次在原告未成年时，对原告母亲实施家庭暴力，经妇联、派出所多次调解也不起作用，被告之后甚至将原告及原告母亲、原告妹妹三人赶出家门。本案的争议焦点是原告的起诉是否超过诉讼时效。审理法院认为，在被告与原告母亲即第三人滕某 2015 年 6 月

---

① 审理法院：广西壮族自治区南宁市西乡塘区人民法院，案号：（2016）桂 0107 民初 1738 号。

发生婚姻纠纷时，才产生征地补偿款的分割问题，因此原告最早应从此时起知道或应当知道权利被侵害，故原告于 2016 年 4 月提起本案诉讼未超过法定的诉讼时效期间。这固然是一类说理方式，但也从另一个角度体现出未成年人在行使对其法定代理人的请求权时的些许无奈。基于此，《民法总则》第 190 条规定，无民事行为能力人或者限制民事行为能力人对其法定代理人的请求权的诉讼时效期间，自该法定代理终止之日起计算。民法典第 190 条对此规定予以延续，这就使未成年人对其法定代理人的请求权的诉讼时效起算更加合理，有利于更好地保护未成年人的合法权益。

> ▶▶ **第一百九十一条** 未成年人遭受性侵害的损害赔偿请求权的诉讼时效期间，自受害人年满十八周岁之日起计算。

🏛 条文要义

本条是对未成年人遭受性侵的诉讼时效期间的规定。

对未成年人遭受性侵害，损害赔偿请求权的诉讼时效期间起算如何规定，立法中有不同意见。立法采肯定说，作出特别规定，原因是未成年人遭受性侵害，由于他们尚未成年，如果适用诉讼时效起算的一般方法，将无法切实保障他们的合法权益，因而有作出特别规定的必要。

未成年人遭受性侵害，产生两方面的损害赔偿责任：（1）造成未成年人的人身损害，侵害的是健康权和身体权，产生人身损害赔偿责任；（2）造成未成年人精神上和心理上的伤害，侵害了其性自主权，应当承担精神损害责任。

当未成年人遭受性侵害的损害赔偿请求权产生后，并不基于权利受到损害的事实，从其知道或者应当知道权利受到损害以及义务人之日起算，那样将会因未成年人尚不具有完全民事行为能力而使其权利无法得到切实保障，因而计算诉讼时效期间应自受害人年满 18 周岁之日起开始计算。

🌰 案例评析

杨某与朗某、陈某等生命权、健康权、身体权纠纷案[①]

案情：原告杨某诉称，2015 年 1 月 26 日上午期末考试第一堂结束后，被告谢某以为被告朗某介绍女朋友为由，邀请张某、罗某与被告朗某、陈某等人一起吃饭喝酒。饭后，被告谢某劝我到被告陈某家玩耍，在被告陈某家，我被朗某强行实施了性侵害。被告垫江县某学校未尽到管理职责，未对我提供安全保障，存在管理不善，致使被告朗某、陈某非法闯入校内，导致事故发生，对我造成的伤害特别重大，故

[①] 审理法院：重庆市垫江县人民法院，案号：（2016）渝 0231 民初 1785 号。

诉至人民法院，请求判决六被告赔偿。被告垫江县某学校辩称理由之一是，身体受到伤害的诉讼时效为一年，原告的起诉已超过诉讼时效，请求法院判决驳回原告的诉讼请求。对被告垫江县某学校辩称原告的起诉已超过诉讼时效的意见，法院认为，原告于 2015 年 6 月 24 日经医院检查确诊造成伤害，于 2016 年 2 月 26 日起诉，且原告于 2016 年 3 月 3 日也遭受性侵害，系连续侵权，该权利仍在保护期内，故原告的起诉未超过诉讼时效，对被告垫江县某学校的该项抗辩意见，法院不予采纳。

评析：此案涉及民法典第 191 条的规定。民法典第 191 条系延续了《民法总则》第 191 条的规定。在本案中，侵权人朗某强行对原告实施了性侵害，造成原告身体、健康、精神遭受损害，应当承担赔偿责任自不待言。本案有争议的问题是，原告的请求权是否超过了诉讼时效。法院经审理认为，原告遭受的性侵害系连续侵权，故该权利仍在保护期内，因此原告的起诉未超过诉讼时效。法院的说理虽然对权利人进行了保护，但存在着些许无奈，基于此，《民法总则》第 191 条规定，未成年人遭受性侵害的损害赔偿请求权的诉讼时效期间，自受害人年满 18 周岁之日起计算。民法典第 191 条延续了相关规定，如此更有利于对未成年人的性自主权的保护，这也是彼时《民法总则》立法中的主要亮点之一。

▶▶**第一百九十二条** 诉讼时效期间届满的，义务人可以提出不履行义务的抗辩。

诉讼时效期间届满后，义务人同意履行的，不得以诉讼时效期间届满为由抗辩；义务人已经自愿履行的，不得请求返还。

🏛 条文要义

本条是对时效消灭产生抗辩权的规定。

法律规定诉讼时效期间届满，义务人产生抗辩权，因而可以提出不履行义务的抗辩。抗辩权，是抗辩他人行使权利的对抗权。对方权利人行使请求权，而该方当事人享有抗辩权，就可以行使抗辩权对抗请求权，进而拒绝请求权人的请求给付，拒绝履行义务。

诉讼时效期间届满产生的抗辩权是永久性抗辩权，抗辩权人行使抗辩权对抗请求权后，就永久发生拒绝给付、不履行义务的法律效力。故时效消灭抗辩权是指诉讼时效期间届满后，义务人产生的据以对抗请求权人行使请求权，拒绝履行自己义务的抗辩权。诉讼时效期间届满的法律效果包括两个方面：一是直接效果，即产生时效消灭抗辩权；二是本体效果，即时效抗辩请求权行使后的后果。诉讼时效期间届满后，义务人行使抗辩权的，产生的本体效果是：（1）对于义务人的效果。其可拒绝权利人的履行义务的请求，同时将权利人的请求权转化为自然债权，自己的义务转化为自然债务，从而取得时效利益。（2）对于权利人的效果。其实体权利和诉权都不消灭,只是这种实体权利变成一种自然权利,即作为权利根本属性的法律上之力已经不复存在,而诉权存在,但是起诉后法院不会支持其请求权。(3)义务人自愿履行的效果。义务人同意履行的,不得以诉讼时效期间届满为由抗辩;义务人已经自愿履行的,不得请求返还,因为这两种行为均为义务人放弃了抗辩权。

案例评析

广东融通投资有限公司与何某昌等清算责任纠纷上诉案①

案情:原告广东融通投资有限公司诉称:兆恒公司应向开发区农行偿还借款200万元及利息。2001年9月,开发区农行将债权转让给长城资产管理公司广州办事处,之后该办事处将债权转让给原告。兆恒公司一直未履行债务并于2008年12月24日被吊销营业执照,公司股东何某昌、何某顺未履行清算责任,故请求法院判令:确认何某昌、何某顺对(1997)黄法经字第138号民事判决确认的债务200万元承担连带清偿责任。被告辩称:原告从2009年1月8日起应当知道债权受到侵犯,但一直未申请法院清算和向股东主张权利,其于2012年4月才起诉,已经超过两年诉讼时效;债权人对生效判决未依法申请执行,债权已成为自然债权,不受法律保护。第三人兆恒公司提交补充答辩状,对案件诉讼时效提出异议,认为债权人未向法院申请强制执行判决,债权不再受法律保护,股东无须对公司债务承担连带责任。法院认为,本案中债权人虽然没有在法律规定的申请执行期限内申请执行生效判决,债权本已成为自然债权,但兆恒公司通过庭审陈述意见的方式将其同意履行债务的意思表示传达给原告,依据法律规定,原告有权要求兆恒公司继续履行原债务,兆恒公司应当依照生效判决承担清偿债务的责任。

评析:此案涉及民法典第192条的规定。民法典第192条延续了《民法总则》第192条的规定,亦与司法解释的规定一脉相承。本案中,兆恒公司的债务于1997年经法院判决确定,但当时的债权人一直未向法院申请强制执行,其享有的债权已经成为自然之债。之后原告经多次转让受让该债权,并提起本案诉讼,兆恒公司在答辩初期表示同意履行债务,但随后表示反悔。事实上,此案的关键点在于,兆恒公司对于已过执行期限的债务作出同意清偿的意思表示,能否被认定为是义务人自愿履行超过了诉讼时效的自然之债。法院认为,对该条规定的"义务人自愿履行"的理解,不应拘泥于文字内容的表述,应将"自愿地附条件履行"认定为"自愿履行"的一种情况。由此分析,债务人对原债务作出附条件同意履行的意思表示,也可以认定为是对原债务的重新确认。而当债务人对原有债务重新确认后,自然之债向法定之债转化,因此产生时效利益抛弃的法律后果。当该意思表示到达原告后,即可适用民法典第192条的规定。之后兆恒公司再反悔或者以时效届满为由进行抗

---

① 审理法院:广东省广州市中级人民法院,案号:(2013)穗中法民二终395号。

辩而拒绝履行义务的，不具有法律效力。

> **▶▶第一百九十三条　人民法院不得主动适用诉讼时效的规定。**

🏛 条文要义

本条是对时效消灭抗辩权采当事人主义的规定。

根据《民法通则》第 138 条的规定，一般认为，法院有权审查诉讼时效，诉讼时效已经完成，驳回诉讼请求，此即法院职权主义。经过理论上的研究以及人民法院的实践，诉讼时效期间采取法院职权主义并不利于对债权人的保护。2008 年《最高人民法院关于审理民事案件适用诉讼时效制度若干问题的规定》第 3 条明确规定："当事人未提出诉讼时效抗辩，人民法院不应对诉讼时效问题进行释明及主动适用诉讼时效的规定进行裁判。"民法典总则编肯定了这一司法解释的态度，明确了人民法院不得主动适用诉讼时效。也就是说，因诉讼时效期间届满产生的抗辩权，是义务人的权利，实行当事人主义，而不是法院职权主义。对时效消灭抗辩权是行使还是不行使，取决于义务人的态度，任何人都不能干预，法院也不能干预。

无论义务人是否主张行使该抗辩权，法院在诉讼的任何阶段，都不主动依据职权审查时效期间是否已经届满。只有在义务人提出了时效届满的抗辩后，法院才有义务审查诉讼时效期间的完成情况，如果诉讼时效期间确已届满，债务人行使时效消灭抗辩权，就有法律根据，应当支持其主张，驳回权利人即原告的诉讼请求。

🔵 案例评析

郑某胜与三奇煤矿有限公司*确认劳动关系纠纷上诉案①

案情：郑某胜在三奇煤矿公司从事井下采煤工作，双方未签订书面劳动合同。郑某胜向三明市三元区劳动人事争议仲裁委员会申请仲裁要求确认其与三奇煤矿公司的劳动关系，该委作出《不予受理通知书》，该通知书认为："郑某胜提出的确认劳动关系纠纷超过仲裁时效，不属于劳动仲裁受案范围，决定不予受理。"郑某胜不服，即向一审法院提起诉讼。一审法院以时效超过为由不予支持。郑某胜不服，提起上诉。二审法院认为仲裁时效与诉讼时效均属于应由当事人行使的抗辩权，在三奇煤矿公司未提出仲裁时效予以抗辩的情况下，一审法院主动适用仲裁时效进行裁判不当，故撤销原判。

评析：此案涉及民法典第 193 条的规定。民法典第 193 条延续了 2008 年《最高

---

* 以下简称"三奇煤矿公司"。

① 审理法院：福建省三明市中级人民法院，案号：（2020）闽 04 民终 1308 号。

人民法院关于审理民事案件适用诉讼时效制度若干问题的规定》第3条的做法。本案中，一审法院主动援引仲裁时效的规定，以超过仲裁时效为由驳回郑某胜的诉讼请求，这是法院职权主义的体现，与现行法规定的抗辩权当事人主义相矛盾，因此属于适用法律错误。时效问题属于债务人享有的诉讼权利，人民法院对时效问题不应主动审查，而仅应根据当事人的抗辩进行判断。因此，二审法院纠正了一审法院的错误，撤销了一审判决。

▶▶ **第一百九十四条**　在诉讼时效期间的最后六个月内，因下列障碍，不能行使请求权的，诉讼时效中止：

（一）不可抗力；

（二）无民事行为能力人或者限制民事行为能力人没有法定代理人，或者法定代理人死亡、丧失民事行为能力、丧失代理权；

（三）继承开始后未确定继承人或者遗产管理人；

（四）权利人被义务人或者其他人控制；

（五）其他导致权利人不能行使请求权的障碍。

自中止时效的原因消除之日起满六个月，诉讼时效期间届满。

🏛 条文要义

本条是对诉讼时效期间中止及具体事由的规定。

时效制度意在敦促权利人及时行使权利，其适用以权利人可以行使权利却怠于行使为前提，如果出现客观障碍而使权利人无法行使权利，则继续计算时效未免有失公平，因此应暂停计算期间以保证权利人有行使权利的必要时间，从而保护其权益。

诉讼时效中止，是指在诉讼时效期间的最后6个月内，因法定障碍事由的存在，不能行使请求权的，诉讼时效停止计算，待法定障碍事由消除之日起满6个月，诉讼时效期间届满的诉讼时效制度。

引起诉讼时效中止的法定障碍事由是：（1）不可抗力。须有符合民法典第180条规定的"不能预见、不能避免且不能克服的客观情况"出现。（2）无民事行为能力人或者限制民事行为能力人没有法定代理人，或者法定代理人死亡、丧失民事行为能力、丧失代理权。这会使正在进行的诉讼行为不能正常进行，继续进行会损害权利人的合法权益。（3）继承开始后未确定继承人或者遗产管理人。这是因为无法确定继承法律关系的主体，或者无法确定遗产管理人，无法进行正常的继承纠纷的诉讼活动。（4）权利人被义务人或者其他人控制。这是指权利人被义务人或者其他人予以身体强制，后者对权利人的身体进行拘束，限制其人身自由等，而使其无法主张权利或者对权利人进行精神强制，使其不敢或者不能主张权利。（5）其他导致权利人不能行使请求权的障碍。例如原告或者被告正处于战争状态的武装部队服役。

诉讼时效中止须发生在诉讼时效期间的最后 6 个月内。只要在诉讼时效期间的最后 6 个月内出现中止时效的原因，就一律在中止时效的原因消除之日起，再加上 6 个月，诉讼时效期间才届满。

上述诉讼时效中止的事由以及中止事由消除后的时效期间计算，均是民法典新规定的规则。一方面，诉讼时效中止的事由得到了细化。《民法通则》第 139 条只规定了不可抗力与其他障碍作为诉讼时效的中止事由，但未明确其他障碍的具体情形。2008 年《最高人民法院关于审理民事案件适用诉讼时效制度若干问题的规定》第 20 条对其他障碍进行了解释，即"有下列情形之一的，应当认定为民法通则第一百三十九条规定的'其他障碍'，诉讼时效中止：（一）权利被侵害的无民事行为能力人、限制民事行为能力人没有法定代理人，或者法定代理人死亡、丧失代理权、丧失行为能力；（二）继承开始后未确定继承人或者遗产管理人；（三）权利人被义务人或者其他人控制无法主张权利；（四）其他导致权利人不能主张权利的客观情形。"本条规定汲取了这一司法解释的有利经验，同时结合了《民法通则》第 139 条规定的不可抗力，规定了 5 项中止事由，使诉讼时效中止规则更为明确、完善。另一方面，中止事由消除后的时效期间计算得到了调整。《民法通则》规定的诉讼时效中止是诉讼时效期间的最后 6 个月内出现障碍不能行使请求权，诉讼时效中止事由消灭后期间连续计算。这样一来，中止事由消除后的时效期间与中止前已经过的时效期间合并计入总的时效期间。本条规定诉讼时效中止须发生在时效期间的最后 6 个月内。只要在诉讼时效期间的最后 6 个月内出现中止时效的原因，就一律在中止时效的原因消除之日起再加上 6 个月，诉讼时效期间才届满。这是一个比较重大的改变，这样规定更有利于保护请求权人的合法权益。

案例评析

万某某与张某某机动车交通事故责任案[①]

案情： 在一次交通事故中，万某某驾车撞上张某某，经认定，万某某负此事故的全部责任，张某某无责任。张某某要求万某某赔偿，万某某辩称张某某起诉已超过诉讼时效。法院经查，本案的诉讼时效期间的起算日为 2014 年 3 月 5 日，截止日为 2015 年 3 月 4 日。2015 年 3 月 2 日，张某某向一审法院提起诉讼。因张某某当时年满 16 周岁，系限制民事行为能力人，且未办理户籍登记和居民身份证，故一审法院要求张某某办好户籍登记后再提起诉讼。此时本案诉讼时效因张某某主张权利而

---

① 审理法院：湖北省汉江中级人民法院，案号：（2017）鄂 96 民终 4 号。

发生中断，中断后诉讼时效期间的重新计算日为2015年3月3日，截止日为2016年3月2日。此后，张某某从湖北省天门市回到户籍所在地河南省办理户籍登记和居民身份证，为再次提起诉讼准备相应材料。直至2015年9月2日，即在诉讼时效期间的最后6个月内，其户籍登记和居民身份证尚未办理完毕，依照上述法律规定，本案诉讼时效发生中止，直至2015年12月1日张某某的户籍登记和居民身份证办理完毕，诉讼时效中止的情形才消失，故此，本案的诉讼时效期间应从2015年12月2日开始继续计算6个月，即本案诉讼时效期间的截止日为2016年6月1日。张某某于2016年5月3日再次提起诉讼，未超过法定诉讼时效期间。

评析：此案涉及民法典第194条的规定。民法典第194条延续了《民法总则》第194条和相关司法解释的规定。本案中，诉讼时效期间的起算日为2014年3月5日，截止日为2015年3月4日。但由于张某某系未成年人，未办理户籍登记和居民身份证，故一审法院要求张某某办好户籍登记后再提起诉讼。此时诉讼时效发生中断，中断后诉讼时效期间的重新计算日为2015年3月3日，截止日为2016年3月2日。2015年9月2日，即在诉讼时效期间的最后6个月内，其户籍登记和居民身份证尚未办理完毕，依照上述法律规定，本案诉讼时效发生中止，直至2015年12月1日张某某的户籍登记和居民身份证办理完毕，诉讼时效中止的情形才消失，故此，本案的诉讼时效期间应从2015年12月2日开始继续计算6个月。故张某某于2016年5月3日再次提起诉讼，未超过法定诉讼时效期间，二审法院对诉讼时效规则的把握，应属正确。

▶▶ **第一百九十五条**　有下列情形之一的，诉讼时效中断，从中断、有关程序终结时起，诉讼时效期间重新计算：

（一）权利人向义务人提出履行请求；

（二）义务人同意履行义务；

（三）权利人提起诉讼或者申请仲裁；

（四）与提起诉讼或者申请仲裁具有同等效力的其他情形。

🏛 条文要义

本条是对诉讼时效期间中断及后果的规定。

诉讼时效期间中断，是指诉讼时效期间进行过程中，出现了权利人积极行使权利的法定事由，从而使已经经过的诉讼时效期间归于消灭，从时效期间中断、有关程序终结时起，重新开始计算诉讼时效期间的诉讼时效制度。

引起诉讼时效期间中断的法定事由是：（1）权利人向义务人提出履行请求。履行请求是指权利人对于因时效受利益的当事人，而于诉讼外行使其权利的意思表示。

（2）义务人同意履行义务。义务人承认，是指义务人表示知道权利存在的行为，并通过一定方式（口头的或书面的）向权利人作出愿意履行义务的意思表示。（3）权利人提起诉讼或者申请仲裁。在诉讼时效期间内，当事人向法院提起诉讼，或者向仲裁机构提出申请的，表明其已经开始行使自己的权利。（4）与提起诉讼或者申请仲裁具有同等效力的其他情形。具有同等效力的行为，例如，申请支付令，申请破产、申报破产债权，为主张权利而申请宣告义务人失踪或死亡，申请诉前财产保全、诉前临时禁令等诉前措施，申请强制执行，申请追加当事人或者被通知参加诉讼，在诉讼中主张抵销。

诉讼时效期间中断，使以前经过的期间归于消灭，时效期间重新开始计算。重新计算时效期间起算点的方法是：（1）因起诉或提请仲裁、调解而中断的，自判决、裁定、调解协议生效之时起重新计算。（2）因其他方式主张权利而中断的，自中断原因发生时重新计算。（3）因债务人同意履行债务而中断的，自中断原因发生时重新计算。

上述诉讼时效中断的事由以及诉讼时效中断后重新起算的规则，民法典都有所改变。一方面，增加了诉讼时效中断的事由。《民法通则》第140条只规定了三种诉讼时效中断事由，即当事人提起诉讼、一方提出要求或者同意履行义务。本条规定借鉴了2008年《最高人民法院关于审理民事案件适用诉讼时效制度若干问题的规定》第13条规定的内容，新增了申请仲裁、与提起诉讼或者申请仲裁具有同等效力的其他情形作为中断事由。另一方面，调整了诉讼时效中断后重新起算的规则。《民法通则》第140条只规定了诉讼时效期间自中断时起重新计算。本条规定调整为，诉讼时效期间自中断、有关程序终结时起计算。这样的改变，是结合了提起诉讼、申请仲裁或者与这两种情形具有同等效力的情况，确定了更为明晰、完善的规则。

案例评析

临海市公路管理局与柯某等违反安全保障义务责任纠纷案①

案情： 2014年9月1日，吉某无证驾驶造成吉某及乘坐人柯某某受伤，后柯某某经抢救无效死亡。吉某犯交通肇事罪，判处有期徒刑1年，缓刑1年。在刑事诉讼过程中，三原告柯某等与吉某已达成赔偿协议，由吉某赔偿给三原告80 000元。原告柯某等称被告临海市公路管理局有管理责任，诉请赔偿，原审法院予以支持。被告上诉称三被上诉人起诉已经超过诉讼时效。事故发生于2014年9月1日，受害人于2014年9月4日死亡，事故责任认定书作出的时间为2015年3月10日。原审原告于2016年6月23日起诉，已超过人身损害诉讼时效1年的期限，其间原审原告也未向上诉人主张过权利。二审法院认为，关于本案所争议的诉讼时效问题，由于案涉交通事故发生后，柯某某经医院抢救无效死亡，因可能涉及刑事犯罪，公安机

---

① 审理法院：浙江省台州市中级人民法院，案号：（2016）浙10民终2299号。

关随即立案进行刑事侦查，直至 2016 年 2 月，该案的刑事诉讼程序结束。在受害人柯某某死亡、公权力机关主动对案涉的刑事犯罪行为进行制裁的情况下，作为受害人的近亲属，三被上诉人请求保护民事权利的诉讼时效中断，自刑事诉讼程序结束之时重新起算。故原审对上诉人的时效抗辩主张未予采纳，亦属妥适。

评析：此案涉及民法典第 195 条的规定。民法典第 195 条延续了《民法总则》第 195 条和相关司法解释的规定。本案中，对损害赔偿问题没有争议，争议的是诉讼时效的问题。本案交通事故发生时间为 2014 年 9 月 1 日，受害人柯某某死亡时间为 2014 年 9 月 4 日。由于吉某可能涉及刑事犯罪，公安机关随即立案并进行刑事侦查，直至 2016 年 2 月，该案的刑事诉讼程序才结束。在此期间，受害人的近亲属对被告提出请求的诉讼时效应当认定为中断，而自刑事诉讼程序结束之时起重新起算。故本案原告 2016 年 6 月 23 日起诉时，并没有超过人身损害诉讼时效 1 年的期限（依据《民法通则》第 136 条规定），法院判决应属正确。

> **▶▶ 第一百九十六条** 下列请求权不适用诉讼时效的规定：
> （一）请求停止侵害、排除妨碍、消除危险；
> （二）不动产物权和登记的动产物权的权利人请求返还财产；
> （三）请求支付抚养费、赡养费或者扶养费；
> （四）依法不适用诉讼时效的其他请求权。

🏛 条文要义

本条是对不适用诉讼时效的请求权的规定。

诉讼时效的适用范围也称诉讼时效的客体，是指哪些权利适用诉讼时效制度。本条对此未作明确规定，只是规定了不适用诉讼时效的部分请求权。这意味着，诉讼时效制度的适用范围其实就是请求权，是采用排除法来规定诉讼时效的适用范围。

不适用诉讼时效的具体情形是：（1）请求停止侵害、排除妨碍、消除危险。尽管都是保护权利的请求权，但是性质有所区别，无论经过多长时间，法律不可能任由侵害物权的行为取得合法性。（2）不动产物权和登记的动产物权的权利人请求返还财产。不动产和登记的动产价值较大，事关国计民生和社会稳定，并且具有公示性，不能因时效期间的届满而使侵害行为合法化。（3）请求支付抚养费、赡养费或者扶养费。目的是保护近亲属之间不能依靠自己的劳动收入而维持生活的人，使其具有请求与其有亲属关系的依照法律规定负有赡养、扶养或者抚养义务的人给付费用的权利，从而能够正常生活。（4）依法不适用诉讼时效的其他请求权。例如民法典第 995 条规定的停止侵害、排除妨碍、消除危险、消除影响、恢复名誉、赔礼道歉请求权，都是人格权请求权，不适用诉讼时效的规定。

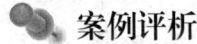 **案例评析**

李某、张某执行异议纠纷案①

案情：张某与李某离婚纠纷一案，经主持调解，张某与李某达成一致协议。2020 年 8 月 17 日，申请执行人张某以民事调解书为执行依据，向法院申请强制执行，李某提出执行异议，理由之一是依据相关法律，申请已超过执行期间，依法应予以驳回。法院认为，根据法律规定，请求支付抚养费、赡养费或者扶养费不适用诉讼时效的规定，而申请执行时效的中止、中断，适用法律有关诉讼时效中止、中断的规定。因此，张某请求支付抚养费不受执行期间限制。

评析：此案涉及民法典第 196 条的规定。民法典第 196 条在 2008 年《最高人民法院关于审理民事案件适用诉讼时效制度若干问题的规定》第 1 条的基础上进行了修改。本案中，执行异议人李某提出执行异议的核心理由之一是，本案已经过了执行时效，因此相应的执行程序应当终结。但根据本条规定，部分绝对权请求权以及基于身份关系产生的诸如支付抚养费、赡养费或者扶养费的请求权不受诉讼时效的限制，而执行时效又需要适用关于诉讼时效的规定。因此，执行异议人认为本案已超过执行时效的意见，并不能成立。

> ▶▶**第一百九十七条** 诉讼时效的期间、计算方法以及中止、中断的事由由法律规定，当事人约定无效。
> 当事人对诉讼时效利益的预先放弃无效。

🏛 条文要义

本条是对诉讼时效强制性与时效利益抛弃无效的规定。

民法典规定的诉讼时效制度属于强制性法律规范，对任何人都具有强制的拘束力，不得违反诉讼时效制度的规定。故有关诉讼时效的期间、计算方法以及中止、中断的事由等须由法律规定，当事人对此作出不同于民法典规定的有关诉讼时效的约定，一律无效。

时效利益抛弃，是指义务人在诉讼时效期间届满之前，以明示或者默示的方法放弃其时效利益的行为。正是诉讼时效制度的强制性，决定了当事人对时效利益不得抛弃。当事人违反法律规定，约定延长或者缩短诉讼时效期间，或者预先放弃时效利益的，人民法院都不予认可。故诉讼时效届满之前，当事人不得事先抛弃时效利益。抛弃时效利益的行为属于无效的行为，对双方当事人都不具有拘束力。

---

① 审理法院：安徽省黄山市屯溪区人民法院，案号：(2020) 皖 1002 执异 66 号。

诉讼时效利益放弃如果发生在诉讼时效期间届满之后，则为义务人放弃时效完成的抗辩权，这在民法典第192条已经规定，是可以的。

案例评析

新华法律服务所*与成都市五金交电化工有限责任公司**

代理合同纠纷案①

案情：2002年12月25日，新华服务所与五金公司签订《委托代理合同》，合同约定：应五金公司委托，新华服务所指派法律工作者两人作为五金公司的代理人；五金公司委托代理的事项是"中国华融资产管理公司诉成都市五金站执行纠纷一案"。双方对代理费是否已经支付产生纠纷并致诉。经查，双方曾在合同中约定"代理费支付不受诉讼时效限制"。法院认为，当事人违反法律规定，约定延长或者缩短诉讼时效期间、预先放弃诉讼时效利益的，人民法院不予认可，故该约定系无效约定。本案中，五金公司在2013年1月28日向新华服务所支付"法律咨询费"50 000元的行为，因五金公司并无证据证明系该委托合同之外的其他法律咨询费，可以认定为系其自愿履行部分债务。但其行为不能认定为五金公司对全部债务默示放弃诉讼时效抗辩权。

评析：此案涉及民法典第197条的规定。民法典第197条系在2008年《最高人民法院关于审理民事案件适用诉讼时效制度若干问题的规定》第2条的基础上进行的修改。本案中，原、被告在合同中约定"代理费支付不受诉讼时效限制"，根据民法典第197条的规定，诉讼时效的期间、计算方法以及中止、中断的事由由法律规定，当事人约定无效。因此原、被告双方的此条约定应当无效。据此，本案上诉人的诉讼请求已经超过诉讼时效，一审法院判决驳回新华服务所的全部诉讼请求，应属正确。

> ▶▶ **第一百九十八条**　法律对仲裁时效有规定的，依照其规定；没有规定的，适用诉讼时效的规定。

🏛 条文要义

本条是对仲裁时效准用诉讼时效规则的规定。

仲裁时效，是指权利人向仲裁机构请求保护其权利的法定期间，即债务人在法定的仲裁时效期间届满后，在对方当事人提请仲裁保护其权益的仲裁程序中，可以据此主张时效消灭抗辩权，以拒绝履行义务。《仲裁法》规定的仲裁时效制度，在仲

---

　*　以下简称"新华服务所"。

　**　以下简称"五金公司"。

　①　审理法院：四川省成都市中级人民法院，案号：（2014）成民终3527号。

裁程序中当然适用。《仲裁法》对仲裁时效的具体制度没有规定的，则应当适用民法典有关的诉讼时效规定。

关于民法典规定的除斥期间制度是否也应当在仲裁程序中予以适用，民法典本来就把除斥期间制度放在诉讼时效制度中规定，且除斥期间也是关于权利存续时间的规定，与诉讼时效的性质相同；既然本条规定，法律对仲裁时效没有规定的，适用诉讼时效的规定，因此，同样也应当适用民法典关于除斥期间的规定。

案例评析

"AKA" 轮租金差额等争议仲裁案（仲裁）①

案情："AKA" 轮出租人与承租人于 1994 年 9 月 26 日签订定期租船合同，租期为 3 个月至 5 个月。该轮于 1994 年 10 月 14 日 19：00 时在中国青岛港交付承租人使用，1995 年 4 月 16 日 21：00 时在新加坡还船。出租人认为，承租人应向其支付租金差额等款项合计 200 002.63 美元；承租人认为，出租人的租金差额仲裁申请已经超过时效期间，本案为船舶租用合同争议，时效期间应为 2 年，自出租人知道或者应当知道其权利被侵害之日起计算。本案还船时间为 1995 年 4 月 16 日，时效期间应从此时起算，而出租人迟至 2000 年 4 月才提出仲裁申请，已经超过时效期间。出租人认为，该轮于 1995 年 4 月 16 日 21：00 时还船，时效期间最早应从此日开始计算。根据英国《1980 年时效法》规定的 6 年时效期间，出租人是在时效期间届满前提起仲裁的，未超过时效期间。关于时效问题，仲裁庭认为，根据申请人提交的证据也不能证明诉讼时效中断。申请人在法定的期限内未能提起仲裁，请求被申请人支付货款且在该期限内亦无诉讼时效中断的情形出现，因此，申请人提起的本次仲裁已超过诉讼时效。

评析：此案涉及民法典第 198 条的规定。民法典第 198 条的规定与《仲裁法》第 74 条保持了一致。在本案中，申请人和被申请人均没有对仲裁时效进行约定，根据民法典第 198 条的规定，法律对仲裁时效有规定的，依照其规定；没有规定的，适用诉讼时效的规定。同样的，如果当事人提起诉讼、当事人一方提出要求或者同意履行义务，仲裁时效发生中断。但是，本案根据申请人提交的证据无法证明仲裁时效发生中断。因此，申请人提起的本次仲裁事实上已超过仲裁时效。故仲裁庭没有支持申请人的仲裁请求。

▶▶ **第一百九十九条**　法律规定或者当事人约定的撤销权、解除权等权利的存续期间，除法律另有规定外，自权利人知道或者应当知道权利产生之日起计算，不适用有关诉讼时效中止、中断和延长的规定。存续期间届满，撤销权、解除权等权利消灭。

① 审理仲裁机构：中国海事仲裁委员会，案号：未公开。

🏛 条文要义

本条是对除斥期间的规定。

除斥期间，也称不变期间，是指法律对某种权利规定的存续期间。其法律意义在于，督促权利人尽快行使权利，超过除斥期间怠于行使该权利的，则该权利消灭。学理上认为，其法律特征是：（1）除斥期间是法定期间，不是当事人约定的期间，也不准许当事人约定，是强制性法律规范。（2）除斥期间是权利存续期间，是权利被排除、期限被截止的意思，除斥期间届满的后果是该权利消灭。（3）除斥期间的适用采法官职权主义，不必由对方当事人主张，其期间利益不是由当事人主动选择，而只能被动承受，不能抛弃。

除斥期间的适用范围是形成权：（1）撤销权性质属于形成权，其权利的存续期间适用除斥期间。（2）解除权，即解除合同的权利，性质属于形成权，解除权人只要将解除合同的意思表示通知对方，即发生解除合同的效力。（3）某些特殊的民事权利，如民法典第692条规定的保证期间也是除斥期间。

除斥期间与诉讼时效的区别是：（1）适用范围不同。除斥期间主要适用于形成权，诉讼时效只适用于债权请求权以及其他有关的请求权。（2）期间的计算方法不同。除斥期间的起算时间一般从权利成立之时计算，不适用中止、中断和延长的规定，诉讼时效期间的起算时间是从当事人知道或者应当知道权利被侵害及义务人时起算，适用中止、中断或者延长的规定。（3）法律效果不同。除斥期间完成的法律效果是直接消灭权利，诉讼时效期间届满的法律效果是义务人取得抗辩权，可以对抗请求权。（4）适用方法不同。除斥期间实行法官职权主义，而诉讼时效采用当事人主义。

除斥期间届满，撤销权、解除权等权利发生实体消灭的法律后果，使这些权利永远不复存在。

关于除斥期间是否可以约定，本条规定的是可以的，但是学理认为除斥期间不能由当事人约定。

🎯 案例评析

滨海商贸大世界有限公司* 与天益工贸有限公司** 、王某某
财产权属纠纷案①

案情： 2004年3月8日，滨海公司与天益公司签订转让协议，将案涉房屋转让给天益公司。2005年7月11日，滨海公司与天益公司及王某某签订补充协议，三方

---

　　* 以下简称"滨海公司"。

　　** 以下简称"天益公司"。

　　① 审理法院：最高人民法院，案号：（2012）民再申310号。

约定改为以王某某的名义办理购房、贷款及产权过户手续，天益公司、王某某负责自行办理按揭贷款，并应当于协议签订之后 30 日内支付剩余房款 5 100 万元，但天益公司、王某某未能依约履行。2005 年 12 月 18 日，天益公司法定代表人向滨海公司发出通报函，声明天益公司不同意将首付款 3 400 万元转为王某某个人的付款，亦不能在约定期限内办理贷款，并提议解除合同。2006 年 6 月 28 日，滨海公司提起诉讼，请求解除转让协议及补充协议，一审、二审、再审判决均予以支持。天益公司申请再审称，滨海公司未在天益公司通报函发出后 3 个月内行使解除权，其解除权已在起诉前消灭。再审法院认为，解除权行使期限属于除斥期间，超过权利行使期限，解除权消灭，故该期限的确定对当事人的权利义务具有重大影响，在法无明文规定的情况下，天益公司请求参照适用司法解释就商品房买卖合同所规定的解除权行使期限，缺乏事实与法律依据。此外，对房屋买卖合同的解除权行使期限，法律没有规定，本案当事人在合同中亦未约定何为"合理期限"，应当由人民法院结合具体案情予以认定。综合本案情况，滨海公司收到通报函后，于 2006 年 6 月 28 日提起诉讼，并未超出合理期限。

评析： 此案涉及民法典第 199 条的规定。民法典第 199 条延续了《民法总则》第 199 条的规定。在本案中，滨海公司向特定的对象天益公司及王某某出售房屋，而非向社会销售，因此本案不适用商品房买卖合同司法解释。而本案解除权行使期限属于除斥期间，超过权利行使期限，解除权消灭，故该期限的确定对当事人的权利义务具有重大影响。在法无明文规定的情况下，天益公司请求参照适用商品房买卖合同司法解释就商品房买卖合同所规定的解除权行使期限，缺乏事实与法律依据。这是因为合同一旦解除，不仅涉及滨海公司、天益公司及王某某之间的权利义务关系，还涉及资产及租户移交等诸多问题，所以，滨海公司需要有充分的时间对是否解除合同进行研究。因此，滨海公司的解除权并未消灭，其于 2006 年 6 月 28 日提起诉讼，并未超出合理期限。

第十章　期间计算

▶▶ 第二百条　民法所称的期间按照公历年、月、日、小时计算。

🏛 条文要义

本条是对期间计算标准的规定。

期间是民法上的特定概念，其上位概念是时间，与其并列的概念是期日。即时间包括期间和期日，民法典总则编只规定了期间的计算，没有规定期日。

时间是重要的法律事实，举凡人的出生、死亡、权利能力、行为能力、公法上或私法上的法律行为效力的发生与消灭，都与时间发生关系。时间的期日和期间可以独立发生作用，也可以与其他事实结合，以成立特殊法律事实的形式发挥作用。时间是一种法律事实，与人的意志无关，属于事件的范畴。民法的时间的重大意义是：（1）决定民事主体的民事权利能力与民事行为能力的起止。（2）是进行某些法律推定的依据。（3）决定权利行使和义务履行的时间限度。（4）是法律行为效力的起点或终点。（5）可以用来确定权利的取得、存续或丧失。

期间，是指从某一时间点到另一时间点所经过的时间。实际上，期间是期日与期日之间的间隔时间。期日表现的是时间点，期间表现的是时间段，即时段，是以一定时点为起点，以到达另一时点为终点，其间延续的时间长度。确定期间，须首先确定其起始时间和终止时间，即确定期日。期间的效果是：（1）在通常情况下，期间是指一段时间，有起始和终了的时间，即始期和终期，在始期和终期之间就是期间。（2）一定的时间经过，会产生一定的法律后果，因此，期间的经过也能成为民法上的法律事实，发生特定的法律后果。

期间在民法上的意义表现为：（1）对于主体资格的意义。例如期间对主体资格的存在产生相当的影响。（2）对于法律关系的意义。其成为民法上的重要法律事实，可以引起民事法律关系的产生、变更和消灭。（3）对民事权利存续的意义。如解除权适用除斥期间的规定。（4）对于民事义务履行的意义，若届时不履行义务将构成违约责任。

期日，是指不可分或者视为不可分的一定时间，是时之静态，为时之点。期日常表现为某时、某日，该具体日期即为期日。期日分为：（1）独立的期日；（2）为计算期间的方便而作为期间的起点与终点的期日。

本条规定，民法关于时间的问题，按照公历的年、月、日、小时计算，而不能按照农历计算。在一些地区，自然人的出生时间在过去通常采用农历，对此应当进行换算，按照公历计算。

案例评析

张某某与平原县农村信用合作联社等借款合同纠纷案[①]

案情： 2008年8月25日，原告平原县农村信用合作联社与被告高某锁等11人签订大联保体贷款申请及联保协议、大联保体最高额联合保证借款合同，合同约定大联保体每一位成员自2008年8月25日至2011年8月25日期间为大联保的其他成员发放的贷款提供连带责任保证；2011年1月10日、2011年4月5日被告高某锁又借款，借款期限均至2011年8月10日。对于余款本金88 150元及利息，经原告多次催要，被告至今未能偿还。现平原县农村信用合作联社诉请法院依法判令被告高某锁偿还借款本金88 150元，被告张某某等承担连带清偿责任。被告提出自己的保证责任已经免除。本案主债务人高某锁债务履行届满日为2011年8月10日，按担保期间2年即730天计算，上诉人的担保期间最后日为2013年8月9日，并非2013年8月10日，被告于2013年8月10日主张权利已经超过保证期间，上诉人的保证责任已经免除，对此法院不予支持。

评析： 此案涉及民法典第200条的规定。民法典第200条延续了《民法通则》第154条和《民法总则》第200条的规定。我国民法典采用的是日历计算法，而"年"是一个固定的期间，无论平年、闰年，都以365天计算。本案中，双方约定的保证期间为两年，按照上述计算方法，本案主债务的债务履行届满日为2011年8月10日，而按照两年的保证期间计算，期间的终止日应为2013年8月10日。2013年8月10日平原县农村信用合作联社向张某某发出担保人履行责任通知书，对其他担保人产生效力，因此平原县农村信用合作联社的起诉没有超过诉讼时效。

> ▶▶ **第二百零一条**　按照年、月、日计算期间的，开始的当日不计入，自下一日开始计算。
> 　　按照小时计算期间的，自法律规定或者当事人约定的时间开始计算。

🏛 条文要义

本条是对时间单位计算方法的规定。

1. 对年、月、日的计算方法。期间是按照年、月、日计算的，无论是法定的还是

---

① 审理法院：山东省德州市中级人民法院，案号：（2016）鲁14民终1476号。

约定的，期间开始的当天都不计算在内，而是以下一日开始计算期间。就计算撤销权的除斥期间而言，知道或者应当知道的当天，不计算在期间之内，从下一日开始计算。例如，约定 2012 年 12 月 10 日计算期间的，应当从次日即 12 月 11 日开始计算。

2. 对小时的计算方法。法律规定或者当事人约定的期间是以小时计算的，如果当事人有约定的，按照约定的期限时间到终止时间计算；如果当事人没有约定，或者当事人约定不明确，或者是当事人约定适用法定的计算方法的，则应当依照法律规定的起始和终止的时间点计算。按照小时计算期间的，从规定的时点开始。例如从 10 点开始，两个小时就是到 12 点终止。

案例评析

应某某与杨某、杨某权、杨某夏民间借贷纠纷案[①]

案情： 2014 年 1 月 10 日，杨某权、杨某夏向应某某出具借条，借款期限自 2014 年 1 月 10 日至 2015 年 1 月 9 日。该借条上有杨某以连带保证人身份担保的签字。因杨某权、杨某夏不能按时偿还借款，应某某于 2015 年 7 月 8 日诉请杨某权、杨某夏偿还借款，杨某承担连带清偿责任。一审判决后，杨某上诉称：本案上诉人的保证期限为 6 个月，至 2015 年 7 月 8 日届满。而本案的受理时间是 2015 年 7 月 13 日，被上诉人没有在保证期限内要求上诉人承担保证责任，因此上诉人的保证责任已免除。另查明：原审原告应某某向原审法院提交起诉状的落款日期为 2015 年 7 月 8 日，原审法院向原审原告应某某出具的《受理案件通知书》的落款日期为 2015 年 7 月 8 日。法院认为，涉案借条约定的还款日为 2015 年 1 月 9 日，故本案保证期间应自 2015 年 1 月 10 日起计算至第 180 日，即 2015 年 7 月 8 日为保证期间的最后一日。原审原告应某某于 2015 年 7 月 8 日起诉，应属在法律规定的保证期间内要求保证人杨某承担保证责任，杨某的保证责任不能免除。

评析： 此案涉及民法典第 201 条的规定。民法典第 201 条延续了《民法通则》第 154 条和《民法总则》第 201 条的规定。本案中，涉案借条约定的还款日为 2015 年 1 月 9 日，按照民法典第 201 条的规定，本案保证期间应自第二天即 2015 年 1 月 10 日起计算，期间的第 180 日即 2015 年 7 月 8 日为保证期间的最后一日。因此，原审原告应某某于 2015 年 7 月 8 日起诉，属于在法律规定的保证期间内要求保证人杨某承担保证责任，杨某的保证责任并不能因此而免除。

▶▶ **第二百零二条** 按照年、月计算期间的，到期月的对应日为期间的最后一日；没有对应日的，月末日为期间的最后一日。

---

① 审理法院：湖北省荆州市中级人民法院，案号：（2016）鄂 10 民终 573 号。

 条文要义

本条是对按照年、月期间计算方法的规定。

所谓到期月，是按照月或者年计算期间的那个月，按月计算的，是指下个月；按年计算的，是指下一年的该月。对应日，是按照月和年计算期间的下月和下年该月的当日。如果有对应日，至该日为终期；如果没有对应日，月末日为期间的最后一日。以2月为例，如果始期的对应日为2月29日，而这一年的2月只有28日，就没有对应日，因此2月28日就是终期。

本条规定新增了按照年、月计算期间的方法，具有重要意义。《民法通则》第154条仅规定了小时以及期间最后一天的计算方法，而未规定按照年、月期间的计算方法，导致实践中无法统一认定到期日。本条规定新增了按照年、月计算期间的方法，统一了终期的计算规则，有利于在实践中减少当事人关于期间计算的争议。

案例评析

甘某某诉黄某某民间借贷纠纷一案①

案情：原告甘某某主张被告黄某某是原告朋友温某的老乡，被告黄某某向原告借款45000元人民币，双方签订借款合同，约定借款期限为2个月，自黄某某收到甘某某借款当天开始计算，合同的落款时间为2014年5月29日。现原告要求被告归还借款本金及利息。关于原告主张的利息问题，原告主张从2014年5月29日开始计算利息至被告黄某某实际清偿完毕之日止，故该段利息应分为借款期限内利息与逾期还款利息。法院判决被告黄某某归还原告甘某某借款本金，支付原告甘某某2014年5月29日至2014年7月28日借款利息。

评析：此案涉及民法典第202条的规定。民法典第202条延续了《民法通则》第154条和《民法总则》第202条的规定。本案中，原、被告双方在2014年5月29日签订借款合同且于当天支付借款，原、被告双方于借款合同中约定：借款期限为2个月，自黄某某收到甘某某借款当天开始计算。按照民法典第202条的规定，到期日最后一日应为2014年7月29日，但由于当事人双方约定期间自黄某某收到甘某某借款当天开始计算，故借款到期日为2014年7月28日，在这一期间应计算的是利息，从7月29日开始就应当计算滞纳金。

▶▶ **第二百零三条** 期间的最后一日是法定休假日的，以法定休假日结束的次日为期间的最后一日。

---

① 审理法院：广东省东莞市第二人民法院，案号：（2016）粤1972民初5766号。

> 期间的最后一日的截止时间为二十四时；有业务时间的，停止业务活动的时间为截止时间。

🏛 条文要义

本条是对期间最后一日特殊计算的规定。

期间的最后一日具有特殊的意义，即最后一日期间完成的时间，其法律后果都将出现，因此对当事人意义重大。期间的最后一日的特殊计算方法，其宗旨是更好地保护当事人的权利，不至于因特殊问题而使当事人的权益受到损害。

如果期间的最后一日是法定休假日，最后一日当事人将无法行使权利，故将法定期间的最后一日延长，即法定休假日结束的次日为期间的最后一日，给当事人留出一天的时间可以行使权利。如《消费者权益保护法》第 24 条规定远程交易的消费者享有 7 天的无理由退货的权利，如果是在春节前一天购物，春节休息 7 天，就无法行使这一权利，故延长到春节假期后的第二天，给消费者留出一天可以行使权利。

期间的最后一日最终截止的时间是 24 时，这是一般的计算方法。如果特定的法律关系涉及的是业务活动，而该业务活动有业务时间的，那么停止业务活动的时间，就是最后一日的截止时间。

案例评析

王某夫诉凯奔公司等借款保证合同纠纷案[①]

案情： 2010 年 2 月 8 日，凯奔公司、金明厂向王某夫借款 200 万元，定于 2010 年 4 月 7 日前归还，由孙某孟、航驰公司和案外人何某敏、孙某孟开办的慈溪市胜山镇凯吉车料厂担保。借款期限届满后，凯奔公司、金明厂爽约，孙某孟、航驰公司等也未尽担保责任。2010 年 10 月 8 日、2011 年 12 月 19 日，王某夫委托律师向孙某孟、航驰公司分两次邮寄了律师公函，要求承担担保责任，邮件跟踪查询单显示：孙某孟、航驰公司分别于 2010 年 10 月 9 日、2011 年 12 月 20 日收到了上述邮件。一审法院认定，本案保证期间为约定还款日 2010 年 4 月 7 日的次日起 6 个月内，即 2010 年 4 月 8 日至 2010 年 10 月 7 日，因 2010 年 10 月 1 日至 7 日系法定休假日，以休假日的次日为期间的最后一天，本案的保证期间最后一天为 2010 年 10 月 8 日。据此，王某夫并未在保证期间内要求航驰公司、孙某孟承担保证责任，航驰公司、孙某孟免除保证责任，判决凯奔公司、金明厂返还王某夫借款 200 万元；驳回王某夫对保证人的诉讼请求。二审法院认为，原审法院以 2010 年 10 月 1 日至 7 日系法定休假日为由，认定本案的保证期间最后一天为 2010 年 10 月 8 日有误，但对本案的

---

① 审理法院：浙江省宁波市中级人民法院，案号：（2012）浙甬商终 978 号。

实体处理并无不当。

评析：此案涉及民法典第 203 条的规定。民法典第 203 条延续了《民法通则》第 154 条和《民法总则》第 203 条的规定。保证期间为除斥期间，除斥期间为法定的权利存续期间，因该期间经过而发生权利消灭的法律后果。本案所涉借款的保证期间应为 2010 年 4 月 8 日至 2010 年 10 月 7 日。如出借人在该期间内向担保人主张权利，则保证期间终止，诉讼时效开始起算。王某夫于 2010 年 10 月 8 日委托律师向孙某孟、航驰公司邮寄公函要求其承担保证责任，已过保证期间。保证期间是除斥期间，不因任何事由发生中断、中止、延长的法律后果。故以 2010 年 10 月 1 日至 7 日系法定休假日为由，认定本案的保证期间最后一天为 2010 年 10 月 8 日，混淆了保证期间与诉讼时效的质的区别，二审依法予以纠正。

▶▶ **第二百零四条**　期间的计算方法依照本法的规定，但是法律另有规定或者当事人另有约定的除外。

🏛 条文要义

本条是对期间计算方法的除外规定。

期间的计算对当事人的利益关系重大，除了民法典规定的计算方法之外，如果法律另有规定，例如单行法对期间的计算方法有规定的，依照其规定。同时，允许当事人依据意思自治原则确定计算方法，例如当事人可以选择特定的交易习惯计算期限，或者采用周、半月等作为计算单位等。

在此之前，《民法通则》并未规定是否有期间起算方法的除外规则，本条规定属于新增条款。本法新设这一条款具有重要意义。《最高人民法院关于贯彻执行〈中华人民共和国民法通则〉若干问题的意见（试行）》第 199 条规定："按照日、月、年计算期间，当事人对起算时间有约定的，按约定办。"这一条文只规定了按照日、月、年计算期间时，允许按照当事人的约定。本条规定将其扩大适用于所有期间的计算方法，体现了对当事人意思自治的充分尊重；同时新增了法律另有规定的除外，与其他特别法相衔接，使期间计算规则更为完善。

🍃 案例评析

安徽华锐交通设施工程有限公司*、孙某劳动争议纠纷案[①]

案情：就华锐公司与孙某劳动争议纠纷一案，合肥市瑶海区劳动争议仲裁委员

---

* 以下简称"华锐公司"。

① 审理法院：安徽省合肥市中级人民法院，案号：（2019）皖 01 执复 9 号。

会于 2018 年 5 月 25 日作出（2018）合瑶劳仲裁字第 236 号仲裁裁决，华锐公司不服，遂提起诉讼。2018 年 9 月 14 日，法院作出民事调解书：原告安徽华锐交通设施工程有限公司一次性支付被告孙某各项补偿共计 53 000 元，该款于 2018 年 10 月 1 日前支付……调解书生效后，因被执行人华锐公司未按时履行生效调解书确定的义务，孙某向法院申请强制执行。另查明：华锐公司于 2018 年 10 月 8 日向孙某付款 53 000 元。法院认为，本案争议焦点为华锐公司于 2018 年 10 月 8 日支付款项 53 000 元，是否违反民事调解书约定的履行期限。华锐公司于 2018 年 10 月 8 日付款，逾期履行付款义务，明显违反双方当事人履行期间的终点约定，应当依照民事调解书的约定承担违约责任。华锐公司复议提出民事调解书约定 2018 年 10 月 1 日前支付，即包含 2018 年 10 月 1 日本数，进而顺延至 2018 年 10 月 8 日支付款项，其复议理由将当事人另有约定的规则排除在外，没有法律依据，不予支持。

评析：此案涉及民法典第 204 条的规定。本条规定承继了《民法总则》第 204 条的规定。根据本条规定，期间的计算方法依照民法典的规定，但是法律另有规定或者当事人另有约定的除外。本案中，华锐公司和孙某在民事调解书中约定 2018 年 10 月 1 日前支付 53 000 元，虽然 10 月 1 日是法定节假日，但是只要当事人的意思表示真实，法律便应予以尊重。因此，华锐公司于 2018 年 10 月 8 日付款，属于逾期履行付款义务，其提出民事调解书约定 2018 年 10 月 1 日前支付，是依法顺延的结果的理由不能成立。

《中华人民共和国民法典》条文精释与实案全析（珍藏版）

《Zhonghua Renmin Gongheguo Minfadian》

Tiaowen Jingshi yu Shian Quanxi

第二编　物权

第一分编　通则

第一章 一般规定

▶▶**第二百零五条** 本编调整因物的归属和利用产生的民事关系。

🏛 条文要义

本条是对物权编调整范围的规定。

物权法律关系，是因对物的归属和利用在民事主体之间产生的权利义务关系。这一定义的关键点是：（1）物，是物权法律关系的客体，在社会生活中代表着的是财富。对物的支配的权利义务关系，就是物权编调整的范围。（2）归属，是在物权法律关系中，确定特定的物归属于特定的民事主体的关系，在物权体系中，表现为所有权，即自物权，是最典型的物权，包括单独所有权、共有权、建筑物区分所有权。（3）利用，是在物权法律关系中，民事主体利用他人的物为自己创造利益的关系，在物权体系中是他物权，包括用益物权和担保物权。用益物权包括土地承包经营权、建设用地使用权、宅基地使用权、居住权和地役权；担保物权包括抵押权、质权和留置权等。

所有权、用益物权和担保物权以及占有，构成我国的物权体系，这些物权法律关系是物权编的调整范围。

📋 配套司法解释

最高人民法院关于适用《中华人民共和国民法典》物权编的解释（一）

第一条 因不动产物权的归属，以及作为不动产物权登记基础的买卖、赠与、抵押等产生争议，当事人提起民事诉讼的，应当依法受理。当事人已经在行政诉讼中申请一并解决上述民事争议，且人民法院一并审理的除外。

🔵 案例评析

中国电建集团中南勘测设计研究院宜昌设计院＊ **与黄某所有权确认纠纷案**[①]

案情：黄某购买其工作单位宜昌设计院出售的房改房一套。后黄某向宜昌设计

＊ 以下简称"宜昌设计院"。

① 审理法院：湖北省宜昌市中级人民法院，案号：（2015）鄂宜昌中民一终 104 号。

院申请工作调动，将房屋钥匙交给宜昌设计院。黄某调出三个月后又调回宜昌设计院工作，后向宜昌市房地产管理局办理挂失手续，并重新办理了房屋所有权证。宜昌设计院诉讼请求：判令房屋所有权归宜昌设计院所有，并办理产权变更手续。法院认为，黄某系宜昌设计院的员工，以成本价购得单位房改房，其基于职工的身份向宜昌设计院购房的行为不是平等主体之间的法律关系。但黄某购房后即依法取得对该房的占有、使用、收益和依照法律规定处分的权利。黄某因工作调动，客观上不在该房居住，将该房钥匙交给宜昌设计院，收回房款，上述行为应视为黄某对该房的处分行为，属于平等主体间的民事关系。据此，法院判决房屋所有权归宜昌设计院所有，黄某协助办理产权变更手续。

评析：此案涉及民法典第 205 条的规定。民法典第 205 条沿袭了《物权法》第 2 条第 1 款的规定。本案中，黄某在购房后取得房屋所有权，后又因工作调动，客观上不在该房居住，黄某遂将该房钥匙交给宜昌设计院。对于交钥匙的行为是否属于对房屋的处分，二者有不同认识，遂产生纠纷。在本案中，案涉两方虽然一方是自然人一方是事业单位，但宜昌设计院与黄某对案涉房屋的所有权归属产生纠纷，属于民事纠纷，二者属于平等主体，相应的法律关系是确定特定的物归属于特定的民事主体的关系，因此法院根据《物权法》第 2 条第 1 款，适用《物权法》对上述问题作出了相应判决。

> ▶▶ **第二百零六条**　国家坚持和完善公有制为主体、多种所有制经济共同发展，按劳分配为主体、多种分配方式并存，社会主义市场经济体制等社会主义基本经济制度。
>
> 国家巩固和发展公有制经济，鼓励、支持和引导非公有制经济的发展。
>
> 国家实行社会主义市场经济，保障一切市场主体的平等法律地位和发展权利。

🏛 条文要义

本条是关于我国社会主义基本经济制度的规定。与《物权法》第 3 条规定相比较，完善了我国的社会主义基本经济制度的内容。

我国是社会主义国家，国家基本经济制度的表现是：第一，坚持和完善公有制为主体、多种所有制经济共同发展。公有制为主体并不意味着排斥其他多种所有制形式的发展，而是鼓励、支持和引导非公有制经济的发展，只有公有制经济和非公有制经济相互促进，共同发展，才能够推动国家经济的发展。第二，坚持和完善按劳分配为主体、多种分配方式并存。以按劳分配为主体，也不排斥其他分配方式并存，不同的分配方式并存成为基本的分配方式体系，能够调动劳动者积极性，共同建设国家。第三，坚持和完善社会主义市场经济体制，而不是搞计划经济，向计划经济倒退。

要在这一国家基本经济制度下实行市场经济。市场经济的最大要求是市场经济主体的平等性。在我国的市场经济中，民法典保障所有的市场经济主体都有平等的法律地位，都享有平等的发展权利。

案例评析

刘某南与刘某盛物权保护纠纷案[①]

案情： 1993年，刘某南在龙海市海澄镇内楼村内楼社建设房屋一座，后取得建设用地使用证。2008年，刘某盛未经刘某南同意，擅自在刘某南的埕上搭建围栏和雨棚，并放置物品，侵占了刘某南的埕，双方因此发生纠纷。法院认为，刘某盛未经刘某南同意，擅自在刘某南依法取得的埕上搭建围栏和雨棚，并放置物品，其行为已侵犯了刘某南的合法权益，刘某南请求刘某盛返还，具有事实和法律依据，依法应予支持。故依照法律和司法解释的规定，判决刘某盛将原告刘某南名下的地址在龙海市海澄镇内楼村内楼社房屋北面的埕返还给原告刘某南，并清理该埕上的物品（包括构建物和建筑物）。

评析： 此案涉及民法典第206条的规定。民法典第206条沿袭了《物权法》第3条的规定。本条和后一条被称为平等保护原则。在概念上，私人财产既要与国有财产平等受到保护，私人财产彼此之间也应受到平等保护。本案中，刘某南建设房屋后，即拥有该房屋的所有权，该权利属于私人的物权，不受任何组织或个人侵犯。刘某盛未经刘某南同意，擅自在刘某南依法取得的埕上搭建围栏和雨棚，并放置物品，其行为已侵犯了刘某南的私人物权，因此法院判决刘某盛将刘某南名下的埕返还给原告刘某南，并清理该埕上的物品，这是对私人物权的平等保护，不偏袒任何一方，矫正了任何一方物权所受到的不当侵害。

> ▶▶ **第二百零七条** 国家、集体、私人的物权和其他权利人的物权受法律平等保护，任何组织或者个人不得侵犯。

🏛 条文要义

本条是对物权平等保护原则的规定。

财产权利平等保护原则在民法典第113条就作了规定，物权平等保护包含在第113条规定的财产权利平等保护原则中。由于在物权法律关系中，存在国家所有权、集体所有权和私人所有权的区别，《宪法》还有关于公共财产神圣不可侵犯的规定，为避免在物权法律关系领域出现对私人所有权的歧视，因而仍然有保留物权平等保

[①] 审理法院：福建省漳州市中级人民法院，案号：（2016）闽06民终2276号。

护原则规定的必要。

物权平等保护原则表现为：（1）物权的主体平等，不得歧视非公有物权的主体；（2）物权平等，无论是国家的、集体的、私人的还是其他权利人的物权，都是平等的物权，受物权法规则的约束，不存在高低之分；（3）平等受到保护，当不同的所有权受到侵害时，在法律保护上一律平等，不得对私人的物权歧视对待。

上述平等保护的权利主体中的"其他权利人"的称谓，是指国家、集体和私人之外的捐助法人等。捐助法人享有法人地位，但其为财团法人，既不是国家、集体，也不是私人，因此称之为其他权利人，其物权同样受到平等保护。

案例评析

山西焦化股份有限公司*、××公司合同纠纷案①

案情： 山焦公司与××公司双方签订《投资收回协议》，后山焦公司认为《投资收回协议》中第2、3条关于支付收益的规定因违反《企业国有资产法》第53、54条规定和《合同法》第7条的规定，属于《合同法》第52条第5项规定的违反法律、行政法规的强制性规定的情形，故应全部无效。该条规定还因违反规章而导致损害社会公共利益，属于《合同法》第52条第4项规定的无效情形。故请求法院确认《投资收回协议》部分无效。法院认为，国有资产管理法的立法目的是保护国有资产，但并不意味着在流通领域，特别是市场主体间就财产流转发生争议时，要对占有、使用、经营国有资产的民事主体给予特殊保护。国有控股上市公司的利益与其他类型的企业利益应当被同等保护，故山焦公司以《投资收回协议》违反法律、行政法规的强制性规定而主张合同无效的理由不能成立。

评析： 该案涉及民法典第207条的规定。民法典第207条沿袭了《物权法》第4条之规定。本条规定和前条规定构成了物权法律制度重要的原则——平等保护原则。事实上，我国目前是在以公有制为主体、多种所有制经济共同发展的基本经济制度下实行市场经济。民法典必须保障所有的市场经济主体都有平等的法律地位，都享有平等的发展权利，这也是市场经济的最大要求。在市场经济条件下，国有控股企业参与市场交易的地位与其他市场主体的地位平等，其资产利益不能等同于社会公共利益，也不应相较于其他民事主体受到特殊保护。因此，本案中，××公司的合法权益同样应受到合法保护，故法院未支持山焦公司提出的诉讼请求。

> ▶▶ **第二百零八条** 不动产物权的设立、变更、转让和消灭，应当依照法律规定登记。动产物权的设立和转让，应当依照法律规定交付。

---

* 以下简称"山焦公司"。

① 审理法院：山西省高级人民法院，案号：（2018）晋民终180号。

🏛 条文要义

本条是对物权公示公信原则的规定。

公示公信原则是物权法的基本原则，包括物权公示原则和物权公信原则，二者是相互依存的两个原则，基本含义是物权经过法定公示方法而取得物权的公信力。

公示，即公开揭示，使之周知之义。物权公示，是指在物权变动时，必须将物权变动的事实通过一定的公示方法向社会公开，使第三人知道物权变动的情况，以避免第三人遭受损害并保护交易安全。物权公示原则是指物权的变动即物权产生、变更或者消灭，必须以特定的、可以从外部察知的方式，即公示表现出来的物权法基本规则。

公信，是指物权变动经过公示以后所产生的公信力。物权公信原则所着眼的，正是物权变动中公示形式所产生的这种公信力，是指物权变动按照法定方法公示以后，不仅正常的物权变动产生公信后果，而且即使物的出让人事实上无权处分，善意受让人基于对公示的信赖，仍能取得物权的原则。

按照公示公信原则的要求，不动产物权变动的公示方法是登记，不动产物权的设立、变更、转让和消灭应当依照法律规定登记，才能取得公信力；动产物权变动的公示方法是交付，动产物权的设立和转让，应当依照法律规定交付，动产交付产生动产物权变动的公信力。

🎯 案例评析

李某、牟某与重庆亿成建材有限公司*房屋买卖
合同纠纷案①

案情：李某、牟某与亿成公司签订购房合同，约定李某、牟某出资购买亿成公司的房产，亿成公司应及时办理过户手续，买卖双方应缴纳的税费由亿成公司承担。后李某、牟某及时付清购房款，亿成公司依法向税务机关纳税，随后亿成公司将出卖房屋及产权证书、国有土地使用权证书原件一并交付李某、牟某占有和使用。因亿成公司纳税发票原件遗失，上述买卖房屋至今未办理产权转让变更登记手续。李某、牟某诉请人民法院判令被告履行协助办理产权转移变更登记的办证义务，并承担相应的办证费用。法院认为，本案房屋已实际交付，双方合同约定的主要权利义务已履行完毕。因本案买卖标的物为不动产房屋，被告亿成公司应当依照合同约定及法律规定，在房屋交付后及时履行协助办理产权变更转移登记的合同应尽义务，至今办证未果的过失不能归责于被告单方所致。故判决被告向房屋登记机构提交相

---

* 以下简称"亿成公司"。

① 审理法院：重庆市万州区人民法院，案号：（2014）万法民初 8908 号。

关资料，履行协助办理房屋权属转移变更登记的办证义务。

　　评析： 此案涉及民法典第 208 条的规定。民法典第 208 条沿袭了《物权法》第 6 条的规定。本案中，双方约定将亿成公司名下的房屋权属转移至李某、牟某名下。依照本条规定，不动产物权的设立、变更、转让和消灭，应当依照法律规定登记。易言之，只有办理完房屋权属变更登记后，才能完成房屋权属的转让。案涉房屋虽然已经交付使用，但由于未办理相应登记，故亿成公司仍有义务承担税费，并向房屋登记机构提交相关资料，以协助李某、牟某办理房屋权属转移变更登记，从而真正地完成案涉房屋的权属移转。

第二章 物权的设立、变更、转让和消灭

第一节 不动产登记

▶▶ **第二百零九条** 不动产物权的设立、变更、转让和消灭，经依法登记，发生效力；未经登记，不发生效力，但是法律另有规定的除外。

依法属于国家所有的自然资源，所有权可以不登记。

🏛 条文要义

本条是对不动产登记效力的规定。

不动产物权的设立、变更、转让和消灭，统称为不动产物权变动。不动产物权变动的公示方法是登记。不动产物权变动必须依照法律规定进行登记，只有经过登记，才能够发生物权变动的效果，才具有发生物权变动的外部特征，才能取得不动产物权变动的公信力。不动产物权变动未经登记，不发生物权变动的法律效果，法律不承认其物权已经发生变动，也不予以法律保护。

本条但书规定的内容是，在不动产物权变动的规则中，登记发生物权变动是基本规则，不必登记是例外规则，且须法律特别规定。其含义在于，进行不动产物权变动，在法律没有特别规定的情况下，必须登记才发生物权变动效果，只有在法律有特别规定的情况下，才应当按照法律规定的方式进行不动产物权变动。例如民法典第374条规定："地役权自地役权合同生效时设立。"这就是法律规定的例外。

📌 案例评析

中国建设银行股份有限公司韶关市分行* 与张掖凯航置业有限公司** 、
佛山市金塘海贸易有限公司*** 等金融借款合同纠纷案①

案情： 建行韶关分行与金塘海公司签订了贷款合同，为担保债务履行，建行韶

---

* 以下简称"建行韶关分行"。

** 以下简称"凯航公司"。

*** 以下简称"金塘海公司"。

① 审理法院：最高人民法院，案号：（2016）最高法民再416号。

关分行与凯航公司签订了最高额抵押合同，约定凯航公司愿意以其所有的国有土地使用权为贷款合同项下的一系列债务提供最高额抵押担保，担保范围为贷款合同项下全部债务。建行韶关分行与林某签订了自然人保证合同，林某愿为贷款合同项下全部债务提供连带责任保证。后金塘海公司没有按照贷款合同的约定履行到期一次性还款义务，同时，建行韶关分行与凯航公司签订最高额抵押合同后，由于凯航公司的原因，合同约定的土地抵押登记手续至今尚未办妥，建行韶关分行的抵押权利未得到落实。故建行韶关分行请求判令金塘海公司立即清偿贷款本息，凯航公司、林某对金塘海公司拖欠建行韶关分行的贷款本息承担连带清偿责任。法院认为，最高额抵押合同合法有效，双方均应按照合同的约定履行义务，但建行韶关分行没有提供充分的证据证明凯航公司怠于履行办理土地抵押登记手续的义务，或者存在其他因凯航公司的原因导致抵押权未有效设立。

评析： 此案涉及民法典第 209 条的规定。民法典第 209 条沿袭了《物权法》第 9 条的规定。本条规定，不动产物权的设立、变更、转让和消灭，经依法登记，发生效力；未经登记，不发生效力，但是法律另有规定的除外。本案中，尽管建行韶关分行与凯航公司签订的最高额抵押合同合法有效，但案涉两宗土地因未办理抵押登记，抵押权未能有效设立。因此，建行韶关分行对涉案两宗土地不享有抵押权。但是，关于当事人是否违约的问题，则要考虑抵押权未设立的可归责性，不应仅根据客观事实就认定一方有违约行为。

> ▶▶ **第二百一十条** 不动产登记，由不动产所在地的登记机构办理。
> 　　国家对不动产实行统一登记制度。统一登记的范围、登记机构和登记办法，由法律、行政法规规定。

🏛 条文要义

本条是对不动产登记的属地原则及统一登记制度的规定。

不动产登记的属地原则，是指不动产登记由不动产所在地的登记机构专属管辖，不得在异地进行不动产物权变动登记。这一规则的判断标准清晰，方便当事人进行登记，也方便登记机构对不动产物权的实际情况进行考察，能够避免重复登记等不利情况的发生。

国家对不动产实行统一登记制度，国务院已于 2014 年 11 月 24 日公布《不动产登记暂行条例》，自 2015 年 3 月 1 日起施行，2019 年修订。该条例规定的就是统一的不动产物权变动的登记制度，依据《物权法》等法律制定。该条例改变了我国不动产登记的机构不统一、程序不统一、登记簿不统一等不动产登记的分散状况，实行了登记机构统一、登记范围统一、登记办法统一、登记程序统一、登记效果统一以及登记信息共享和保护的统一，建立了不动产统一登记制度，在我国不动产权属管理和物权制度上实现了重大改革。对此，民法典予以确认并继续实行。

案例评析

王某与都江堰万都房地产开发有限公司* 房屋买卖合同纠纷案①

案情： 王某与万都公司签订商品房买卖合同，约定原告王某购买万都公司销售的住宅一套。约定出卖人应当在 2013 年 12 月 31 日前取得该商品房所在楼栋的权属证明。商品房交付使用后，双方共同向权属登记机关申请办理房屋权属转移登记。合同签订前后，王某分五次支付购房款，收房后，缴纳了水电气费及契税、房屋维修基金相关办证费用。原告王某诉讼请求被告为原告办理住房房屋所有权证。法院认为，原告王某与被告万都公司签订的商品房买卖合同应为有效。根据法律规定，万都公司负有协助原告办理不动产权属证书的合同及法律义务。本案中，原告已按约履行了其相应的付款义务并实际控制房屋，被告万都公司未按约履行其相应的义务，导致原告不能在规定期限内取得房屋不动产权属证书，其行为确已构成违约，万都公司应为王某办理案涉房屋的不动产权属证书。

评析： 此案涉及民法典第 210 条的规定。民法典第 210 条沿袭了《物权法》第 10 条的规定。国家对不动产实行统一登记制度，依照本条规定，不动产登记，由不动产所在地的登记机构办理。商品房买卖亦要遵守此条规定，如此不仅方便当事人进行登记，也方便登记机构对不动产物权的实际情况进行考察。本案中，原告与被告签订了商品房买卖合同，且原告已经履行了付款义务，因此有权要求被告协助原告在不动产所在地的登记机构办理权属转移登记。

▶▶ **第二百一十一条** 当事人申请登记，应当根据不同登记事项提供权属证明和不动产界址、面积等必要材料。

条文要义

本条是对申请不动产登记应当提供必要材料的规定。

《不动产登记暂行条例》第 16 条规定了必要材料的范围，同时要求申请人应当对申请材料的真实性负责。

申请人应当提供必要材料的范围是：（1）登记申请书；（2）申请人、代理人身份证明材料、授权委托书；（3）相关的不动产权属来源证明材料、登记原因证明文

---

* 以下简称"万都公司"。

① 审理法院：四川省都江堰市人民法院，案号：（2017）川 0181 民初 1713 号。

件、不动产权属证书；（4）不动产界址、空间界限、面积等材料；（5）与他人利害关系的说明材料；（6）法律、行政法规以及本条例实施细则规定的其他材料。

《不动产登记暂行条例》第 16 条第 2 款要求，不动产登记机构应当在办公场所和门户网站公开申请登记所需材料目录和示范文本等信息，便于申请人掌握应当提供必要材料的范围，避免不必要的劳顿。

案例评析

鞠某与诸城市宜林置业有限公司* 房屋买卖合同纠纷案①

案情： 鞠某与宜林公司签订《诸城市商品房预售合同》，约定鞠某购买宜林公司开发的房屋，宜林公司应当于一定期限内将符合合同约定的商品房交付鞠某使用并办理产权证。合同签订后，鞠某按约定支付了全部购房款，宜林公司将案涉房屋交付鞠某使用。后双方均未向房屋登记机构提出办证申请，鞠某也未委托宜林公司代办产权证书。之后，鞠某诉请法院判决宜林公司给付逾期办证违约金。法院认为，鞠某与宜林公司签订的商品房预售合同合法有效，但根据法律规定，办理房屋权属转移登记，应当由当事人提出申请，鞠某作为购房人，应当主动向房产管理部门提出办证申请，但其并未向房产管理部门提交申请办理房屋权属证书的相关资料，也无证据证实其主动向房产管理部门行使过相关权利，故法院判决驳回原告鞠某的诉讼请求。

评析： 此案涉及民法典第 211 条的规定。民法典第 211 条沿袭了《物权法》第 11 条的规定。根据本条规定，当事人申请登记，应当根据不同登记事项提供权属证明和不动产界址、面积等必要材料。因此，办理不动产产权登记，双方当事人均有义务根据登记事项提供相关材料。本案中，原告确认涉案房屋在交付使用后，并未向房产管理部门提交申请办理房屋权属证书的相关资料，也无证据证实其主动向房产管理部门行使过相关权利；且原告也未委托诸城市宜林置业有限公司办理产权转移登记手续，无法证明迟延办理产权证书系宜林公司单方面原因造成的，因此法院对本案原告的诉讼请求不予支持。

> ▶▶ **第二百一十二条** 登记机构应当履行下列职责：
> （一）查验申请人提供的权属证明和其他必要材料；
> （二）就有关登记事项询问申请人；
> （三）如实、及时登记有关事项；
> （四）法律、行政法规规定的其他职责。

---

* 以下简称"宜林公司"。

① 审理法院：山东省诸城市人民法院，案号：（2018）鲁 0782 民初 347 号。

> 申请登记的不动产的有关情况需要进一步证明的，登记机构可以要求申请人补充材料，必要时可以实地查看。

🏛 条文要义

本条是对不动产登记机构职责的规定。

按照本条规定，登记机构的职责包括：查验申请人提供的权属证明和其他必要材料，就有关登记事项询问申请人，如实、及时登记有关事项，以及法律、行政法规规定的其他职责。《不动产登记暂行条例》规定不动产登记机构收到不动产登记申请材料，应当分别按照下列情况办理：（1）属于登记职责范围，申请材料齐全、符合法定形式，或者申请人按照要求提交全部补正申请材料的，应当受理并书面告知申请人，不动产登记机构未当场书面告知申请人不予受理的，视为受理；（2）申请材料存在可以当场更正的错误的，应当告知申请人当场更正，申请人当场更正后，应当受理并书面告知申请人；（3）申请材料不齐全或者不符合法定形式的，应当当场书面告知申请人不予受理，并一次性告知需要补正的全部内容；（4）申请登记的不动产不属于本机构登记范围的，应当当场书面告知申请人不予受理，并告知申请人向有登记权的机构申请。

不动产登记机构在履行上述职责中，有以下权力：一是查验。不动产登记机构应当按照下列要求进行查验：（1）不动产界址、空间界限、面积等材料与申请登记的不动产状况是否一致；（2）有关证明材料、文件与申请登记的内容是否一致；（3）登记申请是否违反法律、行政法规规定。二是实地查看。不动产登记机构可以对申请登记的不动产进行实地查看的范围是：（1）房屋等建筑物、构筑物所有权首次登记；（2）在建建筑物抵押权登记；（3）因不动产灭失导致的注销登记；（4）不动产登记机构认为需要实地查看的其他情形。三是调查。对可能存在权属争议，或者可能涉及他人利害关系的登记申请，不动产登记机构可以向申请人、利害关系人或者有关单位进行调查。不动产登记机构进行实地查看或者调查时，申请人、被调查人应当予以配合。

对登记机构进行登记的时限要求是，应当自受理登记申请之日起30个工作日内办结不动产登记手续，法律另有规定的除外。

🟤 案例评析

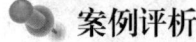

黄某等与四川省冕宁县人民政府* 土地行政登记案①

案情： 邓某从张某处购得住房一幢，双方签订了《卖房文约》。同年，四川省冕

---

*　以下简称"冕宁县政府"。
①　审理法院：最高人民法院，案号：（2018）最高法行申 1665 号。

宁县房地产发证领导小组办公室向邓某颁发房屋所有权证。黄某从李某处购得案涉住房，双方约定，西面与邓某相邻部分以邓某、李某《邻里边界认定协议书》为准。2014年7月，黄某重新建房，邓某以黄某未按《邻里边界认定协议书》放线、侵犯其土地使用权为由，向四川省冕宁县人民法院提起民事诉讼。后邓某得知黄某所使用土地上有国有土地使用证的存在，故提起行政诉讼，请求撤销颁发给黄某的国有土地使用证。一审法院判决撤销冕宁县政府于2010年1月18日向黄某颁发的国有土地使用证。二审法院判决驳回上诉，维持一审判决。黄某申请再审。法院认为，根据法律的有关规定，县级以上人民政府应当在土地使用权属登记工作中尽到审慎审查的义务，但冕宁县政府未能尽到审慎审查的义务，其作出的本案被诉颁证行为，事实不清，程序违法。一审判决撤销国有土地使用证，二审维持一审判决，均无不当。

评析： 此案涉及民法典第212条的规定。民法典第212条沿袭了《物权法》第12条的规定。本条规定了登记机构在办理登记时应当履行的职责，包括查验申请人提供的权属证明和其他必要材料；就有关登记事项询问申请人等。本案中，冕宁县政府在第二次全国土地调查工作中，委托四川空间信息产业发展有限公司负责土地调查及数据库建设项目，制作形成了冕宁县政府颁发本案冕国用（2010）第×××1号国有土地使用证，但在此过程中未能依照规定尽到认真审查的义务，未能识别出所依据的100-010-180号、100-010-179号地籍调查表中，指界人的签名系伪造，而且颁发冕国用（2010）第×××1号国有土地使用证的程序违法。因此，法院判决撤销冕国用（2010）第×××1号国有土地使用证。

▶▶ **第二百一十三条　登记机构不得有下列行为：**
（一）要求对不动产进行评估；
（二）以年检等名义进行重复登记；
（三）超出登记职责范围的其他行为。

🏛 **条文要义**

本条是对不动产登记机构禁止从事行为的规定。

在不动产物权登记中，立法的基本精神是减少对权利人的负担，体现登记为民的精神，故在对不动产登记机构职责的规定中严格要求，禁止从事其职责之外的行为，避免给当事人造成困难和负担。本条列举的要求对不动产进行评估、以年检等名义进行重复登记、超出登记职责范围的其他行为，都属于不动产登记机构职责范围之外的行为，都是被禁止的行为。申请人在申请不动产登记的过程中，如果不动产登记机构提出属于上述禁止行为范围的要求的，可以拒绝并且向有关部门举报，追究其法律责任。

案例评析

朱某 1 与金华市住房和城乡建设局*行政登记案①

案情： 朱某 1 系朱某 2、黄某的女儿。朱某 2、黄某曾在金华市公证处办理遗嘱公证，将其共同财产作如下处理：朱某 2 名下房屋 1 套，其二人不管谁先去世，房子由活着一方使用，二人都去世后，房子由女儿朱某 1 继承，任何人不得干涉。后朱某 2 和黄某相继去世，现朱某 1 向金华住建局书面申请该房屋产权转移登记。金华市房地产交易办证中心称，根据相关规定，要求朱某 1 本人到金华市房地产交易办证中心办证大厅办理，并提供登记部门所需要提交的有关材料。为此，朱某 1 提起行政诉讼。法院认为，朱某 1 根据公证遗嘱依法继承涉案房屋，有权依法向涉案房屋所在地登记机构申请办理房屋产权转移登记，公证遗嘱应当属于该条款所称"继承证明"。根据法律规定，登记机构不得有超出登记职责范围的其他行为。金华住建局的行为限制了朱某 1 的合法权利，应予纠正。法院故判决金华住建局应依法办理原朱某 2 名下房屋所有权转移登记。

评析： 此案涉及民法典第 213 条的规定。民法典第 213 条沿袭了《物权法》第 13 条的规定。根据本条规定，登记机构不得有超出登记职责范围的其他行为。在本案中，原告提供了证明房屋所有权发生转移的材料，即公证遗嘱，并提交了其他办理登记所需的材料，但是，金华住建局要求朱某 1 先办理继承权公证，再申请房屋产权变更登记，限制了朱某 1 的合法权利，金华住建局的行为属于超出登记职责范围的其他行为，故该行为违法。

> ▶▶ **第二百一十四条** 不动产物权的设立、变更、转让和消灭，依照法律规定应当登记的，自记载于不动产登记簿时发生效力。

🏛 条文要义

本条是对不动产物权变动登记效力发生时间的规定。

不动产物权变动登记效力的发生时间，是指不动产发生物权变动效力的具体时间。只有不动产物权变动发生了效力，不动产物权才真正归属于不动产登记申请人享有，其可以依照自己的意志行使物权。

按照本条规定，只有不动产变动登记记载于不动产登记簿的时间，才是不动产物权变动的时间，即不动产物权变动的信息登记记载在不动产登记簿上的时候，设

---

* 以下简称"金华住建局"。
① 审理法院：浙江省金华市中级人民法院，案号：（2015）浙金行终 45 号。

立登记的申请人才成为真正的物权人，变更登记的申请人的物权发生变更，转让物权的申请人取得物权，消灭物权的申请人的物权予以消灭。

这里的问题是，不动产物权登记机构究竟应当何时将物权变动的申请记载于不动产登记簿？这存在以下几种可能：申请人申请的时间、登记机构受理的时间、登记机构审查完成的时间以及登记簿记载的时间。由于自受理不动产登记申请到完成登记要有 30 个工作日，时日较久，不动产登记申请人的权属会存在不确定的时间，其间一旦发生权属冲突，将会影响申请人的权利。

对此，应当以登记机构审查认为符合不动产变动登记要求的时间，作为不动产变动登记记载于不动产登记簿的时间。

案例评析

温某诉广州市国土资源和房屋管理局房屋行政登记案[①]

案情： 案涉房屋原权属人为温某之父梁某峰，后者已去世。其后，黄某持伪造的文书补领了梁某峰名下的涉案房屋房地产权证。黄某之后又使用虚假资料，约定将涉案房屋出售给谢某，谢某向黄某支付 165 万元。广州市国土资源和房屋管理局将涉案房屋转移登记在谢某的名下。2010 年 4 月 27 日，谢某以 338 万元的价格将涉案房屋出卖给曾某，广州市国土资源和房屋管理局经审核后将涉案房屋转移登记在曾某的名下，因涉案房屋涉及刑事诉讼，尚未将房地产权证颁发给曾某。后法院认定黄某构成诈骗罪。温某向广州市花都区人民法院提起行政诉讼，请求确认广州市国土资源和房屋管理局办理房屋交易过户的具体行政行为违法。一审和二审判决作出后，曾某、谢某不服，申请再审。法院认为，本案中，已经生效的刑事判决证明黄某以隐瞒真实情况、提交虚假材料等非法手段获取房屋登记，被诉的首次转移登记行为违法，但因曾某已经善意取得涉案房屋所有权，判决确认被诉登记行为违法，不撤销登记行为。

评析： 此案涉及民法典第 214 条的规定。民法典第 214 条沿袭了《物权法》第 14 条的规定。根据本条规定，不动产物权的设立、变更、转让和消灭，依照法律规定应当登记的，自记载于不动产登记簿时发生效力。本案中，涉案房屋已经转移登记至曾某名下，广州市国土资源和房屋管理局已将相关事项记载于登记簿，且曾某取得涉案房屋所有权符合善意取得的规定，故房屋所有权自移转事项记载于不动产登记簿时发生效力。

> ▶▶ **第二百一十五条** 当事人之间订立有关设立、变更、转让和消灭不动产物权的合同，除法律另有规定或者当事人另有约定外，自合同成立时生效；未办理物权登记的，不影响合同效力。

---

① 审理法院：最高人民法院，案号：（2018）最高法行再 165 号。

🏛 条文要义

本条是对不动产物权变动区分原则的规定。

一个不动产物权的变动要有两个行为：（1）债权行为，即当事人之间订立的不动产物权变动的合同，例如转让建筑物区分所有权的合同；（2）物权行为，即物权自出让人手中转让到受让人手中的行为。这里的债权行为是物权变动的基础法律行为，而物权变动是当事人转让物权的债权行为的意愿，是实现物权变动的目的。在不动产物权变动中，这两个行为比较清晰，即订立了不动产权属转让合同之后，还必须进行不动产产权的过户登记行为，才能真正实现物权变动的效果。

当事人之间订立有关设立、变更、转让和消灭不动产物权的合同，就是不动产物权变动的债权行为。对这个合同的效力，当然是除法律另有规定或者当事人另有约定外，自合同成立时生效的。这是对不动产物权变动合同发生法律效力的规则。如果在不动产物权变动的债权行为成立后，双方当事人并未办理物权登记，这表明的是物权还没有发生变动，但并不影响该合同的效力，这个物权变动的合同仍然有效，并不因为物权没有登记而使合同行为的效力受影响。

这一规则具有重要意义。当不动产权属交易合同生效之后，由于没有进行物权过户登记，若一方当事人借故否认合同的效力，对方当事人有权主张合同有效，进而主张进行物权登记而取得债权约定的物权。

🔘 案例评析

湖北江山重工有限责任公司[*]、襄阳市慧江混凝土有限公司^{**}
房屋买卖合同纠纷案[①]

案情： 2012 年 12 月 1 日，江山专用车公司与慧江公司签订《汽车专卖合同》一份，约定江山专用车公司向慧江公司出售 19 台混凝土搅拌运输车。2012 年 12 月 27 日，四方当事人之间签订协议，内容为慧江公司至今尚欠货款 6 555 000 元，四方就还款进行了安排。2012 年 12 月 29 日，江山重工公司与华康公司签订商品房买卖合同七份，合同约定，华康公司将其开发的位于湖北省襄阳市共计七套房屋出售给江山重工公司。江山重工公司向一审法院起诉请求判令华康公司履行商品房买卖合同，并向江山重工公司支付逾期交房的违约金直至房屋交付止。原审法院认为合同成立但未生效，再审法院认为，华康公司与江山重工公司之间的商品房买卖合同并非约定房屋归债权人所有，该买卖合同并非以物抵债合同，其效力也不受债务履行期限

---

　* 以下简称"江山重工公司"。
　** 以下简称"慧江公司"。
　① 审理法院：最高人民法院，案号：（2018）最高法民再 50 号。

是否届满的限制。即使房屋物权未完成转移登记，亦不影响商品房买卖合同的效力。因此，原判决认定商品房买卖合同未生效错误，应认定商品房买卖合同已经生效。

评析： 此案涉及民法典第 215 条的规定。民法典第 215 条沿袭了《物权法》第15 条的规定。本条规定的是物权变动的区分原则。当事人之间订立有关设立、变更、转让和消灭不动产物权的合同，该行为是物权变动的基础（负担）行为，不因尚未行使物权（处分）行为而无效。债权行为的效力应当遵循民法典第 490 条的规定："当事人采用合同书形式订立合同的，自当事人均签字、盖章或者按指印时合同成立。"本案中案涉四方协议是多个债权债务关系的清偿安排，该协议意思表示真实一致，除另有法律规定或另有约定外，自当事人签字或者盖章时合同成立。虽然涉案房屋的所有权没有完成过户登记手续，但不影响四方协议的效力，故法院判决确认这些商品房买卖合同有效。

▶▶ **第二百一十六条** 不动产登记簿是物权归属和内容的根据。
不动产登记簿由登记机构管理。

🏛 条文要义

本条是对不动产登记簿的效力及管理的规定。

不动产登记簿，是不动产登记机构按照国务院自然资源部规定设立的统一的不动产权属登记簿，记载不动产的坐落、界址、空间界限、面积、用途等自然状况，不动产权利的主体、类型、内容、来源、期限、权利变化等权属状况；涉及不动产权利限制、提示等事项。不动产登记簿采用电子介质，具有唯一、确定的纸质转化形式；暂不具备条件的，可以采用纸质介质。不动产登记机构应当依法将各类登记事项准确、完整、清晰地记载于不动产登记簿。任何人不得损毁不动产登记簿，除依法予以更正外，不得修改登记事项。由于不动产登记簿是物权归属和内容的根据，因而在不动产登记簿上记载某人享有某项物权时，就直接推定该人享有该项物权，其物权的内容也以不动产登记簿上的记载为准。这就是不动产登记簿所记载的权利的正确性推定效力规则，对客观、公正的不动产交易秩序的建立和维护，保障交易的安全，具有重要意义。

我国的不动产统一登记机构是自然资源部。自然资源部领导下的不动产登记机构，按照国务院自然资源部的规定，设立统一的不动产登记簿，并由登记机构管理，对不动产登记簿的真实性负责。不动产登记簿由不动产登记机构永久保存，不动产登记簿损毁、灭失的，不动产登记机构应当依据原有登记资料予以重建。行政区域变更或者不动产登记机构职能调整的，应当及时将不动产登记簿移交相应的不动产登记机构。

案例评析

程某与重庆文化产业融资担保有限责任公司*等合同纠纷案①

案情：程某与周某于 1996 年 1 月 2 日登记结婚，于 2015 年 8 月 27 日登记离婚。2009 年 9 月 27 日，周某与重庆英利房地产开发有限公司签订《重庆市商品房买卖合同》，约定：周某购买商品房，成交金额 3 000 520 元。同日，周某与重庆英利房地产开发有限公司签订另一份《重庆市商品房买卖合同》，约定购买商品房，成交金额 5 499 298 元。2014 年 12 月 4 日，周某与文化融资担保公司签订《反担保抵押合同》，自愿以案涉房屋为文化融资担保公司的保证担保提供反担保；合同签订后，双方就前述抵押房屋办理了抵押登记。后因担保追偿权纠纷案，法院判决文化融资担保公司有权对周某所有的案涉抵押房屋折价或者拍卖、变卖所得的价款享有优先受偿权。程某向法院提起诉讼，请求撤销上述判决。二审法院认为，虽然涉案抵押房屋为周某与程某共同所有，程某有权提起本案第三人撤销之诉，但因该房屋不动产登记簿上记载的权利人仅为周某一人，周某有权对外处分该房屋。对合同相对方的文化融资担保公司而言，其基于对物权公示效力的信赖而取得涉案房屋抵押权的行为，应当受到法律保护。即使不动产登记簿上记载的权利人与实际的权利人不一致，基于物权公示效力和对市场交易安全的保护，也不宜轻易否定不动产登记簿公示登记的效力。

评析：此案涉及民法典第 216 条的规定。民法典第 216 条沿袭了《物权法》第 16 条的规定。本案中，当事人之间对于文化融资担保公司是否对涉案房屋中属于程某共同共有的部分享有抵押权产生争议。依照本条规定，不动产登记簿是物权归属和内容的根据。由于涉案房屋已经办理抵押登记，因此在对外关系上，法院应当以不动产登记簿上的登记信息为依据，认定文化融资担保公司对涉案房屋中属于程某共同共有的部分享有抵押权，由此保护第三人基于对物权公示效力的信赖而取得涉案房屋的抵押权。

▶▶ **第二百一十七条** 不动产权属证书是权利人享有该不动产物权的证明。不动产权属证书记载的事项，应当与不动产登记簿一致；记载不一致的，除有证据证明不动产登记簿确有错误外，以不动产登记簿为准。

条文要义

本条是对不动产权属证书及与不动产登记簿关系的规定。

---

* 以下简称"文化融资担保公司"。
① 审理法院：重庆市高级人民法院，案号：(2019) 渝民终 325 号。

不动产权属证书是权利人享有该不动产物权的证明。当不动产登记机构完成登记后，依法向申请人核发不动产权属证书。当事人持有不动产权属证书，就能够证明自己是不动产权属证书登记的物权的权利人。

不动产权属证书尽管具有这样的证明作用，但其证明力源于不动产登记簿的登记，而不是其自身就是物权登记。因此，不动产权属证书与不动产登记簿的关系是：完成不动产物权公示的是不动产登记簿，不动产物权的归属和内容以不动产登记簿的记载为根据；不动产权属证书只是不动产登记簿所记载的内容的外在表现形式。简言之，不动产登记簿是不动产权属的母本，不动产权属证书是证明不动产登记簿登记内容的证明书。故不动产权属证书记载的事项应当与不动产登记簿一致；如果出现记载不一致的，除有证据证明并且经过法定程序认定不动产登记簿确有错误的以外，物权的归属以不动产登记簿为准。

尽管不动产权属证书只是不动产登记簿登记内容的证明，但也是国家公文书。伪造、变造不动产权属证书、不动产登记证明，或者买卖、使用伪造、变造的不动产权属证书、不动产登记证明的，由不动产登记机构或者公安机关依法予以收缴；有违法所得的，没收违法所得；给他人造成损害的，依法承担赔偿责任；构成违反治安管理行为的，依法给予治安管理处罚；构成犯罪的，依法追究刑事责任。

案例评析

刘某、高台县宏达经贸有限责任公司*返还原物纠纷案①

案情： 宏达公司在奇正商厦北侧修建综合楼一幢和商场一处，由各方筹集该工程总投资。在修建期间，因宏达公司资金紧张，公司研究决定该项工程款由刘某个人筹集，同时本公司将享有该项工程的一切权利转移到刘某名下。2001年4月4日，刘某持相关资料向原高台县房产管理局申请房屋所有权登记，高台县房产管理局于当日向刘某核发了房屋产权证书，该权属证书载明房屋所有权人为刘某，共有人为刘某录，而房屋所有权登记申请书共有人栏原填写的刘某录的姓名、性别、年龄、籍贯、工作单位及职业内容被刮改，签名盖章处留有"刘某印"及"代"字样。原高台县房产管理局留存的房屋所有权证存根记载，房屋所有权人为刘某。后刘某、宏达公司和刘某录、奇正公司因投资兰州大沙坪公墓等原因发生纠纷，引发本案。法院认为，本案中，案涉房屋所有权证书记载刘某录为共有人，而房管局存根记载所有权人只有刘某一人，但该证书系刘某办理，在房屋所有权登记申请书中可以看出共有人一栏中刘某录的内容被刮除且有刘某印鉴。在此情况下，仅凭房屋登记所记载的内容已不能判断案涉房产物权归属情况，应当根据双方提供的证据查明案涉

---

* 以下简称"宏达公司"。

① 审理法院：最高人民法院，案号：（2018）最高法民申2559号。

房产的真实权利人。故一、二审法院未采信房管局存根记载的内容，而是根据双方举证情况来认定事实，符合法律规定。

评析：此案涉及民法典第 217 条的规定。民法典第 217 条沿袭了《物权法》第 17 条的规定。根据本条规定，不动产权属证书记载的事项，应当与不动产登记簿一致；记载不一致的，除有证据证明不动产登记簿确有错误外，以不动产登记簿为准。因此，虽然不动产登记簿是不动产权属的母本，不动产权属证明书只是证明不动产登记簿登记内容的证明书，但是如果有证据证明不动产权登记簿登记确有错误，则根据双方举证情况来认定事实。本案中，案涉房屋的权属证书载明房屋所有权人为刘某，共有人为刘某录，而房屋所有权登记申请书共有人栏原填写的刘某录的姓名、性别、年龄、籍贯、工作单位及职业内容被刮改，签名盖章处留有"刘某印"及"代"字样。产权证书与房屋所有权登记不一致，原则上以不动产登记簿登记信息为准。但是，综合本案的现有证据，可以证明不动产登记簿的登记信息有误，因此法院根据双方提供的证据，查明了案涉房产的真实权利人，而不是仅仅根据登记簿的记载认定权利人。

▶▶ **第二百一十八条** 权利人、利害关系人可以申请查询、复制不动产登记资料，登记机构应当提供。

🏛 条文要义

本条是对不动产登记资料查询、复制的规定。

由于不动产登记具有公示性和公信力，因而具有公开的性质，权利人和利害关系人都有权进行查询和复制。这是权利人和利害关系人的权利，登记机构应当满足权利人和利害关系人查询、复制的要求。权利人，是指不动产权属持有者，以及不动产权属交易合同的双方当事人；利害关系人是指在合同双方当事人以外的或者物权人以外的人中，可能和这个物权发生联系的这部分人。

这里规定只有权利人和利害关系人可以查询和复制，涉及的问题是不动产登记公开性的范围问题，即究竟是向全体民事主体公开，还是向部分民事主体公开。按照本条规定，是向与该物权登记有利害关系的人进行公开，而不必要对全体民事主体公开。在查询和复制不动产登记资料中，申请人应当证明自己是权利人或者利害关系人。例如主张登记错误的人或者欲与物权登记人进行交易的人，都是利害关系人。

此外，有关国家机关可以依照法律、行政法规的规定查询、复制与调查处理事项有关的不动产登记资料。

案例评析

刘某诉夏津县不动产登记中心不动产
登记信息查询案①

案情： 原告刘某于 2018 年 1 月 2 日向被告夏津县不动产登记中心提出申请，要求查询和复制御景家园小区宗地总面积共用给予不动产登记的权利人（姓名）、不动产单元号，并出具查询结果证明。被告对此均未作出书面答复。原告认为被告的上述行政行为系不履行法定职责，侵犯了原告的合法知情权，故诉至法院，诉请判令被告向原告提供查询与复制，并出具查询结果证明。法院认为，因不动产登记信息涉及特定的权利人或利害关系人，为平衡个人隐私与公众知情权，国家从法律、法规、规章等层面对不动产登记信息查询作出了专门规定。刘某申请查询、复制的不动产登记信息均是御景家园小区其他业主的不动产登记信息，虽然被上诉人未书面告知不予提供相关信息不符合法律规定，但是上诉人并非相关不动产登记信息的权利人或利害关系人，无权查询或获取上述信息，因此，上诉人要求被上诉人将相关不动产登记信息提供查询和复制并出具查询结果证明的诉讼请求不能成立。

评析： 此案涉及民法典第 218 条的规定。民法典第 218 条沿袭了《物权法》第 18 条的规定。根据本条规定，权利人、利害关系人可以申请查询、复制不动产登记资料。在举证责任上，申请查询人有义务举出其系权利人、利害关系人的初步证据。但是，本案中虽然刘某请求夏津县不动产登记中心查询、复制的信息属于不动产登记信息，但是刘某并没有证明其为权利人或利害关系人。因此，法院无法确认其是否是查询复制不动产登记资料的合格主体，故没有同意刘某的查询请求，法院也对刘某要求查询相应信息的诉讼请求不予支持。

▶▶ **第二百一十九条** 利害关系人不得公开、非法使用权利人的不动产登记资料。

🏛 条文要义

本条是对利害关系人不得非法使用、公开不动产登记资料的规定。

利害关系人查询、复制权利人不动产登记资料应当具有正当目的。故利害关系人在申请不动产登记资料的查询、复制时，应当向不动产登记机构说明查询、复制的目的。该目的应当具有正当性、合法性，同时必须履行查询、复制的义务。对查询、复制，利害关系人应负的义务是：（1）不得非法使用，即不得超出其正当性、

---

① 审理法院：山东省德州市（地区）中级人民法院，案号：（2018）鲁 14 行终 149 号。

合法性的目的，不得将查询获得的不动产登记资料用于其他目的，例如将查询、复制的他人不动产登记资料非法出卖；（2）不得公开，即不得将查询、复制他人不动产登记获得的资料交给查询、复制权利人之外的第三人，未经权利人同意，不得泄露查询获得的不动产登记资料。

本条没有规定违反上述义务的法律责任。按照责任是违反义务的法律后果的规则，利害关系人违反上述义务，给权利人造成损害的，应当承担停止侵害和损害赔偿责任。

 **案例评析**

孔某全与扬州市江都区国土资源局 * 政府信息公开案①

案情：孔某全申请再审称，其根据江苏省高邮市人民法院生效行政判决及江都区宜陵镇人民政府要求政府信息公开的答复，向江都国土局申请公开政府信息，但江都国土局的答复不完整，一、二审判决认定江都国土局答复符合法律规定且程序合法，属于认定错误。江都国土局认为孔某全申请的政府信息涉及第三方利益，却没有书面征求第三方意见的任何证据，致使江都国土局所做答复存在程序瑕疵。综上，孔某全请求对本案依法再审。法院认为，本案中，孔某全申请公开的资料系法律、行政法规规定的不动产登记资料，江都国土局并非不动产登记机构，孔某全应按照法律、行政法规的相应规定，向不动产登记机构申请查询。因此，一、二审法院认定江都国土局作出的"信息公开答复书"有事实和法律依据，并无不当。

评析：此案涉及民法典第 219 条的规定。民法典第 219 条系新增规定，但在很大程度上借鉴了《不动产登记暂行条例》第 28 条关于"查询不动产登记资料的单位、个人应当向不动产登记机构说明查询目的，不得将查询获得的不动产登记资料用于其他目的；未经权利人同意，不得泄露查询获得的不动产登记资料"的规定。本案中，当事人如果能够证明其与案涉不动产存在利害关系，且查询、复制权利人不动产登记资料具有正当目的，可以向不动产登记机构进行查询、复制。但是，在查询后，利害关系人不得非法使用、公开权利人的不动产登记资料，或者用于其他目的，以依法保护权利人的权利。

▶▶ **第二百二十条** 权利人、利害关系人认为不动产登记簿记载的事项错误的，可以申请更正登记。不动产登记簿记载的权利人书面同意更正或者有证据证明登记确有错误的，登记机构应当予以更正。

---

* 以下简称"江都国土局"。

① 审理法院：江苏省高级人民法院，案号：（2018）苏行申 1424 号。

> 不动产登记簿记载的权利人不同意更正的，利害关系人可以申请异议登记。登记机构予以异议登记，申请人自异议登记之日起十五日内不提起诉讼的，异议登记失效。异议登记不当，造成权利人损害的，权利人可以向申请人请求损害赔偿。

🏛 条文要义

本条是对不动产更正登记和异议登记的规定。

更正登记，是指已经完成的登记，由于当初登记手续的错误或者遗漏，致使登记与原始的实体权利关系不一致，为消除这种不一致的状态，对既存的登记内容进行修正补充的登记。故更正登记的目的是对不动产物权登记订正错误、补充遗漏。进行更正登记的主要内容是：（1）不动产登记簿记载的权利人书面同意更正；（2）有证据证明登记确有错误。符合这两种情形之一的，登记机构应当进行更正登记。更正登记的对象是：（1）登记错误，是指虽然登记簿上有记载但是欠缺真实的记载，所记载的内容与不动产真实状态不一致。（2）登记遗漏，是指因消极的行为而使登记簿的记载与不动产的现实情况发生抵触，应当登记的内容未予登记。更正登记可以由权利人或者利害关系人提出，也可以由登记机关自己依职权进行。

异议登记，是指将事实上的权利人以及利害关系人对不动产登记簿记载的权利所提出的异议记入登记簿的登记。其效力是，登记簿上所记载的权利失去正确性推定，第三人也不得主张依照登记的公信力而受到保护。因此，异议登记的目的在于对抗现实登记的权利的正确性，中止不动产登记权利的正确性推定效力和公信力，其是为了阻却登记公信力而设置的一种预防措施，借以排除第三人的公信力利益。申请异议登记的条件是利害关系人提出更正登记，不动产登记簿记载的权利人不同意更正。符合这个要求，利害关系人就可以申请异议登记。异议登记的后果是，申请人应当自异议登记之日起的 15 日内向人民法院起诉，由人民法院判决确权。超过 15 日不起诉的，异议登记失效，原来的物权登记排除异议登记的阻碍。异议登记不当，给权利人造成损害的，构成侵权行为，权利人可以依据本条或者民法典侵权责任编的规定，请求申请人承担损害赔偿责任。

📋 配套司法解释

最高人民法院关于适用《中华人民共和国民法典》物权编的解释（一）

第二条　当事人有证据证明不动产登记簿的记载与真实权利状态不符、其为该不动产物权的真实权利人，请求确认其享有物权的，应予支持。

第三条　异议登记因民法典第二百二十条第二款规定的事由失效后，当事人提起民事诉讼，请求确认物权归属的，应当依法受理。异议登记失效不影响人民法院对案件的实体审理。

案例评析

余某、曾某与张某异议登记损害责任纠纷案①

案情：案涉房产于2003年1月14日办理产权登记，权利人为余某及曾某，两人各50％产权。后曾某与张某在香港区域法院进行离婚诉讼，香港区域法院判决曾某与张某的婚姻于2009年9月2日解除。张某向登记中心提出房产异议登记申请，产权登记中心经审查，于当天对曾某名下位于深圳市福田区某房产50％产权作出异议登记。后余某、曾某将房屋出售给案外人刘某，但产权登记中心以交易房产有异议登记记录，对余某、曾某、刘某的申请作退文处理。余某向一审法院提起本案诉讼，请求解除异议登记。一审法院判决解除异议登记，二审法院改判驳回余某、曾某的请求，或者申请再审。再审法院认为，张某申请的异议登记因未及时起诉已经自动失效，但余某的损失和张某已经失效的异议登记申请没有因果关系。

评析：此案涉及民法典第220条的规定。民法典第220条沿袭了《物权法》第19条的规定。本案中，张某于2009年10月30日向深圳市规划和国土资源委员会下属房地产权登记中心提出房产异议登记申请，但并未自异议登记之日起15日内对登记权利人余某、曾某提起诉讼，依照本条规定，该异议登记其实已经于15日后即2009年11月14日自动失效。因此，本案中余某和曾某因为异议登记未及时注销的损失系因登记机构对法律理解错误所导致，而并非可归因于张某提起的异议登记行为，所以，本案法院确认张某无须赔偿余某等因异议登记所遭受的损失。

> ▶▶**第二百二十一条** 当事人签订买卖房屋的协议或者签订其他不动产物权的协议，为保障将来实现物权，按照约定可以向登记机构申请预告登记。预告登记后，未经预告登记的权利人同意，处分该不动产的，不发生物权效力。
>
> 预告登记后，债权消灭或者自能够进行不动产登记之日起九十日内未申请登记的，预告登记失效。

条文要义

本条是对预告登记的规定。

预告登记，是指为了保全债权的实现、保全物权的顺位请求权等而进行的提前登记。预告登记与一般的不动产登记的区别在于：一般的不动产登记是指在不动产

---

① 审理法院：广东省高级人民法院，案号：（2014）粤高法民一提字第60号。

物权变动已经完成的状态下所进行的登记，而预告登记则是为了保全将来发生的不动产物权变动而进行的登记。预告登记完成后，并不导致不动产物权的设立或者变动，只是使登记申请人取得请求将来发生物权变动的权利。纳入预告登记的请求权，对后来发生的与该项请求权内容相同的不动产物权的处分行为，具有排他的效力，以确保将来只发生该请求权所期待的法律后果。预告登记应当以当事人的自愿为原则。

当事人签订买卖房屋合同或者其他不动产物权合同，可以进行预告登记，以保证买受人和出让人的权利，特别是保障将来实现物权。进行了预告登记后的物权，具有对抗效力，未经预告登记人的同意，出卖一方当事人不能再处分该不动产，处分该不动产的，也不能发生物权转移的效力，从而使预告登记人登记的权利得到保障。

预告登记的期限较短，登记人应自能够进行不动产登记之日起的 90 日内申请预告登记，存在以下两种情况的，预告登记失效：（1）债权消灭使债权不复存在，如已经交付房屋，合同义务履行完毕；（2）自能够进行不动产登记之日起 90 日，预告登记人仍未申请登记。

目 配套司法解释

最高人民法院关于适用《中华人民共和国民法典》物权编的解释（一）

第四条　未经预告登记的权利人同意，转让不动产所有权等物权，或者设立建设用地使用权、居住权、地役权、抵押权等其他物权的，应当依照民法典第二百二十一条第一款的规定，认定其不发生物权效力。

第五条　预告登记的买卖不动产物权的协议被认定无效、被撤销，或者预告登记的权利人放弃债权的，应当认定为民法典第二百二十一条第二款所称的"债权消灭"。

最高人民法院关于适用《中华人民共和国民法典》有关担保制度的解释

第五十二条　当事人办理抵押预告登记后，预告登记权利人请求就抵押财产优先受偿，经审查存在尚未办理建筑物所有权首次登记、预告登记的财产与办理建筑物所有权首次登记时的财产不一致、抵押预告登记已经失效等情形，导致不具备办理抵押登记条件的，人民法院不予支持；经审查已经办理建筑物所有权首次登记，且不存在预告登记失效等情形的，人民法院应予支持，并应当认定抵押权自预告登记之日起设立。

当事人办理了抵押预告登记，抵押人破产，经审查抵押财产属于破产财产，预告登记权利人主张就抵押财产优先受偿的，人民法院应当在受理破产申请时抵押财产的价值范围内予以支持，但是在人民法院受理破产申请前一年内，债务人对没有财产担保的债务设立抵押预告登记的除外。

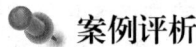 **案例评析**

金某民间借贷纠纷执行案①

案情：被执行人鑫祥公司与申请执行人韩某签订了借款协议。借款到期后，鑫祥公司未还款。后韩某与鑫祥公司签订一份商品房买卖合同，约定交易案涉房屋。到期后，鑫祥公司不同意交付房屋，韩某诉至南通市中级人民法院，要求被执行人偿还借款本息。法院组织双方调解达成协议。调解书生效后，被执行人未自觉履行义务。韩某即向南通市中级人民法院申请执行。异议人金某和邵某与鑫祥公司签订一份商品房买卖合同，并缴纳了购房款和契税，鑫祥公司将房屋交付给两异议人。法院认为，因韩某对讼争房屋进行了预告登记，则按照约定和法律规定，被执行人鑫祥公司未经韩某同意不得处分被预告登记的房屋。但后来，基于商品房买卖合同享有的要求交付房屋的权利已被民事调解书所取代，预告登记的债权因诉讼而消灭，预告登记的效力因债权消灭而失效。鑫祥公司在预告登记失效后将房屋出售给异议人并不违反法律的规定。

评析：此案涉及民法典第221条的规定。民法典第221条沿袭了《物权法》第20条的规定。根据本条规定，当事人签订买卖房屋或者其他不动产物权的协议，为保障将来实现物权，按照约定可以向登记机构申请预告登记。预告登记后，未经预告登记的权利人同意，处分该不动产的，不发生物权效力。但是，预告登记后，如果债权消灭或者自能够进行不动产登记之日起90日内未申请登记的，预告登记失效。本案中，韩某在其与鑫祥公司签订的商品房合同生效后，有权要求鑫祥公司按合同约定交付房屋，但其没有及时行使该权利，而是起诉要求鑫祥公司偿还借贷债务，其基于商品房买卖合同享有的要求交付房屋的权利已被调解书所取代，也就是说，案涉进行预告登记的债权因相应调解书的成立而消灭，案涉预告登记的效力也因债权消灭而失效。因此，鑫祥公司有权在韩某申请的预告登记失效后，对案涉房屋进行处分。

> ▶▶ **第二百二十二条** 当事人提供虚假材料申请登记，造成他人损害的，应当承担赔偿责任。
>
> 因登记错误，造成他人损害的，登记机构应当承担赔偿责任。登记机构赔偿后，可以向造成登记错误的人追偿。

🏛 条文要义

本条是对不动产登记错误损害赔偿责任的规定。

---

① 审理法院：江苏省如皋市人民法院，案号：(2013) 皋执异21号。

不动产登记错误损害赔偿责任分为两种情形。

1. 登记错误的当事人责任，是由于当事人向登记机构提供虚假材料申请登记，登记机构在登记中没有发现而进行不动产登记，给他人造成损害的，错误申请人应当承担的赔偿责任。这里的他人，实际上就是真正的权利人，受到的损害是因为自己的物权被申请人错误登记而造成的损害。这是典型的侵权责任，是侵害物权的侵权行为，对此，错误申请人应当对该他人的损害承担赔偿责任。

2. 登记错误的登记机构责任，是因登记错误，给他人造成损害的，登记机构应当承担的赔偿责任。这里也包括两种情况：（1）登记机构自己责任。没有错误申请人的登记错误，完全是由于登记机构的疏忽而进行的错误登记，导致权利人损害。对此，登记机构应当自己承担赔偿责任。（2）不真正连带责任，是由于当事人提供虚假材料申请登记，登记机构予以登记，造成权利人损害的，登记机构承担赔偿责任后，可以向造成登记错误的人进行追偿。这种损害赔偿法律关系存在两个责任人，一是最终责任人即错误申请人，二是中间责任人即登记机构。受到损害的权利人享有选择权，既可以依照第 1 款规定直接请求错误申请人承担赔偿责任，也可以按照第 2 款规定请求登记机构承担赔偿责任；如果请求登记机构承担赔偿责任的，则登记机构承担了赔偿责任后，有权向申请错误的当事人进行追偿，该当事人应当承担登记机构的全部损失。

案例评析

刘某、许某诉上高县房地产管理局＊房屋登记管理案①

案情：罗某向刘某和许某借款，罗某自愿以两套住房抵押给刘某，同样，许某与罗某签订抵押协议书，罗某以一套房屋抵押给许某。由于罗某未偿还借款，2013 年 9 月 18 日许某、刘某到上高房管局查询，发现罗某借款抵押的房产证所属房屋已被他人购买使用（即一房两证的假证），故向上高房管局提出国家赔偿。在上高房管局于 2014 年 8 月 22 日作出刘某的赔偿要求依法不能成立的答复后，刘某、许某与上高房管局多次交涉未果，于是刘某、许某向法院提起行政诉讼。法院认为，由于抵押权登记的错误，在罗某未向刘某、许某归还借款的情况下，刘某、许某也无法通过房屋的抵押权实现自身的债权，根据上述规定，上高房管局应对因登记错误给刘某、许某造成的损失承担赔偿责任。上高房管局在承担赔偿责任后，可以向罗某追偿。

评析：此案涉及民法典第 222 条的规定。民法典第 222 条沿袭了《物权法》第 21 条的规定。本条规定了因登记错误给他人造成损害时，登记机构应当承担的不真

＊　以下简称"上高房管局"。

①　审理法院：江西省宜春市中级人民法院，案号：（2018）赣 09 行终 51 号。

正连带责任。本案中，由于上高房管局的错误登记，刘某、许某因罗某的原因而无法实现自己的抵押权，从而遭受债权无法切实实现的损害。根据本条和《国家赔偿法》的相关规定，上高房管局对刘某和许某的财产权造成了损害，应当按照给权利人造成的直接损失进行赔偿。另外，由于本案系罗某通过诈骗手段欺骗房管局获得了不当利益，因此，上高房管局在赔偿后，有权向造成登记错误的罗某追偿。

▶▶ **第二百二十三条**　不动产登记费按件收取，不得按照不动产的面积、体积或者价款的比例收取。

🏛 条文要义

本条是对不动产登记收费标准的规定。

对不动产登记的收费标准，在物权法立法过程中有两种意见：一是按件收费，二是按照不动产的面积、体积或者价款的比例收费。为保护业主的权益，减少负担，最终确定按件收费，不得按照不动产的面积、体积或者价款的比例收费。

2016 年 12 月 6 日国家发展和改革委员会、财政部发布《关于不动产登记收费标准等有关问题的通知》（发改价格规〔2016〕2559 号），按照按件收费的要求，确定了收费标准：（1）住宅类不动产登记收费标准。落实不动产统一登记制度，实行房屋所有权及其建设用地使用权一体登记。原有住房及其建设用地分别办理各类登记时收取的登记费，统一整合调整为不动产登记收费，即住宅所有权及其建设用地使用权一并登记，收取一次登记费。规划用途为住宅的房屋（以下简称"住宅"）及其建设用地使用权申请办理不动产登记事项，提供具体服务内容，据实收取不动产登记费，收费标准为每件 80 元。（2）非住宅类不动产登记收费标准。办理非住宅类不动产权利的首次登记、转移登记、变更登记，收取不动产登记费，收费标准为每件 550 元。（3）证书工本费标准。不动产登记机构按本通知第 1 条规定收取不动产登记费，核发一本不动产权属证书的不收取证书工本费。向一个以上不动产权利人核发权属证书的，每增加一本证书加收证书工本费 10 元。不动产登记机构依法核发不动产登记证明，不得收取登记证明工本费。

🍡 案例评析

李某与成都市城乡房产管理局房屋行政登记案①

案情：李某与华盟公司签订了借款合同及抵押合同，李某未到市房管局缴纳办理抵押权登记的相关费用并要求领取抵押权证。此后，李某到市房管局要求领取抵

---

① 审理法院：四川省高级人民法院，案号：（2015）川行监 449 号。

押权证，市房管局口头告知李某因相关房屋已被法院查封，故不能对李某申请办理的抵押权予以登记。李某不服起诉。一审法院判决驳回李某的诉讼请求，二审法院维持原判。李某申请再审。法院认为，不动产登记需按照国家有关规定缴纳登记费，故缴纳登记费是房屋登记申请人依法应当履行的义务。市房管局受理李某的抵押申请后，亦在抵押受理单中明确告知了李某领取抵押权证之前需完成缴费程序。但李某怠于履行缴费义务，导致相关抵押权登记一直处于审核阶段，在李某的抵押权登记并未完成的情况下，涉案房屋被人民法院依法查封，因此，李某此时要求市房管局办理房屋登记，市房管局不予登记，符合上述规定，故裁定如下：驳回李某的再审申请。

评析：此案涉及民法典第 223 条的规定。民法典第 223 条沿袭了《物权法》第22 条的规定，并删除了"具体收费标准由国务院有关部门会同价格主管部门规定"的表述，确定了不动产登记案件收费的原则。本条规定的是不动产登记费用的收取与收取标准。根据本条规定，缴纳登记费是房屋登记申请人依法应当履行的义务，尚未缴纳登记费的，则登记程序不能进入"记载于登记簿"及"发证"阶段。本案中，李某因未缴纳登记费导致相关抵押权登记一直处于审核阶段，无法进入"记载于登记簿"及"发证"阶段，致使房屋抵押登记最终无法完成，故法院有权查封涉案房屋，李某无权要求市房管局办理房屋登记。

第二节　动产交付

> **▶▶第二百二十四条**　动产物权的设立和转让，自交付时发生效力，但是法律另有规定的除外。

🏛 条文要义

本条是对动产物权变动生效时间的规定。

动产物权的变动，包括动产物权的设立和转让，生效时间是自动产交付之时发生效力。这是动产物权变动的公示方式，也是动产物权以交付占有确定物权变动的标志。

动产的权属公示作用是，占有在静态形态下，即在不发生物权变动的情况下，发挥动产物权变动的公示作用，即占有推定所有权；交付是在动态的形态下，即在物权发生变动的情况下，发挥动产物权的公示作用，即交付标志着物权的变动。动产交付着眼于动态的动产物权变动，交付作为公示方法，公示着物权的运动过程，其结果是转移占有和受让占有，最终的占有作为事实状态表示了交付的结果。

交付，是指动产的直接占有的转移，即一方按照法律行为的要求，将动产的直接占有转移给另一方直接占有。这就是现实交付，是最传统的交付方式，是对动产的事实管领力的移转，使受让人取得标的物的直接占有。动产因交付而取得直接占有，故动产的交付使受让人取得了对物的事实上的管领力。现实交付的基本特征，是现实表现出来的交付，也就是使动产标的物从出让人的支配管领范围脱离，而进入买受人的支配管领领域，因而不是观念形态的交付，而是具有了可以被客观认知的现实形态，能够被人们所识别。动产因交付而实现变动，受让人实际取得对物权变动的动产的现实占有，取得了该动产的所有权。所以，动产物权变动的生效时间就是动产交付的时间。

法律另有规定的除外条款是指：（1）关于动产观念交付的法律规定，即民法典第226～228条规定；（2）本章依非法律行为而发生物权变动的第229～231条规定；（3）本编担保物权分编对动产抵押权和留置权的规定。这些情形不适用本条的规定。

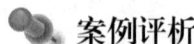 **案例评析**

潘某与秦某买卖合同纠纷案[①]

案情：秦某多次向潘某转账购买中石化加油卡，后法院刑事判决书载明，潘某通过朋友认识王某，从王某处购买加油卡，王某从田某处买卡，其中被告人田某犯诈骗罪，责令被告人田某退赔被害人损失（其中潘某损失金额为 7 603 450元）。秦某要求解除合同，并要求潘某赔偿损失。法院认为，本案中，秦某与潘某双方已经完成多次加油卡交易事宜。本案所涉加油卡属于法律规定的动产，其所有权的设立和转让在无法律特别规定的情况下，应自交付时发生法律效力。潘某既未退还剩余款项，亦未向秦某交付相应加油卡，秦某据此主张解除双方尚未履行完毕的加油卡买卖合同，并请求潘某退还剩余款项、支付资金占用损失，于法有据。

评析：此案涉及民法典第224条的规定。民法典第224条沿袭了《物权法》第23条的规定。本条规定了动产物权变动的公示方式，动产物权的设立和转让自交付时发生效力，但法律另有规定的除外。本案中，双方对是否成立买卖合同关系产生争议。潘某认为，秦某与潘某及其他当事人共同向田某购卡的行为应定性为"拼团"，为达到一个较低的价格而合伙凑钱向田某购卡，整个交易中，田某是卖方，秦某与潘某及其他当事人均是买方。但所涉加油卡属于法律规定的动产，其所有权的设立和转让在无法律特别规定的情况下，应自交付时发生法律效力。证据证明，双方往来期间潘某曾多次向秦某发送加油卡照片并表示卡片已到货，故自潘某的交易对手向其交付加油卡时，潘某即取得加油卡的所有权。

---

① 审理法院：北京市第三中级人民法院，案号：（2019）京 03 民终 9257 号。

▶▶ **第二百二十五条** 船舶、航空器和机动车等的物权的设立、变更、转让和消灭，未经登记，不得对抗善意第三人。

🏛 条文要义

本条是对船舶、航空器、机动车等物权变动登记效力的规定。

船舶、航空器和机动车等都是动产，由于这些动产在交易中须进行登记，且价值较大，与不动产近似，因而被称为准不动产。

关于这些物权变动需要登记的特殊动产，登记的性质是否与不动产物权登记的相同，并不能得到确定的回答。我国现行立法已经明确，机动车交易过户登记是行政管理措施而非物权登记。尽管船舶、航空器等的登记是否为物权登记尚不明确，但起码可以明确的是，这些登记不是物权变动的登记，而是具有管理性质的登记。正因为这样，船舶、航空器、机动车等动产交易虽然需要过户登记，但这种登记并不属于会发生物权变动效力的登记而仅属于具有对抗效力的登记，亦即未经过户登记物权仍会发生变动，只是不得对抗善意第三人。

目 配套司法解释

最高人民法院关于适用《中华人民共和国民法典》物权编的解释（一）

第六条 转让人转让船舶、航空器和机动车等所有权，受让人已经支付合理价款并取得占有，虽未经登记，但转让人的债权人主张其为民法典第二百二十五条所称的"善意第三人"的，不予支持，法律另有规定的除外。

🎯 案例评析

朱某、周某与乌某案外人执行异议之诉案[①]

案情： 乌某委托陈某与新洲修造厂签订《船台租赁协议》，为了办理船舶挂靠经营手续，与海锦公司签订了一份《船舶委托经营管理合同》，南京海事局向被告海锦公司颁发了"船舶所有权登记证书"，该证书记载船舶所有人和经营人名称为海锦公司。此后，轮船一直由乌某经营至今。因海锦公司未履行判决确定的给付义务，故朱某、周某向一审法院申请强制执行。乌某提起案外人执行异议之诉。法院认为，本案审查的重点是乌某是否享有足以排除朱某、周某强制执行"闽光3"轮的民事权利。朱某、周某因借款合同纠纷与海锦公司存在债权债务关系，但该二人与"闽光3"轮并无物权关系，不属于上述船舶物权变动登记对抗主义法律原则所涉第三人。朱某、周某基于其对海锦公司的普通债权，要求执行乌某实际所有的船舶，缺乏法

---

① 审理法院：最高人民法院，案号：（2017）最高法民申 1923 号。

律依据。故判决支持乌某的诉讼请求。

评析：此案涉及民法典第 225 条的规定。民法典第 225 条沿袭了《物权法》第 24 条的规定。本条规定了准不动产物权变动登记效力，即未经登记不得对抗善意第三人。但船舶、航空器和机动车等都是动产，其物权变动公示方式仍然要遵守本法条的规定，易言之，船舶、航空器和机动车等物权的设立和转让，自交付时发生效力。本条规定中的"善意第三人"系指不知道也不应当知道物权发生了变动的物权关系相对人。本案中，涉案船舶一直由乌某占有使用，因此乌某系该船的实际所有权人。朱某、周某因借款合同纠纷主张行使抵押权，请求法院扣押涉案船舶。但朱某、周某与海锦公司仅存在债权债务关系，该二人与"闽光 3"轮并无物权关系，不属于上述船舶物权变动登记对抗主义法律原则所涉的第三人。因此，朱某、周某不得以善意第三人为由，主张涉案船舶没有办理物权登记而取得涉案船舶的抵押权。

> ▶▶ **第二百二十六条** 动产物权设立和转让前，权利人已经占有该动产的，物权自民事法律行为生效时发生效力。

🏛 条文要义

本条是对简易交付的规定。

与现实交付相对应的交付形态是观念交付。观念交付也称替代交付，包括简易交付、占有改定和指示交付三种交付形态。交付存在于观念上，而不是现实的转移占有，是法律为了实现交易的便捷，在特殊情形下采用的变通方法，以观念上的占有转移代替现实的占有转移，实现动产物权的变动。

简易交付，是指交易标的物已经为受让人占有，转让人无须进行现实交付的无形交付方式。简易交付的条件，须在受让人已经占有了动产的场合，仅需当事人之间就所有权让与达成合意，即产生物权变动的效力。转让人将自主占有的意思授予受让人，受让人就从他主占有变为自主占有，以代替现实的交付行为，这就实现了动产交付，实现了动产物权的变动。简易交付就是以观念的方式授予占有的一种交付形态，免除了因现实交付所带来的麻烦，达到简化交易程序、节省交易成本的目的。

简易交付的规则是：动产物权在设立和转让之前，如果受让人已经占有该动产的，只要以观念的方式授予占有，物权自民事法律行为生效时，就发生物权变动的效力，物权归受让人享有。

案例评析

云南红塔农村合作银行*、中国建设银行股份有限公司云南省 分行**执行异议之诉案①

案情： 宏浩公司与建行云南省分行签署了《担保合作协议》及《最高额保证金质押合同》。前述协议、合同签订当日，建行云南省分行向与宏浩公司约定的保证金账户存入了相应款项。红塔银行系宏浩公司的债权人，此前依据生效判决要求对宏浩公司进行强制执行。2015 年 11 月 11 日，玉溪中院在执行宏浩公司负担债务时，裁定对该保证金账户内的 1 515 万元予以扣划，建行云南省分行提出执行异议之诉。法院认为，关于案涉保证金账户是否符合质权设立条件的问题，双方当事人按照《最高额保证金质押合同》的约定开立了账户，形式上符合特定化要求。宏浩公司是否在签订合同后向该保证金账户存入资金只是质权设立时间不同的问题，不影响该账户特定化的属性。红塔银行并未提供证据证明案涉账户内款项的划转是宏浩公司自由支取，其关于建行云南省分行没有对案涉保证金专户实际控制的主张，依据不足。故法院判决支持建行云南省分行的执行异议请求。

评析： 此案涉及民法典第 226 条的规定。民法典第 226 条沿袭了《物权法》第 25 条的规定。本条规定了简易交付。简易交付，是指交易标的物已经为受让人占有，转让人无须进行现实交付的无形交付方式。在受让人已经占有了动产的场合，仅需当事人之间就所有权让与达成合意，即产生物权变动的效力。本案中，宏浩公司向建行云南省分行保证金账户中存入资金，建行云南省分行占有该账户中的保证金，根据《物权法》相关规定，符合质权设立的条件。在债务人宏浩公司到期无法偿还债务时，按照合同约定，建行云南省分行有权从保证金专户中划收相应的款项以实现债权，该笔资金的所有权应从宏浩公司转移至建行云南省分行。由于该笔资金已经被受让人建行云南省分行占有，因此宏浩公司无须作出现实交付的行为，自合同约定的事项发生时就可以发生物权变动。

▶▶**第二百二十七条**　动产物权设立和转让前，第三人占有该动产的，负有交付义务的人可以通过转让请求第三人返还原物的权利代替交付。

🏛 条文要义

本条是对指示交付的规定。

＊　以下简称"红塔银行"。

＊＊　以下简称"建行云南省分行"。

①　审理法院：最高人民法院，案号：（2017）最高法民申 4185 号。

指示交付，又叫返还请求权让与，是指在交易标的物被第三人占有的场合，出让人与受让人约定，出让人将其对占有人的返还请求权移转给受让人，由受让人向第三人行使，以代替现实交付的动产交付方式。

指示交付的适用条件是：（1）双方当事人达成动产物权变动协议；（2）作为交易标的的动产在物权交易之前就由第三人占有；（3）出让人对第三人占有的动产享有返还原物请求权；（4）出让人能将对第三人占有的动产返还请求权转让给受让人。具备上述指示交付的适用条件，双方当事人约定指示交付的，负有交付义务的出让人就可以通过转让请求第三人返还原物的请求权，代替交易标的物的现实交付，完成观念交付。

案例评析

上海都好投资管理有限公司[*]、广州市黄埔区广电石油储运有限公司[**]财产损害赔偿纠纷案[①]

案情： 都好公司持有四份"货权转移证明"，上载明货权转出方为洪港公司，受让方为都好公司。后洪港公司出具"告知函"，称其已将原计划放于广州黄埔电厂油库的燃料油转给都好公司的货权取消。都好公司否认收到该"告知函"，并称其取得货权转移证明后，多次向广电储运公司要求提取燃料油，但对方均不予办理，后才知晓燃料油已经被他人提走。都好公司提起诉讼，请求判令广电储运公司赔偿都好公司货物损失及利息。法院认为，案涉"货权转移证明"约定自转移日起，涉案燃料油的所有权由洪港公司转移给都好公司，由都好公司向广电储运公司提货。上述"货权转移证明"即洪港公司、都好公司、广电储运公司关于燃料油以指示交付方式进行交付、转移所有权的约定，符合指示交付的法律特征，都好公司在涉案四份"货权转移证明"载明的货权转移日已经取得燃料油的所有权。

评析： 此案涉及民法典第227条的规定。民法典第227条沿袭了《物权法》第26条的规定，并删除了"依法"二字。本条规定的是指示交付。指示交付也称返还请求权代位，就是说在作为标的物的动产由第三人占有时，让与人以自己对第三人的返还请求权，让与受让人以代替交付，实质上就是返还请求权的观念交付。本案中，都好公司提交的四份"货权转移证明"中约定："货权转移日开始凭货权受让方的提货单提货"，"自货权转移日起，货权属于货权受让方"。由此可见，洪港公司、都好公司、广电储运公司约定以指示交付方式进行交付，从而转移涉案燃料油的所有权。易言之，在订立"货权转移证明"时，涉案燃料油由第三方洪港公司占有，洪港公司通过该证明将其对广电储运公司的返还请求权转移给都好公司，实现了观

---

[*] 以下简称"都好公司"。

[**] 以下简称"广电储运公司"。

[①] 审理法院：广东省广州市中级人民法院，案号：（2019）粤01民终8984号。

念上的交付。故法院确认都好公司在"货权转移证明"载明的货权转移日取得了货物的所有权。

> ▶▶ 第二百二十八条　动产物权转让时，当事人又约定由出让人继续占有该动产的，物权自该约定生效时发生效力。

🏛 条文要义

本条是对占有改定的规定。

占有改定，是指在动产物权交易中出让人与受让人约定，由出让人继续直接占有动产，使受让人取得对于动产的间接占有，并取得动产的所有权的动产观念交付方式。这种交付方式是建立在将占有区分为直接占有和间接占有基础上的制度。没有占有的这种区分，就无法确立占有改定的交付形态。

占有改定应当具备的要件是：（1）认可直接占有和间接占有的区分；（2）须因某种法律关系的存在使出让人有暂时占有让与物的必要性；（3）须出让人对物已为直接或间接占有。动产物权转让时，双方约定由出让人继续占有该动产的，就具备了上述占有改定的要件，物权自该约定生效时发生效力。

占有改定与简易交付不同。简易交付虽然没有物的现实交付，是以观念交付代替现实交付的，其前提是，出让人出让标的物时没有实际占有标的物，由受让人实际占有，因而能够产生交付的实际后果。而占有改定不论交付的前提还是交付的结果，交易标的物都由出让人占有，并没有将标的物由受让人占有，受让人是间接占有。

占有改定与指示交付也不同。指示交付的交易标的物既不由出让人占有，也不由受让人占有，而是由第三人占有，出让人交付的是对第三人占有的标的物的返还请求权，将该返还请求权交付给受让人，使受让人能够依据该返还请求权而取得交易的标的物。占有改定的标的物虽然也是观念交付，但是该标的物仍然由出让人占有，只是将出让人对标的物的直接占有改为受让人的间接占有。

🫧 案例评析

江苏航天动力机电有限公司*与湖北达盛物流有限公司、湖北江重机械制造有限公司**、宜昌全通涂镀板有限公司案外人执行异议之诉案[①]

案情：航天公司与江重公司签订多份购销合同，约定江重公司向航天公司购买

---

　*　以下简称"航天公司"。

　**　以下简称"江重公司"。

　①　审理法院：湖北省高级人民法院，案号：（2017）鄂民终631号。

类型不同的交变频电机。后航天公司和江重公司签订协议，确认江重公司尚欠货款暂无法偿还，因江重公司原定项目已停止，故所供32台电机的所有权归属于航天公司。后因另案诉讼，法院查封了存放于被执行人江重公司厂房内的生产设备若干（含航天公司提出执行异议的32台电机）。航天公司提出执行异议，认为查封的32台电机属其所有。法院认为，航天公司与江重公司签订协议，但上述协议并无江重公司继续占有案涉电机的内容，航天公司也并未提供证据证明双方在签订协议约定案涉电机归属航天公司时，又约定由江重公司继续占有案涉电机，航天公司主张双方约定了占有改定没有事实依据，故案涉电机仍归江重公司所有，航天公司对案涉电机不享有所有权，只享有请求江重公司按照协议交付电机的请求权。航天公司的诉求不能成立。

评析：此案涉及民法典第228条的规定。民法典第228条沿袭了《物权法》第27条的规定。本条规定了占有改定的动产交付方式。占有改定应当具备以下三个要件：一是认可直接占有和间接占有的区分。二是须因某种法律关系的存在使出让人有暂时占有让与物的必要性。三是须出让人对于物已为直接或间接占有。例外的情况是，如果构成预定的占有改定，则出让人虽无直接或者间接占有，但是由于出让人对于将来可能取得之物已经有相当的把握，可以成立将来之物的占有改定。本案中，虽然航天公司占有涉案32台电机，并主张其与江重公司签订的协议构成涉案32台电机的占有改定，但协议并无约定江重公司继续占有涉案32台电机，不存在某种具体的法律关系使江重公司有暂时占有让与物的必要性，故航天公司的主张不成立。

第三节　其他规定

> ▶▶ 第二百二十九条　因人民法院、仲裁机构的法律文书或者人民政府的征收决定等，导致物权设立、变更、转让或者消灭的，自法律文书或者征收决定等生效时发生效力。

🏛 条文要义

本条是对裁判文书、征收决定导致物权变动效力发生时间的规定。

除依照法律行为引起的之外，还有非法律行为引起的物权变动。本节规定的都是非法律行为引起的物权变动规则。

因人民法院、仲裁机构的法律文书导致的物权变动，是非法律行为引起的物权变动的一种，是指人民法院以国家裁判机关的身份，就物权争议制作判决书、调解书，以及仲裁机构就物权争议作出裁决书，确定了物权变动的结果，在上述法律文书发生效力之时，导致物权发生变动的结果。因此，人民法院、仲裁机构的法律文书导致物权的设立、变更、转让或者消灭的，自法律文书生效时发生效力，此时物权变动完成。

因征收决定导致的物权变动，是指人民政府根据公共利益需要，作出对他人的物权进行征收的决定，该征收决定一经生效，即引起物权发生变动。人民政府的征收决定导致物权设立、变更、转让或者消灭的，自征收决定等生效时发生效力，物权发生变动，由原权利人享有的物权，变动为政府享有的物权。

配套司法解释

最高人民法院关于适用《中华人民共和国民法典》物权编的解释（一）

第七条　人民法院、仲裁机构在分割共有不动产或者动产等案件中作出并依法生效的改变原有物权关系的判决书、裁决书、调解书，以及人民法院在执行程序中作出的拍卖成交裁定书、变卖成交裁定书、以物抵债裁定书，应当认定为民法典第二百二十九条所称导致物权设立、变更、转让或者消灭的人民法院、仲裁机构的法律文书。

案例评析

郭某与姚某、泌阳鸿运来实业有限公司* 案外人执行异议之诉案[①]

案情：姚某起诉鸿运来公司借款合同纠纷一案，姚某请求鸿运来公司偿还其欠款，法院出具民事调解书确认双方达成的协议，该调解书已经生效。后姚某与鸿运来公司达成协议，鸿运来公司愿将土地之上的全部房产、设备使用权作价抵顶欠款，剩余欠款限期还清。自协议书生效之日起10日内鸿运来公司将房产、设备及土地一并交付姚某。就郭某与贾某、刘某、鸿运来公司借款合同纠纷案，河南省驿城公证处作出执行证书。姚某以民事调解书已将该土地使用权抵偿给其所有为由，提出书面异议。法院认为，人民法院确认当事人达成的以物抵债协议的民事调解书，并不能直接发生物权变动效力。原因在于，案涉民事调解书是对鸿运来公司与姚某达成的以物抵债调解协议的确认，而以物抵债调解协议的本质属于债的范畴，只能表明当事人以土地使用权抵偿债务的利益安排，直接后果是产生案涉土地使用权交付的请求权。此时创设物权仍要按照法律规定的物权变动规则进行，即办理过户登记，方可发生物权变动之效果。

评析：此案涉及民法典第229条的规定。民法典第229条沿袭了《物权法》第28条的规定。根据民法典第232条的规定，原则上不动产物权的转让应当经登记发生效力，但如法律另有规定，则无须登记即可发生转让的效力。本条规定了上述无须登记的物权变动情形，即因人民法院、仲裁机构的法律文书或者人民政府的征收

---

* 以下简称"鸿运来公司"。
① 审理法院：最高人民法院，案号：（2018）最高法民再445号。

决定等，导致物权设立、变更、转让或者消灭的，自法律文书或者人民政府的征收决定等生效时发生效力。本案中，法院出具的民事调解书是对鸿运来公司以以物抵债的方式偿还债务的确认，是在债的层面作出的法律文书，其并不会根据本条规定产生物权设立、变更、转让或者消灭的效果。因此，法院认为在尚未完成不动产转让登记的情况下，案涉土地使用权仍属于鸿运来公司。

▶▶ **第二百三十条　因继承取得物权的，自继承开始时发生效力。**

🏛 条文要义

本条是对因继承取得遗产物权时间的规定。

继承也会发生物权变动，被继承人生前所有的财产因其死亡而成为遗产，该遗产由继承人继承，因而导致被继承人的物权消灭，继承人取得遗产的物权，发生了物权变动。既然发生继承的事实，那么，遗产的物权变动究竟是在何时发生？本条规定自继承开始时发生物权变动的效力。具体的时间确定，是根据民法典第1121条第1款的规定，即继承开始时就是被继承人死亡之时。尽管在被继承人死亡时好像并未直接发生继承，还要办继承手续，有的还要进行诉讼、通过裁判确定。无论在继承人死亡之后多久才确定继承的结果，但实际上，继承人取得被继承人的遗产物权，都是在被继承人死亡之时，因为法律规定被继承人死亡的时间，就是继承开始的时间，该继承开始的时间，就是遗产的物权变动的时间，是被继承人取得遗产物权的时间。

编纂民法典的过程中，将原来规定的受遗赠取得物权也适用这一规定的内容删除了，原因是受遗赠取得物权有一个受遗赠人是否接受遗赠的问题，且接受遗赠还有可能与继承人之间发生争议。经过这一修改，遗赠物权变动生效时间应当结合民法典物权编关于物权变动的一般规则以及继承编关于遗赠的内容来认定。民法典第1124条第2款规定："受遗赠人应当在知道受遗赠后六十日内，作出接受或者放弃受遗赠的表示；到期没有表示的，视为放弃受遗赠。"据此，受遗赠人自作出接受遗赠表示时，有权请求遗嘱执行人或者继承人交付遗赠标的物。根据物权编规定的物权变动规则，受遗赠人自不动产登记或者动产交付时取得受遗赠物的所有权。

📌 案例评析

丁某文与林某、丁某艮等所有权确认纠纷案[①]

案情：原告林某与丁某系夫妻关系，案涉房屋系该夫妻共同财产，登记在丁某

---

① 审理法院：福建省高级人民法院，案号：（2016）闽民申75号。

名下，丁某去世后，其子丁某雄与被告丁某文签订了房屋转让协议。丁某文即搬入居住。原告丁某艮（丁某之女）以被告丁某文系借用该房屋、丁某雄无权处分该房屋为由，要求被告丁某文搬迁腾房、返还房屋，并提起诉讼。法院认为，丁某去世后，其妻林某及其子女丁某艮、丁某雄等即取得了丁某对该房屋财产份额的继承权。该房屋所有权属林某等人共同共有。丁某雄对外与丁某文签订房屋转让协议，约定将属于该房屋所有权范围内的诉争房屋转让给丁某文所有，因没有证据证明丁某雄的行为经过林某等其他共有人的同意或追认，因此丁某雄对外处分诉争房屋的行为属无权处分。

评析：此案涉及民法典第 230 条的规定。民法典第 230 条在《物权法》第 29 条的基础上有所修改。本条规定了因继承而产生的无须登记的物权变动，因继承取得物权的，自继承开始时发生效力。除去因国家公权力的行使而导致的物权变动，可以不依一般的公示原则直接发生效力外，还可以因继承而取得物权，发生物权变动的效力。本案中，案涉房屋属于丁某、林某的夫妻共同财产。根据我国继承法的规定，继承从被继承人死亡时开始，故丁某去世后，继承开始，案涉房屋的所有权变动为林某及其子女共同所有。因此，丁某雄未经其他共有人同意，对外与丁某文签订房屋转让协议，约定将属于该房屋所有权范围内的诉争房屋转让给丁某文所有，属于无权处分。

▶▶ **第二百三十一条　因合法建造、拆除房屋等事实行为设立或者消灭物权的，自事实行为成就时发生效力。**

🏛 条文要义

本条是对因事实行为发生物权变动时间的规定。

事实行为也是导致物权发生变动的非法律行为导致物权变动的类型之一。法律事实分为自然事实和人的行为。自然事实包括两种：（1）状态，即某种客观情况的持续，如下落不明、权利继续不行使、未成年人已成年等。（2）事件，即某种客观情况的发生，如人的生死、果实自落于邻地等事由的出现。不过，引起法律后果的自然事实是有限的，限于法律的明文规定。人的行为分为法律行为和事实行为，法律行为以意思表示为核心要素，因而是表示行为。事实行为不以意思表示为要素，属于无关乎心理状态的行为，即非表示行为。事实行为是指不以意思表示为要素，能够产生民事法律后果的法律事实。由于事实行为是人的行为，是人的有意识的活动，与自然事实是不一样的；事实行为又是一种法律事实，能够在人与人之间产生、变更或者终止民事法律关系；且由于事实行为不以意思表示为要素，行为人是否表达了某种心理状态，法律并不关心，因而只要某种事实行为存在，便直接赋予其法律效果。

在物权变动中，能够引起物权变动的事实行为，主要是利用建筑材料建造房屋，或者用木料制作家具，用布料缝制衣服等。这些事实行为都能够引起物权变动。这些事实行为引起物权变动的时间，都是自事实行为成就时发生效力，即在房屋建造完成之时、家具制作完成之时、衣服缝制完成之时，取得这些物的所有权；同样，将建筑物拆毁、将家具或者衣服损毁之时，是这些物的所有权消灭之时。不过，本条所指的还是不动产的所有权变动。

案例评析

胡某、铂隆凯特有限公司＊所有权确认纠纷案①

案情：胡某与铂隆凯特公司签订关于房地产开发的协议。后双方确认，在清偿完毕该商厦的全部债务后，按各自享有的房产权益比例实施收益的分配。铂隆凯特公司向胡某发函认为，胡某作为境外个人，不符合取得非自用、非自住商品房的资格。由于合同已经无法继续履行，因而解除双方之间系争项目的合同。胡某请求法院确认胡某对系争项目拥有55％的房屋的所有权，并要求铂隆凯特公司将相应房屋产权登记到胡某名下。法院认为，胡某与铂隆凯特公司之间的协议等证据仅能证明双方一致同意胡某享有该项目55％的权益，尚不足以证明胡某也是该房产的建造人之一，可以因建造的事实行为取得部分所有权。胡某有权依据其与铂隆凯特公司之间的协议，向铂隆凯特公司主张其应得的权益，包括从该公司取得相应的房产所有权份额。在铂隆凯特公司履行协议义务，将相应房产所有权份额转让给胡某并办理登记之前，胡某尚未取得房产所有权。

评析：此案涉及民法典第231条的规定。民法典第231条沿袭了《物权法》第30条的规定。本条规定了因事实行为（非基于法律行为的一种类型）发生的物权变动。根据本法规定，当事人除通过法律行为获取不动产物权以外，还可以通过事实行为获得不动产物权。本案中，胡某欲请求法院确认其享有涉案房屋55％的所有权，法院从两个方面论证涉案房屋归铂隆凯特公司所有。首先，胡某与铂隆凯特公司之间签订的协议等证据仅能证明双方一致同意胡某享有该项目55％的权益，就案涉房屋的所有权而言，由于案涉房屋系铂隆凯特公司单独建造，根据本条规定，房屋应当由铂隆凯特公司单独所有。其次，案涉房屋所有权也已经登记在铂隆凯特公司名下，根据"不动产物权的设立、变更、转让和消灭，经依法登记，发生效力"之规定，涉案房屋归铂隆凯特公司所有。因此，法院对胡某确认房屋所有权的请求不予支持。

＊ 以下简称"铂隆凯特公司"。

① 审理法院：最高人民法院，案号：（2017）最高法民终94号。

▶▶ **第二百三十二条**　处分依照本节规定享有的不动产物权，依照法律规定需要办理登记的，未经登记，不发生物权效力。

🏛 条文要义

本条是对非以法律行为享有的不动产物权变动登记的规定。

物权变动须以法律规定的公示方法进行，如动产交付、不动产登记等。在民法典第 229～231 条规定的非以法律行为导致物权变动的情况下，不必遵循依照法律行为导致物权变动应当遵循的一般公示方法，这就有可能损害交易秩序和交易安全，原因在于，这三种不动产物权的变动方式并不按照法律规定的物权变动公示方法进行。为维护交易秩序和交易安全，民法典在规定上述三种非以法律行为导致物权变动的方式和时间之后，对其进行适当限制，明确规定，上述三种非以法律行为导致物权变动的，尽管享有该物权，但是在处分该不动产物权时，依照法律规定应当登记而未登记的，不发生物权效力，故在处分该物权之前，一定要办理不动产登记，否则无法取得转让物权的效力。

🎯 案例评析

临沭县临沭街道办事处益民居民委员会与姜某、临沭县中天经纬包装有限公司物权纠纷案①

案情：临沭金属管件厂从中国工商银行临沭支行借款，双方签订最高额抵押借款合同，提供抵押担保并办理抵押登记。案外人中国华融资产管理公司（以下简称"华融"）济南办事处申请强制执行。由于临沭金属管件厂无其他财产可供执行，因而华融委托拍卖，标的物被姜某拍下。后各方当事人对标的物的所有权存在争议引发诉讼。法院认为，华融再次处分涉案土地房屋并发生物权效力的前提是办理变更登记。但案涉土地房屋仍登记在临沭金属管件厂名下，并没有变更使用权人。因此，尽管华融济南办事处委托山东齐鲁瑞丰拍卖有限公司拍卖，姜某支付了相应标的款和佣金，但华融济南办事处对涉案土地房屋的拍卖行为不发生物权效力，姜某并未成为涉案房屋和土地的合法权利人。

评析：此案涉及民法典第 232 条的规定。民法典第 232 条沿袭了《物权法》第 31 条的规定。根据本编规定，物权变动的公示方式，在动产为交付，在不动产为登记。通过此种方法，物权变动可以被人们从外部察知，从而保护交易的安全。但依照民法典第 229～231 条的规定，物权的变动还可因法院判决、政府征收决定、继承以及事实行为等直接发生效力，而不必按照上述的公示方法，这必然可能损害物权

---

① 审理法院：山东省高级人民法院，案号：（2018）鲁民再 1076 号。

变动时的交易安全。故本条对非依法律行为享有的不动产物权变动作出了专门限制。本案中，华融通过人民法院作出的法律文书取得涉案不动产所有权，但根据法律规定，处分不动产所有权应当依法进行不动产登记，自登记于不动产登记簿时发生效力。因此，如华融欲处分涉案土地房屋，应当首先进行不动产登记，否则不发生物权效力。而涉案房屋和土地仍然登记在临沭金属管件厂名下，并未办理物权变更登记，因此华融的拍卖行为不发生物权效力。

第三章　物权的保护

▶▶第二百三十三条　物权受到侵害的，权利人可以通过和解、调解、仲裁、诉讼等途径解决。

🏛 条文要义

本条是对物权保护争讼程序的规定。

物权的保护，是指通过法律规定的方法和程序，保障物权人在法律许可的范围内，对其所有的财产行使占有、使用、收益、处分权利的制度。物权的保护是物权法律制度必不可少的组成部分。

物权的民法保护，主要是通过物权请求权实现的。物权的权利人在其权利的实现上遇有某种妨害时，有权对造成妨害其权利事由发生的人请求除去妨害，这种权利叫物权请求权。物权请求权的主要内容是请求他人返还原物、排除妨碍、恢复原状等权利。

物权的民法保护还有侵权请求权的方法，即对行为人的行为构成侵害物权的侵权行为的，权利人可以依照民法典侵权责任编的规定，请求侵权行为人承担损害赔偿责任。

物权权利人行使保护物权请求权，可以直接向行为人请求，也可以通过民事程序等方法进行。本条规定的就是物权权利人通过和解、调解、仲裁、诉讼等途径，行使物权请求权，保护自己的物权。和解通常被认为是"私了"，调解是通过第三人进行调停，仲裁是当事人协议约定仲裁条款选择仲裁机构由仲裁机构裁决解决，诉讼则是向人民法院起诉由人民法院判决或者调解解决。

🟤 案例评析

某某与霍城县人民政府、霍城县清水河镇人民政府、霍城县清水河镇清水河村村民委员会、何某草场侵权赔偿纠纷案①

案情：上诉人某某为霍城县清水河镇清水河村牧民，涉案草场有霍城县政府

---

① 审理法院：新疆维吾尔自治区高级人民法院，案号：（2019）新行终 39 号。

颁发的草原使用证。上诉人发现第三人何某侵占上诉人草场并开始种植经济林。为此上诉人多次找霍城县政府、清水河镇政府、霍城县草原站处理第三人何某侵占草场问题，都未给予解决。故上诉人请求第三人停止侵占并支付赔偿。法院认为，依法登记的草原所有权和使用权受法律保护，任何单位或者个人不得侵犯。本案中，上诉人认为其作为持有合法登记的草原使用权人的权利受到了侵害，可以通过和解、调解、仲裁、诉讼等途径解决，上诉人的诉讼请求不属于行政诉讼调整范畴。

评析：此案涉及民法典第 233 条的规定。民法典第 233 条沿袭了《物权法》第 32 条的规定。本案中，上诉人某某持有涉案草场的草原使用证，对涉案草场享有占有、使用、收益的用益物权，该物权受法律保护。何某侵占涉案草场，侵犯了上诉人某某的物权，系民事纠纷。本条规定，物权受到侵害的，权利人可以通过和解、调解、仲裁、诉讼等途径以保护自己的合法权益。因此，上诉人某某可以通过与何某和解、通过第三人调解、约定仲裁、提起民事诉讼等方式解决本案纠纷，而非诉请法院要求政府处理该纠纷。

> ▶▶ **第二百三十四条　因物权的归属、内容发生争议的，利害关系人可以请求确认权利。**

🏛 条文要义

本条是对确权请求权的规定。

确权请求权也叫物权确认请求权，与物权请求权不是同一性质的权利，因为物权请求权的行使，可以自力救济，也可以公力救济，而物权确认请求权必须依赖于公权力，由司法机关行使裁判权，无法通过自力救济确认物权。

物权确认请求权仍然是物权人享有的权利，不享有物权的人不享有物权确认请求权。

物权确认请求权的权利主体为与物权有关的利害关系人。物权确认请求权的主体包括物权人本人、物权人的监护人及其他近亲属、委托代理人、指定代理人。在争议发生时，物权的名义登记人和真实的物权人都是利害关系人。物权确认请求权的确认人是人民法院、行政机关以及仲裁机构。其他人不享有这样的权力。

物权确认请求权的内容是确认物权的归属。物权确认请求权行使之后，确认人应当认真审查，根据证据作出物权确认请求权是否成立的判断。确定物权确认请求权成立的，确认争议的物权归属于物权确认请求权人；确定物权确认请求权不成立的，驳回请求人的诉讼请求。

案例评析

永安市恒元置业有限公司*、永安市某大院业主委员会
所有权确认纠纷案①

案情：恒元置业公司与永安市国土资源管理局签订国有土地使用权出让合同，约定永安市国土资源局将永安市某路西侧某大院出让给恒元置业公司。永安市城乡规划局向恒元置业公司出具永城规建字第××号建设工程规划许可证，后永安市房产管理局作出《关于停止出售某大院29#—31#楼地下公共停车位的通知》，载明：某大院小区地下现状为公共停车位，其权益应归全体业主所有，不得对外出售。恒元置业公司向一审法院起诉请求确认永安市某大院地面车位不属于永安市某大院小区业主共有，地下车位产权属恒元置业公司享有，地下人防车位的使用权、收益权归恒元置业公司享有。原审法院认为，该案不属于受案范围。二审法院认为，恒元置业公司就讼争车位的物权归属争议，提起民事诉讼，请求确认其权利，应予受理。

评析：此案涉及民法典第234条的规定。民法典第234条沿袭了《物权法》第33条的规定。根据本条规定，物权的利害关系人在物权的归属、内容发生争议时，可以请求确认权利，物权确认请求权的权利主体为与物权有关的利害关系人。在物权争议发生时，物权的归属尚未确认，因此凡属于与物权有关的利害关系人都可以提出物权确认请求权。物权确认请求权的确认人，包括人民法院、行政机关以及仲裁机构。本案中，原、被告双方对诉争车位的所有权产生争议，无论最终车位归谁所有，恒元置业公司作为利害关系人，有权向法院提起确认之诉，请求法院确认涉案车位的所有权归属。一审法院以恒元置业公司尚未向行政部门申请确权为由，认定本案不属民事案件受理范围，裁定驳回恒元置业公司的起诉，于法无据，故二审法院指定重新审理本案。

> ▶▶ **第二百三十五条** 无权占有不动产或者动产的，权利人可以请求返还原物。

🏛 条文要义

本条是对返还原物请求权的规定。

返还原物请求权，是指物权人对于无权占有标的物之人的请求返还该物的权利。所有权人在其所有物被他人非法占有时，可以向非法占有人请求返还原物，或请求

---

* 以下简称"恒元置业公司"。

① 审理法院：福建省高级人民法院，案号：（2016）闽民终1583号。

法院责令非法占有人返还原物。适用返还原物保护方法的前提是原物仍然存在，如果原物已经灭失，则只能请求赔偿损失。

财产所有权人只能向没有法律根据而侵占其所有物的人，即非法占有人请求返还。如果非所有权人对所有权人的财产的占有是合法占有的，对合法占有人在合法占有期间，所有权人不能请求返还原物。由于返还原物的目的是要追回脱离所有权人占有的财产，故要求返还的原物应当是特定物。如果被非法占有的是种类物，除非该种类物的原物仍存在，否则就不能要求返还原物，只能要求赔偿损失，或者要求返还同种类及同质量的物。所有权人要求返还财产时，对由原物所生的孳息可以同时要求返还。

请求权人向相对人主张返还原物请求权的，应当举证证明自己是物权人，占有人对该物的占有属于无权占有。对不动产而言，请求权人只要能够举证证明自己的不动产已经登记，即可证明自己是物权人；如果占有人主张请求权人不享有物权，须举证证明。对于动产，由于没有登记的公示方式证明，须请求权人提供证明动产归属于自己的证据。占有人对请求权人的物权归属没有异议，仅主张自己为合法占有的，须自己举证证明这一主张成立。

配套司法解释

最高人民法院关于适用《中华人民共和国民法典》物权编的解释（一）

第八条　依据民法典第二百二十九条至第二百三十一条规定享有物权，但尚未完成动产交付或者不动产登记的权利人，依据民法典第二百三十五条至第二百三十八条的规定，请求保护其物权的，应予支持。

案例评析

余某、吴某返还原物纠纷案①

案情：案涉船由案外人苏某于 2012 年 2 月 16 日向柳州海事局核定船舶名称，并由象州石龙船厂建造。案外人苏某向霍某借款，被告余某提供保证担保，因苏某逾期未偿还借款，被告余某遂履行担保责任代偿了该借款。被告余某起诉请求苏某偿还其代偿款及利息，柳州市城中区人民法院判决苏某偿还被告本息。该判决生效后，自 2015 年 3 月 3 日起，被告余某和案外人柳州市天冲贸易有限公司派人对苏某在象州石龙船厂建造和停放于厂区的 8 艘船舶进行看守。2015 年 7 月 12 日，原告吴某取得案涉两艘船舶的所有权登记证书，现原告要求被告返还船舶。法院认为，吴某已取得船舶所有权登记证，系两艘船舶所有权人，依法享有占有、使用、收益和处分的权利。无权占有不动产或者动产的，权利人可以请求返还原物。吴某请求余

---

① 审理法院：广西壮族自治区高级人民法院，案号：（2018）桂民终 472 号。

某返还案涉船舶，于法有据，应予以支持。

评析： 此案涉及民法典第 235 条的规定。民法典第 235 条沿袭了《物权法》第34 条的规定。本条规定了返还原物请求权的物权保护方式。返还原物的请求对象为无权占有人，物权人的物被他人无权占有时，物权人有权请求返还原物，使物复归于物权人事实上的支配。本案中，吴某取得案涉两艘船舶的所有权登记证书，系船舶的所有权人；且余某作为债务的保证人并没有合法占有、控制两艘涉案船舶的依据，系无权占有人。吴某作为所有权人有权请求余某返还原物，使其恢复对涉案船舶的支配。因此，法院根据"无权占有不动产或者动产的，权利人可以请求返还原物"之规定，支持吴某请求余某返还案涉船舶的主张。

> ▶▶ **第二百三十六条**　妨害物权或者可能妨害物权的，权利人可以请求排除妨害或者消除危险。

🏛 条文要义

本条是对排除妨害、消除危险请求权的规定。

排除妨害请求权，是指当物权的享有和行使受到占有以外的方式妨害，物权人对妨害人享有请求排除妨害，使自己的权利恢复圆满状态的物权请求权。在他人的非法行为妨害物权人行使其占有、使用、收益、处分的权能时，物权人可以请求侵害人或者请求法院责令排除妨害，以保护物权人充分行使其物权的各项权能。行使排除妨害请求权的条件是：（1）被妨害的标的物仍然存在，且由所有权人占有。（2）妨害人以占有以外的方法妨害所有人行使所有权，例如在他人的房屋边挖洞危及房屋安全、对他人财产非法利用、非法为所有权设定负担等。（3）妨害须为非法、不正当，但并不要求妨害人须具备故意或者过失。（4）妨害的行为超越了正常的容忍限度，物权人应当承担适度容忍义务，对于他人对物权形成轻微、正当的妨害予以容忍，既是维护社会和睦所必需，也是相邻关系的重要内容。排除妨害的费用应当由非法妨害人负担。

消除危险请求权，是指由于他人的非法行为足以使财产有遭受毁损、灭失的危险时，物权人有权请求人民法院责令其消除危险，以免造成财产损失的物权请求权。采用消除危险这种保护方法时，应当查清事实，只有危险是客观存在的，且这种违法行为足以危及财产安全时，才能运用消除危险的方法来保护其所有权，其条件是根据社会一般观念确认危险有可能发生。危险的可能性主要是针对将来而言的，只要将来有可能发生危险，所有人便可行使此项请求权。对于过去曾经发生但依事实将来不可能发生危险的，不能行使消除危险请求权。消除危险的费用，由造成危险的行为人负担。

📌 案例评析

梁某与王某排除妨害纠纷案①

案情： 原告梁某与被告王某原系夫妻关系，后法院判决准予梁某与王某离婚。梁某以王某为被告，于某、王某1为第三人提起离婚后财产纠纷诉讼，要求分割房屋并处理王某名下账户内存款、共同债务。法院组织双方当事人进行现场勘查，发现西数第一间为厕所，其中北侧厕所为王某使用，南侧厕所为梁某使用。法院认为，梁某要求王某使用的厕所中的污水不能流经梁某的污水管道进入化粪池的请求，无事实和法律依据，法院不予支持。梁某要求王某不得阻碍梁某在北房西数第二间、第三间中间垒墙的请求合理，法院支持。梁某要求王某不得阻碍梁某在宅院内垒建砖墙的请求，因王某所使用的厕所在南房西数第一间中，如果梁某垒建隔墙，直接影响王某使用厕所的权利，故该项请求法院不予支持。

评析： 此案涉及民法典第236条的规定。民法典第236条沿袭了《物权法》第35条的规定。本案涉及本条规定的排除妨害请求权的适用。本案中，王某未经梁某同意，在梁某所有的房屋中堆放物品，侵犯了梁某的所有权，故梁某有权请求王某排除妨害，使自己的权利恢复圆满状态。但排除妨害的条件之一是，妨害必须是非法的、不正当的，并不要求妨害人必须具备故意或者过失。如果梁某在南至南房西数第二间与第三间中间建隔墙，将影响王某的通行权，因此王某阻拦梁某在南至南房西数第二间与第三间中间建隔墙是合法正当的行为，梁某对此不享有排除妨害请求权。

> ▶▶ **第二百三十七条** 造成不动产或者动产毁损的，权利人可以依法请求修理、重作、更换或者恢复原状。

🏛 条文要义

本条是对修理、重作、更换、恢复原状请求权的规定。

恢复原状请求权，是指权利人的财产因受非法侵害遭到损坏时，如果存在恢复原状的可能，可以请求侵害人恢复财产原来状态，或者请求法院责令侵害人恢复财产原状的物权请求权。恢复原状一般是通过修理或其他方法使财产在价值和使用价值上恢复到财产受损害前的状态。

确立恢复原状请求权的基础是，如果被毁损的物是不可替代物，加害人应当负责修缮，而不能通过金钱赔偿方式强行请求所有权人让与该物的所有权。承认加害

---

① 审理法院：北京市怀柔区人民法院，案号：（2019）京 0116 民初 4941 号。

人对恢复原状或赔偿有选择权，将使加害人享有主动权，将导致所有权失去保障。因此，恢复原状请求权应当作为一项独立的物权请求权，对于保护物权具有重要意义。

关于恢复原状的方式，有学者解释，本条规定的修理、重作和更换并不是合同法意义上的含义，而是通过修理、重作或者更换而使物的原状予以恢复。不过，这种解释还是比较牵强的，因为修理当然可以恢复原状，重作尚可勉强，但更换即为以新换旧，性质属于实物赔偿，其性质就不再是恢复原状了。

恢复原状的标准，是使受到损坏的原物性状如初。通过修理或者重作以及其他方法，受到损害的物恢复到原来状态，就完成了恢复原状的要求。不过在实际上，原物被损坏后，通过修理，尽管能够达到原物的使用性能，但通常会使价值贬损，损失并没有完全得到填补。这种被称为"技术上贬值"的损失，不能达到恢复原状的要求。对通过维修等使受到损坏的物初步恢复原状但存在技术上贬值的，应当对贬值部分予以赔偿。

案例评析

韩某与常州市伟业房屋拆迁有限公司*恢复原状纠纷案①

案情： 某街道某村78号房屋登记于原告韩某名下。韩某报警称其位于某街道某村的78号房屋被非法拆除。经公安机关调查确认，伟业公司在对韩某周边三户已签订拆迁协议的房屋进行拆除时，误拆了韩某房屋。现韩某原房屋所在地已被整为平地。后韩某诉至法院，要求判处伟业公司把韩某房屋恢复原状。法院认为，造成不动产或者动产毁损的，权利人可以请求修理、重作、更换或者恢复原状，但是本案中房屋被拆除后，其物权已经消灭，恢复原状的前提条件已经不存在。韩某主张伟业公司恢复原状也无法履行。但本着解决纠纷的目的，鉴于韩某针对房屋的物权已经消灭，已经不具备对房屋价值进行评估的条件，二审调解中韩某也明确同意选择货币赔偿方案解决纠纷，故二审法院结合韩某被拆房屋属于集体土地的性质以及家庭困难的客观情况，参考房屋被拆时周围同类集体土地房屋的价值并上浮30%，认为以此作为伟业公司赔偿给韩某的房屋折价款是适当的。

评析： 此案涉及民法典第237条的规定。民法典第237条沿袭了《物权法》第36条的规定，并增加了"依法"二字。本条规定了物权人的恢复原状请求权。作为保护物权的请求权之一，行使恢复原状请求权的前提是被损坏的物存在被恢复原状的可能。本案中，伟业公司非法拆除了韩某合法登记的房屋，侵犯了韩某的物权，但房屋已经全部毁损，且对于重新建造房屋的样式、建筑材料标准等都无法确定，

　＊　以下简称"伟业公司"。

　①　审理法院：江苏省高级人民法院，案号：（2016）苏民申1036号民事裁定书。

因此恢复原状的前提条件已经不存在，法院对韩某恢复原状的请求不予支持。为了保护韩某的合法权益，法院参考房屋被拆时周围同类集体土地房屋的价值并上浮30％，以此作为伟业公司赔偿给韩某的房屋折价款，补偿伟业公司因非法拆除给韩某造成的损害。

▶▶ **第二百三十八条** 侵害物权，造成权利人损害的，权利人可以依法请求损害赔偿，也可以依法请求承担其他民事责任。

🏛 条文要义

本条是对救济物权损害的侵权损害赔偿请求权的规定。

损害赔偿请求权，是指由于他人的非法行为造成了财产的毁损和灭失，侵害了权利人的物权时，权利人所享有的补偿其损失的侵权请求权。

确定侵害物权的侵权请求权，应当依照民法典第 1064 条第 1 款或者其他条文规定，须具备侵权责任构成要件。物权受到侵害后，由于他人的侵权行为造成财产的毁损、灭失，无法恢复原状或返还原物时，财产所有权人可以请求侵权人赔偿损失。赔偿损失是对不法侵害造成的财产毁损、灭失，以原物的价值折合货币进行赔偿，分为两种情况：（1）因侵害人的侵权行为而致财产不能要求返还或全部毁损的，侵权人要依财产的全部价值予以赔偿；（2）财产受到侵害，但在现有情况下仍有使用的可能的，侵权人要按照财产减损的价值进行赔偿。

本条规定的"也可以依法请求承担其他民事责任"，是指损害赔偿之外的其他民事责任方式，例如返还原物、停止侵害、排除妨害、消除危险等民事责任方式。

📌 案例评析

中山市慧景园林工程有限公司* 与广东新展化工新材料有限公司**
返还原物纠纷案①

案情： 新展公司与慧景公司签订协议书约定将空置地免费提供给慧景公司作为苗圃场使用，如果新展公司需要用到此地块，则由新展公司提前通知慧景公司做好搬苗准备。后新展公司管理人向慧景公司发出限期搬离、拆除公告，要求慧景公司将非法使用涉案土地摆放、种植的花木搬离，并拆除在涉案土地范围内搭建的临时建筑。慧景公司向新展公司管理人发出回复函称同意搬迁，但由于耕地的租赁习惯

---

* 以下简称"慧景公司"。
** 以下简称"新展公司"。
① 审理法院：广东省高级人民法院，案号：（2018）粤民终 36 号。

是每年年底出租，年初或年中很难租赁到土地，请求延期。慧景公司后与案外人李某荣签订转包合同，将土地出租用以作为种养经营使用。新展公司以慧景公司故意拖延，非法占有涉案土地，导致新展公司管理人未能接管涉案土地为由，提起诉讼要求返还土地。法院认为，慧景公司为搬离涉案土地另外寻租了一块土地用于种植花木，将其承租的合共 6.1 亩土地转包给李某荣作为种养经营使用，故判令慧景公司支付占用费。

评析：此案涉及民法典第 238 条的规定。民法典第 238 条沿袭了《物权法》第37 条的规定，并增加了"依法"二字。当权利人的物权受到侵害时，有权向侵权人请求损害赔偿，赔偿包括金钱赔偿、代物赔偿等。本案中，慧景公司与新展公司约定慧景公司免费使用新展公司的土地，如果新展公司需要用到此地块，则由新展公司提前通知慧景公司做好搬苗准备，苗木搬迁费用由慧景公司负责。由此可见，在新展公司通知慧景公司搬离涉案土地前，慧景公司有权占有该土地，但在新展公司通知其搬离后，慧景公司违反合同约定，仍然占有涉案土地，其占有状态从有权占有变为无权占有，因此慧景公司侵害了新展公司的物权，并导致管理人未能接管涉案土地，给新展公司造成了损失。新展公司有权根据本条规定请求慧景公司对此损失进行赔偿。

▶▶ **第二百三十九条** 本章规定的物权保护方式，可以单独适用，也可以根据权利被侵害的情形合并适用。

🏛 条文要义

本条是对物权保护方式适用规则的规定。

民法典物权编在物权保护中规定了数种不同的保护方式。根据这些救济物权损害的保护方式的不同性质，在救济一个具体的物权损害中，可以单独适用，也可以合并适用。在合并适用上述保护物权方式时，应当根据权利被侵害的具体情形确定。与《物权法》第 38 条关于"本章规定的物权保护方式，可以单独适用，也可以根据权利被侵害的情形合并适用。侵害物权，除承担民事责任外，违反行政管理规定的，依法承担行政责任；构成犯罪的，依法追究刑事责任"的规定相比，本条删除了关于侵害物权的行政责任和刑事责任的规定。

本条之所以作出这样的立法选择，主要是因为民法典是私法，只规定民事法律规范。承担行政责任或者刑事责任的问题应当由行政法或者刑法进行规范，民法典在所不问。此外，从立法技术角度考虑，民法典第 187 条已经专门规定了非冲突性责任竞合的基本规则，其适用于民法典分则各编。因此，当一个侵害物权的行为发生民事责任与刑事责任、行政责任竞合时，直接适用民法典第 187 条的规定即可，而无须在物权编重复规定。

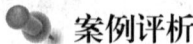 **案例评析**

连某与福建省建筑设计研究院有限公司 * 物权保护纠纷案①

案情： 原告连某与星达房地产公司签订商品房买卖合同，并办理了房屋所有权登记。连某与柳某签订商品房租赁协议。2006 年 6 月，原告建筑设计院开始使用诉争房屋，直至 2016 年 9 月 23 日，才将诉争房屋及房屋钥匙交付连某。连某以自 2007 年 6 月开始即要求建筑设计院及其泉州分院交付诉争房屋未果造成经济损失为由，提起本案诉讼。法院认为，建筑设计院虽主张其于该期间系基于合法事由占有诉争房产，但建筑设计院应向连某支付占用费，具有事实和法律依据，应予确认。连某基于其所有的房产被侵占的事实请求返还原物并赔偿占有期间的损失，对此予以一并审理并不存在适用法律错误的情形。

评析： 此案涉及民法典第 239 条的规定。民法典第 239 条沿袭了《物权法》第 38 条的规定，并在此基础上删除了"侵害物权，除承担民事责任外，违反行政管理规定的，依法承担行政责任；构成犯罪的，依法追究刑事责任"的内容。本条明确了本节规定的请求确认权利、返还原物、消除危险、排除妨害、修理、重作、更换、恢复原状、损害赔偿等物权保护方式的关系，即上述保护方式，可以单独适用，也可以根据权利被侵害的情形合并适用。本案中，连某行使返还原物请求权，要求建筑设计院返还诉争房屋，同时，因建筑设计院长期占有房屋导致连某经济损失，连某在请求返还原物的同时主张损害赔偿。根据本条的规定，结合本案的具体情形，连某有权合并使用返还请求权与损害赔偿请求权，故法院对上诉人建筑设计院的请求不予支持。需要说明的是，如果在本案中，当事人的侵权行为同时涉及行政责任或者刑事责任承担的问题，则应当依照行政法和刑法的规定追究当事人的相应责任，同时依照本法第 187 条的规定进行处理。

---

* 以下简称"建筑设计院"。

① 审理法院：福建省泉州市中级人民法院，案号：(2018) 闽 05 民终 180 号。

第二分编 所有权

第四章 一般规定

▶▶ 第二百四十条 所有权人对自己的不动产或者动产，依法享有占有、使用、收益和处分的权利。

🏛 条文要义

本条是对所有权概念和权能的规定。

所有权，是权利人依法按照自己的意志通过对其所有物进行占有、使用、收益和处分等方式，进行独占性支配，并排斥他人非法干涉的永久性物权。

所有权是物权制度的基本形态，是其他各种物权的基础，所有权以外的物权都是由所有权派生出来的，因此，所有权是其他物权的源泉。其特征是：（1）所有权具有完全性，包括对物最终予以处分的权利。（2）所有权具有原始物权性，不是从其他财产权派生出来的，而是法律直接确认财产归属关系的结果。（3）所有权具有弹力性，能够在某所有物上为他人设定他物权。（4）所有权具有永久存续性，不能预定其存续期间，也不因时效而消灭。

所有权的权能，是所有权人为利用所有物以实现对所有物的独占利益，而于法律规定的范围内可以采取的各种措施与手段，表现了所有权的不同作用形式，是构成所有权内容的有机组成部分，包括积极权能和消极权能。

所有权的积极权能是所有权人利用所有物实现所有权而须主动进行行为的效力，包括：（1）占有权能，是指所有权的权利主体对于物实际管领和支配的权能，不是行使所有权的目的，而是所有权人对物进行使用、收益或处分的前提。（2）使用权能，是指所有权人按照物的性能和用途对物加以利用，以满足生产、生活需要的权能。（3）收益权能，是指收取由原物产生出来的新增经济价值的权能，所有物新增的经济价值包括孳息与利润。（4）处分权能，是指权利主体对其财产在事实上和法律上进行处置的权能，是所有权的主要权能，因为处分权能涉及物的命运和所有权的发生、变更和终止问题，而占有、使用、收益通常不发生所有权的根本改变。占有、使用、收益、处分四项权能一起，构成所有权的积极权能。

所有权的消极权能，是指所有权人有权排除他人对其所有物违背其意志的干涉。其权利表现形式，就是物权请求权。

🔖 案例评析

何某 2 返还原物纠纷案①

案情： 原告何某 1 迁到香港地区定居，遂将坐落于融安县长安镇原升平街的祖屋交给表妹温某保管，被告何某 2 帮忙重建涉案房屋并办理房屋产权证等事宜，房屋建造后，被告何某 2 一直持有某街某号房屋产权证原件，并入住、使用该房屋至今。现原告何某 1 向法院起诉要求判决被告何某 2 向原告何某 1 返还某街某号房屋和所有权证原件。法院认为，何某 1 系某街某号房屋的所有权人，依法对其不动产享有占有、使用、收益和处分的权利。何某 2 自 1990 年占有、使用被上诉人的房屋，是经过房屋权利所有人同意的合法行为，但该行为并不引起物权的变动。现何某 1 要求何某 2 归还房屋及房屋所有权证，属于正当行使权利。

评析： 此案涉及民法典第 240 条的规定。民法典第 240 条沿袭了《物权法》第 39 条的规定。本条规定了所有权权能，包括占有、使用、收益、处分，这些是所有权的积极权能。此外，所有权权能还包括消极权能，体现为物权请求权。本案体现了物权的占有权能和消极权能。所有权人对其所有物进行占有、使用、收益及处分时，如遇他人的非法干涉与妨害，可以根据具体情况，请求排除妨碍、返还原物、恢复原状。本案中，涉案房屋的房屋所有权证上登记的所有权人为何某 1，故何某 1 有权依法对其不动产享有占有、使用、收益和处分的权利。虽然何某 2 帮忙重建涉案房屋并办理房屋产权证等事宜，但何某 2 无法提供其有权占有涉案房屋的证明，故何某 1 有权行使占有权能，请求何某 2 停止无权占有，返还涉案房屋。

> ▶▶ **第二百四十一条**　所有权人有权在自己的不动产或者动产上设立用益物权和担保物权。用益物权人、担保物权人行使权利，不得损害所有权人的权益。

🏛 条文要义

本条是对所有权人有权设置他物权的规定。

他物权，是指权利人根据法律规定或者合同约定，对他人所有之物享有的以所有权的一定权能为内容，并与所有权相分离的限制性物权。他物权的法律特征是：（1）他物权是在他人所有之物上设定的物权，离开他人所有之物，他物权无从设定。（2）他物权是派生于所有权又与所有权相分离的物权，是所有权的派生之权，并不是完全独立的物权。（3）他物权是受限制的物权，既受到所有权的限制，也限制所

---

① 审理法院：广西壮族自治区高级人民法院，案号：（2014）桂民四终 45 号。

有权的行使。(4) 他物权是依法律规定或合同约定而发生的物权。

他物权分为用益物权和担保物权。用益物权包括土地承包经营权、建设用地使用权、宅基地使用权、地役权、居住权；担保物权包括抵押权、质权和留置权，还包括所有权保留、优先权、让与担保等非典型担保物权。由于用益物权和担保物权都是在他人所有之物上设置的物权，因此，在行使用益物权和担保物权的时候，权利人不得损害所有权人的权益。

所有权人根据自己的意愿，可以在自己的不动产或者动产上设立用益物权和担保物权。取得用益物权或者担保物权的他物权人行使他物权，不得损害所有权人的权益。

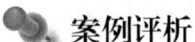 **案例评析**

中钢集团四川有限公司*、四川天府银行股份有限公司
成都高新支行**第三人撤销之诉纠纷案①**

案情： 四川天府高新支行的前身南充市商业银行股份有限公司成都高新支行（以下简称"南商行高新支行"）与广安科塔公司签订了《公司客户额度授信合同》和《0005 号最高额质押合同》，同时还和担保人签订了《最高额 0021 号保证合同》。后南商行高新支行以金融借款合同纠纷为由，相继将借款人及保证人作为被告起诉，各方达成了调解协议，其中第二项载明南商行高新支行对广安科塔公司厂区内由四川上辰金融仓储股份有限公司监管的全部货物享有最高额为 3.6 亿元整的质权。中钢四川公司起诉请求撤销调解书的第二项，确认中钢四川公司对调解书第二项所列财产享有所有权。法院认为，广安科塔公司合法占有了涉案货物，所有权亦随之发生转移，广安科塔公司对涉案货物依法享有所有权。中钢四川公司没有充分证据证明四川天府高新支行与广安科塔公司之间在设立质押时有过错或存在恶意串通，其主张对原案调解书确认的质押物享有所有权的上诉理由无事实和法律依据，无法得到支持。

评析： 此案涉及民法典第 241 条的规定。民法典第 241 条沿袭了《物权法》第 40 条的规定。本条规定了所有权人在所有物上设置他物权的权利，这是所有权人行使自己的权利的表现，法律予以保护。本案中，中钢四川公司与广安科塔公司在后续签订的补充协议中，改变了先前双方关于先付款后转移货物所有权的约定，根据补充协议的约定，涉案货物所有权转移至广安科塔公司。因此，广安科塔公司作为所有权人有权在自己的货物上设立担保物权，南商行高新支行对广安科塔公司厂区

---

　* 以下简称"中钢四川公司"。
　** 以下简称"四川天府高新支行"。
　① 审理法院：四川省高级人民法院，案号：(2018) 川民终 783 号。

内由四川上辰金融仓储股份有限公司监管的全部货物享有最高额为 3.6 亿元整的质权。

> **▶▶ 第二百四十二条　法律规定专属于国家所有的不动产和动产，任何组织或者个人不能取得所有权。**

🏛 条文要义

本条是对国家专有物特别保护的规定。

国家专有物，是指只能为国家所有而不能为任何其他人所拥有的财产。当法律规定某一项财产属于国家专有时，这项财产就只能为国家专有，任何其他人都不能拥有，也不能在国家专有财产上设置他人的所有权，还不能通过交换或者赠与等任何流通手段转移所有权。

国家专有的不动产和动产的范围主要是：（1）国有土地；（2）海域；（3）水流；（4）矿产资源；（5）野生动物资源；（6）无线电频谱资源。

🌸 案例评析

林某、陈某、龙海市角美镇某某村村民委员会* 农业承包合同纠纷案①

案情： 被告某某村委会与原告林某、陈某签订《石场承包合同》一份。后某某村委会责令林某、陈某停止石场开采。之后，林某、陈某与龙海市角美镇某某村第十四村民小组达成《补充协议》，约定对《石场承包合同》第 3 条承包款及缴费进行修改，由原来每年 3 000 元改为每年 300 000 元，其中村委会管理费每年提留 50 000 元，剩余 250 000 元给石门村小组村民等。现林某、陈某起诉要求确认合同效力。法院认为，某某村委会将专属于国家所有的矿产资源发包给林某、陈某开采，违反了法律的强制性规定，应认定案涉《石场承包合同》无效。

评析： 此案涉及民法典第 242 条的规定。民法典第 242 条沿袭了《物权法》第 41 条的规定。本条规定专属于国家所有的不动产和动产，任何组织或者个人不能取得所有权，以此加强对国家所有的财产的特别保护。矿产资源属于上述专属于国家所有的不动产，任何单位和个人不能取得所有权，不因其所依附的土地的所有权或者使用权的不同而改变。本案中，某某村委会公开发包本村辖区内的矿石资源，即使本辖区内的土地为集体所有，但其中的矿石资源依然属于国家所有。因此，双方签订的《石场承包合同》，实际上是将国家所有的矿产归为集体所有，违反了上述规

---

* 以下简称"某某村委会"。

① 审理法院：福建省高级人民法院，案号：（2015）闽民终 1221 号。

定，故该协议无效，林某、陈某无法取得采取涉案矿产的权利。

> ▶▶ **第二百四十三条**　为了公共利益的需要，依照法律规定的权限和程序可以征收集体所有的土地和组织、个人的房屋以及其他不动产。
>
> 征收集体所有的土地，应当依法及时足额支付土地补偿费、安置补助费以及农村村民住宅、其他地上附着物和青苗等的补偿费用，并安排被征地农民的社会保障费用，保障被征地农民的生活，维护被征地农民的合法权益。
>
> 征收组织、个人的房屋以及其他不动产，应当依法给予征收补偿，维护被征收人的合法权益；征收个人住宅的，还应当保障被征收人的居住条件。
>
> 任何组织或者个人不得贪污、挪用、私分、截留、拖欠征收补偿费等费用。

🏛 条文要义

本条是对国家征收不动产的规定。

征收，是国家取得所有权的一种方式，是将集体或者个人的财产征收到国家手中，成为国家所有权的客体，其后果是集体或者个人所有权消灭，国家取得所有权。征收的后果严重，应当给予严格限制：（1）征收必须是为了公共利益的需要，而不是一般的建设需要。（2）征收的财产应当是土地、房屋及其他不动产。（3）征收不动产应当支付补偿费，对丧失所有权的人给予合理的补偿。征收集体所有的土地，应当支付土地补偿费、安置补助费、地上附着物补偿费等费用。同时，要足额安排被征地农民的社会保障费用，维护被征地农民的合法权益，保障被征地农民的生活。对于征收组织、个人的房屋或者其他不动产，应当给予征收补偿，维护被征收人的合法权益。征收个人住宅的，还应当保障被征收人的居住条件。（4）为了保证补偿费能够足额地发到被征用人的手中，任何组织和个人不得贪污、挪用、私分、截留、拖欠征收补偿费等费用。

本条相较于《物权法》第42条的规定，修改了三个方面的内容：第一，增加了征收集体所有的土地，除应当依法足额支付补偿费用外，还须"及时"支付的新规则。在实践中，征收集体所有的土地给付的补偿费用往往被故意拖欠，致使农民的合法权益不能得到保障。强调支付补偿费用须及时进行，确定了支付补偿费用的时间标准，这是对征收者的进一步要求，也是保障农民权益的必要措施。第二，明确了征收集体所有的土地，应当依法及时足额支付农村村民住宅的补偿费用。尽管农村村民住宅的补偿费可以概括在"等"字里，但若未作出明确列举，则往往导致农村村民住宅的征收补偿费无法取得。规定农村村民住宅的补偿费，就是要维护农民利益，保障农民的居住条件。第三，文字修改。本条将《物权法》第42条中的"单位"全部改成了"组织"。单位不是严格意义的民法概念，组织能够包括法人与非法人组织，用语更为精准。

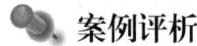 **案例评析**

山西省安业集团有限公司***诉山西省太原市人民政府**
收回国有土地使用权决定案①

案情： 原告安业公司先后办理了国有土地使用证和房屋产权证。被告太原市政府为实施解放南路长治路改造道路建设，发布《通告》，决定收回国有土地使用权。安业公司对《通告》不服提起本案诉讼，请求依法撤销太原市政府收回其国有土地使用权的行为。法院认为，为了保障国家安全、促进国民经济和社会发展等公共利益的需要，国家可以依法收回国有土地使用权，也可征收国有土地上单位、个人的房屋；但必须对被征收人给予及时公平补偿。本案中，太原市政府收回安业公司土地时，既未听取安业公司的陈述申辩，也未对涉案土地的四至范围作出认定，尤其是至今尚未对安业公司进行任何补偿，不符合法律规定的精神，依法应予以撤销。考虑到相关道路建设改造工程确属公共利益需要，对太原市政府以《通告》形式收回安业公司749.5平方米国有土地使用权的行政行为应确认为违法，安业公司也有权要求先补偿后搬迁，在未依法解决补偿问题前，安业公司有权拒绝交出土地。

评析： 此案涉及民法典第243条规定。民法典第243条沿袭了《物权法》第42条的规定，并修订了部分内容。由于征收是将集体或者个人的财产由国家进行征收，从而消灭集体或者个人所有权，具有较强的效力，故如不对征收行为加以约束，将给行政相对人造成严重损害。本条因此对征收的前提条件、补偿措施进行了严格限制。本案中，安业公司取得涉案土地的土地使用权，故太原市政府征收安业公司土地时，应当遵守相关法律、行政法规、行政规章中规定的程序，以保证安业公司的合法权利。但太原市政府既未听取安业公司的陈述申辩，也未对涉案土地的四至范围作出认定，且尚未对安业公司进行任何补偿。因此，太原市政府的征收行为违法，安业公司有权要求太原市政府予以补偿。需要说明的是，如果本案中的征收行为是合法的，但是征收主体没有向被征收集体或者个人及时支付相应的补偿，则被征收人可以依据本条确立的新规则，起诉要求征收人及时支付补偿。

> ▶▶ **第二百四十四条** 国家对耕地实行特殊保护，严格限制农用地转为建设用地，控制建设用地总量。不得违反法律规定的权限和程序征收集体所有的土地。

---

* 以下简称"安业公司"。

① 审理法院：最高人民法院，案号：（2016）最高法行再80号。

🏛 条文要义

本条是对耕地特殊保护的规定。

耕地是重要的财富，对于国计民生都具有极为重要的作用。由于我国地少人多，耕地后备资源贫乏，因而耕地具有更重要的价值，关系民族的生存和发展。故对耕地需要进行最严格的保护，严格控制农用地改为建设用地。为保障我国的长远发展、经济平稳、社会安定，须强化土地调控，制止违法违规用地行为。近些年来，各地对耕地的过度征用，已经造成了一定的后果，必须严加管束。本条专门规定，国家对耕地实行特殊保护，严格限制农用地转为建设用地，控制建设用地总量，明文禁止违反法律规定的权限和程序征收集体所有的土地。

📌 案例评析

王某与沁水县郑庄镇西郎村村民委员会* 林业承包合同纠纷案[①]

案情：王某与西郎村委签订了《荒山造林承包合同书》，约定荒山承包给王某造林管理，王某必须在3年内将所承包荒山造林，并达到上级验收标准。王某承包经营3年后，西郎村委没有验收。另外，山西煤层气分公司与西郎村委签订《永久性占用林地补偿协议》，约定山西煤层气分公司因煤层气勘探开发需永久性占用乙方林地，并给付占用林地补偿款。现王某诉至法院要求补偿。法院认为，山西煤层气分公司与西郎村委签订的《永久性占用林地补偿协议》中涉及2亩耕地的部分因违反法律法规强制性规定而无效，但另外的1.111亩林地部分有效。因《荒山造林承包合同书》的约定和王某办理的林权证上均注明成林后个人得六成、集体得四成，故西郎村委应当支付王某相应的补偿款。

评析：此案涉及民法典第244条的规定。民法典第244条沿袭了《物权法》第43条的规定。近几年来，许多土地承包经营权人的耕地因非公益目的被征用、占用，占用承包地者获取了巨大利益，而土地承包经营权人仅得到很少的补偿费，造成了利益失衡。因此，在征用、占用耕地时，应当严格遵循公益目的，而且应当尽量利用荒地、空闲地，严格限制农用地转为建设用地，控制建设用地总量。本案中，山西煤层气分公司与西郎村委签订的《永久性占用林地补偿协议》中，该公司井场及进井道路永久性占用林地中有2亩为王某承包的耕地，而山西煤层气分公司试图以永久性占用林地这一形式将耕地转化为建设用地不符合法定程序，侵犯了王某的合法权益。因此，如果山西煤层气分公司欲占有使用王某承包的耕地，应当按照法定程序办理农用地专用审批，将耕地转为建设用地。此外，西郎村委应当按照法定

---

* 以下简称"西郎村委"。

① 审理法院：山西省晋城市中级人民法院，案号：（2017）晋05民终891号。

程序给予王某补偿。

> ▶▶ **第二百四十五条** 因抢险救灾、疫情防控等紧急需要，依照法律规定的权限和程序可以征用组织、个人的不动产或者动产。被征用的不动产或者动产使用后，应当返还被征用人。组织、个人的不动产或者动产被征用或者征用后毁损、灭失的，应当给予补偿。

🏛 条文要义

本条是对财产征用的规定，与《物权法》第 44 条规定相比，增加规定了疫情防控属于依法征用组织、个人不动产或者动产的紧急需要。

征用，是国家对组织和个人的财产的强制使用。遇有抢险、救灾等紧急需要时，国家可以依照法律规定的权限和程序，征用组织、个人的不动产或者动产。

对于被征用的所有权人的权利保护方法是：（1）被征用的动产或者不动产在使用后，应当返还被征用人，其条件是被征用的不动产或者动产的价值仍在。（2）如果不动产或者动产被征用，或者被征用后毁损灭失的，则应当由国家给予补偿，不能使权利人因此受到损失。

本条增加规定的新规则是：疫情防控是依法征用组织或者个人不动产、动产的紧急需要。这是从防控新冠肺炎疫情的实践总结出来的新规则。当国家出现疫情防控的紧急需要时，政府有权依照法律规定的权限和程序征用组织、个人的不动产或者动产。例如，武汉防控疫情期间，征用体育馆、学校、宾馆等不动产，建立方舱医院或者隔离点，以治疗患者、防控疫情。征用不是征收，使用后，应当返还被征用人，并且给予补偿。

🔵 案例评析

岳阳县麻塘办事处洞庭村喻家组、岳阳县麻塘办事处洞庭村新建组与
岳阳县国土资源局土地征收行政行为违法及行政赔偿案[①]

案情： 洞庭村委会受岳阳县国土资源局的委托，分别与洞庭村喻家组、洞庭村新建组签订土地征用协议。原告认为，被告的征收未按照法定程序，履行告知等征收程序，没有按照国家的政策标准进行征收补偿，违反了国家政策法律规定，损害了原告的合法权益，遂诉至法院。法院认为，土地征用是为了抢险、救灾等紧急需要临时占用土地，在紧急情况消除后征用土地方需要返还土地，因此土地征用只是临时占用土地，不涉及土地所有权的变更。土地征收则涉及土地所有权的变更。案

---

① 审理法院：湖南省岳阳市中级人民法院，案号：（2019）湘 06 行终 101 号。

涉协议中虽多处表述为土地征用，但没有土地占用期限以及何时、何种条件下返还土地的约定，显然不符合土地征用的主要特征。由于案涉土地征用协议实质上属于土地征收协议，因而应当适用征收的法定程序。

评析：此案涉及民法典第 245 条的规定。民法典第 245 条沿袭了《物权法》第 44 条的规定，并新增了部分规则。本条规定了征用前提条件、程序和补偿措施。在实践中，征收与征用极易混淆。征用的前提条件是为了抢险、救灾等紧急需要。由于征用亦具有较强的效力，故对于被征用者的权利保护方法是在紧急情况消除后征用土地方需要返还原物。土地征收因为涉及土地所有权的变更，所以有更多补偿要求。本案中，征地协议虽然含"征用"二字，但没有就土地占用期限以及何时、何种条件下返还土地作出约定，而是约定了征用范围、土地价格、付款方式以及其他事项，且涉案土地已经湖南省人民政府依法作出征地批复予以征收，涉案土地所有权主体已经发生了变更，因此从实质上看，该征地协议名为征用协议，实为征收协议。

第五章　国家所有权和集体所有权、私人所有权

▶▶ **第二百四十六条**　法律规定属于国家所有的财产，属于国家所有即全民所有。国有财产由国务院代表国家行使所有权。法律另有规定的，依照其规定。

🏛 条文要义

本条是对国家所有权的规定。

国家所有权，是国家对全民所有的财产进行占有、使用、收益和处分的权利。

国家所有权具有特殊的法律地位，这是由国家所有权所反映的全民所有制经济地位决定的。全民所有制是社会全体成员共同占有社会生产资料的一种所有制形式，这种所有制形式在法律上必然表现为国家所有权。国家作为社会中心，代表着全体人民的根本利益，全体人民须通过其代表者——国家，才能形成一个整体，有步骤、有计划、有目的地共同支配全民财产，使生产资料在分配使用上与社会的共同利益结合并协调起来。其特征是：（1）国家所有权的权利主体具有统一性和唯一性；（2）国家所有权的权利客体具有无限广泛性和专有性。

国家所有权取得的方法是：（1）没收；（2）赎买；（3）积累资金；（4）税收；（5）征收、征用；（6）罚款和罚金；（7）依法取得无主财产。此外，开展国内民事活动、从事对外经济贸易、接受赠与等，也是国家所有权取得的方法。

法律规定属于国家所有的财产，是国家所有权的客体。国家所有权的性质是全民所有。国家所有权的行使方法，是国务院代表国家行使；法律另有规定的，例如也可以由地方各级人民政府等部门行使国家所有权的有关权利。

案例评析

重庆市梁平县戴斯置业有限公司*与重庆花溪建设（集团）有限公司**、梁平县土地整治储备中心等排除妨害纠纷案①

案情： 戴斯公司与祐基公司签订《建筑工程施工合同》约定进行施工。祐基公司与花溪公司签订《建筑工程分包合同》。后发现该土地上堆放有弃土石方，导致其无法正常启动项目的工程建设，经证实，被告戴斯公司在清理工地施工时倾卸弃土并未清理。案涉土地后被征为国有，由原告梁平县土地整治储备中心依照梁山镇城镇规划的要求，按照国家和重庆市的有关规定对其占有、管理。原告为此与被告协商无果，诉讼要求被告戴斯公司将倾卸在本县新城区×号土地上的弃土全部清除，恢复该地块的原状。法院认为，本案所涉×号土地于 2010 年 1 月 20 日被征为国有，按照相关法律的特别规定，在尚未转移所有权至拍卖买受人之前，由梁平县土地整治储备中心依法对该土地进行管理、维护，并且对侵害土地权利的行为进行维权，有权代表国有财产的权利人主张物上请求权以及基于相邻关系主张权利，其作为讼争土地权利人的主体资格适格。

评析： 此案涉及民法典第 246 条的规定。民法典第 246 条沿袭了《物权法》第 45 条的规定。本条规定了国家所有权，国家作为物权主体，对于国家所有的物享有所有权。国家所有权的权利主体具有统一性和唯一性，即国家所有权只能由国家统一行使，国家是全民财产的唯一所有权人。本案中，梁平县土地整治储备中心是隶属县国土资源和房屋管理局的事业机构，具有独立的法人资格，受行政委托，负责对储备土地采取自行管护、委托管护、临时利用等方式进行管护（管理）、开发、经营、利用。因此，梁平县土地整治储备中心有权代表国有财产的权利人对涉案土地进行维权，要求戴斯公司将堆码在×号土地内的弃土清理干净。

▶▶ **第二百四十七条 矿藏、水流、海域属于国家所有。**

🏛 条文要义

本条是对矿藏、水流、海域由国家所有的规定。

矿藏，主要是指矿产资源，即存在于地壳内部或者地表的，由地质作用形成的，在特定技术条件下能够探明和开发利用的，呈固态、液态或者气态的自然资源。所

---

* 以下简称"戴斯公司"。

** 以下简称"花溪公司"。

① 审理法院：重庆市第二中级人民法院，案号：（2014）渝二中法民终 1521 号。

有的矿藏都归国家所有。

水流，是对江、河、湖等的统称，包括地表水、地下水和其他性能的水资源。水流属于国家所有。

海域，是指中华人民共和国内水、领海的水面、水体、海床和底土，是空间资源的概念，是对传统民法"物"的概念的延伸与发展。海域属于国家所有。

案例评析

内蒙古聚祥煤业集团有限公司*与中国民生银行股份有限公司呼和浩特分行案外人执行异议之诉案①

案情：法院作出裁定书，裁定冻结内蒙古普泰路桥有限公司、郝某、内蒙古伊东资源集团股份有限公司、伊东集团、内蒙古普泰建设集团有限公司、内蒙古普泰房地产开发有限公司 6 000 万元银行存款或查封扣押其他等值财产。聚祥煤业对执行标的提出书面异议。2018 年 3 月 12 日该院作出（2018）内 01 执异 13 号执行裁定书，裁定驳回聚祥煤业的异议请求。聚祥煤业提起执行异议之诉。法院认为，本案中，执行法院查封的是采矿许可证，但该采矿许可证所登记的采矿权人为西乌素煤炭公司而非聚祥煤业。聚祥煤业不能证明其是案涉煤矿的矿业权人，聚祥煤业与伊东集团就具体采矿事宜的约定不能对抗法院依据权属登记对案涉煤矿的强制执行。

评析：此案涉及民法典第 247 条的规定。民法典第 247 条沿袭了《物权法》第 46 条的规定。本条规定，矿藏、水流、海域为国家所有权客体。矿藏、水流、海域只能属于国家所有，任何单位和个人都不得对这些物享有所有权。矿业权不同于煤矿的所有权，矿业权属于用益物权。本案中，西乌素沟淡家煤矿属于国家所有，聚祥煤业无权主张该所有权。此外，聚祥煤业尚未取得西乌素沟淡家煤矿的采矿许可证，因此不能证明其是案涉煤矿的矿业权人。所以，聚祥煤业缺少有权开采西乌素沟淡家煤矿的合法依据，其与伊东集团就具体采矿事宜的约定不能对抗法院依据权属登记对案涉煤矿的强制执行。故法院认定聚祥煤业对案涉标的不能阻却执行。

▶▶ **第二百四十八条** 无居民海岛属于国家所有，国务院代表国家行使无居民海岛所有权。

条文要义

本条是对无居民海岛为国家所有的规定。

---

* 以下简称"聚祥煤业"。

① 审理法院：内蒙古自治区高级人民法院，案号：（2019）内民终 89 号。

　　无居民海岛，是指不属于居民户籍管理的住址登记地的海岛。2010 年 3 月 1 日，我国《海岛保护法》施行，明确规定无居民海岛属国家所有，由国务院代表国家行使无居民海岛所有权，凡是无居民海岛开发利用，都必须报经省级人民政府或者国务院批准并取得海岛使用权、缴纳海岛使用金。2011 年 4 月 12 日，官方公布了中国首批 176 个可以开发利用的无居民海岛名录，涉及辽宁、山东、江苏、浙江、福建、广东、广西、海南等 8 个省区。本条规定，无居民海岛属于国家所有，由国务院代表国家，行使对无居民海岛的国家所有权。

 ## 案例评析

乐清桃花岛旅游开发有限公司＊**诉浙江省海洋与渔业局海岛行政批准案**①

　　案情：原告桃花岛旅游公司诉称其依法取得乐清桃花岛及扁鳗屿和海涂旅游开发、利用、收益、处分权，且一直支付租金。但被告浙江省海洋与渔业局在原告毫不知情的情况下，作出批复，国家海洋局温州海洋环境监测中心站根据涉案批复，在扁鳗屿建造气象观测站，破坏了扁鳗屿生态环境和不可再生的生态资源，严重侵犯了原告的合法权益，故诉请判令撤销批复。法院认为，案涉岛屿扁鳗屿属于无居民海岛，原告对案涉岛屿扁鳗屿并不享有法定权利，虽然乐清市南岳镇杏一村村委会等九村村委会与桃花岛旅游公司签订了桃花岛开发合同，但桃花岛旅游公司也不能因协议约定取得扁鳗屿的相关物权。桃花岛旅游公司与被诉行政行为没有利害关系，不具有提起本案诉讼的原告主体资格。

　　评析：此案涉及民法典第 248 条的规定。本条规定系新增条款，其沿袭了《海岛保护法》第 4 条的规定。本案中，案涉岛屿扁鳗屿属于无居民海岛，系国家所有，任何自然人、法人、组织都不得主张涉案岛屿的所有权，故桃花岛旅游公司在尚未取得行政许可的情况下主张对涉案岛屿开发、利用的权利不能成立。在《海岛保护法》颁布之前，《物权法》第 58 条规定了由集体所有的动产与不动产，其中并不包括无居民海岛，因此案涉岛屿扁鳗屿并不属于乐清市南岳镇杏一村村委会等九村村委会所有，村委会无权通过与桃花岛旅游公司签订桃花岛开发合同，将涉案岛屿租赁给桃花岛旅游公司，自然也不存在利用涉案岛屿的权利。

> ▶▶ 第二百四十九条　城市的土地，属于国家所有。法律规定属于国家所有的农村和城市郊区的土地，属于国家所有。

　　＊　以下简称"桃花岛旅游公司"。
　　①　审理法院：浙江省温州市中级人民法院，案号：（2018）浙 03 行终 594 号。

条文要义

本条是对国家所有土地的规定。

土地，是人类可利用的一切自然资源中最基本、最宝贵的资源，是人类赖以生存的基地，是最基本的生产资料，是为人类提供食物和生活资料的重要源泉。本条将这种最重要的资源中的城市土地确定为国家所有，由全民享有权利。国家所有的土地范围是：（1）城市土地：城市是指国家按照行政建制设立的直辖市、市、镇，这些城市的土地都属于国家所有。（2）法律规定属于国家所有的农村和城市郊区的土地：农村土地和城市郊区的土地属于农民集体所有，但是法律规定农村和城市郊区的土地属于国家所有的，属于国家所有，即国家法律没有确定为集体所有的土地，属于国家所有。

案例评析

刘某与陈某 1、陈某 2 排除妨害纠纷案①

案情： 刘某向何某 1 购买楼房，办理了过户登记手续。陈某 1、陈某 2 向甘某 2 购买混合二层楼房，未办理房地产权证过户登记手续。陈某 1、陈某 2 购买房屋至今，门坪一直保持原状，未作变动。后刘某重新铺设门坪时，陈某 1、陈某 2 认为刘某铺设的门坪有部分是其家门坪，进而阻挠反对刘某铺设门坪；刘某则认为陈某 1、陈某 2 霸占其门坪，要求陈某 1、陈某 2 停止使用其门坪。刘某诉至法院，请求继续铺设门坪。法院认为，从房地产权证和国有土地使用证的登记情况看，刘某的楼房门坪的面积并未包含在此两证范围内。刘某亦未提供证据证明其对门坪所涉土地已依法取得使用权，因此门坪所涉土地属于国家所有。陈某 1、陈某 2 自购买房屋以来，门坪一直保持原状，并未修补或者扩大，亦未妨碍刘某的通行。因此，刘某的诉请不能得到支持。

评析： 此案涉及民法典第 249 条的规定。民法典第 249 条沿袭了《物权法》第 47 条的规定。根据本条规定，城市土地为国家所有权客体之一，农村和城市郊区的土地，原则上属于集体所有权的客体，但是，如果法律规定属于国家所有的，则属于国家所有。本案中，刘某只有在对案涉土地享有所有权或用益物权的情况下，才能主张陈某 1 与陈某 2 排除妨害。然而，案涉门坪为城市土地，根据本条规定，属国家所有，刘某无法主张案涉土地的所有权，更无法基于所有权主张对方排除妨害。此外，门坪的面积并未包含在刘某取得的房地产权证和国有土地使用证范围内，故刘某无法举证其享有涉案土地的土地使用权。综上所述，法院对刘某排除妨害的请求不予支持。

---

① 审理法院：广东省高级人民法院，案号：（2016）粤民申 2581 号。

▶▶ 第二百五十条 森林、山岭、草原、荒地、滩涂等自然资源，属于国家所有，但是法律规定属于集体所有的除外。

🏛 条文要义

本条是对自然资源属于国家所有的规定。

自然资源，包括土地资源、水资源、矿产资源、生物资源、气候资源、海洋资源等，是国民经济与社会发展的重要物质基础。由于自然资源对于国计民生的重要作用，因而规定为国家所有，只有法律规定属于集体所有的除外。

🔖 案例评析

黄某、陈某租赁合同纠纷案[①]

案情： 经巽屿村村民代表会议讨论决定，巽屿村村委会与黄某、陈某签订协议书，约定巽屿村村委会将山地以及相连滩涂出租给黄某、陈某作为生产和生活用地，租期为 20 年，协议还约定原土地使用权补充协议同时废止。协议签订后，巽屿村村委会将讼争土地交付黄某、陈某使用。后黄某、陈某发现承租的土地上有人修建房屋，要求巽屿村村委会制止，经多次交涉未果，遂提起诉讼。法院认为，案涉土地性质为滩涂，该土地未登记为巽屿村村集体所有，即为国家所有。巽屿村村委会的无权处分行为未经权利人追认，故案涉协议书无效。黄某、陈某两人非巽屿村村民，不存在对巽屿村村集体的合理信赖关系，作为交易方对上述情况是应知的，即应该进行查询核实。黄某、陈某关于其善意取得上述土地承包经营权的主张不能成立。

评析： 此案涉及民法典第 250 条的规定。民法典第 250 条沿袭了《物权法》第 48 条的规定。关于对自然资源使用的权利，在其他的特别法，如《矿产资源法》《渔业法》《森林法》《野生动物保护法》等法律进行规定。《物权法》专门规定了国家资源利用的特许物权制度就是要保护国有资源和鼓励对国有资源的开发和利用。本案中，案涉土地性质为滩涂，且并无法律规定该土地属于集体所有，根据本条规定，此片滩涂归国家所有，巽屿村无权主张案涉土地为村集体所有，其对案涉土地仅有使用权。因此，巽屿村村委会应当经权利人同意后依照法定程序方可将案涉土地再行发包给黄某、陈某使用。但本案中，发包行为未经合法程序作出决定，且未经权利人追认，故黄某、陈某关于取得上述土地承包经营权的主张不能成立。

▶▶ 第二百五十一条 法律规定属于国家所有的野生动植物资源，属于国家所有。

---

① 审理法院：福建省高级人民法院，案号：（2018）闽民申 3507 号。

🏛 条文要义

本条是对野生动植物资源属于国家所有的规定。

野生动物，是指受保护的野生动物，即珍贵的、濒危的陆生、水生野生动物，以及有益的或者有重要经济、科学研究价值的陆生野生动物。野生植物，是指原生地天然生长的珍贵植物和原生地天然生长并具有重要经济、科学研究、文化价值的濒危、稀有植物。这些都是我国的自然财富，因而规定为国家所有。

📌 案例评析

周某涛、周某树、王某煜、蒋某非法猎捕、杀害珍贵、濒危野生动物案[①]

案情：被告人周某涛邀约被告人王某煜、周某树、蒋某用电击的方式去捕鱼，三被告人在湖北咸丰忠建河大鲵国家级自然保护区核心区的河道内电鱼约一小时，捕获"娃娃鱼"（大鲵）2尾及其他野生鱼若干，"娃娃鱼"为大鲵，属国家Ⅱ级重点保护野生动物。另外，修复该区段生态资源，共计需要花费23 480元。法院认为，被告人明知大鲵是国家重点保护的珍贵野生动物而非法猎捕，构成非法猎捕、杀害珍贵、濒危野生动物罪，公诉机关指控的事实及罪名成立。被告人积极赔偿生态资源修复费用，并书面道歉，有悔罪表现，可酌情从轻处罚。附带民事公益诉讼起诉人要求四被告人赔偿生态资源环境损害修复费用并在咸丰县县级新闻媒体上公开赔礼道歉的诉讼请求符合法律规定，应予以支持。

评析：此案涉及民法典第251条的规定。民法典第251条沿袭了《物权法》第49条的规定。本案系典型的非法猎捕、杀害珍贵、濒危野生动物刑事附带民事公益诉讼案件。本条规定，野生动植物归国家所有。其目的是管理和保护国家关于珍贵、濒危野生动物资源，保护生态系统和生物多样性。任何非法猎捕、杀害野生动物、破坏野生植物的行为都应当承担相应的法律责任。本案中，野生动物大鲵属于国家所有，被告人周某涛等人擅自采用电捕方式在国家级自然保护区的核心区非法猎捕、杀害珍贵、濒危野生动物大鲵，造成严重后果，不但违反了本条规定，同时也触犯了相关刑法条文，在承担民事责任的同时还应受到刑事制裁。

> ▶▶ **第二百五十二条**　无线电频谱资源属于国家所有。

🏛 条文要义

本条是对无线电频谱资源权属的规定。

---

① 审理法院：湖北省咸丰县人民法院，案号：（2018）鄂2826刑初33号。

无线电频谱资源，是指在 9KHz - 3000GHz 频率范围内发射无线电波的无线电频率的总称。所有的无线电业务都离不开无线电频率，就像汽车离不开道路一样。无线电频率是自然界存在的电磁波，是一种物质，是一种各国可以均等获得的看不见、摸不着的自然资源，具有有限性、排他性、复用性、非耗竭性、固有的传播性和易污染性。无线电频谱资源是有限的自然资源，对于国计民生具有重要价值，因而规定其属于国家所有。

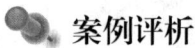 **案例评析**

韩某与石某及中国移动通信集团辽宁有限公司营口分公司[*]电信服务合同纠纷案①

案情：原告石某的朋友杨某将其使用的手机号码送给了石某，该号码系由韩某赠送给杨某。按照移动通信公司的规定，使用的时间尚未超过两年不给办过户更名，因此石某当时未办理过户。国家工信部规定电话号码必须实名制登记，石某一直没有办理实名登记。后韩某本人持身份证为手机号码办理了补换卡业务，原告无法使用该手机号码。石某向法院起诉请求判令二被告停止侵害并配合原告将手机号更名登记在原告名下。法院认为，电信资源，是指无线电频率、卫星轨道位置、电信号网码号等用于实现电信功能且有限的资源，而无线电频谱资源属于国家所有。故不能认定该手机号码所有权为个人专有。因手机号码实名登记不同于物权登记，仅登记于提供通信服务的移动通信公司处不能产生权利的公示效力和排他力，其性质仅为实名登记，不能因此确认其权属，故韩某的请求亦不能获得支持。

评析：此案涉及民法典第 252 条的规定。民法典第 252 条沿袭了《物权法》第 50 条的规定。本案中，手机号码虽然登记在韩某的名下，但该登记不同于物权登记，并不代表韩某完全享有手机号码的所有权，韩某仅仅享有使用该手机号码的权利。关于电话号码资源的权利，本条规定，无线电频谱资源属于国家所有；《电信条例》第 26 条第 1 款规定："国家对电信资源统一规划、集中管理、合理分配，实行有偿使用制度"；《电信网码号资源管理办法》第 3 条规定："码号资源属于国家所有。国家对码号资源实行有偿使用制度，具体收费标准和收费办法另行制定"。由此可见，电话号码的所有权属于国家，电话号码中所包含的无线电频谱资源亦属国家所有。因此，韩某主张涉案电话号码归其所有的理由不能成立。

▶▶ **第二百五十三条** 法律规定属于国家所有的文物，属于国家所有。

---

* 以下简称"移动通信公司"。

① 审理法院：辽宁省营口市中级人民法院，案号：（2018）辽 08 民终 2158 号。

条文要义

本条是对国家所有文物的规定。

文物，具有重要的历史价值和现实意义。并不是所有的文物都属于国家所有，只有法律规定属于国家所有的文物才归国家所有。没有归国家所有的文物，可以为民事主体享有。

属于国家所有的文物是：（1）境内地下、内水和领海中遗存的一切文物；（2）古文化遗址、古墓葬、石窟寺等；（3）境内的出土文物，国有文物收藏单位等收藏的文物，国家征集、购买的文物，民事主体捐赠给国家的文物等。

案例评析

铁岭县腰堡镇石山子村民委员会与中国人民解放军某部队返还原物纠纷案[①]

案情：案涉古钟辗转保存于被告中国人民解放军某部队油库。辽宁省铁岭市文物局根据法律规定，要求某部队妥善保管该"乾隆铁钟"，并通知如其建制改变需将铁钟交国家文物保管机构——市博物馆保管。"乾隆铁钟"为二级文物。现原告腰堡镇石山子村民委员会以其对"乾隆古钟"享有所有权为由而要求被告部队返还。法院认为，"乾隆铁钟"已经过省市两级文物鉴定单位认定为国有文物，应归国家所有。现原告腰堡镇石山子村民委员会在未提供有效证据证明其对古钟享有所有权的前提下，认为本应归属国家所有的"乾隆铁钟"归其所有而据此要求作为保管单位的被告某部队予以返还的诉讼请求并无相关事实依据。

评析：此案涉及民法典第253条的规定。民法典第253条沿袭了《物权法》第51条的规定。本条规定，法律规定属于国家所有的文物，属于国家所有。由此可见，并不是所有的文物都归国家所有，而是法律规定属于国家所有的文物，属于国家所有。本案中，涉案文物几番辗转后由部队保管。根据《文物保护法》第5条规定，国有文物收藏单位以及其他国家机关、部队和国有企业、事业组织等收藏、保管的文物属于国家所有。在有法律规定的情况下，涉案文物归国家所有。且省市两级文物管理和保护机构均向被告某部队出具了书面的委托保管的函文，该古钟目前在被告某部队保存妥当、完好。综上，在铁岭县腰堡镇石山子村民委员会无法证明涉案文物属于村集体所有的情况下，法院根据判决驳回铁岭县腰堡镇石山子村民委员会要求某部队返还原物的诉讼请求。

---

① 审理法院：辽宁省铁岭县人民法院，案号：（2014）铁县民初96号。

▶▶▶ **第二百五十四条** 国防资产属于国家所有。

铁路、公路、电力设施、电信设施和油气管道等基础设施，依照法律规定为国家所有的，属于国家所有。

🏛 条文要义

本条是对国防资产、基础设施归国家所有的规定。

国防是国家生存与发展的安全保障。建立强大、巩固的国防，是现代化建设的战略任务。规定国防资产属于国家所有，具有重要的价值。

铁路、公路、电力设施、电信设施和油气管道等都属于国家的基础设施，对方便人民生活，提高人民生活水平，促进国民经济发展和保证人民生命财产安全的意义重大。因此，这些基础设施，法律规定为国家所有的，都属于国家所有，没有规定为国家所有的，可以为民事主体所有。

📌 案例评析

象山县丹西街道嘉悦景苑业主委员会、象山金舒置业发展有限公司物权确认纠纷案[①]

案情： 象山嘉悦景苑小区系原告象山金舒置业发展有限公司投资开发建设的楼盘。广大购房业主入住后，认为小区地下室的人防工程部分属于广大业主共有，应由全体业主享有使用管理权，并于 2017 年 7 月 3 日强行拆除小区进出地下室的道闸升降杆。为避免冲突，原告与被告开展磋商，并请求象山县住建局协调处理，最后未达成一致意见，故诉至法院。法院认为：案涉地下室人防工程应属于国家所有，并非可以被销售。因案涉地下室人防工程系被告投资开发，且不能对外销售，故开发商系涉案地下室人防工程的投资者，并应由其对涉案地下室人防工程使用管理，收益归其所有。

评析： 此案涉及民法典第 254 条的规定。民法典第 254 条沿袭了《物权法》第 52 条的规定。根据本条规定，国防资产属于国家所有。道路、电力、通讯和天然气等公共设施，关系到国计民生的大问题，因此，法律规定为国家所有，是国家所有权的客体。本案中，涉案防空洞虽然由象山金舒置业发展有限公司建成，与所有商铺、住房、地下室等共同构成小区建筑，但防空洞的性质与商铺、住房、地下室不同，其属于人防工程、国防资产，系国家所有，业主及投资者象山金舒置业发展有限公司均无权主张对防空洞的所有权，更不能将防空洞作为买卖关系的客体。但根据《人民防空法》的规定，象山金舒置业发展有限公司对涉案防空洞进行投资管理，

---

① 审理法院：浙江省宁波市中级人民法院，案号：（2018）浙 02 民终 1855 号。

故享有防空洞的用益物权，因此象山金舒置业发展有限公司通过对涉案防空洞进行的使用管理所产生的收益归象山金舒置业发展有限公司所有，业主委员会无法主张其对涉案防空洞享有管理权。

▶▶**第二百五十五条　国家机关对其直接支配的不动产和动产，享有占有、使用以及依照法律和国务院的有关规定处分的权利。**

🏛 **条文要义**

本条是对国家机关享有物权的规定。

国家机关作为特别法人，应当享有必要的财产或者经费，才能够依法执行职责，承担民事责任。本条规定，国家机关对其直接支配的不动产和动产享有所有权，包括占有、使用以及依照法律和国务院的有关规定处分的权利，不得擅自处置国有财产，防止国有资产流失。

🔵 **案例评析**

成都市武侯城建投资集团有限责任公司*与吴某房屋租赁合同纠纷案①

案情： 武侯城投公司与吴某签订《国有房屋租赁合同》，约定吴某租赁房屋，武侯城投公司将涉案房屋交吴某使用。之后，吴某未再缴纳租金。武侯区国资和金融办出具《情况说明》，载明：认定该房屋属于国有资产。现武侯城投公司要求吴某腾退案涉房屋。法院认为，案涉房屋虽无独立产权证，但经武侯区国资和金融办、武侯区国有资产管理中心予以证明，交武侯城投公司管理使用。武侯城投公司按约将涉案房屋交付吴某使用，而吴某在租赁合同到期后，截至本案庭审结束时止，既未腾退所租赁房屋，也未支付相应租金，其行为构成违约，故对武侯城投公司请求确认解除双方租赁关系，并要求吴某腾退所租赁的房屋的诉讼请求，于法有据，法院予以支持。

评析： 此案涉及民法典第255条的规定。民法典第255条沿袭了《物权法》第53条的规定。本条规定了国家所有权行使的方式之一，即国家机关对其直接支配的不动产和动产，享有占有、使用以及依照法律和国务院的有关规定处分的权利。本案中，案涉房屋虽无独立产权证，但经武侯区国资和金融办、武侯区国有资产管理中心予以证明，交武侯城投公司管理使用，属于本条规定中所称的由国家机关直接支配的不动产。武侯区国资和金融办、武侯区国有资产管理中心作为依法授权的经

---

* 以下简称"武侯城投公司"。

① 审理法院：四川省成都市青羊区人民法院，案号：（2016）川 0105 民初 8234 号。

营管理国家财产的国家机关，根据本条规定，享有占有、使用以及依照法律和国务院的有关规定处分的权利，其将涉案房屋交城投公司管理使用，属于处分案涉房屋的行为。但吴某不仅没有按照合同约定按时缴纳租金，且在租赁合同到期后亦不腾退所租赁房屋，其行为构成违约，故武侯城投公司有权按照合同约定请求确认解除双方租赁关系，并要求吴某腾退房屋。

> ▶▶ **第二百五十六条** 国家举办的事业单位对其直接支配的不动产和动产，享有占有、使用以及依照法律和国务院的有关规定收益、处分的权利。

🏛 条文要义

本条是对事业单位法人享有物权的规定。

按照民法典第 87 条的规定，事业单位是非营利法人。国家举办的事业单位，是指国家为了社会公益目的，由国家机关举办或者其他组织利用国有资产举办的，从事教育、科技、文化、卫生等活动的社会服务组织。事业单位作为法人，在为实现其设立目的而进行的活动中，也需要经费，要有自己的财产。本条规定，事业单位对其直接支配的不动产和动产，享有所有权，可以行使占有、使用以及依照法律和国务院的有关规定收益和处分的权利。

案例评析

文某、陈某与重庆市涪陵区种子管理站*房屋买卖合同纠纷案[①]

案情：文某代表文某、陈某与涪陵种子站签订购房合同。由于讼争房屋是涪陵种子站和其他几家部门联合集资修建分配后剩余的房屋，文某、陈某不是集资单位的职工，涪陵种子站在处置前又未经国有资产管理部门批准，至今也未取得同意，无法给文某、陈某办理产权过户手续，现该房屋仍登记在涪陵种子站的名下。文某、陈某请求法院判决涪陵种子站立即办理该房屋的产权过户手续。法院认为，关于购房合同的效力问题，虽事业单位转让国有资产应进行审批，但因故未经审批转让国有资产的，转让合同并不当然无效。购房合同系双方当事人真实的意思表示，且文某、陈某支付了对价，故双方签订的购房合同为有效合同。

评析：此案涉及民法典第 256 条规定。民法典第 256 条沿袭了《物权法》第 54 条的规定。国有事业单位的财产也是国有资产的重要组成部分，明确国有事业单位对其直接支配的财产享有的权利，规范事业单位对国有资产占有、使用、收益、处

---

* 以下简称"涪陵种子站"。

① 审理法院：重庆市高级人民法院，案号：（2015）渝高法民提 38 号。

分的行为，对保护国有事业单位的财产具有重要意义。本案中，涪陵种子站属于国有事业单位，依照法律和国务院的有关规定有权处分其管理的不动产。涪陵种子站与文某、陈某签订的房屋买卖合同虽然在审批程序上有部分瑕疵，但关于审批程序的规定并非效力性强制规定，因此不属于合同无效的情形，案涉合同合法有效，涪陵种子站有义务按照合同约定协助文某进行房屋的所有权移转登记。因此，涪陵种子站应当按照处置国有资产的相关规定向有关部门提交出售涉案房产的审批报告，经审批同意后，办理涉案房产的过户登记手续，将房屋的所有权转移至文某、陈某名下。

> ▶▶ **第二百五十七条**　国家出资的企业，由国务院、地方人民政府依照法律、行政法规规定分别代表国家履行出资人职责，享有出资人权益。

🏛 条文要义

本条是对国有企业出资人的规定。

国有企业，是我国国民经济的基础和支柱，在国民经济中发挥主导作用。在经济体制改革中，设立了国有资产出资人代表制度，即国家出资的企业，由国务院、地方人民政府依照法律、行政法规规定分别代表国家履行出资人职责，通过出资人代表行使国家所有者的职能，按照出资额享有资产受益、重大决策和选择经营管理者等权利，对企业的债务承担有限责任，不干预企业日常经营活动。

案例评析

昆明华鸿投资管理有限公司*与丽江市财政局、丽江市开发投资有限公司**企业借贷纠纷案[①]

案情： 根据财政局的报告及行署体改委的批复，丽江地区县乡企业开发股份有限公司由财政局组建和管理，公司系全民所有制地方融资企业，后改名为丽江地区经济开发服务中心（以下简称"丽江经济开发中心"）。中国工商银行（以下简称"工行"）丽江分行营业部与丽江经济开发中心签订了《最高额抵押合同》，并办理了《房屋他项权证》。丽江经济开发中心分别与工行丽江分行营业部签订《流动资金借款合同》，用房产作抵押借款。工行云南省分行将对丽江开发投资公司前身即丽江经济开发中心的债权转让给中国东方资产管理公司。中国东方资产管理公司将上述债

---

*　以下简称"华鸿投资管理公司"。
**　以下简称"丽江开发投资公司"。
①　审理法院：云南省丽江市中级人民法院，案号：（2013）丽中民二初67号。

权转让给了昆明华鸿投资管理公司。华鸿投资管理公司起诉请求判决还本付息并实现抵押权。法院认为，丽江市财政局作为丽江经济开发中心的开办单位和实际投资人，如果在企业破产、清算等情况下，要对企业债务在法定范围内承担责任，但是，丽江开发投资公司作为独立的全民所有制企业法人，由其继承丽江经济开发中心的财产及权利义务，而丽江开发投资公司不存在破产、清算等情形，故丽江市财政局在本案中不承担连带民事责任。

评析：此案涉及民法典第257条的规定。民法典第257条沿袭了《物权法》第55条的规定。本条规定了国家以投资设立的企业使用或经营国有财产的方式行使国家所有权。国家出资的企业，由国务院、地方人民政府依照法律、行政法规规定分别代表国家履行出资人职责，享有出资人权益。本案中，丽江经济开发中心出资开办的"凡耐思酒店"的资产、负债、人员被整体移交给丽江开发投资公司后，丽江开发投资公司作为独立的法人，应当根据我国公司法规定在其经营管理的财产范围内独立承担债务。丽江市财政局作为丽江开发投资公司的出资人就丽江开发投资公司的债务承担的是有限责任。因此，在丽江开发投资公司不存在破产、清算等情形的情况下，华鸿投资管理公司无权要求丽江财政局承担连带债务。

> ▶▶ **第二百五十八条**　国家所有的财产受法律保护，禁止任何组织或者个人侵占、哄抢、私分、截留、破坏。

🏛 条文要义

本条是对国有财产受法律保护的规定。

国家所有的财产是全民所有的财产，是国家经济的基础，必须依法进行保护。任何组织和个人采取侵占、哄抢、私分、截留、破坏国家所有财产的行为，都是侵害国家所有权的侵权行为，应当依法予以制裁，以保护国家所有的财产不受侵害。

📌 案例评析

临高县国家税务局与苏某返还原物纠纷案①

案情：案涉办公楼现是临高国税局管理使用的资产，原告临高国税局与被告苏某签订了房屋租赁合同，约定该楼房（四间四层、后院、前门）由被告承租。合同到期后，被告至今没有退出该楼房，亦未支付房租。原告起诉要求被告返还房屋并赔偿损失。法院认为，位于临高县博厚镇的原博厚税务所办公楼是由临高县国税局

---

① 审理法院：海南省临高县人民法院，案号：（2014）临民一初164号。

占有、使用的国有财产，本案原、被告对该房屋存在房屋租赁关系，有双方的房屋租赁合同证明。本案被告苏某在房屋租赁合同到期后，至今仍无正当理由占用原告的房屋，应认定其是非法占有原告的房屋。因此，原告请求被告退出纠纷之房屋并返还予原告，有事实根据和法律依据，应予支持。至于被告逾期未退出该房确实造成了原告经济损失，原告要求被告按双方租赁该房屋时约定的月租金赔偿损失，符合法律规定，应予以支持。

评析：此案涉及民法典第258条的规定。民法典第258条沿袭了《物权法》第56条的规定。国家所有权是国家对全民所有的财产进行占有、使用、收益和处分的权利，有必要加强对国有财产的保护、切实防止国有财产流失。本案中，苏某与临高县国税局签订了租赁合同后，苏某作为有权占有人占有、使用涉案房屋，但在合同到期后，苏某有义务腾房清退，否则构成无权占有。涉案房屋由临高县国税局直接经营使用，因此涉案房屋为国有资产，根据本条规定，禁止任何单位和个人侵占、哄抢、私分、截留、破坏。苏某在主观上有非法侵占涉案房屋的故意，因此法院判决被告退出纠纷之房屋并返还予临高县国税局。

▶▶第二百五十九条　履行国有财产管理、监督职责的机构及其工作人员，应当依法加强对国有财产的管理、监督，促进国有财产保值增值，防止国有财产损失；滥用职权，玩忽职守，造成国有财产损失的，应当依法承担法律责任。

违反国有财产管理规定，在企业改制、合并分立、关联交易等过程中，低价转让、合谋私分、擅自担保或者以其他方式造成国有财产损失的，应当依法承担法律责任。

🏛 条文要义

本条是对国有财产管理及其责任的规定。

保护国家所有的财产，是所有民事主体的职责，尤其是履行国有财产管理、监督职责的机构和人员，更须负此责任。本条规定，履行国有财产管理、监督职责的机构及其工作人员，应当依法加强对国有财产的管理、监督，促进国有财产保值增值，防止国有财产损失。这些管理、监督机构及其工作人员滥用职权，玩忽职守，造成国有财产损失的，应当依法承担法律责任。

同样，有关机构及其工作人员违反国有财产管理规定，在企业改制、合并分立、关联交易等过程中，低价转让、合谋私分、擅自担保或者以其他方式造成国有财产损失的，也应当依法承担法律责任。

这里规定的法律责任，包括刑事责任、行政责任和民事责任，而且承担刑事责任和行政责任的，并不能免除其民事责任。

案例评析

闽侯县白沙镇院埕村村民委员会诉闽侯县人民政府林业行政登记纠纷案[①]

案情： 被告闽侯县人民政府向原告闽侯县白沙镇院埕村村民委员会的村民颁发土地房屋所有权证。闽侯县洋里公社金田大队制作《山林权清册》并向被告申请颁发争议山林的林权证。被告将讼争林地的山林权划归洋里公社金田大队。闽侯县人民政府作出裁决书，裁决讼争林地的山林归金田大队所有。原告方才获知该裁决书，并随即以该裁决未送达为由就牛山兜、南丁山、白犬岩山场权属再次向被告申请调处。原告村民汪某恭等人分别向闽侯县林业局、闽侯县人民政府、福州市人民政府信访。原告认为被告的发证行为严重侵害了原告的合法权益，向法院提起行政诉讼。法院认为，本案焦点之一是原告是否具备诉讼主体资格，由于原告能够代表村集体对集体林行使权利，与讼争林权具备利害关系，故原告的起诉符合法律规定，具备诉讼主体资格。

评析： 此案涉及民法典第259条的规定。民法典第259条沿袭了《物权法》第57条的规定。本案中，涉案山林为国有资产，闽侯县白沙镇院埕村村民委员会作为本条中规定的对国有资产"履行国有财产管理、监督职责的机构"，应当依法加强对国有财产的管理、监督，促进国有财产保值增值，防止国有财产损失。闽侯县白沙镇院埕村村民委员会认为，闽侯县政府将讼争林地的山林权划归洋里公社金田大队，并裁决讼争林地的山林归金田大队所有，该发证行为侵犯了其合法权益，其向法院提起诉讼，系对国有财产的管理、监督及保护的行为，因此闽侯县白沙镇院埕村村民委员会具备诉讼主体资格。

> ▶▶ **第二百六十条** 集体所有的不动产和动产包括：
>
> （一）法律规定属于集体所有的土地和森林、山岭、草原、荒地、滩涂；
>
> （二）集体所有的建筑物、生产设施、农田水利设施；
>
> （三）集体所有的教育、科学、文化、卫生、体育等设施；
>
> （四）集体所有的其他不动产和动产。

🏛 条文要义

本条是对集体所有财产范围的规定。

集体所有权，是指劳动群众集体对集体所有财产的占有、使用、收益和处分的权利，是劳动群众集体所有制的法律表现。集体所有权同国家所有权一样，是建立

[①] 审理法院：福建省福州市中级人民法院，案号：（2017）闽01行初191号。

在生产资料公有制基础上的所有权制度。集体所有权与国家所有权相比较，具有的法律特征是：（1）权利主体的广泛性与多元化；（2）客体的限定性，集体组织所有权的客体不是针对任何种类的财产；（3）所有权的独立性，权利人独立地享有和行使所有权；（4）所有权取得方式的有限性，最初来自劳动群众的自愿互利出资，财产主要是通过民事方式取得。

集体所有的不动产和动产包括：（1）法律规定属于集体所有的土地和森林、山岭、草原、荒地、滩涂；（2）集体所有的建筑物、生产设施、农田水利设施；（3）集体所有的教育、科学、文化、卫生、体育等设施；（4）集体所有的其他不动产和动产，例如生产原材料、半成品和成品、村建公路等。

案例评析

何某、巴东县绿葱坡镇思阳桥村村民委员会* 物权保护纠纷案[①]

案情： 何某自行修建一条通达自己家中的公路。思阳桥村委会与本村二组村民及四组部分农户协商修建公路的相关事宜，并达成一致协议。何某以思阳桥村委会需补偿其原修路的工资为由在位于本村二组公路起点处堆放木材和杂物，阻断了公路正常通行。思阳桥村委会提起诉讼，请求判令何某排除妨害。法院判决何某拆除设置在位于思阳桥村二组公路起点处的障碍物，恢复公路的通行。何某在恢复公路通行后提起诉讼，要求思阳桥村委会补偿何某修建公路费用。法院认为，本案何某自修公路所占用的土地在思阳桥村，属于思阳桥村农民集体所有，何某只享有使用权，并不享有所有权。何某对思阳桥村其他村民从其修建的公路通过，应当提供必要的便利。本案中，何某修建公路，确实进行了投入，提高了该土地的使用价值。本案何某所修公路并未被征收、征用变为政府修建的公路，何某主张政府拨付的款项包含其修路费用和思阳桥村委会应当赔偿其自修公路的工时费缺乏事实和法律依据。

评析： 此案涉及民法典第 260 条的规定。民法典第 260 条继承了《物权法》第 58 条的规定。集体财产是广大人民群众辛勤劳动积累的成果，是发展集体经济和实现共同富裕的重要物质基础。因此本条以列举加概括的方式，对集体所有权的客体范围作出了规定，目的是保护集体所有权。本案中，何某自修公路所占用的土地在思阳桥村，根据本条规定，属于集体所有的土地，因此何某只享有用益物权，并不享有所有权，何某无权以思阳桥村修路侵犯其土地所有权为由请求思阳桥村委会予以赔偿。此外，思阳桥村修路的行为并未致使何某对涉案道路的用益物权消灭或者影响其用益物权行使，故何某亦无法以思阳桥村修路侵犯其用益物权为由请求思阳

---

* 以下简称"思阳桥村委会"。

① 审理法院：湖北省高级人民法院，案号：（2017）鄂民再 111 号。

桥村委会予以赔偿。

> **第二百六十一条**　农民集体所有的不动产和动产，属于本集体成员集体所有。下列事项应当依照法定程序经本集体成员决定：
> （一）土地承包方案以及将土地发包给本集体以外的组织或者个人承包；
> （二）个别土地承包经营权人之间承包地的调整；
> （三）土地补偿费等费用的使用、分配办法；
> （四）集体出资的企业的所有权变动等事项；
> （五）法律规定的其他事项。

🏛 条文要义

本条是对农民集体所有财产归属及重大事项集体决定的规定。

农民集体所有的特点，是集体财产集体所有、集体事务集体管理、集体利益集体分享。农民集体所有的不动产和动产，属于本集体成员集体所有，即农民集体财产集体所有的基本内容。集体所有权的主体是农民集体，具体的组织形式依照民法典第99条规定，是农村集体经济组织。民法典第101条第2款规定，未设立村集体经济组织的，村民委员会可以依法代行村集体经济组织的职能。

农民集体行使集体所有权，应当依照法定程序，经本集体成员决定的重大事项是：（1）土地承包方案以及将土地发包给本集体以外的组织或者个人承包；（2）个别土地承包经营权人之间承包地的调整；（3）土地补偿费等费用的使用、分配办法；（4）集体出资的企业的所有权变动等事项；（5）法律规定的其他事项。

案例评析

福州民天集团有限公司*、福州市晋安区鼓山镇远东村徐某等 1 031 户村民侵害集体经济组织成员权益纠纷案①

案情：远东村村委会与福州百货集团有限公司共同设立海峡市场公司。福州市政府作出征收福州海峡日用批发交易市场房屋的决定，并指令福州市住房保障和房产管理局、福州市拆迁工程处同远东村村委会签订《房屋拆迁安置补偿协议书》，约定远东村获得一次性拆迁补偿费。后拆迁实施单位民天集团与远东村村委会签订协议书，约定远东村先领取30%的拆迁补偿款，民天集团领取40%的拆迁款。远东村召开村民代表大会，到会代表一致反对追认上述协议书的效力，远东村村民代表大

＊　以下简称"民天集团"。
①　审理法院：福建省高级人民法院，案号：（2016）闽民终 540 号。

会据此形成决议，不予追认远东村村委会与民天集团就拆迁款分割事项签订的协议书。徐某等村民向原审法院提起本案诉讼，请求判令撤销协议书，确认该协议无效。法院认为，根据本案查明的事实，远东村系以现金方式入股海峡市场公司，福州海峡日用百货批发交易市场占用的土地仍属远东村集体所有，因此协议书实际上处分了属远东村集体所有的土地补偿费。土地补偿费等费用的使用、分配办法应当经由村民会议讨论决定，远东村村委会与民天集团签订的协议书未经远东村村民会议讨论决定，且远东村村民大会讨论并决定不予追认协议书的效力，故判决认定协议书无效。

评析：此案涉及民法典第 261 条的规定。民法典第 261 条继承了《物权法》第 59 条的规定。本条对经农民集体成员决定的重大事项作出详细规定，符合中国实际，是独具特色的所有权制度。本案中，福州市住房保障和房产管理局、福州市拆迁工程处与远东村委会签订的房屋拆迁安置补偿协议书约定了远东村获得一次性拆迁补偿费，根据相关行政规章，该笔补偿费实际包含了土地补偿费及分配方法。根据本条规定，土地补偿费等费用的使用、分配办法应当依照法定程序经农村集体成员作出决定。但远东村村委会未经远东村村民会议讨论决定，就与福州市住房保障和房产管理局、福州市拆迁工程处签订处分土地补偿费的协议书，且事后远东村村民大会决定不予追认协议书的效力，因此协议书应属无效。

▶▶**第二百六十二条** 对于集体所有的土地和森林、山岭、草原、荒地、滩涂等，依照下列规定行使所有权：

（一）属于村农民集体所有的，由村集体经济组织或者村民委员会依法代表集体行使所有权；

（二）分别属于村内两个以上农民集体所有的，由村内各该集体经济组织或者村民小组依法代表集体行使所有权；

（三）属于乡镇农民集体所有的，由乡镇集体经济组织代表集体行使所有权。

🏛 条文要义

本条是对农民集体行使所有权代表的规定。

对于集体所有的土地和森林、山岭、草原、荒地、滩涂等不动产，由于集体所有的形式不同，行使权利的代表也不相同。最主要的表现是，农民集体所有有村集体、乡镇集体或者两个以上的村集体，这是在人民公社化时期形成的不同的所有形式，即"三级所有，队为基础"的体制，基本上是生产队所有，也有生产大队、公社所有的情况。在改革开放后，形成了不同的集体组织的形式。

对于集体组织行使权利的代表，依照下列规定行使所有权：（1）属于村农民集体所有的，由村集体经济组织或者村民委员会依法代表集体行使所有权，不过，有的村规模比较大，实际的集体经济组织是社或者组，社或者组是所有权单位；（2）分别属于村内两个以上农民集体所有的，由村内各该集体经济组织或者村民小组依法代表集体行使所有权，应当按照共有的形式行使所有权；（3）属于乡镇农民集体所有的，由乡镇集体经济组织代表集体行使所有权。

案例评析

艾某等诉江西省永丰县人民政府、江西省永丰县国土资源局* 征收补偿协议案①

案情：永丰县国土局与永丰县佐龙乡南塘村南塘组签订征地协议书。永丰县国土资源局与案涉土地所有权人签订征地协议书，明确约定土地补偿费、安置补偿费、青苗及附着物补偿费按标准支付。南塘村南塘组的干部和村民代表艾某等人在该征地协议书上签字，佐龙乡政府、南塘村村委会加盖了公章。永丰县财政局按照征地协议书的约定，将征地补偿款拨付至佐龙乡农业经营管理站账户，佐龙乡农业经营管理站拨付至村组。艾某等村民提起行政诉讼，诉请确认征地协议书违法。法院认为，经南塘村村委会申请和佐龙乡人民政府同意，南塘自然村已经合并为一个村小组，因此，被征收土地应属于合并后的南塘自然村村民小组所有。根据上述规定，由南塘自然村村民小组代表农民集体行使经营、管理权，于法有据。被诉征地协议书由南塘自然村村民小组负责人代表村小组与永丰县国土局签订，不违反法律规定。

评析：此案涉及民法典第 262 条的规定。民法典第 262 条的规定沿袭了《物权法》第 60 条的规定，并在第 1 项和第 2 项中增加"依法"二字。本条规定了由村集体经济组织或者村民委员会代表集体行使所有权，如此有利于调动村民的积极性，保护集体所有权。本案中，永丰县国土局与永丰县佐龙乡南塘村南塘组签订征地协议书，约定永丰县政府委托永丰县国土局征用佐龙乡南塘村南塘组的农用地。按照上述规定，属于村农民集体所有的不动产，由村集体经济组织或者村民委员会代表集体行使所有权。南塘自然村于 2010 年已经合并为一个村小组，涉案土地在 2010 年后应属于合并后的南塘自然村村民小组所有。因此，南塘自然村村民小组与永丰县国土局签订征地协议书是代表村农民集体行使土地所有权的行为，在不违反法律规定且双方意思表示真实一致的情况下，征地协议书系有效协议。

> ▶▶ **第二百六十三条** 城镇集体所有的不动产和动产，依照法律、行政法规的规定由本集体享有占有、使用、收益和处分的权利。

---

* 以下简称"永丰县国土局"。
① 审理法院：最高人民法院，案号：（2018）最高法行申 10687 号。

🏛 条文要义

本条是对城镇集体所有财产的规定。

城镇集体所有，是城镇集体所有组织对其财产的所有形式。城镇中的手工业、工业、建筑业、运输业、商业、服务业等行业的各种形式的合作经济，都是劳动群众集体所有制经济，城镇集体所有制企业是财产属于劳动群众集体所有、实行共同劳动、在分配方式上以按劳分配为主体的经济组织。劳动群众集体所有，就是本集体企业的劳动群众集体所有。

城镇集体所有的财产范围，包括集体所有的不动产和动产。对于这些财产享有集体所有权，城镇集体组织享有占有、使用、收益、处分的权利。

案例评析

王某、马某、徐某等76人与重庆陆陆电器有限责任公司企业兼并合同纠纷案①

案情：原重庆嘉陵排风扇厂系集体所有制企业，主管部门为重庆市沙坪坝区工业局。原重庆嘉陵排风扇厂与重庆陆陆电器有限责任公司签订兼并协议。原重庆嘉陵排风扇厂经重庆市沙坪坝区工业局会同沙坪坝区体制改革委员会研究同意，申请注销企业营业执照，本案所涉兼并协议已经履行完毕。王某、马某、徐某等职工起诉要求撤销协议。法院认为，根据本案认定的事实，原集体企业重庆嘉陵排风扇厂作为具有独立法人资格的集体企业，行使上述权利的是该集体企业，而不是该集体企业的职工个人；职工在集体企业的权利（包括财产权利）只能通过企业职工（代表）大会或其上级主管部门实现；集体企业部分职工个人不能代表集体企业的意志。因原集体企业重庆嘉陵排风扇厂已经注销，其民事主体资格已经消灭，应由其清算主体即其开办单位为诉讼主体。故，王某、马某、徐某等76人并非本案适格原告。

评析：此案涉及民法典第263条的规定。民法典第263条沿袭了《物权法》第61条的规定。本条规定了城镇集体财产权利，该权利行使的主体是本集体，即城镇集体所有的不动产和动产，应由本集体占有、使用、收益和处分。需要注意的是，行使城镇集体财产权的只能是该集体，而不能由个别集体成员专行。本案中，重庆嘉陵排风扇厂系集体所有制企业，该企业兼并是处分城镇集体所有的财产的行为，因此根据本条规定，行使该权利的主体应当为集体企业，而不是该集体企业的个别职工。王某等人若有不同意见，应当通过企业职工大会或其上级主管部门才能实现自己在集体企业的权利，而集体企业部分职工个人不能代表集体企业的意志。故王某、马某、徐某等76人并非本案适格原告，不能代表整个企业的利益提起诉讼

---

① 审理法院：重庆市第一中级人民法院，案号：（2017）渝01民终239号。

请求。

> ▶▶ **第二百六十四条** 农村集体经济组织或者村民委员会、村民小组应当依照法律、行政法规以及章程、村规民约向本集体成员公布集体财产的状况。集体成员有权查阅、复制相关资料。

🏛 条文要义

本条是对集体经济组织公布集体财产的规定。

在农村集体经济组织中，农村集体经济组织是特别法人，集体经济组织成员即农民，是组织成员，享有成员权。集体经济组织以及代行集体经济组织职权的村委会，都对全体农民即组织的成员负有义务，其中之一是向本集体成员公布集体财产的状况。这是农民作为集体经济组织成员享有的知情权的具体表现。集体经济组织或者村委会、村民小组依照法律、行政法规以及章程、村规民约的规定，向本集体成员公布集体财产状况，才能使成员的知情权得到满足。

📌 案例评析

李某1与瑞安市汀田街道强里村村民委员会侵害集体经济组织成员权益纠纷案①

案情： 原告李某1系父母李某2、戴某婚生女儿。原告一家三口均系瑞安市汀田街道强里村集体经济组织成员。被告强里村村委会经民主票决，通过《强里村集体经济分配方案》。原告李某1父母于2017年3月21日办理独生子女证。同月底，被告强里村村委会已按100%标准向原告父母发放原告享有的人口补偿金2.7万元。原告认为其权益受损诉至法院。法院认为，考虑村民人数众多、联系密切等实际情况，本案被告强里村村委会先期通过召开村民代表会议，后已及时在固定的村务公开栏予以张贴公示相关村务。本案原告父母及亲友的居住情况虽有特殊性，或因此未能及时获悉相关信息并按期限要求办理相关证件，从而导致个体利益受损，但只要被告已在目前条件下尽其所能使人周知，故原告的诉讼请求，法院不予支持。

评析： 此案涉及民法典第264条的规定。民法典第264条沿袭了《物权法》第62条的规定，并增加了集体成员查阅、复制的权利。本条规定了农村集体经济组织或者村民委员会、村民小组公布集体财产状况的义务，由此保障每一个集体成员的知情权，使其有权参与对集体财产的民主管理和民主监督。具体而言，农村集体经济组织或者村民委员会、村民小组在履行公布集体财产状况的义务时，

---

① 审理法院：浙江省瑞安市人民法院，案号：（2017）浙0381民初3598号。

应当依照法律、行政法规、章程和村规民约。本案中，强里村村委会经法定程序作出的分配方案及催办通知的内容涉及村集体财产的情况，应当按照本条规定公布这两份文件。强里村村委会将其张贴公示于设立已久的村务公开栏，在目前条件下已尽其所能使村民能及时获悉相关信息，因此强里村村委会的公示方式足以保障村民的知情权。

> ▶▶ **第二百六十五条**　集体所有的财产受法律保护，禁止任何组织或者个人侵占、哄抢、私分、破坏。
>
> 　　农村集体经济组织、村民委员会或者其负责人作出的决定侵害集体成员合法权益的，受侵害的集体成员可以请求人民法院予以撤销。

🏛 条文要义

本条是对集体所有财产受法律保护的规定。

集体所有的财产，不论是农村集体所有的财产，还是城镇集体所有的财产，都平等地受到法律保护，他人不得侵害。故本条规定禁止任何组织或者个人侵占、哄抢、私分、破坏集体所有的财产。

本条特别授予集体组织成员一个权利，即在集体经济组织、村民委员会或者其负责人作出的决定侵害集体成员合法权益的时候，受侵害的集体成员享有撤销权，符合上述要求的，可以请求人民法院对侵害集体成员合法权益的决定予以撤销。这个撤销权没有规定除斥期间，原则上应当适用民法典第152条有关除斥期间为一年的规定。

🌰 案例评析

曾某、陈某与四川省成都市青白江区城厢镇万柳村13组侵害集体经济组织成员权益纠纷案①

案情： 陈某英原系四川省简阳市宏缘乡金盆村1组村民，曾某、陈某系陈某英与前夫所生子女。陈某英与曾某忠登记结婚。曾某、陈某及陈某英的户籍迁入万柳村13组并享受村民相同待遇。曾某、陈某作为曾某忠家庭成员享受了土地流转费分配。万柳村13组召开村民大会，制定并通过《约定》。根据该约定，曾某、陈某不再享有万柳村13组成员权利。由此，未向曾某、陈某发放土地流转费。曾某、陈某向法院起诉请求依法撤销《约定》。一、二审法院认为法院不应受理，再审法院认为，《约定》经该组村民小组会议讨论通过，内容包括对集体经济组织成员身份及参与经

---

① 审理法院：四川省高级人民法院，案号：（2018）川民再744号。

济收益分配资格的确认标准。该约定属于集体经济组织根据村民自治原则，经民主议定程序作出的决定。受害人以集体经济组织的决定侵害其合法权益为由提起诉讼的，人民法院应当受理。一、二审法院裁定驳回曾某、陈某的起诉，适用法律不当，应予纠正。

评析：此案涉及民法典第265条的规定。民法典第265条沿袭了《物权法》第63条的规定，并将第2款中的"集体经济组织"修改为"农村集体经济组织"。本条规定了集体财产权的保护方式，强调禁止任何单位和个人侵占、哄抢、私分、破坏集体财产，同时在第2款规定了集体成员的诉权，赋予集体成员请求人民法院撤销集体经济组织、村民委员会或者其负责人作出的不当决定的权利。本案中，《约定》经该组村民小组会议讨论通过，内容涉及对集体经济组织成员身份及参与经济收益分配资格的确认标准。曾某、陈某认为村民小组作出的决定侵犯了自己的合法权益，可以根据本条规定请求人民法院予以撤销，曾某、陈某是本案的适格主体。故一、二审法院认为本案不应由人民法院审理，裁定驳回曾某、陈某的起诉，适用法律不当。

> ▶▶ **第二百六十六条**　私人对其合法的收入、房屋、生活用品、生产工具、原材料等不动产和动产享有所有权。

🏛 条文要义

本条是对私人所有权的规定。

私人所有权，是指私人对其所有的财产依法进行占有、使用、收益和处分的权利。私人，是指自然人、个体工商户、农村承包经营户、外国人、无国籍人等。营利法人和非营利法人、特别法人以及非法人组织的所有权，也规定在私人所有权范围内。我国私人所有权的法律特征是：（1）私人所有权的主体，主要是自然人个人以及非公有的法人、非法人组织；（2）私人所有权的客体，包括私人的生活资料和生产资料；（3）私人财产的基本来源，是私人的劳动所得和其他合法收入；（4）私人所有权与其他所有权受到同等法律保护。

私人所有权包括占有、使用、收益、处分四项权能。私人行使这四项权能与国家、集体有所不同，通常以直接的方式进行，即私人自己以积极主动的行为直接作用于所有物的方式进行。私人通过行使这些权能，在生产、生活中发挥其财产的效用，满足其物质文化生活的需求。

本条规定的私人所有权的客体，主要是自然人所有权的客体，是生活资料和生产资料，即合法的收入、房屋、生活用品、生产工具、原材料等不动产和动产。

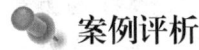 **案例评析**

李甲、李乙与明某某法定继承纠纷案①

案情： 被继承人李丁是明某某的儿子、李甲的配偶、李乙的父亲。李丁生前未订立遗嘱。明某某与李乙、李甲自行达成协议，约定了遗产分配。后明某某诉至法院，请求撤销明某某与李甲、李乙签订的协议书，并调整相应的继承安排。法院认为，双方签订的遗产分割协议系真实意思表示，合法有效。依据协议约定，明某某取得被继承人李丁生前所建水源街两处无产权房屋的权利，李甲、李乙取得宏伟路房产权利。明某某主张对涉案协议的内容有重大误解，且协议内容显失公平，但明某某并未举示相关证据。双方在签订协议时对被继承人李丁遗留财产的状况均系明知，对涉案房屋动迁能否获得补偿已有所预见，且依据拆迁安置政策，明某某在办理相关手续后即可获得相应补偿。明某某主张位于水源街的两处争议房屋缺乏合法性，不应列为李丁的个人合法遗产。

评析： 此案涉及民法典第266条的规定。民法典第266条沿袭了《物权法》第64条的规定。本条规定了私有财产的范围，包括私人获得的合法的收入、房屋、生活用品、生产工具、原材料等不动产和动产等。本案中，位于道外区水源街×号的房屋除案外人李某房产外还有被继承人李丁生前构建的诉争建筑，该诉争建筑与李某无关，系由李丁生前通过合法途径建成，虽未办理产权登记，但根据法律规定，该争议房产自建成时就属于李丁的私人财产，李丁对其享有所有权，在李丁去世后该争议房产则可列为个人的合法遗产。因此，李甲、李乙与明某某作为被继承人李丁的合法继承人，享有对被继承人李丁生前遗留财产进行分割并确定各自份额的权利，双方签订的遗产分割协议系真实意思表示，合法有效。明某某知晓争议房产的具体情况，其无法主张对遗产分割协议存在重大误解。

▶▶ **第二百六十七条**　私人的合法财产受法律保护，禁止任何组织或者个人侵占、哄抢、破坏。

条文要义

本条是对私人所有权受法律保护的规定。

民法典总则编确定的物权保护原则是平等保护，即第113条。在物权编的所有权部分，通过本条再次规定，私人的合法财产法律保护，禁止任何组织和个人侵占、哄抢、破坏，确立了私人所有权法律保护的原则。事实上，在所有的财产权

---

① 审理法院：黑龙江省哈尔滨市中级人民法院，案号：（2015）哈民少终字第49号。

利保护中，最需要保护的是私人所有权。原因是，公有财产有国家、集体的力量予以保护，而私人所有权缺少这样的保护力量，具有脆弱的性质。因此，在对国家所有权、集体所有权以及私人所有权的保护中，应当有所倾斜，要更好地保护私人所有权。通常说"大河有水小河满"，这是不正确的。真正的道理是"小河有水大河满"。所有的小河都有水了，汇聚到大河里，大河就是波涛滚滚，因为大河是小河之水汇聚而成的。按照这个道理观察，对私人所有权的特别保护就具有特别的意义。

 **案例评析**

廖某与广东厚园物业管理有限公司* 返还原物纠纷案①

案情：被告广东厚园公司与原告廖某解除劳动合同，并责令原告搬离其位于和安大厦顶楼的单身宿舍并将宿舍内的私人物品一并清空处理，但原告予以拒绝。在强制执行过程中，被告将装有原告物品的箱子打开，原告确认物品与判决书列明的物品清单一致，同时表示已经取回全部个人物品。后原告以生效判决书中物品清单所列物品损坏以及其他物品丢失为由，向法院起诉。法院认为，厚园公司在未依法办理解除其与廖某劳动关系的有关手续情况下，未经廖某许可擅自将廖某的私人物品搬至和安大厦门口，后经公安机关介入调处而将上述物品搬回和安大厦内的电梯井房内。上述物品属于廖某所有的个人财产，私人的合法财产受法律保护，厚园公司理应返还。由于厚园公司未经廖某同意，也没有在第三方见证的情况下，擅自清理廖某的私人物品，亦未对上述物品尽妥善保管之义务，导致部分物品丢失，因而厚园公司对此是有过错的，应当承担相应的赔偿责任。

评析：此案涉及民法典第 267 条的规定。民法典第 267 条沿袭了《物权法》第 66 条的规定。保护私有财产的重要内容是私人的合法财产所有权不受侵犯，任何单位和个人不得侵占、哄抢、破坏私人合法的财产。其中，"破坏"是指故意毁坏他人所有的合法财产，致使其不能发挥正常功效的行为。本案中，厚园公司在未依法办理解除其与廖某劳动关系的有关手续的情况下，未经廖某许可擅自挪动廖某的私人物品，后经公安机关介入调处而将上述物品搬回和安大厦内的电梯井房内。但在此期间厚园公司未经所有权人廖某同意，擅自处分廖某的合法私人物品，并且因没有妥善保管导致部分物品丢失，使廖某无法正常使用上述物品。因此，厚园公司的行为违反了关于私人的合法财产受法律保护的规定，应当承担损害赔偿责任。

---

* 以下简称"厚园公司"。

① 审理法院：广东省高级人民法院，案号：（2014）粤高法民申 529 号。

▶▶ 第二百六十八条 国家、集体和私人依法可以出资设立有限责任公司、股份有限公司或者其他企业。国家、集体和私人所有的不动产或者动产投到企业的，由出资人按照约定或者出资比例享有资产收益、重大决策以及选择经营管理者等权利并履行义务。

🏛 条文要义

本条是对企业出资人权利的规定。

出资人是对企业投入资本的自然人、法人或者非法人组织。国家、集体和私人依法可以出资设立有限责任公司、股份有限公司或者其他企业。既然向有限责任公司、股份有限公司或者其他企业投资，出资人就对该企业享有股权以及其他投资性权利。国家、集体和私人所有的不动产或者动产投到企业的，由出资人按照约定或者出资比例享有股权，包括：（1）资产收益，出资人有权通过企业盈余分配，从中获得红利；（2）重大决策，出资人通过股东会或者股东大会等作出决议的方式，决定企业的重大行为；（3）选择经营管理者，有权通过股东会或者股东大会作出决议选择，或者更换公司的董事或者监事，决定董事或者监事的薪酬，通过董事会聘任或者解聘经理等企业高管；（4）其他权利。

出资人同时也应当履行相应的义务，例如按照约定或者章程的规定，按期、足额地缴纳出资，不得滥用出资人的权利干涉企业正常的经营活动等。这正是民法典第125条规定的股权是基本民事权利的本义所在。

案例评析

杨某与仁寿县联合煤业有限公司、朱某、贺某企业出资人权益确认纠纷案[①]

案情：杨某诉至原审法院，请求确认杨某系仁寿县联合煤业有限公司股东。法院认为，国家、集体和私人依法可以出资设立有限责任公司、股份有限公司或者其他企业。对于投入企业的财产，应当按照出资人之间的约定或者出资比例享有资产收益、重大决策以及选择经营管理者等权利。而对于出资人是否享有所争议的出资权益，出资人应提供出资人之间的相关约定、出资证明文件、公司章程和工商登记等证据材料来主张其权利。但就本案而言，杨某仅提供了其与朱某签订的《煤矿企业股权转让协议书》，虽然杨某称其投资份额系此前从朱某、贺某处继受取得，但朱某、贺某对此予以否认，杨某也未提供相应证据予以证明。杨某应承担举证不利的后果。

---

① 审理法院：四川省眉山市中级人民法院，案号：（2015）眉民终 331 号。

　　评析：此案涉及民法典第 268 条的规定。民法典第 268 条沿袭了《物权法》第 67 条的规定。本条是关于企业出资人权利的规定，出资人作为股东，按照公司法的规定，依法享有资产收益、参与重大决策和选择经营管理者等权利。本案中，杨某仅提供了其与朱某签订的《煤矿企业股权转让协议书》，该协议载明杨某将其入股仁寿县联合煤矿的 50 万元转让给朱某，但根据仁寿联合煤矿的工商登记信息和《仁寿县联合煤矿关于股权转让、股东变更的股东会决议》，杨某并不是仁寿县联合煤矿登记的投资人。且朱某的投资份额系从仁寿联合煤矿原投资人余某、莫某处继受取得，与杨某之间无关联。因此，杨某并无充分证据证明自己在 2009 年 8 月至 2014 年 4 月 24 日期间系仁寿县联合煤业有限公司股东，应当承担举证不能的不利后果。

> ▶▶ **第二百六十九条** 营利法人对其不动产和动产依照法律、行政法规以及章程享有占有、使用、收益和处分的权利。
>
> 　　营利法人以外的法人，对其不动产和动产的权利，适用有关法律、行政法规以及章程的规定。

🏛 条文要义

　　本条是对营利法人和其他法人所有权的规定。

　　营利法人在民法上的地位是民事主体，其享有的所有权，相对于国家所有权和集体所有权，属于私人所有权的范畴。因而营利法人对其不动产和动产享有所有权，应当依照法律、行政法规以及章程的规定，对其不动产和动产享有占有、使用、收益和处分的权利，具有绝对的支配权利。

　　营利法人以外的法人，对其不动产和动产的权利也是私人所有权，适用有关法律、行政法规以及章程的规定，对其所有的财产享有占有、使用、收益、处分的权利，也是绝对的支配权。

📌 案例评析

徐某、王某与淮安市广惠公交有限公司*返还原物纠纷案①

　　案情：徐某、王某系夫妻关系。案涉车辆归广惠公司所有。徐某原系原淮安市公共交通有限公司董事长，为履行职务之便，案涉车辆由徐某使用。公司分立后，徐某不再担任广惠公司董事长，但案涉车辆仍由徐某占有使用，王某作为徐某丈夫

---

　　* 以下简称"广惠公司"。

　　① 审理法院：江苏省淮安市中级人民法院，案号：（2019）苏 08 民终 738 号。

也使用该车。广惠公司向徐某、王某索要未果，故诉至法院。法院认为，本案中，即使原先是基于原公交公司及分立后广惠公司的授权，徐某合法占有和使用车辆，在双方没有协议明确约定使用期限和返还条件的情况下，广惠公司基于案涉车辆的所有权人身份也有权要求占有人随时返还车辆。广惠公司为案涉车辆办理年检，可以印证徐某占有和使用车辆原先得到了广惠公司的授权，现广惠公司已经通过诉讼向徐某、王某追要车辆，表明广惠公司已不同意由徐某、王某继续占有和使用车辆，而徐某、王某继续占有车辆于法无据，应当予以返还。

　　评析：此案涉及民法典第 269 条的规定。民法典第 269 条沿袭了《物权法》第 68 条的规定，并结合总则编，将"企业法人"修改为"营利法人"。本条规定了营利法人财产所有权。私人所有权，原本是指自然人个人对其所有的财产依法进行占有、使用、收益和处分的权利。本案中，涉案车辆的所有权人为广惠公司，因徐某时任广惠公司的董事长，故经广惠公司授权，徐某有权占有该车辆，此系广惠公司处分涉案车辆的行为。在徐某不再担任广惠公司董事长后，由于双方没有协议明确约定使用期限和返还条件，因而广惠公司作为涉案车辆的实际所有权人，享有对涉案车辆占有使用的权能，有权随时要求徐某返还。现广惠公司已经通过诉讼向徐某、王某追要车辆，表明广惠公司已不同意由徐某继续占有和使用车辆，徐某在无法证明自己有权占有涉案车辆的情况下，有返还原物的义务。

> ▶▶ **第二百七十条**　社会团体法人、捐助法人依法所有的不动产和动产，受法律保护。

🏛 条文要义

　　本条是对社会团体法人、捐助法人所有权的规定。

　　社会团体法人和捐助法人都是非营利法人，相对于国家所有权和集体所有权，对其财产享有的所有权也是私人所有权，对其依法所有的不动产和动产都享有占有、使用、收益、处分的权利，是绝对的支配权。社会团体、捐助法人的所有权同样适用平等保护原则，同样受法律保护。与《物权法》第 69 条的规定相比，本条规定将社会团体修改为社会团体法人，并新增捐助法人，二者都享有不动产和动产的所有权。

　　本条新规则的要点就是强调对社会团体法人、捐助法人财产权的保护。民法典总则编修改了法人的分类，将事业单位法人、社会团体法人、捐助法人共同归为非营利法人一类。本条规定顺应民法典总则编法人分类的变化，将社会团体修改为社会团体法人，并新增捐助法人，目的就是加强对社会团体法人、捐助法人这类非营利法人的财产权的保护。

案例评析

刘某与漳州东桥亭寺排除妨害纠纷案①

案情： 漳州东桥亭寺原住持界慧尼师圆寂，刘某系界慧尼师的侄儿，4 岁时与界慧尼师在漳州东桥亭寺生活。在界慧尼师同意下，刘某在该寺设立了佛经流通处，并在维修后正式经营。此后，该寺的水电费均由刘某缴交。刘某现未担任漳州东桥亭寺管委会委员。漳州东桥亭寺向一审法院起诉请求刘某停止侵占，搬离占用漳州东桥亭寺的庙宇并支付占用费。法院认为，漳州东桥亭寺虽未取得讼争庙宇的权属证书，但在 1997 年修建庙宇时，经有关部门同意，已属合法建造，刘某现没有合法依据占用讼争庙宇设立佛经流通处，其行为妨害漳州东桥亭寺对其庙宇所有权的正常行使，已构成侵权，漳州东桥亭寺请求其停止侵占，搬离占用的庙宇，于法有据，应予支持。

评析： 此案涉及民法典第 270 条的规定。民法典第 270 条沿袭了《物权法》第 69 条的规定，同时结合总则编，将"社会团体"修改为"社会团体法人、捐助法人"。本条确认社会团体对自己的合法财产享有所有权，禁止任何人非法侵害。社会团体法人和捐助法院对其依法所有的财产，享有直接的支配权，不受他人非法干涉。本案中，漳州东桥亭寺系依法成立的社会团体法人，虽未取得讼争庙宇的权属证书，但涉案房屋系其合法建造，自建造房屋的事实行为成立时即取得该房屋的所有权，享有占有、使用、收益、处分涉案庙宇的权利。根据本条规定，漳州东桥亭寺对该房屋的所有权受法律保护，刘某未经允许占有该房屋，侵犯了漳州东桥亭寺的所有权，因此漳州东桥亭寺有权请求刘某排除妨害，将房屋腾退给漳州东桥亭寺，并搬离漳州东桥亭寺。

---

① 审理法院：福建省漳州市中级人民法院，案号：（2016）闽 06 民终 2100 号。

第六章　业主的建筑物区分所有权

▶▶ **第二百七十一条**　业主对建筑物内的住宅、经营性用房等专有部分享有所有权，对专有部分以外的共有部分享有共有和共同管理的权利。

🏛 条文要义

本条是对建筑物区分所有权概念的规定。

建筑物区分所有权，是指区分所有建筑物的所有人对其专有部分享有独自占有、使用的专有权，对共同使用部分享有共有权，以及对建筑物的整体管理享有成员权，构成的建筑物的复合共有权。

建筑物区分所有权的法律特征是：（1）建筑物区分所有权的客体具有整体性，建筑物区分所有权是建筑在整体的建筑物上面的所有权形式。（2）建筑物区分所有权的内容具有多样性，由专有权、共有权和成员权构成。（3）建筑物区分所有权的本身具有统一性，尽管建筑物区分所有权包括专有权、共有权和成员权三个部分，但它是一个实实在在的独立的、统一的、整体的权利。（4）建筑物区分所有权中的专有权具有主导性，只要登记专有权即设立了区分所有权，共有权、成员权随此而发生，不必单独进行登记。

建筑物区分所有权的内容是：（1）对区分所有建筑物的专有部分享有专有权；（2）对区分所有建筑物的共有部分享有共有权；（3）对区分所有建筑物的整体管理享有成员权。

🔘 案例评析

重庆市国地资产经营管理有限公司*与龙某等恢复原状纠纷案①

案情：李某、蒋某、龙某与案外人罗某、樊某、邓某、杨某通过北京中商华博国际拍卖有限公司拍卖，取得某大厦名义层第 2、3、4 层房屋所有权。其中，杨某系第 2 层所有权人，罗某、樊某、邓某系第 3 层所有权人，李某、蒋某、龙某系第 4

---

*　以下简称"国地公司"。

①　审理法院：重庆市高级人民法院，案号：（2018）渝民再 141 号。

层所有权人。某大厦平街层系原重庆市潼南县财政局移交给国地公司。李某、蒋某、龙某、杨某等人向国地公司发函要求恢复设计施工预留的双向自动扶梯洞口，国地公司回函予以拒绝。李某、蒋某、龙某诉至法院。法院认为，首先，相关业主的共有部分，不属国地公司专有部分，李某、蒋某、龙某等业主对名义层第 1 层预留扶梯洞口面积享有共有和共同管理的权利。李某、蒋某、龙某要求国地公司等拆除案涉房屋名义层第 1 层设计预留的扶梯洞口处的墙体及相关设施并恢复原状的诉讼请求应予支持。

评析：此案涉及民法典第 271 条的规定。民法典第 271 条沿袭了《物权法》第 70 条的规定。根据本条规定，业主的建筑物区分所有权包括对其专有部分的所有权、对建筑区划内的共有部分享有的共有权和共同管理的权利。本案中，据大厦平面图记载，涉案名义层第 1 层的扶梯洞口位置为该裙楼的公共区域，属于相关业主的共有部分，不属国地公司的专有部分。根据本条规定，业主对建筑区划内的共有部分的共有权，即业主对专有部分以外的共有部分如电梯、过道、楼梯、水箱、外墙面、水电气的主管线等享有共有的权利，应当由业主共同对共有部分行使占有、使用、收益和处分的权利。因此李某、蒋某、龙某等业主对名义层第 1 层预留扶梯洞口面积享有共有和共同管理的权利。本案中，国地公司未经大厦业主共同决定，擅自修建共有部分，侵犯了其他业主的共有权，故应当恢复扶梯洞口处的原状，拆除所建墙体及相关设施。

> ▶▶ **第二百七十二条**　业主对其建筑物专有部分享有占有、使用、收益和处分的权利。业主行使权利不得危及建筑物的安全，不得损害其他业主的合法权益。

🏛 条文要义

本条是对建筑物区分所有权专有权的规定。

建筑物区分所有权的专有权，是指权利人享有的以区分所有建筑物的独立建筑空间为标的物的专有所有权。专有权是建筑物区分所有权的核心部分，是区分所有权的单独性灵魂，也是建筑物区分所有权中的单独所有权要素。

在区分所有的建筑物中，建筑区划内符合下列条件的房屋，以及车位、摊位等特定空间，应当认定为专有部分。规划上专属于特定房屋，且建设单位销售时已经根据规划列入该特定房屋买卖合同中的露台等，应当认定为专有部分的组成部分。专有部分的范围须是建筑物的独立建筑空间所包括的范围，具体条件是：（1）构造上的独立性，即是一个单独的单元，在构造上能够明确区分这个单元和那个单元是分开的独立空间。（2）利用上的独立性，即一个单元就是一个利用的单位，单元之间不可以相通，能独立、排他使用。（3）能够登记成为特定业主所有权的客体，即业主买到特定单元就可以登记所有权。确定专有部分的具体标准，采"最后粉刷表层兼采壁心"说，在内部，专有部分应仅包含壁、柱、地板及天花板等境界部分表层所粉刷的部分，在外部上，专有部分应包含壁、柱、地板及天花板等境界部分厚度的中心线。不能独立使用的建筑空间不能设定专有权。

专有权人的权利包括：（1）包括所有权的一切权能；（2）对自己的专有部分可以转让、出租、出借、出典、抵押；（3）享有物权保护请求权。专有权人的义务有：（1）不得违反使用目的而使用；（2）维护建筑物牢固和完整；（3）不得侵害专有部分中的共有部分；（4）准许进入的义务；（5）损害赔偿义务。业主作为专有权人，共居一栋建筑物之内，相邻关系是非常重要的权利义务关系，必须严加规范，以保持秩序的协调和生活的安宁，更好地保护各业主的合法权益。

📌 案例评析

湖北汉右东城物业服务有限公司*、湖北常宏置业有限公司**
返还原物纠纷案①

案情：开发商湖北常宏公司与湖北汉右公司签订服务合同，约定了物业管理事宜。后因双方对小区物业管理产生分歧，双方签订协议书一份，湖北常宏公司当日通过长江埠房管所向湖北汉右公司移交了长江埠商业街物业相关清单。自湖北汉右公司搬进正式物业用房办公至起诉时，湖北汉右公司并没有将原用作物业临时用房的三间车库返还给湖北常宏公司。湖北常宏公司起诉要求返还。法院认为，诉争三间车库具有构造上的独立性，能够明确区分，具有利用上的独立性，可以排他使用，能够登记成为特定业主所有权的客体，符合建筑物专有部分的特点，在开发商湖北常宏公司未出售前，属于湖北常宏公司所有的建筑物专有部分，并非建筑物共有部分。因此，湖北常宏公司无须对诉争车库的性质举证，湖北汉右公司应当返还。

评析：此案涉及民法典第 272 条的规定。民法典第 272 条沿袭了《物权法》第 71 条的规定。本案中，诉争三间车库具有构造上的独立性，能够明确区分，具有利用上的独立性，是能够明确区分出来的独立空间；不能和其他结构互通，可以排他使用；能够登记成为特定业主所有权的客体，符合建筑物专有部分的特点，因此属于建筑物的专有部分。故在三间车库尚未出售的情况下，该三间车库属于开发商湖北常宏公司所有。根据规定，湖北常宏公司对三间车库享有占有、使用、收益和处分的权利。因此湖北汉右公司不得主张三间车库为业主共有的物业管理用房，且根据双方签订的服务合同和协议书约定，湖北汉右公司应当向湖北常宏公司返还三间车库。

---

　* 以下简称"湖北汉右公司"。

　** 以下简称"湖北常宏公司"。

　① 审理法院：湖北省高级人民法院，案号：（2017）鄂民申 3294 号。

▶▶ 第二百七十三条　业主对建筑物专有部分以外的共有部分，享有权利，承担义务；不得以放弃权利为由不履行义务。

业主转让建筑物内的住宅、经营性用房，其对共有部分享有的共有和共同管理的权利一并转让。

🏛 条文要义

本条是对建筑物区分所有权共有权的规定。

建筑物区分所有权中的共有权，是指以区分所有建筑物的共有部分为标的物，全体业主共同享有的不可分割的共同共有权。其权利人为全体业主。共有权是建筑物区分所有权的"共同性灵魂"，与建筑物区分所有权中的专有权一起，构成建筑物区分所有权的两个"灵魂"。

共有权的标的物，是区分所有建筑物中的共有部分。确定共有部分的一般规则是："建筑物专有部分以外"的部分都是"共有部分"。主要包括：（1）建设用地使用权；（2）建筑物基本构造部分；（3）车库车位（不含设置专有权的车库车位）；（4）道路；（5）绿地；（6）会所；（7）其他公共场所；（8）公用设施；（9）物业服务用房；（10）楼顶平台；（11）外墙面；（12）维修资金；（13）共有部分产生的收益。

共有权的权利义务关系，表现为业主作为共有权人对共有部分享有的权利和负担的义务。业主对于共有部分所有的权利是：（1）使用权；（2）收益共享权；（3）处分权；（4）物权请求权。业主对于共有部分负有的义务是：（1）维护现状的义务；（2）不得侵占的义务；（3）按照共有部分的用途使用的义务；（4）费用负担义务。对于上述义务，业主不得以放弃其权利为由而拒绝履行。

🔎 案例评析

重庆西典物业管理有限公司* 与重庆市酿造调味品公司**
物业服务合同纠纷案①

案情： 利得尔实业公司和酿造调味品公司达成调解协议书，协议生效后，酿造调味品公司可以自行进入非住宅房屋和车库经营使用。文星大厦业主委员会与西典物业公司签订物业服务合同，约定物业服务费收取标准。西典物业公司提起本案诉讼，请求判令酿造调味品公司立即给付物业服务费等。法院认为，酿造调味品公司

---

* 以下简称"西典物业公司"。
** 以下简称"酿造调味品公司"。
① 审理法院：重庆市高级人民法院，案号：（2015）渝高法民终 465 号。

应当向西典物业公司交纳文星大厦物业服务费，本案中，尽管西典物业公司在管理维护文星大厦水电设施设备的过程中存在一定违约行为，但并非完全未履行物业服务合同约定的义务，文星大厦的每一位业主亦从中获得了利益。因此，酿造调味品公司不得以西典物业公司部分违约为由拒绝支付全部物业服务费，但可以请求西典物业公司承担继续履行、采取补救措施或者赔偿损失等违约责任。

评析：此案涉及民法典第273条的规定。民法典第273条沿袭了《物权法》第72条的规定。本条规定了区分建筑物中业主对专有部分以外的共有部分权利义务。其中，对于共有部分的义务包括费用负担义务，业主应当负担共有部分的正常费用，合理分摊，对全体共有部分由全体业主分摊，对部分共有部分由部分业主分摊。对于上述义务，业主不得以放弃权利而不履行义务。本案中，酿造调味品公司作为文星大厦业主，虽然未能使用案涉房屋，但西典物业公司对大厦共有部分的其他设施设备进行了维修、养护，对共用绿地、花木、建筑小品进行了养护和管理，对公共场所、房屋共用部位的环境卫生进行了养护和管理，其中产生的费用属于对建筑物共有部分进行维护的费用。酿造调味品公司虽未入住，但亦从中获得了利益，因此酿造调味品公司有义务缴付物业费，与其他业主共同分摊该笔费用。

> ▶▶**第二百七十四条**　建筑区划内的道路，属于业主共有，但是属于城镇公共道路的除外。建筑区划内的绿地，属于业主共有，但是属于城镇公共绿地或者明示属于个人的除外。建筑区划内的其他公共场所、公用设施和物业服务用房，属于业主共有。

🏛 条文要义

本条是对区分所有建筑物的道路、绿地和其他公共场所、公用设施以及物业服务用房的规定。

区分所有建筑物中的道路属于业主共有，但属于城镇公共道路的除外。只要小区中的道路不是城镇公共道路，就都属于业主共有，是"私家路"。不属于私家路的才是公共道路，界限应当清楚。

确定区分所有建筑物绿地的权属规则是：小区的绿地属于全体业主共有。有两种除外情况：（1）属于城镇公共绿地的，城镇公共绿地属于国家，不能归属于全体业主或者个别业主。（2）明示属于个人的，具体包括以下两项：1）连排别墅业主的屋前屋后的绿地，明示属于个人的，归个人所有或者专有使用；2）独栋别墅院内的绿地，明示属于个人的，归个人所有或者专有使用。至于普通住宅的一层业主的窗前绿地的权属问题，开发商把窗前绿地赠送给一层业主，实际上等于把绿地这一部分共有的建设用地使用权和草坪的所有权都给了一层业主。如果没有解决土地使用权和绿地所有权的权属，这样做不妥。如果在规划中就确定一层业主窗前绿地属于一层业主，并且对土地使用权和绿地所有权的权属有明确约定，缴纳必要费用，不存在侵害全体业主共有权的，可以确认窗前绿地为"明示属于个人"，不属于共有部分。

其他公共场所属于确定的共有部分，不得归属于开发商所有。相对于会所以外的，为全体业主使用的广场、舞厅、图书室、棋牌室等，属于其他公共场所。而园林属于绿地，走廊、门庭、大堂等则属于建筑物的构成部分，本来就是共有部分，不会出现争议，不必专门规定。

公用设施是指小区内的健身设施、消防设施，属于共有部分，不存在例外。

现代住宅建筑物的物业管理是必要的，故建设住宅建筑物必须建设物业服务用房。物业服务用房属于业主共有，不得另行约定。本条规定就从根本上解决了这个问题，只有这样才能够保障业主的权益。

案例评析

143—149号小区业委会与江苏金亚房地产开发有限责任公司*
小区地下室所有权确权纠纷案①

案情： 案涉房屋由金亚公司建设。金亚公司将诉争半地下室转让给案外人茅某、孟某、童某，并办理产权转移登记。法院作出行政判决，认定由于金亚公司在申请权属登记时，向南京市房产管理局提交了虚假的规划核准图，致南京市房产管理局颁发房屋所有权证时，将没有合法规划许可手续的地下室所有权登记在金亚公司名下，故判决确认南京市房产管理局颁发房屋所有权证的行为违法，撤销南京市房产管理局向茅某、孟某、童某颁发的房屋所有权证。住宅小区业主认为诉争半地下室的规划设计用途为配套自行车库，主张确认诉争半地下室归小区全体业主共有，故诉至法院。法院认为，诉争半地下室的规划用途为小区业主共用之自行车库，应依法认定其为小区全体业主共同所有。

评析： 此案涉及民法典第274条的规定。民法典第274条沿袭了《物权法》第73条的规定。根据本条规定，建筑区划内的公共场所、公用设施和物业服务用房属于全体业主共有。诉争半地下室经行政规划核准用途为小区自行车库，其亦应属于小区公用设施，根据本条规定应当属于全体业主共有。本案中，金亚公司在申请地下室和半地下室权属登记时，向南京市房产管理局提交了虚假的规划核准图，导致涉案地下室被错误地登记在金亚公司名下，法院对此行政行为作出了确认无效的判决，该行政行为自始无效。案涉小区的建设时间虽在《物权法》实施前，但小区业委会与开发商为产权发生争议时《物权法》已经实施，法院可以参照适用《物权法》

的精神和原则，认定该半地下室属于小区公用设施，应当归全体业主共有。

▶▶ **第二百七十五条** 建筑区划内，规划用于停放汽车的车位、车库的归属，由当事人通过出售、附赠或者出租等方式约定。

占用业主共有的道路或者其他场地用于停放汽车的车位，属于业主共有。

🏛 条文要义

本条是对区分所有建筑物车库、车位权属的规定。

在区分所有的建筑物中，车库、车位的问题很复杂，也非常重要，现代城市建筑住宅必须有足够的车库和车位。过去认为，地下车库不能设立所有权，而应当采取共有，设立专有使用权的办法，以保障车库、车位的防空和反恐的需要，自《物权法》开始，规定车库、车位的基本权属状态是业主所有。车库和车位有所区别，车库是指六面封闭的停车场，而车位则是指在地表设立的停车区域。

确定车位和车库的权属应当依据合同确定。通过出售和附赠取得车库、车位的，所有权归属于业主；车库、车位出租的，所有权归属于开发商，业主享有使用权。确定出售和附赠车位、车库的所有权属于业主的，车库、车位的所有权和土地使用权也应当进行物权登记。在转移专有权时，车库、车位的所有权和土地使用权并不必然跟随建筑物的权属一并转移，须单独进行转让或者不转让。

占用共有道路或者其他场地建立的车位，属于全体业主共有。至于如何使用，确定的办法是：（1）应当留出适当部分作为访客车位；（2）其余部分不能随意使用，应当建立业主的专有使用权，或者进行租赁，均须交付费用，而不是随意由业主使用，保持业主对车位利益的均衡，防止出现买车位的业主吃亏，没买车位的业主占便宜的问题；（3）属于共有的车位取得的收益，除管理费外，归属于全体业主，由业主大会或业主委员会决定，将其归并于公共维修基金或者按照面积分给全体业主。

🔘 案例评析

××业主委员会* 与上海振峰房地产开发有限公司**
建筑物区分所有权纠纷案[1]

案情：业委会全体成员一致同意通过诉讼明确小区地下车库权属归全体业主

---

* 以下简称"业委会"。

** 以下简称"振峰公司"。

[1] 审理法院：上海市高级人民法院，案号：（2018）沪民申 474 号。

并要求开发商将地下车库的经营管理权归还全体业主。振峰公司称系登记错误，振峰公司实为系争车库的所有权人。法院认为，建筑区划内，规划用于停放汽车的车位，由当事人通过出售、附赠或者出租等方式约定；《物权法》第74条第3款规定，占用业主共有的道路或者其他场地用于停放汽车的车位，归业主共有。可见，物权法对规划建造的车位和占用业主共有场地的车位进行了明确区分，明确了对于规划建造的车位可以通过出售等方式约定归属。本案系争车库经过建筑工程规划许可，属于规划建造的车位，振峰公司也被登记为所有人。所以，业委会关于系争车位应纳入分摊面积或者视为附属建筑物、构筑物已一并转让的主张难以成立。

评析： 此案涉及民法典第275条的规定。民法典第275条沿袭了《物权法》第74条的第2款和第3款。通常情况下，专门用来停放汽车的车库、车位的归属，是由当事人通过出售、附赠或者出租等方式约定归业主专有或者专用的，从而达到方便操作、避免纠纷的目的。同时结合现实生活，本条规定占用业主共有的道路或者其他场地用于停放汽车的车位，属于业主共有。本案中，涉案车位经过建筑工程规划许可，属于规划建造的车位，且并未占用业主共有的道路或者其他场地，根据本条规定，规划用于停放汽车的车位、车库的归属，由当事人通过出售、附赠或者出租等方式约定。因此，在没有被出售、附赠或者出租给小区业主的情况下，涉案车位应当归属于振峰公司所有，小区业主无权主张涉案停车位的所有权。

▶▶ **第二百七十六条　建筑区划内，规划用于停放汽车的车位、车库应当首先满足业主的需要。**

🏛 条文要义

本条是对车库和车位首先满足业主需要的规定。

车库、车位只有在业主的需求解决之后，才可以向外出售或者出租。这是从实际情况出发规定的内容，有利于纠纷的解决和预防。何谓首先满足业主的需要，司法实践经验是，建设单位按照配置比例将车位、车库，以出售、附赠或者出租等方式处分给业主的，应当认定其符合"应当首先满足业主的需要"的规定；反之，超出配置比例处分给业主的，就是没有首先满足业主需要。至于没有首先满足业主需要的应当如何处理，受到损害的业主有权向人民法院起诉，对于超出配置比例处分给业主车库、车位的行为，应当认定为无效，以保障业主能够按照配置比例得到车库和车位。

 **案例评析**

张某与南京东晟实业发展有限公司*、刘某物权保护纠纷案①

案情： 因东晟公司经营期限届满，未自行组成清算组进行清算，经东晟公司股东申请，法院裁定受理东晟公司清算一案。东晟公司清算组成立后，发现东晟公司在某某小区有地下产权车位尚未销售，遂作出车位销售公告并在小区公告栏中公示。刘某在以上销售过程中共购买了车位2个，但尚未办理相关产权手续。张某向法院提出诉讼请求确认东晟公司与刘某的车位买卖合同无效。法院认为，东晟公司因经营期限届满必须出售车位，张某对此时出售车位未提出异议，表明张某认可出售车位的时机。当事人均认可在东晟公司经营期限届满时以公告公开信息和公开销售车位的交易方式，则当事人应按公告已确定的公开销售车位的方式积极行使权利和履行义务。张某怠于行使权利后，又诉请确认东晟公司与刘某签订的第二个车位买卖合同无效，阻却东晟公司按已公告的方式处分车位，系滥用救济权。因此，法院不支持张某的主张。

评析： 此案涉及民法典第276条的规定。民法典第276条沿袭了《物权法》第74条的第1款。现实生活中有的开发商将车位、车库高价出售给小区外的人停放；不少小区没有车位、车库或者车位、车库严重不足，占用共有的道路或者其他场地作为车位。本案中，从表面上看，东晟公司并未严格按照配置比例将车位、车库，以出售、附赠或者出租等方式处分给业主，但实践中，并非所有业主对车库、车位都有需求，因此东晟公司以公开公正的方式在第一轮销售公告中限定销售对象为首次购买车位的业主，设置1个月的销售期限，并告知如仍有剩余车位将扩大销售对象为全体业主。上述销售模式及公告方式均公开公正，避免恶意串通的可能性，因此可以视为东晟公司已履行了按配置比例处分车位的义务，满足小区业主的需要。

> ▶▶ **第二百七十七条** 业主可以设立业主大会，选举业主委员会。业主大会、业主委员会成立的具体条件和程序，依照法律、法规的规定。
>
> 地方人民政府有关部门、居民委员会应当对设立业主大会和选举业主委员会给予指导和协助。

---

* 以下简称"东晟公司"。

① 审理法院：江苏省高级人民法院，案号：（2018）苏民终798号。

🏛 条文要义

本条是对业主成员权及业主大会、业主委员会的规定。

成员权就是管理权，是区分所有建筑物的业主作为整栋建筑物所有人团体成员之一，所享有的对区分所有的建筑物进行管理的权利。

整栋建筑物的所有权，实际上是一种特殊的按份共有。与按份共有关系一样，各业主之间是共有关系，构成所有人的团体，即业主大会和业主委员会。全体业主组成一个团体，整体享有住宅建设用地使用权以及其他共同的权利，管理共用设施及其他事务，解决纠纷。每一个业主作为团体成员之一，享有权利，承担义务。区分所有建筑物的管理，是指为维持区分所有建筑物的物理机能，并充分发挥其社会的、经济的机能，对其所为的一切经营活动，有关建筑物之保存、改良、利用、处分，以及业主共同生活秩序的维持等，均属管理范畴。管理权的特征是：（1）管理权基于业主的团体性而产生；（2）管理权与专有权、共有权相并列，处于同等地位；（3）管理权是永续性的权利。

全体业主享有管理权，行使管理权的团体是业主大会，业主大会选举业主委员会，行使日常管理权。业主大会具有团体性，应当将其认定为非法人组织，作为民事主体和民事诉讼主体，享有相应的资格，以更好地保护全体业主的合法权益。设立业主大会，实现业主对区分所有建筑物的管理。地方人民政府有关部门和居委会对设立业主大会和选举业主委员会给予指导和帮助。业主大会由全体业主组成，每个业主都有选举权和被选举权，有决定事项的投票权。业主大会的活动方式是举行会议，作出决议。其职责：对外，代表该建筑物的全体业主，其性质为非法人组织性质的管理团体，代表全体所有人为民事法律行为和诉讼行为，具有非法人组织的功能；对内，对建筑物的管理工作作出决策，对共同事务进行决议，如制定管理规约，选任、解任管理人，共有部分的变更，建筑物一部毁损的修建等。业主大会应当定期召开，每年至少召开一次至两次。

🎯 案例评析

徐州某某花园（一期）业主委员会* 诉徐州中川房地产开发有限公司**
物业管理用房所有权确认纠纷案①

案情： 被告中川公司是原告某某业委会所在的徐州某某花园（一期）小区的开发企业。徐州某某花园（一期）全体业主向徐州市人民政府提起行政复议，请求撤

---

　　*　以下简称"某某业委会"。
　　**　以下简称"中川公司"。
　　①　审理法院：江苏省徐州市泉山区人民法院，案号：（2012）泉民初 1486 号。

销徐州市规划局所作的变更规划行政行为。徐州市人民政府作出行政复议决定书决定撤销。被告中川公司不服徐州市人民政府的上述复议决定，提起行政诉讼，法院判决驳回。二审法院维持原判。现业主委员会向被告主张确认物业管理用房所有权。法院认为，原告依据业主共同决定或业主大会决议，在授权范围内，以业主委员会名义，依照《最高人民法院关于审理建筑物区分所有权纠纷案件具体应用法律若干问题的解释》第14条规定的物权请求权，向被告主张确认物业管理用房所有权，具备原告诉讼主体资格。

评析：此案涉及民法典第277条的规定。民法典第277条沿袭了《物权法》第75条的规定，并增加了："业主大会、业主委员会成立的具体条件和程序，依照法律、法规的规定。"全体业主享有管理权，行使管理权的团体，就是区分所有人团体，即建筑物区分所有人大会，我国称"业主大会"。业主大会选举业主委员会，行使日常管理权。我国不应完全否认业主大会的团体性，应当将其认定为其他组织，作为合同法的主体和诉讼法的主体，享有相应的资格，以更好地保护全体业主的合法权益。本案中，某某业委会依法成立，具有一定目的、名称、组织机构与场所，并管理相应财产，属于《民事诉讼法》第48条第1款规定的"其他组织"。某某业委会依据徐州某某花园（一期）小区业主共同决定业主大会决议，在授权范围内，以业主委员会名义从事法律行为，代表小区业主参与本案诉讼，具备诉讼主体资格。

▶▶ **第二百七十八条**　下列事项由业主共同决定：

（一）制定和修改业主大会议事规则；

（二）制定和修改管理规约；

（三）选举业主委员会或者更换业主委员会成员；

（四）选聘和解聘物业服务企业或者其他管理人；

（五）使用建筑物及其附属设施的维修资金；

（六）筹集建筑物及其附属设施的维修资金；

（七）改建、重建建筑物及其附属设施；

（八）改变共有部分的用途或者利用共有部分从事经营活动；

（九）有关共有和共同管理权利的其他重大事项。

业主共同决定事项，应当由专有部分面积占比三分之二以上的业主且人数占比三分之二以上的业主参与表决。决定前款第六项至第八项规定的事项，应当经参与表决专有部分面积四分之三以上的业主且参与表决人数四分之三以上的业主同意。决定前款其他事项，应当经参与表决专有部分面积过半数的业主且参与表决人数过半数的业主同意。

🏛 条文要义

本条是对业主大会决定事项和决定方法的规定。

全体业主共同决定，是业主通过业主大会作出的决定。业主共同决定事项，应当由专有部分面积占比2/3以上的业主且人数占比2/3以上的业主参与表决。决定本条第6项至第8项规定的事项，即一是筹集建筑物及其附属设施的维修资金，二是改建、重建建筑物及其附属设施，三是改变共有部分的用途或者利用共有部分从事经营活动的，应当经参与表决专有部分面积3/4以上的业主且参与表决人数3/4以上的业主同意。决定本条其他事项，包括制定和修改业主大会议事规则、制定和修改管理规约、选举业主委员会或者更换业主委员会成员、选聘和解聘物业服务企业或者其他管理人、使用建筑物及其附属设施的维修资金，以及有关共有和共同管理权利的其他重大事项，应当经参与表决专有部分面积过半数的业主且参与表决人数过半数的业主同意。

专有部分面积和建筑物总面积的计算方法是：专有部分面积，按照不动产登记簿记载的面积计算；尚未进行物权登记的，暂按测绘机构的实测面积计算；尚未进行实测的，暂按房屋买卖合同记载的面积计算；建筑物总面积，按照前项的统计总和计算。业主人数和总人数的计算方法是：业主人数，按照专有部分的数量计算，一个专有部分按一人计算，建设单位尚未出售和虽已出售但尚未交付的部分，以及同一买受人拥有一个以上专有部分的，按一人计算；总人数，按照前项的统计总和计算。

相较于《物权法》第76条的规定，本条有如下新规则：第一，增加改变共有部分的用途或者利用共有部分从事经营活动，是业主共同决定的事项。这一内容来源于《最高人民法院关于审理建筑物区分所有权纠纷案件具体应用法律若干问题的解释》第7条的规定。民法典物权编吸收了这一司法解释的经验，补充规定为业主共同决定事项之一，主要原因是改变共有部分的用途或者利用共有部分从事经营性活动，是对业主共有部分的重大改变，涉及业主的重大利益。第二，修改了业主共同决定事项的规则。具体是：第一，增加了表决的前提条件，即参与表决的人必须符合人数以及面积要求。第二，修改了使用建筑物及其附属设施的维修资金的表决规则，即由原来的须超过2/3的面积和业主人数确定，修改为须超过1/2以上的面积和业主人数同意。这是为了通过降低表决要求，解决维修资金的使用难问题。第三，修改了筹集建筑物及其附属设施的维修资金、改建或者重建建筑物及其附属设施的表决规则，即由原来的须超过2/3的面积和业主人数决定改为须超过3/4的面积和业主人数同意。第四，修改了改变共有部分的用途或者利用共有部分从事经营活动的表决规则，即由原来的须超过1/2的面积和业主人数决定，修改为须超过3/4的面积和业主人数同意。总的来说，业主共同决定的事项涉及业主的切身利益，通过修改业主共同决定事项的决议规则，解决了实践中业主决定难的问题，使决议的作出更加慎重。

 **案例评析**

宽城区某某小区业主委员会与刘某、郭某、林某、长春市星火房地产开发有限公司*业主撤销权纠纷案①

案情：刘某、郭某、林某、星火公司系宽城区某某小区的业主。业主委员会系宽城区某某小区第二届业主委员会。业主委员会经投票后向青年城物业公司发出解聘通知，要求解聘青年城物业公司，终止服务合同。刘某、郭某、林某、星火公司对选票的真实性提出质疑，并申请调取选票。现刘某、郭某、林某、星火公司向法院起诉请求判令业主委员会撤销"终止与吉林省青年城物业服务有限公司物业服务合同的决议"。法院认为，宽城区某某小区召开的本次业主大会投票分为现场投票和入户走访投票，其关于解聘物业服务企业的投票在核实业主身份方面存在重大瑕疵，在选票已经丢失的情况下，该瑕疵直接影响对投票结果准确性的认定，进而判决撤销宽城区某某小区业主大会于2015年作出的"终止与吉林省青年城物业服务有限公司物业服务合同的决议"。

评析：此案涉及民法典第278条的规定。民法典第278条沿袭了《物权法》第76条的规定，并对业主共同决定的事项及表决通过的比例作了重大修改。业主大会由全体业主组成，每个业主都有选举权和被选举权，有决定事项的投票权。业主大会的活动方式是举行会议，作出决议。本案中，终止与青年城物业公司服务合同属于解聘物业服务企业的事项，《物权法》第76条规定应当经专有部分占建筑物总面积过半数的业主且占总人数过半数的业主同意。但新月路社区工作人员在入户走访投票时对投票人员的身份多数未核实，业主大会关于解聘物业服务企业的投票在核实业主身份方面存在重大瑕疵，在选票已经丢失的情况下，该瑕疵直接影响对投票结果准确性的认定，因此法院认定解除与青年城物业公司服务合同的决定并未以法定的表决比例通过，判决撤销该决定。

应当补充说明的是，本案没有反映出民法典本条规定的新规则，即解聘物业服务企业属于业主共同决定事项，只需要由专有部分面积占比2/3以上的业主且人数占比2/3以上的业主参与表决，同时经参与表决专有部分面积过半数的业主且参与表决人数过半数的业主同意即可，而不再要求经专有部分占建筑物总面积过半数的业主且占总人数过半数的业主同意。这实质上降低了表决门槛，更有利于决议的形成。

> ▶▶**第二百七十九条**　业主不得违反法律、法规以及管理规约，将住宅改变为经营性用房。业主将住宅改变为经营性用房的，除遵守法律、法规以及管理规约外，应当经有利害关系的业主一致同意。

---

* 以下简称"星火公司"。

① 审理法院：吉林省高级人民法院，案号：（2018）吉民申3668号。

🏛 条文要义

本条是对不得将住宅改变为经营性用房的规定。

业主负有维护住宅建筑物现状的义务，其中包括不得将住宅改变为经营性用房。将住宅改变为歌厅、餐厅、浴池等经营性用房，会干扰其他业主的正常生活，引起邻里不和，引发矛盾，造成公共设施使用的紧张状况，产生安全隐患，使城市规划目标难以实现。故业主不得违反法律、法规以及管理规约，将住宅改变为经营性用房。如果业主要将住宅改变为经营性用房，除了应当遵守法律、法规以及管理规约外，还应当经过有利害关系的业主的一致同意，有利害关系的业主只要有一人不同意，就不得改变住宅的用途。

有利害关系的业主，应当根据改变为经营性用房用途的不同、影响范围和影响程度的不同，具体分析确定。不论是否为隔壁的业主，还是相邻或者不相邻的业主，凡是因住宅改变为经营性用房受到影响的业主，都是有利害关系的业主。

本条新规则的要点是，"住改商"必须经有利害关系的业主一致同意。《物权法》第77条只是笼统地规定"应当经有利害关系的业主同意"。该规定在司法实践中不易掌握。对此，《最高人民法院关于审理建筑物区分所有权纠纷案件具体应用法律若干问题的解释》第10条第2款规定："将住宅改变为经营性用房的业主以多数有利害关系的业主同意其行为进行抗辩的，人民法院不予支持。"这表明，"住改商"即使得到多数有利害关系的业主同意，也不能证明其行为合法。当然，仅少数有利害关系的业主同意其行为的，更不能得到法院的支持。民法典物权编对此作出明确规定，即"住改商"应当经有利害关系业主的一致同意，才可以进行。

💭 案例评析

张某等17人与许昌响当当食品有限公司*、杨某1、杨某2、杨某3相邻关系纠纷案①

案情：原告张某等17人和被告杨某1等三人均系许昌市文峰现代公寓小区的业主。杨某1等三人将自己居住的公寓交给响当当公司使用。该公司员工在工作期间，从事业务接待、开例会、做操、唱歌，在小区内进进出出，致使原告张某等17名该小区业主的正常生活受到一定的影响。原告张某等17人向法院起诉，请求依法判令响当当公司、杨某1停止在小区内的经营。法院认为，不动产的相邻权利人应当按照有利生产、方便生活、团结互助、公平合理的原则，正确处理相邻关系。被告杨某1、杨某2、杨某3将自己居住处交给被告响当当公司使用，原告张某等17人不同

---

* 以下简称"响当当公司"。

① 审理法院：河南省许昌市魏都区人民法院，案号：(2009)魏民一初259号。

意。被告响当当公司在使用期间，原告张某等 17 人的正常生活受到一定的影响。故对造成本案纠纷，四被告应承担全部责任。

评析： 此案涉及民法典第 279 条。民法典第 279 条沿袭了《物权法》第 77 条的规定，并增加了"一致"二字，要求业主将住宅改变为经营性用房的，除了遵守法律、法规以及管理规约外，应当由有利害关系的业主一致同意。本案中，杨某 1 等三人未经张某等 17 位有利害关系业主的一致同意，将自己居住的住处交给被告响当当公司使用，而响当当公司的日常经营给原告张某等 17 人的正常生活造成一定的影响。故法院判决被告响当当公司、杨某 1 停止在许昌市文峰现代公寓小区内的经营；被告杨某 2、杨某 3 给予协助，被告杨某 1、杨某 2、杨某 3 分别将该小区 B 座 1201、1202、1203 室恢复住宅用途。

> ▶▶ **第二百八十条**　业主大会或者业主委员会的决定，对业主具有法律约束力。
>
> 业主大会或者业主委员会作出的决定侵害业主合法权益的，受侵害的业主可以请求人民法院予以撤销。

🏛 条文要义

本条是对业主大会或者业主委员会决定的效力与业主撤销权的规定。

业主大会或者业主委员会的决定，对业主具有约束力。业主作为业主大会的成员，除了有参加业主大会的权利和义务，还负有服从业主大会或者业主委员会多数成员作出决议的义务，服从管理，承担应当承担的工作的义务。业主无理由拒不执行业主大会或者业主委员会的决议，其他业主可以对其进行批评，甚至予以适当的处分。

业主对业主大会或者业主委员会作出的决议享有撤销权。当业主大会或者业主委员会作出的决定侵害业主合法权益的，受侵害的业主可以请求人民法院予以撤销。是否构成侵害业主的合法权益，由人民法院裁决。这一撤销权没有规定除斥期间，应当适用民法典第 152 条关于一般撤销权除斥期间的规定，为一年，经过一年的，撤销权发生失权后果。

📌 案例评析

徐某与北京市海淀区某某小区业主委员会＊业主撤销权纠纷案①

案情： 某某业委会就某某小区物业公司在对小区物业管理方面存在的不足拟启动选聘物业公司程序，遂将该事宜向全体业主发出了公告。随后，决定启动选聘物

＊　以下简称"某某业委员"。

①　审理法院：北京市第一中级人民法院，案号：（2009）一中民终 16872 号。

业服务企业程序，委托某某业委会完成物业服务企业的选聘工作，并依法与中标企业签订物业服务合同。某某业委会组织召开了业主代表大会，决议确认列于第一顺位的深圳长城物业管理股份有限公司为中标单位，并同意某某业委会与其商谈并签订具体物业服务合同及附件。徐某诉至法院，请求法院依法判令撤销某某业委会作出的《某某第二次业主大会决议》。法院认为，某某业委会负责组织和召开的第二次业主大会程序合法，依据该决议形成的具体的某某业委会决议和与新物业公司签订的物业服务合同的程序与内容均符合法律规定，未侵犯业主的合法权益，徐某主张的侵权事实缺乏事实依据，于法无据，对其诉讼请求该院不予支持。

评析： 此案涉及民法典第 280 条的规定。民法典第 280 条沿袭了《物权法》第 78 条的规定。本条是关于业主大会、业主委员会决定效力的规定。本案中，业委会各类程序皆依照法定程序进行。由此可见，整个解聘原物业公司、选聘新物业公司的过程均依照法律规定进行，保障了业主的知情权、投票权、监督权。而且，最终的选聘结果使该小区业主所负担的物业费降低，享受的物业服务等级提高，从实质上有利于提升业主的生活质量，保护业主的合法权益。故业委会和业主大会的决定并无侵犯业主权益情形，徐某无权请求法院撤销本案中的决议。

> ▶▶ **第二百八十一条** 建筑物及其附属设施的维修资金，属于业主共有。经业主共同决定，可以用于电梯、屋顶、外墙、无障碍设施等共有部分的维修、更新和改造。建筑物及其附属设施的维修资金的筹集、使用情况应当定期公布。
>
> 紧急情况下需要维修建筑物及其附属设施的，业主大会或者业主委员会可以依法申请使用建筑物及其附属设施的维修资金。

🏛 条文要义

本条是对维修资金性质和使用范围的规定。

维修资金属于共有部分，尽管这部分资金是业主购房时交付的，但属于全体业主共有，其他人不得主张权利。

维修资金的用途，是用于电梯、屋顶、外墙、无障碍设施等共有部分的维修、更新和改造。维修资金应当用于共有部分、公用设施设备保修期满之后的大修、更新和改造。之所以是在保修期满之后使用，是因为保修期满之前是开发商负责维修的，不应使用维修资金。维修资金必须专款专用，不得挪作他用，也不得作为业主大会和业主大会承担责任的基础，以此承担民事责任。维修资金的筹集和使用是重大事项，应当经过业主大会讨论决定，不得擅自进行。

维修基金的使用方法是：（1）经业主共同决定，可以用于电梯、屋顶、外墙、无障碍设施等共有部分的维修、更新和改造。（2）紧急情况下需要维修建筑物及其附属设施的，业主大会或者业主委员会可以依法申请使用维修资金。（3）维修资金的筹集、使用情况，应当向全体业主公布，增加透明度，便于监督管理。

本条相较于《物权法》第79条，确立的新规则的要点如下。

1. 将"电梯、水箱等共有部分的维修"修改为"电梯、屋顶、外墙、无障碍设施等共有部分的维修"。《物权法》第79条规定的维修资金主要是用于电梯、水箱等共有部分的维修。本条规定将其修改为用于电梯、屋顶、外墙、无障碍设施等共有部分的维修，维修的共有部分规定得更为明确，更符合现代建筑物的设计与要求。

2. 新增定期公布维修资金使用情况的要求。维修资金属于业主所有，业主有权实时知晓维修资金的具体情况。为了便于监督管理，满足业主的知情权，本条规定新增了维修资金的筹集、使用情况应定期公布的要求。

3. 新增在紧急情况下维修资金使用的规定。《物权法》第79条未对紧急情况下维修资金的使用作出规定。本条规定新增这一内容，以备不时之需，即当紧急情况出现时，需要维修建筑物及其附属设施的，业主大会或者业主委员会可以依法申请使用维修资金。这样就能避免在意外灾害等紧急情况下，因维修资金不到位而导致业主权益受损的情形发生。

案例评析

济南市历城区某某业主委员会* 与胡某等业主知情权纠纷案①

案情： 胡某、宋某等10人均是涉诉小区业主，胡某、宋某等10人向一审法院起诉请求判令业委会公示小区公共收益账目，公告公共维修资金的使用情况等。法院认为，本案系业主知情权纠纷。虽然业委会主张其已经将应当公开且具备公开条件的事项进行了全面公示，但是其举证证明的公示内容确实有不够全面、准确的情况，业委会应当核实准确后向业主公布。关于业委会主张车位使用合同因涉及业主个人隐私不适合查阅，涉案小区内利用共有道路或者其他场地用于停放汽车的车位，属于业主共有，其使用情况应当向业主公布。然而业主订立的车位使用合同确实含有业主个人相关信息，不适宜公布，但是应当供业主查阅。在供业主查阅时，业委会应当做好查阅情况登记，保护业主相关信息不被泄露；查阅的业主应当具有正当目的，也应当保护业主相关信息不被泄露。

评析： 此案涉及民法典第281条的规定。民法典第281条沿袭了《物权法》第79条的规定，并对维修资金的使用范围作了修改，同时增加了"紧急情况下需要维修建筑物及其附属设施的，业主大会或者业主委员会可以依法申请使用建筑物及其附属设施的维修资金。"为便于业主及时了解建筑物及其附属设施维修资金的筹集情

---

* 以下简称"业委会"。

① 审理法院：山东省济南市中级人民法院，案号：（2019）鲁01民终3407号。

况，依法监督维修资金的使用，本条规定，维修资金的筹集、使用情况应当予以公布。本案中，小区的公共维修资金属于业主共同所有，其筹集使用情况属于应当公布的事项，亦即保障小区业主的知情权。虽然小区业委会主张其已经将应当公开且具备公开条件的事项进行了全面公示，但是公示内容有不够全面、准确的情况，故根据本条规定，小区业委会应当核实准确后，将报审材料、财务凭证、物业服务合同、车位使用合同等原件向业主公布，供业主查询。需要指出的是，如果本案中业主出现了紧急需要维修建筑物及其附属设施的情况，则业主大会或者业主委员会可以依法申请使用维修资金。

> ▶▶ 第二百八十二条　建设单位、物业服务企业或者其他管理人等利用业主的共有部分产生的收入，在扣除合理成本之后，属于业主共有。

🏛 条文要义

本条是对建筑物共有部分收益归属的规定。

区分所有建筑物的共有部分属于业主共有，如果共有部分发生收益，应当归属于全体业主所有。物业服务机构将这些收益作为自己的经营收益，侵害全体业主的权利的，构成侵权行为。

处置这些共有部分发生收益的办法是：（1）应当扣除物业服务企业留下合理的管理成本，这是应当负担的部分，不应当由物业服务企业自己负担。（2）应当给物业服务企业必要的利润。物业服务企业也是经营者，为经营业主的共有部分获得收益付出了代价，应当有一定的回报，但应当实事求是。（3）其余部分，归属于全体业主共有。至于如何处置，应当由业主大会决定。如果业主大会决议归属于公共维修资金，应当归入公共维修资金；如果业主大会决议分给全体业主个人享有，应当按照每一个业主专有部分的建筑面积比例分配。

🔘 案例评析

杭州市余杭区良渚街道亲亲家园小区第三届业主委员会* 与

杭州坤元物业服务有限公司亲亲家园分公司、

杭州坤元物业服务有限公司** 物业服务合同纠纷案[1]

案情： 三和公司作为委托方就亲亲家园物业管理与受委托方杭州坤和社区服务

有限公司签订物业管理服务合同。坤元公司负责人赵某某与亲亲家园业委会代表、亲亲家园社区代表、瓶窑房管所代表共四家代表在瓶窑房管所会议室召开亲亲家园小区经营性收费管理问题协调会，该次会议形成了会议纪要，确认亲亲家园业委会收入 170 万元左右，该经营性收入是全体业主的。原告业委会向法院提出诉讼请求被告返还原告物业管理区域的经营性收益。法院认为，由于被告就基站的正常工作具有协助义务，合同也有相关约定，故该部分的收入也应考虑合理经营成本，按上述比例予以确定。由于移动公司与联通公司并非属于亲亲家园小区业主，其向被告交纳的费用性质应为租金，而并非拘泥于部分合同载明的场地管理费、管理费来定性，故被告认为有场地管理费、管理费描述的相关合同所涉款项属于物业管理费的抗辩，法院不予采纳。

评析：此案涉及民法典第 282 条的规定。民法典第 282 条系新增条款。本条规定了建设单位、物业服务企业或者其他管理人等利用业主的共有部分产生收入后的分配方式。本案中，坤元公司利用小区业主提供的经营性商业用房开展出租业务，将该经营性商业用房租给移动公司和联通公司使用。该经营性商业用房系小区业主的共有部分，根据本条规定，所产生的收益在扣除合理成本后应当由业主共有。故原告主张两被告共同返还原告物业管理区域的经营性收益的 70%，系在考虑到坤元公司经营性支出费用的基础上提出的，具有合理性。此外，由于联通公司和移动公司与坤元公司签订的是租赁合同，并非物业管理合同，因此，联通公司和移动公司按照约定支付给坤元公司的各种形式的费用，其实质上是租金，并非物业管理费用。坤元公司不得主张该费用为物业管理费。

> ▶▶**第二百八十三条**　建筑物及其附属设施的费用分摊、收益分配等事项，有约定的，按照约定；没有约定或者约定不明确的，按照业主专有部分面积所占比例确定。

🏛 条文要义

本条是对费用分摊、收益分配的规定。

业主应当负担共有部分的正常费用，合理分摊。对全体共有部分由全体业主分摊，对部分共有部分由部分业主分摊。共同费用包括：日常维修费用，更新土地或楼房的共同部分及公共设备的费用，管理事务的费用等。负担的办法，应当按照持分比例决定，即共同所有的部分，计算各业主专有部分在全部建筑面积中的千分率，计算其所分担的份额。

业主对建筑物的共有部分享有收益权，对共有部分收取的收益，包括收取的共有部分的天然孳息如果树收获的果实，法定孳息如出租屋顶设置广告物的租金，都享有收益权。对于建筑物的收益，各业主有权共同分享，按照自己专有部分所占比例分享受益。

本条着重规定的是，建筑物及其附属设施的费用分摊、收益分配等事项，在业主大会章程中有约定的，按照其约定确定；没有约定或者约定不明确的，按照业主专有部分面积所占比例确定。

 **案例评析**

桂林富鑫物业服务有限公司*与罗某物业服务
合同纠纷案①

案情： 桂林市某某小区业委会与原告签订物业服务委托合同。被告为某某小区业主，一直按上述物业服务合同向原告交纳物业服务费，只在因 2 个月不在桂林，未交纳这 2 个月的物业费。后原告与某某小区业委会决定终止物业服务合同，双方签订了移交清单。之后，原告向该小区业委会作了物业管理移交。但约定的公用水电费及电梯维保费未交纳，原告因此诉至法院。法院认为，对于原告与该小区业委会签订的物业服务委托合同中未约定公共设施设备水电费如何支出，法律规定应当按小区建筑总面积计算出单价后，由各业主按其专有建筑面积分摊，原告诉请要求被告支付小区公摊水电费的诉讼请求，应当予以支持。

评析： 此案涉及民法典第 283 条的规定。民法典第 283 条沿袭了《物权法》第 80 条的规定。本案中，小区业主与物业公司签订的物业服务委托合同中并没有约定在对公共设施设备维护时的水电费的分摊。根据本条规定，对公共设施设备维护时的水电费属于建筑物及其附属设施的费用，属于每个业主应当承担的费用。根据法律规定，即使罗某有一段时间没有居住在小区内，但其亦从物业公司对建筑物的管理中获得收益，其生活质量亦得到保障，因此罗某应当与其他业主共同分担该笔费用。由于本案中当事人没有约定物业费的分担，故桂林市房地产测绘中心对某某小区所作的"测计房屋建筑结果报告书"按照罗某房屋面积所占比例计算费用，符合本法规定，罗某应当承担按照上述方法计算出的水电费。

> ▶▶ **第二百八十四条** 业主可以自行管理建筑物及其附属设施，也可以委托物业服务企业或者其他管理人管理。
>
> 对建设单位聘请的物业服务企业或者其他管理人，业主有权依法更换。

---

* 以下简称"物业公司"。

① 审理法院：广西壮族自治区桂林市中级人民法院，案号：（2018）桂 03 民初 88 号。

🏛 条文要义

本条是对业主选择管理方法的规定。

当代建筑，是建筑业利用当代建筑技术建造的精密的建筑作品，在管理上要求十分专业，确定建筑物及其附属设施的管理，通常需要专业团体进行。规定业主对建筑物的管理方法有两种：（1）自行管理建筑物及其附属设施；（2）委托物业企业或者其他管理人管理。后者是业主管理建筑物及其附属设施的常态，特别是为了实现社区管理的社会化、专业化，由物业管理企业进行管理具有重要意义。其他管理人也应当是具有物业管理资质的专业管理人员，而不是随便找什么人就可以做管理人的。国家鼓励物业管理采用新技术、新方法，依靠科技进步，提高小区的管理和服务水平。

由建设单位聘请物业服务企业或者其他管理人，即前期物业管理，是在业主尚未普遍入住的情况下，不得已采取的委托物业管理人的办法。当建立了业主大会、业主委员会之后，对前期物业管理单位不满意的，业主有权依法更换。

🪨 案例评析

威海市佳成房地产开发有限公司*、孙某物业服务合同纠纷案①

案情：佳成公司系文登区某某小区开发商。该小区业主委员会与孙某签订物业服务合同。合同签订后，孙某即按物业服务合同的约定，履行为小区全体业主和物业使用人提供物业服务的义务。合同到期后，孙某继续提供物业服务。其间，佳成公司未向孙某交纳物业费。孙某多次要求佳成公司交纳物业费，佳成公司以种种理由拒绝支付。孙某故诉至法院。法院认为，关于佳成公司称孙某不具有提供物业服务资质，故涉案物业服务合同违反《物业管理条例规定》而无效的问题，根据法律规定，对建筑物及其附属设施等物业的管理，业主可以依法委托物业服务企业进行，也可以自行委托其他人进行管理。因此，涉案物业服务合同合法有效。佳成公司应当依法缴纳物业费。

评析：此案涉及民法典第284条的规定。民法典第284条沿袭了《物权法》第81条的规定。本条是对建筑物及其附属设施管理的规定，业主可以自行管理建筑物及其附属设施，也可以委托物业服务企业或者其他管理人管理。本案中，某某小区业主委员会依法成立并已进行登记备案。因此根据本条规定，某某小区业主委员会可以代表小区业主签订合同，委托物业服务企业或者其他管理人管理小区建筑物及其附属设施。本案中某某业主委员会在小区业主大会的授权范围内与孙某签订物业

服务合同，委托孙某管理涉案小区并提供物业服务，意思表示真实一致，故涉案物业服务合同合法有效，佳成公司不得拒交物业费。

▶▶ **第二百八十五条** 物业服务企业或者其他管理人根据业主的委托，依照本法第三编有关物业服务合同的规定管理建筑区划内的建筑物及其附属设施，接受业主的监督，并及时答复业主对物业服务情况提出的询问。

物业服务企业或者其他管理人应当执行政府依法实施的应急处置措施和其他管理措施，积极配合开展相关工作。

🏛 条文要义

本条是对物业服务企业与业主关系的规定。与《物权法》第 82 条的规定相比，本条规定新增了物业服务企业或者其他管理人负有及时答复和应当执行政府依法实施的应急处置措施义务和其他管理措施的义务。

本条规定的新规则如下。

1. 物业服务企业或其他管理人对业主的监督负有及时答复的义务

业主、业主大会、业主委员会与物业服务企业或者物业管理人之间的关系，是建筑物区分所有权法律关系中的一个法律关系，也是一个独立的法律关系。业主大会和业主委员会是业主的自治组织，是业主群体的组织形式，代表业主权益。业主和物业服务企业以及其他管理人之间的法律关系是合同关系，民法典合同编将其规定为典型合同，而不是隶属关系。双方须在平等协商的基础上，建立合同关系，按照有关物业服务合同的规定，承担物业服务业务，确定双方的权利和义务，解决双方的纠纷。

物业服务企业或者其他管理人主要有两个方面的义务。第一，物业服务企业或者其他管理人在管理物业中，应当根据业主的要求，依照合同编有关物业服务合同的规定，管理好建筑区划内的建筑物及其附属设施，并接受业主的监督。第二，对业主提出的询问和咨询，物业服务企业或者其他管理人应当及时答复，以满足业主对物业服务的知情权，行使自己的管理权，使业主可以对物业服务企业或者管理人进行更好的监督。

本条新规则的要点如下。

第一，明确了物业服务企业或者其他管理人与业主之间的关系是物业服务合同关系。《物权法》第 82 条只规定了物业服务企业或者其他管理人是根据业主的委托进行管理，所规定的法律关系是委托合同关系，需要适用委托合同的法律规则。民法典合同编将物业服务合同作为典型合同，专设一章规定后，本条规定的内容也随之改变，即明确了物业服务企业或者其他管理人与业主之间应当适用民法典合同编物业服务合同的规定。

第二，强调了物业服务企业或者其他管理人的及时答复义务。《物权法》第82条只规定了业主对物业服务企业或者其他管理人的监督权。本条规定新增了物业服务企业或者其他管理人的及时答复义务，主要是为了通过保障业主知情权的方式来间接实现业主的管理权。

2. 物业服务企业或者其他管理人负有执行应急处置措施和其他管理措施的义务

在突发事件等紧急情况下，政府会依照法律规定进行紧急处置，例如在新冠肺炎传播时期，政府采取断然措施，防控疫情，这就涉及对小区居民的防控应急管理问题。对此，物业服务企业或者其他管理人负有执行和配合的义务，一是必须执行政府依法实施的应急处置措施和其他管理措施，应当不折不扣地执行政府的指令；二是积极配合开展相关工作，管理好小区的有关事务，保护好小区居民的合法权益。

总的来说，本条规定所产生的重大变化，为司法实践中的纠纷提供了法律依据。申言之，对于这方面发生的纠纷，在处理中，应当适用民法典合同编关于物业管理合同的规定，确定双方的权利义务关系，以此为原则，确定争议的性质和标准；对于业主的知情权应当保障，如果物业服务企业或者管理人不履行这一义务，情节比较严重的，应当追究其违约责任。物业服务企业或者其他管理人对于执行政府的应急措施和管理措施，目的都是保护小区居民的安全，既是对政府的责任，也是对居民的义务。

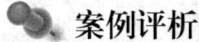 **案例评析**

刘某、中国人民财产保险股份有限公司长沙市分公司保险人代位求偿权纠纷案[①]

案情：长沙市某房屋的窗户和玻璃坠落，砸中了停放的红色路虎车。某某小区该房原为案外人袁某所有。罗某在司法拍卖中竞拍到该房屋，该房屋之前有租户刘某，后法院判决刘某应于判决生效后腾退房屋并交付给罗某。法院认为，某某房屋玻璃和窗户坠落砸坏涉案车辆，罗某、刘某和豪布斯卡物业公司分别作为涉案房屋的所有权人、使用人以及负有管理义务的人，应当举证证明自己没有过错，否则应承担侵权责任。罗某在取得涉案房屋产权后未及时对房屋状况进行检查，亦未督促承租人对房屋及附属设施的安全状况进行检查并采取相应的修缮措施，其存在过错。刘某作为涉案房屋的使用权人和发生事故的窗户及玻璃装修方案的确定人，其未及时发现涉案房屋及附属设施安全隐患并及时告知出租人，对涉案事故的发生具有重大过错。豪布斯卡物业公司作为涉案房屋的管理义务人，未及时对小区房屋可能存在的危险状况进行排查，对事故的发生也存在过错，故应分担相应的责任。

---

① 审理法院：湖南省长沙市中级人民法院，案号：（2019）湘01民终1081号。

评析：此案涉及民法典第 285 条的规定。民法典第 285 条沿袭了《物权法》第82 条的规定，并增加了物业服务企业或者其他管理人应当"依照本法第三编有关物业服务合同的规定管理建筑区划内的建筑物及其附属设施"以及"及时答复业主对物业服务情况提出的询问"的规定。本案中，豪布斯卡物业公司与小区业主签订了委托合同，豪布斯卡物业公司应当承担管理小区的义务。然而，豪布斯卡物业公司未及时对小区房屋可能存在的危险状况进行排查，没有按照业主的委托管理建筑区划内的建筑物及其附属设施，从而导致涉案房屋的窗户掉落，砸坏车辆。根据关于侵权责任的相关规定，豪布斯卡物业公司作为管理人应当承担过错推定责任，而豪布斯卡物业公司无法证明自己尽到了管理义务，故对事故的发生也存在过错，应当承担部分赔偿责任。

> ▶▶ **第二百八十六条** 业主应当遵守法律、法规以及管理规约，相关行为应当符合节约资源、保护生态环境的要求。对于物业服务企业或者其他管理人执行政府依法实施的应急处置措施和其他管理措施，业主应当依法予以配合。
>
> 业主大会或者业主委员会，对任意弃置垃圾、排放污染物或者噪声、违反规定饲养动物、违章搭建、侵占通道、拒付物业费等损害他人合法权益的行为，有权依照法律、法规以及管理规约，请求行为人停止侵害、排除妨碍、消除危险、恢复原状、赔偿损失。
>
> 业主或者其他行为人拒不履行相关义务的，有关当事人可以向有关行政主管部门报告或者投诉，有关行政主管部门应当依法处理。

🏛 条文要义

本条是对业主守法义务和业主大会和业主委员会职责的规定。与《物权法》第83 条相对比，本条规定发生了重大变化。

业主负有守法义务，除了遵守法律、行政法规之外，还要遵守管理规约的规定。管理规约是业主大会制定的区分所有建筑物管理的自治规则，内容是业主为了增进共同利益，确保良好的生活环境，经业主大会决议的共同遵守事项。管理规约的订立、变更或废止，都必须经过业主大会决议，经专有部分占建筑物总面积过半数的业主且占总人数过半数的业主同意，始得订立、变更或者废止。管理规约的内容主要包括：第一，业主之间的权利义务关系；第二，业主之间的共同事务；第三，业主之间利益调节的事项；第四，对违反义务的业主的处理办法。规约的效力在于约束全体业主的行为，故规约只对该建筑物的业主有效，也及于业主的特定继受人。业主委员会和物业服务机构不得违反该规约而另行处置管理事务，与规约相抵触的管理行为不具有效力。

根据防控新冠肺炎病毒传播的经验教训，民法典除在物业服务企业或者其他管理人负有执行政府依法实施的应急措施和其他管理措施的义务方面作出规定之外，在另一方面规定了业主对此负有的义务，即对于物业服务企业或者其他管理人执行政府依法实施的应急处置措施和其他管理措施，业主应当依法予以配合。在新冠肺炎病毒的防控期间，确实存在业主不配合物业服务企业或其他管理人管控举措的行为，有的甚至造成后果。从物业服务企业或其他管理人与业主的关系上，业主应当服从管理；从执行政府的应急处置措施和其他管理措施上，业主作为管理相对人，也有服从管理的义务。因此，业主应当依法予以配合。

业主大会或者业主委员会对任意弃置垃圾、排放污染物或者噪声、违反规定饲养动物、违章搭建、侵占通道、拒付物业费等损害他人合法权益的行为，有权依照法律、法规以及管理规约，请求行为人停止侵害、排除妨碍、消除危险、恢复原状、赔偿损失。这是业主大会和业主委员会基于全体业主的管理权产生的物权请求权和侵权请求权，其权利源于业主的共有权和管理权。业主以及其他行为人应当服从管理，如果对其行使请求权，损害其他业主合法权益的行为人应当承担责任。

业主或者其他行为人拒不履行相关义务的，有关当事人可以向有关行政主管部门报告或者投诉，有关行政主管部门应当依法处理，该处罚的应当予以处罚。

本条新规则的要点如下。

1. 业主应当依法配合实施的应急处置措施和其他管理措施的义务。这是应对突发事件等紧急情况必须遵守的要求，也是依法应当履行的义务。

2. 新增了业主的恢复原状请求权。《物权法》第83条只规定了业主有权请求停止侵害、排除妨碍、消除危险、赔偿损失，而未规定恢复原状请求权，这是立法的遗漏。本条规定新增了业主的恢复原状请求权，补足这一立法漏洞，是正确的做法。

3. 删除了业主对侵害自己合法权益的行为，可以依法向人民法院提起诉讼的规定。《物权法》第83条第2款规定业主对侵害自己合法权益的行为，可以依法向人民法院提起诉讼。本条规定删除了这一内容。之所以删除这一规则，并非否定了这一起诉权，而是放在下一条文中一并作出规定。

4. 新增了行为人拒不履行相关义务时的处理手段。《物权法》第83条第2款只规定了有关当事人的起诉权，而未规定投诉权。本条规定新增了有关当事人的投诉权，以行政手段的方式保障了有关当事人的合法权益。据此，行为人拒不履行相关义务的，有关当事人可以向有关行政主管部门投诉。有关行政主管部门依法享有处理权，有权对此作出处罚或者其他措施。

5. 新增了业主的相关行为应当符合节约资源、保护生态环境的要求。这是为了与总则编确定的"绿色原则"相呼应而增加的最新规定。该规定意味着业主的行为应当遵守节约资源和保护环境的要求，类似乱丢垃圾等污染环境的行为被明确禁止。该规定的增加，有助于推进正在逐步实施的垃圾分类工作。

案例评析

吉林市昌邑区某某小区业主委员会与王某恢复原状纠纷案①

案情： 本届某某小区业主委员会经选举成立。王某系小区的房屋所有权人，其将该处网点后墙开凿两处门窗。现该网点由王某亲属经营修车行。某某小区业主委员会就该网点开门一事，联系过房屋安全大队，其答复为该房屋为框架结构，开门不影响房屋安全结构。某某小区业主委员会向一审法院起诉请求拆除王某私自在某某小区网点后墙开凿的两处门窗，将该处墙体恢复原状。法院认为，本案中，某某小区业主委员会作为依法经选举产生并备案的业主委员会，有权以自己名义为维护业主的合法权益提起诉讼，如以未经全体业主或业主大会专门专项授权为由认定其不享有诉讼主体资格相当于仅认可业主委员会以业主大会委托代理人身份参与诉讼，违背了上述法律法规的规定。

评析： 此案涉及民法典第 286 条的规定。民法典第 286 条沿袭了《物权法》第 83 条的规定，并删除了"业主对侵害自己合法权益的行为，可以依法向人民法院提起诉讼"的规定，增加了"业主或者其他行为人拒不履行相关义务的，有关当事人可以向有关行政主管部门报告或者投诉，有关行政主管部门应当依法处理"的规定。本案中，王某未经有关行政部门的审批，私自在某某小区 17 号楼 4、5、6 号网点后墙开凿两处门窗，构成对小区业主共有部分建筑物的违章改建，给小区业主的安全带来隐患，属于本条规定的"违章搭建"行为，损害了小区业主的合法权益。某某小区业主委员会作为某某小区业主依法经选举产生并备案的业主委员会，有权以自己名义为维护业主的合法权益提起诉讼。因此，某某小区业主委员会有权作为诉讼主体，依照法律、法规以及管理规约，要求王某恢复小区 17 号楼 4、5、6 号网点后墙的原状。

> ▶▶ **第二百八十七条**　业主对建设单位、物业服务企业或者其他管理人以及其他业主侵害自己合法权益的行为，有权请求其承担民事责任。

条文要义

本条是对业主维护合法权益请求权的规定。

业主作为建筑物区分所有权的权利人，面对的是建设单位、物业服务企业或者其他管理人，会发生利益上的冲突。如果建设单位、物业服务企业或者其他管理人侵害业主的合法权益，本条赋予业主以请求权，对建设单位、物业服务企业或者其

---

① 审理法院：吉林省高级人民法院，案号：(2018) 吉民再 66 号。

他管理人以及其他业主侵害自己合法权益的行为，请求其承担民事责任，维护自己的合法权益。业主行使该请求权，可以直接向建设单位、物业服务企业和其他管理人请求，可以向有关行政主管部门投诉，也可以向人民法院起诉，由人民法院判决。本条在《物权法》第 83 条第 2 款的基础上进行扩充，成为新增条款，以期更好地维护业主的合法权益。

案例评析

中国工商银行股份有限公司满洲里分行* 与王某物权保护纠纷案①

案情：被告工行满分行与满洲里某某装饰有限公司签订建设工程施工合同，竣工后未经相关部门验收，已投入使用。后原告王某以被告工行满分行拆除和改变楼房共有部位墙体为由诉至法院。法院认为，本案的争议焦点为申请人工行满分行的拆改行为是否对被申请人王某的物权构成侵害问题。工行满分行的拆改行为属于在未经其他共有人许可的情况下，对共有部分进行改造、损害他人合法权益的行为。工行满分行没有提交设计人员到施工现场核实结构的有效证据，其拆改行为一定程度上损害了房屋的承重结构及抗震作用，侵害了其他业主的合法权益。原告王某作为业主，有权提起诉讼保护自己的合法权益不受侵害。

评析：此案涉及民法典第 287 条的规定。民法典第 287 条沿袭了《物权法》第 83 条第 2 款的部分规定。对于建设单位、物业服务企业或者其他管理人以及其他业主损害自己合法权益的行为，业主有权请求其承担民事责任。本案中，经法院审查，工行满分行的拆改行为一定程度上损害了房屋的承重结构及抗震作用。如果该行为侵犯了业主的合法权益，则王某有权请求工行满分行承担民事责任。根据最高人民法院的司法解释，申请人工行满分行的拆改行为属于在未经其他共有人许可的情况下，对共有部分进行改造、损害他人合法权益的行为。并且，工行满分行无法证明其是在设计人员到施工现场核实结构后再进行施工。综上所述，工行满分行的拆改行为侵害了王某的合法权益，故王某有权要求其承担恢复原状的民事责任。

---

*　以下简称"工行满分行"。

①　审理法院：内蒙古自治区高级人民法院，案号：（2016）内民申 628 号。

第七章 相邻关系

> ▶▶ **第二百八十八条** 不动产的相邻权利人应当按照有利生产、方便生活、团结互助、公平合理的原则，正确处理相邻关系。

🏛 条文要义

本条是对处理相邻关系基本原则的规定。

相邻关系，是指不动产的相邻各方在行使所有权或其他物权时，因相互间应当给予方便或接受限制而发生的权利义务关系。相邻权利义务关系也可以从权利的角度称其为相邻权。不过，相邻权不是一种独立的物权，而是法律直接规定产生的所有权的内容，其实质，是对不动产所有人、用益物权人以及占有人行使所有权、用益物权或占有的合理延伸和必要限制，故不能以法律行为变动不动产相邻关系，只能根据不动产相邻的事实进行判断和主张。

相邻关系涉及面广，种类繁多，都涉及权利主体的切身利益，极易引起纠纷。正确处理相邻关系，能够在界定不动产的权利边界的基础上，解决权利冲突的协调问题，对相邻各方的利益关系进行合理协调，妥善处理，解决纠纷，使人民团结，社会安定。

处理不动产相邻关系的基本原则是：（1）有利生产、方便生活。充分发挥不动产的使用效益，最大限度地维护各方的利益，以实现法律调整相邻关系所追求的社会目的。（2）团结互助、公平合理。相邻各方在行使其权利时，应互相协作，团结互助，互相尊重对方的合法权益，不能以邻为壑，损人利己。当争议发生时，应在相互协商的基础上，以团结为重，强调互助，公平合理地处理相邻纠纷。（3）尊重历史和习惯。相邻各方发生纠纷，依照历史的情况和当地的习惯来处理，是最好的解决方法。

🔖 案例评析

黄某、王某与万某相邻关系纠纷案[①]

案情： 璧山县工农宾馆将其所有的位于璧山县璧城街道渝西商场内的摊位卖给

---

① 审理法院：重庆市第一中级人民法院，案号：（2013）渝一中法民终 3967 号。

黄某、王某。黄某、王某在其与万某摊位相邻一边修建了一隔断。万某以该隔断遮挡了顾客的视线，影响了万某的经营，致使万某无法正常经营为由诉讼至法院，请求判决黄某、王某停止侵害、排除妨碍、恢复原状，并赔偿损失。法院认为，本案中，双方的经营摊位位于商场一隅，本身位置较为偏僻，所以视线开阔对于其更为重要。黄某、王某摊位所设的过高隔断对顾客的视线有部分遮挡，对万某的商业经营产生了一定影响。本商场中虽然有其他摊位设有隔断，但是由于其位置与黄某、王某和万某的不同，不能当然类比。从本案的实际情况来看，法院根据物权法的相关规定确定双方隔断的高度为 1.5 米并无不当。

评析： 此案涉及民法典第 288 条的规定。民法典第 288 条沿袭了《物权法》第 84 条的规定。本条是关于处理相邻关系原则的规定。相邻关系对不动产物权的合理延伸和限制，集中表现在相邻的不动产权利人一方对另一方行使权利提供必要的便利。本案中，黄某、王某的摊位与万某的摊位相邻，双方当事人为相邻的不动产权利人，应当遵守本条规定的"有利生产"原则。本案中，黄某、王某的摊位所设隔断过高，对顾客的视线有部分遮挡，从而对万某的商业经营产生了一定影响，且黄某、王某建设的隔断违反了当地"隔断高度不得高于 1.5 米"的生产经营习惯。综上所述，黄某、王某设立过高隔断的行为违反了本条规定的相邻关系原则，应当拆除隔断的过高部分。

▶▶**第二百八十九条**　法律、法规对处理相邻关系有规定的，依照其规定；法律、法规没有规定的，可以按照当地习惯。

🏛 条文要义

本条是对处理相邻关系依据的规定。

处理相邻关系，首先是依照法律、法规的规定。当没有法律和行政法规的规定时，可以适用习惯作为处理相邻关系的依据。习惯，是指在长期的社会实践中逐渐形成的，被人们公认的行为准则，具有普遍性和认同性，一经国家认可，就具有法律效力，成为调整社会关系的行为规范。民间习惯虽然没有上升为法律，但它之所以存在，被人们普遍接受和遵从，有其社会根源、思想根源、文化根源和经济根源，只要不违反法律的规定，人民法院在规范民事裁判尺度时就应当遵从。在相邻关系的法律适用中，如果法律已经有所规范，应当适用法律规范，不适用习惯。当法律、法规对某种相邻关系没有规定时，应当按照习惯确定行为规范。例如，对越界枝丫、根系以及果实坠落的相邻关系规则，法律和行政法规都没有规定，可以根据习惯确定这种纠纷的处理。

案例评析

程某、辛某与熊某、福州融侨物业管理有限公司武汉分公司
相邻权纠纷案①

案情： 案涉房屋所有权人为程某、辛某，程某、辛某与熊某系左右邻居关系。熊某在装修自己的房屋时将与程某、辛某相邻的公共隔断墙部分掏空用于建造鞋柜。程某、辛某知道此事后曾向第三人福州融侨物业管理有限公司武汉分公司反映，后者向熊某下达装修违规整改通知书，该通知书留置送达。现程某、辛某认为熊某占用公共墙的行为侵犯了其合法权益，隔音很差致使其无法入睡，起诉至法院，要求判令熊某立即恢复原状，并赔偿其精神损失。法院认为，作为相邻关系的双方，在处理相邻关系时应当本着团结互助、方便生活的原则，双方才能关系融洽。在一方没有明显违背日常生活法则时，不可苛求别人的行为与自己的理想行事模式完全一致。拥有一颗相互包容的心，社会才能够和谐相处。

评析： 此案涉及民法典第 289 条的规定。民法典第 289 条沿袭了《物权法》第 85 条的规定。本条规定了处理相邻关系纠纷时应当注重尊重历史和习惯。这是因为，历史上形成的相邻状况，以及在处理当地的相邻关系中的习惯，都被相邻各方和公众所接受，如果相邻各方发生纠纷，应当依照历史的情况和当地的习惯来处理。本案中，程某、辛某与熊某系左右邻居关系，双方就熊某占用公共墙的行为产生争议。法律并没有对此类争议的解决作出规定，但案件发生地的房屋装修惯常做法均会将墙体向内掏空一部分做鞋柜，以减少占用房屋的可使用面积，使墙柜成为一体，增加装修整体效果。因此，法院根据当地的装修习惯与相邻关系的基本原则认定熊某的装修行为并没有侵犯程某和辛某的合法权益。

> ▶▶ **第二百九十条** 不动产权利人应当为相邻权利人用水、排水提供必要的便利。对自然流水的利用，应当在不动产的相邻权利人之间合理分配。对自然流水的排放，应当尊重自然流向。

🏛 条文要义

本条是对相邻用水、排水、流水关系的规定。

相邻用水、排水和流水关系，是相邻关系的重要内容，其基本规则如下。

1. 相邻用水关系是最重要的相邻关系之一。在我国，水资源为国家所有，相邻各方均有权利用自然流水。对水资源的利用，应依"由远及近、由高至低"的原则

---

① 审理法院：湖北省武汉市中级人民法院，案号：（2019）鄂 01 民终 5086 号。

依次灌溉、使用，任何一方不得擅自堵塞或者排放；一方擅自阻塞、独占或改变自然水流，影响到他人正常生产、生活的，他方有权请求排除妨碍和赔偿损失。

2. 相邻排水关系。不动产相邻之间必须解决排水问题。如果相邻一方必须通过另一方的土地排水，另一方应当准许。排水人应当对对方的土地等财产采取必要的保护措施，防止造成对方的权利损害。造成损害，不论是不可避免的损害，还是由于过错而造成对方的损害，甚至是有造成损害危险的，都有义务停止侵害、消除危险、恢复原状，造成损失的应当赔偿。

3. 相邻滴水、流水关系。不动产权利人修建房屋或者开挖沟渠，应与相邻他方的不动产保持一定距离和采取必要措施，防止屋檐滴水或流水对相邻对方造成损害。由此而妨碍和损害对方的，应当排除妨碍、赔偿损失。

案例评析

中国抽纱品进出口（集团）有限公司*等与崔某娟等
相邻关系纠纷案①

案情： 抽纱公司取得建设工程规划许可证，获准在位于惠中庵×号东侧新建办公楼。现惠中庵×号东侧可通行道路因抽纱公司新建项目阻断，向南在抽纱公司红线内仍保有约4米宽通道至北土城东路，抽纱公司称该通道将依规划修建为道路，并由抽纱公司管理。惠中庵×号原有雨污水通道已由抽纱公司、建工集团公司南移至基坑外，不再连接市政水管道。徐某英、崔某娟、崔某梅向法院起诉请求抽纱公司恢复惠中庵×号雨污水通道向南连通至市政的雨污水管道。法院认为，抽纱公司虽系依据规划进行建设，但同时亦应保证涉案房屋的通行条件。本案中，涉案房屋原有接入市政的雨污水管道已被抽纱公司、建工集团公司施工阻断，故判决抽纱公司、建工集团公司予以恢复。

评析： 此案涉及民法典第290条的规定。民法典第290条继承了《物权法》第86条的规定，是关于用水、排水相邻关系的规定。本案中，双方当事人就相邻排水关系产生纠纷。本案中，抽纱公司与惠中庵×号居民为相邻排水关系，根据本条规定，抽纱公司应当为相邻权利人排水提供必要的便利，应当对对方的土地等财产采取必要的保护措施，防止造成对方的权利损害。然而惠中庵×号原有接入市政的雨污水管道已被抽纱公司、建工集团公司施工阻断，造成惠中庵×号居民排水不便，抽纱公司有义务停止侵害、消除危险、恢复原状，对造成损失的应当赔偿。故法院判决抽纱公司应当恢复惠中庵×号雨污水通道向南连通至市政的雨污水管道。

---

*　以下简称"抽纱公司"。
①　审理法院：北京市第三中级人民法院，案号：（2019）京03民终8665号。

▶▶ **第二百九十一条** 不动产权利人对相邻权利人因通行等必须利用其土地的，应当提供必要的便利。

🏛 条文要义

本条是对相邻土地利用的规定。

利用相邻土地是相邻关系中的重要内容，对确有必要的，相邻方应当提供必要便利。土地权利人的基本权利之一，是禁止他人进入自己的土地。非法侵入不动产，特别是土地的，构成侵害财产权的侵权行为。不过，在相邻土地之间，如果存在通行的必要，须保证相邻方的必要通行权。

相邻土地通行关系主要内容如下。

1. 邻地通行。邻地通行也称袋地通行权，是指土地与公路无适宜的联络，致不能为通常使用，土地所有人可以通行周围地以至公路的相邻权。相邻一方的土地处于另一方土地包围之中，或者由于其他原因，相邻一方必须经过相邻方使用的土地通行的，另一方应当准许；对邻地享有通行权的人，应当选择对相邻方损害最小的线路通行；因邻地通行造成相邻一方损害的，应当依法赔偿相邻方的损失。

2. 通行困难。通行困难又称准袋地通行权。虽然不动产权利人有路通行，但如果不经过另一方的土地通行则非常不便利，且会产生较高费用，相邻方应当准许不动产权利人通过自己的土地，并提供便利。通行困难不同于邻地通行。邻地通行是指不动产权利人无路可走，不得不利用相邻一方的土地通行。通行困难不是无路可走，而是不通过相邻一方的土地通行则非常不便利，且费用过巨，或者具有危险。通行困难与邻地通行存在差别，在法律适用上也有所区别。相邻方提供便利，准许通行困难的不动产权利人在自己的土地上通行的，不动产权利人应当对于相邻方予以补偿。

3. 历史通道。因历史原因形成的必要通道，所有人、用益人或者占有人不得随意堵塞或妨碍他人通行；需要改造的，必须与通行人事先协商一致；如果另有其他通道可以通行，并且堵塞后不影响他人通行，则可以堵塞历史通道而通行其他通道。

📌 案例评析

王某1、王某2等与锡林郭勒盟锡原商贸有限公司*
相邻关系纠纷案[①]

案情： 锡原公司通过正蓝旗国土资源局挂牌出让取得了小乌兰沟西采石场的采

---

* 以下简称"锡原公司"。

[①] 审理法院：最高人民法院，案号：（2015）民提 222 号。

矿权，锡原公司在筹备完一切生产经营所需手续后，却无法进行矿山的生产运输和销售行为。原因是：锡原公司取得采矿权后，在此东西方向砂石路埋设电线杆时，被王某1、王某2、王某3以该路占用了王某1的草场，破坏植被为由，不让锡原公司拉电和通行。由此，锡原公司的小乌兰沟西采石场一直未能生产经营，正蓝旗政府多次协调未果。锡原公司提起诉讼请求人民法院依法确认锡原公司在通往矿区道路上的正常通行权。法院认为，锡原公司与王某1应受相邻关系相关法律法规的调整，并按照有利生产、方便生活、团结互助、公平合理的原则正确处理相邻关系。该东西方向的砂石路已成为小乌兰沟西采石场运送石料的习惯道路，因此，锡原公司应享有通行权。但锡原公司行使通行权时，应以满足通行为必要，不应对相邻人造成其他损害。

评析：此案涉及民法典第291条的规定。民法典第291条沿袭了《物权法》第87条的规定，是关于相邻关系中通行权的规定。相邻不动产权利人原则上有权禁止他人进入其土地，但他人因通行等必须利用或进入其土地的，不动产权利人应当提供必要的便利。锡原公司承包的小乌兰沟西采石场与王某1承包的草场相邻，双方系相邻不动产上的权利人，应当遵守本章规定的"有利生产、方便生活、团结互助、公平合理"的相邻关系基本原则。具体而言，本案中，小乌兰沟西采石场自身无运送石料的出入通道，锡原公司在经营过程中如果想要运送石料，必须利用王某1承包的草场，即使另行开辟运送石料道路，也不利于生产。综上所述，法院判决锡原公司对案涉道路享有通行权，王某1等人不得以任何方式阻拦锡原公司利用砂石路运送石料。

▶▶**第二百九十二条** 不动产权利人因建造、修缮建筑物以及铺设电线、电缆、水管、暖气和燃气管线等必须利用相邻土地、建筑物的，该土地、建筑物的权利人应当提供必要的便利。

🏛 条文要义

本条是对相邻土地及建筑物利用关系的规定。

不动产权利人由于行使自己的权利而必须利用相邻方的土地、建筑物时，构成相邻土地及建筑物的利用关系。其规则是：不动产权利人因建造、修缮建筑物以及铺设电线、电缆、水管、暖气和煤气等管线必须利用相邻土地、建筑物的，该土地、建筑物的权利人应当提供必要的便利。主要包括以下两类。

1. 临时占用。相邻一方因建造、修缮建筑物或者其他管线，需要临时占用他方土地、建筑物时，他方应当允许。

2. 长期使用。相邻一方因建造、修缮建筑物或者其他管线，必须通过另一方所有或使用的土地、建筑物而架设电线，埋设电缆、水管、煤气管、下水道等管线时，他方应当允许。安设管线应选择对相邻他方损害最小的线路和方法为之，由此而造成的损失，应当由安设方给予赔偿。

案例评析

冯某与曾某、梁某相邻关系纠纷案[①]

案情： 曾某、梁某是夫妻关系，冯某与曾某、梁某是邻里关系。曾某、梁某将宅基地南面的厨房、厕所以及围墙等拆除，并在原址上修建框架结构楼房一幢。该楼房涉诉时尚未完工，一层尚未进行外墙批荡，二层仅堆砌部分墙体。此后，冯某以曾某、梁某新修建楼房侵占其落水位及地基为由多次与曾某、梁某等发生纠纷，并于2012年5月8日诉至法院，请求法判令曾某、梁某立即停止侵权。法院认为：本案中，冯某与曾某、梁某的不动产互为相邻关系，双方依法都有为对方提供必要便利的义务。冯某挖开曾某、梁某房屋的地基，经私自测量后认为曾某、梁某所建房屋地下的两个地基墩分别侵占了冯某0.13平方米和0.17平方米土地，但该两个地基墩处于地底下，冯某并未举证证明该两个地基墩给冯某的房屋造成了妨碍或者损失，冯某要求曾某、梁某停止侵害、清除地基没有事实和法律依据。

评析： 此案涉及民法典第292条的规定。民法典第292条沿袭了《物权法》第88条的规定。本条是关于利用相邻土地的规定，本条规定的使用邻地包括两种情形，一是因建造、修缮建筑物而临时使用邻地，二是在邻地上安设管线。冯某与曾某、梁某为相邻不动产上的权利人，双方都应当遵守本编规定的"有利生产、方便生活、团结互助、公平合理"的相邻关系基本原则，为对方提供必要的便利。本案中，曾某、梁某欲修缮房屋，为此房屋的地基须要占用冯某的宅基地，根据本条规定，冯某应当提供便利。当然，曾某、梁某在冯某的宅基地下铺设地基，应当尽量减少对冯某造成的损害，如果造成损害，则冯某有权根据法律规定请求曾某、梁某承担赔偿责任。但由于冯某无法举证曾某、梁某修建的地基给其房屋带来损害，故冯某无权要求曾某、梁某停止侵害、清除地基。

▶▶ **第二百九十三条** 建造建筑物，不得违反国家有关工程建设标准，不得妨碍相邻建筑物的通风、采光和日照。

条文要义

本条是对相邻建筑物通风、采光、日照的规定。

---

① 审理法院：广东省高级人民法院，案号：（2014）粤高法民一申828号。

建筑物通风、采光和日照，是相邻关系中的重要内容。相邻各方修建房屋或其他建筑物，相互间应保持适当距离，不得妨碍邻居的通风、采光和日照。如果建筑物影响相邻对方的通风、采光、日照和其他正常生活，受害人有权请求排除妨碍、恢复原状和赔偿损失。例如，在城市建筑物密集地区，安装空调机应当与对方建筑物的门窗保持适当距离，不能将空调的排风口直接对着相邻对方建筑物的门窗，防止对相邻方生活造成妨碍。

案例评析

古县盐业有限公司*、段某等与山西新华书店集团临汾有限公司古县分公司** 相邻关系纠纷案①

案情： 古县盐业公司在××县两套单元楼内办公。段某、周某分别居住在该楼东单元三层。古县新华书店位于原告房屋东南方。新华书店涉诉楼房系拆旧盖新，该楼房与盐业公司、段某、周某涉诉楼房为东南向相邻。盐业公司、段某、周某认为新华书店侵害了其权益，诉至法院。法院认为，新华书店新建大楼是否符合国家工程建设有关法律规定，所取得的相关许可证是否应当受到保护，属行政法律关系调整的范畴，与本案民事法律关系要解决的问题，有联系但不同。但是经法院鉴定，新华书店新建大楼并不符合现行国家标准《城市居住区规划设计规范》及《中华人民共和国标准国家民用建筑设计通则》，确实影响了盐业公司、段某、周某的房屋采光，致使盐业公司、段某、周某的房屋的采光完全达不到国家日照标准，从而侵犯了盐业公司、段某、周某的采光权，应承担民事侵权责任。

评析： 此案涉及民法典第293条的规定。民法典第293条沿袭了《物权法》第89条的规定。通风、采光和日照是衡量居住质量的重要标准之一，因此本条专门就相邻关系中的通风、采光和日照作出规定。本案中，新华书店与盐业公司、段某、周某系相邻不动产上的权利人，根据本条规定，双方均应当给对方的建筑留有一定空间，以保障相邻建筑物有足够的通风、采光和日照，并且不得违反国家有关工程建设标准。经法院鉴定，新华书店新建大楼不符合设计标准，影响了盐业公司、段某、周某的房屋采光，从而侵犯了盐业公司、段某、周某的采光权，应当承担民事侵权责任。

> ▶▶ **第二百九十四条**　不动产权利人不得违反国家规定弃置固体废物，排放大气污染物、水污染物、土壤污染物、噪声、光辐射、电磁辐射等有害物质。

---

　　*　以下简称"盐业公司"。
　　**　以下简称"新华书店"。
　　①　审理法院：山西省高级人民法院，案号：（2015）晋民提13号。

🏛 条文要义

本条是对相邻环保关系的规定。

相邻环保关系是相邻关系中的重要关系，关系相邻各方的生活和生产安全。其规则如下。

1. 排放污染物的限制。相邻各方应当按照《环境保护法》的有关规定，排放废水、废气、废渣、粉尘以及其他污染物，注意保护环境，防止造成污染。如果排放的污染物造成了损害，即使排放的污染物并没有超过标准，相邻方也有权要求治理并请求赔偿损失。相邻一方产生的粉尘、光辐射、噪声、电磁辐射等超过国家规定标准，或者散发有害异味的，对方有权请求其停止侵害、赔偿损失。

2. 修建、堆放污染物。相邻一方修建厕所、粪池、污水池、牲畜栏厩，或堆放垃圾、有毒物、腐烂物、放射性物质等，应当与邻人的不动产保持一定距离，并采取防污措施，防止对相邻方的人身和财产造成损害。上述污染物侵入相邻不动产一方影响其生产、生活的，受害人有权请求其排除妨碍、消除危险或赔偿损失。

3. 有害物质侵入。有害物质包括煤气、蒸汽、臭气、烟气、煤烟、热气、噪声、震动和其他来自他人土地的类似干扰。除上述列举以外，在环境保护法规中经常提到的废气、废渣、废水、垃圾、粉尘、放射性物质等，均包括在内。有害物质侵入的相邻环保关系内容，主要是权利人享有请求排放一方的相邻人停止排放的权利，排放一方的相邻人负有停止侵入的义务，须按照环境保护法和有关规定处理，不得妨碍或损害相邻人的正常生产与生活。

🔘 案例评析

黄某、董某与苏某、李某排除妨害纠纷案①

案情： 原告黄某、董某系夫妻，被告苏某、李某系夫妻，双方系邻居。被告的中央空调室外机组较大，因建筑物原预留位置的空间不能满足安装需要，被告将空调室外机组安装在×01室的西外墙上，间距×02室东外墙的卫生间窗户约0.8米，同时亦较临近×02室书房窗户。原告诉至法院，要求被告拆除该空调室外机组。法院认为，苏某、李某将空调室外机组安装在自己×01室的西外墙上，间距黄某、董某×02室东外墙的卫生间窗户约0.8米，同时亦较临近×02室书房窗户，明显违反现行GB17790—2008《家用和类似用途空调器安装规范》规定的安全距离，上述国家标准是专业部门为用户安装空调器所涉及的人身财产安全制定的技术规范，未按上述国家标准安装，应推定会对相对人产生人身财产安全影响，据此判令苏某、李某将涉案空调室外机组移位。

---

① 审理法院：江苏省徐州市中级人民法院，案号：（2019）苏03民终1250号。

评析：此案涉及民法典第 294 条的规定。民法典第 294 条沿袭了《物权法》第 90 条的规定。苏某、李某与黄某、董某系相邻关系人，均应当遵守方便生活的原则，不得随意排放污染物等有害物质，给对方生活造成不便甚至造成损害。本条规定的禁止排放的有害物质除了废水、废气、废渣、粉尘等污染物外，还包括煤气、蒸汽、臭气、烟气、煤烟、热气、噪声、震动等有害物质。本案中，苏某、李某将空调室外机组安装在间距黄某、董某×02 室东外墙的卫生间窗户约 0.8 米的墙上，同时亦较临近×02 室书房窗户，一则违反了空调器安装规范，二则使空调室外机排出的有害物质对黄某、董某产生人身财产安全影响，故法院判令苏某、李某将涉案空调室外机组移位，履行停止有害物质侵入黄某、董某住宅的义务。

▶▶第二百九十五条 不动产权利人挖掘土地、建造建筑物、铺设管线以及安装设备等，不得危及相邻不动产的安全。

🏛 条文要义

本条是对相邻防险关系的规定。

相邻防险关系也叫相邻防险权，是指相邻一方当事人因使用、挖掘土地，或其所建建筑物有倒塌可能，给相邻当事人造成损害的危险时，在该相邻双方当事人之间产生的一方享有请求他方预防损害，他方负有预防邻地损害的权利义务关系。相邻防险关系的类型如下。

1. 挖掘土地或建筑的防险关系。相邻一方在自己使用的土地上挖掘地下工作物，如挖掘沟渠、水池、地窖、水井，或者向地下挖掘寻找埋藏物，以及施工建筑等，必须注意保护相邻方不动产的安全，为相邻方保留必要的侧面支撑，不得因此使相邻方的地基动摇或发生危险，或者使相邻方土地上的工作物受其损害。已留出适当距离的挖掘或建筑，仍给相邻方造成损害的，应依据科学鉴定，予以免责或减轻责任。

2. 建筑物及其他设施倒塌危险的防险关系。相邻一方的建筑物或者其他设施的全部或一部有倒塌的危险，威胁相邻另一方的人身、财产安全，相邻的另一方即受该危险威胁的相邻人有权请求必要的预防。这种必要预防的请求权不以被告有过失为必要，只需有危险的存在即可，其工作物的危险纵系因洪水所致，亦非所问。

3. 放置或使用危险物品的防险关系。危险物品包括易燃品、易爆品、剧毒性、强腐蚀性物品等具有危险性的物品。放置或使用这些物品，必须严格按照有关法规的规定办理，并应当与相邻人的建筑物等保持适当距离，或采取必要的防范措施，使相邻人免遭人身和财产损失。

违反相邻防险义务的，适用民法典的规定确定责任。给相邻方造成妨碍的，可以要求停止侵害、排除妨碍，给相邻方造成损失的，可以要求损害赔偿。

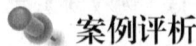 **案例评析**

林某书、黄某銮与赖某庆、黄某平、林某茂、林某壮财产
损害赔偿纠纷案①

案情：林某书与黄某銮是夫妻关系。林某书与黄某銮通过转让取得宅基地，林某书与黄某銮在该宅基地上面经营"好多多自选店"，该店的使用权归其所有。林某壮的宅基地与林某书与黄某銮经营的"好多多自选店"相邻，林某茂是林某壮的儿子，林某茂与林某壮筹划在与"好多多自选店"相邻的宅基地建房。施工对地基进行深挖之后，与林某壮相邻的林某书、黄某銮的房屋发生倒塌。法院认为，林某书、黄某銮在与林某壮相邻的宅基地的房屋倒塌与林某茂、林某壮的施工建房有直接因果关系，应当承担涉案房屋倒塌的侵权责任。

评析：此案涉及民法典第295条的规定。民法典第295条沿袭了《物权法》第91条的规定。本条是关于维护相邻不动产安全的规定。根据本编规定，不动产权利人有权在自己具有使用权的土地范围内进行工程建设，这是用益物权的权能体现，但是在进行工程建设时，要遵守本编规定的相邻关系基本原则及具体规定，注意相邻不动产的安全，避免给相邻不动产造成不应有的损害，否则，行为人应当就给相邻人造成的损害承担侵权责任。本案中，林某书、黄某銮与林某壮系相邻不动产上的权利人，其在自己宅基地上建房的行为应当符合本条规定。但林某壮在承建人赖某庆的提示下，仍然强行要求施工人员黄某平深挖地基，从而直接导致林某书、黄某銮的宅基地上的房屋倒塌，危及相邻不动产的安全。因此，林某茂、林某壮应当承担涉案房屋倒塌的侵权责任。

> ▶▶ **第二百九十六条** 不动产权利人因用水、排水、通行、铺设管线等利用相邻不动产的，应当尽量避免对相邻的不动产权利人造成损害。

🏛 条文要义

本条是对行使相邻权避免损害相邻权利人的规定。

不动产权利人因用水、排水、通行、铺设管线等利用相邻不动产的，应当遵守约定，负有尽量避免对相邻不动产权利人造成损害的义务。对于没有造成损害的，相邻方应当容忍，一般不应要求不动产权利人给付费用。

相邻方违反相邻关系造成对方损害的救济方法，本条没有规定，主要有以下几种。

1. 依据约定进行救济。双方当事人之间事先存在合同约定，或者在区分所有建筑

---

① 审理法院：广东省潮州市中级人民法院，案号：(2019) 粤51民终149号。

物的业主管理规约有明确规定的，应当按照合同的约定或者管理规约的规定，处理双方的争议。没有按照约定或者管理规约的规定处理相邻纠纷的，违约一方应当承担责任。

2. 强制拆除。对于相邻方建设的建筑物或者其他设施妨害对方权利行使，对方提出强制拆除的，应当予以准许，对妨害相邻关系的建筑物或者其他设施予以强制拆除。

3. 适当补偿。相邻一方给相邻另一方的不动产权利行使提供方便，对自己的权利行使造成妨害的，提供方便的一方可以请求予以适当补偿。对方应当根据实际情况，对造成妨害的对方予以适当补偿。

4. 合理损失赔偿原则。利用相邻方的不动产，对相邻方造成损害的，既包括一经利用对方不动产就造成了损害的，也包括未尽量避免对相邻不动产权利人造成损害的，都应当对实际造成的损失承担赔偿责任。相邻关系的赔偿责任不以过错为要件，只要造成了损害就应当承担赔偿责任。

案例评析

韶关市顺宏房地产开发有限公司[*]、吕某物权保护纠纷案[①]

案情： 吕某与顺宏公司签订商品房买卖合同购买房屋。同日，吕某与某某物业浈江分公司签订《韶关某某前期物业服务协议》，由该物业公司根据房屋建筑共用部位的使用情况及使用时间，定期对房屋建筑共用部位进行巡查及日常维护，保持房屋建筑共用部位处于正常使用状态。吕某发现厨房的天花顶面往下滴水，便要求某某物业浈江分公司派人查看。某某物业浈江分公司认为漏水部位不是其管理服务范围，与其无关。吕某遂诉至法院。法院认为，对于顺宏公司应否对案涉房屋厨房漏水承担保修责任的问题，屋面防水工程有防水要求的卫生间、房间和外墙面的防渗漏，保修期为 5 年。因此，无论按照双方当事人的约定抑或法律规定，案涉房屋尚在保修阶段，顺宏公司都负有对 401 房厨房的渗漏保修的义务。

评析： 此案涉及民法典第 296 条的规定。民法典第 296 条沿袭了《物权法》第 92 条的规定，并删除了"造成损害的，应当给予赔偿"的规定。本案中，案涉 501 房厨房底部排水渗漏至 401 房系建筑质量问题，故顺宏公司应当按照购房合同及其附件约定的内容，对案涉 401 房屋厨房漏水承担保修责任。从鉴定结果看，虽然并非楼上 501 房的住户张某的原因导致 501 房厨房底部排水渗漏至 401 房，但根据本条规定，张某在排水时应当尽量避免给 401 房屋的住户造成损害。为此，尽管张某不存在主动的损害行为，但有义务为顺宏公司的维修提供便利，如张某不协助顺宏公司修补漏水部分，则其违反了本条规定，应当承担相应责任。

---

　　[*]　以下简称"顺宏公司"。

　　[①]　审理法院：广东省韶关市中级人民法院，案号：（2019）粤 02 民终 421 号。

第八章 共有

▶▶ **第二百九十七条** 不动产或者动产可以由两个以上组织、个人共有。共有包括按份共有和共同共有。

🏛 条文要义

本条是对共有权及其类型的规定。

共有权，是指两个以上的民事主体对同一项财产共同享有的所有权。其特征是：（1）共有权的主体具有非单一性，须由两个或两个以上的自然人、法人或其他组织构成。（2）共有物的所有权具有单一性，共有权的客体即共有物是同一项财产，共有权是一个所有权。（3）共有权的内容具有双重性，包括所有权具有的与非所有权人构成的对世性的权利义务关系，和其内部共有人之间的权利义务关系。（4）共有权具有意志或目的的共同性，基于共同的生活、生产和经营目的，或者基于共同的意志发生共有关系。

共有权包括的类型是：（1）按份共有，即对同一项财产数个所有人按照既定的份额，享有权利、负担义务。（2）共同共有，即对同一项财产数个所有人不分份额地享有权利、承担义务。（3）准共有，即共有的权利不是所有权，而是所有权之外的他物权和知识产权。

共有关系可基于以下原因产生：（1）基于当事人的意志而产生，称为协议共有，是两个以上的人就一项财产的所有权，协议约定由这些人共同所有，是典型的共有发生原因。例如家庭成员协议对所得的财产实行共有，依据该协议，即发生家庭共有财产。（2）基于法律的直接规定而产生。这种共有关系的产生不必由当事人协议，而是只要符合了法律规定的条件，就依据法律自然发生共有关系。例如，夫妻结婚以后，没有约定其他财产所有形式，依照法律规定，即发生夫妻共同共有的财产关系。（3）基于财产的性质而发生，称为强制共有。这类财产具有不可分割性，不实行共有就没有办法解决所有权的问题，因而发生共有关系。例如，合伙对于合伙财产的共有就是强制共有，无论是否协议，都发生共同共有关系。（4）基于共同行为而发生，称为取得共有。区别于基于共同意志而发生的协议共有，取得共有系基于行为而非共同意志，常见于普通的共同共有和准共有中。例如，二人以上协议共同出资、共同享受权利义务而购买一物，对该物则基于当事人的意志而产生共有关系。（5）基于原来的共同关系而发生。例如，在合伙经营中产生的债权，由于合伙的财产关系是共有关系，因此这个债权也是共同债权，为准共有性质。民法典第 307 条规定："因共有的不动产或者动产产生的债权债务，在对外关系上，共有人享有连带债权、承担连带债务，但是法律另有规定或者第三人知道共有人不具有连带债权债务关系的除外；在共有人内部关系上，除共有人另有约定外，按份共有人按照份额享有债权、承担债务，共同共有人共同享有债权、承担债务。偿还债务超过自己应当承担份额的按份共有人，有权向其他共有人追偿。"（6）基于不动产相毗邻而发生。不动产相邻关系中各邻人对疆界线上设置的物的共有，是基于不动产相毗邻而发生的共有。在数个相毗邻的土地设置地役权，产生的地役权的性质可能是共有地役权。这种共有的地役权关系是按份共有关系。

所有的共有关系都能够因某种原因而消灭。共有关系消灭的原因可分为一般原因和特殊原因。

凡是消灭所有权关系的一般原因，都可以消灭共有关系。这是因为，共有关系不过是所有权关系的一种类型，既然可以消灭所有权关系，当然就能够消灭共有关系。共有关系消灭的一般原因包括灭失、征收或者强制措施、转让、抛弃、主体死亡。

共有关系消灭的特殊原因包括：婚姻关系消灭；家庭关系解体；合伙散伙；共同继承人分割遗产；共有财产归共有人中一人所有；共有人之间终止共有关系的协议；共有人提出分割共有物的请求；约定共有关系存续的期限已经届满；共有权利的存续期限届满；共有的财产权利已经实现；设置该财产权的目的实现。

案例评析

相某诉黄某财产权属纠纷案①

案情： 相某与黄某共同投资经营某公司。某日，两人向上海 B 公司（以下简称"B 公司"）订购汽车一辆，总价中部分由黄某向银行按揭贷款，订金由两人于当日付讫。当月该车辆登记在黄某名下，并在登记过程中由 B 公司为相某垫付了各项费用。次年 5 月，两人支付了 B 公司部分价款并偿还部分银行贷款。8 月，黄某向相某汇款 5 万元，双方于 10 月终止合作关系，相某转让股权退出该公司。当年 12 月，因两人未能全部支付购车款及其他费用，B 公司诉至法院，经法院判决，黄某使用两人共有房屋出售款支付给了 B 公司。后相某就车辆权属问题将黄某诉至法院。法院认为涉案车辆应属双方按份共有，判决涉案汽车归黄某所有，并由黄某向相某支付车辆折价款。

---

① 审理法院：上海市闵行区人民法院，案号：（2007）闵民一（民）初 1013 号。

评析： 民法典第297条规定："不动产或者动产可以由两个以上组织、个人共有。共有包括按份共有和共同共有。"该条延续了《物权法》第93条的规定。本案的争议焦点即为双方共同购买的车辆的共有性质。根据民法典第308条的相关规定，对于共有性质不明的动产或者不动产，除能证明有共有关系的外，一律视为按份共有。

本案中，涉案汽车虽系相某与黄某共同购买，但因黄某否认为双方共同共有，又不存在家庭关系等确立共同共有的共有关系基础，原告提供的证据也不能证明该车属共同共有，所以法院认定双方对涉案汽车的共有系按份共有，且双方为购买该车共同支付的费用中，双方在其中各享有一半。法院据此确定了两人对车辆各自所占的份额以及应当给付的对价。

> ▶▶ **第二百九十八条** 按份共有人对共有的不动产或者动产按照其份额享有所有权。

🏛 条文要义

本条是对按份共有的规定。

按份共有亦称分别共有、通常共有，是共有的基本类型，是指两个以上的民事主体，对同一项财产按照应有部分，共同享有权利、分担义务的共有关系。其法律特征是：（1）各个共有人对共有物按份额享有不同的权利，份额是按份共有的基本特征，也是产生按份共有关系的客观基础。（2）各个共有人对共有财产享有权利和承担义务依据不同的份额确定，份额权是按份共有的基本特征。（3）共有人的权利及于共有财产的全部，每个共有人的权利不限于共有物的某一个具体部分，适用于整个共有物。

按份共有与共同共有的区别是：（1）成立的原因不同。按份共有的成立无须以共同关系的存在为前提，共同共有的成立须以共同关系的存在为前提。（2）标的物不同。按份共有的共有财产多数为单一物或者少数财产集合，共同共有的客体通常为一项财产，为财产集合。（3）权利的享有不同。无论是对外关系还是对内关系，按份共有权人享有的权利和承担的义务都是按照份额确定的，共同共有则没有份额的限制，共同享有权利，共同承担义务。（4）存续的期间不同。共同共有通常有共同的目的，因而存续期间较长，按份共有在本质上为暂时关系，可以随时终止。（5）分割的限制不同。按份共有可以随时请求分割共有财产，共同共有人在共有关系存续期间不得请求分割共有财产。

按份共有关系产生的特点，是基于意志原因和法律原因，并且这两个原因结合在一起方能产生。（1）按份共有产生的基本原因是当事人的意志原因。首先，按份共有权基于欲建立按份共有关系的各行为人统一的主观意志，经合意而发生。其次，表现在各个当事人确立各自份额的意思表示一致上，即对各自份额有共同的约定。当各共有人的份额不明，或者对份额的约定不一致却建立了共有关系时，法律推定各共有人的份额均等，这不是法律强制各共有人按等额享有权利，而是推定他们以相等份额建立共有关系。既然如此，各行为人主观意志一致的表现形式，就是建立按份共有关系所依据的合同。（2）按份共有产生还必须具有法律原因。仅仅有意志的原因，还不足以建立按份共有关系，还必须具有法律原因。建立共有关系的合同与建立其他物权关系的合同一样，必须接受法律关于共有权强行规定的约束。即使只有法律本身的规定，也构成按份共有发生的原因。在很多场合，按份共有的产生不是基于当事人的协议，而是基于法律的规定，是由于法律的规定而产生了按份共有关系。

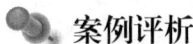 **案例评析**

刘某诉刘某某、周某某共有房屋分割纠纷案[①]

案情：刘某与父母共同购买某小区房屋一套，双方就房屋产权约定刘某占 90% 份额，父母二人各占 5% 份额。该房是父母二人的唯一居住房屋。后刘某与父母因房屋装修产生矛盾，刘某将父母诉至法院请求将父母享有的 10% 产权割归自己所有；并要求父母赔偿擅自装修给自己造成的损失。刘某父母主张该房屋主要是二人出资购买，不同意转让产权份额。另查明刘某另有住房一套。一审法院认为：公民的合法财产权益受法律保护，不能未经其他按份共有人同意而强行购买他人享有的份额，且上述房屋是其唯一可行使居住权的场所，而刘某对父母负有赡养义务，其父母装修房屋的行为也未对刘某造成损失，驳回了刘某的诉讼请求。二审法院维持原判。

评析：讼争房屋系三人按份共有。单从民法典第 298 条（《物权法》第 94 条）之规定看，刘某占份额 90%，有权决定本案讼争房屋的处分。但是本案的特殊之处在于，本案中被告与刘某系父母子女关系，案涉房屋系双方以居住为目的的购房，从购房相关证据看，大部分房款由被告出资，被告购房时将大部分财产份额登记在刘某名下，超出刘某出资部分，具有赠与性质，系父母疼爱子女善良风俗的具体表现。

《物权法》第 7 条明确规定："物权的取得和行使，应当遵守法律，尊重社会公德，不得损害公共利益和他人合法权益。"综上，刘某要求其父母转让财产份额的诉求与善良风俗、传统美德的要求不符，不应予以支持。二审判决认定为共同共有不当，导致适用法律有瑕疵，应予纠正，但判决结果正确，应予维持。

▶▶ **第二百九十九条** 共同共有人对共有的不动产或者动产共同享有所有权。

[①] 审理法院：一审法院为重庆市綦江区人民法院，案号：（2014）綦法民初 4573 号；二审法院为重庆市第五中级人民法院，案号：（2014）渝五中法民终 6040 号；再审法院为重庆市第五中级人民法院，案号：（2015）渝五中法民再终 43 号。

🏛 条文要义

本条是对共同共有的规定。

共同共有也称公同共有，是指两个以上的民事主体基于某种共同关系，对于同一项财产不分份额地共同享有权利、承担义务的共有关系。狭义的共同共有是指合有，是各共有人根据法律或合同的效力，共同结合在一起，不分份额地共同所有某项财产。广义的共同共有包括合有和总有。

共同共有的法律特征是：（1）共同共有依据共同关系而发生，没有这种共同关系的存在，不能发生共同共有关系。（2）共同共有人在共有关系中不分份额，只要共同共有关系存在，共有人对共有财产就无法划分各人的份额。（3）共同共有人平等地享受权利和承担义务，共同共有人的权利及于整个共有财产，行使全部共有权。（4）共同共有人对共有财产享有连带权利，承担连带义务。

共同共有的性质是不分割的共有权，具体表现是：（1）共同共有不分份额，因而是没有份额的共有权。（2）共同共有人中的每一个人都享有共有权，却不能独立地享有所有权，每个共有人并不是对全部共有财产的全部所有，而只是共有，实际上存在潜在的应有部分。（3）在共同共有关系终止时，共有财产才可以分割，形成按份额分割出来的单独所有权。

共同共有关系产生的特点，是其基于意志原因和法律原因，并且这两个原因结合在一起方能产生。共同共有关系是基于一般的身份关系或者带有人格性质的关系而产生，共同共有关系的主体一般并不是刻意地追求发生财产上的关系。例如，在夫妻关系、家庭关系的缔结上，都不是以发生财产关系为目的，而是因确定的身份关系而发生。共同继承遗产也是这种关系。法律规定某种共同关系的财产关系为共同共有，是共同共有发生的基本原因。

产生共同共有关系的事实基础是共同关系，共同关系消灭，存在共同共有关系的事实基础已经不存在，共同共有关系就不会再继续存在了，共同共有关系必然消灭。

共同共有关系依据下述事实而终止：一是婚姻关系消灭，二是家庭关系解体（即分家），三是合伙散伙，四是共同继承人分割遗产，五是共有财产被转让或灭失，六是终止共有关系的协议。

 案例评析

孙某诉徐某不当得利纠纷案[①]

案情：郭某与徐某在各自婚姻存续期间存在婚外感情交往，交往期间郭某在徐

某处存放有60万元额度的银行卡一张，并称准备用于将来双方离婚后的共同生活。徐某从银行卡中支取43万元至其控制下的户名为刘某的卡中，剩余17万元归还郭某。郭某的妻子孙某向法院提起诉讼要求徐某返还夫妻共同财产共103万元。法院认为：徐某返还涉案款项中17万元属实。徐某虽主张已将43万元返还给了郭某，但未能加以举证证明，故其对款项的持有行为已经没有合法依据，并造成孙某的财产损失。据此判决徐某返还孙某不当得利43万元；驳回孙某的其他诉讼请求。徐某不服，提起上诉。二审法院驳回上诉，维持原判。

评析：民法典第299条规定："共同共有人对共有的不动产或者动产共同享有所有权。"该条延续了《物权法》第95条的规定。本案中，孙某提起诉讼的法律基础就在于其对夫妻共同财产的共同共有权利。在婚姻关系存续期间，在未明确约定财产制的情形下，夫妻取得的共同财产形式应为双方共同共有，而非按份共有。在婚姻关系存续期间，夫或妻一方未经另一方同意而擅自处分的，在另一方不予追认的情况下，该行为显然属于一种无权处分，构成对另一方的共有财产权的侵犯，另一方有权予以追回。本案中，郭某在未与孙某协商一致或得到其事后追认的情况下，超出日常生活需要对夫妻共同财产进行处分，其对徐某赠与夫妻共同财产的行为属无权处分，徐某取得该财产构成不当得利，孙某有权要求其返还。

> ▶▶ **第三百条** 共有人按照约定管理共有的不动产或者动产；没有约定或者约定不明确的，各共有人都有管理的权利和义务。

🏛 条文要义

本条是对共有人管理共有物的规定。

共有人对共同财产的管理规则，分为约定管理和共同管理。

管理共有财产的基本原则是约定管理，共有人有约定管理协议的，依照协议的约定进行管理。约定管理主要是分别管理，可以订立分管协议。分管协议也称专属管理、分别管理约定，是指共有人之间约定某个人或各自分别占有共有财产的特定部分，并对该部分进行管理的约定。当事人进行协商，订立分管协议，约定分管的范围与内容，按照协议进行管理。

分管协议的效力有内外之分。分管协议的对内效力是：（1）共有人可以依据分管协议的内容就共有物分管部分为使用、收益及管理，即取得管理权。（2）共有人就共有物分管的特定部分，依据分管协议，行使使用、收益及管理权，凡属协议范围内的管理行为，分管的共有人均可以自由为之。分管协议的对外效力是对非分管协议签订人之外的第三人的效力。如果共有的是不动产，且经过登记，对应有部分的受让人或取得物权的人即具有效力。如果共有的是动产，应有部分的受让人或者取得物权的人若知悉有分管协议或有可得知的情形者，亦应受此项分管协议的约束。不动产未经登记，或者动产的分管协议为第三人所不知悉者，对应有部分受让人或者取得物权的人不发生拘束力。

没有约定管理或者管理不明确的，是共同管理。在共同管理的基本原则之下，对共同财产的普通管理行为，符合共有财产使用目的和用途的行为，各共有人可以单独进行，以使共有财产保值增值，保护全体共有人的利益。

案例评析

孙某诉南京市某某小区业主委员会业主知情权纠纷案[①]

案情： 孙某认为其所在小区的业主委员会存在管理混乱，财务收支不透明，不公开依法应公开的信息，甚至实施违法行为的情况，致使其自身及其他业主的合法权益受到侵害。孙某至业委会要求查询相关信息被借故推脱，遂向法院提起诉讼，要求业委会在小区公告栏公布小区建筑物及附属设施的维修资金筹集使用情况；本届业委会所有决定、决议和会议记录；本届业委会与物业公司之间的服务合同和共有部分的使用及收益情况；本小区停车费收支分配和车位处分情况；本届业主委员任期内的各年度财务收支账目、收支凭证等资料。法院认为：业主对小区公共事务以及物业管理相关事项享有知情权。业委会作出的决定、决议和会议记录、小区财务收支等与业主的权利紧密相关，应予公开并提供业主查阅，因此支持原告主张。

评析： 本条延续了《物权法》第96条的规定。建筑物及其附属设施的维修资金，属于业主共有，业主对其享有共有的权利。《最高人民法院关于审理建筑物区分所有权纠纷案件具体应用法律若干问题的解释》（已被修改）第13条规定："业主请求公布、查阅下列应当向业主公开的情况和资料的，人民法院应予支持：（一）建筑物及其附属设施的维修资金的筹集、使用情况；（二）管理规约、业主大会议事规则，以及业主大会或者业主委员会的决定及会议记录；（三）物业服务合同、共有部分的使用和收益情况；（四）建筑区划内规划用于停放汽车的车位、车库的处分情况；（五）其他应当向业主公开的情况和资料。"业主作为建筑物区分所有权人，享有知情权，享有了解本小区建筑区划内涉及业主共有权及共同管理权等相关事项的权利，业主委员会应全面、合理公开其掌握的情况和资料。同时，对于业主行使知情权亦应加以合理限制，防止滥用权利，其范围应限于涉及业主合法权益的信息。

---

① 审理法院：江苏省南京市鼓楼区人民法院，案号：（2015）鼓民初4041号。

▶▶ **第三百零一条** 处分共有的不动产或者动产以及对共有的不动产或者动产作重大修缮、变更性质或者用途的，应当经占份额三分之二以上的按份共有人或者全体共同共有人同意，但是共有人之间另有约定的除外。

🏛 条文要义

本条是对处分或者改良共有财产的规定。与《物权法》第97条规定相比，本条新增了共有人决定重大事项，即变更不动产或者动产性质或者用途。之所以规定变更共有的不动产、动产的性质或者用途属于共有人决定的重大事项，是因为这种管理行为与共有人的利益紧密相关。

对共有物的管理行为分为以下四种：（1）处分行为，是指对共有物的事实处分，即变卖或者转让等。（2）保全行为，是指以保全共有财产或在共有财产上设置的其他权利为目的的行为，如为防止共有财产的灭失，或者共有财产上设置的其他权利的消灭等行为。（3）改良行为，是指以对于共有物或物上其他权利的利用或改善为目的的行为，属于以增加共有物的收益或效用为目的的行为。（4）利用行为，是指以满足共有人共同需要为目的，不变更共有物的性质，决定其使用、收益方法的行为。

对共有物进行处分行为，是事实上决定共有物的命运，即转让共有物的所有权。对共有物的改良行为，是对共有物的更新或者改建行为，对共有物或物上其他权利进行利用或改善，以增加共有物的收益或效用。这两种行为都对共有人的利益具有重要意义。重大修缮和变更性质或者用途都是对共有物的改良行为，都属于重大管理事项，应当适用一样的规则，因此，将变更共有物的性质或者用途的行为，与重大修缮适用同样的规则，是完全符合法理的。本条规定，对共有的不动产或者动产作处分的决定（处分行为），或者作进行重大修缮、变更性质或者用途的改良行为，应当经占份额2/3以上的按份共有人或者共同共有人全体一致同意。只有在共有人另有约定的情况下，才可以按照当事人的约定处理。例如，按份共有人之间已经达成了分管协议，则对所有共有人具有拘束力，应当按照分管协议的约定管理共有物。[①] 没有达到这一规定的份额的部分共有人处分全部共有财产的，为无效。

🔩 案例评析

李某诉王某离婚后财产纠纷案[②]

案情： 李某与王某因感情不和调解离婚，离婚时对于共同共有的房屋并未予以

---

① 王利明. 物权法研究：上卷. 4版. 北京：中国人民大学出版社，2016：696.

② 审理法院：一审法院为北京市东城区人民法院，案号：（2013）东民初02551号；二审法院为北京市第二中级人民法院，案号：（2013）二中民终09734号。

分割，而是通过协议约定该房屋所有权在王某付清贷款后归双方之子王某某所有。数年后李某向法院起诉称此房屋贷款尚未还清，产权亦未变更至王某某名下，即还未实际赠与王某某，仍属于李某、王某共有财产，不计划再将该房屋属于自己的部分赠给王某某，主张撤销之前的赠与行为，重新分割。王某主张双方离婚时已经将房屋协议赠与王某某，不应支持李某的诉讼请求。法院认为：李某与王某在婚姻关系存续期间均知悉该房屋系夫妻共同财产，对于诉争房屋的处理也早已在离婚时达成约定，即双方约定将共有房屋赠与其子是建立在双方夫妻身份关系解除的基础之上。故对李某的诉讼请求，法院予以驳回。二审法院维持一审原判。

评析：民法典第 301 条规定："处分共有的不动产或者动产以及对共有的不动产或者动产作重大修缮、变更性质或者用途的，应当经占份额三分之二以上的按份共有人或者全体共同共有人同意，但是共有人之间另有约定的除外。"本案中，诉争房屋是李某与王某双方婚姻关系存续期间购买，系二人夫妻共同财产，由二人共同共有，双方均不单独享有对诉争房屋处分的权利，处分该房屋需双方意思表示一致。双方在离婚时已经对房屋的处分形成合意，共同表示将房屋赠与未成年子女，该意思表示真实有效，理应对双方产生拘束力，在离婚后，一方欲根据《合同法》第 186 条第 1 款之规定单方撤销赠与时，亦应取得双方合意，在未征得作为共同共有人的另一方同意的情况下，无权单方撤销赠与。

▶▶ **第三百零二条** 共有人对共有物的管理费用以及其他负担，有约定的，按照其约定；没有约定或者约定不明确的，按份共有人按照其份额负担，共同共有人共同负担。

🏛 条文要义

本条是对共有物管理费用承担的规定。

共有财产的管理费用，是指对共有物的保存费用、对共有物作简易的修缮或重大修缮所支出的费用或者利用共有财产的行为所支付的费用。管理费用也包括其他负担，如因共有物致害他人所应支付的损害赔偿金、医疗费等其他负担。

根据该条规定，对管理费用的负担规则是：（1）对共有物的管理费用以及其他负担，有约定的，按照约定处理。（2）没有约定或者约定不明确的，在按份共有中，按份共有人按照其份额负担；在共同共有中，共同共有人共同负担。另外，根据该条规定的精神，如果共有人中的一人支付管理费用，该费用是必要管理费用的，其超过应有份额所应分担的额外部分，对其他共有人可以按其各应分担的份额请求偿还。

 **案例评析**

郭某与白某、李某等财产损害赔偿纠纷案①

案情：白某系某小区某栋 101 室业主。某日物业公司接到业主反映一楼墙面渗水，后发现是 201 室厨房排水管反水从洗菜池溢出后漏至一楼，造成白某房屋受损。白某与 201 室至 601 室业主李某、晋某、郭某、童某、王某就损失赔偿未能协商一致，遂申请进行鉴定。后白某将李某、晋某、郭某、童某、王某诉至法院要求赔偿。一审法院认为：共用的排水管堵塞可能是由厨房垃圾等异物直接堵塞或油污结垢后管道内径变细影响下水正常排放所致，上述结果系包括原告在内的一至六层业主在使用厨房下水时造成，且无法查清具体业主责任的大小，对原告的损失应由使用同一排水系统的业主即本案原、被告平均负担。因白某较长时间不在该房屋居住，未及时发现漏水情况，致使损失扩大，应比其他共用管道的使用人承担较大的责任。应据此分担维修费用以及鉴定费用。

评析：本案当事人系同一单元业主，其共用的排水管道系该单元业主对建筑物专有部分之外的共有部分。上诉人郭某与被上诉人白某、原审被告李某、晋某、童某、王某为同一单元上下楼的相邻住户，现共用的排水管道发生堵塞导致被上诉人白某房屋受损，在无其他证据证实共用排水管道的堵塞系其他人为原因所致的情况下，堵塞是由本单元住户的厨房垃圾或油污结垢所致，上诉人郭某作为本楼层住户的一员，对于共用排水管道的堵塞应负一定责任。民法典第 302 条的规定："共有人对共有物的管理费用以及其他负担，有约定的，按照其约定；没有约定或者约定不明确的，按份共有人按照其份额负担，共同共有人共同负担。"该条延续了《物权法》第 98 条的规定。本案中，对于共用下水管道的堵塞原因及各业主的责任大小已无法查清，故对被上诉人的损失应当由同侧楼层的全部业主分摊。

> ▶▶**第三百零三条**　共有人约定不得分割共有的不动产或者动产，以维持共有关系的，应当按照约定，但是共有人有重大理由需要分割的，可以请求分割；没有约定或者约定不明确的，按份共有人可以随时请求分割，共同共有人在共有的基础丧失或者有重大理由需要分割时可以请求分割。因分割造成其他共有人损害的，应当给予赔偿。

🏛 **条文要义**

本条是对分割共有财产的规定。在共有关系存续期间，共有人负有维持共有状

---

① 审理法院：一审法院为新疆维吾尔自治区昌吉市人民法院，案号：(2018) 新 2301 民初 4047 号；新疆维吾尔自治区昌吉回族自治州中级人民法院，案号：(2019) 新 23 民终 342 号。

态的义务。

分割共有财产的规则如下。

1. 约定不得分割共有财产的。共有人约定不得分割共有的不动产或者动产以维持共有关系的，应当按照约定，维持共有关系，一般不得请求分割共有财产，消灭共有关系。

2. 虽有不得分割的约定但有重大理由需要分割共有财产的。共有人虽然有不得分割共有的不动产或者动产以维持共有关系的协议，但共有人有重大理由，需要分割的，可以请求分割。至于请求分割的共有人究竟是一个人、数人或者全体，在所不问。但如果共有人全体请求分割共有财产的，则为消灭共有关系的当事人一致意见，当然可以分割。

3. 没有约定或者约定不明确的。对于共有关系的保持没有约定或者约定不明确的，如果是按份共有，共有人则可以随时请求分割；如果是共同共有，共有人在共有的基础丧失或者有重大理由需要分割时，也可以请求分割。

4. 造成损害的赔偿不论是否约定保持共有关系，共有人提出对共有财产请求分割，如果在分割共有财产时对其他共有人造成损害的，应当给予赔偿。

 案例评析

杨某琼诉王某共有物分割案[①]

案情： 涉案房产房屋产权证下包含面积不等的东西两户，分别由杨某琼、王某居住使用。后经当事人协商，对其重新进行改造，间隔为面积相等的东西两户。涉案房产原系被继承人王某敏与杨某琼在夫妻关系存续期间通过房改取得，之所以两户办理一个产权系受王某敏行政级别及房改政策所限，目前两户无法办理独立产权。杨某琼与王某敏在取得涉案房产后，其夫妻二人在东户居住，王某在西户居住，后王某另行购买房屋，现在另购房屋中常住。杨某琼与王某分别以享有50%份额的方式对涉案房产按份共有。杨某琼起诉请求依法分割东户、西户房屋，确认该房屋归杨某琼所有，杨某琼根据市场价格补偿给王某50%房屋折价款。

评析： 本案是共有物分割纠纷。本案的争议焦点之一系涉案房产是否应当分割。一审法院认为双方对涉案房产系按份共有，且双方并未约定不得分割共有物，双方均有权随时请求分割。二审法院同意一审裁判意见。民法典第303条规定："共有人约定不得分割共有的不动产或者动产，以维持共有关系的，应当按照约定，但是共有人有重大理由需要分割的，可以请求分割；没有约定或者约定不明确的，按份共有人可以随时请求分割，共同共有人在共有的基础丧失或者有重大理由需要分割时

---

① 审理法院：一审法院为山东省淄博市张店区人民法院，案号：（2017）鲁 0303 民初 4026 号；二审法院为山东省淄博市中级人民法院，案号：（2018）鲁 03 民终 2045 号。

可以请求分割。因分割造成其他共有人造成损害的，应当给予赔偿。"该条延续了《物权法》第 99 条的规定。该案中，当事人之间系按份共有关系，且并未就共有财产能否分割进行约定，故共有人可以随时请求分割。因此，王某提出的"要视具体案情确定是否具有必须分割的特殊情形发生"并认为涉案房产不得分割的抗辩没有法律依据。

> ▶▶ **第三百零四条** 共有人可以协商确定分割方式。达不成协议，共有的不动产或者动产可以分割并且不会因分割减损价值的，应当对实物予以分割；难以分割或者因分割会减损价值的，应当对折价或者拍卖、变卖取得的价款予以分割。
>
> 　　共有人分割所得的不动产或者动产有瑕疵的，其他共有人应当分担损失。

🏛 条文要义

本条是对共有财产分割方式的规定。

为了避免纠纷、减少矛盾，使分割顺利进行，在分割共有财产时，应遵循以下原则：（1）遵守法律的原则。共有人分割共有物，应当遵守法律的规定，不能损害国家、集体或他人的利益。（2）遵守约定的原则。共有人对相互间的共有关系有约定的，分割共有财产时应遵守其约定。（3）平等协商、团结和睦的原则。共有财产的分割直接涉及各共有人的物质利益，容易引起纠纷，影响团结，因此在分割共有财产时，对有争议的问题要本着平等协商、和睦团结的原则来处理。（4）保存和发挥物的效用的原则。在分割共有财产时不能因为对共有物的分割而毁损物的价值。对于不能实物分割或实物分割有损价值的共有物，应采取其他方式分割。对于从事某种职业所必需的物品，应尽量照顾有此需要的共有人。

根据以上原则，对共有财产分割的请求一旦提出，按份共有关系中有协议的，按协议办理；无协议的，按协商一致原则办理；协商不成时，按照拥有财产份额一半以上的共有人的意见处理，但不得损害份额较少的共有人的利益；如果没有拥有财产份额一半以上的共有人，则按多数共有人的意见处理。共同共有财产的分割，以共有关系消灭为前提，同样，有协议的按协议办理；没有协议的应当根据等份原则处理，同时要考虑共有人对共有财产的贡献大小，适当照顾共有人生产、生活的实际需要等情况。

分割共有财产时采取以下方式：（1）实物分割。对共有财产，在不影响其财产使用价值和特定用途时，可在各共有人之间进行实物分割，使各共有人取得其应得的部分。实物分割是分割共有财产的基本方法。（2）变价分割。变价分割是指共有财产不能分割或分割有损其价值，各共有人都不愿意取得共有物时，将其变卖，所得价金由各共有人分别领取的分割方法。（3）作价补偿。作价补偿是指共有人中的一人或数人取得共有物，对其他共有人的应得部分作价补偿。这种分割方式多适用于共有物为不可分割且有共有人愿意放弃对该物的所有权的情况。

共有财产分割后，共有关系消灭，各共有人各自取得其所分得部分的所有权。由共有人对全部共有财产的共同所有，变成各共有人对原共有财产的各个部分的单独所有。共有财产分割后，各共有人都应以其所得的财产，互负瑕疵担保责任。共有人之一分得的财产因其分割前的权利瑕疵而被第三人强制追索，或分得的财产本身有瑕疵，其所受的损失应由其他共有人按其所得财产的份额比例进行补偿。

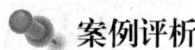 **案例评析**

邵某、吴某共有纠纷案①

案情： 邵某与吴某的弟弟吴某1系夫妻，育有一子，吴某1已因病死亡。吴某向法院提起上诉，主张现由邵某占有、使用的房屋系邵某与吴某共有。不动产登记查册表、房地产权证亦显示：该房屋权属人登记确为吴某与邵某共同共有。诉讼过程中地产评估对涉讼房屋进行评估，邵某不予配合，故该公司粗略估计该房屋市场价值为220.8万元。吴某要求对该房屋进行分割。一审法院认为：吴某要求分割涉讼房屋的理由成立，房屋归邵某所有，邵某应向吴某支付其所占50%份额的相应对价。二审法院认为：一审法院认定事实清楚，但处理方式欠妥。将涉讼房屋予以拍卖，拍卖价款由邵某、吴某各占50%。

评析： 本案涉及共有物分割的方法问题。民法典第304条对共有物分割方式进行了规定，该条延续了《物权法》第100条的规定。根据该条规定，共有人可以协商确定分割方式。达不成协议，共有的不动产或者动产可以分割并且不会因分割减损价值的，应当对实物予以分割；难以分割或者因分割会减损价值的，应当对折价或者拍卖、变卖取得的价款予以分割。

本案中，邵某明确表示如判决涉案物归其所有，其并没有支付对价的能力。吴某亦未有向邵某支付涉案房屋二分之一的对价以取得涉案房屋全部所有权的意思表示。双方对以拍卖或变卖方式兑现涉案房屋价款再行分割均未提出异议。因此，综合考虑各种因素，在邵某已明确表示如判决涉案房屋归其所有，其没有支付对价能力的情况下，仍然判决涉案房屋归其所有不当，二审判决将拍卖房屋所得价款由吴某和邵某各享有50%更为妥当。

---

① 审理法院：一审法院为广东省广州市番禺区人民法院，案号：（2018）粤0113民初2316号；二审法院为广东省广州市中级人民法院，案号：（2018）粤01民终22829号。

▶▶ **第三百零五条** 按份共有人可以转让其享有的共有的不动产或者动产份额。其他共有人在同等条件下享有优先购买的权利。

🏛 条文要义

本条是对按份共有份额转让权和优先购买权的规定。

按份共有的共有人对于其共有份额享有的权利类似于单独所有权。因此，按份共有人享有转让权，可以转让其享有的对共有财产的份额。一般情况下，按份共有人转让其享有的共有份额无须得到其他人的同意，但不得因此损害其他共有人的利益。

为了简化共有关系，提高物的利用效率，避免过多外人介入而使共有关系变得复杂，本条规定在按份共有人转让其共有份额时，其他共有人享有优先购买权，即在同等条件下，其他按份共有人可以先于共有人之外的其他人购买该份额。这是因为，按份共有的共有人出让自己的份额，共有人有优先购买权，在同等条件下优先购买，可以将共有关系仍然保持在原来的共有人之间，不会有共有人之外的人加入共有关系而破坏共有人之间的信赖，以致共有关系受到损害。通过按份共有的共有人享有优先购买权，就能在尽可能的情况下，使共有关系存续下去，避免外部的第三人加入现存的共有关系，从而维持共有关系的稳定。

行使优先购买权的条件是同等条件，即其他共有人就购买该份额所给出的价格等条件与欲购买该份额的非共有人给出的相同。当其他共有人与共有关系之外的其他人出价相同时，其他共有人有优先购买的权利，先买到该共有的份额。否则，其他共有人不享有优先购买权。此处的"同等条件"指价格条件相同，不仅包括价格数额，也包括付款方式、期限等。

📋 配套司法解释

最高人民法院关于适用《中华人民共和国民法典》物权编的解释（一）

第九条 共有份额的权利主体因继承、遗赠等原因发生变化时，其他按份共有人主张优先购买的，不予支持，但按份共有人之间另有约定的除外。

第十条 民法典第三百零五条所称的"同等条件"，应当综合共有份额的转让价格、价款履行方式及期限等因素确定。

第十一条 优先购买权的行使期间，按份共有人之间有约定的，按照约定处理；没有约定或者约定不明的，按照下列情形确定：

（一）转让人向其他按份共有人发出的包含同等条件内容的通知中载明行使期间的，以该期间为准；

（二）通知中未载明行使期间，或者载明的期间短于通知送达之日起十五日的，为十五日；

（三）转让人未通知的，为其他按份共有人知道或者应当知道最终确定的同等条件之日起十五日；

（四）转让人未通知，且无法确定其他按份共有人知道或者应当知道最终确定的同等条件的，为共有份额权属转移之日起六个月。

第十二条　按份共有人向共有人之外的人转让其份额，其他按份共有人根据法律、司法解释规定，请求按照同等条件优先购买该共有份额的，应予支持。其他按份共有人的请求具有下列情形之一的，不予支持：

（一）未在本解释第十一条规定的期间内主张优先购买，或者虽主张优先购买，但提出减少转让价款、增加转让人负担等实质性变更要求；

（二）以其优先购买权受到侵害为由，仅请求撤销共有份额转让合同或者认定该合同无效。

第十三条　按份共有人之间转让共有份额，其他按份共有人主张依据民法典第三百零五条规定优先购买的，不予支持，但按份共有人之间另有约定的除外。

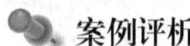 **案例评析**

吴某、黄某共有人优先购买权纠纷案①

案情： 何某与吴某、黄某按份额共同享有一房屋。该房屋由何某居住使用。后何某先后签订了标价为 20 万元和 36 万元的两份购房合同，将自己所占份额对应面积的房产通过第三人出售给陈某、琚某，并据此变更了产权登记。陈某、琚某实际支付房款 36 万元。吴某、黄某诉至法院，请求依法确认被告何某与被告陈某、琚某签订的房屋买卖协议无效，并判令两原告在何某与陈某、琚某房屋买卖合同中所确定的价位及付款方式享有优先购买权。一审法院认为：吴某、黄某确对涉讼房屋享有优先购买权，经当庭告知并给予一定期限，吴某、黄某均放弃优先购买。二审法院认为：一审判决认定事实清楚，适用法律正确，应予维持。

评析： 民法典第 305 条延续了《物权法》第 101 条的规定。本案中，法院的判决依据是《物权法》第 101 条。根据该条规定，按份共有人可以转让其享有的共有的不动产或动产份额，其他共有人在同等条件下享有优先购买的权利。《最高人民法院关于适用〈中华人民共和国物权法〉若干问题的解释（一）》（2016 年）第 10 条进一步规定，《物权法》第 101 条所称的"同等条件"，应当综合共有份额的转让价格、价款履行方式及期限等因素确定。何某处分的是其名下按份共有的份额，吴某、黄某对该共有房屋在同等条件下享有优先购买的权利，有权按照相同的价格优先购买被告何某处分的房屋。但是，在本案一审期间，经法院当庭告知原告并给予一定期限，原告吴某、黄某明确表示不愿意以何某与陈某、琚某的交易价格购买涉案房屋，应视为已放弃在同等条件下优先购买的权利。

---

① 审理法院：安徽省安庆市中级人民法院，案号：（2018）皖 08 民终 1622 号。

> ▶▶第三百零六条　按份共有人转让其享有的共有的不动产或者动产份额的，应当将转让条件及时通知其他共有人。其他共有人应当在合理期限内行使优先购买权。
>
> 　　两个以上其他共有人主张行使优先购买权的，协商确定各自的购买比例；协商不成的，按照转让时各自的共有份额比例行使优先购买权。

🏛 条文要义

本条是对转让共有财产的按份共有人对优先购买权人的通知义务以及行使优先购买权具体方法的规定。

《物权法》第 101 条只规定了按份共有人享有优先购买权，但未明确规定优先购买权的行使规则。《最高人民法院关于适用〈中华人民共和国物权法〉若干问题的解释（一）》（2016 年）补足了这一法律漏洞，其第 9 条至第 14 条详细规定了按份共有人行使优先购买权的规则。本条规定部分采纳了该司法解释的内容，规定了按份共有人行使优先购买权的具体规则。

1. 按份共有人行使优先购买权的一般规则

首先，决定转让其共有份额的按份共有人，应当将转让条件及时通知其他共有人。该款内容虽然未规定按份共有人的优先购买权是否限于外部转让，但是根据行文可以推断是向共有人之外的人转让。这是因为，按份共有人之间的份额转让不会打破共有的内部关系，按份共有人之间转让共有份额时，其他共有人处于平等的地位，不得主张优先购买权。按份共有人对外转让份额时，会打破原有的内部关系。为了简化共有关系，防止外人的加入使共有人内部关系趋于复杂，按份共有人对外转让时，其他共有人享有优先购买权。[①] 因此，确定按份共有人的优先购买权范围限于共有人向共有人以外的人进行的外部转让，是没有问题的。只有在进行外部转让时，其他按份共有人才享有优先购买权，转让人应当将转让条件及时通知其他共有人。

其次，其他共有人应当在合理期限内行使优先购买权。关于合理期限的认定，本条条文没有规定，可以适用《最高人民法院关于适用〈中华人民共和国物权法〉若干问题的解释（一）》（2016 年）第 11 条关于按份共有人优先购买权的行使期间的规定，即"优先购买权的行使期间，按份共有人之间有约定的，按照约定处理；没有约定或者约定不明的，按照下列情形确定：（一）转让人向其他按份共有人发出的包含同等条件内容的通知中载明行使期间的，以该期间为准；（二）通知中未载明行使期间，或者载明的期间短于通知送达之日起十五日的，为十五日；（三）转让人未

---

① 王泽鉴. 民法学说与判例研究：第 3 册. 北京：中国政法大学出版社，1998：320.

通知的，为其他按份共有人知道或者应当知道最终确定的同等条件之日起十五日；（四）转让人未通知，且无法确定其他按份共有人知道或者应当知道最终确定的同等条件的，为共有份额权属转移之日起六个月"。这些规则可以不在法律中规定，而由司法实践解决。

2. 两个以上按份共有人都主张优先购买权的规则

按份共有人转让其共有份额，两个以上的其他共有人都主张优先购买权的，也应该规定具体的规则。《最高人民法院关于适用〈中华人民共和国物权法〉若干问题的解释（一）》（2016 年）第 14 条关于两个以上按份共有人优先购买权的行使规则，即"两个以上按份共有人主张优先购买且协商不成时，请求按照转让时各自份额比例行使优先购买权的，应予支持"，规定了两个规则。

其一，两个以上的其他共有人都主张行使优先购买权的，应当采用协商方法，按照协议的方法确定各自的购买比例。

其二，两个以上的其他共有人主张行使优先购买权且协商不成的，则按照转让时各自的共有份额比例，行使优先购买权。这里其实有一个份额比例的换算问题，例如，按份共有人为 3 人，各自的份额为 1/3。一人转让其 1/3 的份额，另外两个其他共有人都主张优先购买权，各自占有共有财产的 1/3，扣除转让人的 1/3，这两个共有人的比例就成为 1/2，每个人应当购买转让份额的 1/2。

 **案例评析**

张某与耿某等共有人优先购买权纠纷案[①]

案情：耿某为张某继父张××在张某母亲去世后再婚的妻子，并曾与前夫育有三子。张××的房子在其去世后由耿某使用占有。某日耿某以需要钱看病为由委托三子王×3 将该房屋卖给村民张某林。此后，张某起诉耿某要求继承张××的遗产。法院判决涉案房屋由张某享有四分之一份额；再审确定张某对涉案房屋享有四分之一的继承份额；王×3 对涉案房屋享有四分之一的继承份额；耿某对涉案房屋享有二分之一的继承份额。后张某向法院提起诉讼，要求确认耿某、张某林签订的买卖协议无效，一审法院认定张某林已合法取得涉案房屋。张某不服提出上诉，二审法院驳回上诉，维持原判。后张某又起诉至本案一审法院，请求确认其对涉案房屋享有优先购买权；撤销耿某、张某林所签订的房屋买卖协议，法院不予支持。

评析：该案体现的主要问题之一是优先购买权的行使期限。法院判决的主要依据是《物权法》第 101 条、《最高人民法院关于适用〈中华人民共和国物权法〉若干问题的解释（一）》（2016 年）第 11 条中关于优先购买权行使期限的规定。根据上述

---

① 审理法院：一审法院为北京市平谷区人民法院，案号：（2016）京 0117 民初 6284 号；二审法院为北京市第三中级人民法院，案号：（2016）京 03 民终 11969 号。

规定，按份共有人之间就优先购买权的行使期限没有约定或约定不明的，转让人未通知、无法确定其他按份共有人知道或者应当知道最终确定的同等条件的，为共有份额权属转移之日起 6 个月。本案即是这种情况。张某自 2013 年起就对耿某、张某林买卖合同提出异议，但从未主张过优先购买权。张某再行起诉主张优先购买权，已超过最长 6 个月的行使期限，故本案一审、二审法院对张某的诉讼请求不予支持。

▶▶第三百零七条　因共有的不动产或者动产产生的债权债务，在对外关系上，共有人享有连带债权、承担连带债务，但是法律另有规定或者第三人知道共有人不具有连带债权债务关系的除外；在共有人内部关系上，除共有人另有约定外，按份共有人按照份额享有债权、承担债务，共同共有人共同享有债权、承担债务。偿还债务超过自己应当承担份额的按份共有人，有权向其他共有人追偿。

🏛 条文要义

本条是对共有财产产生的债权债务效力的规定。因共有财产产生的债权债务关系不同，其效力存在内外之分。

在对外关系上，不论共同共有还是按份共有，因共有的不动产或者动产产生的债权债务，共有人都享有连带债权、承担连带债务。这样规定主要是为了保护善意第三人的权益。对于第三人来说，很难获知共有人之间共有关系系共同共有还是按份共有，如果不使各共有人承担连带义务，很容易产生共有人推脱义务的行为，对债权人不利。当然，共有人对因共有的不动产或者动产产生的债权也享有连带债权。但是，如果法律另有规定或者第三人知道共有人不具有连带债权债务关系时，则不适用上述共有人享有连带债权和承担连带责任的规则，而是按照份额由共有人各自享有债权、承担债务。

在对内关系上，除了共有人另有约定之外，按份共有人按照份额享有权利、承担债务，共同共有人共同享有债权、承担义务。

由于共有人不论是共同共有还是按份共有，对因共有的不动产或者动产产生的债权债务都对外承担连带债务，当部分共有人对外承担责任后，还存在向其他共有人追偿的问题。这里的追偿问题存在两种情况：对按份共有而言，偿还债务超过自己应当承担份额的按份共有人，有权向其他共有人追偿，通过行使追偿权，实现将债务由按份共有人按份承担的效果。对共同共有而言，该条并未规定共同共有人的追偿权，这就意味着共同共有人在对外承担连带债务后，对内仍应以共有财产共同分担责任，但在共同共有关系终止时则应确定各共有人应当承担的具体份额。

案例评析

王某某与郭某某、宋某某机动车交通事故责任纠纷案①

案情：郭某某驾驶机动车与王某某相撞，致其受伤，经交警大队认定确定郭某某承担事故的主要责任，王某某承担事故的次要责任。事后针对住院期间的治疗费、护理费等费用王某某将郭某某及其妻宋某某诉至法院。法院认为：郭某某驾驶机动车违反《道路交通安全法》的规定造成交通事故，应承担赔偿责任。两被告首先在交强险责任限额范围内进行赔偿，超过交强险的部分，按80％的比例赔偿符合法律规定，予以支持。同时，郭某某驾驶的机动车系两被告的共同财产，因该车辆侵权所产生的债权债务属两被告的共同债务，应由两被告共同承担。

评析：本案涉及共有人对基于共有财产所产生的债务对外承担的问题。本案中，两名被告系夫妻关系，对涉案车辆系共同共有。根据民法典第307条规定，因共有的不动产或者动产产生的债权债务，在对外关系上，共有人享有连带债权、承担连带债务。该条延续了《物权法》第102条的规定。根据上述规定，两名被告应当对因共有的不动产或者动产产生的债务对外承担连带债务。被告郭某某驾驶由两名被告共同共有的车辆致使原告王某某受伤，首先在交强险责任限额范围内进行赔偿，对于超过交强险的部分产生的侵权之债，应当由涉案车辆的共同共有人即两名被告承担连带责任。

> ▶▶第三百零八条　共有人对共有的不动产或者动产没有约定为按份共有或者共同共有，或者约定不明确的，除共有人具有家庭关系等外，视为按份共有。

条文要义

该条规定了在共有性质约定不明确的情况下确立共有性质的一般规则。共有性质不确定的情况有两种，即"没有约定为按份共有或者共同共有"和"约定不明确"。该条明确了"以按份共有为常态，以共同共有为例外"的规则。当然，如果共有人之间有明确的约定，则应当按照约定确定是共同共有还是按份共有。

根据该条规定，在共有性质约定不明确的情况下，除非共有人具有家庭关系等确立共同共有的共有关系基础，一律推定为按份共有。这样规定的法律依据在于，共同共有的确立需要以共同关系为基础，如婚姻关系、家庭关系、合伙关系等。在通常情况下，没有共同关系，则不会建立共同共有关系。因此，在共有关系性质不明的情况下，确定的规则是，除共有人具有婚姻、家庭关系或者合伙关系之外，都

---

① 审理法院：山东省夏津县人民法院，案号：（2018）鲁1427民初1251号。

视为按份共有，按照按份共有确定共有人的权利义务和对外关系。

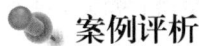 **案例评析**

周某娥等诉周某新共有权确权纠纷案①

案情：周某娥、周某根和周某新系姐弟，三人之父病故后留有房屋一幢，当时并未对该房屋进行遗产分割。后周某娥、周某根先后搬离，该房屋由周某新实际居住并管理。数年后，在未经另外二人同意的情况下，周某新将房屋产权登记在自己名下。周某娥、周某根得知该情况后提起诉讼，法院判决撤销了房管处对该房屋的产权登记。此后周某娥、周某根再次提起诉讼要求依法确认对房屋的共有份额。周某新一审主张该纠纷属于继承纠纷，已超过20年的诉讼时效。一审法院认为：该房产已转化为双方共有财产。判决周某娥、周某根各享有房屋面积的30%，周某新享有房屋面积的40%。二审法院认为：原判并无不当，驳回上诉，维持原判。

评析：本案有两个重要争议焦点：第一，本案是共有权确认纠纷还是继承权纠纷；第二，本案当事人对涉案房屋系共同共有还是按份共有。依照《继承法》第25条第1款的规定，将遗产分割前未放弃继承的视为接受继承。此时，应视为继承完毕，故本案不属继承权受侵害，而是物权纠纷。继承结束后，涉案房屋已经转化为当事人的共有财产。《物权法》第103条将无约定或约定不明的共有物默认推定为按份共有，但有家庭关系等情形的确定为共同共有。民法典第308条延续了上述规定。因本案当事人双方系姐弟关系，具有家庭关系，所以应将双方对涉案房屋的共有依法确定为共同共有。法院综合考虑了双方对该房屋的贡献与收益情况，最终确立了相对合理的物权分配比例。

> ▶▶ **第三百零九条** 按份共有人对共有的不动产或者动产享有的份额，没有约定或者约定不明确的，按照出资额确定；不能确定出资额的，视为等额享有。

🏛 条文要义

该条规定了在按份共有的份额约定不明时确定共有份额的一般规则。

在按份共有中，必须确定各共有人的共有份额，否则不利于共有权的行使。如果共有人对各自的共有份额有明确的约定，则按照共有人之间的约定确定共有份额。

如果按份共有人对共有的不动产或者动产享有的份额没有约定或者约定不明确，无法确定各自的份额比例，无法确定各共有人的权利和义务，必须有确定的方法。本

① 审理法院：一审法院为浙江省长兴县人民法院一审法院，案号：（2011）湖长民初1260号；二审法院为浙江省湖州市中级人民法院，案号：（2012）浙湖民终307号。

条规定的规则是：（1）没有约定或者约定不明确的，按照各共有人的出资额确定各自的共有份额；（2）对出资额也不能确定，无法按照出资额确定份额的，则视为各共有人的份额为等额享有，享有相同的份额，按照相同的份额享有权利、承担义务。

案例评析

汪某与罗某共有物分割纠纷案[①]

案情：罗某与汪某系恋爱关系，双方共同与房地产开发公司签订商品房买卖合同，购买了一套商品房。两人支付了首付款并在中国银行办理了按揭贷款，贷款每月由罗某偿还。两人在购房之时曾签订一份协议书，约定汪某以罗某的名义购买该房屋，罗某同意在交房之时无条件将该房屋过户给汪某。两人分手后罗某就涉案房产的分割事宜多次与汪某协商无果，由此向法院提起诉讼。一审法院认为：双方签订的协议系双方真实意思表示，且不违反法律规定，当属有效。但协议约定系汪某购买房屋，实际上汪某并未完全履行其合同义务，罗某拥有先履行抗辩权，故涉案房屋应认定为罗某、汪某按份共有，而非汪某个人所有。法院最终判决房屋归罗某所有，并应支付汪某房屋折价款 2 万元。

评析：首先，本案根据《物权法》第 103 条"共有人对共有的不动产或者动产没有约定为按份共有或者共同共有，或者约定不明确的，除共有人具有家庭关系等外，视为按份共有"的规定，确定两人对商品房的共有性质。其次，根据第 104 条中"按份共有人对共有的不动产或者动产享有的份额，没有约定或者约定不明确的，按照出资额确定"的规定，由于案件当事人并没有约定对于按份共有财产的份额享有的比例，因此应当按照出资比例确立。

本案中，当事人对涉案房屋是否为共有这一问题本身就存在争议，更未就共有的份额进行明确约定。因此，法院根据查明的事实确定了双方当事人对购买涉案房屋的出资比例，从而根据出资比例确定各自的共有份额，最终作出上述判决。

> **▶▶第三百一十条** 两个以上组织、个人共同享有用益物权、担保物权的，参照适用本章的有关规定。

🏛 条文要义

该条确定了准共有规则。

准共有，是指两个或两个以上民事主体对所有权以外的财产权共同享有权利的

---

① 审理法院：一审法院为湖北省武汉市黄陂区人民法院，案号：（2016）鄂 0116 民初 584 号；二审法院为湖北省武汉市中级人民法院，案号：（2016）鄂 01 民终 7312 号。

共有。准共有与普通共有既有联系，又有区别，共同组成完整的共有法律制度。本条虽然只规定对用益物权、担保物权适用准共有的规定，但其实，知识产权也能构成准共有，民法典物权编囿于其性质，只规定了他物权的准共有。

共有是物权法的制度，规定在物权法的所有权内容之中。对于准共有的财产权利，法律都有专门规定，如共有他物权规定在物权法的他物权部分，共有用益物权规定在用益物权当中，共有担保物权规定在担保法或者担保物权当中，共有知识产权规定在著作权法、商标法或者专利法当中。

准共有按照共有的不同性质划分，可以分成以下类型。

1. 用益物权的准共有。用益物权的准共有是最主要的准共有。其共有的权利就是用益物权，包括建设用地使用权共有、宅基地使用权共有、地役权共有、土地承包经营权共有和居住权共有。

2. 担保物权的准共有。共有的担保物权就是担保物权的准共有，包括抵押权共有、质权共有和留置权共有。

3. 特许物权的准共有。在取得采矿权、取水权和养殖权等特许物权时，如果是两个以上的民事主体共同享有，或者按份共有，或者共同共有，也是准共有性质的权利。

4. 知识产权准共有。一般是基于数个主体依据共同的创造性劳动，共同取得了一个著作权、商标权或者专利权，形成准共有。知识产权的准共有包括著作权共有、专利权共有和商标权共有。

案例评析

严某某与陕西荔民农资连锁有限公司*、汪某某、第三人 上海浦东发展银行股份有限公司渭南分行用益物权纠纷案①

案情：严某某与汪某某签订《土地合约》约定双方以大荔县龙达农资有限公司名义申请受让土地创建农资超市，汪某某出资10亩地价款、严某某出资5亩地价款共同出资受让15亩国有土地，并同意将土地使用权证先办到汪某某新注册成立的公司，且严某某同意在分证前将5亩地租给汪某某使用，租金与期限另行商定。此后汪某某与严某某订立了土地使用权租赁协议，但并未足额支付租金。双方遂订立以房抵债协议，荔民农资以其在严某某享有使用权的5亩土地上所建的仓库及库管用房抵作所欠3年租金。法院认为：双方对于涉案15亩国有土地使用权存在按份共有关系，因此可以认定原告严某某对现登记于被告荔民农资名下的15亩国有土地中的5亩的国有土地享有使用权。

评析：本案涉及用益物权共有，系一种准共有。原告严某某与被告汪某某基于

---

* 以下简称"荔民农资"。

① 审理法院：陕西省大荔县人民法院，案号：(2016) 陕 0523 民初 2470 号。

他们之间的合同取得涉案土地的用益物权，成立共有关系。由于原告严某某和被告汪某某分别以自己受让的国有土地出资款作为自己的投资份额，共同以被告荔民农资的名义取得该涉案 15 亩国有土地使用权，故法院根据《物权法》第 94 条和第 104 条之规定，确定该共有关系应为按份共有关系。

民法典第 310 条规定："两个以上组织、个人共同享有用益物权、担保物权的，参照适用本章的有关规定。"该条延续了《物权法》第 105 条的规定，将共有制度的范围扩展到了用益物权和担保物权的准共有，但并未专门就这些准共有作出规定，而是规定参照本章其他规定。本案法院在处理用益物权准共有法律关系时即参照了本章共有制度的相关规定。

第九章　所有权取得的特别规定

▶▶ **第三百一十一条** 无处分权人将不动产或者动产转让给受让人的，所有权人有权追回；除法律另有规定外，符合下列情形的，受让人取得该不动产或者动产的所有权：

（一）受让人受让该不动产或者动产时是善意；

（二）以合理的价格转让；

（三）转让的不动产或者动产依照法律规定应当登记的已经登记，不需要登记的已经交付给受让人。

受让人依据前款规定取得不动产或者动产的所有权的，原所有权人有权向无处分权人请求损害赔偿。

当事人善意取得其他物权的，参照适用前两款规定。

🏛 条文要义

本条所规定的善意取得，是尤为重要的所有权取得方式之一。

何谓善意取得？善意取得亦称即时取得，是指无权处分他人财产的财产占有人，不法将其占有的财产转让给第三人，受让人在取得该财产时系出于善意，即依法取得该财产的所有权，原财产所有人不得要求受让人返还财产的物权取得制度。

《物权法》第106条第1款首次明确了善意取得的法律效果，即物之原所有人丧失其所有权，善意受让人则取得所有权。鉴于此，随后法条制定了严格的善意取得成立要件。

1. 受让人受让该不动产或者动产时为善意

（1）如何理解"受让时"？根据《最高人民法院关于运用〈中华人民共和国物权法〉若干问题的解释（一）》（2006年）[以下简称《物权法解释（一）》]第18条规定，"受让人受让该不动产或者动产时"是指依法完成不动产物权转移登记或者动产交付之时；对于简易交付，转让动产法律行为生效时为动产交付之时；对于指示交付，转让人与受让人之间有关转让返还原物请求权的协议生效时为动产交付之时；法律对不动产、动产物权的设立另有规定的，应当按照法律规定的时间认定权利人是否为善意。如果受让人在财产交付前或交付时已知让与人无权处分财产，即为恶意。不动产物权转移登记或动产交付完毕以后，如果受让人得知让与人无权处分，则并不影响所有权的取得。

（2）如何理解"善意"？学说上有"积极观念"和"消极观念"两种主张。积极观念主张有将转让人视为所有权人的观念，即根据让与人的权利外象而信赖其有权利实象的认识，才为善意。消极观念说则要求受让人不知或不应知转让人为无处分权人即可。我国采用消极观念说，即不知情即为善意，这对善意受让者有利。《最高人民法院关于适用〈中华人民共和国物权法〉若干问题的解释（一）》（2016年）第15条规定，受让人受让不动产或者动产时，不知道转让人无处分权，且无重大过失的，应当认定受让人为善意。

2. 以合理的价格转让

此即受让人须通过交换而实际占有已取得的财产，有偿转让且价格合理。依据《最高人民法院关于适用〈中华人民共和国物权法〉若干问题的解释（一）》（2016年）第19条规定，"合理的价格"，应当根据转让标的物的性质、数量以及付款方式等具体情况，参考转让时交易地市场价格以及交易习惯等因素综合认定。

3. 转让的不动产已经登记，动产已经交付

法条对此规定得比较严格，必须按照物权变动的公示方法，即不动产已经登记，动产已经交付，才能够发生善意取得的效力。不符合物权变动的公示方法的，不发生善意取得效力。

对于善意取得的效力，本条第1款明确了"物之原所有人丧失其所有权，善意受让人则取得所有权"的法律效果，但是，构成善意取得，保护的是交易的动态安全，同时也必须对原所有权人的权益进行保护。原所有权人权利受到侵害的原因，是出让财产的无处分权人的出让行为。这种行为属于侵害财产权的行为。依据这一法律事实，原所有权人得主张侵权损害赔偿请求权，无权处分人对于原所有权人负有损害赔偿义务，赔偿的范围应包括原物的价值及因此而造成的其他损失。

对于不满足善意取得要件的第三人，从无权处分人处取得并占有标的物的，则不发生善意取得效力，所有权人得依物权请求权，向受让人请求返还，受让人负返还义务。如果原物已经灭失或毁损，则可以向受让人请求赔偿转让的价金。受让人负返还责任后，可以向出让人请求返还价金。

善意取得虽然是规定在所有权部分，是所有权的特殊取得方式，但是，本条第3款扩展了善意取得制度的适用范围，善意取得也可以使用于他物权，尤其是用益物权，其适用规则参照所有权的善意取得的一般规则。

目 配套司法解释

最高人民法院关于适用《中华人民共和国民法典》物权编的解释（一）

第十四条 受让人受让不动产或者动产时，不知道转让人无处分权，且无重大过失

的，应当认定受让人为善意。

真实权利人主张受让人不构成善意的，应当承担举证证明责任。

第十五条　具有下列情形之一的，应当认定不动产受让人知道转让人无处分权：

（一）登记簿上存在有效的异议登记；

（二）预告登记有效期内，未经预告登记的权利人同意；

（三）登记簿上已经记载司法机关或者行政机关依法裁定、决定查封或者以其他形式限制不动产权利的有关事项；

（四）受让人知道登记簿上记载的权利主体错误；

（五）受让人知道他人已经依法享有不动产物权。

真实权利人有证据证明不动产受让人应当知道转让人无处分权的，应当认定受让人具有重大过失。

第十六条　受让人受让动产时，交易的对象、场所或者时机等不符合交易习惯的，应当认定受让人具有重大过失。

第十七条　民法典第三百一十一条第一款第一项所称的"受让人受让该不动产或者动产时"，是指依法完成不动产物权转移登记或者动产交付之时。

当事人以民法典第二百二十六条规定的方式交付动产的，转让动产民事法律行为生效时为动产交付之时；当事人以民法典第二百二十七条规定的方式交付动产的，转让人与受让人之间有关转让返还原物请求权的协议生效时为动产交付之时。

法律对不动产、动产物权的设立另有规定的，应当按照法律规定的时间认定权利人是否为善意。

第十八条　民法典第三百一十一条第一款第二项所称"合理的价格"，应当根据转让标的物的性质、数量以及付款方式等具体情况，参考转让时交易地市场价格以及交易习惯等因素综合认定。

第十九条　转让人将民法典第二百二十五条规定的船舶、航空器和机动车等交付给受让人的，应当认定符合民法典第三百一十一条第一款第三项规定的善意取得的条件。

第二十条　具有下列情形之一，受让人主张依据民法典第三百一十一条规定取得所有权的，不予支持：

（一）转让合同被认定无效；

（二）转让合同被撤销。

最高人民法院关于适用《中华人民共和国民法典》有关担保制度的解释

第三十七条　当事人以所有权、使用权不明或者有争议的财产抵押，经审查构成无权处分的，人民法院应当依照民法典第三百一十一条的规定处理。

当事人以依法被查封或者扣押的财产抵押，抵押权人请求行使抵押权，经审查查封或者扣押措施已经解除的，人民法院应予支持。抵押人以抵押权设立时财产被查封或者扣押为由主张抵押合同无效的，人民法院不予支持。

以依法被监管的财产抵押的，适用前款规定。

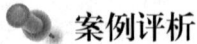 **案例评析**

汪某诉李某国等房屋买卖合同纠纷案①

案情： 汪某与李某国系夫妻关系，婚生一子名李某纬。某日，李某国、李某纬（李某国代写）共同购买了商品房一套，两人分别取得了房屋所有权证，证载双方为按份共有，李某国共有份额为99%，李某纬共有份额为1%。后李某国、李某纬（李某国代写）与李某签订存量房屋买卖合同，将房屋出售给李某，并进行了产权变更。汪某起诉至法院，请求法院确认李某国、李某就该房屋签订的房屋买卖合同无效。法院认为：李某在取得本案诉争房屋所有权时已具备善意取得的全部要件，应认定为善意买受人。因此驳回汪某的诉讼请求。二审法院同样认为本案构成善意取得，并认为李某国与李某签订的房屋买卖合同，系双方当事人真实意思表示，且不违反法律的强制性规定，应认定合法有效。因此驳回上诉，维持原判。

评析： 善意取得是所有权取得的重要方式之一，对于所有权的善意取得要件，本案的聚焦点是受让人受让涉案房屋是否构成善意取得。本案中，法院依照《物权法》第106条之规定，认定李某在取得本案诉争房屋所有权时已具备善意取得的全部要件：（1）受让人受让该不动产或者动产时是善意的；（2）以合理的价格转让；（3）转让的不动产或者动产依照法律规定应当登记的已经登记，不需要登记的已经交付给受让人，应认定为善意买受人。虽然汪某基于与李某国的夫妻关系对涉案房屋享有共有权，李某国处分涉案房屋构成无权处分，但由于李某受让房屋符合善意取得的要件，因此汪某的请求无法对抗李某取得涉案房屋。李某国在签订上述房屋买卖合同时，是否属善意，不影响李某成为善意买受人，也不影响本案房屋买卖合同的效力。

> ▶▶ **第三百一十二条** 所有权人或者其他权利人有权追回遗失物。该遗失物通过转让被他人占有的，权利人有权向无处分权人请求损害赔偿，或者自知道或者应当知道受让人之日起二年内向受让人请求返还原物；但是，受让人通过拍卖或者向具有经营资格的经营者购得该遗失物的，权利人请求返还原物时应当支付受让人所付的费用。权利人向受让人支付所付费用后，有权向无处分权人追偿。

⊞ 条文要义

本条是对权利人追回遗失物的规定。

———————————

① 审理法院：一审法院为北京市海淀区人民法院，案号：（2009）海民初22079号；二审法院为北京市第一中级人民法院，案号：（2010）一中民终16095号。

对于遗失物是否适用善意取得制度，存在争议。本条规定明确了遗失物并不适用民法典第311条规定的善意取得制度，而是适用本条规定的特殊制度。具体规则如下。

1. 所有权人或者其他权利人有权追回遗失物，这是一般性原则。这就是说，不管遗失物辗转流失到何人之手，也不论占有人取得遗失物是否为善意或者是否支付合理对价，失主都有权基于所有权请求其返还原物。

2. 如果该遗失物通过转让被他人占有，该条赋予权利人两项选择。权利人可以选择向无处分权人请求损害赔偿，这样则可视为其认同取得人取得遗失物。权利人也可以自知道或者应当知道受让人之日起2年内行使物权请求权，向受让人请求返还原物。为维护交易安全，该条将权利人请求返还原物的请求权限定在自知道或者应当知道受让人之日起2年内行使。

3. 当权利人作出第二种选择即向受让人追回原物时，如果受让人系通过拍卖或者向具有经营资格的经营者购得该遗失物，此时权利人追回遗失物对受让人而言明显不公平。该条为平衡权利人和受让人的利益，规定受让人通过拍卖或者向具有经营资格的经营者购得该遗失物的，权利人请求返还原物时应当支付受让人所付的费用。

4. 权利人向受让人支付受让人所付的费用虽然保护了受让人的利益，但对权利人而言，明明是自己的财产，却要向他人支付费用，也有不公，而这种不公归根到底系由无处分权人造成，因此该条规定，如果权利人取得了返还的遗失物，又向受让人支付了所付费用后，有权向无处分权人进行追偿。

案例评析

孙某娇与王某返还原物纠纷案[①]

案情： 原告王某的白色萨摩犬在某小区丢失，此后不久，被告孙某娇的朋友在其同事的微信朋友圈里看到有卖萨摩犬的信息，便将萨摩犬的图片通过微信发给了被告，被告看中之后花300元购买了该白色的萨摩犬。数月后，被告牵着该萨摩犬路过原告母亲经营的工艺品商店时，萨摩犬就爬窗户往屋里看，原告的母亲就说萨摩犬是自己家的，出来追被告。王某到达现场后提议说把萨摩犬放开看萨摩犬跟谁走。被告把萨摩犬撒开之后萨摩犬就跑到原告母亲的商店屋里。一审法院确认被告饲养的萨摩犬系原告丢失的萨摩犬。且孙某娇购买萨摩犬的价格300元明显低于市场价格，不构成善意取得，因此应将萨摩犬返还原告王某。孙某娇不服提出上诉。二审法院认可一审法院的判决，驳回上诉。

---

① 审理法院：一审法院为黑龙江省东宁县人民法院，案号：（2016）黑1024民初659号；二审法院为黑龙江省牡丹江市中级人民法院，案号：（2016）黑10民终795号。

评析： 该案涉及民法典第 312 条中遗失物追回的法律问题。该条延续了《物权法》第 107 条的规定。本案有两个焦点问题：一是涉案萨摩犬的权属，二是被告是否应当向原告返还涉案萨摩犬。

关于第一个焦点，法院从被告获得萨摩犬的时间、萨摩犬对环境的反应以及被告拒绝同原告进行小萨摩犬的辨认实验等几个方面综合考虑，最终认定涉案萨摩犬系原告所有。关于第二个焦点，法院根据《物权法》第 107 条的规定，认为原告作为涉案萨摩犬的所有权人有权追回遗失物。由于被告系通过从他人处购买取得对涉案萨摩犬的占有，因此原告请求返还遗失物受到 "自知道或者应当知道受让人之日起二年内" 的限制，但本案原告向被告主张返还丢失的萨摩犬并未超出两年期限。因此法院判决被告孙某娇于判决生效之日起 5 日内将本案争议萨摩犬返还原告王某。

> ▶▶▶ **第三百一十三条**　善意受让人取得动产后，该动产上的原有权利消灭。但是，善意受让人在受让时知道或者应当知道该权利的除外。

🏛 条文要义

本条是对善意取得动产的法律效果的规定。

对于动产，具备善意取得的构成要件，即发生善意取得的法律效力，受让人即时取得受让动产的所有权，原所有权人对该动产的所有权归于消灭。这种取得并不是基于让与行为，而是基于法律的直接规定，属于原始取得。因此，对善意取得的动产所有权而言，原权利上的负担原则上应当消灭，受让人对动产享有完全的所有权。

根据我国相关的法律规定，存在于动产上的除所有权之外的权利主要包括抵押权、质权、留置权等。根据该条规定，上述存在于动产上的权利随着受让人对动产的善意取得而消灭。据此，需要具备两个条件，才能导致动产上的原有权利消灭：第一，能够因善意取得而导致物上原有权利消灭的，必须是善意取得动产的情况，而不能是不动产。这是因为不动产之上的权利都需要进行登记，受让人在受让不动产时就应当知道该权利的存在，因此取得人应当承受不动产上的该负担。第二，善意受让人在受让动产时须不知道或不应当知道动产上存在该权利。如果动产的善意受让人在受让该动产时知道或应当知道该权利的存在，则其应当承受该动产上的负担。

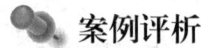 **案例评析**

中国农业银行某某支行*诉丛贸公司等船舶抵押合同纠纷案①

案情： 延平公司向丛贸公司定造一艘船舶，双方签订建造船舶合同书，约定船名"26 000 吨双舷侧散货船"。在该船舶定造过程中，丛贸公司与其所属分公司订立虚假船舶建造加工合同，并基于该合同以及上述案涉定造船舶相关资料，为案涉船舶在 A 地海事局办理船名为"乾利山 19"、船舶所有人为丛贸公司的船舶所有权证书，并办理抵押登记手续向原告银行贷款。船舶完工后延平公司与丛贸公司签订船舶交接协议书并办理了交接手续。B 地海事局办理了船舶所有权登记。登记证书记载所有权人延平公司。后贷款银行将丛贸公司诉至法院。一审法院认为：丛贸公司将船舶所有权转让给延平公司的行为无效，银行依法有权对案涉船舶行使抵押权。延平公司不服，提起上诉。二审法院对一审判决予以改判，驳回银行的诉讼请求。

评析： 该案涉及民法典第 313 条中"善意受让人在受让时知道或者应当知道该权利的除外"的但书条款。该条延续了《物权法》第 108 条的规定。该案的核心争议焦点是延平公司是否应当知道涉案船舶上的抵押。如果其不应当知道涉案船舶上的抵押，则抵押随着延平公司对船舶的善意取得而消灭。如果其应当知道涉案船舶上的抵押，则延平公司无法善意取得涉案船舶。延平公司已经履行船舶建造合同并支付相应对价，且案涉船舶为新建船舶，并非二手转让取得，其在交接船舶时无从审查也无义务审查船舶的在建登记，故可以认定延平公司不应当知道涉案船舶上的抵押，构成善意，可以善意取得涉案船舶，对延平公司实际遭受的权利损害，应当予以保护。该船舶之上的抵押权也随着延平公司的善意取得而消灭。

> ▶▶ **第三百一十四条** 拾得遗失物，应当返还权利人。拾得人应当及时通知权利人领取，或者送交公安等有关部门。

🏛 条文要义

本条是对拾得遗失物的规定。

遗失物，是所有权人或合法占有人不慎丢失的物。与丢弃物不同，遗失物的所有权人或合法占有人并无抛弃该物所有权的意思。拾得遗失物，是指发现并占有遗失物。遗失物既不是基于所有权人抛弃权利的意思，也不是因他人侵夺所致，亦不

---

* 以下简称"银行"。

① 审理法院：一审法院为福建省厦门海事法院，案号：（2015）厦海法商初 149 号；二审法院为福建省高级人民法院，案号：（2016）闽民终 1518 号。

是无主财产，只是所有权人或合法占有人暂时丧失了占有。

拾得遗失物的基本规则是应当返还给权利人。拾得遗失物并不能使拾得人取得遗失物的所有权。拾得人拾得遗失物，知道遗失人的，应当及时通知其领取；如无法联系和通知权利人，则可以送交公安等有关部门。遗失物返还权利人后，是权利人恢复占有，而不是原始取得。

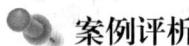 **案例评析**

南京某某物业管理股份有限公司*与高某等遗失物返还纠纷案①

案情： 高某的宠物狗从家中出走，在小区中游荡时被接到业主投诉的物业公司派出的保安薛某、黄某某带离，并由薛某一人将犬只送往某某物业一间闲置房屋内。同为物业保安的耿某某获悉情况后将该犬只带回前妻家中，此后该犬只走失。经查该宠物狗价值 10 000 元。耿某某与上述物业公司签有劳动合同，事发后已离职。另查明，物业公司与德勤安保作为甲乙双方订立了"秩序维护服务外包协议"，委托管理期限为 1 年。高某诉至法院请求判令物业公司赔偿宠物犬损失、交通费、精神损害抚慰金、"寻狗启示"打印费，合计 24 100 元。一审法院判定涉案物业公司承担 70％的民事责任，高某承担 30％的民事责任。二审法院维持一审判决。

评析： 民法典第 314 条中规定，拾得遗失物，应当返还权利人，这体现了禁止拾得人占有并获得遗失物所有权的立法本意。该条延续了《物权法》第 109 条的规定。在本案中，被告物业公司接到业主投诉后派员工将原告高某遗失的宠物狗带离，其本应当及时通知权利人高某领取，或者送交公安等有关部门，但却未履行该法定义务，任由其保安私下处置，并导致涉案宠物犬丢失，应当对由于其未履行法定义务而给原告高某造成的损失承担责任。当然，高某对宠物犬，也没有尽到妥善的看管义务，亦应对其遗失自行承担相应的民事责任。因此，法院依据《物权法》的有关规定最终酌定物业公司承担 70％的民事责任，高某承担 30％的民事责任。

> ▶▶ **第三百一十五条** 有关部门收到遗失物，知道权利人的，应当及时通知其领取；不知道的，应当及时发布招领公告。

🏛 条文要义

本条是对有关部门处理遗失物的规定。

---

* 以下简称"物业公司"。

① 审理法院：一审法院为江苏省南京市浦口区人民法院，案号：(2017) 苏 0111 民初 5925 号；二审法院为江苏省南京市中级人民法院，案号：(2018) 苏 01 民终 239 号。

该条是为有关部门设定的一项法定义务，即有关部门收到遗失物后，应当查找遗失人，知道权利人的，应当及时通知其领取；不知道遗失人的，应当及时发布招领公告。

该条中的有关部门是指有权利和义务接受遗失物的部门，一般是指公安等公权力机关。当然，该条中的有关部门也可以是最适合暂时保管遗失物的部门或者最容易找到权利人的相关部门，如在公交车上丢失的遗失物，有关部门可以是公交公司。

案例评析

姜某与刘某遗失物返还纠纷案[①]

案情： 原告姜某在某 ATM 机取款时将放在 ATM 机上的两部 iPhone 6plus 手机遗忘，后返回现场找寻，发现手机已被人拿走。通过银行查看现场监控录像，拿走遗失手机的人系在其之后在该 ATM 机取款的被告刘某。当地公安局联系被告处理此事，但一直未能与被告取得联系。姜某诉至法院，法院认为：本案中，原告姜某为涉案两部手机的所有权人，被告刘某拾得遗失物后应当返还给原告姜某，故对原告要求被告返还两部手机的诉讼请求予以支持。如被告刘某无法返还两部手机原物，应当承担赔偿责任。因此法院判决被告刘某返还原告姜某苹果手机两部；如无法返还，则赔偿原告姜某两部手机的损失。

评析： 本条是对有关部门处理遗失物的规定。该条延续了《物权法》第 110 条的规定。拾得遗失物，应当返还权利人。拾得人应当及时通知权利人领取，或者送交公安等有关部门。拾得人在遗失物送交有关部门前，应当妥善保管遗失物。因故意或者重大过失致使遗失物毁损、灭失的，应当承担民事责任。有关部门收到遗失物后，应当查找遗失人，知道遗失人的，应当及时通知其领取；不知道遗失人的，应当及时发布招领公告。

> ▶▶ **第三百一十六条**　拾得人在遗失物送交有关部门前，有关部门在遗失物被领取前，应当妥善保管遗失物。因故意或者重大过失致使遗失物毁损、灭失的，应当承担民事责任。

🏛 条文要义

本条是对拾得人和有关部门妥善保管遗失物义务及违反该义务应承担的民事责任的规定。

不论是拾得人还是有关部门，在占有遗失物后，都负有妥善保管遗失物的义务。对于拾得人而言，在遗失物送交有关部门前，其应当对遗失物尽妥善保管义务；对

---

① 审理法院：江苏省苏州市姑苏区人民法院，案号：（2016）苏 0508 民初 7388 号。

于有关部门而言，在遗失物被领取前，其应当对遗失物尽妥善保管义务。

如果拾得人或者有关部门没有尽到对遗失物妥善保管的义务，因故意或者重大过失致使遗失物毁损、灭失的，则应当承担损害赔偿等民事责任。

值得注意的是，该条对拾得人或者有关部门承担的对遗失物的妥善保管的义务进行了限定，即只有因故意或者重大过失致使遗失物毁损、灭失的才需要承担民事责任。如果拾得人或者有关部门仅仅是一般过失，则不需要对遗失物的毁损、灭失承担民事责任。

 **案例评析**

王某诉刘某某不当得利纠纷案①

案情： 某日王某外出后回家，在路上将随身手提包遗忘，后手提包被被告刘某某拾得。王某发现手提包遗失后报警，公安机关找到刘某某。刘某某于次日下午至公安机关说明相关情况，承认拾得手提包的事实。但其表示，当时就将手提包随手丢弃，拾得的 630 元现金已交给公司领导。原告遗失的手提包系原告于 2013 年 11 月 1 日购买，价格为 27 000 元。此后王某要求被告返还手提包及包内财物，刘某某认为未取得手提包，两人未能协商一致，故王某诉至法院。法院认为：王某因自身疏忽大意遗失手提包，对于损失的造成亦应承担一定责任，加之手提包也使用了有一段时间，故酌定被告刘某某赔偿王某手提包灭失损失 15 000 元，返还自包内取得的现金 630 元。

评析： 拾得遗失物应当返还权利人或送交公安等有关部门。民法典第 316 条规定："拾得人在遗失物送交有关部门前，有关部门在遗失物被领取前，应当妥善保管遗失物。因故意或者重大过失致使遗失物毁损、灭失的，应当承担民事责任。"

本案中，对于原告主张的包内贵重物品没有证据支持，被告也仅承认拾得包内有 630 元现金，故法院依据《物权法》中的规定未支持原告关于返还贵重物品的主张是合理的。而被告拾得原告遗失的手提包后故意丢弃该手提包，其未尽到妥善保管的义务，从而导致手提包丢失的结果，应当对原告承担赔偿责任。本案中，原告对手提包的遗失也存在一定过错，因此法院酌定被告承担部分损害赔偿责任。

▶▶**第三百一十七条**　权利人领取遗失物时，应当向拾得人或者有关部门支付保管遗失物等支出的必要费用。

权利人悬赏寻找遗失物的，领取遗失物时应当按照承诺履行义务。

拾得人侵占遗失物的，无权请求保管遗失物等支出的费用，也无权请求权利人按照承诺履行义务。

---

① 审理法院：浙江省舟山市普陀区人民法院，案号：（2015）舟普民初 14 号。

🏛 条文要义

本条是对保管遗失物必要费用的承担以及悬赏寻找遗失物的规定。

关于保管遗失物必要费用的承担问题，权利人在领取遗失物时应当向拾得人或者有关部门支付遗失物的保管费等支出的必要费用，以弥补保管遗失物实际费用的损失。关于悬赏寻找遗失物问题，根据该条规定，如果权利人悬赏寻找遗失物的，其在领取遗失物时应当按照悬赏的承诺履行义务，依照本法第 499 条规定处理。根据民法典第 499 条规定，悬赏人以公开方式声明对完成特定行为的人支付报酬的，完成该行为的人可以请求其支付。

但是，如果权利人已请求拾得人返还该遗失物，而拾得人拒不归还，则其行为构成侵占。在这种情况下，拾得人既无权请求保管遗失物等支出的费用，也无权请求权利人按照承诺履行义务。

🔘 案例评析

李某某与兴城市某某畜牧养殖专业合作社返还原物纠纷案①

案情：某某畜牧养殖专业合作社饲养野猪。某日，其中一头怀孕母野猪丢失。该野猪跑到李某某果园处，被李某某发现后，与其弟弟将该野猪抓回家中并进行饲养，母野猪在李某某及其妻子的饲养下生下七头小猪崽。两个月后肇某某发现野猪在李某某家中，与其协商返还事宜未果，遂向公安机关报案。此后其中一头猪崽死亡。某某畜牧养殖专业合作社向一审法院起诉，请求李某某返还种母猪及猪崽 7 头或赔偿相应经济损失，并赔偿因拒不返还种母猪造成的经济损失。李某某向一审法院提起反诉，请求判令兴城市某某畜牧养殖专业合作社赔偿因饲养猪支出的饲料费、修建护栏费及人工费等各项费用。最终法院判决李某某返还母猪及 6 头猪崽，同时原告需向李某某支付必要的养殖费用。

评析：民法典第 317 条延续了《物权法》第 112 条的规定。根据该条规定，权利人领取遗失物时，应当向拾得人或者有关部门支付保管遗失物等支出的必要费用；但是，拾得人侵占遗失物的，无权请求保管遗失物等支出的费用。

本案中，李某某因在其果园发现野猪而将其抓获并饲养的行为属于拾得遗失物的行为，因此权利人兴城市某某畜牧养殖专业合作社在领取遗失物即其丢失的野猪时，应当向拾得人李某某支付保管遗失物等支出的必要费用。但是，在兴城市某某畜牧养殖专业合作社向李某某主张权利之时，李某某即知道权利人，其应当向权利人返还原物。此后李某某占有遗失物构成侵占，因此，李某某无权主张兴城市某某

---

① 审理法院：一审法院为辽宁省兴城市人民法院，案号：（2018）辽 1481 民初 2396 号；二审法院为辽宁省葫芦岛市中级人民法院，案号：（2018）辽 14 民终 2298 号。

畜牧养殖专业合作社向其主张权利之后为保管遗失物而支出的必要费用。

> ▶▶第三百一十八条　遗失物自发布招领公告之日起一年内无人认领的，归国家所有。

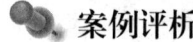 条文要义

本条是对遗失物在发布招领公告后逾期无人认领时其权利归属的规定。

根据上述第314条与第315条的规定，拾得人拾得遗失物后应当及时通知权利人领取；有关部门收到遗失物，知道权利人的，应当及时通知其领取；不知道的，应当及时发布招领公告。

根据民法典第318条的规定，如果权利人在发布招领公告之日起1年内前来认领的，则遗失物重新归属于权利人。如果权利人自发布招领公告之日起满1年仍未认领，则遗失物归国家所有。遗失物归国家所有，属于所有权的原始取得。

值得注意的是，关于遗失物在发布招领公告后逾期无人认领时其权利归属问题，在不同国家有不同的规定。有的国家采取遗失物归拾得人或保管人所有的立法模式，如德国、法国、瑞士、日本等大陆法系国家。

另外，《物权法》第113条规定的期限是6个月，而现在改为1年，这样更有利于保护权利人的权利。

案例评析

温州海事局申请认定财产无主案①

案情：某市海事局接到群众报警，发现一艘船舶搁浅。经查，该船未携带任何证书，无任何能够表明船舶身份的标识，也无船员在船。某市海事局立即开展救助。进一步调查后仍未能证实船舶所有权，也无任何人对该船主张所有权。遂向当地海事法院申请认定财产无主。法院认为：受理认定财产无主申请后，经审查核实，发出财产认领公告满一年无人认领的，判决认定财产无主，收归国家或者集体所有，故判决该财产为无主财产，拍卖所得价款扣除公告、评估以及为保存、拍卖该无名船舶及船载油品产生的费用后，余款收归国家所有。

评析：民法典第318条规定："遗失物自发布招领公告之日起一年内无人认领的，归国家所有。"而本案中法院发出认领涉案财产公告满一年无人认领，判决财产无主，收归国家所有。严格来讲本案并非关于遗失物在发布招领公告后逾期无人认领时其权利归属的问题，而是依据我国2012年修正的《民事诉讼法》第192条中关

---

① 审理法院：浙江省宁波海事法院，案号：（2016）浙72民特728号。

于无主物权利归属的规定进行判决的。该条规定："人民法院受理申请后，经审查核实，应当发出财产认领公告。公告满一年无人认领的，判决认定财产无主，收归国家或者集体所有。"但是其体现的"归国家所有"的立法精神与处置模式与本条规定的是基本相同的。此类财产拍卖后所得的价款，在扣除必要处理费用后的余款应收归国家所有。

▶▶ **第三百一十九条**　拾得漂流物、发现埋藏物或者隐藏物的，参照适用拾得遗失物的有关规定。法律另有规定的，依照其规定。

🏛 条文要义

本条是对拾得漂流物、埋藏物或者隐藏物的规定。

漂流物，是指在河流等水域漂流的无主物或者所有权人不明的物。埋藏物，是指藏附于土地中的物。隐藏物，是指隐匿于土地之外的其他包藏物中的物。对于漂流物、埋藏物或者隐藏物的权属取得规则，本条规定准用拾得遗失物的规则处理。漂流物、埋藏物和隐藏物归还失主的，不发生原始取得；归国家所有的，属于原始取得。但是，如果法律另有规定的，则依照法律的规定处理，而不再准用上述拾得遗失物的规则处理。例如，根据文物保护法属于国家所有的文物，属于国家所有，他人不能取得。

该条延续了《物权法》第114条的规定，但将"文物保护法等法律另有规定的"改为"法律另有规定的"，措辞更加简洁与准确。

🎯 案例评析

汪某某诉詹某甲隐藏物返还纠纷案①

案情：汪某某将祖传遗留下来的一栋土木结构房屋出售给被告詹甲。数年后，在房屋拆除重建过程中，詹甲的哥哥詹乙在墙体内发掘一圆形铁筒，内装有各式银圆。当晚汪某某要求将该银圆全部返还，然詹甲仅归还10块，双方多次委托村委协调未果，汪某某诉诸法院请求法院判决詹甲返还其余银圆。由于该房屋虽在当时由汪某某父亲居住，但无法证明此次发现的埋藏物归属于汪某某的祖上，詹甲反诉汪某某要求返还先前给付的银圆。法院认为：詹甲虽系该房屋现所有人且银圆亦由其发掘，但其依法对该银圆不享有所有权，被告詹甲的反诉请求不成立。而汪某某也不能证实银圆归其祖上所有，亦不能证明自己享有继承权，故原、被告双方对讼争银圆均不享有所有权。

评析：公民法人对于挖掘、发现的埋藏物、隐藏物，如果能够证明归其所有，

---

① 审理法院：浙江省开化县人民法院，案号：（2015）衢开马民初64号。

而且根据现行的法律、政策又可以归其所有的，应当予以保护。所有人不明的埋藏物、隐藏物，归国家所有。根据规定，拾得漂流物、发现埋藏物或者隐藏物的，参照适用拾得遗失物的有关规定。该案中，在被告将房屋拆除重建过程中，被告哥哥詹乙发掘房屋背面墙体内有一圆形铁筒，内装有各式银圆，属于隐藏物。参照遗失物的相关规则，如果能够确定隐藏物的权利人，则权利人有权取回该隐藏物。对本案被告而言，本案涉案银圆虽然系其在拆除房屋过程中发现，但其并非银圆的所有人，因此不能取得涉案银圆的所有权。对本案原告而言，其无法证明自己是涉案银圆的合法继承人，因此也不能取得涉案银圆的所有权。

▶▶ 第三百二十条　主物转让的，从物随主物转让，但是当事人另有约定的除外。

🏛 条文要义

本条是对从物随主物转让的规定。

对两个以上的具有一定关联关系的物，如果关联关系是主从关系，构成主物与从物的关系，从物依附于主物而存在，失去主物，从物没有存在的价值。物的主从关系并非人为的拟制，而是经济实践的反映。在物的转让中，实行"从随主"原则，即在具有主从关系的两个物的转让中，从物随主物转让。例如，转让锁头，就必须转让钥匙，钥匙随着锁头的转让而转让。从物与主物为相互独立的物，从物的存在是为了辅助主物更好地发挥其效能。本条规定从物随主物转让，就是为了更好地发挥物的效能。

如果当事人对主物与从物的转让另有约定，说明当事人对主从物的关系已有特别的安排，则法律尊重当事人的这种安排，依照其约定处理，而不再适用"从随主"的规则。

🪙 案例评析

赵某某与山东某某房地产开发有限公司商品房销售合同纠纷案①

案情：赵某某与山东某某房地产开发有限公司签订商品房买卖合同，约定若面积误差比绝对值超过3‰时，买受人有权退房。赵某某收房后发现附房23号储藏室的面积较合同约定面积减小，产权登记面积与合同约定面积之间的面积误差比为17.2%，超过3‰。故请求法院判令解除双方之间的附属储藏室买卖合同。一审法院认为双方签订的商品房买卖合同系有效合同，依合同约定赵某某有权要求退房或返还价款。因主房屋和附属储藏室具有不动产物权意义上的主物和从物的关系，分割将严重减损从物的流通价值，故驳回赵某某的诉讼请求。二审法院认为一审判决并

---

① 审理法院：山东省滨州市滨城区人民法院，案号：（2016）鲁1602民初3389号；二审法院：山东省滨州市中级人民法院，案号：（2018）鲁16民终428号。

无不当，维持原判。

　　评析：本案涉及主物与从物在转让时的法律关系。民法典第 320 条规定："主物转让的，从物随主物转让，但是当事人另有约定的除外。"该条延续了《物权法》第 115 条的规定。本案中，当事人双方交易的房屋和储藏室属于主物与从物的关系，二者都是相互独立的物。一般认为，储藏室的主要作用在于促进业主更好地利用主房屋，增加主房屋使用的便利性。根据该条规定，主物转让的，从物随主物转让。而本案中双方当事人虽然约定了"面积误差比绝对值超过 3‰时，买受人有权退房"，但并未明确约定房屋和储藏室单独交易和单独退房，因此法院判决驳回原告单独解除储藏室买卖合同的请求是正确的。当然，如二审法院释明，本案原告可选择请求解除全部合同，也可选择请求返还面积减少对应的价款。

> ▶▶ **第三百二十一条**　天然孳息，由所有权人取得；既有所有权人又有用益物权人的，由用益物权人取得。当事人另有约定的，按照其约定。
>
> 　　法定孳息，当事人有约定的，按照约定取得；没有约定或者约定不明确的，按照交易习惯取得。

🏛 条文要义

　　本条是对孳息权属的规定。

　　孳息，是指由原物滋生、增值、繁衍出来的财产。孳息因产生的原因不同，分为天然孳息和法定孳息。天然孳息是指按照原物的自然规律而自然滋生和繁衍的新的独立的物，如从羊身上剪下的羊毛，牲畜或家禽所产下的幼畜或禽蛋，树上结的果实等。天然孳息的产生须无损于原物，孳息能与原物通过人工方式或自然分离而成为独立的物，如果是用原材料加工制造的产品则不得视为天然孳息。法定孳息是指根据法律的规定，通过就原物实施一定的法律行为而取得的由原物派生出来的孳息，如租金、利息、股息、红利等。该孳息是财产交由他人使用而产生的，如果财产由所有权人自己运用而产生收益，则不是法定孳息。

　　根据本条规定，孳息的所有权归属规则如下。

　　1. 天然孳息的权属规则。天然孳息，应当由所有权人取得。如果既有所有权人又有用益物权人的，则应当由用益物权人取得，即用益物权人优先原则。当然，如果当事人对天然孳息的权属另有约定的，则按照约定处理。

　　2. 法定孳息的权属规则。与天然孳息的权属不同，本条对法定孳息未设置默认的法律规则，而是规定按照当事人的约定处理；如果没有约定或者约定不明确的，按照交易习惯取得。交易习惯则需要法院在审理案件时进行具体认定。

案例评析

陈某某与王某房屋买卖合同纠纷上诉案①

案情： 韩某某与陈某某签订了《北京市存量房屋买卖合同》，合同约定将一处于出租状态的房屋出售给韩某某。后二人又与王某签订补充协议将买受方变更为王某。并进行了所有权转移登记，将所有权变更至王某名下。后韩某某与陈某某签写涉案房屋的物业查验交接单，北京某某物业管理中心与王某签订《物业管理服务协议》，北京某某物业管理中心为王某名下的涉案房屋提供物业服务。经查，在房屋完成产权变更后交房前，陈某某又收取了房屋租赁人北京某公司该段时间的房屋租金，王某遂诉至法院要求按合同约定赔偿逾期交房期间的租金损失。法院认为：逾期交房期间的租金损失属于法定孳息，应当由房屋所有权人获得，故对王某的主张予以支持。

评析： 房租的租金属于法定孳息，该案即涉及租金的归属问题。我国《物权法》第116条第2款规定："法定孳息，当事人有约定的，按照约定取得；没有约定或者约定不明确的，按照交易习惯取得。"民法典第321条保留了这一规定。本案中，各方当事人就涉案房屋租金的归属事先并未进行具体约定，因此应当按照交易习惯确定。且法院认为由房屋所有权人获得法定孳息属于交易习惯。根据我国《物权法》第9条（民法典第209条）第1款的规定：不动产物权的设立、变更、转让和消灭，经依法登记，发生效力；未经登记，不发生效力，但法律另有规定的除外。涉案房屋在进行所有权转移登记后，所有权发生了转移，法院据此判定了争议孳息的归属。

> ▶▶ **第三百二十二条** 因加工、附合、混合而产生的物的归属，有约定的，按照约定；没有约定或者约定不明确的，依照法律规定；法律没有规定的，按照充分发挥物的效用以及保护无过错当事人的原则确定。因一方当事人的过错或者确定物的归属造成另一方当事人损害的，应当给予赔偿或者补偿。

🏛 条文要义

本条是对添附物权利归属的规定。《物权法》没有规定添附规则，本条属于新增条款。

添附，是指不同所有权人的物被结合、混合在一起成为一个新物，或者利用别人之物加工成为新物的事实状态。把添附作为取得所有权的根据，原因在于添附发

---

① 审理法院：一审法院为北京市石景山区人民法院，案号：（2017）京 0107 民初 19629 号；二审法院为北京市第一中级人民法院，案号：（2018）京 01 民终 1482 号。

生后，要回复各物的原状在事实上已不可能或者在经济上是不合理的，有必要确定添附物的权利归属，以解决双方的争执。

添附物的归属因添附情况的不同，分为三种类型，具体的法律适用规则如下。

1. 加工：是指一方使用他人的物，将其加工改造为具有更高价值的物。原物因为加工人的劳动而成为新物，如在他人的木板上作画。加工物的所有权归属，如果当事人有约定的依约定处理；无约定的，加工所增价值未超过原材料价值，则加工物归原材料所有权人；如果加工价值显然大于原物的价值，新物可以归加工人所有；如果加工价值与原材料价值相当，可由双方共有。除共有外，不论哪种情况，取得加工物所有权的一方都应对对方的加工劳动或原材料的价值予以补偿。

2. 附合：是指不同所有权人的物密切结合在一起而成为一种新物。在附合的情况下，各原所有权人的物虽可被识别，但非经拆毁不能恢复原来的状态。如砖、木的附合构建成房屋。附合物的所有权归属应区分两种情况：当动产附合于不动产之上时，由不动产所有权人取得附合物的所有权，原动产所有权人则可取得与其原财产价值相当的补偿。当动产与动产附合时，附合的动产有主从之别的，由主物的所有权人取得附合物的所有权，同时给对方以价值上的补偿；如无主从之别，则由各动产所有权人按其动产附合时的价值共有附和物。

3. 混合：是指不同所有权人的物互相结合在一起，难以分开并形成新的财产。如米与米的混合，酒与酒的混合。混合与附合不同，在混合的情况下，已无法识别原各所有权人的财产，而附合中原各所有权人的财产仍然能够识别。混合物一般应由原物价值量较大的一方取得所有权，给另一方以相当的补偿。如果原物价值量相差不多，也可由各方共有。

根据本条规定，添附的所有权归属规则概括如下：（1）因加工、附合、混合而产生的物的归属，有约定的按照约定。（2）没有约定或者约定不明确的，依照法律规定。（3）当事人没有约定，法律也没有规定的，按照充分发挥物的效用以及保护无过错当事人的原则确定。发挥物的效用原则，是根据物归属于哪一方更能够发挥物的效用，就应归属于哪一方的规则。保护无过错当事人的原则，是指对于无过错一方当事人给予更好的保护。两个原则中，应当首先考虑物的效用原则。（4）因一方当事人的过错或者确定物的归属给另一方当事人造成损失的，应当给予赔偿或者补偿。

本条规定新增添附规则具有重要意义。添附在学理上和实务上都有广泛讨论和具体适用，但是，因《物权法》未作出规定，添附的效果没有直接的法律根据。本条规定将添附作为所有权取得的方式之一，解决了添附物的权属认定规则。殊为遗憾的是，这一条文并未规定添附的具体类型，更没有规定不同的添附应当具体适用的规则。

案例评析

袁某某与陈某财产损害赔偿纠纷上诉案[①]

案情： 袁某昌与袁某某系兄弟关系，在袁某昌去世后，袁某某拆除了曾归袁某昌所有的平瓦房2间，并占用了该平瓦房2间约2/3的地基，又建造了房屋2间。数月后，袁某昌妻子陈某、婚生子袁某以袁某昌法定继承人的身份要求被告袁某某恢复原状。袁某某辩称，陈某曾口头委托其对讼争平瓦房进行原地翻建，其才拆除了讼争的2间平瓦房，故不同意两原告的诉讼请求。一审法院认为陈某和袁某的主张符合法律规定，予以支持。二审法院认为：袁某某损害了陈某、袁某的合法权益，应承担相应民事责任。但涉案翻新后的房屋结构基本完整，只需经简单装修，便能满足基本居住要求，如果予以拆除，既造成财产的损失，也不符合物尽其用的原则。故撤销原判；讼争房屋判归陈某、袁某所有；陈某、袁某支付袁某某补偿款5 000元。

评析： 该案系典型的由添附引发的财产损害赔偿纠纷。虽然此前我国法律一直未明确承认添附制度，但该案审理法院判决体现了添附制度的精神。民法典第322条对添附进行了规定："因加工、附合、混合而产生的物的归属，有约定的，按照约定；没有约定或者约定不明确的，依照法律规定；法律没有规定的，按照充分发挥物的效用以及保护无过错当事人的原则确定。因一方当事人的过错或者确定物的归属造成另一方当事人损害的，应当给予赔偿或者补偿。"本案中，袁某某在原告宅基地上翻建房屋属于添附行为，但当事人之间就添附的归属没有进行明确约定，而法律对此也无明确规定。因此，该案二审法院在考虑当事人过错以及损害后果后，遵循充分发挥物的效用的原则，并根据当事人意愿，判决讼争房屋归陈某、袁某所有。

---

① 审理法院：一审法院为上海市崇明县人民法院，案号：（2007）崇民一（民）初3964号；二审法院为上海市第二中级人民法院，案号：（2008）沪二中民一（民）终756号。

第三分编　用益物权

第十章 一般规定

> ▶▶ **第三百二十三条** 用益物权人对他人所有的不动产或者动产，依法享有占有、使用和收益的权利。

🏛 条文要义

本条是对用益物权概念的规定。

用益物权，是指非所有权人对他人所有的物所享有的占有、使用和收益的他物权，包括土地承包经营权、建设用地使用权、宅基地使用权、居住权、地役权。

古罗马法认为，所有人在其所有的不动产上设定用益物权，将该财产的占有、使用和收益权让与他人行使，不仅不会使所有权人丧失所有权，而且正是所有人行使所有权的一种方式。

用益物权的社会意义是：（1）用益物权是所有权的一种实现方式，所有权人通过对自己所有之物设定用益物权，能够在他人对自己所有之物的使用中实现一定的收益，从而实现所有权本身的价值。（2）用益物权的目的是满足非所有人利用他人不动产或动产的需求。（3）用益物权有利于实现物的最高价值的利用，做到物尽其用，有利于实现物的价值的最大利用。

用益物权的法律特征是：（1）用益物权是一种他物权，是在他人所有之物上设立一个新的物权。（2）用益物权是以使用和收益为内容的定限物权，目的就是对他人所有的不动产或动产的使用和收益。（3）用益物权为独立物权，一旦依当事人约定或法律直接规定设立，用益物权人便能独立地享有对标的物的使用和收益权，除了能有效地对抗第三人以外，也能对抗所有权人。（4）用益物权的客体限于不动产。（5）用益物权具有占有性，须以实体上支配物为实现要件。用益物权是对物使用价值的支配，因而它要以对物的实际占有为前提，否则用益物权人的用益目的就无法实现。

用益物权的基本内容，是对用益物权的标的物享有占有、使用和收益的权利，是通过直接支配他人之物而占有、使用和收益。这是从所有权的权能中分离出来的权能，表现的是对财产的利用关系。用益物权人享有用益物权，就可以占有用益物、使用用益物，并对用益物直接支配并进行收益。

 **案例评析**

饶某祥诉刘某安、钟某英宅基地使用权案①

案情： 刘某安宅基地上建造的自有房屋被法院查封，后饶某祥向查封法院提出执行异议，称该房屋是饶某祥数年前向刘某安购买，价款已支付，因宅基地使用证不能在房管部门办理转名手续，故饶某祥与两被告一起前往公证处办理了赠与公证，该房屋应属饶某祥所有，请求法院解除对该房屋的查封。经查确有双方签字的受赠书。而刘某安主张承诺将异议房屋给饶某祥使用的 20 年期限已满，且饶某祥未支付约定的全部对价。法院最终裁定驳回饶某祥的执行异议。此后饶某祥向法院起诉，请求判决：确认饶某祥对该房的用益物权合法有效。法院认为：饶某祥在本案中主张确认其依据受赠书取得了案涉房屋的用益物权且上述用益物权的取得符合法律规定，理据不充分，不予采纳。

评析： 该案焦点问题是在物权法定的原则下，确认之诉能否要求确认种类物权。用益物权是物权分类的一种，并非一项具体的物权，不同的用益物权所对应的权利义务内容并不完全相同，根据民法典第 323 条的规定，用益物权人对他人所有的不动产或者动产，依法享有占有、使用和收益的权利。该条延续了《物权法》第 117 条的规定。该条是对用益物权人基本权利方面的规定。占有、使用和收益权是物权项下的部分权能，但占有、使用、收益权本身不能当然等同于物权，其权利来源也可能基于物权或者债权。本案中，无论饶某祥基于其所称的买卖合同关系，还是基于刘某安、钟某英所述的以支付价款换取房屋使用权的实质上的租赁合同关系，饶某祥均仅能享有相应债权，而非物权。

> **▶▶第三百二十四条** 国家所有或者国家所有由集体使用以及法律规定属于集体所有的自然资源，组织、个人依法可以占有、使用和收益。

🏛 条文要义

本条是对自然资源特许物权的规定。

特许物权，是指经过行政特别许可而开发、利用自然资源，获得收益的准物权。它是基于开发、利用土地之外的自然资源而享有的权利，也称自然资源使用权。

传统民法对土地的归属及利用关系的调整，是通过所有权和用益物权的理论和立法模式实现的。自然资源附属于土地，依附于土地，成为土地的附属物，因而对

---

① 审理法院：一审法院为广东省广州市越秀区人民法院，案号：（2014）穗越法民三初 338 号；二审法院为广东省广州市中级人民法院，案号：（2016）粤 01 民终 1534 号。

自然资源的开发利用，参照不动产的规则处理。这种状况在当代遭到挑战，皆因水、渔业、动物、林业等附属于土地的资源的利用和开发具备了独特的价值，逐渐脱离于土地所有人的支配范围，不能再作为一般的不动产用益物权，逐步地形成了特许物权制度，使环境和自然资源得到有效的开发和保护。

特许物权的特征是：（1）特许物权的标的是自然资源而不是土地本身；（2）特许物权的权利行使方式是对自然资源的摄取和开发行为；（3）特许物权一般不具有物权的排他性效力；（4）特许物权的取得方式是行政许可；（5）特许物权的设定目的具有一定的公法意义。

特许物权的取得，主要是经过国家的行政许可，需要经过申请、受理、审查、听证、作出决定。对符合条件的，行政主管部门作出对申请人颁发行政许可的决定，对不符合的作出不予许可的决定，并向申请人说明理由。

民事主体取得特许物权，就对取得该权利的自然资源取得了占有、使用和收益的权利，并且具有排他效力和优先效力，相应地也享有物权请求权。

案例评析

张某某与吉林省某某农业休闲旅游有限公司*排除妨害纠纷案①

案情：吉林省云峰水库边境渔政管理站下发《关于许可吉林省某某农业休闲旅游有限公司在云峰水库发展农业渔业休闲旅游的批复》，许可某某公司在指定区域、水域内开展农业、渔业休闲旅游等综合开发事项。而张某某于当年春季在允许开发的地区范围内种植了15亩玉米。于是双方产生纠纷，诉至法院。一审法院认为本案系排除妨害纠纷，判决张某某停止对范围内水淹地的侵害，将水淹地上的种植物清除。二审法院认为张某某在本案涉争区域范围内种植玉米，侵犯了某某公司的权利，某某公司主张张某某停止侵害、排除妨碍、恢复原状，应予支持，一审判决并无不当。

评析：民法典第324条延续了《物权法》第118条的规定。本案中，法院根据《物权法》第117条"用益物权人对他人所有的不动产或者动产，依法享有占有、使用和收益的权利"，以及第118条"国家所有或者国家所有由集体使用以及法律规定属于集体所有的自然资源，单位、个人依法可以占有、使用和收益"的规定，认定当地管理部门将涉争区域许可由某某公司发展农业渔业休闲旅游，该行政许可行为合法有效，某某公司依法取得了云峰水库相关区域的用益物权，有权对其进行占有、使用和收益。被告张某某在本案涉争区域范围内种植玉米，侵犯了原告某某公司对

　　＊　以下简称"某某公司"。

　　①　审理法院：一审法院为吉林省临江市人民法院，案号：（2017）吉 0681 民初 427 号；二审法院为吉林省白山市中级人民法院，案号：（2018）吉 06 民终 323 号。

云峰水库相关区域的用益物权，应当支持原告某某公司主张张某某停止侵害、排除妨碍、恢复原状的诉讼请求。

▶▶ 第三百二十五条　国家实行自然资源有偿使用制度，但是法律另有规定的除外。

🏛 条文要义

本条是对自然资源有偿使用的规定。

我国自然资源的使用制度是建立在社会主义公有制的基础上，适应社会主义市场经济发展的，按照土地管理法、矿产资源法、水法等法律以及国务院的有关规定，对自然资源实行以有偿使用为原则、以无常利用为例外的制度。

自然资源分为国家所有、国家所有集体使用以及法律规定属于集体所有。对于国家所有的自然资源，规定实行有偿使用，即在经过行政许可取得自然资源的特许物权时，需要支付必要的对价，使自然资源所有权在经济上更充分地得到实现，充分发挥市场对经济发展的积极作用，避免无序使用，造成资源浪费，损害国家利益。

如果法律规定可以无偿使用自然资源，则相关主体可以无偿使用。例如，在水资源的利用上，农村集体经济组织和农民已有的使用水资源等自然资源的权益，可以无偿使用，以避免增加农民的负担。

🔘 案例评析

松阳县水利局诉松阳县某某水电开发有限公司取水权纠纷案①

案情：被告松阳县某某水电开发有限公司成立于2002年12月12日，从事水力发电、库区养殖，已向原告松阳县水利局申办了取水许可。自2009年开始，被告在本县取水从事水力发电，根据有关规定，水力发电用水按0.008元/千瓦时的标准征收水资源费。被告自动缴纳了2010年前的水资源费，但2011年1月至2012年12月期间总发电量5 978 943千瓦时折计应交水资源费47 831.6元未缴纳，原告曾于2013年3月26日书面通知被告按指定时间、地点缴纳该水资源费，但被告至起诉时未予缴纳，故诉求被告支付水资源费47 831.6元。**法院判决：**被告某某水电开发有限公司未依照法律规定履行缴纳相应的水资源费的义务，判决其于一个月内向松阳县水利局缴纳水资源费47 831.6元。

评析：民法典第325条规定："国家实行自然资源有偿使用制度，但是法律另有规定的除外。"该条延续了《物权法》第119条的规定。根据该条规定，国家实行自

---

① 审理法院：浙江省松阳县人民法院，案号：（2013）丽松民初357号。

然资源有偿使用制度，受许可使用国家资源的单位或个人应当按照有关规定支付对价。在本案中，被告某某水电开发有限公司向原告松阳县水利局申办了取水许可，且连续两年取水用于水力发电，但并未按照规定缴纳相应的水资源费，原告松阳县水利局有权依法要求某某水电开发有限公司依照法律规定履行缴纳相应的水资源费的义务。某某水电开发有限公司应当根据相关规定向原告支付水资源费。因此，法院根据《物权法》第119条规定，判令被告向原告支付水资源费。

> ▶▶ **第三百二十六条** 用益物权人行使权利，应当遵守法律有关保护和合理开发利用资源、保护生态环境的规定。所有权人不得干涉用益物权人行使权利。

🏛 条文要义

本条是对用益物权人和所有权人义务的规定。与《物权法》第120条规定相比，本条规定新增了用益物权人行使权利的要求，即用益物权人应当遵守法律有关保护生态环境的规定。

用益物权人的义务是保护和合理开发利用资源、保护生态环境。用益物权人享有对他人所有的不动产或者动产进行占有、使用和收益的权利。用益物权人在依法取得用益物权后，在行使该权利时，必须依照法律规定，保护和合理开发资源、保护生态环境。该义务对于特许物权人尤其如此。与其他用益物权人不同的是，特许物权的标的物主要是自然资源，包括海域、矿产、水资源等。这些自然资源都是极为重要的自然资源。因而，特许物权人更要严格履行对自然资源依法保护和合理开发利用、保护生态环境的义务，不得滥用权利，破坏性地使用自然资源，更不得毁坏自然资源。

所有权人的义务，是不得干涉用益物权人行使权利。用益物权是在所有权上设置的负担，所有权人依法将自然资源交付用益物权人占有、使用和收益，这对所有权人自己的权利就设置了限制。用益物权人对于自然资源享有除处分权之外的其他所有的所有权权能，完全可以依照自己的意愿，对自然资源进行占有、使用和收益，所有权人无权干涉。所有权人无端对用益物权人行使权利进行非法干涉，构成对用益物权人的权利侵害，应当承担民事责任。

本条新规则的要点是，增加规定用益物权人应当遵守法律有关保护生态环境规定的要求。民法典第9条规定以绿色原则作为基本原则，并将节约资源和保护环境作为其主要内容。本条规定在《物权法》第120条已经规定了用益物权人应当保护和合理开发资源的基础上，将环境保护义务纳入用益物权人的义务体系中，实质上就是在贯彻绿色原则的基本要求，与绿色原则的本质内涵相统一。与此同时，建设用地使用权作为用益物权的一种，民法典第346条也规定了设立建设用地使用权时需要符合节约资源、保护生态环境的要求。可以看到，绿色原则在民法典物权编中也多有适用。

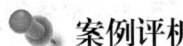 **案例评析**

中华环保联合会诉无锡市某某景区管理委员会环境污染责任纠纷案①

案情： 无锡市某某景区管委会建设了无锡动植物园、欢乐园，该项目是无锡市重点生态环境工程和"为民办实事"项目，在该项目建设过程中无锡市某某景区管委会未经批准和办理相关手续改变了部分林地的用途，其中部分已缴纳罚款，部分已补全相关手续，部分尚没有立即补办相关手续的条件。民间环保组织中华环保联合会收到群众举报信后赴实地考察，后诉至法院。法院认为无锡市某某景区管委会在开发过程中确对环境造成了一定程度的损害，应当承担民事责任。判决无锡市某某景区管委会补全林地改变用途相关手续，完成部分地块复绿固土、异地补植工作，赔偿部分植被恢复费用并支付中华环保联合会为此案支出的必要的费用。

评析： 环境是人类社会持续协调发展的必要前提，生态环境保护是一项极为重要的工作。民法典第1229条规定："因污染环境、破坏生态造成他人损害的，侵权人应当承担侵权责任。"民法典第326条规定："用益物权人行使权利，应当遵守法律有关保护和合理开发利用资源、保护生态环境的规定。所有权人不得干涉用益物权人行使权利。"

本案是一起由非营利性组织提起的因建设单位实施建设工程时未经批准占用林地、改变林地用途对生态环境造成损害的生态环境损害公益诉讼。本案中，被告在开发无锡市动植物园、欢乐园过程中未遵守有关保护和合理开发资源的规定，破坏了自然环境，因此法院判令被告承担相应的法律责任是正确的。

▶▶ **第三百二十七条**　因不动产或者动产被征收、征用致使用益物权消灭或者影响用益物权行使的，用益物权人有权依据本法第二百四十三条、第二百四十五条的规定获得相应补偿。

🏛 条文要义

本条是对用益物被征收、征用时有权获得补偿的规定。

用益物权是当事人依照法律规定，对他人所有的不动产享有、使用和收益的权利。用益物权虽由所有权派生出来，但它是一项独立的物权。用益物权人是对他人所有的物享有占有、使用和收益的权利人，虽然不是物的所有权人，但也是具有独

---

① 审理法院：江苏省无锡市滨湖区人民法院，案号：（2012）锡滨环民初2号。

立物权地位的权利人。他人的不动产或者动产被征收、征用，致使所有权消灭或者影响所有权行使的，应当依法给予所有权人补偿。同时，因他人的不动产或者动产被征收、征用致使用益物权消灭或者影响用益物权行使的，用益物权人也有权依法获得相应的补偿。

我国《宪法》第10条第3款规定："国家为了公共利益的需要，可以依照法律规定对土地实行征收或者征用并给予补偿。"这一规定表明，应当遵循三个原则。

一是公共利益需要的原则。实施征收、征用，必须是出于公共利益的需要，这是征收、征用的前提条件。公共利益通常是指全体社会成员的共同利益和社会的整体利益。

二是依照法定程序的原则。征收、征用在一定程度上限制了他人的财产权。为了防止这种手段的滥用，平衡他人财产保护和公共利益需要的关系，征收、征用必须严格依照法律规定的程序进行。

三是依法给予补偿的原则。尽管征收和征用是为了公共利益需要，但都不能采取无偿剥夺的方式，必须依法给予补偿。用益物权的标的物被国家征收、征用，致使用益物权消灭，或者影响用益物权行使的，用益物权人有权得到补偿。应当注意的是，征收、征用，对所有权人和用益物权人都应当进行补偿，而不能只对所有权人予以补偿，对用益物权人不予补偿。对用益物权人的补偿，应当斟酌用益物权的期限、性质和可能的收益等因素，依照民法典第243条和第245条关于征收和征用的规定确定。

补偿的方式应视财产的类别而加以区别对待。在征收过程中，征收的对象一般都是不动产，并且是对所有权的改变，一般都要给予金钱补偿、相应的财产补偿或者其他形式的补偿。在征用过程中，如果是非消耗品，使用结束后，原物还存在的，应当返还原物，对于物的价值减少的部分要给予补偿；如果是消耗品，通常要给予金钱补偿。

🔖 案例评析

吴某某、淳安县某某村村民委员会返还原物纠纷案[①]

案情: 2012年，淳安县某某村村民委员会因乡教育旅游综合体项目征用需要，将原告吴某某种植的枇杷树、桃树等菜地征收，征收的青苗补偿款为29 567元。钱款已于2013年下发至被告淳安县某某村村民委员会处，因该村的第四生产队被征地块的权属有争议，故被告一直未将该地块的青苗补偿费支付给吴某某。吴某某多次与村主任等村干部协商无果，故向法院提起诉讼，请求判令淳安县某某村村民委员会向其支付青苗补偿款29 567元。法院认为：因土地征用，使已种植的青苗未能收

---

① 审理法院：浙江省淳安县人民法院，案号：（2019）浙0127民初493号。

获，土地使用者有权要求给付经济补偿。原告吴某某的诉求合理，应当予以支持。

评析：根据民法典第 327 条规定，因不动产或者动产被征收致使用益物权消灭或者影响用益物权行使的，用益物权人有权依法获得相应补偿。该条延续了《物权法》第 121 条的规定。在本案中，吴某某依法对其承包的土地享有占有、使用和收益的权利，土地于其承包经营期间被征用，土地的用益物权受到影响，致使种植的青苗未能收获，符合用益物被征收时有权获得补偿的规定。吴某某种有青苗的地块被征用，其要求持有该费用的被告支付青苗补偿费，诉求合理。因此，法院根据《物权法》第 42 条第 2 款"征收集体所有的土地，应当依法足额支付土地补偿费、安置补助费、地上附着物和青苗的补偿费等费用，安排被征地农民的社会保障费用，保障被征地农民的生活，维护被征地农民的合法权益"的规定，对原告的主张予以支持。

第三百二十八条　依法取得的海域使用权受法律保护。

🏛 条文要义

本条是对海域使用权的规定。

海洋被称为"蓝色国土"，在人类文明的发展史上起着重要的作用。根据民法典第 247 条的规定，海域属于国家所有。国家是海域所有权的唯一主体。海域使用权，是指单位或者个人依法经批准获得的持续使用特定海域 3 个月以上的排他性特许物权。

海域使用权的特征是：（1）海域使用权的客体是海域，包括我国的内水、领海的水面、水体、海床和底土。（2）海域使用权是国家对海域所有权派生的物权。（3）海域使用权的内容具有广泛性。（4）海域使用权不具有单一性，而是一种集合性的物权，是一系列权利的总称，包括养殖权、拆船用海权、旅游用海权、娱乐用海权、矿业权、公益事业用海权、港口和修造船厂建设工程用海权等。

海域使用权取得的方式主要有三种：一是单位和个人向海洋行政主管部门申请，二是招标，三是拍卖。有关单位和个人使用海域的申请被批准或者通过招标、拍卖方式取得海域使用权后，海域使用权人应当办理登记手续。依照法律规定属于国务院批准用海的，由国务院海洋行政主管部门登记造册，向海域使用权人颁发海域使用权证书；属于地方人民政府批准用海的，由地方人民政府登记造册，向海域使用权人颁发海域使用权证书。海域使用权作为一项重要的财产权利，可以依法转让、继承。依法取得的海域使用权受法律保护。

海域使用权的消灭事由是：（1）海域使用权因期间届满，没有申请续期或者经过申请却没有被批准而消灭；（2）因公共利益需要或者国家安全的需要，原批准用海的人民政府依法收回海域使用权，因而消灭；（3）海域使用权人因抛弃权利而消灭；（4）因人工填海或者自然原因导致海域变成陆地，海域使用权因标的物的改变、原海域不复存在而消灭。取得、变更、终止海域使用权，应当进行登记。

 **案例评析**

邵某连、王某远海域使用权纠纷案①

案情： 2008 年 4 月 8 日，原告王某远取得编号为 3711×××009 的海域使用权证书，证书载明宗海面积为 35.11 公顷，使用权终止日期为 2018 年 4 月 8 日，并载明该海域的四至。后原告将该海域临时性交付王某迎使用。现该海域由被告邵某连实际使用。原告提起本案诉讼要求被告返还涉案海域使用权。在本案审理过程中，被告邵某连辩称涉案海域系其从王某拾（王某迎之父）、王某瑞处受让取得。一审法院认为：被告邵某连使用涉案海域并无法律依据，其行为构成侵权。原告要求被告停止侵害，并将涉案海域交还原告使用，理由正当，应予支持。二审法院维持一审法院判决。

评析： 依据民法典第 328 条的规定，依法取得的海域使用权受法律保护。该条延续了《物权法》第 122 条的规定。本案中，原告王某远取得编号为 3711×××009 的海域使用权证书，即合法取得了涉案海域的使用权，对涉案海域享有占有、使用和收益的权利。虽然被告辩解称其从他人处受让取得涉案海域使用权，但由于原告是将该海域临时性交付王某迎使用。第三人王某拾（王某迎之父）并非合法的海域使用权人，故被告使用涉案海域并无法律依据，属于对原告海域使用权的侵权行为，应当承担侵犯物权的侵权法律责任。因此，法院根据《物权法》第 122 条之规定判决被告邵某连停止侵权并向原告返还涉案海域。

> **▶▶第三百二十九条**　依法取得的探矿权、采矿权、取水权和使用水域、滩涂从事养殖、捕捞的权利受法律保护。

🏛 条文要义

本条是对特许物权依法保护的规定。

我国对自然资源实行有偿使用制度。矿产资源法、水法、渔业法分别对单位和个人利用自然资源的权利作出了规定。探矿权、采矿权、取水权和从事养殖、捕捞的权利具有自身的特点，与一般的用益物权有所不同。用益物权一般是通过合同设

立，探矿权、采矿权、取水权和从事养殖、捕捞的权利是经行政主管部门许可设立。考虑到探矿权、采矿权、取水权和从事养殖、捕捞的权利主要是对国家自然资源的利用，权利人取得这些权利后，即享有占有、使用和收益的权利，其权能与用益物权是一致的，同时也需要办理登记并进行公示，符合物权的公示的原则。因此，本条对这些权利做了原则性、衔接性的规定。

探矿权，是指全民和集体所有制单位和自然人依照法定程序取得的，在特定工作区域内进行勘查、勘探相应的国有矿产资源，取得矿石标本和地质资料等的特许物权。

采矿权，是指全民和集体所有制单位和自然人个人依照法定程序取得的在采矿许可证规定的范围内，开采矿产资源，获得所开采的矿产品的特许物权。

取水权，是水权的一种，是指权利人依法取得的从地表水或地上水引取定量的水的特许物权。广义的取水权包括水利水权、航运水权、排水权、竹木流放水权等。

从事养殖、捕捞的权利，是指自然人、法人或其他组织依法取得的在一定水域从事养殖或捕捞水生动植物的特许物权。其中，养殖权是指权利人经过批准，在国家或者集体所有的海面、河道、湖泊以及水库的水面从事养殖、经营，并排斥他人干涉的特许物权。捕捞权是指自然人、法人依法经批准获得的，在我国管辖的内水、滩涂、领海、专属经济区以及我国管辖的一切海域内从事捕捞水生动植物等活动的特许物权。

上述这些特许物权都受法律保护，任何人不得侵害。

案例评析

李某有诉李某养殖权纠纷案[①]

案情： 李某有取得当地人民政府批准、水产管理局登记并发放的为期 3 年的水域、滩涂养殖使用证后，在该承包水域养殖蟹苗。被告李某未经原告李某有允许在该水域横截渔网。为此李某有诉至法院，请求判令李某立即拆除渔网、恢复原告水域养殖权、赔偿经济损失 8 000 元并承担本案诉讼费用。法院认为：公民依法取得的使用水域从事养殖的权利受法律保护。被告李某侵害原告李某有的合法权益，该渔网依法应予拆除。对于原告要求被告赔偿其经济损失的诉讼请求，因原告未提供充分证据证明其受到的具体损失数额，故法院不予支持。

评析： 从事养殖、捕捞的权利，是指自然人、法人或其他组织依法取得的在一定水域从事养殖或捕捞水生动植物的特许物权。民法典第 329 条规定："依法取得的探矿权、采矿权、取水权和使用水域、滩涂从事养殖、捕捞的权利受法律保护。"该条延续了《物权法》第 123 条的规定。本案中，原告李某有通过合法手续取得涉案

---

① 审理法院：安徽省临泉县人民法院，案号：（2016）皖 1221 民初 2275 号。

水域的滩涂养殖使用证，即享有使用涉案水域、滩涂从事养殖、捕捞的权利，该权利具有排他性，其他人不得侵犯。被告李某未经原告李某有允许在该水域横截渔网，其行为侵犯了原告从事养殖、捕捞的权利，应当承担相应的侵权责任。因此，法院判令被告立即拆除渔网、恢复原告水域养殖权是正确的。

第十一章　土地承包经营权

▶▶**第三百三十条**　农村集体经济组织实行家庭承包经营为基础、统分结合的双层经营体制。

农民集体所有和国家所有由农民集体使用的耕地、林地、草地以及其他用于农业的土地，依法实行土地承包经营制度。

🏛 条文要义

本条是对农村土地实行承包经营的规定。本条延续了《物权法》第124条的规定。

土地承包经营，是我国农村经济体制改革的产物，对于促进我国农村经济的发展起到了重大推动作用。在经历了单干、互助组、合作社和人民公社的发展历程，中国农村实行一大二公的体制，导致了农民对土地失去热情、农业经济发展严重受阻的状况。经过改革开放，我国实行了土地承包经营，焕发了农民的积极性，推动了农村经济的发展。时至今日，由于土地承包经营权的设置而激发的农民经营土地的热情已经减弱。这说明，土地承包经营权对于一大二公的农村集体所有、集体经营的模式而言，是大大地解放了农村生产力，能够激发生产力的发展；但是，土地承包经营权的模式并不就是完善的用益物权，也不是发挥农民经营土地创造财富积极性的最好模式。我国农村土地法律制度的进一步改革势在必行。

稳定完善双层经营体制，关键是稳定完善土地承包关系。土地是农业最基本的生产要素，又是农民最基本的生活保障。稳定土地承包关系，是引导农民珍惜土地、增加投入的需要；是保持农业发展、促进农民增收的需要；是保持农村稳定的需要。稳定土地承包关系是党的农村政策的基石，绝不能动摇。

本条作出"农村集体经济组织实行家庭承包经营为基础、统分结合的双层经营体制"的规定，正是为了稳定和完善以家庭承包经营为基础、统分结合的双层经营体制，赋予农民长期而有保障的土地使用权，维护农村土地承包当事人的合法权益，促进农业、农村经济发展和农村社会稳定。

农村土地承包一般采取农村集体经济组织内部的家庭承包方式。家庭承包方式是指，以农村集体经济组织的每一个农户家庭全体成员为一个生产经营单位，作为承包人与发包人建立承包关系，承包耕地、林地、草地等用于农业的土地。家庭承包中的承包人是农村集体经济组织的农户。发包人将土地发包给农户经营时，应当按照每户所有成员的人数来确定承包土地的份额，也就是通常所说的"按户承包，按人分地"，也叫"人人有份"。由于每个集体经济组织成员在本集体经济组织中均享有成员权，也由于农村土地是农民的基本生产资料，也是他们的基本生活保障，因此，每个农村集体经济组织的成员，不论年长年幼、是男是女都享有土地承包权。凡是本集体经济组织的成员应当人人有份的农村土地，尤其是耕地、林地、草地，都应当依法实行家庭承包。

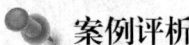 案例评析

刘某奎诉刘某全土地承包经营权纠纷案①

案情：原告刘某奎和被告刘某全系亲兄弟，已各自成家有妻室儿女多年，父母均已过世。我国实行农村土地承包到户时，因其余兄弟姊妹均不在村内，故以被告刘某全为承包户代表承包了本村的一块农村土地。该承包地和自留地也一直由被告刘某全经营管理至今。其间，部分争议地块已流转给他人或被征收。原告提起诉讼请求法院判令被告分割部分土地归其使用、收益。法院根据庭审查明的事实，结合刘某奎的诉讼请求，已依法告知刘某奎其请求应向有关行政主管部门申请解决，但刘某奎坚持诉讼。一审法院认为诉因不属于人民法院受理民事诉讼的范围应依法裁定予以驳回。二审法院维持一审裁定。

评析：我国农村土地的承包主体是承包户，而非户内成员。2005 年《最高人民法院关于审理涉及农村土地承包纠纷案件适用法律问题的解释》第 1 条第 2 款明确规定：集体经济组织成员因未实际取得土地承包经营权提起民事诉讼的，人民法院应当告知其向有关行政主管部门申请解决。同一农村土地承包户内成员因未实际取得土地承包经营权提起民事诉讼的，法院应当告知其向有关行政主管部门申请解决；坚持诉讼的，依法裁定驳回起诉。本案系土地承包经营权确认纠纷。原、被告系同一土地承包户内成员，原告的请求，依法应向有关行政主管部门申请解决。在法院依法告知原告应向有关行政主管部门申请解决后，原告坚持诉讼。因其起诉不属于人民法院受理民事诉讼的范围，所以本案法院裁定驳回原告的起诉是正确的。

> ▶▶ **第三百三十一条** 土地承包经营权人依法对其承包经营的耕地、林地、草地等享有占有、使用和收益的权利，有权从事种植业、林业、畜牧业等农业生产。

---

① 审理法院：一审法院为云南省昭通市巧家县人民法院，案号：（2017）云 0622 民初 651 号；二审法院为云南省昭通地区（市）中级人民法院，案号：（2017）云 06 民终 1216 号。

🏛 条文要义

本条是对土地承包经营权的规定。该条延续了《物权法》第 125 条的规定。

土地承包经营权，是指农村集体经济组织成员对集体所有或国家所有，由集体经济组织长期使用的耕地、林地、草地等农业土地，采取家庭承包、公开协商等方式进行承包，依法对所承包的土地等占有、使用和收益的用益物权。

本条规定了承包人对承包地享有的占有、使用和收益这几项最基本、最重要的权利。这些权利都是法定权利，即使在承包合同中没有约定，承包人也依法享有这些权利，任何组织和个人不得剥夺和侵害。

1. 依法享有对承包地占有的权利。占有的权利是土地承包经营权人对本集体所有的土地直接支配和排他的权利。土地承包经营权是在集体或国家所有由集体使用的土地上使用、收益的权利，为实现其使用、收益的目的，必然以对土地占有为前提。

2. 依法享有对承包地使用的权利。农村土地承包经营权设立的目的，就在于由承包人在集体的土地上从事种植业、林业、畜牧业等农业生产。因此，承包人对其承包的土地进行合理且有效的使用是其重要权能之一。至于从事农业生产的种类、方式等均由承包人按照土地用途自主决定，承包人享有生产经营自主权，发包人和其他任何第三人都无权进行干涉。对承包土地的使用不仅仅限于传统意义上的种粮植树、放牛养羊等，对于因进行农业生产而修建必要的附属设施，如建造沟渠、修建水井等，也应是对承包土地的一种使用。

3. 依法获取承包地收益的权利。收益权是承包人获取承包地上产生的收益的权利，这种收益主要是从承包地上种植的农林作物以及畜牧中所获得的利益，例如，粮田里产出的粮食、果树产生的果实等。承包人还有权自由处置产品，可以自由决定农林牧产品是否卖、如何卖、卖给谁等。承包人对承包地享有的收益权是承包经营权中的重要权利。对承包人的收益权应当依法保护，使其得到充分的实现。

🪨 案例评析

康某和、李某通物权保护纠纷案[①]

案情：原告康某和系河南省巩义市某某镇某某村某组村民，诉争的 0.53 亩土地系村民组发包给康某和的承包地。自 2016 年 3 月起，被告李某通以诉争土地系其自留地为由占用至今，原告多次要求被告返还土地未果，遂引起诉讼。法院认为：土地承包经营权人依法对其承包经营的耕地享有占有、使用和收益的权利，妨碍权利人行使权利的，权利人有权要求排除妨碍、返还财产、赔偿损失。因此，法院判决

---

① 审理法院：一审法院为河南省巩义市人民法院，案号：（2019）豫 0181 民初 987 号；二审法院为河南省郑州市中级人民法院，案号：（2019）豫 01 民终 6880 号。

被告停止耕种涉案土地，并将涉案土地返还给原告，并赔偿原告占地损失。二审法院维持一审判决。

评析：土地承包经营权是指农村集体经济组织成员对集体所有或国家所有，由集体经济组织长期使用的耕地、林地、草地等农业土地，采取家庭承包、公开协商等方式进行承包，依法享有对所承包的土地等占有、使用和收益的用益物权。

本案原告系法律认可的涉案土地承包经营权人，对该土地享有占有、使用和收益的权利，有权利用该土地从事农业生产。被告未经原告许可，亦没有其他法律依据，擅自耕种涉案土地，侵犯了原告对涉案土地的用益物权，属于侵权行为，应当承担相应的侵权责任。法院的判决符合法律的立法精神，维护了公民的合法权益，是正确的。

> ▶▶ **第三百三十二条**　耕地的承包期为三十年。草地的承包期为三十年至五十年。林地的承包期为三十年至七十年。
>
> 前款规定的承包期限届满，由土地承包经营权人依照农村土地承包的法律规定继续承包。

🏛 条文要义

本条是对土地承包经营权期限的规定。

民法典第 332 条第 1 款、第 2 款分别规定："耕地的承包期为三十年。草地的承包期为三十年至五十年。林地的承包期为三十年至七十年。""前款规定的承包期限届满，由土地承包经营权人依照农村土地承包的法律规定继续承包。"这一条文是关于土地承包经营权期限的规定。与《物权法》第 126 条规定相对比，一是删除了"特殊林木的林地承包期，经国务院林业行政主管部门批准可以延长"的规定；二是明确规定承包期届满，应当按照农村土地承包的法律规定继续承包。

土地承包经营权的期限是：（1）耕地的承包期为 30 年；（2）草地的承包期为 30 年至 50 年；（3）林地的承包期为 30 年至 70 年。

承包期限届满，由土地承包经营权人依照农村土地承包的法律规定继续承包。《农村土地承包法》第 21 条规定："耕地的承包期为三十年。草地的承包期为三十年至五十年。林地的承包期为三十年至七十年。前款规定的耕地承包期届满后再延长三十年，草地、林地承包期届满后依照前款规定相应延长。"结合该规定，耕地承包期届满后可以再延长 30 年，草地、林地的承包期也按照前述内容相应延长。《农村土地承包法》第 25 条规定：承包合同生效后，发包方不得因承办人或者负责人的变动而变更或者解除，也不得因集体经济组织的分立或者合并而变更或者解除。这有利于土地承包经营权的稳定，有利于维护土地承包经营权人的合法权益。

本条新规则的要点如下。

1. 删除了关于特殊林木的林地承包期的延长规则。《物权法》第 126 条第 1 款规定特殊林木的林地承包期，经国务院林业行政主管部门批准可以延长。本条规定删除了这一内容，与 2018 年 12 月 29 日通过的《农村土地承包法》（第二次修正）第 21 条第 1 款删除了特殊林木的林地承包期延长规则相一致。

2. 明确了承包期届满时，土地承包人继续承包所应当依照的法律规定。《物权法》第 126 条第 2 款规定："前款规定的承包期届满，由土地承包经营权人按照国家有关规定继续承包。"据此，土地承包经营权人于承包期届满后应当按照国家有关规定继续承包，但究竟依据哪部法律或者行政法规尚不明确。立法上的转介性条款指代不明，造成了司法实践中适用法律的困难。为了解决这一问题，本条规定将"按照国家有关规定"修改为"依照农村土地承包的法律规定"，进一步明确了承包期届满后适用的法律依据，即在实践中，应当适用《农村土地承包法》的规定。

案例评析

唐某诉某村民委员会、付某土地承包经营权案①

案情： 唐某系某村村民，其所在村委会分配土地时唐某分得承包地，但至今未发放土地承包经营权证，亦未订立土地承包合同。唐某取得该土地承包经营权后，因无力耕种，先委托本村村民代为耕种，由耕种的村民交纳相关的费用，后又找到原村委会主任陈某，请求另找他人耕种其承包地，并代缴两工两费。此后陈某以村委会名义将唐某的承包地承包给被告付某，并订立了土地承包合同。原告唐某遂诉至法院请求返还承包地。法院认为：唐某依法享有涉案土地的承包经营权，该权利在承包期内应该得到法律保护，其返还承包的诉讼请求应予支持。村委会擅自收回其承包土地，并与付某订立土地承包经营合同的行为侵犯了唐某的土地承包经营权，该土地承包合同属于无效合同。

评析： 民法典第 332 条的规定与《农村土地承包法》的相关规定，肯定了土地承包经营权的物权性质，违法收回、调整承包地是对物权的侵害，承包权人有权基于物权人的地位请求返还土地，保护其土地承包经营权。耕地的承包期为 30 年。在土地承包期内，承包人享有土地承包经营权。虽然付某认为唐某已经自愿将承包地交还给村委会，系对土地承包经营权的放弃，但是，《农村土地承包法》对农民自愿交回承包地进行了严格的程序限制，要求承包权人提前半年以书面形式作出放弃的意思表示。本案中，付某未能提出证据证明唐某以书面形式放弃了对讼争土地的承包经营权。因此，在本案中，被告村委会擅自将原告唐某的承包地重新承包给被告付某，侵犯了原告的承包经营权，原告有权要求被告付某返还涉案土地。

---

① 审理法院：天津市宝坻区人民法院，案号：（2005）宝民初 2109 号。

> ▶▶ **第三百三十三条** 土地承包经营权自土地承包经营权合同生效时设立。
>
> 登记机构应当向土地承包经营权人发放土地承包经营权证、林权证等证书，并登记造册，确认土地承包经营权。

🏛 条文要义

本条是对土地承包经营权设立方式的规定。

通过土地承包合同取得土地承包经营权，是土地承包经营权取得的主要方式。土地承包经营权以承包合同的方式设定时，土地所有权人应当与承包人签订土地承包合同，通过合同确定双方当事人的权利义务关系。土地承包合同为要式合同，必须采用书面形式，这有利于明确当事人的权利义务，防止和避免土地所有权人任意改变和撤销合同。这说明，政府对土地承包经营权的登记行为仅仅是一种确认行为，不具有一般的物权登记性质。

在土地承包过程中应当遵循如下规则：（1）公平、公开、公正原则，正确处理国家、集体和个人之间的利益关系；（2）土地承包经营权男女平等原则，防止歧视妇女；（3）民主议定原则，防止集体组织领导独断专行，侵害农民利益；（4）土地承包程序合法原则，保证依法进行。

土地承包合同一般包括以下条款：（1）土地所有权人、土地承包经营权人的名称，土地所有权人负责人和土地承包经营权人代表的姓名、住所；（2）承包土地的名称、坐落、面积、质量等级；（3）承包期限和起止日期；（4）承包土地的用途；（5）土地所有权人和土地承包经营权人的权利和义务；（6）违约责任。

土地承包经营权的取得时间，是土地承包经营合同生效的时间。土地承包经营合同成立，并且具备生效要件时，该合同生效，土地承包经营权人取得土地承包经营权。

本条规定，尽管土地承包经营权仍然是合同生效时设立，但是仍然都须进行登记。登记机构应当向土地承包经营权人发放土地承包经营权证、林权证等证书，并登记造册，确认土地承包经营权。

🎯 案例评析

吴某虎与陈某明排除妨害纠纷案①

案情： 吴某虎依法取得承包地并持有当地政府颁发的农村土地承包经营权证，其中部分承包地与陈某明的承包地相邻，多年来该承包地块一直由被告耕种至今。吴某虎与陈某明因涉案承包地块发生纠纷，经村委会多次调解未予化解。吴某虎请

---

① 审理法院：一审法院为江苏省盐城市滨海县人民法院，案号：（2018）苏 0922 民初 3444 号；二审法院为江苏省盐城市中级人民法院，案号：（2019）苏 09 民终 211 号。

求法院判令被告陈某明立即对原告吴某虎承包的土地停止侵权、排除妨害，将上述承包地交付给原告经营。法院认为：涉案土地现由被告在无有效物权凭证的情况下擅自占用种植，侵害了原告的土地承包经营权，故对于原告要求被告排除妨害的诉讼请求，予以支持。二审法院维持原判。

评析： 民法典第 333 条第 1 款规定："土地承包经营权自土地承包经营权合同生效时设立。"该条延续了《物权法》第 127 条的规定。合法的土地承包经营权受法律保护，而农村土地承包经营权证书是确认承包方享有土地承包经营权的法律凭证。据此，本案原告吴某虎于农村土地二轮承包时即取得包含涉案土地在内的土地承包经营权。而本案被告陈某明自 2007 年起一直耕种涉案承包地块至今，且其提供的证据都不足以证明其享有涉案土地承包经营权，被告也未能提交其与发包方就涉案土地确立承包关系的书面承包合同，其行为侵犯了原告对涉案土地的承包经营权。因此，法院判决支持原告的诉讼请求是正确的。

▶▶ **第三百三十四条　土地承包经营权人依照法律规定，有权将土地承包经营权互换、转让。未经依法批准，不得将承包地用于非农建设。**

🏛 条文要义

本条是土地承包经营权流转的规则，与《物权法》第 128 条规定相比，有三个方面的变化。

土地承包经营权的流转，是指土地承包经营权通过合法的方式在有关当事人之间发生转移，土地承包经营权人发生变动。

土地承包经营权流转的方式是互换与转让。土地承包经营权进行互换，是为了方便耕种或者各自需要，应当在属于同一集体经济组织的土地的承包经营权人间进行互换。土地承包经营权进行转让，是因为土地承包经营权具有可让与性。如果土地承包经营权人有稳定的非农职业或者有稳定的收入来源的，经土地所有权人同意，可以将全部或者部分土地承包经营权转让给其他从事农业生产经营的农户，由该农户同土地所有权人确立新的承包关系，原土地承包经营权人与土地所有权人在该土地上的承包关系即行终止。

土地承包经营权采取互换、转让方式流转，使对方取得土地承包经营权，实现的是土地承包经营权的流转。受让一方对土地承包经营权的取得，是继受取得而不是原始取得。

对土地承包经营权进行互换、转让的，当事人应当签订书面合同。采取互换方式流转的，应当报土地所有权人备案；采取转让方式流转土地承包经营权的，应当经土地所有权人同意。

土地承包经营权互换、转让，采取登记对抗主义，应当按照本法第335条关于"土地承包经营权互换、转让的，当事人可以向登记机构申请登记；未经登记，不得对抗善意第三人"的规定进行。

本条新规则三个方面变化的要点如下。

1. 扩大土地承包经营权适用的法律依据。《物权法》第128条规定土地承包经营权的流转依据是《农村土地承包法》的规定，本条规定将其修改为依照法律规定，扩大了土地承包经营权适用的法律依据，包括但不限于《农村土地承包法》，例如还有民法典的规定。

2. 删除了流转期限不得超过承包期的剩余期限的规定。《物权法》第128条规定了流转期限的限制性规则。本条规定删除了这一内容。理由是，《农村土地承包法》第38条规定了土地承包经营权的流转规则，其中就包含了这一内容，无须重复性的规定。而且，当事人即使约定流转期限超出了承包期的剩余期限，也是无效的约定。

3. 删除了土地承包经营权流转的转包方式，仅保留了互换、转让。《农村土地承包法》第二次修正，仅规定了土地承包经营权的流转方式为互换、转让，删除了关于转包、出租的规定。与此相一致，本条规定也仅保留了互换、转让作为土地承包经营权的流转方式。这是因为，农村土地承包实行三权分置，转包的行为其实已经概括在土地经营权的范围之内，没有必要继续规定。

🐾 案例评析

陈某洪与刘某富等土地承包经营权转让合同纠纷案①

案情： 陈某洪与刘某富、段某莲协商在其二人承包的土地上修建生基坟墓。该土地系刘某富之父刘某（已死亡）为家庭承包户承包所得。达成合意后，陈某洪将修建生基围岸之工程承包给杨某明并支付了对应的工时材料费。完工验收后三方当事人签订了《土地永久性使用权出让合同》，陈某洪一次性付清土地款，杨某明为此合同证保人。现陈某洪以双方签订的《土地永久性使用权出让合同》属无效合同为由，要求三被告返还其土地转让款及其他相关款项。法院认为：涉案合同当属无效合同。由被告刘某富、段某莲返还原告陈某洪土地转让款。并将所占土地恢复原状，所需费用由原告陈某洪自行承担。二审法院维持原判。

评析： 根据民法典第334条的规定，虽然土地承包经营权人有权将土地承包经营权互换、转让，但是未经依法批准，不得将承包地用于非农建设。本案原告陈某洪与被告刘某富、段某莲签订合同约定在被告承包土地上修建生基坟墓，属于未经

---

① 审理法院：一审法院为云南省保山市隆阳区人民法院，案号：（2017）云0502民初3349号；二审法院为云南省保山市中级人民法院，案号：（2018）云05民终63号。

依法批准将承包地用于非农建设的行为。该合同违反了法律、行政法规的强制性规定，属于无效合同。原告陈某洪与被告刘某富、段某莲均存在过错，因此双方均应承担相应责任。而该合同上载明的"证保人"不具有担保法意义上的保证人性质，故被告杨某明不应与被告刘某富、段某莲承担返还原告土地转让费的民事责任。因此，法院作出上述判决。

▶▶ **第三百三十五条　土地承包经营权互换、转让的，当事人可以向登记机构申请登记；未经登记，不得对抗善意第三人。**

🏛 条文要义

本条是对互换、转让土地承包经营权登记的规定。

土地承包经营权采取互换、转让方式流转，是由对方取得土地承包经营权，实现的是土地承包经营权的流转，受让一方对土地承包经营权的取得是继受取得，而不是原始取得。土地承包经营权的原始取得，是农民家庭通过承包经营合同的设立而取得，法律规定应当进行登记。对于通过互换或者转让继受取得土地承包经营权的，也应当向登记机构申请登记。如果未经登记，也取得该物权，但不得对抗善意第三人。

对互换、转让土地承包经营权进行登记，目的在于将土地承包经营权变动的事实予以公示，使他人明确知晓土地承包经营权的权利人变动的情况。本条对于土地承包经营权的互换、转让，采用登记对抗主义，即不登记不得对抗善意第三人。也就是说，当事人签订土地承包经营权的互换、转让合同，并经发包人备案或者同意后，该流转行为在当事人双方之间即发生法律效力，而不强求当事人登记。考虑到土地承包经营权互换、转让后，如果未将权利变动的事实通过登记的方法予以公示，他人可能因不了解权利变动的情况而受到损害。因此，本法将登记与否的决定权交给了当事人。未经登记的，不能对抗善意第三人。也就是说，不登记将产生不利于土地承包经营权受让人的法律后果。

📌 案例评析

陈某志、夏某学土地承包经营权纠纷案①

案情：某村民委员会以家庭承包的方式将某地块承包给陈某志，被告夏某学因开办养殖社需要，与陈某志协商，用自己的地块与之互换土地。陈某志同意后双方签订土地互换协议。协议签订后被告夏某学即在互换后的土地上栽种农作物，对土

---

① 审理法院：贵州省六盘水市中级人民法院，案号：（2018）黔02民终2311号。

地开始管理使用。后陈某志反悔不愿意互换土地，以互换合同未经村委会备案为由，请求法院判决双方签订的土地互换协议无效；请求法院判决被告立即停止侵权、排除妨碍、恢复原状。法院认为：陈某志与夏某学双方签订的土地互换协议系双方真实意思表示，对原告的诉讼请求不予支持。

评析： 民法典第 335 条规定："土地承包经营权互换、转让的，当事人可以向登记机构申请登记；未经登记，不得对抗善意第三人。"该条延续了《物权法》第 129 条的规定。这里的用词是可以登记，而不是必须登记。当事人土地承包经营权互换、转让的，自互换、转让合同生效时即发生效力。本案中，双方签订的协议系双方真实意思表示，未违反法律的效力强制性规定，未损害社会公共利益，协议成立并已生效。双方互换土地的协议是否备案，并不影响其效力。根据我国《合同法》有关规定，合同未经备案不属于致使合同无效的情形，原告以互换协议未经备案为由请求法院确定互换协议无效没有法律依据，因此法院未支持其诉讼请求。

> ▶▶ **第三百三十六条** 承包期内发包人不得调整承包地。
> 因自然灾害严重毁损承包地等特殊情形，需要适当调整承包的耕地和草地的，应当依照农村土地承包的法律规定办理。

🏛 条文要义

本条是对承包土地调整的规定。

农地所有权人负有维护土地承包经营权人土地承包经营权的义务。尽管农地的所有权归属于集体经济组织，但是集体经济组织在自己的土地上设置了土地承包经营权后，就在自己的土地上设置了负担，必须尊重和维护承包经营权人的他物权。土地承包经营权人所享有的土地承包经营权受国家法律保护，土地所有权人作为土地的所有者，也不得侵犯土地承包经营权人的土地承包经营权，有义务维护土地承包经营权人的土地承包经营权，不得非法变更、解除土地承包合同，不得调整承包土地。

不过，集体经济组织也有对承包土地的必要调整权。因自然灾害严重毁损承包地等特殊情形，需要适当调整承包的耕地和草地的，应当依照农村土地承包的法律规定办理。根据《农村土地承包法》的规定，承包期内，因自然灾害严重毁损承包地等特殊情形对个别农户之间承包的耕地和草地需要适当调整的，必须经本集体经济组织成员的村民会议 2/3 以上成员或者 2/3 以上村民代表的同意，并报乡（镇）人民政府和县级人民政府农业农村、林业和草原等主管部门批准。承包合同中约定不得调整的，按照其约定。

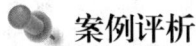 **案例评析**

杨某承包经营户诉重庆市大足区宝兴镇某村第 2 村民小组*
土地承包经营权纠纷案①

案情： 杨某系某村的村民，并取得某村 2 组分配的土地承包经营权，已办理权属登记。后因水库扩建工程，该某村 2 组的部分集体土地被淹没，导致土地实际情形发生变化。某村 2 组召开社员大会，经三分之二的社员代表同意，通过了该组土地重新分配方案和土地淹没补偿款分配方案，但杨某并不同意前述分配方案。某村 2 组将前述方案上报该镇政府领导审批后，按照该方案将该组未被淹没的剩余土地进行了重新分配，也将部分被淹没土地补偿款进行了分配。原属于杨某承包的部分土地被按照前述方案发包给其他村民。杨某遂诉至法院。法院认为：被告调整土地的方案合法。被告不负有将土地返还给原告的义务。二审法院维持一审判决。

评析： 民法典第 336 条规定，集体组织承包期内发包人不得调整承包地。但是该条同时赋予了集体经济组织在发生自然灾害严重毁损承包地等情形时对承包土地的必要调整权。该条延续了《物权法》第 130 条的规定。本案中，因修建水库工程，被告某村 2 组的集体土地发生较大改变，根据 2009 年修正的《农村土地承包法》的规定，属于法条中需要调整土地的特殊情形。且案涉分配方案已经过村民会议三分之二以上成员或者三分之二以上村民代表的同意，并报乡（镇）人民政府和县级人民政府农业等行政主管部门批准。属于合法调整土地，不应认定为原告诉称的违法收回土地并发包他人，故法院对原告的诉讼请求不予支持。

▶▶**第三百三十七条**　承包期内发包人不得收回承包地。法律另有规定的，依照其规定。

🏛 条文要义

本条是对发包人不得收回承包地的规定。

对于最初的土地承包经营权，法律是将其作为债权对待的，没有赋予土地承包经营权人物权人的地位，因而在实践中出现了一些土地所有权人随意撕毁合同，侵害土地承包经营权人合法权益的现象。《农村土地承包法》和民法典物权编将土地承包经营权规定为用益物权，农民享有土地承包经营权，这就赋予了农民长期

---

*　以下简称"某村 2 组"。
①　审理法院：一审法院为重庆市大足区人民法院，案号：(2018) 渝 0111 民初 1290 号；二审法院为重庆市第一中级人民法院，案号：(2018) 渝 01 民终 4561 号。

而有保障的土地使用权。土地所有人将土地承包给农民家庭，就负有维护土地承包经营权稳定的义务。因此，在承包期内，发包人不得收回承包地，以保障承包权人的权益。

只有在法律另有规定的情况下，才可以依法收回承包地。例如，《农村土地承包法》第 27 条第 3 款规定，承包期内，承包农户进城落户的，引导支持其按照自愿有偿原则将承包地交回发包方。

案例评析

樊某、上虞区东关街道金鸡山村股份经济合作社*
农村土地承包合同纠纷案①

案情： 樊某通过第二轮土地承包向所在村承包了土地，并领取农村集体土地承包权证。但在樊某母亲杨某去世后，村经济合作社根据人口减少情况，于 2005 年收回了部分土地，并交由同村其他人口增加的农户耕种。2006 年樊某与村经济合作社签订了土地承包合同一份，樊某已交承包费总计 4 000 元。樊某认为，该村经济合作社在承包期内强行收回承包地，流转土地，迫使原告另行承包，属承包经营权侵权行为，为此依法向法院提起诉讼。法院认为：原告主张被告就部分承包地构成侵权及要求予以返还土地和流转费的依据不足，法院不予支持。二审法院维持原判。

评析： 民法典第 337 条规定："承包期内发包人不得收回承包地。法律另有规定的，依照其规定。"这是对发包人不得收回承包地的规定。该条延续了《物权法》第 131 条的规定。本案中，被告根据人口减少的情况收回承包地不属于本法条中所规定的"法律另有规定的"情况，被告不仅没有履行维护土地承包经营权稳定的义务，侵害了原告的合法权益，而且违反"增人不增地，减人不减地"的政策精神，故被告收回承包地的做法不具有正当性。但是，关于涉案的土地，虽然原告认为上述土地为其土地承包权证中的承包土地，被告收回并重新发包对樊某构成侵权，但由于原、被告双方签订了新的合同，且原告无法证明该合同存在违法情形或意思表示瑕疵，故法院对其关于涉案土地的诉讼请求不予支持。

▶▶ **第三百三十八条　承包地被征收的，土地承包经营权人有权依据本法第二百四十三条的规定获得相应补偿。**

---

* 以下简称"村经济合作社"。

① 审理法院：一审法院为浙江省绍兴市上虞区人民法院，案号：（2017）浙 0604 民初 10031 号；二审法院为浙江省绍兴市中级人民法院，案号：（2018）浙 06 民终 2301 号。

🏛 条文要义

本条是对承包地被征收有权获得补偿的规定。

国家基于公共利益的需要而征收集体所有的农村土地时，在该土地上设立的土地承包经营权消灭。国家在征收承包经营的土地时，应当给予土地承包经营权人相应的补偿。对此，民法典第243条有明确的规定。有关部门应当将征地的补偿标准、安置办法告知土地承包经营权人。土地补偿费等费用的使用、分配办法，应当依法经村民会议讨论决定。任何单位和个人不得贪污、挪用、截留土地补偿费等费用。在征用、占用承包地时，应当严格遵循公益目的，而且应当尽量利用荒地、空闲地，不能违法征用、占用或者随意扩大征用、占用的范围。

📌 案例评析

刘某与山西煤炭运销集团龙达煤业有限公司筹备处*、
岚县东村镇某村村民委员会**等承包地征收补偿费用分配纠纷案①

案情： 被告筹备处征用原告村委会机推地2亩，当时均未对原告刘某的土地进行过丈量。占用该土地后被告村委会时任主任及书记刘某军声称待被告筹备处将补偿款转到被告村委会账户上以后再给付原告，原告表示同意。待该简易路修好后，原告向被告筹备处催要54 000元补偿款，被告筹备处称该款已经转入被告村委会账户内，原告又找到被告刘某军索要，被告刘某军称被告筹备处转入账户的款是给付村委会的修路款，并非占地补偿款，后三被告一直互相推诿至今。法院认为：原告作为土地承包经营权人，其承包土地由被告筹备处征用、占用时，依法有权获得补偿。遂对原告的主张予以支持。

评析： 承包人对承包的土地依法享有在承包期内占有、使用、收益等权利。依据民法典第338条的规定，承包地被依法征收的，承包人有权依法获得相应补偿。该条延续了《物权法》第132条的规定。我国宪法和土地管理法都规定被征收的承包人应获得一定的补偿，就是为了维护被征地农民的合法权益，保证被征地农民的生活。本案中，原告所提交的土地使用证符合国家政策及现行的农村土地承包法的规定，土地承包合同为有效合同，由此产生的土地承包经营权应受政策和法律保护。原告作为土地承包经营权人，其承包土地被征用、占用时，其依法有权按照上述法律的规定获得补偿。其诉讼请求应获得支持。

---

　*　以下简称"筹备处"。
　**　以下简称"村委会"。
　①　审理法院：山西省岚县人民法院，案号：（2015）岚民初437号。

▶▶ **第三百三十九条** 土地承包经营权人可以自主决定依法采取出租、入股或者其他方式向他人流转土地经营权。

🏛 条文要义

这一条文是三权分置中的土地经营权的流转规则。《物权法》未对此作出规定，本条规定属于新增条款。

土地经营权，是建立在农村土地承包经营的三权分置制度之上产生的权利，即在农村土地集体所有权的基础上，设立土地承包经营权；再在土地承包经营权之上设立土地经营权，构成三权分置的农村土地权利结构。其中，土地所有权归属于农村集体经济组织所有，土地承包经营权归属于承包该土地的农民家庭享有。由于土地承包经营权缺乏流转性，因而在土地承包经营权之上，再设立一个土地经营权，属于土地承包经营权人享有的、可以进行较大范围流转并且能够保持土地承包经营权不变的用益物权。由于这个权利是建立在用益物权基础上的用益物权，因此可以称之为"用益用益物权"，或者"他他物权"。

建立在土地承包经营权上的土地经营权，是土地承包经营权人的权利，权利人可以将其转让，由他人享有和行使土地经营权，而土地承包经营权人保留土地承包经营权，并因转让土地经营权而使自己获益。这就是设置三权分置制度的初衷。

依据这一规定，土地承包经营权人为了发展农业经济，实现自己的权益，可以将土地经营权采用出租、入股或者其他方式，向他人流转土地经营权，将承包土地的占有、使用、收益权转让给他人。通过流转土地经营权，既保住了自己的土地承包经营权，又能够使自己获得转让土地经营权的收益。

值得注意的是，这里的出租包括转包。《农村土地承包法》第36条规定："承包方可以自主决定依法采取出租（转包）、入股或者其他方式向他人流转土地经营权，并向发包方备案。"该规定中提到了转包，这是因为，"从法律本质而言，转包的性质就是出租，但根据农村土地承包经营的实践，习惯上将集体组织内部成员之间的承包地租赁关系称为转包。因此，本次农村土地承包法修改将原来规定的出租、转包两种流转方式合并为一种方式出租（转包）"[①]。为了使法律关系更为精简准确，本条规定未采纳"出租（转包）"的表述来规定土地经营权的流转规则，而是只规定了出租，但是其内涵在解释上仍应包括转包。

---

① 黄薇. 中华人民共和国农村土地承包法释义. 北京：法律出版社，2019：151.

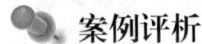 **案例评析**

唐某、杨某确认合同无效纠纷案①

案情：杨某与唐某就杨某的李家屋基包产田、自开荒地及房屋 25 年的使用权签订转让合同转让给唐某，后将此土地流转情况在户主为杨某的土地承包经营权证书中"土地使用权流转登记"一栏中进行了记载。同日，唐某与某农业合作社签订土地承包合同，取得土地的土地承包经营权证书。后唐某取得建房许可证。杨某认为唐某改变了承包土地的性质用途，遂诉至法院请求确认双方签订的转让合同无效。一审法院认为：经查明，杨某对其转让的房屋的荒地并没有合法承包权，属于无权处分，故依法认定原、被告双方签订的转让合同无效。二审法院认为：一审判决将家庭承包与土地经营权流转混为一谈，系适用法律错误。唐某亦改变了涉案土地的用途。再审法院认为：唐某通过与杨某签订转让合同方式，流转取得案涉土地的经营权，符合法律规定。

评析：民法典第 339 条为新增条文，立法目的是扩大土地承包经营权人的权利，构成三权分置的农村土地权利结构。由于土地承包经营权缺乏流转性，因而在土地承包经营权之上再设一个土地经营权，即土地承包经营权人可以将承包土地占有、使用、收益权利转让给他人，自己获得转让的收益。同时《农村土地承包法》第 38 条对土地经营权流转原则做了限定。本案中，原告杨某通过家庭承包取得了农村土地承包经营权，并且以签订土地转让合同方式流转土地经营权，符合法律要件，因此涉案合同应为有效合同。唐某通过与杨某签订转让合同方式，流转取得案涉土地的经营权，符合法律规定。

> **▶▶第三百四十条　土地经营权人有权在合同约定的期限内占有农村土地，自主开展农业生产经营并取得收益。**

🏛 条文要义

本条是对土地经营权人在合同期内的权利的规定。《物权法》未对此作出规定。本条规定沿袭了《农村土地承包法》第 37 条的内容，新增了这一条款。

土地经营权是特殊的用益物权，通过转让而取得土地经营权的权利人，是用益物权人，享有用益物权的权利。由于土地经营权是建立在土地承包经营权之上的用益物权，其期限受到原来的用益物权期限的制约，因而土地经营权人的权利行使期

---

① 审理法院：一审法院为四川省攀枝花市中级人民法院，案号：（2018）川 04 民终 1353 号；二审法院为四川省攀枝花市盐边县人民法院，案号：（2018）川 0422 民初 311 号；再审法院为四川省高级人民法院，案号：（2019）川民再 199 号。

限是在合同约定的期限内，即设置土地经营权的期限不得超过土地承包经营权的期限，土地承包经营权的期限受制于设置土地承包经营权合同的期限。在合同约定的期限内，土地经营权人享有用益物权的权能，即占有、使用、收益的权利，有权占有该农村土地，自主开展农业生产经营活动，获得收益。

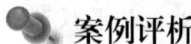 **案例评析**

陈某、曾某土地承包经营权纠纷案[①]

案情：原告陈某与被告曾某系同镇同村村民，在第一轮土地承包时，各自取得土地承包经营权。1995年，原告与被告达成换田合意，签订《换田合同书》。双方约定对换各自的田地，并保持长期耕作不变。2018年，被告在已经换给原告的田地上用空心砖修筑埂子，后被告还在该土地上插秧。双方因此产生纠纷，原告遂诉至法院，请求判令被告停止侵害，排除妨害。一审法院认为：被告违反合同义务，强行在原告管理、使用的土地上修筑田埂并耕种，属侵权行为。原告要求被告停止侵害并排除妨害的诉讼请求依法应予支持。二审法院维持原判。

评析：民法典第340条为新增条文，规定土地经营权人有权在合同约定的期限内占有农村土地，自主开展农业生产经营并取得收益。本案中原、被告通过互换土地而成为对方土地的经营权人。本案中，按农村习俗来讲，互换关系从双方相互交付标的物时即告成立，双方未约定期限的，则视为永久性互换。对农村承包土地互换而言，其互换期限即为农村土地承包合同的期限。被告违反合同义务，强行在已经换给原告管理、使用的土地上修筑田埂并耕种，属于侵权行为。因此法院判令被告停止侵害并排除妨害。

▶▶ **第三百四十一条** 流转期限为五年以上的土地经营权，自流转合同生效时设立。当事人可以向登记机构申请土地经营权登记；未经登记，不得对抗善意第三人。

🏛 条文要义

本条是对土地经营权设立时间及登记的规定。这一条文是关于土地经营权设立的规则。《物权法》未对此作出规定。本条规定借鉴了《农村土地承包法》第41条的规定，增加了土地经营权"自流转合同生效时设立"的规定，与登记对抗主义之下的物权变动条款几乎相同。

[①] 审理法院：一审法院为云南省永胜县人民法院，案号：（2018）云0722民初378号；二审法院为云南省丽江市中级人民法院，案号：（2018）云07民终817号。

土地经营权作为用益物权，其设立的方式是出让方和受让方签订土地经营权出租、入股等合同，在合同中约定双方各自的权利义务。如果流转期限为 5 年以上的土地经营权流转，当该合同生效时土地经营权就设立，受让方取得土地经营权。对于土地经营权的登记问题，本条规定采登记对抗主义，即当事人可以向登记机构申请土地经营权登记，未经登记的，不得对抗善意第三人。

对于不满 5 年的土地经营权流转，本条没有明文规定，其实也应当自流转合同生效时设立，不会在其他的时点发生取得土地经营权的效力。对于不满 5 年的土地经营权的流转是否应当登记，应当理解为不必登记。之所以这样规定，主流的看法是，不满 5 年的土地经营权不用登记，因而不是物权，而是债权。也有人认为，因为不满 5 年的土地经营权的年限太短，也规定为需要登记，对权利人而言过于麻烦，所以才不规定登记，但并不能否认其物权的性质。对于这两种意见，笔者倾向于前一种。

案例评析

代某与乔某农村土地承包合同纠纷案[①]

案情：乔某与代某系同村村民。乔某与某村村民委员会（以下简称"村委会"）签订土地承包合同，承包经营某地块，并收到了当地政府颁发的土地承包经营权证。此后，村委会将包括乔某、乔某某在内的一百多户村民的部分承包地由时任会计制作表格。在表格最后注明，以上村民自愿退出承包地，经村同意，由代某长期接收经营。乔某签名。但该表格上未加盖村委会公章，且未办理任何流转登记，也未变更承包合同。从代某接地到诉讼时，诉争地的权利、义务均由代某享有和承担，现诉争地由代某种植有竹、柳树苗。诉讼双方因土地承包经营权人归属问题诉至法院。**法院认为：**诉争土地的承包经营权仍应归乔某所有。

评析：民法典第 341 条为新增条文，规定了土地经营权的设立方式是签订流转合同，采取登记对抗主义，即当事人可以向登记机构申请土地经营权登记，未经登记的，不得对抗善意第三人。登记的主要目的在于将土地承包经营权的变动事实予以公示，使他人明确土地承包经营权的权利人。本案中，由于代某未与村委会变更土地承包合同，也没有进行流转登记，乔某获取承包经营权并持有农村土地承包经营权证，且诉讼时仍在乔某的承包经营期内。村委会与乔某双方未变更土地承包合同，也没有进行流转登记，乔某也未向村委会提出过退地申请，所以土地承包经营权仍归属于乔某。

[①] 审理法院：一审法院为山西省清徐县人民法院，案号：（2017）晋 0121 民初 964 号；二审法院为山西省太原市中级人民法院，案号：（2017）晋 01 民终 4211 号。

▶▶ **第三百四十二条** 通过招标、拍卖、公开协商等方式承包农村土地，经依法登记取得权属证书的，可以依法采取出租、入股、抵押或者其他方式流转土地经营权。

🏛 条文要义

本条是对通过招标、拍卖、公开协商等方式取得土地承包经营权后流转土地经营权的规定。《物权法》第133条规定，通过招标、拍卖和公开协商等方式取得的土地承包经营权，可以转让、入股、抵押或者以其他方式流转。随着三权分置的改革，通过招标、拍卖、公开协商方式承包土地取得承包经营权的，其流转也采取三权分置的方法，流转其土地经营权，可以将通过招标、拍卖、公开协商等方式取得的土地承包经营权与土地经营权分离。

土地承包经营权是一种他物权，可以进行流转。土地承包经营权人可以依照法律的规定，对土地承包经营权采取法定的方式进行流转。土地承包经营权流转的主体是土地承包经营权人。土地承包经营权人有权依法自主决定土地承包经营权是否流转及流转方式。土地承包经营权人的流转方式主要有转包、互换、转让、入股、抵押和其他方式。但是基于农地承包经营方式的不同，土地承包经营权的流转也是不同的。通过招标、拍卖、公开协商等方式承包农村土地，经依法登记取得土地承包经营权证或者林权证等证书的，其土地承包经营权可以依法采取转让、入股、抵押或者其他方式流转。

根据本条的规定，对于"四荒"土地，即荒山、荒沟、荒丘、荒滩等农村土地，可以通过招标、拍卖和公开协商的方式进行承包经营，达成合意后，土地所有权人应当将"四荒"土地交给承包经营权人经营。通过这种方式取得的土地承包经营权，尽管与通过承包合同取得的土地承包经营权有所不同，但是都可以参加民事流转。只要依法登记取得权属证书，就可以对土地经营权进行转让、入股、抵押或者以其他方式流转，使承包人保留自己的土地承包经营权且通过流转自己的土地经营权而获得利益，实现自己的权利。对于"四荒"土地通过招标、拍卖、公开协商方式取得的土地承包经营权，将其土地经营权进行流转，适用民法典关于农村土地承包经营权流转土地经营权的规定。

📌 案例评析

杨某与撒某江、撒某柱等土地承包经营权转让合同纠纷案①

案情：被告撒某江通过公开拍卖的方式取得506亩土地使用权。同日，五名被

---

① 审理法院：宁夏回族自治区银川市兴庆区人民法院，案号：（2016）宁0104民初767号。

告签订合伙协议书，约定上述拍卖取得的土地使用权归五被告共同享有，并推举被告撒某江为代表办理相关文件的签署事宜。此后，杨某与被告签订土地转让合同，约定：被告将上述部分土地承包经营权转让给原告。合同签订后，原告将土地转让费支付给被告撒某柱后耕种涉案土地至今。但撒某江因不能缴纳相关税费而至今未办理土地承包经营权证书，也未协助原告办理涉案土地使用权的变更手续。杨某要求被告办理土地经营权变更手续并返还土地补贴款未果，故诉至法院。法院认为：原告撒某江未取得土地承包经营权证而未取得完全的用益物权，其转让行为属于无权处分，故杨某主张涉案土地转让合同的有效性及办理涉案土地使用权变更手续的请求法院不予支持。

　　评析：依据该条规定，通过招标、拍卖、公开协商等方式承包农村土地的，只有经依法登记取得权属证书的，才可以依法采取出租、入股、抵押或者其他方式流转土地经营权。本案中被告撒某江通过拍卖方式取得包括涉案土地在内的506亩土地承包经营权，其流转土地承包经营权时，应当取得土地承包经营权证书，但被告撒某江至今未登记取得土地承包经营权证书，根据《农村土地承包法》第53条的规定，被告撒某江享有的权利性质仍然为债权。被告撒某江虽然取得了涉案土地的相应债权，但因未取得土地承包经营权证而未取得完全的用益物权，其转让用益物权应属于无权处分行为，需要发包方的追认或者其取得处分权，才能确定合同的效力。因此，法院对于原告的请求不予支持。

> ▶▶**第三百四十三条**　国家所有的农用地实行承包经营的，参照适用本编的有关规定。

🏛 条文要义

　　本条是对国有农用地实行承包经营的规定。

　　土地承包经营权的标的物范围具有特殊性，不含城市国有土地，仅限于集体所有或国家所有由农民集体使用的以种植、畜牧等农业生产为目的的土地，包括土地、山岭、森林、草原、水面、荒地、滩涂等。《农村土地承包法》第2条规定："本法所称农村土地，是指农民集体所有和国家所有依法由农民集体使用的耕地、林地、草地，以及其他依法用于农业的土地。"随着农村经营方式的发展和自然资源利用的多样化，承包经营权的客体也逐渐扩大，国家所有的农用地实行承包经营的，也适用土地承包经营权的规则。

　　我国法律规定，国家所有的农村和城市郊区的农用土地属于国家所有，只有法律规定属于集体所有的除外。国有的农用土地可以由单位和个人承包经营，单位和个人取得承包经营权，承包人同样也可以流转土地经营权。国有土地和资源的承包经营，本编没有具体规定，准用本编关于用益物权的其他规定。

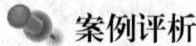

案例评析

李某与刘某用益物权纠纷案[①]

案情： 原告李某在某村承包了一块耕地。在该村发放粮食直接补贴时，该耕地记载的受补贴人为刘某武；在财政部门发放粮食直接补贴的记载中，上述耕地受补贴人为被告刘某。被告刘某于2015年春季将上述耕地耕种，种植农作物为玉米。李某请求法院判令被告立即退还侵占原告的20亩农用地，并赔偿其造成的经济损失。农作物在一审辩论终结之时尚未收割。法院认为：经查认定原告对其主张的土地享有土地承包经营权以及被告对上述土地无承包经营权的事实。判定被告以不影响明年农业生产为限退还涉案土地。对于原告要求被告赔偿损失的主张，予以准许。

评析： 根据民法典第343条的规定，国有农用地的承包经营，本编没有具体规定，准用本编关于用益物权的其他规定。该条延续了《物权法》第134条的规定。本案中的涉案耕地属于国家所有的农用地。我国法律规定，国有的农用土地可以由单位和个人承包经营，单位和个人取得承包经营权，并适用用益物权的规定。财政部门记载的领取粮食直接补贴的人员名单，尚不能作为认定土地承包经营权权属的依据。因此，法院根据《物权法》中关于用益物权的规定，认定原告依法对涉案耕地享有占有、使用和收益的权利，同时考虑到被告的农作物尚未收割，基于有利于农业生产的考量，判令被告于一定期限内向原告返还涉案土地并赔偿损失。

---

① 审理法院：黑龙江省抚远县人民法院，案号：(2015) 抚民初字第123号。

第十二章　建设用地使用权

▶▶ **第三百四十四条**　建设用地使用权人依法对国家所有的土地享有占有、使用和收益的权利，有权利用该土地建造建筑物、构筑物及其附属设施。

🏛 条文要义

本条是对建设用地使用权概念的规定。

建设用地使用权，是指自然人、法人、非法人组织依法对国家所有的土地享有的占有、使用和收益，建造并经营建筑物、构筑物及其附属设施的用益物权。

建设用地使用权的法律特征如下。

1. 建设用地使用权是普通地上权，是以开发利用、生产经营和社会公益事业为目的的。建设用地使用权的设立目的，因土地转让方式不同而有差别。通过出让方式取得的建设用地使用权，土地使用者有权以开发利用、生产经营为目的使用该国有土地；通过划拨出让方式取得的建设用地使用权，土地使用者应当从事社会公益事业，不得以营利目的使用该国有土地。建设用地使用权在这一特点上与土地承包经营权和宅基地使用权相区别。

2. 建设用地使用权的标的物为城镇国家所有的土地，不包括集体所有的农村土地。如果在农村集体所有的土地上设立建设用地使用权，需要对集体所有的土地先进行征收，变为国有土地之后，才可以设立建设用地使用权。

3. 建设用地使用权人使用土地的范围限于建造并经营建筑物、构筑物及其附属设施，不包括种植树木等。建筑物，是指在土地上建设的房屋；构筑物是指除建筑物之外的桥梁、沟渠、池塘、堤防、地窖、隧道、纪念碑等；建筑物、构筑物的附属设施就是这些工作物的附属部分。

4. 建设用地使用权的性质是地上权，是使用权人在国有的土地上设立的地上权。它具有地上权的一切特征，其设立、变更和消灭的规则都适用地上权的规则。

建设用地使用权是我国国有土地使用制度改革的产物，实现了我国土地利用从无偿使用到有偿使用的转变。20世纪80年代中期以来的国有土地使用制度改革，使建设用地使用权进入市场进行交易。这样的改革，增加了国家财政收入，改变了因无偿使用土地所造成的土地盲目占有、大量浪费、使用效益低下的现象。

案例评析

刘某诉陈某等侵权责任纠纷案①

案情：原告刘某取得某县人民政府颁发的载明土地用途为商业、住宅的使用权类型为划拨的国有土地使用证后，被告陈某未经原告刘某许可，陆续在该土地上搭建简易房屋长期居住。数年后陈某拆除了部分在案涉土地上搭建的房屋，开始修建砖房，并与其子赵某在该房屋内居住至今。刘某遂诉至法院，请求依法判令被告陈某、赵某停止侵害，拆除在涉案土地上修建的建构筑物。法院认为：陈某未经原告刘某许可，在该土地上建造建筑物、构筑物，侵害了原告的合法权益，原告要求被告陈某停止侵害，拆除涉案土地上修建的建构筑物的诉讼请求，符合法律规定，予以支持。

评析：根据民法典第 344 条规定，建设用地使用权人依法对国家所有的土地享有占有、使用和收益的权利，有权利用该土地建造建筑物、构筑物及其附属设施，其他任何人不得侵犯。该条延续了《物权法》第 135 条的规定。在本案中，法院依据《土地管理法》以及《物权法》第 135 条的规定认定：被告作为非建筑用地使用权人未经权利人的准许，无权对建筑用地占有、使用和收益，被告在该土地上建造建筑物、构筑物的行为侵犯了原告的建设用地使用权。因此法院判其停止侵害，并拆除在涉案土地上修建的建构筑物是正确的。

▶▶ **第三百四十五条** 建设用地使用权可以在土地的地表、地上或者地下分别设立。

条文要义

本条是对分层设立建设用地使用权的规定。

建设用地使用权可以在土地上分层设立，在地表上设立的叫建设用地使用权，在地表之上和地表之下设立的建设用地使用权叫分层建设用地使用权。

分层建设用地使用权也叫作分层地上权、区分地上权和空间权，是指在他人所有的土地地表之上或者地表之下一定空间范围内设定的建设用地使用权。在城市建设地铁、地下商场，以及穿越地表建筑物的桥梁、通道等构筑物的权利，是利用地表以下或者地表以上的空间设立的分层建设用地使用权。

分层建设用地使用权与建设用地使用权性质相同，其区别在于：设定建设用地使用权时，与该设定面积内的土地所有权相同；设定为分层建设用地使用权时，于

---

① 审理法院：四川省峨边彝族自治县人民法院，案号：（2017）川 1132 民初 206 号。

设定面积内，在其上、下所及效力的范围，不是该面积内的土地所有权的全部，而仅为其中的一部分空间。因此，分层建设用地使用权的客体实际上不是土地，而是地表之上或者地表之下的特定空间。

分层建设用地使用权的特征如下。

1. 分层建设用地使用权的性质是用益物权。分层建设用地使用权不是土地之上下空间的所有权，而是在他人所有的土地的上下空间建立的役权，因此，其性质是用益物权，是用益物权中的地上权。

2. 分层建设用地使用权是在土地的地上或者地下的空间中设定的用益物权。分层建设用地使用权打破了普通地上权设置在土地的地表的观念，从而扩展至土地的上下空间，因而分层建设用地使用权的客体是土地的地上空间和地下空间。

3. 分层建设用地使用权以建设建筑物或者其他工作物为目的。如果没有以建设建筑物或者工作物为目的，即使取得分层建设用地使用权，空间也没有实际意义。

4. 分层建设用地使用权是可以与建设用地使用权在空间的上下相重合的他物权。也就是说，在一个他人的土地上设立了普通地上权之后，还可以在该地上权的上下空间再设定分层地上权，设置的这些地上权相互之间，只要界定好各自的垂直空间界限，就不会发生权利冲突。当然，在土地所有权之上，也可以不设置普通地上权而直接设定分层地上权。

法律确认分层建设用地使用权的必要性有如下几个方面。

1. 扩大土地利用范围，解决社会发展需要。人口不断地增长，建筑科技不断地进步，都使土地使用的需求日益迫切。只有扩大土地利用范围，才能够解决现代社会发展需要。

2. 确定建设用地使用权和分层建设用地使用权的合理界限，防止权利发生冲突。在传统的普通地上权和现代的分层地上权之间，必须界定合理的界限，防止两种权利界限不清而发生冲突。

3. 确认分层建设用地使用权对于解决实际纠纷具有重要意义。在现代生活中，土地的分层利用已经不可避免，随之带来一系列的问题，因而设置分层建设用地使用权有利于解决实践中遇到的土地分层利用的纠纷，稳定社会秩序。

案例评析

林某诉漳浦县城乡规划建设局许可案[①]

案情： 某房地产开发公司向被告漳浦县城乡规划建设局申请办理当地某小区地下室车库房产商品房预售许可，该城乡规划建设局作出准予预售的行政许可决定，

---

① 审理法院：一审法院为福建省漳浦县人民法院，案号：（2015）浦行初 5 号；二审法院为福建省漳州市中级人民法院，案号：（2015）漳行终 71 号。

并颁发了商品房预售许可证。林某系该小区业主，发现小区物业管理处张贴公告，对小区地下车库实行停车收费后，林某经查询方知被告颁发了商品房预售许可证许可销售地下车位。林某遂诉至法院，主张上述地下车位使用土地系小区公共绿地，属于业主共有，被告不得为开发商办理预售许可证。因此被告作出的行政行为违法，应予撤销。一审法院认为：林某的主张缺乏事实依据，不予支持。二审法院驳回了林某的上诉。

评析： 确立分层建筑用地使用权很大程度上是为了解决因土地的分层利用而带来的纠纷。据《物权法》第 136 条规定，建设用地使用权可以在土地的地表、地上或者地下分别设立。即在同一宗地上，可以基于不同的权利范围，分别设立地上、地表、地下建设用地使用权。在本案中，小区公共绿地属于在土地的地表所设立的建设用地使用权，而地下车位则是在土地的地下另行设立的建设用地使用权，二者可分别设立，相互独立。被诉商品房预售许可证是针对小区地下空间所作出的预售许可，并未涉及小区公共绿地地表的建设用地使用权。因此，案涉城乡规划建设局颁证的行政行为对原告林某的合法权益不产生实际影响。

> ▶▶ **第三百四十六条** 设立建设用地使用权，应当符合节约资源、保护生态环境的要求，遵守法律、行政法规关于土地用途的规定，不得损害已经设立的用益物权。

🏛 条文要义

本条是对设立建设用地使用权要求的规定。与《物权法》第 136 条关于"建设用地使用权可以在土地的地表、地上或者地下分别设立。新设立的建设用地使用权，不得损害已设立的用益物权"的规定相比，本条规定有三个方面的变化。

设立建设用地使用权，应当遵守的要求是：第一，符合节约资源、保护生态环境的要求，应当按照本法第 9 条规定的绿色原则要求，不浪费资源，不损害生态环境，保护好共同生活的生态环境。第二，应当遵守法律、行政法规关于土地用途的规定，按照批准的土地用途使用土地。第三，不得损害已设立的用益物权。在地表、地上或者地下分层设立建设用地使用权，最重要的是划清权利界限，防止发生冲突，新设立的建设用地使用权，不得损害已经设立的用益物权，发生冲突时，保护设立在先的用益物权为优先选择。

本条新规则三个方面变化的要点如下。

1. 新增了设立建设用地使用权应当遵循绿色原则的要求。绿色原则是本法第 9 条规定的民法基本原则。设立建设用地使用权时也必须贯彻民法典总则编的基本原则，符合节约资源、保护生态环境的要求。因而，本条规定新增了设立建设用地使用权应当遵循绿色原则的要求，以体现民法典倡导的维护生态文明的理念。

2. 新增了设立建设用地使用权应当遵守法律、行政法规关于土地用途的规定。《物权法》第136条未对此作出规定。本条规定新增这一内容，突出强调设立建设用地使用权应当遵守关于土地用途的规定，是为了土地的可持续发展，终极目的也是贯彻民法的绿色原则。

3. 将建设用地使用权分层设立的规定与本条分离。《物权法》第136条规定建设用地使用权可以在土地的地表、地上或者地下分别设立，规定的是分层建设用地使用权，亦称分层地上权。本条规定将分层地上权的内容分离出去，单独规定"设立建设用地使用权""不得损害已设立的用益物权"，不仅保留了原条文的要义，而且内容更加丰富。

本条规定新增的设立建设用地使用权的要求，能够督促其遵守绿色原则的要求以及土地用途的规定。殊为遗憾的是，本条规定未明确这两种义务的违反应当承担何种责任。笔者认为，对于后者，《土地管理法》有规定，可以直接适用；对于前者，目前并没有明确的规定，应当比照后者的规定，确定违反绿色原则的行为人应当承担的责任。

案例评析

中华环保联合会诉无锡市某某景区管理委员会*环境污染责任纠纷案①

案情： 无锡市某某景区管委会建设了无锡动植物园、欢乐园，该项目是无锡市重点生态环境工程和"为民办实事"项目，在该项目建设过程中，无锡市某某景区管委会未经批准和办理相关手续改变了部分林地的用途，其中部分已缴纳罚款，部分已补全相关手续，部分尚没有立即补办相关手续的条件。民间环保组织中华环保联合会收到群众举报信后赶赴实地考察，后诉至法院。法院认为无锡市某某景区管委会在开发过程中确对环境造成了一定程度的损害，应当承担民事责任。法院判决无锡市某某景区管委会补全林地改变用途相关手续，完成部分地块复绿固土、异地补植工作，赔偿部分植被恢复费用并支付中华环保联合会为此案支出的必要的费用。

评析： 城市周边的林地、景区等是生态环境的重要组成部分，未经批准擅自占用林地、改变林地用途，既是违法行为，又会对生态环境造成损害。因此对建设用地使用权在生态环境方面造成影响进行规制是必要的。根据本条规定，设立建设用地使用权应当符合节约资源、保护生态环境的要求。本案是一起因建设单位实施建设工程时未经批准占用林地、改变林地用途对生态环境造成损害的，由非营利性组织提起的生态环境损害公益诉讼。本案中，被告在开发无锡市动植物园、欢乐园过

---

　* 以下简称"无锡市某某景区管委会"。

　① 审理法院：江苏省无锡市滨湖区人民法院，案号：（2012）锡滨环民初2号。

程中未遵守有关保护和合理开发资源的规定，破坏了自然环境，因此法院判令被告承担相应的法律责任是正确的。

> ▶▶ **第三百四十七条** 设立建设用地使用权，可以采取出让或者划拨等方式。
>
> 工业、商业、旅游、娱乐和商品住宅等经营性用地以及同一土地有两个以上意向用地者的，应当采取招标、拍卖等公开竞价的方式出让。
>
> 严格限制以划拨方式设立建设用地使用权。

🏛 条文要义

本条是对设立建设用地使用权方式的规定。与《物权法》第137条规定相对比，该条删除了划拨建设用地使用权的特别要求。

建设用地使用权的设立，是指建设用地使用权的取得或发生。建设用地使用权的设立方式有两种，即出让和划拨。

通过出让设立建设用地使用权，是国家以土地所有人的身份，将建设用地使用权在一定年限内出让给土地使用者，由土地使用者向国家支付建设用地使用权出让金的行为。适用出让方式设立建设用地使用权的，工业、商业、旅游、娱乐和商品住宅等经营性用地，以及同一土地有两个以上意向用地者的，应当采取招标、拍卖等公开竞价的方式出让。通过出让设立建设用地使用权，是通过法律行为的方式进行的，其出让行为的当事人包括国家和土地使用者，是双方当事人通过法律行为的方式，在双方之间通过协议方式，为使用者设立建设用地使用权。国家作为土地使用权出让一方，在出让行为中的主要义务是将建设用地使用权客体的国有土地，在一定年限内出让给建设用地使用权人使用，主要权利是收取建设用地使用权出让金。土地使用者作为建设用地使用权人，在出让行为中，主要义务是支付建设用地使用权的出让金，主要权利是请求国家交付建设用地使用权客体即国有土地由其使用。

建设用地使用权的划拨，也是建设用地使用权的原始取得方式之一。建设用地使用权划拨，是经县级以上人民政府依法批准，在土地使用者缴纳补偿、安置等费用后，将国有土地交付其使用，或者将建设用地使用权无偿交付给土地使用者使用的行为。建设用地使用权的划拨有两种方式：（1）县级以上人民政府依法批准，在土地使用者缴纳补偿、安置等费用后，将国有土地交付给土地使用者使用；（2）县级以上人民政府依法批准，将建设用地使用权无偿交付给土地使用者使用。法律严格限制以划拨方式设立建设用地使用权。

本条新规则的要点是，删除了划拨建设用地使用权设立的特别要求。《物权法》第137条第3款规定："严格限制以划拨方式设立建设用地使用权。采取划拨方式的，应当遵守法律、行政法规关于土地用途的规定。"本条规定之所以删除了"采取划拨方式的，应当遵守法律、行政法规关于土地用途的规定"这一内容，是因为该内容已经上升为设立建设用地使用权的基本要求并被规定在民法典第346条，故此处不再重复。

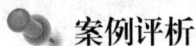 **案例评析**

威海市文登区某镇人民政府*、威海某置业有限公司** 确认合同无效纠纷案①

案情：某镇政府与某置业公司签订协议书，就某某项目区的投资开发事宜达成初步意向，约定对于土地出让价格、付款方式等事宜另行签订正式合同文本。协议签订后，某置业公司按约支付保证金。后某置业公司与某镇政府签订合同书，约定项目具体事宜。某置业公司按某镇政府指定账户（该账户已经国土局认可）支付合同涉及的所有土地的定金，此后，某置业公司又先后支付了定金。之后双方发生纠纷，某置业公司向法院提起诉讼，请求确认双方签订的项目合作开发合同无效；返还某置业公司已经支付的部分款项并支付利息。法院认为双方签订的合同违反了相关法律的强制性规定，属于无效合同，因该合同取得的财产，应当予以返还。

评析：根据民法典第347条的规定，工业、商业、旅游、娱乐和商品住宅等经营性用地以及同一土地有两个以上意向用地者的，应当采取招标、拍卖等公开竞价的方式出让。只有国家机关用地和军事用地、城市基础设施用地和公益事业用地、国家重点扶持的能源、交通、水利等基础设施用地，以及法律、行政法规规定的其他用地，经县级以上人民政府依法批准，才可以以划拨方式取得。本案中，涉案土地系用于建设海滨风景名胜区建设，应当采取招标、拍卖等公开竞价的方式出让，而涉案合同双方以协议方式出让土地，违反了国家强制性法律规定，应为无效合同。无效合同中，因该合同取得的财产，应当予以返还；不能返还或者没有必要返还的，应当折价补偿。有过错的一方应当赔偿对方因此受到的损失，双方都有过错的，应当各自承担相应的责任。

▶▶**第三百四十八条**　通过招标、拍卖、协议等出让方式设立建设用地使用权的，当事人应当采用书面形式订立建设用地使用权出让合同。

---

　*　以下简称"某镇政府"。

　**　以下简称"某置业公司"。

　①　审理法院：一审法院为山东省威海市文登区人民法院，案号：（2015）威文民一初8936号；二审法院为山东省威海市中级人民法院，案号：（2017）鲁10民终1638号。

建设用地使用权出让合同一般包括下列条款：

（一）当事人的名称和住所；

（二）土地界址、面积等；

（三）建筑物、构筑物及其附属设施占用的空间；

（四）土地用途、规划条件；

（五）建设用地使用权期限；

（六）出让金等费用及其支付方式；

（七）解决争议的方法。

🏛 条文要义

本条是对建设用地使用权出让合同的规定。采取招标、拍卖、协议等出让方式设立建设用地使用权的，当事人应当采取书面形式订立建设用地使用权出让合同。在建设用地使用权出让合同中，由代表国家的各级人民政府土地管理部门作为出让方，与土地使用者之间订立建设用地使用权出让合同。建设用地使用权出让合同具有如下特征。

1. 建设用地使用权出让合同属于民事合同。在出让合同中，政府土地管理部门代表国家作为出让人，行使国家作为民事主体的权利。土地出让金不是管理手段，而是建设用地使用权的出让价格。同时，土地管理部门享有的某些特权，如有权监督土地的使用情况，是作为所有权人行使所有权的体现，而不是行政权力的体现。

2. 建设用地使用权出让合同以设立物权为目的。当事人通过建设用地使用权出让合同，在当事人之间确立双方的权利义务，使受让人取得建设用地使用权这种用益物权。

3. 建设用地使用权出让合同属于要式合同。订立建设用地使用权出让合同应当采取书面形式。

建设用地使用权出让合同应当包括以下内容：（1）当事人的名称和住所，其中出让人不列为国家，而是由出让土地权属的政府土地管理部门代表国家作为出让人；（2）土地界址、面积等，要附有出让宗地界址图，表明界址和面积等；（3）建筑物、构筑物及其附属设施占用的空间，明确界定每一建设用地使用权具体占用的空间，即建设用地占用的面积和四至，建筑物、构筑物以及附属设施的高度和深度；（4）土地用途、规划条件，具体确定为工业、商业、娱乐、住宅等具体用途；（5）建设用地使用权期限，例如住宅用地为 70 年，工业用地为 50 年，教育、科技、文化、卫生、体育用地 50 年，商业、旅游、娱乐用地 40 年，综合或者其他用地 50 年；（6）出让金等费用及其支付方式，明确按照国务院规定的标准和方法确定费用的数额和支付方式；（7）解决争议的方法。

 **案例评析**

李某诉某某国土局、某某乡政府建设用地使用权
出让合同纠纷案①

案情：某某乡政府委托某某国土局出让土地一块，此后该地块公开拍卖，由李某竞得成交。受让人李某与出让人某某国土局签订国有建设用地使用权出让合同。合同签订前，当地乡村镇建设环境保护管理所、当地土地管理局先后在上述地块范围内为陈某、郑某办理了用益物权的使用许可。地块受让人李某缴纳合同约定款项后某某乡政府未能按合同约定的时间全部交付拍卖的宗地，原因是陈某、郑某不同意拆除在该宗地上建设的房屋。李某遂诉至法院。法院认为：涉案土地出让合同有效，双方应当履行合同义务。

评析：民法典第348条第1款规定："通过招标、拍卖、协议等出让方式设立建设用地使用权的，当事人应当采用书面形式订立建设用地使用权出让合同。"该条延续了《物权法》第138条的规定。根据《合同法》规定，合同双方应当履行合同义务，不能履行合同义务应承担违约责任。在本案中，建设用地使用权出让合同的民事主体适格，合同内容完整，合同形式正确，该合同为有效合同。双方当事人都应按约定全面履行自己的义务，违反约定的，应按照合同约定以及法律规定承担相应的违约责任。原告李某已经足额履行其合同义务，因此法院判决被告赔偿违约金是正确的。

> ▶▶ **第三百四十九条**　设立建设用地使用权的，应当向登记机构申请建设用地使用权登记。建设用地使用权自登记时设立。登记机构应当向建设用地使用权人发放权属证书。

🏛 条文要义

本条是对建设用地使用权登记的规定。

建设用地使用权是我国用益物权的最重要类型，采取登记发生主义，即建设用地使用权经过登记才正式取得，非经登记不能取得。因此，设立建设用地使用权仅仅签订建设用地使用权出让合同还不能完成，还应当向登记机构申请建设用地使用权登记。建设用地使用权在登记时才设立，权利人开始享有建设用地使用权。登记机构在完成建设用地使用权登记之后，应当向建设用地使用权人发放权属证书，证明其为建设用地使用权人。

---

① 审理法院：河南省光山县人民法院，案号：（2011）光民初52号。

案例评析

某木业公司诉某工程处排除妨碍纠纷案①

案情： 2009 年，某工程处与甲村签订土地租赁合同，约定租赁甲村土地用于拌和站安装和存料使用，租期一年。某木业公司于 2010 年 1 月 25 日竞得某号宗地的国有建设用地使用权，某工程处租赁的土地即包含在某木业公司竞得的土地中。2011 年 4 月 3 日，某木业公司与国土资源局签订国有建设用地使用权出让合同。同年 4 月 29 日，某木业公司交齐土地出让金。5 月 6 日，某木业公司向有关部门申请权利初始登记后取得涉案土地使用权证。当年 11 月，某工程处将拌和站设备迁出某木业公司厂区。后某木业公司诉至法院，主张其于拍得土地当日即对涉案土地享有排他的使用权。法院认为：某木业公司的主张不符合我国物权法规定，不予支持。

评析： 我国《物权法》对不动产物权的变动原则上采用了以德国和瑞士为代表的登记生效主义，主要体现在第 6 条、第二章第一节和第十二章中，并且第 139 条明确规定"建设用地使用权自登记时设立"。民法典第 349 条延续了《物权法》第 139 条的规定。本案中，某木业公司虽然是通过竞拍方式，交纳了土地出让金并最终与相关部门签订了国有建设用地使用权出让合同，但此时其尚未完成建设用地使用权的设立，不能取得相应的物权，仅能基于出让合同取得债权请求权。某木业公司只有进行了设立登记，将设立内容登记在不动产物权登记簿上，才能成为建设用地使用权人，才能享有占有、使用、收益的排他性权利。因此，某木业公司自登记机构于 2011 年 5 月 6 日向其下发国有土地使用权证之日，取得涉案建设用地使用权。

> ▶▶ **第三百五十条** 建设用地使用权人应当合理利用土地，不得改变土地用途；需要改变土地用途的，应当依法经有关行政主管部门批准。

条文要义

本条是对建设用地使用权人合理利用土地的规定。

建设用地使用权人依法取得建设用地使用权后，应当按照建设用地使用权设立时确认的用途使用土地，合理利用土地，保护土地完好，不受他人侵害；应当按照土地的自然属性和法律属性合理地使用土地，维护土地的价值和使用价值。建设用地使用权人不得改变土地用途，如不得将公共事业用地改为住宅用地或商业用地。需要改变土地用途的，应当依法经过有关行政主管部门批准。建设用地使用权期限

---

① 审理法院：山东省日照市中级人民法院，案号：（2012）日民一终 734 号。

届满，建设用地使用权人取回地上建筑物或者其他附着物的，负有恢复土地原状的义务。

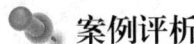 **案例评析**

安丘市某房地产开发有限公司* 诉张某确认合同效力纠纷案①

案情：原告房地产公司（乙方）与被告张某（甲方）、案外人（丙方）签订合同一份，约定："甲方将其名下土地使用权转让给乙方，用于房地产开发建设……"后原告依照合同约定支付了土地出让款，被告亦按合同约定将涉案土地及地上附着物交付原告，并将相关国有土地使用权证、房屋所有权证交付原告。原告将涉案土地上的房屋等分别租赁给他人使用。此后，原告法定代表人之妻王某以涉案土地为借款提供抵押担保，签订了最高额抵押合同，并办理了抵押登记。后双方发生纠纷，原告请求法院依法确认原、被告签订的土地使用权转让合同有效；请求确认该土地及地上附着物由原告合法使用。法院认为：该合同除未经当地主管部门批准改变土地的用途的部分外，其余部分合法有效，土地及地上附着物可由原告合法使用。

评析：根据民法典第 350 条的规定，建设用地使用权人应当合理利用土地，不得改变土地用途；需要改变土地用途的，应当依法经有关行政主管部门批准。该条延续了《物权法》第 140 条的规定。该条属于效力强制性规定，如当事人之间的合同违反了该条规定，则合同相关内容无效。本案中，涉案土地原有用途为工业用途，但当事人双方签订的合同约定将涉案土地用于房地产开发建设，违反了本条的规定，应当属于无效约定。合同的其他部分系双方当事人真实意思表示，内容不违反法律和行政法规的强制性规定，属于有效合同。因此，法院判决涉案土地用于房地产开发的约定无效，其余部分有效。

▶▶ **第三百五十一条　建设用地使用权人应当依照法律规定以及合同约定支付出让金等费用。**

🏛 条文要义

本条是对建设用地使用权人支付费用的规定。

以出让方式取得建设用地使用权的，土地使用权人应当依照法律规定以及合同约定支付出让金等费用。转让建设用地使用权，如果是通过划拨方式取得的建设用地使用权，应当按照法律规定补缴建设用地使用权出让金。不缴纳出让金等费用的，

---

*　以下简称"房地产公司"。

①　审理法院：山东省安丘市人民法院，案号：（2017）鲁 0784 民初 4798 号。

应当承担相应的法律责任，出让方可以解除合同，并可以请求违约损害赔偿。

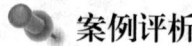 **案例评析**

凤冈县国土资源局诉贵州某房地产开发有限公司建设用地

使用权出让合同纠纷案①

案情：凤冈县国土资源局与贵州某房地产开发有限公司（以下简称"某房地产公司"）签订国有建设用地使用权出让合同。双方在合同中约定：由某房地产公司在本合同签订后30日内一次性付清国有建设用地使用权出让价款，不能按时支付的需按延迟的时间缴纳违约金。合同签订后，凤冈县国土资源局按照约定将涉案土地交由某房地产公司开发使用，但部分国有土地出让款某房地产公司至起诉时仍未支付。凤冈县国土资源局将其诉至法院。法院认为：某房地产公司没有履行合同约定，应承担违约责任。故对原告的主张，予以支持。

评析：本案中涉及的国有建设用地使用权出让合同系双方的真实意思表示，没有违反国家法律的规定，属有效合同。合同生效后，合同双方应当按照合同约定履行各自的义务。根据我国民法典第351条之规定，在国有建设用地使用权出让合同中，出让方应当依照约定向受让方提供约定的土地使用权，受让方应当按照约定向出让方支付土地出让金。该条延续了《物权法》第141条的规定。本案中，原告依约向被告提供了土地使用权，而被告未按照约定支付土地使用权出让金，构成违约。因此法院根据《物权法》第141条的规定，判决被告向原告支付土地出让金及迟延履行的违约金是正确的。

> ▶▶**第三百五十二条** 建设用地使用权人建造的建筑物、构筑物及其附属设施的所有权属于建设用地使用权人，但是有相反证据证明的除外。

🏛 条文要义

本条是对建设用地使用权与建筑物等所有权关系的规定。

在不动产权属关系中，建设用地使用权和建筑物等所有权的关系，是一个复杂的问题，容易发生冲突。原因是，一旦出现建设用地使用权与建筑物等的所有权并非归于一人时，在地权和房权流转时，就会出现纠纷，影响正常流转秩序。本条规定，建设用地使用权和建筑物等的所有权实行"房地一体"主义，即建设用地使用权人建造的建筑物、构筑物及其附属设施的所有权，属于建设用地使用权人。在房产和地产的交易中，建设用地使用权及其地上建筑物所有权必须共同作为交易标的，

---

① 审理法院：贵州省凤冈县人民法院，案号：（2018）黔 0327 民初 208 号。

不能单独流转，必须同时转移、抵押和出租。这就是通常所说的"房随地走"或"地随房走"。

"房地一体"主义是一个理想的物权和谐状态，但是实际上往往并非如此。当民事主体租用他人享有权属的建设用地建造建筑物、构筑物及其附属设施时，就会出现房地不能一体的情形。因此，对房屋所有权和建设用地使用权在交易过程中是否只能作为一项交易的财产对待，应当根据各类交易的具体情况分析，但需要有证据证明。如果当事人有相反证据证明，在建设用地使用权人的建设用地上建造的建筑物等非为"房地一体"的，应当按照实际情况认定建筑物、构筑物及其附属设施的所有权。

◉ 案例评析

李某与榆林市某房地产开发有限公司买卖合同纠纷案①

案情：李某（买受人）与魏某签订房屋买卖合同，购买其房屋以及车位。当日，李某与榆林市某房地产开发有限公司补签商品房买卖合同以及车位排号协议各一份，约定由榆林市某房地产开发有限公司将上述车位以4万元的价格售予李某，同日，李某交付4万元车位款。后李某以榆林市某房地产开发有限公司向其出售的车位系占用某小区业主共有的道路或者其他用于停放汽车的车位属于业主共有为由，要求被告退还原告缴纳的车位费4万元。一审法院认为原告的主张缺乏依据，予以驳回。二审法院认为涉案车位确系位于业主公共道路，故案涉协议应当无效，被告理应返还车位款。

评析：根据本条规定，如无相反证据，建设用地使用权人建造的建筑物、构筑物及其附属设施的所有权属于建设用地使用权人。该条延续了《物权法》第142条的规定。本案的焦点在于被告是否有权对涉案车位进行处分。随着某房地产开发有限公司向小区业主出售房屋，小区内的土地使用权也转移至小区业主，小区的共有部分土地使用权归小区业主共有。因此，在某房地产开发有限公司无相反证据证明其享有涉案车位所有权的情况下，涉案车位所有权应属于该小区全体业主共有。基于此，法院认定某房地产开发有限公司的行为系无权处分，进而认定涉案合同无效。

> ▶▶ **第三百五十三条**　建设用地使用权人有权将建设用地使用权转让、互换、出资、赠与或者抵押，但是法律另有规定的除外。

---

① 审理法院：一审法院为陕西省榆林市榆阳区人民法院，案号：（2018）陕0802民初7780号；二审法院为陕西省榆林市中级人民法院，案号：（2019）陕08民终700号。

🏛 条文要义

本条是对建设用地使用权流转方式的规定。

建设用地使用权是在国有土地上设定的用益物权，具有重要的经济价值，能够为权利人创造利益，具有可流转性。本条规定，建设用地使用权流转的方式如下。（1）转让：建设用地使用权人有权将建设用地使用权转让给他人，取得转让的对价。（2）互换：两个不同的建设用地使用权人出于利益的需要，可以将各自享有的建设用地使用权相互交换，取得对方的建设用地使用权。（3）出资：在设立公司等经营实体时，建设用地使用权人可以用建设用地使用权出资，进行合作。（4）赠与：权利人将自己享有的建设用地使用权无偿转让给对方当事人，使后者成为权利人。（5）抵押：将建设用地使用权作为抵押物，设定抵押权，为自己或者他人的债务提供担保。

上述建设用地使用权流转方式，如果法律有相反的限制性规定，则受其拘束。例如未按土地使用权出让合同规定的期限和条件投资开发、利用土地的，土地使用权不得转让。

📌 案例评析

遵义震元公司与遵义新长征公司建设用地使用权转让合同纠纷案[①]

案情： 原告震元公司与被告新长征公司均具备房地产开发资质，双方签订联合开发协议约定使用彼此拥有土地使用权的两地块合作开发建设新小区。上述协议签订后，双方各自按协议约定履行权利义务。此后新长征公司以要求震元公司支付结算欠款、赔偿损失、支付违约金为诉求，向法院提起了联合开发房地产合同纠纷诉讼。法院判定该协议性质应被认定为土地使用权转让合同。震元公司遂诉至法院，要求依法判决确认上述联合开发协议性质为土地使用权转让合同，并判决该合同合法有效。法院予以支持。

评析： 民法典第 353 条规定："建设用地使用权人有权将建设用地使用权转让、互换、出资、赠与或者抵押，但是法律另有规定的除外。"该条延续了《物权法》第143 条的规定。本案中，涉案联合开发协议虽有合作开发房地产合同之名，但却无"共同投资、共享利润、共担风险"之内容，根据其实质内容应将其界定为土地使用权转让合同。该合同合法有效，合同双方应当按照合同内容履行各自的义务。因此，法院确认涉案合同合法有效，并依据《物权法》第 145 条"建设用地使用权转让、互换、出资或者赠与的，应当向登记机构申请变更登记"之规定，判令被告协助原告将涉案土地使用权变更至原告名下。

[①] 审理法院：贵州省遵义市汇川区人民法院，案号：（2019）黔 0303 民初 330 号。

▶▶第三百五十四条　建设用地使用权转让、互换、出资、赠与或者抵押的，当事人应当采用书面形式订立相应的合同。使用期限由当事人约定，但是不得超过建设用地使用权的剩余期限。

条文要义

本条是对建设用地使用权流转应当订立合同的规定。

建设用地使用权流转的方式包括：（1）转让。所谓转让，是指权利人将其建设用地使用权以合同的方式转移的行为。权利人在取得建设用地使用权之后，可能基于融资或者经营能力、范围发生变化等原因，难以继续使用已取得的建设用地使用权，需要将建设用地使用权转让给他人，进而获得转让费从事其他活动。（2）互换。所谓互换，是指权利人将自己的建设用地使用权与他人进行交换，其本质上是一种互易行为。通过互换可以实现自己全部资产的最优整合。（3）出资。所谓出资，是指建设用地使用权人与他人合办具有法人资格的公司和企业，以建设用地使用权投资入股，并折合成一定股权的行为。（4）赠与。所谓赠与，是指将自己的建设用地使用权无偿地赠送给他人。如果赠与是附条件的，受赠人必须按照合同的约定履行相应的义务，否则不能取得建设用地使用权。（5）抵押。所谓抵押，是指权利人将自己的建设用地使用权作为抵押财产，为自己或者他人的债务提供担保。在抵押后，权利主体并不发生转移，只是在实现抵押权时，要对建设用地使用权进行拍卖、变卖等，从而发生权利主体的变化。

流转的性质为权利处分行为，流转属于权利处分的范畴，也就是说，建设用地使用权的流转意味着权利人对其权利的处分。建设用地使用权的流转行为是要式行为，无论是转让、互换、出资、赠与还是抵押，当事人都应当采取书面形式订立相应的合同，没有书面合同，不能实现建设用地使用权流转的目的。对流转的建设用地使用权的期限，应当由当事人约定，但是最长不得超过建设用地使用权出让合同约定的剩余期限，超过建设用地使用权剩余期限的约定一律无效。

案例评析

韦某、黄永某建设用地使用权转让合同纠纷案①

案情：某某强和覃某某知悉韦甲、韦某欲将其涉案建设用地使用权转让的消息后在吴某的召集协商下达成口头协议：韦某将其位于商贸市场的 A 建设用地使用权转让给某某强；韦甲将其位于商贸市场的 B 建设用地使用权转让给覃某某。因故各方均未能签订转让协议。此后，由于韦甲出现资金周转短缺，韦某与黄永某、黄守

---

① 审理法院：广西壮族自治区崇左市中级人民法院，案号：（2018）桂 14 民终 456 号。

某在某法律服务所的见证下签订了一份宅基地使用权转让协议书，其将 A 地块建设用地使用权转让给黄永某、黄守某。后当事人发生纠纷提起民事诉讼，针对韦某与某某强之间建设用地使用权转让合同的成立问题发生争议。法院认为：韦某与某某强之间的建设用地使用权转让合同关系并未依法成立。

评析： 依据民法典第 354 条的规定，建设用地使用权转让、互换、出资、赠与或者抵押的，当事人应当采用书面形式订立相应的合同。该条延续了《物权法》第 144 条的规定。之所以规定应当采用书面形式，即该法律行为在性质上属于要式法律行为，是因为建设用地使用权涉及土地这一重要自然资源的利用，关系国家、社会和用地个人的重大利益，要求采用书面形式可以明确权利和义务，可以避免潜在纠纷。本案中，当事人之间只是口头对双方权利义务进行约定，没有签订书面合同，过后也未补充签订书面转让合同，违反了法律规定的要式合同的要求，因此法院认定当事人之间的合同未依法成立，对于某某强提出要求继续履行合同，判令涉案建设用地使用权归其所有的诉讼请求不予支持，是正确的。

> ▶▶ **第三百五十五条** 建设用地使用权转让、互换、出资或者赠与的，应当向登记机构申请变更登记。

🏛 条文要义

本条是对建设用地使用权流转须进行物权变动登记的规定。该条延续了《物权法》第 145 条的规定。

对建设用地使用权的转让、互换、出资或者赠与的，权利主体将会发生变更，必须向登记机构申请变更登记，只有进行了物权变更登记，建设用地使用权流转的目的才能实现，才发生物权变动的结果。

经过物权变更登记，以物权变更登记的时间，作为建设用地使用权变动的时间。

🌰 案例评析

田某与安乡县汽车摩托车商会* 建设用地使用权纠纷案①

案情： 汽摩商会受让土地后，经商会成员田某与汽摩商会协商，将部分地块的土地使用权转为田某所有，田某为此支付认购款和工程建设前期费用。双方签署协议明确为内部认购协议，未办理建设用地使用权变更登记。此后，汽摩商会与某某有限公司签订商品房建筑工程合同建设三期门面商品房。此后，田某未能按期支付

---

* 以下简称"汽摩商会"。

① 审理法院：湖南省常德市中级人民法院，案号：(2017) 湘 07 民终 748 号。

建设工程进度款，影响整体工程，汽摩商会垫资将原属田某建设的工程与其他部分同步建设，终建成汽摩城综合楼，国土资源局将该建设用地使用权人变更登记为汽摩商会。田某遂向法院起诉，请求确认协议约定的土地使用权为田某所有并排除汽摩商会在本案中存在的妨害、侵害物权的行为。法院认为由于未经登记，涉案协议只能发生债权法上的效果，故对田某的诉求不予支持。

评析：我国建设用地使用权采取登记要件主义，建设用地使用权登记是建设用地使用权设立的法定公示手段，是建设用地使用权是否依法设立的法定要件。只有进行了设立登记，将设立内容登记在不动产物权登记簿上，建设用地使用权的设立行为才完成，用地人也才取得建设用地使用权，成为建设用地使用权人，并对土地享有占有、使用、收益的排他性权利。该案中，虽然田某与汽摩商会达成的协议约定土地使用权为田某所有，但该合同只产生债权效力，田某可以依据该合同请求汽摩商会协助其进行物权变动登记。由于当事人之间始终未办理不动产物权变更登记，因而田某对涉案土地不享有土地使用权。

> ▶▶ **第三百五十六条**　建设用地使用权转让、互换、出资或者赠与的，附着于该土地上的建筑物、构筑物及其附属设施一并处分。

🏛 条文要义

本条是对地房一体转让规则的规定。

所谓"附着于"，不仅指地表之上的建筑物等，还包括地上和地下空间之内的建筑物等。对建设用地使用权进行转让、互换、出资或者赠与的，通常在土地上会有不动产附着物，即建筑物、构筑物及其附属设施。为防止不动产流转中出现矛盾，维护交易秩序，采取地房一体转让主义，在处分建设用地使用权时，附着于该土地上的建筑物、构筑物及其附属设施一并处分，一并流转。

案例评析

中国太平洋人寿保险有限公司大连分公司*诉营口某源集团有限公司**、营口某华房地产开发有限公司***建设用地使用权合同纠纷案①

案情：因被告某源公司拖欠原告太平洋保险大连分公司贷款无力偿还，法院裁定某源公司以其土地及地上建筑物抵债于太平洋保险大连分公司。然而某源公司无

---

　*　以下简称"太平洋保险大连分公司"。

　**　以下简称"某源公司"。

　***　以下简称"某华房地产公司"。

　①　审理法院：辽宁省营口市中级人民法院，案号：（2015）营民一初14号。

视已生效的裁决，又恶意将涉案土地低价转让给被告某华房地产公司。某华房地产公司取得了国土资源局核发的关于诉争土地的国有土地使用权证，并将地上建筑物悉数拆毁。太平洋保险大连分公司遂诉至法院，某华房地产公司主张其属于善意取得。法院认为：某华房地产公司提出善意取得的抗辩理由不能对抗已生效的民事裁定，判定某源公司与某华房地产公司签订的《土地使用权转让合同（土地买卖合同）》无效。

评析：我国实行"房地一体"原则，是为了避免"空中楼阁"的问题产生。我国民法典第356条规定："建设用地使用权转让、互换、出资或者赠与的，附着于该土地上的建筑物、构筑物及其附属设施一并处分。"该条延续了《物权法》第146条的规定。违反该规定会导致合同无效。本案中，被告某源公司与被告某华房地产公司单纯转让土地的交易行为违反了上述法律规定，因此，法院根据《合同法》有关规定，判定两被告签订的《土地使用权转让合同（土地买卖合同）》属无效合同。又因涉案合同自始无效，故被告某华房地产公司辩称的其取得的诉争土地是善意取得的抗辩理由，不能对抗人民法院作出的已生效的民事裁定。综上，判决被告某源公司与被告某华房地产公司签订的《土地使用权转让合同（土地买卖合同）》无效是正确的。

> ▶▶第三百五十七条　建筑物、构筑物及其附属设施转让、互换、出资或者赠与的，该建筑物、构筑物及其附属设施占用范围内的建设用地使用权一并处分。

🏛 条文要义

本条是对"房地一体"转让规则的规定。

所谓"占用范围内"，是指该建筑物等所占用范围内的建设用地使用权，不应包括规划范围内的空地和其他土地。当然，在现实生活中，当事人为了充分有效地利用土地和建筑物，可能将土地和房屋的各种权利和利益分割成不同部分，分别予以转让和处理。如果这种权益的分割转让是合法的，在权利的最终归属上没有导致建筑物所有权和建设用地使用权主体分离的结果，这些转让协议应当认为是有效的。

权利人处分建筑物、构筑物及其附属设施，进行转让、互换、出资或者赠与的，由于建筑物、构筑物及其附属设施必须建立在土地之上，与建设用地使用权相互联系，为维护交易秩序，保障不动产流转正常进行，处分该建筑物、构筑物及其附属设施时，在其占用范围内的建设用地使用权必须一并处分，否则不能发生建筑物、构筑物及其附属设施权属的转让。

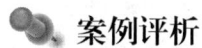 **案例评析**

田某与赵某某执行异议之诉民事纠纷案①

案情：赵某某购买利嘉公司出售的商品房一套，已缴纳全部房款并办理入住手续。而因利嘉公司涉田某与河北某某集团有限公司合同纠纷一案，沧州市中级人民法院作出财产保全措施，将利嘉公司名下赵某某所购商品房所在地块进行了查封。此后利嘉公司被申请强制执行，致使赵某某不能正常办理房产证，赵某某遂对法院执行提出异议，被沧州市中级人民法院驳回。赵某某不服，向河北省高级人民法院申请复议，河北省高级人民法院裁定撤销上述执行裁定，发回重新作出裁定。法院认为：赵某某就其商品房即涉案执行标的享有足以排除强制执行的民事权益，田某请求对涉案执行标的的执行，无事实和法律依据，法院不予支持。

评析："房地一体"，指该建筑物等所占用范围内的建设用地使用权应随同建筑物的转让一起转让给受让人。因为建筑物、构筑物及其附属设施必须建立在土地之上，与建设用地使用权相互联系，为维护交易秩序，保障不动产流转正常进行，处分该建筑物、构筑物及其附属设施时，在其占用范围内的建设用地使用权必须一并处分。民法典第 357 条延续了《物权法》第 147 条的规定。此案中，赵某某在第三人利嘉公司处购买了房屋，根据该法律规定，该房屋占用范围内的土地使用权亦一并由第三人利嘉公司转让给赵某某，故应认定赵某某购买了房屋及该房屋项下的土地使用权。

> ▶▶ **第三百五十八条** 建设用地使用权期限届满前，因公共利益需要提前收回该土地的，应当依据本法第二百四十三条的规定对该土地上的房屋以及其他不动产给予补偿，并退还相应的出让金。

🏛 条文要义

本条是对建设用地使用权提前收回的规定。

权利人取得建设用地使用权，出让方应当保障其权利的行使，不得任意收回土地，损害权利人的权利。但是，如果出于公共利益的需要，出让方有权提前收回该土地，消灭权利人享有的建设用地使用权。此处所说的公共利益，必须是国家的重大公共利益。所谓重大公共利益，主要是指国防事业、公益设施、大型公益事业。如果是一般公共利益，不应作为提前收回的理由。如果出现这样的情况，土地管理部门作为出让方应当依照民法典第 243 条的规定，对附着于该土地上的房屋以及其他不动

---

① 审理法院：河北省沧州市中级人民法院，案号：（2018）冀 09 民初 88 号。

产进行评估，给予合理的补偿，同时对尚未届满的期间的出让金，应当予以退还，以保障权利人的权利。所谓相应的出让金就是按照建设用地使用权的期限来确定的出让价金。剩余多少年的建设用地使用权，按照相应的年限来计算出让金，然后予以退回。因为建设用地使用权人支付的出让金是对一定期限内的权利所支付的费用，如果提前收回，就应当将已经使用的年限部分的出让金扣除，退回剩余部分期限的出让金。

 案例评析

长子县恩利禽业有限公司* 等与长子县住房保障和城乡建设管理局** 合同纠纷案①

案情： 原告禽业公司经依法登记取得国有土地使用权。当地人民政府因修建街道，占用了部分原告拥有使用权的土地。同年，当地人民政府、城建局及原告等相关单位和企业召开会议，并形成会议纪要，但因为会议纪要中给原告补偿土地的范围内没有规划商业用地，该会议纪要无法执行。后原告与政府部门关于土地补偿的方式及数额发生争议，原告禽业公司遂以当地政府及相关部门违反行政合同为由诉至法院。一审法院判决当地政府支付禽业公司补偿款 206.65 万元，驳回其他诉求。原告不服，提出上诉，二审法院维持原判。

评析： 权利人取得建设用地使用权，出让方应当保障其权利的行使，不得任意收回土地，损害权利人的权利。民法典第 358 条延续了《物权法》第 148 条的规定。依照本条规定，建设用地使用权期限届满前，因公共利益需要提前收回该土地的，应当对该土地上的房屋及其他不动产给予补偿，并退还相应的出让金。该案中，长子县人民政府收回原告已经取得的国有土地使用权，应给予国有土地使用权人以适当补偿。本案争议的实质是提前收回国有土地使用权的补偿问题，争议的焦点是补偿的方式及数额。其根据地产估价有限公司作出的土地评估报告确定补偿数额，可以作为对原告进行补偿的依据。因此，二审法院驳回当事人上诉，维持原判。

> ▶▶ **第三百五十九条**　住宅建设用地使用权期限届满的，自动续期。续期费用的缴纳或者减免，依照法律、行政法规的规定办理。
>
> 非住宅建设用地使用权期限届满后的续期，依照法律规定办理。该土地上的房屋以及其他不动产的归属，有约定的，按照约定；没有约定或者约定不明确的，依照法律、行政法规的规定办理。

---

* 以下简称"禽业公司"。

** 以下简称"城建局"。

① 审理法院：一审法院为山西省晋城市中级人民法院，案号：（2016）晋 05 行初 5 号；二审法院为山西省高级人民法院，案号：（2016）晋行终 451 号。

🏛 条文要义

本条是对建设用地使用权续期的规定。该条与《物权法》第 149 条的规定基本相同，只是新增规定了"续期费用的缴纳或者减免，依照法律、行政法规的规定办理"的内容。

建设用地使用权到期之后，可以续期。建设用地使用权续期分为两种：一是住宅建设用地使用权期限届满的，自动续期，不存在期限届满而消灭的问题。二是非住宅建设用地使用权期限届满需要续期的，须申请续期。

对于住宅建设用地使用权的到期自动续期，《物权法》已经作了规定，但是存在的问题是，虽然规定了到期自动续期，但是没有规定应当续多长期限，续期是否要缴纳费用。这个问题是广大人民群众极为关注的问题，是民法典物权编应当解决的问题。不过，本条并没有对此作出明确规定，只是规定"续期费用的缴纳或者减免，依照法律、行政法规的规定办理"。当然，这个规定也是有价值的。也就是说，只有法律和行政法规才可以决定住宅建设用地使用权到期自动续期的费用和期限问题，这样就禁绝了地方各级权力机构和行政机关对此自行规定的做法，给中央解决这个问题留下了空间。① 对此，笔者建议，住宅建设用地使用权到期自动续期的含义，就是对住宅建设用地使用权应当规定为一次取得永久使用的永久性用益物权，70 年期满自动续期后，不再存在期限，不应当继续收费，应当以地产税的方式替代缴纳费用。

对于非住宅建设用地使用权的续期，在非住宅建设用地使用权期限届满之前，建设用地使用权人如果需要继续使用该土地的，应当在期限届满之前一年申请续期。对于建设用地使用权人申请续期的要求，除非出于公共利益的目的需要收回该土地，土地出让人应当准许。建设用地使用权续期，建设用地使用权人应当办理续期手续，交付出让金。交付出让金应当按照约定，没有约定或者约定不明确的，按照国家的规定交付。续期手续完备后，建设用地使用权继续存在，并不消灭。

💬 案例评析

冯某诉赵某建设用地使用权转让合同纠纷案②

案情： 冯某经与赵某初步协商达成转让合意，签订转让协议，约定将位于锦州市太和区新民乡杨兴村国有土地使用权和西邻大棚土地使用权转让给冯某，定金已缴纳。数月后，冯某到赵某家要求解除合同，理由是该国有土地无法办理更名等。后双方协商未果，均未再继续履行协议内容，诉至法院。另查明，本案所涉国有土

---

① 杨立新．民法典分则各编的核心价值是维护人的尊严．福建论坛（人文社会科学版），2019（5）．
② 审理法院：辽宁省锦州市太和区人民法院，案号：（2019）辽 0711 民初 967 号。

地所有权用途为商业服务业，系由赵某通过出让方式取得，使用期限为 20 年，颁证时间为 1995 年 4 月。原、被告签订转让协议时，原告冯某已知该国有土地使用权已到期。法院认为：原告在签订合同时明知土地使用权证已到期，存在一定过错，根据双方过错程度判被告返还定金并赔偿占用该定金期间的利息损失。

评析： 建设用地使用权为有期限的权利，当法律规定或者当事人约定的使用权期限届满时，建设用地使用权便归于消灭。根据本条规定，非住宅建设用地使用权期限届满后的续期，依照法律规定办理。在我国，根据土地管理法的规定，以出让等有偿方式取得国有土地使用权的建设单位，按照国务院规定的标准和办法，交纳土地使用权出让金等土地有偿使用费和其他费用后，方可使用土地。在本案中，当事人双方虽依法订立建设用地使用权的转让合同，但由于所转让的标的的使用权早已到期且被告并未递交续期申请也并未交付出让金，至原告起诉前被告仍未重新取得该土地的使用权证书，依相关法律规定，该国有土地的建设用地使用权已经消灭，被告无权转让该国有土地使用权。因此法院判决当事人之间订立的合同无效，并根据双方的过错情况确定合同无效后的责任。

> ▶▶ **第三百六十条**　建设用地使用权消灭的，出让人应当及时办理注销登记。登记机构应当收回权属证书。

🏛 条文要义

本条是对建设用地使用权消灭办理注销登记的规定。

建设用地使用权消灭的事由大致有以下几点。

1. 建设用地使用权期限届满。建设用地使用权为有期限的权利，法律规定或者当事人约定的使用权期限届满，且并未续期的，建设用地使用权消灭。这种消灭是建设用地使用权的终局消灭，不再存在。

2. 建设用地使用权被撤销。例如，《城市房地产管理法》第 26 条规定："以出让方式取得土地使用权进行房地产开发的，必须按照土地使用权出让合同约定的土地用途、动工开发期限开发土地。超过出让合同约定的动工开发日期满一年未动工开发的，可以征收相当于土地使用权出让金百分之二十以下的土地闲置费；满二年未动工开发的，可以无偿收回土地使用权；但是，因不可抗力或者政府、政府有关部门的行为或者动工开发必需的前期工作造成动工开发迟延的除外。"

3. 建设用地使用权被提前收回。例如，《土地管理法》第 58 条规定："有下列情形之一的，由有关人民政府自然资源主管部门报经原批准用地的人民政府或者有批准权的人民政府批准，可以收回国有土地使用权：（一）为实施城市规划进行旧城区改建以及其他公共利益需要，确需使用土地的；（二）土地出让等有偿使用合同约定的使用期限届满，土地使用者未申请续期或者申请续期未获批准的；（三）因单位撤销、迁移等原因，停止使用原划拨的国有土地的；（四）公路、铁路、机场、矿场等经核准报废的。依照前款第（一）项的规定收回国有土地使用权的，对土地使用权人应当给予适当补偿。"

4. 土地灭失。如《城市房地产管理法》第 21 条规定："土地使用权因土地灭失而终止。"

建设用地使用权是用益物权，其设立应当进行物权登记，消灭也须进行注销登记，实现该物权的公示效果。还应当强调的是，物权变动以物权登记为根本，权属证书仅是物权进行登记的证明书。建设用地使用权消灭，出让人应当及时办理注销登记，注销登记后，建设用地使用权消灭，故登记机构应当收回权属证书。

关于收回建设用地使用权是否应当给予地上建筑物、构筑物及其附属设施以适当补偿问题，存在两种观点：肯定说认为，我国法律明确保护自然人和集体经济组织的所有权，无偿收回有违这一原则；否定说认为，国家不应当给予补偿，因为国家土地管理部门将建设用地使用权出让给土地使用者时，确定的土地出让金或地价款已将一定的出让年限和期限届满后无偿取得地上物这些因素考虑在内，在此前提下，如果国家再给予补偿，有违民法的等价有偿原则。我们同意前一种观点。

案例评析

某某房产公司与某某省电力公司、第三人某某市国土局*国土资源合同纠纷案①

案情： 被告某某省电力公司向第三人国土局申请交回其使用的一项土地使用权，由第三人国土局进行挂牌出让。原告某某房产公司通过公开竞买的方式竞得该土地使用权，并与第三人签订了《国有土地使用权成交确认书》《国有土地使用权出让合同》，交纳了国有土地使用权出让金。第三人国土局为原告出具建设用地批准书。后原告向第三人申请办理土地使用证时，第三人要求被告办理土地使用权注销登记手续，被告一直未予配合办理，导致第三人无法为原告办理土地登记，遂诉至法院。法院认为：原告对该宗地的国有土地使用权自登记时设立。法院据此判决被告协助原告某某房地产公司办理涉案土地的土地使用权登记事宜；第三人国土局协助原告办理关于涉案土地使用权登记事宜。

评析： 建设用地使用权消灭后，应及时办理注销登记，其权属证书也应当予以收回。就本案而言，被告于 2004 年 7 月 9 日已申请交回其使用的涉案土地使用权，被告对于该建设用地的使用权已经消灭，依法应及时办理注销登记，并收回其权属

---

* 以下简称"国土局"。

① 审理法院：吉林省吉林市龙潭区人民法院，案号：（2014）龙民一初 19 号。

证书。2004 年 11 月 23 日，第三人国土局刊登了关于该地块的国有土地使用权挂牌出让公告，后原告通过公开竞买的方式竞得该土地的使用权，并与第三人签订了《国有土地使用权成交确认书》《国有土地使用权出让合同》，交纳了国有土地使用权出让金，却因被告一直未配合办理注销登记手续，导致第三人无法为原告办理登记手续。故原告请求被告电力公司和第三人国土局协助原告办理土地使用权登记的诉请具有事实和法律依据，应当予以支持。

▶▶ 第三百六十一条　集体所有的土地作为建设用地的，应当依照土地管理的法律规定办理。

🏛 条文要义

本条是对集体建设用地使用权的规定。

乡村建设用地使用权，是指乡（镇）村企业等自然人、法人依法对集体所有的土地享有的占有、使用和收益，建造并经营建筑物、构筑物及其附属设施的用益物权。

因设立乡（镇）、村企业或者乡村公共设施、公益事业建设等需要使用集体所有的土地的，依照土地管理法的规定取得建设用地使用权。乡村建设用地使用权是否可以采取出让的方式设立，在理论上存在不同的看法：有人认为，乡村建设用地使用权可以采取出让的方式设立，主要理由是：在市场经济条件下，集体土地所有权与国有土地所有权在民事法律地位上是平等的，应当同等对待，因而若允许国有建设用地使用权以出让的方式取得，也就应当允许乡村建设用地使用权以出让的方式取得。有人认为，集体土地只有在征为国有土地后，才能以出让的方式设立建设用地使用权。

集体土地所有权与国有土地所有权在法律地位上是平等的，但平等并不意味着法律对它们的规范和调整没有差别。由于集体土地所有权的行使、处分与国家的农业政策紧密相关，而集体土地所有权的主体众多，因此对集体所有权的行使必须加以适当限制。在建设用地使用权设立方面的限制，表现在不允许乡村建设用地使用权以出让的方式设立，禁止集体所有的土地作为建设用地直接进入市场。如果允许乡村建设用地使用权以出让的方式设立，则由于出让收益要远大于农业经营收益，大量的耕地将会被出让，国家的土地利用总体规划将难以实施。同时，这一后果也会冲击国有土地市场。因而乡村建设用地使用权不能采取出让的方式设立，而应采取审批的方式设立，由土地管理部门依照权限，根据土地所有权人和土地使用者的申请予以审批。乡村建设用地使用权的审批，不得损害国家的土地利用总体规划和耕地的强制保护制度。2019 年修正、自 2020 年 1 月 1 日起实行的《土地管理法》第

44 条明确规定："建设占用土地，涉及农用地转为建设用地的，应当办理农用地转用审批手续。永久基本农田转为建设用地的，由国务院批准。在土地利用总体规划确定的城市和村庄、集镇建设用地规模范围内，为实施该规划而将永久基本农田以外的农用地转为建设用地的，按土地利用年度计划分批次按照国务院规定由原批准土地利用总体规划的机关或者其授权的机关批准。在已批准的农用地转用范围内，具体建设项目用地可以由市、县人民政府批准。在土地利用总体规划确定的城市和村庄、集镇建设用地规模范围外，将永久基本农田以外的农用地转为建设用地的，由国务院或者国务院授权的省、自治区、直辖市人民政府批准。"这为乡村建设用地使用权的审批制度进一步明确了规范。

案例评析

新疆汇三江房地产公司*诉乌鲁木齐县人民政府等合同纠纷案①

案情：原告汇三江公司与被告水西沟镇政府签订承诺书，就当地约 300 亩的土地开发事宜进行协议。被告就何时出让土地、土地的用途、使用年限以及地上附着物的拆迁事宜作出了承诺。承诺书签订后，原告分多次共计向被告交纳 5 000 万元。此后，原告向被告发函称因涉案地块不属国有储备土地，不具备出让开发建设的条件，双方签订的承诺书不具备合法性，因合同目的不能实现，要求被告自收到该函当日即解除与其公司签订的合同性质的承诺书，并退还已支付的土地出让金及利息。被告仅向原告退还土地出让金 500 万元，原告遂诉至法院。法院认为：合同无效或者被撤销后，因该合同取得的财产，应当予以返还，被告应返还原告汇三江公司4 500 万元及期间的利息损失。

评析：民法典对于集体建设用地使用权并未规定具体规则，而是规定准用土地管理的法律。依《土地管理法》有关规定，我国不允许乡村建设用地使用权以出让的方式设立，禁止集体所有的土地作为建设用地直接进入市场。违反该规定，擅自将集体所有的土地使用权通过出让、转让或者出租用于非农业建设的，其行为当属无效。就本案而言，水西沟镇政府将不是国有储备地、不具备出让条件的涉案土地出让给汇三江公司，并承诺该土地用途为商业和住宅用地，违反了相关的法律规定，因此双方签订的承诺书应为无效协议，因该协议所取得的财产也应当予以返还。

---

*　以下简称"汇三江公司"。

①　审理法院：新疆维吾尔自治区乌鲁木齐市中级人民法院，案号：(2015) 乌中民四初 29 号。

第十三章　宅基地使用权

▶▶第三百六十二条　宅基地使用权人依法对集体所有的土地享有占有和使用的权利，有权依法利用该土地建造住宅及其附属设施。

🏛 条文要义

本条是对宅基地使用权概念的规定。

宅基地使用权，是指农村居民对集体所有的土地占有和使用，自主利用该土地建造住房及其附属设施，以供居住的用益物权。宅基地使用权人依法享有对集体所有的土地占有和使用的权利，有权依法利用该土地建造住房及其附属设施。

宅基地使用权是我国特有的一种用益物权，其主要特征如下。

宅基地使用权是我国农村居民因建造住宅而享有的用益物权。我国的现行宅基地，分为农村宅基地和城镇宅基地。法律规定的宅基地使用权专指农村居民因建造住宅而享有的地上权。宅基地属于集体所有的土地，农村宅基地的主体主要为农村集体经济组织的成员，其享有宅基地使用权是与集体经济组织成员的资格联系在一起的。

宅基地使用权与农村集体经济组织成员的资格和福利不可分离。我国的农村宅基地是与农村集体组织成员的成员权联系在一起的，从而使农村宅基地具有一定的福利性质。这种福利体现为农民可以无偿取得宅基地，以获取最基本的生活条件，而集体经济组织以外的人员则不能享有这种权利。

宅基地使用权是特定主体在集体土地上设定的用益物权。宅基地使用权的取得采取审批方式，其程序大致包括三个步骤：（1）使用权申请；（2）土地所有人同意；（3）行政审批。自然人经审批取得宅基地使用权的，应当在土地管理部门登记，并明确宅基地使用权的范围。宅基地使用权一经设立，便具有用益物权的效力。

集体经济组织的成员只能申请一处宅基地。《土地管理法》第 62 条规定，农村村民一户只能拥有一处宅基地，其宅基地的面积不得超过省、自治区、直辖市规定的标准。这样规定，是由我国目前土地资源的有限性决定的。农村居民只能以户的形式申请宅基地，并且一户只能享有一处宅基地使用权。在因转让房屋所有权或者实现抵押权而使宅基地发生转移的，原权利人不得再申请宅基地使用权。

案例评析

李某、贾某某等与贾某平、徐某宅基地使用权纠纷案①

案情： 贾某魁与贾某平系兄妹。1995 年因修公路贾某魁家的宅基地被占用，经村委会及该村四组决定，将该村四组一处宅基地调整规划给贾某魁家使用，贾家同时购得宅基地上房屋。后原告李某与贾某魁登记结婚，一年后贾某魁死亡，不久原告李某生育原告贾某某。贾某魁的母亲黄某死亡后，李某及其子贾某某与贾某平因诉争宅基地诉至法院。一审法院驳回二原告诉讼请求后，二原告提起上诉。另查明，本案诉争宅基地位于金庄村四组，东邻贾某青的宅基地，西邻贾某全的宅基地。李某自与贾某魁结婚、贾某某自出生后均享受金庄村村民待遇，二人户籍所在地为金庄村。贾某平及其四个姐姐结婚后户籍均已迁出金庄村。二审法院认为：贾某平、徐某占有、控制该宅基地及其上建筑物没有法律依据，应承担停止侵害、返还财产的侵权责任。

评析： 宅基地为集体所有的土地，其使用权为村集体经济组织成员所独有，非该集体经济组织成员无权取得或变相取得，且宅基地按户分配，一户只能拥有一处宅基地。就本案而言，被上诉人贾某平因结婚已将户籍迁出金庄村，无权享有金庄村宅基地使用权及其地上建筑物所有权；而上诉人李某因结婚、贾某某因出生均取得金庄村户籍，应享有该宅基地使用权及其上建筑物所有权。贾某魁、黄某死亡并不影响该户家庭关系的存续，二人的死亡不产生宅基地使用权及其上建筑物所有权的分割，二人死亡时不具有单独份额，不发生遗产的继承。故贾某平、徐某无权占有该宅基地及其上建筑物，二审法院判处其搬离并向李某、贾某某返还涉诉房屋具有正当性。

> **▶▶ 第三百六十三条** 宅基地使用权的取得、行使和转让，适用土地管理的法律和国家有关规定。

🏛 条文要义

本条是对宅基地使用权准用土地管理法的规定。

宅基地使用权的内容主要包括宅基地使用权人的权利和义务。

宅基地使用权人享有如下权利。

1. 权利人有权在宅基地上建造住房及其附属设施

---

① 审理法院：一审法院为河南省长葛市人民法院，案号：（2015）长民初 1899 号；二审法院为河南省许昌市中级人民法院，案号：（2016）豫 10 民终 553 号。

自然人经法定审批程序取得宅基地后，有权在宅基地上建造房屋及其附属设施，这是宅基地使用权存在的主要目的。在宅基地的空地上，权利人也有权种植树木。对于宅基地上的房屋及其他附属设施，权利人享有完全的所有权。

2. 权利人可以对宅基地进行收益

民法典物权编只规定了宅基地使用权的内容是占有和使用，没有规定可以用益或者收益，这样的规定显然不符合实际情况。权利人在自己的宅基地上种植粮食、蔬菜、林木，收获粮食、蔬菜、果实，建造其他设施进行经营，都是应当允许的，也是在实际中实行的。因此，宅基地使用权具有收益权能，权利人有权在自己的宅基地上进行经营，获得收益。

3. 权利人有权依照法律的规定转让宅基地使用权

宅基地使用权人在经过本集体的同意之后，可以将建造的住房转让给本集体内符合宅基地使用权分配条件的农户；住房转让时，宅基地使用权一并转让。同时，自然人在订立遗嘱确定房屋继承人时，有权将宅基地使用权一并作为继承财产处理。

4. 权利人行使宅基地使用权不受期限限制

宅基地使用权没有期限限制。宅基地上的建筑物或者其他附属物灭失时，不影响宅基地使用权的效力，权利人仍有权在宅基地上重建房屋，以供居住。

宅基地使用权人应承担如下义务。

1. 权利人不得非法转让宅基地使用权

权利人除转让住房时一并转让宅基地使用权以外，不得将宅基地非法转让。以馈赠钱款、索取物资、用土地入股等方式变相买卖宅基地使用权的，不产生宅基地使用权转移的法律效力。因村民迁居并拆除房屋腾出宅基地的，应当由集体组织收回，以作统一安排。村民长期闲置或抛弃宅基地的，应由集体组织收回。即使是合法转让宅基地使用权的，农户也不得再申请宅基地使用权。

2. 接受政府和乡村统一规划的义务

因公共利益需要征用土地，或者因乡村公共设施和公益事业建设需要，经县级人民政府批准，本集体可以收回宅基地。对此，权利人应当接受政府统一规划和村的统一安排，但应当对宅基地被占用的农户重新分配宅基地。如果因此造成宅基地使用权人损失的，应当给予补偿。

3. 权利人负有正当使用宅基地的义务

宅基地使用权人未经依法批准，不得改变宅基地用途。权利人不得将宅基地作为生产用地使用，如盖厂房或改作鱼塘等，也不得改作其他用途使用。

但是对宅基地使用权的取得、行使和转让，本法没有规定具体规则，准用土地管理等法律和国家有关规定。对此，土地管理法有专门规定，中央、国务院也都通过有关文件，强调农村居民建设住宅的基本要求，禁止城市居民在农村购置宅基地，以及其他各种规定。

案例评析

杜某诉吴某等农村房屋买卖合同纠纷案[①]

案情： 原、被告双方签订房屋买卖协议，就在支付所有房款后房屋永久性归原告所有，房屋所占土地永久性归被告所有，且被告应协助办理产权变更等事项进行了约定。原告支付部分房款后不再按约定的时间支付房款，亦不接受房屋，并以该房屋属小产权房、双方签订的协议违背了国家法律的相关规定为由，而要求被告返还交付的购房款。双方未达成一致意见，原告遂诉至法院。另查明，原告杜某是屈原镇天龙村村民；被告出售给原告的房屋是在原有宅基地基础上翻修扩建，建房占有的土地属茅坪镇杨贵店村集体所有制土地。法院认为：双方签订的房屋买卖协议违反了我国《土地管理法》的强制性规定，该合同应认定为无效。因双方皆存在一定过错，损失各自承担，基于合同支付的房款应当返还。

评析： 对于宅基地使用权的取得、行使和转让，民法典并无具体的规定，而是规定准用土地管理的法律和国家有关规定。我国为保障农民建设住宅的基本需求，维护社会稳定，目前对宅基地使用仍采取严格限制政策。依照我国《土地管理法》，宅基地使用权为农村集体经济组织成员所特有，非本集体经济组织成员无权取得或变相取得。本案中，被告出售给原告的房屋是在原有宅基地基础上翻修扩建，依据"地随房走"原则，其房屋转让必然涉及宅基地转让，但原告不是茅坪镇杨贵店村村民，不具备在该区域内购房的权利，故双方签订的买卖合同违反了相关法律的强制性规定，应认定为无效。

> ▶▶ **第三百六十四条** 宅基地因自然灾害等原因灭失的，宅基地使用权消灭。对失去宅基地的村民，应当依法重新分配宅基地。

🏛 条文要义

本条是对宅基地灭失后重新分配的规定。

宅基地使用权的消灭，有以下原因：宅基地的回收和调整、宅基地被征收、宅基地使用权抛弃、宅基地灭失、宅基地长期闲置等。

作为宅基地使用权客体的宅基地，由于发生自然灾害等原因而灭失，宅基地使用权将随之丧失存在的基础，归于消灭。宅基地灭失，原宅基地使用权人将无处安身。对于失去宅基地的村民，集体经济组织或者村委会应当对失地村民按照规则重新分配宅基地，以便其建造住宅，安心生活。如果只是宅基地上的建筑物或其他附

---

① 审理法院：湖北省秭归县人民法院，案号：（2012）鄂秭归民初780号。

属物灭失，土地并未灭失的，不影响宅基地使用权的效用，宅基地使用权人有权在宅基地上重新建造房屋。

案例评析

赵某诉蓝田县国土资源局土地其他行政行为案①

案情：赵某是某村村民。2009年其所在村被纳入综合治理改造试点单位，赵某家的祖遗宅基地在该治理改造项目的土地复垦工程范围内，其宅基地上房屋被拆除。赵某诉至法院称，原告祖遗宅基地在综合治理改造工程中被收回，被告当地国土资源局具有给原告重新分配宅基地的法定职权，应当重新给原告分配宅基地，请求判令被告履行维护原告宅基地使用权的法定职责，给原告重新分配宅基地。法院认为：原告主张被告具有未经原告申请直接向其分配宅基地的法定职责没有法律依据，故法院对其诉讼请求不予支持。

评析：依照民法典第364条的规定，宅基地因自然灾害等原因灭失的，宅基地使用权消灭。对失去宅基地的村民，应当依法重新分配宅基地。该条延续了《物权法》第154条的规定。但是，这并不意味着重新取得宅基地不需要任何程序。根据2004年修正的《土地管理法》第62条第3款"农村村民住宅用地，由乡（镇）人民政府审核由县级人民政府批准"的规定，当事人应当依照该法规定的程序向有权机关提出申请。本案中，虽然原告祖遗宅基地因蓝田县"空心村"综合治理改造工程被收回，应当重新给其分配宅基地，但仍然需要原告依照法律规定的程序向有权机关提出申请。因此，法院驳回了原告要求被告直接给其重新分配宅基地的诉讼请求。

> ▶▶ **第三百六十五条** 已经登记的宅基地使用权转让或者消灭的，应当及时办理变更登记或者注销登记。

条文要义

本条是对宅基地使用权变更登记和注销登记的规定。

对宅基地使用权的变动，法律未规定必须进行登记，特别是取得宅基地使用权的登记。从长远的情况看，为便于管理，明确权属，增加宅基地使用权的流动性，对宅基地使用权进行物权登记是非常必要的。本条一是考虑这一长远需求，二是对已经进行了宅基地使用权取得登记的，规定了宅基地使用权的变更登记和注销登记规则，即在宅基地使用权转让或者消灭时，应当及时办理变更登记或者注销登记。

转让宅基地使用权未办理变更登记，不发生宅基地使用权转让的法律效力，亦

---

① 审理法院：陕西省西安铁路运输法院，案号：（2017）陕7102行初654号。

不能对抗第三人。宅基地使用权是经审批取得的，已经进行了登记，而其转让或消灭，也应进行登记，自登记时发生效力。不进行转让和消灭登记，不发生转让和消灭的法律后果，更不能对抗第三人。办理变更登记应当由转让和受让宅基地使用权的当事人完成。

宅基地使用权消灭未及时办理注销登记而造成相对人损失的，应当承担损害赔偿责任。宅基地使用权由于法定原因或自然原因而消灭的，应当由宅基地使用权的审批部门办理注销登记。如果因为未及时办理注销登记而造成相对人损失的，应当承担损害赔偿责任。

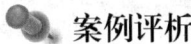 **案例评析**

陈某诉陈德某物权保护纠纷案①

案情： 原、被告系亲兄弟。原告陈某以无住房结婚、借用他人房子为由于 2001 年 3 月 6 日申请使用土地，经过申请审批，在原枣庄市山亭区某某镇某某村非耕地中取得案涉宅基地一处。2018 年 8 月中旬左右，原告开始在该宅基地上建造房屋。同年 11 月 17 日，被告陈德某未经原告许可，将原告已建好房屋框架墙体拆除两处。在庭审过程中，经原、被告双方当庭共同确认，位于墙体框架的东墙南部被损毁的墙体的价值为 700 元，位于墙体框架的中间部被损毁的墙体的价值为 120 元。法院认为：被告侵犯了原告的财产所有权，依照法律规定应承担相应的法律责任。

评析： 民法典第 365 条规定："已经登记的宅基地使用权转让或者消灭的，应当及时办理变更登记或者注销登记。"该条延续了《物权法》第 155 条的规定。其立法初衷是便于宅基地的管理，明确其权属，增加宅基地使用权的流动性。本案的焦点在于本案所涉及的宅基地的使用权归属于原告还是被告。原告通过个人申请、村委申报、镇政府审查、区土地管理部门审核，最后由山亭区人民政府批准，完成登记并得到宅基地使用权，本案所涉及的宅基地是经登记备案和政府审批规划给原告使用的宅基地，自登记之日起至今未发生变更登记，物权未发生变动，使用权人仍为原告。法院判决被告陈德某承担赔偿原告陈某被拆墙体的财产损失具有事实和法律依据。

---

① 审理法院：山东省枣庄市山亭区人民法院，案号：（2018）鲁 0406 民初 1959 号。

第十四章 居住权

▶▶ **第三百六十六条** 居住权人有权按照合同约定，对他人的住宅享有占有、使用的用益物权，以满足生活居住的需要。

🏛 条文要义

本条是对居住权概念的规定。《物权法》未规定居住权，因而本法关于居住权的规则都是新规则。

《物权法（草案）》曾经规定过居住权，但是最终仍被删除。编纂民法典物权编时，学界普遍认为规定居住权确有必要，主要理由是：第一，充分发挥房屋的利用效能；第二，充分尊重所有权人的意志和利益；第三，有利于发挥家庭职能，实现亲属与他人之间的互帮互助。党的十九大报告也提出，要加快建立多主体供给、多渠道保障、租购并举的住房制度，让全体人民住有所居。居住权是其中举措之一。

民法的居住权与公法的居住权不同。国家保障人人有房屋居住的权利也叫居住权或住房权。《世界人权宣言》第 25 条规定："人人有权享受为维持他本人和家属的健康和福利所需的生活水准，包括食物、衣着、住房……"这属于公法权利，是基本人权和自由，不是民法的用益物权。

民法上的居住权，是指自然人依照合同的约定，对他人所有的住宅享有占有、使用的用益物权，是用益物权的一种。民法上的居住权主要有以下四个方面特征：一是居住权的基本属性是他物权，具有用益性；二是居住权主要是为特定自然人基于生活用房而设立的物权，具有人身性；三是居住权是一种长期存在的物权，具有独立性；四是居住权的设定是一种恩惠行为，具有不可转让性。

在司法实践中适用法律时应当注意，居住权作为用益物权具有特殊性，即居住权人对于权利的客体即住宅只享有占有和使用的权利，不享有收益的权利。这是因为，居住权的设立目的是满足生活居住的需要，不能以此进行出租等营利活动。

🎯 案例评析

周甲诉周乙等房屋居住权纠纷案①

案情： 1998 年 8 月，周乙等人租赁居住的房屋被依法拆迁，周乙与其孙子周甲同

---

① 审理法院：江苏省无锡市南长区人民法院，案号：（2009）南民一初 417 号。

属被拆迁人，周甲在拆迁过程中向开发公司支付了超面积贴费，后周甲与周乙居住在安置房屋中。入住后，周甲对该房屋进行了装修。2000 年 10 月，周乙通过优惠政策取得该房屋的优惠产权。2007 年 5 月，周乙以周甲另有住房为由，要求确认周甲对安置房屋不再享有居住权，法院支持了周乙的诉讼请求。扣除周乙已支付的 8 万元后，周乙还应向周甲支付相应的经济补偿 199 490 元。后周甲认为周乙与周丙恶意串通，将安置房屋出售给周丙。周甲将周乙、周丙二人诉至法院。法院认为：周乙还应再给予周甲适当的补偿。判其支付周甲房屋居住权补偿款 17 922 元、装修费 12 078 元，合计 3 万元。

评析：居住权作为物权的一种，与所有权最大的不同在于：居住权不包括处分权，不能将居住权转让或继承，进而居住权也就不存在按份共有，不能在居住人之间划分居住份额。本案中，根据拆迁安置政策，实际系周甲因依附于周乙而享有安置权益，且根据周甲的年龄、婚姻状况等确定扩大多少面积，所以不能简单对居住权平均划分，因居住权中包含部分共同使用部位，简单等分不利于房屋的合理有效利用。另外，周乙与周甲系祖孙关系，从社会道德层面周乙也无理由仅获得一半价值。再从周乙的经济状况来看，要求周乙按照房屋市场价值给付周甲一半价值也勉为其难。综合以上几个因素，法院确定由周乙按照 30％ 左右的补偿比例支付周甲为宜，周甲已投入的装修价值由周乙予以返还。

> ▶▶ **第三百六十七条**　设立居住权，当事人应当采用书面形式订立居住权合同。居住权合同一般包括下列条款：
> （一）当事人的姓名或者名称和住所；
> （二）住宅的位置；
> （三）居住的条件和要求；
> （四）居住权期限；
> （五）解决争议的方法。

🏛 条文要义

本条是关于居住权应该采用合同方式设立的规定。

居住权作为一种新型的法定用益物权，其设立应当遵循严格的要求。按照本条的规定，居住权通过合同方式设立时，必须采用书面的形式，即房屋所有权人应当通过书面合同的方式与他人协议，设定居住权。例如，男女双方离婚时在离婚协议中约定，离婚后的房屋所有权归一方所有，另一方对其中的一部分房屋享有一定期限或者终身的居住权。

设定居住权的合同一般包括下列条款：（1）当事人的姓名或者名称和住所，应当写明双方当事人的姓名或者名称和住所，特别是居住权人的姓名或者名称和住所；

（2）住宅的位置，约定清楚设定居住权的住宅地址、门牌号码、面积等事项，使居住权的标的能够确定；（3）居住的条件和要求，明确约定依据合同约定的条件取得居住权，行使居住权的要求是什么；（4）居住权期限，从何时起至何时止；（5）解决争议的方法，即发生争议后，通过何种程序解决纠纷。

📌 案例评析

胡某明、郑某仙与董某蓉、胡某伟居住权确认纠纷案①

案情：被告胡某伟系原告胡某明、郑某仙的儿子，被告董某蓉原系原告胡某明、郑某仙的儿媳妇。胡某明、胡某伟及胡某伟之弟胡某平立有分单一份，约定："长子某伟房屋由自己去买，胡某明付某伟 230 000 元，已付 50 000 元，到买屋时应付某伟 180 000 元"；同时该分单还约定："230 000 元付清后，某伟房屋买进，我俩有居住之权至去世为止"。此后两被告购买房屋一套，原告支付了 180 000 元款项。房屋购入后，原、被告曾共同居住生活。后被告董某蓉与被告胡某伟离婚，涉案房屋判归被告董某蓉所有。原告胡某明以要求两被告归还购买涉案房屋借款 140 000 元为由向法院提起诉讼，法院判决两被告共同偿还原告胡某明借款 140 000 元。此后原告就分单中约定的居住权提起诉讼。法院认为两原告在涉案房屋所有权转移后方始主张居住权，有悖情理，不予支持。

评析：依据民法典第 367 条的规定，设立居住权，当事人应当采用书面形式订立居住权合同。本案中，原告胡某明、被告胡某伟及被告胡某伟之弟胡某平于 2002 年 2 月 18 日签订的"分单"合法、有效。原审法院在我国尚无居住权相关法律法规的情况下认定原、被告间存在赠与合同关系，但实际上该合同除赠与关系外，还对原告的居住权进行了约定。两原告依据"分单"的约定，对案涉房屋享有居住权。但是从该案事实可以看出，原、被告双方仅仅对当事人的姓名、住宅的位置进行了约定，而对居住的条件和要求、居住权期间、解决争议的方法等问题均未进行约定。这也是后来当事人之间发生纠纷的重要原因。在当事人就居住权重要事项约定不明的情况下，法院作出上述判决是正确的。

> ▶▶ **第三百六十八条**　居住权无偿设立，但是当事人另有约定的除外。设立居住权的，应当向登记机构申请居住权登记。居住权自登记时设立。

🏛 条文要义

本条是对居住权的属性和登记的规定。

---

① 审理法院：一审法院为浙江省宁波市江东区人民法院，案号：（2008）甬东民一初 964 号；二审法院为浙江省宁波市中级人民法院，案号：（2009）浙甬民二终 1 号。

居住权原则上为无偿设立，因而居住权人对取得居住权无须支付对价。不过，居住权人应当支付住房及其附属设施的日常维护费用和物业管理费用，以通常的保养费用、物业管理费用为限。如果房屋需要进行重大修缮或者改建，只要没有特别的约定，居住权人不承担此项费用。对于居住权收费另有约定的，按照约定处理。

居住权是用益物权，对其设立采用登记发生主义，只有经过登记才能设立居住权。设立居住权的双方当事人在订立了居住权设立协议后，还应当向登记机构申请居住权登记。经过登记后，居住权才正式设立，居住权人取得居住权。居住权设立的时间，是自登记时设立。之所以对居住权采取登记发生主义，是因为居住权与租赁权相似，但是租赁权是债权，而居住权是物权，性质截然不同，如果不采取登记发生主义，可能会与租赁权相混淆。规定居住权须经登记而发生，就能够确定其与租赁权的界限，不会发生混淆，一旦没有登记，就没有发生居住权设立。

案例评析

张某某诉南京华联商厦服饰有限责任公司*居住权纠纷案①

案情： 涉案房屋登记的所有权人为南京市商业贸易局（现南京市商务局）。1998年，南京友谊华联（集团）有限公司物业经营分公司（已注销登记）与周某某签订《公有住房租赁契约》，将房屋租赁给周某某。其后，周某某继续居住使用该房屋，并交纳了相应租金。2006年6月起，周某某将房屋租金支付给被告华联商厦公司。2007年，原告张某某与周某某登记结婚，共同居住在涉案房屋。周某某于2009年死亡。后原告张某某仍以周某某的名义向华联商厦公司支付房屋租金。第三人友谊华联集团陈述，涉案房屋的租金是其委托华联商厦公司收取的，原告张某某对涉案房屋不享有居住权，无权要求签订租赁契约。由于被告华联商厦公司不同意与原告张某某签订公有住房租赁契约，张某某诉至法院。法院对原告张某某的居住权予以确认。

评析： 依据民法典第368条的规定，居住权无偿设立，但是当事人另有约定的除外。也就是说，如果当事人之间约定居住权是有偿的，则法律尊重当事人之间的有偿约定。

本案中，周某某签订的《公有住房租赁契约》虽然从形式上看属于租赁合同，但在当时的背景下，公房租赁合同实质上有居住权合同的性质。周某某与原告张某某在交纳租金的情况下对涉案房屋享有居住的权利，实质上是其享有涉案房屋居住权的对价。但是意思自治是合同法的基本原则，周某某去世后，原告主张继续签订公有住房租赁契约，需要取得房屋所有人友谊华联集团的同意。因此，法院判决原

---

   * 以下简称"华联商厦公司"。

   ① 审理法院：江苏省南京市鼓楼区人民法院，案号：（2014）鼓民初1304号。

告张某某如欲取得涉案房屋的承租权，应与第三人友谊华联集团等自行协商解决，是正确的。

> **▶▶ 第三百六十九条　居住权不得转让、继承。设立居住权的住宅不得出租，但是当事人另有约定的除外。**

🏛 条文要义

本条是对居住权人法定义务的规定。

居住权人行使居住权，须履行应尽的义务。

1. 居住权人对权利标的不得转让和继承。古罗马创设居住权制度，是为了照顾某一特定的人的权利，原因在于，无夫权婚姻和奴隶的解放日益增多，每遇家长亡故，那些没有继承权又缺乏或丧失劳动能力的人的生活就成了问题，因此，丈夫或家主就把一部分家产的使用权、收益权等遗赠给妻或者被解放的奴隶，使他们生有所靠、老有所养。[①] 因此，由古罗马而来的居住权制度，具有权利主体的限定性以及鲜明的伦理性，并由此衍生出不可转让、不得继承等身份性的内容。[②] 目前民法典规定的居住权制度是社会性居住权。社会性居住权具有保护弱者权益的功能，与古罗马的居住权制度一样，是为特定人的居住需要而设定的。[③] 故本法规定居住权人对其居住的房屋不得转让，也不能成为居住权人的遗产，不能由其继承人所继承。

2. 居住权人对权利标的不得出租。在居住权存续期间，权利人对居住权的标的负有不得出租的义务，不能以此进行营利活动。有人主张，即使双方当事人在设立居住权合同中对该义务另有约定的，也不能依照其约定处理。这是因为，居住权的转让行为和居住权的出租行为，在法律性质上固然可以截然区分，但是在经济效果上基本类似。[④] 因此，本条原来的草案曾经规定，设立居住权的住房不得出租，没有规定除外条款。全国人大常委会审议时有人提出异议，因而增设了"但是当事人另有约定的除外"的但书规定。

除此之外，居住权人还应当履行如下义务。

1. 合理使用房屋的义务。居住权人不得将房屋用于生活消费以外的目的，可以对房屋进行合理的装饰装修，进行必要的维护，但不得改建、改装和作重大的结构性改变。

2. 对房屋的合理保管义务。居住权人应当合理保管房屋，在居住期内尽到善良

---

① 周枏. 罗马法原论：上册. 北京：商务印书馆，1994：361.

② 鲁晓明. 居住权之定位与规则设计. 中国法学，2019（3）.

③ 申卫星. 视野扩展与功能转换：我国设立居住权必要性的多重视角. 中国法学，2005（5）.

④ 薛军. 地役权与居住权问题. 中外法学，2006（1）.

管理人的注意义务，不得从事任何损害房屋的行为。如果房屋存在毁损的隐患，应当及时通知所有人进行修缮或者采取必要的措施。

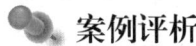 **案例评析**

杨某某与张某某、欧阳某房屋租赁合同纠纷案①

案情： 两被告张某某与欧阳某系夫妻关系。涉案房屋系江房公司下属延安房管所托管房屋，业主为案外人伍某某，杨某某为涉案房屋承租人。后杨某某、张某某和欧阳某形成亲家关系。杨某某将涉案房屋交付张某某和欧阳某居住，双方未签订合同。张某某一次性向杨某某支付7万元，杨某某于2008年5月5日向张某某出具一张"收条"："今收到张某某租房押金人民币柒万元整"。此后双方子女离婚。杨某某要求被告退还涉案房屋未果，双方由此发生争议。故诉至一审法院，请求判令：与被告中止房屋租赁关系，被告腾退涉案房屋。一审法院认为：双方形成不定期租赁关系，可以随时解除，对杨某某的诉求予以支持。二审法院维持原判。

评析： 依据民法典第369条的规定，居住权不得转让，设立居住权的住宅不得出租。由于居住权具有一定的人身属性，因此居住权人取得居住权后，如果当事人之间没有特殊约定，居住权人既不得转让居住权，也不得就设立居住权的住宅进行转租，否则就违背了居住权设立的目的。

该案中，二审法院关于张某某向杨某某给付的70 000元租房押金能否视为张某某和欧阳某已向杨某某购买了诉争房屋的使用权的问题认为，因杨某某使用权的取得是与房屋出租人办理了租赁手续，转让租赁房屋使用权也应征得出租人的同意，并办理相关转租手续。这种司法观点与本条居住权不得转让、设立居住权的住宅不得出租的精神是一致的。该案二审法院的判决无疑是正确的。

> ▶▶ **第三百七十条**　居住权期限届满或者居住权人死亡的，居住权消灭。居住权消灭的，应当及时办理注销登记。

🏛 **条文要义**

本条是对居住权消灭原因的规定。

居住权依据一定的事实而消灭。本条只规定了居住权期限届满和居住权人死亡是居住权消灭的原因，其实这只是居住权消灭的部分原因。

居住权消灭的原因包括如下几种。

---

① 审理法院：一审法院为湖北省武汉市江汉区人民法院，案号：（2017）鄂0103民初6998号；二审法院为湖北省武汉市中级人民法院，案号：（2018）鄂01民终9906号。

1. 居住权抛弃。居住权人采用明示方法抛弃居住权的，居住权消灭。这种明示的抛弃意思表示应当对所有权人作出。居住权人作出抛弃表示的，即发生消灭居住权的效力，并且不得撤销，除非得到所有权人的同意。

2. 居住权期限届满。居住权设定的期限届满，居住权即时消灭，所有权的负担解除。

3. 居住权人死亡。权利主体消灭，居住权也随之消灭。

4. 解除居住权条件成就。在设定居住权的遗嘱、遗赠或者合同中，对居住权设有解除条件的，如果该条件成就，则居住权消灭。

5. 居住权撤销。居住权人具有以下两种情形的，房屋所有权人有权撤销居住权：（1）故意侵害住房所有权人及其亲属的人身权或者对其财产造成重大损害的；（2）危及住房安全等严重影响住房所有权人或者他人合法权益的。居住权人行使撤销权，应当经过法院裁决，不得自行为之。

6. 住房被征收、征用、灭失。房屋被征收、征用，以及房屋灭失，都消灭居住权。住房所有权人因此取得补偿费、赔偿金的，居住权人有权请求分得适当的份额；如果居住权人没有独立生活能力，也可以放弃补偿请求权而要求适当安置。

7. 权利混同。住房所有权和居住权发生混同，即两个权利归属于同一人的，发生居住权消灭的后果。例如，房屋所有权人将房屋转让或者赠与给居住权人，此时居住权的存在已经丧失意义，因此发生居住权消灭的后果。

居住权消灭，在当事人之间消灭居住权的权利义务关系。居住权人应当返还住房。同时应当到物权登记机构办理居住权注销登记。

案例评析

台州市黄岩区住房保障管理办公室与××芬房屋租赁合同纠纷案①

案情： 原、被告约定：甲方（原告）将涉案公共租赁住房出租给被告，租赁期满，承租人需继续承租的，应当在期满前 3 个月提出申请，经审核符合公共租赁住房申请条件的，重新签订租赁合同。合同签订后，原告向被告交付房屋，被告支付履约保证金及租金。合同约定的履行期间届满后，双方未重新签订住房租赁合同。后原告在涉案房屋门口张贴关于督促被告腾房的通知书，被告至今未办理腾房手续。原告故诉请：（1）被告立即腾退并向原告退还坐落于黄岩区的房屋；（2）被告向原告支付自 2018 年 7 月 1 日起至实际退房之日止的房屋占有使用费。法院认为：原、被告双方的不定期租赁关系解除，被告仍继续占有使用涉案房屋，已无依据。

评析： 居住权是根据合同设立的用益物权，居住权人有权按照合同约定，对他

---

① 审理法院：浙江省台州市黄岩区人民法院，案号：（2019）浙 1003 民初 1575 号。

人的住宅享有占有、使用的用益物权，以满足生活居住的需要。根据民法典第370条的规定，居住权期限届满的，居住权消灭。也就是说，当事人之间约定的居住权的期限届满，居住权人的居住权就归于消灭。

本案中，原、被告双方约定的公房租赁期限至 2017 年 12 月 31 日止。如果双方不对租赁合同进行续约，则被告期满后就无权居住该房屋。不过，本案租赁期限届满后，双方未续签租赁合同，被告仍继续使用涉案房屋，原告亦按原租金标准向被告收取截至 2018 年 6 月 30 日的租金。法院认为该情况下原租赁合同继续有效，但租赁期限为不定期，当事人可随时解除租赁合同，原告于 2018 年 7 月底在涉案房屋门口张贴公告，催促其腾退房屋，该行为应视为原告作出解除租赁合同的意思表示。该案是在我国尚无居住权法律规定的情况下作出的，但法院的该判决意见实质上与居住权期限届满即告消灭的精神是一致的。

▶▶**第三百七十一条　以遗嘱方式设立居住权的，参照适用本章的有关规定。**

🏛 条文要义

本条是对以遗嘱设立居住权的规定。

居住权分为两种类型，一是意定居住权，二是法定居住权。意定居住权是指根据房屋所有权人的意愿而设定的居住权，设立人必须是房屋所有权人，其他人不得在他人所有的房屋之上设定居住权。意定居住权的设定方式有两种：依据遗嘱的方式设定居住权；依据合同的方式设定居住权。法定居住权，是指依据法律的规定直接产生的居住权。一般认为，法律可以直接规定父母作为监护人对于未成年子女的房屋享有居住权，或者未成年子女对其父母的房屋享有居住权。[①] 此外，对于依据裁判方式取得居住权，法律也予以认可。例如，法院在离婚裁判中，将居住权判给有特殊需要的一方享有。学者认为，这也是依照法律设定居住权的一种方式。[②] 也有的学者对此持反对意见。笔者认为，以裁判方式取得居住权的根据在于法律的规定，而不是当事人的意志，因此属于法定居住权的物权取得方式。

依据遗嘱方式设立居住权，包括遗嘱继承和遗赠。

1. 依据遗嘱继承的方式设立。房屋所有权人可以在遗嘱中对死后其房屋作为遗产的使用问题，为法定继承人中的一人或者数人设定居住权，但须留出适当房屋由其配偶终身居住。

2. 依据遗赠的方式设立。房屋所有权人可以在遗嘱中，为非法定继承人之外的

---

① 钱明星 . 关于在我国物权法中设置居住权的几个问题 . 中国法学，2001（5）.

② 钱明星 . 论我国用益物权的基本形态//易继明 . 私法：第一辑第二卷 . 北京：北京大学出版社，2002：117.

人设定居住权。例如，遗嘱指定将自己所有的房屋中的一部分，让自己的保姆终身或者非终身居住。

不论是依据遗嘱继承方式还是遗赠方式取得居住权，都是根据遗嘱取得居住权。以遗嘱方式设立居住权的，参照适用本章的有关规定。具体包括，第一，遗嘱生效后，还须进行居住权登记，否则不能取得居住权；第二，居住权不得转让、继承，设立居住权的住宅不得出租，当事人另有约定的除外；第三，居住权人死亡，居住权消灭。如果遗嘱继承或者遗赠对居住权附有解除条件，于条件成就时居住权消灭。①

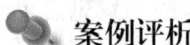 **案例评析**

王某、张某某等遗嘱继承纠纷案②

案情：被继承人张某英与被告王某签订婚前协议书，明确张某英与被告婚前房屋及一切家产归各自所有，互不侵占。就涉案住房的约定为如张某英在前谢世，王某可在该房屋继续居住，3 年以内搬出将房子移交男方子女继承。张某英与王某婚内未生育子女。此后张某英去世。张某英与前妻育有的四子向法院提起诉讼。经查，张某英在去世之前留有遗嘱，载明被告有权居住本案诉争房屋，不受婚前协议书 3 年时间的限制，具体住多长时间由被告决定，原告无权以任何理由撵走被告。一审法院认为：被继承人张某英在遗嘱中创设的居住权违反物权种类法定，应属无效，被告无此权利。二审法院认为：该房屋由被上诉人共同继承所有，但需保障上诉人王某生存期间对该房屋享有居住权。

评析：所有权人对自己的不动产或动产，依法享有占有、使用、收益和处分的权利。民法典第 371 条对以遗嘱的形式设立居住权进行了规定。但该案发生时，本法尚未颁布生效。在本案中，被继承人张某英有权以遗嘱的形式在自己所有的房屋上为上诉人王某设定居住权，王某所享有的居住权，即占有、使用的权利，为所有权的部分权利内容，自然是物权法所保护的对象。被继承人的遗嘱体现了对配偶王某的特别体恤与照顾，符合人伦常情。虽然该案发生时本法尚未颁布生效，但二审法院根据《物权法》《继承法》等法律的规定作出判决，与本章居住权相关规定的精神一致，是正确的。

---

① 马新彦. 居住权立法与继承编的制度创新. 清华法学，2018（2）.

② 审理法院：一审法院为云南省昆明市五华区人民法院，案号：（2018）云 0102 民初 5745 号；二审法院为云南省昆明市中级人民法院，案号：（2018）云 01 民终 7095 号。

第十五章　地役权

▶▶ **第三百七十二条**　地役权人有权按照合同约定，利用他人的不动产，以提高自己的不动产的效益。

前款所称他人的不动产为供役地，自己的不动产为需役地。

🏛 条文要义

本条是对地役权概念的规定。

1. 地役权的概念和特征

地役权，是指在他人的不动产之上设立的供自己的不动产便利使用，以提高自己的不动产效益的他物权。在地役权法律关系中，为自己不动产的便利而使用他人不动产的一方当事人称为地役权人，也叫需役地人；将自己的不动产提供给他人使用的一方当事人称为供役地人。因使用他人不动产而获得便利的不动产为需役地，为他人不动产的便利而供使用的不动产为供役地，即他人的不动产为供役地，自己的不动产为需役地。

为此，本条第 2 款特意规定："前款所称他人的不动产为供役地，自己的不动产为需役地。"地役权的产生，必须有两个不同权属的不动产存在。地役权关系的成立并不要求供役地和需役地必须相邻，即使在不相互毗连的不动产之间也可能设立地役权。

地役权的法律特征如下。

第一，地役权是存在于他人不动产上的他物权。地役权是在他人的不动产上设立的负担，性质是用益物权。地役权的标的首先是土地，其次是建筑物等其他不动产，动产不能设置地役权。

在罗马法中，地役权的标的是土地，一般不包括房屋。罗马法通行"土地吸收地上物"的原则，因此，使土地上的地役权自然及于土地上的建筑物和附属物。近代德国民法采纳这种规则。地役权是在他人的不动产之上设立的，因此，设定地役权的目的并不在于调节不动产的所有关系，而在于调节不动产的利用关系。其中所谓"他人的不动产"，既包括他人所有的不动产，也包括他人享有用益物权的不动产。

在我国，在他人所有的土地上设立地役权，主要是在国家所有的或者集体所有的土地上设立；更多的是在建设用地使用权、土地承包经营权、宅基地使用权等用益物权之上设立的地役权。如果不是利用他人的土地而只是利用他人的空间，则不必设立地役权，而是设立分层地上权来解决。

第二，地役权是利用他人不动产的用益物权。地役权包含的"利用"，在多数情况下是以供役地人的不作为为其内容，也不以需役地人实际占有他人的不动产为要件，而只是在他人的不动产上设置一定的负担。如果需要供役地承担积极的作为义务，则须当事人双方订立某项合同，使供役地人承担积极的作为义务，但此项约定不属于地役权的内容，而仅产生债的约束效力。对供役地的使用，其范围较为广泛，法律并没有严格的限制，由双方当事人通过约定来确定。只要双方约定的内容不违反法律的强制性规定，就应当尊重当事人的约定。

第三，地役权是为需役地的便利而设定的用益物权。设定地役权的目的是自己对不动产即需役地的便利，并不在于使用不动产的土地，因此，地役权就是为了自己不动产的使用提供便利，以增加自己不动产的效用。需役地的便利，包括在供役地上通行、取水、排水、铺设管线、眺望等，以及其他需要供役地人负容忍或者不作为义务的便利。便利的内容，既可以是有财产价值的利益，如通行地役权中的通行利益，也可以是非财产的利益，如眺望地役权的美观舒适利益；既可以是为需役地提供现实利用不动产的利益，也可以是为需役地提供将来利用不动产的利益；既可以是为需役地的直接便利，如设定通行地役权，也可以是为需役地的间接利益，如设定眺望地役权。

第四，地役权具有从属性和不可分性，须从属于需役地而存在。地役权的从属性包括以下两个方面的内容：其一，地役权不得与需役地分离而为让与，需役地人不得自己保留需役地的所有权（或者使用权）而仅将地役权让与他人；不得自己保留地役权而将需役地的所有权（或者使用权）让与他人；不得将需役地的所有权（或者使用权）和地役权分别让与不同的人。其二，地役权不得与需役地分离而为其他权利的标的，不能单独以地役权设定抵押或者予以出租等。

2. 地役权与相邻权的区别

地役权与相邻权的区别如下。

第一，权利性质的区别。相邻权不是一个独立的物权，地役权是一种独立的物权。

第二，权利的取得方式不同。相邻关系是法定的权利，不动产所有权人或者占有人因相邻而依照法律的规定取得；地役权是约定的权利，当事人须经过约定而设定这种权利。相邻关系的成立无须特定的公示方式。地役权尽管是在合同生效时取得，但须经过登记才能取得对抗第三人的效力。

第三，权利的内容不同。相邻关系的一方有权对相邻的另一方提出提供便利的最低要求；而地役权设定并非是为了满足不动产权利行使过程中的最低要求，而是为了使自己的权利更好地得到行使。

第四，对不动产是否相邻的要求不同。相邻关系依法发生在相互毗邻的不动产权利人或者合法占有人之间，而地役权则既可以发生在相邻的两块不动产权利人或者合法占有人之间，也可以发生在不相邻的不动产权利人合法占有人之间。

第五，权利的有偿性和期限限制不同。相邻权是无偿的、无固定期限的；地役权一般是有偿的、有固定期限限制的。

3. 地役权的基本内容

地役权的基本内容是，地役权人有权按照合同约定，利用供役地人的土地或者建筑物，以提高自己的需役地即土地或者建筑物的效益。

案例评析

殷某与任某等地役权纠纷案[①]

案情： 殷某系龙口市某村村民，在本村有承包地一处。因龙口市某某建材有限公司改电线，需要占用殷某的部分承包地，经协商，殷某与某某建材有限公司的登记监事任某签订占地合同一份。合同签订后，任某按约定支付部分补偿费用后拒绝按约定继续给付相应款项，亦未停止占用原告殷某的土地。殷某向法院提起诉讼。法院认为：原告殷某依约履行了相关义务，故应享有每年获得相应补偿费的合同权利，任某应当履行给付义务。但没有证据表明任某系代某某建材有限公司签订涉案合同的，不应由某某建材有限公司承担合同义务。

评析： 地役权是指土地上的权利人为了自己使用土地的方便或者土地利用价值的提高，通过约定而得以利用他人土地的一种定限物权。地役权制度是大陆法系和英美法系国家所共采的一种独立的用益物权制度。民法典第 372 条延续了《物权法》第 156 条的规定。根据本条规定，地役权人有权按照合同约定，利用他人的不动产，以提高自己的不动产的效益。但是，地役权人按照合同约定享有地役权的同时，也必须按照合同约定向供役地方支付相应的费用。本案中，被告任某与原告殷某签订占地合同，占用了被上诉人部分田地，每年给付补偿费，该约定是双方当事人真实意思表示，且不违反有关法律、法规之规定，应认定合法有效，双方当事人均应严格遵守履行。

> ▶▶ 第三百七十三条　设立地役权，当事人应当采用书面形式订立地役权合同。地役权合同一般包括下列条款：

[①]　审理法院：一审法院为山东省龙口市人民法院，案号：（2015）龙北民初 461 号；二审法院为山东省烟台市中级人民法院，案号：（2017）鲁 06 民终 4646 号。

（一）当事人的姓名或者名称和住所；

（二）供役地和需役地的位置；

（三）利用目的和方法；

（四）地役权期限；

（五）费用及其支付方式；

（六）解决争议的方法。

条文要义

本条是对取得地役权的规定。

地役权的约定取得，也叫地役权基于法律行为取得，即当事人之间以地役权设定合同来设定地役权。设立地役权的法律行为是要式行为，当事人应当采取书面形式订立地役权合同。

设定地役权的原则是，应当以对供役地损害最小的方法为之，且不得违背公共秩序与善良风俗。当事人设定以禁止袋地通行为内容的地役权，或设定容忍权利滥用的地役权，都不符合公序良俗原则，不具有法律效力。

当事人设定地役权的合同一般包括下列条款：（1）当事人的姓名或者名称和住所，当事人可以是土地所有人、建设用地使用权人、宅基地使用权人和土地承包经营权人；（2）供役地和需役地的位置，标明供役地和需役地的方位、四至以及面积等；（3）利用目的和方法，是为了通行、取水、排水、铺设管线等，以及利用供役地的具体方法；（4）地役权期限，明确约定地役权的起止时间；（5）费用及其支付方式；（6）解决争议的方法。当事人应当按照上述要求订立地役权合同，内容可以适当增减，但基本内容应当完整。

案例评析

德阳市富民技校[*]**与中江县金仓化工原料有限公司**[**]**排除妨害纠纷上诉案**[①]

案情： 富民技校在修建新校区时占用了金仓化工公司输卤管道所占用的土地。双方在消除危险纠纷的诉讼中，经政府协调，富民技校致函金仓化工公司，内容为："中江县金仓化工原料有限公司：因我校扩建，将你司的输卤管道掩埋于新场地下，经政府协调，我校同意你司管道迁改至新旧校区之间的排水沟堡坎上（以支架支撑架设明管），并同意你司今后进入校内进行管道巡查和检修。"在政府给付改迁费用

---

[*] 以下简称"富民技校"。

[**] 以下简称"金仓化工公司"。

[①] 审理法院：一审法院为四川省中江县人民法院，案号：（2017）川 0623 民初 1590 号；二审法院为四川省德阳市中级人民法院，案号：（2017）川 06 民终 1575 号。

后，因双方达成和解，金仓化工公司撤诉。此后，金仓化工公司在巡查时发现富民技校在其输卤管道上覆盖预制板并浇筑混凝土等永久性构筑物。金仓化工公司认为富民技校的行为将导致金仓化工公司无法正常管理、使用输卤管道，遂再次向一审法院提起诉讼。一审法院认为金仓化工公司的诉讼请求成立，应予支持。二审法院维持原判。

评析：民法典第 373 条延续了《物权法》第 157 条的规定。当事人设定地役权的合同一般包括：第一，当事人的姓名或者名称和住所；第二，供役地和需役地的位置；第三，利用目的和方法；第四，地役权期限；第五，费用及其支付方式；第六，解决争议的方法。当事人应当按照上述要求订立地役权合同，内容可以适当增减，但基本内容应当完整。本案中函件本身采用的就是书面形式，而且当事人的名称、住所、利用目的和方法是明确的；虽然地役权期限和付费方法在该公函中没有明确，但是从事情的缘由看，富民技校提供给金仓化工公司土地供其使用，是因为之前建设新校区时占用了金仓化工公司享有土地使用权的土地，故金仓化工公司是付出了对价的，应视为富民技校同意金仓化工公司在土地使用期限内无偿利用该部分土地。双方均应按设定地役权的协议履行。因此，法院作出了支持金仓化工公司的判决。

▶▶ **第三百七十四条** 地役权自地役权合同生效时设立。当事人要求登记的，可以向登记机构申请地役权登记；未经登记，不得对抗善意第三人。

🏛 条文要义

本条是对地役权生效时间与地役权登记的规定。

地役权登记，法律规定为登记对抗主义，因而地役权自地役权合同生效时设立，而不是登记生效。地役权设立后，可以登记也可以不登记。当事人要求登记的，可以向登记机构申请地役权登记，确认地役权；地役权未经登记的，不得对抗善意第三人。当事人在订立地役权合同时，应当斟酌情事，决定对地役权是否进行登记。

案例评析

张某等与永城市恒丰贸易公司淮海商厦* 地役权纠纷上诉案①

案情：建行永城支行与张某签订合同，向其出售一房屋及一过道的永久使用权，并约定另一过道由双方共同使用。张某取得该房屋所有权证，房产证附栏记载有约

---

* 以下简称"淮海商厦"。
① 审理法院：一审法院为河南省永城市人民法院，案号：（2017）豫 1481 民初 2018 号；二审法院为河南省商丘市中级人民法院，案号：（2017）豫 14 民终 3571 号。

定中的关于过道使用的内容。此后该房屋所属楼房过户于淮海商厦，"过道"亦在此产权范围内，产权证书中没有关于"过道"的记载和说明。自此，张某与淮海商厦因该"过道"的使用产生纠纷，遂诉至法院。经查，该楼房及张某购买的房屋，原为某某饮食服务公司所有，该公司分别在楼房东端和南端各留一通道。此后，淮海商厦就该楼房与某某饮食服务公司签订房屋租赁合同，后某某饮食服务公司以抵债方式将此楼房过户给建行永城支行。法院认为：张某与建行永城支行关于过道的地役权的约定有效，但不能对抗淮海商厦对涉案房产取得的完整物权，张某可依法向责任方主张赔偿。

评析： 地役权是指不动产权利人按照合同约定利用他人不动产，以提高自己的不动产的效益的权利。地役权自地役权合同生效时设立。当事人要求登记的，可以向登记机构申请地役权登记；未经登记，不得对抗善意第三人。民法典第 374 条延续了《物权法》第 158 条的规定。本案中，张某与建行永城支行就过道使用的规定实质上属于对地役权的约定，建行永城支行出售涉案楼房时，并未声明张某对该"过道"享有地役权（通行权），淮海商厦颁发的产权证书中，亦没有关于"过道"的记载和说明，基于淮海商厦对涉案房产取得完整物权，张某对该"过道"享有的地役权行使不能。张某虽然享有地役权，但由于该地役权没有登记，不得对抗某某商厦，因此法院作出上述判决。

> ▶▶ **第三百七十五条** 供役地权利人应当按照合同约定，允许地役权人利用其不动产，不得妨害地役权人行使权利。

🏛 条文要义

本条是对供役地人义务的规定。

供役地人的主要义务，是容忍土地上的负担和不作为义务，即在地役权的目的和范围内，允许地役权人利用其不动产，不得妨害地役权人行使权利。具体表现分为：（1）供役地人负有容忍土地上负担的义务，应当根据设定的地役权性质的不同，承担不同的义务，供役地人应主动放弃对自身土地部分使用的权利，甚至容忍他人对自己土地实施合同约定的某种程度上的干预和损害等。（2）不得妨碍地役权人正常行使权利，对地役权人正常行使权利实施干扰、干涉、破坏的，应当承担责任。

此外，供役地人相应的权利和义务还包括：（1）附属设施使用权及费用分担义务。对于在供役地上所设的附属设施，供役地人在不影响地役权行使的范围内，有权对其加以利用。如地役权人铺设的管道，在地役权人没有使用的情况下，或者已经使用但不妨害地役权人行使权利的情况下，供役地人有权进行利用，应当按其受益的比例，分担附属设施的保养维修费用。（2）变更使用场所及方法的请求权。在设定地役权时定有权利行使场所及方法的，供役地人也可以提出变更。变更的条件是，如变更该场所及方法对地役权人并无不利，而对于供役地人有利的，则供役地人请求地役权人变更地役权的行使场所及方法，地役权人不得拒绝。因此支出的费用，由供役地人负担。（3）费用及其调整请求权。有偿地役权，供役地人依约享有请求地役权人按期支付费用的权利。如果地役权人不按期支付费用，则应承担违约责任。地役权人长期拖欠费用的，供役地人可依法终止地役权合同。无偿地役权，如果由于土地所有人就土地的负担增加，非当时所能预料，以及依原约定显失公平的，供役地人有权请求酌定地租；地役权设定后，如果土地价值上升，依原定地租给付显失公平的，供役地人也可以请求予以增加。

案例评析

李某某诉廖某某等地役权纠纷案①

案情： 原告李某某为方便运送木材，需从被告廖某某家庭承包经营的土地上经过，双方达成《修公路协议》，约定李某某修建一段公路，保证汽车正常运行，路权归李某某所有，并对占用廖某某包产地和林地进行补偿。此后，原告先后几次支付补偿款给被告。原告使用该土地至2013年，于2016年5月恢复占用被告包产地修路，被告予以阻止，原告诉至法院。在审理过程中，原告愿意按年继续支付使用费。法院认为：原、被告签订的《修公路协议》未约定地役权的期限，原告应当在利用被告土地的同时对被告进行经济补偿，并判决被告停止妨碍原告对其权利的行使。

评析： 民法典第375条延续了《物权法》第159条的规定。本案中，原告为使自己承包经营林地内的木材能够运输出来，提高其林地的经济效益，使用被告廖某某家庭承包经营的土地，被告廖某某作为农村土地承包合同载明的承包人，有权代表被告家庭与原告签订《修公路协议》，被告廖某1虽然未直接与原告签订《修公路协议》，但原告实际向被告廖某1支付了相关费用，应视为认可原告与被告廖某某签订的《修公路协议》。被告作为供役地人，不得违反设定地役权的约定而妨碍原告行使地役权。因此，法院作出上述判决是正确的。

> ▶▶ **第三百七十六条** 地役权人应当按照合同约定的利用目的和方法利用供役地，尽量减少对供役地权利人物权的限制。

条文要义

本条是对地役权人权利义务的规定。地役权人在享有地役权的同时，也应当履

---

① 审理法院：四川省北川羌族自治县人民法院，案号：（2017）川 0726 民初 677 号。

行相应的义务。地役权人的义务主要有两个方面：一方面，地役权人应当按照合同约定的利用目的和方法利用供役地；另一方面，地役权人行使地役权应尽量减少对供役地权利人物权的限制。

首先，地役权人应当按照合同约定的利用目的和方法利用供役地。地役权人行使地役权不能超过合同约定的利用目的和方法。例如，如果约定的利用目的是从供役地通行，地役权人就不能超过该目的而从事其他行为；如果约定的利用方法是步行通过供役地，则地役权人就不能驾驶大型农用车经过供役地。

其次，地役权人行使地役权应尽量减少对供役地权利人物权的限制。虽然地役权设立的目的是使需役地人通过利用供役地人的不动产提高自己不动产的效益，但需役地人在行使地役权时应尽量减少对供役地权利人物权的限制，如对供役地造成不必要的损害的，则应当承担恢复原状或赔偿的责任。

该条旨在通过规定需役地人的义务，尽可能地实现地役权人与供役地人之间的利益平衡。

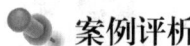 **案例评析**

唐某某与湖南怀化公路运输公司*五强溪分公司排除妨害纠纷案①

案情：怀运集团从五强溪东亚实业开发公司以转让的方式获得一地块并办理了国有土地使用证。此后，怀运集团经过登记的下属机构即怀运集团五强溪分公司取得了该宗地上的房屋所有权。怀运集团五强溪分公司（甲方）与唐某某（乙方）签订协议书，约定：甲方从甲方征地红线图内划出宽（以乙方房屋前水泥柱子为准）5米的土地给乙方做通道永久无偿使用。后唐某某开始在该通道修建永久性建筑，怀运集团五强溪分公司多次劝阻无果。遂提起本案诉讼。法院认为：怀运集团五强溪分公司主张要求唐某某立即停止侵害，拆除违法建筑，恢复原状，于法有据，法院予以支持。

评析：依据本条规定，地役权人应当按照合同约定的利用目的和方法利用供役地。该条延续了《物权法》第160条的规定。本案唐某某为了自家房屋通行方便，与怀运集团五强溪分公司通过自愿协商所达成的协议书，其性质是唐某某（地役权人）在怀运集团五强溪分公司（供役地权利人）的土地使用权范围内设定了地役权。法院根据《物权法》第160条"地役权人应当按照合同约定的利用目的和方法利用供役地，尽量减少对供役地权利人物权的限制"之规定，判定唐某某在约定土地上修建永久性建筑，违反了合同约定的利用目的和方法，因此对于怀运集团五强溪分

---

　　*　以下简称"怀运集团"。

　　①　审理法院：一审法院为湖南省沅陵县人民法院，案号：（2015）沅民一初752号；二审法院为湖南省怀化市中级人民法院，案号：（2016）湘12民终1605号。

公司要求唐某某立即停止侵害，拆除违法建筑，恢复原状的主张予以支持。

▶▶ **第三百七十七条** 地役权期限由当事人约定；但是，不得超过土地承包经营权、建设用地使用权等用益物权的剩余期限。

🏛 条文要义

本条是对地役权期限的规定。

地役权的期限的确定方法，由当事人约定，当事人没有约定或者约定不明确的，应当进行补充协议，按照补充协议的约定确定期限。但是，如果供役地或者需役地上是土地承包经营权或者建设用地使用权，则不论是约定地役权的期限，还是补充协议约定地役权的期限，该期限都不得超过该土地承包经营权和建设用地使用权的剩余期限。供役地和需役地所剩余的期限不同的，应当按照最短的剩余期限确定地役权的期限。如果供役地和需役地上是土地所有权或者宅基地使用权，尽管这两种土地权利不具有期限，但是在设定地役权时，不得约定为永久期限，而应当约定地役权的期限。

🎯 案例评析

安达市汇龙房地产开发有限公司与丁某某、胡某某建设用地使用权转让合同纠纷案①

案情： 被告丁某某在未取得土地使用权的院内，种植了果树，修建了车棚等设施。原告安达市汇龙房地产开发有限公司为承建购物中心项目工程，经挂牌出让取得土地使用权。被告种植的果树、修建的车棚等设施均在原告取得的土地使用范围内。此后原、被告就涉案区域的使用发生争议，经调解，双方达成协议约定部分公共区域双方可永久免费使用。而后，原告按照当地规划局出具的规划图建造停车场出入口时，因出入口凸出的部分在楼房主体之间 39.8 米之内，违反了前述协议约定，被告认为原告不履行合同，便组织员工采取暴力手段阻拦施工，后经公安机关处理，诉至法院。法院认为：双方关于地役权的协议有效，但原告系按照规划建设，不应拆除已建成的停车场出入口，也无须向被告支付违约金。

评析： 根据民法典第 377 条的规定，我国法律允许当事人根据真实的意思表示就地役权达成协议，签订合同，但约定的地役权使用期限不得超过土地使用权期限，超过部分无效，而超过部分无效并不当然意味着合同的无效。该条延续了《物权法》

---

① 审理法院：一审法院为黑龙江省安达市人民法院，案号：（2014）安民一初 30 号；二审法院为黑龙江省绥化市中级人民法院，案号：（2014）绥中法民一民终 310 号。

第 161 条的规定。在本案中，原告与被告就争议的部分土地达成地役权协议，系双方真实的意思表示。其中约定"甲、乙双方之间区域属于公共用地，双方均可永久性免费使用"，依据《物权法》第 161 条"地役权的期限由当事人约定，但不得超过土地承包经营权、建设用地使用权等用益物权的剩余期限"的规定，而被告土地使用期限为 40 年，因此超过法定年限部分应为无效，但不影响合同其他内容的效力。

▶▶ **第三百七十八条**　土地所有权人享有地役权或者负担地役权的，设立土地承包经营权、宅基地使用权等用益物权时，该用益物权人继续享有或者负担已经设立的地役权。

🏛 条文要义

本条是关于地役权法定取得的规定。与《物权法》第 162 条的规定相比，本条规定新增了"等用益物权"，扩大了地役权法定取得的范围，即土地所有权人享有或者负担的地役权，新设立用益物权的权利人相应地继续享有或负担地役权，包括但不限于土地承包经营权人、宅基地使用权人。

就权利人所有的土地上，原来既存的地役权权利或者负担，当在该土地上设立土地承包经营权、宅基地使用权时，该用益物权的权利人对于既存的土地使用设施有继续使用的必要时，则继续享有或者负担以使用该设施为内容的地役权。换言之，在国有或集体所有的土地上，如果已经存在供整宗土地使用的设施，如引水设施、道路设施等，再就该土地的一部分设立土地承包经营权、宅基地使用权等用益物权，而权利人又有继续使用这些设施的必要的，则用益物权的权利人依法继续享有或者负担既存设施的地役权。

🎯 案例评析

北京某某公司诉北京后石门村经济合作社农村土地承包合同案①

案情： 北京后石门村经济合作社（甲方）将集体所有的荒山承包给北京某某公司（乙方）开发经营。后甲方承诺：从公路边至租赁地为止的路为公用路段，不属于任何人的承包地，路宽不小于 5 米，不允许任何人侵占、阻断。乙方保留因公用道路被阻而向责任方提出经济赔偿要求的权利。此后后石门村经济合作社将集体所有的荒山租赁给第三人王某某开发经营。王某某在其承包土地边缘修砌石墙。北京某某公司遂起诉至法院，请求：（1）被告支付违约金 20 000 元；（2）被告立即停止对公用道路的侵占，恢复 5 米路宽，并赔偿原告因道路被侵占而遭受的损失 10 000

---

① 审理法院：北京市第二中级人民法院，案号：（2015）二中民（商）终 7992 号。

元。一审法院认为：原告享有地役权，被告需履行义务，确保原告行使进山道路的地役权。二审法院维持了一审判决。

评析：依据民法典第378条的规定，如果土地所有权人在土地上设立地役权负担，又在该土地上设立土地承包经营权、宅基地使用权等用益物权，该用益物权人须继续负担已设立的地役权。该条延续了《物权法》第162条的规定。本案中，被告承诺为保证原告进山路线畅通，从公路边至原告租赁地为止的路为公用路段，路宽不小于5米，该公用道路不属于原告承包地范围，被告以自己的不动产为原告设定地役权，原告有权利用该公用道路提高自己所承包土地的效益。后被告又将该设定地役权的土地承包给第三人王某某。根据上述规定，第三人王某某须继续负担被告先前已经设立的地役权，因此法院判决被告给付原告违约金，并恢复进山公用道路5米路宽，第三人王某某协助被告拆除在进山道路上所砌石墙。

> ▶▶ **第三百七十九条**　土地上已经设立土地承包经营权、建设用地使用权、宅基地使用权等用益物权的，未经用益物权人同意，土地所有权人不得设立地役权。

🏛 条文要义

本条是关于已有其他用益物权之土地地役权的设立规则。根据该条规定，已经设立用益物权的土地所有人不得设立地役权。

与《物权法》第163条规定相比，本条规定将"权利"修改为"用益物权"，用语更为准确。这是因为，只有土地承包经营权、建设用地使用权、宅基地使用权等用益物权会和地役权发生权利冲突，担保物权等不会和地役权发生权利冲突。因此，只有已经设立了用益物权，后设立地役权时才需要严格的限制。

设立地役权的人，可以是不动产的所有权人，如集体土地所有权人或建筑物、构筑物及其附属设施的所有权人；也可以是不动产的使用权人，如土地承包经营权人、建设用地使用权人、宅基地使用权人。[①] 除了本法前条规定的情形之外，即权利人所有的土地已经设立地役权，又设定用益物权的，用益物权人应当继续享有或者负担地役权。但是，在他人所有的土地上已设立了土地承包经营权、建设用地使用权、宅基地使用权等权利的，设定地役权的权利属于用益物权人。因此，未经用益物权人同意，土地所有权人不得在该土地上设立地役权，即只有经过用益物权人同意的，土地所有权人才可以设立地役权。

这一规定的目的在于保护用益物权人的合法权益。在未经过用益物权人同意的情况下，土地所有权人不能将已经设立上述用益物权的土地，再设立地役权，即只

---

① 胡康生.中华人民共和国物权法释义.北京：法律出版社，2007：346.

有经过用益物权人同意，土地所有权人才可以设立地役权。

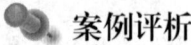 案例评析

隋某山与沈某桂排除妨害纠纷案①

案情：被告沈某桂与某某村经济联合社签订四荒使用权拍卖合同，将100亩荒山拍卖给沈某桂使用。此后被告修建60余亩山地苗圃，浇苗木的水管经过后树林子地，当时后树林子地由村委会管理使用。后村委会与原告隋某山签订后树林子地《承包山林合同》，原告隋某山取得了后树林子地的50年承包经营权。由于被告引水的水管埋于后树林子地底下，原告认为对于其林地有影响，双方为此而产生纠纷，遂诉至法院。法院一审驳回了原告的诉讼请求。隋某山不服提出上诉。二审法院认为：隋某山的上诉请求部分成立，予以支持。

评析：本案的焦点在于村委会是否在隋某山承包的林地上为沈某桂设定了地役权。一审法院认为，沈某桂埋设水管子的使用权在先，原告隋某山取得林地的使用权在后，且在庭审中原告并没有出具证据证明被告埋设的水管对于原告造成妨碍，此水管又为被告经营的苗圃取水所必须使用，因此驳回原告诉讼请求。二审法院则认为，沈某桂引水管线虽然先取得土地使用权，并经村同意使用村土地埋设管线并使用至今，但在村委会在转移不动产使用权给隋某山时，并未设立地役权，也没约定地役权的转让，所以沈某桂不享有地役权。土地所有权人设定了诸如土地承包经营权、建设用地使用权、宅基地使用权等用益物权后，就不能再以该土地设定地役权。村委会即使现在同意沈某桂使用该不动产土地的通行权，也没有法律依据。因此，二审法院依据《物权法》的相关规定支持隋某山请求沈某桂将引水管道移走并恢复原状的主张。

> ▶▶ **第三百八十条** 地役权不得单独转让。土地承包经营权、建设用地使用权等转让的，地役权一并转让，但是合同另有约定的除外。

🏛 条文要义

本条是对地役权不得单独转让的规定。

地役权不得单独转让，是因为地役权依附于特定的土地，该土地的权属没有转让，地役权无法转让。建设用地使用权人、土地承包经营权人、宅基地使用权人将其权利转让，受让人对于既存的供土地使用的地役权设施有继续使用的必要时，则

---

① 审理法院：一审法院为河北省丰宁满族自治县人民法院，案号：（2017）冀0826民初2216号；二审法院为河北省承德市中级人民法院，案号：（2017）冀08民终3919号。

取得以使用该设施为内容的地役权。故地役权只能跟随用益物权的转让而转让，即需役地以及需役地上的土地承包经营权、建设用地使用权转让时，涉及地役权的，受让人同时取得地役权；供役地以及供役地上的土地承包经营权、建设用地使用权转让时，转让涉及地役权的，地役权对受让人具有约束力。

案例评析

黄某某与李某某、苏某某地役权纠纷案[①]

案情： 2016 年，黄某某购买了李某 1 名下位于泾县桃花潭镇桃花渡村的山场，并于 2017 年取得了林权证。2018 年李某某、苏某某以山场道路占用其家 0.2 亩耕田没有支付补偿为由，将道路两侧用锄头挖坑阻碍黄某某外运采伐的树木，黄某某诉至法院。另查明，黄某某购买的山场原系李某 1 名下，山场的道路是李某 1 于 2004 年度修建，李某 1 与李某某于 2004 年达成了《关于林区干道占用耕田的补偿协议》，由李某 1 一次性补偿李某某被占 0.2 亩耕田 1 000 元。法院审理认为，李某 1 与李某某在李某 1 经营山场期间已达成了《关于林区干道占用耕田的补偿协议》，李某 1 即取得了案涉道路的通行权，而黄某某购买了李某 1 名下的山场，李某 1 原来经营山场的权利与义务均转移给黄某某，包括案涉道路的通行权，遂判决被告李某某、苏某某于本判决生效后停止阻碍黄某某对案涉道路的通行权。

评析： 依据民法典第 380 条的规定，土地承包经营权、建设用地使用权等转让的，地役权一并转让，但是合同另有约定的除外。本条沿袭了《物权法》第 164 条的规定。本案中，李某 1 与李某某于 2004 年就涉案山场达成了补偿协议。据此，李某 1 取得对涉案土地的地役权。2016 年，黄某某又从李某 1 处取得该山场，并于 2017 年领取了林权证。因此，李某 1 的地役权随着山场林地使用权的转移而转移到黄某某。李某某、苏某某将道路两侧用锄头挖坑阻碍黄某某外运采伐的树木的行为侵犯了黄某某的地役权。因此，法院判决被告李某某、苏某某停止其妨碍行为。

> ▶▶ **第三百八十一条**　地役权不得单独抵押。土地经营权、建设用地使用权等抵押的，在实现抵押权时，地役权一并转让。

条文要义

本条是对地役权不得单独抵押的规定。与《物权法》第 165 条规定相比，本条规定将土地承包经营权的抵押修改为土地经营权的抵押。

地役权不得单独抵押，是因为地役权依附于特定的土地，该土地的权属没有设

---

① 审理法院：安徽省泾县人民法院，案号：（2018）皖 1823 民初 659 号。

置抵押，地役权也就无法设置抵押，地役权设置抵押也没有实际价值。地役权具有从属性，其虽然是一种独立的用益物权，但必须从属于需役地而存在，不得与需役地分离而为其他权利的标的，不能单独以地役权设定抵押或者予以出租等。当建设用地使用权人、土地经营权人将其权利设置抵押，债权人对于既存的地役权等于同时设置了抵押。不过，地役权随用益物权抵押后，并不影响地役权的作用。只有在实现抵押权时，拍卖抵押物而转让抵押物的权属的，地役权随之一并转让，为受让人一并享有，供役地人向新的权利人负担义务。

本条规定的变化是将土地承包经营权的抵押修改为土地经营权的抵押。《物权法》第 165 条的后半句规定："土地承包经营权、建设用地使用权等抵押的，在实现抵押权时，地役权一并转让。"农村土地三权分置改革后，农村土地承包经营权只能通过互换、转让的方式流转，土地经营权则承担起了抵押担保功能。本条规定便将土地承包经营权的抵押修改为土地经营权的抵押。据此，当土地经营权实现抵押时，地役权也一并转让。

案例评析

刘某堂等诉谷某来等侵权责任纠纷案[①]

案情：原告刘某堂、周某群、刘某峰、刘某东、刘某胖作为村北浇地部分代表与被告谷某来签订协议书一份，约定浇地部分代表投资在谷某来旧宅基上打井，水井使用权永远归浇地方，谷某来可无偿使用。原告方并支付了约定的占地补贴款。此后谷某来与李某章签订协议转让上述旧宅基，前述水井的使用权一并转移给了李某章，并注明原告仍可以按照协议使用水井。后李某章在宅基上开始施工，原告以施工影响其对水井的正常使用为由将谷某来、李某章诉至法院。法院认为：原告对水井的使用并未受到李某章施工的影响，故对其主张不予支持。

评析：地役权具有从属性和不可分性，须从属于需役地而存在。地役权不得与需役地分离而为让与，地役权不得与需役地分离而为其他权利的标的，不能单独以地役权设定抵押或者予以出租等。依据民法典第 381 条的规定，地役权不得单独抵押；土地经营权、建设用地使用权等抵押的，在实现抵押权时，地役权一并转让。

本案中，法院判决认为被告谷某来将其宅基地使用权转让给被告李某章，故该旧宅基地上的地役权一并转让给被告李某章，该地役权对受让人被告李某章具有约束力，被告李某章亦应按照合同约定，允许原告继续利用该旧宅基地，不得妨害原告使用水井的权利。虽然本案不是地役权单独抵押的情形，但本案中法院判决地役权不得单独转让与该条地役权不得单独抵押的精神是一致的，都是地役权从属性和不可分性的体现。

---

① 审理法院：河北省灵寿县人民法院，案号：（2017）冀 0126 民初 327 号。

▶▶**第三百八十二条**　需役地以及需役地上的土地承包经营权、建设用地使用权等部分转让时，转让部分涉及地役权的，受让人同时享有地役权。

🏛 条文要义

本条是对需役地部分转让效果的规定。

地役权的基本属性是依附于不动产而存在的用益物权，其所附属的需役地的权属进行转让，必然涉及附着于需役地上的地役权的命运。本条规定，需役地以及需役地上的土地承包经营权、建设用地使用权等部分转让时，转让部分涉及地役权的，受让人在取得这些物权的同时，也取得该地役权，即地役权随之转让。

🎑 案例评析

马某明与丁某、马某映相邻通行纠纷案①

案情：原告马某明等三人与第四合作社签订《宅基地转让契约》，约定受让当地某宅基地。马某明等取得宅基地后将宅基地分为四份，三人各占一份，剩余部分辗转转让给了李某森。后其余两人将宅基地上自己占有的使用权转让给了范某有。李某森与原告马某明签订协议，约定马某明需在门前留出一条宽4米的通道供李某森人车通行，且无论房屋产权如何变动，都应遵循此协议。数年后，李某森与丁某、马某映签订房屋买卖协议出让上述房屋，但未办理房屋过户及土地使用权变更相关手续，该宗土地及房屋即为二被告使用至今。此后因道路通行问题马某明将丁某、马某映诉至法院。法院认为：二被告作为该需役地的实际使用人，应当享有与第三人李某森同等的通行权利，驳回了原告马某明的诉讼请求。

评析：依据民法典第382条的规定，需役地以及需役地上的土地承包经营权、建设用地使用权等部分转让时，转让部分涉及地役权的，受让人同时享有地役权。本条沿袭了《物权法》第166条的规定。本案涉及的是宅基地使用权转让后，宅基地使用权受让人是否还享有先前设定的地役权的问题。在该案中，原告马某明、第三人李某森通过不同方式转让取得土地使用权，并各自办理了集体土地使用权证，原告马某明、第三人李某森对自己土地使用权证上登记的土地享有使用权利。原告马某明与第三人李某森在协议中关于通行权的约定，其实质为地役权条款，即原告马某明在其土地上为第三人李某森设立通行权利。

第三人李某森与二被告买卖房屋，虽未办理房屋过户登记及土地使用权证变更，但二被告现为该土地的实际使用人，应当享有与第三人李某森同等的通行权利。因此法院驳回了原告的诉讼请求。

---

① 审理法院：云南省华宁县人民法院，案号：（2015）华民一初418号。

▶▶ **第三百八十三条** 供役地以及供役地上的土地承包经营权、建设用地使用权等部分转让时，转让部分涉及地役权的，地役权对受让人具有法律约束力。

🏛 条文要义

本条是对供役地部分转让效果的规定。

地役权的基本属性是依附于不动产而存在的用益物权，地役权是为需役地的便利而存在于供役地之上的，必需及于供役地的全部，不能分割为数部分或仅为一部分而存在。此即地役权不得被分割为两个以上的权利，也不得使其一部分消灭。供役地为共有的，地役权由各共有人共同享有或共同负担，供役地被分割时，各分割部分仍承担原来的地役权。

当事人的供役地部分转让后，对于双方当事人的法律效果是：第一，权利人部分转让供役地以及供役地上的土地承包经营权、建设用地使用权等时，该权利属于受让人；第二，供役地上的负担亦随之一并转让，即转让的部分涉及地役权负担的，该地役权的负担一并转让给受让人，地役权的负担对受让人具有法律约束力。

🎯 案例评析

哈尔滨市道里区榆树镇新乡村村民委员会* 与哈尔滨汉德轻工医药装备有限责任公司** 恢复原状纠纷案[①]

案情：新乡村委会（甲方）将涉案土地出租给汉德公司（乙方）。马某某与新乡村委会签订果树地承包合同。后汉德公司与马某某签订补偿协议书，约定汉德公司一次性支付马某某补偿款 36 000 元，后土地使用权归汉德公司。合同签订后，汉德公司在马某某承包林地上开设道口以便人员出行。新乡村委会起诉请求汉德公司将其侵占的林地恢复原状。法院认为：汉德公司通过签订补偿协议书取得了案涉争议土地的地役权。供役地以及供役地上的土地承包经营权、建设用地使用权部分转让时，转让部分涉及地役权的，地役权对受让人具有约束力，新乡村委会主张其与马某某解除了承包合同并以此为由要求汉德公司返还争议土地恢复原状无事实及法律依据。

评析：根据民法典第 383 条的规定，供役地以及供役地上的土地承包经营权、建设用地使用权等部分转让时，转让部分涉及地役权的，地役权对受让人具有法律的约束力。该条延续了《物权法》第 167 条的规定。本案中，马某某通过与新乡村

---

* 以下简称"新乡村委会"。

** 以下简称"汉德公司"。

① 审理法院：一审法院为黑龙江省哈尔滨市道里区人民法院，案号：（2016）黑 0102 民初 6557 号；二审法院为黑龙江省哈尔滨市中级人民法院，案号：（2017）黑 01 民终 2905 号。

委会签订果树地承包合同取得了案涉土地的承包经营权，其后汉德公司与马某某签订了补偿协议书，该协议书符合物权法规定的地役权构成要件，并且马某某作为案涉土地的用益物权人有权与他人签订地役权合同，为他人设立地役权，因此该协议书实为地役权合同，汉德公司取得了案涉争议土地的地役权。依照上述规定，在案涉土地上已经设定地役权的情况下，即使案涉土地上土地使用权转让，涉及的地役权对受让人也具有约束力。原告新乡村委会主张其与马某某已经解除诉争林地承包合同，并据此要求汉德公司返还争议土地恢复原状是没有法律依据的。

> ▶▶ 第三百八十四条　地役权人有下列情形之一的，供役地权利人有权解除地役权合同，地役权消灭：
> （一）违反法律规定或者合同约定，滥用地役权；
> （二）有偿利用供役地，约定的付款期限届满后在合理期限内经两次催告未支付费用。

🏛 条文要义

本条规定了供役地权利人有权解除地役权合同的情形，以及地役权合同解除后会引起地役权消灭的法律后果。

在地役权设定以后，任何一方当事人都须遵守约定，尊重各自的权利，履行其义务，更不得擅自解除地役权关系。由于地役权人违反法律规定或者合同约定滥用地役权，或者有偿地役权在约定付款期间届满后在合理期限内经过两次催告未支付费用，供役地人有权解除地役权关系，地役权因解除而消灭。这种解除权是法定解除权，解除事由一经出现，供役地权利人就可以立即产生解除权。其行使解除权的方式是通知，通知一经到达需役地人，即发生解除地役权合同、地役权消灭的后果。

地役权消灭的原因，除本条规定的供役地权利人依法解除地役权合同以外，还包括约定的地役权期限届满、约定消灭地役权的事由出现、设定地役权目的的事实不能、地役权人抛弃地役权、土地征收等。

🏺 案例评析

杨某瑞诉蔚县鑫盛食品肉联总厂*合同纠纷案①

案情：食品肉联厂为解决通道问题与杨某瑞签订房屋转让协议书，约定杨某瑞

---

* 以下简称"食品肉联厂"。
① 审理法院：河北省蔚县人民法院，案号：（2016）冀0726民初694号。

将三间门脸房及楼北土地使用权转让给食品肉联厂使用以及支付相关费用。食品肉联厂支付约定款项后将上述三间门脸房及楼北土地改造成出入口通道。后食品肉联厂又将上述三间门脸房改造成的通道西侧部分地恢复建设成街面房，并对外出租。杨某瑞前来协商，要求食品肉联厂按照合同履行，未果。杨某瑞遂诉至法院，并主张自己是案涉三间门脸房所在地块的国有土地使用权人，且该地块土地使用权类型为"划拨"。但现有证据不能证明原告杨某瑞对该地块拥有相关的物权权利。法院认为：双方约定的地役权无效，判决食品肉联厂返还案涉土地。

评析：民法典第384条赋予了供役地权利人在两种情况下对地役权合同的法定解除权：地役权人违反法律规定或者合同约定，滥用地役权；地役权人在约定的付款期间届满后，在合理期限内经两次催告未支付费用。该条延续了《物权法》第168条的规定。

该案中，原、被告之间通过签订合同，约定被告食品肉联厂为便利通行以有偿方式使用案涉土地并意欲取得案涉土地地役权，该合同为有效合同，被告依据该合同取得了地役权。虽然被告通过合同取得了地役权，但其行使地役权不得违反法律规定或合同约定。案涉三间门脸房在为便利被告通行而改造成通道之后，被告又自行在该通道西侧建设门脸房一间并对外出租，属于上述违反合同约定滥用地役权之情形，原告作为供役地一方依法有权解除原、被告之间的地役权合同。

▶▶**第三百八十五条** 已经登记的地役权变更、转让或者消灭的，应当及时办理变更登记或者注销登记。

🏛 条文要义

本条是对登记地役权变更登记或注销登记的规定。

已登记的地役权由于某种原因发生变动时，应当将其变更、转让或者消灭的情形记载于不动产登记簿上，以防止纠纷的发生，这对于市场经济秩序的建立和维护具有十分重要的意义，地役权登记是保障交易安全的重要法律手段。

地役权登记，是指地役权人有权按照合同约定，利用他人的不动产，以提高自己不动产效益而进行的登记。在我国，地役权登记有两个意义：一是我国的地役权实行登记对抗主义，未经登记不得对抗第三人；二是地役权登记具有行政管理职能，国土资源行政管理部门对供役地完成登记，并将地役权情况载于土地登记簿，以便进行管理。

我国对地役权实行登记对抗主义，地役权的登记并非强制进行。但是地役权一经登记，在其后发生地役权变动的，就须进行相应的地役权变动登记。根据本条规定，已经登记的地役权发生变更、转让或者消灭的，包括随着供役地、需役地上的用益物权发生变动而发生的地役权变动，都应当及时办理变更登记或者注销登记，使其发生的变动具有公示性，产生公信力。

 **案例评析**

刘某某诉覃某权地役权纠纷案①

案情： 为方便车辆通行，原告刘某某与同组村民侯向某、覃某权、覃某柏、杨某、侯春某协商修建公路，并签订了协议书。2015年，被告覃某权修建自家门口的水泥稻场，原修建的部分道路也是被告覃某权稻场的一部分。被告覃某权在水沟中放置了长2.65米的木方，造成道路通行不畅。原告遂诉至法院，请求判令：被告排除妨碍，保障公路畅通；被告赔偿损失2 654元。法院认为：作为供役地权利人覃某权，应当按照协议约定，允许地役权人刘某某利用其土地，不得妨害地役权人行使权利。被告覃某权辩称，该协议没有进行地役权登记、没有生效。法院最终支持原告请求被告排除妨碍的主张。

评析： 民法典第385条规定，已经登记的地役权变更、转让或者消灭的，应当及时办理变更登记或者注销登记。该条延续了《物权法》第169条的规定。但同时要注意到，我国对地役权实行登记对抗主义，地役权的登记并非强制进行。该条规定的地役权变更登记或注销登记主要是出于行政管理的考虑，国土资源行政管理部门对供役地完成登记，并将地役权情况载于土地登记簿，以便进行管理。也就是说，如果已经登记的地役权变更、转让或者消灭的，即使当事人不办理变更登记或注销登记，也同样产生变更、转让或消灭的后果，但是不得产生不利于善意第三人的后果。

本案中，被告覃某权辩称，地役权协议没有进行地役权登记、没有生效，实质上是混淆了合同生效与物权登记的关系，也误解了地役权登记的效力。该案虽然不涉及地役权变更登记或注销登记，但与地役权登记对抗主义的法律精神是一致的。

---

① 审理法院：湖北省长阳土家族自治县人民法院，案号：（2016）鄂0528民初254号。

第四分编　担保物权

第十六章 一般规定

> ▶▶第三百八十六条 担保物权人在债务人不履行到期债务或者发生当事人约定的实现担保物权的情形，依法享有就担保财产优先受偿的权利，但是法律另有规定的除外。

🏛 条文要义

本条是对担保物权概念的规定。

担保物权，是指债权人所享有的为确保债权实现，在债务人或者第三人所有的物或者权利之上设定的，就债务人不履行到期债务或者发生当事人约定的实现担保物权的情形，优先受偿的他物权。担保物权的基本性质仍属对担保物的支配权，而不是请求权；担保物权所具有的优先受偿性，是基于物权的排他效力产生的，是对物权而不是对人权；尽管担保物权也以权利作为其客体，但担保物权是价值权，而非实体权，仍属物权范畴。因此，担保物权的基本属性仍是物权。

担保物权的特征有：（1）担保物权以担保债权的实现为目的；（2）担保物权的标的是债务人或第三人所有的特定动产、不动产或其他财产权利；（3）担保物权限制了担保人对担保标的物的处分权；（4）债权人享有对担保标的物的换价权；（5）担保物权能够担保其所担保的债权享有优先受偿权。

担保物权的法律属性是：（1）从属性。担保物权必须从属于债权而存在。（2）不可分性。被担保的债权在未受全部清偿前，担保物权人可以就担保物的全部行使权利。（3）物上代位性。担保物因灭失、毁损而获得赔偿金、补偿金或保险金的，该赔偿金、补偿金或保险金成为担保物的代位物，权利人有权就其行使担保物权。

担保物权的法律关系中：（1）担保人。担保人可能是以自己财产为自己的债务提供担保的债务人，也可能是以自己的财产为别人的债务提供担保的物上担保人。（2）担保财产。担保财产是特定的动产或不动产。（3）债权人。债权人是担保物权法律关系中的担保物权人。

法律对担保物权的效力另有规定的，依照其规定确定具体规则。

目 配套司法解释

最高人民法院关于适用《中华人民共和国民法典》有关担保制度的解释

第四条　有下列情形之一，当事人将担保物权登记在他人名下，债务人不履行到期债务或者发生当事人约定的实现担保物权的情形，债权人或者其受托人主张就该财产优先受偿的，人民法院依法予以支持：

（一）为债券持有人提供的担保物权登记在债券受托管理人名下；

（二）为委托贷款人提供的担保物权登记在受托人名下；

（三）担保人知道债权人与他人之间存在委托关系的其他情形。

第二十三条　人民法院受理债务人破产案件，债权人在破产程序中申报债权后又向人民法院提起诉讼，请求担保人承担担保责任的，人民法院依法予以支持。

担保人清偿债权人的全部债权后，可以代替债权人在破产程序中受偿；在债权人的债权未获全部清偿前，担保人不得代替债权人在破产程序中受偿，但是有权就债权人通过破产分配和实现担保债权等方式获得清偿总额中超出债权的部分，在其承担担保责任的范围内请求债权人返还。

债权人在债务人破产程序中未获全部清偿，请求担保人继续承担担保责任的，人民法院应予支持；担保人承担担保责任后，向和解协议或者重整计划执行完毕后的债务人追偿的，人民法院不予支持。

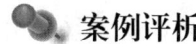 **案例评析**

安徽金寨农村商业银行股份有限公司[*]
与金寨县德宇科技开发有限公司^{**}借款合同纠纷案[①]

案情： 原、被告签订借款合同约定：被告德宇公司向原告金寨农商银行借款 900 万元，被告用其所有使用的房地产作抵押担保，并办理了他项权证。后被告付部分利息，本金分文未付。因此原告请求法院依法判令：被告偿还借款本金 900 万元，支付欠下利息及罚息至还清为止，并拍卖抵押物优先受偿。法院认为：被告未能按合同约定履行还款义务，应承担还本付息及违约责任。根据双方约定的借款年利率和逾期罚款利率，合并执行年利率是 15.350 4%，该约定不违反法律强制性规定，应予准许。双方在借款时，被告自愿用其所有使用的房地产作抵押担保，并办理了他项权证，原告诉请对该抵押物享优先受偿权，应予支持。

评析： 设立担保物权的根本宗旨在于担保债权的实现。按照"担保物权所担保债权必须特定"原则的要求，在担保物权设定或实行之前，必须有需要被担保的合

---

 * 以下简称"金寨农商银行"。

 ** 以下简称"德宇公司"。

 ① 审理法院：安徽省六安市中级人民法院，案号：（2015）六民二初 196 号。

法债权的存在。由此，担保物权最基础的法律属性是从属性。担保物权的成立以债权的成立为前提，并因债权的移转而移转，因债权的消灭而消灭。本案涉及民法典第 386 条的规定，该规定沿袭了《物权法》第 170 条的规定。法院判定被告是否需要承担担保责任的前提，是判定原、被告之间的借贷法律关系是否依法成立。接下来，需要判定担保人是否在担保标的物上设定了担保物权、担保权人是否取得了担保物权。法院的判决清晰明了，通过认定抵押合同合法有效，被告自愿以自用房地产做担保并办理了相关权证，支持了原告对该抵押物享有优先受偿权。

▶▶ **第三百八十七条**　债权人在借贷、买卖等民事活动中，为保障实现其债权，需要担保的，可以依照本法和其他法律的规定设立担保物权。

　　第三人为债务人向债权人提供担保的，可以要求债务人提供反担保。反担保适用本法和其他法律的规定。

🏛 条文要义

本条是对设立担保物权和反担保的规定。

设立担保物权，适用的范围是借贷和买卖等民事活动。为了保障实现债权，可以依照民法典和其他法律的规定设立担保物权，对债权进行担保。这里提到的依照本法和其他法律的规定设立担保物权，可分为三种：（1）物权编规定的抵押权、质权和留置权；（2）合同编规定的所有权保留；（3）其他法律规定的优先权等。这些都是担保物权，可以分为典型担保物权，如抵押权、质权、留置权；非典型担保物权，如所有权保留、优先权以及法律没有规定的让与担保（《全国法院民商事审判工作会议纪要》第 71 条规定了让与担保为担保物权）。

反担保也叫求偿担保，是第三人为债务人向债权人提供担保，担保人为将来承担担保责任后，对债务人的追偿权的实现而设定的担保。反担保建立的基础是本担保，是债务人对担保人提供的担保。在反担保关系中，原担保人为本担保人，提供反担保的人为反担保人，反担保人可以是债务人本人，也可以是第三人。反担保的意义是，担保人为了自身的利益安全，为了避免其对债务人期待的追偿权成为既得权后无法实现的风险，可以要求债务人或债务人以外的人向其提供反担保，以保障其承担担保责任后向债务人追偿损失的权利的实现。

反担保的显著特点是：（1）反担保的担保对象不是原来的债权，而是本担保人的追偿权；（2）反担保合同的当事人不是担保人和债权人，而是本担保人和债务人或者债务人提供的第三人，即反担保人；（3）反担保从属于担保人与债权人间的担保合同，是担保合同的从合同而不是主合同的从合同；（4）担保人在取得对债务人的追偿权后，债务人不对担保人的损失履行清偿义务时，反担保人对本担保人负代为清偿责任。

反担保也是担保，抵押反担保和质押反担保适用民法典物权编的规定，保证反担保适用民法典合同编的规定。

 案例评析

徐某某、唐某某借款合同纠纷案①

案情： 被告汇通金控向原告唐某某借款1 000万元，被告汇通担保承担连带保证担保责任，黄龙公司、杨某某、徐某某自愿提供连带责任保证担保，并签订了书面合同。后龙和公司通过股东会决议，同意由该公司向徐某某承担反担保责任，同时约定不以徐某某首先履行担保义务作为履行保证反担保义务的前提，由全体股东为此提供个人无限连带保证责任。唐某某与徐某某签订协议，约定唐某某同意先行执行龙和公司及作为反担保人的该公司股东资产，在不能得以清偿的情况下，再执行徐某某的财产。现唐某某的债权到期不能实现，故起诉要求被告徐某某承担保证担保责任，龙和公司承担连带保证责任。徐某某主张其仅应承担一般保证责任。法院终审判决认为，反担保关系中的债权人是向主债权人提供了担保的担保人，再担保法律关系中的债权人是主债权人。龙和公司股东会决议载明龙和公司向主债务人唐某某承担责任不以徐某某首先履行保证义务为前提，此内容不符合反担保法律关系的构成要件，而为再担保法律关系。龙和公司应共同向唐某某承担连带保证责任。

评析： 民法典第387条第2款对反担保进行了较为原则性的规定。反担保的对象是本担保人的追偿权，而非原先债权人对债务人的债权。本案涉及民法典第387条的规定，该规定沿袭了《物权法》第171条的规定。本案中，龙和公司与保证人徐某某之间，虽然签订了以"反担保"为名的"反担保函"，但其实质内容的规定是再担保的法律关系。二审法院明确地识别了"反担保函"的"名不副实"，通过准确适用法条和相关司法解释，详细地释明了两种再担保与反担保法律关系的本质区别，即再担保法律关系中的债权人是主债权人而非担保人，并由此认定，龙和公司与徐某某均为承担连带责任的保证人。

> ▶▶ **第三百八十八条** 设立担保物权，应当依照本法和其他法律的规定订立担保合同。担保合同包括抵押合同、质押合同和其他具有担保功能的合同。担保合同是主债权债务合同的从合同。主债权债务合同无效的，担保合同无效，但是法律另有规定的除外。
>
> 担保合同被确认无效后，债务人、担保人、债权人有过错的，应当根据其过错各自承担相应的民事责任。

---

① 审理法院：一审法院为四川省成都市中级人民法院，案号：(2014)成民初2018号；二审法院为四川省高级人民法院，案号：(2016)川民终594号。

🏛 条文要义

本条是对设立担保物权方式的规定。与《物权法》第172条规定相比，增加了担保合同包括抵押合同、质押合同和其他具有担保功能的合同的新规则。

担保物权分为约定担保物权和法定担保物权。法定担保物权如留置权和优先权，依据法律的规定发生，不需要订立担保合同。约定担保物权的设立，则须订立担保合同，通过担保合同设立担保物权。本条规定，设立担保物权，应当依照本法和其他法律的规定订立担保合同。

担保合同和主债权债务合同之间的关系是，被担保的债权债务合同是主债权债务合同，担保合同是主债权债务合同的从合同。基于主债权债务合同与担保合同的这种主从关系，主债权债务合同无效，担保合同即无效，但是法律另有规定的除外，例如国际贸易中见索即付、见单即付的保证合同。

担保合同被确认无效后，并非不发生任何效果，担保人就一律不承担责任。债务人、担保人、债权人有过错的，应当根据其过错的程度，各自承担相应的民事责任。

本条规定的新规则是：设立担保物权的担保合同的外延，并不仅仅包括抵押合同和质押合同，还包括其他具有担保功能的合同。这意味着，担保合同还包括其他能够设立担保物权的合同。在非典型担保物权中，优先权是法定担保物权，当然不必通过担保合同设立。民法典合同编有规定的，如设立所有权保留的担保合同，属于抵押合同和质押合同之外的其他担保合同。除此之外，民法典没有规定，但是其他法律或者司法解释规定的担保物权，例如让与担保，设立这种担保物权的担保合同，应当也属于这里规定的其他具有担保功能的合同，也是担保合同。与此相关，在司法实践中存在的利用商品房买卖合同担保借贷债权的合同，性质也属于让与担保，只是让与物权不是发生在担保物权设立之前，而是发生在担保物权实现之时，因而属于后让与担保，最高人民法院司法解释也承认其担保效力，这种具有担保功能的合同，也应当属于担保合同。

📖 配套司法解释

最高人民法院关于适用《中华人民共和国民法典》有关担保制度的解释

第二条　当事人在担保合同中约定担保合同的效力独立于主合同，或者约定担保人对主合同无效的法律后果承担担保责任，该有关担保独立性的约定无效。主合同有效的，有关担保独立性的约定无效不影响担保合同的效力；主合同无效的，人民法院应当认定担保合同无效，但是法律另有规定的除外。

因金融机构开立的独立保函发生的纠纷，适用《最高人民法院关于审理独立保函纠纷案件若干问题的规定》。

第三条　当事人对担保责任的承担约定专门的违约责任，或者约定的担保责任范围超出债务人应当承担的责任范围，担保人主张仅在债务人应当承担的责任范围内承担责任的，人民法院应予支持。

担保人承担的责任超出债务人应当承担的责任范围，担保人向债务人追偿，债务人主张仅在其应当承担的责任范围内承担责任的，人民法院应予支持；担保人请求债权人返还超出部分的，人民法院依法予以支持。

第十七条 主合同有效而第三人提供的担保合同无效，人民法院应当区分不同情形确定担保人的赔偿责任：

（一）债权人与担保人均有过错的，担保人承担的赔偿责任不应超过债务人不能清偿部分的二分之一；

（二）担保人有过错而债权人无过错的，担保人对债务人不能清偿的部分承担赔偿责任；

（三）债权人有过错而担保人无过错的，担保人不承担赔偿责任。

主合同无效导致第三人提供的担保合同无效，担保人无过错的，不承担赔偿责任；担保人有过错的，其承担的赔偿责任不应超过债务人不能清偿部分的三分之一。

第十八条 承担了担保责任或者赔偿责任的担保人，在其承担责任的范围内向债务人追偿的，人民法院应予支持。

同一债权既有债务人自己提供的物的担保，又有第三人提供的担保，承担了担保责任或者赔偿责任的第三人，主张行使债权人对债务人享有的担保物权的，人民法院应予支持。

第二十一条 主合同或者担保合同约定了仲裁条款的，人民法院对约定仲裁条款的合同当事人之间的纠纷无管辖权。

债权人一并起诉债务人和担保人的，应当根据主合同确定管辖法院。

债权人依法可以单独起诉担保人且仅起诉担保人的，应当根据担保合同确定管辖法院。

第六十八条 债务人或者第三人与债权人约定将财产形式上转移至债权人名下，债务人不履行到期债务，债权人有权对财产折价或者以拍卖、变卖该财产所得价款偿还债务的，人民法院应当认定该约定有效。当事人已经完成财产权利变动的公示，债务人不履行到期债务，债权人请求参照民法典关于担保物权的有关规定就该财产优先受偿的，人民法院应予支持。

债务人或者第三人与债权人约定将财产形式上转移至债权人名下，债务人不履行到期债务，财产归债权人所有的，人民法院应当认定该约定无效，但是不影响当事人有关提供担保的意思表示的效力。当事人已经完成财产权利变动的公示，债务人不履行到期债务，债权人请求对该财产享有所有权的，人民法院不予支持；债权人请求参照民法典关于担保物权的规定对财产折价或者以拍卖、变卖该财产所得的价款优先受偿的，人民法院应予支持；债务人履行债务后请求返还财产，或者请求对财产折价或者以拍卖、变卖所得的价款清偿债务的，人民法院应予支持。

债务人与债权人约定将财产转移至债权人名下，在一定期间后再由债务人或者其指定的第三人以交易本金加上溢价款回购，债务人到期不履行回购义务，财产归债权人所有的，人民法院应当参照第二款规定处理。回购对象自始不存在的，人民法院应当依照民法典第一百四十六条第二款的规定，按照其实际构成的法律关系处理。

第六十九条 股东以将其股权转移至债权人名下的方式为债务履行提供担保，公司或者公司的债权人以股东未履行或者未全面履行出资义务、抽逃出资等为由，请求作为名义股东的债权人与股东承担连带责任的，人民法院不予支持。

第七十条 债务人或者第三人为担保债务的履行，设立专门的保证金账户并由债权人实际控制，或者将其资金存入债权人设立的保证金账户，债权人主张就账户内的款项优先受偿的，人民法院应予支持。当事人以保证金账户内的款项浮动为由，主张实际控制该账户的债权人对账户内的款项不享有优先受偿权的，人民法院不予支持。

在银行账户下设立的保证金分户，参照前款规定处理。

当事人约定的保证金并非为担保债务的履行设立，或者不符合前两款规定的情形，债权人主张就保证金优先受偿的，人民法院不予支持，但是不影响当事人依照法律的规定或者按照当事人的约定主张权利。

 **案例评析**

李某某与党某某确认合同无效纠纷案①

案情：罗某某因私刻公章，骗取本案被告党某某借款300万元，已被法院生效判决认定构成诈骗罪。原告李某某对上述300万元借款承担担保责任，已偿还罗某某对党某某的借款128万元。后双方签订《车辆买卖协议》，将李某某所有的轿车作价15万元抵顶罗某某向党某某借款，但只交付了机动车登记证书，未实际交付车辆。李某某起诉请求法院判令撤销原、被告之间签订的《车辆买卖协议》，被告党某某返还原告的机动车登记证书及给被告出具的收条。法院认为，因罗某某实施诈骗，故其与党某某的合同是无效合同。根据《物权法》第172条的规定，担保合同是主债权债务合同的从合同。主债权债务合同无效，担保合同无效。根据《最高人民法院关于适用〈中华人民共和国担保法〉若干问题的解释》第8条规定，原告应当承担罗某某不能清偿部分的三分之一的担保责任。原告向被告承担的担保责任已超过借款的三分之一，故无须再以其所有的轿车继续向被告承担担保责任。因此，原告李某某交付党某某的轿车的机动车登记证书应限期返还给原告。

评析：民法典第388条规定了担保合同的订立以及担保合同无效的后果。本案涉及民法典第388条的规定。该规定沿袭了《物权法》第172条的规定。由于担保物权产生的根本目的就在于保障债权的实现，因此担保物权必须与债权相伴而生，具有从属性。主合同无效的，担保合同无效；主合同有效，但是从合同无效的，从合同也无效。担保合同因主合同无效而无效的：担保人不承担责任。《最高人民法院关于适用〈中华人民共和国担保法〉若干问题的解释》第8条规定：主合同无效而导致担保合同无效，担保人无过错的，担保人不承担民事责任；担保人有过错的，

---

① 审理法院：辽宁省大石桥市人民法院，案号：（2017）辽0882民初670号。

担保人承担民事责任的部分，不应超过债务人不能清偿部分的 1/3。仅担保合同无效的：《最高人民法院关于适用〈中华人民共和国担保法〉若干问题的解释》第 7 条规定：主合同有效而担保合同无效，债权人无过错的，担保人与债务人对主合同债权人的经济损失，承担连带赔偿责任；债权人、担保人有过错的，担保人承担民事责任的部分，不应超过债务人不能清偿部分的 1/2。

本案中，被告党某某与罗某某之间的借款合同基于罗某某的诈骗行为而无效，从属于该借款合同的原告与被告之间的担保合同相应也无效。确定担保合同无效的法律后果，应当依照本条第 2 款规定，实行过错责任原则，由有过错的当事人承担责任。

> ▶▶ **第三百八十九条**　担保物权的担保范围包括主债权及其利息、违约金、损害赔偿金、保管担保财产和实现担保物权的费用。当事人另有约定的，按照其约定。

🏛 条文要义

本条是对担保物权担保范围的规定。

担保物权的担保范围，是指担保物权所担保的效力范围。本条规定的担保效力范围是：（1）主债权，如借贷中的本金债权；（2）利息，如借贷中的利息之债权；（3）违约金，违约一方依照约定应当给付的违约金之债；（4）损害赔偿金，违约方造成守约方损害的损害赔偿之债；（5）保管担保财产的费用，在担保范围之内；（6）实现担保物权的费用。如果当事人另有约定的，按照约定确定效力范围。

应当注意的是，这里规定的担保范围是一般效力范围，其中某些范围对于某些担保物权并不适用。例如，不承担保管担保财产的抵押权就不存在保管担保财产费用的问题。

📋 配套司法解释

最高人民法院关于适用《中华人民共和国民法典》有关担保制度的解释

第二十二条　人民法院受理债务人破产案件后，债权人请求担保人承担担保责任，担保人主张担保债务自人民法院受理破产申请之日起停止计息的，人民法院对担保人的主张应予支持。

🔵 案例评析

中山市三角万利小额贷款有限公司*、梁某某、樊某某小额借款合同纠纷案①

案情： 2015 年 1 月，原告万利公司与被告梁某某、樊某某签订借款合同，借款

---

　*　以下简称"万利公司"。

　①　审理法院：一审法院为广东省中山市第一人民法院，案号：（2016）粤 2071 民初 14032 号；二审法院为广东省中山市中级人民法院，案号：（2017）粤 20 民终 6689 号。

金额30万元整。同时，梁某某、樊某某以其名下××房地产提供抵押，并办理了抵押登记，抵押合同约定抵押担保的范围为主合同项下的主债权及其利息、违约金、损害赔偿金、乙方垫付的有关费用及乙方实现主债权及抵押权的一切费用（包括但不限于律师费等）。后被告部分利息及本金逾期未归还。原告遂起诉，主张其就担保财产享有优先受偿的权利。一审法院根据双方办理的房地产他项权证中载明的"债权数额"确定万利公司对抵押享有的优先受偿权范围，即在主债权数额30万元内享有优先受偿权。万利公司不服，上诉主张案涉房地产他项权证是政府格式模板，只有"债权数额"而没有"担保范围"，不是抵押担保范围的全部债权。二审法院认为，双方签订的《房地产抵押合同》明确约定了抵押担保的范围，该约定符合《担保法》第46条和《物权法》第173条的相关规定，合法有效，梁某某、樊某某应依约承担相应的抵押担保责任。至于案涉房地产他项权证中记载的30万元债权数额事项，仅应属记载被担保主债权本金数额性质，并不等同于抵押担保范围。

评析：民法典第389条对于担保物权的一般效力范围作出了原则性的规定。应当注意的是，如果当事人另有约定，按照约定确定效力范围。本案涉及民法典第389条的规定。该规定以《物权法》第173条为基础并作了修改。本案中，争议双方签订的《房地产抵押合同》中明确详尽地规定了抵押担保的范围，应根据该约定确定万利公司对抵押物的优先受偿范围。因此，应优先适用双方当事人的约定。本案一审法院未能将案涉抵押登记证明上的"债权数额"与实际的"担保范围"合理区分开来。二审法院将二者有效区分，避免了误判，依法维护了抵押权人的优先受偿权。

▶▶**第三百九十条**　担保期间，担保财产毁损、灭失或者被征收等，担保物权人可以就获得的保险金、赔偿金或者补偿金等优先受偿。被担保债权的履行期限未届满的，也可以提存该保险金、赔偿金或者补偿金等。

🏛 条文要义

本条是对担保效力及于担保财产代位物的规定。

担保物权具有物上代位性，是担保物权的支配效力的延伸的体现。换言之，担保效力及于担保财产的代位物。担保期间，如果担保财产发生毁损、灭失或者被征收等情形，该担保财产依据法律能获得保险金、损害赔偿金或者补偿费。根据担保物权的物上代位性规则，担保物权人（债务人或物上担保人）可以就担保人所获得的保险金、赔偿金或者补偿金等代位物优先受偿。被担保债权的履行期限未届满的，也可以提存该保险金、赔偿金或者补偿金等。这是因为，这些保险金、赔偿金和补偿金都是担保财产毁损、灭失或者被征收的代位物，是担保财产的另一种表现形式，担保物权的担保效力当然及于该代位物。由于这些代位物都是金钱形式，因而可以直接由债权人在债权履行期限未届满之前即期前优先受偿，或者将其提存，待履行期限届满时优先受偿。需要注意的是，物权编此条规范中的提存，是担保物权的保全措施，不同于债法规范中的提存。

配套司法解释

最高人民法院关于适用《中华人民共和国民法典》有关担保制度的解释

第四十二条 抵押权依法设立后，抵押财产毁损、灭失或者被征收等，抵押权人请求按照原抵押权的顺位就保险金、赔偿金或者补偿金等优先受偿的，人民法院应予支持。

给付义务人已经向抵押人给付了保险金、赔偿金或者补偿金，抵押权人请求给付义务人向其给付保险金、赔偿金或者补偿金的，人民法院不予支持，但是给付义务人接到抵押权人要求向其给付的通知后仍然向抵押人给付的除外。

抵押权人请求给付义务人向其给付保险金、赔偿金或者补偿金的，人民法院可以通知抵押人作为第三人参加诉讼。

案例评析

付某与中国平安财产保险股份有限公司济南第一中心支公司合同纠纷案①

案情： 郧某某因贷款购买鲁 A×号牌的车辆与福特汽车金融（中国）有限公司（以下简称"福特金融"）分别签订了汽车贷款和抵押合同，并办理了车辆抵押登记。该车投有车辆损失险，在双方签订的机动车商业保险保单中约定："本保单约定第一受益人为福特金融……当一次事故的保险额高于人民币伍仟元时，保险人须征得第一受益人书面同意后方可对保险人支付（第三者责任险的保险赔款除外）。"后付某向案涉轿车的实际占有人李某某借用该车，发生交通事故。经认定付某应负全责，为此支付修理费、拖车费合计 22 903 元。付某要求保险公司赔付遭拒，故起诉。法院认为，车主郧某某与保险公司签订的保单明确约定，经第一受益人福特金融书面同意后方可对被保险人郧某某支付保险金（车损险）。郧某某已将该车设定抵押且已依法办理抵押登记，根据《物权法》第 174 条的规定，付某要求被告按保险合同的约定，向原告支付车辆维修费、拖车费的诉讼请求于法无据，不予支持。

评析： 本案涉及民法典第 390 条的规定。该规定沿袭了《物权法》第 174 条的规定。民法典第 390 条从法律上确立了担保物权的物上代位性。设立担保物权就是为了通过对标的物交换价值加以直接的支配以保障债权，因此，只要标的物的交换价值依然存在，无论其附着在何种载体之上，仍应继续为担保物权的效力

---

① 审理法院：湖北省房县人民法院，案号：（2016）鄂 0325 民初 901 号。

所及。值得注意的是，只有担保物权人才享有物上代位的优先受偿权。因此，本案中，作为汽车使用人的原告并无就担保物权的标的物的保险金优先受偿的权利。

> ▶▶ **第三百九十一条** 第三人提供担保，未经其书面同意，债权人允许债务人转移全部或者部分债务的，担保人不再承担相应的担保责任。

🏛 条文要义

本条是对债务转让对担保物权效力的规定。

第三人作为担保人向债权人提供担保，尽管是在债权人和第三人之间发生的法律关系，但通常是第三人作为担保人与债务人存在信赖关系。在担保期间，债务人转移债务，对担任担保人的第三人利益会产生影响。如果第三人知道债务转移，仍然同意继续提供担保的，则没有问题。如果债务转移未经第三人的书面同意，债权人同意债务人转让全部或者部分债务的，第三人不再承担相应的担保责任。第三人同意债务转移应当是书面同意，因而即使口头同意，也不发生第三人继续提供担保的后果。所谓"相应的担保责任"，是指全部转让债务的，相应的担保责任是全部担保责任；部分转让债务的，相应的担保责任是转移的部分债务的担保责任。

📋 配套司法解释

最高人民法院关于适用《中华人民共和国民法典》有关担保制度的解释

第三十九条 主债权被分割或者部分转让，各债权人主张就其享有的债权份额行使担保物权的，人民法院应予支持，但是法律另有规定或者当事人另有约定的除外。

主债务被分割或者部分转移，债务人自己提供物的担保，债权人请求以该担保财产担保全部债务履行的，人民法院应予支持；第三人提供物的担保，主张对未经其书面同意转移的债务不再承担担保责任的，人民法院应予支持。

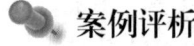 案例评析

覃某某等与梁某等民间借贷纠纷案①

案情：被告梁某向两原告覃某某、梁某某借款 150 万元，被上诉人邓某某为借款作担保。偿还部分后，尚欠 123 万元。梁某与案外人吴某某签订协议，由吴某某承担

---

① 审理法院：一审法院为广西壮族自治区玉林市玉州区人民法院，案号：（2016）桂 0902 民初 237 号；二审法院为广西壮族自治区玉林市中级人民法院，案号：（2017）桂 09 民终 1510 号。

梁某对两原告的债务 100 万元。因上述债务未成功转移，梁某又再与覃某某、梁某某、吴某某协议重新确定转让债务 55 万元，经法院确认但未经原债务担保人邓某某书面同意。后根据吴某某的再审请求，法院依法撤销转让 55 万元债务的上述民事调解书。现两原告起诉请求被告梁某、邓某某连带归还借款 55 万元，并支付相应利息。两审法院判决均认为，依照《担保法》第 23 条和《物权法》第 175 条的规定，自覃某某、梁某某同意梁某将 100 万元债务转由吴某某承担而未经原债务保证人邓某某书面同意之日起，覃某某、梁某某即依法失去其作为债权人原享有要求担保人承担该 100 万元保证责任的权利。对于由债务担保人邓某某承担本案担保责任的主张，法院不予支持。

评析：债务担保存在一定的风险，因此，债务担保人往往与债务人之间存在一定的信赖关系。因债务人主体的改变发生的债务转移，不仅会对债权人产生影响，而且会实际影响债务担保人的利益。因此，民法典物权编保护债务担保人在债务发生转移时的知情同意权。有无通知并取得债务担保人的书面同意，是债务转移中判断是否对债务担保人产生相应效力的非常重要的环节。本案涉及民法典第 391 条的规定。该规定沿袭了《物权法》第 175 条的规定。本案中，未经过债务担保人的书面同意，债务担保人自债务发生第一次转移时就不再对发生转移的债务承担担保责任。即使其后由于转移条件不成立，承担债务的主体变为原先的债务人，也不能再次要求债务担保人承担保证责任。

> ▶▶ **第三百九十二条** 被担保的债权既有物的担保又有人的担保的，债务人不履行到期债务或者发生当事人约定的实现担保物权的情形，债权人应当按照约定实现债权；没有约定或者约定不明确，债务人自己提供物的担保的，债权人应当先就该物的担保实现债权；第三人提供物的担保的，债权人可以就物的担保实现债权，也可以请求保证人承担保证责任。提供担保的第三人承担担保责任后，有权向债务人追偿。

🏛 条文要义

本条是对不同担保形式之间效力关系的规定。

在各种不同的担保形式之间，其效力应当怎样确定，历来是实践中的难题。本条规定的基本规则如下。

1. 被担保的债权既有物的担保又有人的担保的，债务人不履行到期债务或者发生当事人约定的实现担保物权的情形，在原来的合同中已经约定了如何处理的，应当按照约定实现债权。对此，任何一方都不会也不应有异议。

2. 当事人事先没有约定或者约定不明确的，如果是债务人自己提供物的担保，债权人的物权担保优先，债权人应当就该物的担保实现债权。清偿不足部分，第三人作为担保人的，承担补充的担保责任。如此，可以减少行使追偿权的成本和费用。

3. 第三人提供物的担保的，物的担保和人的担保处于同等地位，由债权人选择，可以就物的担保实现债权，也可以请求保证人承担保证责任。

4. 提供担保的第三人承担了担保责任的，取得向债务人的追偿权，可以向债务人追偿，补偿自己因承担担保责任发生的损失。

值得注意的是，本条排除了各担保人之间的相互求偿权。各担保人在承担担保责任后，各自向债务人追偿，并自行承担债务人偿还不能的风险。

📋 配套司法解释

最高人民法院关于适用《中华人民共和国民法典》有关担保制度的解释

第十三条 同一债务有两个以上第三人提供担保，担保人之间约定相互追偿及分担份额，承担了担保责任的担保人请求其他担保人按照约定分担份额的，人民法院应予支持；担保人之间约定承担连带共同担保，或者约定相互追偿但是未约定分担份额的，各担保人按照比例分担向债务人不能追偿的部分。

同一债务有两个以上第三人提供担保，担保人之间未对相互追偿作出约定且未约定承担连带共同担保，但是各担保人在同一份合同书上签字、盖章或者按指印，承担了担保责任的担保人请求其他担保人按照比例分担向债务人不能追偿部分的，人民法院应予支持。

除前两款规定的情形外，承担了担保责任的担保人请求其他担保人分担向债务人不能追偿部分的，人民法院不予支持。

第十四条 同一债务有两个以上第三人提供担保，担保人受让债权的，人民法院应当认定该行为系承担担保责任。受让债权的担保人作为债权人请求其他担保人承担担保责任的，人民法院不予支持；该担保人请求其他担保人分担相应份额的，依照本解释第十三条的规定处理。

第二十四条 债权人知道或者应当知道债务人破产，既未申报债权也未通知担保人，致使担保人不能预先行使追偿权的，担保人就该债权在破产程序中可能受偿的范围内免除担保责任，但是担保人因自身过错未行使追偿权的除外。

🪙 案例评析

上海浦东发展银行股份有限公司珠海分行*与肖某某、 章某某金融借款合同纠纷案①

案情： 2012 年 3 月，浦发银行珠海分行与珠海拓华公司签订《最高额抵押合同》，

---

* 以下简称"浦发银行珠海分行"。

① 审理法院：一审法院为广东省珠海市香洲区人民法院，案号：（2014）珠香法民二初 2734 号；二审法院为广东省珠海市中级人民法院，案号：（2015）珠中法民二终 314 号。

由珠海拓华公司以所有的房产为其融资提供最高额抵押担保，并办理了抵押登记手续。2013 年 1 月，浦发银行珠海分行与章某某、肖某某签订了《最高额保证合同》，由章某某为珠海拓华公司的上述融资提供最高额保证担保，该合同明确约定，当债务人未按合同约定履行其债务时，无论债权人对主合同项下的债权是否拥有其他担保权利（包括但不限于保证、抵押、质押等担保方式），债权人均有权先要求本合同项下任一保证人在本合同约定的保证范围内承担保证责任，而无须先要求其他担保人履行担保责任。由于珠海拓华公司拖欠本息，浦发银行珠海分行起诉，请求章某某、肖某某承担担保责任。一审法院依照《担保法》第 28 条的规定，判决章某某、肖某某应在合同约定的限额内对珠海拓华公司的债务在抵押物被依法处分后仍未清偿的部分承担连带保证责任。原告不服，提起上诉。二审法院认为，案涉债权既存在债务人自身物的担保，也存在人的担保，依照《物权法》第 176 条的规定，以及《最高额保证合同》的明确约定，无论是否存在其他担保，浦发银行珠海分行皆可以要求章某某、肖某某承担保证责任。

评析：本案涉及民法典第 392 条的规定。该规定沿袭了《物权法》第 176 条的规定。本案集中体现了对《物权法》第 176 条的适用优先性的不同解读。第一种观点是优先适用《担保法》第 28 条。根据《物权法》第 178 条的规定，"担保法与本法的规定不一致的，适用本法"，因此，本案关于保证责任的认定，应适用《物权法》第 176 条的规定。第二种观点是准确适用《物权法》第 176 条的具体规则：首先，当被担保的债权既有物的担保又有人的担保时，如果双方在原来的合同中已经约定了如何处理的，应当按照约定实现债权。其次，只有在当事人事先没有约定或者约定不明确时，债务人提供物的担保的，优先选择债务人的物权担保实现债权。如此一来，提供物保的担保人将会趋向更慎重考虑抵押的财产将来有被变现的可能。最后，关于实现担保物权顺序的约定，并非必须是债权人实现担保物权第一顺位、第二顺位及最后顺位等明确的排序。

▶▶ **第三百九十三条** 有下列情形之一的，担保物权消灭：

（一）主债权消灭；

（二）担保物权实现；

（三）债权人放弃担保物权；

（四）法律规定担保物权消灭的其他情形。

🏛 条文要义

本条是对担保物权消灭一般原因的规定。

法律规定担保物权消灭一般原因的意义是，就担保物权消灭的一般情形作出规定，当出现这样的事由时，担保物权消灭，担保人不再承担担保责任。

担保物权消灭的一般原因如下。

1. 主债权消灭：主债权既然已经消灭，担保物权的存在没有意义，因而没有继续存在的必要。

2. 担保物权实现：债权人作为担保物权人，实现了担保物权，其债权得到了保障，担保物权自然消灭。

3. 债权人放弃担保物权：放弃担保物权是债权人对自己享有的权利的处分，一经放弃，担保物权自然消灭。

4. 法律规定担保物权消灭的其他情形，如担保财产灭失等。

案例评析

李某某等诉鄂尔多斯市铁西蒙银村镇银行股份有限公司金融借款合同纠纷案[①]

案情： 原告鄂尔多斯市铁西蒙银村镇银行股份有限公司（以下简称"铁西蒙银"）与被告乌审旗鸿业农牧业开发有限责任公司（以下简称"乌审旗鸿业公司"）签订了流动资金借款合同，约定借款本金 260 万元。李甲、任某某、赵某某、李乙均与原告签订抵押合同，以其所有的土地使用权及房产为该笔借款抵押担保，并办理了抵押登记。乌审旗鸿业公司逾期未偿还原告借款本息，双方又重新签订了流动资金借款合同，内容与第一份的一致。同时，由原告出具结清证明，证明该笔借款已经还清，并注销了他项权证。上述抵押担保人重新就上述抵押房产与原告签订了抵押合同，并重新办理了抵押登记。被告逾期仍未归还借款本息，原告遂起诉，要求就担保物优先受偿。法院两审判决均认为，第二份借款合同和第二份抵押合同是第一份借款合同和第一份抵押合同的延续，贷款抵押人亦知晓该情况，并自愿为该笔贷款继续承担担保责任，且主动配合重新办理了抵押登记手续。两次抵押合同均是抵押人的真实意思表示，应当诚实履行，李甲、任某某、赵某某、李乙应承担抵押担保责任。

评析： 担保物权是主债权的从权利，当主债权存在时，担保物权并不会自然消灭。本案涉及民法典第 393 条的规定。该规定沿袭了《物权法》第 177 条的规定。本案中，担保物权人在形式上出具了结清证明；但该笔主债权并未实际得到清偿，担保物权人也并未放弃主债权和担保物权。根据各方当事人的真实意思表示和诚实信用原则，主债权和担保其实现的担保物权应延续，由第二份借款合同和抵押合同予以确认。原告对《物权法》第 177 条的理解是片面的，本案并不满足第 177 条中担保物权的消灭原因的一般情形，不能适用该条免除抵押人的担保责任。

---

① 审理法院：一审法院为内蒙古自治区伊金霍洛旗人民法院，案号：（2015）伊民初 3866 号；二审法院为内蒙古自治区鄂尔多斯市中级人民法院，案号：（2016）内 06 民终 668 号。

第十七章　抵押权

第一节　一般抵押权

> ▶▶ **第三百九十四条**　为担保债务的履行，债务人或者第三人不转移财产的占有，将该财产抵押给债权人的，债务人不履行到期债务或者发生当事人约定的实现抵押权的情形，债权人有权就该财产优先受偿。
>
> 前款规定的债务人或者第三人为抵押人，债权人为抵押权人，提供担保的财产为抵押财产。

🏛 条文要义

本条是对抵押权概念的规定。

抵押权，是指债权人对于债务人或者第三人不转移占有而为债权提供担保的抵押财产，于债务人不履行到期债务或者发生当事人约定的实现抵押权的情形时，依法享有的就该物变价优先受偿的担保物权。其法律特征是：（1）抵押权的性质是担保物权；（2）抵押权的标的物是债务人或者第三人的不动产、动产或者权利；（3）抵押权的标的物不需要移转占有；（4）抵押权的价值功能在于就抵押财产所卖得的价金优先受偿。

在抵押权法律关系中，提供担保财产的债务人或者第三人为抵押人；享有抵押权的债权人为抵押权人；抵押人提供的担保财产为抵押财产，也叫作抵押物。

抵押权是最重要的担保类型，被赋予最高的担保地位。其价值功能，就在于被担保债权的优先受偿性。其表现在：（1）与债务人的普通债权人相比，抵押权人有权就抵押财产卖得的价金优先于普通债权人而受清偿。（2）与债务人的其他抵押权人相比，抵押权登记生效的，按照抵押登记的先后顺序清偿。（3）抵押合同自签订之日起生效，抵押权登记的，按照登记的先后顺序清偿；无须登记的，已登记的抵押权优先于未登记的抵押权，均未登记的，按照债权比例清偿。（4）债务人破产时，抵押权人享有别除权，仍可以就抵押财产卖得的价金优先受偿。

抵押权人优先受偿的范围，以抵押财产的变价款为限，如果抵押财产的变价款不足以清偿所担保的债权，则债权人就未清偿的部分对于债务人的其他财产无优先受偿的效力，与其他债权人一起平均受偿。

目 配套司法解释

最高人民法院关于适用《中华人民共和国民法典》有关担保制度的解释

第四十条　从物产生于抵押权依法设立前，抵押权人主张抵押权的效力及于从物的，人民法院应予支持，但是当事人另有约定的除外。

从物产生于抵押权依法设立后，抵押权人主张抵押权的效力及于从物的，人民法院不予支持，但是在抵押权实现时可以一并处分。

第四十一条　抵押权依法设立后，抵押财产被添附，添附物归第三人所有，抵押权人主张抵押权效力及于补偿金的，人民法院应予支持。

抵押权依法设立后，抵押财产被添附，抵押人对添附物享有所有权，抵押权人主张抵押权的效力及于添附物的，人民法院应予支持，但是添附导致抵押财产价值增加的，抵押权的效力不及于增加的价值部分。

抵押权依法设立后，抵押人与第三人因添附成为添附物的共有人，抵押权人主张抵押权的效力及于抵押人对共有物享有的份额的，人民法院应予支持。

本条所称添附，包括附合、混合与加工。

案例评析

中国长城资产管理公司济南办事处* 与中国重汽集团济南卡车股份有限公司**、山东小鸭集团有限责任公司*** 借款抵押合同纠纷案①

案情： 原债权人东郊工行与借款人小鸭股份公司先后签订了 4 份流动资金借款合同和 5 份抵押合同，均办理了抵押登记手续。同年，中国重型汽车集团有限公司（以下简称"重汽集团"）并购重组小鸭股份公司，东郊工行出具确认函并签订了五方协议，确认其债权随同小鸭股份公司被购回资产转至新组建的小鸭电器有限公司。2005 年，山东分行转让给长城公司其对债务人小鸭股份公司所欠山东分行的贷款本息的债权。长城公司和山东分行公告了债权转让和催收。后债务未如约偿还，长城公司起诉，主张应由重汽济南卡车公司、小鸭集团承担偿还债务责任，确认其对抵押物享有优先受偿权。一审法院认为，依据债务随着资产走的原则，小鸭股份公司对东郊工行的债务已转由小鸭集团承担。二审法院认为，小鸭股份公司是本案抵押

---

　　* 以下简称"长城公司"。

　　** 以下简称"重汽济南卡车公司"。

　　*** 以下简称"小鸭集团"。

　　① 审理法院：一审法院为山东省高级人民法院，案号：（2006）鲁民二初 17 号；二审法院为最高人民法院，案号：（2007）民二终 25 号。

担保物权设定时的抵押人，但抵押担保法律关系中的抵押人名义上仍应为重汽济南卡车公司。在抵押人不是主债务人的情况下，抵押权人对抵押人只能在抵押财产范围内实现债权，不得请求抵押人直接承担债务人的债务。故长城公司对相应抵押物折价或拍卖、变卖后的价款或征用补偿金在小鸭集团不能清偿相关债务范围内享有优先受偿权。

评析：本案涉及民法典第394条的规定。该规定沿袭了《物权法》第179条的规定。抵押权具有从属性，在主债权发生转移时，担保该债权的抵押权随同主债权的转移而转移给新债权人。本案中，长城公司作为受让债权的新债权人成为新的抵押权人。主债权的债务人是小鸭集团，但抵押人名义上仍应为重汽济南卡车公司。本案一审判决忽略了抵押登记对确认抵押人主体的效力；二审判决注重案件事实的详尽查明，综合理解与把握了《物权法》相关法条的精神。

> ▶▶ **第三百九十五条** 债务人或者第三人有权处分的下列财产可以抵押：
>
> （一）建筑物和其他土地附着物；
>
> （二）建设用地使用权；
>
> （三）海域使用权；
>
> （四）生产设备、原材料、半成品、产品；
>
> （五）正在建造的建筑物、船舶、航空器；
>
> （六）交通运输工具；
>
> （七）法律、行政法规未禁止抵押的其他财产。
>
> 抵押人可以将前款所列财产一并抵押。

🏛 条文要义

本条是关于抵押财产范围的规定。

抵押财产，也称抵押权标的物或者抵押物，是指被设置了抵押权的不动产、动产或者权利。抵押财产的特点是：第一，抵押财产包括不动产、特定动产和权利，抵押财产主要是不动产，也包括特定的动产，建设用地使用权、土地经营权等物权可以设置抵押权。第二，抵押财产须具有可转让性，抵押权的性质是变价权，供抵押的不动产或者动产如果有妨害其使用的目的，具有不得让与的性质或者即使可以让与但让与其变价将会受到影响的，都不能设置抵押权。

法定的抵押财产范围：一是建筑物和其他土地附着物；二是建设用地使用权；三是海域使用权；四是生产设备、原材料、半成品、产品；五是正在建造的建筑物、船舶、航空器；六是交通运输工具；七是法律、行政法规规定可以抵押的其他财产，例如土地经营权。

依照学理,上述允许抵押的财产可以分为以下三类:一是不动产。允许抵押的不动产包括房屋、厂房、林木、没有收割的农作物及其他地上附着物,还包括正在建造的建筑物。二是特定的动产。允许抵押的动产主要包括生产设备、原材料、产品、航空器、船舶（包括在建）、交通工具,以及家具、家用电器、金银珠宝及其制品等。三是权利。以权利作为抵押财产须符合两个条件:第一,只有不动产上的用益物权以及特别法确立的特许物权才能进行抵押;第二,依据物权法定原则,不动产上的用益物权以及特别法确立的物权只有在法律允许抵押时才能抵押。符合这样条件的权利有建设用地使用权,以及土地承包经营权上设置的土地经营权。

上述所提及的海域使用权,是民法典新规定的抵押财产。《物权法》第122条规定了海域使用权受法律保护,但并未规定海域使用权是否可以用作抵押。先于《物权法》实施的《海域使用权管理规定》则规定海域使用权的流转方式包括转让、出租和抵押。本法物权编与此相一致,在本条规定中明确了海域使用权可以作为抵押财产。至于海域使用权作为抵押财产时的具体抵押规则,应当适用《海域使用权管理规定》第41条至第43条。此外,本条规定还删除了招标、拍卖、公开协商等方式取得的荒地等土地承包经营权作为可抵押财产。这是因为,农村土地三权分置改革后,"四荒"土地的承包经营权不可以进行抵押,只有在"四荒"土地的承包经营权上设置的土地经营权才可以抵押。民法典第339条已经规定了土地经营权可以通过抵押的方式流转,此处不再重复,而是将其纳入兜底条款,属于法律、行政法规规定可以抵押的其他财产。

📑 配套司法解释

最高人民法院关于适用《中华人民共和国民法典》有关担保制度的解释

第四十九条　以违法的建筑物抵押的,抵押合同无效,但是一审法庭辩论终结前已经办理合法手续的除外。抵押合同无效的法律后果,依照本解释第十七条的有关规定处理。

当事人以建设用地使用权依法设立抵押,抵押人以土地上存在违法的建筑物为由主张抵押合同无效的,人民法院不予支持。

第五十条　抵押人以划拨建设用地上的建筑物抵押,当事人以该建设用地使用权不能抵押或者未办理批准手续为由主张抵押合同无效或者不生效的,人民法院不予支持。抵押权依法实现时,拍卖、变卖建筑物所得的价款,应当优先用于补缴建设用地使用权出让金。

当事人以划拨方式取得的建设用地使用权抵押,抵押人以未办理批准手续为由主张抵押合同无效或者不生效的,人民法院不予支持。已经依法办理抵押登记,抵押权人主张行使抵押权的,人民法院应予支持。抵押权依法实现时所得的价款,参照前款有关规定处理。

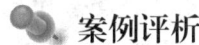 **案例评析**

LYZ公司与高某某等民间借贷纠纷案①

案情：2008年，LYZ公司与XJY公司签订租赁合同，XJY公司承包经营秦皇求仙入海处，合同第7条约定承包人不得在标的物上设置抵押权等他项权利。之后，XJY公司从黄某某处借款50万元，从高某某处借款810万元，XJY公司以所有的阳光白领公寓住宅及秦皇求仙入海处一年经营权提供担保。后XJY公司又从黄某某处借款682.5万元，以阳光白领公寓住宅作为抵押。XJY公司退出对阳光白领公寓住宅的合作开发后，高某某、黄某某要求其重新提供担保，但XJY公司拒不重新提供担保。高某某、黄某某遂起诉，要求XJY公司立即偿还借款1 542.5万元以及相应的利息，同时要求被告对其中810万元的债务以秦皇求仙入海处一年的经营权承担保证责任。一审法院认为，依据《物权法》第180条第7项的规定，现法律、行政法规未禁止经营权抵押，故本案中以经营权做担保的行为合法有效。二审法院认为，XJY公司以承租地的经营权向债务人作抵押，违反了租赁合同第7条之约定，是无权处分，因此《物权法》第180条的规定不能成为XJY公司以经营权作抵押的依据。抵押权人应当就XJY公司是否有权设定抵押进行审查，此为基本的注意义务；如因未进行审查而产生风险，应由其自行承担。因此，XJY公司以秦皇求仙入海处一年的经营权作保证系无效民事行为。

评析：本案涉及《民法典》第395条的规定。该规定以《物权法》第180条为基础并作了修改。现代社会生活中，许多用益物权在价值上并不逊于不动产，因而法律认可建设用地使用权、土地经营权等作为抵押标的，但前提均须是有权处分。民法典第395条第7项将"法律、行政法规未禁止抵押的其他财产"作为兜底条款，没有明确禁止抵押经营权。在本案中，抵押人违反了与有权处分人先前的合同约定，无权处分其设立抵押的经营权所涉及的标的物。因此，案涉抵押行为是无效民事行为。抵押人明知未经有权处分人同意，故对此负有重大过失。

▶▶ **第三百九十六条** 企业、个体工商户、农业生产经营者可以将现有的以及将有的生产设备、原材料、半成品、产品抵押，债务人不履行到期债务或者发生当事人约定的实现抵押权的情形，债权人有权就抵押财产确定时的动产优先受偿。

🏛 **条文要义**

本条是关于浮动抵押的规定。

---

① 审理法院：一审法院为河北省秦皇岛市中级人民法院，案号：（2009）秦民三初××号；二审法院为河北省高级人民法院，案号：（2010）冀民一终112号。

浮动抵押，也叫动产浮动抵押，是指企业、个体工商户、农业生产经营者作为抵押人，以其所有的全部财产包括现有的以及将有的生产设备、原材料、半成品、产品为标的而设立的动产抵押权。浮动抵押不同于一般的动产抵押，其法律特征是：第一，抵押人具有特殊性，只有企业、个体工商户、农业生产经营者才可以作为浮动抵押的抵押人。第二，抵押财产具有特殊性，包括生产设备、原材料、半成品、产品，既包括抵押人现有的财产，也包括抵押人将来取得的财产。第三，抵押财产在浮动抵押权实现前处于变动之中，数额是不能固定和具体明确的。第四，抵押权人在抵押期间仍然可以使用处分抵押财产，其财产的进出并不受限制。

浮动抵押权制度是为克服财团抵押权制度的缺陷以使企业可以获得巨大的融资而发展起来的。从保护企业发达的角度看，浮动抵押较财团抵押为优；但从保护抵押权人的侧面观察，则正好相反。[①] 申言之，浮动抵押权具有抵押人利用其财产自由经营的特点，抵押人可以在浮动抵押确定之前放手进行经营。在经营过程中处分的财产，不属于抵押财产。只有在浮动抵押结晶时，抵押人的全部财产才成为确定的抵押财产，抵押权人才可以就确定的抵押财产优先受偿。这一方面活跃了市场，加快了抵押财产的流通；但另一方面也滋生了抵押人恶意实施损害抵押权人利益的行为，比如为逃避债务而在经营期间处分财产。

为了充分保护抵押权人的合法权益，应当认定浮动抵押权的效力及于浮动抵押确定时抵押人所有的或者有权处分的全部财产，即债权人就抵押财产确定时的动产优先受偿。这样能够防止抵押人恶意实施损害抵押权人利益的行为。抵押财产确定后，实现抵押权之前，抵押人为逃避债务而处分公司财产的，抵押权人享有撤销权，可以请求撤销该处分行为。

浮动抵押确定的时间应当适用民法典第411条的规定，即"依据本法第三百九十六条规定设定抵押的，抵押财产自下列情形之一发生时确定：（一）债务履行期限届满，债权未实现；（二）抵押人被宣告破产或者解散；（三）当事人约定的实现抵押权的情形；（四）严重影响债权实现的其他情形"。

上述提及的浮动抵押确定的时间，是民法典新规定的规则。《物权法》第181条规定债权人有权就实现抵押权时的动产优先受偿。浮动抵押权的实现，自抵押权人向人民法院提出实现抵押权的申请，经人民法院作出浮动抵押权实现的决定时开始。人民法院作出浮动抵押权实现的决定应当予以公告，并同时发布查封抵押人总财产的公告，抵押人的全部财产由财产管理人管理，财产管理人应当在抵押人住所地办理浮动抵押权登记的机关进行浮动抵押权实现开始的登记。如果根据浮动抵押权的实现时间确定抵押财产的效力范围，则会导致抵押权人能够优先受偿的范围大大缩小。为了充分保护抵押权人的合法权益，本条规定将其修改为债权人就抵押财产确

---

① 崔建远. 物权法. 3版. 北京：中国人民大学出版社，2013：502.

定时的动产优先受偿。

 **案例评析**

中国民生银行股份有限公司成都分行* 与聂某某等借款合同纠纷案①

案情： 2014 年，民生银行成都分行向聂某某、陈甲借款 300 万元，签订了借款合同。同日，贵簇公司和心梦缘公司为上述连带责任保证担保，签订了担保合同；同时，签订了《动产浮动抵押合同》，该合同未约定具体内容，但就案涉产品（床、衣柜、沙发）办理了抵押登记。上述借款逾期未归还，民生银行成都分行诉请判决债务人和担保人承担相应责任，并请求法院判决对心梦缘公司提供的抵押财产享有抵押权。一审法院认为，民生银行成都分行诉请判决对心梦缘公司提供的抵押财产享有抵押权，缺乏相应事实依据和法律依据。二审法院认为，根据《物权法》第 181 条和第 189 条的规定，虽然争议双方签订的《动产浮动抵押合同》中没有约定心梦缘公司提供抵押财产的具体内容，但结合双方向登记机关办理抵押登记时提供的证据来看，心梦缘公司是以其所生产的产品（床、衣柜、沙发）提供抵押担保，故该抵押属于动产浮动抵押。故民生银行成都分行要求对心梦缘公司的财产（床、衣柜、沙发）享有抵押权的上诉请求成立。

评析： 浮动抵押是一种特殊的抵押权。本案涉及《民法典》第 396 条的规定。该规定以《物权法》第 181 条为基础并作了修改。本条规定不是孤立的，应结合民法典第 403 条判定浮动抵押是否依法设立并生效，是否产生对抗第三人的效力。抵押财产的范围应依本法第 395 条确定。具体而言，首先，应当签订书面抵押合同；其次，应当向动产所在地的工商行政管理部门办理登记。本案中，二审法院根据《物权法》第 181 条、第 189 条的规定和查明的事实，通过办理抵押登记时提供的证据来补正抵押合同内容不明确的证明力瑕疵，认为本案实际上符合动产浮动抵押设定的要件，是对相关法条的正确理解与适用。

> ▶▶ **第三百九十七条** 以建筑物抵押的，该建筑物占用范围内的建设用地使用权一并抵押。以建设用地使用权抵押的，该土地上的建筑物一并抵押。
>
> 抵押人未依据前款规定一并抵押的，未抵押的财产视为一并抵押。

🏛 条文要义

本条是对建筑物与其建设用地使用权一并抵押的规定。

---

* 以下简称"民生银行成都分行"。

① 审理法院：一审法院为四川省成都市中级人民法院，案号：（2014）成民初 2939 号；二审法院为四川省高级人民法院，案号：（2017）川民终 892 号。

我国对建筑物所有权和土地所有权、建设用地使用权的关系，实行"房地一体"主义，民法典第 356 条和第 357 条对此作出了原则规定。

在抵押权中同样实行这个规则。建设用地使用权和建筑物不可分割，虽然是两个不同的不动产，但应该一并抵押。所以，以建筑物抵押的，该建筑物占用范围内的建设用地使用权一并抵押；以建设用地使用权抵押的，该土地上的建筑物一并抵押。一并抵押的效力是法定的。抵押人未按照上述规定一并抵押的，未抵押的财产视为一并抵押。这样规定的目的就在于体现和维护"房随地走"和"地随房走"的原则，实现"房地一体"主义，避免在抵押权设置上出现纠纷。

案例评析

中国银行股份有限公司南昌市南湖支行*等诉江西溪远生物科技有限公司**等金融借款合同纠纷案①

案情： 中行南湖支行与天祥公司签订借款合同，约定由中行南湖支行向天祥公司发放借款 5 600 万元。梁某某、天人公司为此提供连带责任保证；由溪远公司提供连带责任保证，且以其所有的土地使用权提供抵押担保，并办理了抵押登记。因天祥公司拖欠借款本息，中行南湖支行起诉，要求对溪远公司该地上建筑物享有优先受偿权。一审法院认为，因中行南湖支行未举证证实溪远公司有以该地上建筑物作抵押担保的意思表示，亦未对该地上建筑物办理抵押登记，故中行南湖支行的上述诉请，于法无据。二审法院认为，依据《物权法》第 182 条的规定，只要土地使用权和其附着的建筑物之一项办理了抵押登记，即使另外一项没有办理抵押登记，亦依法推定为两者一并抵押。即便在土地使用权他项权利证明书中并未注明抵押物包括了地上建筑物，该土地使用权之抵押权效力也及于其所附着的建筑物，中行南湖支行亦应就本案享有的债权依法对案涉土地所附着的建筑物享有优先受偿权。

评析： 我国民法典物权编明确确立了房地产交易中的"房随地走"和"地随房走"的双向统一原则，其立法旨意在于重申"房地一体"的原则，防止引发抵押权实现的困境，从而导致损害债权人利益。本案涉及民法典第 397 条的规定。民法典第 397 条沿袭了《物权法》第 182 条的规定。判断房地产抵押关系，首先，应该回归抵押权设立的合意基础，即双方的抵押合同约定。其次，应该判断是否满足登记要件。依据民法典第 397 条的规定，在"合意＋公示"的物权变动模式之下，无论是建筑物抵押还是建设用地使用权抵押，在当事人的合意之外，均需履行抵押权设

---

　　*　以下简称"中行南湖支行"。

　　**　以下简称"溪远公司"。

　　①　审理法院：一审法院为江西省南昌市中级人民法院，案号：（2017）赣 01 民初 64 号；二审法院为江西省高级人民法院，案号：（2017）赣民终 577 号。

立的登记手续。本案二审法院针对当事人的抗辩理由进行逐一回应，充分说理，详细阐明了"房地一体"原则在实务和立法两个层面的具体变迁，结合案情事实认定抵押的土地使用权上的建筑物视为一并抵押。

> ▶▶ **第三百九十八条** 乡镇、村企业的建设用地使用权不得单独抵押。以乡镇、村企业的厂房等建筑物抵押的，其占用范围内的建设用地使用权一并抵押。

🏛 条文要义

本条是对乡村企业的建设用地使用权不得单独抵押的规定。

我国严格限制农用地转为建设用地，除在兴办乡镇、村企业和村民建设住宅经依法批准使用农民集体所有的土地，或者乡镇、村公共设施和公益事业建设经依法批准使用农民集体所有的土地以外，任何单位和个人进行建设，都必须依法申请国有土地的建设用地使用权。

乡镇、村企业的建设用地使用权是在农村集体所有的土地上设立的建设用地使用权，属于本法第399条规定的禁止抵押的财产。由于抵押权的实现会带来建设用地使用权转让的后果，如果对农村建设用地使用权的抵押不加以任何限制，可能出现规避法律，以抵押为名将农村建设用地直接转为城市建设用地的后果，因而本条规定，乡镇、村企业的建设用地使用权不得单独抵押。如果是以乡镇、村企业的厂房等建筑物抵押的，则是允许的，将其占用范围内的建设用地使用权一并抵押。

🔵 案例评析

铁力市农村信用合作联社诉陈甲等金融借款合同纠纷案①

案情： 被告陈甲向原告铁力市农村信用合作联社申请贷款重组。原告与被告陈甲、周某某、陈乙、铁力市鑫诚源粮油公司签订个人担保借款合同，约定借款金额97万元。陈甲、陈乙以其名下的房屋、铁力市鑫诚源粮油公司以其所有的机器设备为此提供抵押担保，并办理了抵押登记。陈甲未能按约定偿还贷款本息，故原告诉至法院。两审法院均认为，根据《物权法》第183条、第184条的规定，乡镇、村企业的建设用地使用权不得单独抵押，以乡镇、村企业的厂房等建筑物抵押的，其占用范围内的建设用地使用权一并抵押。耕地、宅基地、自留地、自留山等集体所有的土地使用权不得抵押。本案中个人担保借款合同所涉及抵押房屋所占有的土地使用权为集体土地使用权，未一并办理任何抵押登记手续。该抵押房屋产权证上显

---

① 审理法院：一审法院为黑龙江省铁力市人民法院，案号：（2017）黑0781民初648号；二审法院为黑龙江省伊春市中级人民法院，案号：（2017）黑07民终375号。

示的是农村住宅用房，故被上诉人提供的担保房屋及其占用范围内的土地使用权不得设立抵押权。

评析： 本案涉及民法典第398条的规定。该条的规定沿袭了《物权法》第183条的规定。集体所有的土地使用权与乡镇、村企业的建设用地使用权并非同一个概念。前者关乎集体所有的耕地、宅基地、自留地、自留山等基础生存权益，依据民法典第399条的规定，禁止抵押；而后者依据民法典第398条的规定，出于经营发展的融资需求，可与该土地上的乡镇、村企业的厂房等建筑物一并抵押，禁止单独抵押。可见，对土地使用权的定性非常重要。并非所有集体所有的土地上的厂房都可被视为乡镇、村企业的建筑物，本案两审判决均谨慎定性，结合产权登记和抵押登记的事实，区别认定了涉诉建筑物和涉诉动产抵押的效力。

> ▶▶ **第三百九十九条**　下列财产不得抵押：
> （一）土地所有权；
> （二）宅基地、自留地、自留山等集体所有土地的使用权，但是法律规定可以抵押的除外；
> （三）学校、幼儿园、医疗机构等为公益目的成立的非营利法人的教育设施、医疗卫生设施和其他公益设施；
> （四）所有权、使用权不明或者有争议的财产；
> （五）依法被查封、扣押、监管的财产；
> （六）法律、行政法规规定不得抵押的其他财产。

🏛 条文要义

本条是对禁止抵押财产的规定。

基于公共利益、社会政策等各种考虑，法律禁止抵押的财产范围比较大。具体包括以下内容。

1. 土地所有权。无论是国有土地所有权，还是农民集体土地的所有权，都禁止设置抵押权。

2. 宅基地、自留地、自留山等集体所有土地的使用权，但法律规定可以抵押的除外。在这些土地上设立的土地使用权，都具有不可流转性，若设置抵押权则无法实现，因此禁止设置抵押权。

3. 学校、幼儿园、医疗机构等以公益为目的成立的非营利法人的教育设施、医疗卫生设施和其他公益设施。这是因为，无论是公办的还是民办的，这些单位都是以社会公益为目的而设立的，这些设施一旦设定抵押权，在抵押权实现时将会造成公益目的无法实现的后果，所以禁止设置抵押权。

4. 所有权、使用权不明或者有争议的财产。这些财产会发生权属争议，不仅对抵押权的实现有影响，而且会酿成新的纠纷，故禁止抵押。

5. 依法被查封、扣押、监管的财产。因为这些财产被采取强制措施，不能自由流转，所以禁止设置抵押权。

6. 法律、行政法规规定不得抵押的其他财产。

本条规则删除了耕地使用权不得抵押的规定。这是农村土地三权分置改革的必然要求。《中共中央、国务院关于全面深化农村改革加快推进农业现代化的若干意见》指出："在落实农村土地集体所有权的基础上，稳定农户承包权、放活土地经营权，允许承包土地的经营权向金融机构抵押融资。"为了贯彻落实这一要求，促进农村土地金融的发展，民法典第 339 条规定了土地经营权的流转，允许就土地经营权开展融资担保。与此相对应，本条规定删去了耕地等集体所有的土地使用权不得抵押的规定。

案例评析

李某某与杨某某等合同纠纷案①

案情：原告李某某（甲方）与被告杨某某、李某某（乙方）签订借款协议，约定甲方借给乙方人民币 200 万元，乙方以其所有的自建房及一辆汽车提供担保。案涉自建房系修建于杨某某等人的宅基地上。被告逾期未还款，原告遂起诉请求法院判决被告及时履行借款协议中的担保条款约定办理案涉担保物的抵押登记义务。一审法院认为，根据《物权法》第 182 条的规定，"房地一体"抵押是法律的明确规定，如果修建在宅基地上的自建房能够办理抵押手续，则意味着宅基地也会被一并抵押。而根据《物权法》第 184 条的规定，包括宅基地在内的集体所有的土地使用权是禁止抵押的。因此，原、被告之间达成的用修建于宅基地上的自建房进行抵押担保的约定因违反了法律的规定而无效。二审法院认为，《物权法》第 184 条规定禁止宅基地抵押。该条规定应属效力性规范，违反了法律的禁止性规定的担保条款无效。

评析：民法典物权编确立的"房地一体"的原则要求：在建筑物上单独设立抵押权的，应一并审查其占用范围内的土地使用权的抵押效力。本案涉及民法典第 399 条的规定。该规定以《物权法》第 184 条为基础并作了修改。本案的争议焦点是《物权法》第 184 条的效力，原告主张为管理性强制规范，二审法院判决认定为效力性强制规范。第 184 条的立法考量是基于公共利益、社会政策，故集体所有的土地使用权，除乡镇、村企业的商用建筑物外，严格禁止抵押。因此，该条是效力性强

---

① 审理法院：一审法院为四川省绵阳市涪城区人民法院，案号：（2017）川 0703 民初 4543 号；二审法院为四川省绵阳市中级人民法院，案号：（2018）川 07 民终 586 号。

制规范。根据《合同法》第52条第5项的规定，违反法律的效力性强制规范的合同条款无效。

> ▶▶ **第四百条**　设立抵押权，当事人应当采用书面形式订立抵押合同。
> 抵押合同一般包括下列条款：
> （一）被担保债权的种类和数额；
> （二）债务人履行债务的期限；
> （三）抵押财产的名称、数量等情况；
> （四）担保的范围。

🏛 条文要义

本条是对抵押合同的规定。

抵押权设立，是取得抵押权最常见的方式，即债权人与债务人或者第三人通过抵押合同设定抵押权。基于法律行为取得的抵押权也叫约定抵押或意定抵押。

抵押合同是要式行为，应当订立书面抵押合同。抵押合同的当事人是抵押权人和抵押人。取得抵押权的主体也就是主债权人，是抵押权人。在自己的财产上设定抵押权而为自己或者他人的债务提供担保的人，就是抵押人。债务人用自己的财产提供抵押的，债务人就是抵押人；第三人以其财产为债权人提供抵押的，该抵押人也叫物上担保人或限物担保人。

抵押合同应当包括这些内容：（1）被担保债权的种类和数额；（2）债务人履行债务的期限；（3）抵押财产的名称、数量等情况；（4）担保的范围。抵押合同不完全具备上述内容的，可以补正。

本条规定抵押合同条款的上述规定，没有说明其主要条款。事实上，任何合同都有主要条款。其中"被担保的主债权种类"和"抵押财产"条款是抵押合同的主要条款。具备这两个主要条款的，即使其他条款不明确或者没有约定，抵押合同亦成立；不具备这两个主要条款的，即使其他条款都具备，抵押合同也不能成立。

需要补充说明的是，本条所规定的抵押合同的一般条款，系民法典简化后的新规则。《物权法》第185条规定抵押合同应当载明抵押财产的基本情况，具体包括抵押财产的名称、数量、质量、状况、所在地、所有权归属或者使用权归属。可以看到，这些内容较为繁多，而且是封闭式列举，不利于抵押合同的自主订立。因而，本条规定将其修改为"抵押财产的名称、数量等情况"，一方面提炼出抵押财产的核心信息，将抵押财产特定化；另一方面增加了"等"，赋予当事人更大的自主权。

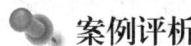 **配套司法解释**

最高人民法院关于适用《中华人民共和国民法典》有关担保制度的解释

第五十三条　当事人在动产和权利担保合同中对担保财产进行概括描述，该描述能够合理识别担保财产的，人民法院应当认定担保成立。

案例评析

蒋某某诉苏某某等民间借贷纠纷案①

案情： 2014 年 4 月，刘某将案涉房屋抵押给第三人，并办理了抵押登记。2014 年 12 月，刘某与蒋某某签订借款合同，约定借款金额 40 万元，债务人刘某将其所有的案涉房屋的房产证交与债权人蒋某某抵押保管，但未到相关部门办理抵押登记。苏某某为上述债权提供连带责任保证。刘某未如约支付借款本息，蒋某某诉至法院。关于保证人承担的担保责任的范围，一审法院认为，抵押不因没有办理抵押登记而致使无效，因蒋某某怠于处置抵押权利，直接损害了担保人苏某某的权益，故其应对未予登记抵押自行承担相应责任。担保人苏某某应在该抵押物价值不足的范围内承担担保责任。二审法院认为，本案抵押合同有效，但抵押权并未生效。《物权法》第 185 条第 1 款规定："设立抵押权，当事人应当采取书面形式订立抵押合同。"抵押合同为要式合同，必须与登记结合，才能设立抵押权。本案借款并未设立抵押权，不存在物的担保，故苏某某对本案借款负有全部清偿的连带责任。

评析： 本案涉及民法典第 400 条的规定。该规定以《物权法》第 185 条为基础并作了修改。抵押权的生效需要同时具备两个要件：其一是根据民法典第 400 条规定，须具备要式书面合同；其二是根据民法典第 402 条的规定，以建筑物和其他土地附着物、建设用地使用权、海域使用权，以及正在建造的建筑物抵押的，应当办理抵押登记，抵押权自登记时设立，即须在土地登记部门进行抵押登记后，抵押权才正式设立。登记是抵押权的生效要件。因此，本案中，虽然以书面形式订立的抵押合同有效，但是抵押权并未生效。本案担保人要对主债务承担全部清偿的连带责任。

> ▶▶ **第四百零一条**　抵押权人在债务履行期限届满前，与抵押人约定债务人不履行到期债务时抵押财产归债权人所有的，只能依法就抵押财产优先受偿。

① 审理法院：一审法院为四川省成都市龙泉驿区人民法院，案号：（2015）龙泉民初 5246 号；二审法院为四川省成都市中级人民法院，案号：（2017）川 01 民再 76 号。

🏛 条文要义

本条是关于流押条款效力的规定。

流押，也叫作流押契约、抵押财产代偿条款或流抵契约，是指抵押权人与抵押人约定，当债务人届期不履行债务时，抵押权人有权直接取得抵押财产的所有权的协议。抵押权人在债务履行期届满前，不得与抵押人约定在债务人不履行到期债务时，抵押财产归债权人所有。

在实践中，下列约定也被认为属于流押契约：一是，在借款合同中，当订有清偿期限届至而借款人不还款时，贷款人可以将抵押财产自行加以变卖的约定。二是，抵押权人在债权清偿期届满后与债务人另订有延期清偿的合同，在该合同中附以延展的期限内如果仍未能清偿时，就将抵押财产交给债权人经营为条件的约定。三是，债务人以所负担的债务额作为某项不动产的出售价，与债权人订立一个不动产买卖合同，但并不移转该不动产的占有，只是约明在一定的期限内清偿债务以赎回该财产。此种合同虽然在形式上是买卖，实际上是就原有债务设定的抵押权，只不过以回赎期间作为清偿期间罢了。

抵押权人和抵押人订立的流押契约，流押的条款一律无效。但是，抵押权仍然成立，因而只能依法就抵押财产优先受偿，使债务得到清偿。本条新增加的规则就是明确了约定流押不影响抵押权的优先受偿效力。

📋 配套司法解释

最高人民法院关于适用《中华人民共和国民法典》时间效力的若干规定

第七条　民法典施行前，当事人在债务履行期限届满前约定债务人不履行到期债务时抵押财产或者质押财产归债权人所有的，适用民法典第四百零一条和第四百二十八条的规定。

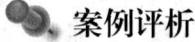 案例评析

舟山东方大港置业有限公司、华升建设集团
有限公司合同纠纷案①

案情：华升建设集团有限公司（以下简称"华升公司"）承建东方大港置业有限公司（以下简称"东方公司"）开发的建设工程。后双方签订《以房抵付工程款协议》，约定由东方公司（甲方）以特定价格转移部分商品房所有权给华升公司（乙方）或其指定人员，甲方将应收取的房款折抵其所欠付乙方的工程款。甲方承诺房

---

① 审理法院：一审法院为浙江省舟山市普陀区人民法院，案号：（2016）浙 0903 民初 3258 号；二审法院为浙江省舟山市中级人民法院，案号：（2018）浙 09 民终 90 号。

产证在签订《商品房买卖合同》后四个月内具备做证条件，否则向乙方支付房屋销售款的 0.1‰ 的每天违约金。由于东方公司原因案涉房屋无法做权证，华升公司向法院起诉请求判决被告支付违约金。争议焦点是《以房抵付工程款协议》的法律效力问题，原告上诉主张该协议违反《物权法》第 186 条有关禁止流押的禁止性规定，该协议自始无效，有关违约金的约定亦无效。二审法院认为，双方的《以房抵付工程款协议》是为实现各自权利义务的平衡而进行交易，因此，不属于《物权法》第 186 条及《担保法》第 40 条规定的禁止性情形。一审判决认定《以房抵付工程款协议》合法有效，法律适用正确。

评析：本案涉及民法典第 401 条的规定。该规定以《物权法》第 186 条为基础并作了修改。2015 年 12 月 4 日，最高人民法院发布了《19 起合同纠纷典型案例》，在对案例十四的典型意义进行分析时，指出："禁止流押"是物权法中的一大原则，旨在防止债权人利用优势地位损害债务人的利益，造成对抵押人实质上的不公平。债权人为保证其债权的顺利实现，签订的担保借贷合同的买卖合同的标的物价值通常都高于借贷合同的标的。本案中，《以房抵付工程款协议》约定：上诉人出于真实意思表示，通过收取原告经其同意出售房屋获得的房款，来折抵欠付原告的工程款。这是一种平衡双方利益的交易安排，并不违背"禁止流押"原则的立法宗旨，不属于民法典第 401 条规定禁止的情形。

▶▶第四百零二条　以本法第三百九十五条第一款第一项至第三项规定的财产或者第五项规定的正在建造的建筑物抵押的，应当办理抵押登记。抵押权自登记时设立。

🏛 条文要义

本条是对不动产抵押权登记的规定。

抵押权登记，是指依据财产权利人的申请，登记机关将与在该财产上设定抵押权相关的事项记载于登记簿上的事实。其基本功能是：（1）保障交易安全。通过抵押权登记，将物上是否设定了抵押权的状态向外界加以展示，不仅能够节省交易成本，而且能够有效地避免抵押权人与其他利害关系人发生利益冲突，维护交易安全。（2）强化担保效力。在抵押权经过登记而成立的情况下，法律就认为第三人已经知晓抵押权的存在，因而使抵押权对债权的担保功能得到进一步强化。（3）有助于预防纠纷和解决纠纷。抵押权登记簿的存在既可以事先预防各类冲突，还可以为法院审理案件提供确实的证据。

抵押权是担保物权，设定抵押权除要订立抵押合同之外，对某些不动产抵押设置抵押权还须进行抵押权登记，并且只有经过抵押权登记，才能发生抵押权的效果。

本条规定，须登记发生法律效力的抵押权是：（1）建筑物和其他土地附着物；（2）建设用地使用权；（3）海域使用权；（4）正在建造的建筑物。以这些不动产设置抵押权的，在订立抵押合同之后，应当进行抵押权登记，经过登记之后，抵押权才发生，即抵押权自登记时设立。这种登记效力被称为绝对登记主义。

通过登记，确立了抵押权标的对象，是实现优先受偿和确立抵押权顺位的根据。同时，由于登记外观的公信力，可能会发生不动产抵押权的善意取得。

📋 配套司法解释

最高人民法院关于适用《中华人民共和国民法典》有关担保制度的解释

第四十六条　不动产抵押合同生效后未办理抵押登记手续，债权人请求抵押人办理抵押登记手续的，人民法院应予支持。

抵押财产因不可归责于抵押人自身的原因灭失或者被征收等导致不能办理抵押登记，债权人请求抵押人在约定的担保范围内承担责任的，人民法院不予支持；但是抵押人已经获得保险金、赔偿金或者补偿金等，债权人请求抵押人在其所获金额范围内承担赔偿责任的，人民法院依法予以支持。

因抵押人转让抵押财产或者其他可归责于抵押人自身的原因导致不能办理抵押登记，债权人请求抵押人在约定的担保范围内承担责任的，人民法院依法予以支持，但是不得超过抵押权能够设立时抵押人应当承担的责任范围。

第四十七条　不动产登记簿就抵押财产、被担保的债权范围等所作的记载与抵押合同约定不一致的，人民法院应当根据登记簿的记载确定抵押财产、被担保的债权范围等事项。

第四十八条　当事人申请办理抵押登记手续时，因登记机构的过错致使其不能办理抵押登记，当事人请求登记机构承担赔偿责任的，人民法院依法予以支持。

🔵 案例评析

中国工商银行股份有限公司日照石臼支行* 与于某某、许某某、日照昊海世纪投资发展有限公司** 借款合同纠纷案[1]

案情：被告于某某向原告工行日照石臼支行申请个人商业用房贷款 30 万元。保证人昊海投资公司自愿向贷款人提供阶段性担保，保证合同约定如下。下列条件同时满足的，保证人对该等条件同时满足之日后到期的借款人的债务免除保证责任：（1）本合同第 16.2 条约定的正式抵押登记手续已办理完毕；（2）贷款人收到记载有上述正式抵押登记信息的房屋他项权证书。案涉房屋虽办理房产证，但未办理抵押

---

　* 以下简称"工行日照石臼支行"。
　** 以下简称"昊海投资公司"。
　[1] 审理法院：山东省日照市东港区人民法院，案号：（2014）东商初 512 号。

登记手续。被告逾期仍未归还部分借款本息，原告起诉要求被告承担还款责任和担保责任。法院认为，根据不动产抵押权设立"登记生效主义"和《物权法》第187条的规定，房屋抵押权的设立应以登记为准，原告与被告昊海投资公司均认可案涉房屋未办理抵押登记，抵押权未设立，被告亦不能举证证明未办理抵押登记的过错在于原告。贷款人不可能收到案涉房屋的他项权利证书，合同中约定的保证人免除保证责任的两个条件均未成就，原告要求被告昊海投资公司连带清偿诉争债务符合其阶段性担保的合同约定。

评析：本案涉及民法典第402条的规定。该规定以《物权法》第187条为基础并作了修改。民间借贷中，以民法典第402条规定的必须办理抵押权登记的财产或财产权利作为担保的，应当到相关登记机关办理登记手续。本案中，当事人虽然约定了抵押案涉房产，但根据债权与物权相区分原则，抵押合同的成立并不必然意味着抵押权的设立。本案的担保合同约定保证人免除保证责任的条件是抵押权设立，因此，在案涉房屋未经依法登记的情况下，抵押权未有效设立，保证人的连带清偿责任不符合约定免除的条件。

▶▶ **第四百零三条**　以动产抵押的，抵押权自抵押合同生效时设立；未经登记，不得对抗善意第三人。

🏛 条文要义

本条是对动产抵押设立时间的规定。

以动产抵押的，例如民法典第396条规定的生产设备、原材料、半成品、产品，以及正在建造的船舶、航空器、交通运输工具等，采取登记对抗主义，抵押权自抵押合同生效时设立；未经抵押权登记的，抵押权亦设立，只是不得对抗善意第三人。这种登记对抗要件主义，也叫相对登记主义。由于动产具有流动性强的特点，采取登记对抗主义，有利于节约交易成本，提高交易效率；同时赋予动产抵押权的登记公信力，以保障交易安全，降低交易风险。

📋 配套司法解释

最高人民法院关于适用《中华人民共和国民法典》有关担保制度的解释

第五十四条　动产抵押合同订立后未办理抵押登记，动产抵押权的效力按照下列情形分别处理：

（一）抵押人转让抵押财产，受让人占有抵押财产后，抵押权人向受让人请求行使抵押权的，人民法院不予支持，但是抵押权人能够举证证明受让人知道或者应当知道已经订立抵押合同的除外；

（二）抵押人将抵押财产出租给他人并移转占有，抵押权人行使抵押权的，租赁关系不受影响，但是抵押权人能够举证证明承租人知道或者应当知道已经订立抵押合同的除外；

（三）抵押人的其他债权人向人民法院申请保全或者执行抵押财产，人民法院已经作出财产保全裁定或者采取执行措施，抵押权人主张对抵押财产优先受偿的，人民法院不予支持；

（四）抵押人破产，抵押权人主张对抵押财产优先受偿的，人民法院不予支持。

 案例评析

扬州亚星客车股份有限公司诉高某某买卖合同纠纷案①

案情： 扬州亚星客车股份有限公司（以下简称"亚星公司"）与被告上海同强汽车租赁有限公司（以下简称"同强公司"）签订买卖合同，被告同强公司向原告购买客车共 20 辆，总金额为人民币 712.5 万元，分期付款；同强公司以上述 20 辆客车作为履行上述买卖合同的抵押担保物，且同强公司任意一期违约，原告均可要求其立即履行担保责任，无须首先向同强公司主张债权和车辆抵押权。同时，德勤公司和被告高某某分别书面承诺为上述合同债权提供连带责任担保。后原告如约履行了包括交付客车在内的全部义务，同强公司也已将上述 20 辆客车登记在自己名下，但并未按约定及时足额地给付购车款。原告遂起诉，请求判令同强公司立即给付剩余购车款，并支付逾期付款违约金；被告同强公司以抵押的 5 辆客车的折价款、变卖款或者拍卖款优先偿还上述全部债务等。法院认为，双方之间的抵押担保关系依法成立并发生法律效力，尽管因被告同强公司的原因而未能办理抵押登记，但根据《物权法》第 188 条的规定，原告依法就案涉客车享有抵押权，仅是不能对抗善意第三人，故原告要求对案涉的 5 辆客车变现后的价款优先受偿的诉讼请求于法有据。

评析： 本案涉及民法典第 403 条的规定。该规定以《物权法》第 188 条为基础并作了修改。依据我国民法典第 403 条的规定，动产抵押权的设定依当事人意思表示即能成立，无须办理登记。登记并非抵押权设立的生效要件。未办理登记仅不产生对抗效力，即不能对抗善意第三人而已。本案不存在第三人，争议双方已经通过合同明确设定了动产抵押权，不需要登记即可在当事人之间产生设立抵押权的法律效力。

> ▶▶ **第四百零四条**　以动产抵押的，不得对抗正常经营活动中已经支付合理价款并取得抵押财产的买受人。

---

① 审理法院：江苏省扬州市中级人民法院，案号：（2013）扬商初 264 号。

🏛 条文要义

本条是对动产抵押不得对抗抵押财产正常流转的规定。

动产抵押采取登记对抗主义，未经登记不得对抗善意第三人。不仅如此，即使是已经办理登记的动产抵押，也不得对抗在正常经营活动中已支付合理价款并取得抵押财产的买受人。如果在动产抵押过程中，抵押人在与他人进行正常的经营活动，对抵押财产与对方当事人进行交易，对方已经支付了合理价款、取得了该抵押财产的，这些抵押财产就不再是抵押权的客体，抵押权人对其不能主张抵押权。

正常经营活动买受人规则最初与动产浮动抵押制度相关联。浮动抵押权具有抵押人利用其财产自由经营的特点。对于抵押人来说，在抵押权实现前可以放手进行经营。为了维护动产浮动抵押人的正常经营活动，《物权法》第189条规定了动产浮动抵押不得对抗正常经营活动中的买受人。本条规定放开了这一规则的限制，将其适用范围扩大至所有的动产抵押。对此，学界有不同的意见。有学者表示反对，理由是这将与抵押权追及效力制度形成体系背反。[1] 也有学者表示支持，认为本条规定明确了动产抵押权和动产抵押物取得人之间的权利顺位规则。[2] 还有学者从功能的角度认为，这种修改平衡了三方当事人的利益，不仅能够保障买受人的权益，还能够促进抵押人的商业经营，同时符合抵押权人的商业预期，具有公平价值。[3] 我们认为，这样的修改更加符合交易习惯，也更能够促进交易。如果正常经营人买受规则仅局限于动产浮动抵押，那么在一般性的动产抵押中，买受人势必需要为了避免被追及而去查询抵押物是否办理了登记。这不符合交易习惯，也将增大交易的成本。因而，本条规定的修改是值得充分肯定的。

需要注意的是，尽管本条规定扩大了正常经营买受人规则的适用范围，但为了避免滋生道德风险，还需要在司法实践中严格把控该规则的适用条件，比如对"正常经营活动""支付合理价款""取得抵押财产"等，应作严格解释。

📋 配套司法解释

最高人民法院关于适用《中华人民共和国民法典》有关担保制度的解释

第五十六条　买受人在出卖人正常经营活动中通过支付合理对价取得已被设立担保物权的动产，担保物权人请求就该动产优先受偿的，人民法院不予支持，但是有下列情形之一的除外：

---

① 邹海林. 论《民法典各分编（草案）》担保物权的制度完善——以《民法典各分编（草案）》第一编物权为分析对象. 比较法研究，2019（2）.

② 高圣平. 民法典担保物权制度修正研究——以《民法典各分编（草案）》为分析对象. 江西社会科学，2018（10）.

③ 纪海龙，张玉涛.《民法典物权编（草案）》中的正常经营买受人规则. 云南社会科学，2019（5）.

（一）购买商品的数量明显超过一般买受人；

（二）购买出卖人的生产设备；

（三）订立买卖合同的目的在于担保出卖人或者第三人履行债务；

（四）买受人与出卖人存在直接或者间接的控制关系；

（五）买受人应当查询抵押登记而未查询的其他情形。

前款所称出卖人正常经营活动，是指出卖人的经营活动属于其营业执照明确记载的经营范围，且出卖人持续销售同类商品。前款所称担保物权人，是指已经办理登记的抵押权人、所有权保留买卖的出卖人、融资租赁合同的出租人。

案例评析

中信银行股份有限公司昆明分行、常某某返还原物纠纷案①

案情：原告常某某向被告亚超公司支付了购买轿车的价款，并将车辆提走。亚超公司未交付车辆合格证，被告加速度公司承诺限期内交付合格证，逾期将承担违约责任。后被告逾期仍未交付车辆合格证，原告遂诉至法院。经查明，涉案车辆由被告神龙公司生产，交付给雪铁龙公司销售。根据合同约定，亚超公司向中信银行股份有限公司昆明分行（以下简称"昆明分行"）贷款，以现有及将有的车辆提供抵押担保，并办理了抵押登记，但昆明分行仅就案涉车辆合格证进行监管质押，车辆及其他手续实际由亚超公司管控。亚超公司将车辆销售款交付昆明分行后，得到质押的对应的车辆合格证。现亚超公司未将案涉车辆销售款交付给昆明分行。法院一审判决认为，案涉车辆未移交占有，质权未有效设立。二审判决认为，根据《物权法》第189条的规定，昆明分行虽已办理车辆抵押登记，但其抵押权不得对抗正常经营活动中已支付合理价款并取得抵押财产的买受人。依据《物权法》第35条的规定，现上诉人持有车辆合格证已妨害并损害到被上诉人所有权的完整行使，故上诉人应当将车辆合格证交付给被上诉人。

评析：本案涉及民法典第404条的规定。该规定以《物权法》第189条为基础并作了修改。一审法院、二审法院均支持了原告的诉讼请求，但适用法律不同。一审法院对法律关系认定有误，认为案涉质押合同自质物移交于质权人占有时才生效，案涉车辆合格证处于债权人的监管质押下，表现形式虽类似于质押，但案涉车辆未移交债权人占有，不产生担保物权的法律效力。二审法院判决根据《物权法》第189条的规定，在认定案涉车辆上依法设立了抵押权的前提下，判决抵押权人对实际控制下的合格证的权利，不得对抗正常经营活动中已支付合理价款并取得抵押财产的原告。

---

① 审理法院：一审法院为云南省昆明市官渡区人民法院，案号：（2016）云 0111 民初 3012 号；二审法院为云南省昆明市中级人民法院，案号：（2016）云 01 民终 5615 号。

▶▶ **第四百零五条**　抵押权设立前，抵押财产已经出租并转移占有的，原租赁关系不受该抵押权的影响。

条文要义

本条是关于"抵押不破租赁"的规定。

对抵押权设立之前抵押财产出租，租赁关系不受抵押权影响的条件是：第一，订立抵押合同前抵押财产已出租，无论该财产是动产还是不动产；第二，成立租赁合同关系并且已经将租赁物转移占有。抵押权设立之前仅订立了租赁关系，但是抵押财产并未被承租人占有的，不受"抵押不破租赁"的限制。之所以新增了占有作为要件，是因为租赁之所以能物权化，取得对抗的效力，正是因为其支撑要素是承租人对租赁物的有权占有，缺乏该要素的租赁合同就是普通的债。[①] 与此相类似的还有民法典第 725 条规定的"租赁物在承租人按照租赁合同占有期限内发生所有权变动的，不影响租赁合同的效力"，其也是在《合同法》第 229 条规定的基础上新增了占有的要件。

对于已抵押的财产在出租时如何处理抵押与租赁的关系，其方法是，将办理了抵押登记的财产出租，无论是不动产抵押登记还是动产抵押登记，都取得对抗第三人的效力，承租人不能对抗抵押权人。将未办理抵押登记的财产出租，根据财产的性质区别对待：不动产未经抵押登记，抵押权不成立，不存在抵押权与租赁期相互对抗的前提；动产未经抵押登记，不具有对抗第三人的效力，善意承租人可以对抗抵押权人。

案例评析

郑某某与平安银行股份有限公司上海分行

案外人执行异议之诉案[②]

案情：2010 年，被告平安银行股份有限公司上海分行（以下简称"平安银行"）取得案涉房屋的抵押权，2013 年，案涉房屋被查封。2014 年，法院生效判决要求债务人张某某、王某某向平安银行承担偿还借款本息责任，并确认平安银行享有案涉房屋上设立的抵押权。2015 年，浦东法院对案涉房屋启动评估拍卖程序，原告郑某某作为合法承租人提出执行异议，被法院裁定驳回。原告遂起诉，主张：2011 年，原告借款给第三人王某某，因王某某逾期不归还借款，双方达成以租金抵借款的协议。案外人袁乙早于抵押权设立之前就承租于案涉房屋内，之前是直接与房东王某

---

① 史尚宽. 债法各论. 北京：中国政法大学出版社，2000：221-222.
② 审理法院：上海市浦东新区人民法院，案号：（2015）浦民一（民）初 33030 号。

某签约，后由王某某与原告先签订租赁合同，再由原告转租给袁乙。因此，要求法院确认其对执行标的享有租赁权。

法院认为，根据相关法律及司法解释的规定，抵押权设立后抵押财产出租的，该租赁关系不得对抗已登记的抵押权，抵押权实现后，房屋租赁合同对受让人不具有约束力。本案中，原告与第三人签订房屋租赁合同的时间晚于抵押权的设立时间，对于原告所称，设立抵押之前，袁乙已在系争房屋内承租一事，原告没有证据可以佐证，被告亦不予认可，故原告要求确认其对执行标的享有租赁权，缺乏事实和法律依据，法院不予支持。

评析：本案涉及民法典第 405 条的规定。民法典第 405 条以《物权法》第 190 条为基础并作了修改。同一抵押财产上同时存在抵押权和租赁权，当两种权利发生冲突时，遵循成立在先原则。成立在后的不得对抗成立在先的权利关系。本案中，租赁人不能充分举证证明租赁关系成立在抵押权之前，因此，其主张的租赁关系不能对抗成立在先的已登记的抵押权。

应当补充说明的是，民法典第 405 条在《物权法》第 190 条规定的基础上新增了占有作为抵押不破租赁的要素。据此，本案中租赁人若主张以租赁关系对抗已登记的抵押权，除证明先后关系之外，还需要证明在此期间一直占有该房屋。

> ▶▶ **第四百零六条**　抵押期间，抵押人可以转让抵押财产。当事人另有约定的，按照其约定。抵押财产转让的，抵押权不受影响。
>
> 抵押人转让抵押财产的，应当及时通知抵押权人。抵押权人能够证明抵押财产转让可能损害抵押权的，可以请求抵押人将转让所得的价款向抵押权人提前清偿债务或者提存。转让的价款超过债权数额的部分归抵押人所有，不足部分由债务人清偿。

🏛 条文要义

本条是关于抵押人转让抵押财产的规定。

在抵押关系存续期间，抵押人转让抵押财产的，《物权法》第 191 条采取比较严格的规则，即"抵押期间，抵押人经抵押权人同意转让抵押财产的，应当将转让所得的价款向抵押权人提前清偿债务或者提存。转让的价款超过债权数额的部分归抵押人所有，不足部分由债务人清偿。抵押期间，抵押人未经抵押权人同意，不得转让抵押财产，但受让人代为清偿债务消灭抵押权的除外"。之所以规定得如此严苛，是为了避免抵押权人因抵押人处分财产而无法实现担保权益。

事实上，在财产上设置抵押权，只要抵押权跟随抵押财产一并移转，就能够保障抵押权人的权利。原来的规定是不适当的。本条的规定以承认抵押权的追及效力为前提，颇合法理。① 根据本条规定的法理，确认和应当适用的规则如下。

1. 抵押期间，抵押人有转让抵押财产的自由，抵押人转让抵押财产的，并不加以禁止。

2. 如果当事人对此另有约定的，按照其约定。

3. 抵押期间，抵押权具有追及效力。抵押人将抵押财产转让的，抵押权不受影响，即抵押财产是设有抵押权负担的财产，进行转让，抵押权随着所有权的转让而转让，取得抵押财产的受让人在取得所有权的同时，也负有抵押人所负担的义务，受到抵押权的约束。

4. 转让抵押财产的，抵押人负有通知的义务。但这里仅规定了"及时通知"，并没有明确通知的期间。

5. 抵押权人具有保全请求权。抵押权人能够证明抵押财产转让可能损害抵押权的，可以请求抵押人将转让所得的价款向抵押权人提前清偿债务或者提存。转让的价款超过债权数额的部分，归抵押人所有，不足部分由债务人清偿。

📑 配套司法解释

最高人民法院关于适用《中华人民共和国民法典》有关担保制度的解释

第四十三条　当事人约定禁止或者限制转让抵押财产但是未将约定登记，抵押人违反约定转让抵押财产，抵押权人请求确认转让合同无效的，人民法院不予支持；抵押财产已经交付或者登记，抵押权人请求确认转让不发生物权效力的，人民法院不予支持，但是抵押权人有证据证明受让人知道的除外；抵押权人请求抵押人承担违约责任的，人民法院依法予以支持。

当事人约定禁止或者限制转让抵押财产且已经将约定登记，抵押人违反约定转让抵押财产，抵押权人请求确认转让合同无效的，人民法院不予支持；抵押财产已经交付或者登记，抵押权人主张转让不发生物权效力的，人民法院应予支持，但是因受让人代替债务人清偿债务导致抵押权消灭的除外。

案例评析

王某某诉成都众意置业发展有限公司、陈某某案外人
执行异议之诉案②

案情：2013 年，被告成都众意置业发展有限公司（以下简称"众意公司"）将案涉车位抵押于被告陈某某，为其向陈某某借款 200 万元提供担保，双方签订了房地

---

① 高圣平 . 民法典担保物权制度修正研究——以《民法典各分编（草案）》为分析对象 . 江西社会科学，2018（10）.

② 审理法院：四川省成都市武侯区人民法院，案号：（2016）川 0107 民初 10835 号。

产抵押合同，并办理了抵押登记。2014 年，原告王某某购买案涉车位，并支付了全部价款。众意公司向原告王某某交付了该车位，但该车位至今仍然登记在众意公司名下。由于众意公司未按期归还被告陈某某借款剩余本金，陈某某向法院申请强制执行，法院将案涉车位查封。王某某提出执行异议，被法院裁定驳回。王某某不服，遂起诉。法院认为，被告众意公司以案涉车位向被告陈某某抵押借款并办理了抵押登记，被告陈某某因此对该车位享有抵押权。王某某购买案涉车位在该车位抵押于被告陈某某之后，依《物权法》第 191 条第 2 款规定，抵押期间，抵押人未经抵押权人同意，不得转让抵押财产，但受让人代为清偿债务消灭抵押权的除外。原告王某某主张案涉车位所有权的抗辩不能对抗已办理登记的抵押权人被告陈某某。

评析：本案涉及民法典第 406 条的规定。民法典第 406 条以《物权法》第 191 条为基础并作了修改，旨在进一步实现抵押权人、抵押人和受让人之间的利益平衡，一定程度上放宽了对抵押财产流转的限制，充分发挥物的效益。之前的规定中，未经抵押权人同意的物权变动是无权转让，采取不动产物权变动的区分原则。本案中，法院在判决中适用《物权法》第 191 条第 2 款的规定，否认了案涉车位所有权的物权变动效力。实际上，尽管案涉车位已经交付买受人使用，但并未办理所有权登记，故物权转让合同虽有效，但不发生物权变动的效力，买受人不是案涉车位的所有权人。

> ▶▶ **第四百零七条** 抵押权不得与债权分离而单独转让或者作为其他债权的担保。债权转让的，担保该债权的抵押权一并转让，但是法律另有规定或者当事人另有约定的除外。

🏛 条文要义

本条是对抵押权转让与债权关系的规定。

抵押权不是独立的物权，是附随于被担保的债权的从权利，普通抵押权的转移，因债权的转移而被转移。普通抵押权需附随于其所担保的债权，才能通过让与成为其他债权的担保，普通抵押权不得与债权分离而单独转让或者作为其他债权的担保。将普通抵押权与所担保的债权相分离而单独转让于他人，或者将债权与普通抵押权分别转让他人的，普通抵押权的让与均为无效。如果债权让与时，普通抵押权没有经过登记，对于其是否发生抵押权转移的效果，有不同见解，但通说认为，根据"从随主"原则，抵押权即使未经登记，也发生转移的后果，跟随债权的转移而一并转移。

本条规定的"抵押权不得与债权分离而单独转让"，包括三种情形：一是抵押权人不得将抵押权单独让与他人，而自己保留债权，否则转让行为无效，受让人不能因此而取得抵押权。二是抵押权人不得将债权单独让与他人，而自己保留抵押权。让与债权时，抵押权原则上应随债权一并转移。三是抵押权人不得将债权和抵押权分别让与两个不同的人，否则债权的让与就会发生丧失抵押权担保的问题，而抵押权的转让则因违反抵押权成立的从属性原则而使其消灭。

本条规定的"抵押权不得与债权分离而作为其他债权的担保"，也包括三种情形：一是抵押权人不得仅以抵押权为其他债权提供担保，自己保留债权，这违反本条规定，也违反物权法定原则，为无效。二是抵押权人仅以债权设立质权，而自己保留抵押权，这虽属于债权人的自由意志，以该债权设定的担保物权为无担保债权，本条明确规定为禁止范围，应为无效。三是抵押权人分别将债权和抵押权为他人提供担保，其中抵押权单独设立的担保应为无效，以债权设置的担保，担保物为无担保债权，依照本条规定，也应为无效。

但是法律另有规定或者当事人另有约定的除外。法律另有规定的，例如民法典第421条规定，最高额抵押担保的债权确定前，部分债权转让的，最高额抵押权不得转让，但是当事人另有约定的除外。当事人另有约定的，例如当事人约定为特定债权人设立的抵押权不随债权的转移而转移。

案例评析

姜某与王某某等借款合同纠纷案[①]

案情：2012年5月，第三人白某某向王某某、张某某出借150万元，并签订了借款合同。王某某、张某某以其所有的案涉房屋提供抵押担保，登记的抵押权人为白某某。同年6月，白某某将上述债权转让与原告姜某，并通知了王某某、张某某，王某某在电话中表示同意。2012年7月，王某某、张某某又与白某某签订了《债权债务确认书》，共同确认上述债权的唯一债权人是白某某。2012年7月底，王某某、张某某收到姜某邮寄送达的债权转让通知。2013年2月，白某某就《债权转让协议》，以姜某为被告提起撤销之诉，被法院驳回。张某某向白某某支付共计150万元。姜某遂起诉要求被告偿还借款、支付利息，并主张对案涉抵押房屋有权行使优先受偿权。法院认为，债权转让协议有效；关于姜某要求对案涉房屋享有抵押权并对该抵押房屋拍卖、变卖、折价后所得价款有权行使优先受偿权的诉讼请求：本案被告在借款合同签订后，将案涉房屋进行了抵押登记，设定了抵押权，产生法律效力。按照《物权法》第192条之规定，债权转让的，担保该债权的抵押权一并转让，王某某、张某某为担保借款合同而设立的抵押权亦应一并转让。故法院支持姜某的该项诉讼请求。

评析：本案涉及民法典第 407 条的规定。民法典第 407 条沿袭了《物权法》第 192 条的规定。抵押权的从属性是基于其所担保的债权而言的，不只具有成立上的从属性，也具有转移上的从属性、消灭上的从属性。其中，转移上的从属性体现在民法典第 407 条。本案中的主债权已经转让给债权受让人，因此，抵押权原则上应随债权一并转移。本案中，原债权人应按照债权转让协议履行合同义务，其不遵循诚实信用原则和契约精神，在债权转让后受领的款项属于不当得利。

> ▶▶ 第四百零八条 抵押人的行为足以使抵押财产价值减少的，抵押权人有权请求抵押人停止其行为；抵押财产价值减少的，抵押权人有权请求恢复抵押财产的价值，或者提供与减少的价值相应的担保。抵押人不恢复抵押财产的价值，也不提供担保的，抵押权人有权请求债务人提前清偿债务。

🏛 条文要义

本条是对防止抵押财产价值减少对策的规定。

抵押权对抵押权人的效力主要是指抵押权人所享有的具体权利，其中就有保全抵押权的权利。抵押权的作用在于用抵押财产的价值，为债权的实现提供担保，一旦债权不能实现，用抵押财产变价清偿债务，实现债权。由于抵押财产并不为抵押权人即债权人占有，而为抵押人占有，因而有可能出现抵押人处分抵押财产使抵押财产价值减少的情形。对此，本条规定的规则如下。

1. 抵押人的行为足以使抵押财产价值减少的，抵押权人有权请求抵押人停止其行为。

2. 抵押人的行为确实使抵押财产价值减少的，有两个办法解决：（1）抵押权人有权请求恢复抵押财产的价值，例如请求处分抵押财产的受让人返还财产；（2）提供与减少的价值相应的担保，为抵押财产的减少部分进行担保。两个请求权的关系是：首先，恢复抵押财产价值请求权赋予抵押权人的是防止抵押财产毁损或者价值减少的权利，是针对抵押财产价值尚未毁损或者减少时而设；其次，如果抵押财产价值的减少后果已经实际发生了，则法律对保障抵押权人的权益不能无动于衷，必须再给予相应的救济措施，这就是增加担保请求权。

3. 抵押人不恢复抵押财产的价值也不提供担保的，抵押权人有权请求债务人提前清偿债务，使自己的债权在到期前得到清偿，实现债权。

应当注意的是，适用以上规则首先必须是抵押人的行为所致；其次，抵押人的行为和抵押财产价值减少之间具有因果关系；最后，债权人对此负有举证责任。

案例评析

马某某与史带财产保险股份有限公司江苏分公司保险纠纷案①

案情： 2011年11月，能讯公司为其所有的厂房房屋向大众公司投保了财产基本险。2012年1月，上述厂房的承租人本迪公司将C栋厂房施工项目交由无证电焊工谢某某具体施工。谢某某过失导致发生火灾，致C栋厂房、D栋厂房等房屋部分毁损。

另查明，2014年4月，法院生效判决确认能讯公司应向马某某归还借款本金1 173.12万元及利息。2014年12月，法院生效判决确认无锡农商行享有能讯公司提供抵押的案涉厂房房屋的优先受偿权。上述判决生效后，能讯公司未履行判决确定的义务。2014年12月，能讯公司向锡山法院起诉，要求大众公司赔偿保险金。原告马某某、第三人无锡农商行均在一审主张对保险赔偿款的权利。

一审法院认为，虽然马某某有权提起本案代位权诉讼，但根据《物权法》第174条的规定，马某某主张的保险金系能讯公司向无锡农商行借款用作抵押的房屋部分毁损而获得的保险金，故无锡农商行对该保险金享有优先受偿权，法院不予支持马某某的诉讼请求。马某某不服，上诉主张本案应适用《物权法》第193条有关抵押财产减少时的处理规定。二审法院认为第193条目的在于保护抵押权人的利益，但不排除抵押权人对因担保财产毁损而获利保险金的请求权。火灾事故由第三人原因致使抵押财产毁损，价值减少，抵押人并无过错，要求抵押人恢复抵押财产的原价值或提供价值相当的担保，对抵押人有失公正。因此确认无锡农商行对保险金有优先受偿权。

评析： 本案涉及民法典第408条的规定。民法典第408条沿袭了《物权法》第193条的规定。《物权法》第193条适用的前提是"抵押人的行为足以使抵押财产价值减少的"情况，强调抵押财产价值减少可归责于抵押人的行为；而《物权法》第174条适用的情形是针对担保财产毁损、灭失或者被征收的客观情况存在，不区分毁损、灭失的责任人。故本案中，案涉抵押财产价值的减少与抵押人无直接关系，但客观造成了毁损的现实，符合第174条的适用条件。二审法院在判决中否认了上诉人主张仅能适用《物权法》193条的正当性，指出第193条的适用并不排除抵押权人依据第174条享有的请求权，从而平衡了抵押人和抵押权人的利益。

▶▶ **第四百零九条** 抵押权人可以放弃抵押权或者抵押权的顺位。抵押权人与抵押人可以协议变更抵押权顺位以及被担保的债权数额等内容。但是，抵押权的变更未经其他抵押权人书面同意的，不得对其他抵押权人产生不利影响。

---

① 审理法院：江苏省无锡市中级人民法院，案号：（2016）苏02民终54号。

债务人以自己的财产设定抵押，抵押权人放弃该抵押权、抵押权顺位或者变更抵押权的，其他担保人在抵押权人丧失优先受偿权益的范围内免除担保责任，但是其他担保人承诺仍然提供担保的除外。

🏛 条文要义

本条是对抵押权人放弃抵押权、抵押权顺位和变更抵押权的规定。

为了使抵押权人能更充分地利用抵押权的交换价值，从而达到抵押权人投入的金融资本在多数债权人间仍有灵活周转的余地，并有相互调整其复杂利害关系的手段，本条规定的抵押权及其顺位权的让与、变更和抛弃的规则如下。

1. 抵押权人可以放弃抵押权或者抵押权的顺位。抵押权的放弃是单方意思表示，作出即可生效。放弃抵押权的，抵押权人丧失抵押权，其债权不再受到该抵押权的担保。放弃抵押权的顺位的，不再具有顺位在先的抵押权效力。

2. 抵押权人与抵押人可以协议变更抵押权顺位，以及被担保的债权数额等内容，但抵押权的变更，未经其他抵押权人书面同意，不得对其产生不利影响。

3. 债务人以自己的财产设定抵押的，抵押权人放弃该抵押权、抵押权顺位或者变更抵押权的，其他担保人在抵押权人丧失优先受偿利益的范围内免除担保责任，但其他担保人承诺仍然提供担保的除外。

在上述规则中，关于抵押权顺位放弃和变更的规则比较特殊。抵押权人的顺位权，是指抵押权人依其顺序所能获得分配受偿金额的权利。抵押权顺位的放弃，是指抵押权人对顺位在先的抵押权的顺位抛弃，不再享有该顺位在先的抵押权的优先权，成为没有顺位优先的抵押权。抵押权顺位变更的效力与抵押权顺位的抛弃的效力不同。抵押权顺位发生变更时：（1）必须由同一抵押财产上的所有不同顺序的抵押权人之间达成合意。（2）由于此种变更可能危及就顺位发生变更的抵押权享有法律利益的其他人，因此，除必须经过各个抵押权人的同意之外，还必须经过这些利害关系人的同意。（3）变更抵押权顺位还需办理抵押权变更登记。变更后的抵押权自登记之日生效。

🔖 案例评析

陕西省国际信托股份有限公司与宝鸡光达石油钻采机械有限公司、

宝鸡汇鑫盛工贸有限公司、宝鸡德瑞钛业集团有限公司、

闫某某、李某借款合同纠纷案①

案情： 债权人陕西省国际信托股份有限公司与债务人宝鸡光达石油钻采机械有

---

① 审理法院：陕西省宝鸡市中级人民法院，案号：（2017）陕 03 执异 18 号。

限公司、抵押人宝鸡汇鑫盛工贸有限公司、保证人宝鸡德瑞钛业集团有限公司、闫某某、李某于2014年签订还款协议。2016年，申请执行人擅自解除了两宗房产的抵押。法院依申请执行相关抵押财产后，仍剩余1 000多万元未实现债权。因债务人暂无财产可供执行，对异议人宝鸡德瑞钛业集团有限公司采取强制执行，异议人遂于2017年7月向法院申请执行异议。法院认为，本案争议焦点为异议人作为保证人能否在申请执行人擅自解除抵押的财产价值范围内免责，应对该解除抵押的房产区别对待。经查明，解除第三人宝鸡汇鑫盛工贸有限公司抵押的房产，是为了用于实现债权，对此异议人保证人不免责。对债务人自己抵押的房产，根据《担保法》第28条、《最高人民法院关于适用〈中华人民共和国担保法〉若干问题的解释》第123条、《物权法》第194条第2款相关规定，结合民事强制执行的价值取向原则，在解除抵押事实发生时没有取得异议人（保证人）的承诺同意继续担保，如果抵押权人放弃抵押权而丧失优先受偿权益而未能受偿的债权，继续执行就会加大保证人的保证责任，显然不合理，异议人应在该解除抵押房产实际价值范围内免除担保责任。

评析： 本案涉及民法典第409条的规定。民法典第409条沿袭了《物权法》第194条的规定。本案中，法院根据案件事实，区分了债权人解除抵押的担保物的两种不同情况，由此区别认定了两种抵押权被解除后对被执行人保证人的法律效力。债务人以自己的财产设定抵押，若抵押权人放弃该抵押权，依据民法典第409条第2款规定，债权人放弃债务人提供的物的担保危及保证人利益，保证人在抵押权人丧失优先受偿权益的范围内免除担保责任。

> ▶▶ **第四百一十条**　债务人不履行到期债务或者发生当事人约定的实现抵押权的情形，抵押权人可以与抵押人协议以抵押财产折价或者以拍卖、变卖该抵押财产所得的价款优先受偿。协议损害其他债权人利益的，其他债权人可以请求人民法院撤销该协议。
>
> 抵押权人与抵押人未就抵押权实现方式达成协议的，抵押权人可以请求人民法院拍卖、变卖抵押财产。
>
> 抵押财产折价或者变卖的，应当参照市场价格。

🏛 条文要义

本条是关于抵押权实现的规则。

实现抵押权，是指债务履行期届满债务人未履行债务，或者当事人约定实现抵押权的情形，通过依法处理抵押财产而使债权获得清偿。

抵押权实现的条件是：第一，抵押权有效存在；第二，债务人不履行到期债务或者发生当事人约定的实现抵押权的情形；第三，抵押权的实现未受到法律上的特别限制。具备以上条件，抵押权人可以实现其抵押权。

实现抵押权的程序如下。

1. 协议实现。抵押权人可以与抵押人通过协议，以抵押财产折价或者以拍卖、变卖该抵押财产所得的价款优先获得清偿。如果双方当事人的协议损害其他债权人的利益，则其他债权人可以行使撤销权，请求人民法院撤销该协议。

2. 诉讼实现。协议实现抵押权不成的，抵押权人可以向人民法院提起诉讼，由人民法院判决或者调解拍卖、变卖抵押财产，实现抵押权，就抵押财产的变价款优先受偿。抵押财产折价或者变卖的，应当参照市场价格。这是为了保护抵押人的合法权益，防止低价变价造成抵押人的损失。

本条规定删除了协议实现时，债权人撤销权除斥期间为 1 年的规定。主要是因为民法典第 541 条已经规定了债权人撤销权的行使规则，此处不再重复规定。按照民法典第 541 条的规定，当抵押权人和抵押人的协议实现抵押权有损于其他债权人时，其他债权人应当在知道或者应当知道撤销事由之日起 1 年内行使撤销权。自抵押人的行为发生之日起 5 年内没有行使撤销权的，债权人的撤销权消灭。

📋 配套司法解释

最高人民法院关于适用《中华人民共和国民法典》有关担保制度的解释

第四十五条　当事人约定当债务人不履行到期债务或者发生当事人约定的实现担保物权的情形，担保物权人有权将担保财产自行拍卖、变卖并就所得的价款优先受偿的，该约定有效。因担保人的原因导致担保物权人无法自行对担保财产进行拍卖、变卖，担保物权人请求担保人承担因此增加的费用的，人民法院应予支持。

当事人依照民事诉讼法有关"实现担保物权案件"的规定，申请拍卖、变卖担保财产，被申请人以担保合同约定仲裁条款为由主张驳回申请的，人民法院经审查后，应当按照以下情形分别处理：

（一）当事人对担保物权无实质性争议且实现担保物权条件已经成就的，应当裁定准许拍卖、变卖担保财产；

（二）当事人对实现担保物权有部分实质性争议的，可以就无争议的部分裁定准许拍卖、变卖担保财产，并告知可以就有争议的部分申请仲裁；

（三）当事人对实现担保物权有实质性争议的，裁定驳回申请，并告知可以向仲裁机构申请仲裁。

债权人以诉讼方式行使担保物权的，应当以债务人和担保人作为共同被告。

案例评析

中国工商银行股份有限公司晋城开发区支行与晋城市晋江贸易有限公司* 等借款合同纠纷案①

案情： 2013 年 8 月，被告晋江公司与原告中国工商银行股份有限公司晋城开发区支行（以下简称"工商银行"）签订《网贷通循环借款合同》，借款 2 000 万元整。大和公司以其名下案涉抵押土地为晋江公司 2 000 万元贷款提供最高额抵押担保，并办理了抵押登记。连某某、刘某某、陈某玲约定为上述债权提供连带责任保证。2014 年 8 月，晋江公司为该笔贷款申请展期，并同意追加和记公司、深圳公司、陈某民对该笔贷款提供连带责任保证，抵押人大和公司继续承担抵押担保责任。当事各方就此签订了协议。2014 年 11 月，晋江公司未按约归还借款，原告根据合同宣布该笔贷款立即到期，起诉要求晋江公司归还借款本息；请求法院判令其对大和公司名下的案涉抵押土地享有拍卖、变卖所得价款的优先受偿权。法院认为，本案抵押合同有效，且办理了抵押登记。只有原告一个抵押权人，不存在损害其他抵押权人利益的情形。依据《物权法》第 195 条之规定，原告对担保人大和公司的案涉抵押土地有拍卖、变卖的请求权，并同时享有对该 6 宗土地的拍卖、变卖后所得价款的优先受偿权。

评析： 本案涉及民法典第 410 条的规定。该条以《物权法》第 195 条为基础并作了修改。民法典第 410 条往往与设立担保物权的相关法条一同适用。判断抵押权能否实现的前提条件之一是抵押权是否有效设立。本案中，存在合法有效的主债权和抵押权，因此，当实现抵押权的情形满足时，抵押权人享有与抵押权人协议就抵押物折价、拍卖、变卖所得的价款优先受偿的权利。如果当事人双方未能就此达成协议，抵押权人享有相应的请求权。本案法院判决依法予以支持的正是后者。

> ▶▶ **第四百一十一条**　依照本法第三百九十六条规定设定抵押的，抵押财产自下列情形之一发生时确定：
>
> （一）债务履行期限届满，债权未实现；
>
> （二）抵押人被宣告破产或者解散；
>
> （三）当事人约定的实现抵押权的情形；
>
> （四）严重影响债权实现的其他情形。

---

* 以下简称"晋江公司"。

① 审理法院：山西省晋城市中级人民法院，案号：（2015）晋市法民初 5 号。

🏛 条文要义

本条是对浮动抵押财产确定的规定。

当事人在设定浮动抵押权后，在抵押期间，抵押人在正常经营活动中对抵押财产的转让，买受人已经支付合理价款并取得抵押财产，是浮动抵押的正常情形，抵押权人不得对抗正常的经营活动。由于浮动抵押权的标的，即抵押财产的不特定性，在抵押权实现时，应当按照法律规定将其确定，才能够保障抵押权的实现。

浮动抵押权在以下情形时确定。

1. 债务履行期限届期，债权未实现：应当对浮动抵押的抵押财产进行确定，不得再进行浮动。

2. 抵押人被宣告破产或者解散：抵押财产必须确定，这种确定被称为自动封押，浮动抵押变为固定抵押，无论浮动抵押权人是否知道该事由的发生或者有没有实现抵押权，都不影响抵押财产的自动确定。

3. 当事人约定的实现抵押权的情形：实现抵押权，抵押的财产必须确定，浮动抵押必须经过确定变为固定抵押，抵押权的实现才有可能。

4. 严重影响债权实现的其他情形：抵押财产也必须确定。例如，抵押人因经营管理不善而导致经营状况恶化或严重亏损，或者抵押人为了逃避债务而故意低价转让财产或隐匿、转移财产，都属于严重影响债权实现的情形。

浮动抵押财产被确定后，变成固定抵押，在抵押权实现的规则上，与普通抵押没有区别。

🦟 案例评析

平安银行股份有限公司昆明分行诉云南林大福珠宝金行发展
有限公司等金融借款合同纠纷案①

案情： 2015 年 9 月，原告平安银行股份有限公司昆明分行（以下简称"平安银行"）与被告云南林大福珠宝金行发展有限公司（以下简称"珠宝公司"）签订贷款合同，约定贷款 970 万元。玉溪市江川区林大福旅游开发有限公司（以下简称"旅游公司"）、林某某、沙某某分别签订保证合同，为上述债权提供连带责任保证。珠宝公司以其现有的以及将有的黄铂金饰品、旅游公司以其所有的五个商铺、林某某和沙某某以其所有的两套房屋均为上述债权提供抵押担保，且均办理了抵押登记手续。后贷款期限届满，珠宝公司未能按时履行还款义务。原告遂起诉，主张被告清偿尚欠借款本息，按约计收逾期利息及复利，并要求担保人承担相应担保责任。

珠宝公司经营店铺已停止营业，设定浮动抵押的珠宝饰品现仅存部分摆件共计 61

---

① 审理法院：云南省昆明市中级人民法院，案号：（2016）云 01 民初 1841 号。

件。法院根据《物权法》第196条规定，依法确认原告对该部分摆件享有优先受偿权。

评析： 本案涉及民法典第411条的规定。该条以《物权法》第196条为基础并作了修改。本案中，有效设立的抵押权不仅包括建筑物上设立的抵押权，还包括浮动抵押财产上设立的抵押权。确定后者的条件，应适用民法典第411条的规定。现主债权借款期限届满，被告珠宝公司未按约清偿借款本息，浮动抵押部分的抵押财产的范围自此确定。

> ▶▶ **第四百一十二条** 债务人不履行到期债务或者发生当事人约定的实现抵押权的情形，致使抵押财产被人民法院依法扣押的，自扣押之日起，抵押权人有权收取该抵押财产的天然孳息或者法定孳息，但是抵押权人未通知应当清偿法定孳息义务人的除外。
>
> 前款规定的孳息应当先充抵收取孳息的费用。

🏛 条文要义

本条是对抵押财产孳息归属的规定。

抵押财产原本属于抵押人占有，抵押权作为一种非占有类型的担保物权，抵押权人并不占有抵押财产。依据本法第321条，抵押财产产生的孳息应当由其占有人或所有人收取。因此，在此期间，抵押财产产生孳息的，其孳息应当归抵押人所有，与抵押权人没有关系。

当出现债务人不履行到期债务或者发生当事人约定的实现抵押权的情形时，抵押财产被人民法院依法扣押的，等于抵押权人对抵押财产已经开始主张权利，因而自抵押财产被扣押之日起，抵押权人有权收取该抵押财产的天然孳息或者法定孳息，但是抵押权人未通知应当清偿法定孳息义务人的除外。故抵押权人自抵押财产被扣押后，如果要收取抵押财产的法定孳息，抵押权人应当通知清偿法定孳息的义务人。

已经被扣押的孳息，尽管抵押权人可以收取，但仍然是抵押人的财产，扣押的孳息仍然应当用于清偿抵押权人的债务，实现抵押权人的债权。在债务抵充上，扣押财产的孳息用以清偿的债务有多笔的，应当先充抵收取孳息的费用，剩余部分再按照清偿抵充的规则，清偿应当清偿的债务。

🔵 案例评析

张某川诉肖某、袁某齐执行异议之诉案[①]

案情： 2014年，王某华向原告张某川借款300万元，将其名下所有的案涉办公

---

① 审理法院：贵州省贵阳市白云区人民法院，案号：（2017）黔0113民初2260号。

用房抵押给张某川，并办理了抵押登记。2015 年，原告张某川、王某华及该房屋的承租方贵州万润汇通投资有限公司签订协议，约定：以房屋租金抵债，在王某华未还清本息前，案涉房屋租金归张某川收取。张某川与王某华之间的前述债权债务经法院生效判决确认。因被告王某华尚欠其他债权人肖某、袁某齐、陈某借款及利息等，当事人达成民事调解书经法院确认并生效，法院依申请于 2016 年 10 月 25 日要求贵州万润汇通投资有限公司将租金支付至法院执行专户。2016 年 10 月 30 日，张某川向法院提出执行异议被驳回，遂提起执行异议之诉。法院认为，本案焦点在于张某川对王某华案涉办公用房的租金是否享有优先权，能否优先于其他债权人单独收取案涉房屋租金。根据《担保法》第 53 条的规定，抵押权优先受偿的范围仅限于抵押物折价、拍卖、变卖所得价款，并不包括抵押物产生的孳息。《物权法》第 197 条之规定，并非对抵押物孳息优先权的规定，因此，对原告依据《物权法》第 197 条要求单独收取本案所涉房屋租金的诉讼请求，不予支持。

评析： 本案涉及民法典第 412 条的规定。民法典第 412 条沿袭了《物权法》第 197 条的规定。根据本条的规定，已经被扣押的孳息，尽管抵押权人可以收取，但是仍然是抵押人的财产，扣押的孳息仍然应当用于清偿抵押人的债务，实现抵押权人的债权。结合民法典第 410 条的规定，抵押权人对抵押物拍卖、变卖所得的价款享有优先受偿权，其中不包括抵押物的孳息。本案中，抵押物的租金属于抵押物的法定孳息，法院有权将扣押的孳息用于清偿抵押权人的债务。原告不能以《物权法》第 197 条为由主张抵押权孳息归自己所有。

> ▶▶ **第四百一十三条** 抵押财产折价或者拍卖、变卖后，其价款超过债权数额的部分归抵押人所有，不足部分由债务人清偿。

🏛 条文要义

本条是对抵押财产变现清偿债务的规定。

抵押权实现的具体方法如下。

1. 抵押财产折价，是指在抵押权实现时，抵押权人与抵押人协议，或者协议不成经由人民法院判决，按照抵押财产自身的品质、参考市场价格折算为价款，把抵押财产所有权转移给抵押权人，从而实现抵押权的抵押权实现方式。

2. 抵押财产拍卖，是指通过拍卖程序将抵押财产变价，以其变价款实现抵押权。

3. 抵押财产变卖，是指以一般的买卖形式出卖抵押财产，以其变价款实现债权的方式。

当事人可以通过协商方式将抵押财产变卖。协商不成的，抵押权人可以向法院起诉，在胜诉判决后，通过法院的强制执行程序将抵押财产拍卖或变卖。人民法院处置抵押财产，一般是以拍卖为原则、以变卖为例外。

抵押财产折价或者拍卖、变卖后，其变价款超过债权数额的部分归抵押人所有，不足部分由债务人清偿。

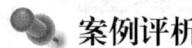 **案例评析**

何某成等诉敦化市富园小额贷款有限公司*等债权人撤销权纠纷案①

案情： 2017 年 10 月 27 日，李某伟、王某霞与王某峰签订房地产买卖契约，并将产权人变更为王某峰。案涉房屋此前以最高额抵押方式设立抵押权，第三人何某成向王某霞共汇款 579 350 元，代为偿还了案涉房屋的抵押贷款剩余本金和利息，涂销了其抵押登记。因李某伟、王某霞拖欠富园公司借款本金 50 万元，2017 年 10 月 26 日，富园公司请求法院撤销案涉房屋转让给王某峰的行为。一审法院认为，李某伟、王某霞转让房屋的行为侵害了富园公司的债权。依据《合同法》第 74 条的规定，支持原告的诉讼请求。第三人何某成不服，提起上诉。二审法院认为，根据《物权法》第 198 条的规定，抵押财产变卖后，其价款超过抵押债权数额的部分归抵押人所有，包括富园公司在内的其他普通债权人依法仅可对扣除抵押贷款本息以外的房屋变价款残值申请强制执行以清偿债务。现案涉房屋被抵债转让给何某成，排除了富园公司等普通债权人申请强制执行上述房屋变价款残值的合法权益。根据《民法总则》第 3 条、第 6 条、第 7 条的规定，应当认定该以物抵债转让行为无效。借用第三人名义办理的案涉房屋产权变更登记应予撤销，何某成所代偿的抵押贷款和原抵押权在法律上无法回转及重新设定抵押，而抵押贷款的清偿依法优先于其他普通债权，故何某成就该代偿的抵押贷款款项应在案涉房屋拍卖或变卖所得变价款中优先受偿。

评析： 本案涉及民法典第 413 条的规定。该条沿袭了《物权法》第 198 条的规定。根据本条的规定，抵押财产变现后，其价款在债权数额之内的，归抵押权人所有，不足部分由债务人清偿。本案中，何某成并非案涉房屋的抵押权人，但是其作为房屋的实际买受人代为偿还了案涉房屋上设立的抵押权担保的债权，虽然房屋买卖行为因侵犯其他债权人利益而被撤销，但涤除权的法律效果已经发生无法回转。因此，何某成就其代偿的款项享有抵押担保性质的优先受偿权。

> ▶▶ **第四百一十四条** 同一财产向两个以上债权人抵押的，拍卖、变卖抵押财产所得的价款依照下列规定清偿：
> （一）抵押权已经登记的，按照登记的时间先后确定清偿顺序；

---

* 以下简称"富园公司"。

① 审理法院：一审法院为吉林省敦化市人民法院，案号：（2017）吉 2403 民初 3926 号；二审法院为吉林省延边朝鲜族自治州中级人民法院，案号：（2018）吉 24 民终 14 号。

（二）抵押权已经登记的先于未登记的受偿；

（三）抵押权未登记的，按照债权比例清偿。

其他可以登记的担保物权，清偿顺序参照适用前款规定。

🏛 条文要义

本条是关于抵押权顺位的规定。

抵押权的顺位也叫抵押权顺序，是指抵押人因担保两个或两个以上债权，就同一财产设定两个或两个以上的抵押权时，各抵押权之间优先受偿的先后次序。

同一财产向两个以上的债权人抵押的，拍卖、变卖抵押财产所得的价款的清偿顺位有三项标准：一是抵押权都已经登记的，按照登记的先后顺序清偿。二是抵押权已经登记的，先于未登记的受偿。已经登记的优先受偿，没有登记的，只能在经过登记的抵押权实现后，以剩余的抵押财产受偿。三是抵押权未登记的，经抵押权担保的债权仍然是平等债权，不具有对抗效力，无优先受偿权，仍按照债权比例平均受偿。不过，仅动产抵押适用这三项标准。不动产抵押采取登记生效主义，仅适用第一项标准。

顺序在先的抵押权因实行抵押权以外的原因消灭时，关于顺序在后的抵押权是否依次升进，有顺序不升进的固定主义和顺序当然升进的升进主义两种观点。我国采用顺序升进主义。抵押权与其担保的债权同时存在，被担保的债权消灭之后，抵押权也随之消灭。当被在先抵押权所担保的债权因清偿等原因而消灭后，从属于该债权的抵押权也随之消灭；既然在先的抵押权已经消灭，当在后的抵押权实现时，必然是在后的抵押权相继取代在先的抵押权的位置。

其他可以登记的担保物权具有公示的可能时，也可以参照抵押权的清偿顺序规则确定清偿顺序。这样，担保物权的清偿顺序就有了统一的法理基础，即公示在先，权利在先。

这一规则是民法典新设立的规则。《物权法》未规定其他可以登记的担保物权的清偿顺序。本条规定新增这一内容，为以后的争议解决提供了确切的法律依据。申言之，当其他可以登记的担保物权在清偿顺位方面产生争议时，就可以参照适用这一规则，按照公示在先，权利在先的标准确定清偿顺位。

此外，还需说明的是，本条删除了《物权法》第199条第1项中关于登记顺序相同的按照债权比例清偿的规则。《物权法》第199条第1项规定，抵押权已登记的，按照登记的先后顺序清偿；顺序相同的，按照债权比例清偿。本条规定删除了这一内容。这是因为，担保物权登记机构统一后，抵押权登记一定存在先后顺序，不存在顺序相同的可能。

案例评析

李某诉淄博市周村区宏信小额贷款股份有限公司*等执行人执行异议之诉案①

案情： 2010 年，绿森公司与上海电气租赁有限公司签订《回租租赁合同》，其中约定绿森公司不得有对租赁物胶印机进行销售、转让、抵押等可能损害租赁物所有权的行为。2012 年，绿森公司以其所有的胶印机等 18 件设备作为对宏信公司 506.94 万元债权的担保，办理了抵押登记。之后，宏信公司前后共向绿森公司提供借款 400 万元。2013 年 6 月 2 日，绿森公司取得胶印机的所有权。同年 6 月 20 日，绿森公司以上述胶印机作抵押，向李某借款 30 万元，后未能还款，李某诉至法院，法院生效判决确认绿森公司负偿还其借款本息的任务。因绿森公司拖欠宏信公司借款，被诉至法院。2013 年 10 月 9 日，法院依宏信公司申请，查封绿森公司包括胶印机在内的设备。双方经法院确认达成调解协议。因绿森公司未履行上述调解书确定的义务，宏信公司向法院申请强制执行。其间，李某对法院查封的胶印机提出执行异议。法院裁定确认李某对上述胶印机享有优先受偿权。宏信公司不服，遂起诉。

法院终审判决认为，关于抵押权设立的问题：绿森公司在租赁期间对胶印机享有占有和使用权，将胶印机抵押给宏信公司并办理了抵押登记，宏信公司作为善意第三人，依法取得胶印机的抵押权。关于抵押权的优先顺序问题：根据《物权法》第 199 条的规定，在上诉人李某与被上诉人宏信公司对于案涉胶印机的抵押权均已办理抵押登记的情况下，按照物权法的上述规定，应当按照胶印机抵押登记的先后顺序确定优先权顺位，宏信公司在工商部门办理抵押登记的时间远早于李某的，故宏信公司对于双方诉争的胶印机应享有优先受偿权。

评析： 本案涉及民法典第 414 条的规定。该条的规定以《物权法》第 199 条为基础并作了修改。抵押权实现，首先是抵押权的有效设立，其次才是依据《物权法》第 199 条判断偿还顺序先后的问题。因此，本案涉及两个争议焦点：其一是对无权处分的胶印机设立抵押的抵押权效力问题，其二是抵押权的优先顺序问题，本案中两位当事人均办理了抵押登记，可以依据登记的先后顺序来确定优先顺位。法院在判决中分别进行释法说理，理据充分。

> ▶▶ **第四百一十五条** 同一财产既设立抵押权又设立质权的，拍卖、变卖该财产所得的价款按照登记、交付的时间先后确定清偿顺序。

---

* 以下简称"宏信公司"。

① 审理法院：一审法院为山东省淄博市周村区人民法院，案号：(2016) 鲁 0306 民初 1202 号；二审法院为山东省淄博市中级人民法院，案号：(2017) 鲁 03 民终 1785 号。

🏛 条文要义

本条是关于抵押权与质权关系的规定。

《最高人民法院关于适用〈中华人民共和国担保法〉若干问题的解释》第 79 条第 1 款曾作出与本条完全不同的规定，即"同一财产法定登记的抵押权与质权并存时，抵押权人优先于质权人受偿"。对于这一规定，争议颇多。有学者认为，应当按照担保物权设立的时间先后来确定清偿顺序，即明确时间在前，权利优先的规则，也即通过物权设立的时间确定权利的优先效力。[①] 有学者持有不同的意见，认为担保物权的优先性源于公示效力，因而应当采取公示在前，权利优先的规定。[②] 后一意见被民法典第 414 条采纳。

同一财产既设立抵押权又设立质权的，清偿顺序是：拍卖、变卖该财产所得的价款，按照登记、交付的时间先后确定清偿顺序。这一规则十分简单，即不论是抵押权还是质权，先看公示的时间。无论是登记成立还是交付成立，只要权利公示在先，就优先受清偿。

🔵 案例评析

蔡某某诉中国工商银行股份有限公司衡水朝阳支行[*]等金融借款合同纠纷案[③]

案情： 2014 年，弓某因购买汽车与工行朝阳支行签订分期付款合同，透支金额 26.9 万元。同日弓某以所购案涉轿车提供抵押担保，并办理了抵押登记。因弓某使用伪造的机动车登记证书，后该抵押登记被撤销。2013 年，兑鑫汽贸公司为弓某上述债务提供连带责任担保。弓某透支后逾期未还款，工行朝阳支行自担保人兑鑫汽贸公司保证金账户内扣收到期借款本息共计 115 853.85 元。2014 年，弓某同第三人蔡某某签订质押合同，以案涉轿车质押借款 250 000 元，后弓某因无力偿还借款，向第三人出具车辆处置全权委托书，第三人有权以出售车辆所得的价款优先偿还所欠借款本息。工行朝阳支行遂起诉，主张就本案抵押物优先受偿。一审法院认为，依据《最高人民法院关于适用〈中华人民共和国担保法〉若干问题的解释》第 79 条第 1 款规定，同一财产法定登记的抵押权与质权并存时，抵押权人优先于质权人受偿，因此法院予以支持。第三人不服，提起上诉。二审法院认为，交通运输工具抵押权

---

[*] 以下简称"工行朝阳支行"。

[①] 王利明. 我国民法典物权编中担保物权制度的发展与完善. 法学评论，2017（3）.

[②] 邹海林. 论《民法典各分编（草案）》"担保物权"的制度完善——以《民法典各分编（草案）》第一编物权为分析对象. 比较法研究，2019（2）.

[③] 审理法院：一审法院为河北省衡水市桃城区人民法院，案号：（2016）冀 1102 民初 1268 号；二审法院为河北省衡水市中级人民法院，案号：（2016）冀 11 民终 1728 号。

自抵押合同生效时设立，未经登记的，不得对抗善意第三人。工行朝阳支行与弓某签订了抵押合同，抵押权自双方签订合同时设立，但该抵押在有关部门办理抵押登记后又被撤销登记，因此该抵押不能对抗善意第三人。工行朝阳支行对弓某案涉轿车不享有优先受偿权。

评析： 同一动产上法定登记的抵押权与质权并存时，根据《最高人民法院关于适用〈中华人民共和国担保法〉若干问题的解释》第 79 条第 1 款的规定，抵押权人优先于质权人受偿。根据民法典第 415 条规定，在先设立的权利优先受偿。此条清偿顺序的规定正确适用的前提是：抵押权和质权均已有效设立。本案中，一审法院认定先设立的抵押合同有效，二审法院否认了案涉抵押对善意第三人的对抗效力，由此产生了不同的判决结果。因此，抵押权人在接受动产抵押时，务必办理抵押登记，同时对动产的权属情况进行必要调查，以降低交易风险。

▶▶ **第四百一十六条**　动产抵押担保的主债权是抵押物的价款，标的物交付后十日内办理抵押登记的，该抵押权人优先于抵押物买受人的其他担保物权人受偿，但是留置权人除外。

🏛 条文要义

本条是关于动产抵押中间价款超级优先权的规定。

在动产抵押特别是浮动抵押中，抵押财产在抵押过程中，只要没有被确定，都可以增加或者减少，无须经过任何附加手续。在抵押的动产中，"流入"抵押财产的特定动产将成为抵押财产，"流出"的动产将移出抵押财产。流入抵押财产的特定动产如果设有抵押权，则流入抵押财产后自动负担浮动抵押权，此时会产生在同一个物上有两个并存的抵押权，因而产生两个抵押权的受偿顺序问题。[1] 流出抵押财产的特定动产，尽管负担浮动抵押权，但是由于担保的债权没有确定，因而"逃离"了浮动抵押的担保财产。对于后者，本条没有规定，但是从逻辑上可以推出这个结论。

流入浮动抵押财产的特定动产在其流入前设有抵押，流入后负担浮动抵押权，从而发生同一物上存在两个抵押权受偿顺序问题的规则，被称为"购买价金担保权"或者"中间价款超级优先权"，其规则如下。

1. 动产抵押担保的主债权是抵押物的价款，即流入的特定动产已经设定的抵押权，担保的是该主债权，其担保数额是该抵押物的价款。

2. 如果该标的物在交付后 10 日内办理了抵押登记，该抵押权就具有了超级优先权，即使其设立时间在后，也享有最优先的顺位。

---

① 董学立 . 浮动抵押的财产变动与效力限制 . 法学研究，2010（1）.

3. 该超级优先权优先顺位对抗的是原来存在的浮动抵押权人的抵押权，即对于具有超级优先权的抵押权的抵押财产而言，尽管其也负担了浮动抵押权，但是由于其享有超级优先权，因而享有该超级优先权的抵押权人，优先于抵押物买受人的其他担保物权，包括浮动抵押权，因而能够最优先受偿。

4. 留置权人除外。买受人即浮动抵押人所负担的其他担保物权中，不包括留置权，因为留置权是法定担保物权，并非约定担保物权，所以超级优先抵押权的优先效力不能对抗留置权。

🗐 配套司法解释

最高人民法院关于适用《中华人民共和国民法典》有关担保制度的解释

第五十七条　担保人在设立动产浮动抵押并办理抵押登记后又购入或者以融资租赁方式承租新的动产，下列权利人为担保价款债权或者租金的实现而订立担保合同，并在该动产交付后十日内办理登记，主张其权利优先于在先设立的浮动抵押权的，人民法院应予支持：

（一）在该动产上设立抵押权或者保留所有权的出卖人；

（二）为价款支付提供融资而在该动产上设立抵押权的债权人；

（三）以融资租赁方式出租该动产的出租人。

买受人取得动产但未付清价款或者承租人以融资租赁方式占有租赁物但是未付清全部租金，又以标的物为他人设立担保物权，前款所列权利人为担保价款债权或者租金的实现而订立担保合同，并在该动产交付后十日内办理登记，主张其权利优先于买受人为他人设立的担保物权的，人民法院应予支持。

同一动产上存在多个价款优先权的，人民法院应当按照登记的时间先后确定清偿顺序。

🝆 案例评析

中国农业发展银行鹤岗分行* 与中国建设银行股份有限公司
鹤岗分行** 借款合同纠纷案[①]

案情： 2012 年 6 月，天维公司向鹤岗建行贷款 1 000 万元，天维公司以其存放于 2 号库内的 5 000 吨水稻（以下简称"案涉 5 000 吨水稻"）作为质押担保，办理了动产浮动抵押登记。2013 年 10 月，天维公司与鹤岗农发行又签订一份流动资金借款合同，借款 1.3 亿元，签订了浮动抵押合同并办理了登记，抵押物为天维公司院

---

* 以下简称"鹤岗农发行"。

** 以下简称"鹤岗建行"。

① 审理法院：一审法院为黑龙江省鹤岗市中级人民法院，案号：（2014）鹤商初 9 号；二审法院为黑龙江省高级人民法院，案号：（2015）黑高商终字第 20 号。

内的 2 万余吨水稻。2014 年 6 月 17 日，天维公司无法偿还到期贷款，鹤岗建行遂起诉，要求对案涉 5 000 吨水稻行使优先受偿权。法院依申请查封了被告院内存放的水稻，鹤岗农发行提出查封异议。法院认为，天维公司与鹤岗建行签订的虽名为质押合同，实际上质押物并未发生转移，依据双方合意可将质押合同的实质认定为抵押合同，加之办理了抵押登记，其实质上设立了抵押权。鹤岗农发行给天维公司贷款是用天维公司院内的 46 428 吨水稻做浮动抵押，天维公司院内水稻最多有 2 万吨左右，而鹤岗建行与天维公司质押物即案涉 5 000 吨水稻存放地点亦为天维公司所在地。因浮动抵押物具有不特定性，故案涉 5 000 吨水稻存在重复抵押。鹤岗农发行贷款办理的抵押登记时间在鹤岗建行的之后，故鹤岗建行对案涉抵押物享有优先受偿权。

评析： 本案中，案涉 5 000 吨水稻上先后设立了两笔有效的浮动抵押，依照《物权法》第 199 条的规定，登记在先的抵押权优先于登记在后的抵押权。假设流入浮动抵押财产的特定动产在其流入前设有抵押，流入后负担着先前存在的浮动抵押权，从而产生同一物上存在两个抵押权受偿顺序的问题。依据民法典第 416 条确定的规则，假设案涉 5 000 吨水稻上被鹤岗建行设立了浮动抵押，此后，天维公司为采购新水稻而请求水稻出售方赊销（新水稻与案涉 5 000 吨水稻存放在同一处），水稻出售方在案涉水稻上设立了浮动抵押并在新水稻交付后 10 天内办理了抵押登记，水稻出售方在后设立的抵押权就具有了超级优先权。该超级优先权能够优先于原来存在的浮动抵押权人的抵押权，但不能对抗案涉水稻上依法设立的留置权。

▶▶ **第四百一十七条** 建设用地使用权抵押后，该土地上新增的建筑物不属于抵押财产。该建设用地使用权实现抵押权时，应当将该土地上新增的建筑物与建设用地使用权一并处分。但是，新增建筑物所得的价款，抵押权人无权优先受偿。

🏛 条文要义

本条是对建设用地使用权抵押后新增建筑物不是抵押财产的规定。

以建设用地使用权设置抵押权，在设立该抵押权后，在该土地上新增的建筑物不属于抵押财产，用以抵押的仍然是该土地的建设用地使用权。在对该建设用地使用权实现抵押权时，应当按照"房地一体"主义的要求，将该土地上新增的建筑物与建设用地使用权一并处分，通过折价、变卖、拍卖取得变价款，用建设用地使用权的变价款清偿债务，实现债权。对新增建筑物所得的价款，抵押权人无权优先受偿，其属于建筑物所有人的财产。即使抵押权实现的变价款对债权清偿不足，债权人对建筑物所得价款也没有优先受偿权，只能与其他债权人以平等债权的身份平均受偿。

 配套司法解释

最高人民法院关于适用《中华人民共和国民法典》有关担保制度的解释

第五十一条 当事人仅以建设用地使用权抵押，债权人主张抵押权的效力及于土地上已有的建筑物以及正在建造的建筑物已完成部分的，人民法院应予支持。债权人主张抵押权的效力及于正在建造的建筑物的续建部分以及新增建筑物的，人民法院不予支持。

当事人以正在建造的建筑物抵押，抵押权的效力范围限于已办理抵押登记的部分。当事人按照担保合同的约定，主张抵押权的效力及于续建部分、新增建筑物以及规划中尚未建造的建筑物的，人民法院不予支持。

抵押人将建设用地使用权、土地上的建筑物或者正在建造的建筑物分别抵押给不同债权人的，人民法院应当根据抵押登记的时间先后确定清偿顺序。

案例评析

宁安市农村信用合作联社*等诉张某某等执行人执行异议之诉案①

案情： 2012 年 7 月，信用社向均胜公司放贷 7 000 万元，同日，天福公司以出让取得的土地使用权为上述贷款提供抵押担保，并办理了抵押登记。2012 年 9 月，张某某参与团购了案涉地块上的"星河公馆"的一套房屋，与天福公司签订了《商品房团购协议书》，交付了全部购房款，并支付了相关杂费，实际占有该套房，但并未办理产权过户登记。后天福公司未如约履行对信用社的还款义务，被诉至法院。2005 年 6 月，法院依法查封了包括案涉房屋在内的房屋，判决天福公司以其所有的案涉土地使用权拍卖、变卖价款优先偿还信用社的借款本息。现执行困难，信用社起诉请求继续执行，以诉争房屋占用范围内抵押土地价值偿还欠付信用社贷款。法院终审判决认为，根据《物权法》第 200 条规定，案涉土地上新增建筑物即案涉房屋不属于抵押财产，土地使用权实现抵押权时，应当将该土地上新增建筑物与土地使用权一并处分，但对于新增建筑物所得价款部分无权优先受偿。因此，信用社对于案涉房屋不享有抵押权，对案涉房屋价款部分无权优先受偿。根据《最高人民法院关于人民法院民事执行中查封、扣押、冻结财产的规定》第 17 条，房屋买受人张某某对案涉房屋的物权期待权可以排除对案涉房屋的强制执行。

评析： 本案涉及民法典第 417 条的规定。民法典第 417 条沿袭了《物权法》第 200 条的规定。本条明确规定，建设用地使用权上设立的抵押权效力并不及于其上的新增建筑物。但根据"房地一体"的原则，可以在实现建设用地使用权抵押权的时

---

* 以下简称"信用社"。

① 审理法院：一审法院为黑龙江省牡丹江市中级人民法院，案号：（2016）黑 10 民初 48 号；二审法院为黑龙江省高级人民法院，案号：（2017）黑民终 72 号。

候，一并处分其上的增建物。本案中，根据特别规定，新增建筑物的房屋买受人已经取得了物权期待权，可以排除对于案涉建设用地使用权上增建房屋的强制执行。

> ▶▶ **第四百一十八条** 以集体所有土地的使用权依法抵押的，实现抵押权后，未经法定程序，不得改变土地所有权的性质和土地用途。

🏛 条文要义

本条是关于集体所有土地的使用权抵押实现抵押权的限制性规则。

与《物权法》第 201 条相比，本条规定将对土地承包经营权或者乡镇、村企业的建设用地使用权抵押的特别规定修改为对集体所有土地使用权的规定，用语更为准确精练。

集体所有土地的使用权，包括乡镇、村建设用地使用权、土地经营权等用益物权，这些使用权的抵押权在实现时，应当依照法定程序，对土地所有权的性质进行变更，例如征收为建设用地使用权、签订出让合同、缴纳出让金等，然后才能拍卖、变卖或变价，清偿债务。未经法定程序，就不得改变土地所有权的性质和土地用途，不能直接按照集体所有的土地使用权设置的抵押权实现债权。

由此，集体所有的土地的所有权禁止交易，使用权的交易受到法定程序的限制。依据本法第 339 条，承包土地的土地经营权可以抵押。当建筑物抵押时，其占用范围内的土地使用权也应该一并抵押。集体所有的土地的抵押权实现的方式与一般不动产抵押权实现的条件和方式并无不同。

🌑 案例评析

北京恒顺隆印务有限公司、四平市城区农村信用合作联社
金融借款合同纠纷执行审查案[①]

案情： 北京恒顺隆印务有限公司（以下简称"印务公司"）与四平市城区农村信用合作联社（以下简称"信用联社"）之间签订了三份抵押担保借款合同，借款 1 070 万元。因印务公司未能及时履行结息义务，故法院生效判决于 2009 年 12 月判令印务公司于法定期限内偿还借款本金 1 070 万元及相应利息。2010 年 4 月，法院查封了印务公司抵押的案涉集体土地使用权，以及其上房屋和 8 台套印刷机械设备。当事人就案涉房地产被强制执行是否需要案涉集体土地使用权先履行征收手续这一问题产生争议。2015 年 3 月，执行法院致函北京市国土资源局，收到复

---

① 执行法院：吉林省高级人民法院，执行裁定案号：（2016）吉执复 77 号；执行审查法院：最高人民法院，执行裁定案号：（2017）最高法执监 145 号。

函：建议法院在上述问题没有明确法律法规和政策的相关规定的情况下，暂缓处置集体土地使用权。同年 5 月，执行法院向当事人作出执行通知：仅对案涉地上房屋及机械设备进行拍卖，竞拍买受人取得该财产后，不得改变原土地使用用途及做其他变更事项，待北京市国土部门同意处置该集体土地使用权后，依相关法律政策处理。2015 年 7 月，信用联社通过法院拍卖，依法成交竞买。印务公司向法院提出执行异议，在经吉林高院两次驳回后，向最高人民法院申诉，主张设立单独抵押的集体土地抵押权无效。最高人民法院认为，本案的争议焦点主要是四平中院执行中处置案涉房产和集体建设用地使用权的方式是否违法。根据《关于依法规范人民法院执行和国土资源房地产管理部门协助执行若干问题的通知》第 24 条规定的要求，四平中院得到国土资源管理部门复函的建议是暂缓处置集体土地使用权，但原则上并未否定对集体土地使用权进行司法处置的做法。目前法律法规和司法解释并未禁止先行处置地上物，四平中院的做法兼顾了国土资源管理部门的意见和申请执行人的权益，并且能实现房地最终合一。印务公司的申诉理由不能成立。

评析：本案中，印务公司以案涉集体土地使用权及房屋提供抵押担保，是有效的。本案涉及民法典第 418 条的规定。民法典第 418 条以《物权法》第 201 条为基础并作了修改。民法典第 418 条的规定仅限制了集体建设用地使用权实现后的对土地性质和用途的改变。当前，我国对于集体土地流转尚没有明确法律法规和政策，同时对于法院处理集体土地后征地手续的办理、原土地使用证的处理，以及出让相关手续办理，即与前述工业和经营性国有建设用地使用权人的确定方式如何衔接，均没有相关规定。有关实现集体建设用地使用权的抵押权的规范缺位，引发了实务中的争议。因此，相关法律规范及实施细则亟待完善。

> ▶▶ **第四百一十九条**　抵押权人应当在主债权诉讼时效期间行使抵押权；未行使的，人民法院不予保护。

🏛 条文要义

本条是对抵押权存续期间的规定。

债权不能永续存在，抵押权也不能永续存在，都受到一定时间的限制。债权的存续期间受到诉讼时效的限制，受民法典第 188 条规定的 3 年或者 20 年的时效期间约束。对于附随于债权的抵押权，其存续期间的确定，与主债权的诉讼时效期间相一致。本条规定，抵押权人应当在主债权诉讼时效期间内行使抵押权，体现的就是抵押权的存续期限与债权的诉讼时效期间相一致；在诉讼时效期间内，抵押权未行使的，人民法院不再予以保护。

🗐 配套司法解释

最高人民法院关于适用《中华人民共和国民法典》有关担保制度的解释

第四十四条　主债权诉讼时效期间届满后，抵押权人主张行使抵押权的，人民法院不予支持；抵押人以主债权诉讼时效期间届满为由，主张不承担担保责任的，人民法院应予支持。主债权诉讼时效期间届满前，债权人仅对债务人提起诉讼，经人民法院判决或者调解后未在民事诉讼法规定的申请执行时效期间内对债务人申请强制执行，其向抵押人主张行使抵押权的，人民法院不予支持。

主债权诉讼时效期间届满后，财产被留置的债务人或者对留置财产享有所有权的第三人请求债权人返还留置财产的，人民法院不予支持；债务人或者第三人请求拍卖、变卖留置财产并以所得价款清偿债务的，人民法院应予支持。

主债权诉讼时效期间届满的法律后果，以登记作为公示方式的权利质权，参照适用第一款的规定；动产质权、以交付权利凭证作为公示方式的权利质权，参照适用第二款的规定。

🗐 案例评析

蓬莱市融鑫典当有限责任公司与蓬莱市登州街道乐河社区居民委员会典当纠纷案①

案情：2015 年，本案原告（典当行、甲方）蓬莱市融鑫典当有限责任公司与被告（当户、乙方）蓬莱市登州街道乐河社区居民委员会签订典当合同，乙方以其所有的案涉房产出典，典当金额 60 万元，典当期限由 2015 年 10 月 15 日起至 2015 年 11 月 14 日止。当日双方签订了抵押合同，被告以上述典当物为上述典当债权做抵押，办理了抵押登记。被告逾期未偿还上述借款，原告遂起诉。法院经审理认为，关于原告是否对抵押物享有优先受偿权这一争议焦点，2015 年 11 月 14 日借款期限届满之后，被告未向原告作出解除抵押合同的意思表示，亦未到房管部门办理解除抵押相关手续并注销抵押登记，故原、被告之间的抵押合同并未解除。《物权法》第 202 条规定："抵押权人应当在主债权诉讼时效期间行使抵押权；未行使的，人民法院不予保护。"原告在法律规定的 3 年诉讼时效期间内提起诉讼并主张对案涉抵押物享有优先受偿权，应受到法律保护。根据《物权法》第 179 条的规定，原告对案涉抵押物享有优先受偿权。

评析：本案涉及民法典第 419 条的规定。该条沿袭了《物权法》第 202 条的规定。在主债权存续期间，抵押权未出现转让、消灭等情形，抵押物上也不曾出现其他与之冲突的权利，抵押权的存续期间与主债权诉讼时效期间一致。即使双方当事

---

① 审理法院：山东省蓬莱市人民法院，案号：（2018）鲁 0684 民初 3277 号。

人签订的抵押合同中约定的期限为一个月，根据民法典第 419 条的规定，抵押权人在主债权诉讼时效期间内行使抵押权均受法律保护。本案中，主债权债务关系和抵押合同均合法有效，抵押登记依法办理，因此，设立的抵押权与主债权一样受 3 年诉讼时效的保护。

第二节　最高额抵押权

▶▶第四百二十条　为担保债务的履行，债务人或者第三人对一定期间内将要连续发生的债权提供担保财产的，债务人不履行到期债务或者发生当事人约定的实现抵押权的情形，抵押权人有权在最高债权额限度内就该担保财产优先受偿。

最高额抵押权设立前已经存在的债权，经当事人同意，可以转入最高额抵押担保的债权范围。

条文要义

本条是对最高额抵押权概念的规定。

最高额抵押权，也叫最高限额抵押，是指为担保债务的履行，债务人或者第三人对一定期间内将要连续发生的债权提供担保财产，债务人不履行到期债务或者发生当事人约定的实现抵押权的情形，抵押权人有权在最高债权额限度内就该担保财产优先受偿的特殊抵押权。

最高额抵押权主要用于连续交易关系、劳务提供关系和连续借款关系等场合，是为适应当代市场经济发展的需要而产生的一种特殊抵押担保。它是对债权人一定范围内的不特定的债权，预定一个最高的限额，由债务人或第三人提供抵押财产予以担保的特殊抵押权。

最高额抵押权的特征是：（1）最高额抵押权是为一定范围内连续发生的不特定债权提供担保的抵押权，划定一个担保债权的上限，在该上限之内予以担保，所担保的债权必须是在一定期间连续发生的债权。（2）最高额抵押权并不从属于特定的债权，因债权通常是尚未发生，而将来才会发生，所以不特定。（3）最高额抵押权以最高债权额限度内为担保，抵押权人基于最高额抵押权所能够优先受清偿的债权的最高数额限度。（4）最高额抵押权与所担保债权的从属性具有特殊性，只是从属于产生各个具体债权的基础法律关系，可以与具体的债权相分离而独立存在。

最高额抵押权在当代市场经济中的重要作用是：当代的很多交易是不断进行的连续性交易，其中不断产生债权，也不断消灭债权。如果在连续性交易中凡是出现的债权都要设置一般抵押权进行担保，不符合追求交易便捷与安全的市场经济本质。最高额抵押权可以克服这些缺陷，只要设定一个抵押权，就可以担保上述这些基于一定法律关系，并在一定的期限内重复发生的债权，不仅使债权担保的设定十分方便，也节省大量的劳力和费用。

在最高额抵押权所担保的债权没有确定之前，债权数额可以随时增减变动，即使债权一度为零，也不因此影响最高额抵押权的效力，仍对此后发生的新的债权具有担保效力，这就是最高额抵押权担保债权的新陈代谢规则。对于最高额抵押权设立前已经存在的债权，经当事人同意，可以转入最高额抵押权担保的债权范围。

案例评析

招商银行股份有限公司合肥分行与杜某、李某等执行分配纠纷案[①]

案情： 2007 年 3 月 16 日，张某某因消费需要，与招商银行股份有限公司合肥分行签订了《个人循环授信协议》与《最高额抵押合同》。合同约定，招商银行股份有限公司合肥分行给张某某 53 万元授信额度。贷款发放后，借款人逾期偿还贷款本息。在以张某某为被执行人，杜某、李某为执行申请人的另案中，法院认定张某某可供执行的财产不能清偿所有债务，招商银行股份有限公司合肥分行申请参与财产分配，法院认定最高额抵押的优先受偿债权 53 万元。招商银行股份有限公司合肥分行主张，确认其债权 70 713.31 元也享有优先受偿权。法院经审理认为，依照《物权法》第 203 条、《最高人民法院关于适用〈中华人民共和国担保法〉若干问题的解释》第 83 条的规定，对于最高额抵押权的实现，不仅受一般抵押权相关规定的规制，另确定了优先受偿权的债权额度应当在最高额抵押权担保的范围内。因此，最高额抵押权优先受偿的债权金额依法应当以 53 万元为限。

评析： 最高额抵押权是为担保长期连续性交易活动所生债权而设计的抵押权制度，着眼于交易本质上的长期连续性，为当事人之间相互加强了解、增强信任创造了条件。[②] 设定最高额抵押权后，债务人不履行到期债务或者发生当事人约定的实现抵押权的情形，抵押权人有权在最高债权额限度内就该担保财产优先受偿。不过，为保护其他债权人的利益，在抵押权人实现最高额抵押权时，优先受偿的债权额不得超过所担保的最高债权限额。具体而言，如果实际发生的债权余额高于最高限额，以最高限额为限，超过部分不具有优先受偿的效力；如果实际发生的债权余额低于最高限额，以实际发生的债权余额为限对抵押物优先受偿。因此，本案抵押权人在最高限额范围外主张其债权优先受偿无效，剩余的 70 713.31 元债权只能作为普通债权受偿。

> ▶▶ **第四百二十一条** 最高额抵押担保的债权确定前，部分债权转让的，最高额抵押权不得转让，但是当事人另有约定的除外。

---

① 审理法院：安徽省六安市中级人民法院，案号：（2019）皖 15 民初 239 号。

② 高圣平. 担保法论. 北京：法律出版社，2009：428.

🏛 条文要义

本条是对最高额抵押权担保的部分债权转让效力的规定。

普通抵押权可以随同被担保债权的转让一起转让，法律并不加以限制。但最高额抵押权的转让具有特殊性，只要是在最高额抵押担保的债权确定之前，由于最高额抵押权所担保的债权具有不确定性，债权人将部分债权予以转让的，最高额抵押权不得转让。如果当事人另有约定的，则不受这一规则的限制。

最高额抵押权的转让遵循以下原则：第一，在最高额抵押权确定前，已经实际发生的各种担保债权依一般债权转让的方法进行转让。转让后的债权脱离该抵押关系，不再受最高额抵押权的担保。第二，在最高额抵押权确定后，其可以按一般抵押权的转让方式转让。此时，受让人对债务人原有的债权因为不在原来约定的债权范围内，应当被排除在抵押担保的范围之外。[①]

🔘 案例评析

中国信达资产管理股份有限公司湖北省分公司[*]与湖北维普生物科技股份有限公司[**]、李某某金融借款合同纠纷案[②]

案情：2012 年 9 月 5 日，工行黄冈开发区支行（抵押权人、甲方）与湖北维普公司（抵押人、乙方）签订编号为 HGKFQ2012003 号最高额抵押合同。该合同第 6 条"主债权的确定"约定："发生下列情形之一的，最高额抵押担保的债权确定：……C、抵押财产被查封、扣押；……"第 15.2 条约定，最高额抵押担保的债权确定前，甲方转让部分债权的，可将最高额抵押权一并转让。2014 年 12 月 26 日，工行黄冈开发区支行与信达资产管理公司湖北分公司签订债权转让协议，将涉案主债权及从债权一并转让给信达资产管理公司湖北分公司。信达资产管理公司湖北分公司主张，工行黄冈开发区支行的最高额抵押权已一并转让，要求实现最高额抵押权。法院经审理认为，依据《物权法》第 204 条的规定，债权转让有效，合同中关于债权人转让部分债权的，最高额抵押一并转让的约定有效，信达资产管理公司湖北分公司有权实现最高额抵押权。

评析：从属性是担保物权的基本性质之一，转移上的从属性表现为主债权转让的，担保物权也随之转让。但为保留最高额抵押权的完整性与概括性，最高额抵押权担保的部分债权转让的，最高额抵押权不随之转让，这是担保物权从属性的例外规定。不过，为尊重当事人的意思自治及实践中交易安排的需要，法律也允许当事

人在合同中作出例外约定，即最高额抵押权担保的部分债权转让的，最高额抵押权可以随之转让。本案中，当事人已于合同中约定在最高额抵押权确定前，部分债权转让的，最高额抵押权一并转让，该约定应当被人民法院所尊重。在向债务人履行了债务转让通知义务后，债权人有权主张实现最高额抵押权。

▶▶第四百二十二条　最高额抵押担保的债权确定前，抵押权人与抵押人可以通过协议变更债权确定的期间、债权范围以及最高债权额。但是，变更的内容不得对其他抵押权人产生不利影响。

🏛 条文要义

本条是对最高额抵押合同内容变更的规定。

设定最高额抵押权的抵押合同内容，在抵押关系存续期间可以进行变更。这种变更仅指对最高额抵押合同所独有条款的变更效力。最高额抵押合同独有条款有三项。(1) 变更确定债权的期间。有两种情形：1) 将该期间的终止期日提前；2) 将终止期日推后。(2) 变更债权范围。这是指变更最高抵押权担保的债权范围。(3) 变更最高债权额限度。也有两种情形：1) 将最高债权额限度增加；2) 将最高抵押权债权额减少。

在最高额抵押担保的债权确定前，允许变更确定债权的期间、变更债权范围、变更最高债权额限度，都会对顺序在后的抵押权人的利益产生影响。所以，虽然准许最高额抵押权的当事人协议变更确定债权的期间等，但是不得对其他抵押权人产生不利影响。对这三种最高额抵押合同所独有的条款，如果随意允许最高额抵押合同当事人进行变更，且这种变更能够对抗顺序在后的抵押权人，将会对后顺序抵押权人或其他利害关系人的合法权益造成损害。故本条规定，变更上述内容，对其他抵押权人产生不利影响的，变更的内容无效。

🏵 案例评析

交通银行股份有限公司马鞍山分行*与马鞍山市友邦花园大酒店有限公司**等借款合同纠纷案①

案情： 2013 年 2 月 7 日，交行马鞍山分行与友邦大酒店公司签订一份最高额抵押合同，约定友邦大酒店公司就中杭股份公司与交行马鞍山分行在 2013 年 2 月 7 日至 2016 年 2 月 7 日期间签订的全部主合同提供最高额抵押担保，担保最高债权额为

＊　以下简称"交行马鞍山分行"。
＊＊　以下简称"友邦大酒店公司"。
①　审理法院：安徽省高级人民法院，案号：(2016) 皖民终 584 号。

2 500 万元，抵押物为位于安徽省当滁县工业园的国有土地使用权。2014 年 3 月 19 日，友邦大酒店公司与交行马鞍山分行经协商，就 2013 年 2 月 7 日最高额抵押合同重新签订一份最高额抵押合同，约定友邦大酒店公司就交行马鞍山分行与中杭股份公司在 2014 年 3 月 19 日至 2015 年 9 月 19 日期间签订的全部主合同提供最高额抵押担保，担保最高债权额为 1 600 万元。交行马鞍山分行起诉主张在 2 500 万元范围内对当国用（2004）第 0751 号土地使用权证项下的国有土地使用权享有优先受偿权。法院经审理认为，双方对最高额抵押合同的变更合法有效，依据《物权法》第 205 条的规定，最高额抵押权期间的变更及最高债权额的降低无碍其他抵押权人的权益，当属合法有效，对双方当事人均具有法律约束力，交行马鞍山分行有权依据最高额抵押权优先受偿。

评析： 在最高额抵押权中，如果允许抵押权人与抵押人随意变更债权确定期间，却要顺位在后的抵押权人承受由在先最高额抵押权人的任意而造成的风险，这无疑是不公正的。[①] 因此，在最高额抵押权确定前，抵押权人与抵押人有权通过协议变更债权确定的期间、债权范围以及最高债权额，但为保护无法直接参与该交易的其他抵押权人的利益，法律规定抵押权人与抵押人就最高额抵押权所担保债权内容的变更不得对其他抵押权人产生不利影响，否则该协议条款无效。例如最高额抵押权人与抵押人协议提高最高债权额，该协议对其他抵押权人有不利影响，协议中最高债权额提高的部分就是无效的。不过，若最高额抵押权的债权确定期间变更对其他抵押权人无不利影响，该变更应获法院支持。在本案中，最高额抵押权人将最高债权额限度减少对同一抵押财产上后顺位抵押权人与普通债权人的利益只有好处、没有危害，故而其他抵押权人也不得在诉讼中主张最高额抵押权债权限额的减少无效。

> ▶▶ **第四百二十三条**　有下列情形之一的，抵押权人的债权确定：
>
> （一）约定的债权确定期间届满；
>
> （二）没有约定债权确定期间或者约定不明确，抵押权人或者抵押人自最高额抵押权设立之日起满二年后请求确定债权；
>
> （三）新的债权不可能发生；
>
> （四）抵押权人知道或者应当知道抵押财产被查封、扣押；
>
> （五）债务人、抵押人被宣告破产或者解散；
>
> （六）法律规定债权确定的其他情形。

🏛 条文要义

本条是对最高额抵押权担保债权确定的规定。

---

① 程啸 . 担保物权研究 . 北京：中国人民大学出版社，2017：462.

最高额抵押权担保债权的确定，是指最高额抵押权担保的一定范围内的不特定债权，因一定事由的发生而归于具体特定。最高额抵押权设有确定制度的主要理由是：（1）优先受偿的债权及金额有确定的必要；（2）出于保护利害关系人利益的考虑。

本条规定的最高额抵押权担保债权的确定事由是：（1）约定的债权确定期间届满；（2）没有约定债权确定期间或者约定不明确，抵押权人或者抵押人自最高额抵押权设立之日起满2年后请求确定债权；（3）新的债权不可能发生；（4）抵押权人知道或者应当知道抵押财产被查封、扣押；（5）债务人、抵押人被宣告破产或者解散；（6）法律规定债权确定的其他情形。

最高额抵押权担保的债权确定后，发生下列效力：（1）只有在确定时已经发生的主债权属于最高额抵押权担保的范围，确定之后产生的债权即使源于基础法律关系，也不属于担保的范围。至于确定时已经存在的被担保主债权的利息、违约金、损害赔偿金，只有在确定时已经发生而且与主债权合计数额没有超过最高债权额限度时，才可以列入最高额抵押权担保的债权范围。（2）最高额抵押权担保的债权一经确定，无论出于何种原因，担保债权的流动性随之丧失，该抵押权所担保的不特定债权变为特定债权，这时，最高额抵押权的从属性与普通抵押权的完全相同。

本条对《物权法》第206条有如下修改。

第一，将抵押财产被查封、扣押修改为抵押权人知道或者应当知道抵押财产被查封、扣押。《物权法》第206条规定抵押财产被查封、扣押是最高额抵押权人的债权确定事由之一，本条规定将这一内容修改为抵押权人知道或者应当知道抵押财产被查封、扣押，显然比原来的规定更为严谨且符合情理。这是因为，只有抵押权人知道或者应当知道抵押财产被查封、扣押时，最高额抵押权担保债权的确定才有意义。

第二，将债务人、抵押人被撤销修改为解散。《物权法》第206条规定债务人、抵押人被撤销是最高额抵押权人的债权确定的事由之一。民法典总则编关于法人一章将《民法通则》规定的撤销修改为解散后，为了保持与民法典总则编的统一，本条规定也修改为解散。

案例评析

中信银行股份有限公司无锡分行* 与无锡市华恒投资有限公司等金融借款合同纠纷案①

案情：2012年8月28日，中信银行与万佳公司签订2份抵押合同，约定万佳公司以抵押合同中抵押物清单记载76套房产为中信银行与弘尊公司之间的债务提供最高额抵押担保。2013年3月4日及同月6日，中信银行与弘尊公司签订承兑协议，

约定中信银行根据弘尊公司的申请，对弘尊公司提交的 5 600 万元汇票予以承兑。上述汇票到期后，中信银行扣划弘尊公司保证金 2 800 万元后，于 2013 年 9 月为弘尊公司垫付票款 2 800 万元。万佳公司提供抵押的房产除无锡市福邸花园 8—10 号房产外，其他抵押房产均于 2013 年 3 月 4 日前分别被无锡市惠山区人民法院、无锡市滨湖区人民法院查封。法院认为，依据《最高人民法院关于适用〈中华人民共和国担保法〉若干问题的解释》第 81 条及《物权法》第 206 条第 4 项的规定，抵押财产被查封、扣押的，抵押权人的债权确定，而中信银行与弘尊公司的债权均在人民法院查封后确定，故而抵押物被查封后发生的债权不属于最高额抵押权所担保的债权范围。

评析：对最高额抵押所担保的债权而言，最高额抵押权确定的意义在于，只有在确定时已经发生的主债权才属于最高额抵押权担保的范围，确定之后产生的债权不属于担保的范围。《物权法》第 206 条之所以规定抵押财产被查封、扣押是抵押财产确定的事由，是因为当查封或扣押财产是基于财产保全的目的时，如果债权仍不确定，就会出现抵押人与最高额抵押权人串通，故意在抵押物被查封后连续制造虚假的债权，或者即便没有恶意串通，也有因新债权发生损害保全申请人的权益的可能性。[1] 本案中，因人民法院对抵押物的查封导致最高额抵押权的确定，这种确定不以抵押人通知抵押权人为要件，即使抵押人没有通知抵押权人查封的事实，抵押权人就最高额抵押权确定后的债权也不享有优先受偿权。在民法典生效后，抵押权人知道或者应当知道抵押财产被查封、扣押的日期就是最高额抵押债权确定的日期，可能是抵押财产被查封、扣押的当日，也可能是抵押财产被查封、扣押之后的时间。

▶▶ **第四百二十四条　最高额抵押权除适用本节规定外，适用本章第一节的有关规定。**

🏛 条文要义

本条是对最高额抵押权适用一般抵押权规则的规定。

最高额抵押权具有特殊性，在规定了最高额抵押权的特别规则之后，本条规定，最高额抵押权在适用法律上，除这些特殊规则必须适用之外，对于其他方面的规则，与一般抵押权的规则是相同的，因此，适用一般抵押权的规定。

不过，在最高额抵押权实现时，除适用与一般抵押权相同的规则以外，还应注意的是：（1）最高额抵押权所担保的不特定债权在确定后，债权已届清偿期的，最高额抵押权人可以根据一般抵押权的规定行使其抵押权。债权已届清偿期，是指最高额抵押权担保的一系列债权中任何一个已届清偿期。（2）债权确定时，如果实际

---

[1] 程啸. 担保物权研究. 北京：中国人民大学出版社，2017：470.

发生的债权余额高于最高限额，以最高限额为限，超过部分不具有优先受偿的效力；如果实际发生的债权余额低于最高限额，以实际发生的债权余额为限，对抵押财产优先受偿。(3) 如果在抵押财产上存在两个以上抵押权，最高额抵押权与一般抵押权一样，依据法律规定的清偿顺序进行清偿。

案例评析

山东成达新能源科技有限公司* 与山东华兴金属物流有限公司** 等企业借贷纠纷案①

案情： 2015 年 6 月 18 日，博兴中行与被告华兴金属物流公司签订最高额抵押合同，约定被告华兴金属物流公司以其土地使用权为其与博兴中行自 2015 年 6 月 18 日起至 2018 年 6 月 17 日止签署的授信业务在最高额本金余额为 110 030 000 元范围内提供抵押担保。双方于 2015 年 6 月 23 日在博兴国土资源局办理了抵押登记手续，取得了博土他项（2015）第 046 号土地他项权证。贷款发放后，博兴中行与成达新能源公司签订债权转让协议，约定将 39 108 778.65 元的债权等额转让给成达新能源公司。2016 年 4 月 1 日，博兴中行起诉主张华兴金属物流公司承担担保责任。法院认为，博兴中行与被告华兴金属物流公司签订的授信额度协议、最高额抵押合同、与成达新能源公司签订的债权转让协议均系当事人的真实意思表示，不违反法律、行政法规的强制性规定，合法有效。华兴金属物流公司以土地使用权为涉案债务提供抵押担保，并办理了抵押登记手续，抵押权依法设立。因此，成达新能源公司的诉讼主张应予支持。

评析： 最高额抵押权是抵押权的特殊形式，但从性质上讲，最高额抵押权仍然是抵押权的一种，与一般抵押权是特殊与一般的关系，故而除了法律明确列出的特别规则外，应当适用抵押权的一般规定，以此避免立法上的内容繁复。其中，最高额抵押权在登记与生效时间上须遵守的规则是：以不动产设立最高额抵押的，应当办理抵押登记，抵押权自登记时设立；以动产抵押的，抵押权自抵押合同生效时设立，未经登记，不得对抗善意第三人。本案中的最高额抵押权是以土地使用权为标的物，抵押权自于不动产登记部门登记时设立，在债权转让后，生效的抵押权也一并转让，以此体现抵押权的从属性。在债务人届期未能清偿债务时，债权受让人有权就抵押物折价或者拍卖、变卖的价款优先受偿。

---

　* 以下简称"成达新能源公司"。
　** 以下简称"华兴金属物流公司"。
　① 审理法院：山东省滨州市（地区）中级人民法院，案号：(2017) 鲁 16 民初 176 号。

第十八章　质权

第一节　动产质权

> ▶▶ **第四百二十五条**　为担保债务的履行，债务人或者第三人将其动产出质给债权人占有的，债务人不履行到期债务或者发生当事人约定的实现质权的情形，债权人有权就该动产优先受偿。
>
> 　　前款规定的债务人或者第三人为出质人，债权人为质权人，交付的动产为质押财产。

🏛 条文要义

本条是对动产质权概念的规定。

质权，是指债务人或第三人将特定的财产交由债权人占有，或者以财产权利为标的，作为债权的担保，在债务人不履行债务或者发生当事人约定的实现质权的情形时，债权人有权以该财产折价或以拍卖、变卖所得价款优先受偿的权利。债务人或者第三人交由债权人占有的特定财产叫质押财产，也叫质押物或质物；接受质权的债权人叫质权人，提供质押财产出质的人叫出质人。质权的特征是：（1）质权是为了担保债权的实现而设立的担保物权，以主债权的存在为前提；（2）质权只能在债务人或者第三人提供的特定财产或者权利上设定；（3）动产质权以债权人占有债务人或第三人提供的动产为必要条件；（4）质权人在债务人履行债务前对质押财产享有留置的权利，质权人有权以质押财产的变价款优先受偿。

质权具有如下属性：（1）从属性。质权的从属性是指作为旨在担保债权的实现而设定的一种担保物权，具有从属于主债权的特性。质权的产生、移转或者消灭均从属于主债权的产生、移转或者消灭。（2）不可分性。质权的不可分性是指质押财产的全部担保债权的各部，质押财产的各部担保债权的全部。质权不因质押财产的分割、部分灭失或让与而受影响，也不因被担保债权的分割、部分清偿或让与而受影响。在质权部分消灭的场合，尽管与消灭的债权部分相对应的质权也消灭，但仍须以质物的全部担保剩余的债权，这也是质权不可分性的表现。（3）物上代位性。

质权的物上代位性是指质押财产因灭失、毁损、征用而获得保险金、赔偿金、补偿金时，该保险金、赔偿金、补偿金成为质押财产的代位物，质权人有权对该项保险金、赔偿金、补偿金行使质权。

根据标的的不同，质权分为动产质权与权利质权。动产质权，是指债务人或者第三人将其动产移交债权人占有，将该动产作为债权的担保，债务人不履行债务或者发生当事人约定的实现质权情形时，债权人以该动产折价或者以拍卖、变卖该动产的价款优先受偿的担保物权。动产质权的法律特征是：（1）动产质权是以他人的动产为标的物所设定的质权；（2）动产质权以质权人占有动产质物为必要条件；（3）动产质权是以质物所卖得的价金优先受偿的权利。

案例评析

许某与朱某返还原物纠纷案[①]

案情： 许某与案外人巢某某于 1987 年 4 月 7 日登记结婚，于 2013 年 9 月 11 日登记离婚。2006 年 9 月，两人购买别克轿车一辆。2013 年 7 月 12 日，巢某某向朱某借款 2 万元，以该别克车作为质押物。巢某某将诉争车辆钥匙、行驶证、产权证及其身份证复印件、结婚证复印件交给朱某。2013 年 8 月 16 日，朱某前往许某居住地找寻巢某某未果后，留下便条就将该别克车开走。许某起诉请求朱某立即返还别克凯越汽车，朱某则抗辩其系该汽车的质权人，在许某未偿还欠款时有权占有该汽车。一审法院认为，巢某某交付汽车钥匙给朱某的行为应视为交付汽车，构成质押，许某不能以不知情为由主张该行为无效，朱某不构成侵权。二审法院认为，车辆并未实际交付给朱某，车辆钥匙仅是车辆的从物，朱某占有钥匙并不表示对车辆的占有，诉争车辆仍由巢某某、许某占有，故朱某尚未取得诉争车辆的质权。

评析： 动产质权，是指为担保债权的实现，债权人依法占有债务人或第三人的动产，债务人不履行债务或者发生了当事人约定的实现质权的情形时，债权人就该动产或财产权的变价使被担保债权优先受偿的物权。质权除以优先受偿效力为其担保作用外，同时也具有留置效力，亦即由质权人留置担保物，造成出质人之心理压迫，以间接促使债务尽早清偿，此项作用是抵押权所没有的。[②] 因此，动产质权自出质人将质物交付于质权人时设立，质权人是否切实占有质物是动产质权设立的关键。如果动产没有移转占有于质权人，则动产质权就未有效设立。本案中，标的物为汽车，出质人仅将汽车钥匙交付于质权人，汽车钥匙只是汽车的从物，汽车本身仍在

---

① 审理法院：一审法院为江苏省苏州市苏州工业园区人民法院，案号：（2014）园民初 106 号；二审法院为江苏省苏州市中级人民法院，案号：（2014）苏中民终 2934 号。

② 谢在全. 民法物权论：下册. 北京：中国政法大学出版社，2011：963.

出质人的管理控制之下，故而质权人并未取得汽车的占有，案涉质权未设立。

▶▶ 第四百二十六条　法律、行政法规禁止转让的动产不得出质。

🏛 条文要义

本条是对出质动产范围的规定。

质押财产就是质物。对于质物的条件，本条仅规定"法律、行政法规禁止转让的动产不得出质"，没有规定具体的条件。一般认为，作为质权标的物的动产必须符合以下几项条件：（1）该动产须为特定物。这是物权的标的物需要具有特定性的当然要求。特别是质物需要交付才发生质权，因而质物没有特定化就不成立质权。质权合同中对质押财产约定不明，或者约定的出质财产与实际移交的财产不一致，应当以实际交付占有的财产为准。（2）该动产须为独立物。这是物权的标的物必须具有独立性的必然结果，没有独立性、从属于他物的从物，无法与主物分开，不能单独交付，不能成立质权。（3）该动产必须是法律允许流通或者允许让与的动产。以法律、法规禁止流通的动产或者禁止转让的动产设定质权担保的，质权合同无效。如果当事人以法律、法规限制流通的动产设定质权，在实现债权时，人民法院应当按照有关法律、法规的规定对该财产进行处理。

物权法草案向社会公布并征求意见后，有人提出，出质的动产应当是允许转让的动产，法律禁止转让的动产不能作为质押财产。法律委员会经研究，在物权法中增加了此内容。① 结合物权法施行十余年的经验，民法典保留了此项内容。

🔵 案例评析

富某与阜康市金塔实业有限公司*借款合同纠纷案②

案情：2015 年 5 月 2 日，富某与黄某某签订借款协议，约定黄某某因经营需要向富某借款 5 200 万元，并以金塔煤矿 55% 的股权为本协议项下借款提供质押担保。同日，富某与金塔公司签订采矿权抵押合同，约定以金塔公司的采矿权提供抵押担保。在前述合同签订时，用于担保的股权及采矿权均已被人民法院采取财产保全措施。案涉抵押权、质权均未办理登记。法院认为，用于担保的股权及采矿权均已被人民法院采取财产保全措施，依据《物权法》第 184 条、第 209 条、《最高人民法院关于适用〈中华人民共和国担保法〉若干问题的解释》第 5 条的规定，依法被查封、

＊　以下简称"金塔公司"。

①　全国人大常委会法制工作委员会民法室.《中华人民共和国物权法》条文说明、立法理由及相关规定. 北京：北京大学出版社，2007：429.

②　审理法院：浙江省杭州市中级人民法院，案号：（2018）浙 01 民初 1724 号。

扣押、监管的财产，不得抵押；法律、行政法规禁止转让的动产不得出质；以法律、法规禁止流通的财产或者不可转让的财产设定担保的，担保合同无效。据此，案涉采矿权抵押、股权质押条款均归于无效。

评析：依据民法原理，质权实现时质押财产将被转让，故而可以出质的财产应当是可以转让的财产，以法律禁止转让的财产出质的，质押合同无效。在人民法院采取查封、扣押、监管措施后，任何人不得占有、使用、处分被查封财产，此时该财产的合法性处于不确定状态，国家法律不能给予确认和保护，因此被查封、扣押、监管的财产不得设定质押。本案中，案涉出质股权、采矿权即已被查封、冻结，出质人与他人订立的质权合同就因违反法律的强制性规定而无效。出质人明知股权、采矿权被查封冻结后仍以此签订担保合同，其主观上存在过错，而债权人对此并不知情，故其本身并无过错，出质人此时应与债务人向债权人承担连带赔偿责任。此外，关于禁止转让的动产的范围，只能由全国人大及其常委会制定的法律、国务院制定的行政法规规定，其他规范性文件，不能作为规定禁止转让动产的依据。

> ▶▶ **第四百二十七条**　设立质权，当事人应当采用书面形式订立质押合同。
>
> 质押合同一般包括下列条款：
>
> （一）被担保债权的种类和数额；
>
> （二）债务人履行债务的期限；
>
> （三）质押财产的名称、数量等情况；
>
> （四）担保的范围；
>
> （五）质押财产交付的时间、方式。

🏛 条文要义

本条是对质押合同形式与内容的规定。

质押合同为要式合同。设立质权，当事人应当采取书面形式订立质押合同。质押合同一般应当包括下列条款：（1）被担保债权的种类和数额。被担保的主债权的种类，是说质权担保的究竟是债权人享有的哪一项债权，特别是在债权人享有数项债权的情形下，更须确定被担保的债权的种类。被担保的债权的数额，是说质权所担保的该项债权的特定数额，质权只对约定的该项债权的特定数额提供担保。（2）债务人履行债务的期限。确定债权人履行的期限，主要解决的是质权人何时可以行使质权，只有债务履行期限届满而债权人未受清偿时，质权人才能行使质权。（3）质押财产的名称、数量等情况。这是确定质物的范围，旨在将质物特定化。如果质物未经特定化，质权就无从产生。（4）担保的范围。担保的范围是质权对特定债权所担保的范围，只有在该范围内的债权，质权才对其进行担保，超出该范围的，质权不承担担保职能。（5）质押财产交付的时间、方式。质物交付的时间对于质权的设立非常重要。因为动产质权效力是从出质人交付质物时设立，所以，质押合同必须明确约定质押财产的交付时间、方式。

在上述质押合同的条款中，法律没有规定必要条款，但被担保的主债权的种类和质押财产这两项条款是必要条款。具备这两个必要条款，质押合同就可以成立，其他内容可以继续完善。欠缺这两个必要条款，质押合同不能成立。

相较于《物权法》第210条，本条的变化要点如下。

第一，简化了质押合同中将质押财产特定化所需要的内容。《物权法》第210条规定质押合同中须载明质押财产的"名称、数量、质量、状况"。本条规定将其进行简化，修改为质押财产的"名称、数量等情况"，使这一规定更加具有包容性，扩大了质押合同当事人的自主权。

第二，新增将质押财产交付方式作为质押合同的一般条款。质权作为担保物权的一种，相较于抵押权、留置权而言，其特殊性就在于需要"交付"。如果出质人不将质押财产交付给质权人占有，质权也就无从成立。对于交付而言，除了交付的时间影响质权何时成立，交付的方式也影响质权是否有效设立。有鉴于此，本条规定在沿袭《物权法》第210条规定的基础上，新增将质押财产交付方式作为质押合同的一般条款。

案例评析

中国农业银行股份有限公司吴江分行合同纠纷案[①]

案情： 在（2018）苏0509民初203号民事判决的执行过程中，苏州市吴江区人民法院于2019年7月24日扣划了被执行人瑞景公司在农业银行上述账户内存款人民币4 987 494.97元。异议人农业银行提出异议称，农业银行对案涉账户内的资金享有质权：第一，异议人与瑞景公司存在质押关系，异议人与瑞景公司签订的《一手房贷款业务银企合作协议》包含保证金的质押关系；第二，质权已经设立，金钱质押符合债权特定化和移交债权人占有两个要件，本案已满足该两项要件。就农业银行与瑞景公司是否存在质押关系，法院认为，农业银行与瑞景公司签订的《一手房贷款业务银企合作协议》虽非带有"质押"字样的合同，但从其协议条款的内容来看，其已就所担保债权的种类和数量、债务履行期限、质物数量和移交时间、担保范围、质权行使条件达成合意，具备《物权法》第210条规定的质权合同的一般条款，故应认定农业银行与瑞景公司订立了书面质押合同，存在质押合同关系。

---

① 审理法院：江苏省苏州市吴江区人民法院，案号：（2019）苏0509执异200号。

　　评析： 就动产质权的合同形式而言，学者曾就是否承认口头合同产生争议。口头合同虽然简单易行，但一旦产生争议，不易证明其存在及其具体内容，不利于事实的查明和纠纷的解决，为了便于确定当事人的权利义务、民事责任等法律关系，促使当事人谨慎行使担保物权，减少纠纷的发生，规范设定质权的行为，法律规定应当采用书面形式订立质权合同。[①] 为明确质权人与出质人之间的权利义务关系，法律规定质权合同应当包括下列条款：（1）被担保债权的种类和数额；（2）债务人履行债务的期限；（3）质押财产的名称、数量等情况；（4）担保的范围；（5）质押财产交付的时间、方式。不过，法律就质权合同内容的要求是提示性、指导性及非要式的，在法律术语上使用了"一般包括"这一词语。本案中，尽管合同没有带有"质押"字样，但内容上具备质押合同的主要内容，法院即应当承认当事人的质押关系。

　　▶▶ **第四百二十八条**　质权人在债务履行期限届满前，与出质人约定债务人不履行到期债务时质押财产归债权人所有的，只能依法就质押财产优先受偿。

🏛 条文要义

　　本条是对禁止流质的规定。

　　流质，也称绝押，是指转移质物所有权的预先约定。订立质押合同时，出质人和质权人在合同中不得约定在债务人履行期限届满质权人未受清偿时，将质物所有权转移为债权人所有。

　　禁止流质的主要原因是：（1）体现民法的公平、等价有偿原则。如果债务人为经济上的困难所迫，会自己提供或者请求第三人提供高价值的抵押财产担保较小的债权，债权人乘人之危，迫使债务人订立流质契约而获取暴利，损害债务人或者第三人的利益，或者质权设定后质物价值减损以致低于所担保的债权，对债权人不公平。（2）避免债权人以胁迫或者乘人之危迫使债务人订立流质条款，或者债务人基于对质物的重大误解而订立显失公平的流质契约。（3）禁止流质条款也是质权的本质属性的表现。质权是一种变价受偿权，质物未经折价或者变价，就预先约定质物转移抵押权人所有，违背了质权的价值权属性。

　　当事人在质押合同中约定流质条款的，流质条款无效，但是质押合同还是有效的。一经交付，质押权有效设立。因此，质权人依法就质押财产优先受偿。与《物权法》第 211 条的规定相比，本条规定明确了流质条款不影响质权的效力。这一新规则的要旨与民法典第 401 条规定的流押条款不影响抵押权的效力是一致的。

　　————————

　　① 全国人大常委会法制工作委员会民法室 .《中华人民共和国物权法》条文说明、立法理由及相关规定 . 北京：北京大学出版社，2007：431.

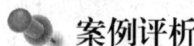 配套司法解释

最高人民法院关于适用《中华人民共和国民法典》时间效力的若干规定

第七条 民法典施行前，当事人在债务履行期限届满前约定债务人不履行到期债务时抵押财产或者质押财产归债权人所有的，适用民法典第四百零一条和第四百二十八条的规定。

案例评析

唐某某与费某某等质押合同纠纷案①

案情： 2015 年 9 月 28 日，陈某某以 280 万元的价格购得奔驰轿车一辆。费某某拟向唐某某借款 160 万元并以案涉奔驰车提供担保，2016 年 6 月 1 日，陈某某、费某某、唐某某签订了借款手续与车辆质押手续。之后三方签订了机动车质押合同，约定陈某某将其所有的案涉奔驰车质押给唐某某为上述借款提供担保，第 3 条中载明："质押的机动车，到期未赎回，且不办理续借手续，即视为违约。续借期超过三天再不赎回即视为陈某某自愿放弃回赎权，唐某某拥有机动车所有权并有支配其转移权与转让权。"一审法院认为，机动车质押合同第 3 条的约定违反了《物权法》第 211 条禁止流质契约的规定，该约定应为无效约定。二审法院对此予以认可。

评析： 自罗马法以来，禁止流质契约为大陆法系国家之立法通例。在传统民法理论上，禁止流质契约的目的是保护债务人利益，防止债权人利用自己的经济优势地位与处于窘迫地位的债务人订立流质契约，从而在债务人不能清偿债务时取得担保物的所有权。实际上，真正使债务人蒙受不利益的，是担保物价值与担保债权额之间的失衡。随着社会经济的发展，债权人与债务人之间已非剥削与被剥削的关系，加之流质契约在担保物权实现中的高效率、低成本的优势，法律不应以保护债务人的利益之名过多干预当事人的意思自治。因此，对于流质契约的效力，民法典的态度更多的是转向规制，即使流质条款无效，质押合同也依然有效，质权人可以依法就质押财产优先受偿。本案中，当事人"续借期超过三天再不赎回即视为陈某某自愿放弃回赎权，唐某某拥有机动车所有权并有支配其转移权与转让权"的约定为流质契约，依据民法典第 428 条的规定，该流质契约无效，但质押合同仍然有效，质权人可以通过对质物折价、拍卖、变卖的方式实现质权。

> ▶▶ **第四百二十九条** 质权自出质人交付质押财产时设立。

---

① 审理法院：一审法院为北京市房山区人民法院，案号：（2017）京 0111 民初 18960 号；二审法院为北京市第二中级人民法院，案号：（2019）京 02 民终 6873 号。

条文要义

本条是对质权成立时间的规定。

质权自出质人交付质押财产时设立。质押合同是要物合同，即实践性合同。在出质人将质押财产移交于质权人占有前，质权合同不能发生效力。质押财产的交付，即出质人应将质押财产的占有移转给质权人，不局限于现实的移转占有，也包括简易交付或指示交付，但出质人不得以占有改定的方式而继续占有标的物，这是因为动产质权以占有作为公示要件，如果出质人代质权人占有质押财产，则无法将该动产上所设立的质权加以公示；同时，由于出质人仍直接占有质押财产，质权人无法对质押财产加以留置，质权的留置效力无法实现。所以，出质人代质权人占有质押财产的，质权合同不生效。

如果债务人或者第三人未按质权合同约定的时间移交质押财产，因此给质权人造成损失时，出质人应当根据其过错承担赔偿责任。

配套司法解释

最高人民法院关于适用《中华人民共和国民法典》有关担保制度的解释

第五十五条　债权人、出质人与监管人订立三方协议，出质人以通过一定数量、品种等概括描述能够确定范围的货物为债务的履行提供担保，当事人有证据证明监管人系受债权人的委托监管并实际控制该货物的，人民法院应当认定质权于监管人实际控制货物之日起设立。监管人违反约定向出质人或者其他人放货、因保管不善导致货物毁损灭失，债权人请求监管人承担违约责任的，人民法院依法予以支持。

在前款规定情形下，当事人有证据证明监管人系受出质人委托监管该货物，或者虽然受债权人委托但是未实际履行监管职责，导致货物仍由出质人实际控制的，人民法院应当认定质权未设立。债权人可以基于质押合同的约定请求出质人承担违约责任，但是不得超过质权有效设立时出质人应当承担的责任范围。监管人未履行监管职责，债权人请求监管人承担责任的，人民法院依法予以支持。

案例评析

重庆江北恒丰村镇银行股份有限公司* 与重庆美冠汽车销售服务有限公司**
等金融借款合同纠纷案①

案情： 2016 年 4 月 15 日，美冠汽车销售公司（借款人）与江北恒丰村镇银行（贷款人）签订流动资金借款合同，约定借款金额 350 万元，借款期限 12 个月。同

---

　*　以下简称"江北恒丰村镇银行"。
　**　以下简称"美冠汽车销售公司"。
　①　审理法院：重庆市江北区人民法院，案号：（2017）渝 0105 民初 12473 号。

日，美冠汽车销售公司与江北恒丰村镇银行签订质押合同，约定美冠汽车销售公司以 27 辆汽车为借款提供质押担保。质押合同签订后，美冠汽车销售公司将车辆继续停放在自己公司的车库中以便销售，并将 27 辆车辆的合格证（非特定车辆的合格证）交付给江北恒丰村镇银行。后借款到期，美冠汽车销售公司未能依约还款，当事人就案涉汽车上的质权是否设立产生争议。法院认为，依据《物权法》第 212 条的规定，动产质权是以质权人占有标的物为其成立和存续的要件，只有占有质物才能给出质人以较重的责任并给质权人以权利保障。本案中质物为"雪佛兰品牌汽车"，合同签订后美冠汽车销售公司将质物继续保管于自己的车库中以便销售，故而质权未能有效设立。

评析： 动产质权的标的是动产，动产具有易于转移、难以控制的特点，为了满足动产质权的实现，也为了保护善意第三人的合法权益[①]，民法典物权编沿袭了《物权法》第 212 条的规定："质权自出质人交付质押财产时设立。"因此，动产质权的物权变动模式采公示生效主义，即动产质权只有在出质人交付质押财产时才设立。实践中最典型的交付方式是现实交付。只有质权人取得了对质押财产的排他占有并且出质人不享有任何占有时，现实交付才算完成。此外，交付方式还可包括指示交付与简易交付。本案中，出质人只交付了拟质押汽车的车辆合格证，该行为不能视为质物本身的交付，质押财产仍保留在出质人手中，故而案涉质权未设立，质权人应承担质权未成立就予以放贷的风险。

> ▶▶ **第四百三十条** 质权人有权收取质押财产的孳息，但是合同另有约定的除外。
> 前款规定的孳息应当先充抵收取孳息的费用。

🏛 条文要义

本条是对质物孳息权属的规定。

质权人有权收取质押财产的孳息。孳息不仅包括天然孳息，还包括法定孳息。质权合同另有约定的，按照其约定。质物既然已经由质权人占有，孳息由质权人收取较为便利。质权人收取质物所生孳息时，应当尽对于自己财产的同一注意义务，并且须为出质人的利益计算，否则给出质人造成损害的应负损害赔偿责任。[②] 质权人收取质物的孳息，并不是取得孳息的所有权，而是取得质物孳息的质权，取得对质物孳息的占有，但质物孳息的所有权仍然归属于出质人。

质权人收取质押财产的孳息，应当首先充抵收取孳息的费用。这种规则能够真

---

① 全国人大常委会法制工作委员会民法室.《中华人民共和国物权法》条文说明、立法理由及相关规定. 北京：北京大学出版社，2007：434.

② 谢在全. 民法物权论. 北京：中国政法大学出版社，2011：987.

正剥夺出质人的占有，促使其尽早清偿债务，发挥质权的留置效力。

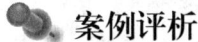 **案例评析**

福建海峡银行股份有限公司福州科技支行*与何某等

案外人执行异议之诉案①

案情：2015 年 6 月 4 日，何某与海峡银行科技支行共同签订《个人借款—担保合同》，其中约定何某向海峡银行科技支行借款 217 万元，何某提供的质押为特种定期储蓄存单，权利凭证编号为 0121416，质押价值为 224 万元，海峡银行科技支行有权收取质押权利产生的孳息（包括但不限于利息、股息、红利等）。存单交付后，海峡银行科技支行依约发放贷款。2018 年 5 月 9 日，福州市鼓楼区人民法院通过司法查控系统向海峡银行科技支行发送（2018）闽 0102 执 1000 号执行裁定书及协助冻结存款通知书，要求冻结被执行人何某名下账号为 20×××01 账户内的银行存款 300.9 万元。海峡银行科技支行随即向福州市鼓楼区人民法院提出执行异议，主张其对该账户及利息享有质权。法院认为，海峡银行科技支行对何某名下的 224 万元定期存单享有质权，根据《物权法》第 213 条第 1 项的规定及当事人的约定，海峡银行科技支行作为质权人有权收取质押存单的孳息，即存款利息，故海峡银行科技支行有权以案涉的 224 万元存单及其利息优先受偿其债权。

评析：质权设立后，质物既然已为质权人所占有，由质权人收取孳息更为方便，故而民法典中规定："质权人有权收取质押财产的孳息，但是合同另有约定的除外。"依据质物性质的不同，质物出质后可能产生天然与非天然的孳息，为保护出质人的财产权益，以及充分保障质权人的质权实现，法律规定质权人有权收取孳息，但当事人之间可对孳息的收取另作约定。质权人在收取质物所生孳息时，应当以对于自己财产为同一注意义务进行收取，并为之计算，否则须承担损害赔偿责任。② 孳息收取后，质权的效力也及于孳息，质权人有权就孳息优先受偿。本案中的存单质权设立后，存单所产生的利息属于法定孳息，质权人在占有存单时有权收取孳息，并在质权实现时有权就孳息优先受偿，故而质权人就存单及孳息的权利可以排除另案的执行。

> ▶▶**第四百三十一条** 质权人在质权存续期间，未经出质人同意，擅自使用、处分质押财产，造成出质人损害的，应当承担赔偿责任。

---

* 以下简称"海峡银行科技支行"。

① 审理法院：福建省福州市鼓楼区人民法院，案号：（2018）闽 0102 民初 9616 号。

② 谢在全．民法物权论：下册．北京：中国政法大学出版社，2011：987.

🏛 条文要义

本条是对质权人擅自使用处分质押财产的规定。

质权人虽然在质押期间有权占有质押财产，但出质人并未因设立动产质权而丧失对质押财产的所有权，质权人在没有经过出质人的同意时，不得擅自使用、处分质押财产，否则应当就由此给出质人造成的损害承担赔偿责任。质权人在质权存续期间，未经出质人同意，擅自使用、处分质押财产，造成出质人损害的，应当承担赔偿责任。例外的是，如果质权人出于履行妥善保管质押财产的义务而对该财产加以必要的使用，为法律所允许，出质人不得因此要求质权人承担赔偿责任。

📌 案例评析

王某某、奎某某财产损害赔偿纠纷案[①]

案情：2016 年 7 月 29 日，奎某某向王某某出具借条一份，内容为"今向王某某借到 50 000 元（伍万元整），特拿自己一台 Jeep 越野车作为抵押，车牌×××HH，奎某某，身份证……借款期 1 个月"。当日奎某某将涉案车辆交给王某某。因经多次催要奎某某仍未还款，2016 年 11 月，王某某通过他人将涉案车辆出售，出售价格 58 130 元，没有卖车合同、收据等。奎某某将王某某诉至一审法院，要求赔偿汽车损失。一审法院认为，本案王某某擅自处分涉案车辆的行为已构成侵权，奎某某有权要求王某某予以赔偿。二审法院维持一审判决。

评析：在质押期间，质权人虽然占有了质物，但质物所有权仍归属于出质人，故而在未经出质人同意时，质权人不得擅自使用、处分质押财产，否则应当就由此给出质人造成的损害承担赔偿责任。《物权法》第 214 条规定："质权人在质权存续期间，未经出质人同意，擅自使用、处分质押财产，给出质人造成损害的，应当承担赔偿责任。"民法典编纂时，该条规定继续保留。不过，若质权人是为了妥善保管质物而对该物予以使用，例如为保管出质汽车而适当驾驶该汽车，则出质人不得就此要求质权人承担赔偿责任。本案中，质权人未经出质人同意，擅自将质押汽车处分于第三人，并使其下落不明，出质人有权请求质权人赔偿损失。

> ▶▶ **第四百三十二条** 质权人负有妥善保管质押财产的义务；因保管不善致使质押财产毁损、灭失的，应当承担赔偿责任。
>
> 质权人的行为可能使质押财产毁损、灭失的，出质人可以请求质权人将质押财产提存，或者请求提前清偿债务并返还质押财产。

[①] 审理法院：一审法院为云南省玉溪市红塔区人民法院，案号：（2019）云 0402 民初 454 号；二审法院为云南省玉溪市中级人民法院，案号：（2019）云 04 民终 613 号。

🏛 条文要义

本条是对质物保管义务的规定。

质权人占有质物，对质物负有妥善保管义务。履行妥善保管义务，应以善良管理人的注意义务加以保管。质权人之所以要对质物承担最高的注意义务，是因为质权人占有质物并不是为了出质人的利益，而是为了确保清偿自己债权的必要，即为了自己的利益，所以，质权人的责任要重于为他人利益而占有他人之物的人的责任。

质权人违反保管质物的善良管理人的注意义务，造成质物损害，应承担损害赔偿责任。对于质权人的过错，由出质人依客观标准证明，有过错则承担责任，无过错不承担责任。质物因不可抗力而遭受损害的，质权人无须承担责任。

🔵 案例评析

陈某与罗某财产损害赔偿纠纷案①

案情： 2015 年 9 月 26 日，陈某（甲方）和罗某（乙方）签订汽车抵押借款合同，该合同约定：甲方向乙方借款，并以其所有的川 A×××××号车作为质押物交付乙方保管。合同签订后，双方未办理登记手续但交付了汽车。2015 年 9 月 26 日，汽车交付时的里程数为 23 524 公里，罗某于 2018 年 2 月 23 日将川 A×××××号车交还至一审法院，该车里程数当时显示为 37 089 公里。陈某认为，罗某擅自使用川 A×××××号车致里程数增幅以及车辆维修，最终导致车辆价值贬损，遂向一审法院提起诉讼。一审法院认为，被告在占有期间可以合理使用该车辆，但被告作为质权人负有妥善保管质物的义务，其保管不善造成质物损坏的，应承担赔偿责任。但是，原告要求被告赔偿车辆贬值损失 300 000 元，其应当对因被告保管不善致使车辆贬损以及贬损的价值承担举证责任，现原告提交的减值评估是其单方委托，原告未完成其举证责任，故而一审法院不能完全支持其主张，二审法院维持此判决。

评析： 质权人在占有质物后，自然应负有保管质物的义务，以此平衡质权人与出质人之间的利益关系，并维护质物价值。《物权法》第 215 条第 1 款规定：质权人负有妥善保管质押财产的义务；因保管不善致使质押财产毁损、灭失的，应当承担赔偿责任。民法典在此保留此规定。至于质权人管理义务的标准，可参照我国台湾地区"民法"第 888 条第 1 项之规定："质权人应以善良管理人之注意，保管质物。"所谓善良管理人之注意，系指依照一般交易上之观念，认为由相当知识经验及诚意

---

① 审理法院：一审法院为重庆市长寿区人民法院，案号：(2018) 渝 0115 民初 4793 号；二审法院为重庆市第一中级人民法院，案号：(2019) 渝 01 民终 5129 号。

之人所具有之注意，故是否已尽此项注意，应以抽象之标准定之。① 若因保管不善致使质物毁损、灭失的，质权人应当承担质物价值减损的赔偿责任。在诉讼中，质权人应当举证证明质物价值减损的额度，以及质物价值减损是因质权人保管不善所致。如果质权人未能完成此证明程序，应当承担败诉的不利法律后果。本案中，质押的汽车在质权人保管期间里程数大幅增加，造成汽车价值的较大减损，质权人显然未尽善良管理人的义务，应当尽赔偿责任。

> **第四百三十三条** 因不可归责于质权人的事由可能使质押财产毁损或者价值明显减少，足以危害质权人权利的，质权人有权请求出质人提供相应的担保；出质人不提供的，质权人可以拍卖、变卖质押财产，并与出质人协议将拍卖、变卖所得的价款提前清偿债务或者提存。

🏛 条文要义

本条是对质押财产保全的规定。

在质权存续期间，质权人对质押财产享有保全请求权。因不能归责于质权人的事由可能使质押财产毁损或者价值明显减少，足以危害质权人权利的，质权人可以行使质押财产保全请求权，要求出质人提供相应的担保，以保障自己债权的实现。出质人不提供担保的，由于质权人占有质押财产，可以将质押财产拍卖、变卖，与出质人进行协议，将拍卖、变卖所得的价款，用于提前清偿债务，或者予以提存，以消灭债务，实现债权。质权保全权的行使规则是：（1）质权人不能直接将质押财产加以拍卖或变卖，而须先要求出质人提供相应的担保，出质人提供了担保的，质权人不得行使物上代位权。（2）出质人拒不提供担保时，质权人才能行使物上代位权，拍卖、变卖质押财产；质权人可以自行拍卖、变卖质押财产，无须出质人同意。（3）质权人对于拍卖或变卖质押财产的价金，应当与出质人协商，作出选择：或者将价金用于提前清偿质权人的债权，或者将价金提存，在债务履行期届满之时再行使质权。

🎯 案例评析

王某某、杨某某物权保护纠纷案②

案情： 1997 年 10 月 10 日，晏某某与王某某共同向杨某某借款 9 万元，并以王某某所购得的 86 件夏布质押。借款到期后，晏某某未归还借款，杨某某于 1998 年 3

---

① 谢在全．民法物权论：上册．北京：中国政法大学出版社，2011：1003.
② 审理法院：一审法院为江西省宜春市袁州区人民法院，案号：（2019）赣 0902 民初 1057 号；二审法院为江西省宜春市中级人民法院，案号：（2019）赣 09 民终 1640 号。

月将晏某某诉至一审法院，双方达成调解协议，内容为由晏某某在 1998 年 4 月 9 日前付清 79 800 元。调解达成协议后，晏某某仅归还杨某某借款 20 000 多元。因夏布留存时间过久容易腐烂变质，杨某某即通知晏某某赶快还款，否则就变卖夏布。后晏某某并未继续还款。2000 年 2 月 27 日，杨某某将质押的夏布变卖给了他人。2019 年 3 月 5 日，上诉人诉至一审法院要求杨某某支付被变卖夏布货款。一审法院认为，杨某某在自己债权未得到全部清偿且质押的夏布容易腐烂变质价值减少的情况下，在已通知共同出质人之一的晏某某且晏某某未提出异议的情况下，将质押的夏布变卖给他人，王某某在得知夏布被变卖之后多年来未向杨某某提出异议，杨某某的变卖行为不违反法律规定，依据《物权法》第 216 条的规定，王某某的诉讼请求不能得到支持。二审法院维持一审法院判决。

评析：《物权法》第 216 条规定了质权人保全质物的权利，即在发生因不可归责于质权人的事由可能使质押财产毁损或者价值明显减少，且质押财产的毁损或价值明显减少足以危害质权人的权利时，质权人得以请求出质人提供相应担保，出质人不提供的，质权人可以行使对质物的变价权。民法典编纂时，本条予以保留。本案中，用于出质的夏布已出现了可能腐烂变质导致价值减损的情况，在质权人已通知出质人且后者未提出异议时，质权人有权自行拍卖、变卖质物，并将所得价款提前清偿或提存。其中，质权人虽然未首先请求出质人提供担保，但由于出质人在知情后未表示异议，可视为其对担保权利的放弃，质权人变卖案涉夏布的行为有法律依据。

> ▶▶ **第四百三十四条**　质权人在质权存续期间，未经出质人同意转质，造成质押财产毁损、灭失的，应当承担赔偿责任。

🏛 条文要义

本条是对转质的规定。

转质，是指质权人为了担保自己的或者他人的债务，将质押财产向第三人再度设定新的质权。本条尽管没有明确规定转质，但却是条文中应有之义。

转质分为两类：（1）责任转质，即质权人于质权存续期间，无须经过出质人的同意，而以自己的责任将质押财产为第三人设定质权。（2）承诺转质，即质权人在获得出质人的同意后，为了担保自己或者他人的债务而以质押财产向第三人设定质权，即质权人在得到质押财产所有人的处分承诺时，为担保自己的债务于其占有的质押财产上设定比自己享有的质权更为优先的一个新的质权。承诺转质与责任转质的差异是：（1）承诺转质须经过出质人的同意，而责任转质无须经出质人同意，质权人是以自己的责任设立转质的。（2）在承诺转质中，由于转质权并非基于质权人的质权而设定的，因此转质权所担保的债权范围及债务清偿期不受原质权所担保的债权范围及债务清偿期的限制。责任转质则不允许如此。（3）在承诺转质中，由于出质人承诺了质权人的转质，故质权人的责任不因转质而加重。但在责任转质中，就质押财产因转质所遭受的不可抗力损害，质权人须承担责任。（4）承诺转质是基于出质人的同意而产生的，而不是基于原质权所设定的转质权，故原质权即使因主债权满足或者其他原因消灭时，转质权也不受影响。但在责任转质中，原质权消灭时，转质权也消灭。（5）在承诺转质中，只要自己的债权已届清偿期，即便原质权尚未具备质权的实现条件，转质权人也可以直接行使转质权。在责任转质中，原质权与转质权的实现条件必须同时具备，转质权人才能实现转质权。

本条承认上述两种转质类型，规则是：在责任转质中，即未经出质人同意而转质，造成质押财产的毁损、灭失的，质权人应当承担民事责任。在承诺转质中，即出质人同意转质的，转质成立，应当按照约定处理。转质的后果是：（1）转质权担保的债权范围，应当在原质权所担保的债权范围之内，超过的部分不具有优先受偿的效力。（2）转质权的效力优于原质权的效力。

案例评析

深圳前海点银金融服务有限公司*与刘某某、叶某借款合同纠纷案①

案情：叶某与刘某某于 2016 年 9 月 23 日签订股份质押协议，该协议约定刘某某同意用其持有的米米乐公司 2 200 万股股份出质给叶某，质押担保的主债权为双方于 2016 年 9 月 23 日签订的借款合同项下的全部借款。点银公司、刘某某、叶某三方于 2016 年 10 月 27 日签订协议书，该协议书对三方借款及股权质押约定如下：（1）刘某某向点银公司借款 999 万元，刘某某在米米乐公司的 333 万股股权质押给点银公司作为借款担保。（2）刘某某质押给点银公司的 333 万股股权经叶某同意，叶某同意包含在刘某某 2016 年 9 月 23 日质押给叶某的 2 200 万股中，叶某自愿将 333 万股的质押权以协议的形式转让给点银公司。（3）当刘某某拖欠点银公司债务时，该 333 万股股权利益优先偿还点银公司债务。刘某某拒不偿还借款本金及利息，点银公司要求被告叶某作为担保此笔借款的 333 万股的质押权人行使质押权以清偿该笔借款，但被告叶某至起诉时仍未履行，点银公司遂提起本案诉讼。法院认为，协议书中约定质权转让的条款为有效约定，该约定本质是经过质权人同意的转质协议。依据《物权法》第 217 条、《最高人民法院关于适用〈中华人民共和国担保法〉

---

* 以下简称"点银公司"。
① 审理法院：广东省深圳前海合作区人民法院，案号：（2018）粤 0391 民初 3433 号。

若干问题的解释》第 94 条第 1 款的规定，当事人之间的转质有效，但由于转质后质权未进行登记，质权仍未有效设立。

评析：在《物权法》立法过程中，对于是否允许转质以及应予规定的转质类型一直存在争议，但《物权法》最终采取了不提倡转质，也不禁止转质的态度。[①] 转质的类型可分为责任转质及承诺转质。本案中，质权人在征得出质人同意后将质押股权转让给第三人，故转质类型为承诺转质。在承诺转质中，转质权是基于出质人的所有权而产生的，并非基于原质权人的质权而设定，因此转质权独立于原质权而存在。[②] 对应的，在转质合同签订后，转质权人与出质人仍应当履行交付或登记的公示程序，否则质权不设立。具体至本案中，股权质押以登记为生效要件，虽然当事人签订的转质合同有效，但之后转质权人与出质人并未办理股权质押的登记手续，故而转质权未设立。

▶▶ **第四百三十五条** 质权人可以放弃质权。债务人以自己的财产出质，质权人放弃该质权的，其他担保人在质权人丧失优先受偿权益的范围内免除担保责任，但是其他担保人承诺仍然提供担保的除外。

🏛 条文要义

本条是对放弃质权的规定。

质权是物权，是民事权利，质权人作为权利人当然可以放弃。放弃质权，即放弃了自己的债权就质物的优先受偿的权利。

如果是债务人以自己的财产出质，即债务人就是出质人的，质权人放弃对出质人的质权，就意味着放弃了债务人以自己的财产出质作为担保的权利，因而发生对外的效力，质权人即债权人的其他担保人在质权人丧失优先受偿权的范围内，免除担保责任。只有一个例外，即其他担保人仍然承诺愿意为债权人的债权提供担保，因而其他担保人仍然承担担保责任，不受债权人放弃质权的影响。

案例评析

中国民生银行股份有限公司呼和浩特分行* 与五原县佰益通食品有限责任公司等金融借款合同纠纷案[③]

案情：2013 年 3 月 29 日，王某、耿某某、牛某某、苏某某组成联保体（合称甲

* 以下简称"民生银行呼市分行"。
① 高圣平. 担保法论. 北京：法律出版社，2009：482.
② 程啸. 担保物权研究. 北京：中国人民大学出版社，2017：508.
③ 审理法院：内蒙古自治区呼和浩特市中级人民法院，案号：（2019）内 01 民终 875 号。

方）并各自指定其企业升达葵业公司等（丙方）与民生银行呼市分行（乙方）签订《联保体授信合同》，其中整体授信额度为 560 万元，并确定各自授信额度；甲方成员在乙方开立保证金账户分别存入授信额度 15％ 的保证金，并按合同约定为主债权设定最高额质押。2013 年 4 月 2 日，民生银行呼市分行依约向王某发放贷款 130 万元。2015 年 2 月 6 日，民生银行呼市分行出具《关于退还 5％ 风险金的批复函》，同意退还 2012 年 11 月至 2013 年 4 月的客户中已还清贷款本息客户的 5％ 风险金，并于 2015 年 2 月 25 日实际退还 4 701 576.19 元。合同履行过程中，王某未按时足额偿还欠款，耿某某、牛某某、苏某某主张由于银行放弃对王某的质权，其应当免于承担担保责任。法院认为，民生银行呼市分行将质押资金退还已经清偿贷款本息的成员，主动放弃质权，且放弃数额足够覆盖债权额度，即质押资金的数额足够偿还当时的欠款，依据《物权法》第 218 条的规定，其余担保人无须对王某的欠款承担担保责任。

评析：是否放弃质权本属质权人意思自治的范畴，但若在同一质权上既有质权担保又有其他担保，质权人对质权的放弃直接影响其他担保权人的顺位利益。为了保护其他担保权人不因质权人的弃权行为受到不利影响，除非其他担保人承诺仍然提供担保责任，其他担保人在质权优先受偿的范围内不再承担担保责任。本案中，王某、耿某某、牛某某、苏某某组成联保体，在债权人民生银行呼市分行的账户内设立联保账户并共同存入保证金提供质押担保，同时又与第三人为联保体成员债务提供保证担保。债权人民生银行呼市分行将质押保证金退还联保体成员的行为是对质权的放弃，在其他担保人未承诺仍然提供担保时，其他担保人即在退回质押保证金的范围内免于承担担保责任。

> ▶▶ **第四百三十六条**　债务人履行债务或者出质人提前清偿所担保的债权的，质权人应当返还质押财产。
>
> 　　债务人不履行到期债务或者发生当事人约定的实现质权的情形，质权人可以与出质人协议以质押财产折价，也可以就拍卖、变卖质押财产所得的价款优先受偿。
>
> 　　质押财产折价或者变卖的，应当参照市场价格。

🏛 条文要义

本条是对质押财产返还和质权实现的规定。

由于动产质权以质押财产的占有作为生效要件与存续要件，当债务人履行债务或者出质人提前清偿所担保的债权时，质权人应当将质押财产返还给出质人。返还质押财产，是指质权人基于自己的意思而将质押财产在事实上的占有移转给出质人。

动产质权的实现，是指质权所担保的债权已届清偿期，债务人未履行债务，质权人与出质人协议以质押财产折价，或依法拍卖、变卖质押财产并就所得的价款优先受偿的行为。动产质权实现的条件是：（1）动产质权有效存在；（2）债务人不履行到期债务，或者发生当事人约定的实现质权的情形；（3）作为质权人的主债权人未受清偿。

动产质权实现的方法是：（1）折价；（2）拍卖；（3）变卖。其中拍卖是主要方法。质押财产拍卖、变卖的变价款，质权人有权优先受偿。质押财产折价或者拍卖、变卖后，其价款超过债权数额的部分归出质人所有，不足部分由债务人清偿。

 **案例评析**

马某与张某某等质押合同纠纷案[①]

案情： 2012 年 7 月 3 日，马某与林某某签订质押借款合同，约定马某将 150 幅《三国人物故事》玉屏风质押给林某某，并向其借款人民币 950 万元整，之后林某某依约发放借款，马某也将玉屏风交付给林某某。2013 年 7 月，林某某告知马某，其未能按期偿还借款已构成违约，若马某不进行协商解决，林某某将单方处置质押物。之后，林某某自行变卖该质押物，共得价款 150 万元。马某向法院提起诉讼，认为林某某私自变卖质押物，严重侵害马某合法权益，应当赔偿马某的损失。法院认为，由于马某未能按期偿还借款，在林某某依约告知马某且后者未及时提出异议时，依据《物权法》第 219 条第 2 款、第 3 款的规定，林某某处置质押物的行为不违反法律规定，林某某无须赔偿马某损失。

评析： 在债权已届清偿期而未受偿或者发生当事人约定的实现质权的情形时，质权人有权以质押财产的价值优先实现其债权。依据《物权法》第 219 条（民法典第 436 条）的规定，动产质权的实现方法有三种：（1）以质押财产折价，即质权人与出质人协议，由质权人出价购买质押财产，取得质押财产的所有权，以代替债务的履行。（2）拍卖质押财产，即质权人与出质人协议拍卖质押财产，或在协议不成时，质权人依法拍卖质押财产。（3）变卖质押财产，即质权人应先于出质人达成变卖协议，协议不成时，质权人可依法变卖质押财产。这三种质权实现的方式并无使用顺序，质权人可视具体情况进行选择。本案中，质权人既然无法与出质人就质权的实现达成协议，有权依法自行变卖质物以实现质权。

[①] 审理法院：一审法院为北京市大兴区人民法院，案号：（2019）京 0115 民初 6491 号；二审法院为北京市第二中级人民法院，案号：（2019）京 02 民终 9845 号。

▶▶ **第四百三十七条** 出质人可以请求质权人在债务履行期限届满后及时行使质权；质权人不行使的，出质人可以请求人民法院拍卖、变卖质押财产。

出质人请求质权人及时行使质权，因质权人怠于行使权利造成出质人损害的，由质权人承担赔偿责任。

🏛 条文要义

本条是对出质人请求质权人及时行使质权的规定。

在债务履行期限届满后，出质人享有对质权人及时行使质权的请求权。在债务履行期限届满后，质权人应当及时行使质权，实现自己的债权。如果质权人不及时行使质权，出质人享有请求质权人及时行使质权的权利，即及时行使质权请求权。出质人行使及时行使质权请求权的后果是：（1）质权人不行使质权的，出质人可以请求人民法院拍卖、变卖质押财产，尽早结束现存的债权债务关系，解脱出质人。（2）质权人怠于行使质权，致使质押财产造成损害的，出质人的及时行使质权请求权转化为损害赔偿请求权，请求质权人就由此造成的损失承担赔偿责任，质权人应当予以赔偿。例如，出质的汽车至履行期限届满时价格为 30 万元，出质人请求质权人及时行使质权，但质权人迟迟不予理睬，一年后才主张实现质权，该车辆的价格仅剩 16 万元，质物价值遭受贬损。这就是质押财产的损失，质权人应当予以赔偿。

🔵 案例评析

中信银行股份有限公司贵阳分行与郭某某、贵州黔商市西投资担保股份有限公司* 金融借款合同纠纷案①

案情： 2015 年 3 月 24 日，原告中信银行股份有限公司贵阳分行与被告郭某某签订《个人借款合同》，约定被告向原告借款 500 万元，借款期限为 2015 年 3 月 25 日至 2016 年 3 月 26 日，约定年利率为 5.885%，按月计息，每月 21 日结息，逾期贷款罚息为本合同贷款利率的 150%。同日，被告黔商市西担保公司与原告签订《保证金账户质押合同》，约定被告黔商市西公司以现金 50 万元提供质押担保，第 8.1 条约定质权的实现方式为：主合同债务履行期限届满之日，乙方未受清偿的，或主合同债务人违反主合同其他约定的，原告有权实现质权。截至 2016 年 3 月 21 日，郭某某尚欠付利息 30 242.4 元。郭某某于 2016 年 7 月 21 日至 2016 年 8 月 21 日期间归还利息 27 790.27 元。原告主张其已于 2017 年 11 月 21 日扣抵该 50 万元用于归还借款的利息及罚息，现诉请被告郭某某偿还本金人民币 50 万元及利息罚息。法院认

---

* 以下简称"黔商市西公司"。

① 审理法院：贵州省贵阳市中级人民法院，案号：（2017）黔 01 民初 273 号。

为，依据《物权法》第 220 条及《保证金账户质押合同》第 8.1 条的约定，原告对 50 万元金钱质押怠于处分，故对于质押款项 50 万元用于抵扣 2017 年 11 月 21 日前被告郭某某欠付的借款利息的主张，不予采纳。

评析： 质权的设定在保障债权人的权利能切实实现的同时，也限制了质权人对质物的权利行使，质权人不能支配质物的使用价值。质权设立后，质物为质权人所占有与控制，质权人可能怠于及时行使质权，同时动产在市场上的价值波动较大，质权人拖延行使质权可能会给出质人造成损失。为督促质权人及时行使权利，促进财产交易的流转，民法典规定质权人应在债权到期后及时行使质权以及质权人怠于行使权利的责任。此规定的前身为《物权法》第 220 条。本案中，出质人以保证金为债权人设定金钱质押，该保证金账户控制在质权人手中，在债权到期后，质权人完全可以扣划保证金清偿本金，但却主张先扣划债权利息及罚息，债务人仍应清偿期本金及利息，该主张显然有违质权人及时行使权利的规则，应当不予支持。

▶▶ **第四百三十八条** 质押财产折价或者拍卖、变卖后，其价款超过债权数额的部分归出质人所有，不足部分由债务人清偿。

🏛 条文要义

本条是对质押财产变价款归属的规定。

当质押所担保的债权于履行期限届满而未受清偿时，质权人可以实现其质权。质权的实现就是将质物的交换价值兑现，就质押财产的变价款优先受偿。质权人实现质权，将质押财产折价或者拍卖、变卖后，质押财产变价款的归属规则如下。

第一，变价款超过债权数额的，清偿了债务之后，其超出的部分归出质人所有。这是因为出质人仍然是质物的所有权人，出质人有权支配质物的剩余价值。

第二，变价款不足以清偿债务的，其不足部分，由债务人继续承担清偿义务。换言之，质押债权未受清偿的部分，仍然在债权人与债务人之间存在，只是不再是质权担保的债权，而是无质权担保的普通债权，债务人仍然负有清偿债务的义务。

🌰 案例评析

深圳市意汇通投资发展有限公司与上海港银投资管理
有限公司*所有权确认纠纷案①

案情： 2009 年 4 月 10 日，浦发行深圳分行、上海浦东发展银行股份有限公司深

---

* 以下简称"港银公司"。
① 审理法院：广东省深圳市中级人民法院，案号：（2015）深中法商初 187 号。

圳凤凰大厦支行与港银公司签订《股权质押合同》，约定因深圳市益生堂药业有限公司等拖欠浦发行深圳分行债务未能偿还，港银公司自愿以其持有的 350 万股深大通限售流通股股份为上述贷款债务提供质押担保。2010 年 6 月 2 日，双方办理质押登记手续。2015 年 4 月 23 日，为实现浦发银行的债权，审理法院作出（2014）深中法执恢字第 140 号执行裁定书，将港银公司名下的深大通限售流通股 350 万股过户到浦发行深圳分行名下。出质人在诉讼中请求：浦发行深圳分行在处置出质 350 万股股份实现债权之后，应将剩余股份以及处置股份所得价款超过债权数额的部分返还给出质人。法院认为，依据《担保法》第 71 条第 3 款及《物权法》第 221 条的规定，港银公司出质的深大通限售流通股 350 万股股份经法院强制执行以清偿债权人浦发行深圳分行的债权后，剩余的价款及深大通限售流通股股份应归出质人港银公司所有。

评析：出质人是以质物的价值担保债权人的债权的，质物变价的唯一目的是用于清偿债务。如果质物的变价（折价或拍卖、变卖）超出所担保的债权，应将剩余价款归还出质人，因为出质人是质物的所有权人。质物的变价款不足以清偿所担保债权数额的，出质人将全部变价款交给债权人后，就担保债权未受清偿的部分，债务人仍然负有清偿债务的义务，只是不再是质押担保债权。[①]《担保法》第 71 条第 3 款、《物权法》第 221 条（民法典第 438 条）规定，质押财产折价或者拍卖、变卖后，其价款超过债权数额的部分归出质人所有，不足部分由债务人清偿。民法典编纂时也保留此规定。本案中，出质股权变价后的价值在清偿被担保债权后，所剩余部分即应返还出质人。

> ▶▶ **第四百三十九条** 出质人与质权人可以协议设立最高额质权。
> 最高额质权除适用本节有关规定外，参照适用本编第十七章第二节的有关规定。

🏛 条文要义

本条是对最高额质权的规定。

最高额质权，是指对于一定期间内连续发生的不特定的债权预定一个限额，由债务人或者第三人提供质物予以担保而设定的特殊质权。最高额质权的特点是：（1）最高额质权用以担保债权人一定范围内的不特定债权；（2）最高额质权所担保的债权限于预定的最高担保额；（3）最高额质权的标的为债务人或者第三人的财产或权利。

---

① 全国人大常委会法制工作委员会民法室. 中华人民共和国担保法释义. 北京：法律出版社，1995：93.

本条对最高额质权规定的基本规则是：（1）出质人与质权人可以协议设立最高额质权。（2）最高额质权除适用本节有关规定外，参照适用本编第十七章第二节的有关规定。按照这一规定，关于最高额抵押权的法律规定可以适用于质权。关于最高额质权的具体规则，应参照关于质权的规定和最高额抵押权的规定确定。

案例评析

中国华融资产管理股份有限公司内蒙古自治区分公司*与内蒙古维邦建筑集团有限责任公司**借款合同纠纷案①

案情： 2015 年 8 月 27 日，工行东胜支行与维邦建筑公司签订流动资金借款合同，约定借款人民币 3 000 万元。2015 年 8 月 31 日，工行东胜支行履行放款义务。2015 年 8 月 27 日，工行东胜支行与维邦建筑公司签订最高额质押合同，约定所担保主债权为自 2015 年 8 月 27 日至 2018 年 9 月 30 日期间所产生的债权，最高质权额为 8 000 万元。最高额质押担保的债权确定前，工行东胜支行转让部分债权的，可将最高额质权一并转让。2015 年 8 月 31 日，当事人完成股权质押登记。2017 年 8 月 25 日，华融内蒙古分公司与中国工商银行股份有限公司内蒙古自治区分行签订资产转让协议，转让了前述债权中的部分债权。现华融内蒙古分公司起诉请求拍卖最高额质押合同项下的股权质权。法院认为，依据《物权法》第 204 条、第 220 条的规定及最高额质押合同中"最高额质押担保的债权确定前，工行东胜支行转让部分债权的，可将最高额质权一并转让"的约定，华融内蒙古分公司有权实现质权。

评析：《担保法》并未规定最高额质权制度，但为尊重实践中的需要，《物权法》于第 222 条（民法典第 439 条）规定了最高额质权制度。最高额质权与最高额抵押权有许多相似之处：第一，在设立、转移及消灭方面均在一定程度上独立于主债权；第二，最高额质权与最高额抵押权均是不特定的债权；第三，均存在最高担保额的限制；第四，在实现担保物权时，均需要对担保的债权进行确定。因此，为立法简约之需要，《物权法》及民法典物权编均规定了最高额质权除适用动产质权规定以外，参照适用最高额抵押权的规定。本案中，债权人将部分债权转让，由于合同中约定了部分债权转让，最高额质权也随之转让，参照《物权法》第 204 条的规定，即"最高额抵押担保的债权确定前，部分债权转让的，最高额抵押权不得转让，但当事人另有约定的除外"，因而受让人有权以最高额质权实现权利。

---

* 以下简称"华融内蒙古分公司"。
** 以下简称"维邦建筑公司"。
① 审理法院：内蒙古自治区呼和浩特市中级人民法院，案号：（2018）内 01 民初 4 号。

第二节 权利质权

▶▶ **第四百四十条** 债务人或者第三人有权处分的下列权利可以出质：

（一）汇票、本票、支票；

（二）债券、存款单；

（三）仓单、提单；

（四）可以转让的基金份额、股权；

（五）可以转让的注册商标专用权、专利权、著作权等知识产权中的财产权；

（六）现有的以及将有的应收账款；

（七）法律、行政法规规定可以出质的其他财产权利。

🏛 条文要义

本条是对权利质权概念及出质权利范围的规定。

权利质权，是指以所有权以外的依法可转让的债权或者其他财产权利为标的物而设定的质权。权利质权的特征是：（1）权利质权的属性是质权。（2）权利质权是以所有权以外的财产权为标的物的质权，能够作为权利质权标的物的权利须符合以下几项条件：1）仅以财产权利为限；2）必须是依法可以转让的财产权利；3）必须是不违背现行法规定及权利质权性质的财产权利。（3）权利质权的设定以登记或者权利凭证的交付作为生效要件。

权利质权的性质为担保物权。债务人或者第三人可以出质的有权处分的权利是：（1）汇票、本票、支票；（2）债券、存款单；（3）仓单、提单；（4）可以转让的基金份额、股权；（5）可以转让的注册商标专用权、专利权、著作权等知识产权中的财产权；（6）现有的以及将有的应收账款；（7）法律、行政法规规定可以出质的其他财产权利。然而，随着金融实践的发展，权利质押的标的日益丰富，并催生出越来越多新类型的担保物权。[1] 理论上，只要是具有财产价值、能够转让且未被法律、行政法规明文禁止的财产权利都可以成为权利质权的客体。[2] 在民法典物权编编纂过程中，不少学者呼吁将本条中的兜底条款"法律、行政法规规定可以出质的其他财产权利"改为反面排除模式，即"法律、行政法规规定未禁止转让或出质的其他财产权利"，以此保持权利质权体系的开放性。然而，该意见最终未被采纳，这不能不说是一种遗憾。

与《物权法》第 223 条相比，本条的修改要点如下。

---

[1] 高圣平. 民法典担保物权法编纂：问题与展望. 清华法学, 2018（2）.

[2] 刘保玉. 完善我国质权制度的建议. 现代法学, 2017（6）.

第一，调整了汇票、本票和支票的顺序。《物权法》第 223 条的规定为汇票、支票和本票，本条的规定将其调整为汇票、本票和支票。之所以作出这样的调整，是因为汇票与本票在实践中更为常用。汇票的出票人与付款人之间不需要有资金关系。本票的出票人与付款人均是自己，也不存在资金关系。支票的出票人与付款人则必须有资金关系。两相比较，汇票与本票比支票更利于权利质权人权利的实现。

第二，将应收账款限定为现有的以及将有的应收账款。《应收账款质押登记办法》第 2 条第 1 款规定："本办法所称应收账款是指权利人因提供一定的货物、服务或设施而获得的要求义务人付款的权利以及依法享有的其他付款请求权，包括现有的和未来的金钱债权，但不包括因票据或其他有价证券而产生的付款请求权，以及法律、行政法规禁止转让的付款请求权。"本条规定借鉴了该立法经验，将现有以及将有的应收账款作为可以出质的权利范围，限定了应收账款的范围。

📋 配套司法解释

最高人民法院关于适用《中华人民共和国民法典》有关担保制度的解释

第六十三条　债权人与担保人订立担保合同，约定以法律、行政法规尚未规定可以担保的财产权利设立担保，当事人主张合同无效的，人民法院不予支持。当事人未在法定的登记机构依法进行登记，主张该担保具有物权效力的，人民法院不予支持。

🎯 案例评析

高某某与郝某某保证合同纠纷案①

案情：2011 年 4 月 25 日，董某某向郝某某出具 10 万元的借条一张，约定借款期限为 6 个月，利息为 12 000 元，高某某作为担保人在借条上签了字，另外借条上括号注"备拾叁万押金条据以备清欠"。再审法院审查期间，高某某提交三份收据复印件，以证明董某某将 13 万元押金条据交与郝某某，郝某某应当以该 13 万元清偿欠款。三份收据的交款部门是金海棠公司。高某某称，金海棠公司就是董某某的私人公司，但并未提交相关证据。当事人就押金条据是否属于物保产生争议。法院认为，依据《物权法》第 223 条的规定，可以作为权利质押的标的并不包含押金条据，其也不包含在"应收账款"项目里，涉案质权合同无效。

评析：物权法定是物权法的一项基本原则，也是物权法区别于合同法的重要标志。它又被称为物权法定主义，是指物权只能依据法律设定，禁止当事人自由创设物权，也不得变更物权的种类、内容、效力和公示方法。②《物权法》第 223 条采取

---

① 审理法院：一审法院为陕西省延安市中级人民法院，案号：(2012) 延中民终 393 号；二审法院为陕西省高级人民法院，案号：(2013) 陕审民申 1123 号。

② 王利明. 物权法论. 北京：中国政法大学出版社，1999：88.

"列举＋兜底"方式规定了权利质权的标的范围，而其中的兜底性条款的表述是"法律、行政法规规定可以出质的其他财产权利"。因此，若当事人以《物权法》第223条未明确列举，也不属于"法律、行政法规规定可以出质的其他财产权利"的权利出质的，质权将因违反物权法定原则而无效。本案中，既然现行法并无押金条据可以出质的规定，以押金条据出质的合同也就被评价为无效。此外，应收账款是指权利人因提供一定的货物、服务或设施而获得的要求义务人付款的权利以及依法享有的其他付款请求权，包括现有的和未来的金钱债权，押金条据出质也就不能被归入应收账款质押的范围。

> **▶▶第四百四十一条**　以汇票、本票、支票、债券、存款单、仓单、提单出质的，质权自权利凭证交付质权人时设立；没有权利凭证的，质权自办理出质登记时设立。法律另有规定的，依照其规定。

🏛 条文要义

本条是对有价证券质权的规定。

能够作为权利质权标的物的有价证券包括下述五类有价证券，其可以成立权利质权：（1）票据质权。汇票、本票和支票都可以设立质权。四类不得转让的票据包括：1）出票人禁止转让的票据；2）背书人禁止转让的票据；3）记载了"委托收款"字样的票据；4）被拒绝承兑、被拒绝付款或者超过付款提示期限的票据。设立票据质权，出质人和质权人应当以书面形式订立质权合同，出质人应当在合同约定的期限内将权利凭证交付质权人，自权利凭证交付之日起生效。（2）债券质权。债券是由政府、金融机构或者企业为了筹措资金而依照法定程序向社会发行的，约定在一定期限内还本付息的有价证券。出质人和质权人应当以书面形式订立质押合同，出质人应当在合同约定的期限内将权利凭证交付质权人，质押合同自权利凭证交付之日起生效。（3）存款单质权。存款单是由银行等储蓄机构开具的证明自身与存款人之间存在储蓄法律关系的凭证，可以设定质权的存款单主要是指各类定期存款单，出质人和质权人应当以书面形式订立质押合同，出质人应当在合同约定的期限内将权利凭证交付质权人。质押合同自权利凭证交付之日起生效。（4）仓单质权。仓单质权是指以仓单为标的物而设立的质权。存货人或者仓单持有人在仓单上背书并经保管人签字或者盖章的，可以转让提取仓储物的权利，可以设立质权。以仓单为标的物设定质权时，出质人与质权人应当订立书面质押合同，出质人应当在合同约定的期限内，将权利凭证交付质权人。质押合同自权利凭证交付之日起生效。（5）提单质权。提单质权是指以提单为标的物而设立的质权。以提单设立质权的，发生质权，出质人与质权人应当订立书面质押合同，出质人应当在合同约定的期限内将权利凭证交付质权人。质押合同自权利凭证交付之日起生效。提单质权均以交付为生效要件，但未记名提单未经质押背书的，不能对抗善意第三人。

与《物权法》第 224 条规定相比，本条删除了应当订立书面合同的要求以及具体的登记机构的规定，新增了转致性条款。

第一，删除了当事人应当订立书面合同的要求。民法典第 446 条规定："权利质权除适用本节规定外，适用本章第一节的有关规定。"结合民法典第 427 条有关设立质权应当订立质押合同的规定，权利质权设立时也应当签订书面的质押合同。[①] 为了避免民法典内部的重复，本部分删除了当事人应当订立书面合同的要求。

第二，删除了权利质权具体登记机构的规定。目前权利质押登记机构相对分散，不能完全适应经济发展的需要。为了给设立统一登记制度留下空间，删除了权利质押的具体登记机构。

第三，关于票据质权设立的规定新增了转致性条款。《物权法》第 224 条规定，票据出质自交付或者登记时设立。《票据法》第 35 条第 2 款则规定了票据质权需要背书设立。可见，《物权法》第 224 条与《票据法》第 35 条之间形成了立法冲突。这导致理论上和实践中都产生了争议，即汇票质押的设立究竟应当适用何种规则。为了解决这一问题，本条规定新增"法律另有规定的，依照其规定"的内容，明确了有关汇票质押的规则应当适用《票据法》。

此外，民法典第 443 条、第 444 条、第 445 条也删去了应当订立书面合同的要求以及具体的登记机构的规定。

三 配套司法解释

最高人民法院关于适用《中华人民共和国民法典》有关担保制度的解释

第五十八条 以汇票出质，当事人以背书记载"质押"字样并在汇票上签章，汇票已经交付质权人的，人民法院应当认定质权自汇票交付质权人时设立。

第五十九条 存货人或者仓单持有人在仓单上以背书记载"质押"字样，并经保管人签章，仓单已经交付质权人的，人民法院应当认定质权自仓单交付质权人时设立。没有权利凭证的仓单，依法可以办理出质登记的，仓单质权自办理出质登记时设立。

出质人既以仓单出质，又以仓储物设立担保，按照公示的先后确定清偿顺序；难以确定先后的，按照债权比例清偿。

保管人为同一货物签发多份仓单，出质人在多份仓单上设立多个质权，按照公示的先后确定清偿顺序；难以确定先后的，按照债权比例受偿。

存在第二款、第三款规定的情形，债权人举证证明其损失系由出质人与保管人的共

---

① 邹海林. 论《民法典各分编（草案）》"担保物权"的制度完善——以《民法典各分编（草案）》第一编物权为分析对象. 比较法研究，2019（2）.

同行为所致，请求出质人与保管人承担连带赔偿责任的，人民法院应予支持。

第六十条 在跟单信用证交易中，开证行与开证申请人之间约定以提单作为担保的，人民法院应当依照民法典关于质权的有关规定处理。

在跟单信用证交易中，开证行依据其与开证申请人之间的约定或者跟单信用证的惯例持有提单，开证申请人未按照约定付款赎单，开证行主张对提单项下货物优先受偿的，人民法院应予支持；开证行主张对提单项下货物享有所有权的，人民法院不予支持。

在跟单信用证交易中，开证行依据其与开证申请人之间的约定或者跟单信用证的惯例，通过转让提单或者提单项下货物取得价款，开证申请人请求返还超出债权部分的，人民法院应予支持。

前三款规定不影响合法持有提单的开证行以提单持有人身份主张运输合同项下的权利。

 案例评析

日照银行股份有限公司与山东艺国贸易有限公司、山东隆迪纺织
有限公司金融借款合同纠纷案①

案情： 2015 年 11 月 13 日，日照银行股份有限公司石臼支行与山东艺国贸易有限公司签订流动资金借款合同，约定借款人向贷款人借款人民币 4 800 万元。为保证日照银行股份有限公司石臼支行债权的实现，被告山东艺国贸易有限公司提供电子商业承兑汇票作质押担保。出票人为被告广东锦田集团投资有限公司，出票日期为 2015 年 10 月 22 日，到期日为 2016 年 10 月 21 日，承兑人为广东锦田集团投资有限公司。山东艺国贸易有限公司在中国人民银行电子商业汇票管理系统办理了质押登记。涉案借款发放后，山东艺国贸易有限公司支付利息至 2016 年 3 月 20 日，此后未支付利息，借款到期后未偿还本金。法院认为，涉案电子商业承兑汇票系数据电文形式，没有外在的权利凭证，但已在中国人民银行电子商业汇票管理系统办理出质登记，登记的质权人为日照银行股份有限公司。依据《物权法》第 224 条的规定，质权于登记时已经设立。

评析： 依据《票据法》第 19 条的规定，汇票是出票人签发的，委托付款人在见票时或者在指定日期无条件支付确定的金额给收款人或者持票人的票据。汇票分为银行汇票和商业汇票。在过去，汇票都是纸面形式的，故而有效的票据行为，除了行为人以书面在汇票上记载法定事项并签章以外，还需要将汇票交付于相对人。汇票质权的设立亦不例外，也需要将票据交付给质权人，以此对票据质权的设立起到公示作用。随着商业经济及互联网技术的发展，电子商业承兑汇票已广为应用，依据《电子商业汇票业务管理办法》，中国人民银行批准建立了"依托网络和计算机技

---

① 审理法院：山东省日照市中级人民法院，案号：(2016) 鲁 11 民初 170 号。

术，接收、存储、发送电子商业汇票数据电文，提供与电子商业汇票货币给付、资金清算行为相关服务的业务处理平台"的电子商业汇票系统，而"电子商业汇票的出票、承兑、背书、保证、提示付款和追索等业务，必须通过电子商业汇票系统办理。"由于电子商业汇票并无权利凭证，故而依据《物权法》第 224 条（民法典第 441 条）规定，其质权公示方式应为在中国人民银行电子商业汇票管理系统办理出质登记。

▶▶ **第四百四十二条** 汇票、本票、支票、债券、存款单、仓单、提单的兑现日期或者提货日期先于主债权到期的，质权人可以兑现或者提货，并与出质人协议将兑现的价款或者提取的货物提前清偿债务或者提存。

🏛 条文要义

本条是对提前行使权利质权的规定。

汇票、本票、支票、债券、存款单、仓单、提单都有兑现日期或者提货日期。兑现日期，是指汇票、本票、支票、债券、存款单、仓单、提单上所记载的权利得以实现的日期；提货日期，是指仓单、提单上记载的交付物品的日期。如果兑现日期和提货日期与债权同时到期，刚好可以同时行使质权清偿债务，实现债权。如果兑现日期和提货日期在债权到期后到期，在兑现日期或者提货日期到期后，可以实现质权，或者提前实现债权。如果这些权利质权标的的兑现日期或者提货日期先于主债权到期，由于债权还没有到期，质权人不能实现质权，其债权可能受到损害。对出质人而言，此时不兑现或者提货也可能造成其损失，例如仓单提货日期届至而不按时提货的，出质人须加付仓储费。因此，质权人可以在兑现日期或者提货日期届至时，主张兑现或者提货，并与出质人协议，将兑现的变价款或者提取的货物变现，提前清偿债务，或者进行提存，实现债权。

🔖 案例评析

中国光大银行股份有限公司烟台莱州支行与王某某、曲某某等金融借款合同纠纷案[①]

案情： 2014 年 12 月 30 日，被告王某某、张某某、姜某某、刘某某、贺某某组成联保小组，与原告签订联合质押合同，约定五被告分别以 60 万元存单（共计 300 万元）提供质押。姜某某、贺某某、刘某某提供的存单到期日为 2015 年 12 月 29 日，王某某、张某某提供的存单到期日为 2015 年 12 月 30 日，五张存单年利率均为

---

① 审理法院：山东省莱州市人民法院，案号：（2015）莱州商初 310 号。

3.3%。2014 年 12 月 30 日，原告依约向被告王某某发放贷款 300 万元，还款日期为 2015 年 11 月 30 日。之后，王某某未按时足额偿还借款利息并下落不明。2015 年 8 月 13 日，原告将五被告质押于原告处的 60 万元存款，共计本金 300 万元及相应利息进行扣划。被告在诉讼中主张，原告提前划扣存款的行为侵害了被告的利益，应当承担赔偿责任。法院认为，原告在质押的存款单未到期时即扣划质押存款，该行为不当，但该提前扣划行为，减轻了质押担保人的损失，避免了因贷款利率高于存款利率而在存单到期后实现质权造成的利息差，法院对该行为不再予以调整。

评析：以汇票、支票、本票、债券、存款单、仓单、提单出质，在权利凭证交付于质权人后，权利兑现及提货与否都处于质权人的控制下。此时，若汇票、支票、本票、债券、存款单、仓单、提单上载明兑现日期或提货日期，且该日期届至时，如果不按时兑现或者提货，有可能给债务人自身带来损失，例如仓单提货日期届至不按时提货的，债务人需要加付仓储费。为保护债务人利益，法律规定质权人此时可以兑现或者换货，但须以兑现的价款或提存的货物提前清偿债务或者提存。[①] 本案中，因债务人的违约行为导致主债权提前到期，质权人在存单未到期时直接扣划存款，避免了因贷款利率高于存款利率而在存单到期后实现质权造成的利息差，这也是对债务人利益的保护。法院的判决体现了实质公平的裁量观，值得赞同。

> ▶▶ **第四百四十三条** 以基金份额、股权出质的，质权自办理出质登记时设立。
>
> 基金份额、股权出质后，不得转让，但是出质人与质权人协商同意的除外。出质人转让基金份额、股权所得的价款，应当向质权人提前清偿债务或者提存。

🏛 条文要义

本条是对基金份额质权、股权质权的规定。

基金份额是指基金管理人向不特定的投资者发行的，表示持有人对基金享有资产所有权、收益分配权和其他相关权利，并承担相应义务的凭证。股权是由股份、股票来表彰的。

基金份额质权，是指以基金份额为标的而设立的质权。股权质权，是指以股权为标的而设立的质权。

以基金份额、股权出质的，质权自办理出质登记时设立。《担保法》第 78 条第 3 款规定："以有限责任公司的股份出质的，适用公司法股份转让的有关规定。质押合同自股份出质记载于股东名册之日起生效。"故对有限责任公司的股权质押，实践中存在的做法是将质押合同记载于股东名册。但在《物权法》生效后，该规定已为

[①] 全国人大常委会法制工作委员会民法室.《中华人民共和国物权法》条文说明、立法理由及相关规定. 北京：北京大学出版社，2007：457.

《物权法》第 226 条所取代，将质押合同记载于股东名册并不能发生质权设立的效果。民法典第 443 条基本延续了这一规则，因此，民法典生效后，质押合同记载于股东名册同样不能发生质权设立的效果。

基金份额、股权出质后，不得转让，但是，经出质人与质权人协商同意的可以转让。出质人转让基金份额、股权所得的变价款，应当向质权人提前清偿债务，也可以进行提存，实现质权。不过，虽然出质人无权转让基金份额、股权，但出质人与受让人所签订的转让合同并不因此无效，受让人也仍然有权请求出质人转移股权，只是股权因被质押无法转移，受让人只能在基金份额、股权质权上的质权消灭后再取得股权，或者请求出让人承担违约责任。①

案例评析

孝感市金誉投资担保有限责任公司* 与孝昌县工商行政管理局 行政登记案②

案情：金誉公司为一佳公司在湖北银行孝昌县支行的 220 万元贷款提供担保，一佳公司的法定代表人魏某某以其持有的大展公司 22% 的股权为金誉公司提供反担保。2014 年 9 月 3 日，被告孝昌工商局为原告金誉公司及第三人魏某某办理了相关的股权质押登记。2014 年 10 月 21 日，魏某某将其持有的大展公司 22% 股权变更登记到魏某名下，孝昌工商局为其办理了股权变更登记。金誉公司认为，孝昌工商局的股权变更登记行政行为损害其合法权益，遂提起行政诉讼请求确认孝昌工商局股权变更登记行政行为违法，并要求撤销该变更登记。法院认为，工商行政管理机关是公司登记机关，具有股权质押登记、股权变更登记等法定职权，依据《物权法》第 226 条第 2 款的规定，"……股权出质后，不得转让……"孝昌工商局的股权变更登记行政行为应为违法行为，该变更登记应予以撤销。

评析：《物权法》第 226 条第 2 款规定："基金份额、股权出质后，不得转让，但经出质人与质权人协商同意的除外。出质人转让基金份额、股权所得的价款，应当向质权人提前清偿债务或者提存。"该条体现了股权质权除一般质权的效力外，还具有禁止出质人非法转让股权以保全质权的效力。对于办理股权质押、股权变更登记的行政机关而言，在开展关于股权登记相关的行政行为时也须遵守《物权法》第 226 条第 2 款的规定，在没有证据证明出质人及质权人协商同意股权转让时，不应办理股权转让的变更登记，否则质权人有权请求确认该行政行为违法，并要求撤销该行政登记。

---

* 以下简称"金誉公司"。

① 程啸. 担保物权研究. 北京：中国人民大学出版社，2017：565 - 566.

② 审理法院：湖北省孝昌县人民法院，案号：(2016) 鄂 0921 行初 34 号。

> ▶▶ 第四百四十四条　以注册商标专用权、专利权、著作权等知识产权中的财产权出质的，质权自办理出质登记时设立。
>
> 知识产权中的财产权出质后，出质人不得转让或者许可他人使用，但是出质人与质权人协商同意的除外。出质人转让或者许可他人使用出质的知识产权中的财产权所得的价款，应当向质权人提前清偿债务或者提存。

🏛 条文要义

本条是对知识产权质权的规定。

知识产权质权，是指以知识产权的财产权为标的而设立的质权。以注册商标专用权、专利权、著作权等知识产权中的财产权出质的，当事人应当订立书面合同，此为要式行为。专利权、著作权属于兼具人身性质与财产性质的权利，而只有财产性质的权利可以转让，故而专利权、著作权中可以出质的是其中的财产权利。在著作权中，可以质押的权利是复制权、展览权、播放权、制片权等财产权利；在专利权中，可以质押的权利是独占权、转让权、许可权等财产权利。在知识产权质押合同中，应当载明出质的是著作权、专利权中的哪一项或几项权利。至于注册商标专用权，其属于纯粹的财产性质权利，故而可以整体出质。本条所直接列举的知识产权类型为注册商标专用权、专利权、著作权，但可以出质的知识产权并不局限于此，植物新品种权、邻接权中的知识产权、依法可以转让的知识产权许可使用权、计算机软件和集成电路布图设计权均为可转让的财产权，可以用于质押。[1] 至于商号权，虽然其性质也属于一种知识产权，但市场主体的商号权同自身的商誉不可分割，兼有财产权与人格权的双重属性，因而商号权不得单独作为知识产权质押的标的。[2]

知识产权质权自有关主管部门办理出质登记时设立。商标专用权质押登记机关是国家知识产权局，由它具体办理商标专用权质押登记。以依法可以转让的专利权与著作权中的财产权出质的，应当向各自的管理部门办理出质登记。国家知识产权局是专利权质权合同登记的管理部门；国家版权局是著作权质权合同登记的管理机关，国家版权局指定专门机构进行著作权质权合同登记。

知识产权质权除具有一般质权的效力之外，还具有限制出质人权利的行使的效力。以可转让的注册商标专用权，专利权、著作权中的财产权出质后，其所有权虽然仍属于商标专用权人、专利权人及著作权人，但该所有权是设有负担的所有权。因此，知识产权中的财产权出质后，出质人不得转让或者许可他人使用商标、专利和著作权等的财产权，但是经过出质人与质权人协商同意的除外。出质人转让或者

---

[1] 丘志乔. 法价值视阈下对知识产权质押制度的反思与重构. 暨南学报（哲学社会科学版），2013（8）：84.

[2] 赵亮，张辰. 我国知识产权质押论析. 科学管理研究，2015（2）：103.

许可他人使用出质的知识产权中的财产权所得的变价款，应当向质权人提前清偿债务，或者进行提存，以实现质权。

 **案例评析**

四川省古蔺郎酒厂有限公司*、四川东方红郎酒业股份有限公司**、成都市人人乐商业有限公司侵害商标权纠纷案①

案情： 久盛公司与郎酒公司签订了两份商标使用许可合同，将涉案商标以独占使用的方式无偿许可给郎酒公司使用：第 230457 号商标许可给郎酒公司使用的许可期限自 2011 年 3 月 1 日起至 2025 年 7 月 28 日止，第 9713869 号商标许可给郎酒公司使用的许可使用的期限自 2012 年 10 月 1 日起至 2022 年 9 月 6 日止。之后，东方红郎酒业公司因侵犯涉案商标的使用权被郎酒公司起诉，东方红郎酒业公司主张因案涉商标已被质押，郎酒公司不具有诉讼资格。二审法院认为，《物权法》第 227 条规定，知识产权中的财产权出质后，出质人不得转让或者许可他人使用，但经出质人与质权人协商同意的除外。由于本案质押行为发生于 2014 年，是在商标许可使用之后，故而案涉商标的许可使用有效，郎酒公司具有诉讼资格。

评析： 以可以转让的知识产权中的财产权出质的，所有权虽然仍然归属于商标专用权人，但该所有权是设有负担的所有权，故而出质人不能自由转让和许可他人使用，背后理由是：如果允许出质人自由转让或者许可他人使用知识产权中的财产权，一方面，转让的费用和许可他人使用的费用都要归出质人所有，质权人难以控制和取得；另一方面，出质人无限制地转让知识产权中的财产权，必然导致知识产权的价值下降，最终威胁到质权的实现。② 因此，知识产权质权具有限制出质人权利行使的效力，知识产权出质后，出质人不得再许可他人使用知识产权中的财产权。在本案中，注册商标专用权出质的时间节点对当事人法律关系的判断极为关键，既然注册商标专用权的许可使用是在出质之前，出质人所签订的许可使用合同自不受限制。与此相应，如果案涉注册商标的许可使用是在出质之后，案涉商标的许可使用就是无效的。

> ▶▶ **第四百四十五条** 以应收账款出质的，质权自办理出质登记时设立。
> 应收账款出质后，不得转让，但是出质人与质权人协商同意的除外。出质人转让应收账款所得的价款，应当向质权人提前清偿债务或者提存。

---

　　* 以下简称"郎酒公司"。

　　** 以下简称"东方红郎酒业公司"。

　　① 审理法院：一审法院为四川省成都市中级人民法院，案号：（2017）川 01 民初 2732 号；二审法院为四川省高级人民法院，案号：（2018）川民终 1131 号。

　　② 高圣平. 担保法论. 北京：法律出版社，2009：539.

🏛 条文要义

本条是对应收账款质权的规定。

应收账款本是会计学意义上的术语，是指企业在生产经营过程中，因销售商品、产品、材料，提供劳务等业务，而产生的应向购货单位或接受劳务的单位收取的款项，它代表企业获得未来经济利益（未来现金流入）的权利。[①] 法律意义上的应收账款，是指权利人因提供一定的货物、服务或设施而获得的要求义务人付款的权利，但不包括因票据或其他有价证券而产生的付款请求权。根据《应收账款质押登记办法》第 2 条的规定，具体的应收账款权利是：（1）销售、出租产生的债权，包括销售货物，供应水、电、气、暖，知识产权的许可使用，出租动产或不动产等；（2）提供医疗、教育、旅游等服务或劳务产生的债权；（3）能源、交通运输、水利、环境保护、市政工程等基础设施和公用事业项目收益权；（4）提供贷款或其他信用活动产生的债权；（5）其他以合同为基础的具有金钱给付内容的债权。

设立应收账款质权，须以应收账款出质，当事人应当订立书面合同。质权自信贷征信机构办理出质登记时设立。信贷征信机构，是指中国人民银行的征信中心，该中心具体办理应收账款质押登记。《物权法》制定时，立法者选择以信贷征信机构作为应收账款质押的登记机构，是因为信贷征信机构已经拥有了覆盖全国的银行信贷登记咨询系统，并以电子化互联网络为平台，能够给当事人的登记和查询带来极大便利，符合应收账款登记电子化和网络化的发展趋势。[②]《物权法》施行十余年来，信贷征信机构的应收账款质押登记系统的运行已日臻成熟，为公众提供基于互联网的登记公示与查询系统。应收账款质押的登记由质权人办理，质权人也可以委托他人办理。应收账款质押登记系统允许采取声明登记制，当事人仅需提交记载有当事人的身份及担保财产等少量内容的担保声明书，而无须提交基础交易文件，登记机关并不详细核查动产担保权的具体内容。[③] 登记的内容包括质权人和出质人的基本信息、应收账款的描述、登记期限。虽然登记系统并不审查登记协议的真实性，但上传登记协议在一定程度上能遏制恶意登记与虚假登记的问题，便于法院在审理当事人之间的应收账款质权法律关系时调取证据或当事人举证，也便于第三人在查询登记簿时了解当事人之间的交易关系。[④] 同时，质权人可以与出质人约定将主债权金额等项目作为登记内容。

① 刘永泽. 会计学. 大连：东北财经大学出版社，2008：76.
② 刘保玉，孙超. 物权法中的应收账款质押制度解析. 甘肃政法学院学报，2007（4）：24.
③ 高圣平. 统一动产融资登记公示制度的建构. 环球法律评论，2017（6）：78.
④ 高圣平. 应收账款质权登记的法理——以《应收账款质押登记办法》的修改为中心. 当代法学，2015（6）：94.

应收账款出质后不得转让，但是经过出质人与质权人协商同意的除外。出质人转让应收账款，其所得的变价款，应当向质权人提前清偿债务，或者进行提存，实现质权。该款的目的是保护质权人的利益，防止出质人随意处置应收账款，保证主债权的实现。[①]

配套司法解释

最高人民法院关于适用《中华人民共和国民法典》有关担保制度的解释

第六十一条 以现有的应收账款出质，应收账款债务人向质权人确认应收账款的真实性后，又以应收账款不存在或者已经消灭为由主张不承担责任的，人民法院不予支持。

以现有的应收账款出质，应收账款债务人未确认应收账款的真实性，质权人以应收账款债务人为被告，请求就应收账款优先受偿，能够举证证明办理出质登记时应收账款真实存在的，人民法院应予支持；质权人不能举证证明办理出质登记时应收账款真实存在，仅以已经办理出质登记为由，请求就应收账款优先受偿的，人民法院不予支持。

以现有的应收账款出质，应收账款债务人已经向应收账款债权人履行了债务，质权人请求应收账款债务人履行债务的，人民法院不予支持，但是应收账款债务人接到质权人要求向其履行的通知后，仍然向应收账款债权人履行的除外。

以基础设施和公用事业项目收益权、提供服务或者劳务产生的债权以及其他将有的应收账款出质，当事人为应收账款设立特定账户，发生法定或者约定的质权实现事由时，质权人请求就该特定账户内的款项优先受偿的，人民法院应予支持；特定账户内的款项不足以清偿债务或者未设立特定账户，质权人请求折价或者拍卖、变卖项目收益权等将有的应收账款，并以所得的价款优先受偿的，人民法院依法予以支持。

案例评析

中国农业银行股份有限公司北京万寿路支行[*]与太重煤机有限公司、

中联鼎泰（北京）商贸有限公司[**]金融借款合同纠纷案[②]

案情：2013年12月16日，农行万寿路支行与中联鼎泰公司签订了一份借款合同，同日，双方又签订一份权利质押合同，约定以中联鼎泰公司对太重煤机有限公司的应收账款设定质押，并在中国人民银行征信中心办理了出质登记。2014年8月

* 以下简称"农行万寿路支行"。

** 以下简称"中联鼎泰公司"。

① 高圣平. 担保法论. 北京：法律出版社，2009：552.

② 审理法院：一审法院为北京市海淀区人民法院，案号：（2014）海民（商）初25250号；二审法院为北京市第一中级人民法院，案号：（2017）京01民终4412号。

20 日，中联鼎泰公司向农行万寿路支行提交了 2014 年 8 月 20 日太重煤机有限公司给中联鼎泰公司的《应付账款余额确认书》。经鉴定，该《应付账款余额确认书》中加盖的太重煤机有限公司财务专用章系伪造，太重煤机有限公司向法院邮寄情况说明，称其已于 2013 年 12 月 1 日之前履行完毕与中联鼎泰公司全部合同的付款义务。法院认为，农行万寿路支行未能提供 WMJ2013—0128 号购销合同原件，无法证明合同真实存在，也无法证明太重煤机有限公司知晓并认可应收账款的事实，遂驳回农行万寿路支行要求实现应收账款质权的诉讼请求。

评析：应收账款的质押登记属于质权的公示手段，但质权的有效设立还需应收账款真实存在，应收账款质押已登记的事实不代表应收账款的真实性。虽然应收账款质权的物权变动模式是登记生效主义，但物权法要求的是一个快速高效的互联网登记系统，《应收账款质押登记办法》也就完全在登记对抗主义（声明登记制或通知登记制）之下展开其登记逻辑。[①] 登记机构对于登记内容并不作审查，"发起登记的当事人应如实登记动产权属信息，确保登记内容真实、完整、准确。如因登记内容填写错误，导致登记不能查得或不能正确公示权利的，或因虚假或不实登记给他人造成损害的，由发起登记的当事人承担全部责任"（《中征动产融资统一登记平台操作规则》第 13 条）。因此，应收账款质权人在交易时应注重审查应收账款基础关系的真实性，否则若应收账款基础关系为伪造，质权人仅凭借质押登记不能主张对涉案应收账款享有优先受偿权。

> ▶▶ 第四百四十六条　权利质权除适用本节规定外，适用本章第一节的有关规定。

🏛 条文要义

本条是对权利质权准用动产质权规则的规定。

权利质权和动产质权都是以其客体的交换价值的取得为目的的担保物权，都有用其客体直接取得一定价值担保债权的作用，并不因为客体的不同而有所不同。在规定权利质权的规则中，着重解决的是权利质权的生效问题，因为这是其与动产质权的主要区别。除此之外，权利质权与动产质权的规则基本相同，况且本章第一节规定动产质权的规则时，是作为质权的一般规则设计的，所以，凡是权利质权一节中没有规定的内容，都适用动产质权规定的规则，例如质权合同的主要条款、流质的禁止、质权人的义务、质权的实现方式和最高额质权，都适用同样的规则。

---

① 高圣平．应收账款质权登记的法理——以《应收账款质押登记办法》的修改为中心．当代法学，2015（6）：89.

案例评析

中国农业发展银行海口市琼山支行*与洋浦大唐资源集团有限公司**
质押合同纠纷案①

案情： 2013 年 12 月 11 日，蕉叶公司向农发行琼山支行借款 4 000 万元。2017 年 7 月 27 日，农发行琼山支行与洋浦大唐公司签订权利质押合同，约定洋浦大唐公司以其持有的南洋航运集团公司 500 万股股票提供质押担保，如蕉叶公司在约定时间内未归还贷款或不履行人民法院判决，原告有权随时申请人民法院处置质押物，权利有效期限至 2018 年 7 月 26 日。在诉讼中，洋浦大唐公司主张权利期限已超过 2018 年 7 月 26 日，原告的股权质权无效。法院认为，依据《最高人民法院关于适用〈中华人民共和国担保法〉若干问题的解释》第 12 条的规定，"当事人约定的或者登记部门要求登记的担保期间，对担保物权的存续不具有法律约束力"，结合《物权法》第 229 条的规定，当事人关于权利有效期限至 2018 年 7 月 26 日的约定不生效力。

评析： 权利质权与动产质权都是以标的物的交换价值为取得目的的担保物权，并不因其客体是有体物还是权利而存在性质上的不同，两者在很多内容上是相同的。由于民法典物权编已对动产质权作为质权的一般形式加以规定，故而就权利质权只需在某些内容上作特殊规定即可，没有规定的内容可以适用动产质权的规定。本案中，当事人约定了股权质权的存续期限，但依据《最高人民法院关于适用〈中华人民共和国担保法〉若干问题的解释》第 12 条的规定，当事人约定的担保物权存续期限无效，该规定的调整对象包括质押也包括抵押，故而本案裁判可以参照适用该规定。本案的裁判结果是当事人关于权利有效期限至 2018 年 7 月 26 日的约定不发生效力。

---

　　* 以下简称"农发行琼山支行"。

　　** 以下简称"洋浦大唐公司"。

　　① 审理法院：海南省海口市琼山区人民法院，案号：（2018）琼 0107 民初 6498 号。

第十九章 留置权

▶▶ **第四百四十七条** 债务人不履行到期债务，债权人可以留置已经合法占有的债务人的动产，并有权就该动产优先受偿。

前款规定的债权人为留置权人，占有的动产为留置财产。

🏛 条文要义

本条是对留置权的规定。

留置权，是指在法律规定可以留置的债的关系中，债权人依债权占有属于债务人的动产，在债务人未按照约定的期限履行债务时，债权人有权依法留置该财产，以该财产折价或者以拍卖、变卖的价款优先受偿的法定担保物权。在留置权法律关系中，留置债务人财产的债权人叫留置权人，被留置的财产叫留置财产或者留置物，被留置财产的债务人叫被留置人。

留置权的法律特征是：（1）留置权的性质为他物权。（2）留置权是法定担保物权。（3）留置权是二次发生效力的物权，第一次效力发生在留置权产生之时，债权人即留置权人于其债权未受清偿前可以留置债务人的财产，促使债务人履行义务；第二次效力是在第一次效力发生之后，留置权人于债务人超过规定的宽限期仍不履行其义务时，得依法以留置财产折价或拍卖、变卖的变价款优先受偿。（4）留置权是不可分性物权，其效力就债权的全部及于留置财产的全部。（5）留置权为从权利，依主权利的存在而存在，依主权利的消灭而消灭。

留置权的作用是担保债权。其担保作用与其他担保物权相比更具单纯性，因为抵押权与质权都是当事人主动设定的，除具有债权担保作用之外，还具有融通资金的作用；而留置权是被动发生的，仅具有债权担保一项作用，不能起到融通资金的作用。留置权的基本规则是，债务人不履行到期债务，债权人可以留置已经合法占有的债务人的动产，并有权就该动产变价后，优先受偿，实现债权。

📋 配套司法解释

最高人民法院关于适用《中华人民共和国民法典》有关担保制度的解释

第六十二条 债务人不履行到期债务，债权人因同一法律关系留置合法占有的第三人的动产，并主张就该留置财产优先受偿的，人民法院应予支持。第三人以该留置财产并非债务人的财产为由请求返还的，人民法院不予支持。

企业之间留置的动产与债权并非同一法律关系，债务人以该债权不属于企业持续经营中发生的债权为由请求债权人返还留置财产的，人民法院应予支持。

企业之间留置的动产与债权并非同一法律关系，债权人留置第三人的财产，第三人请求债权人返还留置财产的，人民法院应予支持。

 **案例评析**

攀枝花市仁和区博誉汽车修理厂*与杜某修理
合同纠纷案①

案情： 杜某（被告）从事汽车租赁业务，长期以来，将其车辆送至博誉修理厂（原告）处修理。2017 年 4 月 28 日，经双方对账，杜某累计拖欠博誉修理厂修理费56 150元。博誉修理厂多次催款，杜某以种种理由拖延拒绝支付。2019 年 3 月 15 日，杜某将其所有的车牌号为川 D×××××的车辆送至博誉修理厂处修理，博誉修理厂将该车留置，要求将车变现以行使留置权。法院认为，依据《物权法》第 230 条、第 236 条的规定，原告对涉案车辆享有留置权，有权对拍卖、变卖该留置财产所得的价款优先受偿。

评析： 法律设置留置权制度是基于公平原则。债权人既然占有了债务人的财产，且对债务人的债权及该财产存在牵连关系，则在债权未受偿前，如果必须先返还占有财产，那么就将使债权难于甚至无从获得清偿，殊非公平之道。因此，法律赋予债权人在债权未受清偿前，得留置其物之权利，以间接迫使债务人清偿债务。② 实际上，留置权的行使是法律例外地允许私力救济的情形，对债权人而言，留置权的存在抑制了债务人的道德风险，使用留置权可以避免烦琐的司法程序和不必要的诉讼支出，可以更为快捷地实现自身权利。本案中，债务人与债权人之间有长期的汽车修理关系，在债务人拖欠修理费且经催款后仍不清偿时，债权人可以留置被修理的汽车以实现债权。

> ▶▶ **第四百四十八条**　债权人留置的动产，应当与债权属于同一法律关系，但是企业之间留置的除外。

🏛 条文要义

本条是对留置权积极要件的规定。

---

* 以下简称"博誉修理厂"。

① 审理法院：四川省攀枝花市东区人民法院，案号：(2019) 川 0402 民初 3437 号。

② 谢在全. 民法物权论：下册. 北京：中国政法大学出版社，2011：1058.

留置权是法定担保物权，当具备一定条件时，即依照法律规定当然成立，发生留置权的效力，而不能依当事人的约定而产生，必须具备法律规定的条件始成立。其成立的积极要件是：（1）须债权人合法占有债务人的动产；（2）债权人占有的债务人的动产与债权属于同一法律关系；（3）须债权已届清偿期且债务人未履行债务。

本条规定的是第二个要件，即债权人占有的债务人的动产与债权属于同一法律关系，才可成立留置权。通常认为，以留置财产为债权发生的原因时，即认有同一法律关系，也即只有债权人是依合同占有债务人之物者，为有直接原因，始成立留置权，否则没有留置权的发生。特别的情形是，只有在企业之间行使留置权的，可以采取间接原因说，不受直接原因要求的限制。具体考察这一要件是否成立，应看依合同占有的物是否为债权发生的原因。是原因的，无论是直接原因还是间接原因，均为有同一法律关系。如果债权、债务与取得占有的合同没有因果关系，就不发生留置权。

 **案例评析**

长三角商品交易所有限公司*诉卢某某
返还原物纠纷案①

案情：卢某某系长三角公司副总经理，长三角公司2013年9月6日购买案涉捷达轿车后即交付卢某某使用。2014年2月21日，因卢某某连续旷工，长三角公司与其解除劳动合同，并要求返还捷达轿车。卢某某对解除劳动关系并无异议，但认为长三角公司解除劳动关系违法，应向其支付拖欠的工资、社保金及经济补偿金，故拒绝返还捷达轿车。二审法院认为，除企业之间留置的以外，债权人留置的动产，应当与债权属于同一法律关系。劳动者以用人单位拖欠劳动报酬为由，主张对用人单位供其使用的工具、物品等动产行使留置权，因此类动产不是劳动合同关系的标的物，与劳动债权不属于同一法律关系，故该主张与法律规定相悖。

评析：留置权的目的在于通过留置债务人的财产，迫使债务人履行债务，但若允许债权人任意留置与债权的发生没有关系的债务人的财产，则对债权人的保护过甚，有违公平原则，也会损害其他债权人的利益。② 因此，法律要求债权人留置的动产与债权属于同一法律关系。不过，留置权有民事留置权与商事留置权之分。商事留置权是指商人之间因营业发生债权债务关系，债权人于其债权未受清偿前，就所占有的债务人的财产得行使留置权。两者的主要区别在于，商事留置权的作用在于维持商人之间的信用，确保安全与确实的交易关系，故而商事留置权在成立上不要

* 以下简称"长三角公司"。

① 审理法院：江苏省无锡市中级人民法院，案号：（2014）锡民终1724号。本案载：最高人民法院公报，2017（1）.

② 全国人大常委会法制工作委员会民法室. 中华人民共和国担保法释义. 北京：法律出版社，1995：465.

求牵连关系。^①本案中，卢某某与长三角公司之间因拖欠工资所产生的债务，与卢某某因工作关系而占有的捷达轿车，不存在牵连关系，故卢某某与长三角公司之间也不存在商事留置关系，故卢某某不能对捷达轿车主张行使留置权。

▶▶ **第四百四十九条** 法律规定或者当事人约定不得留置的动产，不得留置。

Ⅲ 条文要义

本条是对留置权消极要件的规定。

留置权成立的消极要件是留置权成立的否定条件，即虽然具备留置权成立的上述积极要件，但因消极要件的存在，留置权仍不能成立。留置权成立的消极要件虽然有多项，但只要具备其中之一，即发生否定留置权的效果。

留置权成立的消极要件有以下五项：（1）须当事人事先无不得留置的约定；（2）须留置债务人的财产不违反公共秩序或善良风俗；（3）须留置财产与债权人所承担的义务不相抵触；（4）须留置财产与对方交付财产前或交付财产时所为的指示不相抵触；（5）对动产的占有须非因侵权行为而取得。

本条规定的是第一个消极要件，即须当事人事先无不得留置的约定。当事人在合同中约定不得留置的物，对于该物不再成立留置权，债权人不得就该物行使留置权。如果当事人事先有此约定，债权人仍留置不得留置的物的，则构成债的不履行，应负违约责任。当事人关于不得留置的物的约定，应当以书面形式作出；虽无书面约定，但双方当事人均承认该口头约定的，亦可承认其效力，发生不得留置该物的效果。这种约定应就物而约定，如果一个合同有数项标的物，当事人仅就其中一项或数项标的物为约定的，则仅对该一项或数项标的物发生不得留置的效果。如果当事人笼统约定该合同的标的物不得留置，则发生全部标的物不得留置的作用。

案例评析

浙江长兴振明高科耐火材料有限公司[*]与华坤商业集团有限公司^{**}
买卖合同纠纷案^②

案情：华坤公司与振明公司曾签订《代加工及仓储协议》，约定华坤公司委托振明公司为其加工碳化硅等系列产品。2015年12月31日，双方签订协议，明确截至

＊ 以下简称"振明公司"。
＊＊ 以下简称"华坤公司"。
① 谢在全.民法物权论：下册.北京：中国政法大学出版社，2011：1059.
② 审理法院：一审法院为上海市静安区人民法院，案号：（2017）沪0106民初21601号；二审法院为上海市第二中级人民法院，案号：（2018）沪02民终4791号。

2015 年 12 月 25 日,华坤公司尚欠振明公司代加工费及仓储费,并约定振明公司应按华坤公司要求的时间将碳化硅产品全部出库。2017 年 5 月 10 日,华坤公司逾期提货且欠付仓储费,振明公司告知其将行使留置权。华坤公司认为,双方协议约定了及时出库义务排除了留置权的行使,振明公司不享有留置权。法院认为,留置权系法定权利,排除行使需双方明确约定。本案中,华坤公司将产品存放于振明公司一年多时间却拒不支付仓储费,且系争产品并非法律规定不得留置的动产,双方也未明确约定排除留置权的行使,故振明公司行使留置权符合法律规定。

评析:就留置权的适用范围,《担保法》第 84 条规定:"因保管合同、运输合同、加工承揽合同发生的债权,债务人不履行债务的,债权人有留置权。法律规定可以留置的其他合同,适用前款规定。当事人可以在合同中约定不得留置的物。"该条采取了正面列举式的立法方式,使留置权的适用范围较为狭窄,在我国市场经济刚刚起步时,这样的规定是恰当的,但在《物权法》制定时,学者们普遍认为,应当放宽对留置权适用范围的限制,故而《物权法》采取的是反面排除式的立法模式,即"法律规定或者当事人约定不得留置的动产,不得留置"。民法典物权编编纂时,立法者选择保留此规定。其中,当事人有关财产不得留置的约定必须是明确约定,以免不当限制当事人权利。本案中,虽然当事人约定了仓储人应当将产品及时出库,但并未明确约定仓储物不得留置,故而在被告欠付仓储费时,仓储人有权留置。

▶▶ **第四百五十条** 留置财产为可分物的,留置财产的价值应当相当于债务的金额。

🏛 条文要义

本条是对可分留置物的规定。

可分物是不可分物的对称,是指把物分割之后,不影响其经济用途或不降低其经济价值的物,如布匹、粮食、石油等。民法区分可分物与不可分物的法律意义在于:(1) 分割可分物的财产时,共有人可将实物加以分割;分割不可分物的财产时,则只能有人获得该物,有人得到金钱补偿。(2) 同一项债有多数债权人或债务人参加、债的标的物属于可分物时,债权人或者债务人按份享有权利或承担义务;如标的物为不可分物时,债权人或者债务人则享有连带债权或承担连带债务。正因为如此,如果留置物是可分物,就可以对留置物进行分割留置,当债权人占有的留置财产为可分物,且其价值远远大于所担保的债务数额的,留置权人行使留置的权利时,其留置财产的价值,就应当相当于债务的金额,不能过分高于债务的数额,以至于损害债务人的权利。

📋 **配套司法解释**

最高人民法院关于适用《中华人民共和国民法典》有关担保制度的解释

第三十八条 主债权未受全部清偿，担保物权人主张就担保财产的全部行使担保物权的，人民法院应予支持，但是留置权人行使留置权的，应当依照民法典第四百五十条的规定处理。

担保财产被分割或者部分转让，担保物权人主张就分割或者转让后的担保财产行使担保物权的，人民法院应予支持，但是法律或者司法解释另有规定的除外。

🔖 **案例评析**

聚丰船务有限责任公司*诉信捷物流服务有限公司**等货物运输合同纠纷案①

案情： 2013年10月20日，聚丰公司与信捷公司分别签订两份《沿海内贸货物托运委托书》，约定聚丰公司委托信捷公司运输66个集装箱的白砂糖，信捷公司将其中20个集装箱的白砂糖交由阳光速航公司运输。2014年3月21日，信捷公司以聚丰公司未付清运费为由通知阳光速航公司在营口港留置聚丰公司上述20个集装箱的白砂糖中的两个集装箱的白砂糖。一审法院认为，由于聚丰公司尚欠信捷公司运费73 400元未支付，信捷公司有权留置案涉白砂糖，其通过阳光速航公司留置聚丰公司两个集装箱的白砂糖符合法律规定。二审法院认为，由于信捷公司只需留置一个集装箱的白砂糖即可担保拖欠运费，依据《物权法》第233条的规定，信捷公司应当只能留置一个集装箱的白砂糖。

评析： 留置权的效力及于债权人所留置的全部留置财产，留置权人可以对留置财产的全部及时行使留置权，此即留置权的不可分性。然而，过于强调留置权的不可分性可能造成对债务人的不公平，也不利于物尽其用。因此，法律规定，在留置物为可分物时，留置财产的价值应当相当于债务的金额。所谓可分物，是指在经过人为分割后不损害其经济用途或减损其价值的物。本案中，聚丰公司的白砂糖分为66个集装箱运输，该白砂糖显然为可分物。在聚丰公司拖欠信捷公司运费时，信捷公司有权指示实际承运人阳光速航公司留置其占有的白砂糖，但其留置的白砂糖价值应当只能相当于聚丰公司的运费。换言之，在一个集装箱的白砂糖已足以满足信捷公司的债权时，阳光速航公司不应当再留置另外一个集装箱的白砂糖。

---

* 以下简称"聚丰公司"。

** 以下简称"信捷公司"。

① 审理法院：一审法院为广西壮族自治区北海海事法院，案号：（2014）海商初141号；二审法院为广西壮族自治区高级人民法院，案号：（2015）桂民四终69号。

▶▶ 第四百五十一条　留置权人负有妥善保管留置财产的义务；因保管不善致使留置财产毁损、灭失的，应当承担赔偿责任。

🏛 条文要义

本条是对留置权人保管义务的规定。

留置权人对留置财产的保管义务产生于留置权产生之时；但从严格的意义上说，这种保管义务是在留置权产生之前的、债权人对该物的保管义务的延续。因为债权人在依债权占有该物时就负有保管义务，当债权人行使留置权时，这种基于合同产生的保管义务就转化成为基于担保物权而产生的保管义务。保管义务贯穿于留置期间的始终，直至留置权消灭时，这种物权保管义务才消灭。事实上，保管义务实际延续至留置财产交还之时，因为从留置权消灭到留置财产交还还有一定的期间，在这个短暂的期间，留置权人仍负有对留置财产的保管义务。

留置权人对留置财产的保管应负善良管理人的注意义务。留置权人在保管留置财产期间，如因怠于为必要的注意造成留置财产灭失、毁损时，应向债务人负赔偿责任。留置权人对留置财产的保管是否有过失，应依客观标准判断。留置权人有无过错的证明，由其自己举证证明，对债务人提起的留置财产损害之诉实行过错推定，举证责任倒置。留置权人保管留置财产，应自己为之。但为保管留置财产所必须应由债务人协助时，债务人应予以协助。如果债务人不应留置权人的请求予以协助，对因此而造成的留置财产的毁损灭失，不得请求留置权人损害赔偿。

📌 案例评析

荆某与曹某修理合同纠纷案[①]

案情：2017 年 3 月 2 日，曹某（被告）将三菱汽车交付给兴达汽车修理公司（原告）进行修理，2017 年 5 月 22 日对车辆材料费及工时费进行了结算，总额为70 000 元，后经原告催要，被告无力支付该车辆的维修费，原告将该车辆留置在其经营的修理公司。原告荆某向法院起诉，除要求被告支付车辆修理材料及工时费 70 000元外，还要求被告承担车辆停车及保管费用 13 650 元。法院认为，因双方形成修理合同，且在被告无力支付维修费用的情况下，原告将修理车辆进行留置，其行为符合法律规定。依据《物权法》第 234 条的规定，原告对留置的被告维修车辆负有妥善保管义务，故原告要求被告承担保管费及停车费的请求，法院依法不予支持。

评析：留置权人对留置财产的保管义务，自留置权成立时产生，于留置财产交还时消灭。留置权人对留置财产的保管义务的内容有：其一，采取必要措施以保障

---

① 审理法院：甘肃省张掖市甘州区人民法院，案号：（2018）甘 0702 民初 9624 号。

留置财产的安全；其二，及时收取留置财产所产生的孳息及其他利益；其三，未经债务人同意，不得使用留置财产，但是为保管留置财产而为必要的使用除外。若留置权人未尽保管义务造成留置财产价值贬损的，留置权人对债务人负有损害赔偿义务。本案中，曹某将三菱汽车交付给兴达汽车修理公司进行修理，之后曹某拖欠汽车修理费且经催收仍不清偿，兴达汽车修理公司有权留置该汽车。然而，保管该汽车是兴达汽车修理公司在留置权下的法定义务，兴达汽车修理公司的荆某无权向债务人主张保管费用的偿付。

> ▶▶ **第四百五十二条** 留置权人有权收取留置财产的孳息。
> 前款规定的孳息应当先充抵收取孳息的费用。

🏛 条文要义

本条是对留置财产孳息留置权的规定。

留置权人在其占有留置财产期间，对于留置财产的孳息有收取的权利，此为留置财产孳息留置权，只能以收取的孳息优先受清偿，而不能直接取得孳息的所有权。留置财产孳息留置权的作用与留置权的一样，是为了担保债权的实现。如果孳息为金钱，应当首先充抵收取孳息的费用，在充抵收取孳息费用后，可直接以其充抵债务。留置财产孳息充抵债权清偿顺序的一般规则是：先充抵收取孳息的费用，次及利息，然后是原债权。

对留置财产的孳息充抵债务应于孳息收取之时进行。留置权人就留置财产收取的孳息以充抵债权，实际上是为债务人的利益行使权利，对债务人有利，因而留置权人的这项权利实际上也是义务。留置权人应以善良管理人的注意为之，对留置财产的孳息进行妥善管理，如未尽该种注意义务，怠于收取孳息，造成债务人损失的，应对债务人负损害赔偿责任。

📌 案例评析

广东五华一建工程有限公司[*]、江西多伦多教育产业发展有限公司[**]
建设工程合同纠纷案[①]

案情： 依据（2014）赣民一终字第43号民事判决书，多伦多公司须向五华一建公司支付工程款 203.550 05 万元及利息，在上述本金款项支付的同时，五华一建公

---

[*] 以下简称"五华一建公司"。
[**] 以下简称"多伦多公司"。
[①] 审理法院：江西省南昌市中级人民法院，案号：（2017）赣 01 执异 57 号。

司交付本案诉争工程的所有工程款正式发票。在多伦多公司履行金钱给付义务后，五华一建公司未给付工程款发票，多伦多公司主张其利息计算基数应扣除工程款税款。法院认为，依据《物权法》第230条第1款、第235条第1款，因五华一建公司曾表示其无法提供诉争工程款发票，即表明其不履行生效判决书确定的义务，多伦多公司有权对工程款发票所对应的金额行使留置权，并收取留置金钱的孳息。在五华一建公司未交付发票之前，多伦多公司行使留置权暂扣税款，该税款从性质上来说不再是金钱给付义务，不应产生利息。故在五华一建公司开出工程款发票之前，应当以剩余工程款203.550 05万元扣除税款之后作为利息计算的基数。

评析：在留置权人占有留置财产期间，由留置权人收取留置财产所生的孳息（包括天然孳息与法定孳息）来抵偿债权，如此对债务人并无不当，并且对留置权担保债权实现具有补充意义。因此，《物权法》第235条规定："留置权人有权收取留置财产的孳息。前款规定的孳息应当先充抵收取孳息的费用。"本案中，多伦多公司与五华一建公司互负对待给付义务，在多伦多公司已履行金钱给付义务，而五华一建公司未交付发票时，多伦多公司有权留置工程款发票所对应的金额，并收取其产生的利息。由于双方同意在工程款及利息、违约金总和中扣除发票税款，故而多伦多公司有权留置税款，本案的税款自然也就不产生利息。

> ▶▶ **第四百五十三条**　留置权人与债务人应当约定留置财产后的债务履行期限；没有约定或者约定不明确的，留置权人应当给债务人六十日以上履行债务的期限，但是鲜活易腐等不易保管的动产除外。债务人逾期未履行的，留置权人可以与债务人协议以留置财产折价，也可以就拍卖、变卖留置财产所得的价款优先受偿。
>
> 　　留置财产折价或者变卖的，应当参照市场价格。

🏛 条文要义

本条是对留置权实现程序和条件的规定。

留置权的实现必须经过一定的程序和具备一定的条件。实现留置权均须经过必要的程序和具备相当的条件。（1）确定留置财产后的履行债务宽限期。债权人一旦留置依债权占有的债务人的财产，应当立即确定宽限期。宽限期的确定有两种办法：1）由当事人双方事先在合同中约定，约定的期限不得少于60日。2）当事人双方在合同中没有事先约定宽限期的，债权人在留置财产后，应自行确定一个宽限期，但最短亦不得少于60日。如果约定或自定的宽限期不足60日，则约定或自定无效，应依法定的60日期限执行。（2）对债务人的通知义务。债权人留置合同标的物以后，应当立即通知债务人，内容是：已将合同标的物留置，告知债务人宽限期，催告债务人在宽限期内履行债务。债权人未通知债务人上述内容的，不得实现留置权。

（3）留置财产变价、取偿。债务人在宽限期届满仍不履行债务，也不另行提供担保的，即具备了留置权实现的条件，留置权人可以对留置财产变价、取偿。如果债务人在宽限期届满前履行了债务，或者另行提供了担保，则留置权消灭，不得再实行留置权。

留置财产进行折价或者变卖的，应当参照市场价格进行。

案例评析

宁夏恒大乳业有限公司* 与内蒙古圣牧高科奶业有限公司** 加工合同纠纷案①

案情： 2017 年，圣牧公司委托恒大公司加工全脂奶粉 658.3 吨，恒大公司先向圣牧公司交付奶粉 343.1 吨，343.1 吨奶粉的加工费为 1 344 952 元。圣牧公司收到恒大公司交付的 343.1 吨奶粉后，实际支付 889 840 元加工费，尚欠恒大公司加工费 455 112 元，在催收未果后，恒大公司留置剩余未交付奶粉，但直到剩余奶粉过期，恒大公司才予以变卖。圣牧公司在诉讼中主张，恒大公司应赔偿其怠于变卖剩余奶粉导致奶粉过期的损失。法院认为，由于圣牧公司拖欠加工费，恒大公司虽有权留置未交付的奶粉，但依据《物权法》第 236 条，其应当及时变卖留置奶粉，故而对于奶粉过期给圣牧公司造成的损失，恒大公司应予赔偿。

评析： 在留置权所担保的主债权的清偿期限届满时，留置权人并不能立即将留置物进行变价以优先受偿，而必须经过一定的宽限期，如债务人仍不履行债务，债权人方能实现留置权，将被留置的动产变价以优先受偿。② 一般而言，留置权人留置财产后，应当给予债务人 60 日的宽限期，但考虑到若被留置的财产是鲜活易腐的动产时，例如鲜奶、鲜鱼、活鸡等，遵守 60 日的宽限期又可能造成留置财产价值的大幅度贬损，损害债务人及债权人双方的利益。因此，对于鲜活易腐的动产，留置权人应当及时变卖，这不仅是权利，也是义务。若因怠于变卖被留置财产造成债务人损失的，留置权人应当进行赔偿。

> ▶▶ **第四百五十四条** 债务人可以请求留置权人在债务履行期限届满后行使留置权；留置权人不行使的，债务人可以请求人民法院拍卖、变卖留置财产。

条文要义

本条是对债务人请求留置权人行使留置权的规定。

---

* 以下简称"恒大公司"。

** 以下简称"圣牧公司"。

① 审理法院：内蒙古自治区高级人民法院，案号：（2019）内民申 3313 号。

② 程啸. 担保物权研究. 北京：中国人民大学出版社，2017：615.

留置权是担保物权，权利人行使权利不受诉讼时效的限制，并不会因为超过诉讼时效而使留置权的行使受到妨碍。如果留置权人长期不行使留置权，将会使不确定的法律关系长期存在，损害债务人的利益。故债务人在债务履行期限届满后，请求留置权人行使留置权，对留置财产变价、取偿，以消灭债权债务关系，将实现债权后的财产返还债务人。如果留置权人仍然不行使留置权的，债务人可以请求人民法院拍卖或者变卖留置财产，将留置财产变现，将变价款用于清偿债务，剩余的财产返还给债务人。

案例评析

卢某某、临沂市汽车营运有限公司修理合同纠纷案[①]

案情：2011 年 12 月 15 日，临沂市汽车营运公司将重型自卸货车交付卢某某修理，之后临沂市汽车营运有限公司与卢某某因维修费用的承担未达成一致意见，双方遂形成纠纷，涉案货车至今仍被汽车修理厂留置。临沂市汽车营运公司主张，卢某某应赔偿其停运损失与折旧损失共计 316 800 元。法院认为，在债务人不能履行债务、留置权人不实现留置权的情况下，为防止损失进一步扩大，债务人有权依法请求行使留置权，从而保护自己的利益。但在本案中，卢某某并未超过留置权期限怠于行使法定权利，临沂市汽车营运公司也并未及时请求其行使留置权，故而一审法院对临沂市汽车营运公司的诉讼请求不予支持。

评析：作为物权，留置权的行使时间并无限制，理论上可以长期存在。然而，债权人对留置权的行使剥夺了债务人对留置财产的使用权能，如果允许留置权人长期占有留置财产而不行使，有违"物尽其用"的财产法原则，也会给社会上的财产使用与流转造成负面影响。与此同时，留置财产都是动产，其价值可能随时间经过而发生明显的贬值，如果留置权人长期不行使留置权，对债务人也不公平。因此，法律赋予债务人请求留置权人及时行使留置权的权利；留置权人不行使的，债务人可以请求法院拍卖、变卖留置财产。不过在本案中，留置权人是在合理期限内占有留置财产，债务人不仅未及时清偿债务，也未向留置权人提出尽快实现留置权的请求，故而留置权人无须赔偿债务人对案涉车辆停运的损失。

▶▶ **第四百五十五条** 留置财产折价或者拍卖、变卖后，其价款超过债权数额的部分归债务人所有，不足部分由债务人清偿。

条文要义

本条是对留置权实现方式的规定。

[①] 审理法院：山东省临沂市中级人民法院，案号：(2018) 鲁 13 民终 5035 号。

留置权的实现方式有两种，即折价、变卖。当事人协商一致折价的，可依约定办理，当事人约定折价不成，则须依变价方式。当事人约定变价的，也应准许。

拍卖、变卖留置财产，并无必要由法院审查留置权、由法院来执行，如果当事人对留置权的实行并无争议，法院没有必要过问，如果当事人就此提出异议并诉至法院，则法院应依法处理。

留置权人最终实现留置权，是指以处分留置财产的变价款和留置财产的折价款额，优先偿付债权人的债权。故应统一计算出债权的总额，在留置财产折价或者拍卖、变卖后，其价款超过债权数额的部分归债务人所有，不足部分由债务人清偿，但剩余债权因已无担保，成为普通债权，并无优先受偿权。

案例评析

南京纺织品进出口股份有限公司* 与丹阳普斯顿服饰有限公司**
承揽合同纠纷案①

案情： 2012 年 4 月 28 日，南纺公司委托普斯顿公司制作女裤 4 942 条。在普斯顿公司完成合同加工任务后，南纺公司一直未付加工费，现该批货物长期积压，影响普斯顿公司的正常经营。之后南纺公司仍未支付加工费，普斯顿公司将女裤出售给张某某，所得价款为 4.9 万元，现南纺公司要求普斯顿公司交付货物或者赔偿损失。法院认为，依据《物权法》第 230 条、第 238 条的规定，留置权人得就处理留置财产的价款在债权范围内优先受偿，在留置财产折价或者拍卖、变卖后，其价款超过债权数额的部分归债务人所有。由于南纺公司出售女裤所得价款为 4.9 万元，该金额小于南纺公司的加工费 86 732.10 元，故法院对南纺公司要求普斯顿公司交付货物或者赔偿损失的诉讼请求不予支持。

评析： 留置权的功能是担保债权的实现，在债务人不履行到期债务时，债权人可以就其留置的债务人的动产优先受偿。实现留置权的方式与实现抵押权、质押权的方式相同，都是通过折价、拍卖或变卖的方式来使留置物变价。留置权具有不可分性，但留置权人所能支配的价值是留置物上相当于债权的价值，因此，若留置财产折价、拍卖或变卖后的价款超过了留置权人的债权数额，超过的部分应当归债务人所有，若留置权人不将超过部分返还，则构成不当得利；若留置财产拍卖或变卖的价款不足以清偿留置权人的债权，留置权人仍可以要求债务人清偿债权未实现部分，只是该部分债权成为普通债权。本案中，既然留置权人普斯顿公司将留置物变价后的价款小于南纺公司拖欠的加工费，则南纺公司无权要求普斯顿公司赔偿损失。

---

　　* 以下简称"南纺公司"。
　　** 以下简称"普斯顿公司"。
　　① 审理法院：江苏省南京市中级人民法院；案号：（2015）宁商终 756 号。

▶▶ **第四百五十六条** 同一动产上已经设立抵押权或者质权，该动产又被留置的，留置权人优先受偿。

🏛 条文要义

本条是对留置权优先于其他担保物权效力的规定。

在同一动产上，已经设立了抵押权或者质权的，若该动产又被留置，就会发生抵押权或者质权与留置权的效力冲突，应当确定哪一个权利优先。本条规定，已经设立抵押权或者质权的同一动产，又被留置的，留置权优先，留置权实现之后，该动产尚有余额的，用以实现抵押权、质权。

对于同一动产如果被留置，又设立抵押权或者质权的，哪一个担保物权优先，没有规定，不过，举重以明轻，设置在先的抵押权或者质权都不能对抗后发生的留置权，那么在留置之后发生的抵押权或者质权，当然不能对抗留置权。

🔴 案例评析

中国工商银行股份有限公司鸡西城子河支行*与鸡东县浩冉洗选有限公司**、黄某合、肖某娥金融借款合同纠纷案①

案情：2013 年 2 月 1 日，浩冉公司以 4 万吨精煤作为借款质物，向工商银行借款 1 400 万元，借款用途为购煤。质物 4 万吨精煤交由中外运物流公司监管，监管费由浩冉公司负担。之后浩冉公司既未归还工商银行的借款本息，也未支付中外运物流公司监管费，现工商银行与中外运物流公司同时就 4 万吨精煤主张实现债权。就工商银行与中外运物流公司的债权实现顺序，法院认为，依据《物权法》第 239 条"同一动产上已设立抵押权或者质权，该动产又被留置的，留置权人优先受偿"之规定，中外运物流公司的留置权应当优先实现。

评析：留置权是动产上的法定担保物权，其与动产抵押权及质押权均有可能发生竞合，但无论留置权与动产抵押权、质押权成立的时间先后，留置权均优先于抵押权与质权。法律之所以规定留置权优先于抵押权、质权，其理由在于：一方面，留置权人为标的物提供了材料或劳务，并使标的物的价值得以增加，为保证留置权人投入的材料及劳务价值能收回，应当承认留置权优先②；另一方面，如果赋予抵押权优先于留置权的效力，将导致承揽人、承运人、保管人、仓储人等处于不利地位，他们会因为害怕自己投入的材料及劳务得不到补偿，而拒绝提供加工、承揽服务，

---

* 以下简称"工商银行"。

** 以下简称"浩冉公司"。

① 审理法院：黑龙江省鸡西市中级人民法院，案号：（2015）鸡商初 64 号。

② 许明月. 抵押权制度研究. 北京：法律出版社，1998：304.

这最终会损害社会的经济秩序。[①]　本案中，案涉标的物同时存在贷款人的质权以及监管人就监管费用产生的留置权，此时留置权优先于质权受偿。

▶▶**第四百五十七条**　留置权人对留置财产丧失占有或者留置权人接受债务人另行提供担保的，留置权消灭。

🏛 条文要义

本条是对留置权特别消灭原因的规定。

留置权消灭的特别原因，是引起留置权消灭的特殊事实，既不可适用于其他担保物权，也不能适用于其他物权。

留置权人对留置财产丧失占有，是指留置权人不再继续占有留置财产，并非丧失其直接占有，而且其间接占有也不存在。留置权人对留置财产占有的丧失，包括其占有被他人追夺和留置权人自己放弃占有。（1）他人侵夺留置财产丧失占有而消灭留置权，与质押财产占有丧失而消灭质权相同，但不同之处是，质权有追及效力，质权人在其质押财产占有被侵夺时，有权请求返还质押财产，因此质权并不随质押财产占有的丧失立即消灭。留置权无此追及效力，对留置财产丧失占有的，留置权就立即消灭；不能基于留置权而请求不法侵占者返还标的物，只能依保护占有的规定请求返还标的物。（2）留置权人放弃留置财产占有，如将留置财产给付债务人、转让他人等，均消灭留置权，其中将留置财产转让他人如未经债务人同意，则为侵权行为。

债务人另行提供担保，是债务人为避免财产被留置而另行提供担保。留置权成立以后，留置财产被债权人留置，债务人无法对该物行使权利，留置财产无法被利用，显然不利于发挥物的效益。留置财产价值一般大于债务人债务的价值，对债务人更为不利。为平衡这种双方当事人之间的利益关系，保障债权人的债权实现，也保障债务人不遭受更大的损失，法律准许债务人在另行提供债权担保的情况下，由债权人返还留置财产给债务人，因而使留置权消灭。这实际上是对债权人的债权由留置权担保改换为另一种形式的担保。债权人的债权由另一种担保形式得到切实的担保，当然可以放弃留置权的担保。债务人另行提供的担保在形式上包括物保和人保，其必要条件是被债权人接受。留置权人不接受的，债务人无论提供何种担保，也不发生留置权消灭的后果；反之，只要留置权人认为对其债权担保有效而予以接受，则不论债务人提供何种担保，都发生留置权消灭的后果。债务人另行提供担保不必非以消灭留置权为目的才能消灭留置权，只要提供的担保足以充分保障债权人

---

① 崔建远. 物权：规范与学说——以中国物权法的解释论为中心. 北京：清华大学出版社，2011：614.

的债权，就当然发生留置权消灭的后果。债权人另行提供担保消灭留置权，其效力是终局的，不能仅为一时消灭。

案例评析

岳阳市扬子航务打捞工程有限公司*与成某某、中国邮政储蓄银行股份有限公司岳阳市分行海上、通海水域打捞合同纠纷案①

案情： 2017 年 3 月 26 日，扬子打捞公司与成某某签订打捞合同，约定：打捞费用 22 万元，被告成某某在打捞工程结束后 65 日内未结清账款，支付原告扬子打捞公司每日千分之三的滞纳金，沉船看管费每天 1 000 元。3 月 27 日，扬子打捞公司将"湘平江货 0472"号轮打捞出水，而后将船舶交给了长江海事局岳阳海事处，该处处理完事故之后，于 2017 年 6 月上旬将"湘平江货 0472"号轮交给被告成某某，"湘平江货 0472"号轮现仍由被告成某某保管。现扬子打捞公司起诉主张就"湘平江货 0472"号轮享有留置权，并应当优先受偿。法院认为，现"湘平江货 0472"号轮打捞出水后已合法流转至被告成某某手中，依据《物权法》第 240 条的规定，扬子打捞公司的留置权已消灭。

评析： 留置权是以占有为本体而成立的担保物权，一旦留置权人丧失对标的物的占有，自然，法律创设留置权的现实基础已经失去，留置权自无存在的必要。② 因此，《物权法》第 240 条规定，留置权人对留置财产丧失占有的，留置权消灭。民法典第 457 条对此规定予以沿袭。本案中，扬子打捞公司将"湘平江货 0472"号轮打捞出水后将船舶交给了长江海事局岳阳海事处，该处处理完事故之后，于 2017 年 6 月上旬将"湘平江货 0472"号轮交给的被告成某某。依据《物权法》第 240 条的规定，扬子打捞公司将"湘平江货 0472"号轮船舶交给长江海事局岳阳海事处时，留置权即已消灭。

---

* 以下简称"扬子打捞公司"。

① 审理法院：湖北省武汉海事法院，案号：(2018) 鄂 72 民初 719 号。

② 程啸. 担保物权研究. 北京：中国人民大学出版社，2017：620.

第五分编　占有

第二十章　占有

▶▶第四百五十八条　基于合同关系等产生的占有，有关不动产或者动产的使用、收益、违约责任等，按照合同约定；合同没有约定或者约定不明确的，依照有关法律规定。

🏛 条文要义

本条是对有权占有的规定。

占有，是指人对于物具有事实上的管领力的状态。在占有中，对物为管领的人是占有人，是占有法律关系的主体；被管领的物，为占有物，是占有法律关系的客体。占有的法律特征是：（1）占有是一种受法律保护的事实状态；（2）占有的对象仅限于物；（3）占有是对物具有的事实上的管领力。对于占有的性质，民法典明确表明其是一种事实状态，而不是一种权利。

占有在法律上具有的功能是：（1）保护功能，是指占有具有保护现实存在的状态不受第三人侵犯，从而维护法律秩序稳定的作用。（2）公示功能，是指占有具有的表彰本权的作用。（3）持续功能，是指占有人对占有物具有继续使用的权利。在某些情况下，为了保障占有人对其占有物具有继续使用的利益，占有制度产生了保护合法占有人不受所有权人的权利继受人侵犯的功能。占有制度具有此项功能的原因，在于维护经济秩序的客观、公正。

依据占有人是否是基于本权而对物进行的占有，可以将占有分为有权占有和无权占有。本权是指基于法律上的原因，享有的包含占有物在内的权利，如所有权、租赁权、质权、留置权等权利都是本权。占有人基于本权对物进行的占有为有权占有；占有人无本权对物的占有为无权占有。不动产或者动产的占有，除有相反证据证明外，推定为有权占有。区分有权占有与无权占有的意义在于：（1）无权占有人在权利人请求返还占有物时，负有返还的义务；有权占有人可以拒绝他人包括所有权人在内的返还请求权。（2）作为留置权成立要件的占有必须是有权占有，如果是无权占有，则占有人不因此而享有留置权。

有权占有的规则是：（1）基于合同关系等产生的占有，都是有权占有，有关不动产或者动产的使用、收益、违约责任等，应当按照合同约定确定；（2）合同没有约定或者约定不明确的，依照有关法律规定。

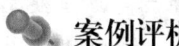 **案例评析**

乐星汽车电子（青岛）有限公司*与李某某案外人执行异议之诉案①

案情： 2011 年 7 月，星顺成公司接受乐星公司的委托，负责产品的保管和运输，对涉诉仓库的保险（火险等）负全责。2014 年 3 月，星顺成公司为汽车配件投保，与中华联合保险北京分公司（以下简称"保险公司"）订立保险合同。2015 年 1 月，星顺成公司承租的李某某的库房发生火灾，李某某起诉要求星顺成公司赔偿被烧毁的厂房的损失等。法院生效判决判令星顺成公司给付李某某电费、租金，并赔偿李某某厂房损失 620 万元，冻结并划拨星顺成公司在保险公司的保险理赔款。乐星公司提出书面异议被驳回，遂起诉。法院认为，案涉保险理赔款不具有专款专用的属性，根据《物权法》第 244 条的规定，星顺成公司作为占有人，应当将其占有期间因保险标的物毁损、灭失取得的保险理赔金返还给乐星公司。而根据《物权法》第 241 条的规定，本案双方之间存在仓储及运输合同关系，故依法应当按照合同约定或者法律规定处理乐星公司与星顺成公司之间的损失赔偿问题，当事人就损失赔偿所形成的法律关系为平等的债权关系，乐星公司对该保险理赔款亦不享有物权请求权，不具有优先受偿的权利。

评析： 首先，占有是一种事实状态，可因法律行为、事实行为以及某种自然事件而发生。其次，民法典第 458 条规定了有权占有的法律适用。本案涉及民法典第 458 条的规定。民法典第 458 条沿袭了《物权法》第 241 条的规定。本案看似出现了民法典第 458 条和第 461 条的冲突，实际上两者并不存在适用上的矛盾。当争议双方当事人能够通过事先的合同约定从而确定的法律关系来解决双方的责任承担问题时，关于占有的特殊法律规定就不具有适用的前提条件。因此，本案中，原告主张的损失赔偿责任，并非具有优先性的物权，而是无担保的债权债务关系，与案外人的债权具有平等受偿的权利。

▶▶ **第四百五十九条**　占有人因使用占有的不动产或者动产，致使该不动产或者动产受到损害的，恶意占有人应当承担赔偿责任。

🏛 条文要义

本条是对占有人使用占有物致占有物损害的规定。

---

* 以下简称"乐星公司"。
① 审理法院：北京市顺义区人民法院，案号：（2016）京 0113 民初 13445 号。

无权占有人在占有占有物时，可以使用该占有物。占有人使用占有物对占有物造成损害是否承担赔偿责任，应当区分占有人的占有是善意还是恶意。本条采纳多数立法例，规定恶意占有人在占有期间使用占有物，致使占有物受到损害的，应当承担赔偿责任，而善意占有人使用占有物致使占有物受到损害的，并不苛以这种赔偿责任。

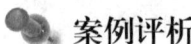 **案例评析**

刘甲与梁某兰等占有保护纠纷案①

案情： 案涉房屋1原系孙某郁承租北京市西城房管局的公房。1984年，梁某兰与刘乙（刘甲的哥哥）婚后即在该房居住，育有一子刘某洋。1992年，刘乙与梁某兰购买了刘乙单位分配的案涉房屋2并取得产权。同年5月，刘乙与梁某兰离婚，离婚协议约定案涉房屋2归刘乙所有并居住，梁某兰居住案涉房屋1。刘乙和其母孙某郁出具证明，同意将案涉房屋1交由梁某兰租住，直到梁某兰单位分房。1995年6月，案涉房屋1承租人变更为原告刘甲，并办理了登记。2013年，原告曾起诉梁某兰、刘某洋，要求其腾房，被法院生效判决驳回。2013年3月21日，刘甲与其前夫张某冬离婚，与两个孩子在外租房居住。原告主张二被告侵占原告承租的公房，给原告造成损失，遂起诉。截至2013年5月27日，两被告未由本单位或通过拆迁解决住房。法院认为，原告现虽为案涉房屋1的承租人，但其承租前，二被告即在此长期居住。承租人变更为原告时，既然原告在知情后同意在二被告居住的情况下承租该房，孙某郁的借房承诺应由原告承继，其对原告有约束力，现原告未提交证据证明二被告单位已分配住房或有其他住房，二被告居住在涉诉房屋内有合理理由，原告诉求缺乏事实及法律依据。

评析： 本案涉及民法典第459条的规定。民法典第459条沿袭了《物权法》第242条的规定。民法典第459条规定了恶意占有人应承担的赔偿责任。本案中，二被告对涉诉房屋的占有是基于合法的租赁合同关系。原告取得的对房屋的承租权，受到其前手在承租权上的设立承诺的约束。因此，被告相对于原告来说并非恶意占有人，原告无权基于《物权法》第242条请求被告承担赔偿责任。

▶▶ **第四百六十条** 不动产或者动产被占有人占有的，权利人可以请求返还原物及其孳息；但是，应当支付善意占有人因维护该不动产或者动产支出的必要费用。

🏛 条文要义

本条是对占有人返还占有物的规定。

---

① 审理法院：北京市西城区人民法院，案号：（2014）西民初9519号。

占有不是权利，而是事实状态。占有人有权占有占有物，但是不能对抗占有物权利人的权利请求。当占有物权利人主张返还占有物时，占有人负有返还义务。占有物的权利人可以请求返还原物及其孳息，占有人应当对权利人履行返还原物及其孳息的义务。

不过，应当区分占有人的善意或者恶意：对于善意占有人，权利人请求返还原物和孳息时，应当对善意占有人支付因维护该不动产或者动产支出的必要费用；对于恶意占有人，权利人不负有这种责任。

 ## 案例评析

湖南省中小企业融资担保有限公司与钟某涛、钟某
房屋租赁合同纠纷案①

案情： 2015 年 11 月，长沙市岳麓区人民法院作出执行裁定书，裁定案外人钟某霞名下案涉房屋作价 2 494 836.8 元交付给原告湖南省中小企业融资担保有限公司。上述房屋的二楼、三楼、四楼被被告钟某涛、钟某占有。法院发出公告，限钟某涛、钟某腾空二楼、三楼、四楼。钟某涛、钟某以与案外人存在租赁合同关系为由，提出异议，被法院驳回。钟某涛、钟某不服，提起执行异议之诉，被法院终审判决驳回。上述判决生效后，两被告至今未将案涉房屋二楼、三楼、四楼腾空归还。原告遂起诉，请求两被告腾空占用的涉诉房屋，向原告支付自 2016 年 1 月 28 日起至将该房屋第二、三、四层腾空时止的租金。法院认为，根据《物权法》第 243 条，被告钟某涛、钟某作为被法院生效执行裁定书确认的房屋占用人，负有将案涉房屋返还原告的义务，且应当向原告支付案涉房屋第三层、第四层的占用损失，占用损失应从公告次日即 2016 年 9 月 1 日起计算。

评析： 本案涉及民法典第 460 条的规定。该规定以《物权法》第 243 条为基础并作了修改。民法典第 460 条确认了无权占有人的返还义务及善意占有人的必要费用返还请求权。本案中，法院在判决中的适用体现了对所有权的保护。原告根据法院生效判决取得案涉房屋所有权，被告钟某涛、钟某虽以买卖不破租赁的理由向法院提出异议及执行异议之诉，但其主张的有权占有的法律关系，即租赁合同关系被法院生效判决认定为不发生法律效力。此外，被告对占有状态的侵夺仍在持续。因此，被告钟某涛、钟某的占有相对于所有权人来说，是无权占有，负有返还不动产的义务。公民合法的民事权益受法律保护，所有权人的不动产被无权占有人侵占的，所有权人有权行使物权请求权，维护自己的合法权益和物的归属秩序。

---

① 审理法院：湖南省浏阳市人民法院，案号：（2019）湘 0181 民初 1165 号。

▶▶**第四百六十一条** 占有的不动产或者动产毁损、灭失，该不动产或者动产的权利人请求赔偿的，占有人应当将因毁损、灭失取得的保险金、赔偿金或者补偿金等返还给权利人；权利人的损害未得到足够弥补的，恶意占有人还应当赔偿损失。

🏛 条文要义

本条是对占有物毁损、灭失代位物返还责任的规定。

占有的不动产或者动产毁损、灭失，不论是不可抗力，还是被遗失或者盗窃，其责任规则如下。

1. 如果该不动产或者动产即占有物的权利人请求赔偿的，占有人应当将因毁损、灭失取得的保险金、赔偿金或者补偿金等代位物如数返还给权利人，对此，不论是善意占有人还是恶意占有人，均负此责任。

2. 占有物因毁损、灭失取得的保险金、赔偿金或者补偿金全部返还权利人，权利人的损害未得到足够弥补的，恶意占有人应当承担赔偿损失的责任，善意占有人不负此责任。

🔵 案例评析

潘某萍与陈某锐、单某涛返还原物纠纷案①

案情： 陈某锐自 2014 年 4 月借用潘某萍的轿车并出具借条，一直未还。后陈某锐失联，潘某萍无法取回该轿车。2016 年 3 月，潘某萍偶然得知陈某锐因欠单某涛债务，已将上述车辆私下抵押给单某涛，被单某涛扣押。潘某萍要求单某涛返还该车辆被拒绝。潘某萍遂起诉要求单某涛与陈某锐共同承担返还车辆的责任，若不能返还，则连带赔偿其车辆折价款人民币 12 万元。法院认为，根据《物权法》第 244 条的规定，占有的动产毁损、灭失，权利人请求赔偿的，恶意占有人应当赔偿损失。本案原、被告系无偿借用关系，车辆自购置之日起至原告起诉要求返还之日期间的折旧应由原告自行承担，在车辆不能返还情形下被告的赔偿责任应仅限于车辆扣除折旧后的现值损失。依据通常使用状况下折旧对车辆价值的影响，原告主张的损失赔偿款人民币 12 万元，并未明显高于正常使用情形下案涉车辆的现有价值，故对原告诉求予以支持。

评析： 本案涉及民法典第 461 条的规定。该规定沿袭了《物权法》第 244 条的规定。民法典第 461 条规定了被占有的不动产或者动产毁损、灭失时占有人的责任。对于占有物灭失时占有人返还义务的范围，根据占有人的主观心态而作出区分。对

---

① 审理法院：广东省深圳市宝安区人民法院，案号：（2016）粤 0306 民初 8528 号。

于善意占有人，其返还范围仅以因毁损、灭失取得的保险金、赔偿金、补偿金为限；对于恶意占有人，则以权利人的损害范围作为其返还、赔偿的限度。这一规定充分考虑了权利人、占有人对于造成"占有"这一事实状态的过错，对损害风险的承担进行合理分配，符合公平正义的基本原则。本案中，被告作为占有人，在车辆不能返还情形下应承担赔偿责任，由于其之前基于无偿的借用合同关系取得占有物，因此损失赔偿的范围仅限于车辆扣除折旧后的现值损失。

> ▶▶**第四百六十二条** 占有的不动产或者动产被侵占的，占有人有权请求返还原物；对妨害占有的行为，占有人有权请求排除妨害或者消除危险；因侵占或者妨害造成损害的，占有人有权依法请求损害赔偿。
>
> 占有人返还原物的请求权，自侵占发生之日起一年内未行使的，该请求权消灭。

🏛 条文要义

本条是关于占有保护请求权的规定。与《物权法》第 245 条规定相比，本条规定新增了"依法"二字，明确了占有损害赔偿请求权的性质。占有保护请求权，是占有人对占有的公力救济，即请求国家有权机关通过运用国家强制力来保护其占有。具体的请求权有四种。

1. 返还原物请求权。当占有人的占有被侵夺时，占有人有权请求返还占有物。有权行使占有物返还请求权的人，不仅包括直接占有人，还包括间接占有人；不仅包括有权占有人，还包括无权占有人，但占有辅助人不能享有此项权利。占有物返还请求权所指向的对象是侵夺占有物的人及其继承人。但是善意的特定继承人在符合善意取得规定的情况下，其占有受到法律保护，该请求权不得针对他。此外，即使侵夺人对于占有物享有实体的权利，如所有人或出租人，占有人亦得针对其行使返还请求权。

2. 排除妨害请求权。当占有人的占有被妨害时，占有人有权行使排除妨害请求权。对妨害占有的行为，占有人有权请求排除妨害。享有排除妨害请求权的人是占有人，而相对人为妨害其占有的人。

3. 消除危险请求权。当占有人的占有虽未被现实妨害，但是存在妨害危险时，占有人有权请求消除危险。

4. 损害赔偿请求权。因侵占或者妨害占有人的占有，造成损害的，占有人有权请求侵害人承担损害赔偿责任。

本条新规则的要点是：确认占有损害赔偿请求权是侵权责任请求权，而非物权请求权。《物权法》第 245 条关于占有保护请求权的规定中包含了排除妨害请求权、消除危险请求权以及占有损害赔偿请求权，未对这三个请求权的性质作出区分，导致占有损害赔偿请求权被认定为是与排除妨害请求权、消除危险请求权一样的物权保护请求权。本条规定在损害赔偿请求权之前新增"依法"二字，说明了占有损害赔偿请求权的法律依据不是民法典物权编，以此将占有损害赔偿请求权的性质与排除妨害请求权、消除危险请求权区别开来。结合民法典侵权责任编规定了损害赔偿请求权，可以确认占有损害赔偿请求权的性质是侵权请求权。

🔘 案例评析

桂某金、黄某林与林某涛排除妨害纠纷案①

案情： 1974 年，调楼居委会经政府同意，将包括争议地在内的 7.32 亩土地无偿划拨给海南省临高县水产供销公司（以下简称"水产公司"）使用。1994 年，水产公司安排其中一块宅基地给黄某林，后水产公司将部分宅基地地块向外出售。1998 年，水产公司与调楼居委会经政府批复同意，就前述住宅用地订立协议书，约定：安排销售、调整价格须经双方同意。2005 年 6 月，桂某金向水产公司购买一块宅基地，位于黄某林宅基地的东侧。同年 10 月，水产公司与调楼居委会订立补充协议书，其中约定，甲方水产公司负责宅基地的出让、收款等，将收入的 50% 分成给乙方（即调楼居委会）。2007 年 1 月，林某涛向水产公司购得一块宅基地，位于桂某金宅基地的东侧。调楼居委会于同年 5 月擅自收取桂某金占地补偿款 10 000 元（收据无载明所占地块的四至及面积）。桂某金遂因此伙同黄某林，自北往南砌起三堵二米多高的墙体。2018 年 1 月，政府作出复议决定书，确认调楼居委会无权处置，驳回桂某金、黄某林对争议地的确权请求。林某涛就桂某金、黄某林侵占其宅基地的行为起诉，请求法院排除妨害。本案的争议焦点为林某涛请求桂某金、黄某林排除妨害是否有事实和法律依据。终审法院判决认为，根据《物权法》第 241 条、第 245 条的规定，林某涛对案涉宅基地的占有是基于其与水产公司的宅基地买卖关系，是合法占有；争议地不是调楼居委会集体用地，其无权私自收取占地补偿款，并将争议地安排给桂某金，且该收款收据上也未载明争议地即是收款收据里的地块。桂某金、黄某林在案涉宅基地上下地基、砌围墙的行为，妨害了林某涛对案涉宅基地的占有权，林某涛关于排除妨害的诉讼请求于法有据，法院予以支持。

评析： 我国物权法上占有制度的功能之一就是秩序维护，即通过对占有的保护，在他人以法律所禁止的私力侵害占有时，给占有人法律救济。其具有保护现实存在的状态不受第三人侵犯，从而维护法律秩序稳定的作用。民法典第 462 条规定了占有保护的基本规则。本案涉及民法典第 462 条的规定。该规定以《物权法》第 245

---

① 审理法院：一审法院为海南省临高县人民法院，案号：（2018）琼 9024 民初 1563 号；二审法院为海南省第二中级人民法院，案号：（2019）琼 97 民终 506 号。

条为基础并作了修改。本案中，首先，林某涛虽不享有完全的宅基地使用权，但享有法律保护的利益。其次，无救济则无权利。对占有的确认常与占有的保护相联系，如果违反占有人的意思而侵夺或妨害其占有者，且其侵夺或妨害非法律所允许，应作为法律禁止的不法行为。

图书在版编目（CIP）数据

《中华人民共和国民法典》条文精释与实案全析：
珍藏版．上/杨立新主编．--2版．--北京：中国人
民大学出版社，2021.10
　　ISBN 978-7-300-29416-2

　　Ⅰ．①中…　Ⅱ．①杨…　Ⅲ．①民法－法典－法律解释
－中国　Ⅳ．①D923.05
　　中国版本图书馆 CIP 数据核字（2021）第 106302 号

《中华人民共和国民法典》条文精释与实案全析（珍藏版）（上）
主　编　杨立新
《Zhonghua Renmin Gongheguo Minfadian》Tiaowen Jingshi yu Shian Quanxi

出版发行	中国人民大学出版社		
社　　址	北京中关村大街 31 号	邮政编码	100080
电　　话	010 - 62511242（总编室）	010 - 62511770（质管部）	
	010 - 82501766（邮购部）	010 - 62514148（门市部）	
	010 - 62515195（发行公司）	010 - 62515275（盗版举报）	
网　　址	http://www.crup.com.cn		
经　　销	新华书店		
印　　刷	涿州市星河印刷有限公司	版　　次	2020 年 6 月第 1 版 2021 年 10 月第 2 版
规　　格	185 mm×260 mm　16 开本		
印　　张	45 插页 3	印　　次	2023 年 1 月第 2 次印刷
字　　数	887 000	定　　价	498.00 元（全三册）

中华人民共和国民法典

条文精释与实案全析

（珍藏版）

主　编　杨立新

撰稿人　（以撰写章节先后为序）

杨立新　李付雷　王艺璇

叶　翔　蔡颖雯　吴万军

王　琦　于　晓　焦清扬

中国人民大学出版社

·北京·

教育部人文社会科学重点研究基地重大项目

"中华人民共和国民法典评注"（18JJD820001）研究成果

目录

第三编　合同

第一分编 通则

第一章　一般规定

▶▶ **第四百六十三条　本编调整因合同产生的民事关系。**

 条文要义

本条是对民法典合同编调整范围的规定。

合同编的调整范围，本应该是因合同产生的民事法律关系，即合同法律关系。不过，由于民法典立法体例上的原因，本编规定的内容实际上超出了合同法律关系，还包括无因管理之债和不当得利之债的法律关系。

形成这个问题的原因，是民法典未设置债法总则，而在合同编通则分编中规定了债法的一般性规则，且将侵权责任之债单独规定为侵权责任编，因而使无因管理之债和不当得利之债的规则无处规定。因此，合同编专门规定了第三分编，即"准合同"分编。形成的立法格局是：（1）债法总则的一般性规定包含在合同编的通则之中；（2）合同编的第一分编和第二分编主要规定的是合同之债；（3）合同编的第三分编规定的是无因管理之债和不当得利之债；（4）侵权之债规定在民法典第七编即侵权责任编。

因而，本编不只调整合同法律关系，还调整部分其他债的法律关系。

案例评析

吴某某与陈某1民间借贷纠纷案①

案情： 2010年10月，原告吴某某的岳父，即被告陈某1的父亲陈某2向重庆市长寿区人民法院提起诉讼，要求包括被告陈某1在内的五个子女自2004年起每人每月给付其赡养费200元。在长寿区人民法院主持下，陈某2与陈某1等五个子女达成赡养协议，陈某2向长寿区人民法院申请撤回起诉。因陈某2自2004年至2010年期间一直由原告吴某某及其妻子陈某3赡养，被告陈某1另与原告吴某某达成协议一份，载明："陈某1自2004年至2010年未付父亲的赡养费每月100元，共计人民币柒仟贰佰元整（7 200元）补给吴某某，我叁年时间交清"。该协议由被告陈某1

---

① 审理法院：重庆市长寿区人民法院，案号：（2014）长法民初字第00239号。

执笔书写，并在书写完毕后，原告吴某某在协议顶端书写"欠条"两字，原告吴某某请求法院判决陈某1向其支付垫付的7 200元赡养费。法院认为，被告陈某1与原告吴某某之间达成的协议系双方当事人的真实意思表示，为有效合同，当事人应当按照约定履行自己的义务。现原告吴某某要求被告陈某1按约定支付其代为垫付的赡养费7 200元并无不当，予以支持。

评析： 在适用合同法的规定之前，法官必须首先认定当事人之间的法律关系的性质，即涉案纠纷是否属于合同纠纷，其根本判断标准是双方是否签订了约定权利义务的合同。本案中，虽然该笔债务是因陈某1向陈某2支付赡养费而起，但吴某某和陈某1之间并无赡养关系，吴某某的垫付行为实为向陈某1借贷。双方签订的"欠条"约定吴某某为陈某1垫付赡养费，构成借贷法律关系，陈某1应当向吴某某清偿债务，法官依据借贷合同的相关规定判决陈某1向吴某某清偿7 200元的债务，适用法律正确。

> **▶▶第四百六十四条** 合同是民事主体之间设立、变更、终止民事法律关系的协议。
>
> 婚姻、收养、监护等有关身份关系的协议，适用有关该身份关系的法律规定；没有规定的，可以根据其性质参照适用本编规定。

🏛 条文要义

本条是对合同概念和本编适用范围的规定。

合同概念的定义是：合同是民事主体之间设立、变更、终止民事法律关系的协议。其特征是：（1）合同的主体是民事主体，包括自然人、法人和非法人组织；（2）合同的内容是民事主体设立、变更、终止民事法律关系；（3）合同是协议，是民事主体之间就上述内容达成的协议。因此，合同的本质是民事主体就民事权利义务关系的变动达成合意而形成的协议。

婚姻、收养、监护等有关身份关系的协议也是民事合同，由于其内容的性质不同，因而应当适用有关该身份关系的法律规定。例如结婚、离婚、收养、解除收养、设置监护等的协议，应当适用民法典相关编和其他法律的规定。"等"字包含的不仅是与婚姻、收养、监护等具有相同性质的身份关系的协议，还包含有关人格关系的协议，例如人格权编规定的肖像许可使用协议。如果这些具有身份关系、人格关系的协议在总则编、人格权编、婚姻家庭编等或者其他法律中没有规定的，可以根据其性质参照适用本编关于合同的规定。

与《合同法》第2条规定相比，本条增加的新规则如下。

1. 将合同概念中的主体部分，删掉了"平等"的限制语，将"自然人、法人、其他组织"改称为"民事主体"。这些文字上的修改，使文字表述更加准确。

2. 本条第2款对身份关系协议，增加了可以根据其性质参照适用有关该身份关系的法律规定，没有规定的，适用本法合同编的规定。这样规定，给身份关系协议适用合同编的规定提供了法律依据。

🟤 案例评析

许某1、李某1离婚后财产纠纷案①

案情： 许某1与李某1婚后生育大女儿许某2和小女儿李某2，于2012年12月18日购买广州市番禺区某号3楼房屋，并登记在李某1名下。2014年3月31日，双方协议离婚，并达成离婚协议如下："1. 许某1与李某1自愿离婚。……4. 我们夫妻共有财产包括：1）坐落于广州市番禺区某号3楼归许某2和李某2所有，该房产剩余的银行贷款由许某1负责偿还。"离婚后，双方就《离婚协议书》的履行发生争议，2016年4月23日，双方又签署了《协议书》，约定："1. 广州番禺某栋3C的房产于2017年4月23日前进行分割，分割后按房产市价各占50%。……4. 房屋处理前房贷费用许某1支付（每月¥2 000元）。"后来，许某1向一审法院起诉，请求判决广州市番禺区某号3楼房屋由许某1、李某1各占50%。

法院认为， 许某1、李某1均未能举证证实订立《离婚协议书》时对方存在欺诈、胁迫等情形，理据不足，因此对许某1要求占有涉案房屋的50%产权份额的诉讼请求予以驳回。

评析：《合同法》是市场交易关系的基本法律，主要适用于诸如商品交换、提供劳务、信息中介等法律关系。然而，在社会经济生活中，合同术语被广泛使用，并不局限于市场交易关系中，比如，政府在社会管理中会签订各式各样的行政合同，人们在家庭生活中也会签订忠实协议、遗嘱合同、家庭财产分割协议等。由于这些法律关系只是采用了合同的外在形式，与市场交换没有本质联系，因而不应适用《合同法》的规定。本案的争议焦点虽然是财产纠纷，却是基于家庭生活中的身份关系所发生，不属于合同法调整的法律关系，法官拒绝适用合同法的规定，值得赞同。需要注意的是，根据本条新增规定，合同编并非绝对不可适用于家庭财产关系，但是，只有当婚姻家庭编没有对特定案件纠纷作出规定时，合同编才可以参照适用。

▶▶ **第四百六十五条**　依法成立的合同，受法律保护。
依法成立的合同，仅对当事人具有法律约束力，但是法律另有规定的除外。

---

① 审理法院：广东省广州市中级人民法院，案号：（2017）粤01民终14722号。

🏛 条文要义

本条是对合同效力的规定。

依法成立的合同受法律保护，说的是合同成立后所发生的法律效力，是在当事人之间发生了具有法律的效力，当事人必须受到合同约定效力的约束。如果当事人在合同依法成立后，不履行合同义务，或者不完全履行合同义务，法律将强制其履行，并使其接受违约责任的制裁。因此，合同的法律效力，一方面是说依法成立的合同对当事人具有法律上的拘束力，另一方面是不履行合同时法律基于合同而保护当事人的债权。

合同的法律约束力是有限度的，即只对合同当事人发生，对合同以外的人不发生法律拘束力。这就是合同的相对性原则，是指合同的法律约束力不可扩张到合同当事人之外的其他民事主体的准则。

与《合同法》第8条相比，本条第2款但书规定在法律另有规定的情况下可以打破合同相对性原则，使合同的效力约束到第三人。当代合同法对合同的相对性原则有所突破，主要表现如下。

第一，涉他合同。合同的相对性表现在合同不能为他人设定权利、负担义务。但是，当代合同法准许单纯地为第三人设定利益的合同，以及由第三人履行的合同。在这里，尽管两种第三人都不是合同当事人，但他们毕竟依据该合同发生了权利或者负担了义务。这种涉他合同的出现，是债权相对性突破的一个表现。

第二，债权保全。合同的相对性还表现在，合同当事人不得向第三人主张权利。但是，在债的保全制度中，债权人撤销权和债权人代位权都是在法律规定的要件具备时，合同债权人可以向合同关系以外的第三人主张撤销权和代位权，对第三人主张债务人的债权或者撤销债务人与第三人实施的民事法律行为。这种债权人所享有的债权保全的权利，突破了债的相对性原则，目的就在于保全债务人的财产，保障债权人的债权实现。对此，本法合同编专门规定了第五章"合同的保全"，作出具体规范。

第三，侵害债权的侵权责任。债的相对性原则还表现在不得向第三人追究责任。但是，当代侵权法确认侵害债权的侵权责任①，如果第三人故意侵害债权人的债权，造成了债权不能实现的损害后果，债权人享有侵权损害赔偿权利人的地位，有权向第三人主张侵权责任，保护自己的债权。这也是对债权相对性的一个突破。

🔵 案例评析

刘某某与梁某1、梁某2等合同责任纠纷案②

案情：原告刘某某主张2016年8月9日其与案外人梁某3签订口头买卖合同，

---

① 参见本书对民法典第1164条规定的说明。
② 审理法院：山东省淄博市博山区人民法院，案号：（2017）鲁0304民初1828号。

其以 2 000 元的价格购买梁某 3 轿车一辆，案外人梁某 3 未向其交付车辆。因车辆现在淄博市博山长城机械有限公司，由三被告梁某 1、梁某 2、淄博市博山长城机械有限公司控制，故刘某某向法院起诉，请求三被告交付标的车辆。法院认为，依法成立的合同，仅对当事人具有法律约束力，即使原告主张的其与案外人之间就涉案车辆的买卖合同成立，因三被告并非买卖合同的相对人，没有向原告交付车辆的法定义务，故原告无权基于与案外人签订的买卖合同要求三被告交付车辆。法院认为，原告的诉求缺乏依据，不予支持。

评析：合同责任的相对性，是指合同责任只能发生在特定的债务人之间，合同关系以外的人不承担违约责任，合同债务人也不对合同关系以外的第三人承担违约责任。在因第三人的行为造成债务不能履行的情况下，一方面，债务人仍应向债权人承担违约责任，债务人承担了责任之后，有权向第三人请求赔偿；另一方面，债权人也只能向债务人请求承担违约责任，而不能越过债务人直接向第三人请求履行合同或者要求承担违约责任。本案被告并不是涉案合同的当事人，即使合同因被告的行为导致不能履行，原告也无权请求被告承担责任。

> ▶▶**第四百六十六条**　当事人对合同条款的理解有争议的，应当依据本法第一百四十二条第一款的规定，确定争议条款的含义。
>
> 　　合同文本采用两种以上文字订立并约定具有同等效力的，对各文本使用的词句推定具有相同含义。各文本使用的词句不一致的，应当根据合同的相关条款、性质、目的以及诚信原则等予以解释。

🏛 条文要义

本条是对合同条款解释的规定。

合同解释，是指对合同及其相关资料的含义所作的分析和说明，以确定双方当事人的共同意思，包括对合同条款理解不一致的解释和对不同文本合同条款的解释。合同解释的根本目的在于使不明确、不具体的合同内容归于明确、具体，使当事人之间的纠纷得以合理解决。如果合同文本是采用两种以上文字订立，并约定具有同等效力的，对各文本使用的词句推定具有相同含义。如果各文本使用的词句不一致的，应当根据合同解释的原则进行解释。

合同解释规则分为六种，分述如下。

1. 文义解释规则：是指当事人对合同条款的理解有争议的，应当按照合同使用的词句确定该条款的真实意思。

2. 整体解释规则：也叫作体系解释规则，是指将合同的所有条款和构成部分视为一个统一的整体，从合同的各条款之间以及各构成部分之间的相互联系和总体联系上，阐明争议条款的含义。

3. 习惯解释规则：是指在合同条款的含义不明或发生争议时，可以参照交易习惯或者惯例予以明确。

4. 诚信解释规则：是指在合同用语有疑义时，应依诚实信用原则确定其正确意思，合同内容有漏洞时，应依诚实信用原则予以补充。当事人对合同条款的理解有争议的，应当按照诚实信用原则确定该条款的真实意思。

5. 目的解释规则：是指解释合同应当首先判断当事人的目的。当事人对合同条款的理解有争议的，应当按照订立合同的目的确定该条款的真实意思。

6. 不利解释规则：是指对于合同的内容发生争议时，应当对起草者作不利解释。这个解释规则主要是针对格式条款的解释，同时对其他非格式条款的解释也有作用。

合同文本采用两种以上文字订立，并约定具有同等效力的，对各文本使用的词句推定具有相同含义，对此，不用进行解释。对各文本使用的词句不一致的，应当根据合同解释原则中的目的解释和诚信解释等规则予以解释。

本条新规则的要点如下。

1. 将合同条款的一般解释归结到适用本法第 142 条规定之中，适用该条规定的合同解释原则。

2. 对不同文本合同条款的解释，《合同法》第 125 条只规定了目的解释，没有规定体系解释、诚信解释。本条增加对此的体系解释、诚信解释原则，能够更准确地对不同文本合同条款进行解释，确定当事人的权利义务关系。

案例评析

杨某某、袁某民间借贷纠纷案[①]

案情：杨某某分包晟元集团有限公司贵州分公司承包的国酒城建设工程中的水电安装工程。2015 年 10 月 13 日，袁某在杨某某分包的该工程进行水电安装作业时摔伤，后被送往仁怀市人民医院、遵义医学院等医院检查治疗，其间，杨某某为袁某在仁怀市人民医院支付医疗费等 38 688.64 元（含相关材料复印费 60 元）；送往遵义医学院检查支付车费、住宿费、检查费 1 011.80 元；通过银行打款和现金支付方式向袁某提供生活费、检查费、治疗费等 104 500 元。事后，杨某某向法院提起诉讼，要求袁某立即返还杨某某借款 169 128.44 元及其利息，法院驳回了杨某某的诉讼请求。

评析：合同解释，"是确定当事人双方的共同意思"[②]，是指对合同及其相关资料的含义所作的分析和说明，以确定双方当事人的共同意思。合同解释的作用在于探

---

① 审理法院：贵州省遵义市中级人民法院，案号：(2018) 黔 03 民终 2006 号。

② 崔建远. 合同法. 5 版. 北京：法律出版社，2010：352.

求当事人的真实目的，在表示意思与内在意思不一致的情况下，应依诚实信用原则确定其正确意思，合同内容有漏洞时，应依诚实信用原则予以补充。本案原告在给被告支付款项之时，主要是用以支付被告所受伤害的检查费、医疗费、生活费等，并不存在民间借贷的意思表示，而在事后主张存在民间借贷法律关系，违背了诚信原则。法官根据诚信原则认定双方不存在民间借贷法律关系，应予赞同。

▶▶ **第四百六十七条** 本法或者其他法律没有明文规定的合同，适用本编通则的规定，并可以参照适用本编或者其他法律最相类似合同的规定。

在中华人民共和国境内履行的中外合资经营企业合同、中外合作经营企业合同、中外合作勘探开发自然资源合同，适用中华人民共和国法律。

🏛 条文要义

本条是对无名合同及涉外合同法律适用规则的规定。

无名合同又叫非典型合同，是指法律尚未规定，也未赋予其一定名称的合同。"本法或者其他法律没有明文规定的合同"，就是无名合同，属于新增规定。依照合同自由原则，在不违反法律强制性规定和公序良俗的前提下，当事人可以根据实际生活需要，选择订立法律没有规范的无名合同。

无名合同对应的是典型合同。典型合同也叫有名合同，是指法律设有规范，并赋予其一定的名称的合同。例如，买卖合同、赠与合同、借款合同等，都是有名合同。

无名合同的法律适用规则是：（1）尊重当事人的约定；（2）适用本编通则对合同规定的一般性规则规定；（3）针对不同类型的无名合同采用本编或者其他法律规定的最相类似合同的法律规则，即能够找到相类似的典型合同的，参照本编规定的典型合同的规则适用法律，对纯粹的无名合同即法律对其具体事项全无规定的合同，其内容不符合任何有名合同的要件的合同，如果当事人的意思表示不完整，则根据诚信原则，并斟酌交易惯例，确定权利义务关系，解决纠纷。

涉外合同是一方当事人为外方主体的合同，主要包括中外合资经营企业合同、中外合作经营企业合同、中外合作勘探开发自然资源合同等三种类型，本条明确了中国法律适用于涉外合同的效力。

🦴 案例评析

席某某与成都某公司合同纠纷案①

案情： 2005 年 10 月 20 日，原告席某某与被告成都某公司签订《九里堤农贸市

---

① 审理法院：四川省成都市金牛区人民法院，案号：（2012）金牛民初字第 4823 号。

场铺面特许经营权转让合同》，约定：原告加盟获得九里堤农贸市场摊位的特许经营权，总价款为 63 000 元，特许经营权使用权限为 30 年，原告所取得的摊位仅限于经营蔬菜；原告所取得的摊位特许经营权可以依法进行自营、转让、出租、联营等；甲方（被告）有权按相关规定对乙方（原告）经营活动进行监督管理，以及乙方须服从甲方的统一经营管理并接受其监督等双方权利义务与违约责任等。合同签订后，原告按约向被告给付了"特许经营权"费 63 000 元，被告亦按约将该摊位交付原告使用。嗣后，原告认为被告的"特许经营转让"违反法律、行政法规强制性规定，遂向法院提起诉讼，请求确认转让合同无效，被告返还价款 63 000 元及利息，法院驳回了该诉讼请求。

评析：合同是当事人根据自身特定需求签订的风险分配协议，每个当事人订立合同的目的、内容以及外界环境各有不同，因而违约责任的分担也具有高度个性化的特征。限于条文数量、立法技术水平等种种条件，合同法仅仅规定若干种较为典型的合同类型，那些法律没有规定的合同类型就只能当作无名合同来对待。然而，法官不能拒绝裁判，法官依然要对无名合同纠纷作出裁判。此时，法官必须以无名合同等各自的概念和法律特征为参照，并结合本案合同的法律关系及其所指向的标的等进行比照分析，才能较准确地理清本案合同及由此所生纠纷的法律性质。

> ▶▶ **第四百六十八条** 非因合同产生的债权债务关系，适用有关该债权债务关系的法律规定；没有规定的，适用本编通则的有关规定，但是根据其性质不能适用的除外。

🏛 条文要义

本条是对非合同之债法律适用的规定。

非合同之债，就是非因合同产生的债权债务关系，是合同以外的债权债务关系，依照本法第 118 条第 2 款规定，包括无因管理之债、不当得利之债、侵权责任之债以及法律的其他规定确认的债，例如单方允诺之债。因为本法没有规定债法总则，须将无因管理、不当得利之债规定在合同编中作出规定。本条规定的主要含义，是为本编第三分编规定的无因管理之债和不当得利之债的法律适用，提供一般规则的法律依据，同时，也对侵权责任之债以及其他法律规定的债与合同编通则规定的关系予以明确。

对于非合同之债的法律适用规则是：

1. 首先适用有关该债权债务关系的法律规定，即对无因管理之债、不当得利之债等，适用合同编第三分编关于无因管理和不当得利规则的规定。

2. 没有有关债权债务关系的法律规定的，适用本编通则的有关规定。这一规定，就为非合同之债适用本编通则的一般性规定提供了法律依据，凡是非合同之债，只要没有特别规定，就可以适用本编通则规定的一般性规则，如合同保全的规定。

3. 根据债的性质不能适用合同编通则规定的除外。例如，无论是无因管理之债、不当得利之债还是侵权责任之债，根据其性质都不能适用有关合同编通则关于要约、承诺的规定，因此依照除外条款的规定，不予适用。

 **案例评析**

张某1、熊某某无因管理纠纷案[①]

案情：原告张某1与被告张某2系兄妹关系，被告熊某某和被告张某2于2000年7月20日登记结婚，并育有一子。2014年4月16日18时，被告熊某某仅仅因为孩子与被告张某2闹小脾气，便将张某2脸部、头部及全身多处打伤，现场人员及派出所民警把昏迷的张某2送至医院紧急治疗，原告及亲属闻讯后急忙赶往医院，并为其妹张某2垫付了所有医疗费。张某2被熊某某殴打所造成的伤情严重且造成精神障碍，张某2于2014年4月25日转院至毕节精神病康复医院治疗，该医院诊断张某2为短暂性精神障碍。由于家庭矛盾，被告熊某某对张某2及孩子不管不问，导致作为兄长的原告不得不对自己的妹妹及其孩子进行照顾，支付了大量的医药费、抚养费、交通费等，构成无因管理，故而请求被告熊某某予以偿还。法院认为，原告所提诉讼理由不能证明无因管理，驳回其诉讼请求。

评析：无因管理，是指没有法定的或者约定的义务，为避免他人利益受损失而进行管理或者服务的一种法律事实。管理人和本人之间因无因管理发生的法律关系，就是无因管理之债，管理人享有债权，本人负有债务。无因管理之债是一种法定之债，民法典第979条已经对无因管理之债的构成要件作出了规定，无须适用合同编通则的规定。本案中，原告与被告张某2是兄妹关系，故而不构成无因管理。

---

① 审理法院：贵州省毕节地区中级人民法院，案号：（2017）黔05民终65号。

第二章　合同的订立

▶ **第四百六十九条** 当事人订立合同，可以采用书面形式、口头形式或者其他形式。

书面形式是合同书、信件、电报、电传、传真等可以有形地表现所载内容的形式。

以电子数据交换、电子邮件等方式能够有形地表现所载内容，并可以随时调取查用的数据电文，视为书面形式。

🏛 条文要义

本条是对合同形式的规定。

本条将《合同法》第 10 条和第 11 条综合在一起，作了重大修改，对数据电文的合同形式视为书面形式作了专门规定。合同分为书面形式、口头形式和其他形式。法律规定或者当事人约定合同形式的目的：一是证据目的，书面合同作为书证，可以避免纠纷发生；二是警告目的，通过形式要件，实际上是最后给缔约当事人一次深思熟虑的机会，以免其作出草率的决定；三是境界线目的，通过合同形式，使合同磋商与合同缔结之间划定境界线；四是信息提供目的，合同对双方的交付义务，特别是就其中的关键事项，要求用明确的文字表示出来，以提供信息；五是其他目的，包括对合同缔结和内容的确认、对外的公示、企业对合同的管理，经过公证的合同还具有执行担保的功能，此外，还有心理上的意义和仪式的要求等。①

合同的书面形式，是指以文字等有形的表现方式订立合同的形式。合同书和合同确认书是典型的书面形式的合同，即"书面形式是合同书、信件等可以有形地表现所载内容的形式"。书面形式的合同能够准确地固定合同双方当事人的权利义务，在发生纠纷时有据可查，便于处理。所以，法律要求凡是比较重要、复杂的合同，都应当采用书面形式订立合同。使用数据电文，包括以电报、电传、传真、电子数据交换和电子邮件等方式订立的合同，都是能够有形地表现所载内容，并且可以随时调取查用的电子数据，具有与文字等形式订立的合同相同的属性。因而，对于这

---

① 韩世远. 合同法总论. 3 版. 北京：法律出版社，2011：113-114.

一类用数据电文订立的合同，视为书面合同，承认其书面合同的效力。

合同的口头形式是以口头语言的方式订立合同，其意思表示都是用口头语言的形式表示的，没有用书面语言记录下来。当事人直接运用口头对话的形式确定合同内容，订立合同，是口头合同。

合同的其他形式有两种：（1）当事人未以书面形式或者口头形式订立合同，但从双方从事的民事行为能够推定双方有订立合同意愿的，可以认定是合同的其他形式。（2）法律另有规定或者当事人约定采用公证形式、鉴证形式订立的合同。

案例评析

史某某与黄某某合同纠纷案[①]

案情：2018 年 8 月 4 日，原告史某某与被告黄某某签订《美容美发门店股权转让协议书》一份，协议约定：（1）被告将坐落于不夜城对面门店执照名称纳美国际美容美发店的自持有股份内的 6‰ 股份有条件转让给原告，每股人民币 5 000 元，共计 30 000 元，股份价值等于 30 000 元；（2）被告转让股权的前提是原告为被告的正式员工，从协议签订之日起，原告必须在店内工作，不在店内工作，被告有权无偿收回原告持有的股权。协议书签订后，原告于 2018 年 8 月 23 日通过支付宝支付给被告投资款 20 000 元，被告从应付原告工资、分红中扣除 10 000 元作为投资款，以上共计投资款 30 000 元，原告已履行完毕。原告史某某于 2018 年 12 月离职，原、被告双方均认可双方合同关系已终止。2018 年 11 月 29 日，原告通过微信就退还 30 000 元股本金事宜与被告进行协商，被告表示同意退还 30 000 元股本金。因被告未按约定退还款项，原告遂起诉。最后，法院判决被告黄某某应返还原告史某某股本金 30 000 元，并支付该款自 2019 年 7 月 23 日（起诉之日）起至款付清日止按中国人民银行同期同档次贷款基准利率计算的利息损失。

评析：合同形式又称为合同的方式，是当事人合意的表现形式，承载了合同的内容。在现代合同法中，合同形式的重要性正在逐步下降，合同原则上奉行形式自由的原则，当事人可以采用书面形式、口头形式或者其他形式，一般不会因欠缺形式要件而无效。本案中，双方当事人通过即时通信的方式约定被告向原告退还股款，一经达成合意，无须其他的形式要件便已成立生效。

> ▶▶ **第四百七十条**　合同的内容由当事人约定，一般包括下列条款：
> （一）当事人的姓名或者名称和住所；
> （二）标的；

---

① 审理法院：浙江省诸暨市人民法院，案号：（2019）浙 0681 民初 12247 号。

> （三）数量；
>
> （四）质量；
>
> （五）价款或者报酬；
>
> （六）履行期限、地点和方式；
>
> （七）违约责任；
>
> （八）解决争议的方法。
>
> 当事人可以参照各类合同的示范文本订立合同。

🏛 条文要义

本条是关于合同条款和示范文本的规定。

合同条款是表达合同当事人约定的合同内容的具体条款。合同应当包含的合同条款如下：（1）当事人的姓名或者名称和住所，表达的是合同主体的内容。（2）标的，是合同的权利和义务所指向的对象，需要明确写明物品或服务的名称，使合同的标的特定化。（3）数量，是度量标的的基本条件，应当确切，特别要确认双方认可的计量方法。（4）质量，也是度量标的的条件，重要性低于数量。（5）价款或者报酬，价款一般针对取得物而言，报酬一般针对取得服务而言，无偿合同不存在价款或报酬条款。（6）履行期限、地点和方式，履行期限是合同履行的时间规定，履行地点是确定合同义务履行的区域概念，合同的履行方式是履行的具体方法。（7）违约责任，是指当事人在违反合同约定的义务后所应当承担的合同法上的不利后果。（8）解决争议的方法，是指在将来合同发生纠纷时应当采用何种方式和方法予以解决。

本条第1款在规定上述合同条款中，没有规定合同的主要条款。合同的主要条款是合同的必备条款，缺少必备条款，合同不能成立，缺少其他条款，则可以通过法律规定的确定方法等予以确定，不能导致合同不能成立。合同的主要条款就是标的和数量。

合同的示范文本，是根据合同法的相关规定而制定出的标准式合同样本或者标准合同文本。合同示范文本对于提示当事人在订立合同时更好地明确各自的权利义务能够起到重要的作用。在《合同法》实施之后，工商管理部门等机关制定了各类合同的示范文本，发挥了合同示范文本的作用。本条第2款继续强调当事人订立合同可以参照各类合同的示范文本，使当事人的权益能够得到保障。

🔴 案例评析

林某与长沙某投资管理有限公司、徐某股权转让纠纷案[①]

案情： 2015年2月5日，原告林某与被告徐某签订《股份转让协议》，大致内容

[①] 审理法院：湖南省长沙市雨花区人民法院，案号：（2017）湘 0111 民初 9051 号。

为：被告徐某同意受让原告在被告长沙某投资管理有限公司的全部股份（20万元股份）；原告从其股份转让之日起，不再享有被告某公司转让部分的权利和承担义务，其在被告某公司转让部分的权利义务由被告徐某按受让股份承继。之后，因两被告未按约定办理股东的变更工商登记手续，原告于2017年12月11日向法院起诉，确认原告与被告徐某签订的《股份转让协议》有效，协议继续履行。被告抗辩称，涉案转让协议从内容上看对标的、价格等无约定，从效果上看没有对价，不具备合同的必备条款，不是一个完整的合同，应认定合同不成立。对于被告徐某的意见，于法无据，法院不予支持。

评析：民法典第470条延续《合同法》第12条对合同内容作出了规定。合同是当事人合意的产物，合同的内容必然是当事人协商一致的结果。从这个意义上说，合同的条款应当是在不违背禁止性法律规范的情况下，由当事人自由决定，而不是由法律规定。当事人订立合同可以参照民法典该条的规定，也可以不按照规定的内容订立合同，合同成立与否、有效与否，并不完全取决于是否遵照该条款订立。除了标的和数量之外，属于该条规定的某些条款，合同中没有约定，但可以由法律规定或者可以通过行业惯例等予以确定的，仍然可以认为合同成立、有效；相反，即使不属于该条所规定的条款，但根据某种合同的特殊性质须必备的条款，合同没有约定的，仍然可以认定该合同不成立。

▶▶ **第四百七十一条　当事人订立合同，可以采取要约、承诺方式或者其他方式。**

🏛 条文要义

本条是对订立合同方式的规定。

合同订立，是缔约人为意思表示并达成合意的状态。合同订立是当事人为实现预期目的，为意思表示并达成合意的动态过程，包含当事人各方为了进行交易，与对方进行接触、洽谈，最终达成合意的整个过程，是动态行为和静态协议的统一体。合同订立与合同成立不同，二者是两个既互相联系又互相区别的概念。合同成立是合同订立的组成部分，标志着合同的产生和存在，属于静态的协议。合同订立既含合同成立，又包括缔约各方接触和洽商的动态过程，涵盖了交易行为的主要内容。

合同订立的意义是：（1）没有合同订立就没有合同的存在；（2）合同订立是合同权利义务得以实现的前提；（3）没有合同订立就没有合同责任的发生。

合同订立的方式是要约和承诺。在订立合同中，一方当事人提出要约，另一方当事人予以承诺，双方就交易目的及其实现达成合意，合同即告成立。因此，要约和承诺既是合同订立的方式，也是合同订立的两个阶段，其结果是合同成立。

合同成立的其他方式，主要是指格式条款和悬赏广告等。格式条款订立时，要约、承诺的外在形态不够明显，而悬赏广告更是缺少典型的要约、承诺的过程，因而是合同成立的其他方式。

与《合同法》第13条规定相比，本条增加规定的新规则是：除了要约与承诺方式订立合同之外，还有合同成立的其他方式。订立合同的其他方式，是指在订立合同中没有明显的要约、承诺的意思表示过程而订立合同的方式，主要是指格式条款、悬赏广告以及网络购物等。首先，多数格式条款在订立时，缺少明确的要约、承诺的外在形态，例如购票。其次，悬赏广告一经发出，即发生效力，行为人履行了悬赏广告要求的行为，即产生债的请求权，这种民事法律行为本来没有明显的要约、承诺过程，但是，由于本法已经将其纳入合同编调整，因此，悬赏广告合同的订立方式就是其他方式。最后，在网络购物和网络服务中，由于采取背靠背的交易方式，所有的要约、承诺行为都集中在网络交易平台的购物、服务交易的确认按键上，消费者一经按键，合同即告成立、即告生效、即告开始履行，因而也是要约、承诺方式不明显的其他交易方式。

案例评析

林某、李某、朱某等房屋买卖合同纠纷案①

案情：2018年8月11日，林某作为要约人，房产中介作为居间方，双方签订《诚意购房要约》。2018年8月11日，李某、朱某作为承诺人，房产中介作为居间方，双方签订《承诺与履约定金收据》，约定承诺人同意接受该要约，并承诺将该不动产以下列条件出售给要约人。协议达成后，林某依据《诚意购房要约》的约定向房产中介支付了居间费用7 400元，并通过房产中介向李某、朱某支付了定金35 000元。后林某觉得房价浮动较大，咨询房产中介是否有人愿意购买讼争房屋，表示其愿意以原价转让给其他购房人，房产中介亦表示同意找其他购房人。后来，林某以李某、朱某既不履行合同又不退还定金为由，向法院提起诉讼，请求判令解除其与李某、朱某之间的房屋买卖合同，并向其返还定金35 000元和居间费7 400元。法院驳回了林某的诉讼请求。

评析：合同成立是当事人对合同的主要条款达成一致，是从当事人意思表示一致的角度来讲的，其中必须有利益相互对立又相互联系的双方或多方当事人。在订立合同中，一方当事人提出要约，另一方当事人予以承诺，合同就告成立。当缔约当事人一方对要约予以承诺的时候，双方或多方经协商达成一致意见，就符合合同成立的以上要件。因此，要约和承诺既是合同订立的方式，也是合同订立的两个阶段。本案中，李某、朱某作为承诺人对林某的要约作出承诺，合同已经成立，对林某具有拘束力，法院驳回林某的诉讼请求值得赞同。

---

① 审理法院：福建省罗源县人民法院，案号：(2018)闽0123民初3034号。

▶▶ **第四百七十二条** 要约是希望与他人订立合同的意思表示，该意思表示应当符合下列条件：

（一）内容具体确定；

（二）表明经受要约人承诺，要约人即受该意思表示约束。

🏛 条文要义

本条是对要约及构成条件的规定。

要约是在合同订立过程中，要约人希望和他人订立合同的意思表示。一方当事人以缔结合同为目的，向对方当事人提出合同条件，希望对方当事人接受的意思表示，就是要约，亦称发价、发盘、出盘、出价或者报价。要约实质上是一种与承诺结合后成立一个民事法律行为的意思表示，本身并不构成一个独立的法律行为。

要约发生法律效力，应当符合下列构成要件。

1. 要约的内容具体、确定。内容具体，是指要约的内容必须具有足以确定合同成立的内容，包含合同的主要条款。要约人发出要约后，受要约人一旦承诺，合同就告成立。内容确定，是指要约的内容必须明确，不能含糊不清，应当达到一般人能够理解其真实含义的水平，否则合同将无法履行。

2. 表明经受要约人承诺，要约人即受该意思表示约束。不论要约人向特定的或者不特定的受要约人发出要约，要约的内容都须表明，一旦该要约经受要约人承诺，要约人即受该意思表示约束，约束的具体表现是要约被承诺后合同即告成立，要约人要受合同效力的约束。在实践中，不可能要求所有的要约都能够明确地、直截了当地写明要约人接受要约内容约束的文字，但是，只要当事人发出要约，就意味着自己愿意接受要约意思表示的约束。只要依据要约的条文能够合理分析出要约人在要约中含有一经承诺即受拘束的意旨，或者通过要约人明确的订立合同的意图可以合理推断该要约包含要约人愿意接受承诺后果的意思表示，即可认为符合该要件。

🔴 案例评析

郑某、花某与泰州某房地产开发有限公司、泰州某物业管理
有限公司房屋买卖合同纠纷案[①]

案情： 2011 年 2 月 13 日，花某与泰州某房地产公司签订《商品房买卖合同》，由郑某、花某购买泰州某国际家居博览中心 1 幢×××号房屋，购买价为 228 647 元。后郑某、花某领取了《房屋所有权证》《国有土地使用权证》。2011 年 2 月 13 日，花某（甲方）与泰州某物业公司（乙方）签订《委托经营协议书》，由甲方将泰

---

① 审理法院：江苏省泰州医药高新技术产业开发区人民法院，案号：（2017）苏 1291 民初 241 号。

州某国际家居博览中心1幢×××号铺位全权委托乙方进行统一经营、租赁、管理。同时，某物业公司还向郑某、花某发出《商铺回购书》，内容为：如郑某、花某以书面方式明确要求本公司将其所购买的泰州某国际家居博览中心铺位号为×××号商铺回购，只要满足特定条件，本公司承诺按该套商铺合同价的120％优先购回。在回购书约定的条件满足后，郑某、花某向法院提出诉讼，请求某物业公司履行其与原告签订的《商铺回购书》。法院判决，原告在商铺回购书约定的期限内向某物业公司书面申请回购房屋，某物业公司理应依约回购房屋，并支付房屋回购款。

评析：民法典第472条延续《合同法》第14条的规定，明确了要约应当具有的特征。在实践中，不可能要求所有的要约都能够明确地、直截了当地写明要约人接受要约内容约束的文字，但是，只要当事人发出要约，就意味着自己愿意接受要约意思表示的约束。只要依据要约的条文能够合理分析出要约人在要约中含有一经承诺即受拘束的意旨，或者通过要约人明确的订立合同的意图可以合理推断该要约包含要约人愿意接受承诺后果的意思表示，即可认为符合该要件。

> ▶▶**第四百七十三条** 要约邀请是希望他人向自己发出要约的表示。拍卖公告、招标公告、招股说明书、债券募集办法、基金招募说明书、商业广告和宣传、寄送的价目表等为要约邀请。
>
> 商业广告和宣传的内容符合要约条件的，构成要约。

🏛 条文要义

本条是对要约邀请的规定。

要约邀请，即要约引诱，也称为邀请要约，是一方希望他人向自己发出要约的表示。

要约与要约邀请的区别是：（1）要约是一方向另一方发出的意欲订立合同的意思表示；而要约邀请则表明仍处在订立合同的磋商阶段，是订约的准备行为。（2）要约生效后，受要约人获得承诺资格；而要约邀请仅仅是使相对方获得了信息，从而可以向要约邀请人发出要约。（3）要约人受要约拘束，在要约有效期限内不得任意撤销要约；要约邀请并未给要约邀请人带来任何义务，相对方发出要约也并不是因为要约邀请赋予了其资格。

拍卖公告、招标公告、招股说明书、债券募集办法、基金招募说明书、商业广告和宣传、寄送的价目表，都是要约邀请，因而这些形式的意思表示都不是要约，而是要约邀请。

在这些形式的意思表示中，只有商业广告和宣传的内容才有特例，即在一般情况下，它们是要约邀请，但是，如果商业广告和宣传的内容具备了要约的要件，即一是内容具体、确定；二是表明经受要约人承诺，要约人即受该意思表示约束，就构成了要约。因此，这样的广告和宣传的内容构成要约，产生要约的法律效力。

案例评析

杨某与内蒙古某房地产开发有限公司房屋买卖合同纠纷案①

案情： 2015年1月26日，原告杨某与被告内蒙古某房地产开发公司签订《商品房买卖合同》，约定杨某购买某公司开发的位于呼和浩特回民区某商品房。某公司在宣传某商铺的商业广告内载明："某街将打造西北第一条拥有户外天幕的商业步行街。天窗、室内商业街、屋顶花园等丰富元素将共同打造出又一城市购物中心的综合魅力。商业街通过天幕、连廊、连续的商业景观、楼梯等将地上三层商业设施及地下空间连为一体，大大丰富了室内及室外空间的景观及趣味性"，并对假日广场、景观步行街等相关设施进行了介绍。杨某以某公司未能兑现其要约中所做的宣传承诺为由，向法院提起诉讼，请求某公司立即采取补救措施，兑现以上宣传承诺。法院对于杨某的主张不予采信，驳回其诉讼请求。

评析： 民法典第473条延续了《合同法》第15条的规定，明确了要约邀请的表现形式。商业广告在当今社会中大量使用，它是商品生产者或者销售者通过媒体向大众宣传其商品的一种方式。商业广告发布者的主要意图是向大众传递商品信息，希望扩大自己商品的知名度，使更多的人向自己发出要约，购买自己的商品。其内容倾向于商品的质量、效用等，所以没有包含要约所必需的数量条款。在一般情况下，商业广告是要约邀请。但是，实践中一些开发商可能会夸大宣传，欺骗消费者，因此法律规定商业广告中符合要约规定的内容，视为要约，与要约产生同样的法律效力，以加强对消费者的保护。本案中，被告房地产公司在宣传广告中所说的商业步行街、天窗等内容，明确具体，并会对标的房屋的价值产生重大影响，构成要约内容，法院驳回原告的诉讼请求需要商榷。

> ▶▶ **第四百七十四条** 要约生效的时间适用本法第一百三十七条的规定。

🏛 条文要义

本条是对要约生效时间的规定。

要约生效，是指要约从什么时间开始发生法律效力。要约生效，对要约人及受要约人都发生法律效力：（1）对要约人发生拘束力，要约人不得随意撤销或者对要约加以限制、变更或者扩张。（2）受要约人在要约生效时，取得承诺的权利，取得了依其承诺而成立合同的法律地位。

---

① 审理法院：内蒙古自治区呼和浩特市中级人民法院，案号：（2018）内01民终754号。

依据民法典第 137 条规定，我国的要约生效时间采用到达主义。采用到达主义的理由是，要约是希望和他人订立合同的意思表示，要约的约束力不仅针对要约人也针对受要约人。以对话方式发出的要约，在受要约人知道其内容时生效。非对话方式的要约，在要约脱离要约人后，到达受要约人之前，受要约人不可能知悉要约的内容。如果采取发信主义，受要约人还不知道要约的内容，若要约发生法律效力对受要约人是不合情理的。只有受要约人收到要约后，要约才生效，也即采用到达主义，要约人才能够对此要约针对变化的需求和市场情况，在要约到达受要约人的时候或者之前及时地撤回、撤销，而不负法律责任，也不会损害受要约人的利益或者危及交易安全。

具体规则如下。

1. 以对话方式作出的要约，受要约人知道其内容时生效，即采了解主义或者知道主义立场。

2. 以非对话方式作出的要约，到达受要约人时生效，即采到达主义立场。

3. 以非对话方式作出的采用数据电文形式的要约，受要约人指定特定系统接收数据电文的，该数据电文进入该特定系统时生效；未指定特定系统的，相对人知道或者应当知道该数据电文进入其系统时生效。

4. 当事人对采用数据电文形式的要约的生效时间另有约定的，按照其约定。

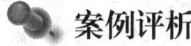 **案例评析**

沧州某管道集团有限公司与河北某防腐管件有限公司

加工合同纠纷案[①]

案情：原告沧州某管道集团有限公司发给被告河北某防腐管件有限公司加工型号的询价单，型号主要为 Φ159 及以下直径和 Φ219 及以上直径的三通管件。2017 年 9 月 13 日，原告拟定了制式《衬塑加工合同》，主要内容为："一、产品名称：衬塑管件一批，规格型号：Φ159 以下，单价 300 平；Φ159 以上，单价 270 平，备注：按实际平方米数计算。二、衬塑厚度：DN25-DN65-2 毫米，DN80-DN150-3 毫米，DN200-DN600-4 毫米，此厚度为检验底线值。三、本合同签订之日起八天完成交货。……六、乙方使用原料塑粉指定：山东昌明牌塑粉。七、付款方式：本合同产品生产完，验收合格后付清加工费。八、如乙方在完成本合同同时违约及终止合同运行，乙方将每日赔偿甲方合同额的 5‰，依次为推。"合同双方签字后，原告于 2017 年 9 月 15 日至 2017 年 9 月 24 日分批次将待加工的货物运送到被告处衬塑。原告于 2017 年 9 月 16 日至 2017 年 9 月 25 日分批次从被告处提走已加工完成的货物。最后一批货物加工完成后，被告留置已经衬塑的部分管件。2017 年 10 月 1 日，原告给付加工费 93 000 元后，提走全部衬塑管件。原告收货后经核算发现，认为被告加

---

① 审理法院：河北省沧州市孟村回族自治县人民法院，案号：（2018）冀 0930 民初 175 号。

工费计算错误，向法院提起诉讼，要求被告立即返还加工费 25 665 元，并赔偿损失 35 000 元。法院认为，原告主张没有事实依据和法律依据，故不予支持。

评析： 我国法律规定，合同的成立采用要约承诺的方式，一旦承诺人在要约生效期间承诺，合同便告成立，可以拘束要约人和承诺人。本案中，原被告双方已经通过要约承诺方式达成合意《衬塑加工合同》依法成立并生效，原被告均应受其约束。原告事后主张被告返还加工费，并赔偿损失，没有法律依据，不应予以支持。

> ▶▶▶ **第四百七十五条** 要约可以撤回。要约的撤回适用本法第一百四十一条的规定。

🏛 条文要义

本条是对要约撤回的规定。

要约撤回，是指在要约人发出要约之后，要约生效之前，宣告收回发出的要约，取消其效力的行为。要约撤回也是意思表示撤回，因此规定适用民法典第 141 条关于意思表示撤回的规定。

撤回要约的通知应当在要约到达受要约人之前或者同时到达受要约人。要约撤回的通知不应当迟于受要约人收到要约的时间，才不至于使受要约人的利益受损。以语言对话方式表达的要约，由于当事人是当面进行订约的磋商，要约一经发出，受要约人即刻收到，因而对话要约的性质决定了其是无法撤回的。由他人转达的语言要约，视为需要通知的形式，可以撤回。

以电子数据形式发出的要约，因其性质，发出和收到之间的时间间隔几乎可以忽略不计，也难以撤回。因为要约人的要约撤回无法先于或同时与要约到达收件人。

要约撤回只能是非直接对话式的要约和非电子计算机数据传递方式的要约，即主要是书面形式的要约。为了使后发出的要约撤回通知早于要约的通知或与要约的通知同时到达受要约人，要约人应当采取比要约更迅捷的送达方式。

要约撤回符合要求的，发生要约撤回的效力，视为没有发出要约，受要约人没有取得承诺资格。要约撤回的通知迟于要约到达受要约人的，不发生要约撤回的效力，要约仍然有效，受要约人取得承诺的资格。

📌 案例评析

司某与某银行股份有限公司信用卡纠纷案①

案情： 2012 年 2 月 13 日，司某填写了某银行信用卡申请表，向某银行申请办理

---

① 审理法院：北京市第二中级人民法院，案号：（2016）京 02 民终 3302 号。

信用卡。后某银行批准了司某的申请，向司某发放了卡号为×××的信用卡。2012年2月25日，信用卡通过短信方式激活，发送短信的为司某在信用卡申请表中预留的手机号码。截至2015年1月8日，司某尚欠某银行信用卡本金165 111.28元、利息57 699.74元、滞纳金和费用75 185.46元，合计297 996.48元。某银行在一审中起诉称：司某于2012年2月13日向某银行申请办理了信用卡，卡号为×××。由于司某开卡消费，对信用卡用款不予清偿，经银行多次催促未果，某银行诉至一审法院要求判令司某偿还欠款本金165 111.28元、利息57 699.74元、滞纳金和费用75 185.46元，合计297 996.48元。司某抗辩称，在提交该申请表后不久即拨打客服电话向某银行声明不再办理信用卡了，客服人员答复：你申请使用信用卡的材料还没到，收到材料，就停止办理。此后司某未再询问，直到司某申请贷款时才得知在某银行办理了一张信用卡，但他始终未收到任何信用卡，司某与某银行之间的合同应属无效合同。法院认为，司某主张其与某银行之间的信用卡合同无效，缺乏事实和法律依据，不予采信。

评析：民法典第475条延续《合同法》第17条的规定，明确了要约撤回的条件。在要约发出后，正常情况下会在到达受要约人时生效，撤回要约需要在发出要约之后、要约生效之前，宣告收回发出的要约。要约的撤回符合规定的，发生要约撤回的效力，视为没有发出要约，受要约人没有取得承诺资格。要约撤回的通知迟于要约到达受要约人的，不发生要约撤回的效力，要约仍然有效，受要约人取得承诺的资格。本案中司某没有证明其在要约生效前发出撤回通知，要约生效，并且某银行依法作出承诺，双方的信用卡合同成立。

> ▶▶**第四百七十六条**　要约可以撤销，但是有下列情形之一的除外：
> （一）要约人以确定承诺期限或者其他形式明示要约不可撤销；
> （二）受要约人有理由认为要约是不可撤销的，并已经为履行合同做了合理准备工作。

🏛 条文要义

本条是对要约撤销的规定。

要约撤销，是要约人在要约生效之后，受要约人作出承诺之前，宣布取消该项要约，使该要约的效力归于消灭的行为。要约撤销与要约撤回的区别在于，要约撤销发生在要约生效之后，受要约人可能已经作了承诺和履行的准备，允许要约人撤销要约，可能会损害受要约人的利益和交易安全。要约撤回没有这样的问题。

鉴于要约的本质要求要约一旦生效就不允许随意撤销的传统观点，本条在规定要约可以撤销的同时，规定了以下限制性的条件。

1. 要约人以确定承诺期限或者以其他形式明示要约不可撤销。（1）要约中确定了承诺期限，就意味着要约人向受要约人允诺在承诺期限内要约是可以信赖的。在承诺期限内，发生不利于要约人的变化，应当视为商业风险；也意味着受要约人在承诺期限内取得了承诺资格和对承诺期限的信赖，只要在承诺期限内作出承诺，就可以成立合同。即便受要约人没有发出承诺，但受要约人可能已经在为履约做准备，待准备工作就绪后再向要约人承诺，订立合同。因此，在承诺期限内，不得撤销要约。（2）以其他形式明示要约不可撤销，当然就不可以撤销，例如在一定时间内不可撤销的，根据交易习惯等可以认为标明"保证现货供应""随到随买"等字样的要约，就是不得撤销的要约。

2. 受要约人有理由认为要约不可撤销，并且已经为履行合同做了准备工作，判断标准是：（1）要约中没有承诺期限，也没有通过其他形式表明要约是不可撤销的；（2）受要约人有理由认为要约是不可撤销的，例如要约使用的言辞足以使受要约人相信，在合理的时间内，受要约人可以随时承诺而成立合同；（3）受要约人在发出承诺的通知之前，已经为履行合同做了准备工作。

与《合同法》第19条规定相比，本条增加了一些具体要求，具体如下。

1. 整合要约撤销的规则。《合同法》第18条规定了要约可以撤销，《合同法》第19条规定了何种情形不得撤销。本条规定将二者整合为一条内容。这样的修改和强调，尽管在实质上是没有变化的，但是强调的重点不一样了，即一般原则是可以撤销，除外条款是不能撤销。

2. 在要约不得撤销的第一种情形中，将"确定承诺期限或者以其他形式明示要约不得撤销"修改为"以确定承诺期限或者以其他形式明示要约不可撤销"。这实际上是修改了确定承诺期限情形下要约不可撤销的标准，即确定承诺期限并不必然导致要约不可撤销，只有以确定承诺期限的形式明示要约不可撤销时，要约才不可撤销。

3. 在要约不得撤销的第二种情形中，将"并已经为履行合同做了准备工作"，改为"并已经为履行合同做了合理准备工作"，对准备工作增加了"合理"的要求，提高了这一要件的标准。准备工作须达到合理的标准，才符合不得撤销要约的要求。

🐾 案例评析

张某1、张某2等与陆某等股权转让纠纷案①

案情： 2011年年初，陆某以筹建某公司为由邀请张某1、张某2进行投资，张

---

① 审理法院：福建省三明市梅列区人民法院，案号：（2017）闽0402民初38号。

某1、张某2于2011年3月7日分别将股本金210 000元、150 000元打入陆某指定的某公司账户。某公司于2011年9月15日进行工商注册登记，陆某任公司总经理及董事职务。2012年1月1日，某公司向张某1、张某2出具了金额为231 000元和165 000元两本股权证。2014年3月4日，陆某向张某1、张某2出具一份《股权收购承诺书》，内容是：本人愿意收购张某1投资福建省××实业股份有限公司股权贰拾叁万壹仟元，收购张某2投资福建省××实业股份有限公司股权壹拾陆万伍仟元。以上股权收购款于2014年3月31日前结清，特此承诺。然而陆某、某公司出具该承诺书后，经张某1、张某2多次向陆某、某公司及其家人催讨，陆某、某公司均未能支付收购款，张某1、张某2向法院提出诉讼，请求判令陆某、某公司共同支付张某1股权转让款231 000元及利息26 649元，法院支持了原告的诉讼请求。

评析：本案争议焦点是《股权收购承诺书》是否可以被撤销。涉案《股权收购承诺书》明确表明，"股权收购款于2014年3月31日前结清"，亦即要约人确定了承诺期限，受要约人可以在2014年3月31日前作出承诺。对于受要约人意味着，受要约人在承诺期限内取得了承诺资格。受要约人基于对承诺期限的信赖，可以合理认为，只要在承诺期限内作出承诺就可以成立合同。张某1、张某2在提出转让股权之后，实际上就是作出了承诺，股权转让合同成立，对陆某具有拘束力，陆某应该依据《股权收购承诺书》履行合同。

▶▶**第四百七十七条**　撤销要约的意思表示以对话方式作出的，该意思表示的内容应当在受要约人作出承诺之前为受要约人所知道；撤销要约的意思表示以非对话方式作出的，应当在受要约人作出承诺之前到达受要约人。

🏛 条文要义

本条是对要约撤销生效时间的规定。

要约人行使要约撤销权，应当发生在要约生效之后、受要约人作出承诺之前作出。如果发生在受要约人收到要约之前或者收到要约的同时到达，为要约撤回。如果受要约人已经发出承诺通知，即使承诺通知仍然在途中，要约人撤销要约无异于撕毁合同，要约人应当承担违约责任或者缔约过失责任。

本条规定的要约撤销生效时间的具体要求是：

1. 撤销要约的意思表示以对话方式作出的，该意思表示的内容应当在受要约人作出承诺之前为受要约人所知道，即仍然采取知道主义，且为在受要约人作出承诺之前为受要约人知道。

2. 撤销要约的意思表示以非对话方式作出的，应当在受要约人作出承诺之前到达受要约人。如果在承诺之后要约撤销的意思表示才到达受要约人的，就不再是要约撤销，而是违约行为，因为要约已经承诺，合同即成立。

与《合同法》第18条规定相比，本条规定要约撤销生效时间依照本法第137条属于新规则，要点如下。

1. 撤销要约的意思表示以对话方式作出的，该意思表示的内容应当在受要约人作出承诺之前为受要约人所知道，即在受要约人口头承诺之前，要约人的撤销要约的口头表达应当为受要约人所知道。这样的要求，与本法第137条第1款的规定相一致。

2. 撤销要约的意思表示以非对话方式作出的，应当在受要约人作出承诺之前到达受要约人。这样的要求与本法第137条第2款规定相一致。采用数据电文方式作出的要约，要约人如何撤销要约，本条未明确说明，但根据第137条规定，可以确定，应当在受要约人作出承诺之前，以数据电文或者其他更便捷的方式使撤销要约的意思表示到达受要约人。

案例评析

唐某某等与徐某某房屋买卖合同纠纷案[①]

案情：2018年7月25日，唐某某、甄某某（出卖人）与王某（买受人）拟订《北京市存量房屋买卖合同》，成交价格为1 450万元，签订本合同前，买受人向出卖人支付定金100万元，该定金于过户当日时抵作本房屋成交价款。同日，唐某某、甄某某已在《北京市存量房屋买卖合同》、《补充协议》和《变更买受方协议书》中签字，但因为中介费问题，王某在上述协议中并未签字亦未支付剩余定金，因协商未果，故唐某某、甄某某于2018年7月27日从豪宅网房地产顾问公司将部分合同取回。2018年7月28日，王某给付唐某某定金90万元并于当日对上述合同进行了补签。后唐某某、甄某某主张双方约定了新的合同履行条件，即先行支付800万元再签合同，但其未提交书面证据予以证明双方已达成新的协议，徐某某表示对上述新的履行条件不予认可。唐某某、甄某某向法院起诉，主张卖方在27日取回合同当时明确提出了新的交易条件，第一个是找新客户，第二个是卖方提出新的付款条件，合同已经实质变更，需要各方重新达成合意，房屋买卖合同不成立，法院驳回了原告唐某某、甄某某的诉讼请求。

评析：本案的争议焦点是出卖人是否已经撤销了出卖房屋的要约。要约人如要撤销要约，需在要约生效之后，受要约人作出承诺之前，宣布取消该项要约，使该要约的效力归于消灭。一旦受要约人作出承诺，合同便告成立，要约人应当受到合同的拘束，无权撤销要约。本案原告已经在《北京市存量房屋买卖合同》上签字，并且接受了买受人支付的定金，合同已经成立，出卖人无权撤销要约。

---

① 审理法院：北京市第一中级人民法院，案号：（2019）京01民终7759号。

▶▶ **第四百七十八条**　有下列情形之一的，要约失效：

（一）要约被拒绝；

（二）要约被依法撤销；

（三）承诺期限届满，受要约人未作出承诺；

（四）受要约人对要约的内容作出实质性变更。

🏛 条文要义

本条是对要约失效事由的规定。

要约在特定的情形下会丧失效力，对要约人和受要约人不再产生拘束力，要约人不再受要约的约束，受要约人也不再有承诺的资格，即使作出"承诺"，也不再发生承诺的效力，这就是要约失效。

要约失效的事由是：

1. 要约被拒绝。受要约人直接向要约人明确表示对要约予以拒绝，拒绝的通知到达要约人时要约失效。

2. 要约依法被撤销。要约人依照法律的规定撤销要约，发生要约失效的法律效力。撤销要约后，如果收到受要约人拒绝要约的通知，可以免除要约人撤销要约的法律责任。

3. 承诺期限届满，受要约人未作出承诺。凡是要约定有承诺期限的，必须在该期限内作出承诺，超过承诺期限受要约人未作出承诺，要约失效。

4. 受要约人对要约的内容作出实质性变更。承诺是对要约内容的全部接受，凡是对要约的内容进行实质性变更的，都是新的要约，受要约人变成了要约人，原要约人成为受要约人，原要约人发出的要约失效。

🍇 案例评析

新化县某矿业有限公司与江苏柏宏实业发展有限公司合同纠纷案①

案情：2017年3月13日12时09分始，江苏柏宏实业发展有限公司（被告）工作人员江某通过微信方式与新化县某矿业有限公司（原告）法定代表人联系南非原矿的买卖，江某向原告法定代表人传送了"某矿业合同.PDF（微信电脑版）"。2017年3月13日15时31分，原告法定代表人通过微信向被告方工作人员江某传送了《购销合同》，并于2017年3月13日15时32分即时就被告要约中第七条"结算方式与期限"的要约中"保证金的支付"等内容进行了更改，由原要约中的"合同签订后两个工作日"即2017年3月15日变更为"要到星期五才有钱哦"。事后，新化县

---

① 审理法院：湖南省新化县人民法院，案号：（2017）湘1322民初1376号。

某矿业有限公司向一审法院起诉请求，依法确认原告与被告于 2017 年 3 月 13 日互传的《购销合同》未成立，法院支持了该请求。

评析：民法典第 478 条延续《合同法》第 20 条的规定，对要约失效作出了规定。承诺是对要约内容的全部接受，凡是对要约的内容进行实质性变更的，要约失效，承诺都应当认为是新的要约，受要约人实际上就变成了要约人，原要约人成为受要约人。在这种情况下，原要约人发出的要约失效，承诺人无法对原要约作出承诺，也就失去了依据原要约成立合同的基础。一般情况下，对于要约中标的、数量、价款、支付方式、违约责任、争议解决方式的变更都属于实质变更，将导致要约失效。本案原告对被告要约中的支付期限作出了变更，实质性地改变了要约内容，导致原要约失效。

▶▶ **第四百七十九条　承诺是受要约人同意要约的意思表示。**

🏛 **条文要义**

本条是对承诺的规定。

承诺也叫接盘，是指受要约人同意要约的意思表示。承诺以接受要约的全部条件为内容，其目的在于与要约人订立合同。

承诺应当符合下列条件。

1. 承诺须由受要约人或者其代理人向要约人作出。承诺是受要约人的权利，在承诺期限内，要约人不得随意撤销要约，受要约人一旦承诺，就成立合同，要约人不得否认。这种权利是直接由要约人赋予的。

2. 承诺是受要约人同意要约的意思表示。同意要约，是以接受要约的全部条件为内容，是无条件的承诺，对要约的内容既不得限制，也不得扩张，更不能变更，但对要约的非实质性内容的变更除外。

3. 承诺必须在规定的期限内到达要约人。承诺必须遵守承诺期间，没有规定承诺期间的，依据民法典第 481 条第 2 款规定确定。

4. 承诺的方式必须符合要约的要求。承诺应当以通知的方式作出。要约规定承诺须以特定方式作出，否则承诺无效的，承诺人承诺时须符合要约人规定的承诺方式。

🫧 **案例评析**

陈某与岑某房屋买卖合同纠纷案[①]

案情：2014 年 1 月 29 日，案外人谢某签署委托书，将其所有的某房屋，委托被

[①] 审理法院：浙江省宁波市江东区人民法院，案号：（2015）甬东民初字第 1008 号。

告岑某办理出租、房产抵押登记注销后出售事宜。2014 年 2 月 28 日，被告为向案外人出售涉案房屋，在《存量房屋买卖中介合同》上签字。后，该交易因故未成。2014 年 7 月 31 日，某房产公司工作人员对 2014 年 2 月 28 日的《存量房屋买卖中介合同》中购买人、合同价款、合同签订时间等内容进行修改，并交由原告签字。合同修改、原告签字时，案外人童某在场。诉讼中，被告认可童某系其妻子。原告陈某在合同上签字后，即将 30 万元款项交付某房产中介公司。某房产公司工作人员毛某出具收条，载明："收条，今收到陈某购买谢某位于江东区江东南路××号××室的房屋定金人民币叁拾万元，于 2014 年 8 月 5 日归还谢某的代理人岑某。收条人：毛某，2014.7.31"。2014 年 9 月 26 日，原告向法院提起诉讼，要求被告双倍返还定金，并支付相应损失，法院未予支持。

评析：本案争议焦点是原、被告之间是否成立了房屋买卖合同。如要在双方当事人之间成立买卖合同，必须经过要约承诺的过程，即受要约人同意要约。民法典第 479 条延续《合同法》第 21 条对承诺作出定义：承诺是以接受要约的全部条件为内容的，是无条件的承诺，对要约的内容既不得限制，也不得扩张，更不能变更。任何对要约进行限制、扩张、变更的意思表示，都是新的要约。本案原告对 2014 年 2 月 28 日《存量房屋买卖中介合同》作出了实质性修改，构成新要约，被告没有在事后对新要约作出承诺，所以双方没有成立房屋买卖合同。

> ▶▶ **第四百八十条** 承诺应当以通知的方式作出；但是，根据交易习惯或者要约表明可以通过行为作出承诺的除外。

🏛 条文要义

本条是对承诺方式的规定。

承诺的方式，是受要约人将承诺的意思送达要约人的具体方式。

承诺的法定形式是通知方式，称为积极的承诺方式，是受要约人以明示的方式，包括对话语言、信件、数据电文如电报、电传、传真、电子数据交换和电子邮件等，可以明确无误地表达承诺意思表示内容的形式。

选择通知以外的行为方式进行承诺的是：（1）根据交易习惯或者要约表明可以通过行为的形式作出承诺的，也是符合要求的承诺方式。交易习惯是指某种合同的承诺适合以行为作为承诺方式，例如悬赏广告，或者当事人之间进行交易的某种习惯。（2）要约人在要约中表明可以通过行为作出承诺。只要这种表明没有违背法律和公序良俗，就对受要约人产生拘束力，受要约人应当依照要约人规定的方式进行承诺。如要约人在要约中明确表明"同意上述条件，即可在某期限内发货"的，就表明了要约人同意受要约人以发货行为作为承诺的意思表示。

缄默或者不行为不能作为承诺的方式，以缄默或者不行为回应要约的，承诺不成立，而不是承诺无效。因为要约人没有权利为受要约人设定义务。在要约人要求受要约人以缄默或者不行为作为承诺方式的情况下，受要约人不想承诺须以明确方式拒绝要约人，否则合同将会自动成立，这将构成强制交易，违反合同自由原则。

📌 案例评析

屠某与颜某民间借贷纠纷案①

案情： 2013 年 7 月 12 日，屠某（原告）以加急的方式向颜某（被告）在中国工商银行的账户汇入了 30 万元，并在其填写的"中国农业银行个人结算业务申请书"中的"附加信息及用途"一栏内注明"借款"字样。因屠某认为颜某至今未偿还上述款项，遂向法院提起诉讼，提出颜某偿还借款 30 万元及相应利息，本案诉讼费由其承担。颜某对收到屠某汇款的 30 万元不持异议，但对款项的性质提出异议，称双方之间根本不存在民间借贷法律关系，本案款项的性质实为屠某给颜某小姨子的生活费。法院认为，在没有得到被告的承诺的情况下，不能认为双方之间的民间借贷合同成立，原告据此要求被告按照民间借贷的法律关系归还 30 万元的本息，没有事实及法律依据，法院对其主张，不予支持。

评析： 本案的争议焦点是上诉人收到的 30 万元的款项性质，即双方之间是否存在民间借贷的法律关系。屠某在汇款时备注用途为"借款"，构成向颜某发出的贷款要约，只有在颜某作出承诺之后才能在双方成立借贷合同。民法典第 480 条延续《合同法》第 22 条对承诺方式作出规定，承诺人应以通知的方式作出承诺，缄默或者不行为不视为承诺。缄默或者不行为，是指受要约人没有作出任何意思表示，不能从受要约人的缄默或者不行为中确定其是否具有承诺的意思表示。本案中，原告并无证据证明被告对原告的要约作出了承诺，双方的借贷合同没有成立。

> ▶▶ **第四百八十一条**　承诺应当在要约确定的期限内到达要约人。
> 要约没有确定承诺期限的，承诺应当依照下列规定到达：
> （一）要约以对话方式作出的，应当即时作出承诺；
> （二）要约以非对话方式作出的，承诺应当在合理期限内到达。

🏛 条文要义

本条是对承诺期限的规定。

承诺期限，实际上是受要约人资格的存续期限，在该期限内受要约人具有承诺

---

① 审理法院：广西壮族自治区南宁市中级人民法院，案号：（2015）南市民四终字第 92 号。

资格，可以向要约人发出具有拘束力的承诺。承诺资格是要约人依法赋予受要约人的有期限的权利。

确定承诺期限有两种方法。

1. 要约确定了承诺期限的，承诺应当在要约确定的期限内到达要约人。要约人在要约中明确规定承诺期限有两种方法：（1）承诺期限为一个明确的时间终点，如6月30日，承诺期限为自要约生效到该时间终止；（2）规定自收到要约之日起的一段时间内，例如受要约起一个月内。

2. 要约没有确定承诺期限的，承诺应当依照下列规定到达方为有效承诺：（1）要约以对话方式作出的，应当即时作出承诺。有的要求即时作出承诺，有的商定另外约定承诺时间，有约定的依照约定，没有约定或者约定不明的，视为没有约定，应当即时作出承诺。（2）要约以非对话方式作出的，承诺应当在合理期限内到达。确定合理期限考虑的因素：一是根据要约措辞的缓急；二是根据要约的内容；三是根据某种特定行业的习惯做法；四是根据一个理智、善良、业务水平中等的交易人，正常的考虑、准备时间；五是根据合理的在途时间。

与《合同法》第23条规定相比，本条删除了以对话方式作出要约时承诺期限的除外规则，即不再适用"当事人另有约定的除外"的规定。这一删除的含义在哪里，值得斟酌。从表述上看，删除了除外条款，意味着要约以对话方式作出的，应当即时作出承诺，不是即时作出承诺，就不发生承诺的效果。这似乎说，以对话方式进行磋商，要约对方知道后，说三天内答复，就不符合这一要求。问题是，既然前提是要约没有确定承诺期限，那就必须即时作出承诺，如果约定三天后答复，这就约定了承诺期限为三天，不适用即时承诺的规定。因此，删除以对话方式作出要约的除外条款，当事人另有约定无效，必须即时作出承诺。

案例评析

邓某与云南某经济技术合作公司房屋买卖合同纠纷案[①]

案情：邓某（原告）系云南某经济技术合作公司（被告）职工。诉争房屋建筑面积70.63平方米，房屋登记所有权人为被告中国云南某经济技术合作公司。1996年5月10日，被告发布《国际公司集资购房方案》，载明暂定1992年12月31日前参加工作的正式职工、合同制职工均可参加本次集资购房，集资时间为1996年5月15日至5月30日。1996年7月8日，被告公司房改办发布《通知》，载明因公司目前资金不足，预先垫付不出购新房款项，故通知参加××小区购房需每户预交40 000元，1996年7月30日前缴纳预交款可享受一次性交款折扣，待办完100%产权证归个人时结算，以多退少补的原则办理。1996年6月5日，原告向被告支付

[①] 审理法院：云南省昆明市官渡区人民法院，案号：（2015）官民一初字第6363号。

70 000 元购房款，被告向原告出具云南省收款专用发票并加盖被告财务专用章。1996 年 7 月 16 日被告以自己名义与云南升华房地产公司签订《房屋销售合同》，购买了××小区共 12 套房屋。1996 年 11 月 28 日，被告向云南升华房地产公司缴纳了 12 套房的购房款共计 1 018 944 元，每套房单价为 84 912 元。后该合同中房屋的幢号进行了变更。2012 年 11 月 26 日，被告申请办理诉争房屋所有权登记，2012 年 12 月 13 日，诉争房屋所有权登记至被告名下。现原告诉至法院，主张原告与被告的集资购房合同合法有效，判令被告为原告办理产权过户，将标的房屋产权办理登记在原告名下，法院未予支持。

评析：本案争议焦点是原、被告双方是否有效成立集资购房买卖合同。被告公司房改办发布的《通知》中载明，1996 年 7 月 30 日前缴纳预交款可享受一次性交款折扣，构成向原告发出的集资购房买卖合同要约。在此情况下，要约人在要约中明确规定承诺期限的，受要约人应当按照要约的承诺期限承诺，否则为无效承诺。1996 年 6 月 5 日，原告在要约有效期间内向被告支付 70 000 元购房款，构成对被告要约的承诺，双方成立集资购房买卖合同，对原被告均有约束力，被告应该按照合同约定将标的房屋产权办理登记在原告名下。

> ▶▶ **第四百八十二条** 要约以信件或者电报作出的，承诺期限自信件载明的日期或者电报交发之日开始计算。信件未载明日期的，自投寄该信件的邮戳日期开始计算。要约以电话、传真、电子邮件等快速通讯方式作出的，承诺期限自要约到达受要约人时开始计算。

🏛 条文要义

本条是对信件、电报等形式的要约承诺期限的规定。

以信件方式作出的要约，承诺期限应当以信件载明的日期开始计算承诺期限。信件没有载明日期，应当自投寄该信件的邮戳日期开始计算。这些都能够判断和确定信件要约确定的承诺期间。信件载明的日期，是指发信人在书写载有要约内容的信件时所签署的日期，是信封内的内容。

以电报方式作出的要约，承诺期限应当自电报交发之日开始计算。按照到达主义的规则，要约应当自到达受要约人时生效，受要约人取得承诺资格，开始计算承诺期限。但是，在仅仅规定了承诺期限的长度，而没有确定具体起算点的要约中，依照这种做法进行，由于使用电报形式要约，其迅捷的方式意味着受要约人能够在极短的时间内收到要约，规定自电报交付之日为承诺期限起算点合乎情理。电报的交发之日，是指发报机关在发报纸上记载的日期。

以电话、传真、电子邮件等快捷通讯方式发出的要约，承诺期限从要约到达受要约人的时间开始计算，电话以接听为准，传真、电子邮件即适用民法典第 137 条第 2 款规定的该数据电文进入受要约人的特定系统时生效。

 **案例评析**

李某等与莫某等房屋买卖合同纠纷案[①]

案情：2009 年 6 月 28 日，出卖人莫某与买受人李某、何某（二原告）双方签订《北京市存量房屋买卖合同（经纪成交版）》，约定被告莫某将位于宣武区某号房屋售予二原告（当时被告尚未取得标的房屋所有权），建筑面积 35.67 平方米，房屋总价款 93.5 万。签订合同同时，买受人支付定金 2 万元。关于权属转移登记一栏，有关"双方共同向房屋权属登记部门申请办理权属转移登记手续"的具体期限内容未填写。2014 年 5 月 9 日，二原告向二被告邮寄的书面《函》载明："根据该房屋买卖合同，你们还应在该房屋产权证办理完毕后的 5 个工作日告知我们及中介公司北京链家房地产经纪有限公司，并办理后续的房屋权属转移登记（'过户'）手续，将该房屋过户至我夫妇名下。"但是，双方对于办理后续手续的期限未见约定。后来，二被告未向二原告转移过户标的房屋，二原告现诉至法院，请求判令被告协助原告将标的房屋所有权过户到原告何某、李某名下，并要求二被告向原告支付违约金。法院认为，二原告的诉讼请求，没有依据，不予支持。

评析：本案的争议焦点是双方是否对办理权属转移登记手续的具体期限作出约定，如果已经作出约定，被告未按约定日期办理权属转移登记手续就应承担违约责任，否则就不需承担违约责任。由于《北京市存量房屋买卖合同（经纪成交版）》及《补充协议》均并未明确约定被告为原告办理房屋过户手续的具体时限，原告向被告发出信函是对原合同中双方当事人未明确约定的逾期办理房屋产权过户的期限作了新的约定，构成新要约。民法典第 482 条延续《合同法》第 24 条对承诺期限作出了规定。该新要约是以信件或者电报作出的，承诺期限自信件载明的日期或者电报交发之日开始计算，二被告在接到二原告的要约后一直未做回应，导致新要约失效，双方仍未对办理房屋过户手续的期限作出约定，二被告也就无须对二原告承担违约责任。

▶▶ **第四百八十三条** 承诺生效时合同成立，但是法律另有规定或者当事人另有约定的除外。

🏛 **条文要义**

本条是对合同成立时间的规定。

---

① 审理法院：北京市西城区人民法院，案号：（2014）西民初字第 21423 号。

合同成立的时间，是双方当事人的磋商过程结束，达成共同意思表示的时间界限。

合同成立的时间标志是承诺生效。承诺生效，意味着受要约人完全接受要约的意思表示，订约过程结束，要约、承诺的内容对要约人和受要约人产生法律拘束力。承诺生效时，合同即告成立。如果当事人对合同是否成立存在争议，则以能够确定当事人名称或者姓名、标的和数量达成合意为认定合同成立的标准，其他内容依照本法第510条有关合同内容确定和第142条关于意思表示内容解释的规定予以确定。

与《合同法》第25条规定相比，增加了承诺生效时间的除外条款，即"法律另有规定或者当事人另有约定的除外"的新规则，除外的情形如下。

1. 法律另有规定。法律另外规定了合同的生效时间的，应当依照法律规定确定合同的成立时间。例如本法第502条规定，法律、行政法规规定应当办理批准等手续生效的，依照其规定等内容。

2. 当事人另有约定。当事人可以在合同中约定合同成立的时间或者条件，约定的时间未届至、条件未完成，尽管受要约人作出了承诺，合同也未成立。

案例评析

魏某、杜某餐饮服务合同纠纷案[①]

案情：2017年7月19日，魏某、杜某、杜某某祖孙三代共四口人为办"满月宴"，提前两天到雷琴饭店订桌，魏某、杜某、杜某某看了菜单并调整了部分菜肴，双方口头约定十一桌（十桌正式、一桌备用），每桌价格为600元，并明确了办桌时间为两天后的2017年7月22日，临走时魏某、杜某、杜某某留了雷琴饭店的名片联系电话。7月22日雷琴饭店按照魏某、杜某、杜某某要求制作并摆放好菜肴，但魏某、杜某、杜某某始终未到。雷琴饭店开车出去寻找，在"梨园农家"饭店找到，后双方争执并报警，公安机关接警后，固定证据、调解未果；经一审法院多次调解亦未果，其间雷琴饭店申请鉴定，涉案菜肴的单价600元桌。最终，法官判令魏某、杜某、杜某某应承担雷琴饭店各项损失6 020元。

评析：本案的争议焦点是当事人之间的口头合同是否依法成立。法律规定当事人订立合同，可以有书面形式或口头形式。当事人发出的要约到达受要约人时生效，要约以对话方式作出的，应当即时作出承诺，承诺到达要约人时生效，承诺生效时合同成立，依法成立的合同自成立时生效。本案中，在魏某、杜某、杜某某向雷琴饭店发出订桌要约之后，雷琴饭店立即向他们承诺接受要约，合同在雷琴饭店作出承诺时成立生效，双方当事人都应受其拘束。事后，魏某、杜某、杜某某改选"梨园农家"，违反了其与雷琴饭店之间的订桌合同，应当承担违约责任。

---

① 审理法院：安徽省淮北市中级人民法院，案号：（2018）皖06民终1121号。

▶▶ **第四百八十四条**　以通知方式作出的承诺，生效的时间适用本法第一百三十七条的规定。

承诺不需要通知的，根据交易习惯或者要约的要求作出承诺的行为时生效。

🏛 条文要义

本条是对承诺生效时间的规定。

承诺生效时间，是承诺在何时发生法律拘束力，与《合同法》第26条规定相比，本条明确适用民法典第137条规定。承诺生效时间在合同法的理论和实践中具有重大意义：（1）由于承诺的时间就是合同成立的时间，因而承诺在什么时间生效，就直接决定了合同在什么时间成立。（2）由于合同的成立时间和生效时间的一致性，因而承诺生效之时又是合同生效之日，是双方享有合同权利、承担合同义务之日。（3）合同的生效时间又可能涉及诉讼时效、履行期限利益等问题。（4）合同的成立又涉及合同签订地，以及法院管辖权、准据法的确定等问题。

承诺的生效时间依照需要通知和不需要通知的不同，确定方法是：

承诺是以通知方式作出的，承诺生效的时间依据民法典第137条规定确定，采用到达主义。

承诺不需要通知的，应当根据交易习惯或者要约的要求作出承诺的行为时生效。（1）根据交易习惯，某种承诺的性质可以确定用行为的方式承诺，该承诺行为实施的时间，就是承诺生效的时间。（2）如果要约已经表明承诺可以由行为作出意思表示，则实施该行为的时间就是承诺生效时间。

承诺需要以通知方式作出的，受要约人应当专门作出一个承诺的意思表示，尽管这个承诺的意思表示以通知的方式需按照到达主义确定承诺的生效时间，但是，由于以对话方式承诺的，并非采取到达主义而是知道主义，因而还是应当有所区分，故采用本法第137条规定的规则最为妥当。因此，本条作出的这一修改，是完全正确的。

📌 案例评析

戴某1、杨某、戴某2与中华联合财产保险股份有限公司大连分公司海上保险合同纠纷案[①]

案情：2013年9月12日和16日，于某以刘某的名义分两次在被告（中华联合财产保险股份有限公司大连分公司）下属的开发区支公司业务三部投保了团体意外伤害保险。上述两份保险单所附的被保险人名单中没有本案死者戴某3。2013年12

---

① 审理法院：辽宁省大连海事法院，案号：（2016）辽72民初620号。

月 31 日 21 时许，于某经营的丹渔捕××××渔船出海作业，于 1 月 6 日失联。2014 年 1 月 3 日，于某更换了包括死者戴某 3 在内的部分被保险人（将 2013 年 10 月 11 日确定的投保人员名单中的武某替换成戴某 3），该项操作是王某 2 通过其在东港的代办点的邮箱 dgfanhualoz163.com，于 2014 年 1 月 3 日 14：56 发送给被告业务员王某 1 的信箱 dl189@163.com 当中，该信箱显示为发送成功。而后，被告业务员王某 1 没有就此批船员的更换问题向于某以及代办人刘某作出任何同意或者拒绝的意思表示。于某经营的丹渔捕××××渔船出海作业后该船及船上 8 名船员均失踪。2014 年 3 月 24 日，丹东渔港监督处出具了《东港市丹渔捕××××渔船失踪事件调查报告》，报告中载明失踪船员名单中包括本案受害人戴某 3 在内共计 8 人。戴某 1、戴某 2 分别为死者戴某 3 的父亲和女儿，杨某是死者戴某 3 的妻子，三原告按照被告的要求将索赔材料交给被告的代理人王某 2 对该案进行理赔申请，被告通过其代理人王某 2 将《保险拒赔或注销通知书》交给案外人于某，理由为投保单与批单中均查无此人。三原告遂向法院提出诉讼请求，请求判令被告给付意外伤害身故保险金 200 000 元。法院认定该份保险合同就被保险人员名单更换达成一致，应视为保险合同变更成立，故判令被告给付原告戴某 1、杨某、戴某 2 保险理赔款 200 000 元。

评析：本案的争议焦点是保险合同中被保险人替换变更是否生效。在原来的被保险人名单中，戴某 3 并不包含在内，船东于某将包括本案死者戴某 3 在内的 6 名船员予以更换属于新要约，需要获得被告保险公司的承诺之后才能生效。按照交易习惯，如果被告保险公司不做反对，应视为被告对更换被保险船员申请的默认和同意批改及加注。在这种情况下，承诺生效的时间应当根据交易习惯或者要约的要求作出承诺的行为时为准，即承诺在被告保险公司看到新要约时便已生效，被告保险公司应当依法承担保险理赔责任。

> ▶▶ **第四百八十五条** 承诺可以撤回。承诺的撤回适用本法第一百四十一条的规定。

🏛 条文要义

本条是对承诺撤回的规定。

承诺的撤回，是指在发出承诺之后、承诺生效之前，宣告收回发出的承诺，取消其效力的行为。

法律规定承诺人的承诺撤回权，是由于承诺的撤回发生在承诺生效之前，要约人还未曾知晓受要约人承诺的事实，合同没有成立，一般不会造成要约人的损害，因而允许承诺人可以根据市场的变化、需求等各种经济情事，改变发出的承诺，以保护承诺人的利益。

民法典第 141 条规定了意思表示撤回的规则，承诺撤回权的行使规则适用该条的规定。因此，撤回承诺有严格的时间限制，即撤回承诺的通知应当在承诺到达要约人之前或者同时到达要约人。

按照这样的规则，以对话方式作出的承诺实际上无法撤回。由他人转达的语言承诺，由于转达需要时间，可以按照承诺撤回权行使的时间限制，予以撤回。采用电子数据形式的承诺，因其本身的性质也难以撤回。对非直接对话方式承诺和非电子数据传递方式的承诺，则可以行使撤回权。为了使后发出的承诺撤回通知早于承诺的通知，或者与承诺的通知同时到达要约人，承诺人应当采取比承诺更迅捷的送达方式。

承诺的撤回符合撤回权行使期限规定的，发生承诺撤回的效力，即视为没有发出承诺，合同没有成立。承诺撤回的通知迟于承诺到达受承诺人的，不发生承诺撤回的效力，承诺仍然有效。

 案例评析

朱某与卫某房屋买卖合同纠纷案[①]

案情：2016 年 9 月 15 日，原告（朱某）与被告（卫某）在第三人处签订《存量房屋买卖合同》，约定由被告购买原告所有的房屋一套，房屋总价款为 272 万元，第三人为买卖双方提供居间服务。《合同》第 3 条约定："买受人向出卖人支付人民币 200 000 元整作为购房定金。"第 11 条约定："出卖人应于 2016 年 9 月 30 日前向居间方提供真实有效的存量房房源核验资料，如出卖人迟延不提交房源核验资料，视为违约，出卖人应按照总房价款的 20％向买受人支付违约金。"第 13 条约定："本合同自三方签字（盖章）之日起生效。对本合同的解除，应当采用书面形式。"签订合同当日，原、被告、第三人工作人员均在场，原、被告将合同日期落款为"2016 年 9 月 10 日"，当时第三人未签字盖章，第三人称合同由总公司盖章后交于原、被告。2016 年 9 月 15 日下午，被告方返回第三人处将《合同》划掉，但合同内容仍可分辨。事后，2016 年 9 月 15 日原告支付卖方定金 20 万元，但被告向原告明确表示不再继续履行合同，原告诉至法院请求：（1）原、被告解除合同；（2）被告支付违约金 54.4 万元；（3）被告双倍返还原告定金 40 万元。最终，法官判决解除涉案房屋买卖合同，被告卫某返还朱某定金 20 万元，并给付原告朱某违约金 40 万元。

评析：本案争议焦点在于双方签订的《存量房屋买卖合同》是否已经成立并生效，也即被告返回第三人处将《合同》划掉的行为是否构成对承诺的撤回。民法典第 485 条延续《合同法》第 27 条的规定。承诺的撤回必须发生在承诺生效之前，此

---

① 审理法院：北京市房山区人民法院，案号：（2016）京 0111 民初 13906 号。

时要约人还未曾知晓受要约人承诺的事实，合同没有成立，不会对要约人造成信赖损失。一旦承诺到达要约人，承诺便随之生效，合同也就成立，承诺人无权再撤回承诺。本案中，被告签字行为构成承诺，该承诺随即到达要约方，《存量房屋买卖合同》已经成立并生效，被告事后将《存量房屋买卖合同》划掉的行为不构成对承诺的撤回，仍应受到合同的拘束。

> ▶▶ **第四百八十六条**　受要约人超过承诺期限发出承诺，或者在承诺期限内发出承诺，按照通常情形不能及时到达要约人的，为新要约；但是，要约人及时通知受要约人该承诺有效的除外。

🏛 条文要义

本条是对逾期承诺与承诺迟到及效果的规定。

逾期承诺，是指受要约人在超过承诺期限发出承诺，或者在承诺期限内发出承诺，按照通常情形不能及时到达要约人的，向要约人发出的承诺。逾期承诺的特点是：（1）逾期承诺须是受要约人向要约人发出的，完全接受要约的意思表示。（2）逾期承诺须是在承诺期限届满后发出，或者在承诺期限内发出承诺，按照通常情形不能及时到达要约人，因而不是合格的承诺。

与《合同法》第28条规定相比，本条增加了在承诺期间发出承诺按照通常情形不能及时到达要约人（因受要约人原因的承诺迟到）视为新要约的新规则。因受要约人原因的承诺迟到，是受要约人虽然在承诺期限内发出承诺，但是按照通常情形，该承诺不能及时到达要约人，从而使承诺到达要约人时超过承诺期限。本条将其纳入逾期承诺中，一并规定法律效果。

逾期承诺的效力是：

1. 逾期承诺不发生承诺的法律效力。由于在承诺期限届满之后，受要约人不再有承诺的资格，因而逾期承诺的性质不是承诺，对要约人没有承诺的约束力，不能因此而成立合同。

2. 逾期承诺是一项新要约。逾期承诺因时间因素而不具有承诺的性质，但它还是对要约人的要约内容作出了响应，故应视为新要约。该新要约须以原来的要约和逾期承诺的内容为内容。对方可以在合理的时间内给予承诺，即按照一般的承诺期限作出承诺的，合同成立。

3. 要约人及时通知受要约人该承诺有效的情况下，逾期承诺具有承诺的法律效力。逾期承诺到达要约人，要约人认为该逾期承诺可以接受的，应当按照当事人的意志，承认承诺的效力，合同成立。

 **案例评析**

梁某、广东省佛山市顺德区伦教街某股份合作经济社租赁合同纠纷案①

案情： 2016 年 11 月 30 日，某股份社（合约中为甲方，即本案被告）与梁某（合约中为乙方，即本案原告）签订了一份《承租合约》，约定由乙方承租甲方位于佛山市顺德区伦教街某村某市场旁案涉档位，租赁期限为 2017 年 1 月 1 日至 2017 年 12 月 31 日，租赁期间租金共 19 098 元。2017 年 10 月 26 日，某股份社发出《公告》："2. 本次档位的续签合同时间从 2017 年 10 月 31 日起至 2017 年 11 月 13 日止。如原租赁户不在上述规定的时间内到某股份社续签档位合同，股份社则按原租赁户自动放弃续签原档位处理，该档位股份社将以不低于底价，不超过承租期限的原则，以先到先得的方式公开对外承租。3. 本次固定档位续租期限为一年，从 2018 年 1 月 1 日起至 2018 年 12 月 31 日止，合同期内的租金在续签合同时一次性缴交。"2017 年 11 月 13 日，某股份社的财务人员开具两份金额分别为"19 671 元""13 825 元"的顺德农商银行进账单给梁某到银行缴款，但梁某在当天没有办理缴款手续。2017 年 11 月 14 日，梁某按上述缴款金额转账给某股份社。2017 年 11 月 21 日，某股份社与案外人卢某开就位于佛山市顺德区伦教街某村某市场旁案涉档位签订了承租合同。2017 年 12 月 14 日和 12 月 19 日，某股份社通过银行转账方式分别退回 19 671 元、13 825 元给梁某。此后，梁某因未能就涉案档位、临时档位与某股份社签订承租合同，遂向法院提起诉讼，请求继续租赁涉案档位。法院认为，关于案涉档位及临时档位的租赁合同没有成立，梁某的诉讼请求没有法律依据。

评析： 本案争议焦点是梁某是否与某股份社续签了租赁合同。合同成立需要经历要约和承诺两个阶段，某股份社发出的《公告》属于续签租赁合同的要约，该要约明确载明承诺人应在 2017 年 11 月 13 日前缴纳了相关款项后才能完成承诺，而梁某直至 2017 年 11 月 14 日才缴纳相关款项，该承诺行为超过了承诺期限，不具有成立合同的效力。但是，它还是对要约人的要约内容作出了响应，因此应当视为新要约，某股份社可以在合理的时间内给予承诺，也可拒绝承诺。由于某股份社未对该新要约作出承诺，双方也就没有续签租赁合同，梁某没有法律依据继续占有使用涉案档位。

▶▶ **第四百八十七条** 受要约人在承诺期限内发出承诺，按照通常情形能够及时到达要约人，但是因其他原因致使承诺到达要约人时超过承诺期限的，除要约人及时通知受要约人因承诺超过期限不接受该承诺外，该承诺有效。

---

① 审理法院：广东省佛山市中级人民法院，案号：（2018）粤 06 民终 6582 号。

🏛 条文要义

本条是对承诺迟到及效果的规定。

承诺迟到，是承诺人在承诺期限内发出承诺，按照通常情形能够及时到达要约人，但是因其他原因致使承诺到达要约人时超出了承诺期限。承诺迟到和逾期承诺不同，逾期承诺的受要约人在发出承诺时已经超出了承诺期限。

非因受要约人原因的承诺迟到，须具备以下要件：（1）受要约人须在承诺期限内发出承诺。（2）承诺到达要约人时超过了承诺期限。（3）承诺超过承诺期限到达要约人不是由于受要约人的原因，而是因邮电局误投、意外事故等其他原因造成承诺迟延到达。

非因受要约人原因的承诺迟到的法律效力是：原则上该承诺发生承诺的法律效力，但要约人及时通知受要约人因承诺超过期限不接受承诺的，不发生承诺的效力。承认这种承诺迟到发生承诺效力的原因，是因为这种承诺的迟到不能归责于受要约人，受要约人相信他的承诺能够及时到达，并使合同成立。善意受要约人基于这种合理的信赖，可能已经为合同的履行作出了准备。不过，承诺迟到毕竟是事实，要约人有权表示拒绝，如果在接到迟到的承诺就及时通知受要约人因承诺超过期限不接受该承诺的，则应当尊重当事人的意志和选择，使承诺不发生法律效力。

🔵 案例评析

张某与陆某、广州市某综合市场有限公司股权转让纠纷
再审复查与审判监督案[①]

案情：陆某与张某均是某公司的股东。2011 年 10 月 14 日，张某曾向陆某发出了《关于"广州市某综合市场"股权问题》的函件，主要内容为："一、张某将某公司交由陆某独自负责经营，并根据陆某和陆某煊商谈某公司有关事宜时，陆某提出愿意一次性补偿 260 万元收购张某在某公司拥有 50％的股份，经张某慎重考虑后同意，三日内收到全部款项张某就将转让某公司的有关手续与陆某办妥，今后公司就属于陆某一人拥有；二、接此函后，务求在短时间内给予答复，如果三日内得不到陆某答复，张某随时将所属股份出让于有意购买该股份的任何个人和公司，今后处理公司有关事宜将由新股东与陆某洽谈……"陆某于 2011 年 10 月 15 日收到上述《关于"广州市某综合市场"股权问题》函件，2011 年 10 月 17 日晚 21 时，其通过快递公司向张某发出函件，内容为："《关于'广州市某综合市场'股权问题》函收到，陆某同意按张某的条件解决双方之间的股权纠纷，请张某在收到本函之日起三日内将收取转让款的银行资料发给陆某，以便陆某划款，另请在收到陆某划款之日

---

① 审理法院：广东省高级人民法院，案号：（2013）粤高法民二申字第 560 号。

起三日内备齐股权变更所需的资料，以便办理股权变更等相关事宜。"快递凭证显示该函件于 2011 年 10 月 19 日由张某签收。2011 年 10 月 20 日，张某出具了复函，主张陆某迟至 2011 年 10 月 17 日才作出承诺，已不符合约定的条件，张某不同意陆某的新要约，双方的股权转让合同不成立。但是，法院认定陆某的承诺有效，双方的股权转让合同已成立。

评析：本案争议焦点是双方的股权转让合同是否成立生效。陆某于 2011 年 10 月 15 日收到上述《关于"广州市某综合市场"股权问题》函件的要约，应当按照要约载明的期限在 2011 年 10 月 16 日至 2011 年 10 月 18 日之间作出承诺，但其承诺迟至 2011 年 10 月 19 日才到达要约人处，已经超出承诺期限。民法典第 487 条延续《合同法》第 29 条对迟到承诺作出规定，迟到非因受要约人的原因，除非要约人及时通知因承诺超过期限不接受承诺的，原则上该迟到的承诺发生承诺的法律效力。由于张某并未提供充分证据证明其已及时通知陆某其不接受该承诺，所以该承诺仍然发生承诺效力，双方之间成立股权转让合同。

> ▶▶ **第四百八十八条**　承诺的内容应当与要约的内容一致。受要约人对要约的内容作出实质性变更的，为新要约。有关合同标的、数量、质量、价款或者报酬、履行期限、履行地点和方式、违约责任和解决争议方法等的变更，是对要约内容的实质性变更。

🏛 条文要义

本条是对承诺与要约一致性原则及承诺对要约实质性变更的规定。

承诺与要约内容一致性原则，是承诺的一般规则。承诺是以接受要约的全部条件为内容的，是对要约的无条件认可，因而承诺的内容须与要约的内容一致。这就是英美法的"镜像原则"，即要求承诺如同镜子一般照出要约的内容。

随着社会经济的发展，在保证交易安全的前提下，合同规则对传统有所修正，区分承诺变更的实质性和非实质性，规定不同的效果。本条后段规定的是受要约人对要约的内容作出实质性变更及效果的规定。

受要约人对要约的内容作出实质性变更的效果，是成立新要约。凡是对要约的内容进行了实质性变更的，意味着受要约人不同意要约人的要约，因此一律作为新要约处理，在学理上也称为反要约。

判断受要约人对要约内容的实质性变更，是依据对要约的主要内容进行的变更：（1）合同标的的变更，改变了要约人的根本目的，发生根本的变化；（2）数量、质量的变更，对要约人的权利义务有重大影响；（3）价款或者报酬的变更，对要约人将来的权利义务有重大影响；（4）履行期限的变更，改变了当事人的期限利益；

（5）履行地点的变更，关系到运费的负担、标的物所有权的转移和意外灭失风险的转移；（6）履行方式的变更，对双方的权利有不同影响；（7）违约责任的变更，有可能不利于要约人；（8）解决争议方法的变更，有可能不利于要约人。这些变更都属于对要约内容的实质性变更。

案例评析

潘某某与张某某确认合同效力纠纷案①

案情： 被告张某某是原告潘某某的姐夫。2005年3月被告根据房改政策购买了南京际华三五〇三服装有限公司开发的房屋的房改产权。2006年2月27日原告代被告向际华公司支付了涉案房屋的购房款10万元，后于2010年9月1日又代被告支付了37 750元，共计137 750元，际华公司对此出具了两份收据。际华公司将涉案房屋交付被告后，被告交由原告及原告父母共同居住，其间原告出资进行了装潢，原告父母支付了有关水、电、气、物业等费用。被告则实际居住在薛某如的房屋内。由于对是否存在虎踞北路房屋买卖协议及归属发生争议，原告遂向法院起诉，请求确认原、被告之间就涉案房屋存在买卖合同关系，并确认该合同合法有效。法院认为，虽然原告代被告实际支付了有关购房款，但双方对于合同主体、履行内容等不能达成一致协议，不应认定双方的房屋买卖合同关系成立，驳回原告潘某某的诉讼请求。

评析： 本案争议焦点是原、被告之间是否成立涉案房屋的买卖合同。民法典第488条延续《合同法》第30条对承诺变更作出了规定，合同成立应该经过要约承诺的过程，受要约人的承诺的内容应当与要约人发出的要约内容一致，如果受要约人对要约的内容作出实质性变更的，（有关合同标的、数量、质量、价款或者报酬、履行期限、履行地点和方式、违约责任和解决争议方法等的变更都是对要约内容的实质性变更）除非要约人同意承诺人对要约的变更，否则双方不能成立合同。本案被告表示，其同意原告购买房屋的条件是涉案房屋的产权应登记在原告的父母和原告三人名下，该内容是对于合同主体、履行内容等条款的实质性变更，应认定原告的要约失效，双方没有成立合同。

> ▶▶ **第四百八十九条**　承诺对要约的内容作出非实质性变更的，除要约人及时表示反对或者要约表明承诺不得对要约的内容作出任何变更外，该承诺有效，合同的内容以承诺的内容为准。

条文要义

本条是关于承诺对要约内容作出非实质性变更的规定。

---

① 审理法院：江苏省南京市鼓楼区人民法院，案号：（2016）苏0106民初11017号。

承诺对要约的内容作出非实质性变更的，原则上为有效承诺，合同的内容以承诺的内容为准。非实质性变更的内容，是指民法典规定的内容实质性变更之外的要约内容的变更，即除了对要约的合同标的、数量、质量、价款或者报酬、履行期限、履行地点和方式、违约责任和解决争议方法的变更之外，都属于非实质性变更。如在要约的条款后又附加了建议，在承诺中添加了新的条款重复或者强调了要约的内容。除此之外，如果承诺对要约的实质性条款只作了轻微的变更，并未改变其实质，则确认为非实质性变更，将有利于促进交易、节约交易费用。

对要约的非实质性变更在下列情况下无效：（1）变更了要约内容的承诺到达要约人后，要约人及时对承诺人表示反对的，该"承诺"不发生承诺的效力，是一种新要约。（2）要约人在要约中明确表示承诺不得对要约的内容作出任何变更的，承诺对要约的内容的非实质性变更，为反要约即新要约。

案例评析

武汉地产控股有限公司与李某某、詹某某房屋买卖合同纠纷案①

案情： 李某某、詹某某（本案被告）在看到汇悦天地的销售广告后，于 2015 年 8 月 22 日前往售楼部与武汉地产公司（原告）签订汇悦天地认购合同，约定本认购合同经甲乙双方盖章、签字，于乙方支付定金后生效，于甲、乙双方签订《武汉市商品房买卖合同》后终止。2015 年 9 月 2 日，李某某、詹某某向武汉地产公司支付了首期购房款 734 160 元，并提交了银行贷款的相关资料，武汉地产公司向李某某、詹某某出具"销售不动产统一网络发票"，款项性质记载为"预收购房款"。同日，双方办理了商品房买卖合同网上签约程序。之后，武汉地产公司将上述《武汉市商品房买卖合同》打印出来交由李某某、詹某某签字，但李某某、詹某某对合同附件三第 2 条的约定有异议，要求武汉地产公司进行修改，双方对此未能协商一致。《武汉市商品房买卖合同》附件三第 2 条中约定：（1）销售宣传资料、沙盘模型等所标注的道路、绿化及围墙边界等，受规划控制要求，仅作为参考，最终以实际竣工为准；（2）出卖人对规划建设范围之外的环境、公共设施、道路交通等的说明或价格，仅为买受人提供参考信息，不构成对买受人的允诺。李某某、詹某某认为该条约定与武汉地产公司前期承诺不符，要求修改遭拒后，至今未在《武汉市商品房买卖合同》上签字确认，也未办理贷款手续。事后，武汉地产公司诉至法院，请求确认其与李某某、詹某某之间商品房买卖合同未成立。法院认为，在武汉地产公司已经明确表示反对的情况下，李某某、詹某某的承诺并未生效，武汉地产公司与李某某、詹某某之间的商品房买卖合同尚未成立。

评析： 本案争议焦点是原被告双方是否成立了房屋买卖合同。民法典第 489 条

---

① 审理法院：湖北省武汉市江岸区人民法院，案号：（2017）鄂 0102 民初 3640 号。

延续《合同法》第31条对承诺非实质变更作出规定，合同成立是以双方对合同内容意思表示一致为前提的，如果受要约人对要约内容作出非实质变更，要约人表示反对的，双方就未对合同内容达成意思表示一致，合同无法成立。本案中，虽然涉案房屋买卖合同附件三的内容为非实质内容，但在被告李某某、詹某某提出异议后，原告明确拒绝接受这一异议，双方没有达成意思表示的一致，应当认定合同没有成立，法院判决值得赞同。

▶▶第四百九十条 当事人采用合同书形式订立合同的，自当事人均签名、盖章或者按指印时合同成立。在签名、盖章或者按指印之前，当事人一方已经履行主要义务，对方接受时，该合同成立。

法律、行政法规规定或者当事人约定合同应当采用书面形式订立，当事人未采用书面形式但是一方已经履行主要义务，对方接受时，该合同成立。

🏛 条文要义

本条是对采用合同书订立合同成立时间的规定。

本条是在《合同法》第32、36、37条规定的基础上形成的新规则。应当特别注意的一个问题是，在《合同法》中，订立合同没有规定缔约当事人可以按指印的规则。本条对此作了规定，确认签名、盖章和按指印具有相同的证明缔约人身份的作用。在农村和偏远地区，订立合同按指印还是存在的，并且当事人在按指印时还有一种庄重的仪式感。作出这样的规定，符合国情。

合同生效的原则是承诺生效时合同成立。合同成立的时间，是双方当事人的磋商过程结束，达成共同意思表示的时间。如果双方当事人约定采用合同书的，则双方的协议只是合同磋商的结果，还需要签订合同书，并且自当事人在合同书上签名、盖章或者按指印的时候合同才成立。签名、盖章或者按指印，是订约人最终对合同书或者确认书的承认，是自愿接受其约束的意思表示，也是当事人签署合同书的三种形式，除非有特别约定，只要有其中一种签署形式，就发生合同成立的效力。双方签名、盖章或者按指印不在同一时间的，以最后一方签名、盖章或者按指印的时间为合同成立的时间。

有两个特殊情形。

1. 在合同书签名、盖章或者按指印之前，如果当事人一方已经履行主要义务，对方予以接受时，该合同成立，对此主张合同未成立的，不予采信。

2. 法律、行政法规规定或者当事人约定合同应当采用书面形式订立，当事人未采用书面形式，但是一方已经履行主要义务，对方接受时，该合同也成立，对此主张合同未成立的，也不予采信。

案例评析

武汉地产控股有限公司与李某某、詹某某房屋买卖合同纠纷案①

案情： 2015 年 8 月，李某某、詹某某（被告）在看到汇悦天地的销售广告后，于 8 月 22 日前往售楼部与武汉地产公司（原告）签订汇悦天地认购合同，约定本认购合同经甲乙双方盖章、签字，于乙方支付定金后生效，于甲、乙双方签订《武汉市商品房买卖合同》后终止。

2015 年 9 月 2 日，李某某、詹某某再次来到售楼部与武汉地产公司进行协商，双方对合同主要条款达成一致意见后，李某某、詹某某向武汉地产公司支付了首期购房款 734 160 元，并提交了银行贷款的相关资料，武汉地产公司向李某某、詹某某出具"销售不动产统一网络发票"，款项性质记载为"预收购房款"。同日，双方办理了商品房买卖合同网上签约程序。

之后，武汉地产公司将上述《武汉市商品房买卖合同》打印出来交由李某某、詹某某签字，但李某某、詹某某对合同附件三第 2 条的约定有异议，要求武汉地产公司进行修改，双方对此未能协商一致，李某某、詹某某遂拒绝在《武汉市商品房买卖合同》上签字，也未办理贷款手续。事后，武汉地产公司诉至法院，请求确认其与李某某、詹某某之间关于汇悦天地一期第×号楼×单元×层×号的商品房买卖合同未成立。李某某、詹某某抗辩称李某某已实际履行了合同义务，武汉地产公司也接受了李某某的购房款并开具了发票，双方的买卖合同已依法成立。法院认为，虽然李某某、詹某某只是对合同附件三中的部分条款有异议，拒绝在《武汉市商品房买卖合同》上签字，但由于李某某、詹某某已支付的房款只占总房款的四成左右，余款部分也未办理贷款，不属于已经履行主要义务的情形，故对李某某、詹某某的上述抗辩理由不予采纳，认定合同没有成立。

评析： 本案争议焦点是双方是否已经成立房屋买卖合同。当事人约定采用合同书形式订立合同的，自当事人均签名、盖章或者按指印时合同才能成立。在签名、盖章或者按指印之前，如果当事人一方已经履行主要义务，对方接受时，合同亦能成立。本案中，双方签订的房屋认购合同约定房屋买卖合同应当采用合同书的形式，但被告李某某、詹某某事后拒绝在合同书上签名，并且已支付房款只占总房款的四成左右，余款部分也未办理贷款，不构成已经履行主要义务的情形，应当认定双方未成立房屋买卖合同。

▶▶**第四百九十一条　当事人采用信件、数据电文等形式订立合同要求签订确认书的，签订确认书时合同成立。**

---

① 审理法院：湖北省武汉市江岸区人民法院，案号：（2017）鄂 0102 民初 3640 号。

> 当事人一方通过互联网等信息网络发布的商品或者服务信息符合要约条件的，对方选择该商品或者服务并提交订单成功时合同成立，但是当事人另有约定的除外。

🏛 条文要义

本条是对信件、数据电文合同签订确认书和网络合同成立时间的规定。

对于采用信件和电子数据订立合同的，实际上在符合要求的承诺作出之后，合同就成立了。不过，如果当事人约定还要签订确认书的，则在签订确认书时，该合同方成立。因此，双方签署确认书的时间，是信件、数据电文合同成立的时间。

与《合同法》第33条规定相比，本条增加了第2款，规定了电子商务平台商品或者服务交易合同成立时间的新规则。网络购物的买卖合同和网络服务合同，通常是在线上签订合同，并且缺少明显的要约、承诺的行为标志。根据网络交易的特点，确认网络交易中的合同订立，一方在互联网等信息网络发布的商品或者服务信息，只要符合要约的条件的，就认为是网络交易合同的要约。对方也就是消费者在网络上选择该商品或者服务，并提交订单的，为承诺。当网络交易服务界面显示提交订单成功时，合同成立。因而，界面显示"提交订单成功"时，就是网络交易合同的成立时间。

在网络交易中，"下单"不仅标志着网络交易合同的成立，同时标志着网络交易合同的生效，特别是在网络购物的买卖合同中，下单会引起一系列后果，例如网络店铺会发货，消费者的价款会进入第三方支付平台的资金池，快递服务企业会快递商品，等等，整个的合同成立、合同生效和合同履行都同时运行起来。对此，无论是在理论研究上还是在司法实务上，都应当重视下单的功能和意义。

⬤ 案例评析

上海科誉实业有限公司与上海天展广告传播有限公司
广告合同纠纷案①

案情： 2010年12月16日，天展公司（原告）向科誉公司（被告）总经理发出一份传真件，主要内容为，介绍科誉公司是一家专业经销办公家具的供应企业，已通过 ISO 9001 质量认证体系认证，着力为大众提供智能化办公设施、办公座椅等办公家具，等等。该传真件上方手写"本1个彩版广告清样请卢某瑄总经理确认后签个字或盖章后传回：021-54378719。上海天展广告传播有限公司 2010.12.16"。同日，科誉公司负责人在该份传真件下方手写"卢某瑄总经理已确认刊登2010.12.16"，

---

① 审理法院：上海市第二中级人民法院，案号：(2012) 沪二中民四（商）终字第529号。

并加盖公章后回传。2010 年 12 月 20 日，《消费日报》C8 版《中国城市品牌导刊》刊登了上述传真件内容。

天展公司依据上述传真件以及 2010 年 12 月 20 日的《消费日报》全版一份以及独立的 C8 版两份，表示其已履行为科誉公司刊登广告的义务，要求科誉公司按照口头商定的价格向其支付广告费人民币 18 万元。科誉公司表示，其从未与天展公司达成有偿刊登广告的合意。当时吴某某（天展公司诉讼代理人）称可免费试登广告，科誉公司才于传真件上签名确认。此传真件中缺少最关键的一节即对广告价格的约定，且与实际刊登版面亦存在出入（传真件记载 C4 版，报纸刊登在 C8 版），故此传真件有别于一份正式的广告合同。

嗣后，天展公司向科誉公司催要人民币 18 万元广告费未果，遂向原审法院提起诉讼，要求判令科誉公司支付天展公司广告费人民币 18 万元，法院对原告天展公司的诉讼请求不予支持。

评析：本案争议焦点是天展公司与科誉公司之间是否成立广告合同关系。从案件事实来看，原被告双方是采用信件、数据电文等形式订立广告合同的，应当签订合同确认书。《中华人民共和国广告法》第 20 条规定，"广告主、广告经营者、广告发布者之间在广告活动中应当依法订立书面合同，明确各方的权利和义务"。因此，在双方之间发送"广告清样"并不能等同于《合同法》中的确认书，亦不能等同于一份有效的广告合同，只有在签订书面合同文本之后才能宣告合同成立，法院应当依法认定双方没有成立广告合同关系。

> ▶▶ **第四百九十二条** 承诺生效的地点为合同成立的地点。
> 采用数据电文形式订立合同的，收件人的主营业地为合同成立的地点；没有主营业地的，其住所地为合同成立的地点。当事人另有约定的，按照其约定。

🏛 条文要义

本条是对合同成立地点的规定。

合同成立地点，是当事人经过对合同内容的磋商，最终意思表示一致的地点。最终意思表示一致以承诺的生效为标志。确定合同生效地点的一般原则，是以承诺生效的地点为合同成立的地点。合同成立地点成为缔约地，对于合同的纠纷管辖、法律适用等具有重要意义。比如《民事诉讼法》第 34 条规定："合同或者其他财产权益纠纷的当事人可以书面协议选择被告住所地、合同履行地、合同签订地、原告住所地、标的物所在地等与争议有实际联系的地点的人民法院管辖，但不得违反本法对级别管辖和专属管辖的规定。"

采用数据电文形式订立合同的，没有明显的承诺生效地点，因而以收件人的主营业地为合同成立的地点；如果收件人没有主营业地的，其住所地为合同成立的地点。如果采用数据电文形式订立合同的当事人对合同成立地点另有约定的，按照其约定确定合同成立地点。

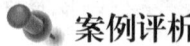 **案例评析**

中国邮政储蓄银行股份有限公司丽江市古城区支行与

李某某信用卡纠纷案①

案情： 2014 年 12 月 26 日，被告李某某向原告（中国邮政储蓄银行股份有限公司）申领了信用卡，被告使用该卡进行透支消费至 2016 年 6 月 21 日，且被告透支消费后，未按信用卡协议约定履行还款义务，至 2019 年 4 月 11 日仍然拖欠本息及滞纳金等合计 14 743.2 元。经原告多方催收，被告用隔三岔五小金额归还透支款的方法应付，缺乏按约归还透支款的实际行为，被告的行为已构成违约，故原告诉至丽江市古城区人民法院，提出如下诉讼请求：（1）判令被告在 10 日内向原告归还透支信用卡本金 10 318.79 元；（2）判令被告在 10 日内向原告给付计算至 2019 年 4 月 11 日的透支款利息、滞纳金及相关费用 4 424.41 元；（3）判令被告继续给付自 2019 年 4 月 12 日起至实际还款之日的透支款利息、滞纳金（按合同约定暨中国人民银行规定利率、费率计算）。丽江市古城区人民法院认为，被告在申请书中载明住宅地址为云南省大理白族自治州大理市湾桥镇甸中村委会×社××号，信用卡片领取方式为挂号邮寄，寄送地址为单位地址即云南省丽江市玉龙县巨甸镇，该单位地址所在法院为管辖法院，故丽江市玉龙县人民法院为管辖法院，故裁定把本案移送丽江市玉龙县人民法院处理。

评析： 本案争议焦点是丽江市古城区人民法院是否具有管辖权，法官需要认定涉案合同的成立地点，以确定管辖法院。民法典第 492 条延续《合同法》第 35 条对合同成立地点作出了规定，由于涉案信用卡合同没有约定合同成立地点，法官应当依据承诺生效的地点来确定合同成立地点。我国民法典合同编规定承诺生效采用到达主义，即承诺到达要约人时生效。涉案合同的承诺为原告发送信用卡片与通知书的行为，被告收到信用卡片和通知书时承诺生效，而承诺生效的地点即为持卡人在申请书中注明的邮寄地址，即云南省丽江市玉龙县巨甸镇巨甸街，该地点为合同签订地，管辖法院也就是云南省丽江市玉龙县人民法院。

> ▶▶ **第四百九十三条**　当事人采用合同书形式订立合同的，最后签名、盖章或者按指印的地点为合同成立的地点，但是当事人另有约定的除外。

---

①　审理法院：云南省丽江市古城区人民法院，案号：（2019）云 0702 民初 925 号。

🏛 条文要义

本条是对采用合同书形式签订合同成立地点的规定。

以合同书形式（包括确认书形式）订立合同，当事人最后签名、盖章或者按指印的地点为合同成立的地点。双方当事人签名、盖章或者按指印的地点在同一处的，双方当事人的签名、盖章或者按指印同时、同地完备时，则该地点为承诺生效的地点，是合同的成立地点。签名、盖章或者按指印不在同一地点的，合同书和确认书上双方当事人的签名或者盖章完备时，合同成立。所以，当事人最后签名、盖章或者按指印的地点，为合同成立地点。

在实践中，合同约定的签订地与实际签名、盖章或者按指印的地点不符的，应当认定约定的签订地为合同成立地点；合同没有约定签订地，双方当事人签名、盖章或者按指印不在同一地点的，应当认定最后签名、盖章或者按指印的地点为合同的成立地点。

与《合同法》第33条规定相比，内容有较大变化，本条新增加的规则如下。

1. 增加规定当事人在合同上按指印的地点也是确定合同签订地的标志，如果当事人一方是采用按指印方式签署合同的，且又是最后一个签署合同的当事人，该方当事人按指印的地点，就是合同签订地。

2. 在确定最后签名、盖章、按指印的地点为合同成立地点时，当事人另有约定的，不适用上述规则。如果当事人既约定合同书应当签名、盖章或者按指印，又约定其他合同生效标志或者条件的，按照意思自治原则，当然约定有效，按照约定的标志或者条件成就的地点确定合同签订地。

🎙 案例评析

鑫融基投资担保有限公司与河南嵩声电缆有限公司、洛阳汇泽路桥工程有限公司借款合同纠纷案[①]

案情：原告鑫融基投资担保有限公司与被告洛阳汇泽路桥工程有限公司签订有《委托担保合同》，与被告洛阳正程金属制品有限公司、洛阳市景源弹簧制造有限公司、河南嵩声电缆有限公司、胡某1、刘某某、胡某2、张某某、胡某3、胡某4等签订有《（保证）反担保合同》，两份合同均约定：合同履行过程中发生争议，可以通过协商解决，协商不成，由合同签订地人民法院管辖。一审法院认为，涉案合同的签订地为洛阳市涧西区，洛阳市涧西区人民法院对本案享有管辖权。河南嵩声电缆有限公司上诉称，该案18名被告均在偃师市人民法院管辖范围之内，并且各被告的签字地点均在偃师市，并不在洛阳市涧西区，应当由偃师市人民法院管辖该案。

---

① 审理法院：河南省洛阳市中级人民法院，案号：（2016）豫03民辖终460号。

被上诉人鑫融基投资担保有限公司答辩称，答辩人与上诉人河南嵩声电缆有限公司及其他原审被告对管辖法院进行了书面约定，且并未违反法律禁止性规定，属于有效的约定管辖，本案应当由双方约定的涧西区人民法院管辖。法院认为，上诉人河南嵩声电缆有限公司称实际签订地点在偃师市应由偃师市人民法院管辖的理由不能成立，不予支持。

　　评析：本案争议焦点是涉案合同的签订地，这牵涉管辖法院的确定，对于各方当事人的诉讼利益影响重大。对于合同签订地的确定，合同法贯彻了合同自由的原则，即当事人可以约定合同签订地，优先于依据签名、盖章或者按指印的地点来认定合同成立地点。本案中，涉案合同对管辖条款有明确约定："由合同签订地人民法院管辖，"本合同签订地为洛阳市涧西区，由此可以确定合同签订地为洛阳市涧西区，故而洛阳市涧西区人民法院对本案具有管辖权。

> ▶▶**第四百九十四条**　国家根据抢险救灾、疫情防控或者其他需要下达国家订货任务、指令性任务的，有关民事主体之间应当依照有关法律、行政法规规定的权利和义务订立合同。
>
> 　　依照法律、行政法规的规定负有发出要约义务的当事人，应当及时发出合理的要约。
>
> 　　依照法律、行政法规的规定负有作出承诺义务的当事人，不得拒绝对方合理的订立合同要求。

🏛 条文要义

　　本条是对国家指令性计划或国家订货任务订立合同的规定。

　　国家指令性任务，是指国家根据国家的整体利益和社会公共秩序的需要，下达的要求有关部门和组织必须执行的任务。直接依据国家指令性任务签订的合同是计划合同。国家订货任务虽非国家指令性任务，但是，是由国家下达的订货任务。在这些按照国家指令性任务和国家订货任务订立合同时，当事人应当依照国家法律和行政法规规定的权利和义务订立合同。

　　在实践中，按照国家指令性任务订立的合同越来越少，主要集中在国防军工、重点建设项目以及国家战略储备的需要。对于国家还必须掌握的一些重要物资，将以国家订货方式逐步取代重要物资分配的指令性任务管理。国家订货任务与国家指令性计划管理的主要区别是，订货的价格比过去进一步放开，国家也不再保证生产企业的生产条件，但可以做协调工作。在市场经济体制下，还必须针对市场自身的弱点和消极方面，保留和改善国家对经济的宏观调控。

　　指令性任务和国家订货任务合同的有关民事主体应当依照有关法律和行政法规

规定的权利义务订立合同。强调这一点，一方面是维护国家计划的权威性和计划性，不得违背国家的意志，借口以企业自己的利益而损害国家的计划。另一方面，则是维护企业的合法权益，不因执行国家计划而损害当事人的权利。这样规定，兼顾了国家和当事人双方的利益。需要注意的是，这里的"有关的法律、行政法规"，是规定法人或者非法人组织订立这些合同的权利义务的法律和行政法规，不包括行政规章、地方性法规和其他规范性文件。

合同需要经历要约与承诺两个阶段。指令性任务和国家订货任务合同也不例外。不过，此时的要约和承诺具有一些特别的要求。一方面，是依照法律、行政法规规定负有发出要约义务的当事人，应当及时发出合理的要约，不能拖延，更不能借机提出不合理的要约。另一方面，是依照法律、行政法规规定负有承诺义务的当事人，不能拒绝对方合理的订立合同的要求。违反强制性缔约义务，应当承担民事责任。这是对应当发出要约和应当承诺的当事人发出要约和进行承诺的要求，属于民事主体对国家指令性任务和国家订货任务订立的合同的强制性缔约义务，是必须履行的。

与《合同法》第38条规定相比，本条规定不仅明确列举了国家是根据抢险救灾、疫情防控或者其他需要下达任务，而且增加了国家订货任务、国家指令性计划的合同当事人的法定义务。本条新规则的要点如下。

1. 明确了国家指令性任务订立合同的范围。《合同法》第38条只规定了国家根据需要下达指令性任务，但并未指出基于何种需要。本条规定将"需要"明确为抢险救灾、疫情防控或者其他需要，细化了"需要"的情形。

2. 新增了国家指令性任务、国家订货任务中当事人的法定义务。《合同法》第38条只规定了国家指令性任务、国家订货任务中有关民事主体应当依法订立合同，而未规定具体的订立规则。本条规定新增了这一内容，明确了当事人负有及时提出要约和不得拒绝对方承诺的法定义务，补足了这一立法漏洞。这样一来，当有关民事主体的行为违背了及时提出要约或者不得拒绝承诺的法定义务时，国家可以以本条规定为规范依据，请求有关民事主体承担民事责任。

案例评析

许某某与北京神州汽车租赁有限公司侵权责任纠纷案①

案情： 2014年11月间，原告许某某在北京神州汽车租赁公司网站填写租车信息并提交后，网页显示不能租车。原告曾于2012年起诉被告租赁合同纠纷，称其从神州公司网站上预订小轿车一辆，租赁地点在上海，并可享受首租首日半价优惠，但被告向其提供了非上海牌照的限行车辆，且不允许其享受半价优惠，故诉至法院，要求退还租金109.67元以及优惠租金164.5元，并要求被告公开赔礼道歉，停止误

---

① 审理法院：北京市朝阳区人民法院，案号：（2015）朝民初字第20236号。

导、欺诈消费者的行为，法院判令被告退还原告租金 246.75 元。原告认为，神州公司基于上述纠纷将原告加入了租车"黑名单"，请求法院判令神州公司将其从"黑名单"中移除。法院判决，对于原告要求将其从被告公司"黑名单"中撤销的诉讼请求，法院予以支持。鉴于被告不予交易的当事人系统仅在其公司内部使用，被告将原告纳入该系统，尚不足以造成原告严重精神损害，故原告要求被告公开赔礼道歉并赔偿精神损害抚慰金的诉讼请求，法院不予支持。

评析：本案的争议焦点是被告是否负有承诺义务，不得拒绝原告订立合同的请求，即被告是否负有强制缔约义务。在公共服务交易中，债务人的营业关涉基本民生，并在特定时空下享有垄断或相对垄断的权利，相对人对合同的缔结存在民生依赖，故而法律对服务提供者施加了强制缔约义务，需要面向社会公众广泛地接受订立合同的要约。本案被告从事公共交通运输业务，负有面向社会公众强制缔约的义务，将原告拉入"黑名单"，并拒绝接受原告的订单违反了强制缔约义务，法院要求被告将原告从被告公司"黑名单"中撤销的判决，值得赞同。

> ▶▶ **第四百九十五条**　当事人约定在将来一定期限内订立合同的认购书、订购书、预订书等，构成预约合同。
>
> 当事人一方不履行预约合同约定的订立合同义务的，对方可以请求其承担预约合同的违约责任。

🏛 条文要义

本条是对预约及效力的规定。

《合同法》没有规定预约合同及其效力，本条根据实际情况增加了这一新规则。预约，也叫预备合同或合同预约，是指当事人之间约定在将来一定期限内应当订立合同的预先约定。而将来应当订立的合同叫本约，或者本合同。预约是订立合同的意向，本约是订立的合同本身。预约的表现形式，通常是认购书、订购书、预定书等。

预约也是约，即合意。预约成立之后，产生预约的法律效力，即当事人在将来一定期限内订立本约的债。双方均负有债务的，为双务预约，单方负有债务的，为单务预约。预约的成立应当遵循合同成立的一般规则。

判断一个约定是预约还是本约，应探求当事人的真意来确定，真意不明的，应当通观合同的全部内容确定：（1）合同要素已经明确、合致，其他事项规定明确，已无另行订立合同必要的，为本约。（2）如果将来系依所订合同履行而无须另订本约，即使名为预约，也应认定为本约。（3）预约在交易上属于例外，当一个合同是预约还是本约有疑问时，应认定为本约。（4）"初步协议""意向性协议"等，只要不具有将来订立本约的法律效力，不认为是预约；具有将来订立本约的效力的，应当认定为预约。

预约成立，当事人即负有履行预约所规定的订立本约的义务，只要本约未订立，就是预约没有履行。预约的当事人一方不履行预约约定的订立合同义务的，对方当事人可以请求其承担违反预约的违约责任。预约违约责任的确定，依照预约的约定或者参照违约责任的法律规定。

案例评析

姚某某与内蒙古福城房地产开发有限公司房屋买卖合同纠纷案①

案情： 2014 年 4 月 14 日，福城公司（出让人、甲方，本案被告）与姚某某（买受人、乙方，本案原告）签订福城广龙苑商品房认购合同，约定乙方自愿认购由甲方开发福城广龙苑项目住宅。乙方自愿认购福城广龙苑项目车位一个。该住宅建筑面积平均单价为 4 450 元每平方米，住宅总价暂定 427 200 元，车位使用权单价 10 万元每个，暂定总房款 527 200 元。乙方团购住宅的楼栋号、单元号、层次、门牌号根据内蒙古自治区新闻出版广电局出具书面证明确定，结算单价执行内蒙古自治区新闻出版广电局根据政府规定实行一房一价的价格体系制定的团购价格表中的相应单价，结算单价确定后依据本认购合同暂定建筑面积调整住宅总价、总房款、作为第 2、3 次付款依据。第 5 条违约责任约定，甲方逾期超过 30 天交付团购商品房的，应按已收乙方购房款总额（含住宅、车位）的每日万分之五，向乙方支付违约金。甲方取得商品房预售许可证之日起，30 个工作日内与乙方签订《商品房买卖合同》，自双方签订的《商品房买卖合同》、项目车位使用权买卖协议生效时本认购合同自行生效。该认购合同签订后，乙方共交付 516 656 元。

后来，双方对合同履行发生争议，姚某某认为，福城广龙苑商品房认购合同的签订系姚某某与福城公司真实意思表示，该合同效力等同于房屋买卖合同，已经完全具备了买卖合同的主要条款，至于最后需要签订正式的商品房买卖合同仅仅是形式上稍加变动而已，故向一审法院起诉请求：（1）判令福城公司承担合同中逾期交房违约金 127 872.36 元；（2）判令福城公司按照合同约定更换盼盼牌安全防护门。法院认为，本案中双方当事人签订的认购合同为预约合同，故姚某某要求依该认购合同支付逾期交房的违约金、更换安全防护门的请求不属于预约合同的请求权范围，该项主张没有事实和法律依据，法院不予支持。

评析： 本案争议焦点是涉案合同的性质，即属于预约合同还是本约合同。预约合同的订立目的为本约合同的缔结，双方当事人签订预约合同后，双方当事人不仅负有进一步磋商的义务，更具有最终达成本约的义务，预约合同的效力和法律约束

---

① 审理法院：内蒙古自治区呼和浩特市中级人民法院，案号：（2017）内 01 民终 4140 号。

力只能是"使当事人产生诚信磋商以订立本约合同的义务",而非履行本约合同的义务,因为本约合同尚未订立。本案中,在双方签订涉案合同之时,被告尚不具备签订本约合同的条件资质,并且双方明确在涉案合同中约定将来另行签订《商品房买卖合同》,可以认定涉案合同属于预约合同。虽然原告不能请求被告按照《商品房买卖合同》来承担违约责任,但如果被告具有违约行为,拒绝签订《商品房买卖合同》的,仍可请求其承担损害赔偿的违约责任。

> ▶▶ **第四百九十六条** 格式条款是当事人为了重复使用而预先拟定,并在订立合同时未与对方协商的条款。
>
> 采用格式条款订立合同的,提供格式条款的一方应当遵循公平原则确定当事人之间的权利和义务,并采取合理的方式提示对方注意免除或者减轻其责任等与对方有重大利害关系的条款,按照对方的要求,对该条款予以说明。提供格式条款的一方未履行提示或者说明义务,致使对方没有注意或者理解与其有重大利害关系的条款的,对方可以主张该条款不成为合同的内容。

🏛 条文要义

本条是对格式条款及提供格式条款一方义务的规定。

格式条款合同,是指当事人为了重复使用预先拟定,并在订立合同时未与对方协商的条款。采用格式条款合同与一般合同不同,主要特征是:(1)格式条款合同一般是由居于垄断地位的一方所拟订;(2)格式条款合同的对方当事人处于从属地位;(3)格式条款合同是完整、定型、持久的合同类型;(4)格式条款合同可以用不同的、但必须是明确的书面形式表达出来。

格式条款合同与示范合同不同。示范合同是指通过有关的专业法规、商业习惯等确立的,为当事人订立合同时参考的文本格式,对双方当事人没有强制约束力,当事人可以参照,也可以不参照;可以修改示范合同的条款和格式,也可以增减示范合同的条款。格式条款合同是对方当事人没有选择余地的、只能服从的合同。

格式条款的优势是便捷、易行、高效,缺点是无协商余地,双方地位不平等。故对提供格式条款的一方当事人规定了法定义务:(1)遵循公平原则确定当事人权利义务的义务;(2)采取合理的方式提示对方注意免除或者减轻其责任等与对方有重大利害关系条款的义务;(3)按照对方的要求对该条款予以说明的义务。

提供格式条款的一方未尽上述第2项和第3项规定的提示义务和说明义务,致使对方当事人没有注意或者理解与其有重大利害关系的条款的,对方当事人可以提出主张,认为该条款不成为合同的内容,即不对当事人发生拘束力。对此,法院和仲裁机构应当支持对方当事人的这一主张。

与《合同法》第 39 条相比，本条规定有较大修改，新规则的内容如下。

1. 在"采取合理的方式提示对方注意免除或者减轻其责任"之后，增加"等与对方有重大利益关系的条款"的内容，这意味着，免除或者减轻提供格式条款一方责任的条款，并不是唯一需要提示对方注意的条款，而仅仅是与对方有重大利益关系的条款中的一种。这显然扩大了提请对方注意的内容，凡是与对方有重大利益关系的条款，都在提示注意的范围。

2. 增加未履行提示对方注意义务的后果。《合同法》第 39 条规定中，没有规定不履行提示对方注意义务的法律后果，被称为"软义务"。本条对此作出补充，规定"提供格式条款的一方未履行提示或者说明义务，致使对方没有注意或者理解与其有重大利害关系的条款的，对方可以主张该条款不成为合同的内容"的法律后果。主张"与对方有重大利益关系的条款"不成为合同的组成部分，就等于宣布其不存在、没有效力，这样的法律后果足以威慑提供格式条款一方，须极尽谨慎义务，保护好对方的权益，也保护好自己的权益。

配套司法解释

最高人民法院关于适用《中华人民共和国民法典》时间效力的若干规定

第九条　民法典施行前订立的合同，提供格式条款一方未履行提示或者说明义务，涉及格式条款效力认定的，适用民法典第四百九十六条的规定。

案例评析

中国建设银行股份有限公司北京恩济支行与王某财产损害赔偿纠纷案①

案情： 2015 年 6 月 2 日，王某（原告）经建行恩济支行（被告）工作人员推荐，在建行恩济支行购买"前海开源中证军工指数型证券投资基金"，认购金额为 96.6 万元。在王某购买上述基金过程中，建行恩济支行对王某做了风险评估，王某填写了《个人客户风险评估问卷》。该问卷中，"以下哪项最能说明您的投资经验"项下王某的选项为"大部分投资于存款、国债等，较少投资于股票基金等风险产品"；"以下哪项最符合您的投资态度"项下王某的选项为"保守投资，不希望本金损失，愿意承担一定幅度的收益波动"；"您的投资目的"项下王某的选项为"资产稳健增长"；"您的投资出现何种程度的波动时，您会呈现明显的焦虑"项下王某的选项为"本金 10% 以内的损失"。根据王某填写的上述问卷，建行恩济支行确定王某的风险评估结果为稳健型。在填写前述问卷的同时，王某在《须知》《确认书》上签字。但上述《须知》和《确认书》的内容系通用的一般性条款，未有关于王某本次购买的基金的具体内容和相关说明。

① 审理法院：北京市第一中级人民法院，案号：（2018）京 01 民终 8761 号。

2018 年 3 月 28 日，王某进行了基金赎回，赎回金额为 389 518.05 元，本金亏损 576 481.95 元。王某向一审法院起诉，请求判令建行恩济支行向王某赔偿亏损 576 481.95 元。法院认为，建行恩济支行在向王某推介涉诉基金过程中，存在明显不当推介行为和重大过错，若无建行恩济支行的不当推介行为，王某不会购买涉诉基金，相应损失亦无从发生，故应认定建行恩济支行的过错行为与王某的损失之间存在因果关系。在此情况下，王某要求建行恩济支行赔偿其前述损失的诉讼请求，于法有据，法院予以支持。

评析： 本案争议焦点是被告建行恩济支行是否尽到提示说明义务。在金融消费合同中，金融机构往往会提供格式合同，从而对相关交易的风险、服务内容、违约责任等事项作出约定。金融消费者作为非金融专业的人士，很可能无法完全理解相关金融交易的交易风险，这就需要金融机构对金融消费者尽到合理的提示说明义务。本案中，被告建行恩济支行向王某主动推介了"风险较大"的"经评估不适宜购买"的理财产品，却未向王某对本次购买的基金的具体内容和风险责任进行说明，视为未将相关条款订入合同，被告不能据此而主张免责。

> ▶▶ **第四百九十七条** 有下列情形之一的，该格式条款无效：
>
> （一）具有本法第一编第六章第三节和本法第五百零六条规定的无效情形；
>
> （二）提供格式条款一方不合理地免除或者减轻其责任、加重对方责任、限制对方主要权利；
>
> （三）提供格式条款一方排除对方主要权利。

🏛 条文要义

本条是对格式条款无效事由的规定。

格式条款具有以下情形之一的无效。

1. 格式条款具备民法典第一编第六章第三节和民法典第 506 条规定的情形，即无民事行为能力人实施的民事法律行为、虚假的民事法律行为、违反法律强制性规定的民事法律行为、违背公序良俗的民事法律行为、恶意串通的民事法律行为，以及造成对方人身损害、因故意或者重大过失造成对方财产损害的免责条款，都一律无效。

2. 提供格式条款一方不合理地免除或者减轻责任、加重对方责任、限制对方主要权利。这些情形都不是合同当事人订立合同时所期望的，与当事人订立合同的目的相悖，严重地损害对方当事人的合法权益，明显违背公平原则等民法基本原则，因而都是导致格式条款无效的法定事由，只要出现其中一种情形，格式条款就无效。

3. 提供格式条款一方排除对方主要权利。排除对方当事人的主要权利，将导致对方当事人订立合同的目的不能实现，因而属于格式条款绝对无效的情形。

与《合同法》第 40 条规定相比，本条对格式条款无效的事由进行了调整，本条规定内容的主要变化如下。

1. 规定本法第一编和本编规定民事法律行为无效的都无效，包括：一是无民事行为能力人实施的民事法律行为；二是虚假的民事法律行为；三是违反法律强制性规定的民事法律行为；四是违背公序良俗的民事法律行为；五是恶意串通的民事法律行为；六是造成对方人身损害、因故意或者重大过失造成对方财产损害的免责条款。其实，还有本法第 146 条第 2 款规定的隐藏的民事法律行为，如果被隐藏的行为被法律规定为无效的，也是无效的合同，例如合法形式掩盖非法目的的民事法律行为。

2. 在第 2 项格式条款无效事由中，加上了"不合理地"的限制语，增加了减轻责任的情形，也就是说，须达到不合理地免除或者减轻其责任、加重对方责任的，才使格式条款无效。

3. 第 2 项格式条款无效的内容中，将"排除对方主要权利"修改为"限制对方主要权利"，同时增加了"不合理地"的限定语。这样一来，限制对方权利与免除或者减轻其责任、加重对方责任并列，构成同一个免责事由，即凡是不合理地免除或者减轻其责任、加重对方责任、限制对方主要权利的，将导致格式条款无效。

案例评析

何某某与四川和锦房地产开发有限公司房屋买卖合同纠纷案①

案情： 2013 年 3 月 19 日，原被告签订了一份《商品房买卖合同》，约定被告（四川和锦房地产开发有限公司）应当在 2012 年 11 月 30 日前，取得该商品房所在楼栋的权属证明。2013 年 8 月 27 日，原告（何某某）所购买房屋经竣工验收合格，同一天被告在南充晚报上刊登交房公告，原告所购房屋 5 号楼交房时间为 2013 年 9 月 6 日。

在签订《商品房买卖合同》的同一天，原、被告又签订了一份《商品房买卖合同》的补充协议，约定：（1）合同中所称房地产权属证书仅指该房屋所有权证。出卖人应当在该商品房始登记完成后 365 日内，协助买受人办理房屋所有权证。（2）双方同意，若因出卖人未能在买卖合同第 20 条第 2 款约定日期届满时取得该商品完成后所在楼栋的权属证明，但买受人仍在第 20 条第 3 款约定日期届满取得该商品房房屋所有权证的，则出卖人无须承担任何违约责任。（3）双方同意，买卖合同第 20 条所述之出卖人责任是指：1）出卖人的权属证件不齐；2）出卖人未缴齐应缴政府管理部门的相关费用。除上述两种情况外的其他原因使房产权属登记机关未在合同约定的期间内给予办理该商品房的房屋所有权证，出卖人均不承担任何责任。

---

① 审理法院：四川省南充市顺庆区人民法院，案号：2017 川 1302 民初 2256 号。

原告认为，该补充协议是典型的格式条款，严重违背公平原则，应当无效。按照合同约定，被告应当在交付房屋 365 天内协助原告办理房屋所有权证书，但至今被告也没有为原告办理房屋所有权证书，被告应当为其违约行为对原告作出相应的赔偿，请求法院：（1）判令被告立即为原告办理房屋所有权证和土地使用权证；（2）判令被告支付逾期办理土地使用权证和房屋所有权证的违约金 9 130 元。法院认为，该"补充协议"格式条款对双方当事人和锦房产公司、何某某均具有法律约束力，驳回原告何某某的诉讼请求。

评析： 本案的争议焦点是涉案合同的补充协议第 6 条、第 10 条的效力。在实践中，由于合同双方的实际地位不对称，拥有优势的一方常常会在格式条款中约定不利于对方的内容，或者不合理地免除或者减轻其责任、加重对方责任、限制对方主要权利，或者排除对方主要权利。为了矫正这种利益失衡状况，合同法规定格式条款中出现上述情形的，相关条款无效。本案中，补充协议第 10 条规定关于出卖人协助办理房屋权属证书，出卖人应当承担协助买受人办理房屋所有权证逾期的违约责任，仅是免除了出卖人协助买受人办理土地使用权证逾期的违约责任，这并没有排除买受人的主要权利，故不属于格式条款无效的情形。

▶▶ **第四百九十八条**　对格式条款的理解发生争议的，应当按照通常理解予以解释。对格式条款有两种以上解释的，应当作出不利于提供格式条款一方的解释。格式条款和非格式条款不一致的，应当采用非格式条款。

🏛 条文要义

本条是对格式条款解释的规定。

格式条款解释，是在当事人对格式条款的含义存在不同理解时，应当依据何种事实、原则对该条款作出合理的说明。当对格式条款的理解发生争议时，应当对格式条款的内容进行解释。

格式条款解释的方法是：

1. 通常解释原则。格式条款解释的一般原则，是对有争议的合同条款按照通常的理解予以解释。

2. 不利解释原则。对格式条款有两种以上解释的，应当作不利于对格式条款的提供方的解释。这是因为，由于格式条款是由特定的一方当事人提供的，其服从性和不可协商性有可能使对方当事人的意思表示不真实，因而使其利益受到损害。格式条款在整体上会出现有利于提供者而不利于相对方的问题等。为平衡这种不公正现象，保护消费者利益，采取不利解释原则。

3. 格式条款和非格式条款不一致的，应当采用非格式条款。这是指在格式条款合同中，既存在格式条款，又存在非格式条款，内容不一致，采用不同的条款会对双方当事人的利益产生重大影响。对此，非格式条款处于优先地位，应当采用非格式条款确认合同内容，与该非格式条款相矛盾的格式条款无效。

案例评析

陈某某与邓某某、唐某某等民间借贷纠纷案①

案情：2012 年 2 月 21 日，原告陈某某与被告邓某某签订系格式条款的借款合同一份，载明借款金额 130 000 元，月利率 3%，借款期限 1 个月，自 2012 年 2 月 21 日起至 2012 年 3 月 20 日止，并约定如到期不还，违约金每天 1 300 元。被告陈某春、戴某勤在担保人处签名。当日原告履行了出借义务。另外在合同第四部分倒数第一行与第二行之间紧贴上行有小型打印文字"担保期限自还款之日起两年"。该文字的打印字体与本合同其他文字打印字体明显不一致，且行距的排列与整篇其他行距不成一体。借款发生后，几个被告均未还款。原告现诉至法院，要求被告邓某某、唐某某归还借款 130 000 元及约定利息和违约金，并承担本案诉讼费用，被告陈某春、戴某勤承担连带清偿责任。被告陈某春、戴某勤辩称，担保属实，但是该借款有邓某某本人所有的车子和土地作抵押，并且约定还款期限是 1 个月，担保人的担保责任期间已届满，我们不应当再承担还款责任。法院认为，原告没有证据证明在法定的担保期间内，曾向保证人主张保证责任，故对被告陈某春、戴某勤当庭提出免责的抗辩意见，法院依法予以采信，他们无须承担连带清偿责任。

评析：本案争议的焦点是"担保期限自还款之日起两年"是否应认定原、被告签订借款合同时的原始约定。合同是对双方权利义务的事先约定，对双方当事人和法官均具有拘束力，法官依据合同约定来裁判。但在很多情况下，合同约定并不是十分明确的，法官在依据合同约定裁判案件之前需要对合同条款进行解释。民法典第 498 条延续了《合同法》第 41 条对格式条款的解释作出规定。由于格式条款是由当事人一方提供，未与对方协商，合同法规定格式条款出现歧义时应当作出不利于提供格式条款一方的解释。本案中，"担保期限自还款之日起两年"的条款，从字体大小及整体排列来看，与通篇协议不成一体，有可能是原告事后添加。原、被告双方就此发生分歧的，由于原告是格式条款的提供方，应作不利于原告的解释，即"担保期限自还款之日起两年"不应认定为原、被告双方的原始约定。

▶▶**第四百九十九条**　悬赏人以公开方式声明对完成特定行为的人支付报酬的，完成该行为的人可以请求其支付。

---

① 审理法院：江苏省阜宁县人民法院，案号：（2014）阜良民初字第 0115 号。

🏛 条文要义

本条是对悬赏广告及规则的规定。

悬赏广告，是指广告人以公开广告的形式允诺对完成指定行为的人给付一定报酬，行为人完成该种行为后，有权获得该报酬的行为。其特征是：（1）悬赏广告是要式行为，悬赏广告一经发出，即产生悬赏要约的拘束力；（2）悬赏广告是有偿行为，即约定有报酬，对于完成悬赏行为的人，按照广告确定的数额给付酬金；（3）悬赏广告是向不特定的任何人发出，当悬赏行为完成之后，行为人就已经确定；（4）悬赏广告的悬赏行为是合法行为。

对悬赏广告的性质，有契约说和单方允诺说的不同看法。《最高人民法院关于适用〈中华人民共和国合同法〉若干问题的解释（二）》（已失效）第3条规定："悬赏人以公开方式声明对完成一定行为的人支付报酬，完成特定行为的人请求悬赏人支付报酬的，人民法院依法予以支持。但悬赏有合同法第五十二条规定情形的除外。"将悬赏广告明确解释为合同性质。《合同法》对此没有规定，本条借鉴《最高人民法院关于适用〈中华人民共和国合同法〉若干问题的解释（二）》第3条的规定，将悬赏广告界定为合同。

本条规定其实并没有明确说明悬赏广告的性质就是合同，而是在合同编中规定悬赏广告，因此，悬赏广告的性质属于合同。悬赏广告是广告人以不特定的多数人为对象所发出的要约，只要某人完成指定的行为就构成承诺，双方成立合同。

悬赏广告的效力是，完成广告行为的人享有报酬请求权，广告人负有按照悬赏广告的约定支付报酬的义务。悬赏人不履行或者不适当履行支付报酬义务的，构成违约行为，应当承担违约责任。

🔘 案例评析

古丽尼萨汗·某某尔拉等与新疆高荣房地产开发有限公司
悬赏广告纠纷案①

案情： 2015年9月，原告（古丽尼萨汗·某某尔拉）购买了被告开发的江南商贸城的两套商品房。2015年11月24日，被告公司下发文件《关于江南商贸城"感恩回馈老业主"活动实施细则》，文件载明："时间范围：2015年11月28日至2015年12月31日；参与条件：必须是江南商贸城业主；奖励标准：老业主如再次购买或老业主推荐亲戚朋友，在活动期间购买江南商贸城商铺，老业主可获得新购买商铺面积×300元每平方米的标准，作为之前购买商铺隔层补助现金奖励等等"。2015年11月27日，被告公司下发文件《关于江南商贸城"感恩回馈老业主"活动政策》，

---

① 审理法院：新疆维吾尔自治区阿克苏地区阿克苏市人民法院，案号：（2016）新2901民初2396号。

文件载明："老客户带新客户购买商铺回款达到 5 万元，同时，A 区一层、二层成交价不低于原总价的 4.2 折，B 区一层二层、C 区一层二层成交价不低于原告总价 5.6 折－30 000 元，给予老客户每平方米 300 元奖励；如低于上述成交价，则给予老客户每套商铺 3 800 元奖励"。回馈活动资格界定：（1）老客户必须亲自陪同；（2）新客户为首次上门看房（如之前有过来访并距上次来访时间未超过 7 天，则不符合此政策）；（3）填写《感恩回馈老业主》；（4）新客户在介绍后缴纳 5 万元以上每间定金。

2015 年 12 月 22 日，经原告介绍亚某某在江南商贸城商铺购买两套商铺，每套面积 62.14 平方米，每套商铺原总价 647 250.2 元，成交价 254 774 元。原告介绍售出两套商铺后，被告公司未给予奖励，原告遂诉至法院，请求被告支付奖励 7 600 元。最终，法院判决：一、被告新疆高荣房地产开发有限公司于本判决生效后向原告支付奖励 7 600 元（3 800 元/每套×2 套）；二、驳回原告其他诉讼请求。

评析： 本案争议焦点是被告应否向原告支付介绍他人购房的报酬。悬赏广告主要有两个层面的意义：一是悬赏广告人意思表示的外化，即向不特定人发出悬赏要约，并声明对完成一定行为的人给予报酬的意思表示；二是指此意思表示与指定行为的完成结合而成立的法律行为，悬赏人对完成指定行为的人负有给付报酬的义务。本案中，被告公司下发文件《关于江南商贸城"感恩回馈老业主"活动实施细则》，声明老客户介绍其他人买房可以获得奖励报酬，构成向不特定的老客户发出悬赏要约。原告介绍其他人购房后，就完成了"细则"指定的行为，有权请求被告公司支付约定的报酬。

▶▶ **第五百条**　当事人在订立合同过程中有下列情形之一，造成对方损失的，应当承担赔偿责任：

（一）假借订立合同，恶意进行磋商；

（二）故意隐瞒与订立合同有关的重要事实或者提供虚假情况；

（三）有其他违背诚信原则的行为。

🏛 条文要义

本条是对缔约过失责任的规定。

缔约过失责任，也称为先契约责任或者缔约过失中的损害赔偿责任，是指在合同缔结过程中，当事人因自己的过失致使合同不能成立，对相信该合同为成立的相对人，为基于此项信赖而生的损害应负的损害赔偿责任。

缔约过失责任的法律特征是：（1）是在缔结合同过程中发生的民事责任；（2）是以诚实信用原则为基础的民事责任；（3）是以补偿缔约相对人损害后果为特征的民事责任。

缔约过失责任的作用在于保护交易安全，可以规范人们在缔约过程中恪守良性交易行为准则，禁止商业欺诈，促进公平交往。

缔约过失责任的主要表现是：

1. 假借订立合同，恶意进行磋商。恶意磋商实际上已经超出了缔约过失的范围，而是恶意借订立合同之机而加害于对方当事人或者第三人。对此造成的损失应当予以赔偿。

2. 故意隐瞒与订立合同有关的重要事实或者提供虚假情况。故意隐瞒构成缔约过失，如知道或者应当知道合同无效的原因存在而不告知对方，使对方产生信赖而造成损失。

3. 有其他违背诚信原则的行为。这是缔约过失责任的主要部分，只要当事人在缔约过程中具有违背诚信原则的过失，使对方相信合同已经成立，因而造成损失的，都构成缔约过失责任。

缔约过失责任的形式，是损害赔偿。对方因基于对对方当事人的信赖，而相信合同成立产生的信赖利益损失，有过失的一方缔约人应当全部予以赔偿。

案例评析

武陵源区卫生局与天达公司、武陵源区人民医院、乾坤公司合同纠纷案[①]

案情： 2012年10月，乾坤公司受武陵源区卫生局（被告、被上诉人）的委托，就武陵源区卫生局所需彩超政府采购计划进行公开招标。天达公司（原告、上诉人）参与此次招投标活动，并于2012年11月21日向乾坤公司交纳40 000元的保证金。经讨论，确定第一中标候选人为天达公司；第二中标候选人为湖南省粮油食品进出口集团有限公司。

2012年12月31日，乾坤公司向天达公司发出《中标通知书》。2013年1月16日，天达公司与湖南中康医用技术有限公司签订了医疗设备采购合同，并支付定金50万元。之后，因武陵源区卫生局未与天达公司签订彩超采购合同，天达公司因而未能履行与湖南中康医用技术有限公司签订的医疗设备采购合同，其所交定金50万元亦没有退回。

2013年1月24日，天达公司分别向张家界市武陵源区政府采购办、武陵源区卫生局发出函告，要求武陵源区卫生局依据《中标通知书》列明的签约时间按时签订合同，二者均确认收函，但武陵源区卫生局在收函后并未与天达公司签订合同。2013年3月4日，天达公司再次向武陵源区卫生局发出函告要求签订合同。武陵源区卫生局在收到函告后，仍未与天达公司签订合同。天达公司遂向法院起诉，请求武陵源区卫生局赔偿其遭受的损失。法院认为，被上诉人武陵源区卫生局应承担缔约过失责任，张家界市武陵源区卫生和计划生育局应赔偿上诉人张家界天达科技发展有限公司经济损失65 863元。

---

① 审理法院：湖南省张家界市中级人民法院，案号：（2014）张中民二再终字第10号。

评析：民法典第 500 条延续了《合同法》第 42 条对缔约过失责任作出了规定，本案争议焦点是被告是否应当承担缔约过失责任。在合同订立过程中，虽然双方尚未成立合同法律关系，但在缔约谈判过程中仍会给对方造成合理信赖，如果一方当事人违背诚实信用原则，有可能会损害对方的信赖利益，故而合同法要求其承担缔约过失责任，以充分保护当事人在缔约过程中的信赖利益。本案中，在招标项目没有依法废标的前提下，被告武陵源区卫生局没有依法按时确定中标人，并将中标结果告知第一中标候选人原告天达公司，导致原告天达公司为准备履行合同遭受损失，应当承担缔约过失责任。

▶▶ **第五百零一条** 当事人在订立合同过程中知悉的商业秘密或者其他应当保密的信息，无论合同是否成立，不得泄露或者不正当地使用；泄露、不正当地使用该商业秘密或者信息，造成对方损失的，应当承担赔偿责任。

🏛 条文要义

本条是对缔约当事人承担保密义务的规定。

与《合同法》第 43 条规定相比，本条将当事人应当对对方当事人商业秘密承担保密义务扩展到对其他应当保护的信息，扩大了保密义务的范围。当事人在订立合同过程中，凡是知道对方当事人的商业秘密或者其他应当保密的信息，都必须负有保密义务，禁止向他人泄露，也禁止自己不正当地使用。这是因为，商业秘密和其他应当保密的信息，对当事人具有重要的财产价值，一旦失密，将会造成重大损失。基于缔约的需要，当事人开诚布公进行谈判、缔约，一旦掌握了对方的上述秘密，就必须负有保密义务。

知悉对方当事人的商业秘密或者其他应当保密的信息的当事人，如果违反保密义务，向他人泄露该秘密，或者自己不正当地使用该商业秘密或者信息，凡是给对方造成损失的，都应当承担损害赔偿责任。这种损害赔偿责任的性质，应当根据缔约或者合同发展的不同阶段确认。如果发生在缔约过程中，为缔约过失责任；如果发生在合同无效阶段，构成合同无效责任；如果发生在合同履行阶段，构成违约责任；如果发生在合同履行完毕之后，则构成后契约责任。

🔘 案例评析

冯某诉微软中国公司缔约过失责任纠纷案①

案情：微软拼音输入法是微软公司开发并赠送客户使用的软件，有 1.0、1.5、

---

① 谭兆平. 商业秘密和缔约过失责任. 人民法院报. https：//www.chinacourt.org/article/detail/2004/09/id/133278.shtml.

2.0、3.0、4.0 共 5 个版本。冯某（原告）在使用电脑过程中发现 2.0 版有部分汉字的注音不正确，遂根据《字符和信息编码国家标准汇编》、词源、辞海等进行比对，查找出该版本的百余处注音错误。2001 年 9 月至 10 月，冯某分 3 次从他认为存在注音错误的汉字中选出 35 个字，与其他 33 个注音正确的字混合在一起，以传真方式发给微软中国公司（被告），注明了资料的来源并声明："……愿与微软中国公司切磋交流，续表待联系后定夺。谨防侵权。"12 月 13 日，冯某再次向微软中国公司发出传真，指出"色、馇"等 10 个字的注音错误。

2001 年 12 月，微软中国公司根据某公司对拼音输入法 2.0 版 126 处错误注音校对表，以补丁形式删除、更正了 122 个字的注音，其中有 5 个字的注音与冯某所指出的 10 个字注音错误中的 5 个相吻合。2002 年 1 月，微软中国公司正式回告冯某，以没有委托其进行校对为由，不同意支付酬金。冯某以"微软拼音输入法错误的发现和改正的方法属于商业秘密"为由，依照《合同法》第 43 条的规定，诉请微软中国公司赔偿损失 1 万元（以 2000 年 12 月 13 日传真中的 10 个字的注音，按每字 1 000 元计算而来），并赔礼道歉，但未对"微软拼音输入法错误的发现和改正的方法"举证。

一审法院认为，冯某纠出的 10 个字的注音错误不构成我国法律保护的商业秘密，微软中国公司以补丁形式进行的补正行为未致冯某信赖利益损失，也未违反诚信原则。依据《反不正当竞争法》第 10 条第 3 款、《合同法》第 43 条的规定，判决驳回了冯某的诉讼请求。在二审中，微软中国公司基于冯某对 IT 产业的热心，奖励其 9 888 元，调解结案。

评析：本案争议焦点是冯某指出的微软公司输入法注音错误是否属于商业秘密的范畴，再则微软中国公司自动纠正注音错误的行为是否构成缔约过失责任。商业秘密是指不为公众所知悉、能为权利人带来经济利益、具有实用性并经权利人采取保密措施的技术信息和经营信息。在缔约过程中，经过双方的谈判磋商，一方可能会知悉对方所拥有的商业秘密，如果擅自使用就会给对方造成损失，合同法为保护商业秘密就要求其承担缔约过失责任。本案关键在于微软公司输入法的注音错误是否属于商业秘密，如果是商业秘密，微软公司就有可能负缔约过失责任，否则就失去了承担缔约过失责任的前提基础。由于微软拼音输入法的注音是对不特定用户公开的，所有用户都可通过对比正确注音而发现错误，不具有秘密性，故而不属于商业秘密，微软公司也就不可能侵害原告的商业秘密。

第三章 合同的效力

▶▶ **第五百零二条** 依法成立的合同，自成立时生效，但是法律另有规定或者当事人另有约定的除外。

依照法律、行政法规的规定，合同应当办理批准等手续的，依照其规定。未办理批准等手续影响合同生效的，不影响合同中履行报批等义务条款以及相关条款的效力。应当办理申请批准等手续的当事人未履行义务的，对方可以请求其承担违反该义务的责任。

依照法律、行政法规的规定，合同的变更、转让、解除等情形应当办理批准等手续的，适用前款规定。

🏛 条文要义

本条是对合同生效时间的规定。

合同的效力是合同对当事人的法律强制力。合同一经法律所承认，当事人就必须履行。合同的生效时间，是指已经成立的合同在当事人之间产生了法律拘束力，即通常所说的法律效力。合同生效时间，是合同在什么样的时间发生法律约束力。"同时成立之原则"，是合同生效时间的基本规则，即合同的成立与其效力同时发生。

合同生效时间包含两个内容：(1) 合同生效的一般时间界限，是合同依法成立。这里的"依法"，为承诺生效，合同即告成立。在这种情况下，合同成立和合同生效的时间是一致的。(2) 法律另有规定或者当事人另有约定的，按照法律规定或者当事人约定的合同生效时间发生法律效力。例如，当事人约定合同经过公证后生效，则在公证后合同生效。

本条第 2 款规定的是法律规定的合同生效时间。依照法律、行政法规规定应当办理批准等手续的合同，在办理了相关的手续时生效。如果没有办理批准等手续，该合同不生效，但不是合同无效，仍然可以通过补办手续而使其生效。因此，未办理批准等手续，并不影响合同履行报批、登记等义务条款以及相关条款的效力，这意味着：(1) 这时的合同并非无效，而是未生效；(2) 尽管合同不生效，但是这些条款的效力仍然不受影响，负有履行报批手续义务的一方仍然应当负担履行报批手续的义务，继续报批；（3）负有履行报批义务的当事人拒不履行该义务，使该合同无法生效的，应当承担损害赔偿责任，对对方当事人因此造成的损失，承担缔约过失责任。

本条第 3 款规定的是，依照法律、行政法规的规定，合同的变更、转让、解除等情形也须办理批准等手续生效的，与合同生效须批准是相同的，因此也应当按照第 2 款规定的上述规则处理。

与《合同法》第 44 条规定相比，本条增加的新规则基本上是借鉴《最高人民法院关于适用〈中华人民共和国合同法〉若干问题的解释（一）》第 9 条规定的内容，具体如下。

1. 合同生效时间的除外条款。合同自成立时生效，但是法律另有规定或者当事人另有约定的除外。《合同法》第 44 条没有这样的规定，但是在现实中实际上是存在的，属于立法遗漏，因而作了补充。

2. 增加规定未办理批准等手续的，不影响合同中履行报批等义务条款以及相关条款的效力，即该报批的应当继续报批；特别是规定了应当办理申请批准等手续的当事人未履行义务的，对方可以请求其承担违反该义务的责任。

3. 增加规定了法律、行政法规规定合同的变更、转让、解除等情形应当办理批准等手续的，应当依照前款规定处理，即该报批应当继续报批，违反报批义务的一方，应当承担违约责任。

配套司法解释

最高人民法院关于适用《中华人民共和国民法典》时间效力的若干规定

第八条 民法典施行前成立的合同，适用当时的法律、司法解释的规定合同无效而适用民法典的规定合同有效的，适用民法典的相关规定。

案例评析

韦某 1 与韦某 2 确认合同有效纠纷案①

案情： 原、被告是兄妹关系，原告（韦某 1）与被告（韦某 2）经协商共同出资购买商品房，于 2017 年 6 月 20 日与柳城鸿泉综合旅游开发有限公司签订《商品房买卖合同》，共同出资购买位于广西柳城县的商品房，现未接收房屋，亦未办理不动产权证。2017 年 8 月 15 日，原告与被告共同向中国工商银行股份有限公司柳城县支行办理按揭贷款，签订了《个人购房借款担保合同》，之后，原告自 2018 年 1 月起承担了偿还按揭贷款。2019 年 2 月 13 日，原告与被告经对所购买的商品房协商一致，以甲方为被告、乙方为原告签订《两人合伙买房协议》。《两人合伙买房协议》

---

① 审理法院：广西壮族自治区柳城县人民法院，案号：（2019）桂 0222 民初 362 号。

第 1 条约定，购房实际总价款 1 280 000 元，购房首付款及其他费用总计共出资 398 730.02 元，原告已出资 278 730.02 元，被告已出资 120 000 元，之后按揭贷款自 2018 年 1 月 16 日起至庭审时已由原告负责每月还贷 5 237.18 元（已交清）。《两人合伙买房协议》第 2 条约定，被告自愿放弃共同购买的上述商品房的所有权利，由原告垫付购房款给被告 120 000 元，由原告拥有所购房产的所有权。第 3 条约定，所购房产是按揭贷款购买取得，以原告韦某 1 名义还清贷款，此后，原告对房产的占有、使用或处分等办理一切手续过程中，被告不得以任何理由阻碍或拒绝。第 5 条约定，本协议仅是双方约定，不对抗第三方（贷款方：中国工商银行柳城支行）。第 6 条约定，原告承担还款义务，房产所有权归原告，原告支付给被告首付款 120 000 元。协议经双方签字即生效。之后，原告起诉请求确认协议有效，法院判决确认《两人合伙买房协议》有效。

评析：本案争议焦点是双方签订的《两人合伙买房协议》是否有效。合同法奉行合同自由原则，除当事人另有约定或者法律规定需要履行审批手续之外，合同就在成立时立刻生效。本案中，双方签订的《两人合伙买房协议》是双方真实的意思表示，并无违反法律强制性规定和公序良俗的内容，亦不是法律规定的需要申请办理批准手续的合同，故应在合同成立时生效，法院的判决值得赞同。

> ▶▶ **第五百零三条** 无权代理人以被代理人的名义订立合同，被代理人已经开始履行合同义务或者接受相对人履行的，视为对合同的追认。

🏛 条文要义

本条是对无权代理人订立合同发生追认效力的规定。

《合同法》没有规定这一规则，本条规定这一新规则，是为衔接本法第 171 条。无权代理人以被代理人的名义订立的合同，本来受民法典第 171 条拘束，未被被代理人追认，该合同就对被代理人不发生效力。本条规定的规则是，对于无权代理人以被代理人的名义订立的合同，尽管被代理人没有明示表示追认，但是被代理人已经开始履行该合同约定的义务，或者对对方当事人的履行行为予以受领的，就以被代理人的实际行为，表明他已经接受了该合同订立的事实，并且承认其效力，因而视为被代理人对该合同予以追认，无权代理人订立的该合同，被代理人应当承受法律上的后果，负担应当履行的义务，享有应当享有的权利。对此，被代理人不得再主张该合同对其不发生效力，善意相对人也不得对该合同行使撤销权。

本条规定的新规则，核心内容在于被代理人对无权代理人订立的合同已经开始履行合同义务或者接受相对人履行的，视为追认。视为追认等同于追认，按照本法

第 171 条无权代理的规则，虽然被代理人对无权代理人以被代理人名义订立的合同没有明示的追认，但是，却以其履行的行为或者接受履行的行为，表明了其追认的意思表示，因此，该合同就发生了拘束被代理人的效力。

案例评析

刘某诉甲保险公司无权代理合同纠纷案[①]

案情： 袁某系刘某（原告）之母，刘某系李某之母。2011 年 1 月，袁某以刘某名义在甲保险公司（被告）处为李某购买人寿保险，投保人系刘某，被保险人系李某，并于当天办理了缴保费专用银行卡。2011 年 1 月，袁某与甲保险公司签订保险合同时，袁某未提供刘某的授权委托书，但 2012 年 1 月、2013 年 1 月，刘某均从自己的账户向缴保费专用银行卡转入 2.5 万元，并于当天被自动划扣为保费。2015 年 3 月，刘某以保险合同系袁某签订，自己不知情为由，请求法院确认该保险合同无效。法院认为，袁某未经刘某授权以刘某名义签订合同，系无权代理人。刘某声称自己对保险合同的签订不知情，却缴了两期保费，系履行保险合同义务，应当视为对保险合同的追认，保险合同有效，故依法驳回了刘某的诉讼请求。

评析： 本案争议焦点是袁某与保险公司签订的保险合同对刘某是否有效。在无权代理合同中，由于代理人未经代理人同意与相对人签订合同，不符合被代理人的意思表示，原则上不能对被代理人生效。但是，如果被代理人事后已经履行合同义务或者接受相对人履行的，属于以行为追认无权代理人的代理行为，得以弥补代理人签订合同时的代理权瑕疵，标的合同发生效力。本案中，刘某在袁某无权代理与保险公司签订保险合同后，缴纳了两期保费，系履行保险合同义务，构成对保险合同的追认，保险合同有效。

> ▶▶ **第五百零四条** 法人的法定代表人或者非法人组织的负责人超越权限订立的合同，除相对人知道或者应当知道其超越权限外，该代表行为有效，订立的合同对法人或者非法人组织发生效力。

条文要义

本条是对法人的法定代表人、非法人组织的负责人超越权限订立合同效力的规定。

民法典第 61 条第 3 款规定："法人章程或者法人权力机构对法定代表人代表权

---

① 刘逼. 无权代理人以被代理人名义签订合同，被代理人履行合同义务，合同有效 . http：// lsjfy. chinacourt. gov. cn/public/detail. php？id=850.

的限制，不得对抗善意相对人。"对此，究竟应当如何确定法人的法定代表人等超越权限订立合同的效力问题，需要作进一步的规定。

与第 61 条规定相衔接，本条规定，法人的法定代表人或者非法人组织的负责人，在订立合同时超越权限，对于这种代表行为是否具有法律效力，主要的标准是相对人是否知道或者应当知道其超越权限。如果相对人知道或者应当知道对方的法定代表人或者负责人超越权限，这个相对人就是非善意，订立的这个合同就不发生效力，法人或者非法人组织就可以以此对抗非善意的相对人，主张合同无效或者不生效。如果相对人不知道也不应当知道法定代表人或者负责人订立合同超越权限，且无过失，即相对人为善意，则该合同发生法律效力，法人或者非法人组织不得以法定代表人或者负责人超越权限而对抗善意相对人，不得主张该合同无效。

目 配套司法解释

最高人民法院关于适用《中华人民共和国民法典》有关担保制度的解释

第七条 公司的法定代表人违反公司法关于公司对外担保决议程序的规定，超越权限代表公司与相对人订立担保合同，人民法院应当依照民法典第六十一条和第五百零四条等规定处理：

（一）相对人善意的，担保合同对公司发生效力；相对人请求公司承担担保责任的，人民法院应予支持。

（二）相对人非善意的，担保合同对公司不发生效力；相对人请求公司承担赔偿责任的，参照适用本解释第十七条的有关规定。

法定代表人超越权限提供担保造成公司损失，公司请求法定代表人承担赔偿责任的，人民法院应予支持。

第一款所称善意，是指相对人在订立担保合同时不知道且不应当知道法定代表人超越权限。相对人有证据证明已对公司决议进行了合理审查，人民法院应当认定其构成善意，但是公司有证据证明相对人知道或者应当知道决议系伪造、变造的除外。

案例评析

陈某某与慈溪市公路运输有限公司保证合同纠纷案[①]

案情：公路运输公司（本案被告）系国有资本投资设立并控股的一人有限责任公司，公司重大决策由董事会决定。陈某某（原告）承包公路运输公司的车辆。2013 年 9 月，公路运输公司的法定代表人秦某某（2013 年 12 月 30 日法定代表人由秦某某变更为王某某）向陈某某借款。陈某某分别于 2013 年 9 月 8 日、9 月 9 日向秦某某汇款 10 万元、20 万元，并于同年 9 月 9 日向秦某某交付现金 20 万元。2013

---

① 审理法院：浙江省宁波市中级人民法院，案号：（2014）浙甬商终字第 932 号。

年9月9日，秦某某向陈某某出具借条一份，载明"今借陈某某人民币伍拾万元整，借期六个月归还"，并在担保人处加盖公路运输公司的公章。秦某某取得借款后，未向陈某某归还借款。陈某某于2014年6月25日以公路运输公司未为秦某某借款承担保证责任为由向原审法院起诉，请求判令：公路运输公司即时归还陈某某借款50万元，并按中国人民银行同期贷款年利率6%支付自2014年3月10日起至判决确定履行日止的利息损失，法院驳回了陈某某的诉讼请求。

评析：本案争议焦点是涉案保证合同是否有效。民法典第504条延续了《合同法》第50条对表见代表作出规定，法人的法定代表人或者非法人组织的负责人超越权限订立的合同，如果相对人知道或者应当知道其超越权限的，该合同对法人或者非法人组织不发生效力。由此可知，在认定超越代理权限的合同效力时，相对人是否具有善意是关键，如果相对人为善意则合同有效，否则无效。本案中，公路运输公司系国有资本投资设立并控股的一人有限责任公司，该公司原法定代表人秦某某未经公司董事会同意，在涉案借条落款的担保人处加盖公路运输公司公章为自己向陈某某借款提供担保，且陈某某系公路运输公司的车辆承包人，二者具有密切的交易关联，应当知道秦某某的代表行为超越其权限，不具有善意，应当认定涉案保证合同无效。

> ▶▶ **第五百零五条**　当事人超越经营范围订立的合同的效力，应当依照本法第一编第六章第三节和本编的有关规定确定，不得仅以超越经营范围确认合同无效。

🏛 条文要义

本条是对超越经营范围订立合同效力的规定。

本条衔接了本法第65条的规定。民法典第65条规定："法人的实际情况与登记的事项不一致的，不得对抗善意相对人。"这一规定，在当事人超越经营范围订立的合同的效力方面，仅仅是说法人不得以此对抗善意相对人，但是在具体的合同效力上，应当如何体现，需要进一步规定。

本条确定的规则是，当事人超越经营范围订立的合同的效力，应当依照第一编第六章关于民事法律行为效力问题的规定，以及本编关于合同效力的规定来确定。如果具有无效的事由，则应当确定合同无效；如果属于可撤销民事法律行为，则依照撤销权人的意志确定撤销还是不撤销；如果是效力待定的民事法律行为，则应当依照具体规则处理。如果不存在这些方面的法定事由，那么，这个合同就是有效的，不能仅仅以订立合同超越了该法人或者非法人组织的经营范围而确认合同无效。这样的规则，体现了第65条规定的不得对抗善意相对人的要求。如果相对人是非善意，则应当依据上述民事法律行为效力的基本规则确定合同的效力。

案例评析

杨某、邹某某租赁合同纠纷案[①]

案情: 2016 年 9 月 23 日,原告邹某某与被告杨某签订一份《关于由矿砂中提取金银场地的租赁协议书》,协议约定:被告将位于田东县杨某家庭农庄沙金加工场地大榕树下六个池出租给原告,租期为 3 年,租金为每年 10 万元,在原告进场前先预交 2 万元租金和 5 000 元水电费押金,2 个月后付清 3 个月租金的余额,以后一次性交 3 个月租金,先交租金后使用;被告负责外围的安全保卫工作,配合原告生产,提供良好的生产环境与条件,无偿提供现有的住房和生产设备,不足部分由原告负责购买,费用由原告负责,期满后设备必须完好交还被告;外围的协商关系(包括政府职能部门的关系)由被告负责协调,保证原告生产的正常化进行,如发生非政府职能部门原因影响生产,产生经济损失,由被告承担其经济责任;在租赁期间,被告不得以任何理由为难原告,如有此现象,被告负责赔偿原告所产生的经济损失;生产过程中产生的废渣由原告负责处理,费用由原告承担。协议签订当天,原告按约定向被告转账支付预付租金及水电押金共计 25 000 元,被告也向原告出具收条予以佐证。协议签订后,被告所提供的场地与协议内容不符,而原告未实际进场经营,并向被告提出要求解除合同,退还租金及押金。

由于双方未达成一致意见,原告遂向一审法院提起诉讼,提出如下诉讼请求:(1)撤销原告邹某某与被告杨某签订的《关于由矿砂中提取金银场地的租赁协议书》;(2)被告返还原告预交的场地租金及水电费 25 000 元;(3)被告赔偿原告造成的误工费、交通费 5 000 元。法院判决:一、确认原告邹某某与被告杨某 2016 年 9 月 23 日签订的《关于由矿砂中提取金银场地的租赁协议书》无效;二、被告杨某于本判决生效之日起 10 日内向原告邹某某退还预付场地租金 20 000 元及水电押金 5 000 元,共计 25 000 元。

评析: 本案争议焦点是涉案租赁合同的效力。在经济生活中,许多当事人会超越经营范围订立合同,事后各方当事人可能会因此而对合同效力发生争议,之前也有许多案件认定超出经营范围的合同无效,导致对经济生活干涉过多,引发诸多不良后果。为纠正这一弊端,现行法规定法官不得仅以超越经营范围确认合同无效,但如果合同违反其他强制性规定的,仍然可能会导致无效。本案中,虽然涉案合同超出了原告的经营范围,但是合同无效的原因并不是超出经营范围,而是因为提取金银属于国家特许经营,涉案租赁合同系被告提供场地、部分设备等给原告,由原告从矿砂中提取金银的经营活动,但双方均未能取得相关审批手续,未取得特许经营的资格,应当认定合同无效。

---

① 审理法院:山西省运城市垣曲县人民法院,案号:(2016)晋 0827 民初 313 号。

▶▶ 第五百零六条　合同中的下列免责条款无效：
（一）造成对方人身损害的；
（二）因故意或者重大过失造成对方财产损失的。

条文要义

本条是对合同免责条款无效的规定。

合同免责条款，是指双方当事人在合同中预先达成一项协议，免除将来可能发生损害的赔偿责任的合同条款。合同免责条款的特点是：（1）免责条款具有约定性；（2）免责条款须以明示方式作出，并规定在合同中；（3）免责条款具有免责性，对当事人具有相当的约束力。故本条只规定免责条款无效的事由，排除这两个具体事由的免责条款外，其他都是有效的。合同免责条款分为人身伤害的免责条款和财产损害的免责条款。

1. 人身损害的免责条款，是在合同中约定免除当事人在履行合同中，造成人身伤害，对方当事人对此不负责任，免除其赔偿责任的条款。这种免责条款是无效的。按照这一规定，在所有的劳动合同中，双方当事人约定免除人身伤害赔偿责任的，都没有法律上的拘束力，都不能预先免除雇主的赔偿责任。不过这一规定有特例，例如在竞技体育中，对于某些有严重危险的项目，事先约定免除人身伤害的竞赛者的民事责任，为有效。如拳击、散打、跆拳道、搏击等项目，一方过失造成对方的人身伤害，并不要承担赔偿责任；只有故意伤害对方当事人的，才应当承担赔偿责任。

2. 对财产损害的事先免责条款无效的规定，是因故意或者重大过失造成对方财产损害的也予以免责，就是无效的免责条款。这样的免责条款，将会给对方当事人以损害他人财产的合法理由，合同当事人都可以在合同中借签订免责条款，逃避任何法律制裁，使受害人在免责条款的约束下，无从得到法律上的救济。因此，确定这种免责条款无效。

案例评析

苏某某与佛山南海万达广场有限公司确认合同无效纠纷案①

案情：被告为从事房地产开发经营的有限责任公司。2014 年 5 月 4 日，苏某某（原告）向被告交纳了定金 50 000 元，向被告认购南海×××房。2014 年 9 月 24 日，原、被告签订《广东省商品房买卖合同》，约定原告向被告购买由被告开发预售的×××房，总房价 2 273 392 元，合同还对面积确认及面积差异处理、付款方式及

---

① 审理法院：广东省佛山市南海区人民法院，案号：（2016）粤 0605 民初 7853 号。

期限、逾期付款的违约责任、交付期限、逾期交房的违约责任、规划设计的变更约定、交接、装饰设备标准承诺的违约责任、基础设施及公共配套建筑正常运行的承诺、产权登记的约定、保修责任等权利义务进行了约定。

同日，原、被告还签订一份《合同补充协议》，对送达方式、付款及逾期付款、房屋交付、规划及设计变更、房屋装修装饰及设备标准、配套设施设备、办理产权登记手续、房屋质量及保修、前期物业管理、广告效力及示范单位、合同解除违约责任、不可抗力及其他条款作出补充约定，并对被告的法律责任进行了限定。

2015年6月28日，被告出具发票，确认收取原告购房款2 269 245元。2015年8月9日，原告签署房屋交接单。

2016年5月11日，原告提起本案诉讼。诉讼中，原告明确因风机噪声和餐饮废气排放影响其权利，其主张权利需以补充协议无效为前提，故提起本案诉讼，法院对原告主张未予支持。

评析：本案争议焦点是涉案补充协议中的免责条款是否无效。在缔约过程中，如果双方当事人的现实地位不平等，一方可能会利用自身优势要求对方接受不合理的免责条款，实质造成当事人意思表示的不自由。为了矫正这一缺陷，民法典第506条延续《合同法》第53条对免责条款的效力作出规定，造成对方人身损害的和故意或者重大过失造成对方财产损失的免责条款无效。本案中，涉案补充协议的内容符合房屋买卖交易习惯，被告并无加重原告责任、免除自己责任的情形，不符合免责条款无效的情形，法院驳回原告的诉讼请求值得赞同。

> ▶▶ **第五百零七条** 合同不生效、无效、被撤销或者终止的，不影响合同中有关解决争议方法的条款的效力。

🏛 条文要义

本条是对合同解决争议条款效力的规定。

当一个合同不生效、无效、被撤销或者终止的，合同不再对当事人具有拘束力。当事人对合同发生争议，如果合同因不生效、无效、被撤销或者终止，该合同解决争议的条款也都无效或者不发生效力，就使合同争议丧失了解决的具体办法。因此，无论是合同不生效、无效、被撤销或者终止，都不能影响合同关于解决合同争议方法的条款的效力，解决争议，还必须按照原来合同的约定进行。

具体包括的内容是：（1）合同不生效的，但是在争议发生时，解决争议的条款已经生效。（2）合同被宣告无效的，解决合同争议方法的条款继续有效，不能因合同无效而使其无效。（3）合同被撤销的，解决合同争议方法的条款不能撤销，仍然有效。

(4) 合同终止,意味着合同消灭,但是解决合同争议方法条款的效力不能消灭。

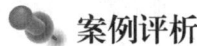 **案例评析**

徐某明与徐某盛、季某娇民间借贷纠纷案①

案情： 原告徐某明与被告徐某盛系堂兄弟关系。被告徐某盛、季某娇原系夫妻关系,双方于2011年4月22日登记结婚,2014年4月经法院判决离婚。2011年6月3日,两被告向原告借款。原告于同日向信用社贷款20万元并通过转账方式将其出借给两被告。因两被告未按约还款,原告于2013年5月20日用向他人所借的20万元归还了信用社贷款。同年5月28日,原告又以房屋装修为由向信用社贷款20万元用以归还向他人所借款项,两被告为原告提供抵押担保,三方签订《个人抵押借款合同》一份,约定借款金额为20万元；借款期限为2013年5月29日起至2015年5月25日止；利息按月利率8.302 5‰计算；还款方式为到期还本,按季还息。次日,被告徐某盛向原告出具借条一份,约定所欠20万元于两年内归还,利息按月利率2%计算；如逾期未还,可向原告所在地法院起诉,由此产生的律师费由借款人承担。原告按约履行《个人抵押借款合同》向信用社还本付息后,向两被告催索借款无果,为此诉至法院,诉请：(1) 两被告归还原告借款本金200 000元并支付利息；(2) 两被告赔偿原告律师代理费6 000元。法院认为,两被告基于无效合同取得的20万元款项,应当予以返还,并应承担已实际向信用社支付的利息。合同无效不影响合同中有关解决争议方法的条款的效力,因此对原告要求两被告承担律师费损失的请求予以支持,被告徐某盛、季某娇还应共同返原告徐某明借款本金200 000元并支付自2013年5月29日起至2015年5月25日止按月利率8.302 5‰计算的利息。

评析： 在经济生活中,合同时常会因违反法律强制性规定、公序良俗等原因而导致无效,合同对当事人不再具有拘束力。但是,法官在认定合同无效之后,当事人往往会因此而发生纠纷。对此,民法典第507条延续《合同法》第57条规定争议解决条款的效力的独立性,合同中的争议解决条款不会因合同无效而无效,既可以为法官定分止争提供依据,也更为符合当事人的真实意思。在本案中,涉案借款合同虽然无效,并不影响合同中有关"律师费由借款人承担"的争议解决条款的效力,法官据此要求被告承担原告的律师费损失有理有据。

> ▶▶ **第五百零八条** 本编对合同的效力没有规定的,适用本法第一编第六章的有关规定。

---

① 审理法院：浙江省常山县人民法院,案号：(2015) 衢常商初字第623号。

🏛 条文要义

本条是对认定合同效力适用民事法律行为效力规则的规定。

在《民法通则》和《合同法》之间，曾经存在民事法律行为效力规则和合同效力规则进行双重规制的情形，并且部分规定之间存在冲突。例如有关欺诈或者胁迫的规定，《民法通则》规定为无效的民事行为，《合同法》则区分损害国家利益的欺诈、胁迫为无效合同，损害其他民事主体利益的为可撤销、可变更的合同。这是在类法典化的松散民法中不可避免地出现的问题，故只能采取新法优于旧法的法律适用原则处理。

编纂《民法典》，对这样的问题应当进行全面整合和调整，因此，本法总则编规定了完整的民事法律行为效力的规则。对主要的合同无效事由，都适用总则编关于民事法律行为效力的规定，因为合同就是双方民事法律行为和多方民事法律行为，应当适用总则编关于民事法律行为效力的规定来确定合同效力。在合同编的本章，拾遗补缺，规定了部分合同效力的条款，例如第506条。因此，在确定合同效力上，首先要适用本编规定的规则，因为这是"特别法"；本编没有规定的，适用总则编关于民事法律行为效力的规则。二者综合起来，就是确定合同效力的完整规则。

🔵 案例评析

杭州银行股份有限公司湖墅支行与赵某某、高某某管辖纠纷案[①]

案情：原审原告杭州银行湖墅支行以高某某、赵某某为被告向杭州市拱墅区人民法院起诉称，高某某与杭州银行湖墅支行签订了《最高额抵押合同》和《个人贷款借款合同》，赵某某向杭州银行湖墅支行出具了《共同还款承诺书》，杭州银行湖墅支行按约发放了200万元贷款，但期限届满后高某某、赵某某均未归还本金及利息。为此，杭州银行湖墅支行诉请判令高某某和赵某某共同偿还借款本金200万元及利息，并要求高某某承担抵押担保责任。

诉讼中，杭州银行湖墅支行起诉时提交了《个人贷款借款合同》《最高额抵押合同》《他项权证》《共同还款承诺书》等证据，其中《个人贷款借款合同》第15条记载"甲、乙双方在履行本合同过程中发生争议时，可以通过协商解决，也可以直接向乙方所在地人民法院起诉"，高某某在该合同上作为甲方签字盖章，杭州银行湖墅支行在该合同上作为乙方盖章。赵某某在《共同还款承诺书》第2条承诺：对高某某与杭州银行湖墅支行签订的上述借款合同项下债务承担连带共同还款责任，"具体权利义务按照借款人与贵行签订的相关合同执行"。原审法院裁定，高某某与杭州银行湖墅支行签订的《个人贷款借款合同》和《最高额抵押合同》中均约定就合同争

[①]　审理法院：浙江省杭州市中级人民法院，案号：（2015）浙杭辖终字第1115号。

议向杭州银行湖墅支行所在地法院提起诉讼，该约定不违反级别管辖和专属管辖的规定，亦不影响当事人的实体权益，合法有效，故原审法院基于当事人约定而对本案具有管辖权。

赵某某不服原审裁定，上诉称涉案合同约定争议由杭州银行湖墅支行所在地法院管辖，该合同系格式合同，银行未对条款尽详细说明义务，故该协议管辖条款无效，应由杭州市江干区人民法院管辖。上诉法院认为，原审裁定正确，法院对赵某某的上诉请求不予支持。

评析：本案争议焦点是涉案合同中的管辖权约定是否有效。在司法实践中，标的合同经常会因各种原因而被认定为无效，比如违反法律强制性规定、违背公序良俗等，法律为了妥善解决合同无效引发的纠纷，从而规定合同无效不影响合同中有关解决争议方法的条款的效力。本案中，被告提出涉案合同可能会因属于格式合同、未尽说明义务等原因导致无效。但是，民法典第 156 条规定，民事法律行为部分无效，不影响其他部分效力的，其他部分仍然有效。由于涉案合同关于管辖权的约定属于争议解决条款，因而即使涉案合同无效也不会影响管辖权约定条款的效力，法官应当依据合同中的管辖权条款确定有管辖权的法院。

第四章 合同的履行

▶▶第五百零九条 当事人应当按照约定全面履行自己的义务。

当事人应当遵循诚信原则，根据合同的性质、目的和交易习惯履行通知、协助、保密等义务。

当事人在履行合同过程中，应当避免浪费资源、污染环境和破坏生态。

🏛 条文要义

本条是对履行合同原则的规定。

合同履行是合同债务人全面地、适当地完成其合同义务，债权人的合同债权得到完全实现。合同履行的原则，是指当事人在履行合同债务时应当遵循的基本准则。当事人在履行合同债务中，只有遵守这些基本准则，才能够实现债权人的债权，当事人期待的合同利益才能实现。

与《合同法》第60条规定相比，本条增加了第3款关于合同履行须遵循绿色原则要求的新规则，共三个合同履行原则。

1. 遵守约定原则，亦称约定必须信守原则。依法订立的合同对当事人具有法律约束力。双方的履行过程一切都要服从于约定，信守约定，约定的内容是什么就履行什么，一切违反约定的履行行为都属于对该原则的违背。遵守约定原则包括：（1）适当履行原则，合同当事人按照合同约定的履行主体、标的、时间、地点以及方式等履行，且均须适当，完全符合合同约定的要求。（2）全面履行原则，要求合同当事人按照合同所约定的各项条款，全部而完整地完成合同义务。

2. 诚实信用原则，对于一切合同及合同履行的一切方面均应适用，根据合同的性质、目的和交易习惯履行合同义务。具体包括：（1）协作履行原则，要求当事人要基于诚实信用原则的要求，对对方当事人的履行债务行为给予协助，一是及时通知，二是相互协助，三是予以保密。（2）经济合理原则，要求当事人在履行合同时应当讲求经济效益，付出最小的成本，取得最佳的合同利益。

3. 绿色原则，依据民法典第9条规定，履行合同应当避免浪费资源、污染环境和破坏生态，遵守绿色原则。在制定本法总则编、讨论第9条规定的绿色原则时，就存在一个疑问，即规定了绿色原则，在民法典的具体规则中怎样才能体现绿色原则的要求呢？本条对此作出了回答。这就是，在合同履行中贯彻绿色原则，就是避免浪费资源、污染环境和破坏生态，把避免浪费资源、污染环境和破坏生态作为合同当事人必须履行合同的一项义务。但是，当事人一旦违反了这一义务，应当承担什么样的法律后果，法律并没有规定。看起来，这一义务似乎还是一个"软义务"，是不真正义务。对此，应当将其贯彻到合同履行双方的责任上，例如，一方当事人违反了避免浪费资源、污染环境和破坏生态的义务，相应地在承担责任上应当有所体现，例如适当加重其民事责任等。

📋 配套司法解释

最高人民法院关于适用《中华人民共和国民法典》时间效力的若干规定

第二十条　民法典施行前成立的合同，依照法律规定或者当事人约定该合同的履行持续至民法典施行后，因民法典施行前履行合同发生争议的，适用当时的法律、司法解释的规定；因民法典施行后履行合同发生争议的，适用民法典第三编第四章和第五章的相关规定。

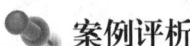

案例评析

王某某与孙某买卖合同纠纷案①

案情： 原告王某某 2016 年向被告孙某提供网架球坯，共计 110 530 元，被告至今仍剩余 41 530 元未支付，并于 2017 年 3 月 5 日向原告出具欠条一份，内容为："2017 年 3 月 5 日：今欠王某某球坯款 41 530 元，署名孙某 1。"庭审中，被告承认孙某 1 是其小名，该欠条系被告出具。经原告多次催讨，被告至今未付，故诉至法院。被告孙某辩称：如果原告给被告开具增值税发票，被告就将货款给付原告，原告不能开具增值税发票被告就不给付货款。法院认为，原、被告之间的买卖合同有效，原告已履行交付货物的义务，被告所欠货款有欠条予以证明。因此，对于原告要求被告偿还货款 41 530 元的主张，予以支持。

评析： 本案的争议焦点是原告违反附随义务可否成为被告拒绝给付货款的抗辩理由。附随义务的存在是为了协助实现主给付义务，法律依据诚实信用原则，要求当事人履行通知、协助、保密等义务。尽管如此，在某些情况下，一方违反附随义务有可能会导致对方无法实现合同目的，此时对方有权提出先履行抗辩权或者同时履行抗辩权，要求违反附随义务方履行附随义务。本案中，原告未履行给付发票的附随义务，有可能会导致被告无法实现申报税款等目的，对企业经营造成重大影响，被告主张"原告不能开具增值税发票被告就不给付货款"实为行使先履行抗辩权，法官在未要求原告开具发票的前提下判令被告给付货款，是否恰当值得斟酌。

---

① 审理法院：江苏省徐州市铜山区人民法院，案号：（2017）苏 0312 民初 3552 号。

▶▶ 第五百一十条　合同生效后，当事人就质量、价款或者报酬、履行地点等内容没有约定或者约定不明确的，可以协议补充；不能达成补充协议的，按照合同相关条款或者交易习惯确定。

🏛 条文要义

本条是对合同非主要条款补充和确定方法的规定。

如前所述，合同的标的和数量是主要条款，其他条款属于非主要条款。当事人就合同的主要条款达成合意即合同成立，非主要条款没有约定或者约定不明确，并不影响合同成立。在实践中，当事人的缔约行为会受到交易成本的制约，需要在权衡缔约成本和预期收益的基础上，决定是否对非主要条款作出约定。如果谈判成本很高，以至于超出事先约定可以带来的收益，双方就会有意放弃对非主要条款的协议，导致不完全合同的产生，留待损害实际发生后再行协商或者交由法院来裁决。

对合同的非主要条款没有约定或者约定不明的解决办法是：

1. 协议补充。只要事后进行补充协议即可。补充协议对非主要条款作出明确约定，合同内容即为完善，可以进行履行。对合同的非主要条款进行协议补充，应当遵循自愿原则，协商一致即可。

2. 进行确定。当事人就合同的非主要条款的补充协议不能达成一致，则应当依照合同的相关条款或者交易习惯予以确定。

🔖 案例评析

金某龙与何某辉、新余市辉宏饲料有限公司买卖合同纠纷案①

案情： 第二被告为有限责任公司（自然人独资），股东何某辉为第一被告，出资额 3 000 万元，出资比例 100.0%，同时担任法定代表人。第二被告于 2014 年 3 月 9 日、2014 年 3 月 14 日、2014 年 3 月 21 日、2014 年 4 月 20 日四次向原告（金某龙）购买碎米合计 186.61 吨。2014 年 7 月 7 日，原告与第二被告经结算，第二被告欠原告货款合计 424 510 元，当日第二被告向原告付款 24 510 元，第一被告在《辉宏公司与金某龙购碎米明细表上》确认并签名"何某辉肆拾万元整 2014.7.7"。清算后，原告多次向二被告要求支付拖欠货款未果，原告于 2014 年 12 月 16 日向法院提起诉讼，请求第二被告清偿货款及其利息，第一被告承担连带清偿责任，法院支持了原告的诉讼请求。

评析： 本案的争议焦点是两被告是否应当向原告支付拖欠货款的利息。在真实

① 审理法院：江西省新余市渝水区人民法院，案号：（2015）渝民初字第 00016 号。

的市场交易中，市场主体通过讨价还价的谈判缔结契约，督促契约条款的履行等，这些工作常常是花费成本的，使得缔约者必须在"交易成本"及"合同完整度"之间作出取舍。也就是说，当事人的缔约行为会受到交易成本的制约，需要在权衡缔约成本和预期收益的基础上，决定是否对特定违约损害作出约定，如果谈判成本很高以至于超出可以事先约定可以带来的收益，双方就会放弃对特定事项的协议，导致不完全合同的产生，留待损害实际发生后再行协商或者交由法院来裁决。为应对合同的不完整性，民法典第510条延续《合同法》第61条的规定对约定不明的合同进行补救，允许当事人事后对未约定事项进行事后约定，如果当事人不能达成"补充协议"，法官就应按照合同有关条款或者交易习惯填补合同漏洞。本案中，当事人未对迟延支付货款的利息作出约定，且双方不能在事后达成补充约定，法院参照中国人民银行同期人民币贷款基准利率来填补该漏洞，至为恰当。

▶▶ **第五百一十一条** 当事人就有关合同内容约定不明确，依据前条规定仍不能确定的，适用下列规定：

（一）质量要求不明确的，按照强制性国家标准履行；没有强制性国家标准的，按照推荐性国家标准履行；没有推荐性国家标准的，按照行业标准履行；没有国家标准、行业标准的，按照通常标准或者符合合同目的的特定标准履行。

（二）价款或者报酬不明确的，按照订立合同时履行地的市场价格履行；依法应当执行政府定价或者政府指导价的，依照规定履行。

（三）履行地点不明确，给付货币的，在接受货币一方所在地履行；交付不动产的，在不动产所在地履行；其他标的，在履行义务一方所在地履行。

（四）履行期限不明确的，债务人可以随时履行，债权人也可以随时请求履行，但是应当给对方必要的准备时间。

（五）履行方式不明确的，按照有利于实现合同目的的方式履行。

（六）履行费用的负担不明确的，由履行义务一方负担；因债权人原因增加的履行费用，由债权人负担。

🏛 条文要义

本条是对合同非主要条款没有约定或者约定不明确时继续确定的规定。

所谓继续确定，是指当事人就有关合同内容约定不明确，依照前条规定仍不能确定的，应当进一步确定，以便使合同债务得到履行。

继续确定适用的方法是：

1. 质量要求不明确的，按照强制性国家标准履行；没有强制性国家标准的，按照推荐性国家标准履行；没有推荐性国家标准的，按照行业标准履行；没有国家标准、行业标准的，按照通常标准或者符合合同目的的特定标准履行。其实，这个标准的顺序应当倒过来，即首先是通常标准、合同目的的特定标准，其次是行业标准，再次是国家标准。

2. 价款或者报酬不明确的，按照订立合同时履行地的市场价格履行；依法应当执行政府定价或者政府指导价的，按照规定履行。这个规定很明确。

3. 履行地点不明确，给付货币的，在接受货币一方所在地履行；交付不动产的，在不动产所在地履行；其他标的，在履行义务一方所在地履行。

4. 履行期限不明确的，债务人可以随时履行，债权人也可以随时要求履行，但是应当给对方必要的准备时间。

5. 履行方式不明确的，按照有利于实现合同目的的方式履行，例如按照标的物的性质确定履行方式。

6. 履行费用的负担不明确的，由履行义务一方负担；因债权人原因增加的履行费用，由债权人负担。

与《合同法》第62条第1项规定，本条新增加的规则如下。

1. 对质量要求不明确的继续确定标准有所改变。《合同法》第62条第1项规定："质量要求不明确的，按照国家标准、行业标准履行；没有国家标准、行业标准的，按照通常标准或者符合合同目的的特定标准履行。"将国家标准作为继续确定质量要求的最高标准，其实是错误的，因为国家标准是区分不同等级的，应当按照不同标准的要求确定。因此，本条第1项修改为："质量要求不明确的，按照强制性国家标准履行；没有强制性国家标准的，按照推荐性国家标准履行；没有推荐性国家标准的，按照行业标准履行；没有国家标准、行业标准的，按照通常标准或者符合合同目的的特定标准履行。"

2. 履行费用的负担不明确的，在由履行义务一方负担的基础上，增加了"因债权人原因增加的履行费用，由债权人负担"的新规则，这是完全符合公平原则要求的规定。

案例评析

厦门恒地物业服务有限公司与林某某物业服务合同纠纷案[①]

案情：林某某（被告）系厦门市湖里区某住宅的业主。2011年10月11日，永升业委会（甲方）与厦门鑫志高物业服务有限公司（乙方）签订一份《永升新城委托物业服务合同》，约定甲方委托乙方对永升新城小区提供统一的专业化的物业服务，服务期限自2011年10月15日起至2013年12月31日止。2012年3月21日，厦门鑫志高物业服务有限公司更名为厦门恒地物业服务有限公司（即本案原告）。

① 审理法院：福建省厦门市中级人民法院，案号：(2016)闽02民终2779号。

2013 年期间，永升新城小区过半数业主已支付物业管理费，且已付费业主的专有部分总和占小区建筑物总面积过半数。

2013 年 1 月 4 日，恒地公司向永升业委会发出一份《关于永升新城提价实施的函》，载明永升新城物业服务费提价意见征询工作已于 2012 年 12 月顺利完成，征询结果已达专有部分占建筑物总面积过半数的业主且占总人数过半数的业主同意（双过半原则），已具备提价的条件。2014 年 1 月 10 日，恒地公司与永升业委会签订《永升新城委托物业服务合同补充协议》，约定原《永升新城委托物业服务合同》第 6 条所约定的服务期限顺延至 2015 年 12 月 31 日止，第 9 条所约定的多层住宅的物业服务费用标准为 0.7 元/平方米/月、公共维修金为 0.2 元/平方米/月，小高层住宅的物业服务费用标准为 1.1 元/平方米/月、公共维修金为 0.25 元/平方米/月等。

事后，林某某未向恒地公司支付 2011 年 10 月 15 日至 2015 年 6 月 30 日的物业管理费及公维金，恒地公司向一审法院起诉，请求判令林某某向恒地公司立即支付 2011 年 10 月 15 日至 2015 年 6 月 30 日的物业公维金、水电公摊等费用共 3 222 元。法院认为，因物业服务合同及补充协议对物业管理费及公维金的支付期限未作约定，恒地公司可随时要求林某某履行支付义务，但需给予林某某必要的准备时间。

评析： 本案争议焦点是恒地公司是否有权要求林某某缴纳物业管理费及公维金。不完全合同理论的核心洞见就是任何一个合同都有可能是不完整的，破除了"人为自己立法"的迷信，为法官填补合同漏洞奠定了正当性基础。本案中，涉案物业服务合同没有对林某某向恒地公司支付物业管理费及公维金的期限作出约定，属于不完全合同，法官应当确定该期限。民法典第 511 条第 4 项规定，履行期限不明确的，债务人可以随时履行，债权人也可以随时要求履行，但是应当给对方必要的准备时间。恒地公司关于要求林某某支付 2011 年 10 月 15 日至 2015 年 6 月 30 日期间的上述费用，已经给予林某某相应的准备时间，法官应予支持。

▶▶ **第五百一十二条** 通过互联网等信息网络订立的电子合同的标的为交付商品并采用快递物流方式交付的，收货人的签收时间为交付时间。电子合同的标的为提供服务的，生成的电子凭证或者实物凭证中载明的时间为提供服务时间；前述凭证没有载明时间或者载明时间与实际提供服务时间不一致的，以实际提供服务的时间为准。

电子合同的标的物为采用在线传输方式交付的，合同标的物进入对方当事人指定的特定系统且能够检索识别的时间为交付时间。

电子合同当事人对交付商品或者提供服务的方式、时间另有约定的，按照其约定。

🏛 条文要义

本条是对网络交易合同交付时间的规定。

以前的法律对此没有规定，这是根据网络交易发展的实际情况规定的新规则，确定网络交易合同的交付时间，分为三种情形。

1. 网络买卖合同的商品交付，采用快递物流方式交付标的物的，应当以收货人的签收时间为交付时间。网络服务合同，由于没有明显的交付的标志，因此以生成的电子凭证或者实物凭证中载明的时间为提供服务时间；如果前述凭证没有载明时间或者载明时间与实际提供服务时间不一致的，以实际提供服务的时间为准。

2. 电子合同的标的物为采用在线传输方式交付的，例如网络咨询服务合同，合同标的物（如咨询报告）在进入对方当事人指定的特定系统并且能够检索识别的时间为交付时间。

3. 电子合同当事人对交付商品或者提供服务的方式、交付时间另有约定的，按照其约定。例如，网络买卖合同的买受人主张自己选择快递物流取货的，将买卖标的物交付给买受人自己选择的快递物流单位的时间为交付时间。

🔘 案例评析

霞浦县瑞智商贸有限公司、刘某某网络购物合同纠纷案①

案情：被上诉人刘某某通过天猫商城购买了上诉人瑞智母婴专营店的婴幼儿配方乳粉。上诉人通过汇通快递邮寄给被上诉人。被上诉人收货当天就申请退货、退款。上诉人根据被上诉人的申请立即退款，双方达成一致意见，解除合同的条件为：退货、退款。上诉人及时履行了退款义务，被上诉人却一直未履行退货义务。一审认定本案属于网络购物合同纠纷，由买受人住所地管辖，上诉人霞浦瑞智公司提出上诉，主张应该将该案移送到出卖人所在地法院管辖，上诉法院驳回了该请求。

评析：本案争议焦点是涉案网络购物合同的履行时间。在通常的买卖合同中，出卖人将标的物交付给买受人或者承运人时，合同就已经履行，合同履行地也就是交付地。但在网络购物合同中，买受人一般不能决定标的物的承运人，标的物在运输过程中灭失的风险较高，法律规定网络购物合同的交付时间是买受人收货时，这样可以将该风险转嫁给出卖人，提高对消费者的保护程度。本案中，原被告双方是以网络购物的方式签订合同的，属于网络购物合同纠纷，其性质并不因双方事后解除合同而改变，法院认定合同履行时间为买受人收到货物时，履行地也就是买受人所在地。

---

① 审理法院：江西省上饶市中级人民法院，案号：（2018）赣11民辖终9号。

▶▶ **第五百一十三条** 执行政府定价或者政府指导价的，在合同约定的交付期限内政府价格调整时，按照交付时的价格计价。逾期交付标的物的，遇价格上涨时，按照原价格执行；价格下降时，按照新价格执行。逾期提取标的物或者逾期付款的，遇价格上涨时，按照新价格执行；价格下降时，按照原价格执行。

🏛 条文要义

本条是对执行政府定价或政府指导价价格调整的规定。

合同的标的物属于政府定价或者政府指导价的，必须按照政府定价和政府指导价确定其价格，当事人不得另行约定价格。

政府定价是国家对少数关乎国计民生的产品由政府直接确定价格，企业不得违背的定价。政府指导价是政府对少数产品确定一个中准价，各地根据当地情况作出具体定价，按照当地政府确定的定价进行交易，当事人应当执行这种定价。

合同在履行过程中，如果遇到政府定价或者政府指导价作调整时，确定产品价格的原则是保护按约履行合同的一方。具体办法是：

1. 执行政府定价和政府指导价的，在履行中遇到政府定价或者政府指导价作调整时，应按交付时的政府定价或者政府指导价计价，即按新的价格执行：交付货物时，该货物提价的，按已提的价格执行；降价的，则按所降的价格计算。

2. 当事人逾期交货的，该产品的政府定价或者政府指导价提高时，按原定的价格执行；该产品政府定价或者政府指导价降低时，按已降低的价格执行。

3. 当事人超过合同规定时间提货或付款的，该产品的政府定价或者政府指导价提高时，按已提高的价格计价付款；该产品政府定价或者政府指导价降低时，则按原来合同所议定的价格执行。

🎯 案例评析

裴某某与新乡市永兴建材厂、琚某某买卖合同纠纷案①

案情： 被告永兴建材厂又名新乡市新邦水泥有限公司，生产经营水泥。原告裴某某于 2014 年 8 月 22 日在该厂订购 73 吨水泥。原告裴某某按每吨 220 元，将货款 16 060 元交付给被告琚某某后，被告永兴建材厂为其出具了标号为 932.5、数量为 73 吨的提货单黑红两联单。提单号码为×××773，并盖有新乡市新邦水泥有限公司财务专用章。在原告裴某某提货时，被告永兴建材厂已停止生产，未向原告裴某某供货。后原告裴某某多次向被告永兴建材厂、琚某某催要该水泥及货款。被告永兴建材厂、琚某某以种种理由，一直未给付原告裴某某水泥，也未退还货款。随后，

---

① 审理法院：河南省新乡市封丘县人民法院，案号：(2018) 豫 0727 民初 1240 号。

原告提起诉讼，要求二被告退还 16 060 元货款及利息，或者按水泥现价退还 19 710 元货款。

法院认为，该水泥厂一直处于停产状态，该买卖合同已无法继续履行，应予解除，故原告裴某某要求被告永兴建材厂退还已交付的水泥款，予以支持。对于被告琚某某收取货款的行为，是履行被告永兴建材厂的职务行为，应由被告永兴建材厂承担权利义务，故原告裴某某要求被告琚某某退还货款的理由不能成立，法院不予支持。因原被告双方对逾期交货没有约定利息，原告裴某某要求被告永兴建材厂支付利息的请求，不予支持。

评析：本案争议焦点是被告应当以何时的价格返还给原告价款。合同是一种面向未来的法律关系，债务人履行债务会受到各种情事的影响，很有可能无法按期履行合同债务，从而影响债权人合同权利的实现。为了鼓励守约，惩罚违约，民法典第 513 条延续《合同法》第 63 条对合同价格作出规定，逾期交付标的物的，遇价格上涨时，按照原价格执行；价格下降时，按照新价格执行。但是，本案被告逾期未能交付标的货物，需要向原告返还预付的价款，与给付货款不同。为了惩罚被告的违约行为，如果价格上涨则应按照新价格执行，如果价格下降就按照原价格执行，才能起到惩罚违约的效果。本案法官要求被告按照原来的低价返还价款，实际上无法起到惩罚违约的效果，值得商榷。

▶▶**第五百一十四条**　**以支付金钱为内容的债，除法律另有规定或者当事人另有约定外，债权人可以请求债务人以实际履行地的法定货币履行。**

🏛 条文要义

本条是对金钱债务履行方式的规定。

金钱债务，又称为金钱之债、货币之债，是指以给付一定数额的金钱为标的的债务。金钱债务是最典型的债务，我国"债"的概念就来源于"责"字，从"贝"，表示与财产有关，专指金钱债务，后来将这个意义的"责"用"债"表示，专指金钱债务。发生"债"的原因为"假"（借）或"贷"，因此，"债，谓假贷人财物，未偿者也"①。因而我国固有的债的概念，范围比较狭窄，差不多就是指金钱债务。

金钱债务的履行，涉及清偿时用何种货币支付的问题，以前的法律对此没有规定，本条规定的规则是：（1）法律规定或者当事人有约定的，依照法律规定或者当事人约定的货币种类予以支付。例如法律规定在境内不能以外币支付而应当以人民

———————

① 汉书·淮阳宪王钦传.

币结算；当事人约定的支付币种不违反国家法律规定的，当然也没有问题。（2）债权人可以请求债务人以实际履行地的法定货币履行。法定货币是指不代表实质商品或货物，发行者亦没有将货币兑现为实物的义务，只依靠政府的法令使其成为合法通货的货币。法定货币的价值来自拥有者相信货币将来能维持其购买力。例如中国内地的法定货币是人民币，香港地区的是港币，澳门地区的是澳门币。当金钱债务涉及这些地区时，债权人可以提出用实际履行地的法定货币清偿债务。

案例评析

拉图拉甘（青岛）国际酒业集团有限公司与尚某丰劳动合同纠纷案①

案情： 原告拉图拉甘（青岛）公司与被告尚某丰先后签订了3份固定期限的劳动合同，合同期限分别为2010年3月1日至2011年2月28日、2011年3月1日至2012年2月28日、2012年3月1日至2014年6月20日。被告在原告处工作期间，2013年有5天未休年休假。2014年6月23日原告以劳动合同到期为由为被告出具了解除/终止劳动合同报告书及解除终止劳动合同人员登记表。2014年5月16日被告与原告签订了协议，内容为："甲方：拉图拉甘（青岛）国际酒业集团有限公司；乙方：尚某丰。甲、乙双方就乙方在职期间提成和奖励款的支付作出如下协议：……2.乙方同意甲方将以上款项中的58 000.00元以实物的形式支付。这里的实物是指甲方经营的各类酒水（清仓酒除外），价格以批发价为准。"

被告向青岛市崂山区劳动争议仲裁委员会提起仲裁，请求被申请人支付申请人2014年1月提成即协议中提到的58 000元，青岛市崂山区劳动争议仲裁委员会作出青崂劳人仲案字（2014）第408号裁决书，裁决被申请人拉图拉甘（青岛）国际酒业集团有限公司在本裁决生效之日起10日内支付申请人尚某丰提成和奖励款58 000元。原告对该裁决不服，诉至法院。法院认定原、被告签订该协议有效，原、被告应按照协议约定履行其权利义务，对被告要求原告以货币形式支付其提成和奖励款58 000元的诉讼请求不能予以支持。

评析： 本案争议焦点是原告应以何种方式支付被告主张的58 000元提成。在涉及支付金钱为内容的债务中，通常以实际履行地的法定货币履行债务，对债权人和债务人都较为便利，故而除合同另有约定外，债权人可以请求债务人以其所在地的法定货币清偿债务。本案即属于"当事人另有约定"的情形，被告与原告签订的协议明确约定被告的提成和奖励款中的58 000元可以实物的形式支付，这一约定并未违反法律强制性规定，对双方当事人均有拘束力，原、被告应按照协议约定享有其权利，履行其义务。

---

① 审理法院：山东省青岛市崂山区人民法院，案号：（2014）崂民三初字第497号。

> ▶▶ 第五百一十五条　标的有多项而债务人只需履行其中一项的，债务人享有选择权；但是，法律另有规定、当事人另有约定或者另有交易习惯的除外。
>
> 　　享有选择权的当事人在约定期限内或者履行期限届满未作选择，经催告后在合理期限内仍未选择的，选择权转移至对方。

🏛 条文要义

本条是对选择之债选择权的规定。

选择之债，是指债的关系在成立之时，确定的标的有数个，当事人在履行时可以选定其中一个而为给付的债。以前的法律没有对此作出规定，这是对选择之债规定的新规则，其要件是：（1）须预定数种给付债务；（2）须于数种给付债务中选定其一为给付。凡在债的给付标的、履行时间、方式、地点等诸方面可供选择的债，都为选择之债。与选择之债对应的是简单之债。简单之债也称单纯之债①，是指具有确定的单一标的的债，是债的关系的常态，在实际生活中发生的债大多是简单之债，债法的一般性规则均可适用于简单之债。这种区分的意义在于，简单之债应当全面履行，选择之债在履行之前必须确定数个履行标的中的一个，将其变为简单之债，才能够履行。

选择之债因选择权的行使，而最终确定一个给付为债的标的，并因此产生溯及既往的效力。在数种给付中，确定其一为给付，就是选择之债的确定。选择权也叫择定权，是指在选择之债中，一方当事人享有的因自己的意思表示而引起选择之债变更为简单之债的形成权。

选择权以属于债务人为原则，因为债务毕竟是要由债务人实际履行的，债务人在履行债务之前如果选择之债规定的数种选择不能确定，债务人不能做履行的准备，从而也就不能很好地履行债务。将选择权归属于债务人，既有利于保护债务人的利益，也有利于债务的履行。如果法律另有规定或者当事人另有约定，则从其规定或者约定。

选择权可以转移。转移的条件是，享有选择权的当事人在约定期限内或者履行期限届满未作选择，经催告后在合理期限内仍未选择的，选择权转移至对方，由新的选择权人行使。

📎 案例评析

赵某与罗某某合伙协议纠纷案②

案情：原告罗某某和被告赵某原来系合伙关系，后来决定停止合伙关系，赵某

---

① 张广兴. 债法总论. 北京：法律出版社，1997：132.
② 审理法院：广东省佛山市中级人民法院，案号：（2014）佛中法民二终字第984号。

在拆伙时向罗某某出具三笔款项的欠条，分别为 38 000 元、16 594 元和 38 900 元。对于第一笔 38 000 元的款项，赵某在出具该欠条时明确承诺"定于 1 月内付清此款或给竹签或退拉丝机"，后来赵某未能按时还款，罗某某向法院提起诉讼，请求赵某支付该款项。一审法院判决赵某应向罗某某支付 38 000 元，赵某不服，提起上诉。法院认为，赵某上诉请求以返还拉丝机抵偿 38 000 元欠款债务，依据不足，不予支持。

评析：本案争议焦点是被告应该如何向原告清偿第一笔债务。在经济生活中，某些债权债务标的本身具有不确定性，当事人在订立合同时尚无法确定以何种方式清偿债务更具便利性，故而在合同中约定多种清偿债务的方式，当届至清偿期时才最终确定采用何种方式清偿债务。这种选择性债务是当事人自主约定的结果，符合合同自由的原则，法官应当予以尊重。当双方当事人对于选择何种方式清偿债务出现分歧时，法律规定债务人享有选择权，因为债务最终是由债务人履行的，债务人可以选择最为经济有效的方式来履行。如果享有选择权的当事人在约定期限内或者履行期限届满未作选择，经催告后在合理期限内仍未选择的，选择权转移至对方。本案中，债务人赵某在合同履行期限内没有履行合同，也未行使选择权，选择权转移至原告债权人处，原告要求债务人支付 38 000 元是行使选择权的结果，应予支持。

> ▶▶ **第五百一十六条**　当事人行使选择权应当及时通知对方，通知到达对方时，标的确定。标的确定后不得变更，但是经对方同意的除外。
>
> 　　可选择的标的发生不能履行情形的，享有选择权的当事人不得选择不能履行的标的，但是该不能履行的情形是由对方造成的除外。

🏛 条文要义

本条是对选择之债选择权行使规则的规定。

对于选择权的行使，以往的法律对此没有规定。选择权是形成权，一经行使，即发生选择的效力，被选择的标的就被特定化，其他选项的标的消灭。故享有选择权的当事人在行使选择权时，以对相对人作出意思表示而发生效力，即及时通知对方，通知到达对方时，标的确定，从而使该选择之债自始成为简单之债。基于该意思表示的此种效力，该意思表示非经相对人同意，不得变更，也不得撤销，只有在对方当事人同意的情况下才有例外。

如果在选择之债的数种给付中，其中一个或数个因不可抗力等原因而履行不能时，则选择权人只能就剩余的给付加以选择。尤其是只有一种可以履行而其他均发生履行不能时，当事人才丧失选择的余地，只能按可以履行的标的履行，选择之债变更为简单之债，无须另行选择。此种不能履行应当以不可归责于无选择权的当事人为限。如果该履行不能因无选择权的当事人的行为所致，则选择权人仍然有权就该不能履行的给付加以选择。如果选择权人为债务人，可以通过选择不能履行的给付而免予承担自己的债务；如果选择权人为债权人，则其可以通过选择不能履行的给付而解除合同，追究对方的违约责任。

 **案例评析**

董某某与李某某买卖合同纠纷案[①]

案情：2011 年 1 月 7 日许某某和原告董某某签订转让协议，约定将宣城市九龙石灰厂转让与原告，并由原告向许某某出具转让款欠条一份。2016 年 3 月 17 日原、被告达成转让协议一份，约定原告将其经营的宣城市九龙石灰厂及附属设施以 76.8 万元价格转让与被告李某某。协议第 2 条约定：转让款项为人民币 76.8 万元，双方签订此协议后乙方（即被告）暂时支付定金 6.8 万元，3 日内乙方应配合甲方（即原告）办理工商变更登记手续，再在 3 日内支付甲方 30 万元，余款 40 万元自 2016 年 7 月起每月月底前向甲方以市场价购买乙方石灰的方式支付 5 万元（须达到甲方质量要求，如达不到要求按现金支付），总欠款在 2017 年 1 月 27 日前付清，甲方须保证该厂保持石灰厂现状，否则乙方有权解除该协议并可要求甲方全款无条件退回定金。第 3 条约定：签订协议后 6 个月内的其他纠纷，甲方必须协助解决（如有与村民未解决事项均由甲方承担解决）。第 6 条约定：违约责任，本协议签订后，甲乙双方均应信守本协议，乙方如有未按期付款或有任何一方违反本协议则为违约，违约方应向守约方支付违约金（10 万元）并承担由此所造成的一切经济损失。后被告支付了定金 6.8 万元，办理工商变更登记后又支付 30 万元。

后来，被告未支付应付款 5 万元，原告董某某向法院提出诉讼请求：判令被告偿付到期转让款 5 万元并承担逾期付款约定违约金 10 万元。法院判决，原告要求被告支付相应货款法院予以支持，但违约金明显过高，应予调整，法院酌定自违约之日起至实际支付之日止按年利率 24% 计算违约金为宜。

评析：本案争议焦点是涉案合同标的的确定。在选择之债中，法律虽然赋予债务人以选择权，却也施加了诸多限制，债务人选择的债务标的必须具备可履行性，这样对债务履行才具有意义。本案中，涉案合同约定被告可以用提供石灰的方式支付剩余转让款（每月 5 万元），实际上允许债务人也就是被告选择采用提供石灰或者支付余款的方式清偿债务，属于选择之债，由于债务人已经违约，导致按时供货不再可能，涉案合同的标的也就随之确定化，转变为支付货款的债务，原告要求被告支付相应货款应予以支持。

[①]　审理法院：安徽省宣城市宣州区人民法院，案号：（2016）皖 1802 民初 3923 号。

> ▶▶ **第五百一十七条** 债权人为二人以上，标的可分，按照份额各自享有债权的，为按份债权；债务人为二人以上，标的可分，按照份额各自负担债务的，为按份债务。
>
> 按份债权人或者按份债务人的份额难以确定的，视为份额相同。

🏛 条文要义

本条是对可分之债及规则的规定。

《民法通则》第86条是从按份债务的角度规定的，与之相比，本条是从可分债务的角度规定的新规则。可分之债，是指在债的关系中，债权或者债务是可以分割的债。可分之债的性质为复数之债，且只是因为标的同一而联系在一起，各债权或者债务并无共同目的，故对各债权人或者债务人发生的事项，原则上不对其他债权人或者债务人产生效力。债权或者债务是否可以分割的标准是：（1）债权或者债务的分割是否损害债的目的。分割不损害债的目的的，为可分给付；否则为不可分给付。（2）债权或者债务的分割是否在约定中予以禁止。（3）债权或者债务分割是否符合交易习惯和标的物的用途。比如钥匙与锁的关系，不能仅交付其一。

可分之债分为可分债权和可分债务。债权人为二人以上，标的可分，按照份额各自享有债权的，为按份债权；债务人为二人以上，标的可分，按照份额各自负担债务的，为按份债务。

可分之债的效力是：（1）对于可分之债，能够形成按份之债。债务人可以依其份额向债权人分别作出履行。（2）可分之债可以实行部分免除、抵销等。

🎗 案例评析

吴某某、侯某某与邳某某民间借贷纠纷案[①]

案情： 被告邳某某与第三人吴某原系夫妻关系，二原告吴某某、侯某某系第三人吴某之父母。2013年7月初，被告邳某某与第三人吴某为购买宝坻区某房屋，提出向二原告借款，2013年7月10日，原告侯某某遂用自己的天津农商银行卡给被告邳某某的中国农业银行卡转账100 000元。后因房屋需要装修，第三人吴某又从二原告处借款30 000元。2014年1月21日，被告邳某某与第三人吴某为原告出具了借条，借条载明：因买房向父母借款10万元、装修借款3万元，邳某某、吴某签字。现二原告以被告邳某某拒绝向二原告偿还其应承担的65 000元借款为由诉至法院。法院判决，本案二原告主张的借款65 000元，应由被告邳某某、第三人吴某共同偿还。

评析： 本案争议焦点是被告所应承担的债务份额。在多数人债务案件中，各个

---

① 审理法院：天津市宝坻区人民法院，案号：（2016）津 0115 民初 2807 号。

债务人应当按照自己的份额清偿债务，如果不能明确区分各自所应承担的份额的，则应平均分担。本案中，涉案债务是邝某某和第三人吴某为了家庭共同生活而借贷的，应当作为二者的共同债务来清偿，由于双方不能明确区分各自所应承担的份额，应当平均分担。事后，虽然原告声称第三人吴某清偿了一半债务，但其是用夫妻共同财产清偿的，被告邝某某所应承担的债务也应减少，法官判决由邝某某和第三人吴某共同承担剩余债务值得赞同。

> ▶▶第五百一十八条　债权人为二人以上，部分或者全部债权人均可以请求债务人履行债务的，为连带债权；债务人为二人以上，债权人可以请求部分或者全部债务人履行全部债务的，为连带债务。
> 　　连带债权或者连带债务，由法律规定或者当事人约定。

🏛 条文要义

本条是对连带债权和连带债务的规定。

连带之债，是指在一个债的关系中，债权人或者债务人有数人时，各个债权人均得请求债务人履行全部债务，各个债务人均负有履行全部债务的义务，且全部债务因一次全部履行而归于消灭的债。其中，具有连带关系的数个债权人为连带债权人，享有的债权为连带债权；具有连带关系的数个债务人为连带债务人，所负的债务为连带债务。与《民法通则》第87条规定相比，本条规定的主要是连带债权和连带债务的区分，以及连带债权和连带债务产生的基础。

连带之债产生于两种原因：（1）法定连带之债，例如合伙债务、代理上的连带债务、共同侵权行为的损害赔偿责任为连带之债，以及法律规定的其他连带之债。（2）意定连带之债，当事人通过协议，约定为连带债权或者连带债务，如数个借款合同债务人就同一借贷，约定各负清偿全部债务的义务。

成立连带之债须具备的要件是：（1）债的一方或者双方当事人为二人以上；（2）债的标的须为同一；（3）数个债的目的须具有同一性；（4）连带债权人之间或者连带债务人之间须有连带关系，即对于数个债权人或者债务人中的一人发生的非关于个人利益的事项，对于其他债权人或者债务人也发生同样的效力。

连带债权的部分或者全部债权人均可以请求债务人履行债务，其债权实现的，消灭债务人的债务；连带债务的部分或者全部债务人，都有义务满足债权人对部分或者全部债务人履行全部债务的请求，部分债务人履行全部债务的，连带债权全部消灭。

本法仍然没有规定不真正连带之债。不真正连带债务，是与连带之债最相类似却有不同的多数人之债，是指多数债务人就基于不同发生原因而偶然产生的同一内容的给付，各负全部履行之义务，并因债务人之一的履行而使全体债务人的债务均归于消灭的债务。① 不真正连带之债与连带之债不同。以不真正连带债务为例，连带债务最终分担在数个连带债务人之间，各自按照应当承担的内部份额分担责任，因此，每一个连带债务人都是最终债务人。而不真正连带债务的债务人分为中间债务人和最终债务人，履行债务的最终结果，是最终债务人承担全部债务，中间债务人即使承担了债务清偿义务，也对最终债务人享有追偿权。原因在于，保证合同中的保证人负有清偿债务的保证责任，但其仅仅是中间债务人，而主债务人才是最终债务人，连带保证人承担了保证责任之后，产生对主债务人的求偿权，有权就其全部履行进行追偿，最终的清偿责任是由债务人承担，而非债务人和保证人分担。

案例评析

许某某与原某某、王某某民间借贷纠纷案②

案情：原告许某某与被告原某某之间存在多次借贷，2014 年 2 月 15 日，原某某欲再次向原告借款，经双方结算，被告原某某尚欠原告前期借款，加上本次原告交付款项，被告原某某共计向原告借款 1 000 000 元，并为原告出具借据，约定借款期限为 3 个月，未约定利息。被告王某某、王某 2、张某某、王某 3、王某 4 在借据上以连带保证人身份签字，各保证人与原告未约定保证份额及保证期间。2014 年 8 月借款期限届满后，被告原某某归还 200 000 元，下余款项经原告多次讨要拒不归还。为此，原告特提起诉讼，请求判令：（1）被告原某某归还原告借款 800 000 元；（2）被告王某某、王某 2、张某某、王某 3、王某 4 对本案借款承担连带归还责任。法院判决，被告原某某归还原告借款 800 000 元，被告王某 3、王某某、王某 2、张某某、王某 4 应当承担连带保证责任。

评析：本案争议焦点是其他保证人是否应当承担连带责任。连带责任是由债务人以外的其他人承担清偿责任，超出了债务本身的义务范围，必须由法律规定或者当事人约定。本案中，各个保证人均为被告原某某对原告许某某所负债务提供保证，实质上是同意为被告所负债务承担连带责任，原告要求保证人根据保证合同承担连带责任，应予认可。

> ▶▶ **第五百一十九条** 连带债务人之间的份额难以确定的，视为份额相同。
>
> 实际承担债务超过自己份额的连带债务人，有权就超出部分在其他连带债务人未履行的份额范围内向其追偿，并相应地享有债权人的权利，但是不得损害债权人的利益。其他连带债务人对债权人的抗辩，可以向该债务人主张。
>
> 被追偿的连带债务人不能履行其应分担份额的，其他连带债务人应当在相应范围内按比例分担。

---

① 王利明，主编．中国民法案例与学理研究：债权篇修订本．北京：法律出版社，2003：3.

② 审理法院：河南省修武县人民法院，案号：（2015）修民云初字第 158 号。

🏛 条文要义

本条是对连带债务之债务份额的规定。

该规则与本法第 178 条第 2 款规定的连带责任规则基本相同。不同的是，详细规定了连带债权人之间内部追偿的规则。

连带债务对外不分份额，只有对内才分份额，连带债务人在内部对自己的份额承担最终责任。连带债务人可以事先约定份额，或者根据实际情况确定份额。债务份额难以确定的，视为份额相同，各个债务人以同等份额承担最终责任。

在连带债务，对外由于每一个债务人均负有履行全部债务的义务，债权人有权向连带债务人中的数人或者全体请求履行。被请求的债务人不得以还有其他债务人而互相推诿，也不得以自己仅负担债务中的一定份额为由而拒绝履行全部债务。连带债务人这时承担的清偿责任，是连带债务的中间性清偿责任。

在承担中间性清偿责任中，如果实际承担债务的连带债务人承担了超过自己份额的，有权就超出部分在其他连带债务人未履行的份额范围内向其追偿。在行使追偿权时，承担了超出自己份额的中间性清偿责任的债务人，实际上相应地享有了债权人的权利，但是，行使这种债权不得损害债权人的利益。连带债务人在行使追偿权时，如果其他连带债务人对连带债务的债权人享有抗辩权的，可以向该债务人主张对债权人的抗辩，对抗该债务人的追偿权。

连带债务与连带责任的连接点，在于连带债务的不履行。连带债务不履行，发生连带责任。至于连带债务和连带责任的规则，是相同的，并没有质的差别。

部分连带债务人承担了中间责任之后，承担中间责任的连带债务人对未承担债务的连带债务人享有追偿权。在这个规则里，存在的问题是，如果未承担债务的连带债务人不能履行其应当分担的债务份额即自己的最终债务的，不能让承担了中间债务的连带债务人独自负担该债务，只要还有其他有清偿能力的连带债务人，也应当分担不能履行其债务的连带债务人不能履行的债务。究竟应当如何负担，方法是，其他连带债务人在相应范围内按比例分担。例如，共有 5 名连带债务人，每个连带债务人的最终份额为 20%；当一个连带债务人承担了全部清偿债务后，在追偿中，其中一名连带债务人不能履行自己的债务份额，其他四名连带债务人对不能负担最终债务份额的这 20% 债务，每人应当分担 1/4，已经承担连带清偿责任的连带债务人可以向这三个连带债务人每人追偿 1/4 债务，自己负担 1/4。

这里其实还有问题，就是四名分担不能履行连带债务的债务人的债务后，就其分担的这部分债务，对未履行债务的连带债务人仍然享有追偿权。这种情形，尽管本条没有规定，但是在理论上和实践中是应当如此的。

 **案例评析**

何某与刘某追偿权纠纷案①

案情： 原告何某与被告刘某及第三人钟某因合作开发旅游事项欠蒋某旅游团款 15 万元。为此，蒋某向桂林市象山区人民法院提起诉讼，经审理，法院下达（2018）桂 0304 民初 278 号判决书，判决：原告何某与被告刘某和第三人钟某共同付给蒋某旅游团款 15 万元，并支付违约金 13 500 元，三人共同承担案件受理费 1 765 元。判决生效后，蒋某申请强制执行，原告与第三人给付蒋某案款 165 064.54 元及执行费 2 624.46 元，共计 167 689 元。随后，原告何某向法院提出诉讼，请求判令被告向原告支付因被告不履行（2018）桂 0304 民初 278 号判决书的还款义务，而由原告垫付的款项 27 945 元及利息。原告诉请的 27 945 元系其认为 167 689 元由何某、钟某两人共同支付，被告应当承担的 1/3，原告只代付 50% 计算而来。法院认定，原告享有追偿权，支持了原告的请求。

评析： 在连带债务中，债权人往往会寻找资力强的一个连带责任人主张全部债权，导致其他连带责任人无须承担清偿义务的情况出现。为了矫正这一不公平结果，法律允许实际承担债务超过自己份额的连带债务人，就超出部分在其他连带债务人未履行的份额范围内向其追偿，并相应地享有债权人的权利。本案中，原告、被告和第三人是连带债务人，所应承担的债务份额相同。在原告承担责任后，有权就超出自己份额的部分向被告追偿，法院支持原告的诉讼请求，值得赞同。

> ▶▶ **第五百二十条** 部分连带债务人履行、抵销债务或者提存标的物的，其他债务人对债权人的债务在相应范围内消灭；该债务人可以依据前条规定向其他债务人追偿。
>
> 部分连带债务人的债务被债权人免除的，在该连带债务人应当承担的份额范围内，其他债务人对债权人的债务消灭。
>
> 部分连带债务人的债务与债权人的债权同归于一人的，在扣除该债务人应当承担的份额后，债权人对其他债务人的债权继续存在。
>
> 债权人对部分连带债务人的给付受领迟延的，对其他连带债务人发生效力。

🏛 条文要义

本条是对连带债务人之一所生事项涉他效力的规定。

这是以前的法律中没有规定的连带债务规则。在连带债务中，就一债务人所生的事项，效力有的及于其他债务人，有的不及于其他债务人。前者称为有涉他效力

---

① 审理法院：广西壮族自治区桂林市象山区人民法院，案号：（2018）桂 0304 民初 2321 号。

的事项，后者称为无涉他效力的事项。在连带债务中，有涉他效力的事项包括：

1. 部分连带债务人履行、抵销债务或者提存标的物的，其他债务人对债权人的债务在相应范围内消灭；该债务人可以依照前条规定向其他债务人追偿。

2. 部分连带债务人的债务被债权人免除的，在该连带债务人所应承担的份额范围内，其他债务人对债权人的债务消灭。

3. 部分连带债务人的债务与债权人的债权同归于一人的，在扣除该债务人所应承担的份额后，债权人对其他债务人的债权继续存在。

4. 债权人对部分连带债务人的给付受领迟延的，对其他连带债务人发生效力。主要是指债权人对部分连带债务人的给付受领迟延引发的后果，例如发生的抗辩等，全体连带债务人均可以以此进行抗辩。

还有一个涉他效力的事项，本条没有规定，学理认为，当部分债务人得到法院的有利判决，且其判决非基于该债务与债权人个人关系的，其他债务人可以援用该判决而拒绝履行，但该债务人受败诉的判决，其效力不及于其他债务人。

案例评析

陈某某与侯某1、侯某2民间借贷纠纷案[①]

案情： 2017年5月2日，侯某1、侯某2、林某某、侯某3四人作为借款人共同向陈某某（原告）出具一份借条，载明："兹向陈某某借取现金人民币200 000.00（大写：贰拾万元整），借款期限3个月，借款期限内利息按每月5 000.00（大写：伍仟元整）计算，（还款账号：陈某某××××，建行福州市马尾支行亭江分理处）……"

2017年5月3日，陈某某通过建设银行名下账户向侯某3账户转账150 000元。2018年2月23日，陈某某作为债权人、侯某3作为债务人、侯某1作为证明人，三方共同签订一份还款证明，载明："借款人侯某3、侯某1、林某某三人向陈某某借款本金：人民币200 000.00（大写：贰拾万元整）、截止至2018年2月利息：人民币70 000.00（大写：柒万元整），三人合股平摊。现侯某3本人已于2018年2月23日归还此次借款（本金66 667.00大写：陆万陆仟陆佰陆拾柒元整、利息23 333.00大写：贰万叁仟叁佰叁拾叁元整，合计90 000.00大写：玖万元整）。本金利息已还清。"同日，侯某3在前述借条左下方空白处签名书写日期，侯某3签名的上方一行手写记载"侯某3本金和利息已还清"。

庭审过程中，陈某某确认收到侯某3偿还的借款本金66 667元、利息23 333元；收到侯某1支付利息10 000元。

后来，陈某某向法院提起诉讼，请求判令侯某1、侯某2、林某某、侯某3共同偿还借款本金133 333.33元及以200 000元为基数自2017年5月2日起至还清款项之日止按月利率 2% 计算的利息（已经支付的 23 333.33 元作为利息抵扣），法院支持了陈某某的诉讼请求。

评析：本案争议焦点是债权人免除侯某 3 的债务对其他连带债务人的效力。在连带债务中，出于种种原因，债权人可能会免除其中某个连带债务人所应承担的部分债务，此时如果依然允许债权人请求其他债务人承担全部的连带债务，将有可能导致债权人获得二次清偿，超出债权本身的利益。此时，为避免这一不当结果的发生，合同法规定在被免除债务的连带债务人所应承担的份额范围内，其他债务人对债权人的债务消灭。本案中，债务人侯某 3 清偿其所应承担的部分债务后，债权人免除了侯某 3 所应承担的连带责任，其他债务人应在侯某 3 所应承担的份额范围内免除连带责任，只需对剩余债务承担连带责任。

> ▶▶ **第五百二十一条**　连带债权人之间的份额难以确定的，视为份额相同。
>
> 实际受领债权的连带债权人，应当按比例向其他连带债权人返还。
>
> 连带债权参照适用本章连带债务的有关规定。

🏛 条文要义

本条是对连带债权的债权份额及债权受领的返还义务的规定。

这是以前的法律没有规定过的新规则。在对外关系上，连带债权的债权人是不分份额地享有债权的。但是，在连带债权人的内部，每个人都有自己的份额。连带债权人的债权份额，应当按照约定或者实际情况确定。连带债权人之间的份额难以确定的，视为份额相同，按照相同的份额享有债权。

由于连带债权的债权人都可以向债务人主张债权，债务人都有满足连带债权人部分或者全部的权利主张的义务，因而会出现实际受领超过自己份额的连带债权人。当出现这种情形时，该债权人应当按照份额的比例向其他连带债权人返还，其他债权人按照份额的比例享有债权利益的返还请求权。

连带债权的规则多数与连带债务的规则相同。因此，对连带债权准用本章关于连带债务的有关规定。

🔴 案例评析

李某某与曹某某民间借贷纠纷案[①]

案情：2007 年，被告曹某某向原告丈夫高某某借款 5 万元，并在 2007 年 6 月 7 日向高某某出具欠条一张。载明："今借高某某伍万元正（信用社贷款），曹某某 07

---

① 审理法院：河南省卢氏县人民法院，案号：（2017）豫 1224 民初 270 号。

年 6 月 7 日"。现原告李某某以被告曹某某拒不归还借款本金 5 万元及利息为由，起诉来院。另查明：李某某与高某某于 1986 年 8 月 24 日登记结婚，农历 2016 年正月初五高某某因病去世。法院认为，该债权为夫妻的连带债权，享有连带债权的每个债权人都有权要求债务人履行义务，故原告作为高某某的妻子有权在高某某死亡后起诉要求被告偿还借款，原告的诉讼请求应予支持。

评析：本案争议焦点是原告是否有权请求被告清偿债务。在连带债权中，所有的债权人都有权请求债务人清偿债务，但如果受领的债权超出自己所应得的份额的，则应向其他连带债权人返还。本案中，涉案债权发生在高某某的婚姻存续期间，属于夫妻共同享有的连带债权，享有连带债权的每个债权人都有权要求债务人履行义务。在高某某死亡后，原告有权请求被告向其清偿所有债权，然后再向高某某的继承人予以分配。

> ▶▶ **第五百二十二条** 当事人约定由债务人向第三人履行债务，债务人未向第三人履行债务或者履行债务不符合约定的，应当向债权人承担违约责任。
>
> 法律规定或者当事人约定第三人可以直接请求债务人向其履行债务，第三人未在合理期限内明确拒绝，债务人未向第三人履行债务或者履行债务不符合约定的，第三人可以请求债务人承担违约责任；债务人对债权人的抗辩，可以向第三人主张。

🏛 条文要义

本条是对向第三人履行债务的规定。

向第三人履行，也叫第三人代债权人受领。合同当事人约定向第三人履行合同的，只要该第三人符合法律或合同规定的接受履行资格，能够受领的，该第三人就成为合同的受领主体，是合格的受领主体，有权接受履行。第三人接受履行时，第三人只是接受履行的主体，而不是合同当事人。第三人替债权人接受履行不适当或因此给债务人造成损失的，应由债权人承担民事责任。第三人替债权人接受履行，通常是因为第三人与债权人之间存在一定关系，但第三人并不是债权人的代理人，不应当适用关于代理的规定。

当构成向第三人履行债务时，债务人应当向第三人履行清偿义务，履行增加的费用，应当由债权人负担。当债务人未向第三人履行债务或者履行债务不符合约定的，构成违约行为，债务人应当向债权人承担违约责任。

在向第三人履行中，如果法律规定或者当事人约定第三人可以直接请求债务人向其履行债务的，第三人可以直接向债务人请求履行债务，债务人应当向其履行。第三人只要未在合理期限内对其有请求债务人向其履行债务的意思予以明确拒绝的，债务人未向第三人履行债务或者履行债务不符合约定的，第三人可以请求债务人承担违约责任；债务人如果对债权人享有抗辩的权利时，可以直接向第三人主张其对债权人的抗辩予以抗辩，发生向债权人抗辩的效力。

与《合同法》第 64 条规定的向第三人履行规则相比，本条规定的向第三人履行的新规则，实际上扩大了向第三人履行的范围。《合同法》第 64 条规定的是当事人约定由债务人向第三人履行债务，本条第 2 款增加了法律规定的情形，法律规定或者当事人约定的内容，不仅是向第三人履行，而且第三人可以直接请求债务人向其履行债务。这显然与《合同法》第 64 条的规定不同。例如，货物运输合同的收货人，其实就是第三人，该第三人就是法律规定的可以直接向债务人要求其履行债务的情形。对此，债务人不履行债务或者履行债务不符合约定，第三人当然可以主张债务人承担违约责任。

案例评析

冉某和与谯某某买卖合同纠纷案[①]

案情：冉某和（原告）以按揭付款方式向贵州小松工程机械有限公司购买了一台挖掘机。2015 年 3 月 15 日，冉某和将该挖掘机转卖给谯某某（本案被告），并签订了《挖掘机出售协议》，冉某和已向谯某某交付了挖掘机。因谯某某未付清按揭款项，贵州小松工程机械有限公司于 2016 年 7 月 13 日向贵州省贵阳市观山湖区人民法院提起诉讼，请求冉某和向其支付拖欠的按揭贷款 188 528.78 元和利息 20 926.69 元，两项合计 209 455.47 元。2016 年 9 月 20 日，在观山湖区人民法院的主持调解下，冉某和与贵州小松工程机械有限公司达成了支付挖掘机款协议，其中，"一、冉某和向贵州省小松工程机械有限公司支付货款 200 000 元，该款于 2016 年 10 月 20 日前付 100 000 元，余款 100 000 元于 2017 年 1 月 23 日前付清"。贵阳市观山湖区人民法院以此协议制作了"（2016）黔 0115 民初 2168 号调解书"，于当日，谯某某在冉某和持有的调解书上签字承诺："本人在冉某和处购买小松牌 130 挖掘机一台（系二手转让）属实，经贵阳市观山湖区人民法院民事调解书［（2016）黔 0115 民初 2168 号］，本人自愿代为支付上述调解书款项，按照调解书所限定时间，如果没有支付，一切后果本人承担"。由于谯某某在 2016 年 10 月 20 日未支付上述调解书上的款项，冉某和于 2016 年 10 月 21 日向贵州小松工程机械有限公司支付 100 000 元货款。冉某和于 2016 年 11 月 1 日法院提起诉讼，在诉讼中，冉某和向贵州小松工程机械有限公司付清了余下的货款 100 000 元，法院判令由被告谯某某于本判决生效后 10 日内给付原告冉某和购买挖掘机款 200 000 元。

评析：本案争议焦点是原告是否有权要求被告承担违约责任。在利益第三人合同中，当事人约定由债务人向第三人履行债务的，债务人未向第三人履行债务或履行不符合约定，应向债权人承担违约责任。本案中，原、被告双方约定，由被告向第三人贵州小松工程机械有限公司支付购买挖掘机余款 200 000 元，属于由债务人向

---

① 审理法院：贵州省沿河土家族自治县人民法院，案号：（2016）黔 0627 民初 1581 号。

第三人履行债务，符合法规规定，对双方均具有拘束力。由于被告没有按照约定及时向第三人贵州小松工程机械有限公司履行清偿义务，违反了双方约定，应当向原告承担违约责任。需要说明的是，被告在原告和第三人的调解书上签字表明其同意向第三人清偿债务，故而第三人也可以直接请求被告向其履行债务。

> ▶▶ **第五百二十三条**　当事人约定由第三人向债权人履行债务，第三人不履行债务或者履行债务不符合约定的，债务人应当向债权人承担违约责任。

🏛 条文要义

本条是对第三人履行的规定。

由第三人履行，也叫第三人代债务人履行，是指在合同的履行中，由第三人代替债务人向债权人履行债务。第三人代债务人履行，是合同的履行主体变化。第三人代替债务人履行债务的特点，是第三人与债权人、债务人并未达成转让债务协议，第三人并未成为合同当事人，只是按照合同当事人之间的约定，代替债务人向债权人履行债务，并不构成债务转移。根据合同自由原则，只要不违反法律规定和合同约定，且未给债权人造成损失或增加费用，由第三人履行是有效的。

构成由第三人履行，即当事人约定由第三人向债权人履行债务的，如果第三人不履行债务或者履行债务不符合约定，债务人构成违约行为，应当向债权人承担违约责任。之所以债务人应当向债权人承担违约责任，而不是向第三人承担违约责任，是因为合同仅对债务人和债权人具有拘束力，第三人并不是合同主体。在诉讼过程中，法官可以将由第三人履行合同中的第三人列为无独立请求权的第三人参加诉讼，第三人没有独立的诉讼地位。

🔘 案例评析

程某某与于某某、浙江久天建设有限公司民间借贷纠纷案[①]

案情： 2009 年 1 月 23 日，被告于某某向原告借款 100 000 元，该款由被告浙江久天建设有限公司担保，同时约定，该款定于 2009 年 3 月 22 日前由香缘过滤材料有限公司在被告浙江久天建设有限公司工程款中首先代扣给原告程某某。借款到期后，经原告催讨，被告于某某未归还借款，被告浙江久天建设有限公司亦未承担担保责任，以致成讼。二被告辩称，根据当时各方的约定，该借款最终由香缘过滤材料有限公司在浙江久天建设公司与其承包的工程款中的款项支付给本案原告，因此原告应就争议款项向香缘过滤材料有限公司主张。最终，法院判决被告于某某归还

---

① 审理法院：湖南省安吉县人民法院，案号：（2009）湖安商初字第 1551 号。

原告程某某借款 100 000 元，浙江久天建设有限公司对上述款项承担连带清偿责任。

评析： 合同具有相对性，债权人只能向债务人主张权利，一旦发生违约情事，债权人原则上也只能向债务人主张违约责任。民法典第 523 条延续了《合同法》第 64 条向第三人履行的规定，债务人向第三人履行不符合合同约定的，应由债务人向债权人承担违约责任。本案中，虽然涉案债权没有获得及时清偿是由于第三人香缘过滤材料有限公司未从工程款中直接代扣给原告程某某造成的，但是香缘过滤材料有限公司并非合同当事人，而是履行债务的第三人，违约责任应该由债务人，也就是本案中的二被告承担。

> ▶▶ **第五百二十四条**　债务人不履行债务，第三人对履行该债务具有合法利益的，第三人有权向债权人代为履行；但是，根据债务性质、按照当事人约定或者依照法律规定只能由债务人履行的除外。
>
> 　　债权人接受第三人履行后，其对债务人的债权转让给第三人，但是债务人和第三人另有约定的除外。

🏛 条文要义

本条是对第三人代为履行债务的规定。

本条属于新规则。当一项债务已届履行期，债务人不履行债务，该不履行债务的行为有可能损害第三人的利益时，即第三人对履行该债务具有合法利益的，第三人产生代为履行债务的权利，有权向债权人代为履行，以使自己的合法利益得到保全。如果根据债务的性质、按照当事人约定或者依照法律规定，该债务只能由债务人履行的，不适用第三人代为履行的规则。

第三人代债务人为履行之后，债权人已经接受第三人的履行的，债权人对债务人的债权就转让给了第三人，第三人对债务人享有该债权，可以向债务人主张该债权。如果债务人和第三人对如何确定他们之间的债权债务关系另有约定的，则按照约定办理，不受这一债权转让规则的拘束。

例如，本租合同的当事人是出租人和承租人，转租合同的次承租人对出租人而言，就是本租合同的第三人。如果承租人拖欠租金，其后果将会使出租人解除本租合同，这必然涉及次承租人的合法利益。次承租人为保全自己的合法利益，即本租合同不被解除，即有权向债权人代承租人履行给付租金的债务。次承租人作为第三人向出租人支付租金，保全了本租合同，实际上也就保全了自己的转租合同，使自己的利益受到保护。由于次承租人代承租人向出租人给付租金，债权人享有的给付租金的债权就转移给次承租人，次承租人有权向承租人主张这一请求权。如果承租人与次承租人之间另有约定，如次承租人对出租人给付的租金抵扣次承租人对承租人的转租租金，依照其约定处理。

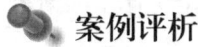 **案例评析**

荣某与吴某 1 买卖合同纠纷案①

案情：原告（荣某）系在平江县新城区浮桥街从事"老黄货运"家私物流，被告吴某 1 在南江、浯口等地经营家私店的家具从原告处进购。至 2010 年 1 月 2 日，被告吴某 1 共欠原告货款 101 900 元，后被告吴某 1 偿还了部分欠款。2010 年 2 月 12 日，被告吴某 1 向原告出具欠条，欠条载明"今欠老黄货运货款人民币陆万元整（60 000 元）"。后因被告吴某 1 未偿还欠款，故原告曾于 2012 年 1 月起诉被告吴某 1，要求其偿还欠款。2012 年 2 月底，被告吴某 1 的父亲吴某 2 代吴某 1 偿还了 10 000 元欠款。2012 年 3 月 12 日，被告吴某 2 作为被告吴某 1 的委托代理人与原告达成一致协议，协议约定被告吴某 1 和其委托代理人吴某 2 同意在 2012 年 12 月 30 日前偿还原告 20 000 元，在 2013 年 12 月 30 日前一次性偿还 30 000 元。原告同意向平江县人民法院撤回对被告吴某 1 的诉讼。诉讼费由被告吴某 1 和其委托代理人吴某 2 承担 300 元。上述协议，经原告和被告吴某 1 的委托代理人签字之日起生效。该协议签订之后，被告吴某 2 偿还了原告 15 000 元欠款并支付了 300 元诉讼费，但尚欠 35 000 元欠款至今未偿还。原、被告对欠款利息并无约定。诉讼中，原告表示放弃 300 元诉讼费的主张。在本案审理过程中，被告吴某 1 曾与原告协商，要求原告撤诉。因原、被告对还款事宜无法达成一致意见，故协商未果。法院认为，涉案协议实际上是被告吴某 2 与原告荣某达成的"利益第三人合同"，协议合法有效。因此，被告吴某 2 应当与被告吴某 1 共同履行还款义务。

评析：本案的争议焦点是原告应当向哪一方请求偿还货款。根据合同法的规定，当事人约定由第三人向债权人履行债务的，如果第三人不履行债务或者履行债务不符合约定的，债务人应当向债权人承担违约责任。本案中，被告吴某 2 作为被告吴某 1 的委托代理人与原告达成一致协议，约定被告吴某 1 和其委托代理人吴某 2 共同向原告清偿货款，属于当事人的真实意思表示，且不违反法律强制性规定，合法有效，对各方当事人均有拘束力。由于吴某 2 未能按时向原告清偿债务，原告有权请求被告吴某 1 和其委托代理人吴某 2 承担违约责任，其诉讼请求应予支持。

▶▶ **第五百二十五条**　当事人互负债务，没有先后履行顺序的，应当同时履行。一方在对方履行之前有权拒绝其履行请求。一方在对方履行债务不符合约定时，有权拒绝其相应的履行请求。

① 审理法院：湖南省平江县人民法院，案号：（2015）平民初字第 963 号。

🏛 条文要义

本条是对同时履行抗辩权的规定。

双务合同的同时履行抗辩权，是指当事人互负债务，没有先后履行顺序的双务合同，当事人一方在他方未为对待给付以前，可以拒绝自己为履行的抗辩权。合同履行中的同时履行抗辩权、后履行抗辩权和不安抗辩权都是一时性抗辩权，当行使抗辩权的法定事由消灭后，债务仍须履行。其作用是：（1）平衡当事人之间的权益，维护当事人的权利；（2）维护交易秩序；（3）增进双方当事人之间的协作。

同时履行抗辩权在符合下列条件时才可以行使：（1）须依据同一双务合同双方当事人互负债务、互享债权；（2）须双方当事人互负的债务均已届清偿期；（3）须对方当事人未履行债务；（4）须对方的对待给付是可能履行的。

同时履行抗辩权的行使后果是，在对方履行之前，有权拒绝其履行请求，这种拒绝履行不构成违约。

一方在对方履行债务不符合约定时，也可以行使同时履行抗辩权，但是这种抗辩权的行使，应当不是全面对抗对方的履行要求，而是针对不完全履行的部分行使抗辩权，即有权拒绝对方相应的履行请求。例如，（1）对迟延履行，可以行使同时履行抗辩权；（2）受领迟延，可以在迟延的范围内主张同时履行抗辩权；（3）对部分履行，可以针对不履行的部分主张同时履行抗辩权；（4）对瑕疵履行，可以针对瑕疵履行部分，行使同时履行抗辩权。

💣 案例评析

原告摄影公司与被告田某某债权纠纷案①

案情： 2009 年 7 月，被告田某某向原告摄影公司申办 7 个摄影证，约定每证按 2 000 元计算，共计应为 14 000 元，后双方商定为 10 000 元。2009 年 8 月 1 日，被告田某某在原告摄影公司处领取摄影证，交纳 3 800 元，并出具尚欠原告摄影公司管理费 6 200 元欠条。原告摄影公司出具收据，证明被告田某某已交纳 3 800 元管理费。之后，原告摄影公司多次向被告田某某催讨 6 200 元的欠款，但被告田某某均以原告摄影公司尚欠其 4 个摄影证为由拒交该款，故引发纠纷诉至法院，法院对原告摄影公司的主张未予支持。

评析： 本案争议焦点是原告是否有权请求被告支付价款。民法典第 525 条延续了《合同法》第 66 条同时履行抗辩权的规定，同时履行抗辩权指当事人互负债务，没有先后履行顺序的，应当同时履行，一方当事人履行债务不符合合同约定，包括未履行合同以及履行不符合约定，如部分履行或者瑕疵履行等，相对一方当事人

---

① 审理法院：湖南省张家界市永定区人民法院，案号：（2011）张定法民二初字第 13 号。

依法律规定可以拒绝其履行要求。本案中，原被告双方并未约定履行顺序，而原告摄影公司提交的证据不足以证明其已经全面履行合同义务，即已将 7 个摄影证如数发放给被告田某某，被告有权行使同时履行抗辩权，拒绝向原告支付剩余价款。

> ▶▶ **第五百二十六条** 当事人互负债务，有先后履行顺序，应当先履行债务一方未履行的，后履行一方有权拒绝其履行请求。先履行一方履行债务不符合约定的，后履行一方有权拒绝其相应的履行请求。

🏛 条文要义

本条是对后履行抗辩权的规定。

后履行抗辩权，是指在双务合同中约定有先后履行顺序，负有先履行义务的一方当事人未依照合同约定履行债务，后履行债务的一方当事人可以依据对方的不履行行为，拒绝对方当事人请求履行的抗辩权。后履行抗辩权的特点是：（1）后履行抗辩权在本质上是对违约的抗辩；（2）后履行抗辩权是负有后履行义务一方当事人维护权益的反映；（3）后履行抗辩权是不同于合同解除权的救济方式。

行使后履行抗辩权的要求是：（1）对合同义务的全部抗辩，即先履行的当事人对合同义务全部不履行的，后履行的当事人对全部履行义务都可以拒绝履行。（2）对合同义务的部分抗辩，即先履行的当事人履行债务不符合合同约定的，后履行的当事人的抗辩只能针对对方当事人相应的履行请求进行抗辩，不得对其他的履行请求进行抗辩。

后履行抗辩权的效力是，后履行抗辩权的行使，产生后履行一方可以一时性中止履行债务的效力，对抗先履行一方的履行请求，依此保护自己的期限利益。在先履行一方采取了补救措施，变违约为适当履行的情况下，后履行抗辩权消灭，后履行一方须履行自己的债务。同时，后履行抗辩权的行使并不影响后履行一方向违约方主张违约责任。

🔵 案例评析

成某、盛某与沈某房屋买卖合同纠纷案①

案情： 2017 年 10 月 8 日，原告成某、盛某与被告沈某签订房屋买卖合同一份，并和南通兆丰房产销售代理有限公司签订房地产买卖居间协议一份，约定被告向原告购买南通市某小区××幢×××室及车库××幢×××，总价款为 1 118 000 元，

---

① 审理法院：江苏省南通市崇川区人民法院，案号：（2018）苏 0602 民初 364 号。

于 2017 年 10 月 8 日前支付购房定金 10 万元，2017 年 12 月 15 日第二次支付房款 50 万元，第三次、第四次分别支付房款 51 万元、18 000 元并注明具体时间，以原告领产权证时间为准，后续过户当天结清房款。任何一方违约，支付对方违约金 23 万元，承担对方实际发生的律师费、诉讼费、交予居间方的佣金费用。合同签订后，原告成某在 2017 年 10、11 月间向被告发送通知书三份，内容分别为通知被告支付定金 10 万元及解除合同，被告已收到上述通知。

原告成某、盛某向法院提出诉讼，请求：（1）请求确认解除原、被告之间签订的房屋买卖合同；（2）判令被告支付违约金 23 万元及律师费 1 万元，共计 24 万元。被告提出抗辩称，延迟交付定金是行使先履行抗辩权，向买受人出示产权资料是出卖方的合同义务，也是生活常理，在出卖方没有先履行义务之前，买受人可以行使先履行抗辩权，要求出卖方提供真实合法的产权资料。法院判决，确认案涉房屋买卖合同已经解除，违约金酌情确定为 40 000 元。

评析： 本案的争议焦点是原告未按时交付定金是否属于行使先履行抗辩权。民法典第 526 条延续了《合同法》第 67 条先履行抗辩权的规定，双方应当按照合同约定的履行顺序，只有合同约定对方先履行的，一方才能提出先履行抗辩权，不得随意主张先履行抗辩，否则就有可能构成迟延履行，应当承担违约责任。本案中，涉案合同约定由被告先交付定金，没有要求原告先交付产权资料，被告未交付定金 10 万元构成违约，原告有权解除合同，并要求被告承担违约责任。

> ▶▶ **第五百二十七条**　应当先履行债务的当事人，有确切证据证明对方有下列情形之一的，可以中止履行：
>
> （一）经营状况严重恶化；
>
> （二）转移财产、抽逃资金，以逃避债务；
>
> （三）丧失商业信誉；
>
> （四）有丧失或者可能丧失履行债务能力的其他情形。
>
> 当事人没有确切证据中止履行的，应当承担违约责任。

🏛 条文要义

本条是对不安抗辩权及行使条件的规定。

不安抗辩权，是指在双务合同中有先履行义务的一方当事人，在有确切证据证明对方当事人有丧失或者可能丧失履行能力因而不能履行合同义务时，享有的暂时中止履行的抗辩权。在通常情况下，双务合同的一方当事人依约定应先履行其债务时，不得对后履行一方提出抗辩。但是，当先履行义务一方发现后履行一方当事人的财产状况显形减少，可能危及先履行一方当事人债权实现时，如仍强迫先履行义务一方当事人先为给付，则可能出现先履行的一方当事人履行了债务，自己的债权却无法实现的情形，故特设不安抗辩权予以保护。

发生不安抗辩权应当具备的条件是：（1）合同确立的债务合法有效；（2）双方当事人因同一双务合同互负债务且有先后履行顺序；（3）须在合同成立后对方发生财产状况恶化且有难为给付的可能。

按照本条规定，后履行义务的当事人具有下述条件的，先履行义务的当事人可以行使不安抗辩权：（1）经营状况严重恶化，该方当事人极有可能无力清偿债务；（2）转移财产、抽逃资金，以逃避债务；（3）严重丧失商业信誉，其履约能力必然受到影响，构成先期履约危险；（4）有其他丧失或者可能丧失履行债务能力的情形。

对于上述行使不安抗辩权的情形，先履行债务的当事人负有举证责任，须举证证明上述情形确实存在。如果不能举证或者举证不足以证明上述情形存在，即主张不安抗辩权的，构成违约行为，应当承担违约责任。

 **案例评析**

钟某某诉刘某某、兰某借款纠纷案①

案情： 自 2008 年起，原告钟某某陆续借款给被告刘某某、兰某用于做生意。2013 年 6 月 21 日，原告与二被告结算，借款总额为 1 850 000 元，二被告共同向原告出具借条一张，载明："今借到钟某某现金人民币计壹佰捌拾伍万元正（￥1 850 000），借款时间为壹年。今借人：刘某某、兰某（签名、捺印）"，二被告均在借条上签名并捺上手印。原、被告双方口头约定利息按每月 2.8% 计算。自立具打下借条后，二被告累计向原告归还支付利息 12 万元。后来，原告得知被告大部分财产已被法院冻结，财务状况发生了严重恶化，被告已经构成预期违约。为维护原告的合法权益，特诉至法院，请求判令被告偿还原告本金人民币壹佰捌拾伍万元（￥1 850 000），以及未支付的剩余利息人民币贰拾肆万贰仟陆佰元（￥242 600），合计人民币 2 092 600 元以及还清款项时为止的利息。法院认为，二被告已出现资金困难、支付能力欠缺、欠债过多难以清偿，到期将不能或没有能力履约的情况，已经构成了预期违约，原告主张提前解除合同并要求二被告还本付息，符合法律规定，予以支持。

评析： 民法典第 527 条延续了《合同法》第 68 条中不安抗辩权的规定，本案争议焦点就是原告是否有权行使不安抗辩权，要求被告提前清偿债务。通常情况下，当事人应当按照合同约定的时间顺序履行合同，不得要求对方提前履行合同，否则就会构成违约，应当承担违约责任。但在不安抗辩权情形，对方已经发生将来无法依约履行合同的情事，如果依然等到合同约定时间再要求对方履行合同，可能要面临合同无法履行的风险，故而法律允许当事人要求对方提前履行合同。本案中，虽

① 审理法院：江西省赣州市章贡区人民法院，案号：（2014）章民三初字第 217 号。

然涉案借款合同约定的清偿期限尚未届至，但被告债务人的账户已经遭到冻结，将来极有可能无法按时清偿债务，原告债权人要求被告提前清偿债务属于行使不安抗辩权，应予支持。

▶▶ 第五百二十八条　当事人依据前条规定中止履行的，应当及时通知对方。对方提供适当担保的，应当恢复履行。中止履行后，对方在合理期限内未恢复履行能力且未提供适当担保的，视为以自己的行为表明不履行主要债务，中止履行的一方可以解除合同并可以请求对方承担违约责任。

🏛 条文要义

本条是对不安抗辩权行使及效果的规定。

法律为求双务合同当事人双方利益的平衡，规定主张不安抗辩权的当事人对后履行一方当事人负担通知义务。法律要求主张不安抗辩权的一方当事人在提出权利主张的同时，应当立即通知另一方。不安抗辩权的行使取决于权利人一方的意思，没有取得另一方同意的必要。法律使其负即时通知义务，是为了避免另一方当事人因此受到损害。

通知的另一个目的在于，经过通知，便于后履行一方在获此通知后，及时提供充分的履行债务担保，以消灭不安抗辩权。不安抗辩权消灭后，先履行一方应当恢复履行。

不安抗辩权行使后产生的法律后果是：

1. 先履行一方已经发出通知后，在后履行一方当事人没有提供适当担保之前，有权中止自己的履行。

2. 后履行一方当事人接到通知后，向对方提供了适当担保的，不安抗辩权消灭，合同恢复履行，主张不安抗辩权的当事人应当承担先履行的债务。

3. 先履行债务的当事人中止履行并通知对方当事人后，对方当事人在合理期限内没有恢复履行能力，也没有提供适当担保的，先履行债务的当事人产生法定解除权，可以单方解除合同，同时还可以主张追究后履行一方的违约责任。

与《合同法》第69条相比，本条增加了债务人未恢复履行能力且未提供担保视为根本违约，并应承担违约责任的新规则。本条规定的新规则在于前述的第三项，即《合同法》第69条规定，先履行一方当事人中止履行之后，对方在合理期限内未恢复履行能力并且未提供适当担保的，直接规定的后果就是解除合同。本条新增加的规定是，将后履行一方的上述行为视为根本违约，其产生的后果，不仅是先履行义务一方当事人产生法定解除权，而且还产生违约责任请求权，先履行方可以行使法定解除权解除合同，并且可以同时主张其承担违约损害赔偿责任。

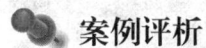 **案例评析**

石某某与朱某、蔡某某合同纠纷案[①]

案情： 2015 年 1 月 29 日，原告（石某某）与被告朱某作为发起人签订协议一份，协议约定：原告与被告朱某共同注册成立金满地公司，对占地总面积 38.5 亩宗地编号 6 号土地进行商住开发。在金满地公司以招拍挂形式取得该宗地块的开发权 3 日内，由原告代为支付该土地全部土地出让金以及与本地块有关的全部税费 4 200 万元，且办理土地使用证后 3 日内，被告向原告支付第一次付款金额 800 万元，余下的 3 400 万元分两次向原告支付。同时约定在金满地公司以招拍挂形式取得该宗地块的开发权 7 日内，金满地公司法定代表人变更为被告朱某。

2015 年 4 月 8 日，金满地公司注册成立，公司股东为石某某、周某 1、朱某、蔡某某、周某 2、潘某某。其中，周某 1 占股份 40%（将其中 24% 的股份转让给潘某某），认缴出资额 600 万元，朱某认缴出资额 380 万元（2015 年 6 月前交纳，但直至 2015 年 10 月 31 日，被告朱某仅向金满地公司账户汇入认缴的出资额中的 316 666 元），蔡某某占股份 34%（于 2015 年 3 月 23 日已交纳，并将其中 18% 的股份转让给潘某某），潘某某占股份 42%，至起诉时，被告朱某尚未将其认缴的 380 万元出资额交纳完。

2016 年 3 月 2 日，被告要求按照协议的约定将金满地公司的法定代表人变更为朱某。因被告朱某一直未履行协议的约定，原告在会上反对将法定代表人变更为朱某，并要求被告于 2016 年 3 月 15 日前支付第二期款项 2 500 万元，但被告亦未履行。事后，综上，原告向法院提起诉讼行使不安抗辩权和先履行抗辩权，要求被告继续履行原告与被告朱某签订的发起人协议，并提供价值相当于 3 400 万元的财产作为担保，同时承担违约金 100 万元。

法院认为，基于维护合同、保障交易安全，原告要求被告提供担保的主张有事实、有依据，也有利于双方取得信任，继续履行合同义务，故法院予以采纳。

评析： 本案争议焦点是原告是否有权要求被告提供担保。在不安抗辩权的情形，发生不安抗辩权情事的当事人对于能否履行合同存在极大不确定性，此时如果对方当事人先履行合同，将来可能无法获得对待给付，面临巨大风险。此时，法律允许先履行当事人延期履行债务，请求对方提供担保，对方没有提供担保和恢复履行能力时，可以解除合同，对方提供担保后，则不安抗辩权消灭，先履行一方应该继续履行，以保障先履行方的利益。本案中，被告一直未履行协议的约定，严重违约，丧失商业信誉，原告符合行使不安履行抗辩权的条件，有权要求被告提供担保。

---

① 审理法院：贵州省惠水县人民法院，案号：（2016）黔 2731 民初 521 号。

▶▶ **第五百二十九条** 债权人分立、合并或者变更住所没有通知债务人，致使履行债务发生困难的，债务人可以中止履行或者将标的物提存。

🏛 条文要义

本条是对因债权人原因债务人中止履行或提存的规定。

在合同履行过程中，债务人应当诚实守信，积极履约，满足债权人的债权要求。但是，由于债权人的原因，而使债务人履行发生困难时，就不能认为债务人违约。原因在于，合同是一种合作关系，双方当事人应当相互为对方履行合同提供一定程度的便利，否则因自身原因导致对方无法履行合同的，就不能要求对方承担违约责任。

本条规定的就是这样的情形：当债权人发生分立、合并或者变更住所，却没有通知债务人，致使债务人履行债务发生困难的，债务人可以采取的救济措施是：（1）不强制债务人必须履行债务，而是规定债务人可以中止履行，这种中止履行不是违约行为，因为有合法的不履行原因。（2）将标的物提存，提存以后，债务人已经将债务履行完毕。债务人依照后一种办法以提存方式消灭合同之债，应具备的条件是：债务须已到履行期限，未到履行期限的债务不能以提存方式履行。

📌 案例评析

淮北市粮食收储公司与王某委托合同纠纷案①

案情： 2004 年 1 月 20 日，淮北市海孜粮食收储中心（原告）与王某（被告）签订《协议书》，双方约定，"王某同志向海孜粮食收储中心交纳保证金壹万元，海孜收储中心聘请王某同志管理百善分站事务，负责百善站房屋的管理租赁、安全保卫、房屋租金的收缴等，全部房租按月收取并交中心站财务。"根据淮北市粮食局淮粮人〔2012〕51 号文件，淮北市海孜粮食收储中心于 2012 年 5 月 30 日被撤销，其资产并入淮北市粮食收储公司。根据淮北市粮食局 2015 年 3 月 31 日淮粮办〔2015〕37 号文件，安徽淮北国家粮食储备库与淮北市粮食收储公司合并，原"安徽淮北国家粮食储备库""淮北市粮食收储公司"两单位的固定资产、债权债务统一并入新成立的"安徽淮北国家粮食储备库"。2015 年以后，淮北市粮食收储公司、安徽淮北国家粮食储备库和王某因转交房屋租金等问题发生争议，王某仅交租金 18 600 元，王某收到 6 个月的"工资" 2 400 元。2017 年 9 月 1 日之后，王某不再管理涉案房屋租赁事务，并尚有收取的 65 050 元房屋租金没有转交。2018 年 3 月 21 日，淮北市海孜粮食收储中心在淮北工商部门登记注销。

淮北市粮食收储公司向法院提出诉讼，请求：判令王某给付原告房屋租金

① 审理法院：安徽省淮北市烈山区人民法院，案号：（2019）皖 0604 民初 680 号。

100 274.84 元及逾期付款利息暂计 8 999 元，逾期利息诉讼期间继续计算至王某实际清偿完毕之日止。法院判决，现淮北市粮食收储公司提供的证据不足以证明其事实主张，王某辩称因房屋租不出去，并自认仅收到租金 65 050 元。故对王某在处理淮北市粮食收储公司委托事务中收到的房屋租金认定为 65 050 元。在委托合同中委托方不明确的情况下，王某履行转交租金的义务和行使索要"工资"的权利均发生困难，可以中止履行委托合同，故对淮北市粮食收储公司要求王某支付逾期返还租金利息的诉讼请求，法院不予支持。

评析： 本案系因淮北市海孜粮食收储中心与王某之间的民事活动产生的纠纷，争议焦点为王某拖欠淮北市粮食收储公司房屋租金数额，王某是否应当支付逾期返还租金利息。民法典第 529 条延续了《合同法》第 70 条因债权人原因导致债务人履行债务困难的规定：在合同履行过程中，如果债权人分立、合并或者变更名称，债权人没有通知债务人的情形，可能会导致债务人无法确定向何方当事人履行债务，出现履行困难，此时债务人可以中止履行。本案中，淮北市海孜粮食收储中心于 2012 年 5 月 30 日被淮北市粮食局撤销，导致债权人不明，被告无法确定债权人，有权中止履行合同。

> ▶▶ **第五百三十条**　债权人可以拒绝债务人提前履行债务，但是提前履行不损害债权人利益的除外。
>
> 债务人提前履行债务给债权人增加的费用，由债务人负担。

🏛 条文要义

本条是对提前履行债务的规定。

提前履行，是指在履行期限到来之前的履行，是合同履行中履行行为的变动。提前履行可以是债务人自己要求提前履行自己的债务，也可能是债权人请求债务人提前履行。在后一种情况，如果债务人同意的，自然可以提前履行；债务人不同意的，可以拒绝债权人的请求。本条规定的是前一种情形。

合同双方当事人应当严格按照合同约定的期限履行，才能体现双方的合意，实现共同利益。债务人提前履行很可能损害债权人的利益。在一般情况下，债务人提前履行并没有给债权人带来好处，甚至可能给债权人造成困难，故债权人可以拒绝债务人提前履行债务，但是，提前履行不损害债权人利益的除外。这分两种情况：（1）如果履行期限是为债务人的利益设定的，债务人可以提前履行自己的义务，因为一般不能限制当事人放弃自己的利益，这种履行是适当的，债权人应当接受。（2）如果债的履行期限是为债权人利益设定的，或者关涉双方的利益，则债务人非经债权人的同意，不得提前履行。例如，在加工承揽合同中，承揽方提前交付定作物，应当事先与对方达成协议，并按协议进行。未经定作方同意提前交付定作物，定作方有权拒收。

提前履行给债权人增加的费用，应当由债务人承担。债务人拒绝承担的，应当强制其承担。

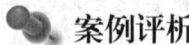 **案例评析**

杨某某诉许某某房屋买卖合同纠纷案①

案情：原告杨某某和被告许某某经双流县中和镇天天房介部介绍，签订了《房屋购销合同》，约定被告许某某将自己所有的位于成都高新区某房屋一套（建筑面积148.25平方米）出卖给原告杨某某，总价款668 000元。合同签订后，原告杨某某支付了定金20 000元。双流县中和镇天天房介部为原告杨某某分别在交通银行、邮政储蓄银行申请贷款，均未果。因被告许某某急于收取房款，经双流县中和镇天天房介部的业主兼工作人员袁某某协调，原告杨某某同意一次性付款，并准备好了房款。袁某某通知被告许某某前往领取，被告许某某拒绝领取。

2010年11月28日，被告许某某前往双流县中和镇天天房介部协商解除《房屋购销合同》，从被告许某某提交的录音材料中可以听出，双流县中和镇天天房介部的工作人员及原告杨某某的丈夫高某均当场多次表示可以一次性付款，但被告许某某拒绝接受，坚持以《房屋购销合同》约定的为贷款支付房款、原告杨某某迄今未办理好贷款为由解除《房屋购销合同》，原告杨某某的丈夫高某未表示同意解除合同。

由于被告许某某迟迟不向原告杨某某交付房屋，亦不配合原告杨某某到房地产管理登记机关办理买卖房屋产权变更登记，原告杨某某诉至法院，请求人民法院依法判决：一、被告许某某向原告杨某某履行交付位于成都高新区的房屋一套；二、被告许某某协助原告杨某某到买卖标的（房屋）所在地房地产登记机关办理所买卖房屋的产权变更（过户）登记。法院认为，涉案房屋的实物交付及产权过户条件均尚未成就，对原告杨某某的该项诉讼请求，法院不予支持。

评析：民法典第530条延续了《合同法》第71条提前履行债务的规定，本案争议焦点是原告是否有权一次性向被告支付房款，即提前履行付款义务。一般情况下，债务人应当按照合同约定的时间履行债务，否则就会构成违约。但是，债务人提前履行合同义务使得债权人的合同利益提前实现，通常不会使债权人遭受损失，反而会获得利益，故而法律原则上允许债务人提前履行合同，除非会给债权人造成不便。本案中，由于被告许某某拒绝继续等待办理按揭手续，原告杨某某同意一次性支付房款，实质上是提前履行付款义务，而被告许某某无证据证明原告杨某某提前支付价款会损害其利益，故被告许某某欠缺解除合同的理由，不应获得支持。

---

① 审理法院：四川省成都高新技术产业开发区人民法院，案号：（2011）高新民初字第90号。

> ▶▶ **第五百三十一条** 债权人可以拒绝债务人部分履行债务，但是部分履行不损害债权人利益的除外。
>
> 债务人部分履行债务给债权人增加的费用，由债务人负担。

🏛 条文要义

本条是对部分履行债务的规定。

部分履行是相对于全面、适当履行而言的。依法订立的合同具有法律效力，当事人双方必须全面地、适当地履行合同，使合同权利人的权利得到完全实现。如果当事人只部分履行合同，另外的部分不履行，就会给债权人造成不便，增加受领成本，甚至导致合同预期目的不能实现。当事人依据合同的标的数量履行债务，而该标的的质量或规格不符合合同要求，对另一方当事人来说，这种履行没有经济意义。

但是，部分履行不是根本没有履行，而只是部分履行合同债务。对于债务人的部分履行，债权人有拒绝受领权，这种拒绝受领权只是相对于部分履行对于债权人的利益有损害而产生的。如果部分履行不损害债权人利益，则债权人不享有拒绝受领权，不能拒绝债务人的部分履行。比如，建设公司采购一批钢材，其并不需要同时使用所有的钢材，供货方分多次提供钢材的也不会影响建设公司合同目的的实现，此时应该允许供货方部分履行供货合同。如果建设公司因为多次受领钢材遭受损失的，供货方应当承担该损失。

债务人部分履行债务有可能给债权人增加接受履行的费用。这种费用的产生是由于债务人的部分履行造成的，应当由债务人负担。

🔖 案例评析

景某某与刘某、张某某民间借贷纠纷案①

案情： 2017 年 12 月 15 日，被告刘某、张某某向原告景某某借款 20 000 元，并向原告出具借条一份；2018 年 4 月 10 日，被告刘某、张某某再次提出向原告借款 20 000 元，原告同意后委托其朋友樊某某向张某某账户内转账 20 000 元，二被告未出具借条。借款后，原告多次催要上述 40 000 元借款，二被告仅认可借款 20 000 元，否认其余借款 20 000 元，且曾委托他人向原告返还借款 20 000 元，原告以被告试图用 20 000 元还清 40 000 元债务为由拒收。现原告诉至法院要求二被告返还借款 40 000 元，并按照年利率 8.3% 支付从起诉之日起至还款之日止的利息。法院认为，原告诉讼要求二被告返还借款的诉讼请求，理由正当，应予支持。另外，二被告应按照年利率 6% 支付借款 20 000 元从 2019 年 1 月 18 日起至实际还款之日止的利息。

---

① 审理法院：甘肃省庆阳市西峰区人民法院，案号：(2019) 甘 1002 民初 824 号。

评析： 本案争议焦点是被告应当以 20 000 元还是 40 000 元的本金向原告支付利息。民法典第 531 条延续了《合同法》第 72 条部分履行债务的规定，在合同履行过程中，债务人应当依约全面履行合同义务，部分履行合同的有可能无法实现债权人的合同目的，或者给债权人增加受领成本，债权人可以拒绝债务人部分履行债务。但是，如果部分履行不损害债权人利益的，债权人应该依据诚实信用原则接受债务人的履行，对于债务人部分履行债务给债权人增加的费用，可以请求债务人负担。本案中，涉案标的是金钱，二被告归还借款 20 000 元的部分履行债务行为不损害原告的利益，原告不应拒绝受领，故原告不得再主张该 20 000 元借款的利息。

> ▶▶ **第五百三十二条** 合同生效后，当事人不得因姓名、名称的变更或者法定代表人、负责人、承办人的变动而不履行合同义务。

🏛 条文要义

本条是对合同主体其他变动不得拒绝履行的规定。

合同主体的姓名、名称的变更，以及法定代表人、负责人、承办人的变动，是经常出现的。为了避免当事人因为这些主体的变动而在合同履行中发生争议，防止当事人假借姓名、名称变更或者法定代表人、负责人、承办人的变动而不履行合同义务，故在合同生效后，当事人不得因姓名、名称的变更或者法定代表人、负责人、承办人的变动而不履行合同的义务。

自然人在改名前已经以其原姓名参与了某种法律关系，其姓名的改变不应影响他人和社会的利益。故当事人以其原姓名签订的合同亦应严格遵守，不得因姓名的改变而不履行合同义务。

法人和非法人组织名称的变更只是其文字标记的变更，不是合同主体的变更，法人和其他组织不能因名称的变更而不履行合同义务。

法人的法定代表人以及非法人组织的负责人、承办人的变更也不影响合同的履行。法人和非法人组织都依法享有合同主体资格，可以作为合同法律关系的主体，具有合同权利能力和合同行为能力，不能因其法定代表人、负责人或者承办人的变动而不履行合同义务。

🎯 案例评析

四川阆中农村商业银行与陈某某借款纠纷案[①]

案情： 2011 年 11 月 17 日，被告陈某某与阆中市农村信用合作联社（即原告，

---

① 审理法院：四川省阆中市人民法院，案号：（2016）川 1381 民初字 2777 号。

继受了原告的权利义务）签订借款合同一份，向阆中市农村信用合作联社借款
30 000 元，借据载明：被告陈某某向阆中市农村信用合作联社借款金额为 30 000
元，借款日期为 2011 年 11 月 17 日，借款到期日为 2012 年 11 月 15 日，借款用途为
购买材料，执行月利率为 10.1133‰，结息方式为按季结息，被告陈某某在借款人栏
签字捺印。借款合同签订后，阆中市农村信用合作联社按照合同约定发放了贷款，
借款到期后经阆中市农村信用合作联社多次催收，被告陈某某未按合同约定偿还借
款本金及利息，现仍结欠借款本金 30 000 元及利息。2014 年 7 月 3 日，阆中市农村
信用合作联社在四川经济日报刊登对被告陈某某的贷款催收公告，被告仍未按合同
约定履行还款义务，原告遂诉至法院，请求判令被告立即偿还原告借款本金 30 000
元及利息，并承担案件诉讼费。

另查明，阆中市农村信用合作联社经南充市工商局核准，作出（川工商）名称
变核内字〔2015〕第 001935 号企业名称变更核准通知书，核准企业名称变更为四川
阆中农村商业银行股份有限公司。

法院认为，阆中市农村信用合作联社经工商局批准变更为四川阆中农村商业银
行股份有限公司，原阆中市农村信用合作联社权利义务应当由名称变更后的四川阆
中农村商业银行股份有限公司承担，原告起诉主体适格。原告诉请判令被告立即偿
还借款本金及利息于法有据，法院予以支持。

评析： 本案争议焦点是原告的主体是否适格。合同是一种面向未来的权利，从
合同订立到合同履行之间尚存在一段不确定时期，合同当事人在此期间可能会发生
姓名、名称的变更或者法定代表人、负责人、承办人的变动。民法典第 532 条延续
了《合同法》第 76 条当事人变化的规定，当事人的权利义务并不因此而发生变更，
以免当事人借此逃避合同拘束。在本案中，涉案借贷合同的原告贷款人的法人名称
发生了变更，这一变更并不影响原告所应承担的放贷义务和请求借款人返还本金利
息的权利，原告有权在借款合同到期后请求被告清偿债务。

▶▶ **第五百三十三条**　合同成立后，合同的基础条件发生了当事人在订立合同时
无法预见的、不属于商业风险的重大变化，继续履行合同对于当事人一方明显不
公平的，受不利影响的当事人可以与对方重新协商；在合理期限内协商不成的，
当事人可以请求人民法院或者仲裁机构变更或者解除合同。

人民法院或者仲裁机构应当结合案件的实际情况，根据公平原则变更或者解
除合同。

🏛 条文要义

本条是对情事变更原则的规定。

情事变更原则，是指在合同成立后，订立合同的基础条件发生了当事人在订立合同时无法预见的、不属于商业风险的重大变化，仍然维持合同效力履行合同对于当事人一方明显不公平的情事，受不利影响的当事人可以请求对方重新协商，变更或解除合同并免除责任的合同效力规则。《合同法》没有规定情势变更原则，最高人民法院的司法解释作过规定，本条从民法基本法的角度规定了情势变更原则的行使规则及效力。

在合同领域，对情事变更原则的适用条件是相当严格的，应当具备的条件是：（1）须有应变更或解除合同的情事，即订立合同时合同行为的基础条件发生了变动，在履行时成为一种新的情事，与当事人的主观意思无关。（2）变更的情事须发生在合同成立后至消灭前。（3）情事变更的发生不可归责于双方当事人，当事人对于情事变更的发生没有主观过错。（4）情事变更须未为当事人所预料且不能预料，而且不属于商业风险。（5）继续维持合同效力将会产生显失公平的结果。

情事变更原则适用的法律效力是：（1）当事人重新协商，即再协商，再协商达成协议的，按照协商达成的协议确定双方当事人的权利义务关系。（2）再协商达不成协议的，可以变更或解除合同并免除当事人责任。人民法院或者仲裁机构应当结合案件的实际情况，根据公平原则确定变更或者解除合同。

情事变更原则发生两次效力。第一次效力，是维持原法律关系，只变更某些内容。第一次效力多用于履行困难的情况，变更方式包括增减给付、延期或分期给付、变更给付标的或者拒绝先为给付。第一次效力不足以消除显失公平的结果时，发生第二次效力，是采取消灭原法律关系的方法以实现公平，表现为终止合同、解除合同、免除责任或者拒绝履行。

案例评析

北京腾跃诚源房地产经纪有限公司与张某合同纠纷案①

案情： 2010 年 7 月，张某（被告）与鑫诚公司（原告）签订《商品房买卖合同》，购买鑫诚公司开发建设的位于淮南市田家庵区商铺，建筑面积 72.59 平方米，总金额 1 538 781.00 元。2010 年 9 月 1 日，腾跃公司（甲方）、张某（乙方）、鑫诚公司（担保方）、中融业公司（担保方）四方签订了《商铺委托经营合同》，合同约定：乙方将自己合法拥有独立产权的某花园××号楼×××号商铺的使用权委托给甲方统一招租经营，委托经营期限为 15 年，即自 2010 年 9 月 1 日起至 2025 年 8 月 31 日止。另外，合同还约定：在委托经营期间，为充分保障乙方利益，由安徽鑫诚集团和合肥中融业担保公司联合担保乙方的利益；在乙方委托经营期间收益不能保证的情况下，由开发商和担保公司按照《商品房买卖合同》总价两倍联合回购商铺产权。甲方腾跃

---

① 审理法院：安徽省淮南市田家庵区人民法院，案号：（2019）皖 0403 民初 2573 号。

公司、担保方鑫诚公司及中融业公司均在合同上盖章确认，乙方张某亦在合同上签字确认。委托经营合同签订后，腾跃公司将张某名下的商铺连同其他业主的商铺整体租赁给淮南市拉芳舍餐饮有限公司从事酒店经营业务。2010 年 12 月 30 日，张某向鑫诚公司缴纳了购房款，并取得安徽省淮南市销售不动产专用发票，金额为 1 538 781.00 元。2011 年 1 月 25 日，张某取得了某花园××楼×××号商铺的产权证书。

后来，同样受托经营的淮南市鑫诚房地产开发有限公司的商铺因民事纠纷被法院依法强制执行，并变卖抵付给银行，淮南市拉芳舍餐饮有限公司无法继续经营而被迫停业。原告腾跃公司以情事变更为由，向法院提出诉讼请求，请求法院依法解除原告和被告张某之间于 2010 年 9 月 1 日签订的《商铺委托经营合同》。法院认为，本案原告所称因鑫诚公司房产被拍卖抵付致使无法整体经营的情况，应属于原告在签订合同时可以预见到的商业风险，且系自身经营管理不善所致，不应适用情事变更原则，驳回原告的诉讼请求。

评析：本案的争议焦点是鑫诚公司房产被拍卖抵付致使无法整体经营的情况是否属于情事变更。通常情况下，依法成立生效的合同对当事人具有法律约束力，各方当事人均应秉持诚实信用原则，忠实、全面履行合同约定的内容，不得擅自变更或者解除合同。只有在订立合同的基础条件发生了当事人在订立合同时无法预见的、不属于商业风险的重大变化时，继续履行合同对于当事人一方明显不公平的，当事人才能向司法机关请求变更或解除合同。本案中，原告委托整体经营的淮南市拉芳舍餐饮有限公司与鑫诚公司的经营状况有紧密关联，鑫诚公司的经营一旦发生变故就有可能影响到原告的业务经营，这是原告在订立合同之时就有能力且应当预料的商业风险，不属于情事变更的事由，无权因此而主张解除《商铺委托经营合同》。

> ▶▶第五百三十四条 对当事人利用合同实施危害国家利益、社会公共利益行为的，市场监督管理和其他有关行政主管部门依照法律、行政法规的规定负责监督处理。

🏛 条文要义

本条是对政府有关部门依法管理合同职权的规定。

这一规定是对《合同法》第 127 条内容进行整理作出的规定，赋予政府市场监督管理部门和其他有关行政主管部门对合同的监督管理职权。对当事人利用合同实施危害国家利益或者社会公共利益行为的，这些政府主管部门有权依法进行监督，并且依法作出处理。

虽然合同法奉行私法自治的原则，政府不应随意干涉，但合同从来不是一个独立的领域，时刻会受到国家权力的监管，尤其是在我国这样一个行政权力素来强大，巨细无靡地介入经济生活的国家里。这一规定赋予政府管理部门监管合同的权力，能够为国家管理合同事项提供法律依据，避免当事人利用合同从事危害国家利益和社会利益的活动。

案例评析

山东博戎汽车销售有限公司与济南市槐荫区市场监督管理局市场行政处罚案①

案情： 2015年12月28日，槐荫监管局下属匡山市场监督管理所接12315消费者投诉转办单，要求其调解处理孙某某与博戎公司交易纠纷。槐荫监管局根据调查材料，确认以下事实：2015年11月29日，孙某某与博戎公司签订代购车合同书，该合同第6条规定："六、合同解除：1. 甲方按约定方式通知乙方提车后×日内未将全部购车款付清或未到合同约定地点办理提、验车手续，即视为乙方单方面解除了本购车合同，届时甲方有权不再另行通知乙方即可自行处置乙方所购车辆，所收取的预付款不予退回；已付清全款的，将扣除20％以后返还乙方。2. 因甲方或其他非乙方因素造成本合同无法继续履行的，甲方应于×日内将所收代购全部款项一次性返还乙方，其他责任不予承担。"该合同约定交车日期为2015年12月15日，孙某某按约交纳"订金"10 000元。后车辆因故未按时交付，至2015年12月26日，博戎公司通知孙某某提车时，孙某某认为车辆与自己的要求不符，提出解除合同，但博戎公司依据上述合同第6条的规定拒不退款。

2016年3月7日，槐荫监管局（被告）向博戎公司（原告）送达济槐市监合字〔2016〕第18003号行政处罚告知书，告知博戎公司，其与孙某某订立的汽车销售合同违反了《中华人民共和国合同法》第5条及《合同违法行为监督处理办法》第9条之规定，构成利用格式条款免除自己违约责任的行为，拟根据《行政处罚法》第23条"行政机关实施行政处罚时，应该责令当事人改正或者限期改正违法行为"和《中华人民共和国合同法》第127条、《合同违法行为监督处理办法》第12条之规定，责令博戎公司立即改正违法行为，并罚款10 000元。该告知书同时告知了博戎公司陈述、申辩的权利。2016年3月15日，槐荫监管局作出济槐市监合字〔2016〕18003号行政处罚决定书，对博戎公司进行如上处罚。博戎公司对该行政处罚决定书不服，遂向法院提起行政诉讼。

法院认为，槐荫监管局作出涉案行政处罚决定书，证据确凿，适用法律、法规正确，符合法定程序，处罚得当，原告博戎公司请求撤销该行政处罚书不符合法律规定，法院不予支持。

评析： 民法典第534条延续了《合同法》第127条的规定，授予政府部门监管合同的权力。合同法以合同自由为基本原则，当事人可以自由约定双方的权利义务，

但是由于资源禀赋等各种原因，当事人之间的缔约能力存在实质不平等，如果完全赋予当事人缔约的自由就有可能会导致一方利用自身的优势地位损害对方的利益，进而损害国家、社会的公共利益，需要行政主管机关主动介入纠正这种不当行为，以期实现社会公平正义。本案中，原告通过格式合同免除自己因违约依法应当承担的违约责任，属于违法行为，槐荫监管局有权依法对其进行处罚，以纠正这一违法行为。

第五章　合同的保全

> ▶▶ **第五百三十五条**　因债务人怠于行使其债权或者与该债权有关的从权利，影响债权人的到期债权实现的，债权人可以向人民法院请求以自己的名义代位行使债务人对相对人的权利，但是该权利专属于债务人自身的除外。
>
> 代位权的行使范围以债权人的到期债权为限。债权人行使代位权的必要费用，由债务人负担。
>
> 相对人对债务人的抗辩，可以向债权人主张。

🏛 条文要义

本条是对债权人到期债权行使债权人代位权的规定。

债权人代位权，是指债权人依法享有的为保全其债权，以自己的名义行使属于债务人对相对人权利的实体权利。当债务人怠于行使属于自己的债权或者与该债权有关的从权利，而害及债权人的权利实现时，债权人可依债权人代位权，以自己的名义行使债务人怠于行使的债权。其特征是：（1）债权人代位权是债权的从权利；（2）债权人代位权是债权人以自己的名义代债务人之位行使的权利；（3）债权人行使代位权的目的是保全债权；（4）债权人代位权的性质是管理权。

与《合同法》第73条规定相比，本条增加了债权人代位权行使条件的新规则，具体如下。

1. 将"因债务人怠于行使其到期债权"，改为"因债务人怠于行使其债权或者与该债权有关的从权利"，这一债务人行为要件发生了重大变化。《合同法》第73条规定不仅须是债权，而且还须为到期债权，本条规定的只是"债权或者与该债权有关的从权利"，没有性质为债权、形态为到期的要求，只要该权利不是专属于债务人自身的，就可以代位行使。

2. 将"对债权人造成损害"的要件，改为"影响债权人的到期债权实现"，这也发生了重大变化。《合同法》第73条规定为已经对债权人造成损害的客观后果，而本条则规定为影响债权人到期债权的实现。"损害"与"影响"，显然是不一样的，其轻重自明。

3. 债权人行使代位权的范围，以"债权人的到期债权为限"，改变了原《合同法》第73条规定的"以债权人的债权为限"的要求，行使代位权范围的规定更为合理，有利于更好地保护双方当事人的权益。

4. 将代位权行使的对方当事人称为"相对人"，并增加"相对人对债务人的抗辩，可以向债权人主张"的规定。如果相对人即次债务人对债务人享有合法的抗辩，例如债务人违约等，相对人可以持这种抗辩向债权人主张。又如，相对人因债务超过诉讼时效而取得抗辩权，该抗辩权可以直接向债权人行使，可以对抗债权人代位权。

案例评析

某国土局与某招商局房地产公司、乙公司等债权人代位权纠纷案[①]

案情：甲公司欠某国土局（原告）土地征用费。乙公司（被告）系甲公司股东，法院生效裁定认为，乙公司应在注册资金不实范围内对某国土局承担责任。而某招商房地产公司（被告）拖欠乙公司款项，双方曾约定以土地使用权作价抵偿，但未履行。某国土局提起代位权诉讼，请求判令由某招商房地产公司履行乙公司对某国土局的债务。一审法院认为，乙公司对招商房地产公司享有的是土地使用权给付之债，非金钱之债，不符合代位权行使要件。二审法院认为，某招商局房地产公司系经改制而来，根据改制过程中的《债权、债务及资产处置协议》，招商房地产公司不承担原招商局公司对某国土局公司的债务。再审法院认为，其一，某国土局对改制前的某招商局公司行使代位权的要件已经齐备。乙公司与某招商局公司协议以土地作价清偿的约定系代物清偿法律关系，但由于该代物清偿协议并未实际履行，双方原来的金钱债务并未消灭。其二，依据《最高人民法院关于审理与企业改制相关的民事纠纷案件若干问题的规定》确立的基本原则，改制后的某招商房地产公司应对原招商局公司的债务承担责任。故对原告的请求应予支持。

评析：本案涉及民法典第535条关于债权人代位权的规定。该规定以《合同法》第73条为基础，对债权人行使代位权的情形予以进一步完善。本案的争议焦点是某国土局能否对某招商房地产公司行使代位权。首先，某国土局对改制前的某招商局公司的代位权成立。本案中，乙公司是某国土局的债务人。而某招商局公司拖欠乙公司3481.55万元的债务并约定以某项目用地土地使用权抵偿，但未履行。依据民法基本原理，新债不履行，旧债不消灭，因此，乙公司仍对某招商局公司享有金钱债权，某国土局对某招商局公司的代位权成立。此外，民法典第535条第1款并未限制债务人对次债务人的债权为金钱债权。其次，根据法人财产原则和企业债务承

---

① 最高人民法院公报，2012（6），有改动。审理法院：一审法院为四川省成都市中级人民法院，案号：（2007）成民初字第19号；二审法院为四川省高级人民法院，案号：（2008）川民终字第90号；再审法院为最高人民法院，案号：（2011）民提字第210号。

继原则以及《最高人民法院关于审理与企业改制相关的民事纠纷案件若干问题的规定》第 5 条关于"企业通过增资扩股或者转让部分产权,实现他人对企业的参股,将企业整体改造为有限责任公司或者股份有限公司的,原企业债务由改造后的新设公司承担"之规定,原招商局公司对乙公司的债务应由改制后的招商房地产公司承担。

▶▶第五百三十六条 债权人的债权到期前,债务人的债权或者与该债权有关的从权利存在诉讼时效期间即将届满或者未及时申报破产债权等情形,影响债权人的债权实现的,债权人可以代位向债务人的相对人请求其向债务人履行、向破产管理人申报或者作出其他必要的行为。

🏛 条文要义

本条是对未到期债权行使债权人代位权的规定。

债权人对债务人享有的债权在履行期届满之前,行使债权人代位权须有必要的条件。《合同法》对此没有规定,本条是债权人代位权的一个新规则,具体如下。

1. 债务人对相对人享有的债权或者与该债权有关的从权利存在诉讼时效期间即将届满,影响债权人的债权实现。债务人对相对人享有的权利存在诉讼时效期间即将届满的危险,如果不及时行使该权利,将会因该权利由于诉讼时效期间届满而使相对人产生永久性抗辩权,影响债务人的债权实现的,债权人的债权虽未到期,也可以主张行使代位权。

2. 债务人对相对人享有的债权或者与该债权有关的从权利因未及时申报破产债权,影响债权人的债权实现的。如果债务人的债权人即相对人濒于破产,或者正在破产过程中,如果债务人未及时申报破产债权,影响债权人的债权实现的,债权人也可以在自己对债务人的债权到期前,主张行使代位权。

在符合这样的条件要求的情况下,债权人可以行使债权人代位权,其具体方法是:

1. 可以以债务人的名义,代位向债务人的相对人请求其向债务人履行,这是典型的代位权行使方法。

2. 相对人在破产程序中的,债权人可以代债务人之位,向破产管理人申报债权,将该债权纳入破产财产清偿范围,期待在破产清算中实现债权。

3. 作出其他必要的行为,例如符合条件的,可以请求查封、冻结财产等。

后两种方法,超出了传统债权人代位权的范围,其目的仍然是保全债务人的财产以保护自己的债权,是针对实际情况所作的规定,对于保全债权人的债权具有重要意义。

案例评析

郑某、甲公司建设工程施工合同纠纷案[①]

案情： 2005 年 3 月 28 日，甲公司（一审被告）发布其某建筑工程招标文件。4 月 30 日，乙公司中标。5 月 10 日，乙公司与郑某（一审原告）签署《协议书》，由郑某负责该工程的招投标工作、与发包方的工程建筑合同的签订和履行，并承担因此产生的所有费用。同月 12 日，甲公司和乙公司签署《建设工程施工合同》。2007 年 8 月 3 日，甲公司组织工程竣工验收，出具了相应报告。2011 年 3 月 22 日，甲公司和乙公司开始进行工程结算，结算过程均由郑某负责，由其代表乙公司签字。现郑某起诉请求甲公司向其支付工程款及利息。法院一审依据《最高人民法院关于审理建设工程施工合同纠纷案件适用法律问题的解释》第 26 条支持了郑某的诉讼请求。二审认为郑某不具备原告资格，如郑某认为乙公司怠于履行到期债权可依法提起代位权诉讼，后郑某提起再审，其认为二审裁定错误的理由之一是行使代位权的前提是两个债权均已到期，而其对乙公司的债权尚未到期，再审撤销了二审裁定发回重审。

评析： 本案本属建设工程施工合同纠纷，依据案件事实，郑某属《最高人民法院关于审理建设工程施工合同纠纷案件适用法律问题的解释》第 26 条规定的"实际施工人"。其可直接请求发包人即甲公司支付拖欠的工程款。而本案引出的与代位权相关的重点问题是：债权人代位权的行使是否应以债权人的债权已到期为要件，对此，学界存在不同意见。《合同法》第 73 条有关代位权的规定未明确此项要件，《最高人民法院关于适用〈中华人民共和国合同法〉若干问题的解释（一）》第 11 条有关代位权的规定中将债权人的债权已到期列为债权人代位权的行使要件之一。不过，这种刚性的规定在特殊情况下可能对债权人的保护不利，民法典第 536 条结合实践需求，对债权人的债权未到期时可行使代位权的情形专门予以规定，其规定，债权人的债权到期前，债务人的权利可能存在诉讼时效期间即将届满或者未及时申报破产债权等情形，影响债权人的债权实现的，债权人可以代位向债务人的相对人请求其向债务人履行、向破产管理人申报或者作出其他必要的行为。该规定周全了对债权人利益的保护。

▶▶ **第五百三十七条** 人民法院认定代位权成立的，由债务人的相对人向债权人履行义务，债权人接受履行后，债权人与债务人、债务人与相对人之间相应的权利义务终止。债务人对相对人的债权或者与该债权有关的从权利被采取保全、执行措施，或者债务人破产的，依照相关法律的规定处理。

---

① 审理法院：一审法院为广东省广州市黄埔区人民法院，案号：（2017）粤 0112 民初 2356 号；二审法院为广东省广州市中级人民法院，案号：（2019）粤 01 民终 4136 号；再审法院为广东省高级人民法院，案号：（2019）粤民申 6846 号。

🏛 条文要义

本条是对债权人代位权行使方法及结果的规定。

《合同法》没有这一规定，本条是以最高人民法院有关司法解释为基础形成的新规则。《最高人民法院关于适用〈中华人民共和国合同法〉若干问题的解释（一）》（现已失效）第 20 条规定："债权人向次债务人提起的代位权诉讼经人民法院审理后认定代位权成立的，由次债务人向债权人履行清偿义务，债权人与债务人、债务人与次债务人之间相应的债权债务关系即予消灭。"本条在这一司法解释的基础上，完善而成。

债权人行使代位权，应当向人民法院起诉，由人民法院确认是否可以行使代位权。人民法院经过审理，认定债权人主张的代位权成立的，就可以判决由债务人的相对人直接向债权人履行债务。债权人接受相对人的履行后，债权人与债务人、债务人与其相对人之间相应的权利义务消灭。

事实上，这样的结果不是传统的债权人代位权的行使方法和结果。债权人代位权是保全债务人的财产，行使代位权的后果是使债务人对相对人的债权得以保全，以增加债务人履行债务的财产资力。我国在《合同法》立法中，采取了相对人直接向债权人履行债务的做法，可以节省司法资源，避免债权人多次起诉，造成讼累，虽有较好的效果，但与债权人代位权的管理权性质不同。

债务人对相对人的债权或者与该债权有关的从权利如果被采取保全、执行措施，或者债务人破产的，则应当依照民事诉讼法、破产法等相关法律的规定，进行处理。

🔖 案例评析

某建设公司等与某搅拌站债权人代位权纠纷案[①]

案情：法院生效判决认定，甲公司拖欠某搅拌站（原告）1 043 993 元货款及利息。某建设公司（被告）曾欠甲公司 108 299 726 元工程款，现有证据仅可证明其向甲公司支付了 9 421 679.79 元。某搅拌站起诉请求某建设公司向其支付 1 043 993 元及利息。一、二审法院均认为，本案中，某搅拌站作为债权人，以债务人甲公司怠于行使对次债务人某建设公司的债权为由提起代位权诉讼，符合法律规定。某建设公司应向某搅拌站直接清偿甲公司拖欠某搅拌站的货款及利息等，在实际清偿后，某建设公司与甲公司之间相应的债权债务关系即予消灭。

评析：本案涉及民法典第 537 条关于债权人代位权行使方法的规定。本案中，甲公司拖欠某搅拌站的货款，某建设公司拖欠甲公司的工程款，且因甲公司怠于行

① 审理法院：一审法院为北京市海淀区人民法院，案号：（2016）京 0108 民初 34080 号；二审法院为北京是第一中级人民法院，案号：（2019）京 01 民终 4475 号。

使其对某建设公司的欠款影响了某搅拌站到期债权的实现，根据民法典第 535 条，某搅拌站主张行使代位权的条件成立。根据民法典第 537 条的规定，人民法院认定代位权成立的，由债务人的相对人向债权人履行义务，债权人接受履行后，债权人与债务人、债务人与其相对人之间相应的权利义务终止。本案法院判决次债务人某建设公司直接向某搅拌站在某搅拌站对甲公司享有的债权范围内向其履行债务，在实际清偿后，某建设公司与甲公司之间相应的债权债务关系即予消灭。该判决于法有据。

> ▶▶ **第五百三十八条** 债务人以放弃其债权、放弃债权担保、无偿转让财产等方式无偿处分财产权益，或者恶意延长其到期债权的履行期限，影响债权人的债权实现的，债权人可以请求人民法院撤销债务人的行为。

🏛 条文要义

本条是对债务人无偿处分财产行使债权人撤销权条件的规定。

债权人撤销权，是指债权人依法享有的为保全其债权，对债务人无偿或者低价处分作为债务履行资力的现有财产，以及放弃其债权或者债权担保、恶意延长到期债权履行期限的行为，请求法院予以撤销的权利。本条规定的是对债务人无偿处分财产行为的撤销权。

债权人撤销权，是为保全债务人的一般财产，否定债务人不当减少一般财产的行为（欺诈行为），将已经脱离债务人一般财产的部分，恢复为债务人的一般财产为目的的权利。当债务人实施减少其财产或者放弃其到期债权而损害债权人债权的民事行为时，债权人可以依法行使这一权利，请求法院对该民事行为予以撤销，使已经处分了的财产回复原状，以保护债权人债权实现的物质基础。

与《合同法》第 74 条规定相比，本条调整了债权人撤销权的行使要件，债权人对债务人无偿处分行为行使撤销权的要件是：（1）债权人与债务人之间有债权债务关系；（2）债务人实施了处分财产的积极行为或者放弃债权、放弃债权担保的消极行为；（3）债务人的行为须有害于债权；（4）无偿处分行为不必具备主观恶意这一要件。

债务人无偿处分财产害及债权的行为包括：（1）放弃其债权，债务人放弃对自己作为债权人的相对人享有的债权，无论是到期还是未到期债权，均可行使撤销权。（2）放弃债权担保，债务人对自己的债务人对自己负有的债务，由相对人或者第三人设置的担保予以放弃，使债务人享有的债权失去担保的财产保障，对债权人的债权构成威胁，债权人可以行使撤销权。（3）无偿转让财产，债务人无偿将自己的财产转让给他人，对债权人的债权实现构成威胁，债权人可以行使撤销权。（4）恶意延长其到期债权的履行期限，债务人对相对人享有的债权已经到期，为逃避债务延长履行期限，也对债权构成威胁，债权人可以行使撤销权。

案例评析

冉某乙与秦某、冉某甲等债权人撤销权纠纷案①

案情： 冉某甲、张某（本案被告）因资金周转困难向秦某（原告）借款，秦某向冉某甲、张某提供借款 20 万元。后冉某甲、张某作为赠与人，冉某乙作为受赠人，双方签订《房屋赠与协议》一份，约定冉某甲、张某将其所有的某房屋赠与冉某乙，该赠与协议经某公证处公证。因冉某乙、张某到期未偿还欠款，秦某起诉请求撤销该赠与协议。一、二审法院均认为，债务人处分自己的财产或权利，不得损害债权人的利益。冉某甲、张某向秦某借款 20 万元，双方的债权债务关系明确。冉某甲、张某将其所有的某房屋赠与冉某乙，没有证据证明冉某甲、张某另有其他财产可以对债务有清偿能力，故前述房屋赠与行为损害了债权人秦某的合法权益，秦某请求撤销冉某乙与冉某甲、张某之间的房屋赠与协议，符合法律规定，予以支持。

评析： 本案涉及民法典第 538 条关于对债务人无偿处分财产权益行使债权人撤销权条件的规定。依据该规定，因债务人以放弃其债权、放弃债权担保、无偿转让财产等方式无偿处分财产权益，或者恶意延长其到期债权的履行期限，影响债权人的债权实现的，债权人可以请求人民法院撤销债务人的行为。本案的争议焦点是案涉房屋赠与协议应否撤销。本案中，冉某甲、张某在拖欠秦某借款不予归还的情况下，将其名下房屋无偿赠与冉某乙，且没有证据证明冉某甲、张某另有其他财产可以对债务有清偿能力，因此该赠与行为损害了秦某债权的实现，符合债权人撤销权的行使要件，故对秦某撤销房屋赠与协议的请求应予支持。

> ▶▶ **第五百三十九条**　债务人以明显不合理的低价转让财产、以明显不合理的高价受让他人财产或者为他人的债务提供担保，影响债权人的债权实现，债务人的相对人知道或者应当知道该情形的，债权人可以请求人民法院撤销债务人的行为。

条文要义

本条是对债务人有偿处分财产行使债权人撤销权的规定。

债务人有偿处分自己财产的行为，原本与债权人的利益无关，但是债务人为逃避债务，恶意低价处分，就危及了债权人的债权。如果受让人对债务人低价处分财产行为知道或者应当知道该情形的，构成恶意，因此，债权人可以行使撤销权，撤

---

① 审理法院：一审法院为重庆市黔江区人民法院，案号：（2019）渝 0114 民初 5635 号；二审法院为重庆市第四中级人民法院，案号：（2019）渝 04 民终 1607 号。

销债务人与受让人的低价处分行为，保存债务人履行债务的财产资力。

债权人对债务人低价处分财产行为行使撤销权的要件是：（1）债权人与债务人之间有债权债务关系；（2）债务人实施了明显不合理的低价处分财产的积极行为；（3）债务人的行为须有害于债权；（4）债务人有逃避债务的恶意，低价处分财产行为的受让人知道或者应当知道该情形。

债权人对债务人低价处分财产行为行使撤销权的情形是：（1）债务人以明显不合理的低价转让财产，即债务人明显低于正常的合理价格转让自己的财产；（2）以明显不合理的高价受让他人财产，债务人以明显高于正常的价格受让他人的财产，相当于转移自己的资产；（3）为他人的债务提供担保，债务人在应当履行对债权人的债务情形下，以自己的财产为他人提供担保，将减少自己承担债务的财产资力。当出现这三种情形，具备上述行使要件，即影响债权人的债权实现，债务人的相对人知道或者应当知道该情形的，债权人可以请求人民法院撤销债务人的行为。

本条是在《合同法》第74条第1款后段规定的基础上，增加规定的新规则：第一，增加了以明显不合理的高价受让他人的财产和为他人的债务提供担保的行使撤销权的情形；第二，将对债权人造成损害改为影响债权人的债权实现；第三，将受让人知道该情形改为受让人知道或者应当知道该情形。这样的规定，使债权人撤销权的适用范围适当加宽，有利于保护债权人的合法债权。

🌑 案例评析

康某甲与某公司等债权人撤销权纠纷案①

案情：康某甲（被告）驾车与徐某（原告）发生碰撞，康某甲承担全部责任。依生效调解书，康某甲应给付徐某16万元，康某甲除在徐某住院期间支付过1万元外，一直未付剩余款项。徐某遂向法院申请强制执行，但仍未能获得赔偿款。康某甲于同年12月15日将其持有的某独资公司股权以4万元价格全部转让给康某乙，公司注册资本为600万元。现徐某起诉请求撤销康某甲与康某乙的股权转让行为。一二审法院均认为，康某甲关于未实缴出资的表述与事实不符，且康某甲与康某乙未举出4万元转让价格的形成过程，因此，可认定康某甲以4万元价格转让某公司全部股权的行为，属于以明显不合理的低价转让财产的行为，康某乙对此事实系明知，徐某的撤销权成立，对其主张予以支持。

评析：本案涉及民法典第539条关于对债务人有偿处分财产行使债权人撤销权的规定。对于债务人有偿处分财产的行为，应对债权人撤销权设定更高的行使要件。本案中，康某甲与康某乙的股权转让行为虽为有偿转让，但系以明显不合理的低价

---

① 审理法院：一审法院为北京市海淀区法院，案号：（2017）京0108民初55217号；二审法院为北京市一中院，案号：（2019）京01民终7957号。

转让，并且协议书中关于"未实际缴纳出资"的记载与事实不符，双方亦未能举证证明4万元转让价格的形成依据，因此应认定康某乙知道康某甲系以明显不合理的低价转让，对徐某撤销股权转让行为的请求应予支持。

> ▶▶ **第五百四十条**　撤销权的行使范围以债权人的债权为限。债权人行使撤销权的必要费用，由债务人负担。

🏛 条文要义

本条是对债权人行使债权人撤销权的范围和费用的规定。

债权人对债务人处分债权、财产危及其债权的行为行使撤销，是为了保护自己的债权，同时也是对债务人处分其财产危及债权人债权行为的矫正，是保全自己债权的行为，具有正当性。但是，合同属于相对权，以约束合同相对人为原则，通常不应将其效力扩及第三人。即使在债权人行使撤销权的情形，具有突破合同相对性的正当性基础，这种突破也应以必要性为前提。债权人撤销权的目的是保障债权人的债权得以实现。因此，债权人行使撤销权的范围，应当以保全自己的债权为限，一般不能超出保全自己的债权的范围，只有在债务人处分的财产或者权利是一个整体，无法分割的，才可以对该整体行为进行撤销，超出的部分不属于不当行为。

同时，由于撤销权保全的是债务人的财产，即使将来用撤销权行使后回复到债务人的财产清偿对债权人的债务，也是债务人应当履行的义务。由此可知，虽然债权人行使撤销权的目的是保障自己债权的实现，却是由于债务人不履行债务的行为而引起，具有可归责性。因此，债权人行使撤销权所需的费用，由债务人负担。债权人已经支出这一费用，可以向债务人追偿。

🔵 案例评析

刘某等与赵某债权人撤销权纠纷案[①]

案情：法院四份生效判决认定王某应向赵某共偿还借款65万元及相应违约金。赵某就上述判决申请强制执行，因未能查到可供执行财产，四个强制执行案件均已终结执行程序。同年11月6日，王某与刘某结婚，7日双方离婚，离婚协议书载明：男方所有的某房产离婚后归女方所有，女方需支付男方120万元。现赵某起诉请求撤销刘某、王某离婚协议书中关于财产分割的协议。一、二审法院认为，第一，根据查询到的同时段涉诉房屋周边小区的房屋价格，双方约定的120万元的房屋售价

---

① 审理法院：一审法院为北京市顺义区人民法院，案号：（2018）京0113民初20679号；二审法院为北京市第三中级人民法院，案号：（2019）京03民终13931号。

明显低于市场正常售价的 30% 以上，应视为不正常的低价。第二，刘某作为理性人，在王某以不合理低价出售房屋时，刘某对此应持有谨慎怀疑态度，即使刘某不知晓受到损害的具体债权人姓名，其亦应知晓该行为有可能损害他人利益。第三，撤销权的行使范围以债权人的债权为限。但本案中涉及的处分财产为房产，无法分割，故法院对赵某要求撤销全部处分行为的诉讼请求予以支持。

评析：本案涉及民法典第 540 条关于债权人撤销权行使范围的规定，其承继自《合同法》第 74 条第 2 款。根据前述规定，债权人行使撤销权的范围，应当以保全自己的债权为限，一般不能超出保全自己的债权的范围。只有在债务人处分的财产或者权利是一个整体，无法分割的，才可以对该整体行为进行撤销，超出的部分不属于不当行为。本案中，债务人王某处分的财产为房产，无法分割，故法院判决对赵某要求撤销全部处分行为的诉讼请求予以支持合法合理。

> ▶▶ **第五百四十一条** 撤销权自债权人知道或者应当知道撤销事由之日起一年内行使。自债务人的行为发生之日起五年内没有行使撤销权的，该撤销权消灭。

🏛 条文要义

本条是对行使债权人撤销权除斥期间的规定。

债权人撤销权是形成权，存在权利失权的问题，适用除斥期间的规定。本条规定的债权人撤销权的除斥期间，与民法典第 152 条规定的除斥期间相同，即自债权人知道或者应当知道撤销事由之日起，为 1 年时间；如果债权人不知道也不应当知道撤销事由，即自债务人实施的处分财产行为发生之日起，最长期间为 5 年，撤销权消灭。对此，适用民法典第 199 条关于除斥期间的一般性规定，不适用诉讼时效中止、中断和延长的规定。除斥期间届满，撤销权消灭，债权人不得再行使。

📌 案例评析

王某与甲公司、乙公司债权人撤销权纠纷案[①]

案情：王某（原告）系甲公司债权人，甲公司与乙公司（被告）于 2005 年 9 月 21 日签订《房屋协议转让书》，约定甲公司将其名下的房产按合同约定价格转让给乙公司。2010 年 12 月 1 日，法院生效判决判令甲公司协助乙公司办理房屋过户手续。2011 年 3 月 7 日，王某以甲公司以明显不合理的低价转让案涉房屋，对其债权造成损害为由，向法院提起诉讼请求行使撤销权。一审、二审和再审法院均认为，甲公

---

① 审理法院：一审法院为北京市第一中级人民法院，案号：（2010）一中民初字第 17475 号；二审法院为北京市高级人民法院，案号：（2011）高民终字第 3346 号；再审法院为最高人民法院，案号：（2012）民申字第 676—1 号。

司的债权人王某之撤销权在债务人甲公司签订《房产转让协议书》的 2005 年 9 月 21 日即产生，撤销权之产生不以债权人王某是否知道协议的签订为前提。王某于 2011 年 3 月 7 日向一审法院提起诉讼请求行使撤销权，其起诉时已经超过了撤销权的 5 年存续期间，故对其请求不予支持。

评析：本案涉及民法典第 541 条关于债权人撤销权行使期间的规定，继受自《合同法》第 75 条。依据规定，债权人撤销权的行使受到除斥期间的限制，撤销权应当自债权人知道或者应当知道撤销事由之日起 1 年内行使，同时，撤销权行使的最长期间为债务人的行为发生之日起 5 年内。本案中，甲公司与乙公司《房屋转让协议书》的签订时间为 2005 年 9 月 21 日，此时，王某的撤销权即已产生，王某于 2011 年 3 月 7 日向一审法院提起诉讼请求行使撤销权，其起诉时已经超过了撤销权的 5 年存续期间，撤销权已消灭。

> ▶▶ **第五百四十二条**　债务人影响债权人的债权实现的行为被撤销的，自始没有法律约束力。

🏛 条文要义

本条是对债权人撤销权行使效果的规定。

本条属于新增规定。债权人撤销权的目的是保全债务人的财产，而不是直接用债务人的财产清偿债务。因此，债权人向法院起诉主张撤销债务人损害债权的财产处分行为，人民法院支持其主张，撤销了债务人损害债权人利益的行为，其后果是该处分行为自始没有法律约束力，处分的财产回归债务人手中，成为履行对债权人债务的财产资力。

在《民法典》草案中，本条曾设置第 2 款，规定债权人在撤销债务人的财产处分行为后，行使自己债权的行为。这意味着，对于债务人处分财产行为中有关债务人的债权的部分，撤销处分行为后，就可以行使代位权，直接向相对人请求行使债务人的债权，以满足自己的债权。这实际上是将行使撤销权和代位权合并进行。对于债务人无偿处分或者以明显不合理的低价或者高价处分或者受让财产的行为，债权人不能行使代位权，而是应将撤销权行使后的财产"入库"，另行起诉请求债务人用该财产清偿债务，实现债权。《民法典》删除了草案第 2 款是完全正确的。

🌰 案例评析

黄某、谢某等与胡某、杜某债权人撤销权纠纷案[①]

案情：2013 年 11 月，原告黄某、苏某以生命权、健康权、身体权纠纷向被告胡

---

① 审理法院：上海市杨浦区人民法院，案号：（2017）沪 0110 民初 5190 号。

某提起诉讼，2014 年 2 月，法院生效判决认定被告胡某应向原告黄某、谢某等支付死亡赔偿金等。判决生效后，因被告未履行付款义务，原告向法院申请强制执行，后因被告名下暂无财产可供执行而执行终结。2013 年 9 月 24 日，被告胡某与被告杜某协议离婚，双方签署《自愿离婚协议书》，其中约定："……2. 双方婚后共同置有一房产……离婚后该房产权利归女方杜某所有，男方胡某放弃该房产权，其他权利人份额不变。"后原告起诉请求法院撤销胡某放弃产权的约定。法院认为，依据现有事实，原告的撤销权成立，两被告的产权变更行为一旦被撤销，即自始没有法律效力，故案涉房屋产权应恢复登记为 2013 年 9 月 24 日《自愿离婚协议书》签署时的状态。

评析： 本案涉及民法典第 538 条关于债权人撤销权的行使要件及第 542 条关于债权人撤销权行使效果的规定。本案中，依据胡某的陈述，其在谢某甲送进医院后即被警察告知其生存概率很低，故被告胡某应明知将要对此承担赔偿责任。在此情况下，胡某仍在离婚协议书中放弃自己对案涉房屋的权益，在胡某无其他财产可供执行的情形下，胡某放弃房屋权益的行为影响了原告债权的实现，故原告的债权人撤销权成立。而根据民法典第 542 条，债务人影响债权人的债权实现的法律行为被撤销的，自始没有法律约束力，故法院判决上海市虹口区天宝西路×××弄×××号×××室的房屋产权应恢复登记为 2013 年 9 月 24 日《自愿离婚协议书》签署时的状态，于法有据。

第六章 合同的变更和转让

▶▶ 第五百四十三条 当事人协商一致，可以变更合同。

🏛 条文要义

本条是对协议变更合同的规定。

合同的变更，分为法定变更、裁判变更和协议变更。本条规定的是协议变更。

合同变更的协商一致原则强调两层含义：（1）合同当事人协商一致就可以变更合同，强调的是合同变更的动因是当事人的意思表示一致，即达成变更合同的合意，这个规则受民法典第5条规定的自愿原则即意思自治原则规范，即民事主体"按照自己的意思设立、变更、终止民事法律关系"。（2）强调广义合同变更的类型，将合同变更区别为因情事变更原则发生的法定变更和依照合同可变更、可撤销事由请求法院、仲裁机构裁决变更合同的裁判变更，以及协议变更。本条规定的合同变更是协议变更，区别于法定变更和裁判变更。

协议变更，是合同变更的主要类型，是民法典合同编规定的典型的合同变更类型。任何一个合同，在其成立之后以及在其生效之后，只要当事人协商一致，都可以进行变更。在社会生活中，当事人在订立了合同之后，很多都通过签订《补充协议》《备忘录》等表达变更合同的意思表示。通过这些《补充协议》《备忘录》等协议变更合同内容，就是对合同的协议变更。

协商一致就是合意，即意思表示一致。之所以已经成立、生效的合同可以在当事人协商一致的情况下进行变更，是因为合同本来就是由当事人协商一致订立起来的。既然合同当事人可以依据协商一致的原则订立合同，当事人当然就可以依据协商一致而变更合同。合同变更的协商一致原则完全符合民法典总则编关于意思自治原则和民事法律行为的规定。

如果一方当事人要变更合同，另一方当事人不同意变更合同，或者双方都有变更合同内容的意愿，但是双方意思表示的内容不能达成一致，还存在分歧，就是没有协商一致，还没有形成合同变更的意思表示一致，合同变更的合意就没有成立，所以不成立合同变更，不发生合同变更的效果，原合同继续有效。

案例评析

张某1与张某2赠与合同纠纷案①

案情：2004年9月27日，张某2（被告）与吕某登记结婚，2006年10月6日，张某1（原告）出生。2013年10月28日，张某2与吕某在滁州市民政局协议离婚，协议约定：婚生女张某1由女方抚养，……夫妻共有的位于滁州市的某房屋所有权归女儿张某1所有，房地产权证的业主姓名变更手续自离婚后一个月内办理，男方必须协助女方办理变更的一切手续……本协议生效后在执行过程中发生争议的，双方应协商解决……2014年1月27日，张某2与吕某共同签署一份说明，内容为：房屋房产证在吕某处保管，在女儿18周岁时男女双方配合过户到女儿名下。在孩子未满18周岁前房产不可售卖。后来，张某1诉讼来院，请求判令张某2配合张某1将位于安徽省滁州市的某房屋产权过户登记在张某1名下。法院认为，涉案房屋系登记在张某2与吕某名下，张某2与吕某在离婚协议中约定将该房屋赠与婚生女张某1，后双方又对过户时间进行变更，该变更行为有效，现张某1未满18周岁，办理房产过户的期限未到，故对张某1的诉讼请求，法院不予支持。

评析：本案争议焦点是原告是否有权要求被告按照原来签订的离婚协议登记过户标的房产。民法典第543条延续了《合同法》第77条关于合同变更的规定，合同是当事人之间约定的法律，一经成立生效，不但会对各方当事人具有拘束力，经过各方当事人同意之后也可对合同内容进行变更，从而要求各方当事人按照变更后的内容履行合同。本案中，虽然原来的离婚协议约定将涉案房屋赠与婚生女张某1，但合同当事人双方事后双方签订补充协议，变更了原来的赠与协议，经协商一致发生法律效力，原告无权要求被告将涉案房屋过户登记到其名下。

> ▶▶ **第五百四十四条**　当事人对合同变更的内容约定不明确的，推定为未变更。

条文要义

本条是对合同变更禁止推定原则的反向规定。

合同变更禁止推定，是指当事人变更合同的意思表示须以明示方式为之，在当事人未以明示方式约定合同变更的，禁止适用推定规则推定当事人有变更合同的意愿。禁止推定规则是合同变更须以明示方式为之的应有之义。

在合同变更中适用禁止推定规则的原因，是因为合同变更一旦确认，将改变原合同的权利义务内容，甚至改变原合同的性质，就会产生消灭原合同的效力，不仅

---

① 审理法院：安徽省滁州市琅琊区人民法院，案号：（2017）皖1102民初1715号。

消灭原合同的主债务，而且消灭其从债务，因此会使原合同当事人缔结合同所期待的法律后果发生重大改变，如果在当事人没有明示的意思表示的情况下，就推定合同变更，将会对一方当事人产生严重的不利影响，损害其权益。合同变更不得进行推定，就是要防止这种结果的出现。

本条没有直接规定合同变更的禁止推定规则，是从反面规定了反推定规则，是禁止推定规则的另一种表现形式，也是要维护原合同的稳定性，维护当事人之间利益关系原有的格局，防止出现因新合同对合同变更的约定不明而认定发生了合同变更，进而损害一方当事人的权益。因此，凡是一方或者双方当事人主张合同变更，只要约定变更的新合同对变更的内容约定不明确的，直接推定为未变更。不过，对一方主张变更，另一方主张未变更的，推定为未变更没有问题；如果双方当事人都主张变更，只是对变更的内容约定不明确，则可以让当事人重新协商变更内容，能够达成一致的，不适用这个反推定规则；只有达不成变更协议，仍然属于变更的内容约定不明确的，再推定原合同没有变更。

案例评析

顾某某与符某某、刘某某等民间借贷纠纷案[①]

案情： 2014 年 1 月 24 日，符某某向顾某某（原告）借款 500 000 元并出具借条一份，内容载明"今有符某某向顾某某借人民币 500 000 元，借期半年，2014 年 6 月 30 号之前归还"。同日，符某某、刘某某、王某某（被告）与顾某某签订协议一份，内容载明"今有符某某、刘某某、王某某向顾某某借人民币 500 000 元，按借条 2014 年 6 月 30 日前归还"。同年 6 月 30 日，符某某和顾某某签订还款协议一份，内容载明："符某某共计向顾某某借款 500 000 元，符某某承诺还款方式为分期还款，2015 年 2 月 18 日前还款 180 000 元，2016 年 2 月 7 日前还款 180 000 元，2017 年 1 月 27 日前还款 140 000 元，任何一期不付，顾某某有权就剩余金额一并主张。借款利率为月息 1‰，如符某某未能按时偿还本金及利息，符某某应当承担逾期利息，逾期利息以本金为基数，按每日万分之六计算。因符某某违约，顾某某为实现债权所产生的费用（包括但不限于诉讼费、律师费等）由符某某及担保人承担。"2015 年 6 月 9 日，顾某某具状诉至法院要求符某某、刘某某、王某某归还借款利息等。

被告刘某某、王某某辩称：2014 年 6 月 30 日，顾某某与符某某签订的还款协议是对之前借款事实的补充协议，是对原借款合同的变更，该协议中除了符某某在借款人处签名，他二人既未在借款人处也未在担保人处签字。顾某某以默示方式免除了对刘某某、王某某的债务。法院认为，该还款协议中由符某某确认了借款金额、还款期限，并签字确认。在无其他证据证明时应当视为顾某某和符某某之间达成的

---

① 审理法院：江苏省江阴市人民法院，案号：（2015）澄滨民初字第 01458 号。

协议，该协议与刘某某、王某某无涉，因此对于刘某某、王某某的主张，法院不予采信，判令符某某、刘某某、王某某应于本判决发生法律效力之日起10日内返还顾某某借款本金500 000元。

评析：本案争议焦点是顾某某与符某某2014年6月30日签订的还款协议是否免除了对刘某某、王某某的债务。在合同成立生效之后，各方当事人的权利义务随即确定，合同变更会对当事人的权利义务造成严重影响。民法典第544条延续了《合同法》第78条关于合同变更不明时的规定，为维护原合同的稳定性，保障当事人之间利益关系原有的格局，法律规定合同变更不得进行推定，必须要有明确的意思表示，否则推定为合同未变更。本案中，顾某某与符某某2014年6月30日签订的还款协议中并未就免除刘某某、王某某债务进行约定，并且符某某此时已经出现违约，如果顾某某继续变更合同免除刘某某、王某某的债务将会加剧债权不能实现的风险，债权人顾某某也无变更合同的动机，不应认定为双方已经变更了合同。

> ▶▶ **第五百四十五条** 债权人可以将债权的全部或者部分转让给第三人，但是有下列情形之一的除外：
>
> （一）根据债权性质不得转让；
>
> （二）按照当事人约定不得转让；
>
> （三）依照法律规定不得转让。
>
> 当事人约定非金钱债权不得转让的，不得对抗善意第三人。当事人约定金钱债权不得转让的，不得对抗第三人。

🏛 条文要义

本条是对债权转让及范围的规定。

债权转让是债的移转的一种形式。债的移转，是指通过债的关系当事人与第三人协议的方式，在不改变债的客体和内容的情况下，对债的主体进行变更的债的转移形态。故债的移转就是债的主体之变更，包括债权转让、债务转移以及债权债务概括转移三种形式。

债权转让，也叫债权让与，是指债权人通过协议将其享有的债权全部或者部分地转让给第三人的行为。债权转让是债的关系主体变更的一种形式，它是在不改变债的内容的情况下，通过协议将债的关系中的债权人进行变更。债权转让的构成要件是：（1）须有有效的债权存在；（2）债权的转让人与受让人应达成转让协议；（3）转让的债权必须是依法可以转让的债权；（4）债权的转让协议须通知债务人。

债权转让的范围，原则上是可以转让的债权都可以转让。不可以转让的债权，本条规定了三种：（1）根据债权性质不得转让，主要是合同是基于当事人的身份关系订立的，合同权利转让给第三人，违反当事人订立合同的目的，例如收养合同；（2）按照当事人约定不得转让，当事人在订立合同时约定禁止将合同债权转让给第三人的，当然该债权不得转让；（3）依照法律规定不得转让，如果法律对某种合同债权规定禁止转让，转让就违反了法律规定，自然不得转让。

如果当事人在合同中约定非金钱债权不得转让的，当事人应当遵守约定，对该非金钱债权不得转让。债权人一旦转让非金钱债权，原则上应当是无效的，但是，这种约定不得对抗善意第三人，如果受让债权的第三人是善意，即对合同当事人约定的非金钱债权不得转让不知情，且无过失的，第三人主张转让有效的，发生债权转让的效果。

与《合同法》第 79 条规定相比，本条规定的新规则的主要变化如下。

1. 将转让的权利由"合同的权利"改为"债权"，这意味着不仅合同的债权可以转让，非合同的债权也可以转让，这正是民法典合同编通则的规定具有债总性质的体现。

2. 当事人约定非金钱债权不得转让、不得对抗善意第三人的规则，是以前的法律中没有规定的，这个规则是正确的，是保护善意第三人原则的典型体现。

3. 当事人约定金钱债权不得转让、不得对抗第三人的规则，也是以前的法律中没有规定的，也是正确的，是保护第三人利益的重要规则。例如，约定借贷之债不得转让，但是债权人将借贷之债的债权转让第三人后，债务人主张债权转让无效，则不能对抗受让的第三人，而不论第三人是否为善意。

案例评析

孔某某与王某 1、王某 2 债权转让合同纠纷案①

案情：被告王某 1、王某 2 系夫妻关系。被告王某 1 曾向第三人渠某某借款，并于 2012 年 9 月 12 日出具借条一张，载明："借渠某某现金叁拾捌万元（380 000.00）（其中拾捌万不付利息），以前手续作废，从 2012 年 10 月每月至少还伍万元正"。但被告未按约定履行。因第三人渠某某欠原告孔某某借款，2013 年 10 月 18 日，渠某某作为出让人与原告孔某某签订债权转让协议书一份，载明："2012 年 9 月 12 日经双方结算，债务人王某 1 向渠某某借款叁拾捌万元，现渠某某将以上债权转让给孔某某，该债权由孔某某向王某 1 主张并享有。"原告孔某某遂于当日诉来法院，请求被告偿还借款 38 万元及利息。

法院判决确定，法院向被告送达了原告的起诉状等法律文书即可视为已向被告

---

① 审理法院：山东省滕州市人民法院，案号：（2016）鲁 0481 民初 6629 号。

通知了债权转让的事实，转让合同即已生效。被告辩解债权转让未通知被告、转让程序不合法的意见，于法无据，不予采信，判令被告王某1、王某2于本判决书生效后10日内偿还原告孔某某借款本金38万元并支付利息。

评析： 本案争议焦点是原告是否有权请求被告偿还本金38万元并支付利息。在现代经济社会中，债权已经成为财产的重要部分，与其他财产一样具有流通转让的性质，并且法律允许债权人将其所拥有的债权予以转让。法律规定，债权人转让债权的，债权人与受让人签订的转让协议成立后便生效，受让人也就获得标的债权。本案中，渠某某作为出让人与原告孔某某签订债权转让协议书后，原告孔某某便对被告获得标的债权，有权要求被告清偿，应予支持。

▶▶ **第五百四十六条** 债权人转让债权，未通知债务人的，该转让对债务人不发生效力。

债权转让的通知不得撤销，但是经受让人同意的除外。

🏛 条文要义

本条是对债权转让应通知债务人的规定。

合同的债权人转让其债权的，应当通知债务人。债权转让的通知一旦到达债务人，即发生债权转让的后果。如果债权人未将转让其债权的行为通知债务人，该转让对债务人不发生法律效力。

债权转让的通知应当以到达债务人时产生法律效力。到达，是指债权转让的事实经过一定的方式使债务人知悉，如书面通知送到债务人的住所，或者口头告知债务人等。法律对通知的形式未作要求，所以债权人无论以何种形式将债权转让的事实通知债务人，都是适当的。如果因债务人以外的原因使债权转让的通知没有到达债务人的，则对债务人不发生任何效力。

债权转让通知的时间，应当在债务人依照原来的约定履行债务之前进行，如果通知到达债务人的时间晚于债务人的实际履行的，对债务人不产生法律拘束力。债务人的履行不符合原来约定的时间的，不影响该通知对债务人的拘束力，但债务人的履行符合约定时间，只是履行的其他方面不符合合同的约定或者法律的规定的，债权转让的通知对债务人不发生法律效力。

将债权转让通知对方的直接后果是，使该转让协议对债务人产生法律拘束力。一经通知，债务人即应当依照债权转让协议对债权的受让人承担履行债务的义务，债务人不得再行向原债权人履行债务。

债权转让的通知送达债务人以后，即发生法律效力，债权人不得再行撤销。只有在受让人同意债权人撤销通知的，债权转让的协议才能对其失去效力。

案例评析

杨某某与刘某某租赁合同纠纷案①

案情： 2015 年 11 月 30 日，王某 1、苗某某、李玉魁、王某 2（作为甲方、出租方）与被告刘某某（作为乙方、承租方）签订了《商场租赁合同》。合同约定甲方将位于涉县步行街 C 区 2 楼整体出租给被告刘某某，面积约 3 300 m²，同时租金支付约定 2015 年 11 月 30 日至 2020 年 11 月 30 日每年为 125 万元整。从 2020 年 11 月 30 日至 2025 年 11 月 30 日每年为 130 万元整。合同签订后，苗某某将房屋租赁给被告使用至 2017 年 6 月 19 日。2017 年 6 月 19 日，涉县人民法院作出（2014）涉执字第 59 号之十三执行裁定书，将上述两处房产交付给了涉县农村商业银行股份有限公司，以抵偿（2013）涉民物特字第 1 号民事裁定书确定的借款本金 800 万元及利息和实现债权与担保权利而发生的各项费用。为此，上述两处房产的所有权已发生转移，致租赁合同终止。但被告刘某某未支付苗某某 2015 年 11 月 30 日至 2017 年 6 月 19 日期间的房屋租赁费。

2018 年 6 月 2 日，苗某某与原告杨某某签订一份《债权转让协议》，协议载明：因甲方于 2011 年 1 月向乙方借款 120 万元无力偿还，甲方同意将出租给被告刘某某的涉县涉城镇温州步行街房产自 2015 年 11 月 30 日起的租赁费 532 399.33 元及利息转让给原告杨某某。2018 年 6 月 3 日，苗某某向被告刘某某出具一份《债权转让通知书》，内容为苗某某将租赁给被告刘某某的涉案房屋租赁费 532 399.33 元及利息转让给原告杨某某，让被告在接到通知后直接向原告杨某某履行全部义务。经协商未果，原告杨某某遂于 2018 年 7 月 9 日将被告诉诸法院，请求法院判决被告给付原告涉案房产租赁费 532 399.33 元，及自 2015 年 11 月 30 日起至给付之日止的利息。法院判决，涉案债权转让行为成立并生效，原告该诉讼请求应予支持。

评析： 本案所争议的焦点为苗某某是否将该债权转让给了原告杨某某，债权转让的通知是否送达了被告刘某某。民法典第 546 条延续了《合同法》第 80 条中债权转让的通知义务的规定，在债权转让案件中，债务人是承担清偿债务的责任，受让人如要向债务人主张债权，必须以债务人有效获得债权转让的通知为前提，以保护债务人的利益。本案中，苗某某向被告刘某某出具一份《债权转让通知书》，已经将债权转让的事实通知了债务人，债权主体发生变更，债务人应该向受让人，也就是原告履行债务。

> ▶▶ **第五百四十七条** 债权人转让债权的，受让人取得与债权有关的从权利，但是该从权利专属于债权人自身的除外。
>
> 受让人取得从权利不因该从权利未办理转移登记手续或者未转移占有而受到影响。

---

① 审理法院：河北省涉县人民法院，案号：（2018）冀 0426 民初 1730 号。

🏛 条文要义

本条是对债权转让从随主原则的规定。

从随主原则，是债权转让的重要规则。主债权发生转移时，其从权利应随之一同转移，但该从权利专属于债权人自身的除外。随同债权转移而一并转移的从权利，包括担保物权和其他从权利。

债权的从权利是指与主债权相联系的，但自身并不能独立存在的权利。债权的从权利大部分是由主债权债务关系的从合同规定的，也有的本身就是主债权内容的一部分。如通过抵押合同设定的抵押权、质押合同设定的质权、保证合同设定的保证债权、定金合同设定的定金债权等，都属于由主债权的从合同设定的从权利。违约金债权、损害赔偿请求权、留置权、债权解除权、债权人撤销权、债权人代位权等，则属于由主债权或者依照法律的规定产生的债权的从权利。

债权的从权利作为债权的一部分内容，债权人转让其债权的，附属于主债权的从权利也一并由受让人取得。如果转让双方在转让协议中明确规定了债权的从权利与主债权一并转让的，在主债权转让的同时，从权利一并转移。即使债权的从权利是否转让没有在转让协议中作出明确规定，也与主债权一并转移于债权的受让人。例外情况是，如果债权的从权利是专属于债权人的权利，则不会发生与主债权同时转移的效力。

与《合同法》第81条规定相比，本条增加了第2款规定的新规则：在债权转让中，从权利随主债权的转移具有法定性。如果受让人取得了主债权，但是，该主债权的从权利未履行权利变更登记或者未转移占有的，并不影响债权转让的从权利随同主债权一起转移的效力，从权利仍然跟随着主债权一并转移给受让人，使受让人既成为主债权人，同时也成为从权利人。换言之，不论从权利是否经过变更登记或者是否转移占有，从权利都跟随主债权的转让而转让。这样规定，有利于统一行为标准和裁判尺度。

另外，本条还将原条文的"权利"改为"债权"，使概念更加准确。

🔖 案例评析

袁某某与高某某等人金融不良债权转让合同纠纷案[①]

案情： 2014年5月23日，潍坊银行与被告高某某、赵某某签订《个人借款合同》一份，合同约定被告高某某、赵某某共同向潍坊银行借款50万元，借款期限自2014年5月23日起至2015年5月22日，年利率为8.4%，自逾期之日起按本合同约定的利率上浮50%计收罚息。

---

① 审理法院：山东省青州市人民法院，案号：（2017）鲁0781民初3450号。

同日，被告金兴起公司与潍坊银行签订 2014 年第 0523 第 102 号《保证合同》一份，合同约定被告金兴起公司对被告高某某、赵某某的上述债务承担连带责任保证。保证期间为自主合同项下借款期限届满之次日起两年。上述合同签订当日，潍坊银行将发放的贷款 50 万元存入被告高某某在潍坊银行处开立的存款账户。截止到 2015 年 7 月 29 日，被告高某某、赵某某尚欠潍坊银行借款本金 500 000 元，利息 15 655.14 元。

2015 年 7 月 29 日，潍坊银行与袁某某（原告）签订 2015 年 0729 债权转让字 1 号《债权转让协议》一份，协议约定潍坊银行将其享有的对被告高某某的债权（本金 50 万元，利息 15 655.14 元）转让给原告。原告于协议签订当日支付潍坊银行债权转让价款 515 655.14 元。合同签订当日，潍坊银行将债权转让通知书通过全球邮政特快专递方式邮寄被告高某某。

原告袁某某向法院提出诉讼请求：（1）请求依法判令被告高某某偿还原告借款本金 50 万元；支付利息及罚息 141 655.14 元，上述合计 641 655.14 元；（2）被告赵某某对上述费用承担共同清偿责任；（3）被告金兴起公司对上述费用承担连带清偿责任。法院判决，原告诉请判令被告高某某、赵某某共同偿还借款本息、被告金兴起公司承担连带清偿责任，符合法律规定，法院予以支持。

评析： 本案争议焦点是原告是否取得涉案债权的从权利。从权利与主债权密切相关，可以促进主债权的实现，但其自身并不能独立存在，除了特殊情形外，合同法规定从权利原则上应当随着主权利而转让给受让人。本案中，金兴起公司对涉案债权提供保证，是附随于涉案债权的从权利，且不是专属于债权人自身的权利，应当随着涉案债权的转让而转让给原告，原告在获得涉案债权后有权向金兴起公司主张连带保证责任。

▶▶ 第五百四十八条 债务人接到债权转让通知后，债务人对让与人的抗辩，可以向受让人主张。

🏛 条文要义

本条是对债权转让后对原债的抗辩仍可对抗新债权人的规定。

债权受让人取代原债权人的地位成为新的债权人，债务人不应因债权的转让而受有损害，所以债务人用以保证其权利的权利都应继续有效。故债务人接到债权转让通知时，债务人对让与人原来享有的抗辩及抗辩权，仍然存在，并且可以向受让人主张，对抗债权的受让人的履行请求权。

债务人享有的抗辩及抗辩权包括：（1）法定抗辩事由，是法律规定的债的一方当事人用以主张对抗另一方当事人的免责事由，如不可抗力。（2）在实际订立合同以后，发生的债务人可据以对抗原债权人的一切事由，债务人可以之对抗债权的受让人，如债务人享有的撤销权。（3）原债权人的行为引起的债务人的抗辩权，如原债权人的违约行为，原债权人有关免责的意思表示，原债权人的履行债务的行为等。（4）债务人的行为所产生的可以对抗原债权人的一切抗辩事由，如债务人对原债权人已为的履行行为，可以对抗新的债权人。

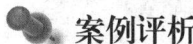 **案例评析**

于某某与刘某某、杜某某民间借贷纠纷案[①]

案情： 2011 年 5 月 5 日，被告刘某某向马某 1 借款 10 万元，约定还款期限为 2011 年 6 月 5 日，担保人为杜某某，未约定利息，刘某某出具制式借据一份；2012 年 4 月 9 日，被告刘某某向马某 1 借款 40 万元，未约定还款期限和利息，刘某某出具借条一份，内容为："今借到现金肆拾万元整（￥400 000.00 元整）刘某某 2012.4.9"；2012 年 8 月 3 日，被告刘某某向马某 1 借款 50 万元，未约定还款期限和利息，刘某某出具借条一份，内容为："今借到现金伍拾万元整（￥500 000.00 元整）刘某某 2012.8.3"；2012 年 9 月 10 日，被告刘某某、杜某某向马某 1 共同出具借条一份，内容为："借条　刘某某今借到现金人民币壹佰万元整（￥1 000 000.00 元整）刘某某、杜某某 2012.9.10"。该份借条主文内容上划了一道横线。以上四份借条后由马某 2 持有。

原告于某某于 2012 年 11 月 15 日和 2013 年 2 月 20 日分两次借给马某 2、李某现金 200 万元。2013 年 12 月 10 日，马某 2、李某与原告签订债权转让协议两份，马某 2、李某为甲方（债权出让人），原告于某某为乙方（债权受让人）。2013 年 12 月 16 日，马某 2 向刘某某、杜某某以特快专递方式送达了债权转让通知书。

后来，马某 2 向法院提起诉讼，请求二被告清偿债务。庭审中，二被告抗辩债务已经结清，并提供了马某 1 出具的证明两份和收条一份。其中，2013 年 2 月 2 日证明内容为："2011 年至今刘某某将所有小额借款已全部结清，所有欠条作废。马某 1……证明人：周某某 2013.2.2"；2013 年 2 月 7 日证明内容为："2011 年至今杜某某将所有小额借款已全部结清，所有欠条作废。马某 1……证明人：周某某 2013.2.7"；2013 年 5 月 1 日收条内容为："收条　今收到刘某某现金叁佰万元整（￥30 000 000）收款人：马某 1，2013.5.1。"法院认为，对让与人的抗辩，原告负有进一步举证证明的义务，举不出证据，则应认定被告的抗辩成立。因此，对原告的诉讼请求，法院不予支持。

评析： 民法典第 548 条延续了《合同法》第 82 条债务人的抗辩权的规定，本案争议焦点为被告是否有权向原告提出抗辩。在债权转让之后，受让人取得了原债权，

---

① 审理法院：山东省高密市人民法院，案号：（2014）高民初字第 259 号。

有权向债务人主张清偿，但是这必须以不损害债务人的权利为前提。因此，虽然债权主体发生了变更，债务人依然可以向受让人主张其向让与人的抗辩。本案中，被告证明其已经向让与人归还债务，标的债权因此而消灭，原告也就失去了向被告主张清偿的前提基础，被告的抗辩成立。

▶▶ **第五百四十九条**　有下列情形之一的，债务人可以向受让人主张抵销：

（一）债务人接到债权转让通知时，债务人对让与人享有债权，且债务人的债权先于转让的债权到期或者同时到期；

（二）债务人的债权与转让的债权是基于同一合同产生。

🏛 条文要义

本条是对债权转让后原债抵销权仍然有效的规定。

债务抵销是合同法的重要制度，是债的消灭方式之一，在债权转让中同样适用。被转让的债权如果存在债权人与债务人互负债务的情形，各以其债权充当债务的清偿，可以主张抵销。即使该债权被转让，债务人接到债权转让通知，债权发生转移，如果债务人对原债权人享有的债权先于转让的债权到期或者同时到期的，债务人可以向债权的受让人即新的债权人主张抵销，而使其债务与对方的债务在相同数额内互相消灭，不再履行。

与《合同法》第 83 条规定相比，本条增加了可以抵销的情形。

1. 债务人接到债权转让通知时，债务人对让与人享有债权，并且债务人的债权先于转让的债权到期或者同时到期的。行使要件是：（1）债务人接到债权转让通知时，债权转让已经完成；（2）债务人对让与人享有债权，即债权人和债务人相互负有债务、享有债权；（3）债务人的债权先于转让的债权到期或者同时到期的，即债权人转让债权时，债务人对债权人的债权已经到期或者同时到期，不包括没有到期的债权。符合这三个要件的要求，债务人可以对新债权人行使抵销权。

2. 债务人的债权与转让的债权是基于同一合同产生。债务人的债权与转让的债权都是基于同一个合同产生，就具有债权的关联性，因此可以抵销。

🔖 案例评析

张某某与李某 1 买卖合同纠纷案①

案情：被告李某 1 与其父亲李某 2、叔父李某 3 为给他人制作门窗，长期在原告张某某经营的利川市吕鑫铝材门市购买铝材。2015 年 3 月 29 日经结算，被告李某 1

---

① 审理法院：湖北省利川市人民法院，案号：（2017）鄂 2802 民初 1290 号。

给原告张某某出具了欠条一张，欠条载明："李某1今欠到张某某材料款伍仟陆佰玖拾元整（5 690元） 欠到人李某1 2015年3月29日"，被告李某1出具欠条后未向原告付款。2016年1月26日，原告张某某与被告叔父李某3对双方2015年度赊购材料及付款情况进行核对，李某3向原告退还了其所购部分铝材，经核对折抵后，原告可退还李某3货款2 000元或者李某3再在原告处购买价值2 000元的材料，原告之妻王某即给李某3出具了退货清单一份，该清单载有"2 000元钱明年拿材料 2016年元月26号 王某"。嗣后，李某3既未到原告处购买材料，也未要求原告退还货款2 000元。不久，李某3得知被告尚欠原告材料款未付后便将王某出具的退货清单交与被告用以抵扣，接着李某3将抵扣货款事宜通知了原告。后原告要求被告付款，被告于2016年10月3日向王某支付了1 000元，王某给被告出具了收条一张，收条载明"暂收李某1 1 000元（壹仟元整）2016年10月3号 王某"。后经原告多次催收，被告再未还款。2017年3月28日，原告诉至法院并提出前述诉讼请求。审理中，原告认可被告2016年10月3日向其妻王某支付的货款1 000元并同意在本案中扣减，但不同意在本案中抵扣李某3的退货折价款2 000元。法院判决，被告辩称的理由成立，于法有据，可以将李某3在原告处享有的退货折价款2 000元与本案债务抵销。

评析：本案争议焦点是被告是否有权将李某3在原告处享有的退货折价款2 000元与本案债务抵销。在债权转让之后，受让人获得了对债务人的债权，如果债务人和受让人互负债权，且种类、性质相同，法律允许双方进行债务抵销。本案中，被告从其叔父处受让2 000元对于原告的债权后，被告便有权向原告主张清偿，由于被告已经对原告负有债务，在原告向被告主张债权时，被告有权向原告主张抵销。

> ▶▶ **第五百五十条** 因债权转让增加的履行费用，由让与人负担。

🏛 条文要义

本条是对债权转让增加履行费用负担的规定。

债权人转让债权的，无须由债务人同意，只要通知送达债务人即可。因为这是债权人转让自己的权利，对债务人而言，对债权人的变更于自己的利益关系并不大。但是，在个别情形下，债权转让也可能会对债务人产生负面影响，最为显著的就是增加债务人履行债务的费用。如果债权人转让债权，使债务人履行债务增加了新的费用，显然是对债务人的不利益，这样增加的履行费用，应当由让与债权的让与人负担，是公平合理的。

与《合同法》相比，本条属于新规则，增加这一新规则是避免就债权转让增加费用的负担发生争议。在司法实践中，对这样的问题是存在争论的，规定了这一规则，就解决了这个问题。

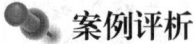 **案例评析**

丁某某与日照市金属材料总公司金融

不良债权追偿纠纷案[①]

案情： 1996 年 5 月 16 日，被告金属材料公司因经营需要，向中行东港支行借款 130 万元，双方签订编号为 96 贸信字第 051 号借款合同，期限 5 个月，月利率为 8.91‰。同年双方又签订 96 贸信字第 100 号借款合同，借款 28 万元。1998 年 4 月 9 日，中行东港支行与被告签订《最高额抵押合同》，被告提供办公楼房对上述两笔贷款提供抵押担保。后被告未按期清偿贷款本息。2002 年 3 月 21 日，中行东港支行将债权 130 万元及利息转让给东方资产公司，并致函被告告知债权转让的事实，被告在债权转让通知回执上盖章确认。东方资产公司又在《大众日报》《山东法制报》上公告公示，向被告催收相应债权。2006 年 5 月 10 日，东方资产公司与白沙投资公司签订资产转让协议，将受让债权转让给白沙投资公司，同时在《大众日报》上进行公示，并以特快专递的方式通知被告，被告未予清偿。2012 年 5 月 9 日，白沙投资公司将受让债权转让给瑞唐咨询公司，两公司均通过特快专递方式告知被告债权转让及向被告催收债权的事实。2012 年 8 月 16 日，瑞唐咨询公司将上述债权转让给原告丁某某，并将债权转让的事实告知被告，被告亦签收了债权转让协议，原告多次通过短信等方式向被告催收债权，但被告未按时清偿该债务。原告丁某某遂向法院起诉，请求判令被告支付原告受让债权本金 130 万元，并支付债权本金的利息，由被告承担本案诉讼费用。被告辩称，《中华人民共和国担保法》第 61 条规定，最高额抵押的主合同债权不得转让，因被告与中行东港支行签订《最高额抵押合同》，故债权转让无效。法院判决，该债权转让行为有效，支持原告请求支付涉案债权本息的诉讼请求。

评析： 在现代社会中，债权已经成为一种极为重要的财产类型，债权的流通可以促进资源的优化配置，提高财产的使用效率。为了促进债权流转，法律规定债权人转让债权无须债务人同意，但是当债权主体变更后，可能会给债务人带来损害，最为典型的就是可能会提高债务人清偿债务的费用。为避免债务人因债权人转让债权遭受损害，民法典第 550 条规定，因债权转让增加的履行费用由让与人承担。本案中，涉案债权几经转让，被告金属材料总公司需要频繁去确认受让人，有可能会给其造成困扰，进而提高清偿债务的成本，被告有权请求让与人承担这部分增加的履行费用。

---

① 审理法院：山东省日照市东港区人民法院，案号：（2014）东商初字第 1633 号。

> ▶▶ **第五百五十一条**　债务人将债务的全部或者部分转移给第三人的，应当经债权人同意。
>
> 债务人或者第三人可以催告债权人在合理期限内予以同意，债权人未作表示的，视为不同意。

🏛 条文要义

本条是对债务转移的规定。

债务转移，也称债务让与，是指债务人将其负有的债务转移给第三人，由第三人取代债务人的地位，对债权人负责给付的债的转移形态。

债务转移的要件是：（1）须有有效的债务存在，自然债务不能转移；（2）转让的债务应具有可转让性，法律规定不得转移、当事人约定不得转移以及依照性质不得转移的债务，不得转移；（3）须有债务转移的内容，债务受让人成为债权人的债务人；（4）须经债权人同意，如果债权人不同意债务转让，则债务人转让其债务的行为无效，不对债权人产生拘束力。

债务转移分为全部转移和部分转移：（1）债务的全部转移，是债务人与第三人达成协议，将其在债的关系中的全部债务一并转移给第三人。（2）债务的部分转移，是债务人将债的关系中债务的一部分转移给第三人，由第三人对债权人承担该部分债务。

与《合同法》第84条规定相比，本条增加的新规则是，债务人转移债务，须征得债权人的同意。由于债务移转关系债权人的重大利益，因而，如果债权人不同意债务人转让债务的，债务人不得转让债务。但是，在现实生活中，债务人要转移债务，向债权人征求意见，但是债权人不回复意见，同意还是不同意的态度不明确，长期拖延，债务人不知是否应当转让债务，关系到债务人的利益问题。因此，本条增加的第2款规定，即债务人或者拟受让债务的第三人享有催告权，可以催告债权人在合理期限内予以表示。该合理期限届满，债权人仍未作表示的，视为不同意，不发生债务转移的效果。

这样的规则，就能够确定在债权人对债务转移未表示是否同意的情况下，是否可以进行债务转移，平衡了双方的利益关系，对债权债务关系的当事人都有利。这样的规则是适当的。

另外，本条将原来的"合同的义务"改为"债务"，使概念更为准确。

🫧 案例评析

何某1与周某某债务转移合同纠纷案①

案情： 周某某（被告）曾于2013年6月向案外人何某2借款300万元，何某2

---

① 审理法院：湖南省澧县人民法院，案号：（2018）湘0723民初1429号。

于2014年8月向何某1（原告）借款100万元。鉴于此，周某某、何某1、何某2三人经过沟通，周某某表示愿意承担何某2所欠何某1借款中的50万元，并于2015年12月8日、2016年2月5日向何某1分别支付了15万元、10万元，计25万元。2016年5月，周某某邀约何某1完善承担何某2转债50万元的手续，将自己于2016年3月27日打印好的《何某2转债说明签字表》交由何某1填写转债的日期、息金的处理。双方约定，债权人何某1的50万元债权于2015年11月26日从原何某2欠款中转至周某某名下，债权从转债之日起按月息2‰计息，由债务承担人周某某于2016年8月31日前还清本息；上述债务的清偿，何某1不得委托他人代收或采取非常规手段或违法催收，否则，债务承担人周某某有权拒绝履行。此后，周某某又于2016年5月10日、2016年9月8日、2017年1月23日分别向何某1偿还了10万元、5万元、10万元计25万元，剩余款项则以何某1未提供何某2出具的委托转债手续为由拒绝支付。何某1多次催讨未果，讼争发生。法院判决，何某1请求周某某偿还本金及利息的理由成立。但计算利息的起算日应为2015年11月26日而不是1月16日；超出该范围计算的利息不予支持，判令周某某偿还何某1本金67 083.24元、利息24 373.58元，合计91 456.82元。

评析： 本案争议焦点是原告是否有权要求被告清偿剩余债权。在现实经济生活中，每个人的资信能力都有不同，由不同的主体清偿债务的结果也就有差异，如果债务人将债务转移给他人，可能会因受让人没有清偿能力而导致债权人的债权无法实现，所以债务转让必须经过债权人同意。本案中，周某某与何某1就何某2所欠50万元债务的承担达成的债务转移合同经债权人何某1的同意，合法有效，被告周某某应当承担向原告何某1清偿50万元债务的责任，现在被告没有清偿剩余债务，原告有权要求被告承担继续清偿的责任，法院的判决值得赞同。

> ▶▶**第五百五十二条**　第三人与债务人约定加入债务并通知债权人，或者第三人向债权人表示愿意加入债务，债权人未在合理期限内明确拒绝的，债权人可以请求第三人在其愿意承担的债务范围内和债务人承担连带债务。

🏛 条文要义

本条是对第三人债务加入的规定。

债务加入，也称并存的债务承担，指原债务人并没有脱离原债务关系，第三人又加入原存的债务关系中，与债务人共同承担债务。《合同法》对此没有规定，本条是本法增加的新规则，填补了合同立法的一项规则空白。

根据对本条的解读，构成债务加入的要件是：（1）第三人与债务人约定，第三人加入债务，与债务人共同承担债务；（2）第三人或者债务人通知债权人，或者向债权人表示，第三人愿意加入债务，与债务人共同承担债务；（3）债权人同意，或者在合理期限内未明确表示拒绝。符合这三个要件要求的，构成债务加入。

债务加入的效果是：（1）对债权人的效力，债务加入使债权人的债权进一步得到保障，债权人可以向原债务人主张权利，也可以向第三人主张清偿，但仅享有一个债权，而不是两个债权。（2）对原债务人的效力，第三人承诺履行仅为第三人加入原债务，原债务人并不脱离原债权债务关系，仍对债权人负履行合同的义务，依然享有对债权人的合理抗辩权。（3）对第三人的效力，是第三人成为债务人，与原债务人一起向债权人承担义务，可以行使原债务人对债权人的抗辩。（4）对第三人与原债务人关系的影响，是第三人和债务人向债权人并列承担清偿责任，责任性质是连带责任，即第三人在其愿意承担的债务范围内和债务人承担连带债务。

📋 配套司法解释

最高人民法院关于适用《中华人民共和国民法典》有关担保制度的解释

第十二条　法定代表人依照民法典第五百五十二条的规定以公司名义加入债务的，人民法院在认定该行为的效力时，可以参照本解释关于公司为他人提供担保的有关规则处理。

第三十六条　第三人向债权人提供差额补足、流动性支持等类似承诺文件作为增信措施，具有提供担保的意思表示，债权人请求第三人承担保证责任的，人民法院应当依照保证的有关规定处理。

第三人向债权人提供的承诺文件，具有加入债务或者与债务人共同承担债务等意思表示的，人民法院应当认定为民法典第五百五十二条规定的债务加入。

前两款中第三人提供的承诺文件难以确定是保证还是债务加入的，人民法院应当将其认定为保证。

第三人向债权人提供的承诺文件不符合前三款规定的情形，债权人请求第三人承担保证责任或者连带责任的，人民法院不予支持，但是不影响其依据承诺文件请求第三人履行约定的义务或者承担相应的民事责任。

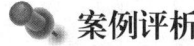 **案例评析**

滕某某与吴某1、吴某2民间借贷纠纷案①

案情： 原告滕某某与案外人黄某某是夫妻关系。2012年6月6日，被告吴某1向黄某某借款人民币10万元，并出具借条给黄某某。2016年6月6日，原告经黄某某同意，将该笔借款的债权人由黄某某改为原告滕某某，被告吴某1重新出具借条给原告。借条载明：被告吴某1借到原告滕某某人民币10万元，借期12个月，即2016年6月6日至2017年6月5日止，按月利率2‰计算利息，每个季度还息，到期归还本金。被

_____

① 审理法院：广西壮族自治区玉林市玉州区人民法院，案号：（2019）桂0902民初2538号。

告吴某1借款后，仅偿还了2016年6月6日至2016年12月31日的利息。2018年2月1日，被告吴某1写下一份《承诺书》给原告。承诺2018年6月30日前还清借款10万元给滕某某，2017年利息一年12个月每月2 000元，共计24 000元，本金加利息共124 000元。但到期后，被告吴某1仍然未偿还借款本金及利息给原告。原告向被告吴某2追索，要求其偿还该笔欠款。原告通过电话要求被告吴某2还款，并将通话进行录音。录音材料记载被告吴某2的原话有："真的他（被告吴某1）不还你的，我着（得）还给你"、"你放心，这数我会整通（付清）给你"、"四婆你放心，这钱（被告吴某1）他不还你，我就还"等内容。随后，原告向法院起诉，请求法院判决两被告吴某1、吴某2共同偿还借款本金人民币10万元及利息约46 000元。法院判决，被告吴某2不构成债务加入，原告请求被告吴某2共同偿还本案借款本金及利息，不予支持。

评析：在债务加入中，由于加入债务的一方相对于债权人是纯粹承担债务，不享受权利，故而需要对认定第三人是否构成债务加入采取严格标准，要求第三人有明确的债务加入目的，并向债权人作出明确的债务加入意思表示。第三人可以向债权人表示愿意加入债务，也可与债务人约定加入并通知第三人。第三人在作出该表示时，还清楚知道会产生债务加入的法律效果，且愿意受该效果的约束。当债权人表示同意或未明示拒绝时，该债务加入即告成立。本案中，被告吴某2作为一个完全行为能力人，在电话中向原告明确表示愿意帮助清偿吴某1的借款，应当认为其知悉该表示的法律后果，故而构成债务加入。由于债务加入并非要式合同，无须签订书面合同，法官以此为依据认定吴某2不构成债务加入，不应赞同。

> ▶▶ **第五百五十三条** 债务人转移债务的，新债务人可以主张原债务人对债权人的抗辩；原债务人对债权人享有债权的，新债务人不得向债权人主张抵销。

🏛 条文要义

本条是对债务转移中债务人抗辩权和抵销权的规定。

债务人转移其债务后，新债务人取得原债务人的一切法律地位，有关对债权人的一切抗辩和抗辩权，新债务人都有权对债权人主张。债务的受让人取得的抗辩权的内容主要包括：（1）法定的抗辩事由，例如不可抗力。（2）在实际发生债的关系以后发生的债务人可据以对抗债权人的一切事由，新债务人可以之对抗债权人。例如，可撤销的合同原债务人享有的撤销权，债权人的违约行为，债权人有关免责的意思表示，以及原债务人对债权人已经实施的履行行为，新债务人都可以其对抗债权人。

本条增加的新规则是：债务转移后，原债务人享有的对债权人的抵销权不发生转移，即原债务人对债权人享有债权的，新债务人不得向债权人主张抵销。增加这一新规则的原因是，在现实生活中，有的债务转移后，新债务人主张原债务人对债权人享有的抵销权，认为其按照从随主原则应当一并转让，并且因此发生争议。应当明确的是，债务转移是特定债务的主体变更，原债务人在转让自己的债务时，并没有转让自己对债权人享有的债权，因而，该债权不属于从随主原则调整的范围，既然如此，新债务人没有取得原债务人对债权人的债权，自然也并不取得原债务人的抵销权。原债务人对债权人享有的债权，仍然可以向债权人主张抵销。

 **案例评析**

郭某某与卢某某债务转移合同纠纷案①

案情： 2018 年 4 月 28 日，郭某某（原告）与梁某签订《借款合同》一份，约定原告分期向梁某提供人民币 3 000 万元的借款，用于武汉的招投标业务。合同签订后，原告陆续向其支付了人民币 1 500 万元。2018 年 11 月 14 日，原告发现梁某已对外负有较多债务，决定停止继续向其提供借款，要求梁某偿还上述全部债务，梁某告知原告已无力偿还，但被告卢某某尚欠其 230 万元欠款，并将原告带到被告卢某某处，被告卢某某向原告出具了承诺书一份，载明："梁某先后为本人提供了人民币贰佰叁拾万元用于武汉华胜联合创新科技有限公司的资金周转。因郭某某资金紧张，梁某于 2018 年 11 月 14 日带郭某某女士来找本人，并约定将该笔贰佰叁拾万资金本应由梁某偿还给郭某某女士的资金转由本人偿还给郭某某女士，本人承诺于 2018 年 12 月上旬将此贰佰叁拾万元资金偿还给郭某某女士。"但至今，被告卢某某未履行还款义务。原告认为，被告卢某某作为完全民事行为能力人，且在意思表示真实的情况下自愿承诺代梁某承担还款义务，应当遵守承诺并及时履行，请求法院判令被告偿还原告借款本金 230 万元及利息。法院判决，本案原债务人梁某涉嫌集资诈骗罪，属非法集资类犯罪，对原告郭某某的起诉，应当裁定驳回起诉。

评析： 本案争议焦点是法院是否应当驳回原告的起诉。在债务转移后，受让人即取代了原债务人的地位，理应承担向债权人清偿债务的责任，但其同时也获得了对于债权人的抗辩权，可以向债权人行使原债务人所享有的抗辩权。本案中，梁某（原债务人）因涉嫌集资诈骗罪于 2018 年 11 月 16 日被深圳市公安局南山分局刑事拘留，这就导致原债务本身的合法性可能存在瑕疵，被告作为新债务人也就有可能针对原告的主张提出相应的抗辩。在原债务人集资诈骗罪案件尚未审理清楚之前，本案中的债务关系有待澄清，法院应当裁定驳回起诉。

> ▶▶ **第五百五十四条**　债务人转移债务的，新债务人应当承担与主债务有关的从债务，但是该从债务专属于原债务人自身的除外。

---

① 审理法院：湖北省洪湖市人民法院，案号：2019 鄂 1083 民初 190 号。

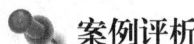 条文要义

本条是对债务转移从随主原则的规定。

对附属于主债务的从债务，在债务人转让债务以后，新债务人一并应对从债务予以承担。这是从随主原则的具体体现。

从属于主债务的从债务，因主债务的转移而一并发生转移，即使当事人在转让债务时未在转让协议中明确规定从债务问题，也不影响从债务转移给债务的受让人，尤其在全部债务转移时，原债务人的地位由受让人取得，从而脱离债的关系。债权人权利的实现只能依赖于新债务人的履行行为，新债务人自然应当对从债务予以承担。如附属于主债务的利息债务等，因债务转移而将移转于承担人。例外的是，第三人原来向债务人所提供的担保，在债务转移时，若担保人未明确表示继续承担担保责任，则担保责任将因债务转移而消灭。

专属于原债务人的从债务，在主债务转移时不必然随之转移。专属于原债务人的从债务，是指应当由原债务人自己来履行的附属于主债务的债务。一般的，在债务转移之前已经发生的从债务，要由原债务人来履行，不得转由债务的受让人来承担。对于与债务人的人身相关或者与原债务人有特殊关联的从债务，应由原债务人来承担，不随主债务的转让而由新债务人承担。

案例评析

朱某1与苏某某民间借贷纠纷案[①]

案情： 2013年3月21日，经朱某介绍，苏某某（被告）向朱某1（原告）借款200 000元，双方约定利息为月息3分，苏某某于借款当日给朱某1出具借条一份，借条内容为："今借到朱某1现金贰拾万元整（￥200 000元），借款人：苏某某，2013年3月21日。"朱某1以现金方式将200 000元交付给苏某某。借款后苏某某按月利率3‰支付利息至2014年8月。后朱某1、苏某某、朱某2经过协商达成协议，协议约定：苏某某承包的潘集区泥河镇黄圩社区六安新村工程转让给朱某2承建，朱某2给付苏某某7套房，苏某某欠朱某1的借款本息由朱某2偿还。协议达成后，2014年9月的利息6 000元朱某2已支付给朱某1，2014年10月20日至2015年1月20日的利息朱某2给朱某1出具欠条一份，欠条内容为："今欠到朱某1利息叁万陆仟元整（36 000元）。"36 000元欠款中含2012年8月22日苏某某、苏某共同向朱某1借款200 000元的利息。2015年1月22日以后的利息无人再支付。该借款经催要无果，朱某1诉至法院，法院判决支持其诉讼请求。

评析： 民法典第554条对债务转移进行了规定，延续了《合同法》第68条的规

---

① 审理法院：安徽省淮南市潘集区人民法院，案号：（2017）皖0406民初9号。

定。在本案中，争议焦点是被告朱某 2 是否应该向原告朱某 1 支付涉案债权的利息。在债务转移后，为了保障债权更好地获得清偿，附属于主债务的从债务也随之转让给受让人，债权人有权向受让人主张相关的从债务。本案中，朱某 1、苏某某、朱某 2 经过协商达成协议，约定由被告朱某 2 承担苏某某的债务，而相关的借款利息亦非苏某某专属，被告朱某 2 应当向原告朱某 1 承担清偿本金利息的责任。另外，朱某 2 已经向朱某 1 支付部分利息，其事后对于债务转让时没有协商有关利息的事情。因此，不应承担相关利息的抗辩，法院不应予以采纳。

▶▶ **第五百五十五条　当事人一方经对方同意，可以将自己在合同中的权利和义务一并转让给第三人。**

🏛 条文要义

本条是对债权债务概括转移一般规则的规定。

债权债务概括转移，是指债的关系当事人一方将其债权与债务一并转移给第三人，由第三人概括地继受这些债权和债务的债的移转形态。债权债务概括转移与债权转让及债务转移不同之处在于，债权转让和债务转移仅是债权或者债务的单一转让，而债权债务概括转移则是债权与债务的一并转让。

债权债务概括转移，一般由债的一方当事人与债的关系之外的第三人通过签订转让协议的方式，约定由第三人取代债权债务转让人的地位，享有债的关系中转让人的一切债权并承担转让人一切债务。

可以进行债权债务概括转移的只能是双务之债，例如双务合同。仅仅一方负有债务、另一方享有债权的合同，以及单务合同，不适用债权债务概括转移。

债权债务概括转移的法律效果是，第三人替代合同的原当事人，成为新合同的当事人，一并承受被转让的债权和债务。

🔖 案例评析

景某立与河南省佳瑞特实业有限公司、谢某欣债权债务概括转移合同纠纷案①

案情： 景某立（原告）与佳瑞特公司的实际控制人谢某欣（与公司构成共同被告）达成口头协议，受让佳瑞特公司与鲁山县交通局签订的《招商合作投资意向书》中承建华阳、华运两座客运站的债权和债务。在景某立将工程转让款汇至谢某欣指定的银行账户后，由于其他原因导致协议涉及的建设工程一直未能开工建设，双方

---

① 审理法院：河南省平顶山市中级人民法院，案号：(2018) 豫 04 民终 273 号。

之后签订了退转款协议。过后景某立提起诉讼要求解除退转款协议，并要求谢某欣、佳瑞特公司偿还借款及利息。法院认为，本案中，佳瑞特公司与鲁山县交通局签订《招商合作投资意向书》后，佳瑞特公司的实际控制人谢某欣与景某立达成口头协议，将该投资意向书中属于佳瑞特公司的权利和义务全部转让给景某立，但该转让行为未经过合同一方当事人鲁山县交通局同意。因此，佳瑞特公司、谢某欣和景某立口头约定的项目转让合同及签订的退转款协议均无效。佳瑞特公司、谢某欣的抗辩理由不成立，本院不予支持。关于佳瑞特公司、谢某欣是否应当向景某立返还506.01万元及利息的问题。《中华人民共和国合同法》第58条规定："合同无效或者被撤销后，因该合同取得的财产，应当予以返还；不能返还或者没有必要返还的，应当折价补偿。有过错的一方应当赔偿对方因此所受到的损失，双方都有过错的，应当各自承担相应的责任。"因为双方达成的合同及退转款协议无效，因此，佳瑞特公司、谢某欣应当返还景某立支付的转让款506.01万元。

评析：民法典第555条是债权债务概括转移的一般规定，延续了《合同法》第88条的规定。债权债务概括转移，是指债的关系当事人一方将其债权与债务一并转移给第三人，由第三人概括地继受这些债权和债务的债的移转形态。根据民法典第555条的规定，债权债务概括转移须得到债务关系双方的同意。也就是说，在本案中，债权债务转让行为有效的前提是佳瑞特公司与景某立的口头协议经《招商合作投资意向书》另一方当事人鲁山县交通局的同意。由于佳瑞特公司与景某立是私下签订口头协议，而并未取得鲁山县交通局的同意，因而该转让行为当然无效，而以转让行为为主要内容的佳瑞特公司和景某立的口头协议也当然无效。

> ▶▶ **第五百五十六条** 合同的权利和义务一并转让的，适用债权转让、债务转移的有关规定。

🏛 条文要义

本条是对债权债务概括转移具体规则的规定。

由于债权债务概括转移在转让债权的同时，也有债务的转让，因此，应当适用债权转让和债务转移的有关规定。具体来说，就是适用民法典第545条至第554条的规定。应当特别强调的是，为保护当事人的合法权利不因债权债务的转让而使另一方受有损失，债权债务概括转移必须经另一方当事人同意，否则转让协议不产生法律效力。债权债务概括转移的受让方自债权债务概括转移生效起成为债权债务的另一方当事人，享有转让方享有的权利、承担其本应承担的义务，同时转让方退出原债权债务关系。

 **案例评析**

北京均博阶点商贸有限公司诉北京万方西单商场
有限责任公司买卖合同案[①]

案情： 2010年1月1日起，原告均博阶点公司与被告西单商场建立买卖合同关系，由原告均博阶点公司向被告西单商场供应商品，被告西单商场向原告均博阶点公司支付货款。双方在合作过程中就货款结算周期没有作出具体约定，但交易惯例为90天左右结算一次货款。

后原告均博阶点公司出具《变更申请》，载明："均博阶点公司因业务发展需要的原因，于2012年11月18日起变更为博纳丰业（北京）科技发展有限公司。从2012年11月18日起原均博阶点公司与贵单位发生的各项债权债务全部由博纳丰业公司负责。变更后出现的一切问题与均博阶点公司无关，责任由变更后的博纳丰业公司承担。"《变更申请》上加盖了原告均博阶点公司与博纳丰业公司的公章及财务章。后来，原告均博阶点公司向法院提起诉讼，请求被告西单商场支付货款。

原告均博阶点公司在庭审中称其与博纳丰业公司是两个独立的法人，事实上并未发生合并、重组等变更事由。法院认为，根据《变更申请》的内容，被告西单商场有理由相信原告均博阶点公司于2012年11月18日发生了主体变更，原告均博阶点公司与西单商场之间尚存的债权债务将由博纳丰业公司概括承受，博纳丰业公司亦同意继受上述债权债务。而被告西单商场在庭审中陈述其已向博纳丰业公司履行了相关给付义务，表明被告西单商场亦同意此种债权债务的转移行为。通过债权债务的概括转移，原告均博阶点公司涉案货款的请求权已经转让给博纳丰业公司，其对于货款抵扣的相应抗辩权也一并转让给了博纳丰业公司。因此，原告均博阶点公司要求被告西单商场支付涉案货款的诉讼请求，于法无据，不予支持。

评析： 民法典第556条延续了《合同法》第89条的规定，更改了部分表述，使表达更为精准。合同主体的变更涉及权利义务的一并转让，属于债权债务的概括转移情形，依法应当适用债权转让和债务转移的法律规定，亦即需要合同相对方的同意。本案中，虽然原告是以主体名称变更名义申请将涉案合同的权利义务由博纳丰业公司承担，但原告与博纳丰业公司事实上并未发生合并、重组等情事，仍为两个相互独立的主体。因而，案涉《变更申请》并非合同主体名称的变更，而是债权债务概括转移协议。在合同相对方也就是被告西单商场同意后，债权债务转让协议生效，原告退出涉案合同关系，也就失去了请求被告支付货款的权利。

---

① 审理法院：北京市西城区人民法院，案号：（2016）京0102民初24710号。

第七章　合同的权利义务终止

▶▶ 第五百五十七条　有下列情形之一的，债权债务终止：

（一）债务已经履行；

（二）债务相互抵销；

（三）债务人依法将标的物提存；

（四）债权人免除债务；

（五）债权债务同归于一人；

（六）法律规定或者当事人约定终止的其他情形。

合同解除的，该合同的权利义务关系终止。

🏛 条文要义

本条是对债的终止及事由的规定。

债的终止，也叫债权债务关系终止或者债的消灭，是指债的当事人之间的债的关系在客观上已经不复存在，债权与债务归于消灭。

债的消灭原因，本条规定为6种：（1）债务已经履行，即清偿；（2）债务相互抵销；（3）提存；（4）免除；（5）混同；（6）其他原因。除此之外，解除也消灭债的关系。

这些债的消灭原因综合起来分为以下三种：（1）基于债的目的达到而消灭，即债权人的预期利益得到了满足。（2）基于当事人的意思而消灭，当事人一致意思要消灭债的关系可以消灭债。（3）基于法律的直接规定而消灭，例如合同的法定解除，当事人死亡或丧失行为能力，法人的终止等。

债权债务消灭后发生的效力是：（1）债的当事人之间的债权债务关系消灭，债权人不再享有债权，债务人不再负担债务。（2）债权的担保及其他从属的权利义务消灭。（3）负债字据的返还，有负债字据的债的关系消灭后，债务人可以请求返还或者涂销负债字据；债的关系部分消灭的，或者负债字据上载有债权人其他权利的，债务人可以请求将债的消灭的事由记入负债字据。债权人主张不能返还或者不能记入的，债务人可以请求债权人出具债的消灭证书。（4）附随义务履行。（5）不影响债的关系中结算和清理条款的效力。

本条在《合同法》第91条规定的基础上将合同解除从合同权利义务终止的法定事由中移出，单独作为一种合同权利义务关系终止的规则。清偿、抵销、提存、混同等都是因合同的权利实现、义务履行而消灭，而合同解除是合同的债权债务关系被解除，从根本上将合同债权债务关系消灭掉，而不是权利实现和义务履行。因此，本条将合同解除单独规定一款，区别于清偿、抵销等合同债权债务关系终止事由的性质和界限。这样的规定，使逻辑关系更清晰，性质更加明确。

🔖 案例评析

郭某芳诉李某确认合同终止纠纷案①

案情： 郭某芳（原告）向李某（被告）借款6万元，借条并未载明利息及还款期限。之后李某银行账户分别五次共存入现金转账5万元。郭某芳主张该5万元是其存入李某账户，用于归还借款，并提供了银行存款凭条予以证实。李某否认是郭某芳存入。2012年8月30日，郭某芳向李某还款1万元，李某在上述借条上注明"12年8月30日还壹万元整"。上述借条现仍由李某持有。双方就此发生纠纷，诉至法院。法院认为，李某自认其和郭某芳之间仅有涉案6万元借款关系，没有其他借款关系，且借款没有利息，也未约定还款期限。根据《合同法》规定，郭某芳可以随时返还借款。郭某芳和李某一致确认，2012年8月30日郭某芳偿还借款1万元。对于2012年6月16日李某银行账户上存入的5万元，郭某芳持有银行存款凭证，能够证明是其存入。李某虽然否认是郭某芳存入，但其对该5万元来源不能作出合理解释，也未提供证据证明不是郭某芳存入。本院对李某的抗辩不予采信。综上，郭某芳已于2012年归还李某全部6万元借款，双方该借款合同权利义务终止。法院据此判决，双方借款合同已履行完毕。

评析： 依据民法典第557条第1款的规定，债务已经按照约定履行的，债权债务终止。司法实务中类似案件的难点多在于证据证明问题上，法院在审理过程中多围绕证据问题展开。本案中，争议焦点就为郭某芳和李某的借款合同是否已经因履行终止。原被告之间的借款合同未约定利息，也未约定还款期限，郭某芳持有银行存款凭证证明其已向李某还款，李某无法证明钱款的其他来源，因而法院依照《合同法》第91条规定判决李某与郭某芳2010年12月25日成立的借款6万元合同权利义务终止，借款合同已履行完毕，有事实依据，合法合理。

▶▶ **第五百五十八条**　债权债务终止后，当事人应当遵循诚信等原则，根据交易习惯履行通知、协助、保密、旧物回收等义务。

---

① 审理法院：江苏省徐州市云龙区人民法院，案号：（2016）苏0303民初6721号。

🏛 条文要义

本条是对后契约义务的规定。

后契约义务，也叫后合同义务，是指合同的权利义务终止后，当事人依照法律的规定，遵循诚信原则和交易习惯应当履行的附随义务。

合同关系终止之后，债权债务即告消灭，当事人之间不再存在合同关系。不过，按照现代合同法观念，合同关系终止之后，当事人之间还存在一定的关系，这就是合同在后契约阶段的附随义务。后契约的附随义务将债的关系终止后的当事人仍然连接在一起，按照附随义务的要求，附随义务履行完毕，债的关系当事人之间的关系才真正消灭。

后契约义务的确定根据，是法律规定和交易习惯。前者如本条规定的通知、协助、保密、旧物回收的义务；后者如售后三包服务等。

法定的后契约义务包括：（1）通知义务，即合同的权利义务终止后，应当通知对方，如提存后应当通知债权人。（2）协助义务，即合同的权利义务终止后，应当协助对方处理与原合同有关的事务。（3）保密义务，即当事人在合同过程中知悉的对方当事人的商业秘密等，应当予以保守。（4）旧物回收义务，是为体现绿色原则而确定的后契约义务，对能够回收的旧物应予以回收。

后契约义务具有强制性。在后契约阶段，当事人不履行附随义务，给对方当事人造成损害的，应当承担后契约的损害赔偿责任。

🔨 案例评析

中行濮阳市老城支行诉濮阳县电信局委托代理合同终止后
不履行后合同义务赔偿损失案①

案情： 中国银行濮阳市老城支行（下称中行，原告）与濮阳县电信局（下称电信局，被告）签订了"代收邮电费协议书"，约定电信局委托中行代收邮电费。三年后，双方又签订了补充协议，约定由于用户欠费，中行要求对其停机处理的，电信局在未接到中行书面通知之前，任何人无权私自开通，否则该用户所欠费用及滞纳金均由电信局承担。1997 年 7 月，电信局未向中行提供上月话费数据盘，双方协议未再履行。截止到 1997 年 7 月 21 日，中行共垫资 993 833.68 元。同年 7 月 25 日、8 月 8 日，中行书面通知电信局对欠费用户停机，电信局虽在通知上签字同意停机，但未实际履行。后经中行要求，电信局作为原告，中行为其委托代理人向当地法院起诉了部分欠费用户，收回部分话费。但现仍有 669 790.73 元欠费垫资款未收回。由此，中行向法院提起诉讼，要求解除合同并请求被告支付垫付的电话费及利息。

---

① 审理法院：河南省高级人民法院，案号：（2013）豫高法民终字第 00244 号。

法院认为，电信局与中行签订的"代收邮电费协议书""委托代收邮电费补充协议书"，意思表示真实、内容合法，应属有效。1997年7月，双方虽已没有合同关系存在，但双方处于事实上的不平等状态，电信局应按公平、诚实信用等原则，履行必要的协助义务，以消除这种不平等。中行亦需电信局继续履行停机协收的义务，减小风险，弥补自己的损失。电信局虽在中行的通知上签字，实际却不予履行，致使中行的垫资无法收回，电信局应予全额赔偿。虽然用户未向中行缴纳欠费是引起中行损失的根本原因，但电信局不履行停机协助催收的后合同义务，是引起中行损失的直接原因。中行在与电信局签订协议时，对自己的行为可能造成的损失应当预见，但由于缺乏应有的注意而没有预见，原告的缺乏注意是构成其本身所受损害的促发原因，因此其对损失的发生亦有过失，应相应地减轻被告的赔偿金额。

评析： 民法典第558条有关后契约义务的规定是对《合同法》第92条的延续。合同关系终止之后，债权债务即告消灭，当事人之间不再存在任何合同关系。协助义务，即合同的权利义务终止后，应当协助对方处理与原合同有关的事务。后契约义务具有强制性。在后契约阶段，当事人不履行附随义务，给对方当事人造成损害的，应当承担后契约的损害赔偿责任。在本案中，尽管双方已经终止协议，但是被告应按公平、诚实信用等原则，履行必要的协助义务。客观上，原告需被告的协助行为以减少原告的损失。可以说，尽管用户未向中行缴纳欠费是引起中行损失的根本原因，但电信局未履行停机协助催收的义务是引起中行损失的直接原因，因此应当对中行的损失承担责任。

> ▶▶ **第五百五十九条** 债权债务终止时，债权的从权利同时消灭，但是法律另有规定或者当事人另有约定的除外。

🏛 条文要义

本条是对债权债务终止后债权的从权利一并消灭的规定。

债消灭之后，债的当事人之间的债权债务关系消灭，债权人不再享有债权，债务人不再负担债务。在债的主债权债务关系消灭后，附随于主债权债务关系的从债权债务关系也随之一并消灭。例如，担保物权、保证债权、违约金债权、利息债权等，在债的关系消灭时一并消灭。如果法律另有规定，或者当事人另有约定，则依照法律规定和当事人约定，不予消灭。

增加本条的原因是，"从随主"原则是民法的一个基本规则，债权债务消灭，附随于主债权债务关系的从债权债务关系也一并随之消灭。尽管《合同法》没有这样的明确规定，但是实践中处理纠纷却以此为准则。可以说，这一规则是隐藏在法律背后的规则。将这一规则从"潜规则"变为"明规则"，有利于合同规则的统一，有利于统一的裁判尺度的实行，有利于纠纷的解决。

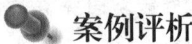 **案例评析**

邓某某与曾某1、曾某2民间借贷纠纷案①

案情：原告邓某某与被告曾某1均是做砂石生意的，之间有过生意往来，被告曾某1以其经营的砂石厂资金周转困难为由向原告借款，2001年11月27日，原告在被告曾某1的厂里以现金方式出借了88 000元；而另一笔350 000元借款是被告曾某1陆续向原告借款产生的，因为时间久远，具体多少笔不记得。后来，在2001年11月27日被告曾某1再次向原告借款时，因为原告觉得借款金额大，故要求被告曾某1补一张《借据》给原告。被告曾某1分别立下了2张《借据》给原告收执。其中一张《借据》的内容为："兹借到邓某某现金人民币捌万捌仟元正。¥88 000元正。借款人曾某1"。另一张《借据》的内容为："兹借到邓某某现金人民币叁拾伍万捌仟元正。¥358 000元正。借款人曾某1"。2张《借据》的落款日期均为2001年11月27日。

原告陈述被告曾某1借款后没有偿还过借款，后于2012年5月17日，被告曾某1写下《借款》字条，与原告约定用其老家一幢3层约500平方米的房子作抵押借款，租金作为还款由原告收取，从2013年1月1日开始收取，直至还清借款，担保人为曾某2。但原告去收取租金时，才发现该房于2013年1月1日前已被出售，原告未收取任何租金，被告及担保人至今未偿还借款本息。因此，原告向法院提起诉讼，请求被告曾某1还款，曾某2承担保证责任。被告曾某1、曾某2提出抗辩称，标的债务已经超出诉讼时效。

法院认为，本案债务履行期限为2013年1月1日，而原告未能按约定如期收到用以偿还借款的租金，即表明被告曾某1以其行为表示不履行偿还债务的义务，因此本案纠纷的诉讼时效应从被告曾某1不履行义务的2013年1月1日起计算，之后被告曾某1以及《借款》中的担保人也未收到原告要求还款的催告，诉讼时效未发生中断，原告于2019年才向本院提起本案诉讼，已超过诉讼时效，原告的主张理据不足，不予支持。

关于被告曾某2是否应承担保证责任的问题。《中华人民共和国担保法》第5条规定，担保合同是主合同的从合同。由此可见，担保债务是主债务的从债务。担保债务以主债务的存在为前提，主债务消灭，担保债务消灭。由于本案作为主债务人的被告曾某1无须再承担还款责任，故作为保证人的被告曾某2亦无须承担保证责任。

评析：从债务的功能是保障主债务更好地实现，一旦主债务终止之后，从债务

---

① 审理法院：广东省增城市人民法院，案号：（2019）粤0118民初5119号。

随即失去存在的意义，也将失去效力，正所谓"皮之不存毛将焉附"。本案中，被告曾某2的担保债务是为了保障原告邓某某和被告曾某1之间的借贷关系，由于原告请求曾某1清偿主债务已经超过诉讼时效，失去强制执行能力，因而曾某2无须承担担保责任方才合理。否则，曾某2承担担保责任之后，将无法向曾某1追偿，甚为不公。因而在本案中，法院判决被告曾某2无须承担保证责任，于法有据。

> ▶▶ 第五百六十条　债务人对同一债权人负担的数项债务种类相同，债务人的给付不足以清偿全部债务的，除当事人另有约定外，由债务人在清偿时指定其履行的债务。
>
> 债务人未作指定的，应当优先履行已经到期的债务；数项债务均到期的，优先履行对债权人缺乏担保或者担保最少的债务；均无担保或者担保相等的，优先履行债务人负担较重的债务；负担相同的，按照债务到期的先后顺序履行；到期时间相同的，按照债务比例履行。

🏛 条文要义

本条是对数个同种类债务清偿抵充的规定。

清偿抵充，是指同一债权人的负担数宗债务的债务人，其给付的种类相同，所提出的给付不足以清偿全部债务时，决定清偿抵充何种债务的债法制度。例如，债务人欠银行数宗欠款，设置担保、利息高低各不相同，在其给付不能清偿全部债务时，该次清偿应偿还哪笔欠款，就是清偿抵充。

《合同法》对清偿抵充没有规定，本条借鉴《最高人民法院关于适用〈中华人民共和国合同法〉若干问题的解释（二）》（现已失效）第20条的规定予以补充。对本条的解读如下。

1. 清偿抵充的成立条件是：（1）债务人须对同一债权人负担数宗债务；（2）债务人负担的数宗债务的种类相同；（3）债务人提出的给付不足以清偿全部债权。

2. 清偿抵充分为约定抵充、指定抵充和法定抵充。（1）约定抵充，是指当事人之间事先约定债务人的清偿系抵充何宗债务。如果当事人之间就债务人的清偿系抵充何宗债务有约定时，应从其约定。（2）指定抵充，是指当事人一方以其意思指定清偿人的清偿应抵充的债务。指定抵充应当具备两个条件：一是指定应于清偿时为之，并且一经指定不得撤回；二是指定抵充的指定权人为清偿人。（3）法定抵充，是指当事人在未指定抵充时，依据法律规定决定清偿人的清偿应抵充的债务。

3. 本条第2款所规定的法定抵充顺序如下：（1）到期债务优先。债务人未作指定的，在数笔债务中，应当优先履行已到期的债务。（2）缺少担保或者担保不足的债务优先。在数笔债务中，几项债务均到期的，优先履行对债权人缺乏担保或者担保最少的债务。(3) 债务负担较重的债务优先。数笔债务担保数额相同的，优先履行债务负担较重的债务。(4) 时间在先的债务优先。数笔债务的负担相同的，按照债务到期的先后顺序履行。(5) 比例清偿规则。在数笔债务中，在到期时间上也相同的，按比例履行。

案例评析

杨某飞诉王某辉等借款合同纠纷案①

案情：王某辉和王某慧向原告杨某飞借款 1 万元，月息 2 分，期限 6 个月，按月结息，到期归本，并向原告出具借条一份。后，二人又陆续向杨某飞借款十余万元，分别出具借条。二人通过手机转账的方式分别还款共计 77 250 元。过后，双方因为借款纠纷诉至法院。法院经审理认为，原告杨某飞与被告王某辉、王某慧分别形成的借款合同及原告杨某飞与被告王某辉、王某慧二人形成的借款合同是双方当事人的真实意思表示，具有法律约束力。被告王某辉、王某慧分多次还款共计77 250 元现金，应当根据双方的约定并按照债务到期的先后顺序以及先抵充利息后抵充本金的顺序进行抵充。被告王某辉支付原告的 22 000 元现金，应当抵充其于2015 年 4 月 1 日向原告借款 5 万元的本金；被告王某慧支付原告的 55 250 元现金，首先应当抵充其于 2015 年 5 月 23 日向原告的借款 1 万元，其次抵充其于 2015 年 8月 8 日向原告的借款 1 万元，再次抵充被告王某辉、王某慧于 2015 年 2 月 9 日向原告借款 5 万元的 6 个月利息 6 000 元，再其次抵充被告王某辉、王某慧于 2015 年 2月 9 日向原告借款 5 万元的本金 29 250 元。因此，被告王某辉尚欠其于 2015 年 4月 1 日向原告借款 50 000 元的本金 28 000 元；被告王某辉、王某慧尚欠其于 2015 年 2月 9 日向原告借款 5 万元的本金 20 750 元。本案中，因被告王某辉于 2015 年 11 月 8日向原告借款 13 万元时，双方约定的借款月利率 4% 超出了法律规定的 2%，且双方约定按月结息、期限 6 个月、到期归本，故被告王某辉应当返还原告借款本金 13万元，并按照月利率 2% 支付原告 6 个月利息 15 600 元；被告王某慧应当返还原告借款 112 950 元（除去抵充的 2 万元）。

评析：依据民法典第 560 条第 2 款，当事人之间存在多笔债务时，清偿顺序由法律规定。本案为借款合同纠纷案件，由于贷款人通常在借款到期后才提起诉讼，故借款债务的清偿抵充顺序为：没有担保的借款债务；担保数额最少的借款债务；负担较重的借款债务；先到期的借款债务。与此同时，在借款人与贷款人没有约定借款本金与利息清偿顺序的情况下，还应当按照先抵充利息后抵充本金这一顺序进行抵充。本案中，原告杨某飞与被告王某辉、王某慧分别形成的借款合同及原告杨某飞与被告王某辉、王某慧二人形成的借款合同均没有担保，故被告王某辉、王某

---

① 审理法院：内蒙古自治区察哈尔右翼后旗人民法院，案号：(2016) 内 0928 民初 836 号。

慧支付原告的 77 250 元现金，应当根据双方的约定并按照债务到期的先后顺序以及先抵充利息后抵充本金的顺序进行抵充。综上所述，被告王某辉、王某慧分多次支付原告杨某飞共计 77 250 元现金，应当根据双方约定，并按照借款债务到期的先后顺序以及先抵充利息后抵充本金的顺序进行抵充。

▶▶ **第五百六十一条**　债务人在履行主债务外还应当支付利息和实现债权的有关费用，其给付不足以清偿全部债务的，除当事人另有约定外，应当按照下列顺序履行：

（一）实现债权的有关费用；

（二）利息；

（三）主债务。

🏛 条文要义

本条是对利息之债与费用之债清偿抵充的规定。

由于《合同法》对债务抵充没有规定，对费用之债和利息之债与主债务的关系也没有规定，在司法实践中没有规则可以遵循。《最高人民法院关于适用〈中华人民共和国合同法〉若干问题的解释（二）》（现已失效）第 21 条规定："债务人除主债务之外还应当支付利息和费用，当其给付不足以清偿全部债务时，并且当事人没有约定的，人民法院应当按照下列顺序抵充：（一）实现债权的有关费用；（二）利息；（三）主债务。"这一规定解决了这个现实问题，规则符合法理和实际，故本条予以借鉴。

债务人除了原本债务之外，还应支付利息和费用之债，而债务人的清偿不足以清偿全部债务时，应当按照清偿抵充的约定顺序进行，没有约定的，依照法定抵充顺序为之。

具体来说，本条规定的法定抵充顺序是：（1）实现债权的有关费用；（2）利息之债；（3）主债务。上述抵充顺序，均具有前一顺序对抗后一顺序的效力。

🔴 案例评析

宋某才诉宋某明民间借贷纠纷案①

案情：2015 年 3 月 18 日，经协商，被告宋某明向原告宋某才借款 10 万元，并出具借条一张载明："借到宋某才现金拾万元整，月付息贰分计算，借款期半年，如有变化面议，借款人宋某明，2015 年 3 月 18 日。"从 2015 年 4 月 17 日起，宋某明

---

① 审理法院：江西省宜丰县人民法院，案号：（2017）赣 0924 民初 381 号。

分七次支付了七个月的利息 14 000 元。2017 年 1 月 25 日，宋某才再收到被告归还的 10 000 元。借款到期后，虽经宋某才多次催取，被告未能还本付息，以致成讼。法院经审理认为，原告与被告之间的民间借贷合法有效。原告认可被告已支付利息 24 000 元（包括 2017 年 1 月 25 日被告支付的 10 000 元）。被告提出 2017 年 1 月 25 日支付的 10 000 元用于归还本金而非支付利息，但被告提供的原告出具的收到该款收条未注明归还本金，根据最高人民法院的相关司法解释，不能明确归还本金还是利息的，其给付不足以清偿全部债务的，清偿顺序先利息后本金，因此该 10 000 元应视为归还利息。该借款已到期，被告未依约还款，构成违约。被告应当归还尚欠借款本金 100 000 元并支付相应利息。

评析：依据民法典第 561 条的规定，除当事人另有约定外，债务人给付不足以清偿全部债务的，应当按照实现债权的有关费用、利息、本金的顺序进行偿还。《合同法》并未对此进行规定，本条借鉴此前司法解释制定了这一新规则。在本案中，借条显示被告向原告借款 10 万元整，月息以两分计算，被告已分七次支付了 14 000 元。若被告于还款期限内还款，则被告应当向原告支付本金加利息共 124 000 元，现被告已支付 14 000 元，被告于 2017 年 1 月 25 日收到的 10 000 元应被视作归还利息，而非本金。而由于借款到期被告仍未还款，从借款日起至 2017 年 1 月 25 日共 23 个月，被告共应支付利息 46 000 元，鉴于被告已经支付利息 24 000 元，故被告尚且拖欠利息 22 000 元，包括本金被告一共应当向原告支付 122 000 元。

> ▶▶第五百六十二条 当事人协商一致，可以解除合同。
> 当事人可以约定一方解除合同的事由。解除合同的事由发生时，解除权人可以解除合同。

🏛 条文要义

本条是对合同协议解除和约定解除的规定。

合同的解除分为协议解除、约定解除和法定解除三种类型。

协议解除，也叫合意解除、解除契约或反对契约，是指在合同有效成立后、尚未履行完毕之前，当事人双方通过协商达成协议，而使合同效力消灭的双方民事法律行为。协议解除，双方当事人须在解除合同的事项上达成意思表示一致，确定合同解除；协议还要对合同存续期间发生的各种权利义务关系如何处理也须达成意思表示一致。当事人在这两方面达成合意，合同即可解除。

约定解除，是指在原合同中通过解除权条款，或另外签订一个合同，赋予一方或双方当事人在一定条件下享有解除权，有权解除合同。约定解除是单方解除合同。约定解除与附解除条件的区别是：（1）解除条件原则上可以附加于一切民事法律行为及意思表示，而合同约定解除仅限于合同领域。（2）解除条件成就后，附解除条件的民事法律行为当然且自动地消灭，在合同约定解除时，解除条件的具备仅仅是使合同当事人享有了解除权，当解除权人依法行使解除权予以解除时，才会使合同之债解除。（3）所附解除条件成就，一般是使附解除条件的民事法律行为向将来失去效力，并不溯及既往，而合同的解除则是使合同关系自始消灭。

案例评析

邓某华、文某英、李某平诉四川安逸连锁酒店有限公司房屋租赁合同纠纷案①

案情： 邓某华、文某英、李某平（以下简称邓某华等三人，原告）与四川安逸连锁酒店有限公司（以下简称安逸酒店公司，被告）签订合同，将邓某华等三人所有的房屋租赁给安逸酒店公司，合同约定，安逸酒店公司应向案涉房屋投保，若安逸酒店公司不承担此费用，则视为其提前终止合同，邓某华等三人有权终止本合同的执行。合同履行中，安逸酒店公司未严格按照合同约定的时间支付租金，存在迟延支付的情况。邓某华等三人接受了租金，仅提出承担违约金一次。同时，安逸酒店公司在2009年和2010年并未按照合同约定投保足够金额的保险。原告因多次催讨保险费未果，遂以安逸酒店公司多次迟延支付租金、未依约办理案涉房屋综合财产险及未按约转交投保凭据复印件，且在邓某华等三人自行投保后仍不承担保险费，合同约定的解除条件已经成就为由，提起诉讼，请求：解除合同；安逸酒店公司承担保险费、相应的违约金等。法院认为，邓某华等三人按约履行了交付租赁物的义务，安逸酒店公司虽存在迟延给付租金的情形，但邓某华等三人接受了租金，仅发函要求安逸酒店公司给付违约金。同时，安逸酒店公司未按约为案涉房屋足额投保并交纳保险费的行为已构成违约，符合约定的解除条件，但该违约行为既未动摇合同的履行基础，也不影响邓某华等三人合同目的的实现，且安逸酒店公司的违约行为轻微，在可以以给付违约金的方式弥补邓某华等三人的损失时，应慎用合同解除权。根据《合同法》第5条和第93条，法院判决被告四川安逸酒店发展有限公司在本判决生效后5日内给付原告邓某华、文某英、李某平违约金共计71.6万元；被告四川安逸酒店发展有限公司给付原告邓某华、文某英、李某平保险费23 948.27元（被告已将该款付至本院账户，三原告可在本判决生效后立即领取）。

评析： 合同解除权的立法价值取向是相关主体之间的利益平衡，对利益平衡的追求需要对约定解除权进行必要的限制。当严格执行当事人约定可能导致当事人利益严重失衡时，法院可基于公平原则的考量而施加影响，以保证合同主体利益的基本均衡。民法典第562条延续了《合同法》第93条的规定，更改部分表述，使表达

---

① 审理法院：四川省南充市中级人民法院，案号：（2014）南中法民终字第1411号。

更为精准。在本案诉讼中，邓某华等三人仍继续收取租金，安逸酒店公司亦愿意给付邓某华等三人为租赁物投保而实际发生的保险费，表明双方仍愿继续履行合同。安逸酒店公司投保不足期间，客观上未造成租赁房屋受损的后果。加之，合同约定的履行期才过半，安逸酒店公司已将租赁房屋用于经营规模较大、期限较长、前期投入较多的酒店业，解除合同将导致不经济、不利益的后果，基于民法公平原则以及利益均衡等因素，应当依法限制邓某华等三人行使合同解除权。

> ▶▶ **第五百六十三条**　有下列情形之一的，当事人可以解除合同：
> （一）因不可抗力致使不能实现合同目的；
> （二）在履行期限届满前，当事人一方明确表示或者以自己的行为表明不履行主要债务；
> （三）当事人一方迟延履行主要债务，经催告后在合理期限内仍未履行；
> （四）当事人一方迟延履行债务或者有其他违约行为致使不能实现合同目的；
> （五）法律规定的其他情形。
> 以持续履行的债务为内容的不定期合同，当事人可以随时解除合同，但是应当在合理期限之前通知对方。

🏛 条文要义

本条是对合同的法定解除的规定。

法定解除，是指合同在有效成立后尚未履行或未完全履行完毕前，由于法律规定的事由行使解除权，而使合同归于消灭的行为。

法定解除的条件是：

1. 因不可抗力致使不能实现合同目的，须不可抗力并导致不能实现合同目的两个条件。

2. 在履行期限届满之前，当事人一方明确表示或者以自己的行为表明不履行主要债务，即明示的预期违约和默示的预期违约。

3. 当事人一方迟延履行主要债务，经催告后在合理期限内仍未履行，表明债务人根本就没有履行合同的诚意，或者根本就不可能履行合同。

4. 当事人一方迟延履行债务或者有其他违约行为致使不能实现合同目的，即根本违约。

5. 法律规定的其他情形，如当事人在行使不安抗辩权而中止履行的情况下，如果对方在合理期限内未恢复履行能力并且未提供适当的担保，则中止履行的一方可以解除合同。另外，《消费者权益保护法》第24条规定的七天无理由退货，就是该法规定的法定的合同解除权。

6. 以持续履行的债务为内容的不定期合同，当事人拥有随时解除权，但应当在合理期限前通知对方当事人。与《合同法》第 94 条规定相比，本条增加了该规定。对此新规则的解读如下：不定期的持续性合同，例如房屋租赁合同，当事人都可以在合理期限之前通知对方后，解除合同。持续性的不定期合同，由于没有确定的期限，因此要解除合同，当事人须提前提出解除合同的主张。同时，在其提出主张时，也应当给合同对方当事人以合理的期限，当该期限届至时才能正式解除合同。

案例评析

奈曼旗治安镇东胡拉斯台村民委员会与通辽华通粮油有限公司
确认合同解除通知效力纠纷案①

案情： 通辽华通粮油有限公司（原哲里木盟治安粮食仓库，原告、被上诉人）与奈曼旗治安镇东胡拉斯台村民委员会（被告、上诉人）签订了一份《承包沙荒地合同》，承包了位于村北的荒地，约定承包期限 30 年，自 1997 年 1 月 1 日起至 2027 年 1 月 1 日止。原告 1997 年至 2015 年的土地承包费已交清，2017 年 1 月原告向被告缴纳 2016 年、2017 年的土地承包费时被告拒绝收取，并以原告方已违反合同约定为由于 2017 年 2 月 22 日向原告送达了《解除合同通知书》。就此，通辽华通粮油有限公司将奈曼旗治安镇东胡拉斯台村民委员会诉至法院。法院认为，关于涉案解除合同通知书是否生效的问题。虽然根据合同第 2 条，承包费必须在每年的 1 月 1 日前一次交清；如乙方逾期不交，甲方有权无代价及时收回沙荒地，另包他人（按乙方违约处理）。但根据被上诉人提供的、且上诉人认可的 17 枚收据可以看出，在合同实际履行过程中，承包费的缴纳日期并非只在每年的 1 月 1 日，因此可以看出，上诉人是容许被上诉人在其他时间缴纳承包费的。此外，承包费的缴纳同时需要双方的配合，如果一方当事人不配合则另一方无法缴纳，且综合被上诉人提交的贾某某的证人证言可以认定，被上诉人 2016 年承包费未缴纳，双方均存在过错，因此，仅以被上诉人未缴纳承包费为由解除合同不符合合同及法律的规定，本院不予支持。如上诉人认为被上诉人在承包过程中存在其他违约行为，可以依照相关法律规定向被上诉人主张相关的违约责任。

评析： 依据民法典第 563 条的规定，一般来说，未按合同约定履行的，经催告后仍未履行的并且达到不能实现合同目的的后果的，法院应当支持要求解除合同一方的诉求。在本案中，合同规定承包费必须特定日期前交清并且规定届时未交清的按违约处理。但是根据原被告双方的过往习惯，在合同实际履行过程中，承包费的缴纳日期并非均在每年的 1 月 1 日，可以说双方是默认可以在其他时间缴纳承包费。另外，承包费的缴纳也需要双方当事人的配合，而且承包费的延迟缴纳并不会导致

① 审理法院：内蒙古自治区通辽市中级人民法院，案号：（2017）内 05 民终 1441 号。

合同目的不能实现。因此，本案既不满足迟延履行，也不满足不能实现合同目的两个条件，法院据此判定当事人无权解除合同，于法有据。

> ▶▶第五百六十四条 法律规定或者当事人约定解除权行使期限，期限届满当事人不行使的，该权利消灭。
>
> 　　法律没有规定或者当事人没有约定解除权行使期限，自解除权人知道或者应当知道解除事由之日起一年内不行使，或者经对方催告后在合理期限内不行使的，该权利消灭。

🏛 条文要义

本条是对解除权行使期限的规定。

对某种约定解除权或者法定解除权，法律规定或者当事人约定了解除权行使期限的，期限届满当事人不行使的，该解除权消灭。

与《合同法》第95条规定相比，对没有约定解除权行使期限的，本条在适用催告确定合理期限的基础上，增加了适用除斥期间的新规则。

对本条规定的新规则的解读如下。

1. 法律没有规定或者当事人没有约定解除权行使期限，自解除权人知道或者应当知道解除事由之日起一年内不行使，解除权即告消灭。这是因为，解除权是形成权，按照本法第199条规定，应当适用除斥期间的规定。

2. 对于法律没有规定或者当事人没有约定解除权行使期限的，究竟是适用除斥期间的规定还是经过催告确定合理期限，选择权在于解除权人。不过，在实践中确定期限是否届满通常并不由解除权人选择而决定，而是在解除权人行使解除权后，通过确定行使解除权是否在解除权行使期限之内的路径进行。只要解除权是在本条规定的法定期限、约定期限、除斥期间、合理期限四种情形之内，就认为解除权在合理的期限内行使，认定当事人行使解除权的行为有效。

📖 配套司法解释

最高人民法院关于适用《中华人民共和国民法典》时间效力的若干规定

第二十五条 民法典施行前成立的合同，当时的法律、司法解释没有规定且当事人没有约定解除权行使期限，对方当事人也未催告的，解除权人在民法典施行前知道或者应当知道解除事由，自民法典施行之日起一年内不行使的，人民法院应当依法认定该解除权消灭；解除权人在民法典施行后知道或者应当知道解除事由的，适用民法典第五百六十四条第二款关于解除权行使期限的规定。

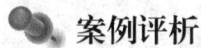 **案例评析**

张某慧诉兴义市博大弘鼎房地产开发有限责任公司商品房预售合同纠纷案①

案情：张某慧（原告）与博大弘鼎公司（被告）分别签订了商品房买卖合同，约定购买两间商铺。合同仅约定在未按约定交房时，买受人有权退房，但未规定退房的方式和面积差异处理的方式。在交房后，因张某慧发现其购买的商铺与约定的建筑面积误差较大，双方发生争议，诉至法院，请求解除合同，并要求赔偿损失。法院认为，解除权属于形成权，适用除斥期间，逾期不行使的，解除权消灭。关于因迟延交付房屋而解除合同的问题，涉案《商品房买卖合同》约定的交房时间为2012年5月31日，因博大弘鼎公司未在该约定的时间及时交房，张某慧等人于2013年7月、2014年4月向有关部门上访，此时张某慧已明知其按时接房的权利受到了侵害，但张某慧并未主张解除合同，而是与博大弘鼎公司达成协议，要求继续履行合同并由博大弘鼎公司支付其1 259 280元违约金。对于逾期交房的解除权，张某慧最迟应在2014年7月前因逾期交房主张解除合同，逾期未主张，该权利已经消灭。关于面积误差比绝对值超过3%要求解除合同的问题，博大弘鼎公司交付的房屋存在面积误差比绝对值大于3%的事实，依据《最高人民法院关于审理商品房买卖合同纠纷案件适用法律若干问题的解释》第14条的规定，张某慧享有合同的解除权，但解除权属于形成权，应适用除斥期间，截至本案起诉前，其均未行使合同解除权，已明显超过一年的除斥期间，该解除权已消灭。

评析：依据民法典第564条的规定，为了维护交易秩序的稳定，法律对解除权的期限进行了设定，要求有解除权的一方当事人在合理期限内行使权利，一般来说要求须在1年内行使权利，双方当事人有约定的从约定，自解除权人知道或者应当知道有解除事由之日起计算时限。这是因为，若权利人长期不行使解除权，会影响当事人双方权利义务关系的稳定，进而影响交易安全，故对解除权的行使设置一定的时间限制。在本案中，关于因涉及变更而解除合同的问题，双方当事人在合同中约定了10天的解除权期限。张某慧在接房后并未及时主张合同解除，因而法院对张某慧的解除诉求不予支持的决定于法有据。

> ▶▶ **第五百六十五条** 当事人一方依法主张解除合同的，应当通知对方。合同自通知到达对方时解除；通知载明债务人在一定期限内不履行债务则合同自动解除，债务人在该期限内未履行债务的，合同自通知载明的期限届满时解除。对方对解

---

① 审理法院：贵州省兴义市人民法院，案号：（2017）黔2301民初4208号。

除合同有异议的，任何一方当事人均可以请求人民法院或者仲裁机构确认解除行为的效力。

当事人一方未通知对方，直接以提起诉讼或者申请仲裁的方式依法主张解除合同，人民法院或者仲裁机构确认该主张的，合同自起诉状副本或者仲裁申请书副本送达对方时解除。

🏛 条文要义

本条是对解除权生效时间的规定。

解除权的性质是形成权，行使解除权的方式是通知。故确定解除权生效时间的基本规则是：

1. 解除权人在行使解除权时，只要将解除合同的意思表示通知对方，即产生解除的效力，解除权生效的时间采到达主义，即合同自通知到达对方时解除。

2. 通知载明债务人在一定期限内不履行债务则合同自动解除，债务人在该期限内未履行债务的，合同自通知载明的期限届满时解除。对方如果对行使解除权解除合同有异议，任何一方当事人都可以向法院起诉或者仲裁机构申请，请求确认解除合同的效力。人民法院或者仲裁机构确认解除权成立的，按照上述解除权生效时间的规定裁判。

如果当事人一方未通知对方，而是直接向法院或者仲裁机构起诉或者申请，以诉讼或者仲裁方式主张解除合同的，人民法院或者仲裁机构支持该方当事人行使解除权主张的，合同自起诉状副本或者仲裁申请书副本送达对方的时间，为合同的解除时间。

具体来说，本条发生的改动内容如下。

1. 增加规定"通知载明债务人在一定期限内不履行债务则合同自动解除，债务人在该期限内未履行债务的，合同自通知载明的期限届满时解除"的规则。

2. 增加规定"当事人一方未通知对方而直接以诉讼或者仲裁方式主张解除合同，人民法院或者仲裁机构确认该主张的，合同自起诉状副本或者仲裁申请书副本送达对方时解除"的规则。

相较于原先规定的解除权通知到达对方当事人生效规则，民法典生效后我国合同法律领域的解除权生效规则更为全面，能够适应司法实践的需要，发挥规范合同解除的功能。

📋 配套司法解释

最高人民法院关于适用《中华人民共和国民法典》时间效力的若干规定

第十条　民法典施行前，当事人一方未通知对方而直接以提起诉讼方式依法主张解除合同的，适用民法典第五百六十五条第二款的规定。

案例评析

刘某炜与四川京瑞房地产集团有限责任公司房屋买卖合同纠纷案①

案情：原告刘某炜与四川京瑞房地产集团有限责任公司（以下简称"京瑞公司"，被告）签订了商品房买卖合同，约定在逾期交房超过 15 天的情况下有权退房，同时，刘某炜约定将其购买的商品房由京瑞公司统一经营管理。京瑞公司未按照合同约定时间向刘某炜交房，在逾期 15 天之后，刘某炜仍接收了商铺。过后，刘某炜以逾期交房为由将京瑞房产公司诉至法院。法院认为，尽管刘某炜提交了律师函及邮寄回执，但刘某炜并没有主张解除权行使的事实本身。本案中，刘某炜行使解除权主要是基于《商品房买卖合同》第 13 条关于逾期交付房屋的约定。根据该约定，房屋应当于 2014 年 12 月 31 日前交付，逾期超过 15 日的，买受人有权退房，京瑞公司应当自退房通知送达之日起 30 日内退还全部已付款，并按全部已付款的 3‰向买受人支付违约金。但实际上，刘某炜在京瑞公司逾期交房 15 天后并未行使解除权，并且还与其办理了收房手续，因而应当认定刘某炜放弃了解除权。刘某炜放弃解除权后，又以相同理由主张解除合同，缺乏事实及法律依据，法院对其主张不予支持。

评析：根据民法典第 565 条的规定，我国在解除权的生效时间上采取的是到达主义模式。但在实践中，对解除权是否生效的判断首先须确定当事人是否享有解除权。就约定解除权而言，其自约定的解除条件成就时产生，在解除权行使期限届满，或虽未届满但权利人放弃的情形下解除权归于消灭。放弃解除权，是指当事人明知其已享有解除权可终止合同权利义务，但其并没有行使该权利，而是以明示或者实际行为表明其愿意继续履行合同的意图。譬如在本案中，尽管当事人刘某炜提交了律师函和邮寄回执用以证明其发出了解除合同的通知，但是从客观事实来看，其仍然在履行与京瑞公司的合同，因而尽管该合同达到了解除条件，但应当认定刘某炜放弃了其行使的解除权。

▶▶ **第五百六十六条** 合同解除后，尚未履行的，终止履行；已经履行的，根据履行情况和合同性质，当事人可以请求恢复原状或者采取其他补救措施，并有权请求赔偿损失。

合同因违约解除的，解除权人可以请求违约方承担违约责任，但是当事人另有约定的除外。

主合同解除后，担保人对债务人应当承担的民事责任仍应当承担担保责任，但是担保合同另有约定的除外。

---

① 审理法院：四川省德阳市中级人民法院，案号：（2016）川 06 民终 555 号。

🏛 条文要义

本条是对合同解除效力的规定。

解除效力，是指合同之债解除后所产生的法律后果，主要涉及解除的溯及力和解除与损害赔偿责任的关系问题。

合同解除的直接法律后果是使合同关系消灭，合同不再履行。解除之前的债权债务关系应当如何处理，涉及解除的溯及力问题。如果具有溯及力，则对解除之前已经履行的部分，就要发生恢复原状的法律后果；如果解除不具有溯及力，则解除之前所为的履行仍然有效存在，当事人无须恢复原状。

对本条第1款的规定的解读如下：（1）尚未履行的，履行终止，不再继续履行。（2）已经履行的，一是根据履行情况和合同性质，二是根据当事人是否请求的态度决定，当事人可以请求恢复原状，也可以不请求，完全取决于当事人的意志。请求恢复原状的，这种合同之债解除就具有溯及力；反之，就不具有溯及力。当事人也可以采取其他补救措施，并有权要求赔偿损失。根据合同的履行情况和合同性质，能够恢复原状，当事人又予以请求的，则可以恢复原状。如果根据履行情况和合同性质是不可能恢复原状的，即使当事人请求，也不可能恢复原状。例如，租赁、借贷、委托、中介、运输等合同，都是不能恢复原状的。至于损害赔偿，合同的解除不影响当事人要求损害赔偿的权利。只要合同不履行已经造成了债权人的财产利益损失，就应当予以赔偿。如果解除合同的原因是不可抗力，则不发生损害赔偿责任。

本条新增的规则以及对其解读如下：（1）合同因违约解除的，未违约的一方当事人可以请求违约方承担违约责任。这是因为，因违约而解除，是违约方不诚信的表现，因此尽管合同被解除，但是违约方仍须承担违约责任，解除权人有权请求其承担违约责任。如果当事人对解除合同是否承担违约责任另有约定的，则按照当事人的约定办理。（2）主合同解除后，尽管主合同的债权债务关系消灭，但是其担保人对债权人的担保并不一并消灭，担保人（包括第三人担保和债务人自己担保）对债务人应当承担的民事责任并不消灭，仍应承担担保责任。

本条对《合同法》第97条规定的补充使得合同解除效力的规则更为体系化和全面。

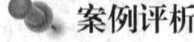 案例评析

王某华与海南雅居乐房地产开发有限公司商品房预售
合同纠纷案①

案情：王某华（原告）和海南雅居乐房地产开发有限公司（被告）签订了商品

---

① 审理法院：海南省高级人民法院，案号：（2012）琼民一终字第49号。

房预售合同，约定以 2 650 万元（定金 100 万元）购买房产一套。合同约定，如因认购方原因逾期向出售方支付以上约定购房款超过 90 日的，出售方有权解除本认购书及商品房买卖合同，另行处置该物业，认购方须按总房价的 10％向出售方支付违约金。此后，原告多次向被告申请更改付款期限。被告催收无果，向原告发出解除合同通知书。原告同意解除合同，并愿意按未付款 5 599 000 元的 10％承担违约金即 559 900 元，被告则要求原告按总房款 2 650 万元的 10％支付违约金即 2 649 964.4 元，双方协商未果，诉至法院。法院认为，首先，关于合同解除后违约金责任如何承担问题及对合同关于违约金约定的理解问题，结合涉诉合同的约定可知，对因买房人逾期付款超 90 日导致合同解除，买房人应承担总房款 10％的违约责任是具体、明确的。其次，合同解除制度设置的目的在于因一方当事人的根本违约致使合同履行利益不能实现时，对方当事人能从中获得一定的补偿。合同解除意味着交易失败，被告合同履行的利益不能实现，因此无论原告已支付的款项是多少，其应承担的因根本违约导致合同解除后果的违约责任应是一样的，而不是原告支付的房款越多，被告获得的救济就应该越少。综上，被告主张以总房款 26 499 644 元的 10％即 2 649 964.4 元计收违约金有事实、合同及法律依据，本院予以采纳。

评析：根据民法典第 566 条的规定，因违约解除合同的，当事人可以请求违约方承担违约责任。违约责任是合同义务的转化形态，在一方当事人不履行合同义务时，以违约责任作为其合同义务的替代品。举轻以明重，违约导致合同解除的责任应比继续履行情形下的违约责任更重。在本案中，合同条款明确约定，对因买房人逾期付款超 90 日导致合同解除，买房人应承担总房款 10％的违约责任。既然双方当事人在签订合同时已经明确规定有违约金条款，就说明双方当事人对违约责任达成共识。在此前提下，若将违约金基数定为逾期应付款，既不利于敦促义务人积极地履行义务，也不符合合同拟定者的原意。

> ▶▶ **第五百六十七条**　合同的权利义务关系终止，不影响合同中结算和清理条款的效力。

🏛 条文要义

本条是对合同消灭后其结算和清理条款效力的规定。

合同消灭后，不影响合同中的结算和清理条款的效力。这是因为，合同的债权债务关系消灭，如果将在合同中约定的合同之债的结算和清理条款也一并消灭，将会使债务关系的结算和清理失去法律依据，势必影响当事人之间交易关系的清结。因此，在债的关系消灭之后，并不影响债的关系中结算和清理条款的效力，使债权人和债务人之间的结算和清理能够有据可依。

结算是经济活动中的货币给付行为，例如银行汇票的结算，商业汇票的结算，银行本票的结算、汇兑、委托收款等。当事人在合同中约定了结算条款的，合同消灭后，应当按照约定的方式结算。

清理是指对债权债务进行清点、估价和处理。如果合同约定了对债权债务清理的条款，合同消灭后，应当按照合同约定进行清理。

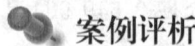 **案例评析**

王某某诉辽宁宏洲食品有限公司特许经营合同纠纷案①

案情：2014 年 4 月 9 日，原告王某某加盟被告公司设立的雄洲早餐车，交付抵押金人民币 15 000 元。2015 年 4 月 19 日，原告提出解除双方加盟关系，要求被告退还抵押金人民币 15 000 元，被告收回经营网点后，未将抵押金退还原告。双方多次协商未果，故原告诉至法院，要求被告退还抵押金人民币 15 000 元。法院认为，原、被告虽未签订书面的特许经营合同，但是已经形成了事实的特许经营（加盟）合作关系，该行为未违反法律、行政法规的强制性规定，应为合法有效，双方应按照约定履行各自义务。当事人主张解除合同，应当通知对方。合同自通知到达对方时解除。合同的权利义务终止后，不影响结算和清理条款的效力。被告拒绝退还原告抵押金的行为是造成纠纷的主要原因，应负全部责任，应当退还原告王某某抵押金人民币 15 000 元。

评析：合同是一种面向未来的法律关系，能否最终得到履行往往受到诸多情事的影响，当事人在订立合同时都要面对合同不能得到履行的风险。为此，当事人可能会在合同中事先约定合同履行出现障碍时的结算和清理条款，从而固定交易风险，避免争议的发生。民法典第 567 条延续了《合同法》第 98 条的规定，合同关系终止后，结算和清理条款的效力依然存续。该规定有助于合同争议的解决，也符合双方的预期。本案中，虽然争议特许经营合同已经解除，但是退还抵押金的条款属于结算和清理条款，其效力不受影响，被告仍应依约退还原告交付的抵押金。

> ▶▶ **第五百六十八条** 当事人互负债务，该债务的标的物种类、品质相同的，任何一方可以将自己的债务与对方的到期债务抵销；但是，根据债务性质、按照当事人约定或者依照法律规定不得抵销的除外。
>
> 当事人主张抵销的，应当通知对方。通知自到达对方时生效。抵销不得附条件或者附期限。

---

① 审理法院：辽宁省沈阳市苏家屯区人民法院，案号：(2015) 苏民三初字第 1155 号。

🏛 条文要义

本条是对法定抵销的规定。

抵销，是指当事人互负给付债务，各以其债权充当债务的清偿，而使其债务与对方的债务在对等额内相互消灭的债的消灭制度。为抵销的债权即债务人的债权称为自动债权、抵销债权或反对债权；被抵销的债权，即债权人的债权，叫作被动债权、受动债权或主债权。抵销分为法定抵销与合意抵销两种。

法定抵销，是指由法律规定两债权得以抵销的条件，当条件具备时，依当事人一方的意思表示即可发生抵销效力的抵销。这种通过单方意思表示即可产生抵销效力的权利，是形成权。行使抵销权，就是行使形成权，只要具备法定的抵销条件，一经当事人提出抵销的请求，抵销即发生法律效力。

法定抵销须具备的要件是：（1）双方当事人必须互负债权、债务；（2）双方当事人所负债务的给付须是标的物种类、品质相同；（3）主张抵销的债务必须均届清偿期；（4）双方所负债务必须都属于可抵销的债务。具备这些条件，双方当事人均取得此项权利，可以即时行使，也可以放弃。

抵销为处分债权的单方法律行为，应当适用关于法律行为和意思表示的法律规定。当事人主张抵销的，应当通知对方。通知自到达对方时生效。抵销不得附条件，也不得附期限，原因为抵销附条件或者附期限，会使抵销的效力变得不确定，有违抵销的本意，也有害于他人的利益。

法定抵销的效力是：（1）双方的债权债务于抵销数额内消灭；（2）抵销的意思表示溯及于得为抵销之时，即相互间的债权溯及到可以为抵销时按照抵销数额而消灭。

🫧 案例评析

姜某与梁山县某投资担保有限公司民间借贷纠纷案[①]

案情：被告梁山县某投资担保有限公司与原告姜某签订借款合同3份，约定被告向原告借款200 000元、40 000元以及391 000元，双方约定借款期限为2015年4月2日至2015年10月2日，月利率1%。原告姜某向被告借款200 000元，相抵销后，被告梁山县某投资担保有限公司欠原告借款431 000元。上述款项到期后经原告催要未果，因而原告向本院起诉。法院认为，当事人互负债务，该债务的标的物种类、品质相同的，任何一方可以将自己的债务与对方的债务抵销。债务应当清偿。原告姜某将自己欠被告的债务抵销后，被告尚欠原告姜某借款431 000元，事实清楚、证据充分，本院予以认定。借贷双方约定借款年利率未超过24%，出借人请求借款人按照约定支付利息的，人民法院应予支持。

---

① 审理法院：山东省济宁市梁山县人民法院，案号：（2016）鲁0832民初3146号。

评析：民法典第568条的规定是对法定抵销的规定，即当条件具备时，依当事人一方的意思表示即可发生抵销效力的抵销。本条延续了《合同法》第99条的规定，更改了部分表述，使表达更为准确和完整。法定抵销权是通过单方意思表示即可产生抵销效力的权利，属于形成权，行使抵销的权利，具有形成权的性质。只要具备了法定的抵销条件，一经当事人提出抵销的请求，抵销即发生法律效力。在本案中，原、被告互存借贷关系，属于标的相同，双方互相享有法定抵销权，因而当原告提出将自己的债务与对方的债务相互抵销的请求，并且将该请求通知对方时，抵销生效。

> ▶▶ **第五百六十九条**　当事人互负债务，标的物种类、品质不相同的，经协商一致，也可以抵销。

🏛 条文要义

本条是对合意抵销的规定。

合意抵销，也叫约定抵销、意定抵销，是指当事人双方基于协议而实行的抵销。

合意抵销重视的是债权人之间的意思自由，因而可以不受法律所规定的构成要件的限制，当事人只要达成抵销合意，即可发生抵销的效力。之所以这样规定，是因为债权属于债权人的私权，债权人有处分的权利，只要其处分行为不违背法律、法规与公序良俗，法律就无权干涉。

当事人之间这种抵销的合意是一种合同，因而其成立也应当依民法关于意思表示的一般规定和民法典合同编关于合同订立的规则进行。

合意抵销与法定抵销的区别是：（1）抵销的根据不同，一个是法律规定，一个是当事人约定。（2）债务的性质要求不同，法定抵销要求当事人互负债务的种类、品质相同；合意抵销则允许当事人互负债务的种类、品质不同。（3）债务的履行期限要求不同，法定抵销要求当事人的债务均已届清偿期；合意抵销则不受是否已届清偿期的限制。（4）抵销的程序不同，法定抵销以通知的方式为之，抵销自通知到达对方时生效；合意抵销采用合同的方式，双方达成抵销协议时发生抵销的效力。

🔮 案例评析

上诉人北京中亿创一科技发展有限公司与被上诉人信达投资有限公司、一审被告北京北大青鸟有限责任公司、一审被告正元投资有限公司房屋买卖合同纠纷[①]

案情：中亿创一公司与北大青鸟公司、信达投资公司、正元投资公司签订一份

---

① 审理法院：最高人民法院，案号：（2014）民一终字第58号。

资产转让协议，转让房屋产权和土地使用权。协议内容包括，中亿创一公司愿意将转让标的转让给信达投资公司，信达投资公司同意受让该转让标的。转让价款为中亿创一公司因转让归其所有的转让标的（现登记于北大青鸟公司名下）自信达投资公司获得的款项。各方同意并确认，信达投资公司采用分两期付款方式支付转让价款，第一期支付1.5亿元，第二期支付4 000万元。若中亿创一公司、北大青鸟公司未能在2009年10月31日之前将转让标的变更登记至信达投资公司名下并移交相关资料，信达投资公司有权解除该协议。协议特此明确，信达投资公司一旦解除本协议，则北大青鸟公司放弃由《协议》第1条约定的对信达投资公司全部债权，北大青鸟公司用此种方式代替中亿创一公司偿还信达投资公司已付转让价款及违约金，北大青鸟公司代替中亿创一公司偿还的最高金额以《协议》第1条约定的最高债权额1.8亿元为限。此后，因中亿创一公司及北大青鸟公司未及时转让标的并变更登记，信达投资公司要求解除合同，并诉至法院。

法院认为，就北大青鸟公司对信达投资公司享有的债权能否依据《资产转让协议》第5.2条约定抵销信达投资公司支付的1.5亿元购房款及违约金的问题，信达投资公司发出的落款时间为2009年11月4日的《解除合同通知》明确要求由北大青鸟公司以放弃根据《协议》对其享有的最高额1.8亿元为限持债方式代替中亿创一公司偿还转让价款及违约金。该抵销属于约定抵销，约定抵销不以互负债务均已到期为必要。从《解除合同通知》后果而言，该《通知》到达时，即发生约定抵销的后果。

评析： 合意抵销不以当事人互负债务标的物种类、品质相同为要件。另外，约定抵销不以双方互负债务均已到期为必要，只要双方协商一致，愿意在履行期到来之前将互负债务抵销，即应尊重当事人的意思自治。可以说，合同解除权人主动发出解除合同通知并明示其债权与合同约定第三人未届清偿期或未至给付条件债权抵销，应视为其对期限利益或抗辩的放弃，应尊重其意思自治并维护诚实信用。在本案中，当合同解除条件成就时，信达投资公司可有两种选择：一是要求作为房屋出卖方的中亿创一公司返还购房款及承担违约金；二是放弃期限利益、按照《资产转让协议》第5.2条约定，由北大青鸟公司代替中亿创一公司偿还以最高债权额1.8亿元为限的已付转让价款及违约金。而一旦信达投资公司选择后者，承载其意思表示的《解除合同通知》到达对方，则发生债权抵销的后果。

▶▶ **第五百七十条**　有下列情形之一，难以履行债务的，债务人可以将标的物提存：

（一）债权人无正当理由拒绝受领；

（二）债权人下落不明；

> （三）债权人死亡未确定继承人、遗产管理人，或者丧失民事行为能力未确定监护人；
>
> （四）法律规定的其他情形。
>
> 标的物不适于提存或者提存费用过高的，债务人依法可以拍卖或者变卖标的物，提存所得的价款。

🏛 条文要义

本条是对提存及条件的规定。

提存，是指债务人于债务已届履行期时，将无法给付的标的物提交给提存部门，以消灭债务的债的消灭方式。提存的意义在于，可使债务人将无法交付给债权人的标的物交付给提存部门，消灭债权债务关系，从而免除债务人为债务履行的困扰，为保护债务人的利益提供一项行之有效的措施。

债务人提存的条件是：（1）债权人无正当理由拒绝受领，债权人存在正当的抗辩事由而拒绝受领的，不得提存。（2）债权人下落不明使债务人无法履行。（3）债权人死亡未确定继承人、遗产管理人，或者丧失民事行为能力未确定监护人，债务人失去履行对象。（4）法律规定的其他情形，如债权人分立、合并或者变更住所没有通知债务人，致使履行债务发生困难的，债务人可以将标的物提存。

提存作为债的消灭原因，提存的标的物应与合同约定给付的标的物相符合，否则不发生清偿的效力。给付的标的物是债务人的行为、不行为或单纯的劳务，不适用提存。其他不适宜提存或者提存费用过高的，如容积过大之物、易燃易爆的危险物等，应由债务人依法拍卖或变卖，将所得的价款进行提存。

🟤 案例评析

徐某与蔺某梅房屋买卖合同纠纷案①

案情：原告蔺某梅与徐某（被告）、李某德（系徐某之子）签订一份《房产转让合同书》，约定将蔺某梅的一处住房转让给徐某。合同签订后，蔺某梅将该房产交付徐某使用，徐某支付了 46 万元，剩余 29 万元未支付。此后，蔺某梅的丈夫李某文向法院起诉要求确认该《房产转让合同书》无效，徐某反诉要求继续履行该房屋买卖协议。法院判决蔺某梅、李某文继续履行与徐某于 2010 年 10 月 18 日签订的《房屋转让合同书》，并办理涉案房屋的房产过户手续。判决生效后，徐某与公证处公证员到蔺某梅住所送达房款，因徐某要求蔺某梅出具收条并注明双方再无任何纠纷，蔺某梅认为还应支付相关房款利息，双方无法达成一致。当日，徐某将房款 29 万元

---

① 审理法院：新疆维吾尔自治区乌鲁木齐市中级人民法院，案号：（2014）乌中民四终字第 1186 号。

交至乌鲁木齐市公证处办理提存，该处审核后认为双方合同中未约定付清房款再办理过户手续，不符合公证提存的条件未予办理。蔺某梅追讨余款未果，于是向法院提起诉讼。法院认为，依据执行裁定书，徐某应当自 2013 年 1 月 17 日至 2013 年 2 月 17 日前往相关部门办理过户手续，而徐某直至 2014 年 4 月 25 日才办理完过户手续。在此期间徐某将 29 万元房款交至乌鲁木齐市公证处，由于此款不具备提存条件，故公证处未办理公证提存手续，导致蔺某梅在 1 年内多次找公证处要求给付房款 29 万元未果。由于蔺某梅和徐某在利息问题上无法达成一致，之后公证处将房款及利息返还徐某；导致蔺某梅无法取得上述房款，直至蔺某梅诉至法院，徐某也未将 29 万元房款支付给蔺某梅。因此，徐某理应承担逾期付款的利息。

评析：民法典第 570 条的规定，存在债权人无正当理由拒绝受领，债权人下落不明难以履行债务的，债权人死亡未确定继承人、遗产管理人或者丧失民事行为能力未确定监护人等情况的，债务人可以将标的物提存。本条延续了《合同法》第 101 条的规定。提存制度的目的与意义主要是债务人将无法交付给债权人的标的物交付给提存部门，消灭债权债务关系，从而免除债务人为债务履行的困扰，但是这一制度的行使是有前提条件的。在本案中，蔺某梅与徐某并未就延迟支付房款的利息达成一致，一旦公证机关进行提存，则可能伤及债权人的利益。由于此款不具备提存条件，故公证处未办理公证提存手续并将款项退还给徐某的行为并无不妥，徐某并未履行合同约定义务，因而除支付房屋转让款外，还应当支付迟延履行产生的利息。

> ▶▶ **第五百七十一条** 债务人将标的物或者将标的物依法拍卖、变卖所得价款交付提存部门时，提存成立。
>
> 提存成立的，视为债务人在其提存范围内已经交付标的物。

🏛 条文要义

本条是对提存成立及效果的规定。

提存，是指债务人于债务已届履行期时，将无法给付的标的物提交给提存机关，以消灭债务的债的消灭方式。《最高人民法院关于适用〈中华人民共和国合同法〉若干问题的解释（二）》（现已失效）第 25 条规定："依照合同法第一百零一条的规定，债务人将合同标的物或者标的物拍卖、变卖所得价款交付提存部门时，人民法院应当认定提存成立。""提存成立的，视为债务人在其提存范围内已经履行债务。"本条是对此规定予以借鉴的结果。

对本条所确立的新规则的解读如下。

1. 提存成立的标志，是债务人将标的物或者将标的物依法拍卖、变卖所得价款交付提存部门。在将标的物或者标的物拍卖、变卖的价款交付提存部门时，提存成立。

2. 提存成立的，发生提存的法律效果，即视为债务人在其提存范围内已经交付标的物。标的物的所有权在提存成立时发生物权变动，由债务人享有转变为由债权人享有。

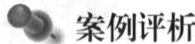 **案例评析**

布尔津县金宝来矿业有限责任公司诉新疆双源新材料有限公司买卖合同纠纷案①

案情： 新疆双源新材料有限公司（被告）与布尔津县金宝来矿业有限责任公司（原告）签订石英砂购买合同，约定合同履行期限为1年，运输方式为汽车运输，费用由双源新材料公司承担，由金宝来公司负责装车。如产品存在质量瑕疵，不能满足本合同第2条的质量要求，双源公司应当责令供方2日内拉走该批石英砂，同时因上述质量问题造成的需方窝工、停工的损失由供方承担赔偿责任。合同签订后，供方共交付石英砂7 706.95吨，合计986 489.6元。现双源新材料公司拖欠货款461 489.6元，并仍有4 500吨石英砂未为被告拉走。双方引起纠纷，原告遂将被告诉至法院。法院认为，原告按约向被告拉运石英砂7 706.95吨，被告也应按约全面履行付款义务，其部分履行付款义务的行为违反法律规定，理应承担相应的违约责任。故原告要求其支付货款461 489.6元及税金47 948.72元的诉讼请求有理，本院予以支持。对原告要求被告限期将已生产的4 500吨石英砂拉运完毕，并支付相应货款576 000元的诉讼请求，即便4 500吨石英砂系2014年由原告为被告生产，原告对于未交付该批石英砂以及相对应的价款576 000元，应当按照"到货验收"的约定全面履行自己的义务。原告应当先履行交付货物义务，经被告验收后由被告履行支付相应价款的义务，先履行一方未履行的，后履行一方有权拒绝其履行要求。原告既未履行送货义务，由被告进行验收，也未将标的物依法进行提存，故被告有权拒绝支付相对应的价款。故对原告要求被告限期将已生产的4 500吨石英砂拉运完毕，并支付相应货款576 000元的诉讼请求不予支持。

评析： 根据民法典第571条的规定，如果债务人履行了送货义务，而债权人无正当理由拒绝受领的，债务人可以将标的物依法提存。即使债权人拒绝受领履行，债务人仍然可以通过提存制度结束与债权人的债权债务关系。当债务人将标的物或者将标的物依法拍卖、变卖所得价款交付提存部门时，提存即告成立。因而，原告不能以对方当事人没有履行收货义务而免除自身的交付义务。在本案中，即使被告未履行验证义务，但是这不能免除原告的送货义务，因为检验义务必须在收到货以后的一段时间内履行，否则被告即丧失了抗辩的权利，并且原告可以通过提存的方

---

① 审理法院：新疆生产建设兵团第（农）七师中级人民法院，案号：（2017）兵0502民初76号。

式完成履行交货义务。因而法院对原告要求被告继续履行合同的诉讼请求不予支持，于法有据。

> ▶▶第五百七十二条　标的物提存后，债务人应当及时通知债权人或者债权人的继承人、遗产管理人、监护人、财产代管人。

🏛 条文要义

本条是对债务人提存后通知义务的规定。

债务人将标的物或者变价款提存后，负有通知义务，应当及时通知债权人受领提存物；也可以通知债权人的继承人、遗产管理人、监护人、财产代管人。这是因为在特定情形下，债权人的继承人、遗产管理人、监护人和财产代管人拥有处理债权人事务的权利，因而对其进行通知可以达到消灭债权债务关系的效果。在提存时，债务人应附具提存通知书。在提存后，应将提存通知书送达债权人或债权人的继承人、遗产管理人、监护人、财产代管人。

📍 案例评析

胡某军诉连云港市连云区房屋征收局等
公证损害责任纠纷案①

案情： 连云港市连云区人民政府对被征收人胡某军（原告）的房屋实施征收，并进行经济补偿共131万余元，全部提存于连云公证处。过后，胡某军至公证处申领补偿款。公证处作出《领取提存物通知书》，载明原告的补偿款提存于公证处，原告应持相关材料到公证处领取。该通知书作出后，公证处称其向征收局进行了送达，征收局称因胡某军对涉案《房屋征收补偿决定书》提起了行政复议和行政诉讼，因此《房屋征收补偿决定书》在判决生效之前处于效力待定状态，生效之前胡某军不能领取补偿款。且公证处和征收局从未收到过原告的申领请求，在法院作出生效判决后，胡某军于2016年2月到公证处申领，征收局当天就提供了《领取提存物通知书》。胡某军称从来没有收到过《领取提存物通知书》，也没看过原件，公证处只给了一份复印件。胡某军将公证处与征收局诉至法院，要求二者承担返还补偿款以及赔偿提存期间所产生的利息。法院认为，关于《领取提存物通知书》送达问题，被告征收局在2013年7月8日作出的《房屋征收补偿决定书》中就已明确告知原告补偿款已全部提存至公证处，未向原告送达通知书是因为原告选择对《房屋征收补偿决定书》提起复议及行政诉讼。在生效判决未作出前，《房屋征收补偿决定书》的效

---

① 审理法院：江苏省连云港市中级人民法院，案号：（2018）苏07民终242号。

力处于待定状态，原告既选择提起行政诉讼，在诉讼期间其无法依据《房屋征收补偿决定书》领取相应补偿款，公证处或征收局在诉讼期间未向其送达《领取提存物通知书》未对其权利产生侵害。至于利息问题，应当根据中国人民银行同期活期存款利率计算，由公证处向原告支付。

评析： 民法典第 572 条的规定，标的物提存后，债务人应当及时通知债权人或者债权人的继承人、遗产管理人、监护人、财产代管人。这一通知方式并无固定格式，债务人可以以行政文书、诉讼文书等方式履行通知义务。本条延续了《合同法》第 102 条的规定，更改了部分表述，使表达更为完整和准确。在本案中，《房屋征收补偿决定书》中即有关于补偿款已提存至公证处的相关内容，因而债务人已经履行了通知义务。类似的，根据《提存公证规则》第 18 条，提存人应将提存事实及时通知提存受领人。（1）以清偿为目的的提存或提存人通知有困难的，公证处应自提存之日起 7 日内，以书面形式通知提存受领人，告知其领取提存物的时间、期限、地点、方法。（2）提存受领人不清或下落不明、地址不详无法送达通知的，公证处应自提存之日起 60 日内，以公告方式通知。公告应刊登在国家或债权人在国内住所地的法制报刊上，公告应在 1 个月内在同一报刊上刊登 3 次，该公证规则也未将提存通知局限于受领通知书一种形式。

> ▶▶ **第五百七十三条**　标的物提存后，毁损、灭失的风险由债权人承担。提存期间，标的物的孳息归债权人所有。提存费用由债权人负担。

🏛 条文要义

本条是对提存标的物意外灭失风险承担规则的规定。

依据民法典第 571 条第 2 款规定提存成立的，视为债务人在其提存范围内已经交付标的物，提存的标的物的所有权归债权人享有。既然债权人是提存标的物的所有权人，因此应当由其承担标的物意外灭失风险，损失由债权人承担。同样，既然提存的标的物属于债权人所有，则提存期间标的物的孳息，包括法定孳息和天然孳息，都归属于债权人所有。同时，标的物提存后，相当于债权人将自己所有的标的物交由提存机构保管，因此，提存的费用理应由债权人负担。

🔵 案例评析

陈某诉天津中新药业集团股份有限公司国内销售中心买卖合同纠纷案[①]

案情： 案外人海南立达公司与被告中新药业销售中心存在药物买卖合同关系，

[①]　审理法院：天津市北辰区人民法院，案号：（2016）津 0113 民初 8447 号。

前者为后者供应药品。后者未按约履行付款18204元药品的义务，于是海南立达公司将其诉至法院，并得到判决支持。海南立达公司就此申请强制执行，要求给付货款以及迟延履行金，中新药业将货款提存至人民法院，海南立达公司委托诉讼代理人陈某4年后表示放弃申请执行迟延履行金。1年后，海南立达公司将该货款的主张赔偿逾期付款损失债权的权利转让给陈某，陈某起诉要求中新药业偿还货款和逾期付款损失。法院认为，原告主张的逾期付款损失实际系基于被告中新药业销售中心逾期付款产生的违约责任。2007年12月3日判决确定该货款债权之时，二被告违约拖欠货款的行为已实际发生，海南立达公司有权主张二被告赔偿逾期付款损失。故原告主张自2005年3月25日起算逾期付款损失，并无不当，本院依法确认。2007年12月3日二审判决作出后，中新药业销售中心于2008年1月2日将18204元货款提存至天津市南开区人民法院。海南立达公司在2008年8月18日接到法院受领通知后，应及时受领款项防止损失扩大，可就被告未履行部分继续申请执行。故2008年8月18日至2012年4月19日期间产生的逾期付款损失，属海南立达公司未及时受领提存款造成，并非被告未履行支付货款义务造成，原告无权主张。

评析：民法典第573条延续了《合同法》第103条的规定，是标的物提存意外灭失风险承担的规则。本条规定，标的物提存后即发生风险转移的后果，毁损、灭失以及孳息所有权等均转移至债权人。但是标的物提存能否发生债务履行的法律后果，取决于债务人是否履行适当的提存手续，也就是通知债权人。而在本案中，尽管中新药业销售中心和中新药业公司将货款提存在人民法院，但二被告并未对海南立达公司进行通知，因而此时提存并未发生效力，实际提存生效的时间节点应当是海南立达收到法院通知时生效。然而由于海南立达公司此时未及时受领款项，这部分造成的逾期付款不应当计入损失，由于并非被告未履行造成的，因而这一部分的货款原告不能主张权利。

▶▶ **第五百七十四条** 债权人可以随时领取提存物。但是，债权人对债务人负有到期债务的，在债权人未履行债务或者提供担保之前，提存部门根据债务人的要求应当拒绝其领取提存物。

债权人领取提存物的权利，自提存之日起五年内不行使而消灭，提存物扣除提存费用后归国家所有。但是，债权人未履行对债务人的到期债务，或者债权人向提存部门书面表示放弃领取提存物权利的，债务人负担提存费用后有权取回提存物。

🏛 **条文要义**

本条是对债权人提取提存物权利和期限的规定。

债权人对提存物享有领取权。债权债务关系的标的物提存后，发生债权消灭、标的物所有权转移的后果，提存物的权属归原债权人享有。因此，债权人有权提取提存物，可以随时领取提存物。

例外的情形是，如果债权人对债务人负有到期债务的，即债务人对债权人享有债权的，在债权人未履行债务或者提供担保之前，债务人可以向提存部门提出要求，拒绝债权人领取提存物，提存部门根据债务人的要求，应当拒绝其领取提存物。这等于是扣押债权人享有权属的提存物作为担保。不过，既然债务人将其标的物提存，存在这种情形的比较少见。

债权人领取提存物权利的期限，自提存之日起 5 年内不行使而消灭。领取权消灭后，提存物扣除提存费用后，归国家所有。

与《合同法》第 104 条规定相比，本条增加但书规定，也即在两种情况下，提存物的权属回转给债务人的规定。具体来说，在以下两种情况下，提存物的权属回转给债务人：一是债权人未履行对债务人的到期债务；二是债权人向提存部门书面表示放弃领取提存物权利。出现这两种情形之一的，债权人对提存物的权属消灭，标的物的权属回转给债务人，债务人享有取回权，债务人在负担了提存费用后，有权取回提存物。

该新规则体现的是保护私权利的原则，在标的物提存之后，并不都因为超过提存期限之后而收归国家所有，在债务人有正当理由的情况下，可以取回提存物，恢复对提存物的所有权，使之成为自己的财产。

 **案例评析**

邱某利诉左某股权转让纠纷案①

案情：原告邱某利作为转让方、被告左某作为受让方签订转让协议，约定邱某利将其持有的博森瑞公司股权（占总股份的 50％）、盈众公司股权（占公司总股份的 40％），以合计 42 万元转让给左某；于 2016 年 2 月 5 日正式转让；转让方须对公司办理相关变更手续提供必要的支持与配合，受让方在工商局取得变更后的营业执照后，由公证处将转让费 42 万元支付给转让方。同日，左某与邱某利签订提存协议，约定左某于协议签订后 2 个工作日内将 42 万元转入东方公证处指定的银行账户。同日，左某与邱某利签订补充协议，待盈众公司的股权、税务等全部事项变更完毕后，上述提存款项剩余的 27 万元将转账至邱某利的账户。过后，因左某不配合进行盈众公司税务事项的变更，因此提存款项剩余的 27 万元不能转账至邱某利账户。邱某利认为左某的行为已构成违约，故诉至法院。就原告提出的提取剩余的 27 万元提存款项的诉求，法院认为，邱某利提取提存款是有约定条件限制的，在提取条件没有成

---

① 审理法院：北京市石景山区人民法院，案号：（2017）京 0107 民初 17894 号。

就或不能成就的情况下，提存款均不能归属于邱某利。

评析：民法典第 574 条的规定，实际上等于是扣押债权人享有权属的提存物作为担保。尽管在实践中这种纠纷较为少见，但在股权转让纠纷中也并非完全不可一见。例如在本案中，邱某利和左某约定只有在股权转让手续办理完毕的情况下，债权人才能提取剩余提存款，而当债权人未履行股权转让手续或债权人未提供相应担保时，公证机关得以拒绝债权人提取剩余提存款。因左某不配合进行税务事项，导致其与邱某利之间债权债务关系并未消灭，因而邱某利提取提存款的条件尚未达成，此时邱某利不能提取提存款。

> ▶▶ **第五百七十五条** 债权人免除债务人部分或者全部债务的，债权债务部分或者全部终止，但是债务人在合理期限内拒绝的除外。

🏛 条文要义

本条是对免除的规定。

免除，是指债权人抛弃债权，从而全部或者部分消灭债的关系的单方法律行为。免除是无因行为、无偿行为、不要式行为。

免除应当具备的条件是：（1）免除的意思表示须向债务人为之，免除的意思表示到达债务人或其代理人时生效。（2）债权人须对被免除的债权具有处分能力，如法律禁止抛弃的债权不得免除。（3）免除不得损害第三人利益，如已就债权设定质权的债权人，不得免除债务人的债务而对抗质权人。

免除的效力是使债的关系消灭。债务全部免除的，债的关系全部消灭；债务部分免除的，债的关系于免除的范围内部分消灭。主债务因免除而消灭的，从债务随之消灭。但从债务免除的，不影响主债务的存在，但其他债务人不再负担该份债务。

债权人作出免除的意思表示后，债务人可以拒绝。债务人拒绝债务免除的意思表示，应当在合理期限内为之，超出合理期限的，视为免除已经生效，消灭该债权债务关系。

与《合同法》第 105 条规定相比，本条增加了但书部分的规定，对本条的新规则的解读如下：第一，免除债务人的债务是对债务人有利的情形，但是否会有债务人拒绝债权人的债务免除，不无疑问。如果债务人特别遵守诚信观念和诚信秩序，并不愿意接受债权人的免除，应当尊重其意愿，准许其拒绝免除债务而自觉履行债务。第二，没有规定合理期限应当是多长。按照合同法一般规则，合理期限通常是 3 个月，这样的期限对于拒绝免除是否过长存在疑问，况且债务人作出拒绝免除债务的意思表示并非特别困难，因而该合理期限在具体纠纷中应当属于法官自由裁量的范围。依笔者所见，拒绝免除债务的合理期限为 30 天比较稳妥。第三，债权人免除债务人的债务，债务人予以拒绝的后果如何仍然值得研究。大体的情形可能是：债权人予以免除债务，债务人拒绝该提议；债务人向债权人履行债务，债权人拒绝受领；债务人将履行的标的予以提存，债权人仍不受领；提存机构要求债务人取回提存物，债务人不取回；最后，提存物收归国有。

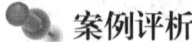 **案例评析**

苏州纽威阀门股份有限公司诉上海傲佳能源科技有限公司
买卖合同纠纷案[①]

案情： 原告纽威公司和被告傲佳公司签订阀门采购合同，约定前者向后者提供蝶阀和球阀若干台，质量技术要求和标准须按照技术服务协议的有关保证值保证供货质量。在合同履行期限内，纽威公司项目负责人纪某向傲佳公司总经理褚某通过电子邮件明确表示："关于贵司后续货款问题，纽威股份经过讨论决定，余款做折让处理，烦请贵司开具金额为 464 000 元的红票，纽威据此销账。附件为折让协议，请过目！谢谢！"（之后还有一句话：盼复！）。《折让协议》主要条款为：因该批货物存在质量问题，经双方友好协商，乙方同意给予甲方销售折让价款。过后，纽威公司向傲佳公司发送对账函 1 份。该份对账函明确载明：截至 2015 年 1 月 15 日，傲佳公司尚欠货款 46.40 万元。纽威公司认为傲佳公司拖延支付剩余货款 46.40 万元，造成纽威公司在资金占用等方面的经济损失，已构成违约，将傲佳公司诉至法院。法院认为，本案的争议焦点是纪某于 2014 年 2 月 10 日发送的电子邮件是否构成债务免除。采购合同第 18 条约定：纪某是供方项目负责人，其负责合同履行过程中的联络、确认合同履行事宜等相关问题。合同落款处也载明，纪某是授权代表。由此可见，纪某发送电子邮件的行为不应视为其个人的意思表示，而是纽威公司的意思表示。纪某在邮件中明确承认所供货物有质量问题，愿意免除货款，这应视为纽威公司的单方允诺，纽威公司应当遵守。故纽威公司再提起本案诉讼，有违诚信。据此判决：驳回纽威公司的诉请。

评析： 依据民法典第 575 条的规定，债权人免除债务人部分或者全部债务的，债权债务部分或者全部终止，但是债务人在知道或者应当知道免除之日起合理期限内拒绝的除外。免除是债权人抛弃债权，从而部分或全部消灭债权人和债务人之间债权债务关系的单方法律行为。免除应当向债务人为之，免除的意思表示到达债务人时生效，作出免除意思表示的人必须是对债权拥有处分能力的自然人或法人。在本案中，作出免除意思表示的纪某是供方项目负责人，负责合同履行过程中的联络、确认合同履行事宜等相关问题。因而纪某拥有该债权的处分权能，其在电子邮件中明确承认的质量问题以及免除货款应当被视作是债务免除的意思表示。据此，纽威

---

① 审理法院：上海市第一中级人民法院，案号：(2018) 沪 01 民终 3290 号。

公司与傲佳公司之间的债权债务关系消灭。

> **▶▶ 第五百七十六条** 债权和债务同归于一人的，债权债务终止，但是损害第三人利益的除外。

 条文要义

本条是对混同的规定。

混同，是指债权和债务同归于一人，而使合同关系消灭的事实。债因混同而消灭，系基于债的关系成立须有两个主体的观念，任何人不得对自己享有债权，同一人同时为债务人和债权人时，有悖于债的观念，故债的关系自因主体混同而消灭。

混同以债权与债务归属于同一人而成立，与人的意志无关，属于事件。发生混同的原因是：（1）概括承受，是债的关系的一方当事人概括承受他人权利与义务。（2）特定承受，是因债权让与或者债务承担而承受权利和义务。

混同的效力是导致债的关系的绝对消灭，并且主债务消灭，从债务也随之消灭，如保证债务因主债务人与债权人混同而消灭。

混同虽然产生债的消灭的效力，但在例外的情形下，即涉及第三人利益时，虽然债权人和债务人混同，但是合同并不消灭。例如，债权出质时，债权不因混同而消灭。

案例评析

甲诉乙保险公司财产保险合同纠纷案[①]

案情：原告甲为其名下的车辆 A 向被告乙保险公司投保交强险、车辆损失险、第三者商业责任险（以下简称"商业三者险"）。A 车与 B 车的所有人均为甲。案外人甲之妻丙驾驶的 A 车追尾撞上原告甲驾驶的 B 车，致车辆受损。经公安部门认定丙负事故全部责任。B 车的维修费用为 48 000 元。甲与丙系夫妻关系，双方于 2009 年登记结婚，夫妻关系存续期间未约定夫妻分别财产制。甲将乙保险公司诉至法院，要求其支付赔偿及修理费用。法院认为，原告依据交强险、商业三者险主张权利，应符合责任保险的本质。交强险和商业三者险本质上是责任保险，即以需对第三者承担侵权责任为前提。侵权之债关系中存在两个以上主体是应有之义。任何人不得对自己享有债权，向自己请求或履行债务亦毫无意义。当债权、债务同归一人时，侵权之债归于消灭。本案中，侵权人虽然为实际驾驶沪 A 车辆的案外人丙，且存在

---

① 审理法院：上海市虹口区人民法院，案号：（2014）虹民五（商）初字第 956 号。

独立财产意义上的两辆车和两份保险合同关系，但从终局责任主体而言，债权、债务同归一人，即丙为债务人，甲为债权人。基于双方的夫妻身份和我国夫妻财产法定共有制，在无证据证明事故发生时夫妻双方别产的情况下，从财产关系而言在法律上应视为一人，夫或妻一方以家庭共有财产向另一方履行给付，构成债权债务混同，侵权损害赔偿之债也因此消灭。因此，独立意义上的侵权责任并不存在，不符合责任保险适用的前提，甲无法基于责任保险主张理赔。

评析：民法典第 576 条延续了《合同法》第 106 条关于混同的规定。所谓混同，就是指债权和债务同归于一人，而使合同关系消灭的事实。混同的发生不以当事人的意志为转移，因而非属于法律行为而是事件。债之所以可以因混同而消灭，实基于任何人不得对自己享有债权这一朴素的观念，当一人既为债务人也为债权人时，债的关系自应消灭。除此之外，由于在侵权法上，基于夫妻身份和我国夫妻财产法定共有制，丈夫与妻子就财产关系而言应当视为一人，因为夫或妻无法以家庭共有财产向另一方履行给付。因而在本案中，丙并不对甲承担独立意义上的侵权责任，丙和甲在债权债务意义上实为同一人，既然并不存在独立意义上的甲与丙之间的侵权责任，则不符合责任保险的适用前提，甲无法据此向保险公司提出索赔。

第八章　违约责任

> ▶▶ **第五百七十七条**　当事人一方不履行合同义务或者履行合同义务不符合约定的，应当承担继续履行、采取补救措施或者赔偿损失等违约责任。

🏛 条文要义

本条是对违约行为和违约责任类型的规定。

违约行为形态主要是：

1. 不履行合同义务，主要形态是拒绝履行，是指债务人对债权人表示不履行合同的违约行为。履行期限届至之前的拒绝履行为预期违约，履行期限届满之后发生的拒绝履行是实际违约行为，也包括履行不能，是债务人在客观上已经没有履行能力，或者法律禁止该种债务的履行。

2. 履行合同义务不符合约定。一是迟延履行，是指债务人能够履行，但在履行期限届满时却未履行债务的违约行为，也包括债权人的受领迟延行为。二是瑕疵履行，是指债务人虽然履行了债务，但其履行不符合债务本质的违约行为。确定瑕疵履行的标准是履行期届满，仍未消除履行的瑕疵或者另行给付。

违约行为的后果是承担违约责任。违约责任的方式是：（1）继续履行；（2）采取补救措施；（3）赔偿损失；（4）其他违约责任方式。

🎗 案例评析

刘某捷诉中国移动通信集团江苏有限公司徐州分公司
电信服务合同纠纷案①

案情：原告刘某捷在被告移动徐州分公司申请办理了"神州行标准卡"，并约定了扣款不成功、预付费使用完毕而及时补交款项时，移动公司有权暂停或限制甲方的移动通信服务。2010 年 11 月 7 日，原告在使用该手机号码时发现该手机号码已被停机，原告到被告的营业厅查询，得知被告于 2010 年 10 月 23 日因话费有效期到期而暂停其移动通信服务，此时账户余额为 11.70 元。原告认为被告单方终止服务构

---

① 审理法院：江苏省徐州市泉山区人民法院，案号：（2011）泉商初字第 240 号。

成合同违约，遂诉至法院。法院认为，电信用户的知情权是电信用户在接受电信服务时的一项基本权利，用户在办理电信业务时，电信业务的经营者必须向其明确说明该电信业务的内容，包括业务功能、费用收取办法及交费时间、障碍申告等。如果用户在不知悉该电信业务的真实情况下进行消费，就会剥夺用户对电信业务的选择权，达不到真正追求的电信消费目的。话费有效期限制直接影响到原告手机号码的正常使用，一旦有效期到期，将导致停机、号码被收回的后果，因此被告对此负有明确如实告知的义务，且在订立电信服务合同之前就应如实告知原告。如果在订立合同之前未告知，即使在缴费阶段告知，亦剥夺了当事人的选择权，有违公平和诚实信用原则。被告主张"通过单联发票、宣传册和短信的方式向原告告知了有效期"，但未能提供有效的证据予以证明。综上，本案被告既未在电信服务合同中约定有效期内容，亦未提供有效证据证实已将有效期限制明确告知原告，被告暂停服务、收回号码的行为构成违约，应当承担继续履行等违约责任，故对原告主张"取消被告对原告的话费有效期的限制，继续履行合同"的诉讼请求依法予以支持。

评析： 在当事人签订的合同为格式合同时，首先须结合格式合同的特点对合同义务合理解释，提供格式合同的一方应当遵循公平原则确定当事人之间的权利义务，并采取合理的方式提请对方注意免除或者限制责任的条款。本案涉及的电信服务合同，正是典型的格式合同，电信服务企业在订立合同之前未告知有关有效期限制的内容，即使在缴费阶段告知，亦剥夺了当事人的选择权。可以说，电信服务企业在订立合同时未向消费者告知某项服务设定了有效期限制，在合同履行中又以该项服务超过有效期限为由限制或停止对消费者服务的，构成违约，应当承担违约责任。

> ▶▶第五百七十八条　当事人一方明确表示或者以自己的行为表明不履行合同义务的，对方可以在履行期限届满前请求其承担违约责任。

🏛 条文要义

本条是对预期违约责任的规定。

预期违约责任，也叫期前违约，是指在合同履行期届满之前，一方当事人无正当理由而明确表示其在履行期届满之前将不履行合同，或者以其行为表明其在履行期届满以后也不可能履行合同，应当承担的合同责任。其特点是：（1）预期违约行为发生在合同履行期届满之前；（2）预期违约行为的具体表现是未来将不履行合同义务；（3）预期违约侵害的合同债权是期待的债权；（4）预期违约不是仅有一种救济手段，也可以等待履行期限届满之后，要求债务人继续履行或者承担实际违约责任。

预期违约分为两种。

1. 明示毁约，是指一方当事人无正当理由，明确、肯定地向另一方当事人表示他将在履行期限到来之际，不履行合同约定的义务的违约行为。构成要件是：（1）毁约方必须肯定地向对方提出毁约的表示；（2）毁约方必须明确表示在履行期限到来以后不履行合同义务；（3）毁约方必须表示不履行合同的主要义务；（4）明示毁约没有正当理由，明显具有过错。

2. 默示毁约，是指当事人一方在合同履行期限届满之前，以自己的行为表明不履行合同约定的债务的违约行为。与明示毁约相比，明示毁约是当事人公开表示毁约，有明确的意思表示；默示毁约则当事人没有明确的表示，只是在行为上表现出不再履行合同债务的意思。

预期违约的法律后果是，对方当事人可以在履行期届满之前请求其承担违约责任，而不必等待履行期届满之后再主张实际违约责任。

 **案例评析**

甲公司诉乙公司证券纠纷案[①]

案情： 乙公司（被告）发行面值总计 10 亿元的票据，简称 11××MTN1。第二年，甲公司（原告）购入 5 000 万元 11××MTN1 债券。乙公司发行了第二期中期票据，简称 11××MTN2。2015 年 4 月 21 日，被告发布公告称 11××MTN2 债券"应于 2015 年 4 月 21 日兑付利息，由于本公司发生巨额亏损，未能按期兑付本年利息"。2015 年 6 月 25 日，11××MTN1 票据持有人会议决议要求对该债券提前加速到期，并将采取民事诉讼。原告认为，被告已经丧失兑付能力，显然不能于到期日履行兑付义务，故根据《合同法》第 108 条的相关规定请求判令被告立即按面值兑付原告持有的 5 000 万元 11××MTN1 票据债券的本金及利息。后因被告进入破产重整程序，故原告将诉讼请求调整为判令确认原告对被告享有债权本金 5 000 万元以及截至进入重整程序前的利息。法院认为，本案的争议焦点在于被告乙公司是否存在《合同法》第 108 条规定的默示拒绝履行（预期违约）行为。首先，从双方合同的约定来看，尽管被告发生了《募集说明书》约定下的"违约事件"，但合同并未赋予原告就此主张被告提前兑付的权利。其次，被告虽对其他债券存在违约行为，但每一项债券的发行和兑付均系被告的独立履约行为，对其中任何一项债券丧失兑付能力并不必然延及其他债券的兑付结果，且被告对涉案债券一直按期兑付利息，无论从主观上还是行为的外化表现上，均未表明其将不履行涉案债券的兑付义务。鉴于被告的重整申请已于 2016 年 1 月 8 日被法院裁定受理，根据《企业破产法》相关规定，原告对被告就涉案债券形成的债权于 2016 年 1 月 8 日视为到期，原告要求确认对被告享有债权本金 5 000 万元及相应利息的主张，法院予以支持。

评析： 民法典第 578 条规定了预期违约制度，延续了《合同法》第 108 条的内

---

① 审理法院：上海市浦东新区人民法院，案号：（2015）浦民六（商）初字第 4310 号。

容，即指在合同履行期届满之前，一方当事人无正当理由而明确表示其在履行期届满之前将不履行合同，或者以其行为表明其在履行期届满以后也不可能履行合同所应当承担的合同责任。预期违约的法律后果是，对方当事人可以在履行期届满之前要求其承担违约责任，而不必等待履行期届满之后再主张实际违约责任。预期违约制度的适用前提之一是涉及的义务为合同约定的义务，若一方当事人拒绝履行的义务并非合同中所约定的义务，则不适用预期违约制度，因为另一方当事人本就不享有此权利。在本案中，原告本无请求提前兑付的权利，因而不能适用预期违约规则。

> ▶▶ **第五百七十九条**　当事人一方未支付价款、报酬、租金、利息，或者不履行其他金钱债务的，对方可以请求其支付。

🏛 条文要义

本条是对不履行金钱债务违约责任的规定。

未支付价款、报酬、租金、利息以及不履行其他金钱债务的违约行为，都是金钱债务的违约行为。这些不履行金钱债务的行为，都构成违约责任，对方当事人可以请求其支付，是债权人行使金钱债务的二次请求权，是继续履行的违约责任方式，债务人应当继续履行。继续履行是主要的合同责任方式，即继续按照合同的约定进行履行，适用范围是一切生效合同没有实际履行或者没有完全履行的场合，并且该合同能够履行、合同也有继续履行的必要。

对于金钱债务的债务人迟延履行的，除了继续履行之外，还可以请求债务人承担违约金、赔偿金逾期利息等违约责任。

本条规定的新规则扩大了金钱债务违约承担继续履行责任的范围。《合同法》第109条中仅规定了支付价款或者报酬的金钱债务，没有规定其他金钱债务，导致这一规定的范围较窄，对其他金钱债务的债务人须承担继续履行责任的，只能类推适用。本条不仅在支付价款、报酬的基础上，增加规定了租金、利息的金钱债务，还规定了弹性的范围，即其他金钱债务。因而，这一规则就适用于全部的金钱债务，扩大了规则的适用范围，涵盖了全部的金钱债务违约承担继续履行责任的适用范围。

🫧 案例评析

董某平诉郑某迪民间借贷纠纷案①

案情： 被告郑某迪以缺资金为由向原告董某平借款人民币70万元，约定月息1‰；同时，又约定2010年12月底付息28 000元，2011年1月15日至2011年11月15日，

---

① 审理法院：浙江省台州市中级人民法院，案号：（2011）浙台商终字第376号。

每月付本金 60 000 元，余款本息在 2011 年 12 月底付清。过后，被告郑某迪仅于 2010 年 12 月底前支付利息 28 000 元，余款本息未付。董某平于 2011 年 6 月 14 日，以此为由，向原审法院提起诉讼，要求被告支付本金及利息。法院认为，被告郑某迪向原告董某平借款人民币本金 700 000 元，约定月利率 1‰，已经支付利息 28 000 元，尚欠本金 700 000 元以及 2011 年 1 月 1 日之后的利息未付的事实清楚，合法的借贷关系受法律保护，债务应当清偿。被告虽然在借条前段注明付款日期是 2011 年 12 月 30 日之前，但在借条后段又重新对付款期限作了分期承诺，故应当从 2011 年 1 月 15 日起分期归还本案借款。借条是证明双方当事人存在借贷合意和款项已经实际交付的重要依据。被告没有按照借条承诺的分期付款的期限向原告履行还款义务，已经构成对借条中承诺的还款期限的根本违约，既然是根本违约，那么作为债权人的原告，有权对本案未到期的债权一并同时主张请求返还。因此，原告的诉讼请求成立，依法予以支持。

评析：不履行金钱债务的违约责任与金钱相关，主要包括继续履行和支付违约金。当债务人无正当理由不履行金钱债务时，债权人可以诉请法院要求二次履行和强制继续履行。对于金钱债务来说，继续履行是主要的违约责任形式，适用范围是一切生效合同没有实际履行或者没有完全履行的场合。金钱债务与其他债务的不同在于，金钱债务能够继续履行且也有继续履行的必要，因而法院通常会支持债权人要求的继续履行的诉求。另外，对于金钱债务迟延履行的，还可以请求债务人承担违约金、逾期利息等责任方式。在本案中，郑某迪违背了借条后段的承诺分期付款义务，属于根本违约，因为法院支持原告的诉讼请求，于法有据。

▶▶第五百八十条 当事人一方不履行非金钱债务或者履行非金钱债务不符合约定的，对方可以请求履行，但是有下列情形之一的除外：

（一）法律上或者事实上不能履行；

（二）债务的标的不适于强制履行或者履行费用过高；

（三）债权人在合理期限内未请求履行。

有前款规定的除外情形之一，致使不能实现合同目的的，人民法院或者仲裁机构可以根据当事人的请求终止合同权利义务关系，但是不影响违约责任的承担。

🏛 条文要义

本条是对非金钱债务继续履行及除外条款，以及不能继续履行致使合同目的不能实现的情况下当事人请求终止合同的规定。

金钱债务之外的其他合同债务，都是非金钱债务。债务人对非金钱债务不履行或者履行债务不符合约定的，是违约行为，应当承担继续履行的责任。

本条但书规定的例外情形是：

1. 法律上或者事实上不能履行，即履行不能，是指债务人在客观上已经没有履行能力，或者法律禁止该种债务的履行，如以交付特定物为给付标的的合同，该特定物已经毁损、灭失。(1) 法律不能，是指基于法律的规定而构成的履行不能，如出卖禁止流通物的合同的履行不能。(2) 事实不能，是指基于自然法则而构成的履行不能，如特定物的灭失而造成的履行不能。

2. 债务的标的不适于强制履行或者履行费用过高，不适于强制履行是无法继续履行，履行费用过高是在成本上不合算。

3. 债权人在合理期限内未请求履行，继续履行成为不必要。

合同履行中出现上述三种情形，债权人不能再请求继续履行，但是并不妨碍债权人请求债务人承担其他违约责任。

与《合同法》第110条规定相比，本条增加了不能继续履行致使合同目的不能实现的，当事人有权请求终止合同的新规则。对这一规则含义的解读如下。

1. 出现法条规定的情形，当事人可以行使终止合同的请求权，将不能继续履行的非金钱债务合同予以消灭，不能让该合同陷入僵局。

2. 享有请求权的不仅是守约方，也包括违约方，通常应当是守约方提出终止合同的请求，但是，如果守约方拒不请求终止合同，违约方也可以行使终止合同的请求权，请求终止合同。

3. 无论是守约方行使终止合同解除权，还是违约方行使终止合同请求权，合同终止的，都不影响违约责任的承担，违约方该承担的违约责任，必须承担。

4. 这种终止合同的请求权，不是单纯的形成权，不能一经请求权人行使即发生形成权的后果，而是须向人民法院或者仲裁机构提出请求，由人民法院或者仲裁机构裁决是否应当终止合同。

📖 配套司法解释

最高人民法院关于适用《中华人民共和国民法典》时间效力的若干规定

第十一条 民法典施行前成立的合同，当事人一方不履行非金钱债务或者履行非金钱债务不符合约定，对方可以请求履行，但是有民法典第五百八十条第一款第一项、第二项、第三项除外情形之一，致使不能实现合同目的，当事人请求终止合同权利义务关系的，适用民法典第五百八十条第二款的规定。

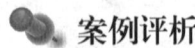 **案例评析**

无锡人体冷冻胚胎权属纠纷案[①]

案情：沈某与刘某都是独生子女，两人于2010年10月登记结婚。2012年8月，

---

① 审理法院：江苏省无锡市中级人民法院，案号：(2014) 锡民终字第01235号。

因自然生育困难，沈某与刘某到南京市鼓楼医院，通过人工辅助生殖方式培育了 13 枚受精胚胎，其中 4 枚符合移植标准。但就在植入母体前一天，夫妻二人因交通事故死亡。夫妻双方的父母就 4 枚冷冻胚胎的归属产生争议，协商不成，诉诸法院。法院认为，虽然沈某夫妇生前与医院签订了相关知情同意书，约定胚胎冷冻保存期为一年，超过保存期同意将胚胎丢弃，但是沈某夫妇因意外死亡导致合同不能继续履行，南京市鼓楼医院不能根据知情同意书中的相关条款单方面处置涉案胚胎。在我国现行法律对胚胎的法律属性没有明确规定的情况下，确定涉案胚胎的相关权利归属，还应考虑以下因素：一是伦理。该受精胚胎不仅含有沈某夫妇的 DNA 等遗传物质，而且含有双方父母两个家族的遗传信息，双方父母与涉案胚胎亦具有生命伦理上的密切关联性。二是情感。双方父母"失独"之痛，非常人所能体味。沈某夫妇遗留下的胚胎成为双方家族血脉的唯一载体，承载着精神慰藉、情感抚慰等人格利益。三是特殊利益保护。胚胎具有孕育成生命的潜质，比非生命体具有更高的道德地位，应受到特殊尊重与保护。法院同时认为，原卫生部的相关规定，是卫生行政管理部门对相关医疗机构和人员在从事人工生殖辅助技术时的管理规定。南京市鼓楼医院不得基于部门规章的行政管理规定对抗当事人基于法律享有的正当权利。

评析：根据民法典第 580 条的规定，当事人一方不履行非金钱债务或者履行非金钱债务不符合约定的，对方可以要求继续履行，但法律上或者事实上不能履行的，债务的标的不适于强制履行或者履行费用过高，债权人在合理期限内未请求履行除外。债权人享有的继续履行请求权实际上就是债的强制履行力，而非违约责任，但其具有违约救济的效果。自债务人角度而言，基于强制履行之规则，债务人必须给付其所负担的标的物，不能通过损害赔偿替代标的物的给付。自债权人角度而言，债权人必须先为强制履行之请求或补救履行之请求，然后才能提起解除或损害赔偿之请求。① 但是对于一些特殊的债权，譬如具有人身属性的债权、标的物属于特定物等，在一些违约情形下债权人不宜请求强制履行，而只能以其他方式代替继续履行。譬如在本案中，标的物为"冷冻胚胎"，具有特殊的人身属性，因而对该合同不能强制履行。

▶▶**第五百八十一条** 当事人一方不履行债务或者履行债务不符合约定，根据债务的性质不得强制履行的，对方可以请求其负担由第三人替代履行的费用。

🏛 **条文要义**

本条是对不得强制履行的非金钱债务由第三人替代履行的规定。

---

① 王洪亮 . 强制履行请求权的性质及其行使 . 法学，2012（1）.

非金钱债务由第三人替代履行的要件是：（1）债务人承担的债务不履行或者履行债务不符合约定。（2）该债务为非金钱债务，当事人一方不履行债务或者履行债务不符合约定，根据债务的性质属于不得强制履行的，应当是非金钱债务。金钱债务不存在不得强制履行的问题。（3）该非金钱债务不得进行强制履行。符合这三个要件要求的，可以适用由第三人替代履行。

第三人替代履行的方法是：（1）债权人可以请求债务人负担费用；（2）寻找合适的第三人，由第三人替代债务人履行该非金钱债务。

《合同法》没有对非金钱债务不得强制履行的特别履行方法作出规定，本条予以补充，与金钱债务履行方法相配合，形成完整的体系。

案例评析

缪某等诉上海智佳仁物资有限公司买卖合同纠纷案[①]

案情：万兴公司与智佳仁公司买卖合同纠纷一案，已经嘉定法院（2009）嘉民二（商）初字第314号判决确认，智佳仁公司负有向万兴公司开具发票的义务。缪某、王某光向上海市嘉定区市场监督管理部门申请注销智佳仁公司登记，出具的《清算报告》中明确，股东对智佳仁公司的未了债务承担清偿责任。但该报告刻意回避了强制执行开具发票事项。缪某、王某光系智佳仁公司的股东，依据上述《清算报告》的承诺，应当对智佳仁公司的上述债务承担法律责任。综上，请求撤销嘉定法院（2017）沪0114执异11号执行裁定，依法追加缪某、王某光为（2009）嘉执字第4173号案被执行人。法院认为，当事人申请追加第三人为被执行人，应当符合法律规定的情形。本案中，缪某、王某光虽于《清算报告》中承诺对智佳仁公司的未了债务承担清偿责任，但此处所指的公司未了债务应具有可代替履行性。现生效法律文书确认的智佳仁公司负有向万兴公司开具发票的义务，该义务并非金钱债务，而是专属于智佳仁公司法人的行为，无法由第三人替代履行。据此，万兴公司主张追加缪某、王某光为（2009）嘉执字第4173号案被执行人，缺乏法律依据，不能成立。嘉定法院驳回万兴公司的追加申请，并无不当，本院予以维持。

评析：依据民法典第581条的规定，由第三人替代履行的要件是，债务人承担的债务不履行或者履行债务不符合约定；该债务为非金钱债务；该非金钱债务不得进行强制履行。然而必须注意的是，并非所有的债务都可以由第三人替代履行，譬如具有人身特定属性的债务，即不能由第三人替代履行。涉案纠纷中，尽管生效法律文书所确认的开具发票的义务属于非金钱债务，但是该义务属于专属于智佳仁公司法人的债务，无法由第三人替代履行，特别是无法由智佳仁公司的股东代为履行，因而法院驳回万兴公司的追加申请，并无不当，于法有据。

---

① 审理法院：北京市朝阳区人民法院，案号：（2007）朝民初字第14945号。

▶▶ 第五百八十二条 履行不符合约定的,应当按照当事人的约定承担违约责任。对违约责任没有约定或者约定不明确,依据本法第五百一十条的规定仍不能确定的,受损害方根据标的的性质以及损失的大小,可以合理选择请求对方承担修理、重作、更换、退货、减少价款或者报酬等违约责任。

🏛 条文要义

本条是对履行不符合约定采取补救措施的规定。

对于非金钱债务,如果债务人履行不符合约定,应当承担的违约责任主要是采取补救措施。如果在合同中对因履行不符合约定承担违约责任没有约定或者约定不明确的,应当采取办法进行确定。确定的办法是:

1. 依据民法典第 510 条规定进行确定。合同当事人就质量、价款或者报酬、履行地点等内容的违约责任没有约定或者约定不明确的,可以协议补充,不能达成协议的,按照合同的有关条款、合同性质、目的或者交易习惯确定采取补救措施的违约责任。

2. 受损害方根据标的的性质以及损失的大小,合理选择应当采取的补救措施的违约责任,如承担修理、重作、更换、退货、减少价款或者报酬等,请求对方承担。

案例评析

中山市昌生物业管理有限公司诉马某川物业服务合同纠纷案①

案情:马某川(被告)系帝璟东方园小区业主。2007 年 9 月 8 日,马某川与昌生物业(原告)签订一份物业服务合同。2009 年 10 月,因马某川楼下物业的业主在露台上加建玻璃顶棚,昌生物业没有阻止,也没有采取有效的保安措施保障其物业的安全,故马某川从 2010 年 1 月起拒绝交费。昌生物业公司遂因物业费纠纷将马某川诉至法院。法院认为,本案的争议焦点为马某川主张享有减交物业服务费用的理据是否成立。在物业服务合同关系中,业主认为昌生物业公司提供的服务存在一般瑕疵并不足以构成拒交物业费的正当理由,只有当物业公司提供的服务有较大瑕疵,影响业主正常生活时,相关业主才可以此为抗辩理由要求减免物业费。从本案的具体情形分析,马某川的物业楼下业主擅自在露台上加建玻璃顶棚,对马某川的安全保障造成了较大的妨碍。依照《物业管理条例》第 46 条第 1 款的规定,昌生物业应当阻止该玻璃顶棚的建设,并主动、及时将此情况报告给行政管理部门,请求处理。昌生物业造成的安全隐患确实给马某川的正常生活、居住带来一定程度的影响。故根据本案具体情况,马某川行使瑕疵履行抗辩权、请求减免服务费用具有相应合理

---

① 审理法院:广东省中山市中级人民法院,案号:(2012)中法民一终字第 835 号。

性，本院可予酌情支持。综合本案事实，本院现酌定马某川尚欠物业服务费用可适当减免20％的幅度，至于其余合理的物业服务费用及对应部分的逾期付款违约金，马某川仍应当支付。

评析： 民法典第582条延续了《合同法》第111条的内容，更改了部分表述，使表达更为准确。根据本条，履行不符合约定的，应当按照当事人的约定承担违约责任。对于非金钱债务的瑕疵履行，双方当事人可以协议补充，不能达成协议的，按照合同的有关条款、合同性质、目的或者交易习惯确定采取补救措施的违约责任。涉案合同属于服务合同，存在一般瑕疵并不足以构成拒交服务费的正当理由，但是物业公司的行为确实给马某川的正常生活、居住带来一定程度的影响，因而原告请求减免服务费用具有相应合理性，故而法院判决原告尚欠物业服务费用可适当减免20％的幅度，而其余合理的物业服务费用及对应部分的逾期付款违约金仍须支付，于法有据，合情合理。

> ▶▶ **第五百八十三条** 当事人一方不履行合同义务或者履行合同义务不符合约定的，在履行义务或者采取补救措施后，对方还有其他损失的，应当赔偿损失。

🏛 条文要义

本条是对继续履行、采取补救措施后可并用损害赔偿的规定。

合同的当事人一方不履行合同义务或者履行合同义务不符合约定的，应当承担继续履行和采取补救措施等违约责任，使对方当事人的债权目的得到实现。这自无争议，但是，违约方承担这些违约责任只能使得受损害一方的合同目的得以实现，但对于受损害一方因此造成的损失却不能产生弥补效果。因此，当违约方承担了继续履行和采取补救措施之后，若对方当事人还有其他损失的，违约方应当承担损害赔偿的违约责任。简言之，在当事人一方不履行合同义务或不适当履行合同义务时，受损害方有权利在违约方履行义务或采取补救措施后请求其承担损害赔偿责任，以补偿自己的损失。

🔖 案例评析

马某辉与和县浙徽新型材料有限公司买卖合同纠纷案①

案情： 2013年5月至2014年3月期间，浙徽公司（原告）与马某辉（被告）之间发生矿粉买卖关系。2014年9月1日经双方对账结算，马某辉共欠浙徽公司货款、承兑贴息、代付运费及借款合计197 846.95元。马某辉在对账单上签字并予以确认。

---

① 审理法院：安徽省马鞍山市中级人民法院，案号：（2018）皖05民终409号。

由于马某辉一直未缴清该款项，浙徽公司将马某辉诉至法庭，并要求其偿还该款项和赔付相关利息。法院认为，浙徽公司与马某辉之间的买卖合同系双方真实意思表示，且符合法律规定，该合同是合法有效的，对合同双方具有法律约束力，双方应当按约定全面履行自己的义务，浙徽公司按约提供货物矿粉，马某辉应当履行支付货款的义务。马某辉辩称原告诉请已过诉讼时效，但2014年9月1日双方对账结算，并未明确约定还款期限，诉讼时效应当从债权人要求债务人履行义务的宽限期届满之日起计算，浙徽公司诉请并未超过诉讼时效，对马某辉该抗辩理由不予采信。故浙徽公司要求马某辉支付货款197 846.95元的请求，符合法律规定，本院予以支持。买受人的逾期付款其实是变相地占用了出卖人的资金，这种损失对出卖人来说实际上是资金被占用的利息损失。故原告请求被告赔偿利息损失于法有据。因原、被告对付款期限未明确约定，亦未提供相关催要欠款的证据，本院予以适当调整为自起诉之日起计算逾期付款利息，利率为中国人民银行同期贷款基准利率。

评析： 民法典第583条的规定延续了《合同法》第112条的内容。根据本条规定，当事人一方不履行合同义务或者瑕疵履行的，在履行义务或者采取补救措施后，应当赔偿对方的其他损失。承担违约责任只是原合同目的实现的方式，若受损害一方因对方违约而造成了额外的损失得不到赔偿，违约责任制度的设计就不够完善。因而法律规定，当违约方承担了继续履行和采取补救措施之后，对方当事人还有其他损失的，违约方应当承担这些损失的赔偿责任。正如在本案中，马某辉拒绝支付浙徽公司197 846.95元资金，并且浙徽公司的请求因为与对方对账结算故而并未超过诉讼时效，可以说，买受人的逾期付款实际上是变相占用了出卖人的资金，进而造成了出卖人的利息损失。因而，法院支持原告要求被告赔偿利息损失的诉求于法有据，合情合理。

▶▶**第五百八十四条**　当事人一方不履行合同义务或者履行合同义务不符合约定，造成对方损失的，损失赔偿额应当相当于因违约所造成的损失，包括合同履行后可以获得的利益；但是，不得超过违约一方订立合同时预见到或者应当预见到的因违约可能造成的损失。

🏛 条文要义

本条是对违约损害赔偿责任的规定。

赔偿损失这种违约责任方式，是违约责任中应用最广泛的一种，违约责任中损害赔偿责任的目的是，作为对违约行为造成的损害进行的补偿，合同的受损害方有权获得其在合同中约定的利益，通过给付这种损害赔偿，旨在保护合同当事人的期待利益。

违约损害赔偿责任方式有两种，即补偿性损害赔偿和惩罚性损害赔偿。一般的合同违约责任适用补偿性损害赔偿，不得适用惩罚性赔偿。惩罚性赔偿只有在商品欺诈和服务欺诈中才可以适用，不得随意扩大适用范围。

本条规定了确定违约补偿性损害赔偿范围的原则：（1）赔偿实际损失规则：损失赔偿额应当相当于因违约所造成的损失，包括合同履行后可以获得的利益。后一句是对合同履行可得利益赔偿的表述，是合同当事人在合同履行中的期待利益。（2）可预期损失规则：违约损害赔偿的最高限额不得超过违约一方订立合同时预见到或者应当预见到的因违约可能造成的损失。掌握这个限额，可以按照合同当事人订立合同的预期利益考虑。应当说明的是，对于加害给付责任，并不考虑这样的赔偿限额。

案例评析

李某柏诉南京金陵置业发展有限公司商品房预售合同纠纷案[①]

案情：李某柏（乙方、原告）与被告金陵置业公司（甲方）签订美仕别墅商品房买卖契约，并于同年交付了房屋。2008年，李某柏向金陵置业公司报告该房屋存在质量问题，起诉并请求法院判令被告金陵置业公司支付其租金损失及其他费用。法院认为，关于租金损失的计算标准问题，根据市场一般行情，决定房屋租赁价格的因素主要包括房屋面积、户型、地理位置、装潢档次、周边环境等因素，物价局价格认证中心出具的询价意见仅是认定房屋租赁价格的参考和证据材料，而不应成为认定涉案房屋租金标准的直接依据。根据法院查明的事实，物价局价格认证中心出具的房屋租金标准远低于美仕别墅区位的同类房屋实际市场租赁价格，故该询价标准不符合当时涉案房屋租赁市场价格的实际情形。而李某柏提交的同地段房屋租赁协议虽证明涉案小区有业主出租房屋租金可达到每月21 000元以上，但该租金价格仅系个别业主根据自己房屋的区位及装修情况，结合租房人的实际需求，协商达成的价格，并不具有普遍性。因金陵置业公司交付的房屋存在质量问题，致李某柏无法正常居住，李某柏要求赔偿损失，符合法律规定。比较物价部门的询价意见和上级法院调取的同区域别墅租金清册，差距悬殊，后者所体现的租金单价更能反映案涉房屋当时的真实租赁价格，应予以采用。

评析：民法典第584条延续了《合同法》第114条的内容。根据本条规定，违约损害赔偿责任的确定原则主要为实际损失赔偿规则和可预期损失赔偿规则，前者指的是损失赔偿额应当相当于因违约所造成的损失，后者指的是最高限额不得超过违约方订立合同时预见到或者应当预见到的因违反合同所可能造成的损失。实践中

---

① 审理法院：江苏省南京市中级人民法院，案号：（2015）宁民再终字第28号。

经常存在实际损失不好计算的情况，此时应当按照当地的同期标准进行实际损失的计算较为合理。但是有时涉案标的存在一定的特殊性，导致以当地的同期标准作为计算标准并不合理。此时法院可以结合当事人提供的证据以及主动调查的结果，相互权衡得出一个合理的计算标准。譬如在本案中，法院认为相较于物价部门的询价意见和上级法院调取的同区域别墅租金清册，后者所体现的租金单价更能反映案涉房屋当时的真实租赁价格。

> ▶▶ **第五百八十五条** 当事人可以约定一方违约时应当根据违约情况向对方支付一定数额的违约金，也可以约定因违约产生的损失赔偿额的计算方法。
>
> 约定的违约金低于造成的损失的，人民法院或者仲裁机构可以根据当事人的请求予以增加；约定的违约金过分高于造成的损失的，人民法院或者仲裁机构可以根据当事人的请求予以适当减少。
>
> 当事人就迟延履行约定违约金的，违约方支付违约金后，还应当履行债务。

🏛 条文要义

本条是对违约责任中违约金和赔偿金的规定。

违约金和违约损害赔偿都是救济违约损害的违约责任方式，当事人在合同中可以约定违约金条款，根据违约情况向对方支付一定数额的金钱；也可以约定在因违约造成损失的赔偿额的计算方法，在实际发生违约时，按照约定的违约金或者赔偿金的计算方法进行。

违约金是指按照当事人的约定或者法律直接规定，一方当事人违约的，应当向另一方支付的金钱，包括约定违约金和法定违约金。违约金具有多种性质，但主要性质是违约赔偿金。违约金的适用可能与违约损害赔偿的适用发生冲突。违约金与违约损害赔偿是一致的，适用违约金，在没有造成损害时，就是惩罚性违约金，造成损害，就是赔偿性违约金；既然是赔偿性违约金，就应当与违约的损失相结合。原则是：（1）约定违约金的，就应当按照违约金的约定执行；（2）约定的违约金低于造成损失的，可以请求增加，俗称"找齐"，这是因为违约金具有损害赔偿性质，只要低于实际损失，就应当找齐；（3）约定的违约金过分高于造成的损失的，可以请求适当减少。"过分高于"的标准，应是当事人约定的违约金超过造成损失的30％的，一般可以认定为过分高于造成的损失。

当事人在约定违约金条款中，如果对当事人迟延履行约定违约金的，当然应当按照约定承担违约金，但是承担了违约金责任之后，并不能因此而免除其继续履行的义务，违约方还须继续履行应当履行的债务。

案例评析

上海承渊贸易有限公司诉华锦建设集团股份有限公司
买卖合同纠纷案①

案情： 原告承渊贸易公司与被告华锦建设公司签订了《供销合同》，约定由华锦建设公司向承渊贸易公司购买钢材，用于华锦建设公司承建的天津市塘沽区杭州道静安里农贸市场工程。合同约定：违约金按所供货款总额的日1‰计算。合同签订后，承渊贸易公司如约履行了合同，自2011年5月6日至2011年7月25日，分五批给华锦建设公司供货总计203.451吨，价值1 073 584元。其中2011年5月6日供货金额为625 504元；2011年5月25日供货金额为119 727元；2011年6月8日供货金额为130 465元；2011年6月29日供货金额为172 878元；2011年7月25日供货金额为25 010元。因华锦建设公司未支付上述货款，承渊贸易公司遂提起诉讼。原告请求依法判令：（1）被告立即给付原告货款1 073 584元；（2）被告给付原告违约金375 015.35元（暂计算至2012年7月5日）及至实际给付之日的违约金；（3）本案诉讼费由被告承担。法院认为，本案争议焦点为双方约定的违约金标准是否过高、如过高应如何调整。按照有关规定，逾期付款损失可以中国人民银行同期同类人民币贷款基准利率为基础，参照逾期罚息利率标准计算。故认定双方约定的违约金标准为日1‰过高，亦无不当。关于违约金的下调标准，以中国人民银行同期同类人民币贷款逾期罚息利率为基础，上浮30%计算。

评析： 民法典第585条延续了《合同法》第114条的内容。根据本条规定，违约金和违约损害赔偿是违约的金钱责任方式。违约金分为法定违约金和约定违约金两种。约定的违约金低于造成的损失时，人民法院或者仲裁机构可以根据当事人的请求予以增加；约定的违约金过分高于造成的损失的，人民法院或者仲裁机构可以根据当事人的请求予以适当减少。"过于高于"的标准，指的是当事人约定的违约金超过造成损失的30%。此外，承担了违约金责任之后，并不能因此而免除违约方继续履行的义务，违约方还须继续履行应当履行的债务。在本案中，原审法院认定双方违约金标准为1‰每日高于造成损失的30%，因而下调至以中国人民银行同期同类人民币贷款逾期罚息利率为基础上浮的30%并无不当，于法有据。

▶▶ **第五百八十六条** 当事人可以约定一方向对方给付定金作为债权的担保。定金合同自实际交付定金时成立。

---

① 审理法院：天津市第二中级人民法院，案号：（2012）二中速民终字第1496号。

> 定金的数额由当事人约定；但是，不得超过主合同标的额的百分之二十，超过部分不产生定金的效力。实际交付的定金数额多于或者少于约定数额的，视为变更约定的定金数额。

🏛 条文要义

本条是对定金及其数额的规定。

定金，是指以担保债权实现为目的，依据法律规定或双方当事人约定，由一方在合同订立时或订立后至合同履行之前，按照合同标的额的一定比例，预先给付对方的一定数额货币的担保形式。其特征是：（1）定金的权利义务关系产生于定金合同；（2）定金是典型的债的担保形式；（3）定金担保是一种双方当事人担保；（4）定金的支付须在合同履行前进行。

我国的定金是担保债权实现的方式，基本性质是违约定金，也具有证约定金、成约定金、解约定金、立约定金的性质，与违约金、预付款、押金都有明显的区别。

定金基于定金合同产生，因而定金的成立是指定金合同的成立。定金合同，是指依附于主合同，为担保债权实现而设定定金权利义务关系的从合同。定金合同是实践性合同，自交付定金之时起成立。定金合同并不仅限于在买卖合同中适用，在承揽合同、建设工程勘察设计合同中都有适用。

定金均以货币交付，且定金的数额以合同标的额的比例作为根据。确定定金数额的原则是：（1）定金数额由当事人约定，当事人可以自由约定定金数额。（2）定金数额受最高限额的限制，即不得超过主合同标的额的20%，超过该限额的定金约定无效。（3）实际交付的定金数额多于或者少于约定的定金数额的，视为变更约定的定金数额，以实际交付的定金数额为准。

🎾 案例评析

美铭文化公司诉中博世纪影视公司返还保证金案[①]

案情：中博世纪影视公司（甲方、被告）与美铭文化公司（乙方、原告）签订《流媒体电影短片广告经营合作框架备忘录》，约定乙方向甲方缴纳30万元保证金，以作保证，该保证金在合作备忘录约定期满后（2006年12月31日）15日内返还给乙方；在双方签署本合作备忘录后，乙方分两期向甲方支付上述保证金；在合作框架备忘录期限内乙方单独终止合同，该保证金不退还；在合作框架备忘录期限内甲方单独终止合同，按该保证金双倍退还乙方。上述备忘录签订后，2006年4月18日，原告通过广东美铭文化传播有限公司向被告支付保证金15万元。原告美铭文化

---

① 审理法院：北京市第二中级人民法院，案号：（2007）二中民终字第12498号。

公司于 2007 年 4 月 26 日诉至本院，要求被告中博世纪影视公司返还保证金 15 万元。法院认为，就"保证金"的性质而言，一方面，双方在备忘录中明确约定了"乙方向甲方缴纳 30 万元保证金，以其作为双方结成长期战略合作伙伴，共同进行流媒体电影短片商业开发运营之保证，该保证金在合作备忘录约定期满后（2006 年 12 月 31 日）15 日内返还给乙方"、"合作期满甲方须保证返还乙方保证金"及"在合作框架备忘录期限内乙方单独终止合同，该保证金不退还；在合作框架备忘录期限内甲方单独终止合同，按该保证金双倍退还乙方"等内容，由此可见，双方在备忘录中记载的保证金实际为定金性质，应具有解约定金之效力，定金交付后，交付定金的一方可以按照合同的约定以丧失定金为代价而解除合同。另一方面，由于定金合同为实践合同，不仅要有当事人的合意，还要以交付为要件，故定金合同应从定金给付方实际支付定金之日起生效；定金合同签订后，如果应当交付定金的一方实际交付的定金数额多于或者少于约定数额，则视为变更定金合同，被告已收受原告交付的 15 万元定金，可认定原、被告双方之间的定金数额已变更为 15 万元，定金从合同于 2006 年 4 月 18 日生效。

　　评析：民法典第 586 条规定了定金的性质、成立、数额限制以及定金变更的方式。定金，是当事人可以约定一方向对方给付一定数额的金钱作为债权的担保。定金合同是实践合同，自实际交付定金时成立。定金的数额不得超过主合同标的额的 20％，超过部分不产生定金效力。另外，定金合同的判定与定金的称呼并无必然关系，主要看合同所约定的性质。涉案合作备忘录中约定的保证金条款符合定金条款的性质和内容，所以其实质是定金条款。定金合同签订后，如果应当交付定金的一方实际交付的定金数额多于或者少于约定数额，则视为变更定金合同。涉案被告接受原告交付的 15 万元定金，可认定双方之间的定金数额已变更为 15 万元，定金合同于 2006 年 4 月 18 日生效。现涉案被告未能举证证明原告在合作备忘录期限内单独终止合同，所以被告应在合同期满后向原告返还定金 15 万元。

> ▶▶ **第五百八十七条**　债务人履行债务的，定金应当抵作价款或者收回。给付定金的一方不履行债务或者履行债务不符合约定，致使不能实现合同目的的，无权请求返还定金；收受定金的一方不履行债务或者履行债务不符合约定，致使不能实现合同目的的，应当双倍返还定金。

Ⅲ 条文要义

　　本条是对定金效力的规定。

　　定金的主要效力是抵作价款或收回以及定金罚则。

　　定金的主要效力，是在主合同履行后，定金应当抵作价款或者收回。抵作价款是以定金抵销货币给付义务，应当优先适用，只有在不能抵作价款时，才考虑退还定金的办法。

定金的另一个主要效力是定金罚则。当一方当事人违约时，定金罚则发生效力。给付定金的一方不履行约定的债务，或者履行债务不符合约定致使不能实现合同目的的，无权要求返还定金；收受定金的一方不履行约定的债务，或者履行债务不符合合同约定致使不能实现合同目的的，应当双倍返还定金。适用定金罚则的条件是不履行债务，即违约。违约的归责事由属于哪一方当事人，就由哪一方当事人承担定金罚则的后果。违约的归责事由属于给付定金一方，则由给付定金一方承担，属于收受定金一方，则由收受定金一方承担。具体的违约行为，可以是主观上的原因，也可以是客观上的原因，具体原因不论，只要不履行债务即可适用定金罚则。

当合同债务不能履行是因不可归责于双方当事人的事由时，不履行者当然不应承担民事责任，定金作为合同的担保也就不再发生效力，应当使其回复原状，收受定金一方应当将定金返还给付定金的一方当事人。

在《合同法》规定的定金效力中，只规定适用定金罚则的情形是不履行约定的债务，本条增加了履行债务不符合约定致使不能实现合同目的应当适用定金罚则的内容，也即增加了不论支付定金的一方还是收受定金的一方，尽管履行了债务但是履行债务不符合约定，致使不能实现合同目的，构成根本违约，也适用定金罚则的规定。因而在这种情况下，给付定金的一方无权请求返还定金，收受定金的一方应当双倍返还定金，以此实现定金的担保作用。

案例评析

张某某诉七里河区万升孩子王国儿童城租赁合同纠纷案①

案情：2018 年 9 月 12 日，原告张某某与被告万升儿童城签订《场地租赁合同》一份，约定被告向原告出租位于兰州市"孩子王国儿童城"二楼经营场地，建筑面积 46 平方米，租赁期限为 3 年。另约定场地租金为每平方米月租金 160 元整，签订合同当日支付第一年度租金 88 320 元。双方同意本租赁合同签订当日将之前原告支付给被告的定金人民币 22 080 元转为履约保证金，用于保证原告逾期支付租金、水电暖、燃气等费用及违约责任保证。还约定原告逾期支付租金超过 30 日的，被告有权解除租赁合同。2018 年 9 月 12 日，原告张某某向被告万升儿童城交付定金 22 080 元，但被告未按约定交付经营场地，为此原告起诉要求解除租赁合同，由被告双倍退还定金。庭审中查明，原告未缴纳租赁场所租金，被告未向原告交付租赁场所。法院认为，关于本案的违约责任问题，该租赁合同实际履行仅有原告向被告交付押金的行为，合同其他约定尚未履行，双方均存在违约行为。现原、被告双方均同意

---

① 审理法院：甘肃省兰州市中级人民法院，案号：（2018）甘 0103 民初 5084 号。

解除租赁合同，故本院予以准许。关于原告主张被告双倍退还定金的诉讼请求，庭审中查明，原告缴纳的款项已在租赁合同中约定为履约保证金，故不适用定金罚则，本院支持按原告实际缴纳的 22 080 元予以退还。

评析：民法典第 587 条规定了定金罚则，即给付定金的一方不履行约定的债务的，无权要求返还定金，收受定金一方不履行约定的债务的，应当双倍返还定金。适用定金罚则的条件之一为当事人不履行债务或瑕疵履行，简言之即当事人存在违约的情形。违约的归责事由属于哪一方当事人，就由哪一方当事人承担定金罚则的后果。另外，若合同中约定的定金实际不是定金而是其他性质的保证金则不能适用定金罚则。譬如，在涉案合同中双方约定的款项实际为履约保证金，并且双方并没有约定定金罚则，因而尽管双方均存在违约行为，也均同意解除租赁合同，但是22 080 元款项并非定金，因而不能适用定金罚则，法院判决按原告实际缴纳的款项数额予以退还，于法有据，合情合理。

> ▶▶ **第五百八十八条** 当事人既约定违约金，又约定定金的，一方违约时，对方可以选择适用违约金或者定金条款。
>
> 定金不足以弥补一方违约造成的损失的，对方可以请求赔偿超过定金数额的损失。

🏛 条文要义

本条是对违约金与定金竞合选择权的规定。

违约金和定金可能发生竞合，例如当事人在合同中既约定违约金，又约定定金的，当一方违约时，就发生了违约金和定金的竞合。定金与违约金的区别是：（1）交付的时间有区别。定金是在合同履行之前交付的，而违约金是在发生违约行为之后交付的。（2）根本目的不同。定金的目的是担保债权实现，而违约金是民事责任方式，是合同当事人违反合同所应承担的财产责任。（3）作用不同。定金有证约作用和预先给付的作用，在合同已经履行的情况下，定金还可以抵作价款。违约金根本没有这些作用。尽管如此，当一方违约同时触发违约金条款和定金罚则时，就会发生违约金和定金的竞合。

当出现违约金和定金竞合时，非违约方产生选择权，可以选择适用违约金或者定金条款，请求违约方承担这两种责任中的一种违约责任，或者是给付违约金，或者是执行定金条款，不能合并适用违约金和定金条款。

与《合同法》第 116 条相比，本条增加了约定的定金不足以弥补一方违约造成的损失，对方可以请求赔偿超过定金数额的损失的新规则。这是因为，定金作为对违约方的罚金，是有数额限制的，因而在违约造成的损失在定金罚则的数额之下时，定金罚则也具有补偿的性质。

但是，对违约损失在定金数额之上的部分，无法通过定金罚则补偿受损失一方的损害，应当通过具有补偿性质的救济方法进行补充。在定金与违约金竞合的情况下，违约金就是补偿定金罚则救济不足部分的损害。在出现这种情况时，即约定的定金不足以弥补一方违约造成损失的，对方可以请求赔偿超过定金部分的损失，甚至是约定的违约金也不足以补偿的，直接请求违约方承担违约损害赔偿责任。

案例评析

邓某与孔某房屋买卖合同纠纷案①

案情： 原告邓某与被告孔某签订了一份买卖合同，约定孔某将一套房屋过户给邓某。之后因房贷新政限制无法履行合同，原告要求解除合同并退还定金。法院认为，根据双方合同约定，国家政策的改变，导致银行房贷政策的变化，并非邓某贷款不成拒绝履行合同的法定事由。邓某未按约履行付款义务，应承担违约责任。现双方一致同意解除合同，予以准许。《合同法》第115条规定："当事人可以依照《中华人民共和国担保法》约定一方向对方给付定金作为债权的担保。债务人履行债务后，定金应当抵作价款或者收回。给付定金的一方不履行约定的债务的，无权要求返还定金；收受定金的一方不履行约定的债务的，应当双倍返还定金。"《合同法》第116条规定："当事人既约定违约金，又约定定金的，一方违约时，对方可以选择适用违约金或者定金条款。"本案双方当事人在合同违约责任中既约定不得退回已支付定金，又约定支付违约金10万元，该约定违反法律规定。邓某不履行合同约定的债务，无权要求返还定金，对孔某反诉请求邓某另行支付10万元违约金，不予支持。故判决解除邓某与孔某于2010年4月6日签订的存量房屋买卖中介合同且驳回邓某的其他诉讼请求。

评析： 民法典第588条规定了定金和违约金竞合的情况，当出现违约金和定金竞合时，非违约方有选择权，可以选择适用违约金或者定金条款，请求违约方承担这两种责任中的一种，或者是给付违约金，或者是执行定金条款，不能合并适用违约金和定金条款。如果非违约方选择适用定金条款，而约定的定金不足以弥补违约方违约给非违约方造成的损失的，非违约方可以请求违约方赔偿超过定金部分的损失。涉案合同双方当事人不仅约定了定金条款，又规定了违约金条款，属于典型的定金和违约金竞合的情况。原告只能选择适用其中的一种条款，而不能既要求退还定金又要求支付违约金。法院根据事实情况，判决解除合同，定金不予退还，也不支持被告反诉另行支付10万元违约金的诉求，于法有据。

① 审理法院：浙江省宁波市中级人民法院，案号：（2010）浙甬民二终字第514号。

▶▶ **第五百八十九条**　债务人按照约定履行债务，债权人无正当理由拒绝受领的，债务人可以请求债权人赔偿增加的费用。

在债权人受领迟延期间，债务人无须支付利息。

🏛 条文要义

本条是对债权人拒绝受领和受领迟延赔偿责任的规定。

拒绝受领，是指对于债务人已经提供的给付，债权人无理由地拒绝接受。受领迟延，也叫债权人迟延，是指债权人对债务人已经提供的履行未为受领，或者未为其他给付完成所必要的协力的违约行为。

债权人对于给付的受领，首先表现为一种权利行使的结果，即受领是债权效力的直接表现。受领的性质，是合同履行的义务，是债的效力的表现。构成拒绝受领和受领迟延应当具备的要件是：（1）债务内容的实现须以债权人的受领或者其他协助为必要；（2）债务人依照债务的本质提供了履行；（3）债权人拒绝受领或者受领不能，后者是指债权人不能为给付完成所必需的协助的事实，包括受领行为不能和受领行为以外的协助行为不能，是债权人不为受领或者协助的消极状态，是否基于债权人的主观意思，在所不问。

《合同法》在规定违约责任时，侧重关注的是债务人的违约，对债权人的受领违约关注不够，对此并无规定。事实上，在合同履行过程中，债权人受领违约也是常见的违约行为。本条对此规定了新的规则，对债权人拒绝受领和受领迟延，规定了两个法律效果：（1）债务人可以请求债权人赔偿履行所增加的费用，债务人提出增加费用请求权的，法院和仲裁机构应当支持；（2）在债权人受领迟延期间，债务人无须支付利息，债权人请求的，予以驳回。

📌 案例评析

周某梅与重庆点击建筑劳务有限公司租赁合同纠纷执行案①

案情：原告周某梅与被告重庆点击建筑劳务公司因租赁合同纠纷对簿公堂，法院判决点击公司败诉并支付租金等费用3万余元并返还租赁钢管。收到判决后，点击公司发函表示愿意履行生效判决确定的返还义务，希望周某梅收到函件后与其联系。周某梅和其委托代理律师拒签此函。周某梅嗣后申请法院强制执行。在执行中，申请人坚持认为其无协助被执行人履行之义务，坚持"要钱不要物"。而被执行人强调其未能履行生效判决确定的返还义务皆因申请人逾期不受领造成，在申请人拒绝提供交付地点、确定交付时间情况下其无法履行返还义务，本案不符合返还不能情

---

① 审理法院：重庆市江北区人民法院，案号：（2013）江法民执字第102号。

形，坚持"还物不赔钱"。法院认为，法院判决生效后，债务人自愿履行返还义务，债权人能够受领而不受领或不提供必要协助，后以债务人逾期未履行为由向法院申请强制执行，要求赔偿租赁物损失的，人民法院不予支持，并可认定债权人构成受领迟延，且不得要求债务人承担迟延履行责任。经过法院多次协调并撮合双方当事人友好沟通协商，最终确定被执行人点击公司在 2013 年 1 月 17 日将租赁物钢管 5 440 米、扣件 6 823 套运至申请人现经营场所并负责卸货，申请人周某梅负责清点钢管、扣件数量，被执行人点击公司予以配合。2013 年 1 月 18 日，被执行人点击公司如期履行了返还义务，并将案款 34 125 元支付给申请人周某梅，申请人签收了所有钢管及扣件。2013 年 1 月 19 日，重庆市江北区人民法院依法解除了对被执行人点击公司银行账户的冻结，案件至此执行完毕。

评析：民法典第 589 条规定了债权人受领迟延时的法律责任。债权人无正当理由拒绝受领的，债务人可以要求赔偿因此而增加的费用。从债权债务关系上来说，若债权人拒绝受领，是债权人行使处分权的表现，债务人不能强制债权人受领，也不能依此要求解除合同。但受领很难说是债权人的绝对权利或绝对义务，因为若将受领作为债权人的绝对权利，债权人在债务人主动履行债务时无正当理由拒绝受领，给债务人带来的损失如何赔偿则无相应理论依据。若受领作为债权人的一项绝对义务，要求债权人承担不受领之绝对不利益的责任，明显对债权人不公平，也不符合社会实践。本案中，申请人周某梅无正当理由拒绝受领被执行人点击公司返还的钢管、扣件等，被执行人点击公司不得请求解除合同或请求申请人周某梅承担损害赔偿责任，但申请人周某梅也应承担必要的协助义务，不得因其自身的受领迟延行为而要求被执行人点击公司承担迟延履行的义务。法院判决于法有据，合情合理。

> ▶▶ **第五百九十条** 当事人一方因不可抗力不能履行合同的，根据不可抗力的影响，部分或者全部免除责任，但是法律另有规定的除外。因不可抗力不能履行合同的，应当及时通知对方，以减轻可能给对方造成的损失，并应当在合理期限内提供证明。
>
> 当事人迟延履行后发生不可抗力的，不免除其违约责任。

🏛 条文要义

本条是对不可抗力在合同中发生及其后果的规定。

在合同的履行过程中，如果发生了不可抗力，民法典第 180 条规定的一般原则是不承担民事责任，法律另有规定的，依照其规定。本条对合同领域中发生不可抗力的规定，就是法律另有的规定。

当事人一方因不可抗力不能履行合同的，并不一定全部免除责任，而是要根据不可抗力的实际影响程度确定。不可抗力是不能履行合同的部分原因的，部分免除责任；不可抗力是不能履行合同的全部原因的，全部免除责任；法律如果另有规定的，依照其规定，如保价邮包因不可抗力发生灭失的，不免除赔偿责任。当不可抗力不能履行合同时，一方当事人应当及时通知对方，以减轻可能给对方造成的损失，同时，应当在合理期限内提供因不可抗力而不能履行合同的证明。

在不可抗力发生之前，当事人一方发生迟延履行的，不能履行合同的原因在于履行迟延，因为如果及时履行债务，不可抗力的影响就可能不会发生，因此不免除履行迟延一方的违约责任。

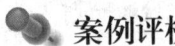 ## 案例评析

邱某诉甲期货公司期货经纪合同纠纷案①

案情： 邱某（原告）系甲期货公司（被告）客户，长期在甲期货公司进行期货交易。甲期货公司向其客户提供了电话交易和网上交易等多种交易方式，包括一款由乙公司设计和维护的网上期货交易软件。2010 年 1 月 7 日，期货市场开盘后，大连商品期货交易所多个期货合约的价格出现大幅下跌。当日上午 10 时至 10 时 15 分，该网上交易系统出现客户登录缓慢和无法正常登录交易的异常情况。甲期货公司经调查后，确定系乙公司提供的软件程序处理能力不足导致客户在该时段无法正常交易。嗣后，通过软件更新修补了上述系统漏洞。邱某向法院起诉，主张自己在当日持有大量期货合约，本拟在 10 时全部平仓，因上述故障致使其无法及时成交，只能在 10 时 15 分后以较低价格平仓，产生了 122 万元的损失。要求判令甲期货公司全额赔偿。法院认为，双方当事人之间存在期货经纪合同法律关系。为实现该主要义务，甲期货公司为邱某提供了包括两款网上交易软件系统（其中一款由乙公司设计）在内的多种交易途径，允许客户通过这些软件达成交易。此次故障的原因在于接收客户交易指令的网关程序本身存在瑕疵，而且该瑕疵完全可以通过测试加以发现，并通过程序更新予以修补，故不属于《合同法》第 117 条规定的因不可抗力所致损失可免责的范围。甲期货公司未经充分测试即将之提供给客户使用，以致系统在交易期间发生故障，违反了其应尽的注意义务，构成违约，应当就此给客户造成的损失承担赔偿责任。但上述交易系统故障既不会直接导致邱某所持合约或资金发生减损，也不会导致邱某所持合约的价格发生变动。该故障直接导致的只是邱某在上述故障时间段使用该系统进行交易的机会丧失。甲期货公司理应对其违约行为导致的机会损失进行赔偿。在计算机会损失的赔偿金额时，法院综合考量了以下因素：一是邱某可能下达平仓指令的概然率；二是合约价格快速下跌过程中以最高价格实际成交的概然率；三是邱某在发现系统故障后未及时采取其他交易方式进行平

---

① 审理法院：上海市高级人民法院，案号：（2013）沪高民五（商）终字第 1 号。

仓，违反了《合同法》第119条规定的减损义务，应对损失扩大部分自行承担责任。最终法院酌情确定甲期货公司应当赔偿原告的损失金额为34万元。

评析： 民法典第590条规定了不可抗力免责的规定，即当事人一方因不可抗力不能履行合同的，根据不可抗力的影响，部分或者全部免除责任，但是法律另有规定的除外。本条延续了《合同法》第117条和第118条的规定，更改了部分表述，使表达更为准确。然而在实践中，有多种不可抗力的形式，法院在审判中也必须对何为不可抗力进行判断。譬如在本案中，对期货网上交易软件故障是否属于不可抗力即存在不同看法。期货网上交易软件系统系期货公司提供给客户用于传达交易指令的工具，虽非期货公司设计和维护，但期货公司对之负有合同附随义务，应避免因自己提供的软件或服务损害客户的合法权益。接收客户交易指令的网关程序本身存在瑕疵，期货公司可以通过测试加以发现，并通过程序更新予以修补，因而不属于合同法意义上的不可抗力。期货公司违反其应尽的注意义务，未经充分测试即将之提供给客户使用，以致系统在交易期间发生故障，造成客户损失，应当对客户损失承担相应的赔偿责任。

> ▶▶ **第五百九十一条** 当事人一方违约后，对方应当采取适当措施防止损失的扩大；没有采取适当措施致使损失扩大的，不得就扩大的损失请求赔偿。
> 当事人因防止损失扩大而支出的合理费用，由违约方负担。

🏛 条文要义

本条是对非违约方防止损失扩大义务的规定。

在合同履行过程中，如果一方当事人出现违约行为时，另一方不能无动于衷，任凭损失扩大，而应当积极采取措施，防止损失的扩大，尽量减少损失，保护好双方当事人的利益。这就是非违约方的防止损失扩大的义务。非违约方没有履行这一义务，没有积极采取适当措施，致使自己的损失扩大的，不得就扩大的损失请求赔偿。

由于非违约方积极采取措施防止损失的扩大，尽管是自己的损失的扩大，结果是对违约方的赔偿责任的减少，维护了违约方的利益。因此，非违约方当事人因防止损失扩大而支出的合理费用，应由违约方负担。此时，非违约方可以提供证据证明自己在防止损失扩大中支出合理费用的证据，以请求违约方承担这部分合理费用。

🍡 案例评析

闫某与赵某房屋买卖合同纠纷案①

案情： 原告赵某与被告闫某经我爱我家公司居间签订房屋买卖合同，由赵某购

---

① 审理法院：重庆市江北区人民法院，案号：（2013）江法民执字第102号。

买闫某名下涉诉房屋。合同约定成交价格 373 万元，并对合同履行和违约责任等作出详细约定。合同签订后，赵某支付定金 5 万元。2012 年 12 月 3 日，赵某与我爱我家公司共同对涉诉房屋进行网签。网签之前，闫某即表示不再履行合同。2014 年 6 月 11 日，赵某起诉闫某，请求判令解除房屋买卖合同。法院认为，生效判决已认定闫某未取得配偶同意即出售房屋，且其配偶拒绝履行房屋买卖合同，最终导致合同无法履行，其行为已构成违约，应承担合同解除的违约责任；而守约方可得主张的损害赔偿范围既包括实际损失，也包括可得利益损失。就实际损失，本案中介行为已经完成，赵某为此支付的中介费 5.6 万元即属于因合同解除导致的实际损失。就可得利益损失，买受人赵某在明知或应知房屋买卖合同因共有产权人异议而无法继续履行的情况下，应及时采取措施防止损失扩大，否则，不得就扩大的损失要求赔偿。在一审开庭时，闫某的配偶到庭明确表示不同意履行合同，在认定预期可得利益损失时，对涉案房屋的价值及合理升值部分不再予以重新评估鉴定，结合当事人合同违约及履行的具体阶段，以及赵某为合同履行仅支付了 5 万元定金的客观情况，酌定具体的赔偿数额。据此判决闫某赔偿赵某中介费损失 5.6 万元、预期利益损失 30 万元。

评析：民法典第 591 条规定了非违约方防止损失扩大的义务，延续了《合同法》第 119 条的内容。当事人因防止损失扩大而支出的合理费用，由违约方负担。在本案中，买受人赵某在明知或应知房屋买卖合同因共有产权人异议而无法继续履行的情况下，应及时采取措施防止损失扩大，否则，不得就扩大的损失要求赔偿。在一审开庭时，闫某的配偶到庭明确表示不同意履行合同，在法律明确规定当共有人拒绝转移房屋所有权、合同继续履行不能的情形下，赵某作为理性的购买人，应对合同无法履行的诉讼结果具有合理预期。在此情况下，赵某可以通过解除合同、主张定金罚则、要求违约赔偿并进行替代房屋购买的方式维护自己的合法权益。而赵某未在合理期间内购买替代性的房屋，其对于此后房价上升的风险与损失应自行承担。本案中，赵某与中介公司在出卖人明确拒绝履行的情况下，自行依据之前签订的授权网上签约的手续办理了网签，对自身的后续购房造成了实际影响，对房价上涨的风险应自行承担责任。

> ▶▶ **第五百九十二条** 当事人都违反合同的，应当各自承担相应的责任。
> 当事人一方违约造成对方损失，对方对损失的发生有过错的，可以减少相应的损失赔偿额。

🏛 条文要义

本条是对双方违约和一方违约过失相抵规则的规定。

在合同履行过程中，当事人都违反合同的，构成双方违约，即对于一个合同的不履行或者不适当履行，双方都存在违约行为的，且双方的违约行为都对违约后果的发生具有原因力。双方违约的法律后果，是双方当事人按照各自的过错程度和违约行为的原因力，各自承担相应的后果责任。

在合同履行过程中，受损害一方对损失的扩大具有原因力，是一种与有过失的特殊表现形式。《合同法》第119条规定一方违约，对方当事人没有采取适当措施致使损失扩大的，也是与有过失，也要各自承担相应的责任，即不得就扩大的损失要求赔偿。但是，《合同法》第119条没有规定违约责任中最典型的与有过失的情形，本条第2款规定的新规则补充了这一缺漏。

对本条规定的新规则解读如下。

在合同履行过程中，只是当事人一方的违约行为造成对方损失，但是，受损害的一方对损失的发生也有过错的，构成合同责任中的与有过失，应当实行过失相抵。过失相抵的法律后果是，按照受损害一方当事人对自己损害发生的过错程度，使违约方减少相应的损失赔偿额。

🌑 案例评析

魏某涛与武汉兆丰标龙汽车租赁服务有限公司合同纠纷案①

案情：原告魏某涛与被告兆丰标龙公司签订租车合同并约定，内容除包括租赁合同的基本条款外，还包括投资合作事宜：甲方确保乙方已经获得"网络约租车"平台所辖地区运营代理权，并确保开始运营该项目；甲方与乙方在本合同的关系是"网络约租车"项目车辆投资合作关系，没有直接关联的企业从属关系；"网络约租车"项目武汉地区的所有运营权和管理权属于甲方所有。后因魏某涛未按约交纳租金，兆丰标龙公司于2018年3月14日将该车收回，车辆实际行驶公里数为63 921公里。该车截至2018年3月14日，产生欠费1 952元，该款已由兆丰标龙公司垫付，魏某涛对此违章及欠费均予以认可。魏某涛与兆丰标龙公司因合同解除纠纷诉至法院。法院认为，本案双方均存在违约行为。兆丰公司应当履行向魏某涛提供相关的网络平台，提供道路运输证并保证涉案车辆具备合法运营资质的义务，因兆丰标龙公司未提供符合合同约定的车辆，即未依约办理道路运输证，已构成违约。魏某涛未按合同约定缴纳租金的行为亦已构成违约。根据《中华人民共和国合同法》第120条的规定，故对魏某涛主张的要求兆丰标龙公司支付违约金及兆丰标龙公司的反诉请求均不予支持。

评析：民法典第592条规定了双方违约和一方违约时的过失相抵规则。当事人一方违约造成对方损失，对方对损失的发生有过错的，可以减少相应的损失赔偿额，

---

① 审理法院：湖北省武汉市中级人民法院，案号：（2019）鄂01民终8454号。

并且若双方当事人均违反合同的，则应当综合双方过错程度对双方的损失进行重新评估。在本案中，双方合同约定案涉车辆用于"网络约租车"，兆丰标龙公司未能提供符合约定的道路运输证，影响魏某涛开展网约车业务，在本案诉讼中，应负主要责任。魏某涛未按合同约定缴纳租金的行为亦已构成违约。综合双方过错程度和庭审查明事实，权衡两者的过错程度，法院适当减少魏某涛的租金费用，并判决兆丰标龙公司退换多交的保险费于法有据。

▶▶ **第五百九十三条**　当事人一方因第三人的原因造成违约的，应当依法向对方承担违约责任。当事人一方和第三人之间的纠纷，依照法律规定或者按照约定处理。

🏛 条文要义

本条是对违约责任中第三人原因的规定。

违约责任中的第三人原因，是指合同当事人一方不能履行合同债务的原因，是由于第三人的行为引起的。在侵权责任中也存在第三人原因，但是发生的法律后果不同。民法典第 1175 条规定，侵权责任的第三人原因是由第三人承担侵权责任，行为人免除责任。违约责任中的第三人原因不免除违约方的违约责任。因此，违约方的违约行为虽然是第三人的原因所致，但是违约方仍然应当依法对非违约方承担违约责任。

由于造成违约的真正原因是第三人的行为，如果不采取必要措施对违约方承担责任的后果进行补救，是不公平的。因此，本条后段规定，当事人一方和第三人之间的纠纷，依照法律规定或者按照约定处理。按照法律规定，就是违约方对第三人取得追偿权，有权向第三人就承担违约责任的损失请求赔偿。如果合同中有关于第三方原因造成违约的责任规定的，则依照规定处理。

📌 案例评析

吴某牛诉齐某等租赁合同纠纷案[①]

案情：齐某、张某亚合伙租赁吴某牛（原告）所有的博途拖拉机用于收割打捆使用，租金为每月 24 000 元，高某刚作保。合同还约定了其他事项。现三被告仅支付了 7 000 元租金，剩余租金至今未予支付，经原告多次催要均未果。被告齐某、张某亚辩称，2017 年 8 月 16 日，因为被告齐某与安徽的一位农业经纪人发生劳务纠纷，连同从原告租赁拖拉机在内的几台机器都被这位经纪人扣押，至今这些机器还

---

① 审理法院：江苏省盱眙县人民法院，案号：（2018）苏 0830 民初 682 号。

在被扣押状态。法院认为，租赁合同是出租人将租赁物交付承租人使用、收益，承租人支付租金的合同。本案中，原告已向本院举证证明原告与被告齐某、张某亚之间就博途拖拉机存在租赁合同关系，双方签订的《租赁合同》系双方真实意思表示，不违反法律、法规强制性规定，本院予以确认，故双方当事人均需要按照该合同约定履行义务。现原告已经履行了将拖拉机交付给被告齐某、张某亚使用的义务，被告齐某、张某亚也应当按照合同约定支付租金。被告齐某、张某亚因第三人原因造成违约的，仍应当向原告承担相应的违约责任，被告齐某、张某亚与第三人之间的纠纷依照法律规定或者约定另行解决，与本案无关。

评析：民法典第593条延续了《合同法》第121条的内容。依据本条的规定，当事人一方不能免除因为第三人的原因造成违约时的违约责任。而当事人一方和第三人之间的纠纷，依照法律规定或者按照约定处理。违约责任中的第三人原因，指的是合同当事人一方不能履行合同债务的原因是由于第三人的行为所引起的。第三人行为引起的违约并不能免除违约方的违约责任。譬如，涉案租赁合同的违约是因被告与其他人的纠纷引起，直接违约原因是第三人扣押了被告从原告处租赁的拖拉机，但是这并不能免除被告的违约责任，其仍然应当向原告承担相应的违约责任。而被告与第三人之间的纠纷，可依照法律规定或按照约定进行另案处理。

> ▶▶ **第五百九十四条**　因国际货物买卖合同和技术进出口合同争议提起诉讼或者申请仲裁的时效期间为四年。

🏛 条文要义

本条是对国际货物买卖和技术进出口合同诉讼时效的规定。

我国违约责任的诉讼时效，适用民法典第188条第1款规定，为3年。由于国际货物买卖合同和技术进出口合同争议涉及国际私法问题和国内外、境内外的管辖问题，因此适当延长一般诉讼时效的期间，提起诉讼和申请仲裁的诉讼时效期间为4年，以更好地保护合同当事人的合法权益。4年诉讼时效期间的起算，仍然是自当事人知道或者应当知道其权利受到损害以及义务人之日起计算。

🌀 案例评析

佛山市顺德区雷凡电器有限公司与佛山和光国际货运代理有限公司海上货运代理合同纠纷案①

案情： 2014年4月17日，雷凡公司（原告）与买方GPE公司达成买卖合同，

---

① 审理法院：广东省高级人民法院，案号：（2017）粤民终2457号。

约定购买一批电热水壶，每种型号的电热水壶各有配件26件，贸易方式为FOB顺德，在生产前预付30%定金，70%余款见提单复印件时支付。雷凡公司、和光公司（被告）均确认，在下列电子邮件和QQ通信中发现余小姐、Leyla和扬扬均为同一人。2014年7月14日，雷凡公司一名叫Bella的员工向Leyla发送电子邮件，委托Leyla办理本案货物的订舱事宜。余小姐通过QQ号与和光公司员工刘某康联系，委托和光公司为其安排订舱运输本案货物。11月4日，扬扬将正本提单扫描件通过电子邮件发给了雷凡公司。11月5日，和光公司出具正本提单签收单，Leyla在该签收单上签名确认，取走了正本提单。据此，雷凡公司要求确认余小姐与和光公司形成表见代理，雷凡公司与和光公司之间成立货运代理合同关系，和光公司在未尽必要审查义务的情况下，将雷凡公司的提单交给身份不明的人，是导致提单丢失的直接原因，其应承担赔偿损失的责任。就诉讼时效问题，法院认为，本案为海上货运代理合同纠纷，诉讼时效应适用《中华人民共和国民法通则》有关诉讼时效的规定。《中华人民共和国民法通则》第135条规定："向人民法院请求保护民事权利的诉讼时效期间为二年，法律另有规定的除外。"第137条规定："诉讼时效期间从知道或者应当知道权利被侵害时起计算。但是，从权利被侵害之日起超过二十年的，人民法院不予保护。有特殊情况的，人民法院可以延长诉讼时效期间。"根据本案已查明的事实，雷凡公司于2015年5月22日得知本案货物在目的港被提走，即此时才知道其权利受到侵害，故本案的诉讼时效亦应从该日起算。雷凡公司于2016年12月6日起诉，未过诉讼时效。

评析：民法典第594条延续了《合同法》第129条的规定，更改了部分表述，使表达更为准确。根据本条规定，因国际货物买卖合同和技术进出口合同争议提起诉讼或者申请仲裁的期间为4年，起算点为当事人知道或者应当知道其权利受到损害以及义务人之日起。一般合同违约责任的诉讼时效，适用民法典第188条第1款规定，为3年。但由于国际货物买卖合同和技术进出口合同争议涉及国际私法以及国内外、境内外的管辖问题，因此比一般的诉讼时效稍微延长。然而并非所有涉及国际货物买卖以及技术进出口事宜的均适用4年的诉讼时效，譬如本案实际上为海上货物代理合同纠纷，而非国际货物买卖合同纠纷，因而应当适用《民法通则》规定的2年诉讼时效规定。而根据本案已查明的事实，雷凡公司于2015年5月22日得知货物提走时，才知道其权利受到侵害，之前雷凡公司无法预见也不能预见其权利可能遭受侵害，因而本案诉讼时效应从该日起算，所以本案并未过诉讼时效。

第二分编　典型合同

第九章　买卖合同

▶▶ **第五百九十五条**　买卖合同是出卖人转移标的物的所有权于买受人，买受人支付价款的合同。

🏛 条文要义

本条是对买卖合同概念的规定。

买卖合同，是出卖人转移标的物的所有权于买受人，买受人支付相应价款的合同。买卖合同是在民事法律中拥有漫长发展历史的、最重要的传统合同，是商品交换发展到一定阶段的产物，是商品交换最基本、最重要、最有代表性的法律形式。

买卖合同的法律特征是：（1）买卖合同是转移标的物的所有权的合同；（2）买卖合同是双务合同；（3）买卖合同是有偿合同；（4）买卖合同是诺成性合同；（5）买卖合同一般是不要式合同。

买卖合同的当事人包括买受人和出卖人：（1）买受人，须具有相应的民事行为能力，具有特殊身份的人不能成为特定买卖合同的买受人，例如监护人不得购买被监护人的财产，受托人不得购买委托人委托其出售的财产，公务人员及其配偶不得购买由该公务人员依职权出售、变卖的财产，有限责任公司以及股份有限公司的董事、经理不得同本公司订立合同或者进行交易成为特定买卖合同的买受人。（2）出卖人，除了须具备相应的民事行为能力之外，根据民法典第597条第1款规定，还应当是买卖合同标的物的所有权人或者其他有处分权人。

📌 案例评析

崔某通与孟某意等买卖合同纠纷案①

案情：孟某意与被告众凯公司签订《商品房买卖合同》，购买房屋一套，并缴纳房款350 000元。众凯公司将房屋交付原告，孟某意占有使用该套房屋至今。之后，崔某通（原告）与被告众凯公司签订了《商品房买卖合同》，约定以每套50万元的价格购买4套房屋（包括孟某意所购买的房屋），同日签订保证书，载明此房屋买卖

---

① 审理法院：河北省沧州市中级人民法院，案号：（2018）冀09民终1465号。

合同作为借款抵押合同，不作为正常房产销售，并在抵押期间不另行转让和抵押，后者有权在到期后以50万元/套的方式回购上述房屋。若到期不能归还则在一个月内无条件完成房屋过户。过后，众凯公司因并未归还借款，双方产生纠纷，崔某通向一审法院起诉请求：（1）判令原告与被告众凯公司任丘分公司所签订商品房买卖合同有效，并判令被告众凯公司任丘分公司协助原告办理房产登记手续；（2）确认二被告签订的商品房买卖合同无效。法院认为，通过《商品房买卖合同》和《保证书》可知，双方的真实意思表示应为众凯公司任丘分公司以约定房屋向崔某通的借款提供抵押担保。崔某通与被众凯公司任丘分公司订立的合同不存在《中华人民共和国合同法》第52条规定的合同无效的情形，该合同为有效合同。由于上诉人崔某通不能证实其在法定期间内向房管部门申请登记，又因被上诉人孟某意购买房屋在先并按合同约定支付购房款且已经实际入住，被告众凯公司任丘分公司应协助被孟某意办理涉案房屋登记手续。崔某通与被众凯公司任丘分公司之间的纠纷可另行解决。

评析： 民法典第595条延续了《合同法》第130条的规定。判断一份合同是否是买卖合同的要件之一是买受方和出卖方存在转移物品所有权的目的。若两者不存在转移物品所有权的目的，即使其订立合同时的用语为"买卖"，但若实际上是以保证还款为目的的，则不能依买卖合同进行处理。譬如在本案中，崔某通与众凯公司任丘分公司签订的《保证书》的内容清晰可见，双方其实并无买卖房屋的意思，双方的真实意思表示应为抵押担保，即众凯公司任丘分公司以约定房屋向崔某通的借款提供抵押担保。因而该合同并非买卖合同，而是担保合同，崔某通不能依照该合同请求法院转移房屋所有权。

> ▶▶ **第五百九十六条**　买卖合同的内容一般包括标的物的名称、数量、质量、价款、履行期限、履行地点和方式、包装方式、检验标准和方法、结算方式、合同使用的文字及其效力等条款。

🏛 条文要义

本条是对买卖合同内容的规定。

买卖合同的内容应由当事人约定。应当包括的主要内容是：

1. 标的，是买卖合同双方当事人权利义务的指向对象，是买卖合同的主要条款。

2. 数量，标的物的数量是确定买卖合同标的物的具体条件之一，是买卖合同成立的主要条款。

3. 质量，是确定买卖合同标的物的具体条件，是这一标的物区别于另一标的物的具体特征。

4. 价款，是当事人取得标的物所有权所应支付的对价，通常指标的物本身的价款。

5. 履行期限、地点和方式，都直接涉及当事人的期限利益、案件管辖、履行方法等，意义重大。

6. 包装方式，对标的物起到保护和装潢的作用。

7. 检验标准和方法，应当明确规定。

8. 结算方式，是指出卖人向买受人交付标的物之后，买受人向出卖人支付标的物价款、运杂费和其他费用的方式。

9. 合同使用的文字及其效力。

10. 违约责任，是督促当事人履行债务，使非违约方免受或者少受损失的法律措施，对当事人的利益关系重大。

案例评析

合肥城东道路材料有限公司与合肥市光大建筑工程有限公司等买卖合同纠纷案[①]

案情： 程某斌（光大建筑公司项目部负责人）与城东道路公司（原告）签订一份《销售合同》，约定光大建筑公司（被告）向城东道路公司购买水稳，光大建筑公司指定现场人员褚某征签收水稳送货单。过后，双方发生争执，城东道路公司向法院起诉。城东道路公司向法院提供了几份证据，包括临泉路水稳明细单一份，签字人处有蔡某文签名，并书写已付104.9万元，下欠116万贷款，并附有欠条。过后双方就结算发生争议，诉至法院。城东道路公司陈述，交建公司先行垫付的材料款已实际支付，支付方式为公司将款项向材料商启某好转账，由其进行统一分配。法院认为，关于案涉合同的结算，城东道路公司出具的"临泉路水稳明细单"签字人处仅有城东道路公司法定代表人蔡某文签名确认，未注明结算时间，证据形式上应认定为城东道路公司单方制作，虽然城东道路公司举出程某斌出具的欠条与"临泉路水稳明细单"相互印证，但是首先，该欠条因程某斌无法查找而存在证明瑕疵，其次，如认定该欠条就是光大建筑公司对案涉合同的结算，该结算过程相对于较高的合同价款亦显得随意、松散。该组证据对待证事实存在证明瑕疵。光大建筑公司系案涉工程的合法分包单位，而程某斌作为光大建筑公司在该工程的委托代理人，以光大建筑公司的名义与城东道路公司签订《销售合同》。在合同履行完毕后，程某斌又以欠条形式对差欠的贷款数额予以确认。虽然光大建筑公司辩称程某斌对外签署材料采购合同必须加盖该公司的合同专用章，但是光大建筑公司和程某斌的内部约定不能对抗善意第三人。结合光大建筑公司法定代表人出具的授权委托书，本院

---

① 审理法院：安徽省合肥市中级人民法院，案号：（2017）皖01民终7411号。

认为光大建筑公司应对程某斌的上述行为承担相应的民事责任，即光大建筑公司应向城东道路公司支付差欠的货款本息。

评析： 民法典第 596 条规定延续了《合同法》第 131 条的内容。依据民法典第596 条的规定，买卖合同的内容除了标的和数量之外，还包括质量、履行期限、履行地点和履行方式、价款、违约责任、包装方式、检验方法和标准、结算方式和合同使用的文字及其效力。但是，在经济实践中，大部分合同是"不完全"的，当事人可能会因为疏忽大意、交易成本的限制等各种原因，未能在合同中约定上述条款。本案中，《销售合同》的结算条款较为简单，没有对逾期利息事项作出约定。此时，需要法官对相应事项予以填补。由于光大建筑公司未在约定期限内支付货款，给原告城东道路公司造成了经济损失，法院应当要求光大建筑公司支付相应的逾期利息。

▶▶第五百九十七条　因出卖人未取得处分权致使标的物所有权不能转移的，买受人可以解除合同并请求出卖人承担违约责任。

法律、行政法规禁止或者限制转让的标的物，依照其规定。

🏛 条文要义

本条是对买卖合同标的物的规定。

买卖合同的标的物，是指买卖合同中买或者卖的某物。买卖合同的标的物附着于所有权，故对标的物的买卖，其实就是对标的物所有权的买卖，在买卖合同中，取得标的物的所有权是买受人的交易目的，将标的物的所有权转移给买受人，是出卖人的主要义务。转移标的物的所有权是在交付标的物的基础上，实现标的物所有权的转移，使买受人获得标的物的所有权。

出卖人出卖标的物及其所有权，是其在买卖合同中的主要义务，因而必须享有标的物的所有权或者处分权。出卖人出卖享有所有权的标的物，当然可以转让标的物的所有权。出卖人不享有标的物的所有权，但是享有标的物的处分权，同样可以通过买卖合同出让标的物的所有权，完成买卖合同的主要义务。如果因出卖人未取得标的物的处分权，致使标的物所有权不能转移的，就不能实现转让标的物及其所有权的义务，买受人也无法取得标的物的所有权，出卖人构成根本违约，因而买受人享有法定解除权，可以解除买卖合同，并请求出卖人承担违约责任。

买卖合同转让的标的物须具有合法流通性，如果是法律、行政法规禁止或者限制转让的标的物，依照其规定，不能转让或者限制转让。

与《合同法》第 132 条规定相比，本条对《合同法》第 132 条第 1 款进行了修改和完善，增加了因无权处分致使标的物所有权不能移转的，受让人可以解除合同，并请求其承担违约责任的新规则。原条文第 1 款主要强调的是出卖人转让买卖合同标的物，应当对标的物享有所有权或者处分权。本条第 1 款改变这种写法，着眼于出卖人出让其标的物未取得处分权，致使标的物所有权不能移转的后果，即受让人首先是可以解除合同，使该合同不复存在，其次是要求出卖人承担合同不能履行的违约责任，如支付违约金等。

这一修改，改变了《合同法》第 132 条第 1 款的内容，明确了买卖合同标的物无所有权、无处分权而无法转移标的物所有权的后果，统一了立法、司法和理论对这一问题的认识，具有重要的价值。

 ## 案例评析

马某永与张某波买卖合同纠纷案①

案情： 原告张某波从被告马某永处购买了一辆牵引车，但是实际上该车为马某永从张某俊处转让获得，且其明知张某俊与河南锦绣庆丰实业有限公司就该车签订了分期付款以及所有权保留合同。2016 年 3 月 23 日，河南锦绣庆丰实业有限公司将该车扣留，张某波遂诉至一审法院。马某永反诉要求张某波赔偿经济损失 127 000 元，并要求返还牵引车及挂车。法院认为，本案中，牵引车属于张某俊以分期付款的方式所购买的，该车已抵押于中国工商银行股份有限公司郑州桐柏路支行，故应视为张某俊无权处分该车。张某俊未经相关权利人许可将该车转让给马某永，从马某永偿还车辆贷款的行为看，马某永知晓该车存在抵押贷款及限制处分的事实。因而马某永的转让行为属无权处分，且未得到相关权利人的追认，故张某波与马某永于 2015 年 5 月 19 日签订的《车辆转让协议》应属无效。因《车辆转让协议》无效，因合同取得的财产，双方应予返还。有过错的一方应当赔偿对方因此受到的损失。

评析： 依据民法典第 597 条的规定，出卖人出卖标的物并将所有权转移至买受人应当是其在买卖合同中的主要义务。因而，如果因出卖人未取得标的物的处分权，致使标的物所有权不能转移的，就不能实现转让标的物及其所有权的义务，买受人也无法取得标的物的所有权，这就使得买卖合同的目的无法实现。该条的修改主要是赋予了买受人以法定解除权，譬如在本案中，马某永与张某波签订合同时，马某永隐瞒车辆抵押的事实，后也无相关权利人予以追认，马某永转让车辆的行为系无权处分，张某波可以要求解除合同，基于双方于 2015 年 5 月 19 日签订的《车辆转让协议》取得的财产，应予返还。

▶▶ **第五百九十八条** 出卖人应当履行向买受人交付标的物或者交付提取标的物的单证，并转移标的物所有权的义务。

---

① 审理法院：河南省开封市中级人民法院，案号：（2017）豫 02 民终 3144 号。

🏛 条文要义

本条是对出卖人交付标的物或单证并转移所有权义务的规定。

出卖人在买卖合同中的主要义务，就是交付标的物和标的物的所有权。交付标的物，是将标的物交付给买受人，如果标的物是用提取标的物的单证形态表现的，交付提取标的物的单证也构成交付，例如交付仓单。

在交付标的物的同时，出卖人负有转移标的物所有权的义务，将标的物的所有权转移给买受人。标的物所有权转移的原则是：标的物所有权自标的物交付时起转移，但法律另有规定的除外。规则是：（1）动产买卖，除了法律另有规定或者当事人另有约定之外，所有权依交付而转移。（2）就船舶、航空器、车辆等特殊类型的动产，所有权一般也自交付之时起转移，但未依法办理登记手续的，所有权的转移不具有对抗第三人的效力。（3）不动产所有权的转移须依法办理所有权转移登记。未办理登记的，尽管买卖合同已经生效，但标的物的所有权不发生转移。

🔷 案例评析

陈某与李某峰房屋买卖合同纠纷案[①]

案情： 原告李某峰与被告陈某经中介方新百世房产销售有限公司居间服务后，签订了房屋买卖合同，约定了5万元定金、148万元房款以及过户手续等。协议签订后，5万元定金随之交付，卖方并出具了定金收条。经中介经纪人安排，双方约定办理过户的时间，此时双方均认可中介测算的价格并进行了网签备案。涉案房屋产权过户办理过程中，陈某要求李某峰当天付清剩余款项43万元，李某峰则要求陈某先签网签合同并签订收条，因此过户未能完成。因此李某峰将陈某以违约诉至法院。法院认为，在该协议履行过程中，尽管李某峰同意在过户时将105万房款打入监管资金账户，差额款43万元一次性付清，但双方当事人在办理过户手续与支付差额款项孰前孰后、收条由陈某个人还是其夫妻共同签字的问题上约定不明确，导致合同在履行过程中产生纠纷。李某峰虽享有要求办理涉案房屋产权过户，对陈某要求其提前支付差额款的同时履行抗辩权，但其提出的陈某夫妻双方应先共同签字出具收条而后其再支付差额款项的要求，有违当时双方已到银行办理付款手续的常理，故李某峰存在一定过错；陈某在网签合同上签字之前，要求李某峰必须先支付差额款的行为亦不能对抗李某峰的同时履行抗辩权，故陈某也存在一定的过错。双方虽约定于2017年7月14日再次办理过户手续，但因没有对具体办理时间进行明确约定，导致协议约定的过户事项最终未能实现，因此，对该协议的履行不能，双方均存在一定过错。现李某峰请求继续履行该协议，陈某对此不持异议，故对此请求，予以支持。

---

① 审理法院：江苏省徐州市中级人民法院，案号：（2017）苏03民终8199号。

评析：民法典第 598 条延续《合同法》第 135 条的内容，规定了出卖人在买卖合同中的主要义务，也即交付标的物和标的物的所有权。如果标的物是用提取标的物的单证形态表现的，交付提取标的物的单证也构成交付。就不动产的交付而言，必须办理相关登记手续。在本案中，陈某与李某峰签订的《徐州市存量房买卖协议》及双方履行该协议过程中对支付差额房款与办理过户手续的先后、收条是否需要陈某夫妻共同签字的问题约定不明。双方当事人互负债务，没有先后履行顺序的，应当同时履行，本案当事人在 2017 年 7 月 5 日当天均到达产权处，从李某峰提出陈某夫妻双方共同签字出具收条再付款的要求和陈某要求李某峰先付差额款再办理网签的行为看，双方主观上均有履行合同的意愿，但因先后履行顺序发生了争吵。合同未能及时有效履行。因而法院判决原被告履行合同约定的义务，于法有据，合情合理。

> ▶▶ **第五百九十九条**　出卖人应当按照约定或者交易习惯向买受人交付提取标的物单证以外的有关单证和资料。

🏛 条文要义

本条是对交付买卖标的物单证以外的有关单证和资料的规定。

出卖人的义务之一，是要在交付标的物或者提取标的物的单证并转移所有权之外，还应当按照约定或者交易习惯，向买受人交付提取标的物的单证以外的有关单证和资料，例如购买商品的保修单、使用说明书等。对"交付的有关单证和资料"的确定应当根据当事人之间的或相关行业的交易习惯，譬如对电子产品的买卖合同来说，交付产品的同时还应当交付保修单等凭证。这项义务是出卖人在买卖合同中应当履行的从义务，属于辅助合同主义务的义务，以实现买受人的交易目的。

📎 案例评析

福建华浦房地产开发有限公司与林某佑商品房预售合同纠纷案①

案情：林某佑（乙方、买受人、原告）与华浦公司（甲方、出卖人、被告）签订了一份商品房买卖合同，约定购买一套办公房屋，房款约 431 万余元，过后林某佑已向华浦公司支付。2014 年 12 月 22 日，林某佑取得案涉房屋预告登记证明。华浦公司于 2014 年 12 月 25 日向林某佑出具金额为 4 314 800 元的"收款收据"，其中载明交款项目为"收到华班大厦××层××办公全额购房款，2015 年 4 月换正式发票"。但华浦公司至今未向林某佑出具销售不动产统一发票。据此，林某佑将华浦房

---

① 审理法院：福建省福州市中级人民法院，案号：（2017）闽 01 民终 6299 号。

地产开发有限公司诉至法院。法院认为，双方当事人签订的《商品房买卖合同》应认定系双方当事人的真实意思表示，且内容不违反法律法规的禁止性规定，系有效合同，双方均需依约履行。现林某佑已依约按期支付全部购房款，依照《中华人民共和国合同法》第136条："出卖人应当按照约定或者交易习惯向买受人交付提取标的物单证以外的有关单证和资料"的规定，华浦公司作为出卖人应为林某佑出具销售不动产统一发票。现林某佑诉请华浦公司出具销售不动产统一发票，于法有据，法院予以支持。

评析： 民法典第599条延续了《合同法》第136条的内容，规定了出卖人在买卖合同中的从义务，也即除交付标的物、转移所有权外，出卖人还应按照约定或者交易习惯，向买受人交付提取标的物的单证以外的有关单证和资料。实践中，这些单证可以为保修卡、使用说明书、发票等。这些单证的交付尽管不会影响买卖合同本身的履行，但是会影响买受人对标的物的所享有的特定权利的行使。具体来说，根据《最高人民法院关于审理买卖合同纠纷案件适用法律问题的解释》第7条的规定，这些单证和资料主要应当包括保险单、保修单、普通发票、增值税专用发票、产品合格证、质量保证书、质量鉴定书、品质检验证书、产品进出口检疫书、原产地证明书、使用说明书、装箱单等。

> ▶▶ **第六百条**　出卖具有知识产权的标的物的，除法律另有规定或者当事人另有约定外，该标的物的知识产权不属于买受人。

🏛 条文要义

本条是对买卖合同知识产权保留条款的规定。

出卖具有知识产权的标的物的，除了法律另有规定或者当事人另有约定之外，该标的物的知识产权并不随同标的物的所有权一并转移于买受人。这就是"知识产权保留条款"，其规范目的在于保护知识产权人的权利，防止知识产权被侵犯。例如购买著作权人享有著作权的作品，只能买到这本书，而不能买到这本书的著作权，著作权仍然保留在作者手中。同样，购买专利产品，买受人买不到专利权；购买著名品牌的商品，买受人也买不到该商品的商标权。

🏷 案例评析

金某红与河北省泊头市普惠仪表有限公司买卖合同纠纷案①

案情： 泊头市普惠仪表有限公司（被告）的代理人孟某周与金某红签订了一份

---

① 审理法院：陕西省澄城县人民法院，案号：（2014）澄民初字第00760号。

《IC卡智能水表供货合同》，约定金某红（原告）向该公司出售智能水表，货款共45万余元，水表分别安装于4个社区。截至2015年5月14日，蒲白煤化实业有限公司已向被告支付了南桥、北矿、南井头三个社区的全部工程款，马村矿社区因涉及破产清算工作，未完全支付工程款。2012年7月，需方完成水表安装工程后，供方在催要水表款无果的情况下，利用技术手段，限制水表使用。需方又对供方的软件解码，保证水表正常使用。由此，金某红将泊头市普惠仪表有限公司诉至法院，要求其承担违约责任。就原告利用技术手段控制水表，被告通过第三方解码服务，是否构成违约的问题，法院认为，《中华人民共和国合同法》第137条规定，出卖具有知识产权的计算机软件等标的物的，除法律另有规定或者当事人另有约定的以外，该标的物的知识产权不属于买受人。本案的IC卡智能水表载有原告的计算机软件知识产权，智能水表出卖于被告后，该知识产权依然为原告所有，原告有管理使用的权利。原告在被告未能按照合同约定履行付款义务时，可以利用自己的技术控制水表，以维护合法债权，不构成违约。另外，即使原告的水表软件服务存在问题，被告可以协商、诉讼等方式要求原告承担继续履行、采取补救措施、赔偿损失的违约责任，但被告未经原告同意，自行解码，侵犯了原告的知识产权，被告的行为具有违法性，其产生的费用，本院不予支持。

评析： 民法典第600条延续《合同法》第137条的内容，规定了买卖合同知识产权保留条款，也即出卖具有知识产权的计算机软件等标的物的，除另有约定或法律规定外，不转移知识产权权利的归属。这条规定的规范目的在于保护知识产权人的权利，防止知识产权被侵犯。在本案中，涉案标的IC卡智能水表载有原告的计算机软件知识产权，智能水表出卖给被告后，该知识产权依然为原告所有，因而原告可以通过自己的技术手段控制水表，即使原告的水表软件服务存在问题，被告也不能通过自行解码的方式，绕过原告的知识产权防护措施，被告的行为侵犯了原告的知识产权，具有违法性。法院据此判定原告该行为并不构成违约，事实证据充分，于法有据。

> ▶▶ **第六百零一条** 出卖人应当按照约定的时间交付标的物。约定交付期限的，出卖人可以在该交付期限内的任何时间交付。

🏛 条文要义

本条是对出卖人按照时间交付标的物的规定。

出卖人应当按照约定的时间交付标的物，时间是约定的期日，出卖人应当在该期日交付标的物。约定交付期限的，即约定了交付的起始日到终止日的，出卖人可以在该交付期限内的任何时间交付，但应当在交付前通知买受人。出卖人提前交付标的物的，应当取得买受人的同意，否则买受人可以拒绝受领，但提前交付不损害买受人的利益的除外。出卖人提前交付给买受人增加费用的，由出卖人负担。

案例评析

贵阳创艺房地产开发有限公司与朱某商品房销售合同纠纷案①

案情： 原告朱某与被告贵阳创艺房地产开发有限公司签订一份《商品房买卖合同》，约定原告购买被告建设的某房产。房屋买卖合同约定了分期付款的方式，逾期2月不交房的，买受人有权退房，要求继续履行合同的，违约金为每日万分之零点五，基数为全部已付款。该合同签订后，原告按约支付了房款，但被告未能按期交房。2015年7月24日，被告在《贵阳晚报》刊登"交房通知"，通知购买创艺时代主城的业主办理收楼手续。嗣后，原告因与被告协商赔付逾期交房违约金事宜未果，遂诉至法院。法院认为，合同签订后，原告朱某按约支付了购房款，但被告未按照合同约定向原告交付房屋，已构成违约，应当向原告承担逾期交房的违约责任。现双方争议焦点之一为该违约金计算的起止时间。被告虽辩称逾期时间应予扣除88天，但其向法院提交的"2012年—2014年停工证明"罗列事项，不属于不可抗力或其他可以延期交房的法定事由，故对被告此辩称，法院不予采信。根据双方合同约定，被告交付房屋的期限为2014年10月30日前，但直至2015年7月24日被告方才履行交付房屋义务，故被告逾期时间应从双方约定交房最后期限次日起算至2015年7月23日，共计264日。

评析： 民法典第601条延续了《合同法》第138条的内容，规定了买卖合同的交付时间，即出卖人应当按照约定的时间交付标的物。有约定交付期限的，可以在任意期限内交付，提前交付的应当取得买受人的同意，除提前交付不损害买受人的利益的买受人可以拒绝受领。延迟交付的也应当获得买受人的同意，否则无其他免责事由则构成违约。通常约定交付期限还与违约金的起算点密切相关。在本案中，被告向法院提交的"关于贵阳市在中高考期间加强噪声污染监督管理的相关新闻稿件组成的一份'2012年—2014年停工证明'"，以证明逾期交房是因为政府原因导致，从而主张免责。但是法院认为，停工情况属于一般情况，是房开企业可以预料的事项，不属于不可抗力或其他可以延期交房的法定事由，也不属于双方合同约定的工期顺延事由，从而判决不应顺延扣除该部分的交付房屋的时间。

> ▶▶ **第六百零二条**　当事人没有约定标的物的交付期限或者约定不明确的，适用本法第五百一十条、第五百一十一条第四项的规定。

---

① 审理法院：贵州省贵阳市中级人民法院，案号：（2017）黔01民终6839号。

🏛 条文要义

本条是对未约定标的物交付期限或约定不明确时的确定方法的规定。

当事人未约定标的物的交付期限或者约定不明的，按照以下顺序确定的方法进行：（1）依据民法典第510条的规定，双方可以进行协议补充，确定交付期限。（2）如果双方不能达成补充协议的，按照合同有关条款、双方当事人或行业间的交易习惯确定。（3）经（1）（2）步骤仍然不能确定交付期限的，依据民法典第511条第4项的规定，债务人可以随时交付标的物，债权人也可以随时要求债务人履行合同，但是应当给买受人或者出卖人以必要的准备时间。

💣 案例评析

洪某昂等与王某均合同纠纷案①

案情：2007年6月6日至2014年7月23日期间，中山品上公司的股东有洪某昂、叶某平、江某强等人，该公司于2014年7月24日变更为深圳伽伟公司。2014年7月22日，洪某昂等（原告）共同签订《退货申请确认单》，约定王某均、邵某丽（被告）分别向中山品上公司退货60万元、42万元。当天，中山品上公司全体股东共同与深圳伽伟公司签订了关于中山品上公司的股权转让协议，协议约定，中山品上公司全体股东将公司100%股权转让给深圳伽伟公司。嗣后，洪某昂等与王某均和邵某丽就退货协议产生争议，起诉至法院主张解除合同。法院认为，依据《中华人民共和国合同法》第139条"当事人没有约定标的物的交付期限或者约定不明确的，适用本法第六十一条、第六十二条第四项的规定"，第62条"当事人就有关合同内容约定不明确，依照本法第六十一条的规定仍不能确定的，适用下列规定：……（四）履行期限不明确的，债务人可以随时履行，债权人也可以随时要求履行，但应当给对方必要的准备时间。……"的规定，洪某昂、叶某平、江某强、陈某立可以随时要求王某均履行退货义务。洪某昂、叶某平、江某强、陈某立一审辩称王某均迟延退货导致不能实现合同目的，但并未提供证据证明其已通知王某均退货，而王某均经催告后在合理期限内仍未履行，或者王某均明确表示不履行退货义务，且王某均一、二审均表示愿意履行退货义务，故洪某昂、叶某平、江某强、陈某立要求行使法定解除权，理由不成立。

评析：民法典第602条延续了《合同法》第139条的内容，规定了交付期限的推定，也即未约定交付期限或约定不明确的，须首先通过协议补充，未达成补充协议的，可以根据合同条款或交易习惯确定，根据这些仍未确定的，出卖人可以随时交付标的物，买受人也可以随时要求履行。在本案中，洪某昂等签订《退货申请确

① 审理法院：广东省中山市中级人民法院，案号：（2017）粤20民终6176号。

认单》，约定王某均和邵某丽各退货 60 万元和 42 万元。但是在退货申请确认单中，当事人多方并未约定退货履行期限。因而依据民法典第 602 条的规定，出卖人可以随时要求履行退货义务，但并未提供证据证明其已通知王某均履行退货义务，同时根据法律规定，该退货通知必须给买受人留有一定的时间。故而，当买受人愿意履行退货义务时，出卖人不得以此行使法定合同解除权。

> ▶▶ **第六百零三条**　出卖人应当按照约定的地点交付标的物。
>
> 当事人没有约定交付地点或者约定不明确，依据本法第五百一十条的规定仍不能确定的，适用下列规定：
>
> （一）标的物需要运输的，出卖人应当将标的物交付给第一承运人以运交给买受人；
>
> （二）标的物不需要运输，出卖人和买受人订立合同时知道标的物在某一地点的，出卖人应当在该地点交付标的物；不知道标的物在某一地点的，应当在出卖人订立合同时的营业地交付标的物。

🏛 条文要义

本条是对买卖合同标的物交付地点的规定。

买卖合同标的物交付地点的确定方法是：

1. 出卖人应当按照约定的地点交付标的物。约定在哪里交付，哪里就是交付地点。

2. 当事人没有约定交付地点或者约定不明确，依据民法典第 510 条的规定，进行补充协商，协商确定的交付地点为交付地点。

3. 通过补充协商仍然不能确定交付地点的，适用下列规则：（1）标的物需要运输的，出卖人应当将标的物交付给第一承运人以运交给买受人，交付第一承运人的地点为交付地点；（2）标的物不需要运输，出卖人和买受人订立合同时知道标的物在某一地点的，出卖人应当在该地点交付标的物，该地点为交付地点；不知道标的物在某一地点的，应当在出卖人订立合同时的营业地交付标的物，出卖人订立合同时的营业地是交付地点。

🌑 案例评析

韩某红与李某朋买卖合同纠纷案①

案情：原告李某朋与被告韩某红口头达成协议，约定李某朋自韩某红处购买葡

---

① 审理法院：山东省济南市中级人民法院，案号：（2018）鲁 01 民终 660 号。

葡糖酸钠及丙烯酸。过后，李某朋通过银行转账的方式支付韩某红货款及运费共计53 800元，并通过手机短信的方式告知韩某红交付货物的地点及联系人。韩某红回复短信内容为："车来了，司机15×××593，……共53 800元，您再核对下吧"。李某朋未收到韩某红所交付的货物，于是向法院起诉要求解除合同并退还货款及运费。法院认为，李某朋、韩某红之间口头达成买卖关系，李某朋向韩某红除支付货款还另外支付运费的事实，说明其系委托韩某红代办托运，韩某红应按照李某朋的要求将涉案货物交付承运人。但韩某红提交的鹏森物流货物运单中并没有记载李某朋短信中指定的收货人肖某军及其联系方式，也没有记载李某朋的名字及联系方式，该物流运单收货人处空白，故不能证明韩某红已按约定履行了向李某朋交付货物的义务，物流公司最终向谁交付货物系取决于韩某红的指令，李某朋至今亦未收到涉案货物。据此，法院判决韩某红退还李某朋货款及运费共计53 800元。

评析：民法典第603条延续了《合同法》第141条的内容，规定了交付地点规则，也即有约定从约定，需要运输的交付给第一承运人的地点为交付地点，不需要运输的，则以订立合同时双方所知的地点为交付地点或以出卖人订立合同时的营地为交付地点。但在实践中可能遇见双方未以书面形式确定交付地点，也未以书面形式确定是否需要承运，此时应当结合是否需要支付运费来判断双方对承运方式的理解。譬如在本案中，买受方和出卖方实际并未达成书面买卖合同，但从支付的款项不仅包括货款也包括运费可以说明双方对标的物需要运输这一事实予以认可，出卖方应按照买受方的要求将涉案货物交付承运人。法院据此判决韩某红违约并退还李某朋货款及运费，于法有据，合情合理。

> ▶▶第六百零四条　标的物毁损、灭失的风险，在标的物交付之前由出卖人承担，交付之后由买受人承担，但是法律另有规定或者当事人另有约定的除外。

🏛 条文要义

本条是对买卖合同标的物意外灭失风险负担规则的规定。

买卖合同标的物意外灭失风险负担规则，是指对买卖合同标的物由于不可归责于双方当事人的事由而毁损、灭失所造成的损失应当由谁承担的规则。

买卖合同标的物意外灭失风险负担规则分两项子规则。

1. 当事人约定的规则。标的物意外灭失风险负担的规则可以由当事人约定。当事人约定风险负担的，按照当事人的约定处理。

2. 法律规定的规则。当事人没有特别约定的，应当按照法律规定的风险负担的一般规则处理，即标的物毁损、灭失的风险依标的物的交付而转移，即标的物在交付之前发生意外灭失风险的，风险由出卖人承担；标的物在交付之后发生意外灭失风险的，风险由买受人承担。

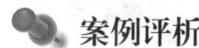 **案例评析**

林某生诉福州优加机械有限公司等买卖合同纠纷案①

案情： 原告优加公司与林某生被告签订了装载机买卖合同，总价 27 万余元，首付款 6 万元，其余款项分 7 期付款。若林某生逾期支付任何款项，则视为合同项下全部款项均已到期，且优加公司有权要求林某生自逾期付款之日起按照所欠款项的日 1‰支付违约金。合同签订后，优加公司依约向林某生交付了合同约定的装载机，林某生亦出具物件接收证书，确认收到合同约定的装载机。2017 年 11 月 22 日，林某生的工人马某兴等人被人催讨债务时，该装载机被拖走，林某生以此为由拒绝支付尾款。双方发生纠纷，诉至法院。法院认为，案涉《买卖合同》签订之后，优加公司依约向林某生交付了装载机，林某生业已接收、使用装载机并取得所有权，依照《中华人民共和国合同法》第 142 条关于"标的物毁损、灭失的风险，在标的物交付之前由出卖人承担，交付之后由买受人承担，……"的规定，装载机的毁损、灭失风险在交付之后已转由林某生承担，并不能成为买受人拒付货款的理由，故对于林某生以装载机被人拖走为由拒付欠付货款的辩称，本院不予采纳。

评析： 民法典第 604 条延续了《合同法》第 142 条以及《买卖合同司法解释》第 12 条的内容，规定了标的物毁损、灭失的风险，除法律规定和当事人约定以外，标的物毁损、灭失的风险与标的物交付规则相统一，标的物在交付之前发生意外灭失风险的，风险由出卖人承担；标的物在交付之后发生意外灭失风险的，风险由买受人承担。在本案中，林某生与优加公司签订的分期付款买卖合同，装载机于首付款后交付，同时该装载机毁损、灭失的风险就由优加公司转移至林某生。因而之后发生的装载机被扣押而不能使用的风险也应当由林某生承担，而与优加公司无关。何况，林某生可待该案侦查结束后，基于其对装载机所享有的所有权向实际取走人主张返还。因而林某生以此为由拒付货款的辩称，于法无据。

> ▶▶**第六百零五条**　因买受人的原因致使标的物未按照约定的期限交付的，买受人应当自违反约定时起承担标的物毁损、灭失的风险。

🏛 条文要义

本条是对买受人原因致交付期限违约标的物意外灭失风险负担的规定。

依据民法典 604 条的规定，买卖合同标的物意外灭失风险可以由当事人约定，

当事人未约定或约定不明的，标的物的灭失风险在其交付前由出卖人承担，在其交付后由买受人承担。在买卖合同履行过程中，如果出卖人已经按照约定将标的物运送至买受人指定的地点，并且交付给承运人的，之后的标的物意外灭失风险由买受人负担，承担后果责任。但若因买受人的原因致使标的物未能按照约定期限交付的，此时出卖人不应承担标的物意外灭失的风险，该风险应由买受人承担。否则就可能无故扩大出卖人的风险承担范围，出现不公平的结果。但若当事人在合同中有特别约定的，应当按照当事人的约定确定由哪一方负担标的物意外灭失的后果。

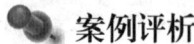 **案例评析**

湛江市超越汽车有限公司与湛江通远船舶工程有限公司
买卖合同纠纷案①

案情：2015 年 11 月 13 日，原告通远公司与被告超越公司达成口头买卖车辆的协议。约定：通远公司向超越公司购买南京依维柯汽车一辆，车价为 12.8 万元，通远公司付款后超越公司要在 10 天内交付汽车给通远公司。2015 年 11 月 21 日，南京赛福特汽车服务有限公司给超越公司发来一辆南京依维柯 NJ6484 型汽车。2016 年 8 月 12 日，通远公司向超越公司发出因后者未交付汽车而解除买卖汽车协议的通知，并要求超越公司退还预付款。超越公司并未作出回应，也未退还预付款。嗣后，通远公司将超越公司诉至法院，超越公司反诉要求通远公司支付车辆保管费用。法院认为，关于通远公司应否支付保管费及应支付多少保管费给超越公司的问题，如前所述，超越公司已履行了通知通远公司提车的义务。通远公司没有将车提走，导致超越公司承担保管涉案车辆的责任，通远公司应支付保管费给超越公司。超越公司没有证据证明该公司与通远公司之间达成按每天 100 元的标准支付保管费的协议，参照本地收取停车费的标准，并结合本案的具体情况，酌定通远公司按每天 20 元的标准支付保管费。超越公司主张保管费从 2015 年 12 月 1 日起计至通远公司实际提车之日止，故通远公司应从 2015 年 12 月 1 日起至该公司实际提车之日止，按每天 20 元的标准向超越公司支付保管费。超越公司上诉主张保管费从 2015 年 12 月 1 日起至通远公司实际提车之日止，按每天 100 元的标准支付，超出部分，本院不予支持。

评析：民法典第 605 条延续了《合同法》第 143 条的内容，规定了因买受人原因意外灭失风险负担规则的规定，买卖合同的履行中除不可归责于买受人或出卖人的意外之外，还有可能因买受人原因产生的一些导致标的物出现毁损或灭失的风险，特别是当因买受人的原因导致的标的物未按照约定的期限交付的，则从此时起，买受人应当承担标的物毁损、灭失的风险，而不再遵循标的物交付规则由出卖人承担。

---

① 审理法院：广东省湛江市中级人民法院，案号：（2017）粤 08 民终 144 号。

在本案中，尽管该车并未出现毁损、灭失的风险，但是根据该条规定的精神可以得出，当因买受人的原因而发生给付迟延时，买受人应当承担由此产生的保管费用。通远公司因自己的原因并未提车而致使超越公司产生了多余的保管费用，由此其应当承担自迟延交付之日起的保管费用。

> ▶▶ **第六百零六条** 出卖人出卖交由承运人运输的在途标的物，除当事人另有约定外，毁损、灭失的风险自合同成立时起由买受人承担。

🏛 条文要义

本条是对在途买卖合同标的物意外灭失风险负担的规定。

出卖人出卖交由承运人运输的在途标的物，是指出卖人享有所有权的标的物，已经交由承运人运输，处于在途运输，在此期间，出卖人与买受人签订买卖合同，将该标的物的所有权出卖给买受人的情形。这种情形称为路货买卖，例如出卖人将标的物装上开往某地的运输工具如轮船，在运输途中寻找买主订立买卖合同。按照指示交付的规则，自该合同成立之时，就完成了指示交付，标的物的所有权发生转移。因此，该买卖合同的标的物发生毁损、灭失的风险，自该买卖合同成立时起，由买受人承担后果。如果卖方在订立合同时知道或者应当知道货物已经遗失或者损坏，而又不将这一事实告知买方，则这种遗失或者损坏后果应当由卖方承担。

💭 案例评析

任某国与重庆发久商贸有限公司买卖合同纠纷案①

案情： 被告任某国为重庆发久商贸有限公司河北省邯郸分公司负责人，与发久公司签订了为期3年的太白酒经销合同，先款后货。合同履行期间，发久公司数次向任某国提供了价值90万元左右的太白酒，实际上在合同履行期间没有执行先款后货。过后因为任某国接受产品后拒绝支付货款，发久公司将其诉至法院。发久公司提交了出库单和货物运单，后者载明，斯某勇（发久公司员工）在2012年9月3日将700件货物交金永配货服务站运送至邯郸交任某国收取，但该运单"提货人"栏无签名。法院认为，本案争议焦点是任某国是否收到2012年9月4日发久公司通过金永快递公司托运的700件货物。根据任某国与发久公司签订的《诗仙太白酒经销合同》，双方根据不同的交付方式约定了两种交货方式：一是需方自提，二是由供方代办运输，交货地点在供方库房。双方讼争的700件货物，发久公司依照

---

① 审理法院：重庆市高级人民法院，案号：（2015）渝高法民申字第00869号。

约定代办运输，后交付金永快递公司承运，货运单表明其作为出卖人的交付义务已经完成。代办运输也说明运输合同的真正托运人是任某国，而非发久公司。至于任某国是否收到该批货物，是任某国与金永快递公司之间的关系，如其确实未收到该批货物可以向金永快递公司而非发久公司主张权利。因而，法院认为，任某国关于其没有收到 2012 年 9 月 4 日发久公司通过货运公司托运的 700 件货物的辩称不能成立。

评析： 民法典第 606 条延续了《合同法》第 144 条的内容，规定了在途标的物的风险负担规则，即当买卖的标的物为在途标的物时，除当事人另有约定外，毁损、灭失的风险自合同成立时起由买受人承担。在途标的物，是指在买卖合同签订之时，标的物已经交由承运人运输，处于运输途中。这类案件的争议焦点往往在于涉案的标的物是否交由承运人。在实践中，通常以货物运单等为证明交付给承运人的证据。譬如，涉案的 700 件商品酒是否已交由承运人，发久公司提供了一张货物运单，该运单载明发久公司员工已将涉案 700 件商品酒交由金永配货服务站，但提货人处并无签名。这就证明了出卖人的交付义务已完成，至于原告是否收到该批货物，则应由原告与承运公司协商解决。因而原告不能以其未收到托运的商品酒为由拒绝支付货款。

> ▶▶ **第六百零七条** 出卖人按照约定将标的物运送至买受人指定地点并交付给承运人后，标的物毁损、灭失的风险由买受人承担。
>
> 当事人没有约定交付地点或者约定不明确，依据本法第六百零三条第二款第一项的规定标的物需要运输的，出卖人将标的物交付给第一承运人后，标的物毁损、灭失的风险由买受人承担。

🏛 条文要义

本条是对出卖人将标的物交付给承运人后，标的物意外灭失的风险负担的规定。与《合同法》第 145 条规定相比较，增加了第 1 款规定的"标的物运送至买受人指定地点并交付给承运人后，标的物毁损、灭失的风险由买受人承担"的新规则。该规则原来规定在民法典合同编草案第 604 条第 2 款，民法典将其移至本条第 1 款。

买卖合同的当事人没有约定标的物的交付地点或者约定不明确，如果是属于民法典第 603 条第 2 款第 1 项关于"标的物需要运输的，出卖人应当将标的物交付给第一承运人以运交给买受人"规定的，自出卖人将标的物交付第一承运人之后，就完成了标的物的交付义务，该标的物的所有权发生转移，由买受人享有。交付之后的标的物毁损、灭失的风险发生了转移，也由出卖人转移给买受人，交付之后的标的物发生了毁损、灭失的，由买受人承担后果。

案例评析

陈某与未某卿买卖合同纠纷案①

案情： 陈某（原告）通过网上交易平台从未某卿处购买白色木质板双人床，并向未某卿（被告）支付货款。双方微信聊天记录显示出卖人"不包运输"。陈某通过网上交易平台指定58速运为承运人负责涉案货物的运输。过后，陈某在拼装床板时发现缺少了一块床板，双方因此发生争议，陈某向未某卿通知解除合同，并要求其拉回床板，双方就此对簿公堂。法院认为，陈某与未某卿系通过网上交易平台订立的买卖合同，双方在网上交易平台中达成一致的内容应属合同条款，对双方均具有约束力。根据业已查明的事实，陈某与未某卿在交易中确认涉案货物不包运输，且未某卿向陈某提供的地址为"海淀清河龙岗路××小区×高楼××××"，结合陈某通过58速运平台联系承运人，且将货物始发地标注为"××小区（海淀清河龙岗路××小区×高楼××××）"的行为，可以认定双方已对货物的交付地点达成一致，即"海淀清河龙岗路××小区×高楼××××"。就解除合同问题而言，因双方明确约定了交货地址，未某卿在上述地址将货物交付给承运人后，未某卿即完成了交付义务，并且由于双方约定货物不包运输，因此合同价款也仅为货物价款，故无论从双方的约定还是从合同的对价来看，并无证据显示未某卿负有将货物搬运至楼下或装车的合同义务，未某卿主张其仅属好意帮助的意见本院予以采信。因此，陈某以未某卿未全面履行合同义务为由主张解除合同，缺乏事实和法律依据，本院不予支持。

评析： 民法典第607条规定了交付地点约定不明而须运输的标的物的风险负担规则，也即当交付地点约定不明而标的物需要运输的，标的物毁损、灭失的风险自交付给第一承运人后由出卖人转向买受人承担。在互联网交易愈发发达的当今，与过往相比，在确定交付地点时存在更多的证据加以证明。譬如在本案中，尽管原被告在微信聊天记录中并未说明交付地址，但是结合第三方交易平台的记录可以发现陈某已向承运人提交了货物始发地，而该始发地与未某卿提供的地址相同，因而可以认为双方已就交付地点达成了共识。既然双方已经就交付地点达成共识，则涉案纠纷不能适用民法典第607条的规定。

▶▶ **第六百零八条** 出卖人按照约定或者依据本法第六百零三条第二款第二项的规定将标的物置于交付地点，买受人违反约定没有收取的，标的物毁损、灭失的风险自违反约定时起由买受人承担。

---

① 审理法院：北京市第二中级人民法院，案号：（2017）京02民终11498号。

🏛 条文要义

本条是对买受人未收取买卖标的物意外灭失风险负担的规定。

当事人对买卖合同的标的物交付地点没有约定或者约定不明确，交付的标的物又不需要运输的，如果出卖人和买受人订立合同时知道标的物在某一地点的，出卖人应当在该地点交付标的物；不知道标的物在某一地点的，应当在出卖人订立合同时的营业地交付标的物。当出卖人将标的物放置在订立合同时知道的标的物所在地的，或者不知道标的物在某一地点而放置在出卖人订立合同的营业地的，都是符合法律规定的交付行为，这就是在特定地点交付标的物。出卖人将标的物置于上述两个交付地点之一，就完成了交付，发生标的物的所有权移转，同时也发生了标的物意外灭失风险负担的转移。如果买受人违反约定没有收取已经交付的标的物的，则自买受人违反约定之日起，标的物的毁损、灭失风险转移给买受人，由买受人承受标的物毁损、灭失后果。

🍡 案例评析

龙岩市新特贸易有限公司诉龙岩市新罗区矿业管理办公室等买卖合同纠纷案①

案情： 罗某平以新特公司黄洋分公司（受托方、被告）的法人代表名义与新罗矿管办（委托方、原告）签订了一份收购铅锌矿石合同，款项上缴国库。同时，罗某平以黄洋选矿厂的名义出具便条一份注明收到无证矿点铅锌矿559.2吨。经检验，该矿的平均出矿价格为160/吨。过后，这一部分铅锌矿被判决予以没收，上缴国库。另外，新特公司与罗某方签订了租赁协议，租赁黄洋选矿厂的厂房、设备、备品备件。同时，经督查，新罗矿管办认为黄洋选矿厂未履行《委托书》约定的义务，导致原堆放场内已搭盖临时建筑，委托黄洋选矿厂收购的铅锌矿已灭失，故诉至法院。法院认为，罗某平与新罗矿管办签订的《委托书》实际是出售给罗某平，因而该案应当为买卖合同纠纷。本案中罗某平出具了《便条》，表明已经收到了铅锌矿559.2吨，收到"过磅单20张"也表明货物数量已经确定，标的物已经交付，标的物毁损、灭失的风险已经转移给买受人罗某平。虽然查扣的铅锌矿并未放置在罗某平经营的黄洋选矿厂内，但铅锌矿堆放的地点在龙岩市新罗区下鲜帮溪畔双方都是清楚的，《中华人民共和国合同法》第146条规定，"出卖人按照约定或者依照本法第一百四十一条第二款第二项的规定将标的物置于交付地点，买受人违反约定没有收取的，标的物毁损、灭失的风险自违反约定之日起由买受人承担。"标的物因罗某平未及时收取导致毁损、灭失，亦应由罗某平自行承担。

---

① 审理法院：福建省龙岩市中级人民法院，案号：（2017）闽08民终1797号。

评析：民法典第 608 条延续了《合同法》第 146 条的内容，规定了买受人未收受买卖标的物意外灭失的风险规则。若出卖人和买受人已约定了交付地点，则交付须按约履行。若出卖人和买受人对标的物交付地点没有约定或者约定不明的，标的物不需要运输的，则出卖人应当在订立时双方均知晓的地点交付标的物，或应当在出卖人营业地交付标的物。若标的物需要运输的，则交付在出卖人交付标的物给第一承运人时完成。在本案中，罗某平和新罗矿管办对于铅锌矿堆放于新罗区下鲜帮溪畔的事实均已知晓，尽管查扣的铅锌矿并未放置在罗某平经营的黄洋选矿厂内，但是根据民法典第 603 条的规定，在双方当事人对交付地点并无约定的情况下，应当以订立合同时双方均知晓的地点交付标的物。因而涉案标的物铅锌矿已交付完毕，罗某平应就其未及时收取所导致的铅锌矿的毁损、灭失自行承担责任。

▶▶ **第六百零九条　出卖人按照约定未交付有关标的物的单证和资料的，不影响标的物毁损、灭失风险的转移。**

🏛 条文要义

本条是对未交付标的物单证和资料的意外灭失风险负担的规定。

在动产买卖合同中，出卖人交付了买卖合同的标的物，就转移了标的物的所有权。尽管依据民法典第 599 条的规定，在交付标的物的同时，还应当根据当事人约定和交易习惯一并交付标的物的单证和资料，但交付单证和资料只是主义务的辅助义务，并非所有权转移的方式，也即没有交付单证和资料，并不意味着权属没有转移。交付单证和资料仅仅是从义务，而不是主义务。动产交易只要完成交付标的物的主义务，标的物的所有权就发生转移。因此，不能因为有关单证和资料没有交付而认为交付没有完成。既然标的物的所有权已经发生转移，标的物意外灭失风险当然也就由买受人负担，由买受人承担标的物意外灭失风险的后果。

🎯 案例评析

中商华联科贸有限公司与昌邑琨福纺织有限公司买卖合同纠纷申请再审案[①]

案情：原告琨福公司与被告华联公司通过传真形式签订《棉花销售合同》一份，约定购买 20 箱棉花。华联公司通过传真将《货权转移证明》发送给琨福公司，通过传真向琨福公司发出提货提示。在履行过程中，置有涉案货物的仓库发生火灾，部分货物被烧毁。琨福公司从锦泰公司提取了剩余货柜 5 箱 750 件。过后，琨福公司以华联公司为被告向山东省潍坊市中级人民法院提起本案诉讼，请求继续履行。法

[①]　审理法院：最高人民法院，案号：（2013）民提字第 138 号。

院认为，本案双方当事人对于什么内容的"货权转移手续"可以满足向仓储方的提货要求各执一词，琨福公司不认可华联公司关于"货权转移手续"即是《货权转移证明》的主张。根据双方签订的《货物储运合同》，提货时须正式出库单，发货完毕须承办人签字。要有锦泰公司提供的正式出库单，发货完毕要由承办人签字方可放行。可见，仓储保管人锦泰公司对于本案所涉货物的提货手续有着具体明确的要求，应包括正式出库单和提货单。本案中的《货权转移证明》既非出库单也非提货单，华联公司关于琨福公司持有《货权转移证明》传真件即可提取货物的主张既不符合法律规定，也不符合当事人《货物储运合同》的相关约定，该主张不能成立。综上，本案中琨福公司已将 7 653 469.22 元货款支付给华联公司，华联公司应依约在收到货款后向琨福公司办理全部货权转移手续，但华联公司仅向琨福公司发送《货权转移证明》，而未能交付出库单或提货单，没有完成办理交付货权所需的全部手续，应承担违约责任。

评析： 民法典第 609 条延续了《合同法》第 147 条的内容，规定了未交付有关标的物的单证和资料时标的物毁损、灭失风险的规定。依据民法典第 604 条的规定，标的物毁损、灭失风险转移与标的物所有权的转移一致。实践中可能引发争议的是何为不影响标的物交付的单证，譬如涉案纠纷中的双方当事人即对何为标的物交付必需的提货手续产生争议。依据民法典第 908 条、第 910 条的规定，存货人交付仓储物的，保管人应当出具仓单。仓单是提取仓储物的凭证。存货人或者仓单持有人在仓单上背书并经保管人签名或者盖章的，可以转让提取仓储物的权利。因而涉案合同中约定的"货权转移手续"应当包括仓单、提货单或者出库单，并且出卖人也未提供证据证明双方当事人之间存在可以使用其他凭证作为标的物交付的交易习惯。因而，法院认定《货权转移证明》的交付并不能引起标的物交付的法律效果，于法有据。

> ▶▶ **第六百一十条** 因标的物不符合质量要求，致使不能实现合同目的的，买受人可以拒绝接受标的物或者解除合同。买受人拒绝接受标的物或者解除合同的，标的物毁损、灭失的风险由出卖人承担。

🏛 条文要义

本条是对质量根本违约拒绝受领权、解除权及意外灭失风险负担的规定。

在买卖合同中，出卖人交付的标的物不仅不符合质量要求，而且还致使不能实现合同目的，即构成标的物质量的根本违约的，买受人享有拒绝受领权和合同解除权，可以行使拒绝受领权，并不构成违约；也可以直接行使解除权而解除合同，使合同归于消灭，保护自己的合法权益。买受人拒绝接受标的物或者解除合同的，标的物的毁损、灭失风险由出卖人承担。

案例评析

高某诉云南兴林汽车贸易有限公司买卖合同纠纷案①

案情：陈某向云南兴林汽车贸易有限公司（本案被告）购买了一辆越野车，使用数月后，其委托案外人代其出售该车并交付给高某（本案原告）。过后，案外人甘某工在使用该车时肇事并造成该车受损，为此引发高某和保险公司之间的纠纷。保险合同纠纷案审理中，鉴定报告显示修复费用为人民币9万余元。嗣后，高某将云南兴林汽车贸易有限公司诉至法院，称其购买的并非新车，出售行为属于欺诈行为，出卖方应承担民事责任。就出卖物的瑕疵担保责任，法院认为，被告作为本案买卖关系中的出卖人，其依法负有标的物瑕疵担保责任。根据法律对标的物质量约定不明确的规定，出卖人应当按照国家标准、行业标准、通常标准或者符合合同目的的特定标准承担标的物质量瑕疵担保责任。由于原告在购车时并不知道车辆在出售前已经被第三人使用的事实，故应当认定原告购买的车辆应为符合国家标准、行业标准、通常标准的"新车"。实际履行过程中，被告将第三人已经使用过的车辆，在未向原告明示标的物质量瑕疵的前提下，将存在质量瑕疵的标的物交付原告的行为违反了法律对出卖人质量瑕疵担保责任的规定，相关法律后果在本案中依法应由被告承担。

评析：民法典第610条延续了《合同法》第148条的内容，规定了标的物的瑕疵担保责任，以及由此引起的风险负担规则。出卖人交付的标的物不仅不符合质量要求，而且还致使不能实现合同目的的，属于根本违约，此时买受人可以行使拒绝受领权，并要求解除合同，并不构成违约。实践中遇到的情况多为标的物质量并无约定的情况，譬如在本案中，买卖双方在合同中并未就交付车辆的质量进行约定。此时应当按照国家标准、行业标准、通常标准或者符合合同目的的特定标准对标的物质量瑕疵担保责任进行确定。法院据此认定原告购买的车辆应为符合国家标准、行业标准、通常标准的"新车"，被告所交付的第三人已经使用过的车辆，并未向原告明示标的物质量瑕疵，应当承担瑕疵担保责任，合情合理。

> ▶▶**第六百一十一条**　标的物毁损、灭失的风险由买受人承担的，不影响因出卖人履行义务不符合约定，买受人请求其承担违约责任的权利。

🏛 条文要义

本条是对标的物意外灭失风险负担不影响违约责任的规定。

标的物意外灭失风险负担，与承担违约责任是两种不同的规则，前者是由于买

卖合同的标的物发生不可归责于当事人的原因而意外灭失，法律判断这种意外灭失风险由哪一方负担的规则；后者是当事人一方违反合同义务，应当向对方承担违约责任，救济对方因违约而发生损害的规则。

这两种后果可能会发生重合，例如出卖人一方因自己的过失而违约，而其违约行为刚好阻碍了标的物所有权的转移。在这时，标的物毁损、灭失的风险由出卖人承担，但不影响因其履行义务不符合约定，买受人请求其承担违约责任的权利。再比如，出卖人交付标的物而未交付有关标的物的单证或资料，标的物的毁损、灭失风险虽然已经转移由买受人承担，但出卖人仍应负债务不履行的违约责任。

案例评析

闫某立与郝某伟、曹某买卖合同纠纷案[①]

案情：原告闫某立通过第三人山西易百通从郝某伟（被告）处购买了一台山重建机牌挖掘机。合同生效后，双方依约履行了付款和交车义务，闫某立收到挖掘机后在使用时，被不知名的第三方强行拖走，报案后经万荣县公安局予以追回。闫某立以郝某伟交付给闫某立的挖掘机不符合双方合同的约定（即保证合法拥有标的物的所有权，且标的物上不存在任何产权纠纷或债务纠纷）已构成根本违约，要求解除合同、赔偿损失。法院认为，闫某立、郝某伟、第三人山西易百通机械信息服务有限公司之间签订的《工程设备转让服务协议》是三方当事人的真实意思表示，不违反法律、行政法规的禁止性规定，合法有效。双方当事人均应按约定履行义务。现郝某伟已按约交付了挖掘机，闫某立作为买受人也缴纳了相应价款，双发就合同的相关义务已履行完毕，合同的目的也已实现。闫某立以郝某伟交付给闫某立的挖掘机不符合双方合同的约定，已构成根本违约，致使合同的目的无法实现且给闫某立造成了巨大的损失，要求解除合同。其请求不符合合同约定解除的条件和法律规定法定的条件，故对闫某立的请求，法院不予支持。关于闫某立要求返还购车款和赔偿损失的请求，因不符合合同解除的条件，其要求返还购车款和赔偿损失的请求，法院不予支持。

评析：民法典第611条延续了《合同法》第149条的内容，规定了标的物的瑕疵担保责任，以及由此引起的风险负担规则。标的物毁损、灭失的风险由买受人承担的，不影响因出卖人履行义务不符合约定，买受人要求其承担违约责任的权利。这也就是说，即使标的物已经交付，毁损、灭失的风险已转由买受人承担，但买受人依然享有请求出卖人因瑕疵履行而承担违约责任的权利。譬如在本案中，闫某立与郝某伟之间的挖掘机买卖合同已经履行完毕，该挖掘机的毁损、灭失的风险已转由闫某立承担，但是闫某立仍然可以要求郝某伟承担瑕疵履行的违约责任。然而由

---

① 审理法院：山西省忻州市中级人民法院，案号：（2018）晋09民终107号。

于在本案中，闫某立在购买案涉旧设备时应当知道该设备无发票、合格证，其应当对购买无发票、合格证的旧设备可能存在的风险有预判力。但涉案设备曾被第三方拖走的事实并不能证明第三方对该设备享有所有权，且该设备经公安机关追回并交还闫某立，并不影响闫某立占有使用，因而其解除合同的理由既无合同约定也不符合法定解除条件。

> ▶▶ **第六百一十二条** 出卖人就交付的标的物，负有保证第三人对该标的物不享有任何权利的义务，但是法律另有规定的除外。

🏛 条文要义

本条是对买卖合同标的物权利瑕疵担保的规定。

权利瑕疵担保又称追夺担保，是指出卖人担保其出卖的标的物的所有权完全转移于买受人，第三人不能对标的物享有任何权利的担保义务。这一规则要求的是，出卖人就交付的标的物负有保证第三人不得向买受人主张任何权利的义务。

出卖人违反权利瑕疵担保责任，应当承担违约责任。具体表现是：（1）出卖人出卖标的物为无权处分且不符合善意取得要件；（2）抵押人将已经设定抵押并办理了抵押登记的财产出卖给买受人，出卖人未通知抵押权人或者未告知买受人；（3）共有人出卖共有财产或者出卖共有财产中他人的份额；（4）出卖人向买受人出售第三人享有法定优先权的财产；（5）出卖人出售给买受人的财产上存在第三人的租赁权；（6）出卖人出售给买受人的财产，第三人可以根据知识产权主张权利或者要求的；（7）其他情形。

本条规定的法律另有规定的除外条款，是指如果专门法律对有权利瑕疵的标的物买卖作出特别规定的，则首先要适用该特别规定。

出卖人对标的物的权利瑕疵担保责任，与民法典物权编关于善意取得的规定相互联系。本条规定的是出卖人应当保障自己出卖的标的物第三人没有权利主张。物权编规定的善意取得制度，是一旦出现出卖人出卖标的物没有所有权或者没有处分权，由于第三人善意取得，而买受人不能取得标的物的所有权的，则应当按照物权编的规定，由第三人取得其所有权，买受人只能主张损害赔偿。如果第三人善意取得的主张不成立，则买受人能够取得买卖标的物的所有权。

🏵 案例评析

刘某喜与张某志买卖合同纠纷案①

案情： 张某志（甲方、被告）与刘某喜（乙方、原告）签订《购车协议》，约定

---

① 审理法院：吉林省延边朝鲜族自治州中级人民法院，案号：（2018）吉24民终90号。

购买一辆轿车，保证无经济纠纷、无违章、无任何法律纠纷。刘某喜交付购车款后，实际占有并使用该车辆。实际上本案车辆为被盗车辆而被公安局予以扣押，实际登记所有人为隗某春。现刘某喜将张某志诉至法院，主张双方签订的合同无效，张某志应返还给自己曾支付的购车款 108 000 元。法院认为，如前文所述，涉案车辆买卖合同应认定为有效，故本院对涉案合同效力问题不再赘述，而对涉案合同是否符合解除条件、进而应否支持原告返还购车款及赔偿利息损失的诉请进行审查。根据《中华人民共和国合同法》第 150 条关于标的物权利瑕疵担保的规定，出卖人张某志就交付的标的物即涉案买卖车辆，负有保证第三人不得向买受人即刘某喜主张任何权利的义务。在张某志与刘某喜于 2013 年 4 月 23 日签订的购车协议中，双方也约定保证此车手续真实合法，无经济纠纷、无违章、无任何法律纠纷。涉案车辆现因被广东省惠州市惠城区公安局认定为盗抢车辆而予以扣押，致使不能实现合同目的，根据《中华人民共和国合同法》第 148 条关于标的物瑕疵担保责任、第 94 条关于合同的法定解除以及第 97 条解除的效力的规定，涉案车辆买卖合同应予法定解除，刘某喜要求张某志返还购车款 108 000 元的诉请，有事实和法律依据，本院予以支持。

评析：民法典第 612 条延续了《合同法》第 150 条的内容，规定了标的物的权利瑕疵担保责任，与质量瑕疵担保责任相似，均是保护买受人的利益。简言之，出卖人应使买受人取得无瑕疵之物或权利，否则有失公平，且不利于交易的安全与稳定。因而当第三人可以向买受人主张权利时，出卖人应当就出卖的标的物存在的权利瑕疵向买受人承担违约责任。譬如在本案中，出卖人张某志应当就交付的标的物负保证第三人不得向买受人主张任何权利的义务，而该涉案车辆实为盗抢车辆，可以说出卖人出卖标的物为无权处分且不符合善意取得要件，所以出卖人应当就该权利瑕疵向买受人承担违约责任。

> ▶▶ 第六百一十三条 买受人订立合同时知道或者应当知道第三人对买卖的标的物享有权利的，出卖人不承担前条规定的义务。

🏛 条文要义

本条是对出卖人不承担标的物权利瑕疵担保责任的规定。

买卖合同的标的物权利瑕疵担保责任，是出卖人出卖标的物的主要义务之一，即须保障自己出卖的标的物的权属属于自己，第三人没有权利争议。反之，将要承担权利瑕疵担保责任。本条规定的是例外情形，即在本条规定的情形下，出卖人不承担权利瑕疵担保责任。

例外的情形是，在买卖合同订立时，出卖人出卖的标的物确实存在权利瑕疵，但是买受人知道或者应当知道第三人对买卖的标的物享有权利。如果出现这种情形，出卖人对出卖的标的物不负担权利瑕疵担保义务，买受人自负其责。

另外，买受人依据保护交易安全的规定，善意取得标的物的所有权的，出卖人也无须承担违反权利瑕疵担保的责任。

 案例评析

王某龙与翟某方买卖合同纠纷案[①]

案情： 原告翟某方购买了被告王某龙的一台二手挖掘机，被告承诺此车非盗抢车、纠纷车。但是该车实际上是案外人祖某利以按揭贷款的方式购买的，因案外人祖某利不能按期还款，该资产管理公司代其偿还了贷款，过后该公司派员将挖掘机拖走。原告据此将被告诉至法院，要求解除合同并返还购车款。法院认为，根据本院核实的有关情况及原审法院实地调查取证情况，涉案挖掘机确系同一台挖掘机，亦即案外人祖某利用以抵押、按揭贷款购买的挖掘机，根据已生效的民事判决书，案外人祖某利以案涉挖掘机作为抵押所贷款额已由昆山中发资产管理有限公司于2013年10月代为清偿，本案双方买卖合同发生于2014年7月，此时该挖掘机上所设抵押权已自然解除，因而案涉车辆为抵押车不正确，应予纠正。王某龙在出售挖掘机时承诺"此车不是偷抢车、纠纷车、债权不清车，若有事归王某龙负责"，但其所售车辆在出售后因涉及案外人祖某利（登记车主）与昆山中发资产管理有限公司之间纠纷而被扣走并用以执行该纠纷中债务，王某龙未能保证所售车辆不存在纠纷，依法应承担相应的违约责任。双方在交易中，王某龙虽未出示车辆发票，但其对涉案车辆的权利存在承诺，致使翟某方相信王某龙对该车拥有处分权并予以购买，并不能认定翟某方知道或者应当知道第三人对买卖的车辆享有权利，王某龙以此认为其权利瑕疵担保责任已经免除的主张，本院不予采信。

评析： 民法典第613条延续了《合同法》第151条的内容，规定了对权利瑕疵担保责任和免除的规则。也即出卖人应使买受人取得无瑕疵之物或权利，否则有失公平。但是出卖人承担标的物权利瑕疵担保责任也存在一定限制，就是当买受人在订立合同时知道或应当知道第三人对标的物享有权利的，则因买受人对可能遭受第三人对标的物的权利主张有所预期，也不会影响交易安全，所以此时应当免除出卖人的瑕疵担保责任。实践中可能碰到买受人在订立合同时知道或应当知道第三人享有权利的证明难题。譬如，在本案中，被告以未出示车辆发票为由证明原告知道或者应当知道第三人对买卖的车辆享有权利，但是买卖双方在出售标的物时已经对"此车不是偷抢车、纠纷车、债权不清车，若有事归王某龙负责"达成共识，该证据的说服力大于未出示车辆发票的证据。因而法院判决被告应当承担权利瑕疵担保责

---

① 审理法院：河北省邢台市中级人民法院，案号：（2017）冀05民终3311号。

任，于法有据，合情合理。

> ▶▶ **第六百一十四条** 买受人有确切证据证明第三人对标的物享有权利的，可以中止支付相应的价款，但是出卖人提供适当担保的除外。

🏛 条文要义

本条是对可能出现买卖标的物权利瑕疵买受人抗辩权的规定。

在买卖合同履行中，如果买受人有确切证据证明第三人对标的物享有权利，出现第三人对买卖合同标的物权属发生争议的，有可能出现出卖人不能向买受人交付标的物权属的情形的，这就出现了买受人可以行使合同履行抗辩权的条件。因此，只要出卖人没有对标的物瑕疵提供适当担保的，买受人就可以行使合同履行抗辩权，中止支付相应的价款。如果第三人对标的物享有权利等情形没有出现，或者虽然出现了但出卖人提供了适当担保的，买受人不得以此作为抗辩权行使的基础，主张终止支付相应的价款，否则应当承担违约责任。

对于第三人对标的物享有权利的证明责任，由买受人承担。

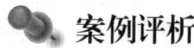 案例评析

纪某文与王某萍买卖合同纠纷案①

案情：原告王某萍与被告纪某文签订一份买卖合同，买卖一辆挖掘机，分两次付款。出卖方不对厂家、银行或法院收回挖掘机负责。合同签订后，纪某文给付王某萍定金1万元并支付了31万元，但未按照合同约定支付剩余货款，引发诉讼。法院认为，纪某文在收到王某萍交付的挖掘机后，理应按照合同约定付款，拖延给付的，应承担违约责任。关于纪某文所称王某萍没有提供证据证明其所出售的挖掘机无权利瑕疵，该合同可能为无效合同的问题。根据《中华人民共和国合同法》第152条的规定，买受人有确切证据证明第三人可能就标的物主张权利，可以中止支付相应的价款。本案中，王某萍于2012年6月将挖掘机交付给纪某文后，该挖掘机至今一直处于纪某文支配状态，该挖掘机的GPS设备是否被拆除，是否存在权属争议，纪某文未提供证据证明。庭审中，纪某文认可在此期间无第三人就该挖掘机向其主张过权利，纪某文也没有提供其他确切证据证明该挖掘机可能存在权利瑕疵，因此，纪某文拒绝付款的理由不能成立。此外，挖掘机GPS设备的拆除不影响其通常目的的实现，本案也不存在《中华人民共和国合同法》第52条造成合同无效的情形，买卖合同合法有效，且已实际履行，纪某文理应及

---

① 审理法院：江苏省徐州市中级人民法院，案号：（2017）苏03民终2841号。

时支付货款。

评析： 民法典第 614 条延续了《合同法》第 152 条的内容，规定买受人对可能出现的权利瑕疵的履行抗辩规则。在买卖合同履行时，若买受人发现第三人可能就标的物主张权利，即可能引发出卖人不能向买受人交付标的物或买受人可能受到第三人对标的物主张权利的争诉，此时为及时止损，避免引起更大的交易风险，法律赋予买受人以中止履行的权利，但债务人提供适当担保的，买受人则不得以此为理由行使履行抗辩权。在实践中，往往需要买受人证明确实存在可能出现的权利瑕疵，否则仍需继续履行买卖合同。譬如，在本案中，买卖双方在交付挖掘机后，挖掘机一直处于买受人的控制之中，且买受人也未提供其他证据证明第三人曾就该挖掘机主张权利。因而，买受人不享有中止履行的抗辩权，应当及时支付货款。

> ▶▶ **第六百一十五条** 出卖人应当按照约定的质量要求交付标的物。出卖人提供有关标的物质量说明的，交付的标的物应当符合该说明的质量要求。

🏛 条文要义

本条是对出卖人按照约定质量要求交付标的物的规定。

对买卖合同标的物的质量要求，是买卖合同的重要条款，是买受人订立买卖合同实现缔约目的的重要方面。履行买卖合同债务，出卖人应当按照约定的质量要求交付标的物，否则，买卖合同的买受人不能实现合同目的。

确定买卖合同标的物的质量，通常是在买卖合同中专门约定标的物的质量条款，出卖人交付标的物，按照合同的质量条款保证标的物的质量，就符合合同的要求。除此之外，如果出卖人在合同的附件中提供有关标的物的质量说明的，该买卖标的物质量说明是合同的组成部分，应当作为标的物质量的约定，出卖人交付的标的物应当符合该说明的质量要求，不符合该说明的质量标准的，应当认为违反标的物质量的约定，构成违约行为。

🔴 案例评析

沙吾提某与叶河阳光公司种植回收合同纠纷案①

案情： 原告沙吾提某与被告叶河阳光签订《蔬菜订单种植收购合同》，约定原告为被告开展蔬菜种植，由被告负责收购 1 000 吨蔬菜。被告要求白菜应达到市场出品质量，不合格产品不予收购。截至 2016 年 11 月 19 日，原告种植的白菜大面积长势不好并且大部分未收获。被告叶河阳光收购原告白菜 19 680 千克，每千克 0.3 元，

---

① 审理法院：新疆生产建设兵团第三师中级人民法院，案号：（2017）兵 03 民终 121 号。

合计 5 904 元。原告认为因被告未按约定收购原告的白菜，给原告造成了巨大的经济损失，遂将被告诉至法院。法院认为，案涉合同对白菜质量提出了明确、具体的要求，同时，明确约定不合格产品不予收购。《中华人民共和国合同法》第 153 条规定，出卖人应当按照约定的质量要求交付标的物。出卖人提供有关标的物质量说明的，交付的标的物应当符合该说明的质量要求。根据被原告提供的拍摄于 2016 年 11 月 2 日、2016 年 11 月 19 日的八张照片，可以认定原告种植的白菜与合同中约定的白菜收购标准存在明显差距，不符合合同约定的收购标准。被告未收购不符合质量标准的白菜符合合同约定，不属违约情形。原告关于其按合同约定种植白菜，被告没有按照合同约定及时拉运白菜，给原告造成经济损失的主张，没有事实依据，本院不予支持。

评析： 民法典第 615 条延续了《合同法》第 153 条的内容，是出卖人应当按约定的质量要求交付标的物的规定。质量条款是买卖合同中最重要的条款之一，出卖人履行买卖合同的义务之一就是按照约定的质量要求交付货物，否则就不能实现合同目的。若出卖人和买受人在订立合同时提供有关标的物质量说明，应当视作合同约定的一部分，有法律拘束力。譬如，涉案合同规定了交付标的物的质量标准为，"达到市场出售品相，无腐叶、无黄叶、无空心、烧心、无黑根、无老帮、包心紧实、无松散、无掉叶，以及符合其他农药残留标准，要求单棵重量 2.5 公斤以上"，达不到标准的买受人可以拒绝收购。而根据原告方提供的照片，其所欲交付的标的物显然未达到约定的质量标准，因而被告拒绝收购符合合同约定，原告请求被告赔偿经济损失的主张，没有事实依据，法院的判决于法有据。

> ▶▶ **第六百一十六条** 当事人对标的物的质量要求没有约定或者约定不明确，依据本法第五百一十条的规定仍不能确定的，适用本法第五百一十一条第一项的规定。

🏛 条文要义

本条是对标的物质量要求确定方法的规定。

在买卖合同中，当事人如果对标的物的质量标准没有约定或者约定不明确，可以通过法律规定的质量标准确定方法予以确定。确定的办法是：（1）依据民法典第510 条进行补充协议，通过补充协商，确定标的物的质量标准；（2）在补充协商中，双方当事人不能达成补充协议的，应当依据民法典第 511 条第 1 项规定，首先按照合同的有关条款或者交易习惯确定；（3）按照合同的有关条款或者交易习惯仍然不能确定的，出卖人应按照国家标准、行业标准履行；没有国家标准，行业标准的，出卖人应按照通常标准或者符合合同目的的特定标准确定。

🎯 案例评析

罗某与荆门市掇刀区兴园门窗经营部买卖合同纠纷案①

案情：原告罗某向被告兴园经营部订购了一扇滑门，用于家庭卫生间隔断，起到干湿分离作用。订货单未对滑门厚度、限位装置进行约定。兴园经营部向厂家"非凡卫浴"订购了三开吊滑玻璃门1扇，吊滑门到货之后，兴园经营部安排人员到罗某位于掇刀区某小区的家中进行了安装。嗣后，罗某主张滑门存在质量问题，向法院起诉。法院认为，在合同履行完毕后，罗某要想行使合同的法定解除权，就必须举证证明兴园经营部安装的滑门存在质量问题，构成违约，致使不能实现合同目的。罗某主张滑门存在质量问题，主要是指滑门厚度、限位装置没有达到要求。故罗某必须举证证明兴园经营部安装的滑门厚度、限位装置存在问题，构成违约，致使不能实现合同目的。《订货单》中对滑门厚度、限位装置没有约定，应按通常标准或者符合合同目的的特定标准来履行。本案中，滑门是被安装在罗某家的卫生间，作为隔断门来使用的。罗某提供的证据不足以证明兴园经营部安装的滑门，不符合卫生间里滑门的通常标准或者不能作为卫生间里的滑门使用。并且，罗某也不申请就滑门是否存在质量问题进行鉴定。故罗某认为兴园经营部安装的滑门厚度、限位装置存在问题，进而认为滑门质量有问题，不能实现合同目的的理由不能成立。罗某不能行使合同的法定解除权，当然也就不能依据《中华人民共和国合同法》第97条的规定，主张解除合同，要求退货退款。故罗某不能要求兴园经营部退还货款900元。罗某的该项上诉理由不能成立，本院不予支持。

评析：民法典第616条延续了《合同法》第154条的内容，是有关质量标准的确定规则。在实践中，经常出现买卖合同中未规定质量条款的情况，此时应当先依据民法典第510条的规定进行补充协商，若不能达成补充协议的，则应当依据民法典第511条第1项的规定，按照合同条款的解释或交易习惯确定，还不能确定的则应按照国家、行业标准履行。譬如，在本案中，原告和被告的买卖合同中没有就所交付的滑门质量作出约定，也未达成嗣后协议。本案的难点在于原被告均未提交有关滑门相关的国家标准和行业标准，因而法院按照符合合同目的的特定标准，即该滑门是安装于卫生间作为隔断门使用的，而该滑门厚度、限位装置并不存在原告所诉的质量问题，因而原告的诉讼请求不能成立，应当予以驳回。

> ▶▶ **第六百一十七条**　出卖人交付的标的物不符合质量要求的，买受人可以依据本法第五百八十二条至第五百八十四条的规定请求承担违约责任。

---

① 审理法院：湖北省荆门市中级人民法院，案号：（2017）鄂08民终1311号。

🏛 条文要义

本条是对标的物不符合质量要求违约责任的规定。

出卖人在履行买卖合同的义务中，如果交付的标的物不符合质量要求，应当承担违约责任。按照本条规定，质量违约的责任是采取补救措施和承担损害赔偿责任。

1. 出卖人交付的标的物不符合质量约定的，应当按照当事人在买卖合同中约定的方法承担违约责任。对违约责任没有约定或者约定不明确，经过补充协议仍然不能确定的，买受人根据标的物的性质以及损失的大小，可以合理选择要求对方承担修理、重作、更换、退货、减少价款或者报酬等补救措施的违约责任。

2. 出卖人交付的标的物质量不符合合同约定，给对方造成损失的，构成加害给付责任，应当对买受人承担赔偿责任，损失赔偿额应当相当于因违约所造成的损失，既包括标的物本身的损失，也包括因标的物质量不合格造成人身损害的损失，承担补偿性的损害赔偿责任。如果出卖人提供商品或者服务有欺诈等违法行为的，符合《消费者权益保护法》《食品安全法》等关于惩罚性赔偿责任规定的，应当承担惩罚性赔偿责任。

💣 案例评析

吕某奎与沈阳雅邦饰材有限公司买卖合同纠纷案[①]

案情：雅邦公司（被告）与吕某奎（原告）签订了一份地板购销合同，约定 5 年保修。吕某奎于雅邦公司交付工程后，在进行保洁过程中发现雅邦公司提供的地板出现了鼓包和起泡的现象。案件审理过程中，吕某奎向法庭出示了存在质量问题的地板，该地板直观可见出现鼓包和起泡现象。吕某奎诉称，该地板在经过沾水拖布打扫后，出现上述现象，并与雅邦公司进行协商此事未果，故剩余货款一直未给付。就此双方引发纠纷，吕某奎将沈阳雅邦饰材有限公司诉至法院。法院认为，在地板安装完成后统一做了保洁工作发现的地板鼓包、起泡、开裂问题，其系经中间人介绍向雅邦公司订制地板，雅邦公司提供地板应当为符合国家标准及合同标准的合格产品，故雅邦公司应就案涉问题地板向原告承担损失赔偿责任。

评析：民法典第 617 条延续了《合同法》第 155 条的内容，是标的物不符合质量标准的违约责任规定。据上所述，交付符合质量标准的标的物是出卖人应履行的重要义务之一，因而若出卖人交付了不符合质量标准的标的物，买受人可以根据约定的方法要求出卖人承担违约责任，可以合理要求出卖人承担修理、重作、更换、退货、减少价款或报酬等违约责任，若造成额外损失构成加害给付的，还应当承担这一部分损失的赔偿责任。譬如，在本案中，原被告已就地板的质量、规格达成符

合国家标准和合同标准的一致协议，并且就被告公司应视货物具体情况予以修理或调换，并承担因修理、调换而支出的费用，因而法院判定被告应对地板存在的质量问题负违约责任，并无不当，于法有据。

> ▶▶ **第六百一十八条** 当事人约定减轻或者免除出卖人对标的物瑕疵承担的责任，因出卖人故意或者重大过失不告知买受人标的物瑕疵的，出卖人无权主张减轻或者免除责任。

🏛 条文要义

本条是对出卖人不告知标的物瑕疵造成损害不得减免责任的规定。

在买卖合同中，当事人如果在合同中约定交付的标的物出现瑕疵可以减轻或者免除出卖人应当承担的责任的，当出卖人交付的标的物存在瑕疵的，按照约定减免责任，如销售残次品等买卖合同。

《合同法》没有对出卖人不告知标的物瑕疵时出卖人应承担何种责任作出规定，本条对此予以新增。对本条新规则的具体解读如下。

1. 根据当事人之间的约定，出卖人已经向买受人告知标的物存在瑕疵，或者在主观上没有过失，或者在主观上只有一般过失，可以按照合同的约定，减轻或者免除出卖人的违约责任。

2. 如果出卖人因故意或者重大过失不向买受人告知标的物存在瑕疵的，属于隐瞒标的物瑕疵，构成产品欺诈，出卖人无权主张减轻或者免除责任，应当承担违约责任，采取补救措施或者赔偿责任，符合法律规定的甚至要承担惩罚性赔偿责任，例如《消费者权益保护法》第55条和《食品安全法》第148条规定的产品欺诈、食品欺诈的惩罚性赔偿责任。

🫧 案例评析

李某与中海宏洋地产（银川）有限公司商品房销售合同纠纷案①

案情： 原告李某与被告中海宏洋地产有限公司签订了一份商品房预售合同。合同约定，建筑隔声情况符合国家标准，签订买卖合同时买受人对该商品房现状均已知悉并认可。交房时，买受人不得以房屋现状与约定标准不一致为由提出异议。现李某因居住过程中，房屋毗邻的金凤八街交通噪声污染事宜与被告协商未果，李某认为被告中海宏洋公司交付的房屋存在质量瑕疵，故诉至法院，请求被告履行防噪义务，并承担违约责任。法院认为，被告对包括涉案房屋的项目建设施工符合银川

---

① 审理法院：宁夏回族自治区银川市金凤区人民法院，案号：（2017）宁 0106 民初 1431 号。

市规划管理局规划要求，且经银川市环境监测中心站、自治区环境监测中心站验收监测，银川市环境保护局、宁夏回族自治区环境保护厅等单位验收，将通过竣工验收合格的商品房所有权转移于原告，已履行适当义务，原告现有证据不能证实涉案房屋交付时噪声超过了相应的国家标准。原告作为购房者，在签订合同前对欲购房屋及房屋所在地块周边信息应进行相应了解，如有疑问或者异议，可在签订合同时向被告提出，且原告购买房屋临近道路是否为城市公用公路等信息完全可由原告通过多种途径自行获取。综上所述，原告诉请被告履行合同义务、实施整改、保障建筑隔声符合国家标准依据不足，本院不予支持。

评析：民法典第 618 条是出卖人隐瞒标的物质量问题的责任规则。在买卖合同中，当事人可以约定减轻或者免除标的物质量瑕疵责任，但是出卖人因故意或者重大过失隐瞒标的物质量问题的除外。在实践中，合同约定的情况较好证明，比较困难的是如何认定出卖人在隐瞒标的物质量问题时存在故意或者重大过失。譬如，在本案中，双方当事人约定"买受人在签订买卖合同前对房屋进行实地查看，签订买卖合同时对商品现状已知悉并认可，则买受人不得以房屋现状与约定标准不一致为由提出异议"，该条不存在加重原告责任情形等无效情形，因而当为有效的约定。原告申请对房内噪声进行鉴定，而未证明涉案房屋交付时噪声超过相应标准，不仅如此，原告也并未证明被告存在故意隐瞒或者欺诈的情形，因而法院不支持原告的诉请，于法有据，合情合理。

> ▶▶第六百一十九条　出卖人应当按照约定的包装方式交付标的物。对包装方式没有约定或者约定不明确，依据本法第五百一十条的规定仍不能确定的，应当按照通用的方式包装；没有通用方式的，应当采取足以保护标的物且有利于节约资源、保护生态环境的包装方式。

🏛 条文要义

本条是对出卖人标的物包装方式确定方法的规定。

包装方式，是指对标的物在交付时的包装方法，既包括包装物的材料，也包括对标的物包装的操作方式。包装方式对标的物的品质保护具有重要作用，特别是对那些易腐蚀、易碎、易潮、易变质的标的物，包装方式更为重要。因此，出卖人在交付标的物时，必须按照约定的包装方式交付标的物。

具体方法如下。

（1）买卖合同对标的物包装方式有明确约定的，出卖人应当按照约定的包装方式交付标的物。（2）买卖合同对包装方式没有约定或者约定不明确的，可以依据民法典第 510 条规定，进行协议补充，达成补充协议的，依照补充协议约定的包装方式交付标的物。（3）经过协议补充仍然不能达成包装方式的补充协议的，应当按照合同有关条款或者交易习惯确定。（4）按照合同的有关条款或者交易习惯仍不能确定的，应当按照通用的方式包装。（5）该类标的物没有通用的包装方式的，应当采取足以保护标的物的包装方式包装。

本条新增了对出卖人的绿色包装要求。民法典第9条规定了绿色原则之后，各编都在积极贯彻落实这一基本原则的要求。在买卖合同这一章中，绿色原则就具体体现为出卖人对标的物的包装方式。我们认为，这一包装方式的要求主要是针对电商。目前，越来越多的人选择网购，这导致大量的货物都需要进行包装，然后通过快递进行运输。在收货人一一拆快递包装的过程中，纸箱、胶带等资源已经被很大程度地浪费，环境也受到了不同程度的污染。为了减少这种情形的发生，出卖人应当改变包装方式，比如循环回收、包装减量等。可以相信，通过绿色包装的规定，将很大程度上改善现状，为打造资源节约型、环境友好型社会助力。

案例评析

安徽华派化工设备有限公司、徐某军生命权、健康权、身体权纠纷案[①]

案情：合肥君正防水科技有限公司与华派公司（本案被告）签订了一份分散机定购合同，华派公司指派货车司机董某虎送货。因货物自重过重，在卸货过程中该液压分散机倒塌致使徐某军（本案原告）手臂被货物尖锐部位划伤。徐某军被鉴定为十级伤残，由此，徐某军起诉至法院请求赔偿各项损失。法院认为，涉案合同并未约定应当由谁负责卸货，双方均认可用于卸货的叉车系由徐某军自行提供，结合大型设备交易习惯，徐某军自行提供了用于卸货的叉车设备，应认定为由买方合肥君正防水科技有限公司负责卸货。在卸货现场，徐某军作为合肥君正防水科技有限公司的法定代表人，在明知货物重量和体积的前提下仍然使用手动叉车进行卸货，存在疏漏，故徐某军本身对损害的发生具有过错。华派公司作为该设备的供应方，作为长期供应相关货物并负责运输的供货方，应当预见在卸货过程中的危险性，避免发生伤人现象。综上分析，徐某军及华派公司对损害后果的发生均有过错，根据各自的过错程度，本院综合认定华派公司对徐某军的损失承担50％的赔偿责任，徐某军根据其过错程度自行承担50％的损失。徐某军的身体健康权受到侵害，理应获得相应赔偿。

评析：民法典第619条是对出卖人标的物包装方式的规定。交付标的物应当对标的物进行适当的包装，适当包装不仅对于标的物进行保护来说是必需条件，在一定情形中也起到了对买受人的保护作用。譬如在本案中，分散机作为大型化工设备，

---

① 审理法院：安徽省合肥市中级人民法院，案号：（2017）皖01民终6375号。

在运输过程中出卖人并未采取任何包装措施，货物尖锐部分直接裸露在外，这属于典型的不适当包装，尽管双方并未约定包装方式，也未就包装方式达成后续共识，但此时应当通过交易习惯，或者通用的包装方式对包装进行确定。很明显，出卖人作为该设备的供应方应当预见卸货过程中的危险性，因而其在无证据证明已约定无须包装的情况下，应当为货物提供适当的包装，将尖锐部分包裹住，避免引起对买受人以及货物本身的损害。但是买受人在卸货中也存在一定的过失，因而法院判决出卖人承担部分买受人的损失，于法有据，合情合理。

> ▶▶第六百二十条　买受人收到标的物时应当在约定的检验期限内检验。没有约定检验期限的，应当及时检验。

🏛 条文要义

本条是关于买受人对标的物检验期限的规定。

在买卖合同中，买受人收到标的物时，有及时检验的义务。对标的物检验符合要求的，应当受领，完成标的物的交付；不符合要求的，则应当进行交涉，交付并没有完成。

买受人履行检验义务应当在检验期限内履行。确定检验期限，应当视买卖合同中是否约定有检验期限来确定。

1. 当事人约定有检验期限的，买受人应当在约定期限内及时检验，不能超出约定的检验期限进行检验。

2. 买卖合同中如果没有约定检验期限，则应当及时进行检验。"及时"是一个不确定概念，对当事人而言，应当在收到标的物之后，尽快在合理期限内进行检验，不能无故拖延；在发生争议之后，法官和仲裁机构应当根据实际情况，确定"及时"的合理期限。

在检验期限内，出卖人应当负有提供标的物的技术资料的义务，以使买受人能够正常地对标的物进行检验。出卖人是否履行或者及时履行这一义务，也是对买受人是否履行检验义务的一个判断依据。

📌 案例评析

见某进诉现代农装科技股份有限公司新疆分公司等
买卖合同纠纷案[①]

案情： 王某德与现代农装科技股份有限公司新疆分公司签订农业机械买卖合同，

---

① 审理法院：新疆生产建设兵团第八师中级人民法院，案号：（2017）兵08民终1045号。

购买打模机、运模机一台。合同约定了所有权保留条款。此后，农装科技公司与王某德、见某进三方签订了补充说明，约定该机器及其所有权和债务归见某进所有，见某进一直未支付余款给现代农装科技公司，故该公司将见某进诉至法院。见某进辩称，现代农装科技公司所给付的农机型号不一致。法院认为，农机发货清单载明，该运模车型号为 MYS—6，与一审提交的运模车使用说明书的型号一致，该说明书载明最大载重量为 10 吨，与双方合同约定的载重量一致。本案诉争的运模车于 2013 年已经交付使用，至 2017 年被上诉人现代农装公司起诉时，上诉人见某进从未就质量提出异议。合同中约定货款未付清前，标的物所有权不发生转移，当上诉人未按约付款时，被上诉人既可要求上诉人支付剩余货款，亦可行使取回权，选择权在被上诉人，上诉人辩称被上诉人只能行使取回权的上诉理由没有依据。经本院实地调查，上诉人购买的运模车属农机具挂车，依据现有规定无强制性规定必须挂牌照，且一五〇团及各农牧团场交警部门为方便农户生产经营，春耕及秋收时不限制农机用车在道路上正常行驶通行，上诉人辩称运模车无法挂牌照导致其无法使用的理由本院不予采信。

评析： 民法典第 620 条延续了《合同法》第 157 条的内容，是对检验期限的规定。检验期限是买卖合同中的一大重点问题，检验期限的确定对买受人和出卖人都有着重要的意义。若检验期限过长，则可能长时间无法结束买卖合同关系，不利于出卖人一方；若检验期限过短，则可能不利于买受人发现潜在的问题。因而，对于检验期限的确定，通常应以约定为主，约定不明的，应当以"合理期限"为限。譬如，在本案中，买受人在两年后才主张交付的运模车与合同约定不符，以此为理由拒绝履行合同义务，法院根据《最高人民法院关于审理买卖合同纠纷案件适用法律问题的解释》第 20 条第 1 款的规定不支持上诉人上诉请求，于法有据，合情合理。

▶▶**第六百二十一条**　当事人约定检验期限的，买受人应当在检验期限内将标的物的数量或者质量不符合约定的情形通知出卖人。买受人怠于通知的，视为标的物的数量或者质量符合约定。

当事人没有约定检验期限的，买受人应当在发现或者应当发现标的物的数量或者质量不符合约定的合理期限内通知出卖人。买受人在合理期限内未通知或者自收到标的物之日起二年内未通知出卖人的，视为标的物的数量或者质量符合约定；但是，对标的物有质量保证期的，适用质量保证期，不适用该二年的规定。

出卖人知道或者应当知道提供的标的物不符合约定的，买受人不受前两款规定的通知时间的限制。

🏛 条文要义

本条是对买受人检验期限对标的物异议通知权的规定。

在出卖人交付标的物之后，买受人应当履行检验义务，并且检验标的物后若发现问题应提出异议通知。标的物异议通知的重要价值在于，买受人在检验期限提出标的物异议通知的，双方应当进行协商，如果确认异议通知的事实存在，出卖人构成违约行为；如果怠于提出异议通知，则视为标的物的质量和数量符合约定。因此，标的物异议通知对双方当事人的利益关系重大。

对此的处理方法是：

1. 当事人在买卖合同中约定有检验期限的，买受人发现标的物存在问题的，应当在检验期限内，将标的物的数量或者质量不符合约定的情形通知出卖人。如果买受人怠于通知的，即超过检验期限未进行异议通知的，视为标的物的数量或者质量符合约定。

2. 当事人在买卖合同中没有约定检验期限的，买受人在发现或者应当发现标的物的数量或者质量不符合约定的，应当在合理期限内通知出卖人。如果买受人在合理期限内未通知或者自收到标的物之日起 2 年内未通知出卖人的，视为标的物的数量或者质量符合约定。如果对标的物定有质量保证期的，应当适用质量保证期，不适用该 2 年的规定。

3. 如果出卖人在交付标的物时知道或者应当知道自己所提供的标的物不符合约定的，在客观上构成欺诈行为。为保护欺诈行为受损害的一方即买受人的利益，买受人提出标的物异议通知的时间限制应当放宽，不受前两款规定的通知时间，即检验期限和合理期限的限制。超出这两种期间限制而提出异议通知的，亦为有效通知，即买受人可以在发现标的物质量或者数量不符合约定的任何时间，向出卖人主张责任的承担。

📌 案例评析

安徽省安泰科技股份有限公司与新天科技股份有限公司
买卖合同纠纷案①

案情： 原告安泰公司向被告新天公司购买超声波热量表等商品，约定质量标准为国家及招标文件要求的技术指标，若发现非原厂产品或全新产品，或达不到国际及招标参数技术要求的产品，乙方新天公司赔偿甲方安泰公司 200% 的设备货款，并承担给甲方造成的一切后果。现原告称被告提供的产品不符合合同要求，并请求解除合同、被告赔偿损失，双方协商未果，遂引发本案纠纷。法院认为，依据《最高

---

① 审理法院：河南省郑州市中级人民法院，案号：（2018）豫 01 民终 3986 号。

人民法院关于审理买卖合同纠纷案件适用法律问题的解释》第 20 条之规定,《合同法》第 158 条规定的检验期间、合理期间、2 年期间经过后,买受人主张标的物的数量或者质量不符合约定的,人民法院不予支持。原被告签订的合同对验收标准及期间约定为"按合同第二条验收,提出异议期为交货后 30 天内"。该合同并约定"合同签订后 30 日内到货"。庭审中,被告称其按合同约定于 2014 年 10 月向原告交货,原告在本次诉讼前从未向其提出过质量异议。原告称交货时间为 2015 年 3 月,其在 3 月收到业主方告知函后立即告知被告重新发货,并于 2015 年 6 月向被告发出律师函。庭审中,原告未提交证据证明其于 2015 年 3 月向被告提出过质量异议,其提交的律师函不能证明已实际送达,且该律师函记载的时间距其所称的收货时间也已超过了 30 日。此外,可以确认被告向原告交付产品后,原告并未按合同约定的质量异议期向被告提出质量异议,其还按照合同约定的期间(货到,现场验收合格后)支付了 50% 货款,原告的上述行为应视为认可该合同项下产品的数量及质量符合约定。因而,对原告解除合同、退还设备款、赔偿损失等请求,法院不予支持。

评析: 民法典第 621 条延续了《合同法》第 158 条的内容,是对买受人检验期限内标的物异议通知义务的规定。买受人在检验期间发现货物存在质量上问题的,应当及时通知出卖人,为出卖人采取修理、重作等弥补履行措施预留适当的时间,若买受人怠于履行通知义务,则为避免双方权利义务处于不确定的状态,应当视为出卖人的履行符合约定。为避免可能存在的潜在瑕疵问题,法律还规定买受人应当在发现质量问题后在合理期限内通知出卖人。如果买受人在合理期限内未通知或者自标的物收到之日起 2 年内未通知,则免除出卖人的质量瑕疵担保责任。在本案中,安泰公司不仅未向新天公司提出质量异议通知,并且其按照合同约定的期间(货到,现场验收合格后)支付了 50% 货款,应视为安泰公司认可该合同项下产品的数量及质量符合约定,因而法院并不支持原告解除合同、退还设备款等请求,于法有据,合乎情理。

▶▶**第六百二十二条** 当事人约定的检验期限过短,根据标的物的性质和交易习惯,买受人在检验期限内难以完成全面检验的,该期限仅视为买受人对标的物的外观瑕疵提出异议的期限。

约定的检验期限或者质量保证期短于法律、行政法规规定期限的,应当以法律、行政法规规定的期限为准。

🏛 条文要义

本条是对当事人约定检验期限、质量保证期过短的补救方法的规定。

在买卖合同中,会出现当事人约定的检验期限、质量保证期过短的问题。

《合同法》对此没有规定，本条根据《买卖合同司法解释》第18条的内容予以补充。对本条规定新规则的解读如下。

1. 当事人在买卖合同中约定的检验期间过短，根据标的物的性质和交易习惯，买受人在检验期间内难以完成全面检验的，该期间仅视为买受人对外观瑕疵提出异议的期间。对于标的物的内在瑕疵的检验期间，本条没有明确规定，应当视为没有约定或者约定不明确，应当按照第510条规定进行补充协议，协议不成的，按照第511条规定确定适当的期间。

2. 在买卖合同中，双方当事人约定的检验期间或者质量保证期间短于法律、行政法规规定期间的，应当以法律、行政法规规定的期间为准。例如法律规定的质量保证期间为2年的，双方当事人在合同中约定的质量保证期间为1年，则应当以法律规定的2年为准。

案例评析

元丰机械制造公司与陆某买卖合同标的物质量异议纠纷案[①]

案情：原告陆某从被告元丰机械制造公司处购买了16台机器，其中有多台机器出现质量问题。在此期间，元丰机械制造公司多次派人修理、更换零部件，但一直未能修复机器。嗣后，陆某将元丰机械制造公司诉至法院，要求退还其所支付的货款。鉴定结果显示，涉案高毛机运转故障频繁，不能正常稳定生产用户方和制造方约定的合格产品；涉案大圆机的关键零部件的制造质量未达到企业标准要求，不能保证大圆机长期稳定生产运转。法院认为，鉴定报告可以作为认定案件事实的证据。根据鉴定机构鉴定结论，可以认定，元丰机械制造公司高毛机1台、大圆机9台的质量不符合合同约定，元丰机械制造公司存在违约行为。元丰机械制造公司供货的另外6台机器，因陆某没有提出质量异议，是合格产品，故陆某应当支付货款53.6万元。陆某实际付款105万元，多付货款51.4万元，元丰机械制造公司应当退还。元丰机械制造公司认可应当给付陆某安装费和刀针费2300元，法院对此予以确认。至于陆某要求赔偿相关损失的诉讼请求，陆某未能举证证明损失的具体计算方式以及与本案的关联性，因此在本案中不予理涉。

评析：民法典第622条是对出卖人和买受人约定的检验期限过短的弥补条款。买卖合同中完全可能存在根据标的物的性质和交易习惯原被告双方约定的检验期限过短的情况，此时法律对其作出一定的调整，以平衡双方当事人之间的利益。补救方法主要有两种：对依据标的物的性质和交易习惯不能在约定的检验期限内完成检验的，只视约定的检验期限为外观瑕疵的检验期间；约定的检验期限或者质保期间短于法律、行政法规规定的期限的，则应当按后者确定检验期限。对隐蔽质量瑕疵

---

① 审理法院：江苏省连云港市中级人民法院，案号：（2015）连商终字第00278号。

提出异议的合理期限，应当综合产品的性质、瑕疵检验方法的难易程度等因素进行认定。譬如，在本案中，陆某从元丰机械制造有限公司购买的机器在安装调试、投入使用后频繁出现故障，无法生产出合格产品，出卖人根据买受人的反映，虽多次进行维修、调试，该机器仍无法正常、稳定地生产产品，应当认定买受人已经在合理期限内提出了质量异议。

> ▶▶ **第六百二十三条** 当事人对检验期限未作约定，买受人签收的送货单、确认单等载明标的物数量、型号、规格的，推定买受人已经对数量和外观瑕疵进行检验，但是有相关证据足以推翻的除外。

🏛 条文要义

本条是对买受人签收送货单、确认单等推定对数量和外观瑕疵进行检验的新规则。

标的物数量和外观瑕疵的检验推定，是指虽然买受人对标的物的数量、质量未进行检验，但是根据法律规定的情形，推定其进行了数量和外观瑕疵检验的规则。

《合同法》对此没有规定，本条根据《买卖合同司法解释》第 15 条的内容予以补充。对本条新规则的解读如下。

这一规则的适用条件是：（1）在买卖合同中，当事人对标的物的检验期限未作规定；（2）出卖人已经将买卖标的物交付买受人；（3）买受人对出卖人送交的标的物签收了送货单、确认单，这些单据载明了标的物数量、型号、规格等内容。符合这三个要件的，就可以推定买受人对标的物的数量和外观瑕疵进行了检验，并认为其符合要求。

本条赋予了对受推定事实约束的买受人以救济机会，如果买受人能够举证证明自己对标的物的数量和外观瑕疵未做检验事实属实的，则可以推翻上述推定。买受人尚未确认标的物的数量和外观瑕疵的，仍然可以提出标的物的异议通知。

🔍 案例评析

郭某祥与贵州六盘水东风南方汽车销售服务有限公司分期付款买卖合同纠纷案[①]

案情：原告郭某祥与被告贵州六盘水东风南方汽车销售服务有限公司签订购车合同。原告发现所提车并无大灯自动开闭功能，向被告核实得知被告交付的车辆型号与原告想购买的型号不相符，被告并未明确告知该情况，故被告存在欺诈行为。

① 审理法院：贵州省六盘水市中级人民法院，案号：（2018）黔 02 民终 507 号。

后经双方协商以及六盘水市消费者协会的调解均无果，原告遂诉至法院。法院认为，原告主张所购车型与其欲购车型不符，存在欺诈行为，但其提供的证据并不足以证实原告欲购车型为东风日产奇骏 2016 款 2.5L 排量的四驱运动版，应承担举证不力的后果，且根据车辆交易习惯，为降低交易风险，原告在购车前就应该对车辆各方面性能进行综合了解比对，接收车辆时有义务审核该车辆的外观及相关配置情况，收到车辆附随信息资料时亦有义务审核资料内容。原告已将涉案车辆使用达四个多月之久才行使权利，结合原告的机动车注册登记信息及当天接车时在被告处收到的《车辆一致性证书》《整车出厂安全检验单》等相关资料内容，在轮胎规格、车重、灯光配置等信息上均能体现原告接收的车辆为 2014 豪华款。综上，原告主张的诉讼请求因证据不足，予以驳回。

评析：民法典第 623 条是有关外观瑕疵已进行检验的证据规则，即对检验期限未作约定，买受人对载明标的物数量、型号、规格等送货单、确认单等进行签收的，可以推定买受人已对数量和外观瑕疵进行检验。譬如，在本案中，原告本应在提车后，就对车辆型号等关键信息及时进行核对，且车辆所附的车辆购置税发票中也载明了车辆类型、厂牌型号、车辆识别代码等关键信息。但原告在实际使用 4 个月后才以其所提的车辆型号与所购买的车辆型号不符，且其未提供充分的证据证实被告向其提供的商品或服务有欺诈行为，应由其承担举证不利的法律后果，故而法院驳回原告的诉讼请求，于法有据，合乎情理。

> ▶▶ **第六百二十四条** 出卖人依照买受人的指示向第三人交付标的物，出卖人和买受人约定的检验标准与买受人和第三人约定的检验标准不一致的，以出卖人和买受人约定的检验标准为准。

🏛 条文要义

本条是对向第三人交付标的物时检验标准不一致时的新规则。

在买卖合同中，如果买受人依照民法典第 522 条规定，指示出卖人向第三人履行合同义务、交付标的物的，出卖人应当向第三人交付标的物。当出现了出卖人与买受人约定的检验标准与买受人与第三人约定的检验标准不一致，发生争议的，应当明确规定标的物的检验标准的方法。

《合同法》对此并无规定，本条根据《买卖合同司法解释》第 16 条的规定予以补充。本条规定的新规则是，当这两个检验标准出现不一致，即出卖人和买受人约定的检验标准与买受人和第三人约定的检验标准不一致时，应当以出卖人和买受人约定的检验标准为准。理由是，出卖人与买受人约定的检验标准，是双方当事人确定的检验标准，买受人与第三人约定的检验标准不能改变出卖人与买受人约定的检验标准，也不能约束出卖人和买受人之间的权利义务关系。如果第三人坚持其与买受人约定的检验标准，则应由买受人负责，不能因此责令出卖人因遵循买受人与第三人约定的检验标准，增加自己的负担。

 **案例评析**

中商（北京）国际信息技术有限公司与北京艾亿沃德电子有限公司 买卖合同纠纷案[①]

案情：艾亿沃德公司（被告）与中商国际公司（原告）签订《合作合同》，约定后者向前者采购平板电脑。嗣后，中商国际因涉案平板电脑的移动电源质量出现问题，将艾亿沃德公司诉至法院，要求其退还货款并赔偿损失。艾亿沃德公司则辩称移动电源并非由其直接提供，而是由其采购并向第三人常德市工商局提供。法院认为，本案争议的焦点是艾亿沃德公司是否提供了符合双方合同约定技术规范的平板电脑以及合同款项履行情况。关于检验标准问题，中商国际公司认为双方关于平板电脑的技术规范应当符合其与第三方签订合同的使用规范。出卖人依照买受人的指示向第三人交付标的物，出卖人和买受人之间约定的检验标准与买受人和第三人之间约定的检验标准不一致的，以出卖人和买受人之间约定的检验标准为标的物的检验标准。本案中，双方对平板电脑的技术规范进行了明确约定，现中商国际公司提交了第三方出具的证明及移动电源检验报告，据此证明艾亿沃德公司未提供符合中商国际公司与第三方签订合同要求的产品，但中商国际公司提供的并非平板电脑的检测报告，且其与第三方签订的合同对艾亿沃德公司亦没有约束力。因而，法院对中商国际公司主张艾亿沃德公司平板电脑质量不合格应当承担违约责任的答辩意见不予认可，其应当按照合同约定全面履行合同义务。

评析：民法典第 624 条是有关向第三人交付标的物检验标准不一致的规定，即若出现买受人和第三人约定检验标准与出卖人和买受人约定的检验标准不同的，以后者为准。因为在实践中，出卖人很难得知买受人和第三人所约定的检验标准，并且该向第三人履行的合同的权利义务仍然由买受人和出卖人享有和承担。譬如，在本案中，涉案《合作合同》和《订购合同》中并未体现涉案平板电脑需满足最终用户需求，中商国际公司亦未能提供证据证明其将最终用户需求告知艾亿沃德公司，中商国际公司提交的第三方出具的证明及移动电源检验报告均不是针对涉案《合作合同》和《订购合同》中的平板电脑。因此，法院判定中商国际公司应当全面履行合同义务，对其退还货款的诉请予以驳回。

---

① 审理法院：一审法院为北京市门头沟区人民法院，案号：（2017）京 0109 民初 4089 号；二审法院为北京市第一中级人民法院，案号：（2018）京 01 民终 195 号。

▶▶**第六百二十五条** 依照法律、行政法规的规定或者按照当事人的约定，标的物在有效使用年限届满后应予回收的，出卖人负有自行或者委托第三人对标的物予以回收的义务。

🏛 条文要义

本条是对买卖标的物有效使用年限届满时出卖人负有回收义务的规定。

买卖合同的标的物在有效使用年限届满后须回收的，存在两种情况：（1）法律、行政法规规定应当回收；（2）当事人在买卖合同中约定应当回收。

《合同法》对出卖人的回收义务并无规定，对本条规定的新规则的解读如下：出现上述情形之一，不管当事人在合同中对回收义务人有约定还是无约定，回收的义务人是出卖人，而不是买受人。当标的物在有效使用年限届满后，由出卖人承担回收义务，出卖人可以自行回收，也可以委托他人回收。回收标的物的费用，有约定的依照其约定，没有约定的，由出卖人负担，因为出卖人是负责回收的义务人，理应由其承担回收标的物的费用。

🎯 案例评析

裕融租赁有限公司等诉无锡庆源激光科技有限公司
买卖合同纠纷案①

案情：裕融公司（原告）与齐亭公司签订《融资租赁合同》一份，向后者出租设备，同日，裕融公司、齐亭公司与庆源公司（卖方、被告）签订《买卖合同》，合同约定标的物系上述融资租赁合同中载明的设备。裕融公司与庆源公司签订《回购合同》一份，庆源公司同意就《融资租赁合同》项下的1台租赁物在符合回购条件时进行回购。过后，当回购条件达成时，裕融公司要求被告庆源公司对融资租赁合同项下的标的物设备进行回购，但庆源公司发现标的物存在瑕疵拒绝回购，双方因此发生争议。法院认为，本案原、被告之间的标的物回购纠纷源于裕融公司与第三人齐亭公司之间的融资租赁关系，根据合同约定，承租人齐亭公司有任意一期租金逾期超过30日未支付，裕融公司既有权依据《融资租赁合同》的约定，向齐亭公司主张支付全部未付租金，也有权依据《回购合同》的约定，要求庆源公司回购租赁物，支付回购价款。裕融公司依据《回购合同》要求庆源公司承担支付回购价款的民事责任，是基于《融资租赁合同》中承租人的租金支付义务而产生。根据民事诉讼损失补偿原则，当承租人、保证人或回购义务人中任何一方履行了相应付款责任后，其余债务人相对于债权人裕融公司的给付义务则应予以免除。（2015）园商初字

---

① 审理法院：天津市北辰区人民法院，案号：（2016）津0113民初8447号。

第 03913 号民事判决书已判决齐亭公司给付裕融公司租金及违约金，合同连带保证人承担连带清偿责任，如该判决得到执行，裕融公司的损失将全部获得弥补。在 (2015) 园商初字第 03913 号民事判决书尚未确定能否得到履行的情况下，原告另行起诉要求庆源公司支付回购价款，尚不具有事实基础和法律依据，本院不予支持。

评析：民法典第 625 条是有关约定买卖标的物有效使用年限届满回收义务的规定，该条规定了在应予回收的情境中出卖人负有回收的义务。这一条规定分为两个层面：第一层面是指标的物是否回收须结合法律规定或当事人约定；第二层面指的是，回收义务由出卖人承担。譬如在本案中，根据《回购合同》的约定，裕融公司有权利要求庆源公司承担回购租赁物的义务，根据法律规定回收租赁物的义务应当由庆源公司承担。即使在《回购合同》中并无回收条款的规定，该义务也应当由庆源公司承担。故而，庆源公司至设备存放地点对设备进行检验等行为应当视作回收的必要流程。至于庆源公司是否具体履行回购义务，则应当视具体情境而定。

> ▶▶ 第六百二十六条　买受人应当按照约定的数额和支付方式支付价款。对价款的数额和支付方式没有约定或者约定不明确的，适用本法第五百一十条、第五百一十一条第二项和第五项的规定。

🏛 条文要义

本条是对买受人支付价款数额和支付方式的规定。

支付价款是买受人的主要义务，是出卖人交付标的物并转移所有权的对价条件，买受人必须依约履行。

对价款数额的确定。价款数额由总价和单价构成。总价为单价乘以标的物的数量。合同约定的总价与单价不一致的，又不能证明总价为折扣价的，原则上应当按照单价计算总价。当事人对价款的确定须遵守国家物价法规的强制性规定。在买卖合同中，买受人应当按照约定的数额支付价款。如果对价款数额没有约定或者约定不明确的：（1）应当依据民法典第 510 条规定，可以协议补充；（2）不能达成补充协议的，依据民法典第 511 条第 2 项规定，按照订立合同时履行地的市场价格履行，依法应当执行政府定价或者政府指导价的，按照规定履行。具体的办法是：当事人在合同中约定执行政府定价的，在合同约定的交付期限内政府价格调整时，按照交付时的价格计价。逾期交付标的物的，遇价格上涨时，按照原价格执行；价格下降时，按照新价格执行。逾期提取标的物或者逾期付款的，遇价格上涨时，按照新价格执行；价格下降时，按照原价格执行。

对价款支付方式的确定。该部分是本条在《合同法》第 159 条规范价款数额的基础上的新增规定。首先，价款的支付方式可以由当事人约定，有约定的，依照其约定的支付方式履行。其次，如果当事人在合同中对价款支付方式没有约定或者约定不明确，依据民法典第 510 条规定，可以协议补充；不能达成补充协议的，依据民法典第 511 条第 5 项规定，按照有利于实现合同目的的方式履行。当事人关于价款支付方式的约定，不得违反国家关于现金管理的规定。

案例评析

李某平诉尤某涛等房屋买卖合同纠纷案[①]

案情： 被告尤某涛向李某平原告出售一套房屋，共计 100 万元，定金 3 万元，暂且交由第三人代为保管，待物业全部顺利交割后转让保证金，违约金为实际成交价的 10%。后来双方对首付款支付方式产生分歧，尤某涛多次拒绝履行合同，李某平将其诉至法院。法院认为，原、被告及第三人于 2016 年 8 月 28 日签订的《房屋买卖合同》系当事人真实意思表示，依法成立并生效，对双方均有约束力，双方均应依约履行各自义务。房屋买卖合同履行不下去，系因双方对首付款支付方式产生分歧，被告辩称首付款应现金支付，房屋买卖合同显示"原告按合同申请贷款的比例，向被告支付首付款"，对支付方式没有约定，被告未提交双方有现金支付的补充协议，对被告该辩称，不予采纳。原告称口头约定首付款走资金监管，但原告举证不足以证明双方有此约定，原告诉请被告承担违约责任，依约向原告支付违约金 10 万元，不予支持。原告诉请解除双方于 2016 年 8 月 28 日签订的房屋买卖合同，被告同意解除合同，本院予以确认。原告要求被告返还 2 万元定金，本院予以支持。第三人对双方首付款的支付没有明确约定，未尽到谨慎、合理审查义务，且在纠纷发生初期未能协调解决，原告诉请佣金 10 000 元，应由第三人返还。本案中，原告为履行合同实际支出贷款费用 8 000 元，被告应补偿原告 8 000 元。

评析： 民法典第 626 条是有关买受人支付价款和支付方式的规定。对价款数额的确定和支付方式的确定，应当按照"有约定从约定，没有约定先看能否达成补充协议，不能达成补充协议的价款数额可按照订立合同时履行地的市场价格履行，依法应当执行政府定价或者政府指导价的，按照规定履行"的规定进行。对于价款支付方式，也应以约定为主，若不能达成补充协议的，应以交易习惯和按照有利于实现合同目的方式履行。在本案中，原、被告所签订的《房屋买卖合同》中未对首付款进行约定，该合同显示"原告按合同申请贷款的比例，向被告支付首付款"。并未就首付方式进行约定，原告并未对首付款走资金监管提供证据，在双方均有意向解除合同时，法院确认解除合同于法有据，原告要求被告返还定金也应予以认可。

[①]　审理法院：河南省郑州市金水区人民法院，案号：（2017）豫 0105 民初 17714 号。

▶▶ **第六百二十七条** 买受人应当按照约定的地点支付价款。对支付地点没有约定或者约定不明确，依据本法第五百一十条的规定仍不能确定的，买受人应当在出卖人的营业地支付；但是，约定支付价款以交付标的物或者交付提取标的物单证为条件的，在交付标的物或者交付提取标的物单证的所在地支付。

🏛 条文要义

本条是对买受人价款支付地点的规定。

在买卖合同履行中，买受人支付价款的地点，分为有约定或者无约定两种情况确定。

1. 价款的支付地点由双方当事人约定。双方当事人在买卖合同中约定了价款支付地点的，买受人应当按照约定的地点支付价款。

2. 对价款支付地点没有约定或者约定不明确的，可以依据本法第510条规定，由双方协议补充，按照补充协议的约定地点支付价款。

3. 双方当事人不能达成补充协议的，买受人应当在出卖人的营业地支付，但是，如果约定支付价款以交付标的物或者交付提取标的物的单证为条件的，则不以出卖人的营业地址为支付地点，而应当在交付标的物或者提取标的物单证的所在地支付。

🦪 案例评析

王某与江油市城北房地产开发有限公司商品房预售
合同纠纷案①

案情：原告王某通过李某钢向江油市城北房地产公司购买一套房屋，约定一次性交付定金，李某钢在预订协议上加盖公司公章。过后，王某去李某钢在太白社区的办公室一次性交付约定购房款，李某钢将加盖有"江城苑项目部"印章的工商服务业统一收款收据交付给王某。由于城北房地产公司拒绝协助办理产权证，王某将其诉至法院。法院认为，本案焦点在于在整个房屋买卖的过程中王某是否有理由相信李某钢有代理权。本案中，王某在李某钢作为社区工作人员的太白社区的办公室签订了预订协议，并未签订正式的商品房买卖合同，签约地点也并非城北房产公司或者许某茂为"江城苑项目部"所设立的工作地点，李某钢亦不是城北房产公司的法定代表人及公司的成员，并且城北房产公司没有参与任何售房或授权的实质行为及书面的行为。所以本案中，李某钢以城北房产公司的名义与王某签订购房协议的行为不能构成表见代理。从房屋价款的支付上看，预定协议中未约定房屋价款的支

① 审理法院：四川省绵阳市中级人民法院，案号：（2015）绵民终字第1303号。

付地点。按照法律规定，对支付地点没有约定的，应当在接受货币一方所在地履行，如仍不能确定接受货币一方所在地，买受人应当在出卖人营业地支付。根据王某陈述，王某的房款缴纳是在李某钢太白社区的办公室将钱交给了李某钢本人，王某关于支付房款的陈述并不符合相关法律规定。李某钢在以社区工作人员身份的社区办公室将盖有"江城苑项目部"印章的收款收据交付给王某，其行为仍不能构成表见代理。李某钢的行为不构成表见代理，因而对原告的诉讼请求，法院不予支持。

评析： 民法典第627条延续了《合同法》第160条的内容，是买受人支付价款地点的规定，分为有约定和无约定两种。有约定的从约定，未达成补充协议的，买受人应当在出卖人的营业地交付，但以交付标的物或者交付提取标的物的单证为条件的除外。按约定的支付价款的地点进行价款的交付不仅可以成为适当履行的一个重要条件，实践中还可以成为判断表见代理的一个因素。譬如，在本案中，尽管预订协议未约定房屋价款的支付地点，但依据民法典第627条的规定，对支付地点没有约定的，应当在出卖人的营业地支付，对应到本案中，也就是应当在城北房产公司营业地进行付款。但是原告实际上是在李某钢太白社区的办公室将钱款交付给李某钢本人，因而不能构成表见代理，故而法院驳回了原告请求城北房产公司协助其办理土地使用权和房屋所有权登记手续，于法有据。

> ▶▶ **第六百二十八条**　买受人应当按照约定的时间支付价款。对支付时间没有约定或者约定不明确，依据本法第五百一十条的规定仍不能确定的，买受人应当在收到标的物或者提取标的物单证的同时支付。

🏛 条文要义

本条是对买受人支付价款时间的规定。

在买卖合同中，价款的支付时间可以由双方当事人约定，如果没有约定或者约定不明确的，按照法律规定的方法进行确定。

1. 买卖合同中当事人约定了价款交付时间的，买受人应当按照约定的时间支付价款。

2. 当事人在合同中对支付时间没有约定或者约定不明确的，依据本法第510条规定，当事人可以协议补充，达成补充协议的，按照协议的时间支付价款。

3. 当事人不能达成补充协议的，买受人应当在收到标的物或者提取标的物单证的同时支付。价款支付迟延时，买受人要继续支付价款，并且要支付迟延支付价款的利息。

如果出卖人违约，买受人享有拒绝支付价款、请求减少价款、请求返还价款的权利。如果出卖人交付的标的物有重大瑕疵以致难以使用时，买受人有权拒绝接受交付，有权拒绝支付价款。如果出卖人交付的标的物虽有瑕疵，但买受人同意接受，买受人可以请求减少价款。标的物在交付后部分或者全部被第三人追索，买受人不但有权解除合同、请求损害赔偿，而且有权要求返还全部或部分价款。

案例评析

北京穆森兴业养殖技术有限公司与孙甲买卖合同纠纷案[①]

案情：被告穆森公司在原告孙甲处购买 15 头牛，并由拉货的司机崔某周写下欠条。后因穆森公司拖欠孙甲货款，双方对簿公堂。庭审中，穆森公司的银行流水显示其在 2014 年 10 月 14 日向孙乙账户转账 50 000 元，2014 年 10 月 22 日，穆森公司向孙甲账户转账 149 830 元，2014 年 11 月 28 日，穆森公司向孙乙账户转账 50 000 元。孙甲称上述 149 830 元系穆森公司另向其购买肥牛的货款，另外两笔 50 000 元系穆森公司向孙乙的付款，与其无关。法院认为，关于双方当事人之间是否存在买卖合同关系，孙甲持穆森公司雇佣人员拉牛时出具的欠条，主张与穆森公司存在买卖合同关系，并要求穆森公司给付剩余货款。穆森公司对欠条的内容不持异议，虽否认与孙甲之间存在买卖合同关系，但未能就此提供证据，应当承担举证不能的法律后果，故一审法院对孙甲关于双方当事人之间存在买卖合同关系的事实主张予以采信，处理并无不当。穆森公司关于双方之间不存在买卖合同关系的上诉主张本院不予支持。关于穆森公司是否已付清欠条所载货款，穆森公司称支付给孙乙的两笔 50 000 元系支付欠条所载货款，因穆森公司与孙乙之间另存在买卖合同关系，穆森公司亦未举证证明孙乙有权代孙甲收取货款，故穆森公司关于欠条所载货款已支付的上诉主张，本院不予采信。一审法院判令穆森公司支付孙甲剩余货款 100 007.6 元，处理正确。

评析：民法典第 628 条延续了《合同法》第 161 条的内容，是买受人支付价款时间的规定，分为有约定和无约定两种。有约定的从约定，未达成补充协议的，买受人应当在收到标的物或者提取标的物单证的同时支付。譬如，在本案中，双方订立了购买肉牛的合同，并且从付款的时间和数额上来看，可以发现剩余货款为 100 000 元，由于孙甲与孙乙间不存在代为收款的协议，因而穆森公司与孙乙之间的首付款记录不能用以证明其已向孙甲支付了相应的货款。当双方的买卖合同中未约定价款支付时间，双方也未就价款支付时间达成补充协议的，根据本法的规定，穆森公司应当在出卖人交付标的物，即肉牛的同时进行价款的交付，延迟支付的应当承担相应的欠款利息。法院据此判决穆森公司自 2014 年 10 月 13 日起承担相应的欠款利息，于法有据。

[①] 审理法院：一审法院为北京市大兴区人民法院，案号：（2017）京 0115 民初 21078 号；二审法院为北京市第二中级人民法院，案号：（2018）京 02 民终 1969 号。

> ▶▶ **第六百二十九条**　出卖人多交标的物的，买受人可以接收或者拒绝接收多交的部分。买受人接收多交部分的，按照约定的价格支付价款；买受人拒绝接收多交部分的，应当及时通知出卖人。

🏛 条文要义

本条是对出卖人多交标的物的规定。

在买卖合同履行过程中，有可能出现出卖人多交标的物的情形。对此，关键在于买受人的态度，即买受人是否愿意接收多交的标的物。买受人既可以接收多交的标的物，也可以拒绝接收多交的标的物，选择权在于买受人。

1. 买受人选择接收多交部分标的物的，对多交的标的物，应当按照双方订立合同时约定的标的物的价格计算并支付价款，而不是按照交付时的价格计算。

2. 买受人拒绝接收多交部分的，应当及时通知出卖人，出卖人应当将多交付的标的物取回，取回标的物的费用由出卖人负担。

🎯 案例评析

武汉华高光电科技有限公司与湖北金科环保科技股份有限公司
买卖合同纠纷案①

案情：原告金科公司与被告华高公司先后三次签订《购销合同》，购买阻燃高抗冲聚苯乙烯，卖方送货到买方仓库，结算方式为 T/T。金科公司向华高公司交付了一些改性塑料 PS03C（破碎料）。华高公司接收了上述货物，但未能按合同约定向金科环保公司支付货款。嗣后，金科公司将华高公司诉至法院要求其按合同约定支付价款。法院认为，华高公司收到金科公司供应的货物后，应按诚实信用原则，按双方签订的合同约定履行付款义务，但其在合同约定的还款期限过后未给付货款，《中华人民共和国合同法》第 107 条规定："当事人一方不履行合同义务或者履行合同义务不符合约定的，应当承担继续履行、采取补救措施或者赔偿损失等违约责任。"故华高公司应承担偿付货款及逾期付款的违约责任。金科公司主张以中国人民银行发布的同期同类贷款利率为基础，参照逾期罚息利率计算自逾期付款之日起至实际支付完毕之日止的利息，符合法律规定，法院予以确认。华高公司抗辩称对金科公司破碎料价款的诉讼请求没有合同关系，不应支持。《中华人民共和国合同法》第 162 条规定："出卖人多交标的物的，买受人可以接收或者拒绝接收多交的部分。买受人接收多交部分的，按照合同的价格支付价款；买受人拒绝接受多交部分的，应当及时通知出卖人。"华高公司无证据证明其拒绝接收多交的破碎料并通知金科环保公

---

① 审理法院：湖北省荆州市中级人民法院，案号：（2017）鄂 10 民终 1409 号。

司，故其该项抗辩意见，法院不予支持。

评析：民法典第 629 条延续了《合同法》第 162 条的内容，是多交标的物的处理规则，对此，立法者主要考虑的是买受人的意愿和态度，买受人既可以选择接收也可以选择拒绝，接收的应当按照双方订立合同时约定的价格进行支付，拒绝的则应及时通知出卖人。譬如，在本案中，尽管金科公司与华高公司仅签订了买卖阻燃高抗冲聚苯乙烯 10 000 千克，实际上金科公司向华高公司交付 30 000 千克标的物，华高公司实际收货 21 650 千克，且并未提供证据其拒绝接收多余标的物。同时，金科公司还交付了除该合同约定外的破碎料，华高公司予以接收的行为是以默认的方式表明合同的成立和生效。因而，法院判决华高公司应当以合同约定的价格支付多出的阻燃高抗冲聚苯乙烯的货款以及接收的破碎料，于法有据，合情合理。

> ▶▶ **第六百三十条**　标的物在交付之前产生的孳息，归出卖人所有；交付之后产生的孳息，归买受人所有。但是，当事人另有约定的除外。

🏛 条文要义

本条是对买卖标的物孳息归属（买卖合同利益承受规则）的规定。

买卖合同的利益承受，也叫买卖标的物孳息归属规则，是指标的物于买卖合同订立前后所生孳息归哪一方当事人享有的规则。标的物于合同订立前后所生孳息的归属，即利益承受，与买卖合同的标的物风险负担密切相连，二者遵循同一原则，即权利归谁所有，利益和风险就归谁享有或者负担。

标的物的孳息，是指标的物在合同履行期间产生的增值或者收益，既包括天然孳息，也包括法定孳息。买卖合同利益承受中的孳息，主要是天然孳息，但是也包括某些法定孳息。前者如树木的果实、牲畜的幼畜；后者为买卖正在出租房屋的租金。

与《合同法》第 163 条的规定相比，本条增加了对买卖标的物孳息的归属当事人另有约定的除外规定。对本条利益承受的规则解读如下。

1. 标的物在交付之前产生的孳息，归出卖人所有。例如买卖牲畜，在交付之前出生的幼畜，归出卖人所有。

2. 标的物交付之后产生的孳息，由买受人承受。例如交付之后的出租房屋，收取的租金归买受人所有。

3. 合同另有约定的，依其约定，不适用上述规则。这是《民法典》合同编的新规则，在买卖合同中，如果当事人对买卖合同的标的物的归属另有约定的，当然应当按照约定办理。

案例评析

徐某、曾某房屋买卖合同纠纷案①

案情：徐某（买方、原告）与曾某（卖方、被告）签订了一份《房地产买卖合同》，约定了付款方式，定金20 000元。过后，徐某考虑到按揭贷款审批时间问题，联系曾某希望更改支付方式为一次性支付。两人之后因为产权交易变更手续产生争议，原告向法院提起诉讼。关于被告曾某要求原告徐某支付涉案房屋增值金额的问题。本院认为，孳息，原指繁殖生息，是相对原物而言，即孳息是由原物派生而来，包括天然孳息及法定孳息。天然孳息是指依据物的自然性能或者物的变化规律而取得的收益。法定孳息是指因法律行为而得到的利息、租金以及其他收益。房屋的增值部分，是指房屋市场价格上涨或者增加的部分，属于自然增值，不属于房屋的孳息。因此，被告曾某依据《中华人民共和国合同法》第163条之规定，要求原告徐某支付涉案房屋增值金额，没有事实及法律依据，本院不予支持。原、被告约定房屋交付使用的时间为卖方收齐楼款当天。至法庭辩论结束前，原告徐某没有向被告曾某付清购房款，因此，原告请求被告将涉案房屋交付原告使用，并因此要求被告承担逾期交房的违约责任，没有事实依据，本院不予支持。

评析：民法典第630条是有关标的物孳息归属的规则。这里所指的孳息不仅包括自然孳息还包括法定孳息，是指标的物在履行过程中所产生的增值或收益。标的物的孳息归属规则与标的物的风险转移规则遵循同一个原则，即风险与收益均由同一个人承受。判断交付孳息的诉讼请求是否合理需要首先探明孳息的定义，并非所有的增值金额均为孳息。法定孳息是指因法律行为而得到的利息、租金以及其他收益，而涉案房屋的增值部分，是指房屋市场价格上涨或增加的部分，属于自然增值，而非孳息。不仅如此，原被告并未完成房屋的交付，因而也不满足标的物孳息归属转移的条件，因而法院拒绝被告要求支付涉案房屋增值金额的请求，于法有据。

▶▶**第六百三十一条**　因标的物的主物不符合约定而解除合同的，解除合同的效力及于从物。因标的物的从物不符合约定被解除的，解除的效力不及于主物。

条文要义

本条是对交付标的物不符合约定，解除合同的从随主原则的规定。

---

① 审理法院：广东省惠州市中级人民法院，案号：（2017）粤13民终957号。

在买卖合同履行中，出卖人交付的标的物不符合约定，当事人可以因对方违约而解除合同。当交付的标的物有主物和从物之分时，主物与从物只有一个不符合约定，另一个是符合约定的，解除的效力范围怎样确定，本条规定的规则是：

1. 因标的物的主物不符合约定而解除合同的，解除合同的效力及于从物，合同有关的主物和从物部分一并解除。

2. 因标的物的从物不符合约定被解除的，解除的效力不及于主物，只能解除合同的从物部分。

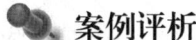 **案例评析**

王甲等与王乙等房屋买卖合同纠纷案[①]

案情： 王甲（甲方、原告）、王乙、骆某（乙方、被告）及朝信公司（丙方）签订《购房意向合同》一份，约定王乙、骆某向王甲转让位于杭州市房屋一套。涉房屋结构为三层，车库及储藏室位于一楼（架空层）。其间，双方为车库及储藏室是否属于赠送范围发生争执，诉至法院。法院认为，本案中，王甲具有以359万元价格购买案涉房屋的意思表示，并以此发出要约。王乙、骆某对此亦表示同意，故作出承诺。《购房意向合同》经王甲、王乙、骆某及居间方朝信公司签字确认，且系双方当事人真实意思表示，内容亦不违反法律法规的禁止性规定，应当认定为合法有效，对各方均具有约束力。案涉房屋系排屋结构，双方争议的车库及储藏室位于该房屋的一楼架空层，且与房屋本身互通，属于房屋不可分割的部分。王乙、骆某认为房屋总价359万元不包括车库及储藏室，二者应另行计价不符合常理，法院不予采信。双方签订的意向合同中约定的房屋总价359万元应包括整体房屋结构，现王乙、骆某拒绝按照上述约定签订正式房屋买卖合同已构成违约，应当承担相应的赔偿责任。

评析： 民法典第631条延续了《合同法》第164条的内容，是有关交付主物不符合约定和交付从物不符合约定对彼此的解除效力规则。因交付主物不符合约定解除合同的，效力及于从物，但因交付从物不符合约定解除合同的，效力不及于主物，该规则与合同的主从效力规则相协调。主物和从物的确定也可能引发实践中的争议。譬如，在本案中，原告方认为车库属于赠与的部分，并非从物，而被告方则认为车库独立于房屋本身存在，非属于赠与的部分，应当属于从物。法院从案涉房屋的结构分析，争议的车库和储藏室位于房屋一楼架空层，与房屋本身互通，并不可分割，因此车库和储藏室均为标的物的一部分。因此，被告以此为由拒绝签订购房协议构成违约，应当承担违约责任。

---

① 审理法院：浙江省杭州市中级人民法院，案号：（2017）浙01民终8636号。

▶▶ **第六百三十二条** 标的物为数物，其中一物不符合约定的，买受人可以就该物解除。但是，该物与他物分离使标的物的价值显受损害的，买受人可以就数物解除合同。

🏛 条文要义

本条是对交付的数物之一不符合约定时买受人享有的解除权的规定。

在买卖合同中，买卖的标的物为数物，有的物符合约定，有的物不符合约定，受让人的解除权应当如何确定，本条规定的规则是：当其中一物不符合约定的，买受人可以就该物解除，例如购买大米、面粉若干，大米符合约定，面粉不符合约定，可以就面粉的买卖部分予以解除，大米部分的买卖不能解除。

本条的但书部分，改变了《合同法》第165条规定的规则。《合同法》第165条但书规定："但该物与他物分离使标的物的价值显受损害的，当事人可以就数物解除合同。"该物与他物分离使标的物的价值明显受损害的，当事人可以就数物解除合同，此处的"当事人"就包括买受人和出卖人。买受人显受损害，当然可以解除合同。可是，若出卖人出卖的数物出现与约定不符的情形，仍然允许出卖人解除合同，显然不合情理。例如出卖人出卖对联，上联符合约定，下联不符合约定，可以一并解除应当是买受人的权利，而不是出卖人的权利。本条改变了《合同法》第165条存在的这个逻辑错误，合情合理。

🔵 案例评析

重庆市胜于蓝房地产开发有限公司诉重庆市国土资源和房屋管理局
建设用地使用权出让合同纠纷案[①]

案情： 重庆市规划局致重庆市国土资源和房屋管理局高新区分局（被告）出具公文规划了3块用地的用途，分别为居住用地、社区、农贸市场等，并将土地出让于胜于蓝公司（原告）。之后，胜于蓝公司向土管局反映，3块用地其中一块出现污染治理和拆迁，因而该地块的交付未能按合同约定执行。由此，胜于蓝公司希望解除关于该地块的合同，双方因此发生纠纷。法院认为，关于本案标的物为数物的合同解除，《中华人民共和国合同法》第165条规定，标的物为数物，其中一物不符合约定，买受人可以就该物解除，但该物与其他物分离使标的物的价值显受损害的，当事人可以就数物解除合同。第166条规定，出卖人分批交付标的物的，出卖人对其中一批标的物不交付或者交付不符合约定，致使该批标的物不能实现合同目的的，买受人可以就该批标的物解除。本案重庆市规划局2010年5月4日致土房高新分局

《建设用地规划条件函》（渝规高新条件函〔2010〕0001号）载明，[M2-1/02]地块用地性质为R2-二类居住用地；[M4-2/01]地块用地性质为R2-二类居住用地，公共设施配套要求有幼儿园、社区组织工作用房、公厕、垃圾收集点、文化活动站、体育活动场地；[M4-3/02]地块用地性质为C2-商业金融用地，公共设施配套要求：农贸市场。非常明显，规划中三地块为一个相互联系、相互依存不可分割的整体，胜于蓝公司请求解除合同，除非将三地块的合同全部解除，而其中有两个地块已经开发不可能解除，故胜于蓝公司请求解除其中一块于法不允。

评析：民法典第632条是有关数物并存的合同解除规则。有关数物并存的合同解除，立法者考虑到解除数物之间可能有关联性，因此针对不同情况对合同解除权作了不同的规定。通常情况下，法律赋予当事人解除特定物的合同解除权，但若该物与其他物存在价值上的关联以至于将其分离可能使标的物的价值大大贬损的，则可以赋权当事人解除数物的合同。实践中，当数物之间存在价值上的关联时，法院往往也以此限制当事人解除买卖特定一物合同的权利。譬如在本案中，规划中的三地块分别为居住用地、活动用地和商业金融用地，属于相互联系依存不可分割的整体，因而原告仅请求解除一块土地使用权转让合同的请求未被法院所认可。

▶▶第六百三十三条　出卖人分批交付标的物的，出卖人对其中一批标的物不交付或者交付不符合约定，致使该批标的物不能实现合同目的的，买受人可以就该批标的物解除。

出卖人不交付其中一批标的物或者交付不符合约定，致使之后其他各批标的物的交付不能实现合同目的的，买受人可以就该批以及之后其他各批标的物解除。

买受人如果就其中一批标的物解除，该批标的物与其他各批标的物相互依存的，可以就已经交付和未交付的各批标的物解除。

🏛 条文要义

本条是对买卖标的物分批交付部分违约解除权的规定。

分批交付，是指买卖合同的标的是种类物，并分批进行交付的交付方法。分批交付标的物，其中一批不交付或者交付不符合约定，买受人解除合同的效力规则是：

1. 就其中一批解除。出卖人分批交付标的物的，出卖人对其中一批标的物不交付或交付不符合约定，致使不能实现合同目的的，买受人可以就该批标的物解除，效力不及于其他各批交付的标的物。

2. 就该批和今后各批的解除。出卖人不交付其中一批标的物或交付不符合约定，致使今后其他各批标的物的交付不能实现合同目的的，买受人可以就该批以及今后其他各批标的物解除，此前交付的各批标的物不能解除。

3. 全部解除。出卖人已经就其中一批标的物解除，该批标的物与其他各批标的物相互依存的，买受人可以就已经交付的和未交付的各批标的物，全部予以解除。

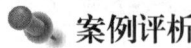 **案例评析**

福州开发区永旺贸易有限公司与幸尚化妆品（上海）有限公司
买卖合同纠纷案①

案情：原告永旺公司与被告幸尚公司有经销合作，前者从后者采购各类化妆用品。之后发现其购买的标注有 LUCKY 的化妆品均未依法备案。据此，永旺公司诉至法院要求解除合同，退还已支付的货款。法院认为，本案争议焦点在于幸尚公司已构成违约的情况下其应向永旺公司退还的货款金额及违约金的认定。双方部分案涉产品的交易虽发生在《经销商协议》签订之前，但在此前双方并未签署其他书面合同，以及《经销商协议》未对货物的数量、交易时间等进行限定的情况下，案涉《经销商协议》亦可认定为对双方之前交易的书面确认。幸尚公司主张案涉交易仅部分批次产品存在瑕疵，不应据此解除案涉合同，但幸尚公司未能举证瑕疵产品所对应的具体批次，故幸尚公司的上述抗辩意见缺乏事实依据，本院亦不予采纳。永旺公司以已销售的产品对其会产生交易风险和法律风险为由，主张该部分产品的货款也应当退还，但在永旺公司未举证证明已售产品亦已造成其实际损失的情况下，其关于已销售产品的货款应当返还的诉请，于法无据，若已售产品实际产生相应损失，永旺公司可依法另行主张。关于破损产品的责任承担问题，法院根据双方过错程度确定责任承担比例并无不当。

评析：民法典第 633 条延续了《合同法》第 166 条的内容，是有关分批交付标的物的合同解除规则，也即分批交付标的物的，若其中一批标的物的交付不符合规定以至于不能实现合同目的的，买受人可以就该批标的物部分解除合同，若该批标的物的瑕疵履行可能使今后的交付均不能实现合同目的的，买受人可以就该批标的物和今后交付的标的物部分解除，若该批标的物与其他标的物相互依存以至于影响整体合同目的的，买受人也可以解除影响范围内的合同。涉案合同就是典型的分批次买卖合同，原告可以就部分批次产品存在瑕疵而解除部分批次案涉合同，由于分批次间的标的物并无联系，因而其可以就部分的批次解除合同。

> ▶▶ **第六百三十四条**　分期付款的买受人未支付到期价款的数额达到全部价款的五分之一，经催告后在合理期限内仍未支付到期价款的，出卖人可以请求买受人支付全部价款或者解除合同。
>
> 　　出卖人解除合同的，可以向买受人请求支付该标的物的使用费。

①　审理法院：福建省福州市中级人民法院，案号：（2017）闽 01 民终 90 号。

🏛 条文要义

本条是对分期付款买卖违约责任的规定。

分期付款买卖，是指买受人将其应付的总价款按照一定期限分批向出卖人支付的买卖合同。分期付款买卖是一种特殊形式的买卖，通常用于房屋、机动车、高档消费品的买卖。由于买受人的分期支付货款影响了出卖人的资金周转，故分期付款的总价款可略高于一次性付款的价款。

在分期付款买卖中，出卖人须先交付标的物，买受人在受领标的物后分若干次付款，因而出卖人存在不能实现价款债权的风险。在交易实践中，当事人双方就分期付款买卖通常有以下特别约定。

1. 所有权保留特约，是指买受人虽先占有、使用标的物，但在双方当事人约定的特定条件（通常是价款的一部或者全部清偿）成就之前，出卖人保留标的物的所有权，待条件成就后，再将所有权转移给买受人。

2. 请求支付全部价款或者解除合同，买受人未付到期价款的数额达到全部价款的 1/5 的，出卖人可以请求买受人支付全部价款或者解除合同，除非当事人另有约定。

3. 出卖人解除合同可以请求买受人支付该标的物的使用费，买受人应当向出卖人支付的该标的物的使用费，按照市场价格计算。使用费可以从已经支付的价款中扣除，剩余部分应当返还。标的物有毁损的，买受人应当支付损害赔偿金。

本条在《合同法》的基础上，对于出卖人要求买受人支付价款或解除合同的权利的行使增加了新的要件，即不仅要求分期付款的买受人未支付到期价款的数额达到全部价款的 1/5，而且还应由出卖人进行催告并且给出合理期限，只有当此条件达成时，买受人仍未支付到期价款的，才可以要求买受人支付全部价款或者解除合同。

🍃 案例评析

罗某江等诉贵州三龙机电设备有限公司等分期付款
买卖合同纠纷案[①]

案情：出卖人贵州三龙机电设备有限公司（原告、被上诉人）与罗某江（被告、上诉人）签订《工矿产品购销合同》，约定购买挖掘机一台，并约定了融资租赁的付款方式。之后融资租赁并未成功，于是改用分期付款支付方式。买受方因为未及时付款因而被出卖方诉至法院。法院认为，根据《中华人民共和国合同法》第 133 条

---

① 审理法院：一审法院为贵州省贵阳市花溪区人民法院，案号：（2017）黔 0111 民初 4519 号；二审法院为贵州省贵阳市中级人民法院，案号：（2018）黔 01 民终 1184 号。

"标的物的所有权自标的物交付时起转移，但法律另有规定或者当事人另有约定的除外"；第 134 条"当事人可以在买卖合同中约定买受人未履行支付价款或者其他义务的，标的物的所有权属于出卖人"的规定，本案中，罗某江与三龙公司签订的《工矿产品购销合同》第 8 条约定"货款未付清前，设备产权属出卖人所有"。可见，当事人在买卖合同中约定了所有权保留，现购买人罗某江尚有 288 000 元的货款未付清，讼争设备所有权由出卖人三龙公司所有，在购机人迟延履行付款义务的情况下，三龙公司作为挖掘机的所有人可以处分该挖掘机，拖回挖掘机并不违反法律和合同约定。另外，根据《中华人民共和国合同法》第 167 条第 1 款"分期付款的买受人未支付到期价款的金额达到全部价款的五分之一的，出卖人可以要求买受人支付全部价款或者解除合同"的规定，本案中上诉人罗某江尚未支付的货款达 288 000 元，占总货款 36%，超过 1/5，因此，出卖人三龙公司可以选择要求买受人支付全部价款或者解除合同，现三龙公司诉请买受人支付全部价款，于法有据。

评析：民法典第 634 条是有关分期付款买卖合同的解除规则。在分期付款买卖中，由于出卖人须先交付标的物，买受人在受领标的物后分若干次付款，因而法律为出卖人设置了一定的风险平衡规则以应对出卖人不能实现价款债权的风险。当买受人未支付到期价款的金额达到全部价款的 20%并经催告未在合理期限内支付价款的，出卖人可以要求解除合同或支付全部价款。涉案合同中，买受人尚未支付的货款达到总货款的 36%，出卖人可以选择解除合同或支付全部价款，不仅如此，由于双方还约定了所有权保留规则，因而出卖人可以将货物取回，买受人可以在支付全部价款后向出卖人主张权利。法院判决于法有据，合情合理。

> ▶▶ **第六百三十五条** 凭样品买卖的当事人应当封存样品，并可以对样品质量予以说明。出卖人交付的标的物应当与样品及其说明的质量相同。

🏛 条文要义

本条是对样品买卖标的物质量的规定。

样品买卖又称为货样买卖，是指当事人双方约定一定的样品，出卖人交付的标的物应当与样品具有相同品质的买卖合同。

样品又称为货样，是指当事人选定的用以决定标的物品质的货物，通常是从一批货物中抽取出来或者由生产、使用部门加工、设计出来的，用以反映和代表整批商品品质的少量实物。

由于样品买卖是在普通买卖关系中附加了出卖人的一项"须按样品的品质标准交付标的物"的担保，故样品买卖除了适用普通买卖的规定外，还产生下列效力。

1. 封存样品予以说明。样品买卖合同在订立时，当事人就应当将样品封存，并且可以对样品质量予以说明，以作为样品买卖合同标的物的质量标准。

2. 出卖人交付的标的物应当与样品及其说明的质量相同，即在合同的实际履行中，出卖人交付标的物的质量，应当与样品的质量及其说明相一致。在判断交付的标的物是否与样品及其说明的质量相同时，应当依据合同的性质以及交易的习惯确定。

3. 出卖人交付的标的物与样品及其说明的质量不相同的，高于样品及其说明的，当然没有问题；低于样品及其说明的标准的，构成违约行为，买受人可以解除合同或者追究出卖人的违约责任。

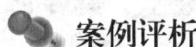 **案例评析**

南京吉盈纺织品有限公司与绍兴悦晨纺织有限公司
买卖合同纠纷案①

案情： 吉盈公司（定作人、原告）与悦晨公司（承揽人、被告）签订购销合同一份，订购面料一份，并约定出货前提供大货检验，确认后方可安排开裁。后者一共给前者提供两批面料，现前者主张第二批面料存在质量问题，并将后者诉至法院。法院认为，依据合同法第 168 条的规定，凭样品买卖的当事人应当封存样品，并可以对样品质量予以说明。出卖人交付的标的物应当与样品及其说明的质量相同。本案中，双方当事人约定大货的技术标准、质量要求以及定作物的检验标准均同品质确认样，故本案系凭样品买卖的合同关系。依据吉盈公司的陈述，悦晨公司生产的十余米提花面料样品即案涉合同第 2 条、第 6 条约定的品质确认样，吉盈公司据此制作的成衣样品已经外商确认，而吉盈公司是在大货成衣制作的烫洗阶段发现案涉接缝滑移问题，据此可以推定，悦晨公司提供的品质确认样不存在接缝滑移的质量问题。但是，双方当事人却未依据前述法律规定封存样品，导致发生大货质量问题争议之时，无法提供定作物的检验标准。就鉴定结论而言，悦晨公司否认吉盈公司提供的成衣系使用案涉面料加工而成，且吉盈公司委托的加工厂腾泓公司将加工业务进行了转委托，吉盈公司无法证明该成衣所用面料就是悦晨公司提供的面料，双方无法就鉴定检材达成一致意见。就堆放现场来看，已经无法区分第一批供货与第二批供货所制成衣。

评析： 民法典第 635 条延续了《合同法》第 168 条的规定，是有关样品买卖的特殊规定。实际上样品买卖就是在普通买卖中增加了出卖人须按样品的品质标准交付标的物的约定，因此对于样品买卖合同来说，法律要求当事人封存样品，出卖人所交付的标的物应与样品的质量相同。一般来说，高于样品的质量应当不存在违约

---

① 审理法院：一审法院为江苏省南京市秦淮区人民法院，案号：（2016）苏 0104 民初 10147 号；二审法院为江苏省南京市中级人民法院，案号：（2017）苏 01 民终 5625 号。

的问题。封存样品的必要性在于在实践中提供质量样品的比照标准。譬如在本案中，由于双方当事人未依据前述法律规定封存样品，就不能在发生争议时提供定作物的检验标准。但即使如此，由于买受人享有双重质量保险，一是在出货前对样品进行确认后，出卖人才安排出货，在收到面料后的 15 天内、开裁之前，仍可对全部货物的品质进行检验，因而法院据此认定吉盈公司已认可货物质量于法有据，合情合理。

> ▶▶第六百三十六条 凭样品买卖的买受人不知道样品有隐蔽瑕疵的，即使交付的标的物与样品相同，出卖人交付的标的物的质量仍然应当符合同种物的通常标准。

🏛 条文要义

本条是对样品买卖标的物隐蔽瑕疵的规定。

在样品买卖合同中，出卖人提供的样品存在隐蔽瑕疵，买受人并不知道的，就失去了样品的作用，如果确认该样品是样品买卖合同标的物的质量标准，将会使买受人的利益受到损害。

隐蔽瑕疵，与外观瑕疵相对应，是不经专业的特别检验，难以发现的商品瑕疵。按照默示瑕疵担保责任规则的要求，出卖人对隐蔽瑕疵同样承担质量担保责任。故买受人不知道样品有隐蔽瑕疵的，即使交付的标的物与样品相同，也不能认定样品买卖合同标的物的质量符合要求，确定出卖人交付的标的物的质量不能以该样品为准，而仍然应当符合同种物的通常标准。当出卖人提供的样品存在隐蔽瑕疵，并按照具有隐蔽瑕疵的样品提供买卖合同标的物，不符合同种物的通常标准，买受人不知情的，可以追究出卖人的违约责任。

📌 案例评析

蔡某龙等诉邓某君网络购物合同纠纷案①

案情： 原告蔡某龙、祝某辉通过网络平台向被告邓某君经营的伊甸园 sky 网店购买男士休闲裤。在收到货款后，共发货 807 条，尚有 193 条未发货。蔡某龙、祝某辉称，因货物质量存在问题，尚有 689 条未能销售。过后，蔡某龙、祝某辉委托鉴定中心对裤子进行检测，检测结论显示该裤子多处不合格。据此，双方发生争议，诉至法院。法院认为，在蔡某龙、祝某辉向邓某君支付货款后，邓某君交付的货物应当符合国家标准或行业标准，根据蔡某龙、祝某辉提供的检测报告及当庭提交的

---

① 审理法院：贵州省贵阳市中级人民法院，案号：（2018）黔 01 民终 1184 号。

物证，邓某君所提供的裤子确实存在一定的质量问题，根据《中华人民共和国合同法》第169条规定，凭样品买卖的买受人不知道样品有隐蔽瑕疵的，即使交付的标的物与样品相同，出卖人交付的标的物的质量仍然应当符合同种物的通常标准，现蔡某龙、祝某辉要求邓某君退回货款，法院予以支持。至于退款金额的确定，蔡某龙、祝某辉订购了1 000条裤子，并支付了1 000条裤子的货款37 000元，邓某君实际向蔡某龙、祝某辉发货数量是807条，另外193条未发货，蔡某龙、祝某辉收到货物后销售了118条，尚有689条没有销售，所以邓某君应当退还的货款是882（689+193）×37＝32 634元。同时，蔡某龙、祝某辉应当将689条裤子退还给邓某君，如蔡某龙、祝某辉不能退还，则以相应的价格折抵邓某君的应退货款。

评析：民法典第636条延续了《合同法》第169条的规定，是有关样品买卖的特殊责任规定。样品作为质量担保可以给买受人和出卖人提供一定的质量标准，但若出卖人提供的样品存在隐蔽瑕疵，即存在不通过专业的检测无法发现的隐蔽瑕疵，仍然应当按照同种类物的通常标准处理。譬如，在本案中，由于邓某君交付的货物存在拉链、未标注制造者地址等隐蔽质量问题，而这些问题不经专业检测并不能被合理发现，因而即便所交付的标的物符合邓某君提供的样品的质量，但是其仍然应当符合一般裤子的质量标准。由于检验报告显示这些裤子并不符合一般裤子的质量标准，因而法院判决邓某君应当退还货款，于法有据，合情合理。

> ▶▶ **第六百三十七条**　试用买卖的当事人可以约定标的物的试用期限。对试用期限没有约定或者约定不明确，依据本法第五百一十条的规定仍不能确定的，由出卖人确定。

🏛 条文要义

本条是对试用买卖试用期限的规定。

试用买卖合同，是指当事人双方约定于合同成立时，出卖人将标的物交付买受人试验或者检验，并以买受人在约定期限内对标的物的认可为生效要件的买卖合同。其特征是：（1）试用买卖约定由买受人试验或者检验标的物；（2）试用买卖是以买受人对标的物的认可为生效条件的买卖合同。

由于试用买卖合同的生效是以买受人在标的物试用期间对标的物认可为条件，因而试用期限对确定买受人的认可具有重要意义。故本条规定的对试用期间的规则是：

1. 试用买卖合同当事人可以约定标的物的试用期限，当事人在合同中约定的试用期限就有对双方当事人的拘束力。

2. 试用买卖合同的当事人对试用期限没有约定或者约定不明确的，依据民法典

第 510 条规定，可以进行补充协议，达成补充协议的，按照补充协议确定的试用期限确定。

3. 当事人不能达成补充协议的，由出卖人确定试用期限。

在用上述三种办法确定的试用期限内，买受人应当作出对试用买卖合同标的物是否认可的意思表示，购买该标的物，或者拒绝购买该标的物。

案例评析

陆某与罗某芝、戴某红试用买卖合同纠纷案①

案情：原告陆某与罗某芝签订了"华津时代"直饮机试用买卖合同，口头约定免费试用期为一个月，由罗某芝的女儿戴某红支付价款。过后罗某芝不再使用直饮机，且要求陆某收回，戴某红因此拒绝支付货款。双方发生争议，诉至法院。法院认为，陆某与罗某芝于 2015 年 7 月 17 日签订的"华津时代"直饮机试用买卖合同，是在自愿、平等、协商的基础上签订的合同，系双方的真实意思表示，没有违反法律规定，合法有效，双方应当按照合同约定切实履行各自的权利义务。陆某为罗某芝安装了直饮机，并履行了必要的义务，罗某芝在试用期内没有要求退货，根据《中华人民共和国合同法》第 171 条"试用买卖的买受人在试用期内可以购买标的物，也可以拒绝购买。试用期间届满，买受人对是否购买标的物未作表示的，视为购买"之规定，应视为罗某芝已经同意购买直饮机，罗某芝按照合同约定应当支付货款 3 280 元。鉴于陆某同意戴某红代其母亲罗某芝支付货款，根据《中华人民共和国合同法》第 84 条"债务人将合同的义务全部或者部分转移给第三人的，应当经债权人同意"之规定，罗某芝支付货款的义务已经转移给戴某红，故戴某红应当支付货款 3 280 元。据此，法院判决陆某与罗某芝于 2015 年 7 月 17 日签订的"华津时代"直饮机试用买卖合同有效，由戴某红于判决生效后 5 日内支付陆某货款 3 280 元。

评析：民法典第 637 条延续了《合同法》第 170 条的规定，是有关试用买卖试用期限的规定，即有约定从约定，没有约定，若未能达成补充协议的，则由出卖人决定试用期限的具体时间。并且要格外注意的是，未就试用买卖的期限长短达成共识的，并不会影响试用买卖合同的效力。譬如，在本案中，法院认定陆某与罗某芝签订的"华津时代"直饮机试用买卖合同，是在自愿、平等、协商的基础上签订的合同，系双方的真实意思表示。就支付方式而言，直饮机安装完毕后，买受方罗某芝表明货款由其女儿戴某红支付，戴某红也同意支付货款。试用期是否约定以及约定是否明确并不影响试用买卖合同的效力。故法院认定罗某芝、戴某红关于试用买卖合同无效的主张不能成立，于法有据，合情合理。

---

① 审理法院：贵州省铜仁市中级人民法院，案号：(2016) 黔 06 民终 566 号。

▶▶第六百三十八条 试用买卖的买受人在试用期内可以购买标的物，也可以拒绝购买。试用期限届满，买受人对是否购买标的物未作表示的，视为购买。

试用买卖的买受人在试用期内已经支付部分价款或者对标的物实施出卖、出租、设定担保物权等行为的，视为同意购买。

🏛 条文要义

本条是对试用买卖合同中买受人对标的物的购买选择权的规定。

试用买卖合同在试用期内，买受人对购买还是拒绝购买试用的标的物享有选择权，决定购买该标的物，或者拒绝购买该标的物。该权利属于买受人，他人不得干涉。出卖人认可的意思表示就是选择权的行使。该意思表示可以是口头的，也可以是书面的。简言之，在试用期内，买受人同意购买标的物或者视为同意购买标的物的，买卖合同即发生效力，双方当事人应按约定履行合同。在试用期间买受人作出拒绝购买的意思表示的，该买卖合同不生效力。

在有些情况下，尽管买受人虽然未作出认可的意思表示，即未作出购买该标的物的意思表示，但法律规定应当将买受人的行为视为对购买的认可：（1）买受人在试用期限届满后未作出是否认可的意思表示，既不表示购买，也不表示拒绝购买的，视为认可购买该标的物，且标的物已经交付，买受人应当履行买受人的义务；（2）买受人对试用买卖的标的物支付部分价款，对标的物实施出卖、出租、设定担保物权等行为的，视为同意购买，标的物交付，买受人应当履行其义务。

与《合同法》第171条规定相比，本条新增了第2款，原因是在买受人以实际行动表示同意购买的，即实施了支付价款或进行出卖、出租、设定担保物权等情况时，若仍然允许主张自己对试用买卖标的物拒绝购买，逻辑不畅。

🔍 案例评析

广东建成机械设备有限公司与广东绿色大地化工有限公司
买卖合同纠纷案[①]

案情：被告建成公司向原告绿色大地公司购买价值共28820.42元的产品。2015年11月25日，建成公司向绿色大地公司退回价值6852.7元的货物，且余下货款21967.72元一直未付。建成公司称双方签订的是试用约定，建成公司使用复合铁钛漆后发现质量问题，经专业工程师的检验，该产品为不合格产品，不符合使用要求，绿色大地公司主张该合同为买卖合同，双方发生争议并诉至法院。对于建成公司与绿色大地公司是否构成试用买卖关系，法院认为，绿色大地公司主张与建成公司之

---

① 审理法院：广东省佛山市中级人民法院，案号：（2017）粤06民终3712号。

间构成买卖合同关系，并提交了产品送货单、增值税发票作为证据，建成公司亦确认收到了案涉产品并已使用，故绿色大地公司的举证责任已初步完成。现建成公司主张双方之间是试用关系，其使用案涉产品的原因是基于产品试用，应由其进行举证。但建成公司仅能提供其单方面出具给绿色大地公司的复函，此外，未能提交有效证据证明双方已就案涉产品为试用达成过合意，而光凭交易过程中的部分退货，也无法据此必然推断出案涉的货物为试用用途，故一审法院判决建成公司于判决发生法律效力之日起 10 日内向绿色大地公司支付货款 21 967.72 元及利息于法有据。上诉人建成公司不服一审判决，提起上诉，本院予以维持。

评析：民法典第 638 条是对试用买卖合同中买受人对标的物的认可规定。遵循意思自治原则，若试用买卖中有对买受人同意购买标的物的规定，则按照约定处理，没有约定，买受人未作表示、支付价款或部分价款、对标的物进行处分的应当视为同意购买，当事人有特别约定的除外。实践中对于试用买卖的确定主要根据以双方的合同确定，在未形成书面协议的时候，必须以当事人之间的口头沟通记录为证明。但是在本案中，仅一方主张买卖合同为试用买卖合同，而另一方则主张为买卖合同，且主张买卖合同关系的一方提交了送货单、增值税发票为证据，买受人也确认收到了案涉产品并进行了使用，因而从证据规则的角度来看，出卖人已完成了证明责任，而主张试用买卖合同的买受人未完成举证任务，因而法院并未适用试用买卖的规则，于法有据。

> ▶▶ **第六百三十九条** 试用买卖的当事人对标的物使用费没有约定或者约定不明确的，出卖人无权请求买受人支付。

🏛 条文要义

本条是对试用买卖合同标的物使用费规定的新规则。

试用买卖合同，按照其本来的含义，就是将标的物交给买受人试用，在试用期内，买受人可以购买，也可以不购买。在试用期间买受人对试用标的物的使用就是试用，而不是购买。

《合同法》对此并无规定，本条根据《买卖合同司法解释》第 43 条的内容予以补充，对于试用期间使用费交纳的确定规则，解读如下。

1. 依照当事人在试用买卖合同中的约定确定，约定交纳使用费的，应当交纳使用费，约定不交纳使用费的，不交纳使用费。

2. 当事人对标的物使用费没有约定或者约定不明确的，应当确定为不交纳使用费，因而出卖人无权要求买受人交纳标的物使用费。

案例评析

四平天宝水泥外加剂有限公司与吉林德全水泥集团汪清有限责任公司
买卖合同纠纷案①

案情: 原告四平外加剂公司将燃煤催化剂和其他器材送至被告德全水泥公司,双方在试用协议中约定催化剂须达到煤耗同比下降5%等标准。试验结果显示节煤不明显、对孰料立升重提高明显、对孰料的强度有所提高。之后双方因为货款发生争议。法院认为,虽然双方未约定试用期限,但德全水泥公司将试用燃煤催化剂用完为止,并未提出拒绝购买的意思表示,应视为试用期限结束后未拒绝购买。根据《中华人民共和国合同法》第171条"试用买卖的买受人在试用期内可以购买标的物,也可以拒绝购买。试用期间届满,买受人对是否购买标的物未作表示的,视为购买"的规定,应认定德全水泥公司购买了涉案标的物燃煤催化剂。德全水泥公司两次签收发票的行为,也应视为同意支付价款(货款及运费)的行为。因此,本院对四平外加剂公司根据发票要求德全水泥公司支付价款的诉求予以支持。因双方未约定迟延付款期间的利息,双方又是试用买卖合同关系,所以本院对四平外加剂公司要求德全水泥公司支付利息的诉求不予支持。

评析: 民法典第639条是关于试用买卖使用费的规则,即试用买卖的当事人对标的物使用费没有约定或者约定不明确的,买受人无义务支付试用费。该规定与试用合同的本质相一致,在试用期限内买受人对试用标的物的使用,仅是买受人对作出是否购买的评估过程,因而未约定使用费的买受人并不需要支付试用费。因试用费争议多出现在试用买卖合同未达成购买意向后,因而实践中出现的疑问主要是如何判断试用期限结束后买受人对标的物表示认可。譬如本案一审法院即认为案涉试用买卖合同并未达成购买合意,因而得出本案没有证据证明当事人之间约定了使用费,只有出卖人单方出具票据证明了买卖标的物的单价和总货款。该价款,既不是当事人合意的价款,也不是被告认可的价款,只能确认是出卖人对出卖标的物价款的主张而已。但是二审法院则结合《催化剂实验对比表》的签名和内容将签收发票的行为认定为买受人以行为的方式确定购买标的物,后者的判定与原被告证据所显示的内容更为贴合。

> ▶▶ **第六百四十条** 标的物在试用期内毁损、灭失的风险由出卖人承担。

🏛 条文要义

本条是对试用买卖标的物在试用期间毁损、灭失风险负担规则的规定。

---

① 审理法院:吉林省延边朝鲜族自治州中级人民法院,案号:(2014)延中民二终字第219号。

在买卖合同中，都存在买卖标的物意外灭失风险的承担问题，原则上是由对标的物享有所有权的一方负担意外灭失风险的后果。在试用买卖合同中，同样适用这样的规则，但是存在部分变化。

《合同法》对此并无规定，本条予以新增。对本规则的解读如下。

1. 在标的物试用期间标的物意外毁损灭失的风险，都由出卖人负担，因为试用买卖合同的标的物试用期间，标的物的所有权并未转移，即实际上并未交付，买受人仅仅是试用，而不是取得了标的物的所有权，因而由对标的物享有所有权的出卖人负担意外灭失风险的后果。

2. 当买受人一方拒绝购买试用标的物时，买受人负有返还试用标的物的义务。这时，如果是因可归责于买受人的事由而造成标的物毁损、灭失而返还不能时，买受人应当对出卖人负赔偿责任，赔偿标的物的损失。

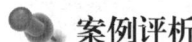 **案例评析**

天安保险股份有限公司诉吕某刚保险代位求偿权案[①]

案情：试用人吕某刚（被告）与出卖人郭某香约定了汽车试用买卖合同，郭某香将此车投保了盗抢险。同属于保险期和试用期内，试用人将保险车辆放在无人看管的空地上后发生被盗的保险事故。保险公司（原告）欲对试用人行使代位求偿权。法院认为，本案中，吕某刚在占有、使用涉案车辆期间，将车辆停放于无专人看管的场所，且在毫无防范措施的情况下被盗，以致车辆发生灭失，依法应向郭某香承担赔偿责任；天安保险公司对被保险人郭某香理赔后，依法具有在赔偿金额范围内代位行使郭某香向致使事故发生的责任人吕某刚代位求偿的权利。综上，天安保险公司要求吕某刚赔偿其保险赔款损失的主张与法律和事实相符，法院予以支持。

评析：民法典第 640 条是对试用买卖标的物在试用期出现毁损、灭失情况的风险负担的规定。在试用买卖期，由于所有权仍归出卖人所有，因而毁损、灭失的风险也应当由出卖人承担。但由于在试用期标的物在买受人的控制下，若由买受人的原因造成标的物的毁损和灭失，则买受人应当承担赔偿责任也是理所当然。正如同在本案中，吕某刚和郭某香签订的是试用买卖合同，在此期限内所有权仍属郭某香享有，但由于买受人吕某刚在占有、使用涉案车辆期间，将车辆放于无人看管的场所，对车辆的被盗存在过失，故应当向出卖人郭某香承担赔偿责任，是车辆被盗事故的最终赔偿责任人。因此天安保险公司对被保险人郭某香进行理赔后，得以代位郭某香向吕某刚行使求偿的权利。

---

① 审理法院：江苏省无锡市滨湖区人民法院，案号：（2005）锡滨民二初字第 221 号。

▶▶ **第六百四十一条**　当事人可以在买卖合同中约定买受人未履行支付价款或者其他义务的，标的物的所有权属于出卖人。

出卖人对标的物保留的所有权，未经登记，不得对抗善意第三人。

🏛 条文要义

本条是对买卖合同所有权保留的一般性规定。

在买卖合同中，所有权保留的特约，是指买受人虽先占有、使用标的物，但在双方当事人约定的特定条件（通常是价款的一部或者全部清偿）成就之前，出卖人保留标的物的所有权，待条件成就后，再将所有权转移给买受人的特别约定。这种特约一般适用于动产买卖，不动产的买卖不适用这种方法。

所有权保留，既是买卖合同的特别约定，也是一种担保物权。从担保物权的角度解释，所有权保留是指在转移财产所有权的商品交易中，根据法律规定或者当事人约定，财产所有权人转移财产占有于对方当事人，而保留其对该财产的所有权，待对方当事人交付价金或者完成特定条件时，所有权才发生转移的担保物权。

所以，当事人在买卖合同中关于买受人未履行支付价款或者其他义务的，标的物的所有权属于出卖人的约定，既是分期付款买卖合同的特别约定，也是分期付款买卖合同的出卖人为保护自己的价款债权而设置的物权担保，用保留的标的物的所有权，对债权进行担保。

与《合同法》第134条规定相比，本条增加了第2款的规定，即"出卖人对标的物保留的所有权未经登记的，不得对抗善意第三人"内容。从字面上看，本条说的是对标的物保留的所有权未经登记，似乎登记的是所有权，而所有权保留通常适用于动产而不适用于不动产，那么，动产的所有权如何进行登记呢？对此，应当登记的不是标的物的所有权，要登记的是所有权保留的担保物权登记，即以分期付款买卖标的物设置的所有权保留的担保物权应当进行登记，以对抗善意第三人。

📑 配套司法解释

最高人民法院关于适用《中华人民共和国民法典》有关担保制度的解释

第一条　因抵押、质押、留置、保证等担保发生的纠纷，适用本解释。所有权保留买卖、融资租赁、保理等涉及担保功能发生的纠纷，适用本解释的有关规定。

第六十七条　在所有权保留买卖、融资租赁等合同中，出卖人、出租人的所有权未经登记不得对抗的"善意第三人"的范围及其效力，参照本解释第五十四条的规定处理。

案例评析

李某等诉时某等买卖合同纠纷案[①]

案情：黄某宏从新乡和德宝汽车销售服务有限公司购买"宝马"牌小型轿车，并约定了所有权保留条款和取回权条款。2014年2月，黄某宏与第三人豫顺公司签订《分期付款汽车买卖与服务合同》，约定黄某宏向新乡和德宝汽车销售服务有限公司付清首付款156 620元，剩余318 000元由豫顺公司付清，车辆所有权归豫顺公司所有，并不因登记在黄某宏名下而改变。之后，时某出钱让被告邓某涛从案外人李某伟处购得×××号"宝马"牌小型轿车，又转卖给李某，并交付转押协议、行驶证、保险、发票（复印件）。过后，该车被第三人开走，并通过原车主黄某宏转卖他人。现原告李某提出诉讼，请求依法确认原告与二被告之间的车辆买卖协议无效。关于本案第三人是否属于车辆保留所有权人并享有取回权的问题。法院认为，合同约定的上述内容只能约束合同相对人，对外不具有公示效力。第三人与原车主黄某宏的法律关系应是担保债权关系。第三人无权仅凭原车主黄某宏授权无偿私自从原告李某处取回车辆。原告李某和被告时某在受让涉案车辆时已取得机动车的物权，被告时某自然享有车辆的处置权。

评析：民法典第641条是关于所有权保留的一般性规定，即允许当事人约定所有权保留规则，但该约定未经登记不得对抗善意第三人。所有权保留，既是分期付款买卖合同的特别约定，也是一种担保物权，因此所有权保留担保未经登记不能对抗善意第三人，这符合担保物权的一般规则。譬如，在本案中，原车主和第三人之间仅签订的是所有权保留合同，但其约定的所有权保留未经登记不得对抗善意第三人，特别是没有向银行偿还车贷等问题造成的损害，第三人应当向原车主主张权利，而不能向李某和被告主张权利。

> **▶▶第六百四十二条** 当事人约定出卖人保留合同标的物的所有权，在标的物所有权转移前，买受人有下列情形之一，造成出卖人损害的，除当事人另有约定外，出卖人有权取回标的物：
>
> （一）未按照约定支付价款，经催告后在合理期限内仍未支付；
>
> （二）未按照约定完成特定条件；
>
> （三）将标的物出卖、出质或者作出其他不当处分。
>
> 出卖人可以与买受人协商取回标的物；协商不成的，可以参照适用担保物权的实现程序。

[①] 审理法院：宁夏回族自治区青铜峡市人民法院，案号：（2014）延中民二终字第219号。

🏛 条文要义

本条是对所有权保留的担保物权人取回权的规定。

所有权保留作为担保物权的一种，最重要的担保价值，就在于出卖人将分期付款的标的物交付买受人后，还保留自己对标的物的所有权，正是基于该所有权保留，出卖人享有买卖合同标的物的取回权。当出现危及其价款债权时，出卖人行使取回权，追回交付给买受人占有的买卖标的物。

故本条规定的出卖人取回权的规则是，当事人约定出卖人保留合同标的物的所有权，在标的物所有权转移前，买受人有下列情形之一，对出卖人造成损害的，除法律另有规定或者当事人另有约定外，出卖人有权取回标的物。产生取回权的原因是：（1）买受人未按照约定支付价款，经催告后在合理期限内仍未支付；（2）买受人未按照约定完成特定条件；（3）买受人将标的物出卖、出质或者作出其他不当处分。

实现取回权的方法是：（1）出卖人行使取回权，取回标的物。（2）协商确定，出卖人可以与买受人协商实现取回权的办法。（3）当事人协商不成的，参照适用担保物权的实现程序，例如拍卖或者变卖标的物，用价款优先偿还未支付的价金等。（4）取回的标的物价值明显减少的，出卖人有权要求买受人赔偿损失，买受人承担损害赔偿责任。

本条借鉴《买卖合同司法解释》第35条的规定，增加了出卖人可以与买受人协商取回权、在协商不成时可以适用担保物权的相关规定。这是因为，所有权保留作为担保物权的一种，依据出卖人保留的所有权当然地产生取回权。双方当事人作为担保物权人和担保人，如果协商实现取回权，就保护了所有权人即担保物权人的权利。如果买受人不同意，协商不成的，由于保留的所有权是担保物权，因而可以依照担保物权的实现方法，即拍卖、变卖、折价等方法将担保物变价，以其变价款加上已经支付的价款，扣除标的物使用费，用以清偿债务，多退少补，实现债权。

📋 配套司法解释

最高人民法院关于适用《中华人民共和国民法典》有关担保制度的解释

第六十四条 在所有权保留买卖中，出卖人依法有权取回标的物，但是与买受人协商不成，当事人请求参照民事诉讼法"实现担保物权案件"的有关规定，拍卖、变卖标的物的，人民法院应予准许。

出卖人请求取回标的物，符合民法典第六百四十二条规定的，人民法院应予支持；买受人以抗辩或者反诉的方式主张拍卖、变卖标的物，并在扣除买受人未支付的价款以及必要费用后返还剩余款项的，人民法院应当一并处理。

案例评析

江苏奥神新材料股份有限公司诉江苏氟美斯环保节能新材料有限公司 买卖合同纠纷案①

案情： 原、被告签订一份《销售合同》，约定原告向被告提供聚酰亚胺短纤产品共 40 万元，产品异议期限为 10 天。过后，被告多次拖欠费用未付，因而双方发生争议。法院认为，原告奥神公司向被告氟美斯公司提供了货物，被告氟美斯公司已收到货物并使用了部分货物，且未提出质量异议，被告氟美斯公司应当按照合同约定及时向原告支付货款，拖欠部分货款至今不予给付，侵害了原告的合法权益，依法应承担给付尚欠货款及逾期利息的民事责任。双方所签《销售合同》第 8 条约定："产品的所有权自买方向需方付清货款时转移，但需方未付清货款的产品，其所有权仍属供方。"该约定条款是货物所有权保留条款，是约定被告未付清货款，该货物所有权仍属于原告，即原告为了保障其债权权利实现而享有的货物取回权，是原告为了确保其利益不受到侵害，但是否行使货物取回权或要求被告支付货款，原告有选择权。本案原告选择要求被告支付货款，而不要求取回货物，被告则应当履行支付货款的合同义务，且被告对其辩称理由未能提供相关证据证明，故被告的观点不能成立，本院不予采信。

评析： 民法典第 642 条是有关所有权保留合同中出卖人所享有的取回权规则，所有权保留作为担保物权的一种，最重要的价值是为出卖人提供买受人到期不能支付价款时的风险保护规则，因而取回权的行使前提条件是买受人违反约定，在未按照约定支付价款，经催告后在合理期限内仍未支付；未按照约定完成特定条件；将标的物出卖、出质或者作出其他不当处分。譬如，在本案中，由于涉案合同中包含"产品的所有权自买方向需方付清货款时转移，但需方未付清货款的产品，其所有权仍属供方"，因而属于规定所有权保留的合同，当买受人未缴清货款时，出卖人既可以选择取回货物，当然也可以选择解除合同。当原告选择解除合同时，法院应当予以支持。

> ▶▶ **第六百四十三条** 出卖人依据前条第一款的规定取回标的物后，买受人在双方约定或者出卖人指定的合理回赎期限内，消除出卖人取回标的物的事由的，可以请求回赎标的物。
>
> 买受人在回赎期限内没有回赎标的物，出卖人可以以合理价格将标的物出卖给第三人，出卖所得价款扣除买受人未支付的价款以及必要费用后仍有剩余的，应当返还买受人；不足部分由买受人清偿。

---

① 审理法院：江苏省连云港经济技术开发区人民法院，案号：(2018) 苏 0791 民初 42 号。

🏛 条文要义

本条是对出卖人取回标的物后买受人享有的回赎权的规定。

在买卖合同中，出现了出卖人享有取回权的事由的，出卖人取回买卖标的物之后，买受人享有回赎权，可以在回赎期限内回赎买卖标的物。

《合同法》对此没有规定，本条借鉴《买卖合同司法解释》第 37 条的内容予以补充。对该新规则的解读如下。

1. 回赎权的产生，是在出卖人依据民法典第 642 条第 1 款的规定取回标的物之后，出卖人一旦取回买卖标的物，买受人即产生回赎权。

2. 回赎期限，即双方当事人可以约定回赎期限，或者出卖人指定合理的回赎期限。

3. 回赎权的行使要件，是买受人消除出卖人取回标的物的事由，即买受人支付了未按照约定支付的价款，或者买受人按照约定完成了特定条件，或者买受人将出卖、出质或者作出其他不当处分的标的物收回。

在具备了上述三个要件之后，买受人可以要求回赎标的物，出卖人应当将取回的标的物交付给买受人。

买受人取得了回赎权，但是在回赎期限内没有回赎标的物的，出卖人可以以合理价格出卖标的物，出卖所得价款在扣除原买受人未支付的价款及必要费用后仍有剩余的，应当返还原买受人；不足部分由原买受人清偿。

🔵 案例评析

宁波海星塑料机械制造有限公司诉霸州市盛华塑料制品厂
买卖合同纠纷案[①]

案情： 原告海星公司与被告盛华塑料厂签订了一份购销合同，后者购买海星注塑机一台，并约定了付款方式和所有权保留条款。之后因为拖欠货款，塑料厂被诉至法院。法院认为，根据《中华人民共和国合同法》第 134 条"当事人可以在买卖合同中约定买受人未履行支付价款或者其他义务的，标的物的所有权属于出卖人"的规定，本案中，海星公司与被告盛华塑料厂签订《工矿产品购销合同》中"在需方货款没有付清之前，设备的所有权属于供方，需方无权转让或出售"的约定符合上述法律规定，说明本案中双方依据《合同法》第 134 条的规定约定买受人支付价款之前出卖人保留所有权，在买受人支付全部价款时，所有权才发生转移，原告作为出卖人行使取回权后，买受人即被告在出卖人指定的合理回赎期限内，履行价款清偿义务的，可以重新占有标的物；被告在指定的回赎期限内没有回赎标的物，出

---

① 审理法院：浙江省宁波市鄞州区人民法院，案号：(2010) 甬鄞邱商初字第 308 号。

卖人可以依法拍卖标的物或者解除合同，出卖人拍卖标的物的，拍卖所得的价款扣除未清偿价金、取回费用以及拍卖费用后仍有剩余的，应将剩余的部分返还给被告。综上，依照《中华人民共和国合同法》第134条、第167条，《最高人民法院关于民事诉讼证据的若干规定》第2条的规定，判决被告霸州市盛华塑料制品厂返还原告宁波海星塑料机械制造有限公司型号为HXF468的注塑机一台。

评析：民法典第643条是对出卖人取回标的物后买受人回赎权的规定，也即当出卖人取回标的物后，买受人可以在特定期限内回赎标的物，若没有回赎标的物的，出卖人可以以合理价格出卖给第三人，若扣除买受人未支付的价款及必要费用后仍有剩余的，应当返还买受人，若有不足的应由买受人补足。在本案中，原被告双方在合同中规定了"在需方货款没有付清之前，设备的所有权属于供方，需方无权转让或出售"，因而涉案合同属于所有权保留相关合同。由于所有权包括占有、使用、收益、处分等四项权能，出卖人可以取回标的物，故对于原告要求返还注塑机的诉讼请求，法院应当予以支持。而依据民法典第643条的规定，此时买受人享有在合理期限内回赎标的物的权利，因在本案中买受人未行使该权利，因而法院支持出卖人取回标的物的诉求，于法有据，合乎情理。

> ▶▶ **第六百四十四条**　招标投标买卖的当事人的权利和义务以及招标投标程序等，依照有关法律、行政法规的规定。

🏛 条文要义

本条是对招标投标买卖适用法律的规定。

招标投标，是指由招标人向数人或公众发出招标通知或招标通告，在诸多投标中选择自己最满意的投标人并与之订立合同的方式。招标投标买卖的当事人的权利和义务，以及招标投标的程序，都由专门的法律规定，应当依照专门的法律和行政法规的规定进行。

简要的招标投标程序是：

1. 招标，是招标人采取招标通知或招标公告的形式，向数人或者公众发出投标邀请。

2. 投标，是投标人按照招标文件的要求，向招标人提出报价的行为。

3. 开标和验标，开标是招标人在召开的投标人会议上，当众启封标书，公开标书内容。验标是验证标书的效力，对不具备投标资格的标书、不符合招标文件规定的标书，以及超过截止期限送达的标书，招标人可以宣布其无效。

4. 评标和定标，评标由招标人依法组成的评标委员会负责，由招标人和专家组成，成员应在5人以上。定标是招标人对有效标书进行评审，选择自己满意的投标人，决定其中标。定标是对投标的完全接受，因此是承诺。

5. 签订合同书，中标人接到中标通知书后，在指定的期间与地点同招标人签订合同书，招标投标即告完成。

案例评析

重庆博达矿业有限公司与中国铝业股份有限公司重庆分公司、
中国铝业股份有限公司招标投标买卖合同纠纷案①

案情：中铝重庆分公司（被告）与博达公司（原告）签订《石灰投资建设协议书》。根据两者签订的多份供销合同，博达公司向中铝重庆分公司供应了大块石灰石等。中铝重庆分公司于 2014 年决定暂时停产。博达公司向法院起诉，要求解除《协议书》并赔偿各类经济损失。一审法院认为两者签订的《协议书》及一系列供销合同的性质应为招标投标买卖合同，合法有效。博达公司有权解除该合同并主张损害赔偿。中铝重庆分公司作为分支机构，其责任应由中铝公司承担。中铝重庆分公司、中铝公司以本案为一般买卖合同关系，而非招标投标买卖合同，且一审认定的赔偿金额不合理等为由提起上诉。二审法院认为一审法院对合同性质认定并无不妥，但对于合同的解除时间认定不当，应予调整；损失认定存在的错误，应予纠正。

评析：民法典第 644 条延续了《合同法》第 172 条对招标投标买卖的法律适用作出规定。本案争议焦点为合同性质的认定。合同性质的认定应根据合同的签订背景、内容、主要条款、目的，以及合同双方当事人所设立的权利义务关系进行判定。作为一种特殊的买卖合同，招标投标买卖合同既有一般买卖合同的属性，又因在缔约过程中引入了招标、投标，使其具有独有的特性。本案中，中铝重庆分公司公开招标，招标内容对生产工艺、产品标准等因素规定了条件。博达公司中标后，双方签订了案涉协议，约定了合作期限等内容，同时还约定了双方除具有一般买卖合同的权利义务外，还具有定向收购等权利义务。因此，案涉协议与一系列供销合同组成的整体符合招标投标买卖合同的法律特征。故案涉协议及一系列供销合同的性质应为招标、投标买卖合同。

> ▶▶ **第六百四十五条** 拍卖的当事人的权利和义务以及拍卖程序等，依照有关法律、行政法规的规定。

🏛 条文要义

本条是对拍卖适用法律的规定。

---

① 审理法院：一审法院为重庆市高级人民法院，案号（2015）渝高法民初字第 00069 号；二审法院为最高人民法院，案号：（2019）最高法民终 511 号。

拍卖是对物品的拍卖，即以公开竞价的方法，将标的物的所有权转移给最高应价者的买卖方式，分为法定拍卖和意定拍卖、委托拍卖和自己拍卖、强制拍卖和任意拍卖。

拍卖的程序是：

1. 签订拍卖委托合同，约定拍卖的权利义务关系。

2. 拍卖公告和拍品展示。在拍卖日的前 7 日发布拍卖公告，拍卖前应当展示拍卖标的不得少于 2 日。

3. 竞买，是以应价的方式向拍卖人作出应买的意思表示，竞买人彼此互不隐瞒情况，以公开的方式应价，形成竞争。竞买的性质属于要约。

4. 拍定，是拍卖人在竞买人众多的应价中选择最高者予以接受的意思表示，其法律性质属于承诺。拍卖人一经拍定，拍卖合同即告成立。

拍卖的效力是：

1. 拍卖人应当履行交付标的物和转移标的物所有权的义务。

2. 拍卖人负有瑕疵担保责任，拍卖人应当对交付的标的物承担瑕疵担保责任。

3. 买受人支付价款和再拍卖。买受人应当按照约定向拍卖人支付价款和佣金，未按照约定支付价款的，应当承担违约责任，或者由拍卖人将拍卖的标的物再行拍卖。再拍卖时，原拍卖的买受人应当支付第一次拍卖中买卖双方应支付的佣金。

4. 流拍，在拍卖中，由于起拍价格过高造成的拍卖失败，对拍卖的标的物得不到想要成交的数额。

案例评析

浙江五洋印染有限公司诉吴某、杨某拍卖合同纠纷案[①]

案情： 五洋公司的破产申请被法院受理，其将持有的某公司 50% 股权委托法院通过淘宝网进行司法拍卖。前两次拍卖，吴某、杨某分别以 129 万元、122.6 万元的价格拍得，但均未按期付清拍卖余款。第三次拍卖，上述标的物以 84 万元竞拍成功。五洋公司遂起诉要求：判令吴某、杨某共同赔偿拍卖价款差额损失。一审法院认为原买受人应承担相应补偿责任。悔拍导致的补差，应根据浙高法鉴复〔2016〕2号文件来确定。吴某以本案系网络拍卖，仅规定扣除保证金，而未规定需补足差价等为由提起上诉。二审法院认为，《最高人民法院关于人民法院网络司法拍卖若干问题的规定》第 24 条第 1 款并未明确规定悔拍人无须补交差价，且在拍卖须知中明确提示竞拍人，悔拍后原买受人应当对扣除保证金后不足部分予以补交。因此，吴某应承担悔拍的法律后果。

评析： 民法典第 645 条延续了《合同法》第 173 条对拍卖的法律适用作出规定。

[①] 审理法院：一审法院为浙江省绍兴市柯桥区人民法院，案号：（2017）浙 0603 民初 10893 号；二案法院为浙江省绍兴市中级人民法院，案号：（2018）浙 06 民终 2051 号。

本案是拍卖合同纠纷，涉及执行拍卖规定、拍卖法的适用问题。我们应注意到本案涉及的拍卖并非执行阶段的司法拍卖，而是破产阶段的破产财产拍卖，二者的法律行为性质不同。前者应适用民事执行拍卖规定及网络拍卖规定；后者应适用拍卖法规定。两种拍卖的法律行为属性决定了拍卖内容告知义务、保证金规则、瑕疵担保责任、法院管辖、责任承担方式等方面有较大不同。对于在公开竞价成交后又拒不履行款项支付义务的原买受人而言，其不仅直接损害了委托人的利益，更扰乱了市场的秩序，该种极不诚信的行为会对市场秩序造成较大不良影响。依据《中华人民共和国拍卖法》第 39 条第 2 款之规定，如再行拍卖的价款低于原拍卖价款的，原买受人应当承担相应的补偿责任。

> ▶▶ **第六百四十六条** 法律对其他有偿合同有规定的，依照其规定；没有规定的，参照适用买卖合同的有关规定。

🏛 条文要义

本条是对其他有偿合同准用买卖合同规则的规定。

合同分为有偿合同和无偿合同。有偿合同是当事人享有合同权利须向对方支付对价的合同，如租赁合同。无偿合同是享有合同权利而不需支付对价的合同，例如借用合同和赠与合同。

在有偿合同中，买卖合同是基准性合同，是有偿合同的典型代表。因此，合同编规定买卖合同条文的内容是最完整、最详细的。在有关买卖合同的规定中，集中了有偿合同的主要规则，基本上属于有偿合同高弹性的规则。为避免立法条文的重复和繁杂，在有些有偿合同中就不再详细规定有偿合同的一般性规则，直接可以适用关于买卖合同的相应规则。因此，法律对其他有偿合同有规定的，直接依照其特别规定适用法律；如果没有明文规定的，则应当参照适用民法典合同编有关买卖合同的规定。

与《合同法》第 174 条规定相比，本条进行了文字上的调整：由"参照买卖合同的有关规定"调整为"参照适用买卖合同的有关规定"。这些文字上的调整，使条款表述更加准确。

🔮 案例评析

绍兴凤帆纺织服饰有限公司与浙江葆利轻纺有限公司
承揽合同纠纷案[①]

案情： 原告凤帆公司与被告葆利公司签订加工合同，由葆利公司委托凤帆公司

---

① 审理法院：浙江省绍兴市越城区人民法院，案号：（2013）绍越商初字第 691 号。

加工女式长裤。合同对质量检验期间未作明确约定。风帆公司交付后，以葆利公司拒不支付加工费为由提起诉讼，要求葆利公司支付加工费及延期付款利息。法院认为双方的主要争议在于加工物是否存在质量瑕疵等问题。关于质量瑕疵，合同对检验期间未作明确约定。对此，法院依据《合同法》第158条第2款"合理期间"作为"检验期间"的判断，认为葆利公司向风帆公司提出质量异议尚在合理期间内，但葆利公司未将诉争标的物抽样封存就出货给下家，导致诉争质量瑕疵程度无法查明，应自行承担相应的责任。法院判令葆利公司向风帆公司支付加工费。

评析： 本案在当事人对"检验期限"未约定的情况下，葆利公司应当在发现或者应当发现服装质量不符合约定的合理期间内通知风帆公司。根据《最高人民法院关于审理买卖合同纠纷案件适用法律问题的解释》第17条的规定，"合理期间"应当综合当事人之间的交易性质、交易目的、交易方式、交易习惯、标的物的种类、数量、性质、安装和使用情况、瑕疵的性质、买受人应尽的合理注意义务、检验方法和难易程度、买受人或者检验人所处的具体环境、自身技能以及其他合理因素，依据诚实信用原则进行判断。本案中，经综合考虑后，法院最终作出了"葆利公司向风帆公司提出质量异议尚在合理期间内"的认定。

> ▶▶ **第六百四十七条** 当事人约定易货交易，转移标的物的所有权的，参照适用买卖合同的有关规定。

🏛 条文要义

本条是对互易合同法律适用的规定。

互易合同，也叫物换物合同、易货贸易或者易货交易合同，是指当事人双方约定以货币以外的财物进行交换的合同。互易合同也是转移财产所有权的合同，与买卖合同的区别在于，互易合同是双方当事人都转移财产的所有权，即以交付和转移自己所有的财产和所有权的目的，其中没有货币作为中介。互易合同的当事人互为互易人，互易人各自享有取得对方互易标的物的权利，负有将本人的互易标的物交付对方的义务。

互易合同的基本类型是：（1）单纯互易，是指当事人双方并不考虑给付对方的财产的价值，而只追求相互的财产所有权转移的互易。（2）价值互易，是指当事人双方以标的物的价值为标准，互换财产所有权的互易。

互易合同一经成立生效，其效力适用买卖合同的规定。互易合同当事人应当负担以下义务：（1）按照合同约定向对方交付标的物并转移所有权；（2）当事人相互对其应交付的标的物负瑕疵担保义务；（3）当事人的互易为补足价款的价值互易的，负有补足价款的一方应当按照约定的时间、地点补足应当交纳的价款。当事人不履行其补足价款义务的，应当承担违约责任。

与《合同法》第 175 条规定相比，本条进行了文字上的调整：由"参照买卖合同的有关规定"调整为"参照适用买卖合同的有关规定"。这些文字上的调整，使条款表述更加准确。

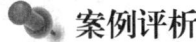 **案例评析**

周某与杨某、邵某互易合同纠纷案①

案情： 村民尹某将其饲养的 27 只带病山羊卖给邵某。邵某又将其中的 26 只卖给周某。周某（本案被告）与杨某（本案原告）商议以牛羊互易，最终，杨某以三头黄牛外加 640 元补足金同周某的 26 只山羊互换。经检查，羊群患有羊痘病，26 只羊死亡 23 只，存活 3 只。杨某遂提起诉讼，要求周某赔偿经济损失。一审法院认为，周某用于互易的羊群具有瑕疵。羊只的大量死亡给杨某造成了较大的损失，应由周某承担民事赔偿责任。但杨某在交易过程中，未尽到检查标的物的义务，避免交易风险，应自负 20% 的责任。周某以双方均口头约定过风险责任各自承担等为由提起上诉。二审法院认为周某交付的标的物存在质量瑕疵，给杨某造成经济损失，应承担相应的违约责任。

评析： 本案系互易合同纠纷，双方间的行为系补足金互易合同。出卖人交付的标的物不符合质量要求的，买受人可以请求承担违约责任。互易合同中，当事人相互就自己交付的标的物向对方负瑕疵担保责任，即当事人应保证向对方交付的标的物无瑕疵。本案中，周某用于互易的山羊经检测患有羊痘病，具有瑕疵，依法应承担相应的民事赔偿责任。

---

① 审理法院：一审法院为云南省梁河县人民法院，案号：（2014）梁民二初字第 28 号；二审法院为云南省德宏傣族景颇族自治州中级人民法院，案号：（2015）德民二终字第 20 号。

第十章　供用电、水、气、热力合同

▶▶ **第六百四十八条**　供用电合同是供电人向用电人供电，用电人支付电费的合同。

向社会公众供电的供电人，不得拒绝用电人合理的订立合同要求。

🏛 条文要义

本条是对供用电合同概念和缔约方式的规定。

供用电合同是指供电人向用电人供电，用电人支付电费的合同。其法律特征是：第一，供用电合同的标的物是无形物，民法通常将其称为自然力。因电能供应对保障社会正常运转具有十分重要的作用，供用电合同在履行中对供电质量及连续性的要求非常高，故国家对供电人应连续供电的义务作出了严格要求。第二，供用电合同是强制缔约合同，供电一方负有强制缔约义务，没有正当理由，不得拒绝用电人的缔约请求。第三，供用电合同是双务、有偿合同，供电人有义务按合同约定向用电人供应符合合同要求的电能，违约应承担相应责任；用电人有义务按合同约定向供电人及时、足额交付电费，否则亦应承担相应责任。第四，供用电合同通常是格式条款，实行统一价格。

本条第 2 款规定的是新规则，规定了供电单位的强制缔约义务。

强制缔约义务也叫强制性合同，是指在若干特殊情形下，个人或者企业负有应相对人的请求与其订立合同的义务，负有强制性缔约义务的人非有正当理由不得拒绝。这种强制性力量来源于法律的规定，旨在保护消费者，限制居于垄断地位的公用事业单位的一方当事人。因为一旦消费者的要约被拒绝，要约人将无法从他处获得该种服务或商品。供电企业就是这样的公用事业单位，负有强制缔约义务，故向社会公众供电的供电人，不得拒绝用电人合理的订立合同要求。违反者，应当承担法律责任。

负有强制缔约义务的一方当事人违反强制缔约义务，不构成违约责任，因为这时合同还没有成立，不能认定为违约责任。但是，违反强制缔约义务的行为发生在缔约的过程中，对方当事人完全可以基于强制缔约义务的法律规定建立信赖，违反强制缔约义务会造成信赖利益的损害。因此，违反强制缔约义务的行为也构成缔约过失责任。

该款规定给供电单位的强制缔约义务提供了法律依据。该条款进一步明确电网经营主体以及其他配售电主体作为供电人的强制缔约义务，赋予社会公众可通过行使强制缔约权利维护自身权益，是促进电力市场公平竞争的具体体现。

案例评析

庄沛某与东莞市沙田供电公司供用电合同纠纷案[①]

案情：庄沛某（原告）将东莞市沙田镇的房产出租给他人开办了泰盈公司。泰盈公司与供电公司（被告）签订《供用电合同》，由供电公司向泰盈公司供电。因泰盈公司涉嫌窃电，供电公司中止供电。庄沛某与泰盈公司终止租赁合同关系，收回房产后，多次申请供电公司恢复供电被拒。为此，庄沛某提起诉讼，要求供电公司立即供电，确定供用电合同关系，并赔偿经济损失 10 万元。审理法院认为供电公司以未清偿完案外人泰盈公司所拖欠的电费而拒绝向庄沛某供电没有法律依据，限供电公司于本判决生效之日起 3 日内与庄沛某建立供用电合同关系，对庄沛某所有的房产供电，并支付经济损失 10 万元。

评析：《中华人民共和国电力法》第 26 条第 1 款"供电营业区内的供电营业机构，对本营业区内的用户有按照国家规定供电的义务；不得违反国家规定对其营业区内申请用电的单位和个人拒绝供电"以及《电力供应与使用条例》第 32 条"供电企业和用户应当在供电前根据用户需要和供电企业的供电能力签订供电合同"的规定，供电企业具有强制缔约的义务，无"正当理由"的情况下不得拒绝缔约。本案中，案外人泰盈公司的供电合同纠纷与本案属于两个不同的法律关系，结合供电公司具有强制缔约的义务，故庄沛某要求供电公司确认与其的供用电合同关系，并对其所有的房产供电符合法律规定。

民法典第 648 条进一步强调了供电单位的强制缔约义务，使得立法层次得到了提升。本条款中的"供电人"，依照民法原则，是指负有承担向社会提供供电义务的电网企业，包括电网企业旗下的售电公司。

▶▶ **第六百四十九条**　供用电合同的内容一般包括供电的方式、质量、时间，用电容量、地址、性质，计量方式，电价、电费的结算方式，供用电设施的维护责任等条款。

🏛 条文要义

本条是对供用电合同内容的规定。

---

① 审理法院：广东省东莞市第二人民法院，案号：（2014）东二法沙民二初字第 100 号。

供用电合同的主要内容如下。

1. 供电方式、质量、时间：供电方式，是供电人以何种方式向用电人供电，包括主电源、备用电源、保安电源的供电方式以及委托供电等。供电质量，是供电的频率、电压和供电可靠性三项指标。频率是以频率允许偏差来衡量，电压质量是以电压的闪变、偏离额定值的幅度和电压正弦波畸变程度衡量，供电可靠性是以供电企业对用户停电的时间及次数来衡量。用电时间是用电人有权使用电力的起止时间。

2. 供电容量、地址、性质：用电容量，是供电人认定的用电人受电设备的总容量，以千伏安（千瓦）表示。用电地址是用电人使用电力的地址。用电性质包括用电人行业分类和用电分类，行业分类分为农业、工业、建筑业等七大类和城乡居民生活用电。用电分类分为大工业用电、非普工业用电、农业生产用电、商业用电、居民生活用电、非居民照明用电、趸售用点和其他用电。

3. 计量方式和电价、电费的结算方式：计量方式是供电人如何计算用电人使用的电量，电价即电网销售电价，实行国家统一电价。电费是电力资源实现商品交换的货币形式，应当按照国家核准的电价和用电计量装置记录，收取电费。

4. 供用电设施的维护责任：应当依供用电设施的产权所属划分，也可由双方约定。除此之外，供用电双方还可在合同中约定违约责任及双方同意的其他条款。

与《合同法》第177条规定相比，本条进行了文字上的调整：由"供用电合同的内容包括供电的方式、质量、时间"调整为"供用电合同的内容一般包括供电的方式、质量、时间"。这些文字上的调整，使条款表述更加严谨、准确。

案例评析

广东电网有限责任公司珠海斗门供电局与梁某供用电合同纠纷案①

案情： 经梁某（被告）申请，珠海斗门供电局（原告）为其安装三相四线电表一套。双方签订的《低压供用电合同》对用电地址、用电分类、电费缴纳时间、违约责任等进行了详细约定。现梁某出现欠费，珠海斗门供电局向法院提起诉讼，要求梁某支付电费及违约金。法院经审理认为，《低压供用电合同》合法有效，应受法律保护。珠海斗门供电局按约安全供电，梁某却逾期不交付电费，应当按照约定支付违约金。故珠海斗门供电局要求梁某支付拖欠的电费及违约金，有事实和法律依据，依法予以支持。

评析： 民法典第649条基本延续了《合同法》第177条，对供用电合同的内容作出规定。本案系供用电合同纠纷，根据民法典第649条规定，用电者和供电者签订的《低压供用电合同》各项条款对双方均具有法律约束力。在双方于合同中约定了违约责任的情况下，任何一方违约，应向对方承担相应的违约赔偿责任。

---

① 审理法院：广东省珠海市斗门区人民法院，案号：（2017）粤0403民初1566号。

▶▶ **第六百五十条** 供用电合同的履行地点，按照当事人约定；当事人没有约定或者约定不明确的，供电设施的产权分界处为履行地点。

🏛 条文要义

本条是对供用电合同履行地点的规定。

合同的履行地点是合同的主要条款之一，是指当事人双方行使其权利、履行其义务的地点。履行地点往往是确定验收地点的依据，是确定运输费用由谁负担、风险由谁承受的依据，也是确定标的物所有权是否转移的依据。本条中的"供用电合同的履行地点"，是供用电合同双方当事人行使其权利、履行其义务的地点，具体是指供电人将电力的所有权转移于用电人的转移点。根据合同自由的原则，供用电双方可以在供用电合同中约定该履行地点，供用电合同约定了履行地点的，供电人应当按照该约定履行供电义务。由于发电、供电和用电都是在一条线上进行的，因此，供用电合同的履行地点必须界分清楚，明确权利、义务和责任，不仅对供用电双方具有重要价值，而且对出现问题时追究责任具有重要意义。例如，在电力事故发生后，以供用电合同的履行地点为界，谁享有电力的产权，谁就应当承担后果责任。

若当事人没有约定或者约定不明确的，则以供电设施的产权分界处为履行地点。供电设施的产权分界处是划分供电设施所有权归属的分界点，分界点电源侧的供电设施归供电人所有，分界点负荷侧的供电设施归用电人所有。在用电人为单位时，供电设施的产权分界处通常为该单位变电设备的第一个磁瓶或开关；在用电人为散用户时，供电设施的产权分界处通常为进户墙的第一个接收点。上述供电设施的产权分界处为供用电合同的履行地点。以供电设施的产权分界处作为供用电合同的履行地点，对于履行供用电合同、确定供电设施的维护管理责任，具有重要的作用。供用电双方应当根据供电设施的产权归属，承担供电设施的安装、维护、检修和管理责任。

📌 案例评析

德州明星机械有限公司与国网山东省电力公司供用电合同纠纷案[①]

案情： 2016 年 3 月 26 日下午 6：00 左右，原告明星公司的表上线被人锯断，表上线的产权属于被告国网山东省电力公司德州经济开发区公司，原告多次找国网山东省电力公司德州经济开发区公司反映无果。明星公司向山东省德州市德州经济开发区人民法院提起诉讼，要求电力公司恢复供电并赔偿损失。审理法院认为，本案

---

① 审理法院：一审法院为山东省德州市德州经济开发区人民法院，案号：（2016）鲁 1491 民初 762 号；二审法院为山东省德州市中级人民法院，案号：（2016）鲁 14 民辖终 274 号。

双方当事人没有约定合同履行地，涉案供电设施的产权分界处位于德州经济开发区长河街道办事处郭家庵村，本案合同履行地应为德州经济开发区长河街道办事处郭家庵村，故德州市德州经济开发区人民法院对本案有管辖权。

评析： 民法典第650条基本延续了《合同法》第178条，对供用电合同的履行地点作出规定。民法典第650条规定了"约定不明时以供电设施的产权分界处为履行地点"，更多的是考虑到：（1）电力供应合同中，电力所有权的转移有其特殊性，在用电人和供电人的电力网络连接的状态下，很难参照买卖合同等合同类型中的履行地点的确认方式。（2）由于电力设施投资多元化的发展，用电人也有参与电力设施的投资建设，因此，将供电设施的产权分界处作为履行地点，有利于供用电合同的顺利履行以及确定电力设施的维护管理责任。

本案系供用电合同纠纷，对于合同纠纷的管辖法院，根据《民事诉讼法》第23条的规定，由被告住所地或者合同履行地人民法院管辖。对于供用电合同的履行地点，根据民法典第650条的规定，在当事人没有约定或者约定不明确时，供电设施的产权分界处为履行地点，故德州市德州经济开发区人民法院对本案有管辖权。

> ▶▶**第六百五十一条**　供电人应当按照国家规定的供电质量标准和约定安全供电。供电人未按照国家规定的供电质量标准和约定安全供电，造成用电人损失的，应当承担赔偿责任。

🏛 条文要义

本条是对供电人安全供电义务与违约责任的规定。

供电人作为供用电合同的供电一方，应当按照国家规定的供电标准和约定安全供电。用电人提出申请后，供电人应当尽速确定供电方案，并在一定期限内正式书面通知用户。供用电合同订立后，供电人应当按照合同约定的时间向用电人供电。当事人对供电质量标准有约定的，依其标准供应；当事人没有特别约定的，则根据用电人具体的用电意图可以推定的标准或者国家规定的标准供电。供电人必须安全、合格地供电，不得超过电力系统正常状况下所供电能频率的电压允许的偏差。这是供电人应当履行的供电义务。

供电人违反上述供电义务，未按照国家规定的供电标准和约定安全供电，并且造成用电人的预期利益和固有利益损失的，应当承担违约损害赔偿责任或者侵权损害赔偿责任。

与《合同法》第179条规定相比，本条删除了"损害"二字，由"造成用电人损失的，应当承担损害赔偿责任"调整为"造成用电人损失的，应当承担赔偿责任"。"损害赔偿责任"与"赔偿责任"都属于民事赔偿责任，其中"损害赔偿责任"

侧重于侵权赔偿，而"赔偿责任"包含侵权赔偿和违约赔偿。此次删除"损害"二字，供电人与用电人均可自主选择基于侵权主张侵权之诉或基于合同主张违约之诉，以更好维护各方合法权益。

案例评析

蒲元某等与国网湖南中方县供电有限责任公司供用电合同纠纷案①

案情： 蒲元某（原告）与他人开办生态养鸡场，中方供电公司（被告）为养鸡场供电，其中，鸡舍风机的用电为 380 伏三相电。2015 年 6 月 30 日晚上 10 点左右，中方供电公司在未通知的情况下中断了三相电中的一相电流，造成鸡舍风机停电及损坏。为此，蒲元某等起诉至法院，要求中方供电公司赔偿损失。法院认为，蒲元某等与中方供电公司之间存在事实上的供用电合同关系。中方供电公司在未通知蒲元某的情况下断电，导致蒲元某等不能及时采取有效的预防措施，中方供电公司对养鸡场的损失存在过错，应负主要责任，判令中方供电公司赔偿蒲元某等损失 23 814 元。

评析： 1996 年 10 月 8 日中华人民共和国电力工业部发布了《供电营业规则》，制订了具体的供电质量标准，明确规定"供电企业对申请用电的用户提供的供电方式，应从供用电的安全、经济、合理和便于管理出发，依据国家的有关政策和规定、电网的规划、用电需求以及当地供电条件等因素，进行技术经济比较，与用户协商确定。"本案中，中方供电公司提供的电力不符合质量标准，对蒲元某等的养鸡场损失存在过错，应负主要责任，故法院判决中方供电公司承担赔偿责任并无不当。

▶▶ **第六百五十二条** 供电人因供电设施计划检修、临时检修、依法限电或者用电人违法用电等原因，需要中断供电时，应当按照国家有关规定事先通知用电人；未事先通知用电人中断供电，造成用电人损失的，应当承担赔偿责任。

条文要义

本条是对供电人因故中断供电的通知义务与违约责任的规定。

在供用电合同履行期间，对因供电设施计划检修、临时检修、依法限电或者用电人违法用电等原因，需要中断供电时，按照国家有关规定，供电人负有事先通知用电人的义务。这是因为，电力在社会生产、生活中的特殊作用，要求供电人的供应须是连续不断的。供电人在发电、供电系统正常的情况下，应当连续向用电人供电，不得中断，这是供电人应当履行的义务。供电人因供电设施计划检修、临时检

① 审理法院：湖南省中方县人民法院，案号：（2015）方民二初字第 240 号。

修、依法限电或者用电人违法用电等原因，需要中断供电时，应当按照国家有关规定事先通知用电人。

供电人因故需要停止供电时，应当按照下列要求事先通知用户或者进行公告：(1) 因供电设施计划检修需要停电时，供电人应当提前7天通知用户或者进行公告；(2) 因供电设施临时检修需要停止供电时，供电人应当提前24小时通知重要用户；(3) 因发电、供电系统发生故障需要停电、限电时，供电人应当按照事先确定的限电序位进行停电或者限电。引起停电或者限电的原因消除后，供电人应当尽快恢复供电。用电人如因未事先得到断电通知而遭受的损失，由供电人赔偿。

用电人对供电人正当检修、停电、限电，负有容忍义务。

与《合同法》第180条规定相比，本条删除了"损害"二字，由"造成用电人损失的，应当承担损害赔偿责任"调整为"造成用电人损失的，应当承担赔偿责任"。"损害赔偿责任"与"赔偿责任"都属于民事赔偿责任，其中"损害赔偿责任"侧重于侵权赔偿，而"赔偿责任"包含侵权赔偿和违约赔偿。此次删除"损害"二字，供电人与用电人均可自主选择基于侵权主张侵权之诉或基于合同主张违约之诉，以更好维护各方合法权益。

🖋 案例评析

董某诉陕西省地方电力集团有限公司延川电力分公司供电合同纠纷案[①]

案情：原告董某修建冷库用于肉类储存销售，冷库由被告延川电力分公司供电。董某购进价值6万元的1 500套羊下水存储在冷库中。因延川电力分公司强行断电，多次协商未果后董某购买发电机仍无法正常供电，最终造成冷库中储存的羊下水全部发臭腐烂变质。为此，董某起诉至法院，要求延川电力分公司赔偿损失并退还预付电费。一审法院认为，两者的供用电合同合法有效，延川电力分公司应承担给董某造成的损失。但因董某提供的证据不足以证明断电后冷库中储存物的具体数额，无法确定具体损失，故仅判令延川电力分公司赔偿董某购买发电机费并退还董某电费。董某不服一审判决提起上诉，二审法院以董某具体损失这一基本事实不清，一审已查明延川电力分公司的停电行为给董某造成损失未予判处，适用法律错误，判令撤销原审判决，发回重审。

评析：在发电供电系统正常的情况下，供电人应当连续向用户供电，任何单位不得中断用户的用电。因供电设施检修、依法限电等法定事由需要中断供电时，应按照国家有关规定事先通知用电人。因供电设施计划检修需要停电时，应提前七天通知用户或进行公告；因供电设施临时检修需要停止供电时，应当提前24小时通知

---

① 审理法院：一审法院为陕西省延川县人民法院，案号：(2017) 陕 0622 民初 236 号；二审法院为陕西省延安市中级人民法院，案号：(2018) 陕 06 民终 1420 号。

重要用户或进行公告。未事先通知用电人中断供电，造成用电人损失的，应当承担损害赔偿责任。本案中，延川电力分公司在未通知董某的情况下停电，并拒绝连续供电，故应承担给董某造成的损失。董某购买发电机的费用系为减少库存损失采取的积极救助行为，故对该损失请求赔偿应予支持。延川电力分公司已中断给董某供电，故对剩余电费应予退还。

> ▶▶ **第六百五十三条**　因自然灾害等原因断电，供电人应当按照国家有关规定及时抢修；未及时抢修，造成用电人损失的，应当承担赔偿责任。

🏛 条文要义

本条是对因自然灾害等原因断电时供电人抢修义务的规定。

造成断电的自然灾害等原因，通常是指不可抗力的原因，按照本法第180条关于不可抗力免责的规定，以及本编相关规定，供电人对此不负责任。但是，由于连续供电的重要性，供电人必须以诚实善意的态度去克服灾害的影响，最大限度地减少自然灾害等原因造成的损失。因此，因自然灾害等原因断电，供电人应当按照国家有关规定及时抢修，及时恢复供电。按照规定，引起停电或限电的原因消除后，供电企业应在3日内恢复供电。不能在3日内恢复供电的，供电企业应向用户说明情况。如果供电人怠于职守，故意拖延，迟迟不能恢复供电，使用电人因此而遭受损失的，供电人应承担赔偿责任。

与《合同法》第181条规定相比，本条删除了"损害"二字，由"造成用电人损失的，应当承担损害赔偿责任"调整为"造成用电人损失的，应当承担赔偿责任"。"损害赔偿责任"与"赔偿责任"都属于民事赔偿责任，其中"损害赔偿责任"侧重于侵权赔偿，而"赔偿责任"包含侵权赔偿和违约赔偿。此次删除"损害"二字，供电人与用电人均可自主选择基于侵权主张侵权之诉或基于合同主张违约之诉，以更好维护各方合法权益。

🔘 案例评析

廖某与国网湖北省电力公司当阳市供电公司供用电合同纠纷案[①]

案情： 廖某（原告）在当阳市草埠湖镇新河队辖区从事渔业养殖。该辖区西供电铁塔部件因大风原因出现断落和故障，导致停电。2015年5月1日22时1分，当阳供电公司（被告）派员现场勘察；2015年5月2日11时31分，当阳供电公司许可抢修；2015年5月3日10时1分，抢修结束。停电期间，廖某及其他养殖户因鱼

---

① 审理法院：湖北省当阳市人民法院，案号：（2015）鄂当阳民初字第01809号。

池增氧机无法工作，致使大量鲜鱼死亡。廖某特诉至法院，要求当阳供电公司赔偿损失及鉴定费。法院认为，本案中停电事故的发生应定性为自然灾害引起。当阳供电公司未尽到及时抢修的义务。停电期间，当阳供电公司未事先履行通知义务，导致廖某无法及时采取减损措施，对损害后果的发生存在一定过错。同时，廖某自身存在重大过错，且未采取措施进行减损。综上所述，对于廖某的损失，由当阳供电公司承担10%的赔偿责任为宜。

评析：本案系供用电合同纠纷。停电事故的发生系自然灾害引起，停电时间接近两天，当阳供电公司作为专业的供电企业，应当以诚实善意的态度去克服灾害的影响，最大限度地减少自然灾害等原因造成的损失，但是因当阳供电公司未及时抢修，以及未履行通知义务，导致廖某无法及时采取减损措施，对损害后果的发生亦存在一定的过错，应当按过错比例承担损害赔偿责任。

值得注意的是：赔偿责任范围应当限于由于未及时而扩大造成的损失。是否尽到及时抢修的义务则要以国家有关规定为标准。

> ▶▶第六百五十四条 用电人应当按照国家有关规定和当事人的约定及时支付电费。用电人逾期不支付电费的，应当按照约定支付违约金。经催告用电人在合理期限内仍不支付电费和违约金的，供电人可以按照国家规定的程序中止供电。
>
> 供电人依据前款规定中止供电的，应当事先通知用电人。

🏛 条文要义

本条是对用电人应当及时支付电费义务的规定。

用电人既然使用电能，就应履行交付电费的义务。用电人应当按照国家有关规定和当事人的约定及时向供电人交付电费；如双方当事人在合同中约定了交费时间，用电人应当按约定时间交费。

用电人逾期不交电费，应当承担的责任是：第一，如果合同中有违约金条款，用电人应按照约定向供电人支付违约金；第二，如果没有约定违约金，则用电人应支付电费的逾期利息；第三，经催告用电人在合理期限内仍不支付电费和违约金的，供电人可以按照国家规定的程序中止供电。

与《合同法》第182条规定相比，本条进一步明确供电人中止供电的事先告知义务，即对经催告，用电人在合理期限内仍不支付电费和违约金，可中止供电的情形，增加第2款规定："供电人依照前款规定中止供电的，应当事先通知用电人。""事先通知用电人"的规定与《供电营业规则》相关规定一脉相承，现上升为法律进一步予以明确。同时，"事先通知"表述并未对通知时限、方式等提出明确要求，这也为电网企业在制定供用电等合同时予以具体界定、明确操作标准提供了一定空间。

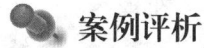 **案例评析**

国网湖南省电力公司衡阳南岳供电分公司

诉李某供用电合同纠纷案①

案情：原告南岳供电分公司与被告李某签订供用电合同。合同到期以后，双方未继续签订供用电合同，但南岳供电分公司一直按照约定向李某供电，李某也继续使用南岳供电分公司所供电能并按照原合同的约定每月交费。2009 年 4 月，李某开始欠缴电费。为此，南岳供电分公司起诉至法院，要求李某支付拖欠的电费及违约金。法院认为，南岳供电分公司与李某签订的原合同到期后，虽未重新签订合同，但双方已成立供用电合同关系。南岳供电分公司已按照合同的约定向李某履行了供电的义务，李某应按照合同的约定支付电费，故南岳供电分公司要求李某支付拖欠电费的诉讼请求有事实依据和法律依据。

评析：民法典第 654 条与《合同法》相关条款相对照，增加的"中止供电前应当事先通知用电人"的内容，吸收了《供电营业规则》第 67 条的规定，体现出了现实中长期在运行的规则。本案中，供电人与用电人签订的供用电合同到期后，双方虽未签订新的供用电合同，但仍按照原合同继续履行权利义务的，成立供用电合同关系。李某逾期不支付电费，构成违约，但双方并没有约定具体的违约金计算标准，可以参照中国人民银行规定的金融机构计收逾期贷款利息的标准计算逾期付款违约金。

> ▶▶ **第六百五十五条**　用电人应当按照国家有关规定和当事人的约定安全、节约和计划用电。用电人未按照国家有关规定和当事人的约定用电，造成供电人损失的，应当承担赔偿责任。

🏛 条文要义

本条是对用电人安全用电义务与违约责任的规定。

用电人对电力设施的安全负有保持义务。用电人按照国家有关规定和双方当事人的约定用电，是其应尽的义务，这也是《民法典》总则编的绿色原则的体现。用户用电不得危害供电、用电安全和扰乱供电、用电秩序。用户不得有下列危害供电、用电安全，扰乱正常供电、用电秩序的行为：第一，擅自改变用电类别；第二，擅自超过合同约定的容量用电；第三，擅自超过计划分配的用电指标；第四，擅自使用已经在供电企业办理暂停使用手续的电力设备，或者擅自启用已经被供电企业查

---

① 审理法院：湖南省衡阳市南岳区人民法院，案号：（2016）湘 0412 民初 178 号。

封的电力设备；第五，擅自迁移、更动或者擅自操作供电企业的用电计量装置、电力负荷控制装置、供电设施以及约定由供电企业调度的用户受电设备；第六，未经供电企业许可，擅自引入、供出电源或者自备电源擅自并网。用电人实施了上述行为，会打乱电力生产的供需平衡，极易影响整个电网的稳定运转，引起不必要的拉闸限电、停电，给供电人和其他用户造成不应有的损失。

用电人未按照国家有关规定和当事人的约定安全用电，擅自改动供电人的用电计量装置和供电设施、擅自超负荷用电等，造成供电人损失的，应当承担赔偿责任。

与《合同法》第183条规定相比，本条进一步贯彻了绿色原则，由"当事人应当按照国家有关规定和当事人的约定安全用电"调整为"当事人应当按照国家有关规定和当事人的约定安全、节约和计划用电"。安全、节约和计划用电是用电人的绿色义务，是《民法典》绿色原则中避免浪费资源的具体表现形式。如果用电人违反绿色义务，给供电人造成损失的，供电人可以要求用电人赔偿损失。

案例评析

深圳供电局有限公司诉深圳市横岗大康股份合作公司上中分公司、陈少某供用电合同纠纷案[①]

案情： 深圳供电局（原告）依据《供用电合同》向大康上中公司（被告）供电。某日，深圳供电局工作人员进行用电检查，发现大康上中公司存在窃电行为，连续向其发出《用电检查问题通知书》《用电检查处理意见通知书》，要求大康上中公司补交电费、代收窃电燃气燃油加工费、追加补交电费三倍的违约使用电费，陈少某在上述通知上均签字确认。因大康上中公司拒不缴纳违约使用电费，故深圳供电局诉至法院，要求其支付违约使用电费，陈少某承担连带清偿责任。一审法院认为，合同约定的违约金明显过高，依法调整为电费的30%。陈少某承担连带清偿责任的诉讼请求不予支持。二审法院认为，大康上中公司的窃电行为涉及公共安全和利益，违约程度严重，明显有别于一般的违约行为，不宜对合同约定的违约使用电费的计算标准下调酌减。故撤销一审判决第二项，支持深圳供电局的诉讼请求。

评析： 民法典第655条增加了节约和计划用电的新规，是民法典绿色原则的具体体现之一。用电人负有安全用电的义务，并禁止窃电，否则窃电者应按所窃电量补交电费，并承担补交3倍的违约使用电费。本案中，实际用电人陈少某已确认存在窃电行为，大康上中公司亦盖章确认。为此，深圳供电局有权要求大康上中公司补交3倍的违约使用电费。

---

① 审理法院：一审法院为广东省深圳市罗湖区人民法院，案号：（2015）深罗法民二初字第3175号；二审法院为广东省深圳市中级人民法院，案号：（2017）粤03民终13603号。

▶▶ **第六百五十六条　供用水、供用气、供用热力合同，参照适用供用电合同的有关规定。**

🏛 条文要义

本条是对供用水、气、热力合同参照适用供用电合同规则的规定。

供用水、供用气、供用热力合同，是指一方提供水、气、热力供另一方利用，另一方支付报酬的合同。提供水、气、热力的一方为供应人，利用水、气、热力的一方为利用人。

供用电、水、气、热力合同具有的共同属性是：

1. 公用性，它们的消费对象是一般的社会公众，涉及公众生活和社会经济发展，因此供应人一方须保障一切人都能够平等地享有与供应人订立合同利用这些资源的权利。

2. 公益性，供用合同不只是为了让供应方从中得到利益，更主要的是为了满足人民的生产、生活需要，提高人民的生活水平。供应人不是纯粹的营利性企业，而是以提高公共生活水平等公益事业为目标的企业，故供应人不得随意将收费标准提高。

3. 继续性，供用电、水、气、热力合同的标的物都是一种对能的利用，无论对于哪一方当事人都不是一次性的，而是持续不断的，因此是继续性合同。

4. 合同消灭的非溯及性，供用电、水、气、热力合同的标的物都是可消耗物，在一次利用以后不再存在，即为返还不能。因此，供用电、水、气、热力合同因各种原因终止以后，其效力只能向将来的方向发生，不能溯及过去。

由于这些合同与供用电合同的性质和规则基本上是一致的，因此本条规定参照适用供用电合同的有关规定。

由于供用电、水、气、热力合同的使用是大量的、经常的、持续的，采用格式条款实属必然。供应人提供格式条款，利用人申请订立合同只要在格式条款上签名，并添上相应事项，合同即告成立，不必再做更多的协商。

🔮 案例评析

永昌县供热公司与王雄某供用热力合同纠纷案[①]

案情：2006 年 10 月，原告供热公司与被告王雄某签订供热协议书，对王雄某住宅的供暖、收费以及双方的权利义务关系作了明确约定。协议约定供热期间，用热户必须每月缴纳采暖费，逾期则承担违约责任。现王雄某未缴纳 2015 年 10 月 15 日

[①] 审理法院：甘肃省永昌县人民法院，案号：（2017）甘 0321 民初第 1528 号。

至 2016 年 4 月 15 日一个采暖期的采暖费 2 483.3 元。为此，供热公司提起诉讼，要求王雄某缴纳拖欠的采暖费并承担违约金 521.5 元。审理法院认为，供热公司与王雄某签订的供用热力合同合法有效。供热公司向王雄某提供热力后，王雄某应履行给付采暖费的义务。现王雄某未按期缴费构成违约，同时合同约定逾期交费按每月 6‰ 承担违约金，该约定不违反法律规定，均应得到支持。

评析：民法典第 656 条基本延续了《合同法》第 184 条，对供用水、气、热力合同的法律适用作出了规定。民法典第 656 条之所以有这样的规定，是因为供用水、气、热力合同与供用电合同一样，都是一种持续供给合同，有着许多共同点，但是又各有其特性，与供用电合同并不完全相同，因此，只能参照供用电合同的有关规定，而不能完全适用，需要进一步完善相关立法。本案系供用热力合同纠纷，供用热力合同是供热人向采暖人供热，采暖人支付采暖费的合同。依据民法典第 656 条的规定，该类合同参照适用供用电合同的有关规定。民法典第 654 条规定，"用电人应当按照国家有关规定和当事人的约定及时支付电费。用电人逾期不交付电费的，应当按照约定支付违约金"。本案中，供热公司向王雄某提供热力后，王雄某拒不按时给付采暖费，故供热公司可依据民法典第 654 条的规定要求王雄某支付拖欠的采暖费并支付违约金。

第十一章　赠与合同

> ▶▶ **第六百五十七条**　赠与合同是赠与人将自己的财产无偿给予受赠人，受赠人表示接受赠与的合同。

🏛 条文要义

本条是对赠与合同概念的规定。

赠与合同是指赠与人将自己的财产及权利无偿给予受赠人，受赠人表示接受赠与的合同。在赠与合同中，转让财产的一方为赠与人，接受财产的一方为受赠人。赠与行为是赠与人依法处分自己财产的法律行为，要求自然人作为赠与人必须有民事行为能力的限制。接受赠与是一种纯获利的行为，法律承认无民事行为能力人和限制民事行为能力人的受赠人法律地位。赠与合同的性质是：（1）赠与是诺成合同；（2）赠与是无偿法律行为；（3）赠与合同是单务合同；（4）赠与合同不是商品流通的法律形式；（5）赠与合同为非要式合同。赠与合同的种类分为：（1）附条件赠与和无条件赠与；（2）履行道德义务的赠与和非履行道德义务的赠与。

赠与合同的效力是：（1）赠与合同的生效时间，在受赠人表示接受赠与，及该合同不存在妨碍合同生效的消极条件时，该合同生效。（2）赠与合同的效力内容是：1）交付赠与标的物；2）瑕疵担保责任。一般不要求赠与人承担瑕疵担保责任，但在附义务赠与中，赠与的财产有瑕疵的，赠与人在附义务的限度内承担与出卖人相同的瑕疵担保责任；赠与人故意不告知赠与财产的瑕疵或保证赠与的财产无瑕疵，造成受赠人损失的，应当承担损害赔偿责任。

赠与合同无效的情形是：（1）以赠与为名规避有关限制流通物和禁止流通物规定的赠与合同无效。（2）国有财产或者集体财产的行政管理者，除非于特殊情况并经特别批准，不得将所管理财产赠与他人，但是国有财产或者集体财产已经被授予他人经营管理，并由经营管理人依法赠与处分的除外。（3）以规避法律义务为目的的赠与无效。

案例评析

广西扶绥县金源林业科技发展有限责任公司与冯某某
确认合同效力纠纷案①

案情： 冯某某（合同乙方、原告）与被告扶绥金源公司签订《林地林木转让合同书》，扶绥金源公司将其具有合法使用权的林地、林木使用权转让给乙方，作为乙方为甲方工作10年的报酬。冯某某为被告工作至期满。但扶绥金源公司拒绝将合同载明的林地及林木登记到冯某某名下，双方发生纠纷。一审法院认为，涉案《林地林木转让合同书》不属于赠与合同，合法有效。扶绥金源公司已违约，应承担相应责任。判令扶绥金源公司应当协助冯某某将约定的林木所有权在判决生效之日起60日内变更登记至冯某某名下。扶绥金源公司以涉案《林地林木转让合同书》实为赠与合同且赠与行为没有经过公司其他权利人同意属无效合同为由提起上诉。二审法院认为，涉案合同不具备赠与合同的法律特征且已不可撤销，判决驳回上诉，维持原判。

评析： 民法典第657条基本延续了《合同法》第185条，对赠与合同的概念作出了规定。依据民法典第657条的规定，赠与合同是赠与人将自己的财产无偿给予受赠人，受赠人表示接受赠与的合同，通常建立在亲情、友情关系或某种特殊情感、特殊关系基础之上。涉案合同的标的是冯某某为扶绥金源公司工作10年及无偿退还其享有贺州金源公司全部股份，扶绥金源公司将合同载明的1 700亩林地、林木使用权转让给冯某某，其标的是确定的、可能的，合同双方当事人互负给付义务，不具备赠与合同的法律特征，扶绥金源公司无权单方撤销或解除合同。

▶▶ **第六百五十八条** 赠与人在赠与财产的权利转移之前可以撤销赠与。

经过公证的赠与合同或者依法不得撤销的具有救灾、扶贫、助残等公益、道德义务性质的赠与合同，不适用前款规定。

📖 条文要义

本条是对赠与的任意撤销及其限制的规定。

赠与的任意撤销，是指无须具备法定情形，可以由赠与人依其意思而任意撤销的赠与合同。撤销的时间应当在赠与财产的权利转移之前进行。赠与已经撤销，视为没有赠与合同，双方当事人之间不再存在赠与的权利义务关系。赠与人任意

---

① 审理法院：一审法院为广西壮族自治区贺州市八步区人民法院，案号：（2012）贺八民二初字第815号；二审法院为广西壮族自治区贺州市中级人民法院，案号：（2013）贺民二终字第20号。

撤销赠与合同，没有期限的限制，即不存在除斥期间的约束。赠与合同允许任意撤销并且不受除斥期间的限制，是因为赠与是单务的无偿行为，赠与人当然可以任意撤销。

不过，对赠与合同的撤销并不是绝对的，在一定的情形下，赠与人作出赠与的意思表示之后，不得撤销赠与。不得撤销赠与的情形如下。

1. 赠与合同订立后，已经经过公证证明，表明赠与的意思表示已经经过慎重考虑，并且提交公证机关证明，因此不得任意撤销。

2. 依法不得撤销的具有救灾、扶贫、助残等具有公益、道德义务性质的赠与合同，由于具有公益或者道德义务性质的赠与，与社会公益有关，与道德义务有关，因而作出赠与的意思表示之后，不能撤销；特别是有的人借公益捐赠打广告，打完广告之后就不再赠与，借机行骗，如果允许赠与人任意撤销，与公益和道义不符，也应该不得撤销赠与。

与《合同法》第186条规定相比，本条增加的新规则如下。

（1）在不可撤销的赠与情形中增加"助残"，强调救灾、扶贫、助残等公益道德义务性质的赠与合同依法不得撤销。

（2）将"具有救灾、扶贫等社会公益、道德义务性质的赠与合同或者经过公证的赠与合同"改为"经过公证的赠与合同或者依法不得撤销的具有救灾、扶贫、助残等公益、道德义务性质"的赠与合同，使文字表述更加准确。

📑 配套司法解释

最高人民法院关于适用《中华人民共和国民法典》婚姻家庭编的解释（一）

第三十二条　婚前或者婚姻关系存续期间，当事人约定将一方所有的房产赠与另一方或者共有，赠与方在赠与房产变更登记之前撤销赠与，另一方请求判令继续履行的，人民法院可以按照民法典第六百五十八条的规定处理。

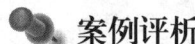 案例评析

董某与张爱某赠与合同纠纷案①

案情：赠与人张爱某（被告）将其所有的12号房产赠与孙女董某（原告），董某同意接受，双方办理了公证手续。公证后，张爱某未将房产过户到董某名下。现赠与房产拆迁，张爱某领取拆迁补偿款653 828元。为此，董某提起诉讼，要求确认赠与合同有效，张爱某返还拆迁补偿款40万元。一审法院认为，赠与行为已经公证，张爱某不享有任意撤销的权利。现赠与房产已转化为拆迁补偿款且由张爱某占

---

① 审理法院：一审法院为河南省洛阳市老城区人民法院，案号：（2015）老民初字第420号；二审法院为河南省洛阳市中级人民法院，案号：（2015）洛民终字第2498号。

有，张爱某应当履行赠与合同义务，将拆迁补偿款支付给董某。张爱某以公证存在违法、违规且涉案房产未办理过户登记手续为由提起上诉。二审法院认为，经过公证的赠与合同非因法定事由不得撤销。张爱某作为赠与人在赠与合同未全面履行之时与房屋征迁部门达成协议，同意将房屋拆迁，导致赠与无法完成，构成违约，应当承担相应的违约责任。法院判令驳回上诉，维持原判。

评析：公证的赠与合同，赠与人不得撤销。本案中，赠与房产虽未办理过户登记手续，但赠与人已经办理了赠与公证，而且法律、行政法规也并未规定办理登记手续是不动产赠与合同的生效要件。张爱某的赠与行为与董某的受赠行为均是双方真实意思的表示，符合法律规定，因此双方之间的赠与合同合法有效。张爱某应当按照法律规定办理过户登记手续。现赠与的房产在办理过户登记之前被拆迁，赠与的房产转化为拆迁补偿款，张爱某负有将拆除补偿款支付给董某的义务。此外，涉案房产的拆迁补偿款共计 653 828 元，现董某要求张爱某返还拆迁补偿款 40 万元，不会使张爱某的经济状况显著恶化，生活陷入困境。故董某的诉请依法应得到支持。

值得注意的是，民法典第 658 条在《合同法》第 186 条的基础上，将"助残"性质的赠与纳入不得撤销的范畴，有利于倡导扶危济困的社会主义道德风尚。此外，对于无法定扶养义务的亲属，因扶养而为之赠与；生父对于未经认领的非婚生子女生活费之赠与；本人对于无因管理人之赠与，等等，属于道德上的义务，如果赠与人任意撤销赠与，则与其原赠与的目的相悖，因而也不允许赠与人任意撤销。

> ▶▶ **第六百五十九条** 赠与的财产依法需要办理登记或者其他手续的，应当办理有关手续。

🏛 条文要义

本条是对赠与特殊财产需要办理登记等手续的规定。

赠与是转移所有权的无偿行为，对于不动产等赠与物，不仅要交付财产，还要根据法律规定完成过户登记等应当办理的手续，才能实现所有权的转移。故赠与人向他人赠与依法需要办理登记等手续的，应当办理有关手续。例如《中华人民共和国城市房地产管理法》第 37 条规定，房地产转让，是指房地产权利人通过买卖、赠与或者其他合法方式将其房地产转移给他人的行为。而根据该法第 36 条的规定，房地产转让、抵押，当事人应当依照该法第五章的规定办理权属登记。

依照法律规定，有的需要办理登记或者其他手续的，是登记转移所有权，有的需要办理登记手续的却不是转移所有权。登记对赠与成立与否是否有影响，要根据法律规定来确定。如果法律规定登记只是备案的性质，虽未履行办理登记手续，赠与合同应当成立，登记并不影响赠与合同的成立。如果法律规定登记是合同成立要件，则赠与合同成立必须履行登记手续，否则合同不成立。如果法律规定登记是合同生效要件，未经登记，不影响合同的成立，只是合同不生效力。

案例评析

周某诉周述某、第三人肖素某赠与合同纠纷案①

案情： 周述某与第三人肖素某于 2015 年 9 月 1 日协议离婚，离婚协议约定："周述某、肖素某共有的自建商住楼一栋 272.12 平方米位于金堂县××镇××大道×××—×××号归儿子周某所有。"现因周述某拒不配合办理产权过户手续，故周某诉至法院。法院认为，周述某与第三人约定共有的案涉房屋归婚生子周某所有，是周述某与第三人对案涉房屋进行了共同处分，即将该房屋赠与周某，其实质上是一种财产赠与行为。周某作为受赠人以诉求过户的行为明确表示接受赠与，作为赠与人的周述某应当按照协议的约定配合办理案涉房屋的过户相关手续，故判令周述某于本判决生效之日起 30 日内配合周某办理金堂县××镇××大道×××—×××号房屋的过户相关事宜。

评析： 周述某与第三人在离婚协议中关于财产分割的条款，系双方对案涉房屋进行的共同处分，对男女双方均具有法律约束力，任何一方都不能随意变更或撤销，应全面履行各自的义务。本案的赠与物为房产，而房屋作为不动产，依据民法典第 208 条以及第 659 条的规定，应当依照法律规定登记。鉴于离婚协议中并没有对过户的时间进行约定，据此，依据民法典第 511 条的规定，履行期限不明确的，债权人可以随时要求履行，但应给对方必要的准备时间，故法院给予了周述某 30 天的履行期限。

> ▶▶ **第六百六十条** 经过公证的赠与合同或者依法不得撤销的具有救灾、扶贫、助残等公益、道德义务性质的赠与合同，赠与人不交付赠与财产的，受赠人可以请求交付。
>
> 依据前款规定应当交付的赠与财产因赠与人故意或者重大过失致使毁损、灭失的，赠与人应当承担赔偿责任。

条文要义

本条是对受赠人的交付请求权及赠与人责任的规定。

一般的赠与合同是无偿行为，因此，在订立赠与合同后，赠与人是可以撤销合同的。但是，经过公证的赠与合同或者依法不得撤销的具有救灾、扶贫、助残等公

---

① 审理法院：四川省金堂县人民法院，案号：(2017) 川 0121 民初 2088 号。

益、道德义务性质的赠与合同，赠与人的赠与目的，是履行公益、道德义务。履行公益、道德义务的赠与对赠与人的约束力较强，不仅不能任意撤销，而且具有公益、道德义务性质的赠与合同或者经过公证的赠与合同的赠与人必须履行赠与义务，交付赠与物，将赠与物的所有权予以转移给受赠人。赠与人不履行赠与合同义务的，受赠人享有赠与请求权，请求赠与人交付赠与物义务，承担继续履行的违约责任。

与《合同法》第188、189条规定相比，本条款缩小了赠与人承担赔偿责任的适用范围。《合同法》第189条规定："因赠与人故意或者重大过失致使赠与的财产毁损、灭失的，赠与人应当承担损害赔偿责任。"该规定不适用于一般性的赠与，只能适用于依法不得撤销的公益或者道德性赠与合同，但第189条规定并不明确。本法将《合同法》第189条纳入本条第2款，明确损害赔偿责任只适用于经过公证的赠与合同或者依法不得撤销的具有救灾、扶贫、助残等公益、道德义务性质的赠与合同。上述修改有道理，符合情理和法理。

案例评析

赵某1诉赵某2赠与合同纠纷案[①]

案情： 2017年6月20日，胡某与赵某2（被告）协议离婚，协议约定：位于郑州市金水区的房产离婚后归男方所有，剩余银行贷款由男方独立承担，该房产在婚生子赵某1（原告）成年后归其所有。现赵某1以赵某2私自将该房产出售，并将售房款130万元据为己有为由提起诉讼，要求被告赔偿赵某1售房款60万元。法院认为，赵某2与胡某离婚时约定涉案房产归赵某2所有，剩余银行贷款由赵某2独立承担，该房产在孩子成年后归孩子所有，该约定是双方的真实意思表示。而赵某2在离婚后将涉案房产售予他人，赵某1现在虽未成年，但赵某2的售房行为致使赠与不能实现，损害了受赠人赵某1的权益。故判决赵某2于判决生效之日起30日内支付赵某1人民币60万元。

评析： 本案系赠与合同纠纷，赠与人为赵某2，受赠人为赵某1，该赠与行为发生在赵某2与胡某离婚时，建立在赵某2与胡某夫妻身份关系解除、且双方约定房产归赵某1所有的基础之上。因此，赵某1与胡某在离婚协议中将共同财产赠与未成年子女的约定与其双方解除婚姻关系、婚生子的抚养、夫妻共同财产分割等内容构成了一个整体。如果允许一方反悔，那么男女双方离婚协议的"整体性"将被破坏，故这种赠与行为不得撤销。在赵某2和胡某明确约定了该房产待赵某1成年后归其所有的情况下，赵某2擅自将房产进行出售致使赠与不能实现，损害了受赠人赵某1的合法权益，赠与人赵某2应承担赔偿责任。

需要注意的是，依据民法典第660条的规定，赠与人承担赔偿责任须具备下列

---

① 审理法院：河南省郑州市金水区人民法院，案号：（2018）豫0105民初200号。

条件：（1）赠与合同已经公证或具有不得撤销性；（2）赠与人拒不交付；（3）赠与物的毁损、灭失基于赠与人的故意或者重大过失。

> ▶▶ **第六百六十一条　赠与可以附义务。**
> 赠与附义务的，受赠人应当按照约定履行义务。

🏛 条文要义

本条是对附义务赠与的规定。

附义务的赠与，也叫附负担的赠与，是指以受赠人对赠与人或者第三人为一定给付为条件的赠与，即受赠人接受赠与后负担一定义务的赠与。附义务赠与的特征是：（1）附义务赠与是在接受赠与时附加一定的条件；（2）附义务赠与所附义务的限度应当低于赠与物的价值；（3）一般情况下，赠与行为在后，附条件的履行在先，但是可以另外约定；（4）所附义务可以向赠与人履行，也可以向第三人履行；（5）所附义务是赠与合同的组成部分，不是独立的合同。

附义务的赠与的效力如下：第一，受赠人应当按照合同约定履行义务。赠与人向受赠人给付赠与财产后，受赠人应依约履行其义务。受赠人不履行的，赠与人有权请求受赠人履行义务或者撤销赠与。赠与人撤销赠与的，受赠人应将取得的赠与财产返还赠与人。第二，受赠人仅在赠与财产的价值限度内履行其义务。赠与的目的本使受赠人获益，所附义务如果超出赠与财产的价值，则使受赠人不利益，与赠与的本旨不符。因此，如果赠与的财产不足以抵偿其所附义务的，受赠人仅就赠与财产的价值限度内履行其义务。第三，在附义务的赠与中，赠与的财产如有瑕疵，赠与人在赠与所附义务的限度内，应当承担与出卖人相同的瑕疵担保责任。

🔴 案例评析

颜仁某诉颜果某和徐忠某附义务赠与合同纠纷案①

案情：原告颜仁某系孤寡老人，颜果某和徐忠某系夫妻。2017年1月16日，颜仁某与颜果某和徐忠某（被告）、案外人颜满某签订协议，约定颜仁某所有的房屋被征收后所得征收款50万元，分给颜果某和徐忠某20万元，分给颜满某20万元，自己留存10万元。颜仁某由上述两家人共同赡养照顾。协议签订后，颜仁某把钱给了颜果某和徐忠某，但颜果某和徐忠某却拒绝履行赡养义务。为此，颜仁某提起诉讼，要求撤销对颜果某和徐忠某赠与20万元的行为，颜果某和徐忠某返还颜仁某财产20

---

① 审理法院：一审法院为江苏省南通市港闸区人民法院，案号：（2016）苏0611民初1887号；二审法院为江苏省南通市中级人民法院，案号：（2017）苏06民终1394号。

万元。法院认为，各种证据证明，颜果某和徐忠某未按赠与协议的约定履行其应尽的赡养义务，颜仁某作为赠与人有权撤销赠与，颜仁某的诉讼请求依法成立，应予支持。

评析：民法典第661条基本延续《合同法》第190条，对附义务的赠与作出了规定。赠与可以附义务，受赠人应当按照约定履行义务。本案中，双方于2017年1月16日签订的协议书约定，颜仁某获征收款50万元，分给颜果某和徐忠某20万元，颜果某和徐忠某和分得另外20万元的颜满某两家应当负责照顾颜仁某所有的衣食住行及三病两痛，让老人安度晚年。该协议属于附义务的赠与合同，协议内容系双方的真实意思表示，不损害国家、集体、他人利益，合法有效。上述协议书签订后，颜果某和徐忠某未尽赡养义务，颜仁某作为赠与人有权撤销赠与，可以向受赠人颜果某和徐忠某要求返还赠与的财产。

> ▶▶ **第六百六十二条** 赠与的财产有瑕疵的，赠与人不承担责任。附义务的赠与，赠与的财产有瑕疵的，赠与人在附义务的限度内承担与出卖人相同的责任。
>
> 赠与人故意不告知瑕疵或者保证无瑕疵，造成受赠人损失的，应当承担赔偿责任。

🏛 条文要义

本条是对赠与人瑕疵担保责任的规定。

赠与是无偿合同，一般不要求赠与人承担瑕疵担保责任，受赠人不得因赠与物有瑕疵而要求赠与人承担违约责任，但是有两个例外。

1. 在附义务赠与中，如果赠与的财产有瑕疵的，赠与人在附义务的限度内承担与出卖人相同的瑕疵担保责任，这是因为赠与合同是无偿合同使然，既然赠与物有瑕疵，虽然不能要求承担完全的瑕疵担保责任，但是对所附条件而言，赠与的价值与所附条件的价值相当，才符合公平原则。

2. 赠与人故意不告知赠与财产的瑕疵或保证赠与的财产无瑕疵，造成受赠人损失的，应当承担损害赔偿责任：（1）赠与财产存在的瑕疵，如果赠与人已明知但未履行告知义务，或者故意隐瞒赠与财产的瑕疵，受赠人因此受到损失的，应承担损害赔偿责任；赠与人对赠与财产的瑕疵仅在其明知而故意不告知的情况下承担瑕疵担保责任。对于因重大过失而不知其赠与财产上存在瑕疵，对于赠与人虽未告知但受赠人已知赠与的财产有瑕疵，不发生因信赖赠与财产无瑕疵而受有损害的问题，赠与人此时也无瑕疵担保责任。（2）赠与人保证赠与财产无瑕疵，指的是其保证赠与财产具有同类财产的通常效用或价值。保证赠与物无瑕疵而实际有瑕疵，造成损害的赔偿范围也应限于受赠人信赖赠与财产具有保证的价值而受到的信赖利益损失，不应包括赠与物完全没有瑕疵时所得到的利益损失。信赖利益损失，主要指订约支出的费用，受领该赠与财产的费用。受赠人就因赠与物的瑕疵所造成的直接损失亦得请求损害赔偿。

案例评析

李国某诉全南县南迳镇人民政府、陈远某赠与合同纠纷案①

案情： 原告李国某为南迳镇武合村村民。2017 年 11 月 18 日，陈远某（原驻村干部、南迳镇农业服务中心主任、被告）应李国某要求把存放在南迳镇政府（被告）值班室 2016 年购买的 50 包油菜种子免费、无条件送给了李国某，但种子种下去没发芽。为此，李国某提起诉讼，要求南迳镇人民政府和陈远某赔偿损失。审理法院认为，南迳镇人民政府农业服务中心工作人员陈远某应李国某要求将镇里 2016 年购买的油菜种子送给李国某，被告陈远某未附加条件，也没有收取费用。因此，李国某与南迳镇人民政府形成了无偿赠与合同关系。本案中，李国某的证据不能证明南迳镇人民政府故意不告知种子存在瑕疵或者保证过种子无瑕疵，李国某也没有证据证明南迳镇人民政府赠送的种子是假劣种子，故驳回李国某的诉讼请求。

评析： 民法典第 662 条延续《合同法》第 191 条，对赠与人的瑕疵担保责任作出了规定。赠与人对赠与的财产存在的瑕疵不承担责任，但附义务的赠与或赠与人故意不告知瑕疵或者保证无瑕疵，造成受赠人损失的除外。本案中，陈远某将同一批种子也赠与给了他人，但种子能够发芽。至于李国某得到的种子未能发芽，系因其盖面所用的火土未放熟，含碱性过高。作为一个有种植经验的农民，李国某应具备辨别是否属于老种子、是否过期、能不能种植的能力，且李国某有机会另行购种补种或种植其他农作物，他却坚持要求和等待村里及镇政府等上级部门来处理，该行为本身就是错误的。李国某只有前期的投入，没有实际种植，也没有继续付出相应的劳动，其主张的损失是假设出来的，没有事实和证据支持。

> ▶▶**第六百六十三条**　受赠人有下列情形之一的，赠与人可以撤销赠与：
>
> （一）严重侵害赠与人或者赠与人近亲属的合法权益；
>
> （二）对赠与人有扶养义务而不履行；
>
> （三）不履行赠与合同约定的义务。
>
> 赠与人的撤销权，自知道或者应当知道撤销事由之日起一年内行使。

条文要义

本条是对赠与人法定撤销权与除斥期间的规定。

---

① 审理法院：江西省全南县人民法院，案号：（2019）赣 0729 民初 176 号。

　　赠与的法定撤销，是指具备法定条件时，允许赠与人或其继承人、监护人行使撤销权，撤销赠与合同的行为。法定撤销与任意撤销不同，必须具有法定理由，在具备这些法定事由时，权利人可以撤销赠与。

　　赠与人的法定撤销事由规定为三种情形。

　　1. 受赠人严重侵害赠与人或赠与人的近亲属。严重侵害，一些大陆法系国家将其限定在受赠人对赠与人及其近亲属实施的故意犯罪行为。民法典第 1125 条也将继承人丧失继承权的法定事由限定在继承人故意实施的犯罪行为上。不过，此处的严重侵害行为，是指受赠人对赠与人及其近亲属实施的触犯《刑法》和违反《治安管理处罚法》的行为，含故意和重大过失两种。

　　2. 受赠人对赠与人有扶养义务而不履行的。因违反扶养义务而撤销其受赠权，符合正义原则。

　　3. 不履行赠与合同约定的义务。在附义务的赠与合同中，受赠人如果不按约定履行该负担的义务，有损于赠与人利益的，赠与人可以行使法定撤销权。

　　赠与人行使撤销权应当自知道撤销原因之日起 1 年内为之，超过 1 年不行使的，为超过撤销权的除斥期间，该撤销权即消灭。

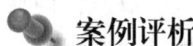 **案例评析**

胡某诉王瑚某赠与合同纠纷案①

　　案情： 原告胡某与王逢某系夫妻关系，二人共生育四名子女，共有位于遵义市的住房一套。王逢某去世后遗留的上述财产，因胡某及其他三名子女办理了放弃继承权公证，由王瑚某（被告）继承。胡某与王瑚某办理了赠与公证，另一半房屋也由王瑚某继承。但双方至今尚未办理产权变更登记手续。现胡某以王瑚某未尽赡养义务和自己实施赠与行为的目的自始没有实现为由，提起诉讼，要求撤销其与王瑚某签订的《赠与合同》。一审法院认为，本案中的《赠与合同》已经公证，胡某对该《赠与合同》不享有任意撤销权，故而驳回胡某的诉讼请求。胡某以生效判决已经证明王瑚某未尽赡养义务且胡某经济困难为由提起上诉。二审法院认为，胡某诉请撤销赠与合同符合法定的条件，判令撤销一审法院民事判决；撤销胡某与王瑚某签订的《赠与合同》。

　　评析： 民法典第 663 条基本延续《合同法》第 192 条，对赠与人法定撤销权与除斥期间作出了规定。对赠与人有扶养义务而不履行的，赠与人可以撤销赠与，但需满足四个条件：第一，需受赠人对赠与人有扶养义务。第二，须受赠人拒不履行对赠与人的扶养义务。第三，须受赠人有扶养能力。第四，满足权利行使的时限要求。本案中四项条件均已符合。此外，不论从经济条件考虑，还是从弘扬尊老爱幼

---

　　① 审理法院：一审法院为贵州省遵义市汇川区人民法院，案号：（2017）黔 0303 民初 3076 号；二审法院为贵州省遵义市中级人民法院，案号：（2018）黔 03 民终 271 号。

的中华传统美德出发，王珊某都应对胡某履行赡养义务。从行使法定撤销权的条件看，主张撤销赠与合同具备事实基础和法律基础。

> ▶▶ **第六百六十四条** 因受赠人的违法行为致使赠与人死亡或者丧失民事行为能力的，赠与人的继承人或者法定代理人可以撤销赠与。
>
> 赠与人的继承人或者法定代理人的撤销权，自知道或者应当知道撤销事由之日起六个月内行使。

🏛 条文要义

本条是对赠与人的继承人或法定代理人法定撤销权与除斥期间的规定。

在一般情况下，法定赠与撤销权应由赠与人本人享有，但在因受赠人的违法行为致使赠与人死亡或者丧失民事行为能力时，赠与人的继承人或者法定代理人享有法定撤销权。这是因为赠与人的继承人或者法定代理人往往与该赠与人有密切的亲缘关系，关注赠与人的财产，往往都能达成一致意见积极行使该撤销权，以维护赠与人的利益。因此，只有在赠与人不能行使其撤销权时，赠与人的继承人或法定代理人才有撤销赠与的权利。也就是说，赠与人的继承人或法定代理人撤销赠与的法定情形必须基于赠与人因受赠人的违法行为而致死亡或者丧失民事行为能力。赠与人的继承人或者法定代理人的法定撤销情形不同国家或地区有不同的规定。德国规定，赠与人的继承人仅在受赠人因故意和不法行为致赠与人死亡时，始有权撤销赠与。意大利规定，如果受赠人因故意杀害赠与人而被判刑或者故意阻止赠与人撤销赠与，则赠与人的继承人可以提起撤销赠与之诉。我国台湾地区的规定是，受赠人因故意不法行为，致赠与人死亡或妨碍其为赠与之撤销者，赠与之继承人，得撤销其赠与。

赠与人的继承人或者法定代理人的撤销权，自知道或者应当知道撤销事由之日起6个月内行使，即继承人和法定代理人的法定撤销权的除斥期间，比赠与人的法定撤销权的除斥期间要短，为6个月。

🔖 案例评析

王礼1诉王礼2赠与合同纠纷案[①]

案情： 王玉某和徐淑某系夫妻，共同生育王礼1（本案原告）和王礼2（本案被告）。2003年12月，王玉某和徐淑某在延安市宝塔区公证处办理公证，将位于延安市运输公司家属院的房屋一套赠与王礼2，但一直未办理房产过户手续。王玉某死亡后，2010年4月20日，徐淑某与王礼1在延安市公证处办理继承权公证，王礼1明

---

① 审理法院：陕西省延安市宝塔区人民法院，案号：（2014）宝民初字第01931号。

确放弃对王玉某遗产的继承权。王礼2与徐淑某共同生活期间，2013年4月16日家中失火，徐淑某因家门反锁，一氧化碳中毒死亡。王礼1以此为由提起诉讼，要求撤销徐淑某与王礼2间的房产赠与合同。审理法院认为，虽未办理过户手续，但该赠与房屋由王礼2占有、使用，故赠与行为有效。王礼1未提供王礼2有违法行为以及该行为与徐淑某的死亡有因果关系的证据，故驳回王礼1的诉讼请求。

评析：民法典第664条基本延续了《合同法》第193条，对赠与人的继承人或法定代理人法定撤销权与除斥期间作出了规定。本案中王礼1系作为王玉某和徐淑某的法定继承人要求行使撤销权，但是赠与人的继承人行使该项权利必须符合法定条件，即赠与人死亡或者丧失民事行为能力，并且赠与人死亡或者丧失行为能力是由于受赠人的不法行为所致。王玉某系因病死亡，徐淑某虽系失火产生的一氧化碳中毒死亡，但王礼1并不能证实徐淑某的死亡系王礼2的不法行为所致，所以王礼1要求撤销赠与的条件不能成就，诉讼请求依法不予支持。

▶▶ **第六百六十五条** 撤销权人撤销赠与的，可以向受赠人请求返还赠与的财产。

🏛 条文要义

本条是对撤销权行使效果的规定。

无论是赠与人的任意撤销，还是赠与人或者其继承人、法定代理人的法定撤销，其撤销权都是形成权。形成权，是指依照权利人单方意思表示就可以使已经成立的民事法律关系发生变化的权利。对于赠与撤销权来讲，该撤销权一经行使，即发生撤销赠与法律行为的效力，其效力溯及既往。在赠与的财产未交付时，赠与人可以拒绝赠与；在赠与的财产交付后撤销赠与的，赠与人或其继承人、法定代理人可以请求受赠人返还赠与的财产。

因此，撤销权行使的效力分为两个方面。

1. 对赠与人而言，行使撤销权后，赠与人产生返还赠与财产的请求权，赠与人可以向受赠人请求返还赠与财产。

2. 受赠人产生返还赠与财产的义务，应当向赠与人返还赠与财产。

🔘 案例评析

冯琪某与邹剑某赠与合同纠纷案[①]

案情：作为聆海公司的大股东，原告冯琪某与被告邹剑某签订《协议书》约定，

---

① 审理法院：一审法院为河南省郑州高新技术产业开发区人民法院，案号：（2013）开民初字第1846号；二审法院为河南省郑州市中级人民法院，案号：（2014）郑民四终字第1212号。

邹剑某承诺在公司工作期限 5 年以上。如果邹剑某工作满 5 年，则冯琪某自愿将 100 万元赠与邹剑某。无论任何原因导致邹剑某工作不足 5 年的，邹剑某必须在离开工作岗位 5 日内，将此 100 万元款项全额退还给冯琪某个人。邹剑某工作不足 5 年离开公司，故冯琪某提起诉讼，要求撤销双方之间的赠与合同，邹剑某返还赠与款 100 万元并支付利息。一审法院认为，邹剑某没有履行赠与合同约定的义务，故冯琪某依法享有撤销权，并有权要求邹剑某返还 100 万元赠与款。邹剑某以将业绩提成和购车款认定为赠与款等为由提起上诉。二审法院认为，原审判决邹剑某返还 100 万元赠与款并从本案立案之日起支付银行同期贷款利息，并无不当。

评析： 民法典第 665 条基本延续了《合同法》第 194 条，对撤销权行使的效果作出了规定。本案所涉的《协议书》系附义务的赠与合同。受赠人不履行赠与合同约定的义务的，赠与人可以撤销赠与。本案中，冯琪某将 100 万元赠与邹剑某的所附条件是自愿工作且工作满 5 年以上，即在邹剑某这两项义务都应当完全履行的情况下，才能获得该 100 万元的赠与款。本案中，邹剑某在公司的工作未满 5 年是不争事实，基于该事实，邹剑某并没有按约履行所附义务，冯琪某有权撤销赠与并要求邹剑某返还 100 万元赠与款。

> ▶▶ **第六百六十六条** 赠与人的经济状况显著恶化，严重影响其生产经营或者家庭生活的，可以不再履行赠与义务。

🏛 条文要义

本条是对赠与人拒绝履行赠与义务的规定。

由于赠与行为是无偿行为，故赠与人除了享有任意撤销权和法定撤销权保护自己之外，还规定了赠与人在符合法律规定的情形时，享有拒绝履行赠与义务的权利，也是为了更好地保护赠与人的合法权益。

赠与人行使拒绝履行赠与义务的条件，是经济状况显著恶化，严重影响生产经营或者家庭生活。这是两个并列的条件：（1）经济状况显著恶化，严重影响其生产经营；（2）经济状况显著恶化，严重影响其家庭生活。只要具备其中一个要件，就可享有拒绝履行赠与义务的权利。经济状况显著恶化，应当是不一般的恶化，而是达到显著的程度。严重影响，应以客观标准判断，参照赠与人生产经营或者家庭原有生活的标准。

拒绝履行赠与权的性质是形成权，一经行使，即发生效力。赠与人行使拒绝履行赠与权，可以用口头形式表示，也可以用书面形式为之。如果是在诉讼中，还可以在诉讼中作为抗辩事由提出，同样发生拒绝履行赠与的效果。

案例评析

任润某与周永某等物权确认纠纷案①

案情： 任润某（被告）与周永某（原告）及另外四名子女就涉案房屋签订《房屋备忘》，各方均确定房屋所有权归父母周荣某、任润某所有。含周永某在内的家庭成员可以随时使用，但长期使用者需承担房屋的一般基本开支。任润某系涉案房屋产权人已经法院生效法律文书确认。现任润某为了要周永某搬离涉案房屋，将涉案房屋暂停供电。为此，周永某向法院提起诉讼，要求确认其对涉案房屋享有共同使用权等。审理法院认为，任润某和周永某因《房屋备忘》而形成了事实上的无偿赠与合同关系。周永某作为有经济收入的成年子女，无权要求年迈母亲在损害自己利益的情况下继续对其进行无偿资助。任润某要求周永某迁出的要求正当合理，故对周永某要求确认其对涉案房屋享有使用权的诉讼请求不予支持。

评析： 民法典第666条基本延续了《合同法》第195条，对赠与人拒绝履行赠与义务的条件作出了规定。任润某作为讼争房屋的合法产权人已经生效法律文书确认，依法对房屋享有占有、使用、处分、收益的权利。虽然《房屋备忘》约定，周永某作为家庭成员可以随时使用案涉房屋，但长期使用者需承担房屋的一般基本开支。在周永某没有支付过房款和租金的情况下，任润某属于无偿赠与的合同一方，周永某则属于纯粹受益的合同一方。至本案发生时，任润某已年届八旬，在其健康情况及经济状况日益恶化的情况下，无偿付出行为无疑会严重影响自己的生活。据此，依据民法典第666条以及《中华人民共和国老年人权益保障法》第16条第2款"老年人自有的或者承租的住房，子女或者其他亲属不得侵占，不得擅自改变产权关系或者租赁关系"之规定，周永某起诉要求确认其对涉案房屋具有使用权的诉讼请求不应得到支持。

---

① 审理法院：广东省广州市番禺区人民法院，案号：（2013）穗番法民三初字第1038号。

第十二章　借款合同

▶▶ **第六百六十七条**　借款合同是借款人向贷款人借款，到期返还借款并支付利息的合同。

🏛 条文要义

本条是对借款合同概念的规定。

借款合同，是指借款人向贷款人借款，到期返还借款并支付利息的合同。借款人是借进款项的一方当事人，可以是自然人、法人或非法人组织，法律对借款人的资格并未作任何限制。贷款人是借出款项的一方当事人，可以是适格贷款人的法人即商业银行、信托投资公司等经中国人民银行批准，有经营金融业务资格的金融机构，其他民事主体也可以进行民间借贷，也是合格的贷款人。

借款合同的特征是：（1）借款合同的标的物为货币。货币本身是消费物，一经使用即被消耗，原物不再存在。所以，借款人在借到款项投入使用后，无法再向贷款人返还"原来"的借款，在合同到期时只能返还给贷款人同种货币的款项本息。（2）借款合同是转让借款所有权的合同，货币是消耗物，在借款合同中，借款一旦交付给借款人，则该款项即归借款人使用并所有，贷款人对该款项的所有权则转化为合同到期时主张借款人偿还借款本息的请求权。（3）借款合同一般是有偿合同，除法律另有规定外，贷款人都向借款人按一定标准收取利息。利息是借款人取得并使用借款的对价，故借款合同是有偿合同。自然人之间借款对利息如无约定或约定不明确，视为不支付利息。（4）借款合同一般是诺成、双务合同，自然人之间口头借款合同要求是实践性合同。

贷款人在与借款人签订借款合同前，须首先了解借款人业务活动及财务状况，对借款人的经营情况进行调查，根据调查情况，决定是否向借款人发放贷款。借款人在借款合同订立过程中，应当按照贷款人的要求，提供与借款有关的真实情况。在订立借款合同时，贷款人为了确保借款人能够按时返还借款，可以要求借款人提供相应担保，借款人应当提供。

案例评析

邓从某诉李1、李2债务转移合同纠纷案①

案情： 王某系李1、李2（本案两被告）母亲。王某于2013年8月31日病逝。王某病危期间，因邓从某（本案原告）索款，李1、李2向邓从某出具了一份借条，借条载明：2013年开远市木花果村86号李1、李2向邓从某老人借款46 000元。还款日期为木花果村分房子之后，一次性还清大概是2014年2月28日。如果2014年2月28日房子钱分不下来就延期下去。现邓从某以借款为由起诉李1、李2，要求二人偿还借款46 000元及利息。审理法院认为，李1、李2和邓从某之间并非借款合同关系。

评析： 民法典第667条基本延续了《合同法》第196条，对借款合同的概念作出了规定。依据民法典第667条的规定，借款合同是借款人向贷款人借款，到期返还借款并支付利息的合同，其本质特征是合同的标的物是货币，且实际交付给借款人。本案中，《借条》中虽然载明李1、李2向邓从某借款46 000元，但借款却实际发生在邓从某与李1、李2的母亲王某之间，李1、李2和邓从某之间不存在借款的事实，故不属于借款合同关系纠纷。二人出具借条的目的是为母亲偿还借款，故本案名为借款，实为债务转移合同纠纷。

结合本案看，原告邓从某提起诉讼时，是以借款合同关系提起的诉讼，但经过庭审，法院认定本案名为借款，实为债务转移合同纠纷。这就出现了案由选择错误或者原告对自己案件的案由定性不准确的情形，对于这种情况，法官的通常做法是予以释明，变更案由。但原告不同意变更的，则法院有可能驳回起诉或者以原告没有事实和法律依据驳回原告的诉讼请求。所以，在立案之前，一定要对自己的纠纷所包含的法律关系把握透彻，清楚相关法律规定，掌握其构成要件。针对其构成要件准备相应的证据予以支持，只有这样才能保证胜诉。

▶▶**第六百六十八条** 借款合同应当采用书面形式，但是自然人之间借款另有约定的除外。

借款合同的内容一般包括借款种类、币种、用途、数额、利率、期限和还款方式等条款。

🏛 条文要义

本条是对借款合同形式和内容的规定。

借款合同是要式合同，通常都应当采用书面形式，以固定双方当事人的权利义

---

① 审理法院：云南省开远市人民法院，案号：（2015）开民二初字第323号。

务关系。只有自然人之间的民间借贷在另有约定的情况下，可以用口头形式订立合同，不过，即使是民间借贷，最好也采用书面形式，防止出现纠纷之后无法确定权利义务关系。

借款合同的内容包括：（1）借款种类，例如长期借款或者短期借款等；（2）币种，是人民币还是外币；（3）用途，即借款使用的目的；（4）数额，即借款的数量；（5）利率，是借款人和贷款人约定的应当收取的利息与出借资金的比率；（6）期限，是借款人在合同中约定的应当还款的时间；（7）还款方式，是贷款人和借款人约定以什么结算方式偿还借款给贷款人。

以上列举的是借款合同的基本条款，借款合同的当事人还可以约定其他需要约定的内容，例如担保等。

 案例评析

陈菊某与张承某借款合同纠纷案①

案情： 被告张承某因投资饮用水需要向原告陈菊某借款，陈菊某多次累计出借给对方 90 万元。双方口头约定利息。现张承某仅归还 7.13 万元，尚欠 82.87 万元未还，为此，陈菊某向法院提起诉讼，要求张承某立即归还借款 82.87 万元并承担利息。审理法院认为：每一笔借款发生时张承某对陈菊某出具的凭证都是借条，故本案系借款而非投资款。借款本金为 92 万元，张承某借款后曾部分还款，但 2017 年 10 月 17 日重新出具的借条上载明的借款金额仍为 90 万元，该事实证明二人之间存在口头的利息约定。鉴于双方在庭审中同意将陈菊某欠张承某的货款进行折抵，故判令张承某偿还陈菊某借款本金 74.594 4 万元及利息。

评析： 民法典第 668 条基本延续了《合同法》第 197 条，对借款合同的形式和内容作出了规定。虽然民法典第 469 条规定：合同的形式有书面、口头或者其他形式。但民法典第 668 条明确规定：借款合同应当采用书面形式，但是自然人之间借款另有约定的除外。本案中，借款人和出借人均为自然人，故借款合同的形式自然不必仅限于书面形式，还可以采用口头形式或者其他形式。陈菊某出示的多份借条足以证明陈菊某和张承某之间存在借款合同关系，通过借条的内容可以证实二者之间确实存在口头上的利息约定，转账凭证则证实借款行为已经实际发生。故陈菊某的诉讼请求依法应得到支持。

▶▶**第六百六十九条** 订立借款合同，借款人应当按照贷款人的要求提供与借款有关的业务活动和财务状况的真实情况。

---

① 审理法院：江苏省江阴市人民法院，案号：（2018）苏 0281 民初 11914 号。

🏛 条文要义

本条是对借款人应向贷款人提供真实情况的规定。

贷款人与借款人签订借款合同前，必须首先了解借款人业务活动及财务状况，对借款人的经营情况进行调查，根据调查情况，决定是否向借款人发放贷款。借款人在借款合同订立过程中，应当按照贷款人的要求，提供与借款有关的真实情况，从而使贷款人能够系统分析借款人的信用状况，为贷款提供依据。

订立借款合同时，借款人应当按照贷款人的要求提供有关业务活动和财务状况的真实情况。借款人应当提供的情况有两方面：一是与业务活动有关的借款人资格的基本情况。比如，作为法人、非法人组织和个体工商户的借款人是否经工商行政管理机关核准登记；借款人是自然人的，是否具有完全民事行为能力等。金融机构作为贷款人时，还需要借款人提供有关产品和生产经营方面的材料，以便于贷款人确定借款人生产的产品是否具有市场、生产经营是否有效益，能否做到不挪用所借资金等。二是借款人财务状况的真实情况。借款人可以按照贷款人的要求，如实提供所有的开户行、账号及存贷款余额情况，使贷款人全面充分地了解借款人实际账面资金的运作情况，以便贷款人能判断借款人偿还借款的能力。借款人还应当提供财政部门或会计师事务所核准的上年度财务报告，使贷款人了解即期的生产经营情况和财务状况，从而在总体上把握借款人的经营和资信状况，保障借款的安全。如果借款人故意隐瞒上述真实情况或者捏造虚假情况，应当按照民法典关于欺诈的规定处理。

🔵 案例评析

湖北竹山农村商业银行股份有限公司与十堰年祥工贸有限公司、朱剑某等金融借款合同纠纷案[①]

案情：被告年祥公司向原告竹山农商行申请借款 845 万元。双方签订的借款合同对年利率、期限、还款方式以及违约责任等进行了详细约定。金三角公司、安旭公司、香泉映月公司、朱剑某、胡家某、冯云某、赵开某、徐六某对该借款提供连带保证责任。现年祥公司未按约清偿借款本息，竹山农商行遂提起诉讼。审理法院认为，竹山农商行与年祥公司签订借款合同，与金三角公司、安旭公司、香泉映月公司、朱剑某、胡家某、冯云某、赵开某、徐六某签订担保合同，系当事人的真实意思表示，且不违反相关法律规定，分别自该合同成立时发生法律效力。年祥公司未按照合同约定偿还借款本息，已构成违约，应当承担偿还借款本金 845 万元、支付利息及罚息等违约责任，保证人应依法对上述债务承担连带保证责任。

评析：民法典第 669 条基本延续了《合同法》第 199 条，对借款人应向贷款人

---

① 审理法院：湖北省竹山县人民法院，案号：（2017）鄂 0323 民初 1911 号。

提供真实情况的义务作出了规定。本案系金融借款合同纠纷。根据民法典第 669 条以及《商业银行法》第 35 条的规定，借款人应当按照贷款人的要求提供与借款有关的业务活动和财务状况的真实情况。司法实践中，担保人也会依据上述规定提出抗辩，以期可以免除其担保责任。但我们认为，《商业银行法》第 35 条并不是关于合同效力的强制性规范。同时，民法典第 669 条中规范的是借款人的义务，而不是贷款人的义务。银行是否存在违规贷款的情形及其发放贷款之后是否对借款人执行借款合同的情况包括贷款资金的流向、用途等及借款人的经营及财务状况等进行跟踪调查和检查等，对于贷款人即银行而言，性质上属于风险控制，即使作为贷款人的银行未进行相关的审查，没有尽到相关义务，对借款合同和保证合同的效力以及借款人的偿还责任不应产生影响。

> ▶▶ **第六百七十条**　借款的利息不得预先在本金中扣除。利息预先在本金中扣除的，应当按照实际借款数额返还借款并计算利息。

🏛 条文要义

本条是对借款合同禁止利息先扣的规定。

借款合同禁止利息先扣。所谓的利息先扣，是在贷款人发放借款之时，就将一部分利息在本金中预先扣除的做法。利息先扣的问题在于，在支付本金时就预先扣除一部分利息，使借款人从一开始就没有得到全部的借款数额。例如借款 100 万元，约定月息百分之二为 2 万元，在支付本金时，只支付 88 万元，其余 12 万元作为 6 个月的利息预先扣除，借款人实际使用的借款金额就是 88 万元。

当事人约定利息先扣的，在法律上不具有效力，其办法，是按照实际借款数额认定借款本金，并计算利息。如上例，贷款人出借借款利息先扣 12 万元，实际支付 88 万元，就按照 88 万元计算本金，月息二分，为 1.78 万元。

📌 案例评析

刘书某与庞福某、褚秀某民间借贷纠纷案[①]

案情：第三人青岛市喜盈门典当有限责任公司与庞福某签订《借款合同》，约定庞福某借款本金 450 000 元。庞福某与褚秀某系夫妻关系，褚秀某自愿对本案债务承担还款责任。后第三人将合同约定的权利义务转让给刘书某。刘书某预先扣除了前半年的利息 33 750 元，向庞福某实际支付借款本金 416 250 元。但合同到期后，庞福某未能如期还款。为此，刘书某提起诉讼，要求褚秀某与庞福某偿还借款本息及费用。审理

---

① 　审理法院：山东省青岛市市北区人民法院，案号：（2015）北民初字第 4440 号。

法院认为，刘书某与庞福某、褚秀某之间的借款行为合法有效，借款到期后，庞福某、褚秀某拖延不还于法无据，应向刘书某偿还借款并承担违约责任。但刘书某于借款当日扣除利息于法无据，应认定实际借款金额为人民币 416 250 元并据此计算利息。

评析： 民法典第 670 条延续了《合同法》第 200 条，对借款合同禁止先扣利息作出了规定。依据民法典第 670 条的规定，出借人不得预先从本金中扣除借款利息。这种预先从本金中扣除借款利息的行为也就是我们通常所说的"砍头息"。"砍头息"在民间借贷中大量存在，但我国法律法规对此是严禁的。不仅民法典第 670 条进行了规定，《最高人民法院关于审理民间借贷案件适用法律若干问题的规定》第 27 条也进行了类似的规定。本案中，双方约定的借款金额为 450 000 元，但刘书某却预先扣除了前半年的利息，仅实际支付借款本金 416 250 元，故根据上述规定，本案借款本金应认定为 416 250 元。

▶▶ **第六百七十一条** 贷款人未按照约定的日期、数额提供借款，造成借款人损失的，应当赔偿损失。

借款人未按照约定的日期、数额收取借款的，应当按照约定的日期、数额支付利息。

🏛 条文要义

本条是对支付借款迟延责任的规定。

在借贷合同的履行中，贷款人应当按照约定的日期和数量提供借款，借款人应当按照约定的日期、数额收取借款，均不得迟延履行上述义务。如果贷款人或者借款人违反上述义务，构成违约行为。承担的违约责任是：

1. 贷款人未按照约定的日期、数额提供借款，如果造成了借款人的损失，应当对借款人承担赔偿损失的违约责任。

2. 借款人未按照约定的日期、数额收取借款的，也构成受领迟延的违约责任，承担责任的方式是应当按照约定的日期、数额支付利息，不能因为未使用借款而主张抗辩。

📌 案例评析

余姚市企业联合会与临商银行股份有限公司宁波分行、

宁波云环电子集团有限公司金融借款合同纠纷案[①]

案情： 云环公司（被告）因在临商银行处开具的 2 000 万元银行承兑汇票即将到期，向企业联合会（原告、被上诉人）申请借款 2 000 万元，由临商银行（被告、上

[①] 审理法院：一审法院为浙江省余姚市人民法院，案号：（2013）甬余商初字第 1163 号；二审法院为浙江省宁波市中级人民法院，案号：（2014）浙甬商终字第 928 号。

诉人）出具《转贷承诺书》，承诺该笔借款用于兑付到期债务，将于 6 月 21 日完成贷款资金发放，并将其划转至企业联合会转贷基金账户。当日，企业联合会与云环公司签订《借款协议书》，将转账支票直接交给临商银行的工作人员。但临商银行却未能按约划转，云环公司亦未归还上述借款本息。为此，企业联合会提起诉讼，要求云环公司归还借款本息和违约金；临商银行承担连带赔偿责任。一审法院认为，《转贷承诺书》合法有效，临商银行应当依约全面履行承诺义务。故判令临商银行对云环公司不能履行部分款项承担赔偿责任。临商银行不服一审判决提起上诉。二审法院认为，临商银行违反《转贷承诺书》的约定，造成企业联合会的贷款无法及时得到归还，应承担相应的民事赔偿责任，故驳回上诉，维持原判。

评析：民法典第 671 条延续《合同法》第 201 条，对支付借款的迟延责任作出了规定。民法典第 671 条规定，贷款人未按照约定日期和数额提供贷款，造成借款人经济损失的，应当承担违约责任，即赔偿损失。本案中，临商银行虽非《借款协议书》的当事人，但其作出的承诺是确保上述《借款协议书》履行的先决条件。临商银行应当承担因其违反承诺给企业联合会造成的损失。至于赔偿损失的范围如何界定，依据民法典第 584 条的规定，临商银行依法应对企业联合会的损失承担赔偿责任，包括合同履行后的可得收益。

> ▶▶ **第六百七十二条**　贷款人按照约定可以检查、监督借款的使用情况。借款人应当按照约定向贷款人定期提供有关财务会计报表或者其他资料。

🏛 条文要义

本条是对贷款人有权检查、监督借款使用情况的规定。

贷款人是借款合同的出借人，对于借款人使用借款的安全享有重大利益，因此，借款人负有按照约定的用途使用借款的义务，贷款人享有检查、监督的权利。贷款人在借贷关系存续期间，对借款人使用借款的情况，按照约定可以进行检查，监督借款的使用情况，发现涉及借款安全的问题，可以要求借款人予以纠正，或者采取必要措施。由于借款人负有应当按照合同约定的用途使用借款的义务，因而应当接受贷款人的检查和监督，并且负有按照约定向贷款人定期提供有关财务会计报表或者其他资料的义务。违反这些义务，贷款人也有权采取必要措施。

📎 案例评析

某银行（中国）上海分行诉刘某等金融借款合同纠纷案[①]

案情：刘某、刘某某、罗某某（被告）与某银行（原告）签订《房产抵押贷款

---

① 审理法院：上海市浦东新区人民法院，案号：（2011）浦民六（商）初字第 S2560 号。

合同》，约定由某银行向刘某提供 63 万元用于房屋装修。刘某、刘某某、罗某某将其所有的某处房产抵押给某银行作为履约担保。合同签订后，抵押房产依约办理抵押登记手续，某银行履行了放款义务。但经某银行多次催要，刘某拒绝按约向某银行提供贷款实际用于装修的证明文件。此外，抵押房产也出现被法院查封的情况。为此，某银行提起诉讼，要求刘某归还贷款本息及费用，刘某某、罗某某对上述还款义务承担连带清偿责任并处置抵押物。审理法院认为，某银行在发放系争贷款以后，有权对贷款用途进行跟踪监督，当发现系争贷款没有按照合同中约定用途使用时有权提前收回剩余贷款本息。因此，某银行主张三被告连带承担归还剩余贷款本息以及行使抵押权具有事实和法律依据，应予支持。

评析：民法典第 672 条延续《合同法》第 202 条，对贷款人有权检查、监督借款的使用情况作出了规定。根据民法典第 672 条的规定，某银行有权监管其贷款资金的使用情况。本案中，双方约定的借款用途是用于房屋装修，但刘某却一直未向某银行提供相关的证明文件，构成违约。据此，依据民法典第 673 条的规定，某银行有权提前收回贷款。

> ▶▶ **第六百七十三条**　借款人未按照约定的借款用途使用借款的，贷款人可以停止发放借款、提前收回借款或者解除合同。

🏛 条文要义

本条是对借款人未按照约定用途使用借款的违约责任的规定。

借款用途是借款人使用借款的目的。尽管从表面看，借款人使用借款的用途与贷款人的利益并无直接关系，因为贷款人借款的最终目的是收取利息和本金，但是借款用途一直作为借款合同当事人需要约定的重要内容，尤其是金融机构作为贷款人的情况下，借款用途更是合同中不可缺少的条款。借款用途之所以是借款合同的主要内容，是因为借款用途与借款人能否按期偿还借款有直接的关系。借款人擅自改变借款用途，就会使原先当事人共同的预期变得不确定，会增加贷款人的借款风险，可能导致借款难以收回。特别是金融机构作为贷款人的，某些借款是依据国家的宏观经济政策、国家的信贷政策和产业政策才予以发放的，其借款用途和国家的经济政策有着直接的关系。如果不按借款用途使用借款，还会造成资金的使用不符合国家的政策。例如《商业银行法》第 35 条规定：商业银行贷款，应当对借款人的借款用途、偿还能力、还款方式等情况进行严格审查。第 37 条则规定：商业银行贷款，应当与借款人订立书面合同。合同应当约定贷款种类、借款用途、金额、利率、还款期限、还款方式、违约责任和双方认为需要约定的其他事项。

借款人与贷款人订立借款合同并取得借款所有权，应当按照合同约定的用途使用借款，保障借款的安全，防止出现损害债权人利益的情形。借款人未按照约定的借款用途使用借款的，就是违约行为，应当承担违约责任，贷款人可以停止发放借款、提前收回借款或者解除合同，以保障自己的资金安全，防止借款人的违约行为损害自己的债权实现。

 **案例评析**

孙亚某与中国工商银行股份有限公司固原支行金融借款合同纠纷案①

案情：工行固原支行（被告）给孙亚某（原告）贷款 13 万元用于购买装饰材料。后经检测，发现孙亚某将部分借款用于股票购买。因孙亚某拒不配合调查，该支行送达告知函，告知其未按合同约定借款用途使用且不配合调查，构成违约，要求立即清偿剩余贷款本息及费用等。于是，孙亚某提取公积金账户资金 13.23 万元用于清偿。现孙亚某以被迫取出公积金，失去贷款资格为由提起诉讼，要求判令双方签订的借款合同无效，赔偿给孙亚某造成的各项经济损失 6.8 万元等。一审法院认为，涉案借款合同合法有效。因孙亚某违约，支行有权要求孙亚某立即清偿剩余借款及利息等内容，故判决驳回孙亚某的全部诉讼请求。孙亚某不服一审判决，提起上诉。二审法院认为，支行解除合同的行为合法合约，且孙亚某亦未提供有效证据证明因合同解除给其造成实际损失，故判决驳回上诉，维持原判。

评析：民法典第 673 条延续《合同法》第 203 条，对借款人未按照约定用途使用借款的违约责任作出了规定。本案系借款人未按照约定用途使用借款导致违约责任产生的纠纷。根据民法典第 673 条的规定，借款人擅自改变借款用途的，贷款人可以按照借款合同约定停止发放借款、提前收回借款或者解除合同。在借款合同中，借款用途条款之所以为法定条款，是因为贷款人在审批贷款时，是根据借款用途来确定借款人是否具有相应的还款能力，继而作出是否同意放贷的决定。如果借款人擅自改变借款用途，可能会导致贷款人到期不能收回贷款。

> ▶▶ **第六百七十四条** 借款人应当按照约定的期限支付利息。对支付利息的期限没有约定或者约定不明确，依据本法第五百一十条的规定仍不能确定，借款期间不满一年的，应当在返还借款时一并支付；借款期间一年以上的，应当在每届满一年时支付，剩余期间不满一年的，应当在返还借款时一并支付。

① 审理法院：一审法院为宁夏回族自治区固原市原州区人民法院，案号：（2019）宁 0402 民初 2951 号；二审法院为宁夏回族自治区固原市中级人民法院，案号：（2019）宁 04 民终 660 号。

🏛 条文要义

本条是对借款人支付利息期限的规定。

借款合同通常是有偿合同，其借款利息就是对借款的报偿。因此，借款人应当按期支付借款利息，保障贷款人出借贷款的利益回报。

确定借款利息期限的办法是：

1. 当事人约定。在借款合同中有借款利息支付期限约定的，借款人应当按照约定，按期支付利息。

2. 对支付利息的期限没有约定或者约定不明确，应当依据民法典第 510 条规定进行补充协商，按照补充协议约定的支付利息期间支付利息。

3. 补充协议仍然不能确定的，确定利息支付期限的方法是：借款期间不满 1 年的，应当在返还借款时一并支付；借款期间 1 年以上的，应当在每届满 1 年时支付，剩余期间不满 1 年的，应当在返还借款时一并支付利息。

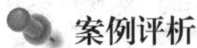 案例评析

李某与刘玉某民间借贷纠纷案①

案情：原告李某与被告刘玉某于 2017 年 12 月 24 日签订委托理财协议，协议约定：李某出借资金的期限为 12 个月，利息按月息 1 分计算。现李某以刘玉某拒不还款为由，于 2018 年 8 月 13 日向法院提起诉讼，要求刘玉某偿还借款本息。审理法院认为，原、被告约定的还款日期尚未到达前，被告作为债务人没有明确表示不偿还借款，原告的权利尚未受到损害，原告作为债权人不能提前起诉，故裁定驳回李某的起诉。

评析：民法典第 674 条延续《合同法》第 205 条，对借款人支付利息的期限作出了规定。本案当事人 2017 年 12 月 24 日签订的《委托理财协议》约定借款期限为 12 个月，利息为按月息 1 分计算，还款方式为按期付息，到期还清本金。但对于利息的支付时间，双方却并没有进行明确约定，属于对利息的支付期限约定不明确，根据民法典第 674 条的规定，利息应当在返还借款时一并支付。因此，在本案的借款本息尚未到期的情况下，依据《中华人民共和国民事诉讼法》第 124 条第 6 项"依照法律规定，在一定期限内不得起诉的案件，在不得起诉的期限内起诉的，不予受理"之规定，李某的起诉应予驳回。

> ▶▶ **第六百七十五条** 借款人应当按照约定的期限返还借款。对借款期限没有约定或者约定不明确，依据本法第五百一十条的规定仍不能确定的，借款人可以随时返还；贷款人可以催告借款人在合理期限内返还。

---

① 审理法院：河南省永城市人民法院，案号：（2018）豫 1481 民初 8118 号。

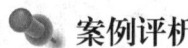

条文要义

本条是对借款人返还借款义务与期限的规定。

按期返还借款是借款人的主要义务，必须履行。按期返还借款，就是按照借款的清偿期清偿还款债务。

确定还款期限的办法是：

1. 当事人在借款合同中有约定的，约定的期限是还款期限，借款人应当按照约定的还款期限清偿借款。

2. 借款合同对借款期限没有约定或者约定不明确，应当依据民法典第510条规定，双方当事人可以协议补充，按照补充协商的期限为还款期限。

3. 通过补充协商仍然不能达成补充协议的，借款人可以随时向贷款人返还借款，贷款人不得拒绝；贷款人也可以随时向借款人请求返还，但应先进行催告，并给借款人保留合理的准备期间，合理期限的标准应根据具体情况确定。在合理的准备期限届满后，如果借款人仍不能按时归还借款本金和利息，则应承担违约责任。

案例评析

刘明某与马俊某民间借贷纠纷案①

案情：马俊某（被告）因做生意资金周转困难，向刘明某（原告）借款30万元，《借条》载明："今借到刘明某现金三十万元整，利息二分（月息）。借款人：马俊某，2017年3月22日夜。"2017年6月15日，马俊某通过微信转账向刘明某支付利息6 000元。现因马俊某不还款，刘明某向法院提起诉讼，要求马俊某偿还本息。审理法院认为，刘明某和马俊某之间形成了事实上的借款合同关系。马俊某应当按照约定返还借款和利息。对借款期限没有约定或者约定不明确的，借款人可以随时返还，贷款人可以催告借款人在合理期限内返还，判令马俊某于判决生效后10日内偿还刘明某借款30万元及利息。

评析：民法典第675条延续了《合同法》第206条，对借款人返还借款的义务与期限作出了规定。根据民法典第510条、第511条以及第675条的规定，当事人对还款期限没有约定或约定不明确的，可以协议补充，不能达成补充协议的，借款人可以随时返还；贷款人可以催告借款人在合理期限内返还。本案中，借贷双方存在事实上的借款关系，但对于借款期限却没有约定，因此，贷款人在给予借款人必要准备时间的情况下，可以随时请求借款人履行。

---

① 审理法院：河南省封丘县人民法院，案号：（2017）豫 0727 民初 1946 号。

▶▶ **第六百七十六条** 借款人未按照约定的期限返还借款的，应当按照约定或者国家有关规定支付逾期利息。

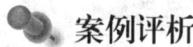 条文要义

本条是对借款人未按照约定期限还款责任的规定。

借款人未按照约定的还款期限清偿还款债务，构成违约行为，应当承担违约责任。逾期还款的违约责任，通常的方法是除了继续履行清偿借款的责任之外，还要承担按照约定或者国家规定的要求，承担支付逾期利息的责任。

逾期利息应当按照当事人的约定处理，当事人没有约定的，可以协商补充，补充协议不成的，依照国家规定的逾期利息的方法确定。

案例评析

高树某与郑国某、余某民间借贷纠纷案①

案情： 郑国某和余某（被告）系夫妻。2015 年 4 月 17 日，郑国某向高树某（原告）借款 30 万元，借条载明：借款本金 30 万元，于 2015 年 8 月 17 日前全部归还，如不能按时归还借款，向高树某支付本金的 20％作为违约金，以及支付高树某为追讨借款所产生的合理费用。现借款到期，郑国某未还款，高树某向法院提起诉讼，要求郑国某和余某偿还借款本金及逾期利息。审理法院认为：双方约定了借款归还时间，郑国某理应按约还款。该借款系夫妻共同债务，郑国某、余某应当共同归还。现逾期归还，应承担违约责任。依照法律规定，逾期利息按不超出年利率 24％计算。综上，法院判决郑国某、余某于本判决生效后 7 日内共同归还原告借款本金 30 万元，并按年利率 24％支付逾期付款利息。

评析： 民法典第 676 条延续《合同法》第 207 条，对借款人未按照约定期限还款的责任作出了规定。本案系借款合同纠纷。借款人负有按时归还借款的义务。本案中，郑国某、余某逾期还款，应依据民法典第 676 条的规定，向高树某支付自逾期还款之日起的逾期利息。至于逾期利息的标准，根据《最高人民法院关于审理民间借贷案件适用法律若干问题的规定》（2020 年已修订）第 29 条和第 30 条的规定，有约定的从其约定，但以不超过年利率 24％为限。没有约定或者约定不明的，人民法院可以区分不同情况处理：（1）既未约定借期内的利率，也未约定逾期利率，出借人主张借款人自逾期还款之日起按照年利率 6％支付资金占用期间利息的，人民法院应予支持；（2）约定了借期内的利率但未约定逾期利率，出借人主张借款人自逾期还款之日起按照借期内的利率支付资金占用期间利息的，人民法院应予支持。

---

① 审理法院：浙江省金华市婺城区人民法院，案号：（2016）浙 0702 民初 10485 号。

▶▶ **第六百七十七条** 借款人提前返还借款的，除当事人另有约定外，应当按照实际借款的期间计算利息。

🏛 条文要义

本条是对提前还款及利息的规定。

民法典第 530 条规定，债务人可以主张提前履行，债权人可以拒绝债务人提前履行债务，但是提前履行不损害债权人利益的除外。在借款合同中，根据借款合同的实际情况，不适用该条规定。

本条规定借款人提前还款的规则是：

1. 在借款合同中，借款人是可以提前返还借款的，债权人应当同意，不适用可以拒绝债务人提前履行债务的规定，因为提前还款不会造成债权人利益的损害，只是少收利息而已，并且早日收回借款还可以继续出借。

2. 提前还款的利息问题，首先是按照当事人的约定处理；如果没有约定的，应当按照实际借款的期间计算利息。

📌 案例评析

刘宗某与张田某、鲁某民间借贷纠纷案[①]

案情：被告张田某向原告刘宗某借款 150 万元，约定月息 2.2 分。张田某曾多次还款共计 179 万元。现刘宗某向法院提起诉讼，要求张田某与鲁某夫妻二人偿还借款本金 50 万元及利息（利息按月息 2 分计算，从 2009 年 6 月 21 日起计算至判决实际履行完毕之日止）。本案借款本金 150 万元，借款期间共计 374 天，利息数额共计为 40 万元，因此双方约定的年利率为 26%，超出了法律规定，超出部分不予支持。对于张田某已支付的利息部分，不超出法律规定的年利率 36%，系其自愿支付，法院不予处理。张田某每次偿还的款项，按照双方约定的利率以实际借款期间计算利息，超出应付款项应作为本金从借款总额中予以扣除。综合计算得出截止到 2009 年 6 月 24 日，张田某尚欠原告借款本金 484 204 元未还。该债务为张、鲁二人的夫妻共同债务。法院判令张田某、鲁某偿还剩余借款本金及逾期利息（以 484 204 元为基数，自 2009 年 6 月 25 日起至给付完毕之日止，按照年利率 24% 计算）。

评析：民法典第 677 条延续了《合同法》第 208 条，对提前还款及利息作出了规定。在有息借款合同中，借款人支付的利息通常是根据借款期限确定的，借款人提前还款意味着缩短了借款期限，出借人同意的，则意味着借贷双方将原借款期限进行了变更，据此，借款人只要按照实际借款期间支付利息即可。当然，在某些借

[①] 审理法院：山东省滕州市人民法院，案号：（2017）鲁 0481 民初 1014 号。

款合同中，借贷双方对提前还款作了禁止性或限制性的约定，如明确约定不能提前还款，或提前还款需要承担一定的违约金，这种约定原则上具有法律效力，此时可以根据约定处理提前还款问题。

▶▶ **第六百七十八条** 借款人可以在还款期限届满前向贷款人申请展期；贷款人同意的，可以展期。

🏛 条文要义

本条是对还款期限届满后展期的规定。

展期，是把原来约定的期限向后推迟或者延长。借款展期是指借款人不能按照合同约定的期限偿还借款，在取得贷款人同意的前提下，延长原借款的期限，使借款人能够继续使用借款的行为。借款展期实际上是对原合同的履行期限的变更，因此，应当以贷款人同意为前提。借款人申请展期的，应当向贷款人提出展期申请；应当在还款期限届满前表示；由于贷款的展期对贷款人的正常经营安排有很大影响，因此借款人的展期申请必须得到贷款人的同意。贷款人在接到借款人的展期申请后，可以对借款人不能按期偿还借款的情况进行调查和了解，以决定是否同意展期。同意展期的，要更改原有的资金计划，对资金的使用重新进行安排。

当借款合同约定的还款期限将要届满，当事人约定在还款期限届满时再向后推迟或者延长期限的，就是借款合同借款期限的展期。还款期限届满请求展期，是借款人的权利，借款人可以根据自己的资金需求申请展期。但是，借款人申请展期，只是一方的意思表示，需要另一方的同意，才能够达成合意。如果双方当事人都同意借款展期，借款合同期限届满就可以展期。展期的要求是，借款人须在还款期限届满之前申请，如果超过了还款期限，则构成违约，再申请展期，就可能出现以新还旧的问题了。以新还旧，是用新的借款清偿到期的借款，即用新债务清偿旧债务。借款合同展期之后，借款人就有了新的还款期限，应当按照展期后的期限清偿债务。

🫧 案例评析

江苏邳州农村商业银行股份有限公司与邳州富伟生化制品有限公司、
邳州市铁富镇人民政府金融借款合同纠纷案①

案情：1999 年，富伟公司向原告邳州信用社（现为邳州农商银行）分两次贷款

---

① 审理法院：一审法院为江苏省徐州市中级人民法院，案号：（2008）徐民二初字第 0126 号；二审法院为江苏省高级人民法院，案号：（2009）苏民二终字第 0168 号；再审法院为最高人民法院，案号：（2011）民申字第 660 号；重审法院为江苏省高级人民法院，案号：（2012）苏商再终字第 008 号。

共计 400 万元，铁富镇政府的下属单位财政所提供担保，并承诺在贷款展期后仍承担连带保证责任。贷款到期后，富伟公司未归还本息。经多次催要后，邳州信用社和富伟公司订立《协议书》，对上述债务进行了展期。铁富镇政府在《协议书》上盖章，确认对上述债务承担连带保证责任。故原告请求判令富伟公司立即偿还贷款本金及至 2008 年 8 月 20 日的利息；铁富镇政府对此承担连带保证责任。

一审法院认为，邳州信用社要求富伟公司偿还借款本息，应当支持。财政所与邳州信用社签订的《保证担保合同》因违反禁止性规定而无效。且邳州信用社未在保证期间内向保证人主张权利，保证人免责。虽然铁富镇政府在《协议书》上盖章，但未约定保证条款，不能证明铁富镇政府是该《协议书》的担保人，故驳回邳州信用社对铁富镇政府的诉讼请求。邳州信用社不服一审判决，提起上诉。二审法院判决驳回上诉，维持原判。邳州信用社向最高人民法院申请再审，本案指令江苏省高级人民法院再审。再审法院维持了江苏省高级人民法院（2009）苏民二终字第 0168 号民事判决。

评析： 民法典第 678 条延续《合同法》第 209 条，对还款期限届满后的展期作出了规定。根据民法典第 678 条的规定，借款人在还款期限届满前可以向贷款人申请展期。根据中国人民银行《贷款通则》第 12 条的规定，借款人申请贷款展期，应遵循以下原则：（1）在贷款到期日之前申请。（2）有担保的，应当取得担保人的书面同意。（3）短期贷款展期期限累计不得超过原贷款期限。本案中，涉案的两笔贷款均为贷款期限不足 1 年的短期贷款，本案《协议书》签订于 2003 年 12 月 12 日，早已超过双方约定的 2000 年 4 月 20 日和 2000 年 5 月 20 日的还款期；保证人没有出具同意展期的书面说明；2 年的延长还款期也明显超出原贷款期限，故《协议书》不符合贷款展期的法律条件。

▶▶ **第六百七十九条** 自然人之间的借款合同，自贷款人提供借款时成立。

🏛 条文要义

本条是对自然人之间借款合同性质的规定。

自然人之间的借款合同是实践性合同，即自贷款人提供借款时成立生效，也就是贷款人将借款交付给借款人时成立生效。将自然人之间的借款合同确立为实践合同，理由如下：第一，自然人之间的借款合同数额较小，当事人之间往往具有亲属、同事、朋友等特别关系；第二，自然人之间的借款程序较为简单；第三，赋予自然人借款合同实践性可以给贷款人反悔的机会。据此，自然人之间借款的，自贷款人交付借款时成立。这样有利于确定当事人之间的权利和义务，进而预防或减少纠纷的发生。如果有一方当事人并非自然人，即使属于民间借贷，也不适用该条的规定。

本条规定的言外之意，是除了自然人之间的借款合同，其他法人、非法人组织之间，以及法人或者非法人组织与自然人之间的借款合同，都是诺成合同，而不是实践合同。

与《合同法》第 210 条规定相比，本条改变了自然人之间发生借款时，贷款人提供借款行为的效果，由导致"借款合同生效"修改为"借款合同成立"。作出上述修改的理由为：第一，避免对于自然人之间借款合同性质的认定产生争议。自然人之间的借款合同是实践合同还是诺成合同存在争议。实践合同是指除当事人间的意思表示一致以外，还需交付标的物才能成立的合同，它以当事人的合意和交付标的物为成立要件；诺成合同则指当事人之间意思表示一致即能成立的合同，无须标的物的实际交付，它以当事人的合意为成立要件。立法本意是将自然人之间的借款合同确定为实践合同，但《合同法》第 210 条中"生效"的表述，容易产生借款合同为诺成合同的误解，故作出修改。第二，与民法典中定金合同和保管合同的条文表述保持一致，统一表述为自实际交付时"成立"。

案例评析

武松某诉赵现某民间借贷纠纷案[①]

案情：2013 年 2 月，赵现某（被告）在许昌市某工地承包该工程外架施工，武松某（原告）在工地做监理。施工期间，赵现某分两次支付给武松某共计 18 000 元。2013 年 4 月 6 日，赵现某向武松某出具欠条一份，内容为"今欠到武松某现金陆万元整，赵现某，2013 年 4 月 6 日"。现武松某以赵现某借款不还为由起诉至本院，要求赵现某偿还借款本息。审理法院认为，武松某诉赵现某民间借贷纠纷的依据是赵现某亲笔书写的"欠条"，该"欠条"虽系赵现某书写签名，但是赵现某辩称该"欠条"系非法债务且借款并未实际交付，武松某未能举证证明借款交付赵现某的事实，故驳回武松某的诉讼请求。

评析：民法典第 679 条延续了《合同法》第 210 条，对自然人之间借款合同的性质作出了规定。在我国，合同的成立一般适用意思自治原则，当事人有从事合同行为的意志自由，可以自由地选择合同的相对人、订立的形式和合同的内容，依其自由意志创设权利义务关系。只要具备意思表示这一基本事实，合同即告成立。而且大部分依法成立的合同自成立时生效。但对于自然人之间的借款合同，我国法律明确规定是实践合同，即该合同仅有双方当事人的合意不能成立，必须要有实际的交付行为。本案中，武松某虽然持有赵现某书写的欠条，却提供不出已经实际支付借款的事实，依据民法典第 679 条的规定，武松某的诉讼请求依法不应支持。

需要注意的是，民法典本条规定将"自贷款人提供借款时生效"的规则，改为

---

①　审理法院：河南省许昌市建安区人民法院，案号：(2015) 许县长民初字第 28 号。

"自贷款人提供借款时成立"的新规则，明确了自然人之间的借款合同属于实践性合同，除了双方当事人的意思表示一致外，还必须交付标的物或完成其他给付行为才能成立，也就是说，出借人交付借款后合同成立，出借人只享有收回借款的权利而没有义务，所以，自然人之间的借款合同不仅是实践性合同，同时也是单务合同。

> ▶▶ 第六百八十条 禁止高利放贷，借款的利率不得违反国家有关规定。
>
> 借款合同对支付利息没有约定的，视为没有利息。
>
> 借款合同对支付利息约定不明确，当事人不能达成补充协议的，按照当地或者当事人的交易方式、交易习惯、市场利率等因素确定利息；自然人之间借款的，视为没有利息。

⑪ 条文要义

本条是对借款合同利息之债的规定。

对于借款合同的利息之债，本条确立的基本规则如下。

1. 禁止高利放贷。借款合同分为本金之债和利息之债。利息之债是否存在，依据当事人的约定。但是，禁止高利放贷，是国家的一贯立场。这是因为，高利放贷不仅破坏国家的金融政策，而且会给借款人造成重大的负担，引起严重的后果。

2. 借款合同约定支付利息之债的，借款的利率应当遵守国家的有关规定，不得违反国家关于利息之债的有关规定进行约定。例如自然人之间的借款合同可以约定支付利息，但约定利息不得违反国家有关限制高利贷的规定，即月息二分为上限，月息超过二分不满三分的，为自然债务，不予强制保护，月息三分以上的为非法利息，就是高利贷。

3. 如果借款合同对支付利息之债没有约定，视为没有利息，为无息借款；不过，如果借款的主合同上没有约定利息，但是在补充合同上规定有利息之债，则为有息借款。

4. 借款合同对支付利息约定不明确的，对于法人、非法人组织之间的借贷，以及法人、非法人组织与自然人之间的借贷，应当按照当地或者当事人的交易方式、交易习惯、市场利率等因素确定利息；对于自然人之间的借款，支付利息约定不明确的，视为没有利息，为无息借款。

相较《合同法》第680条，本条借款合同利率规则的变化，确定了新的规则。借款合同对支付利息约定不明确的，应当按照不同性质的借款合同确定。

第一，禁止高利放贷。借款合同一章的适用范围为所有借贷领域，为维护正常金融秩序，在十三届全国人大常委会第十五次会议审议整体民法典（草案）之前，经宪法和法律委员会审议研究，决定明确规定禁止高利放贷。"禁止高利放贷"并不只是倡导性规定，而是法律、行政法规的强制性规定，原则上应作否定性评价。

第二，在自然人借贷领域，若没有约定支付利息，则视为没有利息。

第三，在借贷领域，若支付利息约定不明确，自然人之间的借款视为没有利息。非自然人之间的借款则分为下列四个层次判断：其一，当事人可以就支付利息问题进行重新协商，经重新协商能够达成补充协议的，按补充协议的内容执行。其二，如果借款合同当事人就支付利息问题不能达成补充协议的，可依据民法典第 510 条的规定，按照合同的相关条款确定利息约定不明条款的含义。其三，如果通过上述两种方式均无法确定借款合同利息标准的，可以按照合同履行地或者当事人之间的交易方式、交易习惯确定利息。利用交易习惯确定当事人的真实意思表示，可以在客观上达到平衡当事人之间权利义务的目的。根据《最高人民法院关于适用〈中华人民共和国合同法〉若干问题的解释（二）》（已失效）第 7 条的规定，交易习惯包括：在交易行为当地或者某一领域、某一行业通常采用并为交易对方订立合同时所知道或者应当知道的做法；当事人双方经常使用的习惯做法。利用交易方式、交易习惯确定利息标准，该交易方式、交易习惯本身不得违反法律、行政法规的强制性规定或者违背公序良俗，否则将影响借款合同本身的效力。其四，如果按照上述三种方法仍然无法确定利息标准的，可以以订立借款合同时合同履行地的商业银行同期同类贷款利率计付利息。

案例评析

冉苑某与向某民间借贷纠纷案[①]

案情： 2016 年年初，向某以给工人发工资为由向原告冉苑某借款 10 万元，月利率 3%，但对借款期限未作约定。借款发生后，向某多次通过微信转账给冉苑某共计 25 000 元。后因向某未再继续还款，冉苑某向法院提起诉讼，要求向某偿还借款本金 10 万元并按年利率 24% 支付利息。审理法院认为，向某多次向冉苑某支付利息，其约定的月利率为 3%，未超过年利率 36%，故向某已支付的利息法院不予干涉。但向某并未按月支付利息，其提前返还超过其应支付利息的部分应视为返还本金，根据转账的数额和时间，截至 2017 年 1 月 10 日，确认向某向冉苑某返还了借款本金 6 299.31 元，支付了利息 18 700.69 元，尚欠冉苑某本金 93 700.69 元。法院判决向某于判决生效之日起 5 日内返还冉苑某借款本金 93 700.69 元，并从 2017 年 2 月 1 日起按年利率 24% 支付利息自借款还清之日止，利随本清。

评析： 在我国，无论是民间借贷还是金融借款，即便是当事人自愿支付，借款利率也有最高上限，超过上限收取的利息无效，视为偿还了本金。本案中，冉苑某与向某约定利息为 3% 月利率，明显超出了国家法律法规规定的利率上限，故对超出

---

① 审理法院：湖北省利川市人民法院，案号：（2018）鄂 2802 民初 4907 号。

部分，应视为向某向冉苑某偿还的借款本金。

需要注意的是，《最高人民法院关于审理民间借贷案件适用法律若干问题的规定》修正前，我国的民间借贷纠纷案件，借款利率最高可以支持到年利率 24％，当事人自愿支付的，只要不超过年利率 36％，法律也是支持的。2020 年 8 月 18 日，最高人民法院对《规定》进行了修正，删除了"年利率 24％"和"年利率 36％"的规定，将最高利率限定为"合同成立时一年期贷款市场报价利率四倍"，其中"一年期贷款市场报价利率"指中国人民银行授权全国银行间同业拆借中心自 2019 年 8 月 20 日起每月发布的一年期贷款市场报价利率。同时《规定》虽然规定："借贷双方对借贷利息约定不明，出借人主张利息的，人民法院应当结合民间借贷合同的内容，并根据当地或者当事人的交易方式、交易习惯、市场报价利率等因素确定利息"，但根据司法实践中最高人民法院确立的裁判规则，自然人之间借贷对利息约定不明，出借人无权向法院主张支付借期内利息。这与本条规定的新规则是一致的。

第十三章　保证合同

第一节　一般规定

▶▶ **第六百八十一条**　保证合同是为保障债权的实现，保证人和债权人约定，当债务人不履行到期债务或者发生当事人约定的情形时，保证人履行债务或者承担责任的合同。

🏛 条文要义

本条是对保证合同概念的规定。

保证合同是为保障债权的实现，保证人与债权人约定，当债务人不履行到期债务或者发生当事人约定的情形时，保证人履行债务或者承担责任的合同。保证的特征是：第一，保证合同是依附于主合同的从合同，以主合同的存在为基础和前提，是从属于主债的从债。第二，保证合同具有人身性，其担保的属性称为"人保"，是以保证人的信誉作为担保的基础，保证合同的建立与保证人的人格、身份密不可分。第三，保证合同具有补充性，其功能表现在通过保证担保以督促债务人的债务履行；也表现在保证的补充性，当债务期限届满债务人不履行主债务或者约定的情形发生时，保证人才履行保证债务，即保证合同系主要以主债务的不履行为生效条件的合同。第四，保证合同具有相对独立性，尽管依附于主债而存在，却是区别于主债的从债，具有相对独立性。

保证合同是为保障债权的实现，当债务人不履行到期债务或者发生当事人约定的情形时，保证人履行债务或者承担责任的合同。保证合同的当事人为主债权人和保证人，保证人是接受主债务人的委托，为债权人的债权提供担保，与债权人之间构成保证合同关系，与主债务人之间不存在保证合同关系。

对于保证合同概念的定义，《担保法》第 6 条规定为，是指保证人和债权人约定，当债务人不履行债务时，保证人按照约定履行债务或者承担责任的行为。

与《担保法》第 6 条规定相比，增加的新规则如下。

第一，保障债权的实现是保证合同的目的，这体现了保证的担保性质与作用。

第二，当事人可以在保证合同中对保证人履行债务或者承担责任的情形作出约定。这与担保物权的实现条件保持了一致，此前，《担保法》仅规定了"当债务人不履行到期债务"这一种情形。

配套司法解释

最高人民法院关于适用《中华人民共和国民法典》有关担保制度的解释

第一条　因抵押、质押、留置、保证等担保发生的纠纷，适用本解释。所有权保留买卖、融资租赁、保理等涉及担保功能发生的纠纷，适用本解释的有关规定。

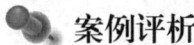

案例评析

湖南万寿建设有限公司与熊华某保证合同纠纷案①

案情：万寿公司作为施工方承建了武冈市都市豪庭商住大厦项目并成立了项目部，刘某清系该工程项目施工人，与万寿公司系内部承包关系。熊华某系该项目的模板、竹夹板供应方。经刘某清与熊华某 2016 年 4 月 19 日结算，都市豪庭商住大厦项目共下欠熊华某的模板、竹夹板款 153 412 元。2016 年 6 月 14 日，万寿公司项目部、刘某清与熊华某签订还款协议书，约定："都市豪庭项目劳务承包人刘某清作为所欠租转材料款的债务人，武冈市都市豪庭项目部作为担保人，租转材供应方作为债权人，三方经协商达成以下协议：一、都市豪庭项目部和劳务方刘某清，保证在 2016 年 6 月 16 日之前支付租转材总欠款的 40％；二、其余 60％欠款保证在都市豪庭项目竣工后 60 天（2 个月）内一次性无息付清。三、本协议一式三份，每方各执一份，具有法律效力，40％欠款到账后本协议生效，其余 60％付清后失效。"协议中加盖了万寿公司武冈市都市豪庭工程项目部印章，刘某清、熊华某在协议中签了字。后因模板、竹夹板款迟迟未付清引发本诉。一审法院认为本案系建筑材料买卖合同纠纷，对万寿公司提出自己不是合同相对人及其项目部所作的担保无效、还款协议未生效、保证期限已过保证责任免除的辩解意见不予采纳。二审法院认为依照熊华某在一审中起诉要求万寿公司对案涉材料款承担偿还责任的诉讼请求，结合案涉协议书的内容，本案不是买卖合同纠纷，而是保证合同纠纷。一审定性买卖合同纠纷不当，予以纠正。

评析：本案争议焦点之一是本案属于买卖合同纠纷还是保证合同纠纷。买卖合同是指出卖人转移标的物所有权于买受人，买受人支付价款的合同。保证合同是指保证人和债权人约定，当债务人不履行债务时，保证人按照约定履行债务或承担责

---

①　审理法院：一审法院为湖南省武冈市人民法院，案号：（2019）湘 0581 民初 1936 号；二审法院为湖南省邵阳市中级人民法院，案号：（2019）湘 05 民终 2358 号。

任的合同。本案中，三方签订的协议书已经载明了刘某清系所欠债权人熊华某材料款的债务人，万寿公司武冈市都市豪庭工程项目部属于担保人。故本案是保证合同纠纷，而不是买卖合同纠纷。

值得注意的是，对于保证人应承担保证责任的情形，民法典本条规定了除了债务人不履行到期债务之外，当事人可以在保证合同中对保证人履行债务或者承担责任进行约定，只要约定的情形发生，保证人就应按约履行保证责任。

▶▶**第六百八十二条** 保证合同是主债权债务合同的从合同。主债权债务合同无效的，保证合同无效，但是法律另有规定的除外。

保证合同被确认无效后，债务人、保证人、债权人有过错的，应当根据其过错各自承担相应的民事责任。

🏛 条文要义

本条是对保证合同性质和主合同与从合同效力关系的规定。

保证合同与主债权债务合同的关系，是主合同和从合同的关系，即主债权债务合同是主合同，保证合同是从合同。

在主债权债务合同的效力与保证合同效力的关系上，保证合同的效力附从于主债权债务合同的效力。主债权债务合同有效，保证合同原则上有效，如果保证合同自身无效，不影响主债权债务合同的效力；主债权债务合同无效，则保证合同必定无效，即主合同和从合同均为无效。其原因是，主债权债务合同无效的，保证合同失去了所保证的债权债务基础，自然无效。

保证合同被确认无效后，包括主债权债务合同无效引发的保证合同无效和保证合同本身无效，并非不产生民事责任，而是依据过错责任原则，债务人、保证人、债权人有过错的，应当根据其各自的过错程度，承担相应的民事责任。例如，债务人、保证人、债权人各自都有过错，且过错均等，则每个主体承担1/3的民事责任。

与《担保法》第5条规定相比，本条款规定了保证合同的从属性及保证合同无效的法律后果，正式否定了当事人约定排除担保从属性的效力。关于担保合同的从属性，旧条文规定的是"担保合同另有约定的，按照约定"，而新条文中删去了这一当事人可意思自治的范围，直接明确"法律另有规定的除外"。将担保的根本属性定位为从属性，从而有效规范民商事活动中部分担保权人利用主体优势地位随意约定独立担保形式、扩大担保责任范围等违背立法本意的行为。

案例评析

王后某与安徽惠农融资担保有限公司保证合同纠纷案①

案情：2014 年，原告王后某与借款人某联合会签订融资款合同，借款 62 万元，由惠农担保公司（被告）提供担保。联合会结息至 2015 年 5 月止，支付王后某利息共计 159 940 元。2015 年 8 月，法院判决联合会犯非法吸收公众存款罪，追缴违法所得 60 399 877 元，返还给各被害人，该判决于 2017 年 4 月 1 日生效。现王后某以惠农担保公司应承担担保责任为由提起诉讼，要求惠农担保公司偿还借款本息。法院认为，联合会以合法形式掩盖非法目的，致合同无效，存在过错；王后某将资金投向无金融许可资质的单位，存在过错。故本案合同无效，双方均有过错，应承担相应的返还财产的责任。王后某返还已收取的利息，惠农担保公司返还借款本金 62 万元，两笔资金相抵后，惠农担保公司仍应返还借款本金 460 060 元。王后某主张后期利息的诉讼请求，于法无据，不予支持。

评析：本案系保证合同纠纷，融资款合同形式上虽表现为借款、融资，但在这一合法形式掩盖之下，实为向不特定社会对象吸收资金，扰乱国家金融秩序，变相吸收公众存款，属无效合同，故惠农担保公司以担保人身份在借款合同上签名盖章，根据民法典第 682 条第 1 款的规定，该担保行为亦属无效；根据第 2 款的规定，王后某本身也有过错，也需承担一定的民事责任。

> ▶▶ **第六百八十三条**　机关法人不得为保证人，但是经国务院批准为使用外国政府或者国际经济组织贷款进行转贷的除外。
> 以公益为目的的非营利法人、非法人组织不得为保证人。

🏛 条文要义

本条是对保证人资格的规定。

保证人资格，是自然人、法人、非法人组织能够作为保证人，为债权人提供保证的条件。保证人的资格，最主要的是具有民事行为能力和相当财产的保证资力。

本条是从否定保证人的资格角度作出规定的，排除了不能作为保证人的组织，其余的民事主体都可以具有保证人资格。

不得作为保证人的组织是：

1. 机关法人，但是经国务院批准为使用外国政府或者国际经济组织贷款进行转贷的除外，例如原来存在的人民政府以及有关部门提供的保证，都因为保证人没有

---

① 审理法院：安徽省桐城市人民法院，案号：（2016）皖 0881 民初 1535 号。

保证资格而使保证合同无效。

2. 以公益为目的的非营利法人、非法人组织，原因是如果这种组织提供保证、承担保证责任，会损害公益。

与《担保法》第9条的规定相比，该条第2款将"学校、幼儿园、医院等公益为目的事业单位、社会团体不得为保证人"修改为"以公益为目的的非营利法人、非法人组织不得为保证人"。实践中，如果民办学校、幼儿园、医院也是以公益为目的，却存在盈利分红的情形，其作为保证人，主体是否适格存在争议。根据该条款，以公益为目的的非营利法人、非法人组织不得为保证人；反之，以公益为目的的营利法人可以作为保证人。

目 配套司法解释

最高人民法院关于适用《中华人民共和国民法典》有关担保制度的解释

第五条　机关法人提供担保的，人民法院应当认定担保合同无效，但是经国务院批准为使用外国政府或者国际经济组织贷款进行转贷的除外。

居民委员会、村民委员会提供担保的，人民法院应当认定担保合同无效，但是依法代行村集体经济组织职能的村民委员会，依照村民委员会组织法规定的讨论决定程序对外提供担保的除外。

第六条　以公益为目的的非营利性学校、幼儿园、医疗机构、养老机构等提供担保的，人民法院应当认定担保合同无效，但是有下列情形之一的除外：

（一）在购入或者以融资租赁方式承租教育设施、医疗卫生设施、养老服务设施和其他公益设施时，出卖人、出租人为担保价款或者租金实现而在该公益设施上保留所有权；

（二）以教育设施、医疗卫生设施、养老服务设施和其他公益设施以外的不动产、动产或者财产权利设立担保物权。

登记为营利法人的学校、幼儿园、医疗机构、养老机构等提供担保，当事人以其不具有担保资格为由主张担保合同无效的，人民法院不予支持。

案例评析

王淑某与刘益某、太原铝业普仁医院等民间借贷纠纷案[①]

案情： 2014 年 10 月 20 日，原告王淑某与被告刘益某签订借款合同，刘益某向王淑某借款 30 万元，借期 1 个月。借款后，刘益某于 2015 年累计归还 20 万元。2015 年 10 月 20 日，刘益某于担任太原铝业普仁医院院长期间，向王淑某出具一份加盖医院公章的承诺书，普仁医院对该借款承担不可撤销的连带担保责任。现王淑某向法院提起诉讼，要求刘益某归还借款 10 万元及利息，普仁医院承担连带还款责

---

① 审理法院：山西省太原市万柏林区人民法院，案号：（2016）晋 0109 民初 2207 号。

任。审理法院认为，王淑某与刘益某之间的借款合同是双方真实意思的表达，真实有效，各方理应恪守。被告未如约还款，造成纠纷，应承担及时还款责任。但本案中，普仁医院系全民所有制非营利性综合医院，故不能作为本案民间借贷的保证人。最终，法院驳回王淑某对普仁医院的诉讼请求。

评析：本案纠纷发生在 2016 年，故审理法院依据《中华人民共和国担保法》第 9 条"学校、幼儿园、医院等以公益为目的的事业单位、社会团体不得为保证人"的规定，驳回王淑某对普仁医院的诉讼请求。民法典第 683 条第 2 款对上述规定进行了修改，即"以公益为目的的非营利法人、非法人组织不得为保证人"。根据该规定，法院今后在审查该类保证人资格时，应审查该类保证人是否符合下列两个条件：第一，以公益为目的，第二，非营利性，二者缺一不可。

> ▶▶ **第六百八十四条** 保证合同的内容一般包括被保证的主债权的种类、数额，债务人履行债务的期限，保证的方式、范围和期间等条款。

🏛 条文要义

本条是对保证合同主要内容的规定。

保证合同的内容，依照意思自治原则，应当由当事人约定。当事人在订立保证合同时，一般包括以下条款。

1. 被保证的主债权的种类、数额，如被保证的债权是银行贷款，具体数额是多少。

2. 债务人履行债务的期限，决定保证责任的开始时间。

3. 保证的方式，即承担的保证责任是一般保证还是连带责任保证。

4. 保证的范围，即在主债权的何种范围内承担保证责任。

5. 保证的期间，即保证人在保证责任开始后应当于何期间承担保证责任。

6. 当事人认为需要约定的其他事项。

民法典担保规则体系所使用的"主债权"一词具有两种不同含义：一种如民法典第 388 条、第 682 条所称的主债权。该种主债权为被担保的债权，在内容上包括主债权（即原本债权）及其利息、违约金、损害赔偿金、保管担保财产和实现担保物权的费用。另一种如民法典第 389 条、第 684 条所称主债权。该种主债权是在债权债务关系内部使用，系指与利息、违约金、损害赔偿金等从债权相对而称的原本债权。例如，借款合同法律关系中的贷款人请求借款人返还借款本金的债权即为主债权，因该主债权而派生的利息、违约金、损害赔偿金等其他请求权为从债权。

案例评析

夏某某诉刘某某保证合同纠纷案①

案情： 2013 年 7 月 2 日，刘某某写下一份保证书：本人刘某某为李某某担保，在与李某某结算工程款时通知夏某某到场收款，如不通知由本人支付。2013 年 11 月 27 日，夏某某因与刘、李二人产生买卖合同纠纷，起诉到本院，请求确认刘、李二人于本判决生效后 30 日内向夏某某支付钢材欠款。判决生效后，夏某某向本院申请执行，但一直执行未果。现夏某某依据 2013 年 7 月 2 日刘某某书写的保证书提起诉讼。审理法院认为：从夏某某提交的刘某某书写的字据看，并没有具体的名称。从字据内容来看，没有明确本案刘某某与李某某所结算的工程款包含夏某某与刘某某、李某某之间的钢材欠款。本案中的刘某某为李某某提供担保，依据原告所提交的诉讼证据，并不能推定本案刘某某为刘、李二人的债务提供担保。最终，法院驳回了夏某某的诉讼请求。

评析： 根据民法典第 684 条的规定，保证合同应当包括以下内容：（1）被保证的主债权的种类、数额；（2）债务人履行债务的期限；（3）保证的方式；（4）保证担保的范围；（5）保证的期间；（6）双方认为需要约定的其他事项。本案中，刘某某 2013 年 7 月 2 日签署的在与李某某结算时通知原告到场的书面材料，显然没有上述条款要求的具体约定内容，并未体现双方或多方当事人的意思表示。从内容上看，刘某某承诺的结算对象是李某某，而并非李某某、刘某某。而李某某与夏某某之间是否存在债务关系以及具体的债务内容并没有为人民法院的生效判决所确认。故刘某某的承诺没有实际履行的可能性，夏某某的诉讼请求依法不应支持。

▶▶ **第六百八十五条** 保证合同可以是单独订立的书面合同，也可以是主债权债务合同中的保证条款。

第三人单方以书面形式向债权人作出保证，债权人接收且未提出异议的，保证合同成立。

🏛 条文要义

本条是对保证合同的形式的规定。

保证合同是要式合同，必须采取书面形式作出。本条规定，保证合同的具体表现形式有三种。

1. 单独订立的书面合同。即在主合同之外，另行订立保证合同，列明双方当事

---

① 审理法院：云南省迪庆藏族自治州维西傈僳族自治县人民法院，案号：（2016）云 3423 民初 82 号。

人和合同的具体约定内容。单独订立的书面合同是最正规的保证合同，也是最典型的保证合同。

2. 保证条款。保证人和债权人没有订立书面的单独保证合同，而是在主债权债务合同中设定保证条款，写明保证的内容。这也是保证合同的表现形式，但是，如果有保证条款的主债权债务合同，须在合同当事人中，将保证人列明，并且要在主债权债务合同上签字、盖章或者按指印。有的保证条款，主债权债务合同的当事人项目中没有列明保证人，但是，保证人在签署部分签名盖章的，该保证条款有效。

3. 保证书或者保函。保证书或者保函，是第三人单方以书面形式向债权人出具承担保证责任的意思表示。这也是保证合同的表现形式。保证人应当在保证书或者保函上签字、盖章或者按指印。保证人出具保证书或者保函后，债权人接收且未提出异议的，保证合同即告成立。

这些不同的保证合同的表现形式，只要是当事人的真实意思表示，均为有效的保证合同。

案例评析

窦才某与四川省东圣酒业股份有限公司、四川省星坤建设发展有限责任公司、四川省德阳市恒丰房地产开发有限公司、四川省绵竹市豪森包装印务有限公司、第三人四川省恒基汇通融资理财信息咨询有限公司保证合同纠纷案①

案情： 2015 年 1 月，原告窦才某与恒基汇通签订《债权转让协议》，窦才某将对外投资债权 10 万元转让给恒基汇通。东圣酒业、星坤建设、恒丰房地产、豪森包装于 2014 年 10 月 10 日共同出具承诺书，承诺对于通过恒基汇通合作投资客户，如果未能收回投资款的，该四公司将以全部财产对投资行为产生的债权实现承担连带保证责任。债权转让协议签订后，恒基汇通分四次共计偿还本金 38 155 元。现窦才某起诉恒基汇通，并要求东圣酒业等上述公司承担担保责任。一审法院认为，在本案中，上述四公司于 2014 年 10 月 10 日单方出具承诺，窦才某作为债权人在知晓承诺时接受且未提出异议，且符合承诺中的对象，故该保证成立。东圣酒业等以其没有为窦才某提供保证担保为由提起上诉。二审法院认为保证合同成立，驳回上诉，维持原判。

评析： 依据民法典第 685 条的规定，保证合同的表现形式可以是单独订立的书面合同或者主合同中的保证条款，也可以是第三人单方以书面形式向债权人出具保

---

① 审理法院：一审法院为四川省绵竹市人民法院，案号：（2017）川 0683 民初 1863 号；二审法院为四川省德阳市中级人民法院，案号：（2018）川 06 民终 249 号。

证书或者保函。本案的保证合同即为第三人单方出具的保证书。从承诺书的内容来看，虽未直接注明债权人名称，但所针对的债权人范围是特定的，所指向的主债务是具体的，所包含的"连带清偿"的担保意思也是明确的，能够构成保证合同关系中的要约，东圣酒业等四公司将此承诺书原件交与债权人代表持有，并允许恒基汇通将其作为与各债权人签订《债权转让协议》的附件使用，应当认定系该四公司以书面形式向特定债权人发出要约。承诺书所涉各债权人接受承诺且未提出异议，双方保证合同即告成立。

> ▶▶ **第六百八十六条** 保证的方式包括一般保证和连带责任保证。
> 当事人在保证合同中对保证方式没有约定或者约定不明确的，按照一般保证承担保证责任。

🏛 条文要义

本条是对保证方式的规定。

保证方式，是指保证人承担保证责任的具体方式。保证只有两种保证方式：一是一般保证，二是连带责任保证。保证人承担何种保证方式，依照保证合同约定，保证合同约定保证人承担何种保证方式，就应当承担何种保证方式。

当事人在保证合同中如果没有对保证方式作出约定，或者约定不明的，《担保法》第19条规定的方法是，应当推定为承担连带责任保证。这样的规定是不正确的，因为保证人承担保证责任，一般没有特别的利益，因而对保证人不能要求过高，当事人在保证合同中没有约定保证方式或者约定不明确的，应当按照就低不就高的原则，而不宜推定保证人承担的是连带责任保证，使保证人的权利义务及利益关系发生不平衡。因此，本条改变了这个规则，确立了新规则，即就低不就高，当事人在保证合同中对保证方式没有约定或者约定不明确的，推定为承担一般保证，而不是连带责任保证。

一般保证的突出特点，是保证人享有先诉抗辩权，即于债权人未就主债务人的财产强制执行无效果前，对债权人得拒绝清偿的抗辩权。债权人仅仅向债务人请求履行，并不能阻止先诉抗辩权的行使，保证人可以行使先诉抗辩权予以抗辩。

连带责任保证，是指债务人在债务履行期届满时未履行债务的，债权人既可以请求债务人履行债务，也可以请求保证人在其保证范围内履行保证债务的保证方式。连带责任保证中的保证人不享有先诉抗辩权。因此，只要债务履行期届满，债务人未履行债务的，不问其原因如何，也不问债务人有无履行能力，债权人均可以不请求债务人履行债务，而直接向保证人请求履行保证债务。连带责任的保证属于不真正连带债务。尽管在保证人和债务人之间存在债权人可以选择的连带关系，但是最终的债务承担必定是由债务人承担的，而不是分为份额，各自承担自己的份额，因此，连带责任保证不是真正的连带责任，而是不真正连带责任。

在这个问题上，有一个一般保证和连带责任保证究竟哪一个是保证常态的问题。《担保法》第 19 条规定是将连带责任保证作为保证的常态，因而优先选择适用连带责任保证。实际上，一般保证才是保证的常态，连带责任保证是加重的保证责任方式。

与《担保法》第 16 条和第 19 条规定相比，本条将保证方式没有约定或者约定不明确的保证，由认定为承担连带保证责任改为承担一般保证责任。本条恢复了正常的一般保证和连带责任保证之间的关系，对于平衡债权人和保证人之间的利益关系，具有重要价值。

🗐 配套司法解释

最高人民法院关于适用《中华人民共和国民法典》有关担保制度的解释

第二十五条　当事人在保证合同中约定了保证人在债务人不能履行债务或者无力偿还债务时才承担保证责任等类似内容，具有债务人应当先承担责任的意思表示的，人民法院应当将其认定为一般保证。

当事人在保证合同中约定了保证人在债务人不履行债务或者未偿还债务时即承担保证责任、无条件承担保证责任等类似内容，不具有债务人应当先承担责任的意思表示的，人民法院应当将其认定为连带责任保证。

🗨 案例评析

贾兴某与邱某、任某等民间借贷纠纷案[①]

案情： 邱某、任某系夫妻，邱怀某、王某凤系夫妻，邱某系邱怀某儿子。2015 年 11 月 1 日，被告邱某、任某夫妇因资金紧张急需用钱，由被告邱怀某、王某凤夫妇担保从原告处借现金 171 346 元，被告邱某、任某、邱怀某、王某凤向原告贾兴某出具《借款抵押协议》一份，内容为："借款抵押协议。今有本人邱某借贾兴某现金 171 346 元，大写拾柒万壹仟叁佰肆陆元，本人自愿以贾庙两间上下二层楼房做抵押，至 2016 年秋季收清稻后还清欠款，如到期不能还清贾兴某钱，贾兴某可无条件使用变卖此房。本人保证在此之前或此次抵押后无二次抵押，如有抵押其他人，本人愿负法律责任，未还款前按本村合作社贷款利息计算。抵押欠款人：邱某（手印）、任某（手印）。担保人：邱怀某（手印）、王某凤（手印）。2015 年 11 月 1 日。"到期后，因被告拒不还款引发本诉。法院认为，被告邱怀某、王某凤提供担保并未约定保证方式，应当视为连带责任保证。

---

① 审理法院：江苏省东海县人民法院，案号：（2017）苏 0722 民初 867 号。

评析：在民法典出台之前，依据我国《担保法》第 19 条的规定，当事人对保证方式没有约定或者约定不明确的，按照连带责任保证承担保证责任。本案中，被告邱怀某、王某凤提供担保并未约定保证方式，故法院以连带责任保证判令被告邱怀某、王某凤承担连带清偿责任并无不当。

保证方式的法律推定是保证规则中变动最大的一条，民法典本条规定将"保证方式没有约定或者约定不明确的"由旧规中的推定为连带责任保证修改为"按照一般保证承担保证责任"，这反映了立法价值取向的变化，由侧重于保护债权人转而侧重于保护保证人，或者是均衡各方利益。对此，我们建议，《民法典》实施后如约定保证人承担连带责任保证的，一定要在合同中明确约定，否则即推定为一般保证。保证方式不同，债权人的权利实现方式与时点、权利保全方式、保证人抗辩权等皆相差较大，值得注意。

> ▶▶第六百八十七条 当事人在保证合同中约定，债务人不能履行债务时，由保证人承担保证责任的，为一般保证。
>
> 一般保证的保证人在主合同纠纷未经审判或者仲裁，并就债务人财产依法强制执行仍不能履行债务前，有权拒绝向债权人承担保证责任，但是有下列情形之一的除外：
>
> （一）债务人下落不明，且无财产可供执行；
>
> （二）人民法院已经受理债务人破产案件；
>
> （三）债权人有证据证明债务人的财产不足以履行全部债务或者丧失履行债务能力；
>
> （四）保证人书面表示放弃本款规定的权利。

🏛 条文要义

本条是对一般保证与先诉抗辩权的规定。

一般保证，是指当事人在保证合同中约定，在债务人不能履行债务时，由保证人承担保证责任，代为履行债务的保证方式。一般保证其实就是附条件的保证，即以债务人不履行债务为条件，条件具备时，保证人才承担保证责任。

一般保证的突出特点是保证人享有先诉抗辩权。先诉抗辩权也叫检索抗辩权，是指保证人基于其一般保证的特定地位所享有的，于债权人未就债务人的财产强制执行无效果前，对债权人得拒绝代债务人履行清偿义务的抗辩权。保证人一旦行使先诉抗辩权，即可对抗债权人的履行债务的请求，拒绝承担保证责任。

先诉抗辩权行使的条件是，主合同纠纷未经审判或者仲裁，并就债务人的财产强制执行仍不能履行债务，实际上就是债务人已经无财产可供强制执行。

不得行使先诉抗辩权的事由，是在出现法定事由时，保证人不得以先诉抗辩权对抗债权人清偿债务的请求。这些事由是：第一，债务人下落不明，且无财产可供执行，保证人不得行使先诉抗辩权；第二，人民法院已经受理债务人破产案件，保证人不得行使先诉抗辩权；第三，债权人有证据证明债务人的财产不足以履行全部债务或者丧失履行债务能力，保证人不得以先诉抗辩权对抗债权人的请求；第四，保证人书面表示放弃本款规定的权利，即放弃先诉抗辩权，愿意为债务人承担保证责任。

相较《担保法》第 17 条，本条确定的新规则如下。

第一，增加了"债务人下落不明，且无财产可供执行"的先诉抗辩权行使的除外事由。对债务人下落不明且无财产可供执行的，保证人不得主张先诉抗辩权。

第二，增加了"债权人有证据证明债务人的财产不足以履行全部债务或者丧失履行债务能力"的除外事由。财产不足以履行全部债务，或者丧失履行债务能力，确有证据证明的，保证人不得主张先诉抗辩权。

目 配套司法解释

最高人民法院关于适用《中华人民共和国民法典》有关担保制度的解释

第二十六条　一般保证中，债权人以债务人为被告提起诉讼的，人民法院应予受理。债权人未就主合同纠纷提起诉讼或者申请仲裁，仅起诉一般保证人的，人民法院应当驳回起诉。

一般保证中，债权人一并起诉债务人和保证人的，人民法院可以受理，但是在作出判决时，除有民法典第六百八十七条第二款但书规定的情形外，应当在判决书主文中明确，保证人仅对债务人财产依法强制执行后仍不能履行的部分承担保证责任。

债权人未对债务人的财产申请保全，或者保全的债务人的财产足以清偿债务，债权人申请对一般保证人的财产进行保全的，人民法院不予准许。

第二十七条　一般保证的债权人取得对债务人赋予强制执行效力的公证债权文书后，在保证期间内向人民法院申请强制执行，保证人以债权人未在保证期间内对债务人提起诉讼或者申请仲裁为由主张不承担保证责任的，人民法院不予支持。

第二十八条　一般保证中，债权人依据生效法律文书对债务人的财产依法申请强制执行，保证债务诉讼时效的起算时间按照下列规则确定：

（一）人民法院作出终结本次执行程序裁定，或者依照民事诉讼法第二百五十七条第三项、第五项的规定作出终结执行裁定的，自裁定送达债权人之日起开始计算；

（二）人民法院自收到申请执行书之日起一年内未作出前项裁定的，自人民法院收到申请执行书满一年之日起开始计算，但是保证人有证据证明债务人仍有财产可供执行的除外。

一般保证的债权人在保证期间届满前对债务人提起诉讼或者申请仲裁，债权人举证证明存在民法典第六百八十七条第二款但书规定情形的，保证债务的诉讼时效自债权人知道或者应当知道该情形之日起开始计算。

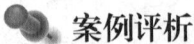 **案例评析**

兴业银行股份有限公司三明分行与福建省中小企业信用再担保有限责任公司保证合同纠纷案①

案情：原告三明分行与再担保公司、华屹公司（被告）签订《再担保合同》，华屹公司为三明分行的债务人提供担保，再担保公司为华屹公司提供再担保；担保方式为一般保证。燃料公司向三明分行借款 470 万元用于支付货款，华屹公司提供连带保证责任担保。贷款到期后，燃料公司未能按约还款，扣除华屹公司所缴纳的，尚欠借款本金 3 737 261.57 元和利息 74 938.94 元。为此，三明分行向法院提起对燃料公司、华屹公司的诉讼。判决生效后，两被告因无财产可供执行，法院终结本次执行。一审法院认为，本案一般保证责任法律关系成立。鉴于两被告现无财产可供执行，故再担保公司应向三明分行偿还本案债务。再担保公司在承担责任后，有权向两被告追偿。再担保公司以其承担一般保证责任的条件还未成就等为由提起上诉。二审法院认为，再担保公司无证据证明债务人尚有可供执行的财产，故对其上述抗辩意见，不予采纳。

评析：一般保证责任的保证人承担保证责任承担保证责任的前提是主债务已经法院审判或仲裁确认，而且债务人确实无财产可供执行，故主债务未经司法确认或债务人有财产可供执行是一般保证保证人享有先诉抗辩权的条件。本案中，担保公司以华屹公司尚有对其他案外人的债权以及股权投资、固定资产等可供执行为由，主张其承担保证责任的条件尚未成就，但却无证据加以证明，故担保公司关于其承担保证责任的条件未成就的抗辩意见不成立。

先诉抗辩权是一种延期的抗辩权，其行使的结果，只是暂时的延续债权人请求权的行使，而并不是消灭其请求权。需要注意的是：（1）民法典本条规定中将第一种例外情形表述为"下落不明，且无财产可供执行"，这一规定较旧条文更加严格，也就是只有在债务人达到下落不明且无财产可供执行这一条件时才能够排除保证人的先诉抗辩权，其实就是更加注重保证人权利的保护，避免一般保证责任的泛化，这与民法典第 686 条的推定一般保证的立法理念一致。（2）例外情形中增加了债权人有证据证明债务人资产不足以清偿债务或丧失清偿能力的，一般保证人也不得行使先诉抗辩权，该条规定与《企业破产法》规定的破产受理条件相一致。

---

① 审理法院：一审法院为福建省福州市鼓楼区人民法院，案号：（2015）鼓民初字第 5851 号；二审法院为福建省福州市中级人民法院，案号：（2016）闽 01 民终 2459 号。

▶▶ **第六百八十八条** 当事人在保证合同中约定保证人和债务人对债务承担连带责任的，为连带责任保证。

连带责任保证的债务人不履行到期债务或者发生当事人约定的情形时，债权人可以请求债务人履行债务，也可以请求保证人在其保证范围内承担保证责任。

🏛 条文要义

本条是对连带责任保证的规定。

连带责任保证，是指债务人在债务履行期届满时未履行债务，或者发生当事人约定的情形时，债权人既可以请求债务人履行债务，也可以请求保证人在其保证范围内履行保证责任的保证方式。

连带责任保证中，保证人与债务人的地位是平列的，保证人不享有先诉抗辩权。只要债务履行期届满或者约定的情形出现，债务人未履行债务的，不问其原因如何，也不问债务人有无履行能力，债权人均可不请求债务人履行债务，而直接向保证人请求履行保证债务，保证人则须承担保证责任，不得主张履行顺序的抗辩。

应当明确的是，连带责任的保证属于不真正连带债务。尽管在保证人和债务人之间存在债权人可以选择的连带关系，但是最终的债务承担必定是由债务人承担的，而不是分为份额，各自承担自己的份额，因此不是典型的连带责任。当保证人承担了保证责任之后，对债务人产生追偿权，可以向债务人请求赔偿自己因为债务人清偿债务而造成的全部损失。

🔵 案例评析

保山市融资担保有限责任公司与中国农业银行股份有限公司施甸县支行保证合同纠纷案①

案情： 原告融资担保公司向农行保山分行的信贷客户提供担保。后融资担保公司与农行保山分行下设的施甸农行（被告）签订《保证合同》，为大本事公司与施甸农行的 700 万元贷款提供连带保证。因大本事公司无法偿还借款利息，融资担保公司垫付 3 个月利息。贷款到期后，农行保山分行从融资担保公司账户中划走 7 250 159.68 元用于偿还借款本息。融资担保公司起诉至法院，要求免除自己 20% 的贷款本金，农行保山分行返还强行从原告账户内划走的贷款本金等合计 1 527 319.21 元。审理法院认为，案涉借款合同和保证合同均合法有效。保证合同约定的保证方式是连带保证，故农行保山分行按照保证合同的约定将融资担保公司账户中的存款划走用于实现其债权的行为符合法律规定，也符合双方当事人的约定。本案也不存

---

① 审理法院：云南省施甸县人民法院，案号：（2018）云 0521 民初 275 号。

在保证人的免责情形，故驳回融资担保公司的诉讼请求。

评析： 本案系保证合同纠纷，融资担保公司承担的保证方式是连带保证责任。依据民法典第 688 条的规定，当债务人不履行到期债务或者发生当事人约定的情形时，债权人既可以请求债务人履行债务，也可以请求保证人在其保证范围内承担保证责任，或者同时要求债务人和保证人一起承担责任。本案中，当债务人大本事公司无力清偿到期借款时，农行保山分行有权将融资担保公司账户中的存款划走用于清偿大本事公司的到期债务。

> ▶▶▶ 第六百八十九条　保证人可以要求债务人提供反担保。

🏛 条文要义

本条是对保证合同反担保的规定。

反担保，又叫求偿担保，是第三人为债务人向债权人提供担保，担保人为将来承担担保责任后对债务人的追偿权的实现而设定的担保。在债务人以外的第三人为债务人向债权人提供保证时，保证人承担了保证责任后，即成为债务人的新债权人，为避免或减少其追偿权实现的风险，可以要求债务人提供反担保。反担保的担保权人为本担保人即保证人，是债务人或者第三人为本担保的保证人提供的担保，担保方式限于保证、抵押和质押。从本质上讲，反担保也是担保，其同样具有促进资金融通和商品流通，保障债权实现，维护交易安全的功能。因此，反担保具有重要意义，是维护本担保人即保证人的利益、保障其将来可能发生的追偿权得以实现的有效措施。

保证人向债务人要求提供反担保请求的，债务人应当提供反担保，以自己的财产或者第三人的财产订立反担保合同，为保证人提供反担保。反担保成立须具备下列条件：第一，第三人先向债权人提供了担保，才能有权要求债务人提供反担保。第二，债务人或债务人之外的其他人向第三人提供担保。第三，只有在第三人为债务人提供保证、抵押或质押担保时，才能要求债务人向其提供反担保。第四，反担保须符合法定形式，即反担保应采用书面形式，依法需办理登记或移交占有的，应办理登记或转交占有手续。第五，担保适用的原则、方法、标的物、担保物种类均适用于反担保。

📑 配套司法解释

最高人民法院关于适用《中华人民共和国民法典》有关担保制度的解释

第十九条　担保合同无效，承担了赔偿责任的担保人按照反担保合同的约定，在其承担赔偿责任的范围内请求反担保人承担担保责任的，人民法院应予支持。

反担保合同无效的，依照本解释第十七条的有关规定处理。当事人仅以担保合同无效为由主张反担保合同无效的，人民法院不予支持。

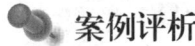 **案例评析**

河南省锦业投资担保有限公司与河南兴港正和投资担保有限公司、
郑州嘉润置业有限公司等追偿权纠纷案①

案情： 2013 年 1 月 10 日，嘉润公司向案外人刘瑞某借款 3000 万元，锦业公司就该笔借款提供担保，兴港公司和时万某为嘉润公司提供反担保。后嘉润公司未按约定还款，锦业公司代嘉润公司偿还了借款本息。审理法院认为，锦业公司作为担保人为嘉瑞公司的债务提供担保且承担了保证责任后，有权向债务人嘉瑞公司追偿，并有权要求时万某及兴港公司承担反担保责任。

评析： 民法典第 689 条规定：保证人可以要求债务人提供反担保。无论本担保人、反担保人都是为债务人提供担保，但二者对应的债权不同。本案中，本担保人对应借贷债权，债权人是刘瑞某，债务人不履行还款义务，刘瑞某可向本担保人锦业公司追偿。反担保人对应追偿债权，债权人是本担保人锦业公司，债务人不履行追偿债务，本担保人锦业公司可向反担保人兴港公司追偿。因此，反担保的实现依赖本担保的履行。只有本担保人锦业公司履行了本担保义务，代债务人嘉润公司偿还了债务，才能获得追偿债权。获得追偿债权后，债务人嘉润公司仍不履行追偿义务，本担保人锦业公司可向反担保人兴港公司追偿，行使反担保权利。因此，反担保的重要意义在于维护本担保人即保证人的利益、保障其将来可能发生的追偿权得以实现。

> ▶▶ **第六百九十条**　保证人与债权人可以协商订立最高额保证的合同，约定在最高债权额限度内就一定期间连续发生的债权提供保证。
>
> 最高额保证除适用本章规定外，参照适用本法第二编最高额抵押权的有关规定。

🏛 条文要义

本条是对最高额保证的规定。

最高额保证是保证的一种特殊形式，是在最高债权额的限度内，对一定期间连续发生的不特定同种类债权提供的保证，是银行融资业务中一种较为常用的担保方式。其特征：一是最高额保证所担保的债务在保证设立时可能已经发生，也可能没有发生，最高额保证的生效与被保证的债务是否实际发生无关。二是最高额保证所

---

① 审理法院：河南省郑州高新技术产业开发区人民法院，案号：（2016）豫 0191 民初 6013 号。

担保的债务为一定期间内连续发生的债务。三是最高额保证约定有保证人承担保证责任的最高限额。四是最高额保证所担保的不是多笔债务的简单累加，而是债务整体，各笔债务的清偿期仅对债务人有意义，并不影响保证人承担保证责任。

最高额保证通常适用于债权人与债务人之间具有经常性的、同类性质的业务往来，多次订立合同而产生的债务，如经常性的借款合同或者某项商品交易合同关系等。对一段时期内订立的若干合同，以订立一份最高额保证合同为其担保，可以减少每一份主合同订立一个保证合同所带来的不便，同时仍能起到债务担保的作用。

最高额保证的期间与普通保证的期间不同。最高额保证在设定时，其担保的债权尚未发生或虽已发生却仍处于变动的不特定状态之中，债权额是不确定的，只有在一定期间届满，被担保的债权确定时，债权额才能确定，保证人的保证责任才能产生。因此，在最高额保证合同中，保证期间虽然从性质上也是保证人承担保证责任的责任期间，但其存在两个期间：一是保证人应对一系列债权承担责任的范围期间；二是在不特定债权额确定之后，债权人向保证人主张权利的期间。

在《担保法》规定的最高额保证中，没有规定最高额保证的适用规则。本条增加了第2款规定，即最高额保证准用最高额抵押的规定。在担保中，无论是最高额质押，还是最高额保证，其基本规则都与最高额抵押规则相似，因此都准用本法第420-424条关于最高额抵押基本规则的规定。

目 配套司法解释

最高人民法院关于适用《中华人民共和国民法典》有关担保制度的解释

第十五条 最高额担保中的最高债权额，是指包括主债权及其利息、违约金、损害赔偿金、保管担保财产的费用、实现债权或者实现担保物权的费用等在内的全部债权，但是当事人另有约定的除外。

登记的最高债权额与当事人约定的最高债权额不一致的，人民法院应当依据登记的最高债权额确定债权人优先受偿的范围。

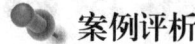 案例评析

刘贵某、侯春某金融借款合同纠纷案①

案情：刘贵某向郓城农商行借款45万元。侯春某、王庆某、江衍某作为保证人与郓城农商行签订最高额保证合同，就借款人自2011年4月19日至2014年4月14日之间的借款本息等承担连带保证责任。合同签订后，郓城农商行向被告发放借款45万元，刘贵某于2013年1月31日前还清该笔借款。当日，刘贵某又借款246 000

---

① 审理法院：一审法院为山东省郓城县人民法院，案号：（2016）鲁1725民初972号；二审法院为山东省菏泽市中级人民法院，案号：（2018）鲁17民终1615号。

元，约定还款日期为 2014 年 4 月 12 日。现借款到期，刘贵某未按约还款，侯、王、江三人亦未尽担保责任。一审法院认为，涉案借款合同以及最高额保证合同均属有效民事合同。现刘贵某违约，且违约期间在最高额保证合同的保证期间内，故担保人仍应承担保证责任，判令刘贵某于本判决生效后 10 日内偿还借款本息，侯、王、江三人承担连带清偿责任。刘贵某与侯、王、江三人不服一审判决，以侯、王、江仅对借款人的前一次借款进行了担保为由提起上诉。二审法院认为，涉案两次借款合同均在最高额保证合同约定期限内，故判令驳回上诉，维持原判。

评析：最高额保证本来就是对不特定债权进行的担保，最高额保证合同的不特定性债权确定后，保证人应当对在最高债权额限度内就一定期间连续发生的债权余额承担保证责任。最高额保证需要明确决算期和决算日，决算日是指当事人约定的决算期到期日，而不是最后一笔债权的发生日。本案中，双方约定的"2011 年 4 月 19 日至 2014 年 4 月 14 日"为决算期，2014 年 4 月 14 日为决算日。即使在约定的决算期间内，实际发生的债权总额超过最高限额，也不影响保证人在该最高限额内承担保证责任。

民法典本条规定增加了最高额保证准用最高额抵押规定的新规则，至于"参照"的适用主要有以下几个方面，第一，参照民法典第 420 条第 1 款的规定，除债务人不履行到期债务外，债权人可以与保证人在《最高额保证合同》中就要求保证人承担保证责任的情形作出约定；第二，参照民法典第 420 条第 2 款的规定，最高额保证设立前已经存在的债权，经当事人同意，可以转入最高额保证担保的债权范围；第三，最高额保证担保的债权确定前，部分债权转让的，最高额保证人如何承担责任，当事人可作出约定；第四，最高额保证担保的债权确定前，债权人与保证人人可以通过协议变更决算期、债权范围以及最高债权额；第五，出现民法典第 423 条规定的情形，最高额保证担保的债权确定。

第二节　保证责任

▶▶**第六百九十一条**　保证的范围包括主债权及其利息、违约金、损害赔偿金和实现债权的费用。当事人另有约定的，按照其约定。

🏛 条文要义

本条是对保证范围的规定。

保证范围，是指保证人对债权人债权实现应当承担保证责任的范围。确定保证范围的规则如下。

1. 有约定的，按照约定确定保证责任范围。依照合同自由原则，确定保证责任的具体范围，应按照保证合同的约定确定。约定的保证责任范围可能与主债务的范围并不一致，应当允许，但约定的保证责任范围只能比主债务为轻，不能比主债务为重，否则应当缩减至主债务的限度。也就是说，民法典第 691 条关于保证范围的但书规定"保证合同另有约定的，按照约定"，应结合民法典第 682 条第 1 款"保证合同是主债权债务合同的从合同"的从属性规定进行限缩解释。债权人与保证人之间就担保范围的意思形成自由应受限制，亦即当事人在保证合同中就保证范围的例外约定，应仅限于保证责任的范围或数额小于主债务，或保证责任之强度低于主债务的情形。

2. 没有约定的保证责任的确定，依据本条规定，保证担保的范围包括主债权及利息、违约金、损害赔偿金和实现债权的费用。不过，在保证债务成立后，主债务人与债权人约定的或约定增加的利息、违约金，属于新增加的债务，保证人未同意担保的，不应列入保证范围。

本条之所以删除"当事人对保证担保的范围没有约定或者约定不明确的，保证人应当对全部债务承担责任"的内容，是因为第 1 款把保证范围都已经规定清楚了，不需要再作规定。如果出现保证合同对保证范围没有约定或者约定不明的，就按照本条规定确定就是了。

相较《担保法》第 21 条，本条删除了《担保法》关于合同约定不明或未约定保证范围的情形下，保证人对全部债务承担责任的规定。该种情况下，保证范围为民法典第 691 条规定的范围，即主债权及利息、违约金、损害赔偿金和实现债权的费用，该规定更为科学合理。

案例评析

原告易某某与被告赵某常、自贡市中小企业融资担保有限公司民间借贷纠纷案[①]

案情： 2013 年 10 月 15 日，原告与被告赵某常签订《借款合同》，原告借给被告赵某常借款 20 万元。同日，原告与被告自贡担保公司签订《委托保证合同》，被告自贡担保公司对被告赵某常的上述债务承担连带责任保证；保证范围为借款本金及利息。2014 年 10 月 11 日，原告与被告赵某常、自贡担保公司及自贡川瑞锅炉制造有限公司签订《履行还款及展期协议》，该协议约定：主合同约定的原借款本金的 50% 借款期限展期延长至 2015 年 8 月 13 日；原委托保证合同及确认书继续有效。2017 年 1 月 22 日，被告赵某常（借款人）向原告（出借人）出具《延期还款说明》，该说明载明："易某某（出借人）：本人（本公司）于 2013 年 10 月 15 日向你借款人民币 200 000.00 元（大写：贰拾万元），按借款合同［编号：理（2013）0086－18］

---

① 审理法院：四川省自贡市大安区人民法院，案号：（2018）川 0304 民初 1056 号。

应于 2014 年 10 月 14 日还清，因经营困难仅归还了借款本金壹拾万元，至今尚欠本金壹拾万元，现请求延期还款，具体权利义务以原合同为准。"贡市中小企业融资担保有限公司作为担保人加盖公章。现借款到期，被告赵某常未能全额还款，原告提起诉讼。法院认定被告自贡担保公司应对本案被告赵某常的全部债务承担连带清偿责任。

评析：保证合同是从合同，应根据法律规定或者双方之间的约定来确定保证范围，但现实中，由于当事人并非专业法律人士，可能会出现保证范围没有约定或者约定不明确的情形。为此，出于维护债权人权益的角度出发，《合同法》第 21 条第 2 款规定：保证范围没有约定或者约定不明确的，保证人对全部债务承担责任。因此，法院判令担保公司对本案全部债务承担连带清偿责任并无不当。

需要注意的是，本条规定删除了《担保法》第 21 条第 2 款"当事人对保证范围没有约定或者约定不明确的，保证人应当对全部债务承担责任"的规定，这就意味着，如双方当事人对保证范围没有约定或约定不明确的，保证人承担保证责任的范围仅以法律规定的保证范围为限，不能加重保证人的保证责任。

> ▶▶**第六百九十二条**　保证期间是确定保证人承担保证责任的期间，不发生中止、中断和延长。
>
> 债权人与保证人可以约定保证期间，但是约定的保证期间早于主债务履行期限或者与主债务履行期限同时届满的，视为没有约定；没有约定或者约定不明确的，保证期间为主债务履行期限届满之日起六个月。
>
> 债权人与债务人对主债务履行期限没有约定或者约定不明确的，保证期间自债权人请求债务人履行债务的宽限期届满之日起计算。

🏛 条文要义

本条是对保证期间的规定。

保证期间，是确定保证人承担保证责任的期间。换言之，保证人只在保证期间内对其担保的主债务负保证责任，而于保证期间届满后不再负保证责任。保证期间只能是在保证人的保证责任发生后的一定期间，而不能是保证责任发生前的一定期间。保证期间是不变期间，不发生中止、中断、延长的情形。

保证期间的确定，分为约定的保证期间和法定的保证期间。

1. 约定的保证期间。按照合同自由原则，双方当事人对于保证期间有约定的，按照约定的期间确定。约定的保证期间早于主债务履行期限或者与主债务履行期限同时届满的，视为没有约定。

2. 法定的保证期间。一般保证的保证人与债权人未约定保证期间或者约定不明确的，保证期间为主债务履行期届满之日起 6 个月。

3. 连带责任保证的保证人与债权人未约定保证期间或者约定不明确的，债权人有权自主债务履行期届满之日起 6 个月内要求保证人承担保证责任。债权人与债务人对主债务履行期限没有约定或者约定不明确的，保证期间自债权人要求债务人履行义务的宽限期届满之日起计算。

在一般保证，在合同约定的保证期间和法定的保证期间，债权人未对债务人提起诉讼或者申请仲裁的，保证人免除保证责任。在连带责任保证，在合同约定的保证期间和前款规定的保证期间，债权人未要求保证人承担保证责任的，保证人免除保证责任。

由于《担保法》对保证期间没作规定，本条借鉴担保法司法解释的规定，对保证期间作了详细规定，统一了裁判适用尺度，对于法律适用的科学性具有重要价值。

📑 配套司法解释

最高人民法院关于适用《中华人民共和国民法典》有关担保制度的解释

第二十九条　同一债务有两个以上保证人，债权人以其已经在保证期间内依法向部分保证人行使权利为由，主张已经在保证期间内向其他保证人行使权利的，人民法院不予支持。

同一债务有两个以上保证人，保证人之间相互有追偿权，债权人未在保证期间内依法向部分保证人行使权利，导致其他保证人在承担保证责任后丧失追偿权，其他保证人主张在其不能追偿的范围内免除保证责任的，人民法院应予支持。

第三十条　最高额保证合同对保证期间的计算方式、起算时间等有约定的，按照其约定。

最高额保证合同对保证期间的计算方式、起算时间等没有约定或者约定不明，被担保债权的履行期限均已届满的，保证期间自债权确定之日起开始计算；被担保债权的履行期限尚未届满的，保证期间自最后到期债权的履行期限届满之日起开始计算。

前款所称债权确定之日，依照民法典第四百二十三条的规定认定。

第三十一条　一般保证的债权人在保证期间内对债务人提起诉讼或者申请仲裁后，又撤回起诉或者仲裁申请，债权人在保证期间届满前未再行提起诉讼或者申请仲裁，保证人主张不再承担保证责任的，人民法院应予支持。

连带责任保证的债权人在保证期间内对保证人提起诉讼或者申请仲裁后，又撤回起诉或者仲裁申请，起诉状副本或者仲裁申请书副本已经送达保证人的，人民法院应当认定债权人已经在保证期间内向保证人行使了权利。

第三十二条　保证合同约定保证人承担保证责任直至主债务本息还清时为止等类似内容的，视为约定不明，保证期间为主债务履行期限届满之日起六个月。

第三十三条　保证合同无效，债权人未在约定或者法定的保证期间内依法行使权利，保证人主张不承担赔偿责任的，人民法院应予支持。

第三十四条　人民法院在审理保证合同纠纷案件时，应当将保证期间是否届满、债权人是否在保证期间内依法行使权利等事实作为案件基本事实予以查明。

债权人在保证期间内未依法行使权利的，保证责任消灭。保证责任消灭后，债权人书面通知保证人要求承担保证责任，保证人在通知书上签字、盖章或者按指印，债权人请求保证人继续承担保证责任的，人民法院不予支持，但是债权人有证据证明成立了新的保证合同的除外。

第三十五条　保证人知道或者应当知道主债权诉讼时效期间届满仍然提供保证或者承担保证责任，又以诉讼时效期间届满为由拒绝承担保证责任或者请求返还财产的，人民法院不予支持；保证人承担保证责任后向债务人追偿的，人民法院不予支持，但是债务人放弃诉讼时效抗辩的除外。

最高人民法院关于适用《中华人民共和国民法典》时间效力的若干规定

第二十七条　民法典施行前成立的保证合同，当事人对保证期间约定不明确，主债务履行期限届满至民法典施行之日不满二年，当事人主张保证期间为主债务履行期限届满之日起二年的，人民法院依法予以支持；当事人对保证期间没有约定，主债务履行期限届满至民法典施行之日不满六个月，当事人主张保证期间为主债务履行期限届满之日起六个月的，人民法院依法予以支持。

 **案例评析**

陶某某、陶 1 等借款合同纠纷案①

案情： 2011 年 6 月 7 日，山东临邑农村商业银行股份有限公司与陶志某签订《借款合同》，借款金额为 90 000 元。陶某某、乔文河、苏某、陶某远、陶 1、陶某猛、陶某亮、赵某武、陶 2、陶某锋、张某雷、任某平（以下简称上诉人或保证人）与山东临邑农村商业银行股份有限公司签订保证合同，同意为该笔借款提供连带保证。合同签订后陶志某未按合同约定偿还利息，故引发本案。针对上诉人提出"担保期限已过，保证人不应承担连带清偿责任"的上诉请求，二审法院认为：《大联保体最高额联合保证借款合同》约定的保证期间为借款凭证约定的债务履行债务期限届满之日起二年。所附清单的记载，陶志某的借款期间从 2011 年 6 月 7 日起至 2014 年 6 月 6 日止，到 2016 年 2 月 2 日被上诉人起诉时，并未超过二年的保证期间。上诉人对《大联保体最高额联合保证借款合同》的前两页内容不认可，认为没有保证人的签字，保证期间应为 6 个月。因上诉人不能提供《大联保体最高额联合保证借款合同》，以证明保证期间没有约定或者约定不明，为此对上诉人的主张，本院不予采信。根据上述规定，本案未超过保证期间，上诉人应当承担连带清偿责任。

---

① 审理法院：山东省德州市中级人民法院，案号：（2016）鲁 14 民终 2530。

评析：本案争议的焦点是本案是否超过保证期间的问题，依据民法典第692条的规定，保证期间有约定的从其约定，没有约定或约定不明的，保证期间为主债务履行期届满之日起6个月。本案中，上诉人与金融机构之间已就保证期间进行明确约定为2年，金融机构在保证期间内提起诉讼，保证人依法应承担相应的保证责任。

值得注意的是，《民法典》出台之前，根据担保法司法解释第32条第2款的规定，没有约定或者约定不明的，保证期间为主债务履行期届满之日起二年。《民法典》出台后，无论是对于保证期间没有约定还是约定不明，统一适用主债务履行期间届满之日起6个月的规定，不再存在"二年"的推定期间。

> ▶▶ **第六百九十三条** 一般保证的债权人未在保证期间对债务人提起诉讼或者申请仲裁的，保证人不再承担保证责任。
>
> 连带责任保证的债权人未在保证期间请求保证人承担保证责任的，保证人不再承担保证责任。

🏛 条文要义

本条是对债权人未在保证期间主张权利丧失保证债权的规定。

债权人对保证人主张权利，应当在保证期间内进行。如果债权人在保证期间没有主张权利，将会发生法律后果，是债权人丧失对保证人的保证债权，保证人不再承担保证责任。

由于一般保证和连带责任保证规则不同，因此债权人未主张保证债权的形式也有所不同。按照本条规定：

1. 一般保证的债权人未在保证期间内对债务人提起诉讼或者申请仲裁，因而丧失保证债权，保证人不再对其承担保证责任。

2. 连带责任保证的债权人未在保证期间对保证人主张承担保证责任，既包括未提起诉讼或者申请仲裁，也包括未直接向保证人主张。债权人丧失保证债权，保证人也不再对债权人承担保证责任。

上述两个规定，后果都是保证人不再对债权人承担保证责任，但是条件并不相同。在一般保证，债权人须在保证期间对债务人提起诉讼或者申请仲裁，否则保证人不再承担保证责任，原因在于保证人享有先诉抗辩权，债权人不在保证期间对债务人提起诉讼或者申请仲裁，不能穷尽债务人履行债务的可能，保证人当然就有权不再对债权人承担保证责任。而连带责任保证，债权人既可以向债务人主张清偿债务，也可以向保证人主张承担保证责任，因而须在保证期间向保证人主张承担保证责任。未在保证期间对保证人主张承担保证责任的（包括直接向保证人主张，或者向法院起诉、向仲裁机构申请仲裁），保证人都不再对债权人承担保证责任。

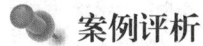 **案例评析**

张海某与邵某、陈秋某借款合同纠纷案①

案情： 邵某、陈秋某（被告）夫妇经营园林绿化生意，因资金周转，向张海某（原告）借款 30 000 元，约定：借款期限为 6 个月，月利率按 3 分计算，担保人为李某。该借据出具日期为 2015 年 12 月 1 日。借款到期后，邵某、陈秋某夫妇未还款。张海某于 2018 年 5 月 10 日提起诉讼，要求邵某、陈秋某夫妇还款，李某承担连带责任。审理法院认为，张海某与邵某、陈秋某夫妇之间已形成债权债务关系，张海某对被告邵某、陈秋某夫妇的请求合法有效，依法予以支持。但因张海某未在保证期间内对李某提起诉讼，李某保证责任免除，因而驳回张海某对李某的起诉。

评析： 保证期间是一种除斥期间，不会发生中止、中断和延长的法律后果。依据民法典第 693 条的规定，债权人未在保证期间内对一般保证人提起诉讼或申请仲裁，或未在保证期间内对连带责任保证人主张承担保证责任的，保证人不再承担保证责任。本案中，在保证期间经过后，被告李某的保证责任也随即免除，债权人无权要求被告李某承担保证责任。故法院认定保证人的保证责任免除是正确的。

▶▶ **第六百九十四条**　一般保证的债权人在保证期间届满前对债务人提起诉讼或者申请仲裁的，从保证人拒绝承担保证责任的权利消灭之日起，开始计算保证债务的诉讼时效。

连带责任保证的债权人在保证期间届满前请求保证人承担保证责任的，从债权人请求保证人承担保证责任之日起，开始计算保证债务的诉讼时效。

🏛 条文要义

本条是对保证债务诉讼时效起算的规定。

保证期间和诉讼时效是不同的期间。保证期间是保证债权人可以主张保证债权的期间。债权人在保证期间请求保证人承担保证责任，是债权人对保证债务的第一次请求权的行使。自债权人主张保证债务，保证人拒绝履行保证债务之时起，债权人产生了保证债权的二次请求权。

由于一般保证和连带责任保证的规则不同，因此，计算诉讼时效期间也有所不同。依照本条规定：

1. 一般保证的债权人在保证期间届满前对债务人提起诉讼或者申请仲裁的，如果债权人在此期间主张保证人承担保证责任，保证人主张拒绝承担保证责任的先诉

---

① 审理法院：河南省内乡县人民法院，案号：（2018）豫 1325 民初 1715 号。

抗辩权消灭之日起，保证人就须承担保证责任，从这时起，开始计算保证债务的诉讼时效。"保证人拒绝承担保证责任的权利消灭之日"应是指债权人对债务人提起了诉讼或申请仲裁并对其财产采取了强制措施仍不能实现债权之日。该规定与保证责任诉讼时效规定的内在逻辑相一致，也更合理。

2. 连带责任保证的债权人在保证期间届满前，请求保证人承担保证责任，主张保证债权的，从债权人请求保证人承担保证责任之日起，开始计算保证债务的诉讼时效。

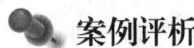 **案例评析**

邵海某诉张某等借款合同纠纷案[①]

案情： 原告邵海某向被告张某提供借款 100 万元，借款期限截止到 2014 年 9 月 15 日止。凡今兄弟公司、丁惠某、陈婷某提供连带责任保证担保，但对保证期间未作约定。2014 年 10 月 20 日，各方当事人签订《还款协议》，确认张某共计还款 100 万元，张某、凡今兄弟公司、丁惠某、陈婷某于 2014 年 10 月 30 日前全部还清。现邵海某提起诉讼，要求张某归还借款本息及费用，凡今兄弟公司、丁惠某、陈婷某承担连带清偿责任。一审法院认为，邵海某未举证其在法定的保证期间内向陈婷某主张过权利，故陈婷某的保证期间已过，邵海某要求其承担保证责任的诉求，不予支持。邵海某以陈婷某并未就其保证责任已过保证期间或诉讼时效进行抗辩等为由提起上诉。二审法院认为，陈婷某在《还款协议》上签字，表明邵海某向其主张过权利，保证债务的诉讼时效开始计算，邵海某在诉讼时效期间内提起本案诉讼，故陈婷某应当承担连带保证担保责任。邵海某的该项上诉主张成立，予以支持。

评析： 保证期间和诉讼时效是两个不同的概念。保证期间是债权人要求保证人承担保证责任的期限，而诉讼时效则是债权人主张权利的期间。根据我国民法典本条规定，无论保证人承担的是一般保证还是连带保证，债权人均需在规定或约定的保证期间向保证人提出承担保证责任的请求，继而引起诉讼时效的开始。本案中，原告在保证期间已向被告主张过权利，诉讼时效自被告在《还款协议》上签字之日起开始计算诉讼时效。原告在法律规定的诉讼时效期间对被告提起诉讼，被告依法应承担相应的保证责任。

民法典本条规定对一般保证责任的诉讼时效起算点发生了变化，最高院担保法司法解释规定是从判决或仲裁裁决生效时起开始计算一般保证的诉讼时效。但行使一般保证先诉抗辩权的条件之一是债务人财产不能执行时，也就是说在一般保证的先诉抗辩权还没有消灭时就开始计算保证合同的诉讼时效，这显然逻辑上是无法自

---

① 审理法院：一审法院为四川省成都高新技术产业开发区人民法院，案号：（2016）川 0191 民初 918 号；二审法院为四川省成都市中级人民法院，案号：（2017）川 01 民终 13887 号。

恰的。本条规定的是"从保证人拒绝承担保证责任的权利消灭之日"开始起算，结合先诉抗辩权的权利内容来看，"保证人拒绝承担保证责任的权利消灭之日"应是指债权人对债务人提起了诉讼或申请仲裁并对其财产采取了强制措施仍不能实现债权之日。相较于之前的规定，这样的规定与保证责任诉讼时效规定的内在逻辑相一致，也更合理。

> ▶▶ 第六百九十五条　债权人和债务人未经保证人书面同意，协商变更主债权债务合同内容，减轻债务的，保证人仍对变更后的债务承担保证责任；加重债务的，保证人对加重的部分不承担保证责任。
>
> 　　债权人和债务人变更主债权债务合同的履行期限，未经保证人书面同意的，保证期间不受影响。

🏛 条文要义

本条是对变更主合同对保证责任发生影响的规定。

任何合同在订立之后，都可以经过当事人协商而对合同内容和期限进行变更。主合同和保证合同是两个合同，尽管有主合同和从合同之别，但毕竟是两个独立的合同。因此，主合同变更须当事人合意，从合同即保证合同的变更亦须债权人与保证人达成合意。债权人与债务人协商变更主债权债务合同，债权人与保证人协商变更保证合同，使主、从合同的变更相一致。

本条采取的规则如下。

1. 债权人和债务人在保证期间未经保证人同意，协商变更主合同内容，减轻债务人的债务的，尽管保证合同并未变更，但是这一变更对保证人有利，可以减少保证责任范围，因而保证人须对变更后的债务承担保证责任；加重债务人的债务的，保证人对加重的部分不承担保证责任，因为保证人并未对变更后的债务承诺提供保证，不在其保证范围之内，不能要求其承担超出其承诺部分的保证责任。

2. 债权人与债务人对主合同履行期限作了变更，未经保证人书面同意的，也是由于保证合同并未变更，因而其保证期间仍然为原合同约定的期间或者法律规定的期间，保证期间不变。其含义是，在保证合同约定的保证期间，保证人仍然承担保证责任；超过保证合同约定的保证期间的，对超过保证期间的保证，保证人不承担保证责任。

与担保法司法解释第 30 条相比，该条文字表述略有调整，且删除了第 3 款的不合适内容（"债权人与债务人协议变动主合同内容，但并未实际履行的，保证人仍应当承担保证责任"）。因此，《民法典》施行后对该问题的处理没有本质变化。

📋 配套司法解释

最高人民法院关于适用《中华人民共和国民法典》有关担保制度的解释

第十六条　主合同当事人协议以新贷偿还旧贷，债权人请求旧贷的担保人承担担保责任的，人民法院不予支持；债权人请求新贷的担保人承担担保责任的，按照下列情形处理：

（一）新贷与旧贷的担保人相同的，人民法院应予支持；

（二）新贷与旧贷的担保人不同，或者旧贷无担保新贷有担保的，人民法院不予支持，但是债权人有证据证明新贷的担保人提供担保时对以新贷偿还旧贷的事实知道或者应当知道的除外。

主合同当事人协议以新贷偿还旧贷，旧贷的物的担保人在登记尚未注销的情形下同意继续为新贷提供担保，在订立新的贷款合同前又以该担保财产为其他债权人设立担保物权，其他债权人主张其担保物权顺位优先于新贷债权人的，人民法院不予支持。

第二十条　人民法院在审理第三人提供的物的担保纠纷案件时，可以适用民法典第六百九十五条第一款、第六百九十六条第一款、第六百九十七条第二款、第六百九十九条、第七百条、第七百零一条、第七百零二条等关于保证合同的规定。

🔵 案例评析

马万某与李新某、朱海某、宁夏北极碳素制品有限公司、杨某、桂尚某保证合同纠纷案[①]

案情：北极公司和朱海某（被告）向李新某（原告）借款 600 万元，双方约定借款为现金。杨某、桂尚某、马万某承担保证责任。同日，李新某将票面金额合计为 600 万元的承兑汇票向朱海某给付，朱海某、北极公司明确收到该承兑汇票，且不存在贴现费用。现因借款人未按期还款，保证人也未承担保证责任，故李新某诉至法院，请求朱海某、北极公司返还借款本息，杨某、桂尚某、马万某对上述款项承担连带清偿责任。一审法院认为，李新某以承兑汇票方式向两被告支付借款，并未加重保证人责任，故杨某、马万某关于保证责任免除的抗辩意见不能成立，不予支持。马万某以借款合同签订后进行了重大变更为由提起上诉。二审法院认为，签订《借款合同》当日，马万某对给付承兑汇票未表异议，应视为马万某是知情的，且给付承兑汇票的方式不属于对合同的重大变更，亦未加重保证人责任，故判决驳回上诉，维持原判。

评析：本案涉及未经保证人同意即对主合同内容进行变更的情形。依据民法典

---

① 审理法院：一审法院为宁夏回族自治区石嘴山市中级人民法院，案号：（2014）石民初字第 35 号；二审法院为宁夏回族自治区高级人民法院，案号：（2014）宁民终字第 169 号。

第 695 条的规定，主合同内容的变更对保证人保证责任的影响，关键看这种变更是否属于对合同的重大变更，有没有加重保证人的责任。对于加重债务的，保证人对加重的部分不承担保证责任。这是因为保证合同是从合同，具有从属于主债务的性质，保证责任的范围不得超出主债务的范围。只要主合同的变更不加重保证人的保证责任，保证责任就不应受到主合同变更的影响，而不论主合同变更是否征得保证人的同意。本案中，虽然借款合同约定借款为现金，李新某给付的是承兑汇票，但给付承兑汇票的方式不属于对合同的重大变更，亦未加重保证人的责任，故保证人马万某仍然要对主债务承担保证责任。

> ▶▶ **第六百九十六条**　债权人转让全部或者部分债权，未通知保证人的，该转让对保证人不发生效力。
>
> 保证人与债权人约定禁止债权转让，债权人未经保证人书面同意转让债权的，保证人对受让人不再承担保证责任。

🏛 条文要义

本条是对债权人转让主债权对保证责任效力的规定。

《担保法》第 22 条规定："保证期间，债权人依法将主债权转让给第三人的，保证人在原保证担保的范围内继续承担保证责任。保证合同另有约定的，按照约定。"这样的规定，是将主债权和保证债权一体化了，不符合债权转让基本规则的要求。与《担保法》第 22 条规定相比，本条规定了下列新规则。

第一，债权人在保证期间内转让全部债权或者部分债权，实际上是在转让两个债权：一是主合同的债权，二是保证合同的债权。债权人转让这两个债权，都应当符合债权转让的规则，即通知债务人后才发生转让的效力，否则转让债权不发生债权转让的后果。因此，债权人在保证期间内将主债权的全部或者部分债权转让给第三人，不仅要通知债务人，而且要通知保证人。在通知了保证人后，就将保证合同的保证债权也一并予以转移，转让债权的通知到达保证人后，保证人即成为受让人即新债权人的保证人，对受让人即新债权人承担保证责任。债权人转让主债权未通知保证人的，保证合同的保证债权就不发生转让的后果，因此，该转让主债权的行为对保证人不发生效力，保证人对受让人不承担保证责任，因为原债权人的债权已经消灭或者部分消灭，保证债权亦随之消灭或者部分消灭。

第二，如果保证人与债权人在保证合同中约定禁止债权转让，债权人在保证期间内未经保证人同意而转让债权的，因债权人违反保证合同的约定，保证债权没有转让，保证人就受让人即新债权人的债权不再承担保证责任。

📖 配套司法解释

最高人民法院关于适用《中华人民共和国民法典》有关担保制度的解释

第二十条 人民法院在审理第三人提供的物的担保纠纷案件时,可以适用民法典第六百九十五条第一款、第六百九十六条第一款、第六百九十七条第二款、第六百九十九条、第七百条、第七百零一条、第七百零二条等关于保证合同的规定。

📖 案例评析

徐某与丁某、王某、苏州投资有限公司债权转让合同纠纷案[①]

案情: 金泛鑫公司向案外人鑫庄小贷公司借款,丁某、苏州投资公司提供担保。后徐某(原告)从鑫庄小贷公司受让该债权。2015 年 9 月,金泛鑫公司注销并由其股东丁某、王某分得公司剩余净资产。2016 年 2 月 1 日,鑫庄小贷公司通过快递的形式向丁某、王某、苏州投资公司寄送《债权转让通知书》,送达结果均为退信。2016 年 2 月 19 日,鑫庄小贷在报纸上刊登了债权转让公告。现徐某起诉至法院,要求丁某、王某归还借款本息和律师费,苏州投资公司承担连带保证责任。审理法院认为:签订《债权转让协议书》时,鑫庄小贷公司应当通知但未予通知,直至金泛鑫公司注销,导致寄送的《债权转让通知书》均被退回,未达到通知的目的。鑫庄小贷公司采取的在报纸刊登债权转让公告的方式并非法定的通知形式,不产生通知的法律效果,故案涉债权转让对丁某、王某以及苏州投资公司不发生效力,驳回原告的诉讼请求。

评析: 依据民法典第 696 条的规定,债权人转让权利的,应当通知保证人,未经通知,该转让对保证人不发生效力。但法律法规对债权转让通知的具体方式没有规定。司法实践中,最高人民法院的公报案例认为,债权人以登报的形式通知债务人的,债权转让对债务人发生法律效力。在实务中,金融机构、资产管理公司等对外批量转让债权时也均是通过报纸公告的形式进行通知。同时,最高人民法院相关案例答复:债权转让通知义务的规定,起诉即为通知,债务人应诉即为通知。综合最高人民法院多份生效判决,我们认为,只要债权人实施了有效的通知行为,债权转让就应对保证人发生法律效力。因此,本案审理法院对报纸刊登债转公告的形式不予认可,明显与最高人民法院的裁判规则是不符的。

当然,为确保新债权人的权利不受损失,建议新债权人在签订债转协议后应及时向债务人、保证人等发出债转通知,在报纸公告的同时进行邮寄或上门张贴。

此外,虽然本条规定了债权转让时主债权人的通知义务,未通知保证人的,并不是免除了保证人的保证责任,而是保证人根据保证合同的约定仅向原债权人承担

---

① 审理法院:江苏省苏州市虎丘区人民法院,案号:(2016) 苏 0505 民初 553 号。

保证责任。

> ▶▶ **第六百九十七条**　债权人未经保证人书面同意，允许债务人转移全部或者部分债务，保证人对未经其同意转移的债务不再承担保证责任，但是债权人和保证人另有约定的除外。
>
> 　　第三人加入债务的，保证人的保证责任不受影响。

🏛 条文要义

本条是对主合同债务人转让债务对保证责任效力的规定。

主合同的债务人转让债务，转让的是对主合同债权人的债务，须债权人同意方可。就一般的规则而言，主合同的债务人转让债务，并不是转让保证合同的债务，对保证人的利益似乎并不发生影响，因为保证人的债权人是主合同的债权人，保证合同并未发生变化。但是，保证人成为债权人的保证债务人，一般都是由于与债务人有相当的利益关系，才肯为其向债权人提供保证，债务人一旦发生变化，就会改变保证人与债务人的关系，对保证人会发生不利益的后果。所以，主合同的债务人转让债务，也应当经过保证人的同意，即债权人应当征得保证人的书面同意。

本条第 1 款规定的规则是，债权人未经保证人书面同意，允许债务人转移全部或者部分债务，保证人对未经其同意转移的债务不再承担保证责任，但是债权人和保证人另有约定的除外。例如，在保证合同中债权人和保证人约定同意债务人转让债务，或者债务人转让债务保证人也承担保证责任的，应当依照约定。这是《担保法》第 23 条规定的基本规则，本条只是增加了"但是保证合同另有约定的除外"的规定。这样的增加，也是正确的。

本条第 2 款是新增加的规定。第三人加入债务的，是指第三人加入主债务人的债务，作为债权人的共同债务人，尽管是债务人的情况有所变化，但只是增加了新的债务人，原债务人并未脱离主合同债务人的地位，因而对保证人的利益并不发生影响。因此，第三人加入债务，保证人对债权人的保证责任不受影响，应当继续承担保证责任。这一新增加的第三人加入债务不影响保证人对债权人的保证责任的规定，是不同于《担保法》第 23 条规定的。这一规定也与民法典第 552 条规定债务加入的规则相衔接，规定了第三人加入债务时对保证合同的后果。

📑 配套司法解释

最高人民法院关于适用《中华人民共和国民法典》有关担保制度的解释

第二十条　人民法院在审理第三人提供的物的担保纠纷案件时，可以适用民法典第六百九十五条第一款、第六百九十六条第一款、第六百九十七条第二款、第六百九十九条、第七百条、第七百零一条、第七百零二条等关于保证合同的规定。

案例评析

张英某与任建某、张某、胡淑某、赵清某民间借贷纠纷案[①]

案情： 被告张某、胡淑某向原告张英某借款 2 万元，承诺于 2007 年 7 月 15 日还款。任建某、赵清某作为担保人在借款协议上签字。后在张某、赵清某未在场的情况下，张英某与任建某、胡淑某经过协商，承诺由任建某于 2013 年 12 月 31 日前还清借款 2 万元，胡淑某不再承担还款责任。现张英某诉请法院要求任建某、张某、胡淑某共同偿还借款本息；赵清某对上述借款本息承担连带清偿责任。审理法院认为，后来达成的还款计划应视为对该笔借款的重新约定，约定中明确该笔借款与胡淑某无关系，该约定系双方当事人的真实意思表示，内容合法有效，故对张英某要求胡淑某偿还借款的诉讼请求不予支持。张英某无证据证实其转让债务时取得赵清某的书面同意，故对张英某要求赵清某承担保证责任的诉讼请求不予支持。

评析： 第三人提供担保一般是基于其与债务人之间的特殊信任关系或者对债务人的资产、信誉有所了解。一旦未经担保人同意，债务人擅自转移债务，将给担保人带来较大风险，但债权人与保证人就债务转移后保证责任的承担另行有约定的从其约定。本案中，原告与被告任建某、胡淑某重新达成还款计划对他们之间的该笔借款进行了重新约定，但无证据证实其转让债务时取得被告赵清某的书面同意。据此，一审法院依据《担保法》第 23 条的"保证期间，债权人许可债务人转让债务的，应当取得保证人书面同意，保证人对未经其同意转让的债务，不再承担保证责任"的规定，对原告要求被告赵清某承担保证责任的诉讼请求不予支持是正确的。但司法实践中应当注意以下几点：（1）该规定只适用于第三人提供担保的情况。（2）债权人允许债务人转移债务必须要经担保人的书面同意，适用民法典第 469 条对书面形式的规定。（3）债务转移可以是全部债务转移给他人，也可以是部分债务转移给他人。（4）未经担保人书面同意，债权人许可债务人全部转移债务的，担保人的全部担保责任免除。债权人许可债务人转移部分债务的，则担保人的该部分担保责任免除。

此外，民法典本条在《担保法》第 23 条的基础上，增加了"第三人加入债务不影响保证人对债权人的保证责任"新规则。第三人加入债务，保证人对债权人的保证责任不受影响，应当继续承担保证责任。

---

① 审理法院：宁夏回族自治区中宁县人民法院，案号：（2014）中宁民初字第 477 号。

▶▶ **第六百九十八条** 一般保证的保证人在主债务履行期限届满后，向债权人提供债务人可供执行财产的真实情况，债权人放弃或者怠于行使权利致使该财产不能被执行的，保证人在其提供可供执行财产的价值范围内不再承担保证责任。

🏛 条文要义

本条是对一般保证的债权人放弃或怠于行使权利保证人不再承担保证责任的规定。

在一般保证中，保证人享有先诉抗辩权，债务人在未穷尽其财产履行债务之前，债权人不得向一般保证人主张保证债权。正因为如此，一般保证的保证人在主债务履行期限届满后，可以向债权人提供债务人可供执行财产的真实情况，使债权人及时行使自己的债权，向债务人主张债权。在这样的情况下，债权人如果放弃或者怠于行使自己的债权，致使债务人的该财产不能被执行的，债权人如果向一般保证人主张保证债权，让保证人承担保证债务，保证人可以拒绝债权人的请求，但是应在其提供可供执行财产的价值范围内免除保证责任。

一般保证的债权人放弃或怠于行使权利，保证人不再承担保证责任的规定，是一项新的规则，担保法没有规定。增加这一新规则的理由是：一般保证的保证人承担的保证责任是补充清偿责任，即在主债务人尽其财产所能仍未履行清偿义务时，保证人才承担清偿责任。只要债务人还有可供执行的财产以及执行能力，保证人就不承担这种补充责任。当主债务履行期限届满后，保证人向债权人提供债务人可供执行的财产的真实情况，债权人如果能够及时主张债权，其债权就会在提供财产的范围内得到清偿。正因为债权人得知这一可供执行财产的信息后，放弃或者怠于行使债权，致使该财产不能被执行，其责任完全在于债权人，是其放弃或者怠于行使权利而使自己的债权不能实现，应当自己承担就该可供执行的财产清偿不能的后果。因此，保证人在其提供可供执行财产的价值范围内，不再承担保证责任。至于超出提供的可供执行财产部分的债务，保证人仍然要承担保证责任。

📌 案例评析

张某与马某保证合同纠纷案[①]

案情： 张某为案外人陈某向马某（原告）借款进行担保，后陈某未按约还款，马某提起诉讼，法院判决陈某偿还马某借款本息；如陈某经依法强制执行后，仍未全面清偿前述债务，由张某对不能清偿的部分承担保证责任。该份判决书确认张某提供的陈某在海南与他人合作建房一栋的事实，且三方签订的协议书显示陈某名下

---

① 审理法院：湖南省长沙市芙蓉区人民法院，案号：（2019）湘 0102 民初 11131 号。

有汽车一辆。后法院以陈某去世且名下无可供执行的财产为由要求张某承担担保责任。故张某以马某放弃、怠于行使权利，导致债务人名下的财产不能被执行，应免除张某的全部保证责任为由提起诉讼。审理法院认为，马某在起诉后立即申请财产保全；判决生效后，及时向人民法院申请了强制执行。但在执行过程中，因种种原因张某名下确无可供执行的财产。因此，马某未放弃权利也未怠于行使权利，故张某要求免除保证责任，证据不足，驳回其诉讼请求。

评析：一般保证责任的保证人享有先诉抗辩权，在就债务人财产依法强制执行仍不能履行债务前，一般保证责任的保证人有权拒绝承担保证责任。根据"谁主张谁举证"的法律原则，保证人有义务就债权人存在放弃或怠于行使权利提供相关证据加以证明，否则会承担举证不能的法律后果。本案中，张某虽然以此为由要求免除保证责任，但却没有证据加以证明，故其诉请不应支持。

民法典第687条规定了一般保证责任的保证人享有先诉抗辩权。同时民法典第698条规定在债务人有财产但因债权人怠于或放弃行使权利而使该财产不能被执行的，一般保证责任的保证人可要求免责。但应注意的是，该条款仅适用一般保证的保证人，不适用于连带保证保证人。

> ▶▶ **第六百九十九条**　同一债务有两个以上保证人的，保证人应当按照保证合同约定的保证份额，承担保证责任；没有约定保证份额的，债权人可以请求任何一个保证人在其保证范围内承担保证责任。

🏛 条文要义

本条是对共同保证的规定。

按份保证，是数个共同保证人与债权人约定保证的各自份额，按照约定的保证份额承担保证责任的共同保证。在按份保证中保证人不承担连带责任。不过，按份保证必须由保证人与债权人特别约定，如无特别约定，则数个保证人应负共同保证责任，共同对债权人负连带责任。

连带保证是数个共同保证人与债权人没有约定保证份额或者约定不明确，共同作为债务人的保证人，并对全部债务负连带责任的共同保证。在连带保证中，债权人可以要求任何一个保证人承担全部保证责任，保证人都负有担保全部债权实现的义务。连带保证的特点在于他们彼此之间是连带关系，都要向债权人负连带责任。

与《担保法》第12条规定相比，本条作了较大的修改。

1. 共同保证人应当按照保证合同约定的保证份额承担保证责任。在共同保证中，通常都有保证人之一在何种范围内承担保证责任。对此，依照合同的约定承担保证责任，是最好的选择。

2. 共同保证人没有确定保证份额的，承担自己承诺的保证范围的保证责任。此时债权人可以要求任何一个保证人在其保证的范围内承担保证责任，是适当的。

上述这两项新规则，第 1 项规则与《担保法》第 12 条前段规定的规则相比，没有变化。第 2 项规则与该条后段的规定是不同的，因为该条后段规定的基础性规则，是推定没有约定的保证合同推定为连带责任保证，因而是按照连带保证责任的规则设计的。在这个规则已经被民法典修改后，这样的推定就不存在了。而在事实上，同一个债务有两个以上的保证人的，并非两个以上的主体共同商量好为债权人提供担保，而是各自向债权人承诺承担保证责任，也不会协商究竟是按份责任的担保还是连带责任的担保。因此，按照保证人在其保证范围内承担保证责任，是正确的规则。

📃 配套司法解释

最高人民法院关于适用《中华人民共和国民法典》有关担保制度的解释

第二十条 人民法院在审理第三人提供的物的担保纠纷案件时，可以适用民法典第六百九十五条第一款、第六百九十六条第一款、第六百九十七条第二款、第六百九十九条、第七百条、第七百零一条、第七百零二条等关于保证合同的规定。

📌 案例评析

兰次某与珙县富有煤炭生产有限责任公司、珙县复兴煤炭生产有限责任公司保证合同纠纷案[①]

案情：2014 年 5 月 13 日，被告富有公司、复兴公司向原告兰次某出具《还款计划》，载明：原李宗某欠兰次某设备款 128647 元由富有公司和复兴公司承担担保偿还责任。现兰次某以富有公司和复兴公司未支付欠款为由诉至法院。审理法院认为，富有公司和复兴公司在《还款计划》上载明其对欠款进行担保并盖章予以确认，符合我国担保法中关于保证担保的构成要件，应认定富有公司和复兴公司为此欠款提供了担保，应承担保证责任。《还款计划》中未约定保证份额，故保证人都负有担保全部债权实现的义务，因而判决富有公司和复兴公司共同对本案判决确定的金额相互承担连带责任。

评析：就未约定保证份额的保证责任承担而言，《民法典》出台之前，旧法在保证人之间保证份额没有约定时，推定保证人之间为连带债务人。故本案判决富有公司和复兴公司共同对本案判决确定的金额相互承担连带责任是正确的。

民法典第 518 条规定："连带债权或者连带债务，由法律规定或者当事人约定"，这就使得在法律无明确规定的情形下，保证人之间当然不能推定为连带债务，为此，

---

① 审理法院：四川省珙县人民法院，案号：（2019）川 1526 民初 333 号。

本条改变了旧规，修订为"各保证人在其保证范围内承担保证责任"，并没有推定保证人之间当然为连带债务。

> ▶▶ 第七百条　保证人承担保证责任后，除当事人另有约定外，有权在其承担保证责任的范围内向债务人追偿，享有债权人对债务人的权利，但是不得损害债权人的利益。

🏛 条文要义

本条是对保证人承担保证责任后享有追偿权的规定。

保证人承担保证责任后，对债务人产生追偿权。该追偿权是请求权，追偿权人即保证人成为债务人的新债权人，债务人对保证人负有债务。

保证人对债务人即被保证人行使追偿权的条件（追偿权产生的条件）是：第一，保证人向债权人履行了保证债务；第二，因保证人的履行而使债务人对债权人免责；第三，保证人履行保证债务无过错。

保证人基于承担了保证责任后享有对债务人的追偿权，究竟是依据何种理由取得，学说见解不一。一种主张认为求偿关系基于让与请求权，让与请求权指履行了债务的债务人可以请求债权人让与其对终局债务人的请求权。另一种主张认为求偿关系基于清偿代位，清偿代位则指法律直接规定履行了债务的债务人当然地取得债权人对终局债务人的请求权，不需经当事人的意思表示。在实践中，有的采用赔偿代位说理论，有的采用请求权让与说理论。根据本条关于"享有债权人对债务人的权利"的规定，确定采用的是请求权让与立场，以充分保护债权人的债权实现。

与《担保法》第31条规定相比，本条规则更加细致、具体：第一，保证人有权在其承担保证责任的范围内向债务人追偿。保证人依据其承担保证责任而使债权人的债权让与自己，因而成为债务人的债权人。不过，就具体范围而言，应当依照自己承担的保证责任范围确定，承担多少保证责任，就取得多少债权。第二，保证人享有债权人对债务人的权利。保证人不仅取得了债权，该债权是债权人对债权的让与，而且取得了债权人的地位，也为第702条规定的适用打下基础。第三，尽管保证人受让债权人对债务人的债权，而成为债务人的债权人，但是在行使债权时，自己仍是保证人的身份，因而应当保护好债权人的权益。

📖 配套司法解释

最高人民法院关于适用《中华人民共和国民法典》有关担保制度的解释

第二十条　人民法院在审理第三人提供的物的担保纠纷案件时，可以适用民法典第六百九十五条第一款、第六百九十六条第一款、第六百九十七条第二款、第六百九十九条、第七百条、第七百零一条、第七百零二条等关于保证合同的规定。

案例评析

郑敏某与龚辉某、李梅某、浙江华水管道科技有限公司等追偿权纠纷案[①]

案情： 龚辉某向杨帆某借款 300 万元，郑敏某与华水管道公司提供担保。因龚辉某、李梅某未还款，杨帆某提起诉讼。法院判令龚辉某和李梅某共同归还借款本金 1 719 623.5 元，违约金 276 142.87 元及实现债权的费用等；郑敏某及华水管道公司对上述款项共同承担连带清偿责任。执行过程中，浙江永欣工贸有限公司提供执行担保，郑敏某支付执行款 519 596.1 元。现郑敏某诉请龚辉某和李梅某支付代偿款 519 596.1 元及利息损失；华水管道公司和浙江永欣工贸有限公司各自对上述款项承担 1/3 的清偿责任。审理法院认为，郑敏某代龚辉某、李梅某支付代偿款事实清楚。保证人承担保证责任后享有追偿权，故郑敏某要求被告龚辉某、李梅某偿还代偿款的诉讼请求，予以支持。郑敏某承担的保证责任，不足涉案的 1/3 款项，故其主张其他保证人承担清偿责任缺乏依据，不予支持。

评析： 本案系保证人的追偿权纠纷，根据担保法以及司法解释的规定，保证人在履行代偿责任后，有权向主债权人追偿，亦有权要求承担连带赔偿责任的其他保证人清偿其应当承担的份额。连带责任保证人未约定担保份额的，应为平均分担。本案中，郑敏某作为连带责任保证人之一，其分担的担保份额应为 1/3，现其代偿尚不足 1/3，故其要求其他保证人清偿代偿款的诉求依法不应支持。

需要注意的是：虽然本条以及民法典第 519 条规定保证人承担保证责任后可以向其他连带保证人进行追偿。但民法典第 518 条同时规定：连带债权或者连带债务，由法律规定或者当事人约定。也就是说《民法典》实施后，在法律无明确规定的情形下，保证人之间当然不能推定为连带债务，保证人之间因不存在连带债务而不存在相互追偿权。同样《九民会纪要》关于混合担保的规则持类似的观点："担保法司法解释第 38 条明确规定，承担了担保责任的担保人可以要求其他担保人清偿其应当分担的份额。但《物权法》第 176 条并未作出类似规定，根据《物权法》第 178 条关于'担保法与本法的规定不一致的，适用本法'的规定，承担了担保责任的担保人向其他担保人追偿的，人民法院不予支持，但担保人在担保合同中约定可以相互追偿的除外。"至于本条规定保证人承担保证责任后"享有债权人的权利"，这一权利通过最高人民法院 2020 年 3 月作出的（2020）最高法民申 343 号民事判决可以明确是保证人的追偿权而不是代位权，不能代位行使原债权人的权利。因此，本条中保证人"享有债权人的权利"当然仅限于向债务人，不包括向其他保证人行使，否

---

① 审理法院：浙江省金华市婺城区人民法院，案号：（2017）浙 0702 民初 7545 号。

则即具有了保证人之间相互追偿的功效。

▶▶ **第七百零一条**　保证人可以主张债务人对债权人的抗辩。债务人放弃抗辩的，保证人仍有权向债权人主张抗辩。

🏛 条文要义

本条是对保证人享有债务人对债权人抗辩的规定。

保证合同是主合同的从合同，地位上具有从属性，且是为了债务人的利益对债权人提供担保。因此，不论是一般保证还是连带责任保证，债务人对于债权人所有的抗辩，都从属于保证人，保证人均可对债权人提出主张。即使债务人对债权人已经放弃抗辩的，保证人仍然有权就此向债权人主张抗辩，并且发生抗辩的效果。

《担保法》第20条规定：一般保证和连带责任保证的保证人享有债务人的抗辩权。债务人放弃对债务的抗辩权的，保证人仍有权抗辩。抗辩权是指债权人行使债权时，债务人根据法定事由，对抗债权人行使请求权的权利。保证人的抗辩权则指债权人行使债权时，保证人根据法定事由，对抗债权人行使请求权的权利。该权利是保证制度中的重要内容，它是法律赋予保证人用于保护其合法权益的一项权利。保证人的抗辩权包括专属于保证人自己的抗辩权和保证人享有的属于债务人的抗辩权。专属于保证人的抗辩权主要有一般保证保证人的先诉抗辩权等，本条规定的是保证人享有的属于债务人的抗辩权。

与《担保法》第20条相比，本条款跨越"抗辩权"到"抗辩"。抗辩权不同于抗辩，抗辩比抗辩权的含义更广，去掉"权"字，赋予了保证人援引债务人抵销权和撤销权的可能性。

📋 配套司法解释

最高人民法院关于适用《中华人民共和国民法典》有关担保制度的解释

第二十条　人民法院在审理第三人提供的物的担保纠纷案件时，可以适用民法典第六百九十五条第一款、第六百九十六条第一款、第六百九十七条第二款、第六百九十九条、第七百条、第七百零一条、第七百零二条等关于保证合同的规定。

📎 案例评析

何大某、顾某文民间借贷纠纷案①

案情： 2016年8月19日，被告马某峰向原告何大某出具了借条。主要内容为：

---

① 审理法院：辽宁省营口市中级人民法院，案号：（2020）辽08民终3126号。

今向何大某借 265 000 元。借款人马某峰，担保人顾某文。还款日 2017 年 1 月 11 日。被告马某峰、顾某文分别在借款人、担保人处签字并加按手印。2017 年 11 月 15 日，顾某文与何大某签订车辆买卖协议，顾某文自愿将一台路虎极光车以 26 万元卖给何大某。同日，顾某文为何大某出具了收车款 26 万元收条一份。何大某以其与顾某文签订的该协议名为买卖实为担保为由，诉请法院判令二被告共同偿还原告借款 265 000 元及利息。庭审中，马某峰未出庭。针对本案顾某文是否应承担保证责任的争议焦点，法院经审理认为顾某文与何大某签订车辆买卖协议的时间已经超过六个月的保证期间。期间并无催款通知书，虽然双方签订了车辆买卖协议但并未签订保证合同，不属于担保法规定的保证人保证，双方未重新形成保证合同关系，且在未转移车辆所有权亦未交付车辆的情况下，无法构成有效的让与担保，故驳回何大某对顾某文的诉请。

评析： 保证人在承担保证责任时享有债务人所享有的抗辩权。这种权利不受债务人的影响，就是说不管债务人是否放弃了行使其抗辩权，保证人都可以行使此权利。本案中，尽管借款人马某峰缺席了庭审，但顾某文作为保证人仍可以自己的名义独立行使这种抗辩权。需要注意的是：此类案件中，如保证人在承担保证责任时怠于行使债务人对债权人的抗辩，而作出大于债务人应承担债务范围的清偿，对扩大部分，保证人丧失追偿权，债务人有权在被追偿时对保证人提出抗辩。

> ▶▶ **第七百零二条** 债务人对债权人享有抵销权或者撤销权的，保证人可以在相应范围内拒绝承担保证责任。

🏛 条文要义

本条是对保证人享有债务人抵销权或者撤销权的规定。

《担保法》对此没有规定，这是规定的新规则。保证合同是主合同的从合同，保证人是为债务人的利益向债权人提供保证的，与主合同的债务人具有一体性，因此，债务人对债权人享有抵销权或者撤销权的，保证人享有相应的利益。同时，保证人是为债务人提供担保，保证债务人履行债务，如果债务人享有对债权人的相应的权利，行使这些权利之后，会减轻其对债权人负担的债务，当然就会减轻保证人的保证责任。基于以上原因，当债权人向保证人主张保证债权时，保证人可以在债务人享有的抵销权和撤销权相应的范围内，拒绝承担保证责任，减轻自己的保证责任。例如，债务人对债权人享有债权，对自己承担的对债权人的债务符合抵销的规定，享有抵销权，就该可以抵销范围内的债务，保证人可以拒绝承担保证责任。又如，债务人对债权人负有债务的债权债务关系，具有使债务人产生撤销权的法定事由，例如欺诈、胁迫、显失公平等，可以行使撤销权撤销该民事法律行为，保证人可以就该撤销的债权不承担保证责任。

与《担保法》相比，该条款是新增加的内容，在之前的法律和司法解释中都没有规定。保证人可以用债务人拥有的对债权人的抗辩权来抗辩，使保证人有更多的武器来保护自己。

配套司法解释

最高人民法院关于适用《中华人民共和国民法典》有关担保制度的解释

第二十条　人民法院在审理第三人提供的物的担保纠纷案件时，可以适用民法典第六百九十五条第一款、第六百九十六条第一款、第六百九十七条第二款、第六百九十九条、第七百条、第七百零一条、第七百零二条等关于保证合同的规定。

案例评析

李云某与张后某和吴子某、第三人陈某和谢芙某保证合同纠纷案①

案情：第三人系夫妻关系，双方在外欠下巨额债务。因部分债务到期，陈某让谢芙某以其在湖南投标公路工程需要保证金为由，向李云某（原告）借款 150 万元，张后某和吴子某夫妻对该借款进行担保。2015 年 1 月 8 日，李云某以谢芙某涉嫌诈骗为由报案。2016 年 3 月 18 日，陈某、谢芙某以合同诈骗罪被判处有期徒刑并处罚金各 5 万元，并对陈某、谢芙某的非法所得人民币 142 万元继续予以追缴。现李云某诉至法院，要求张后某、吴子某对谢芙某借款 150 万元及利息承担连带清偿责任。审理法院认为，第三人谢芙某和陈某与李云某签订的借款合同，以及与张后某和吴子某于当日签订的保证合同均为无效合同。酌定张后某、吴子某在相应的过错范围内，承担 142 万元不能追缴部分的 1/5 赔偿责任。李云某其他超出部分的诉讼请求，缺乏事实和法律依据，不予支持。

评析：保证人基于债权请求权可以代位主张债务人对债权人的抗辩，同理，保证人一样可以代位向债权人主张债务人对债权人的形成权，即抵销或撤销。本案中，担保人系受谢芙某欺诈，该担保合同可归属因重大误解订立，担保人亦可行使撤销权，致担保合同被撤销。合同撤销后，各方应按过错程度承担相应的法律责任。张后某和吴子某虽然是在谢芙某的欺骗下签订保证合同，但结合其商业经验判断，在为债务人提供担保，特别是涉及金额较大时，应当具有一定的风险防范意识，进行相应的风险评估，并做好风险防范工作，其在缔约过程中有一定的过错，也需要承担相应的民事责任。

---

① 审理法院：安徽省安庆市迎江区人民法院，案号：（2016）皖 0802 民初 1067 号。

第十四章　租赁合同

▶▶ **第七百零三条**　租赁合同是出租人将租赁物交付承租人使用、收益，承租人支付租金的合同。

🏛 条文要义

本条是对租赁合同概念的规定。

租赁合同是指出租人将租赁物交付承租人使用、收益，承租人支付租金的合同。在出租合同关系中，出租人是负有将租赁物交付对方使用、收益的当事人，承租人是凭租赁合同可以取得租赁物的使用、收益并向承租人交付租金的当事人。租赁合同的标的物即租赁物，是指出租人于合同生效后应交付承租人使用、收益的物。租赁物既可以为动产，也可以为不动产。

租赁合同的特征如下：第一，租赁合同是转移财产使用权的合同。在租赁的有效期内，承租人可以对租赁物占有、使用、收益，但不能任意处分。当租赁合同期满，承租人要将租赁物返还出租人。因此，租赁合同只是将租赁物的使用权转让给承租人，而租赁物的所有权或处分权仍属于出租人。租赁合同的这一特征使之区别于买卖合同和赠与合同，这两类合同都是以转移财产的所有权为基本特征。第二，承租人取得租赁物的使用权是以支付租金为代价。承租人使用租赁物是为了满足自己的生产或生活需要，出租人出租租赁物是为了使租赁物的价值得以实现，取得一定的收益。承租人要取得使用权不是无偿的，是要向出租人支付租金的。支付租金是租赁合同的本质特征，这一特征使之区别于借用合同。第三，租赁合同是双务有偿的合同。在租赁合同中，出租人和承租人均享有权利和履行义务，出租人须将租赁物交付承租人，并保证租赁物符合约定的使用状态。承租人负有妥善保管租赁物并按约定按期向出租人支付租金。任何一方当事人在享有权利的同时都是以履行一定义务为代价的。因此，租赁合同是双务有偿的合同。第四，租赁合同具有临时性。租赁合同是出租人将其财产的使用收益在一定期限内转让给承租人，由于不是所有权的转移，因而承租人不可能对租赁物永久使用。各国法律一般都对租赁期限的最长时间有所限制。根据民法典的相关规定，在我国租赁合同期限最长不能超过20年。

案例评析

成都某管理有限公司与欧某房屋租赁合同纠纷案①

案情： 被告成都公司欲租赁房屋用于开办电影院，与出租人欧某、何某（原告）签订《房屋租赁合同》一份，对于租赁房屋交付、使用、收益、租金支付及违约责任等做了明确的约定，合同签订后成都公司支付了定金 5 万元；后双方又对租金和装修时间签订了《补充协议》一份。合同及补充协议签订后，在房屋具备交付和使用条件的情况下，成都公司因自身商业风险问题不想履行合同，出租人遂起诉至法院；成都公司反诉要求返还定金。一审法院认为，双方签订的《房屋租赁合同》及《补充协议》依法成立、合法有效；成都公司依法承担违约责任。成都公司上诉认为出租房屋不具备交付条件，其行为也不是严重违约。二审法院认为，成都公司系基于对商业价值的考量要求终止合同，一审法院认定其违约并无不当，维持原判。

评析： 民法典第 703 条延续了《合同法》第 212 条，对租赁合同的概念作出了规定。根据民法典第 703 条关于租赁合同的规定，成都公司因商业决策想要开办电影院，而欧某、何某恰有适合其承租的房屋，双方就租赁房屋达成合意，签订《房屋租赁合同》和《补充协议》，对于租赁房屋交付、使用、收益、租金支付及违约责任等做了明确的约定，该租赁关系依法成立且合法有效。本案争议焦点是出租房屋未完成交付是谁的责任。根据民法典第 509 条的规定，欧某、何某完成了合同约定和法定的交付义务，成都公司基于对商业价值的考量不想履行合同且要求终止合同，已经构成违约，应当按照民法典第 577 条、第 588 条的规定承担违约责任，最终二审法院维持了一审判决。

▶▶ **第七百零四条**　租赁合同的内容一般包括租赁物的名称、数量、用途、租赁期限、租金及其支付期限和方式、租赁物维修等条款。

🏛 条文要义

本条是对租赁合同主要内容的规定。

租赁合同的主要内容是：

1. 租赁物的名称：约定租赁物的具体名称，可以是种类物，也可以是特定物。

2. 租赁物的数量：明确交付租赁物和返还租赁物的具体数量。

3. 租赁物的用途：例如，制造加工精密仪器的机床不能用于制造加工一般的器

---

① 审理法院：一审法院为四川省南充市顺庆区人民法院，案号：（2019）川 1302 民初 3149 号；二审法院为四川省南充市中级人民法院，案号：（2019）川 13 终 4082 号。

件等。

4. 租赁期限：明确约定租赁期限的起始和终止的时间。

5. 租金及其支付期限和方式：租赁合同的主要条款，明确约定具体数额，支付的期限起止时间，支付的方式是人民币还是外币等。

6. 租赁物维修：明确约定由出租人维修，或者承租人维修，以及维修方法和费用负担。

7. 其他条款：如违约条款、解决争议的条款和解除权条款等。

案例评析

世佳电子（上海）有限公司与上海康丘乐电子电器科技有限公司
房屋租赁合同纠纷案[①]

案情： 出租人世佳电子（上海）有限公司（原告）与承租人康丘乐公司（被告）签订《房屋租赁合同》一份，约定双方各自的权利义务，但在合同履行过程中，双方对于合同中约定的"前三年年租金不变，第四年起租金按本工业区厂房租价增减变动系数作为调整价格的参考，每三年调整一次"具体标准是什么发生争议，最终诉至法院。一审法院认为，该条属于双方约定不明，并依法启动鉴定程序，确定具体租金数额后，依法判决；因康丘乐公司在二审过程中，支付了 1 万元租金，二审判决将一审判决第二项康丘乐公司需要支付的租金数额由 58 638.04 元变更为 48 638.04 元，其他予以维持。

评析： 民法典第 704 条延续了《合同法》第 213 条，对租赁合同的主要内容作出了规定。民法典第 704 条是关于租赁合同应具备哪些内容的明确规定，是对租赁关系双方当事人签订租赁合同的指引，如果租赁合同中对于租赁合同内容某一或者某些项没有约定或者约定不明，则在合同履行过程中极易产生争议和纠纷，可能最终演化为双方的诉讼，本案的发生也是因双方当初在合同中对于"每三年调整一次"的具体标准没有明确约定导致的。而法院根据民法典第 510 条和第 511 条在关于合同约定不明、无法确定具体数额的情况下，通常会启动鉴定程序来确定具体数额。

▶▶ **第七百零五条** 租赁期限不得超过二十年。超过二十年的，超过部分无效。

租赁期限届满，当事人可以续订租赁合同；但是，约定的租赁期限自续订之日起不得超过二十年。

---

① 审理法院：一审法院为上海市闵行区人民法院，案号：（2015）闵民五（民）初字第 2305 号；二审法院为上海市第一中级人民法院，案号：（2016）沪 01 民终 7821 号。

🏛 条文要义

本条是对最长租赁期限限制的规定。

租赁期限，是出租人与承租人约定的对租赁物的使用期限。对租赁期限的一般规则是自由约定，但是有最长期限的限制。设定租赁合同的最长限制，是为了适应客观情况的不断变化，特别是不动产，其价格会因经济形势的变化而发生较大的变化，对一方当事人产生经济上的不利益，需要均衡当事人之间的利益关系。

我国的租赁期限最长限制为 20 年，超过 20 年的，超过部分的约定无效，要缩短为 20 年。对租赁合同最长限制的限制，并不妨碍当事人在租赁期限届满后，继续续订租赁合同。续订租赁合同就会给双方当事人对租赁利益关系提供一个缓冲期，重新考虑双方之间的权利义务关系。所以，在租赁期限届满后，当事人可以续订租赁合同，但是约定的租赁期限也受最长期限的限制，自续订之日起也不得超过 20 年，这就是租赁合同的约定更新。当然，租赁合同期满也可以进行法定更新，即租赁合同期满后，承租人仍然租赁物，交付租金，出租人仍然收取租金，原租赁合同就成为无期限合同。

🔨 案例评析

林廷某、临沂市兰山区农业机械局确认合同无效纠纷案①

案情： 2001 年 1 月 12 日，原告农业机械局与作为该局职工的被告林廷某签订《房屋使用权合同》一份，将沿兰山区银雀山路与临西一路交界处某经营房租赁给林廷某，租期自 2001 年 1 月 31 日起至 2031 年 1 月 31 日止，林廷某只有使用权。后双方因房屋使用产生纠纷，农业机械局诉至法院。一审法院依据《中华人民共和国合同法》第 214 条关于"租赁期限不得超过二十年。超过二十年的，超过部分无效"规定，支持农业机械局的诉请。林廷某不服一审判决上诉至临沂中院，临沂中院认为，双方之间是租赁合同纠纷，一审法院适用法律正确，依法予以维持。

评析： 民法典第 705 条延续了《合同法》第 214 条，对最长租赁期限的限制作出了规定。民法典第 705 条关于租赁期限的规定，沿用了《中华人民共和国合同法》第 214 条的规定，并没有改变该条规定。租赁期限不能超过 20 年，该 20 年的起算时间自双方最初租赁之日起算，总计不得超过 20 年，这已达成基本法律共识。该案中双方约定租赁期限为 30 年，显然超过法律规定最长的 20 年，对于超过部分，一、

---

① 审理法院：一审法院为山东省临沂市兰山区人民法院，案号：（2018）鲁 1302 民初 8533 号；二审法院为山东省临沂市中级人民法院，案号：（2019）鲁 13 民终 2128 号。

二审法院均认定超过的 10 年部分无效。

另外，20 年实际上并不是一个绝对的最高限，因为如果租赁合同双方当事人在20 年期满时，仍然希望保持租赁关系，可以采取两个办法：一是并不终止原租赁合同，承租人仍然使用租赁物，出租人也不提出任何异议。这时法律规定视为原租赁合同继续有效，但租赁期限为不定期，即双方当事人又形成了一个不定期租赁的关系，如果一方当事人想解除合同随时都可以为之，这种情况被称为合同的"法定更新"。二是双方当事人根据原合同确定的内容再续签。一个租赁合同，如果需要较长的租期，当事人仍然可以再订一个租期为 20 年的合同，这种情况被称为"约定更新"。

▶▶ **第七百零六条** 当事人未依照法律、行政法规规定办理租赁合同登记备案手续的，不影响合同的效力。

🏛 条文要义

本条是对租赁合同登记备案的规定，《合同法》对此没有规定，是一个新规则。

有些租赁合同在订立之后，需要依照法律、行政法规的规定进行登记备案，特别是不动产租赁合同关系更是如此。不过，这种租赁合同的登记备案，不对租赁合同的效力发生影响，即使不登记备案，也不影响租赁合同的效力，不能因为该合同没有依照法律、行政法规规定办理登记备案手续，而认为其无效。也就是说，当事人以合同未依照法律、行政法规规定办理登记备案手续为由，请求确认合同无效的，人民法院不予支持。

如果当事人在租赁合同中约定备案登记才生效的，则为附条件的合同，备案登记是生效条件，因而应当进行登记备案，否则租赁合同无效。如果约定了备案登记生效，没有备案登记当事人就交付了租赁物，并且实际使用、收取租金的，该租赁合同仍然有效。也就是说，当事人约定以办理登记备案手续为租赁合同生效要件的，从其约定。但当事人一方已经履行了主要义务，对方接受的除外。

《最高人民法院关于审理城镇房屋租赁合同纠纷案件具体应用法律若干问题的解释》（法释〔2009〕11 号，现已废止）第 4 条规定：当事人以房屋租赁合同未按照法律、行政法规规定办理登记备案手续为由，请求确认合同无效的，人民法院不予支持。当事人约定以办理登记备案手续为房屋租赁合同生效条件的，从其约定。但当事人一方已经履行主要义务，对方接受的除外。民法典第 706 条吸收了上述司法解释的合理规定，将该规则上升为法律规定，并将租赁物由房屋扩大至一般意义上的租赁物，明确规定租赁合同的登记备案手续不影响合同效力。

案例评析

邮政集团有限公司揭阳市揭东区分公司与吴静某租赁合同纠纷案①

案情： 2013年5月30日，原告（反诉被告，原揭东县邮政局）与被告吴静某（反诉原告）签订《房地产租赁合同》，双方对于租赁场所、租金等做了明确约定，在合同中双方特别约定"合同经双方签章后，自房地产租赁管理机构登记之日起生效"，后双方因种种原因，直至该案一审时双方都没有办理登记备案手续。一审法院认为，双方之间的合同虽然依法成立，但是因合同中明确约定合同自房地产租赁管理机构登记之日起生效，因而合同属于成立未生效的合同。所以，原告邮政公司请求确认合同有效，被告吴静某反诉确认合同无效，均缺乏法律根据，不予采信。

评析： 根据民法典第706条"不办理备案登记不影响合同的效力"的规定，本案如果发生在《民法典》实施后，可能案件审判结果会不一样。目前合同法中对此并没有规定，在民法典中，该条对于当事人未依照法律、行政法规规定办理租赁合同登记备案手续的合同效力问题做了规定，是对现有法律、行政法规规定应当办理备案登记而未办理情况下合同效力问题的积极回应，例如，《城市房产管理法》第54条规定，租赁合同双方当事人应当在签订租赁合同后到房管部门登记备案。理解本条需要与合同需要审批生效进行区分，如果是法律、行政法规规定必须经过审批才生效的情形，未经审批合同是无效的；备案登记更多涉及行政管理层面，不是强制性规定。

需要注意的是，虽然民法典第706条规定不办理备案登记不影响合同的效力。但在某些省份，如江苏省人民政府在2019年11月颁布了《江苏省租赁住房治安管理规定》，明确规定：出租人应当自租赁合同订立之日起7日内申报登记信息。未按照规定申报、转报登记信息的，由公安机关责令改正，依法予以处罚、记入信用记录。因此，租房合同签订后还是应及时办理登记备案，以免出现因未按规定申报被记入信用记录的情形！

此外，不备案登记也可能会影响合同能否履行以及未办理登记一方或者双方的违约责任，租赁合同双方当事人在订立和履行合同过程中也需注意。

> ▶▶ **第七百零七条** 租赁期限六个月以上的，应当采用书面形式。当事人未采用书面形式，无法确定租赁期限的，视为不定期租赁。

---

① 审理法院：广东省揭阳市榕城区人民法院，案号：（2015）揭榕法民一初字第138号。

🏛 条文要义

本条是对租赁合同形式的规定。

租赁合同并不是绝对的要式合同。确定租赁合同究竟是要式合同还是非要式合同，标准在于租赁期限的长短。本条规定：第一，租赁期限为 6 个月以上的租赁合同，应当使用书面形式，为要式合同；第二，无论是何种租赁合同，如果未采用书面形式而无法确定租赁期限的，就不认为是有期限的租赁合同，而视为不定期租赁合同，适用不定期租赁合同的规则。

与《合同法》第 215 条规定相比，该条增加了"无法确定租赁期限"的限制条件，完善了不定期租赁的推定规则。《合同法》第 215 条规定，凡是未采用书面形式的 6 个月以上期限的，都视为不定期租赁。该规定未考虑到当事人未采用书面形式但明确约定租赁期限的情形，一律推定为不定期租赁欠缺合理性。本条对此予以完善，明确规定不定期租赁的推定必须同时具备未采用书面形式和无法确定租赁期限这两个条件，更加合理。

🔵 案例评析

南京赢想力广告传媒有限公司与南京酷立方智能科技发展
有限公司房屋租赁合同纠纷案①

案情：原告赢想力公司承租被告酷立方公司位于南京市浦口区某房屋一套，租期从 2017 年 8 月 15 日至 2018 年 5 月 14 日，但双方未签订租赁合同。赢想力公司按约支付租金，后租赁使用期限双方产生纠纷，赢想力公司按酷立方公司的要求，搬离承租房屋，但租金返还等问题未能合理解决，赢想力公司遂起诉至法院。一审法院认定，租赁期限 6 个月以上的，应当采用书面形式。当事人未采用书面形式的，视为不定期租赁，租赁合同合法有效，并对于赢想力公司的诉请依法进行判决。

评析：民法典第 707 条是关于租赁合同书面化的规定，根据该规定，租赁期限 6 个月以上的，应当采用书面形式。当事人未采用书面形式，无法确定租赁期限的，视为不定期租赁。该条与《合同法》第 215 条的区别在于增加了"无法确定租赁期限的"这句话，《合同法》第 215 条规定，只要是不采取书面形式都是不定期租赁，因而本案判决依照《合同法》第 215 条的规定认定为不定期租赁合同关系，但是如果按照民法典第 707 条的规定，该案则应为定期租赁合同，只是欠缺书面合同形式。所以，需要注意该条与《合同法》第 215 条的区别。

此外，通常情况下，若租赁是灵活性的短期租赁，如旅游租房，合理期限为几天到半个月，若出租人寻找下一位租客周期较长或搬迁较烦琐困难，如商铺、厂房、

---

① 审理法院：江苏省南京市浦口区人民法院，案号：2018 苏 0111 民初 1717 号。

大型设备，则合理期限为 1~3 个月不等。

> ▶▶ **第七百零八条** 出租人应当按照约定将租赁物交付承租人，并在租赁期限内保持租赁物符合约定的用途。

🏛 条文要义

本条是对出租人交付租赁物义务的规定。

租赁合同生效之后，出租人负有按照约定将租赁物交付给承租人的义务，以满足承租人对租赁物的占有、使用和收益的租赁目的。

出租人主要的义务是：

1. 依合同约定交付租赁物的义务。交付租赁物是移转标的物的占有于承租人。出租人应于合同约定的时间交付租赁物。依合同约定的使用性质不以标的物的交付为必要，则出租人应作成适于承租人使用的状态。租赁物有从物的，出租人于交付租赁物时应当同时交付从物。出租人不能按时交付标的物，应负迟延履行的违约责任。

2. 出租人应保持租赁物合于使用、收益的状态。出租人不仅应使交付的租赁物适于约定的使用、收益状态，而且于租赁关系存续期限内也应保持租赁物的状态适合于约定的使用、收益。当承租人的使用、收益因毁损以外的原因，受有妨害或有受妨害的危险时，出租人负有除去或防止的义务。第三人侵夺租赁物或为其他妨害时，承租人得基于自己对租赁物的占有权，直接对于第三人主张占有的返还或请求排除妨害，也可代位行使出租人的物上请求权。在标的物受到自然侵害而不适于约定的使用、收益状态时，出租人应当予以恢复。

🎀 案例评析

临沂净雅酒店管理有限公司、临沂君儒实业集团有限公司
租赁合同纠纷案[①]

案情： 净雅公司（被告、上诉人）出租部分房屋给君儒公司（原告、被上诉人）用于客房、豆捞使用。在案涉合同前，净雅公司曾将案涉房屋外的其他部分出租给案外人金荣某和冯升某经营连锁酒吧。现君儒公司以酒吧声音太大严重影响经营为由提起诉讼。一审法院以净雅公司在明知君儒公司是经营客房所用并且保证酒吧经营不会影响君儒公司客房经营，但是却不能保证出租的房屋符合法定标准、适合客

---

① 审理法院：一审法院为山东省临沂市兰山区人民法院，案号：（2016）鲁 1302 民初 11006 号；二审法院为山东省临沂市中级人民法院，案号：（2018）鲁 13 民终 5158 号。

房经营所用，应承担违约责任。净雅公司以一审认定其承诺证据不足，且其不是适格主体和不应担责为由上诉。二审法院依据《合同法》第216条的规定，认为出租人依合同约定向承租人交付租赁物并于租赁关系存续期间保持租赁物符合约定的用途，是出租人的首要义务。净雅公司违约，应当承担责任。

评析： 民法典第708条延续了《合同法》第216条，对出租人交付租赁物的义务作出了规定。民法典第708条是关于出租人交付符合合同约定租赁物的规定，本条沿用了《合同法》第216条的规定。本条立法主旨是关于出租人交付租赁物并维持租赁物符合约定用途的义务的规定。出租人履行交付义务的内容包括两个方面：一是依合同约定交付租赁物，二是在租赁期限内有保持租赁物符合约定的用途的义务，否则属于合同目的不达。租赁物所有权归属于出租人，承租人租赁租赁物的目的是为了占有、适用租赁物以此实现租赁的目的，如果租赁物非因自身原因导致无法按租赁合同约定使用租赁物，双方又不能协商解决，必然会产生纠纷，涉及违约责任承担问题。

本案中，净雅公司在明知君儒公司是经营客房所用，所以其出租的房屋应当要保证在夜间相对的安静，毕竟其之前将部分房屋租赁给他人用于保证酒吧经营，其虽然保证不会影响君儒公司客房经营，但实际对于君儒公司客房经营造成严重影响，存在严重过错；而君儒公司明知其承租的房屋有酒吧经营仍然承租，其本身对于酒店无法正常经营也存在过错，所以二者依法依约均应承担法律责任。

> ▶▶ **第七百零九条** 承租人应当按照约定的方法使用租赁物。对租赁物的使用方法没有约定或者约定不明确，依据本法第五百一十条的规定仍不能确定的，应当根据租赁物的性质使用。

🏛 条文要义

本条是对承租人使用租赁物方法的规定。

承租人在占有租赁物后，应当合理利用租赁物。对租赁物的合理利用包括：

1. 在双方当事人就租赁物的使用方法有明确约定时，应当按照双方约定的方法使用租赁物。

2. 在双方当事人对使用方法没有约定或者约定不明确时，可以依据本法第510条规定，由双方当事人补充协议确定，达成协议的，按照协议的使用方法使用；如果经补充协议无法达成合意的，则应当按照租赁物的性质使用，例如，以居住为使用方法的房屋租赁，不能作为商用使用。

承租人不依约定的方法或者租赁物的性质为使用、收益，出租人得请求承租人停止其违反义务的行为。

案例评析

陈忠某与海南省保梅岭林场农业承包合同纠纷案[①]

案情： 1998 年 3 月 27 日，保梅岭林场将芒果园承包给陈忠某。2001 年 11 月 15 日，双方补签《芒果承包合同书》，其中明确约定合同期满后陈忠某将承包芒果的亩数和株数不可缺少应退给保梅岭林场陈忠某住房自行解决。但是陈忠某承包芒果园后，进行了一系列的添付加盖行为，并且补种芒果树、龙眼树、绿橙树、花梨树等果树。合同到期就添付加盖房屋设施和补种果树等事宜未协商一致，陈忠某提起诉讼，要求赔偿损失。一审认为合同期限届满的，租赁双方原则上应按照租赁物的现状进行返还，对于陈忠某的添付和补种行为属于明知、默认行为，但合同到期，相互返还，陈忠某要求的损失不予支持。陈忠某上诉认为保梅岭林场对于损失发生有过错，应予以赔偿。二审法院认为陈忠某明显属于有意制造赔付条件，违背诚实信用，维持一审判决。

评析： 民法典第 709 条延续了《合同法》第 217 条，对承租人使用租赁物的方法作出了规定。民法典第 709 条关于承租人应当依约或根据租赁物的性质使用租赁物的规定。出租人是租赁物的所有权人，如果承租人在租赁期内对租赁物随意使用和处置，很可能对租赁物造成毁灭性损坏，所以通常双方会在合同中约定对于租赁物的使用进行约定，承租人在承租租赁物期限内需要按照合同约定的方法或者符合租赁物性质的使用方法正当使用租赁物，如果违反合同约定使用租赁物，构成不正当使用，出租人得请求承租人停止其违反义务的行为。

本案双方当事人在《芒果承包合同书》中明确约定陈忠某是对于现有芒果树进行承包经营，但陈忠某之后自己擅自进行添加和补种其他果树，其性质视为不按合同约定的性质使用租赁物，因为陈忠某的这些行为会导致既有芒果树产量和生长等受损。但是一审法院认为保梅岭林场对于陈忠某的添付和补种行为属于明知、默认行为，可以说，如果不是因为合同到期，很可能会判定保梅岭林场承担部分损失赔偿责任。

> ▶▶ **第七百一十条** 承租人按照约定的方法或者根据租赁物的性质使用租赁物，致使租赁物受到损耗的，不承担赔偿责任。

🏛 条文要义

本条是对承租人合理使用租赁物正常损耗不负赔偿责任的规定。

[①] 审理法院：一审法院为海南省昌江黎族自治县人民法院，案号为（2018）琼 9026 民初 12 号；二审法院为海南省第二中级人民法院，案号：（2019）琼 97 民终 354 号。

本法第709条规定，承租人应当按照约定的方法或者租赁物的性质使用租赁物，这就要求当事人在订立租赁合同时或者在合同成立后尽量将租赁物的使用方法明确下来。如果承租人按照约定的方法或者租赁物的性质正常使用租赁物，租赁物因使用受到的损耗是一种合理的情况。例如，一台彩电的显像管的寿命是1万小时，就意味着只要一开电视，随着时间的运行，彩电的显像管的寿命就会逐渐缩短，直到全部丧失。出租人在出租其物品时，应当知道租赁物正常损耗的情况，在合同中订立了使用方法，就意味着出租人认可了这种正常的损耗。

总之，承租人在使用租赁物过程中，都会对租赁物造成正常的损耗，不仅动产如此，即使不动产在使用中，也会有正常的损耗。对于这种损耗，只要承租人是按照约定的方法或者租赁物的性质使用租赁物，就是正常的损耗，对此，承租人不用承担赔偿责任。

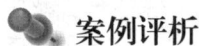 **案例评析**

太原市恒东泡沫板材有限公司与曹吉某、多文某
租赁合同纠纷案①

案情：2008年1月31日，恒东公司（被告）与曹吉某（原告）签订租赁合同，曹吉某将其所有的、位于太原市小店区北格镇北格村的公棚院出租给恒东公司使用，但是对于租赁物的使用方法未约定。2009年11月9日，租赁房屋屋顶因下雪坍塌，造成恒东公司损失，恒东公司怀疑是房屋质量问题，双方协商未果，曹吉某诉求之一是要求恢复原状；恒东公司也针对性地提出了反诉。一审法院认为，虽然合同未明确约定租赁物的使用方法，但从合同内容来看，双方对于租赁物的建设状况及租赁物的使用方法是明知的。恒东公司属于合理使用，不违反合同约定，对于曹吉某要求恢复原状的诉请不予支持。恒东公司虽然上诉，但并未涉及曹吉某恢复原状的一审诉请。

评析：民法典第710条延续《合同法》第218条，对承租人合理使用租赁物正常损耗不负赔偿责任作出了规定。民法典第710条沿用了《合同法》第218条关于承租人在租赁期间应当以合理、合适的方式正当使用租赁物的规定。根据该条规定，即使租赁物在承租人承租期间有损耗，但这种损耗是承租人按照约定的方法或者根据租赁物的性质使用租赁物所产生的，这种损耗可以说是必然发生的，承租人不需要承担赔偿责任。当然如果说合同没有约定如何使用，双方可以另行协商约定或者根据合同相关条款或者交易惯例等予以确定。

在本案中，租赁合同虽然没有明确约定使用方法，但是法院根据事实和证据能

---

① 审理法院：一审法院为山西省太原市小店区人民法院，案号：（2016）晋0105民初2696号；二审法院为山西省太原市中级人民法院，案号：（2017）晋01民终4384号。

够确定按照租赁合同内容是可以确定的，恒东公司在租赁房屋内进行生产经营，租赁物的现状是恒东公司按约定方法使用租赁物致使租赁物受到损耗的结果，其作为承租人依法不承担赔偿责任。所以，恒东公司无须承担责任。

> **第七百一十一条** 承租人未按照约定的方法或者未根据租赁物的性质使用租赁物，致使租赁物受到损失的，出租人可以解除合同并请求赔偿损失。

🏛 条文要义

本条是对承租人致使租赁物受到损失的规定。

与承租人按照约定的方法或者根据租赁物的性质使用租赁物形成损耗相反的是，如果承租人没有按照约定的方法或者租赁物的性质使用租赁物，因此造成租赁物受到损失的，不仅是违约行为，而且是对出租人财产权利的侵害。

对此，对出租人的救济方法是：

1. 出租人有权解除合同，行使的是法定或者合同约定的解除权。

2. 请求出租人承担损害赔偿责任，这种损害赔偿责任既是违约责任，也是侵权责任，出租人可以选择一个适当的请求权，救济自己的损害。这两个救济损害的权利，可以一并行使，既解除合同，又请求损害赔偿。

案例评析

吴海某与梁海某房屋租赁合同纠纷案①

案情： 2012 年 2 月 23 日，被告梁海某与原告吴海某签订《个人房屋租赁合同》，梁海某将自有房屋租给吴海某。2015 年 2 月 17 日，涉案房屋租期即将届满，吴海某与梁海某进行了房屋交接及结算。但因房屋破损严重，梁海某不同意退还押金并要求赔偿损失，双方协商无果，最后吴海某诉至法院、梁海某提出反诉。一审法院认为，梁海某不退还押金不符合法律规定，但是承租人未按约定方法或租赁物性质使用租赁物，致使租赁物受到损失的，出租人可以要求赔偿损失，因而吴海某租住期限内造成房屋损坏应予赔偿。吴海某虽然上诉，但是对于不正当使用租赁房屋需要承担的赔偿责任没有提出上诉。

评析： 民法典第 711 条延续《合同法》第 219 条，对承租人导致租赁物受到损失承担的责任作出了规定。如果说民法典第 710 条是关于承租人按约定使用租赁物不承担责任的正向性规定，那么民法典第 711 条则是反向规定承租人需要承担责任，

---

① 审理法院：一审法院为北京市朝阳区人民法院，案号：（2015）朝民初字第 13612 号；二审法院为北京市第三中级人民法院，案号：（2015）三中民终字第 09892 号。

一正一反共同构成了完整的承租人合理使用租赁物，否则需要担责的法律规定。承租人在租赁期限内，未按照约定的方法或者根据租赁物的性质使用租赁物，致使租赁物受到损失的，出租人可以解除合同并请求赔偿损失。《合同法》第 219 条对于承租人未正当使用租赁物需要承担责任也作出了明确的规定，本案中梁海某提供的证据足以证实吴海某在租赁期限内对租住房屋破坏严重，按照法律规定，其需要承担梁海某因此支付的维修费用。

另外，补充一下，并不是说只要存在承租人不合理适用租赁物，造成租赁物有损失就必然会引起合同解除，该条属于法定解除权，但是该解除权需要结合 563 条的规定予以认定，综合予以认定出租人是否能够解除合同。

▶▶ **第七百一十二条** 出租人应当履行租赁物的维修义务，但是当事人另有约定的除外。

🏛 条文要义

本条是对出租人负担租赁物维修义务的规定。

除法律规定或合同另有约定外，出租人对租赁物有维修义务。出租人的该项义务，实际上是出租人应维持租赁物合于使用、收益状态义务的延伸。维修是指于租赁物不合约定的使用、收益状态时，对租赁物予以修理，以使承租人得以按照约定正常使用、收益。维修义务的构成是：（1）确有维修的必要，是指租赁物需要维修方能满足承租人依约定对租赁物为使用、收益。（2）有维修的可能，指损毁的租赁物在事实上能够修复，并且在经济上也合算。（3）在租赁期限内承租人已为维修的通知，承租人应为通知而未为通知的，出租人不发生维修租赁物的义务。

法律另有规定或者当事人另有约定的，租赁物的维修按照规定或者约定进行。

🌸 案例评析

邢某彬、肖某绪租赁合同纠纷案[①]

案情：2018 年 3 月 9 日，出租人肖某绪与承租人邢某彬签订一份混凝土天泵租赁合同，约定邢某彬租赁肖某绪三一天重工天泵一台，双方约定了租期、租金和违约责任。后因邢某彬不按时支付租金，肖某绪提起诉讼，要求邢某彬支付租金、违约金、保险费等。邢某彬则认为是肖某绪出租的天泵在使用过程中有质量问题，不仅不应给付租金，肖某绪还应赔偿其损失。一审法院认为邢某彬已经使用，没有证

① 审理法院：一审法院为山东省东明县人民法院，案号为：（2018）鲁 1728 民初 2701 号；二审法院为菏泽市中级人民法院，案号：2019 鲁 17 民终 531 号。

据证实交付租金，应当支付租金和承担违约金。邢某彬以肖某绪的天泵有质量问题、无法正常使用为由上诉，二审法院以合同明确约定邢某彬作为承租人在租赁期间负有维修义务为由，驳回上诉，维持原判。

评析： 民法典第712条延续《合同法》第220条，对出租人负担租赁物的维修义务作出了规定。民法典第712条是关于租赁物在租赁期间维修义务的规定。租赁物在使用过程中可能会出现损坏的情形，对于租赁物的维修究竟由哪一方承担，本条做了规定，出租人作为所有权人负有维修的义务，不过本条也遵从民事领域当事人意思自愿的原则，对于当事人另行约定，不违反法律规定的，按照当事人约定予以认定。本案中，如果双方合同中没有约定承租人邢某彬负有维修义务的话，那么其主张是可以成立的，因为法律规定的维修主体是肖某绪。

另外需要补充说明，如果租赁双方对于维修义务没有特殊约定，在租赁期间出现需要维修的情形，承租人作为租赁物直接占有人需要在第一时间内通知出租人进行维修，如果未尽通知义务，则对于扩大的损失需由自己承担；如果出租人在接到通知后，不及时进行维修，则承租人可以维修，所花费用向出租人追偿或者抵顶租赁费或者延长租期。

> ▶▶ **第七百一十三条**　承租人在租赁物需要维修时可以请求出租人在合理期限内维修。出租人未履行维修义务的，承租人可以自行维修，维修费用由出租人负担。因维修租赁物影响承租人使用的，应当相应减少租金或者延长租期。
>
> 因承租人的过错致使租赁物需要维修的，出租人不承担前款规定的维修义务。

🏛 条文要义

本条是对出租人不履行维修义务承租人可自行维修的规定。

承租人在租赁物需要维修时，可以发出通知，要求出租人在合理期限内维修。如果出租人接到通知后，不履行维修义务，承租人可以对租赁物自行进行维修，其维修费用应当由出租人负担，承租人出具维修费用单据，出租人据实予以承担。同时，如果因维修租赁物而影响承租人使用的，承租人享有减少租金或者延长租期的请求权，出租人应当依照其请求，相应减少出租人的租金或者相应延长租期，以弥补承租人的损失。

在承租过程中，因承租人的过错致使租赁物需要维修的，按照过错责任原则的要求，承租人对因自己的过错造成的损失，应当自己承担责任，出租人不承担维修义务。

与《合同法》第221条规定相比，本条增加了新的规则。《合同法》第221条表述不周延，未区分租赁物损坏的原因，一律规定出租人承担维修义务，缺乏合理性。

民法典第713条对此予以完善，在《合同法》第221条规定的基础上增加一款，明确规定出租人的维修义务因承租人的过错而免除，更加合理，实践中通常也是这样约定的。

案例评析

青岛振业胶辊有限公司、胶州市金富元橡塑制品厂租赁合同纠纷案①

案情：2016年8月1日，青岛振业胶辊有限公司、胶州市金富元橡塑制品厂签订了厂房租赁合同，约定金富元制品厂租赁振业公司位于胶州市铺集工业园的厂房。后双方因厂房屋面存在破损的维修费用和损失承担发生争议，诉至法院。一审法院审理认为房屋面存在破损的维修问题，金富元制品厂可依法另行起诉，判令合同继续履行，金富元制品厂需要支付租赁费50 001元，驳回双方其他诉求。振业公司上诉认为租金富元制品厂不按时支付租金，构成根本违约，应支持其诉求。二审法院经过审理支持振业公司诉求，部分改判。

评析：依据民法典第713条关于出租人不尽维修义务应承担责任的规定，根据该规定，在租赁期间租赁物出现需要维修事宜，承租人需要及时发出通知，要求出租人在合理期限内维修。如果出租人接到通知后，不履行维修义务，承租人可以对租赁物自行进行维修，其维修费用应当由出租人负担。如果因维修租赁物而影响承租人使用的，承租人享有减少租金或者延长租期的请求权。

本案中金富元制品厂作为承租人，如果确实存在房屋出现破损，雨雪天出现漏水的问题，作为出租人的振业公司应当在接到承租人通知后及时进行维修，并且可能需要对于金富元制品厂的损失承担赔偿责任。但是承租人并没有提供证据予以证实，且对于成因不进行鉴定，对于损失主张另行主张，人民法院对于其诉求没有予以支持。

> ▶▶**第七百一十四条** 承租人应当妥善保管租赁物，因保管不善造成租赁物毁损、灭失的，应当承担赔偿责任。

🏛 条文要义

本条是对承租人妥善保管租赁物的规定。

承租人在租赁期限内占有租赁物，负有妥善保管租赁物的义务。妥善保管租赁物是承租人的主要义务之一。何谓妥善保管？即"尽善良管理人之注意"，通俗讲，

① 审理法院：一审法院为山东省胶州市人民法院，案号：（2018）鲁0281民初8891号；二审法院为青岛市中级人民法院，案号：（2019）鲁02民终3758号。

就是要把该租赁物当成自己的财产加以保管。承租人应以善良管理人的注意保管租赁物。

承租人的保管义务应包括几个内容：第一，按照约定的方式或者租赁物的性质所要求的方法保管租赁物。第二，按照租赁物的使用状况进行正常的维护。第三，租赁物有收益能力的，应保持其收益能力。第四，当租赁物出现质量问题影响承租人正常使用时，应及时通知出租人，并采取积极措施防止损坏的蔓延或损失的扩大。承租人保管不善，违背妥善保管租赁物的义务致使租赁物毁损灭失的，应对出租人承担损害赔偿责任，可以依照债务不履行的违约责任确定；在承租人系因故意或过失致租赁物毁损时，也可以依照民法典侵权责任编的规定处理，构成民事责任竞合。出租人可选择其一向承租人主张赔偿损失。

与《合同法》第 222 条相比，本条款将"损害赔偿责任"变更为"赔偿责任"。"损害赔偿责任"与"赔偿责任"都属于民事赔偿责任，其中"损害赔偿责任"侧重于侵权赔偿，而"赔偿责任"包含侵权赔偿和违约赔偿。此次删除"损害"二字，承租人可自主选择基于侵权主张侵权之诉或基于合同主张违约之诉，以更好维护其合法权益。

案例评析

李厚某、李洪某与中铁大桥局集团第一工程有限公司、中铁大桥局集团第一工程有限公司渝黔铁路土建 1 标项目经理部租赁合同纠纷案①

案情： 2013 年 2 月 21 日，被告中铁第一公司渝黔铁路土建 1 标项目部与李厚某签订《挖掘机租赁合同》一份，挖掘机系李厚某和李洪某（原告）合伙所买。合同约定，出租方承担租赁期内的所有维修保养费用和操作人员的工资；负责租赁物在租赁期内的保管、丢失和毁损的责任。2014 年 12 月 14 日，挖掘机作业完后驾驶员将其停放在珞璜镇卫生院对面，次日凌晨 2 时左右，被案外人郑小某点火毁损。李厚某和李洪某要求中铁第一公司承担挖掘机毁损的赔偿责任。一审法院认为，根据租赁合同约定，保管义务并不在于第一公司，而是由李厚某和李洪某负责，所以其主张不成立。李厚某和李洪某上诉称，一审法院认定租赁关系错误且李厚某签订的合同对李洪某无约束力。二审法院确认合同属于租赁合同，一审认定合理合法，维持原判。

评析： 民法典第 714 条基本延续《合同法》第 222 条，对承租人妥善保管租赁物的义务作出了规定。依据民法典第 714 条关于承租人保管义务的规定，虽然所有权属于出租人，但是在租赁合同期间，承租人实际占有租赁物，对租赁物是直

---

① 审理法院：一审法院为重庆市江津区人民法院，案号：（2015）津法民初字第 01614 号；二审法院为重庆市第五中级人民法院，案号：（2016）渝 05 民终 3313 号。

接的、第一位的保管责任义务人，如因出租人保管不善造成租赁物毁损、灭失的，应当承担赔偿责任。按照本条规定，如果系第三人侵权导致租赁物毁损灭失的，第三人的行为构成侵权，则存在民事责任竞合，出租人既可以依据民法典侵权责任编的规定向第三人主张侵权责任，也可以依据租赁合同约定向承租人主张违约责任。

本案为租赁合同纠纷，按照法律规定，中铁第一公司需要承担保管挖掘机的义务，通常情况下，挖掘机毁损的责任应该由其承担，但是关于租赁标的物挖掘机的保管义务在合同中作了另行约定，即由出租人负责，毁损的风险由此转移到出租人身上，因而二审法院依据《合同法》第 231 条的规定维持一审判决，不支持李厚某和李洪某要求中铁第一公司承担赔偿责任的诉求。

▶▶ **第七百一十五条** 承租人经出租人同意，可以对租赁物进行改善或者增设他物。

承租人未经出租人同意，对租赁物进行改善或者增设他物的，出租人可以请求承租人恢复原状或者赔偿损失。

🏛 条文要义

本条是对承租人改善租赁物或者增设他物的规定。

承租人在承租租赁物期限内，原则上不得随意对租赁物进行改善或者增设他物，除非出租人同意。承租人只有经出租人同意，才可以对租赁物进行改善或者增设他物。承租人在对租赁物进行改善或者增设他物时，应当在约定的范围内进行，不能超过双方当事人约定的范围。

如果承租人未经出租人同意，就对租赁物进行改善或者增设他物的，违反了承租人的义务，属于违约行为，出租人可以请求承租人恢复原状。对于改善或者增设他物给租赁物造成损失的，承租人应当承担损害赔偿责任。

🔴 案例评析

新昌县飞凤纺织有限公司、潘贤某房屋租赁合同纠纷案①

案情： 被告纺织公司与原告潘贤某签订《房屋、停车场地租赁协议书》。后因潘贤某进行装饰装修发生争议，在其装饰完毕后，纺织公司诉请之一是恢复原状。一审法院认为，依照法律规定，未经出租人同意，对租赁物进行改善或者增设他物的，

① 审理法院：一审法院为浙江省新昌县人民法院，案号：（2017）浙 0624 民初 1810 号；二审法院为浙江省绍兴市中级人民法院，案号：（2017）浙 06 民终 2766 号。

出租人可以要求承租人恢复原状或者赔偿损失。但双方合同中对有关物品、设施的处理原则中约定的项目与被告在维修、装饰、改善、增设他物的内容基本一致，且纺织公司在潘贤某装修过程中未提出异议，更为重要的是，装饰装修并没有改变房屋的主体结构、影响房屋的整体质量。法院因此驳回纺织公司诉请。纺织公司上诉主张，一审法院错误解释合同目的，且对于转租默认的说法是错误的。二审法院认为，潘贤某的装饰装修行为不违反法律规定和合同约定内容，且没有破坏房屋主体结构，因而驳回纺织公司上诉，维持原判。

评析：民法典第715条基本延续了《合同法》第223条，对承租人改善租赁物或者增设他物作出了规定。根据民法典第715条关于承租人添附的规定，承租人在租赁期间所拥有的是占有权，所有权仍属于出租人，除租赁合同明确约定外，承租人对租赁物进行改善或者增设他物必须经过出租人同意，未经同意的，出租人可以请求承租人恢复原状或者赔偿损失。这里并不是说未经承租人同意的承租人改善或增设行为都是不被允许的，在双方合同约定范围内的改善或增设是没有问题的。

本案中，纺织公司依照《合同法》第223条的规定提起诉讼符合法律规定。但是能否得到支持除了看法律规定还需要看合同约定、实际情况和证据，虽然潘贤某装修方案未告知纺织公司存在瑕疵，但是整体性符合法律和合同约定，装修并未改变房屋主体结构和整体质量，且装修、改造、增设施工长达半年之久，纺织公司作为出租人是不可能不知道潘贤某的行为，但其并未提出异议，其实就是一种默许的行为。绍兴中院驳回纺织公司上诉，维持原判，值得赞同。

> ▶▶ **第七百一十六条** 承租人经出租人同意，可以将租赁物转租给第三人。承租人转租的，承租人与出租人之间的租赁合同继续有效；第三人造成租赁物损失的，承租人应当赔偿损失。
>
> 承租人未经出租人同意转租的，出租人可以解除合同。

🏛 条文要义

本条是对转租的规定。

在租赁合同中，承租人的义务之一，是未经出租人同意不得转租。承租人经过出租人同意，将租赁物转租给第三人，构成合法转租，转租合同有效。

出租人的同意，既可以是在承租人转租前，经概括授权的方式，也可以个别认可的方式表示同意，还可以在转租事实发生后采用予以追认的方式。

转租合同成立，在同一个租赁物上就出现了出租人、转租人（承租人）和次承租人三个主体，形成转租合同的法律关系。当事人之间的法律关系是：

1. 转租人与次承租人的关系，与普通的租赁并无区别，但在出租人与承租人之间的租赁关系与承租人和次承租人之间的租赁关系同时终止时，次承租人可以直接将租赁物返还给出租人，免除其对于承租人的返还义务。

2. 出租人与承租人之间的租赁关系不因转租而受影响，承租人并应就因次承租人应负责的事由所产生的损害向出租人负赔偿责任。至于损害的发生，承租人有无过失在所不问，只要是可归责于次承租人的事由即可。

3. 出租人与次承租人之间原本并不存在直接的法律关系，但基于保护出租人利益的法律目的，确认以下法律关系：次承租人可以直接向出租人履行承租人应当履行的义务，出租人也可以直接向次承租人行使转租人可以行使的权利。

转租是以承租人享有租赁权为基础的。在承租人的租赁权因合同终止等原因消灭时，次承租人不能向出租人主张租赁权。如因此导致次承租人不能得到租赁权而受有损害时，次承租人也只能向转租人请求赔偿。

未经出租人同意，承租人对租赁物转租构成违约行为，是不合法的转租。其法律关系是：

1. 转租人与次承租人之间的租赁合同可以生效，转租人负有使次承租人取得对租赁物为使用、收益权利的义务，因转租人不能使次承租人取得租赁物的使用、收益的权利，次承租人得向其主张违约的损害赔偿责任。在双方当事人订立租赁合同时，次承租人如果误信转租人业已取得出租人的允许，可以以错误为理由行使合同的撤销权，以赋予次承租人更大的选择空间。

2. 承租人擅自转租为严重的违约行为，出租人有权解除合同。

3. 次承租人的租赁权不得对抗出租人。在出租人终止租赁关系时，出租人自得直接向次承租人请求返还租赁物。但如出租人不终止租赁关系，出租人得以所有权为据向次承租人主张排除妨害。

案例评析

叶爱某、赵秀某房屋租赁合同纠纷案[①]

案情： 2017 年 5 月 14 日，原告赵秀某将余杭区房屋一处出租给被告叶爱某，租期为 5 年。2017 年 11 月 5 日，叶爱某将房屋转租给第三人肖莹。赵秀某起诉要求解除合同，支付违约金等。一审法院认为叶爱某未经赵秀某同意，对外转租，构成违约，赵秀某有权解除合同。叶爱某上诉认为，合同中虽未约定不得转租，但未约定并非禁止或经同意，而是默认可转租，约定大于法定，因此转租合法。二审法院依据《合同法》第 224 条规定，否认其上诉理由，支持赵秀某一审该项诉请。

[①] 审理法院：一审法院为浙江省杭州市余杭区人民法院，案号：（2018）浙 0110 民初 9586；二审法院为浙江省杭州市中级人民法院，案号：（2018）浙 01 民终 9219 号。

评析：依据民法典第716条关于承租人不得私自转租的规定，承租人在租赁期限内，未经出租人同意，不得转租租赁物，如果转租，出租人有权解除合同。之所以如此规定，是基于租赁关系的人格性所决定的，租赁物长时间在承租人占有、使用、部分收益，故承租人人格性强调了出租人愿意将租赁物出租给承租人，是基于对于承租人本身的信任而选择与之订立租赁合同，如果更换为他人，出租人很可能不愿意与之订立合同。因而，如果承租人未经出租人同意将出租物转租的，实际上是将租赁物置于出租人不可控的境地，会增加租赁物受损害的可能性，这对出租人是不公平的。任何人不能因其违法或违约行为而获益。

本案叶爱某未经赵秀某同意对外转租，违反《合同法》第224条的规定，叶爱某没有证据证实赵秀某曾口头同意其转租，也没有证据证实赵秀某有民法典第718条规定的6个月未提出异议规定的情形。杭州中院驳回叶爱某的上诉，维持原判。

> ▶▶ **第七百一十七条** 承租人经出租人同意将租赁物转租给第三人，转租期限超过承租人剩余租赁期限的，超过部分的约定对出租人不具有法律约束力，但是出租人与承租人另有约定的除外。

🏛 条文要义

本条是对转租期限规定的新规则。

出租人同意转租的，转租合同约定的租赁期限应当在承租人的剩余租赁期限内，即转租期限不能超过本租所剩期限，超出承租人于本租所剩余租赁期限的转租期间无效，对出租人不发生法律上的拘束力。不过，转租期限超过本租的期限部分，如果出租人与承租人另有约定，予以同意的，等于对本租又约定了新的租赁期限，当然超出本租期限的转租期限就成为本租期限，对各方当事人都具有法律效力。这里体现的还是约定优先规则。

转租合同的次承租人在本租当事人即出租人和承租人之间发生争议提起诉讼时，可以请求参加诉讼，次承租人的身份是无独立请求权的第三人。

《合同法》没有规定租赁物转租期限超过租赁期限的问题，《最高人民法院关于审理城镇房屋租赁合同纠纷案件具体应用法律若干问题的解释》（法释〔2009〕11号，已废止）第15条针对房屋租赁合同则作了规定。民法典第717条吸收了上述合理规则，将该规则上升为法律规定，并将租赁物由房屋扩大至一般意义上的租赁物。经出租人同意转租的情形，转租期限超过租赁期限的部分也是无效的，除非出租人与承租人另有约定。

案例评析

周永某与孙建某土地承包经营权出租合同纠纷案①

案情： 2010 年被告孙建某通过权某将承包地口头租给了赵某，赵某又将地转租给了原告周永某，后周永某将租赁费交给了权某开始租种。2012 年 9 月，孙建某要收回承包地时才得知转租事宜，2013 年 4 月他要求周永某退出承包地，周永某未予以理睬，孙建某即铲除其地上附着物，被周永某起诉。一审法院认为，周永某并未与孙建某签订租赁合同，且现有证据并不能证实周永某有 2013 年的租赁权，所以其诉请不能支持。周永某上诉认为自己是承租人不是转承租人，且如果没有书面委托明示，他人代其签订的协议一律无效，这只能纵容被上诉人违法毁约和侵权。二审法院认为，本案孙建某与赵某属于不定期租赁，出租人随时可以要求解除租赁合同，周永某属于转租情形，转租期限不可以超过承租期限。因本案中转租为无效合同，所以周永某上诉于法无据，驳回上诉。

评析： 依据民法典第 717 条关于转租期限的规定，承租人在租赁期限内，经出租人同意，可以转租，但是转租期限不得超过租赁期限，超过部分对出租人不具有约束力。本案孙建某将土地租赁给赵某，双方未签订书面合同，租赁期限未约定，根据民法典第 707 条关于租赁期限六个月以上的，应当采用书面形式。当事人未采用书面形式的，视为不定期租赁、《合同法》第 232 条"……不定期租赁。当事人可以随时解除合同"及《最高人民法院关于审理城镇房屋租赁合同纠纷案件具体应用法律若干问题的解释》第 15 条"承租人经出租人同意将租赁房屋转租给第三人时，转租期限超过承租人剩余租赁期限的，人民法院应当认定超过部分的约定无效。但出租人与承租人另有约定的除外"等规定，本案转租期限超过租赁期限，超过部分无效，所以，一、二审法院对于周永某的诉请均未支持。

> ▶▶ **第七百一十八条**　出租人知道或者应当知道承租人转租，但是在六个月内未提出异议的，视为出租人同意转租。

条文要义

本条是对出租人对转租默示同意的规定。

出租人对承租人转租的默示同意，是指出租人知道或者应当知道承租人转租，超过异议期限而不反对，即发生同意转租的意思表示。承租人已经构成擅自转租，

---

① 审理法院：一审法院为甘肃省临洮县人民法院，案号：(2014) 临民二初字第 225 号；二审法院为甘肃省定西市中级人民法院，案号：(2014) 定中民三终字第 153 号。

自出租人知道或者应当知道之日起，出租人享有 6 个月的异议期，在 6 个月内可以提出异议。一经提出异议，转租即为无效。超出 6 个月异议期，出租人没有提出异议的，推定出租人默示同意转租，该转租合同有效，认可承租人和次承租人之间的转租合同的效力。

《合同法》没有规定出租人同意转租的推定规则，《最高人民法院关于审理城镇房屋租赁合同纠纷案件具体应用法律若干问题的解释》（法释〔2009〕11 号）第 16 条则针对房屋租赁合同作了规定。民法典第 718 条吸收了上述条款的合理规定，将该规则上升为法律规定，并将租赁物由房屋扩大至一般意义上的租赁物。虽然转租未事先经出租人同意，但是出租人明知转租情形后 6 个月内未提出异议，视为同意转租，这样能够合理平衡出租人、承租人、次承租人之间的利益。

案例评析

吴菊某与邹建某房屋租赁合同纠纷案①

案情：原告吴菊某租赁龙西股份合作社房屋后，又分别于 2010 年 1 月 6 日、2014 年 2 月 22 日、2017 年 1 月 11 日与被告邹建某签订租赁合同。2018 年 2 月 22 日，吴菊某发函不再同意续租合同，要求邹建某搬离租赁房屋，邹建某认为自己有优先租赁权，不同意搬离。一审法院认为，转租超过 6 个月，出租人未提异议视为同意，现转租期满，承租人吴菊某收回自用，并非对外转租，邹建某不能行使优先租赁权。邹建某上诉理由仍主张优先租赁权。二审法院认为，吴菊某与龙西股份合作社租赁合同明确约定不得转租，因而吴菊某转租无效，但主张无效的主体应是龙西股份合作社而不是邹建某；关于优先续租权，因吴菊某自用，本案不涉及优先续租权。

评析：依据民法典第 718 条的规定，承租人在租赁期限内转租，出租人知道或者应当知道的，在 6 个月内未提出异议，视为出租人同意转租。又，《最高人民法院关于审理城镇房屋租赁合同纠纷案件具体应用法律若干问题的解释》第 16 条规定，出租人知道或应当知道承租人转租，但在 6 个月内未提出异议，其以承租人未经同意为由请求解除合同或者认为转租合同无效的，人民法院不予支持。虽然民法典 716 条规定未经出租人同意，承租人转租无效，但是在未经出租人同意转租的情形下，如果符合本条的规定，视为出租人同意，这是为了维护市场交易秩序和合同交易的稳定性。

据此规定，本案主张转租合同无效的主体应是龙西股份合作社，而不是邹建某，所以邹建某主张合同无效的诉请没有得到法院支持。关于优先续租权，民法典第 734

条规定了承租人的优先续租权，本案中一、二审法院均以吴菊某自用为由驳回邹建某诉请。优先承租权的前提是出租人（也即本案的转租人吴菊某）将房屋另租的情形，而如果转租人吴菊某自用，则不涉及优先承租权问题。

▶▶ **第七百一十九条** 承租人拖欠租金的，次承租人可以代承租人支付其欠付的租金和违约金，但是转租合同对出租人不具有法律约束力的除外。

次承租人代为支付的租金和违约金，可以充抵次承租人应当向承租人支付的租金；超出其应付的租金数额的，可以向承租人追偿。

🏛 条文要义

本条是对承租人拖欠租金次承租人可以代缴的规定。

在转租合同的法律关系中，承租人对出租人承担缴纳租金义务，次承租人对转租人承担缴纳租金义务。承租人对出租人拖欠租金，属于根本违约，出租人当然可以起诉承租人要求解除合同。但是，由于存在转租关系，涉及次承租人的转租合同利益，如果因为承租人未缴纳租金而解除租赁合同，次承租人的转租合同将无处依附而消灭。因此规定，次承租人可以代承租人缴纳拖欠的租金和违约金，并可以以此作为抗辩理由进行抗辩，主张出租人不得解除合同。次承租人交纳的租金和违约金，其实是替承租人履行义务，因此，可以充抵次承租人应当向承租人支付的租金；超出次承租人应付的租金数额的，可以向承租人追偿。

《合同法》没有规定次承租人的代位求偿权，《最高人民法院关于审理城镇房屋租赁合同纠纷案件具体应用法律若干问题的解释》（法释〔2009〕11 号，已失效）第17 条针对房屋租赁作了规定。民法典第 719 条吸收了上述条款中的部分合理规定，并将租赁物由房屋扩大至一般意义上的租赁物，明确规定次承租人享有替代履行并向承租人追偿的权利。

📌 案例评析

孙红某、北京同仁堂山东医药连锁有限公司房屋租赁合同纠纷案[①]

案情： 原告孙红某将涉案房屋交付圣帝亚购物中心代为租赁经营。圣帝亚中心又将房屋租赁给同仁堂公司。孙红某以逾期交纳租赁费为由曾起诉圣帝亚中心，法院判决代租协议于 2017 年 1 月 1 日解除。孙红某起诉同仁堂公司要求其支付 2017 年 1 月 1 日至 2017 年 8 月 13 日的使用费。一审法院认为，同仁堂公司租赁合同合法有

---

① 审理法院：一审法院为山东省青岛市即墨区人民法院，案号：（2017）鲁 0282 民初 8242 号；二审法院为山东省青岛市中级人民法院，案号：（2018）鲁 02 民终 1169 号。

效，且已经交付至 2018 年 11 月 18 日的房屋租赁费，驳回孙红某诉请。孙红某上诉认为，圣帝亚中心与同仁堂公司转租部分无效，代租协议解除后，同仁堂使用期间的费用应予以支付。二审法院认为，同仁堂公司在代租协议解除后继续使用孙红某房屋应支付使用费，同仁堂公司可以在承担责任后向圣帝亚中心追偿。

评析：根据民法典第 719 条关于承租人代付租金的规定，在转租合同约束出租人的情况下，承租人拖欠出租人的租金等，次承租人可以代为支付租金和违约金，代为支付部分可以折抵租金，超过部分可以追偿。本案中，同仁堂公司曾作为第三人参与孙红某与圣帝亚中心的他诉中，应视为孙红某同时向圣帝亚购物中心、同仁堂即墨药店通知解除租赁合同。在租赁合同自 2017 年 1 月 1 日解除后，同仁堂公司应将租赁费交给孙红某，其向圣帝亚中心支付租赁费而扩大的损失应由其自行承担，其以已足额支付圣帝亚中心租金不存在过错为由，不向孙红某支付房屋占用费于法无据；同仁堂公司多支出的租金，可以依据《最高人民法院关于审理城镇房屋租赁合同纠纷案件具体应用法律若干问题的解释》第 17 条的规定向圣帝亚中心另行主张。

另外补充下，本条与第 716 条和第 718 条之间的关系，本条的前提性条件转租合法，在此种情况下，次承租人代承租人交付时可以适用本条。

> ▶▶ **第七百二十条** 在租赁期限内因占有、使用租赁物获得的收益，归承租人所有，但是当事人另有约定的除外。

🏛 条文要义

本条是对承租人享有租赁物收益的规定。

本条中的收益是指承租人因占有、使用租赁物而获得的效益。收益包括两类：一类是因为占有租赁物而产生的收益；一类是使用租赁物而产生的收益，如承租人从房屋租赁的转租中收取的超额租金，承租人租用汽车经营货物运输获得的收益，等等。除当事人在合同中另有约定外，租赁期间承租人占有使用租赁物获得的收益归承租人所有。这样规定是由租赁合同的性质决定的。租赁合同是出租人将租赁物交付承租人使用、收益，承租人支付租金的合同。这里不仅是使用还包括收益。在有些情况下，承租人重视的是租赁物的使用，租赁本身并不产生收益，如承租人为居住而租赁房屋、家具等；而在有些情况下，承租人租赁的直接目的就是收益，如为生产经营租赁机器设备、租赁房屋等。

占有、使用、收益，是承租人签订租赁合同使用租赁物的应有之义，是承租人通过租赁合同实现的合同目的。因此，承租人在租赁期限内对租赁物占有、使用中而使租赁物获得收益的，其收益的权属当然属于承租人所有。如果当事人在合同中另有约定，那就是另外一回事了，应当按照约定处理。

 **案例评析**

沈阳伯伦物业管理有限公司与刘春某、东北印刷厂房屋租赁合同纠纷案①

案情： 被告伯伦物业承租东北印刷厂的伯伦大厦后，将一楼 126 室转租给原告刘春某，2009 年 3 月 25 日双方订立租赁合同书一份，租期一年。2009 年 4 月 28 日，东北印刷厂发出通知，要求回收房屋，由沈阳公司经营。刘春某即与沈阳公司办理租赁事宜，但交给伯伦公司的租赁费，未予以退还。刘春某起诉伯伦物业要求返还租金。一审法院认为，伯伦物业与东北印刷厂合同 2008 年 12 月 31 日到期，之后变为不定期租赁，2009 年 4 月 28 日东北印刷厂收回房产，伯伦物业不再具有对外出租权利，其多收取的租金应予以退还。伯伦物业上诉主张其出租时具有承租权，其收取租金移交给东北印刷厂，应由东北印刷厂返还租金。二审法院认为，伯伦物业在 2009 年 4 月 28 日之后丧失转租权，因而也就不能再享有收取租金的权益，从而驳回其上诉。

评析： 民法典第 720 条基本延续了《合同法》第 225 条，对承租人享有租赁物收益作出了规定。根据民法典第 720 条关于承租人收益的规定，在承租期间，除合同另有约定外，租赁收益应归承租人所有。但是租赁期限届满后，承租人无权再收取承租利益，否则就会变成不当得利。《合同法》第 225 条明确规定，在租赁期限内因占有、使用租赁物获得的收益，归承租人所有，但当事人另有约定的除外。在 2009 年 4 月 28 日之前，伯伦物业可以收取租金，但是之后因其丧失承租权后，对于丧失之前多收取的租金没有保有的依据，应退还给刘春某。

> ▶▶ **第七百二十一条** 承租人应当按照约定的期限支付租金。对支付租金的期限没有约定或者约定不明确，依据本法第五百一十条的规定仍不能确定，租赁期限不满一年的，应当在租赁期限届满时支付；租赁期限一年以上的，应当在每届满一年时支付，剩余期限不满一年的，应当在租赁期限届满时支付。

🏛 条文要义

本条是对承租人按期支付租金的规定。

租金，是承租人使用、收益租赁物的对价，一般以金钱计算，但当事人约定以租赁物的孳息或其他物品充当租金的也可以。

---

① 审理法院：一审法院为辽宁省沈阳市和平区人民法院，案号：（2011）沈和民二初重字第 00027 号；二审法院为辽宁省沈阳市中级人民法院，案号：（2014）沈中民二终字第 569 号。

　　租金的数额由当事人自行约定，但法律对租金数额有特别规定的，应依法律的规定；当事人约定的租金高于法律规定的最高限额的，其超过部分为无效。承租人支付租金应依当事人约定的数额交付。租金虽为租赁物使用、收益的代价，但在因承租人自己的事由而致不能对租赁物的一部或全部为使用、收益的，不能免除或部分免除承租人交付租金的义务，仍应按约定的数额交付租金。由于承租人的原因致租赁物全部毁损灭失的，当事人之间的租赁合同终止，承租人应负损害赔偿责任，但其交付租金的义务应当终止。

　　承租人支付租金应当按照约定的支付期限进行。租金支付期限的确定方法是：

　　1. 承租人应当按照约定的期限支付租金，约定的支付期限必须遵守。

　　2. 租赁合同对支付期限没有约定或者约定不明确，依据民法典第 510 条的规定，当事人可以补充协议，按照补充协议确定支付期限。

　　3. 补充协议仍不能确定的，支付期限的确定办法是：租赁期限不满 1 年的，应当在租赁期限届满时支付；租赁期限在 1 年以上的，应当在每届满 1 年时支付，剩余时间不满 1 年的，应当在租赁期限届满时支付。

案例评析

新疆惠民房地产开发有限责任公司奇台分公司与新疆奇果农业开发有限公司房屋租赁合同纠纷案[①]

案情： 2014 年 3 月 26 日，被告奇果公司与原告惠民公司签订了 2 份商铺租赁合同，约定租金一次性交纳 107 050 元，但是奇果公司并未一次性交纳而是于 2014 年 3 月 26 日至 2016 年 12 月 2 日，分五次合计交纳租金 80 000 元。因未足额交付租金，2016 年 12 月 20 日惠民公司上锁封门，并提起诉讼，要求奇果公司支付租金。一审法院认为，双方实际履行过程中已经变更租金支付方式，在未达成合意的情况下，按实际租用时间计算租金。惠民公司上诉认为，一审判决适用《合同法》第 226 条属于适用法律错误，奇果公司构成违约应支付违约金。二审法院认为，奇果公司在惠民公司锁门后未再使用，租金不应再继续支付；但是奇果公司超过租赁期限支付租金，构成违约，应支付违约金。

评析： 民法典第 721 条基本延续了《合同法》第 226 条，对承租人按期支付租金作出了规定。根据民法典第 721 条关于租金支付的规定，在承租期限内，租金支付期限按照双方约定确定，没有约定或者约定不明，如果按照《合同法》第 226 条（民法典第 510 条作出相同规定）仍无法确定的情况下，按年为一个交付周期，不满 1 年的，应当在租赁期限届满时支付。本案关键在于双方关于租期约定是否明确，一审

---

　　① 审理法院：一审法院为新疆维吾尔自治区奇台县人民法院，案号：（2018）新 2325 民初 2595 号；二审法院为新疆昌吉回族自治州中级人民法院，案号：（2019）新 23 民终 905 号。

法院认为虽然合同中有明确约定，但是后续履行过程中，发生了变更，视为约定不明，奇果公司按年度交付租金，并没有违约；二审法院对此问题虽然没有明确，但是从其判决结果来看，认为奇果公司需要赔偿违约金，意味着否认了一审判决的认定。

> ▶▶第七百二十二条　承租人无正当理由未支付或者迟延支付租金的，出租人可以请求承租人在合理期限内支付；承租人逾期不支付的，出租人可以解除合同。

🏛 条文要义

本条是对承租人违反支付租金义务的规定。

承租人按期支付租金是其义务。承租人没有正当理由，未支付或者迟延支付租金的，构成违约行为。所谓正当理由包括下列几种情况：一是不可抗力或意外事件，使租赁物部分或者全部毁损、灭失的，承租人已无法对租赁物使用、收益，承租人可以请求不支付租金。二是因出租人没有履行义务，如交付的租赁物不符合约定的使用要求；在租赁期间租赁物出现质量问题，出租人不尽维修义务的。三是因承租人本身发生一些意外事件致使其暂时无力支付租金。例如，用于居住的房屋租赁的承租人因生重病住院，经济上出现暂时困难，无力支付到期租金。在这种情况下，承租人可以请求适当延缓交付。

承租人无正当理由未支付或迟延支付租金是一种违约行为，要承担一定的违约责任，但出租人并不一定要马上解除合同。为了保持合同的稳定性，出租人可以通知承租人，要求其在合理的期限内支付。该合理期限应当根据到期租金的数额、承租人的支付能力以及出租人的经济状况等因素来确定。承租人经催告后在合理的期限内仍不支付租金的，出租人可以解除合同。因此，出租人救济违约后果的方法是：

1. 催告。承租人未支付租金或者迟延支付租金，出租人对承租人进行催告，采用通知的方式，请求承租人在合理期限内支付租金，合理期限是宽限期，如3个月。

2. 在出租人催告中提出的宽限期内，承租人仍不支付租金的，出租人产生解除权，可以解除合同。一经行使解除权，该租赁合同即告解除。

🔍 案例评析

防城港市煜丰投资管理有限公司与防城港市公安消防支队
房屋租赁合同纠纷案①

案情： 2010年，原告、被上诉人消防支队将一栋房屋租赁给壹号公馆公司，

---

① 审理法院：一审法院为广西壮族自治区防城港市港口区人民法院，案号：（2017）桂0602民初332号；二审法院为广西壮族自治区防城港市中级人民法院，案号：（2017）桂06民终1110号。

2013 年 10 月 11 日，消防支队同意壹号公馆公司转租给煜丰公司（被告、上诉人），后煜丰公司拖欠租金，消防支队提起诉讼。一审法院认为，消防支队在租赁期限内多次催告，煜丰公司至今未支付租金，但是转租协议合同主体不是消防支队，所以其不能主张解除合同。煜丰公司上诉认为，其不支付租金有正当理由并得到消防支队同意，不存在无正当理由不支付租金的情形。二审法院认为，消防支队与壹号公馆公司协议，因不足额及时支付租金，消防支付已经登报解除，双方租赁协议书已经解除，煜丰公司上诉理由不成立。

评析：民法典第 722 条基本延续了《合同法》第 227 条，对承租人违反支付租金义务作出了规定。民法典第 722 条规定了租金未支付、迟延支付和逾期不支付租金的规则，租赁合同承租人的主要义务是支付租赁费，如果承租人无正当理由，未支付或者迟延支付租金的，且在合理期限内承租人逾期不支付的，出租人可以解除合同。《合同法》第 227 条也规定承租人逾期支付租金，出租人可以解除合同。本案中，虽然有转租情形的存在，但是壹号公馆公司拖欠租金，在出租人消防支队多次催告后，仍不支付租金，煜丰公司虽然主张代壹号公馆公司支付租金，但是并无诚意实际履行，此种情形下，消防支队诉请解除合同，合理合法。

> ▶▶**第七百二十三条** 因第三人主张权利，致使承租人不能对租赁物使用、收益的，承租人可以请求减少租金或者不支付租金。
>
> 第三人主张权利的，承租人应当及时通知出租人。

🏛 条文要义

本条是对租赁物权利瑕疵担保责任的规定。

出租人的权利瑕疵担保责任，是指出租人应担保不因第三人对承租人主张权利而使承租人不能依约使用、收益租赁物的责任。如果出租人未经租赁物的所有权人或处分权人许可即出租他人之物，或者租赁物因受其他用益物权的限制，致使承租人事实上不能对租赁物为使用、收益的，即发生出租人承担权利的瑕疵担保责任问题。

出租人权利瑕疵担保责任的构成要件是：（1）有第三人就租赁物向承租人主张权利的事实发生。（2）第三人就租赁物向承租人所主张的权利发生于租赁物交付之前，妨害了承租人对租赁物的使用、收益。（3）承租人于合同订立时不知有权利瑕疵存在。（4）承租人在第三人主张权利时及时通知了出租人。承租人未通知的，构成违约责任。

出租人承担权利的瑕疵担保责任的，承租人可以请求减少价金或者不支付价金。其中不支付价金，既包括暂时不支付价金，也包括解除租赁合同而终局地不支付价金。

案例评析

隆昌县佳鑫陶瓷有限公司、郑兴某租赁合同纠纷案①

案情： 原告佳鑫公司将租赁石燕桥镇政府的土地出租给被告郑兴某，郑兴某租赁后，遭到佳鑫公司债权人的阻挠（包括断电、断路等），无法正常使用，郑兴某随后一直未使用佳鑫公司提供的厂房，之后该租赁物被强制执行。佳鑫公司提起诉讼要求郑兴某支付租赁费等费用。一审法院认为，债权人的行为并未导致郑兴某不能使用该租赁物，即便有，郑兴某也没有尽到通知出租人的义务，所以郑兴某的该抗辩法院不支持。佳鑫公司上诉认为，郑兴某还应支付 2016 年 9 月 6 日至 2017 年 7 月31 日的租金，郑兴某上诉认为合同无效，且是第三人行为导致承租人无法使用租赁物。二审法院认为，租赁厂房在政府协调下，郑兴某同意继续履行合同、使用租赁物，并且在案涉租赁场地修建了围墙，安装了部分机器设备。郑兴某使用了佳鑫公司的租赁房屋，应向佳鑫公司支付租赁费。

评析： 民法典第 723 条基本延续了《合同法》第 228 条，对租赁物权利瑕疵担保责任作出了规定。根据民法典第 723 条关于租赁物的权利瑕疵的规定，出租人出租租赁物应当保证其是租赁物的所有权人或者有权处分人，并且保证租赁物不存在不符合租赁合同承租人承租目的的阻碍，如果出现出租人系无权处分人或者第三人主张权利导致承租人使用租赁物不能的情形，出租人是存在过错的，需要承担责任，责任后果是承租人可以请求减少租金或者不付租金，严重情形可以主张解除，但是需要注意承租人有及时通知出租人的义务，以便于出租人及时涤除阻却情形；如果因为承租人没有及时，则对于扩大的损失，承租人是不能向出租人进行主张的。

本案中，郑兴某作为承租人在使用租赁物过程中，存在有第三人阻挠等阻却租赁物使用的情形，但是该情形在政府协调后已经解决，郑兴某也同意继续履行合同、使用租赁物，并且还在案涉租赁场地修建了围墙，安装了部分机器设备，此种情况下，阻却其使用租赁物的情形已经消除，其以之前的阻却行为为由，期望不支付租赁费是没有法律和合同依据的，最终法院判令郑兴某仍需按照合同约定支付租金。

> ▶▶第七百二十四条　有下列情形之一，非因承租人原因致使租赁物无法使用的，承租人可以解除合同：
> （一）租赁物被司法机关或者行政机关依法查封、扣押；
> （二）租赁物权属有争议；
> （三）租赁物具有违反法律、行政法规关于使用条件的强制性规定情形。

---

① 审理法院：一审法院为四川省隆昌市人民法院，案号：（2017）川 1028 民初 2712 号；二审法院为四川省内江市中级人民法院，案号：（2019）川 10 民终 418 号。

🏛 条文要义

本条是对承租人法定解除权事由的规定。

承租人产生法定解除权的原因是，非因承租人的原因使租赁物无法使用，构成根本违约，因此承租人产生法定解除权。

承租人产生法定解除权的事由如下。

1. 在租赁过程中，司法机关或者行政机关依法查封、扣押了租赁物，承租人无法使用，承租人可以请求解除。租赁物因依法查封、扣押而使承租人无法使用租赁物，使其合同目的不能实现，因而属于出租人根本违约，当然承租人可以解除合同。

2. 租赁物出现了权属争议，租赁物到底是谁的都不知道，承租人当然可以要求解除合同。这样的争议，也会使承租人订立的合同目的不能实现，可以解除合同，另寻他法解决自己的租赁物使用问题，而不是静等权益争议的发展。

3. 租赁物违反《建筑法》《消防法》等法律、行政法规的强制性规定。

在上述三种情况下，租赁物没有适住条件，承租人享有解除权，可以行使解除权，解除租赁合同。

《合同法》没有规定承租人的法定解除权，而《最高人民法院关于审理城镇房屋租赁合同纠纷案件具体应用法律若干问题的解释》（已废止）第 8 条针对房屋租赁进行了规定。民法典第 724 条吸收了上述条款中的合理规定，并将租赁物由房屋扩大至一般意义上的租赁物，明确规定了承租人的法定解除权，其适用条件增加了"非因承租人原因"的限定性条件，更加合理。

🟤 案例评析

上海凌银实业有限公司与胡某某房屋租赁合同纠纷案[①]

案情： 凌银公司（被告）租赁上海市闸北区糖业烟酒公司经营性房屋，并于 2011 年 3 月 3 日与胡某某（原告）签订租赁合同。因凌银公司不能提供房产证，胡某某不能办理营业执照被行政处罚。双方就合同解除及赔偿事宜未达成一致，胡某某起诉要求解除合同，赔偿损失；凌银公司反诉要求胡某某支付租金、赔偿损失。一审法院认为，双方合同已经协商解除；判令凌银公司返还保证金。凌银公司上诉认为合同解除是因为胡某某的原因，其应该承担责任。二审法院认为，因凌银公司原因而致胡某某不能实现租赁目的的情况下，胡某某有权主张解除合同；双方于 2011 年 9 月 8 日协商解除。因合同解除主要原因在于凌银公司，但胡某某对系争租赁物是否能够满足租赁目的未作审慎核查，对合同的解除亦有一定责任。

---

① 审理法院：一审法院为上海市闸北区人民法院，案号：（2012）闸民三（民）初字第 472 号；二审法院为上海市第二中级人民法院，案号：（2013）沪二中民二（民）终字第 489 号。

评析：依据民法典第 724 条关于承租人解除权的规定，如果因为非承租人的原因致使租赁物无法使用，承租人可以解除合同。该条列举了三种情形：司法或者行政查封；权属有争议；违反法律、行政法规关于使用条件的强制性规定。本案应属于第三种情形，即租赁物具有违反法律、行政法规关于使用条件强制性规定情形。胡某某因为凌银公司不能提供房产证而无法办理营业执照，不能从事市场经营活动，这是合同解除的主要原因，但胡某某未作审慎核查，对合同的解除亦有一定责任，对于合同解除双方均有过错。

▶▶ **第七百二十五条** 租赁物在承租人按照租赁合同占有期限内发生所有权变动的，不影响租赁合同的效力。

🏛 条文要义

本条是对买卖不破租赁的规定。

买卖不破租赁，是租赁权物权化的体现，是指在租赁合同存续期限内，承租人对租赁物的占有和使用可以对抗第三人，即使该租赁物所有权人或享有其他物权的人也不例外。我国确认租赁权的对抗效力，不论房屋租赁要求进行登记备案是否妥当，但经由登记备案，承租人的租赁权即可具有对抗的效力。无论是需要进行登记的租赁还是不需要进行登记的租赁，无论是动产租赁还是不动产租赁，租赁权都具有对抗效力。承租人可以基于租赁权对第三人主张排除妨害请求权。

适用买卖不破租赁的条件是：(1) 租赁合同成立并且已经生效；(2) 租赁物已经交付给承租人，被承租人实际占有；(3) 租赁物的所有权变动发生在租赁期限内；(4) 出租人或者租赁物的所有人将租赁物所有权让与给了第三人。具备上述条件，即使租赁物的买受人不知道该租赁合同的存在，租赁关系仍然能够对抗该买受人，租赁关系对买受人具有拘束力。

租赁房屋在租赁期限内发生所有权变动，承租人请求房屋受让人继续履行原租赁合同的，符合买卖不破租赁原则要求，应予支持。例外的是：(1) 当事人另有约定，依照约定；(2) 房屋在出租前已设立抵押权，因抵押权人实现抵押权发生所有权变动；(3) 房屋在出租前已被人民法院依法查封。上述三种情形，都不适用买卖不破租赁规则。

🔖 案例评析

宝鸡九华控股集团有限公司与宝鸡市花样年华餐饮有限公司
房屋租赁合同纠纷案[①]

案情： 2008 年 3 月 13 日，假日酒店与花样公司（本案被告）签订租赁合同，租

---

① 审理法院：一审法院为陕西省渭滨区人民法院，案号：(2014) 渭滨民初字第 01233 号；二审法院为陕西省宝鸡市中级人民法院，案号：(2015) 宝中民三终字第 00019 号。

赁期限为 2008 年 3 月 1 日至 2014 年 3 月 30 日。2011 年 6 月 10 日，假日酒店与九华公司（本案原告）签订补充合同，将房屋抵债给九华公司。因花样公司不支付租赁费，被九华公司起诉到法院。一审法院认为，买卖不破租赁，但承租人应当支付租金，并且在租赁期满后需要返还租赁物。二审法院认为，租赁物在租赁期限内发生所有权变动的，不影响租赁合同的效力。受让人在受让该租赁物的所有权时与承租人产生了租赁合同关系，成为一个新的出租人。九华公司取得产权的时间是 2012 年 5 月 30 日，所以花样公司应支付自 2012 年 6 月后的租赁费及使用费，租赁期满后应依法返还租赁房产。

评析：民法典第 725 条基本延续《合同法》第 229 条，对买卖不破租赁作出了规定。根据民法典第 725 条关于所有权变动后的合同效力的规定，租赁物在承租人依据租赁合同占有期限内发生所有权变动的，不影响租赁合同的效力，也即是俗称的买卖不破租赁。租赁物在租赁期限内发生所有权变动，不对租赁关系产生影响，承租人需要向新出租人交付租赁费。另外租赁期满，根据《最高人民法院关于审理城镇房屋租赁合同纠纷案件具体应用法律若干问题的解释》（现已废止）第 18 条的规定，房屋租赁合同履行期限届满，出租人有权请求负有腾房义务的承租人支付逾期腾房占有使用费。本案亦是如此，花样公司需要向九华公司支付租期内的租金以及租期届满后继续占用的使用费。

> ▶▶ **第七百二十六条** 出租人出卖租赁房屋的，应当在出卖之前的合理期限内通知承租人，承租人享有以同等条件优先购买的权利；但是，房屋按份共有人行使优先购买权或者出租人将房屋出卖给近亲属的除外。
>
> 出租人履行通知义务后，承租人在十五日内未明确表示购买的，视为承租人放弃优先购买权。

🏛 条文要义

本条是对出租人出卖租赁房屋，承租人享有优先购买权的规定。

承租人的优先购买权，是指当出租人出卖承租人租赁的房屋时，承租人在同等条件下，依法享有优先于其他人而购买房屋的权利。承租人的优先购买权依法产生，只属于特定人享有，具有专属性，承租人不能将该权利转让给他人享有。

承租人只有在特定的法律事实出现时才可以行使：一是承租人的优先购买权发生于出租人转让房屋所有权时。二是出租人出卖租赁房屋应为通知义务，承租人应当在接到通知的 15 天之内行使优先购买权。三是承租人仅在同等条件下享有优先购买权。同等条件是指价格的同一，主要是指出价，包括价格、交付房价期限、方式等，至于所出售房屋的部位、数量应无区别。如果出租人基于某种特殊原因给予了其他买受人一种较优惠的价格，而此种优惠能以金钱计算，则应折合金钱加入价格中；如果不能以金钱计算，则应以市场价格来确定房价。

对抗承租人优先购买权的事由是：第一，房屋按份共有人行使优先购买权的，依照物权优先原则，可以对抗承租人的优先购买权；第二，出租人将房屋出卖给其近亲属，包括配偶、父母、子女、兄弟姐妹、祖父母、外祖父母、孙子女、外孙子女的，其近亲属的购买权优先。第三，承租人放弃优先购买权，即出租人履行通知义务后，承租人在 15 日内未明确表示购买的，视为承租人放弃优先购买权。

与《合同法》第 230 条规定相比，本条增加的新规则如下。

1. 房屋按份共有人行使优先购买权，可以对抗承租人优先购买权。原因是，按份共有人的优先购买权是基于物权产生的优先购买权，承租人的优先购买权是基于债权产生的优先购买权。根据物权优先于债权的效力规则，按份共有人的优先购买权优先于承租人的优先购买权。

2. 出租人的近亲属享有优先购买权，优先于承租人优先购买权。《最高人民法院关于审理城镇房屋租赁合同纠纷案件具体应用法律若干问题的解释》第 24 条第 2 项规定，出租人的近亲属之子有优先购买权，虽然该司法解释已经废止，本条规定承租人不得对抗出租人的近亲属行使优先购买权，实质上默认了出租人的近亲属享有优先购买权。

3. 承租人优先购买权的行使期限。出租人履行通知义务后，承租人在 15 日内未明确表示购买的，视为承租人放弃优先购买权。这一期限是除斥期间，是不变期间，期限届满，权利人未行使权利的，权利消灭。

出租人近亲属的优先购买权，是对抗承租人的优先购买权的权利。值得研究的是，出租人近亲属的优先购买权能否对抗共有人的优先购买权，目前未见有规定。笔者认为，近亲属的优先购买权可以对抗承租人的优先购买权，是因为承租人的优先购买权是债权性质，相比之下，近亲属的优先购买权更重要；可是，共有人的优先购买权属于物权性质，如果以近亲属的亲情相对抗，显然不具有对抗性，因此，近亲属的优先购买权不能对抗共有人的优先购买权。

🔖 案例评析

杨尾某与湖北中信鑫鑫置业开发有限公司房屋租赁合同纠纷案①

案情：2014 年 4 月 4 日，王天某与中信公司签订《房屋租赁合同》，租赁期限自 2014 年 4 月 8 日起至 2017 年 4 月 7 日止。2016 年 11 月 8 日，中信公司将房屋转让给王玉某和陶月某。王天某与杨尾某（原告）2016 年 2 月 17 日离婚，杨尾某为实际

---

① 审理法院：一审法院为湖北省武汉市武昌区人民法院，案号：（2018）鄂 0106 民初 7594 号；二审法院为武汉市中级人民法院，案号：（2018）鄂 01 民终 10232 号。

使用人。杨尾某一审起诉要求行使承租人优先购买权。一审法院认为，杨尾某并非租赁合同主体，不能行使优先购买权。杨尾某上诉主张其与租赁合同签订主体是夫妻关系，且一直经营使用，应为合同相对人。二审法院认为杨尾某与王天某离婚协议是其内部协议，不能因此就改变租赁合同的主体，其不是租赁合同相对人，不能行使优先购买权。

评析：依据民法典第726条关于承租人优先购买权的规定，承租人优先购买权具有一定的人身特定性，只能是承租人享有，其他人不享有。该条的规定也是为了避免实践中出现不必要的纠纷而规定的，因为如果出租人出租房屋不通知承租人，致使承租人不能行使优先购买权，那么出租人（出卖人）、买受人、承租人很可能出现出租人拿不到房款、承租人拿不到房屋、承租人被买受人催促搬离或归还租赁物而不能继续使用租赁物，由此产生纠纷。因而本条规定出租人出卖租赁房屋需在合理期限内通知承租人，承租人在同等条件下享有优先购买权，但是承租人在15日内未明确表示购买，视为放弃优先购买权；若出租人未尽通知义务，则承租人可以根据《最高人民法院关于审理城镇房屋租赁合同纠纷案件具体应用法律若干问题的解释》第21条规定，要求出租人承担赔偿责任。但请求确认出租人与第三人签订的房屋买卖合同无效的，人民法院不予支持。同时，需要明确该条是赋予承租人的权利，根据合同相对性，不是租赁合同主体的不能主张该权利。另外，需要注意承租人的优先购买权不优先于房屋按份共有人和出租人近亲属。

本案中，杨尾某并非租赁合同主体，离婚协议是其内部约定，不能改变外部的租赁合同关系，所以，其不符合法律规定优先购买权的行使主体。

> ▶▶**第七百二十七条**　出租人委托拍卖人拍卖租赁房屋的，应当在拍卖五日前通知承租人。承租人未参加拍卖的，视为放弃优先购买权。

🏛 条文要义

本条是对拍卖租赁物承租人行使优先购买权的规定。

出租人委托拍卖人拍卖租赁房屋时，无法像用一般买卖方式出让租赁房屋那样，以通知的方式通知承租人。对此，《最高人民法院关于审理城镇房屋租赁合同纠纷案件具体应用法律若干问题的解释》第23条规定："出租人委托拍卖人拍卖租赁房屋，应当在拍卖5日前通知承租人。承租人未参加拍卖的，人民法院应当认定承租人放弃优先购买权。"本条吸收了上述司法解释规定，明确承租人未参加拍卖的，构成放弃优先购买权。

《合同法》没有规定拍卖租赁物时承租人如何行使优先购买权，而《最高人民法院关于审理城镇房屋租赁合同纠纷案件具体应用法律若干问题的解释》（法释

〔2009〕11号）第23条针对租赁房屋的拍卖进行了规定。民法典第727条借鉴了这一司法解释规定的意旨，进行了规定，并将租赁物由房屋扩大至一般意义上的租赁物。

出租人委托拍卖行对出租房屋进行拍卖时，应当在拍卖的5日前，以通知方式通知承租人，承租人主张购买出租房屋的，应当参加拍卖，通过竞买的方式实现自己的权利。由于在竞买中不存在优先购买权的问题，仍然是出价高者获得购买的资格，因而通知了优先购买权人参加拍卖，就是进行了通知；优先购买权人参加了竞买，就是行使了自己的优先购买权。如果经通知后承租人未参加拍卖，应当认定承租人放弃优先购买权，该权利消灭，不得再主张优先购买权。

案例评析

贵阳市花溪机械塑料厂与魏某房屋租赁合同纠纷案①

案情： 原告花溪塑料厂与被告魏某签订房屋租赁合同，2012年合同到期后没有续订合同，但是魏某一直使用租赁房屋。2014年1月3日花溪塑料厂发出合同到期后不再续租的通知。双方经协调，约定租赁期限至2015年6月。2014年8月13日花溪塑料厂委托拍卖该房屋，但花溪塑料厂未书面通知魏某拍卖事宜。后房屋由曾某英购买，但房屋未办理登记过户手续。后因魏某未交房租，花溪塑料厂起诉要求房租，魏某反诉主张优先购买权和赔偿损失。一审法院认为，花溪塑料厂侵害魏某的优先购买权，应赔偿损失，酌情10万元。花溪塑料厂上诉认为不存在侵害魏某优先购买权问题。二审法院认为，花溪塑料厂在拍卖之前未在合理期限内通知魏某，侵害其优先购买权，应赔偿损失。

评析： 依据民法典第727条关于拍卖情形下承租人优先购买权的规定，出租人委托拍卖情形下，不存在优先购买权的问题，仍然是谁出价高谁得，只是在承租人与其他竞买者出价相同的情况下，承租人优先购买；考虑到拍卖的时限性规定，本条规定，出租人应在拍卖5日前通知承租人。承租人如果想要购买的话，则需要参加竞卖，否则视为放弃优先购买权。承租人未参加拍卖的，视为放弃优先购买权。

本案中，虽然花溪塑料厂在贵阳市公共资源交易监管网上发布了转让公告，但因网络信息的指向对象并不具有针对性、唯一性和专向性，并不足以作为认定其根据法律规定将涉案门面拟出售的情况有效地通知到承租人魏某，根据本条规定和《最高人民法院关于审理城镇房屋租赁合同纠纷案件具体应用法律若干问题的解释》第23条和第21条的规定，花溪塑料厂未依法通知的行为构成侵权，侵害了魏某的

---

① 审理法院：一审法院为贵州省贵阳市花溪区人民法院，案号：（2015）花民重字第64号；二审法院为贵州省贵阳市中级人民法院，案号：（2016）黔01民终4740号。

拍卖优先购买权，但是拍卖已为既成事实，花溪塑料厂需要承担赔偿责任。

▶▶ **第七百二十八条** 出租人未通知承租人或者有其他妨害承租人行使优先购买权情形的，承租人可以请求出租人承担赔偿责任。但是，出租人与第三人订立的房屋买卖合同的效力不受影响。

🏛 条文要义

本条是对出租人侵害承租人优先购买权救济的规定。

出租人违反义务侵害承租人的优先购买权的，主要是未通知承租人，以及其他妨害承租人行使优先购买权的行为。当构成出租人侵害承租人优先购买权时，其救济方式是对抗出租人与买受人买卖合同的效力，还是其他形式的后果，在实践中存在争议。

最高人民法院在司法解释中规定其救济方式是损害赔偿，而不是必须保障承租人优先购买。《最高人民法院关于审理城镇房屋租赁合同纠纷案件具体应用法律若干问题的解释》（已失效）第 21 条规定："出租人出卖租赁房屋未在合理期限内通知承租人或者存在其他侵害承租人优先购买权情形，承租人请求出租人承担赔偿责任的，人民法院应予支持。但请求确认出租人与第三人签订的房屋买卖合同无效的，人民法院不予支持。"这样规定的理由是，承租人的优先购买权基于租赁债权而产生，与基于物权而产生的共有人的优先购买权不同。

《合同法》对此没有规定，本条借鉴上述司法解释的相关规定，制定了下列新规则：如果出租人未通知承租人，或者有其他妨害承租人行使优先购买权的情形，构成侵害承租人的优先购买权。对这种侵权后果的救济方式，是承租人可以请求出租人承担赔偿责任，对承租人造成的实际损失承担赔偿责任。对出租人与第三人订立的房屋买卖合同，由于对承租人受损害采取赔偿责任的方式进行救济，而不是保障承租人优先购买，因此，出租人与第三人买卖合同的效力不受影响。

📌 案例评析

林天某、郏县农村信用合作联社合同纠纷案①

案情：2015 年 9 月 25 日，被告郏县农信社与原告林天某签订房屋租赁协议，2015 年 12 月 31 日租期满后，双方未续租，但是林天某一直使用房屋。2017 年 5 月

---

① 审理法院：一审法院为河南省郏县人民法院，案号：（2018）豫 0425 民初 60 号；二审法院为河南省平顶山市中级人民法院，案号：（2018）豫 04 民终 2948 号。

10 日，郏县农信社将涉案房屋出卖给第三人林某国，并签订房产转让协议。林天某起诉郏县农信社主张优先购买权，要求农信社承担赔偿责任。一审法院认为，房屋无合法产权，租赁合同为无效合同，林天某主张优先购买权无法律依据。林天某上诉主张确认林某国、郏县农信社之间的买卖协议无效，保护林天某的优先购买权。二审法院认为，案涉房屋无合法手续，所以租赁合同无效，且上诉人无权主张郏县农信社与林某国间买卖合同无效。

评析： 依据民法典第 728 条关于出租人未尽通知义务法律后果的规定，出租人未通知，承租人优先购买权无法行使，其权益受到损害，其可以向出租人主张损害赔偿责任；同时该条又规定，承租人可以主张损害赔偿责任，但不能主张出租人与第三人的合同无效，主要是出租人的出卖行为虽然侵害了承租人的合法权益，但是在现有法律规定下，并不妨碍其租赁权的行使，而且出租人与第三人的合同如果不存在法律规定无效情形，不能因此而认定为无效。

本案中，林天某是否具有优先购买权需要看其租赁合同合法有效与否，本案案涉房屋为违法建筑，租赁合同本身无效，自然也不存在承租人优先购买权问题。又根据《最高人民法院关于审理城镇房屋租赁合同纠纷案件具体应用法律若干问题的解释》第 21 条的规定，即便林天某优先购买权存在，但是在房屋已经出卖的情况下，其主张出租人与第三人合同无效，是没有法律依据的，在此种情况下，人民法院驳回其诉讼主张。

> ▶▶ **第七百二十九条** 因不可归责于承租人的事由，致使租赁物部分或者全部毁损、灭失的，承租人可以请求减少租金或者不支付租金；因租赁物部分或者全部毁损、灭失，致使不能实现合同目的的，承租人可以解除合同。

🏛 条文要义

本条是对租赁期限内租赁物意外灭失风险负担规则的规定。

租赁物的意外灭失风险负担，即当由于不可归责于承租人和出租人双方当事人的事由，致使租赁物部分或全部毁损、灭失的法律后果。自罗马法以来就形成了由物之所有人负担风险，即"不幸事件只能落在被击中者头上"的法律观念，出租人应负担此种情形下标的物毁损、灭失的风险。

出现不可归责于承租人事由，致使租赁物部分或者全部毁损、灭失的，除了风险由出租人负担外，对于承租人而言，可以适用的救济方法是：

1. 承租人可以请求减少租金或者不支付租金，出租人应当准许。

2. 因租赁物部分或者全部毁损、灭失，致使不能实现合同目的的，承租人可以解除合同，既可以协商解除，也可以单方解除。

案例评析

孙彦某与单县龙王庙镇人民政府租赁合同纠纷案①

案情： 为繁荣龙王庙镇经济，2006 年 3 月 13 日，原告孙彦某与被告龙王庙镇政府签订《合同书》一份，孙彦某在租赁土地上投资建设，2011 年 9 月 14 日，龙王庙镇政府通知孙彦某租赁的土地要进行复耕，孙彦某不同意，之后土地上建筑被强拆。孙彦某要求继续履行合同，赔偿损失。一审法院认为，孙彦某有权要求继续履行，但是土地已经被村民耕种，属于履行不能，关于赔偿损失，因其不申请鉴定，证据不足，不予支持。孙彦某上诉认为，其可以再行自建，可以履行，损失已经举证，不需要鉴定。二审法院认为，继续履行已事实不能，孙彦某可以主张违约责任，对于部分损失，二审法院予以认定。

评析： 民法典第 729 条基本延续了《合同法》第 231 条，对租赁期限内租赁物意外灭失风险负担规则作出了规定。依据民法典第 729 条的规定，如果因不可归责于承租人的原因导致租赁物部分或全部灭失、毁损的，承租人可以减付或不付租金，致使合同目的不达的，可以解除合同。本案中，依据《中华人民共和国合同法》第 231 条之规定："因不可归责于承租人的事由，致使租赁物部分或者全部毁损、灭失的，承租人可以要求减少租金或者不支付租金；因租赁物部分或者全部毁损、灭失，致使不能实现合同目的的，承租人可以解除合同。"根据以上有关第一个焦点问题的分析，涉案租赁合同已经不适宜继续履行，故龙王庙镇政府应当退还孙彦某尚未履行的租赁期所对应的租金并赔偿资金占用期间的损失。

▶▶ **第七百三十条**　当事人对租赁期限没有约定或者约定不明确，依据本法第五百一十条的规定仍不能确定的，视为不定期租赁；当事人可以随时解除合同，但是应当在合理期限之前通知对方。

🏛 条文要义

本条是对不定期租赁解除权的规定。

租赁合同通常是定期租赁合同，存在租赁期限。不定期租赁合同表现为三种情形：（1）租赁合同当事人明确约定是不定期租赁；（2）当事人在租赁合同中对租赁期限没有约定；（3）当事人在租赁合同中对租赁期限有约定，但是约定不明确，依据民法典第 510 条关于补充协商的规定仍不能确定的，视为不定期租赁。

---

① 审理法院：一审法院为山东省菏泽市中级人民法院，案号：（2011）菏民三初字第 36 号；二审法院为山东省高级人民法院，案号：（2014）鲁商终字第 76 号。

其中第一种是确定的不定期租赁，第二种是推定的不定期租赁，第三种是视为不定期租赁。

不管是哪种不定期租赁合同，当事人都可以随时解除合同，但是在解除合同之前，应当进行催告，并且给出合理期限作为宽限期，当宽限期届满时，当事人可以解除租赁合同。

案例评析

招商局物流集团沈阳有限公司与沈阳惠成电子有限公司房屋租赁合同纠纷案[①]

案情： 2006 年 12 月 1 日，原告招商物流集团辽宁有限公司沈阳分公司与被告惠成电子公司签订《仓储合同》一份，合同到期后，双方未续签合同，招商物流公司按原合同交纳租金至 2012 年 6 月，因招商物流公司未交纳租金，惠成电子公司于 2012 年 10 月 26 日将仓库贴上封条，并更换了钥匙。招商公司诉请违约责任、赔偿损失；惠成公司反诉仓储费用和维修费用。一审法院认为仓储合同实为租赁合同，合同到期后为不定期租赁，惠成公司可以随时解除合同，但招商公司需要支付租金和赔偿维修费用。招商公司上诉认为双方不是租赁合同关系；惠成公司认为损失计算错误。二审法院认为双方仓储合同期满后，变为不定期租赁合同关系，并以此对于双方其他争议问题依法判决。

评析： 民法典第 730 条基本延续《合同法》第 232 条，对不定期租赁解除权作出了规定。依据民法典第 730 条关于租期不明的处理规定，如果租赁合同对租赁期限没有约定或者约定不明确，依据民法典第 510 条的规定仍不能确定的，视为不定期租赁。当事人可以随时解除合同，但是应当在合理期限之前通知对方。本案中，从实际履行来看，2012 年 7 月 5 日之前，惠成电子公司接受了招商物流公司按原《仓储合同》的租金标准支付的租金。此后，惠成电子公司于 2012 年 8 月 6 日按续租协议开具的 4 张租金发票，招商物流公司财务人员将发票收下。依据《中华人民共和国合同法》第 215 条的规定："租赁期限六个月以上的，应当采用书面形式。当事人未采用书面形式的，视为不定期租赁。"据此，一审判决认定双方没有签订续租协议，形成了不定期租赁合同法律关系，该认定正确。

> ▶▶ **第七百三十一条**　租赁物危及承租人的安全或者健康的，即使承租人订立合同时明知该租赁物质量不合格，承租人仍然可以随时解除合同。

[①]　审理法院：一审法院为辽宁省沈阳市中级人民法院，案号：（2014）沈中民二初字第 54 号；二审法院为辽宁省高级人民法院，案号：（2016）辽民终 12 号。

🏛 条文要义

本条是对租赁物危及承租人人身安全的法定解除权的规定。

在租赁合同中，对于租赁物的质量，出租人负有告知义务。在一般情况下，租赁物的质量问题一经告知，承租人在使用、收益租赁物时，就会加以注意，防止危险发生。不过，租赁物存在危及承租人的安全或者健康的质量问题，并且可能发生更危险的情形时，租赁物的质量问题就不是一般的质量问题了，而是关系承租人的人身健康和安全问题。对此，即使承租人订立合同时明知该租赁物质量不合格，承租人只要以租赁物的质量问题存在危及承租人的安全和健康的情形为由行使解除权，主张解除合同的，法院应当支持。

🔨 案例评析

张秀某与蔡立某房屋租赁合同纠纷案[①]

案情： 2016 年 7 月 18 日，原告张秀某租用被告蔡立某的涉案房屋。后张秀某主张 2016 年 11 月该单元邻居装修大面积喷漆导致气味通过暖气管道缝隙进入涉案房屋内，屋内气味刺鼻，无法居住。2017 年 1 月 13 日，张秀某搬离了涉案房屋，并于 2017 年 1 月 18 日同蔡立某办理了房屋交接，蔡立某予以否认。一审法院认为，张秀某未能提交充分有效证据证明涉案房屋存在《合同法》第 233 条规定的情形，驳回其诉请，张秀某上诉认为租住房屋屋内装修气味过重，整个环境很差，影响张秀某正常居住和身体健康，其要求解除合同合理合法。二审法院认为，张秀某提供的录音证据也并不足以证明涉案房屋质量不合格的程度危及其作为承租人的安全或健康，故驳回其上诉。

评析： 民法典第 731 条基本延续《合同法》第 233 条，对租赁物危及承租人人身安全的法定解除权作出了规定。依据民法典第 731 条关于租赁物的瑕疵担保的规定，如果租赁物危及承租人的安全或者健康的，承租人可以随时解除合同，而不论承租人订立合同时是否明知。在租赁合同中，出租人最重要的义务就是出租的房屋是适于承租人承租的且质量符合法律和合同约定；如果租赁物存在质量问题，出租人负有告知义务。质量问题分为一般和危及承租人的安全或者健康两种情形：第一种情形，承租人稍加注意就可以避免；第二种情形，即便承租人知晓，但是涉及人身健康和安全，对于此种情形，双方都可以随时行使解除权。

根据民事诉讼证据的举证责任分配规则，当事人对自己提出的诉讼请求所依据的事实或者反驳对方诉讼请求所依据的事实有责任提供证据加以证明。本案中，张秀某主张涉案房屋环境严重不适合居住，符合《中华人民共和国合同法》第 233 条

---

① 审理法院：一审法院为山东省济南市市中区人民法院，案号：（2017）鲁 0103 民初 1428 号；二审法院为山东省济南市中级人民法院，案号：（2018）鲁 01 民终 1950 号。

"租赁物危及承租人的安全或者健康的，即使承租人订立合同时明知该租赁物质量不合格，承租人仍然可以随时解除合同"的规定。但张秀某提供的录音证据也并不足以证明涉案房屋质量不合格的程度危及其作为承租人的安全或健康，故一审法院对张秀某要求解除合同并返还各项费用的诉讼请求不予支持，并无不当。

> ▶▶ 第七百三十二条　承租人在房屋租赁期限内死亡的，与其生前共同居住的人或者共同经营人可以按照原租赁合同租赁该房屋。

🏛 条文要义

本条是对房屋租赁权主体变更的规定。

房屋租赁权的主体变更，是指在房屋租赁合同存续期限内，承租人死亡后，租赁权的主体可以依照本条规定进行变更的规则，包括租赁权的法定让与和租赁权的承继：第一，租赁权的法定让与，是承租人在房屋租赁期限内死亡，与其生前共同居住的人可以按照原租赁合同继续租赁该房，租赁合同期限届满为止。第二，租赁权的承继，是承租人租赁房屋后，以个体工商户或者个人合伙方式从事经营活动，承租人在租赁期限内死亡后，其共同经营人或者其他合伙人承继租赁权的地位，请求按照原租赁合同租赁房屋，发生承租人的变更，可以继续租赁该房屋进行经营活动，至原房屋租赁合同租赁期限届满为止。

与《合同法》第 234 条规定相比，本条增加了共同经营人也享有按照原租赁合同承继租赁权的新规则。即在共同居住的人对租赁房屋享有承继租赁权的基础上，增加了共同经营者也享有承继租赁权。《合同法》第 234 条规定共同居住的人享有承继租赁权，将租赁房屋主要限定在居住使用，而忽视了商业租赁。增加共同经营人也享有承继租赁权，则扩大到商业租赁房屋的范围。这样的规定是有道理的，不仅扩大了这一规则的适用范围，而且能够保护共同经营者的合法权益。

🔵 案例评析

朱晓某诉吴慧某房屋租赁合同纠纷案[①]

案情：涉案房屋为公有住房，原承租人为吴正某。原告朱晓某为吴正某之外甥女，吴慧某为吴正某之女，朱晓某、吴慧某的户籍现仍在该房屋内。2007 年 6 月 13 日，吴慧某依法将承租人变更至其名下。2013 年 2 月，朱晓某起诉至原审法院，请求判令撤销第三人将该房屋承租户名变更为吴慧某的行为。一审法院认为吴慧某户

---

① 审理法院：一审法院为上海市松江区人民法院，案号：（2014）松民三（民）初字第 622 号；二审法院为上海市第一中级人民法院，案号：（2014）沪一中民二（民）终字第 1452 号。

籍在系争房屋处，且没有明显不符合承租人资格的事由，故朱晓某主张撤销第三人将系争房屋承租户名变更为吴慧某的行为的请求，法院不予支持。朱晓某上诉认为，上诉人当时为涉案公房的合格同住人，故应当撤销该项承租户名的变更。二审法院认为审查的重点，在于被上诉人吴慧某是否具有系争房屋的公房承租人资格，而根据本案查明的事实和证据，吴慧某应具备系争房屋的承租人资格，故原审对于朱晓某诉请不予支持，并无不当。

评析： 依据民法典第 732 条关于共同居住人或共同经营人的规定，承租人在房屋租赁期限内死亡的，与其生前共同居住的人或者共同经营人可以按照原租赁合同租赁该房屋。在出租人确定了承租人以后，相关人员可以对承租人的资格提出异议，但法院审理异议的范围仅限于审查出租人确定的承租人是否具备承租人资格。根据本案查明的事实，吴慧某户籍在系争房屋处，且没有明显不符合承租人资格的事由，故法院依据《合同法》第 234 条驳回朱晓某的诉请。

▶▶ **第七百三十三条** 租赁期限届满，承租人应当返还租赁物。返还的租赁物应当符合按照约定或者根据租赁物的性质使用后的状态。

🏛 条文要义

本条是对租赁期限届满返还租赁物的规定。

承租人于租赁合同约定的租赁期限届满，租赁关系消灭时，应向出租人返还租赁物。返还租赁物的要求是，应当符合按照约定或者租赁物的性质使用后的状态。这是因为，承租人在租赁期限内占有、使用和收益租赁物时，负有妥善保管租赁物的义务。对返还的租赁物状态的要求是：（1）符合租赁合同约定，即约定的对返还租赁物时状态的要求；（2）根据租赁物的性质进行使用后的状态，例如租赁房屋的性质是居住，返还租赁房屋时，仍然应当是适合居住的状态。

🎀 案例评析

姜燕某与北京新立机械有限责任公司房屋租赁合同纠纷案①

案情： 2009 年 12 月 30 日，原告新立机械公司下属单位天阶公司与被告姜燕某签订为期 3 年的房屋租赁合同，自 2010 年 4 月 1 日至 2013 年 3 月 31 日。现合同已到期且不再续签，但姜燕某拒不腾退房屋。一审法院认为，根据查明事实，姜燕某与原出租人天阶公司签订的《房屋租赁合同书》租赁期限于 2013 年 3 月 31 日届满，

---

① 审理法院：一审法院为北京市海淀区人民法院，案号：（2014）海民初字第 01558 号；二审法院为北京市第二中级人民法院，案号为（2015）二中民终字第 05956 号。

姜燕某应当将诉争房屋返还。姜燕某认为，租赁合同到期后其一直在交纳租金，新立机械公司认可，应视为原租赁合同续约成功。二审法院认为，合同到期后，新立机械公司明确表示不租，姜燕某应当退还房屋。

评析：民法典第733条基本延续《合同法》第235条，对租赁期限届满返还租赁物作出了规定。依据民法典第733条关于租赁物返还的规定，即租赁期满后，如果双方不能续租，则承租人需要返还租赁物，且租赁物需符合按照约定或者根据租赁物的性质使用后的状态，否则承租人需要承担违约责任。租赁期限届满，承租人应当返还租赁物。本案中，姜燕某与新立机械公司的房屋租赁合同于2013年3月31日届满，虽然姜燕某继续使用租赁物，且支付了租金，但在姜燕某支付该笔费用之前，新立机械公司已经向一审法院起诉要求姜燕某返还房屋并支付房屋使用费，即已经对姜燕某继续使用诉争房屋的行为提出了异议，新立机械公司收取该笔款项的行为并不代表其同意与姜燕某续租。故姜燕某所持其与新立机械公司已就诉争房屋续约成功的上诉理由不能成立，法院不予支持。

▶▶ **第七百三十四条** 租赁期限届满，承租人继续使用租赁物，出租人没有提出异议的，原租赁合同继续有效，但是租赁期限为不定期。

租赁期限届满，房屋承租人享有以同等条件优先承租的权利。

🏛 条文要义

本条是对租赁期限满承租人可以续租和优先承租权的规定。

租赁合同约定的租赁期限届满后，承租人享有两项权利。

1. 续租权。在租赁合同约定的租赁期限届满后，如果承租人继续使用租赁物，出租人没有提出异议的，就继续续租，原租赁合同继续有效，实际上是成立了新的租赁合同。这个新成立的租赁合同是不定期租赁合同，适用不定期租赁合同的规定以确定双方当事人的权利义务关系。

2. 优先承租权。房屋租赁合同约定的租赁期限届满后，承租人要求续租，他人也要求承租的，原承租人享有优先续租权，在同等条件下，优先承租，订立新的租赁合同。优先续租权的基本条件是同等条件，主要是租金数额，也包括租赁期间等。在订立新的租赁合同时，只要约定条件是一样的，原承租人就优先承租。

与《合同法》第236条规定相比，本条增加了承租人享有优先承租权的新规则作为第2款。当一个不动产的租赁合同租赁期限届满，出租人继续出租该房屋，而出租人与原承租人没有续订出租合同，可能出现数个当事人主张承租的情形。规定原承租人享有优先承租权，就会在同等条件下，由原承租人承租，不仅会使原承租人对承租房屋的改造、使用都符合其使用目的，使之更加方便，保障原承租人的权益，而且对出租人并无损害且原有的租赁关系可以继续，因而是一个最好的选择。

📑 配套司法解释

最高人民法院关于适用《中华人民共和国民法典》时间效力的若干规定

第二十一条 民法典施行前租赁期限届满，当事人主张适用民法典第七百三十四条第二款规定的，人民法院不予支持；租赁期限在民法典施行后届满，当事人主张适用民法典第七百三十四条第二款规定的，人民法院依法予以支持。

 **案例评析**

湖北洪山宾馆集团有限公司、武汉新康霸文化传播有限公司
土地租赁合同纠纷案①

案情： 1995 年 12 月 22 日起，被告康霸公司一直租用原告洪山宾馆的建筑用地土地，租赁期限为 10 年。2006 年合同到期后，双方未再续订合同，但是康霸公司一直租赁使用，后双方因租赁费等发生争议，洪山宾馆起诉到武汉中院，康霸公司也提起了反诉，庭审中，康霸公司认可洪山宾馆主张 2014 年 9 月 30 日解除不定期合同。一审法院根据《中华人民共和国合同法》第 236 条关于不定期租赁的法律规定，认定洪山宾馆《土地使用租赁合同书》继续有效，且为不定期租赁，双方租赁关系于 2014 年 9 月 30 日解除。

评析： 依据民法典第 734 条的规定，租赁期满，承租人继续使用租赁物，出租人没有提出异议的，原租赁合同继续有效，但租赁期限为不定期。实践中经常存在租赁到期后承租人继续承租、出租人不收回的情形，那么对于此种情形下租赁合同租金、租期等如何处理？本条给出了答案。原租赁合同继续适用，除租赁期限变更为不定期租赁外，其他合同条款仍予以适用。本条也规定了租赁期满后承租人实际拥有两项权利：续租权和优先承租权。本条规定实质上是承租人续租权的一种表现形式。

本案恰符合该条的规定，双方合同 2006 年到期后，双方没有签订书面续租合同，但是康霸公司仍然使用租赁物，对于租赁物使用，洪山宾馆也没有提出异议，只是因为租赁费产生争议，所以双方至 2014 年 9 月 30 日之前是不定期租赁法律关系。民法典第 734 条第 1 款继续沿用了《合同法》第 215 条的规定，没有做调整，但是增加了第 2 款，也就是在房屋租赁情形下，房屋承租人具有优先承租权，这也是从租赁关系的稳定性和维护交易双方权益的角度考虑的，保护房屋承租人的优先续租权。

---

① 审理法院：一审法院为湖北省武汉市中级人民法院，案号：(2015) 鄂武汉中民商初字第 00678 号；二审法院为湖北省高级人民法院，案号：(2017) 鄂民终 396 号。

第十五章　融资租赁合同

> ▶▶ **第七百三十五条**　融资租赁合同是出租人根据承租人对出卖人、租赁物的选择，向出卖人购买租赁物，提供给承租人使用，承租人支付租金的合同。

🏛 条文要义

本条是对融资租赁合同概念的规定。

融资租赁合同是指出租人根据承租人对出卖人、租赁物的选择，向出卖人购买租赁物，提供给承租人使用，承租人支付租金的合同，是第二次世界大战后发展起来的，融金融、贸易和租赁为一体的新型信贷方式，在世界范围内尤其是在经济发达国家获得较快发展。融资租赁合同就是融资租赁交易的法律表现形式。

融资租赁合同是由两个合同、三方当事人结合在一起的合同，两个合同是由融资租赁公司与承租人所签订的融资性租赁合同和由融资租赁公司与供应商所签订的买卖合同。三方当事人，即出卖人、出租人（即买受人）和承租人。其过程是：（1）由用户（未来的承租人）与供应商协商确定买卖设备（未来的租赁物）的合同条件；（2）用户向融资租赁公司提出融资性租赁申请；（3）融资租赁公司作为出租人与用户（承租人）订立融资性租赁合同；（4）由融资租赁公司（出租人）作为买受人与供应商订立买卖合同；（5）供应商（出卖方）向承租人交货；（6）承租人向出租人交付物件受领证，并支付第一期租金；（7）买受人（出租人）向出卖人支付买卖价金。两个合同并不是独立存在，而是在效力上相互交错，主要体现在：买卖合同的出卖人不是向买卖合同的买受人履行现实交付标的物的义务，而是向另一合同即租赁合同中的承租人交付标的物，承租人享有与受领标的物有关的买受人的权利和义务；在出卖人不履行买卖合同义务时，承租人得在一定前提下，向出卖人主张赔偿损失；买卖合同的双方当事人不得随意变更买卖合同中与租赁合同的承租人有关的合同内容。

案例评析

福建华发包装有限公司与华发纸业（福建）股份有限公司诉厦门星原融资租赁有限公司合同纠纷案[①]

案情： 2011 年 8 月 17 日，原告福建华发包装有限公司、华发纸业（福建）股份有限公司与被告厦门星原签订两份编号均为 XYRZZ‑11020 的"融资租赁合同"，其中一份"融资租赁合同"约定被告根据二原告的选定和要求，与设备供应商签订"三方协议书"，从设备供应商处购买瓦楞纸机一套出租给二原告使用；并对瓦楞纸机的规格、型号、设备供应商等进行了约定。另一份"融资租赁合同"约定：二原告为购买瓦楞纸机与设备供应商辽阳造纸机械股份有限公司（以下称辽阳造纸公司）签订了"买卖合同书"，设备总价 20 000 000 元，二原告已支付 13 000 000 元，但尚未取得设备的所有权；二原告为融通资金用于生产经营，拟将该设备出售给被告，同时再向被告以融资租赁的形式回租设备使用，被告同意出资购买并回租给二原告。法院判决，本案原、被告分别提交的"融资租赁合同"虽然签订的时间、合同编号均一致，但合同的内容大相径庭。原告提交的"融资租赁合同一"系直租式融资租赁合同，被告提交的"融资租赁合同二"系回租式融资租赁合同。在此后的实际履行过程中，原、被告又签订了"补充协议"。故本院认定，该协议系对"融资租赁合同二"的补充和变更，原告提供的"融资租赁合同一"并未实际履行。虽然原告提供的"融资租赁合同一"并未实际履行，但该合同签订系双方当事人当时的真实意思表示，并未违反法律和行政法规的强制性规定，应为有效合同。

评析： 民法典第 735 条延续了《合同法》第 237 条的规定。虽然双方当事人均确认"融资租赁合同一"未实际履行，但该合同并未违反法律、行政法规的强制性规定，华发包装公司、华发纸业公司亦未举证证明该合同非其真实意思表示，故其主张"融资租赁合同一"无效无事实和法律依据，法院不予支持。从"融资租赁合同二"与"补充协议"的内容来看，"补充协议"系对"融资租赁合同二"关于货款支付、其他商务条款以及租赁物的保险等事项作出的变更与补充，二者相关内容能够相互对应，且星原融资公司根据协议的约定向华发纸业公司支付了货款，华发纸业公司亦依约向星原融资公司支付了租金，"融资租赁合同二"及"补充协议"均已得到实际履行，故"融资租赁合同二""补充协议"均系双方当事人的真实意思表示，并不违反法律和行政法规的强制性规定，应认定为有效合同。

---

① 审理法院：一审法院为福建省厦门市思明区人民法院，案号：（2013）思民初字第 8783 号；二审法院为福建省厦门市中级人民法院，案号：（2014）厦民终字第 415 号。

▶▶ **第七百三十六条** 融资租赁合同的内容一般包括租赁物的名称、数量、规格、技术性能、检验方法，租赁期限，租金构成及其支付期限和方式、币种，租赁期限届满租赁物的归属等条款。

融资租赁合同应当采用书面形式。

🏛 条文要义

本条是对融资租赁合同主要内容和形式的规定。

融资租赁合同应当约定的主要内容是：（1）租赁物名称：合同的租赁物条款应当写明租赁物的名称；（2）数量：对具体的租赁物的数量应当写明；（3）规格：对租赁物的规格需要明确约定；（4）技术性能：对租赁物的技术性能亦须明确约定；（5）检验方法：采用何种检验方法应当明确约定；（6）租赁期限：约定合同明确的起止时间；（7）租金构成及其支付期限和方式、币种：对租金的总额、构成的部分、支付期限、支付方式、支付的币种等，都须明确约定；（8）租赁期间届满租赁物的归属：约定租赁物最终归何方当事人所有；（9）其他条款：如租赁物的交付、使用、保养、维修、保险、违约责任等条款，都须约定。

由于融资租赁合同的法律关系复杂，融资金额较大，履行期较长，为了明确当事人的权利义务关系，法律规定融资租赁合同应当采用书面形式，为要式合同，如果未采用书面形式，融资租赁合同不成立。

🔖 案例评析

李某某与中地长泰建设有限公司、刘某某融资租赁合同纠纷案①

案情： 中地长泰公司承建饶河县公安局技术业务用房，因工程需要塔吊等相关设备，刘某某先后两次与李某某到博然公司看塔吊及其他设备。2012 年 4 月 25 日，刘某某给李某某出具协议。2012 年 5 月末，中地长泰公司在安装塔吊时发现该塔吊旋转电机存在故障，并与李某某联系，经李某某同意该电机交由刘某民维修，约定维修费 4 000 元。3 日内刘某民将电机维修完毕，通知中地长泰公司的负责人王某革提取电机，给付修理费。法院判决，本案争议焦点是，此案案由是融资租赁合同还是租赁合同。按照《中华人民共和国合同法》相关规定，融资租赁合同的内容包括租赁物名称、数量、规格、技术性能、检验方法、租赁期限、租金构成及其支付期限和方式、币种、租赁期间届满租赁物的归属等条款。融资租赁合同应当采用书面形式。其法律特征是，出卖人有向承租人交付租赁物及瑕疵担保的义务。而租赁合

① 审理法院：一审法院为黑龙江省饶河县人民法院，案号：（2012）饶民商初字第 54 号；二审法院为黑龙江省双鸭山市中级人民法院，案号：（2014）双民商终字第 47 号；再审法院为黑龙江省高级人民法院，案号：（2017）黑民再 45 号。

同规定，出租人应当按照约定将租赁物交付承租人，并在租赁期间保持租赁物符合约定的用途。本案没有证据证明出卖人、出租人、承租人签订了融资租赁合同，双方均认可出卖人是将租赁物交付给出租人李某某，而不是交付给承租人中地长泰公司。故本案系租赁合同而非融资租赁合同，李某某对租赁物负有租赁物符合约定用途的义务；李某某交付的租赁物不能够达到正常使用状态，其无权利收取租赁费。原审判决中地长泰公司向李某某交付租赁费有误，应予纠正。中地长泰公司请求其不应给付李某某租赁费有理，应予支持。

评析：民法典第 736 条延续了《合同法》第 238 条的规定。融资租赁合同是出租人根据承租人对出卖人、租赁物的选择，向出卖人购买租赁物，提供给承租人使用，承租人支付租金的合同。承租人以支付租金的方式，取得对租赁物的占有和使用。从性质上来看，租金不仅是租赁物占有、使用的对价，而且是租赁物购买价格分期负担的对价；从数量上看，租金的价值不仅包括了租赁物的购买价格，还包括了购买价款的利息以及出租的合理利润。融资租赁合同应当采用书面形式。依据民法典第 736 条对融资租赁合同的规定，李某某未与中地长泰公司签订书面合同，双方之间权利义务约定不明，出卖人博然公司亦未直接向承租人中地长泰公司交付租赁物塔吊。且从双方约定的租金来看，双方只约定月租金数额，未约定租期，致租金具体数额无法确定，从而无法体现出双方在达成塔吊租赁意向时租金构成中包含了购买诉争塔吊 18 万元分期负担的对价，以及租金的价值还包括了购买价款的利息及出租的合理利润，综上，双方间的法律关系不具有融资租赁合同的特征。李某某购买塔吊后出租给中地长泰公司使用，由中地长泰公司交付租金，双方间形成租赁法律关系。

> ▶▶ **第七百三十七条** 当事人以虚构租赁物方式订立的融资租赁合同无效。

🏛 条文要义

本条是对禁止虚构租赁物订立融资租赁合同的规定，《合同法》和以往的司法解释对此都没有规定。

所谓当事人以虚构租赁物等方式订立融资租赁合同，就是以虚构的租赁物作为标的签订虚假的融资租赁合同。在融资租赁合同中，扣除了虚构的租赁物，不存在租赁物和购买租赁物的法律关系，其实剩下的就是融资法律关系了。用虚构租赁物的方式订立融资租赁合同，其实就是非法融资合同。按照本条规定，这种虚构租赁物订立的融资租赁合同，是无效的合同。

不过，依据本法第 146 条第 2 款的规定，以合法形式掩盖非法目的的民事法律行为，是隐藏行为，应当根据被隐藏的行为的性质适用法律。当用形式上的融资租赁合同掩盖非法的融资行为，融资行为是非法的，则该融资行为当然是无效的。

如果融资租赁合同所隐藏的融资行为，其实就是民间借贷，而民间借贷的行为是合法行为，那么，这种融资行为应当是合法行为，应当按照有关民间借贷的法律规定确定行为的效力，就不一定都是无效的。这样的理解，是否形成本法第 146 条第 2 款规定和本条规定的冲突呢？笔者认为，本条规定的是"租赁合同无效"，以掩盖非法目的为要件，既然隐藏的是非法目的，当然该融资租赁合同是无效的。如果以虚构租赁物的方式隐藏的不是非法目的，而是合法的行为，则适用本法第 146 条第 2 款规定确认被隐藏行为的效力规则，是没有问题的。

 **案例评析**

北京天翼生物工程有限公司等与北京农投融资租赁有限公司
融资租赁合同纠纷案①

案情： 2009 年 6 月 25 日，农业投资公司与北京天翼公司、漯河天翼公司共同签订一份《北京市农业投资有限公司与北京天翼生物工程有限公司及漯河天翼生物工程有限公司日光温室建设、租赁及购买协议书》。《融资租赁合同》签订的当日，北京天翼公司、漯河天翼公司共同向农投融资公司出具《付款通知》，载明："根据上述《融资租赁合同》和《租赁附表》，北京天翼公司、漯河天翼公司特此发出本付款通知，向贵公司申请于 2014 年 × 月 × 日支付租赁物购买价款计 5 800 万元，用于购买《租赁附表》项下的租赁物，其中请贵司扣除保证金 642 万元和第一年租金 638 万元后，实际支付 4 520 万元。本付款通知不可撤销"。法院判决，关于本案《融资租赁合同》的性质及合同效力问题。北京天翼公司、漯河天翼公司出于融资的需要，将日光温室出售给出租人农投融资公司，再从农投融资公司处租回继续使用，并按期向农投融资公司支付租金，属于融资租赁法律关系的售后回租交易模式。本院认为，本案《融资租赁合同》与日光温室建设、租赁及购买协议书以及三方协议存在一定的关联性，但签约主体不同，权利义务设定也不同，上述协议应属相关方对各自商业利益的整体安排，本案所涉《融资租赁合同》的签署系各方的真实意思表示，且不违反法律法规的强制性规定，该《融资租赁合同》应属有效。

评析： 融资租赁合同兼具融资与融物的双重属性，通过融物达到融资的目的，其权利义务与借款合同存在一定的相似性，但二者亦存在本质区别。相较而言，融资租赁合同要求有租赁物的存在、所有权转移，并且涉及出租人、承租人和出卖人三方当事人，而借款合同并无租赁物的存在，只有货币的借入与偿还关系，并且仅涉及借款人与贷款人两方当事人。本案中，《融资租赁合同》中约定合同项下的租赁

---

① 审理法院：一审法院为北京市第一中级人民法院，案号：(2015) 一中民 (商) 初字第 8392 号；二审法院为北京市高级人民法院，案号：(2017) 京民终 326 号。

物为住宅房屋、日光温室等建筑物，且租赁物真实存在，该合同中亦约定租赁物的选择并未依赖出租人的技能和判断，也未受到出租人的任何影响或干涉，承租人对租赁物的选择和租赁物所有权的真实性、准确性、完整性、合法性等负责，《融资租赁合同》还约定了在合同签订当日，合同项下全部租赁物的所有权即自承租人转移至出租人，出租人从承租人处购买租赁物并出租给承租人使用，承租人承租租赁物向出租人支付租金，故法院认为，《融资租赁合同》的上述约定符合融资租赁合同的法律特征。通过查明事实可知，三方协议中约定在该协议签订的当日，农业投资公司将剩余租赁物所有权移交给北京天翼公司，故北京天翼公司、漯河天翼公司在与农投融资公司签订《融资租赁合同》之时已取得合同项下租赁物的所有权，北京天翼公司、漯河天翼公司将合同项下其自有租赁物的所有权转让给农投融资公司，再从农投融资公司处租回该物使用，并分期向农投融资公司支付租金，双方系采取售后回租的交易方式，故农投融资公司和北京天翼公司、漯河天翼公司之间形成融资租赁法律关系，双方签订的《融资租赁合同》，系双方真实意思表示，其内容未违反我国法律、行政法规的强制性规定，合法有效，

▶▶ **第七百三十八条** 依照法律、行政法规的规定，对于租赁物的经营使用应当取得行政许可的，出租人未取得行政许可不影响融资租赁合同的效力。

🏛 条文要义

本条是对特定租赁物经营未经行政许可对合同效力影响的规定，《合同法》对此没有规定，本条是借鉴最高人民法院司法解释的精神规定的新规则。

在融资租赁合同中，一般的租赁物的经营，是不需要经过行政许可的。但是，对于一些特定的机器设备等的融资租赁经营，如果需要经过行政许可的，出租人在经营这类需要经过行政许可的租赁物时，如果没有经过政府的行政许可，是否影响到融资租赁合同的效力问题，有不同的看法。《合同法》对此没有规定。《最高人民法院关于审理融资租赁合同纠纷案件适用法律的解释》第3条规定："根据法律、行政法规规定，承租人对于租赁物的经营使用应当取得行政许可的，人民法院不应仅以出租人未取得行政许可为由认定融资租赁合同无效。"

本条借鉴上述规定，确定的规则是：依照法律、行政法规的规定，对于租赁物的经营使用应当取得行政许可，出租人未取得行政许可的，并不影响融资租赁合同的效力，该合同对双方当事人具有拘束力。至于对出租人的违规行为，则应当依照相应的法律、行政法规的规定，可以予以处罚，制裁其违规行为，但是，不能使订立的融资租赁合同的效力因此受到影响。这样的规则，最大程度地尊重当事人的意思自治，并不因为租赁物的经营违反行政许可而使合同无效。

案例评析

北京大学第一医院与北京知博永业科技发展有限公司合同纠纷案[①]

案情：2004 年 12 月 21 日，原告知博永业公司与被告北大医院签订《租赁合同》，约定：北大医院向知博永业公司租赁医疗设备用于设立北大医院肿瘤粒子刀治疗中心。2005 年 3 月 30 日，知博永业公司将设备交付北大医院，北大医院工作人员在《北大医院接收美国超声引导系统：三维粒子植入放射治疗系统设备清单及价格》表（以下简称《接收清单》）上签字确认接收。2009 年 3 月 11 日，北大医院向知博永业公司发函：鉴于根据贵我双方 2004 年 12 月 21 日签订的《租赁合同》，我院自2006 年 9 月 1 日起租用贵公司三维粒子植入放射治疗系统的行为不符合国家规定，卫生部督导组于 2007 年 1 月责令我院停止履行该合同，终止与贵公司合作关系至今。知博永业公司与北大医院未能就涉案设备的折价问题达成一致意见，故知博永业公司于 2009 年 8 月提起本案之诉。现涉案租赁设备仍在北大医院处。法院判决，涉案《租赁合同》的内容包括了出租人根据承租人对出卖人、租赁物的选择，向出卖人购买租赁物，提供给承租人使用，承租人支付租金等内容，符合《中华人民共和国合同法》第 237 条关于融资租赁合同的定义，应认定该合同性质为融资租赁合同。该合同系双方当事人的真实意思表示，不违反国家法律及行政法规的强制性规定，合同合法有效。当事人应按合同约定履行各自义务。

评析：融资租赁合同的出租人通过融物的方式向承租人提供融资，租赁物的经营使用与出租人没有直接关系；融资租赁合同的承租人负有支付租金的义务，该租金并非是租赁物使用收益的对价，而是融资成本的对价；因此，租金条款作为融资租赁合同区别于普通租赁合同的重要条款，是认定是否构成融资租赁合同的关键因素。本案中，北大医院与知博永业公司所签《租赁合同》中关于租赁费的构成、结算方式约定为："收入的 80% 减去成本后的余额为租赁费，中心的收入与成本均在北大医院账户内收付，由北大医院管理办公室和财务处按本合同的第三条和本条前款的计算方法核算应付知博永业公司的租赁费，并在结算前向知博永业公司提供收支清单，知博永业公司确认后，由北大医院支付知博永业公司，租赁费按月结算"，上述租金约定的实质为出租人与承租人共担经营风险，共享经营收益，与融资租赁合同中出租人收取固定的融资成本及合理利润作为租金，不直接参与租赁物经营使用的方式有明显区别，因此，涉案《租赁合同》并非融资租赁合同。因该合同中同时又包含"知博永业公司参与运营管理、市场开拓等工作，以及租赁物到期后所有权转移至北大医院"等内容，其权利义务与合同法规定的租赁合同及其他有名合同亦

---

① 审理法院：一审法院为北京市西城区人民法院，案号：（2017）京 0102 民再 7 号民事判决；二审法院为北京市第二中级人民法院，案号：（2018）京 02 民再 142 号。

有一定区别，因此，应认定涉案《租赁合同》的性质为无名合同。

▶▶ **第七百三十九条** 出租人根据承租人对出卖人、租赁物的选择订立的买卖合同，出卖人应当按照约定向承租人交付标的物，承租人享有与受领标的物有关的买受人的权利。

🏛 条文要义

本条是对融资租赁合同交付标的物的规定。

融资租赁关系中，虽然买卖合同是出租人和出卖人订立的，但是对买卖合同的标的物也就是融资租赁合同的租赁物，须由出卖人直接交付给承租人，最终由承租人使用。这也是融资租赁关系与普通租赁关系的区别。普通租赁中，出租人自主选择租赁物，承租人根据出租人所掌握的租赁物的情况选择是否租赁。在融资租赁合同中，承租人具有买受人的地位，出租人是根据承租人对出卖人、租赁物的选择订立的买卖合同，并且租赁物也是由承租人使用，并且将来还可能会将所有权转移给承租人。因此，承租人在融资租赁合同中，相当于出卖人与出租人订立的买卖合同中的买受人的地位，并享有与受领买卖合同标的物有关的买受人的权利，在买卖合同中，买受人的一切权利承租人都享有，出卖人向承租人交付标的物，承担租赁物的瑕疵担保责任。本条的约定可以反映出融资租赁关系中承租人向出租人融资的特点。

🎯 案例评析

郧西县人民医院与中恒国际租赁有限公司融资租赁合同纠纷案①

案情： 2016 年 2 月 26 日，中恒公司（出租人、原告）与郧西县医院（承租人、被告）签订编号为×××-801-160012《融资租赁合同》。郧西县医院主张该案所涉融资租赁合同中涉及的设备尚有一台价值 338 000 元的设备没有到货，其提交证人龚某的一份书面证言。中恒公司对证人证言不予认可，其主张郧西县医院从未向其出具租赁物验收证明，也未出具关于租赁物未交付的说明，视为设备已经全部交付。郧西县医院主张中恒公司的违约金标准过高。法院判决，中恒公司与郧西县医院签订的《融资租赁合同》，中恒公司、郧西县医院与远程视界公司签订的《设备买卖合同》，均系各方当事人的真实意思表示，其内容不违反国家法律、行政法规关于合同效力的强制性规定，应属合法有效。各方均应按照合同约定履行各自的义务。郧西

---

① 审理法院：一审法院为北京市大兴区人民法院，案号：（2018）京 0115 民初 8933 号；二审法院为北京市第二中级人民法院，案号：（2019）京 02 民终 3751 号。

县医院作为承租人应当按照合同约定及时缴纳租金费用，现郧西县医院逾期未缴纳部分租金，郧西县医院的行为已经构成违约。郧西县医院如认为其在最晚交付之日前未收到全部设备，应当及时向中恒公司提出异议，郧西县医院未提供证据证明其向中恒公司及时告知上述情况，且未能提供证据证明设备签收情况，故该院对郧西县医院的抗辩意见不予采纳，对中恒公司主张郧西县医院支付全部未付租金的请求，有事实及法律依据，该院予以支持。

评析：民法典第739条延续了《合同法》第239条的规定。《融资租赁合同》《设备买卖合同》系各方当事人的真实意思表示，不违反法律、行政法规的强制性规定，故合法有效。中恒公司已依约向出卖方远程视界公司支付设备款，郧西县医院亦应当依约支付租金。现郧西县医院未依约支付租金，构成违约，应当承担相应的违约责任。郧西县医院主张租赁物未完全交付，中恒公司构成违约，郧西县医院欠付的租金数额应相应予以扣减。但因郧西县医院未举证证明其曾就租赁物交付情况向中恒公司提出过书面异议，且依照《融资租赁合同》及《设备买卖合同》的约定，出卖方的违约行为并不影响郧西县医院向中恒公司按时、足额履行支付租金的义务。

> ▶▶ **第七百四十条**　出卖人违反向承租人交付标的物的义务，有下列情形之一的，承租人可以拒绝受领出卖人向其交付的标的物：
> （一）标的物严重不符合约定；
> （二）未按照约定交付标的物，经承租人或者出租人催告后在合理期限内仍未交付。
> 承租人拒绝受领标的物的，应当及时通知出租人。

🏛 条文要义

本条是对承租人对出卖人交付标的物行使拒绝受领权的规定。

在买卖合同中，买受人享有拒绝受领权，当出卖人交付的标的物不符合约定等原因出现时，就可以拒绝受领交付的标的物。在融资租赁合同中，承租人具有买受人的地位，因此，也享有买受人所享有的拒绝受领权。

承租人行使拒绝受领权的事由是：（1）租赁物严重不符合约定，承租人可以拒绝受领；（2）出卖人未按照约定交付租赁物，经承租人或者出租人催告，在催告的合理期限内仍未交付，这是出卖人迟延交付标的物，构成根本违约，承租人有权拒绝受领。

承租人行使买受人的拒绝受领权，拒绝受领租赁物的，应当及时通知出租人。符合上述规定的条件的，出卖人构成违约行为，应当取回租赁物，采取补救措施或者承担其他违约责任。

案例评析

厦门海翼融资租赁有限公司与秦某利、合肥润通工程机械有限公司等融资租赁合同纠纷案①

案情： 2012 年 12 月 26 日，出租人海翼公司（被告）与承租人秦某利（原告）签订了一份编号为×××-201212-14858 的《融资租赁合同》，后除 2013 年 4 月 16 日及 2013 年 4 月 24 日分别向海翼公司支付租金 20 000 元及 20 000 元后，秦某利未按期向海翼公司支付租金直至海翼公司将案涉机器收回。法院判决，本案所涉融资租赁合同、产品购买合同不违反法律法规的强制性规定，合法有效，对各方具有法律约束力。合同履行过程中，因秦某利逾期支付租金致海翼公司将案涉租赁物收回，其收回租赁物的行为表达了解除合同的意思表示，且该合同现客观上已无法履行，故依法确认案涉融资租赁合同于 2013 年 12 月 30 日解除；在融资租赁合同解除后，买卖合同在买受人海翼公司及出卖人润通旌德分公司间继续有效，加之双方未主张解除合同，故对秦某利要求解除产品买卖合同的诉请不予支持。秦某利因案涉挖掘机发动机质量问题而停工并产生一定的损失，润通旌德分公司作为出卖人应承担相应的违约责任，现秦某利要求润通旌德分公司赔偿 3 个月的租金损失有事实及法律依据，依法予以支持。各方关于"甲乙两方不负责丙方因产品保修而产生的直接或间接经济损失"显失公平，对该条款效力不予认定。在融资租赁法律关系中，海翼公司作为出租人承担依照秦某利选择购买挖掘机并出租给秦某利使用的义务，并因此享有收取租金的权利，其对依照秦某利指示购买的挖掘机的质量瑕疵所致秦某利的损失不承担赔偿责任。

评析：《融资租赁合同》已解除，法院依据机器被收回后保险利益由海翼公司享有、GPS 设备被海翼公司收回的事实，并结合秦某利实际租赁期限等因素，确定海翼公司按比例返还秦某利保险费 14 043 元及 GPS 设备和使用维护费用 2 577 元适当。秦某利交纳的保证金 37 800 元已抵扣其拖欠的租金，秦某利要求返还没有依据。租金系《融资租赁合同》项下的权利义务内容，质量问题则属于《产品购买合同》项下权利义务内容，两者属于不同法律关系。依据民法典第 742 条规定，承租人对出卖人行使索赔权，不影响其履行融资租赁合同项下支付租金的义务。秦某利无权以机器存在质量问题为由拒付租金，案涉机器被收回系海翼公司基于秦某利拖欠租金的事实，根据《融资租赁合同》的约定行使其权利。因此，机器被海翼公司收回系秦某利自身的违约行为导致，海翼公司收回机器的行为符合合同约定，秦某利要求海翼公司退还首付租金、手续费、担保费没有依据。首付租金、手续费、担保费

---

① 审理法院：一审法院为安徽省合肥市蜀山区人民法院，案号：（2015）蜀民二初字第 03161 号；二审法院为安徽省合肥市中级人民法院，案号：（2016）皖 01 民终 3536 号。

系《融资租赁合同》项下款项，润通旌德公司并非《融资租赁合同》的相对方，亦不应承担返还责任。

> ▶▶ 第七百四十一条 出租人、出卖人、承租人可以约定，出卖人不履行买卖合同义务的，由承租人行使索赔的权利。承租人行使索赔权利的，出租人应当协助。

条文要义

本条是对承租人对出卖人行使索赔权的规定。

在融资租赁合同中，出租人是根据承租人的委托和选择，向出卖人购买租赁物，出租给承租人使用的，构成融资、买卖和租赁多重合同关系。在这样的复杂法律关系中，三方当事人即出租人、出卖人、承租人可以在融资租赁合同中对索赔权由谁行使作出约定，例如约定出卖人不履行买卖合同义务的，由承租人行使索赔的权利，而不是由出租人即买受人行使索赔权。如果没有约定，出卖人不履行买卖合同义务，谁可以向出卖人行使索赔的权利呢？根据合同相对性的原则，买卖合同在出卖人与买受人之间签订，买受人就是出租人，所以应由出租人向出卖人主张权利，而且，在三方没有本条的约定时，承租人不是买卖合同的当事人，出卖人并不知道承租人的存在，也无须知道出租人购买标的物的原因是为了出租，出卖人与出租人之间的买卖合同就是一个普通的买卖合同，所以自然应由出租人向出卖人行使索赔的权利。

案例评析

孙某某与江苏公信资产经营管理有限公司、孙列某等
融资租赁合同纠纷案[①]

案情：2011 年 3 月 7 日，原告孙某某从被告徐工租赁公司处以融资租赁的方式租赁取得 QY70K－1 型汽车起重机一台，该设备金额合计 196 万元。同日，孙某辉和徐工租赁公司签订《保证担保合同》，其为上述融资租赁合同的设备租金、违约金等应付款项承担连带担保责任。上述合同还约定，在合同履行期限内，在不影响孙某某使用租赁设备的前提下，徐工租赁公司可将合同项下的全部或部分权利转让给第三者。2012 年 6 月 19 日，徐工租赁公司将上述融资租赁合同的权利转让给了公信公司。法院判决，《中华人民共和国合同法》第 240 条规定，出租人、出卖人、承租人可以约定，出卖人不履行买卖合同义务的，由承租人行使索赔的权利。承租人行

---

① 审理法院：一审法院为江苏省徐州市云龙区人民法院，案号：（2016）苏 0303 民初 5547 号；二审法院为江苏省徐州中级人民法院，案号：（2017）苏 03 民终 4106 号；再审法院为江苏省高级人民法院，案号：（2018）苏民申 4074 号。

使索赔权利的，出租人应当协助。据此，涉案融资租赁合同第 3 条关于租赁设备如存在质量瑕疵问题如何行使索赔权的约定不违反法律规定，孙某某可以按照该约定向租赁设备的出卖人主张索赔权。

评析：民法典第 741 条延续了《合同法》第 240 条的规定，出租人、出卖人、承租人可以约定，出卖人不履行买卖合同义务的，由承租人行使索赔的权利。承租人行使索赔权利的，出租人应当协助。据此，涉案融资租赁合同第 3 条关于租赁设备如存在质量瑕疵问题如何行使索赔权的约定不违反法律规定，孙某某可以按照该约定向租赁设备的出卖人主张索赔权。

> ▶▶ **第七百四十二条**　承租人对出卖人行使索赔权利，不影响其履行支付租金的义务。但是，承租人依赖出租人的技能确定租赁物或者出租人干预选择租赁物的，承租人可以请求减免相应租金。

🏛 条文要义

本条是对承租人索赔期间向出租人支付租金的规定。

融资租赁合同的租赁物是出租人按照承租人的选择向出卖人购买的，并且直接交给承租人使用，因而只要出卖人将租赁物交付给承租人，承租人就应当向出租人支付租金。所以，承租人因买卖合同的标的物有瑕疵或者出卖人有其他违约行为，在向出卖人主张索赔权的期间，也应当向出租人支付租金，没有理由拒付租金的，出租人应当承担违约责任。除外的情形是，承租人是依赖出租人的技能确定租赁物，或者出租人干预选择租赁物的，由于对于租赁物并非真正由承租人所选择，乃依赖出租人的专业技能等作出的选择，因此，承租人在索赔期间，可以向出租人请求减轻或者免除租金。出租人应当根据实际情况，对承租人的减免租金的请求，进行协商，达成合意。如果不能达成合意而发生争议，法院和仲裁机构应当根据实际情况确定租金的减免数额。

🔘 案例评析

新疆庆安建设工程有限公司与秦皇岛天业通联重工股份有限公司合同纠纷案①

案情：2011 年 8 月 8 日，中建投公司与新疆庆安公司签订了《融资租赁合同》。《融资租赁合同》履行过程中，新疆庆安公司已出现逾期支付租金等违反《融资租赁

---

① 审理法院：一审法院为北京市第二中级人民法院，案号：（2015）二中民（商）初字第 08878 号；二审法院为北京市高级人民法院，案号：（2017）京民终 334 号。

合同》约定的行为，《回购承诺书》中约定的回购条件已成就。2014 年 12 月 29 日，中建投公司以特快专递方式向新疆庆安公司发出了《租赁物和租赁债权转移通知》并进行了公证送达，告知新疆庆安公司，中建投公司已将《融资租赁合同》项下全部权利转让给天业通联公司及截至 2014 年 11 月 27 日债务金额为 79 165 479.69 元之事实，并要求新疆庆安公司按照《融资租赁合同》之约定向天业通联公司履行付款义务。法院判决，《最高人民法院关于审理融资租赁合同纠纷案件适用法律问题的解释》第 6 条规定，承租人对出卖人行使追索权，不影响其履行融资租赁合同项下支付租金的义务，但承租人以依赖出租人的技能确定租赁物或者出租人干预选择为由，主张减轻或者免除相应租金支付义务的除外。新疆庆安公司要求在本案中确认其与天业通联公司、中建投公司签订的《供货合同》无效，本案审理的是融资租赁合同纠纷，对《供货合同》的效力，在本案中不应予以认定，各方可以另行解决。新疆庆安公司若依据三方的《供货合同》，向其选定的出卖人天业通联公司主张权利，则应依据《供货合同》另行解决，不影响其履行《融资租赁合同》项下支付租金的义务。同理，若新疆庆安公司与天业通联公司因履行《反承包合同》发生争议，亦应另行解决。

评析：租赁合同关系下双方当事人为出租人和承租人，不包括出卖人。天业通联公司通过回购债权取得了《融资租赁合同》项下出租人的地位，行使的是原出租人中建投公司的合同权利，承租人新疆庆安公司仅能以中建投公司在《融资租赁合同》项下的违约行为进行抗辩。同时，本案不存在法定或约定的买卖合同影响融资租赁合同履行的情形。民法典第 742 条规定，承租人对出卖人行使索赔权，不影响其履行融资租赁合同项下支付租金的义务，但承租人以依赖出租人的技能确定租赁物或者出租人干预选择租赁物为由，主张减轻或者免除相应租金支付义务的除外。本案《融资租赁合同》第 2.1 条约定"新疆庆安公司自主选择租赁物及其制造商和出卖人。……新疆庆安公司对上述自主选择及决定负全部责任，中建投公司不承担任何责任"，第 3.4 条约定"若出卖人违约，……中建投公司不承担赔偿责任"，因此本案不存在民法典第 742 条规定的例外情形。虽然本案所涉及的融资租赁合同关系与买卖合同关系之间在合同主体上有交叉，即出卖人也是出租人，但权利义务并不存在牵连，当事人之间不会基于租赁物的交付即是否符合质量标准等产生相互牵连的权利义务关系，因此，融资租赁合同案件的审理不会对买卖合同案件的当事人的利益关系产生影响。

▶▶ **第七百四十三条**　出租人有下列情形之一，致使承租人对出卖人行使索赔权利失败的，承租人有权请求出租人承担相应的责任：

（一）明知租赁物有质量瑕疵而不告知承租人；

（二）承租人行使索赔权利时，未及时提供必要协助。

出租人怠于行使只能由其对出卖人行使的索赔权利，造成承租人损失的，承租人有权请求出租人承担赔偿责任。

条文要义

本条是出租人对承租人行使索赔权利失败承担责任的规定。

在融资租赁合同中，对于出卖人交付买卖合同标的物违约的索赔权，原则上属于承租人，因此，承租人行使索赔权利失败，应当由承租人自己负担后果责任。只有出租人违反义务，致使承租人对出卖人行使索赔权利失败的，出租人才应当承担责任，承租人有权要求出租人承担赔偿责任。出租人承担行使索赔权利失败责任的事由是：

1. 明知租赁物有质量瑕疵而不告知承租人，将会使承租人因出租人的不作为而致自己无法查知标的物质量瑕疵，因而不能及时行使索赔权，导致索赔逾期。

2. 承租人行使索赔权利时，未及时提供必要协助，违反出租人对承租人索赔的协助义务，也是索赔失败的原因。

出现这两种情形之一的，承租人有权向出租人主张其承担赔偿责任。

在融资租赁合同或者买卖合同中约定只能由出租人对出卖人行使的索赔权利，承租人无权行使，只能由出租人行使。如果出租人怠于行使索赔权，造成承租人的利益损害的，承租人有权要求出租人承担相应的赔偿责任。

案例评析

段某等诉中国电建集团租赁有限公司融资租赁合同纠纷案①

案情：电建公司系由中国水电建设集团租赁控股有限公司（以下简称水电租赁公司）于2014年9月变更而来，而水电租赁公司又系中国水电建设集团租赁有限公司于2005年12月更名而来。2006年1月16日，水电租赁公司与段某签订《工程机械租赁合同》。对于段某在本案诉讼中以涉案挖掘机存在质量问题为由提出主张，且于2015年向电建公司递交索赔函要求后者向新兴公司行使索赔权，以及向新兴公司递交索赔函，法院判决，《中华人民共和国合同法》第244条规定："租赁物不符合约定或者不符合使用目的的，出租人不承担责任，但承租人依赖出租人的技能确定租赁物或者出租人干预选择租赁物的除外。"段某在行使质量问题的索赔权无任何法律障碍的情况下，起诉要求出租人电建公司承担赔偿责任，属主体错误，应予驳回。

---

① 审理法院：一审法院为四川省成都市武侯区人民法院，案号：（2015）武侯民初字第5804号；二审法院为四川省成都市中级人民法院，案号：（2017）川01民终2995号。

评析：依据民法典第 743 条之规定，出租人在明知租赁物有质量瑕疵而不告知承租人，或者承租人行使索赔权时未及时提供必要协助，或者怠于行使融资租赁合同或买卖合同中约定的只能由出租人行使对出卖人的索赔权并导致承租人对出卖人索赔逾期或者索赔失败时，对承租人承担相应责任。而本案中，段某仅以索赔函未获新兴公司答复为由主张已构成索赔失败不能成立，亦不能证明电建公司存在上述导致其向新兴公司索赔逾期或索赔失败的法定情形从而应当向其承担赔偿责任。因此，段某在其有权直接向新兴公司主张质量赔偿而仅向新兴公司发出索赔函未获回复的情况下，尚未满足依据民法典第 743 条所要求的电建公司承担相应责任的起诉条件。

> ▶▶ **第七百四十四条** 出租人根据承租人对出卖人、租赁物的选择订立的买卖合同，未经承租人同意，出租人不得变更与承租人有关的合同内容。

🏛 条文要义

本条是对出租人不得擅自变更买卖合同内容的规定。

融资租赁关系中，承租人是租赁物的实际使用人，所以在通常情况下，融资租赁合同约定购买的租赁物，由承租人选择确定的，出租人再与出卖人订立买卖合同。出租人购买的标的物，体现的是承租人的需求和意思表示。因此，出租人与出卖人订立租赁物的买卖合同之后，出租人没有独立行使的合同变更权，不能擅自与出卖人协商变更买卖合同。如果要变更买卖合同，须经承租人同意，按照承租人的意志进行变更。出租人自己不能单独决定变更买卖合同。

📌 案例评析

三井住友融资租赁（中国）有限公司等与党某等融资 租赁合同纠纷案[①]

案情： 2014 年 7 月 15 日，原告三井公司与被告党某签订《融资租赁合同（融资性售后回租合同）》。被告党某按合同约定日期和金额向原告三井公司支付租金至 2015 年 12 月 20 日，合计支付租金 1 920 000 元，2016 年 1 月 20 日以后的租金 1 770 000 元未向原告支付。截至 2016 年 10 月 30 日，被告逾期租金累计 890 000 元，减去已经向原告支付的履约保证金 160 000 元，实际逾期租金为 730 000 元。法院判决，经查，租赁物采棉机系被告党某指定购买，原告起诉只要求被告支付租金，

---

① 审理法院：一审法院为新疆维吾尔自治区昌吉回族自治州玛纳斯县人民法院，案号：（2017）新 2324 民初 2212 号；二审法院为新疆维吾尔自治区昌吉回族自治州中级人民法院，案号：（2017）新 23 民终 1417 号。

本案的处理与出卖方在法律上无利害关系，法院对其申请依法不予准许。《最高人民法院关于审理融资租赁合同纠纷案件适用法律问题的解释》第19条规定，租赁物不符合融资租赁合同的约定且出租人实施了下列行为之一，承租人依照《合同法》第241条、第244条的规定，要求出租人承担相应责任的，人民法院应予支持：（1）出租人在承租人选择出卖人、租赁物时，对租赁物的选定起决定作用的；（2）出租人干预或者要求承租人按照出租人意愿选择出卖人或者租赁物的；（3）出租人擅自变更承租人已经选定的出卖人或者租赁物的。承租人主张其系依赖出租人的技能确定租赁物或者出租人干预选择租赁物的，对上述事实承担举证责任。被告未向一审法院提供证据证实存在上述情形，故对被告称采棉机质量存在问题，不予支付剩余租金的答辩意见，法院不予采纳。

评析：民法典第744条延续了《合同法》第241条的规定。本案中，租赁物采棉机系被告党某指定购买，原告并未有对租赁物的选择发挥决定作用，或者干预承租人的选择等情形，因此，被告作为承租人要求原告承担相应责任没有法律依据。关于迟延损害金如何确定的问题，三井住友融资租赁（中国）有限公司与党某签订的《融资租赁合同（融资性售后回租合同）》中对于租金支付的时间有明确约定，上诉人党某并未按照合同约定的支付时间按时向被上诉人三井住友融资租赁（中国）有限公司支付租金，应当承担迟延损害金。

> ▶▶ **第七百四十五条** 出租人对租赁物享有的所有权，未经登记，不得对抗善意第三人。

🏛 条文要义

本条是对融资租赁合同租赁物所有权的规定。

融资租赁合同的租赁物的所有权，归属于出租人。这是因为融资租赁合同毕竟是租赁合同，出租人基于买卖合同取得租赁物，租赁物的所有权只有属于出租人，承租人才能够依据租赁合同对自己没有所有权的标的物进行占有、使用和收益。如果租赁物归属于承租人所有，就失去了租赁合同的意义，不能成为融资租赁合同了。

融资租赁的租赁物多数是大型的机器设备等，属于动产，依据动产所有权的认定标准，推定动产的占有人为所有权人，民法典确立租赁物登记制度是通过公示制度保障出租人对租赁物的所有权，以避免公众通过租赁物的占用而认定承租人为租赁物的所有权人。出租人对租赁物未进行登记的，不得对抗善意第三人。这里的善意第三人就是依据动产占有公示的原则，认定承租人为租赁物的所有权人，与承租人就租赁物进行了转让、抵押、质押、租赁等交易行为的人，这些交易行为因为出租人的不知情导致损害出租人的权利。关于善意的判定，应结合具体的案情，认定第三人是否应在与承租人交易前查询租赁物的登记情况与所有权归属情况。

📖 配套司法解释

最高人民法院关于适用《中华人民共和国民法典》有关担保制度的解释

第一条　因抵押、质押、留置、保证等担保发生的纠纷，适用本解释。所有权保留买卖、融资租赁、保理等涉及担保功能发生的纠纷，适用本解释的有关规定。

第六十七条　在所有权保留买卖、融资租赁等合同中，出卖人、出租人的所有权未经登记不得对抗的"善意第三人"的范围及其效力，参照本解释第五十四条的规定处理。

案例评析

安徽信成融资租赁有限公司诉乐山市沙湾中盛陶瓷有限公司、乐山市商业银行股份有限公司沙湾支行融资租赁合同纠纷案①

案情：2012 年 2 月 10 日，安徽信成融资租赁有限公司（以下简称安徽信成公司）、乐山市沙湾中盛陶瓷有限公司（以下简称沙湾中盛公司）与广东科达机电股份有限公司（以下简称广东科达公司）签订了五份《购销合同》，约定广东科达公司向沙湾中盛公司供应 KD3800C 瓷质砖自动液压机五台、瓷质砖全自动抛光生产线一条、工程一套等设备。应沙湾中盛公司融通资金的要求，上述设备由安徽信成公司从广东科达公司处购买后，再以融资租赁方式将设备出租给沙湾中盛公司。2012 年 7 月 11 日，安徽信成公司就该租赁设备在中国人民银行征信中心融资租赁系统进行了初始登记，并在设备显著位置标示："本机器为融资租赁设备，所有权人为：安徽信成融资租赁有限公司。"法院判决，本案中，首先，原告安徽信成公司已在租赁设备的显著位置上作出标识，表明此批设备属于融资租赁物且属于原告所有；其次，商业银行沙湾支行与被告沙湾中盛公司签订抵押合同时，未按照银行行业规定登录融资租赁登记公示系统进行融资租赁交易查询；再次，被告商业银行沙湾支行亦未要求被告沙湾中盛公司提供抵押设备的增值税发票原件，以确定该抵押设备确为被告沙湾中盛公司所有。鉴于以上情形，被告商业银行沙湾支行提出的其与被告沙湾中盛公司签订抵押合同时尽到了审查义务，有理由相信案涉设备属于被告沙湾中盛公司所有，属于善意第三人的抗辩与法院查明的事实不符，被告商业银行沙湾支行应当知道抵押物"工程一套"设备属于融资租赁物且属于原告所有，其不属于善意第三人，对其抗辩不予采信。被告商业银行沙湾支行不能享有对上述融资租赁物的抵押物权。

评析：融资租赁合同中，在出租人于租赁物的显著位置进行有效标识，且按中国人民银行有关规定对融资租赁物进行了初始登记的情况下，未经出租人同意，承

---

① 审理法院：四川省乐山市沙湾区人民法院，案号：（2015）沙湾民初字第 850 号。

租人将租赁物抵押给第三人的行为依法应当认定为无效，第三人不能以善意第三人进行抗辩，出租人要求承租人及第三人注销抵押登记的诉讼请求，符合民法典第745条的规定，应予支持。本案中，安徽信成公司已经对标的设备进行了登记，可以对抗沙湾支行。

> ▶▶ **第七百四十六条** 融资租赁合同的租金，除当事人另有约定外，应当根据购买租赁物的大部分或者全部成本以及出租人的合理利润确定。

🏛 条文要义

本条是对融资租赁合同租金构成的规定。

确定融资租赁合同租赁物的租金，有两个办法：（1）约定方法。当事人双方约定，按照约定的租金确定承租人支付租金的数额。（2）法定方法。按照本条规定，融资租赁合同租赁物的法定租金构成，是由购买租赁物的成本与出租人的合理利润两个部分构成。购买租赁物的成本，可以是大部分，也可以是全部。合理利润，应在合理的限度内确定，不得约定过高，避免显失公平。将这两个部分加在一起，就是法定的租金数额。事实上，即使双方当事人约定租金，也应当按照这样的租金构成因素确定，使租金的约定更为公平。

计算租金，究竟是购买租赁物所支出的大部分还是全部费用，主要是根据出租人和承租人在租赁合同中约定租赁期限届满时租赁物的归属而定，约定租赁期限届满租赁物的所有权即转归承租人所有的，出租人收取的租金应包括购买租赁物的全部费用与合理利润；约定在租赁期限届满时出租人有权收回租赁物，或者约定承租人在租赁期限届满时再支付一部分价金即可取得租赁物的所有权的，出租人收取的租金构成就只应包括购买租赁物的部分价金加上合理利润。

🎯 案例评析

济宁中科公司等与华电融资租赁有限公司融资租赁合同纠纷案①

案情： 2014 年 5 月 8 日，华电融资公司（出租人或甲方）与济宁中科公司（承租人或乙方）签订了《融资租赁合同》。华电融资公司依据济宁中科公司于同日向其出具的《扣款委托书》，扣除案涉《融资租赁合同》项下的保证金 1 600 万元及《融资租赁咨询服务合同》项下咨询服务费 800 万元后，向济宁中科公司支付 1.76 亿元租赁物转让款。法院判决，本案中，案涉《融资租赁合同》约定，济宁中科公司承

---

① 审理法院：一审法院为北京市第二中级人民法院，案号：（2018）京 02 民初 83 号；二审法院为北京市高级人民法院，案号：（2019）京民终 185 号。

租租赁物须支付租金给华电融资公司。合同期限内，济宁中科公司未按时、足额支付和/或补足任何到期租金、租赁保证金或其他应付款项构成本合同项下济宁中科公司违约，华电融资公司有权立即向济宁中科公司追索本合同项下所有到期未付租金、逾期利息、全部未到期租金、其他与本合同相关的应付款项。按照《融资租赁合同》附件《租金调整通知书》的约定，济宁中科公司应于 2018 年 2 月 8 日向华电融资公司支付第 15 期租金，而济宁中科公司并未支付。华电融资公司于 2018 年 4 月 3 日向一审法院起诉后，济宁中科公司仍未全额支付上述第 15 期租金。现华电融资公司要求济宁中科公司支付全部未付租金，具有法律和合同依据，法院予以支持。

评析：民法典第 746 条延续了《合同法》第 243 条的规定。华电融资公司已取得案涉租赁物所有权，且根据《融资租赁合同》的约定，租赁期限届满，在济宁中科公司清偿完毕该合同项下应付华电融资公司的全部租金、留购价款及其他应付款项后，济宁中科公司按"现时现状"留购租赁物，取得租赁物的所有权，留购价款为 1 万元。合同期限内，济宁中科公司未按时、足额支付和/或补足任何到期租金、租赁保证金或其他应付款项构成该合同项下济宁中科公司违约，华电融资公司有权立即向济宁中科公司追索该合同项下所有到期未付租金、逾期利息、全部未到期租金、其他与该合同相关的应付款项。本案中，济宁中科公司未按期向华电融资公司支付租金，已构成《融资租赁合同》约定的违约事项。因此，华电融资公司要求济宁中科公司支付全部未付租金后，支付留购价款 1 万元留购租赁物，具有合同依据，应予支持。济宁中科公司关于其无须向华电融资公司支付 1 万元留购价款的上诉理由，不能成立。

> ▶▶ **第七百四十七条**　租赁物不符合约定或者不符合使用目的的，出租人不承担责任。但是，承租人依赖出租人的技能确定租赁物或者出租人干预选择租赁物的除外。

🏛 条文要义

本条是对租赁物质量瑕疵担保责任的规定。

融资租赁合同成立，在履行期限内，出现租赁物不符合约定或者不符合使用目的的情形的，有责任的一方应当承担租赁物质量瑕疵担保责任。租赁物质量瑕疵担保责任分配的规则是：（1）一般规则是出租人不承担责任，而是由承租人承担该责任，理由是，租赁物的选择是由承租人确定的，承租人承担租赁物质量瑕疵担保责任具有正当性。（2）特殊规则，如果承租人选择租赁物是依赖出租人的技能确定，或者出租人干预选择租赁物的，由于在租赁物的选择上加进了出租人的意志，因此，租赁物质量瑕疵担保责任应当由出租人承担。

🔖 案例评析

杨某某、国银金融租赁股份有限公司融资租赁合同纠纷案①

案情： 2015年9月28日，原告国银金融租赁有限公司办理工商变更手续，企业名称变更为国银金融租赁股份有限公司。第三人洪某森系第三人通程公司遵义分公司工作人员。2016年10月20日，洪某森书写了一份《销售申请单》，申请单载明客户（即被告）杨某某的基本身份信息、购买性质、从业年限等，型号为ST365，销售方式为融资租赁，已收定金50 000元，设备总价1 500 000元，其中机价1 455 000元，代收运费45 000元，办理85成3年融资租赁，提机时付款224 394元（提机款＝首期货款＋融资租赁费用＋代收运费）。后来，机器出现故障，被告杨某某以此为由拒绝向原告国银金融租赁公司支付租金，原告随即提起诉讼。法院判决，因本案系融资租赁法律关系，对于被告主张的产品故障问题，根据《中华人民共和国合同法》第244条"租赁物不符合约定或者不符合使用目的的，出租人不承担责任，但承租人依赖出租人的技能确定租赁物或者出租人干预选择租赁物的除外"之规定，杨某某并未举证案涉挖掘机依赖原告的技能确定或受原告的干预选择，因此案涉挖掘机的故障问题不能作为不支付租金的法定事由，杨某某可另案向相关义务人主张权利。

评析： 民法典第747条延续了《合同法》第244条的规定。根据杨某某提交的洪某森书写、杨某某签名捺印确认的《销售申请单》，其中载明案涉挖掘机的销售方式为融资租赁，在申请单中对于融资租赁的金额和费用以及融资租赁月均还款作出了明确约定，故原告与被告杨某某双方分别在案涉融资租赁合同上签章的行为产生合同订立的法律后果。对于租赁物产品故障问题，由于被告不能证明其是根据原告的技能确定租赁物或者在原告的干预下选择租赁物，故而不能以租赁物的故障作为抗辩理由而拒绝支付租金。被告应依据民法典第752条"承租人应当按照约定支付租金。承租人经催告后在合理期限内仍不支付租金的，出租人可以请求支付全部租金；也可以解除合同，收回租赁物"之规定，杨某某逾期支付租金，作为承租人其应当向原告支付全部未付租金。

▶▶ **第七百四十八条** 出租人应当保证承租人对租赁物的占有和使用。

出租人有下列情形之一的，承租人有权请求其赔偿损失：

（一）无正当理由收回租赁物；

（二）无正当理由妨碍、干扰承租人对租赁物的占有和使用；

---

① 审理法院：一审法院为贵州省贵阳市花溪区人民法院，案号：（2017）黔0111民初3942号；二审法院为贵州省贵阳市中级人民法院，案号：（2018）黔01民终7237号。

（三）因出租人的原因致使第三人对租赁物主张权利；

（四）不当影响承租人对租赁物占有和使用的其他情形。

🏛 条文要义

本条是对出租人保证承租人占有和使用租赁物的规定。

既然融资租赁合同是租赁合同，出租人就必须保证承租人对租赁物的占有和使用。这是租赁合同出租人对承租人租赁权的起码保障。在融资租赁合同中，出租人履行这一义务，还具有以下含义。

1. 出租人不得妨碍承租人依照融资租赁合同所拥有的承租权，也不得擅自变更原来约定的承租条件。

2. 承租人在租赁期限内，对租赁物拥有独占的使用权，对使用租赁物的收益可以独立处分。

3. 出租人应当保证承租人在租赁期限内对租赁物的占有和使用，不受第三人的干扰，即使出租人在租赁期限内转让租赁物的所有权或者设置抵押等，也须受到买卖不破租赁规则的规制，不得影响承租人的承租权。如果受到第三人的干扰，出租人应当承担违约责任。

在融资租赁合同存续期限内，出租人违反保证承租人对租赁物的占有和使用义务，造成承租人损失的，应当承担违约责任。

出租人承担不履行保证承租人对租赁物占有和使用义务违约责任的情形是：

1. 无正当理由收回租赁物，构成根本违约。

2. 无正当理由妨碍、干扰承租人对租赁物的占有和使用，例如组织人员对租赁物的占有和使用进行阻挠、干扰、破坏、封锁等。

3. 因出租人的原因致使第三人对租赁物主张权利，例如出租人将租赁物转让他人或者设置抵押。

4. 不当影响承租人对租赁物占有和使用的其他情形。

当出现上述情形之一，致使承租人无法正常使用租赁物，不能正常发挥租赁物的效益，造成承租人损失的，构成承租人违约损害赔偿请求权，其有权向出租人行使损害赔偿请求权，出租人应当承担赔偿责任。

🔘 案例评析

果某某与国某某、锦州市宏展物流有限责任公司融资租赁合同纠纷案[①]

案情： 2013 年 9 月 30 日，被告锦州市宏展物流有限责任公司与原告果某某签订

---

① 审理法院：一审法院为辽宁省锦州市黑山县人民法院，案号：（2016）辽 0726 民初 919 号；二审法院为辽宁省锦州市中级人民法院，案号：（2017）辽 07 民终 340 号；再审法院为辽宁省锦州市中级人民法院，案号：（2018）辽 07 民再 32 号。

《运输车融资租赁及留购合同》《锦州市宏展物流有限责任公司挂靠营运合同书》《借款合同》，约定被告宏展物流贷给原告果某某44万元，月利息2‰，用于以融资租赁方式购置货运车辆，并将车辆挂靠于宏展物流，以公司名义进行经营活动，分24期向宏展物流给付租金。基于与果某某的融资合同，宏展物流向中国邮政储蓄银行股份有限公司沈阳分公司申请贷款，国某某提供了抵押担保。后来，宏展物流未及时清偿贷款，导致标的车辆被查封、拍卖，果某某因此遭受了经营损失。法院判决，本案中因宏展物流未及时清偿贷款导致车辆被查封、拍卖，宏展物流应承担责任。同时，国某某作为贷款、抵押合同的担保人，在明知出租车辆存在抵押贷款的情况下仍违约不及时交纳租金，对于损失的发生也存在过错，应承担一定的责任。结合双方的过错情况，宏展物流应承担60％的损失，国某某应承担40％的损失。

评析： 在融资租赁交易中，出租人对租赁物享有所有权，负有向承租人提供租赁物，并保障承租人占有和使用的义务。本案中，承租人果某某与宏展物流签订融资租赁合同后，宏展物流应当及时向银行清偿贷款，以保证承租人的占有和使用。在租赁物因宏展物流没有及时清偿银行贷款，导致被查封、拍卖后，果某某的经营受到损失，根据民法典第748条的规定，宏展物流应当赔偿果某某的损失。

> ▶▶ **第七百四十九条**　承租人占有租赁物期间，租赁物造成第三人人身损害或者财产损失的，出租人不承担责任。

🏛 条文要义

本条是对租赁物造成第三人损害出租人免责的规定。

在一般情况下，物件造成第三人损害，应当适用侵权责任编关于物件损害责任的规定，由物件的所有人、使用人、管理人承担赔偿责任。按照这样的规则，租赁物造成第三人损害，也应当由所有人、使用人、管理人承担责任，使用人就是承租人。由于在融资租赁合同中，承租人对租赁物享有独占使用的权利，特别是出租人依照承租人的意志购买，交付承租人占有、使用，因此，租赁物造成第三人损害的，不论是人身损害还是财产损失，都排除出租人的责任，其对损害不承担任何责任。该责任应当由承租人负责。

🔵 案例评析

江西江龙集团兴海汽运有限公司与高某某、欧阳某某追偿权纠纷案①

案情： 2011年10月28日，被告高某某、欧阳某某向原告兴海汽运公司融资租

---

① 审理法院：江西省高安市人民法院，案号：（2019）赣民0983初4516号。

赁赣C×××××号货车用于运输经营，双方签订了一份汽车融资租赁合同，合同约定原告根据被告的要求及被告的自主选定，以租给被告为目的，为被告融资购买福田厂生产的赣C×××××号货车。被告则向原告承租，并享有该汽车的占有、使用、收益权。租赁期限为2011年10月28日起至2018年10月27日止，租金总额为20万元。合同第9条第3点载明"被告承租车辆如发生交通事故、运输事故或意外事故，造成本人或他人的伤亡或财产损失，一切费用和赔偿责任全部由被告承担，原告不承担任何责任，原告可尽力协助被告处理有关事宜，所需费用由被告承担"。合同发生争议，依法向高安市人民法院提起诉讼。

2012年1月14日，中飞公司接受鸿运公司运输业务，以湖南中飞公司名义与被告欧阳某某签订车辆租赁运输协议，约定由被告欧阳某某驾驶赣C×××××号货车承载一批货物，从广州市某区运往长沙黄花机场。2012年1月15日，被告高某某、欧阳某某共同聘请的司机陈某洪驾驶承运货物的赣C×××××号车辆行驶至衡阳市耒阳市小水镇江波村107国道华海石化福建时发生翻车事故，导致运输货物部分毁损。事故发生后，该批货损由保险公司向投保人珠海联邦制药股份有限公司赔付602 374.47元。保险公司向承运人鸿运公司主张追偿权，经法院调解达成由鸿运公司赔付450 000元的协议。后鸿运公司扣除应支付给中飞公司的运费450 000元，因被告高某某与被告欧阳某某系合伙关系，两被告与原告公司是挂靠关系，中飞公司向长沙县人民法院提起诉讼，经长沙县人民法院2014年3月31日作出（2014）长县民初字第174号判决书，判决第一项为被告高某某、欧阳某某赔偿中飞公司损失360 000元，判决第二项为原告兴海公司对该债务承担连带赔偿责任，诉讼费用由原告承担1 550元，被告高某某、欧阳某某承担1 550元。后被告高某某、欧阳某某不服，上诉至湖南省长沙市中级人民法院，湖南省长沙市中级人民法院2014年6月13日作出（2014）长中民二终字第02718号判决书，判决撤销长沙县人民法院（2014）长县民初字第174号判决第二项。湖南中飞物流有限公司向湖南省高级人民法院申诉，湖南省高级人民法院2017年6月21日作出（2017）湘民再33号判决书，判决撤销（2014）长中民二终字第02718号判决，维持（2014）长县民初字第174号判决。判决生效后，长沙县人民法院分别于2018年2月1日、2018年3月8日依法扣划原告兴海公司人民币366 896.17元。2018年4月11日长沙县人民法院出具（2017）湘0121执2426号执行案件通知书，告知原告和被告关于中飞公司与被告高某某、欧阳某某、原告兴海公司公路货物运输合同纠纷一案已执行完毕。尔后原告通过车辆保险公司理赔车上货物赔偿金50 000元，垫付余款311 550元。原告曾多次向被告催讨，无奈之下诉至法院。

法院认为，原告兴海汽运公司与被告高某某、欧阳某某签订的融资租赁合同合法有效，合同中约定因被告车辆发生交通事故、运输意外事故等造成他人财产损失的，一切费用和赔偿责任由被告高某某、欧阳某某自行承担，该约定符合法律规定，双方都应依法遵守。本案中，原告兴海汽运公司替被告高某某、欧阳某某赔偿了

（2017）湘民再33号判决书中对湖南中飞物流有限公司理赔款311 550元后，原告有权向被告高某某、欧阳某某追偿。被告拒不向原告偿还原告已代其支付的款项，是造成本案纠纷的主要原因。原告的诉讼请求于法有据，本院予以支持。综上，为维护当事人的合法权益，依照《中华人民共和国担保法》第三十一条，《中华人民共和国民法通则》第八十九条，《中华人民共和国民事诉讼法》第一百四十二条、第一百四十四条之规定，判决如下：由被告高某某、欧阳某某在本判决生效后10日内归还原告江西江龙集团兴海汽运有限公司代为赔偿的理赔款人民币311 550元。

评析：民法典第749条延续了《合同法》第246条的规定。在融资租赁合同中，出租人虽然是租赁物的所有权人，但承租人对租赁物享有占有、使用的权利，实际控制着租赁物。如果租赁物造成第三人的人身或财产损失的，出租人并无可以归责的原因，故应由承租人承担损害赔偿责任，民法典第749条对此予以确认。本案中，货物损失实际是在被告经营期间损坏的，虽然法院基于原告与被告之间的挂靠关系要求原告承担了损害赔偿责任，但最终责任人仍应是被告，故原告在承担赔偿责任之后有权向被告追偿。

> ▶▶ **第七百五十条** 承租人应当妥善保管、使用租赁物。
> 承租人应当履行占有租赁物期间的维修义务。

🏛 条文要义

本条是对承租人保管、使用、维修租赁物的规定。

在租赁期限内，承租人占有和使用租赁物，因而对租赁物负有妥善保管、使用的义务。承租人在对租赁物使用、收益时，应当充分顾及对出租人利益的保护，应予妥善保管、正确使用，防止对租赁物造成损害，使出租人对租赁物的所有权受到损害。

承租人在占有租赁物期间，还须承担租赁物维修义务。融资租赁合同具有较强的融资性，因而与一般的租赁合同有所不同，不是由出租人承担维修义务，而是由承租人履行在租赁物占有期间的维修义务。承租人应当善尽此项义务，未尽此义务造成租赁物损坏的，应当承担赔偿责任。

案例评析

朔州市勤俭建材有限公司与卡特彼勒（中国）融资租赁有限公司、

威斯特（北京）机械设备有限公司朔州分公司等融资租赁合同纠纷案[①]

案情：2012年6月18日，卡特彼勒（中国）融资租赁有限公司作为出租人与朔

---

① 审理法院：一审法院为山西省朔州市朔城区人民法院，案号：（2014）朔民初字第104号；二审法院为山西省朔州市中级人民法院，案号：（2018）晋06民终404号。

州市勤俭建材有限公司作为承租人签订了编号为×××-70028×××的《融资租赁协议》。法院判决，合同约定承租人对租赁物有维护义务，并承担相应费用。同时，该合同的约定符合《中华人民共和国合同法》第247条"承租人应当妥善保管、使用租赁物。承租人应当履行占有租赁物期间的维修义务"的规定，所以，涉案设备进行维修时，应由承租人朔州市勤俭建材有限公司自行维修，并承担相应的费用。卡特彼勒（中国）融资租赁有限公司要求朔州市勤俭建材有限公司支付到期租金共计1 690 884.88元的诉讼请求，事实清楚，证据充分，符合双方合同约定，予以支持，但朔州市勤俭建材有限公司支付的200 00元定金，应当予以核减。

评析：民法典第750条延续了《合同法》第247条的规定。依据民法典第750条对融资租赁合同的规定及协议约定，承租人应当履行占有租赁物期间的维修义务。承租方不得以设备迟延维修拒付租赁费，且根据苏某琦的证明，设备迟延维修是设备零件需从国外运回所需时间长和朔州市勤俭建材有限公司未及时支付足额修理费用共同造成，故朔州市勤俭建材有限公司和卡特彼勒（中国）融资租赁有限公司在履行合同中均存在违约行为，双方应各自承担因违约所造成的损失。

> ▶▶ **第七百五十一条**　承租人占有租赁物期间，租赁物毁损、灭失的，出租人有权请求承租人继续支付租金，但是法律另有规定或者当事人另有约定的除外。

🏛 条文要义

本条是对融资租赁物意外灭失后承租人继续支付租金的规定。

融资租赁合同与一般的租赁合同的不同之处，就在于其融资性，等于是承租人向出租人融资，购买自己需要的标的物，出租给自己使用。因此，在融资租赁的租赁物在承租人占有期间，因不可归责于当事人的原因而租赁物毁损、灭失的，需要对不利益进行适当的分配，意外灭失的风险固然要由所有权人承担，但是承租人不能因此而免除租金支付义务。在融资租赁关系中，出租人购买租赁物并不是为自己所有，而完全是为了承租人的使用而购买，所以出租人因购买租赁物而支付的价款是自己的成本，该价款可以理解为承租人向出租人融资的金额，融资租赁也可以理解为承租人向出租人借款购买自己需要的租赁物，那么从融资的角度，承租人应向出租人承担返还利息的义务，所以租赁物毁损、灭失的，承租人的租金仍不能停止支付。否则，出租人就会出现双重损失，一是租赁物本身的损失，二是融资价款的损失，对出租人明显不公。故本条规定，租赁物即使因意外毁损、灭失，出租人仍然有权请求承租人继续支付租金。除外的是，如果法律另有规定或者当事人另有约定的，则按照法律规定或者当事人的约定处理，比如，出租人与承租人约定，在租赁期达到一定期限后，租赁物毁损、灭失的，承租人可以停止支付租金，因为这时，出租人通过经过的租期，已经向承租人收取了高额的租金，平抑了购买租赁物付出的成本，在承租人也不能取得租赁物的情况下，应减少承租人的损失，以达到出租人与承租人双方利益的平衡。

案例评析

泓港公司、江苏波地融资租赁有限公司船舶融资租赁合同纠纷案①

案情：2012 年 3 月 13 日，原告波地公司与被告泓港公司签订编号"BDZL（12）HZ002－××××"的《买卖合同》，法院判决，《最高人民法院关于审理融资租赁合同纠纷案件适用法律问题的解释》第 7 条规定："承租人占有租赁物期间，租赁物毁损、灭失的风险由承租人承担，出租人要求承租人继续支付租金的，人民法院应予支持。但当事人另有约定或者法律另有规定的除外。""新鸿顺 7"轮于 2013 年 4 月 17 日被青岛海事法院依法公开变卖，自此，租赁物灭失，依照前述规定，原审法院对波地公司提出的要求泓港公司支付全部 48 期租金的诉讼请求予以支持。根据 2 号《融租合同》及波地公司与泓港公司于 2012 年 3 月 29 日签订的补充协议的约定，泓港公司在 2012 年 4、5、6 月应支付租前息（利息金额为每月 312 693.68 元，合计 93 8081.04 元），2012 年 7 月 28 日起正常支付租金，租赁本金为 42 160 945.95 元，租金金额采用等额年金法，在剩余租赁期内按月、期末支付的条件计算确定，共 48 期，每月一期，租金利率根据中国人民银行公布同期人民币贷款基准利率增加 2 个百分点确定。

评析：依据 2 号《融租合同》第 25.3 条"在租赁期间，如果船舶的任何部分发生任何灭失、损害或毁坏，或者以任何方式导致不适合使用，本合同项下应付的租金不得全部或部分减少，并且承租人不得解除其在本合同项下的任何付款义务或其他义务"及第 26 条"承租人对出租人赔偿事项"中的相关约定，泓港公司应支付租金并赔偿波地公司的损失。

> ▶▶ **第七百五十二条** 承租人应当按照约定支付租金。承租人经催告后在合理期限内仍不支付租金的，出租人可以请求支付全部租金；也可以解除合同，收回租赁物。

条文要义

本条是对承租人支付租金义务的规定。

---

① 审理法院：一审法院为湖北省武汉海事法院，案号：（2013）武海法商字第 00992 号；二审法院为湖北省高级人民法院，案号：（2018）鄂民终 653 号。

　　支付租金，是融资租赁合同的承租人应当履行的主要义务。承租人支付租金，应当按照约定的租金数额和方式履行，不得违反合同的约定。

　　如果承租人不按照约定支付租金，出租人应当对承租人进行催告，并且确定合理的宽限期，要求出租人在宽限期内支付租金。承租人在宽限期届满后仍不支付的，可以采取的措施是：（1）请求承租人支付到期和未到期的全部租金。支付全部租金的，如果约定支付全部租金即可取得租赁物所有权的，应当转移标的物的所有权；如果约定取得租赁物所有权须补交价款的，则承租人补交价款后取得租赁物的所有权，不补交价款的，所有权仍归出租人所有。（2）解除合同，收回租赁物。如果当事人已经约定租赁期满租赁物归承租人所有，承租人已经支付大部分租金，只是无力支付剩余租金，出租人因此解除合同收回租赁物的，收回租赁物的价值超过承租人欠付的租金以及其他费用的，承租人可以要求部分返还。

📖 配套司法解释

最高人民法院关于适用《中华人民共和国民法典》有关担保制度的解释

　　第六十五条　在融资租赁合同中，承租人未按照约定支付租金，经催告后在合理期限内仍不支付，出租人请求承租人支付全部剩余租金，并以拍卖、变卖租赁物所得的价款受偿的，人民法院应予支持；当事人请求参照民事诉讼法"实现担保物权案件"的有关规定，以拍卖、变卖租赁物所得价款支付租金的，人民法院应予准许。

　　出租人请求解除融资租赁合同并收回租赁物，承租人以抗辩或者反诉的方式主张返还租赁物价值超过欠付租金以及其他费用的，人民法院应当一并处理。当事人对租赁物的价值有争议的，应当按照下列规则确定租赁物的价值：

　　（一）融资租赁合同有约定的，按照其约定；

　　（二）融资租赁合同未约定或者约定不明的，根据约定的租赁物折旧以及合同到期后租赁物的残值来确定；

　　（三）根据前两项规定的方法仍然难以确定，或者当事人认为根据前两项规定的方法确定的价值严重偏离租赁物实际价值的，根据当事人的申请委托有资质的机构评估。

🎗 案例评析

永泰能源股份有限公司、国网国际融资租赁有限公司

融资租赁合同纠纷案[①]

　　案情： 2017 年 5 月 22 日，原告国网租赁与被告永泰公司、华瀛公司签订了编号为 SGIL×××.2017.×××号的《融资租赁合同》。国网租赁支付购买价款后，永

---

　　① 审理法院：一审法院为天津市高级人民法院，案号：（2018）津民初 99 号；二审法院为最高人民法院，案号：（2019）最高法民终 417 号。

泰公司、华瀛公司未按约支付租金，构成违约。国网租赁有权主张合同加速到期，要求永泰公司、华瀛公司偿还合同项下全部未付租金、迟延利息等款项。国网租赁以诉讼的方式向永泰公司、华瀛公司追索全部租金，起诉状副本送达永泰公司、华瀛公司时间分别为 2018 年 8 月 31 日、9 月 21 日，故提前到期日为 2018 年 9 月 21日。关于永泰公司、华瀛公司应支付款项，2018 年 9 月 21 日，永泰公司、华瀛公司应支付国网租赁租金 156 041 833.55 元（第 4 期到期租金 16 118 417.55 元＋第 5 - 12 期租金 144 923 416 元-保证金 5 000 000 元）。合同约定迟延利息为月利率 2.5％，计算标准过高，一审酌定按年利率 24％的标准计算，至 2018 年 9 月 20 日迟延利息为 977 850.66 元（16 118 417.55×24％÷360×91）。提前到期后的利息以 156 041 833.55 元为基数，自 2018 年 9 月 21 日起至实际清偿之日止，按年利率 24％计算。国网租赁主张永泰公司、华瀛公司向其支付设备留购价款 1 000 元，法院予以支持。

评析： 民法典第 752 条延续了《合同法》第 248 条的规定。案涉融资租赁属售后回租模式。根据合同约定，在国网租赁向永泰公司和华瀛公司购买并支付案涉设备全部价款取得所有权后，永泰公司和华瀛公司租回案涉设备，并负有支付租金和购回该租赁物的义务。依据民法典第 752 条的规定，本案中，在承租人未如约支付租金的情形下，国网租赁作为出租人，选择了主张合同加速到期而非解除合同的方式主张权利。因此，案涉合同仍处于继续履行的状态。

> ▶▶ **第七百五十三条** 承租人未经出租人同意，将租赁物转让、抵押、质押、投资入股或者以其他方式处分的，出租人可以解除融资租赁合同。

🏛 条文要义

本条是对出租人法定解除权的规定。

在融资租赁合同中，承租人对租赁物有权占有、使用、收益，出租人应当予以保证。但是，承租人对租赁物不享有处分权，如果承租人对租赁物行使处分权，就是对出租人对租赁物所有权的侵害。因此本条规定，承租人一旦未经出租人的同意而处分租赁物，例如将租赁物转让、抵押、质押、投资入股或者以其他方式进行处分的，不仅侵害了出租人的所有权，而且构成根本违约，因此，出租人可以行使法定解除权，解除该融资租赁合同，收回自己的租赁物。适用该条应结合第 745 条的规定，如果与承租人进行上述的交易的第三人为恶意的，出租人可以对上述交易予以对抗，否认其有效性；如果出租人对租赁物予以登记，出租人则有权对抗上述交易的善意第三人，否认交易的有效性。

案例评析

铜陵大江投资控股有限公司与铜陵发展投资集团有限公司、皖江金融租赁有限公司等保证合同纠纷案[①]

案情：2012年9月27日，原告皖江租赁公司与浩荣电子公司签订《资产转让合同》和编号0201号《融资租赁合同》。对于浩荣电子公司在《融资租赁合同》履行过程中对外抵押部分租赁物的行为是否影响皖江租赁公司主张权利的问题，铜陵大江公司认为，该抵押事实使皖江租赁公司丧失了对租赁物的所有权，故其无权收取租金，继而不能向铜陵发展公司主张担保责任。《最高人民法院关于审理融资租赁合同纠纷案件适用法律问题的解释》第12条第1项规定："承租人未经出租人同意，将租赁物转让、转租、抵押、质押、投资入股或者以其他方式处分租赁物的"，"出租人请求解除融资租赁合同的，人民法院应予支持"。可见，在此情形下，皖江租赁公司不是丧失对租赁物的所有权，而是依法享有合同解除权，并有权请求浩荣电子公司按照《融资租赁合同》第17.3条的约定承担相应的偿付责任。由于铜陵发展公司在《保证合同》中承诺为《融资租赁合同》项下浩荣电子公司对皖江租赁公司"所负全部债务承担连带保证责任"，故皖江租赁公司在浩荣电子公司未如期履约的情况下向铜陵发展公司主张担保责任符合合同约定。铜陵大江公司的此主张于法无据，本院不予采纳。

评析：皖江租赁公司与浩荣电子公司双方签订《融资租赁合同》后，浩荣电子公司多次将《租赁物清单》所列租赁物抵押给他人并办理登记，且未解除抵押登记，因为抵押租赁物行为未经皖江租赁公司同意，该《融资租赁合同》构成法定解除的条件。

> ▶▶ **第七百五十四条**　有下列情形之一的，出租人或者承租人可以解除融资租赁合同：
>
> （一）出租人与出卖人订立的买卖合同解除、被确认无效或者被撤销，且未能重新订立买卖合同；
>
> （二）租赁物因不可归责于当事人的原因毁损、灭失，且不能修复或者确定替代物；
>
> （三）因出卖人的原因致使融资租赁合同的目的不能实现。

---

① 审理法院：一审法院为安徽省铜陵市中级人民法院，案号：（2016）皖07民初35号；二审法院为安徽省高级人民法院，案号：（2017）皖民终254号。

🏛 条文要义

本条是对融资租赁合同双方当事人法定解除权的规定。

在融资租赁合同成立之后，当出现的情形使融资租赁合同无法继续履行的时候，出租人或者承租人都产生法定解除权，都可以解除融资租赁合同。本条规定出租人或者承租人可以解除融资租赁合同的事由是：（1）出租人与出卖人订立的买卖合同解除、被确认无效或者被撤销，且未能重新订立买卖合同。出现这种情形，失去了融资租赁合同存在的意义，当然可以解除合同。（2）租赁物因不可归责于当事人的原因毁损、灭失，且不能修复或者确定替代物，融资租赁合同无法继续履行，合同继续存在对双方都没有意义，因而可以解除合同。（3）因出卖人的原因致使融资租赁合同的目的不能实现，租赁物只能由出卖人提供，出卖人无法交付租赁物或者交付的租赁物质量不合格，都能导致融资租赁合同的目的不能实现。

本条规定的法定解除权，是出租人和承租人都享有的解除权，各方都可以行使该解除权而使融资租赁合同解除。

🍡 案例评析

中恒国际租赁有限公司与铜仁市人民医院融资租赁合同纠纷案[①]

案情： 2016 年 1 月 30 日，中恒公司（出租人）与铜仁医院（承租人）签订《融资租赁合同（直租)》，约定由承租人选定出卖人及租赁医疗设备，由出租人向出卖人购买租赁设备并租赁给承租人使用；租赁物转让价款为 3 100 万元，租金总额为 37 164 611.4 元。2016 年 1 月 30 日，中恒公司（买受人）、远程金卫公司（出卖人）、铜仁医院（承租人）签订《设备买卖合同》，载明：最晚交付日 2016 年 6 月 30 日，设备购买价款合计 3 100 万元。截至庭审，铜仁医院已支付了 18 期租金，共计 11 149 383.42 元。但是，铜仁医院仅收到了价值 30 万元的热灌注化疗仪 1 台，另有价格 105 万元的生物实验室仅完成了外部的局部装饰、装修。随后，中恒公司向法院起诉要求铜仁医院支付剩余租金，铜仁医院提起反诉要求解除《融资租赁合同（直租)》。法院认为，因铜仁医院未实际收到融资租赁合同中的绝大部分医疗设备，导致合同目的无法实现，故其有权要求解除《融资租赁合同（直租)》，并驳回了中恒公司的诉讼请求。

评析： 融资租赁合同包括买卖和租赁两个合同，牵涉出租人、承租人和出卖人三方主体，相互关联，各方应共同保障融资租赁合同目的的实现。如果因为其中一方当事人的原因，导致合同目的不能实现的，其他两方都有权主张解除合同。本案中，铜仁医院没有收到大部分的标的医疗设备，导致融资租赁合同的目的不能实现，

---

① 审理法院：北京市大兴区人民法院，案号：（2018）京 0115 民初 8921 号。

有权解除合同。

> ▶▶ **第七百五十五条**　融资租赁合同因买卖合同解除、被确认无效或者被撤销而解除，出卖人、租赁物系由承租人选择的，出租人有权请求承租人赔偿相应损失；但是，因出租人原因致使买卖合同解除、被确认无效或者被撤销的除外。
>
> 　　出租人的损失已经在买卖合同解除、被确认无效或者被撤销时获得赔偿的，承租人不再承担相应的赔偿责任。

🏛 条文要义

本条是对承租人承担出租人损失赔偿责任的规定，《合同法》对此没有规定，本条是借鉴司法解释的规定确立的新规则。

在融资租赁合同履行过程中，如果融资租赁合同因买卖合同解除、被确认无效或者被撤销而解除，对于造成的损失承担责任的基本标准是，究竟是谁选择的出卖人及租赁物。对此，《最高人民法院关于审理融资租赁合同纠纷案件适用法律问题的解释》第 16 条规定："融资租赁合同因买卖合同被解除、被确认无效或者被撤销而解除，出租人根据融资租赁合同约定，或者以融资租赁合同虽未约定或约定不明，但出卖人及租赁物系由承租人选择为由，主张承租人赔偿相应损失的，人民法院应予支持。出租人的损失已经在买卖合同被解除、被确认无效或者被撤销时获得赔偿的，应当免除承租人相应的赔偿责任。"这一规定较好地解决了这个问题。

本条借鉴司法解释的这一规定，对融资租赁合同因买卖合同解除、被确认无效或者被撤销的，究竟应当由谁承担责任作出规定，确定的规则是：第一，出卖人及租赁物系由承租人选择的，出租人有权要求承租人赔偿相应损失。第二，出卖人及租赁物是由出租人选择的，出租人自己承担损失后果，不得向承租人主张赔偿责任。这是因为，融资租赁合同的买卖合同，是租赁合同的基础，租赁物是谁选择的，谁就应当对租赁物的买卖合同的效力负责。承租人选择租赁物，并据此由出租人与出卖人签订买卖合同，进行交易，取得租赁物，租赁合同的效力发生问题，承租人当然要承担责任。故规定出租人有权要求承租人赔偿相应的损失。但是，因出租人原因致使买卖合同解除、被确认无效或者被撤销的，不适用前述规则，出租人不能请求承租人承担赔偿损失的责任。

在上述前一种情形下，即承租人选择租赁物，如果出租人的损失已经在买卖合同解除、被确认无效或者被撤销时，从出卖人那里获得了赔偿的，根据"同一来源规则"，应当免除承租人应承担的赔偿责任中相应的部分。

🔴 案例评析

广西防城港瑞达海运有限公司等诉华融金融租赁股份有限公司
船舶融资租赁合同纠纷案①

案情： 2007 年 6 月 1 日，航畅公司与瑞达公司签订《23800DWT 散货船合作建造协议》一份。瑞达公司从 2011 年 2 月 15 日起至同年 9 月 15 日止按租金支付计划表支付租金，但从次月起逾期支付部分租金且一直没有支付，虽经华融公司多次催讨，均以经济困难为由拖延履行融资租赁合同。涉案船舶在建过程中基本处于停工状态的情况下，才向华融公司提出融资租赁。华融公司 5 000 万元融资款投放后，航畅公司未按约定建造涉案船舶，瑞达公司也不履行监造义务，基于三方继续履行《融资租赁合同》的意思表示明确，故华融公司庭审中撤回了主张判决生效后 10 日内向华融公司交付船舶的诉请，同意继续履行《融资租赁合同》、共同努力船舶续建。但后续涉案在建船舶的交付或续建事宜因社会集资等问题，经多方努力未能协调解决，涉案船舶闲置至今。而瑞达公司未按约履行融资租赁合同，逾期支付租金已构成违约。此外，《船舶建造合同》明确约定瑞达公司有派驻代表进船厂监造义务，其派驻代表知道或者应当知道涉案船舶的建造进度，华融公司在 2010 年 7 月 29 日投放 4 000 万元船款后部分资金被挪用，涉案船舶基本处于停工状态，与瑞达公司监造不力有重大关系。故涉案船舶至今仍未建造完成且闲置，系因航畅公司未按约按进度建造，以及瑞达公司不履行监造义务和怠于履行续建义务共同所致。而瑞达公司逾期支付租金，后以经济困难为由长期拖延履行融资租赁合同的根本违约行为是造成融资租赁合同解除的直接原因。华融公司提出解除《融资租赁合同》的请求合法有理，予以采纳，由此造成的损失应由瑞达公司直接向华融公司赔偿，航畅公司与其他担保人共同负连带责任。

评析： 法院判决认定涉案船舶至今未建造完成且闲置，系航畅公司和瑞达公司共同所致并无不当。瑞达公司作为融资租赁合同项下的承租人按约支付租金系其主要合同义务，根据查明的事实，瑞达公司未按约支付租金，虽经华融公司催讨，均以经济困难为由长期拖延履行融资租赁合同，其行为已构成根本违约。法院据此判决认定瑞达公司的根本违约行为系造成涉案融资租赁合同解除的直接原因，融资租赁合同自 2014 年 6 月 10 日起解除并无不妥。故本案《融资租赁合同》法律关系在华融公司于 2014 年 6 月 10 日依法提起诉讼时解除，华融公司有权依据《最高人民法院关于审理融资租赁合同纠纷案件适用法律问题的解释》第 16 条、第 22 条规定和《融资租赁合同》的约定，向瑞达公司等提出主张融资租赁合同债权而放弃租赁物的诉请。

---

① 审理法院：一审法院为浙江省宁波海事法院，案号：（2014）甬海法商初字第 448 号；二审法院为浙江省高级人民法院，案号：（2015）浙海终字第 292 号。

▶▶ **第七百五十六条**　融资租赁合同因租赁物交付承租人后意外毁损、灭失等不可归责于当事人的原因解除的，出租人可以请求承租人按照租赁物折旧情况给予补偿。

🏛 条文要义

本条是对租赁物意外毁损、灭失，承租人应补偿损失的规定。

融资租赁合同存续期间，租赁物交付承租人后，因意外毁损、灭失等不可归责于当事人的原因，融资租赁合同被解除的，按照标的物意外灭失风险负担规则，应当由租赁物的所有人承受损害。由于融资租赁合同的特殊性，特别是承租人在租赁物意外毁损、灭失之前已经占有、使用、收益租赁物，获得利益，因此，应当适当分担租赁物意外灭失风险的后果，按照本条的规定，出租人可以要求承租人按照租赁物折旧情况给予补偿，承租人应当在此范围内予以补偿。依租赁物折旧情况给予补偿的原因在于，租赁物折旧部分产生于承租人对租赁物使用，理应由承租人享有；非折旧部分为租赁物剩余价值，应由租赁物的所有权人出租人享有，故而可以请求承租人赔偿。具体的办法是，按照意外风险发生之时标的物的折旧情况，例如当时的折旧是五成，则承租人补偿出租人损失的范围就以 50% 左右为宜。

🍒 案例评析

中国太平洋财产保险股份有限公司苏州分公司与苏州驰瑞精密机械有限公司保险人代位求偿权纠纷案①

案情： 2013 年 3 月 4 日，驰瑞机械公司（承租人、乙方）与苏州富邑融资租赁有限公司（出租人、甲方）签订融资租赁合同一份。2013 年 11 月 5 日，苏州市公安消防支队工业园区大队出具《火灾事故认定书》一份。原告太保苏州分公司承保的被保险设备发生保险事故，其已经按约理赔并取得代位求偿权，有相应的证据予以证实。但其称驰瑞机械公司在履行融资租赁合同时违约，故应对太保苏州分公司支出的涉案设备的损失 360 525 元承担赔偿责任的问题，太保苏州分公司并未提交证据证明本案中保险事故的发生系驰瑞机械公司未按融资租赁合同的约定履行所致。太保苏州分公司称，依据融资租赁合同第 8 条，租赁物不论任何原因的毁损灭失均应由承租人承担损害赔偿。但经查，该条款仅明确了毁坏、损害致无法修复或永久丧失其使用价值的情况下，驰瑞机械公司的给付义务并不减轻或免除，并未明确约定由驰瑞机械公司承担相应的损害赔偿责任。虽然被保险人苏州邑富融资租赁有限公

---

① 审理法院：一审法院为江苏省苏州市工业园区人民法院，案号：（2014）园商初字第 0872 号；二审法院为江苏省苏州市中级人民法院，案号：（2014）苏中商终字第 00921 号。

司曾出具权益转让书，写明应由第三者即本案驰瑞机械公司负责赔偿损失，但此表述系单方陈述，并未经驰瑞机械公司确认。综上，原审法院认为，太保苏州分公司要求驰瑞机械公司赔偿太保苏州分公司支出的涉案设备的损失 360 525 元的主张，缺乏事实依据，法院不予支持。

评析： 不论是本案所涉融资租赁合同第 8 条关于租赁物毁损、灭失情形下承租人仍应承担给付义务的约定，还是民法典第 751 条关于租赁物毁损、灭失的风险部分由承租人承担的规定，均是明确租赁物毁损、灭失情形下的风险负担规则，并不能据此直接推定租赁物毁损、灭失的，承租人即当然存在违约行为进而应承担违约责任，而是仍应根据租赁物毁损、灭失的原因来进行判断。若租赁物系意外毁损、灭失，即由于不可归责于承租人的原因而产生，承租人对于出租人因此而产生的损失并不负赔偿责任，其所应承担的给付义务仅是基于法律规定或合同约定而承担的风险负担义务。

> ▶▶ **第七百五十七条** 出租人和承租人可以约定租赁期限届满租赁物的归属；对租赁物的归属没有约定或者约定不明确，依据本法第五百一十条的规定仍不能确定的，租赁物的所有权归出租人。

🏛 条文要义

本条是对租赁期限届满租赁物权利归属确定方法的规定。

融资租赁合同租赁期限届满后，租赁物的权利归属的处理办法是：

1. 双方当事人约定，出租人和承租人在合同中约定了租赁物权利归属的，按照约定处理。

2. 对租赁物的权利归属没有约定或者约定不明确的，依据民法典第 510 条规定，由双方当事人协议补充，达成合意的，按照合意处理。

3. 仍然不能达成补充协议，不能确定租赁物的权利归属的，租赁物的所有权归属于出租人。该条款与出租人是租赁物的买受人这一身份是相符的。

📌 案例评析

信达金融租赁有限公司与温州市长江能源海运有限公司、浙江长江能源发展有限公司、杨某某船舶融资租赁合同纠纷案①

案情： 2011 年 7 月 31 日，信达金融公司与温州长江公司签订融资租赁合同。信

---

① 审理法院：一审法院为天津海事法院，案号：（2014）津海法商初字第 156 号；二审法院为天津市高级人民法院，案号：（2015）津高民四终字第 13 号。

达金融公司于 2011 年 7 月 31 日、2012 年 8 月 13 日与浙江长江公司、杨某某分别签订保证合同及上述保证合同的补充协议。《最高人民法院关于审理融资租赁合同纠纷案件适用法律问题的解释》第 22 条第 2 款规定："前款规定的损失赔偿范围为承租人全部未付租金及其他费用与收回租赁物价值的差额。合同约定租赁期限届满后租赁物归出租人所有的，损失赔偿范围还应包括融资租赁合同到期后租赁物的残值。"本案中，温州长江公司已全额支付了服务费、保证金和租前息，其全部未付租金及其他费用应为全部未付租金扣减保证金；信达金融公司已经拥有在建船舶"长能 7"轮的船舶所有权，经评估，"长能 7"轮在目前状态下的现值约为 2 912 万元，即收回租赁物的价值为 2 912 万元；融资租赁合同约定租赁物的留购价为 90 万元，即融资租赁合同到期后租赁物残值为 90 万元。

评析：民法典第 757 条延续了《合同法》第 250 条的规定。根据融资租赁上述司法解释的规定，合同约定租赁期限届满后租赁物归出租人所有的，损失赔偿范围还应包括融资租赁合同到期后租赁物的残值。涉案融资租赁合同及其补充协议未约定合同到期后租赁物的归属，仅约定承租人有权选择以 90 万元留购船舶。对此，法院认为，合同该项约定系将取得租赁物所有权的选择权赋予承租人，且行使选择权利的时间点为租赁期限届满之时，即融资租赁合同订立以及合同履行期限均无法确定租赁期限届满后租赁物的归属，应属于对租赁物归属约定不明确的情形。依据民法典第 757 条之规定，租赁期限届满后租赁物应认定为归出租人所有。

▶▶ 第七百五十八条　当事人约定租赁期限届满租赁物归承租人所有，承租人已经支付大部分租金，但是无力支付剩余租金，出租人因此解除合同收回租赁物，收回的租赁物的价值超过承租人欠付的租金以及其他费用的，承租人可以请求相应返还。

当事人约定租赁期限届满租赁物归出租人所有，因租赁物毁损、灭失或者附合、混合于他物致使承租人不能返还的，出租人有权请求承租人给予合理补偿。

🏛 条文要义

本条是对租赁期限届满租赁物归属及处理办法的规定。

融资租赁合同的租赁期限届满，租赁物的归属应当依照融资租赁合同的约定确定。对于确定租赁物权属归属出现的不同情况，具体处理方法，应当根据约定租赁期限届满租赁物权利归属的不同，确定具体的办法。

1. 当事人约定租赁期限届满租赁物归承租人所有的，如果承租人已经支付了大部分租金，无力支付剩余租金，出租人因此解除合同收回租赁物的，应当解决承租人欠付的租金及其他费用与租赁物价值之差，是否可以请求部分返还的问题。办法是，如果出租人收回的租赁物的价值超过承租人欠付的租金以及其他费用的，承租人可以请求相应返还；反之，承租人不能要求返还。其原因在于，此种情况下，承租人的租金数额近似于租赁物的买受价格，如果出租人在收取高额租金后又收回租赁物，实际上获得了双倍租赁物的价值，对承租人明显不公，因此应向承租人返还多收取的租金。

2. 当事人约定租赁期限届满租赁物归出租人所有，因租赁物毁损、灭失或者附合、混合于他物，致使承租人不能返还的，应当解决的问题是如何处理出租人不能收回租赁物的损失问题。办法是，既然承租人不能返还租赁物，则出租人有权请求承租人对于不能返还的租赁物给予合理补偿。

案例评析

重庆市交通设备融资租赁有限公司与重庆坤源船务有限公司
融资租赁纠纷案[①]

案情： 2011 年 4 月 2 日，融资租赁公司作为出租人、坤源公司作为承租人、重庆市涪陵区大为船舶制造有限公司（以下简称大为公司）作为建造人，三方签订了一份《融资租赁合同》。根据《融资租赁合同》第 3 条约定，融资租赁公司、坤源公司及大为公司一致确认租赁物价款总额为 31 042 744 元，其中融资租赁公司应支付大为公司 3 000 万元，坤源公司应支付 1 042 744 元。现查明，融资租赁公司向大为公司实际支付的船舶建造款为 2 900 万元。《融资租赁合同》解除后，融资租赁公司实际上收取了部分租金、手续费，坤源公司还代其垫付 100 万元船舶建造款，则融资租赁公司收回船舶的价值中应亦包括坤源公司承担的部分。坤源公司关于融资租赁公司既收取租金又收回租赁船舶属不当得利的主张，但其未提供证据证明收回的租赁船舶价值超过尚欠付的租金，因而没有事实依据。最终，法院驳回了坤源公司的主张。

评析： 关于融资租赁公司收取租金并收回租赁船舶，是否构成不当得利的问题。法院认为，《融资租赁合同》明确约定，在租赁期内，租赁物的所有权归融资租赁公司所有；在坤源公司付清所有款项，租赁期届满，坤源公司向融资租赁公司支付一定的名义货价之后，方可获得租赁物的所有权；提前终止合同，融资租赁公司有权向坤源公司追索本合同项下所有到期未付租金等，并有权取回租赁物。目前，融资租赁合同因坤源公司根本违约而解除，融资租赁公司收取合同解除之前的到期租金并收回租赁船舶，既符合《融资租赁合同》中的上述约定，亦符合法律的规定。

---

① 审理法院：一审法院为湖北省武汉海事法院，案号：（2014）武海法商字第 01236 号；二审法院为湖北省高级人民法院，案号：（2015）鄂民四终字第 00129 号。

▶▶ **第七百五十九条**　当事人约定租赁期限届满，承租人仅需向出租人支付象征性价款的，视为约定的租金义务履行完毕后租赁物的所有权归承租人。

🏛 条文要义

本条是对租赁期限届满租赁物所有权归属于承租人的规定。

在融资租赁合同中，如果当事人约定租赁期限届满，承租人仅需向出租人支付象征性价款的，尽管没有明确约定租赁物应当归属于承租人，但是，约定承租人仅需向出租人支付象征性价款，就足以证明承租人支付了象征性价款的后果，就是取得租赁物的所有权。原因在于，承租人在租赁期间向出租人支付的租金总额近似于租赁物的买受价格，出租人买受租赁物的成本已经得到填补，所以承租人无须再向出租人支付额外的价款，即可以取得租赁物的所有权。

案例评析

一银国际租赁有限公司与镭铭纳光电（合肥）有限公司等
融资租赁合同纠纷案①

案情： 2015 年，原告（购买方/出租方）与案外人镭铭纳光电（苏州）有限公司（卖方）、被告镭铭纳公司（承租方）签订《买卖合同》。原告（出租方）与被告镭铭纳公司（承租方）、被告赵某（保证人）、被告王某琪（保证人）签订了《融资租赁合同》。融资租赁合同约定，租赁期限届满后承租人可以支付 1 000 元留购租赁物。合同签订后，原告支付了租赁标的购买款项，被告镭铭纳公司实际接收并验收了租赁标的物，但未能按约准时足额支付租金。为此，原告提起诉讼，并主张租赁物归自己所有。法官认为，被告未按期支付租金导致合同目的不能实现，融资租赁合同应予解除。至于租赁物所有权的归属，合同中约定有租赁期限届满后承租人可以支付象征性价款留购租赁物的条款的，实际上，出租方在计算租金时即已将期满后租赁物的残值计入，租金相对较高，可以视为双方订立合同时对租赁期限届满后租赁物的归属已经达成共识，应确认这种情形下双方明确约定了租赁期限届满后租赁物归承租人所有，本案双方约定的 1 000 元留购价，相对于原价值 300 多万元的租赁物租赁 3 年期满后的残值，即是象征性留购价，因此，原告提出的租赁物的所有权应归原告所有，相应的残值也应归原告所有的主张，本院不予支持。至于被告镭铭纳公司应支付的留购价 1 000 元，应在原告取回的租赁物残值中予以扣除。

评析： 民法典第 759 条将租赁物所有权赋予承租人，适用该条款以融资租赁合同双方有约定为前提，如果没有约定，原则上不能适用。双方当事人在合同中约定

① 审理法院：江苏省苏州工业园区人民法院，案号：（2018）苏 0591 民初 2683 号。

租赁期限届满后承租人可以支付象征性价款留购租赁物的条款的，可以视为承租人同样享有取得租赁物所有权的选择权，本案即是该种情形，涉案《融资租赁合同》约定，租赁期限届满后，被告有权支付 1 000 元来留购租赁物，实为租赁物所有权归被告所有。原告主张租赁物的所有权归自己所有，不应予以支持。

> ▶▶ 第七百六十条　融资租赁合同无效，当事人就该情形下租赁物的归属有约定的，按照其约定；没有约定或者约定不明确的，租赁物应当返还出租人。但是，因承租人原因致使合同无效，出租人不请求返还或者返还后会显著降低租赁物效用的，租赁物的所有权归承租人，由承租人给予出租人合理补偿。

🏛 条文要义

本条是对融资租赁合同无效租赁物权利归属的规定。

融资租赁合同无效，解决合同无效后的租赁物权利归属问题，应当根据原合同是否有约定而确定。（1）融资租赁合同无效，当事人就合同无效情形下租赁物的归属有约定的，按照其约定；（2）当事人对合同无效情形下租赁物的归属没有约定或者约定不明确的，租赁物应当返还出租人，因为出租人具有买受人的身份。（3）如果因承租人原因致使合同无效，出租人不要求返还租赁物或者返还出租人后会显著降低租赁物效用的，租赁物的所有权归承租人，并由承租人给予出租人合理补偿。该种情形下，出租人一般是依据承租人的指示购买租赁物，租赁物在承租人手里可以实现利益最大化，所以应归承租人所有，承租人应向出租人合理补偿，以填补出租人购买租赁物的成本。

🌑 案例评析

泰和融资租赁有限公司与长城公司融资租赁合同纠纷案[①]

案情： 2017 年 8 月 21 日，长城公司与泰和公司签订《所有权转让协议》，约定以售后回租交易方式，长城公司将约定的租赁物厚薄剪切机、油雾回收系统等 11 件物件所有权转让给泰和公司并租回使用，泰和公司向长城公司支付租赁物转让价款 5 亿元人民币。后来，长城公司向法院提交破产申请，破产管理人依据《企业破产法》解除了售后回租协议。泰和公司向法院提起诉讼，请求长城公司向其返还租赁物。综合本案具体情形，本院认为不宜判决返还涉案租赁物，理由如下：一是涉案租赁物系长城公司定制的生产设备，返还泰和公司会显著降低租赁物的使用价值和效用。二是涉案租赁物已经固定于厂区土地上及生产车间内，返还泰和公司必须先行拆卸，

---

① 审理法院：北京市第二中级人民法院，案号：（2018）京 02 民初 177 号。

拆卸会导致租赁物受损，甚至不能使用，价值明显降低。三是本院依据泰和公司提供的发票及照片等证据能够确定涉案合同项下的具体租赁物，但照片并未完全反映租赁物的全貌，故租赁物的范围不能完全确定，返还租赁物可能存在争议。四是泰和公司开展融资租赁交易的主要目的为获取租金，取得租赁物并非其主要合同目的，而长城公司现进入破产重整阶段，租赁物系其生产设备，租赁物归长城公司，有利于破产重整顺利进行，亦有利于保护破产债权人的利益。五是在本院已经判决确认泰和公司享有的债权为其依法在涉案融资租赁合同项下享有的全部利益的金钱化债权的情形下，不支持泰和公司返还租赁物的请求，亦不损害其合法利益，不会产生明显不公平的结果。

评析：民法典第760条规定，融资租赁合同被认定无效，当事人就合同无效情形下租赁物归属有约定的，从其约定；未约定或者约定不明，且当事人协商不成的，租赁物应当返还出租人。但因承租人原因导致合同无效，出租人不要求返还租赁物，或者租赁物正在使用，返还出租人后会显著降低租赁物价值和效用的，人民法院可以判决租赁物所有权归承租人，并根据合同履行情况和租金支付情况，由承租人就租赁物进行折价补偿；民法典第758条还规定，当事人约定租赁期限届满后租赁物归出租人的，因租赁物毁损、灭失或者附合、混同于他物导致承租人不能返还，出租人要求其给予合理补偿的，人民法院应予支持。上述规定表明，在承租人应当返还租赁物的情形下，法院并非必须判决返还租赁物，亦可以根据个案情况，判决租赁物归承租人所有。本案中，标的租赁物属于专用设备，已经安装在长城公司厂房之中，如果强制要求长城公司向泰和公司返还租赁物，会大大降低租赁物的效用，不应支持泰和公司的返还请求。

第十六章 保理合同

> ▶▶ **第七百六十一条** 保理合同是应收账款债权人将现有的或者将有的应收账款转让给保理人，保理人提供资金融通、应收账款管理或者催收、应收账款债务人付款担保等服务的合同。

🏛 条文要义

本条是对保理合同和应收账款概念的规定。

保理合同是应收账款债权人将现有的和将有的应收账款转让给保理人，保理人提供资金融通、应收账款管理或者催收、应收账款债务人付款担保等服务的合同。其法律特征是：（1）保理合同是以货物贸易合同和服务贸易合同所产生的应收账款的转让为前提。（2）基于应收账款的转让，受让方为转让方提供综合型的金融服务。（3）提供金融服务的内容是提供资金融通、应收账款管理或催收、应收账款债务人的付款保证等服务。以保理人对应收账款是否享有追索权为标准，保理合同分为有追索权保理和无追索权保理。在保理合同中，转让应收账款债权的一方是应收账款债权人，接受应收账款债权并提供金融服务的一方是保理人。保理合同从债权人的角度发挥融资、担保的功能，从保理人的角度发挥受让债权的功能，因此保理合同属于金融类合同的一种。

保理业务最早起源于18世纪的英国，并在20世纪50年代的美国和西欧国家发展成型，成为新型的贸易融资方式，近20年来得到广泛应用。我国的保理业务发展较晚，发展也比较慢。民法典对保理合同的规定将会促进我国保理业务的发展。

应收账款是指企业在正常的经营过程中因销售商品、产品、提供劳务等业务，应向购买单位收取的款项，包括应由购买单位或接受劳务单位负担的税金、代购买方垫付的各种运杂费等。应收账款是伴随企业的销售行为发生而形成的一项债权。应收账款包括已经发生的和将来发生的债权。前者如已经发生并明确成立的债权，后者是现实并未发生但是将来一定会发生的债权。

📋 配套司法解释

最高人民法院关于适用《中华人民共和国民法典》时间效力的若干规定

第十二条 民法典施行前订立的保理合同发生争议的，适用民法典第三编第十六章的规定。

最高人民法院关于适用《中华人民共和国民法典》有关担保制度的解释

第一条 因抵押、质押、留置、保证等担保发生的纠纷，适用本解释。所有权保留买卖、融资租赁、保理等涉及担保功能发生的纠纷，适用本解释的有关规定。

 **案例评析**

深圳市核电工程建设有限公司、中国民生银行股份有限公司武汉分行金融借款合同纠纷案①

案情： 2013 年 10 月 31 日，民生银行武汉分行与华鑫科公司签订编号为 ZH××××的《贸易融资主协议》，同日，民生银行武汉分行与华鑫科公司还签订《保理服务合同》和《保理服务合同—附属合同》各一份。本案中，民生银行武汉分行与华鑫科公司签订有《保理服务合同》，该笔保理业务的基础是华鑫科公司与核电公司之间基于《采购合同》履行所形成的应收账款，民生银行武汉分行作为保理商通过债权转让方式，取得上述应收账款的相关权益，核电公司作为债务人则应履行向债权人还款的义务，以确保华鑫科公司与民生银行武汉分行签订的保理合同项下融资款的偿付，依此案涉应收账款的转让和保理合同的履行形成一笔完整的保理业务，民生银行武汉分行、华鑫科公司、核电公司之间基于案涉保理合同的履行从而形成权利义务对应关系。虽然从合同形式上看，核电公司并非案涉保理合同的当事人，但该保理合同标的为华鑫科公司与核电公司签订《采购合同》所对应的应收账款，民生银行武汉分行依据其与华鑫科公司签订的保理合同，代为向用款人的债务人即核电公司追偿应收账款并无不当。至于应收账款指定账户的归属并非确认债权转让有效成立的构成要件，不应作为案涉债权转让的直接依据。因此，核电公司辩称债权转让应另行起诉的理由缺乏事实依据，不予支持。

评析： 民生银行武汉分行与华鑫科公司签订的《贸易融资主协议》《综合授信合同》《保理服务合同》，以及民生银行武汉分行与李某、张某庄签订的《个人最高额保证合同》，均系当事人真实意思表示，不违反法律法规效力性强制性规定，应为合法有效。民生银行武汉分行与华鑫科公司签订的保理合同，以华鑫科公司向民生银行武汉分行转让华鑫科公司对核电公司享有的应收账款为先决条件，在华鑫科公司向核电公司出具发票清单、介绍信，核电公司在回执上盖章确认后，基于应收账款业务形成权利义务对应关系，民生银行武汉分行作为保理商通过债权转让方式，取得应收账款的相关权益，核电公司作为债务人则应履行向债权人还款的义务。

---

① 审理法院：一审法院为湖北省武汉市中级人民法院，案号：（2014）鄂武汉中民商初字第 00698 号；二审法院为湖北省高级人民法院，案号：（2016）鄂民终 500 号；再审法院为最高人民法院，案号：（2018）最高法民再 100 号。

▶▶ 第七百六十二条 保理合同的内容一般包括业务类型、服务范围、服务期限、基础交易合同情况、应收账款信息、保理融资款或者服务报酬及其支付方式等条款。

保理合同应当采用书面形式。

🏛 条文要义

本条是对保理合同主要内容和形式的规定。

保理合同是要式合同，必须采用书面形式订立，未采用书面形式的，保理合同不成立。

保理合同的主要内容是：

1. 业务类型：保理分为三类：一是商业保理，指由非银行保理人开展的保理业务。二是国内保理，指保理人为国内贸易中的买方、卖方提供的保理业务。三是国际保理，指保理人为国际贸易中的买方、卖方提供的保理业务。

保理的立法分类是：有追索权的保理和无追索权的保理，合同应当写清楚是哪一种保理。

2. 服务范围：即保理人为应收账款债权人承担的是何种保理服务，确定提供的服务是融资、对应收账款管理或者催收，还是为应收账款债务人的付款担保，明确约定具体的服务范围是什么。

3. 基础交易合同情况：基础交易合同是应收账款债权人据以产生应收账款债权的交易合同，合同中应当记载清楚。

4. 应收账款信息：合同应当写明交给保理人的应收账款债权的具体信息，便于保理人按照约定对该应收账款债权提供服务，获得利益等。

5. 保理融资款：应收账款债权人将应收账款债权交给保理人应当支付的价款。

6. 服务报酬及支付方式：保理人为应收账款债权人进行保理，应当得到的服务报酬的数额及支付的方式。

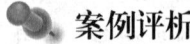 案例评析

上海红湖排气系统有限公司诉上海爱建商业保理

有限公司合同纠纷案①

案情： 2015 年 1 月 5 日，红湖公司与郎特公司签订编号 PCP - 2014042 - 15 - 1 - 2 的《订单合同》，约定红湖公司向郎特公司订购触媒 25 000 只，总价 2 920 万元。

---

① 审理法院：一审法院为上海市浦东新区人民法院，案号：（2015）浦民六（商）初字第 13327 号；二审法院为上海市第一中级人民法院，案号：（2016）沪 01 民终 13444 号。

2015年3月27日，爱建公司与郎特公司签订了合同编号F－AJBL201503002的《国内保理合同》。爱建公司与郎特公司签订的《国内保理合同》系双方当事人真实意思的表示，且于法无悖，双方理应恪守。红湖公司收到《应收账款转让通知书》并在《回执》上盖章，应收账款转让行为已对债务人即红湖公司生效，红湖公司应履行涉案《订单合同》项下的债务。红湖公司辩称，根据其与郎特公司、案外人××公司2015年3月25日签订的三方《备忘录》，郎特公司应放弃该笔债权即该笔债权不再存在。一审法院认为，红湖公司于2015年3月27日在爱建公司及郎特公司向其出具的《应收账款转让通知书》回执上加盖了公章，根据该《回执》，红湖公司确认了涉案应收账款对应的合同、金额、到期日等信息，并确认不存在与涉案应收账款相关的欺诈、争议、抗辩、抵销或其他付款反请求或索赔。

评析：保理业务存在基础合同及保理合同两个合同关系，债权人（供应商）、债务人（购买方）、保理商三方主体。其中债权人与债务人之间形成买卖、服务等基础合同关系，并基于该基础关系与保理商签订保理合同，将应收账款转让给保理商，由保理商向债权人提供融资等综合性金融服务，形成保理合同关系。本案中，上诉人红湖公司与被上诉人郎特公司签订的《订单合同》真实有效，相关应收账款的基础合同关系切实存在。正是基于该基础买卖合同，被上诉人爱建公司与被上诉人郎特公司签订《国内保理合同》，爱建公司在提供保理服务过程中审慎且无恶意。对于红湖公司根据其与郎特公司、案外人××公司2015年3月25日签订的三方《备忘录》，郎特公司应放弃可对爱建公司进行抗辩的主张，该《备忘录》是红湖公司、郎特公司和案外人××公司的三方约定，不能对抗《国内保理合同》下善意保理商爱建公司基于保理合同所行使的债权。

> ▶▶ 第七百六十三条 应收账款债权人与债务人虚构应收账款作为转让标的，与保理人订立保理合同的，应收账款债务人不得以应收账款不存在为由对抗保理人，但是保理人明知虚构的除外。

🏛 条文要义

本条是对虚构应收账款设置保理的规定。

在保理合同中，设置保理的应收账款应当是真实存在的应收账款债权，保理人基于转让的应收账款债权，为应收账款债权人提供融资服务。应收账款是保理人向债权人提供融资或者担保的对价，如果应收账款债权人和应收账款债务人虚构应收账款作为转让标的，与保理人订立保理合同，其实质是骗取保理人的融资等服务。如果保理人是善意且无过失的，在订立了保理合同之后，就实际取得了应收账款债权，有权对应收账款债务人主张债权。如果应收账款债务人以应收账款债权是虚构的、并不存在的债权对抗保理人，将会使保理人接受转让的应收账款债权落空，失去保理合同订立的基础，使善意的保理人受到损失。

因此，应收账款债务人不得以应收账款不存在为由对抗保理人，即应收账款债务人必须承担应收账款的债务清偿。只有在应收账款债权人和应收账款债务人虚构应收账款，保理人明知其转让的应收账款为虚构时，才不受这一规则的约束，法律不保护不具有善意的保理人的利益。

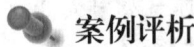 **案例评析**

中厦建设集团有限公司、中国建设银行股份有限公司上海第二支行合同纠纷案[①]

案情： 2014 年 4 月 30 日，中国建设银行股份有限公司上海第二支行（以下简称"建行二支行"）与麟旺公司签订编号为××××××××××××的《有追索权国内保理合同》，约定甲方（麟旺公司）采用赊销方式销售货物，并向乙方（建行二支行）申请获得有追索权的保理业务服务。保理合同的核心内容是应收账款的转让。虽然基础债权的真实、合法、有效是债权转让的前提，但基础债权债务关系不真实并不当然导致保理合同无效。本案当事人间签订的保理合同并未违反法律法规强制性规定，也未损害国家及社会公共利益，不存在认定无效的情形。但是，保理合同签订过程中，融资申请人麟旺公司故意隐瞒真实情况，虚构基础交易关系，制作虚假材料，诱使银行作出错误意思表示，应当依据《中华人民共和国合同法》第 54 条"一方以欺诈、胁迫的手段或者乘人之危，使对方在违背真实意思的情况下订立的合同，受损害方有权请求人民法院或者仲裁机构变更或撤销"之规定，认定系争保理合同因融资方欺诈而使银行方有权撤销。在建行二支行坚持不请求撤销合同的情况下，一审法院认定系争保理合同合法有效，合同当事人仍应依约履行。

评析： 中厦公司与麟旺公司通谋所为的虚伪意思表示，在其二者之间发生绝对无效的法律后果，但与第三人建行二支行之间，则应视建行二支行是否知道或应当知道该虚伪意思表示而确定不同的法律后果。本案中，建行二支行在开展保理业务过程中，审核了麟旺公司提交的《付款承诺书》、《应收账款转让通知书》、《已转让应收账款确认通知书及回执》、《钢材购销合同》及《销售清单》等材料，其中《付款承诺书》、《钢材购销合同》及《已转让应收账款确认通知书及回执》上有中厦公司及其法定代表人张某荣的盖章确认。对于并非基础合同当事人的第三人建行二支行而言，其根据上述材料已经尽到了审慎的注意义务，其有理由相信麟旺公司对中

---

① 审理法院：一审法院为上海市第二中级人民法院，案号：（2015）沪二中民六（商）初字第 142 号；二审法院为上海市高级人民法院，案号：（2017）沪民终 172 号；再审法院为最高人民法院，案号：（2019）最高法民申 1533 号。

厦公司享有相应的债权。尽管从建行二支行经办人肖某的询问笔录以及沪银监访复〔2016〕51号答复来看，建行二支行在开展本案保理业务过程中，存在未严格依照监管要求履行审核义务，尤其是对基础合同项下发票真实性审核不当的问题，但该工作瑕疵的存在，并不影响本案的事实认定。本案中并无证据证明建行二支行知晓中厦公司与麟旺公司之间虚伪意思表示，中厦公司主张的基础债权瑕疵不得对抗作为善意第三人的建行二支行，二审法院判决中厦公司应当以其承诺行为向建行二支行承担清偿责任并无不当。

> ▶▶ **第七百六十四条**　保理人向应收账款债务人发出应收账款转让通知的，应当表明保理人身份并附有必要凭证。

🏛 条文要义

本条是对保理人向债务人行使权利的规定。

在保理合同中，保理人接受了应收账款债权人转让的应收账款，并支付了提供融资服务的对价之后，就取得了应收账款债权，就成为应收账款债权的实际债权人，因而有权利请求应收账款债务人对其清偿债务，自己受领应收账款债务人清偿给付。保理人对应收账款债务人行使应收账款债权，应当遵守的规则是：

1. 向应收账款债务人发出应收账款转让通知，说明对其行使债权。

2. 表明自己是保理人的身份，说明自己取得保理人的事实依据。

3. 在通知中，须附有转让应收账款债权以及自己取得保理人身份的必要凭证。这是因为，保理合同的当事人是应收账款债权人和保理人，并不包括应收账款债务人，保理人依据保理合同向应收账款债务人主张债权，须让应收账款债务人明确保理人的身份、地位以及事实依据和法律依据。

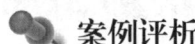 案例评析

烽火通信科技股份有限公司、深圳市华嵘商业保理
有限公司合同纠纷案[①]

案情： 2014年12月至2015年11月间，华嵘保理公司与中天信公司以前述中天信公司与烽火通信公司间的产品和服务交易为基础开展保理融资业务，于2014年12月9日签订了HR06-ZTX-20141208号《国内商业保理合同（附追索权）》。参照《商业银行保理业务管理暂行办法》有关规定，保理合同是债权人与保理商之间约定

---

① 审理法院：一审法院为湖北省武汉市中级人民法院，案号：（2016）鄂01民初1252号；二审法院为湖北省高级人民法院，案号：（2017）鄂民终3301号。

将现在或将来的基于债权人与债务人订立的销售商品、提供服务、出租资产等基础合同所产生的应收账款债权转让给保理商，由保理商为债权人提供融资、销售分户账管理、应收账款催收、资信调查与评估、信用风险控制及坏账担保等至少一项服务的合同。因此，债权人与债务人间的基础合同是成立保理的前提，而债权人与保理商间的应收账款债权转让则是保理关系的核心。华嵘保理公司签订保理合同后即与债权人中天信公司共同向债务人烽火通信公司发送书面债权转让通知，亦可印证华嵘保理公司具有使应收账款转让行为对烽火通信公司发生效力并实际受让该债权的主观意愿，而非仅以应收账款转让形式向中天信公司提供借款。烽火通信公司关于各方当事人间名为保理，实为借贷或应收账款让与担保法律关系的主张仅系对保理法律关系认识的某些理论观点，在本案中并不具有事实依据，本院不予支持。

评析：保理业务核心法律关系为债权转让，民法典合同编认可转让未来账款行为的效力，案涉保理合同约定中天信公司将未来一年内的应收账款均转让给华嵘保理公司。中天信公司对烽火通信公司的货款债权已于一年前转让给华嵘保理公司，依转让通知内容，该转让行为从烽火通信公司接收该通知时对其生效。案涉保理业务属有追索权的保理，华嵘保理公司依据前述合同安排，有权向烽火通信公司主张应收账款债权，在账款未受清偿的情况下，亦有权向中天信公司追索保理融资款本息债权。故华嵘保理公司向中天信公司破产管理人申报债权并不反向影响华嵘保理公司主张本案债权。烽火通信公司关于华嵘保理公司已就保理融资款申报破产债权，无权向其主张案涉账款债权的上诉理由不能成立。

▶▶ **第七百六十五条** 应收账款债务人接到应收账款转让通知后，应收账款债权人与债务人无正当理由协商变更或者终止基础交易合同，对保理人产生不利影响的，对保理人不发生效力。

🏛 条文要义

本条是对应收账款转让通知后对应收账款债务人发生效果的规定。

应收账款债权人订立保理合同，将应收账款债权转让给保理人后，保理人向应收账款债务人发出应收账款转让的通知，就完成了应收账款债权转让的效果，保理人取得应收账款债权人的地位。应收账款债务人收到应收账款转让通知后，该通知对应收账款债务人发生法律效力，即保理人成为应收账款债务人的债权人，应收账款债务人负有对保理人履行应收账款债务的义务。保理人取得应收账款应有一定的无因性保障，即应收账款的基础法律关系的变化不应影响保理人的债权人地位。如果应收账款债权人和债务人无正当理由协商变更或者终止基础交易合同，对保理人产生不利影响，由于应收账款债权人将债权转让给保理人后，已经无权对已经转让的应收账款进行变更或者终止，因此，对保理人不发生效力，保理人仍然按照保理合同的约定行使保理的权利。

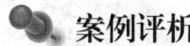 **案例评析**

辽宁能港发电有限公司与中国信达资产管理股份有限公司吉林省分公司合同纠纷案①

案情： 华能煤业公司与能港发电公司签订《煤炭购销合同》，能港发电公司向华能煤业公司每月订购 3 万吨煤，订购一年共计 36 万吨，并约定了账期。2013 年 9 月 18 日，中国建设银行股份有限公司白山分行（下称"建行白山分行"）与华能煤业公司签订《有追索权国内保理合同》。能港发电公司未按照《应收账款转让通知书（受让后）》要求的付款账户付款，而是仍然向华能煤业公司账户付款的行为，不能构成其作为债务人对债权受让人信达资产公司的有效还款。华能煤业公司根据其与建行白山分行之间的《有追索权国内保理合同》之约定，即使在债权转让后，仍有义务向建行白山分行还款，故其将能港发电公司向其账户汇入的 1 000 万元款项划转至建行白山分行要求的保理专户的行为，构成其对建行白山分行的还款。本案中，华能煤业公司表示其接收的款项用以消灭其自己对能港发电公司的债权，其向建行白山分行还款的行为亦属于偿还自身负债，并非代能港发电公司还款。此外，能港发电公司主张其并未接收到华能煤业公司发出的《应收账款转让通知书》，而是在其提供的空白回执上加盖公章，用以配合华能煤业公司获取贷款。

评析： 在债务人对原债权人和债权受让人（保理商）均负有债务时，债务人向原债权人支付款项的行为很难被认定为是对保理商所受让债权的清偿。尤其在原债权人和保理商已经按照法律规定履行了通知义务时，债务人更难举证证明自己向原债权人支付款项的行为是对保理商所受让债权的清偿。保理商与债权人签订债权转让协议时应注意设定追索权以降低坏账风险。如本案，签署的是公开且具有追索权的债权转让协议。所谓有追索权是指，当保理商受让的债权因任何原因不能按时足额收回时，保理商有权向原债权人进行追索，原债权人对债务人应按时足额向保理商支付的款项承担还款责任。有追索权的保理合同中，无论任何情形，原债权人应无条件按时足额偿还保理商支付给原债权人的保理预付款，并支付预付款利息、发票处理费、应收账款管理费、保理资信调查费、延期管理费等全部应付款项。债权人在与保理商进行债权转让时，应注意保存债务人的《债权转让通知书回执》原件，

① 审理法院：一审法院为吉林省白山市中级人民法院，案号：（2014）白山民二初字第 39 号；二审法院为吉林省高级人民法院，案号：（2015）吉民二终字第 99 号；再审法院为最高人民法院，案号：（2016）最高法民申 1519 号。

以备未来诉讼风险中能够证明己方已履行通知义务，债权转让自债务人收到转让通知时，即已对债务人产生法律效力。

> ▶▶ 第七百六十六条 当事人约定有追索权保理的，保理人可以向应收账款债权人主张返还保理融资款本息或者回购应收账款债权，也可以向应收账款债务人主张应收账款债权。保理人向应收账款债务人主张应收账款债权，在扣除保理融资款本息和相关费用后有剩余的，剩余部分应当返还给应收账款债权人。

🏛 条文要义

本条是对有追索权的保理人行使权利及后果的规定。

保理人受让应收账款后，自然取得对应收账款债务人的要求清偿的权利，所谓追索是指保理人在应收账款债务人之外还可以向应收账款债权人主张清偿应收账款，原因在于，保理人已向应收账款债权人提供融资或者担保，如果保理人受让的应收账款因债务人的原因而落空，保理人可以继续向债权人追偿，追索权可以最大程度地保障保理人的利益，在此情况下，应平衡保护债权人的利益，所以保理人应将多于其对价的剩余返还债权人。

在保理合同中，如果当事人约定为有追索权保理的，保理人享有追索权，可以向应收账款债权人主张返还保理融资款的本息或者回购应收账款债权，也可以向应收账款债务人主张应收账款债权。保理人享有的追索权，就是有权选择向应收账款债权人主张返还保理的融资款，或者主张应收账款债权人回购应收账款债权。行使了追索权，保理人就可以保障自己的合法权益不受损害。如果保理人不行使追索权，可以直接向应收账款债务人主张实现债权。保理人向应收账款债务人主张应收账款债权，实现其债权的，在扣除保理融资款的本息和相关费用后有剩余的，剩余部分应当返还给应收账款债权人。

🎯 案例评析

中厦建设集团有限公司、中国建设银行股份有限公司
上海第二支行合同纠纷案[①]

案情： 2014 年 4 月 30 日，中国建设银行股份有限公司上海第二分行与麟旺公司签订《有追索权国内保理合同》，约定甲方（麟旺公司）采用赊销方式销售货物，并

[①] 审理法院：一审法院为上海市第二中级人民法院，案号：（2015）沪二中民六（商）初字第 142 号；二审法院为上海市高级人民法院，案号：（2017）沪民终 172 号；再审法院为最高人民法院，案号：（2019）最高法民申 1533 号。

向乙方（建行二分行）申请获得有追索权的保理业务服务。对此中厦公司主张，中厦公司对建行二支行承担的仅为补充赔偿责任，在未穷尽对麟旺公司及其担保人的法律追索措施之前，建行二支行是否有损失及损失金额还处于不确定状态，不满足其承担责任的条件。对此，法院认为，根据中厦公司出具的付款承诺书，其承诺不可撤销地对建行二支行承担付款义务，并不得以任何理由迟付或拒付。该付款承诺并未以建行二支行穷尽对麟旺公司及其担保人的法律措施为前提条件。

评析：根据案涉保理合同的约定，本案保理业务系有追索权的保理，在建行二支行的债权不能获得清偿时，建行二支行除有权以债权受让人身份要求应收账款债务人中厦公司清偿债务外，还享有向麟旺公司行使追索权的权利。而求偿权与追索权是否能够并存，关键在于对有追索权的保理业务性质的认定问题。结合本案相关事实，有追索权的保理业务所包含债权转让合同的法律性质并非纯正的债权让与，而应认定为是具有担保债务履行功能的间接给付契约，并不具有消灭原有债务的效力，只有当新债务履行且债权人的原债权因此得以实现后，原债务才同时消灭。据此，在建行二支行债权未获得清偿的情况下，保理商建行二支行不仅有权请求基础合同的债务人中厦公司向其清偿债务，同时有权向基础合同债权的让与人麟旺公司进行追索。建行二支行不承担应收账款不能收回的商业风险，其受让麟旺公司对中厦公司所享有的债权，目的是清偿麟旺公司对其所欠的债务，故二审法院将建行二支行在本案中对中厦公司所能主张的权利范围，限缩在建行二支行对麟旺公司所能主张的权利范围之内，并未超出当事人的诉讼请求。

▶▶ **第七百六十七条** 当事人约定无追索权保理的，保理人应当向应收账款债务人主张应收账款债权，保理人取得超过保理融资款本息和相关费用的部分，无需向应收账款债权人返还。

🏛 条文要义

本条是对无追索权保理合同的保理人行使权利的规定。

在保理合同中，如果当事人约定为无追索权保理的，保理人不享有追索权，不能选择向应收账款债权人主张返还保理融资款本息或者回购应收账款债权，只能向应收账款债务人主张应收账款债权。在此情形下，保理人应收账款债权的实现是存在相当的风险的，为了对冲该风险，法律允许保理人实现应收账款债权时，取得的利益超过保理融资款本息和相关费用部分的，也无须向应收账款债权人返还，应收账款债权人无权请求保理人返还超过保理融资款本息和相关费用剩余的部分利益。

案例评析

深圳盛威昌商业保理有限公司诉新一佳超市有限公司等保理合同纠纷案①

案情： 2016 年 6 月 12 日，原告（甲方，保理商）与深圳市勇记投资发展有限公司（乙方，卖方）、被告新一佳公司（丙方，买方）签订编号为×××-001 的《无追索权保理合同》，约定：鉴于乙方业务需求，就乙方与丙方之间的应收账款向甲方申请国内保理业务，融资额度：本次融资占用丙方在甲方的融资额度为 1 746 937 元，根据应收账款金额的 70％融资比例确定的融资款金额为 1 222 856 元。同日，原告（甲方，保理商）与东莞市盛泽食品有限公司（乙方，卖方）、被告新一佳公司（丙方，买方）签订编号为×××-002 的《无追索权保理合同》，约定：本次融资占用丙方在甲方的融资额度为 427 460.56 元，根据应收账款金额的 70％融资比例确定的融资款金额为 299 222 元，其他内容与前述×××-001《无追索权保理合同》一致。同日，原告（甲方，保理商）与深圳市源峰盛实业发展有限责任公司（乙方，卖方）、被告新一佳公司（丙方，买方）签订编号为×××-003《无追索权保理合同》，约定：本次融资占用丙方在甲方的融资额度为 3 952 010 元，根据应收账款金额的 70％融资比例确定融资款为 2 766 407 元。

上述三份《无追索权保理合同》的附件《应收账款转让确认函》均约定：深圳市勇记投资发展有限公司、东莞市盛泽食品有限公司、深圳市源峰盛实业发展有限责任公司已与新一佳超市有限公司签订了商务合同，新一佳超市有限公司对商务合同项下卖方应收账款金额、付款日期确认无误，现该三家公司因经营发展的需要，将与新一佳超市有限公司签署的商务合同项下的应收账款以及该部分应收账款所享有的权利转让给深圳市盛威昌商业保理有限公司，应收金额依次为 1 746 937 元、427 460.56 元、3 952 010 元，转让应收款依次为 1 222 856 元、299 222 元、2 766 407 元。涉案《无追索权保理合同》签订后，原告于 2016 年 6 月 15 日向深圳市勇记投资发展有限公司转账支付保理融资款 1 222 856 元，于 2016 年 6 月 21 日向东莞市盛泽食品有限公司转账支付保理融资款 299 222 元，于 2016 年 6 月 24 日向深圳市源峰盛实业发展有限责任公司转账支付保理融资款 1 120 000 元，于 2016 年 6 月 30 日向深圳市源峰盛实业发展有限责任公司转账支付保理融资款 1 646 407 元。

《无追索权保理合同》到期后，被告未按照合同约定事项支付到期款项，且被告近期经营恶化，经沟通后仍不能按时支付相应款项，原告遂诉至法院，请求法院判令被告新一佳公司支付原告编号为×××-001《无追索权保理合同》款项 1 222 856 元、编号为×××-002《无追索权保理合同》款项 299 222 元、编号为×××-003《无追索权保理合同》款项 2 766 407 元。法院认为，涉案《无追索权保理合同》系

---

① 审理法院：广东省深圳市福田区人民法院，案号：（2016）粤 0304 民初 18246 号。

双方当事人的真实意思表示，内容不违反法律及行政法规的强制性规定，合法有效，应受到法律保护。原告请求被告新一佳公司偿还 4 288 485 元，有合同依据，予以支持。

评析：根据是否附有追索权，保理合同分为有追索权和无追索权两种。在无追索权的保理合同关系中，双方把标的债权的风险收益全部转移给保理人，保理人有权向债务人主张债权。在本案中，原告与东莞市盛泽食品有限公司、深圳市勇记发展有限公司、深圳市源峰盛实业发展有限责任公司签订了无追索权的保理合同后，获得了向被告新一佳公司主张债权的权利。由于被告没有按照保理合同约定清偿债务，原告有权向被告主张债权，应予支持。

> ▶▶ **第七百六十八条** 应收账款债权人就同一应收账款订立多个保理合同，致使多个保理人主张权利的，已登记的先于未登记的取得应收账款；均已经登记的，按照登记时间的先后顺序取得应收账款；均未登记的，由最先到达应收账款债务人的转让通知中载明的保理人取得应收账款；既未登记也未通知的，按照保理融资款或者服务报酬的比例取得应收账款。

🏛 条文要义

本条是对多个保理人主张权利顺序的规定。

应收账款债权人就同一应收账款订立多个保理合同的，实际上相当于债权人就应收账款向多个保理人提供担保，实现债权人融资的需求。应收账款债权人将同一应收账款重复转让，订立多个保理合同，形成多重保理合同。就同一应收账款重复设置保理合同后，致使多个保理人主张权利的，实际上相当于多个保理人之间谁的债权可以优先实现的问题，确定行使保理权利顺序的方法是：

1. 登记在先权利优先：即已经登记的保理权利先于未登记的保理权利优先取得应收账款。

2. 时间在先权利优先：多重保理合同的保理权利均已登记的，按照登记的先后顺序取得应收账款。

3. 通知在先权利优先：多重保理合同的保理权利均未登记的，由最先到达应收账款债务人的转让通知中载明的保理人优先取得应收账款；既未登记也未通知的，按照保理融资款或者服务报酬的比例取得应收账款。

📑 配套司法解释

最高人民法院关于适用《中华人民共和国民法典》有关担保制度的解释

第六十六条 同一应收账款同时存在保理、应收账款质押和债权转让，当事人主张参照民法典第七百六十八条的规定确定优先顺序的，人民法院应予支持。

在有追索权的保理中，保理人以应收账款债权人或者应收账款债务人为被告提起诉讼，人民法院应予受理；保理人一并起诉应收账款债权人和应收账款债务人的，人民法院可以受理。

应收账款债权人向保理人返还保理融资款本息或者回购应收账款债权后，请求应收账款债务人向其履行应收账款债务的，人民法院应予支持。

案例评析

上海瑞力商业保理有限公司、中铁十九局集团有限公司与上海畅富金属材料有限公司、上海鼎瑞贸易有限公司合同纠纷案[①]

案情： 2016 年 8 月 1 日，原告与被告畅富公司签订国内保理合同，约定被告畅富公司将其对被告中铁十九局享有的应收账款转让给原告，原告核定此应收账款转让额度为 4 000 万元，被告畅富公司在此基础上向原告申请保理融资。根据《瑞力保理合同》《应收账款转让申请书》《应收账款转让确认书》《应收账款转让通知书》及《回执》，并结合中国人民银行征信中心的登记证明文件，本案保理项下的基础交易合同编号为 HT－YG4－×××××××，债务人为中铁十九局集团有限公司云桂铁路（广西段）YGZQ－4 项目部。而《磐隆保理合同》及相关的保理业务文件仅明确债务人为中铁十九局集团有限公司云桂铁路（广西段）YGZQ－4 项目部，未明确基础交易合同信息，结合中国人民银行征信中心的登记证明文件，《磐隆保理合同》项下的基础交易合同编号为 HT－YG4－×××××××、HT－YG4－××××××××。因此，从各方当事人提供的现有证据来看，难以认定本案保理项下转让的应收账款与《磐隆保理合同》项下转让的应收账款系同一笔应收账款。其次，保理商并非应收账款基础关系当事人，难以完全知悉相关履行情况，债务人在应收账款转让通知书回执上盖章并承诺付款的行为使保理商有理由相信应收账款真实存在，债务人不得再以应收账款虚假、基础交易合同未实际履行或未完全履行等事由向保理商进行抗辩。

评析： 本案中，中铁十九局集团有限公司云桂铁路（广西段）YGZQ－4 项目部在《回执》上盖章，确认应收账款信息并承诺最迟不晚于 2017 年 2 月 1 日付款，故即便本案保理项下转让的应收账款与《磐隆保理合同》项下转让的应收账款系同一笔应收账款，中铁十九局公司也不得再以应收账款第二次转让无效向瑞力保理公司进行抗辩。至于中铁十九局公司提出的畅富公司未向其发送《应收账款转让通知书》、涉案应收账款转让对其不生效的主张，尽管《回执》抬头载明"上海鼎瑞贸易

---

① 审理法院：一审法院为上海市杨浦区人民法院，案号：（2017）沪 0110 民初 4700 号；二审法院为上海市第二中级人民法院，案号：（2018）沪 02 民终 3074 号。

有限公司及上海瑞力商业保理有限公司"，但结合《应收账款转让通知书》以及《回执》内容来看，应当认定畅富公司与瑞力保理公司就本案保理项下的应收账款转让事宜向中铁十九局公司发送了通知，涉案应收账款转让对中铁十九局公司发生法律效力。

> **第七百六十九条　本章没有规定的，适用本编第六章债权转让的有关规定。**

🏛 条文要义

本条是对保理合同准用债权转让有关规则的规定。

保理关系从债权人的角度看待就是债权人通过向保理人的债权转让实现自己的债权，保理人向债权人支付价款就是债权人向保理人的融资款。保理人在支付了受让债权的价款后，当然要考虑如何向债务人主张权利，以实现利润。所以保理关系本质上就是债权转让关系的一种特殊形式，债权转让关系中制度的关注点在债权人，保理关系中制度的关注点在债权受让人即保理人。无论如何，债权转让是保理关系的前提，债权转让规则完全可以适用于保理关系，债权转让规则属于一般规则，本章规定属于特殊规则，特殊优于一般，本章没有规定的，应准用合同编第六章关于合同债权转让的具体规则，以补充立法的不足。

🌰 案例评析

中国光大银行苏州分行诉韦翔塑胶（昆山）有限公司、苏州冠捷科技有限公司等借款合同纠纷案①

案情： 2006 年，塑胶公司就其对科技公司的应收账款债权与银行（原告）签订《保理协议》与《综合授信协议》，并通知了科技公司。科技公司将部分应收账款汇入塑胶公司设在银行的监管账户。2008 年，就逾期未付的应收账款 200 万余美元，银行诉请科技公司偿还，并要求塑胶公司依回购型保理条款约定承担补充清偿责任。科技公司以其与塑胶公司所签购销合同中约定的禁止转让条款进行抗辩。法院判决，有追索权或回购型保理实质应为以债权质押的借贷契约。我国未加入《国际保理公约》，在涉外民商事司法实践中，《国际保理公约》作为国际惯例在我国适用。根据该公约规定，国内贸易基础合同双方所约定的禁止债权转让条款，不影响国际保理合同的效力。但对于国内贸易纠纷，我国法律、行政法规和规章对保理合同无明确规定。根据《合同法》第 79 条规定，债权人可以将合同的权利全部或者部分转让给第三人，但按照当事人约定不得转让的除外。本案中，科技公司与塑胶公司所签购

---

① 审理法院：江苏省高级人民法院，案号：（2008）苏民二终字第 0333 号。

销协议明确约定了禁止转让合同权益和义务的条款，符合《合同法》第 79 条规定的除外情形。银行作为保理商在与塑胶公司签订《保理协议》与《综合授信协议》时，对保理所涉基础交易合同条款未尽审查注意义务，故塑胶公司在未征得科技公司同意下，将其对科技公司应收账款擅自转让给银行，违反前述法律规定，即使债权人通知了债务人，对科技公司亦不发生效力。

评析：对于国内贸易纠纷，依民法典合同编关于债权转让规定，认定债务人就禁止让与的应收账款对保理商享有抗辩权，但债务人实际履行中以明示行为表示同意转让的除外。鉴于科技公司与塑胶公司已结算相应货款，本案所涉主债务是基于银行与塑胶公司之间因《保理协议》与《综合授信协议》项下贸易融资业务而产生，且《保理协议》明确约定银行对贸易融资本息保留向塑胶公司追索的权利，故本案主债务即保理融资款应由塑胶公司向银行偿还。

第十七章　承揽合同

> ▶▶ **第七百七十条**　承揽合同是承揽人按照定作人的要求完成工作，交付工作成果，定作人支付报酬的合同。
>
> 承揽包括加工、定作、修理、复制、测试、检验等工作。

🏛 条文要义

本条是对承揽合同概念的规定。

承揽合同，是指承揽人按照定作人的要求完成工作，交付工作成果，定作人支付报酬的合同。根据当事人间订立的承揽合同，承揽人应使用自己的设备、技术和劳力，为定作人加工、定作、修理或完成其他工作；定作人则应给付相应报酬的合同。提出工作要求并给付报酬的一方是定作人，按照要求完成一定工作的人是承揽人，都可以是自然人、法人或者非法人组织。承揽合同是双务、有偿、诺成合同，其特征是：（1）承揽合同以完成一定的工作并表现为一定的劳动成果为目的；（2）承揽合同的定作物是具有特定性质的物；（3）承揽人须以自己的设备、技术和劳力独立完成主要工作；（4）承揽人在工作中自己承担风险；（5）承揽合同以留置定作物的方式实现担保。

承揽合同的种类主要有：（1）加工合同，是指由承揽人利用定作人提供的原材料或半成品，按照双方约定的产品、规格、数量、质量和期限等要求，加工特定产品，并由定作人按照约定给付报酬的协议。（2）定作合同，是指由承揽人根据定作人提出的品种、规格、质量和数量等要求，使用自己的原材料为定作人制成特定产品并向定作人收取相应报酬的协议。（3）修理合同，是指承揽人按照定作人的要求为其修复损坏的物品，并由定作人给付约定的报酬的协议。修理合同的标的物一般是机器设备、工具等物品，当标的物是房屋时，修理合同又称修缮合同。在修理合同中，如果修理所需的材料由承揽人提供，定作人除了给付承揽人工作报酬以外，还应向其支付修理材料的价款。（4）复制合同，是指由承揽人按照定作人提出的要求为其重新制作与其提供的样品相类似的制品，并由定作人支付相应报酬的协议。（5）其他承揽合同，包括测试合同、检验合同，以及改造、改制、翻译、医疗护理等承揽形式的合同。

案例评析

无锡顺达智能自动化工程股份有限公司、辽宁海龙重工股份有限公司
承揽合同纠纷案[①]

案情：2012年4月26日，海龙公司与顺达公司签订《技术协议》一份，同年5月21日，双方又签订《装配线合同》一份，与前述的《技术协议》相配套。顺达公司与海龙公司在《装配线合同》第1条第1项约定：本合同总造价295万元，该套设备价格为交钥匙工程（顺达公司完成项目的设计、制造、安装、调试、培训全部合格，达到有关技术协议及合同要求，双方验收合格后交给海龙公司，保证海龙公司能够正常使用）的总费用。《中华人民共和国合同法》第251条规定："承揽合同是承揽人按照定作人的要求完成工作，交付工作成果，定作人给付报酬的合同。承揽包括加工、定作、修理、复制、测试、检验等工作。"因此，双方当事人签订的合同性质属于承揽合同。

评析：民法典第770条延续了《合同法》第251条的规定。定作合同仅是承揽合同的一类。在承揽合同中，定作人所需要的不是承揽人的单纯劳务，而是能满足一定工作要求的劳务成果。本案中，根据装配线合同和技术协议的约定，顺达公司的合同义务不但需为海龙公司设计、制造上车线、下车线和总装线三条生产线的零配件，还需在海龙公司厂房内安装生产线，安装完毕后需调试生产线，调试正常后，为海龙公司培训员工正常操作生产线，最后双方进行验收，验收合格，视为顺达公司交付合格的工作成果，而且需在一年的质保期内承担质保义务。定作合同只是受托人向委托人交付定作的产品，不能涵盖本案顺达公司的安装、调试、培训、验收、质保等全部合同义务。本案合同标的即生产线的特殊性和专业性，决定了顺达公司的合同义务，也决定了本案合同性质属于承揽合同。

> ▶▶ **第七百七十一条** 承揽合同的内容一般包括承揽的标的、数量、质量、报酬，承揽方式，材料的提供，履行期限，验收标准和方法等条款。

🏛 条文要义

本条是对承揽合同主要内容的规定。

承揽合同的内容包括：（1）承揽的标的：是指承揽合同权利义务所指向的对象，

---

① 审理法院：一审法院为辽宁省鞍山市中级人民法院，案号：（2014）鞍民三初字第00048号；二审法院为辽宁省高级人民法院，案号：（2016）辽民终454号；再审法院为最高人民法院，案号：（2018）最高法民申4870号。

是承揽人按照定作人要求所应进行的承揽工作；（2）数量、质量：是承揽合同标的的具体条件，约定数量的计算单位和方法，质量是标的的技术指标、具体要求、规格等；（3）报酬：是指定作人应当支付承揽人进行承揽工作所付出的技能、劳务的酬金；（4）承揽方式：是指承揽合同究竟是加工、定作、修理、复制、测试、检验的哪一或哪些具体方式；（5）材料的提供：是指完成承揽工作所需原料由哪一方提供，及提供的具体要求；（6）履行期限：是指双方当事人履行义务的时间，主要是指完成工作、交付工作成果的时间，以及对方支付报酬或者价款的时间；（7）验收标准和方法：约定具体的验收标准和方法；（8）其他条款：如争议解决方法、违约条款等。

案例评析

许昌许继风电科技有限公司、新疆新能钢结构有限责任公司
承揽合同纠纷案①

案情： 原告新疆新能钢结构有限责任公司与被告许继风电公司于 2011 年 9 月 30 日签订《2.0MW 风力发电机组塔筒（含基础环）技术协议》，由原告加工承揽许继风电公司在达坂城托里一期风电场的塔筒基础环的制作。原告按通知单要求在 2011 年 10 月 31 日前完成 10 套基础环的制作，由于许继风电公司要求塔筒在 2012 年 4 月、5 月全部交货，原告已按照许继风电公司的要求完成 25 套基础环及塔筒的加工和制作，但许继风电公司不接收货物，也拒绝支付货款。现双方已无继续履行的事实基础和可能，原告已向许继风电公司发函解除了双方之间的加工承揽合同关系，请求法院支持原告诉讼请求：（1）依法确认《加工承揽合同》解除；（2）判令被告赔偿原告经济损失 31 632 684.08 元。法院认定，任务通知单中关于塔筒的内容是预约的意思表示，双方未正式就塔筒的承揽合同达成合意。

评析： 民法典第 771 条延续了《合同法》第 252 条的规定。本案中，从任务通知单以及涉案技术协议看，任务通知单中许继风电公司所作要约，只有"先期安排25 套基础环"，有明确的数量和价格内容，对塔筒的规格、报酬的支付、材料的提供、履行的期限、验收的标准和方法没有明确的内容，任务通知单中许继风电公司发出的是"在十一假期后十个工作日"签订相关合同的要约，而新能钢结构公司在向许继风电公司所发函件中也确认双方并未按任务通知单的约定"在十一假期后十个工作日"签订正式的承揽合同。许继风电公司与新能钢结构公司往来的任务通知单、涉案技术协议、传真等文件只是双方就将来签订正式的定作承揽合同所作的意向性安排，系预约合同。根据任务通知单所载内容，双方明确未来需要进一步磋商订立正式的本约。

---

① 审理法院：一审法院为新疆维吾尔自治区高级人民法院，案号：（2013）新民二初字第 19 号；二审法院为最高人民法院，案号：（2017）最高法民终 239 号。

▶▶ 第七百七十二条　承揽人应当以自己的设备、技术和劳力，完成主要工作，但是当事人另有约定的除外。

承揽人将其承揽的主要工作交由第三人完成的，应当就该第三人完成的工作成果向定作人负责；未经定作人同意的，定作人也可以解除合同。

🏛 条文要义

本条是对承揽人应当独立完成主要工作的规定。

承揽人应当以自己的设备、技术和劳力独立完成主要工作，但是当事人另有约定的除外。主要工作，是指对定作人提交的工作构成实质意义的部分，即对定作物的质量有决定性作用的部分，或者是指定作工作中数量上的大部分。

经过定作人的同意，承揽人可以将其承揽的主要工作交由第三人完成，基于合同相对性原则，承揽人应当就该第三人完成的工作成果向定作人负责，而不是第三人向定作人负责。未经定作人的同意，承揽人将其承揽的主要工作交由第三人完成的，承揽人丧失了定作人的信赖，因此定作人享有法定解除权，可以解除合同。解除权的行使以通知的方式进行。

🔖 案例评析

南通尧盛钢结构有限公司与南通九舜船务工程有限公司 船舶建造合同纠纷案①

案情： 在签订《合同三》《变更协议》之前，尧盛公司与九舜公司曾分别于2007年4月30日、8月15日签订两份《船舶建造合同》（以下简称《合同一》《合同二》），约定由九舜公司定作两艘总长106.58米、83.38米的驳船和六艘110米内河机动船船体，尧盛公司实际完成四艘110米船舶交付九舜公司，后九舜公司通知尧盛公司解除《合同一》部分内容，双方共同作为合同一方与永兴公司签订《合同三》《变更协议》，约定由永兴公司完成船舶建造，且只建造一艘106.58米驳船，同时还约定83.38米驳船已作分段加工费的计算方法和已交给永兴公司的材料的处理事宜。《合同一》和《变更协议》均涉及106.58米和83.38米的两艘顶推驳船，且两份协议所涉顶推驳船的长度、高度和型深完全一致。原审在双方当事人就《合同三》《变更协议》项下权利义务没有作出明确约定的情况下，结合《合同一》对双方之间的法律关系性质进行综合分析和认定，并无不当。在《合同一》《合同二》项下，九舜公司与尧盛公司之间为承揽合同关系，九舜公司为定作方，尧盛公司为承揽方。根据

---

① 审理法院：一审法院为湖北省武汉海事法院，案号：（2014）武海法重字第00002号；二审法院为湖北省高级人民法院，案号：（2016）鄂民终243号；再审法院为最高人民法院，案号：（2016）最高法民申2243号。

《中华人民共和国合同法》第253条第2款规定，"承揽人将其承揽的主要工作交由第三人完成的，应当就该第三人完成的工作成果向定作人负责；未经定作人同意的，定作人也可以解除合同"。尧盛公司与九舜公司作为合同一方与永兴公司签订《变更协议》，将《合同一》约定由尧盛公司建造的106.58米船舶交给永兴公司建造，应视为尧盛公司经定作人九舜公司同意将其承揽的主要工作交由第三人永兴公司完成。

评析：民法典第772条延续了《合同法》第253条的规定。在《合同三》《变更协议》项下，九舜公司是定作人，尧盛公司是承揽人，双方形成事实上的承揽合同关系。上述法律关系的认定既尊重尧盛公司一审时的主张，也符合双方在订立《变更协议》以及履行该协议时的真实意思表示。同时，《变更协议》约定尧盛公司向永兴公司提供材料，支付船舶建造款，永兴公司向尧盛公司开立发票等内容，表明九舜公司与尧盛公司存在特别的约定，即定作人九舜公司同意承揽人尧盛公司将全部船舶建造事宜委托给实际承揽人永兴公司完成。法院判决认定："在《合同三》《变更协议》项下，九舜公司是定作人，尧盛公司是承揽人，双方形成事实上的承揽合同关系"，符合本案基本事实。

> ▶▶▶ **第七百七十三条** 承揽人可以将其承揽的辅助工作交由第三人完成。承揽人将其承揽的辅助工作交由第三人完成的，应当就该第三人完成的工作成果向定作人负责。

🏛 条文要义

本条是对承揽工作辅助部分可交由第三人完成的规定。

辅助工作不同于主要工作，承揽人可以将其承揽的辅助工作交由第三人完成，不必征求定作人的同意。承揽工作中的辅助工作，是指承揽工作中主要工作之外的部分，如定制服装合同，缝扣子、熨烫等工作就是主要工作之外的辅助工作。承揽人将其承揽的辅助工作交由第三人完成的，应当就该第三人完成的工作成果向定作人负责，如果第三人完成的辅助工作不符合承揽合同的要求，承揽人应当向定作人承担违约责任，而不是由第三人承担违约责任。

🔖 案例评析

吴某、山东益通安装有限公司第五分公司承揽合同纠纷案①

案情：益通公司与赛拉德公司于2013年1月29日签订《承包合同》，约定由赛

---

① 审理法院：一审法院为广东省佛山市中级人民法院，案号：（2016）粤06民初57号；二审法院为广东省高级人民法院，案号：（2016）粤民终1596号。

拉德公司（甲方）将其承包的亿瑞公司原料车间设备工程中的料仓施工工程部分，以包工包料的方式承包给益通公司（乙方）施工，所用材料、质量标准按甲方与亿瑞公司的合同执行，所有质量问题、售后服务由乙方负责。本案中，赛拉德公司为亿瑞公司承建原料车间设备工程，并将其工程中的辅助工作 80 个料仓的施工工作交由第三人（本案益通公司）益通公司完成。上述行为，符合承揽合同的要素，益通公司与赛拉德公司、吴某之间签订的《承包合同》是合法有效的合同，应受法律保护。庭审中，益通公司、赛拉德公司、吴某均确认益通公司所施工的 80 个料仓的工作已经完成，益通公司已完成《承包合同》约定的施工的义务。因此，赛拉德公司、吴某应履行《承包合同》约定的付款的义务，向益通公司支付《承包合同》所约定的第三期付款 116.4 万元。

评析： 民法典第 773 条延续了《合同法》第 254 条的规定。由于益通公司与赛拉德公司、吴某之间签订《承包合同》所承担的工作是辅助性质的工作，因此《承包合同》中约定的付款期限，也是根据赛拉德公司与亿瑞公司合同的履行情况来决定，体现在合同条文上，赛拉德公司向益通公司所约定的三期付款，均与亿瑞公司有直接联系。且根据益通公司陈述，赛拉德公司实际支付的款项，第二期部分是直接由亿瑞公司向益通公司支付。因此，虽然《承包合同》中约定的付款期限并不明确，但鉴于赛拉德公司的付款，大部分是在益通公司交付工作成果后才支付，履行期限不明确的，债务人可以随时向债权人履行义务，债权人也可以随时要求债务人履行义务，但应当给对方必要的准备时间。

> ▶▶ **第七百七十四条**　承揽人提供材料的，应当按照约定选用材料，并接受定作人检验。

🏛 条文要义

本条是对承揽人提供材料的规定。

承揽合同的材料来源有两种：（1）由承揽合同的承揽人提供；（2）由定作人提供。当事人有约定的依照约定，没有约定的，一般是由承揽人提供。

由承揽人提供原材料的，承揽人应当按照合同的约定选用材料。合同对原材料的质量有约定的，承揽人提供的原材料应当符合约定的质量标准。不符合约定质量要求的，承揽人应当对此负责，造成违约的，应当承担违约责任。承揽人提供的材料质量高于合同约定的，未经定作人同意而使用，视为材料质量符合约定标准，承揽人不得要求定作人支付增加的费用。承揽合同未约定材料质量标准的，承揽人应当按照通常的加工定作物所需要材料的质量标准提供材料；同时，应当考虑承揽合同中有关定作物的质量要求及定作物的使用目的选择提供材料。承揽合同没有约定材料的质量要求的，承揽人自行选定的材料，在加工前应当征求定作人的同意。

承揽人选用材料应当接受定作人检验。定作人对材料的检验是定作人的一项权利，是承揽人的法定义务，因为定作人是承揽人工作成果的最终受益人，所以不以当事人在合同中有约定为必要。

 **案例评析**

周某某与王某某承揽合同纠纷案[①]

案情： 2004 年 3 月 15 日，原告周某某与被告王某某签订《彩钢瓦棚制作协议》，约定由王某某以包工包料的方式为周某某制作彩钢瓦棚，由周某某按照每平方米 80 元的标准支付报酬。该协议第 3 条约定："该雨棚由乙方（王某某）包 30 年，在使用期间防锈措施由甲方（周某某）自行实行；属质量或结构问题，甲方（周某某）不负任何责任，由乙方（王某某）负全责"；同时，该协议第 6 条备注明确了制作彩钢瓦棚的材料相关参数标准，其中立柱钢管壁厚为 3 毫米，跨空钢管壁厚为 2 毫米，彩钢瓦厚度为 37.6 毫米。2004 年 4 月 9 日，王某某完成该彩钢瓦棚的制作并交付周某某使用，周某某按照约定支付王某某报酬 9.9 万元。后该彩钢瓦棚在使用过程中因锈蚀而逐渐出现空洞现象，周某某与王某某协商处理未果，诉至法院，请求：（1）判令王某某更换材料重新制作彩钢瓦棚；（2）诉讼费用由王某某承担。王某某答辩称，同意免费提供劳务重新制作彩钢瓦棚，但所需的材料应由周某某提供。该彩钢瓦棚制作完毕后已经周某某验收并投入使用，彩钢瓦棚符合国家质量标准，出现穿孔漏雨的现象系周某某采取防锈措施不力所致，王某某不构成违约。

评析： 民法典第 774 条延续了《合同法》第 255 条的规定。承揽人应当确保对其选用材料的质量符合合同约定。制作彩钢瓦棚的各项材料均由承揽人王某某提供，周某某不负有检验义务。周某某支付了报酬，不能认定承揽人王某某提供的工作成果就符合合同约定。承揽人提供材料的，承揽人应当按照约定选用材料，并接受定作人的检验。双方在《彩钢瓦棚制作协议》第 6 条对制作瓦棚所用材料进行了约定，王某某应当按照该约定选用材料。对王某某所用材料是否符合双方约定，双方发生争议，一审法院为此委托重庆市钢铁产品质量监督检验站出具司法鉴定意见书，该鉴定意见书已经双方当事人质证无异议。而根据该鉴定意见，王某某制作彩钢瓦棚所用立柱钢管壁厚、跨空钢管外径和壁厚均不符合双方约定，构成违约。且双方协

---

① 审理法院：一审法院为重庆市合川区人民法院，案号：（2011）合法民初字第 03882 号；二审法院为重庆市第一中级人民法院，案号：（2013）渝一中法民终字第 04322 号；再审法院为重庆市高级人民法院，案号：（2016）渝民再 43 号。

议第 3 条约定该雨棚由王某某包 30 年，质量问题由王某某负责，王某某用材质量违约，应当承担相应的违约责任。

> ▶▶ **第七百七十五条**　定作人提供材料的，应当按照约定提供材料。承揽人对定作人提供的材料应当及时检验，发现不符合约定时，应当及时通知定作人更换、补齐或者采取其他补救措施。
>
> 承揽人不得擅自更换定作人提供的材料，不得更换不需要修理的零部件。

🏛 条文要义

本条是对定作人提供材料要求的规定。

由定作人提供材料的，定作人应当按照约定提供材料。具体要求是：（1）定作人提供材料的质量应当符合约定。不符合约定的，承揽人有权要求其更换材料。（2）定作人提供的材料数量应当符合约定。定作人提交材料，承揽人应当进行相应的验收，发现定作人提供的材料数量不足时，定作人应当及时补足。（3）定作人提交材料应当符合时间的约定。定作人应当在合同约定的期限内向承揽人交付材料，一般不得违反。如果迟延履行，承揽人有权相应地推迟工作物的交付时间。

承揽人应当及时接收定作人交付的材料。及时接收，是在定作人向其提出材料的交付时，能够按照合同的约定接收材料，不得拒不接收或者迟延接收。因承揽人不能及时接收材料，造成的材料的一切损失以及其他增加的一切必要费用，应当由承揽人承担或者赔偿。

因为定作人是承揽人工作成果的受益人，所以承揽人不得擅自更换定作人提供的材料，不得更换不需要修理的零部件。

📌 案例分析

北京耀华玻璃装饰工程有限公司诉深圳市洪涛装饰
工程公司定作合同纠纷案[①]

案情： 原告耀华公司与被告洪涛公司签订的定作合同，系双方当事人的真实意思表示，且无违法、违规之处，应为有效，签约双方均应按合同的规定履行己方义务。洪涛公司在签订合同后，按约向耀华公司支付了预付款，耀华公司亦按合同的约定及洪涛公司提供的图纸定作玻璃桥及流水墙的玻璃，并进行了安装。安装工程

[①] 审理法院：一审法院为北京市东城区人民法院，案号：（2002）东民初字第 2347 号；二审法院为北京市第二中级人民法院，案号：（2003）二中民终字第 02040 号。

竣工后，耀华公司即撤离了施工场地；洪涛公司亦应按合同的约定对耀华公司的安装工程进行验收后，给付耀华公司合同款项。现洪涛公司以耀华公司提供的玻璃有质量问题为由，要求在耀华公司更换有裂痕的玻璃并经验收合格后再给付耀华公司货款。虽耀华公司现无证据证明洪涛公司对玻璃流水墙及玻璃桥进行验收后，耀华公司才撤离了安装工程现场，但在 2000 年 8 月中旬耀华公司撤离安装工程现场后，洪涛公司亦无证据证明在 2001 年 10 月前因玻璃存在裂痕等质量问题曾通知耀华公司修理、更换。使用即视为验收，现耀华公司安装的玻璃流水墙及玻璃桥已由北京饭店使用，应视为洪涛公司对玻璃流水墙及玻璃桥已验收合格。北京饭店改建扩建办公室及银建监理公司第六项目部虽在洪涛公司出具的说明中盖章确认耀华公司安装的玻璃桥及玻璃流水墙在 2000 年 8 月 18 日时就存在有裂痕等质量问题。但因洪涛公司是承包、施工单位，北京饭店是建设单位，银建监理公司是该工程的监理单位，故洪涛公司与北京饭店改建扩建办公室及银建监理公司第六项目部有利害关系，且该说明中也未明确说明玻璃存在裂痕的具体情况。

评析：民法典第 775 条延续了《合同法》第 256 条的规定。耀华公司与洪涛公司签订的定作合同，耀华公司在按合同的约定及洪涛公司提供的图纸定作了玻璃桥及玻璃水墙并进行安装之后，依法享有向洪涛公司追索报酬的权利。现北京饭店对耀华公司安装的玻璃流水墙及玻璃桥已经使用，应视为洪涛公司对玻璃流水墙及玻璃桥已验收合格。因此，洪涛公司应向耀华公司支付剩余的定作及安装报酬。故法院对北京饭店改建扩建办公室及银建监理公司第六项目部出具的证明，不予认证。现洪涛公司又无证据证明造成玻璃出现裂痕的责任在于耀华公司，故对洪涛公司以耀华公司提供的玻璃有质量问题为由，要求在耀华公司更换有裂痕的玻璃并经验收合格后再给付耀华公司货款的主张，法院不予支持。

▶▶**第七百七十六条**　承揽人发现定作人提供的图纸或者技术要求不合理的，应当及时通知定作人。因定作人怠于答复等原因造成承揽人损失的，应当赔偿损失。

🏛 条文要义

本条是对定作人提供图纸、技术要求的规定。

在承揽合同中，如果约定承揽的工作由定作人提供图纸、技术要求的，承揽人在接受其提供的图纸、技术要求后，发现定作人提供的图纸或者技术要求不合理的，享有通知的权利，承揽人应当及时通知定作人，要求定作人改进。双方意见不一致的，应当进行协商，达成合意。如果因定作人怠于答复等原因，给承揽人造成损失的，定作人应当承担赔偿责任，赔偿承揽人因此造成的损失。

🔖 案例评析

富国工业（惠阳）有限公司与深圳市垦鑫达科技
有限公司承揽合同纠纷案[①]

案情： 2014年12月20日，垦鑫达公司（甲方、原告）与富国公司（乙方、被告）签订《模具制造合同》，约定甲方委托乙方加工5.5贴皮项目产品模具6套，包括面壳组件、底壳、闪光灯镜片、电池盖、摄像头装饰件及MIC软胶套支架各一套，模具费为163 800元。垦鑫达公司已经按照模具加工合同支付了相应的款项，但是富国公司因自身原因一直无法向垦鑫达公司提供合格的样品，以便确认模具开模成功，并使垦鑫达公司向富国公司下订单订货。双方为模具多次进行沟通，并于2015年7月17日专门召开会议，就模具加工的5.0金刚一号和5.5贴皮项目，最终确认富国公司提供合格样品的时间分别为2015年7月25日、2015年7月20日，但是，到期后富国公司并未提交合格的样品供垦鑫达公司确认，致使垦鑫达公司和富国公司签署模具加工合同的目的无法实现，因此垦鑫达公司在一审当中主张撤销合同，返还已预付的款项，要求富国公司承担违约责任，赔偿垦鑫达公司因此遭受的损失。富国公司当时应是知悉原告所需的品质签样标准的。而富国公司在最终可签样的时间2015年7月25日已过的2015年7月30日才向垦鑫达公司提出未给其提供金刚一号明确具体的标准，就5.5贴皮项目解决方案要求垦鑫达公司修改设计方案。富国公司履行合同有违诚实信用原则，既未履行及时通知义务，更未如期交付产品，应承担相应的违约责任。

评析： 民法典第776条延续了《合同法》第257条的规定。依据本条规定，承揽人发现定作人提供的图纸或技术要求不合理的，应当及时通知定作人。从现有证据来看，垦鑫达公司虽未举证证明其向富国公司提供了样品的品质标准，但从双方的邮件内容来看，富国公司确认垦鑫达公司曾于2015年6月提出5.5贴皮项目达到苹果手机的标准，且双方在2015年7月17日的会议中对5.0金刚一号最终的交期和5.5贴皮项目解决方案的作出时间有了明确约定，富国公司却在2015年7月30日的邮件中才予以回复，要求垦鑫达公司修改设计方案，由此可见，富国公司未尽及时通知的义务，也未如期交付产品；同时，从常理来看，垦鑫达公司在邮件中所列举的"装饰件间隙过大""面壳周边铝合金边框粘胶不平，也不牢固""亮光边与按键位刮手"等属于显而易见的品质问题，并不属于设计缺陷，富国公司应承担相应的违约责任，其主张的违约金缺乏依据，不予支持，而垦鑫达公司所提交的用于证明其损失的证据均由其单方制作，没有其他证据予以辅证，综合全案情况，法院酌定

[①] 审理法院：一审法院为广东省深圳市福田区人民法院，案号：（2016）粤0304民初7463号；二审法院为广东省深圳市中级人民法院，案号：（2018）粤03民终1383号。

富国公司应向垦鑫达公司支付违约金及损失赔偿金共计 12 万元，超出部分，不予支持。

▶▶ **第七百七十七条**　定作人中途变更承揽工作的要求，造成承揽人损失的，应当赔偿损失。

🏛 条文要义

本条是对定作人变更承揽工作要求的规定。

承揽合同的基本要求，是承揽人按照定作人对承揽工作的要求进行工作，交付工作成果。定作人对承揽工作的要求，是通过承揽合同的要求进行的，承揽人按照承揽合同的约定进行工作，交付的工作成果符合合同的约定，就履行了合同义务。在承揽合同的履行过程中，定作人认为确有必要，可以中途变更承揽工作的要求，承揽人应当按照定作人的变更要求进行，完成承揽工作。定作人改变承揽工作要求，给承揽人造成损失的，应当承担赔偿责任。对于已经按照原来要求完成的部分工作，定作人应当支付这一部分工作的报酬；对于因变更而增加的承揽工作，承揽人可以向定作人要求增加承揽费用。

🔴 案例评析

大连华锐重工集团股份有限公司与山东信远集团
有限公司承揽合同纠纷案①

案情：被告华锐公司于 2011 年 1 月 6 日向原告信远公司发出预投通知，要求信远公司马上组织生产 100 件 1.5MW 行星架，图号 4926727342A（系 4926727343A 之笔误），材质 G32NiCrMo8-5-4。信远公司收到华锐公司预投通知后，即组织生产。2011 年 2 月 21 日，华锐公司向信远公司传真要求停止投料，传真内容载明，截至 2011 年 2 月 21 日，信远公司已投产 1.5MW 行星架 56 件（包括 2010 年结转的 15 件），但因设计原因可能将要改图，请立即停止投料，超出预投部分有待双方协商，具体情况及投料日期另行通知。传真中未明确如何处理已生产的行星架，信远公司主张其按照华锐公司要求停止生产后，多次要求华锐公司以 8 万元单价收购已生产行星架，华锐公司以图纸变更可能按照新图纸进行整改为由拒绝。华锐公司则主张双方至本案起诉前并未协商如何处理已生产行星架。法院判决，双方之间已成

---

① 审理法院：一审法院为山东省烟台市中级人民法院，案号：（2013）烟商初字第 119 号；二审法院为山东省高级人民法院，案号：（2015）鲁商终字第 18 号；再审法院为最高人民法院，案号：（2015）民申字第 2753 号。

立合法有效的承揽合同。合同履行过程中，华锐公司作为定作人，以设计变更为由通知承揽人信远公司停止生产，嗣后双方长期未就已生产产品的处理及合同继续履行问题达成合意。信远公司以合同目的不能实现为由，诉请解除合同，并无不当。

评析： 民法典第777条延续了《合同法》第258条的规定。本案中，信远公司按照华锐公司预投通知生产出行星架之后、交付之前，因华锐公司通知停止生产而未再继续履行合同。华锐公司在信远公司诉请解除合同、赔偿损失后，要求信远公司继续履行合同，交付已生产行星架，于法无据。就赔偿损失的具体数额而言，信远公司主张依据已生产的32件行星架的当时市价和现有残值之间的差价进行计算，行星架单价参照双方以往业务往来所签合同及增值税发票确定为8万元/件，残值则经信远公司申请，一审法院委托鉴定机构评估为602 272元。鉴定报告经双方当事人质证后均无异议。华锐公司申请再审以照片显示行星架铸造编号修改为由主张案涉32件行星架并非按照其预投通知生产，信远公司未提供试块和检测报告，行星架质量不合格，不能依据单价8万元/件确定当时市价。但其上述主张与其在2011年2月21日传真中确认信远公司已投产行星架56件（信远公司主张损失的32件即包含在其中），及其在2013年12月16日经双方现场清点形成的备忘录中确认在信远公司处看到32件行星架的事实不符。双方就案涉同一型号和规格行星架的加工承揽具有多年业务往来，华锐公司就案涉承揽合同的停产通知中仅载明系因设计图纸变更，未提及产品存在质量问题，直至信远公司起诉长达两年期间内，华锐公司从未就产品质量提出过异议。因此，华锐公司主张已生产的行星架质量不合格，依据不足，不应予以支持。

> ▶▶ **第七百七十八条** 承揽工作需要定作人协助的，定作人有协助的义务。定作人不履行协助义务致使承揽工作不能完成的，承揽人可以催告定作人在合理期限内履行义务，并可以顺延履行期限；定作人逾期不履行的，承揽人可以解除合同。

🏛 条文要义

本条是对定作人协助义务的规定。

当承揽人为完成工作需要定作人协助时，定作人有予以协助的义务。协助义务的内容是：（1）根据承揽的工作性质，双方约定由定作人提供原材料的，定作人应当按照约定的标准提供原材料；（2）约定由定作人提供设计图纸或者技术要求、技术资料的，定作人应当按照约定的期限提供设计图纸、技术要求和技术资料；（3）约定由定作人提供样品的，定作人应当按照约定提供所需的样品；（4）约定由定作人提供工作场所的，定作人应当提供工作场所；（5）约定由定作人提供承揽人完成工作所需要的工作环境和生活条件的，定作人应当按照合同的约定予以提供。

定作人不履行协助义务，致使承揽工作不能完成的，承揽人的权利是：（1）催告：可以催告定作人在合理期限内履行义务，催告以通知的方式进行，该合理期限就是宽限期；（2）顺延：可以按照定作人迟延履行协助义务的时间，顺延履行期限；（3）定作人超过宽限期而仍不履行：承揽人享有解除权，可以解除该承揽合同。

案例评析

建昌兰剑水泥有限公司、江阴市伟业房屋拆修工程
有限公司承揽合同纠纷案①

案情： 2012年4月6日，伟业公司（承揽方、原告）与兰剑公司（定作方、被告）签订《承揽协议》，双方签订的厂房、设备拆除协议约定，伟业公司拆除兰剑公司院内部分厂房、设备，伟业公司系承揽人，兰剑公司系定作人，兰剑公司作为定作人应协助伟业公司顺利完成厂房及设备的拆除工作。在伟业公司实施拆迁行为过程中，遭到了与兰剑公司存在承包关系的建昌兰河建材有限公司水泥经销商及职工的阻拦，虽然兰剑公司与建昌兰河建材有限公司在《解除合同协议书》中约定了建昌兰河建材有限公司要保证拆迁工作正常进行，并约定了违约责任，但兰剑公司与建昌兰河建材有限公司系承包关系，相关人员的阻拦涉及兰剑公司与建昌兰河建材有限公司解除承包合同后的相关问题，故兰剑公司对于发生阻挠拆迁情况负有排除妨碍的责任。当拆迁工作受阻后，伟业公司及时将情况向兰剑公司反映，并敦促兰剑公司处理妥当与内部承包人和水泥经销商间的经济纠纷。兰剑公司在获知拆迁工作不能正常进行时，也是采取配合态度，与有关部门沟通、协调，但并没有具体的解决措施，导致现存矛盾仍未解决，拆迁工作难以正常开展，合同目的难以实现，故伟业公司提出解除合同的诉请应予支持。

评析： 民法典第778条延续了《合同法》第259条的规定。合同具有组织经济生产的功能，双方当事人签订合同后，就在一定程度上形成了利益共同体。任何一方履行合同都需要对方给予必要的协助，以更好地实现各方共同利益。民法典第778条规定，定作人负有协助义务，就是这一思想的体现。承揽合同强调履行的协作性，为使承揽人伟业公司及时完成工作，定作人兰剑公司有义务协助伟业公司完成承揽工作。本案中，由于兰剑公司未积极履行协作义务，未采取具体措施排除阻碍，致使拆迁工作难以正常开展。

---

① 审理法院：一审法院为辽宁省葫芦岛市中级人民法院，案号：（2015）葫民初字第75号；二审法院为辽宁省高级人民法院，案号：（2016）辽民终181号；再审法院为最高人民法院，案号：（2017）最高法民申4464号。

▶▶ **第七百七十九条** 承揽人在工作期间，应当接受定作人必要的监督检验。定作人不得因监督检验妨碍承揽人的正常工作。

🏛 条文要义

本条是对定作人监督检验的规定。

承揽人在完成工作期间，应当接受定作人必要的监督、检验。必要的要求是，在承揽合同中已经约定监督检验范围的，应当在约定的范围内进行监督检验；合同中没有约定的，定作人应当根据承揽工作的性质对承揽工作质量进行检验。在定作人提出对承揽工作进行检验时，承揽人不得拒绝。承揽人对定作人的监督检验应当提供必要的方便。承揽人应当如实向定作人反映工作情况，不得故意隐瞒工作中存在的问题。

定作人在对承揽人的工作进行监督检验时，不得妨碍承揽人的正常工作。不得妨碍，是定作人的监督检验工作不得给承揽人带来不合理负担，不得影响承揽人的正常工作秩序。如果定作人的监督检验工作给承揽人的定作工作带来妨碍的，承揽人可以拒绝，对造成的损失可以要求赔偿。

🔖 案例评析

龙口市通和机械厂与烟台长天机械有限公司承揽合同纠纷案[①]

案情： 2007 年 10 月 29 日，原告通和机械厂和被告长天机械公司签订承揽合同。通和机械厂作为承揽人负有依约为长天机械公司加工合格货物的义务以及享有要求长天机械公司支付报酬的权利，长天机械公司作为定作人则负有支付报酬的义务以及享有验收货物质量的权利。涉案合同及所附产品图纸对于法兰的规格、质量等均有明确的约定，长天机械公司要求按照合同约定验收通和机械厂所加工法兰质量，于理相合、于法有据。通和机械厂拒绝长天机械公司验收货物质量，排除了长天机械公司的主要权利，在货物未经长天机械公司验收合格后，长天机械公司有权拒绝支付价款，故对通和机械厂要求长天机械公司支付其价款 149 944.36 元的请求，法院不应支持。通和机械厂主张 2008 年 10 月 18 日传真已证实法兰已经外商验收合格，根据合同约定法兰质量应由外商验收，因该传真中载明外商认可的仅为法兰样品而非通和机械厂加工的所有法兰，而且涉案合同中关于"如遇长天机械公司国外客户提出该批货物有关型号、质量、数量，与本合同及相关技术文件不符要求索赔的情况，则通和机械厂需负全部责任"的表述并未排除长天机械公司验收货物质量

的权利，通和机械厂该主张有违合同相对性原则，故对通和机械厂之该主张，法院依法不予支持。

评析：民法典第 779 条延续了《合同法》第 260 条的规定。依据本条规定，承揽人工作期间，应当接受定作人必要的监督检验，被申请人法定代表人在申请人加工制作涉案产品过程中，依法有权对产品制作过程进行监督检验，但此种监督检验不能等同于产品质量验收，除非双方在合同中对此有明确约定。申请人主张其加工的产品已经获得国外客户的认可，涉案产品的质量最终由外国客户验收，但被申请人是涉案承揽合同中的定作人，是履行合同的主体，也是涉案加工产品的验收主体，国外客户作为终端消费者，即使认可涉案产品的质量，不代表其对涉案加工产品具有验收的权利，申请人以其加工产品获得国外客户认可来证明涉案产品无须验收的理由缺乏关联性和证明力，因此，原判决认定申请人拒绝被申请人对涉案加工制作的产品进行验收，是导致涉案产品迟延交付和被申请人拒付报酬的主要原因具有充分的事实和法律依据。

> ▶▶ **第七百八十条** 承揽人完成工作的，应当向定作人交付工作成果，并提交必要的技术资料和有关质量证明。定作人应当验收该工作成果。

🏛 条文要义

本条是对承揽人交付工作成果的规定。

向定作人按期交付工作成果是承揽人的主要义务之一。交付工作成果，首先应当按时交付，对工作成果的交付期限有约定的，承揽人应当按照合同约定的期限交付工作成果。不能按约交付的构成违约。如果不能按约交付是由于定作人的原因造成的，或者是由于不可抗力，则迟延交付工作成果不构成违约。对交付期限没有约定的，承揽人应当在完成工作后的合理期限内向定作人交付工作成果。

承揽人交付定作物应当按照合同约定的方式和地点进行，可以由承揽人送交交付或者由定作人自提，也可以通过运输部门代为运送或邮政部门代为寄送。由承揽人送交的，以定作人指定的地点为交付的地点，定作人实际接受的日期即为承揽人实际交付的日期；由定作人提货的，交付地点应为承揽人工作完成的地点或者承揽人指定的地点，以承揽人通知定作人提货的合理日期为交付日期；由运输部门代为运送或邮政部门代为寄送的，一般应以合同约定的运（寄）送部门收货的地点为交付地点，运（寄）送部门接受运送货物的日期为实际交付日期。按照合同的约定无须为特别交付的承揽工作，则于承揽人完成工作之日即为交付。

承揽人向定作人交付工作成果，应当向定作人提交必要的技术资料和有关质量证明，如实反映工作成果的情况，以便定作人进行验收。该项义务属于承揽人交付工作成果主合同义务之外的从合同义务。

在承揽人交付工作成果时，定作人应当对工作成果进行验收，对承揽人提交的工作成果的数量、质量进行检验，以确定与合同约定的工作成果的质量和数量是否相同。工作成果的验收是确定承揽人工作效果和定作人支付承揽费用的依据。

案例评析

西宁瑞庆测绘有限公司与甘肃京兰测绘工程有限责任公司
承揽合同纠纷案①

案情： 2012 年 7 月 6 日，京兰公司与西宁翔悦测绘有限公司签订《测绘协议书》，协议约定西宁翔悦测绘有限公司委托京兰公司对位于青海省海南州共和县上卡力冈村 1∶2000 地形图进行测绘，并对测绘工作量、费用、双方的义务、付款方式、违约责任等进行了约定。《测绘协议书》第 10 条付款方式中约定："提交成果资料后甲方在青海柴达木能源投资开发股份有限公司项目落实后一次结清所有测绘费用。" 2012 年 7 月 6 日，京兰公司将测绘成果交付西宁翔悦测绘有限公司，西宁翔悦测绘有限公司在成果资料交接及顾客意见反馈表中签署了符合要求的反馈意见。因京兰公司催要测绘费，致使双方纠纷产生。西宁翔悦测绘有限公司于 2014 年 4 月 22 日经西宁市工商行政管理局核准名称变更为瑞庆公司。

法院认为，本案争议焦点为付款条件是否已成就。双方对于《测绘协议书》第 10 条的内容理解不同。京兰公司主张现在风电项目已经开展前期工作就是项目落实，瑞庆公司主张政府下发项目批准文件才是项目落实，但双方均未提交证据佐证其主张。鉴于双方对合同条款的理解有歧义，且该条件能否成就不确定，故视为约定不明。京兰公司可随时向瑞庆公司主张测绘费用，瑞庆公司提起诉讼时，其收到测绘成果已两年有余，给瑞庆公司付款留下了必要的准备时间。故京兰公司要求瑞庆公司给付测绘费的诉讼请求应予支持。

评析： 民法典第 780 条延续了《合同法》第 261 条的规定。根据本条的规定，京兰公司提交了工作成果，瑞庆公司负有及时进行验收的义务。虽然《测绘协议书》未明确约定检验时间，但瑞庆公司应当在合理的期限内对京兰公司提交的测绘成果进行验收，并在合理期限内将检验结果通知京兰公司。瑞庆公司提交的《测绘成果检验结果通知单》是在双方测绘成果提交两年之后出具的，瑞庆公司也没有其他证据证明其在合理时间内进行了检测并通知京兰公司。法院未予采信青海省测绘产品质量监督检验站出具的《测绘成果检验结果通知单》并无不当。由于京兰公司与西

---

① 审理法院：一审法院为青海省西宁市中级人民法院，案号：(2014) 宁民二初字第 284 号；二审法院为青海省高级人民法院，案号：(2014) 青民二终字第 111 号；再审法院为最高人民法院，案号：(2017) 最高法民申 1041 号。

宁翔悦测绘有限公司之间的承揽合同已经实际履行，京兰公司已经向西宁翔悦测绘有限公司交付了承揽成果，并得到西宁翔悦测绘有限公司的认可，西宁翔悦测绘有限公司应依约履行付款义务。

> ▶▶ **第七百八十一条** 承揽人交付的工作成果不符合质量要求的，定作人可以合理选择请求承揽人承担修理、重作、减少报酬、赔偿损失等违约责任。

🏛 条文要义

本条是对承揽人交付工作成果不符合质量要求的规定。

承揽合同的基本内容是承揽人按照定作人的请求完成承揽工作，交付工作成果。对工作成果的最主要要求，是符合定作人在合同中约定的质量标准。承揽人交付的工作成果不符合约定的质量标准，要承担违约责任。构成该违约责任的要件是：（1）承揽人交付的工作成果不符合质量要求：承揽合同对工作成果的质量有约定的，依照其约定确定是否符合质量要求，对工作成果的质量没有要求或者约定不明确的，应当补充协商，或者按照工作成果的性质和交易习惯确定质量标准。（2）定作人在合理期限内提出质量异议：合同约定异议期的，应当在异议期内提出；没有约定异议期的，应当在接收成果后的合理期限内提出。

承揽人交付的工作成果不符合质量要求，定作人提出异议的，承揽人应当根据定作人的合理选择承担修理、重作、减少报酬的责任，造成定作人损失的，还应当承担赔偿损失的违约责任。

🔵 案例评析

帕米尔天泉有限公司与上海慕峰矿泉水销售有限公司
承揽合同纠纷案①

案情：2011 年 3 月 30 日，原告慕峰公司作为乙方与被告帕米尔公司作为甲方签订了《帕米尔远古冰川矿泉水定制合同》。在履行合同过程中，慕峰公司的经销商山东九通进出口有限公司、天津商族投资发展有限公司、北京龙脑传奇生物技术开发有限公司分别致函慕峰公司，反映其定制的帕米尔远古冰川矿泉水存在水质有异味、外包装箱规格不统一并且有破损、瓶体标签粘贴不平整并且有气泡、瓶身变形的质量问题，并提出退货请求。法院认为，帕米尔公司不存在违约，不应承担合同解除

---

① 审理法院：一审法院为新疆维吾尔自治区喀什地区中级人民法院，案号：（2013）喀民初字第 31 号；二审法院为新疆维吾尔自治区高级人民法院，案号：（2014）新民二终字第 76 号；再审法院为最高人民法院，案号：（2015）民提字第 171 号。

后的损失赔偿责任。首先，虽双方在合同履行过程对 46 610 箱矿泉水质量问题产生争议，但通过签订《补充协议》对该问题予以协商解决，故 46 610 箱矿泉水是否存在质量问题，都不是影响双方后续合同的履行以及导致合同最终解除的因素；其次，虽然慕峰公司提供证据证明帕米尔公司向经销商推销"帕米尔冰川矿泉水"420ML 的产品，但该产品规格与双方定制合同中的矿泉水规格并不相同，而且在合同履行过程中，慕峰公司亦曾向帕米尔公司另行购买过该产品，慕峰公司主张帕米尔公司销售的矿泉水与涉案矿泉水存在混淆构成违约的理由不能成立；最后，双方对矿泉水包装箱的规格没有约定，慕峰公司以此主张帕米尔公司违约缺乏合同依据。

评析：民法典第 781 条延续了《合同法》第 262 条的规定。依据本条规定，"承揽人交付的工作成果不符合质量要求的，定作人可以合理选择请求承揽人承担修理、重作、减少报酬、赔偿损失等违约责任"。但如果双方通过签订《补充协议》对该些问题予以协商解决，就不能认定帕米尔公司违约，不应承担合同解除后的损失赔偿责任。2012 年 4 月 20 日《食品安全国家标准预包装食品标签规则》要求食品的标签上应标示配料表，慕峰公司书面发函要求按规定更换标签，帕米尔公司认为可以加贴配料表的方式解决原来的未用完标签，双方签订合同时未曾预料到标签标示配料表的问题，因合同未有约定故不属违约问题，该问题亦不足以导致合同不能继续履行，双方对此未能协商一致都存在过错。慕峰公司前述主张解除合同后帕米尔公司应承担违约责任的理由都不能成立。

> ▶▶ **第七百八十二条**　定作人应当按照约定的期限支付报酬。对支付报酬的期限没有约定或者约定不明确，依据本法第五百一十条的规定仍不能确定的，定作人应当在承揽人交付工作成果时支付；工作成果部分交付的，定作人应当相应支付。

🏛 条文要义

本条是对定作人支付报酬的规定。

支付报酬是定作人的主合同义务。定作人应当按照约定的期限支付报酬。按期支付报酬的要求是：（1）承揽合同对报酬的支付期限有约定的，按照约定的期限支付报酬。（2）对支付报酬的期限没有约定或者约定不明确，应当依据民法典第 510 条规定协议补充，按照补充协议确定支付期限。（3）补充协议仍不能确定的，定作人应当在交付工作成果的同时支付报酬；工作成果部分交付的，定作人应当作相应支付。

本条未对支付报酬的数额作出规定。对此，应当按照约定的数额支付报酬。承揽合同中对定作人须支付的报酬标准有约定的，按照约定的标准支付；没有约定的，则按照通常标准支付，即以工作成果交付的当时、当地的同种类工作成果的一般报酬为标准。

 **案例评析**

中节能工业水务工程有限公司、自贡红星高压电瓷有限公司承揽合同纠纷案①

案情： 中节能工程公司与红星电瓷公司于 2010 年 12 月 2 日签订《新建三座143m³ 全自动控制抽屉窑总承包合同》。双方签订的《新建三座 143 全自动控制抽屉窑总承包合同》（以下简称总承包合同）合法有效，中节能工程公司与红星电瓷公司承揽合同关系成立。根据总承包合同的约定：红星电瓷公司按期按合同规定的付款规定和数量向中节能工程公司支付工程款，向施工现场提供水电供应；付款约定：(1) 2010 年 12 月 25 日前，红星电瓷公司向中节能工程公司支付 100 万元作为预付款；(2) 2011 年 12 月 30 日前，红星电瓷公司向中节能工程公司支付 355 万元（后双方于 2011 年 1 月 4 日签订《自贡三座抽屉窑技术交底纪要》，约定从总价款中扣除 20 万元）作为工程结算款；(3) 中节能工程公司开具 17% 的增值税发票给红星电瓷公司。合同签订后，中节能工程公司对三座抽屉窑进行了制作安装，完成了合同约定的绝大部分义务，但案涉工程并未进行后期的热态调试和验收。红星电瓷公司作为承揽合同的定作人，案涉工程是双方的第三期工程，施工在红星电瓷公司进行。红星电瓷公司对案涉工程的施工情况进展和设备安装情况应当知情，工程水电等供应也在其支配下，按照合同约定以及本案定作工程的操作惯例，本工程项目应当先进行热态调试，然后才能进行整个工程验收。

评析： 民法典第 782 条延续了《合同法》第 263 条的规定。涉案合同约定不以"工程验收"为支付工程款条件，而系分期付款。红星电瓷公司对自己应当按照合同约定结清工程款是明知的，也在实际履行，因此依据民法典第 782 条规定，定作人应当按照约定的期限支付报酬。根据总承包合同的约定和红星电瓷公司陆续付款的事实，法院认为，中节能工程公司要求红星电瓷公司支付剩余工程款符合民法典第782 条规定的情形，即定作人应当按照约定的期限支付报酬。因此，红星电瓷公司应当支付剩余工程款 2 435 000 元。

▶▶ **第七百八十三条**　定作人未向承揽人支付报酬或者材料费等价款的，承揽人对完成的工作成果享有留置权或者有权拒绝交付，但是当事人另有约定的除外。

---

① 审理法院：一审法院为四川省自贡市贡井区人民法院，案号：（2017）川 0303 民初 728 号；二审法院为四川省自贡市中级人民法院，案号：（2018）川 03 民终 96 号；再审法院为四川省高级人民法院，案号：（2019）川民再 90 号。

🏛 条文要义

本条是对承揽人留置权和拒绝交付权的规定。

定作人未向承揽人支付报酬或者材料费等价款的，构成违约行为。对此，承揽人享有两项权利：（1）留置权。承揽人可以留置定作物，并应当向定作人催告，给予合理的宽限期，宽限期届满仍未支付报酬或者材料费等价款的，可以拍卖或者变卖加工物，实现留置权。留置权是保障承揽人取得报酬的担保措施。（2）拒绝交付权，承揽人拒绝交付工作成果，直至定作人支付报酬或者材料费等价款后交付，或者责令其承担违约责任。如果当事人在承揽合同中另有约定的，则应当依照约定处理。

案例评析

晋江市东兴电子玩具有限公司与宝高（南京）教育玩具有限公司承揽合同纠纷案[①]

案情：2010 年 6 月 30 日，宝高玩具公司原法定代表人林某成代表宝高玩具公司与东兴公司法定代表人高某扬代表东兴公司签订合作生产塑料积木玩具协议一份。2012 年 2 月 23 日，宝高玩具公司向东兴公司送达关于终止《合作生产塑料积木玩具协议》的通知，通知东兴公司自即日起终止双方签订的《合作生产塑料积木玩具协议》，并提出在东兴公司执行支付逾期交货违约金、赔偿质量问题损失、返还模具等事项后，其可从东兴公司回购不超过 5 吨的半成品库存及未满 12 个月生产所需添加购置的工装夹具（该回购夹具应事先由宝高玩具公司确认备案，未确认备案的不予回购），并将与东兴公司结算前期所有产品生产订单尚未支付的剩余加工费。东兴公司收到该通知后，则于 2012 年 2 月 27 日向宝高玩具公司发出催缴通知书，要求宝高玩具公司、宝高科技公司于 2012 年 3 月 6 日支付尚欠的承揽报酬 1 339 074.86 元。宝高玩具公司收到东兴公司该催缴通知书后，于 2012 年 3 月 5 日向东兴公司发出关于终止合作生产塑料积木玩具有关事宜进展的回复，重申其终止合同通知的内容。双方因此产生纠纷诉至法院。宝高玩具公司、宝高科技公司作为定作人依法有权行使其单方合同解除权，本案讼争承揽合同应确认已于 2012 年 2 月 23 日解除。合同解除后，东兴公司依约应向宝高玩具公司、宝高科技公司返还交付给其使用的模具 703 套、模架 3 套，以及宝高玩具公司、宝高科技公司移交给其使用的总价值为 263 520.53 元、总吨数为 9.4 吨的半成品材料。宝高玩具公司、宝高科技公司则应向东兴公司支付其尚欠的承揽报酬 1 339 074.86 元及相应利息。

评析：民法典第 783 条延续了《合同法》第 264 条的规定。东兴公司作为承揽

---

① 审理法院：一审法院为福建省泉州市中级人民法院，案号：（2012）泉民初字第 518 号；二审法院为福建省高级人民法院，案号：（2015）闽民终字第 793 号；再审法院为最高人民法院，案号：（2017）最高法民申 1941 号。

人负有组织生产加工的合同义务，宝高玩具公司、宝高科技公司作为定作人依约也负有配合生产加工的协助义务。合同履行过程中，因双方共同原因导致部分委托生产加工订单项下的定作物未能依订单约定交货期限交付，故双方达成变更定作物交付期限的合意。关于东兴公司主张有权留置案涉模具问题。本案中，东兴公司主张留置的模具是由宝高玩具公司向东兴公司提供的，目的是让东兴公司按照模具生产产品，故模具只是生产中的工具而非工作成果。根据本条的规定，承揽人只能对完成的工作成果享有留置权，故本案中东兴公司对模具不享有留置权，且双方签订的《合作生产塑料积木玩具协议》也约定：合同期满双方不续约或双方中途停止执行合同，东兴公司需将所有模具在 15 日内全部无偿退还给宝高玩具公司。故本案中东兴公司应当在合同解除后返还模具，其主张留置模具缺乏合同和法律依据。

▶▶ **第七百八十四条** 承揽人应当妥善保管定作人提供的材料以及完成的工作成果，因保管不善造成毁损、灭失的，应当承担赔偿责任。

🏛 条文要义

本条是对承揽人保管工作成果和材料的规定。

承揽人对定作人提供的材料和已经完成的工作成果，负有妥善保管的义务。承揽人应当以善良管理人的注意履行保管义务。因保管不善，造成定作材料和工作成果毁损、灭失的，应当承担损害赔偿责任。这种赔偿责任既是违约责任，也是侵权责任，构成责任竞合，应当依据民法典第 186 条规定，由定作人根据自己的利益选择请求承揽人承担的责任。

本条没有规定工作成果意外灭失风险负担规则。这是指承揽人完成承揽工作，工作成果仍由承揽人占有时的意外毁损、灭失风险负担规则，即（1）工作成果须实际交付的，在工作成果交付前发生风险的，由承揽人负担；交付后发生风险的，由定作人负担。（2）工作成果的毁损、灭失是在定作人受领迟延后发生的，则应由定作人承担该风险。（3）工作成果无须实际交付的，工作完成即视为交付，在工作完成前发生的风险由承揽人负担；在工作完成后发生的风险则由定作人负担。

🍡 案例评析

甘肃宝徽实业集团有限公司与西和县中泰工矿有限责任公司承揽合同纠纷案[①]

案情：2011 年 9 月 7 日，宝徽公司作为甲方与乙方中泰公司签订了《锌锭来料

---

① 审理法院：一审法院为甘肃省陇南市中级人民法院，案号：（2018）甘 12 民初 12 号；二审法院为甘肃省高级人民法院，案号：（2018）甘民终 643 号。

加工合同》。合同签订后，中泰公司于2011年10月10日至13日陆续向宝徽公司交付加工原料锌精矿共计湿量2 925.26吨。经双方对2011年5月9日的合同与2011年7月12日的合同业务进行结算，宝徽公司以欠中泰公司7 836 520.83元的欠款折抵本案中中泰公司应向宝徽公司支付的加工费7 918 081.50元后，中泰公司尚欠宝徽公司加工费81 560.67元。后宝徽公司以欠中泰公司的其他款项抵清了剩余的加工费81 560.67元。宝徽公司在合同约定的提货期限内全部完成了1 387.55吨0♯锌锭的加工工作，中泰公司并未在合同约定的期限内提货，宝徽公司加工完成的1 387.55吨成品0♯锌锭一直由宝徽公司保管。2015年5月5日，中泰公司作为甲方与乙方宝徽公司签订了《锌锭贸易销售合同》。综上，宝徽公司向中泰公司交付加工的0♯锌锭共计826.885吨，剩余560.665吨未交付。关于本案中被盗锌锭的责任承担问题。经查，宝徽公司如约履行了《锌锭来料加工合同》约定全部义务且在合同约定中泰公司提货期限届满后，多次催促中泰公司提货，中泰公司均未提货，双方对已加工完成锌锭的保管问题再未进行约定。中泰公司的该违约行为，导致宝徽公司对该批货物无偿进行保管，其间被盗3.69吨0♯锌锭。

评析：民法典第784条延续了《合同法》第265条的规定。根据本条规定，承揽人具有妥善保管完成的工作成果的义务，因保管不善造成毁损、灭失的，承揽人应该承担赔偿责任。但如果因为定作人的原因导致承揽人对于工作成果无偿进行保管，则承揽人对于工作成果的毁损、灭失不承揽赔偿责任。当事人对保管费没有约定或者约定不明确，保管是无偿的。保管期间因保管人保管不善造成保管物灭失，保管人无重大过失的，不应承担损害赔偿责任。故宝徽公司无偿保管中泰公司0♯锌锭时被盗3.69吨的责任应由中泰公司承担。

> ▶▶ **第七百八十五条** 承揽人应当按照定作人的要求保守秘密，未经定作人许可，不得留存复制品或者技术资料。

🏛 条文要义

本条是对承揽人保密义务的规定。

保密义务属于承揽人的附随义务。承揽合同约定保密条款，或者虽然没有约定保密条款，但是定作人有保密要求的，承揽人对其所完成的工作负有保密义务，未经定作人许可，不得泄露定作人的秘密，不得留存定作成果的复制品或者技术资料。否则，定作人因此而受到的损失应由泄密的承揽人负责赔偿。在承揽关系中，承揽人付出自己的行为或者服务，承揽人的行为应依据定作人的指示，在很多承揽工作中，定作人对承揽人的定作要求与指示，都是定作人的商业秘密，承揽人如果擅自将定作人的技术资料或者复制品留存，既是一种违约行为，也是一种侵权行为，而且极容易导致定作人的商业秘密的泄露，给定作人带来巨大的损失，所以承揽人未经定作人许可，不得留存复制品或者技术资料。

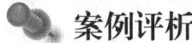 **案例评析**

深圳市特普生传感有限公司与深圳市海方动力科技有限公司、马某某承揽合同纠纷案①

案情： 2017 年 7 月 10 日，原告特普生公司与被告海方动力东莞公司签订《温度传感器视觉分拣系统技术协议》，同日，特普生公司的法定代表人将款项 300 000 元支付至庞某的银行账户。庭审中，双方当事人均认可，没有签订订货合同。特普生公司请求判令海方动力东莞公司返还预付款 300 000 元。根据本案案情，一审法院判令海方动力东莞公司自收取款项之日即自 2017 年 7 月 10 日起至返还款项之日止按银行同期贷款利率向特普生公司支付款项占用期间的利息。海方动力东莞公司是海方动力公司的分公司，没有独立法人资格，故海方动力东莞公司依法应承担的法律责任由海方动力公司承担。海方动力公司是马某某设立的一人有限公司，马某某没有提交证据证明公司财产独立于自己的财产，依法应对海方动力公司的上述债务承担连带清偿责任。庞某是海方动力东莞公司的负责人及海方动力公司的法定代表人，特普生公司请求庞某对海方动力东莞公司、海方动力公司的债务承担连带责任不符合法律规定，一审法院对此诉讼请求不予支持。

评析： 民法典第 785 条延续了《合同法》第 266 条的规定。特普生公司与海方动力公司签订《温度传感器视觉分拣系统技术协议》，该协议虽名为技术协议，但其内容并非双方之间就技术开发、转让、咨询或者服务订立的确立相互之间权利义务的合同，而是海方动力公司按照特普生公司的要求在一定期限内完成机器人的订制工作，待交付合格后，由特普生公司给付款项。故本案的合同纠纷应为承揽合同纠纷。该合同中的内容对具体的货物名称、合同总金额、合同预付款的时间、交货期限、违约责任以及保密条款等均已作出约定，故该合同已成立。因双方签订的合同为真实意思表示，没有违反法律、行政法规强制性公司，应为合法有效，双方均应依约行事。特普生公司已按照合同约定在合同签订之日向海方动力公司预付款项 30 万元，但海方动力公司未按照合同约定在合同签订之日起 60 天内交付货物，尽管有 15 天交付货物的宽限期，仍未能按期交付货物，故海方动力公司构成违约，按照合同约定，海方动力公司收取的预付款应予退还。依据本条，海方动力公司与特普生公司合同中约定的保密条款，符合该法律规定。海方动力公司以此条款的约定而主张该合同纠纷为技术合同纠纷，其理由不能成立。

---

① 审理法院：一审法院为广东省深圳市龙岗区人民法院，案号：（2017）粤 0307 民初 20850 号；二审法院为广东省深圳市中级人民法院，案号：（2018）粤 03 民终 21496 号。

▶▶ **第七百八十六条 共同承揽人对定作人承担连带责任，但是当事人另有约定的除外。**

🏛 条文要义

本条是对共同承揽及责任的规定。

在承揽合同中，有两个以上承揽人时，有三种情况：（1）共同承揽：承揽工作由共同承揽人共同完成，每一个承揽人都负有完成承揽工作的义务。构成共同承揽关系的，各承揽人承担连带责任。在承揽工作未能按约定完成或者因承揽人的原因造成其他损失的，定作人可以向共同承揽人全体或其中的任何一个请求赔偿，被请求者应当承担全部责任。其中一个承揽人对定作人承担法律责任后，其实际承担的部分超过其应当承担的份额的，有权向其他承揽人追偿。本条规定的主要内容是共同承揽及连带责任的规则。（2）按份承揽：数个承揽人中的每一个承揽人只按照既定的份额完成承揽工作的，各承揽人为按份承揽人，承担责任是按份承担，而不是连带责任。（3）每一个承揽人单独承揽：在各承揽人单独向定作人负责的承揽合同中，各承揽人只对自己的履行合同行为负责，对于其他承揽人的工作不负任何责任，是单独责任。

🗨 案例评析

杜某某诉渝北区鑫吉橱柜经营部承揽合同纠纷案[①]

案情：2016 年 7 月 27 日，原告杜某某因装修房屋订购橱柜，与被告欧派公司聚信商场签订预购单，订购了欧派地柜、吊柜、台面等，该单中明确了柜体材料、型号、单价。由于杜某某要求先支付 15 000 元的补偿金再安装，而被告鑫吉经营部要求边安装边付补偿金或安装完再给补偿金，杜某某不同意，双方未能按照补充协议履行进而发生纠纷。杜某某向法院提起诉讼，请求欧派公司和鑫吉经营部共同承担损害赔偿责任。至今，杜某某未能入住待装修房屋。根据《橱柜代理商合作协议书》的约定，欧派公司有权亦应当对代理商的经营活动进行管理、引导和监督，无论预约单、定购单及收款收据为鑫吉经营部制作还是欧派公司制作，还是如鑫吉经营部二审陈述由其制作并经欧派公司审定，欧派公司如果认为鑫吉经营部应以其自身名义对外签订合同，则在合作协议履行过程中亦应当对上述误导消费者的交易凭证予以制止和修订，其怠于行使合同权利，对鑫吉经营部即便超越代理权订立的合同仍应当承担合同责任。此外，即使重庆欧派客户服务中心系鑫吉经营部所设，同样由

[①] 审理法院：一审法院为重庆市渝北区人民法院，案号：（2017）渝 0112 民初 12343 号；二审法院为重庆市第一中级人民法院，案号：（2017）渝 01 民终 7180 号。

于该中心会使消费者误认为是欧派公司的机构从而认为《补充协议》系与欧派公司达成，而欧派公司怠于行使合同权利对该机构名称及其行为予以管理，亦应承担相应的合同责任。

评析： 民法典第786条延续了《合同法》第267条的规定。本案中，第一，杜某某作为定作人具有定购欧派橱柜的明确意思表示，到聚信名家汇欧派橱柜专卖店目的是定制欧派橱柜，目的明确；第二，预约单、销售单、定购单均显示供货方为欧派橱柜，收据单显示收款方为欧派，欧派橱柜为合同载明的相对方；第三，最终的工作成果由欧派公司生产制作完成；第四，售后事宜由欧派负责处理，纠纷发生后由欧派公司内设机构与杜某某达成补充协议。综上所述，鑫吉经营部与欧派公司系共同的承揽人，依据民法典第786条，鑫吉经营部与欧派公司共同就工作成果向杜某某承担连带责任。

▶▶ **第七百八十七条**　定作人在承揽人完成工作前可以随时解除合同，造成承揽人损失的，应当赔偿损失。

🏛 条文要义

本条是对定作人任意解除权的规定。

民法典规定的合同解除权有协商解除、约定解除和法定解除。在承揽合同中，定作人享有的是任意解除权，即在承揽合同成立后至承揽人完成承揽工作前，定作人随时可以行使任意解除权，解除承揽合同。这是承揽合同特有的解除权，是由承揽合同的性质决定的。承揽合同是承揽人按照定作人的要求完成定作工作的合同，承揽人需实施一个加工行为实现合同目的，行为因依赖于行为人而具有特定性，所以在承揽合同中存在定作人对承揽人的信赖，这是承揽合同履行的基础，定作人丧失了对承揽人的信赖，就没有承揽合同的履行，所以法律赋予定作人而非承揽人任意解除权，当定作人不再信赖承揽人的加工工作时，解除合同就是必要的，可以避免更大的损失。定作人行使任意解除权的要求是：（1）定作人在合同有效期间内提出解除合同，行使解除权，即在承揽合同成立后至承揽人完成定作工作之前。（2）定作人行使解除权，应当通知承揽人，通知到达承揽人时，承揽合同解除。（3）定作人解除合同给承揽人造成损失的，应当承担全部损失的赔偿责任，包括已经完成的工作部分的报酬、支出的材料费、解除合同的实际损失。

承揽合同解除后，双方各自负有返还义务。承揽人应当将已经完成的部分工作成果交付定作人，定作人提供材料有剩余的，返还定作人。定作人预先支付报酬的，在扣除已完成部分的报酬外，承揽人应当将剩余部分返还定作人。

案例评析

北大荒鑫亚经贸有限责任公司与北大荒青枫亚麻纺织有限公司加工合同纠纷案①

案情： 2012 年 12 月 13 日，原告鑫亚公司与被告青枫公司签订《156 合同》，约定由青枫公司为鑫亚公司加工长麻、短麻半漂纱。2013 年 5 月 7 日，鑫亚公司向农垦中院提起诉讼，请求解除《156 合同》，并主张青枫公司应按 2.2 的用料系数返还已加工的成品及未加工的原材料。本案中，《156 合同》名称为《亚麻纱加工合同》，其内容为由鑫亚公司提供原料并支付加工费用，由青枫公司按鑫亚公司的要求完成加工成果，其性质符合《中华人民共和国合同法》第 251 条关于"承揽合同是承揽人按照定作人的要求完成工作，交付工作成果，定作人给付报酬的合同。承揽包括加工、定作、修理、复制、测试、检验等工作"的规定，故该合同性质应认定为承揽合同。青枫公司主张该合同系"无名实践性合同"缺乏事实及法律依据。根据《中华人民共和国合同法》第 268 条关于"定作人可以随时解除承揽合同，造成承揽人损失的，应当赔偿损失"的规定，在承揽合同中，定作人在合同未完全履行完毕之前享有合同的随时解除权，故鑫亚公司作为定作人，在《156 合同》的履行过程中，以直接起诉的方式请求判令解除合同符合前述法律规定，其该项诉讼主张应予支持。

评析： 民法典第 787 条延续了《合同法》第 268 条的规定。《156 合同》签订后，鑫亚公司依约向青枫公司提供进口打成麻 3 994.304 吨。而青枫公司在长达 5 个月时间内，一直未向鑫亚公司交付任何产成品，亦不允许鑫亚公司对加工情况进行监管，且私自销售产成品，已严重违反合同相关约定，侵犯了鑫亚公司的合法权益，可适用民法典第 787 条的规定。对于鑫亚公司主张青枫公司存在未能按时交货等违约行为的问题，由于《156 合同》中并无交货时间及不允许青枫公司另行销售亚麻纱的约定，而鑫亚公司举示的证据亦不足以证实青枫公司阻碍其监管加工，故法院对鑫亚公司的该部分主张不予支持。

---

① 审理法院：一审法院为黑龙江省高级人民法院，案号：（2013）黑高商初字第 15 号；二审法院为最高人民法院，案号：（2015）民二终字第 68 号。

第十八章　建设工程合同

▶▶ **第七百八十八条**　建设工程合同是承包人进行工程建设，发包人支付价款的合同。

建设工程合同包括工程勘察、设计、施工合同。

🏛 条文要义

本条是对建设工程合同概念的规定。

建设工程合同，是承包人进行工程建设，发包人支付价款的合同，是一种特殊的承揽合同，因此放在承揽合同之后。其特征是：（1）合同的标的物仅限于建设工程。根据《建设工程质量管理条例》的规定，建设工程是指土木工程、建筑工程、线路管道和设备安装工程及装修工程。土木工程是指建造在地上或地下、陆上或水中，直接或间接为人类生活、生产、科研等服务的各类工程。土木工程可分为道路工程、轨道交通工程、桥涵工程、隧道工程、水工工程、矿山工程、架线与管沟工程、其他土木工程。建筑工程，指通过对各类房屋建筑及其附属设施的建造和与其配套的线路、管道、设备的安装活动所形成的工程实体。其中"房屋建筑"指有顶盖、梁柱、墙壁、基础以及能够形成内部空间，满足人们生产、居住、学习、公共活动等需要，包括厂房、剧院、旅馆、商店、学校、医院和住宅等；"附属设施"指与房屋建筑配套的水塔、自行车棚、水池等。"线路、管道、设备的安装"指与房屋建筑及其附属设施相配套的电气、给排水、通信、电梯等线路、管道、设备的安装活动。显然，建筑工程为建设工程的一部分，与建设工程的范围相比，建筑工程的范围相对为窄。（2）合同的承包主体应当具备相当的条件，要受法律规定的资质的限制和要求。（3）因建设工程有很强的安全性的要求，所以建设工程合同具有很强的国家管理性，具有强烈的国家干预色彩。

建设工程合同包括建设工程勘察合同、建设工程设计合同和建设工程施工合同三种不同形式。

案例评析

广西建工集团第四建筑工程有限责任公司、昆明全拓房地产
开发有限公司建设工程施工合同纠纷案①

案情： 2013 年，原告广西四建与被告昆明全拓公司针对同样的工程项目签订《建设工程施工合同》，约定昆明全拓公司将其开发的尚岛蝶院项目工程发包给广西四建施工建设，约定工程承包范围和分包范围，并约定合同价款暂定为 13 000 万元，实际合同价款以竣工结算造价为准。关于工程造价的问题，法院依法委托司法鉴定确认广西四建所完成工程的造价，云南云审建设工程造价咨询有限公司按照法院的委托，依据双方当事人实际履行的 2013 年 5 月 8 日《建设工程施工合同》和《建设工程施工合同补充协议》，作出云审造（2018）鉴字 2 号工程造价鉴定意见书，对广西四建所完成工程的造价鉴定结论为 116 400 562.45 元。此外，关于尚欠工程款金额问题，法院认为，双方对于已付工程款 8 250 万元无争议，工程造价 116 400 562.45 元扣减已付工程款，再扣减广西四建起诉状中同意扣减的 5％质保金后，昆明全拓公司尚欠广西四建工程款 28 080 534.33 元（工程造价 116 400 562.45 元－已付工程款 8 250 万元－质保金 5 820 028.12 元）。

评析： 民法典第 788 条延续了《合同法》第 269 条的规定。本案中，2016 年 11 月 3 日形成的《工程交工协议书》《工程款承诺书》《工程移交后遗留问题的处理办法》证明昆明全拓公司认可广西四建已经履行完毕合同义务，并同意支付工程款，该意思表示真实有效，且广西四建已向昆明全拓公司移交工程结算资料和工程项目，昆明全拓公司应当向广西四建支付工程款。昆明全拓公司关于其不应支付工程款的抗辩理由不能成立。

▶▶ **第七百八十九条　建设工程合同应当采用书面形式。**

🏛 条文要义

本条是对建设工程合同形式的规定。

建设工程合同为要式合同，应当采用书面形式，不得采用口头形式。原因是，建设工程合同的标的通常规模大、时间长、要求高，涉及安全问题，采用要式形式订立合同稳妥。同时，这也是国家对基本建设实行监督的需要，以及因为建设工程合同的签订大多经过招标投标程序，履行经常需要发包方派驻工地代表、监理工程

---

① 审理法院：一审法院为云南省高级人民法院，案号：（2017）云民初 60 号；二审法院为最高人民法院，案号：（2019）最高法民终 344 号。

师和承包人会签文件等特点所决定的。

为了指导建设工程施工合同当事人的签约行为，维护合同当事人的合法权益，住房和城乡建设部、国家市场监督管理总局起草《建设工程施工合同（示范文本）》供建设工程当事人借鉴使用。

建设工程施工合同在实际签订中存在"黑白合同""阴阳合同"的问题，即提交备案的合同与实际执行的合同不是一个合同。对此，司法机关的态度是以备案合同为准。

案例评析

湖北红旗建设集团有限公司、中国人民解放军 69×××部队建设工程施工合同纠纷案[①]

案情： 2013 年 6 月 10 日，原告红旗公司在双方未签订建筑工程施工合同的情况下，经被告 69×××部队同意，进场施工。2013 年 6 月 22 日，69×××部队在施工过程中，给红旗公司发送停工通知书，停工通知书中内容为"你部负责建设的炮兵营宿舍楼及综合食堂新建工程由于上级通知要求，于 2013 年 6 月 23 日开始暂停施工，请组织好相关工作，复工时间见《复工通知书》"。依照《中华人民共和国合同法》第 270 条规定，建设工程合同应当采用书面形式。本案中，红旗公司与 69×××部队就涉案工程虽未签订书面合同，但红旗公司已履行了部分施工义务，69×××部队予以认可并接收了红旗公司的工作成果，双方已形成事实上的建设工程施工合同关系。从合同实际履行情况来看，从 2013 年 6 月 10 日进场施工到 23 日停工，直至本案双方发生诉讼，共计施工 13 天。基于上述事实，双方当事人已通过自己的行为实际解除了合同，因此二审对红旗公司与 69×××部队解除合同的行为予以确认，定性准确，本院予以维持。

评析： 民法典第 789 条延续了《合同法》第 270 条的规定。根据本条规定，建设工程合同应当采用书面形式。民法典第 490 条规定，法律、行政法规规定或者当事人约定采用书面形式订立合同，当事人未采用书面形式但一方已经履行主要义务，对方接受的，该合同成立。红旗公司与 69×××部队虽未就案涉工程订立书面合同，但是红旗公司已履行了部分施工义务，69×××部队亦予认可并接收了红旗公司的工作成果，则双方已形成事实建设工程施工合同关系。从履行的过程看，当事人对解除该合同关系，红旗公司退出工地无异议，并且双方已通过自己的行为实际解除了合同，所以法院对红旗公司与 69×××部队解除合同的行为予以确认。

---

① 审理法院：一审法院为新疆维吾尔自治区吐鲁番地区中级人民法院，案号：（2014）吐中民二初字第49 号；二审法院为新疆维吾尔自治区高级人民法院，案号：（2016）新民终 4 号；再审法院为最高人民法院，案号：（2017）最高法民申 829 号。

▶▶ 第七百九十条 建设工程的招标投标活动，应当依照有关法律的规定公开、公平、公正进行。

🏛 条文要义

本条是对建设工程招标投标的规定。

我国有关建设工程招标投标活动的法律，是《中华人民共和国招标投标法》，该法于 1999 年 8 月 30 日第九届全国人民代表大会常务委员会第十一次会议通过，自 2000 年 1 月 1 日起施行，2017 年 12 月 28 日第十二届全国人民代表大会常务委员会第三十一次会议修订。按照该法的要求，在我国境内进行下列工程建设项目包括项目的勘察、设计、施工、监理以及与工程建设有关的重要设备、材料等的采购，必须进行招标：(1) 大型基础设施、公用事业等关系社会公共利益、公众安全的项目；(2) 全部或者部分使用国有资金投资或者国家融资的项目；(3) 使用国际组织或者外国政府贷款、援助资金的项目。这些所列项目的具体范围和规模标准，由国务院发展计划部门会同国务院有关部门制订，报国务院批准。法律或者国务院对必须进行招标的其他项目的范围有规定的，依照其规定。该法第 5 条也规定，招标投标活动应当遵循公开、公平、公正和诚实信用的原则，与本条规定相一致。

🔵 案例评析

江苏省金陵建工集团有限公司与沛县汉之源商贸有限公司、沛县国有资产经营有限公司等建设工程施工合同纠纷案①

案情： 2007 年 7 月 12 日，原告金陵建工集团与被告沛县国资公司签订《江苏沛县汉源宾馆建设项目合作协议书》（以下简称《合作协议书》），约定沛县国资公司为汉源宾馆工程项目的建设方（发包方），金陵建工集团为总承包方，同时约定了工程的承包范围、造价计算原则、工程进度款的支付方式与时间以及工程决算方式等。由于汉之源公司一直故意拖欠工程款，并提前将汉源宾馆转让，其行为构成违约，金陵建工集团有权请求其履行未到期的债务。金陵建工集团对建设工程享有法定的优先受偿权。汉之源公司、沛县国资公司、沛县政府的违约行为损害了金陵建工集团的合法权益，故提起诉讼，请求依法判决。案涉工程建设使用的是国有资金，且项目总投资额超过 1 亿元，属于必须招标工程。本案当事人虽然形式上履行了招投标程序，但案涉工程招投标时，汉之源公司尚未成立；案涉工程在招投标过程中，金陵建工集团于 2007 年 6 月 25 日即进场施工，故当事人存在明标暗定的串标行为，

---

① 审理法院：一审法院为江苏省高级人民法院，案号：(2014) 苏民初字第 27 号；二审法院为最高人民法院，案号：(2016) 最高法民终 687 号。

违反了法律强制性规定。综合上述事实，当事人针对案涉工程订立的合同依法应认定为无效。

评析： 民法典第790条延续了《合同法》第271条的规定。根据《招标投标法》第3条的规定，全部或者部分使用国有资金投资或者国家融资的项目属于必须招标项目。国家发展计划委员会制定的《工程建设项目招标范围和标准规定》进一步明确了使用国有资金投资项目的范围及必须进行招标的规模标准，其中施工单项合同估算价在200万元人民币以上的或施工单项合同估算价虽不足200万元，但在3 000万元人民币以上的使用国有资金投资项目工程，属于必须招标的工程。案涉工程作为使用国有资金且预算过亿的建设项目，属于必须招标的工程，应当严格遵守招投标程序确定工程承包人。本案中，案涉工程招投标时汉之源公司尚未成立；案涉工程两次招标公告的间隔时间仅为十余日；2007年6月26日第二次发布招标公告，而金陵建工集团在2007年6月25日已经进场施工。当事人在招投标过程中的上述行为违背工程招投标程序，违反了法律的强制性规定。法院据此认定当事人之间存在明标暗定的串标行为、案涉建设工程合同无效正确。

▶▶ **第七百九十一条** 发包人可以与总承包人订立建设工程合同，也可以分别与勘察人、设计人、施工人订立勘察、设计、施工承包合同。发包人不得将应当由一个承包人完成的建设工程支解成若干部分发包给数个承包人。

总承包人或者勘察、设计、施工承包人经发包人同意，可以将自己承包的部分工作交由第三人完成。第三人就其完成的工作成果与总承包人或者勘察、设计、施工承包人向发包人承担连带责任。承包人不得将其承包的全部建设工程转包给第三人或者将其承包的全部建设工程支解以后以分包的名义分别转包给第三人。

禁止承包人将工程分包给不具备相应资质条件的单位。禁止分包单位将其承包的工程再分包。建设工程主体结构的施工必须由承包人自行完成。

🏛 条文要义

本条是对建设工程合同订立方式的规定。

建设工程合同的订立主要采取两种方式。

1. 总发包。发包人与总承包人就整个建设工程从勘察、设计到施工签订总承包协议，由总承包人对整个建设工程进行承包。

2. 平行发包。由发包人分别与勘察人、设计人、施工人签订勘察、设计、施工合同承包合同，实行平行发包，各个承包人分别就建设工程的勘察、设计、建筑、安装阶段的质量、工期、工程造价等与发包人发生债权债务关系。

无论是总发包还是平行发包，都必须贯彻禁止肢解建设工程承包合同的原则，即发包人都不得将应当由一个承包人完成的建设工程支解成若干部分发包给数个承包人。建设工程合同可以分包。分包是指工程的总承包人或者勘察、设计、施工合同的承包人经发包人同意后，依法将其承包的部分工程交给第三人完成的行为。对建设工程合同的分包，法律适用的规则是：

1. 分包须经发包人同意，承包人将自己承包的部分工作交由第三人完成，第三人就其完成的工作成果与总承包人或者勘察、设计、施工承包人向发包人承担连带责任。

2. 禁止承包人将工程分包给不具备相应资质条件的单位。

3. 禁止分包单位将其承包的工程再分包，建设工程主体结构的施工必须由承包人自行完成。

4. 禁止全部转包：承包人不得将其承包的全部建设工程转包给第三人。

5. 禁止肢解工程转包，即承包人不得将其承包的全部建设工程支解以后以分包的名义分别转包给第三人。转包是指施工单位以营利为目的，将承包的工程转给其他的施工单位，不对工程质量承担任何法律责任的行为。

6. 分包人须具备相应的建设资质，并且分包只能分包一次，不得再次分包。

案例评析

中建六局与凯盛源公司建设工程施工合同纠纷案[①]

案情： 中建六局与凯盛源公司签订施工协议，由中建六局承建某工程。协议约定不得转包，否则由中建六局负全责。在施工过程中，中建六局将部分工程的基础或主体转包给其他几家公司。后因案涉工程存在质量问题，凯盛源公司要求中建六局承担责任。一审法院认为，中建六局违反合同约定，将案涉工程的基础或主体转包于其他建工企业，故中建六局应对案涉工程质量问题承担责任。二审法院经审理认为，中建六局存在转包行为，违反了施工协议中禁止转包的有关约定。因此，一审判决正确。

评析： 民法典第791条延续了《合同法》第272条关于建设工程合同订立方式的规定，建设工程合同可以分包，但分包须经发包人同意，承包人将自己承包的部分工作交由第三人完成，第三人就其完成的工作成果与总承包人或者勘察、设计、施工承包人向发包人承担连带责任。本案中，中建六局将其作为总承包方，违反合同约定将承建的讼争建设工程转包给低施工资质等级的施工企业或自然人施工，有违诚信且有损建设工程合同的信赖基础，已经构成违约行为，应当依据法律或合同约定承担违约责任。实际施工人的施工能力较合同约定的施工人中建六局有所减损，案涉工程质量缺陷与中建六局转包行为间存在一定的因果关系，故中建六局应依据

---

① 审理法院：最高人民法院，案号：（2017）最高法民终730号。

本条规定对因转包而给发包人造成的损失承担责任。

> ▶▶ **第七百九十二条**　国家重大建设工程合同，应当按照国家规定的程序和国家批准的投资计划、可行性研究报告等文件订立。

🏛 条文要义

本条是对国家重大建设工程合同订立要求的规定。

建设工程合同中的国家重大建设工程合同，关乎国计民生的重大利益，应当按照国家规定的程序和国家批准的投资计划、可行性报告等文件订立。

对于哪些属于国家重大建设工程，法律没有具体规定。一般认为，属于国家重大建设工程的有：

1. 列入国家重点投资计划而且投资数额巨大，建设周期特别长，由中央政府全部投资或者参与投资的工程，属于国家重大建设工程，如三峡工程。

2. 有的虽然没有列入国家重点投资计划，投资额不算巨大，但是影响很大的工程项目，也属于国家重大建设项目，如国家大剧院工程。

3. 有些地方工程，虽然主要是地方政府的投资，但其投资计划是经过国家批准的，也属于国家重大建设工程项目，如亚运工程项目。

对这些建设工程订立合同，都要符合本条规定的程序要求。

国家重大建设工程应在开工前对工程的投资规模、经济效益进行分析论证，编制可行性研究报告，申请立项。立项批准后，编制投资计划并报有关国家计划部门批准。建设单位须依据国家批准的投资计划和可行性报告，按照国家规定的程序订立建设工程合同。

🔴 案例评析

鸿基公司与西部公司建设工程施工合同纠纷案[①]

案情：原告鸿基公司与被告西部公司签订项目建设合同，约定由鸿基公司建设某道路工程；由鸿基公司垫资完成该项工程，西部公司依约回购。但案涉工程未取得国有土地使用权证以及规划许可证，亦未办理招投标手续。后因双方对工程款结算事宜发生争议，鸿基公司起诉要求西部公司支付剩余的工程款及相应利息，并支付滞纳金。一审法院认为，案涉工程未取得合法手续，违反了我国法律的强制性规定，且未进行依法招标。因此，案涉工程合同属于无效合同。对于无效的建设工程施工合同所涉工程竣工验收的，法院可以参照合同约定确定工程价款。

---

① 审理法院：江苏省南通市中级人民法院，案号：（2015）通中民初字第00002号。

评析： 民法典第 792 条延续了《合同法》第 273 条关于国家重大建设工程合同订立要求的规定。建设工程合同中的国家重大建设工程合同，关乎国计民生的重大利益，应当按照国家规定的程序和国家批准的投资计划、可行性报告等文件订立。国家重大建设工程合同必须实行公开招标发包，发包人应当按照法定的程序和方式，发布招标公告，提供载有招标工程的主要技术要求、主要合同条款、评标的标准和方法以及开标、评标、定标的程序等内容的招标文件。本案所涉工程为道路工程，需要办理规划许可证和国有土地使用权证，且依法进行招投标。但鸿基公司既未办理法律所规定的文件，亦未履行法定的招投标手续，违反了法律的强制性规定，属于无效合同。

> ▶▶ **第七百九十三条** 建设工程施工合同无效，但是建设工程经验收合格的，可以参照合同关于工程价款的约定折价补偿承包人。
>
> 建设工程施工合同无效，且建设工程经验收不合格的，按照以下情形处理：
>
> （一）修复后的建设工程经验收合格的，发包人可以请求承包人承担修复费用；
>
> （二）修复后的建设工程经验收不合格的，承包人无权请求参照合同关于工程价款的约定折价补偿。
>
> 发包人对因建设工程不合格造成的损失有过错的，应当承担相应的责任。

🏛 条文要义

本条是对建设工程合同无效，建设工程验收合格或不合格的规定。

本条规定是借鉴司法解释制定的新规则，《合同法》没有对此作出规定。在《民法典》出台前，为弥补《合同法》的规范缺位、回应实践需要，《最高人民法院关于审理建设工程施工合同纠纷案件适用法律问题的解释》第 2 条规定："建设工程施工合同无效，但建设工程经竣工验收合格，承包人请求参照合同约定支付工程价款的，应予支持。"第 3 条规定："建设工程施工合同无效，且建设工程经竣工验收不合格的，按照以下情形分别处理：（一）修复后的建设工程经竣工验收合格，发包人请求承包人承担修复费用的，应予支持；（二）修复后的建设工程经竣工验收不合格，承包人请求支付工程价款的，不予支持。因建设工程不合格造成的损失，发包人有过错的，也应承担相应的民事责任。"

本条确认最高人民法院上述解释的正确性，根据本条规定：

1. 建设工程合同无效，应当是自始无效，不具有法律的拘束力。但是，即便建设工程合同无效，若建造的建筑工程已经完成且验收合格，应当本着实事求是、物当其用的效益原则，参照合同关于工程价款的约定折价补偿承包人。这实际上还是要求向承包人给付应当给付的工程费用。

2. 建设工程施工合同无效，且建设工程经验收不合格的，不适用上述原则，处理的方法是：第一，修复后的建设工程经验收合格的，发包人可以请求承包人承担修复费用。尽管可以参照合同关于工程价款的约定补偿承包人，但是修复费用须由承包人负担。第二，修复后的建设工程经验收不合格的，承包人无权请求参照合同关于工程价款的约定折价补偿，应当自负其责。

3. 本条第 3 款特别强调，如果是发包人对因建设工程不合格造成的损失有过错的，应当依照过错责任原则的要求，自己承担相应的责任，而不是把责任都推给承包人。这里的损害是因为建设工程不合格造成的损害，例如建设工程不合格而无法使用，因而需要拆除重建，该损失就是建设工程不合格造成的损害。这种损害赔偿责任是违约损害赔偿，应当按照《民法典》关于违约损害赔偿责任的规定确定责任。

这一新规则的意义，在于处理好建设工程施工合同无效的善后工作。基本原则是，只要是建好的工程验收合格，或者经过修复后验收合格的，尽管合同无效，但可以参照合同约定的工程价款折价补偿承包人。只有修复后的建设工程经验收不合格的，才存在损害赔偿责任的适用。

 **案例评析**

<h3 style="text-align:center">建工集团与杜某建设工程施工合同纠纷案①</h3>

案情： 被告建工集团与原告杜某签订某工程施工合同。合同签订后，杜某带领民工进行了施工，但其并不具有施工资质。合同履行完毕后，建工集团尚有总价款的 5% 未付。因建工集团支付剩余工程款的日期已到但并未支付，故双方产生争议，杜某向法院提起诉讼。一审法院认为，原告以个人名义承揽工程，带领民工进行施工不具备法定资质，故双方签订的施工合同不具有法律效力。但该工程已施工完毕且已验收合格，故依据《最高人民法院关于审理建设工程施工合同纠纷案件适用法律问题的解释》第 2 条的规定，对原告主张支付剩余工程款的主张予以支持。二审法院认为，因杜某不具备法定资质，故双方当事人签订的施工合同属无效协议。现有证据能够证明双方约定由杜某施工的工程已施工完毕且已经验收合格，故建工集团应依法支付工程款。

评析： 民法典第 793 条，是关于建设工程合同无效时，建设工程验收合格或不合格的相关规定。建设工程施工合同无效，但是建设工程经验收合格的，可以参照合同关于工程价款的约定折价补偿承包人。本案中，杜某因不具备施工的法定资质而导致双方签订的施工合同自始无效，不具有法律的拘束力。但是，因为案涉建设工程已经完成且验收合格，此时应当本着实事求是、物当其用的效益原则，参照合

---

① 审理法院：天津市第二中级人民法院，案号：（2014）二中民四终字第 449 号。

同关于工程价款的约定折价补偿承包人。这实际上还是要求向承包人给付应当给付的工程费用。故法院判决被告向杜某支付剩余工程款是正确的，这不仅符合双方当事人在订立合同时的真实意思，还可以节省鉴定费用，提高诉讼效率。

> ▶▶▶ **第七百九十四条** 勘察、设计合同的内容一般包括提交有关基础资料和概预算等文件的期限、质量要求、费用以及其他协作条件等条款。

🏛 条文要义

本条是对勘察、设计合同主要内容的规定。

勘察、设计合同是对勘察合同和设计合同的统称，是指建设工程的发包人或承包人与勘察人、设计人之间订立的，由勘察人、设计人完成特定的勘察、设计工作，发包人向承包人支付相应对价的合同。勘察是指勘察人对工程的地理状况进行调查研究，包括对工程进行测量，对工程建设地址、水文进行调查等工作。设计是指设计人对工程结构进行设计、工程价款进行概预算。

勘察、设计合同与施工合同不同，其主要内容是：

1. 提交勘察或设计基础资料和概预算文件的期限：勘察、设计的基础资料和文件是勘察人、设计人进行勘察、设计工作所依据的基础文件和情况，应当约定提交的期限。

2. 勘察、设计的质量要求，是发包人对勘察设计工作提出的质量标准和具体要求。

3. 勘察、设计的费用，即工作报酬。

4. 其他协作条件，是双方当事人为了保证勘察设计工作顺利完成所应当履行的相互协助的内容。

发包人将一项工程的勘察、设计工作委托给勘察人、设计人后，勘察人、设计人即应按照合同约定开展勘察、设计工作。发包人则应当严守合同约定，不得随意更改勘察、设计内容，并按照合同约定，全面、准确、及时地提供勘察、设计所需的资料、工作条件等。发包人单方更改合同条款，或者不尽协助义务，增加了勘察人、设计人的额外的工作量和额外的开支，使勘察、设计费用不合理增加，勘察人、设计人有权请求发包人承担实际损失的赔偿责任。

📌 案例评析

某煤矿设计院与长盛公司建设工程设计合同纠纷案[①]

案情： 被告长盛公司委托原告某煤矿设计院对某项目进行设计。但长盛公司认

---

① 审理法院：福建省高级人民法院，案号：（2016）闽民终 1479 号。

为煤矿设计院的设计方案不符合要求，多次协调无果后委托第三方进行重新设计，并按照第三方的设计方案进行施工。后煤矿设计院要求支付剩余的设计费用，而长盛公司则要求煤矿设计院返还已支付的设计费用并赔偿因设计方案不合格而造成的损失。一审法院认为，双方之间未签署任何合同，对设计工作的范围、进度和质量要求、提交设计文件的期限以及设计标准、设计费用的收费标准、支付方式、违约责任等合同重要条款，双方均未协商一致，且煤矿设计院没有提供证据证明已向长盛公司提供符合要求的重新设计文本。故煤矿设计院要求长盛公司支付设计费的主张依据不足，不能成立。二审法院认为，煤矿设计院要求长盛房地产公司支付设计费并无合同依据和法律依据，其主张不能成立。

评析：民法典第794条延续了《合同法》第274条关于勘察、设计合同主要内容的规定。建设工程的发包人或承包人与勘察人、设计人之间订立的合同应包括提交有关基础资料和概预算等文件的期限、质量要求、费用以及其他协作条件等条款。本案纠纷产生的根源在于双方当事人之间未签署任何合同对相关事项作出约定，导致煤矿设计院要求长盛公司支付设计费缺乏合同依据。本案中，煤矿设计院虽然提出了设计方案，但并未获得长盛公司的认可和采用，双方之间并未订立任何合同对各自的权利义务作出约定。煤矿设计院要求长盛公司支付设计费用的主张欠缺合同依据和法律规定，无法得到法院的认可。从本案可以看出依法订立勘察、设计合同的重要性。当事人在订立合同时应尽可能包含本条所规定的合同内容条款，以减少可能出现的合同纠纷，有效维护自身利益。

> ▶▶ **第七百九十五条** 施工合同的内容一般包括工程范围、建设工期、中间交工工程的开工和竣工时间、工程质量、工程造价、技术资料交付时间、材料和设备供应责任、拨款和结算、竣工验收、质量保修范围和质量保证期、相互协作等条款。

🏛 条文要义

本条是对建设施工合同主要内容的规定。

建设施工合同，是指发包方即建设单位与承包方即施工人为完成商定的施工工程，明确相互权利、义务的协议。依照施工合同，施工单位应当完成建设单位交给的施工任务，建设单位应当按照约定提供必要的条件并支付工程价款。

建设施工合同的主要内容是：

1. 工程范围：主要包括工程名称、地点、建筑物的栋数、结构、层数、面积等。

2. 建设工期：是指施工人完整施工工程的时间或者期限，是重要的合同条款。

3. 中间交工工程的开工和竣工时间：一个整体的工程中有很多中间工程，前后相序，必须有明确的开工、完工时间，否则影响后续工程的开工。

4. 工程质量：对建设工程的设计、施工方法和安全要求，要按照统一的技术标准进行，合同应当规定清楚，并且由建设主管部门对工程质量进行监督。

5. 工程造价：在以投标招标方式订立的合同中，应以中标时确定的金额为准。如果按初步设计总概算投资包干时，应以经审批的概算投资中与承包内容相应的部分的投资为工程款。如按施工图预算包干，则应以审查后的施工图总预算或综合预算为准。

6. 技术资料交付时间：工程的技术资料，如勘察、设计资料等，发包方必须全面、客观、及时地交付给施工人，以保证工程的顺利进行。

7. 材料和设备的供应责任：应当明确约定，由哪一方承担这个责任。

8. 拨款和结算：采用何种方式拨款、结算，合同均要明确约定：（1）预付款；（2）工程进度款；（3）竣工结算款；（4）保修扣留金。

9. 竣工验收：对建设工程的验收方法、程序和标准，国家制定了相应的行政法规予以规范，应当遵守。

10. 质量保修范围和质量保证期：施工工程在办理移交验收手续后，在规定的期限内，因施工、材料等原因造成施工质量缺陷的，施工单位应当负责维修、更换。对于建筑工程的质量保证期限，国家都有明确的要求。

11. 相互协作条款：各方当事人不仅需要各自积极履行义务，还需要相互协作，协助对方履行义务。

案例评析

宝鸿照明公司与鸿森旅游公司建设工程合同纠纷案[①]

案情： 被告鸿森旅游公司将某景区的亮化工程项目交给王某承建，并向王某支付工程款 3 万元。原告宝鸿照明公司认为王某仅是公司业务负责人，宝鸿照明公司才是项目工程的施工方，鸿森旅游公司应将工程款支付给宝鸿照明公司。鸿森旅游公司认为工程的直接对接人为王某，且并未签订书面施工合同。一审法院认为，建设工程合同应当采用书面形式。宝鸿照明公司并未提供与鸿森旅游公司签订的书面建设工程施工合同及鸿森旅游公司签字认可的工程核算单，故对宝鸿照明公司的主张不予支持。二审法院认为，宝鸿照明公司未能证明王某完成案涉工程系代表公司的职务行为，且未提交已完工程造价结算的相关凭证，不能证明欠付工程价款具体金额。故宝鸿照明公司的上诉主张不能成立。

评析： 民法典第 795 条延续了《合同法》第 275 条的规定，明确了建设施工合同的主要内容。采用书面形式订立建设施工合同是明确双方当事人权利义务关系的基础。本案中，当事人之间并未订立书面形式的建设施工合同，法院只能根据相关

证据材料并按照举证责任的分配确定案涉合同关系的实际当事人。宝鸿照明公司要求鸿森旅游公司支付工程价款的主张没有合同依据，也没有其他的证明材料，因而无法得到法院的支持。在订立建设施工合同时，当事人应当依据民法典第 795 条的规定，明确合同条款的内容，以尽可能减少纠纷的产生，并有效维护自身权益。

▶▶ **第七百九十六条** 建设工程实行监理的，发包人应当与监理人采用书面形式订立委托监理合同。发包人与监理人的权利和义务以及法律责任，应当依照本编委托合同以及其他有关法律、行政法规的规定。

🏛 条文要义

本条是对工程监理合同的规定。

建设工程监理，是由具有法定资质条件的工程监理单位，受发包人的委托，依据国家批准的工程项目建设文件、有关工程建设的法律、法规和工程建设监理合同及其他工程建设合同，代表发包人对承包人的工程建设工作实施监督的专业服务活动。其特点是：（1）是一种有偿的工程咨询服务；（2）是受发包方委托进行工程建设的监督；（3）监理的主要依据是法律、法规、技术标准、相关合同及文件；（4）监理的准则是守法、诚信、公正和科学；（5）监理目的是确保工程建设质量和安全，提高工程建设水平，充分发挥投资效益。

对建设工程进行监理，发包人应当与监理人采用书面形式订立委托监理合同。建设单位将勘察、设计、保修阶段等相关服务一并委托的，应在合同中明确相关服务的工作范围、内容、服务期限和酬金等相关条款。发包人与监理人的权利和义务以及法律责任，应当依照本编委托合同以及其他有关法律、行政法规的规定。

🎯 案例评析

某监理公司与灵武农场建设工程监理合同纠纷案[①]

案情： 原告某监理公司与被告灵武农场就某工程签订了《建设工程监理合同》。后由于灵武农场的原因，工程规模缩减且工程超期。监理公司诉至法院要求灵武农场支付超期附加工作酬金及逾期利息。一审法院认为，双方签订的《建设工程监理合同》合法有效，合同当事人应严格履行合同约定的义务。监理公司按照合同约定履行监理义务，由于灵武农场的原因导致工程超期，灵武农场应按照合同约定支付超期工作酬金；监理公司应当继续为灵武农场提供监理备案资料。二审法院认为，依据双方合同约定，灵武农场履行了支付合同价款义务，监理公司即负有向灵武农

---

① 审理法院：宁夏回族自治区银川市中级人民法院，案号：（2017）宁 01 民终 2952 号。

场提供监理服务并提供相关备案资料的义务。一审判决结果无误，应予维持。

评析： 民法典第796条延续了《合同法》第276条关于工程监理合同的规定，对需要实行工程监理的建设工程，发包人应当委托具有相应资质条件的工程监理人进行监理。发包人与其委托的工程监理人所订立的委托监理合同，是工程监理人对工程建设实施监督的依据。本案中，监理公司依照合同约定履行了监理义务，但灵武农场对于因自身原因而导致的工程延期，并未按照合同约定支付超期工作酬金。因此，法院支持了监理公司要求灵武农场支付超期工作酬金的请求，同时要求监理公司继续按照合同约定履行监理义务。

▶▶ **第七百九十七条** 发包人在不妨碍承包人正常作业的情况下，可以随时对作业进度、质量进行检查。

🏛 条文要义

本条是对发包人检查权的规定。

发包人是将自己建设的工程的勘察、设计、施工工程发包给承包人进行，故发包人有权对承包人进行的勘察、设计、施工工程的作业进度和质量进行检查，行使自己的检查权。发包人行使检查权的方式，一是委派工地代表进行，二是委托工程监理人进行。工地代表和监理人为了维护发包人的利益，保证工程质量和进度，随时可以进行检查，发现问题，及时提出，予以解决，防止出现工程拖延和质量不符合要求的问题。

对发包人行使检查权的要求是，不得妨碍承包人正常作业。如果发包人的工地代表或者监理人对工程行使检查权的不当行为，造成承包人停工、返工、窝工等损失的，有权要求发包人承担损害赔偿责任。

对于承包人来说，建设工程的进度和质量对发包人的利益影响重大，所以承包人有义务接受发包人对工程进度和工程质量进行必要的监督，有义务对发包人的检查予以支持和协助。发包人的检查内容应当是对工程进度和工程质量的检查，如果发包人的检查超出了适当的范围，影响到工程的正常作业，承包人有权在说明理由的基础上予以拒绝。

🍃 案例评析

某建筑公司与新世界公司建设工程施工合同纠纷案[①]

案情： 原告新世界公司与被告某建筑公司签订某工程合同，由该建筑公司承建

---

① 审理法院：江苏省无锡市中级人民法院，案号：（2017）苏02民终2180号。

该工程。其后，新世界公司告知建筑公司，因施工单位施工过程中存在严重过错，导致地下室的地面和墙面等部位产生大面积开裂、渗水等严重质量问题，限期整改修复。经鉴定，该工程存在质量问题，但建筑公司对此不予认可。一审法院认为，施工单位需对施工不符合规范要求承担责任，建筑公司既要履行质保期内的保修责任，也要承担施工质量不符合要求的责任。二审法院认为，某建筑公司作为具有专业施工经验和判断能力的施工单位，对于发包人不合理的有损工程质量的要求应当作出专业判断和建议，而非盲目按照指令施工，一审判决并无不当。

评析：民法典第797条延续了《合同法》第277条关于发包人检查权的规定。发包人是将自己建设的工程的勘察、设计、施工工程发包给承包人进行，故发包人有权对承包人进行的勘察、设计、施工工程的作业进度和质量进行检查，行使自己的检查权。本案中，新世界公司在检查中发现建设工程存在严重质量问题，建筑公司应按照新世界公司的要求限期整改修复。现建筑公司未能修复建设工程存在的质量问题，应依法承担违约责任。即便建筑公司抗辩称工程质量问题系因新世界公司的不合理要求所致，也并不能免除其责任。因为承包人对于发包人的不合理要求和干预有权拒绝，若承包人没有拒绝发包人的不合理要求而导致建设工程存在质量问题，仍应承担相应责任。

> ▶▶ **第七百九十八条**　隐蔽工程在隐蔽以前，承包人应当通知发包人检查。发包人没有及时检查的，承包人可以顺延工程日期，并有权请求赔偿停工、窝工等损失。

🏛 条文要义

本条是对隐蔽工程隐蔽前检查的规定。

对建设工程的隐蔽工程的检查验收，要早于主体工程的检查验收进行，不能在隐蔽工程被覆盖后再与主体工程一起进行检查验收。对此，法律规定承包人承担通知义务，在隐蔽工程隐蔽以前，应当及时通知发包人进行检查验收，以确定隐蔽工程的质量是否符合合同约定和法律规定的要求。

怠于通知或未及时通知造成的损失，由承包人负担。发包人负有及时进行检查验收的义务。不过，即使发包人没有及时对隐蔽工程进行检查，承包人也不能自行检查后将工程隐蔽。

发包人不及时履行检查验收义务时，承包人可以要求顺延工期，并享有请求赔偿停工、窝工损失的权利。

案例评析

双龙公司与空港公司建设工程合同纠纷案[①]

案情： 被告双龙公司与原告空港公司签订《建设工程施工合同》，约定双龙公司承包空港公司某酒店的通风空调工程。其后，因该酒店的中央空调风机盘管发生爆裂渗水造成第三人财产损失，空港公司为此支付了赔偿费用，随后向双龙公司追偿。一审法院认为，双龙公司承包工程范围内的中央空调风机盘管发生爆裂渗水，导致第三人财产损坏，其并未履行合同约定义务，应承担违约责任。二审法院认为，双龙公司并未举证证明发生事故的隐蔽工程大厅中央空调风机盘管在隐蔽以前，已经通知空港公司检查。该隐蔽工程一经隐蔽，即应由施工人对该工程材料和工程质量承担责任。因此，双龙公司应当对该工程质量瑕疵所造成的损失承担赔偿责任。

评析： 民法典第798条延续了《合同法》第278条关于隐蔽工程隐蔽前检查的规定，隐蔽工程在隐蔽以前，承包人应当通知发包人检查。本案中，双龙公司未能在该项工程隐蔽以前，通知空港公司检查。即使发包人没有及时对隐蔽工程进行检查，承包人也不能自行检查后将工程隐蔽。双龙公司怠于履行通知义务，导致空港公司未能在工程隐蔽前进行检查，以发现问题、排除隐患。该隐蔽工程一经隐蔽，即应由施工人对该工程材料和工程质量承担责任。因此，对于因工程质量问题而产生的损害，双龙公司应依据法律或合同约定向空港公司承担责任。

> ▶▶ **第七百九十九条** 建设工程竣工后，发包人应当根据施工图纸及说明书、国家颁发的施工验收规范和质量检验标准及时进行验收。验收合格的，发包人应当按照约定支付价款，并接收该建设工程。
>
> 建设工程竣工经验收合格后，方可交付使用；未经验收或者验收不合格的，不得交付使用。

🏛 条文要义

本条是对建设工程验收的规定。

建设工程完工后，验收是发包人的义务，也是发包人的权利。承包人报告发包人工程竣工后，发包人应当及时对工程进行验收。

验收依循的依据是：（1）施工图纸及说明书。施工图纸有更改的，验收时应当以更改后的施工图纸为准。（2）国家颁发的施工验收规范。（3）国家颁发的建设工

---

① 审理法院：云南省昆明市中级人民法院，案号：（2017）云01民终1244号。

程质量验收标准。施工验收规范和质量检验标准是指国家制定、颁发的，在全国范围内统一实行的考核基本建设投产项目的重要技术经济法规，是进行基本建设项目竣工验收和检查建筑安装工程质量的依据和标准。

在建设工程施工合同中，验收合格是发包人支付全部工程款的条件。建设工程验收合格的，发包人应当按照约定，在扣除一定的保证金后，将剩余工程价款按约定方式付给承包人。给付工程价款是发包人主要合同义务。如果发包人逾期支付，应当承担逾期付款的违约责任。同时，发包人应当与承包人办理移交工程手续，正式接收建设工程，可以投入使用。建设工程未经验收，或者验收不合格的，不得交付使用。

交付使用未经验收或者验收不合格工程既可能有发包人的责任，也可能有承包人的责任，在使用过程中出现质量问题，承包人不能当然免责。

案例评析

沙岭社区居委会与大地春公司房地产合同纠纷案①

案情：原告（上诉人）沙岭社区居委会与被告（被上诉人）大地春公司签订合同，约定大地春公司承建沙岭社区居委会2 560平方米建筑物。其后，大地春公司通知沙岭社区居委会，因工程造价增高，相关费用应由沙岭社区居委会承担。涉案项目并未进行竣工验收，亦未取得建筑工程竣工验收备案登记证。双方协商未果后，沙岭社区居委会向法院提起诉讼。一审法院认为，竣工验收合格是房屋交付使用的条件。涉案项目至今未进行竣工验收，亦未取得建筑工程竣工验收备案登记证，尚不具备交付使用条件，故对沙岭社区居委会请求大地春公司向其交付2 560平方米房屋的诉讼请求不予支持。二审法院认为，涉案项目西苑大厦至今未进行竣工验收，亦未取得建筑工程竣工验收备案登记证，尚不具备法定交付使用条件。沙岭社区居委会只能依据其与大地春公司之间的合同主张权利。

评析：民法典第799条延续了《合同法》第279条关于建设工程验收的规定。建设工程竣工经验收合格后，方可交付使用；未经验收或者验收不合格的，不得交付使用。案涉建设工程尚未竣工验收，不符合交付使用的条件。因此，法院拒绝了沙岭社区居委会请求大地春公司向其交付建设工程的主张。建设工程的竣工验收是工程建设全过程的最后一道程序，是对工程质量实行控制的最后一个重要环节。交付使用未经验收或者验收不合格的工程将违反法律的强制性规定，发包人和承包人都可能因此承担责任。

---

① 审理法院：湖北省黄冈市中级人民法院，案号：（2018）鄂11民终510号。

▶▶ **第八百条** 勘察、设计的质量不符合要求或者未按照期限提交勘察、设计文件拖延工期，造成发包人损失的，勘察人、设计人应当继续完善勘察、设计，减收或者免收勘察、设计费并赔偿损失。

🏛 条文要义

本条是对勘察、设计合同违约责任的规定。

依照勘察、设计合同的要求，勘察人、设计人应当依照质量要求和期限的要求完成勘察设计工作，提交勘察、设计文件。

依约履行勘察、设计合同的要求是：（1）符合有关法律、行政法规的规定；（2）符合建设工程质量、安全标准；（3）符合建设工程勘察、设计技术规范；（4）符合合同的约定。

勘察人、设计人的违约行为主要是：

1. 勘察、设计质量不符合要求，质量没有达到合同要求或者勘察、设计不符合法律、法规的强制性标准。

2. 勘察人、设计人未按照合同约定的期限提交勘察、设计文件，致使工期拖延。勘察、设计人因上述违约行为，给发包人造成损失的，承包人应当对发包人承担违约责任。

勘察人、设计人承担违约责任的方式是：

1. 实际履行：继续完成勘察、设计。

2. 赔偿损失：方法是减收或者免收应得的勘察、设计费用，以补偿相对人的损失，如果减收或者免收勘查、设计费用仍不足以赔偿的，应当继续承担赔偿损失的责任。

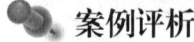 案例评析

大万公司与某勘测设计院建设工程设计合同纠纷案[①]

案情： 原告大万公司与被告某勘测设计院签订建设工程设计合同，委托被告设计院设计某边坡支护施工图。合同约定，若因设计图纸的瑕疵给大万公司带来损失，由设计院承担全部赔偿责任。该工程竣工验收后，仅使用 2 年即发生坍塌。经鉴定，该边坡发生整体倾覆失稳破坏的主要原因有未按现场实际情况进行设计变更、擅自变更设计、施工质量差、竣工后未按规范要求进行长期监测。后因原告与被告多次协商损失分担无果，诉至法院。一审法院认为：被告设计院提交的边坡支护工程施工设计，尽管存在瑕疵，但不是导致涉案边坡支护工程坍塌的原因。坍塌事故发生的主要原因在于施工方未按施工设计图纸要求施工。故对原告诉请被告承担相应赔

---

① 审理法院：湖南省岳阳市中级人民法院，案号：（2020）湘 06 民终 265 号。

偿责任的请求，不予支持。二审法院认为，未按现场实际情况进行设计变更的责任不在设计院，不能因此原因而由设计院承担责任。但设计院在涉案工程的设计上存在瑕疵，是边坡支护坍塌事故发生的次要因素之一，应承担总损失5％的赔偿责任。

评析： 民法典第800条延续了《合同法》第280条关于勘察、设计合同违约责任的规定。勘察、设计的质量不符合要求，造成发包人损失的，应由勘察人、设计人承担继续完善勘察、设计，减收或者免收勘察、设计费并赔偿损失等违约责任。本案中，勘测设计院作为设计人，其所设计的建设工程存在设计瑕疵，该瑕疵虽非建设工程坍塌的主要原因，但仍然是该建设工程坍塌的次要原因之一，理应承担相应的赔偿责任。

▶▶ **第八百零一条**　因施工人的原因致使建设工程质量不符合约定的，发包人有权请求施工人在合理期限内无偿修理或者返工、改建。经过修理或者返工、改建后，造成逾期交付的，施工人应当承担违约责任。

🏛 条文要义

本条是对建设工程质量违约责任的规定。

工程施工合同的施工人对建设工程施工质量负有义务，必须保证建设工程质量符合要求，达到合格的标准。施工人因自己的原因致使建设工程质量不符合约定，构成质量违约，施工人应当承担违约责任。

发包人有权要求施工人承担的违约责任是：

1. 在合理期限内无偿修理或者返工、改建。修理是对建设工程质量不符合要求的部分进行改进，返工是对不符合质量要求的部分重新进行施工，改建是对已经建好的部分重新建设。

2. 经过修理或者返工、改建后，即使质量符合约定，造成建设工程逾期交付的，也构成迟延履行，承包人应当承担迟延履行的违约责任，施工人还应当承担逾期交付的违约责任，赔偿发包人因此而遭受的损失。

🎯 案例评析

逸凡公司与浩华公司建设工程施工合同纠纷案[①]

案情： 逸凡公司与浩华公司签订某工程施工合同，合同约定如因逸凡公司施工造成质量事故，所有返工损失均由逸凡公司自负。经鉴定，部分工程未达到约定的合格标准。一审法院认为，虽然浩华公司在合同履行过程中提出整改修复要求，但

---

① 审理法院：黑龙江省哈尔滨市中级人民法院，案号：（2017）黑01民终7083号。

逸凡公司整改修理后，仍未达到约定标准。因此，作为施工方的逸凡公司应承担修复费用。二审法院认为，逸凡公司对色差、裂痕问题未予整改，整个工程质量一直处于未达标状态亦未交付使用，一审判令逸凡公司承担修复费用及鉴定费用并无不当。双方虽然在合同中约定了质保期，但质保期应从工程验收合格之日起算，因案涉工程存在质量问题，一直未予验收，故逸凡公司以此为由进行的抗辩不成立。

评析： 民法典第 801 条延续了《合同法》第 281 条关于建设工程质量违约责任的规定。如果因施工人原因致使工程质量不符合约定的，发包人可以请求施工人在合理期限内无偿对工程进行修理或者返工、改建，以达到约定的质量要求。本案中，作为施工方的逸凡公司施工质量不符合合同约定，浩华公司可以请求逸凡公司无偿进行修理或者返工、改建，故法院判令逸凡公司承担修复费用有充分的法律依据。如果经过修理或者返工、改建后，造成工程迟延交付的，施工人还应当承担逾期交付的违约责任。

> ▶▶ **第八百零二条** 因承包人的原因致使建设工程在合理使用期限内造成人身损害和财产损失的，承包人应当承担赔偿责任。

🏛 条文要义

本条是对承包人对建设工程在合理使用期限内造成损害承担赔偿责任的规定。

因承包人的原因致使建设工程在合理使用期限内造成人身损害和财产损失的，是指承包人承包建设的工程质量不符合约定，造成建设工程施工合同期待利益以外的人身损害或者财产损失的固有利益损害。这种损害，构成不动产的加害给付责任。

加害给付责任，是指因债务人交付的标的物存在缺陷或者瑕疵而造成他人的人身、财产损害，由违约行为人承担损害赔偿责任。加害给付责任既是违约责任，也是侵权责任，构成违约责任和侵权责任的竞合。对此，受害人可以选择依据民法典第 186 条规定，要求承包人承担违约责任，或者依照侵权责任编的规定，要求承包人承担侵权责任。承包人应当对因此造成的损害承担赔偿责任。

🔴 案例评析

新疆天龙矿业股份有限公司与昌吉市华联建筑安装工程
有限责任公司建设工程施工合同纠纷案[①]

案情： 2009 年 5 月 27 日，双方签订《建设工程施工合同》。工程交付后，由第

---

① 审理法院：一审法院为新疆维吾尔自治区昌吉回族自治州中级人民法院，案号：（2016）新 23 民初 145 号；二审法院为新疆维吾尔自治区高级人民法院，案号：（2018）新民终 125 号。

三方对焙烧车间轨道铺设和焙烧炉架设进行施工，2010年施工完毕后该焙烧车间开始投入生产。生产过程中焙烧炉发生炉体塌陷。因天龙矿业公司与华联建安公司交涉后未达成一致处理意见，天龙矿业公司遂诉至法院。法院认为，本案中，经天龙矿业公司单方委托的鉴定机构以及双方在原审中共同委托的鉴定机构所出具的鉴定意见，均对华联建安公司施工的涉案工程存在基础钢筋设置及钢筋直径不符合设计要求的事实予以确认。在华联建安公司未能提交其他有效证据足以证明其依据天龙矿业公司或者设计单位指令对工程筏板基础钢筋进行了变更的情形下，其应当承担举证不能的不利后果，对由此造成的工程质量问题应当承担责任。《中华人民共和国合同法》第282条规定："因承包人的原因致使建设工程在合理使用期限内造成人身和财产损害的，承包人应当承担损害赔偿责任。"天龙矿业主张华联建安公司偿付焙烧车间拆除、重新施工费用有事实和法律依据，应予支持。

评析：民法典第802条延续了《合同法》第282条的规定。《建筑法》第58条规定："建筑施工企业对工程的施工质量负责。建筑施工企业必须按照工程设计图纸和施工技术标准施工，不得偷工减料。"《建设工程质量管理条例》第26条规定："施工单位对建设工程的施工质量负责"。第28条规定："施工单位必须按照工程设计图纸和施工技术标准施工，不得擅自修改工程设计，不得偷工减料。"施工人在施工过程中必须履行严格遵循设计图纸及施工技术标准，对工程的施工质量负责，向发包人交付竣工验收合格的工程。根据司法鉴定中心出具的鉴定意见，华联建安公司施工过程中筏板基础的钢筋设置及钢筋直径确实不符合设计要求，依据民法典第802条的规定，天龙矿业主张华联建安公司偿付焙烧车间拆除、重新施工费用有事实和法律依据，应予支持。

▶▶ **第八百零三条**　发包人未按照约定的时间和要求提供原材料、设备、场地、资金、技术资料的，承包人可以顺延工程日期，并有权请求赔偿停工、窝工等损失。

🏛 条文要义

本条是对发包人违反协助义务违约责任的规定。

在建设工程施工合同中，发包人负有协助义务，保证建设工程承包合同得以顺利履行。发包人必须履行的协助义务包括按照约定提供相关材料、设备、场地、资金、技术资料等。发包人违约行为的表现是：(1)违反材料和设备的协助义务：发包人应当按照约定提供材料和设备。在承包人采取包工不包料、包工半包料的方式时，发包人应当负责材料和设备的全部或者部分的供应。未按照约定的时间和要求提供原材料、设备的，即构成违约。(2)发包人提供场地，是指发包人负责办理正式工程和临时设施所需土地的征用、民房的拆迁、施工用地和障碍物的拆除等工作。发包人未按期完成这些工作，没有按照约定的时间为承包人提供施工场地，则构成违约。（3）发包人应当按时提供建设资金。没有按照约定的时间和支付方式支付工程价款的，发包人应当承担责任。（4）发包人应当按照合同要求及时、全面地提供相关的技术资料，不得无故拖延和隐匿，违反者，构成违约行为。

发包人违反上述协助义务，如果影响建设工程进度的，应当承担违约责任。对此，承包人可以要求发包人顺延工期，还可以请求赔偿停工、窝工给自己造成的实际损失。

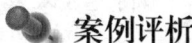 案例评析

徐州万木房地产开发有限公司与徐州帝尊建设有限公司
建设工程施工合同纠纷案①

案情： 帝尊公司（乙方）与万木公司（甲方）签订了《××苑 A、B 楼建设工程施工合同》。2014 年 12 月 28 日，帝尊公司取得房村××苑小区 A、B 楼附属工程签证单，签证单注明：根据甲乙双方 2014 年 12 月 12 日签订的合同，乙方于 2012 年 12 月 7 日开工，2014 年 12 月 24 日竣工，并验收合格交付使用，附工程量清单及图纸。监理公司徐州市五星建设项目管理有限公司在签证单上签字认可。2016 年 6 月 1 日，万木公司提出对徐州铜山区××苑小区 A、B 楼未施工部分工程进行造价鉴定。法院认为，涉案承包合同及补充协议对工程范围、价款等作出了明确约定，承包人按照发包人的要求及合同约定全面履行了合同义务，发包人未能按照该合同约定履行交付房屋并办理相关手续的义务，导致施工工期顺延，应当承担工期顺延的违约责任。

评析： 民法典第 803 条延续了《合同法》第 283 条的规定。依据本条之规定，本案中，双方在合同中亦明确约定"发包人不按合同约定支付工程款（进度款），双方又未达成延期付款协议，导致施工无法进行，承包人可停止施工，由发包人承担违约责任"。双方在合同中约定××苑小区工程的竣工日期为 2013 年 11 月 26 日，但万木公司未能按照双方《补充协议》中约定的付款计划支付工程款，帝尊公司有权依据合同约定停止施工。2014 年 7 月 3 日经协商后双方签订《××苑工程复工合同书》，但是万木公司仍未能按照该合同约定履行交付房屋并办理相关手续的义务，导致施工工期顺延，应当承担工期顺延的违约责任。因此，帝尊公司对工期顺延的问题无过错，不应当承担违约责任。

---

① 审理法院：一审法院为江苏省徐州市铜山区人民法院（2015），案号：铜张民初字第 1097 号；二审法院为江苏省徐州市中级人民法院，案号：（2017）苏 03 民终 5963 号。

▶▶ **第八百零四条** 因发包人的原因致使工程中途停建、缓建的，发包人应当采取措施弥补或者减少损失，赔偿承包人因此造成的停工、窝工、倒运、机械设备调迁、材料和构件积压等损失和实际费用。

🏛 条文要义

本条是对因发包人原因造成工程停建、缓建违约责任的规定。

在建设工程合同履行中，发包人应当对承包人进行必要的协助，相互配合完成施工任务。如果因发包人的原因，包括未履行协助义务、未及时获得建设手续等，致使建设工程在中途停建、缓建的，构成发包人的违约行为，发包人应当承担违约责任：（1）采取措施弥补；（2）采取其他措施减少损失；（3）赔偿承包人因此造成的停工、窝工、倒运、机械设备调迁、材料和构件积压等损失，赔偿实际支出的费用。

案例评析

中色十二冶金建设有限公司、本溪庆永房地产开发有限公司
建设工程施工合同纠纷案[①]

案情： 2012 年 7 月 5 日，本溪庆永公司（甲方、被告）与中色十二冶公司（乙方、原告）签订建设工程施工合同。中色十二冶公司主张 2014 年 3 月 15 日至 2014 年 7 月 31 日期间未复工的经济损失 11 962 306.51 元。虽然案涉工程存在未按合同约定日期开工、本溪庆永公司支付工程款不到位、发生了设计变更和现场签证等增加工程量等工期应予顺延的情况，以及施工过程中存在拆迁户阻挠施工、有关部门要求停工、材料供应不及时与招投标和施工手续不全，被有关部门数次要求整改、处罚等影响工期的情况，但双方于 2013 年 8 月 8 日签署的《关于解决天龙家园安置区建设存在问题的会议纪要》约定，中色十二冶公司应于 2013 年 11 月 30 日将工程竣工交付使用。事实上，中色十二冶公司从 2013 年 11 月 7 日申请进入冬休阶段，已无法按照上述会议纪要约定的日期即 2013 年 11 月 30 日交付工程。因此，对于案涉工程逾期未竣工并导致合同终止履行，中色十二冶公司负有一定责任。且中色十二冶公司主张的该项损失发生的证据不足。故中色十二冶公司要求本溪庆永公司赔偿其上述未复工的经济损失，法院不予支持。

评析： 民法典第 804 条延续了《合同法》第 284 条的规定。根据本条的规定，支持承包人停窝工损失请求的前提是损失因业主方原因造成的，承包人应当就停工

---

① 审理法院：一审法院为辽宁省高级人民法院，案号：（2014）辽民一初字第 00021 号民事判决；二审法院为最高人民法院，案号：（2018）最高法民终 1313 号。

原因、损失已实际发生以及损失具体数额等承担举证责任。本案中，中色十二冶公司主张，本溪庆永公司未按约定支付工程款，导致中色十二冶公司于2013年6月19日至2013年8月14日停工，产生包括人工费用、机械设备租赁费等停窝工损失共计700多万元。关于该阶段停工原因，根据证据可知，该阶段的停工原因主要是实际施工人未发放工人工资，行政部门勒令停工等。中色十二冶公司在施工管理方面，未依法依约履行总包职责，放任或疏于施工现场管理，明显存在不当，这是导致该阶段停窝工主要原因。本溪庆永公司迟延支付工程款也是导致停窝工的重要原因。因此，中色十二冶公司要求本溪庆永公司赔偿该阶段停窝工损失，理据均不充分，法院不予支持，并无不当。

▶▶ **第八百零五条** 因发包人变更计划，提供的资料不准确，或者未按照期限提供必需的勘察、设计工作条件而造成勘察、设计的返工、停工或者修改设计，发包人应当按照勘察人、设计人实际消耗的工作量增付费用。

🏛 条文要义

本条是对勘察、设计合同中发包人违约责任的规定。

在勘察、设计合同中，因发包人的原因而造成勘察人、设计人损失的，构成发包人的违约行为。其主要违约行为是：（1）发包人变更计划，使勘察人、设计人增加工作量；（2）提供的资料不准确，造成勘察人、设计人工作成果出现问题；（3）未按照期限提供必需的勘察、设计工作条件，使勘察人、设计人无法正常进行工作。发包人的这些违约行为造成的后果是，使勘察人、设计人进行的勘察、设计返工、停工或者修改设计，造成财产上的损失。对此，发包人应当承担的违约责任是，按照勘察人、设计人实际消耗的工作量，增加付出的实际费用。勘察、设计工作虽是勘察人、设计人的主合同义务，但该义务的履行需要发包人的协助，因为发包人是对工程本身最熟悉的当事人，本条就是要求发包人在实施工程勘察、设计中，应充分配合、协助勘察人、设计人的工作，做出预案，否则导致勘察、设计工作的拖沓，既要负担勘察人、设计人的增付费用，还会造成整个工程进度的延迟。

🔵 案例评析

李某诉余某某委托合同纠纷案①

案情： 2015年9月11日，原告李某与被告余某某签订《设计委托合同》，约定由被告余某某委托原告李某承担该合同所列室内外装饰工程项目方案的制定与设计，

---

① 审理法院：湖南省长沙市天心区人民法院，案号：（2017）湘0103民初2013号。

工程面积为 400 平方米，设计费 32 000 元，由被告余某某在原告李某进行设计前支付 10 000 元定金，施工图效果图全部确认后付清余款，并约定尾款在 2015 年 11 月 10 日前结清。合同签订后，被告余某某向原告李某支付了设计费定金 8000 元，原告李某对被告的房屋进行了测量，并向被告余某某交付了该房屋室内外装饰工程的设计图纸。后在该房屋的装饰工程施工过程中，被告余某某多次要求原告李某对设计图纸进行修改，并以业主不满意设计图纸为由，要施工人员将部分已完工的工程予以拆除，原告李某在经过几次修改设计图纸之后，就设计图纸的继续修改问题与被告余某某产生争议，被告余某某遂未向原告李某支付剩余设计费。原告遂诉至法院请求被告支付，被告余某某提出抗辩，其拒绝支付剩余设计费是因原告李某拒绝更改设计图纸。

法院认为，原告李某已经按照合同的约定交付涉案房屋装修工程的设计图纸，被告余某某应当及时进行验收、确认，即如其对该设计图纸有合理的修改意见，应当于装修工程施工前向原告李某提出，但被告余某某在装修工程施工过程中要求修改设计图纸，系业主根据实际的需求临时提出变更，应属增加的工作量。另外，证人龚某某也陈述在施工过程中，原告李某已经多次修改设计图纸，但因业主不满意，导致部分已完工工程全部拆除。故原告李某经过几次修改设计图纸后，其有权要求被告余某某增加设计费用，或双方在未达成一致协议的情况下，原告李某有权拒绝变更设计图纸。因此，被告余某某的抗辩于法无据，不予采信。

评析：民法典第 805 条延续了《合同法》第 285 条的规定。在设计合同中，承包人履行合同义务需要依靠发包人提供必要的工作条件，如果发包人变更工作计划、提供的资料不准确，可能会导致承包人返工或者修改设计成果，从而加大合同约定的工作量。对此，由于发包人原因导致承包人返工或修改设计成果的，法律规定承包人有权要求增加设计费用。在本案中，原告李某已经根据合同约定完成了设计任务，被告余某某临时提出变更设计方案，属于事后增加的工作量，原告有权要求增加设计费用，否则可拒绝进行修改。被告以原告没有修改设计方案为由，拒绝支付合同约定的报酬，不应予以支持。

▶▶ **第八百零六条**　承包人将建设工程转包、违法分包的，发包人可以解除合同。

发包人提供的主要建筑材料、建筑构配件和设备不符合强制性标准或者不履行协助义务，致使承包人无法施工，经催告后在合理期限内仍未履行相应义务的，承包人可以解除合同。

合同解除后，已经完成的建设工程质量合格的，发包人应当按照约定支付相应的工程价款；已经完成的建设工程质量不合格的，参照本法第七百九十三条的规定处理。

🏛 条文要义

本条是对发包人、承包人法定解除权的规定。

发包人产生法定解除权的事由，是承包人将建设工程转包、违法分包。转包，是指承包人承包工程后，不履行合同约定的责任和义务，将其承包的全部工程或者将其承包的全部工程肢解后以分包的名义分别转给其他单位或个人施工的行为。违法发包，是指发包人将工程发包给个人或不具有相应资质的单位、肢解发包、违反法定程序发包及其他违反法律法规规定发包的行为。转包、违法分包会严重破坏建设工程施工发包与承包活动，严重威胁工程质量和施工安全，为维护建筑市场秩序和建设工程主要参与方的合法权益，应对转包与违法分包行为予以严格规制，赋予发包人法定解除权。

法律规定禁止承包人转包工程，从中获利。法律准许在符合条件的情况下，承包人分包部分工程，但违法进行分包也构成严重违约行为。所以，凡是承包人进行转包或者违法进行分包的，发包人产生法定解除权，可以通知承包人解除建设工程合同。

承包人产生法定解除权的要件是：（1）发包人提供的主要建筑材料、建筑构配件和设备不符合强制性标准，或者不履行协助义务；（2）上述原因须致使承包人无法施工；（3）承包人进行了催告，发包人经催告后在合理期限内仍未履行相应义务。符合上述三个要件，承包人产生法定解除权，可以通知发包人解除建设工程合同。

建设工程合同解除后，应当处理好的善后事宜是：（1）已经完成的建设工程质量合格的，发包人应当按照约定支付相应的工程价款；（2）已经完成的建设工程质量不合格的，参照民法典第793条的规定处理，即1）修复后的建设工程经验收合格的，发包人可以要求承包人承担修复费用；2）修复后的建设工程经验收不合格的，承包人不能要求参照合同关于工程价款的约定补偿。发包人对因建设工程不合格造成的损失有过错的，应当承担相应的责任。

🫧 案例评析

秀山民生石油化工有限公司与重庆耐德工业股份有限公司
建设工程合同纠纷案[①]

案情：2011年7月，民生公司与耐德公司签订《秀山危化品物流园工程承包合同（除土建外）》。2011年8月，耐德公司作为甲方、总包方，中化总院、理想公司作为乙方、分包方，签订了《秀山危化品物流园工程分包合同》。上述合同签订后，耐德公司及各单位即陆续开展相应的工作。2014年7月17日，民生公司向耐德公司

---

① 审理法院：一审法院为重庆市第一中级人民法院，案号：（2014）渝一中法民初字第00828号；二审法院为重庆市高级人民法院，案号：（2017）渝民终128号。

发出《关于解除工程承包合同的通知》，称："2011 年 7 月 12 日，贵公司与我公司签订了《秀山危化品物流园工程承包合同》，约定由贵公司独立承建秀山危化品物流园的设备部分、自控部分等工程内容"，"但是，我公司发现，在合同履行过程中，贵公司在未经我公司同意的情况下，擅自将工程非法分包、违法转包给理想公司等数家单位，严重违背了双方合同的约定及相关法律、法规的规定，其行为构成严重违约"，"现我公司正式通知贵公司从即日起解除双方签订的《秀山危化品物流园工程承包合同》及相关的所有协议"。法院认为，虽耐德公司在施工过程中存在转包行为，但耐德公司与转包方之间的合同效力并不影响民生公司与耐德公司之间的合同的效力，基于耐德公司具有案涉工程所需资质，因此双方签订的上述协议亦应合法有效，双方均应按照合同约定履行各自的义务。

评析：根据《建设工程质量管理条例》第 78 条之规定，所谓违法分包，应当界定以下四种行为：总承包单位将建设工程分包给不具备相应资质条件的单位的；总承包合同中未有约定，又未经建设单位认可，承包单位将其承包的部分建设工程交由其他单位完成的；总承包单位将建设工程主体结构的施工分包给其他单位的；分包单位将其承包的建设工程再分包的。本案中，其一，理想公司不具备相应的建筑施工资质，并且理想公司将其分包工程再分包给了蓝星公司和川化建公司。但是，耐德公司分包给理想公司的行为，以及理想公司再分包给蓝星公司和川化建公司的行为，均自始至终得到民生公司的同意或认可，该部分工程实际由具备相应建筑施工资质的蓝星公司和川化建公司完成，并最终由民生公司竣工验收合格。据此，在该部分工程已经履行完毕并验收合格的情形下，民生公司再以该部分工程涉及违法分包行为为由，行使解除合同的权利，有悖法理。依据民法典第 806 条的规定，因承包人的转包或违法分包行为，可能致使发包人不愿意继续将工程交由承包人施工完成，故赋予发包人法定解除权。但涉及本案这样经发包人同意且分包工程已经竣工并验收合格的情形，发包人再以违法分包为由请求解除合同，缺乏必要性与合理性，不应当得到支持。其二，基于同样的理由，即便理想公司不具备相应的施工资质，在发包人同意和认可其分包的情况下，发包人再以分包单位不具备资质为由主张违法分包解除权，有悖法理。其三，理想公司再分包的行为，基于合同相对性原则，并不能成为民生公司与耐德公司之间的合同解除理由。同时，蓝星公司和川化建公司的分包既取得了民生公司的同意，二者又均具备资质，且工程实际竣工并验收合格，民生公司无权在工程竣工后又以此为由行使合同解除权。

▶▶ **第八百零七条** 发包人未按照约定支付价款的，承包人可以催告发包人在合理期限内支付价款。发包人逾期不支付的，除根据建设工程的性质不宜折价、拍卖外，承包人可以与发包人协议将该工程折价，也可以请求人民法院将该工程依法拍卖。建设工程的价款就该工程折价或者拍卖的价款优先受偿。

🏛 条文要义

本条是对承包人建设工程价款优先受偿权的规定。

建设工程验收合格后，发包人未按照约定支付价款，承包人有权对其进行催告，并确定支付价款的宽限期，通知发包人在宽限期内支付价款。发包人逾期不支付，应当依照法律规定承担违约责任，承包人享有法定的建设工程价款优先受偿权。该优先权优于建设工程的抵押权和其他债权，但在消费者交付购买商品房的全部或者大部分款项的情况下，承包人就该商品房享有的工程价款优先受偿权不得对抗买受人。具体操作是：（1）发包人未按时支付建设工程价款，由于此时建设工程仍受承包人控制，只要不交付给发包人，实际上就是在留置，以担保承包人的价款受偿权。承包人应当对发包人进行催告，同时规定支付价款的合理期限，即付款宽限期。（2）宽限期届满发包人仍不支付的，承包人可以行使该权利，方式有：（1）通过发包人与承包人之间的协议，对建设工程折价，发包人在支付折价款与工程款的差额之后，取得该项建设工程的所有权，使承包人的工程价款债权得到实现。（2）对建设工程进行拍卖，在拍卖变价款中，承包人优先受偿。（3）优先受偿权的优先顺位，优先于发包人已经在在建工程上为其他债权人所设定的抵押权，即工程价款受偿权优先实现之后，其他抵押权才可以行使。

🔵 案例评析

宁波建工股份有限公司、毛某某建设工程施工合同纠纷案①

案情：2010 年 9 月 27 日，原告宁波建工与喜瑞地产签订《建设工程施工合同》《房屋建筑工程质量保修书》各一份。关于宁波建工作为建设工程承包方对世贸大饭店、世贸 151 公馆 1—6♯楼及地下室是否享有优先受偿权的问题。其一，建设工程价款优先受偿权行使期限起算点的确定问题。《优先受偿权批复》第 4 条规定："建设工程承包人行使优先权的期限为六个月，自建设工程竣工之日或者建设工程合同约定的竣工之日起计算"。该批复是基于《中华人民共和国合同法》第 286 条的规定，对建设工程承包人工程价款优先受偿权行使期限的具体规定，二者并不矛盾。《中华人民共和国合同法》第 286 条规定："发包人未按照约定支付价款的，承包人可以催告发包人在合理期限内支付价款。发包人逾期不支付的，除按照建设工程的性质不宜折价、拍卖的以外，承包人可以与发包人协议将该工程折价，也可以申请人民法院将该工程依法拍卖。建设工程的价款就该工程折价或者拍卖的价款优先受

---

① 审理法院：一审法院为浙江省金华市中级人民法院，案号：（2015）浙金民初字第 10 号；二审法院为浙江省高级人民法院，案号：（2018）浙民终 179 号；再审法院为最高人民法院，案号：（2019）最高法民再 105 号。

偿。"该规定一方面从法律的层面确认承包人对建设工程价款的优先受偿权，另一方面规定了承包人行使优先受偿权的前提条件，即只有在发包人逾期不支付工程价款时才可以行使优先受偿权。建设工程价款优先受偿权的行使对象是建设工程折价或者拍卖的价款，而工程折价或者拍卖的前提是发包人逾期不支付工程款。据此，建设工程优先受偿权行使期限的起算时间一般应为工程竣工之日或者建设工程合同约定的竣工之日，但若工程价款在工程竣工之日或者建设工程合同约定的竣工之日仍未确定或者未届清偿期的，此时行使优先受偿权的前提条件尚不成立，亦无起算优先受偿权行使期限的必要，此种情况下的工程价款优先受偿权应待工程价款确定并应受清偿之日起算。这也与2019年2月1日起施行的《最高人民法院关于审理建设工程施工合同纠纷案件适用法律问题的解释（二）》第22条关于"承包人行使建设工程价款优先受偿权的期限为六个月，自发包人应当给付建设工程价款之日起算"的规定精神相一致。其二，关于案涉工程不能以工程竣工之日作为优先受偿权行使期限起算点的依据。本案中，根据案涉《建设工程施工合同》的约定，世贸大饭店和世贸151公馆的付款均是分期付款，在竣工之前按工程量付款，工程竣工之后分三期付款，具体为：单体工程经四方竣工验收合格后按预算价支付至85％的工程款，房建工程竣工验收合格且备案通过后按预算价支付至92％的工程款，其余部分工程款待工程决算审核完毕留足审核造价的3％工程保修金后一次性付清；关于工程决算，房建工程竣工验收合格，承包人向发包人提供完整、清晰的工程竣工结算报告和竣工结算资料后，发包人在五个半月内提交审核报告并经双方确认后作为最终结算依据。结合上述约定可知，合同约定的付款方式为分期付款，后三期付款期限均在竣工验收之后，其中最后一笔款项在双方决算之后。因此，在当事人明确约定的工程款支付时间晚于工程竣工之日的情况下，承包人根据《中华人民共和国合同法》第286条享有的建设工程价款优先受偿权行使的前提条件尚不具备，也就不存在自工程竣工之日起算6个月行使期限的问题，本案中应当以工程款应支付时间作为建设工程优先受偿权的起算点。一、二审判决以工程竣工之日作为建设工程优先受偿权6个月行使期限的起算点，适用法律错误，应予纠正。其三，关于案涉建设工程价款优先受偿权未过行使期限的确定。虽然双方在《建设工程施工合同》中约定了付款的期限及方式，但是由于喜瑞地产未能按时足额支付工程款，2014年6月4日，宁波建工以喜瑞地产欠付工程款为由提起诉讼，要求喜瑞地产支付工程款。在该案审理过程中，双方于2014年7月14日达成《和解协议》，对案涉工程价款的付款期限和付款方式进行了重新约定，约定喜瑞地产2014年8月20日前支付2 000万元进度款，同时喜瑞地产收取的政府退税、住宅售房款、股东投资款、股东出借款、项目融资款、项目资产出售款项作为还款来源应当在进账后7日内优先支付宁波建工的工程款，不足部分再由宁波建工向喜瑞地产追偿，并由三联集团对全部未付工程款承担连带保证责任，马某生、毛某某、朱某军、赵某宏、胡某富对2 000万元进度款按各自在喜瑞地产的出资份额承担保证责任。由于喜瑞地产没有履行《和解协议》的义务，2014年9月20日，宁波建工和喜瑞地产又签订《补充协议》，约定喜瑞地产以未出售的八套商品房以预售合同的形式备案给宁波建工或其指定人员，但约定《和解协议》仍然有效。据此，案涉建设工程价款的支付时间由《建设工程施工合同》约定的分期付款，直至工程决算审核完毕一次性付清变更为不确定的付款期限。2015年3月5日，由于喜瑞地产未履行《和解协议》的约定义务，宁波建工提起本案诉讼要求喜瑞地产支付案涉工程价款，可视为其享有的建设工程价款优先受偿权的行使期限的起点，故宁波建工2015年4月27日主张案涉工程价款优先受偿权，并未超过6个月的行使期限。

评析：民法典第807条延续了《合同法》第286条的规定。依据本条规定，主张优先受偿权的前提是"发包人未按照约定支付价款"，实质上是要达到价款确定且支付期限届满的条件。本案工程竣工之时工程价款尚未确定，更未达到约定的付款期限，一、二审法院机械地按照工程竣工验收之日起算工程价款优先受偿权期限，不利于保护承包人的权利。优先受偿权应从双方当事人约定的工程价款支付期限届满之日起算。案涉《建设工程施工合同》约定的付款时间晚于工程竣工时间。后经当事人多次协商，达成《补充协议》后，约定的付款时间更加晚于实际竣工时间。故一审法院立案受理本案之日才为本案工程款届期之日，应从该日起算兰溪世贸项目（世贸大饭店、世贸151公馆）整体工程的优先受偿权。若工程价款支付期限约定不明的，应以结算达成之日起算。本案的工程价款系一审法院依据浙江宏誉工程咨询有限公司关于兰溪世贸项目的工程造价鉴定报告确定。因此，即便未以工程价款支付届期之日作为优先受偿权的起算日，也应以一审判决书送达之日作为工程价款确定之时，即优先受偿权的起算日期。若合同解除或者终止履行的，应以合同解除或终止履行之日起算。案涉《建设工程施工合同》履行过程中，喜瑞地产未按合同约定支付相应款项，也未按2014年7月14日达成的《和解协议》之约定支付工程进度款，导致复工条件未成就，后其于2015年4月27日起诉宁波建工，要求宁波建工办理竣工验收，无须继续施工。故喜瑞地产起诉之日应视为双方合同终止履行之日，应以此起算优先受偿权。如前所述，从实际履行过程、双方达成的协议来看，兰溪世贸项目是作为一个整体工程进行验收和结算的。即便以竣工验收之日起算，也应从整体工程全部竣工验收之日即喜瑞地产诉宁波建工完成7-9#楼竣工验收一案二审判决生效之日起算。综上，宁波建工已于2015年4月27日向一审法院主张行使优先受偿权，无论按照哪个时间起算优先受偿权，宁波建工的主张都未超过保护期限。

▶▶ **第八百零八条** 本章没有规定的，适用承揽合同的有关规定。

🏛 条文要义

本条是对建设工程合同准用承揽合同规则的规定。

建设工程合同的本质属性是承揽合同，建设工程实际上也是承揽。故承揽合同是建设工程合同、技术服务合同、技术开发合同的基准性合同。尽管本章对建设工程合同的规则作了详细规定，但是仍有不足部分。由于建设工程合同也是广义上的承揽合同，故本章对建设工程合同规则没有规定的内容，应当适用承揽合同的有关规定。例如，本法第774条关于"承揽人提供材料的，应当按照约定选用材料，并接受定作人检验"的规定，第775条关于"定作人提供材料的，应当按照约定提供材料。承揽人对定作人提供的材料应当及时检验，发现不符合约定时，应当及时通知定作人更换、补齐或者采取其他补救措施""承揽人不得擅自更换定作人提供的材料，不得更换不需要修理的零部件"的规定，第776条关于"承揽人发现定作人提供的图纸或者技术要求不合理的，应当及时通知定作人。因定作人怠于答复等原因造成承揽人损失的，应当赔偿损失"的规定，第784条关于"承揽人应当妥善保管定作人提供的材料以及完成的工作成果，因保管不善造成毁损、灭失的，应当承担赔偿责任"的规定，以及第785条关于"承揽人应当按照定作人的要求保守秘密，未经定作人许可，不得留存复制品或者技术资料"的规定，本章都没有具体规定，可以适用于建设工程合同。

🪙 案例评析

双鸭山市体育局、双鸭山市五环体育健身有限公司

建设工程施工合同纠纷案[①]

案情： 2005年4月10日，强大公司与双鸭山体育局签订建设工程施工合同，由强大公司承包体健中心建设工程。2006年8月25日，工程施工中，另一施工队曲阜远大集团工程有限公司（以下简称远大公司）电焊工汤某明在电焊作业时引燃可燃性材料，导致火灾。关于案涉工程火灾损毁责任的承担问题，依据《合同法》第265条的规定：承揽人应当妥善保管定作人提供的材料以及完成的工作成果，因保管不善造成损毁、灭失的，应当承担损害赔偿责任。本案中，强大公司合同义务是完成并交付工作成果，在交付前，工作成果是在强大公司占有之下的，强大公司应当妥善保管工作成果。但这种妥善保管是在双方没有特别约定的情况下，按照本行业的一般要求进行的保管。案涉工程在施工过程中引起火灾并非系强大公司未采取适当

---

① 审理法院：一审法院为黑龙江省双鸭山市中级人民法院，案号：（2008）双民初字第5号；二审法院为黑龙江省高级人民法院，案号：（2016）黑民终370号；再审法院为最高人民法院，案号：（2017）最高法民申3660号。

的保管措施所造成，且双鸭山体育局亦未举示证据证实强大公司对引起火灾具有过错。故强大公司对火灾造成的损失不应承担损害赔偿责任。案涉工程为双鸭山市体健中心的外装工程，损毁的部分非装饰材料本身，强大公司通过施工已将装饰材料物化到体健中心主体之上。远大公司引起火灾侵害的是建设单位双鸭山体育局与五环公司的财产权，故应由双鸭山体育局与五环公司要求侵害人远大公司承担赔偿责任。

评析：民法典第 808 条延续了《合同法》第 287 条的规定。本条规定："本章没有规定的，适用承揽合同的有关规定。"本案对火灾责任的承担，直接涉及强大公司能否得到工程款。案涉工程并非因强大公司未采取适当的保管措施所造成，且五环公司、双鸭山体育局也不能举证证明强大公司对火灾的发生具有过错。案涉《建设工程施工合同》对于因他人引起的安全事故责任承担没有明确约定。案涉工程发生火灾时，强大公司的劳动成果已经物化到体育健身中心主体工程之上，二者不可分割。远大公司因施工引起火灾时，强大公司根本不可能再转移劳动成果，因此不存在对施工现场管理的情形。

第十九章 运输合同

第一节 一般规定

▶▶ **第八百零九条** 运输合同是承运人将旅客或者货物从起运地点运输到约定地点，旅客、托运人或者收货人支付票款或者运输费用的合同。

🏛 条文要义

本条是对运输合同概念的规定。

运输合同又叫运送合同，是指承运人将旅客或者货物从起运点运输到约定地点，旅客、托收人或者收货人支付票款或者运输费用的合同。运输合同是实现人流、物流的重要法律形式，其特征是：（1）运输合同是双务、有偿合同；（2）运输合同为诺成合同；（3）运输合同多为格式合同。

运输合同的分类是，以运输的对象为标准，运输合同可以分为旅客运输合同与货物运输合同；以运输工具为标准，运输合同可以分为铁路运输合同、公路运输合同、航空运输合同、水上运输合同、海上运输合同以及管道运输合同等；以承运人的多少为标准，运输合同可以分为单一运输合同和联合运输合同。

📌 案例评析

中国人民财产保险股份有限公司上海市分公司、常州市奥海航运
有限公司航次租船合同纠纷案①

案情： 2014 年 7 月 15 日，港机公司与奥海公司签订沿海运输合同，约定由港机公司向奥海公司租用"海澄 168"轮"华富 708"轮"勇洲 107"轮"奥海大件"轮（或同类型船舶），将门座式起重机（分两大件运输，门架 12 件、转盘系统 13 件）

---

① 审理法院：一审法院为湖北省武汉海事法院，案号：（2015）武海法商字第 01245 号；二审法院为湖北省高级人民法院，案号：（2019）鄂民终 955 号。

自张家港基地码头运至唐山码头。2014 年 8 月 15 日 16 时，"华富 219"轮拖带"华富 708"轮从港机公司码头开航，前往京唐港。2014 年 8 月 17 日 23：40 时，船组航行在黄海海域时，因风浪较大，船员通过探照灯及望远镜观察发现"华富 708"轮横摇大约 10 至 15 度，为了减少驳船横摇，"华富 219"轮转向顶浪航行。2014 年 8 月 18 日 01：35 时，船员发现"华富 708"轮后甲板上的 3 台机房落入海中，当时船位 34°23'243″N、122°46'000″E。经向船公司汇报，为保证船组及其他货物的安全，船组改向大连港继续航行。2014 年 8 月 19 日 23：10 时，船组靠好大连港。船长于次日出具海事声明。港机公司随后向振华公司书面报告了事故情况。案涉合同约定的各项内容符合航次租船合同的特征，应定性为航次租船合同，本案案由也应认定为航次租船合同纠纷。华富公司和欧兰特公司不是运输合同的相对人，根据合同相对性原则，华富公司和欧兰特公司不应承担货损责任。

评析：民法典第 809 条延续了《合同法》第 288 条的规定。本条规定了运输合同的定义。《海商法》第 92 条规定，航次租船合同，是指船舶出租人向承租人提供船舶或者船舶的部分舱位，装运约定的货物，从一港运至另一港，由承租人支付约定运费的合同。案涉合同关系的性质应为航次租船合同。人保上海公司系依据《发运交接清单》提起本案诉讼，但清单上载明的"华富 708"轮为无动力驳船，单独使用并不能达到运输的目的。泛华公估公司出具的公估报告中附有港机公司与奥海公司签订的《沿海运输合同》，合同约定的船舶亦包括"华富 708"轮，且公估报告还记载了《发运交接清单》签署后，"华富 219"轮拖带包括"华富 708"轮在内的四艘驳船组成的船组装载了案涉货物并开航，在船组航行过程中发生了案涉保险事故，因该公估报告系人保上海公司提交，则可以认定《发运交接清单》系基于港机公司与奥海公司签订的《沿海运输合同》的约定，履行货物交接义务的凭证，而《沿海运输合同》的条款是审理本案的基础。

▶▶ **第八百一十条　从事公共运输的承运人不得拒绝旅客、托运人通常、合理的运输要求。**

Ⅲ 条文要义

本条是对公共运输承运人强制缔约义务的规定。

公共运输，是班轮、班机和班车运输，以及其他对外公布的固定路线、固定时间、固定价格进行商业性运输的运输服务行为。公共运输合同承运人承担的义务，既包括运送旅客的活动，也包括运送货物的活动，都是关乎广大群众利益的工作，具有重要的社会意义，因而法律赋予公共运输承运人以强制缔约义务，即从事公共运输的承运人对要求订立合同的旅客和承运人，负有必须签订合同，不得拒绝旅客、托运人通常、合理的运输要求的义务。换言之，承运人不得拒绝旅客和托运人的订约要求，对于旅客和托运人的通常的、合理的订约要求，必须作出承诺。如果拒载，就是违反了强制缔约义务，应当对旅客、托运人承担违约责任。

 **案例评析**

钟某、黄某合同纠纷案[①]

案情： 2017 年 10 月 7 日，受害人黄某与钟某原计划从龙南站乘车到东莞东站，两人通过 12306 网站购买了 K105 次列车 2 号车厢无座龙南站至定南站、票价为 10 元的车票各一张。本案受害人黄某、钟某持当天当次有效车票上车，非无票人员，不属于列车电报中涉及的情形。此外，北京局公司亦未有证据证明列车人员向黄某、钟某补收票款遭到拒绝以及列车人员明示拒绝补票的事实，因此，双方的运输合同发生变更，双方继续享有合同权利、履行合同义务。一审认定，案外人管某强对黄某和钟某实施伤害时，黄某、钟某与北京局公司之间已经不存在铁路旅客运输合同关系错误，二审法院予以纠正。

评析： 民法典第 810 条延续了《合同法》第 289 条的规定。黄某、钟某未在车票目的地定南站下车属于越站乘车。依据民法典第 810 条、《铁路旅客运输规程》第 38 条的规定，从事公共运输的承运人不得拒绝旅客通常、合理的运输要求；对于越站乘坐的旅客，有运输能力的承运人应当予以办理续乘，承运人有加收票款的权利；只有当旅客拒绝支付票款的时候，承运人方可拒绝运输。可见，根据合同法鼓励交易原则和公共运输合同中的强制缔约原则，只要旅客有继续乘坐的意愿，一般情况下铁路运输企业应当接受，双方的运输合同发生变更但仍然成立。本案中，列车长在黄某、钟某上车前向前方车站发送电报，要求前方车站控制票额。按照正常的文义理解，列车长只是提醒前方车站少售、停售车票或者拒绝旅客无票乘车。

> ▶▶ **第八百一十一条**　承运人应当在约定期限或者合理期限内将旅客、货物安全运输到约定地点。

🏛 条文要义

本条是对承运人按时、安全运送义务的规定。

在运输合同中，承运人的主要义务是按时、安全地将旅客、货物运输到约定的地点。这是运输合同适当履行义务的表现，具体为按照运输期限、地点和约定方式，

---

① 审理法院：一审法院为广东省广州铁路运输法院，案号：（2018）粤 7101 民初 92 号；二审法院为广东省高级人民法院，案号：（2019）粤 71 民终 20 号。

由特定主体履行，承运人在运输期限内将客货运送到目的地的义务。具体的要求是：（1）承运人按照约定期限或者合理期限履行运送义务。法律之所以强调合理期限，是因为时间对旅客或货物具有重要影响，超出约定期限或合理期限有可能导致运输目的不能实现。（2）安全运输义务，旅客持票上了承运人的运输工具后，或者托运人将货物交付承运人之后，承运人即负有将客货安全运输到目的地的义务。非因法定的免责原因而造成客货损害的，应当承担相应责任。（3）承运人按照约定的地点履行，包括起始地点和运送终点都应符合约定。运送到约定地点并交付合同载明的收货人的义务。不履行按约定地点运送客货的，承运人对造成的损害承担违约责任。

案例评析

中国人寿财产保险股份有限公司天津市分公司、连云港恒荣船务有限公司船舶碰撞损害责任纠纷案①

案情： 2014 年 9 月 16 日，恒荣船务公司与大连鑫海洋货运代理有限公司签订《航次租船合同》，约定"恒鑫"轮载运 10 500 吨钢材，货物不足也按此数量结算，超过部分据实计算，运费 63.5 元/吨，装 3 天卸 4 天，受载期 19 日＋/－1 天，预付定金 50 000 元。2014 年 9 月 15 日，海诚船务公司以船舶出租人身份分别与李某、华某签订《运输合同》，9 月 30 日，"恒鑫"轮航行至福建沿海海域遭遇东北大风，因船舶摇摆剧烈，当日 21：32 时在平潭岛澳前湾附近海域抛锚避风。锚泊期间，当地海域东北风 6—7 级，阵风 7—8 级，大浪。在风和浪作用下，"恒鑫"轮发生走锚。10 月 1 日 04：41 时，"恒鑫"轮与锚泊在附近海域的"瑞达 6"轮发生碰撞，导致"恒鑫"轮船货沉没。本案中，福州海事局的《碰撞事故调查报告》认为，"恒鑫"轮负事故主要责任；"瑞达 6"轮对事故负次要责任。作为承运人的"恒鑫"轮的登记人恒荣船务公司、林某宝应为货物的损失承担责任。

评析： 民法典第 811 条延续了《合同法》第 290 条的规定。根据本条规定，除《运输合同》另有约定外，海诚船务公司作为承运人，负有将其掌管期间的货物，安全、快捷运送的法定义务。而且依据民法典第 832 条的规定，作为承运人，应对其责任期限内的货物灭失或者损坏，承担损害赔偿责任。而且其作为运单所载明的托运人，将其承揽运送的货物进行投保，当然具有法律上的利害关系。人寿保险天津公司作为案涉货物运输保险人，根据《水路货物运输保险条款》承保案涉货物，进而签发《保险单》，查有实据，应予认定。故在发生保险事故后，人寿保险天津公司作为案涉货物运输保险人，依据合同约定与相关法律规定，对涉案货物运输保险赔付后取得代位求偿权，进而提起侵权损害赔偿，于法有据，应予确认。

---

① 审理法院：一审法院为福建省厦门海事法院，案号：（2015）厦海法事初字第 56 号；二审法院为福建省高级人民法院，案号：（2018）闽民终 1305 号。

▶▶ **第八百一十二条** 承运人应当按照约定的或者通常的运输路线将旅客、货物运输到约定地点。

🏛 条文要义

本条是对承运人按照约定运输路线运送的规定。

在运输合同中，承运人负有按照约定的或者通常的运输路线运送旅客或者货物的义务。对运输线路的不同选择，影响着客货的运输时间以及其他利益，关系重大，故承运人负有按照通常的运输路线将旅客、货物运输到约定地点的义务。按照约定的运输线路运送，是运输合同选择运输线路的基本要求。不过也会存在出现异常情形难以按照约定的运输路线运送的情形，例如约定的运输线路出现异常天气而合理绕行，约定的运输线路出现危险而选择约定路线以外的路线运送，都是通常的运输路线，不能认为凡是没有按照约定的运输路线运送都是违约行为。随着交通工具的增多，特别是车辆的增多，交通拥堵时有发生，承运人在约定运输路线之外选择合理的路线将旅客、货物运输到约定地点，也是一种正确履行合同的行为。如果承运人没有按照约定的或者通常的运输路线运送旅客、货物，构成违约行为，应当承担违约责任。

🎱 案例评析

黄某某、河南精益物流有限公司公路货物运输合同纠纷案[①]

案情： 2018 年 9 月 29 日，赵某远接受原告黄某某委托，派司机高某卫、高某将活东星斑从海南省琼海市运输至宁波市水产交易中心路林市场。赵某远运输使用的车辆挂靠在精益物流公司名下。2018 年 10 月 2 日凌晨 1 点钟，鱼运至宁波市水产交易中心路林市场，在卸车过程中，发现鱼死亡，黄某某委托收货方郑某等立即销售了鱼。根据《中华人民共和国合同法》第 291 条规定"承运人应当按照约定的或者通常的运输路线将旅客、货物运输到约定地点。"双方未签订书面的运输合同，对运输路线也未作约定，虽然托运人派了卓某礼随车押运，关于运输路线，卓某礼只是要求按照导航行使，具体导航是由驾驶员高某卫、高某来选择，导航的路线不止一条，驾驶员理应选择靠近沿海的线路行驶以方便于更换海水。然而由于驾驶员选择了内陆线路，在行使至江西境内时想要给鱼更换海水已经不可能，故驾驶员在选择行使线路上存在过错。因驾驶员系由车主赵某研雇佣，故应由赵某研承担因其过错造成黄某某的损失的赔偿责任。法院认为，在鱼正常换水的情况下，延长几小时并

---

① 审理法院：一审法院为浙江省宁波市江北区人民法院，案号：（2018）浙 0205 民初 5050 号；二审法院为浙江省宁波市中级人民法院，案号：（2019）浙 02 民终 2795 号。

不会导致鱼死亡。综合鱼死亡的原因、各方的过错，该院酌定由承运人赵某研对黄某某的损失承担35％的责任。

评析： 民法典第812条延续了《合同法》第291条的规定。机动车被挂靠单位有义务和责任对挂靠在自己名下的车辆进行管理和约束。根据有关法律规定，公民、法人从事道路运输经营活动必须依法定程序向有关行政机关申请道路运输经营许可资质，可见，国家对道路运输经营行业采取了行政准入的管理制度。车辆被挂靠单位作为道路运输经营行业的经营单位，在取得道路运输经营许可资质后，即有权决定所辖车辆的经营路线、运营时间和安全检修等相关业务，有责任监管车辆如何以单位名义提供服务，有义务对驾驶员进行安全知识教育，并承担因之带来的不利后果。车辆被挂靠单位的运营利益不仅体现为挂靠费，还包括因挂靠车辆为其带来的规模效益、信誉利益等，均应认定为挂靠单位的运行利益，因此，被挂靠单位需要和挂靠人共同承担连带赔偿责任。

> ▶▶ **第八百一十三条** 旅客、托运人或者收货人应当支付票款或者运输费用。承运人未按照约定路线或者通常路线运输增加票款或者运输费用的，旅客、托运人或者收货人可以拒绝支付增加部分的票款或者运输费用。

🏛 条文要义

本条是对旅客、托运人或收货人支付票款或运费的规定。

旅客、托运人或者收货人应当按照约定支付票款和运费，是其在运输合同中的主要义务。对于客货运输中杂费的支付，也属于旅客、托运人、收货人的义务，不应拒绝。支付费用的主要依据是运输合同约定，只要约定的费用不违反国家强制性规定，旅客、托运人、收货人予以承诺的，就应当依约履行。

承运人未按照约定的或者通常路线运送，使旅客、托运人或者收货人增加票款或者运费的，应当承担违约责任，具体方式是旅客、托运人、货运人有权拒绝支付增加的部分票款和运费，对承运人未按照规定多收的杂费等，旅客、托运人、货运人也有权拒付。

🍥 案例评析

宋某某诉汝城县腾辉采石场运输合同纠纷案①

案情： 2011年2月至6月1日，原告宋某某为被告汝城县腾辉采石场运输碎石。发货时，先由司机在汝城县腾辉采石场发货簿上签名，发货后，司机凭收货单位的

---

① 审理法院：湖南省汝城市人民法院，案号：（2012）汝民初字第772号。

收货单到汝城县腾辉采石场结算运费，汝城县腾辉采石场再凭收货单与收货单位结算货款。2011 年 6 月 3 日，宋某某持自己及部分朋友的收货单与腾辉采石场结算运费，结算后，腾辉采石场尚欠宋某某运费 56 000 元，由工作人员何某某具下欠条，至今未付款。随后，原告向法院提起诉讼，请求被告支付运费款。法院认为，原、被告之间的运输合同合法有效，双方均应全面履行，现原告宋某某已履行了运输义务，被告汝城县腾辉采石场应按双方约定的结算方式履行支付运费的义务，故对本诉原告的诉讼请求予以支持。

评析： 民法典第 813 条延续了《合同法》第 292 条的规定。合同是当事人之间的法律，一方提供运输服务后，对方应当按照合同约定给付相应的运输费用。本案中，原告宋某某已经根据运输合同履行了运输碎石的义务，被告应当及时足额支付相应的运输费用。经双方结算后，腾辉采石场尚欠原告运输费 56 000 元，原告请求法院判决被告支付尚欠运输费，应予支持。

第二节 客运合同

▶▶ **第八百一十四条** 客运合同自承运人向旅客出具客票时成立，但是当事人另有约定或者另有交易习惯的除外。

🏛 条文要义

本条是对客运合同成立时间的规定。

客运合同也叫旅客运输合同，是指承运人与旅客关于承运人将旅客及其行李安全运输到目的地，旅客为此支付运费的运输合同。其特征是：（1）客运合同的标的是运输旅客的行为；（2）客运合同一般表现为非书面合同，客票为客运合同的证明。鉴于旅客运输大量存在于社会的日常生活，订立规范的书面合同显得不现实，因此法律规定客运合同以承运人向旅客出具客票时起成立，旅客提出购票的请求为要约，承运人交付客票为承诺。当然，当事人另有约定的，依据当事人之间的约定执行。至于交易习惯，主要是考虑到现实生活中，存在着大量的、普遍的默示行为，公众先上车再买票，或者上车直接刷卡付款，而网络预先购票，上车验票时甚至不需要取票，直接在识别器上刷身份信息即可，这些情况下，在旅客与承运人之间当然存在着客运合同，该些客运合同的订立与上述的订立方式皆不同，但应承认其合法有效性。这也促使立法机关能根据社会发展，把合同从形式主义的意志理论中解放出来，将责任、担当、鼓励、激励、完善、救济作为合同的研究、解释的主题之一，承认各种形式的客运合同成立方式。

案例评析

张某某、刘某某海上、通海水域旅客运输合同案①

案情：2015 年 3 月 16 日，原告张某某、刘某某、王某的亲属王某亮租用案外人李某勇所有、车牌号为鄂 L×××五菱牌小型普通客车往返嘉鱼县鱼岳镇和洪湖市龙口镇。渡口管理所经营的嘉鱼县石矶头码头至洪湖市龙口码头之间的轮渡船系汽运轮渡，收取费用方式是按车辆型号收费，不收取随车乘员费用。本案中，渡口管理所与该车的司驾人员即所有人李某勇构成通海水域车辆运输合同关系，有义务将该车安全运输至约定地点。退一步而言，即使如证人李某勇所述，王某亮随车上船并支付了过渡费，王某亮支付的也只是上述车辆的过渡费，而不是其作为旅客的票款。因此王某亮与渡口管理所也不构成通海水域旅客运输合同关系，渡口管理所与王某亮之间没有合同约定和合同法规定的权利义务关系，只有负责船舶适航、适载、安全驾驶、在船人员安全管理的法定义务。即本案中，渡口管理所对船上乘员安全只应承担侵权法上的过错责任，而不应承担水路旅客运输合同法律规定的严格责任。因此张某某、刘某某、王某起诉选择的案由为通海水域旅客运输合同纠纷，没有事实和法律依据，张某某、刘某某、王某的诉讼请求所依据的请求权基础法律关系不成立，法院依法不予支持。

评析：民法典第 814 条延续了《合同法》第 293 条的规定。根据本条规定，客运合同自承运人向旅客交付客票时成立，持票旅客或经承运人许可搭乘的无票旅客在运输过程中发生伤亡，承运人应承担损害赔偿责任。本案争议涉及的渡口管理所轮渡为汽运轮渡而非客运轮渡，因此，张某某、刘某某、王某依据旅客运输合同向渡口管理所主张损害赔偿，应首先举证证明，王某亮实际搭乘渡口管理所的汽渡船从洪湖市龙口码头返回嘉鱼县石矶头码头，即王某亮与渡口管理所之间成立事实上的旅客运输合同关系。由于张某某、刘某某、王某未能证明王某亮与渡口管理所建立了事实上的旅客运输合同关系，三人依据旅客运输合同向渡口管理所主张损害赔偿缺乏事实和法律依据。

▶▶ **第八百一十五条** 旅客应当按照有效客票记载的时间、班次和座位号乘坐。旅客无票乘坐、超程乘坐、越级乘坐或者持不符合减价条件的优惠客票乘坐的，应当补交票款，承运人可以按照规定加收票款；旅客不支付票款的，承运人可以拒绝运输。

实名制客运合同的旅客丢失客票的，可以请求承运人挂失补办，承运人不得再次收取票款和其他不合理费用。

---

① 审理法院：一审法院为湖北省武汉海事法院，案号：（2018）鄂 72 民初 902 号；二审法院为湖北省高级人民法院，案号：（2019）鄂民终 139 号。

🏛 条文要义

本条是对旅客须持有效客票乘坐的规定。

在客运合同中，客票是表示承运人负有运送其持有人义务的书面凭证，是收到旅客乘坐费用的收据，是旅客和承运人双方当事人之间存在客运合同的有效债权文书。旅客必须出示有效客票，按照有效客票记载的时间、班次和座位号乘坐，不能无票乘坐。旅客无票乘坐，持不符合减价条件的优惠客票乘坐，都是逃票行为；旅客超程乘坐、越级乘坐，属于违约行为，应当承担违约责任。旅客违反须持有效客票乘坐义务的违约责任，主要方式是补交票款，承运人可以按照规定加收票款。旅客不支付票款的，承运人可以拒绝运输。

本条第 2 款作出新规定，实名制客运合同的旅客丢失客票的，可以请求承运人挂失、补办，承运人不得再次收取票款和其他不合理费用。这样规定的原因在于：（1）实名制情况下，可以明确客运合同中旅客的具体信息，能够确认客运合同的真实性；（2）客票本身不是客运合同，只是客运合同的证明，既然客运合同真实存在，旅客要求承运人再次提供客票不会增加承运人的负担，而且，承运人向旅客提供客票本身也是承运人的从合同义务。所以承运人为旅客办理补票，当然不能再次收取票款；如果办理补票确实给承运人增加了合同履行的成本，该成本的产生源于旅客自身的过错，承运人可以向旅客收取一定的费用，但应严格限于合理的范围。

🔘 案例评析

高某某与上海铁路局铁路旅客运输合同纠纷案[①]

案情： 高某某（原告、上诉人）通过中国铁路客服中心网站即 12306.cn 网站以 399 元购得徐州至无锡东的火车票，后因故凭身份证将车票改签为 2014 年 12 月 2 日徐州东至无锡东 G213 次，并取得纸质车票。高某某于车票记载当日乘坐列车到达无锡东站后出站时，因未能出示有效车票，上海铁路局工作人员要求其按规定补交票款 399 元及手续费 2 元。高某某事后找到前述改签车票，并于 2015 年 1 月与上海铁路局交涉，要求退还补票款 401 元。双方未达成一致而致涉讼。本案争议为上海铁路局要求出站时无法出示有效车票的高某某进行补票的行为是否构成违约。本案系铁路旅客运输合同纠纷，合同双方都有按照法律规定与合同约定全面履行合同的义务，否则应当承担相应的违约责任。法院认定，上海铁路局已经完成了铁路旅客运输合同中承运人的义务。因高某某未尽到妥善保管有效车票的义务，

[①] 审理法院：一审法院为上海铁路运输法院，案号：（2015）沪铁民初字第 705 号；二审法院为上海市第三中级人民法院，案号：（2016）沪 71 民终 15 号。

上海铁路局向高某某补收票款，由高某某承担相应的违约责任，符合法律规定及合同约定。

评析：依据民法典第 815 条的规定，实名制客运合同的旅客丢失客票的，有权要求挂失补办车票。本案中，高某某采用实名制订票，并且可以通过网上订票系统查询得到，在丢失纸质票面凭证之后，有权向上海铁路局申请挂失补票。上海铁路局发现高某某丢失纸质车票后，径直要求高某某重新交纳票款的行为违反了上述规定，法院认定上海铁路局已经完成合同义务需要商榷。

> ▶▶ **第八百一十六条** 旅客因自己的原因不能按照客票记载的时间乘坐的，应当在约定的期限内办理退票或者变更手续；逾期办理的，承运人可以不退票款，并不再承担运输义务。

🏛 条文要义

本条是对旅客退票或改签的规定。

在客运合同中，旅客由于自己的原因，不能按照客票记载的时间乘坐的，可以退票或者改签。退票，是解除客运合同；改签，是变更客运合同。旅客由于自己的原因，可以解除合同或者变更合同，这是旅客的权利。鉴于承运人履行客运合同具有很强的计划性与时效性，所以旅客要求退票或者改签，应当在约定的期限内办理退票或者改签的手续，解除客运合同或者变更客运合同。旅客逾期办理退票和改签的，过错完全在自身，承运人可以不退票款，并不再承担运输义务。旅客应当注意保护自己的期限利益，避免超过期限要求而使自己承担不利后果。

🔴 案例评析

唐某与中国铁路上海局集团有限公司铁路旅客运输合同纠纷案[①]

案情：2018 年 8 月 31 日，原告唐某使用"铁路 12306"手机客户端实名购买了一张当日 G7292 次由上海站至南京南站的二等座车票，票面开车时间为 17：43，票价 139.50 元。当日 17：33，唐某在上海虹桥站自助取票机换取了上述车次的纸质车票。唐某又于当日 18：03 在上海虹桥站窗口实名购买一张当日 G1378 次由上海虹桥站至南京南站的二等座车票，开车时间 19：28，票价 134.50 元。唐某所购的 G7292 次车票未办理改签或退票。审理中，唐某确认其以实名注册"铁路 12306"手机客户

---

① 审理法院：一审法院为上海铁路运输法院，案号：（2018）沪 7101 民初 1117 号；二审法院为上海市第三中级人民法院，案号：（2019）沪 03 民终 16 号。

端并选择同意遵守相关条款。在本案中，铁路上海局完全依法依规操作，不应负任何责任。唐某因自己的原因不能按照客票记载的时间乘坐的，且逾期办理退票或者变更手续，铁路上海局可以不退票款，并不再承担运输义务。

评析：民法典第816条延续了《合同法》第295条的规定。唐某与铁路上海局之间建立了铁路旅客运输合同关系。旅客因自己的原因不能按照客票记载的时间乘坐的，应当在约定的时间内办理退票或者变更手续。逾期办理的，承运人可以不退票款，并不再承担运输义务。唐某记错发车站，在上海虹桥站换取纸质车票后仍未注意G7292次火车的发车站为上海站，在抵达候车室或者检票口时也未核实发车车次及发车时间，且未预留足够时间转至上海站，导致唐某无法乘坐G7292次火车是其自身的原因。双方之间的铁路旅客运输合同内容包括纸质车票票面上所载事项、用户在注册时同意遵守的《服务条款》内容及相关公告的内容，对于改签及退票的约定清楚明确。铁路上海局工作人员的告知、纸质车票背面的购票须知及车站的售票改签窗口的电子显示屏的提示，均表明铁路上海局已经尽到了相应的提示、说明义务。铁路上海局以发车时间已过且并非票面发站为由拒绝为唐某办理退票或改签，符合双方合同约定。唐某无法乘坐G7292次火车后，经权衡重新购买车票时已经可以预见其没有时间到上海站办理G7292次车票的签改手续，现其以自助取票机在换取纸质车票时未能提示所购车票发车站与取票站不一致，改签窗口排队旅客过多，纸质车票背面乘车须知不详细为由，要求返还一半的购票款，于法无据。

▶▶ **第八百一十七条** 旅客随身携带行李应当符合约定的限量和品类要求；超过限量或者违反品类要求携带行李的，应当办理托运手续。

🏛 条文要义

本条是对旅客随身携带行李的规定。

旅客在运输中随身携带行李，既是权利也是义务，可以携带行李是权利，携带行李须受到限量和品类要求的限制则是义务。客运合同准许旅客携带行李一同乘运，为保障旅客旅行安全需要而限制旅客携带行李的数量和品类要求，旅客应当履行义务，原因是客运合同毕竟不是货运合同。旅客携带随身行李超出限量的，旅客应当凭客票办理行李托运手续，承运人应当向旅客出具行李票。

这里包括两种情形：（1）可以随身携带行李超出限量和品类要求的，要托运；（2）超出免费托运行李的限量和品类要求的，超量部分的托运实际上是订立了货运合同，应当缴纳托运费用。

案例评析

谢某某诉芬兰航空公司航空旅客运输合同纠纷案[①]

案情：2012年9月4日上午，原告谢某某准备乘坐"AY58"航班赴加拿大，在其父亲陪同下至上海浦东机场，办理行李托运，通过安检完成登机手续进关。在登机口，芬兰航空公司机场工作人员以谢某某随身携带行李不符合规定为由，拒绝谢某某登机。谢某某对于多携带的行李未采取任何措施，最终未能登机。2013年9月，谢某某以芬兰航空公司违约为由诉至法院，要求赔偿其经济损失10 388元。法院认为，合同当事人应当按照约定全面履行自己的义务。谢某某作为旅客向作为承运人的芬兰航空公司购买机票，支付票款，双方建立航空旅客运输合同关系。根据法律规定，旅客在运输中应当按照约定的限量携带行李。超过限量携带行李的，应当办理托运手续。芬兰航空公司网页上对于随身携带行李的限量有明确规定，该规定公开、公示，于法无悖，谢某某作为旅客，理应充分了解并遵守相关规定，对于超过限量的行李办理托运手续。尽管双方对于谢某某随身携带行李的件数、重量陈述不一，但是，即使按谢某某所述，其随身携带的行李数亦超过芬兰航空公司的限制规定，由此导致其无法登机，谢某某对此应承担主要责任。

评析：民法典第817条延续了《合同法》第296条的规定。谢某某否认其乘坐芬兰航空公司"AY58"航班赴加拿大时多携带了行李，但从双方的举证情况来看，芬兰航空公司相对而言更具有证据优势，芬兰航空公司陈述谢某某随身超额携带了行李的事实可予采信。谢某某并非第一次单独出境，他和其监护人对航空公司一般对携带行李都有限制性规定应有一定认知，谢某某可以在出行前了解一下芬兰航空公司相关规定。谢某某在登机口被芬兰航空公司拒绝登机时，对芬兰航空公司提出的解决措施可以考虑采纳或者与其监护人商议后采取措施，但谢某某不采取任何措施导致未能登机，而芬兰航空公司在处理整个事件的过程中对仍属未成年人的乘客谢某某，应当给予更恰当、更人性化的处理方式，而不是采取放任的态度。由此可见，本案航空旅客运输合同的当事人双方在处理问题的过程中均有责任，法院基于客观实际酌定芬兰航空公司按照20％的比例承担谢某某的再次购票损失无明显不当。

> ▶▶ **第八百一十八条** 旅客不得随身携带或者在行李中夹带易燃、易爆、有毒、有腐蚀性、有放射性以及可能危及运输工具上人身和财产安全的危险物品或者违禁物品。

[①] 审理法院：一审法院为上海市徐汇区人民法院，案号：（2013）徐民一（民）初字第6427号；二审法院为上海市第一中级人民法院，案号：（2014）沪一中民一（民）终字第1473号。

　　旅客违反前款规定的，承运人可以将危险物品或者违禁物品卸下、销毁或者送交有关部门。旅客坚持携带或者夹带危险物品或者违禁物品的，承运人应当拒绝运输。

🏛 条文要义

　　本条是对不得携带或夹带危险物品或违禁物品的规定。

　　旅客在行使客运合同的权利时，负有保障运输安全的义务，不得随身携带或者在行李中夹带易燃、易爆、有腐蚀性、有放射性以及有可能危及运输工具上人身和财产安全的危险物品或其他违禁物品。这些义务旅客都须履行，不得违反。旅客违反上述义务，应当承担违约责任，后果是，承运人有权将上述影响公共安全的物品予以卸下、销毁或者送交有关部门。如果旅客坚持携带或者夹带的，承运人有权拒绝运输，即强制解除客运合同。该条实际上也是规定，危险物品或者违禁物品不是旅客运输合同中合法的携带物，危险物品或者违禁物品本身对于旅客、承运人的人身、运输工具、财产的安全存在重大隐患，对于公共安全具有重大威胁，旅客运输合同是对于人的运输而非对物的运输，所以危险物品或者违禁物品不能出现在旅客运输过程中。

🎗 案例评析

孙某某与中国南方航空股份有限公司买卖合同纠纷案[①]

　　案情：原告孙某某购买了南方航空公司的联程机票由美国纽约飞往济南。因南方航空公司没有将孙某某行李中携带的 12 个打火机一同随机运输到目的地，而是通过快递方式邮寄给孙某某，孙某某对此提出异议。《中华人民共和国合同法》第 297 条规定，旅客不得随身携带或者在行李中夹带易燃、易爆、有毒、有腐蚀性、放射性以及有可能危及运输工具上人身和财产安全的危险物品或者其他违禁品。旅客违反前款规定的，承运人可以将违禁物品卸下、销毁或者送交有关部门。旅客坚持携带或者夹带违禁物品的，承运人应当拒绝运输。故旅客应当履行法律规定的义务，不得在行李中夹带违禁物品；而承运人对旅客行李中的违禁品，应当拒绝运输。孙某某未提交证据证明南方航空公司承诺其可以在行李中托运打火机，打火机在转机时被扣留系孙某某托运违反中国民用航空局的相关规定所致，责任在孙某某，并不是由于南方航空公司在履行合同中的过错而造成的损失。打火机由广州速运到济南花费 300 元是孙某某收取涉案打火机的必要花费，其要求南方航空公司赔偿邮寄费

---

　　① 审理法院：一审法院为山东省济南市高新技术产业开发区人民法院，案号：（2018）鲁 0191 民初 1320 号；二审法院为山东省济南市中级人民法院，案号：（2018）鲁 01 民终 8540 号。

300 元的请求，不予支持。

评析： 民法典第 818 条延续了《合同法》第 297 条的规定。孙某某与南方航空公司之间存在运输合同关系，孙某某由美国纽约飞往济南的航程中，在行李中携带打火机的事实清楚，双方对此均无异议。因中国民用航空局明令禁止旅客将打火机放置在托运行李中运输，故孙某某在广州转机时，被安检机构发现行李中有违禁物品而予以扣留，导致打火机由广州快递到济南而产生运费 300 元。上述对打火机处置过程中，南方航空公司并无违反运输合同及法律规定之处。一审法院认定造成打火机被扣留的责任在孙某某并无不当。孙某某推定中、美之间签订互认航空安保标准条款，但未提交证据证实，本院不予采信。因南方航空公司在履行涉案运输合同中无过错及违约行为，孙某某要求南方航空公司承担涉案快递邮寄费、误工损失并向其赔礼道歉的诉讼请求均不成立。

> ▶▶ **第八百一十九条** 承运人应当严格履行安全运输义务，及时告知旅客安全运输应当注意的事项。旅客对承运人为安全运输所作的合理安排应当积极协助和配合。

🏛 条文要义

本条是对承运人承担安全运输义务的规定。

在客运合同中，承运人在应当履行的义务中，安全运输义务是重要内容。承运人在履行安全义务中，应及时告知旅客安全运输应当注意的事项，要求旅客按照要求进行，例如乘坐飞机要系好安全带。旅客对承运人为安全运输所作的合理安排，负有积极协助和配合的义务，按照承运人的要求做好。本条的规定具有很强的现实意义。实践中，旅客不听承运人的指导、安排和劝阻的事情时有发生，这些行为不但是旅客的一种违约行为，更是一种对其他旅客、公共安全有巨大危险的行为，承运人对旅客这些行为的劝阻，不但是承运人的权利，也是承运人的义务。这也是在《合同法》基础上新增加的规定，加重了承运人对旅客的安全保障义务，实质上加重了旅客的遵守承运人安全运输指示的义务。

🎯 案例评析

冯某某与林某某运输合同纠纷案[①]

案情： 被告林某某驾驶其闽 EU00××号轿车与原告冯某某一同到冯某某暂住

---

① 审理法院：一审法院为福建省龙海市人民法院，案号：（2013）龙民初字第 2243 号；二审法院为福建省漳州市中级人民法院，案号：（2014）漳民终字第 297 号。

地——榜山镇平宁村严溪头社。陈某金抱着儿子冯某宝坐在副驾驶座,冯某某坐车后排座。林某某驾车驶出不久,约当天 20 时 52 分,在龙海市平宁开发区十字路口,林某某的车与高某国驾驶的闽 E996×× 号轿车发生碰撞,造成冯某某、陈某金、冯某宝三人不同程度受伤及两车局部受损的交通事故。龙海市公安局交通管理大队认定:林某某负本事故的全部责任,高某国及冯某某一家三人不负事故责任。当晚,冯某某一家三人前往龙海市中医院治疗,冯某某从 2 月 8 日入院至 2 月 20 日出院,共住院治疗 12 天,花费医疗费计人民币 4 181.8 元(本判决以下所涉金额均指人民币)。起诉前,冯某某委托福建宗证司法鉴定所对其伤情进行鉴定,结果为 10 级伤残。法院依照《中华人民共和国合同法》第 107 条、第 288 条、第 290 条、第 298 条的规定,判决:林某某应于本判决生效后 10 日内偿付冯某某医疗费及营养费、伙食补助费、误工费、护理费、交通费等相关损失合计 6 814.09 元。

评析:冯某某及妻子陈某金、儿子冯某宝搭乘林某某驾驶的轿车至漳州市区,约定支付运输费用,双方形成了运输合同关系。林某某应当将冯某某等安全运输到约定地点,但林某某未能履行安全运输义务,应当承担赔偿冯某某损失的违约责任。故冯某某请求林某某赔偿支付的医疗费用,于法有据,应予以支持。冯某某因受伤住院治疗期间缺乏生活自理能力和劳动能力,林某某以冯某某无收入证明等否定误工费、护理费的赔偿,于法无据,不予采纳。林某某搭载冯某某一家,约定收取运输费用,双方形成了事实上的运输合同关系。林某某在履行运送义务过程中致冯某某受伤,应当承担未尽安全运送义务的责任,赔偿冯某某的损失。冯某某请求林某某赔偿医疗费用、营养费以及住院期间的误工费、护理费、交通费等相关损失,于法有据,应予支持。

▶▶ **第八百二十条** 承运人应当按照有效客票记载的时间、班次和座位号运输旅客。承运人迟延运输或者有其他不能正常运输情形的,应当及时告知和提醒旅客,采取必要的安置措施,并根据旅客的要求安排改乘其他班次或者退票;由此造成旅客损失的,承运人应当承担赔偿责任,但是不可归责于承运人的除外。

🏛 条文要义

本条是对承运人不能正常运输时应负的义务和造成损失的赔偿责任的规定。

客票上载明的时间、班次和座位号,是客运合同双方当事人的合意。承运人应当按照客票载明的时间、班次和座位号运输,将旅客安全运送到约定地点。承运人迟延运输或者有其他不能正常运输的情形,应当承担的责任是:第一,对旅客承担及时告知和提醒义务,满足旅客的知情权。第二,采取必要的安置措施。承运人不能按照约定的内容履行运输义务,除了需要满足旅客的知情权之外,还需要妥善安置旅客，而不是放任不管。第三，根据旅客的要求安排改乘其他班次或者退票，即变更或者解除合同，这是旅客的权利，承运人负有应当予以满足的义务。第四，因承运人迟延运输或者出现了其他不能正常运输的情形而给旅客造成损失的，承运人应当承担赔偿责任，但是不可归责于承运人的除外，例如，天气原因以及其他不可抗力原因导致的运输迟延，承运人不承担赔偿责任。

与《合同法》第 299 条规定相比，本条增加的新规则是：

1. 承运人迟延运输或者有其他不能正常运输的情形，应当及时告知和提醒乘客，采取必要的安置措施，也应当同时履行原来规定的安排改乘其他班次或者退票的义务。这些义务不履行，应当承担相应责任。

2. 不能正常运输时，承运人不履行上述义务的责任是，给旅客造成损失的，应当承担赔偿责任，只有属于不可归责于承运人的除外，例如暴雨、雷电所致航班延误等。

 **案例评析**

郝某某与兰州铁路局铁路旅客运输合同纠纷案①

案情： 2015 年 8 月 4 日，原告郝某某通过 12306 铁路客服网站购买了 2015 年 8 月 13 日从郑州到江苏泰州的 K420 次列车车票一张，该次列车由被告兰州铁路局担当。车票显示发车时间为 8 月 13 日凌晨 1：53，8 月 13 日凌晨原告赶到郑州火车站候车。由于 8 月 12 日下午至晚间 K420 次列车所经西安铁路局管内区域出现较强降雨天气，为确保运营安全，西安铁路局管内部分线路区间临时封锁检修，K420 次列车因此受到影响，不能正点到达郑州车站。原告从候车室显示屏显示的晚点信息及广播中得知该车晚点后，办理了退票手续，并改乘飞机前往目的地。原告认为，其改乘飞机、出租车的花费计 1 525 元，系 K420 次列车晚点、被告未按约定履行合同义务给其造成的损失，要求被告赔偿。法院依照《中华人民共和国合同法》第 290 条、第 298 条、第 299 条、《中华人民共和国铁路法》第 12 条之规定，判决驳回原告郝某某的诉讼请求。案件受理费 50 元，由原告郝某某承担。

评析： 本案系铁路旅客运输合同纠纷，系因 K420 次列车延迟到达郑州火车站而引起。因旅客列车系公共运输工具，必须注重公共利益及公众安全，在运输过程中，承运人基于暴雨、线路检修等原因接受相应铁路调度部门的指令而采取停车、减速等措施导致列车延迟到达的，应认定具备正当理由，同时承运人应履行其相应的法定义务。民法典第 820 条规定，承运人应当按照有效客票记载的时间、班次和座位号运输旅客。承运人迟延运输的或者有其他不能正常运输情形的，应当告知和提醒旅客，采取必要的安置措施，并根据旅客的要求安排改乘其他班次或者退票；由此

① 审理法院：河南省郑州铁路运输法院，案号：（2015）郑铁民初字第 34 号。

造成旅客损失的，承运人应当承担赔偿责任，但是不可归责于承运人的除外。《铁路法》第12条规定，"铁路运输企业应当保证旅客按车票载明的日期、车次乘车，并到达目的地站。因铁路运输企业的责任造成旅客不能按车票载明的日期、车次乘车的，铁路运输企业应当按照旅客的要求，退还全部票款或者安排改乘到达相同目的站的其他列车"。本案中，承运人就K420次列车晚点情况已通过候车室电子显示屏和广播等方式及时履行了相应的告知义务并致歉，同时按照郝某某的要求，为其办理了全额退票手续，承运人已承担了相应的法定责任。

▶▶ **第八百二十一条** 承运人擅自降低服务标准的，应当根据旅客的请求退票或者减收票款；提高服务标准的，不得加收票款。

🏛 条文要义

本条是对承运人擅自降低服务标准的规定。

在客运合同中，承运人应当按照约定的标准提供运输工具。承运人没有经过旅客的同意而擅自变更运输工具等降低服务标准，会引起法律上的后果。

1. 承运人擅自变更运输工具等降低服务标准的，属于典型的违约行为，旅客享有解除权和减收票款的变更权，承运人应当根据旅客的请求退票即解除合同，或者减收票款即变更合同价款条款。

2. 承运人擅自变更运输工具而提高服务标准的，虽与约定不一致，但对旅客有利，且属于承运人本身的过失，因此规定承运人不得加收票款，例如因航空公司超售的原因，将旅客由经济舱升为公务舱的，承运人不得增收票款。

🌰 案例评析

张某某与沈阳爱思开汽车客运站有限公司服务合同纠纷案①

案情： 2017年2月11日，原告张某某在爱思开客运站公司购买一张沈阳到通辽的汽车客票。当天，张某某乘坐爱思开客运站公司调配的车牌号为辽AF06××的运营车辆，从沈阳站到达沈阳北站，到达沈阳北站后，司机通知车上乘客换乘另一辆去往通辽的客车，车上其他乘客全部下车换乘到了另一辆车牌号为蒙G511××的运营车辆，张某某称自己当时因一直在打电话，未听到司机的通知，等他打完电话，发现车上就剩张某某自己。后张某某在沈阳站租了一辆车并于当天晚上到达了通辽市。法院依据《中华人民共和国合同法》第300条的规定，"承运人擅自变更运输工

---

① 审理法院：一审法院为辽宁省沈阳市和平区人民法院，案号：(2017) 辽0102民初5969号；二审法院为辽宁省沈阳市中级人民法院，案号：(2017) 辽01民终9241号。

具而降低服务标准的，应当根据旅客的要求退票或者减收票款；提高服务标准的，不应当加收票款"。爱思开客运公司应按合同约定履行合同义务，现爱思开客运公司未按照合同约定提供指定的客车运载乘客，属于违约行为，不但应承担退票的责任，还应承担旅客支付的其他必要费用。本案中，张某某的损失，应包括张某某乘车从沈阳北站前往被上诉人处进行投诉的出租车费 13 元及张某某自行选择其他交通工具前往目的地的合理交通费用。

评析： 民法典第 821 条延续了《合同法》第 300 条的规定。旅客运输合同为格式合同，通常采用票证的形式。本案中上诉人张某某在被上诉人爱思开客运站公司购买客车票，约定目的地为通辽市。张某某支付购票款后，爱思开客运站公司向其交付车票，双方合同成立并生效，对合同双方具有法律效力。爱思开客运站公司应对张某某持该车票能够乘坐指定客车、指定时间到达指定目的地承担合同义务，现张某某持票乘坐指定客车后，在未到达指定目的地时，承运人中途更换车辆。法院认为，被上诉人爱思开客运公司应按合同约定履行合同义务，现被上诉人未按照合同约定提供指定的客车运载乘客，属于违约行为，应承担违约责任：当事人一方不履行合同义务或者履行合同义务不符合约定的，应当承担继续履行、采取补救措施或者赔偿损失等违约责任。关于违约责任如何承担问题，当事人一方不履行合同义务或者履行合同义务不符合约定，给对方造成损失的，损失赔偿额应当相当于因违约所造成的损失，包括合同履行后可以获得的利益，但不得超过违反合同一方订立合同时预见到或者应当预见到的因违反合同可能造成的损失。

> ▶▶ **第八百二十二条** 承运人在运输过程中，应当尽力救助患有急病、分娩、遇险的旅客。

🏛 条文要义

本条是对承运人救助义务的规定。

在客运合同履行过程中，承运人对旅客负有救助义务，这属于承运人的附随义务，旅客运输过程中，旅客处于运输工具的有限空间内，只有承运人能对运输工具予以有效控制。因此，在运输过程中，如果承运的旅客出现意外情况，如患病、分娩、遇险等，承运人应当尽力救助，尽力采取救助措施，使旅客脱离危险。这是承运人负担的安全运输义务的表现，也是保障旅客安全的内容，承运人应当善尽这一义务。违反该义务造成后果的，应当承担违约责任。客运合同是对人的运输，承运人应确保运输过程中旅客的安全，有条件的承运人应配备相关急救的医疗用品和户外工具，以确保在救助过程中对旅客人身利益的最大化维护。

案例评析

姜某与吉林吉运集团有限公司旅客运输合同纠纷案①

案情： 2018 年 6 月 5 日，原告姜某在中途上车，乘坐吉运公司所有吉 AB63××由长春市发往五大连池的客运客车。姜某乘坐吉运公司运营的吉 AB63×× 长春发往五大连池的长途客运汽车，已形成了运输服务合同关系，该车辆由司机关恒某驾驶。途中姜某突发心脏病感觉心脏难受，要求司机停车。姜某在患病时意识清晰，其本人与家属沟通，姜某要求将姜某放到车下，吉运公司将姜某放到车下，并由同行乘客照顾，车辆司机将车辆开到不远处德惠收费站出口等待，至交警及家人将其送至医院抢救，姜某没有要求司机及随行乘客打 110 及 120 电话，并且即使 120 抢救，经交警网站确认 120 车辆无法及时赶到事发现场，后姜某经抢救治疗完毕，没有发生耽误治疗情形，姜某提出吉运公司司机没有展开救助，也没有利用通信工具及时报警及拨打急救中心电话，置姜某的生命危险而不顾的主张，不予支持。姜某请求判令吉运公司赔偿医疗费、住院伙食补助费、营养费、护理费、误工费、交通费等相关损失共计 64 391.74 元的请求，不予支持。

评析： 民法典第 822 条延续了《合同法》第 301 条的规定。本条规定的是承运人在履行旅客运输合同时的法定义务。本案事发地点是高速公路，存在不能随意停车的特殊性，吉运公司将姜某放在高速公路路边系按照姜某本人及其子女的要求，并非置姜某于不顾，吉运公司在姜某下车同时还安排乘客予以陪同，在高速公路出口处等待，未离开，可见，吉运公司在运输过程中应旅客要求尽到了救助义务。根据陪同姜某下车的乘客证言，能够证实姜某下车前意识状态清晰，此时要求一名司机能够准确判断出姜某是否突发急病，应否拨打急救电话，过于苛刻。因此，姜某主张吉运公司没有在第一时间停车违反救助义务无事实及法律依据，法院未支持姜某的诉讼请求并无不当。

> ▶▶ **第八百二十三条** 承运人应当对运输过程中旅客的伤亡承担赔偿责任；但是，伤亡是旅客自身健康原因造成的或者承运人证明伤亡是旅客故意、重大过失造成的除外。
>
> 前款规定适用于按照规定免票、持优待票或者经承运人许可搭乘的无票旅客。

条文要义

本条是对旅客伤亡损害赔偿责任的规定。

---

① 审理法院：一审法院为吉林省长春市南关区人民法院，案号：（2018）吉 0102 民初 4739 号；二审法院为吉林省长春市中级人民法院，案号：（2019）吉 01 民终 1794 号。

承运人应当保障旅客的人身安全，对旅客在运输过程中伤亡的，应当承担赔偿责任，无论承运人对此伤亡是否有过错。这种赔偿责任，既是违约责任，也是侵权责任，应当适用民法典第186条的规定，由受害的旅客选择适当的请求权。承运人免除责任的事由是：（1）旅客因自身健康原因造成的伤亡；（2）承运人能够证明伤亡是由旅客的故意、重大过失造成的。承运人对旅客伤亡的损害赔偿责任及免责事由，不仅适用于正常购票乘运的旅客，而且适用于按照规定免票、持优待票或者经承运人许可搭乘的无票旅客，因此这些旅客与承运人之间存在合法有效的客运合同。对于没有合法有效的合同关系、未经允许乘坐的无票乘坐人，承运人对其伤亡不承担赔偿责任。

🔴 案例评析

马某某、河南中州集团南阳中林运输有限公司运输合同纠纷案①

案情：原告马某某与儿子龚某户籍一起迁回南阳市卧龙区蒲山镇，母子二人共同居住在南阳市××小区××楼××室。龚某因故不幸身亡。关于中林运输公司的责任问题。在客运合同的履行过程中，相较于乘客，承运人是专业的从业人员，其对于所进行的运输事务更为熟悉，对旅客安全具有更高的注意义务，如在运输途中出现突发状况，承运人应当及时采取必要措施予以适当处理，以充分保障旅客的安全。因此，中林运输公司在承担旅客正常乘车时的安全保障义务之外，当出现漏载乘客的情形时，也应及时采取妥善的处理措施，来保证漏载乘客的基本安全。法律具有指引、评价、预测和教育作用，并应承担践行社会主义核心价值观及社会价值的导向责任。从本案情况看，中林运输公司漏载乘客龚某的事实清楚，在龚某被中林运输公司漏载后，中林运输公司并未采取适当的方法寻找、帮助龚某，而是自行离去，由此可以看出，中林运输公司对乘客安全持淡漠态度，企业社会责任感严重缺失。虽然中林运输公司的违约行为与龚某的死亡结果之间无直接因果关系，但其在运输过程中，确实漏载了乘客龚某，行为存在过错，其后中林运输公司亦未采取有效措施对龚某进行安排，也与社会主义核心价值观倡导的善良行为导向不相符。考虑到中林运输公司对龚某的死亡后果确不能预见，马某某要求中林运输公司承担150 000元赔偿责任的依据不足。综合本案情况，本院酌情由中林运输公司一次性给予马某某经济补偿人民币30 000元。

评析：民法典第823条延续了《合同法》第302条的规定。本条规定，承运人应当对运输过程中旅客的伤亡承担损害赔偿责任，但伤亡是旅客自身健康原因造成的或者承运人证明伤亡是旅客故意、重大过失造成的除外。从该条规定分析，承运人在运输合同中对旅客承担违约损害赔偿责任的条件是：（1）旅客的伤亡是在承运人的运输过程中；（2）承运人有违法、违约行为；（3）承运人的违法、违约行为与

---

① 审理法院：一审法院为河南省南阳市卧龙区人民法院，案号：（2019）豫1303民初2515号；二审法院为河南省南阳市中级人民法院，案号：（2019）豫13民终4031号。

旅客的伤亡有直接的因果关系；（4）旅客对自己的伤亡无故意或重大过失。就本案来说，中林运输公司在龚某未坐上车的情况下，自行离去，其行为构成违约。但龚某的死亡，并非发生在中林运输公司的运输途中，而是龚某自行到达湖南省耒阳市，并违反铁路法律法规规定从京广线 K1817+270 米处东侧开口进入永耒铁路线路，又翻越隔离栏进入京广线内，与火车相撞，导致龚某的死亡。该死亡后果与中林运输公司的违约没有直接的因果关系。且龚某在此事故中负直接和主要原因，具有重大过失。

▶▶第八百二十四条 在运输过程中旅客随身携带物品毁损、灭失，承运人有过错的，应当承担赔偿责任。

旅客托运的行李毁损、灭失的，适用货物运输的有关规定。

🏛 条文要义

本条是对旅客随身携带行李毁损、灭失损害赔偿责任的规定。

在客运合同中，承运人对运输过程中旅客随身携带的行李毁损、灭失承担赔偿责任。承运人对于旅客财物损害的赔偿责任承担与对旅客人身损害的赔偿责任承担完全不同，前者只有在承运人有过错的情况下，承运人才承担责任。这与客运合同的目的是相关的，客运合同的目的是对人的运输而非对物的运输，因此要求承运人对旅客的人身安全承担高度的注意义务和合同责任，对旅客财物承担一般的注意义务和合同责任。

旅客行李财物损害赔偿责任分为两种情形。

1. 旅客随身携带的行李毁损、灭失的，承运人应当承担过错责任的损害赔偿责任，承运人对行李的毁损、灭失有过错的，承担赔偿责任，没有过错，不承担责任。

2. 旅客托运行李的毁损、灭失，适用货物运输的有关规定，即民法典第 832 条关于"承运人对运输过程中货物的毁损、灭失承担损害赔偿责任，但是，承运人证明货物的毁损、灭失是因不可抗力、货物本身的自然性质或者合理损耗以及托运人、收货人的过错造成的，不承担损害赔偿责任"的规定，确定赔偿责任。

🔵 案例评析

抚州市临川汽车运输有限公司、王某某运输合同纠纷案[①]

案情：2009 年 11 月 13 日，皖 K×××号、赣 F×××号、浙 1B7××号、赣 F

① 审理法院：一审法院为江西省抚州市临川区人民法院，案号：（2010）临民初字第 1099 号；二审法院为江西省抚州市中级人民法院，案号：（2014）抚民二终字第 35 号；再审法院为江西省高级人民法院，案号：（2015）赣民提字第 18 号。

×××号、赣B10××号五车发生五车燃烧损毁及车上货物、行李被烧毁的特大道路交通事故。王某某、王某辉作为本案原告，对于烧毁物品源于2009年11月13日的交通事故现场负有举证责任。本案交通事故发生于2009年11月13日，11月16日王某某、王某辉自行将烧毁物品委托江西赣州司法鉴定中心作恢复原貌性价值评估，但直至2010年1月5日才将烧毁物品交当时现场办案的交警查看，2011年1月5日，办案交警向一审法院陈述称事发时未逐一对所有车上损坏的物品进行核实、拍照，该陈述并未证明烧毁物品来自现场。虽然2010年3月30日江西省公安厅交通警察总队直属五支队第四大队出具了《证明》，但《证明》中没有单位负责人签名或盖章，也没有加盖单位印章，只有事故处理章。法院认定，《合同法》第303条规定，在运输过程中旅客自带物品毁损、灭失，承运人有过错的，应当承担损害赔偿责任。旅客托运的行李毁损、灭失的，适用货物运输的有关规定。适用该条应予注意的是，旅客应对其自带物品承担举证责任，否则将面临举证不能、不予以赔偿的风险。

评析：民法典第824条延续了《合同法》第303条的规定。根据民事诉讼中的"谁主张，谁举证"原则，依据《最高人民法院关于适用〈中华人民共和国民事诉讼法〉若干问题的意见》第77条规定："依照民事诉讼法第六十五条由有关单位提出的证明文书，应由单位负责人签名或盖章，并加盖单位印章。"交警《证明》不符合上述法律规定，同时，该《证明》中称物品在事故现场烧毁，与办案交警调查核实时所称"未逐一对所有车上损坏的物品进行核实、拍照"内容相矛盾，该《证明》不具有证据的法律效力，不予采信。因此，从整个案件查明的事实来看，没有充分证据证明王某某、王某辉从烧毁现场提取了涉案物品，也不能证明江西赣州司法鉴定中心鉴定的物品是从2009年11月13日车祸现场提取，依据《最高人民法院关于适用〈中华人民共和国民事诉讼法〉的解释》第90条的规定，王某某、王某辉应承担举证不能的法律后果。

第三节　货运合同

▶▶**第八百二十五条**　托运人办理货物运输，应当向承运人准确表明收货人的姓名、名称或者凭指示的收货人，货物的名称、性质、重量、数量，收货地点等有关货物运输的必要情况。

因托运人申报不实或者遗漏重要情况，造成承运人损失的，托运人应当承担赔偿责任。

🏛 条文要义

本条是对货运合同及托运人如实申报的规定。

　　货运合同，是指承运人将托运人交付的运输货物运送到约定地点，托运人支付运费的合同。其特征是：（1）货运合同往往涉及第三人即收货人；（2）货运合同的标的是运输行为，不仅要将运输的货物运输到目的地，而且要把货物交付给收货人。货运合同的成立，以托运人提出运输货物的请求为要约，以承运人的同意运输为承诺。

　　托运人托运货物应当办理托运手续，负有如实申报义务，如实填报托运单，承运人在托运单上签字认可后，货运合同即告成立。如实申报的内容是：（1）收货人：向承运人准确表明收货人的姓名（自然人）或者名称（法人或者非法人组织）或者凭指示的收货人；（2）托运的货物：货物的名称、性质、重量、数量；（3）收货地点；（4）有关货物运输的必要情况，如是否为鲜活物品等。托运人不如实申报的后果是：因托运人申报不实或者遗漏重要情况，造成承运人损失的，托运人应当承担赔偿责任。

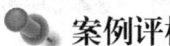

案例评析

陈某某、广东华迅实业有限公司与中海集装箱运输股份有限公司
海上货物运输合同纠纷案[①]

　　案情： 2012 年 6 月 11 日，被告陈某某委托原告中海公司承担将箱号为CCLU6940093 的 40 尺集装箱从广州市鸦岗运至营口的运输。中海公司作为承运人，安排驳船"横县四官 665"轮承运该集装箱及其他货物由鸦岗至南沙新港。6 月 14 日，该驳船靠泊南沙码头时，因该集装箱内私自夹带 160 件属于易燃危险货物的固化剂，导致集装箱发生爆炸。华迅公司和陈某某作为货物的托运人，在货物包装或货物申报中都未能依法进行标注、警示与说明，应就中海公司因事故所遭受的损失承担连带赔偿责任。请求法院判令陈某某与华迅公司连带赔偿中海公司经济损失共计 325 761.93 元，并承担本案的全部诉讼费用。根据《中华人民共和国合同法》第304 条的规定，陈某某作为托运人，在托运时应向中海公司如实申报所托运货物的品名，如实填写沿海内贸货物托运委托书托运的货物名称。但陈某某违反上述法律规定，在明知托运的货物为固化剂的情况下，仍申报为日用品，由此造成本案事故的发生。承运人中海公司因此而遭受了损失，陈某某应对该损失承担赔偿责任。

　　评析： 民法典第 825 条延续了《合同法》第 304 条的规定。华迅公司为第CCLU6940093 号集装箱内固化剂的实际托运人，其经营范围包括危险货物运输，对固化剂在包装、运输方面的要求应是清楚明确的。但华迅公司在将固化剂交付运输时，没有妥善包装，外包装上没有写明货物的储运方式，也没有对固化剂的特性和

---

① 审理法院：一审法院为广东省广州海事法院，案号：（2013）广海法初字第 616 号；二审法院为广东省高级人民法院，案号：（2014）粤高法民四终字第 28 号。

搬运方式作出明确具体的说明，在案外人卢某甲和陈某某提出疑问后，仍然试图隐瞒固化剂的性质和特点，主观上存在故意隐瞒的心理，对因固化剂自燃导致集装箱膨胀爆炸的事故负有不可推卸的责任，应对中海公司因此所遭受的损失承担赔偿责任。陈某某作为托运人，应对托运货物的性质、是否属于危险品有一定的认识，在货物装箱过程中发生泄漏并出现伤害人体皮肤的情况下，仍然没有引起警惕，并在明知卢某甲委托的货物为固化剂的情况下，却以"日用品"申报货物品名，违反如实申报的义务，陈某某也应对中海公司因该起事故造成的损失承担赔偿责任。陈某某与华迅公司对该事故的发生存在共同过错，两者的过错行为共同导致了事故的发生，应对承运人因该事故而遭受的损失承担连带赔偿责任。

▶▶ **第八百二十六条** 货物运输需要办理审批、检验等手续的，托运人应当将办理完有关手续的文件提交承运人。

🏛 条文要义

本条是对托运人提交审批、检验等文件的规定。

对于货物的运输，有些会涉及各种审批、检验等手续问题。例如国际货物运输合同，须向海关办理出口货物的报关，须为出口的货物办理检疫、检验等手续。这些手续是货物运输所必需，没有这些手续，无法进行正常的运输。因而，对需要国家审批、检验之后才可以运输的货物，托运人应当按照规定办理，并将办理的审批、检验手续的文件提交给承运人，以保证货物运输的正常进行。

案例评析

孙某某与蓬莱市金海港船务有限公司、寿光市奥龙航运有限公司
水路货物运输合同纠纷案①

案情： 2011 年 5 月 25 日，孙某某与金海港船务公司在山东蓬莱签订了一份物流代理委托合同，主要约定孙某某运输硫铁矿（每月 3000 吨—6000 吨）自山东蓬莱港到安徽铜陵港。该轮起航开往安徽铜陵港后，2011 年 6 月 27 日下午 15：55 时许，该轮在山东荣成石岛以南的苏山岛附近海域沉没。本案货物属于含水散矿货物，"《海运精选矿粉及含水矿产品安全管理暂行规定》第四条 托运人提供上述证明文件后，船方应签认托运人提供的计划积载图以及装货注意事项交给起运港，并要求起运港应严格按照计划积载图、密切配合船方进行装载，在装货过程中保持船体正

---

① 审理法院：一审法院为山东省青岛海事法院，案号：（2012）青海法海商初字第 635 号；二审法院为山东省高级人民法院，案号：（2015）鲁民四终字第 35 号。

浮，装载完毕后，船方要求起运港按自己的要求做好平舱工作；第五条 船方应认真计算船舶稳性，保证船舶在恶劣海况中航行时有良好的稳性；第六条 装船前，船方应适当取样，用简易方法检验含水率是否符合运输要求，如发现问题，应及时通知货方申请地方产品质量监督检验部门重新检验。第九条 凡使用一般货船装运水选精矿粉和被水湿浸过的矿产品，精选矿粉和矿产品的含水率不得超过可运含水率。一般可按含水率不超过8%的标准执行，超过此标准的，可不予承运。第十条 为防止或减少货物在运输中的横向移动，可将部分精选矿粉装袋，用以设置中纵向隔堵。"本案奥龙航运公司作为涉案货物的实际承运人，没有依据上述规定确认货物是否适运，造成货物随船沉没灭失，应对货物灭失承担相应的过错责任。综合考虑本案的实际情况及孙某某、奥龙航运公司的过错程度，确定奥龙航运公司承担50%的赔偿责任，孙某某自行承担50%的过错责任较为合理。

评析： 民法典第826条延续了《合同法》第305条的规定。金海港船务公司不具备国内水路运输经营资质，其与孙某某签订的国内水路货物运输合同为无效合同。国内水路货物运输合同无效，运输过程中货物发生了毁损、灭失，托运人或者收货人向承运人主张损失赔偿的，人民法院可以综合考虑托运人或者收货人和承运人对合同无效和货物损失的过错程度，依法判定相应的民事责任。金海港船务公司与孙某某签订国内水路货物运输合同，对于合同无效，金海港船务公司与孙某某均有过错。根据上述《暂行规定》的规定，托运人托运精选矿粉及含水矿产品，应向起运港、港务监督（含港航监督）、承运船舶提供由装船口岸地方产品质量监督检验部门签发的有关含水率、静止角、货物的物化性能和积载因数的证明文件。《合同法》第305条规定，货物运输需要办理审批、检验等手续的，托运人应当将办理完有关手续的文件提交承运人。依照上述规定，孙某某托运本案所涉货物，应向起运港、港务监督（含港航监督）、承运船舶提供由装船口岸地方产品质量监督检验部门签发的有关含水率、静止角、货物的物化性能和积载因数的证明文件，但其未提供，致使船方不能了解货物是否适运，对货物损失的发生有过错，应当承担50%的民事责任。

▶▶ **第八百二十七条** 托运人应当按照约定的方式包装货物。对包装方式没有约定或者约定不明确的，适用本法第六百一十九条的规定。

托运人违反前款规定的，承运人可以拒绝运输。

📖 条文要义

本条是对托运货物包装的规定。

在货运合同中，托运人对托运的货物负有包装的义务，以保证货物在运输途中不因包装不妥而毁损、灭失。托运人履行对运输货物包装义务的方法是：（1）合同对包装方式有约定的，托运人应当按照约定的方式包装货物。（2）合同中对包装方式没有约定或者约定不明确的，包装方式应当按照本法第619条规定的方法确定，即协议补充，按照补充协议约定的方法包装；补充协议仍然不能确定的，应当采用通用的方式包装；没有通用方式的，应当采取足以保护货物的包装方式进行包装。

托运人违反包装义务，没有采取适当方式包装托运货物，承运人有权拒绝运输，这并不违反强制缔约义务的规定，因为货物包装存在问题的话，可能导致承运人不能有效履行货运合同，使承运人对托运人承担违约责任；也可能导致承运人或其运输工具发生损害，所以承运人有权拒绝运输。

案例评析

广西浩凯船务有限责任公司与何某某、杨某某
通海水域货物运输合同纠纷案①

案情： 2010年11月20日，原告杨某某与被告浩凯公司签订航次出租合同，合同签订后杨某某即向浩凯公司支付定金5 000元。"海鑫66"轮装货完毕离港，开往三亚港。后"海鑫66"轮右倾沉没，船员被过往渔船救起。防城港海事局作出防港海事责（2011）006号水上交通事故责任认定书，该认定书认定：船舶触碰水下不明障碍物，导致船底破损，机舱逐渐进水致主、辅机停机，是船舶沉没的主要原因。本案中托运人与承运人并无包装的约定，依《合同法》第156条应当按照通用的包装，没有通用方式的，应当采取足以保护标的物的包装方式，在托运人未采取相应足以保护货物的包装的情况下，承运人有权拒绝运输。本案浩凯公司在红砖装船时未对货物的包装提出质疑，放弃了对标的物包装不合格拒绝运输的权利。作为承运人，应当有判断货物的基本包装是否满足最低运输标准的能力，其允许货物装船并起运，应当视为认可了承载的货物的包装是合格的，不会产生航运的风险，诉讼中再以此抗辩本院不予支持。

评析： 民法典第827条延续了《合同法》第306条的规定。依据本条的规定，浩凯公司作为承运人负有检查红砖包装是否符合安全运输的义务。在码头装运红砖时，浩凯公司清楚红砖绑扎带发生过断裂，但其未拒绝承运，只是由何某某、杨某某重新包装后继续承运，亦未声明对因红砖包装原因造成的损失不负赔偿责任，浩凯公司的行为可视为其认可何某某、杨某某对红砖的包装，现浩凯公司以此抗辩理由拒绝赔偿，违反诚实信用原则。浩凯公司主张本案事故为不可抗力所致，经查，防城港海事局海事责（2011）006号《水上交通事故责任认定书》上没有不可抗力情形的表述。由此可见，该事故是可以预见、避免并克服的，不属于不可抗力的范畴，

---

① 审理法院：一审法院为广西壮族自治区北海海事法院，案号：（2011）海商初字第60号；二审法院为广西壮族自治区高级人民法院，案号：（2012）桂民四终字第26号。

不适用《合同法》第 311 条承运人不承担损害赔偿责任的规定。

▶▶▶ **第八百二十八条** 托运人托运易燃、易爆、有毒、有腐蚀性、有放射性等危险物品的，应当按照国家有关危险物品运输的规定对危险物品妥善包装，做出危险物品标志和标签，并将有关危险物品的名称、性质和防范措施的书面材料提交承运人。

托运人违反前款规定的，承运人可以拒绝运输，也可以采取相应措施以避免损失的发生，因此产生的费用由托运人负担。

🏛 条文要义

本条是对托运人托运危险物品的规定。

托运人托运易燃、易爆、有毒、有腐蚀性、有放射性等危险物品，负有托运危险物品应当履行的义务，包括：（1）应当按照国家有关危险物品运输的规定对危险物品妥善包装；（2）做出危险物品标志和标签；（3）将有关危险物品的名称、性质和防范措施的书面材料提交承运人。托运人通过履行这些义务，保障托运的危险物品不发生危险，保护好托运人、承运人以及公众的安全。

危险物品不同于普通物品，包装存在问题，可能对公共安全造成威胁，托运人违反托运危险物品义务的后果是：（1）承运人可以拒绝运输，拒绝签订货运合同；（2）承运人也可以采取相应措施以避免损失的发生，因此产生的费用由托运人负担，例如承运人对托运的危险物品进行妥善包装，费用由托运人承担。上述两种方法，由承运人选择。

🟤 案例评析

连云港赣榆东宝化工有限公司与连云港顺泰物流有限公司、樊某某运输合同纠纷案①

案情： 2011 年 10 月 22 日，原告东宝公司与被告樊某某签订"东宝化工运输合同"，承运单位是顺泰公司。涉案运输合同是双方当事人的真实意思表示，不违反法律法规强制性的效力规定，合法有效，双方当事人均应当遵照履行。关于东宝公司产品包装是否符合国家标准的规定及其应否承担责任的问题。《中华人民共和国合同法》第 307 条第 1 款规定："托运人托运易燃、易爆、有毒、有腐蚀性、有放射性等

---

① 审理法院：一审法院为江苏省连云港市海州区人民法院，案号：（2013）海商初字第 341 号；二审法院为江苏省连云港市中级人民法院，案号：（2014）连商终字第 0268 号；再审法院为江苏省高级人民法院，案号：（2016）苏民再 300 号。

危险物品的，应当按照国家有关危险物品运输的规定对危险物品妥善包装，作出危险物标志和标签，并将有关危险品的名称、性质和防范措施的书面材料提交承运人。"东宝公司只是采用"双重内胆、外面是编织袋"的包装方法，东宝公司的包装明显不符合国家标准的规定。东宝公司上诉主张可以按客户要求协议办理产品包装，但作为危险品五硫化二磷的生产企业，无论客户有何特殊要求，其双方协议的包装方式均不应低于国家标准，东宝公司产品外包装以编织袋代替密封钢桶的方式明显不当，其应承担危险品包装不符国家标准的责任。另外，顺泰公司虽办理了五硫化二磷的道路运输许可手续，但并未取得工商登记许可，东宝公司未严格审查承运人的工商许可登记，也存在选择承运单位不当的过错。顺泰公司在仅办理五硫化二磷产品道路运输许可、尚未取得工商登记许可的情况下，承接该危险品的承运业务，其在委派车辆及安排的相关人员采取的处置措施等方面，均存在过错。

评析：民法典第 828 条延续了《合同法》第 307 条的规定。首先，关于顺泰公司的责任。顺泰公司采用不具备运输经营范围的车辆运送危险品五硫化二磷，且处置措施不当，对货物毁损存在过错。其次，关于东宝公司的责任。东宝公司只采用"双重内胆、外面是编织袋"的包装方法，明显不符合国家标准的规定。东宝公司主张可以按客户要求协议办理产品包装，但作为危险品五硫化二磷的生产企业，无论客户有何特殊要求，为确保安全，包装方式均不应低于国家标准，故东宝公司对产品以编织袋代替密封钢桶的外包装方式明显不当。东宝公司未尽托运人对货物安全包装的义务，未按法律规定向顺泰公司提交书面的防范措施材料，对货物毁损存在过错。

> ▶▶ **第八百二十九条**　在承运人将货物交付收货人之前，托运人可以要求承运人中止运输、返还货物、变更到达地或者将货物交给其他收货人，但是应当赔偿承运人因此受到的损失。

🏛 条文要义

本条是对托运人变更、解除货运合同的规定。

在货运合同履行过程中，托运人享有特别的解除权和变更权，这是由于货物运输是一个过程，在这个过程中，托运人有可能对托运的货物作出新的处分行为，因而应当享有这样的权利。故托运人在货物运输过程中，只要是未将货物交付收货人之前，都可以向承运人行使变更权和解除权，按照自己的意愿，对货运合同中的具体内容进行变更或解除：（1）中止履行合同：由承运人中止运输；（2）解除合同：要求承运人返还货物；（3）变更到达地：将原定货运合同的到达地由甲地变更为乙地；（4）变更收货人：即将货物交付原收货人之外的其他收货人。

托运人的变更权和解除权行使的期限，为承运人未将托运的货物交付收货人之前。承运人已经将托运的货物交付给收货人的，托运人不得变更或解除货运合同。

托运人变更或解除货运合同的后果是，因变更或者解除货运合同而给承运人增加额外负担的，应当对承运人因此而受到的损失承担赔偿责任。

案例评析

浙江隆达不锈钢有限公司与 A. P. 穆勒—马士基有限公司海上、通海水域货物运输合同纠纷案①

案情： 2014 年 6 月，原告隆达公司由中国宁波港出口一批不锈钢无缝产品至科伦坡。2014 年 7 月 9 日，隆达公司通过货代向被告马士基公司发邮件称，发现货物运错目的地要求改港或者退运。隆达公司系涉案货物托运人且持有全套正本提单，马士基公司系承运人，双方当事人之间成立海上货物运输合同法律关系。货物到港前，隆达公司要求马士基公司改港或者退运，但马士基公司已明确告知货物距抵达目的港不足 2 天，无法安排改港或退运。货物抵港后，隆达公司作为涉案货物的托运人和正本提单持有人，理应及时关注货物状态并采取有效措施，但直至货物被海关拍卖长达半年时间内，隆达公司均未采取自行提货等有效措施，相应货损风险应由隆达公司承担。隆达公司主张马士基公司未按指示改港或者退运，违反法定义务，但证据与理由不足，不予采信。一审法院依据《涉外民事关系法律适用法》第 3 条，《最高人民法院关于审理无正本提单交付货物案件适用法律若干问题的规定》第 8 条，判决驳回隆达公司的诉讼请求。

评析： 民法典第 829 条延续了《合同法》第 308 条的规定。隆达公司在涉案货物海上运输途中请求承运人改港或者退运，因海商法未就航程中托运人请求变更运输合同的权利予以规定，故本案适用合同法的有关规定。依据本条的规定，在承运人将货物交付收货人之前，托运人享有请求变更运输合同的权利，但双方当事人仍要遵循《合同法》第 5 条规定的公平原则确定各方的权利和义务。海上货物运输具有运输量大、航程预先拟定、航线相对固定等特殊性，托运人要求改港或者退运的请求有时不仅不易操作，还会妨碍承运人的正常营运或者给其他货物的托运人或收货人带来较大损害。在此情形下，如果要求承运人无条件服从托运人变更运输合同的请求，显失公平。因此，在海上货物运输合同下，托运人并非可以无限制地行使请求变更运输合同的权利，承运人也并非在任何情况下都应无条件服从托运人请求变更运输合同的指示。为合理平衡海上货物运输合同中各方当事人的利益，在托运人可以行使请求变更运输合同权利的同时，承运人也相应地享有一定的抗辩权。如

---

① 审理法院：一审法院为浙江省宁波海事法院，案号：(2015) 甬海法商初字第 534 号；二审法院为浙江省高级人民法院，案号：(2016) 浙民终 222 号；再审法院为最高人民法院，案号：(2017) 最高法民再 412 号。

果变更运输合同难以实现或者将严重影响承运人正常营运，承运人可以拒绝托运人改港或者退运的请求，但应当及时通知托运人不能执行的原因。涉案运输方式为国际班轮运输，载货船舶除运载隆达公司托运的四个集装箱外，还运载了其他货主托运的众多货物。在距目的港不足2天路程的情况下，原告隆达公司要求被告改港或者退运，会给被告造成较大损失，应当驳回原告的诉讼请求。

▶▶▶ **第八百三十条** 货物运输到达后，承运人知道收货人的，应当及时通知收货人，收货人应当及时提货。收货人逾期提货的，应当向承运人支付保管费等费用。

🏛 条文要义

本条是对承运人通知和收货人及时提货的规定。

货运合同履行中，货物运输到达运送地点后，承运人和收货人都负有相应的义务：（1）承运人的通知义务：承运人知道收货人的，应当及时通知收货人，通知的内容是货到、提货地点及提供时间，提示收货人按期提货。（2）收货人按期提货义务：收货人没有参与订立货运合同的活动，但其享受接收货物的权利，应当承担按期提货的义务。收货人提货后，货运合同消灭。收货人逾期提货，即为违反按期提货义务，应当向承运人支付保管费等逾期提货的费用。通知义务属于一种合同附随义务，通知义务不但包括承运人向收货人的通知，还包括如果承运人不知道收货人或者收货人信息不全，应向托运人问询收货人的信息，而不能放任货物无人认领。承运人履行了通知义务后，合同履行就转移到收货人一方，收货人怠于提货的，应当向承运人承担相关费用。

🫧 案例评析

云南云天化联合商务有限公司、洋浦泰源船务有限公司
运输合同纠纷案[①]

案情： 2014年7月16日，原告云天化公司与万鸿公司、洋浦泰源公司三方签订了《油轮运输合同》。云天化公司为承租人，洋浦泰源公司为出租方，万鸿公司为委托方，云天化公司接受万鸿公司委托向洋浦泰源公司租船，将货权属于云天化公司的货物运输至卸货港。2014年8月21日，云天化公司向洋浦泰源公司发送《关于"恒晖98"违规放货告知函》，要求洋浦泰源公司积极配合云天化公司追索货款并且保留通过法律途径向洋浦泰源公司追索的权利。2014年9月6日，云天化公司分别

---

① 审理法院：一审法院为辽宁省大连海事法院，案号：（2016）辽72民初673号；二审法院为辽宁省高级人民法院，案号：（2019）辽民终1061号。

向洋浦泰源公司与恒晖公司发送律师函，要求二公司采取有效措施收回全部货物并完成向云天化公司的交付，否则将向人民法院起诉；但律师函均被退回拒收。2014年9月10日，云天化公司以电子邮件分别向洋浦泰源公司与恒晖公司送达了上述律师函。法院认定，卸货指令系万鸿公司作出，洋浦泰源公司、华鸿公司、刘某华接受船舶承租人万鸿公司卸货指令，靠泊交付货物，系履行合同约定义务。卸货码头南京或常州是三方签订的《油轮运输合同》中所确定的，云天化公司是明知的，即便万鸿公司中途变更了收货人，但却未变更卸货码头，合同约定货物的货权属于云天化公司，云天化公司应当对货物在移库过程中进行有效监管，但云天化公司疏于对货物的监管，特别是在船舶到达卸货港时，云天化公司未安排人员接货，造成货物损失，客观上存在过错。

评析：民法典第830条延续了《合同法》第309条的规定。本案中《油轮运输合同》约定，云天化公司接受万鸿公司的委托向洋浦泰源公司进行租船，因此云天化公司作为受托人，万鸿公司作为委托人，双方之间构成委托代理关系，并且洋浦泰源公司对此亦知晓。《合同法》第402条规定，受托人以自己的名义，在委托人的授权范围内与第三人订立的合同，第三人在订立合同时知道受托人与委托人之间的代理关系的，该合同直接约束委托人和第三人，但有确切证据证明该合同只约束受托人和第三人的除外。因此，《油轮运输合同》直接约束万鸿公司、洋浦泰源公司，洋浦泰源公司按照万鸿公司指令进行货物的运输，并不违反合同约定。《合同法》第291条规定，承运人应当按照约定的或者通常的运输路线将旅客、货物运输到约定地点。因此，洋浦泰源公司依据合同约定，将案涉货物运输至南京港，已经完成了《油轮运输合同》项下的义务，并无违约行为。货物到达南京港后，云天化公司未能积极履行收货人义务，既未能提前准备好委托卸货协议与货物代管协议，亦未参与办理卸货手续，未能做到及时提货。《合同法》第309条规定，货物运输到达后，承运人知道收货人的，应当及时通知收货人，收货人应当及时提货。收货人逾期提货的，应当向承运人支付保管费等费用。因此，洋浦泰源公司接受万鸿公司指令，将油品卸入金翔油库，并无违约行为或侵权行为，云天化公司要求洋浦泰源公司承担连带赔偿责任，无事实与法律依据。

> ▶▶ **第八百三十一条**　收货人提货时应当按照约定的期限检验货物。对检验货物的期限没有约定或者约定不明确，依据本法第五百一十条的规定仍不能确定的，应当在合理期限内检验货物。收货人在约定的期限或者合理期限内对货物的数量、毁损等未提出异议的，视为承运人已经按照运输单证的记载交付的初步证据。

🏛 条文要义

本条是对收货人按期检验货物的规定。

承运人通知收货人货到、提货的通知，或者接到托运人的货到通知后，收货人应当如期检验货物，确定是否收货。收货人检验货物的期限确定方法是：

1. 按照约定的提货期限检验货物，即约定的是什么期限，按照约定的期限确定。

2. 对提货期限没有约定或者约定不明确的，依据民法典第510条规定重新协议，按照协议确定的期限检验货物。

3. 重新协议仍不能确定的，应当在合理期限内检验货物。

收货人在约定的期限或者合理期限内对货物的数量、毁损等未提出异议的，视为承运人已经按照运输单证的记载进行交付的初步证据。之所以强调这种情形是交付的初步证据，是因为收货人即使未在约定的或者合理期限内提出异议，以后也仍可以据此进行异议和提出索赔的相反的证据，一旦有证据证明货物的毁损、灭失是发生在运输期间的，承运人仍然应当承担赔偿责任。实际上是说，收货人在约定的期限或者合理期限内对货物的数量、毁损等未提出异议的，推定承运人交付的货物符合运输单证记载、货物状况良好，承运人已经按照运输单证的记载进行了交付；如果收货人有相反证据证明推翻这一推定的，则按照证明的实际情况认定事实。

案例评析

山东京博控股股份有限公司与山东神驰化工集团有限公司与山东京博物流中心有限公司运输合同纠纷案[①]

案情： 2012年4月5日，原告神驰化工公司、被告京博物流公司签订《运输合同》。2012年4月8日至12日，京博物流公司委派的个别车辆在运输过程中，中途擅自盗卖部分油品，用含甲缩醛的劣质油品充数量，造成神驰化工公司的油品2 788.217吨受到污染。神驰化工公司请求判令京博物流公司赔偿各项经济损失5 914 683元。法院判决，神驰化工公司不应因油品在入库和装船前未进行检验而承担责任。神驰化工公司的油品在出厂前进行了检测，并采取了铅封措施，运到童海油库后，因铅封完好，神驰化工公司有理由相信京博物流公司车辆运到的油品、装入储油罐的油品、从储油罐中装船外运的油品就是其出厂已检验合格的油品。上诉人主张被上诉人应在油品入库和装船前再次进行检验，但并未提供相应的行业惯例或合同约定等证据，故应承担举证不能的责任，神驰化工公司不应因油品在入库和装船前未进行检验而承担责任。神驰化工公司不存在发现油品质量问题后故意拖延导致损失扩大的情况。

评析： 民法典第831条延续了《合同法》第310条的规定。关于神驰化工公司

---

① 审理法院：一审法院为山东省东营市中级人民法院，案号：（2012）东商初字第82号；二审法院为山东省高级人民法院，案号：（2015）鲁商终字第22号；再审法院为最高人民法院，案号：（2015）民申字第3266号。

的检验义务以及是否存在未履行检验义务而致损失扩大的问题，本条规定了货运合同项下收货人提货时应按照约定的期限检验货物。根据原审查明的事实，京博物流公司安排的运输车辆装完油后均由神驰化工公司对加油口和卸油口打铅封，铅封有不同的编号且只能使用一次，密封的运输车辆到达目的地油库后，经神驰化工公司工作人员检查铅封完好后直接卸货。由于运输车辆的铅封完好，故神驰化工公司有理由相信所卸油品与加封前所运油品一致，神驰化工公司的行为表明其已经完成了收货时的检验义务。京博控股公司关于神驰化工公司未履行法定的收货检验义务的主张缺乏事实依据。当事人一方违约后，对方应当采取适当措施防止损失的扩大。神驰化工公司在发现涉案油品受污染后，采取了一系列及时、积极的处置措施，并未怠于履行减损义务。因此，京博控股公司关于神驰化工公司应自行承担未尽检验义务而致扩大损失部分的主张缺乏事实依据，该申请再审理由不能成立。至于京博物流公司主张的"在港口已履行交货义务，运输合同的权利义务全部终止，不应再承担因神驰化工公司疏于检验而产生的海上运输污染损失"的问题，京博物流公司并没有按照合同约定履行运输合同义务，神驰化工公司在油库检查铅封完好而卸货并不意味着京博物流公司的民事责任可以免除，京博物流公司该理由缺乏法律依据，亦不能成立。

> ▶▶ **第八百三十二条**　承运人对运输过程中货物的毁损、灭失承担赔偿责任。但是，承运人证明货物的毁损、灭失是因不可抗力、货物本身的自然性质或者合理损耗以及托运人、收货人的过错造成的，不承担赔偿责任。

🏛 条文要义

本条是对承运人对货损赔偿责任和免责事由的规定。

货运合同中承运人对货物损害的赔偿责任承担与在客运合同中承运人对旅客财物损害的赔偿责任承担是不同的，后者在承运人有过错的情况下承担责任。货运合同中，承运人对货物损害的赔偿责任承担的归责原则是严格责任原则，即无论承运人是否有过错，均应承担责任。

在货运合同中，对于在运输过程中发生的货损，即托运货物毁损、灭失，根据运输中的货物毁损、灭失风险负担规则的要求，应当由承运人负担。即承运人将货物交付收货人后，收货人经检验发现货物毁损或者灭失，承运人基于运输合同对承运的货物毁损、灭失负赔偿责任的规则，应当承担赔偿责任。不过，这种货物毁损、灭失负担规则并非绝对，如果存在免责事由，承运人应当免责。承运人具体的免责事由是：（1）不可抗力所致：由于运输过程中的货物所有权仍属于托运人或者收货人，因而在运输过程中货物毁损、灭失若因不可抗力所致，承运人不承担赔偿责任。

（2）货物本身的自然性质或者合理损耗：货物本身自然性质，如气体因自然属性而挥发；合理损耗是货物在长时间运输过程中必然发生的一部分损失。（3）托运人、收货人的过错造成的损失：例如包装缺陷所致、收货人负责卸货造成的损失等。符合上述情形要求的损失，承运人不承担赔偿责任。

案例评析

徐某某、安庆市恒锋航运有限公司海上、通海水域货物运输合同纠纷案①

案情： 2014 年 9 月 26 日，油脂公司就"豫江海 666"轮将涉案豆粕从南通一德码头运至重庆港一事，委托其全资子公司凯欣粮油有限公司（以下简称"凯欣公司"）签订水路货物运输合同。2014 年 10 月 30 日，"豫江海 666"轮在湖北宜昌临江坪抛锚待闸期间，与"川马 66"轮和"仲泰 66"轮发生碰撞事故。碰撞事故造成"豫江海 666"轮左舷破损，船舱进水，涉案豆粕遭受湿损。法院认定，徐某某与姜某金、江海公司均确认涉案船舶"豫江海 666"轮已由姜某金出卖给徐某某，结合《水路运输航次合同》《货物交接单》，"豫江海 666"轮由徐某某实际经营，且徐某某承认涉案《水路运输航次合同》系其签署，仅辩称该合同系事后补签，同时对其实际承运涉案豆粕的事实予以认可，故可以确认徐某某为本案水路货物运输合同关系的承运人，其应就涉案损失承担赔偿责任。

评析： 民法典第 832 条延续了《合同法》第 311 条的规定。本案系通海水域货物运输合同纠纷。恒锋公司与案外人签订涉案货物的《水路运输航次合同》后，将货物实际委托给"豫江海 666"轮承运。因"豫江海 666"轮在履行涉案运输合同之前已由登记所有人姜某金出售给徐某某，涉案《水路运输航次合同》上仅有徐某某的签字，货物交接单和事故处理均由徐某某经手负责，且登记经营人江海公司与姜某金签订的《船舶委托经营合同》已明确约定江海公司仅协助姜某金办理船舶检验、营运和船员证书等有关手续，不对任何海损事故承担经济赔偿责任，可见，"豫江海 666"轮在涉案运输和事发时确由徐某某实际经营。故在涉案货物运输合同关系中，恒锋公司为合同承运人，亦是直接委托徐某某运输货物的托运人，徐某某为实际承运人，姜某金和江海公司并非合同当事人。依据民法典第 811 条的规定，徐某某有义务将涉案货物安全运输至目的港。但涉案货物在运输途中因遭遇船舶碰撞事故受损，故恒锋公司有权依据民法典第 832 条的规定，向徐某某主张货损赔偿责任。

---

① 审理法院：一审法院为湖北省武汉海事法院，案号：（2015）武海法商字第 01411 号；二审法院为湖北省高级人民法院，案号：（2018）鄂民终 1020 号。

▶▶ **第八百三十三条**　货物的毁损、灭失的赔偿额，当事人有约定的，按照其约定；没有约定或者约定不明确，依据本法第五百一十条的规定仍不能确定的，按照交付或者应当交付时货物到达地的市场价格计算。法律、行政法规对赔偿额的计算方法和赔偿限额另有规定的，依照其规定。

🏛 条文要义

本条是对货物毁损、灭失赔偿数额的规定。

在货运合同中，货损发生后，确定由承运人承担赔偿责任的，其具体的赔偿数额的确定方法是：

1. 货运合同对赔偿数额有约定的，按照其约定确定。

2. 货运合同对赔偿数额没有约定或者约定不明确的，依据民法典第 510 条规定协议补充，按照补充协议约定的数额赔偿。

3. 补充协议仍然不能确定的，按照交付或者应当交付时货物的到达地的市场价格计算。

4. 法律和行政法规另有计算方法和赔偿数额规定的，依照规定，例如对某些货运合同的货物关于限额赔偿的规定。

🌑 案例评析

平凉市第四汽车运输有限责任公司、颜某某公路

货物运输合同纠纷案①

案情： 2013 年 1 月 4 日，利达货运部与樊某宁签订《承运合同》一份。2013 年 1 月 5 日凌晨 2 时许，樊某宁驾车载货由银川市行至吴忠市利通区福银高速公路关马湖服务区时发生火灾，造成甘 L09×× 号挂车及车上货物不同程度烧毁。法院认定，《中华人民共和国合同法》第 312 条规定："货物的毁损、灭失的赔偿额，当事人有约定的，按照其约定；没有约定或者约定不明确，依照本法第六十一条的规定仍不能确定的，按照交付或者应当交付时货物到达地的市场价格计算。法律、行政法规对赔偿额的计算方法和赔偿限额另有规定的，依照其规定。"根据本案查明事实，樊某宁所驾驶的车辆发生火灾后，宁夏回族自治区吴忠市利通区公安消防大队对该次火灾事故进行了认定，其中关于事故直接经济损失认定为 1 310 628 元。结合上述事故认定书，以承运合同约定的总货物价值为依据，扣减颜某某取回的未损毁货物的

---

① 审理法院：一审法院为宁夏回族自治区银川市中级人民法院，案号：（2013）银民商初字第 85 号；二审法院为宁夏回族自治区高级人民法院，案号：（2017）宁民终 115 号；再审法院为最高人民法院，案号：（2018）最高法民申 163 号。

价值，认定本次货物损失价值共计 968 584 元。

评析：民法典第 833 条延续了《合同法》第 312 条的规定，货物的毁损、灭失的赔偿额，当事人有约定的，按照其约定。颜某某与樊某宁签订的《承运合同》中，约定拉运货物价值约为 100 万元。吴忠市利通区公安消防大队出具的《火灾事故认定书》中，认定火灾直接财产损失为 1 310 628 元，法院根据在案证据，在扣减尚未烧毁的部分货物价值后，认定樊某宁赔偿颜某某货物损失 968 584 元，符合案件事实及法律规定。

> ▶▶ **第八百三十四条** 两个以上承运人以同一运输方式联运的，与托运人订立合同的承运人应当对全程运输承担责任；损失发生在某一运输区段的，与托运人订立合同的承运人和该区段的承运人承担连带责任。

⑪ 条文要义

本条是对单式联运合同货损赔偿责任的规定。

单式联运合同，也叫相继运输合同，是指托运人与两个以上承运人以同一种运输方式就货物运输所订立的合同。单式联运合同的特点是存在转车、转机、转船的运输，实行一票到底，托运人只要与第一承运人签订了运输合同，就可以享受全程所有区段的运输。

单式联运合同中各承运人的责任负担方式是：（1）与托运人订立合同的承运人即第一承运人，应当对全程运输的货物风险承担责任，凡是在全程运输中发生的货损，第一承运人都应当承担赔偿责任。（2）损失发生在某一个运输区段的，与托运人订立合同的承运人和该区段的承运人都应当承担赔偿责任，责任形态是连带责任，托运人或者收货人可以向任何一方主张承担全部赔偿责任，任何一方都应当对全部损失承担赔偿责任。

✏ 案例评析

上海中谷物流股份有限公司、蚌埠华航船务有限公司与南通中外运物流有限公司海上、通海水域货物运输合同纠纷案①

案情：2014 年 10 月 10 日，王子制纸委托南通中外运运输内贸集装箱货物，托运人及收货人均为王子制纸，货物名称为纸。南通中外运接受委托后，与上海中谷物流股份有限公司签订了《沿海内贸货物托运委托书》。同年 10 月 20 日，涉案货物

---

① 审理法院：一审法院为上海海事法院，案号：（2017）沪 72 民初 128 号；二审法院为上海市高级人民法院，案号：（2017）沪民终 215 号。

运抵厦门，之后通过公路集装箱运输于 10 月 22 日下午送到收货人仓库，收货人在验收时发现涉案货物湿损，收货人拒收货物。法院认定，本案系海上、通海水域货物运输合同纠纷，南通中外运系托运人，中谷物流系全程承运人，华航船务系内河运输区段承运人。关于涉案货损发生的运输区段：涉案货物由驳船"环球 878"轮从南通运至上海港，在上海港装上"华鑫 858"轮，由海路运往厦门，之后通过公路集装箱运输至收货人仓库，经过了内河、沿海、公路三个运输区段，中谷物流系全程承运人，华航船务系内河运输区段承运人。关于中谷物流、华航船务是否承担连带责任，在涉案货物运输中，中谷物流系与托运人订立合同的全程承运人，华航船务系内河运输区段承运人。故对华航船务的上述抗辩，一审法院不予采信，中谷物流、华航船务应对涉案货损承担连带赔偿责任。

评析： 关于中谷物流、华航船务是否应对涉案货损承担连带责任，民法典第 832 条规定，承运人对运输过程中货物的毁损、灭失承担损害赔偿责任，但承运人证明货物的毁损、灭失是因不可抗力、货物本身的自然性质或者合理损耗以及托运人、收货人的过错造成的，不承担损害赔偿责任。民法典第 834 条延续了《合同法》第 313 条的规定，两个以上承运人以同一运输方式联运的，与托运人订立合同的承运人应当对全程运输承担责任。损失发生在某一运输区段的，与托运人订立合同的承运人和该区段的承运人承担连带责任。本案各方当事人对于法院认定的南通中外运为托运人，中谷物流为全程承运人，华航船务为内河运输区段承运人并无异议。如上所述，在案有效证据显示，涉案货损最大原因系发生在内河运输区段，中谷物流对此也予以确认。法院依据法律和事实，认定中谷物流和华航船务对南通中外运的货损承担连带赔偿责任，并无不当。

▶▶ **第八百三十五条**　货物在运输过程中因不可抗力灭失，未收取运费的，承运人不得请求支付运费；已经收取运费的，托运人可以请求返还。法律另有规定的，依照其规定。

🏛 条文要义

本条是对不可抗力致托运货物灭失运费处理规则的规定。

在货运合同中，货物在运输过程中因不可抗力灭失，因货物的所有权在托运人或者收货人，因而应当承担意外灭失风险，不得向承运人主张赔偿责任。对如何处理该货物的运费，关系到当事人之间的利益平衡问题，确定的规则是：（1）未收取运费的，承运人不得请求支付运费；（2）已经收取运费的，托运人可以请求返还，承运人应当返还。原因在于，发生不可抗力情况下，托运人货物灭失，托运人没有从货运合同中获得任何利益，从对等的角度考察，承运人也不应该从货运合同中获得利益，所以应将收取的运费返还托运人。法律另有规定的，依照其规定。

 **案例评析**

重庆轮船（集团）有限公司乐山分公司与四川金安浆业有限公司、金东纸业（江苏）股份有限公司合同纠纷案①

案情： 2010 年 12 月 28 日，金安公司与乐山公司签订 APPJA（储运）2011 第 001 号《纸浆运输服务合同》。佳轮公司与九五公司联系，由"九五 118"轮实际承运该批货物。2011 年 6 月 23 日，"九五 118"轮装货完毕，并从长江宜宾天原码头起航。在掉头作业过程中，发生触礁事故，船舶沉没，货物毁损灭失。法院认定，根据《纸浆运输服务合同》的约定及法律规定，乐山公司作为多式联运经营人，负有将承运货物安全运抵目的地的义务，由于不可免责的原因造成货物毁损灭失的，应承担相应的赔偿责任。根据已生效的（2012）武海法商字第 00012 号民事判决（以下简称《货损判决》），乐山公司最终应向收货人金东公司承担的货物损失为 9 831 026.59 元。该损失金额的计算依据为金东公司和金安公司签订的《木浆订单》中约定的货物售价。由于涉案货物的交付方式为镇江金东码头交货，即卖方金安公司送货上门，因此，上述赔偿款项中包括金安公司应承担的运费成本。

评析： 民法典第 835 条延续了《合同法》第 314 条的规定。虽然"九五 118"轮在起运港码头触礁沉没造成货损，但收货人金东公司已向乐山公司、九五公司提起货损赔偿之诉。已生效的《货损判决》也认定承运人乐山公司应按照货物到岸价格减去残值，向收货人金东公司承担 9 831 026.59 元的赔偿责任。换言之，金东公司向金安公司支付的货款是货物的到岸价格，则乐山公司根据生效民事判决赔偿给金安公司的费用中包含了涉案货物的运费。民法典第 835 条的规定体现了承运人权利义务对等原则，即不赔偿货损，则无权收取运费。参照该规定所包含权利义务对等的立法精神，承运人乐山公司向收货人金东公司赔偿货损，且托运人金安公司收到的货款包含运费，所以承运人乐山公司有权向托运人金安公司主张运费。

> ▶▶ **第八百三十六条** 托运人或者收货人不支付运费、保管费或者其他费用的，承运人对相应的运输货物享有留置权，但是当事人另有约定的除外。

---

① 审理法院：一审法院为湖北省武汉海事法院，案号：（2015）武海法商字第 01001 号；二审法院为湖北省高级人民法院，案号：（2016）鄂民终 187 号。

🏛 条文要义

本条是承运人对运输货物享有留置权的规定。

在货运合同中，托运人应当承担支付运费等费用的义务，有的是由收货人承担支付运费等费用的义务，如约定"到付"的情形。托运人或者收货人不支付运费、保管费以及其他费用，由于承运人对运输货物的实际占有，当出现托运人或者收货人拒绝支付费用的情形时，承运人对相应的运输货物享有留置权，作为清偿运费等费用债权的担保。当然，当事人之间可以约定即便在托运人或者收货人发生运费、保管费支付延迟时，承运人也不能对运输货物享有留置权。留置权为担保物权的一种，根据民法典物权编第十九章留置权的规定，允许当事人之间自由约定，当事人之间也可以就留置财产的处置进行约定，如果没有约定，应依据民法典物权编第十九章的规定对留置财产予以处分，保障承运人债权的实现。

🌀 案例评析

王某某、南京龙羽货物联运有限公司海上、通海水域货物运输合同纠纷案①

案情： 2018 年 1 月，龙羽公司业务人员毛某晨电话联系王某某，委托王某某自南京港四公司码头承运 2 000 吨氯化钾至湖北港。依据《中华人民共和国合同法》第 309 条相关规定，货物运输到达后，收货人应当及时提货，收货人逾期提货的，应当向承运人支付保管费等费用。龙羽公司不能因其主观上不愿支付依法应承担的费用，而以王某某不卸货主张其遭受了胁迫。《中华人民共和国合同法》第 315 条规定，托运人或者收货人不支付运费、保管费以及其他运输费用的，承运人对相应的运输货物享有留置权，但当事人另有约定的除外。本案双方当事人口头约定货物卸完后结清运费尾款，但未约定"广通 826"轮滞期费亦应在货物卸完后支付，故王某某在货物卸载前要求龙羽公司付清船舶滞期费不违反法律规定，其在未收到滞期费前有权留置相当于滞期费债务金额的货物。

评析： 民法典第 836 条延续了《合同法》第 315 条的规定。根据案件事实，王某某虽有权留置其承运的货物，但其留置的货物数量和价值远超龙羽公司应承担的船舶滞期费用，一审认为，王某某留置行为不当，应承担由此造成的损失并无不当。龙羽公司为证明损失金额，提交了案外人浩斯特公司、荆轮公司出具的函件及分别向两公司支付车辆损失 9 000 元、码头停止作业损失 5 000 元的银行付款电子回单，上述证据形成证据链，可以作为认定相关损失的依据，王某某应当承担相应的赔偿责任。

---

① 审理法院：一审法院为湖北省武汉海事法院，案号：(2018) 鄂 72 民初 1436 号；二审法院为湖北省高级人民法院，案号：(2019) 鄂民终 370 号。

▶▶ 第八百三十七条 收货人不明或者收货人无正当理由拒绝受领货物的，承运人依法可以提存货物。

🏛 条文要义

本条是对运输货物提存的规定。

提存是履行债务的方式之一，经过提存，债务人就完成了交付标的物的债务，债权人就实现了债权。在货运合同的履行中，收货人不明或者收货人无正当理由拒绝受领货物的，承运人无法向收货人交付货物，不能将运输义务履行完毕。在这种情形下，承运人就具备了以提存方式消灭债务的条件，可以依照民法典第 570 条关于难以履行债务，可以将标的物提存的规定，承运人提存货物，即完成交付，履行完毕运输债务，终止货运合同。

案例评析

吉某某、胡某某公路货物运输合同纠纷案①

案情： 2018 年 6 月，吉某某通过新疆西瓜代办刘某购得一批西瓜并由刘某代办运输。6 月 18 日，车辆到达吉某某指定卸货地三门峡市卢氏县后，因预定客户拒绝接货，吉某某要求胡某某将车开往灵宝市场出售。法院认为，胡某某为吉某某运输西瓜，双方形成运输合同关系，胡某某应当按照约定将西瓜安全运送至吉某某指定地点，吉某某应按照约定向胡某某支付运费。胡某某按照协议约定和吉某某要求将西瓜拉至指定地点，吉某某没有及时卸货，支付运费，存在违约，对本案的发生负有一定过错。胡某某在吉某某已经接收货物后以吉某某不支付运费为由将剩余西瓜拉走并进行出售，明显不当，其行为构成侵权，对吉某某所造成的损失，应承担赔偿责任。

评析： 民法典第 837 条延续了《合同法》第 316 条的规定。本案中收货人吉某某在承运人胡某某将货物运送到指定地点后，应当承担卸货付款的合同义务，由于吉某某未及时卸货并支付运费，也未就占用运输车辆出售货物或支付货物保管费的事宜与胡某某达成一致意见，吉某某违约在先，应当对货物损失的后果承担责任；承运人胡某某在收货人吉某某拒绝卸货受领货物并支付运费时，依据上述法律规定，有留置货物、提存货物或货物变卖价款的权利，但是胡某某未依法律规定适当行使权利，而是将货物以低于货物交付地的市场价格出售，亦应当对货物损失的后果承担责任。

---

① 审理法院：一审法院为河南省灵宝市人民法院，案号：（2018）豫 1282 民初 3076 号；二审法院为河南省三门峡市中级人民法院，案号：（2019）豫 12 民终 602 号。

第四节　多式联运合同

> ▶▶ **第八百三十八条**　多式联运经营人负责履行或者组织履行多式联运合同，对全程运输享有承运人的权利，承担承运人的义务。

🏛 条文要义

本条是对多式联运经营人及权利义务的规定。

多式联运，是与单一运输以及单式联运相对立的运输形式。多式联运合同，是指多式联运经营人与托运人订立的，约定以两种或者两种以上的不同运输方式，采用同一种运输凭证将货物运输至约定地点的合同。其特点是，一次托运、一次收费、一票到底、一次保险、全程负责的"一条龙"服务的综合性运输，有独特的优越性，对于满足人民生活需要，促进国民经济发展，都具有重要意义。

多式联运经营人，是多式联运活动的组织者、经营者，负责履行或者组织履行多式联运合同，对全程运输享有承运人的权利，承担承运人的义务。多式联运经营人是与托运人相对应的多式联运合同的另一方当事人，负责对多式联运合同的履行和组织履行，享有全程运输的全部权利，包括收取运输费用，在托运人违约时请求赔偿等；同时，其也履行全部义务和承担全部责任，在各实际承运人在运送中造成迟延或者货物损害的，经营人都要承担赔偿责任。

●● 案例评析

广东红土地物流有限公司、中国平安财产保险股份有限公司
广东分公司合同纠纷案[①]

案情： 2014 年 5 月 8 日，红土地公司与信威公司签订运输合同，8 月 4 日，涉案两个集装箱运抵目的地上海嘉定，发现集装箱内货物水湿受损，信威公司随即向平安保险公司报案。法院认定，本案是保险人根据保险合同赔付被保险人货物损失后，代位被保险人提起的海上货物运输合同纠纷。红土地公司与信威公司签订的运输合同约定，红土地公司负责将货物从堆场运输到门，因此涉案货物的运输是包括海运和公路运输的多式联运，红土地公司是涉案运输的多式联运经营人，依照《中华人民共和国合同法》第 317 条的规定："多式联运经营人负责履行或者组织履行多式联运合同，对全程运输享有承运人的权利，承担承运人的义务。"红土地公司辩称其与信威公

---

① 审理法院：一审法院为广东省广州海事法院，案号：(2015) 广海法初字第 1023 号；二审法院为广东省高级人民法院，案号：(2016) 粤民终 1527 号。

司之间实为代理关系，陆路运输的承运人是由信威公司找的，但没有提交证据证明，以运输合同的约定来认定红土地公司的身份进而确定该公司享有的权利和承担的义务。

评析： 民法典第 838 条延续了《合同法》第 317 条的规定。本案为保险人代位求偿提起的多式联运合同纠纷。涉案货物在运输过程中发生保险事故，平安保险公司已经向被保险人信威公司作出赔付，依法取得代位求偿权。涉案货物由红土地公司派遣拖车至信威公司指定仓库装运集装箱，并由海口南青湛江分公司实际负责水路运输，由湛江港运至上海，货物运抵目的港时被发现货损。根据民法典第 838 条的规定，红土地公司作为涉案货物运输的多式联运经营人应对全程运输承担责任，涉案货物在目的港被发现货损，除非红土地公司能够证明存在法定或约定的免责事由，否则，其应对涉案货损承担责任。红土地公司关于其仅从事陆路运输业务，涉案货损发生在海运之后，与其无关的主张缺乏法律依据，不能成立。

> ▶▶ **第八百三十九条** 多式联运经营人可以与参加多式联运的各区段承运人就多式联运合同的各区段运输约定相互之间的责任；但是，该约定不影响多式联运经营人对全程运输承担的义务。

🏛 条文要义

本条是对多式联运合同责任规则的规定。

多式联运经营人对多式联运承担责任，是多式联运合同责任承担的基本原则。由于多式联运的各区段承运人之间都存在通过共同合作从事联合运输的内部协作，所以，在各承运人之间存在一种事实上的合同型的联营关系。在多式联运经营人与托运人签订了多式联运合同后，各承运人都参与了这一合同关系，都应当承担责任。基本规则是：（1）多式联运经营人可以与参加多式联运的各区段承运人就多式联运合同的各区段运输约定相互之间的责任，这种约定是有效的，可以依照该约定确定责任归属。（2）该约定的效力不影响多式联运经营人对全程运输承担的责任，即参加联运的各个承运人尽管可以约定各区段的责任归属，但是对托运人而言，多式联运经营人仍然要承担全部责任，上述约定对这一责任规则不发生作用。

🍡 案例评析

日照泓源物流有限公司与上海中谷物流股份有限公司海上、通海水域货物运输合同纠纷案[①]

案情： 2016 年 5 月，金达公司委托原告泓源物流公司办理 2 个集装箱钢珠货物

---

① 审理法院：上海海事法院，案号：（2017）沪 72 民初 132 号。

从山东日照至广东揭阳运输业务。原告接受上述委托后，随即与被告中谷物流公司取得联系，委托被告将上述 2 个集装箱钢珠货物运输至目的地。被告接受原告委托后，以多式联运经营人身份组织了对上述货物的运输。2016 年 6 月 7 日，上述 2 个集装箱抵达揭阳港码头交由被告安排的明捷车队进行公路运输，同年 6 月 9 日送至揭阳机械厂仓库，收货人揭阳机械厂开箱验货时发现，编号 ZGXU×××××××集装箱有大量水流出，且涉案货物湿损。法院认为，多式联运经营人可以与参加多式联运的各区段承运人就多式联运合同的各区段运输约定相互之间的责任，但该约定不影响多式联运经营人对全程运输承担的义务。根据查明事实，长鑫公司是由被告组织多式联运中厦门港至广东揭阳区段的实际承运人，涉案货物在运输过程中因长鑫公司的管货过失导致损失，因此，根据相关法律规定，被告对作为托运人的原告负有过错责任。

评析：民法典第 839 条延续了《合同法》第 318 条的规定。当事人应当按照约定全面履行自己的义务。根据现已查明的事实，金达公司委托原告将涉案货物从山东日照运往广东揭阳，原告随后委托被告从事上述运输业务。通过被告组织安排，涉案货物经多区段的水路和陆路运输抵达目的地，最终收货人揭阳机械厂在验收时发现货损而拒收涉案货物。以上事实足以表明原、被告之间存在多式联运合同关系，上述合同关系主体适格，双方意思表示真实，内容合法，具有法律约束力。原告作为托运人负有支付运费的义务。被告作为多式联运经营人负有将涉案货物安全和完好送达至目的地的义务，现原告已支付了相应运费，而被告未能将涉案货物妥善和完好运输至目的地，违反合同约定，故原告依法享有请求被告承担相应违约责任的权利。

> ▶▶ **第八百四十条** 多式联运经营人收到托运人交付的货物时，应当签发多式联运单据。按照托运人的要求，多式联运单据可以是可转让单据，也可以是不可转让单据。

🏛 条文要义

本条是对多式联运单据的规定。

多式联运的托运人在办理多式联运手续时，在交付货物、支付运费的同时，还应当填写相关的联运单据，确认相关事项。多式联运经营人在收到托运人交付的货物时，根据托运人提供的资料，签发多式联运单据。多式联运单据是指证明多式联运合同以及证明多式联运经营人接管货物并负责按照合同条款交付货物的单据。多式联运单据的作用与海运提单相似，既是货物收据也是货运合同的证明，转让时可作为物权凭证，经背书转让发生货物所有权的转移。多式联运单据，可以是可转让单据，也可以是不可转让单据。是否为可转让，多式联运经营人应根据托运人的要求签发，托运人对此有选择权。其意义在于，取得不可转让单据，托运人对托运的货物不可转让权属；取得可转让单据，托运人在运输过程中可以转让货物的权属。

案例评析

珠海飞扬国际货运代理有限公司与珠海美裕通窗帘制造有限公司
货运代理合同纠纷案①

案情：2012 年 12 月 3 日，飞扬公司（乙方）与美裕通公司（甲方）签订《货物运输代理合同》。涉案货物于 2012 年 12 月 9 日到达悉尼机场。后因涉案货物产生货损，中国平安财产保险股份有限公司赔付美裕通公司保险金 50 000 元。法院认为，涉案合同仅约定了航空运输一种运输方式，虽然在合同实际履行中飞扬公司采取了先海运再空运两种运输方式，但其收取的费用中仅包括空运费以及为空运所缴纳的保险费，且其向美裕通公司签发的也并非一份单证，而是包括了海运的提单与空运的订仓单。故涉案合同并非多式联运合同，飞扬公司也并非多式联运经营人。涉案合同的名称为《货物运输代理合同》，且关于飞扬公司权利义务的约定也是其作为涉案货物运输安排人的约定，故涉案合同实为货运代理合同。综上，本案案由应为货运代理合同纠纷。

评析：民法典第 840 条延续了《合同法》第 319 条的规定。根据《海商法》第 102 条及第 319 条的规定：多式联运合同是指多式联运经营人以两种以上的不同运输方式，其中一种是海上运输方式，负责将货物从接收地运至目的地交付收货人，并收取全程运费的合同；多式联运经营人收到托运人交付的货物时，应当签发多式联运单据。可见，若双方签订的是多式联运合同，则飞扬公司作为多式联运经营人，应以其名义向美裕通公司签发一份多式联运单证，但本案中，飞扬公司并未以承运人身份签发运输单证，而是由南洋（国际）船务有限公司、国泰航空分别向美裕通公司签发了提单及空运单，而上述两份单证中记载的托运人均是美裕通公司，故美裕通公司与南洋（国际）船务有限公司及国泰航空之间是运输关系。

> ▶▶ **第八百四十一条**　因托运人托运货物时的过错造成多式联运经营人损失的，即使托运人已经转让多式联运单据，托运人仍然应当承担赔偿责任。

条文要义

本条是对托运人承担赔偿责任的规定。

---

① 审理法院：一审法院为广东省珠海市斗门区人民法院，案号：（2014）珠斗法民二初字第 284 号；二审法院为广东省珠海市中级人民法院，案号：（2015）珠中法民二终字第 80 号。

在多式联运合同中，由于托运人托运货物时的过错造成多式联运经营人损失的，托运人应当承担赔偿责任；即使托运人已经转让了多式联运单据，并不因为其转让了多式联运单据而免除其责任，或者将赔偿责任转移给多式联运单据的受让权利人承担，托运人也仍然对自己的过错行为造成的损害承担赔偿责任，并不因为托运人已经不是该货物的所有人而免除责任。原因在于，多式联运单据是货物的物权凭证，多式联运单据的转让，代表货物的所有权自托运人处转移至单据的受让人处，但货物所有权的转移与多式联运合同无关，多式联运合同的当事人没有变化，货物的受让人并不是多式联运合同的当事人，托运人仍是多式联运合同的当事人，自然应依据多式联运合同向多式联运经营人承担违约责任。

案例评析

某保险股份有限公司诉联×深圳分公司等多式联运合同纠纷案[①]

案情： 2007 年 5 月，深圳××公司与被告联×深圳分公司签订了物流服务合约，约定深圳××公司委托被告提供从深圳××公司工厂至欧洲、美洲（经深圳港口及机场）过程中所需进出口运输、仓储和报关等物流服务。

2007 年 10 月，被告按深圳××公司的要求办理 2 304 片液晶显示屏从深圳至美国洛杉矶的运输事宜。10 月 28 日，另一被告根据被告联×深圳分公司的指示，派拖车前往位于深圳宝安区的深圳××公司运货，深圳××公司将 2304 片显示屏分别装于三个集装箱内，其中的 BSIU×××号集装箱内装有 720 片液晶显示屏，深圳××公司在该集装箱外贴上了纸封条，之后，被告××公司派去的拖车将装有货物的 BSIU×××号集装箱从深圳××公司运出。被告出具的集装箱运输收据记载 BSIU×××号集装箱的铅封号为 CJB×××，深圳××公司在工厂出口处拍下的照片显示该集装箱的柜门上有纸封条、右锁栓处有一绿色栓式铅封，但铅封号未能显示。BSIU×××号集装箱后被运至深圳××港码头。30 日，海关在查验时发现 BSIU×××号集装箱所装的涉案货物失踪，铅封被新近剪开。涉案货物虽未能装船离港，但被告还是就失踪的 720 片液晶显示屏向深圳××公司交付了以联合集运有限公司（United express container line limited）名义签发的提单作为收据，用以说明情况。该提单记载：托运人为深圳××公司，收货人和通知方为三星公司，装货港为深圳××，目的地为美国加利福尼亚州洛杉矶（Los angeles, Ca），责任期间从门到堆场（Door—Cy）；并注明托运人负责装载、装箱、铅封和有关货物失踪的情况。根据广东省深圳市××区人民法院（2008）××法刑初字第 129 号刑事判决书的认定，BSIU×××号集装箱所载的 720 片液晶显示屏在自深圳××公司至××港的运输途中被××公司派去的、假名"喻明月"的拖车司机杨某伙同他人盗走并变卖。

---

① 审理法院：广东省广州海事法院，案号：（2008）广海法初字第 540 号。

涉案货物被盗后，深圳××公司向原告申请保险赔偿，并授权中××公司管公司接收此保险赔偿金，并同意在中××公司管公司收到保险赔偿金后，将其对承运人以及相关责任方的权利转移、转让给原告。原告经 MCW MARINE SERVICES LIMITED 理算对涉案货物灭失定损为 306 000 美元。原告于 2008 年 1 月 30 日经由合作金库商业银行复兴分行向台湾地区银行填写了《外汇收支或交易申报书（结购外汇专用）》，就向中××公司管公司支付理赔支出 359 269.55 美元提出结汇申报，其上记载受款人为中××公司管公司，汇款用途等 9 组号码。同日，合作金库银行出具的汇出汇款卖汇水单记载，向中××公司管公司电汇了 359 269.55 美元。原告另行出具的汇款明细列明上述 359 269.55 美元为在 9 个保险单项下向中××公司管公司支付的保险赔偿金。原告出具了中××公司管公司已收到保险单项下 306 000 美元保险赔偿金的收据，并再次表明深圳××公司同意将涉案货物的所有权利转让给原告。

原告随即向法院提起诉讼，请求被告承担违约责任，赔偿因货物灭失给原告造成的损失和费用共计 306 000 美元及其利息。被告联××深圳分公司辩称，深圳××公司对于货物被盗，存在过错，应当承担相应责任。深圳××公司将货物装柜后，仅仅在集装箱上贴上了纸封条，未能在货柜离厂前监督锁上栓式铅封，从而给货物被盗提供了方便，存在明显过错。对因托运人过错导致的货物损失，承运人不负赔偿责任。

法院认为，涉案货物运输是含海运区段的多式联运，货物灭失的赔偿责任应当根据《中华人民共和国海商法》关于多式联运合同的特别规定确定。该法第 103 条规定，多式联运经营人对多式联运货物的责任期间，自接收货物时起至交付货物时止；第 104 条第 1 款规定，多式联运经营人负责履行或者组织履行多式联运合同，并对全程运输负责；第 105 条规定，货物的灭失或者损坏发生于多式联运的某一运输区段的，多式联运经营人的赔偿责任和责任限额，适用调整该区段运输方式的有关法律规定确定。涉案货物的灭失发生在公路运输区段，多式联运经营人的赔偿责任确定，具体根据是《中华人民共和国合同法》第 311 条关于"承运人对运输过程中货物的损毁、灭失承担损害赔偿责任，但承运人证明货物的毁损、灭失是因不可抗力、货物本身的自然性质或者合理损耗以及托运人、收货人的过错造成的，不承担损害赔偿责任"的规定。

深圳××公司交付运输的涉案货物在公路运输区段因被盗而灭失，根据物流服务合约的约定，该货物损失发生在被告联××深圳分公司的责任期间，被告联××深圳分公司作为多式联运经营人，未依约履行将货物安全运至目的地的义务，构成违约，在无免责事由的情形下，应对货物灭失承担违约赔偿责任。

调查报告所附的照片表明涉案集装箱离厂时右锁栓处有铅封，且海关工作人员剪开的铅封也为该集装箱的原铅封，故仅依据调查报告中未有深圳××公司仓库工作人员看到拖车司机将栓式铅封锁上的陈述，尚不足以证明集装箱离开深圳××公司时未锁上栓式铅封。三被告关于深圳××公司未能在涉案集装箱离厂前监督锁上栓式铅封，给货物被盗提供了方便，对货物灭失应当分担部分过错责任的抗辩主张，因无事实基础，不能成立。

据上，被告联×深圳分公司未举证证明涉案货物灭失是由法律规定的或物流服务合约中约定的可免责事由所导致，根据《中华人民共和国合同法》第 311 条应当对其违约行为承担损害赔偿责任。

评析： 民法典第 841 条延续了《合同法》第 320 条的规定。在多式联运合同中，为将标的物安全顺利运送到目的地，需要托运人和承运人共同协作。如果托运人在托运货物时具有过错，可能会给多式联运经营人带来损失，托运人应当承担相应的损害赔偿责任。本案中，虽然联×深圳分公司主张深圳××公司未能在涉案集装箱离厂前监督锁上栓式铅封，给货物被盗提供了方便，具有过错，但其没有提供足够的证据予以证明，法院驳回其主张并无不当。

▶▶ **第八百四十二条** 货物的毁损、灭失发生于多式联运的某一运输区段的，多式联运经营人的赔偿责任和责任限额，适用调整该区段运输方式的有关法律规定；货物毁损、灭失发生的运输区段不能确定的，依照本章规定承担赔偿责任。

🏛 条文要义

本条是对多式联运经营人货损赔偿责任和责任限额的规定。

在多式联运合同履行中，由于是用不同的运输方式进行货物运输，而我国的专门运输法律、法规对不同的运输方式中的赔偿责任和责任限额的规定是不同的，因而出现不同运输区段有不同的赔偿责任和责任限额的问题。依据能否确定货损发生的运输区段的标准，适用不同的规则。

1. 货物的毁损、灭失发生于多式联运的某一运输区段的，如果法律、法规对某种运输方式、某种运输工具、某一运输区段的赔偿责任和责任限额有特别规定的，多式联运经营人的赔偿责任和责任限额应当适用调整该区段、该运输方式的有关法律规定予以确定。例如，在海运或者空运中发生的货物毁损、灭失，就不能用铁路运输法律法规的损害赔偿责任的规定，而要适用海运或者空运的法律法规规定的损害赔偿责任的规定确定责任。

2. 货物毁损、灭失发生的运输区段不能确定的，依照本章规定承担损害赔偿责任。对此，适用"隐蔽损害一般原则"规定确定多式联运经营人的责任，即对这一类货损采用某项统一规定的办法确定经营人的责任。实际上就是民法典第 839 条关于"多式联运经营人可以与参加多式联运的各区段承运人就多式联运合同的各区段运输约定相互之间的责任"的规定，确认承担责任的规则。

 案例评析

三井住友海上火灾保险（中国）有限公司上海营业部与河北恒业国际货运股份有限公司、广州惠文货运有限公司多式联运合同纠纷案①

案情：本案是保险人根据保险合同进行保险赔付，取得代位求偿权后提起的一宗多式联运合同纠纷案。上海神钢与恒业公司签订的海运运输承运服务合同系海陆多式联运合同。原告三井保险在保险赔付的范围内向两被告提起本案诉讼，其诉讼地位相当于上海神钢的地位。关于原告起诉是否超过诉讼时效期间的问题，人民法院经审理认为，涉案货损发生于汽车陆路运输区段，时效期间应适用我国《民法通则》的相关规定。三井保险 2015 年 10 月 27 日进行保险赔付取得代位求偿权，2 年的诉讼时效期间从次日开始起算，可计算至 2017 年 10 月 27 日。自 2017 年 10 月 1 日起生效实施的《民法总则》第 188 条第 1 款规定："向人民法院请求保护民事权利的诉讼时效期间为三年。"三井保险享有的时效利益跨越《民法总则》所规定的 3 年时效期间，其应按照新法所规定的 3 年时效期间享受时效利益。因此，三井保险于 2018 年 4 月 2 日向本院提起本案诉讼，未超过法律规定的诉讼时效期间。

评析：民法典第 842 条是对多式联运经营人承担赔偿责任所适用法律的规定，该条确立了两个原则：第一，如果货物发生毁损灭失的区段是确定的，多式联运经营人的赔偿责任和责任限额，适用调整该区段运输方式的有关法律的规定。第二，对于货物发生毁损灭失的运输区段不能确定的，多式联运经营人应当按照本章关于承运人赔偿责任和责任限额的规定负赔偿责任。本案中，涉案货损发生于汽车陆路运输区段，请求承担损害赔偿责任的诉讼时效期间应适用调整该区段（中华人民共和国境内）运输方式的有关法律的规定。在原告三井保险享有的时效利益跨越《民法总则》所规定的 3 年时效期间的情况下，应按照新法所规定的 3 年时效期间享受时效利益。

---

① 审理法院：广东省广州海事法院，案号：（2018）粤 72 民初 366 号。

第二十章 技术合同

第一节 一般规定

▶▶ **第八百四十三条** 技术合同是当事人就技术开发、转让、许可、咨询或者服务订立的确立相互之间权利和义务的合同。

🏛 条文要义

本条是对技术合同概念的规定。

技术合同，是指当事人就技术开发、转让、咨询或者服务订立的确立相互之间权利和义务的合同。技术合同的特征是：

1. 技术合同的标的是技术成果，无论是技术开发、技术转让还是技术服务，当事人权利义务共同指向的都是技术成果。

2. 技术合同受多重法律调整，除了遵循民法关于合同的一般规定，受民法典合同编的调整，还要受知识产权法的调整。

3. 技术合同是双务、有偿合同。

4. 技术合同的主体一方具有特定性，通常至少有一方是能够利用自己的技术力量从事技术开发、技术转让、技术服务或咨询的法人、自然人或者非法人组织。

技术合同包括技术开发合同、技术转让合同、技术许可合同、技术咨询合同和技术服务合同。

与《合同法》第322条规定相比，本条增加了技术许可合同的规定。

在民法典编纂征求意见时，许多意见提出，现实生活中，对技术的使用不仅仅是开发、转让、咨询或者提供技术服务，更多的是许可他人使用技术。《合同法》第322条对技术合同的定义中没有规定技术许可合同，导致实践中当事人就技术许可订立合同没有法律依据，产生的纠纷不好解决，建议补充这一内容。对此，本条在保留《合同法》第322条内容的基础上，增加技术合同包括当事人就技术许可确立相互之间权利和义务这一内容。

案例评析

山东钢铁股份有限公司济南分公司诉昆明阳光基业股份有限公司
技术服务合同纠纷案①

案情： 原告山东钢铁股份济南分公司经营范围包括钢铁冶炼、加工及技术咨询服务等。2012 年 5 月 25 日，被告昆明阳光基业公司作为甲方，济钢集团有限公司作为乙方签订《临沂烨华焦化有限公司干熄焦余热发电 EMS 项目 75t/h 干熄焦系统和 125t/h 干熄焦系统设计审查和现场技术服务合同》。约定：乙方派遣工程师对临沂烨华焦化有限公司干熄焦余热发电 EMS 项目 75t/h 干熄焦系统和 125t/h 干熄焦系统进行技术审查和施工现场服务；甲方应按本合同约定的金额和时间向乙方支付技术服务费用，每逾期支付一天，承担应支付金额万分之一的逾期违约金。合同签订后，济钢集团有限公司将上述合同中的权利和义务转让给作为第三人的钢铁股份济南分公司，济钢集团有限公司基于合同所产生的权利义务由原告承担。2015 年 4 月 21 日，原、被告经结算，签订《临沂烨华焦化有限公司干熄焦余热发电 EMS 项目设计审查和现场技术服务合同结算协议》，约定剩余欠款 25 万元应于 2015 年 11 月 30 日前付清。付款期限到期后，被告未按《结算协议》约定支付剩余欠款，原告多次催要未果。人民法院经审理认为，原告依约请求被告支付剩余欠款并支付逾期违约金，理由正当合法，应予支持。

评析： 民法典第 843 条对技术合同的定义作出了规定。根据该条的内容，技术合同的标的是技术成果，无论是技术开发、技术转让还是技术服务，当事人权利义务共同指向的都是技术成果。本案中，济钢集团有限公司与被告昆明阳光基业公司签订的《临沂烨华焦化有限公司干熄焦余热发电 EMS 项目 75t/h 干熄焦系统和 125t/h 干熄焦系统设计审查和现场技术服务合同》的内容包括"乙方派遣工程师对临沂烨华焦化有限公司干熄焦余热发电 EMS 项目 75t/h 干熄焦系统和 125t/h 干熄焦系统进行技术审查和施工现场服务"，即技术服务。由此，当事人之间就技术服务订立了确立相互之间权利和义务的技术合同。

▶▶ **第八百四十四条** 订立技术合同，应当有利于知识产权的保护和科学技术的进步，促进科学技术成果的研发、转化、应用和推广。

条文要义

本条是对技术合同订立原则的规定。

---

① 审理法院：山东省临沂市罗庄区人民法院，案号：（2015）临罗商初字第 2173 号。

订立技术合同，须遵循有利于科学技术的进步，促进科学技术成果的转化、应用和推广的原则。这是因为，人类智慧凝成的各项科技成果，已成为现代经济发展的主要动力。要从根本上推动科学技术进步，发挥科学技术第一生产力的作用，就必须实现科学技术与经济建设的结合，加速科研成果的物化过程，使之广泛运用于生产实践，转化为直接的生产力。实践表明，通过合同制度能够加速科学技术成果的应用和推广，能够使技术充分发挥出社会效益，不断启迪新技术思想，为新科学技术成果的诞生提供基础。将引领科学技术进步、加速科学技术成果应用和推广作为技术合同的订立原则，目的在于鼓励和引导当事人正确运用技术合同这一法律形式，在科研与生产之间架起桥梁。非法垄断技术、妨碍技术进步的技术合同是无效技术合同，从订立时起就没有法律约束力。根据有利于科学技术进步原则，一切封锁、垄断、妨碍科学技术成果推广应用，进行不正当竞争的行为，都是不符合这一原则要求的。

案例评析

眉山市中能生物科技研究所、西宁信利机械制造有限公司
技术转让合同纠纷案①

案情：2009年4月1日，原告（反诉被告）以眉山国威生物研究所的名义与被告（反诉原告）西宁信利公司签订了《合作协议》，约定由被告（反诉原告）提供年生产能力1～2万台多功能植物气化炉相适应的厂房、库房、机器设备和资金，原告（反诉被告）提供自有专利技术，双方在青海省内生产和销售该技术产品；被告（反诉原告）负责生产管理及省内市场推广，原告（反诉被告）负责产品质量检验和省外市场推广。2009年5月，被告（反诉原告）生产出第一批70台多功能植物气化炉，在经销中生产的70台多功能植物气化炉均因无法正常点火使用而未能销售出一台，被告（反诉原告）遂中止了生产活动。关于合同应否继续履行问题，人民法院经审理认为，依照《中华人民共和国合同法》第323条"订立技术合同，应当有利于科学技术的进步，加速科学技术成果的转化、应用和推广"的规定，双方生产的70台多功能植物气化炉不被市场所认可，已全部滞销的事实，能够证明该项技术尚不具备应用并推广的条件，无法实现合同预期的经济指标，也使合同继续履行成为不可能。若继续履行合同将造成损失进一步扩大。西宁信利公司反诉主张解除合同有理有据，应予支持。

评析：民法典第844条延续了《合同法》第323条，对订立技术合同应当遵循的原则作出规定。技术合同是技术成果商品化的法律形式，实行技术合同的目的，

---

① 审理法院：一审法院为青海省西宁市中级人民法院，案号：（2011）宁民三初字第39号；二审法院为青海省高级人民法院，案号：（2012）青民三终字第4号。

是将技术成果推向市场，创造更大的经济效益和社会效益。因此，当事人在订立技术合同时，应当从推动科学技术进步，促进科技与经济发展出发，确定权利义务，努力研究开发新技术、新产品、新工艺、新材料及其系统，促进先进、实用的科技成果在生产实践中获得应用，使科学技术更好地为社会主义现代化建设服务。本案中，双方生产的 70 台多功能植物气化炉不被市场所认可，已全部滞销，说明该技术合同的实施无法创造预期的经济效益和社会效益，因而无法达到订立技术合同的目的。

▶▶ **第八百四十五条** 技术合同的内容一般包括项目的名称，标的的内容、范围和要求，履行的计划、地点和方式，技术信息和资料的保密，技术成果的归属和收益的分配办法，验收标准和方法，名词和术语的解释等条款。

与履行合同有关的技术背景资料、可行性论证和技术评价报告、项目任务书和计划书、技术标准、技术规范、原始设计和工艺文件，以及其他技术文档，按照当事人的约定可以作为合同的组成部分。

技术合同涉及专利的，应当注明发明创造的名称、专利申请人和专利权人、申请日期、申请号、专利号以及专利权的有效期限。

🏛 条文要义

本条是对技术合同主要内容的规定。

技术合同的内容由当事人约定，包括的条款是：

1. 项目名称：是指技术合同标的涉及项目的名称，应当准确约定。

2. 标的的内容、范围和要求：明确约定标的的具体内容、技术范围和技术指标要求。

3. 履行的计划、进度、期限、地点、地域和方式：其中履行地点是指合同的履行地，地域是指履行技术合同所涉及的区域范围，履行方式是指当事人采用什么样的方式和手段履行合同规定的义务。

4. 技术信息和资料的保密：约定保密事项、保密范围、保密期限及违反保密义务的责任。

5. 技术成果的归属和收益的分配办法：即知识产权的归属与获得利益的分配方法。

6. 验收标准和方法：约定对技术成果的验收项目、验收标准和验收办法。

7. 名词和术语的解释。

上述条款是技术合同应当具备的条款，也是示范性条款，当事人可以按照双方约定确定技术合同的条款和内容。

技术合同的特点是，与履行合同有关的技术背景资料、可行性论证和技术评价报告、项目任务书和计划书、技术标准、技术规范、原始设计和工艺文件，以及其他技术文档，都可以按照当事人的约定，作为合同的组成部分。

技术合同涉及专利的，还应当遵守《专利法》的有关规定，合同中应当注明发明创造的名称、专利申请人和专利权人、申请日期、申请号、专利号以及专利权的有效期限。

与《合同法》第 324 条相比，本条规定删除了第 1 款"技术合同的内容由当事人约定"，履行的"进度、期限、地域"，"风险责任的承担"，"价款、报酬或者使用费及其支付方式"，"违约金或者损失赔偿的计算方法"，"解决争议的方法"等内容。作这些修改并不是说，技术合同的内容不包括合同履行的进度、期限、地域，风险责任的承担，价款、报酬或者使用费及其支付方式，违约金或者损失赔偿的计算方法，解决争议的方法等，当事人订立技术合同时还应当约定这些内容，且约定得越详细越好，以便合同顺利履行。

案例评析

广州怡韬信息科技有限公司、广州经济技术开发区科技园建材有限公司技术合作开发合同纠纷案[①]

案情： 2012 年 10 月 26 日，怡韬公司（甲方）与建材公司（乙方）签订"远程控制配料站项目"合作合同书，约定甲乙双方采用资源整合方式共同开发"远程控制配料站项目"，还约定了项目知识产权的归属、合作方式和成果分享方式。关于《"远程控制配料站项目"合作合同书》约定的样机是否已经生产调试完工，二审法院经审理认为，双方当事人签订的《"远程控制配料站项目"合作合同书》没有对样机的检验标准进行约定，且该样机为非标产品，无法按照国家质量标准或行业标准对样机是否合格进行检验。在此情况下，仅能依据《"远程控制配料站项目"合作合同书》的约定及双方当事人对样机的解释，通过观察涉案机器是否能正常运转来进行初步判断。但双方当事人均不能举证证实涉案机器设备处于何种状态，是否能够按照《"远程控制配料站项目"合作合同书》约定的内容进行正常的运转，因此，双方当事人关于样机状况的主张均不能成立，本院均不予采纳。

评析： 民法典第 845 条是对技术合同条款内容的规定。技术合同的内容即合同条款是当事人权利和义务的体现，也是当事人履行合同、判明违约责任的主要依据。技术合同条款一般由合同双方当事人协商约定，不需要由法律作出具体规定，但考虑到技术合同内容的复杂性，有必要在法律中作一些规定，以指导当事人订立技术

---

① 审理法院：一审法院为广东省广州市越秀区人民法院，案号：（2013）穗越法民二初字第 3071 号；二审法院为广东省广州市中级人民法院，案号：（2014）穗中法民终字第 332 号。

合同。本案中，双方当事人签订的《"远程控制配料站项目"合作合同书》没有对样机的检验标准进行约定，且该样机为非标产品，无法按照国家质量标准或行业标准对样机是否合格进行检验。在此情况下，仅能依据《"远程控制配料站项目"合作合同书》的约定及双方当事人对样机的解释，通过观察涉案机器是否能正常运转来进行初步判断。

> ▶▶第八百四十六条　技术合同价款、报酬或者使用费的支付方式由当事人约定，可以采取一次总算、一次总付或者一次总算、分期支付，也可以采取提成支付或者提成支付附加预付入门费的方式。
>
> 约定提成支付的，可以按照产品价格、实施专利和使用技术秘密后新增的产值、利润或者产品销售额的一定比例提成，也可以按照约定的其他方式计算。提成支付的比例可以采取固定比例、逐年递增比例或者逐年递减比例。
>
> 约定提成支付的，当事人可以约定查阅有关会计账目的办法。

🏛 条文要义

本条是对技术合同价款、报酬和使用费支付方法的规定。

技术合同价款、报酬和使用费的支付方式多样，由当事人自由约定。可以采用的支付方式是：

1. 一次总算、一次总付：与实物形态商品交易的支付方式类似，在签订合同时，将所有合同价款一次算清，一次付清，付款时间通常是在技术转让方的技术资料交付完毕，经受让方核对验收后进行。

2. 一次总算，分期支付：也叫定额支付，是把技术合同的价款总额按照合同履行的先后顺序分期分批地支付给转让方。支付的原则是使合同价款与转让方完成的工作量挂钩，基本上形成"按劳付酬"的合同对价关系，每次付款的金额根据合同的具体约定而定。

3. 提成支付：是指将技术实施以后所产生的经济效益按一定的比例和期限支付给转让方，作为对转让方出让技术的经济补偿，全部提成费仅在受让方（合同工厂）的产品正式销售之后才向转让方支付，在此之前，受让方不需向对方进行任何支付。

4. "入门费＋提成"的支付方式：是把合同价款分为固定价款和提成价款两部分。固定价款部分的支付方法与一次总算的支付方法相同，即在合同生效后的一段时间内一次或者分期付清。这部分固定价款叫作"入门费"或初付费，再加上约定的提成。

约定提成方式支付价款、报酬或者使用费，应当注意的问题是：

1. 约定提成支付的，可以按照产品价格、实施专利和使用技术秘密后新增的产值、利润或者产品销售额的一定比例提成，也可以按照约定的其他方式计算。提成支付的比例可以采取固定比例、逐年递增比例或者逐年递减比例。

2. 为克服信息不对称可能给合同当事人利益带来的影响，当技术合同的双方当事人约定采用提成支付方式（包括附加入门费的提成支付）时，转让方、开发方或提供服务、咨询的一方有权查核受让方的账目。双方当事人应当在合同中约定查阅有关会计账目的办法。

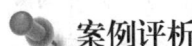 **案例评析**

原告河南辅仁医药科技开发有限公司与被告扬子江药业集团
南京海陵药业有限公司技术转让合同纠纷案[①]

案情：2011 年 11 月 29 日，原告辅仁开发公司与被告南京海陵公司签订《技术转让合同》一份，协议载明双方就甲磺酸多拉司琼原料及片剂的临床批件的生产技术转让和技术转让报酬的支付达成协议，协议内容第 4 条规定了一次总算、分期支付的经费支付方式。2012 年 3 月 31 日，双方补充协议约定南京海陵公司将每期应付合同款的 75% 支付给辅仁开发公司，25% 支付给辅仁集团公司。之后，南京海陵公司给辅仁开发公司和辅仁集团公司分期支付共计 147 万元，尚余 189 万元技术转让款未支付。人民法院经审理认为，技术转让合同的受让人未按照约定支付使用费的，应当补交使用费并按照约定支付违约金。本案中，南京海陵公司拖欠的辅仁开发公司技术转让费 189 万元依法应当支付。因此，对辅仁开发公司要求南京海陵公司支付技术转让费的诉讼请求，人民法院予以支持。

评析：民法典第 846 条延续了《合同法》第 325 条，规定了技术合同价款、报酬和使用费支付方式。技术合同的价款、报酬和使用费由当事人协商确定。技术合同价款、报酬或者使用费的支付方式由当事人约定，可以采取一次总算、一次总付或者一次总算、分期支付，也可以采取提成支付或者提成支付附加预付入门费的方式。本案中，辅仁开发公司与南京海陵公司签订《技术转让合同》中约定的是采分期付款的方式支付技术转让费，南京海陵公司应当依约履行每一期的技术转让费支付义务。

> ▶▶ **第八百四十七条**　职务技术成果的使用权、转让权属于法人或者非法人组织的，法人或者非法人组织可以就该项职务技术成果订立技术合同。法人或者非法人组织订立技术合同转让职务技术成果时，职务技术成果的完成人享有以同等条件优先受让的权利。
>
> 　职务技术成果是执行法人或者非法人组织的工作任务，或者主要是利用法人或者非法人组织的物质技术条件所完成的技术成果。

---

① 审理法院：河南省郑州市中级人民法院，案号：（2014）郑知民初字第 305 号。

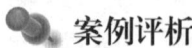 条文要义

本条是对职务技术成果及财产权的规定。

职务技术成果包括两种：（1）执行法人或者非法人组织的工作任务，创造的技术成果；（2）主要是利用法人或者非法人组织的物质技术条件所完成的技术成果，例如，主要是利用本单位提供的资金、设备、零部件、原材料或者不向外公开的技术资料才得以完成，如果没有这些来自本单位物质上和技术上的各种条件，该发明创造的技术成果是不可能成功的。

职务技术成果的权利归属的原则是：（1）使用权和转让权。职务技术成果的使用权、转让权属于单位，法人或者非法人组织可以就该项职务技术成果订立技术合同。（2）完成人的优先受让权。对于职务技术成果，成果完成人享有优先受让权，单位转让职务技术成果时，职务技术成果的完成人在同等条件下，享有优先受让的权利。

案例评析

杨某某与杨某技术成果完成人报酬纠纷案[①]

案情：被告杨某于 2000 年 5 月 19 日申请了蒸汽喷射真空制冷水装置实用新型专利，并于 2001 年 2 月 24 日获得了专利号为 ZL00211904.8 的实用新型专利证书。该专利的设计人为杨某、杨某某。关于该实用新型专利是否为职务技术成果的问题，人民法院经审理认为，职务技术成果是执行法人或非法人组织工作任务或者主要是利用法人或其他组织的物质技术条件所完成的技术成果。本案中，涉案民事主体均非法人或非法人组织，而是自然人，因而并不适用职务技术成果及职务技术成果财产权归属的规定。

评析：民法典第 847 条延续《合同法》第 326 条，对职务技术成果及职务技术成果财产权归属作出了规定。按照该条的规定，职务技术成果是执行法人或非法人组织工作任务或者主要是利用法人或其他组织的物质技术条件所完成的技术成果。本案中，涉案民事主体均非法人或非法人组织，而是自然人，因而并不应适用民法典第 847 条对职务技术成果及职务技术成果财产权归属的规定。

> ▶▶ **第八百四十八条** 非职务技术成果的使用权、转让权属于完成技术成果的个人，完成技术成果的个人可以就该项非职务技术成果订立技术合同。

---

① 审理法院：辽宁省沈阳市中级人民法院，案号：（2016）辽 01 民初 176 号。

🏛 条文要义

本条是对非职务技术成果财产权归属的规定。

非职务技术成果，是民法典第 848 条规定确认的属于职务技术成果以外的其他技术成果，既未执行法人或者非法人组织的工作任务，也未利用法人或非法人组织的物质技术条件所完成的技术成果。由于非职务技术成果不是执行法人或者非法人组织的工作任务，也不是利用法人或者非法人组织的物质技术条件所完成的技术成果，而是利用自己的条件和能力完成的技术成果，因而对于非职务技术成果，其使用权和转让权都属于技术成果的完成人，完成人可以就该项成果与他人订立相应的技术合同。非职务技术成果如何使用或者如何转让，完全由完成该项非职务技术成果的个人依法自行支配，法人或者非法人组织不得干涉。法人或者非法人组织擅自以生产经营为目的使用或者转让属于个人的非职务技术成果，属于侵犯个人合法权益的行为。

💭 案例评析

贾某某与阜新蒙古族自治县卧凤沟乡人民政府
其他科技成果权纠纷案①

案情：原告（上诉人）贾某某于 1994 年 3 月起在被告（被上诉人）卧凤沟乡政府扶持帮助下，以卧凤沟乡工贸总公司非职务科研人员身份参与开发"合成炭黑"等矿种的研制工作，1997 年 11 月完成"合成炭黑"、《千枚岩在橡胶行业的应用》两项成果和《一种合成改性的千枚岩填料及其制备方法》的发明。2003 年 2 月 14 日，阜新市人民政府颁发"合成炭黑荣获 2002 年阜新市政府科学技术进步三等奖。完成单位：阜新县卧凤沟乡企业办"奖励证书。关于"合成炭黑"科技成果权利的归属问题，二审法院认为，非职务技术成果的使用权、转让权属于完成技术成果的个人，虽然 2003 年 2 月 14 日阜新市人民政府在给"合成炭黑"颁发的奖励证书上标明"完成单位：阜新县卧凤沟乡企业办"，但该非职务技术成果的主要完成人是贾某某，贾某某是该科技成果的权利人。

评析：民法典第 848 条延续了《合同法》第 327 条，对非职务技术成果财产权的归属作出了规定。未执行法人或非法人组织的工作任务，也未利用法人或非法人组织的物质技术条件所完成的技术成果，是非职务技术成果。非职务技术成果的财产权即非职务技术成果的使用权、转让权属于完成技术成果的个人。完成技术成果的个人有权就该项非职务技术成果订立技术合同，有权获得因使用或转让该技术成

---

① 审理法院：一审法院为辽宁省阜新市中级人民法院，案号：（2014）阜民二初字第 1 号；二审法院为辽宁省高级人民法院，案号：（2015）辽民三终字第 00046 号。

果所取得的收益。本案中，该非职务技术成果的主要完成人是贾某某，贾某某是该科技成果的权利人，其与卧凤沟乡政府的技术合同转让关系属于民事法律关系中的财产关系，应受民法中等价有偿原则的调整。

> **▶▶ 第八百四十九条** 完成技术成果的个人享有在有关技术成果文件上写明自己是技术成果完成者的权利和取得荣誉证书、奖励的权利。

🏛 条文要义

本条是对技术成果人身权的规定。

技术成果的权利包括财产权和人身权。技术成果的完成人所享有的人身权，其实就是完成人与技术成果之间的身份关系，表明该技术成果完成人的身份，其基本性质属于身份权。

技术成果人身权属于完成技术成果的个人，其身份权的内容是：（1）有在有关技术成果文件上写明自己是技术成果完成者的权利，这是确认技术成果与技术成果完成人之间身份关系的证明。（2）取得荣誉证书、奖励的权利。完成技术成果的个人，是指对技术成果单独作出或者共同作出创造性贡献的人，不包括仅提供资金、设备、材料、试验条件的人员，进行组织管理的人员，协助绘制图纸、整理资料、翻译文献的人员。技术成果文件，是指专利申请书、科学技术奖励申报书、科技成果登记等确认技术成果完成者身份和授予荣誉的证书和文件。

🔵 案例评析

西安近代化学研究所与吴某某技术成果完成人署名权、荣誉权纠纷案[①]

案情： 吴某某自 1980 年至 1989 年在研究所与他人主要负责 GR5 系列发射药、GR5 改 1 即航空抛放弹发射药课题的技术研究，并参与了研究所设计、工艺研究各种性能测试、定型文件的编写全部研制过程，航空抛放弹的工厂鉴定试验和设计定型试验结果满足了有关战术技术指标要求；研究所编制的"标准抛放弹用药研究阶段研究报告"中记载的项目参加人吴某某排名第三；研究所"GR5 改 1 科学技术报告"除载明负责人为王某某、宋某某外，主要参加人吴某某排名第一。WD5260203 航空抛放弹使用了 GR5 改 1 即航空抛放弹发射药，该航空抛放弹获部级科技进步一等奖。关于吴某某是否享有署名权及应否给吴某某补发荣誉证书的问题，二审法院

[①] 审理法院：一审法院为陕西省西安市中级人民法院，案号：（2009）西民四初字第 80 号；二审法院为陕西省高级人民法院，案号：（2009）陕民三终字第 33 号。

认为，科技成果的署名权以及申请领取荣誉证书、奖金或者其他奖励的权利，是公民享有的民事权利，当事人因科技成果署名权以及领取荣誉证书、奖金或者其他奖励发生争议诉至人民法院的，人民法院依法应予受理。

评析： 民法典第849条延续了《合同法》第328条，对技术成果的人身权作出了规定。技术成果的人身权，即在有关技术成果文件上署名以及取得荣誉证书、奖章和其他奖励的权利。这一权利与技术成果的完成者人身紧密相连，因此应当属于对完成技术成果作出了创造性贡献的个人。本案中，当事人因科技成果署名权以及领取荣誉证书、奖金或者其他奖励发生争议诉至人民法院，属于与技术成果的人身权有关的争议，因而属于人民法院受理民事案件的范围。

▶▶ **第八百五十条 非法垄断技术或者侵害他人技术成果的技术合同无效。**

🏛 条文要义

本条是对技术合同无效的特别事由的规定。

我国法律一方面采取必要的措施保障技术合同当事人在合法的范围内行使自己的权利，另一方面又不允许当事人滥用这种权利损害社会公共利益。故技术合同除了适用民事法律行为无效的一般规定之外，本条特别规定以下两种技术合同一律无效：（1）涉及非法垄断技术的技术合同；（2）侵害他人技术成果的技术合同。

与《合同法》第329相比，本条不再认可妨碍技术进步的技术合同为合同无效的法定事由。妨碍技术进步与非法垄断技术和侵害他人技术成果不同，因为获得的专利就是独享技术成果，禁止他人非法侵害。有时候，妨碍技术进步恰好就是保护自己专利的需要。例如，将禁止他方根据市场需求充分合理地实施专利和使用非专利技术的合同，认定为妨碍技术进步的合同，就与保护专利的立法宗旨相违背。因此，不再将妨碍技术进步作为技术合同无效的法定事由，是正确的。

🔵 案例评析

吴某诉北京思路高高科技发展有限公司技术合同纠纷案[①]

案情： 2002年4月18日，原告吴某（乙方）与被告思路高公司（甲方）签订了《联合商品化靶浓度输注麻醉泵系列产品协议书》（简称协议2）。协议书2第8条第3款约定，甲方不得通过其他方法获得具有靶浓度输注功能的单片机芯片。否则视为违约，需支付乙方损失的双倍给乙方。合同有思路高公司负责人麦某伟的签字。关于协议2第8条第3款的约定是否属于无效条款，人民法院经审理认为：非法垄断

---

① 审理法院：北京市第一中级人民法院，案号：（2005）一中民初字第10224号。

技术、妨碍技术进步或者侵害他人技术成果的技术合同无效，限制当事人一方从其他来源获得与技术提供方类似技术或者与其竞争的技术属于"非法垄断技术、妨碍技术进步"的情形。协议2第8条第3款约定，思路高公司不得通过其他方法获得具有靶浓度输注功能的单机芯片，限制了思路高公司从其他来源获得类似的技术，该约定属于"非法垄断技术、妨碍技术进步"的情形，是无效的约定。

评析：民法典第850条对技术合同无效的情形作出了特别规定。按照该条规定，技术合同的当事人不得约定非法垄断技术的内容，否则该内容无效。本案中，协议2第8条第3款约定思路高公司不得通过其他方法获得具有靶浓度输注功能的单机芯片，限制了思路高公司从其他来源获得类似的技术，该约定属于民法典第850条所称的"非法垄断技术"的情形，是无效的约定。

应当补充说明的是，本案没有反映出民法典本条规定的修订之处，即不再认可妨碍技术进步的技术合同为无效的法定事由。本案中，协议2第8条第3款的约定属于"非法垄断技术"的情形，但不必然产生妨碍技术进步的事实效果，因而并不应当作已删除的《合同法》第329条规定的"妨碍技术进步"这一法定事由。

第二节　技术开发合同

▶▶ 第八百五十一条　技术开发合同是当事人之间就新技术、新产品、新工艺、新品种或者新材料及其系统的研究开发所订立的合同。

技术开发合同包括委托开发合同和合作开发合同。

技术开发合同应当采用书面形式。

当事人之间就具有实用价值的科技成果实施转化订立的合同，参照适用技术开发合同的有关规定。

🏛 条文要义

本条是对技术开发合同概念的规定。

技术开发合同，是指当事人之间就新技术、新产品、新工艺或者新材料及其系统的研究开发所订立的合同。定义中的新技术、新产品、新工艺或者新材料及其系统，是指当事人在订立技术合同时尚未掌握的技术、产品、工艺、材料及其系统等技术方案，但在技术上没有创新的现有产品改型、工艺变更、材料配方调整以及技术成果的检验、测试和使用的除外。

技术开发合同的特征是：（1）技术开发合同的标的是具有创造性的技术成果。（2）技术开发合同是双务合同、有偿合同、诺成合同、要式合同。（3）技术开发合同的风险性较大，当事人须共担风险。

技术开发合同包括：（1）委托开发合同，是指当事人一方委托另一方进行研究开发所订立的合同，即委托人向研究开发人提供研究开发经费和报酬，研究开发人完成研究开发工作并向委托人交付研究成果的合同。（2）合作开发合同，是指当事人各方就共同进行研究开发所订立的合同，即当事人各方共同投资、共同参与研究开发活动、共同承担研究开发风险、共享研究成果的合同。

当事人之间就具有实用价值的科技成果实施转化订立的合同，参照适用技术开发合同的有关规定。当事人之间就具有实用价值的科技成果实施转化订立的合同，是指当事人之间就具有实用价值但尚未实现工业化应用的科技成果（包括阶段性技术成果），以实现该科技成果工业化应用为目标，约定后续试验、开发和应用等内容的合同。实践中，当事人就科技成果实施转化订立的合同逐渐增多，为适应技术创新和科技产业化的需要，本条第 4 款规定这些合同参照适用技术开发合同的有关规定。

案例评析

钱某、青岛赛瑞达电子装备股份有限公司合同纠纷案①

案情：赛瑞达公司与钱某于 2012 年 1 月 28 日签订协议，钱某于 2012 年 7 月 1 日到赛瑞达公司工作，于 2014 年 9 月 28 日离开赛瑞达公司。就赛瑞达公司、钱某签订的合同，赛瑞达公司主张为技术开发合同，钱某主张为劳动合同。关于本案案由应否确定为技术开发合同纠纷的问题，二审法院认为，技术开发合同是指当事人之间就新技术、新产品、新工艺或者新材料及其系统的研究开发所订立的合同。本案中，涉案合同的主要内容"赛瑞达公司需提供资金、人力资源，依约支付钱某顾问费、安家费以及工资、三险一金等；钱某则需帮助赛瑞达公司设计一款太阳能离子注入机，依约完成该机器安装调试工作，保证达到合同约定的性能指标"涵盖了技术开发合同所应具备的主要权利义务内容，由此产生的纠纷应当认定为技术开发合同纠纷。

评析：民法典第 851 条延续了《合同法》第 330 条，对技术开发合同的定义和种类作出了规定。根据该条对技术开发合同定义和种类的规定，技术开发合同的内容一般应当包括下列条款：（1）项目名称；（2）标的技术的内容、形式和要求；（3）研究开发计划；（4）研究开发经费或者项目投资的数额及其支付、结算方式；（5）利用研究开发经费购置的设备、器材、资料的财产归属；（6）履行的期限、地点和方式；（7）风险责任的承担；（8）技术成果的归属和分享；（9）验收的标准和方法；（10）报酬的计算和支付方式；（11）违约金或者损失赔偿额的计算方法；

---

① 审理法院：一审法院为山东省青岛市中级人民法院，案号：（2016）鲁 02 民初 120 号；二审法院为山东省高级人民法院，案号：（2018）鲁民终 872 号。

（12）技术协作和技术指导的内容；（13）争议的解决办法；（14）名词和术语的解释。如果当事人对合同性质出现争议，应当根据实质重于形式的原则来确定，即依据合同内容来确定。本案中，涉案合同的目的是设计太阳能离子注入机，属于新产品开发，应当认定为技术开发合同。

▶▶▶ **第八百五十二条** 委托开发合同的委托人应当按照约定支付研究开发经费和报酬，提供技术资料，提出研究开发要求，完成协作事项，接受研究开发成果。

🏛 条文要义

本条是对委托开发合同委托人义务的规定。

委托开发合同的委托方应当履行的义务是：（1）按照合同约定支付研究开发费用和报酬：研究开发费用是指完成研究开发工作所必需的成本，除合同另有约定外，委托方应当提供全部研究开发费用。研究开发报酬是指研究开发成果的使用费和研究开发人员的科研补贴，委托方应按合同约定按时支付。（2）提供研究开发所需要的技术资料：应研究开发方的要求，委托人应补充必要的背景材料和数据，以研究开发方为履行合同所必需范围为限。（3）提出研究开发要求：对于研究开发的具体要求，应当向研究开发方提出，使受托方能够按照要求进行研究。（4）按照约定完成协作事项：委托方应依合同约定，对受托方研究开发所需要的事项提供协作。（5）按期接受研究开发成果：委托方应当按期接受研究开发方完成的研究开发成果。委托方不及时接受研究开发方交付的已完成的成果时，应承担违约责任并支付保管费用。

🫧 案例评析

吉林大全数码科技股份有限公司与吉林世纪北斗信息技术
发展有限公司技术委托开发合同纠纷案①

案情： 2015 年 11 月 2 日，大全数码公司与世纪北斗公司签订"北斗通讯铁塔智能管理平台"软件开发合同。合同约定：大全数码公司按世纪北斗公司要求，进行软件开发；世纪北斗公司给付软件开发费 70 万元整。大全数码公司按约定完成了合同规范的全部义务，而世纪北斗公司至今没有给付大全数码公司开发费。人民法院经审理认为，委托开发合同的委托人应当按照约定支付研究开发经费和报酬。现大全数码公司按约定完成了合同规范的全部义务，而世纪北斗公司至今没有给付大全数码公司开发费，显属违约，理应承担违约责任。

---

① 审理法院：吉林省吉林市中级人民法院，案号：（2017）吉 02 民初 305 号。

评析：民法典第 852 条延续了《合同法》第 331 条，对委托开发合同的委托人应当承担的主要义务作出了规定：第一，按照合同的约定，支付研究开发经费和报酬；第二，按照合同的约定，提供技术资料、完成协作事项；第三，按期接受研究开发成果。本案中，世纪北斗公司没有给付大全数码公司开发费，违反了委托开发合同的委托人"按照合同的约定，支付研究开发经费和报酬"的义务，应当承担违约责任。

▶▶ 第八百五十三条　委托开发合同的研究开发人应当按照约定制定和实施研究开发计划，合理使用研究开发经费，按期完成研究开发工作，交付研究开发成果，提供有关的技术资料和必要的技术指导，帮助委托人掌握研究开发成果。

🏛 条文要义

本条是对研究开发人应负义务的规定。

委托开发合同的研究开发人承担的义务是：（1）依约制定和实施研究开发计划：研究开发人应当按照约定制定研究开发计划，亲自实施研究开发计划。研究开发人不亲自实施研究开发义务的，委托方有权解除合同，请求返还研究开发经费和赔偿损失。（2）合理使用研究开发费用：研究开发人应当依合同约定合理使用研究开发费用，将研究开发费用用于履行合同以外的目的的，委托方有权制止并要求其退还，以用于研究开发工作。（3）按期完成研究开发工作并交付成果：研究开发人应当按照合同约定的条件按期完成研究开发工作，及时组织验收并将工作成果交付委托方。研究开发人在完成研究开发工作中不得擅自变更标的内容、形式和要求。由于研究开发人的过错，致使研究开发成果不符合合同约定条件的，研究开发方应当支付违约金或者赔偿损失；致使研究开发工作失败的，应当返还部分或全部研究开发费用，支付违约金或赔偿损失。（4）研究开发方的后续义务：研究开发人还应当提供有关的技术资料，并给予必要的技术指导，对委托方人员进行技术培训，帮助委托方掌握该项技术成果。不得向第三人泄露技术开发成果的技术秘密，不得向第三人提供该项技术成果，但当事人另有约定或法律另有规定的除外。

🍃 案例评析

上海寸草网络科技有限公司与薄某某计算机软件开发合同纠纷案①

案情： 2011 年 7 月 27 日，新联网公司与寸草公司签订《新联名医在线项目研发

① 审理法院：一审法院为上海市杨浦区人民法院，案号：（2012）杨民三（知）初字第 309 号；二审法院为上海市第二中级人民法院，案号：（2013）沪二中民五（知）终字第 100 号。

建设和实施协议》（以下简称《协议》），新联网公司为甲方，寸草公司为乙方。2012年4月13日，广东华商律师事务所向寸草公司发出律师函称：在合同约定开发周期到期之后，经多次督促，寸草公司仍未能向新联网公司方面交付合格的软件产品，距离合同约定的安装调试日期已逾期4个月，构成严重违约，寸草公司应于收到该函之日起15日内向新联网公司方面（薄某某、陈某、洪某某）支付违约金900 000元。关于上诉人寸草公司是否已交付项目软件代码，已全面完成《协议》约定义务的问题，二审法院认为，委托开发合同的研究开发人应当按期完成研究开发工作，交付研究开发成果。寸草公司虽然曾经先后向新联网公司发送了客户测试端版本，但这并非《协议》约定的最终开发成果。上诉人寸草公司没有按照《协议》约定及时全面完成项目软件开发任务，应当承担主要责任。

评析：民法典第853条延续了《合同法》第332条，对委托开发合同的研究开发人的主要义务作出了规定：第一，按照约定制定和实施研究开发计划；第二，合理使用研究开发经费；第三，按期完成研究开发工作，交付研究开发成果，提供有关的技术资料和必要的技术指导，帮助委托人掌握研究开发成果。本案中，寸草公司作为开发方，没有按照《协议》约定及时全面完成项目软件开发任务，违反了委托开发合同研究开发人"按期完成研究开发工作，交付研究开发成果"的义务，应当承担违约责任。

> ▶▶ **第八百五十四条**　委托开发合同的当事人违反约定造成研究开发工作停滞、延误或者失败的，应当承担违约责任。

🏛 条文要义

本条是对委托开发合同的当事人违约责任的规定。

《合同法》第333条规定的是委托开发合同的委托人违反约定造成研究开发工作停滞、延误或者失败的违约责任，第334条规定的是该种合同研究开发人违反约定造成研究开发工作停滞、延误或者失败的违约责任。这两种违约责任的构成要件相同、责任后果相同，只是合同的当事人不同，分为两条规定浪费了立法资源，故本条将其合并成为一个条文。

委托开发合同的当事人违反约定造成研究开发工作停滞、延误或者失败的，应当承担违约责任。构成违约责任的要件是：（1）一方当事人违反委托开发合同约定的行为，包括违反本法第852条和第853条规定的委托人义务和研究开发人义务的行为。（2）研究开发工作停滞、延误或者失败，停滞是一时性无法继续进行，延误是超出约定的研究开发时间，失败是研究开发目的无法实现。（3）一方当事人违约行为与研究开发工作停滞、延误或者失败之间具有因果关系。具备上述要件，违约一方当事人应当承担违约责任。确定违约责任，应当依照合同约定和本法规定进行。

委托开发合同的当事人包括委托人和研究开发人承担违约责任，应当依照本法合同编通则关于违约责任的规定进行。

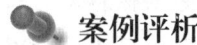 **案例评析**

昆明贝思特软件有限公司与昆明市保安护卫有限公司
技术合同纠纷案①

案情：2002 年 9 月 9 日，原审原告昆明市保安护卫有限公司（上诉人）与原审被告昆明贝思特软件有限公司（被上诉人）签订技术开发合同，合同约定原审原告委托原审被告开发昆明市保安护卫有限公司管理信息系统软件。合同签订后，原审被告开始研究开发该软件。在软件调试过程中，因原审原告（上诉人）未提供统计数据，致使约定开发的技术成果未进行调试和验收，原审原告（上诉人）以原审被告违约，未交付开发技术成果为由，要求解除双方所签订的技术开发合同，并要求原审被告（被上诉人）承担违约责任。关于原审被告（被上诉人）是否应当承担违约责任，二审法院认为，委托人违反约定造成研究开发工作停滞、延误或者失败的，应当承担违约责任。上诉人作为委托人因未履行其应负的义务（提供与进行调试相关的数据资料）而导致研究开发工作被阻断，其应自行承担相应的违约责任，被上诉人不承担违约责任。

评析：民法典第 854 条源自《合同法》第 333 条、第 334 条的规定，包括了委托人、研究开发人违反委托开发合同的约定应当承担的违约责任。依据民法典第 852 条的规定，委托开发合同的委托人应当按照约定支付研究开发经费和报酬；提供技术资料、原始数据；完成协作事项；接受研究开发成果。本案中，因为委托人未提供与进行调试相关的数据资料造成该软件未能进行调试和验收，研究开发工作因而被阻断，属于本条中"委托开发合同的当事人违反约定造成研究开发工作停滞"的情形。作为委托开发合同的当事人，委托人应自行承担相应的违约责任。

▶▶ **第八百五十五条** 合作开发合同的当事人应当按照约定进行投资，包括以技术进行投资，分工参与研究开发工作，协作配合研究开发工作。

🏛 **条文要义**

本条是对合作开发合同当事人主要义务的规定。

---

① 审理法院：一审法院为云南省昆明市官渡区人民法院，案号：（2004）官法民二初字第 359 号；二审法院为云南省昆明市中级人民法院，案号：（2005）昆民六终字第 1 号。

在合作开发合同中，双方当事人应当负担的主要义务是：（1）应当依照合同约定投资：合作开发合同当事人各方应依合同的约定投资。以资金以外的形式例如以技术投资的，应当折算成相应的金额，明确当事人在投资中所占比例。（2）依照合同约定的分工参与研究开发工作：各方当事人都有共同进行研究开发工作的权利和义务，当事人可以由双方代表组成指导机构，对研究开发工作中的重大问题进行决策，协调和组织研究开发工作。（3）协作配合研究开发工作：当事人各方均应按照合同中约定，在研究开发工作中相互协作，相互配合，共同完成，保守技术情报、资料和技术成果的秘密。

案例评析

福建承顺德峰有限公司与泉州运丰机械有限公司、魏某某技术合作开发合同纠纷案[①]

案情：2011 年 7 月 14 日，德峰公司法定代表人李某峰与运丰公司法定代表人魏某某签订《挖掘机项目开发合作协议书》，协议书体现甲方为德峰公司，乙方为运丰公司。《协议书》约定运丰公司提供挖掘机生产技术和人才协助，德峰公司提供资金，双方合作开发挖掘机项目。关于《挖掘机项目开发合作协议书》的当事人运丰公司是否应返还德峰公司挖掘机项目前期研发费用 1 500 000 元并赔偿损失这一焦点问题，人民法院经审理认为，合作开发合同的当事人应当按照约定进行投资，包括以技术进行投资，分工协作配合研究开发工作。本案中，《挖掘机项目开发合作协议书》的当事人德峰公司与运丰公司均按照约定履行了投资义务、参与研究开发工作的义务及协作配合研究开发工作的义务，运丰公司因而无须承担违约责任。

评析：民法典第 855 条延续了《合同法》第 335 条，对合作开发合同各方当事人的主要义务作出了规定：第一，按照合同的约定进行投资，包括以技术进行投资；第二，按照合同约定的分工参与研究开发工作；第三，协作配合研究开发工作。本案中，《挖掘机项目开发合作协议书》的当事人德峰公司与运丰公司均按照约定履行了投资义务、参与研究开发工作的义务及协作配合研究开发工作的义务，因而无须承担违约责任。

▶▶ **第八百五十六条** 合作开发合同的当事人违反约定造成研究开发工作停滞、延误或者失败的，应当承担违约责任。

条文要义

本条是对合作开发合同当事人违约责任的规定。

---

① 审理法院：福建省南平市中级人民法院，案号：（2016）闽 07 民初 58 号。

在合作开发合同履行过程中，任何一方当事人违反合同，造成研究开发工作停滞、延误或者失败的，应当承担违约责任。

依据本条的规定，合作开发合同的当事人违反约定承担违约责任的条件有两个：一是合作开发合同的当事人存在违约行为；二是由于违约行为造成研究开发工作停滞、延误或者失败。研究开发工作停滞，主要是指由于当事人的违约行为致使研究开发工作受到阻碍，不能顺利进行或继续下去。研究开发工作延误，是指由于当事人的违约行为，致使研究开发工作缓慢前行或行动，不能按照预计的进度、时间进行，或预计的工作可能无法完成。研究开发工作失败，是指由于当事人的违约行为，致使研究开发工作根本不能继续开展下去，研究开发工作没有达到预期目的。

合作开发合同当事人的违约行为主要表现为：（1）不按照合同约定进行投资（包括以技术进行投资）；（2）不按照合同约定的分工参与研究开发工作；（3）不按照合同约定与其他各方完成协作配合任务。

违约方承担责任的方式，应当依照合同约定和民法典合同编的规定，包括继续履行、采取补救措施、支付违约金以及损害赔偿。

案例评析

广西天人科技开发有限责任公司诉周某某技术合同纠纷案[①]

案情：2002 年 9 月 15 日，原、被告双方就 2002 年广西创新计划课题"精制白糖生产技术研究与开发"中试研究达成协议，并签订一份《合作协议》。协议签订后，原、被告开展了技术研究合作，由原告提供资金租用实验室、购买所需设备，并支付日常开支，被告则负责具体的技术研究工作。原告还派出其主要技术人员薛某、王某贵参与到研究工作中。双方的合作取得一定进展，并于 2002 年年底至 2003 年 3 月在明阳糖厂制作安装了一套精制白糖中试设备。2003 年 4 月，被告向原告提出签订一份《补充协议》，但未获原告同意，双方遂产生分歧，以致合作未能继续进行。由于被告终止了合作，"精制白糖生产技术研究与开发"项目未能如期完成。人民法院经审理认为，合作开发合同的当事人违反约定造成研究开发工作停滞、延误或者失败的，应当承担违约责任。本案中，由于被告的违约行为，导致原、被告合作开发的项目停滞，不能如期完成，故被告应承担相应的违约责任。

评析：民法典第 856 条延续了《合同法》第 336 条，对合作开发合同当事人的违约责任作出了规定。合作开发合同的当事人违反约定造成研究开发工作停滞、延误或者失败的，应当承担违约责任。民法典第 855 条规定了合作开发合同各方当事人的主要义务，其中之一为按照合同约定的分工参与研究开发工作。本案中，被告不按照合同约定的分工参与研究开发工作，单方终止与原告的合作，导致原、被告

---

① 审理法院：广西壮族自治区南宁市中级人民法院，案号：（2016）南市民三初字第 22 号。

合作开发的项目停滞，不能如期完成，故被告应承担相应的违约责任。

▶▶ **第八百五十七条** 作为技术开发合同标的的技术已经由他人公开，致使技术开发合同的履行没有意义的，当事人可以解除合同。

🏛 条文要义

本条是对技术开发合同法定解除权的规定。

技术开发合同在履行过程中，作为技术合同标的的技术如果已经由他人公开，技术开发合同的履行就没有意义，故规定，当出现这种情形时，当事人任何一方都可以行使法定解除权，解除该合同。合同解除之后，应当依照合同解除后的规则处理。

在委托开发合同中，如果研究开发人明知受委托的技术开发合同标的是已有技术，该合同应当改为技术转让或者技术服务合同。在合作开发合同中，合作开发的各方当事人有义务将自己知道技术开发合同的标的已经公开的情况及时通知另一方当事人，以减少或避免不必要的损失。

🔵 案例评析

太原市尖草坪区小裴开发汽车修理厂与山西前海企业管理咨询有限公司技术委托开发合同纠纷案①

案情： 2017 年 6 月 11 日，原告太原市尖草坪区小裴开发汽车修理厂（甲方）与被告山西前海企业管理咨询有限公司（乙方）签订了《微信小程序委托开发协议》，该协议约定："开发小程序的名称为总修汽配服务，服务项目开发费用为 19 800 元。"同日原告向被告支付了全部小程序开发费用。被告在签订协议后 10 日左右开发出了小程序软件，原告以该小程序已经由他人公开，致使涉案合同的履行没有意义为由，要求解除合同。人民法院经审理认为，因作为技术开发合同标的的技术已经由他人公开，致使技术开发合同的履行没有意义的，当事人可以解除合同。而原告并未提供证据证明合同标的的技术已被他人公开，其据以请求解除合同的事实依据无法成立，故对原告解除合同的诉讼请求，人民法院不予支持。

评析： 民法典第 857 条延续了《合同法》第 337 条，对技术开发合同的特别解除条件作出了规定。根据技术开发合同的特点，民法典合同编规定了技术开发合同可以解除的特别情形，即作为技术开发合同标的的技术已经由他人公开，致使履行该合同没有意义。本案中，原告并未提供证据证明合同标的的技术已被他人公开，

---

① 审理法院：山西省太原市中级人民法院，案号：（2017）晋 01 民初 643 号。

因而不符合民法典第 857 条关于技术合同特别解除权的规定，其解除合同的诉讼请求无法得到人民法院支持。

▶▶ **第八百五十八条**　技术开发合同履行过程中，因出现无法克服的技术困难，致使研究开发失败或者部分失败的，该风险由当事人约定；没有约定或者约定不明确，依据本法第五百一十条的规定仍不能确定的，风险由当事人合理分担。

　　当事人一方发现前款规定的可能致使研究开发失败或者部分失败的情形时，应当及时通知另一方并采取适当措施减少损失；没有及时通知并采取适当措施，致使损失扩大的，应当就扩大的损失承担责任。

🏛 条文要义

本条是对技术开发合同风险分担和通知义务的规定。

技术开发本身就是一种探索性研究活动，具有开发失败的风险。在技术开发合同履行过程中，因出现无法克服的技术困难，致使研究开发失败或者部分失败，未能取得合同约定的预期目的，就是技术开发合同的风险。

合作开发合同风险负担方法是：（1）该风险如何分担，由当事人约定。（2）当事人对风险负担没有约定或者约定不明确的，应当依据民法典第 510 条的规定，可以协议补充，达成协议的，按照协议确定的方法分担。（3）补充协议仍然不能确定的，研发的风险由当事人合理分担。合理分担并不是指平均分担。

当合同当事人遇有技术风险需要变更或解除合同时，仲裁机构或人民法院在审理此类纠纷时，应充分考虑技术开发合同履行中的具体情况（如合同的标的、价金、风险的程度等）并斟酌当事人双方的财产状况，最终使合同双方由于技术风险造成的财产损失问题得到公平、合理的解决。

在技术开发合同中，当事人都负有风险通知义务。当事人一方如果发现研发风险，可能致使研究开发失败或者部分失败的情形时，应当及时通知另一方当事人，并采取适当措施以减少损失。发现风险的一方未履行通知义务，没有及时通知并采取适当措施，致使损失扩大的，应当就扩大的损失向对方承担赔偿责任。

🌀 案例评析

烟台正方制药有限公司与济南诺康医药科技有限公司合同纠纷案[①]

案情：2011 年 3 月 7 日，原告正方公司与被告诺康公司签订《"匹多莫德片"技术开发合作协议》。技术合作开发协议签订后，原告按照协议约定共计向被告支付研

---

① 审理法院：山东省烟台市中级人民法院，案号：（2016）鲁 06 民初 82 号。

发费 16 万元。2015 年 11 月 24 日，国家食品药品监督管理总局下达审批意见通知件，对申请人烟台正方制药有限公司申请的"匹多莫德片"药品注册不予批准，原告由此委托律师向被告发出律师函，要求被告返还技术服务费及利息，并赔偿经济损失。人民法院经审理认为，在技术开发合同履行过程中，因出现无法克服的技术困难，致使研究开发失败或者部分失败的，该风险责任由当事人约定。原告申请的"匹多莫德片"药品注册因技术原因被国家食品药品监督管理总局退审，已符合原、被告双方签订的协议第 3 条第 3 款"可预见的合同执行中断、终止处理办法"的约定，即被告应在申请退审后的 5 个工作日内退还原告所支付的全部费用。故原告要求被告退还其已支付的研发费 16 万元及逾期付款违约金，有合同依据，人民法院予以支持。

评析： 民法典第 858 条延续了《合同法》第 338 条，对技术开发合同的风险分担和通知义务作出了规定。由于技术开发存在风险，风险一旦出现，将使技术开发合同无法履行，给当事人造成损失，因此，当事人应当在订立合同时明确约定风险责任的承担。如果当事人没有约定或者约定不明确，风险发生后，当事人可以协议补充风险责任。不能达成补充协议的，可以按照合同的有关条款或者交易习惯确定，仍不能确定，风险责任由当事人合理分担。本案中，原告申请的"匹多莫德片"药品注册因技术原因被国家食品药品监督管理总局退审，已符合原、被告双方签订的协议第 3 条第 3 款"可预见的合同执行中断、终止处理办法"的约定，即被告应在申请退审后的 5 个工作日内退还原告所支付的全部费用。故原告要求被告退还其已支付的研发费 16 万元及逾期付款违约金，有合同依据。

▶▶ **第八百五十九条** 委托开发完成的发明创造，除法律另有规定或者当事人另有约定外，申请专利的权利属于研究开发人。研究开发人取得专利权的，委托人可以依法实施该专利。

研究开发人转让专利申请权的，委托人享有以同等条件优先受让的权利。

🏛 条文要义

本条是对委托开发合同技术成果权益归属的规定。

确定委托开发合同技术成果权益归属的规则是：（1）委托开发所完成的技术成果如属可以申请专利的，申请专利的权利在一般情况下归研究开发人。当事人约定申请专利的权利归委托人或由双方当事人共同行使的，从其约定。委托开发所完成的技术成果如属不可以申请专利，或虽可以申请专利但当事人不欲申请专利的，对于此项技术秘密成果，当事人各方都有使用、转让和收益的权利；当事人就此另有约定的除外。（2）研究开发人取得专利权的，委托人有权依法实施该项专利，如依照法律规定可以免费使用等。（3）研究开发人转让专利权的，委托人有优先受让权，在同等条件下，委托人有权优先受让该专利。对于履行委托开发合同所取得的技术秘密成果，研究开发人不得在向委托人交付研究开发成果之前，将研究开发成果转让给第三人，违反此项义务，应承担违约责任。

 **案例评析**

辰辰帮帮（北京）科技有限公司与深圳市祈飞科技有限公司
技术委托开发合同纠纷案①

案情： 2016 年 8 月 1 日，辰辰帮帮公司（甲方）与祈飞公司（乙方）签订涉案合同。涉案合同第 8 条约定了知识产权归属：本合同约定项目的专利申请权、所有权及 3C 认证归甲方所有。关于辰辰帮帮公司是否有权要求祈飞公司无偿转让涉案专利，法院经审理认为，本案属于合同纠纷，辰辰帮帮公司依据涉案合同向本院提出要求乙方无偿转让涉案专利的请求，其主张的合同依据是涉案合同第 8 条，即双方关于知识产权归属的约定。在权属条款内容不包含指向行为的合意的前提下，辰辰帮帮公司是否能依据合同要求祈飞公司无偿转让涉案专利，还需要确认权属条款本身是否当然包含要求祈飞公司负担的行为内容。本案中，权属条款本身并不包含要求特定相对人负担一定行为的内容，辰辰帮帮公司要求祈飞公司无偿转让涉案专利没有合同依据。

评析： 民法典第 859 条延续了《合同法》第 339 条，对履行委托开发合同完成的技术成果的归属和分享作出了规定。委托开发合同的当事人可以在合同中约定委托开发完成的发明创造的权利归属。本案中，双方已经在合同中约定专利申请权归原告所有，被告却依然申请涉案专利，并获得了专利授权。虽然原告无权要求被告无偿把涉案专利转让给自己，但可向对方主张违约责任。

> ▶▶ **第八百六十条** 合作开发完成的发明创造，申请专利的权利属于合作开发的当事人共有；当事人一方转让其共有的专利申请权的，其他各方享有以同等条件优先受让的权利。但是，当事人另有约定的除外。
>
> 合作开发的当事人一方声明放弃其共有的专利申请权的，除当事人另有约定外，可以由另一方单独申请或者由其他各方共同申请。申请人取得专利权的，放弃专利申请权的一方可以免费实施该专利。
>
> 合作开发的当事人一方不同意申请专利的，另一方或者其他各方不得申请专利。

---

① 审理法院：北京知识产权法院，案号：（2018）京 73 民初 300 号。

🏛 条文要义

本条是对合作开发研究成果权属的规定。

与《合同法》第 340 条相比，本条修改了合作开发完成的技术成果权属规则的除外规则。

1. 合作开发所完成的技术成果属可以申请专利的，申请专利的权利属于合作开发的当事人共有。如属不可以申请专利，或虽可以申请专利但当事人不欲申请专利的，对于此项技术秘密成果，合作开发的各方当事人均有使用、转让和收益的权利。确定共有后，当事人一方转让专利申请权的，其他各方当事人在同等条件下享有优先受让权，其他各方当事人都行使优先受让权的，应当按原有份额共同受让。此项优先受让权的行使，在本质上系属准共有关系中共有人所享有的优先购买权。《合同法》第 340 条所规定的"另有约定"，限制的是当事人共有，即如果当事人约定归其中一方或几方所有，而不是共有的，从其约定。本条将当事人另有约定的除外规则放置在这一款的结尾处，"另有约定"约束的就不只是共有权属，也约束共有的技术成果。共有人之一出让其份额，其他各方享有的优先购买权，也是可以另有约定的，另有约定可以对抗其优先购买权，按照约定处理。

2. 在合作开发合同中，当事人有放弃专利申请的权利。一方如果声明放弃其共有的专利申请权，除当事人另有约定之外，可以由另一方单独申请或者由其他各方共同申请；另有约定的，按照约定处理。申请人取得专利权的，由于放弃专利申请权的一方也是该专利的合同研发者，因而可以免费实施该专利。

3. 在合作开发合同中，当事人对申请专利享有否决权，任何一方如果不同意对研发成果申请专利，另一方或者其他各方则不得申请专利。

🪨 案例评析

武汉郑武物资有限公司与武汉源生铁路配件制造有限公司专利权权属纠纷案[①]

案情： 2011 年 11 月 4 日，被告源生公司作为甲方与原告郑武公司作为乙方签订《技术开发（合作）合同》一份，约定双方共同参与研究开发"机车限鸣系统高指向性电笛"项目。关于合作开发完成的发明创造的权属，人民法院经审理认为，合作开发完成的发明创造，除当事人另有约定的以外，申请专利的权利属于合作开发的当事人共有。对合作开发完成的发明创造的权利归属，首先应依据当事人之间的约定进行处理，当事人之间没有约定的，申请专利的权利以及专利申请后的专利权为合作各方共同享有。本案中，依据该合作合同第 13 条的约定，对因履行合同产生的

---

① 审理法院：湖北省武汉市中级人民法院，案号：（2015）鄂武汉中知初字第 00023 号。

最终研发技术成果及相关知识产权由双方共同享有。鉴于该合作完成的技术成果已获得国家知识产权局"机车限鸣系统高指向性电笛"实用新型专利授权，原告郑武公司应为该实用新型专利的共同专利权人。

评析：民法典第860条对履行合作开发合同完成的发明创造专利申请权的归属和分享作出了规定。根据上述规定，对合作开发完成的发明创造的专利申请权的归属，首先应依据当事人之间的约定进行处理，当事人之间没有约定的，申请专利的权利为合作各方共同享有。本案中，依据双方签订的《技术开发（合作）合同》第13条的约定，因履行合同产生的最终研发技术成果及相关知识产权由双方共同享有，原告郑武公司应为"机车限鸣系统高指向性电笛"实用新型专利的共同专利权人。

不仅如此，由于双方签订的《技术开发（合作）合同》第13条约定的"相关知识产权"中包括了申请专利的权利，依据民法典第860条第1款的规定，原告郑武公司还应为涉案专利申请权的共有人。

▶▶**第八百六十一条** 委托开发或者合作开发完成的技术秘密成果的使用权、转让权以及收益的分配办法，由当事人约定；没有约定或者约定不明确，依据本法第五百一十条的规定仍不能确定的，在没有相同技术方案被授予专利权前，当事人均有使用和转让的权利。但是，委托开发的研究开发人不得在向委托人交付研究开发成果之前，将研究开发成果转让给第三人。

🏛 条文要义

本条是对技术开发合同产生技术秘密成果分配方法的规定。

技术秘密成果是商业秘密成果的一种，是指不为公众所知悉、能为权利人带来经济利益、具有实用性并经权利人采取保密措施的技术信息和经营信息，例如技术秘诀、工艺流程、设计图纸、技术数据、化学配方、制造方法、技术资料、技术情报等技术科学方面的研究成果。

委托开发或者合作开发完成的技术秘密成果，尽管不申请专利或者不能申请专利，但是其仍然存在权属问题。对其使用权、转让权以及收益的分配办法的确定方法是：（1）由当事人约定，当事人有明确约定的，依照当事人的约定确定。（2）没有约定或者约定不明确，依据民法典第510条的规定可以协议补充，按照补充协议的约定确定。（3）补充协议仍然不能确定的，在没有相同技术方案被授予专利权前，当事人均有使用和转让的权利。但是委托开发的研究开发人不得在向委托人交付研究开发成果之前，将研究开发成果转让给第三人。

案例评析

南京金吾尊者汽车安全设备有限公司与四川科奥达技术有限公司
技术合作开发合同纠纷案①

案情： 2013 年 5 月 21 日，被告南京金吾公司与原告四川科奥达公司签订《联合研制协议》，约定双方共同完成"汽车激光防撞系统"的研制开发与产业化工作，同时还约定双方共同拥有开发部分之技术专利及产品使用权。四川科奥达公司主张由其单独享有涉案样机的使用权。人民法院经审理认为，委托开发或者合作开发完成的技术秘密成果的使用权、转让权以及利益的分配办法由当事人约定。双方《联合研制协议》明确约定由双方共同拥有开发部分之技术专利及产品使用权，故四川科奥达公司的该主张与合同约定不符，且在其研制生产的一台初步样机确系履行《联合研制协议》的成果、其已将该样机交付南京金吾公司的情况下，人民法院认为四川科奥达公司的主张没有事实与法律依据，对此不予支持。

评析： 民法典第 861 条延续了《合同法》第 341 条，对履行技术开发合同产生的技术秘密成果的归属和分享作出了规定。根据该条规定，委托开发或者合作开发完成的技术秘密成果的使用权、转让权以及利益的分配办法可以由当事人约定。本案中，双方《联合研制协议》明确约定由双方共同拥有开发部分之技术专利及产品使用权，故涉案样机的使用权应为南京金吾公司与四川科奥达公司共有。

第三节 技术转让合同和技术许可合同

▶▶ **第八百六十二条** 技术转让合同是合法拥有技术的权利人，将现有特定的专利、专利申请、技术秘密的相关权利让与他人所订立的合同。

技术许可合同是合法拥有技术的权利人，将现有特定的专利、技术秘密的相关权利许可他人实施、使用所订立的合同。

技术转让合同和技术许可合同中关于提供实施技术的专用设备、原材料或者提供有关的技术咨询、技术服务的约定，属于合同的组成部分。

条文要义

本条是对技术转让合同和技术许可合同概念的规定。技术转让合同有广、狭义之分，广义的技术转让合同包括技术转让合同和技术许可合同，狭义的技术转让合同单指技术转让合同。本条将两种合同并列，技术转让合同采狭义概念。

---

① 审理法院：四川省成都市中级人民法院，案号：（2014）成知民初字第 426 号。

技术转让合同是合法拥有技术的权利人，将现有特定的专利、专利申请、技术秘密的相关权利让与他人所订立的合同。其法律特征是：一是技术转让合同的标的是现有的技术成果；二是技术转让合同为双务合同、有偿合同、诺成合同、要式合同；三是依技术转让合同所转移的是技术成果的使用权、所有权。

技术许可合同是合法拥有技术的权利人，将现有特定的专利、技术秘密的相关权利许可他人实施、使用所订立的合同。其与技术转让合同的基本区别是，技术转让合同的技术让与方法，是将特定的专利、技术秘密的相关权利让与他人，本人不再作为权利主体；技术许可合同的技术让与，则是许可他人使用，只转让使用权，不转让其他权属。

技术转让合同和技术许可合同的特殊问题是，关于提供实施技术的专用设备、原材料或者提供有关的技术咨询、技术服务的约定，属于合同的组成部分，具有合同的法律效力。

《合同法》对技术转让合同和技术许可合同的概念未作规定，本条借鉴了有关司法解释对此作出了规定。《最高人民法院关于审理技术合同纠纷案件适用法律若干问题的解释》（已失效）第 22 条规定："合同法第三百四十二条规定的'技术转让合同'，是指合法拥有技术的权利人，包括其他有权对外转让技术的人，将现有特定的专利、专利申请、技术秘密的相关权利让与他人，或者许可他人实施、使用所订立的合同。但就尚待研究开发的技术成果或者不涉及专利、专利申请或者技术秘密的知识、技术、经验和信息所订立的合同除外。技术转让合同中关于让与人向受让人提供实施技术的专用设备、原材料或者提供有关的技术咨询、技术服务的约定，属于技术转让合同的组成部分。因此发生的纠纷，按照技术转让合同处理。当事人以技术入股方式订立联营合同，但技术入股人不参与联营体的经营管理，并且以保底条款形式约定联营体或者联营对方支付其技术价款或者使用费的，视为技术转让合同。"理解本条规定，可以参考该司法解释的这一规定。

案例评析

王某某诉上海洪旺食品添加剂有限公司技术转让合同纠纷案[①]

案情：2006 年 1 月 1 日，原、被告双方签订《技术转让合同》一份，关于该合同的性质，人民法院经审理认为：技术转让合同是指合法拥有技术的权利人，包括其他有权对外转让技术的人，将现有特定的专利、专利申请、技术秘密的相关权利让与他人，或者许可他人实施、使用所订立的合同。从本案所涉《技术转让合同》的各项条款来看，首先，合同约定的标的物为原告王某某自行设计开发的桃树胶生产工艺，且被告洪旺公司负有不得泄露技术工艺等保密义务，故该技术应属于技术

---

① 审理法院：上海市第一中级人民法院，案号：（2009）沪一中民五（知）初字第 91 号。

秘密。其次，该合同约定了双方合作期限为 8 年、每年付款 50 万元的合作方式，被告洪旺公司在合同终止后如继续生产该产品，原告王某某继续享有该合同各项条款的权利，因此该合同应为原告王某某许可被告洪旺公司使用上述桃树胶技术的技术许可使用协议。

评析：民法典第 862 条是对技术转让合同和技术许可合同概念的规定。依据该条规定，技术转让合同是合法拥有技术的权利人，将现有特定的专利、专利申请、技术秘密的相关权利让与他人所订立的合同；技术许可合同是合法拥有技术的权利人，将现有特定的专利、技术秘密的相关权利许可他人实施、使用所订立的合同。从本案所涉《技术转让合同》的各项条款来看，首先，合同约定的标的物为原告王某某自行设计开发的桃树胶生产工艺，且被告洪旺公司负有不得泄露技术工艺等保密义务，故该技术应属于技术秘密。其次，该合同约定了双方合作期限为 8 年、每年付款 50 万元的合作方式，被告洪旺公司在合同终止后如继续生产该产品，原告王某某继续享有该合同各项条款的权利，因此该合同应为原告王某某许可被告洪旺公司使用上述桃树胶技术的技术许可使用协议。与《合同法》及相关司法解释不同的是，民法典合同编将技术许可合同与技术转让合同进行了区分，技术许可合同因而独立于技术转让合同。由此，民法典合同编实施后，该类合同应作为技术许可合同处理。

> ▶▶ **第八百六十三条** 技术转让合同包括专利权转让、专利申请权转让、技术秘密转让等合同。
> 技术许可合同包括专利实施许可、技术秘密使用许可等合同。
> 技术转让合同和技术许可合同应当采用书面形式。

🏛 条文要义

本条是对技术转让合同和技术许可合同类型和形式的规定。

技术转让合同的类型包括：（1）专利权转让合同。专利权转让合同，是指专利权人作为让与人将其发明创造专利的所有权或者持有权移交受让人，受让人支付约定价款所订立的合同。（2）专利申请权转让合同。专利申请权转让合同，是指让与人将其就特定的发明创造申请专利的权利移交给受让人，受让人支付约定价款所订立的合同。（3）技术秘密转让合同。技术秘密转让合同，是指让与人将拥有的技术秘密成果转让给受让人，明确相互之间技术秘密成果使用权、转让权，受让人支付约定转让费所订立的合同。

技术许可合同的类型包括：（1）专利实施许可合同。专利实施许可合同，是指专利权人或者其授权的人作为许可人，许可被许可人在约定的范围内实施专利，被许可人支付约定使用费所订立的合同。（2）技术秘密使用许可合同。技术秘密使用许可合同，是指许可人将拥有的技术秘密成果提供给受让人，明确相互之间技术秘密成果的使用权，被许可人支付约定的使用费所订立的合同。

技术转让合同和技术许可合同都是要式合同，都应当采用书面形式。

 **案例评析**

涂某某诉云南锡业同乐太阳能有限公司实用新型专利实施许可合同纠纷案[①]

案情：原告系实用新型专利放气止水阀（ZL200420104530.2）、多功能平板集热器边框型材（ZL200420104531.7）、平板型系统集成整体式家用太阳热水器（ZL200820081271.4）、建筑一体化楼层网络互济太阳热水器（ZL201020235823.X，另一共有权人为柯某铭）、节水四功能紧凑型太阳热水器（ZL201220064093.0）的专利权人。2012年1月28日，原告与被告签订了《专利实施许可合同》。对于双方当事人签订的《专利实施许可合同》的效力问题，人民法院经审理认为：技术转让合同包括专利权转让、专利申请权转让、技术秘密转让、专利实施许可合同。技术转让合同应当采用书面形式。本案中，原告系本案所涉五项实用新型专利的专利权人（"建筑一体化楼层网络互济太阳热水器"还有另一共有权人柯某铭），其有权通过签订书面合同，以普通许可方式许可被告实施上述专利，故双方签订的《专利实施许可合同》不存在导致合同不成立或无效的情形，该合同依法成立并生效。

评析：民法典第863条延续了《合同法》第342条，对技术转让合同和技术许可合同的类型和形式作出了规定。其中第2款规定了技术许可合同的类型：第一，专利实施许可合同；第二，技术秘密使用许可合同。本案中，原告系本案所涉五项实用新型专利的专利权人（"建筑一体化楼层网络互济太阳热水器"还有另一共有权人柯某铭），其有权通过签订书面合同，以普通许可方式许可被告实施上述专利。

▶▶**第八百六十四条　技术转让合同和技术许可合同可以约定实施专利或者使用技术秘密的范围，但是不得限制技术竞争和技术发展。**

🏛 条文要义

本条是对技术转让合同和技术许可合同使用范围的规定。

技术转让和技术许可都能够促进社会经济发展，故法律鼓励进行。当事人在签订技术转让合同和技术许可合同时，可以依照自己的意愿，约定实施专利或者使用

①　审理法院：云南省昆明市中级人民法院，案号：（2014）昆知民初字第231号。

技术秘密的范围，双方都应当按照约定的范围使用专利或者技术秘密，超出范围使用构成违约行为，应当承担违约责任。不过，技术转让合同和技术许可合同的当事人不得以合同条款限制技术竞争和技术发展，基本要求是：（1）不得通过合同条款限制另一方在合同标的技术的基础上进行新的研究开发。（2）不得通过合同条款限制另一方从其他渠道吸收技术，或者阻碍另一方根据市场的需求，按照合同的方式充分实施专利和使用技术秘密。

案例评析

海南爱科制药有限公司与福州海王福药制药有限公司等
专利侵权纠纷案[①]

案情： 2004 年 5 月 26 日，原告爱科公司（甲方）与爱大公司（乙方）、第三人微生物公司（丙方）签订《硫酸依替米星大输液剂专利实施许可合同》。关于原告爱科公司获得的专利实施许可权方式，人民法院经审理认为：专利实施许可包括独占实施许可、排他实施许可与普通实施许可。第三人微生物公司将其所获得的发明专利分别以原料药、注射液以及大输液等不同的方式许可给国内不同的厂家实施，符合法律的规定，但由于原告爱科公司获得的实施许可范围是生产销售硫酸依替米星大输液剂，虽然在双方的合同中约定为独家许可，但此前该大输液剂已有其他厂家获得实施许可，在原告与第三人签订合同时他人所获得的实施许可并未终止，故原告并非独家获得许可，原告在约定许可实施专利的范围内获得的是普通实施许可。

评析： 民法典第 864 条延续了《合同法》第 343 条，规定了技术转让合同和技术许可合同可以约定实施专利或使用技术秘密的范围。根据《最高人民法院关于审理技术合同纠纷案件适用法律若干问题的解释》（现已失效）第 28 条的规定："实施专利或者使用技术秘密的范围"包括实施专利或者使用技术秘密的期限、地域、方式以及接触技术秘密的人员等。根据该解释第 25 条的规定，专利实施许可方式包括独占实施许可、排他实施许可与普通实施许可。本案中，虽然爱科公司与专利权人微生物公司签订了硫酸依替米星大输液剂独家使用许可合同，但从事实上看，山禾公司也与专利权人微生物公司签订有《专利使用权国内独家许可合同书》等协议，且一直在生产 50ml - 100ml 硫酸依替米星氯化钠大输液剂，因此，山禾公司对 50ml - 100ml 硫酸依替米星氯化钠注射液的生产说明，爱科公司对此规格的注射液的生产并不是独占实施许可，而是普通实施许可。

---

① 审理法院：一审法院为海南省海口市中级人民法院，案号：（2007）海中法民三重字第 8 号；二审法院为海南省高级人民法院，案号：（2008）琼民二终字第 21 号。

▶▶ **第八百六十五条** 专利实施许可合同仅在该专利权的存续期限内有效。专利权有效期限届满或者专利权被宣告无效的，专利权人不得就该专利与他人订立专利实施许可合同。

🏛 条文要义

本条是对专利实施许可合同有效期限的规定。

专利权的有效期限是指法律规定的保护该专利权的期间。专利权只有在法定的期限内才能获得法律的保护。超过法定的期限，或者因法定情形失去专利权后，法律就不予保护，专利权人就失去了法律所保护的独占利益的权利。该技术也就成了公开的、任何人均可以免费使用的技术。《专利法》规定，发明专利权的期限为 20 年，实用新型专利权和外观设计专利权的期限为 10 年，均自申请之日起计算。专利实施许可合同仅在该专利权的上述存续期间内有效。如果专利权有效期限届满，或者专利权被宣告无效的，专利权人不得就该专利与他人订立专利实施许可合同，订立者，亦为无效的专利实施许可合同，不发生合同的拘束力。

专利实施许可合同的许可人应当在合同有效期限内维持专利的有效性。在合同有效期限内，专利权被终止的，合同同时终止，许可人应当支付违约金或者赔偿损失。专利权被宣告无效的，许可人应当赔偿由此给被许可人造成的损失。

🔵 案例评析

青海民和朝明印务有限公司与青海育恒教育用品有限公司
专利合同纠纷案①

案情：陆某炽于 1995 年 6 月 9 日向国家知识产权局提出一种"防近视书簿"发明专利申请，2001 年 1 月 1 日获得国家知识产权局授权并予以公告，专利号 ZL95111654.1。2004 年 3 月 22 日，被告育恒公司（乙方受让方）与陆某炽（甲方许可方）签订了《专利实施许可合同》。2017 年，原告朝明公司得知其被授权实施的涉案专利已被国家知识产权局于 2009 年 3 月 18 日作出无效宣告决定，遂提起本案诉讼。关于案涉《专利实施许可合同》是否应予解除的问题，人民法院经审理认为，专利实施许可合同只在该专利权的存续期间内有效。专利权有效期间届满或者专利被宣布无效的，专利权人不得就该专利与他人订立专利实施许可合同。据此双方所签订的《专利实施许可合同》自 2009 年 3 月 18 日作为合同标的物的案涉专利被宣布无效时亦应终止，故原告要求解除双方签订的《专利实施许可合同》的主张符合以上法律规定，应予支持。

---

① 审理法院：青海省西宁市中级人民法院，案号：（2017）青 01 民初 246 号。

评析：民法典第 865 条延续了《合同法》第 344 条，对专利实施许可合同的有效期限作出了规定。按照该规定，专利实施许可合同的让与人应当在合同有效期内维持专利的有效性。在合同有效期内，专利权被终止的，合同同时终止，让与人应当支付违约金或赔偿损失。专利权被宣告无效的，让与人应当赔偿由此给受让人造成的损失。本案中，案涉专利于 2009 年 3 月 18 日被国家知识产权局作出无效宣告决定，据此，双方所签订的《专利实施许可合同》自 2009 年 3 月 18 日亦应终止。

> ▶▶ **第八百六十六条**　专利实施许可合同的许可人应当按照约定许可被许可人实施专利，交付实施专利有关的技术资料，提供必要的技术指导。

🏛 条文要义

本条是对专利实施许可合同许可人主要义务的规定。

专利实施许可合同许可人的主要义务是：（1）按照约定许可被许可人实施专利，许可被许可人在约定的范围、期限内实施专利技术，保证其对专利技术享有许可他人使用的权利，保证被许可人依合同约定使用其技术不会损害第三人的权利。如果合同约定专利实施许可为排他实施许可，则许可人不得在已经许可被许可方实施专利的范围内，就同一专利与第三人订立专利实施许可合同，如果合同中约定专利实施许可为独占实施许可的，许可人和任何第三人都不得在已经许可被许可方实施专利的范围内实施该专利。（2）交付实施专利有关的技术资料，提供必要的技术指导，使被许可人的专业人员能够掌握、实施该专利技术。（3）依法缴纳专利年费和应对他人提出宣告专利权无效的请求。专利实施许可合同的许可人负有在合同有效期内维持专利权有效的义务，包括依法缴纳专利年费和积极应对他人提出宣告专利无效的请求，但当事人另有约定的除外。

📌 案例评析

高某某与北屯金璞机械制造有限公司著作权权属、侵权纠纷案①

案情：2014 年 5 月 28 日，原告高某某（甲方）与被告（乙方）签订《协议书》一份，约定甲方将两个专利项目"滴灌带收获机"和"牵引式打瓜联合收获机"许可给乙方使用。关于原告是否交付了技术资料，人民法院经审理认为，专利实施许可合同的让与人应当按照约定许可受让人实施专利，交付实施专利有关的技术资料，提供必要的技术指导。双方所签协议中并未约定原告应交付的技术资料名称、种类及应交付的期限，原告认为申报材料即为技术资料，被告对此不予认可，双方各执

---

① 审理法院：新疆维吾尔自治区乌鲁木齐市中级人民法院，案号：（2015）乌中民三初字第 218 号。

一词，但庭审中原告却未提交已将相关技术图纸交付被告的证据，本院认为，技术图纸当属技术资料的重要组成部分，因此可以认定原告并未完全履行交付技术资料的义务。

评析：民法典第 866 条延续了《合同法》第 345 条，对专利实施许可合同许可人的主要义务作出了规定：第一，保证自己是所提供的专利技术的合法拥有人，并且保证所提供的专利技术完整、无误、有效，能够达到合同约定的目的。第二，按照合同的约定，许可受让人实施专利，交付实施专利有关的技术资料，提供必要的技术指导。第三，排他实施许可合同的许可人不得在已经许可受让人实施专利的范围内，就同一专利与第三人订立专利实施许可合同，独占实施许可合同的许可人不得在已经许可受让人实施专利的范围内实施该专利。本案中，双方所签协议中并未约定原告应交付的技术资料名称、种类及应交付的期限，原告认为申报材料即为技术资料，被告对此不予认可，双方各执一词，但庭审中原告却未提交已将相关技术图纸交付被告的证据，人民法院认为技术图纸当属技术资料的重要组成部分，因此可以认定原告并未完全履行交付技术资料的义务。

> ▶▶ **第八百六十七条**　专利实施许可合同的被许可人应当按照约定实施专利，不得许可约定以外的第三人实施该专利，并按照约定支付使用费。

🏛 条文要义

本条是对专利实施许可合同被许可人主要义务的规定。

专利实施许可合同被许可人的主要义务是：（1）按照约定实施专利，在约定的范围、期限内实施专利技术。（2）不得许可约定以外的第三人实施该专利，被许可人将许可使用的专利许可第三人使用构成违约行为，应当承担违约责任。（3）按照约定支付专利使用费。被许可人应当按照合同约定的数额、期限、支付方式、支付地点等支付实施专利的使用费。（4）承担合同约定的其他义务以及民法典合同编规定的法律义务。如本法第 509 条规定，当事人应当按照约定全面履行自己的义务。当事人应当遵循诚实信用原则，根据合同的性质、目的和交易习惯履行通知、协助、保密等义务。

🌸 案例评析

李某某与梁某发明专利实施许可合同纠纷案[①]

案情：2013 年 7 月 1 日，原告李某某作为许可方与被告梁某作为被许可方签订《专利实施许可合同》。之后原告又与被告签订《补充协议》，该协议载明专利为有偿

———————

① 审理法院：北京知识产权法院，案号：（2015）京知民初字第 1326 号。

使用。关于原告是否有权解除合同，人民法院经审理认为：根据《补充协议》载明的内容可知，原告与被告就具体实施专利事宜及使用费作出约定。据此，被告作为专利实施许可合同受让人应按照法律规定及《补充协议》的有关约定实施专利并支付使用费。截止至本案开庭审理时，被告未提交实施专利或支付使用费的相关证据，足以认定被告作为受让人，未履行法律规定及协议约定的主要义务。对让与人而言，专利实施许可合同的目的在于通过许可被许可人使用专利，使专利得以实施并且获得相应费用。当事人一方迟延履行债务或者有其他违约行为致使不能实现合同目的的，当事人可以解除合同。综合现有证据，被告未实施涉案专利且未支付许可使用费的行为已构成根本违约，导致《专利实施许可合同》及其《补充协议》的目的无法实现，依据《合同法》的相关规定，原告有权解除合同。

评析：民法典第867条延续了《合同法》第346条，对专利实施许可合同被许可人的主要义务作出了规定：第一，按照合同约定的范围、方式、期限等实施专利技术；第二，未经许可人同意，不得许可合同约定以外的第三人实施该项专利技术；第三，按照合同的约定支付使用费。本案中，根据《补充协议》载明的内容可知，原告与被告就具体实施专利事宜及使用费作出了约定。被告未实施涉案专利且未支付许可使用费的行为已构成根本违约，导致《专利实施许可合同》及其《补充协议》的目的无法实现，依据《合同法》的相关规定，原告有权解除合同。

> ▶▶**第八百六十八条**　技术秘密转让合同的让与人和技术秘密使用许可合同的许可人应当按照约定提供技术资料，进行技术指导，保证技术的实用性、可靠性，承担保密义务。
>
> 前款规定的保密义务，不限制许可人申请专利，但是当事人另有约定的除外。

🏛 条文要义

本条是对技术秘密转让合同让与人和技术秘密使用许可合同许可人主要义务的规定。技术秘密转让合同让与人与技术秘密使用许可合同许可人应当履行的主要义务是：（1）按照约定提供技术资料；（2）进行技术指导；（3）保证技术的实用性、可靠性；（4）承担保密义务。违反上述义务构成违约行为，应当承担违约责任。

前款规定的保密义务，不限制让与人与许可人申请专利，但是当事人另有约定的除外。让与人和许可人承担技术秘密转让合同和技术秘密使用许可合同的保密义务，因为一旦泄露该技术秘密，受让人所受让的或者被许可使用的技术秘密将不再成为秘密，将会使其合同约定的权利受到严重损害。不过，让与人和许可人承担保密义务，并不限制让与人、许可人申请专利，他们可以向专利管理机构申请专利。但是，如果当事人在合同中另有约定，例如约定在技术秘密转让或者使用期间让与人不得申请专利的，则应当按照约定办理，让与人即技术秘密的所有人不得申请专利。

与《合同法》第 347 条规定相比，本条增加规定了技术秘密使用许可合同许可人的义务以及保密义务与申请专利的权利不冲突的新规则。本条新规则的要点如下：（1）新增了技术秘密许可合同的许可人的义务。在技术转让合同中，技术秘密转让合同的让与人应当遵守提供技术资料，进行技术指导，保证技术的适用性、可靠性以及保密的义务。技术秘密使用许可合同的许可人的法律地位与技术秘密转让合同的让与人本质上是一致的，同样应当履行这些义务。（2）新增了保密义务与申请专利权不冲突的规则。《合同法》第 347 条未规定让与人或者许可人承担的保密义务是否影响其专利申请。考虑到技术秘密的转让和技术秘密的许可使用并未转让专利申请权，且在技术秘密的专利申请中，并不会损害受让人或被许可人的合法权益，本条规定新增了保密义务与申请专利权不冲突的规则。不过，本条同样基于意思自治的考虑，允许让与人或者许可人与受让人或者被许可人之间达成一致的意思表示，排除这一规定的适用。

案例评析

郑州宏基研磨科技有限公司与范某某技术转让合同纠纷案①

案情： 2012 年 11 月 29 日，宏基公司与范某某签订《技术转让合同》，合同载明，双方就替代日本"FO"产品的研磨抛光粉体复合材料技术转让和技术转让报酬的支付达成协议。关于范某某是否应当承担违约责任，人民法院经审理认为：技术秘密转让合同的让与人应当按照约定提供技术资料，进行技术指导，保证技术的实用性、可靠性，承担保密义务。本案中，范某某负有交付技术资料和帮助宏基公司生产出合格产品的义务。范某某提交的《范某某交付宏基公司技术资料目录》因为没有提供具体技术资料，而且宏基公司也不认可曾经收到这些技术资料，所以无法证明范某某已经向宏基公司提供过这些技术材料。故范某某提供的证据不足以证明其已经履行合同约定的义务，致使合同目的不能实现，其行为构成根本违约，应当承担相应的违约责任。

评析： 民法典第 868 条规定了技术秘密转让合同让与人和技术秘密使用许可合同的许可人的主要义务。按照该条规定，技术秘密转让合同的让与人应当按照约定提供技术资料，进行技术指导，保证技术的实用性、可靠性，承担保密义务。本案中，范某某提交的《范某某交付宏基公司技术资料目录》因为没有提供具体技术资料，而且宏基公司也不认可曾经收到这些技术资料，所以无法证明范某某已经向宏基公司提供过这些技术材料。范某某的行为致使合同目的不能实现，因而构成根本

---

① 审理法院：河南省郑州市中级人民法院，案号：（2014）郑知民初字第 304 号。

违约，应当承担相应的违约责任。

本案仅仅涉及技术秘密转让合同的让与人的义务，没有涉及新增的技术秘密许可合同的许可人的义务。依据民法典第868条的规定，技术秘密使用许可合同的许可人的法律地位与技术秘密转让合同的让与人本质上是一致的，同样应当履行按照约定提供技术资料，进行技术指导，保证技术的实用性、可靠性的义务，并承担保密义务。同时，除合同另有约定外，技术秘密使用许可合同的许可人的保密义务不限制许可人申请专利。

> ▶▶ **第八百六十九条** 技术秘密转让合同的受让人和技术秘密使用许可合同的被许可人应当按照约定使用技术，支付转让费、使用费，承担保密义务。

🏛 条文要义

本条是对技术秘密转让合同受让人和技术秘密使用许可合同的被许可人主要义务的规定。

技术秘密转让合同的受让人和技术秘密使用许可合同的被许可人应当承担的主要义务是：（1）按照约定使用技术；（2）支付使用费；（3）承担保密义务。违反上述义务，构成违约行为，应当承担违约责任。

与《合同法》第348条规定相比，本条增加了技术秘密使用许可合同的被许可人也应当承担保密义务的新规则。本条新规则的要点是：在技术转让合同中，技术秘密转让合同的受让人应当遵守按照约定使用技术、支付使用费和承担保密的义务，技术秘密使用许可合同的被许可人同样应当履行这些义务。

🔴 案例评析

重庆益民卫生科技开发有限责任公司与重庆伟伟医疗器械发展
有限公司技术转让合同纠纷案①

案情： 2003年6月14日，益民公司（原告、上诉人）与伟伟公司（被告、被上诉人）签订《YMGX型冠心病检查仪生产权技术权转让合同》，该合同约定：益民公司将YMGX型冠心病检查仪生产权、技术权转让给伟伟公司，转让费181 000元。合同履行过程中，伟伟公司拒付尚欠的4万元转让费，益民公司以给付技术转让费、赔偿损失为由起诉并上诉。二审法院经审理认为：技术秘密转让合同的受让人应当按照约定支付使用费，受让人未按照约定支付使用费的，应当补交使用费并按照约

---

① 审理法院：一审法院为重庆市第一中级人民法院，案号：（2004）渝一中民初字第337号；二审法院为重庆市高级人民法院，案号：（2005）渝高法民终字第3号。

定支付违约金。伟伟公司作为该技术的受让人，拒不足额支付合同规定的技术转让费，不仅应当补交转让费，还应采取继续履行，或者采取补救措施，或者赔偿损失等方式承担违约责任。

评析： 民法典第 869 条规定了技术秘密转让合同受让人的主要义务：第一，按照合同的约定使用技术，支付转让费；第二，未经让与人同意，不得擅自许可第三人使用该项技术秘密；第三，使用技术秘密不得超越合同约定的范围；第四，承担保密义务。本案中，伟伟公司作为该技术的受让人，拒不足额支付合同规定的技术转让费，应当承担违约责任。

除此之外，与《合同法》第 348 条规定相比，本条增加了技术秘密使用许可合同的被许可人的主要义务。技术秘密使用许可合同的被许可人的法律地位与技术秘密转让合同的受让人本质上是一致的，其主要义务是：第一，按照合同的约定使用技术；第二，按照合同的约定支付使用费；第三，承担保密义务；第四，使用技术秘密不得超越合同约定的范围；第五，未经许可人同意，不得擅自许可第三人使用该项技术秘密。

> ▶▶ **第八百七十条**　技术转让合同的让与人和技术许可合同的许可人应当保证自己是所提供的技术的合法拥有者，并保证所提供的技术完整、无误、有效，能够达到约定的目标。

🏛 条文要义

本条是对技术转让合同让与人和技术许可合同的许可人负有保证义务的规定。

技术转让合同和技术许可合同转让或者许可使用的是技术，受让人支付费用，换取的是使用该技术的效益，为自己创造价值。在技术转让合同和技术许可合同中，让与人必须对自己提供的技术提出保证，并且应当履行自己的保证义务，使受让人能够实现技术转让合同或者技术许可合同的预期利益。

技术转让合同或者技术许可合同的让与人与许可人负有两项保证义务：（1）保证自己是所提供技术的合法拥有者，而不是剽窃、冒充、仿造的技术，自己有权转让或者有权许可他人使用、实施该技术。（2）保证所提供的技术是完整的、无误的、有效的，通过受让人对受让技术的使用，能够达到约定的目标，实现技术转让合同和技术许可合同的预期利益。

《合同法》第 349 条只规定了技术转让合同的让与人负有上述义务，事实上，技术许可合同的许可人同样应当负有这样的义务。因此，民法典对此进行了补充规定。

🎯 案例评析

于某某与临沂凯皇环保科技有限公司技术转让合同纠纷案①

案情： 2018 年 10 月 2 日，原告于某某（乙方）与被告（甲方）签订《合同书》，就碳氢油项目的相关技术转让事宜达成协议。合同签订后，原告按合同约定向被告支付技术转让使用费 60 000.00 元。被告向原告提供了 12 吨设备一台、全自动灌装机一台、家用小灶一个、圆形五孔猛火一台、立式风机灶一台、工具一套，并派技术人员进行技术指导进行生产。关于原告与被告签订的《合同书》的效力问题，人民法院经审理认为，技术转让合同的让与人应当保证自己是所提供的技术的合法拥有者，并保证所提供的技术完整、无误、有效，能够达到约定的目标。本案中，被告未提供证据证明上述事实，故原告与被告签订的《合同书》无效，被告应返还原告技术转让使用费 60 000.00 元，原告将被告提供的相关设备返还给被告。

评析： 民法典第 870 条规定了技术转让合同让与人和技术许可合同的许可人的保证义务。技术转让合同让与人和技术许可合同的许可人订立技术转让与许可合同的主要目的是通过转让技术收取报酬。因此，向受让人转让技术是技术转让合同让与人的基本义务。让与人转让的技术不能是剽窃、冒充、仿造的，必须是自己合法拥有的，也就是说，让与人应当保证自己是所提供技术的合法拥有者，或者保证自己有权转让或有权许可、使用、实施该项技术。让与人在转让技术时，还应当保证所提供的技术或文件资料的完整、准确、有效，能够达到合同预期的目标。本案中，被告未提供证据证明自己尽到了上述保证义务，故原告与被告签订的《合同书》无效，被告应返还原告技术转让使用费 60 000.00 元，原告将被告提供的相关设备返还给被告。

除此之外，与《合同法》第 349 条规定相比，本条增加了技术许可合同的许可人的保证义务。技术许可合同的许可人的法律地位与技术转让合同的让与人本质上是一致的。技术许可合同的许可人也应当保证自己是所提供的技术的合法拥有者，并保证所提供的技术完整、无误、有效，能够达到约定的目标。

> ▶▶ **第八百七十一条** 技术转让合同的受让人和技术许可合同的被许可人应当按照约定的范围和期限，对让与人、许可人提供的技术中尚未公开的秘密部分，承担保密义务。

🏛 条文要义

本条是对技术转让合同的受让人和技术许可合同的被许可人对转让或者许可使

---

① 审理法院：辽宁省盘锦市大洼县人民法院，案号：（2019）辽 1104 民初 1384 号。

用的未公开的秘密负有保密义务的规定。

技术转让合同的受让人受让的技术，或者技术许可合同的被许可人被许可使用的技术，有的尚处于秘密状态并未公开，有的技术虽然已经公开，但是相关的背景资料、技术参数等仍未公开，需要保密。由于这些秘密对当事人利益重大，一旦泄露，将会造成重大影响，因此，技术转让合同的受让人和技术许可合同的被许可人应当履行的主要义务，是按照约定的范围和期限，对让与人和许可人提供的技术中尚未公开的秘密部分，承担保密义务，不得泄露。一旦泄露，造成让与人和许可人损失的，应当承担赔偿责任。

《合同法》第350条只规定了技术转让合同的受让人负有该保密义务，没有规定技术许可合同的被许可人负有该保密义务，有所疏漏，本条予以补充，完善了技术许可合同当事人的权利义务关系，有利于保护许可人的合法权益。

案例评析

张某某与潍坊雷曼生物科技有限公司技术转让合同纠纷案①

案情：2012年6月20日，原告张某某（乙方）与被告雷曼公司（甲方）签订《技术转让合作协议》，张某某向雷曼公司转让促生长产品技术配方，雷曼公司支付技术转让费200万元。该协议第10条规定了甲方的义务，其中包括"对乙方提供的所有配方，甲方必须做到严格保密"。合同订立后，乙方向人民法院提起诉讼，请求人民法院判令雷曼公司履行支付技术转让费的义务。人民法院经审理认为，涉案协议属于附生效条件的合同，其生效的条件为产品验收后，雷曼公司确认标准验收试验成功。而原告张某某提供的证据无法证明其所转让的技术秘密配方"经雷曼公司按协议约定验收，达到约定标准且已经交付"的事实。在全面考虑、综合分析双方协议的约定及双方的履约行为基础上，一审法院认为，张某某与雷曼公司签订的涉案《技术转让合作协议》生效条件尚未成就，该协议并未生效，张某某要求雷曼公司向其支付技术转让费的诉讼请求，缺乏事实和法律依据，不予支持。

评析：技术转让合同的受让人负有按照合同约定支付转让费的义务。如果没有按照合同约定支付转让费，应当依法依约承担违约责任。本案中，原、被告双方的《技术转让合作协议》为附生效条件的合同。原告未能举证证明所附条件已经成就，人民法院因而认定《技术转让合作协议》并未生效，被告不承担支付转让费的义务。技术转让合同的受让人除负有按照合同约定支付转让费的义务外，还负有依约保密的义务。依据民法典第871条的规定，技术转让合同的受让人应当按照约定的范围和期限，对让与人提供的技术中尚未公开的秘密部分，承担保密义务。本案中，涉

---

① 审理法院：一审法院为山东省潍坊市中级人民法院，案号：（2014）潍知初字第272号；二审法院为山东省高级人民法院，案号：（2015）鲁民三终字第146号。

案协议对受让人的保密义务作出了约定。待涉案协议的生效条件成就后，受让人雷曼公司除依约负有支付转让费的义务外，还应承担保密义务。

与《合同法》第350条不同的是，民法典第871条还规定了技术许可合同被许可人的保密义务。考虑到技术许可合同被许可人的保密义务与技术转让合同的受让人的保密义务是一致的，技术许可合同的被许可人也应当按照约定的范围和期限，对许可人提供的技术中尚未公开的秘密部分，承担保密义务。

▶▶第八百七十二条　许可人未按照约定许可技术的，应当返还部分或者全部使用费，并应当承担违约责任；实施专利或者使用技术秘密超越约定的范围的，违反约定擅自许可第三人实施该项专利或者使用该项技术秘密的，应当停止违约行为，承担违约责任；违反约定的保密义务的，应当承担违约责任。

让与人承担违约责任，参照适用前款规定。

🏛 条文要义

本条是对技术许可合同许可人以及技术转让合同让与人违约责任的规定。

在技术许可合同中，许可人未履行其应当承担的义务，应当承担违约责任。本条规定了许可人三种违约责任：（1）许可人未按照约定许可技术的，应当承担的违约责任是返还部分或者全部使用费，并应当承担继续履行、采取补救措施、支付违约金、损害赔偿等违约责任。（2）实施专利或者使用技术秘密超越约定的范围的，违反约定擅自许可第三人实施该项专利或者使用该项技术秘密的，是两种不同的违约行为，都应当停止违约行为，承担支付违约金、损害赔偿等违约责任。（3）违反约定的保密义务的，应当承担采取补救措施、支付违约金、损害赔偿等违约责任。

本条新规则的要点是：将主体由技术转让合同中的让与人修改为技术许可合同中的许可人，并且新增了技术转让合同让与人参照适用技术许可合同许可人违约责任的规定。《合同法》第351条规定的是让与人未按照约定转让技术时的违约责任。技术许可合同中的许可人承担的违约责任性质与转让人是相同的。因而，2019年12月22日民法典草案第872条在沿袭《合同法》第351条的基础上，增加了"许可人应当承担违约责任的，参照前款规定"的新规则。但是，考虑到相对于转让而言，许可是程度较低的处分方式。基于举轻以明重的原理，民法典第872条将《合同法》第351条规定的主体修改为许可人，同时新增了让与人参照适用的规则。这样一来，技术许可合同和技术转让合同违约责任更为体系化。

 **案例评析**

广东万和新电气股份有限公司与何某某实用新型
专利实施许可合同纠纷案①

案情： 万和新公司和何某某于 2010 年 11 月 10 日签订协议，何某某作为甲方，将自己的五项专利权普通许可给万和新公司实施。许可协议签订后，万和新公司依约支付了第一年许可费 390 000 元给何某某。关于何某某应否将已经收取的专利许可费 390 000 元返还的问题，人民法院经审理认为，让与人未按照约定转让技术的，应当返还部分或者全部使用费，并应当承担违约责任；……因五项专利中的 ZL20042009×××.8 号专利已终止，专利技术已进入公有领域，任何人均可使用，故何某某就该技术要求万和新公司支付该项专利的许可费应予返还。

评析：《合同法》第 351 条规定的是让与人未按照约定转让技术时的违约责任。考虑到相对于转让而言，许可是程度较低的处分方式。基于举轻以明重的原理，民法典第 872 条将《合同法》第 351 条规定的主体修改为许可人，同时新增了让与人参照适用的规则。由此，技术转让合同让与人如果违反合同约定，则应参照适用技术许可合同许可人的违约责任处理。第一，许可人未按照约定许可技术的，应当返还部分或者全部使用费，并应当承担违约责任；第二，实施专利或者使用技术秘密超越约定的范围的，违反约定擅自许可第三人实施该项专利或者使用该项技术秘密的，应当停止违约行为，承担违约责任；第三，违反约定的保密义务的，应当承担违约责任。本案中，因 ZL20042009×××.8 号专利已终止，专利技术已进入公有领域，任何人均可使用，应按照"许可人未按照约定许可技术"的违约责任规定处理，故何某某就该技术要求万和新公司支付该项专利的许可费应予返还。

▶▶**第八百七十三条**　被许可人未按照约定支付使用费的，应当补交使用费并按照约定支付违约金；不补交使用费或者支付违约金的，应当停止实施专利或者使用技术秘密，交还技术资料，承担违约责任；实施专利或者使用技术秘密超越约定的范围的，未经许可人同意擅自许可第三人实施该专利或者使用该技术秘密的，应当停止违约行为，承担违约责任；违反约定的保密义务的，应当承担违约责任。

受让人承担违约责任，参照适用前款规定。

---

① 审理法院：广东省佛山市中级人民法院，案号：（2011）佛中法知民初字第 450 号。

🏛 条文要义

本条是对技术许可合同被许可人以及技术转让合同受让人违约责任的规定。

《合同法》第 352 条规定的是技术转让合同中受让人的违约责任。本条规定将主体修改为技术许可合同中的被许可人，同时规定了技术转让合同受让人参照适用技术许可合同被许可人违约责任规定。

技术许可合同的被许可人违反自己应当承担的义务，构成违约行为，应当承担违约责任。被许可人违约行为及责任有四种情形：（1）被许可人未按照约定支付使用费的，可能有很多种原因，但无论因何种原因，都是违约行为，应当承担的违约责任方式是补交使用费，并按照约定支付违约金，只要被许可人补交使用费并按照约定支付违约金的，许可人没有理由解除合同。（2）不补交使用费或者支付违约金的，构成根本违约，许可人有权行使解除权，应当停止实施专利或者使用技术秘密，交还技术资料，承担违约责任。（3）实施专利或者使用技术秘密超越约定的范围的，未经许可人同意擅自许可第三人实施该专利或者使用该技术秘密的，也是两种违约行为，都应当停止违约行为，按照约定的范围使用，以及禁止第三人继续使用，并承担违约责任。（4）违反约定的保密义务的，应当承担违约责任，该支付违约金的支付违约金，该承担赔偿责任的承担赔偿责任。

本条新规则的要点是：将主体由技术转让合同的受让人修改为技术许可合同中的被许可人，同时规定了技术转让合同受让人参照适用技术许可合同被许可人违约责任的规定。《合同法》第 352 条规定的是受让人未按照约定使用技术时的违约责任。技术许可合同中的被许可人承担的违约责任性质与受让人也是相同的。因而，2019 年 12 月 22 日民法典草案第 873 条在沿袭《合同法》第 352 条的基础上，增加了"被许可人应当承担违约责任的，参照前款规定"的新规则。但是，相对于转让而言，许可是程度较低的处分方式。基于举轻以明重的考虑，民法典第 873 条对《合同法》第 352 条作出了全面的改造，不仅将主体修改为被许可人，而且新增了受让人参照适用的规则。该规定与民法典第 872 条共同构成了完整的技术转让合同以及技术许可合同违约责任规则体系。

🔵 案例评析

林某某与蔡某某实用新型专利实施许可合同纠纷案[①]

案情： 2012 年 7 月 30 日，原告林某某与被告蔡某某经营的个体工商户东莞市东城和风制品厂（以下简称"和风厂"）签订了案涉《专利实施许可合同》。根据该合同约定可知，林某某以排他实施许可的方式将案涉专利授权和风厂使用，许可使

---

① 审理法院：广东省东莞市中级人民法院，案号：（2014）东中法知民初字第 105 号。

用期为 2 年；合同约定的许可使用费总额为 200 000 元，采用分期付款方式支付。关于林某某主张的许可使用费及违约金是否合法有据的问题，人民法院经审理认为：蔡某某在支付前四期共计 120 000 元使用费后，超过付款期限 30 天仍没有向林某某支付剩余两期款项，违反了合同约定。受让人未按照约定支付使用费的，应当补交使用费并按照约定支付违约金。因此，林某某根据合同约定请求蔡某某支付违约金及合同持续期间未支付的专利许可使用费合法有据，人民法院予以支持。

评析：《合同法》第 352 条规定的是技术转让合同中受让人的违约责任。本条规定将主体修改为技术许可合同中的被许可人，并详细规定了被许可人的违约责任：第一，未按照约定支付使用费的，应当补交使用费并按照约定支付违约金；第二，不补交使用费或支付违约金的，应当停止实施专利或者使用技术秘密，交还技术资料，承担违约责任；第三，实施专利或使用技术秘密超越约定的范围的，应当停止违约行为，承担违约责任；第四，未经让与人同意擅自许可第三人实施该专利或使用该技术秘密的，应当停止违约行为，承担违约责任；第五，违反约定的保密义务，应当承担违约责任。本案中，《专利实施许可合同》明确约定蔡某某应分六期向林某某支付许可使用费合计 200 000 元，但是蔡某某在支付前四期共计 120 000 元使用费后，超过付款期限 30 天仍没有向林某某支付剩余两期款项，违反了合同约定，蔡某某应当支付违约金及合同持续期间未支付的专利许可使用费。

▶▶**第八百七十四条** 受让人或者被许可人按照约定实施专利、使用技术秘密侵害他人合法权益的，由让与人或者许可人承担责任，但是当事人另有约定的除外。

🏛 条文要义

本条是对实施专利、使用技术秘密侵害他人合法权益责任的规定。

在技术转让合同和技术许可合同的履行中，如果受让人或者被许可人按照约定实施专利、使用技术秘密，却侵害了他人合法权益的，构成侵权行为。造成这种实施专利或者使用技术秘密行为构成侵权的原因，一般应当是让与人或者许可人对转让的专利或者技术秘密的权属出现了问题，即有权利瑕疵，该侵权责任应当由让与人或者许可人承担。如果当事人对此情形如何承担侵权责任另有约定的，则不受此规则的限制，应当依照约定办理。

本条规定的新规则是：在技术转让合同和技术许可合同中，对于按照约定实施专利、使用技术秘密侵害他人合法权益的，可能发生在受让人的身上，也可能发生在被许可人身上。《合同法》第 353 条规定只是由让与人承担这种侵权责任，没有包括技术许可合同的情形。因此，对于实施专利或者使用技术秘密侵害他人合法权益，在技术转让合同中，承担责任的就是让与人；在技术许可合同中，承担责任的就是许可人。

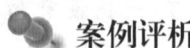 **案例评析**

扬州荣光照明电器有限公司与江苏明宇光电科技有限公司

外观设计专利实施许可合同纠纷案①

案情：2015 年 1 月 15 日，荣光公司与明宇公司签订《协议书》1 份，约定明宇公司授权荣光公司花灯生产专利权。2015 年 11 月 4 日，案外人华体公司以荣光公司、常德市交通建设投资有限公司为被告向扬州市中级人民法院提起诉讼。2016 年 4 月 27 日，扬州市中级人民法院出具（2015）扬知民初字第 00092 号民事判决书，认为荣光公司提供的路灯侵犯了华体公司的外观设计专利权。

关于明宇公司是否应对荣光公司实施专利时侵犯他人合法权益承担责任，二审法院经审理认为：受让人按照约定实施专利、使用技术秘密侵害他人合法权益的，由让与人承担责任。本案中，明宇公司作为技术转让合同的让与人，应当保证所提供的外观专利设计无误，能够达到受让人实施专利许可的目的。明宇公司未能确保其许可荣光公司实施的外观专利不会侵害他人在先专利权，因而应对荣光公司实施专利时侵犯他人合法权益承担责任。

评析：民法典第 874 条规定了技术转让合同让与人或者许可人的侵权责任。《合同法》第 353 条仅规定了让与人承担这一责任，本条将其扩展为让与人和许可人均应承担这一责任。技术转让合同和技术许可合同的实质是科学技术知识、信息和生产实践经验在不同主体之间的传递和扩展。这种传递和扩展同时也是技术权益的转移，即采用合同形式把专利权、专利申请权、专利使用权和技术秘密的使用权转移给受让人。对于技术许可合同，许可人有义务保证被许可人按照合同约定实施专利、使用技术秘密不会导致侵害他人的合法权益。如果被许可人按照合同约定实施专利、使用技术秘密侵害他人合法权益的，该侵权责任原则上应由许可人承担。本案中，双方形成的外观专利实施许可合同合法有效，属于民法典合同编规定的技术许可合同。明宇公司作为技术许可合同的让与人，应当保证所提供的外观专利设计无误，能够达到被许可人实施专利的目的。然而，荣光公司作为被许可人在按照许可人提供的专利灯型实施专利过程中，被生效法律文书认定荣光公司使用的路灯外观设计专利侵犯了第三人华体公司的在先专利权，对此，明宇公司未能确保其许可荣光公司实施的外观专利不会侵害他人在先专利权，因而应当由明宇公司承担责任。

---

① 审理法院：一审法院为江苏省高邮市人民法院，案号：（2017）苏 1084 民初 1455 号；二审法院为江苏省扬州市中级人民法院，案号：（2017）苏 10 民终 1938 号。

▶▶ **第八百七十五条**　当事人可以按照互利的原则，在合同中约定实施专利、使用技术秘密后续改进的技术成果的分享办法；没有约定或者约定不明确，依据本法第五百一十条的规定仍不能确定的，一方后续改进的技术成果，其他各方无权分享。

🏛 条文要义

本条是对技术转让合同后续改进技术成果分享办法的规定。

在技术转让合同履行中，一方或者双方当事人对作为合同标的的专利技术或者技术秘密成果进行了革新和改良，取得了后续改进技术成果，不仅实现了技术转移、推广的作用，而且还改进了技术，取得了新的成果。对此，本条规定了该后续改进技术成果的分享办法。

1. 当事人可以按照互利的原则，在合同中约定实施专利、使用技术秘密后续改进的技术成果的分享办法，按照约定的分享办法处理。

2. 没有约定或者约定不明确，依据民法典第 510 条规定进行补充协议，按照补充协议约定的办法处理。

3. 补充协议仍不能确定的，一方后续改进的技术成果，属于改进技术成果的一方享有，其他各方无权分享。

案例评析

芜湖市清水小星星幼儿园与北京领跑者早教管理顾问有限公司合同纠纷案[①]

案情： 2015 年 12 月 18 日，原告小星星幼儿园（乙方）与被告领跑者公司（甲方）签订了《合作协议》，约定小星星幼儿园成为领跑者公司的加盟幼儿园。涉案协议第 10 条约定：在本协议履行期间，乙方对领跑者公司授权的教育活动课程、启智训练课程相关专利、技术、方法、秘密在原基础上作出的后续改进的技术成果，其权利归领跑者所有。2016 年下半年，小星星幼儿园与领跑者公司产生纠纷，双方未再继续履行《合作协议》。2016 年 12 月，小星星幼儿园提起本案诉讼。关于《合作协议》是否应予解除的问题，人民法院经审理认为：《合作协议》的签订是基于小星星幼儿园信赖领跑者公司能够提高小星星幼儿园的教学水平和办园质量，能够在未来一定时间内为小星星幼儿园带来更多收益，此种信赖的存在与否是《合作协议》能否继续履行的基础和关键。本案中，小星星幼儿园明确表示无法继续与领跑者公司进行合作，且认为领跑者公司非但无法为小星星幼儿园带来收益，反而给幼儿园

[①]　审理法院：北京市通州区人民法院，案号：（2016）京 0112 民初 47831 号。

造成了损失。在此种情况下，双方继续履行合同已无可能，有鉴于此，人民法院认为小星星幼儿园要求解除《合作协议》的诉讼请求应予支持。

评析：民法典第 875 条延续了《合同法》第 354 条，对技术转让合同后续改进技术成果的分享办法作出了规定。从争议焦点上看，本案涉及合同解除权的行使，为普通的合同纠纷。虽然法院判决解除合同，但涉案合同为持续性合同，解除不具有溯及力。在法院判决解除涉案合同后，对于双方在合作期间形成的技术成果，应当按照合同约定或法律规定来分配。由于涉案协议明确约定相关技术成果归被告所有，应当依此约定来确定相关技术成果归被告所有。

> ▶▶ **第八百七十六条**　集成电路布图设计专有权、植物新品种权、计算机软件著作权等其他知识产权的转让和许可，参照适用本节的有关规定。

🏛 条文要义

本条是对其他知识产权转让和许可准用技术转让合同和技术许可合同规则的规定。

民法典第 123 条规定的集成电路布图设计专有权、植物新品种权、计算机软件著作权等其他知识产权，与专利权等具有同样的性质，都可以转让实施或者许可使用。对于这些知识产权的转让和许可使用，《合同法》没有规定，本条对此予以补充。对其他知识产权的转让和许可，参照适用民法典关于技术转让合同和技术许可使用合同的规定，以调整当事人之间的权利义务关系。

📌 案例评析

岑溪市聚吧科技有限公司诉广西南宁市同志广告制作有限公司等软件许可使用合同纠纷案①

案情：2006 年 8 月 4 日，原告与被告同志广告公司签订了一份《软件销售合同》，约定：被告同志广告公司向原告购买"聚吧中国杀人游戏软件及设备"一套，总费用（含安装费）共计 5.5 万元。合同签订后，被告同志广告公司向原告支付定金 16 500 元，原告亦向被告同志广告公司提供了合同约定的设备和软件，但被告一直未向原告支付余款。人民法院经审理认为，计算机软件著作权的许可和转让等合同争议，可以参照技术转让合同和技术许可合同规则的规定。本案中，原、被告双方的《软件销售合同》实为计算机软件著作权的许可合同。原告已按合同约定将聚吧中国杀人游戏软件及设备交给被告同志广告公司，已依合同约定履行了义务。而

---

① 审理法院：广西壮族自治区南宁市中级人民法院，案号：（2007）南市民三初字第 90 号。

被告同志广告公司未按合同约定支付原告剩余货款，依法应承担违约责任。

评析：依据民法典第876条的规定，计算机软件著作权等其他知识产权的转让和许可，参照适用民法典合同编第二十章第三节"技术转让合同和技术许可合同"的有关规定。《合同法》对此没有规定，本条为民法典第123条规定的新型知识产权的转让和许可提供了参照适用依据。本案中，被告同志广告公司作为计算机软件著作权的被许可人，未按合同约定支付原告剩余货款38 500元，已构成违约，应参照适用技术许可合同被许可人违约责任的相关规定承担违约责任。

> ▶▶ **第八百七十七条**　法律、行政法规对技术进出口合同或者专利、专利申请合同另有规定的，依照其规定。

🏛 条文要义

本条是对技术进出口合同和专利、专利申请合同法律适用的规定。

技术进出口合同，是指我国境内的自然人、法人或者非法人组织从国外引进或者向国外输出技术，与技术输出国或者技术引进国的当事人订立的合同。这些合同的性质是技术使用合同和技术许可合同，由于技术进出口的情况比较复杂，订立技术进出口合同虽然是市场主体的自主行为，但对涉及产业发展或者国计民生的重大技术进出口，还要经过有关部门的审批，故在适用法律上，法律、行政法规另有规定的，应当依照法律、法规的特别规定。

专利权的转让、专利申请权转让涉及专利问题，当事人订立专利权转让合同或者专利申请权转让合同，要遵守民法典的规定，法律、行政法规另有规定的，也应当适用法律、法规的特别规定。

📎 案例评析

联塑（杭州）机械有限公司等不服国家知识产权局
作出手续合格通知书案[①]

案情：被告国家知识产权局针对涉案专利作出了手续合格通知书，将涉案专利的申请人由联塑（杭州）机械有限公司（以下简称联塑公司）和陆某某变更为联塑公司、陆某某和韩某某。关于该手续合格通知书的作出是否合法，人民法院经审理认为：申请人由两原告变更为两原告和第三人韩某某，实为中国内地的单位向台湾地区的个人转让专利申请权。根据《专利法》和《专利法实施条例》的相关规定，中国内地的单位向台湾地区的个人转让专利申请权的，应当先行获得相关行政部门

[①] 审理法院：北京市第一中级人民法院，案号：（2011）一中行初字第1257号。

的批准并取得相应的技术出口审批文件。本案中，涉案专利申请权的转让人之一联塑公司为中国内地的单位，而受让人之一韩某某为台湾地区的个人。因此，涉案专利申请权在转让之前须取得相关行政部门的技术出口审批文件。在缺乏技术出口审批文件的情形下，被告核准涉案专利申请权的转让显然违反了上述规定。

评析： 民法典第877条延续了《合同法》第355条，对技术进出口合同和专利、专利申请合同法律适用作出了规定。根据民法典第877条、《专利法》和《专利法实施细则》的相关规定，中国内地的个人或单位向香港、澳门或者台湾地区的个人、法人或者其他组织转让专利申请权或者专利权的，应当先行获得相关行政部门的批准并取得相应的技术出口审批文件。本案中，涉案专利申请权的转让人之一联塑公司为中国内地的单位，而受让人之一韩某某为台湾地区的个人，转让行为需要取得行政机关的审批文件。但是，被告在申请人未提交上述审批文件的情况下，就核准涉案专利申请权的转让，违反了法律的强制性规定，依法应予以撤销。

第四节　技术咨询合同和技术服务合同

▶▶**第八百七十八条**　技术咨询合同是当事人一方以技术知识为对方就特定技术项目提供可行性论证、技术预测、专题技术调查、分析评价报告等所订立的合同。
　　技术服务合同是当事人一方以技术知识为对方解决特定技术问题所订立的合同，不包括承揽合同和建设工程合同。

🏛 条文要义

本条是对技术咨询合同和技术服务合同概念的规定。

技术咨询合同，是当事人一方以技术知识为对方就特定技术项目提供可行性论证、技术预测、专题技术调查、分析评价报告等所订立的合同。技术咨询合同的特征是：（1）技术咨询合同的调整对象是合同当事人完成一定的技术项目的可行性论证、技术预测、专题技术调查。（2）履行技术咨询合同的目的，在于受托方为委托方进行科学研究、技术开发、成果推广、技术改造、工程建设、科技管理等项目提出建议、意见和方案。（3）技术咨询合同的风险责任承担原则是实施咨询报告而造成的风险损失，义务人可免于承担责任。技术服务合同，是指当事人一方以技术知识为另一方解决特定技术问题所订立的合同，不包括建设工程的勘察、设计、施工合同和承揽合同。技术服务合同的种类包括：（1）技术辅助服务合同，是指当事人一方利用科技知识为另一方解决特定专业技术问题所订立的合同。（2）技术中介合同，又称技术中介服务合同，是指一方当事人为另一方当事人提供订立技术合同的机会或者作为订立技术合同的媒介的合同。（3）技术培训合同，又称技术培训服务合同，是指一方当事人为另一方当事人所指定的人员进行特定技术培养和训练的合同。

本条对《合同法》第 356 条规定所进行的修改如下：（1）《合同法》第 356 条对技术咨询合同所作的定义式规定，语法上存在一定的问题。本条第 1 款作了适当调整："一方以技术知识为对方就特定技术项目提供可行性论证、技术预测、专题技术调查、分析评价报告等所订立的合同"，内容完整，语句通顺。（2）对《合同法》第 356 条技术服务合同中是否包括建设工程合同和承揽合同的规定，调整了语序，先规定承揽合同，后规定建设工程合同，这不仅符合本法合同编有名合同的排列顺序，而且符合两种合同的性质。由于《民法典》对这两种合同都有专门规定，因此不适用技术服务合同的规则。

 **案例评析**

四川省鲲鹏水利水电工程有限公司诉北京达飞安评管理顾问有限公司合同纠纷案[①]

案情： 2016 年 10 月 11 日，鲲鹏水电公司与达飞安评公司签订《安全生产标准化技术服务合同》。关于该合同是否为技术服务合同，人民法院经审理认为：技术服务合同是指当事人一方以技术知识为另一方解决特定技术问题所订立的合同。所谓"特定技术问题"，包括需要运用专业技术知识、经验和信息解决的有关改进产品结构、改良工艺流程、提高产品质量、降低产品成本、节约资源能耗、保护资源环境、实现安全操作、提高经济效益和社会效益等专业技术问题。本案中，涉案合同约定达飞安评公司负责对鲲鹏水电公司进行水利水电施工企业安全生产标准化二级达标咨询服务，并无技术问题和解决难度；达飞安评公司提供的具体服务内容既未解决改进产品结构、改良工艺流程、提高产品质量、降低产品成本、节约资源能耗、保护资源环境、实现安全操作、提高经济效益和社会效益的特定技术问题，工作成果也未有具体的质量和数量指标，故并非技术服务合同。

评析： 民法典第 878 条规定了技术咨询合同和技术服务合同的定义。与《合同法》第 356 条相比，本条对技术咨询合同的定义在语法上作了修正，对技术服务合同的定义则未作修订。根据本条规定，技术服务合同是指当事人一方以技术知识为另一方解决特定技术问题所订立的合同。《最高人民法院关于审理技术合同纠纷案件适用法律若干问题的解释》第 33 条对《合同法》第 356 条"特定技术问题"的外延予以具体化，包括需要运用专业技术知识、经验和信息解决的有关改进产品结构、改良工艺流程、提高产品质量、降低产品成本、节约资源能耗、保护资源环境、实现安全操作、提高经济效益和社会效益等专业技术问题。民法典第 878 条对技术服

---

① 审理法院：四川省成都市中级人民法院，案号：（2018）川 01 民初 157 号。

务合同的定义直接来源于《合同法》第 356 条的规定，故上述司法解释对"特定技术问题"外延的界定也可以适用于民法典第 878 条。本案中，涉案合同虽然名为"技术服务合同"，但合同内容并无技术问题和技术难度，依据"实质重于形式"的原则，不应认定为技术服务合同。

> ▶▶ 第八百七十九条　技术咨询合同的委托人应当按照约定阐明咨询的问题，提供技术背景材料及有关技术资料，接受受托人的工作成果，支付报酬。

🏛 条文要义

本条是对技术咨询合同委托人主要义务的规定。

在技术咨询合同中，委托人应当负担的义务是：（1）阐明咨询的问题，并按照合同的约定向受托人提供有关技术背景资料及有关材料。本条所讲的阐明咨询问题，是指委托人按照合同的约定向受托人讲清所要咨询的技术问题的基本要求、基本要点等。本条所讲的提供技术背景材料及有关材料，是指受托人完成咨询任务所需要的合同中约定的有关技术背景、技术材料、技术资料等，还包括应受委托人的要求在咨询过程中及时补充的有关材料、资料等。（2）按时接受受托人的工作成果并按约定支付报酬。本条所讲的工作成果，是指受托人根据委托人的要求完成的咨询报告或者意见。本条所讲的支付报酬，是指委托人按照合同约定的报酬计算方法、支付方式、支付期间、支付地点、支付币种等，给付受托人履行咨询合同的劳动对价。委托方迟延支付报酬的，应当支付违约金。不支付报酬的，应当退还咨询报告和意见，补交报酬，支付违约金或者赔偿损失。

🎳 案例评析

湖北永业行评估咨询有限公司与攸县湘东义乌国际商贸城开发有限公司技术咨询服务合同纠纷案[①]

案情： 2014 年 9 月 5 日，原、被告签订《〈攸县义乌国际商贸城项目水土保持方案报告书〉及〈项目咨询报告〉编制技术咨询服务合同》。合同约定，被告委托原告湖北永业行评估咨询有限公司编制《攸县义乌国际商贸城项目水土保持方案》和《攸县义乌国际商贸城项目咨询报告（即可行性研究报告与节能评估报告）》，被告需支付报酬 20 万元。2015 年 4 月 1 日，涉案攸县义乌国际商贸城项目部工地已完成土地平整工作。而被告仅于 2014 年 9 月 9 日支付原告 6 万元，余款 14 万元一直未付。人民法院经审理认为：技术咨询合同的委托人有义务接受受托人的工作成果并支付

[①] 审理法院：湖南省株洲市中级人民法院，案号：（2017）湘 02 民初 7 号。

报酬。本案中，原告已依约履行义务，被告未完全履行支付报酬的义务，应当承担违约责任。

评析： 民法典第 879 条延续了《合同法》第 357 条，对技术咨询合同委托人的主要义务作出了规定：第一，按照合同约定，阐明咨询问题，提供技术背景材料及有关技术资料、数据；第二，为受托人进行调查论证提供必要的工作条件；第三，除合同另有约定，承担受托人进行调查研究、分析论证、试验鉴定的经费；第四，应受托人的要求及时补充有关资料和数据；第五，应受托人的要求，对受托人提供的技术资料和数据予以保密，只有在合同没有约定的情况下，可以引用、发表和向第三人提供；第六，按照合同约定的期限和方式接受受托人的工作成果，及时支付报酬。本案系技术咨询合同纠纷，原告依约提供了可行性论证、专题研究调查及分析评价报告，被告应根据合同约定支付报酬。

▶▶ **第八百八十条** 技术咨询合同的受托人应当按照约定的期限完成咨询报告或者解答问题，提出的咨询报告应当达到约定的要求。

🏛 条文要义

本条是对技术咨询合同受托人主要义务的规定。

在技术咨询合同中，受托人应当负担的主要义务是：（1）应当依照合同约定的期限，完成咨询报告或者解答问题。技术咨询要有实用性和针对性，应在系统、全面考虑的基础上，抓住问题的核心，提出解决的方法。（2）提出的咨询报告应当达到约定的要求，受托人应当在咨询报告中向委托人提供全面、可靠的信息资料，具体标准应达到约定的要求。

需要说明的是，为了减少纠纷，双方当事人必须对"要求"作出可操作性约定，例如，可以约定咨询报告的验收办法和标准。验收办法可以是组织召开评估会或者鉴定会，如果在这种验收方式下，受托人完成的咨询报告或者对问题的解答的学术水平和参考价值得到了多数与会专家、同行的肯定和认可，就属于符合要求。

🔴 案例评析

山西地学环境科技有限公司与甘肃七个井矿业有限公司、靳某某 技术咨询合同纠纷案[①]

案情： 2013 年 2 月 5 日，被告七个井矿业公司作为甲方，原告地学科技公司作为乙方，双方签订《地质勘查合同书》一份。关于原告是否依约履行了义务，人民

---

① 审理法院：甘肃省酒泉市中级人民法院，案号：（2014）酒民二初字第 73 号。

法院经审理认为：本案双方当事人签订合同的目的在于由被告七个井矿业公司委托原告地学科技公司完成一定区域内的地质情况考察，为七个井矿业公司提供可行性地质报告的技术成果等事宜，因此，本案双方当事人所签地质勘查合同，应属技术咨询合同的性质。技术咨询合同的受托人应当按照约定期限完成咨询报告或者解答问题，提出的咨询报告应当达到约定的要求。本案中，原告提交的资料存在工程的项目资料零乱且互相不吻合的情形，项目实际施工资料与收集资料未进行分割，提供的资料未能证明得到七个井矿业公司的认可。由此，原告提出的咨询报告并未达到约定的要求，原告并未依约履行义务。

评析： 民法典第880条延续了《合同法》第358条，对技术咨询合同受托人的主要义务作出了规定。受托人应当全面履行合同义务，提出的咨询报告应当达到约定的要求。本案中，技术部门经审查后认为，原告提交的资料无法据以认定原告完成项目的事实，故原告并未依约全面履行合同义务。

▶▶ **第八百八十一条** 技术咨询合同的委托人未按照约定提供必要的资料，影响工作进度和质量，不接受或者逾期接受工作成果的，支付的报酬不得追回，未支付的报酬应当支付。

技术咨询合同的受托人未按期提出咨询报告或者提出的咨询报告不符合约定的，应当承担减收或者免收报酬等违约责任。

技术咨询合同的委托人按照受托人符合约定要求的咨询报告和意见作出决策所造成的损失，由委托人承担，但是当事人另有约定的除外。

🏛 条文要义

本条是对技术咨询合同当事人违约责任和风险负担规则的规定。

技术咨询合同委托人的违约行为是：（1）未按照约定提供必要的资料，影响工作进度和质量，主要表现是迟延提供、提供的资料和数据有严重缺陷、不提供三种情形。（2）不接受或者逾期接受工作成果。委托人承担的违约责任是，支付的报酬不得追回，未支付的报酬应当支付。

技术咨询合同受托人的违约行为是：（1）未按期提出咨询报告；（2）提出的咨询报告不符合约定。受托人承担的违约责任是，应当承担减收或者免收报酬等责任。

技术咨询合同的委托方采纳和实施受托方作出的符合合同约定的咨询报告和意见后出现风险责任，承担的原则是：除合同另有规定外，委托方按照受托方符合约定要求的咨询报告和意见作出决策所造成的损失，应当由委托方承担，受托方不承担责任。

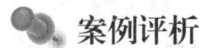 **案例评析**

徐州华朔机电科技有限公司与徐州际标中大管理咨询有限公司
合同纠纷案①

案情： 原、被告双方于 2012 年 12 月 16 日签订一份管理咨询合同书，咨询项目为：认证咨询，咨询服务范围为：本安型钢丝绳芯输送带便携式检测仪（型号：×××－×××）。被告收到首期咨询服务费后即按照合同约定开展工作，后原告没有按照双方约定的咨询内容来履行自己的义务。人民法院经审理认为，技术咨询合同的委托人未按照约定提供必要的资料和数据，影响工作进度和质量，不接受或者逾期接受工作成果的，支付的报酬不得追回，未支付的报酬应当支付，因为原告违约致使双方签订的《管理咨询合同》无法履行，依照法律规定，原告支付的报酬不得追回。

评析： 民法典第 881 条延续了《合同法》第 359 条，对技术咨询合同当事人的违约责任和风险负担规则作出了规定。其中，委托人未按期支付报酬的，应当补交报酬，并承担违约责任；未按照约定提供必要的数据和资料，或者所提供的数据、资料有严重缺陷，影响工作进度和质量的，已支付的报酬不得追回，未支付的报酬应当支付，给受托人造成损失的，应当承担损害赔偿责任。委托人逾期不提供或不补充有关技术资料、数据或工作条件，导致受托人无法开展工作的，受托人有权解除合同，委托人承担违约责任。委托人不接受或者逾期不接受工作成果的，向受托人支付的报酬不得追回，未支付的报酬应当支付，并且还应当支付受托人因保管工作成果所支出的费用。本案中，原告按照该合同约定支付给被告首期管理咨询费用，被告按照该合同约定完成了第一期的工作，且催促原告及时完成自己应该完成的工作，为使整个咨询合同顺利完成，被告将第二期的工作成果即 MA 质量手册、程序文件、管理制度通过电子邮件的方式交给原告，因为原告未按照咨询合同的要求完成自己应该提交的企业技术资料，使得双方签订的咨询合同无法如期进行。因为原告违约致使双方签订的《管理咨询合同》无法履行，依照法律规定，原告支付的报酬不得追回。

> ▶▶ **第八百八十二条** 技术服务合同的委托人应当按照约定提供工作条件，完成配合事项，接受工作成果并支付报酬。

🏛 条文要义

本条是对技术服务合同委托人主要义务的规定。

---

① 审理法院：江苏省徐州市泉山区人民法院，案号：（2015）泉商初字第 167 号。

在技术服务合同中，委托人负担的主要义务是：（1）按照约定提供工作条件，完成配合事项。本条所讲的提供工作条件，不仅仅是通常大众所理解的物质条件，还应当包括提供下述具体的条件或事项：相关数据、图纸、资料，样品、场地等，以及技术进展或已经完成的情况。这些条件都应当根据履行合同的需要在合同中约定清楚。合同一经约定，委托人就应当积极配合受托人完成。（2）按照合同的约定按期接受受托方的工作成果，在验收工作成果时，发现工作成果不符合合同规定的技术指标和要求，应当在约定的期限内及时通知对方返工或改进。（3）应当按照约定对受托人给付报酬。本条中所讲的支付报酬，是指委托人按照合同约定的报酬的计算方法、支付方式、支付期间、支付地点、支付币种等，给付受托人履行合同的劳动对价。

 **案例评析**

天津龙驰神州网络科技有限公司与天津海泰数码科技有限公司技术服务合同纠纷案①

案情：原、被告双方签订了《互联网宽带接入测试合同》，约定原告以光纤方式向被告提供互联网数据接入服务，并提供至少 32 个 G 固定互联网 IP 地址。合同签订后，原告依约履行了该合同，被告却未能按合同约定支付原告网络使用费用。人民法院经审理认为，原、被告签订的涉案合同为技术服务合同。技术服务合同的委托人应当按照约定提供工作条件，完成配合事项；接受工作成果并支付报酬。当事人一方未支付价款或者报酬的，对方可以要求其支付价款或者报酬。故对原告依约要求被告支付其报酬，人民法院依法予以照准。

评析：民法典第 882 条延续了《合同法》第 360 条，对技术服务合同委托人的主要义务作出了规定。技术服务合同的委托人应当全面履行合同约定的义务：第一，按照合同的约定提供工作条件，完成配合事项；第二，按照合同的约定，承担受托人完成专业技术工作、解决技术问题需要的经费；第三，应受托人的要求，在约定的期限内补充、修改或更换已提供的、不符合合同约定的技术资料、数据、样品、材料或者工作条件，并及时通知受托人；第四，在履行合同期间，对受托人因发现继续工作对材料、样品或者设备等有损坏危险，而中止工作的通知以及处理建议，在约定的期限内作出答复；第五，接受工作成果并支付报酬；第六，对受托人完成的工作成果承担保密义务。本案中，原告为提供涉案技术服务的受托人，被告为接受涉案技术服务的委托人。原告依约履行了涉案合同的义务，被告未能按照合同约定支付相应的报酬，故对原告依约要求被告支付报酬，即网络使用费 30 万元的诉讼请求，人民法院依法予以支持。

① 审理法院：天津市和平区人民法院，案号：（2014）和知民初字第 0510 号。

▶▶**第八百八十三条**　技术服务合同的受托人应当按照约定完成服务项目，解决技术问题，保证工作质量，并传授解决技术问题的知识。

🏛 条文要义

本条是对技术服务合同受托人主要义务的规定。

在技术服务合同中，受托人的主要义务是，按照合同约定完成服务项目，解决技术问题，保证工作质量，并传授解决技术问题的知识。此外，其应当履行的义务是：（1）未经委托人同意，不得擅自改动合同中注明的技术指标和要求。（2）在合同中有保密条款时，不得将有关技术资料、数据、样品或其他工作成果擅自引用、发表或提供给第三人。（3）发现委托人提供的技术资料、数据、样品、材料或工作条件不符合合同约定时，应在约定期限内通知委托人改进或者更换。（4）应对委托人交给的技术资料、样品等妥善保管。

🔵 案例评析

蒋某某与上海昆智文化传播有限公司技术合同纠纷案[①]

案情：原、被告原有业务往来。2015 年 5 月，原告蒋某某委托被告为其建设"中国五金网"网站及手机 APP。同年 5 月 19 日，原告向被告支付服务费 44 000 元。原告付款后，网站注册事宜迟迟没有进展。原告要求被告退款，被告同意并承诺尽快退款，但并未兑现退款承诺。

人民法院经审理认为，本案系技术服务合同纠纷。技术服务合同的受托人应当按照约定完成服务项目，解决技术问题，保证工作质量，并传授解决技术问题的知识。被告未按照合同约定完成服务工作的，应当承担免收报酬等违约责任。

评析：民法典第 883 条延续了《合同法》第 361 条，对技术服务合同受托人的主要义务作出了规定。技术服务合同的受托人应当全面履行合同约定的义务：第一，按照约定完成服务项目，解决技术问题，保证工作质量，并传授解决技术问题的知识；第二，除合同另有约定外，承担完成专业技术工作，解决技术问题的经费；第三，发现委托人提供的技术资料、数据、样本、材料或工作条件不符合合同约定的，应当及时通知委托人在约定的期限内补充、修改或者更换；第四，在履行合同期间，发现继续工作对材料、样品或者设备等有损坏危险时，应当中止工作，并及时通知委托人或者提出建议；第五，对委托人提供的技术资料、数据、样品承担保密义务。本案被告系涉案技术服务合同的受托人，其接受原告的委托，为原告

---

① 审理法院：上海市普陀区人民法院，案号：（2016）沪 0107 民初 26893 号。

建设"中国五金网"网站及手机 App，被告负有交付工作成果的举证责任。因被告未提供相关证据，故人民法院认定被告未履行按照约定完成服务项目的义务，应当承担违约责任。

> ▶▶ **第八百八十四条** 技术服务合同的委托人不履行合同义务或者履行合同义务不符合约定，影响工作进度和质量，不接受或者逾期接受工作成果的，支付的报酬不得追回，未支付的报酬应当支付。
>
> 技术服务合同的受托人未按照约定完成服务工作的，应当承担免收报酬等违约责任。

🏛 条文要义

本条是对技术服务合同当事人违约责任的规定。

技术服务合同的委托人违约行为的表现是，不履行合同义务或者履行合同不符合约定，影响工作进度和质量，不接受或者逾期接受工作成果。应当承担的违约责任是，已经支付的报酬不得追回，未支付的报酬应当继续支付。

技术服务合同的受托人的违约行为是，未按照合同约定完成服务工作。应当承担的违约责任是免收报酬等违约责任。

在实际生活中，对于有些技术服务合同的工作成果、服务质量，短期内难以发现缺陷，需要经过较长时间的实践检验。对此，技术服务合同的当事人可以在合同中约定保证期。在保证期内发现服务质量缺陷的，受托人应当负责返工或者采取补救措施，但因委托人使用、保管不当引起的问题除外。

📌 案例评析

福州市建筑工程检测中心有限公司与武夷山市龙鼎置业有限公司
技术服务合同纠纷案①

案情： 2015 年 3 月，福州工程检测公司与武夷山龙鼎置业公司签订《技术服务合同》，约定：武夷山龙鼎置业公司委托福州工程检测公司就"武夷天地·玫瑰园"项目进行回弹法检测混凝土现龄期抗压强度及桩基检测的专项技术服务，置业公司并支付相应的技术服务报酬。合同签订后，福州工程检测公司依约履行了义务，但武夷山龙鼎置业公司未支付该技术服务费。人民法院经审理认为，接受工作成果并支付报酬是技术服务合同的委托人应当履行的义务。福州工程检测公司已按照《技术服务合同》的约定提供了技术服务，武夷山龙鼎置业公司支付技术服务费具有合

---

① 审理法院：福建省南平市中级人民法院，案号：（2019）闽 07 民初 75 号。

同和法律依据，应予支持。

评析：民法典第 884 条延续了《合同法》第 362 条，对技术服务合同当事人的违约责任作出了规定，包括委托人和受托人的违约责任。其中，技术服务合同的委托人不履行合同义务或者履行合同义务不符合约定，影响工作进度和质量，不接受或者逾期接受工作成果的，支付的报酬不得追回，未支付的报酬应当支付。依据民法典第 882 条的规定，接受工作成果并支付报酬是技术服务合同的委托人应当履行的义务。本案中，受托人福州工程检测公司已按照《技术服务合同》的约定提供了技术服务，即出具了检测报告，且经核算，检测费用为 64 000 元，根据《技术服务合同》的约定，检测费用取报告前一次付清，且不得超过检测结束后 30 个工作日。福州工程检测公司于 2016 年 5 月 23 日出具检测报告，检测结束后 30 个工作日为 2016 年 7 月 4 日，故委托人武夷山龙鼎置业公司最迟应于 2016 年 7 月 4 日支付检测费用，但武夷山龙鼎置业公司未依约支付该检测费用，已构成违约。

> ▶▶ 第八百八十五条　技术咨询合同、技术服务合同履行过程中，受托人利用委托人提供的技术资料和工作条件完成的新的技术成果，属于受托人。委托人利用受托人的工作成果完成的新的技术成果，属于委托人。当事人另有约定的，按照其约定。

🏛 条文要义

本条是对技术咨询合同、技术服务合同新技术成果归属的规定。

新技术成果，是指技术咨询合同或者技术服务合同的当事人在履行合同之外派生完成的或者后续发展的技术成果。新的技术成果中不仅包含着受托人的技术知识、技术技能、智慧智力、劳动心血等，而且包含着委托人提供的一些数据、资料、样品、背景材料、支付的费用，有的还可能提供了一些场地、建议、观点等。在技术咨询合同、技术服务合同履行过程中，如果产生了新的技术成果，该成果的归属规则是：（1）受托人利用委托人提供的技术资料和工作条件完成的新的技术成果，属于受托人，理由是受托人是该新的技术成果的发明创造者。（2）委托人利用受托人的工作成果完成的新的技术成果，属于委托人，理由是委托人委托受托人完成工作成果，就是要予以利用，进行技术开发，将利用其工作成果完成的新的技术成果归属于委托人，名正言顺。（3）当事人另有约定的，当事人的约定优先，应当按照其约定处理，不适用上述规则。

案例评析

乌苏市奔成植保机械有限公司与米某技术服务合同纠纷案①

案情：2014 年 1 月 1 日，原告乌苏市奔成植保机械有限公司与被告米某签订技术服务合同，约定被告为原告提供打药机生产的技术服务。后被告米某就该项技术申请专利，原告为被告支付申请专利费用 9 300 元。关于被告是否应退还该专利申请费，人民法院经审理认为，在技术服务合同履行过程中，受托人利用委托人提供的技术资料和工作条件完成的新的技术成果，属于受托人。本案中，被告米某为原告提供技术服务，并就提供的技术申请个人专利，成果应归米某，申请专利的相关费用应由被告承担。米某未举证证实双方约定原告支付费用，被告独家许可原告使用，故对于 9 300 元申请专利的费用应当向原告退还。

评析：民法典第 885 条延续了《合同法》第 363 条，对技术咨询、技术服务合同履行过程中产生的技术成果的归属和分享作出了规定。新的技术成果是指技术咨询合同或者技术服务合同的当事人在履行合同义务之外派生完成的或者后续发展的技术成果。处理这类技术成果的归属和分享的基本原则是：第一，谁完成谁拥有；第二，允许当事人作特别约定。故民法典合同编在本条规定，技术咨询合同、服务合同履行过程中，受托人利用委托人提供的技术资料和工作条件完成的新的技术成果，归受托人；委托人利用受托人的工作成果完成的新的技术成果，归委托人。当事人另有约定的除外。本案中，被告米某为原告提供技术服务，并就提供的技术申请个人专利，成果应归米某，申请专利的相关费用应由自己承担。

> ▶▶ **第八百八十六条** 技术咨询合同和技术服务合同对受托人正常开展工作所需费用的负担没有约定或者约定不明确的，由受托人负担。

🏛 条文要义

本条是对技术咨询合同和技术服务合同受托人工作费用的规定。

技术咨询合同和技术服务合同都是有偿合同，在委托人的义务规定中，都有支付报酬的规定，但是，对受托人进行工作所需费用应当由谁负担，没有明确规定。在实践中，很多技术咨询合同和技术服务合同的当事人在合同中对此也没有约定或者约定不明确，因而发生纠纷。对此，《最高人民法院关于审理技术合同纠纷案件适用法律若干问题的解释》（已废止）第 31 条第 1 款规定："当事人对技术咨询合同受托人进行调查研究、分析论证、试验测定等所需费用的负担没有约定或者约定不明

---

① 审理法院：新疆维吾尔自治区塔城地区乌苏市人民法院，案号：（2016）新 4202 民初 368 号。

确的，由受托人承担。"第35条第1款规定："当事人对技术服务合同受托人提供服务所需费用的负担没有约定或者约定不明确的，由受托人承担。"这两条司法解释完整地解决了这个问题。在此基础上，本条将这两个规定合并为一条，形成了这一新规则。

既然技术咨询合同和技术服务合同的报酬中不包括受托人正常开展工作所需费用，因而，当事人在技术咨询合同或者技术服务合同中对受托人正常开展工作所需费用的负担在合同中没有约定或者约定不明确的，受托人正常开展工作所需费用就应当由受托人负担。具体规则是：（1）遵守约定，在合同中约定由谁负担，就由哪一方负担。（2）合同中没有约定或者约定不明确的，由受托人负担，这与委托方支付报酬的规定是一致的。

案例评析

广东新信通信息系统服务有限公司诉云浮信微科技有限公司
技术服务合同纠纷案①

案情： 被告信微公司作为甲方与原告新信通公司作为乙方签署了《云浮智慧医疗项目技术服务合同》。关于被告是否能直接援引合同第5条的约定要求支付相关协助义务的费用，人民法院经审理认为：案涉合同第5条约定，合同签订后，被告向原告支付合同所列产品金额60%的款项，剩余部分由被告收到云浮市卫生和计划生育局付款后1个月内支付原告。按该条内容分析，被告应当支付的是"合同所列产品"即合同所列的9项软硬件系统产品款项，支付时间是在"合同签订后"。综观整个合同内容，原告以其技术专业经验就云浮智慧医疗项目向被告提供协助合同义务是转让约定软硬件系统产品的前提及辅助条件，双方对履行该部分合同义务并没有约定相应的对价。当事人对技术服务合同受托人提供服务所需费用的负担没有约定或者约定不明确的，由受托人承担。因此，原告不能直接援引合同第5条的约定要求被告支付相关协助义务的费用。

评析： 民法典第886条参考了《最高人民法院关于审理技术合同纠纷案件适用法律若干问题的解释》（已废止）第31条第1款和第35条第1款的规定，对技术咨询合同和技术服务合同受托人的工作费用的负担统一作出了规定。其中，当事人对技术服务合同受托人提供服务所需费用的负担没有约定或者约定不明确的，由受托人承担。本案中，综观整个合同内容，原告以其技术专业经验就云浮智慧医疗项目向被告提供协助合同义务是转让约定软硬件系统产品的前提及辅助条件，双方对履行该部分合同义务并没有约定相应的对价。因此，原告不能直接援引合同第5条的约定要求被告支付相关协助义务的费用，只能根据民法典第886条的规定自己承担

---

① 审理法院：广东省广州知识产权法院，案号：（2015）粤知法著民初字第91号。

该部分费用。

> ▶▶ **第八百八十七条** 法律、行政法规对技术中介合同、技术培训合同另有规定的，依照其规定。

🏛 条文要义

本条是对技术中介合同和技术培训合同法律适用的规定。

技术中介合同，是指能够使一方以知识、技术、经验和信息为另一方与第三方订立技术合同进行联系、介绍、组织工业化开发，并对履行合同提供服务所订立的合同。

技术培训合同，是指当事人一方委托另一方对指定的专业技术人员进行特定项目的技术指导和专业训练所订立的合同，不包括职业培训、文化学习和按照行业、单位的计划进行的职工业余教育。

对这两种技术合同，民法典合同编没有作出具体规定，应当适用本章第一节的一般规定，法律、行政法规另有规定的，应当适用特别规定。

案例评析

陶某某与文山秀华机动车驾驶员培训学校技术培训合同纠纷案①

案情： 原告陶某某到被告文山秀华机动车驾驶员培训学校报名参加机动车驾驶培训时，与唐某签订了《文山秀华驾驶员培训学校学员培训合同》，并将培训费4 700.00 元交给唐某，唐某收取原告陶某某的培训费后，于 2012 年 6 月 19 日出具了4 700.00 元的《收据》给原告持有，该《收据》未盖文山秀华机动车驾驶员培训学校章。合同签订后，唐某一直未向原告陶某某安排培训计划并确定培训时间，从而发生纠纷。关于原被告双方合同纠纷的法律适用问题，人民法院经审理认为，只有在法律、行政法规对技术培训合同另有规定的情形下，才适用法律、行政法规的特别规定。本案中，原被告双方的纠纷并不涉及法律、行政法规的特别规定，因而应适用技术合同的一般规定予以处理。

评析： 民法典第 887 条延续了《合同法》第 364 条，对技术中介合同和技术培训合同的法律适用作出了规定。按照《全国法院知识产权审判工作会议关于审理技术合同纠纷案件若干问题的纪要》（2001 年 6 月 15 日）的规定，《合同法》第 364 条所称技术中介合同，是指当事人一方以知识、技术、经验和信息为另一方与第三人订立技术合同进行联系、介绍、组织商品化、产业化开发并对履行合同提供服务所

---

① 审理法院：云南省文山市人民法院，案号：（2015）文民二初字第 392 条。

订立的合同，但就不含有技术中介服务内容订立的各种居间合同除外；该条所称技术培训合同，是指当事人一方委托另一方对指定的人员（学员）进行特定项目的专业技术训练和技术指导所订立的合同，不包括职业培训、文化学习和按照行业、单位的计划进行的职工业余教育。对于这两种技术合同，《合同法》没有作出具体规定，应当适用其第 18 章第 1 节的一般规定，法律、行政法规另有规定的，应当适用特别规定。本案中，原被告之间的纠纷并不涉及法律、行政法规的特别规定，因而应当适用一般规定予以处理。

第二十一章　保管合同

> ▶▶ **第八百八十八条**　保管合同是保管人保管寄存人交付的保管物，并返还该物的合同。
>
> 　　寄存人到保管人处从事购物、就餐、住宿等活动，将物品存放在指定场所的，视为保管，但是当事人另有约定或者另有交易习惯的除外。

🏛 条文要义

本条是对保管合同概念的规定。

保管合同，又称寄托合同、寄存合同，是指保管人保管寄存人交付的保管物，并返还该物的合同。交付物品保管的一方为寄存人，保管物品的一方为保管人，其所保管的物品为保管物。保管合同包括一般保管合同和仓储合同，民法典分别作出了规定。

保管合同的特征是：（1）保管合同为实践合同，寄托人交付保管物是保管合同成立的要件。（2）保管合同为不要式合同、双务合同。（3）保管合同的标的是保管行为，是由保管人保管物品，保管人的主要义务是保管寄存人交付其保管的物品。（4）保管合同移转保管物的占有，但不是以保管人获得保管物的所有权或使用权为目的，只是将保管物交由保管人保管。

本条第 2 款规定的是新规则，是对特殊保管合同作出的规定，即到商店、饭店、旅店等购物、就餐、住宿等活动的人，将自己的物品存放在这些单位的指定场所，例如将行李交付给饭店寄存、洗浴中心将衣物放在保管箱内、将汽车停放在停车场等，都视为保管，构成保管合同关系，保管人和寄存人产生保管合同的权利义务。但是，当事人如果另有约定或者另有交易习惯的除外，例如将贵重物品交付宾馆未作声明，通常认为超出保管范围，不承担保管物遗失的责任。

规定这一新规则的意义在于：在社会实际生活中，随着社会生活的不断丰富，越来越多的人到商店、饭店、旅店从事购物、就餐、住宿等活动，将物品存放在指定场所后，发生丢失、损坏等事件，使消费者受到损害，因而发生争议。由于这些存放物品的保管行为，有的收费、有的不收费，经营者对消费者的索赔要求很多都置之不理，形成纠纷。本条将其界定为"视为保管"，就使这类纠纷应当适用保管合同的规则解决。这样，就明确了纠纷的性质、适用的法律以及解决纠纷的基本规则。例如，在将汽车停放于指定的停车场后遭受损坏的，适用保管合同的规定，可以依照有偿保管和无偿保管的不同，分别适用相关规则，解决纠纷。

案例评析

曹某与台山市台城富汇丽宫桑拿健康休闲中心保管合同纠纷案①

案情： 2014 年 11 月 23 日下午 2 时，原告曹某前往被告富汇丽宫休闲中心进行消费。消费期间，富汇丽宫休闲中心的服务员协助曹某将衣物及随身物品装入黑色塑料袋后放置于富汇丽宫休闲中心为顾客设置的储物柜里进行保管。曹某将储物柜上锁后，在富汇丽宫休闲中心处接受洗浴及按摩服务。完毕后，曹某于当天下午 4 时更衣时发现储物柜里的黑色塑料袋里面的财物丢失。关于原被告双方是否存在保管合同关系，二审法院认为，曹某到富汇丽宫休闲中心接受洗浴服务并支付对价，双方之间成立服务合同关系。在消费过程中，曹某将财物存放于富汇丽宫休闲中心设置的储物柜中，此为富汇丽宫休闲中心为曹某提供的洗浴服务的附随服务，其对价包含在曹某支付的洗浴服务费中。就此环节而言，双方之间实质成立有偿保管合同关系，相关的权利义务应受保管合同的相关规定约束。

评析： 民法典第 888 条规定了保管合同的定义。保管合同是实践合同，即保管合同的成立不仅需要当事人双方对保管寄存物品达成一致的意思表示，而且需要寄存人向保管人移转寄存物的占有。与《合同法》第 365 条规定相比，本条还增加了第 2 款规定的新规则，即除当事人另有约定或另有交易习惯外，寄存人到保管人处从事购物、就餐、住宿等活动，将物品存放在指定场所的，视为保管。本案中，曹某前往被告富汇丽宫休闲中心进行消费。消费期间，富汇丽宫休闲中心的服务员协助曹某将衣物及随身物品装入黑色塑料袋后放置于富汇丽宫休闲中心为顾客设置的储物柜里，属于本条"寄存人到保管人处从事购物、就餐、住宿等活动，将物品存放在指定场所的"情形，依本条规定视为保管。虽然富汇丽宫休闲中心未明确要求曹某支付保管费，但曹某在接受富汇丽宫休闲中心提供的服务后已支付 200 元，该笔费用应视为已经包含相应的保管费，曹某与富汇丽宫休闲中心之间的保管合同应为有偿的保管合同。

> ▶▶ **第八百八十九条** 寄存人应当按照约定向保管人支付保管费。
> 　当事人对保管费没有约定或者约定不明确，依据本法第五百一十条的规定仍不能确定的，视为无偿保管。

---

① 审理法院：一审法院为广东省台山市人民法院，案号：（2015）江台法民一初字第 284 号；二审法院为广东省江门市中级人民法院，案号：（2016）粤 07 民终 590 号。

🏛 条文要义

本条是对保管费的规定。

保管合同可以是有偿合同，也可以是无偿合同。确定保管费的规则是：（1）当事人约定为有偿保管合同的，寄存人应当按照约定向保管人支付保管费。（2）如果当事人对保管费没有约定或者约定不明确，应当依据民法典第510条的规定进行协议补充，按照补充协议的规定确定保管费。（3）补充协议仍然不能确定的，视为无偿保管，理由是，保管合同主要是社会成员之间相互提供帮助或者服务部门向社会提供服务的方式，这种保管合同通常是无偿的，因而在无法确定保管合同是否有偿时，按照无偿保管处理。

📌 案例评析

党某某与大荔义民汽贸公司、刘某保管合同纠纷案①

案情： 2012年1月18日，被告刘某驾驶其所有的陕E×××号东风牌重型仓栅式货车，停放于原告党某某经营的佳通招待所院内，停车费未定。关于停车费的收费标准，人民法院经审理认为，对保管费没有约定或者约定不明的，可以协议补充，不能达成补充协议的，可以按照交易习惯确定。本案中，原被告双方没有约定保管费标准，又不能达成补充协议，可以依交易习惯，即根据原告提供的停车登记簿登记的同期同类型车每天收费20元的标准，确定陕E×××号车每天保管费为20元。

评析： 民法典第889条延续了《合同法》第366条，对保管合同的费用作出了规定。按照该条规定，寄存人和保管人可以约定保管是有偿的，也可以约定保管是无偿的。如果约定保管是有偿的，寄存人应当按照约定的数额、期限、地点向保管人支付报酬，否则承担违约责任。寄存人和保管人没有就是否支付报酬作出约定，或者约定不明确的，双方可以协议补充，不能达成补充协议的，按照合同有关条款或交易习惯确定。本案中，被告刘某将陕E×××号车停放于佳通招待所院内，由原告党某某保管。自车辆交付保管时起，双方保管合同成立。原告党某某保管车辆，按照约定收取保管费，符合法律规定，人民法院依法予以认可。关于保管费用的数额，现有证据无法证实原告的主张，故应当根据原告提供的停车登记簿登记的同期同类型车每天收费20元的标准，确定陕E×××号车每天保管费为20元。

▶▶ **第八百九十条** 保管合同自保管物交付时成立，但是当事人另有约定的除外。

---

① 审理法院：陕西省汉中市城固县人民法院，案号：（2015）城民初字第00975号。

🏛 条文要义

本条是对保管合同成立时间的规定。

保管合同是实践性合同，不是诺成性合同。保管合同的成立，不仅须当事人双方意思表示一致，而且须有寄存人将保管物交付给保管人，即寄存人交付保管物是保管合同成立的要件。故本条规定，保管合同自保管物交付时成立。

需要说明的是，保管合同尽管以保管物的交付为成立要件，但当事人另有约定的，则除外，依照约定确定合同成立的时间。例如，如果当事人在合同中明确约定"自双方在合同上签名时合同成立""自合同签名之日起即生效力"，则双方当事人自合同签名之日起即受合同约束，双方当事人应当按照合同的约定履行自己的义务，不得擅自变更或者解除合同，否则承担违约责任。双方当事人在合同中作这样的约定，多是由于保管是有偿的，特别是保管人为了实现获得保管费的合同目的而订立的。当寄存人不交付保管物时，保管人就可以依法追究寄存人的违约责任。

📎 案例评析

冯某某与成都交投城市停车管理有限公司保管合同纠纷案①

案情：2016 年 10 月 14 日 0 点 55 分，原告冯某某将其自有的本田 CRV 汽车停放在被告管理的位于成都市某临时占道停车场内，并开始计时收费。原告于 2016 年 10 月 14 日 10 时许到该停车场取车时，发现涉案车辆被盗。关于原、被告之间是否有效成立保管合同，人民法院经审理认为，保管合同原则上自保管物交付时成立。交付保管物是将保管物的控制权暂时转移给保管人，以达到对抗寄存人以外不特定第三人的保管目的。这种控制权必须是实际控制。本案中，涉案停车场为临时占道停车场，原告并没有将汽车的控制权转移给保管人，不符合"交付"的条件，因而原被告双方没有有效成立保管合同。

评析：民法典第 890 条延续了《合同法》第 367 条，对保管合同的成立时间作出了规定。根据该规定，如果当事人没有通过约定排除该条的适用，保管合同自保管物交付时成立。只要没有当事人的特别约定，保管合同是实践合同，其成立不仅须有当事人双方意思表示一致，而且须有寄存人将保管物交付给保管人的事实。交付保管物是将保管物的控制权暂时转移给保管人，以达到对抗寄存人以外不特定第三人的保管目的。这种控制权必须是实际控制。具体到车辆保管，"实际控制"应注重考虑以下三方面的因素。一是停车场的具体情况。即是否是封闭场所，停车场的性质，是否有门卫等。二是车辆进出停车场的自由度。如是否需要履行手续，该种手续实际产生何种作用等。三是考虑双方义务的权利义务对等性。法律公平正义理

---

① 审理法院：四川省成都高新技术产业开发区人民法院，案号：(2017) 川 0191 民初 5371 号。

念的必要要求是当事人各方权利享有与义务承担的对等性。因此，在推定当事人真实意思表示的过程中，应当将其视为理性民事主体，确保权利享有与义务承担的对等是推定的基础。本案中，涉案停车场并非封闭场所，车辆可以自由进出，停车费用与因车辆保管而承担的巨大风险不成比例。双方当事人既不存在保管的一致意思表示，也不存在被告对车辆"实际控制"的事实，因而不能认定原、被告双方存在车辆保管合同关系。

> ▶▶ **第八百九十一条** 寄存人向保管人交付保管物的，保管人应当出具保管凭证，但是另有交易习惯的除外。

🏛 条文要义

本条是对保管人给付保管凭证的规定。

由于保管合同是实践性合同，因而当寄存人向保管人交付保管物后，在通常情况下，保管人应当对寄存人出具保管凭证，证明收到了保管物，成立了保管合同。保管凭证既是保管合同成立的证明，也是领取保管物的凭证，如果没有订立书面的保管合同，保管凭证就是保管合同的债权文书。

保管凭证的作用是：（1）表明保管人收到了保管物；（2）证明保管合同关系已经存在；（3）寄存人凭保管凭证领取保管物。

不过，在很多情况下，保管合同并不需要出具保管凭证，例如，在商场的停车场，按照交易习惯就不给付保管凭证，有车位就可以停车，出场时付款即可，因而本条规定了另有交易习惯的除外条款。

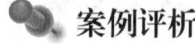 案例评析

赵某某与刘某某保管合同纠纷案①

案情：原告赵某某于 2014 年 6 月 13 日起将其购买的新雅马哈摩托车停放于被告刘某某所管理的停车场内，后原告车辆于 2014 年 6 月 29 日被盗，故原告认为被告不认真履行保管职责，致使原告车辆丢失，给原告造成经济损失，要求被告承担赔偿义务。关于本案原告举出的停车收据是否是保管凭证，人民法院经审理认为，寄存人向保管人交付保管物的，保管人原则上应当给付保管凭证。作为保管凭证，除双方有交易习惯外，其应该记载保管物交付的时间、地点、当事人的名称、保管物的种类、性质、保管期限等事项。在本案中，原告赵某某提供的停车场收据上既没有车号记载，也没有载明关于原告车辆的停放、保管、领取、风险承担等权利义

---

① 审理法院：四川省成都市新都区人民法院，案号：（2015）新都民初字第 330 号。

务，故该票据根本无法证明原告何时将何种车辆停放或领取于被告管理的停车场，因此不具有唯一性和排他性，所以并不能成为证明保管合同成立的凭证。

评析：民法典第891条延续了《合同法》第368条，对保管人向寄存人出具保管凭证的义务作出了规定。寄存人向保管人交付保管物后，保管合同成立。保管人应向寄存人出具保管凭证。出具保管凭证不是保管合同成立的形式要件，如果当事人另有约定或依交易习惯无须出具保管凭证的，也可以不出具保管凭证。作为保管凭证，除双方有交易习惯外，其应该记载保管物交付的时间、地点、当事人的名称、保管物的种类、性质、保管期限等事项。在本案中，原告赵某某提供的停车场收据上既没有车号记载，也没有载明关于原告车辆的停放、保管、领取、风险承担等权利义务，故该票据根本无法证明原告何时将何种车辆停放或领取于被告管理的停车场，不具有唯一性和排他性，所以并不能成为证明保管合同成立的凭证。

> ▶▶**第八百九十二条**　保管人应当妥善保管保管物。
> 当事人可以约定保管场所或者方法。除紧急情况或者为维护寄存人利益外，不得擅自改变保管场所或者方法。

🏛 条文要义

本条是对保管人妥善保管保管物的规定。

妥善保管保管物，是保管人应负的主要义务。保管人对保管物的保管，在保管合同为无偿时，应尽与处理自己的事务为同一的注意，负具体过失责任；在保管合同为有偿时，应尽善良管理人的注意，负抽象过失责任。为充分保护消费者的利益，商业经营场所对顾客寄存的物品，不论其保管是有偿的还是无偿，都应尽善良管理人的注意。

对保管物的保管方法和场所，当事人有约定的从其约定；无约定的应依保管物的性质、合同的目的以及诚实信用原则确定。除紧急情况或者为维护寄存人利益外，不得擅自改变保管场所或者方法。

🫘 案例评析

温州市九洲房地产开发有限公司与温州安代投资信息有限公司
保管合同纠纷案①

案情：2014年12月29日，原告经被告介绍，以其小型越野客车进行抵押向第三人借款。同日，原告将涉诉车辆连同车钥匙1把及机动车行驶证移交给被告，被

---

① 审理法院：浙江省温州市鹿城区人民法院，案号：(2015) 温鹿西商初字第884号。

告将该车辆停放在了地下车库。一个月之后，被告在未告知原告及第三人的情况下将该车辆开至台州市并发生违章事件。关于被告在保管涉诉车辆时是否违约并导致原告产生损失，人民法院经审理认为，除紧急情况或者为了维护寄存人利益以外，保管人不得擅自改变保管场所或者方法。本案中，当事人三方在涉诉的《借款合同》中作出了保管期间内三方均不能使用涉诉车辆的约定，被告在原告不知情的情况下擅自将保管的车辆开至台州市，显属违约，故原告有权要求被告赔偿在擅自移动、使用涉诉车辆期间对原告造成的损失。

评析： 民法典第 892 条延续了《合同法》第 369 条，对保管人课以妥善保管保管物的义务。根据该条第 2 款的规定，当事人可以约定保管场所或保管方法。当事人约定了保管场所或保管方法的，除紧急情况或为了维护寄存人利益，不得擅自改变保管场所或者方法。本案中，被告在原告不知情的情况下擅自将保管的车辆开至台州市，该行为并无法定或合同约定的依据。被告的上述行为违反了涉诉《借款合同》中对保管讼争车辆的约定，显属违约，故原告有权要求被告赔偿在擅自移动、使用涉诉车辆期间对原告造成的损失。

▶▶ **第八百九十三条　寄存人交付的保管物有瑕疵或者根据保管物的性质需要采取特殊保管措施的，寄存人应当将有关情况告知保管人。寄存人未告知，致使保管物受损失的，保管人不承担赔偿责任；保管人因此受损失的，除保管人知道或者应当知道且未采取补救措施外，寄存人应当承担赔偿责任。**

🏛 条文要义

本条是对寄存人告知义务的规定。

在保管合同中，寄存人对保管人负有通知义务的情形有两种：（1）保管物有瑕疵，应当将保管物的真实情况告知保管人；（2）根据保管物的性质需要采取特殊保管措施的，寄存人应当将其特殊要求告知保管人，例如保管物属于易燃、易爆、有毒、有腐蚀性、放射性等危险物品或者易变质物品等。

寄存人未尽告知义务的责任是：（1）因寄存人未告知致使保管物受损失的，保管人不承担赔偿责任。（2）由于保管物本身的性质或者瑕疵使保管人受到损害的，寄存人应当承担赔偿责任。在保管人于合同成立时已知保管物有发生危险的性质或瑕疵的情况下，寄存人免除赔偿责任，但保管人因过失而不知上述情形时，寄存人不能免责，应适用过失相抵原则。寄存人以保管人于合同成立时知道保管物有发生危险的性质或瑕疵而主张免责的，应负举证责任。（3）因保管物的性质或瑕疵而给第三人造成损害的，寄存人应负侵权赔偿责任，本条对此没有规定，依照民法典侵权责任编的规定其应负此责。

 **案例评析**

张某某与辽宁葫芦山庄文化旅游集团有限公司保管合同
（财产损害赔偿）纠纷案①

案情： 2016 年 5 月 29 日上午 9 时左右，原告张某某带家人到葫芦山庄游玩，将车停在葫芦山庄停车场内，并交纳了停车费 10.00 元，当天中午 12 时左右，原告准备开车离开时，发现车窗被砸，原告找到葫芦山庄保安，并向公安机关报案，公安机关接警后出警并受理此案，此案尚在侦查中。当日，被告将原告被砸坏车窗修理、安装完毕。原告主张车内笔记本电脑一台、银联 POS 机一台、公司公章、营业执照、商标注册许可证书丢失，给原告造成损失约 10 140.00 元，要求被告予以赔偿。关于被告是否应当承担车内物品的损害赔偿责任，人民法院经审理认为，按照保管物的性质需要采取特殊保管措施的，寄存人应当将有关情况告知保管人。寄存人未告知，致使保管物受损失的，保管人不承担损害赔偿责任。本案中，原告在寄存汽车时，未向被告工作人员告知汽车内存放有财物，因而被告不应当承担车内物品的损害赔偿责任。

评析： 民法典第 893 条延续了《合同法》第 370 条，对寄存人的告知义务作出了规定。寄存人对保管人负有告知的义务，包括以下两种情况：一是如果保管物有瑕疵的，应将真实情况告知保管人。二是按照保管物的性质需要采取特殊保管措施的，寄存人应当告知保管人。所谓"保管物的性质"，如保管物属于易燃、易爆、有毒、有腐蚀性、有放射性等危险物品或易变质物品。寄存人未告知，致使保管物受损失的，保管人不承担损害赔偿责任；保管人因此受损失的，除保管人知道或者应当知道并且未采取补救措施的以外，寄存人应当承担损害赔偿责任。本案中，原告在寄存汽车时，未向被告工作人员明示汽车内存放有财物，庭审中原告也未能提供证实有财物放在车内、该财物在汽车停放停车场期间丢失的证据，因此原告主张赔偿车内财物损失的诉讼请求所依据的事实不清、证据不足，故对原告该诉讼请求，法院依法不予支持。

▶▶ **第八百九十四条** 保管人不得将保管物转交第三人保管，但是当事人另有约定的除外。

保管人违反前款规定，将保管物转交第三人保管，造成保管物损失的，应当承担赔偿责任。

---

① 审理法院：辽宁省葫芦岛市龙港区人民法院，案号：(2016) 辽 1403 民初 903 号。

🏛 条文要义

本条是对保管人亲自保管的规定。

寄存人将保管物交付保管人保管，是基于对保管人的信任，保管人应当依照诚实信用原则，亲自履行保管行为，不得将保管物转交第三人保管。当事人另有约定，或者保管人因特殊事由不能亲自履行保管行为的除外。

保管人违反亲自保管义务，将保管物转交第三人保管，构成违约行为，造成保管物损失的，应当承担赔偿责任。对保管物造成的损害强调的是基于保管人转保管的过错造成的损害。即如果保管人不将保管物转交给第三人保管，而是自己亲自保管，就不会发生这种损害。

📌 案例评析

遵义县安达汽车销售有限责任公司与曾某某、卢某某
保管合同纠纷案①

案情： 被告卢某某于 2013 年 10 月 30 日为原告看管展销车辆，保管费用为每天 150 元。2013 年 11 月 6 日下午，原告将展销车辆交付保管人被告卢某某，被告卢某某又将展销车辆转交第三人被告曾某某保管，后发生了被看管车辆被损事件。关于被告卢某某是否应当承担损害赔偿责任，人民法院经审理认为，保管人不得将保管物转交第三人保管，但当事人另有约定的除外。保管人违反前款规定，将保管物转交第三人保管，对保管物造成损失的，应当承担损害赔偿责任。被告卢某某作为有偿保管合同的相对方，因无证据证明其将保管物转交第三人被告曾某某进行保管一事获得了原告知晓并许可，则被告卢某某应赔偿原告在保管合同存续期间的车辆被损损失。

评析： 民法典第 894 条延续了《合同法》第 371 条，对保管人亲自保管保管物的义务作出了的规定。寄存人将保管物交付保管人保管，是基于对保管人的信任，保管人应当依照诚实信用原则，亲自履行保管义务，不得将保管物转交第三人保管。保管人违反亲自保管保管物的义务，擅自将保管物转交第三人保管，使保管物因此受到损害，保管人应当承担损害赔偿责任。对保管物造成的损害强调的是基于保管人转保管的过错造成的损害，即如果保管人不将保管物转交第三人保管，而是亲自保管，就不会发生这种损害。本案中，被告卢某某作为有偿保管合同的相对方，因无证据证明其将保管物转交第三人被告曾某某进行保管一事获得了原告知晓并许可，则被告卢某某在保管合同成立期间，造成原告的车辆修复费用 25 260 元、贬值损失费 8 246.10 元理应赔偿。

---

① 审理法院：贵州省遵义市红花岗区人民法院，案号：(2014) 红民长初字第 57 号。

▶▶ **第八百九十五条** 保管人不得使用或者许可第三人使用保管物，但是当事人另有约定的除外。

🏛 条文要义

本条是对保管人或第三人不得使用保管物的规定。

交付保管人保管的保管物，其所有权并未转移，仍为寄存人享有，保管人享有的是占有权，基于保管合同而有权占有保管物，不得使用保管物，也不得许可第三人使用。只有寄存人与保管人约定或者基于保管物的性质必须使用（即保管物的使用属于保管方法的一部分）的情形除外。如果没有约定，保管人未经寄存人同意，使用也不为保管物的性质所必要，擅自使用保管物或者许可第三人使用保管物的，则无论保管人有无过错，均应向寄存人支付相当的报酬，以资补偿。

🔖 案例评析

郝某某与昆明爱诺风情酒店有限公司、李某某保管合同纠纷案①

案情： 2015 年 12 月 20 日，原告郝某某向被告爱诺酒店交纳了 300 元的车辆管理费，由爱诺酒店保管其林肯牌小轿车。2015 年 12 月 31 日，被告李某某作为被告爱诺酒店员工，在履行保管车辆的职务过程中，未经原告同意，私自将原告停放在被告爱诺酒店停车场的林肯牌小轿车开出使用，后导致该车辆左前部毁损，经修理，该车辆维修费为 17 353 元。人民法院经审理认为，保管人原则上不得使用或者许可第三人使用保管物。本案中，原告的林肯牌小轿车停放在爱诺酒店停车场保管期间，被告李某某作为爱诺酒店的车场管理员，私自将原告的车辆开出使用并造成该车辆部分毁损，爱诺酒店作为保管人应当承担赔偿责任。

评析： 民法典第 895 条延续了《合同法》第 372 条，对保管人不得使用或许可第三人使用保管物的义务作出了规定。保管合同，寄存人只将保管物的占有转移给保管人，而不转移使用和收益权，即保管人只有权占有保管物，而不能使用保管物，这是保管合同的一般原则。保管合同的目的是为寄存人保管保管物，一般要求是维持保管物的现状，虽然没有使保管物升值的义务，却负有尽量避免减损其价值的义务，因此除当事人另有约定外，法律规定禁止保管人使用或者许可第三人使用保管物。本案中，郝某某的林肯牌小轿车停放在爱诺酒店停车场保管期间，爱诺酒店的员工李某某私自将原告的车辆开出使用并造成该车辆部分毁损，违反了保管合同的保管义务爱诺酒店作为保管人应当承担赔偿责任。

---

① 审理法院：云南省昆明铁路运输法院，案号：（2016）云 7101 民初 102 号。

> ▶▶ **第八百九十六条** 第三人对保管物主张权利的，除依法对保管物采取保全或者执行措施外，保管人应当履行向寄存人返还保管物的义务。
>
> 第三人对保管人提起诉讼或者对保管物申请扣押的，保管人应当及时通知寄存人。

🏛 条文要义

本条是对第三人对寄存物提出权利主张时保管人义务的规定。

第三人对保管物主张权利的，会使寄存人对保管物的权属产生危险，保管人知悉后，应当对寄存人承担的义务是：（1）返还保管物：除了人民法院依法对保管物采取保全或者执行措施外，保管人应当履行向寄存人返还保管物的义务，使寄存人占有自己的保管物，行使自己的权利，避免发生危险。（2）危险通知义务：危险通知，是指在出现寄存人寄存的保管物因第三人的原因可能会丧失的危险情形时，应当及时通知寄存人，由寄存人对自己寄存的保管物了解情况，采取必要措施，保全自己的权益。在保管物受到意外毁损、灭失或者保管物的危险程度增大时，保管人也应及时将有关情况通知寄存人。

🎯 案例评析

临洮县海源商贸有限公司与陈某某保管合同纠纷案[①]

案情： 2016 年 4 月 19 日，原告陈某某将自己购买的重型半挂牵引车、重型低平板半挂车刷卡后停放在海源商贸公司的停车场内。2016 年 4 月 20 日，陈某某去停车场取车，发现停放的牵引车及挂车不见了，至今未找回。另查明，2016 年 4 月 19 日晚，陈某某停车后不久，有两个人到停车场，称自己丢失了停车卡，值班保安让交了 50 元停车卡卡费后即让把车开走了。陈某某向人民法院提起诉讼，请求判令海源商贸公司赔偿损失。人民法院经审理认为：保管期间，第三人对保管物主张权利的，除依法对保管物采取保全或者执行的以外，保管人应当履行向寄存人返还保管物的义务。因保管人保管不善造成保管物毁损、灭失的，保管人应当承担损害赔偿责任。本案中，海源商贸公司在保管期间，在他人开车时未尽严格审查义务，致使陈某某寄存在海源商贸公司停车场的车辆被他人开走，因而应当承担赔偿损失的责任。

评析： 民法典第 896 条延续了《合同法》第 373 条，对第三人对寄存物提出权利主张时保管人的义务作出了规定。保管期间，第三人对保管物主张权利，会危及寄存人与寄存物之间的归属关系。由此，民法典第 896 条规定了上述情形下保管人

[①] 审理法院：一审法院为甘肃省临洮县人民法院，案号：（2017）甘 1124 民初 1465 号；二审法院为甘肃省定西市中级人民法院，案号：（2018）甘 11 民终 15 号。

的义务：第三人对保管物主张权利的，除依法对保管物采取保全或者执行措施外，保管人应当向寄存人返还保管物。本案中，海源商贸公司在保管期间，在他人开车时未尽严格审查义务，只是让开车人交了 50 元停车卡卡费后即放行，致使陈某某寄存在海源商贸公司停车场的车辆被他人开走。海源商贸公司未尽到向寄存人返还保管物的义务，导致保管物灭失，应当对此承担赔偿损失的违约责任。

> ▶▶**第八百九十七条** 保管期内，因保管人保管不善造成保管物毁损、灭失的，保管人应当承担损害赔偿责任。但是，无偿保管人证明自己没有故意或者重大过失的，不承担赔偿责任。

🏛 条文要义

本条是对保管物毁损灭失责任的规定。

保管物毁损、灭失责任，是保管物在保管期内毁损、灭失，应当由哪一方当事人承担责任的规则。本条规定了两个规则：（1）在一般情况下，保管物在保管期内，因保管人保管不善造成毁损、灭失的，保管人应当承担损害赔偿责任。这是保管人的职责所在，必须承担这样以一般过失为基础的违约责任。（2）如果保管行为是无偿的，只要保管人能够证明自己没有故意或者重大过失，即使存在一般过失，也不承担损害赔偿责任；不能证明自己没有故意或者重大过失的，应当承担赔偿责任。两者的区别是，有偿保管的保管人承担保管物毁损灭失责任，以一般过失为标准，有过失就有责任。无偿保管的保管人承担保管物毁损灭失责任，以有故意或者重大过失为标准，一般的过失不承担赔偿责任。

本条的修改在于：《合同法》第 374 条规定，无偿保管合同保管人证明自己没有重大过失的，不承担保管物毁损、灭失的损害赔偿责任。这一规定没有错误，本条只是在"重大过失"之前增加了"故意或者"的表述。这个修改并无实际的必要，因为立法的规则是举轻以明重，无偿保管的保管人因重大过失要承担责任，故意的程度更甚，当然更要承担责任。不过，从更容易使人民群众理解的角度来看，这样的修改也还是有积极意义的。

💭 案例评析

郑某某与强某甲、强某乙保管合同纠纷案①

案情：2013 年 10 月，原告郑某某欲出售其所有的厦鑫牌 40 型装载机，遂与被告强某甲口头约定，由被告强某甲帮原告介绍买主，同时，为了方便出售，原

---

① 审理法院：陕西省宝鸡市陈仓区人民法院，案号：（2016）陕 0304 民初 464 号。

告将其装载机放置在宝鸡市孝干工贸有限责任公司院内，被告强某甲从中协调放车事宜，不收取场地费。2013 年 10 月 28 日，原告遂将其装载机运至宝鸡市孝干工贸有限责任公司院内停放，并将装载机钥匙交给被告强某甲。2014 年 4 月，被告强某甲未经原告同意将装载机运至被告强某乙沙石场。该装载机在被告强某乙沙石场与其他车辆发生碰撞，致装载机受损。人民法院经审理认为，在保管期间，因保管人保管不善造成保管物损毁的，保管人应承担损害赔偿责任，如果保管是无偿的，保管人证明自己没有重大过失的，不承担损害赔偿责任。本案中保管是无偿的，被告强某甲未经原告同意，擅自将保管物装载机转移，致使该装载机受损，被告强某甲没有提供证据证实自己无重大过失，故依法应当承担损害赔偿责任。

评析：民法典第 897 条规定了保管物在毁损、灭失的情况下保管人的损害赔偿责任。保管人应当对保管物尽到妥善保管的义务。保管期内，因保管人保管不善造成保管物毁损、灭失的，原则上保管人都应当承担损害赔偿责任。在有偿保管的情形下，保管人无论是故意还是过失，无论是重大过失还是一般过失，都应当承担损害赔偿责任；与《合同法》第 374 条规定不同的是，本条明确了在无偿保管的情形下保管人不仅需要对重大过失造成的保管物毁损、灭失负损害赔偿责任，更应当对故意造成的保管物毁损、灭失承担损害赔偿责任。本案中，涉案合同是无偿保管合同，被告强某甲擅自将保管物装载机转移，致使该装载机受损，对保管物的损害具有重大过失，故依法应当承担损害赔偿责任。

> ▶▶ **第八百九十八条** 寄存人寄存货币、有价证券或者其他贵重物品的，应当向保管人声明，由保管人验收或者封存；寄存人未声明的，该物品毁损、灭失后，保管人可以按照一般物品予以赔偿。

🏛 条文要义

本条是对寄存贵重物品及责任的规定。

在保管合同中，保管一般物品和保管贵重物品的责任不同，规则也不相同。具体规则是：(1) 声明义务：寄存人寄存货币、有价证券或者其他贵重物品，例如珠宝、金银首饰等的，应当向保管人作出特别声明，并且要由保管人验收或者封存。保管人验收、封存之后，应当尽最大的注意义务保管贵重物品，避免毁损、灭失，使自己承担更大的责任。(2) 寄存人寄存贵重物品未按照要求声明的，该物品毁损、灭失后，保管人可以按照一般物品予以赔偿，例如按件或者其他方法进行赔偿，不能按照贵重物品的价值进行赔偿。

 **案例评析**

任某某与李某某、沈阳市东陵区名之流洗浴中心服务
合同纠纷案①

案情： 李某某为名之流洗浴中心实际经营人。2016 年 1 月 30 日，原告（上诉人）任某某到名之流洗浴中心，洗浴后发现存放在名之流洗浴中心储物柜中的苹果6s 手机丢失。关于赔偿责任如何确定的问题，二审法院认为，寄存人寄存货币、有价证券或者其他贵重物品的，应当向保管人声明，由保管人验收或者封存。寄存人未声明的，该物品毁损、灭失后，保管人可以按照一般物品予以赔偿。本案中，任某某在存放手机及衣物时，并没有向名之流洗浴声明其有贵重物品，名之流洗浴中心只负按一般手机的价值予以赔偿的责任。

评析： 民法典第 898 条延续了《合同法》第 375 条，对寄存贵重物品及责任作出了规定。寄存人将货币、有价证券或者其他贵重物品夹杂于其他物品之中，按一般物品寄存，且在寄存时未声明其中有贵重物品并经保管人验收或者封存的，如果货币、有价证券或者其他贵重物品与一般物品一并毁损、灭失，保管人不承担货币、有价证券或者其他贵重物品毁损、灭失的损害赔偿责任，只按照一般物品予以赔偿。本案中，原告在存放手机及衣物时并没有声明包含贵重物品，且没有提出验收和封存要求，自身具有过错。在名之流洗浴中心已经做到适当的提示之后，依法应当酌减赔偿额度，可以按照一般物品予以赔偿。

> ▶▶ **第八百九十九条** 寄存人可以随时领取保管物。
>
> 当事人对保管期限没有约定或者约定不明确的，保管人可以随时请求寄存人领取保管物；约定保管期限的，保管人无特别事由，不得请求寄存人提前领取保管物。

🏛 条文要义

本条是对保管期限的规定。

保管合同无论是否约定期限，无论是否已经到期，寄存人都可以随时领取寄存物，保管人有返还义务。保管人返还保管物的时间为保管合同终止之时。

变更合同的保管期限，由当事人约定，按照约定的期限确定。如果保管合同没有约定期间或者约定不明确的，保管人可以随时要求寄存人领取保管物。在保管期

---

① 审理法院：一审法院为辽宁省沈阳市浑南区人民法院，案号：(2016) 辽 0112 民初 1791 号；二审法院为辽宁省沈阳市中级人民法院，案号：(2016) 辽 01 民终 9580 号。

限之内，除非有特别理由，保管人不得要求寄存人提前领取保管物。

 **案例评析**

曾某某与林某某合同纠纷案[①]

案情：被告林某某经营不锈钢角料回收生意。2017 年 4 月 28 日，被告向原告提出将不锈钢角料寄存在其经营的不锈钢废料场的要求，并言明如原告认为哪一天不锈钢角料价格高，则按该天的不锈钢角料价格计算货款给原告。鉴于多年的合作关系，原告同意被告的要求，将不锈钢角料寄存在被告的不锈钢废料场。此后，在不锈钢角料价格高涨期间，原告曾多次要求被告结算货款，但被告却总以种种借口推脱，至今既不结算货款也不返还原告寄存的不锈钢角料。人民法院经审理认为，本案系寄存物返还纠纷。寄存人可以随时领取保管物，原告曾某某可随时要求被告林某某返还保管不锈钢角料，被告林某某应当承担返还的责任。

评析：民法典第 899 条延续了《合同法》第 376 条，对保管期限作出了规定。保管合同未约定保管期限的，寄存人可以随时领取保管物；保管合同约定了保管期限的，寄存人也可以随时领取保管物。这是寄存人的权利，同时又是保管人的义务，即保管人得应寄存人的请求，随时返还保管物。当事人未约定保管期限或约定不明确的，保管合同自然可以随时终止。不但寄存人可以随时领取保管物而终止合同，保管人也可以随时请求寄存人领取保管物而终止合同。当事人约定保管期限的，保管人无特别事由，如保管人患病、丧失行为能力等事由，不得请求寄存人提前领取保管物。本案中，双方没有约定保管期限和保管费用，原告曾某某可随时要求被告林某某返还保管的 201♯ 不锈钢角料 5 067 千克，被告林某某应当承担返还的责任。

> ▶▶ **第九百条** 保管期限届满或者寄存人提前领取保管物的，保管人应当将原物及其孳息归还寄存人。

🏛 条文要义

本条是对返还保管物应同时返还保管物孳息的规定。

孳息是指原物产生的额外利益，包括天然孳息和法定孳息。天然孳息是原物根据自然规律产生的物，如幼畜。法定孳息是原物根据法律规定产生的物，如存款利息、股利、租金等。对于物的孳息，原则上由所有权人取得。在保管合同中，保管物的孳息主要是自然孳息，应当适用这一规则，由保管物的所有权人即寄存人取得。因此，无论是在保管期限届满后或者寄存人提前领取保管时的，保管人应当将原物

---

① 审理法院：广东省潮州市潮安区人民法院，案号：（2019）粤 5103 民初 480 号。

及其孳息一并归还寄存人。当然，本条规定是任意性规定，如果当事人对保管期间保管物孳息的归属另有约定的，应当按照其约定。例如，甲乙约定母羊生的小羊作为保管报酬归甲所有，这样保管人甲就不再承担返还孳息的义务。

 **案例评析**

张某诉代某某、黄某某保管合同纠纷案①

案情： 2007 年年底，经媒人介绍原告张某与被告之女隗某某认识并订婚，双方商定于 2008 年农历 2 月 2 日举行结婚典礼。2008 年 1 月 28 日（农历），双方家人和媒人在被告家商量典礼的相关事宜时，被告要求原告拿出 68 000 元作为婚后建房款。并约定典礼时由隗某某把此钱带给原告。结婚典礼时，被告未让其女儿隗某某将此 68 000 元建房款带给原告。原告诉至本院后，被告以原告尚未建房为由拒绝返还此笔现金。人民法院经审理认为，原告应被告的要求将 68 000 元存放在被告处作为原告与隗某某婚后的建房款，原被告之间形成了保管合同关系。保管期间届满或者寄存人提前领取保管物的，保管人应当将原物及其孳息归还寄存人。本案中，结婚典礼已举行，保管期间届满，被告应将现金及同期银行存款利益返还给原告。

评析： 民法典第 900 条延续了《合同法》第 377 条，对保管人返还保管物及其孳息的义务作出了规定。保管期限届满保管人返还保管物，或者应寄存人的要求随时返还保管物，是保管人的一项基本义务。但是保管人还应当将保管物的孳息一并返还寄存人。孳息是指原物产生的物，包括天然孳息和法定孳息。根据民法典物权编相关规定，除法律或合同另有约定外，孳息归原物所有人所有。在保管合同中，保管人并不享有保管物的所有权，所有权仍归寄存人享有。因此保管人除返还保管物外，如果保管物有孳息的，还应一并返还孳息。本案中因原物为现金，其孳息应为同期银行存款利息。原告有权随时要求被告返还保管物即 68 000 元现金及同期银行存款利息，被告应当将原物及其孳息归还原告。

> ▶▶ **第九百零一条**　保管人保管货币的，可以返还相同种类、数量的货币；保管其他可替代物的，可以按照约定返还相同种类、品质、数量的物品。

🏛 条文要义

本条是对消费保管合同的规定。

消费保管合同又称不规则保管合同，是指保管物为种类物，双方约定保管人取得保管物的所有权（或处分权），而仅负以种类、品质、数量相同的物返还寄存人义

---

① 审理法院：河南省驻马店市正阳县人民法院，案号：（2009）正民初字第 583 号。

务的合同。消费保管合同也以保管物的保管为目的，属于实践合同，并以寄存人将物品交付保管人时为成立。但其与一般保管合同有以下不同：（1）消费保管合同的保管物须为种类物；（2）消费保管合同须移转保管物的所有权（或处分权）于保管人；（3）消费保管合同的保管人须以种类、品质、数量相同的物予以返还；（4）消费保管合同的保管物所有权（或使用权）既已移转于保管人，则保管物利益及危险亦由保管人享受和负担；（5）在保管人破产时，寄存人对于保管物无取回权。

在消费保管合同，保管人负有返还种类、品质、数量相同的保管物品的义务。如果当事人约定有利息的，还应负支付利息的义务，寄存人无须付报酬和偿还费用。约定由保管人支付利息的，则寄存人应就保管物的瑕疵负瑕疵担保责任。

案例评析

靳某与靳某勤保管合同纠纷案[①]

案情：2010 年 4 月 29 日，原告靳某与被告靳某勤达成口头约定，腾退补偿款、补助费 6 975 361 元由靳某勤代靳某保管。靳某要求靳某勤返还由靳某勤代其保管的剩余腾退补偿款、补助费 600 万元。人民法院经审理认为：保管人保管货币的，可以返还相同种类、数量的货币。现靳某要求靳某勤返还由靳某勤代其保管的剩余腾退补偿款、补助费 600 万元，靳某勤可返还相同种类、数量的货币。

评析：民法典第 901 条延续了《合同法》第 378 条，对消费保管合同作出了规定。消费保管也称不规则保管，是指保管物为可替代物时，如约定将保管物的所有权移转于保管人，保管期间届满由保管人以同种类、品质、数量的物返还的保管。本案中，靳某与靳某勤成立口头保管合同关系，由靳某勤代靳某保管腾退补偿款、补助费共计 6 975 361 元，靳某亦实际将上述款项转账至靳某勤账户。现靳某要求靳某勤返还由靳某勤代其保管的剩余腾退补偿款、补助费 600 万元，靳某勤可以返还相同种类、数量的货币。

> ▶▶ **第九百零二条** 有偿的保管合同，寄存人应当按照约定的期限向保管人支付保管费。
>
> 当事人对支付期限没有约定或者约定不明确，依据本法第五百一十条的规定仍不能确定的，应当在领取保管物的同时支付。

条文要义

本条是对寄存人应当按期支付保管费的规定。

---

① 审理法院：北京市朝阳区人民法院，案号：（2014）朝民（商）初字第 37501 号。

保管合同为有偿合同，寄存人负有向保管人支付保管费的义务。有关部门对保管费有规定的，应从其规定；无规定的，从当事人的约定。在一般情况下，保管人自得依合同的约定期限请求保管费的全额，保管合同因不可归责于保管人的事由而终止时，除合同另有约定外，保管人可以就其已为的保管部分请求保管费。对其他为保管保管物支出的必要费用，寄存人应当一并支付。保管合同因可归责于保管人的事由而终止的，除当事人另有约定，保管人不得就其已为保管的部分请求保管费，但仍可主张偿还费用。保管合同中的保管费给付采报酬后付原则的，保管人不得就保管费未付与保管物的保管主张同时履行抗辩权，但可以就保管费的给付与保管物的返还主张同时履行抗辩权。当事人对保管费没有约定的，保管合同为无偿合同，寄存人无保管费给付义务。

对于支付保管费期限的确定方法是：（1）当事人有约定的，依照其约定确定。（2）当事人没有约定或者约定不明确的，依据民法典第510条规定确定，即由当事人协议补充，按照补充协议的约定确定。（3）补充协议仍然不能确定的，领取保管物的时间是支付保管费的期限。

案例评析

白某某与杨某某、刘某某保管合同纠纷案[①]

案情： 2013年4月30日，原告白某某为保管人、二被告为寄存人，双方签订《机头保管协议》。同日，被告刘某某向原告支付保管费5 000元，其余保管费至今未付。人民法院经审理认为，有偿的保管合同，寄存人应当按照约定的期限向保管人支付保管费。当事人对支付期限没有约定或者约定不明确，不能达成补充协议，又无法通过合同有关条款、合同性质、合同目的或者交易习惯确定的，应当在领取保管物的同时支付。本案中，双方无法确定保管期限，二被告应当在领取保管物的同时向原告支付保管费。

评析： 民法典第902条延续了《合同法》第379条，对有偿的保管合同的保管费支付期限作出了规定。有偿的保管合同，寄存人应当按照约定的期限向保管人支付保管费。当事人对支付期限没有约定或者约定不明确，可以协议补充；不能达成补充协议的，按照合同有关条款或者交易习惯确定；通过上述方式仍然不能确定的，应当在领取保管物的同时支付。本案中，双方对保管期限没有明确的约定，又无法达成补充协议，根据《机头保管协议》的相关规定亦无法确定，又无相关交易习惯，故二被告应当在领取保管物的同时向原告支付保管费。

---

① 审理法院：天津市北辰区人民法院，案号：（2015）辰民初字第2172号。

▶▶ **第九百零三条** 寄存人未按照约定支付保管费以及其他费用的，保管人对保管物享有留置权，但是当事人另有约定的除外。

🏛 条文要义

本条是对保管人对保管物享有留置权的规定。

寄存人未按照约定支付保管费以及其他费用的，由于保管物被保管人所占有，并且具有同一法律关系等要件，因而保管人对保管物享有留置权。可以依照民法典物权编关于留置权的规定，进行留置、催告、规定宽限期，宽限期届满寄存人仍不履行的，即可变卖、拍卖保管物，就其价金优先受偿。如果当事人约定保管人不得行使留置权等，保管人不得因此行使留置权，依照约定办理。

案例评析

常德德山宜达物流园有限公司与山东省莘县昌华物流有限公司
保管合同纠纷案①

案情： 2013 年 10 月 3 日，被告昌华物流公司所属的牵引车停放在原告公司停车场内，后驾驶员在未缴纳任何费用的情况下弃车不辞而别，现被告车辆在原告停车场内停放两年多，且没交纳停车费，原告向法院提起诉讼，请求确认在被告不支付停车保管费的情况下，原告对被告停放的车辆有从其拍卖款项中优先受偿的权利。人民法院经审理认为，寄存人未按约定支付保管费及其他费用的，保管人原则上对保管物享有留置权。故原告宜达物流公司在被告昌华物流公司未付清停车保管费之前，对该重型半挂牵引车享有留置权。

评析： 民法典第 903 条延续了《合同法》第 380 条，对保管人的留置权作出了规定。寄存人违反约定不支付保管费以及其他费用的，保管人对保管物享有留置权，即以该财产折价或者以拍卖、变卖该财产的价款优先受偿的权利。民法典第 449 条规定："法律规定或者当事人约定不得留置的动产，不得留置。"因此，因保管合同发生的债权，当事人可以通过约定排除保管人的留置权。本案中，双方当事人并未通过约定排除保管人的留置权，故原告宜达物流公司在被告昌华物流公司未付清停车保管费之前，对该重型半挂牵引车（挂车车牌为鲁 PU397）享有留置权。

---

① 审理法院：湖南省常德市武陵区人民法院，案号：（2015）武民初字第 02387 号。

第二十二章　仓储合同

▶▶ **第九百零四条**　仓储合同是保管人储存存货人交付的仓储物，存货人支付仓储费的合同。

🏛 条文要义

本条是对仓储合同概念的规定。

仓储合同是保管人储存存货人交付的仓储物，存货人支付仓储费的合同。故仓储也称为仓库营业或者仓库内寄托。仓储营业是一种专为他人储藏、保管货物的商业营业活动，发端于中世纪西方的一些沿海城市，随着国际和地区贸易的不断发展，仓库营业的作用日渐重要。当代的仓库营业已经成为社会化大生产和国际、国内商品流转中不可或缺的环节。

以经营目的为标准，仓库分为保管仓库和保税仓库。保管仓库指仅以物品的堆藏和保管为目的的仓库。保税仓库是存储进口手续未完成的货物的处所。以营业对象为标准，仓库分为营业仓库和利用仓库。营业仓库是指接受他方报酬，并为他方提供货物的堆藏及保管的仓库；利用仓库是指为储藏或保管自己的物品而经营的仓库。民法典所说的仓储合同，指的是与保管仓库与营业仓库相关的货物储藏及保管合同关系。

仓储合同的特征是：（1）保管人须为有仓储设备并专事仓储保管业务的仓库营业人；（2）仓储合同的保管对象须为动产，不能以不动产为保管对象而订立仓储合同；（3）仓储合同为诺成、双务、有偿、不要式合同；（4）存货人主张货物已交付或行使返还请求权以仓单为凭证。

📌 案例评析

魏某某与王某某租赁合同纠纷案①

案情：原告魏某某与被告王某某经协商，签订了一份名为"证明"的协议，关于该协议是否为仓储合同，人民法院经审理认为：仓储合同，又称仓储保管合同，

---

① 审理法院：新疆维吾尔自治区喀什地区泽普县人民法院，案号：（2017）新 3124 民初 181 号。

是保管人储存存货人交付的仓储物，存货人支付仓储费的合同。根据仓储合同的特点和性质，保管人应当按照约定对入库仓储物进行验收，"交付验收"是仓储合同成立的必备条件，也是仓储合同中仓储物风险转移的界限。本案中，从原、被告双方签订的"证明"的内容来看，双方约定"被告王某某将泽普县园艺场双宏冷库的5号库租给原告魏某某使用，魏某某向王某某支付库费80 000元，进出库由'他'负责，双方共同把温度调控好"，根据上述约定，魏某某自行负责苹果的进出库，王某某不进行验收，只是协助魏某某调控温度，即王某某仅仅是出租仓库给魏某某使用，而不负有保管义务。由此，"证明"并非仓储合同。

评析：民法典第904条延续了《合同法》第381条，对仓储合同的定义作出了规定。根据该定义，仓储合同具有如下特征：第一，保管人必须是具有仓库营业资质的人，即具有仓储设施、仓储设备，专事仓储保管业务的人。这是仓储合同主体上的重要特征。第二，仓储合同的对象仅为动产，不动产不可能成为仓储合同的对象。第三，仓储合同是诺成合同，自合同成立时起生效。第四，仓储合同为不要式合同，可以是书面形式，也可以是口头形式。第五，仓储合同为双务、有偿合同，保管人提供储存、保管的义务，存货人承担支付仓储费的义务。第六，仓单是仓储合同的重要特征。本案中，从原、被告双方签订的"证明"的内容来看，双方约定"被告王某某将泽普县园艺场双宏冷库的5号库租给原告魏某某使用，魏某某向王某某支付库费80 000元，进出库由'他'负责，双方共同把温度调控好"，可以看出，王某某仅仅是出租仓库给魏某某使用，而不负有保管义务，原被告双方并不存在仓储合同关系。

> ▶▶ **第九百零五条**　仓储合同自保管人和存货人意思表示一致时成立。

🏛 条文要义

本条是对仓储合同成立时间的规定。

仓储合同是诺成性合同，尽管在学说上有主张为实践性合同的，但立法采取的立场是诺成性合同，以此区别仓储合同与保管合同之间的区别。既然仓储合同是诺成性合同，那么，仓储合同的成立就是保管人和存货人就货物进行仓储的意思表示一致的时间，而无须以仓储物交付给保管人时为成立时间。

与《合同法》第382条规定相比，本条明确了仓储合同自保管人和存货人意思表示一致时成立。该规定的实际意义是，确认仓储合同是诺成性合同，当保管人和存货人的意思表示一致时，合同就成立。仓储合同成立后，仓储物入库、保管人验收、给付仓单、入库单等，就是在履行合同，而不是入库才成立合同。

 **案例评析**

武某某与樊某某仓储合同纠纷案①

案情：2016 年 11 月 14 日，原告武某某（乙方）与被告樊某某（甲方）签订一份协议书，约定："1. 乙方武某某于 2016 年 11 月 15 日使用甲方樊某某的冷库，存放乙方的水果萝卜约拾伍万斤。2. 保管费以每吨 100 元结算。3. 如存放期间出现萝卜损坏事宜，由甲方按市场行情赔偿，存放时间约 2 个月。4. 付款方式：乙方出库时按时交纳库存费。"该合同应为保管合同还是仓储合同？人民法院经审理认为，保管合同系实践合同，仓储合同是诺成合同。② 本案中，原被告双方的协议并非以交付水果萝卜为有效成立要件，故并非保管合同，而是仓储合同。

评析：仓储合同，又称仓储保管合同，是保管人储存存货人交付的仓储物，存货人支付仓储费的合同。依据民法典第 890 条和第 905 条的规定，保管合同与仓储合同的重要区别在于：保管合同系实践合同，而仓储合同系诺成合同。与《合同法》第 382 条规定相比，民法典第 905 条明确了仓储合同自保管人和存货人意思表示一致时成立。

本案中，原被告双方的权利义务关系自合同成立时生效，被告从事冷库经营，系从事专业仓储业的人员，原告作为存货人将水果萝卜存放在被告冷库中，由被告保管，双方之间的行为符合仓储合同的特征，故本案原、被告之间应认定为仓储合同关系，而非保管合同关系，其成立与否应依据民法典第 905 条有关仓储合同成立的标准予以判断。

▶▶ **第九百零六条**　储存易燃、易爆、有毒、有腐蚀性、有放射性等危险物品或者易变质物品的，存货人应当说明该物品的性质，提供有关资料。

存货人违反前款规定的，保管人可以拒收仓储物，也可以采取相应措施以避免损失的发生，因此产生的费用由存货人负担。

保管人储存易燃、易爆、有毒、有腐蚀性、有放射性等危险物品的，应当具备相应的保管条件。

🏛 **条文要义**

本条是对储存危险物品和易变质物品的规定。

对于储存危险物品或者易变质物品的仓储合同，由于储存物具有危险性和不易

---

① 审理法院：河南省安阳市内黄县人民法院，案号：（2017）豫 0527 民初 1323 号。

② 《中华人民共和国合同法》第 382 条规定："仓储合同自成立时生效。"

保管性，因而法律提出特别要求：（1）说明义务：储存易燃、易爆、有毒、有腐蚀性、有放射性等危险物品或者易变质物品，存货人应当说明该物品的性质，提供有关资料。存货人应当善尽此义务。（2）拒收或者采取相应措施：存货人违反说明义务的，保管人可以拒收仓储物，也可以采取相应措施以避免损失的发生，采取相应措施的目的是为存货人的利益，因此产生的费用由存货人负担。（3）保管人储存易燃、易爆、有毒、有腐蚀性、有放射性等危险物品的，应当具备相应的保管条件，保管人没有相应的保管条件而进行仓储的，损害后果由其承担。

案例评析

徐某某与绍兴市越州冷冻食品有限公司仓储合同纠纷案[①]

案情：原告徐某某与被告绍兴市越州冷冻食品有限公司签订洋葱仓储合同，被告储藏原告交付的洋葱，原告向被告支付仓储费。合同履行过程中，原告的洋葱部分腐烂变质。关于原告对洋葱的腐烂变质是否存在过错，人民法院经审理认为，储藏易变质物品，存货人应当说明该物品的性质，提供相关资料。存货人违反上述规定的，保管人可以拒收仓储物，也可以采取相应措施以避免损失的发生。现未有证据证明原告在交付洋葱之时已将涉案洋葱的具体品种和适宜的储藏温度明确告知被告，故人民法院认为原告存在一定过错。

评析：民法典第 906 条延续了《合同法》第 383 条，对储存危险物品和易变质物品作出了规定。其中，存货人储存易变质物品，应当向保管人说明该物的性质。所谓"说明"，应当是在合同订立时予以说明，并在合同中注明，这是诚实信用原则的必然要求。存货人还应当提供有关易变质物品的资料，以便保管人进一步了解该易变质物品的性质，为储存该易变质物品做必要的准备。如果存货人未说明所存货物是易变质物品而导致该物品变质损坏的，保管人不承担赔偿责任。本案中，没有证据证明原告在订立合同时向被告说明了该物的性质，也没有证据证明原告在交付洋葱时将洋葱的具体品种和适宜的储藏温度明确告知被告，人民法院因此认为原告对涉案洋葱的变质损坏存在过错。

> ▶▶ **第九百零七条** 保管人应当按照约定对入库仓储物进行验收。保管人验收时发现入库仓储物与约定不符合的，应当及时通知存货人。保管人验收后，发生仓储物的品种、数量、质量不符合约定的，保管人应当承担赔偿责任。

条文要义

本条是对保管人应当验收仓储物的规定。

---

① 审理法院：浙江省绍兴市越城区人民法院，案号：（2017）浙 0602 民初 59 号。

仓储合同标的是储存实物，保管人对仓储的实物承担保管责任。因此，保管人在仓储物入库时，应当按照约定对入库仓储物进行验收。保管人在验收时发现入库仓储物与约定不符合的，应当及时通知存货人，进行核对和确认，避免出现问题，出现责任不清的问题。正因为对仓储物验收的重要性，因而当保管人对仓储物验收后，发生仓储物的品种、数量、质量不符合约定的，保管人应当承担赔偿责任，而不是由存货人负责。

案例评析

楼某某、金华夏之雪冷冻服务部财产损害赔偿纠纷案①

案情： 2018 年 2 月 9 日、2 月 11 日，原告楼某某将其采摘于成都市蒲江县的两批春见粑粑柑计 3 206 件存放于被告处冷藏，并预交了冷藏费 2 000 元。2018 年 3 月，原告提货销售时发现粑粑柑已经变质。关于被告是否应对粑粑柑变质承担违约责任，人民法院经审理认为，保管人应当按照约定对入库仓储物进行验收。保管人验收时发现入库仓储物与约定不符合的，应当及时通知存货人。保管人验收后，发生仓储物的品种、数量、质量不符合约定的，保管人应当承担损害赔偿责任。据此，保管人在对仓储物进行查验入库后，对此后出现的仓储物瑕疵依法承担民事责任。本案中，被告作为保管人，在对原告提交储存的粑粑柑进行验收入库时，仅对果品的品种、数量进行了查验，未对粑粑柑的质量进行查验，即未尽到审慎查验的注意义务，对此后出现的果品质量瑕疵，被告理应承担违约责任。

评析： 民法典第 907 条延续了《合同法》第 384 条，对仓储物验收作出了规定。保管人和存货人应当在合同中对入库货物的验收问题作出约定。验收问题的主要内容有三项：一是验收项目，二是验收方法，三是验收期限。其中，保管人的正常验收项目为：货物的品名、规格、数量、外包装状况，以及无须开箱拆捆直观可见可辨的质量情况。依据被告的当庭陈述，被告作为保管人，在对原告提交储存的粑粑柑进行验收入库时，仅对果品的品种、数量进行了查验，未对粑粑柑的质量进行查验，即未尽到审慎查验的注意义务，对此后出现的果品质量瑕疵，被告理应承担违约责任。

> ▶▶ **第九百零八条**　存货人交付仓储物的，保管人应当出具仓单、入库单等凭证。

🏛 条文要义

本条是对仓单、入库单的规定。

---

① 审理法院：浙江省金华市金东区人民法院，案号：(2018) 浙 0703 民初 1589 号。

仓单，是指保管人在收到仓储物时，向存货人出具的表示收到了一定数量的仓储物的法律文书。存货人交付了仓储物的，保管人应当向存货人开具由其签名的仓单。仓单的作用是：（1）证明保管人已经收到仓储物，保管人与存货人之间仓储关系客观存在。（2）是有价证券，是记名的物权证券，存单可以背书转让。（3）是提取仓储物的凭证，存货人或者仓单持有人可以凭仓单提取仓储物。

仓单的立法例是：（1）以法国为代表的两单主义，又称复券主义，保管人同时填发两张仓单，一是提取仓单，用以提取保管物，并可转让；二是出质仓单，可用为担保。（2）以德国商法为代表的一单主义，保管人仅填发一张仓单，该仓单既可用以转让，又可用于出质。（3）以日本商法为代表的两单与一单并用主义，保管人应存货人的请求填发两单或者一单。我国立法采取一单主义，保管人应存货人的请求仅填发一单仓单，而不能填发两单仓单。

与《合同法》第 385 条规定相比，本条增加了保管人应当出具入库单的规定。入库单，是仓储合同的保管人收到存货人的仓储物给付存货人的凭证，是对仓储实物入库数量的确认，也是对保管人和存货人的一种监控，如果缺乏仓储物入库的控制，有可能出现虚报数量、实物短少的风险。将入库单也作为保管人对存货人应当出具的凭证，使仓单和入库单相一致，对仓储合同的实际履行和增强仓单的权威性有更好的价值。

案例评析

王某某与南京广康仓储有限公司仓储合同纠纷案①

案情： 原告王某某将 1 538 箱羽绒服存储至被告广康仓储公司名下的仓库，被告广康仓储公司向原告王某某出具了入库单，该份入库单载明：付给王某某，品名为羽绒服，单位为箱，数量为 1 538。关于原、被告之间是否存在仓储合同关系，人民法院经审理认为，仓储合同是保管人储存存货人交付的货物，存货人支付仓储费的合同。存货人交付仓储物的，保管人应当给付仓单、入库单等凭证。本案中，原、被告之间虽未签订书面的仓储合同，但原告王某某将货物交给被告广康仓储公司存储，被告广康仓储公司向原告王某某出具了入库单并收取了仓储费用，应当认定原、被告之间存在仓储合同关系。

评析： 民法典第 908 条规定了保管人出具仓单、入库单等凭证的义务。与《合同法》第 385 条规定相比，本条增加了保管人应当出具入库单的规定。入库单，是仓储合同的保管人收到存货人的仓储物给付存货人的凭证，是对仓储实物入库数量的确认，也是对保管人和存货人的一种监控，如果缺乏仓储物入库的控制，有可能出现虚报数量、实物短少的风险。将入库单也作为保管人对存货人应当出具的凭证，使仓单和入库单相一致，对仓储合同的实际履行和增强仓单的权威性有更好的

---

① 审理法院：江苏省南京市秦淮区人民法院，案号：（2013）白商初字第 212 号。

价值。本案中,原、被告之间虽未签订书面的仓储合同,但原告王某某将货物交给被告广康仓储公司存储,被告广康仓储公司向原告王某某出具了入库单并收取了仓储费用,以上事实证明了原、被告双方之间存在订立仓储合同的一致意思表示。仓储合同为诺成、不要式合同,原、被告就双方权利义务形成一致意思表示时,即成立仓储合同关系。

> ▶▶ 第九百零九条 保管人应当在仓单上签名或者盖章。仓单包括下列事项:
>
> (一)存货人的姓名或者名称和住所;
>
> (二)仓储物的品种、数量、质量、包装及其件数和标记;
>
> (三)仓储物的损耗标准;
>
> (四)储存场所;
>
> (五)储存期限;
>
> (六)仓储费;
>
> (七)仓储物已经办理保险的,其保险金额、期间以及保险人的名称;
>
> (八)填发人、填发地和填发日期。

🏛 条文要义

本条是对仓单应记载事项的规定。

仓单是仓库营业人应存货人的请求而签发的一种有价证券,除了保管人应当签名或者盖章之外,还须明确记载以下内容:(1)存货人的名称或者姓名和住所:因为仓单是记名证券。(2)仓储物的品种、数量、质量、包装、件数和标记:因为仓单可经背书而生物权转移的效力,必须明确以上事项。(3)仓储物的损耗标准:避免发生纠纷。(4)储存场所:便于被背书人明确仓储物的所在位置。(5)储存期限:便于被背书人及时提取仓储物。(6)仓储费:明确缴纳数额和时间。(7)仓储物已经办理保险的,其保险金额、期间以及保险公司的名称:便于将保险费记入成本。(8)填发人、填发地和填发日期:填发人应当签名或者盖章。

🎱 案例评析

大连港股份有限公司、中国铁路物资哈尔滨有限公司港口货物保管合同纠纷案[①]

案情:2013 年 1 月 1 日,中铁公司与大连港公司签订《仓储合同》。关于大连港

[①] 审理法院:一审法院为辽宁省大连海事法院,案号:(2015)大海商初字第 487 号;二审法院为辽宁省高级人民法院,案号:(2018)辽民终 462 号。

公司向中铁公司出具的入库证明是否应当认定为仓单，二审法院经审理认为，仓储合同的保管人接收了存货人交付的仓储物，应当向存货人交付仓单。仓单应当记载存货人的基本信息、仓储物情况以及储存地点和时间等相关信息。本案中，大连港公司接收并仓储案涉货物之后，依据沈阳东方公司出具的货物过户证明，向中铁公司出具了入库证明，该入库证明明确记载中铁公司在大连港公司库存进口矿粉，并载明了相应的数量、货物运输的船舶名称和存放地点，其内容符合仓单的形式要件和实质要件，故结合中铁公司与大连港公司签订的《仓储合同》互相呼应的情况，认定案涉入库证明具有仓单的属性并无不当。

评析： 民法典第909条规延续了《合同法》第386条，对仓单应记载的事项作出了规定。仓单应当记载存货人的基本信息、仓储物情况以及储存地点和时间等相关信息。本案中，大连港公司接收并仓储案涉货物之后，依据沈阳东方公司出具的货物过户证明，向中铁公司出具了入库证明，该入库证明明确记载中铁公司在大连港公司库存进口矿粉，并载明了相应的数量、货物运输的船舶名称和存放地点，其内容符合民法典第909条规定的仓单形式要件和实质要件，故结合中铁公司与大连港公司签订的《仓储合同》互相呼应的情况，应当认定案涉入库证明具有仓单的属性。

▶▶ **第九百一十条** 仓单是提取仓储物的凭证。存货人或者仓单持有人在仓单上背书并经保管人签名或者盖章的，可以转让提取仓储物的权利。

🏛 条文要义

本条是对仓单作用的规定。

仓单以给付一定的物品为标的，为物品证券，是提取仓储物的凭证。由于仓单上所载货物的移转，须移转仓单始生所有权转移的效力，故仓单又称为物权证券或处分证券。由于仓单上记载的事项须依法律的规定作成，故为要式证券。仓单的记载事项决定当事人的权利义务，当事人须依仓单上的记载主张权利义务，故仓单为文义证券、不要因证券。又因为仓单是由保管人自己填发的，由自己负担给付义务，所以仓单为自付证券。

仓单上所载明的权利与仓储物是不可分离的，故仓单的效力是：（1）提取仓储物的效力。仓库营业人一经填发仓单，则持单人对于仓储物的受领，不仅应提示仓单，而且还应缴回仓单。（2）移转仓储物的效力。仓单上所记载的货物，由货物所有人在仓单上背书，并经仓库营业人签名，发生所有权转移的效力。（3）以仓单出质的效力。存货人或者仓单持有人可以凭仓单设立质权。

当存货人或者仓单持有人转移仓单的货物时，应当在仓单上背书，并经保管人签名或者盖章，将背书的仓单交给受让人，提取仓储物的权利即转移给被背书人享有。

案例评析

方某某与安徽靖童科技农业发展有限公司、陶某某仓储合同纠纷案①

案情：原告方某某和陶某某共同到青海购买羊肉后，到靖童公司入库冷冻储存。入库时，方某某以自己名义与靖童公司办理了入库手续，靖童公司在"货物进出库凭证""进出明细单"上均载明存货人为方某某。陶某某在现场没有表示异议。当晚，方某某到靖童公司增加了"凭本人身份证取"的提货条件。2015 年 11 月 30 日，陶某某在没有单据和方某某身份证的情况下从靖童公司取走羊肉。关于靖童公司是否违约的问题，人民法院经审理认为，仓单是提取仓储物的凭证。存货人或者仓单持有人在仓单上背书并经保管人签名或者盖章的，可以转让提取仓储物的权利。本案中，方某某是合同中的存货人并持有仓单，是仓储合同相对人，且方某某要求靖童公司"凭本人身份证取"，靖童公司在方某某没有到场同意或背书的情况下由陶某某取走仓储物，显然违约，方某某是"存货人""仓单持有人"，靖童公司作为保管人应对"存货人"负责，故靖童公司应向方某某承担违约责任。

评析：民法典第 910 条延续了《合同法》第 387 条，对仓单的作用作出了规定。仓单以给付一定的物品为标的，为物品证券，是提取仓储物的凭证。当存货人或仓单持有人转移仓单的货物时，应当在仓单上背书，并经保管人签名或盖章，将背书的仓单交给受让人，提取仓储物的权利方可转移给被背书人享有。本案中，方某某是合同中的存货人并持有仓单，是仓储合同相对人，且方某某要求靖童公司"凭本人身份证取"，靖童公司在方某某没有到场同意或背书的情况下由陶某某取走仓储物，显然违约，靖童公司应向方某某承担违约责任。

> ▶▶ **第九百一十一条** 保管人根据存货人或者仓单持有人的要求，应当同意其检查仓储物或者提取样品。

条文要义

本条是对存货人或仓单持有人检查仓储物或提取样品的规定。

仓储合同生效之后，仓储物由保管人占有，存放于保管人的仓库。存货人或者仓单持有人为了解仓库堆藏及保管的安全程度与保管行为，有权检查仓储物，或者提取仓储物样品，保管人应当同意其进行检查或者提取。

---

① 审理法院：安徽省六安市舒城县人民法院，案号：（2016）皖 1523 民初 2013 号。

由于仓单是物权证券，存货人可以转让仓单项下仓储物的所有权，也可以对仓单项下的仓储物设定担保物权，即出质。仓单经背书并经保管人签名或者盖章而转让或出质的，仓单受让人或质权人即成为仓单持有人。无论是转让仓单还是出质仓单，仓单持有人与存货人一样，都有检查仓储物或者提取样品的权利。

案例评析

邵某某与马某某、李某某等仓储合同纠纷案①

案情： 李某某与马某某系夫妻，共同经营冷库仓储业务。2012 年 7 月 9 日，马某某以李某某（甲方）的名义与邵某某（乙方）签订协议，约定马某某、李某某以自己的冷库为邵某某收购的土豆 177.68 吨进行储存。关于邵某某是否可以随时提取土豆样品，二审法院经审理认为，根据仓储合同的有关法律规定，保管人根据存货人或者仓单持有人的要求，应当同意其检查仓储物或者提取样品。邵某某作为存货人，可以随时提取样品，保管人应当根据邵某某的要求，同意其提取样品。

评析： 民法典第 911 条延续了《合同法》第 388 条，对存货人或仓单持有人检查仓储物或提取样品作出了规定。存货人将货物存置于仓库，有权了解仓储物保管的状况。保管人因存货人的要求，应允许其进入仓库检查仓储物或提取样品。由于仓单是物权凭证，存货人可以转让仓单项下仓储物的所有权，也可以对仓单项下的仓储物设定担保物权，即出质。仓单经背书并经保管人签名或盖章而转让或出质的，仓单受让人或质权人即成为仓单持有人。无论是转让仓单还是出质仓单，仓单持有人与存货人一样，都有检查仓储物或提取样品的权利。本案中，邵某某作为存货人，如果要求检查仓储物或提取样品，保管人应当允许其进入仓库检查仓储物或提取样品。

> ▶▶ **第九百一十二条** 保管人发现入库仓储物有变质或者其他损坏的，应当及时通知存货人或者仓单持有人。

🏛 条文要义

本条是对保管人通知义务的规定。

保管人对仓储物有妥善保管的义务，应当按照仓储合同约定的保管条件和保管要求妥善进行保管。保管人因保管不善造成仓储物变质或者其他损坏的，应当承担赔偿责任。例如，保管条件已不符合原来的约定，如合同约定用恒温箱存储洋葱，

---

① 审理法院：一审法院为山东省高密市人民法院，案号：（2013）高商初字第 545 号；二审法院为山东省潍坊市中级人民法院，案号：（2015）潍商终字第 571 号。

但仓库的恒温设备发生故障，保管人没有采取及时修理等补救措施，致使洋葱腐烂变质的，保管人应当承担赔偿责任。

仓储物在仓储期间有可能发生变质或者其他损坏。遇有这样的情形，保管人负有通知义务，应当将上述情况及时通知存货人或者仓单持有人，由他们对仓储物进行妥善处理，以避免损失扩大。存货人或者仓单持有人在接到通知后，应当及时处理仓储物。存货人或者仓单持有人处理不及时或者不处理，造成损失的，由自己承担损失。

案例评析

常某某与河南昌泰仓储服务有限公司仓储合同纠纷案①

案情： 2018 年 10 月 8 日，原告常某某将共计 6.789 吨"富士"苹果送入被告昌泰公司的冷库保存，由昌泰公司出具入库单。2018 年 12 月 21 日，因需要对储存苹果进行零售，常某某在进行提货时发现部分苹果上面出现黑色斑点。关于昌泰公司是否应当承担损害赔偿责任，人民法院经审理认为，保管人对入库仓储物发现有变质或者其他损坏的，应当及时通知存货人或者仓单持有者。昌泰公司作为保管人，负有妥善保管、定期查验义务，常某某在 2018 年 12 月 21 日提货时才自行发现苹果出现变质，可以证明昌泰公司在保管期间，未尽到定期查验及通知存货人的义务，应当根据其过错程度对常某某的损失承担 30% 的赔偿责任。

评析： 民法典第 912 条延续了《合同法》第 389 条，对保管人通知义务作出了规定。根据该条的规定，保管人应当按照诚实信用原则，根据仓储合同的性质、目的及交易习惯，在仓储物有变质、损坏或者有变质、损坏的危险时，及时通知存货人或仓单持有人。本案中，昌泰公司作为保管人，负有妥善保管、定期查验及在仓储物变质或有其他损坏的情况下的通知义务。常某某于 2018 年 10 月 8 日将苹果入库储存，在 2018 年 12 月 21 日提货时才自行发现苹果出现变质，可以证明昌泰公司在保管期间，未尽到定期查验及通知存货人的义务，应当根据其过错程度对常某某的损失承担相应的损害赔偿责任。

> ▶▶ **第九百一十三条**　保管人发现入库仓储物有变质或者其他损坏，危及其他仓储物的安全和正常保管的，应当催告存货人或者仓单持有人作出必要的处置。因情况紧急，保管人可以作出必要的处置；但是，事后应当将该情况及时通知存货人或者仓单持有人。

---

① 审理法院：河南省新郑市人民法院，案号：（2019）豫 0184 民初 963 号。

🏛 条文要义

本条是对仓储物变质或损坏危及其他仓储物的规定。

在仓储物仓储期间，保管人如果发现入库仓储物有变质或者其他损坏，危及其他仓储物的安全和正常保管的，处理的规则是：（1）应当及时催告存货人或者仓单持有人，对其仓储物作出必要的处置。（2）如果因情况紧急，保管人可以作出必要的处置，但是事后应当将该情况及时通知存货人或者仓单持有人，使存货人或者仓单持有人了解情况，便于处理。

案例评析

于某某与邵某某、王某某仓储合同纠纷案[①]

案情： 2013 年 8 月 20 日、8 月 21 日，原告于某某将从山东省蓬莱市小门家镇南邢村购买的一批巴梨储存在被告邵某某所有的冷仓库内，双方口头约定储存温度应在 0—1 度之间。2013 年 10 月 27 日，原告向被告邵某某交纳巴梨存储费，并将库存巴梨出库，运送至平邑县康发食品有限公司，后经该公司取样检验，巴梨已经发黄变质，且有腐烂。关于原告对损失是否也应承担责任，人民法院经审理认为，保管人对入库仓储物发现有变质或者其他损坏，危及其他仓储物的安全和正常保管的，应当催告存货人或者仓单持有人作出必要的处置。因情况紧急，保管人可以作出必要的处置，但事后应当将该情况及时通知存货人或者仓单持有人。被告邵某某在发现部分巴梨变黄以后已经通知原告要尽快处理巴梨，原告并未立即处理，而是于 20 天后处理，原告对此存在过错，应当承担相应的责任。

评析： 民法典第 913 条延续了《合同法》第 390 条，对仓储物变质或损坏危及其他仓储物作出了规定。保管人对入库仓储物发现有变质或者其他损坏，危及其他仓储物的安全和正常保管的，应当催告存货人或者仓单持有人作出必要的处置。存货人或仓单持有人在接到保管人的通知或催告后，应当及时对变质的仓储物进行处置，这是存货人或仓单持有人应尽的义务。本案中，从原告提交的录音中可以得知，被告邵某某在发现部分巴梨变黄以后已经通知原告要尽快处理巴梨，原告并未立即处理，而是于 20 天后处理，原告对此亦存在过错。

▶▶ **第九百一十四条**　当事人对储存期限没有约定或者约定不明确的，存货人或者仓单持有人可以随时提取仓储物，保管人也可以随时请求存货人或者仓单持有人提取仓储物，但是应当给予必要的准备时间。

---

① 审理法院：山东省临沂市兰山区人民法院，案号：（2014）临兰商初字第 1554 号。

 **条文要义**

本条是对储存期限不明提取仓储物的规定。

当事人对仓储合同的储存期限没有约定或者约定不明确的，处理的方法是：（1）存货人或者仓单持有人可以随时提取仓储物。（2）保管人也可以随时要求存货人或者仓单持有人提取仓储物。（3）不论是存货人或者仓单持有人提取仓储物，还是保管人要求存货人或者仓单持有人提取仓储物，都应当给予必要的准备时间，以便妥善处理提取仓储物的准备工作。

案例评析

崔某某与莱州天赐宝物产有限公司仓储
合同纠纷案①

案情： 莱州天赐宝物产有限公司（被上诉人）系从事储藏水果、蔬菜的企业。2011年6月底，崔某某（上诉人）、被上诉人双方口头约定由被上诉人为上诉人储存圆葱事宜，没有约定储存期间。2012年，被上诉人先后以手机短信、特快专递和公证方式通知上诉人提取圆葱，上诉人未予理睬。关于上诉人对圆葱的腐烂变质是否应承担责任，二审法院经审理认为，当事人对存储期间没有约定或者约定不明确的，保管人可以随时要求存货人或者仓单持有人提取仓储物，但应当给予必要的准备时间。本案上诉人在接到被上诉人将存储的圆葱全部提取并支付仓储费的通知后，应当及时联系被上诉人提取仓储物，但上诉人收到相关的通知后却急于处理，致使仓储物过了有效的仓储时间而灭失，因而应当自行承担责任。

评析： 民法典第914条延续了《合同法》第391条，对存储期限不明确时提取仓储物的规则作出了规定。当事人对存储期限没有约定或者约定不明确的，存货人或者仓单持有人可以随时提取仓储物。保管人根据自己的存储能力和业务需要，也可以随时要求存货人或者仓单持有人提取仓储物，但应当给予必要的准备时间。所谓"给予必要的准备时间"，是指保管人预先通知提货，然后确定一个合理的期限，以给存货人或仓单持有人留出必要的准备时间，在期限届至前提货即可。本案中，上诉人（存货人）在接到被上诉人（保管人）将存储的圆葱全部提取并支付仓储费的通知后，没有及时提取仓储物，仓储物因迟延而灭失。因此，上诉人存在过错，应承担由此产生的不利法律后果。

---

① 审理法院：一审法院为山东省莱州市人民法院，案号：（2014）莱州商初字第528号；二审法院为山东省烟台市中级人民法院，案号：（2016）鲁06民终69号。

▶▶ **第九百一十五条** 储存期限届满，存货人或者仓单持有人应当凭仓单、入库单等提取仓储物。存货人或者仓单持有人逾期提取的，应当加收仓储费；提前提取的，不减收仓储费。

🏛 条文要义

本条是对储存期限届满提取仓储物的规定。

仓储物的储存期限届满，存货人或者仓单持有人应依约提取仓储物。存货人或者仓单持有人提货应当持仓单、入库单等进行，保管人"认单不认人"，凭单付货。存货人或者仓单持有人逾期提货的，应当对逾期部分补交仓储费用。提前提货的，由于没有按照合同约定的时间提货，对已经收取的仓储费用不予减收。

🎱 案例评析

北京厚德坤物流有限公司与掌合天下（北京）信息技术有限公司
仓储合同纠纷案①

案情： 被告掌合天下公司作为甲方、原告厚德坤公司作为乙方签订《仓储合同》，约定库房租用时间为 2017 年 3 月 8 日起至 2018 年 3 月 7 日止。上述合同签订后，掌合天下公司支付了押金 10.5 万元。审理中，双方确认 2017 年 6 月 3 日前掌合天下公司已将涉案仓储货物全部搬出涉案仓库。掌合天下公司未支付 2017 年 6 月 3 日至 2018 年 3 月的仓储费用。掌合天下公司虽已于 2017 年 6 月 3 日将仓储货物全部搬清，但关于掌合天下公司是否应当支付 2017 年 6 月 3 日至 2018 年 3 月的仓储费用，人民法院经审理认为，存货人或者仓单持有人逾期提取的，应当加收仓储费；提前提取的，不减收仓储费。涉案《仓储合同》已约定了储存期间，掌合天下公司虽已于 2017 年 6 月 3 日将仓储货物全部搬清，但双方并未就仓储合同的解除协商达成一致意见。故掌合天下公司仍应依约履行支付仓储费的义务。

评析： 民法典第 915 条延续了《合同法》第 392 条，对储存期限届满提取仓储物作出了规定。本案中，涉案《仓储合同》约定的储存期间为 2017 年 3 月 8 日起至 2018 年 3 月 7 日止，掌合天下公司虽已于 2017 年 6 月 3 日将仓储货物全部搬清，但双方并未就仓储合同的解除协商达成一致意见。故掌合天下公司仍应依约履行支付 2017 年 6 月 3 日至 2018 年 3 月 7 日的仓储费的义务。

▶▶ **第九百一十六条** 储存期限届满，存货人或者仓单持有人不提取仓储物的，保管人可以催告其在合理期限内提取；逾期不提取的，保管人可以提存仓储物。

---

① 审理法院：北京市朝阳区人民法院，案号：(2018) 京 0105 民初 11609 号。

🏛 条文要义

本条是对存货人或仓单持有人逾期提货的规定。

储存期限届满，存货人或者仓单持有人不按时提货的规则是：

1. 保管人应当对存货人或者仓单持有人进行催告。

2. 确定宽限期，通知存货人或者仓单持有人，限其在宽限期内提货。

3. 在催告的合理期限内仍不提货的，保管人可以对该仓储物予以提存，其后果由仓单持有人负责。

案例评析

成都中远特殊钢管有限责任公司与上海可本化工材料有限公司
仓储合同纠纷案[①]

案情： 2010 年 1 月 18 日，原告中远公司作为甲方，与乙方即被告可本公司签订钢管仓储协议，仓储时间为期 6 个月。合同到期后，被告既未续期，又没有提取钢管。关于合同到期后的仓储费标准，人民法院经审理认为，储存期间届满，存货人或者仓单持有人不提取仓储物的，保管人可以催告其在合理期限内提取，逾期不提取的，保管人可以提存仓储物。原告在仓储到期后，既未提存仓储物，也未与被告另行协商仓储费，抑或提起诉讼要求被告提取仓储物，应视为仓储期间的延长，仓储费仍应按原协议执行。

评析： 民法典第 916 条延续了《合同法》第 393 条，对仓单持有人不提取仓储物时的处理规则作出了规定。存储期限届满，存货人或仓单持有人提取仓储物，既是存货人或仓单持有人的权利，也是存货人或仓单持有人的义务。如果存储期限届满，存货人或仓单持有人不能或拒绝提取仓储物，保管人可以确定一个合理的期限，催告存货人或仓单持有人在此期限内提取。如果逾期不提取，保管人可以将仓储物提存。本案中，在涉案仓储合同到期后，原告没有提存仓储物，应视为仓储期间的延长，涉案仓储合同继续有效，仓储费仍应按原协议执行。

> ▶▶ **第九百一十七条**　储存期内，因保管不善造成仓储物毁损、灭失的，保管人应当承担赔偿责任。因仓储物本身的自然性质、包装不符合约定或者超过有效储存期造成仓储物变质、损坏的，保管人不承担赔偿责任。

🏛 条文要义

本条是对仓储物毁损、灭失的赔偿责任的规定。

---

①　审理法院：四川省成都市青白江区人民法院，案号：（2015）青白民初字第 2395 号。

在仓储合同中，仓储物在储存期内，因保管人保管不善造成毁损、灭失的，保管人构成违约行为，应当承担的违约责任是，对存货人或者仓单持有人予以赔偿。

如果仓储物的毁损、灭失是因仓储物本身的自然性质、包装不符合约定或者超过有效储存期造成的，不可归责于保管人的，保管人不承担赔偿责任，由存货人或者仓单持有人自负其责。

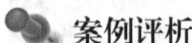 **案例评析**

中国太平洋财产保险股份有限公司厦门分公司与天津港国际物流发展有限公司仓储合同纠纷案①

案情： 2015 年 6 月 5 日，建发公司与被告签订了《贸易物流服务协议》，协议约定由被告为建发公司提供货物的仓储等服务。2015 年 8 月 12 日，瑞海公司危险品仓库发生特别重大火灾爆炸事故，因被告验放中心一场仓库属于事故中心区，涉案货物部分受损。关于被告是否应对货损承担责任，人民法院经审理认为，储存期间，因保管人保管不善造成仓储物毁损、灭失的，保管人应当承担损害赔偿责任。因仓储物的性质、包装不符合约定或者超过有效储存期造成仓储物变质、损坏的，保管人不承担损害赔偿责任，可见，被告作为保管人是否应该承担责任，取决于被告在保管货物过程中是否存在过错。对于货损原因，保险公估报告结论为：货损原因是爆炸产生的冲击波将仓库的门窗及装修破坏所致。被告对爆炸事故发生没有责任，货物受损后尽到了适当的减损义务。由此，被告在仓储合同履行过程中不存在过错，不应就原告所称损失承担赔偿责任。

评析： 民法典第 917 条延续了《合同法》第 394 条，对仓储物毁损、灭失损害赔偿责任作出了规定。储存期内，保管人负有妥善保管仓储物的义务。所谓"妥善保管"，主要应当是按照仓储合同中约定的保管条件和保管要求进行保管。保管人除应按照约定的保管条件和保管要求进行保管外，还应尽到善良管理人的注意义务。因为保管人的保管行为是有偿的，保管仓储物应当比保管自己的货物给予更多的注意。保管人如果尽到了妥善保管义务，则对仓储物的毁损、灭失不负损害赔偿责任。本案中，保管人在爆炸事故前后对仓储物的保管均无过错，对爆炸事故的发生没有责任，货物受损后尽到了适当的减损义务，在仓储合同履行过程中尽到了妥善保管义务，不应就原告所称损失承担赔偿责任。

▶▶ **第九百一十八条** 本章没有规定的，适用保管合同的有关规定。

---

① 审理法院：天津海事法院，案号：（2017）津 72 民初 884 号。

🏛 条文要义

本条是对仓储合同准用保管合同规则的规定。

在所有的合同中，仓储合同与保管合同是最相类似的合同类型，在很多方面适用的规则是一样的。因此，本章在规定了仓储合同的主要规则之后，规定关于仓储合同没有规定的部分，适用保管合同的规定。例如保管人不得将仓储物转交第三人保管、保管人不得使用或者许可第三人使用仓储物等规定，都可以适用于仓储合同。

案例评析

天津星誉物流有限公司与天津远大联合汽车贸易集团有限公司
仓储合同纠纷案①

案情： 2013 年 6 月 1 日，原告星誉物流（乙方）与被告远大公司（甲方）签订了《协议书》，约定乙方在协议有效期内接受甲方委托为甲方提供存放场地、存放服务，原被告双方并未约定何时支付仓储费。关于被告应何时支付仓储费，人民法院经审理认为，仓储合同一章没有规定的，适用保管合同的有关规定。有偿的保管合同，寄存人应当按照约定的期限向保管人支付保管费。当事人对支付期限没有约定或者约定不明确，又无法通过其他途径确定的，应当在领取保管物的同时支付。故被告应在领取保管物时支付仓储费用。

评析： 民法典第 918 条延续了《合同法》第 395 条，对仓储合同准用保管合同规则作出了规定。尽管仓储合同与保管合同有几项重要区别，如保管合同是实践合同，而仓储合同为诺成合同。再如保管合同是否有偿由当事人约定，而仓储合同均为有偿合同等。但仓储合同与保管合同的本质是一样的，即都是为他人保管财物。有些学者认为，仓储合同就是特殊的保管合同。因此，仓储合同部分没有特别规定的，适用保管合同的有关规定。本案中，在当事人就入库费及仓储费支付期限约定不明且达不成补充协议、又无交易习惯的情形下，被告应于提车出库时向原告支付出仓储费。

---

① 审理法院：天津市滨海新区人民法院，案号：（2016）津 0116 民初 1390 号。

第二十三章　委托合同

> ▶▶ **第九百一十九条**　委托合同是委托人和受托人约定，由受托人处理委托人事务的合同。

🏛 条文要义

本条是对委托合同概念的规定。

委托合同也称委任合同，是指委托人和受托人约定，由受托人处理委托人事务的合同。委托他方处理事务者为委托人，允诺为他方处理事务者为受托人。

委托合同是一种古老的合同类型。古巴比伦《汉谟拉比法典》就有关于委托合同的规定。罗马帝政时期出现了委托、代理的法律规定，不区分委托和代理的关系，认为委托合同必含有代理权的授予。《法国民法典》承袭了罗马法传统。自《德国民法典》以后，各国立法都严格区分委托合同和代理，一般在总则规定代理制度，在债编规定委托合同。

委托合同的特征是：（1）委托合同是以为他人处理事务为目的的合同；（2）委托合同的订立以委托人和受托人之间的相互信任为前提；（3）委托合同是诺成合同、不要式合同；（4）委托合同是否有偿在于当事人的约定。

📌 案例评析

北京圣邦天马农业科技有限公司与张某某土地租赁合同纠纷案[①]

案情：原告天马公司与被告张某某于 2009 年 12 月 29 日签订合作协议书，原告天马公司出具了委托书，该委托书记载内容为："兹委托张某某负责管理公司所属养殖水面。委托期间张某某负责所有养殖水面的经济利益，并完成公司规定的利润。委托期自 2011 年到 2021 年"。关于该委托书的法律性质，人民法院经审理认为，委托合同是委托人和受托人约定，由受托人处理委托人事务的合同。原告天马公司与被告张某某于 2011 年 1 月签订的委托书，基于标题和约定内容及在案其他证据，该委托书系委托合同性质，原、被告应当遵循诚实信用原则，按照约定全面履行自己

---

① 审理法院：北京市第一中级人民法院，案号：（2016）京 01 民初 289 号。

的义务。

评析：民法典第 919 条延续了《合同法》第 396 条，对委托合同的定义作出了规定。根据该定义，委托合同有如下特征：第一，委托合同的标的是劳务；第二，委托合同是诺成、非要式、双务合同；第三，委托合同可以是有偿的，也可以是无偿的。本案中，原、被告双方提供的一份盖有原告天马公司公章的委托书，其上虽无天马公司法定代表人及委托人的签名，也无受托人张某某的签名，但结合其标题和内容以及其他在案证据，可以看出双方当事人就"受托人处理委托人事务"形成了一致的意思表示，由此可以确定，原、被告双方就委托事务已成立委托合同关系。

> ▶▶ **第九百二十条**　委托人可以特别委托受托人处理一项或者数项事务，也可以概括委托受托人处理一切事务。

🏛 条文要义

本条是对特别委托与概括委托的规定。

根据委托权限的不同，委托合同可以分为特别委托和概括委托：（1）特别委托，是指委托受托人处理一项或者数项特别事务的委托。例如不动产出售、出租或者就不动产设定抵押权、赠与、和解、诉讼、仲裁等，都可以进行特别委托。（2）概括委托，是指委托人委托受托人处理一切事务的委托。例如委托人委托受托人处理其买卖业务或者租赁业务的所有事宜，就是概括委托。

🔵 案例评析

李某某、神华新疆能源有限责任公司委托合同纠纷案①

案情：李某某原系神华公司职工。神华公司与煤制油公司签订协议，约定神华公司受职工委托，以团购方式购买由煤制油公司取得的土地且由泛华集团按煤制油公司要求开发的商品房。李某某在交纳了 5 万元保证金后，神华公司出具收款收据。本案中，李某某与神华公司之间是何种法律关系是解决本案争议的首要问题。一审法院认为，神华公司虽与其他单位进行协商，但相对于李某某，神华公司对自己主要义务的描述为"联系"，同时李某某对神华公司并非房产开发企业是明知的，故认定双方的法律关系为委托合同法律关系。二审法院认为，李某某与神华公司之间虽未签订书面的委托合同，但双方之间的权利义务及法律关系符合委托合同关系的法律特征，并不符合商品房买卖合同法律关系的法律特征，双方之间系委托合同关系。

评析：民法典第 920 条延续了《合同法》第 397 条，对特别委托与概括委托作

---

① 审理法院：新疆维吾尔自治区乌鲁木齐市中级人民法院，案号：（2019）新 01 民终 1791 号。

出了规定。根据该规定，委托人可以特别委托受托人处理一项或者数项事务，也可以概括委托受托人处理一切事务。本案中，李某某原系神华公司员工，其与神华公司之间除了〔2014〕215号这一对集资建房的性质、参加资格、选房标准等进行明确的文件外，并未签订商品房买卖合同。同时，李某某对于神华公司并不是集资建房的开发方、亦不是集资房的建设方，以及神华公司是代表集资购房人完成集资购房的相关事项是明知的，所以李某某与神华公司所签订的合同为委托合同关系，这一委托关系更偏于概括委托，即李某某将洽谈、联系、收款、退款及将款项交付给房屋开发方或建设方等所有涉及集资购房的事宜均委托给神华公司，形成的就是委托合同关系。

▶▶ **第九百二十一条** 委托人应当预付处理委托事务的费用。受托人为处理委托事务垫付的必要费用，委托人应当偿还该费用并支付利息。

🏛 条文要义

本条是对委托人支付处理委托事务费用的规定。

受托人是以委托人的名义和费用为委托人处理委托事务的，因此，受托人在委托权限中处理事务的后果，包括有利的后果即处理委托事务所获得的利益以及不利后果即处理委托事务所产生的债务，均由委托人承受。所以，不论委托合同是否有偿，委托人都负有支付委托事务费用的义务。委托人履行支付费用的义务有两种方式：（1）预付费用：委托人应预付费用的多少以及预付的时间、地点、方式等，应依据委托事务的性质和处理的具体情况而定。预付费用系为委托人利益而使用的，与委托事务的处理并不成立对价关系，二者之间不存在适用同时履行抗辩权的问题。（2）偿还费用：当事人约定受托人垫付委托事务费用的，委托人应当偿还费用，偿还费用的范围一般应限于受托人为处理事务所支出的必要费用并支付利息。非经约定，受托人并无垫付费用的义务，如果受托人为处理委托事务垫付必要费用的，委托人应当偿还该费用及利息。在有偿委托合同中，因委托人拒付费用以致影响受托人基于该合同的收益或给受托人造成损失时，受托人有权请求赔偿。

🫧 案例评析

祁某某与内蒙古亿源煤业有限公司委托合同纠纷案[①]

案情： 亿源煤业公司授权原告祁某某负责亿源煤矿的对外融资、煤矿开采、施工建设以及上级主管部门的应缴费用，全部由祁某某全权代表负责该矿的一切事务

[①] 审理法院：内蒙古自治区高级人民法院，案号：（2017）内民终331号。

工作。祁某某诉称，现其已经完成委托事务，亿源煤业公司应当返还祁某某代垫的费用并支付报酬。本案一审、二审法院均认为，祁某某依据委托管理煤矿所垫付的费用，依法应由亿源煤业公司承担清偿责任。祁某某完成委托事项并垫付款事实是否存在应当由主张该事实的祁某某承担证明责任。故法院判决亿源煤业公司偿还祁某某可以证明的垫付款若干元，并按银行同期贷款利率支付该款项的相应利息。

评析：民法典第 921 条延续了《合同法》第 398 条，对委托人支付处理委托事务费用作出了规定。根据该规定，祁某某与原公司股东的授权委托协议合法有效，其作为经营管理煤矿并负责对外融资的负责人，尽职负责地先行垫付了必要的管理费用，对此，委托人应当进行偿还。至于该部分费用的具体计算，应当依据合理、必要的原则，且在有相应的证据证明的情况下方能认定，故法院判决将无法证明的部分从垫付款中扣除后，亿源煤业公司应当按照本条的规定支付受托人祁某某垫付的费用以及相应的利息。

> ▶▶ **第九百二十二条**　受托人应当按照委托人的指示处理委托事务。需要变更委托人指示的，应当经委托人同意；因情况紧急，难以和委托人取得联系的，受托人应当妥善处理委托事务，但是事后应当将该情况及时报告委托人。

🏛 条文要义

本条是对受托人应当按照委托人指示处理委托事务的规定。

受托人是以委托人的名义和费用为委托人处理委托事务的，故受托人应当按照委托人的指示处理委托事务，不能背离委托人的指示而为委托行为。只有在两种情形下才可以变更委托人的指示：（1）委托人同意变更指示。受托人需要变更委托人指示，应当经委托人同意，委托人同意变更委托指示，受托人当然可以按照委托人新的指示处理受托事务；（2）因情况紧急需要变更指示，紧急情况出现后需要变更指示，又难以和委托人取得联系的，受托人应当妥善处理委托事务，事后应当将该情况及时报告委托人。

🫧 案例评析

郑某某与杨某委托合同纠纷案[①]

案情：原告郑某某就买卖涉讼房屋事宜与被告杨某签订委托协议。委托杨某或刘某办理相关事宜，委托权限为全权委托。后杨某以郑某某名义与案外人周某、蔡某签订《上海市房地产买卖合同》，约定由周某、蔡某向郑某某购买涉讼房屋。合同

---

① 审理法院：上海市长宁区人民法院，案号：（2014）长民三（民）初字第 1183 号。

签订后案外人周某、蔡某向被告支付了房款若干，且涉讼房屋已登记为案外人周某、蔡某所有。郑某某搬离涉讼房屋且未追回房款，遂致诉。法院认为，原告郑某某虽对卖房具体事宜一无所知，但案涉委托合同的签署确为其真实意思表示，被告的卖房行为并没有违反委托合同的约定。然受托人处理委托事务取得的财产，应当转交给委托人。原告委托被告卖房，被告可代收房款，但被告并无权利占有该款项，应及时向原告返还全部房款。

评析：民法典第922条延续了《合同法》第399条，对受托人应当按照委托人指示处理委托事务作出了规定。委托合同即表征了受托人应当依照委托人的指示处理事务，这已经形成了受托人的义务，而且该义务仅在有急迫之情事，并可以推定委托人在此急迫情事下也将会允许变更指示时受托人才可以变更委托人的指示，而且变更指示后，受托人应当负有通知义务。本案中，郑某某与杨某、刘某就涉诉房屋签订委托协议，并且约定全权委托，且杨某、刘某并未违反相关约定，而是遵照委托指示处理涉诉房屋的相关事务，依据民法典第922条的规定，受托人应当按照委托人的指示处理委托事务。需要变更委托人指示的，应当经委托人同意；因情况紧急，难以和委托人取得联系的，受托人应当妥善处理委托事务，但是事后应当将该情况及时报告委托人，杨某卖房行为应得到法律保护。

> ▶▶第九百二十三条　受托人应当亲自处理委托事务。经委托人同意，受托人可以转委托。转委托经同意或者追认的，委托人可以就委托事务直接指示转委托的第三人，受托人仅就第三人的选任及其对第三人的指示承担责任。转委托未经同意或者追认的，受托人应当对转委托的第三人的行为承担责任；但是，在紧急情况下受托人为了维护委托人的利益需要转委托第三人的除外。

🏛 条文要义

本条是对受托人亲自处理委托事务和转委托的规定。

由于委托合同的当事人之间有相互信赖关系，故原则上受托人应亲自处理受托事务，意在防止出现受托人有负委托人信任致委托人利益受损的情形。这是法谚"委托的结果，不得再委托"的精神。

如果委托人同意转委托，或者有紧急情况发生，受托人可以转委托。

转委托有两种原因：（1）经委托人同意，受托人可以转委托。转委托经委托人同意的，委托人可以就委托事务直接指示转委托的第三人，受托人仅就第三人的选任及其对第三人的指示承担责任。转委托未经委托人同意的，受托人应当对转委托的第三人的行为承担责任。（2）在紧急情况下，受托人为维护委托人的利益进行转委托，是准许的，为的是委托人的利益而转委托。例如，受托人临时患急病，不能前去处理，由于情况紧急，如果不转委托第三人代为处理，就会使委托人的利益受到损失，即可临时转委托。

与《合同法》第400条规定相比，本条增加了对转委托追认权的新规则。经委托人追认，发生转委托效果，即受托人事先未经委托人同意而进行转委托，如果委托人在转委托发生后进行追认的，该转委托发生效力。这就是说，本条确认委托人对受托人擅自进行的转委托有追认权，未经委托人同意的转委托一旦被委托人追认，发生与委托人同意的相同后果，转委托对委托人发生拘束力。

案例评析

上海延升物流有限公司诉上海誉名船务有限公司海上货运代理合同纠纷案[①]

案情：被告上海誉名船务有限公司与达原公司签订海上货运代理合同，原告上海延升物流有限公司与达原公司签订海上货运代理合同关系。被告为涉案货物出运事宜，向万升公司发送了订舱委托书，货物描述为碎矿渣，被告发送了提单确认通知书，货物描述为镁氧矿，后上海海关认定涉案货物为煅烧镁氧矿，认为货物申报品名不实，故对涉案货物及集装箱进行了扣押。原告认为，涉案货物的报关事宜由被告负责，因报关不实导致原告承担的赔偿责任应由被告负担，据此提起诉讼。法院认为，本案中被告明确表示并未同意达原公司转委托原告，且涉案业务并未涉及紧急情况，故被告与达原公司、原告与达原公司之间成立各自独立的委托合同关系。法院据此驳回原告上海延升物流有限公司的全部诉讼请求。

评析：委托合同基于双方当事人的信赖关系，有着一定的人身依附属性，故并不能随意进行转委托，而是应当以亲自履行作为原则。依据《合同法》第400条规定，只有在委托人同意或者出现紧急情况时，转委托才能发生，这也是出于对委托人的保护。本条在上述两种情况的基础上，增加了增加了对转委托追认权的新规则，即受托人事先未经委托人同意而进行转委托，如果委托人在转委托发生后进行追认的，该转委托发生效力。本案中，委托人上海誉名船务有限公司并未向受托人达原公司表示可以将业务转委托给上海延升物流有限公司，事后又未获得委托人的追认，且案涉义务亦并非出于紧急状况，故本案应当遵照亲自办理委托事务的原则，保护委托关系中蕴含的信赖关系。

> ▶▶ **第九百二十四条** 受托人应当按照委托人的要求，报告委托事务的处理情况。委托合同终止时，受托人应当报告委托事务的结果。

---

① 审理法院：上海市高级人民法院，案号：(2018) 沪民终418号。

🏛 条文要义

本条是对受托人及时报告义务的规定。

受托人在履行委托事项中，应当按照委托人的要求，随时或者定期向委托人报告委托事务的处理情况。受托事务终了或者委托合同终止时，受托人应当将处理委托事务的始末经过和处理结果报告给委托人，并提交必要的证明文件，如各种账目、收支计算情况等。受托人此项义务的具体内容一般不由法律直接规定，而由当事人约定。受托人作有关汇报不以有委托人的请求为前提，尤其是委托事务办理终了的报告应包括有关收支的计算及提交必要的证明文件，如清单、发票等。受托人因怠于报告所致损害，委托人有权请求受托人赔偿。

📌 案例评析

淮南东华实业（集团）有限责任公司洞泉物业管理处、淮南市洞山新村小区业主委员会委托合同纠纷案①

案情： 原告洞山新村业委会与被告洞泉物业管理处签订《委托协议》，约定洞山新村业委会将洞山新村小区幼儿园委托洞泉物业管理处对外招租使用，并约定租金由洞泉物业管理处代收，设专户保管。后洞山新村业委会要求洞泉物业管理处将代管的账目予以公示并移交洞山新村业委会，另将余款转入洞山新村业委会账户，由此引发争议。法院认为，洞泉物业管理处受洞山新村业委会委托，将洞山新村小区幼儿园对外招租使用，并设专户代管租金，其行为是一种委托管理行为，洞泉物业管理处作为受托人应在受托事务结束后，将幼儿园租金和账目凭证票据一并移交洞山新村业委会。洞山新村业委会要求洞泉物业管理处移交有关幼儿园租金的账目及相关凭证票据的诉讼请求，合理合法，应予支持。

评析： 民法典第924条延续了《合同法》第401条，对受托人及时报告义务作出了规定。本案是一则典型的受托人负有随时或定期报告受托事务进展或结果义务的案例。案件不仅涉及报告事务进展，还涉及提交相关证明文件的争议。从法院的判决可以看出，司法的裁判逻辑是代管期间所必要的事务均应当视为委托范围的应有之义，被涵摄在委托范围之内；同时，亦可将例如账目凭证票据视为租金的从物，根据从物随主物转移以及从义务补足主义务的原则，认定相关账目及凭证亦应当转移的合法性、合理性。故依据民法典第924条的规定，应支持委托人的诉请。

> ▶▶ **第九百二十五条** 受托人以自己的名义，在委托人的授权范围内与第三人订立的合同，第三人在订立合同时知道受托人与委托人之间的代理关系的，该合同直接约束委托人和第三人；但是，有确切证据证明该合同只约束受托人和第三人的除外。

---

① 审理法院：安徽省淮南市中级人民法院，案号：（2019）皖04民终71号。

🏛 条文要义

本条是对间接代理第三人知道代理关系规则的规定。

间接代理，是指受托人接受委托人的委托，以自己的名义，在委托人的授权范围内与第三人实施民事法律行为的代理。间接代理与直接代理的区别是：（1）代理人从事法律行为的名义不同，间接代理是代理人以自己的名义从事法律行为，而直接代理的代理人行使代理权是以被代理人的名义进行。（2）代理的效果不同，间接代理的效果不是直接对被代理人发生效力。（3）法律根据不同，间接代理不适用直接代理的规定。

间接代理的基本内容是：（1）基本代理关系是：委托人欲从事一项民事交易，委托代理人进行。受托人接受委托，取得了间接代理的权利，然后以自己的名义而不是用委托人的名义，寻找交易的相对人，直接与其进行交易，实施民事法律行为。受托人与第三人之间的民事法律关系终结，受托人将其结果交付委托人，受托人从中获得佣金。（2）具体的法律关系是：1）委托人与受托人之间的委托合同关系，在其中确定双方的权利义务。2）受托人接受委托，与第三人之间从事民事法律行为，按照委托人的意思表示，确定该民事法律行为的内容，最终实现交易目的。3）按照第一个合同的规定，将实施第二个民事法律行为的利益交还委托人，取得受托人的利益，终结间接代理关系。

在间接代理法律关系中，订约时第三人知道代理关系，就是在受托人与第三人订立第二个法律关系的时候，第三人已经知道受托人是在为委托人从事交易。这个"知道"应当是确定的，知道的内容是：（1）知道具体的委托人；（2）知道委托授权的内容和期限；（3）知道的时间，即在订约时知道这个代理关系。在履行合同关系中知道的，不构成间接代理关系。在这种情况下，受托人与第三人之间发生的民事法律关系直接约束委托人和第三人，即委托人可以根据受托人与第三人之间订立的合同直接请求第三人履行合同义务，或者接受第三人的履行；也可以在对方违约时，请求对方承担违约责任，或者直接向对方承担责任。

🍡 案例评析

重庆瑞帆再生资源开发有限公司与重庆市江北区乾元小额贷款股份有限公司借款合同纠纷案①

案情：瑞帆公司与乾元小贷公司签订《公司借款合同》，张某某、天诚公司分别与乾元小贷公司签订《个人无限连带责任保证合同》和《保证合同》，自愿为瑞帆公司的债务向乾元小贷公司提供连带责任保证。银汾公司（甲方）、张某某（乙方）与

① 审理法院：重庆市高级人民法院，案号：（2017）渝民终 351 号。

乾元小贷公司（丙方）签订《合同书》，约定甲方为乙方的保证义务向丙方提供担保等。现乾元小贷公司诉请瑞帆公司偿还借款本金及相关利息，张某某、天诚公司、银汾公司为瑞帆公司上述债务承担连带清偿责任。法院认为，瑞帆公司应系《公司借款合同》的合同相对方，瑞帆公司应当向乾元小贷公司履行还本付息的义务。因天诚公司与瑞帆公司之间系委托代理关系，即天诚公司委托瑞帆公司向乾元小贷公司借款，但瑞帆公司现举示的证据尚不足以证明乾元小贷公司在订立《公司借款合同》时即知道天诚公司与瑞帆公司之间的委托代理关系，瑞帆公司主张《公司借款合同》应当直接约束天诚公司与乾元小贷公司的上诉理由不能成立。

评析：民法典第925条延续了《合同法》第402条，对间接代理第三人知道代理关系的规则作出了规定。间接代理是由三个法律关系构成的，前两个法律关系是基础；但间接代理的最重要的关系不在于此，而是在于委托人和第三人之间的关系，法律规定，在一定的情形下，委托人与第三人之间相互享有权利义务关系。这是间接代理的关键之点。此外，如何判断订约时第三人是否知道代理关系是实践中的难点。本案中，瑞帆公司主张间接代理关系形成，案涉借款合同直接约束天诚公司与乾元小贷公司，结合诉讼法的举证规则，瑞帆公司需要举证证明乾元小贷公司在订立案涉借款合同时就知道天诚公司与瑞帆公司之间的委托代理关系，而这种"知道"必须是明确的、确定的，而不包括应当知道或不确切的情形。显然，瑞帆公司的证据无法支撑上述"知道"的标准，故此时案涉借款合同自然不能约束天诚公司与乾元小贷公司。

> ▶▶**第九百二十六条**　受托人以自己的名义与第三人订立合同时，第三人不知道受托人与委托人之间的代理关系的，受托人因第三人的原因对委托人不履行义务，受托人应当向委托人披露第三人，委托人因此可以行使受托人对第三人的权利。但是，第三人与受托人订立合同时如果知道该委托人就不会订立合同的除外。
>
> 　　受托人因委托人的原因对第三人不履行义务，受托人应当向第三人披露委托人，第三人因此可以选择受托人或者委托人作为相对人主张其权利，但是第三人不得变更选定的相对人。
>
> 　　委托人行使受托人对第三人的权利的，第三人可以向委托人主张其对受托人的抗辩。第三人选定委托人作为其相对人的，委托人可以向第三人主张其对受托人的抗辩以及受托人对第三人的抗辩。

🏛 条文要义

本条是对间接代理第三人订约时不知道委托关系的规定。

在间接代理中，在受托人以自己的名义与第三人订立合同时，第三人不知道受托人与委托人之间的代理关系的，受托人由于第三人的原因，对委托人不履行义务，受托人应当向委托人披露第三人。委托人因此可以行使受托人对第三人的权利，但是第三人与受托人订立合同时如果知道该委托人就不会订立合同的，则不得披露。

具体规则是：（1）委托人的介入权：是指当受托人因第三人的原因对委托人不履行合同义务时，委托人介入受托人与第三人之间的合同关系，直接向第三人主张合同权利。其前提条件是：1）受托人因第三人的原因对委托人不履行义务；2）受托人已经向委托人披露了第三人；3）第三人在与受托人订立合同时，不存在如果知道该委托人就不会订立合同的情形。委托人的介入权是形成权，完全可以基于自身的利益和意志而决定是否行使该项权利，不需要征得受托人或者第三人的同意。委托人如果愿意行使该权利，则将取代受托人的地位，而受托人以自己的名义从事的法律行为将直接对委托人发生效力，也就是发生了直接代理的后果。（2）第三人的选择权：在上述关系中，受托人已经向他方披露了委托人或者第三人，第三人主张权利可以进行选择，既可以选择向受托人主张权利，也可以选择向委托人主张权利。第三人对受托人或者委托人的选择权一经行使，就确定了所选择的相对人，选择之后不得变更。其要件是：1）第三人在从事民事法律行为时，不知道受托人与委托人之间的代理关系；2）受托人因委托人的原因对第三人不履行合同义务；3）受托人已经向第三人披露了委托人；4）第三人作出了选择。这种选择权也是形成权，其行使与否，决定于第三人自己的意愿，无须他人同意。选择了相对人后，选择委托人作为相对人的，构成直接代理的后果；选择受托人作为相对人的，仍然执行原来的合同关系。（3）第三人和委托人的抗辩权：1）委托人行使受托人对第三人的权利的，第三人可以向委托人主张其对受托人的抗辩。2）第三人选定委托人作为其相对人的，委托人可以向第三人主张其对受托人的抗辩以及受托人对第三人的抗辩。其基本规则是，只要委托人行使了介入权，第三人行使了选择权，相对方原来对另一方当事人的抗辩权都可以行使，由行使权利的对方当事人享有该抗辩权。具体的情况是：1）委托人行使介入权，并根据介入权向第三人主张权利时，第三人可以向委托人主张抗辩，对抗委托人的请求权。2）第三人选择委托人为相对人的，委托人可以向第三人主张其对受托人的抗辩，以及受托人对第三人的抗辩。

案例评析

何某某、李某某买卖合同纠纷案[①]

案情： 原告李某某自 2012 年 3 月 1 日至 2012 年 6 月 30 日，向被告何某某在哈力开设的鲜奶收购站出售鲜奶，何某某累计拖欠四个月鲜奶款若干元，何某某为李某某出具三张凭条（载有牛奶斤数和价款）。该款经多次索要未果，故李某某诉至法

---

① 审理法院：黑龙江省高级人民法院，案号：（2019）黑民再 125 号。

院要求何某某给付鲜奶款并承担诉讼费。何某某称该鲜奶是为朱某某代收，不应由自己支付鲜奶款。经查，何某某确实受雇于朱某某，朱某某系奶站经营者。法院认为，在认证逻辑上，即使何某某确曾受雇于朱某某，也并不能得出即应由朱某某承担还款责任的结论；在事实评判上，依法也不能认定李某某与朱某某建立了合同关系；在法律适用上，相对人既可以向作为受托人的雇员主张权利，也可以向作为委托人的雇主主张权利，故判决何某某须支付鲜奶款。

评析： 民法典第 926 条延续了《合同法》第 403 条，对间接代理第三人订约时不知道委托关系的情形作出了规定。本案典型地展示了在间接代理中第三人的选择权。依据该法第 926 条规定，受托人何某某已经披露了朱某某为自己的雇主，此时李某某可以选择进行主张，既可以选择对受托人主张权利，也可以选择对委托人主张权利。李某某明确表示以何某某为被告，即表明其行使了选择权，选择向何某某主张权利。这种选择权也是形成权，其行使与否，决定于自己的意愿，无须他人同意。行使选择权，选择委托人作为相对人的，构成直接代理的后果；选择受托人作为相对人的，仍然执行原来的合同关系。

> ▶▶ **第九百二十七条** 受托人处理委托事务取得的财产，应当转交给委托人。

🏛 条文要义

本条是对受托人办理事务所得利益交给委托人的规定。

受托人因处理委托事务所取得的财产，应当转交给委托人。这些财产包括金钱、物品及其孳息、权利等，不论是以委托人名义取得的，还是以受托人自己名义取得的，也不管是由次委托人取得的，还是由受托人自己在处理事务时直接取得的，受托人均应将其交还给委托人。委托人可以请求受托人交付财产的各项权利，也可以让与他人。

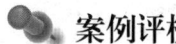 ## 案例评析

潘某某与钟某某、袁某某委托合同纠纷案[①]

案情： 天赫公司与杰玛公司约定天赫公司向杰玛公司购买非转基因大豆，并约定单价、数量和总金额。原告潘某某与被告钟某某协商合作进口俄罗斯大豆事宜，并就双方权利义务作出了口头约定。经钟某某介绍，潘某某、钟某某与天赫公司取得联系，并指定天赫公司为进口大豆的合作公司。为掌握双方资金往来情况，潘某某、钟某某经协商决定由袁某某在中国农业银行开立账户，该账户由钟某某掌控。

---

① 审理法院：黑龙江省高级人民法院，案号：（2017）黑民终 178 号。

潘某某向法院起诉请求：钟某某返还货款1 016 550元，并承担本案诉讼费用。法院认为，潘某某向钟某某汇款系其预付的从事委托事项的费用，钟某某作为受托人负有说明、报告将上述费用作何用途的义务。对于钟某某无法证明具体用途且潘某某不予认可的费用，钟某某应当予以返还。

评析：民法典第927条延续了《合同法》第404条，对受托人办理事务所得利益交给委托人作出了规定。本案中，潘某某向钟某某汇款若干，其实质是预付委托事项的费用。作为受托人的钟某某，其不仅负有对上述费用支出的说明义务，同时亦负有将处理委托事务取得财产转交给委托人的义务。钟某某将上述汇款用于合理处理委托事务后，还应当将取得的资金、孽息或物品以及剩余费用均转交给潘某某。故法院判决受托人钟某某返还相应款项给委托人潘某某。

> **▶▶第九百二十八条** 受托人完成委托事务的，委托人应当按照约定向其支付报酬。
>
> 因不可归责于受托人的事由，委托合同解除或者委托事务不能完成的，委托人应当向受托人支付相应的报酬。当事人另有约定的，按照其约定。

🏛 条文要义

本条是对有偿委托合同应当支付报酬的规定。

有偿的委托合同，委托人应负支付报酬的义务，如委托律师进行诉讼或提供其他法律服务等。报酬的标的和数额由双方当事人自行约定，无约定的从习惯。对于报酬额的确定，除有强制的报酬率或价目表外，不受限制。支付报酬的日期，各国民法大多采后付主义，即除当事人另有约定事先付报酬的外，非于委托关系终止及受托人明确报告后，受托人不得请求给付。因可归责于受托人的事由而致委托合同解除或委托事务不能完成的，受托人无报酬请求权；因不可归责于受托人的事由而致合同解除或者委托事务不能完成的，委托人应当支付相应的报酬。不可归责于受托人的事由是：（1）委托人的原因，例如委托人不提供委托事务费用等；（2）客观原因，如不可抗力、受托人死亡或者破产等。

🎯 案例评析

北京中企众信会计师事务所有限公司与北京中盛鑫房地产开发有限公司服务合同纠纷案①

案情：原告中企众信公司与被告中盛鑫公司原破产管理人签署了一份《业务约

---

① 审理法院：北京市高级人民法院，案号：（2016）京民终278号。

定书》，约定中企众信公司接受委托，对中盛鑫公司破产清算及清算期财务收支进行审计。后中企众信公司出具审核报告并主张其已经完成工作。中盛鑫公司认为中企众信公司未能作出适当结论，说明其没有尽到相应的勤勉义务。中企众信公司向法院起诉，请求判令中盛鑫公司支付审计费用以及违约金。法院认为，本案双方系委托合同法律关系，依据《业务约定书》的约定，中企众信公司作为受托人对委托人中盛鑫公司破产清算及清算期财务收支进行审计。中企众信公司在客观上确未完成《业务约定书》约定的委托事务，因此中企众信公司仅能获得与其劳务付出相应的费用，其要求中盛鑫公司全额支付费用的主张，缺乏事实和法律依据，不予支持。

评析：民法典第 928 条延续了《合同法》第 405 条，对有偿委托合同应当支付报酬作出了规定。该规定表明，在有偿委托合同中，委托人负有应当支付报酬的义务。但本案中，中企众信公司确实未能按照约定出具完全的审核意见，故无法获得全部的费用，但是其有权获得与其自身劳务付出相对应的费用，这也符合民法所蕴含的公平原则。

▶▶**第九百二十九条** 有偿的委托合同，因受托人的过错造成委托人损失的，委托人可以请求赔偿损失。无偿的委托合同，因受托人的故意或者重大过失造成委托人损失的，委托人可以请求赔偿损失。

受托人超越权限造成委托人损失的，应当赔偿损失。

🏛 条文要义

本条是对受托人承担赔偿责任的规定。

在委托合同中，受托人对委托人承担赔偿责任的规则是：（1）有偿的委托合同，因受托人的过错（包括故意、重大过失、一般过失）给委托人造成损失的，委托人可以要求赔偿损失，受托人应当承担赔偿责任。（2）无偿的委托合同，因受托人的故意或者重大过失（不包括一般过失）给委托人造成损失的，委托人可以要求赔偿损失，受托人应当承担赔偿责任。（3）受托人超越权限给委托人造成损失的，应当对委托人承担赔偿损失的责任，这与民法典第 171 条第 3 款规定的超越代理权承担的赔偿责任相一致。

📚 案例评析

王某 1、王某 2 与郭某某民间委托理财合同纠纷案①

案情：王某 1 向原告郭某某出具投资理财借据一份，后被告王某 1、王某 2 两次

---

① 审理法院：河南省高级人民法院，案号：（2018）豫民终 696 号。

共计偿还郭某某借款本金 11 万元。郭某某多次向王某 1、王某 2 催要以上借款及利息，王某 1、王某 2 至今未还款。现郭某某诉至法院，要求王某 1、王某 2 偿还本金及利息。法院将本案案由确定为民间委托理财合同纠纷。双方在履行过程中，虽然对款项投资目的没有书面约定，但双方口头约定由郭某某将款项交与王某 1 投入银行进行短期拆借，以达到赚取较高利息的目的。但至 2011 年 10 月 9 日，涉及本案本金 1 079 万元，王某 1 以王某 1、王某 2 二人的名义将款项投入圣沃公司并且未明确告知郭某某，并最终造成严重损失。对此，王某 1 具有主观过错，应当承担赔偿责任。郭某某作为委托人，应当明知投资理财具有一定风险，对其本息灭失的损失也应当自行承担相应的责任。故法院酌情分配责任。

评析：民法典第 929 条延续了《合同法》第 406 条，对受托人承担赔偿责任作出了规定。本案表征的是有偿的委托合同中，因受托人的过错给委托人造成损失的，委托人可以要求赔偿损失的情形，这符合该条的规定。王某 1 在未告知郭某某的情况下，将其款项投入圣沃公司，这无疑加大了郭某某的委托投资款项的投资风险，且王某 1 具有主观过错，并最终造成了委托人郭某某的财产损失。所以，郭某某享有对王某 1 要求赔偿损失的权利。

> ▶▶ **第九百三十条** 受托人处理委托事务时，因不可归责于自己的事由受到损失的，可以向委托人请求赔偿损失。

🏛 条文要义

本条是对受托人受到损失请求委托人赔偿的规定。

受托人处理委托事务时，因不可归责于自己的事由受到损失的，可以向委托人要求赔偿损失。理由是，受托人依据委托人的委托为委托人处理委托事务，而非为其他原因。按照权利义务相一致的原则，既然受托人为委托人执行委托事务，只要不是因为受托人自己的故意、过失或者其他可归责于自己的原因受到损失的，委托人应当对受托人的损失承担赔偿责任。

📍 案例评析

徐某某、阚某某委托合同纠纷案[①]

案情：阚某某与徐某某达成口头协议，将其与张某某（阚某某之妻）、阚某（阚某某之女）共有的房屋及附属屋十余间和部分经营土地交由徐某某进行房地产开发。阚某某向徐某某出具委托书，内容为全权委托徐某某办理相关行政规划手续等，徐

---

① 审理法院：湖北省荆门市中级人民法院，案号：（2018）鄂 08 民终 720 号。

某某持该委托书经协商后领取了补偿款。双方就此产生争议。法院认为，徐某某应当将领取的补偿款交由阙某某；此外，因徐某某在处理委托事务时存在损失，如果是不可归责于自己的事由，是可以向阙某某主张赔偿的。故，上述徐某某因处理委托事务取得的财产与徐某某因处理委托事务所产生的损失均属于委托合同所产生，可以相互抵销。

评析： 民法典第930条延续了《合同法》第407条，对受托人受到损失请求委托人赔偿作出了规定。根据该规定，委托人应对自己的委托负责，如因其指示不当或其他过错致使受托人蒙受损失的，委托人应予以赔偿。即使委托人自己没有过错，若受托人因不可归责于自己的事由受到损失时，受托人也得请求委托人赔偿其所受损失。本案中，屋被拆是因市、区违法建设等政策原因而非受托人徐某某的过错，故其可以向委托人阙某某要求赔偿相应的损失。

> ▶▶ **第九百三十一条** 委托人经受托人同意，可以在受托人之外委托第三人处理委托事务。因此造成受托人损失的，受托人可以向委托人请求赔偿损失。

🏛 条文要义

本条是对委托人委托第三人处理部分委托事务的规定。

在委托合同存续期间，受托人依照委托人的委托办理委托事项，委托人不得将已经委托事项再委托他人。如果委托人有必要将部分委托事务委托第三人处理的，须经受托人同意。委托人另行委托第三人处理委托事务，给受托人造成损失的，例如报酬减少等，受托人可以向委托人要求赔偿损失，委托人应当承担赔偿责任。

🍃 案例评析

山东鼎杰律师事务所与邓某某诉讼、仲裁、人民调解代理
合同纠纷案①

案情： 被告邓某某与原告鼎杰律所签订民事委托代理合同一份，约定指定律师李某及律师程某某代理邓某某诉陈某某等民间借贷纠纷一案的诉讼。邓某某向律师李某出具授权委托书，委托权限为特别授权。二审开庭时邓某某提交了代理人变更通知，委托国曜律所律师郭某某和民颂律所律师刘某某作为代理人，鼎杰律所律师李某不再代理本案。双方为此产生争执。法院认为，邓某某与鼎杰律所签订的涉案民事委托代理合同，合法有效。合同未对邓某某另行增加其他律师参与该案件作出禁止性规定，且鼎杰律所的合同目的并未因邓某某增加或更换其他代理人而不能实

现。故，鼎杰律所主张邓某某单方终止合同构成违约并要求其支付违约损失的证据不足。

评析：民法典第 931 条延续了《合同法》第 408 条，对委托人委托第三人处理部分委托事务作出了规定。该规定赋予了委托人经受托人同意，可以在受托人之外委托第三人处理委托事务的权利；但是，也对此进行了一定的限制，即若因新的委托行为给原受托人造成损失的，则原受托人有权要求委托人赔偿相应的损失。本案中，邓某某与鼎杰律师事务所形成委托关系，且邓某某在鼎杰律师事务所知晓并帮助联系的情况下，与新律师事务所形成另一委托关系，这是邓某某依法行使自己权利的体现，应当受到法律保护。此外，本案中，由于新律师事务所的介入由鼎杰律师事务所推荐，且邓某某明确表示会按照原委托合同支付鼎杰律师事务所的费用，不会给鼎杰律师事务所造成损失，故鼎杰律师事务所要求赔偿的诉请无法得到支持。

> ▶▶ **第九百三十二条**　两个以上的受托人共同处理委托事务的，对委托人承担连带责任。

🏛 条文要义

本条是对共同委托及责任的规定。

共同委托是相对于单独委托而言的。单独委托是指受托人为一人的委托。共同委托是指受托人为两人以上的委托。可见，单独委托和共同委托是依受托人的数量所作的划分。委托人为二人以上，受托人是一人的，不是共同委托，而是单独委托。

共同委托的数个受托人，应当共同处理委托人的委托事务。共同委托中的一个或者数个受托人违反了受托人的义务，给委托人造成损失的，委托人可以向所有受托人或其中任何一个委托人要求赔偿，受托人相互之间负连带责任。

🔘 案例评析

程某某与曾某某、李某委托合同纠纷案①

案情：原告程某某希望被告曾某某能帮其办理采砂证。曾某某于是联系被告李某并答应了原告的要求。后原告与案外人李某某共计向被告曾某某支付 200 万元用于办理此事。双方口头约定，若能够办理成功，就尽量办理；若不能办理，相关费用由被告李某承担，以上 200 万元退还给原告。后采砂证未能办理。法院认为，本案应按委托合同关系审理。双方达成的口头协议，符合委托合同关系的特征，是双方当事人的真实意思表示，该口头协议合法有效。后办证未果，被告李某向原告出

---

① 审理法院：湖北省武汉市洪山区人民法院，案号：（2016）鄂 0111 民初 1011 号。

具借条，表示愿还清尚未退还的费用。此应视作双方解除了此前达成的口头委托合同。根据双方口头协议，被告应退还相关费用。被告曾某某在李某出具的借条上作为担保人，且被告曾某某作为受托人之一，根据《中华人民共和国合同法》第409条的规定，应对该笔债务承担连带责任。

评析：民法典第932条延续了《合同法》第409条，对共同委托及责任作出了规定。根据该规定，两个以上的受托人共同处理委托事务的，对委托人承担连带责任。本案委托关系中的委托人为程某某，受托人为曾某某和李某，即符合法条规定的"两个以上的受托人共同处理委托事务的"之情形，即曾某某与李某帮助程某某办理采砂证。曾某某与李某某作为两个受托人，二人对于委托事项所产生的债务应当互相承担连带责任。

> ▶▶ **第九百三十三条**　委托人或者受托人可以随时解除委托合同。因解除合同造成对方损失的，除不可归责于该当事人的事由外，无偿委托合同的解除方应当赔偿因解除时间不当造成的直接损失，有偿委托合同的解除方应当赔偿对方的直接损失和合同履行后可以获得的利益。

🏛 条文要义

本条是对委托合同当事人任意解除权的规定。

在委托合同中，合同的当事人双方均享有任意解除权，可任意解除合同。这是因为，委托基于信任关系而产生主观任意性。如果当事人在信念上对对方的信任有所动摇时，就应不问有无确凿的理由，均允许其随时终止合同。

因解除合同给对方造成损失的，属于不可归责于该当事人的事由的，该当事人不承担赔偿责任。

除此之外，承担赔偿责任的规则如下：（1）无偿委托合同的解除方应当赔偿因解除时间不当给对方造成的直接损失。由于是无偿委托合同，因而只对解除时间不当造成的损失承担责任，其他原因均不为赔偿责任的根据。（2）有偿委托合同的解除方应当赔偿对方的直接损失和合同履行后可以获得的利益的损失，包括直接损失和间接损失。理由是，既然是有偿委托，就应当承担行使任意解除权所造成的后果。

上述这两种不同的赔偿责任，主要区别是：第一，无偿委托合同行使任意解除权，只对解除时间不当造成的损害负责赔偿；而有偿委托合同的委托人行使任意解除权，应当对所造成的损害负责赔偿，并非只限于解除合同时间不当这种情况。第二，无偿委托合同的赔偿，只赔偿直接损失；而有偿委托合同的赔偿，须赔偿直接损失和间接损失。

案例评析

胡某、武汉市大成婚姻介绍所服务合同纠纷案①

案情：原告胡某与被告大成婚介所签订《婚介服务协议书》及《女士猎头卡基本信息表》。胡某通过其银行卡转账方式向大成婚介所投资人胡某某银行卡转账支付服务费若干。后大成婚介所向胡某介绍了一位男性会员詹某某见面履行婚介服务，此后多次打胡某的联系电话向其介绍其他男性会员约定见面事宜，但胡某不予理睬。现胡某发出一份《撤销要约通知书》，要求撤销上述婚介服务协议书中本人发出的约定并退还款额。法院认为，鉴于本案双方订立的合同系服务性质，接受服务方有权随时停止接受服务，故胡某在本案诉讼中要求解除《婚介服务协议书》于法有据，但胡某应为解除合同赔偿大成婚介所相应的损失。同时，考虑到大成婚介所已为胡某提供了部分约定婚介服务，胡某要求大成婚介所退还全部费用于法无据。

评析：民法典第933条规定，委托人或者受托人可以随时解除委托合同。与《合同法》第410条规定相比，本条增加了无偿委托合同和有偿委托合同任意解除的不同赔偿范围。因解除合同给对方造成损失的，有偿委托合同的解除方应当赔偿对方的直接损失和合同履行后可以获得的利益。本案中，委托人胡某与受托人大成婚介所建立委托合同关系，大成婚介所确已提供一定婚介服务，胡某理应支付相应报酬。现胡某单方要求解除双方的《婚介服务协议书》，必然给合同对方造成一定的损失，且该解除事由并非属于不可归责于当事人，故胡某应当赔偿损失。根据现行规定，案涉合同为有偿合同，如果胡某行使任意撤销权，则大成婚介所可以主张的赔偿包括直接损失和和合同履行后可以获得的利益。

▶▶ **第九百三十四条**　委托人死亡、终止或者受托人死亡、丧失民事行为能力、终止的，委托合同终止；但是，当事人另有约定或者根据委托事务的性质不宜终止的除外。

🏛 条文要义

本条是对委托合同终止原因的规定。

在委托法律关系存续期间，委托关系终止的事由是：（1）委托人或者受托人一方死亡；（2）委托人或者受托人一方终止；（3）受托人一方丧失民事行为能力。

除外的情形是：（1）双方当事人另有约定，例如委托律师诉讼的委托合同约定不因委托人死亡而停止代理诉讼。（2）根据委托事务的性质不宜终止。

---

① 审理法院：湖北省武汉市中级人民法院，案号：（2018）鄂01民终6093号。

　　与《合同法》第 411 条规定相比，本条新规则的要点如下：（1）删除了委托人丧失民事行为能力为委托合同的当然终止事由。受托人丧失民事行为能力，会直接导致其不能处理委托事务；委托人丧失民事行为能力，不影响受托人处理委托事务。基于此种考虑，本条规定删除了《合同法》第 411 条规定的委托人丧失民事行为能力时委托合同当然终止的情形。（2）将委托人或者受托人终止规定为委托合同终止的事由，改变的是《合同法》第 411 条规定的"破产"。破产，是法人或者非法人组织消灭的一种事由，但不是全部事由。而法人和非法人组织因其他事由而终止，同样也导致委托合同终止。故《合同法》的规定过于狭窄，改成"终止"显然更为准确。

　　这两个方面修改之后，就与本法第 173 条第 3 - 5 项的规定相一致。在本条之下，第 935、936 条也作了这样的修改。

 ## 案例评析

季某与北京大学返还原物纠纷案①

　　案情： 2008 年 12 月 6 日，季某某在书嘱中表明："全权委托我的儿子季某全权处理有关我的一切事务"。2009 年 7 月 11 日季某某逝世。关于季某某去世后季某是否仍有权按照书嘱处理季某某的事务，人民法院经审理认为，委托人或者受托人死亡、丧失民事行为能力或者破产的，委托合同终止，但当事人另有约定或者根据委托事务的性质不宜终止的除外。即在当事人另有约定或者委托事务依其性质不宜终止的情况下，原委托合同并不终止。本案中，季某某作为文化巨人，逝世后必然有很多生前以其名义开展的具体事务需要做后续处理，本案所涉捐赠事宜的后续处理就属于这种情况。因此，季某在季某某去世后仍有权处理季某某的委托事务。

　　评析： 民法典第 934 条对委托合同的终止原因作出了规定。在委托法律关系存续期间，委托关系终止的事由是：第一，委托人或受托人一方死亡；第二，受托人一方丧失民事行为能力；第三，法人或非法人组织终止。除外的情形是：第一，双方当事人另有约定；第二，根据委托事务的性质不宜终止。北京大学在本案中主张，季某某作为委托人已于 2009 年 7 月 11 日逝世，其 2008 年 12 月 6 日的书嘱也应终止，因而季某并非提起返还原物之诉的权利人。但是，依据民法典第 934 条的规定，在委托人死亡的情况下，根据委托事务的性质不宜终止委托合同的，原委托合同并不终止。季某某作为文化巨人，逝世后必然有很多生前以其名义开展的具体事务需要做后续处理，本案所涉捐赠事宜的后续处理就属于这种情况。因此，在季某某去世后，季某仍然享有继续处理季某某委托事务的权利。

---

　　① 审理法院：北京市第一中级人民法院，案号：（2013）一中民初字第 5602 号。

> ▶▶ 第九百三十五条　因委托人死亡或者被宣告破产、解散，致使委托合同终止将损害委托人利益的，在委托人的继承人、遗产管理人或者清算人承受委托事务之前，受托人应当继续处理委托事务。

🏛 条文要义

本条是对委托合同终止后受托人继续处理委托事务的规定。因委托人死亡或者被宣告破产、清算，依据民法典第 934 条的规定，委托合同当然终止。但是，如果出现致使委托合同终止将损害委托人利益的情形，委托人负有继续处理委托事务的义务，即在委托人的继承人、遗产管理人或者清算人承受委托事务之前，受托人应当继续处理委托事务，不能停止委托事务的处理。继续处理委托事务义务的期间，是自委托人死亡或者被宣告破产、清算之时起，至委托人的继承人、遗产管理人或者清算组织承受委托事务时止。超过这个期间的，受托人不再承担继续处理委托事务的义务。

与《合同法》第 412 条规定相比，本条新规则的要点如下：（1）删除了委托人丧失民事行为能力的情形。《合同法》第 414 条规定了委托人丧失民事行为能力时，委托合同当然终止。民法典第 934 条修改了这一规则，不再将委托人丧失民事行为能力作为委托合同当然终止的事由。与此相对应，本条规定也删除了此种情形。据此，当委托人丧失民事行为能力时，受托人继续处理委托事务属于履行合同主要义务，而非履行后合同义务。委托人死亡时则相反，此时委托合同当然终止，受托人继续处理委托事务属于履行后合同义务。（2）增加了清算的情形。清算期间，法人需要对其财产进行清理，对债权债务关系进行了结。如果在清算组织承受委托事务之前，受托人不再处理委托事务，则会使委托人的利益遭受严重的损害。因而，本条规定新增了清算时受托人继续处理委托合同事务的义务。

此外，民法典继承编增加了遗产管理人一章后，本条规定与民法典第 936 条保持一致，新增了委托人的遗产管理人为委托事务承受主体。

🏵 案例评析

金英某、金银某与金某委托合同纠纷案[①]

案情：金某元与被告金某达成口头委托协议，约定金某替金某元向图们市恒丰建筑安装有限公司和刘某财追讨拖欠的采砂场转让款 100 万元，追讨成功后，金某元应向金某支付 40 万元。后金某元去世。关于金某是否应当继续处理金某元的委托事务，人民法院经审理认为，因委托人死亡、丧失民事行为能力或者破产，致使委

[①]　审理法院：吉林省图们市人民法院，案号：（2018）吉 2402 民初 727 号。

托合同终止将损害委托人利益的，在委托人的继承人、法定代理人或者清算组织承受委托事务之前，受托人应当继续处理委托事务。本案中，被告金某在办理委托事务时，经与金某元协调后已将该笔债权转移至被告金某名下，如此时委托合同终止，将因债权已被转让损害到委托人利益。二原告作为金某元的继承人，在金某元去世之前已经知道金某元与被告金某之间的口头协议内容，但其二人在金某元去世后，并未要求被告金某停止办理委托事务，亦未表示由其二人承受委托事务。由此，被告金某在金某元去世后继续处理委托事务的行为有效。

评析：民法典第935条规定了受托人继续处理委托事务的义务。相比《合同法》第412条的规定，本条与本法继承编的规定相衔接，增加规定了"遗产管理人"。因为在委托人死亡后，可能先由遗产管理人暂时承受被继承人的权利义务。遗产管理人的职责包括清理遗产、处理被继承人的债权债务等与管理遗产有关的行为。因委托人死亡、或者终止，委托合同当然终止。但是，如果出现致使委托合同终止将损害委托人利益的情况时，委托人负有继续处理委托事务的义务，即在委托人的继承人、遗产管理人或者清算人承受委托事务前，受托人应当继续处理委托事务，不能停止委托事务的处理。本案中，在金某元去世时，金某已经开始实施委托事务，如果金某停止实施委托事务，会损害委托人的利益。由此，被告金某在金某元去世后继续处理委托事务的行为有效。

> ▶▶ **第九百三十六条** 因受托人死亡、丧失民事行为能力或者被宣告破产、解散，致使委托合同终止的，受托人的继承人、遗产管理人、法定代理人或者清算人应当及时通知委托人。因委托合同终止将损害委托人利益的，在委托人作出善后处理之前，受托人的继承人、遗产管理人、法定代理人或者清算人应当采取必要措施。

🏛 条文要义

本条是对受托人的继承人、遗产管理人、法定代理人或者清算人采取必要措施的规定。

在委托合同关系存续期间，因受托人死亡、丧失民事行为能力或者被宣告破产、解散，致使委托合同终止的，受托人的继承人、遗产管理人、法定代理人或者清算人应当负担的义务如下：（1）及时通知义务。将委托人死亡、丧失民事行为能力或者被宣告破产、解散的情形，及时通知委托人，便于委托人尽快选择新的受托人，作出善后处理。（2）采取必要措施义务。如果因委托合同终止将损害委托人利益的，在委托人作出善后处理之前，受托人的继承人、遗产管理人、法定代理人或者清算人应当依照诚实信用原则，采取必要措施。必要措施包括消极的保存行为和积极的对委托事务的处理，例如保存好与委托事务有关的单证和资料、保管好委托事务的财产，以便交付给委托人。采取措施的期间是，自受托人死亡、丧失民事行为能力或者被宣告破产、解散之时起，至委托人作出善后处理之前。

本条新规则的要点是，遗产管理人在受托人死亡时，对委托人负有及时通知的义务，以便处理委托人和受托人之间的债权债务关系。

案例评析

刘某某与丁某某、闫某物权保护纠纷案①

案情： 2013年12月25日，闫某江为原告刘某某出具收到条一份，载明："今收到刘某某院长作品5幅共计27.5平尺，按每平尺2万元销售……"闫某江与被告丁某某系夫妻关系，与被告闫某系父子关系。后闫某江去世。原告刘某某的作品因无人照管而灭失。关于被告丁某某、闫某是否应当承担损害赔偿责任，人民法院经审理认为，因受托人死亡致使委托合同终止的，受托人的继承人应当及时通知委托人。因委托合同终止将损害委托人利益的，在委托人作出善后处理之前，受托人的继承人应当采取必要措施。本案中，闫某江作为受托人死亡，委托合同终止，丁某某、闫某作为闫某江的继承人应当及时通知原告并采取必要措施防止其利益受损，但丁某某、闫某未及时通知原告，亦未采取必要措施，因而应对作品的灭失承担损害赔偿责任。

评析： 依据民法典第936条的规定，在委托合同关系存续期间，因受托人死亡、丧失民事行为能力或者终止，致使委托合同终止的，受托人的继承人、遗产管理人、法定代理人或者清算人应当负担的义务是：第一，及时通知义务：将受托人死亡、丧失民事行为能力或者终止的情形，及时通知委托人，便于委托人尽快选择新的受托人，作出善后处理。与《合同法》第413条规定相比，及时通知义务的义务人中增加了遗产管理人。第二，采取必要措施义务：如果因委托合同终止将损害委托人的利益，在委托人作出善后处理之前，受托人的继承人、法定代理人或清算组织应当依照诚实信用原则，采取必要措施，必要措施包括消极的保存行为和积极的对委托事务的处理。采取措施的期间是，自受托人死亡、丧失民事行为能力或者终止之时起，至委托人作出善后处理之前。需要注意的是，本条规定的"采取必要措施"与本法第935条规定的"继续处理委托事务"不同，即只是采取必要措施以维护委托人的利益，减少委托人因委托合同终止产生的损失，而实际上委托已经终止，受托人的继承人等没有义务继续处理委托事务。本案中，闫某江作为受托人死亡，委托合同终止，丁某某、闫某作为闫某江的继承人应当及时通知原告并采取必要措施防止其利益受损。但丁某某、闫某并未履行"采取必要措施"的义务，致使原告5幅绘画作品下落不明，应当对此承担损害赔偿责任。

---

① 审理法院：山东省青州市人民法院，案号：（2018）鲁0781民初3171号。

第二十四章　物业服务合同

> ▶▶ **第九百三十七条**　物业服务合同是物业服务人在物业服务区域内，为业主提供建筑物及其附属设施的维修养护、环境卫生和相关秩序的管理维护等物业服务，业主支付物业费的合同。
>
> 物业服务人包括物业服务企业和其他管理人。

🏛 条文要义

本条是对物业服务合同和物业服务人概念的规定。

物业服务合同，是物业服务人在物业服务区域内，为业主持续提供建筑物及其附属设施的维修养护、环境卫生和相关秩序的维护等物业服务，业主支付报酬的合同。其法律特征是：第一，物业服务合同的主体是享有建筑物区分所有权的业主和物业服务人，互为权利义务主体。第二，合同的内容是物业服务，即在物业服务区域内，为业主持续提供建筑物及其附属设施的维修养护、环境卫生和相关秩序的维护等物业方面的服务。第三，物业服务合同是双务、有偿合同，业主负有支付物业费等报酬的义务。

物业服务人是通过物业服务合同承担区分所有建筑物管理服务的民事主体，既包括具有专业资质和法人资格的物业服务企业，也包括其他物业管理人，例如单个的具有专业物业管理技能的自然人或者非法人组织。

📌 案例评析

唐山建明物业服务有限公司与田某某物业服务合同纠纷案[①]

案情： 2012 年 9 月 5 日，唐山市南港新城业主委员会与建明物业签订《南港新城业主委员会委托物业公司合同》。被告田某某系南港新城小区×××—×—×××号房屋业主，自 2016 年 9 月 1 日至 2017 年 8 月 31 日，未向原告如期缴纳物业管理费用共计 1 125 元。人民法院经审理认为，物业服务合同是物业服务企业与业主之间签订的，约定由物业服务企业提供对房屋及配套设施、相关场所进行维修、维护、

[①]　审理法院：河北省唐山市曹妃甸区人民法院，案号：(2018) 冀 0209 民初 3675 号。

管理以及对相关区域的环境卫生进行清洁，维护区域内公共秩序，并由业主支付报酬的服务合同。本案中，原告建明物业与案涉小区业主委员会签订的《南港新城业主委员会委托物业公司合同》对案涉小区全体业主产生法律约束力。被告田某某应如约按期、足额缴纳物业费用，逾期、拒绝缴纳，构成违约，应当承担相应的违约责任。

评析： 传统合同法理论中并没有物业服务合同这种合同类型，《合同法》也没有对该合同作出规定。虽然《合同法》未规定物业服务合同，但有的观点认为，《物权法》《物业管理条例》《物业服务纠纷司法解释》等有关法律、行政法规、司法解释都规定了物业服务合同，因而它已经是特别法所规定的有名合同。也有观点认为，物业服务合同属于委托合同、劳务合同或者是混合合同，并非独立的有名合同。民法典合同编针对现实生活中大量存在的物业服务合同纠纷，在总结有关法律、行政法规和司法解释的基础上，结合相关学说理论，将物业服务合同列为有名合同之一作出了规定。本案中，人民法院出于审判工作的需要，在裁判文书上对物业服务合同作出了定义，与民法典合同编对物业服务合同的界定基本相符。被告田某某应如约按期、足额缴纳物业费用，逾期、拒绝缴纳，构成违约，应当承担相应的违约责任。

> ▶▶ **第九百三十八条** 物业服务合同的内容一般包括服务事项、服务质量、服务费用的标准和收取办法、维修资金的使用、服务用房的管理和使用、服务期限、服务交接等条款。
>
> 物业服务人公开作出的有利于业主的服务承诺，为物业服务合同的组成部分。
>
> 物业服务合同应当采用书面形式。

🏛 条文要义

本条是对物业服务合同内容和形式的规定。

物业服务合同的内容包括：（1）服务事项。是双方约定的物业服务的具体事项，包括区分所有建筑物的维护、管理、修缮等内容。（2）服务质量。是物业服务事项应当达到的质量标准和要求。（3）服务费用的标准和收取办法。约定按照什么样的标准收费，如每平方米应当收取多少钱，月交、季交还是年交等。（4）维修资金的使用。约定在何种项目、何种情况下使用维修基金。（5）服务用房的管理和使用。对属于业主共有的服务用房，物业公司如何进行管理、如何使用等。（6）服务期限。约定物业服务合同的起止时间。（7）服务交接。约定在终止服务合同时如何移交管理业务。（8）其他条款，例如违约条款、纠纷解决办法等合同应有的条款。

对物业服务合同内容的特别规定是：物业服务人无论是在宣传、广告以及以其他形式所作的承诺，究竟是否具有拘束力，应当区分具体内容。对于物业服务人通过这些形式公开作出的有利于业主的服务承诺，属于物业服务合同的组成部分，对物业服务人具有合同拘束力；对于那些不利于业主的承诺，以及其他不利于业主的服务承诺的内容，不具有合同的拘束力，不是物业服务合同的内容。

物业服务合同是要式合同，应当采用书面形式，目的是将双方当事人的权利义务关系用书面合同固定下来，避免发生争议。

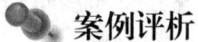 **案例评析**

通化市中盛物业服务有限公司与杨某某物业服务
合同纠纷案①

案情： 2013 年 9 月 25 日，被告杨某某购买了吉林中盛置业有限责任公司开发的住宅，同年入住。2013 年 9 月、2015 年 9 月吉林中盛置业有限责任公司与原告中盛物业签订了《前期物业服务合同》，由中盛物业为该小区进行物业服务。杨某某 2015 年度、2016 年 1—3 月的物业费用 2 139.05 元未缴纳，中盛物业向杨某某主张物业费用 2 139 元。人民法院经审理认为，物业服务合同应当对物业管理事项、服务质量、服务费用、双方的权利义务、专项维修资金的管理与使用、物业管理用房、合同期限、违约责任等内容进行约定。本案中，《前期物业合同》对服务费用和违约责任作出了约定，杨某某作为业主未支付物业费用，应当承担违约责任。

评析： 民法典第 938 条是对物业服务合同内容和形式的规定。物业服务合同来源于当事人约定、法律规定以及交易习惯等，主要来源是当事人的约定。只要当事人的约定不违反法律法规的强制性规定，不违背公序良俗，就为有效的约定，双方当事人都要遵守约定，享有合同权利，履行合同义务。物业服务合同一般应就物业管理事项、服务质量、服务费用、双方的权利义务、专项维修资金的管理与使用、物业管理用房、合同期限、违约责任等内容进行约定。依据民法典第 939 条的规定，在业主委员会与业主大会依法选聘的物业服务企业签订的物业服务合同签订之前，建设单位依法与物业服务企业签订的前期物业服务合同对业主具有约束力。前期物业服务合同也需要对与物业服务相关的必要内容作出约定。本案中，关于服务费用，涉案前期物业服务合同是按每平方米多少元进行计算的，不违反民法典合同编对服务费用的相关规定。因此，被告杨某某应承担补交物业费的违约责任。

①　审理法院：吉林省通化市东昌区人民法院，案号：（2016）吉 0502 民初 1459 号。

> **第九百三十九条**　建设单位依法与物业服务人订立的前期物业服务合同，以及业主委员会与业主大会依法选聘的物业服务人订立的物业服务合同，对业主具有法律约束力。

🏛 条文要义

本条是对不同主体订立物业服务合同对业主效力的规定。

从物业服务合同订立主体的角度为标准，可以将物业服务合同分为建设单位与物业服务人订立的前期物业服务合同和业主委员会、业主大会依照法律规定选聘的物业服务人订立的物业服务合同。前一种物业服务合同之所以称为前期物业服务合同，是因为在区分所有建筑物的建设和销售过程中，尚未成立业主大会和业主委员会，建设单位只能先指定自己的物业公司或者与其他物业服务公司签订物业服务合同，对区分所有建筑物进行物业管理。当区分所有建筑物的业主成立了业主大会或者业主委员会后，该业主大会或者业主委员会才是选聘物业管理人的法定主体，由他们代表全体业主选聘物业管理人签订的物业服务合同，是正式的、有效的物业服务合同。

两相比较，前期物业服务合同的签订并没有体现业主的意志，后者才是根据全体业主的意志选聘物业服务人订立的物业服务合同。不过，无论是建设单位依法与物业服务人订立的前期物业服务合同，还是业主委员会与业主大会依法选聘的物业服务人并订立的物业服务合同，都是合法的、有效的物业服务合同，签订之后都具有合同的法律效力，对双方当事人都具有法律效力。

本条之所以特别规定两种物业服务合同对业主都具有法律约束力，除了强调这一点之外，还特别强调的是，前期物业服务合同尽管没有业主参与，但是也对业主具有同样的法律拘束力。

📌 案例评析

牡丹江星元房产有限公司与王某某、魏某物业服务
合同纠纷案①

案情：2011 年 7 月 3 日，原告与牡丹江金土地房地产开发有限公司签订了金河湾一期共 10 栋楼的住宅及非住宅的前期物业管理委托服务合同，期限自 2011 年 7 月 3 日起至业主委员会与物业管理企业签订的物业服务合同生效时止。被告王某某在 2009 年 10 月入住其购买的小区住宅，被告魏某于 2012 年 6 月与被告王某某结婚并入住。自 2011 年 8 月至 2014 年 2 月，两被告未向原告交纳过物业管理费。小区至今未成立业主大会。人民法院经审理认为，建设单位依法与物业服务企业签订的前

---

① 审理法院：黑龙江省牡丹江市阳明区人民法院，案号：(2014) 阳民初字第 60 号。

期物业服务合同，以及业主委员会与业主大会依法选聘的物业服务企业签订的物业服务合同，对业主具有约束力。本案中，被告不向原告交纳物业费的行为显属违约，应当承担违约责任。

评析： 民法典第 939 条是对不同主体订立物业服务合同对业主效力的规定。从物业服务合同订立主体的角度而言，可以将物业服务合同分为建设单位与物业服务人订立的前期物业合同和业主委员会与业主大会依照法律规定选聘的物业服务人订立的物业服务合同。无论是建设单位依法与物业服务人订立的前期物业服务合同，还是业主委员会与业主大会依法选聘的物业服务人订立的物业合同，都是合法有效的物业服务合同，签订之后都具有合同的法律效力，都对业主具有约束力。原告与金河湾小区开发建设单位牡丹江金土地房地产开发有限公司签订了金河湾一期前期物业管理委托服务合同，两被告所居住的房屋位于金河湾小区一期，在原告提供的物业服务范围内。民法典第 939 条规定，建设单位依法与物业服务企业签订的前期物业服务合同，以及业主委员会与业主大会依法选聘的物业服务企业签订的物业服务合同，对业主具有约束力，因此原告与被告之间形成物业服务合同关系，被告不履行交纳物业费的义务属于违约，应当承担违约责任。

> ▶▶ **第九百四十条** 建设单位依法与物业服务人订立的前期物业服务合同约定的服务期限届满前，业主委员会或者业主与新物业服务人订立的物业服务合同生效的，前期物业服务合同终止。

⑪ 条文要义

本条是对前期物业服务合同与业主选聘订立的物业服务合同效力的规定。

对于区分所有建筑物的管理和维护是一个持续不断的专业管理事业，既关系到区分所有建筑物的安全和寿命问题，更关系到全体业主的根本利益问题，无论哪一种物业服务合同及聘任的物业管理人，都必须对此认真负责，不可以在物业服务人的交替中出现衔接不上的问题，损害业主的利益。因此，前期物业服务合同与业主代表订立的物业服务合同在交替中，须实现无缝对接。

不仅如此，在业主选任的物业服务人订立的物业服务合同生效，建设单位依法与物业服务人订立的前期物业服务合同约定的服务期限尚未届满的，业主委员会或者业主与新物业服务人订立的物业服务合同效力优先，一经生效的，前期物业服务合同即行终止，新的物业服务合同的物业管理人即时取得物业管理权，履行物业管理职责，前期物业服务合同的物业管理人不得以任何理由拒绝移交管理的物业。无论双方以何理由发生争执，都不得违背新的物业服务合同效力优先、可以对抗前期物业服务合同的这一规则。理由就是新的物业服务合同具有业主的意志，而前期物业服务合同没有业主的意志，因而才出现效力上的先后之分。

 **案例评析**

兴义市三和新城业主委员会与兴义市瑞驰物业管理有限公司 物业服务合同纠纷案①

案情： 兴义市瑞驰物业管理有限公司系三和新城小区开发企业即兴义市三和房地产开发有限责任公司选聘的前期物业服务企业。兴义市三和新城业主委员会于2015年9月成立并登记备案。2017年5月20日，贵州福顺居物业管理有限公司与兴义市三和新城业主委员会签订《小区物业管理委托合同》，约定："本合同自签字之日起生效"。原告兴义市三和新城业主委员会起诉请求依法确认被告与第三人兴义市三和房地产开发有限责任公司《三和新城物业服务合同》已于2017年5月20日终止。人民法院经审理认为，前期物业服务合同可以约定期限；但是，期限未满，业主委员会与物业服务企业签订的物业服务合同生效的，前期物业服务合同终止。现贵州福顺居物业管理有限公司与兴义市三和新城业主委员会签订的《小区物业管理委托合同》已于2017年5月20日生效，故兴义市三和房地产开发有限责任公司与兴义市瑞驰物业管理有限公司签订的前期物业合同即《三和新城物业服务合同》于2017年5月20日终止。

评析： 民法典第940条是对前期物业服务合同与业主选聘订立的物业服务合同效力的规定。该条有两层意思。第一，前期物业服务合同可以约定期限。第二，前期物业服务合同是一种附解除条件的合同。虽然期限未满，但业主委员会与物业服务企业签订的物业服务合同生效的，前期物业服务合同仍然终止。这是由前期物业服务本身的过渡性决定的。一旦业主组成了代表和维护自己利益的业主大会（或业主委员会），选聘了物业服务企业，进入了正常的物业管理阶段，则前期物业管理就不再有存在的必要，应自动终止，终止的时间以业主委员会与物业服务企业签订的物业服务合同生效时间为准。本案中，贵州福顺居物业管理有限公司与兴义市三和新城业主委员会签订的《小区物业管理委托合同》已经生效，故兴义市三和房地产开发有限责任公司与兴义市瑞驰物业管理有限公司签订的前期物业合同即《三和新城物业服务合同》应随即终止。

> ▶▶ **第九百四十一条** 物业服务人将物业服务区域内的部分专项服务事项委托给专业性服务组织或者其他第三人的，应当就该部分专项服务事项向业主负责。
>
> 物业服务人不得将其应当提供的全部物业服务转委托给第三人，或者将全部物业服务支解后分别转委托给第三人。

---

① 审理法院：贵州省兴义市人民法院，案号：（2017）黔2301民初5185号。

🏛 条文要义

本条是对物业服务人委托第三人管理部分专项服务事项的规定。

从性质上看，物业服务合同类似于承揽合同，受到承揽人亲自履行承揽业务规则的约束。这是因为，物业服务人是业主大会或者业主委员会以及建设单位根据其资质和管理业务水平等因素选聘的，物业服务人如果在接受选聘后，不是亲自进行物业管理业务而是转包给他人，就失去了选聘的意义。不过，这一规则并不意味着物业管理人不得将任何物业管理事项委托给他人进行。例如有些专项服务事项具有专业性质，是物业管理人无法胜任或者须委托他人进行的，法律允许委托第三人负责。所以，物业服务人将物业服务区域内的部分专项服务事项委托给专业性服务组织或者其他第三人的，是可以的，不违反自己管理原则。不过，这不是转委托，而是部分委托，并且对于部分委托的事项，物业管理人仍然不能推脱责任，应当就该部分的专项服务事项向业主负责，而不是由接受部分委托的专业性服务组织或者第三人向业主负责。

正因为如此，本条第 2 款规定，物业服务人必须自己亲自履行，不得违反。违反该规则的行为如下：（1）将其应提供的全部物业服务转委托给第三人，这是公然违反亲自管理原则的严重违约行为；（2）将全部物业服务支解后分别转委托给第三人，这是变相违反亲自履行原则的违约行为。

出现上述情况，物业服务人都必须承担违约责任。

🏵 案例评析

梁山县盛世华城业主委员会与山东伟琦物业服务有限公司、陈某某物业服务合同纠纷案①

案情： 2016 年 12 月 20 日，梁山县盛世华城业主委员会作为委托方（甲方）与受托方伟琦物业公司（乙方）签订《盛世华城物业服务协议》。伟琦物业公司在履约过程中，擅自将涉案小区物业管理委托给吕某某、陈某某、郑某某。关于伟琦物业公司擅自转委托的行为是否违约，人民法院经审理认为，物业服务企业可以将物业管理区域内的专项服务业务委托给专业性服务企业，但不得将该区域内的全部物业管理一并委托给他人。且在双方签订的《盛世华城物业服务协议》中双方权利义务部分，也对物业服务转委托作出禁止性约定。被告伟琦物业公司在履约过程中，擅自将涉案小区物业管理委托给吕某某、陈某某、郑某某，已构成违约。

评析： 民法典第 941 条是对物业服务企业委托第三人管理部分专项服务事项的规定。该规定有两层含义：第一，物业服务企业可以将专项服务业务委托给专业化

① 审理法院：山东省济宁市任城区人民法院，案号：（2018）鲁 0811 民初 6876 号。

公司。在专项服务业务转委托之后，物业服务企业和业主之间，仍然是物业服务合同关系，物业服务企业就专业服务企业提供的服务向业主负责。第二，物业服务企业不得把整体物业服务业务委托给他人。这一规定的原因在于，合同具有相对性，且业主需要的是特定化的物业服务。业主是根据物业服务企业的资质、业绩、履约能力等选择的，如果物业服务企业再把全部物业服务委托给他人，势必违背业主选择该物业服务企业的目的，损害合同相对人的合法权益。本案中，被告伟琦物业公司在履约过程中，擅自将涉案小区物业管理委托给吕某某、陈某某、郑某某，已构成违约。

> ▶▶ **第九百四十二条** 物业服务人应当按照约定和物业的使用性质，妥善维修、养护、清洁、绿化和经营管理物业服务区域内的业主共有部分，维护物业服务区域内的基本秩序，采取合理措施保护业主的人身、财产安全。
>
> 对物业服务区域内违反有关治安、环保、消防等法律法规的行为，物业服务人应当及时采取合理措施制止、向有关行政管理部门报告并协助处理。

🏛 条文要义

本条是对物业服务人物业服务职责范围的规定。

物业管理人履行物业管理职责的依据是物业服务合同的约定和物业的使用性质。物业服务人应当履行的主要管理职责如下：（1）妥善维修、养护、清洁、绿化和经营管理物业服务区域内的业主共有部分。维修、养护是对建筑物及其附属设施的本身功能、寿命而言；清洁、绿化是对物业内环境的美化和保持，使业主的生活环境能够保持适宜；经营是对共有部分的利用并获得收益，例如用公共空间刊登广告等，使业主获得利益。对于这里提到的共有部分，不可作狭义理解，对于建筑物的基础部分、外墙部分等，都应解释为共有部分。（2）维护物业服务区域内的基本秩序。包括公共生活秩序、道路交通秩序、环境管理秩序等。（3）采取合理措施保护业主的人身、财产安全。即负有安全保障义务，防止建筑物对业主的危害，防范违法犯罪人员实施侵害业主的人身和财产的行为；对于业主之外接近或者进入物业管理区域的人员的人身安全，也应负有职责防止建筑物的脱落物致害他人。在此，应当特别强调物业服务企业应当依据民法典第1254条第2款的规定，对所管理的建筑物抛掷物、坠落物承担安全保障义务。

本条第2款规定的是物业管理人纠正违法违规行为的职责范围。对物业服务区域内违反有关治安、环保、消防等法律法规的行为，其行为主体不仅有外来人员，也包括自己物业管理区域的业主，只要是在物业管理区域之内的人员实施上述行为，物业服务人都有权及时采取合理措施予以制止，防止损害全体业主的利益。在对违法违规的上述行为进行制止的同时，物业管理人应当及时向相关行政管理部门报告并协助处理，特别是需要采取相应措施而物业管理人并无采取此种制止措施的权力，物业管理人自己不得实施。

案例评析

深圳市万科物业服务有限公司东方尊峪物业服务中心与方某某
物业服务合同纠纷案①

案情：原告是深圳市万科物业服务有限公司所属分公司，深圳市万科物业服务有限公司是一家专门从事小区物业管理的企业。2008 年 10 月 1 日，深圳市万科物业服务有限公司与深圳市东方尊峪房地产开发有限公司签订《前期物业服务合同》，约定东方尊峪公司委托原告为东方尊峪小区提供物业管理服务。被告是东方尊峪小区某住宅的业主。2012 年，因被告相邻业主占用公共走廊安装防盗门等违规装修，被告以原告未尽物业管理职责损害被告通风权、采光权为由，未向原告交纳物业服务费。关于原告是否已全面、恰当履行物业管理职责，人民法院经审理认为，对物业管理区域内违反有关治安、环保、物业装饰装修和使用等方面法律、法规规定的行为，物业服务企业应当制止，并及时向有关行政管理部门报告。本案中，原告并未提交证据证明其已将房屋装饰装修中的禁止行为和注意事项告知涉案房产相邻的违章装修的业主，更未制止该业主的违章装修行为，且该违章装修行为给涉案房产的通风、采光造成影响，因此，原告未能全面、恰当履行物业服务职责。

评析：民法典第 942 条是关于物业服务人主要义务的规定，其中第 2 款规定了物业服务人对违法行为的制止、报告义务。对物业服务区域内违反有关治安、环保等法律法规的行为，其行为主体不仅有外来人员，也包括自己物业服务区域内的业主。只要是在物业服务区域之内的人员实施该条所列违法违规行为，物业服务人都有权及时采取合理措施予以制止，防止损害全体业主的利益。在对违法违规行为进行制止的同时，物业服务人应及时向相关行政管理部门报告并协助处理。之所以作出该规定，主要还是为了更好地为业主提供物业服务，履行第 1 款规定的几项基本义务，妥善处理、维护物业服务区域内的相关设施，维护物业服务区域内的基本秩序，保护业主的人身、财产安全。本案原告物业服务企业并未提交证据证明其已将房屋装饰装修中的禁止行为和注意事项告知涉案房产相邻的违章装修的业主，更未制止该业主的违章装修行为，且该违章装修行为给涉案房产的通风、采光造成影响，因此，人民法院确认原告未能全面、恰当履行物业服务职责。

---

① 审理法院：广东省深圳市罗湖区人民法院，案号：（2019）粤 0303 民初 16805 号。

▶▶ 第九百四十三条 物业服务人应当定期将服务的事项、负责人员、质量要求、收费项目、收费标准、履行情况，以及维修资金使用情况、业主共有部分的经营与收益情况等以合理方式向业主公开并向业主大会、业主委员会报告。

🏛 条文要义

本条是对物业服务人公开履行管理职责情况的规定。

说到底，物业服务人是全体业主的"管家"，应当按照业主的意志和利益管理物业，对业主负责。物业服务人在履行管理职责的同时，负有报告的义务，将履行管理职责的情况及时报告和公开，使全体业主掌握物业管理的实际情况，以便根据业主自己的利益，决定自己的行为。

需要定期报告和公开的事项如下：（1）服务的事项。在物业服务合同中须将服务事项一一列明。（2）负责人员。应将物业服务企业的人员列明，包括总负责人和各项事项的负责人。（3）质量要求。在定期报告和公开的信息中，对每一种具体管理事项的质量要求应当明确规定。（4）收费项目。应在报告服务事项中，明确规定哪些项目是收费项目，哪些项目不是收费项目。（5）收费标准。应说明服务收费执行的是何种标准，是否超出约定的标准。（6）履行情况。对各项服务事项的履行情况，应当一一进行说明。（7）维修资金使用情况。维修资金依据何种根据使用、使用标准、使用数额、结余数额等，都应明确作出报告和说明。（8）业主共有部分的经营与收益情况，应如实报告和公开，特别是如何处置的结果。（9）其他情况。对于上述物业管理事项的情况，物业服务人应以合理方式向业主公开或者向业主大会、业主委员会报告，以便接受业主的监督，改进工作。

🟤 案例评析

北京市昌平区回龙观金达园小区业主委员会诉北京华特物业管理发展有限公司物业服务合同纠纷案[①]

案情： 北京华特物业管理发展有限公司（以下简称华特物业公司、被告）于2000年接管金达园小区物业服务工作，且于2004年签订《物业管理合同》并提供物业服务至今。2012年8月6日，本届小区业主委员会（原告）经回龙观街道办事处备案成立后，屡次要求华特物业公司公开小区相关物业资料，华特物业公司予以拒绝，遂向人民法院起诉，请求判令华特物业公司公开小区相关物业资料。人民法院经审理查明：2012年8月6日，金达园业委会成立后，华特物业公司就小区内中修费

[①] 审理法院：一审法院为北京市昌平区人民法院，案号：（2013）昌民初字第4891号；二审法院为北京市第一中级人民法院，案号：（2013）一中民终字第14415号。

收支情况、外供暖服务收费及供暖维修情况进行了说明，并按照相关规定对 2010 年、2011 年、2012 年的物业服务项目收支情况进行了公示。人民法院认为，业主有权要求公示建筑物及其附属设施的维修资金的筹集、使用情况，物业服务合同、共有部分的使用和收益情况，建筑区划内规划用于停放汽车的车位、车库的处分情况。金达园业委会基于法律规定要求华特物业公司公示相关材料，而华特物业公司在向金达园业委会的复函以及在建委的公示材料中对涉及的中修费、对外供暖情况及供暖维修情况，小修费及车位费的收支情况均予以公布，应视为华特物业公司已经履行了公示义务。

评析： 民法典第 943 条是关于物业服务人员关于重要事项的公开及报告义务的规定。物业服务人在履行管理职责的同时，负有报告的义务，将履行管理职责的情况及时报告和公开，使全体业主掌握物业管理的实际情况，以便根据业主自己的利益，决定自己的行为。这些情况主要包括服务的事项、负责人员、质量要求、收费项目、收费标准、履行情况，以及维修资金使用情况、业主共有部分的经营与收益情况等。本案中，华特物业公司就小区内中修费收支情况、外供暖服务收费及供暖维修情况进行了说明，并按照相关规定对 2010 年、2011 年、2012 年的物业服务项目收支情况进行了公示，应视为华特物业公司已经履行了报告义务。

> ▶▶**第九百四十四条** 业主应当按照约定向物业服务人支付物业费。物业服务人已经按照约定和有关规定提供服务的，业主不得以未接受或者无需接受相关物业服务为由拒绝支付物业费。
>
> 业主违反约定逾期不支付物业费的，物业服务人可以催告其在合理期限内支付；合理期限届满仍不支付的，物业服务人可以提起诉讼或者申请仲裁。
>
> 物业服务人不得采取停止供电、供水、供热、供燃气等方式催交物业费。

🏛 条文要义

本条是对业主向物业服务人支付物业费的规定。

物业服务合同是双务合同、有偿合同，物业服务人提供物业服务，接受物业服务的业主应当支付物业费。业主应当按照约定向物业服务人支付物业费，是业主的义务，是必须履行的。业主违反支付物业费的义务，应当强制履行。

业主履行支付物业费义务的强制性，包括两个方面。（1）不得无理拒绝。物业服务人进行物业服务，是按照合同的约定和有关规定进行的，只要提供了这些服务，就是对全体业主提供的服务。如果业主以自己未接受或者无须接受相关物业服务为由，拒绝支付报物业费，就是无理拒绝支付物业费，构成违约行为，应当承担违约责任。（2）不得逾期支付物业费。业主违反约定逾期不支付物业费的，首先，物业服务人可以对业主进行催告，并且确定宽限期，要求其在合理宽限期限内支付物业费。但是，物业服务人不得采取停止供水、供电、供热、供燃气等方式催交物业费。其次，业主超过宽限期仍不支付物业费的，物业服务人可以提起诉讼或者申请仲裁，由法院或者仲裁机构进行裁决，对支付物业费的义务赋予强制执行力，当业主拒不履行裁决确定的支付物业费义务，法院可以强制执行。

案例评析

北京京煤集团有限责任公司三竹物业管理分公司与王某某物业服务合同纠纷案①

案情： 2013 年 11 月 24 日，王某某（甲方、被告）委托他人与三竹分公司（乙方、原告）签订《××物业服务合同》，约定：甲方委托乙方提供物业管理服务；甲方需按时足额交纳物业服务费用及其他相关费用。合同签订后，王某某足额交纳了2017 年之前的物业服务费，欠交 2017 年全年物业服务费至今。王某某在答辩意见中，认为自己不应该交物业费中的电梯费，因为王某某家住一楼，不使用电梯。人民法院经审理认为，物业服务企业已经按照合同约定以及相关规定提供服务，业主仅以未享受或者无须接受相关物业服务为抗辩理由的，人民法院不予支持。涉案小区的电梯系公共设备设施，由三竹分公司负责运行维护，由此产生的费用应由业主共同负担，且双方物业合同中对电梯费有明确约定，对王某某有约束力。因此对王某某该项答辩意见，人民法院不予采纳。

评析： 民法典第 944 条是对业主向物业服务企业支付物业费的规定。物业服务企业已经按照合同约定以及相关规定提供服务的，业主不得以未接受或者无须接受相关物业服务为由拒绝支付物业费。本案中，涉案小区的电梯系公共设备设施，由三竹分公司负责运行维护，由此产生的费用应由业主共同负担，且双方物业合同中对电梯费有明确约定，对王某某有约束力。王某某以自己家住一楼不使用电梯为由拒绝支付物业费中的电梯费，属于违约行为。

> ▶▶ **第九百四十五条**　业主装饰装修房屋的，应当事先告知物业服务人，遵守物业服务人提示的合理注意事项，并配合其进行必要的现场检查。
>
> 业主转让、出租物业专有部分、设立居住权或者依法改变共有部分用途的，应当及时将相关情况告知物业服务人。

🏛 条文要义

本条是对业主装饰装修、转让、出租等应事先告知的规定。

---

① 审理法院：北京市房山区人民法院，案号：（2018）京 0111 民初 9017 号。

业主是建筑物区分所有权专有部分的所有权人，对其专有部分享有与所有权几乎没有区别的支配权。但是，在区分所有的建筑物中，不仅有专有部分，还有共用部分的共有权和共同管理的成员权，特别是全体业主共居同一个小区，一举一动都关涉其他业主的利益。所以，业主在对自己专有部分的房屋进行装饰装修、转让、出租、设立居住权、依法改变共有部分用途的，都应当事先向物业服务人告知，使物业服务人知悉并掌握情况，便于行使管理职责。

对于业主的上述事项，本条分为两个层次作出规定。（1）业主装饰装修房屋，原则上是自己的事情，自己做主，但是业主进行装饰、装修虽然是行使支配权的行为，但是一家装修，会影响其他业主的生活安宁，处理不当，还会影响建筑物的安全和寿命，关乎全体业主的利益。所以，业主应当事先告知物业服务人，物业服务人提示的合理注意事项，业主应当遵守，不得违反，物业服务人还有权进行必要的现场检查。（2）业主转让、出租物业专有部分、设立居住权，也是业主行使支配权的行为，他人无权干涉。即使依法改变共有部分用途而不违反物业管理公约的，也应当及时将相关情况告知物业服务人，使物业服务人掌握情况，便于行使管理职责。

案例评析

李某与北京中固安物业管理有限公司物业服务合同纠纷案①

案情：被告李某系北京市海淀区某房屋（以下简称涉案房屋）的所有权人。李某对涉案房屋进行装修，因未到物业办理装修手续，2018 年 5 月 4 日，原告中固安物业向其发出通知，要求其停止施工，补办相关手续。关于李某的行为是否违反法律的规定，人民法院经审理认为，业主需要装饰装修房屋的，应当事先告知物业服务企业。物业服务企业应当将房屋装饰装修中的禁止行为和注意事项告知业主。原告李某购买房屋后，未按规定告知物业并办理装修手续，违反规定自行装修，违反了相关法律的规定。

评析：民法典第 945 条是关于业主负有就有关重要事项告知物业服务人的义务的规定。其中第 1 款规定了业主装饰装修房屋前对物业服务企业的告知义务，第 2 款规定了业主转让、出租物业专有部分、设立居住权或者依法改变共有部分用途时对物业服务人的及时告知义务。装饰装修房屋是业主的权利，但这一权利的行使应以不损害他人利益和社会公共利益为前提。在一个存在多位业主的物业服务管理区域内，业主装饰装修房屋的行为可能对其他业主造成影响。同时，物业服务企业有义务根据物业服务合同的约定对物业进行管理，而对物业及其共用部位、共用设施设备的结构、功能、使用等情况的了解是履行这一义务的前提。有鉴于此，民法典第 945 条设定了业主装修房屋前对物业服务企业的告知义务。业主装饰装修房屋时，不得有违反法律法规规定及管理规约明确禁止的行为，并应该尽到合理的注意义务。

---

① 审理法院：北京市海淀区人民法院，案号：（2018）京 0108 民初 32552 号。

本案中，原告李某购买房屋后，未按规定告知物业并办理装修手续，违反规定自行装修，违反了业主装饰装修房屋前对物业服务企业的告知义务。

> ▶▶ **第九百四十六条** 业主依照法定程序共同决定解聘物业服务人的，可以解除物业服务合同。决定解聘的，应当提前六十日书面通知物业服务人，但是合同对通知期限另有约定的除外。
>
> 依据前款规定解除合同造成物业服务人损失的，除不可归责于业主的事由外，业主应当赔偿损失。

🏛 条文要义

本条是对业主解聘物业服务人的规定。

业主以及业主大会、业主委员会与物业服务人的关系，是合同关系。业主有权依照自己的意志选聘物业服务人订立物业服务合同，也有权解除物业服务合同，解聘物业服务人。

业主对物业服务人行使解聘权的方法如下：（1）解聘程序和方法。业主行使解聘权，依照法定程序共同决定。按照本法第278条的规定，选聘和解聘物业服务企业或者其他管理人是全体业主共同决定的事项，应当由专有部分面积占比2/3以上的业主且人数占比2/3以上的业主参与表决，应当经参与表决专有部分面积过半数的业主且参与表决人数过半数的业主同意。按照这样的程序作出解聘决定后，行使解聘权的方法是，通过解除物业服务合同，解聘物业服务人。（2）行使解聘权的时间要求。决定解聘物业服务人的，应当提前60日书面通知物业服务人，如果物业服务合同对通知期限另有约定，应当依照其约定，不适用60日的规定。（3）行使解聘权的损害赔偿责任。解聘物业服务人是单方解除合同，因解除物业服务合同造成物业服务人损失，是否承担赔偿责任，标准在于解除合同是否具有可归责于业主的事由。如果解除合同不可归责于业主的决定，而是物业服务人的责任，业主不承担赔偿责任；否则，业主应当赔偿损失。例如，业主无正当理由解除物业服务合同而解聘物业服务人。

🫧 案例评析

九江中辉恒佳物业服务有限公司与九江市公园一号小区
业主委员会物业服务合同纠纷案[①]

案情： 2014年3月12日，原告九江市公园一号小区业主委员会与被告九江中辉

---

① 审理法院：一审法院为江西省九江市浔阳区人民法院，案号：（2016）赣0430民初890号；二审法院为江西省九江市中级人民法院，案号：（2016）赣04民终1466号。

恒佳物业服务有限公司签订《公园一号小区物业服务合同》及《物业服务合同补充协议》，约定物业服务期限为3年，自2014年1月1日至2016年12月31日，由被告给原告所在小区业主提供物业服务。2016年2月28日，在九江市浔阳区物业与住宅室内装饰装修管理办公室及九江市浔阳区白水湖街道花果园社区居委会的见证下，九江市公园一号小区召开业主大会形成决议，起诉要求解聘被告。人民法院经审理认为：依据物权法及物业服务相关司法解释规定，解聘物业服务企业应当经专有部分占建筑物总面积过半数的业主且占总人数过半数的业主同意，因本案中原告所在小区已在相关部门的见证下召开业主大会，投票方式符合法律规定，其投票结果为起诉解聘被告，故原告要求解除与被告的物业服务合同符合法律规定，予以支持。

评析：本案中，业主依照法定程序共同决定解聘了物业服务人。依据民法典第278条的规定，选聘和解聘物业服务企业或者其他管理人是全体业主共同决定的事项，应当由专有部分面积占比2/3以上的业主且人数占比2/3以上的业主参与表决，应当经参与表决专有部分面积过半数的业主且参与表决人数过半数的业主同意。按照这样的程序作出解聘决定后，行使解聘权的方法是，通过解除物业服务合同，解聘物业服务人。

依据民法典第946条的规定，业主解聘物业服务人，除需依照法定程序共同决定外，还需符合行使解聘权的时间要求，即决定解聘物业服务人的，应当提前60日书面通知物业服务人，如果物业服务合同对通知期限另有约定，应当依照其约定，不适用60日的规定。此外，依照上述规定解除合同造成物业服务人损失的，除不可归责于业主的事由外，业主应当赔偿损失。

> ▶▶**第九百四十七条**　物业服务期限届满前，业主依法共同决定续聘的，应当与原物业服务人在合同期限届满前续订物业服务合同。
>
> 　　物业服务期限届满前，物业服务人不同意续聘的，应当在合同期限届满前九十日书面通知业主或者业主委员会，但是合同对通知期限另有约定的除外。

🏛 条文要义

本条是对业主续聘或物业服务人不同意续聘的规定。

续聘物业服务人，实际上相当于选聘，是选聘已聘的物业服务人继续作为物业服务人。续聘的程序是：（1）在物业服务期限届满前进行续聘。（2）依据民法典第278条规定的业主共同决定的程序作出续聘的决定，须符合前述2/3和1/2规定作出续聘决议的，方为有效。（3）续订物业服务合同由代表业主的业主委员会或者业主大会（业主人数少的可以是全体业主）与原物业服务人在合同期限届满之前，续订物业服务合同，双方履行新的合同。物业服务人在合同到期不同意续聘的，原物业服务合同消灭，双方当事人的权利义务终止，双方不再受到该合同的约束。物业服务合同不续聘，存在与新的物业服务人进行交接和原物业服务人的利益问题。故物业服务人不同意续聘的程序如下：（1）物业服务人有不同意续聘的权利。不再续聘的主张，可以是业主提出，也可以由物业服务人提出。物业服务人提出不再续聘，可以是自己主动提出，也可以是业主主张续聘而物业服务人不同意续聘，都是物业服务人行使权利的行为。（2）不同意续聘的时间要求在物业服务期限届满前。物业服务人应当在物业服务合同期限届满前的 90 日，用书面通知的形式，通知业主或者业主委员会，但是，合同对通知期限另有约定的除外。（3）不同意续聘的后果，是物业服务合同期限届满时物业服务合同消灭，双方不再受该合同的约束，物业服务人不再承担管理职责。

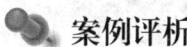 **案例评析**

永旺永乐（江苏）物业服务有限公司与王某某物业服务合同纠纷案①

案情： 2011 年 11 月 10 日，苏州万达广场 B 区业主大会授权业主委员会（甲方、被告）与苏州市苏房物业管理有限公司（乙方、原告）签订《苏州万达广场 B 区物业服务合同》，约定由甲方委托乙方进行物业服务。2012 年 12 月 11 日，苏州市苏房物业管理有限公司名称发生变更，更名为"永旺永乐物业服务有限公司"。合同期满后，业主大会未作出选聘或者续聘决定，物业公司按照原合同继续提供服务至今。王某某系苏州万达广场 B 区范围内的房屋业主，其自 2015 年 1 月 1 日起未向永旺永乐公司交纳过物业服务费。物业公司遂向人民法院提起诉讼，请求判令王某某依约支付物业服务费。人民法院经审理认为，王某某作为苏州万达广场 B 区业主，应当根据物业服务合同的约定交纳物业服务费用。合同期限届满后，业主大会未作出重新选聘或者续聘的决定，社区委员会也对永旺永乐公司在合同到期后继续提供物业服务的事实予以了确认，原合同权利义务对双方具有约束力。故本院确定永旺永乐公司有权按照原物业服务合同的相关规定向王某某主张权利。

评析： 依据民法典第 947 条第 1 款的规定，物业服务期限届满前，业主依法共同决定续聘的，应当与原物业服务人在合同期限届满前续订物业服务合同。物业服务期限届满前，业主将面临一个选择，即续聘物业服务人，或者重新选聘其他物业服务人。物业服务期限届满前，如果业主选择续聘物业服务人的，应当与其续订物业服务合同。需要注意的是，续聘也应当由业主依法共同决定，即根据本法第 278 条的规定，由专有部分面积占比 2/3 以上的业主且人数占比 2/3 以上的业主参与表决，还应当经参与表决专有部分面积过半数的业主且参与表决人数过半数的业主同意。另外，业主与物业服务人应当在合同期限届满前进行续订，这样续订的物业服

---

① 审理法院：江苏省苏州市姑苏区人民法院，案号：（2019）苏 0508 民初 8152 号。

务合同可以与原物业服务合同衔接，不会出现物业服务的真空期，以免产生不必要的纠纷，损害业主或者物业服务人的合法权益。本案中，在物业服务期限届满之前，业主大会并未作出选聘或者续聘的决定，而物业公司按照原合同继续提供服务。在这种情况下，应依据民法典第948条第1款的规定，认定原物业服务合同继续有效，但是服务期限为不定期。

▶▶ 第九百四十八条　物业服务期限届满后，业主没有依法作出续聘或者另聘物业服务人的决定，物业服务人继续提供物业服务的，原物业服务合同继续有效，但是服务期限为不定期。

当事人可以随时解除不定期物业服务合同，但是应当提前六十日书面通知对方。

🏛 条文要义

本条是对物业服务人在期限届满后继续提供服务，物业服务合同的服务期限变为不定期的规定。

物业服务合同在具备一定条件时，会由定期合同转变为不定期合同。物业服务合同通常是定期合同，只有具备必要条件时，方能转变为不定期合同。转变的条件是：第一，物业服务期限已经届满；第二，业主没有依法作出续聘或者另聘物业服务人的决定；第三，物业服务人按照原合同继续提供物业服务。具备上述三个条件，物业服务合同就由定期合同转变为不定期合同。其后果是，原物业服务合同继续有效，双方当事人仍然受到该合同的拘束，只是服务合同的期限变为不定期。

物业服务合同转变为不定期合同后，适用不定期合同的规则。不论哪一方当事人，都可以随时解除该不定期物业服务合同。行使不定期合同解除权的要求是：第一，应当提前通知行使解除权，通知的方式是要式行为，即用书面形式行使通知权通知对方。第二，给予对方60日的准备时间，该期限届满，不定期合同归于消灭。

🔖 案例评析

浙江金钥匙物业服务有限公司、李某某物业服务合同纠纷案①

案情： 被告李某某曾是苍南县灵溪镇新世纪花园×幢××××室业主。2015年9月20日，新世纪花园业主委员会作为甲方与浙江金钥匙物业服务有限公司作为乙方签订《物业管理委托合同》，委托该公司为新世纪花园小区提供物业管理与服务。前述《物业管理委托合同》的合同期限届满后，原告继续在新世纪花园小区提供物

---

① 审理法院：浙江省苍南县人民法院，案号：(2019) 浙0327民初6863号。

业管理服务。原告履行了提供物业管理服务的义务，但被告拖欠 2015 年 10 月 1 日至 2018 年 6 月 20 日的物业服务费。经催讨未果，原告诉至法院。人民法院经审理认为，浙江金钥匙物业服务有限公司与新世纪花园业主委员会签订的物业管理委托合同对作为新世纪花园业主的被告具有约束力。物业管理委托合同期满后未续签，原告继续提供物业服务，应当认定构成事实物业服务合同关系，双方权利义务可参照原物业服务合同确定。因此，在原告提供服务的期间内，被告应当按照约定及时支付物业服务费用。

评析：依据民法典第 948 条的规定，物业服务期限届满后，业主没有依法作出续聘或者另聘物业服务人的决定，物业服务人继续提供物业服务的，原物业服务合同继续有效，但是服务期限为不定期。物业服务合同约定的服务期限届满后，如果当事人没有订立新的物业服务合同或者通过约定延长原物业服务合同的服务期限，该物业服务合同终止。但是，如果业主没有依法作出续聘或者另聘物业服务人的决定，小区的物业将处于无人管理的状态，将影响到全体业主的正常生活，损害全体业主的共同利益，此时物业服务人基于诚实信用原则，从保护全体业主共同利益的角度出发，继续为业主提供物业服务的，原物业服务合同继续有效，只是服务期限变为不定期。此时，双方当事人都可以随时解除物业服务合同，只需要提前 60 日书面通知对方。本案中，涉案《物业管理委托合同》的期限届满后，浙江金钥匙物业服务有限公司继续在新世纪花园小区提供物业管理服务，因此，原涉案合同继续有效。被告李某某应当按照约定及时支付物业费用。

> ▶▶ **第九百四十九条** 物业服务合同终止的，原物业服务人应当在约定期限或者合理期限内退出物业服务区域，将物业服务用房、相关设施、物业服务所必需的相关资料等交还给业主委员会、决定自行管理的业主或者其指定的人，配合新物业服务人做好交接工作，并如实告知物业的使用和管理状况。
>
> 原物业服务人违反前款规定的，不得请求业主支付物业服务合同终止后的物业费；造成业主损失的，应当赔偿损失。

ⅲ 条文要义

本条是对物业服务人后合同义务的规定。

在物业服务合同终止后，物业服务人应当做好善后工作，履行自己应当完成的义务。这些义务如下：（1）退出义务。应当在约定期限或者合理期限内退出物业服务区域，不能继续占用这些区域。（2）交还资料义务。原物业服务人应当将物业服务用房、相关设施、物业服务所必需的相关资料等交还给业主委员会、决定自行管理的业主或者其指定的人（如新的物业服务人）。（3）配合新的物业服务人做好交接工作。使物业管理的新旧交替正常进行。（4）如实告知物业的使用和管理状况。便于业主掌握情况，便于新的物业服务人做好物业管理工作。如果原物业服务人违反前款规定的后合同义务，其后果是：（1）不得请求业主支付物业服务合同终止后的物业费，即使物业服务合同终止后提供了物业服务的，也不得请求支付该物业费；（2）原物业服务人不履行上述义务，给业主造成损失的，应当对业主的损失承担赔偿责任。

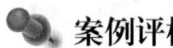 **案例评析**

中山市创鑫物业管理有限公司与李某某物业服务合同纠纷案①

案情： 2012 年 7 月 20 日，中山市西区明景坊业主委员会（以下简称为明景坊业委会）与创鑫物业公司签订《物业服务合同》，约定服务期限为 3 年，自 2012 年 8 月 1 日起至 2015 年 7 月 31 日止。2016 年 8 月 31 日，明景坊业委会发出通知，告知全体业主创鑫物业公司于 2016 年 9 月 1 日开始办理撤场手续。李某某系中山市明景坊商住楼业主。创鑫物业公司因主张李某某从 2016 年 5 月 1 日至 2017 年 1 月 10 日期间未支付物业服务费，遂诉至本院。关于李某某是否应支付涉案物业服务费，人民法院经审理认为，物业合同终止后，物业服务企业拒绝退出，并以存在事实上的物业服务关系为由，请求业主支付物业服务合同权利义务终止后的物业费的，人民法院不予支持。本案中，在涉案物业服务合同终止的情况下，物业服务企业并没有履行退出义务，因而无权主张此后的物业服务费。

评析： 依据民法典第 949 条的规定，在物业服务合同终止后，物业管理人应当做好善后工作，完成自己应当完成的义务，包括退出义务、交还资料义务、配合新的物业服务人做好交接工作的义务和如实告知物业的使用和管理状况的义务。如果原物业服务人违反前款规定的后合同义务，不仅不得请求业主支付物业服务合同终止后的物业费，造成业主损失的，还应当赔偿损失。需要特别说明的是，此处规定的"物业服务合同终止后的物业费"，并非其履行上述后合同义务的额外报酬，应是在他人接管相关物业前，原物业服务人继续为全体业主提供物业服务期间所应收取的物业费。物业服务人违反上述后合同义务，例如，物业服务合同终止后，物业服务人仍占用物业服务用房及相关设施，拒绝向业主委员会选聘的新物业服务人移交物业服务所必需的相关资料，导致新物业服务人不能入场为业主服务的，即使其仍在继续提供物业服务，也是对业主权利的侵犯，不仅不能请求物业服务合同终止后继续服务期间的物业费，如果给业主造成损失的，还应赔偿相应的损失。本案中，涉案物业服务合同终止后，原告物业服务企业没有履行退出义务，因而无权主张物业服务合同终止后的物业费。

---

① 审理法院：广东省中山市第一人民法院，案号：（2018）粤 2071 民初 4391 号。

▶▶ **第九百五十条**　物业服务合同终止后，在业主或者业主大会选聘的新物业服务人或者决定自行管理的业主接管之前，原物业服务人应当继续处理物业服务事项，并可以请求业主支付该期间的物业费。

🏛 条文要义

本条是对物业服务合同终止后原物业服务人继续处理物业服务事项的规定。

物业服务事项是专业服务事项，应当是连续行为，不能中断，一旦物业服务中断，业主的权利将受到重大损害，甚至酿成危险。物业服务合同终止，如果没有新的物业服务人接替，就会形成物业服务行为中断，上述后果就会发生。为了避免出现这样的问题，本条要求物业服务人负有继续提供物业服务行为的义务。即物业服务合同终止后，在业主或者业主大会选聘的新物业服务人或者决定自行管理的业主接管之前，原物业服务人应当继续处理物业服务事项，不得推辞和推诿。按照权利义务相一致原则，继续处理物业服务事项的物业服务人，享有请求业主支付该期间物业费的权利，其标准应当与已经消灭的物业服务合同的约定相一致。如果原物业服务人拒不履行继续处理物业服务事项的义务，给业主造成损害的，应当承担赔偿责任。

🔮 案例评析

广东宏德科技物业有限公司与李某某物业服务合同纠纷案[①]

案情： 原告（乙方）和广州市海珠区凤浦西苑业主委员会（甲方）签订了一份《凤浦西苑小区物业服务委托合同》，订明物业名称为"凤浦西苑"，委托服务期限自2012年1月1日起至2012年12月31日止。被告李某某系海珠区凤浦西苑小区业主，原告以其拖欠2013年7月至2014年6月的物业服务费为由，向人民法院提起诉讼。人民法院经审理认为，涉案《物业服务委托合同》约定的委托服务期限自2012年1月1日起至2012年12月31日止，涉案小区业主大会在2013年7月已表决通过终止与原告的物业服务合同关系，业委会要求原告在2013年8月16日办理移交手续和撤离小区。据此，原告要求被告支付2013年8月16日起的物业服务费，与法律规定不符，人民法院不予支持。

评析： 依据民法典第950条的规定，物业服务合同终止后，在业主或者业主大会选聘的新物业服务人或者决定自行管理的业主接管之前，原物业服务人应当继续处理物业服务事项，并可以请求业主支付该期间的物业费。物业服务合同终止后，如果没有新的物业服务人接替，就会形成物业服务行为中断，业主的权利可能受到

---

① 审理法院：广东省广州市海珠区人民法院，案号：（2016）粤 0105 民初 1448 号。

重大损害，甚至酿成危险。为了避免出现这样的状况，物业服务合同终止后，在业主或者业主大会选聘的新物业服务人或者决定自行管理的业主接管之前，原物业服务人应当按照诚信原则的要求，继续处理物业服务事项，不得推辞和推诿。按照权利义务相一致原则，继续处理物业服务事项的物业服务人，享有请求业主支付该期间的物业费的权利。但本案中，涉案小区业主大会在 2013 年 7 月已表决通过终止与原告的物业服务合同关系，业委会要求原告在 2013 年 8 月 16 日办理移交手续和撤离小区。由此，原告无须在 2013 年 8 月 16 日之后提供物业服务，也就无权要求被告支付相应的物业管理费。

第二十五章 行纪合同

> ▶▶ **第九百五十一条** 行纪合同是行纪人以自己的名义为委托人从事贸易活动，委托人支付报酬的合同。

🏛 条文要义

本条是对行纪合同概念的规定。

行纪合同，是指行纪人以自己的名义为委托人从事贸易活动，委托人支付报酬的合同。其中以自己名义为他方办理业务者，为行纪人；由行纪人为其办理业务并支付报酬者为委托人。

行纪合同是随着信托业务的发展，出现了独立从事行纪业务的行纪组织后产生的。在欧洲中世纪，由于国际贸易的兴起，出现了专门从事受他人委托以办理商品购入、贩卖或其他交易事务并收取一定佣金的经纪人。现代各国大多有关于行纪合同的规定。我国汉代就已出现经营行纪业务的行栈，称为牙行。1949 年后，曾相继在许多城市成立国有信托公司和贸易货栈，后被撤销。改革开放后，行纪业又兴盛起来，至今已成规模。

行纪合同是双务有偿合同、诺成合同和不要式合同。其法律特征是：（1）行纪合同主体的限定性，是经批准经营行纪业务的法人、非法人组织或自然人。（2）行纪人以自己的名义为委托人办理业务。（3）行纪人为委托人的利益办理业务，所生的权利义务最终归属于委托人承受。（4）行纪合同的标的是行纪人为委托人实施一定法律行为。

🌀 案例评析

邱某 1、邱某 2 行纪合同纠纷案①

案情： 张某某因运输需要欲购置货车一辆，通过网络 58 同城网联系到邱某 1，并委托其购买货车车头。张某某之后与邱某 1 一起去了梁山县二手车市场，查看了现车并决定购买并转款。张某某经邱某 1 介绍认识邱某 2，并委托邱某 2 为其定作挂

---

① 审理法院：山东省青岛市中级人民法院，案号：（2019）鲁 02 民终 1502 号。

车。张某某根据邱某 2 要求向邱某 2 转款。张某某诉请法院判决被告返还货款及利息。本案争议点之一即为案涉合同为定金合同还是行纪合同。法院认为，行纪合同是行纪人以自己的名义为委托人从事贸易活动，委托人支付报酬的合同。从本案查明的事实看，邱某 1、邱某 2 受张某某委托进行车辆买卖活动，均是以其自己的名义进行，张某某支付的定金，亦由邱某 1、邱某 2 收取，故本案应系行纪合同纠纷。

评析：民法典第 951 条延续了《合同法》第 414 条，对行纪合同的概念作出了规定。民法典第 951 条规定，行纪合同是行纪人以自己的名义为委托人从事贸易活动，委托人支付报酬的合同。本案中，合同是双务有偿合同，邱某 1 和邱某 2 以及张某某作为自然人，符合行纪合同的主体要求。邱某 1 和邱某 2 以自己的名义为张某某买车及办理后续事宜，且最终车辆的权利义务归属于张某某承受，以上行为均符合行纪合同的特征，故法院认定案涉合同为行纪合同。

> ▶▶ **第九百五十二条** 行纪人处理委托事务支出的费用，由行纪人负担，但是当事人另有约定的除外。

🏛 条文要义

本条是对行纪人负担行纪费用的规定。

与委托合同不同，行纪人处理委托事务支出的费用，应当由行纪人负担，而不是由委托人负担。这就是行纪业的商业风险负担规则，将行纪费用作为行纪的成本，如果发生没有处理好行纪委托事务，所付出的代价就是行纪风险，由行纪人自己负担。如果当事人另有约定的，依照约定处理，不适用这一规则。行纪费用，是指行纪人在处理委托事务时所支出的费用，不仅包含行纪的必要费用，还应该包含改换包装费、保险费等有益的费用。

案例评析

优鸿企业有限公司诉湖北大秦酒水有限公司行纪合同结算纠纷案①

案情：原告优鸿公司与被告大秦公司签订进货协议，货款结算由大秦公司向卖场清款后算交优鸿公司；大秦公司的销售报酬以货物进价的 30％ 在结算时扣除。大秦公司与武汉市粮油食品进出口公司签订代理进口协议，约定由该公司办理货物进关手续、支付进关费用。现优鸿公司诉请大秦公司给付货款及逾期付款的利息。法

---

① 审理法院：湖北省武汉市中级人民法院，案号：(2003) 武经初字第 123 号。

院认为，双方争点之一即为行纪费用。大秦公司以自己的名义代为优鸿公司销售货物，所发生的进场手续费、税费、甚至包括未主张或未发生的运费、保险费等均属于行纪费用，在双方未另作约定的情况下，应由大秦公司负担。至于商标使用费，双方对此并无约定，大秦公司使用该商标于代销的货物上，也是处理行纪事务的活动，仍属于行纪费用的范畴。

评析： 民法典第 952 条延续了《合同法》第 415 条，对行纪人负担行纪费用作出了规定。民法典第 952 条规定，行纪人处理委托事务支出的费用，由行纪人负担，但是当事人另有约定的除外。本案中，大秦公司认为，合同另一方优鸿公司获利较高，故认为自己代销货物所产生的手续费、税费等均应扣除，不由自己负担。这一理由是违背行纪合同商业风险负担特点的，未能得到法院的支持，即行纪合同中，除非当事人约定，否则行纪人处理委托事务所支出的费用，均应由行纪人承担，这也是行纪合同与一般委合同有所不同之处。

> ▶▶ **第九百五十三条**　行纪人占有委托物的，应当妥善保管委托物。

🏛 条文要义

本条是对行纪人妥善保管委托物的规定。

行纪人在占有其代委托人进行交易所买入的物品时，负有妥善保管义务。行纪合同为有偿合同，行纪人对物的保管应尽善良管理人的注意。除非委托人另有指示，行纪人并无为保管的物品办理保险的义务。对于物的意外灭失，只要行纪人已尽到善良管理人的注意，行纪人不负任何责任。委托人指示行纪人为保管物品办理保险，行纪人未予保险，行纪人应对此种情况下的保管物的毁损灭失负损害赔偿责任。委托人未为投保的指示，但行纪人自动投保的，投保费用为行纪费用。

🔵 案例评析

黎某某、徐某某合同纠纷案[①]

案情： 被告黎某某提供信息给原告徐某某，称有人要和田玉。黎某某在徐某某的房间看货后，又告知吴某某、李某某、王某某来看货。黎某某至徐某某房间拿了 10 件和田玉挂件和 2 件和田玉摆件并向徐某某出具了收条。徐某某同意从 120 万元中扣除 5 万元为黎某某的佣金，对此黎某某亦认可。后吴某某、李某某将 10 件和田玉挂件和 2 件和田玉摆件带走交给薛某，黎某某称给薛某的价格是 138 万元。后，黎某某归还 5 件和田玉，尚欠 7 件和田玉未归还，徐某某索要和田玉未果，向江苏

---

① 审理法院：安徽省滁州市中级人民法院，案号：（2018）皖 11 民终 1388 号。

省宿迁市公安局报案，并诉请返还原物。本案的焦点之一是法律关系的认定，法院认为本案应为行纪合同纠纷。行纪人占有委托物的，应当妥善保管委托物。双方当事人均认可在玉石行业存在货不离手的行规，黎某某在与他人交易时没有遵守该行规，将玉器交由他人，违反了委托人的指示。故徐某某请求黎某某返还玉器，符合法律规定，应当予以支持。

评析： 民法典第953条延续了《合同法》第416条，对行纪人妥善保管委托物作出了规定。根据民法典第953条的规定，行纪人占有委托物的，应当妥善保管委托物。由于行纪合同是有偿合同，所以行纪人的保管义务应当达到善良管理人的标准。本案中，黎某某作为行纪人，欲将玉器进行买卖，在此期间应当妥适保管玉器，但本案中7件玉器无法归还徐某某，黎某某并未尽到妥善保管的义务，应当承担相应的责任。

> ▶▶ **第九百五十四条**　委托物交付给行纪人时有瑕疵或者容易腐烂、变质的，经委托人同意，行纪人可以处分该物；不能与委托人及时取得联系的，行纪人可以合理处分。

🏛 条文要义

本条是对行纪人合理处分委托物的规定。

委托人委托行纪人出卖的物品，交付给行纪人时有瑕疵或者容易腐烂、变质的，行纪人为了委托人的利益，负有合理处置委托物的义务。履行该义务的要求是：（1）经过委托人同意的，行纪人可以处分该委托物。（2）在不能及时将委托物的瑕疵及易腐、变质状况告知委托人，取得委托人同意的，行纪人可以合理处分，处分委托物时须负有合理的注意义务。行纪人违反对委托物的合理处分义务，如发现委托物有瑕疵或者即将腐烂、变质，怠于通知委托人，没有采取合理措施处置，致使损失进一步扩大，给委托人造成损失的，应承担违约责任，赔偿给委托人造成的损失。

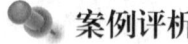

案例评析

李某某与武汉市黄陂区四季美农贸城刘某某蔬菜商行
买卖合同纠纷案①

案情： 原告李某某将若干西瓜运至武汉市黄陂区四季美农贸城销售。在案外人肖某某商行售卖部分西瓜后，经肖某某介绍，原告将剩余西瓜运至被告刘某某蔬菜

---

① 审理法院：湖北省武汉市黄陂区人民法院，案号：（2018）鄂0116民初4895号。

商行出售，被告为原告售出西瓜若干千克。在扣除搬运费并提取行费后，被告将卖瓜所得货款交还给了原告。原告认为，被告未按双方约定及市场交易习惯进行销售，且在无法完全销售时，又未及时履行通知义务，导致原告的合法权益受到损害。后双方经多次协商亦未达成一致意见，由此引发诉争。法院认为，原告交给被告销售的西瓜属于时令水果，极易受天气、温度的影响发生腐烂、变质。被告在代销期间曾打电话向原告报告了西瓜销售的实际状况，但原告未能及时作出明确指示，而是交由被告进行处理。因此，被告按当时情事作出应急销售并不违反行纪人应尽的审慎义务，属于合理处分。

评析： 民法典第954条延续了《合同法》第417条，对行纪人合理处分委托物作出了规定。根据民法典第954条的规定，委托物交付给行纪人时有瑕疵或者容易腐烂、变质的，经委托人同意，行纪人可以处分该物；不能与委托人及时取得联系的，行纪人可以合理处分。这是充分考虑到相关标的物有特殊属性时，行纪人具有处分的权利，从另一个角度看，赋予行纪人处分的权利，也是对委托人利益的保护，即经过同意可以合理处分，或者无法及时联系时，能够最大程度地减小经济损失。故本条规定极具经济意义，通过给予行纪人处分权利的方式，充分保护委托人的利益。

> ▶▶ **第九百五十五条** 行纪人低于委托人指定的价格卖出或者高于委托人指定的价格买入的，应当经委托人同意；未经委托人同意，行纪人补偿其差额的，该买卖对委托人发生效力。
>
> 行纪人高于委托人指定的价格卖出或者低于委托人指定的价格买入的，可以按照约定增加报酬；没有约定或者约定不明确，依据本法第五百一十条的规定仍不能确定的，该利益属于委托人。
>
> 委托人对价格有特别指示的，行纪人不得违背该指示卖出或者买入。

🏛 条文要义

本条是对行纪人依照委托人指示处理事务的规定。

在行纪合同中，对于委托人所指定的卖出委托物的价格或买入价格，行纪人有遵从指示的义务。具体的处理方法是：（1）行纪人以低于指定价格卖出或者高于指定价格买进的，应当经委托人同意，或者行纪人补偿其差额的，该买卖对委托人发生效力。适用的要件是：1）须有委托人所指定的价格；2）须超越了指定价格卖出或买进；3）须经委托人同意或行纪人同意补偿其差额。（2）行纪人以高于指定价格卖出或低于指定价格买进委托物的，可以按照约定增加报酬。没有约定或者约定不明确的，依据民法典第510条的规定仍不能确定的，该利益属于委托人。适用的要件是：1）委托人指定了委托物的卖出价格或买进价格；2）行纪人以对委托人更有利的价格卖出或买进委托物；3）行纪人可以按照约定增加报酬；4）所增加的利益一般应归于委托人享有。（3）委托人对价格有特别指示的，不允许行纪人予以变更，行纪人只能依照委托人指定的价格卖出或买进委托物。

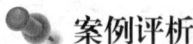 **案例评析**

福建天则电力工程有限公司与福建三嘉钢铁有限公司行纪合同纠纷案①

案情：周宁国投公司作为发包方、被告三嘉公司作为投资人、原告天则公司作为承包人签订了涉案工程，由天则公司负责施工。天则公司与三嘉公司签订了设备采购协议，款项先期由三嘉公司支付，税金和费用由天则公司代为代缴代扣。天则公司自行与若干公司签订了买卖合同，三嘉公司作为天则公司的担保人。现天则公司诉称，在被告三嘉公司包干采购过程中，自己为被告垫付了相应货款及为被告代缴代扣了税款，请求返还。法院认为，天则公司与三嘉公司所签订的设备采购包干协议实际是行纪合同，天则公司与三嘉公司签订采购协议时并未约定设备采购的包干价格，也未向三嘉公司指定、指示设备价格，故对天则公司要求三嘉公司支付货款以及开具发票代缴代扣的税款和利息损失的诉讼请求不予支持。

评析：民法典第955条延续了《合同法》第418条，对行纪人依照委托人指示处理事务作出了规定。依据民法典第955条规定，本案中，法院认为如果天则公司的诉求要得到支持，则需要证明作为行纪人的三嘉公司在履行行纪合同时未经过天则公司同意而提高价格，或者天则公司对价格有明确指示而三嘉公司却未予遵循。这其实就是对于本条款的反向运用，换言之，行纪人若要以低于委托人指定的价格卖出或者高于委托人指定的价格买入的，则必须征得委托人的同意，而且当委托人对价格有特别指示的时候，行纪人则不得违背该指示卖出或者买入。这是对行纪人依照委托人指示处理事务的规定，是对行纪人处理委托事务的限制和要求。

> ▶▶ **第九百五十六条** 行纪人卖出或者买入具有市场定价的商品，除委托人有相反的意思表示外，行纪人自己可以作为买受人或者出卖人。
> 行纪人有前款规定情形的，仍然可以请求委托人支付报酬。

🏛 条文要义

本条是对行纪人介入权的规定。

---

① 审理法院：福建省周宁县人民法院，案号：（2018）闽0925民初66号。

行纪人的介入权，也叫行纪人的自约权，是指行纪人接受委托买卖有市场定价的证券或其他商品时，除委托人有反对的意思表示外，行纪人自己可以作为出卖人或买受人的权利。如委托人委托行纪人以一定价格出卖某物，行纪人直接以自己名义按此价格买下。行纪人此时所行使的就是介入权。行纪人行使介入权的要件又称介入要件，包括积极要件和消极要件。积极要件是指所受委托的物品须为有市场定价的有价证券或其他商品。消极要件包括：（1）委托人未作出反对行纪人介入的意思表示；（2）行纪人尚未对委托事务作出处理；（3）行纪合同有效存在。

介入权行使的后果，使委托人和行纪人之间产生了买卖合同，民法关于买卖的规定均可适用。行纪人行使介入权之后仍有报酬请求权，委托人应按合同约定付给行纪人报酬。

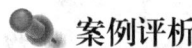 **案例评析**

张家港市泰和碳素有限公司与张家港益民冶金材料有限公司买卖合同纠纷案①

案情：原告泰和公司与被告益民公司签订《工矿产品供销合同》并履行之。泰和公司与益民公司进行对账，确认益民公司收到泰和公司货物总数为低氮包装料101.778吨、"低氮细粉料190.663吨"。益民公司支付给泰和公司货款1万元。现泰和公司诉请益民公司支付货款。本案争点之一即为泰和公司与益民公司形成的是买卖关系，还是代销关系。法院认为，泰和公司与益民公司对低氮细粉和其他材料均约定了单价并包含税价在内，双方形成的是买卖合同关系。对低氮增碳剂，益民公司以自己的名义为泰和公司从事低氮增碳剂的销售，符合行纪合同的性质。在协议实际履行过程中，益民公司是以自己的名义与其他公司开展贸易，并开具相应税务票据，泰和公司没有将税务票据开给第三方，而是直接开具给益民公司，益民公司亦确认收到低氮增碳剂，并支付了部分货款，益民公司行使了介入权，应认定行纪人益民公司作为买受人购买了上述货物。

评析：民法典第956条延续了《合同法》第419条，对行纪人的介入权作出了规定。本案展现的是行纪合同因为行纪人的介入衍生出买卖合同关系的情形，即行纪人作为买方买入委托人的商品，进而与委托人形成了新的法律关系，即买卖合同关系。在这种情况下，只要委托人没有相反的意思表示，则行纪人的介入权是得到保护的，而且这并不影响委托人需要支付报酬的义务。本案中，益民公司行使介入权，即自己作为买方买入泰和公司原本委托其销售的货物，从而与泰和公司形成了买卖合同关系。行纪人的介入权彰显了行纪合同的灵活性和商业性。

---

① 审理法院：江苏省张家港市人民法院，案号：（2014）张乐商初字第0027号。

▶▶ 第九百五十七条 行纪人按照约定买入委托物，委托人应当及时受领。经行纪人催告，委托人无正当理由拒绝受领的，行纪人依法可以提存委托物。

委托物不能卖出或者委托人撤回出卖，经行纪人催告，委托人不取回或者不处分该物的，行纪人依法可以提存委托物。

🏛 条文要义

本条是对委托人拒绝受领买入物与拒绝取回卖出物的规定。

委托人委托行纪人买入委托物，委托人有及时受领的义务，应当及时受领，支付报酬，终止行纪合同。委托人不予受领的，行纪人应当对其进行催告。经过催告，委托人仍无正当理由而拒绝受领的，行纪人依照民法典第570条关于提存的规定，可以提存委托物，消灭行纪合同关系。

委托人委托行纪人出卖委托物的，行纪人应当依照约定将委托物卖出。委托物不能卖出或者委托人撤回出卖，行纪人应当催告委托人取回委托物或者处分委托物。经行纪人催告，委托人仍不取回或者不处分该物的，行纪人依照民法典第570条关于提存的规定，可以将委托物提存，消灭行纪合同关系。

🪨 案例评析

徐某某与临沂商城田旺瓜子商行、田某等行纪
合同纠纷案①

案情：原告徐某某（发货方）与被告田某（收货方）签订发货清单，由原告向被告发送瓜子若干，并约定收货方进行销售。原告分两车将上述货物发送给被告田某所在的兰山区义堂镇南楼瓜子市场。此后，被告共计卖出瓜子若干千克，但所得货款并未支付给原告。原、被告因瓜子出卖价格及货款问题发生争议，引起诉讼。法院认为，原告与被告之间系行纪合同关系。由于委托物不能卖出或者委托人撤回出卖，经行纪人催告，委托人不取回或者不处分该物的，行纪人可以提存委托物，故对于剩余的瓜子，原告应当及时取回，如不及时取回，被告田某可将剩余瓜子提存。

评析：民法典第957条延续了《合同法》第420条，对委托人拒绝受领买入物与拒绝取回卖出物的情况作出了规定。本案情形符合民法典第957条的规定，行纪人按照约定买入委托物，委托人应当及时受领。经行纪人催告，委托人无正当理由拒绝受领的，行纪人依法可以提存委托物。委托物不能卖出或者委托人撤回出卖，经行纪人催告，委托人不取回或者不处分该物的，行纪人依法可以提存委托物。本案中，对于超出合同约定价款后剩余的瓜子，原告应当及时取回，如不及时取回，

---

① 审理法院：山东省临沂市兰山区人民法院，案号：（2015）临兰商初字第1667号。

被告田某可将剩余瓜子提存。原告主张由被告以及商行共同承担损失，于法无据，故法院未予以支持。

> ▶▶ **第九百五十八条**　行纪人与第三人订立合同的，行纪人对该合同直接享有权利、承担义务。
> 　　第三人不履行义务致使委托人受到损害的，行纪人应当承担赔偿责任，但是行纪人与委托人另有约定的除外。

🏛 条文要义

本条是对行纪人与第三人订立合同的规定。

行纪合同与委托合同有所不同，存在两重法律关系，即行纪人与委托人之间订立的行纪合同关系，以及行纪人与第三人之间订立的买卖合同关系。在这两重法律关系中，行纪人既是行纪合同的行纪人，又是买卖合同的当事人。在这样的法律关系中，行纪人与第三人订立合同，是合理合法的。故对行纪人与第三人订立的合同，行纪人对该合同直接享有权利、承担义务。

在这样的法律关系中，如果第三人不履行义务致使委托人受到损害的，究竟由哪一方承担赔偿责任，基本规则是由行纪人承担赔偿责任，因为第三人不履行义务造成委托人的损害，也是应当由行纪人负责的。只有在行纪人与委托人另有约定的情况下，才不适用这一规则。

🔘 案例评析

赵某某、田家庵区佳顺汽车租赁服务部
合同纠纷案[①]

案情：原告赵某某与佳顺租赁部签订了《车辆寄存协议》，将自己名下的车辆寄存于佳顺租赁部，由佳顺租赁部对外出租，约定"寄存车辆租赁期间所发生一切事故，碰擦，由车主与甲方共同追究承租人责任，甲方不承担任何费用及责任"。佳顺租赁部与余某某签订《协议书》，将案涉车辆租赁给余某某并收取借车押金。在租赁期间，余某某伙同他人将该车辆以抵押的形式出售给他人。现赵某某认为两被告应承担赔偿责任，遂成讼。本案的争议焦点为：赵某某涉案车辆的损失应否由佳顺租赁部承担。法院认为，双方当事人之间签订的《车辆寄存协议》包含有行纪合同内容。本案中，赵某某与佳顺租赁部签订的《车辆寄存协议》第3条规定了在寄存车辆租赁期间发生的一切事故，碰擦，由车主即赵某某与佳顺租赁部共同追究承租人

---

① 审理法院：安徽省淮南市中级人民法院，案号：（2017）皖 04 民终 1118 号。

责任，佳顺租赁部不承担任何费用。

评析：民法典第 958 条延续了《合同法》第 421 条，对行纪人与第三人订立合同的情况作出了规定。民法典第 958 条规定，行纪人与第三人订立合同的，行纪人对该合同直接享有权利、承担义务。第三人不履行义务致使委托人受到损害的，行纪人应当承担赔偿责任，但是行纪人与委托人另有约定的除外。本案中，赵某某与佳顺租赁部形成行纪合同关系，租赁部又与第三人签订合同，一般而言，按照法律规定，租赁部作为行纪人对合同直接享有权利和承担义务，如果因为第三人不履行义务致使原委托人赵某某受损的，租赁部应当承担赔偿责任。但是，本案中赵某某与租赁部的协议中有特别约定，明确指出租赁部不承担任何费用，该约定不违反法律法规，依法有效。所以本案应当适用本条款的但书部分，即行纪人与委托人另有约定的除外，故法院据此认定租赁部对车辆的损失不承担责任。

> ▶▶ **第九百五十九条** 行纪人完成或者部分完成委托事务的，委托人应当向其支付相应的报酬。委托人逾期不支付报酬的，行纪人对委托物享有留置权，但是当事人另有约定的除外。

🏛 条文要义

本条是对委托人支付报酬的规定。

委托人应当对行纪人支付报酬。具体规则是：（1）报酬数额的确定：该报酬是行纪人履行行纪行为的对价，其数额应由双方当事人约定，无约定的，依习惯确定。习惯上行纪人的报酬多以其所为交易的价额依一定的比率提取，在证券交易中尤为常见。（2）行纪人行使报酬请求权的条件：其仅与第三人订立合同是不够的，只有该买卖合同已经履行，买入物品已由第三人交付给行纪人，或已由委托人直接介入履行。行纪人在请求报酬时须将第三人履行的标的，如委托买入的物或委托卖出物的价金交给委托人，并有义务向委托人汇报所为行为的始末经过。否则，委托人有权以此为由拒绝支付报酬。（3）丧失报酬请求权：由于行纪人自己的过失致使不能向委托人交付委托卖出物的价金或买进物品的，行纪人丧失报酬请求权。（4）部分报酬请求权：因不可归责于行纪人的事由发生，致使行纪人不能完成行纪行为的，如果行纪人已做了部分履行，且该部分履行相对于全部委托事务来说可以独立存在，则行纪人有权就委托事务完成的部分请求委托人支付报酬。（5）另有约定：行纪人和委托人对行纪报酬另有约定的，依其约定。

行纪人完成全部或部分委托事务，委托人应当支付报酬却逾期不支付的，行纪人享有留置委托物，并依照法律规定以委托物折价或从拍卖、变卖该财产所得的价款中优先受偿的权利。

案例评析

太原大四方节能环保有限公司与北京市京海换热设备制造有限责任公司行纪合同纠纷案[①]

案情： 四方公司（供方、原告）与凤源热力公司（需方）签订了供货合同（设备），四方公司（乙方）与被告京海公司（甲方）签订协议约定乙方代理甲方的产品在本项目销售运作，乙方可提取总合同额的5％作为提成款。供货合同签订后，京海公司提供了换热机组设备，四方公司尚欠货款若干元。因四方公司向京海公司索要报酬未果，诉诸法院。法院认为，结合四方公司与凤源热力公司签订的供货合同，本案完全符合行纪合同的特征。四方公司在完成供货合同后，已向京海公司支付了全部货款，按约四方公司应提取总合同额的5％作为提成款，即报酬，故原告的此部分诉讼请求，法院予以支持。

评析： 民法典第959条延续了《合同法》第422条，对委托人支付报酬作出了规定。关于行纪合同的报酬问题，民法典第959条规定，行纪人完成或者部分完成委托事务的，委托人应当向其支付相应的报酬，这赋予了行纪人请求报酬的权利，而在报酬的数额方面，应当遵循有约定按约定，无约定按习惯进行确定。本案中，四方公司作为行纪人，其依据合同完成了其合同义务，有权依照本条规定请求京海公司支付相应的报酬，报酬的具体标准应当参照其与京海公司的约定，即总合同额的5％，故法院支持了四方公司这一部分的诉讼请求。

▶▶ **第九百六十条　本章没有规定的，参照适用委托合同的有关规定。**

🏛 条文要义

本条是对行纪合同准用委托合同规则的规定。

行纪合同与委托合同最为相近，行纪关系中委托人与行纪人的基础关系就是委托，只不过是委托的事项特殊、固定而已。就此而言，行纪合同就是一种特殊的委托合同。所以，本条规定，本章关于行纪合同没有规定的规则，适用委托合同的有关规定。

案例评析

张家港市广大纺机有限公司与济南康贤经贸有限公司行纪合同纠纷案[②]

案情： 原告广大公司与被告康贤公司签订产品代理合同，约定广大公司授权康

---

① 审理法院：北京市密云区人民法院，案号：（2014）密民初字第3784号。
② 审理法院：江苏省苏州市中级人民法院，案号：（2017）苏05民终865号。

贤公司为其在山东地区的区域代理商，代为销售摇架、下销、分压器、皮辊测压仪等产品。康贤公司以自己的名义在山东地区为广大公司销售了部分纺机零配件产品，并支付款项若干。现双方发生争执，原告诉请判令解除双方产品代理合同并判令康贤公司立即给付广大公司欠款若干。针对能否解除案涉合同，一审法院认为，广大公司、康贤公司签订的产品代理合同属于行纪合同性质。现广大公司要求解除合同，但广大公司不能证明康贤公司有严重违约情形，不符合法定解除条件，亦未出现约定解除的事实，故广大公司该诉请属于行使任意解除权，基于委托人可以随时解除委托合同的法律规定，故予以支持。二审法院认为，在行纪合同对于解除未作规定的情况，可适用委托合同的有关规定，故随时解除委托合同不违反法律规定。

评析：民法典第 960 条延续了《合同法》第 423 条，对行纪合同准用委托合同规则作出了规定。对于能否解除案涉合同，一审法院和二审法院作出了相同的判断，即虽然行纪合同的相关法律法规没有涉及解除的问题，但是由于可以援引委托合同，故案涉合同可得以随时解除。民法典第 960 条的规定即是对本案这种情况妥适的处理方式，法条背后的逻辑是行纪合同从法理上属于特殊的委托合同，在法条未对特殊情况进行规定时，应当适用一般规定。

第二十六章 中介合同

> ▶▶ **第九百六十一条** 中介合同是中介人向委托人报告订立合同的机会或者提供订立合同的媒介服务，委托人支付报酬的合同。

🏛 条文要义

本条是对中介合同概念的规定。

中介合同，是指中介人向委托人报告订立合同的机会或者提供订立合同的媒介服务，委托人支付报酬的合同。报告订约机会的中介称为报告中介，媒介合同的中介称媒介中介。在中介合同中，提供报告订约机会或提供交易媒介的一方为中介人，给付报酬的一方为委托人。

中介也叫居间，是古老的商业现象，在古希腊即已出现。中世纪的中介带有公职性质，非为中介人团体成员不得进行中介活动。其后的中介活动都带有官营性质，禁止私自从事中介活动。我国古代将中介人称为"互郎"，是指促进双方交易成交而从中取酬的中间人，习惯称其为"牙行"或"牙纪"，民间将其称为"对缝"。

中介合同的特征是：（1）中介合同为有名合同，立法承认中介合同的独立地位，不予禁止。（2）中介合同是一方为他方报告订约机会或为订约提供媒介服务的合同。（3）中介合同为有偿、诺成和不要式合同。（4）中介合同委托人给付义务的履行有不确定性，是否付给中介人报酬也是不确定的。（5）中介合同的主体具有特殊性，须为经过核准可以从事中介营业的法人或自然人。

🔖 案例评析

宁波市顺得房地产经纪有限公司与徐某某居间合同纠纷案①

案情： 经原告中介，原、被告与案外人罗某某、柴某某签订《存量房屋买卖中介合同》，约定罗某某、柴某某将其所有的位于宁波市鄞州区邱隘镇汇悦湾花苑××幢××号×××室的不动产卖予被告，并约定中介服务费若干元。现被告至今未予支付引起诉讼。法院认为，居间合同具有有偿性，是诺成、不要式合同，居间人与

---

① 审理法院：浙江省宁波市鄞州区人民法院，案号：（2019）浙 0212 民初 1707 号。

委托人的意思表示一致，居间合同即可成立，无须实际交付。原告已促成被告与卖方签订《存量房屋买卖中介合同》，居间服务即完成，被告应按约支付服务费。原告的诉讼请求于法有据，本院予以支持。

评析：民法典第961条延续了《合同法》第424条，对中介合同概念作出了规定。中介合同亦为居间合同，其最重要的特点就是不介入双方的合同关系中，只是为合同双方提供中介服务，主要服务内容有提供订约机会、提供交易媒介等。本案中，原告作为房地产经纪公司，其义务即是提供相应房屋信息、买卖家信息、促成房屋买卖合同成立。根据民法典第961条的规定，中介合同是中介人向委托人报告订立合同的机会或者提供订立合同的媒介服务，委托人支付报酬的合同，中介人有权基于其中介服务要求委托人支付相应的报酬。

> ▶▶**第九百六十二条**　中介人应当就有关订立合同的事项向委托人如实报告。
>
> 　　中介人故意隐瞒与订立合同有关的重要事实或者提供虚假情况，损害委托人利益的，不得请求支付报酬并应当承担赔偿责任。

🏛 条文要义

本条是对中介人报告义务和忠实义务的规定。

中介人应当就订立合同的事项向委托人如实报告，是中介合同中介人应负的主要义务。在报告中介中，中介人对于订约事项，应就其所知据实地报告给委托人，中介人对相对人没有报告委托人有关情况的义务。在媒介中介中，中介人应将有关订约的事项据实报告给各方当事人，媒介中介的报告义务是向双方的报告义务。

忠实义务，是指中介合同不管是单务的还是双务的，中介人就自己所为的中介活动都负有遵守诚实信用原则的义务，不得对订立合同实施不利影响，影响合同的订立或者损害委托人的利益，对所提供的信息、成交机会以及后来的订约情况，负有向其他人保密的义务。中介人故意隐瞒与订立合同有关的重要事实或者提供虚假情况，损害委托人利益的，不得请求支付报酬，造成委托人损害的，应当承担赔偿责任。

🔘 案例评析

武某某与周某某、王某某行纪合同纠纷案[①]

案情：原告武某某通过曹某某经营的兰考兰桐房产中介服务部介绍，在2017年12月17日与被告周某某签订了房屋买卖合同，交付首付款及中介费，被告将房屋钥

[①]　审理法院：河南省兰考县人民法院，案号：（2018）豫0225民初607号。

匙交给了原告。后原告催促被告周某某进行过户时，才得知因被告周某某欠钱，该房屋被法院进行了查封，无法进行过户，并且查封该房产的时间在双方签订购房合同之前。原告诉被告周某某与其妻王某某共同承担责任，曹某某经营的兰考兰桐房产中介服务部因提供购房信息有误，应承担连带赔偿责任。法院认为，武某某、被告周某某与被告兰考兰桐房产中介服务部之间虽未签订书面合同，但均已形成事实上的中介合同关系；此外，被告兰考兰桐房产中介服务部虽然未尽到如实提供本案房屋最新信息义务，但也仅仅是过失，并不存在主观上的故意，故被告兰考兰桐房产中介服务部可以收取劳动报酬，且对原告之损害无赔偿责任。

评析：民法典第962条延续了《合同法》第425条，对中介人报告义务和忠实义务作出了规定。中介人应当就订立合同的事项向委托人如实报告，这是中介合同中介人应负的主要义务，基于此义务，中介人也相应享有索要报酬的权利。根据民法典第962条规定，中介人应当就有关订立合同的事项向委托人如实报告。中介人故意隐瞒与订立合同有关的重要事实或者提供虚假情况，损害委托人利益的，不得要求支付报酬并应当承担赔偿责任。本案中，中介人兰考兰桐房产中介服务部未能完全尽到其报告义务，并且确实导致了原告的损失，但是其并非是故意隐瞒，即其在调查时也不知道案涉房屋被法院查封，不存在主观上的故意，所以不满足本条所规定的可以拒绝支付中介人报酬的条件，所以法院对原告的该诉求并未支持。

▶▶**第九百六十三条**　中介人促成合同成立的，委托人应当按照约定支付报酬。对中介人的报酬没有约定或者约定不明确，依据本法第五百一十条的规定仍不能确定的，根据中介人的劳务合理确定。因中介人提供订立合同的媒介服务而促成合同成立的，由该合同的当事人平均负担中介人的报酬。

中介人促成合同成立的，中介活动的费用，由中介人负担。

🏛 条文要义

本条是对委托人支付报酬的规定。

中介报酬支付的一般规则是"约定报酬制"，即中介人从事中介活动收取报酬的多少，主要依中介人和委托人的约定，在中介人促成合同有效成立后，委托人就应按约定支付报酬。中介人促成合同成立后，委托人应当按照约定支付报酬。因中介人提供订立合同的媒介服务而促成合同成立的，由该合同的当事人平均负担中介人的报酬。

数个中介人确定报酬请求权的规则：（1）报告中介，先向委托人报告订约信息并促成其订立合同者，享有中介报酬请求权。（2）媒介中介，如果委托人与相对人之间所成立的合同可归功于某个中介人时，则此中介人享有收取中介报酬请求权，其他中介人无此项权利；如果是数中介人同心协力，致使不能确定其中哪个中介人为当事人与相对人交易的达成起了决定性作用时，则应视情况而定：1）委托人以数中介人为一整体，只给予一次报酬，由各中介人平均分配该报酬；2）委托人对各中介人分别委托同一事项，中介人也独立地开展产生中介结果的活动时，中介人可以各个请求报酬；3）各中介人就同一事项分别受同一委托人的委托，但在实施中介行为时，各中介人相互结合为共同的媒介，则各中介人只能共同地收一次报酬。（3）交易双方各自委托中介人，双方委托的两个中介人又共同协力促成委托人和交易相对人订立合同，则委托人和交易相对人分别对自己所委托的中介人支付中介报酬。

对中介人的报酬没有约定或者约定不明确，依据民法典第 510 条的规定补充协议仍不能确定的，根据中介人的劳务合理确定。因中介人提供订立合同的媒介服务而促成合同成立的，由该合同的当事人平均负担中介人的报酬。

中介人促成合同成立的，中介活动的费用由中介人负担，因为中介人已经取得了应得的报酬，该报酬中包含中介活动的费用。

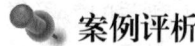 **案例评析**

郑州福禄禧房地产营销策划有限公司与李某某居间合同纠纷案①

案情： 通过福禄禧公司居间介绍，原告（丙方）、被告（乙方）与申某某（甲方）三方签订《房屋买卖合同》，并约定居间人（丙方）促成合同成立的，委托人应当按照约定支付报酬。现原告通过微信多次向被告催促履行合同，被告一直推脱拒绝如约履行相关义务，双方发生纠纷。法院认为，原告福禄禧公司作为居间方与被告李某某及房屋所有人申某某以合同书的形式就涉案房屋价款及支付方式、房屋交付及佣金、代办产权费用、违约责任等形成合意，并由三方当事人签章确认，原告及被告均应按照合同约定履行各自的义务。关于佣金的支付问题，依据法律规定，中介人促成合同成立的，委托人应当按照约定支付报酬，故关于原告要求被告支付佣金 6 万元的诉讼请求，法院予以支持。

评析： 民法典第 963 条延续了《合同法》第 426 条，对委托人支付报酬作出了规定。民法典第 963 条规定，中介人促成合同成立的，委托人应当按照约定支付报酬。对中介人的报酬没有约定或者约定不明确，依据本法第 510 条的规定仍不能确定的，根据中介人的劳务合理确定。因中介人提供订立合同的媒介服务而促成合同成立的，由该合同的当事人平均负担中介人的报酬。中介人促成合同成立的，中介活动的费用，由中介人负担。本案中，作为中介方的福禄禧公司促成了李某某与房屋所有人申某某的房屋买卖合同，完成了中介人的义务，应当有权获得报酬。报酬的价款，应当按照约定进行确定。根据合同约定，佣金及代办费共计 6 万元，故，本案中李某某应当支付中介人 6 万元报酬。

---

① 审理法院：河南省新郑市人民法院，案号：（2019）豫 0184 民初 9736 号。

▶▶第九百六十四条　中介人未促成合同成立的，不得请求支付报酬；但是，可以按照约定请求委托人支付从事中介活动支出的必要费用。

条文要义

本条是对中介人未促成合同成立可请求支付中介活动费用的规定。

这一条文是对中介人未促成合同成立可请求支付中介活动费用的规定，与《合同法》第 427 条规定相比，将要求委托人支付从事中介活动必要费用加上"按照约定"的限制性规定。

中介费用一般包含在报酬中，中介成功时，中介费用未经约定不得请求委托人支付，应由中介人自己负担。在居间人已尽报告义务或者媒介义务，但仍不能使合同成立，未达到委托人预期目的的，由于中介人获得报酬的前提是完成中介活动并达到中介目的，因而就未完成中介委托人的委托不得请求支付报酬，但是，可以按照约定要求委托人支付从事中介活动支出的必要费用，例如中介人在实施中介活动中的旅差费等。

这里规定的是中介失败是否可以请求委托人支付必要费用的规则。就是中介人请求委托人支付从事中介活动支出的必要费用的义务，由原来的法定性改变为约定性，如果原来的合同没有约定的，则不能请求支付这样的费用。实际上，在中介合同中约定必要费用的请求权，是在报酬中没有包括必要费用的基础上的约定，因而可以在中介失败依约请求支付必要费用；在没有约定中介失败可以另行请求给付必要费用的，则必要费用已包含在报酬之中，既然中介失败，就没有报酬的请求权，当然也就没有必要费用的请求权。

案例评析

潘某某与朱某某居间合同纠纷案[①]

案情： 被告潘某某向原告朱某某承诺可以帮其介绍协调承包学校食堂窗口。双方之间未签订书面合同。被告收取原告相应费用后，并未如约完成其帮助原告承包学校食堂窗口事宜。现原告要求被告退还上述费用，未果，原告诉至法院。法院认为，被告潘某某口头承诺为原告朱某某提供承包经营学校食堂的机会，原告也向被告支付了 50 000 元费用，原、被告双方之间已形成中介合同关系，现被告未能在约定时间内协助原告承包学校食堂窗口，其行为已构成根本违约，被告应当返还原告所交费用。故对原告的该项诉讼请求，应当予以支持。

评析： 民法典第 964 条规定，中介人未促成合同成立的，不得请求支付报酬；

---

① 审理法院：河南省郑州市中级人民法院，案号：（2019）豫 01 民终 12710 号。

但是，可以按照约定请求委托人支付从事中介活动支出的必要费用。本案中，原告朱某某与被告潘某某之间形成中介合同，潘某某为朱某某提供承包经营学校食堂的机会。但是，最终的结果是潘某某并未成功给朱某某提供约定的机会，即并未促成中介合同的成立，其不得请求朱某某支付报酬，故法院判决退还中介费用。当然，如果潘某某与朱某某约定，在从事中介活动中产生必要费用的，该部分费用由朱某某承担的话，即使潘某某未能成功促成案涉中介合同的成立，其也有权请求朱某某支付从事中介活动支出的必要费用，例如交通费等。

> ▶▶ **第九百六十五条** 委托人在接受中介人的服务后，利用中介人提供的交易机会或者媒介服务，绕开中介人直接订立合同的，应当向中介人支付报酬。

🏛 条文要义

本条是对委托人"跳单"应支付报酬的规定。

"跳单"行为，也叫"跳中介"，是指合同的一方或者双方当事人已经与中介人订立了合同，中介公司已经按照协议履行了提供中介信息并促使买卖双方见面洽谈等促进交易的义务，一方或双方为了规避或减少按照协议约定履行向中介人交付中介费的义务，跳过中介而私自直接签订合同的行为。"跳单"主要发生在新的中介业务员身上：一方面，他们的服务可能不到位，使委托人对中介服务的质量产生怀疑；另一方面，委托人存在侥幸心理，对交易过程中的风险了解不多，通过"跳单"而逃避中介费的支出。"跳单"是严重的中介合同违约行为。中介人的业务员在进行中介活动中，付出了自己的劳动，由于委托人的不诚信和欺诈，导致自己的劳动付诸东流，使其合同利益受到损害，违约的委托人应当承担违约责任。

只要委托人接受了中介人的中介，利用中介人提供的交易机会，却绕开中介人直接与第三人订立合同的，仍然应当承担支付中介报酬的义务，满足中介人的权利请求。在实践中，委托人"跳单"，中介人向委托人主张报酬权利，委托人不认可的，中介人可以直接向法院起诉，请求法院依照本条规定满足其报酬请求权。中介人在中介活动中，应当注意保存证据，避免委托人的"跳单"行为损害自己的利益。

🔖 案例评析

淄博汇隆置业服务有限公司滨州分公司与邵某居间
合同纠纷案①

案情：原告汇隆置业公司的业务员带领被告邵某查看待售二手房，事后双方未

---

① 审理法院：山东省滨州市中级人民法院，案号：（2018）鲁 16 民终 79 号。

再联络接洽。此后，德佑房产帮助邵某与房屋出卖人议价、沟通、协商，邵某与房屋出卖人程某某签订房屋买卖合同，随后办理房屋所有权转移登记。汇隆置业公司得知上述房屋交易完成的信息以后，认为邵某私下与客户交易，要求支付代理费和双倍违约金，未果，遂提起诉讼。法院认为，本案中，中介人汇隆置业公司并未提供证据证实其为售房人程某某售房信息的唯一发布方，而邵某提交的证据证实其在德佑公司的见证下与程某某达成房屋买卖协议，同时汇隆置业公司无法证实邵某系利用其公司信息后，私下与购房人交易，因此不能认定邵某未通过汇隆置业公司签署购房协议构成违约。

评析： 民法典第 965 条的规定，是对实践中常有发生的"跳单"行为进行的规定。诚如本案，法院给出了判断是否属于跳单的方法，即如果本案中委托人利用了中介人提供的信息和机会，却故意以其他方式不支付中介人的报酬，即为跳单。但是，本案中汇隆置业公司并未提供证据证实其为售房人程某某售房信息的唯一发布方，所以无法认定邵某只能从汇隆置业公司获取信息并接受中介服务，不符合本条法律规定，法院最终未支持中介费用的支付请求。

> ▶▶ **第九百六十六条** 本章没有规定的，参照适用委托合同的有关规定。

🏛 条文要义

本条是对中介合同准用委托合同规则的规定。

《合同法》对此没有规定，本条作出这一新规则。

中介合同与委托合同有所区别：第一，中介人仅为委托人报告订约机会或为订约媒介，并不参与委托人与第三人之间的关系；委托合同受托人则以委托人的名义和费用活动，代委托人与第三人订立合同，参与并可决定委托人与第三人之间的关系内容。第二，中介合同虽为有偿合同，但只有在有中介结果时才可以请求报酬，并且在为订约媒介居间时可从委托人和相对人双方取得报酬；而委托合同既可以是有偿合同，也可以是无偿合同。第三，中介人没有将处理事务的后果移交给委托人和报告的义务，而委托合同中的委托人，有将委托事务处理结果及时向委托人报告的义务。

不过，中介合同尽管与委托合同有上述区别，但是其基本性质仍然属于委托。因此，对中介合同适用法律，除了本章规定的中介合同的特有规则之外，其他方面都可以适用委托合同的规定。故本条规定，中介合同在本章没有规定的，适用委托合同的有关规定。

案例评析

宜昌安泰房地产营销策划有限公司、潘某房屋买卖合同纠纷案①

案情：安泰公司（丙方）与李某某、林某（甲方）、潘某（乙方）签订了《房屋买卖合同》。在交易过程中，李某某、林某与潘某发生纠纷，潘某诉请要求解除双方签订的《房屋买卖合同》并要求李某某、林某返还定金、赔偿违约金，后达成调解。安泰公司认为，该合同中明确约定不得以任何理由解除合同，故诉请法院判令李某某、林某和潘某支付佣金。法院认为，本案争点之一在于案涉合同是否能够解除。中介合同是一种特殊的委托合同，委托合同中任意解除权的规定应当适用于中介合同。法律规定委托人或者受托人可能随时解除委托合同。因解除合同给对方造成损失的，除不可归责于该当事人的事由以外，应当赔偿损失。故，从委托合同和中介合同相关法律规定的关系来看，亦应认为中介合同双方当事人有权随时解除合同。

评析：民法典第 966 条规定，中介合同章节中没有规定的，应参照适用委托合同的有关规定，其法理依据即是中介合同也是委托合同之一种，且无特别规则时应当适用一般规则。本案中，关于中介合同的解除权问题，法律并无规定，故法院援引适用有关委托合同解除权的规定，判定中介合同双方当事人亦有权随时解除合同。

---

① 审理法院：湖北省宜昌市中级人民法院，案号：（2018）鄂 05 民终 809 号。

第二十七章 合伙合同

▶▶ **第九百六十七条** 合伙合同是两个以上的合伙人为了共同的事业目的，订立的共享利益、共担风险的协议。

🏛 条文要义

本条是对合伙合同概念的规定。

本条与《民法通则》规定的合伙概念有所区别。《民法通则》第30条对个人合伙概念的规定是："个人合伙是指两个以上的公民按照协议，各自提供资金、实物、技术等，合伙经营、共同劳动。"对个人合伙概念的这个界定不够准确，仅仅提到合伙经营、共同劳动，而没有提到共享利益、共担风险的合伙合同典型特征。这样的概念界定应当改变。

合伙合同是两个以上的合伙人为了共同的事业目的，订立的共享利益、共担风险的协议。合伙合同的特征是：（1）当事人为两个以上的合伙人，包括自然人、法人、非法人组织，通常是自然人。（2）合伙合同的设立目的是两个以上的合伙人为了实现共同的事业目的，主要是经营性目的。（3）合同的内容是约定合伙人共同投资、共同经营、共担风险。（4）合伙合同设立的是普通合伙，不包括设立合伙企业的合同。合伙企业是民法典第102条规定的非法人组织。

通过合伙合同设立的是合伙，两人以上通过合伙合同，按照约定，为共同的事业目的，各自提供资金、实物、技术等，合伙经营、共同劳动、共享收益、共担风险。

合伙的法律特征是：

1. 合伙由两个以上的自然人、法人或者非法人组织组成，以合伙人的意思表示一致为基础。

2. 合伙由合伙人共同投资成立，其财产属于合伙人共有。

3. 合伙由合伙人共同经营管理，共担经济利益和风险。

4. 合伙以其名义独立从事民事活动，合伙人对外承担无限连带责任。

案例评析

林某乙、陈某合伙协议纠纷案[①]

案情：原告陈某、林某甲与被告林某乙订立《股东协议》，约定共同经营某煤矿项目，该协议就出资比例、经营安排作出约定，约定由林某乙负责办理该煤矿项目的初步设计、环评、采矿许可证。后陈某、林某甲依约向林某乙支付了入股款，但林某乙未能依约使煤矿具备开采条件。故林某甲、陈某起诉请求判令：解除三方的《股东协议》，返还投资款。关于《股东协议》的性质：一审法院认为，《股东协议》应认定为合伙协议。二审法院认为，案涉协议是名为双方合作经营，实为采矿权购买及权益分配。再审法院认为，无论是《股东协议》的约定内容，还是其实际履行情况，均体现的是法律规定的合伙合同所具有的共同出资、共同经营、共享利润的特征，因此应认定为合伙合同。

评析：《民法通则》第 30 条规定，个人合伙是指两个以上公民按照协议，各自提供资金、实物、技术等，合伙经营、共同劳动。民法典第 967 条规定，合伙合同是两人以上为了共同的事业目的，订立的共享利益、共担风险的协议。案涉《股东协议》就林某甲、林某乙及陈某对案涉煤矿的出资、经营等作出约定，从其内容来看，其符合合伙合同共同出资、共同经营、共享收益、共担风险的基本特征，因此应认定三方之间成立合伙关系，因案涉协议系三方当事人真实的意思表示，且不违反法律、行政法规的强制性规定，应认定为有效。

应当补充说明的是，本案反映了民法典本条规定的新规则，本案双方当事人在合同中明确约定由各方共享收益，且从《股东协议》的履行情况看，三方当事人亦实际共同经营了案涉煤矿，并共享了经营收益。其体现了合伙合同"共享收益"的特点。

> ▶▶ **第九百六十八条** 合伙人应当按照约定的出资方式、数额和缴付期限，履行出资义务。

🏛 条文要义

本条是对合伙人出资义务的规定。

《民法通则》第 31 条规定："合伙人应当对出资数额、盈余分配、债务承担、入伙、退伙、合伙终止等事项，订立书面协议。"《合伙企业法》第 17 条规定："合伙

---

① 审理法院：一审法院为福建省福州市中级人民法院，案号：（2015）榕民初字第 1281 号；二审法院为福建省高级人民法院，案号：（2016）闽民终 695 号；再审法院为最高人民法院，案号：（2017）最高法民再 228 号。

人应当按照合伙协议约定的出资方式、数额和缴付期限，履行出资义务。以非货币财产出资的，依照法律、行政法规的规定，需要办理财产权转移手续的，应当依法办理。"本条借鉴的是该条前段规定。《民法通则》第 31 条是关于个人合伙的合伙人的出资数额的规定，借鉴《合伙企业法》第 17 条的部分规定，本条规定了合伙人出资义务的完整规则。

合伙人的出资，是合伙财产的最初来源。合伙人在合伙合同中应当约定合伙人的出资方式、数额和交付期限，履行出资义务。各合伙人应按约定，向合伙投资，投资财产构成合伙的财产基础。投资可以是资金，也可以是设备；可以是财产，也可以是其他用益物权，如将建设用地使用权、土地经营权等投资入股；可以是知识产权，也可以是技术。合伙财产一经形成，合伙即可进行经营活动。出资方式，是指出资的具体方式，例如是以资金、设备还是物权等方式出资。出资数额是指出资的具体数额，不仅关系到合伙人的出资义务的履行，而且关系到合伙人在合伙中享有的权益。交付期限，是指在何时缴付出资，即出资的具体时间。合伙人不能按照上述要求履行出资义务，构成违约，应当继续履行，并应当承担违约责任。

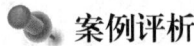 ## 案例评析

房某与陈某合伙协议纠纷案[①]

案情：原告房某与被告陈某签订了《协议书》，约定合伙共同出资承包某公司的建设项目，工地由陈某主要负责。后法院生效判决判定某公司给付陈某工程款 11 554 699.23 元及相应利息。房某起诉请求确认双方系合伙承建工程关系并请求分割合伙利润。一、二审法院均认为，房某与陈某的合伙《协议书》合法有效，但现有证据不足以证明房某履行了出资义务，合伙进行中的各事项亦均由陈某办理，因此在涉案工程的建设施工过程中，该《协议书》未实际履行，现房某以此要求确认双方存在合伙关系并分割合伙利润，依据不足，法院对此不予支持。

评析：本案涉及民法典第 968 条关于合伙人出资义务的规定。本案中，争议焦点在于房某是否依《协议书》履行了出资义务，能否请求分割合伙利润。依据第 968 条第 1 款，合伙人应当按照约定的出资方式、数额和缴付期限，履行出资义务。合伙人履行出资义务是合伙人分享合伙利润的前提，本案中，房某与陈某合伙承包案涉工程的协议虽然合法有效，但是现有证据并不足以证明房某履行了协议书约定的出资义务，因此，对其请求分割合伙利润的主张不应予以支持。

---

① 审理法院：一审法院为江苏省新沂市人民法院，案号：（2017）苏 0381 民初 7714 号；二审法院为江苏省徐州市中级人民法院，案号：（2018）苏 03 民终 3634 号。

应当补充说明的是，本案部分反映了民法典本条规定的新规则，本案当事人在合伙合同中约定，"2011年承建新港商贸城，由房某和陈某（合伙共同）出资承包"。按照双方之间的约定，双方系共同承包涉案工程且系共同出资，不过双方没有就出资方式、数额和期限作出明确约定。本案的争议焦点在于房某是否有证据证明其实际履行了出资义务，由于其不能提供充分证据，对其分割合伙利润的主张不应支持。而如果当事人明确约定了出资方式、义务和期限，则房某应按合同约定履行出资义务，否则将构成违约，应承担违约责任。

> ▶▶ **第九百六十九条** 合伙人的出资、因合伙事务依法取得的收益和其他财产，属于合伙财产。
>
> 合伙合同终止前，合伙人不得请求分割合伙财产。

🏛 条文要义

本条是对合伙财产及禁止分割合伙财产的规定。

《民法通则》第32条规定："合伙人投入的财产，由合伙人统一管理和使用。合伙经营积累的财产，归合伙人共有。"《合伙企业法》第20条规定："合伙人的出资、以合伙企业名义取得的收益和依法取得的其他财产，均为合伙企业的财产。"第21条规定："合伙人在合伙企业清算前，不得请求分割合伙企业的财产；但是，本法另有规定的除外。合伙人在合伙企业清算前私自转移或者处分合伙企业财产的，合伙企业不得以此对抗善意第三人。"与《民法通则》第32条规定相比，本条借鉴了《合伙企业法》的规定，确定了合伙财产的具体规则。

合伙财产是指由合伙人依照合伙协议向合伙投资的财产和合伙在共同经营中积累的财产构成的，由全体合伙人共有的财产所有关系。

合伙财产的特征是：（1）合伙财产依合伙关系而发生，依法律规定基于合伙关系的存在而必然发生。（2）合伙财产具有组合性，包括合伙人的投资、合伙经营的收益积累以及其他财产。（3）合伙财产体现为全体合伙人的共有权，全体合伙人都是共有人，平等地享有权利，分担义务。（4）合伙人对合伙财产对外享有连带权利，承担连带义务，每个合伙人都是连带债权人，每个合伙人也都是连带债务人。

对合伙财产的要求是：首先，合伙财产同各合伙人自己所有的其他财产是分开的，投入合伙之后，就属于全体合伙人共有。各合伙人出资虽然都是个人财产，但它们聚集在一起，形成新的共有权，就构成了合伙基础财产的团体性、共同性，使合伙可以利用这一财产去经营事业、应付风险、创造财富、承担责任。缺乏这样的财产基础，合伙难以发展它的事业。其次，因合伙事务依法取得的收益也是共有财产和其他财产，属于全体合伙人共同共有。故合伙财产的出资与积累构成的合伙财产是一个统一整体，必须按照共有的法律要求，由全体合伙人对合伙财产进行统一管理和使用。①

共同共有财产的基本属性是，形成共同共有的基础关系没有消灭之前，共同共有的财产不得分割，因为合伙财产一经分割，将破坏共同共有的基础。合伙关系是合伙财产的基础关系，在合伙没有散伙之前，当然不能分割合伙财产。同样，基于合伙财产的组合性和整体性，合伙财产不得分割的规则并不妨碍合伙人对合伙收益进行分红。

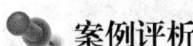 **案例评析**

常某与朱某、甲公司合伙协议纠纷案②

案情： 2016 年，原告常某与被告朱某合伙承建某中学食堂工程，双方对出资比例、如何出资、盈余分配均未进行明确约定。现常某主张朱某私自截留工程款，诉请被告向原告支付合伙利润 40 万元。一、二审法院均认为，常某主张支付合伙利润 40 万元，实质即为合伙财产分割。庭审中，原、被告双方均未能提供合伙期间完整、真实无异议的合伙账目或其他可供清算的依据，且原告常某与被告朱某一致认可涉案工程成本尚未进行核算、涉案工程总价款尚未支付完毕、双方合伙出资具体数额亦未进行确认。在合伙事务未经清算、出资不详、盈亏不明的情况下，常某主张分配合伙利润，无事实与法律依据，不予支持。

评析： 本案涉及民法典第 969 条第 2 款关于合伙财产分割的规定。合伙财产是合伙运行的基础，合伙合同终止前，合伙人不得请求分割合伙财产，且合伙财产的分割应在合伙事务清算后。依据民法典第 969 条第 2 款的规定，合伙合同终止前，合伙人不得请求分割合伙财产。从本案事实来看，常某请求支付合伙利润的请求其实是请求对合伙财产予以分割，由于合伙事务属于未经清算、出资不详、盈亏不明的情况，且常某未能举证证明合伙可供分配的盈余数额，因此法院对常某的诉请不予支持。

应当补充说明的是，本条反映了民法典本条规定的新规则，即"合伙合同终止前，合伙人不得请求分割合伙财产"。合伙关系是合伙财产的基础关系，在合伙没有散伙之前，当然不能分割合伙财产。本案中，由于合伙事务属于未经清算、出资不详、盈亏不明的情况，且常某未能举证证明合伙可供分配的盈余数额，合伙合同尚未终止，常某请求支付合伙利润的请求其实是请求对合伙财产予以分割，因此，法

---

① 佟柔主编.中国民法学·民法总则.北京：中国人民公安大学出版社，1990：142.

② 审理法院：一审法院为江苏省沛县人民法院，案号：（2019）苏 0322 民初 821 号；二审法院为江苏省徐州市中级人民法院，案号：（2019）苏 03 民终 6817 号.

院对常某的诉请不予支持。

> ▶▶ 第九百七十条 合伙人就合伙事务作出决定的，除合伙合同另有约定外，应当经全体合伙人一致同意。
>
> 合伙事务由全体合伙人共同执行。按照合伙合同的约定或者全体合伙人的决定，可以委托一个或者数个合伙人执行合伙事务；其他合伙人不再执行合伙事务，但是有权监督执行情况。
>
> 合伙人分别执行合伙事务的，执行事务合伙人可以对其他合伙人执行的事务提出异议；提出异议后，其他合伙人应当暂停该项事务的执行。

🏛 条文要义

本条是对合伙事务执行的规定。

对此，《民法通则》第 34 条有所规定，但是不具体、不全面，本条借鉴《合伙企业法》第 26~29 条规定了新规则。合伙事业经营，包括合伙的经营决策、合伙事务执行和合伙负责人三个方面的内容。

首先，关于合伙的经营决策。合伙人对合伙事务作出决定，除合伙合同另有约定外，应当经全体合伙人一致同意。合伙的经营决策，包括经营计划、经营项目、经营收益分配等，这些都必须由全体合伙人共同协商决定，但也不排除按照多数合伙人或多数份额原则来决定。

其次，关于合伙事务的执行。合伙人有执行和监督的权利。合伙事务执行的基本规则是：按照合伙合同的约定或者按照全体合伙人的决定，可以委托一个或者数个合伙人执行合伙事务。将合伙事务交由部分合伙人执行时，其他合伙人不再执行该合伙事务，但是有权监督执行情况。

合伙事务执行，是合伙事业经营中的一个环节，是指合伙事业经营决策确定之后，究竟由哪些合伙人负责执行，执行人之外的合伙人有哪些权利实现合伙经营目的的活动。合伙的经营决策作出后，具体的执行方式有两种。

1. 共同执行，即由全体合伙人共同执行。

2. 代表执行，即按照合伙合同的约定或者全体合伙人的决定，可以委托一个或者数个合伙人执行合伙事务；其他合伙人不再执行，但是有权监督执行情况。

3. 分别执行，即合伙人分别执行合伙事务的，执行事务合伙人可以对其他合伙人执行的事务提出异议；提出异议后，其他合伙人应当暂停该项事务的执行。

合伙事务执行不论采取哪种方式执行，都应由全体合伙人共同承担责任，而不是由合伙事务执行人个人承担民事责任。不论采取何种执行方式，所有的合伙人或者没有执行合伙事务的合伙人都对合伙事务执行享有监督权，监督合伙事务执行人的执行活动，发现问题，都有权提出监督意见，提交全体合伙人讨论，由全体合伙人作出决定。

最后，关于合伙负责人。合伙人可以推举负责人。合伙负责人是由全体合伙人推举产生的对外代表全体合伙人的利益，对内组织经营管理的合伙人。合伙负责人执行合伙的经营决策所产生的经营亏损、意外损失和所欠债务等民事责任，由全体合伙人承担。但是，如果能够证明这些义务和责任是由合伙负责人超越合伙的经营决策引起的，则由合伙负责人个人承担民事责任。对其他人员的经营活动，也由全体合伙人承担民事责任。

案例评析

陈某甲、陈某乙等与某公司民间借贷纠纷案①

案情： 2010 年 11 月，陈某甲与周某签订《合同》，约定合伙经营某矿山及某选厂。其中，矿山、选厂的经营生产事务由陈某甲全权负责，周某有权进行矿山、选厂行政财务监督。合伙过程中，陈某甲向冯某借款共计 380 万元。之后，陈某乙入伙，三人签订《合股协议》，约定陈某乙入伙前 680 万元债务由三股东共同负担。后冯某请求陈某甲、陈某乙、周某偿还其借款。一审法院认为，380 万元系合伙债务，且得到《合股协议》确认，三人应承担还款责任。二审法院认为，从《借条》的形成时间上看，其属于《合股协议》签订后所形成的债务，不在 680 万元的范围，且陈某乙、周某未在《借条》上签字。该债务应由陈某甲个人偿还。再审法院认为，综合现有证据可以证明，陈某甲为合伙经营对外借款形成 380 万元债务的事实不仅真实存在，而且属于其与周某合伙期间形成的合伙债务，并在签订《合股协议》时得到三人共同确认。因此，陈某甲、周某、陈某乙应向冯某承担连带清偿责任。

评析： 依据民法典第 970 条，合伙人可就合伙事务的执行作出约定。而依据民法典第 973 条，因执行合伙事务产生的债务，应由全体合伙人承担连带责任。本案中，陈某甲与周某签订的《合同》中约定，二人合作期间矿山、选厂的经营生产事务，由陈某甲全权负责。陈某甲为合伙事务对外筹借资金，属于履行前述合同约定的经营生产事务职责范围，因此周某应承担连带责任。陈某乙入伙后，三人签订的《合股协议》明确约定，某矿对外所欠债务 680 万元由三股东共同承担。因此，陈某乙亦应对该债务承担连带责任。

应当补充说明的是，本案反映了民法典本条关于合伙事务的执行可由当事人约

---

① 审理法院：一审法院为湖南省衡阳市中级人民法院，案号：（2013）衡中法民三初字第 44 号；二审法院为湖南省高级人民法院，案号：（2015）湘高法民一终字第 376 号；再审法院为最高人民法院，案号：（2017）最高法民再 292 号。

定的新规定，本案陈某甲与周某约定二人合作期间矿山、选厂的经营生产事务，由陈某甲全权负责，因此，合伙事务应依据当事人约定的方式执行。如当事人未就合伙事务的执行作出约定，则应适用民法典第 970 条的合伙事务执行规则。

> ▶▶ **第九百七十一条** 合伙人不得因执行合伙事务而请求支付报酬，但是合伙合同另有约定的除外。

🏛 条文要义

本条是对合伙人执行合伙事务不得请求支付报酬的规定。

本条属于新增规定。合伙人与合伙雇佣的人不同。合伙雇佣的人员不是合伙的成员，而是合伙的工作人员，其向合伙提供劳务，合伙对其给付报酬。但合伙人是合伙的共有人之一，是合伙组织的成员，其在合伙中的经济利益是通过对合伙盈利进行分红实现的。合伙人执行合伙事务，既是其权利，也是其义务。合伙人既是合伙的投资者也是经营者，有权参与合伙事务的执行。合伙人应当共同执行合伙事务，处理合伙事务也是其作为合伙人应尽的义务。合伙人执行合伙事务就是在处理自己的事务，因此，原则上合伙人不应以执行合伙事务为由请求支付报酬。①

但是，由于合伙事务的执行可以委托给一个或者数个合伙人执行，此时，执行合伙人需要付出大量的时间、精力，其他合伙人则可以不直接参与合伙的经营管理，此时，如果不对执行事务合伙人进行补偿或者奖励，并不公平，为了体现公平原则，应当允许执行事务的合伙人从合伙经营利润中获得补偿②，或者合伙合同当事人也可以在合同中明确约定对执行事务的合伙人另外计算报酬，这既体现了合伙的意志，也符合公平原则。

🔘 案例评析

何某、洪某船舶经营管理合同纠纷案③

案情： 2007 至 2008 年间，洪某、何某及其他五人合伙出资建造某船舶。该船建造完工并登记后，七合伙人决定继续合伙经营船舶运输业务，并于 2009 年 2 月 16 日签订了《股份合作协议书》，其中约定，该船由某公司（公司股东之一、监事为何某）管理。2018 年 1 月 10 日，何某向法院起诉请求洪某支付其经营管理涉案船舶的工资报酬及利息。一、二审法院均认为，何某要求洪某支付其经营管理涉案船舶的工资报酬及利息，依据不足。首先，根据法院查明的事实，涉案合伙体成立时未就

---

① ② 黄薇. 中华人民共和国民法典合同编解读：下册. 北京：中国法制出版社，2020：1525.

③ 审理法院：一审法院为浙江省宁波海事法院，案号：（2018）浙 72 民初 62 号；二审法院为浙江省高级人民法院，案号：（2018）浙民终 799 号。

何某的工资报酬问题作出约定。其次，何某起诉时出具的《同意支付工资决定书》上签名的合伙股东与《股份合作协议书》中载明的股东不符。综上，何某要求洪某向其支付工资报酬的主张依据不足。

评析：本案涉及民法典第971条关于执行事务合伙人是否可请求支付报酬的规定。在一般的民事合伙中，合伙人在合伙中的经济利益系通过合伙盈利进行分红而实现，而非通过在执行合伙事务中取得报酬。因此，若非合伙合同另有约定，执行事务合伙人不得请求合伙对其另行支付报酬。民法典第971条即对此作出规定，合伙人不得因执行合伙事务而请求支付报酬，但是合伙合同另有约定的除外。本案中，首先，根据法院查明的事实，涉案合伙体成立时未就何某的工资报酬问题作出约定，合伙运行过程中亦未对此达成合意，因此何某支付报酬的请求无法律依据，对其请求不应予以支持。

应当补充说明的是，本案反映了民法典本条规定的新规则，即"合伙人不得因执行合伙事务而请求支付报酬，但是合伙合同另有约定的除外"。由于本案中没有对何某的工资报酬问题作出约定，合伙运行过程中合伙人亦未对此达成合意，因此何某支付报酬的请求不应得到支持。

> ▶▶第九百七十二条　合伙的利润分配和亏损分担，按照合伙合同的约定办理；合伙合同没有约定或者约定不明确的，由合伙人协商决定；协商不成的，由合伙人按照实缴出资比例分配、分担；无法确定出资比例的，由合伙人平均分配、分担。

🏛 条文要义

本条是对合伙利益分配和亏损分担的规定。

《民法通则》第31条仅对合伙规定了盈余分配的概念，没有具体规定，本条借鉴《合伙企业法》第33条规定了具体规则。《合伙企业法》第33条规定："合伙企业的利润分配、亏损分担，按照合伙协议的约定办理；合伙协议未约定或者约定不明确的，由合伙人协商决定；协商不成的，由合伙人按照实缴出资比例分配、分担；无法确定出资比例的，由合伙人平均分配、分担。合伙协议不得约定将全部利润分配给部分合伙人或者由部分合伙人承担全部亏损。"本条借鉴的是该条的前段，后段没有借鉴。

合伙的宗旨是共同出资、共同经营、共享利益、共担风险。按照这一宗旨，合伙利益分配和亏损负担的规则是：

1. 利益分配：合伙人享有合伙共同财产的分取红利权，就是共同共有中共有人的收益权。在合伙经营中，对于经营盈余，合伙除留下足够的积累以供发展外，其盈余按红利分配给合伙人，各合伙人均享此权利。

2. 分担风险：合伙遭遇经营风险，造成亏损，是合伙财产发生的经营亏损，也应当由合伙人即共有人共同分担。

3. 利益分配和亏损分担的确定方法。具体方法是：第一，应当依照合伙合同的约定办理。第二，合伙合同对利益分配和亏损分担的方法没有约定或者约定不明确的，由合伙人协商决定，按照协商达成的协议办理。第三，协商不成的，由合伙人按照实缴的出资比例分配、分担。第四，无法确定出资比例的，由合伙人平均分配、分担。

在合伙的盈余分配和风险分担规则中有一个重要的问题，是合伙共有财产中存在明显的潜在"应有部分"。共同共有是基于共同关系而共有一物，其所有权属于共有人全体，而非按照应有部分享有所有权，故对该共同共有物的全部，共有人并无应有部分存在。但是，在共同共有关系中，潜在的应有部分又在暗中发挥影响，决定着盈余分配和风险负担的规则。这说明，合伙财产虽然是共同共有没有应有部分，但并不是说就绝对没有任何形式的应有部分。在市场经济条件下，共同共有不能是绝对的不分份额，那样就没有各个共有人的利益了。在合伙财产中，其潜在应有部分其实是公开表露出来的，这就是参加合伙的每一个人都有固定的出资份额，每一个合伙人都有相应的股份，就是每一个共有人的应有部分。在约定的期限到来时，要按照这个应有部分分配红利或者承担亏损。正是由于合伙财产存在这种潜在的应有份额，才在决定合伙的盈利分配和风险负担规则时，直接影响着合伙合同关于盈利分配和风险分担的约定，影响着对利益分配和亏损分担的方法没有约定或者约定不明确时合伙人协商决定的达成，在协商不成时，由合伙人按照实缴的出资比例分配、分担。只有在出资比例无法确定时，才能平均分配、分担。

案例评析

陈某、王某、廖某合伙协议纠纷案[①]

案情： 原告陈某与王某、廖某约定合伙出资开发建设某商城。三人约定：三合伙人在自愿出资的原则下，按不少于 40 万元出资；在项目建设竣工、售完营业房后，按出资金额比例进行还本分利。在进行利润分配时，给陈某分配利润的 10% 作为项目前期的各种经费开支。合伙人无异议的各方出资金额为：陈某 256 160 元，廖某 273 570 元，王某 743 627 元。此外，陈某曾以自有债权 61 万元结清项目转让费。现陈某起诉请求确认其 61 万元亦系合伙出资，其出资比例为 51.38%。一审法院认为，陈某以自有债权结清转让费应当作为其合伙出资金额进行还本分利，这符合约

定的合伙出资原则及合伙利润分配原则。二审法院认为，陈某欲将其 61 万元债权作为合伙出资需征得其余合伙人的一致同意，本案其他合伙人对此不予认可，因此不能作为合伙出资，仅能作为合伙组织的共同债务，由合伙人承担清偿责任。三人的利润分配比例应为：陈某 20.12%、廖某 21.48%、王某 58.40%。

评析： 本案涉及民法典第 972 条关于合伙的利润分配和亏损分担的规定。依据该规定，合伙的利润分配和亏损分担，按照合伙合同的约定办理；合伙合同没有约定或者约定不明确的，由合伙人协商决定；协商不成的，由合伙人按照实缴出资比例分配、分担；无法确定出资比例的，由合伙人平均分配、分担。本案中，当事人约定了利润分配按出资比例进行，案件的争议焦点是各合伙人的出资比例如何确定，三人对于各自的出资额均一致认可为：陈某 256 160 元，廖某 273 570 元，王某 743 627 元。此外，在合伙运行过程中，陈某另以自有债权 61 万元抵偿合伙的债务，其主张应将 61 万元亦认定为其对合伙的出资，但是，对出资比例的认定对其他合伙人影响甚重，欲将 61 万元认定为对合伙的出资，须取得合伙人一致认同；否则，将可能对其他合伙人造成权利义务上的不公平。

应当补充说明的是，本案反映了民法典本条规则的新规定，依据本条规定，合伙合同的利润分配问题，首先应依照当事人约定，本案当事人约定了利润分配按出资比例进行，法院也应依此约定判决，不过本案的争议问题是各合伙人的出资比例如何确定，对此，法院应依当事人提供的证据作出判断。此外，若案件当事人就利润分配和亏损负担没有约定或者约定不明确的，由合伙人协商决定；协商不成的，由合伙人按照实缴出资比例分配、分担；无法确定出资比例的，由合伙人平均分配、分担。

> ▶▶ **第九百七十三条**　合伙人对合伙债务承担连带责任。清偿合伙债务超过自己应当承担份额的合伙人，有权向其他合伙人追偿。

🏛 条文要义

本条是对合伙债务清偿承担连带责任的规定。

与《民法通则》第 35 条规定相比，本条借鉴《合伙企业法》第 38～40 条规定的规则更准确。《合伙企业法》第 38 条规定："合伙企业对其债务，应先以其全部财产进行清偿。"第 39 条规定："合伙企业不能清偿到期债务的，合伙人承担无限连带责任。"第 40 条规定："合伙人由于承担无限连带责任，清偿数额超过本法第三十三条第一款规定的其亏损分担比例的，有权向其他合伙人追偿。"这三个条文的主要内容都概括在本条之中。

合伙债务属于合伙的消极财产，是合伙对他人所负的债务。合伙债务产生于合伙关系存续期间，产生债务的原因是合伙对第三人的合同行为或侵权行为，以及不当得利和无因管理等发生债务的原因。

对于合伙债务，承担债务的主体是合伙，履行债务的担保或承担债务的财产范围是合伙财产和每个合伙人的个人财产。

合伙债务与合伙人的个人债务不同。合伙人的个人债务是合伙人个人对他人所欠的债务，合伙人与债权人是债权债务关系的当事人，与合伙事务及合伙毫无关系，因此应当由合伙人个人承担清偿责任。

合伙债务清偿责任的形式是无限连带责任。具体规则是：（1）合伙债务由合伙财产承担；（2）合伙财产清偿不足，各合伙人以自己的全部个人财产，连带承担；（3）个人财产清偿不足部分，由其他合伙人承担；（4）各合伙人以个人财产偿还合伙债务超过自己合伙份额的合伙人，有权向其他合伙人追偿。

当合伙人应当以自己个人财产承担无限责任时，又负有个人债务应当清偿的，哪一个债权优先，该条没有规定，通常认为，合伙负担的债务和合伙人负担的个人债务都是债权人的债权，具有同等的效力。能够清偿的，分别清偿；不足清偿的，按比例清偿。

案例评析

韩某等与吴某土地租赁合同纠纷案[①]

案情： 某公司与韩某、李某签订《虾池承包协议书》，约定将案涉虾池承包给韩某、李某养鱼、虾使用。经查明，李某并非真实姓名，韩某、赵某、运某等六名合伙人系以口头协议方式在案涉虾池合伙进行鱼虾养殖。某公司注销后，吴某担任清算组负责人。现吴某起诉请求韩某、赵某、运某共同给付租金及利息，一、二审法院均认为，根据《民法通则》第35条的规定，合伙人对合伙的债务承担连带责任，债权人可以选择对全体连带责任人或其中任何一个或几个连带责任人起诉请求清偿全部连带债务。本案中，吴某选择韩某、赵某、运某作为一审被告符合法律规定，韩某、赵某、运某应向吴某支付租金及利息。若其认为其偿还的合伙债务超过自己应当承担的数额，有权向其他合伙人追偿。

评析： 本案涉及民法典第973条关于合伙债务中合伙人责任承担的规定。依据该规定，合伙人对合伙债务承担连带责任。清偿合伙债务超过自己应当承担份额的合伙人，有权向其他合伙人追偿。本案中，韩某、赵某、运某等六人为承包合同的合伙人，其应对因承包虾池欠付的租金承担连带责任。债权人可以选择对全体连带责任人或其中任何一个或几个连带责任人起诉请求清偿全部连带债务。吴某选择请

---

① 审理法院：一审法院为北京市第一中级人民法院，案号：（2017）京 01 民初 583 号；二审法院为北京市高级人民法院，案号：（2018）京民终 297 号。

求韩某、赵某、运某支付租金，此三人应承担支付租金的责任，不过，就超出其应承担数额的部分可以向其他合伙人追偿。

应当补充说明的是，本案仅体现了民法典本条规则中关于"合伙人对合伙债务承担连带责任"的规定，还未体现"清偿合伙债务超过自己应当承担份额的合伙人，有权向其他合伙人追偿"的规定，若本案韩某、赵某、运某等承担了债务，则有权依据民法典本条的规定就超出其应当承担份额的部分向其他合伙人追偿。

▶▶ **第九百七十四条**　除合伙合同另有约定外，合伙人向合伙人以外的人转让其全部或者部分财产份额的，须经其他合伙人一致同意。

🏛 条文要义

本条是对合伙人转让合伙份额的限制规定。

《民法通则》对此没有规定，本条借鉴《合伙企业法》第22条，并在此基础上形成新规则。《合伙企业法》第22条规定："除合伙协议另有约定外，合伙人向合伙人以外的人转让其在合伙企业中的全部或者部分财产份额时，须经其他合伙人一致同意。合伙人之间转让在合伙企业中的全部或者部分财产份额时，应当通知其他合伙人。"本条借鉴的是该条文的前段。

合伙人向合伙投资取得的合伙份额，属于本法第125条规定的股权和其他投资性权利。这个权利属于合伙人享有，有权进行支配，包括将其转让给他人。但是，由于合伙具有人身性，尤其是合伙人相互之间具有信赖关系，如果对合伙人转让自己的合伙份额不加任何限制，将会使受转让人加入合伙，成为新的合伙人，破坏合伙人相互之间的信赖关系，造成合伙关系的损害。因此，法律适当限制合伙人转让合伙的全部或者部分财产份额。

适当限制，并非绝对禁止合伙人转让，只是对转让加以限制。

1. 合伙人将其合伙份额转让给其他合伙人的，法律不予以限制，只要双方同意即可。

2. 合伙人将其合伙份额转让给合伙人以外的人，须经全体合伙人一致同意，否则不得转让。这是因为合伙人之间具有人格信赖关系，而合伙份额的转让具有入伙和退伙的双重性质，属于一种人的变动，应当严格履行程序。

3. 对于合伙人将其合伙份额转让给他人的，如果合伙合同另有约定，则依其约定。

案例评析

王某与刘某合伙协议纠纷案①

案情：王某与何某曾签订《合伙经营某幼儿园协议书》，约定共同经营某幼儿园，各占50%的股份。后何某将自己的50%的股份转让给了刘某，双方签订《某幼儿园股份转让协议》，后来，小孩李某在幼儿园上学期间受伤住院，刘某负责照看李某并垫支了大部分费用。其间刘某与王某的多份通话录音显示：王某不愿接何某要转让的股份，并同时认可不管何某转让给谁都欢迎……现刘某诉请确认其合伙人地位。一、二审法院认为，原告与第三人签订的股份转让协议是二人真实意思表示，该协议真实合法有效，予以认可。关于刘某是否为合伙人的问题。依现有证据，王某实际已默认了何某与刘某之间的转让行为。因此，刘某与王某形成了合伙关系。

评析：本案涉及民法典第974条关于合伙人对外部分或全部转让合伙份额的规定。在一般合伙中，合伙人对外转让合伙份额其实是该合伙人退伙，受让人与原其他合伙人形成新的合伙的过程，因此应经其他合伙人一致同意。民法典对此予以明确，其第974条规定，除合伙合同另有约定外，合伙人向合伙人以外的人转让其全部或者部分财产份额的，须经其他合伙人一致同意。本案中，何某将其合伙份额转让给合伙人以外的刘某，从现有证据来看，王某对此表示认可，因此应认定转让行为有效，王某与刘某之间成立合伙关系。

应当补充说明的是，本案反映了民法典本条规定的新规则，即"除合伙合同另有约定外，合伙人向合伙人以外的人转让其全部或者部分财产份额的，须经其他合伙人一致同意"。本案何某将其合伙份额对外转让，经过了王某的同意，因此其转让行为有效。

▶▶ **第九百七十五条**　合伙人的债权人不得代位行使合伙人依照本章和合伙合同享有的权利，但是合伙人享有的利益分配请求权除外。

🏛 条文要义

本条是对限制合伙人的债权人代位行使合伙人债权的规定。

这一条文是限制合伙人的债权人对合伙人的合伙权利行使债权人代位权的规定，《民法通则》对此没有规定，本条主要借鉴的是《合伙企业法》第41条规定的内容。《合伙企业法》第41条规定："合伙人发生与合伙企业无关的债务，相关债权人不得

---

① 审理法院：一审法院为重庆市黔江区人民法院，案号：（2014）黔法民初字第03068号；二审法院为重庆市第四中级人民法院，案号：（2016）渝04民终102号。

以其债权抵销其对合伙企业的债务；也不得代位行使合伙人在合伙企业中的权利。"本条借鉴这一条文，进行了适当修改。

合伙债权是合伙的财产，属于合伙人共同共有，各合伙人虽然对此享有权利，但不是个人的债权，应当由全体合伙人享有。所以，此种债权的债务人必须对合伙履行债务，如果某合伙人个人对该债务人负有债务，则禁止该债务人将合伙债权与该合伙人的个人债务相抵销。这是因为，合伙人个人债务应以个人财产清偿，如果直接以全体合伙人享有的债权相抵销，则该合伙人就侵害了全体合伙人的共有权。

债权人为保全其债权，可依债权人代位权，代位行使债务人对他人行使的权利，民法典第 535 条等对此已经有明确规定。对合伙人的债权人代位权予以禁止，是合伙人的债权人在合伙存续期间，对该合伙人对合伙的权利，不得代合伙人的债权人之位行使债权人代位权。这是因为，合伙人对合伙的权利有专属权性质，不能与合伙人的地位相分离，一旦合伙人的债权人对合伙人对合伙的权利行使代位权，将会损害全体合伙人的利益。所不同的是，对合伙人享有的分取红利权，因其已成为合伙人自己独立享有的权利，并无专属性，所以，合伙人的债权人可以对其行使债权人代位权，以保全自己的债权。

案例评析

袁某与刘某、尹某等债权人代位权纠纷案①

案情： 自 2012 年 4 月起，梁某与刘某、尹某、杨某合作开发某工程项目。梁某于 2014 年 2 月 24 日向袁某借款 20 万元，梁某于 2015 年 6 月 24 日死亡，莫某系梁某之妻。在另案中，审理法院委托某会计师事务所出具意见，鉴定意见为：截至 2015 年 3 月 31 日，梁某在四人合作期间，应收本息 39 581 094.2 元。该意见未经刘某等的认可亦未经质证。现袁某以梁某、莫某对刘某、尹某、杨某等享有债权为由提起代位权诉讼。一、二审法院均认为，现有证据不足以证明梁某、莫某与刘某等人存在债权债务关系。对袁某代位行使梁某、莫某债权的主张不予支持。

评析： 本案涉及民法典第 535 条关于代位权行使要件的规定及第 975 条合伙人的债权人代位行使合伙人权利、第 977 条关于合伙人死亡时合伙合同终止、第 978 条关于合伙合同终止后合同财产分配等的规定。依据民法典第 975 条，合伙人的债权人不得代位行使合伙人依照法律规定和合伙合同享有的权利，但是合伙人享有的利益分配请求权除外。本案中，争议焦点在于袁某对刘某、尹某、杨某的债权人代位权是否成立。应当说，依据民法典第 977 条的规定，在梁某死亡后，合伙合同终止，依据第 978 条，梁某及其妻子莫某可主张分配合伙财产。因莫某怠于主张权利，

---

① 审理法院：一审法院为湖南省邵阳市大祥区人民法院，案号：（2019）湘 0503 民初 1361 号；二审法院为湖南省邵阳市中级人民法院，案号：（2019）湘 05 民终 2106 号。

影响了袁某债权的实现，而该权利属于第 975 条规定的利益分配请求权，因此袁某可向刘某等主张代位权。不过，本案的问题在于袁某应举证梁某应分配的合伙财产份额，因案涉会计师事务所出具的会计鉴定意见书未经刘某等的认可，亦未经质证，因此难以作为袁某主张的依据。

应当补充说明的是，本案体现的是合伙合同终止后，合伙人的债权人可以代位行使合伙人的分配财产的请求权，但未充分反映民法典本条规定在合伙合同存续期间合伙人债权人不得代位行使的规则，即"合伙人的债权人不得代位行使合伙人依照本章和合伙合同享有的权利，但是合伙人享有的利益分配请求权除外"。若仍在合伙关系存续期间，则合伙人的债权人不能代位行使合伙人依据本章和合伙合同享有的权利，但是合伙人享有的利益分配请求权则可以主张。

> **第九百七十六条** 合伙人对合伙期限没有约定或者约定不明确，依据本法第五百一十条的规定仍不能确定的，视为不定期合伙。
>
> 合伙期限届满，合伙人继续执行合伙事务，其他合伙人没有提出异议的，原合伙合同继续有效，但是合伙期限为不定期。
>
> 合伙人可以随时解除不定期合伙合同，但是应当在合理期限之前通知其他合伙人。

🏛 条文要义

本条是对合伙期限的规定。

合伙成立之后，不可能永久存在，故合伙存在合伙期限问题，其他法律对此没有规定。本条文确定的合伙期限的主要规则如下。

1. 合伙期限的确定。合伙成立之后，不可能永久存在，故合伙存在合伙期限问题。对于合伙期限的确定方法是：第一，定期合伙。合伙人在合伙合同中对合伙期限有约定的，依照其约定确定合伙期限，合伙在合伙合同约定的存续期限内始终存在。第二，合伙人对合伙期限没有约定或者约定不明确，应当依照本法第 510 条的规定进行协议补充，按照补充协议约定的合伙期限确定。第三，补充协议仍然不能确定合伙期限的，视该合伙的合伙期限为不定期。

2. 定期合伙合同期满。合伙合同约定的合伙期限届满，合伙应该散伙。合伙散伙应当依照散伙的规则进行清算。合伙合同约定的合伙期限届满，虽然没有明确约定，但是合伙人还在继续执行合伙事务，其他合伙人对此也没有提出异议的，合伙人是以其各自的行为确认合伙合同继续履行，该合伙继续存在，原合伙合同继续有效，只是该合伙的合伙期限变为不定期，合伙成为不定期合伙。

3. 合伙人对不定期合伙行使解除合伙合同的权利。对于不定期合伙，包括约定为不定期合伙、确定为不定期合伙以及推定为不定期合伙，合伙人都可以随时解除不定期合伙合同，包括散伙和退伙。合伙人一致主张解除合伙合同的，合伙散伙；除了一个合伙人不主张解除合伙，其他合伙人都主张解除合伙合同的，后果也是散伙。在合伙中如果有两个以上的合伙人不主张解除合伙合同，其他人都主张解除合伙合同，主张解除合伙合同的合伙人其实就是退伙。不论是退伙还是散伙，都应当按照退伙和散伙的规则处理。合伙人主张解除不定期合伙合同的，应当通知其他合伙人，并且留出合理期限，以便其他合伙人做好退伙或者散伙的准备。

案例评析

曹某与卢某及刘某合伙协议纠纷案[①]

案情： 2000 年，曹某分别与两个客运公司签订了《承包合同》，约定由曹某承包案涉两路线的客运业务。2003 年，曹某与卢某约定合伙经营客运专线，出资比例各占 50%。承包合同到期后，曹某与两客运公司续签了合同。2009 年 8 月，曹某向卢某发出《关于终止合作经营关系的函》，认为二人原合伙承包经营的合同已到期，其后二人之间的合作关系为不定期合作关系，要求自 2009 年 6 月起终止二人之间的合作关系，卢某不同意，双方就是否继续合伙出现矛盾。卢某起诉请求确认其合伙人身份。一、二审法院、第一次再审湖南高院、第二次再审最高院均认为至本案诉讼前，卢某仍具有合伙人身份。理由：合伙协议约定的期限届满后，当事人的合伙关系并不必然终止。本案中，合伙期限届满后，曹某仍在实际经营，双方也在一直分配合伙利润。由此，曹某与卢某的合伙法律关系在曹某与两客运公司签订合同中所约定的期限届满后仍继续存在。曹某虽于 2009 年 8 月 27 日向卢某发出的《关于终止合作经营关系的函》，但函发出后，曹某仍在实际经营并分配利润。至本案诉讼前，当事人在长达数年的时间里对共同经营、共享利润的合伙事实并无异议。因此，应对卢某的合伙人身份予以确认。

评析： 本案涉及民法典第 976 条关于合伙期限的规定。依据民法典第 976 条第 2 款，合伙期限届满，合伙人继续执行合伙事务，其他合伙人没有提出异议的，原合伙合同继续有效，但是合伙期限为不定期。本案中，争议焦点为在本案诉讼前，卢某是否仍具有合伙人身份。关于合伙期限，曹某、卢某虽对此未明确约定，但基于合伙经营的事项为案涉客运线路的经营权，故应以曹某与两客运公司签订合同中所约定的承包期限为依据加以认定。而在承包经营合同到期后，曹某与两客运公司续签合同，继续从事该经营，且仍向卢某分配合伙利润。据此，双方的合伙关系并未解除，只是转为不定期。故，在本案诉讼前，卢某仍具有合伙人身份。但在转为不

---

① 审理法院：一审法院为湖南省郴州市中级人民法院，案号：（2010）株中民一初字第 13 号；二审法院为湖南省高级人民法院，案号：（2011）湘高法民一终字第 72 号；第一次再审法院为湖南省高级人民法院，案号：（2012）湘高法民再终字第 86 号；第二次再审法院为最高人民法院，案号：（2016）最高法民再 138 号。

定期合伙后，曹某可以随时解除不定期合伙合同，但是应当在合理期限之前通知卢某。

应当补充说明的是，本案体现了民法典本条规定关于合伙期限认定的新规则，当事人未明确约定合伙期限，但基于合伙经营的事项为案涉客运线路的经营权，因此，应以曹某与两客运公司签订合同中所约定的承包期限为依据认定。在承包经营合同到期后，曹某与两客运公司续签合同，继续从事该经营，且仍向卢某分配合伙利润。据此，双方的合伙关系并未解除，只是转为不定期。

> ▶▶ **第九百七十七条** 合伙人死亡、丧失民事行为能力或者终止的，合伙合同终止；但是，合伙合同另有约定或者根据合伙事务的性质不宜终止的除外。

🏛 条文要义

本条是对合伙人死亡、丧失民事行为能力或者终止使合伙散伙的规定。

《民法通则》没有规定散伙问题。散伙是指合伙的解散。在通常情况下，散伙的事由是：（1）合伙合同约定的合伙经营期限届满，合伙人不愿意继续经营的；（2）合伙合同约定散伙的事由出现；（3）全体合伙人决定解散；（4）合伙人已经不具备法定人数，例如只剩下一个合伙人；（5）合伙合同约定的合伙目的已经实现或者不能实现；（6）出现法律、行政法规规定的合伙解散的其他原因。当合伙出现上述事由时，合伙应当散伙。

本条规定的合伙人死亡、丧失民事行为能力或者终止的，合伙合同终止，是说当合伙人为自然人已经死亡或者丧失民事行为能力，或者合伙人为法人、非法人组织已经终止的，合伙合同终止，合伙应当解散。其实并不这样简单：如果合伙人为多人，其中之一死亡或者终止，其他合伙人仍然健在或者存在，只要没有达到只剩一人的条件的，该合伙其实并不必然散伙；如果所有的合伙人都死亡、终止的，合伙合同关系当然消灭；当合伙人还有一人没有死亡或者终止的，这个合伙合同关系其实也已经消灭，变成一人经营了。因此，这一条文规定的内容不够准确，还应当进一步斟酌。

正确的规则应当是：有两个合伙人组成的合伙，其中合伙人之一死亡、丧失民事行为能力或者终止的，合伙合同的权利义务终止，该合伙散伙。由三个以上的合伙人组成的合伙，其中一个合伙人死亡、丧失民事行为能力或者终止的，该合伙人在合伙中的权利义务终止，其他合伙人同意其继承人继承其财产份额的，可以成为新的合伙人；如果不同意其继承人作为新的合伙人，应当进行清算，由其继承人或者承继其权利义务的主体继承或者接受其财产利益。

此外，如果合伙合同另有约定，或者根据合伙事务的性质不宜终止的，合伙合同的关系仍然继续存在。

 **案例评析**

陈某丙、邹某甲合伙协议纠纷案[①]

案情： 陈某甲、陈某乙与邹某合伙承包某荒山地，其中找地及组织造林的工作由陈某甲、陈某乙负责，苗木及造林资金由邹某负责，湿地松的产权由邹某、陈某甲、陈某乙共同所有。2006 年，三人将所种植的湿地松全部烧掉，不再共同种植松树林及其他树林。2006 年 11 月 29 日，陈某甲与第三人敖某签订转包合同，将案涉林地转包给敖某。邹某于 2007 年 10 月 24 日去世。2018 年 1—2 月，第三人敖某依照合同约定向陈某甲支付了承包金。邹某之妻陈某丙，邹某之女邹某甲诉请继承邹某的合伙权益，请求陈某甲向其支付承包金的 1/3。一审法院认为，三人关于合伙造林的个人合伙在烧掉共同种植的湿地松时就已经终止。二审法院认为，依据《民法通则》等的规定，个人合伙的基础是共同经营、共同劳动，故邹某与陈某甲、陈某乙之间的合伙关系应于 2007 年 10 月 24 日邹某死亡时终止。而陈某丙、邹某甲等请求陈某甲、陈某乙支付转包土地的承包金的 1/3 的请求没有事实和法律依据，本院不予支持。

评析： 民法典第 977 条规定，合伙人死亡、终止的，合伙合同的权利义务终止。本案中，陈某甲，陈某乙与邹某签订了《合同书》，约定了合伙造林事宜，但邹某于 2007 年 10 月 24 日病故，本案并没有证据证实陈某甲、陈某乙同意邹某的继承人取得合伙人资格，因此，邹某与陈某甲、陈某乙之间的合伙关系应于邹某死亡时终止。而陈某丙、邹某甲等请求陈某甲、陈某乙支付转包土地的承包金的 1/3 的请求没有事实和法律依据，法院判决于法有据。

应当补充说明的是，本案体现了民法典本条规定的新规则，即"合伙人死亡、丧失民事行为能力或者终止的，合伙合同终止；但是，合伙合同另有约定或者根据合伙事务的性质不宜终止的除外"。本案中，邹某病故后，其与陈某甲、陈某乙之间的合伙关系已经终止，邹某不再享有合伙利润，陈某丙、邹某甲无权请求陈某甲、陈某乙支付转包土地的承包金的 1/3。

> ▶▶ **第九百七十八条** 合伙合同终止后，合伙财产在支付因终止而产生的费用以及清偿合伙债务后有剩余的，依据本法第九百七十二条的规定进行分配。

---

① 审理法院：一审法院为广西壮族自治区东兴市人民法院，案号：（2018）桂 0681 民初 646 号；二审法院为广西壮族自治区防城港市中级人民法院，案号：（2019）桂 06 民终 957 号。

🏛 条文要义

本条是对合伙散伙时财产利益分配的规定。

《合伙企业法》第 89 条规定："合伙企业财产在支付清算费用和职工工资、社会保险费用、法定补偿金以及缴纳所欠税款、清偿债务后的剩余财产，依照本法第三十三条第一款的规定进行分配。"本条借鉴了这一条文的基本内容。

合伙散伙的财产利益分配规则，就是合伙散伙时的清算规则。合伙散伙时，必须进行清算。合伙的清算，是对合伙的债权、债务、资产进行清理的过程，是合伙退出市场的必经程序，合伙未经清算不得散伙。

合伙财产关系消灭的原因分为两种：（1）合伙解散，即散伙，引起合伙财产的全部消灭。（2）合伙人退伙，引起合伙财产的部分消灭。合伙财产全部消灭，应当对合伙财产进行清算；合伙财产部分消灭，应当对退伙人的应有份进行结算。这种清算和结算，都是对共有财产的分割。

合伙解散，是合伙财产全部消灭的原因。合伙一经解散，产生合伙财产的必要前提即不存在，合伙财产关系当然终止，因此发生合伙财产的清算后果。合伙至清算结束时，为完全消灭。清算的办法是：（1）了结现务；（2）收取债权；（3）清偿债务；（4）返还出资；（5）分配剩余财产。该剩余财产，是合伙财产在清偿合伙债务、返还出资以后所剩的财产。对此剩余财产，由全体合伙人分配，而无论各合伙人以何种方式出资。分配的原则，就是民法典第 972 条规定的按各合伙人应受分配利益的比例进行分配。经过清算，如全部合伙财产不足以清偿合伙债务的，就是亏损，对内由各合伙人按比例分担，对外连带负责清偿。

合伙人退伙是合伙财产部分消灭的原因。退伙分为：

1. 声明退伙，是合伙人以其一方通过声明的意思表示退出合伙的行为。

2. 法定退伙，无须任何声明，遇有法定事由的发生即当然发生的退伙，例如合伙人死亡、合伙人丧失民事行为能力、合伙人被开除。

合伙人无论是声明退伙，还是法定退伙，都使该合伙人丧失合伙人的资格，在合伙财产关系上失去共有人的资格，应对其在合伙财产中的份额进行结算，分配其应得的损益。除此之外，整个合伙关系及合伙财产继续存在。

🍥 案例评析

苏某与方某合伙协议纠纷案①

案情：2013 年 3 月 30 日，某公司与苏某（本案被告）、方某（本案原告）签订

---

① 审理法院：一审法院为新疆维吾尔自治区察布查尔锡伯自治县人民法院，案号：（2019）新 4022 民初 19 号民事判决；二审法院为新疆维吾尔自治区高级人民法院，案号：（2019）新 40 民终 1620 号。

一份《某工程施工承包合同》，约定由方某、苏某包工包料承建案涉工程。案涉工程完工后，苏某领取了全部工程款，现方某要求苏某返还一半工程款并支付该款利息。关于工程款，一、二审法院均认为，苏某与方某之间系个人合伙法律关系。合伙事项终止后，合伙人应当进行清算，并以此为基础分配盈余或负担亏损。涉案工程已经竣工并交付使用，且某公司已支付了剩余工程款，双方合伙处于盈利状态，合伙清算的条件已成就。涉案工程由双方实际施工并与某公司进行结算，方某有权要求苏某结算并分配利润，因双方提供的证据并不足以证明双方约定的利润分配方式，故就涉案工程的利润分配方式，参照《中华人民共和国合伙企业法》第33条的规定，因双方均未明确约定利润分配，且双方亦协商不成，对出资比例亦无明确约定，故应由合伙人进行平均分配。

　　评析：本案涉及民法典第978条关于合伙散伙时合伙财产分配的规定。合伙权利义务终止后，应当进行清算，合伙财产在清偿债务后仍有剩余的，应当向合伙人分配。民法典第978条规定了剩余财产的分配依照合伙利润分配和亏损分担的原则，而第972条规定，合伙的利润分配和亏损分担，按照合伙合同的约定办理；合伙合同没有约定或者约定不明确的，由合伙人协商决定；协商不成的，由合伙人按照实缴出资比例分配、分担；无法确定出资比例的，由合伙人平均分配、分担。本案发生时，民法典尚未颁布，法律中未有关于个人合伙权利义务终止时剩余财产分配的直接规定，法院参照《合伙企业法》的相关规定，判定在双方均未明确约定利润分配，且双方亦协商不成，对出资比例亦无明确约定的情形下，利润由合伙人进行平均分配具有合理性。

第三分编　准合同

第二十八章　无因管理

> ▶▶ 第九百七十九条　管理人没有法定的或者约定的义务，为避免他人利益受损失而管理他人事务的，可以请求受益人偿还因管理事务而支出的必要费用；管理人因管理事务受到损失的，可以请求受益人给予适当补偿。
>
> 管理事务不符合受益人真实意思的，管理人不享有前款规定的权利；但是，受益人的真实意思违反法律或者违背公序良俗的除外。

🏛 条文要义

本条是对无因管理概念的规定。

与《民法通则》第 93 条规定相比，本条对无因管理的基本规则作了规定。

无因管理，是指没有法定的或者约定的义务，为避免他人利益受损失而管理他人事务的一种法律事实。在无因管理中，管理人和本人之间发生的法律关系，就是无因管理之债，为他人进行管理或者服务的人为管理人，其事务受到管理或者服务的人为受益人，也叫作本人。

无因管理的法律特征是：（1）无因管理是债的发生根据之一；（2）无因管理是管理人的自愿行为；（3）无因管理是有益于他人的行为，是法律应当予以鼓励和表彰的行为。构成无因管理须具备以下条件：（1）管理人须对他人事务进行管理或者服务；（2）管理人没有法定的或者约定的义务；（3）管理人须为避免他人利益受损失而管理。

无因管理之债当事人的权利义务是：（1）管理人有权请求受益人偿还因管理事务而支出的必要费用，受益人负有支付管理人因管理行为而支出的必要费用的义务。（2）管理人因管理事务受到损失的，可以请求受益人给予适当补偿，受益人应当对此损失予以补偿。（3）管理行为不符合受益人真实意思的，管理人不享有上述权利，但是如果管理事务受益人的真实意思违反法律或者违背公序良俗的，仍应依照无因管理的规则处理，管理人享有无因管理之债的债权。

案例评析

刘某、朱某喜、李某亮等违反安全保障义务责任纠纷案①

案情：李某亮约刘某义等五人喝酒吃饭，其间王某水奚落了杨某成，后者听后心中不悦，欲起身离开。大家认为他喝了酒此时骑车回家不安全而进行阻止。随后，杨某成推开床边的窗子，准备往外爬，刘某义和朱某喜立即冲过去拉杨某成，但造成窗户挤脱落，刘某义和朱某喜坠落至一楼，刘某义经抢救无效死亡。刘某义之子和其妻遂诉请赔偿。法院认定本案为无因管理纠纷，刘某义作为无因管理人，因实施救助行为死亡，杨某成作为受益人，应根据受益多少及其经济状况，进行适当补偿。

评析：本案中，杨某成因喝酒后欲爬窗离开工棚回家，刘某义出于担心在窗边救助杨某成时发生意外而跌落死亡，刘某义的死亡结果与其救助杨某成的行为存在一定因果关系，刘某义系为避免杨某成利益受损而进行管理的人，双方没有法定或约定的义务，故刘某义的行为应当属于无因管理。杨某成作为受益人，应根据其受益情况并结合经济状况，对刘某义的近亲属给予适当补偿。

> ▶▶**第九百八十条**　管理人管理事务不属于前条规定的情形，但是受益人享有管理利益的，受益人应当在其获得的利益范围内向管理人承担前条第一款规定的义务。

🏛 条文要义

本条是对不适法无因管理及后果的规定。

本条属于新规则。不适法无因管理是不真正无因管理中的一种，是指管理事务不利于本人，违反本人明示或可得推知的意思而为管理②，为他人管理事务的行为。

不适法无因管理的特征是：第一，管理的是他人的事务；第二，管理人的管理出于主观上的原因，是管理人在主观上出现了认识上的不当，或者是误将他人的事务当成自己的事务，或者是明知他人的事务而作为自己的事务进行管理；第三，管理人将他人的事务作为自己的事务进行管理；第四，不真正无因管理仍然产生债的关系，但内容有所不同，仍然享有补偿的请求权，但以受益人所得的利益为限。对于不真正无因管理，只要受益人受有管理利益，准用无因管理的规定。

---

① 审理法院：安徽省宣城市中级人民法院，案号：（2019）皖18民终1885号。

② 王泽鉴. 债法原理：第1册. 北京：中国政法大学出版社，2001：350.

不适法无因管理的构成要件如下。

1. 须成立无因管理，具备无因管理的所有要件，即管理人须对他人事务进行管理或者服务、管理人没有法定的或者约定的义务、管理人须为避免他人利益受损失而管理。不成立无因管理，无从构成不适法无因管理，因为不适法无因管理的构成前提就是成立无因管理。

2. 管理事务不利于本人。不利于本人是从客观后果上看，管理事务的后果不利于本人，给本人造成利益的损害。

3. 管理事务违反本人的意思。不适法无因管理的主观方面，是管理人管理本人事务违反本人的意思，或者违反明示的意思，或者违反本人没有明示则可得推知的意思。

当管理人实施管理行为为不适法无因管理时，不产生无因管理之债。但是，受益人受有管理利益的，构成不真正无因管理，其管理人享有的权利是：第一，受益人对于因管理所生的利益，仍然可以享有。第二，管理人对受益人享有费用及利息的偿还请求权、债务代偿请求权和损害赔偿请求权，但以受益人所得利益为限，超过受益部分的，受益人不负责任。

案例评析

甲公司与乙公司房地产开发经营合同纠纷案①

案情： 2001 年 11 月 8 日，原告甲公司与被告乙公司签订了《某地块转让开发协议书》，2001 年 11 月 29 日，原告甲公司的设立人丽水市丙公司与被告另签订《某地块转让开发协议书》一份，合同约定：被告同意将衢州市经济开发区某某地块建设用地 12 720m² 转让给丙公司开发商住房，丙公司一次性补偿被告 100 万元的费用。2001 年 12 月 14 日，原、被告签订《某地块联合开发协议书》，约定合作开发该项目地块，工程建设、商品房销售等一切经营活动均由原告负责。在开发过程中，衢州市地税局发函否认原、被告联合开发事实，认为该项目系原告单独开发，故要求原、被告双方按土地转让形式缴纳税费合计 96.72 万元，并对原、被告双方应缴份额作出分配，被告应缴税额 65 万元。自 2009 年 10 月起，原告分批缴纳了 90.48 万元税费，其中代被告缴纳税费 58.76 万元。2011 年 7 月 13 日，被告董事长周某某在给衢州市地税稽查局的书面材料中对原告的代缴事实予以认可，后原告向被告追偿未果，故诉至法院。

被告提出抗辩，原告代缴税款是在被告毫不知情的情况下，为其自身利益直接实施代缴税款的行为，属不真正无因管理行为下的不法管理行为，故而不应予以清

① 审理法院：一审法院为浙江省衢州市柯城区人民法院，案号：（2012）衢柯花民初字第 22 号民事判决；二审法院为浙江省衢州市中级人民法院，案号：（2012）浙衢民终字第 281 号。

偿。法院认为，关于垫缴税款事宜，被告在 2011 年 7 月 13 日的声明中明确，系原告某公司"为我公司所垫付"，对于垫付款项的处理，表示"系我两家经济往来""……由我们自行解决"。显然，被告对税务机关征收税款事宜是知情的，并对垫缴税款事宜作出了转归双方民事关系的安排，不属于不真正无因管理下的不法管理行为，故而支持原告的诉讼请求。

评析：民法以意思自治为原则，原则上禁止当事人未经允许管理他人事务，以避免干涉他人。但是，为了提倡人民群众之间守望相助的社会道德，故而规定无因管理制度，允许无因管理人向受益人请求补偿。但是，如果管理人是为了自己利益而管理他人事务，虽然具有无因管理的行为外观，却不是真正的无因管理行为。此时，法律规定只有在受益人享有管理利益的，管理人才能在受益人受益范围内请求补偿。本案中，原被告双方已经对原告代缴税款事宜作出安排，属于合同民事法律关系，被告的抗辩不能成立。

▶▶ **第九百八十一条** 管理人管理他人事务，应当采取有利于受益人的方法。中断管理对受益人不利的，无正当理由不得中断。

🏛 条文要义

本条是对管理人适当管理义务的规定。

本条属于新规则。管理人对管理事务负有适当管理的义务，应当尽到与管理自己的事务为同一注意。适当管理义务表现在：

1. 管理人应不违背受益人的意思进行管理。受益人有明确意思表示的，应依受益人明示的意思管理，或者应依受益人可得推知的意思管理。

2. 管理人应依有利于受益人的方法进行管理。管理方法是否有利于受益人，应以客观上能否避免受益人利益受损失为标准。

3. 应根据受益人利益的需要进行继续管理，继续管理是指在受益人、受益人的继承人或法定代理人得以进行管理之前进行的管理。

4. 紧急管理义务。如果是为了免除受益人的生命、身体或者财产上的急迫而为事务的管理的，对于因其管理所生的损害，除有恶意或者重大过失者外，不负赔偿责任。管理人尽到这种管理义务的，即为适当管理。如果管理人在管理他人事务时未尽到与处理自己的事务为同一注意者，采取的方法不利于受益人，则为有过失，对造成的受益人损害，应当承担赔偿责任。

在开始管理受益人的事务后，实行管理不得中断原则，即管理人对管理事务中断管理对受益人不利的，在无正当理由的情况下，管理人不得中断管理，否则，造成受益人损害后果的，应当承担赔偿责任。

案例评析

王某卫与王某民、潘某某无因管理纠纷案①

案情：原告王某卫诉称王某民系其兄弟，2014年3月27日发生交通事故造成王某民一级伤残。被告潘某某系王某民之妻，其放弃给王某民治疗，将王某民从医院接回家中。原告作为王某民的姐姐，不忍心兄弟在家等死，将王某民送至德州市立医院分院住院治疗，故垫付各项费用若干元，现诉请被告支付相应费用。法院认为，原告王某卫为王某民治疗及护理期间支出的合理费用，被告应予以偿还。但在被告王某民处在植物人状态下，原告未经被告王某民法定监护人的同意，擅自将王某民送往医院治疗，侵犯了被告的就医自主选择权，且原告王某卫将被告王某民送至医院住院342天，明显超过合理限度，并造成部分不必要的额外支出，对此额外支出，原告王某卫应自行承担。

评析：民法典第981条规定，管理人管理他人事务，应当采取有利于受益人的方法。本案中，管理人王某卫管理其兄弟医疗事务，应当采取有利于王某民以及其法定监护人潘某某利益的方法。然而，其将王某民送至医院342天，明显超过合理限度，进而造成经济上的不利益，不属于尽到适当管理义务，故该行为未被法院予以认可，所造成的经济损失——额外支出，亦只能由其自身承担。

> ▶▶第九百八十二条　管理人管理他人事务，能够通知受益人的，应当及时通知受益人。管理的事务不需要紧急处理的，应当等待受益人的指示。

条文要义

本条是对管理人通知义务的规定。

本条属于新规则。管理人于管理开始后，应当将管理开始的事实通知受益人，如果没有急迫情形，应当等待受益人的指示。如果不能进行通知，例如管理人不知受益人是谁，或不知受益人的住址，或交通断绝，或因其他原因无法通知，则不负通知义务；如果受益人已知管理开始的事实，则没有必要进行通知，可得推知受益人的意思，以有利于受益人的方法进行管理。管理人通知受益人之后，应当听候受益人的指示。如果等候收益人的指示会使受益人的利益受到损失的，则不应坐等指示而应直接管理。管理人违反通知义务，应负债务不履行的责任，但继续管理的部分仍成立无因管理，而不是不适法管理；如果受益人反对继续管理，管理人仍继续管理者，则为管理人违反受益人的意思而进行管理。对于造成的损害，管理人应负

---

① 审理法院：山东省德州市德城区人民法院，案号：（2016）鲁1402民初983号。

无过失赔偿责任。

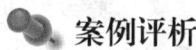 **案例评析**

东平县斑鸠店镇路村村民委员会与孙某 1、孙某 2 等

追偿权纠纷案①

案情： 刘某某是原告东平县斑鸠店镇路村村民委员会的村民，是被告孙某 1 之妻，被告孙某 2、孙某 3、孙某 4、孙某 5 之母。刘某某在村内被村民发现喝农药后送至医院，原告斑鸠店镇路村村民委员会为刘某某垫付了医疗费若干，现要求被告偿还其垫付的费用。法院认为，本案中，原告为刘某某垫付医疗费用，属无因管理，原告对刘某某依法享有该债权的追偿权。但是，在无因管理中，管理人亦应承担适当管理义务，即应依本人明示或可推知的意思，以利于本人的方法管理，否则构成不当管理。原告在刘某某就医后一直昏迷住院持续为其垫付医疗费，一直到原告无力再付为止，长达 38 天之久，且原告未提交刘某某在处于昏迷状态下仍需长期住院治疗的相关证据，侵犯了被告孙某 1 等对刘某某的就医自主选择权，属不当管理，因此，原告要求被告孙某 1 等偿还其垫付的巨额医疗费显失公平，本院不予支持。

评析： 案涉无因管理关系是成立的，但是本案中作为管理人的原告，在管理他人事务时，并没有采取有利于受益人的方法，在其明知孙某 1 等生活条件一般的情况下，仍旧选择需花费高额医疗费用的治疗方式。更为关键的是，其在本人无意思表示能力时，未及时通知受益人，没有等待受益人的指示而自行选择了管理手段。民法典第 982 条规定，管理人管理他人事务时，能够通知受益人的，应当及时通知受益人。管理的事务不需要紧急处理的，应当等待受益人的指示。据此，法院认为管理人侵犯了被告的就医自主选择权，属于不当管理，所以不支持管理人要求被告偿还巨额医疗费用的诉请。

> ▶▶ **第九百八十三条** 管理结束后，管理人应当向受益人报告管理事务的情况。管理人管理事务取得的财产，应当及时转交给受益人。

🏛 **条文要义**

本条是对管理人管理结束后报告和结算义务的规定。

本条属于新规则。无因管理的管理人在管理结束后，负有向受益人报告管理事务的义务。无因管理的管理人实施管理行为，是为维护受益人的利益。在无因管理的管理行为结束之后，无因管理所得的利益最终须归属于受益人。因而，在无因管

---

① 审理法院：山东省泰安市东平县人民法院，案号：(2018) 鲁 0923 民初 2939 号。

理的管理行为结束后，管理人应当及时将管理的情况报告给受益人。

同时，管理人应当进行结算，将管理所得的财产及时转交给受益人。管理人为了自己的需要而使用的部分，除了应交付给受益人之外，还应当自使用之日起支付利息。

 **案例评析**

湖南金柳置业有限公司与湖南上水低碳生态城投资有限公司无因管理纠纷案[①]

案情： 被告湖南上水公司由于资金链断裂，全面停止对旅游城项目的投资和建设。实际接管"水上乐园"工程建设的原告金柳公司提出，其经营管理的摩天轮设备厂家上海游艺公司以未全额收到合同约定的设备款为由，拒绝对摩天轮进行维修保养；又因湖南上水公司账户已被冻结，故其只能先行垫付。现金柳公司诉请法院判令湖南上水公司偿还垫付的工程及设备款。法院认为，金柳公司在没有法定义务和湖南上水公司委托授权等合同约定义务的情况下，接管旅游城项目中观览车设施，并为保证观览车设施的正常运行，代湖南上水公司支付部分货款，所得利益归于湖南上水公司，该行为符合无因管理的成立要件，由此所产生的债权债务，属于无因管理之债，湖南上水公司应当偿还金柳公司垫付的观览车设备款。因此，对金柳公司要求湖南上水公司偿还垫付的观览车设备款的诉讼请求，法院予以支持。

评析： 本案中，金柳公司与湖南上水公司之间形成无因管理，现管理结束，金柳公司接管旅游城项目中观览车设施，并为保证观览车设施的正常运行而代替湖南上水公司支付部分设备款，理应由湖南上水公司支付。民法典第983条规定，管理结束后，管理人应当向受益人报告管理事务的情况。管理人管理事务取得的财产，应当及时转交给受益人，故金柳公司应向受益人湖南上水公司报告管理事务的情况，并且将在自己接管期间内旅游项目所运营的收益转交给受益人湖南上水公司。

> ▶▶ **第九百八十四条** 管理人管理事务经受益人事后追认的，从管理事务开始时起，适用委托合同的有关规定，但是管理人另有意思表示的除外。

🏛 条文要义

本条是对无因管理转化为委托关系的规定，属于新规则。

无因管理的最显著特征是管理的无因性和受益人的未知性，据此构成无因管理。在现实中，如果管理人为他人管理事务的行为一旦经过受益人的事后追认，无因管

[①] 审理法院：湖南省常德市中级人民法院，案号：（2017）湘07民初86号。

理的行为就发生了变化，管理就从无因变为有因，受益人从未知变为已知。在管理事务行为的受益人已经明确，并得到其追认后，管理行为就从无因管理变为委托关系，双方当事人实际上形成了委托人和受托人的关系，因而从管理事务开始时起，就应当适用委托合同的有关规定，确定双方当事人的权利和义务。只有在管理人另有意思表示时，才不适用委托合同的规则，例如管理人坚持主张无因管理，而不主张适用委托合同关系规则的，仍然可以适用无因管理之债的规则处理。

案例评析

郑某某诉宁波市鄞州润兴服饰有限责任公司无因管理纠纷案①

案情： 被告宁波市鄞州润兴服饰有限责任公司曾违反国家对于增值税专用发票的管理规定，鄞州国税局对其作出相应处罚决定。因被告一直推托不付，原告郑某某基于其妻陆某某系被告的股东，害怕不缴纳会有更加不利的后果，以及担心不缴纳则被告的土地厂房被查封而影响被告的两股东陆某某、孙某各自成立的公司在该土地厂房内的正常经营，为被告代缴了税款及滞纳金。现原告诉请被告支付相关款额。法院认为，原告自愿为被告代缴税款、滞纳金及罚款，被告由此取得利益，两者之间形成无因管理之债。本案的特殊之处在于原告为被告清偿税款等债务，主观上可能具有为其妻减轻刑事处罚的动因，客观上也起到了为其妻争取从轻处罚的效果，确实兼顾到了原告自己的利益，但这并不能改变原告为被告管理事务的实质。故，原告因管理被告所负债务，依法可以请求被告（本人）清偿。

评析： 本案所涉及的法律关系是无因管理，值得思考的是，诚如法院判决所述，原告虽为被告代缴税款、滞纳金及罚款，但在本案庭审中，原告亦称确实未受被告的委托，也无证据证明得到被告的追认，故双方之间并不存在委托合同关系；换言之，倘若原告为被告代缴税款、滞纳金及罚款得到被告的追认，则应当适用民法典第984条"管理人管理事务经受益人事后追认的，从管理事务开始时起，适用委托合同的有关规定，但是管理人另有意思表示的除外"，即案涉法律关系由无因管理转化为委托关系，适用委托合同的相关规定。

---

① 审理法院：浙江省宁波市鄞州区人民法院，案号：（2009）甬鄞商初字第1780号。

第二十九章　不当得利

▶▶第九百八十五条　得利人没有法律根据取得不当利益的，受损失的人可以请求得利人返还取得的利益，但是有下列情形之一的除外：

（一）为履行道德义务进行的给付；

（二）债务到期之前的清偿；

（三）明知无给付义务而进行的债务清偿。

🏛 条文要义

本条是对不当得利及一般规则的规定。

具体而言，本条是对不当得利一般规则和不属于不当得利的具体情形的规定，与《民法通则》第92条相比，该规定的规则更为具体。不当得利，是指没有法律根据取得不当利益，他人财产因此受到损失的法律事实。不当得利的特征是：（1）不当得利是债的发生根据之一；（2）得利人不具有产生债的关系的效果意思；（3）不当得利具有使受损人受到损害的不正当性。没有法律根据而取得利益的一方当事人叫作得利人（也叫作受益人），受有损害的一方叫作受损人。受损人依据不当得利之债所享有的权利，是不当得利返还请求权。不当得利的性质是法律事实，其意义在于，法律规定不当得利的目的并不是对人或者行为的非难，而在于消除不当得利由于没有法律上的根据而取得利益，并同时造成他人受到损害的当事人之间利益的不当变动的事实状态，恢复正常的民法秩序。只有当受领不当得利非法利益之人明知是不当得利，仍然将不当利益据为己有的，才应当受到法律谴责。

构成不当得利的要件如下。

1. 一方受有财产利益。没有一方的利益取得，也就不会发生该方当事人得利的结果，不会发生不当得利之债。一方受有财产利益，是指得利人因与他方当事人之间的利益的不当变动，而取得的财产利益。

2. 他方受有损失。即使一方受有财产利益，但他方没有受到损失，也不发生不当得利。他方受有损失，是指受损人因有一定的事实发生而使其财产或财产权益总额减少或者可得增加而没有增加。受有损失包括直接损失和间接损失。

3. 受有损失与取得利益之间须有因果关系。这是指受损人的损失是得利人获得利益所造成的结果，得利人获得利益是受损人受有损失的原因，二者之间具有引起与被引起的客观联系。

4. 须无合法根据。这是指造成他方损失而使自己取得利益，不存在受损人自己的让与意思或者法律上的原因作为法律依据。如果得利人取得利益是基于受损人让与权利或者出于法律上的正当原因，则得利人就是合法取得，法律应予保护，当然没有请求得利人返还利益于受损人之理。只有取得利益与受有损失均无法律上的原因，才能产生不当得利之债。

具备上述构成要件，发生不当得利之债的后果，即因不当得利受到损失的人成为债权人，享有请求得利人返还所获利益的请求权，得利人成为债务人，负有返还所获利益的义务，构成债的关系。按照本条规定，有下列情形之一的，不构成不当得利之债：（1）为履行道德义务进行的给付，虽然受领人无合法根据而受领，但给付人不得请求返还。（2）债务到期之前的清偿，在期限系为债务人的利益而设时，清偿期未届至，债务人并无清偿义务，如果其不存在提前清偿的目的而为清偿，属于欠缺给付目的的清偿。受领人受领并非无合法根据，并且这种清偿也发生债务消灭的后果，所以债务人清偿之后，为避免增繁法律关系考虑，受损人不得以不当得利为由请求返还。（3）明知无给付义务而进行的债务清偿，如债务人对诉讼时效完成的债务本可以拒绝给付而故意给付时，推定其有意抛弃其给付返还请求权，不能再请求返还。

案例评析

杨某某、夏某某不当得利纠纷案[1]

案情： 三盛公司负责人夏某某、陈某宴请建设方赤壁华兴建筑公司项目经理赵某某及相关设计、施工人员，晚餐结束后赵某某等人搭乘陈某驾驶的北京现代越野车返回赤壁市城区，该车行驶至莲花塘村二组路段时不慎驶入道路右侧水塘，致使乘车人赵某某等人死亡。原告（三盛公司）与被告（杨某某、夏某某）双方达成民事调解意见，三盛公司即向杨某某、夏某某等人支付了人民币30万元。其后，杨某某向赤壁市人力资源和社会保障局提出工伤认定申请。本案被告杨某某、夏某某等人在刑事案件作为原告人与作为被告人的肇事者陈某、黄某某达成刑事和解，后三盛公司向本案被告索要预付款未果，遂提起诉讼。本院认为，赵某某近亲属不构成不当得利：其一，不能将三盛公司支付的30万元视为赵某某近亲属应得财产总量得到了增加；其二，双方达成的调解协议，没有违反法律、行政法规的强制性规定或者社会公共利益，不具有法律规定合同无效的情形；其三，赵某某近亲属获得30万元有合法根据；其四，三盛公司向赵某某近亲属支付的30万元，

---

[1]　审理法院：湖北省高级人民法院，案号：（2016）鄂12民终938号。

要么属于履行道德义务的给付，要么属于赠与性质，对此赵某某近亲属均不构成不当得利。

评析： 构成不当得利所应当具备的四个条件为一方受有利益、他方受有损失、一方受有利益与他方受有损失间具有因果关系以及没有合法根据。本案中，赵某某近亲属所取得的 30 万元当然不属于不当得利。其原因不仅在于案涉 30 万元难言"受有利益"；同时，赵某某近亲属获得 30 万元是有合法依据的，即依据调解取得。此外，结合本案案情亦可以认为，三盛公司所给付的 30 万元属于履行道德义务，或者属于赠与性质，如此即符合本条的但书规定，由此可认定赵某某近亲属所取得的 30 万元并非不当得利。

> ▶▶ **第九百八十六条**　得利人不知道且不应当知道取得的利益没有法律根据，取得的利益已经不存在的，不承担返还该利益的义务。

🏛 条文要义

本条是对善意得利人返还范围的规定。

本条属于新规则。善意得利，是指得利人在取得利益之时不知道并且不应当知道其受益没有法律上的原因。确认善意得利的依据是：（1）在取得利益时得利人不知并且不应当知道其没有法律上的原因；（2）对得利人不知应以其没有故意为标准。

善意得利人不当得利返还的范围，以现存利益为限。法律之所以对于善意得利人给予照顾，意义在于不当得利制度不是以补偿受损人的损失为目的，而是恢复利益不平衡的状态，仅使善意得利人返还其现存的不当利益，对已不存在的利益不承担返还义务，因而不使得利人的财产状况受不利影响。

判断现存利益应以受损人行使返还请求权之时尚存的利益为限。这种判断标准是差额说，即利益是否存在应依得利人整个财产是否较受益前有所增加而为判断。有增加的为有既存利益，没有增加的为无既存利益。但现存利益并不是指其所受领利益的物质形态现在仍然存在。得利人因消灭其受领的利益而取得的对价，无论其对价是否低于原物的通常价值，其利益也为存在。所得利益受到侵权行为的侵害而灭失的，如果得利人取得赔偿金或者补偿金，应当将其认定为所得利益。

利益已经消灭的，不问消灭的原因如何，善意得利人均不必返还原物或者偿还价额。得利人主张其所得利益已经不存在的，应当由其举证，不能证明者，不认为现存利益不存在。

返还现存利益时，得利人在受益过程中所受到的损失和支出应予以扣除。

🔴 案例评析

西安易百卡汽车咨询服务有限公司与胡某甲不当得利纠纷案①

案情： 被告胡某甲在天锐公司购买昌河牌小型普通客车一辆，并支付首付款。被告作为借款人，晋城银行股份有限公司作为贷款人，原告易百卡公司作为贷款服务商，三方签订个人汽车贷款合同，该合同并未实际履行。原告员工李某乙受公司指派由其个人银行卡向天锐公司转款并注明"垫付胡某甲车款"。随后，天锐公司将车辆交付被告，并告知有人垫付余款。法院认为，本案中被告取得原告垫付的车款既无法律规定也无合同约定，当属不当得利，被告应依法返还原告。原告垫付车款时并未经被告许可，被告主观上认为自己办理了银行贷款业务，对原告垫付车款并不知情，故被告系善意的受益人，被告向原告返还利益的范围仅以原告垫付车款的数额为限。

评析： 善意得利人的返还范围应当是现存利益；恶意受益人的返还范围则为受益人取得利益时的数额；受益人先为善意，后为恶意的，返还范围以恶意开始时存在的利益为准。这样的判断标准实则是法律对于行为的指引与导向，即将善意受益人与恶意受益人区别对待。民法典第 986 条规定，得利人不知道并且不应当知道获得的利益没有法律根据，取得的利益已经不存在的，不承担返还该利益的义务。故在本案中，被告在不当得利中并无任何恶意，其所需要返还的利益仅限于现存利益即原告垫付的车款数额。

> ▶▶第九百八十七条　得利人知道或者应当知道取得的利益没有法律根据的，受损失的人可以请求得利人返还其取得的利益并依法赔偿损失。

🏛 条文要义

本条是对恶意得利人返还范围的规定

本条属于新规则。恶意得利，是指得利人在受益时知道或应当知道没有法律上的根据，或受领后知道或者应当知道得利没有法律上的根据的不当得利。

基于过失而不知的不属于明知，因而不构成恶意。在具有无效或者得撤销原因的民事法律行为中，该民事法律行为被宣告无效或者被撤销的，得利人在受领时明知其无效或者得撤销的，也属于明知没有法律上的原因。得利人明知时间的确定，一般应当在受领利益之时，即自始恶意。在受领时不知，但在其后知道的，自其知晓之时成为恶意得利人，即嗣后恶意。得利人在成立恶意之前，仍适用关于善意得

---

① 审理法院：陕西省咸阳市泾阳县人民法院（2016），案号：（2016）陕 0423 民初 2420 号。

利人返还义务的规则。受领人为法人机关的，例如法定代表人，则法人机关明知即为法人明知，代理人明知即由本人负责。得利人是未成年人的，其善意与否，根据其法定代理人是否知道无法律上的原因而确定，因为法定代理人对未成年人的财产有管理的权利和义务。

恶意得利人的返还利益范围，为加重责任，即其返还的不当利益不仅包括受领时的所得利益，还包括本于该利益所生的利益。例如所受领利益为金钱时，应附加利息。返还利益不足以弥补损失的，不足部分须另行赔偿损害。这是因为，恶意得利人明知没有法律根据而取得利益，主观上有致他人利益损害的目的，具有可谴责性，故在返还不当利益时，对其没有必要加以照顾，而应课以其较重的返还义务，以示制裁；同时，给受损人以更周全的保护，使其不因他人的恶意而受损失。恶意得利人不得主张所受利益不存在而免予返还，对因受领利益所支出的费用，恶意得利人不得主张扣除，但为保持或者增加标的物的价值而支出的必要费用和有益费用，受损人应予补偿。

嗣后恶意得利人的返还义务分两个阶段：在知道或者应当知道无法律上的原因以前，仅返还现存利益，取得利益时所支出的费用也可以请求扣除；在知道或者应当知道无法律上的原因之后，负加重责任，即将现存利益附加利息一并偿还，如有损害仍需赔偿。

案例评析

陈某良诉梁某永不当得利纠纷案[①]

案情： 原告陈某良系某机械有限公司法定代表人。被告梁某永在原告所在公司务工时受伤，经调解，原告所在公司需支付梁某永各项费用若干元。在执行过程中，原告陈某良多转款人民币 78 000 元给被告梁某永，后多次电话找被告梁某永协商返还，被告拒绝。法院认为，被告梁某永明知原告多转款人民币 78 000 元，应本着诚实信用的原则及时返还该款，但却拒绝返还，致使原告陈某良利益受损，属不当得利，故对原告要求被告返还人民币 78 000 元的诉讼请求，法院予以支持；同时，被告还因属于恶意占有而应当支付从恶意占有利益之日起至返还利益之日止的利息。

评析： 民法典第 987 条规定，得利人知道或者应当知道取得的利益没有法律根据的，受损失的人可以请求得利人返还其取得的利益并依法赔偿损失。诚如本案，不当得利中受益人返还利益的范围受他是善意或是恶意的影响，即在 2015 年 11 月 18 日前，梁某永作为不当得利受益人，对于多转款项是善意的；但是在法院向其发出结案通知书后，其知道或应当知道自己对于该多转款项系属于恶意占有，是恶意受益人，故其除了返还多转款项以外，还应当支付从恶意占有之日起至返还利益之

---

① 审理法院：贵州省铜仁市石阡县人民法院，案号：（2015）石民初字第 1108 号。

日止的利息。

> ▶▶ **第九百八十八条**　得利人已经将取得的利益无偿转让给第三人的，受损失的人可以请求第三人在相应范围内承担返还义务。

🏛 条文要义

本条是对得利人将利益无偿转让给第三人的规定。

本条属于新规则。无论是善意得利人还是恶意得利人，在取得不当利益之后，将已经获得的利益无偿转让给第三人的，受损人的债权所指向的债务人变更为第三人，第三人成为不当得利的债务人。这就是受损人对第三人产生不当得利之债。其原因在于，第三人获得的利益是无偿取得，而非有偿取得。

受损人对第三人取得不当得利之债的构成要件是：第一，得利人取得受损人的财产利益构成不当得利。第二，得利人将从受损人处获得的不当利益转让给第三人。第三，第三人对受让的不当利益是无偿取得。

具备上述要件，构成受损人与第三人之间的不当得利之债，后果是，受损人是不当得利之债的债权人，有权向第三人主张在相应范围内承担返还责任；第三人取得债务人的地位，负有向受损人在相应范围内返还利益的义务。

如果第三人取得的利益并非无偿，而为支付对价的，则构成善意取得，受损人不得向其主张返还利益，而应当向得利人主张承担损害赔偿责任。

📌 案例评析

尖草坪区信都村镇银行与王某某、任某某、陈某某
不当得利纠纷案[①]

案情：被告王某某与被告任某某、陈某某存在买卖合同关系，被告王某某欠被告任某某、陈某某货款若干。被告王某某通过手机银行向被告任某某在高平市农村信用合作联社马村信用社账户分两笔汇款，由于银行系统错误，该两笔款项汇入了原告太原市尖草坪区信都村镇银行股份有限公司，形成挂账后将该款退回。被告王某某分两笔向被告陈某某在高平市农村信用合作联社马村信用社账户汇款，同日，原告再次给被告王某某原账户退汇。原告退汇两次，因而被告构成不当得利。事后，原告曾向三被告催要多退汇的款项，但均未果。法院认为，因我国现行法律对不当得利涉及第三人返还义务的问题并没有明确的规定，根据债的相对性原理以及为维持社会法律关系的稳定性，不宜轻易扩大不当得利返还义务主体的范围，与尖草坪

---

① 审理法院：山西省晋城市中级人民法院，案号：（2017）晋 05 民终 376 号。

区信都村镇银行形成不当得利之债的当事人是王某某，而非任某某、陈某某。法院据此采直接因果关系说确认王某某对尖草坪区信都村镇银行承担不当得利返还责任。

评析：在审理本案当时，法院援用的是理论学说以及当时有效的《民法通则》。法院采取的理论学说即不当得利受领人将其所受领的标的物无偿让与第三人，则于受领人因此免除返还义务的限度内，第三人对受损失者负返还责任。但法院考虑到我国现行法律对此没有明确的规定，认定本案中，应当由王某某向尖草坪区信都村镇银行返还。但是，若根据本条规定，即民法典第 988 条，本案可能会另有结论，即尖草坪区信都村镇银行可以请求任某某、陈某某在相应范围内承担返还责任，即打破直接因果关系，让受损人直接向第三人请求返还。

图书在版编目（CIP）数据

《中华人民共和国民法典》条文精释与实案全析：
珍藏版．中/杨立新主编．--2版．--北京：中国人
民大学出版社，2021.10
ISBN 978-7-300-29416-2

Ⅰ.①中⋯　Ⅱ.①杨⋯　Ⅲ.①民法－法典－法律解释
－中国　Ⅳ.①D923.05

中国版本图书馆 CIP 数据核字（2021）第 106303 号

《中华人民共和国民法典》条文精释与实案全析（珍藏版）（中）
主　编　杨立新
《Zhonghua Renmin Gongheguo Minfadian》Tiaowen Jingshi yu Shian Quanxi

出版发行	中国人民大学出版社			
社　　址	北京中关村大街 31 号		邮政编码	100080
电　　话	010 - 62511242（总编室）		010 - 62511770（质管部）	
	010 - 82501766（邮购部）		010 - 62514148（门市部）	
	010 - 62515195（发行公司）		010 - 62515275（盗版举报）	
网　　址	http://www.crup.com.cn			
经　　销	新华书店			
印　　刷	涿州市星河印刷有限公司		版　次	2020 年 6 月第 1 版
规　　格	185 mm×260 mm　16 开本			2021 年 10 月第 2 版
印　　张	48.75 插页 3		印　次	2023 年 1 月第 2 次印刷
字　　数	974 000		定　价	498.00 元（全三册）

中华人民共和国民法典

条文精释与实案全析

（珍藏版）

下

主　编　杨立新

撰稿人　（以撰写章节先后为序）

　　　　杨立新　扈　艳　蒋晓华
　　　　李　轶　和丽军　王毅纯
　　　　李怡雯

中国人民大学出版社
·北京·

教育部人文社会科学重点研究基地重大项目

"中华人民共和国民法典评注"（18JJD820001）研究成果

目录

《中华人民共和国民法典》条文精释与实案全析（珍藏版）
《Zhonghua Renmin Gongheguo Minfadian》
Tiaowen Jingshi yu Shian Quanxi

第四编　人格权

第一章　一般规定

> ▶▶ **第九百八十九条**　本编调整因人格权的享有和保护产生的民事关系。

🏛 条文要义

本条是对民法典第四编"人格权"之调整范围的规定。

人格，通常是指做人的资格，也指构成人格的不同人格利益要素。当不同的人格利益要素构成一体，成为一个人时，就是民事主体，人格利益就成为人格权的客体。

人格权隶属于民事权利中的人身权。现代民法体系有两大支柱：一是人法，即人身权法，二是财法。人身权法是规定人身权的概念、种类、内容和对人身权予以法律保护的民事法律规范的总称，包括人格权法和身份权法。以客体人格利益的社会典型公开性程度不同，可将人格权分为一般人格权和具体人格权。一般人格权是民法典第990条第2款规定的以其他人格利益为客体的抽象人格权。具体人格权是以具体的人格利益要素作为权利客体构建的人格权，如生命权、身体权、健康权、名誉权等。在民法典实施前，有关具体人格权确认与保护的具体做法和理论体系主要从司法实践和学理构建的共同作用中来。人格权法律关系就是因人格权发生的民事法律关系。人格权法律关系的权利主体是自然人、法人及非法人组织，义务主体是人格权权利主体之外的其他任何不特定的自然人、法人及非法人组织。因此，人格权是绝对权，人格权法律关系是绝对权法律关系，权利主体特定而义务主体不特定。人格权法律关系的客体，是人格利益，而不是人格。就特定的人格利益构成的权利义务关系，就是人格权法律关系的内容。与一般民事权利相一致，人格权的基础理论可以分为人格权的设定（确认）和人格权的实现（行使）两部分。人格权的设定和确认是通过实证法划定人格权权利边界的过程，人格权的实现是权利主体行使人格权的过程，实现人格权的方式被称为人格权的权能。享有和保护是人格权实现的两种基本方式，是关于人格权之积极权能和消极权能的表述。上述这些人格权法律关系，就是人格权法即民法典第四编调整的对象。

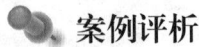
案例评析

邓某某诉某速递公司、某劳务公司一般

人格权纠纷案①

案情： 某劳务公司在某同城网站上发布招聘信息，标题为"某速递员三千加计件"，任职资格：男。邓某某通过试用后准备入职，但签约时某速递公司、某劳务公司仅因为邓某某是女性就表示不予考虑，导致邓某某受到了就业性别歧视。法院生效裁判认为：速递公司在答辩意见中所援引的相关规定并不能证明快递员属于国家规定的不适合妇女的工种或者岗位。对于邓某某询问丧失应聘机会的原因是否为其为女性时，李某作了肯定的答复，能够证明某速递公司拒绝聘用邓某某的原因在于其为女性，侵犯了邓某某平等就业的权利。某速递公司的侵权行为给邓某某造成了一定的精神损害，故法院结合某速递公司在此过程中的过错程度及给邓某某造成的损害后果酌情支持邓某某精神损害抚慰金 2 000 元。邓某某所提某速递公司书面赔礼道歉的请求，依据不足，不予支持。

评析： 本案涉及就业性别歧视的法律适用问题，最高人民法院将该案作为弘扬社会主义核心价值观"社会公德"方面的典型案例予以发布。反歧视案件是关涉公民的基本权利的案件，但由于我国宪法不具有可诉性，在民法典实施前，司法实践中关涉反歧视、劳动权、生育权、受教育权、环境权等基本权利的纠纷多以一般人格权纠纷为案由进入民事诉讼程序，通过民法上的一般人格权对人格自由、人格尊严的保护来切实保障民事主体的相关权益。这是民法落实宪法中国家保障公民民事权利、义务的体现。民法典生效后，人格权首次成为与物权、债权、身份权相类似的法定化的权利。对此类案件应根据具体案情适用民法典人格权编的相关规则。

本案涉及女性歧视的问题。在民法典实施前，男女平等就是我国的基本国策，《中华人民共和国宪法》、《中华人民共和国妇女权益保障法》、《中华人民共和国劳动法》和《中华人民共和国就业促进法》都作出了规定。民法典生效后，根据第 989 条对人格权编调整范围的界定，法官可以适用第 990 条第 2 款关于一般人格权的条款对权利人进行救济。对于实施就业性别歧视的单位通过判决使其承担民事责任，不仅是对全体劳动者的保护，营造平等、和谐的就业环境，更是对企图实施就业性别歧视的单位予以威慑，让平等就业的法律法规落到实处，起到规范、引导的良好作用。

---

① 最高法发布十起弘扬社会主义核心价值观典型案例之九，法宝引证码：CLI. C. 8420921。

> ▶▶ 第九百九十条　人格权是民事主体享有的生命权、身体权、健康权、姓名权、名称权、肖像权、名誉权、荣誉权、隐私权等权利。
>
> 　　除前款规定的人格权外，自然人享有基于人身自由、人格尊严产生的其他人格权益。

🏛 条文要义

本条规定了民法上人格权的具体内容。

第 1 款列举了具体人格权的类型，第 2 款规定了基于人身自由、人格尊严产生的其他人格权益。学理上也称之为一般人格权。

人格权是指民事主体专属享有，以人格利益为客体，为维护民事主体的独立人格所必备的固有民事权利。简言之，将构成人格的不同人格利益要素用权利的方法予以法律保护的这些民事权利就是人格权。具体人格权是以具有社会典型公开性的人格利益为客体，通过法律固定下来的人格权。根据本条的列举，其法定外延为生命权、身体权、健康权、姓名权、名称权、肖像权、名誉权、荣誉权和隐私权等权利。一般人格权是指自然人享有的，概括人格独立、人格自由和人格尊严全部内容的一般人格利益，并由此产生和规定具体人格权，并对具体人格权不能保护的其他人格利益进行保护的抽象人格权。一般人格权的核心内容是人格尊严（而不是人身自由），具体内容是基于人格尊严而产生的其他人格利益。通常认为，一般人格权有创造功能（创造新的人格权）、解释功能（解释具体人格权的内容）和补充功能（保护具体人格权不能保护的人格利益），其中最重要的功能是补充功能，即对于在具体的人格权之外、基于人格尊严而产生的其他人格利益都予以保护。

具体人格权是与一般人格权相对的概念，二者关系密切又有显著差别。一方面，二者关系密切：均是人格权的下位概念，均应符合人格权的法律特征，均在权利的确定上主要依客体性质的差异进行权利类型和权利边界的划分，且原则上共享人格权的权能体系；具体人格权由一般人格权发展、成熟而来。另一方面，二者又有显著区别：具体人格权的客体已具有社会典型公开性，是具体的、具有相对明确概念指称的人格利益；一般人格权是基于人身自由、人格尊严产生的应受法律保护的其他人格权益的统称，在个案和具体应用情形确定之前，此类人格利益是抽象的、被概括指称的，但在个案和具体应用情形确定后，此时受到法律调整、被法律保护的人格利益就具体化了。具体人格权的司法适用是一个不断减少不确定性的过程，权利主体对于具体情形中的尚未被法定化为具体人格权的人格利益享有人格权。

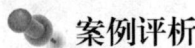

案例评析

彭某某诉重庆某心理咨询中心等侵犯身体权、健康权和

一般人格权纠纷案①

案情：彭某某登录百度网搜索"同性恋治疗"，搜索结果的第一项为某心理咨询中心的网站链接和电话，内容显示"专业治疗同性恋"等字样。后彭某某到某心理咨询中心咨询治疗事宜，并接受了电击治。彭某某认为：某心理咨询中心称可对同性恋进行矫正是对同性恋性取向的侮辱，侵犯了其人格权；某心理咨询中心实施的电击行为使其在治疗后经常做噩梦、记忆力减退，对其精神和身体造成损害，侵犯其身体权和健康权。此后，彭某某起诉某心理咨询中心以及百度公司侵害其人格权。法院判决认为：某心理咨询中心在彭某某咨询时，未明确告知彭某某电击可能带来的刺激和伤害，也未签订知情告知书，侵害了彭某某对所接受服务的知情权。某心理咨询中心在其网站宣传"专业治疗同性恋"的行为固然存在不当之处，但相关宣传并非针对彭某某本人，并未对彭某某作为具体个体的人格尊严造成损害。

评析：本案中，关于某心理咨询中心将同性恋作为需要被治疗的疾病并推出相关矫正治疗方案的做法是否构成侵害彭某某一般人格权的问题，法院以并非针对彭某某本人以及未造成人格尊严后果为由未支持彭某某的诉讼请求。我们可以看出法院在此方面相对保守。某心理咨询中心以专业身份在网络上公开将同性恋病态化、污名化，虽然其行为本身不是针对彭某某一人，但是其行为是对同性恋群体的歧视和侮辱。如同每一名女性都有权利因歧视女性的行为而感到人格尊严受到损害，同性恋群体亦然。这类案件侵害了权利人的人格尊严。在民法典生效前，"基于人身自由、人格尊严而产生的其他人格权益"并未在民事立法中被明文保护，导致此类案件常成为司法实践中的疑难案件。民法典第 990 条第 2 款属于确认一般人格权的新规则，因此，在民法典生效后，对于与本案相类似的案件，法院可以参照反歧视案件的一般思路适用本款进行裁判。对于非歧视类的案件，由于关涉权利人基于人身自由、人格尊严而产生的其他人格权益，法院经过审理认为应予保护的，也可以适用本款规定。

> ▶▶ **第九百九十一条　民事主体的人格权受法律保护，任何组织或者个人不得侵害。**

🏛 条文要义

本条是关于对人格权依法保护的规定。

---

① 审理法院：北京市海淀区人民法院，案号：（2014）海民初字第 16680 号。

人格权依法保护原则，是民法典第 3 条规定的民事权益依法受保护原则的组成部分。任何民事权利及合法利益都受法律保护，人格权当然不例外。问题是，人格权是所有的民事权利中最重要的民事权利，是第一位的、关于民事主体的人格的民事权利，应当受到更强的法律保护。自 1940 年代之后，人格权依法受保护原则就为世界各国所确认。我国民法典专门规定人格权编，以加强对人格权的保护，维护人的尊严。任何组织或者个人都不得侵害人格权。

关于对本条的理解应注意三个方面。第一，对"民事主体"的理解。这里的民事主体既包括自然人，也包括法人和非法人组织，但自然人和法人、非法人组织所享有的人格权类型有所不同。自然人享有民法典人格权编规定的所有人格权类型，法人与非法人组织享有名称权、名誉权等部分精神性人格权，不享有生命权、身体权、健康权等物质性人格权。非民事主体在法定情形下人格利益受到法律保护，属于对民事主体人格利益的延伸保护，主要包括对胎儿的人格利益保护和对死者的人格利益保护，详见后文。第二，对"人格权"的理解。本条中的"人格权"既包括具体人格权也包括一般人格权，虽然二者在权利确认上存在差异，但在权利实现的过程中受到同等保护。一般人格权虽然在个案具体化前处于抽象状态，但在个案中的受保护力度应与具体人格权的相当，具体表现在损害认定、过错认定与因果关系的尺度方面。第三，对"任何组织或个人不得侵害"的理解。此处的任何组织和个人，根据体系解释，原则上应该被理解为民事主体范围内的任何组织和个人，若实施非法侵害的是民事主体以外的主体，如尚未成为法人和非法人组织的部分团体，应以具备民事主体资格可以承担民事责任的团体作为追诉对象。

案例评析

张某诉李某一般人格权纠纷案[*]

案情：张某与孙某系夫妻。孙某在与张某结婚前曾和李某发生两性关系并怀孕。孙某未将此事告知张某，并生下张小。后经鉴定，张小与李某存在亲子关系。张某向法院起诉，要求李某承担张小的生活费。一审法院认为：夫妻相互忠实的义务以婚姻缔结为前提，婚前孙某在法律上对张某并无此项义务。孙某于婚前与他人发生性行为本身并无过错。张某误认张小为其亲生孩子而抚养，并在知悉张小非己亲生时受到一定的精神痛苦。李某与孙某的行为在客观上对张某的一般人格权造成了一定的损害，但李某在主观上没有侵害张某一般人格权的过错，其行为也未违反法定义务，故李某不应承担侵权责任。因张某与孙某尚未离婚，故张某在张小出生、成

---

[*] 本案例来源于真实案例，但经过了重大改编，故不注明案例来源。其他未注明来源的案例均属于此情形。——编辑注

长过程中支出的抚养费、生育费等费用本属张某与孙某的夫妻共同财产，应由二人共同主张，且此项费用与本案并非同一法律关系，张某可另行主张。二审维持原判。

评析： 在我国司法实践中，对于尚未类型化的但经过司法利益衡量认为仍应受到保护的人格利益，通常在一般人格权框架下进行保护。一般人格权与具体人格权均是人格权的组成部分，对一般人格权的救济适用对人格权保护的相关条款。民法典第991条规定民事主体的人格权受法律保护，任何组织或者个人不得侵害，但其侵权责任的构成亦应遵循过错原则。本案中，张某知悉自己在不知情的情况下抚养与自己不存在生物学亲子关系的孩子的确对张某造成了精神痛苦。但如同本案主审法院所指出的，于李某而言，其与孙某发生关系是在孙某与张某结婚之前，对于张某精神痛苦的造成并无过错，不宜认定其构成人格权侵权。根据法律关系客体的性质，若本案发生在民法典生效之后，张某可依据民法典提起亲子关系异议之诉及身份权益侵权之诉。

> ▶▶ **第九百九十二条**　人格权不得放弃、转让或者继承。

🏛 条文要义

本条是对人格权固有权利属性的规定，即人格权由自然人专属享有，不得放弃、转让和继承。

人格权的固有性特征，是指人格权是自然人生而具有的权利，而不是后天依据何种原因而取得的权利。人格权的固有性是现代人格权的特征，是从依附性逐渐演变而来的。人格权的固有性是人格权与其他民事权利的基本区别之一。人格权由于具有固有性特征，因而是专属权、必备权，与权利主体不可须臾离开，为权利主体所终身享有。一旦人格权与权利主体分离，人将不成其为人，就丧失了做人的资格。

正因为人格权是固有权、专属权、必备权，因而在任何民事活动中，权利主体都不得放弃人格权、转让人格权、继承人格权，不能通过这些行为将人格权与权利主体分离。民事主体抛弃、转让、继承人格权的行为，均属无效；非法限制、干涉民事主体行使人格权的，属于侵权行为，应受民事责任的制裁。但在法律规定的特殊情况下，会出现人格权中的部分财产性利益被继承以及其他与主体分离的情况，例如，第一，民法典第993条规定部分人格利益可以被许可使用；第二，法人或非法人组织的名称权可以被转让；第三，当人格利益受到损害提起诉讼时，若权利人死亡，则这些人格利益可以由其继承人继承。这些情形的存在并不妨碍人格权的固有性特征。

🔹 案例评析

周某诉梁某计算机网络域名侵权纠纷案

案情：鲁迅先生是中国著名文学家、思想家和革命家。周某系鲁迅先生之子。周某发现梁某注册了以"鲁迅"命名的中文域名，并且公开在网上对该域名进行招商买卖。周某认为梁某的行为违反了相关法律法规的规定，并且严重侵害了鲁迅先生的姓名等人格权益，对周某造成了极大的精神损害，在社会上造成了恶劣影响。周某请求法院判令梁某立即停止使用相关域名；判令上述域名移转由周某注册使用；判令梁某赔偿周某因本案支出的合理费用。法院认为：将鲁迅姓名注册为域名用于商业用途或将鲁迅域名标价出售，既会对鲁迅的后人包括周某造成精神痛苦，同时也会对中华民族的感情造成伤害，构成侵权。但姓名权本身作为人格权的一部分，随着自然人死亡而消灭，不发生继承的问题，因此，周某对于鲁迅先生的姓名并无专有的权利。周某要求将争议域名移转到自己名下，无任何法律依据，不予支持。二审维持原判。

评析：人格权是具有高度人身专属性的权利，不随主体变更而转移，不可以被继承。本案中，周某作为鲁迅先生之子，有权利作为适格原告维护其人格利益以及自身的人格利益，但这不意味着其可以继承鲁迅先生的人格利益。对于周某申请将包含鲁迅的域名转移至其个人名下的诉讼请求，法院明确指出"姓名权本身作为人格权的一部分，随着自然人死亡而消灭，不发生继承的问题"，并作出不予支持的判决是妥当的，也对相似案件起到一定示范作用。

虽然本案裁判于民法典生效之前，但是其裁判的观点和思路与民法典第 992 条的规定相契合，维护了人格权的固有性和专属性，从而保障了民事主体的人格尊严。依据民法典第 992 条对人格权固有性与专属性的规定，人格利益与权利主体相结合为一般原则。这种与人格权的固有性，专属性并不矛盾。人格利益与权利主体相分离是例外，对死者的人格利益予以保护就是一种典型例外。这种例外与人格权的固有性与和专属性并不矛盾，因为死者因死亡而丧失法律主体资格，但立法从人格利益延伸保护的角度做出了仍需保护此类利益的规则设计，才使这种分离的情况出现。此外，鲁迅属于公众人物，从民法上说，鲁迅死后的人格利益也是国家的、公众的"遗产"，周某作为近亲属并不享有对鲁迅死后的人格利益进行商业化利用的权利。

> ▶▶ **第九百九十三条**　民事主体可以将自己的姓名、名称、肖像等许可他人使用，但是依照法律规定或者根据其性质不得许可的除外。

🏛 条文要义

本条是对自然人享有公开权的规定。

公开权也称为商品化权、人格利益商业利用权、商事人格权等，是指民事主体，包括自然人、法人、非法人组织，对其具有一定声誉或吸引力的人格标识利益进行商品化利用并享有利益的抽象人格权。

在人的人格利益中，有些特殊的人格利益能够引起他人的关注和兴趣，将这种人格利益用于市场经济中，将会产生财产利益。公开权的主旨就是，权利人可以将自己享有的这种人格利益许可他人使用并获得相应的收益。公开权是权利人实现人格权的主要方式之一，是人格权的积极权能的体现。因此，公开权的核心价值是某些人格利益的市场价值，基本方法是许可他人使用，所得收益归权利人所有，使用人可以分享。

可以许可他人使用的人格利益包括姓名、名称、肖像、声音、个人信息等。这些人格利益都能够脱离权利人本身而独立存在，能够产生声誉和吸引力，具有相当的市场价值，经过使用能够获得经济利益。凡是具有这样属性的人格利益，都是公开权的客体。并不是所有的人格利益都能成为公开权的客体，因此民法典规定，依照法律规定或者根据其性质不得许可的除外。当法律规定某种人格利益不得许可他人使用时，权利人不得许可他人使用；当权利依其性质不得许可他人使用时，也不得许可他人使用，例如生命、健康、名誉、人身自由等都不得或者不能许可他人使用。

案例评析

张艺谋诉某出版社、黄某名誉侵权纠纷案

案情： 由黄某所著《印象中国：张艺谋传》一书经某出版社出版发行，该书封面为张艺谋肖像，肖像下方署有"张艺谋"字样的手写签名。该书内容涉及张艺谋的婚姻家庭、个人情感、事业成就等诸多方面，直接描述了张艺谋的婚姻生活及感情纠葛，且相关内容多以"他或张艺谋说"的描述方式出现。该书出版发行后，被网站进行了转载，造成负面评价，故张艺谋诉至法院。法院认为：本案中《印象中国：张艺谋传》一书的封面上印有张艺谋的大幅肖像，关于对该肖像的使用，被告某出版社及黄某均认可未经原告张艺谋同意，已构成对原告张艺谋之肖像权的侵犯。在《印象中国：张艺谋传》一书的封面印有的张艺谋肖像下方，署有"张艺谋"字样的手写签名。按一般生活经验及社会常理判断，这足以使阅览该书封面的读者产生该书封面签字为张艺谋本人所签的认识。该使用未经许可，已构成侵犯原告张艺谋的姓名权。

评析： 本案是关于自然人合法商业化利用自身人格权益受法律保护的典型案例，明确了未经人格权人许可擅自使用权利人的姓名、肖像，公开他人隐私与相关个人信息属于侵权行为，为自然人人格权保护积累了司法实践经验。就目前的理论与实践而言，包括姓名、肖像以及声音在内的标表型人格权是被商业化利用的主要人格

利益，也是民法典第 993 条所明文确认可以被商业化利用的人格利益。与此同时，如本案判决所指出的，"私人领域的生活信息，自然人有权决定是否公之于众，以及以何种方式公之于众"，这导致了实践中已经出现了对隐私商业化利用的案件，即通过公开个人的部分隐私来获取经济利益。需要说明的是，民法典第 993 条除明文列举姓名、名称、肖像可以被许可他人使用外，还通过"等"字这一表述为其他潜在的、根据性质和法律规定也可以被商业化利用的人格利益的许可使用提供了解释空间，例如，在供应链金融领域，已经出现了以信用作为交易对象和结算单位的商业模式。这意味着信用中的财产价值逐渐得到了开发，进入了被商业化利用的领域。目前这些方面的理论研究和立法规范都相对薄弱，需要司法实践根据既有人格权理论进行规则续造。

> ▶▶ **第九百九十四条**　死者的姓名、肖像、名誉、荣誉、隐私、遗体等受到侵害的，其配偶、子女、父母有权依法请求行为人承担民事责任；死者没有配偶、子女且父母已经死亡的，其他近亲属有权依法请求行为人承担民事责任。

🏛 条文要义

本条是对死者人格利益保护及方法的规定。

自然人死亡，其民事权利能力消灭，因而主体消灭。不过，一个人死亡后，虽然主体消灭了，但并不是其人格利益一并都予以消灭，对这些仍然存在的死者人格利益仍需依法进行保护，否则，社会秩序将会出现混乱，道德观念受到损害。

在民法典生效前，《最高人民法院关于审理名誉权案件若干问题的解答》（已失效）第 5 条、《最高人民法院关于确定民事侵权精神损害赔偿责任若干问题的解释》（2001 年，2020 年修正）第 7 条已经规定了对死者人格利益的保护方法，用以指导司法实践。本条规定在此司法解释的基础上演进而来。本条列举的死者姓名、肖像、名誉、荣誉、隐私、遗体等受到侵害的，死者的近亲属有权进行保护。不过，死者的个人信息等也都需要依法保护，可以概括在"等"字中。

对死者人格利益的保护，采取死者近亲属保护的方式进行。当死者的人格利益受到侵害时，死者的第一顺位的近亲属，即配偶、子女、父母，有权向法院起诉，请求行为人承担民事责任，保护死者的人格利益。死者如果没有第一顺位的近亲属，其他近亲属即第二顺位的近亲属，包括兄弟姐妹、祖父母、外祖父母、孙子女、外孙子女，有权行使这种保护的权利。

关于保护死者的人格利益的请求权是否有期限的限制，本条依照我国司法习惯，不规定期限，而是以死者的近亲属健在为限，死者不再有近亲属的，法律不再予以保护。

死者的人格利益需要保护，但其没有近亲属的，可以根据实际情况，如存在公共利益，可以采用公益诉讼的方法进行保护。侵害英雄烈士的人格利益，即使死者没有近亲属，有关组织也可以提出保护的诉讼请求，由人民法院依法裁判。

案例评析

葛某某、宋某某分别诉洪某某名誉权侵权纠纷案①

案情： 葛某某之父葛振林是"狼牙山五壮士"之一。2013 年 8 月 27 日，新浪微博网民张某虚构信息、散布谣言，称"狼牙山五壮士"事迹为假。时任《炎黄春秋》杂志社执行主编的洪某某先后撰文对"狼牙山五壮士"事迹中的细节提出质疑。葛某某认为张姓网民和洪某某侵害了包括葛振林在内的"狼牙山五壮士"的名誉和人格尊严，向法院起诉。法院认为：葛某某作为近亲属有权就侵害葛振林名誉、荣誉的行为提起民事诉讼。学术自由、言论自由应以不侵害他人合法权益、社会公共利益和国家利益为前提。"狼牙山五壮士"及其事迹所凝聚的民族感情和历史记忆以及所展现的民族精神，是当代中国社会主义核心价值观的重要来源和组成部分。对"狼牙山五壮士"名誉的损害，既是对葛某某之父葛振林的名誉、荣誉的损害，也是对中华民族的精神价值的损害。被告洪某某的行为侵害了葛某某之父葛振林的名誉和荣誉，被告洪某某应当承担相应的侵权责任。二审维持原判。

评析： 本案是最高人民法院公布的四起保护英雄人物人格权益的典型案例之一，也是我国司法实践保护死者人格利益的典型案例。对英雄烈士的人格利益予以保护是对自然人人格利益保护的缩影，体现了我国立法对自然人人格利益延伸保护、充分保障人权的态度。本案判决逻辑清晰、论证严密，严格按照侵权行为构成要件展开论述，对公共利益认定的分析颇为精妙，为认定是否损害了公共利益提供了良好的论证裁判思路。民法典生效后，民法典第 994 条规定了对死者的人格利益保护，可以替代原有的司法解释而成为此类案件新的裁判依据。最高人民法院将关涉英雄烈士人格利益的保护的案例作为典型案例予以发布，不妨碍一般自然人的死后人格利益受到平等保护。

> ▶▶ **第九百九十五条**　人格权受到侵害的，受害人有权依照本法和其他法律的规定请求行为人承担民事责任。受害人的停止侵害、排除妨碍、消除危险、消除影响、恢复名誉、赔礼道歉请求权，不适用诉讼时效的规定。

---

① 审理法院：一审法院为北京市西城区人民法院，案号：（2015）西民初字第 27841 号。二审法院为北京市第二中级人民法院，案号：（2016）京 02 民终 6272 号。

🏛 条文要义

本条是对人格权请求权的规定。

对人格权的法律保护，除了可以采用侵权请求权的方法，还可以采用人格权请求权的方法，这正像对物权的保护存在侵权请求权的保护方法和物权请求权的保护方法一样。

人格权请求权是基于人格权而产生的权利，但它不是人格权本身，而是一种手段性权利。人格权请求权是人格权本身包含的保护自己的请求权。正像人体之内包含着保护自己、防御疾病的抵抗力一样，人格权请求权就是人格权自己所包含着的保护自己的救济权利。而保护人格权的外部力量，则是侵权请求权，是用外部的请求权保护人格权，就像感冒采取吃药打针的方法治疗一样。

人格权请求权的具体方法，应当是除损害赔偿方法之外的救济人格权侵害的方式，如停止侵害、排除妨碍、消除危险、消除影响、恢复名誉、赔礼道歉请求权。损害赔偿是侵权责任法上救济损害的一般方法，不属于人格权请求权的内容。

正是由于人格权请求权是人格权本身包含的原有救济权利，因此，人格权请求权不受诉讼时效的限制，因而本条规定，"受害人的停止侵害、排除妨碍、消除危险、消除影响、恢复名誉、赔礼道歉请求权，不适用诉讼时效的规定"。其中没有规定赔礼道歉请求权，是因为它属于侵权请求权的内容，应当受到诉讼时效的限制。以侵权请求权救济人格权所受的损害，受到诉讼时效的约束。

🎯 案例评析

卢某诉曹某相邻关系纠纷案[①]

案情：卢某、曹某系左右邻居关系，卢某系上海市杨浦区延吉中路××弄××号001室业主，曹某系上海市杨浦区延吉中路××弄××号002室业主。卢某、曹某双方因琐事曾发生口角及冲突。2017年8月12日曹某在六楼的楼道内安装摄像设备，并在其阳台外面的雨棚边上挂上一块深色的布。此后，因交涉未果，2017年10月27日，上海延吉物业有限公司出具调解不成证明。卢某认为，曹某在六楼的楼道内安装摄像头，监控卢某的生活，对卢某的人身安全和个人信息构成重大威胁，遂诉至法院。法院认为：现曹某在其六楼的公共楼道内安装了摄像设备，将公共走廊置于摄像监控范围以内，与卢某日常生活有密切联系。曹某的行为已侵害到卢某的隐私权，对卢某的生活造成了一定的妨碍，故卢某以隐私权受到侵害为由，要求曹某拆除系争摄像设备，符合事实及法律规定，应予以支持。卢某未举证证明曹某的侵害行为造成其严重精神损害，故其主张精神损失费，不予支持。

---

① 审理法院：上海市杨浦区人民法院，案号：（2018）沪0110民初25号。

　　评析：本案中法院将《物权法》有关物权请求权和相邻关系的条款作为请求权基础进行救济。民法典生效后，民法典第 995 条将成为裁判此类案件的新规则。依据其规定，人格权请求权的行使不受诉讼时效影响，根据绝对权回复请求权的属性，无论行为人对于侵害人格权益的行为是否具有过错，只要行为人的行为造成了损害后果或有造成损害后果之虞，且行为和后果之间存在法律上的因果关系，权利人就有权利请求行为人承担由人格权请求权触发的"停止侵害、排除妨碍、消除危险、消除影响、恢复名誉、赔礼道歉"的民事责任。民法典生效后，卢某可以以民法典第 995 条以及隐私权相关条款为依据，直接根据人格权请求权请求曹某停止侵害、排除妨碍，无须间接通过物权请求权维护自身权益。此外，民法典第 995 条规定的人格权请求权条款使人格权请求权理论为立法所接纳，再次确认了人格权的绝对权属性。

> ▶▶ **第九百九十六条　因当事人一方的违约行为，损害对方人格权并造成严重精神损害，受损害方选择请求其承担违约责任的，不影响受损害方请求精神损害赔偿。**

🏛 条文要义

　　本条是关于违约行为造成精神损害时可以直接适用精神损害赔偿责任予以救济的规定。

　　违约行为能够造成债权人的人格利益受损，进而造成严重精神损害。例如旅行社组织的旅行团混进严重的传染病患者，其他团员面临感染疾病的威胁，遭受严重精神损害。

　　长期以来，我国司法实践采取针对违约行为不得请求适用精神损害赔偿责任的做法，如果当事人坚持主张，则应通过民事责任竞合的方法，选择侵权诉讼方可获得支持。这样的做法虽然有其道理，但是使当事人遭受讼累。本条规定违约造成严重精神损害的，受害人可以直接起诉，主张精神损害赔偿责任，因而解决了这个困扰受害人的问题。

　　对本条进行法律解释时，应以合同义务转化范围为限落实可预见性规则，以合同义务类型为线索进行类型化分析。此亦即违约中的精神损害赔偿与侵权中的精神损害赔偿在解释路径上的差异。具体而言，适用本条的条件是：（1）双方当事人存在合同等债的关系；（2）一方当事人违反合同义务构成违约行为；（3）违约行为在损害了债权人之债权的同时，还侵害了债权人的人格权益，造成严重精神损害。具备上述要件，受损害一方请求对方承担违约责任，并不影响其一并请求精神损害赔偿。换言之，违约行为同时造成债权人严重精神损害的，债权人可以同时请求法院确认违约方承担违约责任和侵权的精神损害赔偿责任。

本条与民法典第 1183 条的关系是：第 1183 条是普通规定，本条是特别规定，在违约责任领域，本条具有优先适用的效力。

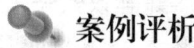 **案例评析**

郑某某、陈某某诉江苏省人民医院医疗服务合同纠纷案

案情： 郑某某、陈某某系夫妻关系，因生育障碍到江苏省人民医院就医，并与江苏省人民医院之间已经就采取 ICSI 技术进行人工辅助生育治疗达成合意。江苏省人民医院医务人员在观察了陈某某的精子后，认为适宜按照 IVF 技术进行治疗，遂按照 IVF 技术操作，但是最终治疗未获成功。郑某某、陈某某认为江苏省人民医院擅自改变治疗技术方案，实际采取了 IVF 技术并导致治疗失败，遂诉至法院，请求赔偿相关损失、精神抚慰金 1 万元并公开赔礼道歉。法院认为，本案中医院已构成违约，至于郑某某、陈某某要求医院给予精神损害赔偿的诉讼请求，因本案为合同违约之诉，不包括精神损害赔偿，故本案对要求医院承担精神损害赔偿责任不予支持，亦不支持要求医院公开赔礼道歉的请求。二审维持原判。

评析： 本案判决于民法典生效之前，当时理论上对于违约纠纷中非违约方请求精神损害赔偿持否定态度，实践中裁判尺度不一。在法官持不支持态度的案件中，当事人的精神损害最终处于无法受偿的状态，案件裁判的社会效果也不尽如人意。在民法典生效后，民法典第 996 条成为调整此类案件的新规则。本条的适用应符合双方当事人存在合同等债的关系、一方当事人违反合同构成违约行为，以及违约行为在侵害了债权人之债权的同时还侵害了债权人的人格权造成严重精神损害三个要件。若本案发生在民法典生效之后，则因郑某某、陈某某与医院之间存在合同，医院一方擅自更改方案的行为构成违约，郑某某、陈某某因为违约行为以及最终导致的手术失败受到了严重的精神损害，故可以适用本条，即在违约之诉中不影响郑某某、陈某某对于精神损害赔偿的请求，对该诉讼请求应予一定程度的支持。

▶▶ **第九百九十七条**　民事主体有证据证明行为人正在实施或者即将实施侵害其人格权的违法行为，不及时制止将使其合法权益受到难以弥补的损害的，有权依法向人民法院申请采取责令行为人停止有关行为的措施。

🏛 条文要义

本条是关于侵害人格权的禁令的规定。

禁令就是禁止实施某种行为的命令。侵害人格权的禁令是法院发出的禁止行为

人实施有可能侵害他人人格权的行为的命令。这种命令有强制性，受禁令禁止的行为人必须遵从禁令的要求，不得实施被禁令禁止的行为。违反者，应当承担民事责任。本条规定的禁令具有特殊性：第一，本条规定的禁令只适用于侵害人格权案件中；第二，本条所规定的禁令应被理解为诉前禁令。本条规定的禁令既可以基于人格权请求权提出，也可以基于侵权请求权提出。对行为人发出禁令的要件是：（1）民事主体有证据证明行为人正在实施或者即将实施某种违法行为；（2）该种行为能够侵害受害人的人格权；（3）不及时制止将会使受害人的合法权益受到难以弥补的损害；（4）受害人须向法院请求发布禁令。符合上述要件的，法院应当对行为人发布禁令，行为人受到该禁令的拘束。

本条没有规定两个问题：（1）申请发布禁令的请求权人对禁令应当提供担保，一旦请求禁令发生错误，使受禁令禁止的行为人受到损害的，禁令申请人应当承担侵权责任；未提供担保的，法院可以拒绝发布禁令。（2）被禁令禁止的行为人违反禁令，继续实施被禁止的行为的，应当承担造成损害的赔偿责任，同时应当受到民事诉讼强制措施的制裁。

本条生效后必然涉及与民事诉讼程序中先予执行的关系以及与《民事诉讼法》进行妥当对接的问题。人格权诉前禁令是基于人格权请求权或侵权请求权的权利保护手段，仅适用于人格权受到侵害的案件；《民事诉讼法中》规定的先予执行是可能产生的民事责任的提前执行，不限于人格权纠纷案件。人格权诉前禁令规则和民事诉讼法中的先予执行规则的对接方式应该是，权利人在有证据证明行为人正在实施或者即将实施不及时制止将使其合法权益受到难以弥补的损害的侵害其人格权的行为时，可以基于本条，向法院申请先予执行，法院经审核，认为符合诉前禁令发布条件的，发布禁令。

案例评析

杨季康（笔名杨绛）与某国际拍卖有限公司、李某某诉前禁令案[①]

案情：钱锺书（1910—1998）与杨季康（1911—2016）系夫妻，二人育有一女钱瑗（1937—1997）。钱锺书、杨季康及钱瑗与李国强系朋友关系，三人曾先后致李国强私人书信百余封，该信件本由李国强收存。某国际拍卖有限公司发布公告，表示其将于2013年6月21日公开拍卖上述私人信件。杨季康知悉后主张，某国际拍卖有限公司及李国强即将实施的私人信件公开拍卖活动和公开展览、宣传等活动，将侵害杨季康所享有和继承的著作权，如不及时制止，将会使杨季康的合法权益受到难以弥补的损害，遂请求法院责令某国际拍卖有限公司及李国强立即停止公开拍卖、公开展览、公开宣传杨季康享有著作权的私人信件。法院依据修改后的《民事

---

① 最高人民法院公布七起保障民生典型案例之二，北大法宝引证码：CLI. C. 2129804。

诉讼法》关于行为保全的规定作出了禁令裁决，裁定某国际拍卖有限公司不得以公开发表、展览、复制、发行、信息网络传播等方式实施侵害钱锺书、杨季康、钱瑗写给李国强的涉案书信手稿的著作权的行为。

评析： 禁令制度是民法典第四编"人格权"新增的制度之一，适应人格权的无形性与一定意义上的损害不可逆性，符合人格利益保护的客观需求。本案裁判于2013年，当时我国民法典尚未生效。本案中的禁令是法院作出的首例涉及著作人格权的临时禁令，也是2012年《民事诉讼法》修订、实施后针对侵害著作权行为作出的首例临时禁令，是诉讼行为保全的一种。

本案涉及我国著名作家、文学研究家钱锺书先生及我国著名作家、翻译家、外国文学研究家杨绛女士，受到了社会的广泛关注。在本案中，若某国际拍卖有限公司对钱锺书的书信手稿进行拍卖，手稿中所涉及的前后综述以及其家人的相关隐私将不可避免地被公之于众，该行为对其隐私权可能造成无可挽回的损害，符合人格权禁令申请的条件。在民法典生效后，类似案件中的行为人可以根据民法典第997条的规定申请人格权诉前禁令。本条规定的禁令制度也是与民法典第995条人格权请求权理论的有效对接，相对应的主要责任方式为停止侵害、排除妨碍、消除危险。

> ▶▶ **第九百九十八条** 认定行为人承担侵害除生命权、身体权和健康权外的人格权的民事责任，应当考虑行为人和受害人的职业、影响范围、过错程度，以及行为的目的、方式、后果等因素。

🏛 条文要义

本条是关于侵害生命权、身体权、健康权以外的人格权承担民事责任的规定。

本条规定可以被看作动态系统论在精神性人格权侵权责任中的应用，与民法典第1165条规定的侵权责任一般条款相协调。动态系统论是一种立法的指导思想，它具有可以避免固定规定的僵化和一般条款的宽泛与不确定的特点。

人格权通常分为物质性人格权和精神性人格权，前者如生命权、身体权和健康权，后者如姓名权、名称权、肖像权、声音权、名誉权、荣誉权、隐私权和个人信息权等。侵害人格权后产生了人格权请求权，由于受侵害的人格权的类型不同，因此有人身损害赔偿的人格权请求权和精神损害赔偿的人格权请求权之分。行为人承担侵害除生命权、身体权和健康权以外的人格权的民事责任，就是指权利人享有侵害精神性人格权的精神损害赔偿请求权。

确定侵害精神性人格权的精神损害赔偿责任，应当考虑的因素是：（1）行为人和受害人的职业、影响范围、过错程度；（2）行为人的行为目的、方式、后果等。

例如，恶意诽谤他人，与记者调查事实进行新闻报道因过失而事实失实侵害名誉权，虽然都是侵害名誉权的侵权行为，但是在行为人和受害人的职业、影响范围、过错程度以及行为人的行为目的、方式和后果等方面都有不同，应当斟酌这些不同情节，确定适当的精神损害赔偿责任，而不能一概而论。具体而言，以行为人和受害人的职业作为侵权责任认定的要素之一，其典型就是对公众人物之特殊性的考量。于影响范围、过错程度而言，一般情况下，影响范围越大，一般认定损害事实的存在越确定，损害范围也越大，损害程度也越深，相应地根据客观主义外观主义的认定模式，一般也认为过错程度相应也越高。过错程度越高，一般意味着行为人未尽相应的注意义务越多，一般情况下损害程度也会越深，在酌定精神损害赔偿金额的过程中，赔偿额也该酌定越高。于行为的目的、方式、后果等因素而言，对这些因素的判断，均可进一步服务于对侵权要件的判断，如通过行为人的目的和行为方式判断是否行为人具有过错，通过后果判断损害程度等。

案例评析

黄某、洪某某诉梅某某名誉权侵权纠纷案①

案情：《炎黄春秋》杂志刊发洪某某撰写、黄某任责任编辑的质疑"狼牙山五壮士"历史事实真实性的文章。此后，梅某某发布微博称："《炎黄春秋》的这些编辑和作者是些什么心肠啊？打仗的时候都不能拔个萝卜吃？说这些的作者和编辑属狗娘养的是不是太客气了？"该博文被转发 360 次，被评论 32 次。黄某、洪某某以梅某某前述言论侵犯其名誉权为由诉至法院。法院认为：应当通过综合评价双方言论的背景及内容、言论是否超过必要限度、因果关系以及损害后果等方面综合判断侵权是否构成。以"狼牙山五壮士"为代表的英雄人物和英雄事迹，已经成为中华民族精神世界和民族感情的重要内容。对这些英雄人物和英雄事迹的不当评论与评价将引发社会公众的批评，黄某、洪某某对此应当有所预见，也应当承担较高程度的容忍义务。梅某某的微博使用不文明语言显属不当，但主旨和主观动机符合社会主义核心价值观，应予肯定。遂判决驳回黄某、洪某某的诉讼请求。二审维持原判。

评析：本案是微博言论评价他人文章所引发的名誉权侵权的典型案例，也是法院通过综合考量各类因素最终确定侵权责任的典型案例。虽然案件发生于民法典生效前，但是本案的裁判思路与民法典第 998 条的规定相契合。根据民法典第 998 条的规定，认定行为人承担侵害除生命权、身体权和健康权外的人格权的民事责任的过程，一般而言应是利益平衡的过程，应综合考虑行为人和受害人的职业、影响范围、过错程度，以及行为的目的、方式、后果等因素，本案就此在说理和论证方面作出了示范。

---

① 最高人民法院公布的四起保护英雄人物人格权益的典型案例之一，北大法宝引证码：CLI. C. 11166619。

在本案中，梅某某的言论系对黄某、洪某某所发表的关于"狼牙山五壮士"这一历史英雄人物及该历史事件的文章作出的评价和批评，其言论是否超出必要的限度、其妥当性以及是否侵害他人人格，涉及黄某、洪某某所发表文章涉及的事项，黄某、洪某某对于所发表文章所引发他人批评或评价的预见程度和应当负有的相应的容忍义务，以及梅某某所发表言论的主观状态，其言论是否导致黄某、洪某某的社会评价降低等因素，均为梅某某之行为是否构成侵权的重要考量因素，也是名誉权侵权案件中的重点和难点问题。法院从原告所发表文章的内容以及其涉及的历史人物及其历史事件的重大历史意义分析，认为原告对于该文所引发的言论具有较高的容忍义务，这较为准确地界定了原告对于自己言论的注意义务；从被告发表言论的主观动机以及其言论所批评的对象、受众从其言论中获得信息的方式以及受众由此对原告所作出的社会评价等方面，认定被告之行为未构成侵权的同时，指出其言论亦有不当之处，这在准确、全面适用现行法的同时，更是贯彻了侵权法中平衡行为人的行为自由与保护他人合法权益的原则。

▶▶ **第九百九十九条　为公共利益实施新闻报道、舆论监督等行为的，可以合理使用民事主体的姓名、名称、肖像、个人信息等；使用不合理侵害民事主体人格权的，应当依法承担民事责任。**

🏛 条文要义

本条是关于新闻合理使用他人人格要素及不当使用责任的规定。

本条规定部分参考了《著作权法》中的合理使用制度。根据我国《著作权法》第 22 条，在法定的 12 种情况下使用作品，可以不经著作权人许可，不向其支付报酬，但应当指明作者姓名、作品名称，并且不得侵犯著作权人依照该法享有的其他权利。本条规定服务于判断新闻媒体及相关个人在实施新闻报道、舆论监督中的行为是否构成侵权的问题，对于合理使用的认定与部分新闻侵权抗辩事由的认定一致。为公共利益实施新闻报道、舆论监督时，因正当事由合理使用他人人格要素的行为，不构成侵害人格权。其要件是：（1）具有的正当事由实施新闻报道、舆论监督等行为；（2）使用的是民事主体的姓名、名称、肖像、个人信息等人格要素；（3）须符合正当使用的范围，即为了实施新闻报道、舆论监督的目的。符合上述要件的，使用人对他人人格要素的使用，为正当使用，使用人不承担民事责任。例如，拍摄新闻事件中人物的肖像进行报道，不构成侵害肖像权，因为其具有新闻性。

行为人对他人的人格要素进行不合理使用，应当依法承担民事责任。不合理使用的行为包括：（1）没有正当事由而使用；（2）使用的人格要素超出了法律规定的范围，例如揭露个人隐私；（3）超出了正当使用的范围，在正当使用范围之外进行使用。这些对他人人格要素的使用，都是非法使用，构成侵害人格权，使用人要承担民事责任。

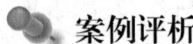 **案例评析**

刘甲等诉江苏教育电视台转播含有隐私内容的新闻侵犯名誉权纠纷案

案情：刘甲与刘乙（未成年人）系姐妹关系，刘甲的丈夫因犯强奸罪被判刑，刘乙是该强奸案的受害人。刘甲、刘乙及其母亲王某就此事接受了中央电视台的有关采访，但未接受江苏教育电视台的采访。江苏教育电视台就刘甲等的上述家庭隐私进行了专题报道，并在不同时间数次播出，且未对刘甲等的画面作有效的马赛克处理。刘甲等诉至法院，请求江苏教育电视台承担侵权责任。法院认为：被告江苏教育电视台未经原告刘甲等同意播放了涉及原告方隐私的节目，且未对有关人物面部作有效的技术处理，导致从片中能直接判断出被告江苏教育电视台播放的内容涉及原告的隐私。被告江苏教育电视台的播放行为是否合法并不取决于其他媒体是否已经播放，自然人的隐私不因曾被公开过而当然认定他人可再向社会传播。因此，被告江苏教育电视台对涉及原告方隐私的内容再次进行编辑后播出的行为侵害了原告刘甲等的人格权益，构成侵权，应承担民事责任。

评析：一般而言，电视台对新闻事件的当事人进行报道采访并播出相关采访视频属于新闻报道和舆论监督的范围，但在此过程中仍应注意对当事人隐私权的保护和尊重。本案中江苏教育电视台制作纪实类专题节目的行为属于新闻报道和舆论监督的范围。江苏教育电视台的新闻报道未作适当处理的录像采访，导致刘甲等的信息容易为社会一般公众所知悉，导致其不愿为他人知悉的受害过程被公布于众，属于民法典第 999 条所规定的"使用不合理"的情形，侵害了当事人的隐私权，江苏教育电视台应当依法承担民事责任。在关涉性骚扰、家庭暴力、性别歧视等容易涉及当事人隐私，公开事件会对当事人造成二次伤害的案件中，新闻媒体在报道前应充分征求当事人同意，对当事人的可被识别的个人身份信息可作被当事人接受的相关处理，否则，易构成对新闻当事人之隐私权或人格尊严的侵害。在此类案件中，在判令侵权人承担民事责任时，应考虑到公开赔礼道歉、消除影响等民事责任可能在客观上对受害人造成进一步的损害，因此，侵权人适宜承担对受害人赔偿经济损失及支付精神损害抚慰金的民事责任。

▶▶ **第一千条** 行为人因侵害人格权承担消除影响、恢复名誉、赔礼道歉等民事责任的，应当与行为的具体方式和造成的影响范围相当。

行为人拒不承担前款规定的民事责任的，人民法院可以采取在报刊、网络等媒体上发布公告或者公布生效裁判文书等方式执行，产生的费用由行为人负担。

🏛 条文要义

本条是关于侵害人格权承担消除影响、恢复名誉、赔礼道歉责任方法的规定。

与人格权请求权相对应的是民事责任，包括消除影响、恢复名誉、赔礼道歉等。这里提到的几种民事责任，也都是精神性的民事责任。当精神性人格权受到侵害后，救济该种精神损害的民事责任就是精神性人格权请求权的具体内容。消除影响、恢复名誉、赔礼道歉的责任方式在我国具有相当长的实践历史，《民法通则》第134条、《侵权责任法》第15条、《最高人民法院关于审理名誉权案件若干问题的解答》第10、11条都对此作了规定，本条就是在上述规范的基础上演化而来的。

确定消除影响、恢复名誉、赔礼道歉等精神性民事责任方式的具体方法有两种：一是与行为的具体方式相当，二是与行为造成的影响范围相当。前者要求承担消除影响、恢复名誉、赔礼道歉责任，与行为人的行为方式相适应，例如，造成恶劣影响的，应当消除影响；造成名誉损害的，应当恢复名誉；应当赔礼道歉的应进行赔礼道歉；同时，在互联网上造成损害的，不能要求在传统媒体上消除影响。后者要求与行为造成的影响范围相当，不能扩大范围消除影响等，例如，在本地报刊上进行诽谤的，不能责令行为人在全国性传统媒体上消除影响等。不相适应的消除影响、恢复名誉、赔礼道歉会扩大损害后果，给受害人的人格权益造成新的侵害。

针对行为确定了上述民事责任，责任人拒不承担民事责任的，法院可以对这些民事责任方式进行强制履行，方法是：法院可以采取在报刊、网络等媒体上发布公告或者公布生效裁判文书等方式执行，至于强制履行而产生的费用，由责任人负担。

🔵 案例评析

北京大学诉邹某某名誉权纠纷案[①]

案情：邹某某曾系北京大学教授，其在微博上发布以下内容："北大院长在梦桃源北大医疗室吃饭时只要看到漂亮服务员就必然下手把她们奸淫。北大教授系主任也不例外……除了邹某某，北大淫棍太多。"北京大学认为其社会形象因此遭受严重损害，便诉至法院。法院认为：邹某某以书面形式公开发表涉及北京大学院长、系主任及教授与北京梦桃源餐饮有限公司女服务员之间存在不正当关系的不实博文，使用了侮辱性词汇，构成侵犯名誉权，应就此承担停止侵权、删除侵权言论、消除影响、恢复名誉、赔礼道歉的侵权责任。即：（1）自本判决生效之日起，被告邹某某停止侵权，删除涉诉微博。（2）自本判决生效之日起10日内，被告邹某某在其实名认证新浪微博首页公开发表致歉声明，向原告北京大学赔礼道歉、消除影响、恢

---

① 审理法院：北京市海淀区人民法院，案号：（2012）海民初字第20880号。二审法院为北京市第一中级人民法院，案号：（2014）一中民终字第9328号。

复名誉，持续时间为连续 7 天（声明内容需经本院核准，如被告邹某某拒不履行该义务，本院将在全国公开发行的媒体上公布本判决的主要内容，费用由被告邹某某负担）。二审维持原判。

评析：本案裁判于我国民法典生效之前，但是其对赔礼道歉民事责任的运用非常规范，对于删除信息的载体、内容、时间以及赔礼道歉的时间、范围、方式都作了具体要求，具有很强的可操作性和裁判参考性。自《民法通则》1986 年颁布以来，赔礼道歉正式成为民事责任的承担方式，其具体承担方式在《最高人民法院关于审理名誉权案件若干问题的解答》中得到细化，在《侵权责任法》《消费者权益保护法》《著作权法》等法律中被再次确认。至今其在我国已经历了三十余年的实践洗礼。民法典第 1000 条对其具体承担方式在之前立法的基础上予以确认。本案裁判中表明"声明内容需经本院核准，如被告邹某某拒不履行该义务，本院将在全国公开发行的媒体上公布本判决的主要内容，费用由被告邹某某负担"，与民法典第 1000 条第 2 款的规定相一致。这种操作方式与当事人意思自由原则不相违背，不存在所谓的违宪风险，也是顺应我国有益司法实践经验的体现。

▶▶ **第一千零一条**　对自然人因婚姻家庭关系等产生的身份权利的保护，适用本法第一编、第五编和其他法律的相关规定；没有规定的，可以根据其性质参照适用本编人格权保护的有关规定。

🏛 条文要义

本条是关于身份权请求权的规定。

身份权请求权跟人格权请求权和物权请求权一样，是身份权本身包含的保护自己的请求权，在配偶权、亲权、亲属权受到侵害后，为救济身份权的损害，请求行为人承担民事责任，以恢复身份权完满状态的权利保护请求权。因特定身份关系而产生的身份权益之所以可以在没有具体特别规定的情况下适用人格权编的有关规定，是因为人格权与身份权同属于人身权，同为专属权、支配权，均不具有直接的财产性。

本条规定的重大意义是：

（1）确认身份权的概念。在以往的民事法律中，没有明确使用过身份权的概念，2017 年《民法总则》第 112 条也仅使用的是"自然人因婚姻、家庭关系等产生的人身权利"的概念。本条是第一次使用身份权的概念。

（2）确认身份权请求权的概念。在以往的民事法律中，将身份权请求权与侵权请求权相混淆，未加严格区分。

（3）确认身份权请求权的具体规则适用人格权请求权的具体规则，不再具体规定相类似的身份权请求权的具体规则。

有些学者认为，这个条文应当放在民法典第五编"婚姻家庭"中规定。其实规定在哪里并不重要，关键是一定要规定。即使在民法典第四编"人格权"中规定身份权请求权，其性质也不会改变，不会发生逻辑上的混乱。

对于身份权请求权的法律适用，应当适用民法典第一编"总则"、第五编"婚姻家庭"和其他法律的相关规定；没有规定的，就可以根据其性质，参照民法典第四编"人格权"中保护人格权的有关规定，因为人格权和身份权都是人身权利，保护的基本方法基本相同。

案例评析

张某、孔乙等诉大连市妇幼保健院人格权纠纷案[①]

案情：孔甲、张某系夫妻关系，孔乙系孔甲、张某的女儿。1975 年××月××日，张某在大连市妇幼保健院生产。2014 年，亲子鉴定结论排除张某和孔乙具有生物学亲子关系且排除孔甲和孔乙具有生物学亲子关系。孔甲、张某于 2016 年 1 月寻亲，找到了亲生女儿陈某。孔乙与陈某的母亲王某进行了司法鉴定，鉴定结论是王某是孔乙的生物学母亲。张某、孔乙等认为大连市妇幼保健院错抱婴儿的行为对其造成严重精神损害，便诉至法院。法院经审理认为：张某、孔乙等提供的上述证据已形成证据链条，能够证明原告张某在被告大连市妇幼保健院生产，发生孩子抱错的事实。被告大连市妇幼保健院的行为侵犯了原告张某、孔乙等因家庭关系产生的人身权利，应承担相应的民事责任。被告大连市妇幼保健院的行为导致亲生父母女儿 40 年的骨肉分离，使原告张某、孔乙等在精神上受到了极大的痛苦和感情上的创伤，支持三原告精神损害赔偿请求。二审维持原判。

评析：本案是侵害自然人身份权的典型案件。在民法典生效前，我国司法实践中一直没有明确的身份权概念。《民法总则》第 112 条规定，"自然人因婚姻、家庭关系等产生的人身权利受法律保护"。民法典第 1001 条正是对《民法总则》第 112 条的落实，所以本案在裁判时适用《民法总则》的规定是非常妥当的。民法典生效后，民法典第 1001 条将成为裁判身份权纠纷案件的新规则。民法上的身份权是民事主体基于某一特定身份而享有的权利，其关涉的权利义务分配模式，与财产法上因意思表示发生权利义务分配的模式有所不同。民法上的身份，通说认为是指基于婚姻、家庭关系产生的身份，但在知识产权领域、社员权领域以及部分少数身份权利领域，也存在基于特定身份产生的特定权利，其与基于婚姻、家庭关系产生的身份权益的内在逻辑是一致的。民法典第 1001 条对人格权与身份权的同质性予以了肯

---

① 审理法院：一审法院为大连市沙河口区人民法院，案号：（2018）辽 0204 民初 220 号。二审法院为辽宁省大连市中级人民法院，案号：（2018）辽 02 民终 5346 号。

定，明确了人格权与身份权的关系，进而确认了身份关系之法律适用的顺序，即"适用本法第一编、第五编和其他法律的相关规定；没有规定的，可以根据其性质参照适用本编人格权保护的有关规定"。这意味着，基于身份权请求权请求侵权人承担消除影响、赔礼道歉等民事责任，同样不受诉讼时效的限制。这与诉讼时效主要作用于交易领域的制度辐射范围是相一致的。

第二章　生命权、身体权和健康权

▶▶第一千零二条　自然人享有生命权。自然人的生命安全和生命尊严受法律保护。任何组织或者个人不得侵害他人的生命权。

🏛 条文要义

本条是对生命权之概念和生命权之内容的规定。

生命权是自然人享有的维持其生命存在，以保证其生命安全和生命尊严为基本内容的具体人格权。本条规定生命权的基本内容有二：一是维护生命安全，二是维护生命尊严。

维护生命安全，是权利人保持其生命，防止他人危害其生命的权利内容。权利人可以依据维护生命安全的权利，防止他人对自己生命的非法侵害；在环境对生命构成危险、尚未发生时，可以要求改变危险环境，保护生命安全。

维护生命尊严，是维护人格尊严的组成部分。人格尊严主要维护的是自然人在主体资格存续期间的尊严，当然也包括生的尊严和死的尊严，而生的尊严和死的尊严就是生命尊严，其中最重要的是死的尊严，包括选择尊严死、生前预嘱和临终关怀等内容。当生命濒临终结、不可治愈，且采取延命措施会有巨大痛苦时，权利人有权以生前预嘱等方式，选择尊严死，实行临终关怀，要求采取减轻痛苦的医疗措施。

维护生命尊严是否包括可以采取安乐死，是一个争论的问题。从原则上说，生命尊严是安乐死的上位概念，但是本条并未明确规定积极安乐死，但是消极安乐死应当包括在其中。不过，规定了生命尊严，将会给安乐死立法提供法律依据，有利于将安乐死合法化的立法。

生命权的义务主体是任何组织或者个人，即"任何组织或者个人不得侵害他人的生命权"。生命权是绝对权，一个自然人是生命权的权利主体，其他任何自然人、法人或者非法人组织都是该生命权的义务主体，都负有不得侵害生命权权利主体的生命的义务。生命权权利主体之外的所有的自然人、法人和非法人组织，都包括在"任何组织或者个人"的概念之中，作为生命权的义务主体，都负有"不得侵害他人生命权"的法定义务。

🔖 案例评析

陈甲、陈乙、陈丙诉陈丁、吴某某、李某某、周某某

生命权纠纷案①

案情： 陈甲系陈某的妻子，陈乙系陈某的父亲，陈丙系陈某的女儿。陈某欠陈丁合法债务若干，债权债务尚未清结。此后陈丁找寻陈某未果。后陈丁在某KTV发现陈某，遂上前要求陈某还款，陈某称不欠陈丁钱款。陈丁先后联系执行案件的承办人和派出所后，双方便商定等到天亮一同到法院解决。在等待天亮过程中，陈某两次到旁边的某医院上卫生间。陈某的朋友吴某某和李某某跟随陈某一起，并在卫生间外等候。其后，陈某为摆脱陈丁等人，翻墙逃走，不幸坠落身亡。陈某家属诉至法院。法院认为：自然人的债权可以通过公力救济和自力救济两种途径实现，陈丁的债权经过法院判决和执行均未得到实际清偿。陈某在没有受到人身安全威胁的情况下，利用上卫生间的时机，明知危险还翻出卫生间窗户离开现场，进而不慎坠地造成颅脑损伤并经抢救无效死亡，自己过错明显，应自行承担责任。遂驳回原告陈甲等人的诉讼请求。二审维持原判。

评析： 在我国，受"人死为大"相关文化的影响，当在某一案件中出现自然人死亡的结果时，社会舆论基于情感冲击和第一印象容易倾向认定侵权行为成立。然而，这样的倾向是必须避免的。民法向来保护自然人的生命权，这一规则为民法典第1002条所延续，但应注意的是，对自然人生命权的保护不是唯损害结果论的，判断是否构成生命权侵权应该严格按照侵权责任的构成要件来认定。本案中，陈丁等人为实现债权，在法院与公安机关无法及时介入纠纷的情况下，实施自力救济，没有对陈某实施暴力行为，符合自力救济的合理限度，不属于侵权行为，也不存在过错。相反，陈某多次拒不履行债务在先，若陈丁等人不对其进行暂时看护，陈某很有可能再次逃避债务。在此情况下陈某为逃脱债务，明知跳楼危险而仍然为之，其死亡的结果与其跳楼具有直接关系，其跳楼的行为并非受陈丁等人的影响，陈丁等人的行为与其死亡的结果没有因果关系。综上，陈丁等人的行为不构成生命权侵权。本案是以法律为准绳理性裁判的典型案例。另外要说明的是，民法典生效后对于关涉生命权保护的案件应适用其第1002条。这里的关涉生命权保护的案件不仅包括传统的保护生命安全的案件，也包括关涉例如临终关怀、生前预嘱、尊严死亡、尊严生产等有关生命尊严的新型案件。对于关涉生命尊严的案件，在法律适用时应注意对民法典第1002条、第990条第2款的区分与衔接。

---

① 最高人民法院公报，2019（8）.

▶▶ **第一千零三条**　自然人享有身体权。自然人的身体完整和行动自由受法律保护。任何组织或者个人不得侵害他人的身体权。

条文要义

本条是对身体权之概念和内容的规定。

《民法通则》规定的是生命、健康权，没有明确规定身体权，因此，身体权是否为人格权曾经被怀疑，直至最高人民法院的司法解释规定了身体权，身体权是人格权才有了定论。

身体权是自然人享有的维护其身体组成部分完整，并支配其肢体、器官和身体组织的具体人格权。本条将行动自由纳入身体权的内容，其实是一个误读。行动自由不是身体权的内容，而是人身自由权的内容。

身体权的客体是身体。身体是自然人的生理组织的整体，包括两个部分：（1）主体部分，即头颅、躯干、肢体的总体构成，包括肢体、器官和其他组织；（2）附属部分，即毛发、指（趾）甲等附着于身体的其他人体组织。移植的器官或者其他组织与受移植人成为一体的，成为受移植人身体的组成部分。镶装、配置的人工制作的身体残缺部分的替代物，不能自由拆卸的，构成身体的组成部分，例如，种植牙是身体的组成部分；能够自由拆卸的，不认为是身体的组成部分，不受身体权的保护。

身体权的内容是：（1）维护身体的完整性，任何人不得破坏自然人的身体完整性。（2）支配自己身体的组成部分，包括对肢体、器官、身体其他组成部分的支配，其前提是不得妨碍自己的生命和健康。

身体权的义务主体是权利人以外的其他自然人、法人和非法人组织。"任何组织或者个人不得侵害他人的身体"是对义务主体所负之义务的规定。

案例评析

张某诉程某身体权纠纷案①

案情：张某（女）和程某（男）系夫妻，程某因家庭琐事对张某实施家庭暴力，致张某身体多处受伤。后张某诉至法院。法院认为：人身损害赔偿的诉讼时效期间，伤害明显的，从受伤之日起算；伤害当时未曾发现，后经检查确诊并能证明是由侵害引起的，从伤势确诊之日起算。本案中程某对张某的人身损害发生于5月26日，两年后张某经司法鉴定机构鉴定鼻骨骨折构成十级伤残，即暴力实施两年后张某的权利被侵害范围和损害数额得到确认，诉讼时效起算时间应为两年后伤残鉴定时间，

_____
① 最高人民法院公布的49起婚姻家庭纠纷典型案例之三十一，北大法宝引证码：CLI.C.8076515。

故张某起诉请求程某承担人身损害赔偿责任没有超出诉讼时效。张某因程某的家庭暴力遭受人身损害，应获救济。

评析：本案是一起典型的家庭暴力案件。家庭暴力案件是实践中多发的侵害权利人之身体权、健康权的案件。本案揭示了家庭暴力案件一般具有暴力对象的特殊性、形式的多样性、行为的隐蔽性、结果的循环性等特点。在民法典生效前，对家庭暴力的相关规范集中在《民法通则》及其司法解释、《侵权责任法》、《婚姻法》及其司法解释、《妇女权益保障法》和《反家庭暴力法》，以及《最高人民法院关于审理人身损害赔偿案件适用法律若干问题的解释》、《最高人民法院关于确定民事侵权精神损害赔偿责任若干问题的解释》。本案的审理法院在裁判时就适用了上述规范性文件的部分条文作为裁判依据。民法典第1003条是关于自然人身体权之享有和保护的具体规定，可作为家庭暴力案件中认定人格权侵权的直接法律渊源。

本案裁判的典型价值也在于对身体权侵权损害赔偿请求权时效的认定。在侵害自然人身体权的案件中，请求停止侵害的人身权请求权，以及侵害身体权导致的支付抚养费、赡养费或者扶养费的请求权不受诉讼时效限制，但由侵害身体权引发的损害赔偿请求权仍受诉讼时效限制。本案裁判中法官适用"人身损害赔偿的诉讼时效期间，伤害明显的，从受伤之日起算；伤害当时未曾发现，后经检查确诊并能证明是由侵害引起的，从伤势确诊之日起算"的规范，正确认定了该损害赔偿请求权的诉讼时效，为相关案例提供了裁判参考。

▶▶ **第一千零四条**　自然人享有健康权。自然人的身心健康受法律保护。任何组织或者个人不得侵害他人的健康权。

🏛 条文要义

本条是对健康权之概念和内容的规定。

健康权是指自然人以自己的机体生理机能正常运作和功能完善发挥，维持人体生命活动的利益为内容的具体人格权。健康权与身体权的区别是：健康权维护的是自然人的机体生理机能正常运作和功能的完善发挥，身体权维护的是自然人身体组成部分的完整。简言之，健康权保护的是身体机能的完善性，身体权保护的是身体组成部分的完整性。健康权保护的是自然人身体功能的正常发挥，不是保护身体、意志不受外界约束。健康权与人身自由权都保护人的自主运动和自主思维，但健康权保护的人的自主运动和自主思维是人体自身的功能，这种功能决定人能够按照自己的意志去行动、去思维。人身自由权所保护的人的自主运动、自主思维，是指人的行为、意志不受外来的非法拘束。侵权行为侵害健康权，作用于人的内在因素，使其不能自主运动、自主思维，原因在于人体机能完善性被破坏和功能发挥受限制，完全属于内因。侵害人身自由权的行为并不破坏人体机能和功能，而是对人的行动、意志设置外来的障碍，使人因外界的束缚或影响而不能自主行动、自主思维，也即非法限制人身自由完全是外因所致。

健康权的客体是健康。健康是指维持人体生命活动的生理机能的正常运作和功能的完善发挥，这两个要素协调一致发挥作用，达到维持人体生命活动的最终目的。关于心理健康是否为健康权的客体，有不同看法，有的观点认为心理健康并不是健康权的内容，另有观点认为心理健康是健康权的内容。

健康权的义务主体是权利人之外的所有的自然人、法人和非法人组织。"任何组织或者个人不得侵害他人的健康权"规定的就是健康权的义务主体及其负有的法定义务。

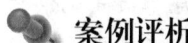 **案例评析**

刘某诉孙某、李某健康权纠纷案①

案情：孙某是某日用品经营部个体业主，系某科技集团的加盟店，李某系某科技集团公司销售经理，刘某曾在日用品经营部购买保健产品。李某携带三台数码经络治疗仪至孙某开设的日用品经营部进行指导，孙某遂联系刘某。在指导过程中，李某向刘某介绍说数码经络治疗仪具有通经络的功效，并对刘某使用了数码经络治疗仪。后刘某感觉不适，并有呕吐现象，后被送至医院治疗，入院诊断为"水中毒；电解质代谢紊乱；癫痫持续状态"。刘某诉至法院。法院认为，被告孙某作为召集人和指导场地的提供者，未设立该数码经络治疗仪与其经营的产品无任何关系的区别性标志，且在此过程中提供辅助性服务，故依法应承担相应的法律责任。

评析：一般的身体权侵权案件多属于行为人直接侵害受害人健康权的案件，本案关涉的健康权侵权方式与一般案件中的有所不同，是行为人未尽相应审查义务导致侵害他人健康权的案件。本案中，经营日用品的个体店主允许他人在其经营场所内从事产品宣传服务时，其作为场地提供者，应对所宣传的产品及服务的合法性、适当性进行必要的审查，若未尽此义务，造成他人损害的，属于通过不作为侵害他人身体权的情形。场地提供者未尽合理审查义务，导致产品有健康隐患的商家在其场地内从事经营活动，消费者在此消费后因场地内销售者销售的产品遭受健康权损害的，该损害结果与场地提供者未尽审查义务具有因果关系，场地提供者亦因未履行相应的审查义务而具有过错，应当依法承担相应的侵权责任。本案裁判还提示我们，在司法实践中，健康权受到侵害的原因纷繁复杂，对于相关侵权责任，除人格权请求权的行使外，需要按照一般侵权责任要件进行认定。在民法典生效后其第1004条即为健康权的确权和保护条款。

---

①　最高人民法院公报，2019（1）．

▶▶ 第一千零五条　自然人的生命权、身体权、健康权受到侵害或者处于其他危难情形的，负有法定救助义务的组织或者个人应当及时施救。

🏛 条文要义

本条是关于自然人处于危难时特定主体负有救助义务的规定。

当自然人的人身遭受侵害或者处于其他危难情形时，负有法定救助义务的组织和个人应当及时履行救助义务。这一规定与民法典第 1220 条关于紧急情况下医疗机构采取相应的医疗措施的规定相衔接，也和民法典第 184 条的规定相衔接。

负有法定救助义务的组织和个人，是指医疗机构、院前救助机构以及负有法定救助义务的个人等。这些机构和个人依照法律的规定，负有对处于危难之中的自然人的救助义务。例如，《人民警察法》第 21 条规定：人民警察遇到公民人身、财产安全受到侵犯或者处于其他危难情形，应当立即救助。《人民武装警察法》第 28 条规定：人民武装警察遇到公民人身、财产安全受到侵犯或者处于其他危难情形，应当及时救助。《执业医师法》第 24 条规定：对急危患者，医师应当采取紧急措施及时进行诊治；不得拒绝急救处置。

法定救助义务产生于以下情形：（1）自然人的生命权、身体权、健康权受到侵害之时；（2）自然人的生命权、身体权、健康权处于其他危难情形时。当出现这样的情形时，负有法定救助义务的机构和个人必须负起紧急救助的责任，对该自然人进行紧急救助。没有及时采取相应的救助措施，应当依照民法典第 1218、1220 条的规定，承担侵权责任，赔偿受害人的损失。

本条规定的主体是负有法定救助义务的机构和个人。不负有法定救助义务的机构或者个人发现自然人的生命权、身体权、健康权受到侵害或者处于其他危难情形时，依据道德也是应当予以救助的，造成被救助人损害的，应当适用民法典第 184 条的规定，免除其责任。

🔵 案例评析

张乙、张丙诉朱某生命权纠纷案①

案情：2017 年 1 月 9 日，张某与张甲发生交通该事故，张某跌倒、张甲倒地受伤、摩托车受损，后张某起身驾驶摩托车驶离现场。事发当时，朱某驾车经过肇事现场，发现肇事逃逸行为即驾车追赶。追赶过程中，朱某多次向柳赞边防派出所、曹妃甸公安局"110"指挥中心等公安部门电话报警。朱某在追赶张某过程中不断劝

---

① 审理法院：一审法院为河北省滦南县人民法院，案号：（2017）冀 0224 民初 3480 号。二审法院为河北省唐山市中级人民法院，案号：（2018）冀 02 民终 2730 号。

其自首，张某不听并被火车撞死。张某的近亲属诉至法院。法院认为，朱某作为现场目击人，及时向公安机关电话报警，并驱车、徒步追赶张某，敦促其投案，其行为本身不具有违法性。从被告朱某的行为过程看，其并没有侵害张某之生命权的故意和过失。在张某为逃避追赶，跨越铁路围栏、进入火车运行区间之后，被告朱某及时予以高声劝阻提醒，同时挥衣向火车司机示警，仍未能阻止张某死亡结果的发生。该结果与朱某的追赶行为之间不具有法律上的因果关系，故对原告张乙、张丙提出的诉讼请求不予支持。

评析：本案裁判时，民法典尚未生效。本案中被告朱某的行为是否构成侵权，主要应判断朱某行为的性质，从而认定朱某主观上是否具有过错。民法典生效后，第1005条对救助义务人的明确规定可以服务于本案中的过错认定。本案中，朱某是普通公民，本不负有追击犯罪嫌疑人的法定义务，但是其出于阻止犯罪、追缉交通肇事人的目的对张某进行了追赶。这属于保护国家、社会公共利益或者他人的人身、财产安全所实施的阻止不法侵害者逃逸的行为，应被认定为见义勇为。本案的审理法院在此性质的判断上是妥当的。在追赶过程中，张某持刀威胁、情绪不稳，存在伤害朱某的可能，朱某相应拿起木棍属于自卫行为，并非对张某构成威胁的行为。此过程中朱某喊话劝阻的行为亦非侵权行为。见义勇为是值得支持和鼓励的行为，也是法定的民事侵权责任阻却事由，不应将朱某的行为认定为侵权行为。在张某为逃避追赶进入火车运行区间后，朱某仍为普通公民。张某虽因躲避朱某追赶进入了危险区域，但是该追赶属于见义勇为的行为，具有合法性，张某本不应逃避，而且张某作为成年人，自身应该认识到进入火车运行区间存在高度危险性，其应该对自己的行为负责，朱某对张某不负法定救助义务。此后朱某高声提醒、劝阻的行为是自发的帮助行为，即使最后未能阻止张某死亡的结果发生，亦不能认定朱某存在过错。本案对此的认定也具有参考价值。

> ▶▶**第一千零六条** 完全民事行为能力人有权依法自主决定无偿捐献其人体细胞、人体组织、人体器官、遗体。任何组织或者个人不得强迫、欺骗、利诱其捐献。
>
> 完全民事行为能力人依据前款规定同意捐献的，应当采用书面形式，也可以订立遗嘱。
>
> 自然人生前未表示不同意捐献的，该自然人死亡后，其配偶、成年子女、父母可以共同决定捐献，决定捐献应当采用书面形式。

🏛 条文要义

本条是关于自然人捐献身体组成部分及方式的规定。

在本条生效前，我国有关自然人捐献身体组成部分的事项主要由《人体器官移植条例》等相关行政法规、规章规定。根据《人体器官移植条例》第 2 条的规定，人体器官移植是指摘取人体器官捐献人具有特定功能的心脏、肺脏、肝脏、肾脏或者胰腺等器官的全部或者部分，将其植入接受人身体以代替其病损器官的过程。在当时，从事人体细胞和角膜、骨髓等人体组织移植，不属于《人体器官移植条例》的调整对象，但属于本条第 1 款对于人体细胞、人体组织的捐献。

自然人捐献自己的身体组成部分或者遗体，是行使身体权的行为，受民法典第 130 条规定的自我决定权的约束，须自主决定。捐献自己身体组成部分的行为，是有利于他人的高尚行为，在不影响或者不严重影响自己健康的情况下，依照权利人自己的意志进行。捐献行为不得有偿进行，但是并不妨碍受益人给予一定的补偿或者营养费，以弥补权利人健康受到的损害。捐献的对象是身体的组成部分，也可以是自然人死亡后的遗体；但是不得捐献能够影响生命或者健康造成严重损害的人体组成部分。

对于捐献自己身体组成部分的行为，任何组织和个人都不得实施欺诈、利诱、胁迫，不能通过这样的方法强令自然人进行上述的人体组成部分的捐献。实施欺诈、利诱或者胁迫的方法使自然人违背其真实意志而实施捐献行为的，构成侵害身体权的侵权行为，行为人应当依照民法典的规定承担侵权责任。

自然人在生前未表示不同意捐献的，就没有否定捐献自己的遗体的意志。在该自然人死亡后，其配偶、成年子女、父母可以代表其作出捐献的决定。对此，应当采用书面形式，由其配偶、成年子女和父母共同决定捐献。

🔖 案例评析

范甲等诉某医院等医疗服务合同纠纷案[①]

案情： 范甲系范某某之妻，范乙系范某某之女，范丙、范丁系范某某之子。范某某于 2016 年 3 月 5 日因尿毒症至某医院进行同种异体肾移植术，术后出现移植肾功能延迟恢复情况，于 2016 年 12 月 11 日死亡。范甲等称范某某在进行肾移植前向某医院支付了肾源费 35 万元，后某医院退回 14 万元。范甲等诉至法院，要求某医院退还其余 21 万元。法院认为，我国现行的器官移植法律制度倡导自愿、无偿的器官捐献原则，明令禁止器官买卖，但并未禁止接受器官一方对供体家属自行进行补助。范某某自愿申请做肾移植手术，并且某医院已经向范某某家属告知要获得肾源进行肾脏移植需向供体提供部分经济补偿，范甲等同意并自愿交纳 35 万元，此笔款项系范甲等对供体的经济补偿，某医院在找到供体完成手术后已履行了应尽的义务。范甲等要求返还肾源费并支付相应利息的诉讼请求于法无据，不予支持。

---

① 审理法院：一审法院为北京市第一中级人民法院，案号：（2018）京 01 民终 1357 号。二审法院为北京市海淀区人民法院，案号：（2017）京 0108 民初 33106 号。

评析：自然人人体组成部分的捐献直接关乎自然人的生命、身体健康以及人格尊严，是关涉公民基本权利和生命伦理的重大命题，应由具有基本法律位阶的民法典进行规定。民法典生效后其第 1006 条应成为此类案件的直接法律渊源。

根据民法典第 1006 条的规定，我国对于人体细胞、人体组织、人体器官、遗体的利用只允许通过无偿捐献的方式进行，并在民法典第 1007 条明文规定了"禁止以任何形式买卖人体细胞、人体组织、人体器官、遗体"。但是，就我国医疗实践而言，人体组织器官方面存在巨大需求，加之在确定捐献、摘除器官和移植器官的过程中的确需要耗费一定人力、物力，且群众捐献人体细胞、器官等的意愿仍有待提高等，我国在人体器官方面的捐献数量与实际需求远难匹配，实际上亦存在金钱补偿激励的现象。本案的审理法院选择通过裁判的方式，对实践中业已形成的无偿捐献处理方式予以认可。其认为这种合理的经济补偿激励机制，与无偿捐献的原则并不违背。本案裁判以尊重现实社会习惯的开放心态，直面我国在人体组成部分医疗资源短缺方面的问题，支持了受体一方对供体家属自行进行补助的做法，值得肯定。

▶▶**第一千零七条　禁止以任何形式买卖人体细胞、人体组织、人体器官、遗体。违反前款规定的买卖行为无效。**

🏛 条文要义

本条是关于禁止买卖人体组成部分的规定。

任何人体细胞、人体组织、人体器官以及遗体，都是人的身体组成部分，或者是人的身体的变异物，都不是交易的对象。出于救助他人的高尚目的，自然人可以将自己的身体组成部分或者遗体捐献给他人或者公益组织，但这不是买卖。进行人体细胞、人体组织、人体器官或者遗体买卖的行为，是违法行为。任何买卖人体细胞、人体组织、人体器官以及遗体的行为都是无效的行为，都在被禁止之列。对器官、人体细胞的捐献体现了当事人所享有的身体权和健康权的处分权能，是自我决定权的体现。对于买卖人体细胞、人体组织、人体器官、遗体的禁止是法律对于对以上人格利益商业化利用的限制。

为防止器官移植中的交易行为，根据我国《人体器官移植条例》第 10 条的规定，活体器官的接受人限于活体器官捐献人的配偶、直系血亲或者三代以内旁系血亲，或者有证据证明与活体器官捐献人存在因帮扶等形成亲情关系的人员。

买卖行为是转移标的物的所有权并支付报酬的交易行为，买卖人体组成部分的行为也是这样，即明码实价地进行交易。捐献身体组成部分的行为是无偿行为，不是买卖行为。即使在捐献身体组成部分或者遗体时会有一定的补偿费用，但这费用不是交易标的物的对价，而是对捐献者作出牺牲使身体受损的补偿，且通常是由医疗机构给付的。因此，两种行为的性质不同，一种是法律所严格禁止的，另一种是法律所支持、保护的。

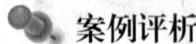 **案例评析**

李某诉郭某共有纠纷案①

案情： 2016年郭某之女郭女因交通事故死亡。案发后，郭某以自己的名义将女儿的尸体出售给他人收取费用 140 000 元。郭某以自己的名义起诉肇事者，获赔郭女因本次事故致死产生的损失费共计 554 459.5 元。李某在郭女去世前与郭某的夫妻关系一直处于存续期间。李某诉至法院，请求分割尸体对价款及交通事故所获赔偿款。法院认为，在我国，法律明确禁止买卖人体器官和尸体，无论双方是否自愿。本案中郭某虽为死者郭女之父亲，但其买卖死者郭女之尸体的行为属违法行为，其收入为违法所得，李某要求郭某支付买卖死者郭女之尸体违法所得的请求，不予支持。

评析： 本案是一起匪夷所思的请求分割出卖尸体所得款的案件。我国禁止以任何形式买卖人体细胞、人体组织、人体器官、遗体。对于现实生活中出现的将人体细胞、人体组织、人体器官、遗体买卖的行为，法律不认可其效力。在民法典生效后其第 1007 条即成为否定相关行为之法律效力的直接法律渊源。人体细胞、人体组织、人体器官、遗体是具有伦理属性的物，其处置规则与一般物的处置规则不相同。关涉人体细胞、人体组织、人体器官、遗体买卖的合同严重违背公序良俗，一律无效；已经交付对价的，构成不当得利；情节严重、符合刑法规定的，构成犯罪。

> ▶▶ **第一千零八条** 为研制新药、医疗器械或者发展新的预防和治疗方法，需要进行临床试验的，应当依法经相关主管部门批准并经伦理委员会审查同意，向受试者或者受试者的监护人告知试验目的、用途和可能产生的风险等详细情况，并经其书面同意。
>
> 进行临床试验的，不得向受试者收取试验费用。

⑪ 条文要义

本条是关于对自然人进行临床试验的范围和程序的规定。

为了提高医学科学水平，维护人类健康，法律准许对自愿者进行临床试验，经

---

① 审理法院：陕西省吴起县人民法院，案号：（2017）陕 0626 民初 876 号。

过临床试验，取得医疗经验，将成熟的医疗技术和药品应用于临床，使更多的患者采用同样的医疗技术或者药品进行治疗而受益，恢复健康，生活得更好。

不过，凡是临床试验就会存在风险，而临床试验的目的之一，就是探索新的医疗技术和药品的风险所在以及如何改进，因此，进行临床试验是必要的，但是必须经过严格的批准程序，要符合法律规定的范围，否则就是违法行为，是侵害受试者的人的身体权、健康权的行为。

本条生效前，我国涉及人的生物医学研究的相关事项由《涉及人的生物医学研究伦理审查办法》予以规定。本条规定临床试验的范围是：（1）研制新药；（2）研制新的医疗器械；（3）发展新的预防方法；（4）发展新的治疗方法。只有在这个范围内的行为才是法定的临床试验，超出这个范围进行的临床试验都是违法的，都是侵害受试者的身体权、健康权的行为。

进行临床试验的程序是：（1）依法经过相关主管部门的批准；（2）经过医疗机构的伦理委员会审查同意；（3）须向受试者或者其监护人履行告知义务，告知的内容是实验目的、用途和可能发生的风险等，告知的要求是详细；（4）受试者须作出书面同意，口头同意不发生效力，以避免日后发生纠纷。

符合上述试验范围和试验程序的临床试验，是合法的临床试验，法律予以保护。违反者，为侵权行为，行为人须承担民事责任。

接受临床试验的行为是高尚的行为，因此，进行临床试验是免费的，任何一方都不得向受试者收取试验费用。

案例评析

李某、冉某诉北京某医学研究有限公司、北京某大学、广州某三甲医院药物临床试验合同纠纷案[①]

案情： 患者冉甲入广州某三甲医院治疗。经反复沟通说明，患者及其家属签署"受试者知情同意书"及"受试者代理人知情同意书"，自愿参加由北京某医学研究有限公司申办并资助、由北京某大学伦理委员会审查通过，并在广州某三甲医院实施研究的"改进高血压管理和溶栓治疗的卒中研究"药物临床试验项目，进行静脉溶栓治疗。同年，患者经治疗无效死亡，经尸检鉴定死因为大面积脑梗死和脑疝形成。患者配偶李某、儿子冉某提起诉讼。法院认为，冉甲（受试者）与北京某医学有限研究公司（申办者）之间成立药物临床试验合同关系。由申办者提供给受试者的知情同意书等文件属于格式条款，应当适用格式条款的解释规则。申办者没有依照《药物临床试验质量管理规范》（GCP）第43条与知情同意文件为受试者购买保险用于补偿，应当承担违约责任。遂支持了李某等的诉讼请求。

---

① 广州法院医疗纠纷诉讼情况白皮书（2015—2017）暨典型案例，北大法宝印证码：CLI. C. 86873020。

评析：本案是关于上市药物使用方法改进的临床试验的典型案件，具有新颖性。民法典第 1008 条是关于临床试验的新规则，其规定，临床试验范围严格限定于研制新药、研制新的医疗器械、发展新的预防方法和发展新的治疗方法四种。本案中涉及的关于改进药物使用方法的临床试验并不在该范围内，故本案即使发生于民法典生效后也不能适用民法典第 1008 条的规定。但是，本案裁判中认定的在临床试验中各主体的一般权利、义务仍具有参考价值。本案涉及申办者、资助者（海外资助者与国内代表机构）、伦理审查委员会、医疗机构、研究人员及受试者等多个主体之间的权利义务关系。二审判决阐述了此类药物临床试验中相关主体之间的法律关系及涉及的风险，对于药物临床试验受试者的权益保护及临床试验医学实践风险的防范具有指导意义。一般而言，在药物临床试验关系中，受试者同时与申办者、研究机构成立药物临床试验合同关系，申办者一般会为受试者购买相关保险以转移风险，申办者若未购买保险，一般会成为最终风险的承受者。本案中，受试者冉甲与医院（研究机构）、研究中心（申办者）签订了临床试验合同，三方签订的"受试者知情同意书"中提示了参与实验可能存在的风险，并对各方的责任分配作了明确约定，各方的权利、义务分配应以此为依据。

> ▶▶第一千零九条　从事与人体基因、人体胚胎等有关的医学和科研活动，应当遵守法律、行政法规和国家有关规定，不得危害人体健康，不得违背伦理道德，不得损害公共利益。

🏛 条文要义

本条是关于从事与人体基因、人体胚胎有关的医学和科研活动须依法进行的规定。

人体基因是 DNA 分子上携带有遗传信息的功能片段，是生物传递遗传信息的物质。人体基因主宰生命，是人生老病死的根源。研究人体基因，就是通过体液、血液检测，经提取和扩增其基因信息后，通过基因芯片技术或超高通量 SNP 分型技术，对被检测者细胞中的 DNA 分子的基因信息进行检测，分析所含有的各种疾病易感基因的情况，使人们能及时了解自己的基因信息，预测身体患病的风险，从而有针对性地主动改善自己的生活环境和生活习惯，预防和避免重大疾病的发生。

人体胚胎是人体早期发生，从受精至第八周末的发育时期即胚前期和胚期的胚胎。

随着医学科学的发展，当代生殖技术已经达到了相当的水平，并且在继续发展。涉及人体基因和人体胚胎的医学和科研活动都在深入进行，这些活动都是有益于人类健康的。不过，凡是进行高科技研究，都会存在风险，处置不当就会对人类造成危害。例如，已经发生的人体基因编辑的研究和试验，就是突破了研究底线的危险做法，应当予以禁止。本条对此作出规定：凡是从事与人体基因、人体胚胎等有关的医学和科研活动的，都必须遵守法律规定的红线，即：（1）遵守法律、行政法规和国家有关规定；（2）不得危害人体健康；（3）不得违背伦理道德；（4）不得损害公共利益。违反这些红线之一，就是突破了研究和医学的底线，就是违法行为，就在禁止之列。

本条规定人体胚胎还有一个重要意义，即在司法实践中出现的人体冷冻胚胎权属争议的案件中对人体冷冻胚胎的民法属性不明确。尽管本条仍然没有规定其具体的属性，但是法律对此作出了规定，法院就可以以此规定作为法律依据，对权属争议进行判决。

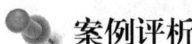 ## 案例评析

华夏公司诉某广播电视台名誉权纠纷案

案情： 某广播电视台"社会写真"栏目连续播出了三篇题为《"基因检测"打碎了谁的发财梦》的系列报道。华夏公司认为某广播电视台的三篇报道基本内容完全失实，诉至法院。法院认为，某广播电视台三篇题为《"基因检测"打碎了谁的发财梦》的系列报道有部分内容与事实有些出入，但报道的整体内容尚未构成严重失实，某广播电视台的目的是提醒公众，在对基因检测作充分了解前花费巨资进行检测应当谨慎，以避陷入新闻报道中人物所面临的困境。某广播电视台作为地方新闻媒体，担负着反映当地民生和民意的职责，发挥着舆论监督的作用，无视新闻报道的时效性及调查手段的局限性，要求报道事实与客观事实完全一致，既不符合客观规律，也不利于其承担起批评社会、促进社会进步的责任，故侵权不成立。

评析： 本案是社会媒体舆论监督"基因检测"技术引发的名誉权纠纷，具有社会典型性，提供了与民法典第 1009 条相契合的裁判倾向。在民法典生效后，其第1009 条成为裁判关涉从事与人体基因、人体胚胎有关的医学和科研活动的新规则。本案中，某广播电视台的报道是否失实是判断其行为是否构成名誉侵权的核心，而判断报道是否失实的依据就是华夏公司进行基因试验的行为与性质。华夏公司为测试者提供基因检测服务，并收取一定费用且该费用在社会一般认知中并不低。然而，人体基因、人体胚胎相关科研和技术属于科技专业领域，一般民众对其认知有限；加之基因检测具有较强的伦理属性，基因检测结果属于测试者的个人隐私，一旦泄露将引发严重后果，故社会媒体有权利对其进行舆论监督，以保证公民的知情权并监督此类技术的发展和应用状况。就此而言，某广播电视台对于华夏公司的新闻报道并不存在严重失实，主要起到舆论监督的作用，故认定其行为不构成侵权的裁判是妥当的。

▶▶ **第一千零一十条**　违背他人意愿，以言语、文字、图像、肢体行为等方式对他人实施性骚扰的，受害人有权依法请求行为人承担民事责任。

机关、企业、学校等单位应当采取合理的预防、受理投诉、调查处置等措施，防止和制止利用职权、从属关系等实施性骚扰。

🏛 条文要义

本条是关于自然人享有性自主权和规制性骚扰行为的规定。

本条直接规定的是对性骚扰行为的规制办法，但是其中包含着性自主权，是规定性自主权的一个变通办法。

性自主权是自然人保持其性纯洁的良好品行，依照自己的意志支配其性利益的具体人格权。未成年人尚未性成熟，不能行使性自主权。自18周岁起，自然人方可行使该权利，支配自己的性利益。性自主权不是身体权的组成部分，而是独立的具体人格权。

性骚扰行为是指行为人违背权利人的意志，与权利人强制进行性交之外的性行为，侵害权利人性自主权的行为。任何人对他人实施侵害性自主权的性骚扰行为，应当承担民事责任。

规制性骚扰行为有两种立法模式：（1）权利保护主义，即以保护性自主权人的权利为主，追究性骚扰行为人的民事责任。（2）职场保护主义，即对性骚扰行为的制裁，以制裁职场负责人未尽保护义务的违法行为为主，以保护权利人的性利益及性安全。我国采取以权利保护主义为主、以职场保护主义为辅的对策，既追究实施性骚扰行为的行为人的责任，又追究职场负责人未尽保护义务的责任。本条第1款规定的是权利保护主义的规则，第2款暗含的是职场保护主义的规则，但只规定了机关、企业、学校等单位的职场责任，即在工作场所采取合理的预防、受理投诉、调查处置等措施，防止和制止对职场工作人员进行性骚扰。虽然没有直接规定责任条款，但是只要单位没有尽到上述义务，发生了性骚扰行为，侵害了职工的性自主权，便可以依照民法典第1198条关于违反安全保障义务的责任或者第1191条第1款关于用人单位的责任的规定，追究单位的民事责任。

🔵 案例评析

熊某某诉某屋面系统（成都）有限公司劳动争议纠纷案

案情：熊某某在某屋面系统（成都）有限公司工作，任维修主管。在工作期间，熊某某采用语言挑逗、通过电脑网络发送黄色照片以及趁对方不注意时触摸臀部等方式，对同一办公室的同一女员工赵某多次进行骚扰。公司经调查确认上述行为后，多次找熊某某谈话、教育，但熊某某拒不接受教育、拒不承认错误。其后，公司依据《劳动法》第 25 条第 1 款第 2 项和公司的"员工奖惩条例"第 7 条，以熊某某严重违反纪律和公司规章制度且不接受教育为由，作出与熊某某解除劳动合同关系的决定。熊某某起诉请求撤销公司的解聘决定。法院认为：熊某某严重违反了基本的行为道德准则，违反了国家保护妇女权益的相关法律、法规，违反了公司的劳动纪律等规章制度，对公司形象也造成不良影响，且拒不接受教育管理、拒不承认错误。公司作出与熊某某解除劳动合同关系的决定，有事实依据、法律依据和单位规章制度依据，依法应予以支持。

评析：本案裁判于民法典生效之前，裁判时关于发生在职场的性骚扰的规定多存在于劳动法和《侵权责任法》之中。民法典生效后，其第 1010 条将成为调整此类案件的新规则。在司法实践中，职场中发生的性骚扰以女性受害人为主，本案的受害对象也是女性，这也反映了女性在社会生活中面临更多困难，意味着对女性倾斜保护的正当性。《女职工劳动保护特别规定》第 11 条规定，在劳动场所用人单位应当预防和制止对女职工的性骚扰。其中除了强调对女职工的保护，也强调了用人单位的预防和制止义务。劳动关系具有较强的人身依附性，雇主负责提供劳动工具、劳动场所，有保障劳动场所安全的义务。职场性骚扰行为的发生，既损害了受害者的人身权益，也损害了其劳动权。这正是用人单位应为避免职场性骚扰的发生采取相关措施的正当性所在，民法典第 1010 条第 2 款的规定也建立在此理论的基础上。本案的典型意义在于，即使用人单位未事先明确将职场性骚扰行为视为违纪，但员工职场性骚扰情节严重的，用人单位依然有权直接将员工性骚扰下属的行为解释为《劳动法》第 25 条第 2 项规定的劳动者严重违反劳动纪律或者用人单位规章制度的行为，从而据此解除与员工的劳动合同。用人单位将性骚扰行为解释为严重违反劳动纪律或者用人单位规章制度的行为，本身就是对民法典第 1010 条第 2 款规定的单位应当采取合理的防治性骚扰的措施的落实。本案裁判对于惩治职场性骚扰行为有积极效应。

▶▶ **第一千零一十一条**　以非法拘禁等方式剥夺、限制他人的行动自由，或者非法搜查他人身体的，受害人有权依法请求行为人承担民事责任。

🏛 条文要义

本条是对人身自由权以及侵害人身自由权之行为及责任的规定。

人身自由权与人格自由不同，不是抽象人格权，而是指自然人在法律规定的范围内按照自己的意志和利益进行行动和思维，人身不受约束、控制和妨碍的具体人格权。其基本内容包括两种自由权：（1）身体自由权，即自然人对自己的行动自由支配，不受他人约束、控制和妨碍的权利；（2）思维自由权，即自然人对自己的思维自由支配，不受他人约束、控制和妨碍的权利。本条规定的是人身自由权中的行动自由权。

人身自由权是自然人享有的具体人格权，权利人之外的其他任何人，包括自然人、法人和非法人组织，都对权利人的人身自由权负有义务，即不可侵义务。

本条规定了两种侵害行动自由的行为：（1）以非法拘禁等方式剥夺、限制他人的行动自由；（2）非法搜查他人身体。前一种行为的范围比较广泛，不仅包括非法拘禁，还包括其他剥夺、限制他人行动自由的行为。其实，在侵害人身自由权的行为中，非法拘禁等方式并不重要，重要的是剥夺、限制他人的行动自由。凡是非法剥夺、限制他人行动自由的行为，都是侵害人身自由权的行为。至于非法搜查他人身体，比较好识别，没有合法手续搜查他人身体的，都是侵害人身自由权的行为，行为人都应当承担民事责任。

本条没有规定侵害思维自由的行为及责任。以使他人陷入错误为目的的行为，或者以不当的目的和手段预告凶险而使人产生恐怖的行为，或者妨碍、干涉、限制他人正当的思维，使其陷于错误的观念的行为，都是侵害思维自由的违法行为，行为人也应当承担民事责任。

案例评析

陈某诉李某某等生命权、健康权、身体权纠纷案①

案情：李某某、王某某、谢某某、罗某、曹某非法拘禁陈某，限制他人人身自由，其行为均构成非法拘禁罪。李某某、王某某系主犯，谢某某、罗某、曹某系从犯。受害人陈某另行提起民事诉讼。法院认为：陈某因刑事犯罪而另行提起的民事诉讼，与刑事附带民事诉讼的赔偿范围应当是相同的，否则，刑事附带民事诉讼程序将形同虚设。残疾赔偿金、精神损害抚慰金既非刑事附带民事诉讼的赔偿范围，也非被害人遭受的物质损失；且本案侵权人已受刑事处罚，体现了对陈某的司法救济和精神抚慰，故陈某只应在物质损失的范围内主张赔偿，其要求李某某等支付残疾赔偿金和精神损害抚慰金的主张，不予支持。

评析：侵害自然人人身自由权的案件极易引发刑事犯罪，本案是此方面关于刑事附带民事诉讼的典型案例。本案中，陈某受到李某某等的非法拘禁，李某某等具有非法拘禁的故意，客观上侵害了陈某的人身自由，构成了对陈某之人身自由权的侵害，同时已经构成了刑事犯罪。单就侵权责任而言，受害人可以基于民法典第1011条提起民事诉讼，请求五被告人承担物质和精神上的双重损失。针对非法拘禁的侵权行为，损害赔偿中多以精神损害赔偿为主。根据我国刑事诉讼法，刑事附带民事诉讼中的损失仅包括被害人因犯罪行为所遭受的物质损失，即被害人因犯罪行

---

① 审理法院：四川省蒲川县人民法院，案号：（2017）川 0131 民初 313 号。

为已经遭受的实际损失和必然遭受的损失，其中不包括精神损害。被害人或其法定代理人、近亲属在刑事诉讼中未提起附带民事诉讼，另行提起民事诉讼的，人民法院可以进行调解，或者根据物质损失情况作出判决。但是在本案中，受到非法拘禁和殴打的陈某受到的损害是物质损害和精神损害，若在单纯的民事诉讼中，其主张的人身损害赔偿请求和精神损害赔偿请求均应得到支持。

第三章　姓名权和名称权

▶▶ **第一千零一十二条**　自然人享有姓名权，有权依法决定、使用、变更或者许可他人使用自己的姓名，但是不得违背公序良俗。

🏛 条文要义

本条是对姓名权的概念和内容的规定。

姓名权是指自然人决定、使用和依照规定改变自己的姓名，并维护其姓名利益的具体人格权。姓名权的客体是姓名。姓名是用以确定和代表个体自然人，并使之与其他自然人相区别的文字符号和标识。姓名包括姓和名两部分：姓是一定血缘遗传关系的记号，标志着个体自然人从属于哪个家族血缘系统；名则是特定的自然人区别于其他自然人的称谓。姓名权是具有一定财产利益因素的人格权，姓名利益具有双重属性，既有精神利益属性，又有财产利益属性。在民法典生效前，我国关于姓名权的规定体现在（1）《民法通则》第99条和第120条，其规定了自然人的姓名权和姓名权受保护的法律制度；（2）《侵权责任法》第2条第2款，其明确规定姓名权受侵权责任法保护。本条是《民法通则》中的规则的延续。

姓名权包含以下内容：

（1）决定权，也叫命名权，即自然人对自己的姓名的决定权。由于人刚出生即要命名，而权利人无法自己行使这一权利，因而由其亲权人行使命名权。

（2）使用权。姓名权人有权使用自己的姓名，用以区别自己与其他自然人，确定自己的主体地位，实施民事法律行为。

（3）变更权。自然人可以对自己的姓名进行变更，不过通常变更的是名而不是姓，变更姓氏须有特别理由，且变更姓名时须经变更姓名的登记。

（4）许可他人使用自己姓名的权利。由于姓名权具有专属性，准许他人使用须为正当，例如委托代理人、法定代理人、意定代理人对本人姓名的使用是正当的许可使用，未经本人同意，又没有行使他人姓名权的免责事由的，构成侵害姓名权的侵权行为。

🍡 案例评析

南怀瑾诉某出版社侵害姓名权、名誉权纠纷案

案情： 某出版社出版由潘某所著的《听南怀瑾讲〈庄子〉》一书，书名中使用了

南怀瑾的姓名，且封面设计中"南怀瑾"三字与其他文字采用不同字体和字号。该书前言部分称"本书是笔者精心研读南怀瑾大师《庄子讲记》后的个人感悟之作"，书中多次出现"南怀瑾大师说""南怀瑾大师认为"等内容。南怀瑾认为某出版社侵犯了其姓名权。法院认为：涉诉图书多次使用"南怀瑾大师说""南怀瑾大师认为"等表述，其中"说""认为"等表达形式，可理解为作者陈述南怀瑾实施的特定行为，亦可理解为对南怀瑾观点的转述、介绍或总结。结合涉诉图书的名称、封面、前言及内容，可以认定某出版社使用南怀瑾姓名的行为未割裂南怀瑾姓名符号与南怀瑾个体之间的特定联系。在未征得南怀瑾同意的情况下，涉诉图书中涉及南怀瑾思想的表述，未在出版时明确标明出处，失于严谨，但不宜认定为盗用、冒用南怀瑾姓名的侵权行为。遂未支持南怀瑾的诉讼请求。

评析：本案是姓名权侵权方面的典型案件，并涉及未经许可使用公众人物姓名的相关问题。民法典第 1012 条规定了自然人有权依法决定、使用、变更或者许可他人使用自己的姓名，在民法典生效后该条成为调整此类案件的直接法律渊源。那么是否未经许可使用他人姓名的行为都属于侵害他人姓名权的行为呢？本案为此提供了裁判参考。本案中，某出版社在其出版物中，未经南怀瑾许可，在引用和转述思想观点的过程中使用了南怀瑾的姓名。在判断该行为是否侵权时应综合判断考虑。姓名是用于确定和代表自然人个人并与其他人相区别的符号和标识，认定某行为是否构成姓名权侵权应充分考虑姓名本身的功能和使用行为的目的。本案中，某出版社对南怀瑾姓名的主要不是出于标示的目的，是转述和介绍其思想过程中的必要提及。本案的审理法院认定行为人转述和引用学术人物思想观点的行为"失于严谨，但不宜认定为盗用、冒用南怀瑾姓名的侵权行为"是妥当的，也为相关案件提供了裁判参考：在对姓名权侵权的认定中，未经他人同意在个人思想的表达中为转述或引用思想提及他人姓名的，不宜被认定为侵害姓名权的行为。

> ▶▶ **第一千零一十三条**　法人、非法人组织享有名称权，有权依法决定、使用、变更、转让或者许可他人使用自己的名称。

🏛 条文要义

本条是对法人、非法人组织享有的名称权及内容的规定。

名称权是指法人和非法人组织依法享有的决定、使用、变更、转让或者依照法律规定许可他人使用自己名称，并排除任何组织和个人非法干涉、盗用或者冒用的具体人格权。

名称权的主体是法人和非法人组织，自然人享有的是姓名权而不是名称权。除了法人和非法人组织，有些自然人组合也有名称，例如没有民事主体地位的合伙可以起字号。对于这些没有主体地位的自然人组合的名称权，比照适用名称权的规则进行保护。

名称权包含以下具体内容。

（1）决定权，即决定自己的名称的权利。法人、非法人组织在设立时，享有命名权。法人或者非法人组织决定名称并依法进行登记后即享有名称权。

（2）使用权，即使用自己的名称的权利。法人、非法人组织取得名称就是为了使用，以标表自己的人格并与其他主体的人格相区别，进行民事活动，取得民事权利，履行民事义务。

（3）变更权，即变更自己的名称的权利。法人、非法人组织认为确有必要，可以改变自己的名称，并依照法律规定进行变更登记。

（4）全部转让和部分转让权。名称权与其他人格权的最大不同，是其他人格权都不能转让或者不能全部转让，而名称权不仅可以部分转让，而且可以全部转让。本条说的转让，是全部转让；本条说的许可他人使用自己的名称，是部分转让。名称权全部转让的，一般须将营业一并转让，例如将自己的饭店盘给他人，名称和营业须一并转让。这叫作名称权转让的绝对转让主义。

案例评析

陕西中大国际有限公司诉西安中大国际旅行社有限公司
侵害企业名称权纠纷案①

案情： 陕西中大国际有限公司（以下简称中大公司）经陕西工商局核准设立于1998年10月6日，经营范围为日用百货、服装、珠宝玉器等。中大公司投入多方资源进行品牌宣传，具有了品牌知名度。西安中大国际旅行社有限公司（以下简称中大旅行社）成立于2009年12月29日，经营范围为入境旅游业务、国内旅游业务等。中大旅行社在普通旅游广告中使用"西安中大"名称。中大公司认为，中大旅行社将"中大"及"中大国际"作为其企业名称，已经造成了相关公众的误认和混淆，故诉至法院。法院认为：中大公司自成立以来，通过多方宣传已为社会公众所知悉。"中大国际"是中大公司的企业简称，"中大"是企业字号。该字号通过中大公司的长期经营与维护，与中大公司产生了稳定的关联关系，具有识别经营主体的意义。中大旅行社借助其企业"中大国际旅行社"的经营特点，将"中大"与"国际"字样连用及在普通旅游广告中主要使用"西安中大"字样，其本质上属于利用他人享有一定知名度的企业字号，为自己获取市场竞争优势以及更多的市场交易机会的行为，应予否定。

评析： 本案的典型意义在于揭示了保护法人与非法人组织名称权的具体方法。民法典第1013条规定，法人与非法人组织享有名称权，并有权依法使用、变更、转

---

① 审理法院：陕西省西安市中级人民法院，案号：（2015）西中民四初字第00272号。

让或者许可他人使用自己的名称。民法典生效后该条将成为此类案件的裁判规范。但是在现实中，营利性法人和非法人组织是法人和非法人组织存在的主要形态，其存在的核心目标就是营利。在司法实践中，法人和非法人组织的名称常与企业商誉紧密关联，名称通常蕴含着巨大的经济价值。法人和非法人组织冒用他人名称试图搭便车获取竞争优势地位的行为通常构成我国《反不正当竞争法》第6条所规定的混淆行为，即擅自使用他人有一定影响的企业名称（包括简称、字号等）、社会组织名称（包括简称等）、姓名（包括笔名、艺名、译名等）的行为。所以实践中对于侵害他人名称权的行为，构成不正当竞争的，适用反不正当竞争法予以规制。本案中，法院通过裁判表明企业对其名称在一定的区划和行业领域内享有专用权，攀附他人在一定区域内具有市场知名度的企业字号，造成相关公众混淆和误认，属于不正当竞争行为，被诉企业构成不正当竞争的，人民法院可以根据原告的诉讼请求和案件具体情况，确定被告承担停止使用、规范使用等民事责任，从而展现了实践中运用《反不正当竞争法》进行保护的具体方式。当然，对于不构成不正当竞争的侵害他人名称权的行为，依然可以适用民法典第1013条作为请求权基础。

▶▶ **第一千零一十四条** 任何组织或者个人不得以干涉、盗用、假冒等方式侵害他人的姓名权或者名称权。

🏛 条文要义

本条是关于姓名权和名称权的义务主体负有义务的规定。

前两个条文在规定姓名权和名称权时都没有规定义务主体负有的义务，本条一并作了规定。

姓名权和名称权都是绝对权，自然人享有姓名权，法人、非法人组织享有名称权，其他任何民事主体都是义务主体。本条所说的"任何组织或者个人"就是姓名权、名称权的义务主体，包括权利人以外的所有的自然人、法人、非法人组织。

姓名权、名称权的义务主体负有的法定义务都是不可侵义务，即不得以任何方式侵害他人的姓名权和名称权。

侵害姓名权、名称权的方式有：（1）干涉，包括对民事主体行使姓名权中的命名权、使用权、变更权和许可他人使用权的强制干涉。（2）盗用，是指未经权利人本人同意而非法使用权利人的姓名、名称。盗用不同于冒用，是非法使用而未冒名。（3）冒用，是指未经权利人本人同意，不仅非法使用权利人的姓名或者名称，而且直接冒用姓名权人或者名称权人的身份进行民事活动。

没有遵守上述姓名权、名称权义务主体应负的法定义务，对权利人的姓名、名称进行干涉、盗用或者冒用的，违反了法定义务，构成侵害姓名权或者名称权的行为，应当承担民事责任。其承担责任的方式包括停止侵害、消除影响、赔礼道道、赔偿损失。其中，侵害姓名权的责任一经成立，行为即应承担非财产的民事责任方式，造成财产损失的，应赔偿损失。

案例评析

齐某某诉陈某某等以侵犯姓名权的手段侵犯宪法保护的公民受教育的基本权利纠纷案

案情： 齐某某与陈某某均是滕州八中的一九九○届应届初中毕业生，当时同在滕州八中驻地滕州市某某镇某某村居住，二人的相貌有明显差异。齐某某在一九九○届统考中取得成绩441分，济宁商校发出了录取齐某某为该校一九九○级财会专业委培生的通知书，该通知书由滕州八中转交。陈某某在1990年中专预选考试中，因成绩不合格，失去了继续参加统考的资格。为能继续升学，陈某某从滕州八中将齐某某的录取通知书领走。陈某某之父为此联系了滕州市某某镇政府做陈某某的委培单位，并伪造了相关证件。齐某某知晓此事后诉至法院。法院认为，被告人陈某某在中考落选、升学无望的情况下，由其父策划并为主实施冒用原告齐某某姓名上学的行为，其结果构成了对齐某某姓名的盗用和假冒，是侵害姓名权的一种特殊表现形式。原告齐某某主张的受教育权属于公民一般人格权范畴。其主张侵犯受教育权的证据不足，不能成立。

评析： 本案曾被称为我国宪法司法化第一案，明确了通过民法落实宪法规定的基本权利的司法实现路径。受教育权属于公民一般人格权范畴，它是公民丰富和发展自身人格的一项自由权利，并且由此可产生一系列相关利益。《宪法》第46条第1款规定，中华人民共和国公民有受教育的权利和义务。以侵犯姓名权的手段侵犯其他公民依据宪法规定所享有的受教育的基本权利，并造成了具体的损害后果的，行为人应承担相应的民事责任。本案中，行为人采用冒领录取通知书等手段，冒用他人姓名上学。其行为方式属于民法典第1014条规定的典型的侵害他人姓名权的行为。民法典生效后可以适用第1014条对此类案件进行裁判，判令行为人承担侵权赔偿责任。

> ▶▶ **第一千零一十五条**　自然人应当随父姓或者母姓，但是有下列情形之一的，可以在父姓和母姓之外选取姓氏：
>
> （一）选取其他直系长辈血亲的姓氏；
>
> （二）因由法定扶养人以外的人扶养而选取扶养人姓氏；
>
> （三）有不违背公序良俗的其他正当理由。
>
> 少数民族自然人的姓氏可以遵从本民族的文化传统和风俗习惯。

🏛 条文要义

本条是对自然人姓氏选取规则的规定。

姓名在法律上使某一个自然人与其他自然人区别开来，便于其参加社会活动，行使法律赋予的各种权利和承担相应义务。姓和名的组合，表现了个人对社会团体或血缘家族或某一类人的归属，也表现了从个体到群体的关系。[①] 自然人原则上应当随父姓或者母姓，这是因为，姓氏与名字不同，姓氏标表的是一个自然人的血缘传承。至于随父姓的血缘传承还是随母姓的血缘传承，可以选择。

自然人选择父姓、母姓之外的第三姓，须符合以下法定条件：

（1）选取其他长辈直系血亲的姓氏，例如祖父母、外祖父母的姓氏与父母姓氏不一致，而选择祖父母、外祖父母的姓氏。

（2）因由法定扶养人以外的人扶养而选取扶养人姓氏，例如长期被父母以外的人扶养但未形成收养关系，而随扶养人的姓氏。

（3）有不违背公序良俗的其他正当理由，例如本家族原姓氏为"萧"，因错误简化为"肖"，故恢复姓萧。

自然人是少数民族的，其姓氏依据民族自治原则，遵从本民族的文化传统和风俗习惯，例如有的少数民族没有姓氏只有名字，如蒙古族；有的少数民族改姓汉姓，而改变原民族的姓氏等。

🎗 案例评析

"北雁云依"诉济南市公安局历下区分局燕山派出所
公安行政登记纠纷案

案情："北雁云依"其父亲名为吕某某，母亲名为张某某。因酷爱诗词歌赋和中国传统文化，吕某某、张某某夫妇二人决定给爱女起名为"北雁云依"。吕某某前往燕山派出所为女儿申请办理户口登记，被民警告知拟被登记人员的姓氏应当随父姓或者母姓，即姓"吕"或者"张"，否则不符合办理出生登记条件。吕某某坚持以"北雁云依"为姓名为女儿申请户口登记，并诉至法院。法院认为：从社会管理和发展的角度，子女承袭父母姓氏有利于提高社会管理效率，便于管理机关和其他社会成员对姓氏使用人的主要社会关系进行初步判断。公民选取姓氏涉及公序良俗。原告"北雁云依"的父母自创"北雁"为姓氏、选取"北雁云依"为姓名给女儿办理户口登记的理由是"我女儿姓名'北雁云依'四字，取自四首著名的中国古典诗词，寓意父母对女儿的美好祝愿"。仅凭个人喜好愿望并创设姓氏，具有明显的随意性，不符合立法解释第 2 款第 3 项的情形，不应给予支持。

---

① 王利明. 人格权法研究. 北京：中国人民大学出版社，2005：405～406.

评析：本案是关于自然人是否可以完全自由选取姓氏的典型案例。公民选取或创设姓氏应当符合中华传统文化和伦理观念。本案中，"北雁云依"的父母自创"北雁"为姓氏，仅凭个人喜好和愿望在父姓、母姓之外选取其他姓氏或者创设新的姓氏，不属于《全国人民代表大会常务委员会关于〈中华人民共和国民法通则〉第九十九条第一款、〈中华人民共和国婚姻法〉第二十二条的解释》第 2 款第 3 项，以及规定的"有不违反公序良俗的其他正当理由"。民法典第 1012 条规定自然人有权依法决定、使用、变更或者许可他人使用自己的姓名，这意味着自然人行使姓名权需要依法进行，民法典第 1015 条关于姓氏选取的规定就是对自然人姓名权行使的合理限制。

▶▶ **第一千零一十六条** 自然人决定、变更姓名，或者法人、非法人组织决定、变更、转让名称的，应当依法向有关机关办理登记手续，但是法律另有规定的除外。

民事主体变更姓名、名称的，变更前实施的民事法律行为对其具有法律约束力。

🏛 条文要义

本条是关于民事主体决定、变更姓名、名称及转让名称的规定。

无论是自然人决定、变更姓名，还是法人、非法人组织决定、变更、转让名称，都应当依照本条的规定，向有关机关办理登记手续。例如，自然人决定和变更自己的姓名，应当到公安机关的户籍管理部门进行登记，并且在自己的户口簿上进行登记和变更。法人、非法人组织决定和变更、转让名称，应当到有关管理机关进行登记，例如，营利性法人应当到市场监督管理部门登记，非营利性法人应当到民政部门或者其他相关部门进行登记。登记是一种公示手段，具有一定公信力。要求民事主体在姓名、名称决定、变更以及转让后进行登记，与姓名和名称本身的标志作用相适应，有助于帮助民事主体通过姓名和名称辨识民事主体身份，降低其从事民事活动的成本。同时，登记是一种统计需要，对民事主体姓名、名称信息的登记也是我国人口户籍统计的配合措施，依法对本条规定的信息进行登记是我国公民应该履行的法律义务。在民法典生效前，关于民事主体决定、变更姓名、名称及转让名称及其登记的规则集中规定在各单行法中。自然人决定和变更自己的姓名及相关登记的规则规定在《居民身份证法》和《户口登记条例》中。法人决定、变更、转让名称及相关登记的规则集中规定在《企业名称登记管理规定》之中，其适用于中国境内具备法人条件的企业及其他依法需要办理登记注册的企业。

本条说的转让自己的名称，是法人、非法人组织全部转让自己的名称，这不仅是转让名称，而且是让与名称权，因此必须依照法律规定进行登记。这里的转让名称，不包括部分转让，即许可他人使用自己的名称。部分转让名称，适用许可使用合同确定，应当依照许可使用合同的约定，确定转让方和受让方的权利义务关系。

案例评析

陈某某与厦门某建设发展有限公司执行异议纠纷案①

案情： 陈某某与某公司商品房买卖合同纠纷一案，法院判决某公司应于判决生效之日起 10 日内支付给陈某某土地房屋权证被撤销后至今未办出而遭受的损失。同年，陈某某更改姓名为陈某华，并申请了案涉房屋更名登记，被颁发了权属人为陈某华的新土地房屋权证。其后，陈某华将案涉房屋转让，变更登记在余某某等五人的名下。被执行人某公司提出执行异议，认为申请执行人自办理新房产证后，就不再存在原判决所认定的"土地房屋权证被撤销后至今未办出而遭受的损失"。法院认为：不管某公司是否重新提供符合办证要求的其他资料，陈某华均已实现了新的办证诉求，自然不再发生生效判决所认定之"土地房屋权证被撤销后至今未办出而遭受的损失"问题。因此，自陈某华办理新的产权证之日起，原生效判决即已经失去了强制执行的内容。据此法院裁定撤销原执行异议裁定，并驳回陈某华（原名陈某某）自办理新的产权证之后的执行申请。

评析： 本案是关于民事主体变更姓名对于其实施的民事法律行为之效力是否产生影响的典型案件。根据民法典第 1016 条第 2 款，民事主体变更姓名、名称的，变更前实施的民事法律行为对其具有法律约束力。在民法典生效后该条成为调整此类案件的新规范。本案中，与某公司产生纠纷并最终胜诉的是陈某某，生效判决所确定的，自 2005 年 7 月 10 日房产权证被判决撤销而失效之日起至某公司向房管部门提供符合办证要求的资料之日止所遭受的损失的受偿人是陈某某。陈某某于 2007 年变更姓名为陈某华，并办理了新的土地房屋权证。陈某某虽然变更姓名为陈某华，但是并不影响生效判决所指向的仍是原名陈某某现名陈某华的这个实体存在，也不影响先后顺利办理完成房产证并进行了房屋流转的行为是现名陈某华原名陈某某的这个实体存在所为。民事主体姓名变更后，变更前实施的民事法律行为对其具有法律约束力，所以虽然陈某某已经改名为陈某华，但是自其顺利办理房产证之时起，原判决中因房产证被撤销而造成的损失就应停止计算。本案审理法院在执行异议审查程序中，没有刻板理解生效裁判主文的文字表述，按照生效裁判对纠纷作出判决的真正目的与实质目标审查确定了真正的执行范围，值得肯定。

---

① 审理法院：一审法院为福建省厦门市思明区人民法院，案号：(2008) 思执行字第 928 号。二审法院为福建省厦门市中级人民法院，案号：(2014) 厦执复字第 1 号。

▶▶ 第一千零一十七条 具有一定社会知名度，被他人使用足以造成公众混淆的笔名、艺名、网名、译名、字号、姓名和名称的简称等，参照适用姓名权和名称权保护的有关规定。

🏛 条文要义

本条是关于对笔名、艺名、网名、译名、字号及简称予以保护的规定。

笔名是写作者在发表作品时使用的标表作者人格特征的署名，例如鲁迅、二月河等。艺名是艺术家在艺术领域使用的标表自己人格特征的署名，例如红线女、小白玉霜等。网名是自然人以及其他主体在互联网等网络上使用的署名、昵称。译名是翻译而来的称谓，例如，Karl Marx 的译名为卡尔·马克思。字号是法人、非法人组织的名号。根据《企业名称登记管理规定》的要求，企业名称应当由字号（或者商号）、行业或者经营特点、组织形式依次组成。企业可以选择字号，字号应当由两个以上的字组成。在字号的选择上，企业有正当理由的，可以使用本地或者异地地名作为字号，但不得使用县以上行政区划名称作为字号。私营企业可以使用投资人姓名作为字号。姓名的简称通常只称谓姓或者只称谓名，或者其他简称例如字、号，而法人、非法人组织名称的简称比较普遍，例如北京大学简称为北大，南京大学简称为南大，西南政法大学简称为西政大，西北政法大学简称为西法大等，对此发生争议的并不少见。

上述这些对自然人、法人或者非法人组织的称谓，只有在具备法定条件时，才适用姓名权和名称权的保护方法进行同等保护：（1）具有一定知名度，即这些称谓必须具有一定的社会知名度，否则不予以保护，例如鲁迅、金庸这样的笔名具有相当高的知名度，就应当使用姓名权的保护方法予以保护；（2）被他人使用足以造成公众混淆，例如，北方工业大学或者北京交通大学如果简称为"北大"，就会与北京大学相混淆。

不遵守对这些自然人、法人或者非法人组织称谓的保护规则，进行干涉、盗用或者冒用，同样构成对姓名权、名称权的侵害行为，行为人应当承担民事责任。

🕰 案例评析

天津市泥人张世家绘塑老作坊、张某诉陈某等擅自使用他人
企业名称及虚假宣传纠纷案①

案情： 张某系泥人张彩塑艺术创始人张明山的第六代孙。陈某十多岁开始师从

---

① 审理法院：一审法院为天津市第二中级人民法院，案号：（2011）二中民三知初字第 150 号。二审法院为天津市高级人民法院，案号：（2012）津高民三终字第 0016 号。

天津泥人张彩塑工作室高级工艺美术师逯某、杨某学习泥彩塑，系二人亲传弟子。陆某在参加社会活动时使用了"泥人张"第六代传人的称谓。天津市泥人张世家绘塑老作坊、张某认为其行为系擅自使用他人企业名称并虚假宣传的行为，便诉至法院。一审法院认为：就一门民间艺术而言，传人应被理解为得到技艺和艺术气质真传的人。"泥人张"彩塑艺术的形成有其特定的历史渊源，艺术传承方式已不单纯依赖于张氏家族成员间的传承，天津泥人张彩塑工作室亦是该彩塑艺术的传承单位。由天津泥人张彩塑工作室培养起来、掌握"泥人张"彩塑技艺、作品具有其风格，并具有较高艺术成就的人可以作为"泥人张"彩塑艺术的传人弘扬该艺术，逯某、杨某就是其中的代表，陈某作为其亲传弟子使用"泥人张第六代传人"称谓不存在侵犯其权利和虚假宣传构成不正当竞争的行为。二审维持原判。

　　评析：本案是因"泥人张"称谓使用引发的纠纷。本案中，"泥人张"称谓的性质经历了发展变化的过程。最初，"泥人张"是彩塑创始人张明山的艺名，后"泥人张"经过长期创作积累和宣传成为知名彩塑艺术品的特有名称。本案判决详细地列举了各主体对"泥人张"称谓使用的权利基础，若本案发生于民法典生效后，对于当年张明山对"泥人张"的使用可以适用民法典第1017条有关艺名的规定，对于泥人张世家绘塑老作坊等对"泥人张"的使用可以适用民法典第1017条有关字号的规定。此外，本案的贡献在于其在"传人"称谓的使用合理上作出了指引。一般而言，当事人在介绍作者身份时使用民间艺术领域"某某传人"称谓，是对作者所从事的艺术流派、传承及在相关领域获得认可的一种描述。如果该称谓具有相应的事实基础，且不足以引人误解，则不构成虚假宣传行为。反之，如果当事人对"传人"称谓的使用，是出于攀附"传承人"身份所承载的声誉的目的，则其行为构成不正当竞争。

第四章　肖像权

> ▶▶ **第一千零一十八条**　自然人享有肖像权，有权依法制作、使用、公开或者许可他人使用自己的肖像。
> 　　肖像是通过影像、雕塑、绘画等方式在一定载体上所反映的特定自然人可以被识别的外部形象。

📖 条文要义

本条是对自然人享有的肖像权及客体的规定。

肖像权是指自然人以在自己的肖像上所体现的人格利益为内容，享有的制作、使用、公开以及许可他人使用自己肖像的具体人格权。

关于肖像的概念，本条第2款明确界定为"通过影像、雕塑、绘画等方式在一定载体上所反映的特定自然人可以被识别的外部形象"。这个界定是比较准确的。肖像的要素是：(1) 表现方法是艺术手段，如影像、雕塑、绘画等；(2) 须固定在一定的载体之上，而不是镜中影、水中形；(3) 可被识别，肖像具有人格标识的作用，可以通过固定在载体上的形象区分本人与他人的人格特征，不具有可识别性的形象就不是肖像；(4) 自然人的外部形象，这个要素有些宽泛，因为通常界定肖像是"以面部形象为主的形象"，这里使用外部形象，并不专指肖像，而且也包含了"形象权"的概念，例如，可供识别的自然人的手、脚、背的外部形象被侵害，算不算是侵权呢？"半张脸"是否为肖像呢？在这个条文中，这些问题就能够得到答案。

肖像权包括以下内容。

(1) 制作权：权利人可以依照自己的意愿，通过多种艺术表现形式制作自己的肖像，例如自拍。

(2) 使用权：权利人对于自己的肖像，依照自己的意愿决定如何使用，例如自我欣赏。

(3) 公开权：权利人有权依照自己的意愿决定自己的肖像是否可以公开、怎样进行公开。

(4) 许可他人使用权：权利人可以与他人协商，签订肖像许可使用合同，准许他人使用自己的肖像。这实际上是对肖像权使用权的部分转让，只要符合法律的规定，不违反法律规定和公序良俗，都是正当的行为，是行使民法典第993条规定的公开权的合法行为。

案例评析

叶某诉某医院、交通出版社、广告公司肖像权纠纷案

案情： 叶某曾在某医院的激光医疗中心（以下简称激光中心）就脸部先天的青黑色斑痕进行治疗，治疗效果良好。其后，叶某治疗脸部斑痕前后的照片作为病案的广告，被刊登在交通出版社出版发行的《北京交通旅游图》上。《北京交通旅游图》已经十几次刊登这张照片，按地图上的记载，该旅游图每次印数高达50万份。叶某认为某医院等侵害了其肖像权，诉至法院。一审法院认为：如果载体所表现的内容，只有凭借高科技手段进行对比，才能确定这是某一自然人特有的一部分形象而非该自然人清晰完整的形象，一般人不能凭直观清晰辨认载体所表现的内容就是该自然人，则这一载体也不能被称为该自然人的肖像。叶某所诉照片只有脸上的鼻子和嘴部分，不是完整的特定人形象，不能引起一般人产生与特定人有关的思想或感情活动，不是法律意义上的肖像。叶某据此照片主张肖像权保护不能成立。二审维持原判。

评析： 本案是我国司法实践中典型的肖像权侵权案件。法院裁判阐明肖像是"完整的特定人形象"，"不能反映特定人相貌的综合特征，不能引起一般人产生与特定人有关的思想或感情活动"的图像不是法律意义上的肖像。这一主张对于后期我国司法实践和理论界对肖像的理解有所影响。但随着自然人人格利益商业化利用的不断扩张，对肖像的定义也在不断发展。民法典第1018条第2款之规定"肖像是通过影像、雕塑、绘画等方式在一定载体上所反映的特定自然人可以被识别的外部形象"，更新了肖像的概念，表明"可被识别性"才是判断是否构成肖像的核心要素。此要素替代了本案所遵循的"面部特征"以及"肖像完整性"的规则，回归了肖像保护的本质。在民法典生效后，对肖像的认定应适用其第1018条的规定，即使侵权人使用的不是完整的形象，只要一般人通过该形象可以识别出权利人的身份，即应认为符合该要件。

▶▶ **第一千零一十九条**　任何组织或者个人不得以丑化、污损，或者利用信息技术手段伪造等方式侵害他人的肖像权。未经肖像权人同意，不得制作、使用、公开肖像权人的肖像，但是法律另有规定的除外。

未经肖像权人同意，肖像作品权利人不得以发表、复制、发行、出租、展览等方式使用或者公开肖像权人的肖像。

🏛 条文要义

本条是关于不得非法使用肖像权人肖像的规定。

肖像权的权利主体是肖像权本人，其义务主体是其他任何自然人、法人、非法人组织，即任何组织或者个人。

肖像权的义务主体负有的义务是不可侵义务，包括以下内容：

（1）不得以丑化、污损或者利用信息技术手段伪造等方式侵害他人的肖像权。丑化、污损他人肖像，或者利用信息技术手段"深度伪造"他人的肖像，都属于侵害他人肖像权的行为。丑化和污损肖像应当具有恶意；深度伪造肖像可能为恶意，也可能为善意。只要未经本人同意，这些行为都侵害了肖像权。

（2）未经肖像权人同意，不得制作、使用、公开他人的肖像。制作、使用和公开肖像，是肖像权人本人的权利，他人都不得实施。经过权利人授权的，当然不为侵权。只要未经本人同意，制作、使用和公开他人的肖像都是侵权行为。

在肖像权保护中有一种特殊的义务主体，即肖像作品的权利人。由于肖像是通过艺术方式固定在特定的载体之上，构成作品，因而就存在作品的著作权人，除非权利人本人自己为作者，例如自画像。从原则上说，肖像的作者虽然享有肖像作品的著作权，但是受到肖像权的约束，只要未经权利人同意，肖像作品的权利人也不得以发表、复制、发行、出租、展览等方式使用或者公开肖像权人的肖像。因此，本条第2款的规定是很重要的，需要特别强调。

不过，本条遗漏了两个问题：一是人体模特的肖像权问题，二是肖像权人死亡后的保护期限问题。这两个问题都须明确。人体模特的肖像，原则上无明确规定者应当视为可以公开。至于死者肖像权的保护期限，一般为10年，比死者其他人格利益受保护的时间要短。肖像权人死亡10年之后，肖像作品著作权人可以使用、公开，不受民法典第994条规定的限制。

📌 案例评析

葛某诉某网信息技术（北京）有限公司侵害肖像权纠纷案[①]

案情：葛某为我国知名演员，其曾在电视剧《我爱我家》中扮演纪春生（二混子），角色特点为懒惰、耍赖、骗吃骗喝。该角色在剧中将身体完全摊在沙发上的放松形象被称为"葛某躺"，成为2016年网络热词。"某旅行网"微博号实名认证为"某网信息技术（北京）有限公司"，"某旅行网"利用"葛某躺"形象变相广告。葛某认为其肖像权受到侵害，便诉至法院。法院认为：《我爱我家》中的"葛某躺"造型确已形成特有网络称谓，并具有一定的文化内涵，但一般社会公众看到该造型时

---

① 审理法院：北京市海淀区人民法院，案号：（2016）京0108民初39764号。

除了联想到剧目和角色，也不可避免地联想到葛某本人，该表现形象亦构成葛某的肖像内容，并非如某网信息技术（北京）有限公司所称完全无肖像性质。即便该造型已成为网络热点，商家亦不应对相关图片进行明显的商业性使用，否则仍构成对葛某之肖像权的侵犯。

评析： 本案是近年来关于肖像权侵权的热点案件，在多方面具有典型裁判参考价值。第一，本案就被塑造的形象对肖像的认定提供了参考，本案裁判认为在某一造型确已形成特有名称并具有一定的文化内涵时，一般社会公众看到该造型时除了联想到剧目和角色，也不可避免地联想到演员本人，这种情况下该表现形象亦构成该演员的肖像内容。第二，本案展现了肖像权侵权的认定方式。本案中，某网信息技术（北京）有限公司未经葛某同意将其肖像使用于广告宣传的行为，属于侵害肖像权的行为；对使用行为本身也具有故意。第三，本案在侵害肖像权的损失赔偿金额认定上采取了综合考量的做法，考虑包括公众人物社会关注度、使用肖像的行为目的、使用肖像带来的影响范围和后果、侵权人的态度及相关权利人的情况在内的多种因素。在民法典生效后，对肖像权侵权的认定应适用其第1019条的规定。本案中广告公司的行为，属于该条规定的未经肖像权人同意使用其肖像的行为。同时，由于该影视人物在剧作中形象欠佳、具有好吃懒做等特点，故该行为也在一定程度上构成对肖像人本人肖像的丑化。

▶▶ **第一千零二十条** 合理实施下列行为的，可以不经肖像权人同意：

（一）为个人学习、艺术欣赏、课堂教学或者科学研究，在必要范围内使用肖像权人已经公开的肖像；

（二）为实施新闻报道，不可避免地制作、使用、公开肖像权人的肖像；

（三）为依法履行职责，国家机关在必要范围内制作、使用、公开肖像权人的肖像；

（四）为展示特定公共环境，不可避免地制作、使用、公开肖像权人的肖像；

（五）为维护公共利益或者肖像权人合法权益，制作、使用、公开肖像权人的肖像的其他行为。

🏛 条文要义

本条是关于对肖像合理使用的规定。

符合本条规定的特定事由的，可以不经过肖像权人的同意，直接使用肖像权人的肖像，不构成侵害肖像权。

本条对于肖像权合理使用的认定规则，与我国《著作权法》中有关著作权合理使用的认定规则有一定的相似性。在《著作权法》中，合理使用意味着使用人在符合上述合理使用情形的条件下，可以不经著作权人许可使用其作品，并不向其支付报酬，只负有指明作者姓名、作品名称且不侵犯著作权人其他权利的义务。这是《著作权法》中著作权合理使用和法定许可的重要区别。在本条中，合理实施本条所规定的行为，意味着行为人可以不经肖像权人同意使用其肖像，是否也意味着可以不支付报酬？虽然本条对于是否必然不需支付报酬没有明文规定，但是仍应将其理解为无偿使用其肖像。因为肖像权是人格权，其客体是肖像，肖像是人格利益，本身不具有财产属性，只有经肖像权人商业化利用之后才产生财产利益，所以当行为人合理实施了本条所规定的行为使用肖像权人肖像时，本身没有商业化利用该肖像，没有从中获取财产利益的增量，应理解为无偿使用。这与我国《民法通则》中对肖像权侵权的认定方式相呼应。

本条规定的合理使用的事由是：

（1）为个人学习、艺术欣赏、课堂教学或者科学研究，在必要范围内使用肖像权人已经公开的肖像。1）合理使用的方式是，个人学习、艺术欣赏、课堂教学、科学研究。2）合理使用的范围是必要范围、在上述方式的可控范围内，不得超出该范围。3）使用的是肖像权人已经公开的肖像，而不是没有公开的肖像，更不是自己制作的他人肖像。

（2）为实施新闻报道，不可避免地制作、使用、公开肖像权人的肖像。这种合理使用被称为"新闻性使用"：当一个人的肖像淹没在新闻事件里的时候，肖像权人不得主张肖像权。例如在新闻事件中被拍摄到肖像时，不得认为侵害了肖像权。

（3）为依法履行职责，国家机关在必要范围内制作、使用、公开肖像权人的肖像。最典型的方式是针对逃犯制作、使用、公开其肖像，进行刑事通缉。

（4）为展示特定公共环境，不可避免地制作、使用、公开肖像权人的肖像。例如为了拍天安门城楼而不可避免地将路人拍摄在画面之中，对此，路人不得主张肖像权。

（5）为维护公共利益或者肖像权人的合法权益，制作、使用、公开肖像权人的肖像的其他行为。例如，在寻人启事中使用走失者的肖像，是为了肖像权人的合法权益而合法使用。

案例评析

刘翔诉《某某购物指南》报社等侵害肖像权纠纷案

案情：精品报社的主办报纸为《某某购物指南》。某某报社出版千期专刊，在专刊封面中央载有大幅的刘翔跨栏动作肖像，并作了一定的修改。《某某购物指南》自创刊以来，长期采用人物肖像作封面，并在封面下方发布广告，形成了独特的风格。刘翔认为其肖像权受到侵害，便诉至法院。法院认为：千期专刊内容中虽然有关于刘翔奥运夺金的信息，但千期专刊封面使用的刘翔肖像，其背景、衣着、跨栏均有较大改动，不属于单纯的新闻报道。在千期专刊封面上，虽然不存在"利用刘翔肖像做广告"，但就封面的整体设计所反映出的整体视觉效果而言，确实足以令公众产生"刘翔在为某某公司做广告"之误解，千期专刊封面上的刘翔肖像与购物节广告之间，虽然不具有直接的广告关系，但具有一定的广告性质的关联性。此与直接使用刘翔肖像做广告相比，两者在对刘翔人格的侵害样态上并无本质区别，其行为构成侵权。

评析： 本案是判断是否成立肖像权侵权的典型案件。在民法典生效前，对肖像权侵权的认定规则主要是《民法通则》第100条。当时限于侵权法理论的水平，该条对肖像权侵权行为的认定尚未要件化，并且强调了使用行为的营利目的。这对当时司法实践的影响就是，是否营利成了判断是否构成侵权的黄金标准。这导致：如果行为人以非营利目的未经同意使用了他人肖像，虽然根据现在的侵权理论，在不具备抗辩事由的情形下也构成肖像权侵权，但是不在该条的规制范围内。本案的裁判也适用了《民法通则》第100条，着力在营利性上进行了论证。

在民法典生效后，判断行为是否构成肖像权侵权，应综合适用民法典关于肖像权的条款以及民法典侵权责任编。对于其中合理使用的判断，应适用民法典第1020条。本案中，判断某精品报社未经刘翔本人同意，在杂志上使用了其肖像的行为是否侵权，应再考察其是否属于民法典第1020条规定的合理使用的情形。民法典第1020条第2项规定，为实施新闻报道，不可避免地制作、使用、公开肖像权人的肖像，属于合理使用。本案中，精品报社对刘翔夺冠照片的使用不是出于新闻报道的目的，且对原新闻图片作了一定的服务于其表意目的的修改。使刘翔肖像与其他广告信息产生了关联性，引起了消费者的误解，故不属于新闻报道行为。精品报社对刘翔肖像的使用并未作合理区分，使其产生了广告性关联，故不属于合理使用他人肖像权的行为，构成肖像权侵权。

▶▶ **第一千零二十一条** 当事人对肖像许可使用合同中关于肖像使用条款的理解有争议的，应当作出有利于肖像权人的解释。

🏛 条文要义

本条是对肖像许可使用合同的规定。

肖像许可使用合同是指肖像权人行使公开权，与授权使用人签订的就肖像使用范围、方式、期限、报酬等内容进行约定的合同。双方当事人应当遵守约定，行使约定的权利和履行约定的义务，实现各自的利益。

肖像许可使用合同可以对肖像使用的范围、方式、报酬等进行约定。双方当事人如果对这些约定发生争议，应当依照民法典第三编"合同"规定的合同解释原则进行解释，由于肖像许可使用合同是支配人格利益的合同，因此，在解释时，对争议应当作出有利于肖像权人的解释，以保护肖像权人的合法权益。例如，关于使用方式的约定不够明确，双方发生争议的，为保护肖像权人的合法权益，可以采用肖像权人的理解作为解释的基础。

在司法实践中，肖像权的许可使用合同与著作权许可使用合同关联密切，且本条在立法技术和立法精神上也与《著作权法》有关著作权许可使用的规定相贯通。根据《著作权法》第26条和第29条的规定，著作权许可使用合同一般应约定许可使用的权利种类，许可使用的权利是专有使用权或者非专有使用权，许可使用的地域范围、期间、付酬标准和办法，违约责任和双方认为需要约定的其他内容；且对于许可使用合同中著作权人未明确许可的权利，未经著作权人同意，另一方当事人不得行使。这种权利许可需要明示、未明示推定未许可的解释方式是典型的有利于权利人的解释，应该被纳入本条所述的"有利于肖像权人的解释"的范围内。

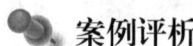 案例评析

PARK CHAE RIM（艺名：蔡琳）诉广州市铂金化妆品有限公司
肖像权纠纷案①

案情： 韩国明星蔡琳向广州市某化妆品有限公司出具授权书，其内容为"兹有韩国影视演员蔡琳授权广州铂金化妆品有限公司旗下'铂金·碧兰莎'品牌彩妆类产品使用本人肖像用于平面广告的宣传，使用时间为两年"，并在"签字"一栏签上蔡琳的韩语签名。但随后蔡琳对该授权书的解释与广州市某化妆品有限公司的理解产生分歧。蔡琳认为广州市某化妆品有限公司的行为侵害了其肖像权，便诉至法院。

法院认为： 对于"铂金·碧兰莎"，蔡琳认为应理解为"铂金碧兰莎"一个品牌，广州市某化妆品有限公司则认为是"铂金"和"碧兰莎"两个品牌。而事实上，广州市某化妆品有限公司并无"铂金·碧兰莎"或"铂金碧兰莎"品牌的产品。如果授权广州市某化妆品有限公司在其没有的品牌上使用蔡琳的肖像，则与蔡琳出具授权书的行为相矛盾。故认定蔡琳该部分主张缺乏依据，未予采信。

评析： "当事人对肖像许可使用合同中关于肖像使用条款的理解有争议的，应当作出有利于肖像权人的解释"是基于人格利益的人身伦理属性在交易领域作出的特别规定。但这并不意味着法律对人格利益享有者的绝对偏袒，不意味着在以人格利益为许可使用对象的合同中人格利益享有者可以据此任意解释合同条款。对该类案件的裁判应兼顾合同法原理与被许可人的实际利益。本案中，人格利益享有者与被

许可人对于代言品牌范围的条款产生了解释上的分歧。人格利益享有者对合同条款提出了有利于自己的解释，但是该解释明显与事实不符，明显不属于基于一般社会认知双方达成合意的情形，故该解释最终没有得到法院支持。本案裁判法院虽然作出了结果上不利于人格利益享有者的解释，但其在实质上遵循了客观事实，并不违背民法典第 1021 条的规定。

> ▶▶ **第一千零二十二条** 当事人对肖像许可使用期限没有约定或者约定不明确的，任何一方当事人可以随时解除肖像许可使用合同，但是应当在合理期限之前通知对方。
>
> 　　当事人对肖像许可使用期限有明确约定，肖像权人有正当理由的，可以解除肖像许可使用合同，但是应当在合理期限之前通知对方。因解除合同造成对方损失的，除不可归责于肖像权人的事由外，应当赔偿损失。

🏛 条文要义

本条是对肖像许可使用合同解除权的规定。

肖像许可使用合同的解除权分为两种情况：（1）没有约定期限或者约定不明确的解除；（2）有明确约定的解除。

对于肖像许可使用合同，当事人对使用期限没有约定或者约定不明确的，采用通常的规则，即任何一方当事人都可以随时解除肖像许可使用合同，终止合同的履行；唯一的条件是，解除合同之前要留出合理期限，并应当在合理期限之前通知对方。这种解除权是任意解除权，不受法定解除权、约定解除权、协商解除的限制，只要一方行使解除权并通知对方后，该合同即解除。原因在于，这是有关人格利益的许可使用合同，不是一般的交易关系，需要尊重肖像利益使用各方的意志。

当事人对肖像许可使用期限有明确约定的，只有肖像权人享有解除权，且须有正当理由，方可以解除肖像许可使用合同，但是也应当在合理期限之前通知对方。与没有约定使用期限或者约定不明确的解除权的区别是，关于使用期限有明确约定的，在使用期限内行使解除权是肖像权人的权利，且肖像权人须有正当理由，使用肖像的一方当事人没有这种解除权。肖像权人没有正当理由也不得行使解除权。正当理由的确定，应当根据具体情形判断。肖像权人没有正当理由而解除合同的，构成违约，肖像权人应当承担违约责任。肖像权人行使解除权、解除合同造成对方损失的，应当承担赔偿责任，但是因不可归责于肖像权人的事由而行使解除权的，肖像权人不承担赔偿责任。

案例评析

管某某诉某文化广播影视集团有限公司、某传媒有限公司等
名誉权纠纷案①

案情： 2014 年某文化广播影视集团有限公司连续两天于晚间 8 时在某电视台播出纪录片《告别苏河湾》上、下集。该片记录了本市某地块部分居民在房屋征收中的真实经历，其中有管某某户。管某某（甲方）与该剧组（乙方）于 2014 年 2 月签订"肖像许可使用协议"，约定因拍摄真实电影，需要使用甲方的肖像权；甲方为本合同中的肖像权人以及其家人，自愿将自己的肖像权许可乙方作符合本合同约定和法律规定的用途。此后，该剧组于 2014 年 6 月续拍了部分镜头。管某某称该协议是由其先签字的，但其签好后就立即反悔了，便诉至法院保护其肖像权。法院认为：针对 2014 年 2 月 13 日的"肖像许可使用协议"。管某某虽称签字后即反悔，但其未就此主张提供有效证据。根据法律规定，依法成立的合同，对当事人具有法律约束力，现管某某主张该协议无效缺乏事实依据，不予采信。根据该协议，管某某自愿将自己的肖像权许可剧组使用，不构成侵权。

评析： 本案是自然人商业化利用个人人格利益所签订的许可使用合同纠纷的典型案例。商业化利用人格利益合同中人格利益享有人的任意解除权，是基于人格利益不同于一般合同标的物所作出的特殊规定，其制度目的是充分保障权利人的人格尊严与人权。但这绝不意味着在关涉人格利益许可使用的合同中无须遵守诚实信用原则，也绝不意味着权利人在行使人格权的过程中可以基于人格权的伦理属性违背交易规则却不承担民事责任。关涉人格利益许可使用的合同仍应遵守诚实信用原则。

在民法典生效后，其第 1022 条的规定将成为解释此类合同的新规则，会对类似案件的裁判产生一定影响。如果"肖像许可使用协议"中未明确约定肖像许可的使用期限，根据民法典第 1022 条之规定，管某可以随时解除合同，但应该在合理期限之前通知对方；如果"肖像许可使用协议"中对肖像许可使用期限有明确约定，管某如果出于隐私保护等正当理由，依然可以解除肖像许可使用合同，但仍应在合理期限之前通知对方，并赔偿对方因解除合同造成的损失。管某若主张侵权，应以解除合同为前提，若合同解除后被告仍对其肖像进行使用，才有构成侵权的可能。

> ▶▶ **第一千零二十三条**　对姓名等的许可使用，参照适用肖像许可使用的有关规定。
>
> 　　对自然人声音的保护，参照适用肖像权保护的有关规定。

---

① 审理法院：一审法院为上海市静安区人民法院，案号：（2015）静民一（民）初字第 3307 号。二审法院为上海市第二中级人民法院，案号：（2016）沪 02 民终 3972 号。

🏛 条文要义

本条是关于对其他人格利益许可使用和声音权的规定。

本条规定了两个准用条款：（1）对姓名、名称等其他人格利益行使公开权，参照适用肖像许可使用规则；（2）对声音权参照适用肖像权保护的规则。

公开权是民法典第993条规定的，包括姓名、名称、肖像等，例如隐私和个人信息等。关于公开权的具体行使规则，民法典第四编"人格权"只在肖像权的规定中规定了肖像许可使用规则，没有对其他人格利益的公开使用作出具体规定。实际上，人格权人行使公开权，具体规则基本上都是一样的，因此，先规定肖像许可使用的规则，然后规定准用条款，规定姓名、名称等其他人格利益的许可使用准用肖像许可使用的规则，如此，既便于操作，又节省立法的篇幅。准用的条款是民法典第1021条和第1022条。

在所有的人格利益中，与肖像利益最相似的就是声音，它们与姓名一样，能够标表特定自然人主体的人格特征，不仅便于识别，而且具有相当的财产利益。自然人的声音是声音权的客体，声音权是指自然人自主支配自己的声音利益，决定对自己的声音进行使用和许可他人使用的具体人格权。

声音权包括以下主要内容。

（1）自我使用权：声音权人对自己的声音可以进行使用，利用声音表达自己的意志，也可以利用自己的声音创造财产利益，全由权利人本人自主决定。准用的条款是民法典第1018～1020条。

（2）许可他人使用权：声音权人可以将自己的声音许可他人使用，并从中获得利益或者不获得利益。许可他人使用就是行使公开权，准用的是民法典第1021条和第1022条。

📌 案例评析

谭某诉广州某传媒有限公司申请确认仲裁协议效力纠纷案[①]

案情：2015年8月31日，某传媒有限公司作为甲方，谭某作为乙方，双方签订"游戏主播经纪协议"。该协议的主要内容包括某传媒有限公司有权享有谭某的姓名、名称、声音、形象以及由此衍生的相关权利之使用权和经纪权，并有权在自身活动或者其他商业活动中使用、授权合作方使用谭某的姓名、名称、声音、形象及相关衍生权利。其中第9.2条约定："因本协议引起的相关争议，双方应友好协商解决，若协商不成，各方同意将纠纷提交至广州仲裁委员会，按照该机构有效的仲裁规则仲裁解决。"申请人谭某请求确认其于2015年8月31日与被申请人某传媒有限公司

---

① 审理法院：广东省广州市中级人民法院，案号：（2018）粤01民特139号。

签订的"游戏主播经纪协议"约定的仲裁条款为无效条款。法院认为："游戏主播经纪协议"实质上为服务合同，协议双方之间权利义务关系的约定不符合劳动关系的特征，双方不构成事实劳动关系。故未支持谭某的诉讼请求。

评析： 人格利益的商业化利用在实践中常呈现集合许可、打包许可的方式，本案中所涉合同关于谭某人格利益许可使用的表述为"某公司有权享有谭某的姓名、名称、声音、形象以及由此衍生的相关权利之使用权和经纪权，并有权在自身活动或者其他商业活动中使用、授权合作方使用谭某的姓名、名称、声音、形象及相关衍生权利"，就是打包许可的典型。这是商业实践出于降低成本、交易便利的考虑形成的习惯。民法典第 1023 条关于姓名和声音的许可使用参照肖像许可使用的做法符合现实需求。应注意的是，声音权在我国的立法中尚不具有明确的具体人格权地位，但是民法典第 1023 条第 2 款的存在明确了声音作为可被许可使用、被商业化利用的人格利益，在实践当中常与权利人的姓名、肖像等人格利益一并通过签订许可使用合同的方式被权利人使用。本案中对人格权的商业化利用是权利人积极行使人格权的重要方式。相对于实践中被广泛商业化利用的姓名、肖像等人格利益，声音、隐私、信用等人格利益在实践中也逐渐出现了被商业化利用的情形，其商业化利用规则应参照已有的人格权商业化利用规则。

第五章　名誉权和荣誉权

▶▶ **第一千零二十四条**　民事主体享有名誉权。任何组织或者个人不得以侮辱、诽谤等方式侵害他人的名誉权。

名誉是对民事主体的品德、声望、才能、信用等的社会评价。

🏛 条文要义

本条是对名誉权及客体的规定。

名誉权是指自然人和法人、非法人组织就其自身属性和价值所获得的社会评价，享有的保有和维护的具体人格权。名誉权的基本内容是对名誉利益的保有和维护。

名誉是名誉权的客体，本条第 2 款对名誉概念作了界定。应当区别的是，名誉分为主观名誉和客观名誉。作为名誉权客体的名誉是客观名誉，即独立于权利主体之外的"对民事主体的品德、声望、才能、信用等的社会评价"，它既不是权利人对自己的自我评价，也不是权利人本身的自我感觉，而是社会对权利人的客观评价。主观名誉也叫名誉感，是主体对自己品德、声望、才能、信用等的自我评价和感受。名誉权对主观名誉不予以保护，只保护主体的客观名誉不因受他人的非法行为侵害而降低。除此之外还应注意，名誉具有时代性，不同时代名誉观有所不同，不同名誉观背后是不同价值观。在我国当下，应由以富强、民主、文明、和谐、自由、平等、公正、法治、爱国、敬业、诚信、友善为基本内容的社会主义核心价值观来构建当代中国名誉观。其中，富强、民主、文明、和谐是国家层面的价值目标；自由、平等、公正、法治是社会层面的价值取向；爱国、敬业、诚信、友善是公民个人层面的价值准则。在判断名誉是否受到损害的过程中，应以社会主义核心价值观为标准，在核心价值观所倡导的价值上有所增量的，应被评价为名誉的提高，反之，则为名誉的贬损。

名誉权的义务主体是权利主体之外的其他任何自然人、法人、非法人组织，即"任何组织或者个人"，它所负有的义务是不可侵义务，即"不得以侮辱、诽谤等方式侵害他人的名誉权"。名誉权的义务主体违反这一不可侵义务，造成权利人损害的，应当承担民事责任。

📌 案例评析

张某诉俞某某网络环境中侵犯名誉权纠纷案

案情：张某以"红颜静"为网名、俞某某以"华容道"为网名，在同一网站登记上网。"红颜静""华容道"在某网站登记的都是真实网友级别。通过线下聚会，二人相识且互相知道了对方上网使用的网名。俞某某另有登记网名"大跃进"。后二人在网络上发生纠纷，俞某某以"大跃进"账号多次对"红颜静"进行侮辱、诽谤，张某便诉至法院。法院认为：张某、俞某某虽然各自以虚拟的网名登录网站并参与网站的活动，但在现实生活中通过聚会，已经相互认识并且相互知道网名所对应的人，且张某的"红颜静"网名及真实身份还被其他网友知悉，"红颜静"不再仅仅是网络上的虚拟身份。俞某某通过某网站的公开讨论版，以"大跃进"的网名多次使用侮辱性语言贬低"红颜静"的人格，主观上具有对张某的名誉进行毁损的恶意，客观上实施了侵权他人名誉权的行为，不可避免地影响了他人对张某的公正评价，构成侵权。

评析：本案是发生在我国的较为典型的利用互联网侵害名誉权的案件，裁判时主要适用《民法通则》第101条。互联网非不法之地，应当受到道德的规范和法律的制约。随着互联网行业的迅猛发展，利用信息网络侵害权利人之人身权利的案件不断发生。本案中，俞某某故意通过互联网论坛发帖的形式多次发布针对张某的具有侮辱性和不实性的言论，贬损张某的人格。该行为于发布于网络之时就已经公之于众，并被不特定多数人知悉，造成了对张某的名誉的现实损害，应被认定为侵害名誉权的行为，俞某某应承担相应的民事责任。民法典第1024条的规定基本延续了《民法通则》第101条的规定，侮辱和诽谤依然是侵害名誉权的典型形态，生效后成为调整此类案件的直接法律渊源。基于网络侵权案件的易发性、损害后果扩散快、异地管辖等特点，最高人民法院于2014年发布了《关于审理利用信息网络侵害人身权益民事纠纷案件适用法律若干问题的规定》（2020年修正），是实践中裁判此类案件的重要法律渊源，可与民法典第1024条配合适用。

▶▶ **第一千零二十五条**　行为人为公共利益实施新闻报道、舆论监督等行为，影响他人名誉的，不承担民事责任，但是有下列情形之一的除外：

（一）捏造、歪曲事实；

（二）对他人提供的严重失实内容未尽到合理核实义务；

（三）使用侮辱性言辞等贬损他人名誉。

🏛 条文要义

本条是关于新闻报道、舆论监督等影响他人名誉免责及除外条款的规定。

正当的新闻报道和舆论监督等行为具有社会正当性，是合法行为，也是履行媒体新闻批评职责的正当行为。媒体的新闻报道和舆论监督等正当的新闻行为即使发生了对他人名誉造成影响的后果，也不构成侵害名誉权，行为人也不承担民事责任。例如，批评食品企业卫生条件不好，督促其改进，对企业的名誉有一定的影响，但是不构成侵害名誉权，而是正当的舆论监督行为。

新闻报道和舆论监督等新闻行为如果存在法定情形，则构成侵害名誉权。本条第2款规定的这种情形是：

（1）行为人捏造、歪曲事实。这种情形是故意利用新闻报道、舆论监督而侵害他人名誉权的行为。捏造事实是无中生有，歪曲事实是不顾真相而进行歪曲。这些都是故意所为，性质恶劣，构成侵害名誉权。

（2）对他人提供的严重失实内容未尽到合理核实义务。这种情形是新闻事实严重失实，是媒体未尽合理核实义务而使事实背离真相，是过失所为。此外，媒体对自己采制的新闻未尽必要注意义务而使新闻事实严重失实的，同样构成侵害名誉权的行为。

（3）使用侮辱性言辞等贬损他人名誉。在新闻报道、舆论监督中，虽然没有上述两种情形，但是有使用侮辱性言辞等过度贬损他人名誉，对其人格有损害的，也构成侵害名誉权的行为。

上述这些侵害名誉权行为的实施者应当承担民事责任。

案例评析

徐某诉《某某文化艺术报》、赵某侵害名誉权纠纷案

案情：《某某青年报》社举办"某某青年金秋文艺晚会"，邀请徐某参加演出。该文艺晚会系营利性质的，报社说明可给演员一定报酬。徐某表示：给多少都无所谓，你们看着办。当时双方都未明确约定演出报酬数额。徐某参加演出后，《某某青年报》社自行决定给付了徐某演出报酬。上海《某某的生活》记者赵某，听到有关徐某来沪演出要价问题的发言后，撰写了《索价》一文，投给《某某文化艺术报》，将其表述成"这位英模人物开价3 000元，少1分也不行"。徐某诉至法院。法院认为：赵某对无事实依据的传闻不作调查核实即撰文给《某某文化艺术报》，报社在编稿时，预料该文发表后会给徐某的名誉带来侵害，但未向有关单位调查核实，仅将文章题目中的徐某姓名删掉，将"索取"改成"索价"，把文中徐某改为"老山英模"，发表后给徐某造成了广大的不良影响，侵害了徐某的名誉权。

评析：本案是我国关于名誉权侵权认定的典型案件，裁判时《民法通则》第101条关于名誉权的规定是此类案件的主要裁判规范。民法典第1024～1026条承袭了《民法通则》有关名誉权的内容，应成为民法典生效后新的裁判规范。本案中，赵某将徐某部分行为动态写成文章，发表于《某某文化艺术报》的行为，属于新闻报道

的范畴，《某某文化艺术报》作为新闻媒体负有合理审查义务。就赵某而言，其写作明显与事实不符的新闻内容并发表的行为构成不实新闻报道，属于侵害名誉权的行为；就《某某文化艺术报》而言，其作为新闻媒体，在选用编辑稿件的过程中没有进行必要核实，没有发现赵某的文章存在不实报道的问题，将与事实不相符合或完全背离的事实作为新闻报道的对象，才导致了徐某的社会评价降低，属于民法典第1025条规定的对他人提供的严重失实内容未尽到合理核实义务的行为，构成名誉权侵权。

> ▶▶ **第一千零二十六条**　认定行为人是否尽到前条第二项规定的合理核实义务，应当考虑下列因素：
> （一）内容来源的可信度；
> （二）对明显可能引发争议的内容是否进行了必要的调查；
> （三）内容的时限性；
> （四）内容与公序良俗的关联性；
> （五）受害人名誉受贬损的可能性；
> （六）核实能力和核实成本。

🏛 条文要义

本条是关于新闻媒体承担合理核实义务的规定。

本条解释的"合理核实义务"是民法典第1025条第2项规定的传统媒体负有的义务，网络媒体对自己采制的报道负有合理核实义务，对于他人在自己网络平台上发布的信息原则上不承担合理核实义务，只是负有民法典第1194~1197条规定的义务。

确定传统媒体在新闻报道和舆论监督中是否尽到合理核实义务需考量的因素是：

（1）内容来源的可信度：如果是权威消息来源，则不必进行核实。

（2）对明显可能引发争议的内容是否进行了必要的调查：如果该调查未调查，为未尽合理核实义务。

（3）内容的时限性：是否须及时报道，不及时报道将会损害公众的知情权。

（4）内容与公序良俗的关联性：与公序良俗具有相当关联性的，应当履行合理核实义务。

（5）受害人名誉受贬损的可能性：新闻报道或者舆论监督的内容即使发表，受害人名誉受贬损的可能性不大的，不认为是未尽合理核实义务。

（6）核实能力和核实成本：一是媒体的审查能力，例如，对于需要专业调查甚至侦查才能核对属实的新闻，媒体显然做不到；二是核实成本过巨，得不偿失的，也不必苛求媒体必须核实。

对于不符合上述任何一个要求的新闻报道、舆论监督，未尽合理核实义务，造成事实失实，侵害了受害人的名誉权的，行为人都应当承担民事责任。

主张自己已尽合理核实义务而免责的主体是新闻媒体。按照谁主张谁举证的诉讼证据规则，新闻媒体认为自己在新闻报道、舆论监督中已尽合理审查义务的，应当证明自己的行为符合上述规定的要求，没有过失，即可免责，否则可以被认定为侵害名誉权。

案例评析

某会（北京）国际商业管理有限公司诉某报社名誉权纠纷案①

案情： 某报社于《某某报》刊登了一篇针对世界奢侈品协会的批评文章，文章标题为"'某会'被指皮包公司"，作者为该报社记者刘某。某会（北京）国际商业管理有限公司认为，某报社在没有任何法律依据的情况下，使用皮包公司这样的负面标题，损害了其名誉，便诉至法院。法院认为：涉案文章虽多处引用来自化名人物唐路秘密爆料的负面信息，但记者对秘密爆料者唐路的采访录音表明采访过程真实可信，尽管唐路爆料的内容均系负面信息，但部分内容经记者调查核实属实，且爆料涉及的展会、奢侈品发布会等均真实存在，部分用语虽尖锐，但不构成侮辱。涉案文章通过记者调查并引用多方意见参与对某会现象的关注和讨论，是行使媒体舆论监督权的行为。文章整体的批评基调和尖锐用语符合批评性文章的特点，不应因此否定作者写作目的的正当性。通读文章上下文并综合全案证据，可以认定涉案文章不构成对某会（北京）国际商业管理有限公司名誉权的侵害。

评析： 本案涉及使用匿名信息来源的内容进行新闻报道是否构成名誉权侵权的问题。民法典第1024~1026条构建了我国媒体进行新闻报道的侵权认定模式：第1025条提出了新闻报道不能失实以及新闻媒体负有审查的义务，第1026条对于新闻媒体是否尽到了审查义务进行了要素化的分析，第1026条第1项规定内容来源的可信度应成为新闻媒体是否尽到了审查义务的考虑因素之一。但这并不意味着，在新闻报道中使用匿名消息或信息来源不能最终明确的消息，必然构成名誉权侵权。内容来源的可信度成为新闻媒体是否尽到了审查义务的考虑因素之一，意味着信息来源越确定越权威，新闻媒体的审查义务就越低，甚至不用负审查义务；对匿名消息和来源不确定的信息，新闻媒体应当承担更重的审慎注意义务。按照"谨慎人"的标准，新闻媒体对不同渠道的消息来源，应当按照其权威性和可靠性程度的高低决定直接引用、进一步审查还是避免使用。同时，使用匿名消息来源的新闻报道是否

失实的认定，应注意正确适用举证责任分配规则，不宜简单地以媒体拒绝披露消息来源的真实身份或消息来源、拒绝出庭作证为由，对媒体作出不利推定。本案中，虽然存在对部分消息新闻媒体未披露消息来源、对部分消息来源新闻媒体未出庭作证，但是文章基本事实属实且评论正当的，不应认定为侵权报道。该裁判结果值得肯定。

> ▶▶ **第一千零二十七条** 行为人发表的文学、艺术作品以真人真事或者特定人为描述对象，含有侮辱、诽谤内容，侵害他人名誉权的，受害人有权依法请求该行为人承担民事责任。
>
> 　行为人发表的文学、艺术作品不以特定人为描述对象，仅其中的情节与该特定人的情况相似的，不承担民事责任。

🏛 条文要义

本条是关于文学、艺术作品侵害名誉权责任的规定。

确定文学、艺术作品侵害名誉权的责任，应当依照本条前后两款规定的不同来确定。

（1）以真人真事或者特定人为描述对象的作品。任何人发表的文学、艺术作品，凡是以真人真事或者特定人为描述对象的，由于其描述对象的确定性，因而只要作品的内容中含有侮辱、诽谤等内容，对被描述对象的名誉权有损害的，就构成侵害名誉权，受害人享有名誉权请求权，可以请求作者承担侵害名誉权的民事责任。在此，关键是确定作品是否描述了真人真事或者特定人。如果使用的是真实姓名，则容易确定，这就是特定人。如果是没有使用真实姓名，其判断标准是，基本的人格特征、基本的生活、工作经历是否相一致，如果具有一致性，可以认为描述的就是真人真事。

（2）不以特定人为描述对象的作品。如果行为人发表的文学、艺术作品不是以特定人为描述对象，仅是其中的情节与该特定人的情况相似的，不符合主要人格特征和主要生活、工作经历一致原则，就不属于描述的是真人真事，不认为是对所谓受害人的名誉权的侵害，作者不应当承担民事责任。

本条规定来源于《最高人民法院关于审理名誉权案件若干问题的解答》中第九问关于"因文学作品引起的名誉权纠纷，应如何认定是否构成侵权"的内容。最高人民法院对此问题的回答，确定了描写的"特定人"标准，并为本条所继承。同时，最高人民法院还一并对出版编辑单位的义务作出要求，即编辑出版单位在作品已被认定为侵害他人名誉权或被告知明显属于侵害他人名誉权后，应刊登声明消除影响或采取其他补救措施；拒不刊登声明，不采取其他补救措施，或继续刊登、出版侵权作品的，应认定为侵权。这个规定被延续、转化为民法典第 1028 条。

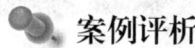 **案例评析**

王某某诉刘某及《某某文学》等四家杂志侵害名誉权纠纷案

案情： 河北省《某某日报》曾发表长篇通讯《蔷薇怨》，对原抚宁县某某公司统计员王某某与不正之风斗争的事作了报道。之后，刘某根据一些人的反映，认为该文失实。刘某称"为正视听"，撰写了"及时纪实小说"——《好一朵蔷薇花——"特号产品王某某"》。文章声称"要展览一下王某某"，并使用"小妖精""大妖怪""流氓""疯狗"等语言，侮辱王某某的人格，并一稿多投，扩大不良影响。王某某诉至法院。法院认为：刘某利用自己的作品侮辱王某某的人格，侵害他的名誉权；而且将作品投给几家杂志编辑部发表，进一步扩散侵害王某某名誉权的影响。刘某的上述行为，给王某某及其家属在精神、工作和生活上造成严重后果，在本案中应负主要责任。对于各发表媒体，尽到审查义务的，对侮辱、诽谤内容予以删减的，发行量较小、扩散范围不大的，负相应较小的责任，反之，构成侵权，负主要责任。

评析： 本案是我国司法实践中发生较早的，通过发表文艺作品从而构成侵害名誉权的案件。案件裁判时，主要适用《民法通则》第 101 条有关名誉权的规定。民法典生效后，民法典第 1024～1028 条成为保护民事主体名誉权的主要规则。本案中，刘某针对王某某撰写文学作品《好一朵蔷薇花——"特号产品王某某"》，属于以真人真事或者特定人为描述对象撰写文学艺术作品的行为。该作品中，含有"小妖精""大妖怪""流氓""疯狗"等一系列侮辱诽谤性内容，属于民法典第 1027 条规定的侵害他人名誉权的行为，受害人王某某有权依法请求该行为人承担民事责任。就本案其他媒体被告而言，对于其是否构成侵权行为的认定，应适用民法典第 1025～1026 条的规定，对其是否尽到合理审查义务进行判断，本案中判断媒体是否尽了合理审查义务，主要是看其否有节选刊登和删除侮辱诽谤性内容的做法，杂志发行量大小与发表后是否有主动赔礼道歉的情节，也被考虑进入了侵权认定过程。

▶▶ **第一千零二十八条**　民事主体有证据证明报刊、网络等媒体报道的内容失实，侵害其名誉权的，有权请求该媒体及时采取更正或者删除等必要措施。

🏛 **条文要义**

本条是关于媒体报道内容失实负有更正和删除义务的规定。

本条适用的前提是报刊、网络等媒体报道的内容失实。判断是否失实的标准是是否达到新闻真实。根据《最高人民法院关于审理名誉权案件若干问题的解答》以及承袭其规则的民法典第 1025、1026 条，新闻媒体在报道消息的时候，应当承担事实真实的审查义务。其审查义务应当达到的程度，就是事实基本真实。新闻报道如果达到了事实基本真实的程度，应当认为新闻媒体已经尽到了审查义务，就不存在侵权问题。

这一规定与民法典第1025条第2项的规定相衔接。报刊、网络等媒体报道的内容失实，侵害他人名誉权的，媒体负有的义务是更正和删除（还应当包括道歉义务）。该作为义务不履行，拒不更正、道歉或者删除的，构成不作为的侵害名誉权行为，媒体也要承担侵权责任。因此，受害人"有权请求该媒体及时采取更正或者删除等必要措施"，这也是具体的民事责任承担方式，是停止侵害和恢复原状在媒体侵权方面的具体体现。除了更正和删除，本条中的"等"字应被理解为还包括其他可以消除影响、恢复名誉的责任方式，因为民法典第995条第2款已将其列为与人格权请求权对应的责任承担方式。根据本条规定，对于媒体报道失实侵害名誉权的行为，受害人有两个层次的请求权。受害人发现报刊、网络等媒体报道存在内容失实侵害名誉权的行为时，可以基于名誉权请求权这种人格权请求权先直接向媒体请求采取更正或者删除等措施，如果媒体直接履行，则其人格权回复到圆满状态；若媒体不履行，则构成侵权责任，受害人可以基于侵权请求权请求法院责令媒体采取相关措施。

规定这一条文的必要性在于，媒体的更正、道歉义务原本是新闻媒体法应当规定的内容，然而我国没有制定该法律，因而对媒体行为的法律调整只能由民法承担。民法典规定了第1025条、第1026条和本条，等于给媒体的行为划出了界限，起到了新闻媒体法的作用，有利于保护民事主体的合法权益，保护好媒体的新闻报道和新闻批评的权利，平衡权利保护和媒体监督的利益关系，有利于推动社会的进步。

案例评析

某医疗保健用品公司诉某某工商报社、某医疗器械公司
侵害法人名誉权纠纷案

案情：《某某工商报》派记者赵某某前往省医疗公司采访。该公司经理许某向赵某某介绍了职工医院从某医疗保健用品公司购买的200多万元医疗器械设备许多存在质量问题、某医疗保健用品公司还以高出国家牌价的价格销售商品等问题。赵某某根据上述采访内容，写出《应加强对医疗器械产销监督的管理》的新闻稿，经《某某工商报》编辑部审核后刊登于《某某工商报》上。其后，某医疗保健用品公司向《某某工商报》反映上述报道失实。后该大型医疗器械设备均经过专业技术人员验收，符合产品质量标准，亦未发现某医疗保健用品公司有高出国家牌价出售商品的问题。故某医疗保健用品公司诉至法院。法院认为，《某某工商报》对记者赵某某撰写的批评稿件，未经核实便在报纸上点名批评某医疗保健用品公司，致使报道内容失实，给某医疗保健用品公司名誉造成损害，其行为侵犯了某医疗保健用品公司的名誉权，应当承担民事责任。省医疗公司对他人反映的情况，未经核实，随意提

供给报社；特别是文章见报后，明知某医疗保健用品公司有不同意见，还向报社致函追认所反映的情况基本属实，亦属侵权行为。

评析： 本案是我国司法实践中典型的媒体不实报道导致名誉侵权的案件，裁判时适用的是《民法通则》关于名誉权保护的相关条文。就本案事实而言，报社未经核实便在报纸上点名批评某医疗保健用品公司产品存在质量问题，而经过专业检验该公司的产品并不存在问题，报社的报道与事实不符，已构成报道内容失实。民法典生效后可以适用民法典第 1028 条的规定，某公司可以向某某工商报社请求更正或者删除相关报道，若某某工商报社不予更正或删除，某公司可提起诉讼。该失实报道导致某医疗保健用品公司业绩下滑、声誉受损，给其名誉造成损害，构成名誉权侵权，同时也损害了某医疗保健用品公司的经济利益，《某某工商报》不仅应承担更正、删除等民事责任，还应承担相应的损害赔偿责任。案件裁判时，我国关于媒体侵权的规则尚不完善，该法院先见性地判定侵权后受害人有权请求该媒体及时采取更正或者删除等必要措施，对我国媒体侵权类案件的裁判有一定影响，为后续名誉权相关司法解释的制定以及民法典第 1028 条的制定奠定了基础。

> ▶▶ **第一千零二十九条**　民事主体可以依法查询自己的信用评价；发现信用评价不当的，有权提出异议并请求采取更正、删除等必要措施。信用评价人应当及时核查，经核查属实的，应当及时采取必要措施。

🏛 条文要义

本条是对信用权的变通规定。

对于信用权，《民法通则》就没有规定，而是适用名誉权的规定进行间接保护，即用保护名誉权的方法保护信用权。事实上，信用权是一个独立的具体人格权，与名誉权不仅基本内容不完全相同，而且保护的程度和方法也有所不同。民法典第四编"人格权"虽然没有直接规定信用权，但是通过本条的变通规定，实际上规定了信用权。

信用是民事主体包括自然人、法人、非法人组织因其所具有的经济能力、在社会上的评价所获得的信赖与评价。信用权是指自然人、法人、非法人组织就其所具有的经济能力，在社会上获得的相应信赖与评价，所享有的保有和维护的具体人格权。

本条规定主要针对征信机构及信用权人的权利。我国是重礼仪、守信用的国家，仁、义、礼、智、信是传统道德。但是近百年来，诚信道德和诚信秩序受到破坏，必须加强征信系统建设，维护诚信道德和诚信秩序。征信机构就是征集民事主体信用并进行加工，提供他人使用的机构。每一个主体在接受征信机构征集信用信息的同时，也享有权利。

本条规定的是信用权人对征信系统享有的权利：（1）民事主体可以依法查询自己的信用评价，征信机构不得拒绝；（2）发现信用评价不当的，有权提出异议，并要求采取更正、删除等必要措施，以保持信用权人的信用评价资料和评价结论的正确性。

征信机构也就是信用评价人的义务是：（1）接受权利人对自己的信用评价的查询；（2）对于权利人提出的异议，应当及时核查。（3）对于经核查异议属实的，应当及时采取必要措施，予以纠正，对权利人保持正常的客观、准确评价。

案例评析

周某某诉某银行股份有限公司上海市分行名誉权纠纷案

案情： 某银行股份有限公司上海市分行（以下简称某银行上海分行）收到一份申请人署名为周某某的信用卡开卡申请表，同年，该行审核批准、开通了以周某某为用户的涉案信用卡。此后周某某收到涉案信用卡催款通知，获悉该卡已透支且逾期未还款。周某某因未办理过涉案信用卡，疑为他人盗用其信息所办，故向公安机关报案。此后，某银行上海分行多次向周某某电话催收涉案信用卡欠款，并诉至法院。因涉案信用卡欠款逾期未还，该卡在周某某的个人信用报告中记载为冻结。周某某诉至法院以求解决。法院认为：本案中某银行上海分行对涉案信用卡的开通审核未尽到合理的审查义务，存在过错。但根据本案实际情况，某银行上海分行已消除了周某某在征信系统中的不良信用记录，并撤回了催收欠款的诉讼，可见并未造成严重后果，故不支持周某某的诉讼请求。二审维持原判。

评析： 本案裁判于民法典生效前，采取了我国之前司法实践中对于侵犯信用权案件的经典裁判思路，即通过认定侵犯名誉权来实现对民事主体之信用权的间接保护。民法典生效后，对于侵害权利人信用权的案件应适用民法典第1029条和第1030条的规定，对信用权进行直接保护。

在本案的裁判中，法院认为本案中周某某个人征信系统内的不良信用记录反映了卡主真实的欠款、信用情况，银行也是依据客观事实报送信用状况而并非捏造；且个人征信系统是一个相对封闭的系统，只有本人或者相关政府部门、金融机构因法定事由才能进入查询，所以没有造成周某某社会评价的降低，最终判定银行的行为不构成侵权。本案的裁判持较为保守的态度，未能充分保障民事主体的信用权，不宜得到肯定。

民法典生效后，就本案案情而言，周某某可以依据民法典第1029条维护自己的信用权。具体而言，本案中银行有三个行为：一是，在周某某本人没有申请的情况下，以周某某名义办理了该行信用卡；二是，在信用卡逾期未还款的情况下，录入了不良信用记录，导致周某某的个人信用报告显示冻结；三是，对周某某提起因该信用卡逾期未还款的民事诉讼。针对第一个行为，银行作为专业金融机构，在办理信用卡业务时应对办卡者的身份进行谨慎审查，本案中银行未尽此审查义务才导致周某某在本人未申请的情况下被冒名办理了信用卡。针对第二个行为，周某某发现其信用评价出现错误时，有权向银行提出异议并请求采取更正、删除等必要措施，银行应当及时核查，若经核查属实，银行还应当及时采取必要措施。针对第三个行为，银行的起诉行为将周某某存在信用不良记录的情况公之于众，产生了周某某社会评价降低的后果。

▶▶ **第一千零三十条** 民事主体与征信机构等信用信息处理者之间的关系，适用本编有关个人信息保护的规定和其他法律、行政法规的有关规定。

🏛 条文要义

本条是关于民事主体与信用信息处理者之间关系适用法律的规定。

关于信用权和信用权人与信用信息处理者之间的关系，民法典除在第 1029 条作出规定之外，没有作进一步规定。由于信用权人和信用信息处理者之间的权利义务关系与个人信息权人和个人信息处理者的权利义务关系基本相同，因此民法典规定准用条款，准用第四编"人格权"有关个人信息的规定，以及其他法律、行政法规的有关规定。其他法律如《网络安全法》《关于互联网安全的决定》等，最重要的是正在制定的"个人信息保护法"，以及国务院关于保护个人信息的行政法规的规定。具体而言，根据我国《征信业管理条例》的规定，征信业务是指对企业、事业单位等组织的信用信息和个人的信用信息进行采集、整理、保存、加工，并向信息使用者提供的活动。对国家设立的金融信用信息基础数据库进行信息的采集、整理、保存、加工和提供，以及国家机关及法律、法规授权的具有管理公共事务职能的组织依照法律、行政法规和国务院的规定，为履行职责进行的企业和个人信息的采集、整理、保存、加工和公布，适用特别规则。采集个人信息应当经信息主体本人同意，未经本人同意不得采集。但是，依照法律、行政法规规定公开的信息除外。

信用信息处理者处理信用信息准用的法律规定，在民法典中有第 1035 条规定的个人信息处理的原则和条件，第 1036 条规定的处理个人信息免责事由，第 1037 条关于个人信息主体的权利，第 1038 条规定的信息处理者的信息安全保障义务等。

🔵 案例评析

王某某诉张某某、某省工程高等职业学校、某银行股份有限公司
南京分行、某银行股份有限公司信用卡中心侵权纠纷案

案情： 张某某拣到王某某的身份证，在未经王某某同意的情况下，擅自利用王某某的身份证，同时伪造了王某某的收入证明，向某银行股份有限公司南京分行职员孙某提交了信用卡申请资料。某银行股份有限公司信用卡中心批准并发放了户主为王某某的涉案信用卡。次年，张某某用涉案信用卡恶意透支，致使王某某的姓名被列入银行不良信用记录。王某某得知后向公安机关报案并起诉。法院认为：张某某在拣到王某某遗失的身份证后，以王某某的姓名申请办理信用卡，其行为即属于盗用、假冒他人姓名、侵犯他人姓名权的民事侵权行为。同时，张某某的行为导致王某某的名誉受到损害的结果仍是张某某侵犯王某某姓名权的行为所导致的损害后果，张某某的行为不属于以虚构事实或其他侮辱、诽谤、贬损他人人格的手段侵犯他人名誉权的行为。某银行股份有限公司信用卡中心在涉案信用卡申办、发放过程中没有尽到合理审查义务，对于王某某被侵权的后果具有过错，应当承担相应的法律责任。

评析： 本案裁判于民法典生效之前，对信用权的保护也是采取保护其他具体人格权的方式予以间接保护的。本案将假冒他人姓名办理信用卡并恶意透支，给他人名誉造成损失的行为，认定为侵害姓名权的行为，确认了将信用权保护纳入姓名权保护的裁判方法，与前案通过保护名誉权来间接保护信用权的裁判思路有所不同。这两起经典案件的裁判差异，表明我国司法实践中关于对信用利益本身的保护持肯定态度，但是对于保护信用利益的实现路径因没有明确立法请求权基础而观点有所差异。民法典生效后，第 1029 条与第 1030 条应为民事主体的信用利益保护提供裁判指引。就类似本案案情的案件而言，可以适用民法典第 1029 条关于信用评价的规定，并通过第 1030 条关于民事主体与信用信息处理者之间关系的法律适用的有关规定，认定侵害信用权的成立。

> ▶▶ **第一千零三十一条** 民事主体享有荣誉权。任何组织或者个人不得非法剥夺他人的荣誉称号，不得诋毁、贬损他人的荣誉。
>
> 获得的荣誉称号应当记载而没有记载的，民事主体可以请求记载；获得的荣誉称号记载错误的，民事主体可以请求更正。

🏛 条文要义

本条是对荣誉权的规定。

对于荣誉权，很多人都认为它不是一个人格权，不能将它规定为人格权，因为它不具有人格权的基本特征。不过，我国 1986 年《民法通则》就规定了荣誉权，尽管适用得较少，且国外民法也有保护的立法例，故民法典还是将其规定为具体人格权。

荣誉权的客体是荣誉。荣誉是指特定民事主体在社会生产、社会活动中有突出表现或者突出贡献，政府、单位、团体等组织所给予的积极、肯定性的正式评价。

在荣誉利益中，不仅包括精神利益，而且包括财产利益，例如给予特定民事主体的荣誉不仅包括精神嘉奖，还包括物质奖励。

荣誉权是指民事主体对其获得的荣誉及其利益所享有的保持、支配、维护的具体人格权。对于荣誉利益中的精神利益，权利人的权利内容主要是保持和维护；对于荣誉利益中的财产利益，权利人享有支配权。荣誉权不是获得权而是保持权。荣誉权是每一个民事主体都享有的权利，但是这个权利仅在民事主体已经取得了荣誉的时候才有意义。荣誉权的基本属性是人格权，但是也有身份权的性质。

荣誉权的义务主体是权利人之外的所有自然人、法人和非法人组织，它们都负有不得非法剥夺他人的荣誉称号，不得诋毁、贬损他人的荣誉的法定义务。违反这种不可侵的法定义务，构成侵害荣誉权的，行为人应当承担民事责任。对死者的荣誉利益应当予以延伸保护，即使是受害人死亡后获得的荣誉，也应当予以延伸保护。行为人实施侵害死者荣誉利益的行为也构成侵权行为。受到侵害的死者的近亲属提出精神损害赔偿请求的，人民法院应当予以支持，判令侵权人承担的责任。

本条第 2 款规定的是荣誉权人的权利，即获得的荣誉称号应当记载而没有记载或者记载错误的，民事主体可以要求记载或者更正。这是荣誉权人对所获得的荣誉享有的保持和维护权利的体现。

案例评析

明某诉某市公安交通管理局龙岗大队荣誉权纠纷案

案情： 明某为某市公安交通管理局龙岗大队处宣传员。该局开展评功奖励活动，设定标准为个人全年在新闻单位发稿 80 篇以上者报立个人三等功并年终给予奖励人民币 2 000 元。明某根据某市公安交通管理局龙岗大队的要求，全年发稿 200 多篇，但未能评上三等功，也未受到 2 000 元的奖励。明某向法院起诉。一审法院认为明某请求 2 000 元奖金属于劳动争议纠纷，按照"先裁后审"的原则，不属本案审理范围，遂驳回其诉讼请求。二审法院认为：荣誉权是指民事主体对其获得的荣誉及其利益所享有的保持、支配的基本身份权。荣誉权不是每一个民事主体都可以取得的必然权利，明某未取得宣传三等功这一荣誉，未享有该荣誉权，不存在侵害该荣誉权的前提条件。至于明某是否应当报立宣传三等功，不属于平等主体间的民事权益争议，不属人民法院主管范围。二审撤销原判决，驳回明某的起诉。

评析： 本案是关于荣誉授予产生争议的典型案件。民法典第 1031 条规定民事主体享有荣誉权并受法律保护，在民法典生效后该条可适用于荣誉权产生的民事法律关系。本案中，明某认为自己符合单位公布的评功条件就应该被授予荣誉，认为单位应授予而没有授予其荣誉的行为是侵权其荣誉权的行为。这种认识不符合民法典第 1031 条的规定。荣誉权的权能是有限权能，荣誉权是荣誉维持权而不是荣誉获得权，针对的是已经被授予的荣誉，保护已经被授予的荣誉不被诋毁、贬损和错误记载。本案中明某尚未被授予三等功的荣誉，对三等功这个荣誉尚未享有荣誉权，所谓侵权之说就无从谈起。荣誉的授予是授予荣誉的机关按照一定标准评审筛选并最终确定荣誉授予对象的过程，荣誉授予机关对荣誉评选的标准、评选程序以及最终结果具有决定权，但应该受相关法律法规的约束，符合公开公正的原则。本案中，明某对荣誉授予的最终结果有异议，其维护权利的方式应是与荣誉授予机关交涉，交涉无果的，可以按照相关行政程序提出异议。

第六章　隐私权和个人信息保护

▶▶**第一千零三十二条**　自然人享有隐私权。任何组织或者个人不得以刺探、侵扰、泄露、公开等方式侵害他人的隐私权。

隐私是自然人的私人生活安宁和不愿为他人知晓的私密空间、私密活动、私密信息。

🏛 条文要义

本条是对隐私权和隐私概念的规定。

隐私权是自然人享有的人格权，是指自然人享有的私人生活安宁和不愿为他人知晓的私密空间、私密活动和私密信息等私生活安全利益，由权利人自主进行支配和控制，不得他人侵扰的具体人格权。隐私权的主体只能是自然人，隐私权的保护范围受公共利益的限制。其内容是：（1）对自己的隐私进行隐瞒，不为他人所知的权利；（2）对自己的隐私享有积极利用，以满足自己的精神、物质等方面需要的权利；（3）对自己的隐私享有支配权，只要不违背公序良俗即可。

隐私，一为私，二为隐。前者指纯粹是个人的，与公共利益、群体利益无关；后者指权利人不愿意将其公开、为他人知晓。因此，隐私是指与公共利益、群体利益无关的私人生活安宁和当事人不愿他人知晓或他人不便知晓的私密信息，当事人不愿他人干涉或者他人不便干涉的私密活动，以及当事人不愿他人侵入或者他人不便侵入的私密空间。私密信息，也称为个人情报资料、个人资讯，包括所有的个人情况、资料。私密活动是一切个人的，与公共利益无关的活动，如日常生活、社会交往、夫妻的两性生活、婚外恋和婚外性活动。私密空间又称私人领域，分为具体的私人空间和抽象的私人空间。具体的私人空间是指个人的隐秘范围，如身体的隐私部位，即生殖器官和性感器官。抽象的私人空间是指思想的空间，专指个人的日记。

隐私权的义务主体是权利人以外的其他所有自然人、法人和非法人组织。这些义务主体负有的是对自然人的隐私不可侵义务，即不得以刺探、侵扰、泄露、公开等方式侵害他人的隐私权。违反这些不可侵义务，构成对隐私权的侵害，行为人应当承担民事责任。

案例评析

丁某诉赵某某、北京古城堡图书有限公司
侵害隐私权纠纷案[①]

案情： 丁某系已故著名漫画家丁聪、沈峻夫妇独子。2016 年 9 月，丁某发现北京古城堡图书有限公司（以下简称古城堡公司）经营的"孔夫子旧书网"上出现大量丁聪、沈峻夫妇及其家人、朋友间的私人信件以及丁聪手稿的拍卖信息，涉及大量家庭内部的生活隐私，其中的 18 封书信和手稿由赵某某拍卖。丁某将赵某某与古城堡公司诉至法院。法院认为：名人与公共利益无关的私人信息应当受到充分保护。涉案书信中有一部分涉及丁聪及其家庭成员之间的亲密交流，属于个人隐私。赵某某出售丁聪家信和手稿，完全基于营利目的，与社会公共利益无关。古城堡公司对在其平台出售的书信和手稿等涉及隐私属性的内容应当尽到合理的审核义务，其向交易双方均收取成交价一定比例的佣金，并组织丁聪书信拍卖专场活动，应认定其明知涉案书信和手稿涉及隐私而没有尽到相应的审核义务，故古城堡公司应对赵某某的侵权行为承担连带责任。

评析： 本案裁判涉及名人隐私保护范围的界定，是对"隐私"概念认定的有益扩张。民法典第 1032 条第 2 款将隐私界定为自然人的私人生活安宁和不愿为他人知晓的私密空间、私密活动、私密信息。这是长期司法实践积累的结果。司法实践的一般经验认为，公众人物基于其公众性和价值杠杆效应，其隐私保护程度应与普通公众的有所区别。但这样的裁判导向也存在造成利益平衡的杠杆向另一方失衡的风险，容易成为网络暴力的庇护。本案裁判强调，名人的隐私权可以被合理限缩，但不等同于其私人生活可以被完全曝光，与公共利益无关的私人信息应当受到充分保护。这也适应了网络时代的快速造星和信息快速迭代的特点。本案中，丁聪是著名漫画家，可以被认定为公众人物，但是其被公众所知晓是由于其漫画成就，与其私人生活无关。本案中被拍卖的书信手稿含有涉及丁聪及其家人的隐私的内容，未经授权在交易平台公开展示他人书信及具有自我思想表达内容的手稿，构成对隐私的侵害。交易平台明知侵权行为而未加以审核、制止，应与侵权人承担连带责任。

▶▶ **第一千零三十三条**　除法律另有规定或者权利人明确同意外，任何组织或者个人不得实施下列行为：

[①]　北京互联网法院成立一周年发布十大热点案件之九，北大法宝引证码：CLI. C. 86967361。

> （一）以电话、短信、即时通讯工具、电子邮件、传单等方式侵扰他人的私人生活安宁；
>
> （二）进入、拍摄、窥视他人的住宅、宾馆房间等私密空间；
>
> （三）拍摄、窥视、窃听、公开他人的私密活动；
>
> （四）拍摄、窥视他人身体的私密部位；
>
> （五）处理他人的私密信息；
>
> （六）以其他方式侵害他人的隐私权。

🏛 条文要义

本条是对侵害隐私权行为的列举性规定。

本条列举了六种侵害隐私权的行为，排除了不构成侵害隐私权的两种行为。

排除的不构成侵害隐私权的行为是：（1）法律另有规定，即法律作出相反的规定的；（2）获得权利人明确同意的，无论何种隐私，都因隐私权人的同意而构成对侵害隐私权的有效抗辩，不成立侵害隐私权的行为。

任何组织或者个人作为隐私权的义务主体，都不得实施下列有关个人的私密空间、私密活动、私密部位、私密信息和生活安宁等的侵害隐私权的行为：

（1）以电话、短信、即时通讯工具、电子邮件、传单等方式侵扰他人的生活安宁。生活安宁，是自然人享有的安稳、宁静的私人生活状态，并排除他人不法侵扰，满足无形的精神需要。以电话、短信、即时通讯工具、电子邮件、传单等方式侵扰个人的生活安宁，通常称为骚扰电话、骚扰短信、骚扰电邮等，侵害个人的生活安宁，构成侵害隐私权。

（2）进入、拍摄、窥视他人的住宅、宾馆房间等私密空间。隐私权保护的私密空间，包括具体的私密空间和抽象的私密空间。前者如个人住宅、宾馆房间、旅客行李、学生书包、个人通信等；后者专指日记，即思想的私密空间。凡是对私密空间进行进入、拍摄、窥视等，都构成对隐私权的侵害。

（3）拍摄、窥视、窃听、公开他人的私密活动。私密活动是一切个人的、与公共利益无关的活动，如日常生活、社会交往、夫妻生活、婚外恋等。对此进行拍摄、窥视、窃听、公开，都构成侵害隐私权。

（4）拍摄、窥视他人身体的私密部位。身体的私密部位，例如生殖器和性感部位，也属于隐私，是身体隐私。拍摄或者窥视他人身体私密部位，构成侵害隐私权。

（5）处理他人的私密信息。私密信息是关于自然人个人的隐私信息，获取、删除、公开、买卖他人的私密信息，构成侵害隐私权。

（6）以其他方式侵害他人的隐私权。这是兜底条款。凡是侵害私密信息、私密活动、私密空间、身体私密部位、生活安宁等的行为，都构成侵害隐私权。

🔖 案例评析

司某某诉中国移动通信集团河南有限公司许昌市襄城
分公司侵权责任纠纷案

案情： 司某某购得移动通讯卡一张，此后中国移动通信集团河南有限公司许昌市襄城分公司向司某某持有的号码发送信息共计 451 条，多为广告内容。司某某诉至法院。法院认为：被告作为电信服务行业运营商未经原告同意擅自向原告滥发手机短信，导致原告花费大量的时间阅读并删除这些与本人无关的手机短信，影响了原告的生活安宁，同时也会造成原告手机的有形磨损。被告滥发手机短信的行为侵犯了原告的正当利益。原告要求被告在市级电视台或报刊公开赔礼道歉并赔偿精神损失人民币 1 分，综合被告的行为给原告带来的损害后果、修复损害的可接受方式以及判决的法律效果和社会效果，判决被告向原告书面道歉比较适宜；关于精神损害赔偿问题，被告在较短时间内向原告发送大量无关短信，给原告的生活安宁和精神带来严重影响，对其精神损害赔偿请求予以支持。

评析： 本案是民法典第 1033 条规定的"以电话、短信、即时通讯工具、电子邮件、传单等方式侵扰他人的私人生活安宁"的典型案例，在一定程度上推动了法律政策对骚扰短信的规制。电信服务运营商未经手机客户同意，向手机客户滥发商业短信或者违法短信，对客户的手机正常通讯造成了严重影响，打扰了客户的私人生活，是侵扰客户私人生活安宁的行为，电信服务运营商应承担相应的民事责任。本案裁判时，隐私权刚通过《侵权责任法》被确定为具体人格权，对生活安宁的保护尚不完善，故本案裁判中使用了侵犯客户的人身权益的表述。司法实践中侵害民事主体隐私权的方式纷繁复杂，民法典第 1033 条规定的典型侵权方式是经过充分实践积累所抽象出的侵权行为，"以其他方式侵害他人的隐私权"仍需司法裁判加以确认。

> ▶▶ **第一千零三十四条**　自然人的个人信息受法律保护。
>
> 个人信息是以电子或者其他方式记录的能够单独或者与其他信息结合识别特定自然人的各种信息，包括自然人的姓名、出生日期、身份证件号码、生物识别信息、住址、电话号码、电子邮箱、健康信息、行踪信息等。
>
> 个人信息中的私密信息，适用有关隐私权的规定；没有规定的，适用有关个人信息保护的规定。

🏛 条文要义

本条是关于个人信息保护的规定。

与民法典第 111 条的规定相呼应，本条首先规定自然人的个人信息受法律保护，之后对个人信息概念的内涵和外延进行界定，并区别于隐私权保护的私密信息。

个人信息是指以电子或者其他方式记录的、能够单独或者与其他信息结合而识别特定自然人的各种信息。其中：（1）电子信息的记录方式是电子方式或者其他记录方式；（2）能够单独或者与其他信息结合发挥作用；（3）个人信息的表现形式是信息，即音讯、消息、通讯系统传输和处理的对象，泛指人类社会传播的一切内容；（4）个人信息的基本作用是识别特定自然人的人格特征，因而个人信息的基本属性是个人身份信息，而不是个人私密信息。从学术的角度来看，个人信息是对客观世界中特定自然人的身份状况和变化的反映，是特定自然人与他人和客观事物之间活动的联系的表征，表现的是特定自然人的身份属性和人格特征的实质内容。

在本条生效之前，我国关于对个人信息的保护已经陆续进行了有益的立法尝试。2000 年全国人大常委会《关于维护互联网安全的决定》最先规定了采用刑事制裁手段来维护信息主体的个人信息权利。2012 年 12 月 28 日，全国人大常委会通过《关于加强网络信息保护的决定》，明确规定国家保护能够识别个人身份和涉及个人隐私的电子信息，规定收集个人信息的要求以及侵害个人信息的侵权责任。2017 年立法机关制定了《网络安全法》。此后《民法总则》第 111 条成为在民法上对个人信息确认予以保护的首个法律条文。本条的制定参考了已有的立法对个人信息的界定方式。

个人信息包含以下内容：自然人的姓名、出生日期、身份证件号码、生物识别信息、住址、电话号码、电子邮箱、健康信息、行踪信息等。这些都是个人信息的组成部分。

对于个人信息中的私密信息，因其既有个人信息的属性又有隐私的属性，所以同时适用个人信息保护和隐私权保护的有关规定。

案例评析

淘宝（中国）软件有限公司诉安徽某信息科技有限公司
不正当竞争纠纷案①

案情： 淘宝（中国）软件有限公司（以下简称淘宝公司）开发的"生意参谋"数据产品能够为淘宝、天猫店铺商家提供大数据分析参考，涉案数据产品的数据内容是淘宝公司在收集网络用户浏览、搜索、收藏、加购、交易等行为痕迹信息所产生的巨量原始数据的基础上，通过特定算法深度分析、过滤、提炼整合而成的。安徽某信息科技有限公司系"咕咕互助平台"的运营商，其以提供远程登录已订购涉

---

① 最高人民法院发布依法平等保护民营企业家人身财产安全十大典型案例之八，北大法宝引证码：CLI. C. 77227160。

案数据产品用户电脑技术服务的方式，招揽、组织、帮助他人获取涉案数据产品中的数据内容，从中牟利。淘宝公司认为该行为构成不正当竞争，诉至法院。法院认为：淘宝公司收集、使用网络用户信息，开发涉案数据产品的行为符合网络用户信息安全保护的要求，具有正当性，享有法定权益。安徽某信息科技有限公司未经授权，亦未付出新的劳动创造，直接将涉案数据产品作为自己获取商业利益的工具，明显有悖公认的商业道德。该行为实质性替代了涉案数据产品，破坏了淘宝公司的商业模式与竞争优势，已构成不正当竞争。

评析：本案是首例涉及大数据产品权益保护的新类型不正当竞争案件。当前，大数据产业已成为新一轮科技革命和产业变革中蓬勃兴起的一个新产业，但涉及数据权益保护的立法付之阙如，相关主体的权利、义务处于不确定状态。民法典第1034条规定了个人信息的概念并列举了典型的个人信息类型。本案裁判的参考价值之一在于其在个人信息的界定以及数据类型区分上做出了贡献。本案裁判表明，"行为痕迹信息与标签信息是否具备单独或者与其他信息结合识别自然人个人身份的可能性"，是信息能否被认定为个人信息的关键因素，这是对《网络安全法》的落实，也符合民法典第1034条规定的精神，也是对《网络安全法》的落实，对于构建统一的"个人信息"概念和统一类案裁判意义重大。同时，本案裁判确认平台运营者对其收集的原始数据有权依照其与网络用户的约定进行使用，区分了网络数据与数据产品，认定研发的大数据产品的主体对该数据产品享有独立的财产性权益。

关涉个人信息以及大数据利用的案件在实践中常涉及不正当竞争，本案裁判妥善运用《反不正当竞争法》中的原则性条款对擅自利用他人大数据产品之内容的行为予以规制，依法保护了研发者对大数据产品所享有的竞争优势和商业利益，为大数据产业的发展营造了公平有序的竞争环境，值得肯定。

▶▶ **第一千零三十五条**　处理个人信息的，应当遵循合法、正当、必要原则，不得过度处理，并符合下列条件：

（一）征得该自然人或者其监护人同意，但是法律、行政法规另有规定的除外；

（二）公开处理信息的规则；

（三）明示处理信息的目的、方式和范围；

（四）不违反法律、行政法规的规定和双方的约定。

个人信息的处理包括个人信息的收集、存储、使用、加工、传输、提供、公开等。

🏛 条文要义

本条是关于处理个人信息的规定。

处理个人信息，包括对个人身份信息的收集、存储、使用、加工、传输、提供、公开。

处理自然人个人信息的原则是：（1）合法：必须依照法律规定收集、处理，不得非法进行。（2）正当：收集、处理自然人个人信息应当具有正当性目的，不得非法收集、处理。（3）必要：即使合法、正当收集、处理自然人的个人信息，也不得超出必要范围。适用上述原则，应当坚持不得过度处理。本条立法参考了《网络安全法》和《关于加强互联网安全的决定》的规定。根据《网络安全法》第 40 条的规定，网络运营者应当对其收集的用户信息严格保密，并建立健全用户信息保护制度。

处理自然人个人信息应当符合下列条件：

（1）征得该自然人或者其监护人同意，但是法律、行政法规另有规定的除外。其中，征得自然人监护人的同意，是指处理无民事行为能力人或者限制民事行为能力人的个人信息，须征得其监护人的同意，例如未成年人或者丧失或部分丧失民事行为能力的成年人，未经其监护人同意进行处理，构成侵害个人信息的行为。

（2）公开处理信息的规则。处理自然人个人信息，须将收集、处理的规则予以公开，以判明是否符合处理的规则。

（3）明示处理信息的目的、方式和范围，并且符合明示的处理信息的目的、方式，在其明示的范围内进行处理。

（4）不违反法律、行政法规的规定和双方的约定。违反法律、行政法规的规定和双方的约定进行处理，都构成侵害个人信息。

案例评析

孙某某诉鲁山县农村信用合作联社侵犯个人信息权纠纷案[①]

案情：孙某某因买房需要向银行申请贷款，银行告知孙某某征信有不良记录，拒绝放贷。孙某某在平顶山市人民银行征信服务中心所提供的个人信息中查询到有不良信用记录。孙某某为此找到鲁山县农村信用合作联社，要求恢复信息等级。后经信用合作联社调查核实，担保人孙某杰在办理上述贷款手续时未到场签字，是信用合作联社工作人员违规办理的冒名担保，造成孙某某个人征信不良信息记录，而这并非本人原因造成的。孙某某诉至法院。法院认为：信用合作联社工作人员违规办理贷款时，将孙某某的征信纳入不良记录，给孙某某造成精神上、物质上的损失，信用合作联社过错明显。孙某某请求鲁山县农村信用合作联社消除孙某某在银行系统的不良信用记录，理由正当，予以支持。因信用合作联社侵犯孙某某的个人信息，将孙某某纳入征信不良记录确实给孙某某造成一定的精神痛苦和物质损失，酌定赔

---

① 审理法院：河南省鲁山县人民法院，案号：（2017）豫 0423 民初 3728 号。

偿数额为 3 万元。

评析： 本案既是关于信用权保护的典型案件，也是关于个人信息保护的典型案件。这在一定程度上反映了信用信息本身的个人信息属性。民法典生效前，在司法实践中，对信用权的保护有通过保护名誉权的方式进行间接保护的，也有通过保护姓名权的方式进行间接保护的，从信用信息本身的性质以及保护便利程度出发，个人信息保护路径相对科学。民法典生效后，民法典第 1035 条规定的处理个人信息原则与具体方式应成为裁判此类案件的新规则。这一规定为民事主体信用权又提供了通过保护个人信息的方式进行保护的路径。本案中，信用社工作人员未经孙某某许可使用孙某某个人信息办理担保的行为，属于非法处理他人个人信息的行为，违反了民法典第 1035 条规定的合法、正当原则。信用信息本质上是个人信息的一种，同时也是信用权保护的内容。民法典第 1035 条规定了处理个人信息的原则与具体方式，而第 1029、1030 条对信用信息已经作了专门规定，在处理关涉信用信息的案件时，根据特别法优于一般法的原则，第 1029、1030 条应被优先适用；处理其他法律没有专门予以规定的关涉个人信息的案件时，应根据案情依法适用第 1035 条的规定。

> ▶▶ **第一千零三十六条**　处理个人信息，有下列情形之一的，行为人不承担民事责任：
> （一）在该自然人或者其监护人同意的范围内合理实施的行为；
> （二）合理处理该自然人自行公开的或者其他已经合法公开的信息，但是该自然人明确拒绝或者处理该信息侵害其重大利益的除外；
> （三）为维护公共利益或者该自然人合法权益，合理实施的其他行为。

🏛 条文要义

本条是关于处理个人信息的规定。

对自然人个人信息的处理，尽管在有些时候未经过个人信息权人的同意，但是也不构成侵害个人信息权，行为人不承担侵害个人信息权的民事责任，被处理个人信息的自然人不得主张侵害其个人信息权。本条规定参考了 2014 年《最高人民法院关于审理利用信息网络侵害人身权益民事纠纷案件适用法律若干问题的规定》第 12 条的内容。

这些具有免责事由的行为是：

（1）在该自然人或者其监护人同意的范围内合理实施的行为。处理自然人个人信息，如果经过权利人同意，并且在其同意的范围内合理实施的，不构成侵害个人信息权。这与民法典第 1035 条第 3 项的规定即"明示处理信息的目的、方式和范围"相关。依此进行判断，符合明示的上述使用范围的，不构成侵害个人信息权；超出范围处理个人信息的行为，构成侵害个人信息权。

（2）合理处理该自然人自行公开的或者其他已经合法公开的信息，但是该自然人明确拒绝或者处理该信息侵害其重大利益的除外。这一事由包括两个方面：首先，自然人自行公开或者其他已经合法公开的信息，是可以处理的，一般情况下不构成侵害个人信息权；其次，尽管如此，如果处理的这种信息侵害自然人个人的重大利益，或者自然人已经明确拒绝他人使用的，处理这样的信息仍然构成侵害个人信息权。

（3）为维护公共利益或者该自然人合法权益，合理实施的其他行为。处理自然人的个人信息，如果具有维护公共利益的目的，或者是为了维护该自然人自身的合法权益，则具有正当性，为合理实施，不构成侵害个人信息权。

合理实施处理自然人个人信息的行为，不构成侵害个人信息权的行为，行为人不承担民事责任。

案例评析

何某某诉上海某信息科技发展有限公司网络侵权责任纠纷案[①]

案情： 何某某系手机号码 180×××× 3844 的户主，2018 年 2 月 8 日，10×××× 3359261235 的号码以短信方式向何某某发送了内容为"【早稻】何某某，前同事评价你'专业靠谱'并向你推荐 107 个人脉，还有 19 个好友在等你 cc.co/OypRubuV3m 投诉退订回 TD"的消息，何某某随即回复"TD"。此后，该号码未向何某某发送过消息。何某某主张上海某信息科技发展有限公司（以下简称某科技公司）收集何某某姓名、手机号码的行为侵犯了个人信息权，若第一次未经消费者同意即发送商业广告都不侵权，那商业广告短信势必泛滥，故诉至法院。法院认为，某科技公司通过何某某在其开发的扫描全能王 App 上注册的信息，获取了手机信息，在未征得何某某同意的情况下，即通过短信方式推送商业性信息，但在何某某明确表示拒绝后，某科技公司未再向何某某发送商业性信息，并没有给何某某造成损害，故不构成侵权。

评析： 本案是关涉民事主体个人信息利益保护与相关产业发展的利益平衡的典型案例。《广告法》第 43 条第 2 款规定的"以电子信息方式发送广告的，应当明示发送者的真实身份和联系方式，并向接收者提供拒绝继续接收的方式"。本案中在对个人信息的收集上，某科技公司因何某某使用本公司产品注册时主动提供而获得何某某的相关信息，获取方式没有违法性，属于正当处理用户个人信息的行为。被告

---

① 审理法院：一审法院为四川省成都市双流区人民法院，案号：（2018）川 0116 民初 3003 号。二审法院为四川省成都市中级人民法院，案号：（2018）川 01 民终 14654 号。

科技公司作为办公类应用软件的开发者，向用户主动提供的手机号发送定向推送与广告属于商业行为，可以被解释为民法典第1036条规定的"在该自然人……同意的范围内合理实施的行为"，但应注意的是，当权利人明确不得处理其个人信息时，信息处理者应停止处理。至于本案涉及的广告推送行为，从案涉信息内容来看，信息是其他用户触发后由系统自动发送的，推送的信息本身也提供了退订的选择。在何某某选择退订后，某科技公司没有再次推送类似信息，符合广告法的规定，故不宜将其行为认定为侵权行为。对民事主体个人信息的保护会在一定程度上影响相关产业的信息利用方式以及相关科技产品的研发，所以民法典第1036条规定了合理使用条款以平衡二者之间的关系。

▶▶ 第一千零三十七条　自然人可以依法向信息处理者查阅或者复制其个人信息；发现信息有错误的，有权提出异议并请求及时采取更正等必要措施。

自然人发现信息处理者违反法律、行政法规的规定或者双方的约定处理其个人信息的，有权请求信息处理者及时删除。

🏛 条文要义

本条是关于个人信息权人享有的权利的规定。

本条规定的个人信息权有以下主要内容：

（1）个人信息权人享有查阅和复制的权利。自然人可以向信息控制者依法查阅或者复制其个人信息。这是因为，个人信息即使被控制者处理，其归属权不变，其仍然为权利人所拥有。

（2）发现信息错误的，有提出异议并要求更正的权利。权利人在查阅或者复制自己的个人信息时，发现个人信息有错误的，有权提出异议，并要求及时采取更正等必要措施。信息处理者负有更正的义务。

（3）自然人发现信息处理者违反法律、行政法规的规定或者双方的约定处理其个人信息的，有权要求信息处理者及时删除其个人信息。这里还应当包括对被处理的已经过时的、对自己可能造成不好影响的个人信息的删除权，即被遗忘权，以保护个人信息权人的合法权益。

在学理上，个人信息权作为一种独立的人格权，权利内容更为丰富，主要包括以下方面：（1）信息保有权。权利人的个人信息完全由自己保有，他人不得非法占有。（2）信息决定权。权利人对于自己的个人信息是否使用，是否可以由他人获取、利用，都由权利人自己决定。（3）信息知情权。任何组织或个人在依法获得和使用权利人的个人信息时，权利人有权进行查询，并有权要求予以答复。（4）信息更正权。个人信息权利人发现被他人获取的个人身份信息有不正确之处时，有权请求该主体对所占有和使用的有关自己的不正确、不全面、不适当的个人信息进行更正。(5)信息锁定权。在必要时,个人信息权利人有权请求暂停信息处理,在获得权利人的书面同意之前,信息处理者不可以将其为某种目的收集的信息出于另一个目的而使用。(6)个人信息保护权。个人信息保护权是人格权请求权的具体内容。(7)被遗忘权。权利人对于自己已被发布在网络上的,有关自身的不恰当的、过时的、继续保留会导致其社会评价降低的信息,有要求信息控制者予以删除的权利。

案例评析

任某某诉北京市百度网讯科技公司侵犯名誉权、姓名权、一般人格权纠纷案①

案情: 任某某于 2014 年 7 起在无锡陶氏生物科技有限公司从事过相关的教育工作,2014 年 11 月与该公司解除劳动关系。2015 年 4 月,任某某进入北京市百度网讯科技公司(以下简称百度公司)网站的搜索页面,输入关键词"任某某"后,在"相关搜索"处显示有与陶氏教育相关的各类信息。任某某主张:因陶氏教育在业界名声不好,其并未在陶氏教育工作,百度公司公开其与陶氏教育有关的个人信息侵犯了其权利。法院认为:相关搜索词系根据过去一定时期内使用频率较高且与当前搜索词相关联的词条统计而由搜索引擎自动生成的,并非由于百度公司人为干预。百度公司在"相关搜索"中推荐涉诉词条的行为,不存在对任某某进行侮辱、诽谤等侵权行为。"任某某"这三个字在相关算法的收集与处理过程中就是一串字符组合,并无姓名的指代意义,不存在干涉、盗用、假冒任某某姓名的行为。任某某在本案中主张的应"被遗忘"(删除)信息的利益不具有正当性和受法律保护的必要性,不予支持。二审维持原判。

评析: 本案关涉网络侵权中"被遗忘权"的适用范围与条件,被称为中国"被遗忘权"第一案。1995 年欧盟在相关数据保护的法律中提出了"被遗忘权"概念,认为任何公民可以在其个人数据不再需要时提出删除要求。在 2014 年针对谷歌的诉讼案件中,欧盟法院表示普通公民对个人隐私拥有"被遗忘权",并据此要求国际网络搜索引擎巨头谷歌按照当事人的要求删除涉及个人隐私的数据。自此"被遗忘权"概念逐渐走进公众视野。对"被遗忘权"的保护,实质上关涉民事主体个人信息保护和互联网科技便利度、互联网产业发展两者的利益平衡。各国根据自身的互联网产业发展程度以及民众对个人信息及隐私的习惯态度有权制定不同的具体政策,"被遗忘权"理论亦不必被奉为圭臬。我国法院通过裁判指出,"由搜索引擎自动生成的相关搜索词是计算机相关算法在收集和处理过程中的一串字符组合,不构成侵权",

① 审理法院:一审法院为北京市海淀区人民法院,案号:(2015)海民初字第 17417 号。二审法院为北京市第一中级人民法院,案号:(2015)一中民终字第 09558 号。

在此问题上给出了本土化的裁判态度。本案裁判时，我国民法典尚未颁布，法院采取偏向保护产业发展的做法无可厚非。但民法典颁布并生效后，民法典第 1037 条所规定的个人信息权人享有的包括被遗忘权在内的各项权利，会在一定程度上影响对类似案件的裁判。根据民法典第 1037 条的规定，本案中，若任某认为原任职公司存在违反法律、行政法规的规定或者双方的约定处理其个人信息的行为，则其有权请求信息发布者及时删除。

> ▶▶第一千零三十八条　信息处理者不得泄露或者篡改其收集、存储的个人信息；未经自然人同意，不得向他人非法提供其个人信息，但是经过加工无法识别特定个人且不能复原的除外。
>
> 信息处理者应当采取技术措施和其他必要措施，确保其收集、存储的个人信息安全，防止信息泄露、篡改、丢失；发生或者可能发生个人信息泄露、篡改、丢失的，应当及时采取补救措施，按照规定告知自然人并向有关主管部门报告。

🏛 条文要义

本条是关于信息处理者对个人信息负有保密义务的规定。

理论上，个人信息权作为具体人格权，是绝对权，权利人以外的其他任何主体都是其义务人，也都对个人信息权人负有不可侵义务。对个人信息权的义务可以分为个人信息权的一般义务主体负有的一般保护义务和个人信息权的特殊义务主体负有的特别保护义务。个人信息权的义务人是一般主体、普遍主体，即权利人之外的其他任何民事主体，包括自然人、法人和非法人组织。按照民法典第 111 条的规定，依法取得个人信息的任何组织和个人，是负有保护自然人个人信息的特别义务主体。只要是依法取得他人个人信息者，就是这种特别义务主体。

个人信息的处理者，是指合法处理自然人个人信息的主体。个人信息处理者对自然人的个人信息负有的保密义务包括两个方面的内容。

（1）信息处理者负有的守约义务。1）保持个人信息的自己占有及信息的真实性的义务，不得泄露、篡改、丢失其收集、存储的个人信息；2）不得向他人提供的义务，未经自然人同意，不得向他人非法提供个人信息。例外的是，经过加工无法识别特定个人且不能复原的信息属于衍生信息，俗称"已经过脱敏处理"的信息，不再具有个人身份信息的属性，已经进入可以公开使用的领域。对衍生信息的使用不构成侵害个人信息权。

（2）信息处理者负有的保密义务。1）信息处理者对已经收集、存储的个人信息，应当采取技术措施和其他必要措施，确保其收集、存储的个人信息安全，防止信息泄露、篡改、丢失。2）如果发生或者可能发生个人信息泄露、篡改、丢失的，应当及时采取补救措施，依照规定告知自然人并向有关主管部门报告，防止损失的扩大，并挽回已经造成的损失。

信息处理者违反上述对自然人个人信息负有的义务，构成侵害个人信息权的，应当承担民事责任。

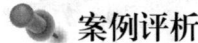 **案例评析**

庞某某诉中国某航空股份有限公司、北京某信息技术有限公司隐私权纠纷案[①]

案情： 2014 年 10 月 11 日，庞某某通过北京某信息技术公司（以下简称某公司）下辖网站"去哪儿网"平台订购了中国某航空股份有限公司（以下简称某航）机票 1 张。2014 年 10 月 13 日，庞某某尾号为××49 的手机号收到来源不明号码发来的短信，称由于机械故障，其所预订航班已经取消。确认后发现是诈骗短信。庞某某诉至法院，认为某公司和某航泄露的隐私信息包括其姓名、尾号为××49 的手机号及行程安排。法院认为：庞某某被泄露的信息包括姓名、尾号为××49 的手机号、行程安排等，其行程安排无疑属于私人活动信息，应该属于隐私信息，可以通过隐私权保护主张救济。作为普通人的庞某某不具备对某航、某公司内部数据信息管理是否存在漏洞等情况进行举证证明的能力。法院在排除其他泄露隐私信息可能性的前提下，结合本案证据认定上述两公司存在过错。某航和某公司因其经营性质掌握了大量的个人信息，应有相应的能力保护好消费者的个人信息，防止泄露，这既是其社会责任，也是其应尽的法律义务。本案信息泄露是某航空公司、网络购票平台疏于防范导致的结果，二者应承担侵权责任。

评析： 本案是由网络购票引发的涉及航空公司、网络购票平台侵犯个人隐私权的纠纷，各方当事人立场鲜明，涉及的焦点问题具有代表性和典型性。个人的姓名、电话号码及行程安排等事项属于民法典第 1034 条规定的个人信息。在大数据时代，信息的收集和匹配成本越来越低，原来单个的、孤立的、可以公示的个人信息一旦被收集、提取和综合，就完全可以与特定的个人相匹配，从而形成关于某一特定个人的详细、准确的整体信息，而这些整体信息一般涉及自然人的个人隐私。上述这些全方位、系统性的整体信息，不再是单个的可以任意公示的个人信息。这些整体信息一旦被泄露扩散，有侵害隐私权之虞。本案中，法院认为基于合理事由掌握上述整体信息的组织或个人应积极地、谨慎地采取有效措施来防止信息泄露。这体现了民法典第 1038 条的规定，即这些信息的收集、控制者负有对个人信息进行保护的义务。本案的裁判对个人信息保护以及隐私权侵权的认定进行了充分论证，兼顾了

---

① 审理法院：一审法院为北京市海淀区人民法院，案号：（2015）海民初字第 10634 号。二审法院为北京市第一中级人民法院，案号：（2017）京 01 民终 509 号。

隐私权保护及信息传播的平衡，即任何人未经权利人的允许，都不得扩散和不当利用能够指向特定个人的整体信息，整体信息也因包含隐私而整体上成为隐私信息，可以通过隐私权寻求救济。

> ▶▶ **第一千零三十九条** 国家机关、承担行政职能的法定机构及其工作人员对于履行职责过程中知悉的自然人的隐私和个人信息，应当予以保密，不得泄露或者向他人非法提供。

🏛 条文要义

本条是关于国家机关、承担行政职能的法定机构及其工作人员对自然人隐私和个人信息负有保密义务的规定。

根据民法典第 111 条的规定，凡是依法取得个人信息的任何组织和个人，包括自然人、法人和非法人组织，都是负有保护自然人个人信息的特别义务主体。其具体包括依法取得个人信息的网络服务提供者、其他企业事业单位、在履行职责中取得的自然人个人信息的国家机关、承担行政职能的法定机构及其工作人员，以及其他依法取得自然人个人信息的任何法人、非法人组织，以及自然人。

国家机关、承担行政职能的法定机构及其工作人员有多种渠道收集和知悉自然人隐私与个人信息。例如，出生登记、查处违章、办理护照、身份证明等，都必须提供个人信息，甚至涉及个人隐私。可以说，国家机关、承担行政职能的法定机构及其工作人员是掌握个人隐私和个人信息最主要的机构与人员。因此，国家机关、承担行政职能的法定机构及其工作人员对个人负有保密义务，不得泄露或者向他人非法提供。

本条规定了国家机关、承担行政职能的法定机构及其工作人员对于知悉的个人隐私和个人信息的保密义务，但是没有规定违反者应当承担的责任。对此，应当适用民法典第 995 条的规定，受害人有权依照民法典和其他法律的规定，请求行为人承担民事责任。有人主张这是国家赔偿责任，是不妥的，因为这里明确规定的是承担民事责任，而不是承担国家赔偿责任。

📌 案例评析

韩甲等与天桥区城市管理行政执法局一般人格权纠纷案①

案情： 韩甲系韩乙、韩丙的父亲。韩甲多次向天桥区城市管理执法局（以下简称天桥执法局）举报、投诉违建情况，韩某与被举报方因为行政执法问题也多次提起行政诉讼。此后，韩甲的住处多次发生酗酒闹事，在门口处烧纸、放置花圈等行

---

① 审理法院：山东省济南市天桥区人民法院，案号：（2017）鲁 0105 民初 4882 号。

为，花圈上有"韩甲全家死光光"的挽联。韩甲等认为以上事件皆因天桥执法局泄露其个人信息所致，遂向法院起诉。法院认为：本案中，韩甲、韩乙、韩丙要求天桥执法局承担侵权责任，应举证证明天桥执法局存在过错，且过错行为与损害后果具有因果关系。韩甲、韩乙、韩丙主张天桥执法局泄露其举报信息，导致被举报人向其家中送花圈、在家门口烧纸、电话骚扰及短信威胁，韩甲为此住院，并影响到家人的安全，但韩甲等提交的证据无法认定上述侵害行为的具体行为人，也无法证实与天桥执法局之间存在关联性及具有因果关系，故其要求天桥执法局承担侵权责任的证据不足且于法无据，法院不予支持。

评析： 国家机关、承担行政职能的法定机构及其工作人员在履行职责过程中可以通过多种渠道知悉自然人的隐私和个人信息，一旦泄露，将会给权利人造成极大的人身、财产损害隐患。本案裁判最终没有支持韩甲等的诉讼请求，并不是对民事主体个人信息保护的否定，而是由于韩甲等未能提供证据证明天桥执法局存在泄露个人信息的行为。民法典第1039条着重对国家机关、承担行政职能的法定机构及其工作人员的保密义务作出规定，体现了对民事主体个人信息保护的坚定态度。在司法实务中，也应进一步细化裁判此类案件的程序性规则，正如案件中韩甲等所指出的，对于国家机关、承担行政职能的法定机构及其工作人员涉嫌泄露个人信息的案件，要求个人举证证明国家机关、承担行政职能的法定机构及其工作人员有泄露个人信息的行为的确有一定难度，不利于对个人信息的保护；可以考虑采取举证责任倒置或典型行为推定的方式来减轻个人的举证负担。

《中华人民共和国民法典》条文精释与实案全析（珍藏版）

《Zhonghua Renmin Gongheguo Minfadian》

Tiaowen Jingshi yu Shian Quanxi

第五编　婚姻家庭

第一章 一般规定

> ▶▶ **第一千零四十条** 本编调整因婚姻家庭产生的民事关系。

🏛 条文要义

本条是关于民法典第五编"婚姻家庭"之调整范围的规定。

民法典第五编"婚姻家庭"调整的范围是婚姻家庭产生的民事法律关系，规定的是亲属身份关系的发生、变更和消灭，以及配偶、父母子女和其他一定范围的亲属之间的身份地位和权利义务关系。

婚姻家庭法在习惯上称为亲属法。形式上的亲属法是指民法典的婚姻家庭编，实质上的亲属法是指一切规定亲属身份关系的发生、变更和消灭，规定配偶、父母子女以及其他一定范围内的亲属之间的身份地位、权利义务关系的法律规范的总和。婚姻家庭法的特征是：（1）是规范亲属之间身份关系的法律；（2）是具有习俗性和伦理性的法律；（3）是具有亲属团体性的法律；（4）是强行法、普通法。

婚姻家庭法（亲属法）在民法中的地位是：（1）法国的亲属法属于人法，与民事主体制度规定在一起。（2）德国的亲属法为民法典的单独一编。（3）苏联的亲属法单独立法，脱离民法。在民法典编纂完成之前，我国的婚姻家庭法通常被认为是单独的部门法，之后有婚姻家庭法回归民法典的意向，民法典将其编入分则中，使之成为民法典分则的一编，回归民法典体系之中。

婚姻家庭法调整的民事法律关系的属性是：

（1）婚姻家庭法调整的亲属法律关系是民事法律关系。亲属法律关系是作为亲属的民事主体之间的权利义务关系，具有民事法律关系的一切特征。

（2）婚姻家庭法调整的亲属身份关系是人身法律关系。民法分为人法和财产法，亲属身份关系属于人身关系，因而亲属身份关系是人法的范畴。

（3）婚姻家庭法调整的亲属法律关系是身份法律关系，而不是人格法律关系。

🌸 案例评析

辛某某诉钱甲同居关系子女抚养纠纷案[①]

案情：辛某某与钱甲同居并生育钱某某，二人一直未办理结婚登记手续。钱某

---

① 审理法院：江西省宜春市中级人民法院，案号：（2016）赣09民终940号。

某出生 40 天后，辛某某将钱某某带回娘家独自抚养。辛某某向法院诉请由其直接抚养钱某某。一审法院认为，辛某某、钱甲同居期间所生子女享有与婚生子女同等的权利，因钱某某尚年幼、未满两周岁，且一直随母共同生活，从婴幼儿生长发育的利益考虑，钱某某由辛某某抚养为宜，钱甲有探望的权利。钱甲对一审判决不服，提起了上诉。二审法院认为，因钱某某尚未满两周岁，自出生起就一直随母亲辛某某共同生活，且钱甲亦未能提供证据证明辛某某抚养小孩钱某某不利于孩子的健康成长，故一审法院判决由辛某某直接抚养钱某某并不不妥。

评析： 民法典之婚姻家庭编调整因婚姻家庭产生的民事关系。从调整对象的范围来看，婚姻家庭编既调整婚姻关系，又调整家庭关系。从调整对象的性质来看，婚姻家庭编既调整婚姻家庭方面的财产关系，又调整婚姻家庭方面的人身关系。[①] 同居关系并非合法的婚姻关系，但不影响父母与子女间的亲子关系。本案中，辛某某、钱甲未进行结婚登记，即以夫妻名义同居生活，之后又未补办结婚登记，故两者之间的关系属于同居关系，而不是婚姻关系。钱某某是辛某某与钱甲同居期间所生的子女，属于非婚生子女。在人身关系上，辛某某是钱某某的母亲，钱甲是钱某某的父亲，辛某某、钱甲与钱某某是亲子关系，三人形成家庭关系。根据《婚姻法》第25 条的规定，非婚生子女享有与婚生子女同等的权利，钱某某是辛某某与钱甲同居期间所生的子女，钱某某虽非为婚生子女，但非婚生子女享有与婚生子女同等的权利，且其与辛某某、钱甲的亲子关系不受影响，故钱某某属于《婚姻法》的调整对象，受《婚姻法》的调整。因钱某某尚年幼、未满两周岁，且一直随母共同生活，从婴幼儿生长发育的利益考虑，根据《最高人民法院关于人民法院审理离婚案件处理子女抚养问题的若干具体意见》* 第 1、2 条的规定，辛某某有权主张由其直接抚养同居期间所生的钱某某。

由于《婚姻法》的调整对象与民法典之婚姻家庭编的调整对象范围相同，若本案发生在民法典生效之后，辛某某、钱甲的亲子关系仍受民法典之婚姻家庭编的调整。

> ▶▶ **第一千零四十一条　婚姻家庭受国家保护。**
> 实行婚姻自由、一夫一妻、男女平等的婚姻制度。
> 保护妇女、未成年人、老年人、残疾人的合法权益。

🏛 条文要义

本条是对婚姻家庭法基本原则的规定。

---

* 该解释已于 2021 年 1 月 1 日失效。——编辑注

① 杨大文，龙翼飞 . 婚姻家庭法 . 北京：中国人民大学出版社，2018：41.

（1）婚姻家庭受国家保护。该原则最初来源于《宪法》第49条规定的"婚姻、家庭、母亲和儿童受国家的保护。"本条规定了这一基本原则，是对《宪法》规定的具体落实。婚姻和家庭是社会的细胞，是社会的最基础形态。调整好婚姻关系和家庭关系，保障婚姻家庭稳定和发展，将在社会安定、和谐、团结、发展方面发挥巨大的作用。

（2）婚姻自由原则，是指自然人依照法律规定结婚或者离婚不受拘束、不受控制、不受非法干预的权利。婚姻自由是近现代婚姻家庭立法努力推进的一项基本原则，以人格的独立、平等、自由、尊严为基础，是自然人的一项基本权利，是亲属法的基本原则。具体内容是：1）依法行使婚姻权利。婚姻家庭法规定婚姻自由，是在亲属法中保障自然人依法行使婚姻自主权的自由权。行使婚姻自主权是自由的，但是要依法进行，按照法律的规定确定婚姻行为。2）不受拘束、不受控制、不受非法干预。行为人在不受拘束、不受控制和不受非法干预的状态下自主决定婚姻行为。3）包括结婚自由和离婚自由。

（3）一夫一妻原则，是一男一女结为夫妻的婚姻制度，也是我国亲属法规定的婚姻关系的基本原则。含义是：1）任何人，无论居于何种社会地位、具有多少钱财，都不得同时有两个以上的配偶；2）任何人在结婚后、配偶死亡或者离婚之前，不得再行结婚；3）一切公开的、隐蔽的一夫多妻或者一妻多夫的两性关系，都是非法的。

（4）男女平等原则。两性平等、男女平权，是现代社会的一项基本人权，表现为在亲属身份关系中，无论男女，都享有一样的权利、负担一样的义务。其基本含义是：1）在婚姻关系中男女平等；2）家庭成员地位平等；3）所有的近亲属之间地位平等。

（5）保护妇女、儿童、老人、残疾人的合法权益原则。这是社会公德的要求。婚姻家庭法特别强调对妇女、儿童、老人、残疾人的合法权益的保护，将其作为亲属法的基本原则，以更好地保护亲属中的弱势群体，防止他们的合法权益受到侵害。

本条规定的上述基本原则与《婚姻法》第2条相比，新增了婚姻家庭受国家保护的基本原则，删除了实行计划生育作为婚姻家庭法基本原则的规定，原因如下：

（1）新增婚姻家庭受国家保护的基本原则。制定《婚姻法》时所规定的基本原则有婚姻自由、一夫一妻、男女平等、计划生育等。可以看到，这其中主要规范的是婚姻关系，对家庭关系的重视不够。家庭是亲属的基本单位。家庭关系的稳固对于家庭成员乃至社会都具有重要意义。本条借鉴原《民法通则》第104条关于"婚姻、家庭、老人、母亲和儿童受法律保护"的规定新增了这一内容，强调了婚姻家庭受法律保护，有利于实现家庭关系的稳定、和谐。

（2）删除实行计划生育的基本原则。本条之所以删除"实行计划生育"，不再将其作为婚姻家庭法基本原则，是因为国家长时间施行独生子女的计划生育政策，限制了人口增长，使后备劳动力大大减少，出现了较大的社会问题，需要适当调整计划生育政策，以改变目前的状况。

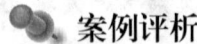 **案例评析**

张某某诉闫某某人格权纠纷案①

案情：张某某、闫某某经他人介绍相识、恋爱。结束恋爱关系后，张某某多次给闫某某发短信，要求闫某某赔偿其损失，闫某某未予理睬，张某某便向法院诉请闫某某赔偿其损失。一审法院认为，张某某、闫某某作为恋人在建立恋爱关系后因多种原因分手，双方均没有侵害对方的人格权利情形，故张某某要求闫某某赔偿其精神损失费无法律依据。张某某不服一审判决，提起了上诉。二审法院认为，我国实行婚姻自由、一夫一妻、男女平等的婚姻制度，并且结婚必须男女双方完全自愿，不许任何一方对他方加以强迫或任何第三者加以干涉，故闫某某与张某某恋爱后拒绝登记结婚，系法律赋予闫某某对自己婚姻的自由权利，不应认定对张某某婚姻自主权的侵权行为。

评析：婚姻自由是《婚姻法》以及民法典第五编"婚姻家庭"的首项原则，婚姻当事人可以自主自愿地决定自己的婚姻问题，不容许任何人进行强制、欺骗、乘人之危、包办及非法干涉，但是，缔结婚姻或解除婚姻不仅仅是双方当事人的私事，同时也涉及他人和社会的利益，因此，当事人尽管对结婚或离婚表示了完全自愿和真实的态度，也还必须符合法律规定的结婚或离婚条件和程序。本案的争议焦点是张某某是否侵害了闫某某的婚姻自由。本案中，张某某、闫某某自由恋爱，后结束了双方的恋爱关系。闫某某尽管曾经同意与张某某结婚，但是法律赋予闫某某婚姻自由的权利，继而闫某某有权拒绝与张某某结婚，张某某不能强制、欺骗、乘人之危、包办及非法干涉闫某某的婚姻自由，故张某某的行为侵害了闫某某的婚姻自由。张某某无权因闫某某拒绝结婚而向闫某某主张精神损害赔偿。即使该案发生在民法典生效之后，本案的判决仍符合民法典第 1042 条规定的婚姻自由原则。

应当补充说明的是，本案虽没有提及民法典第 1041 条规定的新规则，即"婚姻家庭受国家保护"的内容，以及有关"计划生育"的内容，但宪法上已经明确了婚姻家庭受国家保护的内容，法院也是在这个价值基础上进行判决的，故本案判决实质上包含了该原则。

---

① 审理法院：一审法院为湖北省宜城市人民法院，案号：（2016）鄂 0684 民初 963 号。二审法院为湖北省襄阳市中级人民法院；案号：（2016）鄂 06 民终 2382 号。

▶▶ **第一千零四十二条** 禁止包办、买卖婚姻和其他干涉婚姻自由的行为。禁止借婚姻索取财物。

禁止重婚。禁止有配偶者与他人同居。

禁止家庭暴力。禁止家庭成员间的虐待和遗弃。

🏛 条文要义

本条是对婚姻家庭领域禁止行为的规定。

（1）法律禁止包办、买卖婚姻和其他干涉婚姻自由的行为。这些违反婚姻自由的行为的性质是侵害婚姻自主权的侵权行为，行为人应当承担侵权责任，受害人可以请求行为人承担民事责任，保护自己的权利。借婚姻索取财物，也是侵害婚姻自由原则的行为，也在禁止之列。

（2）法律禁止重婚，禁止有配偶者与他人同居，都是在维护一夫一妻原则。法律保障一夫一妻制的实现，对于重婚、有配偶者而姘居、卖淫等行为予以法律制裁。对于重婚行为，法律认为构成犯罪，追究刑事责任。

（3）法律禁止家庭暴力，禁止家庭成员间的虐待和遗弃。家庭暴力是发生在家庭成员之间的造成身体、精神、性或者财产上损害的行为。家庭暴力行为都是针对特定的人实施的行为，后果都是受害人的权利受到侵害，人身利益、财产利益或者精神利益受到损害或者损失。责令家庭暴力行为人承担侵权责任，赔偿受害人的人身损害、财产损害以及精神损害，是保护受害人的最重要方法。应当重视侵权责任法救济家庭暴力受害人的权利损害、惩罚家庭暴力违法行为的基本功能。

📋 配套司法解释

最高人民法院关于适用《中华人民共和国民法典》婚姻家庭编的解释（一）

第一条 持续性、经常性的家庭暴力，可以认定为民法典第一千零四十二条、第一千零七十九条、第一千零九十一条所称的"虐待"。

第二条 民法典第一千零四十二条、第一千零七十九条、第一千零九十一条规定的"与他人同居"的情形，是指有配偶者与婚外异性，不以夫妻名义，持续、稳定地共同居住。

第三条 当事人提起诉讼仅请求解除同居关系的，人民法院不予受理；已经受理的，裁定驳回起诉。

当事人因同居期间财产分割或者子女抚养纠纷提起诉讼的，人民法院应当受理。

第五条 当事人请求返还按照习俗给付的彩礼的，如果查明属于以下情形，人民法院应当予以支持：

（一）双方未办理结婚登记手续；

（二）双方办理结婚登记手续但确未共同生活；

（三）婚前给付并导致给付人生活困难。

适用前款第二项、第三项的规定，应当以双方离婚为条件。

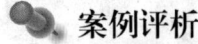 **案例评析**

杨某等诉高某婚约财产纠纷案①

案情： 杨某与郭某系夫妻关系，其子杨甲与高某存在婚约关系，但未进行结婚登记、领取结婚证。其间，杨某与郭某给高某彩礼钱 77 776 元。在举行结婚仪式后，杨甲与高某产生矛盾，未能登记结婚，杨某、郭某便向法院诉请高某退还财物。一审法院认为，我国婚姻法禁止买卖婚姻、禁止借婚姻索取财物，高某在与杨某、郭某之子杨甲订婚、举行结婚仪式期间收取财物，不符合法律规定，应当返还，故高某应当向杨某、郭某返还 77 776 元。高某以彩礼消费殆尽为由，提起了上诉。二审法院认为：对于 77 776 元彩礼是否应当返还的问题，当事人对于该笔彩礼的给付不持有异议。对于高某提出的彩礼消费殆尽的事实，其未能提供消费支出证据予以证实，故不予支持。

评析： 在现实生活中，借婚姻索取财物的行为比买卖婚姻行为数量更多，涉及面更广，其危害性不可忽视。它起源于封建社会中的婚姻陋俗，又是婚姻金钱化、商品化意识在社会生活中的反映，不仅妨碍婚姻自由原则的贯彻，而且给一些青年的结婚和婚后的生活带来种种困难，衍生一系列社会问题。② 特别是在婚约解除后，双方当事人往往会发生婚约财产纠纷。婚约财产，是基于婚约而产生的赠与。在婚约解除后，对于价值较大的赠与物，受赠与人应当返还赠与人。如果受赠与人拒不返还赠与物，将构成不当得利，受赠与人负有返还义务，赠与人享有请求返还的权利。确定婚约财产纠纷案件的诉讼主体时，不仅要考虑婚约问题，更重要的是要考虑财产权属问题，因为订婚的男女双方一般在经济上不独立、经济基础较差，男方所给付的财产主要来自家庭共有财产。当事人所享有的是返还不当得利的请求权，只能向获得财产利益的人主张该权利，故根据《婚姻法》第 3 条的规定，杨甲的父母杨某、郭某有权向高某主张返还彩礼请求权。本案的焦点是高某是否应当全部返还收取的 77 776 元彩礼。根据《最高人民法院关于适用〈中华人民共和国婚姻法〉若干问题的解释（二）》第 10 条的规定，高某与杨甲之间是婚约关系，只举行了结婚仪式，未办理结婚登记手续，故高某应当向杨某返还 77 776 元的彩礼。民法典第1042 条延续了《婚姻法》第 3 条的规定，故即使根据该条处理该案，高某仍应当向杨某返还 77 776 元的彩礼。

① 审理法院：一审法院为江苏省宝应县人民法院，案号：（2017）苏 1023 民初 3864 号。二审法院为江苏省扬州市中级人民法院，案号：（2018）苏 10 民终 864 号。

② 杨大文，龙翼飞．婚姻家庭法．北京：中国人民大学出版社，2018：50.

▶▶第一千零四十三条 家庭应当树立优良家风，弘扬家庭美德，重视家庭文明建设。

夫妻应当互相忠实，互相尊重，互相关爱；家庭成员应当敬老爱幼，互相帮助，维护平等、和睦、文明的婚姻家庭关系。

🏛 条文要义

本条是对家庭建设和夫妻关系、家庭成员关系的规定。

民法典重视家庭建设，要求家庭树立优良家风，弘扬家庭美德，重视家庭文明建设，把家庭建设好，使之成为社会和谐、稳定的基础。

忠实义务是指配偶的专一性生活义务，也称不为婚外性生活的义务；广义上还包括不得恶意遗弃配偶以及不得为第三人的利益而牺牲、损害配偶的利益的义务。忠实义务要求配偶之间相互负有不为婚外性交的不作为义务，是为保持爱情专一、感情忠诚而负担的义务，目的是忠实于配偶。该义务不仅约束配偶双方当事人，而且也约束配偶权的义务人。配偶权的权利主体以外的其他任何人，负有对配偶权的不可侵义务，与配偶一方通奸、破坏配偶一方的忠实义务，构成对配偶权的侵害。配偶互负忠实义务的重要意义是：（1）体现婚姻的本质要求，保持一夫一妻制的实质。（2）体现婚姻道德的要求，以性爱为基础的婚姻具有排他性和专一性。（3）夫妻相互忠实，可以保证子女血缘纯正，避免乱伦，防止造成血缘混乱。（4）为对夫妻行为的评断提供标准。

同时，夫妻之间还要互相尊重、互相关爱，建立家庭和睦的基础。

家庭成员应当相互尊重，敬老爱幼，互相帮助，维护平等、和睦、文明的家庭婚姻关系，把家庭建设好，成为精神文明的基础。

上述内容与《婚姻法》第4条规定相比，新增了对家庭建设的要求以及夫妻互相关爱的要求。其具体内容如下。

（1）新规定了家庭建设的要求。与其他民法部门法相比较，婚姻家庭法具有两方面的特性。第一，伦理色彩极为浓厚。无论何种亲属地位和权利义务关系，都须在必要的伦理范围之内，亲属上的权利必须与义务密切结合，体现纲常伦理。第二，婚姻家庭法是团体性的法律。婚姻、家庭都是超越个人而结合的亲属团体，在法律关系存续期间固定亲属的身份地位，发生权利义务关系。因而，婚姻家庭法更注重团体关系，重点考虑特定亲属之间的全体成员的利害祸福。基于婚姻家庭法鲜明的伦理性和团体性，本条规定强调了家庭建设的重要性：不仅要树立优良的家风、弘扬家庭的美德，而且要注重家庭文明的建设。通过家庭建设来实现婚姻家庭关系的稳定，为社会进步和社会发展提供保障，让人民安居乐业，享受幸福安康的生活。

（2）新规定了夫妻互相关爱的要求。夫妻共同生活、互相依靠、相互扶助，是最紧密的团体之一。为了维护夫妻间的感情，夫妻之间要按照感情的基本需要，互相关爱，共同体验人类最亲密的情感。

📖 配套司法解释

最高人民法院关于适用《中华人民共和国民法典》婚姻家庭编的解释（一）

第四条　当事人仅以民法典第一千零四十三条为依据提起诉讼的，人民法院不予受理；已经受理的，裁定驳回起诉。

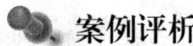 **案例评析**

修某诉张某离婚后损害赔偿纠纷案①

案情： 修某、张某原系合法的夫妻关系，婚后育有一女。在双方婚姻关系存续期间，张某与范某有不正当男女关系，并生育一子。修某在与张某诉讼离婚后，向法院诉请张某赔偿其精神损害 80 000 元。一审法院认为，《婚姻法》第 4 条规定夫妻之间应当互相忠实、互相尊重，张某在与修某存在婚姻关系期间与他人有不正当男女关系，并生育一子，导致离婚，此行为伤害了夫妻感情，张某应该承担相应的民事赔偿责任。遂根据张某的过错程度、给付能力等情况将赔偿数额调整为 50 000 元。张某以精神损害赔偿金额过高为由提起上诉。二审法院认为，一审法院酌定张某赔偿修某精神抚慰金 50 000 元，在法律允许的自由裁量范围内，并无不当。

评析： 夫妻忠实义务既是婚姻关系中生理和伦理价值的反映，也是婚姻家庭关系的本质要求，属于配偶权的一项重要内容。一方有不忠实行为导致离婚的，受害的另一方可以主张损害赔偿。根据《婚姻法》第 4 条的规定，修某有权向张某主张精神损害赔偿。本案的争议焦点是精神损害赔偿金的确定。适当的精神损害赔偿数额，应当具有抚慰性和个案性：抚慰性是指赔偿金额能够抚慰无过错方受到的精神伤害和情感打击；个案性是指不同的案件、不同地区、不同当事人的经济状况不同，赔偿额会不同，与当事人的支付能力相适应。修某主张的精神损害赔偿金为 80 000 元，数额较高，应当根据张某的过错程度、给付能力等情况将赔偿数额调整为 50 000 元。

民法典第 1043 条维持了《婚姻法》第 4 条有关夫妻忠实义务的内容，因此，如果根据该条处理本案，也会产生相同的法律效果，即张某仍应向修某赔偿 50 000 元。

值得补充说明的是，本案未反映出民法典第 1043 条的新规则，即家庭建设的内容和夫妻相互关爱的内容，但夫妻忠实义务本身就是维护优良家风、弘扬家庭美德、建设文明家庭的应有之义，而且为了维护良好的婚姻关系，夫妻之间也应当相互关爱。

---

① 审理法院：一审法院为江苏省徐州市泉山区人民法院，案号：（2017）苏 0311 民初 2843 号。二审法院为江苏省徐州市中级人民法院，案号：（2017）苏 03 民终 5626 号。

▶▶ **第一千零四十四条**　收养应当遵循最有利于被收养人的原则，保障被收养人和收养人的合法权益。

禁止借收养名义买卖未成年人。

🏛 条文要义

本条是对收养子女原则的规定。

收养，是指自然人领养他人的子女为自己的子女，依法创设拟制血亲亲子关系的身份法律行为。依收养身份法律行为创设的收养关系，就是拟制血亲的亲子关系，是基于收养行为的法律效力而发生的身份法律关系。其中，收养人为养父或养母，被收养人为养子或养女。① 这种拟制血亲的亲子关系，具有与自然血亲亲子关系同样内容的权利义务关系。

收养行为在法律上具有以下特征：第一，收养是身份法律行为，是要式行为；第二，收养的行为人应当是具有特定法律身份的人；第三，收养行为是产生法律拟制血亲亲子关系的行为；第四，收养行为消灭养子女与生父母的权利义务关系，但自然血缘关系仍然存在。

收养通常是为了满足收养人没有子女而渴望收养子女、组建完整的家庭的愿望。收养即使具有这样的目的，也必须依照收养的法律要求进行。收养的基本原则是最有利于被收养人的原则。在这个原则之下，保障被收养人和收养人的合法权益。这是因为，任何被收养人都是独立的个体，都是具有人格尊严的民事主体，应当受到尊重；而且被收养人多数都是未成年人，是祖国和民族的未来、希望，必须有利于他们的健康成长，使他们的合法权益得到保障。只有符合这样要求的收养关系，才是法律承认的收养关系。

在现实生活中，存在借口收养而买卖未成年人的现象。这是社会的丑恶现象，必须严格禁止，严厉打击借收养名义买卖未成年人的违法犯罪行为。

上述的内容是将《收养法》第2条和第20条的规定合并为一条，作为收养子女的一般性原则，目的是保障被收养人和收养人的合法权益。

🔵 案例评析

金甲、金乙诉任甲、吴某某等收养关系纠纷案②

案情：金某某生前未婚，曾因犯罪被判刑入狱数年。某日，共同投资经营、有相应的经济来源的任甲、吴某某将任乙送养给金某某，并办理了收养登记手续。后金某某因交通事故死亡，其姐姐金甲、金乙诉至法院，请求确认金某某与任乙之间

---

① 陶汇曾.民法亲属论.上海：法学编译社，1937：170.

② 审理法院：一审法院为上海市宝山区人民法院，案号：（2015）宝氏一（民）初字第1704号。二审法院为上海市第二中级人民法院，案号：（2016）沪02民终3541号。

的收养行为无效。一审法院认为，任甲、吴某某并不存在有特殊困难，导致无力抚养任乙的情形，不具备送养的条件；金某某的经济情况和犯罪记录足以说明其不具备收养任乙的能力，故双方的收养行为无效。任甲、吴某某、任乙对一审判决不服，提起了上诉。二审法院认为：收养应当有利于被收养的未成年人的抚养、成长，保障被收养人和收养人的合法权益。金某某显然不具备较任甲、吴某某更好的综合条件，且双方不具备送养、收养的客观条件，故一审法院判决双方的收养行为无效并无不当。

评析：根据《收养法》第2条的规定，金甲、金乙有权主张其弟弟金某某与任乙之间的收养关系无效。保障未成年人的健康成长是实行收养制度的首要目的。尤其是对于生父母有特殊困难而无力抚养的未成年人，通过收养的成立，可以使他们在温暖的家庭中生活，得到养父母的抚养教育，健康成长。本案的焦点是金某某与任乙之间的收养关系是否成立。金某某收养了任乙，但金某某显然不具备较任甲、吴某某更好的综合条件。金某某曾因犯罪被判刑入狱数年，也曾被劳教过；在经济收入上，金某某每月领取上海市农村最低生活保障金，还曾外出打工，无法照顾任乙基本的生活起居。而任乙的生父母任甲、吴某某共同投资经营废旧物资回收站至今，有相应的经济来源。因此，任乙与其生父母任甲、吴某某共同生活更有利于任乙的健康成长。由于金某某与任甲、吴某某不具备收养和送养的条件，故金甲、金乙有权主张其弟弟金某某与任乙之间的收养关系无效。民法典第1044条继承、完善了《收养法》第2条有关收养原则的规定，故若根据第1044条处理本案，金某某与任乙之间的收养关系仍无效。

▶▶第一千零四十五条　亲属包括配偶、血亲和姻亲。

配偶、父母、子女、兄弟姐妹、祖父母、外祖父母、孙子女、外孙子女为近亲属。

配偶、父母、子女和其他共同生活的近亲属为家庭成员。

🏛 条文要义

本条是对亲属及亲属种类的规定。

1. 亲属

亲属是指因婚姻、血缘和法律拟制而产生的人与人之间的特定身份关系，以及具有这种特定身份关系的人相互之间的称谓。亲属的法律特征是：（1）亲属是以婚姻和血缘为基础产生的社会关系；（2）亲属是有固定身份和称谓的社会关系；（3）一定范围内的亲属有法律上的权利义务关系。

我国亲属分为三个种类：（1）配偶，是亲属，是关系最为密切的亲属，是因男女双方结婚而发生的亲属，是血亲的源泉、姻亲的基础。配偶的亲属身份始于结婚，终于配偶一方死亡或离婚。（2）血亲，是指有血缘联系的亲属，是亲属中的主要部分。血亲分为自然血亲和拟制血亲。自然血亲是指出于同一祖先、有血缘联系的亲属，如父母与子女、祖父母与孙子女、外祖父母与外孙子女、兄弟姐妹等。拟制血亲是指本无血缘联系或者没有直接的血缘联系，但法律确认与自然血亲有同等权利义务的亲属。拟制血亲一般因收养而产生，在养父母养子女之间产生父母子女的权利义务关系。血亲还分为直系血亲和旁系血亲：直系血亲是指有直接血缘关系的亲属，包括生育自己和自己所生育的上下各代的亲属。旁系血亲是指有间接血缘关系的亲属，即与自己同出一源的亲属。（3）姻亲，是指以婚姻为中介而产生的亲属。配偶一方与另一方的血亲之间如儿媳与公婆、女婿与岳父母等，为姻亲关系。我国的姻亲分为三类：一是血亲的配偶，是指己身的血亲包括直系血亲和旁系血亲的配偶。二是配偶的血亲，是指配偶的直系血亲和旁系血亲。三是配偶的血亲的配偶，是指自己配偶的血亲的夫或者妻。

2. 近亲属

亲属之间存在亲疏远近的区别，国外通常用亲等表示。我国没有这样的制度，使用近亲属的概念，确认配偶、父母、子女、兄弟姐妹、祖父母、外祖父母、孙子女、外孙子女为近亲属，在他们之间发生权利义务关系。超出这个范围的亲属，不发生权利义务关系，不受婚姻家庭法的调整。我国这个近亲属的概念，相当于"三代以内的血亲"。

3. 家庭成员

民法典虽然有家庭的概念，但却没有对家庭概念作出界定，仅规定了家庭成员的概念。配偶、父母、子女和其他共同生活的近亲属，是家庭成员，是家庭的组成部分。

我国的近亲属概念是有严重缺陷的，主要表现为过于狭窄。举例说明，现在四世同堂的情形并不少见，但是曾祖父母、曾外祖父母和曾孙子女、曾外孙子女就不是近亲属，即使在一个家庭共同生活，也不是家庭成员。这样的亲属制度的缺陷，是应当及早纠正的。

1949 年以来，尽管立法中有近亲属的概念，但我国婚姻家庭领域的立法从来没有使用过上述亲属的概念，且未明确家庭成员的概念。民法典第一次规定了亲属的概念，同时还规定了近亲属和家庭成员的概念。

案例评析

陈某等诉甘州区 L 镇 Y 村民委员会等侵害集体经济组织成员权益纠纷案[①]

案情：赵某某是 Y 村 D 社赵甲之女，户口在该村社。赵某某与陈某登记结婚并

---

① 审理法院：一审法院甘肃省张掖市甘州区人民法院，案号：（2017）甘 0702 民初 5008 号。二审法院为甘肃省张掖市中级人民法院，案号：（2017）甘 07 民终 1271 号。

生育陈甲。婚后，陈某将户口迁入该村社，但该村社拒绝给陈甲入户，也拒绝给赵某某、陈某和陈甲分配集体经济收益。赵某某、陈某和陈甲向法院诉请 Y 村 D 社向三人分配集体经济收益。一审法院认为，赵某某、陈甲出生于 Y 村 D 社，自出生时就具有该村社集体经济组织成员资格，享有该村社集体经济收益的分配权；陈某并无证据证明其在该村社生产生活并以该集体经济组织土地为基本生活保障来源，故陈某不享有该村社集体经济收益的分配权。陈某以其具有该农村集体经济组织成员资格为由提起上诉。二审法院认为，陈某与赵某某登记结婚后，将户口迁入 Y 村 D 社，取得了该村社的集体经济组织成员资格，有权要求分配集体经济收益。

评析： 农村集体经济组织成员资格具有很强的身份性质，它可以因法定事件发生如出生而取得，也可因合法行为如婚姻而取得。本案的争议焦点是赵某某、陈某和陈甲是否可以合法取得该村社集体经济组织成员资格。赵某某出生在该村社，户口亦在该村社；陈某是赵某某的配偶，婚后将户口迁入该村社；陈甲是赵某某与陈某的婚生子女，是夫妻二人的血亲，因此，赵某某与陈甲可因出生取得了该村社集体经济组织成员资格，陈某因结婚取得了该成员资格，赵某某、陈某和陈甲有权请求 Y 村 D 社向三人分配集体经济收益。

如果本案发生在民法典生效之后，其判决会有明确的法律依据。因为从农村集体经济组织成员资格取得的方式来看，该成员必须是家庭成员，而民法典第 1045 条第一次明确规定了家庭成员的概念，故根据第 1045 条来处理本案，赵某某、陈某和陈甲均有权请求 Y 村 D 社向三人分配集体经济收益。

第二章　结婚

▶ **第一千零四十六条**　结婚应当男女双方完全自愿，禁止任何一方对另一方加以强迫，禁止任何组织或者个人加以干涉。

🏛 条文要义

本条是关于结婚须有男女双方婚姻合意的规定。

婚姻是指男女双方以共同生活为目的，以产生配偶之间的权利义务为内容的两性结合。婚姻是最重要的身份关系，创设婚姻的行为是结婚这一身份行为。结婚是男女双方依照法律规定的条件和程序缔结配偶关系，并由此产生相应的民事权利、义务和责任的身份法律行为。按照我国法律的规定，结婚须得到法律的确认，即结婚行为再加上婚姻登记，就构成婚姻关系，双方产生配偶权。

结婚的要件也称结婚的积极要件，是当事人结婚时必须具备的法定条件。结婚须具备结婚合意、符合法定婚龄和不违反一夫一妻制这三个要件。

结婚的双方当事人必须具有结婚合意，是结婚的要件之一。这是因为，结婚是婚姻当事人双方的法律行为，双方自愿是婚姻结合的基础。结婚合意是结婚的首要条件，是保障结婚自由的前提，是结婚自主权在亲属法中的体现。法律要求男女双方完全自愿，具体表现为：（1）双方自愿而不是单方自愿；（2）双方本人自愿而不是父母或者第三人自愿；（3）完全自愿而不是勉强同意。法律禁止当事人的父母或者第三人对婚姻进行包办、强迫或者执意干预，排斥当事人非自愿的被迫同意。

🔖 案例评析

陈某某诉冯某夫妻财产约定纠纷案①

案情：某日，陈某某与冯某办理了离婚手续并签订了"离婚协议"。"离婚协议"主要载明了双方的离婚意愿、复婚条件以及具体的财产分割方法。关于复婚，协议

---

① 审理法院：一审法院为贵州省金沙县人民法院，案号：（2016）黔 0523 民初 2721 号。二审法院为贵州省毕节市中级人民法院，案号：（2017）黔 05 民终 1071 号。

第 3 条载明："如今后甲方（陈某某）复婚，则乙方（冯某）无条件答应。"陈某某诉称双方离婚是为逃避债务而假离婚，请求法院确认该协议无效。一审法院认为：陈某某与冯某均为完全民事行为能力人，"离婚协议"是双方的真实意思表示，故合法、有效。涉及复婚的条款，显然违反了《婚姻法》第 5 条的规定，属于无效条款。陈某某不服一审判决，提起了上诉。二审法院认为，陈某某与冯某签订的"离婚协议"第 3 条显然违反了《婚姻法》第 5 条的规定，属于无效条款，而其他条款不存在合同无效的法定情形，故均为有效条款。

评析： 结婚须有婚姻当事人对结婚的合意。结婚合意，是指当事人双方确立夫妻关系的意思表示一致。男女双方基于一致的意思，有权自主决定自己的婚姻大事，不受任何第三人的强迫或干涉。本案的争议焦点是"离婚协议"第 3 条是否有效。第 3 条关于若陈某某今后想复婚，冯某无条件答应的约定，显然违背了《婚姻法》第 5 条规定的婚姻自由原则，是陈某某对冯某的结婚自由加以强迫和干涉的行为，故"离婚协议"第 3 条属于无效条款，陈某某无权要求冯某无条件答应复婚。

民法典第 1046 条延续了《婚姻法》第 5 条有关婚姻自由原则的规定，因此，如果根据该条处理本案，双方签订的复婚条款因侵害了冯某的婚姻自由而无效，陈某某仍无权要求冯某无条件答应复婚。如果陈某某胁迫冯某结婚，根据民法典第 1052 条的规定，法院可以撤销双方的婚姻。

> ▶▶ **第一千零四十七条** 结婚年龄，男不得早于二十二周岁，女不得早于二十周岁。

🏛 条文要义

本条是对法定婚龄的规定。

法定婚龄是法律规定的准许结婚的最低年龄，是民事主体具有婚姻行为能力的年龄起点。本条规定，结婚年龄，男不得早于 22 周岁，女不得早于 20 周岁。当事人须具有婚姻行为能力、达到法定婚龄，才可以结婚。

确定法定婚龄所要考虑的是婚姻的自然因素和社会因素，自然因素是人的生理条件和心理条件发展的因素，社会因素是指政治、经济、文化、人口状况、道德、宗教、民族习惯等方面因素。确定法定婚龄必须符合上述因素。我国的法定婚龄较高，更多考虑的是我国的社会因素，以提高人的生活质量。在我国适当放宽计划生育政策的情况下，很多人要求放宽法定婚龄的过高限制，建议男女的结婚年龄都为 18 周岁比较妥当。最后立法机关经综合考虑，还是坚持了现在的规定，只是删除了"鼓励晚婚晚育"的内容。

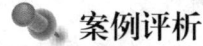 **案例评析**

谢某某诉王某某离婚纠纷案①

案情：谢某某与王某某在美利坚合众国的某结婚教堂举行婚礼，并取得当地的结婚证。当时，王某某的年龄不到 22 周岁。之后，中华人民共和国驻洛杉矶总领事馆对此结婚证予以认证。后谢某某与王某某又在我国民政局登记结婚。后双方因争吵而分居，谢某某向法院诉请判决离婚。一审法院认为：王某某在美利坚合众国结婚时不满 22 周岁，但其在我国民政局登记结婚时已满法定婚龄，故该结婚合法、有效。由于谢某某与王某某夫妻感情确已完全破裂，故支持离婚。谢某某不服一审判决中的财产分割部分，提起了上诉。二审法院认为，谢某某未根据《最高人民法院关于民事诉讼证据的若干规定》第 2 条的规定，提供新证据证明其上诉主张，遂驳回了上诉请求。

评析：中国公民在国外结婚，原则上应在中国驻该国使、领馆办理结婚登记。本案的争议焦点是谢某某与王某某在美利坚合众国结婚及双方在我国登记结婚是否有效。王某某在美利坚合众国领取结婚证时不满 22 周岁，但我国领事馆对此结婚证予以认证时，王某某已达到法定婚龄，故双方的婚姻为有效婚姻。在我国民政局登记结婚时双方亦均满足《婚姻法》第 6 条规定的法定婚龄，并且有结婚的合意，故双方的婚姻合法、有效，谢某某仍有权以王某某结婚时符合婚龄为由，主张结婚有效，继而诉请法院判决离婚。

民法典第 1047 条延续了《婚姻法》第 6 条有关婚龄的规定，即男满 22 周岁、女满 20 周岁就可以结婚，因此，根据民法典的规定处理本案，因谢某某与王某某结婚时已达婚龄，双方的结婚有效。

应当补充说明的是，本案没有反映出民法典第 1047 条规定的新规则，即删除有关"晚婚晚育"的内容。民法典之所以删除"晚婚晚育应予鼓励"的规定，是因为我国近几年晚婚的成年人越来越多，而且晚育的人较多，导致劳动力大大减少，出现了较大的社会问题。为此，民法典立法过程中还删除了《婚姻法》中有关"计划生育"的规定。本案中，王某某在美利坚合众国结婚时未满 22 周岁，在领事馆认证该结婚证时才满 22 周岁，不属于晚婚的范围，符合民法典提倡的精神。

> ▶▶ **第一千零四十八条** 直系血亲或者三代以内的旁系血亲禁止结婚。

🏛 **条文要义**

本条是对禁婚亲的规定。

---

① 审理法院：一审法院为辽宁省沈阳市于洪区人民法院，案号：（2016）辽 0114 民初 15553 号。二审法院为辽宁省沈阳市中级人民法院，案号：（2017）辽 01 民终 7421 号。

禁婚亲是禁止结婚的血亲，是指法律规定的禁止结婚的亲属范围。

禁止一定范围内的亲属结婚，在原始社会就存在，称为结婚禁忌。人类在群婚制中逐渐发现两性近亲结合的危害，因而禁止一定范围的亲属的两性结合。进入个体婚时期后，人类有意识地通过立法禁止近亲结婚，是出于优生学的原因和伦理道德以及身份上、继承上的原因。现代亲属法尽管对禁止结婚的亲属范围有所区别，但是确定禁婚亲的制度是相同的。

我国禁婚亲是：直系血亲和三代以内的旁系血亲为禁婚亲。具体的禁婚亲是：(1) 依照世代计算法的规定，凡是出自同一祖父母、外祖父母的血亲，都是禁婚亲。(2) 三代以内的旁系血亲：一是兄弟姐妹，二是伯、叔、姑与侄、侄女，舅、姨与甥、甥女，三是堂兄弟姐妹和表兄弟姐妹。

拟制血亲是否属于禁婚亲，各国规定不同，我国婚姻家庭法没有明文规定。在实务中的做法是，直系的拟制血亲之间不准结婚；旁系的拟制血亲关系未经解除的，禁止结婚；已经解除的，则准许结婚。

值得注意的是，本条没有《婚姻法》第7条第2项规定的因"患有医学上认为不应当结婚的疾病"而"禁止结婚"的内容。之所以删除了该内容，是因为这样的规定过于严厉，限制了当事人的权利。因此，民法典第1053条把一方患有重大疾病作为可撤销婚姻的事由，把是否认可婚姻的效力交给对方当事人决定。

案例评析

博乙诉马乙、马甲、阿某婚约财产纠纷案[①]

案情：博乙系博甲与马丙的儿子，马乙系马甲与阿某的女儿，马丙与马甲系兄妹关系。某日博乙与马乙举行了婚礼，结婚时博乙家给马乙家彩礼钱90 000元，但一直未办理结婚登记。某日博乙向法院诉请确认其与马乙没有婚姻关系，并要求马乙等三人连带一次性退还彩礼钱。一审法院认为，博乙与马乙虽举行了结婚仪式，但未按法律规定办理结婚登记手续，马乙等三人应向博乙返还彩礼90 000元。马乙等三人不服一审判决，提起了上诉。二审法院认为，马乙之父与博乙之母系兄妹关系，二人系三代以内表亲关系，属于婚姻法禁止结婚的对象，故马乙等三人应向博乙返还彩礼90 000元。

评析：禁止直系血亲或者三代以内的旁系血亲结婚，不仅是法律的规定，而且也是伦理道德、传统风俗习惯的要求。如果没有这种禁止性规范，社会秩序必然会发生一定的混乱。根据《婚姻法》第7条，博乙有权请求确认双方婚姻关系为无效。本案的焦点是马乙等三人是否应向博乙返还彩礼钱。根据《婚姻法》第7条的规定，

---

① 审理法院：一审法院为四川省冕宁县人民法院，案号：(2018) 川 3433 民初 958 号。二审法院为四川省凉山彝族自治州中级人民法院，案号：(2019) 川 34 民终 543 号。

博乙因其与马乙系三代以内的旁系血亲关系，有权请求确认双方关系为无效的婚姻关系，并且根据《最高人民法院关于适用〈中华人民共和国婚姻法〉若干问题的解释（二）》第10条第1项的规定，马乙等三人应当向博乙返还彩礼钱。

应当补充说明的是，本案没有反映出民法典删除的条款，即患有医学上认为不应当结婚的疾病的人禁止结婚的要求。如果本案结婚当事人患有医学上认为不应当结婚的疾病，法院会根据《婚姻法》第7条第2项的规定，判决该婚姻关系无效。但是，民法典第1048条删除了该项要求，故该项婚姻关系是有效的。不过，患有重大疾病的博乙或者马乙婚前不如实告知另一方时，另一方可以根据民法典第1053条，请求撤销该婚姻关系。

▶ **第一千零四十九条　要求结婚的男女双方应当亲自到婚姻登记机关申请结婚登记。符合本法规定的，予以登记，发给结婚证。完成结婚登记，即确立婚姻关系。未办理结婚登记的，应当补办登记。**

🏛 条文要义

本条是对结婚程序的规定。

婚姻是社会制度，所以男女的结合必须经过社会的承认，才能正式成立婚姻关系。结婚的程序是结婚的形式要件，是法律规定的缔结婚姻关系必须履行的法律手续。

我国结婚实行登记制，要求结婚的男女双方亲自到婚姻登记机关进行结婚登记。符合民法典规定的，予以登记，发给结婚证。可见，结婚登记是我国婚姻成立的唯一形式要件，是结婚的法定程序。其意义在于，只有在履行了法律规定的结婚程序，即进行结婚登记之后，婚姻才具有法律上的效力，才能得到国家和社会的承认。同时，加强结婚登记制度的管理，对于保障婚姻自由、一夫一妻、男女平等婚姻制度的实施，保护婚姻当事人的合法权益，都具有重要意义。

结婚的具体程序要求是：

（1）要求结婚的男女双方应当亲自到婚姻登记机关申请结婚登记。

（2）符合民法典规定的，婚姻登记机关予以登记，发给结婚证。男女双方完成结婚登记，即确立婚姻关系，双方当事人成为配偶，相互之间产生配偶权。

（3）未办理结婚登记的男女如果要得到法律的承认，即使在一起同居，甚至形成事实婚姻关系，也应当补办登记。

本条规定中值得注意的是，这一条文改变了《婚姻法》第8条关于"取得结婚证，即确立夫妻关系"的规定，确定"完成结婚登记，即确立婚姻关系"的基本规则。其实，这个改变关系着结婚的效力究竟是产生于登记行为还是产生于颁证行为的问题。颁证是基于登记行为，须在登记之后才能够颁证。这说明，结婚的效力发生于登记行为而不是颁证行为，颁证仅仅是对登记行为的证明。在这一点上，婚姻登记与物权变动登记的情形是一样的。《婚姻法》第 8 条规定结婚效力发生于颁证行为，是不正确的，应当发生于登记行为。正是由于结婚、离婚是民事法律行为，民事法律行为规定须经登记，因此，结婚、离婚这种民事法律行为生效的形式就是登记。本条作出这样的重大修改，体现了民法的基本规则，强调了结婚是民事法律行为，是应当受到充分肯定的。

目 配套司法解释

最高人民法院关于适用《中华人民共和国民法典》婚姻家庭编的解释（一）

第六条　男女双方依据民法典第一千零四十九条规定补办结婚登记的，婚姻关系的效力从双方均符合民法典所规定的结婚的实质要件时起算。

第七条　未依据民法典第一千零四十九条规定办理结婚登记而以夫妻名义共同生活的男女，提起诉讼要求离婚的，应当区别对待：

（一）1994 年 2 月 1 日民政部《婚姻登记管理条例》公布实施以前，男女双方已经符合结婚实质要件的，按事实婚姻处理。

（二）1994 年 2 月 1 日民政部《婚姻登记管理条例》公布实施以后，男女双方符合结婚实质要件的，人民法院应当告知其补办结婚登记。未补办结婚登记的，依据本解释第三条规定处理。

第八条　未依据民法典第一千零四十九条规定办理结婚登记而以夫妻名义共同生活的男女，一方死亡，另一方以配偶身份主张享有继承权的，依据本解释第七条的原则处理。

第九条　有权依据民法典第一千零五十一条规定向人民法院就已办理结婚登记的婚姻请求确认婚姻无效的主体，包括婚姻当事人及利害关系人。其中，利害关系人包括：

（一）以重婚为由的，为当事人的近亲属及基层组织；

（二）以未到法定婚龄为由的，为未到法定婚龄者的近亲属；

（三）以有禁止结婚的亲属关系为由的，为当事人的近亲属。

第十条　当事人依据民法典第一千零五十一条规定向人民法院请求确认婚姻无效，法定的无效婚姻情形在提起诉讼时已经消失的，人民法院不予支持。

第十一条　人民法院受理请求确认婚姻无效案件后，原告申请撤诉的，不予准许。

对婚姻效力的审理不适用调解，应当依法作出判决。

涉及财产分割和子女抚养的，可以调解。调解达成协议的，另行制作调解书；未达成调解协议的，应当一并作出判决。

第十二条　人民法院受理离婚案件后，经审理确属无效婚姻的，应当将婚姻无效的情形告知当事人，并依法作出确认婚姻无效的判决。

第十三条　人民法院就同一婚姻关系分别受理了离婚和请求确认婚姻无效案件的，

对于离婚案件的审理，应当待请求确认婚姻无效案件作出判决后进行。

第十四条 夫妻一方或者双方死亡后，生存一方或者利害关系人依据民法典第一千零五十一条的规定请求确认婚姻无效的，人民法院应当受理。

第十五条 利害关系人依据民法典第一千零五十一条的规定，请求人民法院确认婚姻无效的，利害关系人为原告，婚姻关系当事人双方为被告。

夫妻一方死亡的，生存一方为被告。

第十六条 人民法院审理重婚导致的无效婚姻案件时，涉及财产处理的，应当准许合法婚姻当事人作为有独立请求权的第三人参加诉讼。

第十七条 当事人以民法典第一千零五十一条规定的三种无效婚姻以外的情形请求确认婚姻无效的，人民法院应当判决驳回当事人的诉讼请求。

当事人以结婚登记程序存在瑕疵为由提起民事诉讼，主张撤销结婚登记的，告知其可以依法申请行政复议或者提起行政诉讼。

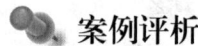

案例评析

丁某诉冯某离婚后财产纠纷案[①]

案情：冯某与丁某同居并举办婚宴后，开始以夫妻名义共同生活，之后双方办理了结婚登记。冯某与丁某在以夫妻名义共同生活期间以及婚姻关系存续期间，共购买了三处房产。丁某与冯某要离婚，二人对婚姻关系发生效力的起算时间产生了争执，继而影响了财产的分割。一审法院认为，冯某和丁某同居并举办婚宴，双方以夫妻名义生活多年后办理结婚登记，双方在举办婚宴时均已符合婚姻法规定的结婚的实质要件，故双方的婚姻关系的效力应从举办婚宴时开始起算。丁某不服一审判决，提起了上诉。二审法院也认为，冯某和丁某举办婚宴时均已符合婚姻法规定的结婚的实质要件，结婚登记为补办的结婚登记，故双方婚姻关系的效力应从举办婚宴时起算。

评析：一般情况下，要求结婚的男女双方亲自到婚姻登记机构完成结婚登记时，才确立婚姻关系。如果男女双方符合法律所规定的结婚的实质要件，之后补办登记的，根据《最高人民法院关于适用〈中华人民共和国婚姻法〉若干问题的解释（一）》第4条的规定，双方的婚姻关系的效力追溯到符合结婚的实质要件时起算。冯某和丁某同居并举办婚宴之后，以夫妻名义生活多年，之后办理了结婚登记。事实上，双方在举办婚宴时均已符合结婚的实质要件，二人办理的结婚登记属于补办登记的情况，符合《婚姻法》第8条的情形。

本案没有反映出民法典第1049条规定的结婚登记即发生婚姻效力的内容，但如

---

① 审理法院：一审法院为山东省临清市人民法院，案号：（2016）鲁1581民初4246号。二审法院为山东省聊城市中级人民法院，案号：（2017）鲁15民终2288号。

果冯某和丁某领取结婚证之前没有符合结婚的实质要件，那么，根据民法典第 1049 条的规定，双方的婚姻关系应从完成结婚登记开始产生效力。

> ▶▶ **第一千零五十条** 登记结婚后，按照男女双方约定，女方可以成为男方家庭的成员，男方可以成为女方家庭的成员。

🏛 条文要义

本条是关于男女结婚后可以成为对方家庭成员的规定。

男女双方进行了登记结婚后，就成为配偶，成为一个家庭的实体成员。但是，究竟成为哪一方家庭的成员，应当按照男女双方的约定确定。这体现了在我国男女双方都有平等决定夫妻住所的权利。换言之，根据双方的约定，男方可以到女方家落户，成为女方的家庭成员；女方也可以到男方家落户，成为男方的家庭成员。在现实生活中，通常情况下是女方成为男方家庭的成员，但是也不妨碍约定男方成为女方家庭的成员。后者通常叫作"入赘"，是男方"嫁入"女方家庭。根据男女平等原则，男方成为女方家庭成员不应当受到歧视，是双方的共同选择，符合法律规定。

🎯 案例评析

李某诉西安市 Q 区 Q 街道 Q 村民委员会第四村民小组
侵害集体经济组织成员权益纠纷案[①]

案情： 李某与 Q 村第四村民小组村民孟某登记结婚，并把户口迁到该村组。因政府征用土地，Q 村第四村民小组决定给其村组新增人口每人分配土地补偿款 5 400 元，给出嫁姑娘及其子女、女婿分配一半。李某向法院起诉，称其为 Q 村第四村民小组合法村民，应当获得 5 400 元土地补偿款。一审法院认为，李某与孟某结婚后，将户籍迁至该村组，属于该村组的合法村民，应当与其他村民享有同等的收益分配权，故该村组应当给付李某土地补偿款 5 400 元。Q 村第四村民小组不服一审判决，提起了上诉。二审法院认为：登记结婚后，根据男女双方约定，女方可以成为男方家庭的成员，男方可以成为女方家庭的成员。婚后李某将户口迁入该村组，意味着李某婚后成为女方家庭成员，具有该村组集体经济组织成员资格，该村组应按统一标准向李某进行分配。

评析： 根据《婚姻法》第 9 条的规定，婚后，男女双方可以约定女方成为男方的家庭成员或者男方成为女方的家庭成员。这体现了男女平等原则。现实生活中，

---

① 审理法院：一审法院为陕西省西安市灞桥区人民法院，案号：（2017）陕 0111 民初 2645 号。二审法院为陕西省西安市中级人民法院，案号：（2017）陕 01 民终 11569 号。

该约定一般表现为一方将户口迁入另一方。本案的焦点是李某是否有权获得 5 400 元的土地补偿款。李某与孟某婚后将户口迁入女方孟某所在的 Q 村第四村民小组，成为孟某的家庭成员，因此，李某理应取得 Q 村第四村民小组集体经济组织成员资格，故其应当与其他村民享有同等的收益分配权，获得 5 400 元的土地补偿款。Q 村第四村民小组无权决定出嫁姑娘及其子女、女婿按半人标准分配集体经济组织收益。

民法典第 1050 条延续了《婚姻法》第 9 条的规定，如果该案发生在民法典生效之后，由于李某和孟某约定李某将户口迁入孟某所在的村民小组，李某成为孟某的家庭成员，所以李某有权取得该村民小组集体经济组织成员，获得 5 400 元的土地补偿款。

▶ **第一千零五十一条** 有下列情形之一的，婚姻无效：

（一）重婚；

（二）有禁止结婚的亲属关系；

（三）未到法定婚龄。

🏛 条文要义

本条是对无效婚姻的规定。

无效婚姻是指因男女违反法律规定的结婚要件而不具有法律效力的两性违法结合。无效婚姻是违反婚姻成立要件的违法婚姻，不具有婚姻的法律效力。结婚是确立夫妻关系的法律行为，必须符合法律规定的各项条件，只有具备法定实质要件和通过法定程序确立的男女结合，方为合法婚姻，发生婚姻的法律效力。无效婚姻不符合这样的要件，属于无效的婚姻关系。

婚姻无效的法定事由是：

（1）重婚。一夫一妻是基本原则，任何人不得有两个或两个以上的配偶，有配偶者在前婚终止之前不得结婚，否则即构成重婚，后婚当然无效。重婚包括法律上的重婚和事实上的重婚，都构成婚姻无效的法定理由。

（2）当事人为禁婚亲。直系血亲和三代以内的旁系血亲禁止结婚，凡属上述范围内的亲属，无论是全血缘还是半血缘，无论是自然血亲还是拟制血亲，都不得结婚。

（3）未到法定婚龄。当事人未到法定婚龄而登记，一方申请宣告婚姻无效的，应当依法获准。

婚姻无效被宣告之后，其法律后果有以下三项：（1）当事人之间的婚姻关系自始无效，溯及既往。（2）双方当事人同居期间取得的财产，按照共同共有处理，能够证明是当事人一方所有的，为一方所有。（3）当事人所生的子女为婚生子女，与其父母具有父母子女间的权利义务关系。

　　上述婚姻无效的法定事由均延续了《婚姻法》第 10 条的规定，但没有继承其第 3 款的内容，即"婚前患有医学上认为不应当结婚的疾病，婚后尚未治愈的"。之所以删除该内容，是因为这种规定实际上限制了当事人的合法权益，而且实践中不易判断哪些疾病属于"不应当结婚的疾病"。因此，为了保障当事人的合法权益，民法典第 1053 条规定，婚前一方未告知自己患有重大疾病的，另一方有权撤销婚姻。

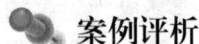

案例评析

李某某诉向甲婚姻无效纠纷案①

　　案情：李某某与向甲系表兄妹关系，李某某的生母杨甲与向甲的生母杨乙系同父同母的姐妹。某日，李某某与向甲办理了结婚登记。之后，李某某以其婚姻属于法律禁止结婚的情形为由向法院起诉，要求判决确认双方婚姻关系无效。法院认为，李某某与向甲系表兄妹关系，属于三代以内的旁系血亲关系，是法律规定的禁止结婚对象，故双方的婚姻关系无效。

　　评析：依《婚姻法》第 7 条的规定，直系血亲或者三代以内的旁系血亲禁止结婚。据此，我国禁止结婚的亲属的范围是直系血亲或者三代以内的旁系血亲，如果违反法律，执意结婚的，婚姻效力为无效。本案中，李某某的生母杨甲与向甲的生母杨乙系同父同母的姐妹，李某某与向甲系表兄妹关系，是三代以内的旁系血亲关系，属于我国禁止结婚的亲属关系。因此，即使李某某与向甲办理了结婚登记，双方之间不会形成合法的夫妻关系，双方的婚姻关系也是无效的。

　　民法典第 1051 条延续了《婚姻法》第 10 条有关禁婚亲的规定，如果本案发生在民法典生效之后，李某某与向甲的婚姻关系仍无效。

　　值得补充说明的是，如果本案当事人李某某以向甲患有医学上认为不应当结婚的疾病，婚后尚未治愈为由，请求婚姻关系无效，那么，在民法典生效前，该婚姻关系确实无效，但在民法典生效后，根据民法典第 1051 条的规定，该婚姻关系不再是无效的。

　　▶▶**第一千零五十二条**　因胁迫结婚的，受胁迫的一方可以向人民法院请求撤销婚姻。

　　请求撤销婚姻的，应当自胁迫行为终止之日起一年内提出。

　　被非法限制人身自由的当事人请求撤销婚姻的，应当自恢复人身自由之日起一年内提出。

---

① 审理法院：湖南省张家界市慈利县人民法院，案号：（2015）慈民一终字第 639 号。

🏛 条文要义

本条是关于胁迫结婚为可撤销婚姻的规定。

可撤销婚姻亦称可撤销婚，是指因已经成立的婚姻关系欠缺婚姻合意，受胁迫的一方当事人可向人民法院申请撤销的违法两性结合。可撤销婚姻是婚姻的基础合意没有达成，在结婚的法律强制性规定方面没有违反而构成的违法两性结合。可撤销婚姻的法理基础在于，尊重当事人的意思基础，确定相对的无效状况，赋予当事人撤销婚姻关系的权利或者维持婚姻关系的权利，让其根据自己的意愿自由选择。如此规定，有利于保护婚姻当事人的利益，有利于维护婚姻家庭的稳定，而不至于将更多的违法婚姻推入绝对无效的范围，造成社会的不稳定，损害妇女、儿童的权利。

胁迫是可撤销婚姻的法定事由。婚姻胁迫是指行为人以给另一方当事人或者其近亲属的生命、健康、身体、名誉、财产等方面造成损害为要挟，迫使另一方当事人违背自己的真实意愿而结婚的行为。构成婚姻胁迫，须具备以下要件：（1）行为人为婚姻当事人或者第三人。至于受胁迫者，既可以是婚姻关系当事人，也可以是婚姻关系当事人的近亲属。（2）行为人须有胁迫的故意，通过自己的威胁而使另一方当事人产生恐惧心理，并基于这种心理而被迫同意结婚。（3）行为人须实施了胁迫行为，使另一方当事人产生了恐惧心理。（4）受胁迫人同意结婚与胁迫行为之间须有因果关系。

撤销婚姻的请求权受除斥期间的约束，除斥期间为一年，申请人应当自胁迫行为终止之日起一年内提出撤销婚姻的请求。被非法限制人身自由的当事人请求撤销婚姻的，应当自恢复人身自由之日起一年内提出。超过除斥期间的，撤销权消灭，受胁迫人不得再提出撤销婚姻的请求。

上述内容与《婚姻法》第11条相比，删除了向婚姻登记机关请求撤销的规则，并将撤销权的除斥期间修改为自胁迫行为终止之日起一年。

首先，删除了受胁迫方向婚姻登记机关申请撤销的规则。确认婚姻无效和撤销婚姻的权力应专属于司法机关，不应属于行政机关，因而，本条与第1053条都只规定了法院为确认撤销婚姻的机关。

其次，修改撤销权除斥期间的起始点。按照《婚姻法》第11条，只要登记结婚，就要从结婚登记之日起开始计算除斥期间，期间届满，该撤销权就消灭。这样的做法不利于保护婚姻中的被胁迫者：如果胁迫行为没有终止，受胁迫一方尚无条件行使撤销权，则一旦除斥期间完成，受胁迫方就无法依法撤销这种婚姻关系。为了充分救济受胁迫一方的权益，本条将其修改为自胁迫终止之日起计算除斥期间。

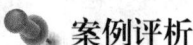 配套司法解释

最高人民法院关于适用《中华人民共和国民法典》时间效力的若干规定

第二十六条　当事人以民法典施行前受胁迫结婚为由请求人民法院撤销婚姻的，撤销权的行使期限适用民法典第一千零五十二条第二款的规定。

最高人民法院关于适用《中华人民共和国民法典》婚姻家庭编的解释（一）

第十八条　行为人以给另一方当事人或者其近亲属的生命、身体、健康、名誉、财产等方面造成损害为要挟，迫使另一方当事人违背真实意愿结婚的，可以认定为民法典第一千零五十二条所称的"胁迫"。

因受胁迫而请求撤销婚姻的，只能是受胁迫一方的婚姻关系当事人本人。

第十九条　民法典第一千零五十二条规定的"一年"，不适用诉讼时效中止、中断或者延长的规定。

受胁迫或者被非法限制人身自由的当事人请求撤销婚姻的，不适用民法典第一百五十二条第二款的规定。

案例评析

戚某诉李某撤销婚姻纠纷案①

案情：戚某与李某建立恋爱关系后李某怀孕，之后双方依法登记结婚。某日戚某与李某商谈离婚及孩子的事，未成功。后夫妻二人及李某母亲发生拉扯，致李某（有5个月身孕）身体不适，戚某的衬衣被撕坏。戚某认为其系受胁迫结婚，向法院请求撤销该婚姻。一审法院认为，戚某在恋爱过程中导致李某"未婚先孕"，故即使存在戚某违背真实意思表示被迫与李某结婚的情形，也应当是戚某迫于一定的压力，为避免自己的利益受损，在权衡利弊之后作出与李某结婚的抉择。因此，在双方婚姻关系缔结过程中并不存在法律规定的"胁迫"事实。戚某不服一审判决，提起了上诉。二审法院认为，戚某补充的证据不足以证明双方的婚姻存在《婚姻法》及其司法解释规定的"胁迫"情形，故不支持戚某主张撤销婚姻的请求。

评析：如果当事人因受胁迫，不得不违心地作出同意结婚的意思表示，鉴于其本人并不具有结婚的真实意愿，法律赋予其撤销该婚姻的权利。关于胁迫的概念，《最高人民法院关于适用〈中华人民共和国婚姻法〉若干问题的解释（一）》第10条予以了界定。本案的焦点是李某是否有胁迫戚某结婚的事实。戚某主张李某曾经有过胁迫行为，但其无法举证证明李某对戚某或其近亲属实施了上述司法解释中列举

---

① 审理法院：一审法院为云南省昆明市五华区人民法院，案号：（2014）五法黑民初字第225号。二审法院为云南省昆明市中级人民法院，案号：（2015）昆民二终字第348号。

的侵害行为，迫使戚某违背真实意愿与李某结婚，故戚某与李某的婚姻不属于可撤销婚姻。

民法典第1052条继承、发展了《婚姻法》的相关规定，因此，如果根据该条审理本案，由于李某未胁迫戚某结婚，故双方的婚姻关系无法予以撤销。

应当补充说明的是，本案中未涉及民法典删除的婚姻登记机关有权撤销婚姻的内容以及请求撤销婚姻的起始时间点。如果本案发生在民法典生效之前，受胁迫的当事人有权去结婚的登记机关撤销双方的婚姻，且撤销权的除斥期间的起始时间点为结婚登记之日，而这显然不利于保护被胁迫方的合法权益。因此，在民法典生效后发生此类情形时，受胁迫的当事人只能去法院请求撤销婚姻，且在恢复人身自由之日起一年内请求撤销即可。

> ▶▶ **第一千零五十三条** 一方患有重大疾病的，应当在结婚登记前如实告知另一方；不如实告知的，另一方可以向人民法院请求撤销婚姻。
>
> 请求撤销婚姻的，应当自知道或者应当知道撤销事由之日起一年内提出。

🏛 条文要义

本条是关于当事人患有重大疾病未告知时婚姻可撤销的规定。

在缔结婚姻关系时，如果一方患有重大疾病，对对方当事人负有告知义务，应当在结婚登记前如实告知另一方，对方当事人同意的，当然可以缔结婚姻关系。患病一方当事人如果不尽告知义务，或者不如实告知，即不告知或者虚假告知的，另一方当事人享有撤销权，可以向人民法院行使该撤销权，请求撤销该婚姻关系。

因重大疾病未告知而提出撤销婚姻请求的撤销权受除斥期间的限制，除斥期间为一年，权利人自知道或者应当知道撤销事由之日起一年内提出。超过除斥期间，撤销权消灭，当事人不得再提出撤销婚姻的请求。

上述内容在《婚姻法》中是没有的，《婚姻法》反而在第7条、第10条将一些疾病规定为禁止结婚和无效婚姻的法定事由。这样的规则变化，体现的是尊重当事人在对方当事人患有重大疾病时的自主选择：如果对方当事人患有重大疾病，但是，愿意缔结婚姻关系的，法律并不生硬地认定婚姻无效，而是将权利交给未患病一方当事人，该方当事人仍然愿意保持婚姻关系的，法律并不干涉；该方当事人不愿意保持婚姻关系而主张撤销的，法律予以支持。

因一方患有重大疾病未告知而提出撤销婚姻关系请求的撤销权，受除斥期间的限制，除斥期间为一年，权利人自知道或者应当知道撤销事由之日起计算。超过除斥期间，撤销权消灭，权利人不得再提出撤销婚姻的请求。如果权利人一直不知道或者不应当知道，则适用民法典第152条第2款关于"当事人自民事法律行为发生之日起五年内没有行使撤销权的，撤销权消灭"规定，超过 5 年，权利人不得再主张撤销该婚姻关系。

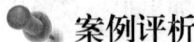 **案例评析**

严某诉钟某离婚纠纷案①

案情：严某的智力残疾为三级，钟某的智力残疾为二级。严某和钟某及双方父母都知道二人的病情。某日，严某的母亲与钟某的母亲陪同严某和钟某前往民政局办理结婚登记。婚后，严某以钟某患有重大疾病为由，向法院起诉，主张双方的婚姻关系无效。法院认为，根据《婚姻法》第 10 条的规定，婚前患有医学上认为不应当结婚的疾病，婚后尚未治愈的，婚姻关系无效。钟某的智力残疾为二级，属于重度智力低下水平，故钟某是医学上认为不宜结婚的对象。因此，应认定钟某为婚前患有医学上认为不应当结婚的疾病，且婚后尚未治愈，其与严某的婚姻关系无效。

评析：《婚姻法》第 10 条第 3 项规定，婚前患有医学上认为不应当结婚的疾病，婚后尚未治愈的，婚姻关系无效，因此，法院判决钟某与严某之间的婚姻关系无效是合理的。然而，民法典第 1053 条改变了以往的规定方法，根据本条关于患有重大疾病的人结婚的效力的规定，当事人在婚前知道对方的智力残疾为二级的，无权请求撤销婚姻。该条不强行禁止患有重大疾病的人结婚，而是将结婚与否的权利给了患病的当事人和要与其结婚的当事人，但是，为了防止患有重大疾病的一方故意隐瞒自己的病情，不告知另一方，给另一方造成身体和精神上的损害，该条赋予被隐瞒的一方撤销婚姻的权利。若本案发生在民法典生效后，情形将是不同的：严某和钟某及双方父母婚前都知道双方的病情，仍选择登记结婚，故不存在隐瞒病情的情形，严某无权请求法院撤销该婚姻。

> ▶▶**第一千零五十四条**　无效的或者被撤销的婚姻自始没有法律约束力，当事人不具有夫妻的权利和义务。同居期间所得的财产，由当事人协议处理；协议不成的，由人民法院根据照顾无过错方的原则判决。对重婚导致的无效婚姻的财产处理，不得侵害合法婚姻当事人的财产权益。当事人所生的子女，适用本法关于父母子女的规定。
>
> 　婚姻无效或者被撤销的，无过错方有权请求损害赔偿。

条文要义

本条是对婚姻无效或者被撤销的后果的规定。

① 审理法院：福建省武平县人民法院，案号：（2019）闽 0824 民初 1821 号。

婚姻被确认无效或者被撤销，其直接的法律后果是当事人间的不合法婚姻关系溯及既往地消灭，即自始没有法律约束力。宣告婚姻无效与从来没有婚姻的逻辑相同，法院对无效婚姻和可撤销婚姻所作的无效宣告，至少从表面看，其效力可追溯至婚姻关系成立之时，由此发生以下法律后果。

（1）对当事人的法律后果。婚姻无效和婚姻被撤销，对当事人的法律后果是婚姻关系自始无效。在无效或者被撤销的婚姻依法被宣告无效或者被撤销时，才确定该婚姻自始不受法律保护，所以，婚姻无效或者被撤销的效力溯及既往，从婚姻关系开始时起就不具有婚姻的效力，当事人不具有夫妻的权利、义务，相互不享有配偶权，并且自始不享有配偶权。

（2）对子女的法律后果。婚姻无效或者被撤销的，婚姻关系被视为自始无效，而无效婚姻关系或者可撤销婚姻关系中父母所生育的子女却不被认为是非婚生子女。这样规定是为了保护子女的利益。在婚姻被宣告无效或者被撤销后，当事人必须妥善处理子女的抚养和教育问题；当事人不能就子女的扶养和教育达成协议的，由法院依法判决。

（3）对财产的法律后果。由于无效婚姻关系不具有婚姻的法律效力，因而原则上不能适用夫妻财产制的有关规定。同居期间所得的财产，由当事人协议处理，协议不成时，由法院根据照顾无过错方的原则判决。同居期间的财产已经形成共有的，应当按照共有的一般规则处理；没有形成共有的，则按照各自的财产归个人的原则处理；无法确认财产所有的性质的，按照共有处理。

（4）对重婚导致的无效婚姻的财产处理，应当保护好合法婚姻关系当事人的权益，妥善处理，不得侵害合法婚姻当事人的财产权益。

（5）婚姻无效或者被撤销的，无过错方有权向法院起诉，请求损害赔偿。

上述法律后果中，第五个法律后果是民法典新增的规则。之所以增加这一规定，是因为在婚姻被认定为无效或者被撤销后，无过错方不论是在精神层面还是在物质层面，往往都遭受了很严重的损害。《婚姻法》只规定了无效和可撤销婚姻中对人身关系和财产关系的处理方式，而忽略了无过错方所受的损害，不利于对无过错方权益的保护。因而，本条规定新增了无过错方的损害赔偿请求权，对无过错方提供了侵权行为意义上的保护。如果发生类似的案件，当事人即可援引本条规定请求损害赔偿。

🔖 配套司法解释

最高人民法院关于适用《中华人民共和国民法典》婚姻家庭编的解释（一）

第二十条 民法典第一千零五十四条所规定的"自始没有法律约束力"，是指无效婚姻或者可撤销婚姻在依法被确认无效或者被撤销时，才确定该婚姻自始不受法律保护。

第二十一条 人民法院根据当事人的请求，依法确认婚姻无效或者撤销婚姻的，应当收缴双方的结婚证书并将生效的判决书寄送当地婚姻登记管理机关。

第二十二条　被确认无效或者被撤销的婚姻，当事人同居期间所得的财产，除有证据证明为当事人一方所有的以外，按共同共有处理。

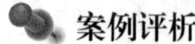

案例评析

李某诉任某婚姻无效纠纷案①

案情： 李某与任某系表兄妹关系，双方举行结婚仪式后办理了结婚登记。在共同生活期间，李某和任某各自办理了信用卡后，将二人的信用卡交给李某的表哥李甲，并告知其密码。李甲用双方的信用卡，透支了李某的 2 000 元和任某的 70 530.66 元。之后，李某向法院起诉，请求确认双方的婚姻为无效、分割共同财产。一审法院认为：李某与任某系表兄妹关系，双方的婚姻属于法律规定禁止结婚的情形，故无效。李甲透支任某的支信用卡导致的债务，属于夫妻共同债务，应当共同承担。李某不服一审判决，提起了上诉。二审法院认为，李某与任某的婚姻属于无效婚姻。李甲的透支款是在任某与李某共同生活期间发生的，故双方应当共同偿还。

评析： 根据《婚姻法》第 12 条关于婚姻被撤销或无效的法律后果的规定，李某因其与任某的婚姻无效，有权请求分割同居期间所得的财产。对于无效或被撤销婚姻的当事人在同居期间产生的债权、债务，如果当事人对财产作了约定，只要这种约定符合民事法律行为的有效要件，分割财产时应按照该约定处理；如果没有约定，应当根据《最高人民法院关于适用〈中华人民共和国婚姻法〉若干问题的解释（一）》第 15 条的规定，按共同共有处理当事人同居期间产生的债权债务，但有证据证明为当事人一方所有的除外。李某与任某系表兄妹关系，双方的婚姻属于无效婚姻。李某与任某在共同生活期间对债权债务没有约定，因而不能按照约定处理，且无证据证明李甲的透支款属于任某个人的债务，故应当根据上述司法解释的规定，按共同共有处理债务 70 530.66 元。

民法典第 1054 条继承、发展了《婚姻法》第 12 条的内容，根据该条规定，若本案发生在民法典生效后，则李某与任某同居期间的债务仍应当按共同债务处理。

值得补充说明的是，根据民法典的规定，本案中的无过错方可以向过错方请求损害赔偿，弥补因过错方的行为而在精神、物质层面受到的损害。

---

① 审理法院：一审法院为贵州省黔东南苗族侗族自治州雷山县人民法院，案号：（2016）黔 2634 民初 70 号。二审法院为贵州省黔东南苗族侗族自治州中级人民法院，案号：（2016）黔 26 民终 1064 号。

第三章 家庭关系

第一节 夫妻关系

▶▶ **第一千零五十五条** 夫妻在婚姻家庭中地位平等。

🏛 条文要义

本条是关于夫妻在婚姻家庭中地位平等的规定。

男女平等是宪法原则，也是民法原则，在婚姻家庭领域表现为男女平等。夫妻在婚姻家庭中地位平等，是婚姻家庭领域男女平等原则的主要内容，是一切自然人在法律面前人人平等基本原则在婚姻家庭中的体现，体现的是两性平等的基本人权。这对于保护妇女合法权益、实现妇女在婚姻家庭方面的平等地位有十分重要的意义。

夫妻在婚姻家庭中地位平等，主要是指夫妻在人格上的平等以及权利、义务的平等。也就是说，夫妻双方不存在主次之分，都是平等的主体。夫妻双方应当互相尊重对方的人格独立，不得剥夺对方享有的权利。特别是要强调保护妇女，保护妻子在家庭中的人格独立，反对歧视妇女，反对以打骂等方式虐待妇女。重点是保护妇女在家庭中的各项权益。

当然，在具体生活中夫妻平等原则并不代表夫妻在家庭生活的所有方面都应当实现完全的平等，如各享有50%的权利、承担50%的义务，也不代表要各自承担一半的家庭支出，或者承担一半的家务劳动。在具体的问题上，应当根据实际情况处理，但是在总体原则上，应当保证夫妻双方在人格以及权利、义务上是平等的。

夫妻在婚姻家庭中平等原则的具体表现是：

（1）男女在缔结婚姻关系时权利平等、条件平等。

（2）在结婚后处理家庭事务中，夫妻双方的地位平等，权利、义务平等。

（3）在对待各自的亲属方面，夫妻双方都有平等的权利和义务，都须平等地尊重对方的尊亲属。

（4）在对待自己的子女、孙子女的关系上，地位平等，权利平等。

（5）在双方感情破裂后，夫妻双方都有平等的离婚请求权，有同等的共同财产分割权利和抚养子女的权利，在共同债务的清偿和经济互助等方面也都有同等的权利。

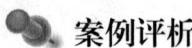 **案例评析**

张某诉付某离婚后损害责任纠纷案①

案情：张某与付某登记结婚。婚后，张某被检查出患有无精症。夫妻二人虽同意人工授精，但付某未经张某的同意，也未在有资质的医院做人工授精手术，生育了张甲、付乙。张某向法院诉请付某赔偿俩孩子非为其亲生子女所受到的精神损害100 000元。一审法院认为，付某并未到有资质的医院做人工授精手术，况且付乙的出生也未有证据证明双方协商去做人工授精受孕，但张某要求的损害赔偿金过高，认为以50 000元为宜。付某以张某完全知晓并要求付某按非正规途径人工授精方式生育子女为由，提起了上诉。二审法院认为，张某曾表示愿意通过人工授精的方式生育孩子，而付某未举证证明两个孩子系采用何种方式授精所生，对该事实一直予以隐瞒，故应当向张某赔偿精神损害金。

评析：夫妻在婚姻家庭地位平等，既是确定夫妻间权利、义务的原则，也是处理夫妻间权利和义务纠纷的基本依据。该原则要求夫妻双方在结婚后共同生活时，相互坦诚，相互协商。如果一方未经对方的同意，给另一方造成严重损害的，另一方可以主张赔偿。本案的争议焦点是付某是否应向张某赔偿精神损害。张某在生育张甲前曾表示愿意通过人工授精的方式生育孩子，而张某生育两个孩子均没有采用该授精方式，且未举证证明两个孩子系采用何种方式授精所生，不能排除付某存在违反夫妻忠实义务而怀孕的事实，故付某应当向张某赔偿精神损害。

民法典第1055条延续了《婚姻法》第13条的规定。若该案发生在民法典生效之后，根据第1055条的规定，付某因违反夫妻在婚姻家庭中地位平等的原则，故仍应当向张某赔偿精神损害。

> ▶▶ **第一千零五十六条　夫妻双方都有各自使用自己姓名的权利。**

🏛 **条文要义**

本条是对夫妻姓氏权的规定。

夫妻姓氏权也叫作夫妻称姓，是指夫妻缔结婚姻关系后，妻是否有独立姓氏的权利，也包括赘夫是否有独立姓氏的权利。

---

① 审理法院：一审法院为四川省成都市双流区人民法院，案号：（2016）川0116民初2570号。二审法院为四川省成都市中级人民法院，案号：（2017）川01民终1252号。

配偶各自有无独立的姓氏权，是关系到配偶有无独立人格的标志之一。夫妻之间的形式平等应与实质平等相统一，没有形式平等，实质平等亦难保障。为保障配偶各自的人格独立，尤其是保障妻的独立人格，夫妻应有独立的姓氏权，不能妻从夫姓（同姓说）或妻冠夫姓（冠姓说）而使夫妻一体。为避免妻对夫的人身依附关系，我国1950年《婚姻法》就废除了妻随夫姓的封建传统，实行了夫妻姓氏权的完全平等（即别姓说）。夫妻双方都有各用自己姓名的权利，体现了我国配偶的独立人格。

我国夫妻姓氏权的含义是：

（1）夫妻各用自己的姓氏，既不一方随另一方姓，也不一方须冠另一方之姓。其重点在于，彻底推翻"妻随夫姓"的陋习，赋予已婚妇女以独立的姓名权，维护妇女的独立人格。

（2）夫妻姓氏权的平等，也意味着双方人格的真正平等，既不歧视妇女的独立人格地位，也不歧视赘夫的独立人格地位，赘夫也有独立的姓氏权。

（3）法律作这样的规定，并不妨碍配偶双方在平等自愿的基础上，就姓名问题作出约定，通过约定，女方可改姓男方的姓，男方也可以改姓女方的姓。

（4）在婚姻关系存续期间，双方的姓名权得独立行使，依法可以使用自己的姓名、改变自己的姓名。

【无相关案例】

▶▶第一千零五十七条　夫妻双方都有参加生产、工作、学习和社会活动的自由，一方不得对另一方加以限制或者干涉。

🏛 条文要义

本条是对配偶职业、学习和社会活动自由权的规定。

职业、学习和社会活动自由权，亦称从业自由权或平等从业权，是指已婚者以独立身份按本人意愿决定社会职业、参加学习和社会活动，不受对方约束的权利。这既是配偶法律地位平等的标志，又是配偶平等行使权利和承担义务的法律保障。只有配偶享有平等的从业权，才能把社会、家庭和夫妻双方的个人利益有机地结合起来。平等从业权是配偶双方共同享有的权利，更重要的是指妻的从业权，保障已婚妇女参加工作、学习和社会活动的自由权利。

职业、学习和社会活动自由权具有以下主要内容。

（1）从业自由权。夫妻双方都有权参加生产和工作，反对禁止已婚妇女参加工作的做法，保障双方的权利平等。夫妻都有选择职业的自由，反对一方干涉另一方的择业自由。

（2）学习自由权。夫妻在婚姻关系存续期间，有权通过适当的方式进行学习，提高自己的素质和能力。特别是要保障已婚女性的学习自由，提高妇女的素质和工作能力。

（3）社会活动自由权。夫妻在婚姻关系存续期间享有平等的社会活动自由权，可以自由参加参政议政活动，参加科学、技术、文学、艺术和其他文化活动，参加群众组织、社会团体的活动，以及各种形式的公益活动。

本条在规定职业、学习和社会活动自由权时，特别规定一方不得对他方加以限制或干涉。夫妻双方应当互相尊重，保证其自由，不得进行非法限制和干预；特别要消除重男轻女、男外女内的传统观念，确保已婚妇女的自由。

案例评析

王某诉马某离婚后财产纠纷案[①]

案情：王某与马某登记结婚后协议离婚。在婚姻关系存续期间，马某支付了参加就业考试的费用。王某向法院起诉，请求确认马某参加就业考试支出的费用不属于夫妻共同财产分割范围。法院认为：夫妻双方都有参加生产、工作、学习和社会活动的自由。一方不得对他方加以限制或干涉。同时，夫妻之间有相互帮助的义务。其在共同生活期间为改善家庭生活而利用夫妻共同财产支出的费用，均属正常支出，不属分割范畴。故王某不能请求马某偿还其在参加考试时所支出的费用。

评析：夫妻双方均有参加生产、工作、学习和社会活动的自由，一方不得对另一方行使该项人身自由权利进行限制或干涉。夫妻双方应当正当行使上述权利，不得滥用权利损害对方和家庭的利益。本案的焦点是马某参加就业考试支付的费用是否属于夫妻共同财产分割范围。根据《婚姻法》第15条的规定，马某有参加工作的权利，而且，马某参加就业考试，其目的是日后积极参加工作，增加家庭的共同财产，故其参加就业考试支出的费用理应属于夫妻共同财产分割范围。另外，马某并未滥用权利，损害王某和家庭的利益，因此，王某无权加以干涉或限制。

民法典第1057条延续了《婚姻法》第15条的规定，若该案发生在民法典生效之后，根据第1057条有关夫妻双方均有参加工作、学习的自由的规定，马某有权用夫妻共同财产来支付参加就业考试的支出。夫妻双方均有参加生产、工作、学习和社会活动的自由，这既是夫妻地位平等的标志，又为夫妻平等地行使权利和承担义务提供了法律保障。从形式上看，人身自由权适用于所有自然人，当然包括婚姻关系的当事人，因而，任何一方都有参加生产、工作、学习和社会活动的自由，一方不得对另一方行使该项人身自由权利进行限制或干涉。

---

① 审理法院：甘肃省庄浪县人民法院，案号：（2018）甘0825民初843号。

▶▶第一千零五十八条　夫妻双方平等享有对未成年子女抚养、教育和保护的权利，共同承担对未成年子女抚养、教育和保护的义务。

🏛 条文要义

本条是对共同亲权的规定。

亲权是指父母对未成年子女在人身和财产方面的管教与保护的权利和义务。在近代法上，在亲子关系的效力中最重要、最核心的部分就是亲权。现代亲属法上的亲权是父母共同亲权。

共同亲权是指亲权共同行使，即亲权内容的行使均应由父母以共同的意思决定，并且父母对外共同代理子女。共同亲权原则之前的亲权原则是父亲专权原则，是男女不平等原则的产物，体现了亲属法上的人格不平等。近代以来，因男女平等观念的兴起，各国立法以共同亲权原则取代了父亲专权原则，在亲权领域中真正实现了男女平等。

共同亲权包括以下主要内容。

（1）亲权为父母平等的权利，无孰高孰低之分。

（2）亲权为父母共同的权利，是一个整体的权利。父和母是共同亲权人，不能将亲权分割，由父和母分别享有。

（3）亲权的行使由父母共同为之。行使亲权时，应由父母以共同的意思来决定，单独行使符合配偶权的相互代理权的，认其有效，但父母一方违背另一方的意思表示的亲权行为无效。

父母共同行使亲权原则，以父母间存在婚姻关系为前提，因而在父母离婚后，亲权由与未成年子女共同生活的一方行使。非婚生子女的亲权由母亲行使，当其被认领后，亲权才由其父母共同行使。

父母共同行使亲权，当意思表示不一致时，规则是：

（1）对于一般事务，共同亲权原则并不排斥由父母各自独立处理。这些事务无关大局，父母的意思表示不一致，不致引起法律上的问题。

（2）对于重要事项，如果父母意思表示不一致，无法共同行使亲权，则必须采取妥善的对策解决。在实务中，首先应当坚持父母协商原则，在重大问题上父母争议、无法统一意见时，应当准许亲权人一方向法院起诉，法院依子女利益原则作出判决。

上述共同亲权制度是民法典新增的内容，是以前的立法从来没有规定过的新规则。该规则有利于保护未成年子女的合法权益，有利于巩固夫妻在婚姻家庭中的平等地位。

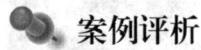 案例评析

庄某诉陶甲抚养纠纷案[①]

案情： 陶甲、庄某办理结婚登记后，生育了陶乙。双方因矛盾协议离婚。离婚协议中约定陶乙由庄某抚养。某日陶甲探望陶乙时，将其带走，拒绝送至庄某处。庄某向法院诉请陶乙由其抚养。一审法院认为，陶乙未满两周岁，且双方在离婚协议中也约定了陶乙由庄某抚养，故陶乙随其母亲庄某共同生活对其成长有利。陶甲不服一审判决，提起了上诉。二审法院认为，一审判决作出时陶乙未满两周岁，综合考虑孩子的性别、年龄、成长环境、生活现状等因素，根据有利于子女身心健康、保障子女合法权益的原则，一审判决确定陶乙随庄某共同生活并无不当。

评析： 根据《婚姻法》第21条的规定，庄某有权请求由其直接抚养陶乙。夫妻在婚姻关系存续期间，对未成年子女共同行使亲权，但离婚后不与未成年子女共同生活的父母一方的亲权除部分仍在行使外，其他的已处于中止状态。被中止的亲权内容，未经亲权人同意，不能擅自行使。但是，如果与未成年子女共同生活的一方亲权人有滥用亲权等行为，对子女的利益明显不利的，另一方可以请求变更抚养权的归属。本案的焦点是陶甲行使探望权时，将陶乙带走后直接抚养，是否侵害了庄某的权利。陶甲明知自己不享有直接抚养陶乙的权利，在庄某未滥用亲权的情况下，未经庄某的同意，擅自将陶乙带回自己的家进行抚养，妨碍了庄某行使亲权，故庄某享有要求陶甲返还陶乙的权利。

民法典第1058条规定夫妻双方对未成年子享有平等的亲权，但是，父母离婚后，亲权由与未成年子女共同生活的一方直接行使，不与未成年子女共同生活的另一方无法直接行使亲权。若本案发生在民法典生效之后，陶甲与庄某作为陶乙的父母，对陶乙享有平等的亲权，但是，双方在离婚协议中明确约定陶乙由庄某抚养，由庄某直接行使亲权，且综合考虑其他因素，由庄某行使亲权对陶乙是最有利的，因此，即使根据民法典第1058条来处理本案，陶甲也应当支持庄某抚养陶乙的权利。

> **▶▶第一千零五十九条　夫妻有相互扶养的义务。**
> 需要扶养的一方，在另一方不履行扶养义务时，有要求其给付扶养费的权利。

条文要义

本条是对配偶相互扶养的规定。

---

① 审理法院：一审法院为江苏省泗阳县人民法院，案号：（2017）苏1323民初3283号。二审法院为江苏省宿迁市中级人民法院，案号：（2017）苏13民终2755号。

配偶之间享有相互扶养的权利，相对一方负有此种义务。本条只规定了相互扶养权，而没有规定相互扶助权。完整的相互扶养、扶助权，不仅包括扶养权，还应包括夫妻间的彼此协作、互相救助的权利和义务。

夫妻之间的扶养是指夫妻在物质上和生活上互相扶助、互相供养。在这种权利和义务上夫妻双方完全平等，有抚养能力的一方必须自觉承担这一义务，在一方丧失劳动能力时，另一方更应当履行这一义务。一方违反这一义务时，另一方有权要求其履行，可以请求有关组织调解，也可以向法院提起请求给付之诉，要求对方给付扶养费。

配偶之间的彼此扶助义务要求夫妻相互支持对方的意愿和活动，对家事共同努力、相互协力。当配偶一方遭遇危急时，对方负有救助、援救的义务。违反这种彼此协作、互相救助的义务的，法律一般将其作为离婚的法定理由。我国古代立法中的"义绝"就包含这种意思。有的国家规定配偶一方有权限制或禁止他方从事有害于自己的行为，例如，若配偶一方实施有害于另一方的行为、构成不法侵害时，对方有权防卫。

上述内容与《婚姻法》第20条的内容相同，只是调整了表述顺序，即《婚姻法》第20条规定"一方不履行扶养义务时，需要扶养的一方，有要求对方付给扶养费的权利"，而民法典第1059条规定"需要扶养的一方，在另一方不履行扶养义务时，有要求其给付扶养费的权利"。之所以调整表述顺序，是因为这样更加符合逻辑，更加规范。

案例评析

吴某诉周某抚养费纠纷案①

案情： 吴某与周某补办结婚登记后，吴某患情感性精神病，经鉴定被确认为限制民事行为能力人，监护人为其父亲吴甲。吴某患病近十年间，周某常年在外务工，对吴某的生活、就医照顾明显缺失，故吴某向法院诉请周某每月给付扶养费2 000元。一审法院认为，周某常年在外务工，对吴某应尽一定的扶助义务，考虑到吴某的实际状况，及当地的实际生活水平，结合周某需独自抚养婚生子的情况，酌定周某每月支付吴某扶养费400元为宜。吴某以扶养费过低为由，提起上诉。二审法院认为，一审判决周某每月给付吴某400元扶养费，不足以满足吴某的实际生活及就医所需，综合考虑双方的实际情况，确定周某每月支付吴某扶养费1500元为宜。

评析： 根据《婚姻法》第20条的规定，吴某因患情感性精神病，有权请求周某支付扶养费。不论婚姻的实际情势如何，也不论当事人双方的感情状况怎样，夫妻

---

① 审理法院：一审法院为四川省岳池县人民法院，案号：（2017）川1621民初1087号。二审法院为四川省广安市中级人民法院，案号：（2017）川16民终1586号。

扶养既是双方的权利也是双方的义务，因而不履行义务的行为必然是一种侵权行为。本案的焦点是周某是否应当向吴某支付扶养费。吴某与周某补办了结婚登记后成立了合法的夫妻关系，双方有互相扶养的义务，因此，吴某被确诊为情感性精神病后，周某有扶养吴某的义务。在吴某与周某的婚姻关系存续期间，不管是周某常年在外地工作，使夫妻感情欠佳，还是有吴某之父吴甲担任吴某的监护人，负责照顾患病的吴某，扶养吴某既是周某的权利也是周某的义务，故吴某有权要求周某支付扶养费。

民法典第1059条延续了《婚姻法》第20条有关夫妻负相互扶养义务的内容。夫妻扶养关系从婚姻合法成立之时起产生，至婚姻合法终止时消灭，在婚姻关系有效存续的整个过程中一直存在且具有法律拘束力，因而是一种常态性的、持续性的法律关系。本案的当事人吴某与周某在婚姻关系存续期间互负扶养义务，故本案即使发生在民法典生效之后，在吴某患病期间，吴某仍有权要求周某支付扶养费，周某应当承担起扶养吴某的责任。

> ▶▶第一千零六十条　夫妻一方因家庭日常生活需要而实施的民事法律行为，对夫妻双方发生效力，但是夫妻一方与相对人另有约定的除外。
> 　　夫妻之间对一方可以实施的民事法律行为范围的限制，不得对抗善意相对人。

🏛 条文要义

本条是对夫妻日常事务代理权的规定。

日常事务代理权亦称家事代理权，是指配偶一方在与第三人就家庭日常事务为一定法律行为时，享有代理对方权利行使的权利。日常事务代理权行使的法律后果是，配偶一方代表家庭所为的行为，对方配偶须承担后果责任，配偶双方对其行为应当承担连带责任。家事代理与表见代理相似，适用表见代理的原理，其目的在于保护无过失第三人的利益，保障交易的动态安全。

家事代理权为法定代理权之一种，非有法定的原因不得加以限制，妻因其身份当然有此项代理权。日常家事的范围，包括夫妻、家庭共同生活中的一切必要事项，诸如购物、保健、衣食、娱乐、医疗、雇工、接受馈赠等，皆包括在内。一般认为，家庭对外经营活动不包括在内。

家事代理权的行使，应以配偶双方的名义为之。配偶一方以自己的名义为之者，仍为有效，行为的后果及于配偶二人。如为夫妻共同财产制，夫妻共同承担行为的后果，取得权利或承担义务；夫妻有其他约定的，从其约定。对于配偶一方超越日常事务代理权的范围，或者滥用该代理权，另一方可以因违背其意思表示而予以撤销，但行为的相对人如为善意、无过失，则不得撤销，因为法律保护善意第三人的合法权益。

家事代理权的行使规则是：

（1）代理的事务限于家庭日常事务。诸如一家的食物、光热、衣着等用品的购买，保健、娱乐、医疗，子女的教养，家具及日常用品的购置，保姆、家庭教师的聘用，亲友的馈赠，报纸杂志的订阅，皆包含在内。对于这类事务，夫妻间均有代理权，一方不得以不知情为由推卸共同的责任。

（2）紧迫情形处理的代理权推定。该代理权的范围可以适当扩张，推定有代理权。在紧迫情形下，如果为婚姻共同生活的利益考虑，某业务不容延缓，并且他方配偶因疾病、缺席或者类似原因，无法表示同意，则推定夫妻一方对超出日常事务代理权范围的其他事务的代理，为有代理权。

（3）其他事务的共同决定。超出上述范围的婚姻家庭事务，应当由夫妻双方共同决定，不得一方擅自决定。

（4）第三人无法辨别配偶一方是否有代理权的责任。如果配偶中任何一方实施的行为为个人行为，该行为无法使第三人辨别是否已经超越日常事务代理权的，他方配偶应当承担连带责任。

夫妻一方滥用日常事务代理权的，他方可以对其代理权加以限制。为了保障交易的安全，保护善意第三人的合法利益，该种限制不得对抗善意第三人。

上述对夫妻日常事务代理权的规定在《婚姻法》中是没有的。有人认为，《婚姻法》第17条第2款关于"夫妻对共同所有的财产，有平等的处理权"的规定，包含配偶家事代理权的内容。这种看法是不正确的。共同财产的平等处理权是共同财产权的具体内容，不包含家事代理权。家事代理权是配偶权中的一项重要内容，不仅关系到夫妻平等权利问题，而且关系到善意第三人的合法利益问题，立法必须明确。本条对夫妻日常事务代理权作出了规定。

案例评析

韩某诉段某等房屋买卖合同纠纷案[①]

案情： 韩某与肖某是合法夫妻。双方共同购买了一处房屋，以肖某名义办理了土地使用权证和房屋所有权证。某日肖某在房屋买卖中介机构工作人员的见证下，与段某签订了"房地产买卖合同"。韩某向法院诉请解除合同。一审法院认为：肖某向外界表达售房意愿时，韩某对此未持反对意见，应视为其同意出售该房屋。段某与肖某签订的房屋买卖合同合法有效。韩某对一审判决不服，提起了上诉。二审法院认为，涉案房屋是韩某与肖某的夫妻共同财产，段某在与肖某签订涉案房屋买卖

---

① 审理法院：一审法院为湖北省天门市人民法院，案号：（2017）鄂9006民初1773号。二审法院为湖北省汉江中级人民法院，案号：（2018）鄂96民终92号。

合同时亦知晓该事实。肖某卖房未经韩某的同意，也未得到韩某的事后追认，故肖某的行为属无权处分，其与段某签订的"房地产买卖合同"对韩某不产生法律效力。

评析：法院根据《物权法》第97条有关"处分共有的不动产或者动产以及对共有的不动产或者动产作重大修缮的，应当经占份额三分之二以上的按份共有人或者全体共同共有人同意，但共有人之间另有约定的除外"之规定，判决肖某的行为属无权处分，其与段某签订的"房地产买卖合同"对韩某不产生法律效力。夫妻日常事务代理权是指夫妻一方因日常事务与第三人进行民事交往时所为的法律行为，视为夫妻共同的意思表示，对另一方产生相同的法律效力。本案的焦点是肖某出售夫妻共同所有的房屋是否属于家庭日常生活需要的范围。判断家庭日常生活需要时，可以参考国家统计局关于我国城镇居民家庭消费的八大种类，还要结合夫妻共同生活的状态和当地一般社会生活习惯予以认定，立足点在于满足需要的适当性。肖某出售房屋显然是为了家庭生活需要而实施的，故韩某有权主张肖某出售房屋的行为对其不发生法律效力。

民法典第1060条新增了夫妻日常家事代理的规定。婚姻生活中，日常需处理的事务甚多，必然有夫妻相互代理的需要。这种代理基于配偶身份而生，不以明示为必要，故与一般民事代理不同。夫妻日常事务代理是指夫妻一方因日常事务与第三人进行民事交往时所为的法律行为，视为夫妻共同的意思表示，对另一方产生相同的法律效力。在实践中，何谓家庭日常生活的需要？一般应根据客观标准予以认定，不取决于第三人个人的认识。这是由日常家事代理的首要目标是强化配偶之间为生活共同体而非保护交易安全所决定的。若本案发生在民法典生效之后，由于肖某出售夫妻共同所有的房屋的民事法律行为不属于家庭日常生活需要而必须实施的行为，而且，段某明明知肖某有配偶，在未确定该房屋为肖某的个人财产还是夫妻共同财产的情况下，与肖某签订超出家庭日常生活需要范围的合同，无法推定其为善意。因此，即使根据民法典第1060条的规定，韩某仍有权主张肖某出售房屋的行为对其不发生法律效力。

> ▶▶ **第一千零六十一条**　夫妻有相互继承遗产的权利。

🏛 条文要义

本条是关于配偶相互享有继承权的规定。

依照民法典第六编"继承"的规定，夫妻之间互为配偶，相互享有继承权。配偶可以用遗嘱将遗产分配给对方配偶继承。在法定继承中，配偶是第一顺序法定继承人，在对方配偶死亡时，依照法定继承的规定，在第一顺位享有继承其遗产的权利。这种权利以配偶关系的存在为前提。离婚发生法律效力后，其法律后果之一，就是双方不再互相享有继承权，任何一方都不是对方遗产的法定继承人，无权再以配偶的身份继承对方的遗产。

配偶享有法定继承权需满足以下条件：（1）存在合法的婚姻关系。配偶与被继承人之间存在合法的婚姻关系是配偶享有继承权的先决条件。（2）配偶一方死亡，因为继承开始的原因是自然人死亡。（3）生存配偶未丧失继承权。我国法律规定了自然人丧失继承权的四种情形，配偶如果具有这四种情形，同样会丧失继承权，无法继承被继承人的遗产。

根据民法典之婚姻家庭编的规定，被继承人的财产一般包括其在夫妻共同财产中的份额以及其个人财产。共同财产主要是指除另有约定外夫妻在婚姻关系存续期间所得的财产，包括工资、奖金，生产、经营的收益，知识产权的收益，继承或赠与所得的财产等。夫妻可约定其个人特有财产全部共同所有或部分共同所有，这部分财产也属于共同财产。夫妻个人财产主要包括一方的婚前财产；一方因身体受到伤害获得的医疗费、残疾人生活补助费等费用；遗嘱或赠与合同中确定只归夫或妻一方的财产；一方专用的生活用品和其他应当归一方的财产。根据我国继承法的规定，在分割遗产时，对于夫妻在婚姻关系存续期间所得的共同所有的财产，除另有约定外，应当将共同所有的财产的一半分出为配偶所有，其余的为被继承人的遗产。也就是说，被继承人的个人财产、共同财产的一半为其所有遗产。如果被继承人生前没有立遗嘱，则其生存的配偶与其他第一顺序的继承人，包括被继承人的子女、父母，按照法定继承均分其遗产。

案例评析

陈某诉岳某继承纠纷案[①]

案情：陈某的母亲陈某云与其父亲施某离婚后，施某与岳某共同生活，双方未领取结婚证。施某与岳某共同生活期间，与他人一同盖了楼房。之后，施某、施某的母亲宋某先后死亡。陈某向法院诉请继承施某的遗产。岳某主张其与施某为事实婚姻关系，应当享有继承施某之遗产的权利。法院认为，施某与岳某未办理结婚登记，但符合事实婚姻成立的条件，故两者为夫妻关系，岳某享有继承配偶施某之遗产的权利。

评析：根据《婚姻法》第24条，岳某有权继承施某的遗产。法律确认配偶继承权的依据是婚姻关系合法存在，即夫妻身份的现实存续。换言之，只有在婚姻关系依法有效缔结之后、合法有效存续期间，配偶一方死亡，另一方才享有继承权。本案的焦点是未经登记的施某与岳某间是否存在合法的婚姻关系，继而岳某是否享有继承施某之遗产的权利。施某与岳某虽未办理结婚登记，但符合事实婚姻成立的条

---

① 审理法院：江苏省如东县人民法院，案号：（2016）苏 0623 民初 220 号。

件，故两者为夫妻关系。施某在双方婚姻关系存续期间死亡，故岳某享有继承配偶施某之遗产的权利。

民法典第 1061 条的规定继承了《婚姻法》第 24 条第 1 款的规定，即使本案发生在民法典生效之后，由于岳某是施某的配偶，故岳某有权继承施某的遗产。

▶▶ **第一千零六十二条**　夫妻在婚姻关系存续期间所得的下列财产，为夫妻的共同财产，归夫妻共同所有：

（一）工资、奖金、劳务报酬；

（二）生产、经营、投资的收益；

（三）知识产权的收益；

（四）继承或者受赠的财产，但是本法第一千零六十三条第三项规定的除外；

（五）其他应当归共同所有的财产。

夫妻对共同财产，有平等的处理权。

🏛 条文要义

本条是对夫妻共同财产范围的规定。

夫妻共同财产是指夫妻在婚姻关系存续期间，一方或双方取得，依法由夫妻双方共同享有所有权的共有关系。它不是单指某种财产，而是指一种夫妻财产制度，以及在该种财产制度下财产所有人的权利义务关系。

夫妻共同财产的法律特征是：（1）夫妻共同财产的发生以夫妻关系缔结为前提；（2）夫妻共同财产的权利主体是夫妻二人；（3）夫妻共同财产的来源为夫妻双方或一方的婚后所得；（4）夫妻共同财产的性质为共同共有。

夫妻共同财产分为五个部分，只要是夫妻双方在夫妻关系存续期间所得，即成为夫妻共同财产：

（1）工资、奖金、劳务报酬。工资、奖金、劳务报酬均为劳动所得，指夫或妻一方或者双方从事一切劳动包括脑力劳动、体力劳动所获得的工资报酬和奖金报酬等。

（2）生产、经营、投资的收益。凡属于夫妻关系存续期间一方或双方经营承包、私营企业、个体工商业、合伙、投资等，其所获收益，均为夫妻共同财产。

（3）知识产权的收益。夫妻共同取得的知识产权，如共同写作的书籍、论文，共同发明的专利等，归夫妻共同享有，其所得的经济利益属于夫妻共同财产。一方取得的知识产权，权利本身属于个人所有，依该权利已经取得的经济利益为夫妻共同财产，在夫妻关系存续期间尚未取得的经济利益即预期利益不属于夫妻共同财产。

（4）继承或受赠的财产。共同受赠、继承的财产，为夫妻共有财产。一方继承、受赠的财产作为夫妻共同财产，符合婚后所得共同制的原则，但是，按照民法典第

1063 条第 3 项的规定，遗嘱或赠与合同中确定只归夫或妻一方的财产除外。

（5）其他应当归夫妻共同所有的财产。例如，一方或双方取得的债权，一方或者双方获得的资助、捐助等，都为夫妻共同财产。

上述夫妻共同财产的种类中，与《婚姻法》第 17 条规定的相比，新增了"劳动报酬"和"投资的收入"，原因是，现在很多人的收入不仅仅包括工资、奖金等固定收入，还有一部分是通过副业而获得的劳务报酬，而且投资越来越成为当代人理财的方法。

📋 配套司法解释

最高人民法院关于适用《中华人民共和国民法典》婚姻家庭编的解释（一）

第二十四条　民法典第一千零六十二条第一款第三项规定的"知识产权的收益"，是指婚姻关系存续期间，实际取得或者已经明确可以取得的财产性收益。

第二十五条　婚姻关系存续期间，下列财产属于民法典第一千零六十二条规定的"其他应当归共同所有的财产"：

（一）一方以个人财产投资取得的收益；

（二）男女双方实际取得或者应当取得的住房补贴、住房公积金；

（三）男女双方实际取得或者应当取得的基本养老金、破产安置补偿费。

第二十六条　夫妻一方个人财产在婚后产生的收益，除孳息和自然增值外，应认定为夫妻共同财产。

第二十七条　由一方婚前承租、婚后用共同财产购买的房屋，登记在一方名下的，应当认定为夫妻共同财产。

第二十八条　一方未经另一方同意出售夫妻共同所有的房屋，第三人善意购买、支付合理对价并已办理不动产登记，另一方主张追回该房屋的，人民法院不予支持。

夫妻一方擅自处分共同所有的房屋造成另一方损失，离婚时另一方请求赔偿损失的，人民法院应予支持。

第二十九条　当事人结婚前，父母为双方购置房屋出资的，该出资应当认定为对自己子女个人的赠与，但父母明确表示赠与双方的除外。

当事人结婚后，父母为双方购置房屋出资的，依照约定处理；没有约定或者约定不明确的，按照民法典第一千零六十二条第一款第四项规定的原则处理。

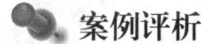 案例评析

周某诉赖某等民间借贷纠纷案①

案情： 赖某与曹某登记结婚后，赖某陆续向周某借款 290 000 元，并约定借款月

---

① 审理法院：一审法院为福建省宁化县人民法院，案号：（2017）闽 0424 民初 1670 号。二审法院为福建省三明市中级人民法院，案号：（2018）闽 04 民终 220 号。

利率为 2‰。赖某归还 60 000 万元后，剩下的借款，赖某通过将其持有的公司股权转让给周某的方式偿还。后周某向法院诉请赖某、曹某共同支付周某累积的月利息 52 133 元。一审法院认为，赖某所负的债务发生在其与曹某的婚姻关系存续期间，且该借款用于家庭投资，故曹某应对本案赖某的债务承担共同清偿责任。赖某、曹某不服一审判决，提起上诉。二审法院认为，赖某对外经营的公司产生的收益属于其与曹某的共同财产，故与该收益相对应的消极财产即债务也应属于夫妻共同债务，双方承担共同清偿责任。

评析：根据《婚姻法》第 17 条关于夫妻共同财产的规定，周某有权请求赖某、曹某共同偿还债务。夫妻在婚姻关系存续期间因生产、经营、投资的所得的财产，为夫妻的共同财产。夫妻对共同财产，有平等的处理权。本案的焦点是夫妻在婚姻关系存续期间所得的消极财产即债务是否为共同债务。赖某与曹某在婚姻关系存续期间对外经营公司，该公司所产生的收益属于夫妻共同财产，与之相对应的消极财产即债务也当然属于夫妻共同债务，故赖某与曹某应当以夫妻共同财产偿还周某的债务。

民法典第 1062 条的规定继承了《婚姻法》第 17 条有关生产、经营的收入为夫妻共同财产的规定，故即使根据民法典第 1062 条，周某仍有权请求赖某、曹某共同偿还债务。

值得补充说明的是，本案没有反映出民法典第 1062 条规定的新规则，即"劳动报酬"和"投资的收入"也属于夫妻共同财产。本案的当事人赖某与曹某如果有劳动报酬和投资的收入，也应当用该财产偿还对周某所负的债务。

> ▶▶第一千零六十三条　下列财产为夫妻一方的个人财产：
> （一）一方的婚前财产；
> （二）一方因受到人身损害获得的赔偿或者补偿；
> （三）遗嘱或者赠与合同中确定只归一方的财产；
> （四）一方专用的生活用品；
> （五）其他应当归一方的财产。

🏛 条文要义

本条是对夫妻个人财产范围的规定。

法律保护的夫妻个人财产是配偶一方自己的财产，属于个人财产，不认为是夫妻共同财产。夫妻的个人财产受法律保护。

夫妻个人财产的范围是：

（1）婚前个人财产。婚前个人所有的货币及一般的生产资料、生活资料归个人所有，不属于夫妻共同财产。

（2）一方因受到人身损害获得的赔偿或者补偿。一方因受人身伤害而获得的医疗费、残疾人生活补助费等赔偿或者补偿，是因其受到人身损害而得到的赔偿金或者补偿费。该种财产具有人身性质，是用于保障受害人生活的基本费用，须归个人所有，不能作为夫妻共同财产。

（3）遗嘱或赠与合同中确定只归夫或妻一方的财产。赠与人或被继承人明确将财产赠给、继承给个人的，体现了财产所有人支配财产的真实意志，完全是所有权应有的内容。这些财产属于夫妻个人财产。

（4）一方专用的生活物品。个人衣物、书籍、资料等，都是极具个人属性的财产，为个人财产。在离婚纠纷中争夺这些财产的也不在少数。在生活物品中，贵重物品和其他奢侈品除外，因为这些物品价值极大，完全归一方所有不公平。

（5）其他应当归一方所有的财产。包括：1）婚前个人财产增值部分。婚前个人财产在婚后的增值应当分为两个部分：经过夫妻共同管理、经营部分的增值，为夫妻共同财产；自然增值和未经共同管理、经营部分的增值，为个人财产。2）复员、转业军人的复员费、转业费、医疗补助费和回乡生产补助费，永远归个人所有。3）夫妻一方的人身保险金。人寿保险金、伤害保险金等具有人身性质，只能作为个人财产。4）其他个人财产。与个人身份密切相关的奖品、奖金，国家资助优秀科学工作者的科研津贴，一方创作的手稿、文稿、艺术品设计图、草图等，永远为个人所有。

在上述夫妻个人财产中，"一方因受到人身损害获得的赔偿和补偿"是指因受到人身伤害而得到的人身损害赔偿金、精神损害赔偿金和相关的补偿费。该种财产具有人身性质，是救济人身损害而获得的，赔偿和补偿的是该方当事人因人身伤害所受的损失，是用于保障受害人生活的基本费用，故须归个人所有，不能作为夫妻共有财产。

📑 配套司法解释

最高人民法院关于适用《中华人民共和国民法典》婚姻家庭编的解释（一）

第三十条　军人的伤亡保险金、伤残补助金、医药生活补助费属于个人财产。

第三十一条　民法典第一千零六十三条规定为夫妻一方的个人财产，不因婚姻关系的延续而转化为夫妻共同财产。但当事人另有约定的除外。

第三十二条　婚前或者婚姻关系存续期间，当事人约定将一方所有的房产赠与另一方或者共有，赠与方在赠与房产变更登记之前撤销赠与，另一方请求判令继续履行的，人民法院可以按照民法典第六百五十八条的规定处理。

第三十三条　债权人就一方婚前所负个人债务向债务人的配偶主张权利的，人民法院不予支持。但债权人能够证明所负债务用于婚后家庭共同生活的除外。

案例评析

倪某诉李某所有权确认纠纷案①

案情：在与李某登记结婚前，倪某与开发公司签订了两套房屋拆迁安置补偿协议。婚后，依法办理了该两套房屋的产权登记时，载明：产权人为倪某，共有人为李某。倪先奎诉请法院确认两套房屋是其通过拆迁所得的婚前个人财产，应归其一人所有。一审法院认为，涉案房屋均为倪某婚前财产的拆迁房，是其婚前财产，且双方未就该两套房屋归双方共同所有作出书面约定，故该两套房屋应为倪某一方的财产。李某不服一审判决，提起了申诉。检察机关抗诉后，法院进行了再审。再审法院认为，讼争两套房屋虽然已登记为李某与倪某共同共有，但事实反映，这两套房屋的原始取得是倪某婚前的个人拆迁房屋，双方并没有书面约定为共同共有，故两套房屋应属倪某个人所有。

评析：根据《婚姻法》第18条关于夫妻个人财产的规定，倪某有权请求确认两套房屋为其个人财产。婚前财产为夫妻一方的个人财产，对婚前财产享有所有权的一方可独立管理、使用、收益和处分该财产，该财产不因结婚而转化为夫妻共同财产。本案的争议焦点是涉案的两套房屋为倪某单独所有还是夫妻共同所有。倪某办理房屋产权登记时尽管载明配偶李某为共有人，但该两套房屋均为倪某婚前拆迁所得的，不因结婚而转化为夫妻共同财产，且倪某与李某婚后未共同使用、经营、管理该两套房子长达8年，故该两套房无法被视为夫妻共同财产，应该归倪某单独所有。

民法典第1063条的规定继承了《婚姻法》第18条第1款的规定，由于本案涉及的是婚前财产问题，因此，依民法典的规定来看，涉案的两套房仍应当归倪某单独所有。

值得注意的是，本案没有反映出民法典第1063条规定的新规则，即"一方因受到人身损害获得的赔偿或者补偿"为夫妻个人财产。如果在倪某与李某的婚姻关系存续期间，倪某的人格或者身体受到侵害，由此获得赔偿金或者补偿金，根据第1063条第2款的规定，仍应当属于倪某的个人财产。

> ▶▶**第一千零六十四条**　夫妻双方共同签名或者夫妻一方事后追认等共同意思表示所负的债务，以及夫妻一方在婚姻关系存续期间以个人名义为家庭日常生活需要所负的债务，属于夫妻共同债务。
>
> 夫妻一方在婚姻关系存续期间以个人名义超出家庭日常生活需要所负的债务，不属于夫妻共同债务；但是，债权人能够证明该债务用于夫妻共同生活、共同生产经营或者基于夫妻双方共同意思表示的除外。

---

① 审理法院：一审法院为四川省邻水县人民法院，案号：（2016）川1623民初1302号。再审法院为四川省广安市中级人民法院，案号：（2016）川16民再29号。

🏛 条文要义

本条是对夫妻共同债务的规定。

夫妻共同债务是指以夫妻共同财产作为一般财产担保，在夫妻共有财产的基础上设定的债务，包括夫妻在婚姻关系存续期间为解决共同生活所需的衣、食、住、行、医、履行法定扶养义务、必要的交往应酬，以及因共同生产经营活动等所负之债，以及因抚育子女、赡养老人、夫妻双方同意而资助亲朋所负债务。

夫妻共同债务与夫妻个人债务相对应。

本条规定的确定夫妻共同债务的规则是：夫妻双方共同签字或者夫妻一方事后追认等共同意思表示所负的债务，以及夫妻一方在婚姻关系存续期间以个人名义为家庭日常生活需要所负的债务，属于夫妻共同债务。具体标准是：

（1）夫妻双方共同签名或者夫妻一方事后追认等共同意思表示所负的债务。法律准许夫妻双方对财产的所有关系进行约定，也包括对债务的负担进行约定，双方约定归个人负担的债务，为个人债务。约定个人债务时，可以与财产所有的约定一并约定，也可以单独就个人债务进行约定。举债时没有夫妻的共同约定，但是举债之后对方配偶追认是夫妻共同债务的，当然也是夫妻共同债务。

（2）夫妻一方在婚姻关系存续期间以个人名义为家庭日常生活需要所负的债务，包括为保持配偶或其子女的生活发生的债务，为了履行配偶双方或一方的生活保持义务产生的债务，其他根据配偶一方或债权人的请求确认为具有此等性质的债务，例如，购置家庭生活用品、修缮房屋、支付家庭生活开支、夫妻一方或双方乃至子女治疗疾病、生产经营，以及其他生活必需而负的债务。因抚育子女、赡养老人、夫妻双方同意而资助亲朋所负债务，亦为夫妻共同债务。

夫妻一方在婚姻关系存续期间以个人名义超出家庭日常生活需要所负的债务，不属于夫妻共同债务。例如，一方未经对方同意擅自资助与其没有扶养义务的亲朋所负的债务，一方未经对方同意独自筹资从事经营活动、其收入确未用于共同生活所负的债务，以及因个人实施违法行为所欠债务，婚前一方所欠债务，婚后一方为满足个人欲望、确系与共同生活无关而负的债务等。为保护债权人的合法权益，本条特别规定，债权人能够证明该债务用于夫妻共同生活、共同生产经营或者基于夫妻双方共同意思表示的除外。

尽管如此，本条仍存在一个有可能被利用逃债的问题。当夫妻一方为经营活动举债时，原本另一方是知情的，或者经营活动的所得用于家庭共同生活等，但是在债权人主张清偿债务时，该方主张不知情，或者主张没有将经营活动所得用于夫妻共同生活，因而认为该债务是夫妻一方债务，而不是夫妻共同债务。对于这个问题，应当从三个方面解决：第一，向夫妻一方出借借款时，出借人应当对借贷的一方提出要求，即要求对方的配偶签字，需要其承诺借款，避免推脱债务；第二，出借人应当尽可能地保留是夫妻共同债务的证据，例如，将经营所得收入用于夫妻共同生活的证据，以对抗借款人否认是夫妻共同债务；第三，法官审查这类案件时应当查清事实，避免借款人借故逃避债务，保护好债权人的权益。

📑 配套司法解释

最高人民法院关于适用《中华人民共和国民法典》婚姻家庭编的解释（一）

第三十四条　夫妻一方与第三人串通，虚构债务，第三人主张该债务为夫妻共同债务的，人民法院不予支持。

夫妻一方在从事赌博、吸毒等违法犯罪活动中所负债务，第三人主张该债务为夫妻共同债务的，人民法院不予支持。

第三十五条　当事人的离婚协议或者人民法院生效判决、裁定、调解书已经对夫妻财产分割问题作出处理的，债权人仍有权就夫妻共同债务向男女双方主张权利。

一方就夫妻共同债务承担清偿责任后，主张由另一方按照离婚协议或者人民法院的法律文书承担相应债务的，人民法院应予支持。

第三十六条　夫或者妻一方死亡的，生存一方应当对婚姻关系存续期间的夫妻共同债务承担清偿责任。

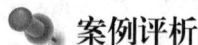 案例评析

江某诉谭某等民间借贷纠纷案[①]

案情：在谭某、钟某的婚姻关系存续期间，谭某向江某借款，未按约定偿还江某的借款金额为 2 915 134 元。江某向法院诉请谭某、钟某共同向江某偿还拖欠款项本金及资金占用费 3 368 006 元。一审法院认为，江某不能证明涉案借款用于谭某、钟某夫妻的共同生活，亦不能证明借款时该夫妻有共同合意，且涉案借款金额较大，明显已经超过了夫妻日常生活所需，故江某无权主张涉案借款为谭某、钟某夫妻共同债务并要求钟某承担共同还款责任。谭某、钟某对认定涉案借款关系成立的一审判决不服，提起了上诉。二审法院认为，现有证据形成完整证据链足以证明谭某借用江某资金的事实，故一审法院据此认定谭某向江某借款的事实并无不当。

评析：根据《婚姻法》第 41 条的规定，夫妻共同生活所负的债务，为夫妻共同债务。判断夫妻共同债务的标准有二：一是看借款行为是否基于夫妻合意，二是看借款有无用于夫妻共同生活。根据该规定，江某不能证明谭某借款基于夫妻共同合意且该借款用于夫妻日常生活，故无权请求钟某共同承担还款责任。民法典第 1064 条第 2 款改变了原有的判断夫妻共同债务的标准：夫妻一方在婚姻关系存续期间以

个人名义超出家庭日常生活需要所负的债务，不属于夫妻共同债务；但是债权人能够证明该债务用于夫妻共同生活、共同生产经营或者基于夫妻双方共同意思表示的除外。根据该规定再分析本案的焦点：谭某向江某借款是否属于夫妻共同债务？由于谭某的借款金额较大，超出了家庭日常生活需要的范围，且江某不能证明该债务是基于夫妻共同合意，或将债务用于谭某、钟某的共同生活的事实，钟某事后也没有追认该债务，故该债务不属于夫妻共同债务，钟某无须承担还款责任。根据《婚姻法》第41条的规定，不易判断是否为夫妻共同债务，因此，民法典新增了"共债共签"的规定，即第1064条。

> ▶▶ **第一千零六十五条** 男女双方可以约定婚姻关系存续期间所得的财产以及婚前财产归各自所有、共同所有或者部分各自所有、部分共同所有。约定应当采用书面形式。没有约定或者约定不明确的，适用本法第一千零六十二条、第一千零六十三条的规定。
>
> 　　夫妻对婚姻关系存续期间所得的财产以及婚前财产的约定，对双方具有法律约束力。
>
> 　　夫妻对婚姻关系存续期间所得的财产约定归各自所有，夫或者妻一方对外所负的债务，相对人知道该约定的，以夫或者妻一方的个人财产清偿。

🏛 条文要义

本条是对夫妻约定财产的规定。

夫妻约定财产是指夫妻以协议形式决定婚姻关系存续期间所得财产的所有关系的夫妻财产制度，是夫妻法定财产的对称。

立法者将夫妻法定财产制确定为基本的夫妻财产制，将约定财产制作为特殊的、补充的财产制。约定财产制有排斥法定财产制的效力，只要缔结夫妻财产协议的男女双方协商成立，在他们之间就不再适用法定财产制。

夫妻财产约定的要件是：（1）婚姻关系当事人须有订约能力；（2）订立的夫妻财产协议须具备形式要件。

夫妻财产约定的效力是：对双方具有约束力，第三人知道该约定的，可以对抗该第三人。其具体包括以下方面内容。

（1）对内效力，是指该协议对婚姻关系当事人的拘束力。最基本的效力就在于，夫妻财产协议成立并生效，即在配偶间及其继承人间发生夫妻财产约定的物权效力，婚姻关系当事人受此物权效力的约束。在夫妻财产协议中，无论约定分别财产制还是个别财产归一方所有的财产制，乃至就使用权、收益权、处分权的约定，都依其约定发生物权效力。如进行变更或撤销，必须经婚姻当事人双方同意，一方不得依自己的意思表示进行变更或撤销。

（2）对外效力，是指夫妻关于婚姻财产的约定可否对抗第三人。承认其对外效力，即该约定可以对抗第三人；不承认其对外效力，则该约定不能对抗第三人。原则是，第三人知道该约定的，即发生对抗第三人的效力；第三人不知道该约定的，就不发生对抗第三人的效力。第三人不知道该约定的，不发生对抗效力，应当以双方当事人的财产清偿债务。

夫妻财产约定的内容是，可以约定婚姻关系存续期间所得的财产以及婚前财产归各自所有、共同所有或者部分各自所有、部分共同所有。夫妻财产约定应当采用书面形式，即书面协议。夫妻财产约定的范围是，夫妻婚姻关系存续期间所得的财产以及婚前财产。

配套司法解释

最高人民法院关于适用《中华人民共和国民法典》婚姻家庭编的解释（一）

第三十七条　民法典第一千零六十五条第三款所称"相对人知道该约定的"，夫妻一方对此负有举证责任。

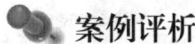 ## 案例评析

郑某诉庄某等民间借贷纠纷案①

案情：庄某与江某是夫妻，双方对婚姻关系存续期间所得的财产、以个人名义所负的债务，均未作特别的约定。庄某向郑某借款，由江某书写的两张"借条"中记载的借款分别为 300 万元、50 万元。郑某为催收借款，诉至法院。一审法院认为：江某认为案涉借款属于庄某个人债务，其需举证证明郑某与庄某已经明确约定涉案债务为庄某的个人债务，或者举证证明其与庄某对婚姻关系存续期间所得的财产约定归各自所有且郑某知道该约定，否则需承担举证不能的法律后果。对此，江某并未举证证实其主张，故案涉借款是夫妻共同债务。庄某、江某不服一审法院对借款本金数额的认定，提起上诉。二审法院认为，原审法院认定案涉借款本金为 350 万元并无不当。

评析：根据《婚姻法》第 19 条关于夫妻约定财产的规定，因庄某、江某未约定夫妻财产，郑某有权让二人共同偿还债务。夫妻双方实行约定财产制的，如果债权人事先知道该约定，并与夫妻中的一方建立债权债务关系的，应当用债务人的个人财产清偿。如果债权人事先并不知道债务人实行约定财产制的，债权人可以向夫妻双方主张权利。本案中，庄某、江某未对婚姻关系存续期间所得的财产、以个人名

---

① 审理法院：一审法院为广东省广州市海珠区人民法院，案号：（2017）粤 0105 民初 4017 号。二审法院为广东省广州市中级人民法院，案号：（2018）粤 01 民终 428 号。

义所负的债务作特别的约定，且郑某也不知道该约定。根据《最高人民法院关于适用〈中华人民共和国婚姻法〉若干问题的解释（一）》第18条，以及《最高人民法院关于适用〈中华人民共和国婚姻法〉若干问题的解释（二）》第24条之规定，郑某有权请求庄某、江某共同承担清偿责任。

民法典第1065条继承了《婚姻法》的相关规定。该规定为了尊重夫妻的意思以及因应婚姻生活的特殊性和个性，明确夫妻可以依据意思自治，对婚内财产进行约定。由于庄某、江某未约定采用夫妻分别财产制，双方的财产属于夫妻共同财产，因此，即使本案发生在民法典生效之后，郑某仍有权让庄某、江某以夫妻共同财产来偿还债务。

▶▶ **第一千零六十六条**　婚姻关系存续期间，有下列情形之一的，夫妻一方可以向人民法院请求分割共同财产：

（一）一方有隐藏、转移、变卖、毁损、挥霍夫妻共同财产或者伪造夫妻共同债务等严重损害夫妻共同财产利益的行为；

（二）一方负有法定扶养义务的人患重大疾病需要医治，另一方不同意支付相关医疗费用。

🏛 条文要义

本条是对婚内分割夫妻共同财产的规定。

夫妻共同财产是夫妻共同共有的财产。在共同共有关系发生的原因消灭前，共同共有财产不能分割。其目的在于保持共有关系的稳定和基础，保护共有人的合法权益。不过，民法典第303条中规定，"……共有人有重大理由需要分割的，可以请求分割"。其中，有重大理由可以对共同共有财产进行分割，就包括了夫妻共同财产部分分割的情形。这就是，在坚持夫妻共同财产不能分割原则，婚姻关系存续期间夫妻一方请求分割共同财产原则上不予支持的基础上，将特别情形作为例外，准许特别情形下在婚姻关系存续期间分割夫妻共同财产，以保护婚姻当事人的合法权益。

本条规定以下情形属于重大理由，可以请求法院予以分割：

（1）一方有隐藏、转移、变卖、毁损、挥霍夫妻共同财产或者伪造夫妻共同债务等严重损害夫妻共同财产利益的行为。这里概括了六种情形，即隐藏、转移、变卖、毁损、挥霍以及伪造夫妻共同债务，具备其中之一，就可以请求进行分割，而不是这些条件都具备才可以请求分割。

（2）一方负有法定扶养义务的人患重大疾病需要医治，另一方不同意支付相关医疗费用，例如，妻子的父母患重大疾病需要医治，丈夫不同意支付医疗费用的。

符合这种情形的，一方当事人可以请求分割共有财产，用自己分割得到的财产支付费用。

夫妻共同财产经过婚内分割之后，分割出来的财产成为个人财产，主张分割的一方对分割所得的部分享有所有权，可以依照自己的意志处分该财产。

上述内容是民法典增加的新规则，是根据司法实践中总结的经验归纳出的民法新规范。这样的做法符合民法典第 303 条关于"共有人有重大理由需要分割的，可以请求分割"的规定，其中，有重大理由可以对共同共有财产进行分割，就包括了夫妻共同财产的婚内部分分割情形。

📑 配套司法解释

最高人民法院关于适用《中华人民共和国民法典》婚姻家庭编的解释（一）

第三十八条　婚姻关系存续期间，除民法典第一千零六十六条规定情形以外，夫妻一方请求分割共同财产的，人民法院不予支持。

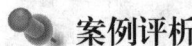 **案例评析**

王某某诉王甲、王乙婚内共同财产分割纠纷案①

案情：王甲与王某某登记结婚，婚后购买了一套房屋，登记在王某某名下。某日王某某与其父亲王乙就该房屋签订了买卖合同，并办理了过户手续。王甲诉请法院依法分割房屋出售款。一审法院认为，王某某在夫妻关系存续期间，将夫妻共同所有的房屋过户给其父王乙，属于转移夫妻共同财产的行为，严重损害了王甲的财产利益，应当向王甲支付房款的一半。王某某不服一审判决，提起了上诉。二审法院认为，王某某将房屋出售给其父亲的行为并未严重损害夫妻共同财产利益，王甲也未提供关于严重侵害本人财产权益的相关证据，故王甲的诉讼不符合分割夫妻婚内财产纠纷案件的受理条件。

评析：根据《最高人民法院关于适用〈中华人民共和国婚姻法〉若干问题的解释（三）》第 4 条的规定，王甲因王某某在婚姻关系存续期间转移、变卖夫妻共同财产，无权请求分割出售房屋的价款。婚姻关系存续期间，一方有隐藏、转移、变卖、毁损、挥霍夫妻共同财产等损害夫妻共同财产利益的行为的，另一方可以向人民法院请求分割共同财产。本案的焦点是王某某将房屋出售给其父亲的行为是否严重损害夫妻共同财产利益。王某某在与王甲发生矛盾之后，将房屋出售给王乙，但现有证据不能证明王某某出售房屋具有恶意，严重损害夫妻共同财产利益，因此，王甲无权请求分割王某某出售房屋的价款。

---

① 审理法院：一审法院为陕西省宝鸡市渭滨区人民法院，案号：（2016）陕 0302 民初 3560 号。二审法院为陕西省宝鸡市中级人民法院，案号：（2017）陕 03 民终 730 号。

民法典第 1066 条将司法解释中有关分割婚内财产的内容确定为法律规则。一般来说，在婚姻关系存续期间，夫妻共同财产不得分割，它是维持夫妻共同生活的必要物质基础。但是，在一方当事人故意减少夫妻共同财产，或者伪造夫妻共同债务的情况下，如果还不允许对夫妻财产予以分割，共同财产会逐渐减少，另一方的合法财产利益将会受到严重损害。因此，在这种情况下，虽然夫妻双方的婚姻关系仍然存续，也应当允许另一方当事人主张分割共同财产。变卖夫妻共同财产就是有意减少共同财产的一种方式，不利于保障夫妻的合法权益。本案的王某某在婚姻关系存续期间，将房屋售给王乙，但未严重损害夫妻共同财产利益，因此，若根据民法典第 1066 条的规定处理本案，王甲仍无权请求分割王某某出售房屋的价款。

第二节　父母子女关系和其他近亲属关系

▶▶第一千零六十七条　父母不履行抚养义务的，未成年子女或者不能独立生活的成年子女，有要求父母给付抚养费的权利。

成年子女不履行赡养义务的，缺乏劳动能力或者生活困难的父母，有要求成年子女给付赡养费的权利。

🏛 条文要义

本条是对父母抚养义务和成年子女赡养义务的规定。

父母对未成年子女的抚养义务是法定义务。抚养是指父母为未成年子女的健康成长提供必要物质条件，包括哺育、喂养、抚育，提供生活、教育和活动的费用等。父母对未成年子女的抚养义务是无条件的义务，不能以任何借口而免除。从子女出生开始直到能够独立生活止，父母都必须承担，即使父母离婚后也不能免除。抚养义务是亲权的主要内容，权利主体是未成年子女，义务主体是亲权人。亲权中的抚养义务以直接养育为原则，即让未成年子女与亲权人共同生活，直接进行养育。对于因事如参军、就学、与无亲权的父母一方暂居等脱离亲权人的未成年子女，亲权人应当支付现金或实物，进行间接养育。未成年子女作为权利人，有权要求父母履行抚养义务。亲权人拒绝履行抚养义务的，权利人依法享有抚养费给付请求权。

成年子女对父母的赡养义务，是亲属权的重要内容。赡养义务是法定义务，是成年子女必须履行的义务。特别是对于缺乏劳动能力或者生活困难的父母，成年子女必须承担赡养义务。成年子女不履行赡养义务的，缺乏劳动能力或者生活困难的父母，有要求成年子女给付赡养费的权利，可以向法院起诉，请求判令成年子女强制赡养父母。

上述内容与《婚姻法》第21条第2款、第3款的规定相同。《婚姻法》第21条第1款有关父母对子女的抚养、教育义务被规定在民法典第1058条，第21条第4款的规定，即"禁止溺婴、弃婴和其他残害婴儿的行为"，被删除了。将夫妻共同亲权内容规定在民法典第1058条是为了体系上的完整性，而将《婚姻法》第21条第4款予以删除，是因为溺婴、弃婴和残害婴儿的行为是犯罪行为，应当由刑法予以规制。

目 配套司法解释

最高人民法院关于适用《中华人民共和国民法典》婚姻家庭编的解释（一）

第四十一条　尚在校接受高中及其以下学历教育，或者丧失、部分丧失劳动能力等非因主观原因而无法维持正常生活的成年子女，可以认定为民法典第一千零六十七条规定的"不能独立生活的成年子女"。

第四十二条　民法典第一千零六十七条所称"抚养费"，包括子女生活费、教育费、医疗费等费用。

第四十三条　婚姻关系存续期间，父母双方或者一方拒不履行抚养子女义务，未成年子女或者不能独立生活的成年子女请求支付抚养费的，人民法院应予支持。

案例评析

赵某诉何某1等赡养纠纷案①

案情：赵某与其丈夫共生育何某1、何某2、何某3、何某4、何某5、何某6。赵某现独自一人生活，每月领取105元的农村养老保险，无其他生活来源。某日何某1、何某3、何某2达成了协议，何某1、何某2每月补助赵某的生活费200元，何某3负责赵某的日常生活。之后，三人未按约定履行，赵某诉至法院，请求判决六名子女每月均支付200元赡养费。一审法院认为，何某1、何某3、何某2达成的老人供养协议具有法律约束力，三人应当根据协议继续履行其义务。赵某不服一审判决，提起了上诉。二审法院认为，何某3、何某1、何某2均拒绝母亲随其生活，赵某现随何某5生活，何某5并不表示反对，遂判决赵某与何某5生活，其他五名子女应当每年支付赵某的生活费。

评析：根据《婚姻法》第21条关于父母子女之间权利、义务的规定，赵某因成年子女不履行赡养义务，有要求子女支付赡养费的权利。子女对父母的赡养是法定的义务，不得附加任何条件。赡养的方式既可以是与父母共同生活，直接履行赡养

---

① 审理法院：一审法院为重庆市武隆区人民法院，案号：（2017）渝0156民初2762号。二审法院为重庆市第三中级人民法院，案号：（2017）渝03民终1955号。

义务，也可以是提供生活费用，承担经济责任。在赵某的同意下，何某 1、何某 2、何某 3 之间就具体赡养赵某的方法达成了协议，约定何某 3 与赵某一起居住，负责赵某所有的日常生活，直接履行赡养义务，而何某 1 和何某 2 不与赵某一起居住，每月支付 200 元的赡养费，承担赡养赵某的经济责任。但这三人未按约定履行，赵某有权要求这三人继续履行其赡养义务。

民法典第 1067 条继承了《婚姻法》有关成年子女赡养父母的规定，本案若发生在民法典生效之后，由于生活困难的父母有权要求成年子女赡养自己，所以赵某仍有权要求三位子女继续履行其赡养义务。

> ▶▶ **第一千零六十八条**　父母有教育、保护未成年子女的权利和义务。未成年子女造成他人损害的，父母应当依法承担民事责任。

🏛 条文要义

本条是对父母教育和保护未成年子女的规定。

父母对未成年子女的教育和保护义务通常称为管教权，是父母对未成年子女负有的必要保护和教育的义务，也是权利。它是基于教养、保护的人身照顾权，特别是教育权而产生的权利。父母行使管教权的目的，是保护和教育子女。未成年子女不听从管教，犯有劣迹时，亲权人可在必要范围内采取适当措施，教育子女改恶从善。

行使管教权必须在适当的范围内，以适当的方法为之，以不损伤未成年子女的身心健康为原则。具体方法，可以是由父母亲自管教，也可以是送交行政机关予以行政处罚。严格禁止亲权的滥用，如果采取伤害身体、危害生命、破坏健康的方法为之，构成刑事犯罪的，应依法追究父母的刑事责任。

父母未尽对未成年子女的教育、保护义务，致使未成年子女侵害他人合法权益造成损害的，父母应当承担赔偿责任。这种赔偿义务的承担，应当依照民法典第 1188 条的规定进行。未成年子女造成他人损害的，其父母承担替代责任。父母已经尽了监护责任的，即父母对于未成年子女造成他人损害无过错的，虽不能免除父母的民事责任，但可适当减轻其赔偿责任。如果未成年子女有财产，赔偿费用应当从本人财产中支付，不足部分，仍由其父母承担。

上述的内容与《婚姻法》第 23 条相比，改变了"保护"和"教育"的顺序。民法典之所以将"教育"规定在"保护"前面，是因为父母教育子女比保护子女更为重要。如果父母教育合理，子女会学会了自我保护，则父母应当在子女无法自我保护的情况下予以保护。因此，该调整是很有意义的。

案例评析

农某某与韦甲诉广州市流溪河流域管理办公室、骆某、广州市水务局人身损害赔偿纠纷案①

案情： 某日，13 岁的韦某某与廖某某、何某、王某、刘某某去河里戏水。戏水过程中，他们发现了河对面的小船后游过去并爬上去，导致小船失去平衡翻转，五人落水，并在水中挣扎，后均不幸身亡。韦某某的父母韦甲、农某某向法院诉请案发河流管理办公室和小船所有权人承担民事责任。一审法院认为：韦某某属于限制民事行为能力人，韦甲、农某某作为其法定监护人，未尽监护、教育之责，其应对韦某某的溺水死亡负主要责任。管理事发河道的办公室和小船的所有权人对事故的发生存在一定的过错，应承担一定的责任。管理河道的办公室和小船所有权人不服一审判决，提起了上诉。二审法院认为，韦某某事发时已满 12 周岁，具有一定的认识和辨别能力，溺水死亡为自身过错导致，上诉人无须承担民事责任。

评析： 根据《婚姻法》第 21 条关于父母对子女的权利、义务的规定，韦某某的死亡与自己和父母未尽义务有关，管理河道的办公室和小船所有权人无须承担民事责任。父母对未成年子女的保护和教育，既是权利，也是义务。如果父母未尽上述义务，致使未成年子女侵害他人或对自己的合法权益造成损害的，父母应当承担赔偿责任。本案的焦点是韦甲、农某某对韦某某是否尽了教育、保护的义务。根据《民法总则》第 26 条，韦甲、农某某有教育、保护韦某某的人身、财产权益的义务。尽管韦某某对河水具有一定的认知能力，但仍然无法免除其父母对韦某某的教育、保护之责，故韦甲、农某某应对该事故承担主要责任。

民法典第 1068 条在父母教育和保护子女的内容上，继承了《婚姻法》第 21 条的规定，也反映了民法典的新规则，即教育子女比保护子女更为重要的原则。本案中，如果韦甲、农某某平时对韦某某的教育得当，韦某某会知道在河里戏水的危险性。因此，若本案发生在民法典生效之后，因该事故是韦甲、农某某对韦某某教育不当导致的，所以，根据新法的规定，韦某某的父母仍应当承担责任。

> ▶▶ **第一千零六十九条** 子女应当尊重父母的婚姻权利，不得干涉父母离婚、再婚以及婚后的生活。子女对父母的赡养义务，不因父母的婚姻关系变化而终止。

🏛 条文要义

本条是关于子女尊重父母的婚姻权利的规定。

---

① 审理法院：一审法院为广东省广州市白云区人民法院，案号：（2015）穗云法少民初字第 49 号。二审法院为广东省广州市中级人民法院，案号：（2016）粤 01 民终 7527 号。

婚姻自由是我国婚姻制度的最基本要求，民法典第 1041 条对婚姻自由原则作了明确规定。婚姻自由既包含了年轻人的结婚及离婚自由，也包括老年人的离婚、再婚自由，这一内涵本来是不言而喻的。但直到现在，老年人的婚姻自由问题还是面临着家庭和社会的双重压力。为了保障老年人婚姻自由的权利，本条特别规定了子女应当尊重父母的婚姻权利，不得干涉父母离婚、再婚以及婚后的生活。同时，为了保障离婚、再婚的老年人的生活不受影响，本条还明确规定，子女对父母的赡养义务不因父母的婚姻关系变化而终止。

子女尊重父母婚姻权利的义务是亲属权的内容。对父母离婚、再婚以及婚后的生活，子女负有尊重义务，不得干涉。理由是，父母享有婚姻自由，包括离婚自由和再婚自由，任何人不得强制和干涉，子女同样如此。子女干涉父母的婚姻自由，也构成侵权。

亲属身份权中包括成年子女对父母的赡养义务。父母选择离婚和再婚，并不是成年子女拒绝履行对父母的赡养义务的理由，因为子女对父母的赡养义务不因父母的婚姻关系发生变化而改变，更不能终止。

上述内容与《婚姻法》第 30 条的规定相比，增加了子女"不得干涉父母离婚"的内容。新增该内容的原因是，我国离婚率较高，其中，有子女的父母离婚的也不在少数，他们的离婚自由也应当得到保障。不仅法律对他们予以支持和保护，而且子女也应当予以支持，不应当干涉父母离婚的自由。

案例评析

宋某某诉张甲等赡养纠纷案[1]

案情： 宋某某与张某英结婚后生育张某红（已去世）、张甲、张某宽（已去世）、张乙，并抚养长大成人。张某英去世后，宋某某与杨某登记结婚，将继子女王某某、王甲、王乙抚养长大成人。杨某去世后，宋某某与王某香登记结婚。宋某某因再结婚一事与子女产生矛盾，宋某某在外居住。宋某某因无劳动能力及经济来源，向法院诉请五名子女每月支付赡养费。一审法院认为，宋某某对子女履行了其作为父亲的义务，子女不能因宋某某没有与子女商量再婚一事而拒绝履行赡养义务，故五名子女每人每月应支付宋某某赡养费 100 元。宋某某以赡养费过低为由，提起上诉。二审法院认为，根据本地的生活水平和双方的经济状况，100 元的赡养费偏低，150 元更为适宜。

评析： 根据《婚姻法》第 21、30 条的规定，五名子女（张甲、张乙、王某某、王甲、王乙）对宋某某有赡养义务，宋某某有权请求五名子女支付赡养费。子女对父母的赡养义务，不因父母的婚姻关系变化而改变或终止，子女无权因父母选择离

---

[1] 审理法院：一审法院为云南省曲靖市麒麟区人民法院，案号：（2017）云 0302 民初 48 号。二审法院为云南省曲靖市中级人民法院，案号：（2017）云 03 民终 1005 号。

婚或再婚而拒绝履行子女对父母的赡养义务。本案中，子女对宋某某再婚一事不满，但结婚是宋某某的自由，子女应当予以尊重。不仅如此，宋某某的结婚，并不影响父母子女之间的关系，五名子女对宋某某的赡养义务不因宋某某的婚姻关系变化而终止。况且，宋某某对五位子女尽了其作为父亲的义务，五位子女应当积极履行对宋某某的义务。

应当补充说明的是，本案没有反映出民法典第 1069 条规定的新规则，即子女"不得干涉父母离婚"的要求。本案的当事人宋某某是在杨某去世后，再与王某香登记结婚的，而子女对父母再婚的事情不满，故本案不存在子女干涉父母离婚的情况。如果宋某某与杨某离婚时子女干涉双方离婚的话，宋某某有权根据新规则主张子女不得干涉父母离婚的自由。

▶▶ 第一千零七十条　父母和子女有相互继承遗产的权利。

🏛 条文要义

本条是对父母和子女相互享有继承权的规定。

父母和子女都享有相互继承遗产的权利。不仅如此，民法典第 1127 条还规定，父母和子女都享有第一顺序法定继承权。据此，父母子女是最有保障的第一顺位法定继承人，在法定继承人中能够最先获得继承。

父母为被继承人最直接的直系尊血亲，也是子女最亲近的尊亲属，由于父母子女之间具有最密切的人身关系和财产关系，所以各国均对其继承权作了规定。根据权利义务对等原则，子女有权继承父母的遗产，父母也有权继承子女的遗产。本条规定，"父母和子女有相互继承遗产的权利"。父与母对子女遗产的继承权是平等的。子与女对父母遗产的继承权也是平等的，不受性别、年龄、已婚或未婚的影响。

子女作为被继承人的最近的直系卑亲属，被规定为第一顺序法定继承人，但关于子女的范围各国的界定并不一致。有的国家规定仅婚生子女有继承权，或虽规定非婚生子女有继承权却作出种种限制；有的规定非婚生子女要继承必须经过准正程序；有的规定非婚生子女的继承份额为婚生子女的二分之一。在我国，民法典第1127 条第 3 款规定："本编所称子女，包括婚生子女、非婚生子女、养子女和有扶养关系的继子女。"这种规定比较全面、合理。

需要指出的是：（1）父母与非婚生子女有相互继承遗产的权利。这是因为非婚生子女享有与婚生子女相同的权利。（2）养父母与养子女有相互继承遗产的权利，但养子女无权继承生父母的遗产，生父母也无权继承养子女的遗产。（3）有扶养关系的继父母与继子女有相互继承遗产的权利；继父母继承了继子女的遗产，不影响其继承生子女的遗产；继子女继承了继父母的遗产，不影响其继承生父母的遗产。

案例评析

莫甲、莫乙诉莫丙、莫丁法定继承纠纷案[①]

案情：莫某、车某生育了莫甲、莫乙、莫丁、莫丙。某日莫甲、莫丁与莫丙签订"抚养协议"，约定由莫丙夫妇负责莫某、车某所有的生活起居，并继承他们的房屋。莫某、车某相继去世后，莫甲、莫乙向法院诉请继承父母房屋的25％财产份额。一审法院认为，涉案房屋应当归莫丙所有，莫丙应当补偿给莫甲、莫乙、莫丁每人20 000元。莫甲、莫乙不服一审判决，提起了上诉。二审法院认为，由于"扶养协议"合法有效，涉案房屋应当归莫丙所有；莫乙没有在协议上签字，所以其对被继承人遗留的土地和房屋还是有继承的权利，综合考虑各方面因素，莫丙向莫乙补偿2万元为宜。

评析：根据《婚姻法》第24条第2款关于父母子女之间互有继承权的规定，莫乙有权请求继承莫某、车某的遗产。父母和子女有相互继承遗产的权利，任何人都不可以剥夺他人的继承权。继承权是法律赋予公民的一项权利，公民可以自愿放弃享受该权利。本案的焦点是莫甲、莫乙、莫丁、莫丙继承莫某、车某之遗产的状况。莫甲、莫丁在"扶养协议"中明确放弃继承权，故二人无权主张分割被继承人的遗产；莫丙按约定履行了其义务，故涉案房屋应当归莫丙所有；莫乙未曾放弃继承权，故有继承被继承人的遗产的权利，但其对被继承人未尽赡养义务，仅可以继承一定的财产。

民法典第1070条继承了《婚姻法》第24条第2款的规定，若本案发生在民法典生效之后，莫某、车某的子女均有权继承他们的遗产。但是，莫甲、莫丁已明确放弃继承权，故莫丙和莫乙均有权继承莫某、车某的遗产。虽然莫丙和莫乙享有的继承权是平等的，但具体的继承财产的份额是可以不同的。依据民法典第1130条第3款关于"对被继承人尽了主要扶养义务或者与被继承人共同生活的继承人，分配遗产时，可以多分"的规定，对父母尽了主要的赡养义务的子女和对子女尽了主要的抚养义务的父母，或者共同生活的父母和子女，继承遗产时可以多分。因此，即使根据新规则进行处理本案，涉案房屋仍应当归尽了主要赡养义务的莫丙所有，而未尽赡养义务的莫乙可以继承一定的财产。

▶▶**第一千零七十一条** 非婚生子女享有与婚生子女同等的权利，任何组织或者个人不得加以危害和歧视。

不直接抚养非婚生子女的生父或者生母，应当负担未成年子女或者不能独立生活的成年子女的抚养费。

---

① 审理法院：一审法院为广西壮族自治区梧州市苍梧县人民法院，案号：（2015）苍民初字第63号。二审法院为广西壮族自治区梧州市中级人民法院，案号：（2016）桂04民终427号。

🏛 条文要义

本条是对非婚生子女之权利的规定。

非婚生子女是指没有婚姻关系的男女所生的子女。非婚生子女有三种：一是无婚姻关系的妇女所生的子女。二是已婚妇女所生但被法院判决否认婚生子女推定的子女。既然婚生子女推定已经被否认，则该子女为非婚生子女。三是已婚妇女所生的不受婚生性推定的子女，即超出了婚生子女推定的范围，不能被推定为婚生子女的子女。

确认非婚生子女与母亲的关系时，基于"母卵与子宫一体"原则，采用罗马法上"谁分娩谁为母亲"的规则，依生理上的出生分娩事实发生法律上的母子（女）关系。而非婚生子女与父亲的关系无法依分娩的事实作出确认，因而确定父亲的身份要比证明母亲的身份复杂得多。确立我国的非婚生子女的生父时，应当采纳认领主义，并以血缘关系的存在作为认领的基础。

在奴隶社会和封建社会以及资本主义社会的早期，非婚生子女受到歧视。在当代，非婚生子女与婚生子女享有同等的法律地位。这是维护儿童合法权益的基本要求。子女无法选择自己的出身和身份，如果因为出生而为非婚生子女就受到歧视，等于人是生而不平等的。这与现代人权观念完全不相符。当代亲属法研究非婚生子女不是要对非婚生子女的权利予以限制，而是要根除对非婚生子女的歧视，保障他们享有正常的法律地位、享有同等的人格，保障其合法权利不受任何侵犯。

对于非婚生子女，不直接抚养的生父或者生母应当负担未成年子女或者不能独立生活的成年子女的抚养费，尽到其亲权和亲属权上的法定义务。

上述内容与《婚姻法》第25条之规定不同之处是生父或者生母对非婚生子女的抚养费的内容。《婚姻法》第25条第2款规定，"不直接抚养非婚生子女的生父或生母，应当负担子女的生活费和教育费，直至子女能独立生活为止"。而本条第2款规定，"不直接抚养非婚生子女的生父或者生母，应当负担未成年子女或者不能独立生活的成年子女的抚养费"。之所以将子女的"生活费"和"教育费"改成"抚养费"，是因为抚养费不仅包括生活费和教育费，还包括医疗费等其他费用。另外，将子女分别规定为"未成年子女"和"不能独立生活的成年子女"是为了明确非婚生子女的类型，避免生父或者生母以子女已成年为由，不履行其支付抚养费的义务。

上述两种变化，相较于《婚姻法》的相关规定，更有利于保障非婚生子女的合法权益。

📖 配套司法解释

最高人民法院关于适用《中华人民共和国民法典》婚姻家庭编的解释（一）

第四十条　婚姻关系存续期间，夫妻双方一致同意进行人工授精，所生子女应视为婚生子女，父母子女间的权利义务关系适用民法典的有关规定。

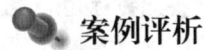

案例评析

黄甲诉张某同居关系子女抚养纠纷①

案情：张某与黄甲同居生活期间生育非婚生子黄乙，一直没有办理结婚登记手续。某日，张某带黄乙离开黄甲回娘家生活未再返回。黄某向法院诉请由其直接抚养黄乙。一审法院认为，非婚生育子女黄乙享有与婚生子女同等的权利，黄乙有权受到张某与黄甲的抚养、教育和保护。综合考虑各种因素，一审法院判决黄乙由黄甲直接抚养并与其共同生活，张某享有探视权。张某对一审判决不服，提起上诉。二审法院认为，双方的经济条件相当，因黄乙一直与张某生活，日常生活相对稳定，不宜改变生活环境，故黄乙应由张某直接抚养，黄甲享有探视权。

评析：非婚生子女享有与婚生子女同等的权利，权利中包括非婚生子女接受父母抚养的权利。抚养非婚生子女是父母双方的义务，而不是直接抚养子女一方的义务，不直接抚养非婚生子女的一方也应当履行其法定义务，只是履行方式不是直接抚养而是间接抚养。本案的焦点是哪一方直接抚养黄乙。黄乙虽为非婚生子女，但其为张某与黄甲的子女的事实是毋庸置疑的，黄乙有权接受父母的抚养。在张某与黄甲的经济情况和家庭环境相当的情况下，本着有利于黄乙健康成长的原则，裁定黄乙由张某直接抚养、黄甲享有探视黄乙的权利，是合理的。

民法典第1071条在非婚生子女享有与婚生子女同等的权利的规定上，与《婚姻法》第25条的规定相同，因此，若本案发生在民法典生效之后，非婚生子女黄乙享有与婚生子女相同的权利，有权受到张某与黄甲的抚养、教育和保护。然而，在张某与黄甲的经济情况和家庭环境相当的情况下，黄乙由张某直接抚养更加有利于黄乙的健康成长。因此，即使根据新规定，黄乙仍应当由张某直接抚养，而黄甲享有探视权。

应当补充说明的是，本案没有反映出民法典第1071条规定的新规则，即不直接抚养非婚生子女的生父或者生母应当负担不能独立生活的成年子女抚养费的要求。如果黄乙虽已成年，但无法独立生活的话，黄甲应当负担黄乙的抚养费。

> **▶▶第一千零七十二条** 继父母与继子女间，不得虐待或者歧视。
> 　　继父或者继母和受其抚养教育的继子女间的权利义务关系，适用本法关于父母子女关系的规定。

🏛 条文要义

本条是对继父母与继子女之关系的规定。

继子女是指丈夫对妻与前夫所生子女或妻子对夫与其前妻所生子女的称谓，也就是配偶一方对他方与其前配偶所生的子女的称谓。继父母是指子女对母亲或父亲的后婚配偶的称谓，即继父和继母。

继父母子女关系是指因父母一方死亡、他方带子女再行结婚，或者因父母离婚，抚养子女的一方或双方再行结婚，在继父母与继子女间形成的亲属身份关系。

在继父母与继子女关系中，首要的是相互之间不得虐待或者歧视，特别是继父母不得对继子女虐待和歧视。违反这一义务，造成对方损害的，构成侵权行为，严重的甚至构成犯罪行为，行为人应当承担刑事责任。

按照继父母和继子女之间是否形成抚养关系的标准，继父母子女关系分为以下三种类型。

（1）拟制直系血亲关系的继父母子女关系。这一关系的成立除了需要具备继父/母与生母/父结婚这一法律事实，还需要具备继父母和继子女之间相互有抚养的事实行为。在这种情况下，继父母与继子女关系在法律上的后果与养父母子女关系在法律上的后果基本相同。

（2）直系姻亲关系的继父母子女关系。这种继父母子女关系是由继父/母与生母/父结婚的事实决定的，即只要有继父/母与生母/父结婚这一法律事实，继父母和继子女之间的关系即告形成。这种继父母子女关系属于直系姻亲，属于配偶的血亲，不构成血亲关系，不产生相互之间的权利义务关系。

（3）不完全收养的继父母子女关系。继父母对继子女的抚养是时断时续的，或者是时间中断的，或者是临时性的，都发生不完全收养的继父母子女关系。

在第一种情形下的继父母和继子女相互之间的权利义务关系，适用婚生子女与父母之间权利义务关系的规定。

案例评析

张某诉周甲、周乙赡养费纠纷案[①]

案情：张某与周某结婚后，共同抚养周某与前妻生育的女儿周甲、周乙及张某与前夫生育的儿子 A。后，张某与周某分居生活。后张某因年老多病，向法院诉请周甲、周乙每人每月支付赡养费 500 元。一审法院认为，张某与周某婚后共同抚养尚未成年的周甲、周乙，张某与周甲、周乙形成继母女关系。由于子女对父母有赡养义务，故判决周甲、周乙每人每月支付 100 元给张某。张某、周甲及周乙均不服一审判决，提起上诉。二审法院认为，周甲、周乙对张某负有赡养义务，根据当地生活水平和当事人的收入情况，一审法院的判决并无不当。

[①]　审理法院：一审法院为湖北省十堰市张湾区人民法院，案号：（2016）鄂 0303 民初 1374 号。二审法院为湖北省十堰市中级人民法院，案号：（2016）鄂 03 民终 2476 号。

评析：根据《婚姻法》第 27 条关于继父母与继子女之间权利义务关系的规定，张某因对周甲、周乙履行了抚养、教育义务，有权请求二人履行赡养义务。受继父或者继母抚养、教育的继子女有赡养继父或继母的义务，如果成年继子女不履行赡养义务，缺乏劳动能力或者生活困难的继父或继母有权要求成年继子女给付赡养费。本案中，周甲和张某结婚后，未成年的周甲和周乙长期随其父周某与张某共同生活直到成年，张某与周甲、周乙形成了继母女关系，周甲、周乙应当履行对张某的赡养义务。至于赡养费，应当根据当地生活水平及周甲、周乙的收入来定。

民法典第 1072 条继承了《婚姻法》第 27 条的规定，如果本案发生在民法典生效之后，由于继父或者继母和受其抚养、教育的继子女间的权利义务关系适用父母子女关系的规定，而继母张某抚养周甲和周乙直到成年，尽其抚养义务，所以继子女周甲、周乙应当根据民法典的规定，履行对张某的赡养义务。

> ▶▶ **第一千零七十三条**　对亲子关系有异议且有正当理由的，父或者母可以向人民法院提起诉讼，请求确认或者否认亲子关系。
>
> 　对亲子关系有异议且有正当理由的，成年子女可以向人民法院提起诉讼，请求确认亲子关系。

🏛 条文要义

本条是关于否认亲子关系和确认亲子关系的规定。

1. 否认亲子关系

否认亲子关系也叫婚生子女否认，是父或者母对被推定的婚生子女的婚生性提出否定性证据，推翻婚生性推定的证明，否定其为婚生子女的制度。否认亲子关系的前提是婚生子女推定：若子女系生母在婚姻关系存续期间受胎或出生，则该子女被法律推定为生母和生母之夫的子女，即凡是在婚姻关系存续期间女方分娩的子女，被直接认定为婚生子女。婚生子女推定实际上是在用婚姻关系的存续期间来推定子女的父亲，确定婚生子女身份，而不是靠血缘关系，因此有可能出现错误，可以被客观事实推翻。法律允许利害关系人提出婚生子女否认之诉，推翻婚生子女推定。父或者母如果确有证据证明婚生子女的非婚生性，即可提出证据，向法院主张否定亲子关系。

婚生子女否认的构成要件是：（1）婚生子女否认的权利人必须适格；（2）须有婚生子女的推定；（3）须有否认婚生子女的客观事实。法院经审查确认该子女的非婚生性的，即可否定亲子关系，父亲与该子女的权利义务关系不复存在。这种否认一般由丈夫提出，但妻子否认其所生子女为其丈夫的婚生子女的，亦不乏其例。

2. 确认亲子关系

确认亲子关系，也称为非婚生子女认领，是指生父对于非婚生子女承认为其父而领为自己子女的行为。

非婚生子女认领分为两种。

（1）任意认领，也称为自愿认领，是生父的单独行为，无须非婚生子女或其母之同意，以父的意思表示为已足。认领的权利归于父亲，其父的家庭其他成员不享有此权利。该权利的性质为形成权，原则上此权利的行使无任何限制。认领权可直接行使，亦可由法院判决确认父子/女关系的存在。

认领权的构成要件是：第一，须非婚生子女的生父本人认领。第二，须非婚生子女被认领；第三，须认领人与被认领人间有事实上的父子/女关系。

（2）强制认领，也叫作亲之寻认，是指应被认领人对于应认领而不为认领的生父，向法院请求确定父子/女关系存在的行为。强制认领适用于生父逃避认领责任，而母及子/女要求认领的场合，以国家之力进行干预，体现了国家的强制力。父不为任意认领时，非婚生子女及其他法定代理人得据事实，诉请其认领。

强制认领的事实，以与生父有父子/女关系的事实证据证明为已足。要求认领人提出认领主张后，对方应举出反证证明认领请求不存在，否则即可确认强制认领。

非婚生子女一经认领，即被视为婚生子女，产生父亲与子女间的权利义务关系。无论任意认领还是强制认领，均产生上述效果。经父认领的非婚生子女与生父的配偶，母之非婚生子女与生母的配偶，均为姻亲关系，而无父母子女间的血亲关系。

上述内容是吸收了2011年《最高人民法院关于适用〈中华人民共和国婚姻法〉若干问题的解释（三）》第2条的规定，将之确定为法律规定，使对亲子关系有异议的父母或成年子女请求确认或否认亲子关系时有了法律依据。

配套司法解释

最高人民法院关于适用《中华人民共和国民法典》婚姻家庭编的解释（一）

第三十九条　父或者母向人民法院起诉请求否认亲子关系，并已提供必要证据予以证明，另一方没有相反证据又拒绝做亲子鉴定的，人民法院可以认定否认亲子关系一方的主张成立。

父或者母以及成年子女起诉请求确认亲子关系，并提供必要证据予以证明，另一方没有相反证据又拒绝做亲子鉴定的，人民法院可以认定确认亲子关系一方的主张成立。

 案例评析

沈某诉嵇某抚养费纠纷案①

案情：嵇某与沈小是合法夫妻，在婚姻关系存续期间生育了沈某。司法鉴定结果显示嵇某与沈某之间存在亲生血缘关系，沈小与沈某之间不存在亲生血缘关系。

---

① 审理法院：一审法院为浙江省湖州市德清县人民法院，案号：（2015）湖德武民初字第259号。二审法院为浙江省湖州市中级人民法院，案号：（2016）浙05民终188号。

沈某向法院诉请确认其与嵇某之间的亲子关系，并要求嵇某支付其自出生起至年满18周岁止的抚养费。一审法院认为，沈某提交的司法鉴定意见证明了沈小与沈某间不存在亲生血缘关系，嵇某没有足以反驳的其他任何相反证据，推定沈某的主张成立。基于双方之间的亲子关系，嵇某理应支付沈某至其具有独立生活能力时止的抚养费用。嵇某不服一审判决，提起了上诉。二审法院认为，原审判决认定事实清楚、适用法律正确、实体处理妥当，应予维持。

评析：根据2014年《最高人民法院关于适用〈中华人民共和国婚姻法〉若干问题的解释（三）》第2条的规定，沈某有权请求确认其与嵇甲之间的亲子关系。确认亲子关系存在或不存在对于父母和子女均具有重要意义。对于父母而言，存在或不存在亲子关系，直接影响父母履行对子女的抚养、照顾的法定义务；对于子女而言，他们有知悉自己真实的出身和血缘关系的权利。本案的焦点是，沈某与嵇某、沈小之间是否存在亲子关系。由于沈某能够证明其与嵇某之间存在亲生血缘关系，与沈小之间不存在亲生血缘关系，而嵇某没有足以反驳的其他任何相反证据，根据《最高人民法院关于适用〈中华人民共和国婚姻法〉若干问题的解释（三）》第2条第2款，应当推定沈某与嵇某之间存在亲生血缘关系，故嵇某作为沈某的父亲，应当支付抚养沈某至其具有独立生活能力时止的抚养费用。

民法典第1073条将婚姻法司法解释的上述规定完善后确定为法律规定，若本案发生在民法典生效之后，沈某对于其与沈小之间的亲子关系有异议且有正当理由，有权向法院诉请否认其与沈小之间的亲子关系。如果沈某与沈小之间确实不存在亲生血缘关系的话，法院应当否认双方的亲子关系。

> ▶▶**第一千零七十四条**　有负担能力的祖父母、外祖父母，对于父母已经死亡或者父母无力抚养的未成年孙子女、外孙子女，有抚养的义务。
>
> 　　有负担能力的孙子女、外孙子女，对于子女已经死亡或者子女无力赡养的祖父母、外祖父母，有赡养的义务。

🏛 条文要义

本条是对祖父母、外祖父母与孙子女、外孙子女之相互扶养义务的规定。

祖父母、外祖父母与孙子女、外孙子女之相互扶养义务，是亲属权的具体内容。由于祖父母、外祖父母与孙子女、外孙子女之间具有直系血亲关系，其血缘关系较近，因而相互之间负有扶养义务。孙子女、外孙子女对祖父母、外祖父母负有赡养义务，祖父母、外祖父母对孙子女、外孙子女负有抚养义务。

本条对祖父母、外祖父母与孙子女、外孙子女之间的扶养义务的规定有所克制，只规定，有负担能力的祖父母、外祖父母，对于父母已经死亡或者父母无力抚养的未成年孙子女、外孙子女，有抚养的义务。据此，祖孙之间抚养或赡养关系的形成应当具备以下条件：（1）当子女未成年时父母双亡，或者父母丧失抚养能力；祖父母、外祖父母的子女在成年后死亡或者丧失赡养能力，无法赡养其父母。（2）需要承担抚养、赡养义务的祖父母、外祖父母与孙子女和外孙子女确有承担抚养、赡养义务的能力。如果法律意义上的抚养义务人没有一定的抚养能力或负担能力不够，那么可以适当克减，甚至免除其义务。（3）被抚养或赡养人确实有困难，需要被抚养或赡养。孙子女、外孙子女尚未成年，没有独立生活能力的，祖父母、外祖父母应当承担抚养义务。

同样，有负担能力的孙子女、外孙子女，对于子女已经死亡或者子女无力赡养的祖父母、外祖父母，有赡养的义务。如果一方当事人负担能力不够，或者没有负担能力，对其承担的抚养或者赡养义务可以适当克减，甚至免除。

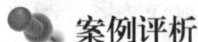 ## 案例评析

刘某诉刘甲等赡养纠纷案①

案情： 刘某有刘某达、刘甲、刘乙三个儿子。三个儿子约定每人每月支付 100 元给刘某。某日刘某达去世，遗留一个儿子刘丙。刘某向法院诉请刘甲和刘乙每人每月支付赡养费用 376 元。一审法院认为，除了刘甲和刘乙，刘某的孙子刘丙也有赡养义务，故三人应当一同承担刘某的生活费用以及医疗费。刘乙不服一审判决，提起上诉。二审法院认为，刘乙、刘甲没有无力赡养老人的情况，故一审判决认定刘某达的儿子刘丙为赡养义务人，无事实和法律依据，应予纠正。

评析： 根据《婚姻法》第 28 条的规定，刘丙有权不承担赡养刘某的义务。需要赡养的祖父母、外祖父母的子女死亡或无力赡养时，有负担能力的孙子女、外孙子女才有赡养祖父母、外祖父母的义务。如果祖父母、外祖父母的子女在世或有赡养能力，则孙子女、外孙子女没有赡养祖父母、外祖父母的义务。本案的焦点是刘丙是否有赡养刘某的义务。刘某的三个儿子中尽管一位已死亡，但其尚有另外两个儿子刘甲、刘乙，现有证据证实二人并不存在无力赡养老人的情况，故刘丙作为孙子女没有赡养刘某的义务。

民法典第 1074 条继承了《婚姻法》第 28 条的规定，据此，有负担能力的孙子女只有在子女已经死亡或者子女无力赡养时，对祖父母、外祖父母有赡养义务，而本案中，刘某的子女刘甲和刘乙健在，且无证据证明该二人存在无力赡养刘某的情况，故孙子女刘丙无须承担赡养刘某的义务。因此，即使该案发生在民法典生效之后，根据其第 1074 条的规定，刘丙仍没有赡养刘某的义务。

---

① 审理法院：一审法院为河北省沧州市运河区人民法院，案号：（2016）冀 0903 民初 1160 号。二审法院为河北省沧州市中级人民法院，案号：（2017）冀 09 民终 856 号。

▶▶ **第一千零七十五条** 有负担能力的兄、姐，对于父母已经死亡或者父母无力抚养的未成年弟、妹，有扶养的义务。

由兄、姐扶养长大的有负担能力的弟、妹，对于缺乏劳动能力又缺乏生活来源的兄、姐，有扶养的义务。

🏛 条文要义

本条是对兄弟姐妹相互之间扶养义务的规定。

有负担能力的兄、姐，对于父母已经死亡或者父母无力抚养的未成年弟、妹，有扶养的义务。这里所指的兄弟姐妹包括同胞兄弟姐妹、同父异母或同母异父的兄弟姐妹、养兄弟姐妹和继兄弟姐妹。

兄弟姐妹是血缘关系最近的旁系血亲，相互之间负有扶养义务。在一方需要扶养时，他方应当尽到扶养义务。本条在规定兄弟姐妹之间的扶养义务时也比较克制，只规定有负担能力的兄、姐，对于父母已经死亡或者父母无力抚养的未成年弟、妹，有扶养义务。由兄、姐扶养长大的有负担能力的弟、妹，对于缺乏劳动能力又缺乏生活来源的兄、姐，有扶养义务。这样的规定是有缺陷的，例如，兄、姐对弟妹的扶养义务，需要以有负担能力作为条件吗？即使负担能力不够或者没有负担能力，兄和姐也应当承担扶养义务。弟和妹对兄和姐的扶养义务，难道须以兄、姐扶养长大为前提条件吗？显然不是。因而应当确定，兄弟姐妹之间相互负有扶养义务，只是要根据自己的负担能力确定尽到不同程度的扶养义务而已。

⬤ 案例评析

赵乙诉赵甲赡养纠纷案[①]

案情： 赵甲在父母去世后，对赵乙进行了扶养。赵乙有两个成年儿子。赵乙向法院诉请赵甲履行扶养义务。一审法院认为，由兄、姐扶养的弟、妹成年后，有负担能力的，对年老无赡养人的兄、姐有扶养的义务，但赵甲有两个成年儿子，并不属于无赡养人的情况，故赵甲的诉求不符合法律规定。赵甲不服一审判决，提起了上诉。二审法院认为，赵甲有两个成年儿子，现无证据证实其两个儿子没有赡养能力，且赵甲也未提交证据证实其自身没有劳动能力又缺乏生活来源，故赵乙无须承担扶养赵甲的义务。

评析： 根据《婚姻法》第 29 条的规定，因赵甲并不缺乏劳动能力以及生活来源，赵乙没有扶养赵甲的义务。弟、妹扶养兄、姐也应当满足以下三个条件：一是

---

① 审理法院：一审法院为河北省泊头市人民法院，案号：（2017）冀 0981 民初 873 号。二审法院为河北省沧州市中级人民法院，案号：（2017）冀 09 民终 4704 号。

弟、妹是由兄、姐扶养长大的，二是需要扶养兄、姐的弟、妹有扶养能力，三是需要弟、妹扶养的兄、姐缺乏劳动能力又缺乏生活来源。本案的焦点是赵乙与赵甲是否满足上述条件。赵乙与赵甲虽满足前两个条件，但不满足第三个条件，因为赵甲有两个成年儿子，他们并不存在无力赡养赵甲的情况，且并无证据证实赵甲缺乏生活来源，故赵乙没有扶养赵甲的义务。

民法典第 1075 条继承了《婚姻法》第 29 条的规定，若本案发生在民法典生效之后，由于赵甲有两位成年儿子，且他们不存在无力赡养赵某的情形，根据民法典第 1075 条的规定，弟弟赵乙无须承担扶养赵甲的义务。

第四章 离婚

▶▶ **第一千零七十六条** 夫妻双方自愿离婚的，应当签订书面离婚协议，并亲自到婚姻登记机关申请离婚登记。

离婚协议应当载明双方自愿离婚的意思表示和对子女抚养、财产以及债务处理等事项协商一致的意见。

🏛 条文要义

本条是对登记离婚的规定。

离婚也称为婚姻解除，是指夫妻双方在生存期间依照法律规定解除婚姻关系的身份法律行为。离婚的意义在于，夫妻双方在其生存期间通过法律行为消灭既存的婚姻关系。离婚的法律特征是：（1）离婚以有效的婚姻关系存在为前提；（2）离婚须是在夫妻双方生存期间进行；（3）离婚须依照法定程序进行；（4）离婚将产生婚姻关系消灭的法律后果。

离婚包括两种类型：一种是登记离婚，另一种是诉讼离婚。本条是关于登记离婚的规定。登记离婚也叫两愿离婚、协议离婚、自愿离婚，是指婚姻关系因双方当事人的合意并经过登记程序而解除。

我国登记离婚的特征是：（1）登记离婚的基础是合意离婚，而不是片意离婚。（2）登记离婚的性质是直接协议离婚，即直接依据当事人的离婚协议，履行必要的程序后，即产生离婚的法律后果。（3）登记离婚也适用于片意离婚经过调解达成离婚协议的离婚；（4）登记离婚须进行登记方发生法律效力，解除婚姻关系。

登记离婚的实质要件是达成离婚协议，形式要件是办理离婚登记，也就是说在办理完离婚登记后才产生离婚的法律后果。其中，离婚协议是指婚姻关系当事人表明离婚意愿和具体内容的合意。本条第1款和第2款都对离婚协议作出了规定，这是以前的婚姻家庭立法从未有过的做法。《婚姻法》第31条没有规定离婚协议，而是《婚姻登记条例》中进行了规定。依照本条规定，离婚协议是要式法律行为，需要具备"书面"形式。

离婚协议的实质要件包括：

（1）登记离婚的男女双方必须具有合法的夫妻身份。离婚是对合法有效的婚姻关系的解除，因此凡属违法婚姻的（被认定为事实婚姻的除外），不能按离婚办理。

（2）离婚双方当事人必须是完全民事行为能力人。离婚登记是解除夫妻身份关系的民事法律行为，为维护夫妻双方的合法权益，在实施该民事行为能时当事人应具有完全民事行为能力。办理离婚登记的当事人属于限制民事行为能力人或者无民事行为能力人的，婚姻登记机关不予受理。

（3）离婚双方当事人必须具有真实的离婚的合意。离婚的双方当事人不仅须达成离婚的合意，而且离婚的意思表示必须真实。

（4）离婚协议中应当载明双方自愿离婚的意思表示，以及关于子女抚养、财产及债务处理等事项协商一致的意见。离婚协议不得违反法律和公序良俗。

符合以上条件的，双方当事人应当亲自到婚姻登记机关申请登记离婚。离婚是身份法律行为，不能由他人代理。

案例评析

湛某诉湖南省长沙市雨花区民政局及第三人曹某
撤销婚姻登记纠纷案①

案情：湛某与曹某于 2009 年登记结婚。2013 年 1 月，湛某被诊断为脑梗死。2016 年 5 月，湛某与曹某提交申请离婚登记声明书、离婚协议书、湛某与曹某的户口及身份证复印件等材料，向湖南省长沙市雨花区民政局申请离婚。湛某、曹某均未提交结婚证。其中，湛某的户口及身份证复印件上载明："本人结婚证已遗失，产生的法律纠纷由本人承担。"湖南省长沙市雨花区民政局为湛某及曹某办理了离婚登记，并颁发了离婚证。2016 年 7 月，某司法鉴定中心鉴定湛某在办理离婚等手续时为限制民事行为能力人。2016 年 8 月，法院宣告湛某为限制民事行为能力人，并指定湛某军为湛某的监护人。湛某诉请撤销离婚登记。一审法院认为，湖南省长沙市雨花区民政局在对湛某、曹某的离婚材料的审查上存在瑕疵，其作出的离婚登记违法，但离婚登记不能撤销。二审法院维持原判。

评析：法院的判决是合理的。登记离婚应为双方自愿而真实的意思表示，离婚当事人必须是完全民事行为能力人，而湛某在离婚登记时属于限制民事行为能力人，无法确定湛某申请离婚是否为其真实意思表示，且湛某与曹某提交的申请离婚登记材料存在多处明显缺漏。《婚姻登记条例》第 11 条规定："办理离婚登记的内地居民应当出具下列证件和证明材料：（一）本人的户口簿、身份证；（二）本人的结婚证；（三）双方当事人共同签署的离婚协议书……"第 12 条规定，"办理离婚登记的当事人有下列情形之一的，婚姻登记机关不予受理……（二）属于无民事行为能力人或

---

① 审理法院：一审法院为湖南省长沙市雨花区人民法院，案号：（2016）湘 0111 行初 191 号。二审法院为湖南省长沙市中级人民法院，案号：（2017）湘 01 行终 243 号。

者限制民事行为能力人的……" 湛某与曹某虽然签订了离婚协议，但不符合登记离婚的其他要件。湖南省长沙市雨花区民政局为不符合登记离婚条件的当事人办理了离婚登记，该行政行为不符合法律规定。但是，离婚登记与其他行政行为不同，不宜轻易被撤销。因为离婚是终结身份的行为，撤销登记会导致一系列无法解决的其他后果，比如，若双方当事人已经与其他人另行结婚，如何认定后一个婚姻的效力以及保障后一个婚姻中的善意者的权益，都是难以解决的问题，所以，不应当将离婚登记与普通的行政行为同样对待，应当赋予离婚登记绝对的公示效力，即只要登记离婚了，就不再予以撤销。当然，离婚登记不可撤销，只是身份关系不能恢复，并不影响对当事人造成财产损害时的赔偿责任，导致错误离婚登记的有过错的当事人或者行政机关应当对无过错的当事人的财产和精神损害承担赔偿责任。

需要指出，本案即便发生在民法典颁布、实施后，由于离婚是双方终结婚姻关系的身份法律行为，当事人必须是完全民事行为能力人，所以根据民法典第1076条的规定也应该得出相同的法律结论。

▶▶**第一千零七十七条**　自婚姻登记机关收到离婚登记申请之日起三十日内，任何一方不愿意离婚的，可以向婚姻登记机关撤回离婚登记申请。

前款规定期限届满后三十日内，双方应当亲自到婚姻登记机关申请发给离婚证；未申请的，视为撤回离婚登记申请。

🏛 条文要义

本条是对登记离婚冷静期的规定。

登记离婚冷静期，又称离婚反省期、离婚熟虑期，是指在离婚自由的原则下，婚姻双方当事人申请自愿离婚，在婚姻登记机关收到该申请之日起一定期间内，任何一方都可撤回离婚申请、终结登记离婚程序的冷静思考期间。[1]

我国规定的离婚冷静期的规则是：

（1）双方自愿离婚，到婚姻登记机关申请离婚，符合离婚条件的，暂时不发给离婚证，不马上解除婚姻关系。

（2）离婚冷静期是30天，自婚姻登记机关收到离婚登记申请之日起30日内，任何一方不愿意离婚的，都可以向婚姻登记机关撤回离婚登记申请。离婚冷静期一般不因任何事由而发生中止、中断或延长。

（3）30天的冷静期届满后，在30日内，双方应当亲自到婚姻登记机关申请发给离婚证，婚姻登记机关应当发给离婚证，即解除婚姻关系。

---

① 杨立新，蒋晓华. 对民法典婚姻家庭编草案规定离婚冷静期的立法评估. 河南社会科学，2019（6）.

（4）在冷静期届满后30天内，当事人未到婚姻登记机关申请发给离婚证的，视为撤回离婚登记申请，不发生离婚的后果。

需要注意的是，离婚冷静期是我国民法典新增的规则，还有很多配套制度需要研究和设置。主要有以下问题值得注意：第一，冷静期的次数。民法典对冷静期的次数没有作出规定，如果冷静期已经成为登记离婚的必要程序，那么理论上冷静期就是无限次的。我们认为，应当对登记离婚冷静期的次数进行限制，建议在民法典实施细则或司法解释中对冷静期的次数予以明确。第二，冷静期的例外规定。在申请登记离婚之前就存在重婚、家暴、遗弃、虐待、买卖/包办婚姻等情形时，可以考虑作为离婚冷静期的例外。第三，冷静期的终止。在冷静期内出现重婚、家暴、遗弃、恶习等情形的，其中一方可以向民政部门申请终止冷静期。第四，冷静期内的权利义务关系。我们认为，冷静期内夫妻关系没有解除，夫妻间的权利义务关系没有改变。

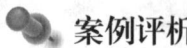 **案例评析**

王某与石某离婚调解案

案情：王某与石某于2004年登记结婚，育有一子。双方婚前感情基础良好，后常因家庭琐事发生争吵。2018年4月8日，双方到四川省某市民政局申请登记离婚。民政局联合人民法院成立的家事纠纷协同化解工作室在对双方进行调解时发现，双方婚姻基础良好，婚后因为照顾孩子、家务劳动等琐事产生矛盾，双方感情并未破裂，尚有挽救余地。人民法院和民政局联合向双方当事人发出"离婚冷静期提示书"，给予双方1个月的冷静期限，即自2018年4月12日起至2018年5月11日止。提示书写明，在此期间，双方原则上不得向民政部门申请登记离婚，或向人民法院起诉离婚。但期间如出现家庭暴力、虐待、遗弃、转移财产等情形时，其中一方可向法院、民政部门提出申请，终止冷静期。冷静期满后，经工作室回访，双方已经重归于好。

评析：最高人民法院等15部门《关于建立家事审判方式和工作机制改革联席会议制度的意见》与《最高人民法院关于开展家事审判方式和工作机制改革试点工作的意见》发布后，试点地区民政局和法院作了一些有益尝试。四川省资阳市某民政局和县人民法院联合向双方当事人发出"离婚冷静期提示书"，为当事人设置了1个月的冷静期，可以区分出是理性离婚还是冲动离婚，效果良好。离婚纠纷不仅牵涉到当事人的利益，也涉及未成年人的利益，甚至影响社会稳定，故需要慎重对待。几年的司法实践证明，离婚冷静期的设置能够收到良好的社会效果；能够防止冲动离婚，保障婚姻的稳定，改善社会的不良风气；也能够协调当事人和未成年子女的利益，追求实质正义。

需要说明的是，本案并非登记离婚案件，而是诉讼离婚案件。诉讼离婚冷静期与登记离婚冷静期不同：诉讼离婚冷静期是当事人向人民法院起诉离婚后，法院向双方分别送达"离婚冷静期通知书"，要求双方当事人在一定时间内不允许离婚。一定时间经过后，人民法院依照"感情破裂"标准，准予或不准予双方离婚。按照民法典第 1077 条关于离婚冷静期的规定，如果四川省资阳市某县民政局于 2021 年 1 月 8 日收到王某和石某的离婚登记申请，则从 2021 年 1 月 8 日是到 2021 年 2 月 7 日为离婚冷静期。在此期间，王某或者石某都可以向四川省某县民政局撤回离婚申请，不发生离婚的后果。如果此期间经过，王某和石某应当在后 30 天内即 2021 年 2 月 8 日到 2021 年 3 月 7 日，亲自到民政局申领离婚登记证书，发生离婚的法律后果。如果此期间内没有申领，则视为撤回离婚申请，不发生离婚的法律后果。

> ▶▶ **第一千零七十八条** 婚姻登记机关查明双方确实是自愿离婚，并已经对子女抚养、财产以及债务处理等事项协商一致的，予以登记，发给离婚证。

🏛 条文要义

本条是对登记离婚程序的规定。

登记离婚的程序是：

（1）申请。当事人申请自愿离婚的，必须双方亲自到一方户口所在地的婚姻登记机关申请离婚登记。申请时应当出具下列证件：1）户口簿、身份证；2）本人的结婚证；3）双方当事人共同签署的离婚协议书。

（2）审查。婚姻登记机关应当对当事人出具的有关材料进行严格审查。审查过程实际上也是对当事人进行引导、调解和说服教育的过程，使当事人尽可能地进行慎重考虑，从而挽救那些还有和好可能的夫妻。审查最主要的内容是对离婚登记当事人出具的证件、证明材料进行审查，并询问相关情况；审查双方当事人对于离婚是否达成一致意见，有无欺诈、胁迫、弄虚作假等违法现象，对子女的安排和财产分割是否合理等。当事人应当提供真实情况，不得隐瞒或者欺骗。

（3）离婚冷静期。婚姻登记机关在收到当事人的离婚登记申请后的 30 天，为离婚冷静期。在此期间，双方当事人任何一方都可以向婚姻登记机关撤回申请。离婚冷静期是登记离婚的程序要件，与审查期在一定程度上重合。

（4）登记。婚姻登记机关经过审查后，对于当事人确属自愿离婚，并且已经对子女抚养、财产、债务处理等问题达成一致处理意见的，经过 30 天冷静期后，当事人亲自到婚姻登记机关申领离婚证的，应当予以离婚登记，发给离婚证，正式解除双方当事人之间的婚姻关系，其登记的其他事项也同时发生法律效力。

案例评析

唐某诉乐至县民政局民政行政管理（民政）行政确认纠纷案①

案情：唐某与王某于 2004 年 12 月 24 日登记结婚。2011 年 11 月 17 日星期四，在唐某与王某办理离婚登记的当天，王某因怀孕生产未到登记现场，但找了一个相貌相似的人代替王某；某县民政局婚姻登记处收到唐某与王某双方的申请材料后，为唐某与王某双方制发了离婚证。案涉离婚登记上唐某的名字错误，唐某的名字中的"钧"写成了"均"。王某在 2015 年在其他地方补办了案涉离婚登记，并于同年与他人另行办理了结婚登记。唐某诉请确认离婚登记违法并予以撤销。法院认为，不论是基于案涉离婚登记的公信力还是为了维护婚姻家庭与社会的和谐、稳定，均不应撤销案涉离婚登记；某县民政局对案涉离婚登记在收集材料方面符合规定，不构成行政违法。唐某收到案涉离婚证至起诉，已过 5 年，超过最长起诉期限。遂判决驳回唐某的起诉。

评析：本案中法院判决驳回起诉是有道理的。第一，离婚登记不能撤销，因为，尽管唐某和王某离婚的动机不纯，但双方离婚的意思表示是真实的；法律只能规范人的行为，不能对人的动机和思想进行审判；离婚登记有公示效力，撤销离婚登记不仅改变当事人之间的身份、财产关系，也会影响其他人的身份、财产关系。因此，不能轻易撤销离婚登记。第二，婚姻登记机关的审查应当是形式审查，因为办理离婚登记的人数众多，且很多信息涉及个人隐私，登记机关不方便进行实质审查，也不具备实质审查的专业能力。因此，婚姻登记机关所作的离婚登记并没有违法。至于离婚证上错将当事人名字中的"钧"写成"均"，根据《民政部关于贯彻执行〈婚姻登记条例〉若干问题的意见》，可以书面说明不一致的原因，婚姻登记机关可根据当事人出具的身份证件补发结婚证、离婚证。第三，本案已超过最长诉讼时效。当然，婚姻无法恢复原状，不影响责任的承担。如果对双方的财产分割存有异议，当事人可以请求再次分割；有财产和精神损害的，一方当事人也可以向对方当事人请求赔偿。

> ▶▶**第一千零七十九条**　夫妻一方要求离婚的，可以由有关组织进行调解或者直接向人民法院提起离婚诉讼。
>
> 　　人民法院审理离婚案件，应当进行调解；如果感情确已破裂，调解无效的，应当准予离婚。
>
> 　　有下列情形之一，调解无效的，应当准予离婚：

---

① 审理法院：四川省乐至县人民法院，案号：（2017）川 2022 行初 6 号。

> （一）重婚或者与他人同居；
>
> （二）实施家庭暴力或者虐待、遗弃家庭成员；
>
> （三）有赌博、吸毒等恶习屡教不改；
>
> （四）因感情不和分居满二年；
>
> （五）其他导致夫妻感情破裂的情形。
>
> 一方被宣告失踪，另一方提起离婚诉讼的，应当准予离婚。
>
> 经人民法院判决不准离婚后，双方又分居满一年，一方再次提起离婚诉讼的，应当准予离婚。

🏛 条文要义

本条是对诉讼离婚的规定。

诉讼离婚也叫裁判离婚，是指夫妻一方当事人基于法定离婚原因，向法院提起离婚诉讼，法院依法通过调解或判决解除当事人之间的婚姻关系的离婚方式。

诉讼离婚具有以下特点：（1）诉讼离婚是对双方有争议的离婚案件进行裁判，确认双方解除婚姻关系。（2）诉讼离婚是典型的合并之诉。离婚诉讼绝不仅仅对离婚进行审理，还要对由于离婚而引起的其他法律后果进行审理，例如子女抚养、财产分割、经济扶助、子女探望，甚至离婚损害赔偿问题等。（3）诉讼离婚实行调解先置程序。法官在审理离婚案件时，须依照职权进行调解，在审理中也更多地实行职权主义，这样才能够适应诉讼离婚诉讼的特殊性。

诉讼离婚的适用范围是：（1）夫妻一方要求离婚，另一方不同意离婚的；（2）夫妻双方都愿意离婚，但在子女抚养、财产分割等离婚后果问题上不能达成协议的；（3）夫妻双方都愿意离婚，并对子女抚养、财产分割等离婚后果达成协议，但未依法办理结婚登记手续而以夫妻名义共同生活且为法律所承认的事实婚姻，请求解除事实婚姻关系的。

诉讼离婚的一般程序是：（1）起诉和答辩。（2）调解。离婚案件未经调解，法官不能直接作出离婚判决。（3）判决。对于调解无效的离婚案件，法院应当依法判决。

离婚法定事由分为基本事由和具体事由。判决离婚的基本事由是夫妻感情确已破裂，其含义是：夫妻之间感情已不复存在，已经不能期待夫妻双方有和好的可能。离婚的具体事由是：（1）重婚或有配偶者与他人同居的。后者是指有配偶者与婚外异性不以夫妻名义，持续、稳定地共同居住。（2）实施家庭暴力或虐待、遗弃家庭成员的。实施家庭暴力是指行为人以殴打、捆绑、残害、强行限制人身自由以及其他手段，给对方配偶以及家庭成员的身体、精神等方面造成损害后果的行为。虐待是指经常以打骂、冻饿、禁闭、有病不予治疗、强迫过度劳动、限制人身自由、凌辱人格等方法，对共同生活的家庭成员进行肉体上、精神上的摧残和折磨的行为。遗弃是指负有扶养义务的家庭成员拒不履行扶养义务的行为。（3）有赌博、吸毒等恶习屡教不改的。（4）因感情不和分居满二年的。分居是指配偶双方拒绝在一起共同生活，互不履行夫妻义务的行为。在主观上，配偶确有分居的愿望，拒绝在一起共同生活；在客观上，配偶的夫妻共同生活完全废止，分开生活。按照法律规定，这种状态已满二年的，构成离婚法定事由。（5）其他导致夫妻感情破裂的情形。

另外，本条第4款和第5款还规定了两种可以判决离婚的情形：（1）一方被宣告失踪，另一方提起离婚诉讼的，应当准予离婚。（2）经法院判决不准离婚后，又分居满一年，一方再次提起离婚诉讼的，应当准予离婚。

上述第二种情形，即本条第5款规定的"经人民法院判决不准离婚后，双方又分居满一年，一方再次提起离婚诉讼的，应当准予离婚"的规则，是民法典首次规定的离婚理由。对此，原来司法实践中通行的规则是，经人民法院判决不准离婚后，双方又分居6个月，一方再次提起离婚诉讼的，一般都应当判决准予离婚。在民法典起草的过程中，立法者有意增加离婚诉讼的难度，促使冲动离婚、草率离婚的夫妻有更多的时间冷静下来，以使离婚率有所下降，稳定婚姻关系，因而增加了这一新规则。

判决不准离婚后再次起诉离婚的，须具备以下两个要件：

（1）判决不准离婚之后，再次起诉的时间间隔是1年。在原来司法实践中掌握的6个月基础上增加了一倍。判决不准离婚后不满一年起诉的，法院不予受理。

（2）在判决不准离婚的一年里，双方当事人还需要分居。从法院判决不准离婚之后开始计算，又分居满一年的，才可以再次提出离婚的诉讼请求。如果在判决离婚之后，双方没有分居，或者偶尔有同居，就不符合这一要件的要求，再次提起离婚诉讼的，法院可能会不受理，或者受理后判决驳回其诉讼请求。

📑 配套司法解释

最高人民法院关于适用《中华人民共和国民法典》婚姻家庭编的解释（一）

第二十三条　夫以妻擅自中止妊娠侵犯其生育权为由请求损害赔偿的，人民法院不予支持；夫妻双方因是否生育发生纠纷，致使感情确已破裂，一方请求离婚的，人民法院经调解无效，应依照民法典第一千零七十九条第三款第五项的规定处理。

第六十三条　人民法院审理离婚案件，符合民法典第一千零七十九条第三款规定"应当准予离婚"情形的，不应当因当事人有过错而判决不准离婚。

最高人民法院关于适用《中华人民共和国民法典》时间效力的若干规定

第二十二条　民法典施行前，经人民法院判决不准离婚后，双方又分居满一年，一方再次提起离婚诉讼的，适用民法典第一千零七十九条第五款的规定。

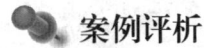 **案例评析**

王某诉陈某离婚纠纷案①

案情： 王某与陈某于 2014 年 1 月 29 日经人介绍相识，双方于 2014 年 2 月 10 日办理结婚登记手续。结婚登记后不久就没有一起生活了。婚姻期间未生育子女，也没有夫妻共同财产。2016 年 2 月 18 日，王某以夫妻感情确已破裂为由诉至法院，请求判处离婚，并分割共同财产。一审法院认为，王某与陈某结婚时间短，婚后因双方性格不合而没有建立真正的夫妻感情，因此王某要求与陈某离婚的诉讼请求，予以支持。遂判决准予王某与陈某离婚，王某一次性支付生活帮助费 5 000 元给陈某。二审法院认为，双方之间夫妻感情确已破裂，上诉人陈某未能提供任何证据证明存在夫妻共同财产，依法应承担举证不能的法律后果。驳回上诉、维持原判。

评析： 法院的判决是合理的。本案的焦点在于当事人双方感情是否破裂。感情破裂是人内心的感受，他人无法知晓，只能通过外在表征予以判断。本案中确认双方感情破裂的理由有三：一是双方当事人经人介绍，相识十几天就匆匆结婚，在短短的时间内，双方很难做到完全了解对方、适应对方的生活，婚姻的感情基础十分地不稳固；二是婚后不久即分居，也表明了二者之间缺乏情感沟通；三是一审法院的调解并没有缓和夫妻关系。本案的判决符合民法典第 1079 条规定的"夫妻感情破裂"的离婚判决标准。

应当补充说明的是，本案没有反映出民法典第 1079 条规定的新规则，即"经人民法院判决不准离婚后，双方又分居满一年，一方再次提起离婚诉讼的，应当准予离婚"的要求。如果本案双方当事人并没有草率结婚，而是有一定的感情基础，则一方第一次起诉离婚，不符合第 1079 条规定的其他离婚理由的要求，在法院判决不准离婚之后，再次起诉离婚的，须经过一年的时间，且须双方分居满一年，而不允许有同居的事实。符合这两个要件的要求的，才可以再次起诉离婚。法院确认双方感情确已破裂的，才可判决准予离婚。

▶▶ **第一千零八十条** 完成离婚登记，或者离婚判决书、调解书生效，即解除婚姻关系。

🏛 条文要义

本条是对婚姻关系解除时间的规定。

---

① 审理法院：一审法院为广东省化州市人民法院，案号：（2016）粤 0982 民初 221 号。二审法院为广东省茂名市中级人民法院，案号：（2016）粤 09 民终 864 号。

离婚的法律后果是解除当事人之间现存的婚姻关系。离婚分为登记离婚和诉讼离婚，两种程序中婚姻关系解除的时间不同。

（1）登记离婚情形下婚姻关系解除的时间。登记离婚情形下婚姻关系解除的时间是完成离婚登记之时，即离婚的请求被登记在婚姻登记机关的登记簿上的时间。因此，婚姻登记机关在发给当事人离婚证的时候，离婚证上填写的时间应当与婚姻登记簿的登记时间一致，以准确证明当事人完成登记离婚即该婚姻关系解除的时间。

（2）诉讼离婚情形下婚姻关系解除的时间。诉讼离婚情形下婚姻关系解除的时间是，法院作出判决书或者调解书，且判决书或者调解书发生法律效力的时间。判决准予离婚的，当事人可以在收到判决书的次日起15天内提起上诉。如果在上诉期内当事人没有上诉的，判决发生效力，此时，婚姻关系正式解除。当事人上诉引起二审程序的，二审人民法院仍然可以进行调解，调解无效的，依法作出准予离婚的判决。判决书一经送达即发生法律效力，双方婚姻关系正式解除。

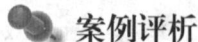 **案例评析**

王某诉陈某离婚纠纷案[1]

案情： 王某、陈某相识后建立恋爱关系，并于恋爱期间生育一个女儿，后登记结婚。婚后，因经常争吵，双方感情产生裂痕。2015年8月30日，王某、陈某签订"离婚协议书"。2016年3月1日，王某将陈某诉至法庭，诉请：解除婚姻关系；婚生女的抚养权归王某所有，由陈某一次性支付抚养费；按照"离婚协议书"约定陈某应给付计2.7万元；精神损害抚慰金5万元整。法院判决：王某、陈某夫妻感情确已破裂，准许王某的离婚请求；女儿陈丙由王某抚养成人；陈某每年支付抚养费10 000元；关于王某要求陈某支付2.7万元汽车首付款的问题，因离婚协议尚未生效，不予支持。

评析： 法院的判决是合理的。离婚协议是要式行为，不能用物权的区分原则来对待身份协议。当事人因离婚就财产分割达成的协议，对双方当事人具有法律约束力。但是，单独的离婚协议无法达到解除婚姻的法律后果，需要完成离婚登记，或者法院作出判决书或者调解书，且在判决书或者调解书发生法律效力时，才能解除婚姻关系。如果双方协议离婚未成，一方在离婚诉讼中反悔的，法院应当认定财产分割协议没有生效，并根据实际情况依法对夫妻共同财产进行分割。本案当事人双方在离婚以前签订的离婚协议尚未生效，不能直接履行，因此，王某要求陈某支付2.7万元汽车首付款，无法直接履行。至于王某要求陈某支付精神损害抚慰金的问题，因未有充分证据证明陈某婚外同居，故对王某的损害赔偿请求无法支持。

需要指出，虽然《婚姻法》没有规定婚姻关系解除时间，但司法实践中确认了

---

[1]　审理法院：浙江省永康市人民法院，案号：（2016）浙0784民初01520号。

离婚登记是登记离婚的公示方式，判决书或调解书是诉讼离婚的公示方式，所以，只有在完成离婚登记或者离婚判决书、调解书生效时，婚姻关系才解除。因此，即便本案发生在民法典实施之后，根据其第1080条新增规则，也应该得出相同的法律结论。

▶▶ **第一千零八十一条　现役军人的配偶要求离婚，应当征得军人同意，但是军人一方有重大过错的除外。**

🏛 条文要义

本条是关于现役军人配偶要求离婚的限制性规定。

军人是指正在中国人民解放军和中国人民武装警察部队服现役、具有军籍的干部和士兵，不包括没有军籍的文职人员职工，转业、退伍、退休、离休的军人和已经退役的革命残废军人，以及编入民兵组织或者预备役的军官、士兵和正在服刑的军人。

这种对离婚权利的限制，限制的是实体权利，即现役军人的配偶可以起诉离婚，但是只要军人一方没有重大过错，且军人一方不同意离婚的，法院就不能判决准予离婚。该离婚请求权的限制，依非军人一方配偶的对方身份确定，起诉的一方是非军人，对方是军人的，即受该条款的限制。军人之间的离婚诉讼，军人起诉非军人的离婚诉讼，不受该条款的限制。

军人一方有重大过错时，法院应当准予离婚。重大过错包括：重婚或者与他人同居的；实施家庭暴力或虐待、遗弃家庭成员的；有赌博、吸毒恶习，屡教不改的；其他重大过错如强奸妇女、奸淫幼女、嫖娼等违法犯罪行为的。

法院审理这类案件应当遵守的规则是：

（1）现役军人的配偶提出离婚诉讼请求的，应当征得军人一方的同意，才可以判决离婚。

（2）现役军人不同意离婚的，原则上不能判决准予离婚。

（3）现役军人有重大过错，非军人一方请求离婚的，其权利不受限制，法院应当根据是否具有法律规定的离婚理由作出判决。

📋 配套司法解释

最高人民法院关于适用《中华人民共和国民法典》婚姻家庭编的解释（一）

第六十四条　民法典第一千零八十一条所称的"军人一方有重大过错"，可以依据民法典第一千零七十九条第三款前三项规定及军人有其他重大过错导致夫妻感情破裂的情形予以判断。

案例评析

张某某诉罗某某离婚纠纷案①

案情： 罗某某为现役军人。2007年张某某、罗某某经人介绍认识后确立恋爱关系，2010年登记结婚。婚后因生活琐事张某某与罗某某的母亲发生矛盾，影响到张某某、罗某某的关系。2013年12月23日张某某诉至法院，请求解除婚姻关系。一审法院认为：双方婚姻基础较好，感情尚未破裂。另据《婚姻法》第33条的规定，现役军人不同意离婚，不符合军人离婚案件中准予离婚的条件。遂判决不予离婚。二审法院驳回上诉，维持原判。

评析： 法院判决不准予离婚是合理的。与一般婚姻相比，军婚确实有其特殊性。不论是战争时期还是和平年代，军人都肩负着保卫国家安全的重要使命，无法像普通人一样为家庭正常地付出，对军婚的保护是保持军队稳定的需要。但同时，对于军人的配偶来说，这是一种婚姻自由和性权利的克减。因为军人的职业特性，军人的配偶比普通家庭的配偶承担了更多义务，受益的是全体国民。因此，在非军人方诉请离婚的案件中，如果军人一方有重大过错，法院要充分考虑非军人一方的合法权益。本案中，张某某辩称罗某某的母亲及罗某某本人对她长期言语侮辱及殴打，但无证据证实，不符合"军人一方有重大过错"的情形，而且罗某某不同意离婚，故法院判决不准予离婚。

▶▶ **第一千零八十二条** 女方在怀孕期间、分娩后一年内或者终止妊娠后六个月内，男方不得提出离婚；但是，女方提出离婚或者人民法院认为确有必要受理男方离婚请求的除外。

条文要义

本条是关于限制男方离婚请求权的规定。

限制男方离婚请求权是为了保护妇女和子女的合法权益，原因是，在法律规定的女方怀孕、分娩后1年内或者终止妊娠后6个月内，女方在身体上、精神上都有很重的负担，如果在这个时期判决离婚，会给女方的身体、精神会增加过重的负担，对女方本人、对正在孕育的胎儿以及出生后的婴儿，都会造成严重影响。在这个时期禁止男方提出离婚请求是必要的。男方在上述期间提出离婚请求的，人民法院应直接判决驳回男方的诉讼请求，而不是判决不准离婚。在上述期间经过之后，男方

---

① 审理法院：一审法院为内蒙古自治区阿拉善左旗人民法院，案号：（2014）阿左民一初字第3号。二审法院为阿拉善盟中级人民法院，案号：（2014）阿民一终字第122号。

再提出离婚诉讼请求的，法院应当依法审理。

该期间是法定期间，分为三种：（1）女方怀孕期间。如果起诉时并没有发现女方怀孕，而是在审理中或者审理结束时发现女方怀孕，也应适用该规定，驳回男方的诉讼请求；即使在一审判决作出后，在二审期间发现上述事实的，也应当撤销原判，驳回原告的诉讼请求。（2）女方分娩后 1 年内。无论女方娩出的是活胎还是死胎，均受该期间的限制。（3）女方终止妊娠后 6 个月。在此期间，无论女方出于何种原因终止妊娠的，都不准男方提出离婚诉讼。

上述期间是不变期间，不适用诉讼时效中止、中断和延长的规定。

该期间的例外规定是：

（1）女方提出离婚的，不受该期间的限制。这是因为女方在该期间提出离婚，思想上已经有所准备，认为离婚才能够更好地保护自己和胎儿、婴儿的利益。如果对此予以限制，反而对女方和胎儿、婴儿不利。

（2）法院认为确有必要受理男方的离婚诉讼，不受该期间的限制。对此，法院应当严格把握"确有必要"的尺度。例如，在此期间双方确实存在不能继续共同生活的重大而紧迫的情事，一方对他方有危及生命、人身安全的可能，女方怀孕是与他人通奸所致等，均为"确有必要"。

案例评析

隋某诉刘某离婚纠纷案[①]

案情：隋某与刘某于 2017 年年底相识，于 2018 年 1 月办理了婚姻登记。婚后双方矛盾加深。经协商，刘某同意办理离婚手续，但前提是隋某赠给刘某 18 万元，隋某于 2018 年 2 月 28 日将 18 万元赠给刘某。但因条件不符，首次办理离婚未成。刘某此后不再配合隋某到民政局办理离婚手续。隋某诉至法院，请求离婚。法庭上刘某提交证据，证明庭审时自己已怀孕 20 周左右。法院认为，现有证据尚不足以认定夫妻感情确已破裂，况且刘某现处于怀孕期间，依法隋某不得提出离婚请求。遂驳回隋某的诉讼请求。

评析：法院的判决是合理的。根据我国法律规定，一方要求解除婚姻关系的，有权提出离婚诉求，但是为了保护妇女、儿童的利益，法律对男方的离婚诉权在法定期间予以限制。本案中法院不支持隋某的诉求的理由有二：一是现有证据不足以证明夫妻感情破裂，二是女方正处于妊娠期。要注意的是，民法典第 1082 条的规定是一项程序性的限制，并非对实体权利的限制。此期间经过后，如果男方仍旧提起离婚诉讼，法院可依据夫妻感情是否确已破裂进行判决。

[①] 　审理法院：黑龙江省哈尔滨市道外区人民法院，案号：（2018）黑 0104 民初 2675 号。

▶▶ **第一千零八十三条**　离婚后，男女双方自愿恢复婚姻关系的，应当到婚姻登记机关重新进行结婚登记。

🏛 条文要义

本条是对复婚登记的规定。

婚姻关系当事人在离婚后，自愿恢复婚姻关系，申请复婚的，应当向婚姻登记机关提出结婚登记申请。婚姻登记机关依照有关结婚登记的程序进行登记，重新进行结婚登记后，发给结婚证，双方恢复婚姻关系。

离婚后自愿恢复婚姻关系的规定，在《婚姻法》第 35 条关于"离婚后，男女双方自愿恢复夫妻关系的，必须到婚姻登记机关进行复婚登记"规定的基础上，改变为"应当到婚姻登记机关重新进行结婚登记"的新规则。

上述"结婚登记"与"复婚登记"一字之差，体现了一个重要的理念，即复婚也是结婚，应当按照结婚登记的实质要件与形式要件的要求，确认双方是否可以结婚，对于符合结婚的法律要求的，准许进行结婚登记，发给结婚证；对于不符合结婚的法律要求的，不能进行登记，不能恢复婚姻关系。

🎯 案例评析

杨甲、杨乙等诉赵某继承纠纷案①

案情：杨甲、杨乙、杨丙系同胞姐弟，赵某与其三人曾系继母与继子女关系。××××年，三人的父亲杨某与赵某结婚（双方均系再婚）。1991 年 12 月 12 日，赵某与杨某办理了登记离婚。离婚后不久，1992 年起双方又共同生活在一起，直至1995 年杨某过世。其间，杨某与赵某购买了××号房屋，杨某生前获得争议房屋60％的产权。杨某过世后，剩余 40％的产权由赵某出资，杨某去世后，2017 年，杨甲、杨乙、杨丙与赵某就该房产的归属问题产生纠纷，诉至法院，请求法院判定杨某拥有 100％的产权。一审法院认为赵某与杨某应属同居关系，遂判决该房屋 40％的份额归赵某所有。二审法院驳回上诉、维持原判。

评析：本案的焦点在于：第一，杨某和赵某的关系如何认定。杨某与赵某离婚后，双方解除了婚姻关系，相应的财产和人身关系也发生了变动。若双方具备结婚的实质要件，也有复婚的意愿，应当到婚姻登记机关进行结婚登记。根据《婚姻法》第 35 条，只有经过登记的复婚才能得到法律的承认与保护。《最高人民法院关于人民法院审理未办结婚登记而以夫妻名义同居生活案件的若干意见》（已于 2021 年 1

---

① 审理法院：一审法院为贵州省黔东南苗族侗族自治州凯里市人民法院，案号：（2017）黔 2601 民初2680 号。二审法院为贵州省黔东南苗族侗族自治州中级人民法院，案号：（2017）黔 26 民终 1912 号。

月1日废止）第4条规定：离婚后双方未再婚，未履行复婚登记手续，又以夫妻名义共同生活，一方起诉离婚的，一般应解除其非法同居关系。本案中，杨某和赵某离婚后又在一起以夫妻名义生活，但没有经过登记，不具备法律上的夫妻关系，法院认定为同居关系，是正确的。第二，杨某的遗产房屋该如何继承。按照法律对同居关系的规定，应当区分同居期间的财产关系。如果财产共有，那么该争议房屋应当由杨某和赵某共同共有；如果财产分别所有，则该争议房屋应当由杨某和赵某按照出资份额按份共有。从案件信息来看，赵某和杨某的财产是分别所有的，因此，赵某只能按照当时出资的份额，与继子按份共有该房屋。故法院的判决是合理的。

> ▶▶ **第一千零八十四条** 父母与子女间的关系，不因父母离婚而消除。离婚后，子女无论由父或者母直接抚养，仍是父母双方的子女。
>
> 离婚后，父母对于子女仍有抚养、教育、保护的权利和义务。
>
> 离婚后，不满两周岁的子女，以由母亲直接抚养为原则。已满两周岁的子女，父母双方对抚养问题协议不成的，由人民法院根据双方的具体情况，按照最有利于未成年子女的原则判决。子女已满八周岁的，应当尊重其真实意愿。

🏛 条文要义

本条是关于离婚后对子女抚养的规定。

离婚的直接法律后果之一是父母的亲权发生变更，而不是亲权消灭。亲权内容发生部分变更：直接抚养人由原来的双方变更为单方，监护人也由原来的双方变更为单方。亲权的整体不因离婚而改变，仍然是由父母双方共同享有，只是没有直接抚养未成年子女的一方当事人行使亲权受到一定的限制。

离婚导致夫妻之间婚姻关系的解除，带来的问题是未成年子女无法再继续与父和母共同生活，须解决随哪一方生活的问题。未成年子女随哪一方共同生活，谁是直接抚养人，谁就是亲权人（监护人）。即使如此，父母对未成年子女仍有抚养、教育和保护的义务，享有亲权，不得以不直接抚养为由拒绝支付抚养费。

本条是在《婚姻法》第36条的基础上修订而成的。本条第3款特别规定了母亲对婴儿的哺乳期为2年，对未成年子女的抚养应当遵循最有利于未成年子女的原则，以及对已满8周岁的子女应当尊重其真实意愿这三个新规则。

离婚后子女抚养的规则是：

（1）不满两周岁即哺乳期内的子女，以随哺乳的母亲抚养为原则。《婚姻法》第36条将未成年子女分为哺乳期内的子女和哺乳期后的子女。对哺乳期究竟应怎样掌握，规范性文件并没有明确的规定。如，《最高人民法院关于人民法院审理离婚案件处理子女抚养问题的若干具体意见》解释为 2 年，但是《女职工劳动保护规定》规定哺乳期为 1 年。民法典不再采取哺乳期的说法，而是直接规定为不满 2 周岁的子女和已满 2 周岁的子女，更为准确和科学。

但是，按照有利于未成年子女的原则，母亲一方不适合抚养子女的，也可由父亲抚养：1) 母亲有久治不愈的传染性疾病或者其他严重疾病，子女不宜与母亲共同生活的；2) 母亲有抚养条件但不尽抚养义务，而父亲要求子女随其生活的；3) 因其他原因，子女确实无法随母亲生活的。如果父母双方协议随父方生活，对子女健康成长无不利影响的，也可以由父方抚养。

（2）对已满 2 周岁的子女的抚养问题协议不成的，特别强调"按照最有利于未成年子女的原则"解决。与《婚姻法》第 36 条相比，本条第 2 款更体现了对未成年子女的照顾，更加有利于未成年子女的成长。

（3）未成年子女在 8 周岁以上的，应当尊重他们的选择，确定最有利于未成年子女的抚养方法。8 周岁以上的未成年人是限制民事行为能力人，已经具备了一定的自主意识和认知能力，他们可以根据自己的识别能力判断究竟随父还是随母生活对自己更为有利。原则上，法院应当尊重子女的选择，但是，8 周岁以上的未成年子女的识别能力毕竟有限，如果子女的选择对他们的成长不利，法官也可以作出另外的判决。

📖 配套司法解释

最高人民法院关于适用《中华人民共和国民法典》婚姻家庭编的解释（一）

第四十四条　离婚案件涉及未成年子女抚养的，对不满两周岁的子女，按照民法典第一千零八十四条第三款规定的原则处理。母亲有下列情形之一，父亲请求直接抚养的，人民法院应予支持：

（一）患有久治不愈的传染性疾病或者其他严重疾病，子女不宜与其共同生活；

（二）有抚养条件不尽抚养义务，而父亲要求子女随其生活；

（三）因其他原因，子女确不宜随母亲生活。

第四十五条　父母双方协议不满两周岁子女由父亲直接抚养，并对子女健康成长无不利影响的，人民法院应予支持。

第四十六条　对已满两周岁的未成年子女，父母均要求直接抚养，一方有下列情形之一的，可予优先考虑：

（一）已做绝育手术或者因其他原因丧失生育能力；

（二）子女随其生活时间较长，改变生活环境对子女健康成长明显不利；

（三）无其他子女，而另一方有其他子女；

（四）子女随其生活，对子女成长有利，而另一方患有久治不愈的传染性疾病或者其他严重疾病，或者有其他不利于子女身心健康的情形，不宜与子女共同生活。

第四十七条　父母抚养子女的条件基本相同，双方均要求直接抚养子女，但子女单独随祖父母或者外祖父母共同生活多年，且祖父母或者外祖父母要求并且有能力帮助子女照顾孙子女或者外孙子女的，可以作为父或者母直接抚养子女的优先条件予以考虑。

第四十八条　在有利于保护子女利益的前提下，父母双方协议轮流直接抚养子女的，人民法院应予支持。

第五十四条　生父与继母离婚或者生母与继父离婚时，对曾受其抚养教育的继子女，继父或者继母不同意继续抚养的，仍应由生父或者生母抚养。

第五十五条　离婚后，父母一方要求变更子女抚养关系的，或者子女要求增加抚养费的，应当另行提起诉讼。

第五十六条　具有下列情形之一，父母一方要求变更子女抚养关系的，人民法院应予支持：

（一）与子女共同生活的一方因患严重疾病或者因伤残无力继续抚养子女；

（二）与子女共同生活的一方不尽抚养义务或有虐待子女行为，或者其与子女共同生活对子女身心健康确有不利影响；

（三）已满八周岁的子女，愿随另一方生活，该方又有抚养能力；

（四）有其他正当理由需要变更。

第五十七条　父母双方协议变更子女抚养关系的，人民法院应予支持。

第六十条　在离婚诉讼期间，双方均拒绝抚养子女的，可以先行裁定暂由一方抚养。

第六十一条　对拒不履行或者妨害他人履行生效判决、裁定、调解书中有关子女抚养义务的当事人或者其他人，人民法院可依照民事诉讼法第一百一十一条的规定采取强制措施。

 案例评析

陈某诉陆某离婚纠纷案①

案情：陈某和陆某 2012 年登记结婚，2013 年 9 月 2 日生育儿子陆桐。陈某于 2013 年 6 月离家出走，双方分居至今。婚生儿子陆桐现跟随陆某一起生活。陈某、陆某于 2013 年 8 月 21 日签订"自愿离婚协议书"，约定双方自愿离婚和孩子出生后由陆某抚养，抚养费由陆某全部负责。2014 年 6 月 3 日陈某向法院提起诉讼，请求判决陈某与陆某离婚，并要求抚养儿子、陆某支付抚养费，分割夫妻共有财产。一审法院判决：陈某、陆某夫妻感情已经破裂，准许离婚。婚生儿子陆桐由陆某负责抚养，抚养费由陆某自行承担；孩子成年后随父随母由其自择；陈某返还陆某夫妻共同财产款项 44 000 元。二审法院变更原审判决第三项为"陈某返还陆某夫妻共同

---

① 审理法院：一审法院为广东省揭阳市榕城区人民法院，案号：（2014）揭榕法民一初字第 93 号。二审法院为广东省揭阳市中级人民法院，案号：（2015）揭中法民一终字第 87 号。

财产款项 30 000 元"，其余维持原判。

评析：《婚姻法》第 36 条第 3 款规定，离婚后，哺乳期内的子女，以随哺乳的母亲抚养为原则。《婚姻法》未对哺乳期作出具体规定，《最高人民法院关于人民法院审理离婚案件处理子女抚养问题的若干具体意见》将哺乳期解释为 2 年。需要注意的是，民法典第 1084 条的新规则没有采用"哺乳期"的说法，而是直接规定已满两周岁的子女，原则上应由母亲抚养。本案中的婚生子陆某桐不满两周岁，按照法律规定应当由女方抚养，但是，民法典第 1084 条的核心目的在于最大可能地保护子女的利益，本案的判决很好地体现了这一宗旨。因为：一是本案中双方当事人已经协议约定孩子的抚养权归陆某，该协议有效；二是孩子自出生后便与父亲陆某一起生活；三是其父陆某的经济条件明显好于其母陈某的。因此，一审、二审法院都考虑到由父亲陆某抚养更有利于孩子成长，将抚养权判给陆某。这是合理的。

需要说明的是，离婚的双方当事人协议约定子女抚养权的，并不能消除法定的抚养义务。

> ▶▶ **第一千零八十五条** 离婚后，子女由一方直接抚养的，另一方应当负担部分或者全部抚养费，负担费用的多少和期限的长短，由双方协议；协议不成的，由人民法院判决。前款规定的协议或者判决，不妨碍子女在必要时向父母任何一方提出超过协议或者判决原定数额的合理要求。

🏛 条文要义

本条是对未成年子女抚养费的规定。

离婚后，一方直接抚养未成年子女的，另一方应当负担部分或者全部抚养费。

确定子女抚养费的基本方法是，根据子女的实际需要、父母双方的负担能力，以及当地实际生活水平，确定具体的抚育费数额。具体的方法是：

（1）有固定收入的，抚养费一般可按其月总收入的 20%～30% 的比例给付。负担两个以上子女的抚养费的，比例可以适当提高，但是最高不得超过月总收入的 50%。月总收入是指一个人一个月所获得的劳动报酬总数，如基本工资、工龄工资、奖金以及其他补贴。完全发给职工个人的保健费、卫生费等，不应计算在内。

（2）无固定收入的，抚养费的数额可依据当年收入或同行业平均收入，参照上述比例确定。无固定收入的，如农民，可以按年收入的比例确定，每年支付一次；个体工商业者、摊贩等，既可按年收入确定，也可以按同行业平均收入，按比例计算确定月给付数额。

（3）有特殊情况的，可适当提高或降低上述比例。例如，有的私营企业老板年收入达数十万元，甚至数百万元，如果也按上述比例给付抚养费，显然不合适，可以适当降低比例。对于子女伤残的，如果按照上述比例给付抚养费难以满足子女生活需求的，可以适当提高比例。

子女抚养费的给付期限，由双方当事人协议，协议不成的，由法院判决确定。子女抚养费一般给付至子女 18 周岁时止。子女如果满 16 周岁、不满 18 周岁，能够以其劳动收入作为主要生活来源，就被视为完全民事行为能力人，当他或她能以自己的劳动收入维持当地一般生活水平时，父母也可以停止给付抚养费，让其独立依靠自己的劳动收入维持生活。

当事人间之抚养费给付协议或者法院对抚养费的判决，都不妨碍子女在必要时向父母任何一方提出超过协议或者判决原定数额的合理要求，只要是合理的要求，都应当得到支持。

📋 配套司法解释

最高人民法院关于适用《中华人民共和国民法典》婚姻家庭编的解释（一）

第四十九条　抚养费的数额，可以根据子女的实际需要、父母双方的负担能力和当地的实际生活水平确定。

有固定收入的，抚养费一般可以按其月总收入的百分之二十至三十的比例给付。负担两个以上子女抚养费的，比例可以适当提高，但一般不得超过月总收入的百分之五十。

无固定收入的，抚养费的数额可以依据当年总收入或者同行业平均收入，参照上述比例确定。

有特殊情况的，可以适当提高或者降低上述比例。

第五十条　抚养费应当定期给付，有条件的可以一次性给付。

第五十一条　父母一方无经济收入或者下落不明的，可以用其财物折抵抚养费。

第五十二条　父母双方可以协议由一方直接抚养子女并由直接抚养方负担子女全部抚养费。但是，直接抚养方的抚养能力明显不能保障子女所需费用，影响子女健康成长的，人民法院不予支持。

第五十三条　抚养费的给付期限，一般至子女十八周岁为止。

十六周岁以上不满十八周岁，以其劳动收入为主要生活来源，并能维持当地一般生活水平的，父母可以停止给付抚养费。

第五十八条　具有下列情形之一，子女要求有负担能力的父或者母增加抚养费的，人民法院应予支持：

（一）原定抚养费数额不足以维持当地实际生活水平；

（二）因子女患病、上学，实际需要已超过原定数额；

（三）有其他正当理由应当增加。

第五十九条 父母不得因子女变更姓氏而拒付子女抚养费。父或者母擅自将子女姓氏改为继母或继父姓氏而引起纠纷的，应当责令恢复原姓氏。

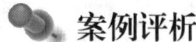 **案例评析**

刘某某诉刘乙抚养费纠纷案[①]

案情： 唐某某与刘乙原系夫妻，刘某某系婚生子。2011 年 5 月 27 日，唐某某与刘乙登记离婚，协议约定："……儿子刘某某由女方抚养，男方每月支付抚养费（含教育费、医疗费）人民币壹仟伍佰元正，至儿子大学毕业止……2015 年 9 月 1 日起，刘某某抚养费视市场物价再作上浮调整……"之后，刘乙支付刘某某抚养费至 2015 年 11 月。唐某某已再婚未再育，刘乙已再婚再育，税后年收入为 182 363.30 元。刘某某起诉，要求法院判令刘乙自 2015 年 9 月 1 日起支付其抚养费 4 350 元/月；支付刘某某幼儿园学费共计 16 000 元。一审法院判决刘乙于 2015 年 9 月起每月支付刘某某抚养费 2 500 元，至刘某某 18 周岁止；驳回刘某某其余诉讼请求。二审法院维持原判。

评析： 本案当事人双方在离婚协议中约定：刘乙向刘某某支付抚养费直到大学毕业；2015 年 9 月起视具体情况上调抚养费。随着离婚后子女就学、生活的需要，抚养费可能需要调整。离婚协议中的约定并不妨碍子女在必要时向父母任何一方提出超过协议数额的合理要求。而且，从离婚协议也可以看出，双方就孩子教育费、生活费等未来可能发生的调整已有思想准备。根据刘乙的实际负担能力、当地的实际生活水平，结合刘某某实际需要等因素，法院判决刘乙每月支付 2 500 元的抚养费是合理的。

但是，在双方当事人都没有诉请变更抚养费支付期限的情况下，法院直接将抚养费支付期限变更为到 18 周岁止，值得商榷。根据《最高人民法院关于人民法院审理离婚案件处理子女抚养问题的若干具体意见》（已于 2021 年 1 月 1 日废止）的规定，抚养费的给付期限一般至子女 18 周岁为止，但对于 18 周岁以上仍不能独立生活或在校就读的，父母如果有负担能力，仍应负担必要的抚养费。本案双方当事人约定刘乙向刘某某支付抚养费至刘某某大学毕业，符合司法解释的规定，应当受到尊重。

> ▶▶**第一千零八十六条** 离婚后，不直接抚养子女的父或者母，有探望子女的权利，另一方有协助的义务。
>
> 行使探望权利的方式、时间由当事人协议；协议不成的，由人民法院判决。
>
> 父或者母探望子女，不利于子女身心健康的，由人民法院依法中止探望；中止的事由消失后，应当恢复探望。

[①] 审理法院：一审法院为上海市浦东新区人民法院，案号：(2015) 浦少民初字第 574 号。二审法院为上海市第一中级人民法院，案号：(2016) 沪 01 民终 1549 号。

🏛 条文要义

本条是关于不直接抚养子女的父或者母享有探望权的规定。

探望权，是指夫妻离婚后，不直接抚养子女的父或母有权对子女进行探望的权利。直接抚养子女的一方有协助非直接抚养的一方行使探望权的义务。探望权是亲权的内容。

规定探望权的意义在于，保证夫妻离异后非直接抚养一方能够定期与子女团聚，有利于弥合家庭解体给父母子女之间造成的感情伤害，有利于未成年子女的健康成长。探望权不仅可以满足父或母关心、抚养和教育子女的情感需要，保持和子女的往来，及时、充分地了解子女的生活、学习情况，更好地对子女进行抚养、教育，还可以增加子女和非直接抚养方的沟通与交流，减轻子女的家庭破碎感，从而有利于子女的健康成长。

探望权是与直接抚养权相对应的身份权利。父母离婚后，如果子女由一方直接抚养，抚养方就成为子女亲权的主要担当人即监护人，取得直接抚养权，非直接抚养方的亲权则受到一定限制，因而非直接抚养子女的父或母享有对子女的探望权。探望权是法定权利。只要直接抚养权一确定，对方的探望权也同时成立，非直接抚养一方即取得探望权。探望权的主体是非直接抚养子女的父或母，直接抚养的父或母是探望权的义务主体，应该履行协助探望权人实现探望权的义务。

探望权是法定权利，与直接抚养权同时成立，不存在确权问题。行使探望权，涉及直接抚养一方和子女的利益，故确定探望的时间、方式，由当事人协议；协议不成时，由法院判决。探望权人按照协议或法院判决实施探望时，如果子女对约定或判决的探望时间不同意，探望权人不得强行探望。

关于探望的时间和方式，有父母协议和法院判决两种方式，并且"协议优先"。按照协议优先原则，父母应该本着有利于子女身心健康成长的基本原则，根据双方的实际情况，确定具体的探望时间和方式。如果父母不能达成协议，或者直接抚养一方拒绝协商，则探望权人可以向法院提起诉讼，要求法院依法确定探望的时间和方式。法院应受理探望权人的请求，依法就探望的时间和方式作出判决。

探望权中止是指探望权人具有中止探望权的法定事由时，由法院判决探望权人在一定时间内中止行使探望权的制度。探望权中止的事由是：行使探望权不利于子女的身心健康，包括子女的身体、精神、道德或感情的健康。一方不负担子女抚养费或未按期给付抚养费，并不是中止探望权的条件，不能作为中止探望权的法律依据。

探望权中止的事由消失后，被中止的探望权予以恢复。探望权的恢复，可以由当事人协商，也可以由法院判决。当事人协商不成的，当探望权中止的事由消灭以后，法院应当判决探望权恢复。

配套司法解释

最高人民法院关于适用《中华人民共和国民法典》婚姻家庭编的解释（一）

第六十五条 人民法院作出的生效的离婚判决中未涉及探望权，当事人就探望权问题单独提起诉讼的，人民法院应予受理。

第六十六条 当事人在履行生效判决、裁定或者调解书的过程中，一方请求中止探望的，人民法院在征询双方当事人意见后，认为需要中止探望的，依法作出裁定；中止探望的情形消失后，人民法院应当根据当事人的请求书面通知其恢复探望。

第六十七条 未成年子女、直接抚养子女的父或者母以及其他对未成年子女负担抚养、教育、保护义务的法定监护人，有权向人民法院提出中止探望的请求。

第六十八条 对于拒不协助另一方行使探望权的有关个人或者组织，可以由人民法院依法采取拘留、罚款等强制措施，但是不能对子女的人身、探望行为进行强制执行。

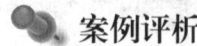

案例评析

曹甲诉朱某探望权纠纷案①

案情：曹甲、朱某原系夫妻，2007 年 5 月 30 日婚生一子曹乙。2014 年曹甲、朱某登记离婚，协议约定：（1）离婚后，儿子曹乙随男方共同生活，每月抚养费由男方负责；（2）在提前通知男方后，女方可探望儿子。每周女方可到男方家中探望儿子两次。每月两次，女方可在周六到男方家中接儿子外出游玩。节假日根据儿子的意愿另行协商。离婚后，曹乙随曹甲共同生活。2015 年 1 月 28 日，朱某曾向法院提起探望权诉讼。经调解达成协议，但曹甲未能按约协助朱某履行探望权。2015 年 7 月 21 日，朱某曾就探望权纠纷向法院申请执行。2016 年 5 月 3 日，曹某诉至法院，请求减少朱某探望的时间。诉讼中，曹乙称，由于平时课业较重，希望减少朱某探望的时间。一审法院作出判决：朱某自判决生效之月起每月两次，每年寒暑假第一周，可以实施探望权，至曹乙 18 周岁时止。二审法院驳回上诉，维持原判。

评析：本案的焦点在于，曹乙不愿意接受母亲朱某探望，希望减少探望次数，法院是否应当考虑孩子的意愿？曹乙不满十周岁，依照案件发生时的法律规定属无民事行为能力人。曹乙不愿母亲朱某探望的表述，除了其自身因父母离异而产生心理偏差这一原因外，与父亲曹甲、其他家人的教育亦存在直接因果关系，因此，更应当充分保障母亲朱某的探望权。保证曹乙与母亲朱某相处的时间，更加有利于孩子的成长，故法院的判决是正确的。

民法典第 1086 条规定了探望权，是保障不直接抚养的父或母实质参与孩子抚

---

① 审理法院：一审法院为上海市闵行区人民法院，案号：（2016）沪 0112 民初 12612 号。二审法院为上海市第一中级人民法院，案号：（2016）沪 01 民终 6904 号。

养、教育的权利，使孩子能够得到父母双方的关心爱护，最大可能减少家庭破碎对孩子的伤害。

> ▶▶ **第一千零八十七条**　离婚时，夫妻的共同财产由双方协议处理；协议不成的，由人民法院根据财产的具体情况，按照照顾子女、女方和无过错方权益的原则判决。
>
> 　对夫或者妻在家庭土地承包经营中享有的权益等，应当依法予以保护。

🏛 条文要义

本条是关于离婚时夫妻共同财产分割的规定。

离婚时夫妻双方应当对其享有权利的共同财产进行处理，处理的方法是：

（1）由双方协议处理，达成协议的，写在离婚协议中，经过婚姻登记机关确认生效。

（2）协议不成的，由法院根据财产的具体情况，按照照顾子女、女方和无过错方权益的原则判决，因而并不是平均分配。

（3）保护好土地承包经营权的个人权益。农村承包土地是以家庭为单位进行承包的，夫妻离婚后，不会因为离婚而再给其分配承包地，因此，夫或者妻在家庭土地承包经营中享有的权益等，在分割共同财产时应当依法予以保护，不能使在家庭关系中分离出去的一方受到损害。

本条在《婚姻法》第39条的基础上修改而成，增加了"照顾无过错方"原则。实际上，在司法实践中，法院一直没有停止对"照顾无过错方"原则的适用。1993年最高人民法院发布了《关于人民法院审理离婚案件处理财产分割问题的若干具体意见》，2001年《婚姻法》修订时增加离婚损害赔偿的规定，都是对"照顾无过错方"原则的确认。民法典之婚姻家庭编新增这一规则，是对法律传统与司法经验的一种反应。一方的过错导致离婚的，在分割夫妻共同财产时照顾无过错方，本质上是对过错方的惩罚，也是对无过错方的抚慰，既可以实现当事人的救济目的，体现法律的公平与正义，又可以缓解双方当事人因价值观冲突产生的敌对与仇视情绪。适用"照顾无过错方"这一新规则时应当注意，对"过错"的认定，应当以民法典第1091、1092条为主要依据。

📋 配套司法解释

最高人民法院关于适用《中华人民共和国民法典》婚姻家庭编的解释（一）

第六十九条　当事人达成的以协议离婚或者到人民法院调解离婚为条件的财产以及债务处理协议，如果双方离婚未成，一方在离婚诉讼中反悔的，人民法院应当认定该财产以及债务处理协议没有生效，并根据实际情况依照民法典第一千零八十七条和第一千零八十九条的规定判决。

当事人依照民法典第一千零七十六条签订的离婚协议中关于财产以及债务处理的条款，对男女双方具有法律约束力。登记离婚后当事人因履行上述协议发生纠纷提起诉讼的，人民法院应当受理。

第七十条　夫妻双方协议离婚后就财产分割问题反悔，请求撤销财产分割协议的，人民法院应当受理。

人民法院审理后，未发现订立财产分割协议时存在欺诈、胁迫等情形的，应当依法驳回当事人的诉讼请求。

第七十一条　人民法院审理离婚案件，涉及分割发放到军人名下的复员费、自主择业费等一次性费用的，以夫妻婚姻关系存续年限乘以年平均值，所得数额为夫妻共同财产。

前款所称年平均值，是指将发放到军人名下的上述费用总额按具体年限均分得出的数额。其具体年限为人均寿命七十岁与军人入伍时实际年龄的差额。

第七十二条　夫妻双方分割共同财产中的股票、债券、投资基金份额等有价证券以及未上市股份有限公司股份时，协商不成或者按市价分配有困难的，人民法院可以根据数量按比例分配。

第七十三条　人民法院审理离婚案件，涉及分割夫妻共同财产中以一方名义在有限责任公司的出资额，另一方不是该公司股东的，按以下情形分别处理：

（一）夫妻双方协商一致将出资额部分或者全部转让给该股东的配偶，其他股东过半数同意，并且其他股东均明确表示放弃优先购买权的，该股东的配偶可以成为该公司股东；

（二）夫妻双方就出资额转让份额和转让价格等事项协商一致后，其他股东半数以上不同意转让，但愿意以同等条件购买该出资额的，人民法院可以对转让出资所得财产进行分割。其他股东半数以上不同意转让，也不愿意以同等条件购买该出资额的，视为其同意转让，该股东的配偶可以成为该公司股东。

用于证明前款规定的股东同意的证据，可以是股东会议材料，也可以是当事人通过其他合法途径取得的股东的书面声明材料。

第七十四条　人民法院审理离婚案件，涉及分割夫妻共同财产中以一方名义在合伙企业中的出资，另一方不是该企业合伙人的，当夫妻双方协商一致，将其合伙企业中的财产份额全部或者部分转让给对方时，按以下情形分别处理：

（一）其他合伙人一致同意的，该配偶依法取得合伙人地位；

（二）其他合伙人不同意转让，在同等条件下行使优先购买权的，可以对转让所得的财产进行分割；

（三）其他合伙人不同意转让，也不行使优先购买权，但同意该合伙人退伙或者削减部分财产份额的，可以对结算后的财产进行分割；

（四）其他合伙人既不同意转让，也不行使优先购买权，又不同意该合伙人退伙或者削减部分财产份额的，视为全体合伙人同意转让，该配偶依法取得合伙人地位。

第七十五条 夫妻以一方名义投资设立个人独资企业的，人民法院分割夫妻在该个人独资企业中的共同财产时，应当按照以下情形分别处理：

（一）一方主张经营该企业的，对企业资产进行评估后，由取得企业资产所有权一方给予另一方相应的补偿；

（二）双方均主张经营该企业的，在双方竞价基础上，由取得企业资产所有权的一方给予另一方相应的补偿；

（三）双方均不愿意经营该企业的，按照《中华人民共和国个人独资企业法》等有关规定办理。

第七十六条 双方对夫妻共同财产中的房屋价值及归属无法达成协议时，人民法院按以下情形分别处理：

（一）双方均主张房屋所有权并且同意竞价取得的，应当准许；

（二）一方主张房屋所有权的，由评估机构按市场价格对房屋作出评估，取得房屋所有权的一方应当给予另一方相应的补偿；

（三）双方均不主张房屋所有权的，根据当事人的申请拍卖、变卖房屋，就所得价款进行分割。

第七十七条 离婚时双方对尚未取得所有权或者尚未取得完全所有权的房屋有争议且协商不成的，人民法院不宜判决房屋所有权的归属，应当根据实际情况判决由当事人使用。

当事人就前款规定的房屋取得完全所有权后，有争议的，可以另行向人民法院提起诉讼。

第七十八条 夫妻一方婚前签订不动产买卖合同，以个人财产支付首付款并在银行贷款，婚后用夫妻共同财产还贷，不动产登记于首付款支付方名下的，离婚时该不动产由双方协议处理。

依前款规定不能达成协议的，人民法院可以判决该不动产归登记一方，尚未归还的贷款为不动产登记一方的个人债务。双方婚后共同还贷支付的款项及其相对应财产增值部分，离婚时应根据民法典第一千零八十七条第一款规定的原则，由不动产登记一方对另一方进行补偿。

第七十九条 婚姻关系存续期间，双方用夫妻共同财产出资购买以一方父母名义参加房改的房屋，登记在一方父母名下，离婚时另一方主张按照夫妻共同财产对该房屋进行分割的，人民法院不予支持。购买该房屋时的出资，可以作为债权处理。

第八十条 离婚时夫妻一方尚未退休、不符合领取基本养老金条件，另一方请求按照夫妻共同财产分割基本养老金的，人民法院不予支持；婚后以夫妻共同财产缴纳基本养老保险费，离婚时一方主张将养老金账户中婚姻关系存续期间个人实际缴纳部分及利息作为夫妻共同财产分割的，人民法院应予支持。

第八十一条　婚姻关系存续期间，夫妻一方作为继承人依法可以继承的遗产，在继承人之间尚未实际分割，起诉离婚时另一方请求分割的，人民法院应当告知当事人在继承人之间实际分割遗产后另行起诉。

第八十二条　夫妻之间订立借款协议，以夫妻共同财产出借给一方从事个人经营活动或者用于其他个人事务的，应视为双方约定处分夫妻共同财产的行为，离婚时可以按照借款协议的约定处理。

第八十三条　离婚后，一方以尚有夫妻共同财产未处理为由向人民法院起诉请求分割的，经审查该财产确属离婚时未涉及的夫妻共同财产，人民法院应当依法予以分割。

案例评析

袁某诉罗某农村土地承包经营权纠纷案①

案情： 1998 年 6 月袁某与罗某结婚，袁某的户籍迁入罗某所在村。袁某、罗某以家庭承包方式承包土地 2.847 亩，其中袁某享有 0.96 亩土地的承包经营权，承包期限从 1998 年 10 月 1 日起至 2028 年 9 月 30 日止。二人婚后育有一女。2009 年袁某、罗某办理了离婚登记，约定婚生女由袁某抚养，抚养费由袁某承担，夫妻共同财产归罗某所有，其中 7 000 元债务由罗某偿还，其余债务由袁某负责偿还。离婚后袁某带着女儿回到后家居住生活，但户口没有迁出。罗某拒不返还袁某享有承包经营权的 0.96 亩土地。罗某离婚后袁某一直向村民小组、村委会、镇政府、县政府、县纪委反映情况。袁某诉请罗某归还原土地。罗某以双方协议和超过诉讼时效抗辩。法院判决由罗某在本户承包的集体土地面积内划给袁某承包土地 0.949 亩。

评析： 本案的焦点有二：第一，双方协议约定的"共同财产归罗某所有"中的"夫妻共同财产"是否包含土地承包经营权？《婚姻法》第 39 条第 2 款规定："夫或妻在家庭土地承包经营中享有的权益等，应当依法予以保护。"民法典第 1087 条保留了《婚姻法》第 39 条的规定，但是如何保护还需要深入研究。土地承包经营中享有的权益包括两个部分：一是土地承包经营权，二是土地承包经营权的经营收益。土地承包经营权的经营收益应当属于夫妻共同财产，关于这一点很少争议。但土地承包经营权是否属于夫妻共同财产则需要考察。对此我国法律未有明确规定。我们认为：首先，土地承包经营权基于集体经济组织成员身份获得；其次，土地承包经营权是集体经济组织成员的主要收入来源，是集体经济组织成员的生存保障。因而，土地承包经营权具有人身专属性，不应当属于夫妻共同财产。2009 年双方约定的"夫妻共同财产归罗某所有"不应当包含袁某的土地承包经营权。第二，本案是否罹于诉讼时效？袁某一直向村民小组、村委会、镇政府、县政府、县纪委反映情况，表明袁某一直在积极行使权利，诉讼时效是中断状态，应当从最后一次反映情况起

---

① 审理法院：云南省宾川县人民法院，案号：(2017) 云 2924 民初 1229 号。

重新计算，所以本案应当未超过诉讼时效。综上所述，法院判决罗某返还袁某土地承包经营权是合理的。

> ▶▶ 第一千零八十八条　夫妻一方因抚育子女、照料老年人、协助另一方工作等负担较多义务的，离婚时有权向另一方请求补偿，另一方应当给予补偿。具体办法由双方协议；协议不成的，由人民法院判决。

🏛 条文要义

本条是关于离婚时一方对另一方予以补偿的规定。

一方对他方的补偿是指夫妻离婚后，一方因抚育子女、照顾老年人、协助另一方工作等付出较多义务的，在离婚时，另一方应当对其承担经济补偿的义务。本条在《婚姻法》第40条的基础上，删除了"夫妻书面约定婚姻关系存续期间所得的财产归各自所有"这一限制条件。按照本条规定，离婚时，一方对他方享有财产补偿请求权不再只适用于双方约定夫妻分别财产制的情况，而是适用于所有的夫妻财产关系。也即，不论夫妻是约定共同财产还是约定分别财产，都在离婚时有权请求补偿。

夫妻离婚之后发生经济补偿责任的条件是：

（1）一方在家庭生活中付出较多义务。这是指在婚姻关系存续期间，夫妻一方比另一方付出的抚育子女、照料老年人、协助另一方工作等义务更多，对家庭的建设贡献较大。按照权利义务相一致的原则，在婚姻关系存续期间一方尽到的义务更多，该方在离婚分割共同财产时就应当得到更多的利益。这是合适的。

（2）双方婚姻关系已经解除，是发生财产补偿请求权的必要条件。按照本条规定，经济补偿的请求应当在离婚时提出。实行约定财产制的，由对方当事人从个人财产中给付；实行共同财产制的，由对方当事人从分割后的个人财产中给付。

（3）负担较多义务的一方享有经济补偿请求权。经济补偿的数额应当由双方协商解决。协商不成的，向法院起诉，由人民法院判决。人民法院判决时，应考虑请求权人负担义务的大小、请求权人因此受到损失和另一方从中受益的情况，综合确定。

需要注意的是，经济补偿是对家庭生活中付出较多的一方的补偿，不同于离婚后的经济帮助，不以主张经济补偿的一方生活困难为限。

💬 案例评析

尹某某诉张某某离婚纠纷案[①]

案情： 尹某某与张某某1987年自愿登记结婚，婚后生育两个孩子张乙和张丙，

---

① 审理法院：云南省昆明市寻甸回族彝族自治县人民法院，案号：（2015）寻民初字第565号。

均已成年。双方婚姻关系存续期间有两处房产，无共同债权、债务、现金及存款。尹某某于 2005 年 2 月离家外出，2005 年至 2007 年间偶尔回家几天，2007 年在家 3 个月左右，之后就外出未归。尹某某起诉离婚，要求分割共同财产。张某某不同意离婚，称：如果尹某某坚持要求离婚，则要求分得全部夫妻共同财产，并要求尹某某补偿生活费 150 000 元。法院认为，夫妻感情确已彻底破裂，故支持双方离婚。此外，张某某在家依靠耕作农业，操持家庭，抚育子女成人，确实付出较多义务。因此判决准予离婚，双方婚姻关系存续期间的共同财产全部归张某某所有；由尹某某一次性补偿张某某生活费 26 000 元。

评析： 本案中，尹某某多年离家在外，没有尽到妻子对家庭的照顾义务和母亲对孩子的抚养义务，张某某承担了较多的照顾家庭和子女的义务，因此，法院判决尹某某作出补偿是合理的。

需要注意的是，本案发生在民法典颁布、实施之前，当时的《婚姻法》第 40 条适用的前提是夫妻实行约定财产制，按照第 40 条，无法支持张某某的经济补偿请求权。但法院的判决体现了民法典第 1088 条的新规则。经济补偿规则的本质是对婚姻中付出较多义务的一方的一种肯定，使其得到精神上的抚慰和经济上的补偿，故不应当以约定财产制为前提。双方实行约定财产制的，从个人财产中给付经济补偿；实行共同财产制的，财产分割后，从个人财产中给付。

▶▶ **第一千零八十九条　离婚时，夫妻共同债务应当共同偿还。共同财产不足清偿或者财产归各自所有的，由双方协议清偿；协议不成的，由人民法院判决。**

🏛 条文要义

本条是对夫妻共同债务清偿方法的规定。

夫妻为共同生活或为履行抚养、赡养义务等所负债务，应被认定为夫妻共同债务。[①]

离婚时夫妻共同债务清偿的方法是：

（1）夫妻共同债务应由夫妻共同清偿，即以共同财产清偿。具体有两种方法：1）先清偿、后分割，即以夫妻共有财产先清偿夫妻共同债务，然后再对剩余的夫妻共有财产进行分割，即先清偿后分割的办法。2）先分割、后清偿，即先分割共同财产和共同债务，然后各自以各自分得的财产清偿分得的债务。采用第一种方法，对于保护债权人的利益有利，符合"以共同财产清偿"的立法本意，因而应着重使用第一种方法。

---

① 参见《关于人民法院审理离婚案件处理财产分割问题的若干具体意见》第 17 条的规定。

（2）共同财产不足以清偿债务或者财产归各自所有的，由双方协议，按照协议约定的方法进行清偿。

（3）双方协议不成的，向法院起诉，由法院依法判决。

案例评析

朱某某诉陈某某离婚后财产纠纷案①

案情： 朱某某、陈某某原系夫妻，双方于 1999 年 7 月登记结婚，2014 年 3 月离婚。2016 年，朱某某提起诉讼，要求确认朱某某、陈某某在婚姻关系存续期间负有共同债务 27 万元，判令陈某某给付朱某某 13.5 万元。庭审过程中，朱某某提供了 5 项债务（借款时间分别为 2001 年、2003 年、2005 年、2007 年、2011 年，还款时间均为 2015 年 9 月）的证明材料，其中有两项债务的借款凭证只有朱某某单方签名，且证人未到庭；另有一项债务的欠款和还款凭证均只有朱某某母亲签名；还有一项债务的借款凭证所述借款原因与事实不符。所有债权人都是朱某某的亲属或朋友，其间没有进行催讨。陈某某辩称对债务不知情，且已过诉讼时效。法院判决对朱某某的诉讼请求不予支持。

评析： 本案的焦点有三：一是债权债务关系是否成立。本案中朱某某所列债权债务关系存在以下疑点：债权人皆为朱某某亲属或其父母的朋友；债权债务凭证只有朱某某单方签名，且部分证人未到庭；部分借款凭证所载借款原因与事实不符。对于以上债务，陈某某表示不知情。因此，朱某某应当承担更为严格的举证责任。鉴于朱某某未能证明陈某某对案中所述债务知情或认可，法院认为无法认定债务是由朱、陈双方所欠，并无不妥。二是朱某某所列债务是否属于共同债务。夫妻共同债务是指在婚姻关系存续期间夫妻双方或其中一方为夫妻共同生活对第三人所负的债务。离婚后，原夫妻一方主张以个人名义所负的债务按夫妻共同债务处理的，应当证明借款用于夫妻共同生活。本案中陈某某称对以上债务均不知情，朱某某也无法证明债务用于共同生活，因此，朱某某所列债务不应被认定为共同债务。三是陈某某提出的诉讼时效抗辩是否成立。本案中所有的债务均已经过了普通诉讼时效，即使将上述债务均认定为共同债务，朱某某作为债务人之一向债权人全部清偿了债务，承担连带责任的其他债务人也有独立的抗辩权。综上，法院的判决是合理的。

> ▶▶第一千零九十条　离婚时，如果一方生活困难，有负担能力的另一方应当给予适当帮助。具体办法由双方协议；协议不成的，由人民法院判决。

---

① 审理法院：上海市杨浦区人民法院，案号：（2016）沪 0110 民初 9998 号。

🏛 条文要义

本条是关于离婚时一方对他方适当帮助的规定。

离婚时，原配偶的一方如果生活困难，有负担能力的另一方应当予以适当帮助。适当帮助与补偿不同，补偿义务通常是一次性义务，而适当帮助是共同财产分割后一方还生活困难时，发生的经济帮助义务。

确定适当经济帮助义务的条件是：（1）要求适当经济帮助的一方确有困难，即依靠个人财产和离婚时分得的财产无法维持当地的基本生活水平，生活难以维持，或者没有住房。（2）提供经济帮助的一方应当有经济负担能力。这不仅指实际生活水平，而且包括住房条件等。（3）接受帮助的一方没有再婚，也没有与他人同居。如果受助方已经再婚，或者与他人已经同居、确立了准婚姻关系，则适当经济帮助义务消灭。

本条在《婚姻法》第42条的基础上进行了修改，将"另一方应从其住房等个人财产中给予适当帮助"修改为"有负担能力的另一方应当给予适当帮助"。离婚时的经济帮助，并不是夫妻关系的延伸，而是基于夫妻关系而产生的道德义务。因此，在一方申请经济帮助时，应当考虑到另一方的经济能力，不能强制另一方提供经济帮助。提供适当经济帮助的办法，应当由双方当事人协议，协议不成时，由法院判决。确定适当经济帮助义务，应当考虑受助方的具体情况和实际需要，也要考虑帮助方的实际经济负担能力。如果受助方年龄较轻且有劳动能力，只是存在暂时性困难的，则多采取一次性支付帮助费用的做法。如果受助方年老体弱，失去劳动能力，又没有生活来源的，则一般要给予长期的妥善安排，确定定期金给付义务。

需要注意的是，适当经济帮助与离婚补偿、抚养义务、夫妻财产分割不同：第一，离婚补偿是为了补偿因照顾子女、协助另一方工作等而付出较多义务的一方，是承认家庭劳动的价值；而适当经济帮助不以此为前提，而是单纯因为对方生活困难而对离婚中弱势的一方予以帮助，体现了我国法律的人道主义。第二，离婚意味着夫妻间的扶养义务终止，离婚时的经济帮助不是夫妻扶养义务的延伸，而是从原来的婚姻关系中派生出来的一种责任。第三，夫妻共同财产分割，是双方拥有平等的依法分割共同财产的权利，而经济帮助是一方对困难的另一方有条件地帮助，不能用经济帮助代替财产分割。

🎯 案例评析

刘某诉张某离婚纠纷案①

案情： 刘某与张某于2012年登记结婚，婚后无子女。后因生活琐事发生矛盾。

---

① 审理法院：一审法院为北京市海淀区人民法院，案号：（2014）海民初字第16798号。二审法院为北京市第一中级人民法院，案号：（2015）一中民终字第3169号。

刘某向法院提起诉讼，称：双方感情破裂，请求离婚。现刘某名下有房产两套。张某辩称：购买其中一套房产时，自己曾经以现金方式给付了刘某 10 万元。刘某予以否认。张某称：为了和刘某在一起，自己放弃军籍独自来到北京。在从军队复员时，刘某曾经承诺为自己办理随军，以取得北京市户口。现张某没有北京市户口、没有固定工作又没有住房，生活困难。一审法院认为夫妻感情破裂，准予离婚；张某出资买房无法证明，不予支持；刘某给付张某帮助费 20 万元。二审法院维持原判。

评析：离婚时，原配偶的一方如果生活困难，有负担能力的另一方应当给予适当帮助。需要注意的是，与夫妻关系存续期间的扶养义务不同，适当帮助只是从原存的婚姻关系中派生出来的一种责任。本案中张某离婚后没有北京市户口、没有固定工作又没有住房，生活困难，无法维持生活。一方离婚后没有住处的，属于生活困难。

需要说明的是，即使本案发生在民法典颁布、实施之后，也不会影响判决的结果，因为法院已经考虑到了刘某的负担能力。刘某有两套房产，张某诉请的 20 万元没有超出刘某的承受能力，因此，法院判决刘某给予 20 万元的经济帮助是合理的。

▶▶ **第一千零九十一条**　有下列情形之一，导致离婚的，无过错方有权请求损害赔偿：

（一）重婚；

（二）与他人同居；

（三）实施家庭暴力；

（四）虐待、遗弃家庭成员；

（五）有其他重大过错。

🏛 条文要义

本条是关于离婚过错损害赔偿的规定。

离婚过错损害赔偿是指夫妻一方因为过错实施法律规定的违法行为，妨害婚姻关系和家庭关系，导致夫妻离婚而应当承担的侵权损害赔偿责任。

离婚过错损害赔偿的法律特征是：

（1）是由于离婚而发生的损害赔偿。人民法院判决不准离婚的，对于当事人基于本条提出的损害赔偿请求，不予支持。在婚姻关系存续期间，当事人不起诉离婚而单独依据该条规定提出损害赔偿请求的，人民法院不予受理。

（2）是基于过错而发生的损害赔偿。夫或妻一方因本条规定的过错而导致婚姻破裂的，无过错方可以向过错方请求离婚损害赔偿。

（3）是侵害对方配偶的权利、造成婚姻关系损害而发生的损害赔偿。

（4）是发生在婚姻领域中的侵权损害赔偿。这种应当承担损害赔偿责任的违法行为损害了婚姻关系，构成妨碍婚姻关系的侵权行为。

离婚过错损害赔偿责任须具备以下构成要件：

（1）离婚过错方具有违法行为。离婚损害赔偿责任的违法行为包括：1）重婚；2）与他人同居；3）实施家庭暴力；4）虐待、遗弃家庭成员；5）有其他重大过错。其中"有其他重大过错"是新增加的离婚过错损害赔偿事由。

（2）有损害事实。配偶一方的重婚、与他人同居、实施家庭暴力，虐待、遗弃家庭成员，其他重大过错造成了对另一方配偶的配偶权、身体权、健康权、亲属权、亲权的损害，包括人身损害和精神损害；此外，还造成了对婚姻关系的损害，即造成了离婚的后果。

（3）存在因果关系。这表现为违法行为（重婚、与他人同居、实施家庭暴力、虐待或者遗弃家庭成员以及其他重大过错行为）造成对配偶权、身体权或者健康权、亲权或者亲属权等的损害；还造成婚姻关系破裂的损害，相互之间具有因果关系。

（4）一方有过错。这里的过错，一是指行为人在主观上有故意或者过失，二是该"过错"须为导致婚姻关系破裂的过错；三是另一方配偶没有过错。如果双方都有过错，不能请求离婚损害赔偿。

承担离婚损害赔偿责任的方式包括两种，即人身损害赔偿和精神损害赔偿。人身损害赔偿，是指对实施家庭暴力、虐待、遗弃、其他重大过错行为等违法行为造成的损害进行赔偿。精神损害赔偿包括两个方面：一是对于侵害配偶权造成的精神利益损害进行赔偿；二是造成人身损害的，除可以请求人身损害赔偿之外，还可以请求支付精神痛苦抚慰金。

本条规定在《婚姻法》第46条的基础上增加了"有其他重大过错"这一离婚过错损害赔偿事由，从而扩大了离婚过错损害赔偿的适用范围，增强了其弹性。

📋 配套司法解释

最高人民法院关于适用《中华人民共和国民法典》婚姻家庭编的解释（一）

第八十六条　民法典第一千零九十一条规定的"损害赔偿"，包括物质损害赔偿和精神损害赔偿。涉及精神损害赔偿的，适用《最高人民法院关于确定民事侵权精神损害赔偿责任若干问题的解释》的有关规定。

第八十七条　承担民法典第一千零九十一条规定的损害赔偿责任的主体，为离婚诉讼当事人中无过错方的配偶。

人民法院判决不准离婚的案件，对于当事人基于民法典第一千零九十一条提出的损害赔偿请求，不予支持。

在婚姻关系存续期间，当事人不起诉离婚而单独依据民法典第一千零九十一条提起损害赔偿请求的，人民法院不予受理。

第八十八条 人民法院受理离婚案件时，应当将民法典第一千零九十一条等规定中当事人的有关权利义务，书面告知当事人。在适用民法典第一千零九十一条时，应当区分以下不同情况：

（一）符合民法典第一千零九十一条规定的无过错方作为原告基于该条规定向人民法院提起损害赔偿请求的，必须在离婚诉讼的同时提出。

（二）符合民法典第一千零九十一条规定的无过错方作为被告的离婚诉讼案件，如果被告不同意离婚也不基于该条规定提起损害赔偿请求的，可以就此单独提起诉讼。

（三）无过错方作为被告的离婚诉讼案件，一审时被告未基于民法典第一千零九十一条规定提出损害赔偿请求，二审期间提出的，人民法院应当进行调解；调解不成，告知当事人另行起诉。双方当事人同意由第二审人民法院一并审理的，第二审人民法院可以一并裁判。

第八十九条 当事人在婚姻登记机关办理离婚登记手续后，以民法典第一千零九十一条规定为由向人民法院提出损害赔偿请求的，人民法院应当受理。但当事人在协议离婚时已经明确表示放弃该项请求的，人民法院不予支持。

第九十条 夫妻双方均有民法典第一千零九十一条规定的过错情形，一方或者双方向对方提出离婚损害赔偿请求的，人民法院不予支持。

 **案例评析**

周某诉耿某离婚后损害赔偿纠纷案①

案情：周某、耿某原系夫妻关系，生育一女耿甲。法院审理双方离婚诉讼的判决书于 2015 年 8 月 13 日发生法律效力。周某在离婚诉讼中未提出要求耿某损害赔偿的主张。离婚后，周某发现耿某在离婚前与案外第三人登记结婚，并育有一子，因此，周某诉请耿某支付周某精神损害赔偿金人民币 50 000 元。周某提交了加盖成都高新技术产业开发区社会事业局利用婚姻档案专用章的结婚登记审查处理表和成都市公安局常住人口详细信息表，复印时间是 2016 年 8 月 1 日。法院认为耿某的行为已符合重婚的构成要件，属于重婚，应当对无过错方进行损害赔偿，遂判决耿某向周某支付精神损害赔偿金 30 000 元。

评析：离婚损害赔偿是过错方之过错行为侵害了无过错方配偶的权利而造成的损害赔偿。本案中耿某的行为符合离婚过错损害赔偿责任的构成要件：第一，过错行为发生在离婚之前。耿某在与周某的婚姻尚未结束时，就与婚外第三人登记结婚，存在两个法律婚姻，属于典型的重婚。第二，存在损害。耿某的行为侵害了周某的配偶权，且耿某的重婚行为与婚姻关系受损之间有因果关系。根据《婚姻法》第46 条的规定，重婚是重大过错情形之一，耿某的重婚行为侵害了周某的配偶权，因

---

① 审理法院：四川省成都高新技术产业开发区人民法院，案号：（2016）川 0191 民初 11093 号。

此，周某有权利请求离婚过错损害赔偿。一般来说，应当在离婚时提出损害赔偿，除非在离婚时无过错方尚未知晓过错事实的发生或放弃损害赔偿请求。本案中有证据证明周某在离婚时并不知晓过错的存在，因此，法院酌情判决过错方耿某赔偿周某 30 000 元是合理的。

> ▶▶ 第一千零九十二条　夫妻一方隐藏、转移、变卖、毁损、挥霍夫妻共同财产，或者伪造夫妻共同债务企图侵占另一方财产的，在离婚分割夫妻共同财产时，对该方可以少分或者不分。离婚后，另一方发现有上述行为的，可以向人民法院提起诉讼，请求再次分割夫妻共同财产。

🏛 条文要义

本条是关于分割夫妻共同财产的规定。

分割夫妻共同财产首先是在离婚时进行。在分割夫妻共同财产时发现存在法定事由：（1）夫妻一方隐藏、转移、变卖、毁损、挥霍夫妻共同财产；（2）伪造夫妻共同债务，企图侵占另一方的财产的，对隐藏、转移、变卖、毁损、挥霍夫妻共同财产或者伪造夫妻共同债务的一方，可以少分或者不分。

如果在离婚并实际分割了夫妻共同财产后又发现了上述情形的，另一方当事人享有再次分割夫妻共同财产的请求权。再次分割夫妻共同财产请求权是指在夫妻离婚后，因出现法定事由的，一方享有再次请求分割夫妻共同财产的权利。在离婚后，另一方发现有上述行为的，可以向法院提起诉讼，请求再次分割夫妻共同财产，法院应当受理，并且按照查清的事实，对属于夫妻共同财产的部分进行再次分割。

本条在《婚姻法》第 47 条的基础上删除了其第 3 款"人民法院对前款规定的妨害民事诉讼的行为，依照民事诉讼法的规定予以制裁"。关于删除这一款的原因，我们认为，民事程序法上的内容不必规定在民法典中，在实际案件中如果存在上述行为，直接适用《民事诉讼法》第 111 条的规定就可以了。

📑 配套司法解释

最高人民法院关于适用《中华人民共和国民法典》婚姻家庭编的解释（一）

第八十四条　当事人依据民法典第一千零九十二条的规定向人民法院提起诉讼，请求再次分割夫妻共同财产的诉讼时效期间为三年，从当事人发现之日起计算。

第八十五条　夫妻一方申请对配偶的个人财产或者夫妻共同财产采取保全措施的，人民法院可以在采取保全措施可能造成损失的范围内，根据实际情况，确定合理的财产担保数额。

案例评析

雷某某诉宋某某离婚纠纷案①

案情：雷某某、宋某某于2003年5月登记结婚，2014年2月开始分居。雷某某曾于2014年3月起诉离婚，被法院驳回。2015年1月，雷某某再次起诉离婚。雷某某称宋某某名下银行账户内有共同存款37万元。宋某某称该37万元来源于婚前房屋拆迁补偿款及养老金，现尚剩余20万元左右（含养老金14 322.48元）；并提交账户记录等证据。宋某某称雷某某名下有共同存款25万元，要求分割。雷某某对此不予认可。法院调取了银行流水明细，显示雷某某于2013年4月30日将该账户内的195 000元转至案外人雷甲名下。一审法院判决准予离婚，雷某某名下账户内的存款归雷某某所有，宋某某名下账户内的存款归宋某某所有。二审法院认为雷某某存在转移、隐藏夫妻共同财产的情节，遂判决：准予双方离婚，宋某某婚后养老保险金14 322.48元归宋某某所有，对于雷某某转移的19.5万元存款，雷某某应该少分，由雷某某补偿宋某某12万元。

评析：本案中，雷某某将自己名下的存款转至案外人名下，这是典型的转移财产的行为。根据《婚姻法》第47条，在分割夫妻共同财产时，应当不分或少分。二审法院认为雷某某存在转移、隐藏夫妻共同财产的情节，是合理的。但是，《婚姻法》第47条所规定的究竟是指对夫妻全部的共同财产"不分或少分"还是对被隐藏、转移、变卖、毁损、挥霍的共同财产"不分或少分"？对此有不同的理解。我们认为应该是指对夫妻的全部共同财产"不分或者少分"，因为本条是对夫妻一方"私心"的惩罚，而当事人隐藏、转移、变卖、毁损、挥霍哪些财产，绝大多数情形下都是故意选择的。如果对该条作限缩解释，显然达不到立法规范的目的。所以法院认为"对于雷某某名下银行账户内的存款，雷某某可以少分"的限缩解读，值得商榷。

---

① 审理法院：一审法院为北京市朝阳区人民法院，案号：（2015）朝民初字第04854号民事判决。二审法院为北京市第三中级人民法院，案号：（2015）三中民终字第08205号。

第五章 收养

第一节 收养关系的成立

▶▶第一千零九十三条 下列未成年人，可以被收养：

（一）丧失父母的孤儿；

（二）查找不到生父母的未成年人；

（三）生父母有特殊困难无力抚养的子女。

🏛 条文要义

本条是对被收养人范围的规定。

收养是指自然人领养他人的子女为自己的子女，依法创设拟制血亲的亲子关系的身份法律行为。依收养身份法律行为创设的收养关系就是拟制血亲的亲子关系，是基于收养行为的法律效力而发生的身份法律关系。这种拟制血亲的亲子关系，具有与自然血亲的亲子关系同样的内容。

在收养身份法律行为中，当事人分别是收养人、被收养人和送养人。收养人为养父或养母，被收养人为养子或养女，送养人是抚养被收养人的生父母或者其他人。

收养行为的特征是：（1）收养是身份法律行为，是要式行为；（2）收养行为人应是具有特定法律身份的人；（3）收养行为是产生法律拟制血亲关系的行为；（4）收养行为消灭养子女的自然血缘关系，但自然血缘关系仍然存在。

收养的基本原则是：（1）最有利于被收养的未成年人的抚养、成长原则；（2）保证被收养人和收养人的合法权益原则；（3）平等自愿原则；（4）不得违背公序良俗原则。

关于被收养人，本条规定只有下列未成年人具备作为被收养人的条件：（1）丧失父母的孤儿。孤儿，是指其父母自然死亡或者被法院宣告死亡的未成年人。（2）查找不到生父母的未成年人。（3）生父母有特殊困难无力抚养的未成年子女。应当根据当事人的具体情况来判断生父母是否有特殊困难。

上述内容与《收养法》第4条相比，扩大了被收养人的年龄范围，将能够被收养的未成年子女的年龄上限从 14 周岁提高到 18 周岁。扩大被收养人的年龄范围是为了更好地保障未成年人的合法权益。事实上，汶川地震等自然灾害中有很多失去父母的未成年人，这些未成年人尚在上学，需要家人的抚养、教育和保护。他们健康成长后才能为社会作出贡献。因此，扩大被收养人的年龄范围是非常有意义的。

案例评析

张甲诉刘某遗赠扶养协议纠纷案①

案情： 刘某与张某某婚后育有三个女儿，但没有儿子。张某某就立下"过继文书"，将长孙张甲过继过来。张某某去世后，张甲与刘某共同生活。张甲向法院诉请确认张甲与刘某的收养关系成立。一审法院认为，"过继文书"形成之时，张甲已成年，不符合收养法规定的可收养的情形，故过继行为不构成事实收养关系。张甲不服一审判决，提起了上诉。二审法院认为，张某某、刘某育有三个女儿，不符合收养人的条件，且签订"过继文书"时张甲已是成年人，不符合被收养人的条件，故张某某、刘某与张甲之间的收养关系不成立。

评析： 根据《收养法》第 4 条关于被收养人条件的规定，张甲在过继时已成年，无权请求确认其与刘某之间存在收养关系。未成年人只有在丧失父母，或查找不到生父母，或生父母有特殊困难无力抚养的情况下，才有资格被收养人收养。本案的焦点是张甲是否满足被收养人的条件。张甲在过继时已成年，不是未成年人，且其并未丧失父母或者查找不到生父母，也不存在生父母有特殊困难无力抚养张甲的情况，其生父母唐某某、张乙仅仅是为了继承姓氏、传宗接代，才将张甲过继给张某某、刘某，故张甲不是适格的被收养人，刘某和张甲之间不成立收养关系。

应当补充说明的是，本案的张甲被收养时已成年，因此，没有反映出民法典第 1093 条规定的新规则，即满 14 周岁未满 18 周岁的未成年人可以被收养的要求。如果张甲被收养时已满 14 周岁、未满 18 周岁的话，且存在民法典第 1093 条规定的三种情形，则根据该规定，张甲有权被收养，张某某、刘某与张甲之间成立合法的收养关系。

> ▶▶ **第一千零九十四条** 下列个人、组织可以作送养人：
> （一）孤儿的监护人；
> （二）儿童福利机构；
> （三）有特殊困难无力抚养子女的生父母。

---

① 审理法院：一审法院为湖南省郴州市北湖区人民法院，案号：（2015）郴北民一初字第 1241 号。二审法院为湖南省郴州市中级人民法院，案号：（2016）湘 10 民终 980 号。

🏛 条文要义

本条是对送养人适格条件的规定。

适格的送养人是：

（1）孤儿的监护人。孤儿是未成年人的，其监护人可以送养，但须符合民法典第27条规定的条件，即"未成年人的父母已经死亡或者没有监护能力的，由下列有监护能力的人按顺序担任监护人：（一）祖父母、外祖父母；（二）兄、姐；（三）其他愿意担任监护人的个人或者组织，但是须经未成年人住所地的居民委员会、村民委员会或者民政部门同意"。监护人送养孤儿的，还须符合民法典第1096条的规定，即"监护人送养孤儿的，应当征得有抚养义务的人同意。有抚养义务的人不同意送养、监护人不愿意继续履行监护职责的，应当依照本法第一编的规定另行确定监护人"。

（2）儿童福利机构。我国的儿童福利机构是指各地民政部门主管的收容、养育孤儿和查找不到生父母的弃婴、儿童的社会福利院，是各级人民政府的民政部门兴办的慈善机构。对于它们养育的孤儿、查找不到生父母的弃婴、儿童，它们可以送养。

（3）有特殊困难无力抚养子女的生父母，也可以将未成年子女送养。这有利于子女的健康成长。有特殊困难无力抚养子女的生父母，必须双方共同送养。生父母一方不明或者查找不到的，可以单方送养；生父母一方死亡，对方配偶可以送养子女，但死亡一方的父母主张优先抚养权的，构成送养的法定障碍，该父母行使优先抚养权时，生父母一方不得送养；未成年人的父母均不具有完全民事行为能力的，该未成年人的监护人不得将其送养，但父母对该未成年人有严重危害可能的，则监护人可以送养。

上述内容与《收养法》第5条相比，将"社会福利机构"改成"儿童福利机构"。更改原因是，社会福利机构的范围过大，而儿童福利机构更具有针对性。此举不仅有利于规范其作为送养组织进行送养，且有利于国家进行统一管理。

🪨 案例评析

刘某、王某诉苏甲、周甲确认收养关系纠纷案①

案情：刘某、王某系夫妻关系，生育了苏乙。某日刘某之父刘甲将苏乙送给苏甲、周甲领养。苏甲、周甲在未依法办理收养登记的情况下为苏乙进行了户口登记。刘某、王某向法院诉请确认苏甲、周甲收养苏乙的行为无效。一审法院认为，苏甲、

---

① 审理法院：一审法院为江苏省兴化市人民法院，案号：（2017）苏1281民初289号。二审法院为江苏省泰州市中级人民法院，案号：（2017）苏12民终1090号。

周甲当时均未达到法定的收养人的年龄，且二人未依法办理收养登记，故收养关系无效。苏甲、周甲不服一审判决，提起了上诉。二审法院认为：苏乙的生父母刘某、王某尚在，且不存在有特殊困难无力抚养的情况，刘甲更是无权送养苏乙。再者，苏甲、周甲收养时亦未达到法律规定的年龄，故苏甲、周甲收养苏乙的收养行为无法律效力。

评析：根据《收养法》第5条的规定，刘甲不属于适格的送养人，刘某、王某有权请求确认苏甲、周甲与苏乙间之收养关系无效。适格的送养人只有孤儿的监护人、社会福利机构以及有特殊困难无力抚养子女的生父母，除此之外，任何人或组织均无权送养适格的被送养人。本案中，苏乙既不是孤儿，刘甲也不是苏乙的监护人，且苏乙的生父母尚在，不存在有特殊困难无力抚养苏乙的情况，故刘甲无权送养苏乙，刘某、王某有权请求确认苏甲、周甲与苏乙的收养关系无效。

若本案发生在民法典生效之后，由于刘甲不属于民法典第1094条规定的任何一种情形，故刘甲仍无权送养苏乙。

应当补充说明的是，本案没有反映出民法典第1094条规定的新规则，即儿童福利机构为合法送养组织的内容。如果苏乙在儿童福利机构生活，根据第1094条的规定，儿童福利机构有权作为送养组织对其进行送养。

▶▶ **第一千零九十五条　未成年人的父母均不具备完全民事行为能力且可能严重危害该未成年人的，该未成年人的监护人可以将其送养。**

🏛 条文要义

本条是关于未成年人的监护人作为送养人之条件的规定。

如果未成年人的父母都是不具有完全民事行为能力人的，是无民事行为能力人或者限制民事行为能力人，法律禁止该未成年人的监护人将其送养，以防止监护人逃避监护职责，损害该未成年人的合法权益。但是，如果不具有完全民事行为能力的父母对该未成年人有可能造成严重危害的，则监护人可以将被监护的未成年人予以送养。未成年人的监护人可以根据民法典第27条的规定进行确认。

因而，监护人送养被监护的未成年人的条件是：（1）未成年人的父母都是不具有完全民事行为能力人；（2）不具有完全民事行为能力的父母可能严重危害该未成年人。

上述内容延续了《收养法》第12条的规定。只有在未成年人的父母不具备完全民事行为能力且可能严重危害该未成年人时，该未成年人的监护人才可以将其送养。无法同时满足这两个条件的话，该未成年人的监护人无权将其送养。

案例评析

隆乙诉龙甲、杨甲、杨乙、龙乙变更抚养权纠纷案①

案情： 未成年的龙甲、杨甲生育了隆甲，随后杨甲的父亲杨乙把隆甲送给隆乙家抚养。之后，隆乙以无力继续代为抚养隆甲，龙甲等人拒不领回隆甲为由，向法院起诉，要求龙甲、杨甲、杨乙、龙乙领回隆甲抚养。法院认为：龙甲、杨甲生育隆甲时均系未成年人，不具备完全民事行为能力，但未被证实存在严重危害隆甲的可能，杨乙无权擅自将隆甲送养，且送养未经县级人民政府部门登记，隆乙与隆甲的收养关系不成立。关于隆甲的抚养，杨甲因尚未成年，隆甲应由其父母杨乙、龙乙代为抚养，龙甲已成年，监护责任应由龙甲自行履行。

评析： 根据《收养法》第12条的规定，杨乙无权送养隆甲。未成年人的监护人将未成年人送养须同时满足两个条件：一是未成年人的父母均不具备完全民事行为能力，二是该父母可能严重危害该未成年人。如果未成年人的父母仅满足上述条件中的任何一项，未成年人的监护人都无权将未成年人送养。本案的焦点是杨乙是否有权送养隆甲。龙甲、杨甲生育隆甲时，均未成年，不具备完全民事行为能力。根据《民法总则》第27条的规定，隆甲的监护人是其祖父母或外祖父母，故杨甲的父亲杨乙是隆甲合法的监护人。但是，现有证据不能证实龙甲、杨甲存在严重危害隆甲的可能，其任意一方监护人均不得擅自将隆甲送养，因此，杨乙无权将隆甲送养。该判决符合民法典第1095条规定的未成年人的父母若不存在可能严重危害未成年人的情形，监护人不得送养该未成年人的要求。

> ▶▶**第一千零九十六条**　监护人送养孤儿的，应当征得有抚养义务的人同意。有抚养义务的人不同意送养、监护人不愿意继续履行监护职责的，应当依照本法第一编的规定另行确定监护人。

条文要义

本条是关于监护人送养孤儿的规定。

监护人送养孤儿须具备的条件是：（1）未成年人丧失父母，确实是孤儿。（2）该孤儿在监护人的监护之下，是被监护人。（3）将其送养是保护孤儿权益的需要。（4）监护人送养被监护的孤儿须征得有抚养义务的人同意。有抚养义务的人是指民法典第1074条和第1075条规定的有负担能力的祖父母、外祖父母和兄、姐。如果有抚养义务的人不同意将该孤儿送养，监护人又不愿意继续履行监护职责的，

---

① 审理法院：湖南省湘西土家族苗族自治州花垣县人民法院，案号：（2015）花民初字第725号。

应当依照民法典第一编"总则"的规定，在对孤儿负有监护责任的人中另行确定监护人。

【无相关案例】

▶▶ 第一千零九十七条　生父母送养子女，应当双方共同送养。生父母一方不明或者查找不到的，可以单方送养。

🏛 条文要义

本条是关于生父母送养子女的规定。

有特殊困难无力抚养子女的生父母送养子女的，必须双方共同送养。如果生父母一方不明或者查找不到的，可以由单方送养。生父母一方死亡，对方配偶可以送养子女，但死亡一方的父母主张优先抚养权的，构成送养的法定障碍，该父母可行使优先抚养权，生父母一方不得送养。

🎯 案例评析

汪甲、陈某诉李甲、李乙解除收养关系纠纷案①

案情：汪甲是陈某的前妻，汪乙是双方的女儿。某日，汪甲未经陈某同意将汪乙送李甲、李乙夫妻抚养。之后，李甲、李乙生育一女李丙。汪甲和陈某以李甲、李乙抚养两个子女、收养违法为由诉请解除收养关系。法院认为，汪甲送养汪乙，未经陈某同意，且一直未办理收养登记，不符合收养的实质要件与形式要件，故李甲、李乙收养汪乙的行为无效，收养关系不成立，继而无法解除收养关系。

评析：根据《收养法》第10条关于生父母送养子女的规定，汪甲因未经陈某同意、共同送养汪乙，故有权请求确认收养关系不成立。对于送养未成年子女，生父母应当共同协商、共同决定，即使生父母离婚，直接抚养未成年子女的一方也应当经过另一方的同意后再送养，否则送养行为不发生法律效力。但生父母一方不明或者查找不到，客观上生父母无法共同送养时，可以单方送养。本案的焦点是汪甲是否有权单独送养。汪甲送养汪乙时，汪乙的生父陈某不存在身份不明或查找不到的情形，汪甲不符合法律规定的单独送养的情形，故该送养行为无效，继而李甲、李乙与汪乙之间不存在收养关系。

民法典第1097条继承了《收养法》的内容，本案的判决即便在当下发生，仍是合理的。

---

① 审理法院：湖南省常德市澧县人民法院，案号：（2018）湘0723民初677号。

> ▶▶ 第一千零九十八条　收养人应当同时具备下列条件：
>
> （一）无子女或者只有一名子女；
>
> （二）有抚养、教育和保护被收养人的能力；
>
> （三）未患有在医学上认为不应当收养子女的疾病；
>
> （四）无不利于被收养人健康成长的违法犯罪记录；
>
> （五）年满三十周岁。

🏛 条文要义

本条是对收养人条件的规定。

收养人应当同时具备以下条件：

（1）无子女或者只有一名子女。无子女者，包括未婚者无子女和已婚者无子女，以及因欠缺生育能力而不可能有子女等情形。无子女中的"子女"包括婚生子女、非婚生子女及拟制血亲的子女。由于"二孩"政策的规定，只有一名子女的父母也可以再收养一名子女。①

（2）有抚养、教育和保护被收养人的能力。对于收养人，不仅要考虑收养人的经济负担能力，还要考虑其在思想品德等方面是否有抚养、教育、保护的能力。其标准，应当不低于对监护人之监护能力的要求。

（3）未患有医学上认为不应当收养的疾病。医学上认为不应当收养的疾病，是指危害养子女健康的传染性疾病或者危害养子女人身安全的精神性疾病。

（4）无不利于被收养人健康成长的违法犯罪记录。例如，曾经有性侵、伤害、虐待、遗弃等犯罪或者违法行为的记录的人，不得收养子女。

（5）年满30周岁。不到30岁，原则上不得收养子女。

上述内容与《收养法》第6条相比，放宽了收养子女的数量要求，提高了收养人的品德要求，即"无不利于被收养人健康成长的违法犯罪记录"。新增对收养人的品德要求，是为了保障被收养人的合法权益不受侵害而采取的必要措施。在收养关系中，基本原则是最有利于被收养人，保证被收养人的健康成长。如果收养人有违法犯罪记录，并且这样的违法犯罪记录是不利于被收养人健康成长的，将会对被收养人的健康成长形成潜在的威胁，有可能出现不利于被收养人健康成长的问题。因此，有违法犯罪记录的人，尽管已经具备收养人的其他条件，但是，不能提供证据证明自己无不利于被收养人健康成长的违法犯罪记录的，其收养人资格不适格，不能收养被收养人。

---

① 2021年6月1日中央出台了"三孩"政策，立法应当对此作出回应。

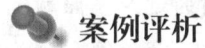 **案例评析**

木甲等诉木乙解除收养关系纠纷案[①]

案情：王甲姐姐王乙将其生育的木乙交由木甲、王甲抚养，一直未办理收养登记手续。在木乙成年并出嫁后，木甲、王甲向法院诉请解除二人与木乙之间的收养关系。一审法院认为，木甲二人收养木乙时有子女，不符合收养人的条件，且未依法办理收养登记，故双方之间的收养关系无效。木乙不服一审判决，提起了上诉。二审法院认为：木甲、王甲收养木乙时均未满30周岁，且亦有子女，故不符合收养的条件，继而收养行为无效。因收养关系无效，故不存在解除收养关系的前提。

评析：根据《收养法》第6条关于收养人条件的规定，因木甲、王甲不符合收养人的条件，二人的收养行为无效。对收养人的最低年龄限制，是根据我国的自然条件、社会因素和人的成熟性等，为有利于家庭稳定、团结和控制人口增长速度而决定的。后国家为鼓励生育，放宽了对收养人子女数量的要求。本案的焦点是木甲和王甲是否为适格的收养人，木乙与木甲、王甲之间的抚养关系是否有效。木甲、王甲收养木乙时均未满30周岁，不符合法律对收养人最低年龄的要求，故二人不具备收养人的资格，收养行为无效，继而无法成立收养关系，不存在解除收养关系的前提。

民法典第1098条虽放宽了收养子女的数量要求，但对于收养人的年龄仍保持原来的规定。若本案发生在民法典生效之后，根据其第1098条来处理的话，木甲、王甲二人在收养木乙时有一名子女，符合法律规定，但是，二人的年龄未满30周岁，不符合民法典第1098条的规定，因此，本案的收养行为无效。

此外，应当补充说明的是，本案没有反映出民法典第1098条规定的新规则，即收养人"无不利于被收养人健康成长的违法犯罪记录"的要求。如果木甲、王甲中的任何一人有不利于被收养人健康成长的违法犯罪记录的话，则该夫妻均无权收养，即便有收养事实，该收养关系也不成立。

▶▶**第一千零九十九条**　收养三代以内旁系同辈血亲的子女，可以不受本法第一千零九十三条第三项、第一千零九十四条第三项和第一千一百零二条规定的限制。

华侨收养三代以内旁系同辈血亲的子女，还可以不受本法第一千零九十八条第一项规定的限制。

🏛 条文要义

本条是关于收养三代以内旁系同辈血亲之子女的规定。

---

① 审理法院：一审法院为安徽省亳州市谯城区人民法院，案号：（2017）皖1602民初2363号。二审法院为安徽省亳州市中级人民法院，案号：（2018）皖16民终410号。

收养三代以内旁系同辈血亲的子女称为"过继"，多是本家族内的近亲属照顾无子女近亲属的一种举措，不必限制过多，因此，可以不受民法典第1093条第3项关于被送养人是"生父母有特殊困难无力抚养的子女"、第1094条第3项关于送养人为"有特殊困难无力抚养子女的生父母"和第1102条关于"无配偶者收养异性子女的，收养人与被收养人的年龄应当相差四十周岁以上"之规定的限制。

华侨收养三代以内旁系同辈血亲的子女，不仅不受上述三个规定的限制，而且还可以不受民法典第1098条第1项关于收养人"无子女或者只有一名子女"之规定的限制。

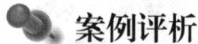 ## 案例评析

陈甲诉陈乙解除收养关系纠纷案①

案情：陈甲与陈乙是叔侄关系。某日陈甲与陈乙（27岁）、陈丙、张甲签订收养协议，约定了双方的权利义务。之后，因陈甲自行处理房产、树木等财产，引发陈乙不满，双方产生纠纷。陈甲向法院诉请解除扶养协议。一审法院认为，陈乙已成年，能够自食其力，并不具备收养的必要性和可能性，故双方签订的收养协议不符合收养的实质要件，本案属于遗赠抚养协议纠纷，遂驳回陈甲的诉讼请求。陈甲不服一审判决，提起了上诉。二审法院认为：陈甲和陈乙之间的叔侄关系，不受被收养人未满14周岁的限制，二人之间的收养符合相关法律的规定。尽管未办理收养登记，但双方关系和睦、态度较为诚恳，故不支持陈甲的诉讼请求。

评析：根据《收养法》第7条的规定，因陈乙是成年人，陈甲与陈乙的收养关系自始未成立。成年人与未成年人不同，成年人的身心发育成熟，具备独立的生活和辨认自己行为的法律后果的能力，不像未成年人一样，需要家庭和社会的悉心抚养、关怀爱护、培养教育和监督保护。本案的焦点是陈甲与陈乙的收养关系是否成立。陈乙是陈甲三代以内旁系同辈血亲的子女，但其是成年人，不具备被收养的条件和必要，故双方间的收养关系不成立。至于双方所签订的收养协议，实质是遗赠抚养协议，故双方的法律关系为遗赠抚养关系，而非收养关系。

民法典第1099条继承了《收养法》第7条的规定。本案若发生在民法典生效之后，由于陈甲与陈乙是叔侄关系，陈甲收养陈乙时可以不受民法典第1093条第3项关于被送养人是"生父母有特殊困难无力抚养的子女"、第1094条第3项关于送养人为"有特殊困难无力抚养子女的生父母"和第1102条关于"无配偶者收养异性子女的，收养人与被收养人的年龄应当相差四十周岁以上"之规定的限制，但是，应当受第1093条关于被收养人系未成年人的限制，因此，根据新规定，成年的陈乙仍无法被收养。

① 审理法院：一审法院为江苏省新沂市人民法院，案号：（2017）苏0381民初1497号。二审法院为江苏省徐州市中级人民法院，案号：（2017）苏03民终6811号。

▶▶ **第一千一百条** 无子女的收养人可以收养两名子女；有子女的收养人只能收养一名子女。

收养孤儿、残疾未成年人或者儿童福利机构抚养的查找不到生父母的未成年人，可以不受前款和本法第一千零九十八条第一项规定的限制。

🏛 条文要义

本条是对收养人收养子女数量的规定。

对收养人收养子女数量作出限制，是防止收养人收养子女过多，无照顾能力而损害被收养人的利益，同时也防止出现借收养而拐卖人口的情况出现。因此，本条规定无子女的收养人可以收养两名子女，有子女的收养人只能收养一名子女。

鉴于爱心人士收养多名孤儿的善举，本条规定，如果收养孤儿，或者收养残疾未成年人，或者收养儿童福利机构抚养的查找不到生父母的未成年人，都是应当受到鼓励的行为，因而可以不受只能收养两名子女或者有子女的收养人只能收养一名子女的限制，也不受民法典第1098条第1项关于收养人无子女或者只有一名子女之规定的限制。

上述内容与《收养法》第8条的规定相比，主要的变化是将收养人只能收养一名子女的规定，修改为无子女的收养人可以收养两名子女、有子女的收养人只能收养一名子女。这是收养子女的一项新规则。收养人收养子女在数量上的变化，主要是因应计划生育政策的变化而发生的。民法典出台时实行的是"二孩"政策，因而对于无子女的收养人而言，其收养子女的总数不能超过两名；对于有子女的收养人，无论其已经有了一名子女还是多名子女，都只能收养一名子女。只有收养孤儿、残疾儿童或者儿童福利机构抚养的查找不到生父母的弃婴和儿童，才不受这样的限制。

案例评析

连甲诉连乙确认收养关系纠纷案[①]

案情： 连甲收养一女孩连丙。之后，连甲在某医院捡拾一名患听力残疾的男婴连乙。经公告未找到连乙的亲生父母，连甲办理了事实收养子女落户登记手续。连甲向法院诉请确认其与连乙之间存在收养关系。法院认为，连甲提交的相关证据可以能够证实收养连乙的行为已经在当地民政局办理了事实收养子女落户登记手续，且连乙身患残疾，不受收养人只能收养一名子女的限制，故连甲与连乙之间的事实收养关系成立。

评析： 根据《收养法》第8条关于收养人数的规定，因连乙患听力残疾，故连甲有权收养连乙。相较于孤儿，残疾儿童由于身患残疾而被收养的概率往往比一般儿童的要低得多，所以，我国法律适当放宽收养人的收养条件，以增加残疾儿童被

---

① 审理法院：山东省济南市中区人民法院，案号：(2015)市少民初字第41号。

收养的机会。本案中，连甲先收养了连丙，并办理了收养登记，故连甲已经有一名养子女。但连甲收养的连乙为听力残疾人，不受收养人数的限制。因此，连甲与连乙之间的收养关系是成立的。民法典第 1100 条关于收养孤儿、残疾儿童的规定保持了《收养法》第 8 条的内容，故即使在当下，本案的判决也是合理的。

应当补充说明的是，因本案的当事人连甲收养的是残疾人连乙，故本案没有反映出民法典第 1100 条规定的新规则，即"无子女的收养人可以收养两名子女；有子女的收养人只能收养一名子女"的要求。如果本案发生在民法典生效之后，即便连乙不是残疾人，根据第 1100 条的规定，连甲也有权收养连乙。

▶▶**第一千一百零一条　有配偶者收养子女，应当夫妻共同收养。**

🏛 条文要义

本条是关于有配偶者应当共同收养的规定。

根据收养人数量的不同，收养可以分为共同收养和单独收养。收养人为一人的收养，是单独收养；收养人为二人以上的，是共同收养。无配偶者收养以及配偶一方进行收养，为单独收养。已婚夫妻收养子女，为共同收养。

有配偶者收养子女，只要符合收养子女的条件，是被准许的，例如，双方没有子女，或者只有一名子女。有配偶者收养子女，应当夫妻共同收养，即配偶双方有收养子女的合意，不得单方收养，以避免发生一方主张收养、另一方否认收养，进而损害被收养人之合法权益的情形出现。

办理收养登记时，共同收养的夫妻中的一方不能亲自到场的，应当出具有效的委托书。此外，解除收养必须夫妻双方共同解除。这是因为，如果准许单方解除收养，将无法取得身份上的统一。如果属于无配偶者单方收养，或者收养人在收养时无配偶但终止收养时已有配偶的，可以单方解除收养关系。

🎯 案例评析

胡某诉杨某收养关系纠纷案[①]

案情：胡某与杨甲以夫妻名义共同生活。某日，以杨乙、陈某为甲方，杨甲为乙方，就送养杨某一事，杨乙与杨甲的受托人杨丙签订了收养协议。胡某向法院诉请确认该收养协议无效。法院认为，在收养协议书中甲方一栏仅有杨乙的签名，并无陈某的签名，在协议签订的时间杨甲与胡某存在事实婚姻关系，该收养协议书中既无胡某的签名，又无杨甲的签名，而"杨丙"仅是以杨甲受托人的身份在该协议

---

① 审理法院：河南省商水县人民法院，案号：（2017）豫 1623 民初 411 号。

上签名，却无证据证明"杨丙"签订该协议时持有杨甲的授权委托书，且无证据证明存在事实上的收养关系，故杨甲收养杨某的收养协议无效。

评析： 根据《收养法》第 10 条第 2 款的规定，胡某因其对收养杨某没有合意，有权请求确认杨甲的收养行为无效。收养行为直接涉及夫妻双方对养子女的抚养教育及其他方面的权利、义务，所以夫妻收养子女必须共同进行。本案中，胡某与杨甲虽未登记结婚，但以夫妻名义共同生活，存在事实婚姻关系。就收养杨某一事，杨甲未经胡某同意，单独与杨乙、陈某签订收养协议，违反了关于"有配偶者收养子女，应当夫妻共同收养"的规定，不利于夫妻关系和家庭的和睦，也不利于杨某的健康成长，故胡某、杨甲与杨某之间的收养关系是不成立的。

由于民法典第 1101 条延续了《收养法》第 10 条第 2 款的规定，本案即便发生在当下，该判决也是合理的。

夫妻收养子女必须共同进行，这有利于巩固夫妻关系和家庭关系，有利于对养子女的抚养、教育，使其在一个和睦、安定的环境中成长。

▶▶ **第一千一百零二条**　无配偶者收养异性子女的，收养人与被收养人的年龄应当相差四十周岁以上。

⚏ 条文要义

本条是关于收养异性子女的特别规定。

无配偶的男性或者女性当然可以收养子女，但是，无配偶的男性收养女性子女，或者无配偶的女性收养男性子女，如果不加以限制，可能会出现损害被收养人之合法权益的问题。为防止这样的问题出现，本条规定，无配偶者收养异性子女的，收养人与被收养人的年龄应当相差 40 周岁以上。

上述内容与《收养法》第 9 条的规定不同。《收养法》第 9 条只限制男性无配偶者收养女性子女的年龄差应当在 40 周岁以上。这是只看到了对于男性收养异性子女须加以限制，而忽略了女性无配偶者收养男性子女存在同样的问题。同时，这也存在男女不平等的嫌疑。本条的新规则使这两个问题都得到了解决。

⚫ 案例评析

方乙诉方甲确认收养关系纠纷案①

案情： 方乙的生父母因家庭困难无力抚养，将出生不久的女婴方乙送养给未满

---

① 审理法院：一审法院为四川省广安市前锋区人民法院，案号：（2016）川 1603 民初字第 392 号。二审法院为四川省广安市中级人民法院，案号：（2016）川 16 民终 694 号。

35周岁的方甲。方乙向法院诉请确认方甲的收养行为无效。一审法院认为，方甲收养方乙时无配偶且年龄未满35周岁，其不具备收养条件，违反了强制性规定，故方甲收养方乙的行为无效。方甲不服一审判决，提起了上诉。二审法院认为，方甲收养方乙时，方乙刚出生不久，身体无残疾，不是孤儿，且方甲当时未满35周岁，同时，方甲收养异性的方乙时，年龄相差不满40周岁以上，故方甲的收养行为无效。

评析：根据《收养法》第9条关于收养异性子女的规定，方乙与方甲年龄相差不满40周岁，故方乙有权请求方甲的收养行为无效。无配偶者可以收养异性子女，但是需要满足收养人与被收养人的年龄相差40周岁以上的条件。这有利于保护被收养人的健康成长。本案中，方甲收养方乙时未婚、未满35周岁。由于方甲与方乙是异性，双方的年龄应当相差40周岁以上。显然，方甲不具有收养方乙的法定条件。此外，方甲将方乙收养后，方乙从小随方甲的哥嫂方丙、王某夫妇长大成人，方甲没有尽抚养方乙的义务，因此，方甲的收养行为无效。

本案的判决符合民法典第1102条有关收养异性子女的规定。

值得补充说明的是，本案没有反映出民法典第1102条规定的新规则，即无配偶的女性收养男性被收养人的要求。如果本案的收养人方甲为女性、方乙为男孩，则双方的年龄也应当相差40周岁以上。

> ▶▶ **第一千一百零三条**　继父或者继母经继子女的生父母同意，可以收养继子女，并可以不受本法第一千零九十三条第三项、第一千零九十四条第三项、第一千零九十八条和第一千一百条第一款规定的限制。

🏛 条文要义

本条是关于继父或者继母收养继子女的规定。

我国有关继父母与继子女关系的规定是存在较多问题的，其中最大的问题就是对抚养关系形成与否的判断没有准确的标准，因而确定继父母、继子女间发生法律上的父母子女权利义务关系难度较大。其实，最好的办法就是，继父或者继母对继子女进行收养，确定收养关系的，才发生父母子女间的权利义务关系；没有确立收养关系的，就不发生父母子女间的权利义务关系。

本条规定向这方面走了一步，即继父或者继母可以收养继子女为养子女。其条件是，须经继子女的生父母同意。继父或者继母经过继子女的生父母同意的，可以收养继子女为养子女，并可以不受民法典第1093条第3项、第1094条第3项、第1098条和第1100条第1款规定的限制，即收养的条件适当放宽：（1）其生父母无特殊困难、有抚养能力的子女有被收养人的资格，也可以被送养；（2）无特殊困难、有抚养能力的生父母有送养人的资格，可以送养自己的子女；（3）不受无子女、有抚养教育养子女的能力、疾病以及年满 30 周岁的被收养人条件的限制；（4）不受只能收养两名子女的限制。

上述内容延续了《收养法》第 14 条的规定。对于继父母收养继子女放宽条件，是鼓励变继父母继子女关系为养父母养子女关系，有利于保障当事人各方的权益，有利于家庭关系的和睦、稳定。

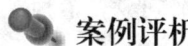 **案例评析**

韩甲诉韩乙收养关系纠纷案①

案情：韩乙的生父去世，生母带着韩乙嫁给了韩甲。韩甲以韩乙在其生病期间照顾不周、无法继续共同生活为由，向法院诉请解除双方的收养关系。法院认为：继父或者继母经继子女的生父母同意，可以收养继子女，由于韩乙的生父去世，韩甲经韩乙生母同意，可以收养韩乙，故韩甲与韩乙间的收养关系依法成立。由于韩甲与韩乙的关系恶化，如果再继续共同生活对双方的正常生活确实不利，故可以解除双方的收养关系。

评析：根据《收养法》第 14 条关于继父母收养继子女的规定，韩甲与韩乙间的收养关系成立，韩甲有权以关系恶化为由，请求解除收养关系。子女随父或母再婚，与继父或继母共同生活，受继父或继母的抚养、教育和保护的，对继父母、子女的关系适用收养关系有利于规范继父母子女之间的权利、义务。本案中，韩乙的生父去世，其生母带着韩乙嫁给了韩甲，韩甲与韩乙之间是继父与继子女关系。韩甲收养韩乙的时候，应当经过韩乙之生父的同意，但其生父去世，故韩甲经过韩乙生母的单方同意就可以收养韩乙。因此，韩甲和韩乙之间是合法的收养关系，韩甲有权依法解除双方的关系。民法典第 1103 条继承了《收养法》第 14 条的规定，若根据该条处理该案，也会产生相同的法律效果。

> ▶▶ **第一千一百零四条** 收养人收养与送养人送养，应当双方自愿。收养八周岁以上未成年人的，应当征得被收养人的同意。

🏛 条文要义

本条是对当事人合意收养的规定。

收养行为是民事法律行为，必须具备当事人收养合意这一必要条件。构成收养合意，应当具备以下条件：

（1）双方自愿：收养人收养与送养人送养须自愿，意思表示一致。收养与送养

---

① 审理法院：河南省郸城县人民法院，案号：（2018）豫 1625 民初 3989 号。

是民法上的身份协议，收养合意应当满足合同成立的条件要求。在收养问题上，收养人和送养人的意思表示必须真实、自愿、一致，才能构成合意。

（2）须经8周岁以上的被送养人同意。收养未满8周岁的未成年人，不必经过本人的同意。收养8周岁以上的未成年人，应当征得被收养人的同意。8周岁以上的未成年人是限制民事行为能力人，具有一定的识别能力和民事行为能力。是否接受被收养的事实、改变自己的身份关系，应当征得本人的同意。他（她）的同意，不构成收养的意思表示，但他（她）的不同意，构成收养合意的法律障碍。收养人和送养人即使达成收养合意，但若有被收养人不同意这一法律障碍，其收养合意也无效。

（3）成立收养的合意应符合法定的方式。有成立收养的合意，只能说明当事人有此共同意愿。通过法定的方式，收养关系才能为国家所承认，为法律所保护。

上述内容与《收养法》第11条相比不同的是征得被收养人同意的年龄界限：《收养法》规定的是10周岁，而本条规定的是8周岁。更改此处的年龄界限是因为民法典第19条改变了限制民事行为能力人的年龄界限。

案例评析

徐某诉周某、王某确认收养关系纠纷案[①]

案情：徐某与柳某原系夫妻，婚姻关系存续期间徐某怀孕，后双方因感情不和协议离婚，离婚时徐某告知柳某孩子已经做掉，柳某信以为真。徐某生下柳甲后，因经济能力较差，无法较好地抚养孩子，便将柳甲送养于周某、王某。徐某向法院诉请确认周某、王某与柳甲之间的收养关系无效。法院认为：徐某未经柳某同意将柳甲送养于周某、王某，因生父柳某并未自愿送养柳甲，收养人收养与送养人送养并未达成合意。此外，双方当事人亦未到民政部门登记，违反法律规定，故收养行为无效。

评析：根据《收养法》第11条关于收养合意的规定，因柳某没有送养柳甲的合意，故柳某有权请求送养行为无效。收养关系作为一种民事法律关系，以当事人平等、自愿为其基本原则之一。成立收养关系须收养人同意收养、送养人同意送养以及8周岁以上的未成年人同意被收养。本案中，徐某与柳某离婚后，未经柳某同意，将共同的子女柳甲送养于周某、王某。由于柳某没有送养的意思表示，故徐某送养与周某、王某收养是欠缺合意的。至于柳甲，其不满10周岁，故无须经他同意。因此，徐某送养，周某、王某收养柳甲的行为是无效的。

民法典第1104条规定的有关收养合意与《收养法》的规定一致，故本案的判决在当下仍是合理的。

应当补充说明的是，本案没有反映出民法典第1104条规定的新规则，即"收养

---

① 审理法院：河南省焦作市山阳区人民法院，案号：（2015）山民三初字第00421号。

八周岁以上未成年人的，应当征得被收养人的同意"的要求。如果本案的被收养人柳甲已满8周岁，则周某、王某在收养时应当征得柳甲的同意。

> ▶▶ **第一千一百零五条** 收养应当向县级以上人民政府民政部门登记。收养关系自登记之日起成立。
>
> 收养查找不到生父母的未成年人的，办理登记的民政部门应当在登记前予以公告。
>
> 收养关系当事人愿意签订收养协议的，可以签订收养协议。
>
> 收养关系当事人各方或者一方要求办理收养公证的，应当办理收养公证。
>
> 县级以上人民政府民政部门应当依法进行收养评估。

🏛 条文要义

本条是对收养关系成立形式要件的规定。

收养关系成立的形式要件，是指收养关系成立所需要的程序性的必要条件。收养登记是收养的形式要件，必须具备。收养协议和收养公证是出于当事人的意愿和要求而进行的程序，不具有强制的意义。

（1）收养登记。收养各方当事人达成收养合意，须经过收养登记，才能实现变更当事人之间身份关系的效果。故收养登记具有对收养合意的确认、国家承认收养行为，以及当事人身份关系变更的公示等效力。办理收养登记的机关是县级以上人民政府的民政部门。

收养登记的具体程序有：一是申请，二是审查，三是登记。经审查，对于符合条件的，准予收养登记，发给收养登记证，收养关系自登记之日起成立。对于不符合规定的条件的，则不予登记，并对当事人说明理由。

（2）收养协议。签订收养协议不是收养关系成立的必要形式，而由当事人自愿进行。我们认为，这种规定不妥。收养协议是收养合意的书面表现形式，是对当事人收养合意的文字反映。实施收养行为应当首先签订收养协议，然后才能进行收养登记。

（3）收养公证。订立收养协议后，当事人一方或者双方主张进行公证的，应当进行公证。该公证证明的是收养协议的合法性，而不是证明其他。

（4）收养评估。民政部门进行收养登记，应当对要登记的收养关系进行收养评估。这是为了最大限度地保护被收养人的合法权益。

本条规定的新规则就是收养评估。收养评估包括收养关系当事人的收养能力评估、融合期调查和收养后回访。

第一，收养能力评估，是指对有收养意愿的当事人（以下简称收养申请人）抚养、教育被收养人的能力进行评估，主要包括对收养申请人的个人和家庭基本状况、收养动机目的和养育安排、收养申请人提交的证件和证明材料情况等进行全面调查，从而对收养申请人及其共同生活的家庭成员抚养、教育被收养人的能力作出综合评定。

第二，融合期调查，是指在收养登记办理前，对收养关系当事人融合情况进行评估，主要包括对被收养人与收养申请人及其家庭成员共同生活、相处和情感交融等情况，收养申请人履行临时监护职责情况，对被收养人的照料、抚育情况和（被）收养意愿等进行调查评估。

第三，收养后回访，是指收养登记办理后，对收养人与被收养人共同生活的情况进行评估，主要包括收养人对被收养人的养育、教育情况，被收养人健康成长和受教育情况、双方情感交融情况等进行调查评估。

收养评估的对象是收养申请人及其共同生活的家庭成员。收养申请人应当配合收养评估开展。

收养评估工作可以由收养登记机关委托的第三方机构或者收养登记机关开展。民政部门优先采取委托第三方方式开展收养能力评估。

案例评析

林某诉李某解除收养关系纠纷案[①]

案情： 李某被遗弃后，由李甲、金某抚养。之后，李某将户口迁往林某名下，以父女相称，但未在民政部门办理收养登记。林某、李某因生活琐事发生争吵，林某诉请法院解除收养关系。一审法院认为，林某收养李某时未在民政部门办理登记，故该收养行为无法律效力且自始无效，解除收养关系缺乏依据。林某不服一审判决，提起了上诉。二审法院认为，林某收养李某时未办理收养登记，且林某与李某的年龄差不足 40 周岁，违反了无配偶者收养异性子女时应相差 40 周岁以上的规定，因此，双方的收养关系应被认定为不成立或无效。

评析： 根据《收养法》第 15 条关于办理收养登记的规定，因未办理收养登记，林某与李某之间的收养关系不成立。登记是收养关系成立的生效要件。国家通过收养登记可以对收养关系的建立进行监督，及时发现和制止违反法律的行为，依法保护收养当事人的合法权益，尤其是保护被收养儿童的合法权益，促进家庭的和睦和社会的安定。本案中，李某和林某之间的收养关系从双方到县级以上人民政府民政部门登记时才成立，仅仅迁移户口是不会产生合法的收养关系的。由于林某未办理收养登记，林某的收养行为为无法律效力且自始无效，双方之间的收养关系也未曾

---

① 　审理法院：一审法院为浙江省丽水市青田县人民法院，案号：（2016）浙 1121 民初 391 号。二审法院为浙江省丽水市中级人民法院，案号：（2016）浙 11 民终 705 号。

成立，故不存在解除收养关系的基础。

民法典第 1105 条延续了《收养法》第 15 条有关收养登记的规定，根据该规定处理类似的案件，也会产生相同的法律效果。

值得补充说明的是，本案没有反映出民法典第 1105 条规定的新规则，即"县级以上人民政府民政部门应当依法进行收养评估"的要求。该收养评估制度旨在最大限度地保护被收养人的合法权益。如果本案中李某和林某的收养关系有效，且该案发生在民法典生效之后，则县级以上人民政府民政部门应当根据第 1105 条的规定，依法评估林某的收养能力、李某和林某的融合程度，并在收养后回访。

> ▶▶ 第一千一百零六条　收养关系成立后，公安机关应当按照国家有关规定为被收养人办理户口登记。

🏛 条文要义

本条是关于为养子女办理户籍登记的规定。

我国目前仍然实行户籍制度，经过登记的人口才发给户口簿，承认其户籍。送养人和收养人达成收养合意，经过收养登记后，就形成了养父母与养子女的关系，养子女成为养父母的近亲属和家庭成员。对此，公安机关应当按照国家有关规定，为被收养人办理户口登记：原来有户籍的，办理户口迁移手续；原来没有户籍的，直接办理户口登记。如果解除收养关系，也应当到公安机关办理登记。

🔴 案例评析

胡某诉董某确认收养关系纠纷案①

案情： 胡某与董甲自 1982 年开始收养董某，但未办理收养登记手续，董某亦未入户至胡某处。董甲去世后，胡某与董某向法院诉请确认双方之间的收养关系。一审法院认为，胡某与董某一直未办理收养登记手续，董某亦未入户至胡某处，双方之间的收养关系不成立。胡某不服一审判决，提起了上诉。二审法院认为，胡某与董某的收养关系发生于《收养法》实施前，根据当时的有关规定，双方形成了事实上的收养关系，故双方之间的收养关系成立。

评析： 根据《收养法》第 16 条的规定，胡某收养董某时应当办理户口登记。之所以要求公安机关给收养关系成立的当事人依照国家有关规定办理户口登记，是为了保障收养人和被收养人的合法权益。但是，1998 年《收养法》之前的法律或规章

---

① 审理法院：一审法院为广东省中山市第二人民法院，案号：（2015）中二法东民一初字第 697 号。二审法院为广东省中山市中级人民法院，案号：（2016）粤 20 民终 1298 号。

中并没有要求办理户口登记，故对于发生于 1998 年《收养法》实施前的收养关系，应适用当时的有关规定。本案中，胡某在 1998 年《收养法》实施以前收养董某，未办理户口登记并不影响双方的收养关系。此外，董某所在的村民委员会出具了董某被胡某与董甲收养的证明，能够证明双方收养关系的存在。因此，二审法院判决胡某与董某之间的收养关系成立是合理的。

民法典第 1106 条延续了《收养法》第 16 条的规定，由于本案的收养关系发生在 1998 年《收养法》实施之前，故即使本案发生在民法典生效之后，胡某收养董某未办理户口登记并不影响双方的收养关系。

> ▶▶ **第一千一百零七条**　孤儿或者生父母无力抚养的子女，可以由生父母的亲属、朋友抚养；抚养人与被抚养人的关系不适用本章规定。

🏛 条文要义

本条是关于生父母的亲属、朋友抚养其子女的规定。

孤儿和生父母无力抚养的子女，如果都是未成年人，需要有人抚养，否则难以继续生存和成长。如果这些未成年人的生父母的亲属、朋友愿意对其进行抚养的，将对这些未成年人的健康成长十分有利，对国家的后备劳动力的培养也十分有利，是值得嘉许的行为。因此，本条规定，孤儿或者生父母无力抚养的子女，可以由生父母的亲属、朋友抚养。这种抚养不是收养，与收养有本质的区别，即这种抚养不产生父母子女的权利义务关系，故抚养人与被抚养人的关系不适用本章关于收养的规定。

📌 案例评析

高某长、郭某诉高某丽收养关系纠纷案①

案情：因家庭困难无力抚养，高某丽自 7 岁起即被父母从河南老家送至高某长、郭某处抚养生活至 23 岁。高某丽是郭某的侄女。后高某丽因与高某长、郭某缺乏交流、沟通，关系恶化，遂签订"脱离收养关系协议"。高某长、郭某向法院诉请高某丽履行上述协议。一审法院认为：高某丽系郭某的侄女，高某丽的生父母与郭某间存在亲属关系，因而高某长、郭某与高某丽间形成了事实上的抚养关系。由于涉案协议是双方真实的意思表示，双方应当按约定履行义务。高某丽不服一审判决，提起了上诉。二审法院认为，一审法院认定高某长、郭某与高某丽之间形成事实上的抚养关系，以及协议有效，事实清楚，适用法律正确，并无不当。

---

① 审理法院：一审法院为甘肃省白银市白银区人民法院，案号：（2018）甘 0402 民初 963 号。二审法院为甘肃省白银市中级人民法院，案号：（2019）甘 04 民终 120 号。

评析：根据《收养法》第 17 条关于亲朋抚养未成年人的规定，高某丽因是郭某的侄女，高某丽与郭某之间是抚养关系。生父母的亲属、朋友抚养子女不具有收养的法律效力，不变更亲子身份，抚养人与被抚养人之间不发生父母与子女间的权利、义务。本案中，因家庭困难无力抚养，高某丽的生父母将其送至高某长、郭某处抚养。郭某与高某丽的生父母间存在亲属关系，由郭某抚养高某丽不具有收养的法律效力，故双方之间是事实上的抚养关系，不成立收养关系，不发生父母与子女间的权利、义务。

民法典第 1107 条继承了《收养法》第 17 条的规定，故本案即使发生在当下，因郭某与高某丽之间存在亲属关系，双方不成立收养关系。

> ▶▶ **第一千一百零八条**　配偶一方死亡，另一方送养未成年子女的，死亡一方的父母有优先抚养的权利。

🏛 条文要义

本条是对祖父母、外祖父母优先抚养权的规定。

配偶一方死亡，另一方主张送养其未成年子女的，死亡一方的父母即被送养人的祖父母或者外祖父母享有优先抚养权。祖父母、外祖父母是孙子女、外孙子女的第二顺位抚养义务人，如果有抚养的能力和意愿，应当享有优先扶养权。该优先抚养权具有对抗送养人和收养人之收养合意的效力，一旦祖父母或者外祖父母行使优先抚养权，收养人和送养人的收养合意即不再生效，被送养人由其祖父母或者外祖父母抚养。

🔵 案例评析

邢甲、王甲诉蒋某某变更抚养关系纠纷[①]

案情：邢甲、王甲的儿子邢大与蒋某某结婚，生育了邢乙、邢丙。某日邢大因意外事故不幸死亡。蒋某某收入较低，无力抚养两个小孩，曾请求邢甲、王甲帮忙抚养一个小孩，但遭拒绝。之后，蒋某某将邢丙送给李某抚养，邢甲、王甲获悉后，想接回小孩遭拒绝。邢甲、王甲向法院诉请变更两个孩子的抚养权。法院认为：蒋某某能力有限，经济收入较低，但其仍有能力抚养一个孩子。鉴于女孩随母亲生活更利于其身心健康成长，故邢丙由蒋某某继续抚养较为适宜，而邢乙由邢甲、王甲抚养较为适宜。

评析：根据《收养法》第 18 条关于祖父母、外祖父母有优先抚养权的规定，邢

---

① 审理法院：湖南省湘西土家族苗族自治州凤凰县人民法院，案号：（2017）湘 3123 民初 269 号。

大因意外事故死亡后，邢甲、王甲有权请求优先抚养孙子女。死亡一方的父母行使优先抚养未成年孙子女的权利，是另一方送养子女的法定障碍。如果祖父母或者外祖父母行使优先抚养权，则收养人和送养人即使有收养合意，也不会发生法律效力，被送养人将由其祖父母或者外祖父母抚养。本案中，蒋某某的配偶邢大死亡，蒋某某曾请求邢甲、王甲行使优先抚养权，遭拒绝，但之后二人又想行使该权利，由于这是蒋某某送养邢丙的法定障碍，蒋某某和李某即使达成了收养的合意，邢丙与李某间也不会成立合法的收养关系。故二审法院判决邢丙由蒋某某抚养，邢乙由邢甲、王甲抚养，并无不当。

民法典第1108条继承了《收养法》第18条的规定。即使本案发生在民法典生效之后，由于邢甲、王甲与邢乙之间有祖父母、外祖父母与孙子女的血缘关系，感情较深，由他们抚养邢乙有利于邢乙的健康成长，故根据民法典第1108条审理本案，邢乙由邢甲、王甲抚养仍是合理的。

▶▶**第一千一百零九条**　外国人依法可以在中华人民共和国收养子女。

外国人在中华人民共和国收养子女，应当经其所在国主管机关依照该国法律审查同意。收养人应当提供由其所在国有权机构出具的有关其年龄、婚姻、职业、财产、健康、有无受过刑事处罚等状况的证明材料，并与送养人签订书面协议，亲自向省、自治区、直辖市人民政府民政部门登记。

前款规定的证明材料应当经收养人所在国外交机关或者外交机关授权的机构认证，并经中华人民共和国驻该国使领馆认证，但是国家另有规定的除外。

🏛 条文要义

本条是关于外国人在中国收养子女的规定。

本条确定的规则是，外国人依法可以在中华人民共和国收养子女，对此，不可以否认或者设置障碍。

外国人在中国收养子女，要经过特别的收养程序：

（1）外国人在中华人民共和国收养子女，应当经其所在国主管机关依照该国法律审查同意。

（2）收养人应当提供由其所在国有权机构出具的有关其年龄、婚姻、职业、财产、健康、有无受过刑事处罚等状况的证明材料。该证明材料应当经收养人所在国外交机关或者外交机关授权的机构认证，并经中华人民共和国驻该国使领馆认证，但是，国家另有规定的除外。

（3）该收养人应当与送养人签订书面协议，亲自向省、自治区、直辖市人民政府民政部门登记，经过该级人民政府民政部门的登记，才能确立收养关系。

本条删除了《收养法》第 21 条第 3 款的规定："收养关系当事人各方或者一方要求办理收养公证的，应当到国务院司法行政部门认定的具有办理涉外公证资格的公证机构办理收养公证。"我们认为，删除这一条款的原因是：申请公证是自然人、法人和非法人组织的权利，应由他们自己决定是否需要办理公证。我国《公证法》第 11 条规定，经自然人、法人和其他组织申请，可以办理婚姻状况、亲属关系、收养关系的公证。我国的公证机关的公证业务包括涉外公证业务。因此，不需要在民法典中特别作此规定。

案例评析

金丙、郑某执行异议之诉[①]

案情： 2014 年金甲、郭某与郑某发生债务纠纷，张某为该借款自愿提供连带责任保证。借款到期后金甲未偿还全部欠款。某县人民法院判决金甲、郭某偿还郑某全部欠款及利息，张某承担连带清偿责任。判决书生效后，郑某依法申请执行，一审法院于 2016 年对金甲、郭某之子金丙名下一处房产予以查封。后被执行人金甲之胞弟金乙、宋某夫妇（二人为加拿大国籍）以金丙的名义提出执行异议，2017 年 7 月 29 日被法院驳回。金乙、宋某夫妇于 2017 年 8 月 22 日以金丙名义上诉，称金乙于 2007 年 8 月收养金丙，有村委会证明；并称涉案房产实际上是 2014 年金乙委托金甲帮金丙购买的，通过其他人分五次为金甲转购房款 70 万元，该房产与金甲没有任何关系。金甲也辩称：2014 年的借款没有用于购买房产与家庭生产经营，本案所涉房产不是其房产。一审法院认为，金乙对金丙的收养不具备《收养法》规定的形式要件，已有证据也不足以证明金乙委托金甲为金丙购买房屋，遂驳回金丙的诉讼请求。二审法院维持原判。

评析： 本案是金甲与郑某之债务纠纷所引起的执行异议案。在法院确认金甲与郑某之间的债务并进行判决后，案件进入执行阶段时，加拿大籍夫妇金乙和宋某以金丙名义提出异议，称金乙已经收养了金丙，涉案房产实际购买人为金乙，并以此主张涉案房屋并非债务人金甲的家庭财产。因此，本案的焦点有二：一是金乙与金丙之间的收养关系是否成立。金乙、宋某为外国公民，在中国收养子女，应当满足涉外收养成立的实质要件和形式要件。金乙对金丙的收养，需要经过加拿大主管机关同意，并出具加拿大有权机关出具的收养人年龄、婚姻、职业等证明材料，该材料还需要经过两国外交机关的认证，同时，双方还应当订立书面协议，亲自向中国省级人民政府民政部门登记。本案中，金乙与金丙的收养关系只经过了村委会的见证，不符合涉外收养关系的构成要件，因此，金乙与金丙之间没有形成收养关系。

---

① 审理法院：一审法院为河南省栾川县人民法院，案号：（2017）豫 0324 民初 2009 号。二审法院为洛阳市中级人民法院，案号：（2018）豫 03 民终 1612 号。

二是涉案房产的实际出资人是金乙还是金甲。案件当事人所提供的证据可以证明金乙与金甲之间有经济往来，但无法证明金乙委托金甲为金丙购买涉案房产，故涉案房产是金甲的家庭财产，该笔欠款应由金甲和郭某向郑某偿还，张某承担连带责任。故法院的判决是合理的。

> ▶▶ **第一千一百一十条**　收养人、送养人要求保守收养秘密的，其他人应当尊重其意愿，不得泄露。

🏛 条文要义

本条是关于保守收养秘密的规定。

收养和送养以及被收养，都涉及身份关系的改变，属于隐私的范畴。收养人、送养人要求保守收养秘密，就是为了防止泄露收养和送养以及被收养的隐私。其他人应当尊重收养、送养和被收养的秘密，不得向他人泄露，保护好收养人、送养人和被收养人的个人隐私。

保守收养秘密应有两个方面的含义：一是被收养人被收养的事实应当保密，二是原生家庭、收养家庭的具体信息应当保密。因为收养是在收养人与被收养人之间建立拟制的血亲关系，相较于血缘关系，收养关系更加脆弱，更容易受到外界的影响。立法将收养信息作为隐私进行保护，有助于稳定收养关系，也有助于被收养的未成年人健康成长。

 案例评析

田某诉柴某等名誉权纠纷案①

案情： 1993 年，田某带着 3 岁半的养女与吴某再婚。2012 年 7 月吴某被查出患有肝癌。2012 年 8 月田某与吴离婚。2013 年 5 月 23 日吴某去世。在吴某生病、住院及其后事的办理过程中，多位同学予以了陪伴、帮助。为了弘扬同学情，吴的同学提供了素材，柴某、郭某写下报道《自己身患肝癌、妻子狠心离去、儿子远在外地，孤单无助之际、13 位老同学来到病床前》（刊于《三晋都市报》）、《同学间演绎人间大爱》（刊于《今日侯马》）。田某以作者和报社侵害其名誉权、隐私权为由向法院提起诉讼。一审法院认为，被告的报道并未虚构，未使用侮辱、诽谤言辞，不构成对原告田某之名誉权的侵害，遂判决驳回原告田某的诉讼请求。二审法院认为，涉案文章的内容完全属实，难以认定被上诉人柴某等在主观上存在过错，此外，没

---

① 审理法院：一审法院为山西省侯马市人民法院，案号：（2013）侯民初字第 1040 号。二审法院为山西省临汾市中级人民法院，案号：（2015）临民终字第 314 号。

有证据证实上诉人田某因被上诉人柴某等的行为遭受了实际损害后果或严重精神痛苦，故不构成侵害名誉权，遂驳回上诉、维持原判。

评析：隐私权与名誉权是两项独立的权利。侵害隐私权与侵害名誉权的构成要件不同，侵害名誉权的构成要件为：侮辱、诽谤、虚构事实，造成他人社会评价降低，且侮辱、诽谤、虚构事实等行为与受害人社会评价降低有因果关系，行为人主观上有过错；而侵害隐私权不要求侮辱、诽谤、虚构事实等行为，只要行为人存在过错，非经隐私权人同意，干涉、监视私人活动，侵入、窥视私人领域，刺探、调查、擅自公布、非法利用他人隐私，造成受害人内心痛苦，就构成对隐私权的侵害。

本案中，田某主张了两项权利：一是名誉权，二是隐私权。一审和二审法院只对名誉权之诉进行了判决，没有回应田某主张的隐私权之诉。涉案报道作者和媒体是否侵害名誉权，焦点有三：一是文章内容是否有侮辱、虚构、诽谤等成分，二是作者和媒体是否尽到审查义务，三是田某的社会评价是否因涉案报道而降低。报道内容是否虚构，是否存在侮辱、诽谤等成分，需要根据客观事实进行对照。本案例没有提供详细说明，这里无法判断。另外，田某没有举证证明涉案报道导致其社会评价降低。综合以上信息，无法证明涉案报道的作者和媒体侵害田某的名誉权。法院关于名誉权侵权的判决并无不当。

但是，田某还提出了侵害隐私权的诉讼请求。收养信息是个人的隐私，非经送养人、收养人同意，不得泄露。真实性不能成为侵害隐私权的抗辩，涉案文章披露了田某收养女儿的信息，侵害了田某的隐私权，柴某等应当承担赔偿责任。

第二节　收养的效力

▶▶ 第一千一百一十一条　自收养关系成立之日起，养父母与养子女间的权利义务关系，适用本法关于父母子女关系的规定；养子女与养父母的近亲属间的权利义务关系，适用本法关于子女与父母的近亲属关系的规定。

养子女与生父母以及其他近亲属间的权利义务关系，因收养关系的成立而消除。

🏛 条文要义

本条是对收养的法律效力的规定。

收养的法律效力是指法律赋予收养行为的强制性法律后果。这种法律后果表现为收养的拟制效力和解销效力。

（1）收养的拟制效力，亦称为收养的积极效力，是指收养依法创设新的亲属身份关系及其权利义务的效力。收养的拟制效力不仅及于养父母和养子女以及养子女所出的晚辈直系血亲，而且及于养父母的血亲：1）对养父母与养子女的拟制效力，主要体现在自收养关系成立之日起，养父母与养子女之间发生父母子女之间的权利义务关系。2）对养子女与养父母的近亲属的拟制效力，表现为养子女与养父母的近亲属以及养父母与养子女的晚辈直系血亲之间发生的拟制效力，取得亲属的身份，发生权利义务关系，具体是：养父母的父母与养子女取得祖孙的身份，产生权利义务关系；养子女与养父母的子女间，取得兄弟姐妹的身份，发生兄弟姐妹间的权利义务关系；养父母对于养子女所出的晚辈直系血亲，也取得祖孙的身份，发生祖孙间的权利义务关系。

（2）收养的解销效力，亦称收养的消极效力，是指收养依法消除原有的亲属身份关系及其权利义务的效力。收养的解销效力是指养子女与生父母之间的权利义务关系的完全消除。1）对养子女与生父母的解销效力。收养关系生效，养子女与其生父母之间的身份消除，他们之间的权利义务关系同时消除。2）对养子女与生父母以外的其他近亲属的解销效力。收养关系生效，养子女与生父母以外的其他近亲属间的身份消除，他们之间的权利义务关系也消除。养子女与生父母的父母不再存在祖孙间的权利义务关系，与生父母的子女间不再存在兄弟姐妹间的权利义务关系。这种解销效力，消除的仅仅是法律意义上的父母子女关系，而不是自然意义上的父母子女关系。养子女与生父母之间基于出生而具有的直接血缘联系是客观存在的，不能通过法律手段加以改变。法律关于禁婚亲的规定仍然适用于养子女与生父母一方与其有血缘关系的近亲属。

案例评析

肖丁诉肖甲等继承权纠纷案[①]

案情： 肖某与柯某系夫妻关系，二人共育有四名子女，即肖甲、肖乙、肖丙、王某。王某出生后不久即被王甲与瞿乙夫妇收养。肖丁系肖甲之子。肖某于1993年去世。2000年3月31日，柯某立遗嘱一份，将1999年购买的一套房产留给孙子肖丁一人所有。柯某于2017年去世，其父母均先于二人去世。肖丁向法院诉请：确认柯某所立遗嘱合法有效；柯某遗嘱中的房屋归肖丁继承。法院认为：柯某在遗嘱中处分个人财产部分应属有效，肖某的份额应由其法定继承人依法继承，而对于柯某所有的房产份额，应按照遗嘱继承办理。王某被他人收养，已经失去了对肖某遗产的法定继承权。法院判决被继承人柯某名下的房屋由肖丁继承；肖丁支付肖甲、肖乙、肖丙房屋折价款每人各25万元。

评析： 法院的判决是合理的。本案有两个关键问题：第一，柯某遗嘱的效力。

---

① 　审理法院：北京市朝阳区人民法院，案号：（2018）京0105民初76400号。

从案件证据可见，遗嘱是出于柯某的真实意思表示，柯某处分自己财产的部分有效，肖某财产部分应法定继承。因此，法院判决由肖丁继承涉案房屋，给付其他继承人折价款，是合理的。第二，王某是否享有继承权。由于王某已被送养，按照《收养法》第 23 条的规定，自收养关系成立之日起，养子女与养父母间发生父母子女间的权利义务关系，与生父母间的身份关系消除，与生父母之间的权利义务关系，包括对生父母的法定继承权，也同时消灭。因此，王某不能作为法定继承人继承柯某的遗产。

▶▶ **第一千一百一十二条** 养子女可以随养父或者养母的姓氏，经当事人协商一致，也可以保留原姓氏。

🏛 条文要义

本条是对养子女姓氏的规定。

养子女被收养后，可以随养父或者养母的姓氏，生父母不得反对。如果经当事人协商一致，也可以保留原姓氏，不随养父或者养母的姓氏。

姓名权是自然人的一项重要的人身权利，同时也是身份关系的一种标志。法律在此赋予当事人很大的自由选择空间。被收养人年满 8 周岁后，如需改动其姓名，应当征得被收养人同意。

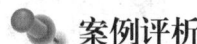 **案例评析**

魏乙诉魏甲继承纠纷案[①]

案情： 魏甲是魏某、吴某夫妇的婚生子。魏乙年幼时被其父母送给未生育子女的姑姑、姑父即吴某、魏某夫妇，在魏家长大成人，1974 年以前为吴姓，1974 年改为魏姓。后魏某、吴某夫妇相继去世，留下一套房产，魏乙与魏甲因该房产的继承事宜发生争执。2017 年，魏乙向法院起诉，请求确认其享有养父母魏某、吴某夫妇一半遗产的合法继承权。魏甲抗辩称：魏乙直到成年才改姓魏，魏乙与魏某、吴某夫妇是寄养关系，而不是收养关系。魏乙提供了盖了公章的两份履历表、养父的"工人退休呈报表"及多年与魏某、吴某夫妇的来往信件。一审法院判决魏乙与魏某、吴某夫妇存在收养关系，应继承一半房产。二审法院维持原判。

评析： 法院的判决是合理的。本案的焦点在于，魏乙是否享有魏某、吴某夫妇的遗产的继承权。判断魏乙是否享有继承权，关键在于魏某、吴某夫妇与魏乙是否存在收养关系。魏甲以魏乙成年以后才改姓魏为由，主张不存在收养关系。因为当

---

① 审理法院：一审法院为福建省宁德市古田县人民法院，案号：（2017）闽 0922 民初 2390 号。二审法院为福建省宁德市中级人民法院，案号：（2018）闽 09 民终 102 号。

时《收养法》尚未出台，只能根据具体情况判断。养子女既可以随生父母姓氏，也可以随养父母姓氏，不应当以养子女的姓作为收养关系的判断标准，而应当根据魏某、吴某夫妇是否将魏乙抚养长大、当地习惯以及其他文件和资料记载等综合判断。从案中证据可知，魏乙在魏家长大，生活花费甚至结婚费用都是养父魏某提供的。此外，魏某和魏乙在其工作材料中多次填写收养关系，已经过组织审查和认可。综上，可以确认魏某、吴某与魏乙形成事实上的收养关系，魏乙可以参与遗产继承。

民法典第1112条保留了《收养法》第24条的规定，最大限度地保护了养子女的姓名权，值得肯定。

> ▶▶ 第一千一百一十三条　有本法第一编关于民事法律行为无效规定情形或者违反本编规定的收养行为无效。
>
> 无效的收养行为自始没有法律约束力。

🏛 条文要义

本条是对无效收养行为的规定。

无效收养行为是指欠缺收养成立的法定有效要件，不能发生收养法律后果的收养行为。从性质上说，无效收养行为就是无效的民事法律行为。

导致无效收养行为的原因是：（1）欠缺收养关系成立的实质要件，例如收养人、送养人不具备相应的民事行为能力；收养人、送养人不符合民法典规定的收养或送养条件；收养人、送养人关于收养的意思表示不真实；8周岁以上的被收养人不同意收养而被收养等。（2）欠缺收养关系成立的形式要件，例如没有经过收养登记，欠缺收养成立的法定程序等。（3）违反法律、行政法规的强制性规定或者违背公序良俗，例如，借收养之名拐卖儿童或者出卖亲生子女等。

确认无效收养的程序是：（1）通过诉讼程序宣告收养无效。依照诉讼程序宣告收养无效的程序是：1）当事人或者利害关系人提出请求确认收养无效之诉，由法院判决确定收养无效。2）法院在审理相关案件时发现有收养无效的行为，依照职权，在有关的判决中直接宣告收养无效。后一种主要是发生在赡养、抚养、监护、法定继承等案件中，涉及作为其基础的血缘关系的有无，法院必须判决确认收养无效。（2）通过行政程序宣告收养无效。当事人弄虚作假骗取收养登记的，民政部门应当宣告收养登记无效。

收养无效的法律后果是：收养行为被法院判决宣告无效的，以及收养行为被民政部门依照行政程序确认为无效的，自始无效。收养无效的效力溯及既往，而解除收养关系仅仅是在收养关系解除之时消除养父母和养子女之间的权利义务关系，因而两者不同。

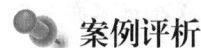 **案例评析**

李甲诉李乙等确认收养关系纠纷案①

案情：李乙、李丙系夫妻，于1984年生育一子。李乙与李甲的亲生母亲系堂兄妹。某年，李乙、李丙收养李甲做女儿，让李甲随他们共同生活，并于次年4月将李甲的户口落户在李乙、李丙家中。2000年10月，李乙、李丙因故将李甲送回其亲生父母身边。之后李甲与其亲生父母一直居住生活在一起。李甲于2014年6月18日起诉到法院，请求法院确认收养关系无效。法院认为：可以认定李乙、李丙在已育有一子的情况下收养李甲的事实。关于收养效力问题，虽然公安机关将李甲的户口登记在李乙、李丙处，但因李乙、李丙不符合收养法规定的收养人应同时具备无子女、有抚养教育被收养人的能力、年满30周岁等条件，其收养李甲的行为无法律效力，应确认无效。法院遂判决李甲与李乙、李丙之间的收养关系无效。

评析：法院的判决是正确的。《收养法》第6条规定，收养人应当同时具备下列条件：(1) 无子女；(2) 有抚养教育被收养人的能力 (3) 未患有在医学上认为不应当收养子女的疾病；(4) 年满30周岁。公安机关为"被收养人"落户的行为并不能使无效的行为变为有效。收养关系的生效，要求具备实质要件、形式与程序要件，被收养人、收养人应当符合法律规定的条件，而本案中李乙、李丙收养李甲之时已育有一子，不符合我国当时有效的《收养法》规定的收养关系的实质要件，因此，收养关系无效。

第三节　收养关系的解除

> ▶▶ **第一千一百一十四条**　收养人在被收养人成年以前，不得解除收养关系，但是收养人、送养人双方协议解除的除外。养子女八周岁以上的，应当征得本人同意。
>
> 　　收养人不履行抚养义务，有虐待、遗弃等侵害未成年养子女合法权益行为的，送养人有权要求解除养父母与养子女间的收养关系。送养人、收养人不能达成解除收养关系协议的，可以向人民法院提起诉讼。

🏛 条文要义

本条是关于解除收养关系的规定。

收养关系解除是指收养的法律效力发生后，因出现一定的法定事由，无法继续维持收养关系，通过解除的法定程序将其人为消除。

---

① 审理法院：浙江省东阳市人民法院，案号：(2014) 东民初字第1430号。

　　本条禁止收养人在被收养人未成年时解除收养关系，以保护未成年被收养人的权益。当然，收养人和送养人达成一致协议解除的，不在此限。

　　收养关系解除的程序有两种：

　　（1）协议解除。协议解除收养关系适用于两种情况：一是在收养关系成立之后、被收养人成年之前，收养人和送养人双方通过协议解除收养关系；二是养父母与养子女间关系恶化，无法共同生活的，也可以通过协议解除收养关系。协议解除的条件是：1）双方当事人必须有解除收养关系的合意。养子女未成年的，解除收养的合意是指收养人与送养人解除收养的意思表示一致；如果被收养人已满8周岁，还需要征求本人同意。养子女成年之后，解除收养的合意是指收养人和被收养人之间解除收养的意思表示一致。2）当事人必须具有完全民事行为能力。收养人、被收养人以及送养人之中任何一方不具有相应的民事行为能力的，都不能通过协议的方式解除收养关系，而只能通过诉讼由法院判决。3）夫妻共同收养的，解除收养必须夫妻双方共同解除。如果属于无配偶者单方收养，或者收养人在收养时无配偶、终止收养时已有配偶的，收养人可以单方提出解除收养关系。协议解除收养的程序是：达成收养解除的合意的，到民政部门办理解除收养关系的登记。收养关系自登记之日起消灭。

　　（2）诉讼解除。诉讼解除收养关系有两种情况：1）收养人不履行抚养义务，有虐待、遗弃等侵害未成年养子女合法权益的行为，送养人、收养人不能达成解除收养关系的协议的，可以向人民法院提起诉讼；2）已经成年的被收养人与养父母关系恶化，无法共同生活，不能达成解除收养关系的协议的，收养人、送养人、成年养子女可以向人民法院提起诉讼。人民法院应当根据查明的事实，确认解除收养关系的真实原因、养亲子关系的现状和生活实际情况，作出判决。3）养父母死亡后终止收养关系。对此，我国民法典未作规定。收养关系不因养父母的死亡而消灭，但从实际情况而言，在养父母均已死亡后，为更好地保护养子女、养父母近亲属以及生父母及其近亲属的利益，应当允许成年养子女协议解除和养父母近亲属之间的权利义务关系，协议恢复与生父母及其近亲属之间的权利义务关系；应当允许未成年养子女的监护人与养子女生父母协议恢复与生父母及其近亲属之间的权利义务关系，或者由监护人代为送养，转由他人收养。

🎯 案例评析

张某某诉丁甲解除收养关系纠纷案[①]

　　案情：张某某与丁乙于2001年9月10日非婚生育一子丁丙。2002年9月10日，张某某与丁乙共同将儿子丁丙送给丁甲收养。张某某与丁乙于2008年6月16日登记结婚。后丁甲无经济生活来源，抚养丁丙有困难。2015年5月15日，张某某

---

① 审理法院：重庆市渝北区人民法院，案号：（2015）渝北法民初字第12850号。

与丁甲、丁丙三方签订了"解除收养关系协议"，约定解除丁甲与丁丙的收养关系。协议签订后丁甲反悔，不配合履行。张某某诉至法院，请求解除收养关系。丁甲未到庭。法院认为，三方签订"解除收养关系协议"约定解除丁甲与丁丙的收养关系，丁丙本人也表示愿意跟随父母丁乙、张某某一起生活，同意解除与丁甲的收养关系。故判决解除丁甲与张某某的儿子丁丙的收养关系。

评析：登记是成立收养关系、解除收养关系的法定形式要件。本案中，双方当事人虽然签订了解除收养协议，但单独的解除收养协议无法达到解除收养关系的后果，须经民政部门登记，才能解除收养关系。对此类协议不能按照财产关系的区分原则来对待，不能强制当事人履行协议。本案中，收养人因生活不便、经济窘迫而无力抚养被收养人，而且，被收养人已满 14 周岁，表达了跟生父母一起生活的愿望，所以如果继续与收养人一起生活，对被收养人的成长十分不利。因此，从保护未成年人利益的角度出发，应当判决双方解除收养关系。故法院的判决是合理的。

▶▶ **第一千一百一十五条**　养父母与成年养子女关系恶化、无法共同生活的，可以协议解除收养关系。不能达成协议的，可以向人民法院提起诉讼。

🏛 条文要义

本条是关于成年养子女解除收养关系的规定。

被收养人已成年，养父母与养子女关系恶化，一方要求解除收养关系的，应当根据双方关系的实际情况，本着维护收养关系当事人合法权益的原则，如果双方关系尚未恶化到无法共同生活程度的，应当查明纠纷原因，着重调解和好；如果双方关系已经恶化到无法继续共同生活程度的，可以协议解除收养关系，不能达成协议的，可以向法院提起诉讼，法院根据实际情况，应当准予解除收养关系。

协议解除收养关系也是一种民事法律行为，应当符合民法典总则编规定的民事法律行为的构成要件，同时，协议解除收养关系的收养人、被收养人要具备完全民事行为能力，当事人的意思表示要真实，解除收养关系的目的、内容和方式不违反法律法规的规定。已经成年的被收养人与收养人协商一致同意解除收养关系，无须取得送养人的同意。

🟤 案例评析

李甲诉李乙解除收养关系纠纷案①

案情：李乙出生后不久即被李甲与前妻成某抱回家中抚养。李甲的父母均同意

---

① 审理法院：一审法院为北京市海淀区人民法院，案号：(2017) 京 0108 民初 26407 号。二审法院为北京市第一中级人民法院，案号：(2017) 京 01 民终 7669 号。

送养，双方未签订书面收养协议。2000 年 9 月 23 日成某因病去世。2012 年李甲再婚；李乙婚后一年半与李甲共同居住于李甲处，后搬离。李甲认为李乙搬走后未尽到日常照顾义务，对其再婚及再婚妻子落户有意见，双方关系恶化，遂向法院提起诉讼，请求解除其与李乙的收养关系。李乙主张搬走后每年均看望李甲，给李甲钱，送李甲去医院看病，没有阻止过李甲再婚，亦同意配合落户，不同意解除双方的收养关系。一审法院认为，养父女情义在长达近二十年的养育中建立和稳固，现已到李乙尽赡养义务之时，遂驳回李甲的诉求。李甲不服该判决，提起上诉。二审法院认为：李甲年事已高，需要平和的心态和安定的生活环境，勉强维持双方的收养关系不利于李甲安度晚年，对于双方的生活亦无益处。故撤销一审判决，改判解除李甲与李乙的收养关系。

评析： 本案涉及成年的被收养人和收养人解除收养关系的问题。"关系恶化、无法共同生活"是判决成年被收养人与收养人解除收养关系的关键。本案中的难点恰好在于如何判断双方关系确已恶化。对于养父母与养子女之间的关系，可以从矛盾持续时间的长短、双方生活习惯、双方能否互相尊重等几个方面，结合具体的案情来判断。一审法院认为李甲已经年老，正是养女尽赡养义务之时，不予解除双方的收养关系，符合人伦常情，也是合理的。但是，李甲坚持解除收养关系。二审法院经过仔细调查，认为双方的矛盾确实难以调和，考虑到是养父一方坚持解除收养关系，出于尊重和保护收养人之利益，判决解除双方的收养关系，更加合理。

> ▶▶ **第一千一百一十六条**　当事人协议解除收养关系的，应当到民政部门办理解除收养关系登记。

🏛 条文要义

本条是关于协议解除收养关系登记的规定。

当事人协议解除收养关系的，应当到民政部门办理解除收养关系登记。只有在民政部门办理了解除收养关系登记的，才发生解除收养关系的法律效力。未经登记，不发生这种效力。

案例评析

李某诉汤某法定继承纠纷案[①]

案情： 汤某与李甲原系夫妻关系，1986 年收养李某，未办理收养手续。1999 年 10 月 17 日，汤某、李甲夫妇与李某及其亲生父母共同签署了"解除对李某抱养关系

---

① 审理法院：云南省昆明市盘龙区人民法院，案号：（2017）云 0103 民初 4224 号。

协议书",该协议未经公证。2001 年,李甲作为所有权人取得甲房屋一套。2015 年 7 月 14 日,李甲死亡。李甲终生未生育子女,且父母早已去世。2017 年 6 月 19 日,法院判决解除汤某与李某的收养关系。李甲终生未生育子女,且父母早已去世。李某诉请继承李甲的遗产即涉案房屋,价值 42 万元。法院认为,双方签署"解除对李某抱养关系协议书"的时间晚于《收养法》施行的时间,故收养关系并未解除。2017 年,李某与汤某的收养关系经法院生效判决解除,但死者李甲生前并未通过合法、有效的途径解除与李某的收养关系,故李某仍为李甲的养女。法院判决涉案房屋归汤某所有,由汤某补偿李某人民币 8.4 万元。

评析: 法院的判决是合理的。本案焦点有二:第一,李甲夫妇与李某的收养关系是否成立。李甲夫妇对李某的收养发生在 1986 年,虽然 1992 年 4 月 1 日开始实施的《收养法》不承认事实收养,但是司法实践中对《收养法》实施之前已经形成的事实收养关系予以保护。根据《司法部关于办理收养法实施前建立的事实收养关系公证的通知》的规定,对于《收养法》实施前已建立的事实收养关系,自当事人达成收养协议或因收养事实而共同生活时成立。李甲夫妇收养李某时虽然未办理收养手续,但是长期以父母子女的关系共同生活,应按收养关系对待。第二,李甲夫妇与李某的收养关系是否因签订解除收养协议而解除。根据《收养法》第 28 条的规定,协议解除收养关系的,应当到民政部门办理登记手续,未经登记不发生收养关系解除的效力。李某的生父母与养父母于 1999 年签订了解除收养协议,签订协议发生在《收养法》实施之后,由于双方未到民政部门登记,因此不发生解除收养关系的效力。直到 2017 年法院判决,李某才与汤某解除收养关系。但此时李甲已经去世,在李甲去世时李某与李甲依然存在收养关系。因此,在李甲死亡后,李某享有法定继承权,可以获得应当继承的遗产。

▶▶ **第一千一百一十七条** 收养关系解除后,养子女与养父母以及其他近亲属间的权利义务关系即行消除,与生父母以及其他近亲属间的权利义务关系自行恢复。但是,成年养子女与生父母以及其他近亲属间的权利义务关系是否恢复,可以协商确定。

🏛 条文要义

本条是关于解除收养关系后身份关系发生变化的法律后果的规定。

收养关系解除后,养子女与养父母及其他近亲属之间的权利义务关系即行消除。养子女和养父母之间的亲子身份地位以及权利义务关系不再存在;养子女与养父母的近亲属之间也不再具有子女与父母的近亲属的身份地位和权利义务关系。

收养关系解除后,养子女尚未成年的,其与生父母及其近亲属之间的权利义务关系自行恢复。养子女已经成年的，其与生父母及其他近亲属的权利义务关系是否恢复，可以由成年的养子女与生父母协商确定，同意恢复的，即行恢复与生父母及其他近亲属之间的身份地位及权利义务关系。

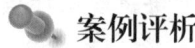 **案例评析**

高乙诉褚某等法定继承纠纷案①

案情： 高某与王某婚后收养高某兄长高甲之子高乙为养子。之后，高某与王某夫妇生育褚某及高丙。高某、王某分别于 1996 年、2001 年去世。1968 年 11 月，高乙以生父高甲之子的身份随高甲赴汉江机床厂工作。此后，高甲与高乙在填写相关表格时均将双方关系表述为父子关系，且高乙的户籍也随高甲一家迁至上海市某村房屋内。2012 年，高乙将褚某、高丙起诉到法院，要求以养子身份继承高某的遗产。法院认为，高某与高乙之间形成事实收养关系，自 1968 年以后，高甲与高乙在填写相关表格时均将双方关系表述为父子关系，户籍也从高某处迁走，应当认定高乙与养父母解除了收养关系。遂判决高某、王某之遗产房屋由褚某、高丙共有。

评析： 法院的判决是合理的。本案的焦点在于，高乙与养父母之间的收养关系是否已经解除，以及高乙是否与生父母恢复了权利义务关系。在《收养法》实施之前，我国承认事实收养关系，收养不需要登记，只要具备收养事实就可以成立收养关系，当然，其解除也不需要登记，只要具备解除事实就可以认定解除收养关系。高某收养高乙并将其抚养成人，已形成事实上的抚养关系。但是，高乙以高甲之子的身份参加工作，在填写相关表格时均表述为父子关系，且其户籍也随之迁往高甲处，在未有其他详细证据的情况下，应当按照当时当地的习惯来判断收养关系是否解除，以及与生父母的关系是否已经恢复。当时的法律没有要求须经法定程序解除收养关系，而户籍制度在社会生活中发挥着极为重要的作用，迁走户籍的行为可以看作高甲与高乙恢复生父母子女关系的一个标志。因此，高乙没有继承高某与王某之遗产的权利。

> ▶▶ **第一千一百一十八条**　收养关系解除后，经养父母抚养的成年养子女，对缺乏劳动能力又缺乏生活来源的养父母，应当给付生活费。因养子女成年后虐待、遗弃养父母而解除收养关系的，养父母可以要求养子女补偿收养期间支出的抚养费。
>
> 生父母要求解除收养关系的，养父母可以要求生父母适当补偿收养期间支出的抚养费；但是，因养父母虐待、遗弃养子女而解除收养关系的除外。

① 审理法院：上海市黄浦区人民法院，案号：（2012）黄浦民一（民）初字第 2402 号。

🏛 条文要义

本条是关于收养关系解除后发生其他效力的规定。

收养关系解除之后，还发生解除收养关系后成年养子女承担生活费给付义务和养父母享有补偿请求权的效力。

（1）成年养子女的生活费给付义务。收养关系解除之后，经养父母抚养长大的成年养子女，对缺乏劳动能力又缺乏生活来源的养父母，应当给付生活费。虽然法律上解除了收养关系，但是收养人为抚育被收养人的付出是客观存在的，被抚养长大的养子女也应当尽到扶养的义务。但是养子女应给付养父母的生活费的数额，应根据养子女的负担能力和养父母的实际需要来判断，一般不应低于当地居民的普通生活费用标准。具体的数额和给付方式，可以由养父母和养子女协商确定，协商不成，可由人民法院酌情判定。

（2）养父母的补偿请求权。养子女成年后虐待、遗弃养父母而解除收养关系的，不论养父母是否有生活来源，养父母都可以要求养子女补偿收养期间支出的抚养费。这是对虐待、遗弃养父母的养子女的一种惩罚。

（3）生父母要求解除收养关系的，一定程度上伤害了养父母的感情，在经济上造成了一定损失，养父母可以要求生父母适当补偿收养期间支出的抚养费。但是，如果养父母存在虐待、遗弃养子女的行为，导致解除收养关系的，养父母无权要求生父母给予补偿。

《收养法》30条第1款后段规定，"因养子女成年后虐待、遗弃养父母而解除收养关系的，养父母可以要求养子女补偿收养期间支出的生活费和教育费"。本条将"生活费和教育费"修改为"抚养费"。这一修改使法律用语更为规范、统一，也更加符合实际需要。关于抚养费，我国法律上使用过"抚养费""抚育费""生活费和教育费"的概念，理论和司法实践都认为这三个概念应为同一含义。对于抚养费的内容，1950年《婚姻法》第21条、1980年《婚姻法》第30条、2001年《婚姻法》第37条、1991年《收养法》第29条、1998年《收养法》第30条使用的都是"生活费和教育费"，但是在2001年《最高人民法院关于适用〈中华人民共和国婚姻法〉若干问题的解释（一）》第21条明确规定，"抚养费"应当包括生活费、教育费、医疗费等费用。民法典相关法条统一称为"抚养费"，更加方便法律的衔接、理解与适用。

🍂 案例评析

程甲诉程乙赡养纠纷案[①]

案情：程甲自1975年起收养程乙，将其抚养成人。程乙生于1969年，现户口

---

① 审理法院：一审法院为江苏省徐州市铜山区人民法院，案号：（2017）苏0312民初9371号。二审法院为江苏省徐州市中级人民法院，案号：（2018）苏03民终420号。

在程甲的户口本上，但与户主的关系表述为叔侄。2002 年程甲的妻子去世。7.32 亩承包地登记在程甲的名下。2008 年有 3.7 亩承包地变更在程乙的名下，该地一直由程乙耕种。后双方产生矛盾。程甲起诉，要求解除收养关系，补偿收养期间的生活费、教育费计 6 万元，返还苹果园耕地 3.7 亩，每月支付生活费 500 元。一审法院准予解除收养关系，判决程乙每月支付程甲生活费 400 元，程乙返还苹果园耕地 3.7 亩。二审法院认为：程甲和程乙之间的关系更符合民间"过继"的习惯。能否形成拟制的父母子女关系，应具体情况具体分析。遂判决维持一审判决中关于解除收养关系和支付生活费的部分。因土地问题不属于法院受理范围，不作处理。

评析：法院的判决基本合理。本案争点有三：一是双方的收养关系是否成立。程甲与程乙的关系在户口本上表述为"叔侄"关系，表面上看具有"过继"的特征，但是，是否属于"过继"，要根据实际情况进行判断。如果"过继"子女与"过继"父母长期共同生活在一起，形成了扶养关系，即为养子女与养父母的关系；如系封建性的"过继""立嗣"，没有形成扶养关系的，就不应认定为收养关系。本案中程乙在程甲的抚养下成人，已形成扶养关系，故收养关系成立。二是双方的收养关系是否应当解除。程乙与程甲因矛盾已多年没有往来，且在一审判决之后双方关系未曾得到改善，应认定为双方关系恶化，应当支持解除收养关系。三是程乙是否应当给付程甲生活费。本案中没有证据证明程乙虐待、遗弃养父母，所以程乙可以不补偿抚养费。但是程甲已经老迈，故法院判决程乙给付程甲生活费是合理的。

《中华人民共和国民法典》条文精释与实案全析（珍藏版）
《Zhonghua Renmin Gongheguo Minfadian》
Tiaowen Jingshi yu Shian Quanxi

第六编　继承

第一章　一般规定

▶▶ 第一千一百一十九条　本编调整因继承产生的民事关系。

🏛 条文要义

本条是关于民法典第六编"继承"之调整范围的规定。

民法中的继承概念有广义与狭义之分。广义的继承，是指对死者生前权利、义务的承受，不仅有财产继承，还有身份继承。狭义的继承，是指继承人对死者生前的财产权利和义务的承受，又称为财产继承，即自然人死亡时，其遗留的个人合法财产归死者生前在法定范围内指定的或者法定的亲属承受的民事法律关系。本编使用继承的概念是狭义概念。在继承法律关系中，生前享有的财产因其死亡而移转给他人的死者为被继承人，被继承人死亡时遗留的个人合法财产为遗产，依法承受被继承人遗产的法定范围内的人为继承人，依被继承人所立遗嘱而继承遗产的法定范围以外的人为受遗赠人。

继承的法律特征是：（1）继承因作为被继承人的自然人死亡而发生；（2）继承中的继承人与被继承人存在特定亲属身份关系；（3）继承是处理死者遗产的法律关系；（4）继承是继承人概括承受被继承人财产权利和义务的法律制度。

以继承人继承财产的方式为标准，可以将继承分为遗嘱继承和法定继承，这是对继承最基本、适用范围最广泛的分类；以继承人继承被继承人的财产权利、义务的范围为标准，可以将继承分为限定继承与无限继承；以得参与继承的人数为标准，可以将继承分为共同继承和单独继承；以继承人参与继承时的地位为标准，可以将继承分为本位继承和代位继承；以广义的继承的继承对象为标准，可以将继承分为财产继承、身份继承、祭祀继承，但这种分类只在历史上具有意义，现代继承法不作这样的分类。

民法典第六编"继承"调整的就是这种因继承而发生的民事法律关系，即继承法律关系。继承法律关系是民事法律关系的一种，是由继承法律规范调整的，因自然人死亡而发生的继承人与其他人在财产继承上的民事权利义务关系。它的特征是：（1）它是一种民事法律关系；（2）它以被继承人死亡为发生根据；（3）它是绝对性财产法律关系；（4）它与亲属身份密切相关；（5）它的权利主体只能是自然人。

案例评析

高某诉高甲等法定继承纠纷案①

案情：高某先与张某兰系夫妻，二人共育有四个子女，即高甲、高乙、高丙、高杰。高杰于 1999 年 1 月 11 日死亡，留有一子高某。张某兰于 2018 年 2 月 12 日因病去世，高某先于 2020 年 8 月 5 日因病去世。高某先生前立有一份遗嘱，明确表示将其名下的坐落于徽县建新路的房产赠予高杰的儿子高某。该房属于房改售房，总价款为 32 400 元，个人产权份额百分之百。现因房屋继承问题发生争议，高某以高甲、高乙、高丙为被告，向法院提起诉讼，请求法院判令其依法继承房产。经法院审理并调解，三被告高甲、高乙、高丙均同意房产归原告高某所有。法院依法制作了民事调解书。

评析：张某兰与高某先先后死亡，死亡时名下都有个人合法财产即遗产，且有法定继承人，即子女健在，在当事人之间便会因遗产继承产生民事法律关系，此关系便属于民法典继承编的调整范围。本案中张某兰死亡时未立有遗嘱，故其遗产应按法定继承办理，其配偶高某先及子女均享有继承权。其子高杰早于张某兰去世，且留有一子高某，高某有权代位继承其父高杰应继承的遗产份额。因高某先生前留有遗嘱，故其遗产应依所立遗嘱由高某获得。因此，对该房产，高甲、高乙、高丙、高某均享有相应份额。经法院调解后，高甲、高乙、高丙均同意房产归高某所有，等于该三人均放弃了自己对该房产所享有的继承权。此处分合法、有效。

▶▶ **第一千一百二十条　国家保护自然人的继承权。**

🏛 条文要义

本条是关于国家保护自然人继承权原则的规定。

保护自然人继承权原则的法律依据是《宪法》第 13 条第 2 款关于"国家依照法律规定保护公民的私有财产权和继承权"的规定，它确立了宪法保护公民继承权的基本原则，并把继承权与私有财产权并列。该条也是民法典第六编"继承"的立法目的和任务。

这一基本原则包含两方面的含义：（1）法律保护自然人享有依法继承遗产的权利，任何人不得干涉；（2）自然人在其继承权受到他人非法侵害时，有权依照法律

---

① 审理法院：甘肃省徽县人民法院，案号：（2020）甘 1227 民初 831 号。

规定请求予以救济，国家以其强制力予以保护。

这个原则具体表现在以下方面：（1）确立遗产范围，并依法进行保护；（2）保障被继承人的遗产尽量由继承人或受遗赠人取得；（3）继承人的继承权不得非法剥夺；（4）保障继承人、受遗赠人的继承权、受遗赠权的行使；（5）继承人享有继承权回复请求权。

继承权是指自然人按照被继承人所立的合法有效遗嘱或法律的直接规定享有的继承被继承人遗产的权利。其法律特征是：（1）在继承权的主体方面，继承权只能是自然人享有的权利，不能由法人、非法人组织和国家享有。（2）在取得根据方面，继承权是自然人依照合法有效的遗嘱或者法律的直接规定而享有的权利。（3）继承权的客体是被继承人生前的财产权利，而不能是被继承人的身份或者其他人身利益，因继承权的本质是独立的民事权利。

案例评析

徐甲诉徐乙等法定继承纠纷案①

案情： 徐甲代徐某生与征迁安置房建设项目管理部签订了"安置房购买协议"，并代徐某生交付了所有费用。协议就徐某生回迁安置事宜进行了约定。其后，徐某生去世。徐某生有五个子女，长子徐某根早于徐某生去世，生前生育了徐乙、徐丙；长女徐丁；次女徐某枝晚于徐某生去世，生前生育一子章某；次子徐甲；三子徐戊。徐乙、徐丙、徐丁等人曾因继承安置房起诉徐甲，经调解安置房归徐甲所有，但是调解协议中漏掉了此房的储藏室。在案件审理过程中，徐丁、徐丙放弃继承权。现徐甲诉请法院判决将调解中漏处理的安置房的储藏室判归徐甲继承。法院认为：安置房系被继承人徐某生私有的合法财产，各继承人有权依法继承。被告徐丁、徐丙已经放弃继承权，其他被告经法院传票传唤未作答辩，视为放弃相关权利。故徐甲有权继承储藏室的全部份额。

评析： 徐甲代徐某生与征迁安置房建设项目管理部签订了"安置房购买协议"，并代其交了部分房款。后徐某生去世。所购房屋是徐某生私有的合法财产，依案发时有效的《继承法》的规定，各继承人均依法享有继承权，有权依继承规则分得其各自所应得的遗产份额；各继承人也有权放弃其继承权。案中徐丁、徐丙在继承开始后即放弃继承权，其他被告经法院传票传唤后未作答辩，也视为放弃了相关权利，仅剩徐甲未放弃继承权，故徐甲有权继承徐某生的全部遗产。

自然人享有的继承权应该依据法律规定受到保护。同时，继承权为私权，享有者对之自然也享有放弃的权利，法律对于享有者放弃继承权利的行为也应认可。

---

① 审理法院：安徽省铜陵市郊区人民法院，案号：（2018）皖 0711 民初 119 号。

> ▶▶第一千一百二十一条 继承从被继承人死亡时开始。
>
> 相互有继承关系的数人在同一事件中死亡，难以确定死亡时间的，推定没有其他继承人的人先死亡。都有其他继承人，辈份不同的，推定长辈先死亡；辈份相同的，推定同时死亡，相互不发生继承。

🏛 条文要义

本条是关于继承开始时间的规定。

本条第 1 款规定的是继承开始的时间，也就是被继承人死亡的时间。对被继承人死亡时间的确定，包括自然死亡时间的确定和宣告死亡时间的确定两种情形。

（1）自然死亡时间的确定：在我国司法实践中，对自然人死亡的确定，还是以呼吸停止和心脏搏动停止为准，医院死亡证书中记载自然人死亡时间的，以死亡证书中的记载为准；户籍登记册中记载自然人死亡时间的，应当以户籍登记为准；死亡证书与户籍登记册的记载不一致的，应当以死亡证书为准；继承人对被继承人的死亡时间有争议的，应当以人民法院查证的时间为准。

（2）宣告死亡时间的确定：失踪人被宣告死亡的，依照民法典第 48 条的规定，人民法院宣告死亡的判决作出之日是为其死亡的日期；因意外事件下落不明而被宣告死亡的，意外事件发生之日为其死亡的日期。

本条第 2 款是十分重要的规则。两个以上相互有继承权的人在同一事故中死亡，如果不能确定死亡的先后时间，就无法确定继承如何进行，因此，在同一事件中死亡的各死亡人的死亡时间如何确定，直接影响到各个继承人的利益。这一规则是在《最高人民法院关于贯彻执行〈中华人民共和国继承法〉若干问题的意见》中规定的。经过在实践中反复适用，这个规则被证明甚为适当。因此，本条第 2 款采纳并确立了这个规则。它仅对上述司法解释的相关规定作了文字上的修改，没有变更具体内容。

相互有继承关系的数人在同一事件中死亡，推定死亡的先后顺序规则的要点有如下两点：

（1）相互有继承关系的数人在同一事件中死亡，难以确定死亡时间的，推定没有其他继承人的人先死亡。这样推定的好处是，使继承关系简化。

（2）都有其他继承人的，推定死亡的时间为：辈分不同的，推定长辈先死亡；辈分相同的，推定同时死亡，相互不发生继承。相互有继承关系的数人在同一事件中死亡，都有其他继承人时，如果他们的辈分不同，推定长辈先死亡，晚辈后死亡，因而就存在正常的继承关系：长辈先死亡，在同一事件中死亡的晚辈就可以继承其遗产，该晚辈也死亡了，就由他的继承人继承他的遗产。如果同一事件中死亡的人辈分相同，则推定他们同时死亡，因而，他们相互之间不发生继承关系，他们的遗产由他们各自的继承人分别继承。

在同一事件中数人死亡，能够确定死亡的先后顺序的，不适用上述规则，按照各自的死亡顺序确定继承关系。

在同一事件中数人死亡，相互之间没有继承关系的，不发生上述问题。

配套司法解释

最高人民法院关于适用《中华人民共和国民法典》继承编的解释（一）

第一条　继承从被继承人生理死亡或者被宣告死亡时开始。

宣告死亡的，根据民法典第四十八条规定确定的死亡日期，为继承开始的时间。

案例评析

谢某、郑甲诉陈甲等继承纠纷案

案情：郑乙、陈某杰于某年始以夫妻名义公开同居生活，并购置生活用具若干。二人在家中遇害身亡时，留下存款、债权及其他财物，无子女。谢某、郑甲分别系郑乙的父、母。陈某杰的父亲陈某、母亲吴某早年去世，陈甲、陈乙、陈丙、陈丁分别系陈某杰的兄姐。谢某某、郑甲诉请法院，要求依法继承女儿郑乙的遗产。一审法院认定郑乙、陈某杰之间形成事实婚姻关系，同居期间的财产为夫妻共同财产。陈某杰与郑乙同居生活时间短，共同财产中较多系其与郑乙同居前所有，故其继承人应适当多分。并将二人的遗产在谢某、郑甲与陈甲、陈乙、陈丙、陈丁之间进行分配。谢某、郑甲以一审判决分割遗产不合理、未体现权利义务相一致的原则为由提起上诉。二审法院认可二被害人间为夫妻关系，并查明，陈某杰的死亡时间先于郑乙的死亡时间20分钟左右。故陈某杰死亡后，其遗产应由郑乙继承。郑乙死亡后，其遗产应由第一顺序继承人即本案上诉人谢某、郑甲继承。陈甲、陈乙、陈丙、陈丁系陈某杰的第二顺序法定继承人，无权继承陈某杰的遗产。

评析：案中已死亡的两被继承人之间的关系满足我国对事实婚姻的相关法律规定，故对两人间的关系将按夫妻关系来处理。根据《继承法》的规定，继承均从被继承人死亡时开始，被继承人的遗产自继承开始时当然移转于继承人。一审法院认定陈某杰、郑乙同时被害死亡，依规定二人间不发生继承，他们的遗产由他们各自的继承人分别继承。然而，二审法院根据法医学鉴定意见，认定陈某杰先于郑乙20分钟左右死亡。由于陈某杰、郑乙死亡时间有先后，故先死亡的陈某杰的遗产只能由其第一顺序法定继承人郑乙继承，第二顺序继承人均不再享有继承权。郑乙死亡后，其遗产由谢某、郑甲继承。故案中陈某杰的第二顺序法定继承人自然无权继承遗产。

▶▶ **第一千一百二十二条**　遗产是自然人死亡时遗留的个人合法财产。

依照法律规定或者根据其性质不得继承的遗产，不得继承。

🏛 条文要义

本条是关于遗产范围的规定。

遗产，是自然人死亡时遗留下的个人合法财产。它是继承法律关系的要素之一，是继承法律关系的客体，是继承人享有的继承权的标的。没有遗产，也就不存在继承法律关系。遗产范围是指被继承人在其死亡时遗留的可以作为遗产被继承人继承的财产范围。对遗产范围的界定有不同的立法例：（1）概括式，笼统规定死亡人所有的财产在其死亡时为遗产；（2）排除式，仅规定何种权利义务不能继承，将不能继承的权利义务排除出遗产范围，未被排除的权利义务可为遗产；（3）列举式，规定何种权利义务可以继承，列举出遗产包括的权利义务的范围，未被列举为遗产的权利义务不属于遗产。《继承法》采取的是"概括式＋列举式"，既概括地规定遗产范围，又列举可为遗产的财产范围。民法典采取的是"概括＋排除式"，在概括规定遗产是自然人死亡时遗留的个人合法财产之后，再规定，法律规定或者按照其性质不得继承的财产不得继承。

按照民法典的规定遗产范围如下：

（1）自然人死亡时遗留的个人合法财产。只要属于个人的合法财产，在其死亡时，就全部转化为遗产。

（2）排除的是：1）依照法律规定不能继承的财产，如国有资源使用权中的采矿权、海域使用权等，自然人可以依法取得和享有，但不得作为遗产继承，继承人要从事被继承人原来从事的事业，须取得国有资源使用权的，应当重新申请并经主管部门核准，不能基于继承权而当然取得。另外，农村集体经济组织分配给农民个人使用的少量的土地和山坡地或山岭地，即自留地、自留山，农民个人具有专属使用权，农民个人死亡后，农村集体经济组织应当收回。但家庭个别成员死亡，并不妨碍农户其他成员对自留山、自留地的继续经营和使用，但这并不是继承。农民对自留地、自留山所享有的用益物权不得作为遗产，它仅供家庭成员继续经营和使用。2）根据其性质不得继承的财产，如与自然人之人身不可分离的具有抚恤、救济性质的财产权利，如抚恤金、补助金、残疾补助金、救济金、最低生活保障金等，专属于自然人个人，不能作为遗产由继承人继承。不过，该自然人生前已经根据此种权利而取得或应取得的部分，可以作为遗产继承。值得注意的是，在侵权导致自然人死亡的场合，虽然损害赔偿金作为遗产可以由其继承人继承，但损害赔偿中专属于特定人的具有救济性质的部分不得作为遗产，比如被扶养人生活费赔偿部分，应当作为个人财产直接给予需要扶养的未成年人或者丧失劳动能力又无其他生活来源的成年近亲属。

配套司法解释

最高人民法院关于适用《中华人民共和国民法典》继承编的解释（一）

第二条 承包人死亡时尚未取得承包收益的，可以将死者生前对承包所投入的资金和所付出的劳动及其增值和孳息，由发包单位或者接续承包合同的人合理折价、补偿。其价额作为遗产。

第三十九条 由国家或者集体组织供给生活费用的烈属和享受社会救济的自然人，其遗产仍应准许合法继承人继承。

案例评析

何甲与何乙等法定继承纠纷①

案情：何某富与妻子陈某菊生前共育有四个子女，即何甲、何乙、何丙、何丁。1973 年，何某富与陈某菊在义乌市某村建房屋三间。1991 年 6 月 21 日，该房屋集体土地建设用地使用证登记至何丙名下，用地面积为 72.42 平方米（其中有部分面积未确权）。2013 年，何某富与陈某菊先后去世，生前未立遗嘱。2017 年 8 月 15日，何乙曾以继承纠纷为由将何甲、何丙、何丁诉至法院。法院经审理查明何某富夫妻的遗产有：登记在何某富名下坐落于义乌市某村的房屋三间及何某富、陈某菊名下的存款。现何甲以案涉房屋系何某富、陈某菊的遗产，其享有四分之一的份额为由，以何乙、何丙、何丁为被告诉至法院。法院经审理后认为，案涉房屋于 1991年 6 月 21 日就登记在被告何丙名下，不属于其父母何某富、陈某菊的遗产，故原告诉请要求依法定继承分割案涉房屋于法无据，法院不予支持。

评析：无论是依《继承法》还是依民法典第 1122 条的规定，遗产仅能是自然人死亡时遗留的个人合法财产。除依照法律规定或者根据其性质不得继承的遗产外，继承人有权继承被继承人的遗产。本案被告何丙于 1991 年 6 月 21 日取得案涉房屋集体土地建设用地使用证，系基于何某富、陈某菊生前对个人财产的自愿处分，任何人无权干涉。该集体土地建设用地使用证是证明土地使用者使用集体土地的法律凭证，具有公示效力，在被相关部门撤销前，依法受法律保护。原告何甲未能举证证明何某富、陈某菊的处分行为损害其合法权益，故被告何丙依法对案涉房屋享有所有权。故本案中何某富、陈某菊死亡时，其遗留的个人合法财产仅有其名下存款，其法定继承人有权依法继承。除此之外，案涉房屋经原所有权人何某富、陈某菊的生前处分早已登记在被告何丙名下，房屋所有权已经合法转移，并不属于何某富、陈某菊二人的遗产，故原告诉请要求依法定继承分割案涉房屋于法无据，法院不予支持正确。

---

① 审理法院：浙江省义乌市人民法院，案号：（2020）浙 0782 民初 12093 号。

▶▶ **第一千一百二十三条** 继承开始后，按照法定继承办理；有遗嘱的，按照遗嘱继承或者遗赠办理；有遗赠扶养协议的，按照协议办理。

🏛 条文要义

本条是关于遗嘱继承优先原则的规定。

遗嘱继承优先于法定继承，是继承法律制度的原则。这是因为，任何人对自己的财产都有绝对的支配权，可以按照自己的意志决定自己所有的财产的命运，进行处分。同样，任何人在自己健在时，对于自己死后如何支配遗产，完全有自主支配权，不受任何单位和个人的干涉。对于自己死后遗产处置的遗嘱，只要不违反法律和公序良俗，就应当按照其遗嘱处置其遗产。而法定继承是在被继承人没有遗留遗嘱时，按照法律规定推定被继承人支配其遗产的意愿来处置其遗产的。相比之下，遗嘱继承当然优先于法定继承。

遗嘱继承优先原则包括两个方面的含义：（1）遗嘱继承优先于法定继承，当被继承人留有有效遗嘱时，遗嘱继承排斥法定继承，按照被继承人的遗嘱进行继承。（2）被继承人既留有有效遗嘱，又留有有效的遗赠扶养协议的，遗赠扶养协议优先，先按照遗赠扶养协议的约定处置遗产。这是因为，遗赠扶养协议约定的是在被继承人生老病死时予以扶养，并以取得其遗产为代价，因而排斥遗嘱继承的效力。

法定继承与遗嘱继承虽然是两种不同的继承方式，但两者并不对立，而是可以并存。这也是现代各国继承法普遍采取的基本原则。虽然遗嘱继承优先于法定继承适用，但被继承人在订立遗嘱时，必须遵照法定继承的有关规定，即法定继承是遗嘱继承的基础。法定继承虽与遗嘱继承并行，而且是一种主要的继承方式，但在效力上低于遗嘱继承，遗嘱继承的效力优先于法定继承的。在继承开始后，如果存在合法、有效的遗嘱，应优先适用遗嘱继承或遗赠；只有在不存在遗嘱或者遗嘱无效以及未对有关遗产进行处分等情形时，才能适用法定继承。因此，法定继承是对遗嘱继承的补充。而且，在遗嘱继承中，立遗嘱人不能违反法律的限制规定，例如立遗嘱人处分必留份的遗嘱无效。尽管遗嘱继承适用在先、法定继承适用在后，遗嘱继承限制了法定继承的适用范围，但同时法定继承也对遗嘱继承有所限制，二者间存在紧密联系。

📖 配套司法解释

最高人民法院关于适用《中华人民共和国民法典》继承编的解释（一）

第三条 被继承人生前与他人订有遗赠扶养协议，同时又立有遗嘱的，继承开始后，如果遗赠扶养协议与遗嘱没有抵触，遗产分别按协议和遗嘱处理；如果有抵触，按协议处理，与协议抵触的遗嘱全部或者部分无效。

◉ 案例评析

张甲与张乙、张丙等遗嘱继承纠纷案①

案情： 张某林与叶某英系夫妻关系，共育有张某臣（于 1992 年去世）、张甲、张丙、张丁、张戊。2007 年 10 月 29 日，张某林、叶某英在天津市宝坻公证处对二人共同所立的遗嘱进行公证。遗嘱中载明：二人去世后，二人共有但登记在叶某英名下、坐落于宝坻区的房屋由次子张甲继承。天津市宝坻公证处对此分别作出了两份公证书。2008 年 6 月 4 日、2020 年 1 月 28 日，张某林与叶某英二人先后去世。张乙（系张某臣之女）、张丙、张丁、张戊均有工资收入，未发现有无生活来源且生活困难的继承人。因遗产继承发生纠纷，张甲以张乙、张丙、张丁、张戊为被告诉至法院，请求法院判决该房屋由其继承。法院经审理后认为，张某林、叶某英生前遗嘱经公证部门进行公证，遗嘱形式符合法律规定，具有法律效力，故判决支持张甲的诉讼请求。

评析： 自然人可以立遗嘱将个人财产指定由法定继承人中的一人或者数人继承，立遗嘱人也可以撤销、变更自己所立的遗嘱，如无遗嘱，被继承人的遗产依法定继承规则继承。本案中张某林与叶某英夫妻二人留下遗嘱，明确表明遗产仅归其子张甲继承，并办理了遗嘱公证。按《继承法》所规定的遗嘱继承在先原则，被继承人死亡时有遗嘱的，遗嘱所涉及遗产按遗嘱处理。本案中无证据证明该遗嘱系受胁迫、欺骗所立，继承人中也无缺乏劳动能力又无生活来源的人，故二被继承人以遗嘱处理其房屋的行为合法有效，法院判决支持原告的诉讼请求正确。

民法典第 1123 条延续了《继承法》第 5 条的规定。

> ▶▶ **第一千一百二十四条** 继承开始后，继承人放弃继承的，应当在遗产处理前，以书面形式作出放弃继承的表示；没有表示的，视为接受继承。
>
> 受遗赠人应当在知道受遗赠后六十日内，作出接受或者放弃受遗赠的表示；到期没有表示的，视为放弃受遗赠。

�🏛 条文要义

本条是关于接受继承、接受遗赠和放弃继承、放弃受遗赠的规定。

接受继承，也叫继承权的承认，是指继承人在继承开始后、遗产分割前，以一定的方式作出愿意接受被继承人遗产的权利的意思表示。民法典以继承人承担有限责任为原则，不认可继承权的单纯承认，即限定承认方式。其效力主要体现在以下

---

① 审理法院：天津市宝坻区人民法院，案号：（2020）津 0115 民初 5120 号。

三个方面：（1）继承人参与继承法律关系，取得继承既得权，可以实际参与继承法律关系，对遗产进行占有、管理，并有权请求分割遗产。（2）继承人责任的限制：继承人仅以继承所得的积极财产为限，对全部遗产债务承担清偿责任。（3）继承人的固有财产与遗产分离，使其各自享有独立的法律地位。

继承权放弃，又叫继承权拒绝、继承权抛弃，是指继承人于继承开始后、遗产分割前，以书面形式作出的放弃继承被继承人遗产的权利的意思表示。继承权放弃是继承人自由表达其意志、行使继承权的表现，是单方民事法律行为，无须征得任何人同意。继承权虽得依继承人的自由意志予以放弃，但并非无所限制。继承权的放弃须符合以下要件：（1）必须在继承开始后、遗产分割前放弃；（2）原则上由继承人本人放弃；（3）放弃继承权不得附加条件；（4）不得部分放弃；（5）放弃继承是要式行为，须以书面形式作出。

继承权放弃的方式是指继承人放弃继承权时表达意思表示的方式，包括明示与默示两种。我国采取明示方式，可以口头方式或书面方式向其他继承人作出。

继承权放弃的效力指的是继承权放弃后的法律效果，包括：（1）对放弃继承权的继承人的效力：该继承人丧失了参加继承法律关系的资格，应当退出继承法律关系。（2）对放弃继承权的继承人的晚辈直系血亲的效力：我国仅将被继承人的子女先于被继承人死亡作为代位继承的发生原因，继承人放弃继承权，不发生放弃继承权人的晚辈直系血亲的代位继承的效果。（3）对被继承人其他继承人的效力：对该继承人放弃的应继份应当按照法定继承处理。

继承人放弃继承权的，其后可否撤销其放弃继承的意思表示？应当从继承权放弃的意思表示是否有瑕疵为标准进行判断。如果继承人放弃继承权的意思表示有瑕疵，如因受欺诈或胁迫而放弃，或者因行为能力欠缺而放弃，则根据民事法律行为理论，该行为应属于无效或可撤销民事法律行为，应当允许放弃继承权的继承人予以撤销。对于不存在意思表示瑕疵的放弃继承权，应当严格限制，不能随意撤回。

对继承权，承认或者放弃的规则是：继承开始后，继承人放弃继承的，应当在遗产处理前，作出放弃继承的表示。没有表示的，视为接受继承。

遗赠是指自然人在生前订立遗嘱，将其个人财产赠与国家、集体或者法定继承人以外的自然人，而于其死亡后才发生法律效力的单方民事法律行为。它的法律特征是：（1）它是一种单方民事法律行为；（2）它是一种无偿的民事法律行为；（3）它是死因行为；（4）它是必须由受遗赠人亲自接受的行为；（5）它是对特定范围内的人赠与财产的行为。

遗赠发生效力必须具备的条件是：（1）遗赠人须有遗嘱能力；（2）遗赠人须为缺乏劳动能力又没有生活来源的继承人保留了必要的遗产份额；（3）遗赠人所立遗嘱符合法律规定的形式；（4）受遗赠人须为法定继承人范围以外且在遗赠人的遗嘱

生效时生存之人；（5）须受遗赠人未丧失受遗赠权；（6）须遗赠人死亡。

对遗赠，承认或者放弃的规则是：受遗赠人应当在知道受遗赠后 60 日内，作出接受或者放弃受遗赠的表示。到期没有表示的，视为放弃受遗赠。

配套司法解释

最高人民法院关于适用《中华人民共和国民法典》继承编的解释（一）

第三十二条 继承人因放弃继承权，致其不能履行法定义务的，放弃继承权的行为无效。

第三十三条 继承人放弃继承应当以书面形式向遗产管理人或者其他继承人表示。

第三十四条 在诉讼中，继承人向人民法院以口头方式表示放弃继承的，要制作笔录，由放弃继承的人签名。

第三十五条 继承人放弃继承的意思表示，应当在继承开始后、遗产分割前作出。遗产分割后表示放弃的不再是继承权，而是所有权。

第三十六条 遗产处理前或者在诉讼进行中，继承人对放弃继承反悔的，由人民法院根据其提出的具体理由，决定是否承认。遗产处理后，继承人对放弃继承反悔的，不予承认。

第三十七条 放弃继承的效力，追溯到继承开始的时间。

第三十八条 继承开始后，受遗赠人表示接受遗赠，并于遗产分割前死亡的，其接受遗赠的权利转移给他的继承人。

 **案例评析**

周某与任甲、任乙遗赠纠纷案[①]

案情：吕某与姜某系夫妻，周某系二人之外甥女。1970 年 4 月 5 日，姜某去世。其后，吕某与葛某登记结婚，二人生育儿子任某南，任某南育有子女任甲、任乙。1998 年 9 月 17 日，吕某购买丹东市元宝区房屋一套，并办理了房屋所有权证。2000 年 5 月 22 日，吕某立下公证遗嘱并将该遗嘱交给周某。遗嘱表明，在其与妻子葛某均去世后，属于自己的一半房产遗留给其外甥女周某，并委托于某执行。2001 年 11 月 24 日，吕某去世。周某为其购买了墓地进行安葬。2007 年 3 月 26 日，葛某向丹东市公证处申请办理继承分割案涉房屋的公证。该公证处出具了两份公证书。公证书载明，任某南放弃继承权，案涉房屋吕某的份额由葛某继承。2007 年 5 月 14 日，葛某取得案涉房屋的所有权证书。2016 年 11 月 2 日，任某南去世。2019 年 12 月 3 日，葛某去世。2020 年 1 月 8 日，周某到丹东市公证处作出公证"声明书"，声明自

---

① 一审法院：辽宁省丹东市元宝区人民法院，案号：（2020）辽 0602 民初 401 号民事判决。二审法院：辽宁省丹东市中级人民法院，案号：（2020）辽 06 民终 1501 号

己为吕某的外甥女，声明中也载明了吕某生前所立公证遗嘱的内容；其同时表明，现葛某于 2019 年 12 月 3 日死亡，因办理继承的公证材料在两个月之内无法准备齐全，故先声明接受吕某生前对自己的遗赠，待条件成熟时再办理接受遗赠的相关手续。2020 年 4 月 13 日，周某向丹东市公证处提出公证复查申请，请求撤销葛某于 2007 年向丹东市公证处申请办理的两份公证书。公证处经复查后于 2020 年 4 月 22 日作出了撤销决定。其表明：2007 年 3 月 26 日葛某申请办理继承分割案涉房屋公证时没有提供吕某的公证遗嘱，导致该处在不知情的情况下出具了两份公证书。该继承公证不符合相关法律规定，故予以撤销。该公证书自始无效。因案涉房屋登记在葛某名下，而葛某已死亡，故周某以任甲、任乙为被告向法院提起诉讼，请求分得自己所受遗赠。

一审法院经审理后认为，吕某于 2001 年 11 月 24 日去世，此时周某对遗嘱内容及吕某死亡的事实均知晓，其作为受遗赠人应自 2001 年 11 月 24 日起两个月内作出接受或者放弃受遗赠的表示，该表示应当是明确的。根据现有证据，无法证明周某在法定期限内作出过接受遗赠的表示，应视为其放弃受遗赠，故周某要求继承吕某赠与的遗产份额的请求，已超除斥期间，法院不予支持。因此，判决驳回原告周某的诉讼请求。

周某不服一审判决，提起上诉。

二审法院审理后认为，吕某的遗嘱实际上是将葛某的死亡日期作为遗嘱生效日期的附始期遗嘱。2019 年 12 月 3 日葛某死亡，此时遗嘱才发生法律效力。上诉人周某在葛某死亡后两个月内即 2020 年 1 月 8 日到丹东市公证处作出公证"声明书"，表示愿意接受吕某的遗产。至此，上诉人周某在法定期限内完成了接受遗赠的意思表示。故判决撤销一审判决，改判上诉人周某依法继承吕某遗赠的案涉房屋一半的所有权。

评析：遗嘱是遗嘱人生前所作的对其遗产进行处分的单方法律行为。一般情况下，一旦遗嘱人死亡，遗嘱就发生法律效力，受遗赠人即可请求遗嘱执行人给付其应得的遗产，所以遗嘱一般不附条件或期限。但是，遗嘱人为了完全表达自己的遗愿，在遗嘱中也会附加条件或期限。附期限的遗嘱是指遗嘱人将某些特定事件出现的时间或者某一确定的日期以期限的形式附加于遗嘱之中，并以期限的到来作为遗嘱始生效力的根据。本案中，吕某在遗嘱中写明：在吕某本人及妻子葛某都去世后，将属于吕某的一半房产遗留给周某。该遗嘱实际上是将葛某的死亡日期作为遗嘱生效的日期。由于葛某死亡是必然的，只是时间不确定，故该遗嘱属于附始期的遗嘱。遗嘱属于单方民事法律行为，法律并未禁止遗嘱附期限，且该遗嘱以葛某死亡之时作为遗嘱生效期限不具有违法性，因此，吕某在遗嘱中所附期限应被认定有效。故本案中遗嘱发生法律效力的时间并非吕某去世时的 2001 年 11 月 24 日，而应是葛某死亡时的 2019 年 12 月 3 日。而周某在葛某死亡后两个月内即 2020 年 1 月 8 日到丹东市公证处作出公证"声明书",表示愿意接受吕某的遗产。其行为符合《继承法》关于接受遗赠者应在知道受遗赠后于 60 日内作出接受遗赠的意思表示的规定,即周某在法定期限内作出的接受遗赠行为有效。一审法院在审理过程中未考虑案涉遗嘱的特殊性,仅按照一般遗嘱的生效时间计算遗嘱继承发生的时间起算点,故作出周某未在法定期限内作出接受遗赠的意思表示的判决,这实属错误。二审法院予以纠正正确。另外,本案中存在任某南放弃继承权的行为,此行为无任何意义。理由是:依规定,放弃继承权的行为应于继承开始后、遗产处理前作出,而任某南作出放弃继承权的意思表示时被继承人吕某所立遗嘱并未生效。

▶▶ **第一千一百二十五条　继承人有下列行为之一的,丧失继承权:**

（一）故意杀害被继承人;

（二）为争夺遗产而杀害其他继承人;

（三）遗弃被继承人,或者虐待被继承人情节严重;

（四）伪造、篡改、隐匿或者销毁遗嘱,情节严重;

（五）以欺诈、胁迫手段迫使或者妨碍被继承人设立、变更或者撤回遗嘱,情节严重。

继承人有前款第三项至第五项行为,确有悔改表现,被继承人表示宽恕或者事后在遗嘱中将其列为继承人的,该继承人不丧失继承权。

受遗赠人有本条第一款规定行为的,丧失受遗赠权。

🏛 条文要义

本条是关于继承权丧失的事由和继承权丧失后被继承人享有宽宥权的规定。

继承权丧失是指继承人因发生法律规定的事由而失去继承被继承人遗产的资格,故继承权的丧失又叫继承权的剥夺。其特征是:(1)继承权的丧失是继承人继承期待权的丧失;(2)继承权的丧失是继承人继承期待权的自然丧失;(3)继承权在发生法定事由时丧失。

继承权丧失分为绝对丧失和相对丧失。继承权绝对丧失是指因发生某种使某继承人丧失继承权的法定事由时,该继承人对特定被继承人的继承权便终局地丧失,该继承人再不得也不能享有对被继承人的继承权。继承权相对丧失是指虽发生某种法定事由使继承人的继承权丧失,在具备一定条件时继承人的继承权也可最终不丧失的继承制度,所以又叫继承权非终局丧失。

继承权丧失的法定事由是得依法取消继承人继承权的原因或者理由。具体的法定事由有以下几种:

(1)继承人故意杀害被继承人。不论继承人故意杀害被继承人是否受到刑事责任的追究，都丧失继承权。

（2）继承人为争夺遗产而杀害其他继承人。这是指继承人中的一人或数人出于争夺遗产的动机，而杀害居于同一继承顺序的其他继承人，或者杀害在继承顺序上先于自己的继承人，或者杀害被继承人在遗嘱中指定的继承人。实施杀害行为的继承人误认为后一顺序的继承人会妨碍他继承全部遗产而杀害了后一顺序继承人的，该继承人也丧失继承权。

（3）遗弃被继承人，或者虐待被继承人情节严重。遗弃被继承人是指继承人对没有劳动能力又没有生活来源、没有独立生活能力的被继承人拒不履行扶养义务；虐待被继承人是指继承人在被继承人生前对其以各种手段进行身体上或者精神上的摧残或折磨，情节严重。

（4）伪造、篡改、隐匿或者销毁遗嘱，情节严重。继承人实施这类行为多是从利己的目的出发，为使自己多得或者独得遗产，而侵害其他继承人的合法利益。

（5）以欺诈、胁迫手段迫使或妨碍被继承人设立、变更或撤销遗嘱，情节严重。

在上述规定中增加的内容是：在伪造、篡改或者销毁遗嘱，情节严重的规定中，增加隐匿遗嘱的行为也构成丧失继承权的事由；新规定了以欺诈、胁迫手段迫使或妨碍被继承人设立、变更或撤销遗嘱，情节严重的，构成丧失继承权的事由；此外，规定受遗赠人有故意杀害被继承人的行为的，丧失受遗赠权。

宽宥特指以法定继承权的丧失为前提，被继承人在情感上对继承人的故意或过失行为的谅解和宽恕，表达被继承人对继承人之继承身份或资格的再次认可、肯定与承认，恢复其已丧失的继承权。在继承人丧失继承权后，只要被继承人对继承人予以宽宥，就应当恢复继承人已丧失的继承权。在被继承人和继承人之间有一定的血缘关系，被继承人对犯有过错的继承人予以宽宥，还准许继承人继承自己的遗产，是符合情理的。特别是我国长期实行独生子女政策，很多父母都只有一个子女，独生子女作为继承人，一旦丧失继承权，如果不得宽宥，将会使相应的遗产不能向直系血亲卑亲属流转，不符合继承规律的要求。设立宽宥制度，就能解决这些问题。然而，《继承法》没有规定宽宥制度，《最高人民法院关于贯彻执行〈中华人民共和国继承法〉若干问题的意见》也仅对继承人虐待被继承人情节严重或者遗弃被继承人的情形作了宽宥的规定，内容并不全面。

本条规定，继承人遗弃被继承人，或者虐待被继承人情节严重的，或者伪造、篡改、隐匿或者销毁遗嘱，情节严重，或者以欺诈、胁迫手段迫使或者妨碍被继承人设立、变更或者撤回遗嘱，情节严重的，尽管丧失了继承权，但是过后确有悔改表现，被继承人表示宽恕或事后在遗嘱中将其列为继承人的，即为宽宥，该继承人恢复继承权。宽宥作为被继承人的单方意思表示，不需要相对方即继承人作出任何意思表示便产生法律效力。

民法典规定宽宥制度，是正确的立法选择，符合社会需求。不过，将故意杀害被继承人和为争夺遗产而杀害其他继承人两种情形排除在宽宥之外，还是值得斟酌的，理由是：故意杀害被继承人和为争夺遗产故意杀害其他继承人，都是严重的犯罪行为，其犯罪未遂和犯罪预备都是犯罪。然而，在这两项规定中，没有区别具体情节，一律不准宽宥，就限制了被继承人的意思自治，确有欠妥之处。对此，我们建议，应当准确理解丧失继承权事由中的"杀害"要件。杀害，就是杀死，而不是预备，也不是未遂，而是既遂。只有杀害被继承人或者其他继承人既遂，才成为丧失继承权的事由。杀害的未遂和预备都不导致丧失继承权。这样，就不存在杀害被继承人或者杀害其他继承人丧失继承权后没有规定宽宥的问题。

本条还规定，受遗赠人实施了第 1 款规定的继承人丧失继承权的行为的，丧失受遗赠权，且不存在宽宥的机会。

目 配套司法解释

最高人民法院关于适用《中华人民共和国民法典》继承编的解释（一）

第五条 在遗产继承中，继承人之间因是否丧失继承权发生纠纷，向人民法院提起诉讼的，由人民法院依据民法典第一千一百二十五条的规定，判决确认其是否丧失继承权。

第六条 继承人是否符合民法典第一千一百二十五条第一款第三项规定的"虐待被继承人情节严重"，可以从实施虐待行为的时间、手段、后果和社会影响等方面认定。

虐待被继承人情节严重的，不论是否追究刑事责任，均可确认其丧失继承权。

第七条 继承人故意杀害被继承人的，不论是既遂还是未遂，均应当确认其丧失继承权。

第八条 继承人有民法典第一千一百二十五条第一款第一项或者第二项所列之行为，而被继承人以遗嘱将遗产指定由该继承人继承的，可以确认遗嘱无效，并确认该继承人丧失继承权。

第九条 继承人伪造、篡改、隐匿或者销毁遗嘱，侵害了缺乏劳动能力又无生活来源的继承人的利益，并造成其生活困难的，应当认定为民法典第一千一百二十五条第一款第四项规定的"情节严重"。

最高人民法院关于适用《中华人民共和国民法典》时间效力的若干规定

第十三条 民法典施行前，继承人有民法典第一千一百二十五条第一款第四项和第五项规定行为之一，对该继承人是否丧失继承权发生争议的，适用民法典第一千一百二十五条第一款和第二款的规定。

民法典施行前，受遗赠人有民法典第一千一百二十五条第一款规定行为之一，对受遗赠人是否丧失受遗赠权发生争议的，适用民法典第一千一百二十五条第一款和第三款的规定。

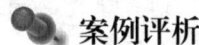 **案例评析**

兰甲、高某诉兰某法定继承纠纷案①

案情：唐某与兰某系夫妻关系，共生育一子兰甲。兰某因怀疑其妻唐某与他人有染，于2015年10月4日持刀将其杀害。经法院审判，兰某被以故意杀人罪判处无期徒刑，剥夺政治权利终身，予以执行。唐某的父亲唐甲于2011年11月12日死亡。唐某的母亲高某2017年7月14日出具遗产赠与书，自愿将依法应继承的唐某死亡后的所有遗产，全部赠与其外孙兰甲。兰某也对其所有的夫妻财产作出了赠与兰甲的处分决定。唐某因突遭杀害而去世，未能告知兰甲、高某其财产情况。唐某在该银行有存款，但该银行因涉及个人隐私和其他被继承人的权益，拒绝兰甲、高某查询、支取款项的要求。为维护自己的合法权益，兰甲、高某诉至法院，请求判决兰甲继承被继承人唐某的已经查实清楚的全部遗产。经查实，唐某死亡前未留下遗嘱，其名下遗产有各银行存款共计三十余万元。法院经审理后认为：已经查实的被继承人唐某名下的存款，系唐某与兰某的夫妻共同财产。其一半的份额，归唐某所有，属于被继承的遗产范围。被继承人唐某的第一顺序继承人共有高某、兰甲、兰某三人。但兰某故意杀害被继承人唐某，依《继承法》之规定，其继承权丧失。而高某已作出自愿放弃继承的意思表示。兰某也决定将其所有的夫妻财产赠与兰甲。故法院一并处理并判决，被继承人唐某的遗产全部由原告兰甲继承并享有。

评析：本案中兰某与唐某系配偶，相互为第一顺序的法定继承人。但兰某因怀疑其配偶唐某与他人有染，便故意持刀将其杀害，已被法院以故意杀人罪判处无期徒刑。无论是依《继承法》还是依民法典第1125条关于继承权丧失的规定，兰某均丧失对被继承人唐某的继承权，且无任何恢复之可能。故本案中有权继承唐某遗产的第一顺序法定继承人便仅剩高某与兰甲。但唐某的母亲高某已明确表明，将其依法应继承的唐某死亡后的所有遗产全部赠与其外孙兰甲，故兰甲便取得了母亲唐某的全部遗产。同时，由于兰某也明确决定将属于自己所有的夫妻财产的部分全部赠与兰甲，故本案中在被继承人唐某名下的所有财产，包括属于其丈夫兰某的部分，均归兰甲所有。

需要注意的是，兰甲取得高某所应继承的唐某遗产的部分，并非因为高某放弃继承权。从本案中高某对于其依法应继承女儿唐某遗产的部分所作出的意思表示来看，实为赠与，而非如法院判决中所表述的放弃继承权。

---

① 审理法院：四川省成都市新都区人民法院，案号：（2017）川0114民初6193号。

第二章 法定继承

▶▶ 第一千一百二十六条 继承权男女平等。

📖 条文要义

本条是关于继承权男女平等原则的规定。

继承权是指自然人依照法律的规定或者被继承人生前立下的合法有效的遗嘱承受被继承人遗产的权利。法定继承是指继承人的范围、继承顺序、继承条件、继承份额、遗产分配原则及继承程序均由法律直接规定的继承方式。

在法定继承中，继承权男女平等是我国继承法的一项基本原则，它是民法平等原则在继承领域的具体化，也是继承权平等原则的核心和基本表现，但它仅是继承权平等的内容之一，并不能完全代替或包含继承权平等原则的丰富内容。依照法律规定或者被继承人生前立下的合法有效的遗嘱承受被继承人遗产的主体应不分性别，这便是继承权平等原则在继承人性别上平等的体现。除此而外，继承权平等原则还包括非婚生子女与婚生子女继承权平等、养子女与亲生子女继承权平等、儿媳与女婿在继承上权利平等、同一顺序的继承人继承遗产的权利平等等内容。继承权男女平等既是对私有制的古代及近代社会中男女不平等的继承制度的根本否定，也是对我国《宪法》确认的男女平等原则以及国家在遗产继承问题上的法律、政策的贯彻落实。

继承权男女平等的含义是：（1）男性与女性具有平等的继承权，不因性别差异而有所不同。（2）夫妻在继承上有平等的权利，有相互继承遗产的继承权，如夫妻一方死亡后另一方再婚的，另一方有权处分所继承的财产，任何人不得干涉。（3）在继承人的范围和法定继承的顺序上，男女亲等相同，父系亲与母系亲平等。（4）在代位继承中，男女有平等的代位继承权，适用于父系亲的代位继承，同样适用于母系亲。

📌 案例评析

谢甲、谢乙诉谢丙、郭某房屋继承纠纷案

案情：谢甲、谢乙的父母谢某、唐某共同生育的子女有谢甲、谢丁、谢丙和谢

乙四人。郭某为已故谢丁之妻，婚后二人共同生育子女四人。谢某、唐某、谢丁先后去世。诉争房屋修建时，谢甲已外嫁，未出资出力。谢丙、谢乙尚未成年。谢丁已成年，并与父亲谢某、母亲唐某共同出力共建该房。谢某去世前，未对房屋作出处分。其后，谢丁、谢丙私下变更该房屋所有权人并领取了该房屋为他们共有产的私有房屋产权证，二人各拥有1/2产权。谢甲、谢乙诉至法院，请求法院依法分割一直由谢丁、谢丙两家占用也未经过重大修缮房屋。法院认为，谢某、唐某夫妇在世时，其子女均尽了赡养义务，依《继承法》的规定，其子女无论男女对谢某、唐某夫妇所留遗产享有平等的继承权。案中谢某、唐某、谢丁去世前均无遗嘱，故对其遗产应依法定继承规则办理。

评析：案中争议房屋为谢丁成年后与父亲谢某、母亲唐某共同出力共建的。当时，谢甲因外嫁未参加建房，也未出资出力。谢乙、谢丙年幼、未成年，无独立生活能力，还由父母抚养。谢某生前也未曾对该房进行处分，故在当时该房为谢某、唐某、谢丁三人共有。谢某、唐某夫妇在世时，其子女均尽了赡养义务，依案发时生效的《继承法》关于继承权男女平等的规定，其子女无论男女对谢某、唐某夫妇所留遗产享有平等的继承权。案中谢某、唐某、谢丁去世前均无遗嘱，对其遗产应按法定继承规则办理，即由第一顺序继承人唐某、谢甲、谢丁、谢丙、谢乙等五人均等继承。唐某去世后，其拥有的房产再由其子女四人共同均等继承。谢丁去世后，其拥有的房产由其妻郭某和其子女共同继承。

民法典第1126条延续了《继承法》第9条的规定，因此，在民法典生效之后，类似案件的裁判结果与此相同。

▶▶**第一千一百二十七条** 遗产按照下列顺序继承：

（一）第一顺序：配偶、子女、父母；

（二）第二顺序：兄弟姐妹、祖父母、外祖父母。

继承开始后，由第一顺序继承人继承，第二顺序继承人不继承；没有第一顺序继承人继承的，由第二顺序继承人继承。

本编所称子女，包括婚生子女、非婚生子女、养子女和有扶养关系的继子女。

本编所称父母，包括生父母、养父母和有扶养关系的继父母。

本编所称兄弟姐妹，包括同父母的兄弟姐妹、同父异母或者同母异父的兄弟姐妹、养兄弟姐妹、有扶养关系的继兄弟姐妹。

🏛 **条文要义**

本条是关于法定继承人的范围及法定继承顺序的规定。

法定继承人的范围，是指在适用法定继承时，哪些人能够作为被继承人遗产的继承人。继承法关于法定继承人范围的规定具有法定性与强行性，只有法律条文明确列举的人才可以作为法定继承人。其他人也可能取得被继承人的遗产，但他们不是基于法定继承人的法律地位。两者在取得遗产的本质上是不同的。法定继承人范围的确定直接关系到被继承人亲属的权益。

法定继承人范围的确定所依据的主要因素是：（1）血缘关系。自古至今血缘关系的远近是法定继承的重要依据，在决定法定继承人的范围方面起着重要的作用。（2）婚姻关系。基于婚姻关系形成的配偶是最重要的法定继承人，在现代，各国均规定配偶为法定继承人。（3）扶养关系。家庭成员之间基于人身依赖关系形成的相互扶养、赡养、扶助的关系，也是决定法定继承人范围的一个重要方面，比如民法典规定，对公婆尽了主要赡养义务的丧偶儿媳以及对岳父母尽了主要赡养义务的丧偶女婿可以作为第一顺序法定继承人。（4）民族传统和继承习惯。各国确定的法定继承人的范围，同本国的社会现实、民族传统、继承习惯等各方面因素有关。

虽然我国也以依血缘关系和婚姻关系所产生的亲属关系为基础来确定法定继承人的范围，但相比之下我国规定的法定继承人的范围最窄，仅限于本条规定的近亲属。

法定继承顺序又称为法定继承人的顺位，是指法律直接规定的法定继承人参加继承的先后次序。法定继承人的继承顺序关系到各继承人以何地位参加继承，谁有权继承、谁无权继承，谁是合法继承人、谁是不当继承人，可以避免继承中许多不应发生的争议与纠纷，作用非常重要。

法定继承顺序的特征是：（1）法定性。这一顺序是由法律根据继承人与被继承人之间关系的亲疏、密切程度直接规定的，而不是由当事人自行决定的。（2）强行性。任何人、任何单位都不得以任何理由改变，即使被继承人本人也无权改变。（3）排他性。在法定继承中，继承人只能依法定的继承顺序依次参加继承，前一顺序的继承人总是排斥后一顺序继承人。（4）限定性。法定继承顺序只限定在法定继承中适用，各法定继承人须按照法律规定的继承顺序依次取得被继承人的遗产。

本条规定了两个继承顺序：（1）配偶、子女、父母为第一顺序法定继承人。其中，子女包括婚生子女、非婚生子女、养子女和有扶养关系的继子女，父母包括生父母、养父母和有扶养关系的继父母。（2）兄弟姐妹、祖父母、外祖父母为第二顺序法定继承人。其中，兄弟姐妹包括同父母的兄弟姐妹、同父异母或者同母异父的兄弟姐妹、养兄弟姐妹、有扶养关系的继兄弟姐妹。

法定继承顺序的作用是：（1）继承开始后，由第一顺序继承人继承，排斥第二顺序继承人的继承，第二顺序继承人不继承。（2）没有第一顺序继承人继承的，才能由第二顺序继承人继承。

📖 配套司法解释

最高人民法院关于适用《中华人民共和国民法典》继承编的解释（一）

第十一条　继子女继承了继父母遗产的，不影响其继承生父母的遗产。

继父母继承了继子女遗产的，不影响其继承生子女的遗产。

第十二条　养子女与生子女之间、养子女与养子女之间，系养兄弟姐妹，可以互为第二顺序继承人。

被收养人与其亲兄弟姐妹之间的权利义务关系，因收养关系的成立而消除，不能互为第二顺序继承人。

第十三条　继兄弟姐妹之间的继承权，因继兄弟姐妹之间的扶养关系而发生。没有扶养关系的，不能互为第二顺序继承人。

继兄弟姐妹之间相互继承了遗产的，不影响其继承亲兄弟姐妹的遗产。

💭 案例评析

缪甲、缪乙诉巫乙法定继承纠纷案

案情： 巫甲去世前父母已亡，又无配偶及子女，一人独自生活。其弟巫乙是其唯一法定继承人。巫乙在中国香港居住且与其兄巫甲关系不好，未对巫甲有过日常生活上的照料和经济方面的扶助。在巫甲去世前，由于巫甲年老及脚部曾经骨折等原因，缪氏兄妹（巫甲为其舅父）本人或请工人、保姆对巫甲的日常生活进行了阶段性的照顾，在巫甲生病住院期间还对其进行了护理。在巫甲去世后，丧葬事宜由缪氏兄妹、巫丙（巫乙之子）以及巫甲的其他亲属、族人进行料理，巫乙未参与。缪氏兄妹以对巫甲尽了较多扶养、照顾责任，而巫乙未对巫甲尽扶养义务为由请求法院判决巫乙丧失继承权，巫甲的遗产由缪氏兄妹继承。一审法院认为，巫乙作为巫甲的继承人，对巫甲未尽到扶养义务；缪氏兄妹作为继承人以外的人，对巫甲尽了较多的扶养义务，故缪氏兄妹依法应分得巫甲的部分遗产。缪氏兄妹以认定事实不清、适用法律错误为由提起上诉。二审法院认为：鉴于被继承人巫甲没有立遗嘱，巫乙为巫甲的唯一法定继承人，又无法律规定的丧失继承权的情节，应合法享有继承权。缪氏兄妹本不是法定继承人，但是考虑到对被继承人进行了扶养，一审判决其分得部分遗产正确，予以维持。

评析： 被继承人巫甲去世前没有立遗嘱，巫乙为巫甲的唯一法定继承人，尽管其未履行对巫甲日常生活上的照料和经济方面的扶助义务，但无法律规定的丧失继承权的情节，故其合法享有继承权。缪甲、缪乙兄妹二人作为巫甲的亲属，依案发时生效的《继承法》关于法定继承人之范围的规定，并不属于法定继承人的范围，但二人在巫甲年老生病及生活不便时亲自或雇请工人进行了扶养照顾。因此，被继承人巫甲的遗产依法由第二顺序继承人巫乙继承，缪氏兄妹依法也应分得巫甲的部分遗产。

民法典第 1127 条延续了《继承法》第 10 条的规定，因此，在民法典生效之后，类似案件的裁判结果与此相同。

> ▶▶ **第一千一百二十八条** 被继承人的子女先于被继承人死亡的，由被继承人的子女的直系晚辈血亲代位继承。
>
> 被继承人的兄弟姐妹先于被继承人死亡的，由被继承人的兄弟姐妹的子女代位继承。
>
> 代位继承人一般只能继承被代位继承人有权继承的遗产份额。

🏛 条文要义

本条是关于代位继承的规定。

代位继承是指被继承人的继承人先于被继承人死亡时，由被继承人的继承人的晚辈直系血亲代替先亡的被继承人的继承人继承被继承人遗产的法定继承制度。在代位继承中，被继承人的子女或者兄弟姐妹为被代位继承人，承继应继份的被继承人子女或者兄弟姐妹的直系血亲卑亲属为代位继承人。应继份是指各继承人对遗产上一切权利义务可以继承的成数或比例。

本条规定了两种代位继承：一种是被继承人的子女的直系晚辈血亲的代位继承，另一种是被继承人的兄弟姐妹的子女的代位继承。在代位继承中，被继承人的子女或者兄弟姐妹为被代位继承人，承继应继份的被继承人的子女或者兄弟姐妹的直系晚辈血亲为代位继承人。《继承法》仅规定了被继承人的子女的直系晚辈血亲的代位继承，范围比较窄。本条增加规定了被继承人的兄弟姐妹的子女的代位继承，扩大了代位继承的范围，有利于遗产在旁系血亲中的流转。

代位继承的要件是：（1）须被继承人的子女或者兄弟姐妹在继承开始前已经死亡或丧失继承权；（2）被代位人是被继承人的子女或者兄弟姐妹等直系血亲；（3）代位继承人必须是被代位人的直系晚辈血亲。

代位继承产生的法律效力主要为，代位继承人可以继承被代位继承人的应继份，代位继承人的应继份应根据被代位继承人的应继份确定，按房或支来分割遗产。

本条第 2 款规定被继承人的兄弟姐妹的子女代位继承的主要价值是，扩大了法定继承人的范围。民法典规定的法定继承人范围过于狭窄，在旁系血亲中只有兄弟姐妹为法定继承人。将被继承人的兄弟姐妹的子女规定为法定代位继承人，就有可能使侄子、侄女、外甥、外甥女成为代位继承的法定继承人，能够代位继承其叔伯、姑、舅、姨的遗产，从而减少无人继承的遗产。应当注意区别的是，被继承人父母的子女的直系晚辈血亲的概念比较宽，包括孙子女、外孙子女、曾孙子女、曾外孙子女，甚至玄孙子女、玄外孙子女等；而兄弟姐妹的子女，只包含兄弟姐妹的一代直系晚辈血亲。因此，兄弟姐妹的子女的代位继承范围比父母的直系晚辈血亲代位继承的范围要窄得多。

目 配套司法解释

最高人民法院关于适用《中华人民共和国民法典》继承编的解释（一）

第十四条 被继承人的孙子女、外孙子女、曾孙子女、外曾孙子女都可以代位继承，代位继承人不受辈数的限制。

第十五条 被继承人的养子女、已形成扶养关系的继子女的生子女可以代位继承；被继承人亲生子女的养子女可以代位继承；被继承人养子女的养子女可以代位继承；与被继承人已形成扶养关系的继子女的养子女也可以代位继承。

第十六条 代位继承人缺乏劳动能力又没有生活来源，或者对被继承人尽过主要赡养义务的，分配遗产时，可以多分。

第十七条 继承人丧失继承权的，其晚辈直系血亲不得代位继承。如该代位继承人缺乏劳动能力又没有生活来源，或者对被继承人尽赡养义务较多的，可以适当分给遗产。

最高人民法院关于适用《中华人民共和国民法典》时间效力的若干规定

第十四条 被继承人在民法典施行前死亡，遗产无人继承又无人受遗赠，其兄弟姐妹的子女请求代位继承的，适用民法典第一千一百二十八条第二款和第三款的规定，但是遗产已经在民法典施行前处理完毕的除外。

案例评析

何某、蔡甲等与蔡丁法定继承纠纷案①

案情： 何某与蔡某系夫妻，二人共育有蔡甲、蔡乙、蔡丙三个子女。夫妻二人共同购买了广州市海珠区房屋一套。1998 年 11 月 16 日，蔡丙因死亡被注销户口，留有子女蔡丁。2005 年 9 月 16 日，蔡某去世，生前未立遗嘱。蔡某的父母均先于其去世。蔡某死亡后，何某、蔡甲、蔡乙要求对遗产进行分配并办理房屋过户手续。但蔡丁表示，该房屋一直由自己与母亲居住，如果对该房屋办理继承，就需要对该房屋进行分割，自己与母亲便会没有住房，故不同意三人的请求。因协商未果，何某、蔡甲、蔡乙三人便以蔡丁为被告向法院提起诉讼，请求法院依法在继承人之间对房屋进行分割，并要求被告蔡丁协助原告到房管部门办理房屋产权过户手续。法院经审理后认为，案涉房屋系原告何某与蔡某的夫妻共同财产，蔡某去世后，该房屋二分之一的产权属于蔡某的遗产。由于蔡某生前没有立下遗嘱，故上述房屋应由法定继承人何某、蔡甲、蔡乙、蔡丙共同继承，各占四分之一的产权份额。由于蔡

---

① 审理法院：广东省广州市海珠区人民法院，案号：（2020）粤 0105 民初 7124 号。

丙先于蔡某去世，故属于蔡丙的继承份额，应由被告蔡丁代位继承。继承后，原告何某占该房屋的 5/8（1/2＋1/8）的产权份额，原告蔡甲、蔡乙以及被告蔡丁各占该房屋 1/8（1/2×1/4）的产权份额。法院就此作出判决，并要求被告蔡丁协助原告到房管部门办理房屋产权过户手续。

评析： 被继承人蔡某死亡时未留下遗嘱，故其遗产应按法定继承办理，其配偶何某，子女蔡甲、蔡乙、蔡丙，共四人作为第一顺序法定继承人，对其遗产均享有继承权。但其子女蔡丙早于被继承人蔡某死亡，且留有直系晚辈血亲蔡丁，故依《继承法》关于代位继承的规定，在蔡丙未被剥夺或丧失继承权的情况下，其子女蔡丁有权代其父蔡丙之位，与何某、蔡甲、蔡乙共同继承被继承人蔡某的遗产，但蔡丁继承的遗产份额只能以其父蔡丙有权继承的遗产份额为限。

> ▶▶ **第一千一百二十九条** 丧偶儿媳对公婆，丧偶女婿对岳父母，尽了主要赡养义务的，作为第一顺序继承人。

🏛 条文要义

本条是关于丧偶儿媳、丧偶女婿作为第一顺序继承人的规定。

丧偶儿媳对公、婆，丧偶女婿对岳父、岳母，尽了主要赡养义务的，作为第一顺序继承人，是本条规定的主旨。

这一规定没有先例。在各国继承立法中将姻亲（血亲的配偶和配偶的血亲）规定为法定继承人，是罕见的立法例。在民法典编纂过程中，学者差不多都建议改革这一规定，认为将丧偶儿媳、丧偶女婿对公婆或者岳父母尽了主要赡养义务的，作为可以分得遗产的人，在理论上更为妥当，但是立法机关没有采纳这一建议。

丧偶的儿媳或女婿作为第一顺序继承人继承公婆或岳父母的遗产，应具备以下条件：（1）必须存在丧偶的情形。儿媳与公婆、女婿与岳父母之间是姻亲关系，他们之间没有相互扶养、赡养的权利和义务。如果丈夫或妻子在世，儿媳或女婿对公婆或岳父母进行赡养被认为是代丈夫或妻子履行义务，符合传统和伦理。若公婆或岳父母死亡，基于夫妻关系存续期间一方继承的遗产为夫妻共同财产的规定，儿媳或女婿可以通过在世的丈夫或妻子参加继承，实际上获得遗产。因此，只有发生丧偶时，儿媳或女婿才有可能以自己的名义作为继承人继承公婆或岳父母的遗产。至于丧偶儿媳或女婿是否再婚，在所不问。（2）必须丧偶儿媳或女婿对公婆或岳父母尽了主要的赡养义务，即为被继承人的生活提供了主要经济来源，或在劳务等方面给予了主要扶助。

儿媳或女婿只要符合了这两个条件，就可以作为第一顺序继承人参与继承，取得遗产，而且不论有无代位继承人代位继承。该规定即体现了儿媳与女婿在继承上的权利平等，即儿媳或女婿只要符合丧偶的条件，而且对公、婆或岳父、岳母尽了主要赡养义务，就可以享有继承权。儿媳与女婿在继承上的权利平等，也是继承权平等的表现之一。同时，它还体现着继承法中丧偶儿媳和女婿的权利义务相一致的原则，即丧偶儿媳或女婿如对公婆或岳父、岳母未尽主要赡养义务，其自然不会被列入继承人范围，也无从享有继承权。

📋 配套司法解释

最高人民法院关于适用《中华人民共和国民法典》继承编的解释（一）

第十八条　丧偶儿媳对公婆、丧偶女婿对岳父母，无论其是否再婚，依照民法典第一千一百二十九条规定作为第一顺序继承人时，不影响其子女代位继承。

第十九条　对被继承人生活提供了主要经济来源，或者在劳务等方面给予了主要扶助的，应当认定其尽了主要赡养义务或主要扶养义务。

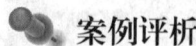 案例评析

王某荣等诉刘某某继承纠纷案

案情：王某升与赖某秀夫妇生前共养育五子女：儿子王某兴、王某厚、王某金，女儿王某凤、王某香。儿子王某金因矿难死亡后，矿方一次性赔偿死亡补偿金20万元。王某金生前未婚且无子女，父亲王某升先于王某金死亡。王某金的母亲赖某秀作为第一顺序唯一继承人继承了王某金的死亡赔偿金。其后，赖某秀死亡。儿子王某厚与儿媳刘某生育了三子女：长女王某丽，二女王某花，三子王某。儿子王某兴与儿媳龚某生育了四子女：王某荣、王某峰、王某俭、王某艳。王某厚、王某兴均先于赖某秀死亡。女儿王某凤表示放弃继承权。赖某秀生前一直与王某厚和刘某共同生活，且儿媳刘某对赖某秀尽了主要赡养义务。王某荣、王某峰、王某俭、王某艳诉至法院，要求刘某给付他们相应的遗产继承款。法院认为，王某厚、王某兴均先于赖某秀死亡，其子女分别代位继承其应得的遗产份额。丧偶儿媳刘某对赖某秀尽了主要赡养义务，依法为第一顺序继承人，有权继承其应得的遗产份额。

评析：案中被继承人赖某秀死亡后，因无遗嘱，故应依法定继承处理，其所有子女为法定继承人。其子王某厚和王某兴先于赖某秀死亡，依案发时有效的《继承法》，王某厚和王某兴的晚辈直系血亲可代位继承其遗产份额，即分别于其父所继承的遗产份额内分享遗产。刘某与被继承人赖某秀属于丧偶儿媳与公婆的关系，在多年的共同生活中，刘某对被继承人赖某秀的生活、医疗多有照顾，也是其生活的主要经济来源，在劳务等方面也给予了主要扶助，应当认定其尽了主要赡养义务，属于《继承法》规定的对公婆尽了主要赡养义务的丧偶儿媳，依法应被纳入第一顺序继承人范围。故法院判决刘某因对被继承人赖某秀尽了主要赡养义务而享有参与继承遗产的权利正确。

民法典第 1129 条延续了《继承法》第 12 条的规定，因此，在民法典生效之后，类似案件的裁判结果与此相同。

> ▶▶ **第一千一百三十条** 同一顺序继承人继承遗产的份额，一般应当均等。
>
> 对生活有特殊困难又缺乏劳动能力的继承人，分配遗产时，应当予以照顾。
>
> 对被继承人尽了主要扶养义务或者与被继承人共同生活的继承人，分配遗产时，可以多分。
>
> 有扶养能力和有扶养条件的继承人，不尽扶养义务的，分配遗产时，应当不分或者少分。
>
> 继承人协商同意的，也可以不均等。

🏛 条文要义

本条是关于同一顺序法定继承人分割遗产的方法的规定。

它从总体上明确了在我国继承领域发生共同继承时对共同遗产分割的规则。

共同继承，是相对于单独继承的概念，是指依法律规定由两个或者两个以上的继承人共同继承被继承人的遗产。在我国的继承法律关系实践中，法定继承开始后，单独继承的情形极为少见，而共同继承最为常见，是占绝大多数的继承方式。在共同继承中，对内涉及各共同继承人之间的权利义务，对外关涉到被继承人的债权人与债务人的权利义务。共同继承中对遗产的管理、使用、收益、处分、清算及分割都十分重要。共同继承为一种多人同时继承一人之财产的方式，其继承的对象即被继承人的财产一般被称为共同继承财产，它通常是指继承开始之后，两个或者两个以上的继承人共同继承遗产，或者数个继承人在分割遗产之前，对继承的遗产共同共有的财产所有形式。共同继承的财产的范围，就是被继承人的遗产范围，它不是指共同继承财产关系中的权利义务关系本身，而是指共同继承财产关系的客体，即这种共同共有财产关系中权利义务所指向的对象，即共同共有的财产本身。

在共同继承中，共同继承财产为共同共有财产，由全体共同继承人对该财产共同享有权利、共同承担义务，故非经全体继承人一致同意，不得处分属于遗产之各个财产，擅自处分行为无效，但是，善意第三人得受占有和登记公信力的保护。当被继承人死亡而发生共同继承时，首先得确定可供继承的共同遗产范围，其后就得按本条确定的规则确定各共同继承人应当分得的遗产份额。

同一顺序法定继承人分割遗产的具体方法是：

（1）同一顺序法定继承人有数人的，继承遗产的份额一般应当均等，在特殊情况下也可以不均等。确定每个继承人的应继份，不是以遗产分割的时间为准，而是按照继承开始时确定的遗产总额计算。

（2）对生活有特殊困难又缺乏劳动能力的继承人，应当予以适当照顾，适当多分。

（3）对被继承人尽了主要扶养义务或者与被继承人共同生活的继承人，可以多分财产。

（4）对于有扶养能力和扶养条件却不尽扶养义务的继承人，可以不分或者少分。

（5）各继承人协商同意不均等分割的，也可以不均等分割。

在分配遗产时，应当根据不同情况，按照上述分割遗产的方法，确定每个继承人的继承数额。

配套司法解释

最高人民法院关于适用《中华人民共和国民法典》继承编的解释（一）

第四条　遗嘱继承人依遗嘱取得遗产后，仍有权依照民法典第一千一百三十条的规定取得遗嘱未处分的遗产。

第二十二条　继承人有扶养能力和扶养条件，愿意尽扶养义务，但被继承人因有固定收入和劳动能力，明确表示不要求其扶养的，分配遗产时，一般不应因此而影响其继承份额。

第二十三条　有扶养能力和扶养条件的继承人虽然与被继承人共同生活，但对需要扶养的被继承人不尽扶养义务，分配遗产时，可以少分或者不分。

第四十三条　人民法院对故意隐匿、侵吞或者争抢遗产的继承人，可以酌情减少其应继承的遗产。

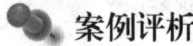 **案例评析**

王甲等五人诉王某继承纠纷案

案情： 王甲、王乙、王丙、王丁、王戊均系被继承人王某宁与前妻的婚生子女。王某宁与王某再婚后无子女。第三人王庚及其弟王辛，均是王某与前夫的婚生子女。王某再婚前王庚已迁至中国香港定居，王辛已在日本留学并居住。王某宁在中国香港病故，未留遗嘱。王甲等五人与王某为分割遗产而发生纠纷，诉请法院依法判令王某丧失继承权，并由王甲等五人依法继承被继承人的遗产。法院认为：王甲等诉王某虐待王某宁且应丧失继承权的主张因无证据支持故不成立。本案的合法继承人仅包括被告王某及原告王甲、王乙、王丙、王丁、王戊等六人。第三人王庚及其弟王辛与被继承人之间没有形成扶养关系，故不得作为继承人。被告王某在王某宁生前与其共同生活，直至王某宁死亡，依照规定，可以多分遗产。被继承人的遗产应依此规则在六名继承人之间进行分配。

评析： 本案中王甲、王乙、王丙、王丁、王戊都是被继承人王某宁的亲生子女，王某是王某宁的妻子，依案发时有效的《继承法》关于同一顺序法定继承人分割遗产的规定，他们均为王某宁的第一顺序继承人，有平等的继承权，在分配遗产时份额一般应当均等。对于王甲等提出的王某某虐待王某宁且应丧失继承权的主张，以及王某某提出的王甲等不尽赡养义务，应当不分或少分遗产的主张，因不能举出相应的证据，故法院不予以支持。第三人王庚及其弟王辛在王某再婚前就已去中国香港和日本居住，无证据证明二人与王某宁之间形成了事实上的扶养关系，故二人也不能成为王某宁的继承人。因此，被继承人的遗产应由其五名子女与再婚妻子王某一并继承。由于王某属于对被继承人尽了主要扶养义务或者与被继承人共同生活的继承人，故分配遗产时，可以多分。

民法典第1130条延续了《继承法》第13条的规定，在民法典生效之后，类似案件的裁判结果与此相同。

> ▶▶ **第一千一百三十一条** 对继承人以外的依靠被继承人扶养的人，或者继承人以外的对被继承人扶养较多的人，可以分给适当的遗产。

🏛 条文要义

本条是关于酌分遗产的规定。

酌分遗产是指对继承人以外的依靠被继承人扶养的人，或者继承人以外的对被继承人扶养较多的人，虽然其没有继承权，但是可以根据实际情况分给适当遗产的继承制度。该制度保证曾与被继承人存在相当扶养关系的非继承人能够从被继承人处获得一定的遗产，或作为基本生活的保障，或作为曾对被继承人扶养较多的报偿；同时，该制度也形成对被继承人遗嘱自由的限制。世界上直接规定此制度的国家很少。

依本条规定，可以酌分遗产的人有两种：

(1) 继承人以外的依靠被继承人扶养的人。本条删除了"缺乏劳动能力又没有生活来源"的条件，使被继承人以外的依靠被继承人扶养的人的生活更有保障。

(2) 继承人以外的对被继承人扶养较多的人。按照权利义务相一致原则，既然对被继承人扶养较多，那么，在被继承人死亡且留有遗产时，这个扶养人就有权利主张适当分得遗产。

这两种人中，于前者需要给予其一定的遗产以使其生活有着落，于后者依据权利义务相一致原则因其对被继承人扶养较多而分给适当遗产以资鼓励。具体应当酌分多少，应当根据实际情况确定。

与《继承法》第14条规定相比，本条增加了新规则。《继承法》第14条规定的酌分遗产的人，不仅须是继承人以外的依靠被继承人扶养的人，还须是缺乏劳动能力又没有生活来源的人。对这种酌分遗产的人的界定，要具备三个条件：（1）依靠被继承人扶养；（2）缺乏劳动能力；（3）没有生活来源。这样的要求太高。本条减去后两个条件，即只要是依靠被继承人扶养的人，就可以分给适当的遗产。同时，继承人以外的对被继承人扶养较多的人，也可以分给适当遗产。

📋 配套司法解释

最高人民法院关于适用《中华人民共和国民法典》继承编的解释（一）

第十条　被收养人对养父母尽了赡养义务，同时又对生父母扶养较多的，除可以依照民法典第一千一百二十七条的规定继承养父母的遗产外，还可以依照民法典第一千一百三十一条的规定分得生父母适当的遗产。

第二十条　依照民法典第一千一百三十一条规定可以分给适当遗产的人，分给他们遗产时，按具体情况可以多于或者少于继承人。

第二十一条　依照民法典第一千一百三十一条规定可以分给适当遗产的人，在其依法取得被继承人遗产的权利受到侵犯时，本人有权以独立的诉讼主体资格向人民法院提起诉讼。

第四十一条　遗产因无人继承又无人受遗赠归国家或者集体所有制组织所有时，按照民法典第一千一百三十一条规定可以分给适当遗产的人提出取得遗产的诉讼请求，人民法院应当视情况适当分给遗产。

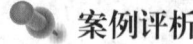

案例评析

王某诉罗某继承纠纷案

案情： 王某与罗某曾是婆媳关系。陈某与其丈夫王某清生育有一女，即王某。陈某及其丈夫在生前因与王某关系不好，早年前将王某逐出家门。王某清去世后，陈某与外孙媳妇罗某共同生活多年并由其赡养。王某为改善与其母亲的关系，到罗某家中吩咐自己儿子喻某将陈某背至自己家中与自己共同生活。同年，陈某设立公证遗嘱，将其遗产全部留给其外孙媳妇罗某继承。同年陈某去世，罗某在收到遗嘱公证书后的两个月内未明确作出是否接受遗赠的意思表示。王某向法院提出诉讼，请求法院判令陈某所设遗嘱无效，陈某名下遗产由自己继承。法院认为：罗某在知道自己被遗赠后未在两个月内明确作出是否接受或放弃遗赠的意思表示，应视为已放弃接受遗赠，故陈某的遗产应按法定继承处理。王某作为未丧失继承权的第一顺序继承人，当然享有继承权，但由于其在客观上对陈某未尽主要赡养义务，故应当少分得陈某的遗产。而罗某多年来照顾陈某的生活，对陈某尽了主要扶养义务，故应当适当分得陈某所留遗产。

评析： 本案中王某为陈某的法定第一顺序继承人，且无丧失继承权之法定情形，因此王某对陈某所留遗产依法享有继承权。然而，由于作为法定第一顺序继承人的王某与其母陈某的关系未能改善等原因，王某在客观上对陈某也未尽主要赡养义务。结合案发时有效的《继承法》关于有扶养能力和有扶养条件的继承人，不尽扶养义务的，分配遗产时应当不分或者少分的规定，王某均应当少分得陈某的遗产。而罗某虽仅是陈某的外孙媳妇，并不在法定继承人之列，但多年来一直照顾陈某的生活，对陈某尽了主要赡养义务，属于法律所规定的继承人以外的对被继承人扶养较多的人，故依法应当适当分得陈某的遗产。

▶▶ **第一千一百三十二条**　继承人应当本着互谅互让、和睦团结的精神，协商处理继承问题。遗产分割的时间、办法和份额，由继承人协商确定；协商不成的，可以由人民调解委员会调解或者向人民法院提起诉讼。

🏛 条文要义

本条是关于确定遗产处理继承方法的规定。

确定处理遗产继承的基本方法是：

（1）继承人应当本着互谅互让、和睦团结的精神，协商处理继承问题。在遗产分割时，强调继承人之间互谅互让、协商分割遗产，有利于促进家庭的和睦团结，有利于精神文明建设。互谅互让要求继承人在分割遗产时相互关心、相互照顾，对于法律规定需要特殊照顾的继承人，如缺乏劳动能力、生活特殊困难的继承人，应当适当多分给遗产。这是大的原则，通过协商处理，使遗产继承实现公平合理，妥善解决。

（2）遗产分割的时间、办法和份额，可以由继承人协商确定，根据继承人之间协商确定的时间、办法和份额，分割遗产。

（3）如果继承人之间协商不成，可以由人民调解委员会调解或者向人民法院提起诉讼。由人民调解委员会调解解决，达成调解方案的，按照调解方案处理遗产继承纠纷、确定遗产分割方法。在具体的分割方法上，应当遵照实物分割、变价分割、补偿分割与保留共有的分割方法进行。

共同继承人诉请法院解决遗产分割的案件，很少有单纯的遗产分割方法的诉讼，往往与继承权的确认、应继份确定等问题联系在一起的。人民法院受理继承案件后也应当进行调解，调解不成的，依照民法典第六编"继承"的规定处理。

📋 配套司法解释

最高人民法院关于适用《中华人民共和国民法典》继承编的解释（一）

第四十四条　继承诉讼开始后，如继承人、受遗赠人中有既不愿参加诉讼，又不表示放弃实体权利的，应当追加为共同原告；继承人已书面表示放弃继承、受遗赠人在知道受遗赠后六十日内表示放弃受遗赠或者到期没有表示的，不再列为当事人。

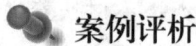 **案例评析**

赵甲与刘某法定继承纠纷案①

案情： 赵某与刘某系夫妻，二人共育有儿子赵甲。赵某与刘某在婚姻关系存续期间共同购买单元房屋一套，但一直未办理房屋登记手续。2016 年 9 月 8 日，赵某与刘某协议离婚，协议约定："夫妻共同所有的住房的所有权归男方。"2019 年 9 月 26 日，赵某去世。赵乙、石某分别为赵某之父、母。因刘某未按照约定配合办理房屋过户手续，赵甲以刘某为被告向法院提起诉讼，要求法院依法调解或判决其父亲赵某的房屋归自己所有，并令被告刘某协助办理房屋过户手续。法院经审理后认为：离婚协议中关于财产分割的条款或者当事人因离婚就财产分割达成的协议，对男女双方具有法律约束力。案涉房屋应属于赵某的遗产。有权继承该遗产的法定继承人有赵甲、赵乙、石某。由于在案件审理过程中，赵某的父母赵乙、石某自愿放弃赵某的遗产，故法院判决该案涉房屋由赵甲继承。

评析： 离婚时，夫妻的共同财产由双方协议处理。离婚协议中关于财产分割的条款或者当事人因离婚就财产分割达成的协议，对男女双方具有法律约束力。本案中，原告赵甲之父赵某与被告刘某签署的离婚协议合法有效，内容不违背法律规定。按协议的约定，案涉房屋归赵某所有，赵某死后案涉房屋应当被认定为赵某的遗产。本案中赵某未立遗嘱，故遗产应在法定继承人赵甲、赵乙、石某三人之间分配。在有多名继承人时，继承人应当本着互谅互让、和睦团结的精神，协商处理继承问题，即该三位继承人自当友好协商如何对遗产进行分割处理。而刘某并非遗产的继承人，其应听从继承人的意见，配合其办理房屋过户手续，但其并未如此。纠纷被诉至法院后，继承人赵乙、石某在审理过程中自愿放弃继承权，系其自己的真实意思表示，也应是夫妻二人协商后达成的一致意见，且符合法律规定，法院无权干涉，故被继承人的遗产最终便仅归原告赵甲一人继承。

民法典第 1132 条延续了《继承法》第 15 条的规定。

---

① 审理法院：山东省蒙阴县人民法院，案号：（2020）鲁 1328 民初 2241 号。

第三章　遗嘱继承和遗赠

> ▶▶ **第一千一百三十三条**　自然人可以依照本法规定立遗嘱处分个人财产，并可以指定遗嘱执行人。
>
> 自然人可以立遗嘱将个人财产指定由法定继承人中的一人或者数人继承。
>
> 自然人可以立遗嘱将个人财产赠与国家、集体或者法定继承人以外的组织、个人。
>
> 自然人可以依法设立遗嘱信托。

🏛 条文要义

本条是关于遗嘱继承、遗赠以及遗嘱信托的一般规定。

1. 遗嘱继承

遗嘱继承是指于继承开始后，继承人按照被继承人合法有效的遗嘱，继承被继承人遗产的继承方式。在遗嘱继承中，具体的继承人、继承顺序、应继份、遗产管理、遗嘱执行等，都可由被继承人在遗嘱中指定，故遗嘱继承也被称作"指定继承"，与法定继承相对应。在遗嘱继承中，生前立有遗嘱的被继承人称为遗嘱人或立遗嘱人，依照遗嘱的指定享有遗产继承权的人为遗嘱继承人，遗嘱继承所指向的客体为被继承人指定的遗产份额。

遗嘱继承的特征是：（1）遗嘱继承以事实构成作为发生依据，除须具备被继承人死亡这一法律事实外，还须以被继承人所立的合法有效的遗嘱为要件。（2）遗嘱继承直接体现被继承人的意志，是通过对被继承人的遗嘱的执行与实现来直接体现被继承人的意志。（3）遗嘱继承具有效力优先性，关系到谁可以实际参与继承，关系到遗嘱继承人可以得到多少遗产份额。（4）遗嘱继承的主体具有限定性，限定在一定的范围之内。

遗嘱继承的意义是：（1）有利于保护自然人的私有财产权和继承权。（2）有利于体现被继承人的意志。（3）有利于减少继承争议、稳定家庭关系。

在遗嘱继承中，自然人可以依照民法典的规定，用立遗嘱的方法，处分个人在死后的遗产，并且可以指定遗嘱执行人，由遗嘱执行人执行自己的遗嘱。自然人可以在遗嘱中将个人死后的遗产指定由法定继承人中的一人或者数人继承，为遗嘱继承人，而其他继承人不是遗嘱继承人，无权继承其遗产。

2. 遗赠

自然人可以立遗嘱将个人财产赠给国家、集体或者法定继承人以外的人，即遗赠。设立遗赠也使其继承人丧失或者部分丧失继承被继承人遗产的权利。

遗赠与遗嘱继承的区别是：（1）受遗赠人和遗嘱继承人的范围不同。受遗赠人可以是法定继承人以外的任何自然人、组织，也可以是国家和集体，但不能是法定继承人范围之内的人。遗嘱继承人则只能是法定继承人范围之内的人，而不能是法定继承人以外的自然人或组织。（2）受遗赠权与遗嘱继承权之客体的范围不同。受遗赠权的客体只是遗产中的财产权利，不包括财产义务，受遗赠人接受遗赠时只承受遗产中的权利而不能承受遗产中的债务。如果遗赠人将其全部遗产遗赠给国家、集体或某自然人，而其生前又有债务，则受遗赠人只能接受清偿债务后剩余的财产，但这种清偿只能是对被继承人债务的处理，受遗赠人本身并不承受被继承人的债务。而遗嘱继承权的客体是遗产，而且遗嘱继承人对遗产是概括地承受——在承受遗产的同时，还担负着清偿被继承人的债务的义务。（3）受遗赠权与遗嘱继承权的行使方式不同。受遗赠权是一种形成权，而且60日的期间为受遗赠权的除斥期间，自知道受遗赠后60日内未作出接受的表示，即视为放弃受遗赠。受遗赠人表示接受遗赠的，得要求遗嘱执行人向其移转遗赠的标的。受遗赠权优于继承人的继承权，继承人只能继承执行遗赠后剩余的遗产。遗嘱继承人自继承开始至遗产分割前未明确表示放弃继承的，即视为接受继承。放弃遗嘱继承权的意思表示须于法定期间内明确作出。

3. 遗嘱信托

遗嘱信托，也叫死后信托，是指通过遗嘱而设立的信托，即遗嘱人（委托人）以立遗嘱的方式，把自己的遗产交付信托。设立遗嘱信托时，委托人应当预先以立遗嘱方式，将财产的规划内容，包括交付信托后遗产的管理、分配、运用及给付等，订立在遗嘱中。待遗嘱生效时，再将信托财产转移给受托人，由受托人依据信托的内容，管理、处分信托的遗产。

遗嘱信托的功能包括：（1）解决财产传承问题。通过遗嘱信托，可以使财产顺利地传给后代，也可以通过遗嘱执行人的理财能力，弥补继承人无力理财的缺陷；（2）减少因遗产产生的纷争。遗嘱信托具有法律约束力，特别是中立的遗嘱执行人介入，使遗产的清算和分配更公平。

遗嘱信托包括下列三方当事人：一是委托人即被继承人。二是受托人。遗嘱信托指定的受托人应当是具有理财能力的律师、会计师、信托投资机构等专业人员或专业机构。三是受益人即继承人。遗嘱信托的受益人可以是法定继承人的一人或者数人。遗嘱人可以将遗产受益人指定为法定继承人以外的人。

遗嘱信托在遗嘱人（委托人）订立遗嘱后成立，并于遗嘱人去世后生效。遗嘱信托由受托人依照遗嘱人的意愿分配遗产，并为照顾特定人而做财产规划，因结合了信托方式而使该遗产对继承人更有保障，既能够很好地解决财产传承问题，也能够减少因遗产产生的纷争。

遗嘱信托分为遗嘱执行信托和遗产管理信托两种不同方式。遗嘱执行信托是为实现遗嘱人的意志进行的信托业务，其主要内容有清理遗产、收取债权，清偿债务、税款及其他支付，遗赠物的分配、遗产分割等。遗产管理信托是指主要以遗产管理为目的而进行的信托业务。遗产管理信托的内容与遗嘱执行信托的内容虽有交叉，但侧重在管理遗产方面。遗产管理人可由法院指派，也可由遗嘱人或者其亲属会议指派。

遗嘱信托应当采取书面形式订立。遗嘱信托中的遗嘱，应当符合民法典的规定。遗嘱信托中的信托，应当符合《信托法》的规定。

本条新规则的要点是：（1）扩大受遗赠人的范围。相比《继承法》的规定，本条新增了法定继承人以外的组织作为受遗赠主体，扩大了受遗赠人的范围。据此，自然人将法定继承人以外的组织作为受遗赠方时，所拟遗嘱的合法性就能够得到承认，将充分体现国家对自然人遗产处理的尊重。（2）增加遗嘱信托。民法典编纂时新增了遗嘱信托的一般性规定，在继承编中承认了遗嘱信托的合法性。这样一来，不仅将继承编与信托法有效地衔接起来，而且体现了立法与司法的实时互动。

案例评析

曾甲等诉李某某遗嘱继承纠纷案①

案情： 曾某某祖籍抚州，1949 年去台湾地区生活，后回大陆与李某某结婚，婚后未生育子女。二人的夫妻共同财产有：上海市商品房一套、抚州市贸易广场店铺二间、抚州市商品房二套。夫妻二人订立契约："兹约定夫（曾某某）妻（李某某）二人无论是大陆或者台湾一切财产均为我夫妻二人所共有，如要作其他用途，必须经过双方同意才行，恐空口无凭特立此约。"双方均在契约书上签字，契约上注明见证人为姐夫董某、姐姐李甲，但两见证人未在现场见证，也未在契约书上签字。2012 年 12 月 28 日起，曾某某因病断断续续住院治疗。2013 年 8 月 8 日，曾某某、曾甲、姚某某、邓某某等人乘车到律师事务所设立遗嘱，遗嘱的主要内容为：从曾某某的财产中，每月支付护理人员费用；用剩余财产成立曾某某基金，由侄子曾甲、曾乙管理使用。遗嘱见证人为姚某某、邓某某、律师徐某某。曾甲、曾乙仅是曾姓家族成员，与曾某某实无血亲关系。2013 年 11 月 12 日，曾某某因病住院治疗无效

---

① 一审法院：江西省抚州市临川区人民法院，案号：（2014）临民初字第 238 号。二审法院：江西省抚州市中级人民法院，案号：（2015）抚民一终字第 266 号。再审法院：江西省高级人民法院，案号：（2016）赣民申 392 号。

死亡。2015 年 5 月 25 日，新坪村委会（组长为曾乙）召开村民会议，决定依照曾某某的遗嘱成立曾某某基金，为本村公益需要提供帮助；指定曾甲、曾乙为基金管理人。会议还决定曾某某基金仅继承曾某某遗产中位于抚州贸易广场的两间店铺，放弃其余遗产。会议成员均签字同意。曾甲作为曾某某基金管理人承诺同意村民会议的决定。曾甲作为遗嘱执行人要求李某某履行遗嘱内容，但被李某某以遗嘱无效为由拒绝。曾甲诉至法院，要求分割曾某某的遗产，并交由自己管理、使用。

一审法院经审理后认为：曾某某所立遗嘱为有效的代书遗嘱。曾某某与李某某签订的契约书合法有效。原告曾甲所要求分割并用于曾某某基金的遗产仅为位于抚州贸易广场的两间店铺，该遗产的价值远远低于曾某某夫妻共同财产价值的一半，其主张并不侵害被告李某某的合法权利。故判决支持曾甲的诉讼请求。

李某某认为，曾某某的"遗嘱"实属遗嘱信托，但又不能同时符合《继承法》和《信托法》的规定，应属无效，故提起上诉。

二审法院经审理后认为：曾某某的遗嘱对曾某某基金的设立、设立目的、运转及财产分配等均不明确，对于遗产由曾甲如何管理、使用也无要求。故曾甲要求分割遗产并由其按遗嘱予以管理、使用缺乏法律依据。遂撤销一审判决，驳回曾甲的诉讼请求。

曾甲、新坪村委会不服二审判决，申请再审。

再审法院经审理后认为：曾某某设立遗嘱的真实目的是以遗产成立基金会，用于公益事业，即用遗嘱的形式设立信托。遗嘱信托必须符合《继承法》和《信托法》的规定。新坪村委会所作的成立曾某某基金等决定，其行为突破了曾某某之遗嘱的内容，因曾某某的遗嘱并没有授权新坪村委会管理、使用和处分遗产。曾甲、曾乙虽然是遗嘱指定的曾某某基金管理人，但遗嘱对于曾某某基金的财产范围、受益人范围均没有明确，故该遗嘱所设立的信托无效。同时，该遗嘱内容过于简单，根本无法执行。据此，再审法院裁定驳回曾甲、新坪村委会的再审申请。

评析：本案中曾某某到律师事务设立的遗嘱，有姚某某、邓某某及律师徐某某见证，为有效的代书遗嘱。曾某某与李某某签订契约书，约定夫妻共同财产作其他用途时必须经双方同意。作此约定时，曾某某与李某某已办理结婚登记，成为合法夫妻。参照《最高人民法院关于适用〈中华人民共和国婚姻法〉若干问题的解释（一）》第 17 条第 2 项之规定"夫或妻非因日常生活需要对夫妻共同财产做重要处理决定，夫妻双方应当平等协商，取得一致意见"，此契约是关于夫妻双方任何方在婚姻关系存续期间非因日常生活需要使用夫妻共同财产的约定，其与婚姻法中关于一方擅自处分夫妻共同财产的规定也相一致，故该契约书合法有效。曾某某设立遗嘱是对自己死后财产的预先安排，而非法律规定的擅自处分夫妻共同财产的行为，故不能以此契约来否认夫妻任何一方所享有的设立遗嘱以对死后遗产进行处理的权利。因此，本案中遗嘱与契约书并不冲突，均合法有效。然而，曾某某所设立的遗嘱，除"从曾某某的财产中，每月支付护理人员费用"的内容明确了部分遗产的具体使用方式外，对剩余的遗产，其仅表明要通过遗嘱设立信托，并由曾甲、曾乙管理，并没有更为具体的内容。

本案发生时，我国《继承法》没有对遗嘱信托进行规定，但根据《信托法》第 8 条、第 12 条的规定，遗嘱人有权以遗嘱的形式设立信托，且必须同时遵守《继承法》关于遗嘱的规定与《信托法》关于设立信托的规定。曾某某所设立的遗嘱虽指定了"曾某某基金"的管理人，但对该基金的受益人范围并没有明确。依据《信托法》第 11 条的规定，受益人或者受益人范围不能确定的，信托无效。新坪村委会讨论决定成立曾某某基金，并对基金的管理、使用等情况均作出决定的行为，更是突破了曾某某之遗嘱的内容，曾某某的遗嘱并没有授权新坪村委会管理、使用和处分其遗产。因此，虽然曾某某的遗嘱是其真实意思表示，也应受法律保护，但其遗嘱内容除用遗产支付护理人员费用具有可执行性外，其余的内容过于简单，无法执行。这也导致其所设立的遗嘱信托无效。

需要说明的是，虽然民法典第 1133 条明确规定"自然人可以依法设立遗嘱信托"，但《信托法》关于以遗嘱设立信托的规定甚为简略，且两法间规则的协调、配合存在缺失，导致自然人设立遗嘱信托时难以有具体且可供遵循的法律依据。这些都有待法律的进一步完善。

▶▶ **第一千一百三十四条　自书遗嘱由遗嘱人亲笔书写，签名，注明年、月、日。**

🏛 条文要义

本条是对自书遗嘱的规定。

遗嘱是指自然人在生前按照法律的规定对自己的财产处分作出意思表示，安排与此有关的事务，并于死后发生法律效力的单方民事行为。

遗嘱的法律特征是：（1）遗嘱是无相对人的单方法律行为；（2）遗嘱是遗嘱人亲自作出的独立的法律行为；（3）遗嘱是于遗嘱人死亡后发生法律效力的法律行为；（4）遗嘱是要式法律行为。

遗嘱的主要形式是：（1）自书遗嘱；（2）代书遗嘱；（3）打印遗嘱；（4）录音录像遗嘱；（5）口头遗嘱；（6）公证遗嘱。

自书遗嘱也叫亲笔遗嘱，是指由遗嘱人亲笔书写的遗嘱形式。自书遗嘱不需要见证人参加，只要遗嘱人亲笔书写出自己的意思表示即可。自书遗嘱对遗嘱人没有特别要求，遗嘱人只要有文字书写能力，就可以独立作出自书遗嘱。

自书遗嘱应当符合以下要求：

（1）须由遗嘱人亲笔书写遗嘱的全部内容，不能让他人代写，而且只能由遗嘱人用笔将其意思记录下来。遗嘱的书写语言，可以是通用的汉语言，也可以是少数民族语言，还可以是外国语言，只要字迹清楚、意思完整、用词准确即可。

（2）须是遗嘱人关于其死亡后财产处分的正式意思表示，如果不是正式制作，仅是在日记或有关的信件中提到准备在其死亡后对其财产如何处理，不应认定为自书遗嘱。自书遗嘱只要求是遗嘱人处分遗产的真实意思的书面记载，也不要求有"遗嘱"的字样。如果遗嘱人在有关的文书中对其死亡后的事务作出安排，其中包括对其死亡后的财产处理作出安排，又无相反证明的，应当认定该文书为遗嘱人的自书遗嘱。

（3）须由遗嘱人签名，既证明遗嘱确为遗嘱人亲自书写，也证明遗嘱是遗嘱人的真实意思表示。遗嘱人的签名须由遗嘱人亲笔书写上自己的名字，而不能以盖章、捺印、画押等方式代替。至于签名后是否需要加盖遗嘱人的私章，法律没有强制要求，但也不加禁止。

（4）须注明年、月、日，不仅可以确定自书遗嘱的成立时间，在发生纠纷时方便辨明遗嘱的真伪，而且可以判明遗嘱人在立自书遗嘱时是否具有遗嘱能力，以确定遗嘱是否有效，还有助于辨明多份遗嘱的先后顺序，以确定哪份遗嘱是最后的具有法律效力的自书遗嘱。遗嘱中未注明日期的，或者所注的日期不具体的，例如只注明年、月，而未写日，遗嘱无效。

（5）增删或涂改时须签名并注明时间，否则，其涂改、增删的内容无效。

📋 配套司法解释

最高人民法院关于适用《中华人民共和国民法典》继承编的解释（一）

第二十七条 自然人在遗书中涉及死后个人财产处分的内容，确为死者的真实意思表示，有本人签名并注明了年、月、日，又无相反证据的，可以按自书遗嘱对待。

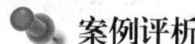 案例评析

陈甲等与赵某遗嘱继承纠纷案①

案情： 赵某与陈某于 1985 年 3 月 2 日登记结婚，双方均系再婚，婚后无共同子女。赵某与前夫育有赵甲、赵乙二名子女。陈某与前妻育有陈甲、陈乙、陈丙三名子女。1992 年 10 月 15 日，陈某与某建筑设计研究院签订了"公有住房买卖合同"，购买了房屋一套。该房屋登记所有权人为陈某、赵某。2012 年 5 月 30 日，陈某亲自书写遗嘱一份，遗嘱载明："……二、共有财产 1. 若本人先于赵某逝去，则由赵某继承我的份额。2. 俩人若都离世后共同财产五子女均分。"并签名，注明了年、月、

---

① 一审法院：北京市丰台区人民法院，案号：（2018）京 0106 民初 8926 号。二审法院：北京市第二中级人民法院，案号：（2020）京 02 民终 4299 号。

日。2012 年 6 月 1 日，陈某死亡。在陈某立遗嘱时，赵某亦同时书写了内容一致的遗嘱一份，内容为：若赵某先于陈某去世，其遗产由陈某继承，在俩人都离世后共同财产由五子女均分。在陈某去世后，赵某将自己同时书写的遗嘱撕毁。因遗产继承发生纠纷，赵某向一审法院提起诉讼，请求法院判决夫妻二人的共有房屋归其所有，赵甲、陈甲、陈乙、陈丙、赵乙协助赵某办理过户手续。一审法院经审理后认为，诉争房屋系夫妻二人在婚姻关系存续期间购买，属于夫妻共同财产，二人各占二分之一份额。属于陈某享有的份额，在其死亡后应作为遗产分割。陈某所设立的自书遗嘱，符合法律规定的形式要件，有效。故判决该房屋由赵某继承，赵甲、陈甲、陈乙、陈丙、赵乙于判决生效之日起 7 日内协助赵某办理房屋所有权变更登记手续。一审判决后，陈甲、陈乙、陈丙不服，一审提起上诉，要求改判案涉房屋由五子女平均享有或将该案发回重审。在二审中，陈甲、陈乙、陈丙将上诉请求变更为撤销一审判决，维持涉案房屋现状。二审法院经审理后认为，一审判决认定事实清楚、适用法律正确，遂予以维持。

评析：遗产是自然人死亡时遗留的个人合法财产。夫妻在婚姻关系存续期间所得的共同财产，除有约定的以外，如果分割遗产，应当先将共同所有的财产的一半分出为配偶所有，其余的为被继承人的遗产。自然人可以立遗嘱将个人财产指定由法定继承人中的一人或数人继承，但所立的遗嘱只能处分个人财产。本案中被继承人陈某所立遗嘱，为其本人书写，并签名，且注明了年、月、日，符合法律对自书遗嘱形式要件的规定，此外，该遗嘱所处理的财产也属于陈某个人的合法财产，故该遗嘱合法有效。同理，本案中赵某书写的遗嘱也符合法律对自书遗嘱的规定，也合法有效。在本案中，如果赵某先于陈某死亡，案涉房屋自当得由陈某继承。只有待夫妻二人均离世后，该共有财产才得由五子女均分。二审法院不支付陈甲、陈乙、陈丙现要求五子女继承陈某的遗产或维持案涉房屋现状的上诉请求正确。

民法典第 1134 条是将《继承法》第 17 条拆分而来的，延续了《继承法》第 17 条对自书遗嘱的规定。

▶▶ **第一千一百三十五条 代书遗嘱应当有两个以上见证人在场见证，由其中一人代书，并由遗嘱人、代书人和其他见证人签名，注明年、月、日。**

🏛 条文要义

本条是关于代书遗嘱的规定。

代书遗嘱亦称代笔遗嘱，是指由他人代为书写的遗嘱形式。遗嘱人无文字书写能力或者由于其他原因不能亲笔书写遗嘱的，为了保护遗嘱人的遗嘱自由，允许遗嘱人在符合法定条件的情形下，请他人代为书写遗嘱。代书遗嘱简便易行，节省费用，方便遗嘱人，而且我国民间遗嘱并未十分普及，有必要特设此方法以应需要。

代书遗嘱须符合以下要求：

（1）须由遗嘱人口授遗嘱内容，并由一见证人代书。遗嘱是必须由遗嘱人亲自进行的行为，不允许他人代理。在代书遗嘱中，遗嘱人也必须亲自表述自己处分财产的意思，进行口述，由他人代笔书写下来。代书人仅仅是遗嘱人口授遗嘱的文字记录者，不是遗嘱人的代理人，不能就遗嘱内容提出任何意见。代书人须忠实地记载遗嘱人的意思表示，而不得对遗嘱人的意思表示作篡改或修正。对于不会书写的聋哑人，也允许其订立代书遗嘱，但代书人、见证人应为会哑语或明白其意思的人。如果设立遗嘱的聋哑人为文盲，而代书遗嘱的代书人、见证人中又无人会哑语或明白其意思，则该代书遗嘱一般应当被认定为无效。

（2）须有两人以上在场见证。代书遗嘱作为非由遗嘱人亲笔书写的遗嘱，是否为遗嘱人真实意思的反映，必须得有措施作为保证。故本条规定代书遗嘱须有两人以上在场见证，以证明遗嘱真实记录了遗嘱人的意愿。遗嘱见证人便是参加代书遗嘱、能够证明代书遗嘱真实性的人。为了保证代书遗嘱的真实性，应当有两个以上见证人在场见证。如果只有代书人一人在场见证制作的代书遗嘱，不具有代书遗嘱的效力。

（3）须代书人、其他见证人和遗嘱人在遗嘱上签名，并注明年、月、日。代书人在书写完遗嘱后，应向遗嘱人宣读遗嘱，在其他见证人和遗嘱人确认无误后，在场的代书人、见证人和遗嘱人都须在遗嘱上签名，并注明年、月、日。遗嘱人可以用按指印来代替签名，因为法律规定代书遗嘱主要是因为有的人不具有自书遗嘱的能力，确实有许多人连自己的名字也不会写，所以，遗嘱人如确实不会书写自己的名字，可用按指印或者盖章方式代替签名，但遗嘱的见证人、能够书写名字的遗嘱人须在遗嘱上签名，而不能以按指印或盖章方式代替签名。

案例评析

范某诉李甲确认遗嘱继承效力纠纷案

案情： 范某早年丧夫，膝下有一儿李甲、一女李乙。现儿子已成家另过。女儿李乙远嫁湖北，与邢甲结为夫妇，并生育一子取名邢乙。双方因感情不和于2008年由法院判决离婚。婚生子邢乙随邢甲生活。2009年复经法院主持调解，李乙取得房屋所有权并办理了房屋所有权证书。2017年4月李乙患重病住院，清醒时委托二律师代写遗嘱，表明其房屋由其母亲范某继承，其他继承人不得干涉。该行为过程有录音录像资料为证。2017年4月25日李乙死亡。范某向法院提起诉讼，请求法院判定李乙所立遗嘱合法有效，李甲不得妨碍自己依法办理相关继承手续。法院认为，李乙所作遗嘱有效，李甲不得干预范某办理相关继承事宜，遂依法作出判决。

评析： 本案为一起代书遗嘱继承实现受阻的纠纷。案中被继承人李乙患重病住院后，在清醒状态下委托两名律师代写遗嘱。该行为过程有录音录像资料为证。其后，李乙死亡。依案发时生效的《继承法》对代书遗嘱的规定，此代书遗嘱合法有效。案中的原告范某既是遗嘱继承人又是第一顺序法定继承人，其继承李乙的房产任何人无权干涉。在被继承人所立代书遗嘱符合法律规定的代书遗嘱生效条件的情况下，李甲无权干涉范某继承房产。如果案中被继承人在遗嘱中没对遗产作全部处理，对没处理的部分就按法定继承规则继承，但因李甲仅为第二顺序继承人，故即使存在法定继承的情形，李甲仍无机会继承遗产。

民法典第 1135 条是将《继承法》第 17 条拆分而来的，延续了《继承法》第 17 条对代书遗嘱的规定。

> ▶▶ **第一千一百三十六条** 打印遗嘱应当有两个以上见证人在场见证。遗嘱人和见证人应当在遗嘱每一页签名，注明年、月、日。

🏛 条文要义

本条是关于打印遗嘱的规定。

《继承法》在遗嘱的形式中，没有规定打印遗嘱，主要是因为该法制定时电脑尚未普及，打印遗嘱还不是普遍存在的遗嘱形式。不过，至目前为止，其他国家正式承认打印遗嘱之效力的还不多见。本条规定打印遗嘱的效力，是根据实际情况作出的规定，弥补了我国遗嘱形式的空白，适应了社会和司法实践的需要。

打印遗嘱是指遗嘱人通过电脑制作，用打印机打印出来的遗嘱。在电脑应用普及之后，已经很少有人用笔写作，通过电脑写作和打印已经是书写的常态。近年来，很多人制作遗嘱都是用电脑写作，之后用打印机打印出来，形成打印遗嘱。由于《继承法》没有规定打印遗嘱这种遗嘱形式，因而在司法实践中对打印遗嘱的效力存在较多争论，有的认为是自书遗嘱，有的认为是代书遗嘱，其实都不准确。

在民法典编纂的过程中立法机关经反复研究讨论后认为，对打印遗嘱不规定是不正确的，但是，将其认定为自书遗嘱也不完全正确。首先，在整个社会的书写方式已经变为电脑写作的情况下，不承认打印遗嘱的效力，不是实事求是的态度，也会给司法实践确定遗嘱的效力造成困惑和麻烦，很难统一裁判尺度。其次，笼统地认定打印遗嘱就是自书遗嘱也不正确。尽管打印遗嘱也是遗嘱人自己写出来的，带有自书遗嘱的性质，但是，自书遗嘱靠的是遗嘱人亲笔书写的字迹的真实性，来判断遗嘱是否为遗嘱人的真实意思表示。虽然打印遗嘱是遗嘱人在电脑上亲自写作形成的，但是，电脑写作不具有亲笔书写文字的身份特征，因而，无法依据打印遗嘱中的打印文字来确定遗嘱是否为当事人的真实意思表示。在这种情况下，要确定打印遗嘱是否为遗嘱人的真实意思表示，就必须明确规定确认遗嘱真实性的其他条件，使人能够依据这些条件来确定遗嘱是否为遗嘱人的真实意思表示。

鉴于打印遗嘱应用的普遍性和判断的复杂性,本条采纳专家的意见,规定打印遗嘱是法定的遗嘱形式,符合条件的,应当确认其法律效力。

打印遗嘱有效的条件是:(1)遗嘱为电脑制作、打印机打印出来的文本形式。(2)打印遗嘱应当有两个以上见证人在场见证,并在打印遗嘱文本的每一页都签名。(3)遗嘱人在遗嘱文本的每一页都签名。(4)最后注明年、月、日。具备了这些要件,打印遗嘱便发生遗嘱效力。

从目前来看,打印遗嘱有效的条件确实有点高,比代书遗嘱的条件还要严格。不过,这都是为了保证打印遗嘱的真实性,确定遗嘱人的真实意思表示。对此,在实践中还可以再检验一下这样规定的效果。

📄 配套司法解释

最高人民法院关于适用《中华人民共和国民法典》时间效力的若干规定

第十五条 民法典施行前,遗嘱人以打印方式立的遗嘱,当事人对该遗嘱效力发生争议的,适用民法典第一千一百三十六条的规定,但是遗产已经在民法典施行前处理完毕的除外。

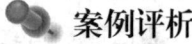 案例评析

李甲等人诉李丁、李丙继承纠纷案①

案情:李某某与谢某某于 1984 年 6 月登记结婚,双方均系再婚。二人结婚时,双方子女均已成年。双方购置房屋一套并登记在李某某名下。1993 年 8 月 20 日李某某亲笔立下遗嘱,将房屋及家具设备全部留给李丙一人继承,谢某某只可终身居住使用。2010 年 2 月 21 日李某某留下打印遗嘱一份,其在打印店打印好遗嘱带回家签字时有律师杨某、段某在场见证。遗嘱表明因李甲放弃生意照顾自己,故从其房款中拿出 5 万元优先补贴李甲,余款再由四个子女共同继承。李某某去世后,李甲等人诉至法院,要求分割遗产。一审法院认为:李某某留下的打印遗嘱仅有本人签名,既没有见证人在场,也没有代书人打印员的签名,不符合代书遗嘱的形式要件,故认定该份遗嘱无效。李某某亲笔立下的遗嘱是其真实意思表示,符合自书遗嘱的基本要求。考虑到李甲、李丁也对父亲李某某尽了更长时间的照顾义务,本着公平合理、家庭和睦的原则,在确认该份遗嘱合法有效的前提下,酌定李某某享有的房产份额由李丙、李甲、李丁平均继承,李某某的其余遗产依法定继承办理。二审法院

---

① 审理法院:一审法院为重庆市荣昌县人民法院,案号:(2012)荣法民初字第 00988 号。二审法院为重庆市第五中级人民法院,案号:(2013)渝五中法民终字第 00062 号。再审法院为重庆市高级人民法院,案号:(2015)渝高法民抗字第 00004 号。

认为，李某某所立打印遗嘱，虽非其亲笔书写，但鉴于其年逾90，亲自书写有一定困难，故以打印后签名设立，且签字确认时有两名律师见证，该遗嘱应被视为自书遗嘱。故对其遗产应依该遗嘱办理，遗嘱中涉及谢某某的财产部分无效。再审法院认为，案中两律师既未见证打印遗嘱的制作过程，也不是遗嘱的代书人与遗嘱见证人，其只能作为证人证明李某某在该遗嘱上的签名为真实，李某某所留的打印遗嘱不符合自书遗嘱与代书遗嘱的法律要件，属无效遗嘱。李某某自书遗嘱有效，原一审法院判决既符合法律规定，又兼顾情理，对此应予以认可。

评析： 案中李某某的打印遗嘱是由李某某口述、打印店工作人员代为打印的，从遗嘱的形成看，不符合自书遗嘱的法律要件，故不属自书遗嘱。依案发时生效的《继承法》对代书遗嘱的规定，代书遗嘱均应有两个以上见证人在场见证，由其中一人代书，注明年、月、日，并由代书人、其他见证人在场见证。而此遗嘱只有遗嘱人本人签字，无代书人签字，在该遗嘱上签字的两律师也并未见证该遗嘱的形成过程，所以两律师既不是遗嘱的代书人，也不能称为法律意义上的遗嘱见证人，其只能作为证人证明李某某在该遗嘱上的签名为真实，故该遗嘱也非代书遗嘱，自属无效。该案如果发生于民法典生效后，该打印遗嘱制作时如果有两个以上的合法见证人在场见证，且与遗嘱人一并在遗嘱的每一页签名，最终注明年、月、日，那么该遗嘱将会成为打印遗嘱这一新的遗嘱形式，且具有法律效力。

> ▶▶ **第一千一百三十七条** 以录音录像形式立的遗嘱，应当有两个以上见证人在场见证。遗嘱人和见证人应当在录音录像中记录其姓名或者肖像，以及年、月、日。

🏛 条文要义

本条是对录音录像遗嘱的规定。

《继承法》只规定了录音遗嘱形式，规定的条件也比较简单：两个见证人在场见证。本条规定，一是增加录像遗嘱形式；二是增加规定两个以上的见证人在场见证时，遗嘱人和见证人还应当在录音录像中记录其姓名或者肖像，以及年、月、日。

录音录像遗嘱是一种新型的遗嘱方式，是指以录音或者录像方式录制下来的遗嘱人的口述遗嘱。其实就是视听遗嘱。在录像遗嘱中，自然包括录音，而录音就不一定有录像。按照当前的技术发展，制作视频并不存在较大难度，差不多有手机的人都会制作视频。其实，将录音录像遗嘱改为视频遗嘱更为妥当。当然，就目前来说，仍然有单纯的录音遗嘱存在的可能性。因此，将录音录像遗嘱分为两种不同方式的遗嘱，还是比较妥当。

录音录像遗嘱应当符合下列条件：（1）须有两个以上的见证人在场见证，见证人应当把各自的姓名、性别、年龄、籍贯、职业、所在工作单位和家庭住址等基本情况予以说明。(2) 须由遗嘱人亲自叙述遗嘱的内容，内容应当具体，对有关财产的处分，应当说明财产的基本情况，说明财产归什么人承受。(3) 须遗嘱人、见证人将有关视听资料封存，并签名、注明日期，以确定遗嘱的订立时间。(4) 须当众开启录音录像遗嘱，在继承开始后，在参加制作遗嘱的见证人和全体继承人到场的情况下，当众启封，维护录音录像遗嘱的真实性。

具备这些条件的录音录像遗嘱，发生法律效力。

比较困难的是，在录音录像中，怎样能做到"遗嘱人和见证人应当在录音录像中记录其姓名或者肖像，以及年、月、日"。如果对录音录像遗嘱的真实性发生争议，就目前的技术来看，遗嘱人和见证人应当在录音录像遗嘱中说明自己的姓名，录像遗嘱中应当留有肖像，并且述说年月日。在核对其真实性时，应当通过声纹鉴定和肖像比对来确认遗嘱人和见证人的身份、日期和遗嘱内容的真实性。

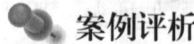 **案例评析**

闫甲诉闫乙遗产纠纷案

案情：闫甲与闫乙为同胞兄弟，其母亲张某某生有三子二女，长子为闫甲，幼子为闫乙。张某某名下有58平方米的房屋一套。张某某晚年生病期间全凭闫甲照顾，生活和医疗各项费用也都由闫甲负担。基于其他子女没有尽到全部的赡养义务，张某某于2016年1月21日在两位律师的见证下，由他人代书，立下了内容为自己逝世后所有财产都由闫甲继承的遗嘱。遗嘱由闫甲保管。2018年1月20日，张某某逝世，留下的房屋实际上为闫乙控制。闫甲提起诉讼，要求依遗嘱继承房屋等财产后，闫乙提供了另外一份遗嘱和录像，认为房屋应由自己继承。该遗嘱由闫乙之妻代写，张某某按的手印。录像显示的是有位邻居问张某某财产是否都由幼子继承，张某某只以"嗯"应答，而没有独立的表述。法院认为：闫甲提供的代书遗嘱，其形式和内容均符合法律规定，故有效。而闫乙提供的录像和代书遗嘱中，遗嘱人在录像中对于诉争房屋如何处理无清晰、完整的表述，而是在提问人引导性提问下被动应答，不能据此确定张某某的真实意思表示，且代书人是小儿媳，与继承人具有利害关系，故法院对该录像和代书遗嘱的效力不予认定。

评析：本案中闫乙提供了录像和代书遗嘱，录像的内容显示被继承人是在提问人引导性提问下被动简单应答，无被继承人对诉争房屋如何处理的清晰、完整表述，不能据此确定张某某的真实意思表示，不符合案发时有效的《继承法》对录音遗嘱之构成要件的规定，故录像中仅有的内容不足以构成录音录像遗嘱，法院对该录像的效力不予认定正确。案发时，虽然我国《继承法》仅有录音遗嘱的规定，即以录音形式设立的遗嘱应当有两个以上见证人在场见证，但如果录像里的音频内容能够清楚表达遗嘱人设立遗嘱的真实意愿，其当然构成有效的录音遗嘱。

▶▶ **第一千一百三十八条**　遗嘱人在危急情况下，可以立口头遗嘱。口头遗嘱应当有两个以上见证人在场见证。危急情况消除后，遗嘱人能够以书面或者录音录像形式立遗嘱的，所立的口头遗嘱无效。

🏛 条文要义

本条是关于口头遗嘱的规定。

口头遗嘱是指在危急情况下，由遗嘱人口头表述，由见证人予以见证的遗嘱，也称口授遗嘱。口头遗嘱应当有两个以上见证人在场见证。危急情况解除后，遗嘱人能够以书面或者录音形式立遗嘱的，所立的口头遗嘱无效。

口头遗嘱须具备以下条件：

（1）须遗嘱人处于危急情况下，不能以其他方式设立遗嘱。危急情况是指遗嘱人生命垂危、在战争中或者发生意外灾害，随时都有生命危险，来不及或无条件设立其他形式遗嘱的情况。如果遗嘱人不处于危急情况，可以通过自书、代书、公证等其他的方式设立遗嘱，则无适用口头遗嘱的余地。即使遗嘱人立了口头遗嘱，该口头遗嘱也无效。

（2）须有两个以上的见证人在场见证。订立口头遗嘱必须有两个以上的与遗产继承无利害关系的见证人在场见证。见证人应当与遗产继承无利害关系，将遗嘱人口授的遗嘱记录下来，并由记录人、其他见证人签名，注明年、月、日。见证人无法当场记录的，应于事后追记、补记遗嘱人口授的遗嘱内容，并于记录上共同签名，并注明年、月、日，以保证见证内容的真实、可靠。

（3）须不存在危急情况解除后，遗嘱人能够利用其他形式立遗嘱的情形。一旦危急情况解除，在一定时间内遗嘱人应当另立遗嘱，否则，即使遗嘱人没有另立遗嘱，该口头遗嘱也失去法律效力。

本条没有明确在危急情况解除后，遗嘱人应于多长时间内另立遗嘱，即没有规定口头遗嘱的有效期间。口头遗嘱属遗嘱的简易方式，在不得已时使用，因而设立有效期间十分必要。通常认为在危急情况解除后，口头遗嘱经过三个月而失其效力，以保障遗嘱的真实性。如果遗嘱人于危急情况解除后三个月内仍未设立其他形式遗嘱的，则对其所立的口头遗嘱不予认可。

🔘 案例评析

杨甲诉杨乙等继承纠纷案[①]

案情：杨某和郭某系夫妻关系，双方生育五个子女，分别为杨乙、杨丙、杨丁、

---

① 审理法院：天津市河西区人民法院，案号：（2018）津 0103 民初 3409 号。

杨戊、杨甲。杨某于 1999 年 7 月 1 日因病去世，郭某于 2013 年 12 月 11 日因病去世。杨某、郭某的父母均早于二人去世。杨某、郭某留有登记在杨某名下的房屋一套。杨甲因遗产继承诉到法院。杨乙辩称：父母口头遗愿并告知亲属、朋友及邻里，由杨乙继承杨某、郭某所有的房屋。法院认为，根据杨乙提供的证人出庭证言及书面证言，杨某、郭某陈述诉争房屋归杨乙所有时不处于危急情况，且诸位证人均系在不同时间、不同场合听到上述内容，时间跨度较大，缺少口头遗嘱的危急情况这一构成要件，故对于杨乙的此抗辩意见，不予采纳。故杨某、郭某的遗产依法定继承办理。

评析：案中杨乙主张杨某、郭某有口头遗愿并告知亲属、朋友及邻里，由杨乙继承诉争房屋，但其提供的证人出庭证言及书面证言均显示，杨某、郭某陈述诉争房屋归杨乙所有时并非处于危急情况，且诸位证人均系在不同时间、不同场合听到上述内容，非同时在场，且时间跨度较大。依案发时《继承法》对口头遗嘱的规定，遗嘱人只有在危急情况下方可设立口头遗嘱，且必须同时有两个以上见证人在场见证。案中杨乙举证证明的情形不符合口头遗嘱的法定构成要件，杨某、郭某的陈述不构成口头遗嘱，法院不予认可正确。

> ▶▶ **第一千一百三十九条　公证遗嘱由遗嘱人经公证机构办理。**

🏛 条文要义

本条是关于公证遗嘱的规定。

公证遗嘱是指通过法律规定的公证形式订立的，有关订立程序和形式都由法律规定的遗嘱。公证遗嘱与遗嘱公证不同：遗嘱公证是公证处按照法定程序证明遗嘱人设立遗嘱行为真实、合法的活动。公证遗嘱是最为严格的遗嘱，较之其他的遗嘱方式更能保障遗嘱人意思表示的真实；发生继承纠纷时，公证遗嘱是证明遗嘱人处分财产的意思表示真实、可靠的证据。

公证遗嘱的办理要求是：

（1）须由遗嘱人亲自申办。立遗嘱人应当亲自作出遗嘱，亲自申办公证，提供有关证件和材料，不能由他人代为办理遗嘱公证。当事人确有困难（如因病或者其他原因），不能亲自到公证机关办理公证的，可以要求公证人员到其住所或者临时处所办理遗嘱公证。但无论在何种情形下，遗嘱人不能由他人代为办理遗嘱公证。

（2）须遗嘱人于公证员面前亲自书写遗嘱或者口授遗嘱。遗嘱人提供自书或者代书的遗嘱或者遗嘱草稿，由公证人员对该遗嘱或者遗嘱草稿进行审核，由遗嘱人签名确立公证遗嘱；如果遗嘱人未提供遗嘱或者遗嘱草稿的，公证人员可以根据遗嘱人的意思表示代为起草遗嘱，并由遗嘱人核对、签名。遗嘱人也可以在有两个以上的公证人员参加的情形下，在公证人员面前以书面或口头表述出遗嘱的内容来确立公证遗嘱。遗嘱人亲笔书写遗嘱的，要在遗嘱上签名或盖章，并注明年、月、日；遗嘱人口授遗嘱的，由公证人员作出记录，然后公证人员须向遗嘱人宣读，经确认无误后，由在场的公证人员和遗嘱人签名盖章，并应注明设立遗嘱的地点和年、月、日。

（3）须公证员遵守回避的规定。以公证方式订立遗嘱，必须遵守法律、法规有关公证管理的规定。为保证公证遗嘱的真实性，遗嘱人与公证人员有近亲属身份关系的，公证人员应当回避；遗嘱人认为出场办理公证的人员有某种利害关系，会影响公证的，有权要求公证人员回避。遗嘱人要求公证人员回避时，公证人员应当回避，由公证机关另行派出公证人员。违反公证管理规则订立的遗嘱，不能产生公证遗嘱的效力。

（4）须公证员依法作出公证。对于符合下列条件的，公证处应当出具公证书：1）遗嘱人身份属实，具有完全民事行为能力；2）遗嘱人意思表示真实；3）遗嘱人证明或者保证所处分的财产是其个人财产；4）遗嘱内容不违反法律规定和社会公共利益，内容完备，文字表述准确，签名、制作日期齐全；5）办证程序符合规定。不符合前述条件的，应当拒绝公证。

应当注意的是，公证人员对遗嘱的真实性、合法性的审查只能是形式上的，而不应也不能是实质上的。对遗嘱内容进行实质性审查是不合理的，因为这样做既不符合公证工作的保密原则，也容易延长办理公证的时间；同时也是不必要的，因为遗嘱内容是否有效是以遗嘱人死亡时的状态来确定的，于遗嘱设立时尚无法确定。

案例评析

张甲与周某遗嘱继承纠纷案[①]

案情：周某与张某系夫妻，双方均系再婚，婚后无子女。张甲系张某与前妻所生女儿。位于德阳市河东区、登记在张某名下的房屋系张某和周某的夫妻共同财产。位于绵阳市涪城区、登记在周某名下的房屋系周某继承其母亲陈某仪遗产所得。登记在张甲名下的车辆系张某和周某的夫妻共同财产：在张某生前，周某曾表示愿意将该车辆赠与张甲；在张某去世前，该车辆已经转移登记至张甲名下。另外，张某名下另有适量存款及股权。2019年12月23日，张某在德阳市旌湖公证处立有公证遗嘱，遗嘱载明："我的父亲系张某德（已去世），母亲系皮某贞（已去世），配偶系周某，我与前妻谢某群生育一女系张甲，我与周某再婚后，未生育子女，未领养子女，有继女莫某薇和继女周某苑，二继女均已成年，不存在抚养关系。我有登记在我名下的位于德阳市河东区商品房一处。现在我虽患病，但思维清晰，能自愿表达

---

① 审理法院：四川省德阳市旌阳区人民法院，案号：（2020）川0603民初474号。

自己的真实意思。为避免将来发生遗产继承纠纷，特自愿立此遗嘱：我去世后，上述房产中属于我的份额及我名下的其他财产都遗留给我的女儿张甲一人继承，且不作为张甲的夫妻共同财产。"2019 年 12 月 31 日，张某生病去世。张甲主张依张某所立公证遗嘱继承遗产时，周某主张该公证遗嘱形式合法，但违背社会公序良俗，系无效遗嘱，不同意张甲继承遗产。故张甲以周某为被告诉至法院，请求法院依法判决其依照张某的遗嘱继承应得遗产。

评析：公证遗嘱是我国《继承法》所规定的效力最高的遗嘱，它可排除自书遗嘱、代书遗嘱、录音遗嘱、口头遗嘱。当因公证遗嘱发生纠纷产生诉讼时，法院应当对公证遗嘱是否为遗嘱人的真实意思表示、是否符合法律规定的形式要件进行审查。法院对于违反公证程序的公证行为可以不作效力上的评判，但对于违反公证程序的公证遗嘱能否作为定案的依据，应当依照民事证据规定进行审核。本案中张某所立公证遗嘱，无论是形式还是内容，均不违反公证遗嘱的相关规定。张某在公证遗嘱中也仅对属于自己的遗产份额进行了处理，其妻周某也并非缺乏劳动能力又没有生活来源的继承人，故无违背公序良俗之情形。案涉车辆已经在张某生前进行了处分，且该处分行为实基于周某与张某的共同意愿，故该车辆不是本案的遗产范围。因此，张某的遗产自应按照其公证遗嘱载明的内容由其女儿即本案原告张甲继承。

另需注意的是，民法典已取消了公证遗嘱的优先效力，且民法典已生效，故不同类型遗嘱效力的确定应以所立遗嘱的时间为标准，公证遗嘱不再具有最高的法律效力。

民法典第 1139 条是将《继承法》第 17 条拆分而来的，延续了《继承法》第 17 条对公证遗嘱的规定。

> ▶▶ **第一千一百四十条** 下列人员不能作为遗嘱见证人：
> （一）无民事行为能力人、限制民事行为能力人以及其他不具有见证能力的人；
> （二）继承人、受遗赠人；
> （三）与继承人、受遗赠人有利害关系的人。

🏛 条文要义

本条是关于遗嘱见证人资格的规定。

与《继承法》的规定相比较，本条增加了"其他不具有见证能力的人"不能作为遗嘱见证人，即其他不具有见证能力的人不具有遗嘱见证人的资格。

遗嘱见证人是指订立遗嘱时亲临遗嘱制作现场，对遗嘱的真实性予以证明的第三人。除自书遗嘱之外，其他各种遗嘱皆须有见证人参与，是借此确保遗嘱的真实及其他方式的正确，因而见证人及其信用如何、遗嘱见证人证明的真伪，直接关系到遗嘱的效力。

遗嘱见证人必须是能够客观、公正地证明遗嘱真实性的人，应当具备以下条件：（1）具有完全民事行为能力；（2）与继承人、遗嘱人没有利害关系；（3）知晓遗嘱所使用的语言。

本条规定的是遗嘱见证人的资格限制：（1）无民事行为能力人、限制民事行为能力人以及其他不具有见证能力的人，不能做见证人。见证人是否具有民事行为能力，应当以遗嘱见证时为准。如果于遗嘱人立遗嘱时为有完全民事行为能力人，而其后丧失民事行为能力的，不影响遗嘱见证的效力。（2）继承人、受遗赠人不能作为见证人，是因为他们与遗嘱有着直接的利害关系，由他们做见证人难以保证其证明的客观、真实，易生弊端。（3）与继承人、受遗赠人有利害关系的人，是继承人、受遗赠人能否取得遗产、取得多少遗产会直接影响其利益的人，故不能作为见证人。此类人包括继承人、受遗赠人的近亲属，以及继承人、受遗赠人的债权人和债务人、共同经营的合伙人。

遗嘱见证能力，是指能够辨别遗嘱人设立遗嘱时的具体精神状况和遗嘱内容是否真实的能力。见证人是否具有见证能力，应当以参加设立遗嘱的见证时为准。在本条中，使用的是"其他不具有见证能力的人"。所谓其他，针对的是无民事行为能力人和限制民事行为能力人之外的不具有见证能力的人。例如，虽然具有完全民事行为能力，但是智力发育不够健全的人，不能辨别遗嘱人设立遗嘱时的精神状况是否符合设立遗嘱的要求，对遗嘱内容是否真实缺乏正常的判断能力，都属于"其他不具有见证能力的人"。这些人不能作为遗嘱见证人，作了遗嘱见证人也不具有遗嘱见证的效力，会导致其所见证的遗嘱无效的后果。

不具备遗嘱见证人资格的人不能作为遗嘱的见证人，其所作的见证不具有法律效力。

遗嘱见证人见证的事项包括：（1）立遗嘱人的遗嘱能力，遗嘱人是不是完全民事行为能力人。（2）立遗嘱时的情况，主要是遗嘱人立遗嘱时是否出于自愿、有无受不当影响。在口头遗嘱中，遗嘱见证人还应当证明遗嘱人当时所处的危急情况。（3）记录遗嘱内容。在代书遗嘱或口头遗嘱中，均应当由其中一名见证人代书以记录遗嘱内容。（4）进行签名并注明年、月、日。在代书遗嘱、录音录像遗嘱中，有关见证人应当在代书的遗嘱与封存的磁带上签名，并注明年、月、日。

目 配套司法解释

最高人民法院关于适用《中华人民共和国民法典》继承编的解释（一）

第二十四条　继承人、受遗赠人的债权人、债务人，共同经营的合伙人，也应当视为与继承人、受遗赠人有利害关系，不能作为遗嘱的见证人。

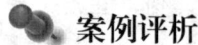**案例评析**

宋甲诉宋乙等继承纠纷案①

案情：宋甲、宋乙、宋丙、宋丁、宋戊、宋己系兄弟姐妹关系，其父亲宋某于1974年去世。宋某去世前所居住的房屋为公有住房，去世后由其妻杨某一直居住，杨某于1992年6月按房改房价格购买该房屋。2003年7月因拆迁安置，该房屋被置换为涉案房屋。2003年5月杨某曾作证明及遗嘱各一份，证明上写明其委托他人代书作遗嘱，并请人帮忙证明，有声明人杨某签章、捺印，代书人苏某，证明人赵某、田某签名。遗嘱注明了年、月、日，并由代书人、两名见证人及遗嘱人签章、捺印。遗嘱中将杨某所有的遗产留给宋甲继承。2014年10月杨某去世后，宋甲诉至法院，请求法院判令宋乙等五人协助自己办理房屋过户手续。法院认为，庭审中遗嘱代书人、见证人均符合法律规定，遗嘱也符合代书遗嘱的形式要件，故对遗嘱的法律效力予以确认，自应按遗嘱办理。

评析：本案中杨某留有代书遗嘱，对自己的遗产进行了处分，而宋乙等五人对宋甲所提供的该代书遗嘱予以质疑并请求法院宣布无效。经查，该代书遗嘱注明了年、月、日，并由代书人、两名见证人及遗嘱人签章、捺印。其中，遗嘱代书人均符合《继承法》对代书遗嘱的规定，遗嘱见证人的资格也符合法定条件，并不存在《继承法》所列举的会导致代书遗嘱无效的情形。本案中代书人、见证人不仅符合法定条件，而且均到庭作证以证明杨某设立遗嘱将自己的遗产留给宋甲的真实意愿，而宋乙等五人不能提供相反的证据予以推翻。故该代书遗嘱真实有效。宋乙等五人的请求不应得到支持。

> ▶▶ **第一千一百四十一条**　遗嘱应当为缺乏劳动能力又没有生活来源的继承人保留必要的遗产份额。

🏛 条文要义

本条是关于必留份的规定。

必留份又称必继份，是指被继承人在遗嘱处分自己的遗产时，必须依法留给特定继承人、不得自由处分的遗产份额。必留份制度，其本质是为了保障对财产有急迫需要的法定继承人的利益，排除被继承人相关遗嘱的适用，强制将被继承人遗产中的一部分无负担地划归法定继承人继承的权利保障制度。本条规定的遗嘱应当对缺乏劳动能力又没有生活来源的继承人保留必要的遗产份额，就是必留份。

---

① 审理法院：江苏省连云港市海州区人民法院，案号：（2018）苏 0706 民初 716 号。

在实践中，对被继承人的财产有急迫需要的法定继承人，往往与被继承人存在扶养等关系。在社会福利保障尚不健全的情况下，基于此类法定继承人既"缺乏劳动能力又没有生活来源"的"双无"情况，如果让其失去继承遗产的机会，其生存都有困难。同时，被继承人生前多对他们负有法律上的扶养、抚养甚至赡养等义务，尽管被继承人死后，其对他们已不存在法律上的义务，但在被继承人死亡时如留有遗产，且法定继承人缺乏劳动能力又无生活来源的状况仍然存在，法律便不允许被继承人以遗嘱的方式来排除他们继承必要遗产的权利。尽管被继承人死后不再对曾经的被扶养人具有法定义务，但基于被扶养与被继承人间存在血亲关系及他们对遗产的客观需要，被继承人死后留下部分遗产归其所有，既遵从了人道主义精神，更与传统伦理道德相符。因此，关于"双无"继承人享有必留份的规定，既符合遗产在血亲内流动的继承原理，也能缓解社会保障制度的压力，还能兼顾伦理道德及社会感情，客观上能取得较好的效果。所以，满足条件的法定继承人均有资格从被继承人的遗产中享有必留份。

遗嘱非法处分必留份的，该部分遗嘱内容无效。

必留份的意义是：（1）对遗嘱自由给予一定的限制；（2）有利于保护那些缺乏劳动能力又无生活来源的继承人的利益；（3）减轻社会的负担，以防遗嘱人将应当由家庭承担的义务推给社会。

享有必留份的继承人须同时具备缺乏劳动能力和没有生活来源两个条件。有劳动能力而没有生活来源，或者缺乏劳动能力而有生活来源的继承人，都不在此列。法定继承人是否为缺乏劳动能力又无生活来源的人，应以继承开始时为准，不能以遗嘱人立遗嘱时为准。

在遗嘱中未为缺乏劳动能力又没有生活来源的继承人保留必要的遗产份额时，遗嘱并非全部无效，而是涉及处分必留份遗产的遗嘱内容无效，其余内容仍有效。遗产处理时，应当为必留份权利人留下必要的遗产，对于剩余的部分参照遗嘱确定的分配遗产方法处理。

📑 配套司法解释

最高人民法院关于适用《中华人民共和国民法典》继承编的解释（一）

第二十五条　遗嘱人未保留缺乏劳动能力又没有生活来源的继承人的遗产份额，遗产处理时，应当为该继承人留下必要的遗产，所剩余的部分，才可参照遗嘱确定的分配原则处理。

继承人是否缺乏劳动能力又没有生活来源，应当按遗嘱生效时该继承人的具体情况确定。

案例评析

曲乙诉刘某某、曹乙法定继承纠纷案

案情：曹甲与曲甲于 2002 年 12 月登记结婚，2003 年 12 月生子曲乙。2007 年 6

月，曹甲与曲甲经法院调解离婚，婚生子曲乙由曲甲抚养。2010 年 12 月，曹甲与刘某某登记结婚，婚后夫妻共同财产为房屋一栋。2016 年 6 月曹甲因身患重病设立公证遗嘱，将其现住房、住房公积金、养老保险金属于个人所有的份额指定由曹乙继承。曹甲去世后，2017 年 8 月曹乙将刘某某诉至法院，要求继承曹甲的遗产。经法院调解，房屋及曹甲的住房公积金、养老保险金归刘某某所有，由刘某某给付曹乙财产差价款，曹甲的债务由刘某某负责偿还，曹甲给付刘某某应承担份额款。2018 年 8 月，曲乙诉至法院，请求依法判令刘某某、曹乙给付曲乙应得的遗产份额。法院认为，遗嘱应当对缺乏劳动能力又没有生活来源的继承人即曲乙保留必要的遗产份额，作为曹甲完全遗产继承人的曹某某，应将法律规定的必留份返还给曲乙。

评析：本案中被继承人曹甲立遗嘱时将其个人财产全部赠与其侄子曹乙，而没有给年仅 12 岁的曲乙留下任何遗产份额，当时的曲乙既没劳动能力又没有生活来源。依案发时有效的《继承法》对必留份制度的规定，本案中遗嘱人应当为缺乏劳动能力又没有生活来源的继承人保留必要的遗产份额，然而，遗嘱人并没有这样做，故该遗嘱因违反法律对必留份的强制性规定而部分无效。在我国，抚养未成年和丧失劳动能力的子女、赡养父母是我国公民的法定义务。本案中被继承人曹甲去世前，有权以遗嘱对自己的财产进行处分，但其应该为缺乏劳动能力又没有生活来源的曲乙保留必要的遗产份额，故法院判令刘某某、曹乙从其所继承的遗产中返还适当的必要遗产份额给曲乙正确。

民法典第 1141 条延续了《继承法》第 19 条的规定，因此，本案若发生在民法典生效之后，将会出现相同的裁判效果。

> ▶▶第一千一百四十二条 遗嘱人可以撤回、变更自己所立的遗嘱。
>
> 立遗嘱后，遗嘱人实施与遗嘱内容相反的民事法律行为的，视为对遗嘱相关内容的撤回。
>
> 立有数份遗嘱，内容相抵触的，以最后的遗嘱为准。

🏛 条文要义

本条是关于遗嘱撤回、变更和遗嘱效力冲突的规定。

遗嘱撤回是指遗嘱人在订立遗嘱后通过一定的方式取消原来所立的遗嘱。

遗嘱变更是指遗嘱人在订立遗嘱后对遗嘱内容的部分修改。

遗嘱人撤回或变更遗嘱的条件是：（1）遗嘱人须有遗嘱能力。（2）须为遗嘱人的真实意思表示。（3）须由遗嘱人亲自依法定的方式和程序为之：1）明示方式。这是指遗嘱人以明确的意思表示撤回、变更遗嘱。2）推定方式。这是指遗嘱人虽未以明确的意思表示撤回、变更遗嘱，但法律根据遗嘱人的行为推定遗嘱人撤回、变更了遗嘱。以下推定不许当事人以反证推翻：遗嘱人立有数份遗嘱且内容相抵触的，推定撤回、变更之前的遗嘱；遗嘱人生前的行为与遗嘱的内容相抵触的，推定遗嘱撤回、变更；遗嘱人故意销毁、涂销遗嘱的，推定遗嘱人撤回原遗嘱。

遗嘱撤回或者变更只要符合撤回或者变更的条件，自作出之时即发生效力。遗嘱撤回或者变更的效力是，使被撤回或者变更的遗嘱内容不生效力：

（1）遗嘱撤回的，自撤回生效时起，被撤回的遗嘱作废，以新设立的遗嘱为遗嘱人处分自己财产的真实意思表示，依新设立的遗嘱来确定遗嘱的效力和执行。遗嘱撤回后遗嘱人未设立新遗嘱的，视为被继承人未立遗嘱。

（2）遗嘱变更的，自变更生效时起，以变更后的遗嘱内容为遗嘱人的真实意思表示，应依变更后的遗嘱来确定遗嘱的有效或者无效，依变更后的遗嘱执行。即使变更后的遗嘱内容无效而原遗嘱内容有效的，也应按变更后的遗嘱内容确认遗嘱无效。

（3）立有数份遗嘱，内容相抵触的，应当视为后设立的遗嘱取代或者变更了原设立的遗嘱。因此，遗嘱人设立数份内容抵触的遗嘱的，应当以最后设立的遗嘱为准，即"遗嘱设立在后效力优先"。

本条中特别重要的新规则是，数份遗嘱内容抵触时以最后的遗嘱为准。这替代了"公证遗嘱优先"的错误规则。一个遗嘱人立有数份遗嘱，内容相抵触时，不看设立遗嘱的时间先后，而是以公证遗嘱具有最高效力，而且任何形式的遗嘱都不能变更、撤销公证遗嘱，就有可能将不代表遗嘱人真实意思的公证遗嘱的效力绝对化。其后果是，遗嘱人在设立公证遗嘱之后，想变更遗嘱或者撤回遗嘱，都必须通过公证遗嘱的方式才能实现。如果临终之前遗嘱人想要撤回或者变更以前的公证遗嘱，而公证机构不能及时作出新的公证遗嘱，则遗嘱人的真实意思表示就无法实现，实现的却是不代表其真实意思的公证遗嘱所表达的内容。

本条改变了《继承法》第20条规定的公证遗嘱优先原则，确立了"立有数份遗嘱，内容相抵触的，以最后的遗嘱为准"的原则，是正确的立法选择。

📋 配套司法解释

最高人民法院关于适用《中华人民共和国民法典》时间效力的若干规定

第二十三条 被继承人在民法典施行前立有公证遗嘱，民法典施行后又立有新遗嘱，其死亡后，因该数份遗嘱内容相抵触发生争议的，适用民法典第一千一百四十二条第三款的规定。

🔵 案例评析

车某某诉万某昌等返还原物纠纷案

案情：车某某与万某某（于 1987 年 12 月死亡）系夫妻，共生育 5 个子女，分别是万某珍、万某龙、万某琴、万某昌、万某兴。万某昌与李某某系夫妻。2010 年

10月，车某某向他人购买房屋，并于次月领取房屋所有权证。为了便于今后房屋继承，2013年5月，车某某与万某昌以虚构房屋买卖事实的方式将上述房屋过户至万某昌、李某某名下。同年6月1日，万某昌、李某某领取了房屋所有权证。6月20日，车某某在一份打印的"遗产继承书"上盖章、按手印，该"遗产继承书"表明车某某百年后，其房屋将由五位子女平均继承，将房屋过户给万某昌仅是为了减少遗产继承手续的麻烦。万某珍、万某龙、万某琴、万某昌、万某兴亦在该遗嘱的"遗产继承人签字"处签字。2017年7月8日，车某某以受到万某昌骚扰，撤销"遗产继承书"中关于将房屋过户到万某昌名下由其今后负责执行遗产分配的内容为由诉至法院，要求万某昌、李某某返还上述房屋所有权。法院认为，"遗产继承书"是遗嘱而非分产协议，因立遗嘱人车某某尚未死亡而未生效，车某某随时有权变更或撤销遗嘱内容，故依法支持车某某的诉求。

评析：本案中的"遗产继承书"是车某某为了减少自己百年后遗产继承手续的麻烦而提前对自己财产所作的安排。其明确表示待本人百年后，被委托人应将房屋产权在子女之间进行分割，即表达了对其死后财产应如何分配的意愿，并无生前将房屋处分权转移的意思表示，故该文书实为遗嘱而非合约或分产协议，继承人在该文书中签字与否并不影响该文书的法律效力。依案发时有效的《继承法》关于遗嘱人可以撤回、变更自己所立遗嘱的法律规定，当车某某生前对继承人的行为不满而不愿再将自己的遗产留给遗嘱中所列继承人时，其有权依其真实意愿将自己所立的遗嘱予以撤回、变更，任何人均无权干涉。本案中万某昌以该"遗产继承书"非遗嘱而是分产协议为理由意图阻碍遗嘱人车某某行使变更、撤回自己所留遗嘱的权利，实为非法，故得不到法院的支持。

▶▶**第一千一百四十三条　无民事行为能力人或者限制民事行为能力人所立的遗嘱无效。**

遗嘱必须表示遗嘱人的真实意思，受欺诈、胁迫所立的遗嘱无效。

伪造的遗嘱无效。

遗嘱被篡改的，篡改的内容无效。

🏛 条文要义

本条是关于遗嘱无效的规定。

遗嘱无效是指遗嘱因不符合法律规定而不能发生法律效力。遗嘱无效的后果是遗嘱人在遗嘱中处分其财产的意思表示无效，不能依照遗嘱处置被继承人的遗产，遗嘱人在遗嘱中的意思不能实现，不发生遗嘱人所预期的法律后果。

本条规定的无效遗嘱有以下几种情形：

（1）无民事行为能力人或者限制民事行为能力人所立的遗嘱。无民事行为能力人、限制民事行为能力人属于无遗嘱能力的人，不具有以遗嘱处分其财产的资格，因此，其所立遗嘱无效。完全民事行为能力人于设立遗嘱后被宣告为无民事行为能力人或限制民事行为能力人的，其原设立的遗嘱仍有效；但其于民事行为能力变动以后对原设立遗嘱变更或撤回的，遗嘱的变更或撤回无效。

（2）受胁迫、受欺诈所设立的遗嘱，不是遗嘱人真实意思表示，欠缺遗嘱的合法要件，因而无效。受胁迫所立的遗嘱是指遗嘱人受到他人非法威胁、要挟，为避免自己或亲人的财产或生命健康遭受侵害，违心地作出与自己真实意思相悖的遗嘱。受欺诈所立的遗嘱，是指遗嘱人在他人的故意的、歪曲的、虚假的行为或者言词的错误导向下而产生错误的认识，作出了与自己的真实意愿不相符合的遗嘱。行为人不是故意而只是向遗嘱人提供了不正确的情况而导致遗嘱人改变处分财产的意思的，不能构成欺诈行为。对于受胁迫、受欺诈订立的遗嘱，遗嘱人在生前遗嘱人可以通过另订遗嘱、事实行为以及法律行为将该遗嘱撤销；在遗嘱人死后，有关的利害关系人可以向法院请求遗嘱无效，应负证明遗嘱是遗嘱人受胁迫、受欺诈所设立的举证责任。应当注意的是，受胁迫、受欺诈所设立的遗嘱，虽然也是民事法律行为，但是不适用民法典第148~150条的规定，不属于可撤销的民事法律行为，而是无效的民事法律行为。

（3）伪造的遗嘱及代理订立的遗嘱。这是指以被继承人的名义设立，但根本不是被继承人意思表示的遗嘱。只要不是遗嘱人的意思表示而以遗嘱人之名义订立的遗嘱，都属于伪造的遗嘱，不论其内容如何、是否损害了继承人的利益，均为无效。主张遗嘱无效的当事人只需证明遗嘱并不是遗嘱人的意思表示即可。代理订立的遗嘱违反了法律的强制性规定，因而无效。代理订立的遗嘱与伪造的遗嘱虽然在法律效果上都是无效，但仍存在不同：代理订立的遗嘱是经被继承人同意的，而伪造的遗嘱是假借被继承人的名义订立的。

（4）被篡改的遗嘱内容。遗嘱的内容被遗嘱人以外的其他人作了更改，是对遗嘱的内容的修改、删节、补充等。篡改只能是被继承人以外的人对真正遗嘱人的遗嘱的更改。如果是遗嘱人自己对遗嘱进行修改、删节、补充，则属于遗嘱人对遗嘱的变更。经篡改的遗嘱内容已经不再是遗嘱人的意思表示，而是篡改人的意思表示，因而不发生遗嘱的效力，为无效。遗嘱不能因被篡改而全部无效，遗嘱中未被篡改的内容仍然是遗嘱人的真实意思表示，仍然有效。

篡改的遗嘱与伪造的遗嘱，虽然在法律效果上都是无效，但表现不同：伪造的遗嘱不是遗嘱人的意思表示，无所谓篡改。篡改只能是将遗嘱的部分内容予以更改。如果是将遗嘱的全部内容予以更改，则为伪造的遗嘱。

配套司法解释

最高人民法院关于适用《中华人民共和国民法典》继承编的解释（一）

第二十六条 遗嘱人以遗嘱处分了国家、集体或者他人财产的，应当认定该部分遗嘱无效。

第二十八条 遗嘱人立遗嘱时必须具有完全民事行为能力。无民事行为能力人或者限制民事行为能力人所立的遗嘱，即使其本人后来具有完全民事行为能力，仍属无效遗嘱。遗嘱人立遗嘱时具有完全民事行为能力，后来成为无民事行为能力人或者限制民事行为能力人的，不影响遗嘱的效力。

案例评析

张甲等诉张丁等法定继承纠纷案①

案情： 张甲等与张丁及张良等之间分别是同父异母兄弟姐妹关系、同母异父兄弟姐妹关系和同父同母兄弟姐妹关系，其父母是张某某和邢某某，邢某某于 1998 年去世，张某某于 2008 年去世。张辛是张良之女，张良先于其父亲去世。张某某和邢某某生前有民房三间。2010 年 10 月 13 日，张丁就张某某名下民房签订拆迁补偿安置协议，将该房置换成楼房，并补交房款 11 250 元。2016 年 12 月 13 日，张丁交纳继承更名费 2 000 元，将楼房更名到自己名下。张丁就张某某名下房屋问题曾出资 10 万元给张甲等十人，由他们十人按约定进行分割。2017 年年初，关于张某某名下平房动迁事宜，所在街道办事处给付房屋补偿差价款 101 550 元，张甲等六人认为此款是其父母遗产，要求分割。一审法院认定：2005 年 5 月 1 日张某某曾设立遗嘱，将民房全部给张丁，今后一切费用由张丁负责。其他儿女全部同意并签字，张某某在自己名字上按手印，原、被告均自己签名按手印或由他人代签，另有证明人李某臣、张某平签名按手印。故被继承人张某某和邢某某的遗产民房三间按遗嘱继承办理，张甲等六人要求按法定继承分割被继承人遗产的诉讼请求不予支持。二审中，法院查实遗嘱系在被继承人张某某去世后，由继承人张乙书写，并由其在立遗嘱人处签写张某某的名字及按手印，故该份遗嘱不具有遗嘱效力，法院不予采信。张某某、邢某某的遗产应由其子女按法定继承和代位继承的法律规定予以平均分割。

评析： 本案中案涉遗嘱是在被继承人张某某死亡后，由继承人张乙书写，并由其在立遗嘱人处签写张某某的名字及按手印，实为伪造的遗嘱。依案发时有效的《继承法》关于伪造遗嘱实为无效的法律规定，在被继承人无遗嘱且法定继承人未丧

---

① 审理法院：一审法院为辽宁省锦州市太和区人民法院，案号：（2017）辽 0791 民初 577 号。二审法院为辽宁省锦州市中级人民法院，案号：（2018）辽 07 民终 852 号。

失继承权的情形，根据本案的具体情况，本案中被继承人的遗产应依法按法定继承和代位继承的规则在继承人之间进行分割。一审法院在所有原告对遗嘱中原告签名的真实性不认可，所有被告也均承认是自己或委托他人在遗嘱上签名的情况下就认可该遗嘱合法有效，实属错误。依《继承法》对遗嘱形式的规定，自书遗嘱均必须本人亲笔书写，代书遗嘱必须遗嘱人亲自签名并满足证人条件方可有效，而本案中的遗嘱连签名都由继承人签写并按手印，一审法院却认定遗嘱成立且有效，实属错误，二审法院对此错误予以纠正正确。

民法典第 1143 条延续了《继承法》第 22 条的规定，其仅对个别用词及表达词序作了调整，但内容未作改变。

> ▶▶ **第一千一百四十四条** 遗嘱继承或者遗赠附有义务的，继承人或者受遗赠人应当履行义务。没有正当理由不履行义务的，经利害关系人或者有关组织请求，人民法院可以取消其接受附义务部分遗产的权利。

🏛 条文要义

本条是关于遗托的规定。

遗托也叫作附负担的遗嘱继承或遗赠，或者附义务的遗嘱继承或遗赠，是指遗嘱人在遗嘱中向遗嘱继承人或受遗赠人附加履行某项义务的要求。在遗托中，受遗赠人在取得遗赠利益的同时，必须负担一定的义务，不像不附义务的遗赠那样，纯获得财产上的利益。遗托中的"托"，是委托之"托"，即通过遗嘱形式，向遗嘱继承人或者受遗赠人委托事项，只不过这种委托之"托"附有继承遗产或者接受遗赠的权利而已。最典型的遗托如遗赠房屋，受遗赠人须看护及扶养遗赠人的祖母。在遗托法律关系中，受遗赠人称为负担义务人，相对人称为负担受益人，双方为遗托关系的当事人。本条没有使用遗托的术语，但内容一致。

遗托的法律特征是：（1）遗托以遗嘱方式作出；（2）遗托是遗嘱继承和遗赠的附加义务；（3）履行遗托的义务以接受遗产和接受遗赠为前提条件。

遗托所设负担的内容必须是能够实现的一定给付，不一定具有金钱价值。至于负担的设置究竟是为了谁的利益，是为了遗嘱人的利益还是为了第三人的利益，在所不论。但一般认为，如果设定的负担是法律上的义务，而不是约定义务，则不是负担。遗托所设负担的给付内容，不能是不确定事项、不法事项，不得违背公序良俗。凡是以不确定的、违法的或者违背公序良俗的事项为负担的，一律无效。

遗托的效力主要表现在遗嘱继承人继承遗产时确定其负履行负担的义务。遗托因必须履行而具有不可免除性，只要遗嘱人的遗托不违背法律和社会公德，不违反社会公共利益，又是可以履行的，接受了遗产的遗嘱继承人或者受遗赠人就必须履行遗托的义务，不得免除。没有正当理由不履行义务的，经有关单位或者个人请求，人民法院可以取消他接受遗产的权利。遗赠负担的范围以受遗赠人所接受的遗赠利益为限。遗赠人确定遗赠负担的限度，不能超过遗赠的利益范围，超过遗赠利益范围的部分为无效。如果遗赠人所设负担超过了遗赠利益的范围，负担受益人无权请求超出遗赠利益范围的负担部分。负担受益人主张负担义务人承担超出遗赠利益范围的部分负担的，负担义务人有权拒绝。

📑 配套司法解释

最高人民法院关于适用《中华人民共和国民法典》继承编的解释（一）

第二十九条　附义务的遗嘱继承或者遗赠，如义务能够履行，而继承人、受遗赠人无正当理由不履行，经受益人或者其他继承人请求，人民法院可以取消其接受附义务部分遗产的权利，由提出请求的继承人或者受益人负责按遗嘱人的意愿履行义务，接受遗产。

 案例评析

张某诉蔡某遗赠纠纷案①

案情： 张某妹与张某生婚后先后生育张某兰、张某胜。张某生病故后，张某仁与张某妹再婚，并生育儿子张某元。故张某胜与张某元系同母异父的兄弟关系。张某妹于 1999 年 8 月去世，张某仁于 2009 年 11 月去世。1999 年 5 月蔡某与张某元以夫妻名义共同生活，于 2011 年 10 月 31 日办理结婚登记手续，双方未生育子女。张某元于 2011 年 11 月 19 日在病重期间书写遗书一份，遗嘱写明：其去世后，东面三间楼房的使用权归其妻蔡某某，西面三间平房也归其妻蔡某安身，如其妻蔡某今后嫁人，三间平房归其侄子张某所有。遗嘱上有多名见证人签名。遗书中所列张某系张某胜之子、张某元之侄。张某元于 2011 年 12 月 4 日病故，生前与蔡某共同生活居住在二层楼房和三间平房内。张某诉至法院，请求法院将房屋判归其所有。法院认为：自然人可以依法设立遗嘱处分个人财产，并可就遗嘱向继承人附加义务，但所附义务不得违反宪法和法律规定的基本精神。案中张某元以约束配偶婚姻自由的方式将房屋遗赠给张某，是对蔡某婚姻自由的限制，所附条件因有违宪法和法律规定而无效，故涉及张某受遗赠权利的内容无效，张某无受遗赠权。

评析： 自然人设立遗嘱时，可对继承人或受遗赠人设定相应的负担，继承人或受遗赠人如欲继承遗产就应履行相应义务，如其没有正当理由不履行义务的，经利

---

① 审理法院：一审法院为江苏省无锡市锡山区人民法院，案号：（2012）锡法湖民初字第 0307 号。二审法院为江苏省无锡市中级人民法院，案号：（2013）锡民终字第 0453 号。

害关系人或者有关单位请求，法院可以取消其接受附义务部分遗产的权利，但遗嘱人为继承人或受遗赠人设定的义务不得违法。本案中被继承人张某元设立遗嘱时附加的义务限制了蔡某的婚姻自由，这与宪法和法律规定的基本精神相违。凡是以不确定的、违法的或者违背公序良俗的事项作为遗嘱或遗赠附加义务的，一律无效。故蔡某有正当理由不履行该义务且不丧失继承该遗产的权利，张某的请求自然得不到法院的支持。

第四章　遗产的处理

> ▶▶ 第一千一百四十五条　继承开始后，遗嘱执行人为遗产管理人；没有遗嘱执行人的，继承人应当及时推选遗产管理人；继承人未推选的，由继承人共同担任遗产管理人；没有继承人或者继承人均放弃继承的，由被继承人生前住所地的民政部门或者村民委员会担任遗产管理人。

🏛 条文要义

本条是关于遗产管理人产生方式的规定。

《继承法》没有规定遗产管理人，仅在第 24 条规定了"存有遗产的人，应当妥善管理遗产，任何人不得侵吞或者争抢"的内容。这带有遗产管理人的意思，但是并未明确规定遗产管理人。鉴于遗产管理人在遗产处理中的重要地位和作用，民法典在第 1145～1149 条明确规定了遗产管理人制度，弥补了《继承法》没有规定遗产管理人的不足。

遗产管理人是指对死者的遗产负有保存和管理职责的人。遗产管理人的重要性在于，当被继承人死亡时，其已经丧失民事权利能力和民事行为能力，遗产管理人就是代表被继承人的意思，保存和管理被继承人的遗产，防止其遗产被他人侵夺或者争抢，以保障被继承人之遗嘱指定的或者法定的继承人、受遗赠人继承遗产或者取得遗产的权利得到实现。因此，遗产管理人的产生、职责、责任、报酬，都对于保护好遗产、保障被继承人或者受遗赠人的合法权益具有重要意义。

本条规定遗产管理人的产生方式是：

（1）继承开始后，遗嘱执行人为遗产管理人。被继承人在遗嘱中只指定遗嘱执行人的，该遗嘱执行人即为遗产管理人。

（2）被继承人在遗嘱中明确指定了遗产管理人的，法律自应尊重，继承人也应服从。如果遗嘱既指定了遗嘱执行人，又指定了遗产管理人，则遗嘱执行人和遗产管理人各负其责。遗嘱指定的遗产管理人未尽其义务或损害继承人及遗产债权人之利益的，利害关系人可以请求人民法院予以撤换。

（3）被继承人没有指定遗嘱执行人的，继承人应当及时推选遗产管理人。继承人为一人的，则遗产直接转化为该继承人的个人财产，其进行的管理就是所有权人的管理。继承人为多人的，各继承人皆可为遗产管理人，但为了更好地进行遗产管理，全体继承人可以推选一人或数人作为遗产管理人，由其进行遗产的管理活动。

（4）继承人未推选遗产管理人的，由全体继承人共同担任遗产管理人。全体遗产管理人共同管理遗产，按照共同的意思对遗产进行管理。不能取得一致意见的，应当按照多数人的意见进行管理。

（5）被继承人没有继承人或者继承人均放弃继承的，由被继承人生前住所地的民政部门或者村民委员会担任遗产管理人。法定继承人、民政部门、村民委员会担任遗产管理人的，不得辞任，但继承人放弃继承权的除外。

配套司法解释

最高人民法院关于适用《中华人民共和国民法典》继承编的解释（一）

第三十条　人民法院在审理继承案件时，如果知道有继承人而无法通知的，分割遗产时，要保留其应继承的遗产，并确定该遗产的保管人或者保管单位。

案例评析

蒋某诉李某代位权纠纷案

案情：2017年1月4日，曹某因经营所需向蒋某借款人民币10万元。同年12月21日，曹某将其妻子、母亲、岳母杀死后随即自杀身亡。2016年5月，李某因买地曾向曹某借款人民币10万元，其已允诺曹某于2017年年底归还。曹某之子明确表示放弃继承，曹某无其他继承人。曹某居住地的村委会负责接收曹某的厂房、设备等遗产并清偿了部分债务。蒋某获悉曹某死亡后，向村委会申报了上述债权，并告知上述李某向曹某借款一事。事后，村委会未向李某主张此笔遗产债权，蒋某也未从村委会处分得遗产清偿款。蒋某因此对李某提起诉讼。法院认为：曹某死亡后，其生前财产包括债权债务均应纳入遗产范围进行清算。曹某生前是否怠于向李某行使债权及村委会接管曹某的遗产后是否怠于清算，均不成立代位权，故原告蒋某的代位权请求不予支持。

评析：本案中曹某自杀身亡，其子明确表示放弃继承后，曹某便已无其他第一、第二顺序继承人。依《继承法》第32条的规定，无人继承又无人受遗赠的遗产归国家所有，死者生前是集体所有制组织成员的，归所在集体所有制组织所有。曹某居住地的金山村民委员会是集体所有制组织，其也正是依此规则负责接收曹某的厂房、设备等遗产并清偿了部分债务，事实上该村民委员会已经开始履行遗产管理人与遗产继受者的职责。这也符合《继承法》第33条所规定的"继承遗产应当清偿被继承人依法应当缴纳的税款和债务，缴纳税款和清偿债务以他的遗产实际价值为限"的规则。蒋某为曹某的债权人，在曹某生前，其为实现自己的到期债权有权以行使代位权的方式向曹某的债务人李某主张到期债务。然而，在曹某死后，因被代位人已死亡，也就没有了可以代位的对象，债权人的代位权也就无从说起，所以代位权不成立。从法律关系来说，债权人与次债务人的法律关系是以债务人与次债务人的原生法律关系为基础构建的，当债务人死亡时，债务人与次债务人的法律关系即终止，债权人也就无法代位债务人而与次债务人发生关系。故蒋某在曹某死后以向李某主张代位权为由提起诉讼，法院不予支持正确。金山村民委员会作为曹某的无人继承又无人受遗赠的遗产的管理者与继受者，既有义务向他人主张曹某所享有的债权，也有义务以曹某遗产的实际价值为限清偿曹某依法应当缴纳的税款和债务。蒋某虽不能以代位权的方式直接向李某主张债权，但其可以向金山村民委员会主张其对曹某的债权。

我国《继承法》对无人继承的遗产仅规定了归谁所有的规则，对于被继承人生前住所地的民政部门或者村民委员会担任无人继承或继承人放弃继承的遗产的管理人未有具体、明确的规定。民法典第1145条对此予以了完善。

▶▶ **第一千一百四十六条** 对遗产管理人的确定有争议的，利害关系人可以向人民法院申请指定遗产管理人。

🏛 条文要义

本条是关于法院指定遗产管理人的规定。

在特定情况下，应当由法院直接指定遗产管理人。按照本条规定和实际情况，指定遗产管理人的特定情况是对遗产管理人的确定有争议，具体是：（1）遗嘱未指定遗嘱执行人或遗产管理人，继承人对遗产管理人的选任有争议。（2）没有继承人或者继承人下落不明，遗嘱中又未指定遗嘱执行人或遗产管理人。（3）对指定遗产管理人的遗嘱的效力存在争议。（4）没有产生遗产管理人，遗产债权人有证据证明继承人的行为已经或将要损害其利益。

出现上述情形的，利害关系人可以向法院起诉，申请指定遗产管理人。为保证遗产的安全，避免遗产被损毁，人民法院在指定遗产管理人之前，经利害关系人的申请，可以对遗产进行必要的处分，即在紧急情况（如遗产有毁损、灭失危险）下，法院可代行遗产管理人的部分职责。法院在指定了遗产管理人之后，遗产管理人应当立即就位，履行遗产管理人的管理职责，保护各方当事人的合法权益。

🔖 案例评析

田甲诉田乙等继承纠纷案①

案情： 田甲的祖父田庚与祖母李某共婚生四名子女，即长子田乙、次子田己

---

① 审理法院：吉林省辽源市西安区人民法院，案号：（2018）吉0403民初221号。

（田甲、田戊之父）、三子田丙、长女田丁。1990 年田甲的父母离婚，田甲随母生活。2002 年 11 月 22 日，田甲的祖父田庚去世。2016 年 4 月 20 日田甲的父亲田己去世。2016 年 6 月 18 日李某留下代书遗嘱。2017 年 11 月 30 日李某去世。李某去世后留下产权均为其独自所有的房屋两处，另有一营业用房直管产为其承租，其生前享有使用权和收益权。田甲诉至法院，请求依法继承其父田己并代位继承其祖母李某的遗产，转继承其祖父田庚的遗产，并请求法院指定遗产管理人。法院认为：公民的继承权受法律保护，原告田甲不应因父母的离异而丧失继承权。李某的代书遗嘱不符合法律规定的形式要求，故不予采信。死者李某的遗产依法定继承办理，先于被继承人李某死亡者可代位继承，承租的直管房在该租房合同延续期间所产生的收益，继承人享有继承权。为防止遗产出现管理混乱局面，保护全体继承人的利益，指定李某的遗产管理人为被告田乙、田戊。

评析：本案中，原、被告人数多，争议的遗产仅房产就有三处，且房产的使用人和管理人均不同，情况较为复杂。被继承人李某死后，继承人之间对于由谁担任遗产管理人存在争议，故原告田甲在诉请法院对遗产进行分配的同时还要求指定遗产管理人。这正属于案发时有效的《继承法》规定的对遗产管理人的确定有争议的，利害关系人可以向法院申请指定遗产管理人之情形。法院在依法在继承人之间分配遗产的同时，为防止遗产出现管理混乱的局面，从保护全体继承人的利益出发，从遗产继承人中指定两人共同担任遗产管理人是正确的。

▶▶第一千一百四十七条 遗产管理人应当履行下列职责：

（一）清理遗产并制作遗产清单；

（二）向继承人报告遗产情况；

（三）采取必要措施防止遗产毁损、灭失；

（四）处理被继承人的债权债务；

（五）按照遗嘱或者依照法律规定分割遗产；

（六）实施与管理遗产有关的其他必要行为。

🏛 条文要义

本条是关于遗产管理人职责范围的规定。

遗产管理人的职责，关乎多方当事人的利益：（1）被继承人处置遗产的意愿是否能够实现；（2）继承人或者受遗赠人是否能够按照遗嘱指定或者法律规定取得应当获得的遗产；（3）被继承人的债权人是否能够实现其债权。由于遗产管理人在管理遗产上的责任重大，因此，法律必须明确遗产管理人的职责范围，遗产管理人应当按照法律规定的遗产管理人的职责范围履行职责。

遗产管理人的职责范围是：

（1）清理遗产并制作遗产清单。清理遗产是指查清遗产的名称、数量、地点、价值等状况。在查清遗产的基础上，遗嘱管理人应当编制遗产清单，全面、准确地载明遗产的具体情况，既包括对积极财产的记载，也包括对消极财产的记载。遗产清单制作完成后，应当经过公证。

（2）向继承人报告遗产情况，使继承人掌握被继承人遗留遗产的真实情况。

（3）保管遗产，采取必要措施防止遗产毁损、灭失。为了保证遗产安全，需要采取必要的处分措施，如变卖易腐物品、修缮房屋、进行必要的营业行为、收取到期债权等。这些必要的处分措施是为了保证遗产安全而为的，因而不能超越必要限度，如果超出限度，则属于遗产管理人的非必要处分行为，如遗产管理人将遗产无偿赠与他人，将遗产故意毁坏等。对继承人、受遗赠人等造成损害的，应由遗产管理人承担赔偿责任。

（4）处理被继承人的债权债务。对于经过清理能够确定的被继承人的债权债务，遗产管理人在进行通知或公告后，一方面，应当对被继承人的债权依法向债务人进行主张，通过非诉讼和诉讼的手段，实现被继承人的债权，并将实现债权所获得的财产列入遗产范围，而将不能实现的债权作为被继承人的消极遗产，纳入遗产范围；另一方面，应当对有关遗产债务应当进行清偿，清偿以遗产的实际价值为限。对遗产债务的清偿应当按照一定的顺序，对同一顺序的债务无法全部清偿的，可以按一定的比例。只有在债务清偿完毕后尚有剩余遗产的，才能按照被继承人的遗嘱或者依照法律规定进行遗产分割。

（5）按照遗嘱或者依照法律规定分割遗产。在继承开始后，遗产管理人应当将遗产进行集中管理，对于不能集中管理的遗产，也应当落实保护措施，防止遗产减损。完成上述工作后，遗产管理人应当依照法律规定或者约定，开始进行遗产分割。如果只有一个继承人，则应当及时将遗产移交给继承人。如果有两个以上继承人的，则应当按照遗嘱或者法律规定进行遗产分割，将分割后的遗产交给继承人或受遗赠人。

（6）实施与管理遗产有关的其他必要行为，例如查明被继承人是否留有遗嘱，确定遗嘱是否真实、合法等。

遗产管理人与遗嘱执行人的区别是：

（1）适用范围不同。遗嘱执行人只适用于遗嘱继承的情况，而遗产管理人还可在法定继承、遗赠、无人继承遗产等所有继承事件中设定。

（2）产生方式不同。确定遗嘱执行人的方式有：1）由被继承人生前在遗嘱中指定；2）遗嘱人未指定遗嘱执行人或指定的遗嘱执行人不能执行遗嘱的，遗嘱人的法定继承人为遗嘱执行人；3）在没有遗嘱指定遗嘱执行人，也没有法定继承人能执行遗嘱时，由遗嘱人生前所在单位或继承开始地的基层组织为遗嘱执行人。在遗产管理制度中，遗嘱继承的遗嘱执行人同时也是遗产管理人，在法定继承和无人继承遗产中也可以设立遗产管理人。在法定继承中，遗产管理人可以由继承人协商确定；在特定情形下，经利害关系人申请，人民法院可以指定遗产管理人。

（3）担任条件不同。遗嘱执行人必须是完全民事行为能力人，而遗产管理人在个别情况下，可能是无民事行为能力人或限制民事行为能力人，例如，在仅有一个继承人而该继承人是无民事行为能力或限制民事行为能力人的情况下，该继承人是法定的遗产管理人。但是，无民事行为能力人的遗产管理行为应当由其法定代理人代理，限制民事行为能力人的遗产管理行为应得到其法定代理人的允许。

在实践中，遗嘱执行人就是遗产管理人，遗产管理人履行上述职责自有根据。如果既有遗产管理人又有遗嘱执行人的，则遗产管理人负责遗产清理和遗产保管的职责，处理被继承人的债权债务，在法定继承中分割遗产。遗嘱执行人应当按照遗嘱的指定，执行遗嘱处分的遗产、分割遗产。如果遗嘱中还有处分债权债务的内容，遗嘱执行人应当依照遗嘱办理。简言之，凡是遗嘱指定的遗产处置内容，遗嘱执行人都有权执行，并排除遗产管理人的遗产处置权。

案例评析

屈某与郭甲、郭乙被继承人债务清偿纠纷案①

案情： 郭丙与安某原系夫妻关系，婚后生育一女即郭乙。安某与郭丙于1997年10月9日离婚，郭乙由安某抚养。郭丙的母亲已经去世，郭甲系郭丙的父亲。2012年3月27日，屈某以自己的住房做抵押向银行贷款38万元，并将贷款全部打入郭丙的银行账户。之后郭丙向屈某出具了借款38万元的借条。郭丙于2013年3月26日以现金的方式向屈某归还了借款8万元，并于当日重新给屈某出具了借款30万元的借条，借期为5年。2014年6月8日，郭丙突然去世，但对屈某的借款没有归还。郭丙生前与前妻安某共同出资开办公司，注册资本为100万元，目前该公司尚在经营中。屈某诉至法院，请求法院判令郭丙的第一顺序继承人郭乙、郭甲偿还欠款。鉴于郭丙的经济能力，屈某在本次诉讼中并没有要求全部债权，仅要求部分债权即10万元。在案件审理过程中，郭乙向法院出具了放弃继承权的声明。法院认为：郭丙生前借款未还事实清楚、证据充分，郭乙、郭甲应在郭丙的遗产范围内承担还款责任。虽然郭乙向法院出具了放弃继承权的声明，为保护债权人的合法权利，郭丙的继承人仍应作为遗产管理人履行清算债权债务的义务，在郭丙的遗产范围内向债权人屈某履行付款10万元的义务。故支持屈某的请求。

评析： 本案中被继承人郭丙生前向屈某借款，仅偿还部分借款后死亡，其女郭乙与其父郭甲均为第一顺序继承人。现郭乙明确放弃继承权，故本案中仅存继承人

---

① 审理法院：河南省郑州市中原区人民法院，案号：（2014）中民一初字第1848号。

郭甲。依案发时有效的《继承法》关于遗产管理人产生方式的规定，郭乙因放弃继承权而不能与郭甲共同推选或共同担任遗产管理人，该继承纠纷的遗产管理人均应当为郭甲。郭甲担任遗产管理人后，自当依法履行清算债权债务的义务，即在可继承遗产的范围内及时向债权人屈某清偿被继承人郭丙生前所欠的债务。本案中如果郭甲也放弃继承权，那么遗产管理人将由被继承人郭丙生前住所地的民政部门或者村民委员会担任，履行清算债权债务的义务的行为也由相应的遗产管理人实施。

▶▶ **第一千一百四十八条　遗产管理人应当依法履行职责，因故意或者重大过失造成继承人、受遗赠人、债权人损害的，应当承担民事责任。**

🏛 条文要义

本条是对遗产管理人履行职责及责任的规定。

遗产管理人履行管理遗产职责，首先要解决的是其于执行职务时应尽何种注意义务。对此，有两种不同意见：（1）管理人的注意义务应根据其是否受有报酬而有不同标准。受有报酬者，应尽善良管理人的注意义务；无偿任职者，仅需尽到与处理自己事务相同之注意义务。（2）不必区分遗产管理人是否受有报酬，凡遗产管理人一律应以善良管理人的义务执行职务。其注意程度，应与宣告失踪人之财产管理人之注意义务相同。处理自己事务的注意义务不易确定统一标准，不仅认定上存在困难，而且对继承人、受遗赠人、债权人等利害关系人不利。为使遗产继承人、债权人、受遗赠人等遗产权利人的利益得到保障，遗产管理人应当负善良管理人的注意义务。遗产管理人须忠实、谨慎地履行管理职责，因遗产管理人不当履行上述义务给遗产债权人造成损害的，遗产债权人有权要求遗产管理人承担民事责任。

遗产管理人承担的赔偿责任，既可能是违约责任，也可能是侵权责任。其构成要件是：（1）遗产管理人应当有违反其遗产管理职责的行为，履行职责不符合法律的规定，或者超出法定的职责范围。（2）造成继承人、受遗赠人、债权人的财产损失，例如，继承人应当继承的遗产没有实现，受遗赠人应当得到的遗赠没有得到，或者被继承人的债权人的债权应当实现而没有实现等。（3）遗产管理人违反其遗产管理职责的行为与继承人、受遗赠人、债权人的财产损失之间具有因果关系。（4）遗产管理人对于损害的发生有故意或者重大过失。如果存在的是一般过失，则遗产管理人不承担损害赔偿责任。

本条规定遗产管理人对于自己的一般过失造成的损害不承担赔偿责任，是综合平衡了遗产管理人的情况；特别是不区分有偿或者无偿规定，遗产管理人都要承担损害赔偿责任。

遗产管理人未尽善良管理人的注意义务，不当履行职责，因故意或者重大过失造成继承人、受遗赠人、债权人损害的，应当承担民事责任，对造成的损失予以赔偿。对此，应当查清损害的实际情况，确定赔偿范围，由遗产管理人对造成的全部财产损害承担赔偿责任。

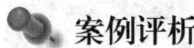 **案例评析**

吴某诉田某、龚甲等被继承人债务清偿纠纷案①

案情：2018 年 1 月 18 日，龚某向吴某借款人民币 60 000 元，并出具借条一份，约定借款期限及利息。2018 年 3 月 1 日，龚某另向吴某借款人民币 70 000 元，并出具借条一份，约定借款期限及利息。借款期限内，龚某已支付了上述 60 000 元借款本金截至 2018 年 6 月 18 日的利息，支付了上述 70 000 元借款本金截至 2018 年 6 月 1 日的利息。2018 年 7 月 11 日，龚某意外死亡，未留有遗嘱。龚某的妻子田某、父亲龚甲、儿子龚乙、女儿龚丙均为龚某的第一顺序法定继承人。吴某诉至法院，请求保护其合法权益。田某等四人在案件审理中均向法院书面声明放弃继承权。法院认为：合法的借贷关系受法律保护。原告吴某与龚某之间的借贷关系合法有效。借贷事实虽发生于龚某、田某之夫妻关系存续期间，但欠条为龚某个人所出具，田某表示对此并不知情，且原告吴某也无证据证明该借款是因家庭生活所负共同债务，故案涉 130 000 元债务应当按龚某的个人债务处理。因田某等四被告明确表示放弃继承，故其对龚某依法应当清偿的债务不负偿还责任，该笔借款只应在龚某的遗产的实际价值范围内清偿，且承担支付利息的时间只应计算到龚某死亡时止。四被告虽已明确表示放弃继承龚某的遗产，但仍应履行对遗产的管理职责，并用龚某的遗产清偿龚某生前所负债务，以最大限度保障债权人的合法权益。

评析：本案中龚某死亡后，其第一顺序继承人田某、龚甲、龚乙、龚丙均明确表示放弃继承权，且也无其他法定继承人或受遗赠人。依照案发时有效的《继承法》关于遗产管理人产生的规定，无人继承又无人受遗赠的遗产，归国家所有；死者生前是集体所有制组织成员的，归所在集体所有制组织所有。故被继承人龚某的遗产应归国家或集体所有。案中田某等四人均明确表示放弃继承，故对龚某依法应当清偿的债务便无偿还责任。然而，田某、龚甲、龚乙、龚丙分别作为被继承人龚某的妻子、父亲、儿子、女儿，均是龚某的第一顺序继承人，对遗产的种类、范围及数目等情况较为熟知，在被继承人龚某死后，其自当承担《继承法》第 24 条所规定的存有遗产的人应妥善保管遗产的责任，以防止任何人侵吞或者争抢。故法院判决田某、龚甲、龚乙、龚丙四人在龚某的遗产的实际价值范围内清偿原告的借款正确。该四被告如果在依法履行遗产管理职责过程中因故意或者重大过失造成遗产损失的，还应承担赔偿责任。如果此案发生于民法典生效之后，那该案中的遗产管理人便是

① 审理法院：湖北省鹤峰县人民法院，案号：（2018）鄂 2828 民初 713 号。

被继承人龚某生前住所地的民政部门或者村民委员会，管理遗产及清偿被继承人债务的责任也应由其承担。

▶▶▶ **第一千一百四十九条　遗产管理人可以依照法律规定或者按照约定获得报酬。**

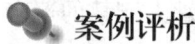 条文要义

本条是关于遗嘱管理人可以获得报酬的规定。

遗嘱管理人提供遗产管理服务，可以是有偿的，也可以是无偿的。在通常情况下，遗产管理人是有偿提供服务，原因是，遗产管理是管理财产的行为，为实现遗产的保值，保护好遗产继承各方当事人的权益，支付管理费用理所当然。

确定遗产管理服务报酬的方法有：

（1）依照法律规定。律师担任遗产管理人的，可以参照律师收费标准确定报酬数额，例如，依照管理遗产的数额的比例，确定收费数额。在积累一定经验的基础上，法律或者行政法规应当规定遗产管理服务的报酬标准，统一收费办法。

（2）按照约定。当事人或者被继承人委托遗产管理人时，双方应当签订合同，约定报酬的标准和数额，遗产管理人按照约定取得报酬。如果没有约定或者约定不明确的，应当按照民法典第510条的规定进行补充协商，按照协商的意见确定收费标准；协商不成的，可以参照法定的收费标准确定报酬数额。

法律规定或者合同约定遗产管理人获得报酬的，法律依法保护，对方不履行给付报酬义务的，遗产管理人可以向法院起诉，请求给付。

遗产管理人的报酬应当在遗产中支付。参照民法典第1159条的规定，遗产管理费排在依法应当缴纳的税款和债务人的债务之前，可见，其地位优越，享有优先受偿权。

案例评析

孙甲与孙丁等法定继承纠纷案①

案情：孙某才、周某英夫妇共生育四位子女，即孙乙、孙丙、孙甲、孙丁。孙某系孙某才、周某英夫妇于1991年6月5日收养的养孙女。周某英于2007年1月5日去世，孙某才于2008年2月17日去世。孙丁因遗产继承纠纷将孙乙、孙丙、孙甲诉至法院。一审法院认为：养祖父母与养孙子女的关系被视为养父母与养子女关系的，可互为第一顺序继承人，故孙某与原、被告四人享有平等的继承权。两被继

---

① 审理法院：一审法院为山东省济南市历下区人民法院，案号：（2015）历民初字第1113号。二审法院为山东省济南市中级人民法院，案号：（2017）鲁01民终3836号。

承人遗留的房屋产生的租金收益，由原、被告五人均等分配。孙乙认为房屋租金中应扣除其探视兄弟的费用及管理房屋的报酬，但未提交证据予以证实，故对其请求无法确认，法院不予支持。孙甲不服一审判决，提起上诉。二审法院维持原判。

评析：本案中被继承人孙某才 2008 年 2 月就已去世，但其遗产直至 2017 年本诉讼发生时仍未作完全分割。虽然其妻去世后法院对其妻的遗产部分已经作出判决，但其遗产中的房产仍然由多名继承人共有。直至本案发生时，多年来该房产仍然由孙乙管理及与承租人签订租约和收取租金，并在相关继承人之间进行分配。本案中孙乙是遗产管理人，事实上其也承担着遗产管理人的相应职责，其有权依照法律规定或者按照约定获得相应报酬。虽然该案各继承人对于孙乙是否能获得管理遗产的报酬没有约定，但事实上多年来孙乙一直履行着管理遗产的相应职责，法院对其多年管理该房屋的事实也进行了确认，但法院以孙乙未能提交证据予以证实为由，对于孙乙提出的从房屋租金中扣除其管理遗产即管理房产的报酬的请求不予支持。此处理不甚妥当。

▶▶**第一千一百五十条**　继承开始后，知道被继承人死亡的继承人应当及时通知其他继承人和遗嘱执行人。继承人中无人知道被继承人死亡或者知道被继承人死亡而不能通知的，由被继承人生前所在单位或者住所地的居民委员会、村民委员会负责通知。

🏛 条文要义

本条是关于继承开始的通知的规定。

继承开始的通知是指将被继承人死亡的事实通知继承人和遗嘱执行人，以便继承人和遗嘱执行人及时处理有关继承问题。

继承开始后，通知继承人是继承的必要环节，也是继承人行使继承权的前提条件。因此，继承开始后，应当进行继承开始的通知。

确定负有继承开始通知义务的人的方法是：（1）知道被继承人死亡的继承人。已经知道被继承人死亡的继承人，应当及时将继承开始的事实通知其他继承人和遗嘱执行人。（2）继承人中无人知道被继承人死亡，或者虽然知道被继承人死亡却不能通知的（如无民事行为能力），负有通知义务的人是被继承人生前所在单位或者住所地的居民委员会、村民委员会。

关于继承开始通知的具体时间和方式，本条没有明确规定。通知的具体时间应当是，负有通知义务的继承人或单位等应当及时发出通知，是否及时应当根据具体情况确定。通知的具体方式应是，以将继承开始的事项传达给对方为原则，可采取口头方式，也可采取书面方式，还可以采取公告方式。

负有通知义务的继承人或单位等有意隐瞒继承开始的事实，造成其他继承人损失的，应当承担赔偿责任。

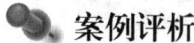 **案例评析**

张某、田甲等诉田戊法定继承纠纷案①

案情： 田某善于 1990 年 3 月 12 日去世，第一任妻子田李氏，已去世；第二任妻子王某荣于 2000 年腊月十六日去世。田某善共生有五男四女：长子田某岳，已去世，有一子二女；次子田某利，已去世，其妻子现在世，育有一子二女；三子田某平；四子田某震，已去世，有妻子即本案的原告张某、一子即本案的原告田甲、一女即本案的原告田乙；五子即本案的被告田戊；长女即本案的原告田丙；次女田某莲；三女即本案的原告田丁；四女田某娥，已去世，有丈夫高某云及二子高某志、高某喜。田某善有农村民房两处，系个人所有财产。该房屋在田某善去世后由王某荣和田戊临时占有和使用，一直未在所有继承人之间分割。现该房屋涉及拆迁补偿事宜，当事人协商分割该房屋不成，张某、田甲等五人诉至法院，请求法院依法判令分割遗产。法院认为：继承诉讼为必要共同诉讼。本案涉案遗产的继承人除本案原、被告外，还有未参加诉讼的其他继承人，为了通知其他继承人参加诉讼，法院要求五原告提供其他继承人的有效联系方式，但五原告在法院限定的期限内未能提供，导致必须共同进行诉讼的当事人未能参加诉讼，本案无法继续审理，故驳回起诉。张某等五人不服，以不负有提供其他法定继承人的住址、联系方式的义务等为由提起上诉，要求二审法院依法撤销原裁定、指令一审法院审理。二审法院认为：上诉人张某等五人作为知道被继承人死亡的继承人，负有通知其他继承人的法定义务，而且，上诉人张某等五人未提供证据证明其他继承人知道被继承人死亡而无法通知，故上诉人张某等五人以外的其他继承人并不属于继承法中规定的知道被继承人死亡而不能通知的情形，本案无法继续审理，故维持原判。

评析： 本案中，张某等五人一致陈述涉案遗产的继承人除本案原、被告外，还有其他继承人未参加诉讼。因继承诉讼为必要共同诉讼，法院必须通知相关人员参加方可进行审理。本案中法院也要求张某等五人提供其他继承人的有效联系方式，但张某等五人在法院限定的期限内始终不提供，必须共同进行诉讼的当事人因而未能参加诉讼，以致本案无法继续审理而被驳回起诉。依案发时有效的《继承法》关于继承开始的通知的规定，继承开始后，知道被继承人死亡的继承人均有义务及时通知其他继承人和遗嘱执行人，但本案中张某等五人却以其不负有提供其他法定继承人的住址、联系方式的义务为由来证明自己无过错，实属错误。当然，继承开始

---

① 审理法院：一审法院为山东省龙口市人民法院，案号：（2013）龙民三初字第 220 号。二审法院为山东省烟台市中级人民法院，案号：（2016）鲁 06 民终 2507 号。

后，如果继承人中无人知道被继承人死亡或者知道被继承人死亡而不能通知的，可由被继承人生前所在单位或者住所地的居民委员会、村民委员会负责通知。但依本案中张某等五人陈述的情形，其并不是不能通知而是不愿通知，故自当承担相应的法律后果。

民法典第 1150 条延续了《继承法》第 23 条的规定。

> ▶▶ **第一千一百五十一条　存有遗产的人，应当妥善保管遗产，任何组织或者个人不得侵吞或者争抢。**

🏛 条文要义

本条是关于存有遗产的人保管遗产之义务的规定。

在继承开始后，遗产如果在特定的人处保存，存有遗产的人就负有妥善保管遗产的义务。妥善的含义是，存有遗产的人对遗产负有善良管理人的注意义务，违反该注意义务，即为过失。此项管理职责包括不改变物或权利之性质的保存、改良及利用，一般不包括处分行为。为防止遗产的减值或毁损，也应赋予遗产管理人于必要情况下以保全遗产为目的而处分遗产的权利，如变卖易腐物。

存有遗产的人应当将存有的遗产如实报告给遗产管理人，以便确定遗产的数额，进行遗产分割。

对于存有遗产的人保管的遗产，任何组织或者个人，特别是遗产继承人、被继承人的债权人等利害关系人，也包括存有遗产的人，都不得侵吞或者争抢；造成遗产损失的，应当承担赔偿责任。

本条相较于《继承法》第 24 条而言，除侵吞或争抢遗产的主体保留原规定的"任何人"外，还增加规定"任何组织"。

案例评析

张甲等诉张丙婚姻家庭纠纷案[①]

案情：张甲、张乙与张丙系兄弟姐妹关系。张某、王某系三兄妹之父母，二人曾立公证遗嘱对遗产包括房屋等作了安排。母亲王某去世后，其死亡证、火化证均一直由张丙保管。2017 年 4 月 16 日，张某在"委托书"上签名并摁有指纹，该"委托书"载明，其百年后，丧葬事宜全部由大女儿张丙负责操办，其他人无权干涉；所有的证件也全部由大女儿张丙保管和使用，其他任何人不得干涉。2017 年 5 月 3

---

① 审理法院：一审法院为天津市南开区人民法院，案号：（2017）津 0104 民初 6322 号。二审法院为天津市第一中级人民法院，案号：（2017）津 01 民终 7860 号。

日张某死亡。张甲、张乙诉请法院判令张丙交出共同生母生父的死亡证、火化证及生母名下的房本，供张甲、张乙共同拥有、使用。一审法院认为：祭奠既是生者对死者的悼念，也是对生者精神上的一种安慰。死者的近亲属基于与死者的身份关系均享有祭奠死者的权利。原告张甲、张乙有祭奠死者和其他的合理需求时，双方应通过协商解决，被告张丙也应予以协助，现二原告张甲、张乙要求由他们共同拥有、使用母亲王某的死亡证、火化证，于法无据。同时，基于张某的有效遗嘱即"委托书"及作为遗产的房屋尚未分割，二原告张甲、张乙的其他请求也得不到法律的支持。故驳回起诉。张甲、张乙不服，提起上诉。二审法院认为一审判决并无不妥，故维持原判。

评析：本案中被继承人张某死亡前留有遗嘱即"委托书"，其在"委托书"中载明其死后丧葬事宜、证件均由被告操办、保管、使用，其他人无权干涉，因此，张丙是被继承人指定的遗产管理人。依案发时生效的《继承法》对遗产保管的规定，存有遗产的人应当妥善保管遗产，对于遗产管理人保管的遗产，任何人，特别是遗产继承人、被继承人的债权人等利害关系人，也包括存有遗产的人，都不得侵吞或者争抢。本案中被继承人张某死后，其遗产包括房屋尚未分割，张丙作为被继承人指定的遗产管理人有权保管房本等遗产。案中张甲、张乙在被继承人张某死后，不遵从死者的遗愿而要求张丙将被继承人张某的死亡证、火化证、房本归其二人共同拥有、使用，意图对被继承人张某的遗产等进行侵夺，其行为直接违反了法律。本案中仅有权要求依被继承人张某的遗嘱分割遗产始为正确。

> ▶▶ **第一千一百五十二条**　继承开始后，继承人于遗产分割前死亡，并没有放弃继承的，该继承人应当继承的遗产转给其继承人，但是遗嘱另有安排的除外。

🏛 条文要义

本条是关于转继承的规定。

转继承是指在继承开始后，继承人未放弃继承，于遗产分割前死亡的，其所应继承的遗产份额由其继承人承受的继承制度。依民法典第1124条第1款关于"继承开始后，继承人放弃继承的，应当在遗产处理前，以书面形式作出放弃继承的表示；没有表示的，视为接受继承"的规定，继承人死亡，明确表示接受继承，继承人的法律地位当然确定；即使未表示的，也视为接受继承，继承人的法律地位也得到确定，无法律地位尚不确定的问题。通说认为，继承开始后，继承人只要没有以书面形式作出放弃继承的意思表示，就取得了遗产的所有权，遗产分割只是一种认定或宣示。所以，转继承只是对遗产份额的再继承，而非继承权利的移转。

转继承，无论是在法定继承中发生还是在遗嘱继承中发生，都须具备的条件是：

（1）须在被继承人死后、遗产分割前继承人死亡。这是转继承发生的时间条件。它将转继承发生的时间限定在被继承人死亡后至遗产分割前这一时间范围内。如果被继承人还没有死亡，继承尚未开始，无论是法定继承还是遗嘱继承，都不存在转继承的问题。即使继承人先于被继承人死亡，也只会发生代位继承，而不存在转继承。如果继承人于遗产分割后死亡，则该继承人的继承人直接继承其遗产，而不必直接参与被继承人遗产的分割，故此时也不存在转继承的问题。

（2）须继承人未丧失或放弃继承权。这是转继承发生的客观条件。如果继承人因法定事由丧失了继承权或者放弃了继承权，则因其不能继承被继承人的遗产，即使其于被继承人死亡后至遗产分割前死亡，也不发生其应继份由何人承受的问题，也就不发生转继承。

（3）须由死亡继承人的继承人继承其应继承的遗产份额。这是转继承的结果条件。在转继承中，虽然继承人死亡，但是，其应继份并不归属于被继承人的其他继承人，而是归属于自己的继承人。至于具体的应继份以及死亡继承人的继承人的应得份额，根据具体的法定继承或者遗嘱继承情形进行判定。

转继承的效力是指符合了继承的要件，发生转继承后产生的继承法律后果。在转继承中，作为转继承的客体的被转继承人的应继份，根据死亡的被转继承人的继承方式而有差异：如果死亡的被转继承人根据法定继承方式进行继承的，则其应继份为根据法定继承取得的份额；如果被转继承人为遗嘱继承人的，则依照被继承人的遗嘱取得应继份。转继承人取得的份额也根据继承方式的不同而有差异：被转继承人存在合法有效的遗嘱时，转继承人适用遗嘱继承取得被转继承人的遗产份额；被转继承人无遗嘱或者无有效遗嘱存在时，转继承人适用法定继承取得被转继承人的遗产份额。

案例评析

张某诉李甲等法定继承纠纷案①

案情：张某与被继承人李某系夫妻关系。李甲等系被继承人李某与李某菊婚生女，系张某的继女。李某菊于 1996 年 2 月去世，李某于 2014 年 9 月 17 日去世。诉争房屋购房款于 1996 年 1 月 21 日前付清，产权登记在被继承人李某名下。张某诉至法院，请求分割房产、抚恤金。法院认为：因购房款在被继承人李某与李某菊夫妻关系存续期间付清，诉争房屋应被认定为李某与李某菊的夫妻共同财产。本案遗产依法定继承办理，李某作为李某菊遗产的合法继承人，于遗产分割前死亡，其继承权利随之转移给他的合法继承人，即本案原、被告。原、被告三方应共同办理领取抚恤金事宜，所得款项除去已支出的丧葬费后，由原、被告三方均分。

---

① 审理法院：河北省张家口市桥西区人民法院，案号：（2016）冀 0703 民初 810 号。

评析：本案中争议房产即遗产的购房款是在被继承人李某与李某菊夫妻关系存续期间付清的，故诉争房屋依法应被认定为李某与李某菊的夫妻共同财产。李某菊去世时，李甲等作为李某与李某菊的婚生女，与李某同为被继承人李某菊的第一顺序继承人，且均未表示放弃继承权。然而，在李某菊的遗产分割以前，继承人李某去世。这正属于案发时有效的《继承法》所规定的继承开始后，继承人于遗产分割前死亡，并没有放弃继承的，该继承人应当继承的遗产转给其继承人的情形。依此规定，本案中遗产分割前死亡的继承人李某应当从李某菊处继承的遗产份额按规定自当转给他的继承人，即本案的原告张某及二被告李甲等。这即为民法典第 1152 条所规定的转继承。

> ▶▶ **第一千一百五十三条**　夫妻共同所有的财产，除有约定的外，遗产分割时，应当先将共同所有的财产的一半分出为配偶所有，其余的为被继承人的遗产。
> 　　遗产在家庭共有财产之中的，遗产分割时，应当先分出他人的财产。

🏛 条文要义

本条是关于分割遗产前进行析产的规定。

在分割遗产之前，应当先确定遗产的范围。被继承人死亡所遗留的遗产，通常与夫妻共同财产、家庭共同财产以及其他形式的共同财产交织在一起，因此，在分割遗产之前，必须进行析产，在这些共有财产中析出配偶一方、其他家庭成员以及其他共有人的财产之后，才能确定遗产的范围。因此，在遗产继承中，析产非常重要。

析产有以下几种类型：

（1）夫妻共同财产的析产。对于夫妻共同所有的财产，除有约定的以外，分割遗产时，应当先将共同所有财产的一半分出为配偶所有，其余的为被继承人的遗产。在我国，夫妻财产一般是共同共有财产，除非当事人另有约定。将夫妻一方的财产分开，才能确定死亡的一方配偶的财产为遗产。具体方法是：先析出夫妻个人财产；确定夫妻共同财产的范围；将确定为夫妻共同财产的财产一分为二，一半作为生存一方当事人的个人财产，另一半确定为遗产范围。如果夫妻双方约定了分别财产制的，则不存在这种析产问题。

（2）家庭共同财产的析产。遗产包含在家庭共有财产之中的，遗产分割时，应当先分出他人的财产。之所以要对家庭共同财产析产，是因为死者的遗产与家庭共同财产混合在一起，需要分清并确定遗产范围。这就是在家庭成员共同创造、拥有的财产中，将死者应有部分分析出来，确定他的遗产范围。具体方法是，先析出家庭成员的个人财产；析出家庭共同财产中属于子女的财产，应当将混入家庭共有财产的其他财产，如寄托的他人财产、代管的他人财产等，从家庭共有财产中分离出去；析出被继承人个人的遗产债务（被继承人为了个人某种需要所欠的债务，为个人的遗产债务，为遗产的组成部分），用遗产中的其他财产清偿；确定家庭共有财产中的遗产时，不论是按份共有还是共同共有，都要按照应有部分或者潜在的应有部分，分出死者的部分，作为遗产，列入遗产的范围。

（3）其他共同财产的析产。这主要是指对被继承人参与的合伙等共同财产的析产。在实践中，被继承人与他人合伙经营，其投资和创造的经营所得都有被继承人的潜在应有部分。被继承人死亡后，分割共同遗产，就必须从这个合伙财产中分析出死者的财产作为遗产，才能够进行分割。具体方法是：首先应当确定被继承人的投资数额，其次应当确定在合伙收益中被继承人的应有部分，将这两项财产份额加到一起就是被继承人的遗产。本条没有规定这种析产，但是这种析产在实践中是存在的。

案例评析

耿乙等诉耿甲分家析产、遗赠纠纷案①

案情： 耿甲系被继承人耿某与前妻所生之女，贲某系被继承人耿某之妻，耿乙、耿丙、耿丁系贲某与前夫所生子女。贲某与耿某双方均系丧偶再婚，二人结婚时贲某的子女即耿乙、耿丙、耿丁均已成年，与耿某未形成抚养关系。耿某婚前有房屋两间，与贲某婚后又加盖坯房三间，面积不详。2014 年上述房屋拆迁，以耿某名义签订拆迁协议，并申购"西柿路 203 室""西柿路 703 室"两套安置房，均登记在耿某名下。"西柿路 203 室"交付后，由耿甲装修并缴纳物业费用，双方当事人一致认可花费约 50 000 元。2015 年 9 月 22 日，耿某在两律师的见证下立下遗嘱，载明其百年后"西柿路 203 室"由耿乙、耿丙、耿丁继承，其余财产按法律规定继承。遗嘱由耿某签名捺印，另附有两律师的律师见证书等附件。2017 年 3 月 22 日，耿某因病去世。耿乙、耿丙、耿丁向法院起诉，请求继承"西柿路 203 室"房屋的 50%，耿甲协助过户。一审法院认为：夫妻在婚姻关系存续期间所得为共同财产，争议房产虽登记在被继承人耿某名下，但实为夫妻共同所建，安置房的安置对象也应为夫妻二人。耿甲对房屋的装修款应从该房产中析出，而以有效遗嘱将个人财产赠给国家、集体或者法定继承人以外的人实为自己的权利。耿某的遗嘱中未涉及的其他遗产可依法定继承办理。耿甲不服一审判决，提起上诉。二审法院认为，一审认定事实清楚、适用法律正确。

评析： 本案中诉争房屋产权虽然登记在被继承人耿某名下，但被拆迁房产含有

---

① 审理法院：一审法院为江苏省南京市雨花台区人民法院，案号：（2017）苏 0114 民初 3234 号。二审法院为江苏省南京市中级人民法院，案号：（2018）苏 01 民终 1191 号。

耿某与贲某婚后所建部分，安置房的安置对象也为夫妻二人。根据案发时有效的《继承法》关于遗产分割前析产的规定，该房屋为夫妻二人共同所有的财产，二人之间又无特别约定，所以在分割遗产时，均应当先将共同所有的财产的一半分出为生存一方的配偶所有，其余一半方为被继承人的遗产。故该房产中能作为遗产被继承的部分仅应为50％，另50％应归贲某所有，而非仅为耿某个人所有。同理，如果被继承人死亡时其遗产在家庭共有财产当中，那么在遗产分割时，也应当先将其他人的财产分割出来，剩下的才是被继承人的遗产，即遗产只能是被继承人个人所有的那部分财产。

▶▶ **第一千一百五十四条** 有下列情形之一的，遗产中的有关部分按照法定继承办理：

（一）遗嘱继承人放弃继承或者受遗赠人放弃受遗赠；

（二）遗嘱继承人丧失继承权或者受遗赠人丧失受遗赠权；

（三）遗嘱继承人、受遗赠人先于遗嘱人死亡或者终止；

（四）遗嘱无效部分所涉及的遗产；

（五）遗嘱未处分的遗产。

🏛 条文要义

本条是关于不执行遗嘱的遗产等适用法定继承的规定。

在遗嘱继承或者遗赠中，应当按照遗嘱继承或者遗赠的规则处理遗产分割。但是在特定情形下，遗产的有关部分应当按照法定继承办理。这些情形是：

（1）遗嘱继承人放弃继承或者受遗赠人放弃受遗赠。遗嘱继承人放弃继承，或者受遗赠人放弃受遗赠，不再发生遗嘱继承和遗赠的效力，当然应当按照法定继承办理。

（2）遗嘱继承人丧失继承权或者受遗赠人丧失受遗赠权。遗嘱继承人或者受遗赠人实施了民法典第1125条规定的丧失继承权或者受遗赠权的行为的，丧失继承权或者受遗赠权，不能接受遗产，应当按照法定继承处理遗产。

（3）遗嘱继承人、受遗赠人先于遗嘱人死亡或者终止。这使其遗嘱继承权和受遗赠权丧失，应当按照法定继承处理遗产。

（4）遗嘱无效部分所涉及的遗产。这部分遗产不再受遗嘱的约束，应当按照法定继承办理。

（5）遗嘱未处分的遗产。这部分遗产也不受遗嘱效力的约束，当然按照法定继承处理。

与《继承法》的规定相比，本条规定的新规则要点是：

（1）增加了"受遗赠人丧失受遗赠权"，"遗产中的有关部分按照法定继承办理"。《继承法》第 27 条第 2 项的内容是"遗嘱继承人丧失继承权的"，没有规定受遗赠人丧失受遗赠权的后果。本条增加了这个新的规则。

若遗嘱继承人丧失继承权，则与这一部分有关的遗产应当按照法定继承办理。同样，若受遗赠人丧失受遗赠权，则遗产的相关部分也应当按照法定继承办理。《继承法》之所以没有这个规定，是因为该法第 7 条只规定了继承人丧失继承权，没有规定受遗赠人丧失受遗赠权。民法典第 1125 条第 3 款规定了"受遗赠人有本条第一款规定行为的，丧失受遗赠权"的内容，因此，相对应地增加了本条的这一新规则。

将这一新规则明确表述出来就是，受遗赠人有下列情形之一的，丧失受遗赠权：一是故意杀害被继承人的；二是为争夺遗产而杀害其他继承人的；三是遗弃被继承人，或者虐待被继承人情节严重的；四是伪造、篡改、隐匿或者销毁遗嘱情节严重的；五是以欺诈、胁迫手段迫使或者妨碍被继承人设立、变更或者撤回遗嘱，情节严重。受遗赠人具有这五种情形之一，丧失受遗赠权的，遗产的相关部分按照法定继承办理。

（2）增加了受遗赠人终止时，按照法定继承处理的规则。《继承法》第 16 条未规定"组织"为受遗赠主体，因而未作此规定。民法典第 1133 条扩大了受遗赠人的范围，新增了"组织"，这就将法人、非法人组织等都包含在内。与该条规定相对应，本条新增了这一规则。

 **案例评析**

郭甲等诉郭乙继承纠纷案①

案情：郭甲、郭丙与郭乙系亲兄弟，郭丙于 1998 年 11 月 27 日去世。郭甲、郭乙、郭丙的母亲曹某于 2006 年 8 月 4 日去世。父亲郭戊于 2017 年 5 月 20 日去世，其名下有一房产及银行存款若干。2017 年 3 月 1 日郭戊亲笔书写遗嘱，将房产赠与孙子郭丁，存款郭甲、郭乙每人一半。郭甲、刘某（郭丙的女儿）向法院提起诉讼，请求分割郭戊的遗产。法院认为：郭戊自书遗嘱中的房产遗赠真实，但受赠人郭丁在知道受赠后两个月内没有作出接受或放弃遗赠的意思表示，根据法律规定，到期没有表示的视为放弃受赠，该房屋及遗嘱中未涉及的其他部分遗产的继承按照法定继承办理，原、被告系同一顺序继承人，对此部分的继承份额应均等。法院遂据此作出判决。

评析：本案中被继承人郭戊生前通过自书遗嘱对自己的大部分财产进行了处理。其死后，依继承规则，遗嘱继承优先于法定继承，遗嘱未处理的遗产依法定继承办理。本案中受遗赠人郭丁在知道受遗赠后两个月内却没有作出接受或放弃遗赠的意

① 审理法院：甘肃省兰州市西固区人民法院，案号：（2018）甘 0104 民初 721 号。

思表示，视为放弃受遗赠。而依案发时有效的《继承法》对应适用法定继承处理遗产之情形的规定，受遗赠人放弃受遗赠的，遗产中的有关部分均应按照法定继承办理。据此，被继承人郭戊遗赠给郭丁的房屋就得依法定继承办理，而不得依遗赠归属于受遗赠人郭丁。故本案中除依遗嘱继承进行分割的财产外，被继承人郭戊的其他遗产，包括遗赠给郭丁的房屋以及遗嘱中未指定继承人的存款等，都将在第一顺序继承人之间依法定继承规则办理。

> ▶▶ **第一千一百五十五条** 遗产分割时，应当保留胎儿的继承份额。胎儿娩出时是死体的，保留的份额按照法定继承办理。

📖 条文要义

本条是关于胎儿应继份的规定。

胎儿的应继份是指对于在继承开始时的胎儿，在遗产分割时应当为其保留继承份额，在其出生时予以继承；如果胎儿娩出时是死体的，对保留的应继份，应当按照法定继承的继承规则办理。这是因为，按照民法典第16条的规定，胎儿不具有完全民事行为能力，但具有部分民事权利能力，胎儿的继承能力与胎儿的权利能力相适应，胎儿只具备部分继承能力。在胎儿出生前，其尚未具备完整的人格，还不能继承遗产，因而为其保留应继份；待其出生后，其民事权利能力所受到的限制已经丧失，胎儿具备了完全民事权利能力，就可以直接继承遗产。

对胎儿的应继份，在遗产分割时应注意以下三点：

（1）无论是适用法定继承还是适用遗嘱继承，在分割遗产时，继承人都应当为胎儿保留必留份，该份额应按法定继承的遗产分配原则确定。在多胞胎的情况下，如果只保留了一份继承份额，应从继承人继承的遗产中扣回其他胎儿的继承份额。

（2）为胎儿保留的继承份额，如果胎儿娩出时为活体的，则该份额由其母亲（法定代理人）代为保管。胎儿娩出后死亡的，为胎儿保留的继承份额成为他的遗产，应由他的法定继承人以法定继承的方式继承。

（3）胎儿娩出时是死体的，则其受到限制的那一部分民事权利能力消灭，不具有继承能力，为胎儿保留的继承份额仍属于被继承人的遗产，由被继承人的继承人再行分割。如果没有保留继承份额，则原分割继续有效。

📑 配套司法解释

最高人民法院关于适用《中华人民共和国民法典》继承编的解释（一）

第三十一条 应当为胎儿保留的遗产份额没有保留的，应从继承人所继承的遗产中扣回。

为胎儿保留的遗产份额，如胎儿出生后死亡的，由其继承人继承；如胎儿娩出时是死体的，由被继承人的继承人继承。

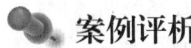 **案例评析**

李某、范某诉范甲、滕某继承纠纷案

案情：2010年3月3日，李某与范甲、滕某之子范乙登记结婚。2014年8月27日，范乙购买房屋一套并交付购房款15万元，其中8万元系向范甲、滕某所借。同年9月，范乙以自己的名义办理了房屋产权证。2017年3月、10月，李某分两次向范甲、滕某归还了8万元借款。2016年1月30日，李某和范乙共同与某生殖遗传中心签订了人工授精协议书。通过人工授精，李某于当年10月22日产一子，取名范某。2016年4月，范乙因病住院。5月20日，范乙在医院立下遗嘱，在遗嘱中否认其与李某所怀胎儿的父子关系，称房屋是由范乙与范甲、滕某共同出资购买，故归范甲、滕某所有。5月23日，范乙病故。李某、范某诉至法院，请求依法继承被继承人范乙的遗产。法院认为：欠条、收条证明借款事实存在，且借款已在范甲、滕某二被告追索下返还，故争议房屋为范乙、李某夫妻购买，属于其夫妻共同财产。李某、范某与范乙的父母均有权继承被继承人范乙的遗产份额。

评析：本案中被继承人范乙因无生育能力，签字同意医院为其妻子即李某施行人工授精手术，表明夫妻双方想共同通过人工授精方法获得子女。范某作为人工授精所生子女，与被继承人范乙之间自然适用父母子女之间的权利义务关系。被继承人范乙明知李某经其同意已经通过人工授精手术受孕，但在立遗嘱时仍以其不要这个孩子为由，将自己遗留的房产全部交给父母继承而不在遗嘱中为范某保留必要的遗产份额，依案发时有效的《继承法》关于对胎儿应保留应继份的规定，被继承人范乙的遗嘱直接侵害了胎儿的应继份。在处理本案时，范某已经出生，自得作为遗产继承人继承遗产。

民法典第1155条延续了《继承法》第28条的规定，其仅对个别用词作了调整，对内容未作实质改变。

> ▶▶ **第一千一百五十六条** 遗产分割应当有利于生产和生活需要，不损害遗产的效用。
>
> 不宜分割的遗产，可以采取折价、适当补偿或者共有等方法处理。

🏛 **条文要义**

本条是关于遗产分割的原则和方法的规定。

遗产分割的原则有以下几项：

（1）遗产分割自由原则：共同继承人得随时请求分割遗产。继承开始后，各共同继承人对遗产共同共有，允许继承人随时请求分割，以更好地满足继承人的生活和生产需要。继承人享有的这种遗产分割请求权是遗产分割自由原则的基础。继承人得随时行使遗产分割请求权，任何继承人不得拒绝分割，否则，请求分割遗产的继承人可通过诉讼程序请求分割遗产。遗产分割请求权的性质是形成权，不因时效而消灭，继承人可以随时行使。

（2）互谅互让、协商分割原则：继承人之间互谅互让，协商分割遗产，有利于促进家庭的和睦、团结，有利于精神文明建设。互谅互让要求继承人在分割遗产时要相互关心、相互照顾，对于法律规定需要特殊照顾的继承人，如缺乏劳动能力、生活特殊困难的继承人，适当多分给遗产；协商分割要求继承人在遗产分割时，对遗产的分割时间、分割办法、分割份额等都按照继承人之间协商一致的意见处理。

（3）不损害遗产效用原则：在具体分割遗产时，应当从有利于生产和生活的需要出发，注意发挥遗产的实际效用。在进行遗产分割时，应当考虑遗产的种类、性质、效用等，再结合继承人的职业、性别、文化程度、经营管理能力等具体情况，确定遗产标的物的具体归属。按照不损害遗产效用原则分割遗产，有利于发挥遗产的实际效用，有利于满足继承人的生产和生活需要，从而促进整个社会财富的增加。

遗产分割方法是指继承人取得遗产应继份的具体方法。具体方法有以下几种。

（1）实物分割：对可分物，可以作总体的实物分割。对不可分物，只能作个体的实物分割，不能作实物分割，应当采取折价补偿的方法即补偿分割。

（2）变价分割：遗产不宜进行实物分割，或者继承人都不愿取得该种遗产的，可以将遗产变卖，换取价金，由继承人按照自己应继份比例，对价金进行分割。使用变价分割方法分割遗产，实际上是对遗产的处分，故遗产的变价应当经过全体继承人的同意。

（3）补偿分割：对于不宜进行实物分割的遗产，如果继承人中有人愿意取得该遗产，则由该继承人取得遗产的所有权，由取得遗产所有权的继承人按照其他继承人应继份比例，分别补偿给其他继承人相应的价金。如果继承人中有多人愿意取得遗产的所有权，而又达不成协议，则应当根据继承人的实际需要和发挥遗产的效用，将遗产确定给某个继承人。

（4）保留共有的分割：遗产不宜进行实物分割，继承人又都愿意取得遗产的，或者继承人基于某种生产或生活目的，愿意继续保持遗产共有状况的，可以采取保留共有的分割方式，由继承人对遗产享有共有权，其共有份额按照应继份的比例确定。

协商分割不成的，由人民调解委员会调解分割，或者向人民法院起诉，由人民法院对分割作出裁判。人民调解委员会调解分割或法院裁判分割，也应当遵照实物分割、变价分割、补偿分割与保留共有的分割方式。

配套司法解释

最高人民法院关于适用《中华人民共和国民法典》继承编的解释（一）

第四十二条 人民法院在分割遗产中的房屋、生产资料和特定职业所需要的财产时，应当依据有利于发挥其使用效益和继承人的实际需要，兼顾各继承人的利益进行处理。

 案例评析

吴某等诉吴乙等继承纠纷案①

案情： 吴某、吴甲、吴丙系兄弟关系。他们的父亲吴丁于 1987 年 4 月 18 日死亡，母亲谭某于 2012 年死亡。吴丙与郑某原是夫妻关系，于 1983 年 11 月 6 日生育女儿吴乙。诉争房屋为吴丙于 2011 年通过继承和赠与取得的房产，登记在吴丙名下。2012 年 3 月 29 日，吴丙与郑某协议离婚。2010 年，因夫妻感情不和，郑某自行搬离诉争房屋，此后吴丙便独自居住，吴某、吴甲照顾其饮食，陪同其就医、住院。2013 年 10 月 25 日，吴丙死亡，丧葬事宜也由吴某、吴甲二人办理。2015 年 9 月 29 日，吴乙与郑某签订赠与合同，将自己经继承可分得的诉争房屋 1/2 的所有权份额赠与郑某，郑某接受赠与。2015 年 9 月 30 日，郑某取得诉争房屋的产权证并将产权登记在自己名下。吴某、吴甲将吴乙、郑某诉至法院，请求分得适当遗产。一审法院认为：诉争房屋属于吴丙与郑某的夫妻共同财产，属于吴丙的部分应作为遗产按法定继承办理。吴乙已将自己因继承而取得的份额赠与郑某，且诉争房屋已登记在郑某名下。考虑到遗产分割应当有利于生产和生活需要，不损害遗产的效用，因不宜再对诉争房屋进行分割。故对于两原告吴某、吴甲依法可适当分得吴丙遗产的份额，由吴乙以现金支付。吴某、吴甲对判决不服，提起上诉。二审法院认为一审判决并无不当，故予以维持。

评析： 本案中吴某、吴甲虽然不是法定继承人，但因二人对被继承人吴丙扶养较多，故依法可分给其适当遗产。而继承人吴乙在继承后已将自有份额赠与郑某所有，且诉争房屋现已变更登记在郑某一人名下。依案发时有效的《继承法》对遗产分割原则和方法的规定，在分割遗产时，从有利于生产和生活需要、不损害遗产的效用出发，不宜再对诉争房屋进行分割。法院判决由吴乙以现金支付的方式对吴某、吴甲可依法分得的遗产部分予以补偿，此方式确实可行且和法定的遗产分割原则与方法相符，故法院判决正确。

民法典第 1156 条延续了《继承法》第 29 条的规定，因此，本案若发生在民法典生效之后，将会出现相同的裁判效果。

---

① 审理法院：广东省广州市中级人民法院，案号：(2016) 粤 01 民终 10448 号。

▶▶ **第一千一百五十七条** 夫妻一方死亡后另一方再婚的，有权处分所继承的财产，任何组织或者个人不得干涉。

🏛 条文要义

本条是关于夫妻一方死亡后另一方再婚仍有权处分所继承遗产的规定。

所有人对财产享有占有、使用、收益和处分的前提是对财产享有所有权。财产所有权的取得方式包括原始取得、继受取得。

原始取得是指所有权首次产生或不依赖原所有人的意志而取得财产的所有权。根据法律规定，财产所有权的原始取得方式有：（1）生产；（2）先占；（3）添附；（4）善意取得；（5）发现埋藏物和隐藏物；（6）拾得遗失物；（7）国有化和没收。

继受取得，又称传来取得，是指通过法律行为或基于法定的事实从原所有人处取得财产的所有权。根据法律的规定，所有权继受取得的情形主要有：（1）因法律行为而取得所有权。法律行为包括买卖、赠与等；（2）因法律行为以外的事实取得所有权，包括继承遗产、接受他人遗赠等。（3）因其他合法原因取得所有权，包括合作经济组织的成员通过集资入股的方式取得所有权。

夫妻一方或者双方继承遗产时，其已通过继受取得方式获得了所继承遗产的所有权，自当有权利对自己所有的财产占有、使用、收益和处分。在一方死亡后，另一方与他人再婚，并不会改变其所继承的遗产实为自己所有的性质，其当然有权处分自己通过继承而取得所有权的财产。这种处分财产的行为是所有权权能的体现，任何组织或者个人不得干涉。

本条相较于《继承法》第30条而言，对于干涉他人处分所继承财产的主体除保留原规定的"任何人"外，还增加了"任何组织"。

🎯 案例评析

刘某某诉章某某继承纠纷案①

案情： 章甲与王甲系夫妻关系，王甲于1995年2月5日去世。1998年6月26日章甲与刘某某登记结婚。章甲与王甲二人以工龄共同购买了单位集资公房，房屋总价款为8 253元，1990年12月28日章甲先交2 000元房款，1999年6月28日章甲补齐剩余房款6 253元，获得该房屋全部所有权。2012年8月13日，章甲立遗嘱一份，表明房屋将由女儿章某某继承，续妻刘某某拥有居住权，墓地由长女章某某负责购买，丧葬费由章某领取，作为丧葬一切费用，章某某负责丧葬一切事宜。刘某某在该遗嘱上签名及按手印。2013年6月20日，章甲立公证遗嘱，确定其与王甲

---

① 审理法院：吉林省四平市中级人民法院，案号：（2014）四民一终字第295号。

系夫妻关系，并将房屋中属于章甲部分的产权由其女儿章某某一人继承。2014 年 5 月 28 日，章甲去世。2014 年 8 月 14 日，章某某申请公证处公证被继承人王甲的继承权事项，公证书写明：被继承人王甲生前与其配偶章甲共有房屋一处，王甲的父母均已先于其死亡，配偶也已死亡。王甲生前无遗嘱、无遗赠抚养协议，被继承人王甲的长女章某某继承上述遗产。刘某某诉至法院，请求依法保护自己合法权益。一审法院认为：争议房屋是章甲和王甲的共同财产，王甲死亡后，其享有的房屋产权由其配偶章甲及长女章某某两人继承。因章甲已通过合法遗嘱将其享有的部分留给章某某，故章甲去世后，该房屋产权归章某某。法院遂据此作出判决。刘某某不服一审判决，提出上诉，主张自己享有争议房屋的一半产权。二审法院认为：1990 年，章甲与其前妻王甲因共同交纳了部分集资款而取得该房屋的部分产权。在 1999 年 6 月，章甲交纳该房屋剩余房款，取得完全产权，是在章甲与刘某某的夫妻关系存续期间，故该剩余房款所对应的房屋面积为章甲与刘某某夫妻共同共有。但因章甲立遗嘱将房屋整体留归章某某时，刘某某在该遗嘱上签名及按手印，应认定刘某某同意该房屋归章甲一人处分。其后，虽然章甲又立一份公证遗嘱，但该公证遗嘱不能产生撤销刘某某放弃权利的法律后果。二审法院遂维持原判。

评析：本案中，诉争房屋依法确定为章甲与前妻王甲、后妻刘某某共同所有。王甲去世后，由于其生前无遗嘱与遗赠扶养协议，章甲与王甲夫妻二人共同财产中属于王甲的部分按照法定继承应由其配偶章甲及长女章某某二人继承。其后，章甲与刘某某再婚。在章某与刘某某的婚姻关系存续期间，章甲先后立有自书遗嘱与公证遗嘱，依遗嘱中的有效部分，其已将自己对该房屋享有的产权留给女儿章某某一人继承。尽管章甲留此遗嘱时已经与刘某某是夫妻，但该房屋中属于章甲所有的部分实为其再婚前的个人财产。依案发时有效的《继承法》关于夫妻一方死亡后另一方再婚的，有权处分所继承的财产，任何组织或者个人不得干涉的规定，刘某某及其他任何人均无权对章甲处分自己所有的财产予以干涉。

▶▶ **第一千一百五十八条** 自然人可以与继承人以外的组织或者个人签订遗赠扶养协议。按照协议，该组织或者个人承担该自然人生养死葬的义务，享有受遗赠的权利。

🏛 条文要义

本条是关于遗赠扶养协议的规定。

遗赠扶养协议是指遗赠人和扶养人为明确相互间遗赠和扶养的权利义务关系所订立的协议。在遗赠扶养协议中，需要他人扶养并愿将自己的合法财产全部或部分遗赠给扶养人的为遗赠人，也称为受扶养人；对遗赠人尽扶养义务并接受遗赠的人为扶养人。接受扶养的遗赠人只能是自然人，而承担扶养义务的扶养人既可以是自然人，也可以是有关组织。作为扶养人的自然人不能是法定继承人范围内的人。遗赠扶养协议属于继承制度，它既不同于遗赠，也不同于一般的遗产处理，更不是单纯的合同问题，而是一种独立的继承制度。

遗赠扶养协议的特征是：（1）遗赠扶养协议为双方法律行为，须有双方的意思表示一致才能成立。（2）遗赠扶养协议为诺成法律行为，自双方意思表示达成一致时起即发生效力。（3）遗赠扶养协议为要式法律行为，应采用书面形式。（4）遗赠扶养协议为双务有偿法律行为，扶养人承担受扶养人生养死葬的义务，受扶养人也有将自己的财产遗赠给扶养人的义务。（5）遗赠扶养协议具有效力优先性。遗赠扶养协议与遗赠、遗嘱继承并存时，应当优先执行遗赠扶养协议。

遗赠扶养协议具有以下效力。

（1）对扶养人的效力：扶养人对遗赠人负有生养死葬义务；扶养人有取得遗赠财产的权利。扶养人不尽或不认真履行扶养义务的，其依协议约定的取得财产的权利将会丧失或部分丧失。

（2）对遗赠人的效力：遗赠人有权要求扶养人履行扶养义务，并负有于其死亡后使协议中约定的财产能够为扶养人取得的义务，不得将遗产转让他人。

（3）对第三人的效力：遗赠人的继承人、受遗赠人均不得主张取得该财产；在遗赠扶养协议存续期间遗赠人将遗产转让他人的，扶养人可以行使不当得利请求权；遗产受到损害的，扶养人可以行使损害赔偿请求权。

本条相比《继承法》的规定，扩大了遗赠扶养协议中扶养人的范围。《继承法》第31条规定："公民可以与扶养人签订遗赠扶养协议。按照协议，扶养人承担该公民生养死葬的义务，享有受遗赠的权利。公民可以与集体所有制组织签订遗赠扶养协议。按照协议，集体所有制组织承担该公民生养死葬的义务，享有受遗赠的权利。"据此，能够作为扶养人的主体有两类：一类是自然人，另一类是集体所有制组织。本条将"集体所有制组织"修改为"组织了"，从而将法人、非法人组织都包含在内，扩大了扶养人的范围。这样规定，不仅有利于保护老年人的合法权益，使老年人的生活有所保障，实现老有所养和养老优化，而且有利于减轻国家和社会的负担。

📑 配套司法解释

最高人民法院关于适用《中华人民共和国民法典》继承编的解释（一）

第四十条 继承人以外的组织或者个人与自然人签订遗赠扶养协议后，无正当理由不履行，导致协议解除的，不能享有受遗赠的权利，其支付的供养费用一般不予补偿；遗赠人无正当理由不履行，导致协议解除的，则应当偿还继承人以外的组织或者个人已支付的供养费用。

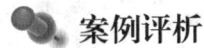 **案例评析**

吕甲等与吕己、吕戊继承纠纷案①

案情： 吕某高与戚某家系夫妻，婚后育有子女吕甲、吕乙、吕丙、吕丁、吕某祥（2001年6月15日去世）、吕戊、吕某友，二人的夫妻共同财产有80平方米的房屋一套及533.6平方米的土地，二人的父母均早已去世。2006年1月6日，戚某家去世。2006年5月17日，吕某高与子女们签订"老人晚年归宿协议书"，内容为："现在吕某高八十五岁，老伴已去世，务必选择归宿。经与儿女、长孙协商，定由长孙吕己（系吕戊的儿子）扶养祖父吕某高，包括对老人的衣食住行、洗漱治病、送终丧葬等，应以孝敬为荣。祖父过世后，生前财产归长孙吕己所有。如果中途老人和长孙一方提出撤约，前段所有花销一切费用不予返还，希望善始善终，遵照执行。"该协议由代笔人将所有当事人的名字写好，其上分别按有手印，并由村委会工作人员李甲、李乙及苍某在场见证。协议签订后，吕己与吕某高共同生活，对吕某高履行扶养义务。2007年4月24日，案涉房屋变更登记至吕己名下。后经吕甲提起行政诉讼，2019年1月15日，法院确认行政机关将吕某高名下房屋变更至吕己名下的行政行为违法，该判决已生效。2011年2月28日，吕某高去世。吕某祥育有儿子吕庚、吕辛。2017年10月10日，案涉房屋被征用，吕己领取643 129元补偿款，其中房屋补偿195 000元，装修及地面附着物补偿448 129元。因遗产分割发生争议，吕甲、吕乙、吕丙、吕丁、吕庚、吕辛以吕己、吕戊为被告起诉至法院，请求判令被告返还被继承人房屋及宅基地的动迁补偿款95万元，并由法定继承人均等继承。吕某友书面放弃继承权。诉讼中原告吕甲等人均否认手印为其所按，故法院曾就按印的真实性委托进行司法鉴定，鉴定所以检材指印不具备鉴定条件为由，出具终止鉴定告知书。

法院经审理后认为：协议书合法有效，吕某高通过遗赠扶养协议将其遗产赠与被告吕己符合法律规定，应以保护。戚某家死后，尽管未对其遗产进行分割，但签订协议书时吕某高的子女均到场，亦都未提出反对意见，也有代笔人、见证人在场见证，故应视为各原告对吕某高处理案涉财产予以认可。且被告吕己在与吕某高的长期生活过程中对房屋设施及附着物进行维修管理及经营，故该部分补偿款理应归吕己所有。但鉴于各原告在吕己扶养吕某高期间亦都对吕某高尽了一定的赡养义务，故酌定各法定继承人分别继承动迁补偿款5 000元，吕某祥的份额由其子女代位继承。

吕甲等不服一审判决，提起上诉。

二审法院经审理后认为，吕某高并未在协议书上签字，又不能证明协议书上的

---

① 审理法院：一审法院为辽宁省营口市鲅鱼圈区人民法院，案号：（2020）辽0804民初1507号。二审法院为辽宁省营口市中级人民法院，案号：（2020）辽08民终2353号。

手印为本案各当事人所按，亦无充分证据证明协议签订时吕某高的子女均到场并认可协议书约定的对案涉财产的处分方式；戚某家先于吕某高去世后的遗产分配，也不应在吕某高去世时一并处理。遂以原判决认定基本事实不清，可能影响案件的正确判决为由，裁定发回重审。

评析： 本案中，吕某高与子女们签订"老人晚年归宿协议书"，对遗赠方与受赠方的权利、义务进行了明确的约定。依此协议，扶养人吕已将承担被扶养人吕某高生养死葬的义务。吕已在依协议履行扶养义务后，自当有权继承被扶养人吕某高在协议中承诺赠与的财产。本案中吕已依协议履行了义务，按理应依法享有受遗赠财产的所有权。然而，该遗赠扶养协议虽以书面形式达成，也有见证人在场，但却并无双方即遗赠人与扶养人的签名。尽管吕甲等主张协议上有双方以及其他在场当事人的手印，但受托的鉴定所认为检材指印不具备鉴定条件，终止了鉴定，故无法证明该协议为双方的真实约定，一审法院依《继承法》关于遗赠扶养的规定以该遗赠扶养协议合法、有效为前提作出的判决自然应该被撤销。如果在重审的过程中，当事人重新申请鉴定，且有鉴定机构能鉴定指印为真实的，那么被继承人吕某高的遗产就应依该协议归吕已所有。但也必须从中析出属于戚某家的遗产的部分，并依法定继承规则予以办理。因为即使所有当事人的指印都被证明为真实，该协议也并未对属于戚某家的遗产的部分进行约定。如果最终仍因检材指印不具备鉴定条件而无法证明该协议为遗赠人与扶养人之间达成的，那么除吕某高、戚某家的遗产都需按法定继承以及代位继承办理外，还必须从吕某高的遗产中分出相应的遗产份额，以偿还吕已多年扶养吕某高的供养费用，包括吕已对案涉房屋及附着物进行维修及经营管理的必要支出。

> ▶▶ **第一千一百五十九条** 分割遗产，应当清偿被继承人依法应当缴纳的税款和债务；但是，应当为缺乏劳动能力又没有生活来源的继承人保留必要的遗产。

🏛 条文要义

本条是关于遗产清偿债务顺序的规定。

在分割遗产之前，应当先清偿债务。遗产债务清偿的顺序是：（1）丧葬费。被继承人死亡的丧葬费应当在遗产中支出，是最优先受偿的债务。（2）遗产管理费。遗产管理、清算、分割等费用的支出，不仅是为了继承人的共同利益，也是为了遗产债权人的利益，应当优先清偿。遗产管理人的费用在这一项目下支出。虽然本条没有规定遗产管理费具有最优先的地位，但优先清偿遗产管理费较为合理、妥当。（3）缴纳所欠税款。被继承人生前所欠税款，应当在清偿生前所欠债务之前，予以扣除。（4）被继承人生前所欠债务。被继承人的遗产源于被继承人生前所从事的各类法律行为。被继承人生前进行法律行为是以获得债权为目的，而履行债务是获得债权的代价，即债务是债权的基础。在清偿遗产债务时，应当优先考虑被继承人生前所欠债务的清偿问题。

对于继承人以外的依靠被继承人扶养的缺乏劳动能力又没有生活来源的人，即使遗产不足以清偿上述费用、税款和债务，也应当保留必要份额，视具体情况可以多于或少于继承人的继承份额。对特定人员保留的必留份不属于遗产债务的范畴，是法律强制规定的一种特殊应继份。

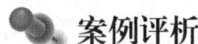 **案例评析**

蒋乙与周某某、蒋甲遗嘱继承纠纷案[①]

案情： 周某某与蒋某某系夫妻，两人育有一子蒋甲。蒋乙系蒋某某与他人所生之非婚生女儿。蒋某某与周某某婚内购买共和四村房屋一套，该房屋建筑面积为72.49平方米，登记的权利人为周某某。二人购买的小汽车登记的所有人为蒋某某。2016年4月30日，蒋某某立下遗嘱，载明其名下有房屋平型关路、共康东路、永高路各一套，其去世后包括但不限于上述列举的全部财产由蒋甲继承，实际继承的财产以继承时蒋某某实际拥有的财产及权益情况为准，蒋甲所继承的财产系其个人财产，与配偶无关。2018年8月30日，蒋某某去世。蒋乙以周某某、蒋甲为被告，向法院提起诉讼，请求判令依法继承其父遗产共和四村房屋及小汽车中的应得份额，同时要求被告从被继承人蒋某某死亡之日起，按每月1 800元向原告蒋乙支付扶养费至其满18周岁。法院经审理后认为，被继承人蒋某某立遗嘱时乃至遗嘱生效时，原告蒋乙尚未成年，除其母亲应当抚养原告之外，被继承人蒋某某应当在遗嘱中为原告蒋乙保留必要的遗产份额。故判令遗嘱继承人蒋甲在继承遗产的同时应支付原告蒋乙上述必要遗产份额中应得的折价款。

评析： 继承开始后，有遗嘱的，按照遗嘱继承或者遗赠办理。但分割遗产时，应当为缺乏劳动能力又没有生活来源的继承人保留必要的遗产份额。本案中，被继承人蒋某某生前立有遗嘱，明确其个人遗产全部由蒋甲继承。但蒋乙作为被继承人蒋某某与他人所生之非婚生女儿，享有与婚生子女同等的权利，任何人不得加以危害和歧视。被继承人蒋某某立遗嘱时乃至遗嘱生效时，原告蒋乙尚未成年，故被继承人蒋某某应当在遗嘱中为原告蒋乙保留必要的遗产份额，但他并未这样做。因此，在蒋甲依遗嘱继承被继承人蒋某某的遗产时，应当从中为缺乏劳动能力又没有生活来源的继承人蒋乙扣除必要的遗产份额，即必留份。对此必留份的具体数额，法院应结合诉争房屋、车辆的价值，原告的年龄以及由其母亲应尽的抚养义务等因素来确定。

---

① 审理法院：上海市闵行区人民法院，案号：（2019）沪 0112 民初 2339 号。

▶▶ **第一千一百六十条**　无人继承又无人受遗赠的遗产，归国家所有，用于公益事业；死者生前是集体所有制组织成员的，归所在集体所有制组织所有。

🏛 条文要义

本条是关于无人继承又无人受遗赠的遗产的规定。

本条与《继承法》第32条相比较，将无人继承又无人受遗赠的遗产归国家所有的目的，增加规定为"用于公益事业"。这是继承规则中的一个创新，是一个很好的规定。

无人继承又无人受遗赠的遗产，也叫继承人旷缺，是指被继承人死亡时，没有法定继承人，又无遗嘱继承人和受遗赠人，或者其全部继承人都表示放弃继承，受遗赠人表示不接受遗赠，死者的遗产即属于无人继承又无人受遗赠的遗产。

形成无人继承又无人受遗赠的遗产的原因包括：（1）没有法定继承人、遗嘱继承人和受遗赠人；（2）法定继承人、遗嘱继承人放弃继承，受遗赠人放弃受遗赠；（3）法定继承人、遗嘱继承人丧失继承权，受遗赠人丧失受遗赠权。

由于无人继承又无人受遗赠，被继承人所余留的遗产无人承受，因此应当归国家所有，国家用于公益事业；如果死者生前是集体所有制组织成员的，则其遗产归所在集体所有制组织所有。

应当看到的是，我国继承法规定的法定继承人的范围狭窄，只有两个继承顺序，遗赠适用得又不广泛，因而特别容易形成无人继承又无人受遗赠的遗产，将这些无人继承又无人受遗赠的遗产规定为归国家所有或者归集体所有制组织所有，并非最佳的处理方法。遗产是死者生前的个人合法财产，既然如此，在其死亡后，虽其遗产既没有人继承，也没有人受遗赠，但应当还有其他亲属，这些亲属虽然不是法律规定的法定继承人，毕竟与被继承人有血缘关系，将这些遗产交给他们继承，毕竟还是在他们的家族中流转，国家没有必要收归国有。这样的规定，其实都是制定《继承法》当时"左"的思想指导下的产物，本来是应当予以纠正的。民法典编纂时对继承制度，特别是法定继承制度没有进行根本性的改革，基本上还是延续《继承法》规定的制度，并没有纠正这样的问题，仅仅是针对将无人继承且无人受遗赠的遗产收归国有作出"用于公益事业"的限定，算是有了进步。

📌 案例评析

苍梧县某某村某某组诉林甲等遗产归属纠纷案

案情：林某某系苍梧县某某村某某组村民，于某日晚因郭某的小儿子导致的交通事故受伤死亡。在抢救过程中，林乙护理了两个晚上。郭某向交警大队交付了死亡补偿费（该款后由苍梧县某某镇民政办代管），并给付林乙误工补助费及后事处理费。在为林某某处理后事过程中，凡到场的人员均领取了适当数额的劳务费。林某某生前未婚，无妻儿、兄弟姐妹，父母、祖父母、外祖父母先于其死亡。林甲与林某某是三代旁系血亲。林某某在其母亲死亡后就过着自食其力的单身生活。林某某死亡时，遗留有银行存款及房屋一幢。银行存单及房屋土地使用权证书由林乙代管。苍梧县某某村某某组以林甲、林乙等九人为被告向法院起诉，请求依法认定林某某的财产为无主财产，收归本小组所有。法院认为，对于无人继承又无人受遗赠的遗产，死者生前是集体所有制组织成员的，归所在集体所有制组织所有。林某某遗留的银行存款、房屋等财产属于无人继承又无人受遗赠的遗产，故应归原告所有。

评析： 本案中林某某生前是苍梧县某某村某某组的村民，与林甲是同源祖父的堂兄弟关系。其生前未婚，无妻儿、兄弟姐妹，父母、祖父母、外祖父母已先于其死亡。自其母病故后，林某某就过着自食其力的单身生活。林某某生前既没有与他人形成收养或扶养关系，也没有设立遗嘱或遗赠扶养协议。这些事实充分说明，林某某死亡后既无法定继承人，又无遗嘱继承人或受遗赠人。因此，应认定其遗产为无人继承又无人受遗赠的遗产。依案发时有效的《继承法》关于对无人继承又无人受遗赠遗产的处理规定，林某某的遗产均应当归其生前所在的集体所有制组织即苍梧县某某村某某组所有。

▶▶**第一千一百六十一条** 继承人以所得遗产实际价值为限清偿被继承人依法应当缴纳的税款和债务。超过遗产实际价值部分，继承人自愿偿还的不在此限。

继承人放弃继承的，对被继承人依法应当缴纳的税款和债务可以不负清偿责任。

🏛 条文要义

本条是关于限定继承和放弃继承的规定。

限定继承也称限定承认，是指继承人附加限制条件地接受被继承人的全部遗产的意思表示。一般的限定条件是以继承所得之遗产偿还被继承人的债务。如果继承人采取限定承认，则意味着继承人只对被继承人生前所欠债务负有以其所继承的被继承人的遗产为限的清偿责任，对超出部分不负责清偿，故以继承人承担有限责任为原则。按照这一原则，对于超过遗产实际价值的部分，唯继承人自愿偿还的不受限定继承原则的限制，继承人对遗产债务均负有限责任。任何人都不能强迫继承人偿还超过遗产实际价值的遗产债务。即使共同继承人中的某个继承人承担无限责任，亦不对其他继承人发生效力。

限定继承具有以下效力：（1）继承人参与继承法律关系，取得继承既得权，有权请求分割遗产。（2）继承人责任的限制。继承人仅以继承所得的积极财产为限，对全部遗产债务承担清偿责任，即继承人就遗产负有限责任。（3）继承人的固有财产与遗产分离，这两种财产各自有独立的法律地位。据此，继承人清偿被继承人依法应当缴纳的税款和债务，以所得遗产的实际价值为限，对于超过遗产实际价值的部分，继承人不承担清偿责任，但继承人自愿偿还的不在此限。

继承权放弃也称继承权拒绝、继承权抛弃，是指继承人于继承开始后、遗产分割前作出的放弃其继承被继承人遗产之权利的意思表示。继承权放弃是继承人自由表达其意志、行使继承权的一种表现，是一种单方民事法律行为，无须征得任何人的同意。

放弃继承权的条件包括：（1）在继承开始后、遗产分割前放弃；（2）原则上由继承人本人放弃，对于无民事行为能力和限制民事行为能力的继承人而言，允许其法定代理人代理该继承人放弃继承，以保护无民事行为能力和限制民事行为能力的继承人的利益；（3）放弃继承权不得附加条件；（4）不得部分放弃。

继承权放弃的方式是指继承人放弃继承权时表达意思的方式，须以明示方式为之，可以口头或书面方式向其他继承人作出。如果主张继承人用口头方式放弃了继承权，须本人承认，或有其他证据充分证明。如果继承人本人不承认，又没有其他证据充分证明继承人表示过放弃继承权，则不能认定继承人放弃继承权。在诉讼中，继承人可以向人民法院表示放弃继承权。继承人以口头方式向法院表示放弃继承权的，法院要制作笔录，由放弃继承权的继承人签名。继承人放弃继承权后，对于被继承人的债务和所欠税款不承担清偿责任，被继承人的债权人或者税务部门不得强制其承担清偿责任，但继承人自愿清偿的不在此限。继承人放弃继承权的效力，溯及于继承开始之时，并非其作出放弃的表示之时。

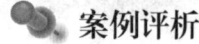 **案例评析**

吴某某诉米甲被继承人债务清偿纠纷案

案情： 2015 年 11 月 18 日，吴某某与米某某开始同居生活，但一直未办理结婚登记。2017 年 9 月，米某某患癌症，治疗期间米某某与吴某某口头约定，由吴某某照顾米某某，米某某给付吴某某 10 万元。2018 年 3 月 18 日，米某某将 26 号、17 号房屋过户给米甲。2018 年 7 月 8 日，米某某死亡。吴某某以米甲继承了米某某的财产为由，起诉要求米甲支付米某某未付的金额。法院认为：吴某某与米某某同居，二人并无法律上的权利义务关系，而双方的约定在二人之间形成了债权债务关系。米某某死亡后，其继承人米甲应以继承遗产的实际价值为限清偿米某某所欠下的债务。法院遂判决米甲应将米某某承诺支付却未付清的金额支付给吴某某。

评析： 本案中，吴某某与米某某系同居关系，两人并无法律上的权利义务关系。米某某生病期间，吴某某与米某某之间因约定而产生债权债务关系。米某某死亡后，吴某某所享有的 10 万元债权中米某某未曾支付的部分便属于米某某的债务。依案发时有效的《继承法》对限定继承的规定，该债务应直接以米某某的遗产进行清偿，清偿完该债务后遗产的剩余部分才能由米某某的继承人继承。按限定继承原则，该债务的清偿仅以米某某的遗产为限。如果米某某的遗产不足以清偿该债务，米某某的继承人无义务以其自有财产对此债务进行清偿。本案中吴某某主张由米甲在所继承遗产的价值范围内清偿米某某未偿清的债务，此请求自当得到法院的支持。

▶▶ **第一千一百六十二条**　执行遗赠不得妨碍清偿遗赠人依法应当缴纳的税款和债务。

🏛 条文要义

本条是关于执行遗赠不得对抗清偿遗产债务的规定。

在我国民法体系中，受遗赠权不是物权，因为在遗赠被执行前，受遗赠人对遗赠的标的物不享有物权权能，其不处于物权人地位，其所享有的只是请求有关的遗嘱执行人或继承人交付遗赠标的物的权利。同时，受遗赠权也不是债权。对于被继承人的一般债权，应当进行清偿。如果被继承人的遗产在清偿债权后没有剩余遗产，则不执行遗赠，受遗赠人不能基于债权人的地位请求清偿。遗赠人依法应当缴纳的税款和其债权人的债权的请求权优于受遗赠人的受遗赠权，受遗赠人不能与税务部门和遗赠人的债权人平等地分配遗产，故遗赠执行人不能先将遗产用于执行遗赠。遗赠执行人应在清偿完遗赠人生前所欠的税款和债务后，才能以遗产剩余的部分执行遗赠。清偿遗赠人生前所欠的税款和债务后没有剩余遗产的，遗赠不能执行，受遗赠人的权利消灭，遗赠执行人没有执行遗赠的义务。

📌 案例评析

杜丙与杜乙、杜丁继承纠纷案[①]

案情： 邱某与杜某婚后共同生育了杜甲、杜乙。在婚姻关系存续期间，二人共同购买了位于邻水县的房产。2005年6月12日，杜某溺水身亡。杜甲与甘某结婚后于2009年10月16日生育了杜丙。2012年9月25日，杜甲与甘某离婚，杜甲抚养杜丙并承担其所有费用。2013年4月24日，杜甲因交通事故死亡。2013年4月28日，邱某与侵权人达成赔偿协议，赔偿杜甲各项损失共计570 000元。杜甲死后，杜丙一直随邱某生活。后邱某突发疾病，无法继续照顾年幼的杜丙。2016年8月，杜丙到其母亲甘某处生活。在当事人因杜甲的死亡赔偿金的分配问题发生纠纷，诉至法院时，经法院调解后达成协议，由邱某从杜甲的死亡赔偿款项中支付杜丙生活费

---

① 审理法院：四川省邻水县人民法院，案号：（2020）川1623民初189号。

及其他费用共 200 000 元，由甘某代为管理。协议已履行。2016 年 12 月 7 日，邱某向法院起诉，要求与杜乙、杜丙共同继承其夫杜某的遗产。法院经调解制作民事调解书，杜某在邻水县的房产归原告邱某所有，由邱某支付杜乙 50 000 元，支付杜丙 25 000 元。但邱某一直未支付杜丙应得的 25 000 元。2017 年 4 月 14 日，邱某设立遗嘱，明确将其邻水县的房产留给其孙女杜丁一人继承。2019 年 12 月 16 日，邱某病故，未留下其他遗产。2020 年 1 月 14 日，杜丁将被继承人邱某的邻水县房产转移登记在自己名下。当事人之间因遗产继承纠纷经多次协商未果，杜丙逐诉至法院，请求对被继承人邱某的遗产折价分割。法院经审理后认为：杜甲先于邱某死亡，杜丙作为杜甲的代位继承人，其与杜乙均是邱某第一顺序继承人。邱某以遗嘱将遗产全部留给法定继承人以外的杜丁，且杜丁在法定期限内接受了该遗赠，故该遗嘱有效。然而，对于年仅 10 岁、既缺乏劳动能力又无生活来源的杜丙，邱某设立遗嘱时没保留必要的遗产份额，这已违反了法律的强制性规定。因此，虽杜丁能依遗嘱受领遗赠，但仍必须从遗产中为杜丙分割出必留份。同时，因被继承人邱某生前未履行已生效民事调解书确定的义务，即支付杜丙 25 000 元，故杜丁在接受被继承人邱某的遗赠房产时，应以遗产清偿被继承人邱某依法应当偿还的债务 25 000 元。遂依此作出判决。

评析：本案中，杜丙的父亲杜甲先于邱某死亡，依法律对代位继承之规定，杜丙有权代其父之位继承邱某的遗产。然而，邱某已立遗嘱，将唯一房产留给其孙女杜丁，故本案中并无法定继承适用的余地。然而，本案发生时杜丙年仅 10 岁，作为未成年人，既缺乏劳动能力又没有生活来源，属于法律规定的遗嘱人设立遗嘱时必须为之保留必要遗产份额的人员。但邱某设立遗嘱时未依法律的强制性规定为杜丙保留必要的遗产份额，故必须从杜丁所获遗赠的遗产内分割出必要的份额归杜丙。此外，邱某生前未履行的已生效民事调解书确定的义务实为其应履行的债务，依《继承法》关于执行遗赠不得妨碍清偿遗赠人依法应当清偿的债务的规定，杜丁作为邱某之遗产的受赠者，尽管该遗产已经转移至其名下，但也应从该遗产中分割出相应的份额，以清偿被继承人邱某生前未履行的债务。故法院的判决正确。

民法典第 1162 条延续了《继承法》第 34 条的规定。

> ▶▶ **第一千一百六十三条**　既有法定继承又有遗嘱继承、遗赠的，由法定继承人清偿被继承人依法应当缴纳的税款和债务；超过法定继承遗产实际价值部分，由遗嘱继承人和受遗赠人按比例以所得遗产清偿。

🏛 条文要义

本条是关于法定继承、遗嘱继承和遗赠同时存在时清偿遗产债务顺序的规定。

在一个被继承人的遗产上，既发生了法定继承，又发生了遗嘱继承、遗赠的，究竟先由哪一部分遗产承担遗产债务，既涉及对不同的继承和遗赠的效力认识问题，也涉及对被继承人的债权人的债权保护问题。

依照民法典第1123条关于"继承开始后，按照法定继承办理；有遗嘱的，按照遗嘱继承或者遗赠办理；有遗赠扶养协议的，按照协议办理"的规定，不同的继承方式和遗赠扶养协议的优先顺序是：（1）遗赠扶养协议；（2）遗嘱继承和遗赠；（3）法定继承。与这一规定相一致，当发生了继承、遗赠，需要继承人以其继承的遗产、受遗赠人以其接受的遗产清偿被继承人的税款和债务时，应当按照相反的顺序进行，体现民法典第1123条规定的顺序。

因此，本条规定的新规则是：

（1）首先由法定继承人清偿被继承人依法应当缴纳的税款和债务。这是因为，遗嘱继承和遗赠的效力优先于法定继承，在清偿遗产债务时，当然应当先用法定继承人继承的遗产部分，清偿被继承人依法应当缴纳的税款和债务。

（2）被继承人依法应当缴纳的税款和债务的数额超过法定继承的遗产实际价值的部分，即由法定继承人继承的遗产部分清偿税款和债务仍有不足的，再由遗嘱继承人和受遗赠人按比例以所得遗产予以清偿。所谓按比例，就是遗嘱继承人和受遗赠人接受遗产的效力相同，不存在先后顺序问题，因而应当按比例以所得遗产清偿税款和债务。这个比例，是遗嘱继承人和受遗赠人各自所得遗产的比例。

无论是法定继承人还是遗嘱继承人、受遗赠人，对于超过其所得遗产部分的债务，均不承担清偿责任。

遗赠扶养协议的扶养人接受遗产是有对价的，因此，其不承担清偿债务的责任。

案例评析

董某与郑某等被继承人债务清偿纠纷案[①]

案情： 董某与张某系夫妻，婚后生有一女张甲。二人于2002年2月10日经调解离婚。2007年6月15日，张某向董某借款1万元，并写下欠条。2016年12月29日，张某与郑某登记结婚，婚后未生育子女。2017年1月17日，张某设立遗嘱，将名下房屋等财产在妻子郑某、女儿张甲间进行分配，同时，还将"一间北房留给董某"。该遗嘱一式两份，郑某、张甲各持一份。2017年11月23日，郑某向法院提起诉讼，要求依法分割张某的房屋及养老保险金等遗产及所欠案外人张某茹、王某冬的债务。董某作为第三人出庭应诉。法院经调解，将张某的遗产包括养老保险金等在郑某、张甲、董某间进行了分配，董某依遗嘱获得其中的一间北屋。案中董某主张张某生前曾向自己借款但一直未还的事实，并提供了借条，要求以张某的遗产偿

---

① 审理法院：北京市通州区人民法院，案号：（2018）京0112民初5282号。

还自己。但郑某对此请求予以拒绝。董某起诉至法院，请求法院判令郑某、张甲两被告在继承张某遗产的范围内共同偿还原告的借款及利息。法院经审理后认为，董某实为受遗赠人而非继承人，其所获被继承人的一间北房实为接受张某遗赠所得。因被继承人张某的遗产已经依其遗嘱由郑某、张甲、董某继承，故其生前所欠的债务也应该依法由遗嘱继承人郑某、张甲和受遗赠人董某按比例以所得遗产清偿。遂依此作出判决。

评析：本案中，张某生前所立遗嘱有效，故遗嘱所涉及的相关遗产应依遗嘱进行分配。郑某、张甲分别为张某的妻子与子女，属于法定继承人。董某早已与张某离婚，依张某所留遗嘱，其将"一间北房留给董某"是指将该房遗赠给董某，而非以该房偿还自己向董某所欠的债务，故董某实为受遗赠人。而在遗产分割案中，经法院调解，张某的遗产已经依其遗嘱在遗嘱继承人郑某、张甲和受遗赠人董某间分配完毕。至于张某生前所欠的债务，依《最高人民法院关于贯彻执行〈中华人民共和国继承法〉若干问题的意见》关于遗产已被分割而未清偿债务，遗嘱继承、遗赠同时存在时清偿遗产债务顺序的规定，此笔债务应当由遗嘱继承人和受遗赠人按比例以所得遗产清偿，故法院依此作出判决正确。

第七编　侵权责任

第一章 一般规定

▶▶ **第一千一百六十四条** 本编调整因侵害民事权益产生的民事关系。

🏛 条文要义

本条是对民法典第七编"侵权责任"调整范围的规定。

在民法典中，第七编"侵权责任"是专门调整侵权责任法律关系的规范。侵权行为发生后，在侵权人和被侵权人之间发生侵权责任法律关系，被侵权人是侵权责任法律关系的请求权人，是权利主体；侵权人是责任主体，承担满足被侵权人侵权责任请求权的责任。第七编"侵权责任"就是调整这种法律关系的专门法。

民法典第七编"侵权责任"规定了调整范围，就是规定了该编的保护范围。该编的保护范围，是所有的民事权益。从这个意义上看，本条代替了《侵权责任法》第2条规定的内容。《侵权责任法》第2条采用"列举＋概括"的规范方式，既烦琐且有遗漏，不能涵盖侵权责任的全部保护范围，以至于在司法实践中引发较多歧义。本条采用概括式的立法方式，将所有的民事权益都包括在民法典第七编"侵权责任"的保护范围之内。

民法典第七编"侵权责任"之保护范围是：（1）所有的民事权利。民法典第一编"总则"第五章规定的民事权利，即人格权、身份权、物权、债权、知识产权、继承权和股权及其他投资性权利，都在民法典第七编"侵权责任"的保护范围之中。（2）法律保护的民事利益即法益，包括一般人格权保护的其他人格利益、胎儿的人格利益、死者的人格利益、其他身份利益和其他财产利益，也都由民法典第七编"侵权责任"予以保护。这些民事权益受到侵害，产生侵权责任法律关系，被侵权人可以行使请求权，侵权人应当承担侵权责任，救济损害。

在民法典第七编"侵权责任"的调整范围上，最重要的争议是债权是否为第七编"侵权责任"的保护范围。在《侵权责任法》第2条第2款规定的保护范围中，没有明文列举债权，而是将债权包含在"等"中，形成了《侵权责任法》第2条的"列举＋概括"模式，造成了在适用上的认识分歧。① 本条采用概括式的立法模式，就

---

① 王胜明. 中华人民共和国侵权责任法释义. 北京：法律出版社，2010：27.

将民法典第七编"侵权责任"的保护范围与民法典总则编关于"民事权利"的规定直接挂钩，形成一体，因而确定了第七编"侵权责任"的保护范围就是人格权、身份权、物权、债权、知识产权、继承权、股权及其他投资性权利等七大基本权利及利益。

目 配套司法解释

最高人民法院关于适用《中华人民共和国民法典》时间效力的若干规定

第二十四条　侵权行为发生在民法典施行前，但是损害后果出现在民法典施行后的民事纠纷案件，适用民法典的规定。

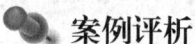

案例评析

普鑫公司诉中银国际财产损害赔偿纠纷案①

案情： 上海市第一中级人民法院对普鑫公司诉唯美特公司一案出具裁定书，冻结唯美特公司原在中银国际的证券、资金等。中银国际以须到总部办理相关查询转批手续为由拒绝协助办理财产保全。之后，中银国际未经唯美特公司同意，擅自转移财产。普鑫公司遂以中银国际侵害债权为由提起诉讼。本案的争议焦点是中银国际转移证券、妨害法院进行财产保全的行为，是否侵害了财产保全申请人即普鑫公司对被申请人享有的债权；普鑫公司就其受损债权，可否依照《侵权责任法》请求中银国际承担侵权赔偿责任。一审法院认为：中银国际在明知普鑫公司已通过法院对唯美特公司实施财产保全的情况下，未经唯美特公司同意，擅自以变更指定交易的方式违法转移唯美特公司的财产，使法院针对普鑫公司债权所采取的保全措施大部分落空，最终导致普鑫公司的诉讼债权未获全额清偿。中银国际转移财产的行为主观恶意明显，该行为与普鑫公司因债权未获清偿所产生损失的因果关系明确，故中银国际对普鑫公司侵权的事实成立。二审法院认为：中银国际出于其自身利益考虑，恶意阻挠普鑫公司申请在先的保全，以此非法手段争夺财产保全的次序。其侵害普鑫公司合法债权的恶意明显，普鑫公司有权就其债权受损依照《侵权责任法》请求保护。

评析： 第三人侵害债权中的"第三人"是指处于债权债务关系之外的人，该人既非债务人也非债权人。关于第三人侵害债权的行为能否构成侵权行为，有不同的看法。我国多数学者认为，债权可以成为侵权法保护的客体，但是鉴于债权不具有社会典型公开性，对于第三人侵害债权之构成要件须严格界定，即仅限于第三人明知债权之存在而故意加以侵害的情形。② 本案即为第三人侵害债权的典型情形。在

---

① 最高人民法院公报，2014（10）．审理法院：一审法院为上海市徐汇区人民法院，案号：（2011）徐民二（商）初字第1631号。二审法院为上海市第一中级人民法院，案号：（2013）沪一中民六（商）再终字第1号。再审法院为上海市高级人民法院，案号：（2014）沪高民五（商）再提字第1号。

② 王利明．侵权责任法研究：上卷．北京：中国人民大学出版社，2010：79。

《侵权责任法》第 2 条第 2 款的立法方式下，需要通过对"等"的解释，才能将债权纳入侵权责任的保护范围，且对此解释结论司法实务中存在不同态度，因此形成司法实践中很多法官认为债权不在侵权责任保护范围之内的现状。虽然民法典第七编"侵权责任"所保护的权利主要是绝对权，至于其他权利和民事利益，并不能与权利受到同等保护，而是应考虑该利益是否为一些特别的保护性法规所保护，考虑侵权人的主观状态，考虑双方是否有紧密的关系，并避免过多限制行为自由。但是，关于民法典第 1164 条规定的"民事权益"的范围，应根据民法典第一编"总则"第五章"民事权利"的范畴进行解释。民法典第 118 条明确规定了债权，因此可结合学理解释在一定条件下将债权纳入民法典第七编"侵权责任"的保护范围，从而与学理通说认为于第三人故意且背俗侵害债权的情形可突破债之关系的相对性而直接适用侵权责任的结论保持一致，实现了消弭司法实践中债权是否属于侵权责任保护范围的认识分歧这一目的。

▶▶**第一千一百六十五条** 行为人因过错侵害他人民事权益造成损害的，应当承担侵权责任。

依照法律规定推定行为人有过错，其不能证明自己没有过错的，应当承担侵权责任。

🏛 条文要义

本条是对过错责任原则、过错推定原则及一般侵权责任构成要件的规定。

与《侵权责任法》第 6 条相比，本条最为明显的变化在于增加了"造成损害"这一侵权责任的构成要件，从而使侵权法从无所不包的救济法纯化和回归其损害赔偿法的定位。而且，民法典第七编"侵权责任"第二章的章名就是"损害赔偿"，这一体系性的变化也更加明确了侵权法的性质为损害赔偿法。

过错责任原则是侵权责任的一般归责原则，有三个基本功能：（1）确定对一般侵权行为适用过错责任原则调整，以行为人存在过错为基本要求，无过错者无责任，除非法律规定为适用无过错责任原则的侵权行为。（2）一般侵权责任的范围是一般侵权行为，即民法典第七编"侵权责任"第三章至第十章没有具体规定的侵权行为，都适用过错责任原则确定侵权责任。（3）过错责任原则的规定包含请求权，请求权人可以直接依照本条第 1 款起诉，提出侵权损害赔偿请求，法官可依此作出判决。

过错推定原则从本质上说，仍然是过错责任原则，只是过错的要件实行推定而不是认定，因而在其他构成要件证明成立的情况下，法官可以直接推定行为人有过错，行为人认为自己没有过错的，应当自己举证证明：能够证明者免除责任，不能证明或者证明不足者责任成立。本条第 2 款中没有包含请求权，须将适用过错推定原则的具体规定作为请求权基础。

适用过错原则的一般侵权行为和适用过错推定原则的部分特殊侵权行为，其构成要件都是：（1）违法行为；（2）损害事实；（3）因果关系；（4）过错。适用过错原则的一般侵权责任的过错要件须由被侵权人证明，适用过错推定原则的特殊侵权责任的过错要件实行推定；违法行为、损害事实、因果关系等要件均由被侵权人负责证明。《侵权责任法》第6条第1款没有规定损害要件，只规定了侵害民事权益的要件。这是不完整的，与侵权责任主要是损害赔偿救济方法的要求不相一致。本条增加了"造成损害"的要件，完善了侵权责任的构成要件，并与民法典第七编第二章的规定相一致。

 **案例评析**

孟某媛诉于某华生命权、健康权、身体权纠纷案①

案情： 87岁老人孟某媛在回家途中步行至某某新城10号楼和11号楼之间的小区道路上时，于某华正在哈腰拽自家小狗，在回身时不慎将在其身后的孟某媛刮倒受伤。后孟某媛提起诉讼，要求于某华赔偿医疗费、护理费、住院伙食补助费、交通费、伤残补助金、精神抚慰金、司法鉴定费、诉讼邮寄费。一审法院认为：于某华不慎将孟某媛刮倒受伤虽不是故意但存在过失，对孟某媛所受伤害有过错，应当承担侵权责任。孟某媛作为完全民事行为能力人，应当对自身的安全具有一定的注意义务，应酌情减轻于某华的侵权责任，减轻10％为宜。二审法院认为：于某华虽为过失，但亦应承担对孟某媛所受伤害发生的合理经济损失予以赔偿的侵权责任。孟某媛作为完全民事行为能力人，在于某华弯腰拽自家小狗的情形下，应对周边可能存在危险进行注意以尽到对自身安全合理的防范义务，一审酌定判决于某华承担90％、孟某媛承担10％的责任比例并无不当。

评析： 过错责任原则是几乎所有国家的侵权法中最基本的归责原则。我国《民法通则》第106条第2款、《侵权责任法》第6条以及民法典第1165条皆明文规定了过错责任原则在侵权法中的基本地位。近代民法以个人主义作为其哲学基础，过错责任原则就是建立在个人主义哲学之上的。过错责任原则以一般原则的形式承认了任何因他人的过错而遭受侵害的人都有权获得法律的救济，从而在侵权法中发挥了重要的功能：首先，充分保障了个人自由，扩张了人类活动的空间。其次，激发了人们的创造力，促进了社会进步。最后，扩大了侵权法的适用范围，有利于保护受害人。不仅物权、人格权等绝对权受到侵权法的保护，而且相对权以及一些人身利益、财产利益也受到侵权法的保护。本案即为人格权侵权的典型案例，行为人是否

---

① 审理法院：一审法院为吉林省辽源市龙山区人民法院，案号：（2017）吉0402民初1792号。二审法院为吉林省辽源市中级人民法院，案号：（2018）吉04民终88号。

承担侵权责任，取决于其行为是否具备一般侵权行为的构成要件。根据民法典第1165 条第 1 款，适用过错原则的一般侵权行为应具备四个构成要件：违法行为、损害事实、因果关系、过错。本案中，行为人实施了刮倒受害人的侵权行为，受害人受到侵害的民事权益为健康权，同时遭受了精神痛苦，即存在损害后果，上述侵权行为与损害后果之间具有因果关系，且侵权人对于侵权行为的发生具有过失这一过错，因此，符合过错侵权责任的构成要件，依据过错责任原则侵权人应对被侵权人承担损害赔偿责任。

> ▶▶ **第一千一百六十六条**　行为人造成他人民事权益损害，不论行为人有无过错，法律规定应当承担侵权责任的，依照其规定。

🏛 条文要义

本条是对无过错责任原则的规定。

本条与《侵权责任法》第 7 条在表述上基本一致，但重要的变化是在无过错责任原则调整的特殊侵权责任的构成要件中也增加了"造成损害"这一要件，从而使我国侵权责任归责原则体系中三个归责原则，即过错责任原则、过错推定责任原则、无过错责任原则的内容相一致。

无过错责任原则是指在法律有特别规定的情况下，不问行为人致人损害时是否有过错，行为人都要承担侵权赔偿责任的归责原则。

无过错责任原则是伴随着社会化大生产的迅速发展，尤其是大型危险性工业的兴起而产生和发展起来的。在通常情况下，侵权法认为，有过错才有责任，无过错则无责任。但是，在工业革命之后，由于高度危险活动的广泛发展，在很多情况下强调无过错则无责任，将会使很多受害人无法得到侵权赔偿的救济，因而创设了这一归责原则，使在法律规定的情况下行为人没有过错而造成损害的被侵权人能够得到赔偿救济。

适用无过错责任原则救济被侵权人，需要法律有特别规定，法律没有特别规定的，就不能适用无过错责任原则。无过错责任原则适用于一部分特殊侵权行为。民法典第七编"侵权责任"的规定中，产品责任、环境污染和生态破坏责任、高度危险责任、饲养动物损害责任适用无过错责任原则。这些具体规定是无过错责任原则调整的侵权法律关系的请求权基础，本条规定并不是无过错责任原则适用的请求权基础。

适用无过错责任原则的侵权责任的构成要件是：（1）违法行为；（2）损害事实，（3）因果关系。具备这三个要件的，构成侵权责任。承担无过错责任的行为人存在免责事由和减责事由。如果行为人能够证明损害是受害人自己故意造成的，则免除其侵权责任。如果行为人能够证明损害是由受害人自己有重大过失造成的，则可能免除其侵权责任。

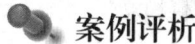 **案例评析**

李某伟诉陈某彬等义务帮工人受害责任纠纷案①

案情： 李某伟经常驾驶自己的半挂车为陈某彬、黄某井夫妻二人运送货物。某日，李某伟先开车装了十吨左右的地砖，后又按陈某彬的安排装零担货。李某伟将车厢护栏打开，陈某彬指挥装货。李某伟帮着铺设垫板、安置货物、验货及清点货物。过程中打包铁件将李某伟的小腿砸伤。一审法院认为：李某伟协助装货的行为是义务帮工行为。帮工人因帮工活动遭受人身损害的，用工人应当承担赔偿责任。但李某伟自身负有重大过失，应减轻陈某彬的赔偿责任。二审法院认为：李某伟驾驶车辆为陈某彬配送货物，根据双方以往交易习惯，货物配装工作由陈某彬负责，李某伟协助配装货物的行为符合帮工行为的构成要件。李某伟在协助陈某彬配装货物过程中，未确保自身安全，从车厢上摔下致伤，具有重大过失，据此认定由陈某彬、黄某井承担10%的赔偿责任并无不当。

评析： 民法典第1166条与《民法通则》第106条第3款、《侵权责任法》第7条关于无过错责任的规定一样，都是宣示性规定，并非独立的请求权基础，无法单独适用，需要以民法典侵权责任编后续各章规定的特殊侵权行为中承担无过错责任的法律规范作为请求权基础。本案处理的是帮工关系中帮工人受到损害时用工人承担侵权责任的问题，即用人者责任。无论用人者是单位还是个人，就用人者责任的归责原则与构成要件而言，并无本质不同，即适用无过错责任原则。而且，在民法典之前，《最高人民法院关于审理人身损害赔偿案件适用法律若干问题的解释》第9条，《侵权责任法》第34条、第35条就已经规定用人者责任的归责原则为无过错责任。这一制度有利于保护受害人，符合现代侵权法保护弱者、补偿损害的理念。而且，用人者责任采取无过错责任不会对雇主造成过重的经济负担，因为用人者可以通过责任保险制度以及产品、服务的定价将由此增加的成本进行社会化分散。

本案作为适用无过错责任的用人者责任案件，根据民法典第1166条"法律规定应当承担侵权责任的，依照其规定"的指引，以民法典第1192条规定的个人劳务关系中的用人者责任为请求权基础。在本案的义务帮工中，具备侵权行为、损害后果、因果关系这三项构成要件，故由被帮工人对帮工人承担侵权责任。而且，在本案中，帮工人存在重大过失，因此根据民法典第1192条第1款第二句，被帮工人承担无过错责任后，可以向帮工人在其重大过失的范围内进行追偿。

---

① 审理法院：一审法院为山东省淄博市张店区人民法院，案号：（2017）鲁0303民初2913号。二审法院为山东省淄博市中级人民法院，案号：（2018）鲁03民终114号。

▶▶ **第一千一百六十七条**　侵权行为危及他人人身、财产安全的，被侵权人有权请求侵权人承担停止侵害、排除妨碍、消除危险等侵权责任。

🏛 条文要义

本条是关于侵权责任禁令，即侵权责任的防御性请求权的规定。

侵权责任禁令是指侵权行为危及人身、财产安全时，被侵权人对侵权人享有停止侵害、排除妨碍、消除危险等请求权。这几种侵权责任的适用条件都是，侵权行为危及他人人身、财产安全，尚未造成实际损害。事实上，即使这种侵权行为已经造成了对受害人的损害，除损害赔偿之外，被侵权人也可以采取这些救济方法。不过，本条强调的是前者。

侵权行为危及人身、财产安全时，停止侵害就是禁令。在发生这种情况时，向法院请求停止侵害，法院裁判停止侵害，就是禁止行为人继续实施侵权行为。排除妨碍、消除危险其实也是禁令的具体措施，是在侵权行为实施过程中，虽然没有造成损害，但是造成了妨碍，或者存在权利损害的危险的，要在停止侵害的基础上，排除对权利构成妨碍的行为，消除权利受到损害的危险。

本条没有规定请求侵权人承担上述责任的具体程序，按照法理，应当适用诉讼程序解决。按照禁令的要求，应当准许被侵权人在诉前申请禁令，防止侵权行为继续实施而造成损害。在一般侵权责任案件中，是否准许诉前禁令是可以探索的，不过须由申请禁令的当事人提供担保，一旦请求错误，申请人应当承担赔偿责任。

停止侵害这一防御性请求权定位于针对"正在持续的侵权行为"，其适用方式为"停止"正在进行的侵害"行为"，即应"不作为"[1]。与此对应，为避免规范交叉，排除妨碍的适用范围为，当妨碍仅凭侵害人的不作为（停止侵害）仍不能消除时，排除妨碍就体现为侵害人以积极作为方式对妨碍予以排除。消除危险对应德国法上的妨害防止请求权，不以存在重复发生之危险为要件，在第一次发生妨害威胁时亦可适用。

 案例评析

尤某英诉贺某强等排除妨害纠纷案[2]

案情：2015 年 11 月 30 日，宜昌市夷陵区 Z 镇 R 村民委员会向贺某强颁发"非承包地使用权确认书"，确认贺某强对地名为"公路边"的 1.21 亩非承包地享有使用权。因尤某英、李某锋占有、使用该宗土地，贺某强数次协商未果，遂诉至法院，

---

① 茅少伟. 防御性请求权相关语词使用辨析. 法学，2016（4）.
② 审理法院：一审法院为湖北省宜昌市夷陵区人民法院，案号：（2017）鄂 0506 民初 2335 号。二审法院为湖北省宜昌市中级人民法院，案号：（2018）鄂 05 民终 237 号。

要求判令尤某英、李某锋停止侵权行为，将该宗土地上的杂物清除后将土地返还贺某强，并赔偿经济损失。一审法院认为：权利人的物权受法律保护，任何单位和个人不得侵犯。原告合法取得土地使用权，对该土地依法享有占有、使用和收益等权利，任何人不得妨害其使用。被告未经原告允许，擅自占用原告享有使用权的土地，已构成侵权，应承担排除妨害、返还土地的侵权责任。二审法院判决驳回上诉、维持原判。

评析：防御型侵权责任承担方式，也称为预防型侵权责任承担方式，包括停止侵害、排除妨碍与消除危险。此类侵权责任的承担方式为被侵权人提供的是"事先的"保护，主要用于侵权行为尚未给被侵权人的人身权益、财产权益造成损害，但已构成侵害、妨碍或危险的情形，具有"防患于未然"的功效。其中，排除妨碍，是指侵权人实行的侵权行为使被侵权人已无法行使或无法正常行使其绝对权时，被侵权人有权要求其将此种妨碍加以排除的侵权责任承担方式。在《物权法》第35条规定物权人的排除妨害请求权之前，《民法通则》第134条就已将排除妨碍作为一种可以广泛适用的民事责任承担方式。《侵权责任法》第15条、第21条均明确地将排除妨碍规定为侵权责任的承担方式。民法典第一编"总则"和第七编"侵权责任"延续了此种做法，且民法典第1167条在条文表述上基本上与《侵权责任法》第21条保持一致，仅将《侵权责任法》第21条中的"可以"改为"有权"，进一步明确了该条作为请求权基础的定位。排除妨碍的适用条件是妨碍必须对被侵权人绝对权的圆满状态构成了持续性的干涉，且妨碍必须是以违法的方式进行的。这是因为，排除妨碍是一种绝对权请求权，不以侵权人有过错为要件。只要任何人对他人绝对权的干涉行为没有约定的或法定的权利作为基础，就构成了妨碍，被妨碍者就有权要求排除之。本案中，贺某强依法获得土地使用权，对该土地享有占有、使用和收益等权利。龙某英、李某锋未经权利人允许，擅自占用权利人享有使用权的土地的行为构成侵权，应承担排除妨碍、返还土地的侵权责任。

> ▶▶ **第一千一百六十八条**　二人以上共同实施侵权行为，造成他人损害的，应当承担连带责任。

🏛 条文要义

本条是对共同侵权行为及责任的规定。

共同侵权行为是指二人以上基于主观的或者客观的意思联络，共同实施侵权行为，造成他人损害，应当承担连带赔偿责任的多数人侵权行为。构成共同侵权行为的，行为人应当承担连带赔偿责任。

共同侵权责任的构成要件是：（1）行为人为二人以上；（2）行为人之间存在关

联共同，或者是主观的关联共同即意思联络，或者是客观的关联共同；（3）造成了被侵权人的损害，且该损害不可分割；（4）每一个行为人的行为与损害都存在因果关系。

具备上述构成要件的，共同侵权行为人应当承担连带责任。

认定共同侵权行为有主观说和客观说的区别。主观说要求共同侵权行为人在主观上有共同故意或者共同过失；客观说认为共同侵权行为人没有主观上的意思联络，但具有客观的关联共同的，也能构成共同侵权。立法者采有限的客观说，即共同故意构成共同侵权；共同过失也构成共同侵权；没有共同故意也没有共同过失，也可以构成共同侵权。采用关联共同说更为客观和准确，即共同行为人具有主观上的关联共同即共同故意，或者客观上的关联共同即行为人的行为指向特定对象、每一个人的行为都是损害发生的共同原因、造成同一个损害结果，且该损害为不可分的，都构成共同侵权。

共同侵权行为人承担连带责任的具体规则，应当适用民法典第178条规定的规则：（1）被侵权人可以向任何一个行为人请求承担中间性的全部赔偿责任。（2）最终责任由每一个共同侵权行为人依据过错程度和行为的原因力，按比例分担责任份额。（3）承担超过自己责任份额的行为人，有权向没有承担或者承担责任不足份额要求的行为人行使追偿权，实现最终责任。

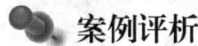 **案例评析**

李某伟诉高某生等身体权纠纷案[①]

案情： 高某奇在未经允许的情况下，在李某伟经营的银州区宠物市场内放羊，李某伟与高某奇发生口角，李某伟先动手打了高某奇，后高某奇打电话找来其父母高某生和刘某平，高某奇等三人与李某伟厮打在一起，高某奇等三人将李某伟打伤。一审法院认为，本案起因为高某奇未经允许在李某伟经营的宠物市场内放羊，后双方发生口角，高某奇等三人又将李某伟打伤，因此高某奇等三人应承担主要责任，李某伟在本事件中先动手打了高某奇，应承担次要责任，高某奇等三人系共同侵权，应承担连带赔偿责任，连带赔偿高某奇80％的损失。二审法院认为，本案起因虽是高某奇在未经允许的情况下在李某伟经营的宠物市场内放羊，但李某伟先动手打了高某奇的行为是引起本案后果的主要原因。遂调整高某奇等三人应承担60％的责任。

评析： 共同加害行为是最为典型的共同侵权行为，也称"狭义的共同侵权行为"，是指二人以上共同故意实施侵权行为造成他人损害，从而承担连带责任的情形。共同加害行为中，数个加害人之间往往存在分工，并非都直接从事加害行为，

---

① 审理法院：一审法院为辽宁省铁岭市银州区人民法院，案号：（2017）辽1202民初2621号。二审法院为辽宁省铁岭市中级人民法院，案号：（2018）辽12民终291号。

所以每个加害人的行为对损害的作用方式以及作用范围是不同的。本案中高某奇等三人的侵权行为形态即为典型的共同加害行为。对此，民法典第 1168 条完全延续了《侵权责任法》第 8 条的规定，三人对于被侵权人的损害后果应当承担连带责任。根据民法典第 178 条规定的连带责任规则，作为债权人的被侵权人有自由选择权，其有权要求任何一个赔偿义务人承担全部的赔偿责任，也有权要求赔偿义务人中的一人或多人承担全部或部分的赔偿责任。因此，李某伟有权请求高某奇等三人承担连带责任。连带责任人对外承担责任后，连带责任人内部应当对责任进行分摊。确定各连带责任人的赔偿份额有两种方法：其一为平均分摊法，即除非法律另有规定或当事人另有约定，否则连带责任人内部份额均等；其二为比较分摊法，即根据各侵权行为人的过错和原因力大小确定各自的赔偿份额。本案中高某奇等三人作为共同侵权行为人，因共同与被侵权人李某伟厮打在一起，最终将其打伤，因此对于被侵权人李某伟的损害结果的过错和原因力大致相同，应按照平均分摊法来确定责任份额。

> ▶▶ **第一千一百六十九条**　教唆、帮助他人实施侵权行为的，应当与行为人承担连带责任。
>
> 教唆、帮助无民事行为能力人、限制民事行为能力人实施侵权行为的，应当承担侵权责任；该无民事行为能力人、限制民事行为能力人的监护人未尽到监护职责的，应当承担相应的责任。

🏛 条文要义

本条是对教唆人、帮助人责任的规定。

教唆人、帮助人是共同故意的共同侵权行为的责任人，包括实行人、教唆人和帮助人。本条针对共同侵权的教唆人、帮助人规定的责任承担规则，分为教唆、帮助他人，教唆、帮助无民事行为能力人，以及教唆、帮助限制民事行为能力人实施侵权行为的不同规则。

在共同故意构成的共同侵权行为中，侵权人存在行为人、教唆人和帮助人的不同身份。教唆人、帮助人承担侵权连带责任的规则是：

（1）教唆、帮助完全民事行为能力人：教唆人是造意者，是提出实施侵权行为主张的人，教唆人与实行人承担相同的责任；帮助人是明知侵权行为而对实行人提供帮助的人，也是共同侵权行为人，应当根据其过错程度和帮助行为的原因力承担责任份额。承担的责任都是连带责任。

（2）教唆、帮助无民事行为能力人：教唆无民事行为能力人实施侵权行为的，教唆人是侵权人；无民事行为能力人的监护人无过失的，不承担责任。帮助无民事行为能力人实施侵权行为的，帮助人为共同侵权行为人；监护人有过失的，帮助人应当承担主要的侵权责任。

（3）教唆、帮助限制民事行为能力人：教唆限制民事行为能力人实施侵权行为的，教唆人为共同侵权行为人；监护人有过失的，教唆人应当承担主要的侵权责任。帮助限制民事行为能力人实施侵权行为的，帮助人为共同侵权行为人；监护人有过失的，双方承担同等责任。

在第一种情形下，教唆人、帮助人承担连带责任。在第二种情形下，教唆无民事行为能力人实施侵权行为的，教唆人单独承担责任；帮助无民事行为能力人或者教唆、帮助限制民事行为能力人实施侵权行为的，教唆人、帮助人承担的责任为单向连带责任，美国法称之为混合责任，即教唆人和帮助人承担连带责任，监护人只承担按份责任——被侵权人可以向教唆人或者帮助人请求承担全部责任，而后教唆人、帮助人向监护人追偿；被侵权人主张监护人承担责任的，监护人只承担按份责任，不承担连带责任。

案例评析

季某权诉王某云财产损害赔偿纠纷案[①]

案情： 季某权与案外人陈某明合伙经营彩钢厂，陈某明为达到个人目的，教唆王某云向季某权虚构订货事实，通过王某云两次协助从季某权处套取资金19万元。后季某权认为王某云与陈某明合伙骗取其钱财，向王某云索款未果后诉至法院。一审法院认为：案外人陈某明教唆王某云先后两次向季某权虚构订货事实以套取资金。王某云明知陈某明对季某权存在欺骗行为，仍帮助陈某明虚构订货事实两次套取资金。王某云与陈某明上述行为系共同侵权行为，王某云帮助他人实施侵权行为，应当与行为人承担连带责任。二审法院认为，王某云明知陈某明有骗取季某权资金的故意而配合完成骗取行为，导致季某权的财产损失，对该损失有过错，其过错与损害后果有因果关系，故陈某明负有直接偿还责任，王某云负连带偿还责任。季某权要求王某云先行承担偿还责任，符合法律规定。

评析： 本案涉及的是帮助侵权行为。《侵权责任法》第9条规定了教唆、帮助他人实施侵权行为的侵权责任。民法典第1169条沿袭了这一条文的规定。教唆、帮助他人实施侵权行为的，教唆人、帮助人也被视作共同加害行为人，与直接加害人一起就受害人的全部损害承担赔偿责任。受害人无须证明教唆人、帮助人的行为与损害的因果关系，只要证明存在教唆行为或帮助行为，即可使教唆人或帮助人与直接加害人承担连带责任。这有利于保护受害人的合法权益。所谓帮助行为，是指给予

---

① 审理法院：一审法院为江苏省淮安市盱眙县人民法院，案号：（2017）苏0830民初2359号。二审法院为江苏省淮安市中级人民法院，案号：（2017）苏08民终3417号。

他人帮助（如提供工具或者指导方法），以使该人易于实行侵权行为。由此可见，帮助行为并不要求帮助人的行为是加害行为的原因，即只要求帮助行为客观上使加害行为易于实施。本案中，王某云明知陈某明对季某权存在欺骗行为，却碍于情面，仍然帮助陈某明虚构订货事实两次套取季某权的资金，因此，王某云虚构订货事实的行为构成陈某明套取资金侵害季某权的财产权的帮助行为，其作为共同侵权人应对季某权的财产损害承担连带责任。而根据民法典第178条规定的连带责任规则，王某云作为连带责任人在向季某权承担全部赔偿责任之后，对于超过自己责任份额的部分，有权向陈某明追偿。

> ▶▶ **第一千一百七十条**　二人以上实施危及他人人身、财产安全的行为，其中一人或者数人的行为造成他人损害，能够确定具体侵权人的，由侵权人承担责任；不能确定具体侵权人的，行为人承担连带责任。

🏛 条文要义

本条是对共同危险行为及责任的规定。

共同危险行为也叫准共同侵权行为，是指二人或者二人以上共同实施有侵害他人危险的行为，造成损害结果，不能确定其中谁为加害人的多数人侵权行为。能够确定具体加害人的，不属于共同危险行为，由具体加害人承担责任。数人均有加害行为而致损害时，如果这一损害是全体行为人的行为所致，则就是共同侵权行为；如果这一损害是其中一人或一部分人的行为所致，而且已经判明谁是真正的侵权人，则是一般侵权行为或共同侵权行为，已经判明其行为与损害没有因果关系的行为人不负赔偿责任；如果损害事实确已发生，并且可以判明损害确系数人的危险行为所致，造成损害的侵权人只有一个人，但不能判明谁是这个真正的侵权人，则这种行为就是共同危险行为。

共同危险行为是广义的共同侵权行为，其特征是：（1）行为是由数人实施的，不是由一个人实施的。这是共同危险行为的数量特征，也是共同危险行为成立的前提。（2）共同实施的行为具有侵害他人的危险性。这是共同危险行为的质量特征，这种危险性指的是侵害他人合法民事权利（包括人身权和财产权）的可能性，表现为"虽无意，有可能，无定向"。（3）具有危险性的共同行为造成了损害结果，是致人损害的原因，即共同危险行为的危险性已经转化为现实的、客观的损害，具有危险性的共同行为与损害事实之间具有必然的因果关系。（4）损害结果不是全体共同危险行为人的行为所致，但不能确定具体的加害人。

符合上述要求的，构成共同危险行为，应当由全体共同危险行为人对被侵权人承担连带责任。这种连带责任承担，应当依照民法典第178条规定的规则进行。其中，每一个共同加害人基本上平均分担责任份额，只有在适用"市场份额"的场合，才按照市场份额的比例承担最终责任。例如，某一种产品致人损害，不能确知谁为加害人，只能按照每一个企业同期生产的产品比例确定责任份额。

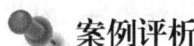 **案例评析**

尚某伟诉刘某龙等三人玩耍中突然发生的损害
共同侵权赔偿纠纷案[①]

案情： 尚某伟与刘某涛二人打纸三角玩耍，刘某龙、张某民、刘某辉三人各抽了一根向日葵秆互相乱打。尚某伟在扭身看刘某龙等三人拼打时，被迎面飞来的向日葵秆碎刺刺入右眼，此时刘某龙手中的向日葵秆半截掉在地上，半截还拿在手中。因刘某龙等三人的监护人均否认尚某伟的眼睛损伤是自己的孩子所为，尚某伟及其监护人提起诉讼，要求刘某龙等三人承担民事责任。一审法院认为：尚某伟右眼被飞刺刺伤是刘某龙等三人拿向日葵秆乱打乱拼所致，刘某龙等三人相互作用，共同侵害了尚某伟，损害结果与行为人的过失行为有直接关系，应承担民事责任。双方当事人均为未成年人，其监护人都应承担未尽到监护职责的相应责任，且责任均等。二审法院认为：尚某伟的右眼受伤确是刘某龙等三人相互用向日葵秆乱打乱拼，造成向日葵秆断裂飞出碎刺刺入眼内引起的，三人负有混合过错责任，其监护人应当承担相应的赔偿责任。

评析： 共同危险行为的特殊之处在于，受害人仅仅知道哪些人参与实施了对自己的人身、财产具有危险的活动，而根本不知道具体引发损害的是参与人中的哪一个或哪一些人。参与实施危险活动的人都是各自独立从事的行为，他们相互之间并不知道也并非意欲对损害的产生共同发挥作用，故此没有意思联络，不构成共同加害行为。这里存在的只是，参与人从事的危险活动与损害之间存在潜在的、可能的因果关系。为了消除受害人难以确定具体的加害人是谁的困难，侵权法上才特别设立了共同危险行为制度。本案中，尚某伟的右眼被飞刺刺伤，是刘某龙等三人拿向日葵秆乱打乱拼所致，但无法确认具体是刘某龙等三人中谁的行为最终造成了损害结果。这一情形符合共同危险行为的构成要件：从主观上看，行为人没有致人损害的故意，在数人中既没有共同的故意也没有单独的故意，只存在疏于注意义务的共同过失。从客观上看，数人实施的行为有致人损害的可能性。行为没有特定的指向，即不针对特定的被侵权人，只是无意中造成了对受害人权利的损害。由此可见，刘某龙等三人具有危险性的共同行为是导致尚某伟遭受损害的原因。此外，在共同危险行为中，由于具体加害人不明，因此实施因果关系举证责任的倒置，即除非参与

---

① 最高人民法院中国应用法学研究所. 人民法院案例选：民事、经济、知识产权、海事、民事诉讼程序卷：1992年—1996年合订本. 北京：人民法院出版社，1997：757及以下.

危险活动之人能够证明其行为与损害之间不存在因果关系，否则都应当向受害人负担连带赔偿。据此，刘某龙等三人应当根据民法典第1170条的规定对共同危险行为造成的损害结果承担连带责任。至于承担连带责任之后三人内部的责任分担问题，根据民法典第178条的规定确定责任份额。本案中三人之行为的危险性相当，因此各自的最终责任份额应当相同。

> **▶▶ 第一千一百七十一条**　二人以上分别实施侵权行为造成同一损害，每个人的侵权行为都足以造成全部损害的，行为人承担连带责任。

🏛 条文要义

本条是对叠加的分别侵权行为及责任的规定。

本条完全延续了《侵权责任法》第11条的规定，而该条文的内容实质上来源于2003年《最高人民法院关于审理人身损害赔偿案件适用法律若干问题的解释》第3条关于无意思联络数人侵权行为的规定，是对数个充足原因偶然竞合导致不可分损害的连带责任的规定。

分别侵权行为是二人以上分别实施侵权行为，不存在关联共同，却造成了同一个损害结果，不构成共同侵权行为的多数人侵权行为。叠加的分别侵权行为，是每一个侵权人单独实施侵权行为，造成同一个损害结果时，每一个行为人的行为的原因力都为100％，即每一个行为都是造成损害的全部原因。每一个分别侵权行为人实施的侵权行为在原因力上叠加在一起，每一个人的行为都是损害发生的全部原因。因此形成了"100％＋100％＝100％"的情形。换言之，"每个人的侵权行为都足以造成全部损害"是指每个侵权行为均构成全部损害的充足原因，即每个侵权行为都与全部损害具有相当因果关系且原因力是相同的。但这并不意味着每个侵权行为都实际造成了全部损害，因为侵权行为的出现可能有先后顺序之分，在此种情形下，损害结果在第一个侵权行为发生时就已经造成了，此后的侵权行为只是具有造成同样的损害的可能性而已，已经无法现实化地造成损害了。[①]

叠加的分别侵权行为的责任规则是：

（1）既然每一个分别侵权行为人的行为都是损害发生的100％的原因力，赔偿责任又是一个，那么每一个侵权人只能承担连带责任，每一个侵权人都应当对被侵权人的损害承担责任。

（2）具体的份额按照行为人的人数平均确定，假如是二人，则为每人承担50％的责任。

---

① 程啸 . 侵权责任法 . 2版 . 北京：法律出版社，2015：383.

（3）承担责任超出自己份额的分别侵权行为人，有权向未承担或者承担不足的分别侵权行为人追偿。

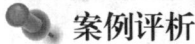 **案例评析**

曾某清诉彭某洪、某保险公司机动车交通事故责任纠纷案①

案情： 某日 19 时左右，未知名驾驶人驾驶未知号牌货车与横穿马路的曾某清相撞后逃逸；后有未知名驾驶人驾驶未知号牌机动车碾压倒地的曾某清后亦逃逸。19 时 5 分许，彭某洪驾驶小型轿车途经事发路段时，由于刹车不及，从已倒在道路中间的曾某清身上碾压过去，随即停车报警。经现场抢救，确定曾某清无生命体征。一审法院认为：每辆车的碾轧行为都足以造成全部损害，故根据《侵权责任法》第 11 条判决彭某洪与肇事逃逸者承担连带责任。二审法院认为：在彭某洪驾车碾压曾某清之前，有未知名驾驶人先后驾车与曾某清相撞并逃逸。未知名驾驶人与彭某洪虽无共同故意或共同过失，但每个人分别实施的加害行为都独立构成了对曾某清的侵权，最终造成了曾某清死亡的损害后果，该损害后果具有不可分性，且每个人的行为都足以造成曾某清死亡。因此，原判根据《侵权责任法》第 11 条确定彭某洪与肇事逃逸者承担连带赔偿责任并无不当。在其他肇事者逃逸的情况下，曾某清请求彭某洪承担所有侵权人应当承担的全部责任，符合法律规定。

评析： 对于民法典第 1171 条中的"每个人的侵权行为都足以造成全部损害的"应当作如下理解：首先，每个人的侵权行为"足以"造成全部损害意味着各个侵权行为都与损害具有相当因果关系且原因力是相同的。它们中的任何一个单独出现的话，在法律上都与全部的损害有相当因果关系。其次，"足以"并不意味着每个侵权行为都实际造成损害，毕竟侵权行为的出现总有先后顺序，损害结果往往在第一个侵权行为发生时就已经造成了，此后的侵权行为只是具有造成同样的损害的可能性而已。本案中，受害人可能在第一次碾轧后已经死亡，而第二、三辆车碾轧的只是尸体而已。受害人也可能是因为两次或三次碾轧后形成的复合伤而死亡。实际上这并不重要，因为民法典第 1171 条延续了《侵权责任法》第 11 条的规定，要求的是"足以"并非"必然"。从事实层面而言，第三车碾压之时，受害人并未死亡，究竟哪一辆车的行为致受害人死亡无法确定，但可以确认每一辆车的碾压行为均足以造成受害人死亡的后果。因此，从原因力角度分析，第一、二辆车碾轧受害人时，受害人即便没有死亡，也因碾轧而受伤，足以导致死亡后果。即便没有第一、二辆车的在先碾轧行为，第三辆车单独对受害人的碾轧也具有造成受害人死亡的足够可能性。所以，第一、二、三辆车的驾驶人应当承担连带责任。不过，在内部责任的分摊上，第三辆车的驾驶人彭某洪的责任份额应当是最小的。

---

① 人民法院报，2014—07—25.

> ▶▶ **第一千一百七十二条**　二人以上分别实施侵权行为造成同一损害，能够确定责任大小的，各自承担相应的责任；难以确定责任大小的，平均承担责任。

🏛 条文要义

本条是对典型分别侵权行为及责任的规定。

本条基本延续了《侵权责任法》第12条的规定，仅在条文表述上将"难以确定责任大小的，平均承担赔偿责任"中的"赔偿"二字删除，以与多元的侵权责任承担方式相适应。本条实质上是对数个非充足原因偶然聚合造成可分损害的按份责任的规定，也有学者将其称为部分因果关系型的无意思联络数人侵权。[①]

典型的分别侵权行为又称为"无过错联系的共同加害行为"，也是行为人分别实施的侵权行为造成了同一个损害结果，叠加的分别侵权行为所不同的是，每一个行为人实施的行为的原因力相加，才造成同一个损害结果，即"50％＋50％＝100％"。如果每一个行为人的行为的原因力相加，不是这样的形式，则不属于典型的分别侵权行为。

典型的分别侵权行为的责任不是连带责任，而是按份责任，即每一个行为人只对自己实施的行为造成的损害部分承担赔偿责任，而不对整个损害承担全部责任，也即"各负其责"。分别侵权的行为人承担按份责任的具体规则应当根据民法典第177条的规定予以确定。

既然是按份责任，就必须确定每一个分别侵权行为人责任份额的大小。本条规定了两个办法：（1）能够确定责任大小的，各自承担相应的责任。能够确定责任大小，就是能够按照每一个人的过错程度和行为的原因力，确定应当承担的份额。（2）难以确定责任大小的，平均承担赔偿责任，即按照人数比例分别承担平均份额的赔偿责任。

在叠加的分别侵权行为和典型的分别侵权行为之间，还存在半叠加的分别侵权行为，即"100％＋50％＝100％"的情形，应当按照单向连带责任规则即混合责任规则承担责任。对此，民法典侵权责任编没有规定具体规则。可以对原因力比例重合的部分承担连带责任，不重合的部分的责任由行为人自己承担。如对重合的50％双方承担连带责任，对不重合的50％，由具有100％原因力的行为人自己承担。

⚫ 案例评析

邵某林诉范某军等生命权、健康权、身体权纠纷案[②]

案情： 杨某受合作社指派驾驶旋耕机为范某军旋地，邵某林上前阻拦，范某军

---

① 王利明，周友军，高圣平．中国侵权责任法教程．北京：人民法院出版社，2010：400.

② 审理法院：一审法院为辽宁省昌图县人民法院，案号：（2017）辽1224民初793号。二审法院为辽宁省铁岭市中级人民法院，案号：（2018）辽12民终290号。

与邵某林交涉并指示杨某继续旋地，杨某继续旋地时因瞭望不周，旋刀将邵某林的左腿旋伤。一审法院认为，用人单位合作社与杨某之间系雇佣关系，杨某因执行工作任务造成邵某林损害，用人单位承担雇主责任。范某军与合作社之间系承揽关系，定作人对承揽人的工作人员指示不当，对邵某林造成损害后果的，也应承担相应的责任。两者的侵权行为结合在一起，造成邵某林的损害后果，合作社承担70％的责任，范某军承担30％的责任。二审法院认为：杨某在该事故中承担主要责任，原审认定70％并无不当。该责任由用人单位合作社承担。合作社与范某军之间为承揽关系。范某军只负责向杨某指示耕地边界，并未对杨某具体如何操作机器进行指示，并无指示不当。但范某军对邵某林的人身安全未尽到合理的注意义务，酌情承担10％的责任。邵某林对近距离靠近旋耕机存在的危险应该能够预知，自身存在过错，承担20％的责任。

评析：民法典第1172条延续了《侵权责任法》第12条的规定，对于分别侵权行为，未要求每个人的侵权行为都足以造成全部损害。这意味着，每个侵权人的行为均不足以导致损害后果的发生，而必须相互结合才能导致损害后果的发生。本案中，造成邵某林重伤二级、伤残六级这一损害后果的主要原因当然是杨某操作旋耕机时瞭望不周。但若作为定作人的范某军对杨某操作旋耕机时及时进行提示，告知其邵某林所在位置，则杨某在操作过程中不至于撞伤邵某林。由此可见，作为定作人的范某军存在指示不当，且该指示不当与损害之间有因果关系，故范某军也应承担相应的侵权责任。换言之，本案中范某军的指示不当与杨某的操作不当相结合，共同造成了邵某林伤残的结果。因此，二位侵权人应当依据民法典第1172条承担按份责任，且其责任份额应与其过错对于损害结果的原因力相符合。本案中杨某的操作不当是主要原因，范某军指示不当是次要原因，故二者的最终责任份额并不均等，应分别根据原因力大小确定最终的责任份额。而杨某作为受合作社指派执行工作任务的工作人员，其所承担的侵权责任应由其用人单位即合作社承担替代责任。

> ▶▶ **第一千一百七十三条**　被侵权人对同一损害的发生或者扩大有过错的，可以减轻侵权人的责任。

🏛 条文要义

本条是对与有过失及过失相抵规则的规定。

《侵权责任法》第26条没有规定被侵权人对损害的扩大也有过失的，也应当适用过失相抵规则。这是不完整的。原因是，被侵权人对损害的发生与有过失，固然应当实行过失相抵，但是，被侵权人对损害的扩大与有过失，也有原因力的，当然也应当实行过失相抵。因此，原来的这个条文规定是不准确的，在实际中也不是这样操作的。本条增加了被侵权人对损害的扩大也有过失时也适用过失相抵的新规则，使过失相抵规则恢复了其本来面貌，是正确的做法。

我国侵权法曾将与有过失称为混合过错①，后该表述因不准确而被废弃，不再使用。与有过失是指对于同一损害的发生或者扩大，不仅侵权人有过失及原因力，而且被侵权人也有过失及原因力，是双方当事人的过失行为造成了同一个损害结果的情形。

与有过失的后果是过失相抵。所谓相抵，是指行为人各自对自己的行为造成的后果负责。其中，首先进行比较的是各自的过失程度，其次进行比较的是原因力的大小；如果在无过错责任原则下，无法比较过失，则直接比较行为原因力的大小。根据过失程度和原因力的大小，确定侵权人应当承担的责任比例，其他因被侵权人自己的原因造成的损害部分，须被侵权人自己负担。

根据过失相抵的比较结果，承担责任的后果是：

（1）过失程度和原因力相同者，承担同等责任（50%）。

（2）侵权人的过失程度和行为原因力大于被侵权人的，侵权人承担主要责任（51%以上）。

（3）侵权人的过失程度和行为原因力小于被侵权人的，承担次要责任（49%以下）。

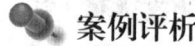 **案例评析**

朱某胜诉世平公司人身损害赔偿纠纷案②

案情： 朱某胜系世平公司下属富邦换气点从业人员，富邦换气点停止经营后，朱某胜个人从事接送液化气罐等业务。某日，朱某胜在世平公司下属土地局换气点等候业务时，世平公司的客户钱某英要求派人维修其液化气瓶。朱某胜前往该客户家进行维修，在维修中不慎发生燃烧事故被烧伤。法院经审理认为，朱某胜在世平公司下属的土地局换气点等候个人业务，不是为世平公司提供劳务，不构成雇佣关系，构成帮工关系。帮工人因帮工活动遭受人身损害的，被帮工人应当承担赔偿责任。朱某胜确实是在为世平公司的客户进行维修的过程中，因发生液化气燃烧事故而受伤，即朱某胜遭受人身损害与为世平公司帮工具有因果关系。因此，世平公司应当对朱某胜因帮工遭受的人身损害承担赔偿责任。朱某胜在维修过程中，操作不当而引发了液化气燃烧事故，自身具有过失，可以减轻世平公司的赔偿责任，世平公司应承担的赔偿责任酌定为朱某胜全部损失的50%。

评析： 根据民法典第1173条对《侵权责任法》第26条的完善，与有过失或者

---

① 杨立新．混合过错与过失相抵．法学研究，1991（6）.

② 最高人民法院公报，2007（5）.

过失相抵，是指当受害人对于损害的发生或者损害结果的扩大具有过错时，依法减轻或者免除赔偿义务人的制度。实质上是指受害人所遭受的损害是加害人的过错与受害人的过错相互结合共同造成的，或者受害人在遭受损害后有过错导致该损害进一步扩大。而受害人的过失，是指受害人没有采取合理的注意或者可以获得的预防措施来保护其身体、财产以及其他权益免受损害，以致遭受了他人的损害或在遭受他人损害后进一步导致损害结果扩大。本案中，朱某胜是在为世平公司的客户进行维修的过程中，因发生液化气燃烧事故而受伤，即朱某胜遭受人身损害与为世平公司帮工具有因果关系，因此，世平公司应当对朱某胜因帮工遭受的人身损害承担赔偿责任。但是，朱某胜在进行帮工行为的过程中，维修液化气瓶时操作不当，从而引发液化气燃烧事故，最终导致其遭受人身损害。由此可见，原告自身的操作不当即构成过失，可以减轻世平公司的侵权责任，且减轻的责任应当与朱某胜的过错程度和原因力大小相符合。本案中，基本可以认为侵权人与被侵权人的原因力相同，故最终确定承担同等责任。

▶▶ **第一千一百七十四条** 损害是因受害人故意造成的，行为人不承担责任。

🏛 条文要义

本条是关于受害人故意造成损害为免责事由的规定。

本条完全延续了《侵权责任法》第27条的规定，即将"受害人故意"作为一般化的侵权责任抗辩事由。

本条之规定其实是有问题的，因为受害人故意并不是普遍适用的免责事由，只是无过错责任原则适用领域的免责事由。在一般侵权行为中，如果受害人的行为是损害发生的唯一原因，无论其主观上是否有过错或者过错程度如何，均因侵权人的行为与损害的发生没有因果关系而免除其责任。由此可见，受害人故意在一般侵权行为中属于侵权责任构成要件不齐备时的责任不构成问题，即阻却侵权责任构成中的因果关系的成立。因此，受害人故意作为抗辩事由，通常仅限于在危险责任领域等适用无过错责任的侵权行为中，是指受害人故意利用危险作业本身固有的危险性导致自身损害的情形，不是一般侵权责任的抗辩事由。因此应当对本条进行限缩解释，即本条作为将受害人故意造成损害作为免责事由的规定，实际上是无过错责任中受害人故意免责条款的一般化。

本条规定的真实含义是，在法律规定即使行为人没有过错也应当依法承担侵权赔偿责任的情形中，受害人的故意是损害发生的全部原因时，行为人不承担责任。

理解这一规则时，应当与前条规定的过失相抵规则相比较。前条规定的是，侵权人的行为是造成受害人损害的原因的，侵权人应当承担侵权责任，但是受害人对损害的发生也有过失，行为也有原因力时，双方当事人要分担损失。本条规定的是，虽然行为人的行为是造成受害人损害的原因，但损害是受害人的故意引起的，且为损害发生的全部原因时，行为人免除责任。例如，受害人在地铁轨道卧轨自杀，虽然是地铁公司的列车将其损害，但却是受害人故意所为，地铁公司不承担责任。这是无过错责任原则适用的领域。《道路交通安全法》第76条规定的故意碰撞机动车造成损害的，机动车一方不承担责任，则是过错推定原则适用领域的免责情形。

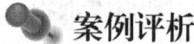

案例评析

李某青、宋某宁诉青海 H 中学人身损害赔偿纠纷案①

案情： 李某青、宋某宁之子李某系 H 中学学生。李某在政治课考试中夹带纸条，校教务处经与政教处研究，认定李某作弊事实成立，给予其记过处分，并将处分决定张贴于校园公示栏内。李某看到后回到家中，没有再去学校，后被人发现自缢身亡。一审法院认为，被告 H 中学对李某作弊行为的处分决定虽有瑕疵，但与李某自缢身亡无直接因果关系，故不对李某自杀身亡的后果承担赔偿责任。二审法院认为：H 中学对李某的行为以作弊处理并无不当，给予其记过处分并张贴处分决定的行为不具违法性，且未剥夺其对处分决定的申辩权。H 中学对李某未到校不存在未尽合理注意义务的过错。但对于在处分过程中违反工作要求未遵循相关规定存在一定过错。鉴于本案发生的主要原因是李某对挫折的承受力有限，要求 H 中学承担全部赔偿责任的理由不成立，基于其在工作方法和操作规程上存在过错判令其承担20％的赔偿责任。

评析： 受害人故意，是指受害人故意给自己造成损害的情形，从而依据民法典第 1174 条沿袭自《侵权责任法》第 27 条的规定，行为人不承担侵权责任。这是因为，行为人虽有在先行为，但该行为并未给受害人造成损害，即行为人的在先行为与受害人的损害之间不存在因果关系，损害完全是受害人自己的故意行为所致，受害人的故意行为是导致损害发生的唯一原因。实践中，最为常见的受害人故意就是受害人自杀或自残。本案中，受害人李某因在参加学校考试中存在作弊行为而受到学校处分，最后自杀身亡。虽然学校作出该处分决定时在工作方法和操作规程上存在一定瑕疵，但与李某自缢身亡无直接因果关系，因为管理教育学生本为学校之职责，学生的自杀行为完全是其自身原因（如心理承受力弱等）所致。即使学校的管理行为存在某些瑕疵，但这与学生自杀没有因果关系。概言之，如果行为人的在先行为本身都不构成侵权行为，或者行为人的在先行为虽然构成侵权行为，但与受害人自杀没有相当因果关系，则受害人的自杀行为将中断行为人的在先行为与受害

---

① 最高人民法院公报，2009（4）.

所受损害的因果关系。此时，应当认为损害是受害人故意造成的，行为人无须承担侵权责任。因此，本案中 H 中学不需要对李某自杀身亡的后果承担侵权损害赔偿责任。

▶▶ **第一千一百七十五条　损害是因第三人造成的，第三人应当承担侵权责任。**

🏛 条文要义

本条是关于第三人原因造成损害为免责事由的规定。

本条之规定完全延续了《侵权责任法》第 28 条的规定。从体系解释来看，《侵权责任法》第 28 条处于该法第三章"不承担责任和减轻责任的情形"当中，而后者属于侵权法的"总则部分"，第 28 条被规定于此，理当属于一般性条款，具有普遍适用性。由此，我国侵权法正式确立了第三人侵权行为一般性免责事由的地位。然而，关于是否应将第三人侵权行为作为一般条款进行规定，存在反对观点。① 从立法规定来看，民法典第 1175 条位于第七编"侵权责任"的第一章"一般规定"之中，这更加明确了第三人原因作为一般性免责事由的定位。

第三人原因也叫作第三人过错，是指受害人和加害人对于损害的发生没有过错，受害人的损害完全是第三人的过错行为造成的，应当由第三人承担侵权责任的免责事由。第三人的原因如果对于损害的发生具有部分原因力，则是减责事由。

第三人原因的特征是：（1）过错的主体是第三人；（2）第三人与当事人，特别是行为人之间没有过错联系；（3）第三人的过错是损害发生的全部原因；（4）是免责事由，行为人不承担责任。

确定第三人对损害的发生或者扩大有过错并具有全部原因力的，后果是免除行为人的责任。从理论上说，民法典第 1175 条有关第三人行为的规定，其适用效果仅包括责任免除，即第三人之行为是损害发生的唯一法律原因的情形。至于侵权人和第三人都需分担责任的情形，由民法典第 1168 条～第 1172 条规定的多数人侵权制度调整。

第三人原因作为免责事由，是一般性的免责事由，但是法律有特别规定的，应当适用特别规定。例如，民法典第 1198 条第 2 款、第 1204 条、第 1233 条、第 1250条等都规定了第三人原因的特别规则，存在第三人侵权行为不被免除责任的情形，此时特别规定优先于一般规定，因而不适用本条规定。

---

① 聂卫锋 . 侵权法中的"第三人"：一般化还是情景化？——以《侵权责任法》第 28 条为中心// 陈小君主编 . 私法研究：第 16 卷 . 北京：法律出版社，2014：70 - 77. 程啸 . 论侵权法上的第三人行为 . 法学评论，2015（3）.

案例评析

贾某荣诉柴某月生命权、健康权、身体权纠纷案①

案情： 贾某荣的儿子贾某生前作为钩车司机在柴某月处打工。贾某在用钩机装木材后下车查看时被刘某开的装木材的货车撞倒后身亡。贾某荣向法院提起诉讼，主张柴某月承担雇主责任。一审法院认为：贾某死亡是第三人刘某造成的，第三人刘某对贾某的死亡有过错，应当承担赔偿责任。第三人刘某已与贾某荣就贾某的死亡达成赔偿谅解协议，且赔偿完毕，柴某月被免除责任，故贾某荣与本案没有直接利害关系，不符合起诉条件。二审法院认为：雇佣关系以外的第三人造成雇员人身损害的，赔偿权利人可以请求第三人承担赔偿责任，也可以请求雇主承担赔偿责任。雇主承担赔偿责任后，可以向第三人追偿。赔偿权利人贾某荣与刘某达成了谅解协议，已获得了直接侵权人刘某的赔偿。现贾某荣又向柴某月主张赔偿，无法律依据，故不予支持。

评析： 民法典第 1175 条规定，损害是因第三人造成的，第三人应当承担侵权责任。该条没有明示，在第三人原因导致损害的情况下，行为人的责任是否应当完全免除。由于该条完全延续了《侵权责任法》第 28 条的规定，根据立法机关对《侵权责任法》第 28 条的权威解读，应当区分"第三人过错是造成损害的唯一原因"和"第三人过错是造成损害的部分原因"②。立法机关在对民法典第 1175 条的权威解读中，仍然采纳该观点。③ 我们认为，第三人的原因仅仅适用于完全免除行为人责任的情形，即第三人的原因是造成损害的唯一原因，而不包括行为人和第三人都需要承担责任的情形。由此可见，第三人的行为必须发生在行为人的行为之后（如果同时发生，则为竞合原因）且独立于行为人的行为，否则第三人的行为就不是介入原因，谈不上中断因果关系，进而使行为人免责的问题。本案中贾某荣之子贾某虽与柴某月之间存在用工关系，但贾某的死亡实质上是第三人刘某驾驶货车碰撞这一原因造成的，且该原因是造成贾某死亡的唯一原因，柴某月的用工行为与贾某死亡这一损害结果之间的因果关系被第三人刘某的行为中断。由此可见，柴某月并不存在侵权行为，其也就无须承担侵权责任。贾某荣只能要求第三人刘某承担侵权责任。实际上，贾某荣与刘某已达成协议，根据该协议直接侵权人刘某已承担了赔偿责任，且贾某荣放弃追究其刑事责任及民事责任。根据诚实信用原则，贾某荣也不得以刘某为被告另行提起诉讼要求其承担侵权责任。

---

① 审理法院：一审法院为辽宁省沈阳市新民市人民法院，案号：（2017）辽 0181 民初 4812 号。二审法院为辽宁省沈阳市中级人民法院，案号：（2018）辽 01 民终 137 号。
② 王胜明. 中华人民共和国侵权责任法解读. 北京：中国法制出版社，2010：132－135.
③ 黄薇. 中华人民共和国民法典释义：下. 北京：法律出版社，2020：2258－2260.

▶▶ **第一千一百七十六条**　自愿参加具有一定风险的文体活动，因其他参加者的行为受到损害的，受害人不得请求其他参加者承担侵权责任；但是，其他参加者对损害的发生有故意或者重大过失的除外。

活动组织者的责任适用本法第一千一百九十八条至第一千二百零一条的规定。

🏛 条文要义

本条是对自甘风险的规定。

相较于《侵权责任法》第三章"不承担责任和减轻责任的情形"，本条与第1177条是民法典侵权责任编新增加的免责事由。

自甘风险也叫危险的自愿承担，是来自英美法的免责事由。《侵权责任法》没有规定这一免责事由，本条是我国第一次确认自甘风险为免责事由。

自甘风险是指受害人自愿参加具有一定风险的文体活动，因其他参加者的行为受到损害的，受害人不得请求其他参加者承担侵权责任，但是其他参加者对损害的发生有故意或者重大过失时除外的免责事由。其构成要件是：（1）组织者组织的文体活动有一定的风险，例如蹦极等；（2）受害人对该危险有意识，但是自愿参加；（3）受害人因参加此活动，因其他参加者的行为遭受损害，该文体活动参与者的行为与受害人的损害之间有因果关系；（4）文体活动的参加者没有故意或者重大过失。具备这些构成要件的，即免除其他参加者的侵权责任。其他参加者即使对于损害的发生有一般过失，也不承担赔偿责任。自甘风险的典型例子如参加足球比赛活动受到参加者的损害。

本条第2款规定的"活动组织者的责任适用本法第一千一百九十八条至第一千二百零一条的规定"，是指自甘风险的危险活动的组织者，对于造成受害人损害是否承担侵权责任，应当适用违反安全保障义务侵权责任和教育机构损害责任的规定确定。

（1）组织者因故意或者过失，未尽到安全保障义务造成受害人损害的，应当承担赔偿责任；组织者违反安全保障义务，致使第三人造成受害人损害的，承担相应的补充责任，承担责任后可以向第三人追偿。

（2）无民事行为能力人或者限制民事行为能力人在幼儿园、学校或者其他教育机构学习、生活期间受到人身损害的侵权责任规则：这些教育机构未尽教育管理职责的，适用过错推定原则或者过错责任原则确定其应当承担的侵权责任；第三人造成损害的，第三人承担责任不足时，这些教育机构承担补充责任，承担补充责任后其也享有追偿权。

📋 配套司法解释

最高人民法院关于适用《中华人民共和国民法典》时间效力的若干规定

第十六条　民法典施行前，受害人自愿参加具有一定风险的文体活动受到损害引起的民事纠纷案件，适用民法典第一千一百七十六条的规定。

📌 案例评析

王某诉张某等一般人身损害赔偿纠纷案①

案情： H 公司拍摄电视剧《小鱼儿与花无缺》，根据剧情安排由小鱼儿（张某饰演）与花无缺（谢某饰演）击打江别鹤尸体（王某饰演）。拍摄前，剧组导演提出"以不伤害对方"为准的要求。张某、谢某在正式拍摄前与王某进行演示，剧组为王某加装防护垫。实际拍摄过程中，张某、谢某未按拍摄前演示的力度击打王某，致其受伤。法院经审理认为，剧本只是要求张某、谢某分别扮演的角色在这场戏中击打王某扮演的角色（尸体），而不是要求将演员致伤。为了防止发生演员人身伤害，剧组导演在事前已经提出明确要求，并提供了保护措施。表演的真实要在法律允许和当事人承受力的范围内。张某、谢某未按演示的打击强度击打王某，造成其受伤，应认定有重大过失。王某和谢某、张某与 H 公司形成事实合同关系，张某、谢某、H 公司承担连带责任。

评析： 自甘风险是指受害人明知可能遭受来自特定危险源的风险，却依然冒险行事。自甘风险作为违法阻却事由免除加害人责任，尤其适用于那些危险较高的合法活动，正如民法典第 1176 条增设自甘风险作为免责事由的新规定，自甘风险发生的场景往往是"具有一定风险的文体活动"。体育活动，尤其是具有激烈对抗性的竞技体育项目，具有显而易见的风险性，但具有风险性的文艺活动却并不多见。本案发生在影视表演这一具有一定风险的文艺活动中。本案中，演员参与表演出于自愿，根据剧本安排，饰演相应角色的王某需要自行承担在打击动作中遭受损害的风险。民法典第 1176 条作为新增加的规定，明确了自甘风险作为免责事由的构成要件，即自甘风险的适用是有限度的，其不适用于行为人故意或有重大过失的情形。影视表演为追求效果的逼真，需要演员承担在拍摄过程中可能遭受的风险，但相关行为人也必须尽必要的谨慎注意义务，若违反注意义务则存在过错，过错一旦达到故意或重大过失的程度，则不能以自甘风险作为免责事由。本案中，行为人张某、谢某遵循 H 公司的指令表演击打王某，其真实性要求仅在于击打行为而非结果，因此造成王某轻微伤显超出必要限度，具有重大过失，因此不能以自甘风险为由免除其侵权责任。

---

① 审理法院：行政诉讼的一审法院为北京市怀柔区人民法院，二审法院为北京市第二中级人民法院；民事诉讼的审理法院为北京市第二中级人民法院。

▶▶**第一千一百七十七条** 合法权益受到侵害，情况紧迫且不能及时获得国家机关保护，不立即采取措施将使其合法权益受到难以弥补的损害的，受害人可以在保护自己合法权益的必要范围内采取扣留侵权人的财物等合理措施；但是，应当立即请求有关国家机关处理。

受害人采取的措施不当造成他人损害的，应当承担侵权责任。

🏛 条文要义

本条是对自助行为的规定。

《侵权责任法》没有规定自助行为，本条将其作为免责事由予以规定。

本条的这一安排有效地解决了民法典侵权责任编不设置与《侵权责任法》第三章"不承担责任和减轻责任的情形"对应章节的条文安排的问题，配合了相关免责事由的"总则化"，符合民法典"编纂"的立法定位。正是在这样的定位下，立法机关在民法典侵权责任编的"一般规定"中增加了关于"自助行为"的规定。

自助行为是指权利人为了保护自己的合法权益，在情事紧迫而又不能获得国家机关及时救助的情况下，对他人的财产或者自由在保护自己合法权益的必要范围内采取扣押、拘束或者其他相应措施，为法律或社会公德所认可的行为。自助行为的性质属于自力救济。本条没有明文规定可以对他人人身自由施加拘束的内容，但是"等"字包含这个意思。例如，去饭店吃饭未带钱而不能付费，店主不让其离开，等待他人送钱来结账的拘束自由的行为，就是自助行为，并不是侵害人身自由权的侵权行为。

实施自助行为的条件是：（1）行为人的合法权益受到侵害；（2）情况紧迫且不能及时获得国家机关保护；（3）不立即采取措施其权益将受到难以弥补的损害；（4）在保护自己合法权益的必要范围内，对侵权人实施扣留财产或者限制人身自由行为。

行为人在实施了自助行为、权益得到保障后，即应解除相应措施；如果仍需继续采取上述措施的，应当立即请求有关国家机关依法处理。

行为人如果对受害人采取自助行为的措施不适当，造成受害人损害的，应当承担侵权责任，赔偿损失。

📑 配套司法解释

最高人民法院关于适用《中华人民共和国民法典》时间效力的若干规定

第十七条 民法典施行前，受害人为保护自己合法权益采取扣留侵权人的财物等措施引起的民事纠纷案件，适用民法典第一千一百七十七条的规定。

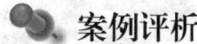 **案例评析**

宋某林诉王某在取得承包使用权后将其于该海区早已设置的
海上养殖设施割除赔偿纠纷案①

案情： L街道办事处与王某签订承包合同，将H湾4号养殖海区计1200亩承包给王某经营。王某带人到该养殖海区割了包括宋某林在内的9个养殖户的111行养殖筏架。法院认为：王某对H湾4号养殖海区拥有合法的承包经营权，而宋某林对该海域没有合法使用权利却在该海域设置养殖筏架，该行为已妨害了王某对该海域行使其承包经营权，构成对王某之合法权利的侵害。但本案的情形并不符合采取自助行为的条件。该种情形完全不构成情势紧迫，王某完全有充裕时间通过法定程序向国家请求以公力排除宋某林之妨害，而不得自行采取所谓的自我保护的措施，且王某自行采取的手段明显不当。王某的行为不但不是对其权利的合法保护，反已超过正当界限，对宋某林的合法财产造成损失，构成对宋某林的侵权行为。

评析： 对权利的保护方法，不外乎国家保护与自我保护两种。前者又称公力救济，即权利受到侵害时，权利人通过法定程序请求国家（经常性的、大量的是法院）以公力予以保护；后者又称私力救济，即权利受到侵害时，权利人自己采取必要的措施来保护其权利。而权利的自我保护方法又有自卫行为与自助行为两种。自助行为即指权利人为保护自己的权利，对他人的人身自由予以拘束或对他人的财产予以扣押或毁损的行为。在民法典第1177条将自助行为规定为侵权责任的免责事由之前，我国民事立法并未对此有过明确规定，但司法实践中已经存在将自助行为作为免责事由的尝试和探索，本案即为其中的典型代表。自助行为的构成要件包括：（1）行为人的合法权益受到侵害；（2）情况紧迫且不能及时获得国家机关保护；（3）不立即采取措施将使其权益受到难以弥补的损害；（4）在保护自己合法权益范围内对侵权人实施扣留财产或者限制人身自由的行为。本案中，王某依法获得案涉海域的承包经营权，因此宋某林占用王某享有承包经营权的海域放置养殖筏架的行为已对王某的合法权利造成侵害。但该侵害状态并不构成情势紧迫，王某完全有时间通过公力救济停止侵权、排除妨碍，因此不符合实施自助行为的条件。而且，相比于王某保护合法承包经营权的目的，其所采取的割断宋某林的养殖筏架并任其自沉海底以致发生毁损的手段超出了必要限度。因此，依据民法典第1177条第2款的规定王某应对宋某林承担侵权责任。

> ▶▶ **第一千一百七十八条** 本法和其他法律对不承担责任或者减轻责任的情形另有规定的，依照其规定。

---

① 审理法院：青岛海事法院，案号：（2001）青海法海事初字23号。

🏛 条文要义

本条是关于民法典和其他法律规定的免责事由、减责事由应予适用的规定。

本条为民法典其他各编、其他法律规定的免责事由和减责事由进入侵权责任得到适用提供了通道。

民法典规定的免责事由主要是指民法典第一编"总则"规定的免责事由。民法典第 180 条规定的不可抗力、第 181 条规定的正当防卫、第 182 条规定的紧急避险、第 184 条规定的紧急救助行为，都是免责事由和减责事由，都可以作为侵权责任的免责事由或者减责事由。民法典第七编"侵权责任"规定的免责事由，即受害人故意、第三人原因、自甘风险、自助行为，都是免责事由和减责事由，都适用于侵权责任，作为侵权责任的减免事由，当然更没有问题。

其他法律规定的免责事由是指民法典之外的其他民事法律或者非民事法律中规定的有关侵权责任的免责事由和减责事由。例如，《道路交通安全法》第 76 条规定了道路交通事故责任的免责事由，《产品质量法》第 41 条规定了产品责任的免责事由，各部资源保护法和环境保护法也都规定了相应的免责事由和减责事由。在侵权责任纠纷的法律适用中，上述事由都属于特别法规定的免责事由或者减责事由，也都应当予以适用。

🎯 案例评析

姜某新诉蒋某星等紧急避险损害赔偿纠纷案①

案情：林某新作为业主将房屋出租给蒋某红，蒋某红将一层店面转租给蒋某星，将三楼转租给姜某新居住。蒋某星的雇员苏某满用液化气灶烧开水，未在旁边看管，水被烧干后引起火灾。姜某新无法从楼梯逃生，故从三楼窗户往外跳，坠落至地面受伤。一审法院认为：被告苏某满在上班时间烧开水疏于看管导致发生火灾，原告姜某新在无法从楼梯逃生的情况下，为避免火灾给自身带来损害，采取从窗户跳下的方式，符合紧急避险的条件，引发险情的人对此应负赔偿责任。苏某满系被告蒋某星雇用的工作人员，在工作时由于过错导致原告姜某新损害的，应由雇主蒋某星承担赔偿责任。故被告蒋某星应对原告姜某新的损害承担赔偿责任。原告姜某新在跳楼时，采用的措施不当，应对自己的损失自行承担 20％ 的责任。二审法院仅酌情调低姜某新自行承担的责任比例。

评析：民法典第 1178 条是对除侵权责任编规定的免责事由和减责事由之外的其他免责事由和减责事由的引致性规定。根据该条，民法典第 180 条规定的不可抗力、

---

① 审理法院：一审法院为福建省泉州市丰泽区人民法院，案号：（2001）丰民初字第 463 号。二审法院为福建省泉州市中级人民法院，案号：（2001）泉民终字第 1867 号。

第 181 条规定的正当防卫、第 182 条规定的紧急避险、第 184 条规定的紧急救助行为，都可以作为侵权责任的减免事由予以适用。根据民法典第 182 条的规定，紧急避险须符合以下构成要件：首先，存在对避险人自身或者他人之生命、身体、自由以及财产上的急迫危险。急迫危险是指近在眼前、刻不容缓的危险。其次，不得已而实施加害他人的行为。也就是说，避险人没有别的选择，只能通过实施一种加害他人的行为，来防止针对自己或他人之生命、身体、自由以及财产上的急迫危险。最后，没有超过必要的限度。这需要权衡需要保护的权益与被侵害的权益来具体判断。紧急避险一般是指为避免对自身或他人的急迫危险而对他人造成损害的情形。紧急避险是否适用于避险人给自己造成损害的情形？本案审理法院认为，避险人给自己造成损害也可构成紧急避险。我们认为，紧急避险仅适用于避险人给他人造成损害的情形，而不适用于给自身造成损害的情形。在紧急避险人的避险行为给自己造成损害时，不存在避险人对自己承担责任的问题，自然无须主张紧急避险而免责。问题仅是避险人遭受的损害由何人承担。本案中需要讨论的问题是：原告姜某新的行为是否是合理的、正当的行为？是否导致因果关系的中断？如果是合理的、正当的行为，就应由引发火灾的人承担全部赔偿责任。如果是不合理行为，则引发火灾的人作为侵权人仍要承担侵权责任，但就姜某新因自己过错而扩大的损害，可以要求减轻责任。此即为民法典第 1173 条规定的过失相抵，而非紧急避险。

第二章　损害赔偿

▶▶ **第一千一百七十九条** 侵害他人造成人身损害的，应当赔偿医疗费、护理费、交通费、营养费、住院伙食补助费等为治疗和康复支出的合理费用，以及因误工减少的收入。造成残疾的，还应当赔偿辅助器具费和残疾赔偿金；造成死亡的，还应当赔偿丧葬费和死亡赔偿金。

🏛 条文要义

本条是对人身损害赔偿范围的规定。

人身损害赔偿是侵害生命权、身体权、健康权造成的损害，分为一般伤害、造成残疾和造成死亡共三种类型的损害。

侵权行为造成他人人身一般伤害的，侵权人应当赔偿医疗费、护理费、交通费、营养费、住院伙食补助费等为治疗和康复支出的合理费用，以及因误工减少的收入。医疗费是治疗人身伤害的治疗费、医药费、检查费等费用；护理费是对受到伤害的受害人进行护理的费用；交通费是受害人就医、转院治疗等而支出的本人及护理人员的交通费；营养费是受到伤害的人在治疗和康复期间需要补充营养的费用；住院伙食补助费是在住院期间餐费的支出；误工损失是因伤残等耽误工作所减少的收入。其他因治疗和康复而支出的合理费用，也在赔偿范围之内。

受害人因受伤害造成残疾的，侵权人除赔偿上述费用之外，还应当赔偿辅助器具费和残疾赔偿金。辅助器具费是伤残者身体功能丧失应予配置的辅助器具的购置费和维护费。残疾赔偿金实际上是对受害人因受到伤害造成残疾、丧失劳动能力而失去的工资收入的赔偿，我国不采取实际赔偿的方法，一般采用赔偿20年损失的一次性赔偿方法。

受害人因伤害而死亡的，侵权人还应当赔偿丧葬费和死亡赔偿金。丧葬费是处理死者丧葬事宜所应支付的费用，应当按照最高人民法院的司法解释的规定予以赔偿。对死亡赔偿金也是采取一次性赔偿20年的固定标准计算。

上述所提及的营养费、伙食补助费，是本条在《侵权责任法》第16条之规定的基础上，吸收了2003年《最高人民法院关于审理人身损害赔偿案件适用法律若干问题的解释》第23条以及第24条的规定而增加的。我们认为，在人身损害赔偿中增加营养费、住院伙食补助费赔偿，是有道理的。在司法实践中，对于遭受人身损害的被侵权人主张侵权人赔偿营养费、住院伙食补助费的，法院应当予以支持。

 ## 案例评析

张某诉某保险公司等机动车交通事故责任纠纷案①

案情： 李某为其所有的小客车投保了机动车交通事故责任强制保险和商业第三者责任险。某日沈某驾驶李某所有的小型客车与张某发生交通事故，致张某受伤、车辆受损。沈某承担事故全部责任，张某无责任。事故发生后，张某向法院诉请沈某及某保险公司赔偿损失。一审法院认为：沈某驾驶机动车造成张某人身损害，应当赔偿损失。张某的损失包括医疗费、住院伙食补助费、后续治疗费、营养费、误工费、护理费、精神损害抚慰金、伤残赔偿金、交通费、鉴定费等。其中，伤残赔偿金按照北京市城镇居民标准计算。某保险公司以残疾赔偿金适用标准不应高于事故发生地河北省城镇居民人均可支配收入为由提起上诉。二审法院认为，本案受诉法院在北京市，故一审法院按照北京市上一年度城镇居民人均可支配收入为标准计算残疾赔偿金并无不当。

评析： 张某因机动车交通事故而残疾，其身体权与健康权均遭受到了损害，因而有权请求人身损害赔偿。人身损害赔偿的具体范围包括医疗费、护理费、交通费、营养费、住院伙食补助费、误工费、残疾辅助器具费以及残疾赔偿金等。上述费用的计算方法应当适用 2003 年《最高人民法院关于审理人身损害赔偿案件适用法律若干问题的解释》第 17 条至第 35 条的规定。本案的争议焦点是残疾赔偿金的计算。根据该解释第 25 条的规定，残疾赔偿金以受诉法院所在地上一年度城镇居民人均可支配收入或者农村居民人均纯收入为标准。根据 2017 年《民事诉讼法》第 28 条的规定，本案交通事故发生在河北省，某保险公司的住所地在北京市，两地法院均有权管辖。北京市第一中级人民法院受诉，则张某的残疾赔偿金应当按照北京市城镇居民标准计算。值得注意的是，某保险公司认为张某利用程序法漏洞获得高额赔偿，行为不当。我们认为，从 2003 年《最高人民法院关于审理人身损害赔偿案件适用法律若干问题的解释》第 30 条第 1 款关于"赔偿权利人举证证明其住所地或者经常居住地城镇居民人均可支配收入或者农村居民人均纯收入高于受诉法院所在地标准的，残疾赔偿金或者死亡赔偿金可以按照其住所地或者经常居住地的相关标准计算"的规定可以看出，为了充分保护受害人的合法权益，计算残疾赔偿金时，原则上就高不就低。据此，张某向北京市第一中级人民法院起诉以获得相对高额的赔偿，行为正当，并未违背该司法解释的立法初衷。

---

① 审理法院：一审法院为北京市第一中级人民法院，案号：(2016) 京 01 民初 404 号。二审法院为北京市高级人民法院，案号 (2017) 京民终 331 号。

应当补充说明的是，本案判决之时，《最高人民法院关于审理人身损害赔偿案件适用法律若干问题的解释》所规定的赔偿项目比《侵权责任法》第16条规定的更为完整，因而，法院主要援引的是该司法解释的内容。如若类似案件发生在民法典生效之后，则可以直接以民法典第1179条为规范依据，请求人身损害赔偿。不过，关于赔偿项目的具体计算标准时，仍然应当适用《最高人民法院关于审理人身损害赔偿案件适用法律若干问题的解释》（2020年修正）的规定，确定最终的赔偿数额。

▶▶ **第一千一百八十条　因同一侵权行为造成多人死亡的，可以以相同数额确定死亡赔偿金。**

🏛 条文要义

本条是关系同一侵权行为造成多人死亡时确定死亡赔偿金的规定。

对于死亡赔偿金，最高人民法院一直坚持区别受害人是城市户口还是农村户口，采取农村居民赔偿标准与城镇居民赔偿标准的差异化赔偿法，2003年《最高人民法院关于审理人身损害赔偿案件适用法律若干问题的解释》第29条将这个政策条文化，即死亡赔偿金按照受诉法院所在地上一年度城镇居民人均可支配收入或者农村居民人均纯收入标准，按20年计算。这条规定被视为"同命不同价"赔偿的根源。按照这样的赔偿计算标准，2006年在重庆市发生一起车祸，3名搭乘同一辆三轮车的少女不幸丧生，两个城市女孩各得到了20多万元赔偿，而另一位农村户口的女孩所获赔偿只有9万元，不及前者的一半，因而引起公众不满。

死亡赔偿金并不是赔偿收入的损失，而是对死者余命的赔偿。采取"同命不同价"的政策，是对农村居民人格的歧视。为了适当缓解死亡赔偿金的计算采取"同命不同价"标准引起的不公平，《侵权责任法》第17条规定"可以以相同数额确定死亡赔偿金"，但没有从根本上解决这个问题。

编纂民法典过程中，《中共中央、国务院关于建立健全城乡融合发展体制机制和政策体系的意见》提出，要建立健全有利于城乡基本公共服务普惠共享的体制机制，改革人身损害赔偿制度，统一城乡居民赔偿标准。立法机关考虑到以相同数额确定死亡赔偿金可以避免原告的举证困难，使其能够及时、有效地获得赔偿，节省司法资源，维护社会稳定，遂保留了这一规定。[1] 按照这一规定，当同一侵权行为造成多人死亡时，可以依照相同的数额确定死亡赔偿金。

---

① 黄薇. 中华人民共和国民法典侵权责任编释义. 北京：法律出版社，2020：51.

案例评析

樊某某等诉徐某某等机动车交通事故责任纠纷案①

案情：韩某某驾驶的货车由徐某某受让后管理、使用，挂靠于某公司，并在人寿财险郑州公司投保了机动车交通事故责任强制保险和商业第三者责任险。某日，韩某某驾驶货车与宋某某驾驶的小型轿车相撞，造成两车损坏，宋某某及其车上乘坐人宋某涛、王某某死亡。宋某某、韩某某负事故的同等责任。王某某的近亲属请求徐某某、某公司、人寿财险郑州公司承担侵权责任、赔偿损失。关于王某某的死亡赔偿金，一审法院认为，本次事故造成多人死亡，宋某某及宋某涛的死亡赔偿金均依据城镇标准进行计算，王某某虽为农村户籍，其死亡赔偿金也应按照城镇标准计算。徐某某、人寿财险郑州公司不服，提起上诉。二审法院认为一审法院按照上年度河南省城镇居民人均可支配收入计算王某某的死亡赔偿金合法有据，故判决驳回上诉、维持原判。

评析：本案的争议焦点是王某某的死亡赔偿金应当按照城镇居民人均可支配收入计算还是按照农村居民人均可支配收入计算。之所以会出现这样的争议，来源于《最高人民法院关于审理人身损害赔偿案件适用法律若干问题的解释》第 29 条所折射出的同命不同价的立法理念。为了纠正这一做法，《侵权责任法》第 17 条规定在同一事故中死亡赔偿金采取统一的标准。民法典第 1180 条沿用了这一规定。适用相同数额标准确定死亡赔偿金必须符合同一侵权行为造成多人死亡的条件。本案中，王某某、宋某某及宋某涛均是因同一起机动车交通事故而死亡，可以统一确定死亡赔偿金。对宋某某及宋某涛采用城镇标准来确定死亡赔偿金，王某某虽是农村户口，也可以按照城镇标准来计算其死亡赔偿金。应当说明的是，对于同一侵权行为造成多人死亡的情形，适用统一的标准来计算死亡赔偿金本身就表达了对城镇居民与农村居民生命价值的同等尊重，具有良好的社会效果。尽管立法用语是"可以"，而非"应当"，但是在具体适用过程中，仍然应当在符合条件的情形下统一计算，以充分保障农村居民的生存权益。

> ▶▶ **第一千一百八十一条**　被侵权人死亡的，其近亲属有权请求侵权人承担侵权责任。被侵权人为组织，该组织分立、合并的，承继权利的组织有权请求侵权人承担侵权责任。
>
> 　　被侵权人死亡的，支付被侵权人医疗费、丧葬费等合理费用的人有权请求侵权人赔偿费用，但是侵权人已经支付该费用的除外。

---

① 审理法院：一审法院为河南省滑县人民法院，案号：（2017）豫 0526 民初 5081 号。二审法院为河南省安阳市中级人民法院，案号：（2018）豫 05 民终 1370 号。

🏛 条文要义

本条是对不同的侵权责任请求权人的规定。

被侵权人死亡，当然其近亲属有权请求侵权人承担侵权责任。但是，以什么理论作为依据？有赔偿权利说、赔偿义务说、瞬间取得说等不同见解。笔者主张采用双重受害人说，即侵权行为致死被侵权人，实际上有两个不同的受害人，即生命权受到侵害的受害人和财产受到损失、精神受到损害的受害人，他们都因生命权受到损害的事实而产生损害赔偿请求权。本条第 1 款大致采取这个见解，规定死者近亲属直接享有损害赔偿请求权，可以请求侵权人承担侵权责任。

在侵权责任法律关系中，如果被侵权人为组织，例如法人或者非法人组织，在侵权损害赔偿请求权发生后，如果该组织分立、合并的，按照法人或者非法人组织分立和合并的规则，就由实际承继该权利的组织继续享有侵权请求权，有权请求侵权人承担侵权责任。

被侵权人死亡的，为被侵权人支付过医疗费、丧葬费等合理费用的人，虽然不是该侵权行为的受害人，但也是因救济被侵权人的损害而付出财产的人，故也对侵权人享有财产损害的赔偿请求权，因而有权请求侵权人承担赔偿费用的责任。侵权人如果已支付该费用，当然就不再承担赔偿责任。

🟤 案例评析

徐某伟诉博山区中医院医疗损害责任纠纷案①

案情： 2014 年徐某才到博山区中医院住院治疗时在昏睡中死亡。其妻王某珍于 2016 年死亡。徐某才和王某珍育有一女徐某红。除徐某红外，徐某才再无其他第一顺序法定继承人。徐某伟与徐某才系同胞兄弟。徐某伟诉请博山区中医院就徐某才在昏睡中死亡承担医疗责任。诉讼中，徐某红明确表示不主张其父徐某才因医疗损害产生的任何权利，亦未委托其叔徐某伟主张任何权利。一审法院认为，参照《最高人民法院关于确定民事侵权精神损害赔偿责任若干问题的解释》第 7 条的规定，在死者徐某才的女儿不主张民事权利的情况下，徐某伟作为徐某才的同胞兄弟处于第二顺位，不具有原告的主体资格，遂裁定驳回起诉。徐某伟不服一审裁定，提起上诉。二审法院认为，参照《继承法》第 10 条的规定，在徐某红不主张民事权利的情况下，徐某伟作为徐某才的同胞兄弟不具有请求权的主体资格，一审法院裁定驳回起诉并无不当，遂驳回上诉、维持原裁定。

评析： 本案的争议焦点是，死者徐某才的女儿徐某红与同胞兄弟徐某伟皆为其

---

① 审理法院：一审法院为山东省淄博市博山区人民法院，案号：（2017）鲁 0304 民初 2469 号之一。二审法院为山东省淄博市中级人民法院，案号：（2018）鲁 03 民终 771 号。

近亲属。徐某红不主张损害赔偿时，徐某伟是否具有原告的主体资格并主张权利。《侵权责任法》第18条第1款只规定了近亲属有权请求侵权责任，但并未指明是否有顺位要求。本案中一审、二审法院分别援引《最高人民法院关于确定民事侵权精神损害赔偿责任若干问题的解释》（2001年）第7条以及《继承法》第10条作为法律依据，认为近亲属的损害赔偿请求权具有顺位要求，只有在没有第一顺位亲属的情况下，第二顺位亲属才可以主张损害赔偿请求权。笔者同意这样的观点，理由在于，因被侵权人死亡所产生的丧葬费等属于财产损害赔偿。至于较为特殊的死亡赔偿金，我国采取的是"继承丧失说"，即侵害他人生命致人死亡，造成了被侵权人余命年岁内的收入丧失，法定继承人无法取得原本这部分可以作为被侵权人财产的收入。其性质也是财产损害赔偿，而不是精神损害赔偿。据此，应当按照法定的继承顺序请求损害赔偿，即当第一顺位亲属不存在时，第二顺位亲属才可以主张损害赔偿请求权。死者徐某才的第一顺位继承人女儿徐某红仍在世，故第二顺位继承人同胞兄弟徐某伟无权请求损害赔偿。

不过，当第一顺位亲属存在但不主张损害赔偿请求权时，第二顺位亲属如果支付了医疗费、丧葬费等，可以请求侵权人偿还医疗费、丧葬费等费用。也就是说，死者徐某才的女儿徐某红不主张损害赔偿时，其同胞兄弟徐某伟若支付了医疗费等，可以请求赔偿费用。

> ▶▶ **第一千一百八十二条** 侵害他人人身权益造成财产损失的，按照被侵权人因此受到的损失或者侵权人因此获得的利益赔偿；被侵权人因此受到的损失以及侵权人因此获得的利益难以确定，被侵权人和侵权人就赔偿数额协商不一致，向人民法院提起诉讼的，由人民法院根据实际情况确定赔偿数额。

🏛 条文要义

本条是关于侵害他人人身权益造成财产损失的赔偿规则的规定。

民法典第993条规定了公开权，即民事主体可以许可他人使用姓名、名称、肖像、隐私等，但是依照法律规定或者根据其性质不得许可的除外。本条与此相对应，规定了侵害公开权造成财产损失的赔偿规则。

这些被侵害的人格利益都是精神性人格利益，应用在商品社会中，会产生财产利益，这些利益应当归属于权利人本人。他人未经权利人同意而将权利人的姓名、名称、肖像、隐私、个人信息等人格利益予以公开，就侵害了权利人的人格权，使权利人本人的人格利益包括财产利益受到损害，故行为人应当承担赔偿责任，赔偿权利人受到的损害。

侵害公开权造成财产利益损失的赔偿方法是：

（1）被侵权人因此受到实际财产损失的，侵权人按照被侵权人实际受到的损失或者侵权人因此获得的利益，承担赔偿责任，选择权在被侵权人。

（2）被侵权人因此受到的损失以及侵权人因此获得的利益难以确定的，被侵权人和侵权人可就赔偿数额进行协商，按照协商一致的方法确定赔偿责任。

（3）被侵权人和侵权人就赔偿数额协商不一致，向人民法院提起诉讼的，由人民法院根据实际情况确定赔偿数额。

这一赔偿方法是民法典规定的新规则。按照《侵权责任法》第20条，赔偿的方法：一是被侵权人因此受到实际财产损失的，按照实际受到的损失承担赔偿责任；二是被侵权人的损失难以确定，侵权人因此获得利益的，按照其所获得的利益承担赔偿责任；三是侵权人因此获得的利益难以确定，双方当事人可以进行协商，按照协商一致的方法确定赔偿责任；被侵权人和侵权人就赔偿数额协商不一致，向人民法院提起诉讼的，由人民法院根据实际情况确定赔偿数额。这一新规则与《侵权责任法》第20条规定的规则相比，区别在于：第一，将计算方法的三个层次改为两个层次，减少了复杂程度；第二，将被侵权人因此受到实际损失和侵权人因此获得的利益并列在一起，将相互之间的顺位关系改为选择关系。究竟是选择前一种方法还是选择后一种方法？一是根据实际情况，哪一种方法可以适用，就选择哪一种方法；二是两种方法都可以适用时，由被侵权人一方选择。

这个计算方法的核心是，被侵权人有选择权。侵害人身权益造成财产损失时，究竟是按照被侵权人因此受到的实际损失赔偿，还是按照侵权人因此获得的利益赔偿？如果规定二者之间为顺位关系，被侵权人就不存在选择权。如果规定二者之间为选择关系，则选择权就为被侵权人享有。被侵权人可以根据自己的利益，选择其中一种计算方法，计算赔偿数额。对此，法院应当支持被侵权人的选择。

案例评析

黄某诉深圳市 G 家私有限公司侵害肖像权纠纷案①

案情： 某日，深圳市 G 家私有限公司（以下简称 G 公司）在其微信公众号一篇题为《Wuli 老腊肉黄某逆袭记》的文章内使用著名影视演员黄某的九张照片，照片后载有文字内容"不仅人能成功逆袭，家具也能……"，后附多张家具图片，文章尾部载有宣传图片，文章阅读数为 905，点赞数为 5。黄某向法院起诉，请求 G 公司公开赔礼道歉并赔偿损失。一审法院认为，G 公司未经过黄某同意使用其照片，且用于营利，构成对黄某之肖像权的侵害，遂判决 G 公司赔礼道歉、赔偿损失。G 公司以图片来源网络，不属于侵犯黄某之肖像权，未损害其名誉，也未因此获益为由提起上

---

① 审理法院：一审法院为北京市朝阳区人民法院，案号：（2017）京 0105 民初 5011 号。二审法院为北京市第三中级人民法院，案号：（2018）京 03 民终 3477 号。

诉。二审法院认为：G 公司使用黄某照片的行为具有营利目的，上诉主张并无证据证明，未因此获益与事实不符。一审法院判决 G 公司赔礼道歉以及赔偿损失于法有据。

评析： 黄某是知名的影视演员，其肖像具有商业化的利用价值。G 公司使用黄某的照片进行宣传推广的行为侵害了黄某的肖像权，应当赔礼道歉、赔偿损失等。关于财产损失赔偿额的确定方法，根据《侵权责任法》第 20 条的规定，应当先按照黄某所遭受的损失来确定，黄某所遭受的损失无法确定时，按照 G 公司的获利来确定赔偿金额。如果本案发生在民法典生效之后，财产损失赔偿额的确定会有所不同。民法典第 1182 条对《侵权责任法》第 22 条的规定进行了修改，抛弃了"损失优先于获利"的做法，删除了顺位要求，允许按照被侵权人因此受到的损失或者侵权人因此获得的利益赔偿。据此，如果本案发生在民法典生效之后，则黄某既可以按照自己肖像中所包含的经济性利益受到损失的范围请求赔偿，也可以按照 G 公司因此获得的利益来请求赔偿。

> ▶▶ **第一千一百八十三条**　侵害自然人人身权益造成严重精神损害的，被侵权人有权请求精神损害赔偿。
>
> 　　因故意或者重大过失侵害自然人具有人身意义的特定物造成严重精神损害的，被侵权人有权请求精神损害赔偿。

🏛 条文要义

本条是对精神损害赔偿责任的规定。

应当承担精神损害赔偿责任的侵权行为，是侵害自然人人身权益的侵权行为。侵权行为侵害了自然人的人身权益造成严重精神损害的，行为人应当承担精神损害赔偿责任。

（1）侵害物质性人格权，即生命权、身体权、健康权的，应当赔偿精神损害抚慰金。

（2）侵害姓名权、肖像权、声音权、名誉权、隐私权、个人信息权造成精神损害的，应当赔偿精神损害赔偿金。

（3）侵害身份权即配偶权、亲权、亲属权造成精神损害的，应当承担精神损害赔偿责任。

（4）侵害自然人的人身利益，包括一般人格利益、胎儿的人格利益、死者的人格利益以及亲属之间的身份利益，侵权人也应当承担精神损害赔偿责任，补偿其精神损害。

对于造成财产损失的，一般不以承担精神损害赔偿责任的方法进行救济，但是，如果故意或者重大过失侵害自然人具有人身意义的特定物造成严重精神损害的，由于该特定物中包含人身利益（包括人格利益和身份利益因素），对该特定物的损害会造成被侵权人的严重精神损害，故被侵权人有权请求精神损害赔偿，侵权人应当对因此特定物的财产损害而造成的被侵权人的精神损害承担赔偿责任。2001 年《最高人民法院关于确定民事侵权精神损害赔偿责任若干问题的解释》第 4 条规定："具有人格象征意义的特定纪念物品，因侵权行为而永久性灭失或者毁损，物品所有人以侵权为由，向人民法院起诉请求精神损害赔偿的，人民法院应当予以受理。"这一规定扩展了精神损害赔偿责任的适用范围，表面上赔偿的是对特定纪念物品的损害，实质上赔偿的是对包含在特定纪念物品中的人格利益因素的损害，保护的还是人格利益。十几年来，这一规定在现实生活中发挥了很好的作用，尽管对此也有不同的声音，但是，其正面价值得到社会各界的肯定。在编纂民法典时，立法者也对此持肯定立场。本条第 2 款就是借鉴了该司法解释的方法，进一步完善，作出了新规则。

这一新规则的要点如下：

（1）受到侵权行为侵害的是自然人具有人身意义的特定物，该物遭受了毁损或者灭失。具有人身意义的特定物，首先是特定物，其次是物中包含人身意义，其实，就是该物中包含着人格象征意义，即人格利益或者身份利益。侵权行为不仅造成了物的毁损、灭失，而且造成了受害人的精神损害。

（2）造成具有人身意义的特定物的损害的行为是侵权行为人实施的，该行为具有违法性。

（3）行为人实施的行为与造成具有人身意义的特定物的损害有因果关系，该行为不仅是造成物的损害的原因，而且是造成受害人精神损害的原因。

（4）行为人在主观上具有故意或者重大过失。故意或者重大过失是针对损害特定物的主观心理状态，有的也可能具有造成被侵权人精神损害的故意或者重大过失，但是，后者并非必要条件。

符合上述构成要件的要求的，被侵权人不仅有权请求侵权人承担财产损害的赔偿责任，而且有权请求侵权人承担精神损害赔偿责任。

对于精神损害赔偿，还应当适用民法典第 996 条的规定，即因当事人一方的违约行为，损害对方人格权并造成严重精神损害的，受损害方有权选择请求其承担违约责任的，不影响受损害方请求精神损害赔偿。因违约造成对方当事人严重精神损害的，违约方也应当承担精神损害赔偿责任，可以在违约诉讼中直接请求精神损害赔偿。

案例评析

姚某等诉徐州矿务集团有限公司等财产损害赔偿纠纷案[①]

案情： 姚某居住在爷爷（已去世）与煤机厂签订的单位自管居住用房内。该房屋在拆迁范围内，该项目的拆迁人为徐州矿务集团有限公司，动迁由徐州九龙湖拆

[①] 审理法院：一审法院为江苏省徐州市鼓楼区人民法院，案号：（2016）苏 0302 民初 1221 号。二审法院为江苏省徐州市中级人民法院，案号：（2017）苏 03 民终 3256 号。

迁公司实施。某日，姚某返回家中时，发现该房屋已被拆除，物品下落不明。姚某向法院起诉，请求法院判令徐州九龙湖拆迁公司等赔偿财产损失以及精神损害抚慰金。关于精神损害抚慰金，一审法院认为，因该房屋曾由姚某爷爷居住使用，室内存放的一些物品可能年代较久，具有一定的人格象征意义，综合考虑本案，酌定精神损害抚慰金30 000元。姚某不服一审判决，以赔偿数额过低为由提起上诉。二审法院认为，一审法院已考虑该房屋曾由姚某的爷爷居住使用，室内可能存放一些年代较久、具有人格象征意义的物品，方酌定支持精神损害抚慰金30 000元。故判决驳回上诉、维持原判。

评析：本案涉及的是侵害具有人格象征意义的特定物品时的精神损害赔偿问题。涉案房屋内存放的姚某爷爷生前留下的物品，寄托了姚某对爷爷的哀思，是具有人身意义的特定物。徐州九龙湖拆迁公司在拆迁过程中，未尽到审慎的注意义务，致使上述物品毁损灭失，主观上具有过错。根据2001年《最高人民法院关于确定民事侵权精神损害赔偿若干问题的解释》第4条的规定，姚某有权请求徐州九龙湖拆迁公司赔偿精神损害。至于精神损害赔偿的数额，由法院根据实际情况酌定考虑。本案的一审、二审法院酌定支持精神损害抚慰金30 000元，于法有据，合情合理。

应当补充说明的是，2001年《最高人民法院关于确定民事侵权精神损害赔偿责任若干问题的解释》第4条规定的物品所有人的精神损害赔偿请求权，在司法实践中适用效果良好。民法典第1183条以该司法解释为立法基础，新增了侵害具有人身意义的特定物时的精神损害赔偿。两相比较，不同的是，2001年《最高人民法院关于确定民事侵权精神损害赔偿责任若干问题的解释》第4条未对主观构成要件进行限制，而民法典第1183条要求具有故意或者重大过失。若本案发生在民法典生效之后，侵权行为人主观上是重大过失还是一般过失，直接影响到姚某是否有权请求精神损害赔偿。

> ▶▶**第一千一百八十四条**　侵害他人财产的，财产损失按照损失发生时的市场价格或者其他合理方式计算。

🏛 条文要义

本条是对财产损害赔偿的规定。

侵害他人财产，实际上是侵害他人财产权，侵害物权、债权、知识产权、继承权、股权及其他投资性权利造成财产损失的，财产损害赔偿就是对侵害这些财产权造成的财产损失的赔偿责任。本条对这样复杂的财产损害赔偿责任的计算规则，只规定了"按照损失发生时的市场价格"为主要计算方法，显然不利于保护受害人。好在还规定了按照"其他合理方式计算"这一弹性规定作为补充，具有很大的伸缩性，权利上可以进行选择，以适应财产损害赔偿计算方法的复杂要求。其中，"合理"二字是在《侵权责任法》第19条规定的基础上新增加的。用其他合理方法计算财产损失数额，是一个概括的方法。其他，是指在损失发生时的市场价格计算方法之外的其他方法。合理，是对其他计算方法的要求。无论采取哪种计算方法，只要合理，符合公平原则和诚实信用原则的要求即可。

侵害用益物权、担保物权以及债权、知识产权、继承权、股权等投资性权利造成的财产损失，都不能用损失发生时的市场价格的方法计算，都应当按照其具体的计算方法计算，例如，第三人侵害债权时的财产损害主要是债权期待利益的损害等。

其他计算方法也包括预期利益损失规则。1999年6月21日凌晨，一辆轿车撞坏沈阳市故宫博物院门前"下马碑"，肇事司机即某火锅城的员工嗣后死亡。沈阳市故宫博物院向法院起诉，请求赔偿2700万元的财产损失。法院判决某火锅城负责维修费用，并赔偿损失100万元。这个案件的2700万元的损失完全超出了侵权人的预期，法院适用预期利益损失规则确定赔偿责任，是实事求是的做法。

案例评析

张某诉北京华清飞扬网络股份有限公司网络侵权责任纠纷案①

案情：H网络公司为QQ空间"红警大战"游戏的研发商，张某为该游戏的玩家。某日，张某对其"红警大战"游戏装备进行了数次升级。H网络公司认为张某升级装备利用了bug，并要求张某退回已升级的游戏装备。双方交涉未果，H网络公司封停了张某的游戏ID。张某向法院起诉，请求赔偿财产损失。一审法院认为，张某的ID在被封停期间其账户数据仅处于封禁状态，充值及充值奖励仍然存在，因此，其主张的ID被封停后的损失并未实际发生，遂判决驳回张某的全部诉讼请求。张戈不服一审判决，提起上诉。二审法院认为，网络游戏中财产权益具有一定的特殊性，网络游戏经营者实施的长期中止提供服务的行为亦将导致虚拟财产的权益和消费者的实质性财产权益受到侵害，故H网络公司应当承担赔偿责任。

评析：本案涉及的是侵犯网络虚拟财产权的问题。《民法总则》第127条规定网络虚拟财产受到法律保护。侵害网络虚拟财产，属于侵权行为，侵权人应当赔偿财产损失。关于财产损失的计算方法，《侵权责任法》第19条规定按照损失发生时的市场价格或者其他方式计算。涉案的网络游戏账号及账号内的虚拟财产并不属于传统意义上的流通于市场的商品，其价值难以通过损失发生时的市场价格确定。有鉴于此，本案的二审法院采用了其他的方式来计算财产损失，即结合网络虚拟财产的特有属性、网络游戏账号运行时间与财产投入及获得装备状况等因素来认定损失。

---

① 审理法院：一审法院为北京市东城区人民法院，案号：（2016）京0101民初15828号。二审法院为北京市第二中级人民法院，案号：（2017）京02民终4209号。

以此种方式来计算财产损失，全面、合理，充分填补了张某的财产损失。

需要注意的是，民法典第 1184 条以《侵权责任法》第 19 条为立法基础，对于按照其他方式计算价格新增了"合理"的要求。据此，一般情形下，关于财产损失应当按照损失发生时的市场价格计算。当以市场价格计算不合理或者市场价格不存在时，可以采用其他方式来计算，但该方式必须是合理的。例如，在本案中，网络虚拟财产未用于市场交易，不存在对应的市场价格，需要采用其他方式来计算损失。此时，法院不宜只按照张某的财产投入来计算损失，而是应当综合各项因素来认定，必要时还可以通过评估的方式来确定。

▶▶ **第一千一百八十五条**　故意侵害他人知识产权，情节严重的，被侵权人有权请求相应的惩罚性赔偿。

🏛 条文要义

本条是对故意侵害知识产权应当承担惩罚性赔偿的规定。

在我国以往的立法中，首次对知识产权的惩罚性赔偿责任作出规定的是《商标法》（2013 年、2019 年修正）第 63 条第 1 款，即恶意侵犯商标专用权且情节严重的，受害人有权请求行为人承担惩罚性赔偿责任。2018 年 3 月 5 日，李克强总理代表国务院向第十三届全国人大第一次会议作政府工作报告，建议强化知识产权保护，实行侵权惩罚性赔偿制度。民法典侵权责任编作了这一规定，确定侵害知识产权的侵权人承担惩罚性赔偿责任。

侵害知识产权惩罚性赔偿责任的构成要件是：（1）故意侵害知识产权，过失侵害知识产权不适用惩罚性赔偿责任；（2）侵害知识产权的情节严重，而不是一般情节。符合这两个要件要求的，被侵权人有权请求相应的惩罚性赔偿。

本条未对侵害知识产权惩罚性赔偿责任的计算方法作出规定，但是《商标法》（2019 年修正）第 63 条第 1 款、《著作权法》（2020 年修正）第 54 条、《专利法》（2020 年修正）第 71 条均规定了一倍以上五倍以下的惩罚性赔偿责任。有鉴于此，对于其他类型的侵害知识产权惩罚赔偿责任，也可以参照上述这些规定，按照一倍以上五倍以下的规则来判定惩罚性赔偿数额。

📌 案例评析

卡尔文·克雷恩商标托管诉厦门某电子商务有限公司等

侵害商标权纠纷案①

案情：世界著名时尚品牌卡尔文·克雷恩（中国）取得对 CK 等商标的注册商

---

① 审理法院：山东省青岛市中级人民法院，案号：（2015）青知民初字第 9 号。

标专用权。2014 年 8 月，其商标托管发现 L 公司在天猫的"L 服饰专营店"大量销售侵犯卡尔文·克雷恩商标托管注册商标专用权的服装。R 公司为 L 公司的上述销售行为提供发票，陈某生为该公司唯一自然人股东。卡尔文·克雷恩诉至法院，请求 R 公司、L 公司与陈某生停止侵权并赔偿损失。法院认为：被告 L 公司、R 公司构成共同侵权，应当承担连带责任。陈某生无法证明 R 公司的财产独立于其个人财产，应当与 R 公司承担连带赔偿责任。关于赔偿数额，根据《商标法》（2013 年修正）第 63 条的规定，被诉网店侵权行为恶意明显，应适用惩罚性赔偿原则。经综合考虑，判决其赔偿原告经济损失 10 万元。

评析： 本案涉及的是侵害商标权承担惩罚性赔偿责任的问题。在本案中，L 公司的销售行为以及宣传推广行为，都侵犯了卡尔文·克雷恩的注册商标专用权。卡尔文·克雷恩是驰名商标，为普通大众所知悉。L 公司销售以及宣传推广驰名商标的产品，足以说明其具有主观上的故意。同时，L 公司的销售行为以及宣传推广行为严重降低了卡尔文·克雷恩的注册商标专用权的价值，造成了巨大的损失与消极影响，应当构成情节严重。有鉴于此，L 公司等应当承担惩罚性赔偿责任。法院以 2013 年《商标法》第 63 条为依据，判决 L 公司、R 公司等赔偿 10 万元，不仅能够填补卡尔文·克雷恩的财产损失，还能够惩罚恶意侵权行为，对于将来其他类似案件的审理具有重要的借鉴意义。

需要说明的是，民法典第 1185 条新增了故意侵害他人知识产权的惩罚性赔偿责任，加大了对知识产权侵权行为的惩罚力度。据此，如果类似案件发生在民法典生效之后，当事人行使侵害商标权的惩罚性赔偿请求权时不必再援用《商标法》第 63 条，而是可以直接援引民法典第 1185 条。而且，对于侵害著作权、专利权、地理标志、集成电路布图、植物新品种等知识产权的，也可以以民法典第 1185 条为规范依据请求惩罚性赔偿。

> ▶▶ **第一千一百八十六条**　受害人和行为人对损害的发生都没有过错的，依照法律的规定由双方分担损失。

🏛 条文要义

本条是关于公平分担损失规则的规定。

有些人将本条规定解释为侵权责任的归责原则即公平责任原则，是不正确的，本条是侵权损害赔偿责任的分担规则。从将该条规定在"损害赔偿"一章的立法技术就可以得出这个结论。

本条规定的公平分担损失规则，究竟是一般性赔偿规则，还是要由法律专门规定才可以适用的规则，是有争论的。《侵权责任法》第 24 条规定没有强调"依照法律的规定"，本条增加了这一内容。这说明，不仅要符合本条规定的条件，而且还要有法律的具体规定，才可以适用公平分担损失规则，对双方当事人的损失进行分担。

适用本条规定，对损失进行分担的要件是：（1）行为人造成了受害人的损害；（2）行为人和受害人对损害的发生都没有过错；（3）须有法律的特别规定。具备了这三个要件，才可以适用公平分担损失规则，双方当事人对损失按照公平的要求进行分担。例如，民法典第 1188 条、第 1190 条和第 1254 条，都是法律明文规定可以分担损失的规范。

本条规定的分担损失规则中并没有请求权，在法律具体规定的条文中才包括请求权，因此，本条规定的公平分担损失规则不可以滥用。

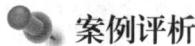 **案例评析**

段某明诉赵某等健康权纠纷案①

案情： 某日 20 时至 21 时许，赵某邀约段某明吃夜宵，后段某明打电话约杨某、段某润一起吃夜宵。凌晨 1 时许，段某明骑摩托车行驶至某路段时发生交通事故。段某明向法院起诉，请求三位同饮者连带赔偿自己的损失等。法院认为：目前没有证据证明三被告在饮酒过程中存在恶意劝酒等过错行为，且在夜宵结束后，三被告提议护送原告段某明回家，但被原告段某明拒绝。在整个过程中，原告段某明没有表现出存在醉酒、意识不清或失去自制力的情况。本案三被告已经尽到合理的注意义务与劝阻义务，不应承担赔偿责任。但原告段某明在与三被告酒后发生事故，利益失去平衡，根据《侵权责任法》第 24 条的规定，三被告应适当地补偿原告段某明因此遭受的经济损失。故判决被告赵某作为共同饮酒的组织者补偿原告段某明经济损失 15 000 元，被告杨某、段某润作为参与者，分别补偿 10 000 元。

评析： 本案涉及的是公平分担损失规则的问题。《侵权责任法》第 24 条规定了公平分担损失规则的构成要件：一是受害人和行为人对损害的发生都没有过错，二是实际情况需要。法院考虑到段某明和赵某、段某润之间利益失衡，适用《侵权责任法》第 24 条的规定，要求三被告补偿段某明。对此，我们认为，其法律适用有误。原告段某明作为完全民事行为能力人，明知醉酒后容易发生危险仍然放纵自己饮酒过量，对损害的发生具有重大过错，不符合公平分担损失规则的构成要件。

如果本案发生在民法典之后，依旧不能适用公平分担损失规则。民法典第 1186 条在《侵权责任法》第 24 条的基础上，新增了公平分担损失责任的限制性条款，即"依照法律的规定"。鉴于民法典以及其他民事法律规范均未明确规定共同饮酒时同饮人须分担损失，本案无法以民法典第 1186 条作为规范依据。

那究竟如何解决这类问题呢？我们认为，民法典第 6 条所规定的公平原则为本

---

① 审理法院：云南省晋宁县人民法院，案号：（2015）晋法民初字第 508 号。

案受害人的损失分担提供了规范基础。公平原则作为民法的基本原则，承载了法的公平、正义等抽象价值。考虑到当事人的损害程度以及经济状况等，同饮人可以在尽到合理限度的注意义务时，适当补偿酒友及其近亲属，以分担受害人的损失。这样一来，不仅发挥了民法典第 6 条规定的基本原则的规范功能，也充分维护了社会和谐，实现了法律效果和社会效果的统一。

> ▶▶ **第一千一百八十七条**　损害发生后，当事人可以协商赔偿费用的支付方式。协商不一致的，赔偿费用应当一次性支付；一次性支付确有困难的，可以分期支付，但是被侵权人有权请求提供相应的担保。

🏛 条文要义

本条是对损害赔偿支付方法的规定

按照本条规定，在确定了损害赔偿的数额后，可以协商具体的支付方式，首选应当是一次性支付，便于尽早了结侵权赔偿法律关系。如果一次性赔偿有困难，也可以采用分期支付的方法，按照约定，按期支付赔偿金。分期支付存在风险，因此，赔偿责任人在分期支付时，应当提供担保，防止出现意外，使被侵权人的赔偿权利落空。

侵权法所说的一次性赔偿和定期金赔偿，其实不是本条说的内容，针对的是将来的损害赔偿，权利人可以选择一次性赔偿和定期金赔偿。将来的损害赔偿，是指判决确定之后才发生的赔偿责任，即残疾赔偿金、残疾辅助器具费和被扶养人的扶养损害赔偿。这三种损害赔偿都不是判决确定之前产生的损害，而是判决确定之后发生的损害赔偿，权利力可以选择一次性赔偿或者定期金赔偿。一次性赔偿便于了结侵权赔偿法律关系，但存在某些不公平的问题；分期金赔偿比较公平，但存在风险。故各国法律规定，选择定期金赔偿的，侵权人应当提供担保。

对于这种赔偿，我国现行规定的都是一次性赔偿，其实是可以由当事人选择的，权利人既可以选择一次性赔偿，也可以选择定期金赔偿，如果选择定期金赔偿的，一定要侵权人事先提供担保。

🎗 案例评析

刘某与竹山县中医院等医疗损害责任纠纷案[①]

案情：2015 年 4 月至 5 月，刘某相继在竹山县中医院、十堰市人民医院接受住

[①] 审理法院：一审法院为湖北省十堰市茅箭区人民法院，案号：（2015）鄂茅箭民一初字第 01804 号。二审法院为湖北省十堰市中级人民法院，案号：（2017）鄂 03 民终 950 号。

院治疗，进行手术。刘某认为，竹山县中医院、十堰市人民医院的治疗行为均存在过错，共同导致刘某出现植物人状态，请求法院判令竹山县中医院、十堰市人民医院赔偿各项损失。一审法院认为，十堰市人民医院不存在过错，竹山县中医院在对刘某的诊疗过程中存在一定过错，对刘某的各项损失承担50％的赔偿责任，应当一次性赔偿895 808.62元。竹山县中医院不服一审判决，提起上诉，理由是，刘某是病危的残疾人，生命体征不稳定，其无法得知刘某的身体状况，一次性支付不符合公平公正原则。二审法院将涉案残疾辅助器具费的赔偿年限调整为20年，将残疾赔偿金调减后，指出：该两项赔偿数额现合计为364 985元。该一次性给付亦不会加重竹山县中医院的负担，故对竹山县中医院关于以定期金及比照现行养老金发放方式给付刘某残疾赔偿金及残疾辅助器具费的请求，不予准许。

评析：本案的争议焦点在于损害赔偿的支付方法。2003年《最高人民法院关于审理人身损害赔偿案件适用法律若干问题的解释》第33条、第34条规定了定期金赔偿的支付方法。《侵权责任法》第25条借鉴了该司法解释的经验，规定损害赔偿既可以一次性赔偿也可以定期金赔偿。民法典第1187条沿袭《侵权责任法》第25条的做法，规定原则上一次性支付，例外时分期支付，包含定期金赔偿。定期金赔偿的适用由法院综合被侵权人的实际寿命、侵权人的给付能力等因素考虑。结合本案的实际情况，刘某的残疾赔偿金、残疾辅助器具费计算年限固定为20年，已经剔除了不公平、不合理的因素，且竹山县中医院不存在给付困难的情形，应当适用原则性的规定，由竹山县中医院一次性支付，以充分保障刘某的合法权益。

第三章　关于责任主体的特殊规定

▶▶ **第一千一百八十八条**　无民事行为能力人、限制民事行为能力人造成他人损害的，由监护人承担侵权责任。监护人尽到监护职责的，可以减轻其侵权责任。

有财产的无民事行为能力人、限制民事行为能力人造成他人损害的，从本人财产中支付赔偿费用；不足部分，由监护人赔偿。

🏛 条文要义

本条是对监护人责任的规定。

监护人责任是指无民事行为能力人或者限制民事行为能力人造成他人损害时，其监护人承担的侵权责任。本条规定的规则与民法典第 1068 条关于"未成年子女造成他人损害的，父母应当依法承担民事责任"的规定部分重合，其中的"依法"，就是本条规定。

本条第 1 款规定的是监护人承担侵权责任的规则，第 2 款规定的是履行该赔偿责任的规则。

根据本条第 1 款，监护人承担民事责任的规则是：

（1）替代责任。无民事行为能力人或者限制民事行为能力人造成他人损害的，应当由他们的监护人承担侵权责任，而不是本人承担责任，因为他们没有或者只有不完全的民事行为能力。因此，监护人责任是典型的替代责任。而且，监护人责任是为他人的行为承担损害赔偿责任，是对人的替代责任，故以此与物件致人损害时对物的替代责任相区别。

（2）实行过错推定。无民事行为能力人或者限制民事行为能力人造成他人损害的，推定其监护人有监护过失，被侵权人无须提供监护人有未尽监护责任的过失的证明。监护人替代责任的过错，表现在监护人身上，是监护人对未成年人或者精神病人没有尽到监护责任的过错，并由此作为这种侵权责任的构成要件。

（3）以公平责任为补充。即使监护人能够证明自己没有监护过失，即监护人自己无过错，也并不免除监护人的侵权责任，而是实行公平分担损失，减轻监护人的赔偿责任，即根据双方的经济状况，对监护人的赔偿责任适当减轻。

根据本条第 2 款，履行该赔偿责任的规则是：（1）造成他人损害的无民事行为能力人或者限制民事行为能力人自己有财产的，以他们自己的财产支付赔偿金，例如被监护人是成年人，自己有收入或者有积蓄等。（2）用被监护人的财产支付赔偿金有不足的，监护人承担补充责任，不足部分由监护人补充赔偿。（3）造成他人损害的无民事行为能力人或者限制民事行为能力人没有财产的，不适用前两项规则，全部由监护人承担侵权责任。

此外，一般认为，从未成年加害人的财产中支付赔偿费用的，不得对未成年人的生活和教育产生严重不利影响。对被监护人的财产执行予以必要的限制，主要是为了避免对其未来正常生活和接受教育机会的剥夺。

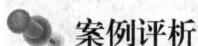 案例评析

石某诉邓某芬赔偿纠纷案①

案情： 石某与邓某芬自愿登记结婚。在婚后共同生活期间，邓某芬因精神受到刺激而患精神病。邓某芬在家中持菜刀将熟睡的石某砍伤。石某与邓某芬离婚后，以邓某芬为被告提起诉讼，要求邓某芬赔偿其医疗费和精神损失费。一审法院认为：原告石某与被告邓某芬原系夫妻关系，在夫妻关系存续期间，被告邓某芬因偏执型精神分裂症病发，将熟睡之中的原告石某砍伤，是在不能辨认自己行为的后果的情况下所为的，且原告石某被砍伤的医疗费已从夫妻共同财产中支付。因此，原告石某要求被告邓某芬赔偿医疗费用及精神损失费的理由、证据不足，缺乏事实依据与法律依据，法院不予支持。二审法院认为，邓某芬是无民事行为能力的精神病人，石某是邓某芬的法定监护人，故邓某芬砍伤石某的民事责任依法应由石某承担，石某即使尽了监护责任也只能适当减轻而不是免除他的民事责任。

评析： 监护人责任，是指作为被监护人的无民事行为能力人或限制民事行为能力人造成他人损害时，监护人应当承担的侵权责任。《民法通则》第133条、《侵权责任法》第32条已在立法上明确规定了监护人责任这一特殊侵权责任类型。民法典第1188条继受了这一立法传统，仅在文字表述上将其中的"监护责任"修改为"监护职责"，以更为准确。监护人责任的构成要件包括：第一，加害人是无民事行为能力人或限制民事行为能力人；第二，无民事行为能力人或限制行为能力人造成了他人损害；第三，无民事行为能力人或限制民事行为能力人的加害行为与受害人的损害之间存在因果关系。本案中，邓某芬患偏执型精神分裂症，因其精神状态无法辨认自己的行为，其在砍伤石某时为无民事行为能力人。本案二审法院认为，石某作为法定监护人，邓某芬砍伤石某的民事责任依法应由石某承担。另有学者认为，本案受害人知道加害人婚后患精神病，因而被视为加害人的监护人。受害人石某对加害人邓某芬不仅负有监护职责，且在邓某芬造成他人损害时，又是民事责任的责任

---

① 最高人民法院公报，2000（2）.

人。在这种情况下，石某为权利主体和责任主体。主体上的混同成了债的消灭原因，这种混同的力的大小难以区分，可推定为均等而抵销，侵权责任消灭。① 对此，我们认为，虽然加害行为发生时，石某为邓某芬的监护人，但起诉时二人已经离婚。此时，应由邓某芬被起诉时的监护人（如父母、子女等）承担监护人责任。如果邓某芬有个人财产，应从其个人财产中支付赔偿金。

▶▶ **第一千一百八十九条　无民事行为能力人、限制民事行为能力人造成他人损害，监护人将监护职责委托给他人的，监护人应当承担侵权责任；受托人有过错的，承担相应的责任。**

🏛 条文要义

本条是对委托监护责任的规定。

委托监护责任，是指无民事行为能力人或者限制民事行为能力人造成他人损害，监护人将监护职责委托他人时，监护权人与受托人分担责任的特殊侵权责任。民法典第 1188 条沿袭《侵权责任法》第 32 条，规定的是监护人损害责任，是无民事行为能力人或者限制民事行为能力人造成他人损害时监护人应当承担的侵权责任。本条根据目前存在的诸多将监护责任委托他人承担的情形，补充规定了委托监护人损害责任承担规则，形成了完整的监护人损害责任体系。

委托监护责任的构成条件是：（1）委托监护，是监护权人将自己负有的对无民事行为能力人或者限制民事行为能力人的监护职责委托给他人承担。（2）无民事行为能力人或者限制民事行为能力人在受托人的监护下，而不是在监护权人的监护下。（3）被监护的无民事行为能力人或者限制民事行为能力人实施的行为，造成了被侵权人的损害。（4）推定监护权人存在未尽监护职责的过失，至于受托人的过失，应当由被侵权人举证证明。符合上述四个条件的，构成委托监护责任，受托人应当承担侵权赔偿责任。

从上述规定的委托监护责任的构成要件来看，监护人的责任其实并无特别的变化，尤其是实行过错推定原则，推定监护人存在违反监护义务的过失，实际上与第1188 条规定的监护人损害责任承担规则没有太大的区别。有区别的是，主张受托人承担侵权责任时，应当证明受托人存在过失。根据事实推论，原告即被侵权人一般会向监护人主张赔偿责任，如果监护人认为自己没有过失，是受托人因过失造成损害的，应当由监护人承担举证责任。如果是被侵权人直接向受托人主张承担侵权责任，则应当由被侵权人承担举证责任。根据"谁主张，谁举证"的举证责任分配规

---

① 汤洪遂. 侵权损害赔偿案例评析. 北京：中国法制出版社，2003：351.

则，主张受托人存在过失者只有监护人或者被侵权人，因而应当由主张者承担举证责任。

委托监护责任的分担规则是：

（1）委托监护责任的主体有两个：一是监护权人，二是受托人，监护人并未因其将监护职责委托给受托人而被免除责任，其仍然是侵权责任人。

（2）两个责任主体承担的责任是单向连带责任，即混合责任，监护权人承担的是对全部损害的连带责任，只要被侵权人主张其承担全部责任，监护权人就须承担全部赔偿责任。

（3）能够证明受托人存在未尽监护职责的过失的，受托人应当在其过失造成损失的范围内承担相应的按份责任，不承担连带责任，被侵权人不能向其主张承担全部赔偿责任。

案例评析

孙某某诉沈某、丁某涛人身损害侵权纠纷案①

案情： 孙某某为无民事行为能力人，沈某为限制民事行为能力人，两人长期寄住于丁某涛利用家庭自住场所开设的托管班。孙某某与沈某在丁某涛家中玩耍时，沈某扔铅笔盒时将孙某某的眼睛弄伤。法院认为：被告丁某涛以家庭为场地、以家庭成员为工作人员开设托管班，为包括孙某某、沈某在内的学生提供食宿、接送和辅导作业等服务，孙某某、沈某的监护人每月支付费用，故双方存在委托托管关系。被告丁某涛允许孙某某、沈某在无人管理的情形下玩耍，造成孙某某眼睛受伤，且未及时告诉孙某某的监护人，存在过错。据此，被告丁某涛没有履行委托托管的安全保护义务，应承担赔偿责任。根据各方当事人的过错程度，确定被告丁某涛承担原告孙某某经济损失的50%，被告沈某承担40%，原告孙某某承担10%。因被告沈某系限制民事行为能力人，故应由其监护人承担相应的责任。

评析： 根据民法典第1189条，虽监护人可将未成年人委托他人代为照管，但其监护职责并不因委托关系的存在而转移或减轻。这是因为，根据民法典第34条的规定，监护人负有保护被监护人人身权利等合法权益的职责，这是监护人的法定义务。而且，根据民法典第35条的规定，监护人应当按照最有利于被监护人的原则履行监护职责。监护人为未成年人选择托管机构时，应注意对托管机构的经营条件、人员配备、管理经验等情况予以适当、合理的审查，平时也应尽可能加强对未成年人的教育、沟通和照顾，而不能将监护、照管、保护未成年人的职责完全转嫁给他人。本案中，作为加害人的沈某为未成年人，虽由丁某涛在托管班进行委托监护，但其监护人仍应对其加害行为承担侵权责任。而丁某涛作为委托监护的受托人，对沈某

---

① 审理法院：江苏省淮安市洪泽区人民法院，案号：（2017）苏0813民初1783号。

负有教育、管理和保护的义务，由于存在未尽监护职责的过失，丁某涛应当就其过失造成的损失，承担相应的按份责任。

综上所述，沈某的法定监护人和委托监护的受托人丁某涛作为责任主体，承担单向连带责任，即混合责任，监护人承担对全部损害的连带责任，只要被侵权人主张其承担全部责任，监护人就须承担全部赔偿责任；委托监护的受托人仅承担相应的按份责任而不对全部损害承担赔偿责任，换言之，委托监护的受托人并不与监护人承担连带责任，被侵权人不能向其主张承担全部赔偿责任。

> ▶▶ **第一千一百九十条**　完全民事行为能力人对自己的行为暂时没有意识或者失去控制造成他人损害有过错的，应当承担侵权责任；没有过错的，根据行为人的经济状况对受害人适当补偿。
>
> 完全民事行为能力人因醉酒、滥用麻醉药品或者精神药品对自己的行为暂时没有意识或者失去控制造成他人损害的，应当承担侵权责任。

🏛 条文要义

本条是关于暂时丧失心智者致人损害责任的规定。

这种特殊的侵权责任类型，在我国《侵权责任法》之前的侵权相关立法中从来没有被规定过，《民法通则》以及最高人民法院的有关司法解释也都没有规定，但在司法实践中确实存在这样的案例。

比较法上关于这种侵权责任类型的典型规定，包括《德国民法典》第 827 条、《日本民法典》第 713 条、《瑞士债法典》第 54 条第 2 款、《大韩民国民法》第 754 条、《魁北克民法典》第 1462 条等。

暂时丧失心智是指完全民事行为能力人因自己的身体原因或者其他原因而暂时没有意识或者失去控制。这种特殊侵权责任的行为主体，即侵权人，必须是完全民事行为能力人，而不是限制民事行为能力人或者无民事行为能力人。无民事行为能力人和限制民事行为能力人造成他人损害的，由其监护人承担责任，专门由监护人责任的特殊侵权责任规则调整。只有完全民事行为能力人才存在暂时丧失心智的情况，需要专门规定规则予以调整。

完全民事行为能力人在暂时丧失心智的情况下造成他人损害，侵权责任的承担规则是：（1）暂时丧失心智之人暂时没有意识或者对其行为失去控制状态的出现，如果是该人的过错所致，则属于过错原则调整的范围，有过错则有责任，行为人应当承担侵权责任。（2）如果暂时丧失心智之人对于其暂时没有意识或者对其行为失去控制状态的出现没有过错，即由于客观原因，而不是由于主观原因，行为人本不应承担责任，但要适用公平分担损失规则，根据行为人的经济状况对受害人适当补偿，能够承担多少就补偿多少。

本条第 2 款规定的是行为人因醉酒、滥用麻醉药品或者精神药品而暂时没有意识或者失去控制造成他人损害的，就是对自己暂时丧失心智有过失，因而行为人对由此造成的损害应当承担赔偿责任。

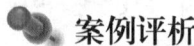 **案例评析**

张某诉汝某兴生命权、健康权、身体权纠纷案①

案情： 2017 年 1 月 26 日 15 时许，在淮北市某某区某某花园中天浴池大厅，汝某兴酒后闹事，无故殴打张某，造成张某多处受伤。一审法院认为：公民的身体权和健康权受法律保护，行为人因过错侵害他人身体权和健康权的，应当承担侵权责任。侵害他人造成人身损害的，应当赔偿医疗费、护理费、住院伙食补助费等为治疗和康复支出的合理费用，以及因误工减少的收入。汝某兴酒后无故殴打张某，张某不存在过错，汝某兴作为过错方应当对张某因此造成的合理损失承担全部赔偿责任。二审法院认为：赔偿义务人对治疗的必要性和合理性有异议的，应当承担相应的举证责任。汝某兴上诉称张某的颈椎及肘关节疾病与其殴打行为无关联性，但在一、二审中并未举出有效证据证明，故其主张对该部分医疗费用不予承担的理由无法成立。

评析：《侵权责任法》第 33 条在我国民事立法中首次规定了暂时丧失心智者致人损害责任的内容，民法典第 1190 条承袭了这一规定。本案即为司法实践中存在的这种特殊侵权责任类型的典型案例。这种侵权责任适用于完全民事行为能力人因过错引起暂时心智丧失，或者因醉酒或者滥用麻醉、精神药品暂时丧失心智，造成他人损害的情形。本案中，汝某兴因醉酒对自己的行为暂时没有意识或者失去控制，无故殴打张某，造成其人身损害。由此可见，汝某兴具有过错，因为其心智暂时丧失是基于自己的过失即醉酒而发生，故应当由其作为侵权人承担全部赔偿责任。本案符合民法典第 1190 条第 2 款规定的情形，即完全民事行为能力人因醉酒对自己的行为暂时失去控制，造成他人损害的，应当承担侵权责任。

> ▶▶ **第一千一百九十一条**　用人单位的工作人员因执行工作任务造成他人损害的，由用人单位承担侵权责任。用人单位承担侵权责任后，可以向有故意或者重大过失的工作人员追偿。
>
> 　　劳务派遣期间，被派遣的工作人员因执行工作任务造成他人损害的，由接受劳务派遣的用工单位承担侵权责任；劳务派遣单位有过错的，承担相应的责任。

---

①　审理法院：一审法院为安徽省淮北市烈山区人民法院，案号：（2017）皖 0604 民初 600 号。二审法院为安徽省淮北市中级人民法院，案号：（2017）皖 06 民终 738 号。

🏛 条文要义

本条是对用人者责任的规定。

本条第 1 款和第 2 款分别规定了用人单位损害责任和劳务派遣用工单位损害责任，加上第 1192 条规定的个人劳务损害责任，构成用人者责任这种特殊侵权责任中的三种类型。

用人单位损害责任的规则是：

（1）用人单位泛指一切使用他人的法人、非法人组织，例如公司、机关、合伙企业、基金会，甚至一人有限责任公司等，只要聘用他人作为自己单位的工作人员，都属于用人单位。国家行政机关、司法机关实施行政行为和司法行为，不属于用人单位的范畴，致人损害适用《国家赔偿法》的规定。

（2）工作人员，是用人单位聘用、支付工资报酬、作为用人单位成员的人。

（3）工作人员应当是在执行职务中造成他人损害，而不是与自己的职务行为无关。

（4）工作人员执行职务的行为与造成的他人损害之间有因果关系。

（5）适用过错推定原则。

（6）侵权责任形态是替代责任，即工作人员执行职务的行为造成他人损害的，由用人单位承担赔偿责任，而非工作人员是责任主体。

（7）用人单位承担了赔偿责任之后，如果工作人员造成他人损害时有故意或者重大过失的，用人单位可以向其进行追偿。

劳务派遣损害责任的规则是：

（1）劳务派遣的法律关系为三方当事人，劳务派遣单位与接受劳务派遣单位之间具有劳务派遣的合同关系，劳务派遣单位与工作人员之间具有劳动关系，工作人员接受劳务派遣单位的指派，为接受劳务派遣单位提供劳务，但与接受劳务派遣单位没有直接的劳动合同关系。

（2）被派遣的工作人员在为接受劳务派遣单位提供劳务过程中，执行工作任务的行为造成了他人的损害，构成侵权责任。

（3）实行替代责任，由接受劳务派遣单位作为侵权人，依照过错推定原则承担赔偿责任；劳务派遣单位如果在派遣工作人员时有过错，例如选任、培训、管理不当，则应当承担相应的责任。

（4）劳务派遣单位和接受劳务派遣单位之间的这种责任分担规则，是单向连带责任即混合责任，接受劳务派遣单位承担连带责任，应当对全部损害负责，有过错的劳务派遣单位承担按份责任。

与《侵权责任法》第 34 条相比，本条之规定有两个方面的重大变化：一是新增了用人单位的追偿权。《侵权责任法》第 34 条第 1 款没有规定用人单位的追偿权，顾虑是用人单位是否享有追偿权情况比较复杂，很难确定统一的标准。① 二是调整了劳务派遣中用人单位承担的责任形态。《侵权责任法》第 34 条第 2 款规定的是，劳务派遣单位有过错的，承担相应的补充责任。② 本条第 2 款在规定劳务派遣损害责任时，删去了"补充"二字，将用人单位的责任从"相应的补充责任"改为"相应的责任"。

 **案例评析**

王某洋诉吉林市丰满区住房和城乡建设局用人单位责任纠纷案③

案情：王某刚驾驶重型自卸货车行驶至孟家村路口时，与尹某林驾驶的无号牌五羊三轮车相刮，货车与江边护栏相撞冲入江中，造成货车车体损坏。王某刚、尹某林承担本起道路交通事故同等责任。王某刚驾驶的货车经多手买卖，现实际所有人为王某洋，尹某林系吉林市丰满区住房和城乡建设局（以下简称住建局）下属环卫处环卫工人。事故发生于午休时间，尹某林驾驶自己的五羊三轮车，装载着单位发放的清扫工具、工作服回清扫地点的途中。一审法院认为，尹某林受聘于住建局下设环卫处，作为环卫工人，其工作主要任务是清扫指定区域，事发当天尹某林系前往清扫区域，这是从事其工作任务必不可少的过程，与职务活动有内在、必然的联系，故应由环卫处对尹某林交通事故致王某洋车辆损失承担赔偿责任，而环卫处非自收自支能独立承担民事责任的组织，故应由其上级主管单位住建局承担赔偿责任。二审法院认为，午休期间属于劳动者法定的休息时间，本案不存在尹某林中午加班工作或单位委派其执行工作任务等情形，故不属于因执行工作任务造成他人损害的情形。

评析：本案是用人单位责任纠纷，是指用人单位因单位工作人员基于执行工作任务而造成他人损害的，由用人单位承担责任。用人单位承担的是替代责任，替代责任是一种适用无过错责任归责原则的侵权责任形态，因此在无法律明确规定的前提下，不应适用替代责任，更不宜对替代责任的承担条件及范围作扩大解释。根据民法典第 1191 条的规定，用人单位承担替代责任的前提是工作人员因执行工作任务而造成他人损害。本案中，上下班途中不应认定为执行工作任务或者是与执行工作任务密不可分的组成部分。本案中，尹某林虽受聘于住建局下设环卫处，属于用人单位的工作人员，但尹某林作为一名环卫工人，其工作主要任务是对用人单位指定的区域进行清扫，而事发当天尹某林系在午休期间发生交通事故，午休期间属于劳

---

① 王胜明. 中华人民共和国侵权责任法释义. 2 版. 北京：法律出版社，2013：190－192。

② 也有学者将其称为不真正补充责任。王竹，张恒. 劳务派遣工作人员的侵权责任——兼论"不真正补充责任"的确立与扩展适用. 法学，2013 (2).

③ 审理法院：一审法院为吉林省吉林市丰满区人民法院，案号：(2017) 吉 0211 民初 2507 号。二审法院为吉林省吉林市中级人民法院，案号：(2018) 吉 02 民终 279 号。

动者法定的休息时间，亦无证据证明尹某林存在中午加班工作或单位委派其执行工作任务等情形。因此，其驾驶行为因与职务活动欠缺必然联系而无法被认定为执行工作任务，因其过错造成另一驾驶人王某洋的损害无法由用人单位承担替代责任，而只能由尹某林承担自己责任。

▶▶第一千一百九十二条　个人之间形成劳务关系，提供劳务一方因劳务造成他人损害的，由接受劳务一方承担侵权责任。接受劳务一方承担侵权责任后，可以向有故意或者重大过失的提供劳务一方追偿。提供劳务一方因劳务受到损害的，根据双方各自的过错承担相应的责任。

提供劳务期间，因第三人的行为造成提供劳务一方损害的，提供劳务一方有权请求第三人承担侵权责任，也有权请求接受劳务一方给予补偿。接受劳务一方补偿后，可以向第三人追偿。

🏛 条文要义

本条是对个人劳务损害责任的规定。

本条规定的个人劳务损害责任包括三种类型：（1）个人劳务损害责任；（2）个人劳务工伤事故责任；（3）第三人造成个人劳务者损害责任。

个人劳务损害责任的承担规则与用人单位损害责任的承担规则基本相同，具体规则是：（1）提供劳务一方与接受劳务一方之间存在劳务关系，一方提供劳务，另一方接受劳务。（2）提供劳务一方在提供劳务过程中，因自己的劳务提供行为造成他人损害。（3）适用过错推定原则，推定接受劳务一方有监督、选任不当的过失。（4）实行替代责任，接受劳务一方对受害人的损害承担赔偿责任。（5）如果提供劳务一方在造成他人损害时有故意或者重大过失，则接受劳务一方在承担了赔偿责任之后，有权向提供劳务一方进行追偿。

个人劳务工伤事故责任中的提供劳务一方因自己的行为造成自己损害的责任规则是：实行过错责任原则，根据双方各自的过错承担相应的责任。

第三人造成个人劳务者损害责任的承担规则是：（1）提供劳务一方在提供劳务期间，因第三人的行为造成自己损害的，构成个人劳务工伤事故责任，享有对第三人的承担侵权责任请求权以及对接受劳务一方的承担补偿责任请求权。（2）受到损害的提供劳务一方有权向第三人请求赔偿，要求第三人承担侵权责任。提供劳务一方向第三人请求赔偿，赔偿请求权实现之后，对接受劳务一方的补偿请求权消灭。（3）受到损害的提供劳务一方有权请求接受劳务一方承担补偿责任，接受劳务一方应当补偿。补偿之后，其有权向造成损害的第三人进行追偿。

与《侵权责任法》第 35 条的规定相比，本条之规定不仅新增了接受劳务一方的追偿权，而且新增了第三人造成提供劳务一方损害时责任的承担规则，形成了个人劳务损害责任承担规则的完整体系。《侵权责任法》第 35 条规定接受劳务一方对于提供劳务一方致人损害的行为承担替代责任，并未规定接受劳务一方承担责任后是否有权进行追偿。立法机关的权威解释中提到，尽管本条未对此作出规定，但并不意味着接受劳务的一方没有追偿权。① 本条将接受劳务一方的追偿权明确规定下来。本条规定的行使劳务一方的追偿权与第 1191 条规定的用人单位的追偿权的行使条件是一致的，即仅限于向有故意或者重大过失的提供劳务一方或者工作人员追偿。《侵权责任法》第 35 条规定的提供劳务一方损害责任的类型仅包括提供劳务一方致人损害责任以及提供劳务一方因劳务造成自己损害的工伤事故责任，而缺乏对第三人侵权的规定。本条补足了这一立法漏洞，明确了第三人的侵权责任以及接受劳务一方的补偿责任，使提供劳务一方作为劳动者的合法权益得到更加周全、严密的保护。

本条之规定的缺陷是，沿袭了《侵权责任法》第 35 条关于个人劳务工伤事故责任的不当规定，继续要求双方根据各自的过错承担相应的责任，而不是适用无过错责任来保护劳务提供者。

 **案例评析**

韩某军诉杜某平雇员受害赔偿纠纷案②

案情：某日，经营玻璃多年的杜某平需将玻璃从车上卸下，遂提出由韩某军等人将玻璃搬至玻璃店，约定一次性支付报酬 100 元。在搬运过程中，因未能扶稳玻璃突然倒下砸伤韩某军的左腿。一审法院认为：双方不存在控制、支配和从属关系，约定一次性提供劳动成果，并非继续性提供劳务，不应认定为雇佣关系，应根据在搬运过程中造成玻璃倒下致人损害有无过错的实际情况，确定各自的责任。杜某平放弃多年为其搬运玻璃的搬运队，选用没有玻璃搬运经验的韩某军等人从事搬运，存在选任不当的过失。杜某平作为劳务活动的组织者，在搬运过程中未尽安全注意义务，因玻璃倒下致韩某军腿伤，对此有重大过失。韩某军在没有搬运玻璃经验的情况下，仍接受要约参与搬运，对损害结果的发生也有一定的过失。结合双方当事人的过错，由杜某平承担 85% 的责任，其余 15% 的责任由韩某军承担。二审法院认为：双方系临时雇佣关系。雇工在从事雇佣活动中受伤，雇主依法应承担赔偿责任。

评析：民法上涉及劳务之提供与接受的合同类型很多，依其内容可大致分为三类：其一是单纯劳务提供型合同，如雇佣合同；其二是事务处理型合同，如委托合

---

① 王胜明. 中华人民共和国侵权责任法释义. 2 版. 北京：法律出版社，2013：197。

② 审理法院：一审法院为湖北省宜昌市夷陵区人民法院，案号：（2005）夷民初字第 79 号。二审法院为湖北省宜昌市中级人民法院，案号：（2005）宜中民一终字第 00332 号。

同、居间合同、行纪合同、仓储合同等；其三是完成工作型合同，如承揽合同、旅游合同、运输合同、出版合同等。[①] 只有单纯劳务提供型合同形成的法律关系才是民法典第 1192 条第 1 款第一句规定的"个人之间形成劳务关系"。承揽合同属于典型的完成工作型合同，虽然其与雇佣合同（典型的单纯提供劳务型合同）都具有劳务性质，但二者的本质区别在于双方当事人之间是否存在身份上的支配与从属关系，提供劳务者能否按自己的意志独立完成交付的工作：有支配关系的是雇佣合同，没有的则为承揽合同。支配关系表现在劳动内容、劳动时间、劳动地点、劳动方式等的确定上，但最根本的表现是，劳务提供者能够按照自己的技能独立地完成工作。本案中，在杜某平要求韩某军有偿为其搬运物品并现场指挥搬运活动的情况下，杜某平掌握了对现场的控制权，即搬运活动如何进行是由杜某平支配和指挥的，韩某军只是按照杜某平的要求进行具体活动，所以双方之间构成雇佣关系而非承揽关系，且属于个人之间的劳务关系。雇员在从事雇佣活动过程中遭受人身损害时，雇主应当承担赔偿责任，因此，杜某平应当对韩某军因搬运玻璃所遭受的损害承担侵权责任。

> ▶▶ 第一千一百九十三条 承揽人在完成工作过程中造成第三人损害或者自己损害的，定作人不承担侵权责任。但是，定作人对定作、指示或者选任有过错的，应当承担相应的责任。

🏛 条文要义

本条是对定作人指示过失责任的规定。

《侵权责任法》没有规定定作人指示过失责任，本条规定了这一新的特殊侵权责任类型。

定作人指示过失责任是大陆法系传统的特殊侵权责任，在英美法系侵权法中被称为独立工人责任，规则基本相同。本条来源于 2003 年《最高人民法院关于审理人身损害赔偿责任案件适用法律若干问题的解释》第 10 条。两相比较，本条只是对其中的个别文字表述有所改变，使规范更为完善。

加工、定作和承揽统称为定作，法律关系主体主要是定作人和承揽人，定作人委托承揽人进行加工、定作、承揽，承揽人依照定作人的指示进行加工、定作。民法典"合同"编第十七章规定了"承揽合同"，其基本特征是：承揽人按照定作人的要求完成工作，交付工作成果，定作人给付报酬。不过，在那些属于承揽性质的民事活动，例如建设工程承揽合同，造成第三人损害和承揽人损害时，也适用定作人

---

① 刘春堂. 民法债编各论：上. 台北：作者自版，2003：3.

指示过失责任。所以，这里的定作，是广义的。

由于承揽人在接受定作之后独立进行定作、加工，尽管是按照定作人的指示进行，但是应当独立负责。承揽人在完成承揽任务过程中，造成第三人损害或者自己损害的，定作人不承担赔偿责任，由承揽人承担责任，或者负担自己的损失。这是一般性规则。如果定作人对于定作、指示有过失，或者对承揽人的选任有过失的，则定作人承担相应的赔偿责任。

定作过失，是定作人确定的定作任务本身就存在过失，这种定作有可能造成他人损害或者定作人的损害，例如加工易燃、易爆物品。指示过失，是定作人下达的定作任务没有问题，但指示承揽人的定作方法存在过失，例如不应该采用危险方法进行加工，却作出这样的错误指示。这两种过失，都构成定作人定作、指示过失责任中所要求的过失。选任过失，则是定作人选任承揽人有过失，例如承揽人没有承担特种加工活动的资质而予以选任。

本条规定了两种责任：（1）定作人指示过失责任中造成他人损害的责任，这是典型的定作人指示过失责任。（2）造成承揽人自己损害的责任，这其实是承揽人的工伤事故责任。

这两种责任的基本规则相同，故可放在一起规定。

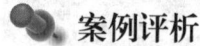 **案例评析**

王某俊诉肯瑞公司侵害健康权纠纷案①

案情： 王某俊为九鼎电动门经营部员工，主营电动门安装维修。在为肯瑞公司修理电动门的过程中，由于未带安全绳，王某俊在进入检修口时不慎跌下致左腿骨折。一审法院认为：根据双方以往先修理后付费的交易习惯，认定双方之间属承揽关系。肯瑞公司未选择有资质的单位，而选择个人修理，且在检修口侧天花板存在质量问题的情况下，未向王某俊作出告知提醒，仍让其进入修理，应承担指示、选任过失责任。王某俊作为长期从事维修工作的相对专业的人员，在高空作业中对于可能存在的安全隐患未尽充分的检查和注意义务，也未积极采取措施确保人身安全，应对损害后果承担相应的责任。综合考虑双方的过错程度，确定肯瑞公司负次要责任、王某俊负主要责任。二审法院维持原判。

评析： 本案的争议焦点之一即为原、被告双方当事人之间究竟是义务帮工关系还是加工承揽关系。义务帮工与加工、承揽的区别主要在于：前者是无偿的，是助人为乐行为；后者是有偿的，是一方按照另一方的要求完成一定的工作并交付成果，另一方接受该成果并给付报酬的合同，是一种商业行为。本案中，王某俊系专职从

---

① 审理法院：一审法院为江苏省淮安市清江浦区人民法院，案号：（2017）苏 0812 民初 7826 号。二审法院为江苏省淮安市中级人民法院，案号：（2018）苏 08 民终 114 号。

事电动门修理工作的人员，以通过为他人修理电动门而收取修理费为目的，双方系典型的承揽关系。根据一般交易习惯，认定原、被告之间构成加工承揽关系，即认定原告的行为蕴含着经济目的，而且其修理行为是应当提供修理成果的。因此，将本案所涉法律关系确定为承揽关系更符合当事人之间的实际情况。根据民法典第1193条的规定，承揽人在完成工作过程中对第三人造成损害或者造成自身损害的，定作人不承担侵权责任。但是，定作人对定作、指示或者选任有过错的，应当承担相应的责任。本案中，肯瑞公司在检修口存在质量问题的情况下，将电动门交由王某俊修理，未向王某俊作出告知提醒，存在定作、指示过失，应承担相应的侵权责任。但王某俊作为专业修理人员，应当知道高空作业的危险性而未注意修理安全，这是发生损害事故的直接原因，较肯瑞公司的定作、指示过失更为严重，故确定由肯瑞公司承担次要责任、由王某俊承担主要责任是合理的。

▶▶ **第一千一百九十四条 网络用户、网络服务提供者利用网络侵害他人民事权益的，应当承担侵权责任。法律另有规定的，依照其规定。**

🏛 条文要义

本条是关于网络侵权责任的一般规则的规定。

网络侵权责任的一般规则，包括网络用户在他人的网络上实施侵权行为的责任承担规则，以及网络服务提供者利用自己的网络实施侵权行为的责任承担规则。无论上述两种情形中的哪一种，都适用过错责任原则确定侵权责任，网络用户或者网络服务提供者对自己实施的网络侵权行为负责，也即自己责任。

本条在规定网络用户、网络服务提供者责任所侵害的客体范围时，使用的是"他人民事权益"，其含义，既包括权利，也包括利益；既包括人格权、物权，也包括知识产权。网络侵权责任的构成，应当具备违法行为、损害事实、因果关系和主观过错四个要件。对于这些侵权责任构成要件，应当按照侵权责任构成的一般要求进行认定。网络侵权责任的承担方式包括恢复原状、赔偿损失、消除影响、恢复名誉、赔礼道歉，但最主要的承担方式为损害赔偿。

本条增加规定的新规则是，"法律另有规定的，依照其规定"。本条规定的"法律另有规定"，应当是指其他法律对网络用户、网络服务提供者利用网络侵害他人民事权益承担民事责任的特别规定。例如，《电子商务法》《消费者权益保护法》《食品安全法》等都对这类侵权行为作出特别规定，应当依照其规定确定这些民事主体的侵权责任。例如，《食品安全法》第131条第2款中规定：网络食品交易第三方平台提供者不能提供入网食品经营者的真实名称、地址和有效联系方式的，由网络食品交易第三方平台提供者赔偿。网络食品交易第三方平台提供者赔偿后，有权向入网食品经营者或者食品生产者追偿。网络食品交易第三方平台提供者作出更有利于消费者承诺的，应当履行其承诺。

 **案例评析**

徐某雯诉宋某德、刘某达侵害名誉权纠纷案[①]

案情： 著名导演谢某在入住酒店猝死后，宋某德博客的五篇文章和刘某达博客的四篇文章中，存在谢某因嫖妓致死及与他人有私生子等内容。徐某雯作为谢某的遗孀为此承受了巨大的精神痛苦。一审法院认为：涉案文章内容均系捏造，属诽谤性文章，降低了谢某的社会评价，侵害了其名誉。宋某德、刘某达应当对涉案文章内容的来源及真实性负责。两人不仅各自实施了侵权行为，而且对于侵犯谢某的名誉有意思联络，构成共同侵权。二审法院认为：无论开设博客的目的是否具有娱乐性，凡设立或掌控博客内容的具有民事行为能力的人，均应对博客内容承担法律责任。涉案博客文章为诽谤文章，并且在社会公众当中得到传播，导致谢某的名誉受到贬损，因此宋某德、刘某达应承担相应的侵权责任。原审法院认定宋某德、刘某达侵犯谢某的名誉具有意思联络，从而构成共同侵权，并无不当。

评析： 网络侵权责任中的单独责任，是指网络用户或者网络服务提供者利用网络单独从事侵害他人民事权益的行为时，依法应独自承担的侵权责任，即民法典第 1194 条规定的情形。其中，网络用户利用网络单独从事侵权行为的情形众多，如在网络上发表侵害他人名誉权的言论；将涉及他人隐私的视频、音频资料上传到网络上；未经同意将他人享有著作权的电影、歌曲和书籍上传供人下载；利用网络黑客技术窃取他人账户的资金等。本案为网络用户利用博客这一网络服务平台侵害他人名誉权的典型案例。博客为互联网服务提供者提供给用户的自主网络空间，网络用户可将文字、图片、音频、视频等多种形态的内容发布在博客上，即以博客作为载体，在互联网的自主空间上传文章进行公开表达。诚然，公民享有言论自由，但在行使其言论自由时应当遵守国家的法律法规，不得侵犯他人的合法权益，即遵循禁止权利滥用原则。当言论自由与其他权利发生冲突时，对言论自由的保障并不是绝对的。公民在行使言论自由时，不得侵害他人的合法权益，否则构成侵权。名誉权作为具体人格权，已直接受到民法典第四编"人格权"的确认、保护。本案中，被告的博客内容具有广泛的认同度和影响力，包含着推定真实的意思。作为拥有话语权的博主，其言论应当更加谨慎。宋某德和刘某达的博客内容已经超越了一般界定的言论自由的范围，构成侵害名誉权的行为，其应当承担侵权责任。

---

① 审理法院：一审法院为上海市静安区人民法院，案号：（2009）静民一（民）初字第 779 号。二审法院为上海市第二中级人民法院，案号：（2010）沪二中民一（民）终字第 190 号。

▶▶ **第一千一百九十五条**　网络用户利用网络服务实施侵权行为的，权利人有权通知网络服务提供者采取删除、屏蔽、断开链接等必要措施。通知应当包括构成侵权的初步证据及权利人的真实身份信息。

网络服务提供者接到通知后，应当及时将该通知转送相关网络用户，并根据构成侵权的初步证据和服务类型采取必要措施；未及时采取必要措施的，对损害的扩大部分与该网络用户承担连带责任。

权利人因错误通知造成网络用户或者网络服务提供者损害的，应当承担侵权责任。法律另有规定的，依照其规定。

🏛 条文要义

本条是关于网络侵权责任避风港原则中的通知规则的规定。

本条对《侵权责任法》第 36 条第 2 款之规定进行了大幅度的修改，形成了避风港规则中通知规则的完整体系。对网络侵权责任，《侵权责任法》仅用第 36 条第 2 款作出了具体规定，内容比较简单。民法典侵权责任编在此基础上进行了大幅度的调整，用了 4 个条文作出规定，特别是为其中的避风港原则和红旗原则规定了新规则。

网络侵权责任避风港原则中的通知规则的具体内容比较复杂，包括：

（1）权利人的通知权：网络用户利用他人的网络服务实施侵权行为的，原则上网络服务提供者不承担责任，因为其无法承担海量信息的审查义务。解决这种侵权纠纷的方法是"通知—取下"规则，即避风港原则中的通知规则：认为自己权益受到损害的权利人，有权通知网络服务提供者，对网络用户在该网站上发布的信息采取删除、屏蔽、断开链接等必要措施，消除侵权信息及其影响。这就是权利人的通知权。

（2）通知的主要内容：行使通知权时通知应当包括构成侵权的初步证据及权利人的真实身份信息。没有这些必要内容的，通知无效。

（3）网络服务提供者的义务：网络服务提供者接到权利人的通知后，应当实施两种行为：一是及时将该通知转送相关网络用户，二是对侵权信息根据构成侵权的初步证据和服务类型等实际情况需要，及时采取删除、屏蔽或者断开链接等必要措施。网络服务提供者履行了上述两项义务的，就进入避风港，不承担侵权责任。

（4）网络服务提供者违反义务时的责任：网络服务提供者未及时采取必要措施的，构成侵权，要对损害的扩大部分与该网络用户承担部分连带责任，即网络服务提供者只对扩大的损害部分承担连带责任。

（5）对错误行使通知权的所谓权利人进行惩罚的措施：因权利人错误行使通知权进行通知，依照该通知采取的必要措施造成了网络用户或者网络服务提供者损害的，错误通知的权利人应当对网络用户和网络服务提供者的损害承担侵权赔偿责任。不过，法律另有规定的，依照其规定。比如，《电子商务法》第 42 条就规定了在电子商务知识产权侵权领域，恶意通知须承担惩罚性赔偿责任。

与《侵权责任法》第36条第2款的规定相比，本条增加和完善的内容是：第一，要求网络用户行使通知权，应当提供构成侵权的初步证据及权利人的真实身份信息。提供构成侵权的初步证据，没有证据不可以行使通知权；提供权利人的真实身份信息，即被通知的权利人应当确有其人，并且能够确定被找到。第二，网络服务提供者接到通知后，应当及时转送相关网络用户，使其知晓为何被采取必要措施。第三，采取的必要措施须基于权利人提供的构成侵权的初步证据和服务类型，并非千篇一律就是删除。第四，权利人错误通知造成网络用户或者网络服务提供者损害的，应当承担侵权责任，法律另有规定的，依照其规定。以此警示行使通知权的行为人应当谨慎，防止错误行使通知权而造成自己侵权的后果，防止通知权被滥用。

案例评析

刘某业诉新华网侵犯信息网络传播权纠纷案①

案情： 刘某业授权中图公司以中文平面形式印刷、出版、发行小说《明清十大奇案》。新华网在其网站上刊载了该书的简介、奇案一至七的目录及简介，点击则可进入新浪网浏览并下载相应章节全文。刘某业委托代理人向新华网出示著作权说明和授权书后，新华网及时断开链接并删除了相关内容。一审法院认为：新华网提供的是该图书的链接服务，且作为链接服务提供者已经尽到审查义务，因此，新华网并未侵犯刘某业享有的信息网络传播权。而且，刘某业的委托代理人向新华网出示著作权说明和授权书后，新华网及时断开链接并删除了相关内容。即使新浪网的行为构成侵权，新华网亦不应承担赔偿责任。二审法院认为：根据《信息网络传播权保护条例》第23条的规定，新华网及时断开了涉案链接并删除了相关内容，故不应承担损害赔偿、赔礼道歉责任。同时，新华网在建立涉案链接前，已尽到了审查义务，不具有主观过错，不应承担共同侵权责任。

评析： 本案涉及对民法典第1195条第2款规定的"通知与移除规则"的解释与适用，该款来源于《侵权责任法》第36条第2款这一我国在民事法律中首次对"通知与移除规则"作出的规定。该规则的内容是：任何认为自己的民事权益受到侵害之人，有权向网络服务提供者发出其网络服务涉嫌侵权的通知。网络服务提供者在收到该通知后应采取删除、屏蔽、断开链接等必要的措施移除涉及侵权的信息，同时将该通知转送给被指控侵权的服务对象。只要履行了上述程序，如果被指控的信息确实构成侵权的，应当由网络用户承担赔偿责任，网络服务提供者不承担侵权赔偿责任。通知与移除规则的建立有利于维护网络服务提供者的合理自由。民法典第

---

① 审理法院：一审法院为北京市第一中级人民法院，案号：（2008）一中民初字第5810号。二审法院为北京市高级人民法院，案号：（2008）高民终字第1319号。

1195条第2款确认了该规则，即只有在被侵权人通知网络服务提供者，要求其采取删除、屏蔽、断开链接等必要措施，而网络服务提供者接到该通知后置若罔闻，未及时采取必要措施的，才需要就被侵权人损害扩大的部分与从事侵权行为的网络用户承担连带责任。本案中，新华网虽在其网站上发布了《奇案》的图书简介及"奇案一至七"的相关目录，网络用户点击该目录可以链接到新浪网的相关网页，进而浏览该部分内容，即提供了链接服务，但在接到通知后采取了及时断开连接、删除等必要措施，已经尽到了注意义务，因而无须为刘某业的损害承担侵权责任。而且，新华网在建立涉案链接前，已经审查了中国恒业公司与中央编译出版社的出版合同、中央编译出版社授权新浪网连载《奇案》的授权书等；同时，基于中央编译出版社已出版了《奇案》的事实，其实新华网已经尽到了审查义务，并不具有主观过错，也不构成共同侵权，因而新华网也不对损害结果承担连带责任。

> ▶▶ **第一千一百九十六条**　网络用户接到转送的通知后，可以向网络服务提供者提交不存在侵权行为的声明。声明应当包括不存在侵权行为的初步证据及网络用户的真实身份信息。
>
> 　　网络服务提供者接到声明后，应当将该声明转送发出通知的权利人，并告知其可以向有关部门投诉或者向人民法院提起诉讼。网络服务提供者在转送声明到达权利人后的合理期限内，未收到权利人已经投诉或者提起诉讼通知的，应当及时终止所采取的措施。

🏛 条文要义

本条是对网络侵权责任避风港原则的反通知规则的规定。

《侵权责任法》第36条对此并没有规定，本条是民法典侵权责任编中新增设的规则。

避风港原则有两个重要规则：一是通知规则，二是反通知规则。这样的规则配置，是为了平衡网络表达自由利益。

反通知权产生的基础是，权利人行使通知权，主张网络用户发布的信息构成侵权责任，要求网络服务提供者采取删除、屏蔽、断开链接等必要措施。

反通知规则的内容是：

（1）网络用户享有反通知权。在权利人行使对网络用户发布的信息采取必要措施的通知权，网络服务提供者将该通知转送网络用户，网络用户接到该通知后，即产生反通知权。

（2）行使反通知权的方式。网络用户可以向网络服务提供者提交自己不存在侵权行为的声明，提交该声明就是行使反通知权的行为。反通知声明的主要内容应当包括不存在侵权行为的初步证据及网络用户的真实身份信息。不符合这样的要求的反通知声明不发生反通知的效果。

（3）网络服务提供者对反通知的义务。网络用户行使反通知权发送声明，网络服务提供者在接到该反通知声明后，负有以下义务：一是应当将该声明转送给发出通知的权利人，二是告知其可以向有关部门投诉或者向人民法院起诉，而不是一接到反通知声明就立即终止所采取的必要措施。

（4）反通知声明送达后的期限。网络服务提供者在转送反通知的声明到达权利人后的合理期限，为权利人对反通知作出反应的期限。关于合理期间怎样确定，本条没有规定。在民法典编纂过程中，草案规定的是 15 天，可予以参考。时间的计算采到达主义，在转送的反通知声明到达权利人后，权利人应当在该期限内通知网络服务提供者自己已经投诉或者起诉。

（5）权利人超出合理期限的后果。权利人在收到反通知的声明后的合理期限内，未通知网络服务提供者其已经投诉或者起诉的，网络服务提供者应当及时对网络用户发布的信息终止所采取的删除、屏蔽或者断开链接的必要措施，保护网络用户即反通知权利人的表达自由。

不论是权利人的通知权还是网络用户的反通知权，其义务主体都是网络服务提供者，网络服务提供者负有满足通知权人或者反通知权人之权利要求的义务。网络用户和权利人不是对方的义务主体。

案例评析

嘉易烤公司诉金仕德公司、天猫公司侵害发明专利权纠纷案①

案情： 嘉易烤公司系"红外线加热烹调装置"发明专利权人。金仕德公司在天猫商城销售一款 3D 烧烤炉。嘉易烤公司针对该产品向淘宝网知识产权保护平台上传了包含专利侵权分析报告和技术特征比对表在内的投诉材料，天猫公司审核不通过并提出提供购买订单编号或双方会员名的要求。嘉易烤公司认为金仕德公司销售的产品落入其专利权的保护范围；天猫公司在收到投诉后未采取有效措施，应与金仕德公司共同承担侵权责任。一审法院认为：金仕德公司的产品侵犯嘉易烤公司的专利权，嘉易烤公司提交的投诉材料符合天猫公司的格式要求，天猫公司仅对该材料作出审核不通过的处理，并未尽到合理的审查义务，也未采取必要措施防止损害扩大，天猫公司应对损害扩大的部分与金仕德公司承担连带责任。二审法院认为：嘉易烤公司的投诉符合《侵权责任法》规定的"通知"的基本要件，属于有效通知。天猫公司接到投诉后未及时采取必要措施，一审判令其就损失的扩大部分承担连带

---

① 审理法院：一审法院为浙江省金华市中级人民法院，案号：（2015）浙金知民初字第 148 号。二审法院为浙江省高级人民法院，案号：（2015）浙知终字第 186 号。

责任并无不当。

评析： 网络用户利用网络服务实施侵权行为，被侵权人向网络服务提供者所发出的要求其采取必要措施的通知，包含被侵权人的身份情况、权属凭证、侵权人的网络地址、侵权事实初步证据等内容的，即属有效通知。网络服务提供者自行设定的投诉规则，不得影响权利人依法维护其自身合法权利。民法典第1195条规定的网络服务提供者接到通知后所应采取的必要措施包括但不限于删除、屏蔽、断开链接，应遵循审慎、合理的原则，根据所侵害权利的性质、侵权的具体情形和技术条件等综合确定。司法实践中，在专利侵权并非显而易见的情形下，若机械适用"通知—删除"规则，容易导致权利人滥用投诉机制进行不正当竞争。本案中二审法院对"必要措施"的类型进行了拓展性解释，将《信息网络传播保护条例》中的"通知—转通知—反通知"的投诉机制类推适用于专利领域，认为"转通知"亦是其中一种，至于具体采取何种措施，应在个案中结合受侵害权利的性质、侵权的具体情形和技术条件等加以认定。这属于对该规则的正确解释与适用，体现出反通知规则在现实生活中的灵活运用。

> ▶▶ **第一千一百九十七条** 网络服务提供者知道或者应当知道网络用户利用其网络服务侵害他人民事权益，未采取必要措施的，与该网络用户承担连带责任。

🏛 条文要义

本条是对网络侵权责任红旗原则的规定。

红旗原则是指网络用户在网络服务提供者提供的网络上实施侵权行为，侵害他人的民事权益非常明确（比喻为网络上的侵权行为红旗飘飘），网络服务提供者知道或者应当知道而不采取必要措施的，即应承担侵权责任的规则。

适用红旗原则的要件是：（1）网络用户在网络服务提供者的网站上实施侵权行为；（2）该侵权行为的侵权性质明显，不必证明即可确认；（3）网络服务提供者知道或者应当知道网络用户在自己的网站上实施了这种侵权行为；（4）网络服务提供者对这样的侵权信息没有采取删除、屏蔽或者断开链接的必要措施。在第三个要件中，知道就是明知，应知就是根据实际情况可以确定网络服务提供者是应当知道的，例如网络服务提供者已经对该信息进行了编辑、加工、置顶、转发等，都是应知的证明。《侵权责任法》第36条第3款规定的是"知道"，在解释上，很多人认为知道就是"明知"，不应当包括"应当知道"①。本条对此明确规定，适用红旗原则的主观要件是知道或者应当知道，起到了统一裁判尺度的效果，进而使在司法实践和理论

---

① 王利明. 侵权责任法研究：下卷.3版.北京：中国人民大学出版社，2018：143. 张新宝. 侵权责任法. 北京：中国人民大学出版社，2010：174。

研究中，采取统一立场，统一裁判效果。

适用红旗原则的后果是，明知或者应知网络用户在自己的网站上实施侵权行为的网络服务提供者对该侵权信息没有采取必要措施，须与实施侵权行为的网络用户一起，对被侵权人造成的损害承担连带赔偿责任。承担连带责任的规则适用民法典第 178 条的规定。

 **案例评析**

新传公司诉土豆网侵犯著作财产权纠纷案①

案情： 华纳横店公司拥有电影《疯狂的石头》在中国大陆的包括复制权、发行权和信息网络传播权等在内的相关著作权，其授权新传公司为期 3 年专有性使用该作品的信息网络传播权。土豆网的注册用户将该电影上传至网站供公众在线播放。一审法院认为：虽然土豆网为用户提供的是信息存储空间，但土豆网明知会有盗版和非法转载作品被上传的可能，却疏于管理和监控，主观上具有纵容和帮助他人实施侵犯新传公司所享有的信息网络传播权的过错，不完全具备《信息网络传播权保护条例》第 23 条所规定的可不承担赔偿责任之条件。二审法院认为，根据《最高人民法院关于审理涉及计算机网络著作权纠纷案件适用法律若干问题的解释》的规定，土豆网属于通过网络帮助他人实施侵犯著作权行为，主观上具有过错，应当承担相应的侵权民事法律责任。

评析： 本案所关涉的是网络侵权责任中的"红旗原则"。根据民法典第 1197 条的规定，网络服务提供者明知或应知网络用户利用其网络服务侵害他人民事权益，未采取必要措施的，与该网络用户承担连带责任。在《侵权责任法》第 36 条第 3 款规定为"知道"的情况下，民法典第 1197 条实际上是进一步明确"知道"包括"明知"和"应知"。这一规定是合理的，因实践中几乎所有的网络服务提供者都会以自己并不知道网络侵权行为为由推脱责任，而被侵权人要证明网络服务提供者"明知"，难度太大。尽管网络服务提供者不可能也无力识别所有的利用其网络服务进行的侵权行为，但就某些网络侵权行为的识别与监控，无论是从常识、法律规定的角度还是从技术可行性的角度出发，网络技术服务提供者可以做到，也应当做到。若未尽到相应的义务，则网络服务提供者应当与实施具体侵权行为的网络用户一起承担连带责任。例如，在本案中，从常识角度出发，一个专业的视频网站经营者应当知道影视剧的著作权人不太可能在网络上免费提供其享有著作权的作品，当其网站链接至可以免费观看影视剧的网页时，其有合理的理由知道存在侵权行为。有人非法将一部当下正在全国各大影院上映的热门影片上传至专业的视频共享网站，导致

---

① 审理法院：一审法院为上海市第一中级人民法院，案号：（2007）沪一中民五（知）初字第 129 号。二审法院为上海市高级人民法院，案号：（2008）沪高民三（知）终字第 62 号。

大量的人进行下载。对此，很难说网站不知道。而且，从"土豆网"的后台页面来分析，土豆网公司在对网站进行日常维护和管理过程中，会对网络用户上传的节目进行审批和推荐，这说明其有权利和能力去掌握、控制侵权活动的发生。因此，从不同用户先后多次在"土豆网"上发布《疯狂的石头》之事实来看，土豆网应尽的审查和删除义务显属能为而怠为，土豆网应当与实施侵权行为的网络用户承担连带责任。

> ▶▶ **第一千一百九十八条** 宾馆、商场、银行、车站、机场、体育场馆、娱乐场所等经营场所、公共场所的经营者、管理者或者群众性活动的组织者，未尽到安全保障义务，造成他人损害的，应当承担侵权责任。
>
> 因第三人的行为造成他人损害的，由第三人承担侵权责任；经营者、管理者或者组织者未尽到安全保障义务的，承担相应的补充责任。经营者、管理者或者组织者承担补充责任后，可以向第三人追偿。

🏛 条文要义

本条是关于违反安全保障义务的侵权责任的规定。

违反安全保障义务的侵权责任，是指经营者、管理者或者组织者对经营场所、公共场所、群众性活动场所未尽安全保障义务，造成他人损害的赔偿责任。

违反安全保障义务的侵权责任有四种表现形式：（1）设施、设备未尽安全保护义务；（2）服务管理未尽安全保障义务；（3）对儿童未尽安全保障义务；（4）对于防范、制止侵权行为未尽安全保障义务。前三种类型概括在本条第1款中，责任形态是自己责任；第2款规定的是第四种违反安全保障义务的侵权责任类型，责任形态是相应的补充责任。

责任形态为自己责任的违反安全保障义务的侵权责任的三种类型的构成要件是：（1）负有安全保障义务的场所，是宾馆、商场、银行、车站、机场、体育场馆、娱乐场所等经营场所、公共场所或者群众性活动场所。（2）负有安全保障义务的义务主体，是这些场所的经营者、管理者或者活动组织者。（3）经营者、管理者和组织者的安全保障义务来源，是《消费者权益保护法》第18条以及其他法律规定或者当事人的约定。（4）经营者、管理者或者组织者未尽到法律规定或者约定的安全保障义务，造成消费者或者活动参与者在内的他人损害，未尽安全保障义务与他人损害之间有因果关系。

具备上述要件的，经营者、管理者或者活动组织者须对受到损害的他人承担侵权责任。例如未施工完毕的饭店即试营业，造成就餐者损害，为设施设备未尽安全保障义务；饭店地面油腻致使消费者滑倒致伤，为服务管理未尽安全保障义务；商店楼梯护栏间隙过宽，致使儿童超越而坠落致伤，为对儿童未尽安全保障义务。这些违反安全保障义务的侵权责任，都由违反安全保障义务的经营者、管理者或者组织者自己承担。

对于防范、制止侵权行为未尽安全保障义务的侵权责任的构成要件是：（1）负有安全保障义务的场所是经营场所、公共场所或者群众性活动场所。（2）这些场所的经营者、管理者或者活动组织者负有防范、制止侵权行为侵害消费者和参与者的义务。（3）第三人实施侵权行为，致使这些场所的消费者、参与者受到损害。（4）经营者、管理者或者活动组织者未尽防范、制止侵权行为的安全保障义务，是造成损害的原因。

对于防范、制止侵权行为未尽安全保障义务的侵权责任的承担规则是：（1）实施侵权行为的第三人是直接责任人，对受害人遭受的损害承担侵权责任。（2）经营者、管理者或者活动组织者未尽到防范、制止侵权行为的安全保障义务，使侵权行为得以发生的，就自己的过错和行为对损害发生的原因力，承担与其过错程度和原因力相应的补充责任。（3）经营者、管理者或者活动组织者承担补充责任后，由于第三人才是侵权行为的直接责任人，故可以向第三人追偿。

例如，住店客人受到第三人侵权行为的损害，饭店未尽防范、制止侵权行为的安全保障义务的，即按照这样的规则承担补充责任。

本条规定的违反安全保障义务侵权责任的承担规则，与《侵权责任法》第37条规定的承担规则相比，有如下新的内容：

（1）违反安全保障义务损害责任的主体中增加了经营者。《侵权责任法》第37条规定的责任主体是"公共场所的管理人"和"群众性活动的组织者"，并没有规定经营者。这样的规定，使承担违反安全保障义务损害责任的主体范围大大减少，被限制在管理人和组织者的范围内。这一点，与先前司法解释中规定的经营者，以及之后修改的《消费者权益保护法》第18条规定的经营者的范围相比，都极为狭窄，不利于保护受害人。本条增加经营者为责任主体，与《消费者权益保护法》的规定相一致，解决了这个问题。

（2）在《侵权责任法》第37条第2款规定的对于防范、制止侵权行为未尽安全保障义务的侵权责任中，没有规定违反安全保障义务的经营者、管理者或者组织者的追偿权，因而经营者、管理者或者组织者在承担了侵权责任的补充责任之后，只能自己承受，而自己又仅仅是未尽安全保障义务的不作为的行为人，并非真正意义上的侵权人，承担责任不享有追偿权，不尽合理，并使实施了侵权行为的第三人逃避了责任。本条增加了"经营者、管理者或者组织者承担补充责任后，可以向第三人追偿"的新规则，避免了这些问题，使这一规则更为合理。

案例评析

赵某华诉也宁阁酒店生命权、健康权、身体权纠纷案①

案情：赵某华至也宁阁酒店（出租人为静升公司）住宿，通过酒店通道行至该建筑物的一楼通道时，因该通道内的电梯轿厢已被拆除且未设防护装置，赵某华酒后步入该空置电梯井而坠至井底受伤。法院认为：被告也宁阁酒店作为提供住宿服务的企业，应在合理限度内确保消费者的人身安全，避免因管理、服务瑕疵而引发人身伤害。事发通道是一个相对封闭的区域，可通过酒店内的安全出口进入。事发时该区域内的电梯井因轿厢被拆除而空置。被告也宁阁酒店明知上述情况且对于事发通道及电梯具有事实上的控制力，却未能做好安全防范工作。其提供服务过程中所存在的安全隐患与原告赵某华的受损结果有直接因果关系，故也宁阁酒店应承担民事赔偿责任。原告赵某华作为完全民事行为能力人，应当对自己的行为尽到合理的注意义务，以确保自身安全。其饮酒后正常判断力受影响，疏于观察周围环境，未尽到一般注意义务，与事故的发生有一定关联，故根据过失相抵原则可适当减轻被告也宁阁酒店的责任。

评析：民法典第1198条将违反安全保障义务的侵权责任分为两类：其一，义务人因自身违反安全保障义务的行为造成他人损害时的侵权责任（民法典第1198条第1款）；其二，第三人造成他人损害时义务人未尽到安全保障义务的侵权责任（民法典第1198条第2款）。本案为义务人因自身违反安全保障义务的行为造成他人损害的侵权责任的典型案例。安全保障义务人负有不因自己的行为而直接损害他人的安全保障义务，其主要内容是：义务人应遵守法律规定或者约定，尽到谨慎注意义务，确保不因自己的行为或管理、控制下的物件及人员给他人造成损害。具体到本案中，也宁阁酒店作为提供住宿服务的企业，属于"经营场所的经营者"，负有保护赵某华不在其经营场所遭受损害的注意义务，即负有对事发场所的管理义务。其未尽合理限度范围内的安全保障义务，致使赵某华遭受人身损害，应当依据民法典第1198条第1款之规定承担违反安全保障义务的侵权责任。同时，静升公司作为酒店经营场所的出租人，也属于"经营场所的经营者、管理者"，负有对事发场所的管理义务，对于事发通道以及一楼电梯井部位管理不善，构成违反安全保障义务的情形，也应承担侵权责任。此外，赵某华作为受害人，未尽到一般的注意义务，对损害发生也有过错，故应根据民法典第1173条规定的过失相抵规则，适当减轻安全保障义务人的责任。

---

① 最高人民法院公报，2014（1）.

▶▶ **第一千一百九十九条**　无民事行为能力人在幼儿园、学校或者其他教育机构学习、生活期间受到人身损害的，幼儿园、学校或者其他教育机构应当承担侵权责任；但是，能够证明尽到教育、管理职责的，不承担侵权责任。

🏛 条文要义

本条是关于教育机构的过错推定责任的规定。

本条至第 1201 条规定的是校园伤害事故的侵权责任规则，即无民事行为能力人或者限制民事行为能力人在校园受到人身损害，幼儿园、学校或者其他教育机构应当承担责任的特殊侵权责任。

关于学校的地位和责任有三种学说：监护责任说、契约责任说、违反安全保障义务之责任说。根据《中华人民共和国教育法》《中华人民共和国未成年人保护法》的规定，学校对未成年学生负有教育、管理和保护的义务。该种义务由法律直接规定，实质上形成了法定的学校对未成年学生的安全保障义务。民法典侵权责任编也采取了违反安全保障义务的责任说，而非监护责任说，所以在责任设定上没有规定未成年学生在校伤害他人，教育机构代替学生承担赔偿责任的条款。换言之，学校等教育机构不作为监护人为未成年学生的加害行为负责。这一转变发生在《侵权责任法》第 38 条改变了 2003 年《最高人民法院关于审理人身损害赔偿案件适用法律若干问题的解释》第 7 条的替代责任规定。这一转变值得肯定，民法典第 1199 条延续了这一立场。

本条规定的是幼儿园、学校或者其他教育机构承担过错推定责任。确定无民事行为能力人在校园受到伤害时的侵权责任的规则是：

（1）幼儿园、学校或者其他教育机构中的无民事行为能力学生，通常是二年级以下的小学生和幼儿园的学生。

（2）校方对无民事行为能力的学生负有教育、管理职责，而不是监护权的转移。

（3）无民事行为能力的学生在校园中因第三人实施的行为之外的原因，例如校方管理不当行为受到人身损害。

（4）校方未尽教育、管理职责是造成损害的原因。

无民事行为能力学生在校园受到伤害的侵权责任，适用过错推定原则，若能够证明无民事行为能力的学生在校园受到损害，直接推定校方存在未尽教育、管理职责的过失。实行举证责任倒置，校方可以举证证明自己已尽教育、管理职责，能够证明者，不承担侵权责任；不能证明者，推定成立，校方应当承担侵权赔偿责任。

 **案例评析**

张某诉长平外国语学校侵犯生命权、健康权、身体权纠纷案①

案情：5周岁的张某在长平外国语学校经营的 lily 英语班学习过程中摔伤。从长平外国语学校提交的事故发生时的录像中无法看到张某，但可以看到事故发生时老师在教室门口站立。一审法院认为，事故发生时张某仅为无民事行为能力人，在长平外国语学校经营的培训班上课期间受伤，长平外国语学校提交的证据不足以证明其已经尽到了教育、管理职责，故应就张某的损失承担赔偿责任。二审法院认为，根据《侵权责任法》第38条的规定，无民事行为能力人在幼儿园、学校或者其他教育机构学习、生活期间受到人身损害的，幼儿园、学校或者其他教育机构应当承担责任，但能够证明尽到教育、管理职责的，不承担责任。二审维持原判。

评析：民法典第1199条规定了教育机构对无民事行为能力人的直接侵权责任，教育机构对无民事行为能力人承担直接侵权责任时，承担的是过错推定责任，即教育机构承担侵权责任的原因在于其没有尽到教育、管理职责而存在过错，只不过对过错要件的证明，实行举证责任倒置，由教育机构举证证明其尽到了教育、管理职责，从而不存在过错。教育机构不是在校或在园生活与学习的未成年学生的监护人。监护人将未成年学生送至学校学习，其监护职责并未转移到学校；学校也不因接受未成年学生到校学习，自然而然地承担起对该学生的监护职责。本案中，受害人张某在事故发生时仅5岁，为无民事行为能力人。未成年人天性好动，喜欢玩耍，但其对行为的性质和后果又往往缺乏认识，因此，教育机构要承担相应的教育和管理职责。法律、法规和规章已经确定的教育机构的教育和管理职责中包括组织学生参加教学或校外活动时，对学生进行安全教育并采取安全管理措施的义务，因此，长平外国语学校应当在张某在教室内活动时采取相应的安全管理措施，从而确保其免受损害。老师仅站立在教室门口，不足以发挥安全管理的作用，因而也就没有尽到教育和管理职责，该学校应当对张某的损害承担直接侵权责任。

> ▶▶**第一千二百条** 限制民事行为能力人在学校或者其他教育机构学习、生活期间受到人身损害，学校或者其他教育机构未尽到教育、管理职责的，应当承担侵权责任。

🏛 **条文要义**

本条是关于教育机构的过错责任的规定。

---

① 审理法院：一审法院为北京市海淀区人民法院，案号：（2017）京 0108 民初 10103 号。二审法院为北京市第一中级人民法院，案号：（2018）京 01 民终 2892 号。

《侵权责任法》第38条和第39条采纳了分民事行为能力区别规定教育机构责任的模式，民法典第1199条和第1200条继续沿用此立法方式。这是因为，在教育机构中就读的未成年人其年龄、智力状况差别较大，在确认教育机构是否已经尽到教育、管理职责时，不应简单地一概而论，应当针对不同年龄段的未成年人，根据其知识、智力状况来判定教育机构对其应尽的职责，并进一步认定学校是否需要承担相应的责任。[①] 对限制民事行为能力的学生的校园人身伤害采取过错责任，是因为与无民事行为能力人相比，限制民事行为能力人的心智已渐趋成熟，对事物已有一定的认知和判断能力，能够在一定程度上辨识和控制自己的行为，因此，学校等教育机构的注意义务的程度相对较轻。

确定限制民事行为能力人在校园受到伤害的侵权责任的承担规则是：（1）学校或者其他教育机构中的限制民事行为能力的学生，通常是三年级以上的小学生和中学生。（2）校方对限制民事行为能力的学生负有的也是教育、管理职责，不是监护权的转移。（3）限制民事行为能力的学生在校园中因第三人实施的行为之外的原因，例如校方管理不当行为受到人身损害。（4）校方未尽教育、管理职责是造成损害的原因。

限制民事行为能力人在学校受到人身损害，确定责任适用的是过错责任原则，受到人身损害的限制民事行为能力学生主张校方承担赔偿责任，须证明上述所有的侵权责任构成要件，特别是校方有未尽教育、管理职责的过失。这样的规定体现了对无民事行为能力学生和限制民事行为能力学生保护的程度不同。不过，对限制民事行为能力学生采用过错责任原则进行保护，确定校方的责任，其实没有太大的必要，因为既然适用过错责任原则，就是一般侵权责任，即使不作这一特别规定，依照过错责任原则的一般规定即第1165条第1款的规定，也完全可以产生同样的法律适用结果。

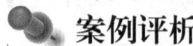 **案例评析**

宫某诉瀛海学校教育机构责任纠纷案[②]

案情： 14周岁的宫某系瀛海学校的学生，在体育课上进行跳跃障碍活动时摔倒受伤。事发后，瀛海学校及时联系急救中心将宫某送至医院进行治疗，并通知其父母。一审法院认为：宫某虽为限制行为能力人，但事发时已年满14周岁，足以有简单的自我保护能力。瀛海学校在体育课上安排的跳跃障碍活动是较为简单的运动方式，并非高风险、强对抗的运动，以宫某的认知能力，在无其他侵害发生的情况下

---

① 曹诗权. 未成年人监督制度研究. 北京：中国政法大学出版社，2004：342.
② 审理法院：一审法院为天津市静海区人民法院，案号：（2017）津0118民初5838号。二审法院为天津市第一中级人民法院，案号：（2018）津01民终938号。

足以保护自身安全。瀛海学校已经尽到教育、管理、及时救治的职责，故其对宫某受伤不应承担赔偿责任。二审法院认为：宫某虽然主张瀛海学校在组织此次体育课教学活动过程中存在过错，但未能举证证明其过错。瀛海学校在事发后积极联系急救中心，及时将宫某送往医院治疗，并及时联系家长，积极采取了相应措施，尽到教育、管理、及时救治的职责。因此，宫某要求瀛海学校赔偿损失的请求，没有法律依据。

评析：民法典第1200条规定了教育机构对限制民事行为能力人的直接侵权责任，即学校或其他教育机构对限制民事行为能力人在校期间遭受的人身损害承担的侵权责任。此种情形下，教育机构对限制民事行为能力人承担直接侵权责任适用的是过错责任原则，即教育机构承担侵权责任的原因在于没有尽到教育、管理职责，存在过错。教育机构存在过错的举证责任由被侵权人承担。本案中，受害人宫某在事故发生时已经年满14周岁，为限制民事行为能力人，在所在班级体育老师在体育课上组织学生于学校操场进行跳跃障碍的活动中，因在跳跃过程中一条腿被棉垫绊倒，单腿落地后摔倒受伤。被告瀛海学校在体育课上安排的跳跃障碍活动是较为简单的运动方式，并非高风险、强对抗的运动，且使用的运动场地和器材并不存在瑕疵，因而对受害人宫某而言不存在不合理的风险，可以认定学校已经尽到了其教育和管理义务。而且，被告瀛海学校在事发后积极联系急救中心，及时将宫某送往医院治疗，并及时联系家长，尽到了及时救治的义务。因此，被告瀛海学校不存在过错。

此外，本案若发生在民法典生效之后，还涉及自甘风险规则的适用。根据民法典第1176条，自甘风险是侵权责任的免责事由，体育活动本就具有一定的风险，自愿参加体育课而遭受损害，在学校不存在故意或重大过失的情形下，属于自甘风险，可作为免责事由予以适用。

▶▶**第一千二百零一条**　无民事行为能力人或者限制民事行为能力人在幼儿园、学校或者其他教育机构学习、生活期间，受到幼儿园、学校或者其他教育机构以外的第三人人身损害的，由第三人承担侵权责任；幼儿园、学校或者其他教育机构未尽到管理职责的，承担相应的补充责任。幼儿园、学校或者其他教育机构承担补充责任后，可以向第三人追偿。

⚖ 条文要义

本条是对校园伤害事故中第三人责任的规定。

无民事行为能力或者限制民事行为能力的学生在校园受到第三人实施的侵权行为侵害，造成人身损害后果，虽也属于第三人原因造成损害，却不适用民法典第

1175 条关于"损害是因第三人造成的，第三人应当承担侵权责任"的规定，而是适用本条规定的规则。此处所谓的第三人是指幼儿园、学校或者其他教育机构以外的人员，亦即幼儿园、学校或者其他教育机构的教师及其他工作人员之外的人员。

本条规定的责任承担规则是：第三人在校园实施的侵权行为，造成了校园的无民事行为能力或者限制民事行为能力的学生人身损害的，第三人承担侵权责任，赔偿受害人的损害；校方如果存在未尽管理职责的过失的，应当承担相应的补充责任，即在自己过失所致损失的范围内，就第三人不能承担的赔偿责任，承担补充性的赔偿损失责任。根据本条规定，第三人造成损害的，根据自己责任原则，由第三人承担民事赔偿责任；在第三人有能力赔偿时，不必适用补充性赔偿责任。当实际侵权人下落不明或没有赔偿能力时，由违反安全保障义务的学校等教育机构承担补充性赔偿责任，这种补充责任为一种第二顺位的责任。

本条增加的新规则是：校方承担了相应的补充责任之后，还可以就其承担补充责任所遭受的损失向第三人追偿。其原因在于第三人才是真正的侵权人，对损害的发生具有全部原因力，校方只是存在不作为的间接原因而已。因此，与民法典第1198 条规定的、未尽安全保障义务损害责任中未尽安全保障义务的经营者、管理者、组织者承担了补充责任之后，对实施侵权行为的第三人享有追偿权一样，本条也规定了教育机构对第三人享有追偿权。在追偿时，教育机构对于自己未尽安全保障义务的过错相应部分的责任份额与第三人应负的责任份额，应当进行划分，对超出相应部分的份额应允许追偿。

🔵 案例评析

王某某诉鸡西市青少年宫等监护责任纠纷案[①]

案情：王某某与被告李甲均系限制行为能力人，均在鸡西市青少年宫开办的补习班学习。李乙系李甲的父亲，牛某系李甲的母亲。在鸡西市青少年宫补课的课间休息期间，王某某为躲避一女同学追逐，跑向李甲站立的方向；当发现李甲时便反身往回跑，李甲此时伸出右手拍到了反身回跑的王某某右臂处，王某某因身体不稳失去重心摔倒，导致两颗门牙脱落。一审法院认为：王某某对损害发生有主要过错；同时，李甲的行为是造成损害的次要原因，存在一定的过错，应承担相应的侵权责任。被告李乙和牛某作为李甲的监护人，对李甲的侵权行为应当承担相应的侵权责任。鸡西市青少年宫作为教育机构明知学员打闹追逐是存在危险的，但却未尽到教育、管理职责，依法应当承担相应的补充责任。四被告根据过错程度承担侵权责任。二审法院维持原判。

[①] 审理法院：一审法院为黑龙江省鸡西市鸡冠区人民法院，案号：（2017）黑 0302 民初 999 号。二审法院为黑龙江省鸡西市中级人民法院，案号：（2017）黑 03 民终 941 号。

评析：本案是最为典型的未成年学生在教育机构学习、生活期间，相互之间发生侵权行为的案例。在教育机构学习、生活期间，一个无民事行为能力人或限制民事行为能力人造成另一个无民事行为能力人或限制民事行为能力人损害时，涉及监护人责任与教育机构侵权责任如何适用的问题。一方面，加害人的监护人应当承担适用无过错责任的监护人责任，尽管被监护人是在脱离监护人控制之下而给他人造成损害的，但是根据民法典第 1188 条的规定，充其量也只是减轻监护人的责任而不能免除。另一方面，如果教育机构对此未尽到、管理的职责，根据民法典第 1201 条的规定，也会发生教育机构的侵权责任。当受害人同时将加害人和教育机构作为被告提起诉讼时，由造成损害的直接侵权人即加害人承担侵权责任，而教育机构承担相应的补充责任。这是因为，学校等教育机构仅对其雇用的教师、工作人员的行为负责，而其所管理的未成年学生只是其安全注意义务的保护对象，而非其工作人员，不承担替代责任。因此，同一学校内部的同学之间发生人身侵害的，应当由实施加害行为的未成年学生的监护人承担赔偿责任，学校未尽到管理职责的，仅在其过错的限度内承担相应的责任。本案中，王某某受伤是在与同学课间休息时追逐玩耍时发生的，属于同一学校内部的同学之间发生人身侵害的情形。此时，学校的管理职责在于对学生的打闹行为采取监督、制止等措施，若未如此则存在过错，因此，侵权责任应当在加害人的法定代理人（承担监护人责任）和未尽到管理职责的教育机构之间分担。具体的规则是，受害人可以向直接侵害的第三人主张侵权责任，向间接侵害的教育机构主张补充责任。教育机构作为补充责任人承担了侵权责任后，可就超出其过错程度的部分向直接侵害的第三人追偿。也就是说，在最终效果上教育机构实际上是根据过错和原因力承担按份责任。

第四章　产品责任

▶▶ **第一千二百零二条**　因产品存在缺陷造成他人损害的，生产者应当承担侵权责任。

🏛 条文要义

本条是关于产品责任中的生产者责任的规定。

产品责任是指生产者生产、销售者销售的产品有缺陷，造成他人损害，产品的生产者、销售者承担无过错责任的特殊侵权责任。

生产者承担产品责任，适用无过错责任原则。其构成要件是：（1）产品存在缺陷，产品缺陷一般是产品中存在的不合理危险。（2）被侵权人受了人身损害或者财产损害。（3）被侵权人受到的损害是产品缺陷引起的，二者之间具有因果关系。符合上述三个要件，即构成产品责任，生产者对其生产的缺陷产品造成的损害应当承担赔偿责任。

《侵权责任法》对产品缺陷没有界定，民法典侵权责任编采同样的做法。《产品质量法》第46条对产品缺陷作了界定："本法所称缺陷，是指产品存在危及人身、他人财产安全的不合理的危险；产品有保障人体健康和人身、财产安全的国家标准、行业标准的，是指不符合该标准。"

产品缺陷有四种类型：（1）设计缺陷，是指在产品的设计中就存在不合理危险。（2）制造缺陷，是指在产品制造过程中，在产品中留下的不合理危险。（3）警示说明缺陷，是指产品中存在合理危险，可以流通、使用，但是对其存在的合理危险应当予以警示，说明怎样使用才够避免危险发生。未作警示说明或者警示说明不充分，都构成警示说明缺陷。（4）跟踪观察缺陷，是指在产品生产完成后，依当时的科学技术水平无法发现其是否存在缺陷，可以将产品投放市场流通，但生产者须承担跟踪观察义务，发现有缺陷时，应当及时进行警示说明或者召回。未履行警示说明或者召回义务，为跟踪观察缺陷。

这里涉及产品自损是否可以一并起诉的问题。在传统的产品责任法中，产品责任的损害不包括产品自损，只包括人身损害和产品以外的财产损害。《产品质量法》第41条对此作了清楚的规定。在制定《侵权责任法》过程中，立法者考虑到，因同一个行为发生的损害，不必折腾受害人分别起诉侵权责任和违约责任两个诉，因而将产品责任的损害只规定为"损害"，就是为了使该"损害"包含产品自损。故在产品责任诉讼中，被侵权人可以提出产品自损的损害赔偿请求，不过这是两个诉的合并。

 **案例评析**

王某诉东风公司产品责任纠纷案①

案情： 王某从淮安市华丰汽车贸易有限公司购买了东风牌仓栅式运输车一辆，其雇员戴某长驾驶该车过程中车辆发生火灾，造成车辆及车上承运家具烧毁。经消防部门调查，起火原因是车辆发动机漏机油，机油滴落至排气管，排气管过热引燃机油，进而导致车体燃烧后火灾扩散至车后所拉家具。王某诉至法院。一审法院认为，经生效判决认定，涉案车辆存在发动机漏机油的质量缺陷，车辆存在的发动机漏机油质量缺陷与火灾事故之间存在因果关系，因此，东风公司作为涉案车辆的生产者应当对车辆缺陷造成的王某的损失承担赔偿责任。王某因火灾遭受的合理损失包括：车辆损失、购车融资租赁贷款利息、营运损失。二审维持原判。

评析： 根据民法典第 1202 条，生产者就缺陷产品给他人造成的损害承担无过错责任（严格责任）。产品责任的构成要件之一即为产品存在缺陷。根据《产品质量法》第 46 条，产品缺陷是指产品存在危及人身、他人财产安全的不合理的危险；产品有保障人体健康和人身、财产安全的国家标准、行业标准的，是指不符合该标准。依据引发产品缺陷的原因不同，可以将缺陷分为设计缺陷、制造缺陷、警示说明缺陷等。在本案中，王某驾驶的车辆在行驶过程中发生火灾，造成车辆及车上承运家具烧毁，而起火的原因是车辆发动机漏机油，机油滴落至排气管，排气管过热引燃机油，进而导致车体燃烧后火灾扩散至车后所拉家具，起火部位为发动机下方排气管附近，起火点为发动机下方铝质管件。产品应当具有消费者合理期待的安全性，对于车辆而言，其发动机为核心部件，该部件的质量问题直接影响到消费者在驾驶过程中的人身和财产安全。而发动机漏机油，已经构成发动机的严重故障，足以构成产品缺陷，且为制造缺陷。因此，东风公司作为缺陷车辆的生产者，应当对车辆起火造成的财产损失承担无过错责任。本案中，缺陷产品所造成的财产损失不仅包括车辆上所承运的家具损失，还包括车辆自损，可一并在产品责任的侵权诉讼中进行主张。

---

① 审理法院：一审法院为江苏省淮安市清江浦区人民法院，案号：（2017）苏 0812 民初 8018 号。二审法院为江苏省淮安市中级人民法院，案号：（2018）苏 08 民终 105 号。

▶▶第一千二百零三条　因产品存在缺陷造成他人损害的，被侵权人可以向产品的生产者请求赔偿，也可以向产品的销售者请求赔偿。

产品缺陷由生产者造成的，销售者赔偿后，有权向生产者追偿。因销售者的过错使产品存在缺陷的，生产者赔偿后，有权向销售者追偿。

🏛 条文要义

本条是对产品责任中之不真正连带责任的规定，是将《侵权责任法》第42条和第43条合并起来所制定的一条新规则。

不真正连带责任是多数人侵权行为承担的一种责任形态，其基本规则是：

（1）中间责任规则：承担不真正连带责任的数个责任人都有义务对受害人的损害承担全部赔偿责任。

（2）最终责任规则：不真正连带责任的最终责任，终须全部归结到应当承担赔偿责任的最终责任人，而不是在数个责任人之间进行分配。

（3）追偿权规则：承担中间责任的责任人如果不是最终责任人而是中间责任人，在承担了中间责任后，有权向最终责任人追偿，追偿的范围是全部赔偿责任。

不真正连带责任与连带责任相比较，区别主要在于最终责任的分担：连带责任的最终责任一定要分给每一个责任人，而不真正连带责任的最终责任一定要归属于最终责任人一人而不分份额。

产品责任就是不真正连带责任，其具体规则是：

（1）因产品存在缺陷造成他人损害的，被侵权人可以向产品的生产者请求赔偿，也可以向产品的销售者请求赔偿。这是不真正连带责任的中间责任规则，是无过错责任，被侵权人可以按照自己的意愿选择责任人承担赔偿责任。

（2）最终责任由造成缺陷的生产者或者销售者承担。通常情况下，缺陷是由生产者造成的，生产者是最终责任人；如果是销售者的过错使产品存在缺陷，销售者就是最终责任人，应当最终承担侵权责任，且为全部赔偿责任。

（3）通过行使追偿权实现最终责任的归属，即产品缺陷由生产者造成的，则销售者赔偿后，有权向生产者追偿，使生产者承担最终责任；若是销售者的过错使产品存在缺陷，则生产者赔偿后，有权向销售者追偿，使销售者承担最终责任。

《侵权责任法》在规定这一规则的时候，用了两个条文：第42条规定的是销售者责任，即销售者在一般情况下承担过错责任，在特定情况下承担无过错责任；第43条规定生产者、销售者承担不真正连带责任。这样的规定，来源于《产品质量法》（2009年修正）第42条和第43条，基本规则是一样的。民法典第1203条将这两个条文规定的规则压缩在一起，成为现在的条文，表述更加简明。

案例评析

鄱阳县芦田乡某商店诉包某敏等产品责任纠纷案①

案情： 包某敏在将从鄱阳县芦田乡某商店购买的烟花在院子里燃放，点燃烟花引线后烟花却没有响。几分钟后包某敏再次点燃引线，烟花突然从筒中冲出，包某敏躲避不及被烟花击中，包某敏眼睛受伤并昏迷。一审法院认为：本案为产品责任纠纷，肇事烟火与原告包某敏的损失之间存在因果关系；肇事烟花点着后发生熄引可以推定烟花存在霉变、空引或者藕节等缺陷，属于缺陷产品，而且肇事烟花没有进货来源，烟花产品包装没有生产厂家的条形码，没有产品合格证，可以推定烟花产品质量不合格，存在质量缺陷。缺陷产品和损害之间存在因果关系，被告鄱阳县芦田乡某商店作为烟火销售商应承担赔偿责任。燃放烟花系危险作业，原告包某敏燃放烟火时没有阅读燃放说明，在烟火第一次熄引后继续点燃烟火，并且原告包某敏没有按照燃放说明要求进行燃放操作，对于事故的发生原告包某敏有较大的过错，原告包某敏自己应承担一定的责任。二审维持原判。

评析： 根据民法典第1203条第1款，销售者就缺陷产品给他人造成的损害承担无过错责任（严格责任）。根据民法典第1203条第2款，生产者与销售者之间的侵权责任形态为不真正连带责任。本案为产品责任案件，产品责任的构成要件之一即为产品存在缺陷。根据《产品质量法》（2018年修正）第46条，产品缺陷是指产品存在危及人身、他人财产安全的不合理的危险；产品有保障人体健康和人身、财产安全的国家标准、行业标准的，是指不符合该标准。依据引发产品缺陷的原因不同，可以将缺陷分为设计缺陷、制造缺陷、警示说明缺陷等。对于烟花这类易燃易爆类产品而言，因其具有一定的危险性，所以其产品质量对于消费者的人身、财产安全而言至关重要。从本案烟花点着后发生熄引可以推定烟花存在霉变、空引或者藕节等缺陷，足以认定其构成产品缺陷。而且本案烟花没有进货来源，烟花产品包装没有生产厂家的条形码，没有产品合格证，可以推定烟花产品质量不合格。当产品存在缺陷造成他人损害时，销售者与生产者承担不真正连带责任，其中，销售者就缺陷产品给他人造成的损害承担过错责任，生产者承担无过错责任。因此，本案中鄱阳县芦田乡某商店作为缺陷烟火的销售者应承担侵权责任。而且，鄱阳县芦田乡某商店无法指明肇事烟花的生产商或供货商，故无法向缺陷烟花的生产者追偿，其作为销售者承担的侵权责任即为最终责任。

> ▶▶ **第一千二百零四条** 因运输者、仓储者等第三人的过错使产品存在缺陷，造成他人损害的，产品的生产者、销售者赔偿后，有权向第三人追偿。

---

① 审理法院：一审法院为江西省上饶市鄱阳县人民法院，案号：（2017）赣1128民初1073号。二审法院为江西省上饶市中级人民法院，案号：（2018）赣11民终37号。

🏛 条文要义

本条是对产品责任中的第三人责任的规定。

在典型的产品责任中，承担产品责任中的不真正连带责任的主体是生产者和销售者。除此之外，在产品责任中要承担责任的责任主体就是第三人，即在产品责任中，除生产者、销售者之外其他对产品存在缺陷有过错、造成受害人损害，而应当承担侵权责任的责任主体。本条列举了运输者和仓储者，以此为例，凡是符合这样要求的责任主体，都是产品责任的第三人，例如原材料提供者等。

第三人承担产品责任的构成要件是：（1）争议的产品存在缺陷；（2）该产品缺陷不是生产者、销售者造成的，而是第三人造成的；（3）第三人使产品存在缺陷，在主观上有过失；（4）存在缺陷的产品是造成被侵权人损害的原因，具有因果关系。符合上述要件，即构成产品责任中的第三人责任。

产品责任中的第三人责任是一种先付责任，是因为在不真正连带责任中，数个责任主体都是要承担中间责任的，被侵权人作为请求权人可以向任何一方请求承担全部赔偿责任。但是，第三人责任的承担规则特殊，即须先向无过错的生产者、销售者要求赔偿，在它们承担了赔偿责任之后，由它们再向第三人追偿。从《民法通则》到《侵权责任法》，再到民法典侵权责任编，生产者与销售者承担产品责任；对于第三人的原因致使产品存在缺陷，从而导致消费者损害的，生产者与销售者均承担先付责任。

这种不适用不真正连带责任一般性规则而适用有先后顺序，且须由承担中间责任的主体先承担责任的规则，称为不真正连带责任的先付责任，是不真正连带责任的一种变形形态。故在产品责任的第三人责任中，被侵权人应当先向生产者或者销售者请求赔偿，在生产者或者销售者承担了赔偿责任之后，由他们去向第三人追偿。

这一规则的优势在于有利于被侵权人的索赔，因为第三人隐藏在表面法律关系之后，被侵权人对其过失很难证明。规定先付责任，方便被侵权人行使请求权，救济更加便捷。不过，这样的规则有一个风险，就是生产者、销售者都丧失赔偿能力时，按照本条规定，被侵权人不能直接向第三人请求赔偿。对此，被侵权人可以直接依照民法典第1165条规定的过错责任原则，向第三人行使赔偿请求权。

🎓 案例评析

天元公司诉齐鲁公司产品责任纠纷案①

案情：天元公司专业生产棚膜和盐膜。天元公司陆续接到全国各地经销商报告，

---

① 审理法院：一审法院为山东省东营市中级人民法院，案号：（2015）东民四重字第1号。二审法院为山东省高级人民法院，案号：（2016）鲁民终1834号。

使用"田园牌"棚膜的一些菜农声称其种植的大棚蔬菜出现了严重死亡现象。经专业调查分析，该现象是棚膜的生产原料中掺入了有害物质，挥发有害气体所致。原告的棚膜的生产原料从齐鲁公司处购买，经调查齐鲁公司提供的原料合格，但在运输途中运输者将合格原料偷换为含有害物质的原料并交付给天元公司。一审法院认为：虽然被告齐鲁公司提供的质检报告表明被告齐鲁公司生产的二辛酯均为合格产品，但能够认定被告齐鲁公司生产销售给原告的二辛酯产品系被告指派谢某忠给原告送货，最终造成提供给原告天元公司的二辛酯产品存在缺陷。原告因生产销售缺陷产品造成的损失应由被告承担。被告认为运输者谢某忠对产品质量负有责任，可以另行主张。二审维持原判。

评析：根据民法典第 1204 条的规定，在产品责任中责任主体还包括"第三人"，即在产品责任中，除生产者、销售者之外的其他对产品存在缺陷有过错、造成受害人损害，因而应当承担侵权责任的责任主体。该条明确列举了运输者和仓储者，但"等"字所包含的产品责任中的其他第三人就包括原材料提供者。本案中，天元公司作为棚膜和盐膜的生产者，其生产的"田园牌"棚膜因含有有毒物质而存在制造缺陷，从而导致购买和使用其棚膜的菜农声称种植的大棚蔬菜出现了严重死亡现象。天元公司作为棚膜的生产者，已经就其产品给菜农造成的损害承担了赔偿责任。而棚膜存在缺陷的原因在于其生产原料二辛酯中掺入了二异丁酯。虽然齐鲁公司提供的质检报告表明其生产的二辛酯均为合格产品，但能够认定齐鲁公司生产销售给天元公司的二辛酯产品系其指派谢某忠给天元公司送货，作为运输者的谢某忠在运输过程中存在以偷梁换柱的方式掺入二异丁酯换取二辛酯的事实，从而造成提供给天元公司的二辛酯产品存在缺陷。由此可见，造成天元公司生产的棚膜存在缺陷的原因在于齐鲁公司作为原材料提供者提供的二辛酯存在缺陷，而造成齐鲁公司提供的二辛酯存在缺陷的原因是作为该原材料运输者的谢某忠在其中掺杂了二异丁酯成分。因此，天元公司在向菜农承担了产品责任后，可以向造成其棚膜存在缺陷的原材料供应者齐鲁公司和原材料运输者谢某忠追偿。至于两名最终责任人之间的责任分担，运输者谢某忠擅自在原材料中掺杂有毒物质的行为是主要原因，原材料供应者齐鲁公司未对运输者尽相应的监督、管理职责，对于缺陷的造成也有一定的过错，二者应按照过错和原因力程度确定各自的责任份额。

▶▶**第一千二百零五条** 因产品缺陷危及他人人身、财产安全的，被侵权人有权请求生产者、销售者承担停止侵害、排除妨碍、消除危险等侵权责任。

🏛 **条文要义**

本条是关于产品责任中的侵权禁令的规定。

　　这一规定与民法典第 1167 条规定的内容是一致的，都规定了侵权行为的禁令，只是在产品责任中特别强调这一救济方法。

　　申请产品责任之侵权禁令的要件是：（1）一个或者一种产品存在缺陷；（2）这种有缺陷的产品有危及他人人身、财产安全的危险；（3）实际上该缺陷产品尚未造成对他人人身或者财产的损害。符合这些要件的，可能受到危及的人可以向法院起诉，请求判令产品的生产者、销售者承担停止侵害、排除妨碍、消除危险的民事责任。

　　由于这种有可能危及他人人身财产安全的侵权行为尚未造成后果，因此申请禁令是有风险的。为避免错误申请而造成对生产者、销售者的损害，申请人在申请这种禁令时应当提供担保。

　　本条增加停止侵害的责任承担方式，更加体现了侵权禁令的特点。其实，《侵权责任法》第 21 条在规定类似禁令的规则时，规定了停止侵害的责任承担方式，但是其第 45 条在规定产品责任的禁令时，却只规定了排除妨碍、消除危险，没有规定停止侵害，却被解释为"承担包括但不限于排除妨碍、消除危险的侵权责任"①，说明其实是可以包含停止侵害的责任承担方式的。本条增加"停止侵害"的责任承担方式，使产品责任的侵权禁令更加完善。

　　这种产品责任尚未造成实际损害，不存在实际的受害人，可以起诉的人只能是可能受到损害的人。这样的案件符合公益诉讼的特征，消费者权益组织或者检察机关对这类案件有公益诉讼的起诉权，主张行使该禁令，保护不特定消费者的人身安全和财产安全。

🖤 案例评析

卢某焱等诉鸿润公司产品生产者责任纠纷案②

　　案情：卢某全、卢某焱系父女关系，二人在建房过程中在鸿润公司处购买砖块，后经检测，砖块有尺寸偏差、放射性物质共 2 项不合格，故诉至法院。一审法院认为：经检验黏土砖放射性物质超标，系不合格产品存在缺陷。卢某焱、卢某全虽未居住，也未遭受实际人身损害，但存在潜在危害，现房屋主体完工，鸿润公司已不能修理、更换、退货此产品，致使卢某焱、卢某全所建房屋不能居住，只能拆除重建。鸿润公司出售给卢某焱、卢某全的黏土砖放射性物质超标，致使所建新房不能居住，卢某焱、卢某全要求鸿润公司赔偿房屋拆除重建的损失和在外租房费用的请求，应予以支持。二审维持原判。

---

① 王胜明. 中华人民共和国侵权责任法释义. 2 版. 北京：法律出版社，2013：264.
② 审理法院：一审法院为湖北省十堰市房县人民法院，案号：（2016）鄂 0325 民初 1284 号。二审法院为湖北省十堰市中级人民法院，案号：（2017）鄂 03 民终 2005 号。

评析：如果产品虽存在缺陷，危及他人人身、财产安全，但尚未造成实际损害的，为了保护民事主体的人身权益、财产权益，民法典第 1205 条基本上沿袭了《侵权责任法》第 45 条的规定，提供了预防性的保护措施，即被侵权人有权请求生产者、销售者承担停止侵害、排除妨碍、消除危险等侵权责任。原因在于，侵权法不仅具有填补损害的功能，也具有预防损害的功能，如果法律的保护能够在实际的损害发生之前就可以介入，并且可以尽量避免所面临的法益损害，那么这种法律保护才是更为有效的。① 因此，产品责任中的侵权禁令制度能够为消费者的合法权益提供更为全面的保护。本案中，卢某全、卢某焱从鸿润公司分批次购进黏土砖用于建造房屋，砖块存在尺寸偏差、放射性物质两项问题，故该产品为不合格产品。现房屋主体完工，卢某全、卢某焱尚未居住，因此还未产生实际的人身损害。但用存在产品缺陷的土砖修建的房屋在安全性上存在潜在危害，尤其是产品存在放射性物质超标的问题，若卢某全、卢某焱长期居住，则其健康权可能遭受损害。目前，对卢某全、卢某焱之人身权益的损害尚未实际产生，仅存在致害的可能性，因此，卢某全、卢某焱可以通过防御性请求权，要求缺陷产品的生产者、销售者承担消除危险的侵权责任，从而防止人身损害的实际发生。

> ▶▶第一千二百零六条 产品投入流通后发现存在缺陷的，生产者、销售者应当及时采取停止销售、警示、召回等补救措施；未及时采取补救措施或者补救措施不力造成损害扩大的，对扩大的损害也应当承担侵权责任。
>
> 依据前款规定采取召回措施的，生产者、销售者应当负担被侵权人因此支出的必要费用。

🏛 条文要义

本条是对产品责任中之跟踪观察缺陷的规定。

如前所述，产品责任中的缺陷，包括设计缺陷、制造缺陷、警示说明缺陷和跟踪观察缺陷。前两种缺陷是产品责任的通常缺陷。对警示说明缺陷，《消费者权益保护法》第 18 条作了规定。本条对跟踪观察缺陷的产品责任作出了规定。

构成跟踪观察缺陷产品责任的要件是：

（1）产品在流通前，根据现有科学技术无法发现其是否有缺陷，符合发展风险的要求，可以投入流通。

（2）产品投入流通后发现其存在缺陷，生产者、销售者负有停止销售、警示、召回等补救义务。

---

① ［德］马克西米立安·福克斯. 侵权行为法. 齐晓琨，译. 北京：法律出版社，2006：132.

（3）生产者、销售者未及时采取补救措施，或者补救措施不力。

（4）该产品由于生产者、销售者未采取补救措施或者采取的补救措施不力，而造成了被侵权人损害的扩大。

关于跟踪观察缺陷产品责任的赔偿规则，本条的规定与《侵权责任法》第46条的规定有所不同：

（1）增加停止销售的补救方式。产品投入流通后发现产品存在缺陷的，对生产者、销售者的要求，原来规定的只是警示和召回，没有规定其他补救措施，本条增加规定停止销售是补救措施之一，并且放在警示、召回之前，强调了停止销售的重要性。

（2）明确赔偿责任的范围。《侵权责任法》第46条的规定为"未及时采取补救措施或者补救措施不力造成损害的，应当承担侵权责任"，本条规定的是"未及时采取补救措施或者补救措施不力造成损害扩大的，对扩大的损害也应当承担侵权责任"。本条规定实际上是将发展风险抗辩与跟踪观察缺陷产品责任作了适当区分，即：发展风险规则是产品责任的免责事由，即《产品质量法》（2018年修正）第41条第2款第3项关于"将产品投入流通时的科学技术水平尚不能发现缺陷的存在"的规定。符合这种要求的投入流通的产品发现缺陷已经造成了损害的，可以免责；在发现了缺陷后，生产者、销售者就负有停止销售、警示、召回义务，避免继续造成损害。未尽停止销售、警示、召回义务，从又造成损害这个意义上说，就是扩大的损害。按据本条规定，跟踪观察缺陷出现之前造成的损害是免责的，在缺陷发现后未尽警示、召回义务造成损害的，是本条规定的跟踪观察缺陷产品责任。

（3）《侵权责任法》第46条仅规定了生产者、销售者的召回义务，而未规定召回时所付出的必要费用由谁来承担。本条新增了这一内容，明确了召回时由生产者、销售者来承担必要费用。其中，必要费用主要指的是燃油费、过路费等。这减少了消费者的经济负担与心理负担，将激励消费者在生产者、销售者采取召回措施时积极配合。

🔘 案例评析

吴某芹诉一汽-大众汽车有限公司等公司产品责任纠纷案①

案情： 死者张某在新泰公司处购买奥迪轿车一辆，登记在吴某芹名下。张某饮酒后驾驶该小型轿车沿某县人民路由北向南行驶至沣京路十字处时，操作不当，车辆与广告牌发生碰撞，安全气囊未打开，张某当场死亡。经鉴定，在本次事故中该车正面气囊具备了打开的条件，然而该车正面气囊没有打开，说明系统工作不正常，

---

① 审理法院：一审法院为陕西省西安市未央区人民法院，案号：（2015）未民初字第08750号。二审法院为陕西省西安市中级人民法院，案号：（2017）陕01民终9913号。

但无法确定是否存在缺陷。一汽-大众公司未能举证证明其已通知吴某芹召回车辆。一审法院认为：死者张某饮酒驾车、操作不当是造成其当场死亡的主要因素，事故车辆在撞击时正面气囊具备打开条件但并未打开，是造成张某死亡的次要因素，根据双方的过错程度，酌情认定张某应自行承担60%的责任，车辆的生产者或销售者应对张某的死亡承担40%的赔偿责任。二审维持原判。

评析： 民法典第1206条规定了生产者、销售者针对投入流通后发现存在缺陷的产品的停止销售、警示、召回等补救义务。其中，停止销售针对产品投入流通后发现的所有缺陷；警示是针对产品存在某种危险或就产品应有的正确使用方法而给予的说明、提示；召回，是指通过采取撤回、退货、更换、修理、销毁等方式，预防、控制和消除产品的缺陷，避免该缺陷给他人造成损害。也就是说，产品召回制度通过召回本身来防止损害的发生与扩大，并不以造成现实损害为前提。以2004年10月1日《缺陷汽车产品召回管理规定》正式实施为标志，至今我国的召回制度已经实施超过十年。根据民法典第1206条第1款的规定，生产者、销售者在产品投入流通后，发现了产品的缺陷，如果拒不采取补救措施或者采取补救措施不及时或者采取补救措施不力，造成损害的，应当承担侵权责任。本案中，吴某芹之子张某驾驶存在产品缺陷的奥迪A4L汽车，在发生严重的交通事故后，因安全气囊全部未打开，造成驾驶人张某直接死亡的损害后果。车辆的生产者或销售者在发现车辆安全气囊存在产品缺陷时应当向消费者及时采取积极有效的补救措施，以防止损害发生。本案涉案汽车在一汽-大众公司于2014年10月29日在国家质检总局缺陷产品管理中心官网上发布的"一汽-大众汽车有限公司召回部分进口奥迪A4和国产奥迪A4L汽车"的通知中的召回范围内。一汽-大众公司作为缺陷产品的生产者，负有对涉案车辆采取及时、有效的补救措施的积极作为义务，未尽该义务则应承担侵权责任。新丰泰公司作为缺陷产品的销售者，不能证明其已经通过群发短信、电话、通知、公告等多种方式向吴某芹或其子张某履行了警示、召回等补救义务，因而也应当承担侵权责任。

▶▶ **第一千二百零七条**　明知产品存在缺陷仍然生产、销售，或者没有依据前条规定采取有效补救措施，造成他人死亡或者健康严重损害的，被侵权人有权请求相应的惩罚性赔偿。

🏛 条文要义

本条是关于恶意产品侵权责任适用惩罚性赔偿的规定。

目前在我国侵权惩罚性赔偿责任主要适用于三种情形：（1）产品包括食品恶意造成消费者损害；（2）恶意服务造成消费者损害；（3）恶意侵害他人知识产权造成

损害。

本条规定了惩罚性赔偿责任的适用范围，比《侵权责任法》第 47 条规定的要宽，在恶意生产、销售产品之外，增加了跟踪观察缺陷中的恶意侵权。

适用惩罚性赔偿责任的产品责任构成要件是：（1）产品存在缺陷；（2）生产者、销售者明知该产品存在缺陷；（3）生产者、销售者对该缺陷产品继续进行生产、销售；（4）造成受害人死亡或者健康严重受损害。具备这四个要件，除了应当承担对实际损失的赔偿责任，还应当依照《消费者权益保护法》第 55 条第 2 款的规定，承担两倍以下的惩罚性赔偿，依照《食品安全法》第 128 条的规定承担三倍以下的惩罚性赔偿责任。

跟踪观察缺陷中的恶意侵权适用惩罚性赔偿责任的构成要件是：（1）产品存在缺陷，投放市场时因科技水平所限不能发现；（2）生产者、销售者对已经投入流通的产品已经发现有缺陷；（3）生产者、销售者没有按照法律规定采取停止销售、警示、召回的有效补救措施；（4）该缺陷产品造成受害人死亡或者健康严重受损害。对跟踪观察缺陷恶意侵权适用惩罚性赔偿的着眼点在于，生产者、销售者在履行跟踪观察义务时已经发现产品有缺陷，能够造成使用人的损害，却没有及时采取补救措施或者采取补救措施不力，造成损害后果的扩大。这表明侵权人在主观上是有恶意的，因而规定应当予以惩罚性赔偿。

符合上述要件的，侵权人应当承担惩罚性赔偿责任，被侵权人可以请求其在承担实际损害的赔偿责任之外，再承担惩罚性赔偿责任。具体计算方法是，一般的产品造成损害符合惩罚性赔偿责任构成要件的，承担实际损失的两倍以下的惩罚性赔偿责任；食品造成损害符合上述规定的，承担实际损失的三倍以下的惩罚性赔偿责任。

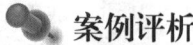 **案例评析**

朱某伟诉福瑞商行产品责任纠纷案①

案情： 朱某伟在福瑞商行处购买红酒若干，购买后发现上述酒品的酒瓶外包装说明书上均是英文，没有中国代理商的名称、地址及联系方式，也没有检验合格证书等资料。一审法院认为：涉案红酒产品为预先定量包装的进口酒品，产品没有中文标签，违反《食品安全法》关于进口预包装食品的标签规定，为不符合食品安全标准的产品。朱某伟在发现酒品存在没有中文标签的问题后，仍继续购买并向本地法院提起诉讼，已不能被界定为法律意义上的"消费者"，不适用惩罚性赔偿。二审法院认为：消费者有权以食品不符合食品安全标准为由向商家 10 倍索赔，但食品的

---

① 审理法院：一审法院为广东省江门市蓬江区人民法院，案号：（2017）粤 0703 民初 1608 号。二审法院为广东省江门市中级人民法院，案号：（2017）粤 07 民终 2849 号。

标签、说明书存在不影响食品安全且不会对消费者造成误导的瑕疵的除外。案涉红酒虽无中文标签，但朱某伟并未提供证据证明案涉红酒存在食品安全问题，其亦确认未饮用，并未因此造成损害，故对惩罚性赔偿不予支持。

评析：惩罚性赔偿责任的主要目的在于对侵权人进行惩罚、遏制，从而弥补补偿性损害赔偿责任在威慑与遏制功能上的不足。我国现行法中对惩罚性赔偿的法律规定主要包括：民法典第 1207 条（沿袭自《侵权责任法》第 47 条）、《消费者权益保护法》第 55 条、《食品安全法》（2021 年修正）第 148 条第 2 款。在产品责任领域，要有效地遏制假冒伪劣产品的生产和销售，一方面，必须增加生产者的责任成本，使其违法生产变得无利可图；另一方面，必须调动消费者打击假冒伪劣产品的积极性，使假冒伪劣产品失去其存在的市场和空间。惩罚性赔偿制度恰能实现这样的目的。在本案中，涉案红酒产品的酒瓶外包装上没有中文标签，违反《食品安全法》（2015 年）关于进口预包装食品的标签规定，故涉案红酒产品为不符合食品安全标准的产品。销售者对于进口产品的标签不符合法律规定应当是明知的。根据《食品安全法》（2015 年）第 148 条第 2 款的规定，消费者有权以食品不符合食品安全标准为由向商家 10 倍索赔，但食品的标签、说明书存在不影响食品安全且不会对消费者造成误导的瑕疵的除外。案涉红酒的标签虽然不符合食品安全标准，但并未对朱某伟造成人身损害。换言之，案涉红酒没有中文标签仅仅构成标识有瑕疵，而该瑕疵并不影响食品安全。但是，产品责任中惩罚性赔偿责任适用的前提是"造成他人死亡或者健康严重损害"，本案因不符合该构成要件而无法适用惩罚性赔偿责任。

第五章 机动车交通事故责任

▶▶ **第一千二百零八条** 机动车发生交通事故造成损害的，依照道路交通安全法律和本法的有关规定承担赔偿责任。

🏛 条文要义

本条是对机动车交通事故责任转致适用道路交通安全法律和适用本法的规定。

道路交通安全法律主要指的是《道路交通安全法》（2021年修正）第76条规定，其基本规则是：

（1）确定机动车交通事故责任，首先适用机动车交通事故强制保险规则解决；赔偿不足部分，适用道路交通安全法律和民法典的相关规定。

（2）机动车交通事故责任的归责原则是：1）机动车与行人、非机动车驾驶人之间发生的交通事故，适用过错推定责任原则；2）机动车相互之间发生的机动车交通事故责任，适用过错责任原则。

（3）机动车交通事故责任适用过失相抵的规则：1）机动车与行人或者非机动车驾驶人之间发生的交通事故，按照双方各自的过错程度和原因力，机动车一方承担的责任比例，在过失相抵确定的比例之上增加10％；2）机动车相互之间发生的交通事故，按照过失相抵规则确定。

（4）机动车一方完全没有过失，发生交通事故造成损害的全部原因是行人或者非机动车驾驶人过失，机动车一方承担不超过10％的赔偿责任，可以根据受害人一方的过失程度，在5％到10％之间确定合适的赔偿责任。

（5）受害人故意造成损害，例如受害人故意碰撞机动车造成损害的，机动车一方免责。

🔖 案例评析

李某珍等诉保险公司机动车交通事故责任纠纷上诉案[①]

案情： 某日，徐某洲驾驶麻城市市容环境卫生管理处所有的环卫车与李某珍相

[①] 审理法院：一审法院为湖北省麻城市人民法院，案号：（2017）鄂1181民初1168号。二审法院为湖北省黄冈市中级人民法院，案号：（2018）鄂11民终232号。

撞，造成李某珍十级伤残。徐某洲承担事故的全部责任，李某珍无责任。事故车辆在保险公司投保了机动车交通事故责任强制保险和商业第三者责任保险。李某珍向法院起诉，请求保险公司、徐某洲和麻城市市容环境管理处赔偿损失。一审法院认为，交通事故发生在保险期间内，李某珍的损失先由保险公司在交强险范围以及第三者责任险范围内予以赔偿，不足部分由交通事故的当事人依照过错责任大小分担。保险公司提起上诉，理由是，李某珍系农业户口，不应按城镇居民计算伤残赔偿金。二审法院认为，李某珍提交的证据可以证明其属于城镇居民，原审按照城镇居民标准计算其残疾赔偿金并无不当，遂判决驳回上诉、维持原判。

评析：本案所涉及的机动车与行人之间发生交通事故的责任承担问题，不属于机动车交通事故责任中的特别情形，因而，应当适用机动车交通事故赔偿责任的一般规则。《侵权责任法》第六章与民法典第七编"侵权责任"第五章均专章规定了机动车交通事故责任。其中，《侵权责任法》第48条以及民法典第1208条规定的是机动车交通事故责任的一般规则。民法典第1208条在《侵权责任法》第48条的基础上，规定适用道路交通安全法律和民法典的有关规定确定赔偿责任，其本质是转引性条款。《道路交通安全法》不仅规定了机动车交通事故中车、道路、交通事故等概念，也规定了机动车交通事故责任的归责原则、责任承担规则等。根据《道路交通安全法》第76条的规定，机动车与行人之间发生交通事故，应当适用过错推定的归责原则。交通事故责任认定书证明了徐某洲有过错，李某珍无过错，应当由徐某洲承担赔偿责任。根据2012年《最高人民法院关于审理道路交通事故损害赔偿案件适用法律若干问题的解释》第16条的规定，车辆尚在保险期间内，应当先由保险公司在机动车交通事故责任强制险以及商业第三者责任险范围内赔偿，不足部分由徐某洲的用人单位麻城市市容环境卫生管理处赔偿。可见，本案中一审、二审法院的判决于法有据。

▶▶**第一千二百零九条** 因租赁、借用等情形机动车所有人、管理人与使用人不是同一人时，发生交通事故造成损害，属于该机动车一方责任的，由机动车使用人承担赔偿责任；机动车所有人、管理人对损害的发生有过错的，承担相应的赔偿责任。

🏛 条文要义

本条是对租赁、借用机动车交通事故责任的规定。

租赁或者借用机动车，使机动车的所有人、管理人与使用人出现不一致，发生交通事故时的责任归属，适用本条规定的规则。

本条规定的责任规则的要件是：（1）应当构成租赁或者借用机动车的法律关系，

其中，租赁是光车出租，不是带驾驶员的机动车出租。（2）机动车的所有人、管理人与使用人不是同一人。（3）机动车在使用人的操控之下发生交通事故，造成被侵权人的人身损害或者财产损害。（4）交通事故责任属于机动车一方的责任，而不是受害人的责任。

此责任的形态为单向连带责任，即混合责任，规则是：（1）机动车的使用人对发生的损害承担赔偿责任，须对全部损害承担赔偿责任，即使机动车所有人、管理人也有过失的，使用人也须承担连带责任，就全部损害负责。（2）机动车的所有人或者管理人对于损害的发生也有过失的，应当按照其过失程度和原因力，承担按份责任，即相应的赔偿责任。机动车所有人、管理人的过失主要表现为，明知使用人没有驾驶资质、明知使用人处于不适驾状态如醉酒、知道自己的机动车有故障而不予告知等。

《侵权责任法》第49条没有规定机动车的管理人这一责任主体，民法典增加这一主体，主要的考虑是因各地机动车限购政策，出现了出资购买机动车的人不是登记的所有权人而是实际管理人的状况。将机动车管理人列为责任主体，可以解脱实际上对机动车没有权属利益的人的责任。

案例评析

漳州太平洋公司诉刘某亮等机动车交通事故责任纠纷案①

案情：某日，熊某光驾车撞到行人刘某、章某，造成二人死亡。事故发生后，熊某光弃车逃逸。交警大队认定熊某光负本次事故的全部责任。交通事故车辆的登记车主为某公司，熊某光与某公司系租赁关系。该车在九江人保公司投保了机动车交通事故责任强制保险，在漳州太平洋公司投保了第三者责任险。死者的近亲属向法院请求熊某光、某公司、九江人保公司、漳州太平洋公司赔偿损失。关于赔偿主体的确定，一审法院认为：本案交通事故中，熊某光负本次事故全部责任，刘某、章某不负本次事故责任。某公司作为肇事车辆的登记车主，根据车辆租赁合同将该车交付给具有合法驾照的熊某光使用，已完成其法定和合同义务，对本案交通事故的发生不存在过错。原告方亦未提供证明某公司向熊某光交付车辆时，租赁物存在缺陷和安全隐患。故某公司在本案中不应承担赔偿责任，应由实际侵权人熊某光承担赔偿责任。根据车辆的投保情况，应先由九江人保公司在机动车交通事故责任强制保险死亡伤残赔偿限额内先予赔偿，同时漳州太平洋公司作为商业第三者责任险的保险人应对熊某光承担的部分承担责任，超出部分由熊某光赔偿。漳州太平洋公司不服，提起上诉，请求免除保险责任。二审法院认为，熊某光弃车离开事故现场

---

① 审理法院：一审法院为江西省南城县人民法院，案号：（2017）赣1021民初629号。二审法院为江西省抚州市中级人民法院，案号：（2018）赣10民终235号。

的行为，不能适用《中国保险行业协会机动车综合商业保险示范条款》第 24 条的规定，因此，对于漳州太平洋公司主张免除赔偿责任的上诉请求，不予支持。

评析： 本案争议焦点之一是租赁机动车发生交通事故时责任主体的认定问题。《侵权责任法》第 49 条规定由机动车使用人承担赔偿责任，机动车所有人有过错时承担相应的赔偿责任。机动车所有人有过错往往表现在出租给不具有驾驶资格的人或者交付了不符合质量标准的车辆。本案中，某公司作为机动车所有人，根据车辆租赁合同将车辆交付给具有合法驾照的熊某光使用，且交付的车辆不具有缺陷或者安全隐患，故其对本案交通事故的发生不存在过错，其不应承担赔偿责任，应由实际侵权人熊某光承担赔偿责任。

需要说明的是，民法典第 1209 条在《侵权责任法》第 49 条的基础上，新增了机动车管理人为责任主体。据此，如果将来类似的案件还涉及机动车管理人有过错的情形，其同样需要承担赔偿责任。

> ▶▶ **第一千二百一十条**　当事人之间已经以买卖或者其他方式转让并交付机动车但是未办理登记，发生交通事故造成损害，属于该机动车一方责任的，由受让人承担赔偿责任。

🏛 条文要义

本条是对买卖机动车未过户交通事故责任的规定。

这是指买卖或者以其他方式转让机动车，已经交付，没有进行机动车交易过户登记，发生交通事故造成损害，在事实车主和登记车主之间如何承担责任的机动车交通事故责任规则。这种规则，对在某些地区因实行机动车限购而使机动车转让受限的情形也适用。

在以往的经验中，经常出现转让机动车的交易双方并未进行机动车转让登记，形成登记车主和事实车主相分离的情况。在制定《侵权责任法》时，依照《物权法》的规定，确认机动车的登记是行政管理登记而不是权属登记。机动车属于动产，其所有权转移以交付为标志，而非以登记为标志，故有本条责任承担规则。

适用本条责任规则的要件是：（1）出卖人和买受人之间发生了机动车买卖或者以其他方式转让权属的关系，已经交付了机动车和转让价金。（2）在机动车交易后，未在行政管理机关进行机动车转让登记，形成登记车主和事实车主分离的状态。（3）机动车发生交通事故，造成受害人的损害。（4）交通事故责任属于机动车一方的责任。

具备上述构成要件的，责任由受让人即事实车主承担，而不是由出让人即登记车主承担。

在北京等地区，由于对机动车实行限购政策，没有购车指标者不得受让机动车，因而在私下交易的并不少见，行政主管部门不给予过户登记。对此，也应当适用本条规定，确定以实际购买日作为受让机动车一方承担交通事故责任的时间。

案例评析

吉某兰等诉姚某根等机动车交通事故责任纠纷案①

案情： 吉某兰驾驶电动车与姚某根停在路口的轿车尾部发生碰撞，造成吉某兰受伤、两车损坏。吉某兰负事故主要责任，姚某根负事故次要责任。姚某根驾驶的车辆是从某汽修处购买的，尚未变更登记，但已经交付使用。吉某兰向一审法院起诉，请求判令姚某根、某汽修赔偿损失。关于某汽修是否需要承担责任，一审法院认为，姚某根与某汽修间就涉案车辆成立买卖合同关系且姚某根实际占有、使用涉案车辆，故某汽修不承担赔偿责任。吉某兰不服一审判决，提起上诉。二审法院认为：某汽修提供的书面说明证明其与姚某根之间存在涉案小型轿车的买卖合同关系，姚某根对此予以认可，且实际占有、使用涉案车辆。一审判决认定某汽修与姚某根间就涉案车辆存在买卖合同关系，根据《侵权责任法》第 50 条的规定判决由受让人姚某根承担赔偿责任正确。遂驳回上诉、维持原判。

评析： 本案的争议焦点在于某汽修是否需要对吉某兰的损失承担赔偿责任。根据本案查明的事实可知，在交通事故发生之前，姚某根已经从某汽修处购买了涉案肇事车辆，成立了买卖合同关系。某汽修已经将车辆实际交付于姚某根，完成了买卖合同约定的义务，所有权已经发生转移。但是因未办理权属登记，名义所有权人与实际所有权人不一致。此时发生交通事故，由受让人承担赔偿责任。其法理基础在于机动车运行利益理论和支配理论。申言之，涉案肇事车辆的实际所有权人姚某根既享有运行利益，又能够进行运行支配，故其应当对机动车交通事故承担责任。采用机动车运行利益理论和支配理论的优势在于，不仅填补了受害人的损失，而且合理分配了名义所有人与实际所有人的风险负担。

> ▶▶ **第一千二百一十一条** 以挂靠形式从事道路运输经营活动的机动车，发生交通事故造成损害，属于该机动车一方责任的，由挂靠人和被挂靠人承担连带责任。

条文要义

本条是对挂靠机动车交通事故责任的规定。

---

① 审理法院：一审法院为江苏省淮安市淮安区人民法院，案号：（2017）苏 0803 民初 4450 号。二审法院为江苏省淮安市中级人民法院，案号：（2018）苏 08 民终 252 号。

以挂靠形式从事道路运输经营活动的机动车运营是比较普遍的现象，原因是从事机动车运营需要政府管理部门核准资质，而政府只给法人或者非法人组织办理运营资质，不给个人颁发运营资质，因而个人要从事机动车运营活动，只能挂靠到有运营资质的单位。

以挂靠形式进行机动车运营的法律关系的特点是：（1）享有机动车所有权的个人没有运营资质，须挂靠到有运营资质的机动车运营单位，以该单位的名义进行运营活动。（2）被挂靠的运营单位同意其挂靠，将该个人作为自己的名义职工，用自己的名义进行运营。（3）双方之间通常有一定的利益交换，即挂靠的一方要按期交给被挂靠的一方约定的管理费，就此双方形成权利义务关系；也有极少数挂靠是完全免费的。（4）挂靠的机动车所有权人虽然是以被挂靠单位的名义运营，但实际上还是自己在运营，原则上并不受被挂靠单位的管控。

挂靠机动车发生交通事故造成他人损害，属于该机动车一方责任的，其责任分担的方式是，挂靠一方和被挂靠一方共同承担连带责任，依照民法典第178条规定的连带责任规则承担责任。被侵权人可以向挂靠一方或者被挂靠一方主张承担连带责任。

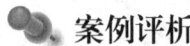 案例评析

王某茂诉孙某中机动车交通事故责任纠纷案①

案情： 孙某中驾驶挂靠在海硕公司的货车与王某茂驾驶的电动三轮车发生碰撞，致使王某茂受伤，两车、信号灯及绿化带受损。海硕公司与人保郑州公司签订了机动车交通事故责任强制保险和商业第三者责任保险的合同，后一个合同约定，违反安全装载规定时实行10%的绝对免赔率。本案事故发生时，涉事车辆超载9.5%。王某茂向法院起诉，请求判令孙某中、海硕公司、人保郑州公司赔偿损失。一审法院认为，因孙某中与被告海硕公司系挂靠关系，故被告海硕公司应当对被告孙某中的赔偿责任承担连带支付责任。孙某中不服一审判决，以对保险公司所谓的"违反安全装载规定的，实行10%的绝对免赔率"不知情为由，提起上诉。二审法院认为：孙某中虽系实际车主，但与海硕公司之间系挂靠关系。海硕公司与人保郑州公司签订的投保单的免责事项栏中加盖有海硕公司的公章，人保郑州公司也履行了告知义务，故一审判决孙某中赔偿王某茂各项损失并无不当。

评析： 本案涉及的是挂靠机动车发生交通事故致人损害的责任主体确定。一般认为，机动车保有人承担侵权责任没有问题。有所争议的是，被挂靠人是否是责任主体。《侵权责任法》第六章"机动车交通事故责任"对这一问题进行了留白处理。

---

① 审理法院：一审法院为河南省郑州市惠济区人民法院，案号：（2017）豫0108民初4616号。二审法院为河南省郑州市中级人民法院，案号：（2018）豫01民终2582号。

《最高人民法院关于审理道路交通事故损害赔偿案件适用法律若干问题的解释》第 3 条补充规定挂靠人和被挂靠人承担连带责任。民法典第 1211 条在借鉴该司法经验的基础上，继续规定挂靠人和被挂靠人承担连带责任。本案中，涉案肇事车辆属于从事道路运输经营的货车。孙某将货车挂靠在海硕公司的，发生机动车交通事故时，孙某中与海硕公司对损害的发生承担连带责任。采用连带责任的方式，不仅能够周全保护受害人的合法权益，及时填补受害人的救济损失，还能够以此监督挂靠行为规范运转。

> ▶▶第一千二百一十二条　未经允许驾驶他人机动车，发生交通事故造成损害，属于该机动车一方责任的，由机动车使用人承担赔偿责任；机动车所有人、管理人对损害的发生有过错的，承担相应的赔偿责任，但是本章另有规定的除外。

🏛 条文要义

本条是对擅自驾驶他人机动车交通事故责任的规定。

未经允许驾驶他人机动车，就是擅自驾驶他人机动车。在 20 世纪七八十年代，还存在"盗开机动车"的"罪名"，后被取消。盗开机动车其实就是擅自驾驶他人机动车。

擅自驾驶他人机动车交通事故责任的构成要件是：（1）未经允许驾驶他人机动车。这有两种情形：1）完全背着机动车所有人或者管理人，秘密将他人的机动车开走；2）行为人向机动车所有人、管理人借车未得到同意，擅自将他人的机动车开走。无论哪种情形，都构成擅自驾驶他人机动车。（2）行为人在驾驶他人机动车过程中发生交通事故，造成他人人身损害或者财产损害。（3）交通事故责任属于该机动车一方的责任。

擅自驾驶他人机动车交通事故责任的承担方式是：（1）与民法典第 1209 条规定的责任形态相同，即单向连带责任（混合责任）。（2）机动车使用人承担全部责任，即使承担部分责任时也须连带负责。（3）机动车所有人或者管理人对损害的发生有过错的，承担相应的责任即按份责任，不与使用人一道承担连带责任。（4）民法典第七编第五章另有规定的，依照该章的特别规定承担责任。"另有规定的"有优先适用的效力。例如，盗窃机动车发生交通事故，也属于未经允许驾驶他人机动车，应当适用特别规定确定侵权责任。

就目前的规定来看，擅自驾驶他人机动车损害责任的承担规则，与租用、借用机动车发生交通事故损害责任的承担规则是一样的。从实际情况观察，擅自驾驶他人机动车肇事者的主观心理状态与租用、借用他人机动车肇事者的心理状态不一样，具有一定的支配行为的恶意，而不具有对结果的恶意。在这种情况下，虽然责任的基本形态是混合责任，但是在确定机动车所有人、管理人的相应责任时，应当与租用、借用他人机动车损害责任相比有区别，即擅自驾驶人的过错程度较重，而机动车所有人、管理人的过错程度明显要轻，承担的责任应当较小。

案例评析

赵某果诉徐某振机动车交通事故责任纠纷案①

案情：徐某群醉酒后无证驾车逆行与赵某果驾车相撞，致赵某果的车辆受损。徐某群承担事故全部责任。因涉案肇事车辆为徐某振所有，赵某果便向法院起诉请求判令徐某群、徐某振赔偿损失。一审法院认为：被告徐某振作为肇事车辆所有人对车辆管理不善应负相应民事责任。根据被告过错程度，本院酌定被告徐某群、徐某振分别承担80%、20%的民事赔偿责任。徐某振不服一审判决，提起上诉，理由是，车辆系徐某群偷开，自己已尽车辆保管义务。二审法院认为：徐某振对车辆管理不善，致徐某群醉酒后无证驾驶其车辆发生交通事故，徐某振应负相应的过错责任。一审综合本案案情，认定徐某振承担20%的赔偿责任并无不当。遂驳回上诉，维持原判。

评析：本案涉及的是未经允许擅自驾驶他人机动车发生道路交通事故时责任主体的确定。对此，《侵权责任法》并未作出规定。2012年《最高人民法院关于审理道路交通事故损害赔偿案件适用法律若干问题的解释》第2条补充规定，对于这类情形，当事人有权依照《侵权责任法》第49条的规定请求法院支持自己的诉求。《侵权责任法》第49条规定的是租赁、借用等情形下的机动车交通事故责任，其责任主体是机动车使用人，机动车所有人承担与其过错相应的责任。据此，本案中徐某群承担赔偿责任自不待言，问题在于徐某振是否具有过错。结合本案所查明的事实可知，徐某群未经徐某振允许擅自驾驶其机动车，该行为背离了机动车所有人徐某振的意志。但是，徐某振未对车辆及其钥匙尽到审慎的监管义务，致使车辆被他人驾驶而发生交通事故，存在主观上的过错，故其应当承担相应的赔偿责任。本案一审、二审法院结合案情认定徐某振承担20%的责任不仅符合法律的规定，也合情合理。

可以看到，对于未经允许擅自驾驶他人机动车交通事故责任的承担问题，由于缺乏直接的法律依据，法院只能援引2012年《最高人民法院关于审理道路交通事故损害赔偿案件适用法律若干问题的解释》第2条的规定，通过适用《侵权责任法》第49条规定的租赁、借用情形时的机动车交通事故责任承担规则来判决。我们认为，一方面，立法的漏洞导致法院适用法律时的烦琐；另一方面，租赁借用、未经允许擅自驾驶他人机动车二者实质上不能等同。民法典第1212条补足了这一漏洞，

---

① 审理法院：一审法院为山东省济宁市金乡县人民法院，案号：（2017）鲁0828民初2395号。二审法院为山东省济宁市中级人民法院，案号：（2017）鲁08民终5579号。

并通过分别规定租赁借用、未经允许擅自驾驶他人机动车交通事故责任承担规则的方式，对二者进行了实质上的区分。因此，如果类似案件发生在民法典生效之后，法院应当直接适用民法典第 1212 条，无须类推适用租赁、借用机动车交通事故责任承担规则。

> ▶▶ **第一千二百一十三条**　机动车发生交通事故造成损害，属于该机动车一方责任的，先由承保机动车强制保险的保险人在强制保险责任限额范围内予以赔偿；不足部分，由承保机动车商业保险的保险人按照保险合同的约定予以赔偿；仍然不足或者没有投保机动车商业保险的，由侵权人赔偿。

🏛 条文要义

本条是对机动车强制保险的保险人、商业保险的保险人与侵权人赔偿责任之顺序的规定。

机动车所有人对于自己的机动车，每年都须投保机动车强制保险，还须投保相应的机动车商业保险。《侵权责任法》第 49 条、第 50 条都规定，机动车交通事故发生后，属于机动车一方责任的，由保险公司在机动车强制保险责任限额范围内赔偿；不足部分，由受让人承担赔偿责任。可见，这两条规定仅包含了机动车强制保险人和侵权人承担责任的顺序，而未规定机动车商业保险人承担责任。本条规定借鉴了 2012 年《最高人民法院关于审理道路交通事故损害赔偿案件适用法律若干问题的解释》第 16 条的司法经验，规定了机动车商业险保险人、机动车强制保险的保险人以及侵权人承担赔偿责任的顺序。

根据本条规定的规则，当机动车发生交通事故造成损害时，属于该机动车一方责任的，被侵权人同时请求保险人和侵权人承担赔偿责任时，承担保险责任和侵权责任的顺序是：

（1）机动车强制保险优先。出现这种情形时，机动车强制保险人承担第一顺位保险责任，由其在机动车强制保险责任限额范围内，承担赔偿责任。

（2）强制保险赔偿不足部分，商业保险优先。机动车商业保险人的保险责任为第二顺位责任。对于机动车强制保险限额范围赔偿不足的部分，商业保险人按照商业保险合同约定的保险范围承担赔偿责任。

（3）商业保险赔偿仍然不足的部分，或者根本就没有投保商业保险的，侵权人承担赔偿责任。凡是商业保险也不能理赔的部分，就由应当承担责任的机动车一方的所有人、管理人或者使用人予以赔偿，他们按照相关的责任形式及规则承担赔偿责任。

案例评析

任某魁诉某保险公司等机动车交通事故责任纠纷案①

案情：赵某军驾车与任某魁驾车相撞，致使其受伤，两车受损。赵某军负事故同等责任，任某魁负同等责任。赵某军系白某年雇用的司机，其驾驶的车辆实际车主为白某年，挂靠于运输公司名下，运输公司为登记车主。车辆投保有机动车交通事故责任强制保险和商业第三者责任险。任某魁向法院起诉，请求判令赵某军、白某年、运输公司、保险公司赔偿损失。一审法院认为：应由保险公司先行在机动车交通事故责任强制保险各分项限额内承担责任，不足部分由保险公司在商业第三者责任险的保险金额内就赵某军承担责任的部分承担赔偿责任。仍有不足部分或不属于保险公司赔偿部分，由被告白某年和运输公司承担连带赔偿责任。保险公司不服一审判决，提起上诉，主要理由是任某魁醉驾致使发生交通事故，保险公司不应赔偿商业第三者责任险。二审法院认为，保险公司与运输公司所签订的保险合同系对合同双方的约束，任某魁非合同当事人，不受该合同约束，赵某军在本次事故中不存在保险合同中约定的免责事项，故保险公司应就运输公司应承担的责任进行赔偿。

评析：本案涉及的是机动车交通事故责任强制保险、商业第三者责任险和侵权责任的承担顺序。2012年《最高人民法院关于审理道路交通事故损害赔偿案件适用法律若干问题的解释》第16条规定，肇事车辆同时投保了机动车第三者责任强制保险、第三者责任商业保险，应当先由承保机动车第三者责任强制保险的保险公司赔偿；不足部分，由承保商业第三者责任险的保险公司赔偿；仍有不足，由侵权人予以赔偿。民法典第1213条沿袭了这一规则。在本案中，涉案肇事车辆在保险公司处投保了机动车交通事故强制保险和商业第三者责任险，应当先由保险公司在机动车交通事故强制保险限额内承担责任，不足部分由保险公司在商业第三者责任险的保险金额内承担责任。仍有不足的以及不属于保险公司承保范围内的部分，由侵权人来承担责任。赵某军系白某年雇用的司机，赵某军驾驶车辆发生交通事故，应由白某年承担雇主责任。白某年将涉案肇事车辆挂靠于运输公司名下，应由运输公司与白某年对保险限额外以及不属于保险范围内的损失承担连带责任。

▶▶ **第一千二百一十四条** 以买卖或者其他方式转让拼装或者已经达到报废标准的机动车，发生交通事故造成损害的，由转让人和受让人承担连带责任。

---

① 审理法院：一审法院为河南省郑州市管城回族区人民法院，案号：（2017）豫0104民初7948号。二审法院为河南省郑州市中级人民法院，案号：（2018）豫01民终1939号。

🏛 条文要义

本条是对拼装车、报废车交通事故责任的规定。

国家法律严格禁止拼装车上路，严格禁止已经报废的机动车继续使用，同时，也严格禁止对拼装车和报废车进行买卖或者以其他方式进行转让。这些都是国家的强制性规定，不得违反。

本条规定，凡是以买卖或者其他方式转让拼装车或者已经达到报废标准的机动车，发生交通事故造成损害的，转让人和受让人承担连带赔偿责任。这是绝对责任，不可以适用减轻或者免除责任的规定。

拼装车是没有汽车生产资质的人非法用汽车零部件拼装而成的机动车。报废车，是"已达到报废标准的机动车"，而不是已经报废的机动车，其含义是，凡是已达到报废标准的机动车，无论是否已经经过报废程序，都在规范之列。拼装车、已达到报废标准的机动车或者依法禁止行驶的其他机动车被多次转让，发生交通事故造成损害时，所有的转让人和受让人都承担连带责任。依法禁止行驶的其他机动车，与拼装车、报废车相似，造成交通事故致人损害时，可以参照适用本条规定确定责任。

🎳 案例评析

黄某贞等诉刘某岗等机动车交通事故责任纠纷案[①]

案情： 刘丙驾驶摩托车搭载刘乙与朱某杰驾驶的小型客车相撞，造成两车受损，刘丙、刘乙死亡。刘丙负事故的主要责任，朱某杰负事故的次要责任，刘乙无责任。摩托车登记车主系向某跃，转让给刘丙时，该摩托车因逾期未检验已达到报废标准。刘乙的近亲属黄某贞等向法院起诉，请求判决刘某岗（刘丙的父亲）、向某跃、朱某杰等赔偿各项损失。关于向某跃的责任问题，一审法院认为：向某跃已将摩托车卖给刘丙，刘乙的近亲属也未提供充分有效的证据证明此次交通事故系摩托车的车辆性能故障造成。向某跃在本案中并无过错，其无须承担赔偿责任。二审法院认为，本案中，向某跃将已达到报废标准的两轮摩托车转让给刘丙，刘丙驾驶该摩托车发生了本案交通事故，导致刘乙死亡，向某跃、刘丙依法应当承担连带赔偿责任。

评析： 本案所涉及的是非法转让机动车造成交通事故的责任归属问题。机动车管理中，不准转让已经达到报废标准的机动车。《侵权责任法》第51条规定，因转让报废机动车而发生交通事故造成损害时，由转让人和受让人承担连带责任。民法典第1214条承继了上述规定，继续确认转让人和受让人之间承担连带责任。在本案中，肇事车辆已经超过检验有效期，达到了报废标准。向某跃仍然与刘丙签订买卖

---

① 审理法院：一审法院为湖南省隆回县人民法院，案号：（2017）湘0524民初87号。二审法院为湖南省邵阳市中级人民法院，案号：（2017）湘05民终1984号。

合同，交付报废车辆。二者对于损害的发生具有共同的间接故意。当刘丙驾驶该报废车辆造成交通事故时，二者构成共同侵权行为，应当对损害的发生承担连带责任，以充分保障机动车交通事故受害人的合法权益。

▶▶ **第一千二百一十五条**　盗窃、抢劫或者抢夺的机动车发生交通事故造成损害的，由盗窃人、抢劫人或者抢夺人承担赔偿责任。盗窃人、抢劫人或者抢夺人与机动车使用人不是同一人，发生交通事故造成损害，属于该机动车一方责任的，由盗窃人、抢劫人或者抢夺人与机动车使用人承担连带责任。

　　保险人在机动车强制保险责任限额范围内垫付抢救费用的，有权向交通事故责任人追偿。

🏛 条文要义

本条是对盗抢机动车交通事故责任的规定。

盗窃、抢劫或者抢夺他人的机动车，是侵害他人财产的违法犯罪行为，在占有该机动车行驶中发生交通事故造成他人损害的，盗窃人、抢劫人或者抢夺人应当承担损害赔偿责任，而不是由机动车所有人、管理人承担侵权责任。在盗窃、抢劫或者抢夺他人机动车的过程中发生交通事故致人损害的，也应当适用本条规定。

本条第1款规定的内容与《侵权责任法》第52条规定的内容相比，增加了"盗窃人、抢劫人或者抢夺人与机动车使用人不是同一人，发生交通事故造成损害，属于该机动车一方责任的，由盗窃人、抢劫人或者抢夺人与机动车使用人承担连带责任"。这一规定的含义是，盗窃人、抢劫人、抢夺人将非法占有的他人机动车交给使用人使用，形成非法占有人与使用人并非同一人的情形，其中既包括交给他人使用，也包括将非法占有的机动车有偿或者无偿转让给他人使用。在这种情形下发生交通事故致人损害，属于该机动车一方的责任的，盗窃人、抢劫人、抢夺人与机动车使用人承担连带责任，非法占有人不能因已经将机动车转让而不承担责任。确定这一新规则的基础是，盗抢机动车的人与使用盗抢得来的机动车的人，实际上总是有一定的关联，使用人无论是有偿使用还是无偿使用，甚至购买了盗赃机动车的，其使用机动车时发生交通事故造成他人损害的，当然应当承担赔偿责任，而盗窃、抢劫、抢夺机动车的人更应当承担责任，因此，确定他们承担连带责任，是完全有道理的。

保险人在机动车强制保险责任限额范围内垫付抢救费用的情形，是指盗窃、抢劫、抢夺的他人机动车发生交通事故致人损害，找不到侵权责任主体时，机动车强制保险的保险人应当并且实际垫付了抢救费用。如果找到了侵权责任主体，保险人有权向其进行追偿。

案例评析

申某福诉吴某波等机动车交通事故责任纠纷案①

案情： 吴某波与申某福发生交通事故，导致两车受损、乘客肖某容受伤。吴某波负事故全部责任。吴某波驾驶的车辆系盗窃所得，该车辆登记所有权人为黄某，且在某保险公司投保了机动车交通事故责任强制保险。申某福向法院起诉，请求判令吴某波、黄某、某保险公司赔偿损失。一审法院认为：根据《侵权责任法》第52条的规定，原告申某福的损失应由被告吴某波承担赔偿责任，故判决吴某波赔偿原告申某福车辆修理费，某保险公司无须承担赔偿责任。申某福不服一审判决，提起上诉，请求改判某保险公司在机动车交通事故责任强制保险的责任限额内就车辆修理费承担赔偿责任。二审法院认为，根据《侵权责任法》第52条的规定，本案中申某福诉请的是车辆的维修费，并非人身损害的抢救费用，故一审判决认定申某福因涉案交通事故所致的财产损失由吴某波承担赔偿责任，并无不当，适用法律正确。

评析： 本案涉及的是盗窃机动车发生交通事故时责任主体的确定。他人驾驶盗窃所得的机动车，与机动车所有人的意志完全背离。此时机动车所有人既无法完成实际的运行支配，也没有对机动车享有利益；盗窃者才是机动车的运行支配者以及运行利益享有者。有鉴于此，《侵权责任法》第52条规定，盗窃的机动车发生交通事故造成损害的，由盗窃人承担赔偿责任；保险公司在保险范围内垫付抢救费用的，有权向交通事故责任人追偿。本案中吴某波盗窃了黄某的机动车，发生交通事故，应当是吴某波承担机动车交通事故责任，黄某不承担任何责任。

应当补充说明的是，民法典第1215条在《侵权责任法》第52条之规定的基础上，完善了该规则，规定：盗窃人、抢劫人、抢夺人与使用人不是同一人时，盗窃人、抢劫人、抢夺人与使用人承担连带责任。如果本案中吴某波盗窃了黄某的机动车后，将机动车出借或者出卖给第三人，第三人驾驶该辆机动车发生交通事故致人损害，就属于民法典第1215条新规定的情形。根据该规定，吴某波与第三人需要对损害承担连带责任，黄某不承担任何责任。

> ▶▶ **第一千二百一十六条**　机动车驾驶人发生交通事故后逃逸，该机动车参加强制保险的，由保险人在机动车强制保险责任限额范围内予以赔偿；机动车不明、该机动车未参加强制保险或者抢救费用超过机动车强制保险责任限额，需要支付被侵权人人身伤亡的抢救、丧葬等费用的，由道路交通事故社会救助基金垫付。道路交通事故社会救助基金垫付后，其管理机构有权向交通事故责任人追偿。

---

① 审理法院：一审法院为贵州省贵阳铁路运输法院，案号：（2016）黔8601民初442号。二审法院为贵州省贵阳市中级人民法院，案号：（2017）黔01民终6389号。

🏛 条文要义

本条是关于发生交通事故后驾驶人逃逸责任承担规则的规定。

机动车驾驶人在发生交通事故后逃逸，该机动车参加机动车交通事故责任强制保险的，不能改变强制保险的功能，仍然由保险人在强制保险责任限额范围内予以赔偿，以救济受害人的损害。从这个角度看，机动车第三者责任强制保险所保险的是交通事故受害人的损害，故受害人有权请求承保的保险人支付赔偿金。

在上述情况下，如果机动车的权属不明、机动车未参加强制保险或者抢救费用超过机动车强制保险责任限额，而需要支付被侵权人人身伤亡的抢救、丧葬等费用的，无法通过强制保险获得这种补偿，应当由道路交通事故社会救助基金垫付。其中，抢救费用超过机动车强制保险责任限额是本条新规定的情形。《侵权责任法》第53条规定了逃逸的赔偿问题，但是未规定"交强险"限额不足以支付抢救费用、丧葬费用时如何对受害人提供救济。本条规定在《侵权责任法》第53条的基础上，增加规定：超过"交强险"限额的部分，同样由道路交通事故社会救助基金垫付。

道路交通事故社会救助基金是依照《道路交通安全法》第17条创设的基金，是机动车交通事故责任强制保险制度的补充，目的是保证道路交通事故中受害人在不能按照该制度获得赔偿和从侵权人那里得到赔偿时，可以通过该基金的救助，获得及时抢救或者适当补偿。这项制度坚持以人为本的原则，体现国家和社会对自然人生命安全和健康的关爱与救助。道路交通事故社会救助基金是财团法人即捐助法人。当道路交通事故社会救助基金对上述损失的费用予以垫付后，其管理机构有权向交通事故责任人追偿。

🔮 案例评析

今日行公司诉李某等机动车交通事故责任纠纷案①

案情： 李某驾车与今日行公司所属司机佟某军所停靠的大型客车相撞，造成两车前部受损。事故发生后李某驾车逃逸。李某承担事故的全部责任，佟某军无责任。李某驾驶的小客车在某保险公司投保了机动车交通事故责任强制保险。今日行公司司机所驾驶的大型客车是租用而来的，为此，今日行公司支付租车费27 000元。今日行公司向法院起诉，请求判令李某、某保险公司赔偿车辆修理费85 500元、车辆租赁费27 000元。一审法院认为某保险公司应在机动车交通事故责任强制保险限额内先行赔偿，超出部分由李某进行赔偿。李某不服一审判决，提起上诉。二审法院认为，根据《侵权责任法》第53条的规定，今日行公司要求李某及某保险公司承担

---

① 审理法院：一审法院为北京市东城区人民法院，案号：（2017）京 0101 民初 8593 号。二审法院为北京市第二中级人民法院，案号：（2018）京 02 民终 621 号。

相应赔偿责任于法有据，应予支持。遂判决驳回上诉，维持原判。

　　评析：本案涉及的是机动车驾驶人肇事逃逸的责任分担问题。《侵权责任法》第53条规定了三种基本规则，一是保险公司在机动车交通事故责任强制保险范围内的赔付责任，二是道路交通事故社会救助基金的垫付责任，三是道路交通事故社会救助基金管理机构的追偿权。本案中机动车驾驶人李某逃逸，保险公司仍需要在机动车强制保险责任限额范围内予以赔偿。这是机动车交通事故责任强制保险优先原则的体现，即无论何种情况，都应当按照强制保险的规则理赔，保险公司不得以任何理由拒绝。只有机动车交通事故责任强制保险优先，才能在机动车驾驶人逃逸的情况下，及时填补受害人的损失，维护其合法权益。

　　应当补充说明的是，民法典第1216条在《侵权责任法》第53条之规定的基础上，新增了"交强险"限额不足以支付抢救费用、丧葬费用时救济受害人的途径。据此，如果本案中李某驾驶机动车不仅造成了今日行公司下属司机佟某军驾驶的车辆破损，还造成了佟某军本人人身受到严重损害，则保险公司强制保险不足以支付佟某军的抢救费用、丧葬费用时，道路交通事故社会救助基金应当予以垫付。垫付后，其有权向李某追偿。

> ▶▶**第一千二百一十七条**　非营运机动车发生交通事故造成无偿搭乘人损害，属于该机动车一方责任的，应当减轻其赔偿责任，但是机动车使用人有故意或者重大过失的除外。

🏛 条文要义

　　本条是对机动车交通事故好意同乘规则的规定。

　　好意同乘，是指无偿搭乘他人的机动车，在运行中发生交通事故，造成无偿搭乘人的损害，属于该机动车一方责任的，减轻机动车一方赔偿责任的规则。好意同乘的特点有三：一是无偿性，好意人无营利目的，索要和收取对价的同乘都不是无偿的，以主动负担一部分油费或过路费等搭乘车辆的，虽然支付了一定费用，但通常出于情谊维系的目的，非支付对价的意思，故属于"无偿"范围。二是合意性。同乘需经过车辆保有人的同意，包括邀请和允许。未经同意而强行搭乘，不构成好意同乘。三是顺路性，即"搭便车"，只是双方目的地相近或相同，好意人并非特意而为，同乘人为便利而搭车。

　　适用好意同乘的规则是：

　　（1）须为无偿搭乘他人机动车，而非有偿搭乘；被搭乘的是他人的非营运机动车，而不是营运的机动车。

　　（2）发生交通事故造成搭乘人的损害，须构成机动车一方的责任，即被搭乘人的责任。

（3）减轻责任。好意同乘是善意的为他人提供方便的行为，是利他行为，即使造成无偿搭乘人的损害，被搭乘人也不应当承担全部赔偿责任，故本条规定，即使属于该机动车一方的责任，也应减轻其赔偿责任。

（4）全部责任。如果造成交通事故致害无偿搭乘人，是机动车使用人故意或者重大过失所致，则机动车一方应当承担全部赔偿责任。

这一规则规定的内容还不够全面，好意同乘规则还包括支付部分汽油费或者过路费的赔偿规则。如果搭乘人支付了部分汽油费或者过路费的，则属于一定程度的有偿搭乘，被搭乘人承担的赔偿责任范围应当更大一些。例如，无偿搭乘发生交通事故致害无偿搭乘人，机动车一方应当承担50％的赔偿责任，则支付了部分汽油费或者过路费而达不到买票乘车的数额的，机动车一方应当承担70％左右的赔偿责任；如果支付的汽油费或者过路费的数额与买票乘车的费用基本相同或者相近，则属于机动车一方非法运营，机动车一方应当承担更多的甚至全部的赔偿责任。这样的规则没有规定，在司法实践中可以适当参酌。

目 配套司法解释

最高人民法院关于适用《中华人民共和国民法典》时间效力的若干规定

第十八条 民法典施行前，因非营运机动车发生交通事故造成无偿搭乘人损害引起的民事纠纷案件，适用民法典第一千二百一十七条的规定。

案例评析

钱某生、钱某东等诉李某军、茅某等机动车交通事故责任纠纷案①

案情：王某萍等人免费搭乘茅某驾驶的小型普通客车与李某军驾车相撞，造成两车及道路设施损坏、王某萍死亡、其他人受伤。李某军负事故主要责任，茅某负事故次要责任。李某军在某保险公司投保了机动车交通事故责任强制保险和商业第三者责任险。茅某所驾车辆车主系金纪公司。茅某系金纪公司的法定代表人，车辆由茅某实际使用。王某萍的丈夫、儿子向法院起诉，请求被告李某军、保险公司、茅某、金纪公司连带赔偿两原告丧葬费、死亡赔偿金等损失。法院认为，本案中，王某萍等人无偿搭乘茅某所驾驶的车辆而发生交通事故，应适当减轻茅某的赔偿责任。综合全案案情，法院认为，对本案中茅某责任的减轻比例以5％为宜，李某军与茅某应各自承担相应的责任，即按份责任，而非连带责任。

评析：本案涉及的是好意同乘时机动车交通事故责任的认定问题。《侵权责任法》未作出规定，民法典新设了这一规则。根据民法典第1217条的规定，除机动车

---

① 审理法院：江苏省南京市玄武区人民法院，案号：（2016）苏0102民初1002号。

使用人有故意或者重大过失外，应当减轻机动车使用人一方的赔偿责任。在本案中，"道路交通事故认定书"认定李某军负事故主要责任，茅某负事故次要责任。可见，茅某在机动车交通事故中不存在故意或者重大过失。因而，茅某承担对王某萍近亲属的赔偿责任时，应当适当减轻其赔偿数额。本案法院判决减轻茅某 5‰ 的赔偿责任，不仅能够继续弘扬我国乐于助人的良好社会道德风尚，还将督促机动车使用人对搭乘人尽到合理的安全注意义务。

第六章　医疗损害责任

▶▶ **第一千二百一十八条**　患者在诊疗活动中受到损害，医疗机构或者其医务人员有过错的，由医疗机构承担赔偿责任。

🏛 条文要义

本条是对医疗损害责任一般规则的规定。

医疗损害责任是指患者在诊疗活动中受到损害，医疗机构或者医务人员有过错的，由医疗机构承担的替代赔偿责任。

医疗损害责任一般条款的基本内容是：

（1）医疗损害责任适用过错责任原则，医疗机构或者其医务人员只有在诊疗活动中有过错的，才对在该医疗机构就医的患者所受损害承担医疗损害的赔偿责任，只有法律另有规定时，才适用无过错责任原则，例如民法典第1223条规定的医疗产品损害责任。

（2）构成医疗损害责任的要件是：1）患者与医疗机构有医疗服务合同关系，患者是在该医疗机构就医的自然人；2）患者在诊疗活动中受到人身损害；3）患者的人身损害与医疗机构或者其医务人员的诊疗活动有因果关系；4）医疗机构或者其医务人员在诊疗活动中有过失。本条规定将《侵权责任法》第54条规定的"医疗机构及其医务人员"修改为"医疗机构或者其医务人员"。《侵权责任法》第54条采用"及其"的表述，是将医疗机构与医务人员的过失都认定为一个过失，容易让他人认为医疗机构与医务人员须有同一个过失。本条规定将其修改为医疗机构的过失"或者"医务人员的过失，就说明不论是二者谁的过失，都是医疗损害责任的主观构成要件。构成医疗损害责任并非要求医疗机构与医务人员同时都有过失，更不是要求二者有同一个过失，而是医疗机构或者医务人员其中之一具有过失即可。这样的规定更为全面，还可以避免误读。

（3）承担责任的责任形态是替代责任，即具备上述四个要件的，构成医疗损害责任，责任主体是医疗机构而不是医务人员。

（4）医疗机构承担赔偿责任之后，依照民法典第1191条第1款关于用人单位责任的规定，可以向有重大过失的医务人员进行追偿。

医疗损害责任一般条款的作用是：（1）指导本节规定的各种医疗损害责任的法律适用；（2）对于本节规定的没有责任规范的医疗损害问题，以及本节没有规定的医疗损害责任类型，符合本条规定的，适用本条作为确定侵权责任的依据，前者如民法典第1220条只规定了救助义务没有具体规定违反救助义务造成损害的责任，后者如医疗管理过失造成患者损害，都没有具体条文规定应当承担的责任，都可以适用本条规定确定赔偿责任。

医疗损害责任分为四种类型：（1）医疗伦理损害责任（民法典第1219条）；（2）医疗技术损害责任（民法典第1221条）；（3）医疗产品损害责任（民法典第1223条）；（4）医疗管理损害责任（没有具体条文规定，应当适用第1218条确定责任）。

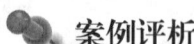 **案例评析**

陈某旭诉京瑞丽诗门诊部医疗损害责任纠纷案①

案情：陈某旭在瑞丽诗门诊部行额肌瓣悬吊术，后陈某旭眼结膜充血、角膜出现斑翳，双侧眼睑不能闭合，双眼视力下降。陈某旭向法院起诉，请求瑞丽诗门诊部赔偿医疗费、精神损害抚慰金等损失。一审法院认为，瑞丽诗门诊部对陈某旭的诊疗行为，经鉴定机构鉴定存在医疗过失，瑞丽诗门诊部理应承担赔偿责任。结合案件的具体情况，酌情判定瑞丽诗门诊部承担的责任比例为40%。瑞丽诗门诊部不服一审判决，提起上诉。二审法院认为：瑞丽诗门诊部在对陈某旭的诊疗过程中存在一定的医疗过失，该过失与陈某旭的损害后果之间存在一定的因果关系，瑞丽诗门诊部的医疗过失属次要责任。故一审法院认定瑞丽诗门诊部应对陈某旭的损害后果承担40%的赔偿责任正确。遂判决驳回上诉、维持原判。

评析：本案涉及的是一般医疗损害责任的问题。《侵权责任法》第54条规定，患者在诊疗活动中受到损害，医疗机构及其医务人员有过错的，由医疗机构承担赔偿责任。民法典第1218条将"及其"修改为"或者"后，医疗机构或者医务人员之一有过错，医疗机构均需要承担赔偿责任。在本案中，经鉴定机构鉴定医务人员存在医疗过失，具体包括术前院方未行视力及提上睑肌肌力检查，未行必要的鉴别诊断；术后患者出现角膜病变之时，未及时安排会诊，未采取更积极有力的措施治疗角膜病变。瑞丽诗门诊部的医疗过失造成陈某旭九级残疾，故瑞丽诗门诊部需要承担损害赔偿责任。瑞丽诗门诊部的医疗过失行为与陈某旭的残疾之间存在一定的因果关系，属于次要责任。故本案的一审、二审法院结合案情酌情认定瑞丽诗门诊部承担40%的责任。这样的判决充分体现了自己责任的理念，即瑞丽诗门诊部承担与

---

① 审理法院：一审法院为北京市海淀区人民法院，案号：（2015）海民初字第31595号。二审法院为北京市第一中级人民法院，案号：（2018）京01民终2379号。

其过错程度相适应的责任，不仅能够及时填补受害人的损失，还将督促瑞丽诗门诊部积极履行医疗注意义务。

▶▶**第一千二百一十九条** 医务人员在诊疗活动中应当向患者说明病情和医疗措施。需要实施手术、特殊检查、特殊治疗的，医务人员应当及时向患者具体说明医疗风险、替代医疗方案等情况，并取得其明确同意；不能或者不宜向患者说明的，应当向患者的近亲属说明，并取得其明确同意。

医务人员未尽到前款义务，造成患者损害的，医疗机构应当承担赔偿责任。

🏛 条文要义

本条是对医疗机构告知义务的规定。

自 1960 年代以来，医患关系由家父型关系改变为平等关系，在医疗服务合同的履行中，医疗机构及其医务人员对患者负有告知义务，患者享有知情权和决定权。医疗机构及其医务人员未尽告知义务，侵害了患者的知情权和决定权，构成医疗伦理损害责任。

本条第 1 款规定的医务人员的告知义务，分为三种情形：

（1）一般病情一般告知：医务人员在诊疗活动中应当向患者说明病情和医疗措施。

（2）特殊病情特别告知：需要实施手术、特殊检查、特殊治疗的，医务人员应当及时向患者具体说明医疗风险、替代医疗方案等情况，并取得其明确同意。

（3）权利主体是患者：医务人员应当向患者告知，不能或者不宜向患者说明的，应当向患者的近亲属说明，并取得其明确同意。

本条第 2 款规定的是违反告知义务造成患者损害的医疗伦理损害责任承担规则，分为两种类型：（1）未尽告知义务，造成患者知情权损害并且造成人身损害的，医疗机构应当依照人身损害赔偿的法律规定，承担赔偿责任。（2）未尽告知义务，造成患者知情权损害，未造成人身损害的，医疗机构应当承担精神损害赔偿责任。

本条修改的内容是：第一，将《侵权责任法》第 55 条规定的两个"取得其书面同意"修改为"取得其明确同意"。《侵权责任法》第 55 条规定书面同意，主要是为了固定证据，避免发生纠纷，并且在发生纠纷后便于查明案件事实和解决纠纷。[①] 在民法典编纂过程中，有意见提出，受这一规定所限，医院往往机械性地要求患者或者近亲属签署书面文件，这容易延误最佳治疗时机，因此，建议将书面同意改为明

---

① 江必新. 民法典重点修改及新条文解读. 北京：中国法制出版社，2020：1046.

确同意。① 立法机关采纳了这一意见，进行了修改。第二，在"不宜向患者说明的"之前，加上了"不能或者"的内容，概括了另一种情况，就是患者已经失去接受告知、作出明确同意表示能力的，也应当得到患者近亲属的明确同意。

案例评析

战某芳等诉吉林大学第一医院医疗损害责任纠纷案②

案情：战某入吉林大学第一医院（以下简称吉大一院）进行手术。手术即将结束时，战某突然出现血氧降低、心率下降，经抢救无效后死亡。战某家属向法院起诉，请求判令吉大一院承担赔偿责任。一审法院认为，吉大一院告知缺陷的过错责任程度轻微，酌定医院对患者战某的死亡后果承担 15% 的赔偿责任。战某家属不服一审判决，提起上诉，后因未缴纳上诉案件审理费用，法院按照自动撤诉处理。一审判决生效后，战某家属申请再审。再审法院认为，一审法院考虑吉大一院术前已经尽到了一定的注意及告知义务，患者家属作为完全民事行为能力人亦应理解其所签署的"手术治疗知情同意书"和"麻醉知情同意书"中提示的风险，确认吉大一院告知缺陷的过错责任程度轻微，酌定其对患者战某的死亡后果承担 15% 的赔偿责任符合规定，并无不当。

评析：本案涉及的是违反告知义务的医疗伦理损害责任。诊疗活动具有高度的专业性、风险性，因而，在诊疗活动中，医务人员不仅需要在术前进行一般性常规内容的告知，还需要针对患者的具体情况，向患者具体说明医疗风险、替代医疗方案等特殊内容，才能够最大限度地确保患者的生命、身体、健康的安全。对于后一告知，《侵权责任法》第 55 条要求取得患者或者其近亲属的书面同意。在本案中，吉大一院仅履行了一般性告知义务，未尽到完整的特殊告知义务，取得战某或者其近亲属的同意，故其行为具有违法性。吉大一院的行为致使患者战某遭受损害，主观上存在重大过失，故吉大一院应当承担赔偿责任。考虑到未尽到告知义务与患者损害之间仅具有相对轻微的因果关系，本案最终认定吉大一院承担 15% 的赔偿责任，以保障患者战某的权利，同时维护好医患关系的利益平衡。

应当补充说明的是，对于特殊内容的告知义务，民法典第 1219 条将取得患者或者其近亲属的书面同意修改为取得明确同意。据此，如果类似案件发生在民法典生效之后，医务人员应当取得患者或者其近亲属的明确同意。该明确同意的表示不限于采书面形式，也可以是通信电子邮件、微信语音、短信等。此举的主要目的是确

---

① 黄薇. 中华人民共和国民法典侵权责任编释义. 北京：法律出版社，2020：152.

② 审理法院：一审法院为吉林省长春市朝阳区人民法院，案号：（2014）朝民初 00425 号。二审法院为吉林省长春市中级人民法院，案号：（2017）吉 01 民终 1668 号。再审法院为吉林省长春市中级人民法院，案号：（2018）吉 01 民申 4 号。

保患者知情权的实现。

> ▶▶ **第一千二百二十条**　因抢救生命垂危的患者等紧急情况，不能取得患者或者其近亲属意见的，经医疗机构负责人或者授权的负责人批准，可以立即实施相应的医疗措施。

🏛 条文要义

本条是对医疗机构紧急救助措施的规定。

在发生了一些在抢救生命垂危患者时患者家属不同意采取紧急医疗措施造成患者损害的事件后，《侵权责任法》规定，经医疗机构负责人或者授权的负责人批准，医疗机构及其医务人员有立即采取相应医疗措施的权力。民法典延续了这一规定。

采取紧急救助措施的要件是：（1）患者生命垂危等，须紧急抢救。（2）不能取得患者或者其近亲属的意见。首先是患者同意，患者不能表达意思的，才需取得患者近亲属的同意。"不能取得"包括其近亲属不同意采取紧急抢救措施。（3）经过医疗机构负责人或者医疗机构负责人授权的负责人的批准。具备这些要件，医疗机构及其医务人员就可以实施紧急抢救措施。

本条只规定了授权，没有规定违反紧急救助义务的责任。应当适用民法典第1218条规定的医疗损害责任一般条款，认定医疗机构或者其医务人员未尽紧急救助义务有过错的，对患者造成的损害应当承担赔偿责任。

🔎 案例评析

黄某菊等诉铜川市人民医院医疗损害责任纠纷案[①]

案情： 张某容晕倒在路边被民警发现送往铜川市医院抢救。市医院在没有亲属签字的情况下进行了抢救，但患者仍死亡。患者家属向法院起诉，请求市医院赔偿损失。一审法院认为，市医院在没有患者亲属签字的情况下，进行抢救治疗，符合《侵权责任法》第55条的规定，但医疗机构的诊疗行为有过错，应承担相应的责任，遂判决市医院应承担30％的赔偿责任。市医院不服一审判决，提起上诉。二审法院认为：死者张某容晕倒在路边，被巡警发现后送至市医院。市医院及其下属医务工作者本着救死扶伤的人道主义精神，竭尽所能，全力抢救，对市医院的行为应当予以充分肯定。死者亲属在死者身亡后到达医院，对医务工作者的诊疗行为提出种种

[①]　审理法院：一审法院为陕西省铜川市王益区人民法院，案号：（2015）王民初字第00045号。二审法院为陕西省铜川市中级人民法院，案号：（2016）陕02民终316号。

质疑，虽属人之常情，但对于形成助人为乐、鼓励义行的良好社会风尚并无裨益。市医院对张某容的死亡存在医疗过错，应承担相应的赔偿责任。考虑到死者家庭的特殊情况，本着关爱弱者的宗旨，一审法院认定市医院负 30% 的赔偿责任，并无不当。

评析：本案涉及的是医疗机构紧急救助措施的问题。当患者急需抢救，却又无法取得患者或者其近亲属意见时，本着医生救死扶伤的使命与职责，医务人员应当及时实施相应的医疗措施，以避免患者损害的进一步扩大。在本案中，市医院在没有患者亲属签字的情况下，经负责人批准后进行抢救治疗，符合实行紧急救助措施的规定。不过，符合实行紧急救助措施的规定与符合诊疗规范并不等同。医务人员在实施相应的医疗措施时，仍然需要尽到合理的诊疗义务，保障患者的生命、健康、身体安全。患者在该诊疗活动中受到损害的，医疗机构仍然需要承担赔偿责任。经过鉴定，本案中市医院对张某容的死亡存在医疗过错，参与度为 30%，故其应承担30% 的赔偿责任。

> ▶▶ **第一千二百二十一条**　医务人员在诊疗活动中未尽到与当时的医疗水平相应的诊疗义务，造成患者损害的，医疗机构应当承担赔偿责任。

🏛 条文要义

本条是对医疗技术损害责任的规定。

医疗技术损害责任是指医疗机构及其医务人员在医疗活动中，违反医疗技术上的高度注意义务，具有违反当时的医疗水平的医疗技术过失，造成患者损害的医疗损害责任。

医疗技术损害责任的法律特征是：（1）以医疗机构及其医务人员具有医疗过失为前提。（2）医疗技术损害责任的过失是医疗技术过失，不属于医疗伦理过失或者医疗管理过失。（3）医疗技术过失的认定方式主要是原告证明，法律规定推定医疗机构及其医务人员有过失的，依照其规定进行推定。（4）医疗技术损害责任的损害事实只包括人身损害事实，不包括财产损失事实。

确定是否构成医疗技术损害责任的关键，是医疗机构及其医务人员是否存在医疗技术过失。医疗技术过失是医务人员在诊疗活动中未尽到与当时的医疗技术水平相应的诊疗义务的不注意心理状态。判断的标准是：（1）医疗技术水平是临床医疗技术水平，而不是医学科学水平，因为医学科学水平是医学研究所达到的最高水平，绝大多数临床医生没有这个水平。（2）确定过失的临床技术水平是当时的水平，而不是发生医疗损害之前或者之后的水平，例如在医疗损害发生之后很长时间再处理该纠纷争议时，不能依处理纠纷时的临床技术水平确定是否有过失。（3）证明的责任在原告，原告须提供证据证明存在这种过失（符合第 1222 条规定的除外）。

具备这样的医疗技术过失，再具备上述其他构成要件，即构成医疗技术损害责任，医疗机构应当对患者的损害承担损害赔偿责任。

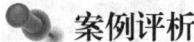 **案例评析**

吴某等诉安徽省胸科医院医疗损害责任纠纷案①

案情：吴某入安徽省立医院就诊。该医院诊断吴某为距骨结核，但不能排除骨结核，故建议吴某至结核病医院就诊。此后，吴某三次至安徽省胸科医院就诊，两次至安徽省立医院就诊。吴某认为，安徽省立医院和安徽省胸科医院多次对其进行诊疗均存在误诊行为，从而加重其病情，导致其失去治疗的最佳时机，最终导致吴某右侧小腿中段被迫截肢，故诉请法院判决安徽省立医院、安徽省胸科医院赔偿损失。一审法院认定安徽省胸科医院对吴某第二次、第三次的诊疗行为存在过错，且医疗过错与吴某后二次住院接受抗结核治疗结果具有主要因果关系，故酌定安徽省胸科医院对吴某第二次、第三次的诊疗行为所产生的费用承担 80% 的赔偿责任；又因安徽省胸科医院对吴某的诊疗行为存在过错，该过错与吴某右小腿截肢结果具有轻微因果关系，故酌定安徽省胸科医院对吴某因截肢所产生的费用承担 20% 的赔偿责任。安徽省胸科医院不服一审判决，提起上诉。二审法院认为：安徽省胸科医院在吴某第二次、第三次就诊期间未能尽到注意义务，使其失去更早期明确其骨肿瘤的诊断时机，主观上存在过错，与吴某后期二次住院抗结核病治疗结果具有主要因果关系，与最终小腿截肢结果具有轻微因果关系。一审法院由此确认安徽省胸科医院在本案中所承担的赔偿责任，属于裁量权范围，本院对此不予调整。遂判决驳回上诉、维持原判。

评析：本案涉及的是医疗技术损害责任。医疗机构及其医务人员在进行诊疗活动的过程中，应当尽到与当时的医疗水平相符的诊疗义务，高度注意患者的病情。如果医疗机构或其医务人员违反医学上应尽的高度注意义务，造成患者损害，医疗机构应当承担赔偿责任。本案中，安徽省胸科医院于患者吴某第一次就诊时，符合医疗规范；于吴某第二次、第三次就诊时，未对初始的诊断发现并加以审查，作出了不符合当下医疗水平一个理性的医师对患者疾病的判断，具有诊断过失。误诊行为致使患者吴某丧失了治疗的最佳时机，并间接导致吴某再次住院以及最终小腿截肢，符合医疗技术损害责任的构成要件。因此，安徽省胸科医院应当承担赔偿责任，赔偿责任的范围可以参照其医疗过失对损害发生的参与度来确定。

---

① 审理法院：一审法院为安徽省合肥市庐阳区人民法院，案号：（2016）皖 0103 民初 7551 号。二审法院为安徽省合肥市中级人民法院，案号：（2018）皖 01 民终 1104 号。

▶▶ 第一千二百二十二条　患者在诊疗活动中受到损害，有下列情形之一的，推定医疗机构有过错：

（一）违反法律、行政法规、规章以及其他有关诊疗规范的规定；

（二）隐匿或者拒绝提供与纠纷有关的病历资料；

（三）遗失、伪造、篡改或者违法销毁病历资料。

🏛 条文要义

本条是对医疗技术过失推定事由的规定。

医疗技术损害责任适用过错责任原则，原告负有举证责任。在本条规定的以下三种情形下，直接推定医务人员有医疗技术过失，原告不必举证证明：

（1）违反法律、行政法规、规章以及其他有关诊疗规范的规定。这一过失推定事由，其实并不是推定，而是证明了医务人员有过失。理由是，证明医务人员的医疗技术过失，就是要证明医务人员在客观上违反了应当遵循的法律、行政法规、规章以及其他有关诊疗规范的规定，只要有确定的证据，就能够证明医务人员在主观上违反了当时的医疗水平，为有过失。法律将其直接规定为推定过失的事由，则如果受害患者一方能够证明这一情形，就推定医务人员有医疗技术过失，应当承担医疗技术损害责任。

（2）隐匿或者拒绝提供与纠纷有关的病历资料。这是指医疗机构及医务人员在发生医疗损害之后，当需要有关病历资料证明医务人员是否存在医疗技术过失时，却采取不作为的方式，拒绝提供与纠纷有关的病历资料的，直接推定医务人员有过失，不必再举证证明。理由是，医务人员拒绝提供自己掌控的有关病历资料的证据，就相当于负有举证责任而拒绝举证，因而依法向相反方向推定，推定医务人员有过失。这样不仅可以解决纠纷，而且对所有的医疗机构及其医务人员都是一个警示：必须配合司法机关提供有关证据，不管这些证据是否有利于自己。

（3）遗失、伪造、篡改或者违法销毁病历资料。在医疗损害责任纠纷发生后，只要医疗机构及其医务人员遗失、伪造、篡改或者违法销毁病历资料，无论是故意还是过失（遗失是过失，伪造、篡改和违法销毁是故意），都使医疗损害责任纠纷的责任确定失去客观的书证。因此，应当向造成证据灭失的一方不利的方向推定，直接推定医务人员有过失，由其承担侵权责任。这也是对所有医疗机构及其医务人员的警示：在发生医疗损害后千万不要干傻事，意图借此推诿责任，而实际效果正好相反。

本条与《侵权责任法》第58条的规定有所变化的地方是：第一，增加了"在诊疗活动中受到损害"的内容，原来的条文只规定"患者有损害，因下列情形之一"。本条则规定为"患者在医疗活动中受到损害"，将患者受到损害的场合和行为界定清楚，便于准确适用本条规定的医疗损害中的过失推定事由。第二，在"伪造、篡改或者销毁病历资料"的免责事由中，一是增加了遗失病历资料作为过失推定事由；二是针对销毁病历资料规定了限制语，即违法销毁病历资料才是过失推定事由，而不能笼统地认为所有的销毁病历资料都是过失推定事由。

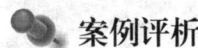 案例评析

刘某玫等诉首钢医院医疗损害责任纠纷案①

案情：孟某平被家属送至首钢医院急诊，接着孟某平至迁安市中医医院重症医学科就诊，办理出院后死亡。孟某平家属刘某玫等向一审法院起诉，请求判决首钢医院赔偿损失。一审法院认为，孟某平家属刘某玫等质疑病历超过书写时效有合理性，而病历不完整是不能进行鉴定的原因，故应当认定首钢医院存在过错，并酌定其承担30%的赔偿责任。首钢医院不服一审判决，提起上诉。二审法院认为：刘某保首次至首钢医院病案室复印病历时，病案室未给其复印病历，其对急诊病历提出质疑是合理的。此外，患者孟某平从解放军总医院出院之时，已被初步诊断病情危急，被建议早期安排截肢手术。但患者孟某平入首钢医院之后，院方确实没有作进一步处理。在未能排除患者危重时首钢医院不作处置与患者死亡间之关联性的情形下，判定首钢医院承担一定的责任是合理的。一审法院根据本案案情酌定首钢医院承担30%的赔偿责任并无不当，应当予以维持。

评析：本案涉及的是医疗技术损害责任中医疗机构的过失推定问题。一般而言，应当由患者证明医疗机构存在过错。然而，在提供病历等基本医疗档案材料方面，医疗机构具有更优势的地位。为了平衡医患关系，利用证据规则减轻受害人的举证负担，《侵权责任法》第58条规定，在三种情形下直接推定医疗机构存在过错。本案中，首钢医院隐匿2017年2月27日的急诊病历资料，符合《侵权责任法》规定的情形，应推定首钢医院有过错。这样的推定不仅可以解决医患纠纷，而且对其他医疗机构及其医务人员也是一种督促，要求其积极配合司法机关提供有关证据。

应当补充说明的是，民法典第1222条在承继《侵权责任法》第58条之规定的基础上，对医疗技术过失推定的事由进行了调整。一是增加了遗失作为医疗技术过失推定事由之一。据此，如果本案中首钢医院并非隐匿了急诊病历资料，而是遗失了病历资料，同样推定首钢医院有过错。二是针对销毁病历资料增加了违法的要件。据此，如果本案中首钢医院是按照《医疗机构病历管理规定》（2013年版）销毁病历资料，不得推定其有过错。只有在其违反了该规定销毁病历资料时，才能够推定其存在过错。

---

① 审理法院：一审法院为北京市石景山区人民法院，案号：（2017）京0107民初9165号。二审法院为北京市第一中级人民法院，案号：（2018）京01民终1220号。

▶▶ **第一千二百二十三条**　因药品、消毒产品、医疗器械的缺陷，或者输入不合格的血液造成患者损害的，患者可以向药品上市许可持有人、生产者、血液提供机构请求赔偿，也可以向医疗机构请求赔偿。患者向医疗机构请求赔偿的，医疗机构赔偿后，有权向负有责任的药品上市许可持有人、生产者、血液提供机构追偿。

🏛 条文要义

本条是对医疗产品损害责任的规定。

医疗产品损害责任原本就是产品责任，由于与医疗损害有关，因此，民法典单独规定医疗产品损害责任。

医疗产品损害责任是指医疗机构在医疗过程中使用有缺陷的药品、消毒产品、医疗器械以及血液等医疗产品（准产品），造成患者人身损害时，药品上市许可持有人、医疗产品生产者、销售者或者医疗机构应当承担的医疗损害赔偿责任。

医疗产品损害责任的构成要件是：（1）医疗机构在医疗活动中给患者使用了药品、消毒产品、医疗器械或者输入了血液。（2）给患者使用的药品、消毒产品、医疗器械有缺陷，或者给患者输入的血液不合格。（3）造成了患者死亡或者健康严重受损的人身损害后果。（4）患者的人身损害与使用的药品、消毒产品、医疗器械以及输入不合格的血液有因果关系。

医疗产品损害责任的承担主体为缺陷药品等的药品上市许可持有人、生产者、医疗机构，或者不合格血液的提供机构。其中，药品上市许可持有人是本条新增的责任主体。2019 年，《药品管理法》修订、《疫苗管理法》通过，这两部法律与世界对接，正式引入了药品上市许可人制度。一般来说，药品上市许可人被视同生产者或者表见生产者。① 为了与该两部法律相协调，本条新增了药品上市许可持有人为责任主体，与生产者并列。

医疗产品损害责任是不真正连带责任：（1）受害患者一方可以向缺陷药品、消毒产品、医疗器械的药品上市许可持有人、生产者、血液提供机构或者医疗机构请求赔偿，由受害患者一方根据自己的意愿选择。（2）最终责任由医疗产品缺陷的制造者承担。医疗机构承担赔偿责任后，只要不是因自己的过错造成医疗产品的缺陷，就可以向负有责任的药品上市许可持有人、生产者、血液提供机构进行追偿。

---

① 江必新．民法典重点修改及条文解读：下册．北京：中国法制出版社，2020：1058.

案例评析

张某等诉随州市中心医院、随州市中心血站（追加）医疗损害责任纠纷案①

案情： 1995 年张某入住随州市中心医院进行 5 次输血，其中一次输血，随州市中心医院向张某所输全血 100ml，无随州市中心血站交叉配合报告单，亦未提供此次所输全血来源的证据。2011 年张某被诊断为艾滋病。张某向一审法院起诉，请求随州市中心医院、随州市中心血站赔偿损失。一审法院认为：1995 年输入全血 100ml 无供血机构，亦无交叉配合报告单，其血液来源不明，无法排除张某的损害后果与此次输血在时间上的关联性。根据《侵权责任法》第 59 条的规定，随州市中心医院应当承担赔偿责任。由于窗口期及其他感染途径等因素的存在，亦无法完全排除本次输血以外张某其他途径感染的可能，减轻随州市中心医院 30% 的民事赔偿责任为宜。现无证据证实随州市中心血站有过错，随州市中心血站不承担赔偿责任。张某不服一审判决，以不应当减轻随州市中心医院赔偿责任为由提起上诉。二审法院认为：随州市中心医院对张某输入的该 100ml 全血无血液供应机构的检测资料证明其合法来源，应推定为不合格血液。综合本案医患双方所举证据进行审查判断，随州市中心医院对张某的输血行为与张某的损害后果之间存在确定、排他的因果关系。故对张某的这一上诉请求予以支持。

评析： 本案涉及的是医疗产品损害责任。医疗产品损害责任也是产品责任的一种，适用无过错责任原则，即不论医疗机构或者医疗产品生产者、血液提供机构是否具有过错，只要受害人能够证明医疗产品存在缺陷、有患者人身损害事实以及因果关系就构成侵权责任。在本案中，随州市中心医院于 1995 年 4 月 20 日输入的 100ml 全血没有检测资料证明其合法来源，应当推定为不合格的血液。张某在被输入不合格的血液后，遭受了身体上的病痛，存在患者的人身损害事实。经过鉴定，无法排除随州市中心医院的输血行为与损害后果之间在时间上的关联性，应当认定输血行为与损害后果之间存在因果关系。故本案符合医疗产品损害责任的构成要件，张某有权向 1995 年 4 月 20 日提供 100ml 血液的机构或者医疗机构请求赔偿。目前无法查明该血液的来源，随州市中心医院应当先行承担赔偿责任。随州市中心医院赔偿后，有权向负有责任的血液提供机构追偿。

应当补充说明的是，民法典第 1223 条在《侵权责任法》第 59 条之规定的基础上，新增了药品上市许可持有人为责任主体。如果本案中张某并非因输入不合格的血液而遭受人身损害，而是因食用了有缺陷的药品而遭受人身损害，则其不仅有权要求医疗机构、药品的生产者承担赔偿责任，还有权要求药品上市许可持有人承担

---

① 审理法院：一审法院为湖北省随州市曾都区人民法院，案号：（2015）鄂曾都民初字第 00614 号。二审法院为湖北省随州市中级人民法院，案号：（2017）鄂 13 民终 709 号。

赔偿责任。

> ▶▶ **第一千二百二十四条**　患者在诊疗活动中受到损害，有下列情形之一的，医疗机构不承担赔偿责任：
>
> （一）患者或者其近亲属不配合医疗机构进行符合诊疗规范的诊疗；
>
> （二）医务人员在抢救生命垂危的患者等紧急情况下已经尽到合理诊疗义务；
>
> （三）限于当时的医疗水平难以诊疗。
>
> 前款第一项情形中，医疗机构或者其医务人员也有过错的，应当承担相应的赔偿责任。

🏛 条文要义

本条是对医疗损害免责事由的规定。

本条规定了以下三种医疗机构免责事由：

（1）患者或者其近亲属不配合医疗机构进行符合诊疗规范的诊疗。对此，通常称为患者一方不配合。医疗机构及其医务人员对患者进行符合诊疗规范的诊疗活动，患者及其近亲属却采取不配合的方式进行妨碍、干扰、拒绝等，使医务人员无法进行正常的诊疗活动的，对于因此造成的损害，医疗机构不承担赔偿责任。不过，在不配合治疗中，如果医疗机构或者其医务人员也有过错的，则构成与有过失，应当进行过失相抵，医疗机构应当承担相应的赔偿责任。

（2）医务人员在抢救生命垂危的患者等紧急情况下已经尽到合理诊疗义务。在这种情况下，医务人员为了救助患者、挽救生命而采取紧急救助措施，医务人员只要已经尽到合理诊疗义务，对于损害的发生就不承担赔偿责任。例如，在"SARS"期间为救治患者采取的医疗措施差不多都留下严重的后遗症，但不构成医疗损害责任，应当通过其他方法解决纠纷。

（3）限于当时的医疗水平难以诊疗。这也称为医疗水平所限。在发生医疗损害时，由于当时的医疗水平难以诊断或者难以治愈，因而发生损害后果的，也不构成医疗损害责任，医疗机构不承担赔偿责任。

🔹 案例评析

曾某杰诉漳州市中医院医疗事故损害赔偿纠纷案①

案情：曾某杰曾入住漳州市中医院治疗进行手术。次年，曾某杰再次到漳州

---

① 审理法院：一审法院为福建省漳州市芗城区人民法院，案号：（2016）闽 0602 民初 4738 号。二审法院为福建省漳州市中级人民法院，案号：（2017）闽 06 民终 1726 号。

市中医院，门诊伤科建议患者行人工关节置换术，患者拒绝，坚决要求手术取出固定物。术后，曾某杰入住中国人民解放军第175医院，行"左侧人工全髋关节置换术"。2016年曾某杰诉至法院，请求判令漳州市中医院承担赔偿责任。一审法院认为：曾某杰术后所出现症状系常见的并发症。漳州市中医院在诊疗过程中的诊疗行为不存在过错，其诊疗行为与曾某杰术后所出现的症状不存在因果关系。因此不予支持曾某杰的诉讼请求。曾某杰不服一审判决，提起上诉。二审法院认为：漳州市中医院并未存在延误治疗的过错，故本案不具备"延误治疗"的侵权行为要件。漳州市中医院虽存在相应处理欠妥的过错，但与曾某杰的损害后果无因果关系，不具备侵权因果要件。漳州市中医院不构成侵权，不应承担赔偿责任。

评析：本案涉及的是医疗机构的免责事由问题。与其他侵权责任一致的是，医疗损害责任也可以在一定的条件下免除。除适用民法典第七编"侵权责任"第一章"一般规定"中的免责事由外，民法典第1224条承继了《侵权责任法》第60条的规定，继续规定了医疗机构的三种特殊免责事由，分别是：患者或者其近亲属不配合诊疗；医务人员在紧急情况下已经尽到合理诊疗义务；限于当时的医疗水平难以诊疗。在本案中，患者曾某杰出现左股骨颈骨折未愈合、股骨头缺血坏死的情形，是术后常见的并发症，而并非手术过程中诊疗不规范而引发的疾病。根据我们目前的医疗水平，漳州市中医院及其医务人员可以预见到会出现并发症，但是没有办法避免。因而，对于患者曾某杰术后所遭受的损害，漳州市中医院享有免责事由，无须承担赔偿责任。

> ▶▶**第一千二百二十五条**　医疗机构及其医务人员应当按照规定填写并妥善保管住院志、医嘱单、检验报告、手术及麻醉记录、病理资料、护理记录等病历资料。
> 　　患者要求查阅、复制前款规定的病历资料的，医疗机构应当及时提供。

🏛 条文要义

本条是关于病历资料制作、保管、查阅的规定。

病历资料是包括住院志、医嘱单、检验报告、手术及麻醉记录、病理资料、护理记录等医疗资料的档案材料，通常分为主观病历资料和客观病历资料。不论何种病历资料，在医疗损害责任中都属于书证材料，通过记录医疗机构对患者进行诊疗的过程，留下真实的医疗档案。

病历资料由医疗机构填写和保管，记录的内容是患者的病情及诊疗记录。病历资料在医疗机构的掌控之下，从物的角度看，说医疗机构对其享有所有权也不为过。

对于医疗机构掌控的病历资料，患者享有重要的权利，因为事关其健康和生命。

患者要求查阅、复制病历资料的，医疗机构应当及时提供。这是患者对病历资料享有的查阅权和复制权。医疗机构不仅应当及时提供查阅或者复制，而且不得推诿、拒绝。其中，"及时"提供是民法典新增的要求。在民法典编纂过程中，有意见提出，实践中有些医疗机构以种种借口拖延向患者提供病历资料的时间，不仅激化了医患双方的矛盾，还导致患者无法提供证据。[①] 考虑到上述这些问题，立法机关针对医疗机构履行提供病历资料的义务添加了时限要求，要求其及时提供。

本条没有规定医疗机构违反提供查阅、复制义务时的责任。例如，医疗机构拒绝、推诿患者的查阅或者复制要求，甚至丢失、毁损以及伪造、篡改病历资料的，患者是否有权起诉医疗机构承担相应的赔偿责任？对此，可以将查阅、复制的要求归于患者知情权的范围，违反上述义务，构成对患者知情权的侵害，患者可以依照民法典第1218条规定的医疗损害责任一般条款，确定医疗机构承担精神损害赔偿责任。

 **案例评析**

陈某等诉某县民族医院医疗损害责任纠纷案[②]

案情： 2016年陈某珍在县民族医院针推科住院治疗，在输液过程中出现危险症状，医院给予积极抢救并建议转上级医院。患者上救护车后突然出现呼吸、心跳停止，抢救过程中死亡。患者的近亲属陈某等诉请县民族医院、县人民医院赔偿损失。一审法院认为：县民族医院的过失主要表现为无病程记录和抢救记录不规范，酌定其承担20％的责任。县人民医院采取了积极的抢救措施，依法不承担本案的赔偿责任。县民族医院不服一审判决，提起上诉。二审法院认为，县民族医院针对陈某珍的前期症状，未采取相应的诊疗措施，贻误了最佳救治时机，故在对陈某珍的诊疗过程中存在一定的过错。结合该院书写的病历中缺失"抢救记录"，"护理记录"中也没有按要求进行详细记载，存在明显的医疗过失行为。一审综合认定由县民族医院承担20％的责任并无不当，本院予以确认。

评析： 本案涉及的是医疗机构及其医务人员按照规定填写并妥善保管病历资料的义务。《侵权责任法》第61条特别规定了病历资料的制作、保管与查阅、复制。也就是说，在诊疗活动中，医疗机构及其医务人员应当尽到高度的注意义务，及时填写病历资料，事后需要妥善保管，并及时提供给患者以便查阅、复制。这一义务属于强制性义务。如果违反了该义务，应当认定医疗机构及其医务人员有过错。同时具备其他构成要件的，应当认定医疗机构承担赔偿责任。在本案中，县

---

①　黄薇. 中华人民共和国民法典侵权责任编释义. 北京：法律出版社，2020：165.
②　审理法院：一审法院为广西壮族自治区富川瑶族自治县人民法院，案号：（2016）桂1123民初750号。二审法院为广西壮族自治区贺州市中级人民法院，案号：（2017）桂11民终1096号。

民族医院未按照书写病历资料的规范要求填写抢救记录以及护理记录，忽略了病历资料的客观性、真实性以及及时性，违反了法定的义务，故应当承担相应的赔偿责任。

应当补充说明的是，民法典第 1225 条在承继《侵权责任法》第 61 条之规定的基础上，特别强调了"及时"。本案中陈某珍请求查阅、复制自己的病历资料时县民族医院无故拖延，就属于违反了及时提供病历资料的义务，导致陈某珍的知情权受到损害，该医院应当承担赔偿责任。

▶▶ **第一千二百二十六条** 医疗机构及其医务人员应当对患者的隐私和个人信息保密。泄露患者的隐私和个人信息，或者未经患者同意公开其病历资料的，应当承担侵权责任。

🏛 条文要义

本条是对泄露患者隐私和个人信息责任的规定。

患者对医务人员无隐私。在诊疗过程中，为使医务人员准确诊断病情，患者会将自己隐私和个人信息告知患者，记录患者诊疗过程形成的病历资料本身就是患者的隐私和个人信息。医疗机构和医务人员负有保密义务，对患者的隐私、个人信息和病历资料不得泄露和公开。泄露患者隐私、个人信息或者擅自公开患者病历资料的行为，都是侵害患者隐私权、个人信息权的行为，行为人应当承担赔偿责任。

医疗机构侵害患者隐私权和个人信息权应当承担的侵权责任，与民法典规定的人格权请求权发生竞合。民法典第 995 条规定："人格权受到侵害的，受害人有权依照本法和其他法律的规定请求行为人承担民事责任。受害人的停止侵害、排除妨碍、消除危险、消除影响、恢复名誉、赔礼道歉请求权，不适用诉讼时效的规定。"患者可以依照本条规定请求损害赔偿，也可以依照第 995 条规定请求医疗机构承担其他民事责任。本条规定属于特别法，受害患者依照本条规定请求医疗机构承担侵权责任更为妥当。

本条增加规定医疗机构及其医务人员对患者个人信息的保护，是有针对性的。首先，民法典特别重视对自然人个人信息的保护，在总则编专门规定加强对个人信息的保护，在人格权编又专门规定了对自然人个人信息的保护规则。而在医疗领域，患者的个人信息具有特别加以保护的必要。其次，患者在医疗机构就医，需要登记各种个人身份信息。很多医疗机构的医务人员将患者的个人信息予以泄露，甚至非法出卖，使患者的个人信息受到侵害。因此，本条在原来规定保护患者隐私的基础上，增加规定保护患者的个人信息，是十分必要的。

案例评析

符某旺等诉东方市人民医院医疗损害赔偿纠纷案①

案情：符某圆因咳嗽、呕吐到东方市人民医院输液治疗后，又去东方市人民医院处治疗，病情忽然加重，抢救无效后死亡。东方市人民医院接受采访时宣称符某圆的死亡与其生前受到性侵害有关。符某圆的亲属符某旺等认为东方市人民医院违反了对患者的保密义务，遂向法院起诉，请求赔偿损失。一审法院认为，东方市人民医院的医护人员未经公安机关的侦查结论，即向媒体声称被害人存在被性侵的嫌疑，已对被害人的隐私及亲属构成侵害，应当承担侵权责任。东方市人民医院不服一审判决，提起上诉，理由是一审判决适用《侵权责任法》第16条、第54条的规定有误。二审法院认为，该主张系东方市人民医院理解错误，一审法院的认定并无不当，其已在所附条文中载明其适用的是《侵权责任法》第62条，只是在判决文书中漏写所适用的法条，本院予以纠正。

评析：本案涉及的是医疗机构及其医务人员的保密义务。基于诊疗活动，医疗机构及其医务人员会了解到患者的基本信息，也会掌握患者的病史、病患情况等重要的隐私与个人信息。对此，依据《侵权责任法》第62条，医疗机构及其医务人员具有保密义务，不得泄露患者的隐私。如果违反保密义务，泄露隐私，造成患者损害的，医疗机构须承担侵权责任。本案中，东方市人民医院于符某圆就诊期间知晓其过往病史以及病患情况，应当尽到高度的保密义务，既包括积极的保密义务，即妥善保管其病历资料，也包括消极的保密义务，即不得泄露或者未经患者同意就公开其相关的隐私。然而，东方市人民医院未经符某圆同意，就向媒体公开其根据病历资料所推测的患者隐私，违反了保密义务，应当承担侵权责任。同时，东方市人民医院向媒体宣称死者有受性侵的嫌疑，对死者的名誉造成了损害，应当承担侵害死者名誉的侵权责任。

应当补充说明的是，民法典第1226条在《侵权责任法》第62条之规定的基础上，新增了医疗机构及其医务人员对患者个人信息的保密义务。如果本案中东方市人民医院还泄露了患者符某圆的个人信息，比如家庭住址、联系方式等，则对此造成的损害，该医院同样需要承担赔偿责任。

> ▶▶ **第一千二百二十七条** 医疗机构及其医务人员不得违反诊疗规范实施不必要的检查。

---

① 审理法院：一审法院为海南省东方市人民法院，案号：（2016）琼9007民初97号。二审法院为海南省第二中级人民法院，案号：（2017）琼97民终535号。

🏛 条文要义

本条是对医疗机构及其医务人员过度检查的规定。

过度检查或者不必要检查，是指违反诊疗规范，进行了不属于相关病例应当检查的医疗检查。确定过度检查的标准是卫生主管部门规定的诊疗规范。按照诊疗规范，某种病状应当进行哪些检查，超出了应当检查范围的，就是过度检查。

不过，在实践中对过度检查很难确定，一方面因为医务人员对患者进行的检查差不多都能找到依据，另一方面因为确定是否属于过度检查都是由医学、医疗专家进行鉴定，结论通常比较倾向于保护医疗机构和医务人员。

过度检查的损害后果是，使患者增加了不必要的医疗费用开支，使患者受到财产损害。本条只规定了医疗机构和医务人员不得过度检查的义务，没有规定违反该义务的责任。对此，应当适用民法典第 1218 条的规定，违反不得过度检查义务的医疗机构应当依照该规定对患者承担财产损害赔偿责任。

🟤 案例评析

马某某诉四平市妇婴医院医疗服务合同纠纷案[①]

案情： 马某某到四平市妇婴医院就诊。马某某认为：医生得知其有合作医疗后极力建议住院治疗，入院后不到 36 小时做了七项检测和两项辅助治疗，还有一次医师会诊。医院在诊疗过程中存在病历做假、超标准检查、未按规定使用抗生素以及不遵循职业医师诊疗流程、乱收费等问题，遂向法院诉请判决四平市妇婴医院返还费用并赔偿精神损失费。一审法院认为：根据《侵权责任法》第 63 条的规定，医疗机构及其医务人员不得违反诊疗规范实施不必要的检查。关于四平市妇婴医院添加辅助治疗马某某未能举证证明相关事实和法律依据，故不予支持。马某某不服，提起上诉。二审法院认为：马某某认为其在四平市妇婴医院的各项检查存在过度检查及过度治疗，并产生了不合理的收费。其查阅的有关医疗管理规范及医学理论论文的意见不足以证明四平市妇婴医院在实施诊疗行为时存在过错。马某某无充分证据证明其受到损害以及四平市妇婴医院在诊疗活动中有过错，故对其要求四平市妇婴医院退还相关费用并赔偿损失、赔礼道歉的上诉请求，不予支持。

评析： 本案涉及的是医疗机构不得过度检查的义务。医疗机构及其医务人员在诊疗过程中，应当尽到合理的诊疗义务，不仅需要合乎法律规范地开展诊疗活动，还需要对症下药，针对患者的病情作出合乎实际情况的诊断方案。这就要求，医疗机构及其医务人员不得对患者进行过度检查。《侵权责任法》第 63 条对此作出了警

---

① 审理法院：一审法院为吉林省四平市铁西区人民法院，案号：(2015) 四西民一初字第 84 号。二审法院为吉林省四平市中级人民法院，案号：(2016) 吉 03 民终 58 号。

示性规定，民法典第 1227 条沿袭了这一做法。本案中，未有权威的鉴定结论或者充分的证据证明四平市妇婴医院实施了过度检查，应当认定四平市妇婴医院进行了合理的诊疗。对此种做法应当予以认可。值得注意的是，不论是《侵权责任法》第 63 条还是民法典第 1227 条，均未明确实施义务过度检查者应当承担的法律责任。这就引发了疑问：若经过鉴定，四平市妇婴医院对患者进行了过度检查，其将承担何种责任？我们认为，一方面，基于四平市妇婴医院与患者的医疗服务合同，四平市妇婴医院须退还不合理的医疗费用；另一方面，如过度检查侵害了患者的合法权益，该医院应当根据民法典第七编"侵权责任"第六章的规定承担医疗损害责任。

▶▶ **第一千二百二十八条**　医疗机构及其医务人员的合法权益受法律保护。

干扰医疗秩序，妨碍医务人员工作、生活，侵害医务人员合法权益的，应当依法承担法律责任。

🏛 条文要义

本条是关于依法保护医疗机构及其医务人员合法权益的规定。

医疗机构及其医务人员是解救患者于病痛的白衣使者，其职责神圣，其合法权益理应得到法律的保护。保护好医疗机构和医务人员的合法权益，就是保护人民自己的健康和安全。

随着社会风气的变化，我国的"医闹"比较盛行，一发生医疗损害纠纷，患者及其近亲属一方就开始搅闹医疗机构，侵害医务人员的合法权益，甚至使医疗机构无法进行医疗活动，甚至伤害医务人员。故本条规定：

（1）医疗机构及其医务人员的合法权益受法律保护，不能使他们的合法权益受到非法侵害。

（2）那些干扰医疗秩序，妨碍医务人员工作、生活，侵害医务人员合法权益的，应当依法承担法律责任。"医闹"的行为人触犯了何种法律，就应当追究其相应的法律责任，包括民事责任、行政责任和刑事责任，以使他们的行为受到处罚，使医疗机构和医务人员的合法权益得到切实保障。

🫧 案例评析

康某诉唐某英侵害健康权纠纷案[①]

案情：唐某英的女儿到县人民医院住院进行生产。唐某英因对医院实施的诊疗

---

① 审理法院：一审法院为广西壮族自治区永福县人民法院，案号：（2017）桂 0326 民初 291 号。二审法院为广西壮族自治区桂林市中级人民法院，案号：（2017）桂 03 民终 2480 号。

措施不满，与医生康某争吵殴打，致其受伤。康某向法院诉请判决唐某英赔偿损失并公开赔礼道歉。一审法院认为：这是一起涉医违法行为，由此造成原告伤害所产生的经济损失，被告应承担民事责任。被告书面公开赔偿道歉，才能有效达到消除影响、恢复原告声誉之目的，同时，在医院范围内起到一定的警示作用，有利于防止类似涉医违法行为在医院发生。故判决被告赔偿损失并赔礼道歉。唐某英不服，提起上诉。二审法院认为：唐某英殴打康某，主观上存在过错，客观上造成其伤害，应当赔偿损失。唐某英的殴打行为给康某的工作和生活带来一定负面影响；最主要的是殴打事件发生在医院，针对的是履行医生职务的人员，这对于其今后从事该工作造成心理上的恐惧感，也给医院的其他医务人员带来一定的心理阴影。一审法院根据本案查明的事实及案件性质的严重程度，依照法律规定判决唐某英赔偿康某一定的精神抚慰金并无不当。

评析：本案涉及的是"医闹"行为。"医闹"行为不仅影响到了医疗机构工作的正常运行，还有可能侵犯了医务人员的人身、财产权益。为了充分保障医疗机构以及医务人员的合法权益，《侵权责任法》第 64 条规定了他人不得干扰医疗秩序和妨害医务人员工作、生活的义务。如若违反该义务，行为人应当根据相关的规定承担法律责任。民法典第 1228 条沿袭了这一做法，对医疗机构及其医务人员的合法权益予以保护。在本案中，患者家属唐某英对医生康某的诊疗方案持有不同意见时，未与其进行良好的沟通，而是采取暴力的方式来解决问题，致使医生康某受伤，正是典型的"医闹"行为。唐某英的殴打行为侵害了康某的健康权，符合侵权责任的构成要件，其应当对康某承担侵权责任。唐某英不仅需要赔偿医疗费、护理费等，还需要赔偿精神损害。只有对"医闹"行为进行严厉的打击，才能维护医院的正常医疗秩序，保护医疗机构及其医务人员的合法权益，维护医患之间的信任关系。因而，本案对于预防"医闹"行为具有重大的借鉴意义。

第七章　环境污染和生态破坏责任

▶▶ 第一千二百二十九条　因污染环境、破坏生态造成他人损害的，侵权人应当承担侵权责任。

🏛 条文要义

本条是关于环境污染和生态破坏责任适用无过错责任的规定。

《侵权责任法》第八章只规定了环境污染责任，似乎没有明文规定生态破坏责任。实际上，《侵权责任法》规定的环境污染责任中的环境污染，"既包括对生活环境的污染，也包括对生态环境的污染"①，只不过在字面上没有显示出来，因而被多数人解释为不包括生态环境损害责任。民法典对此进行了完善，明确将这种特殊侵权责任确定为"环境污染和生态破坏责任"。本条规定了环境污染和生态破坏责任的一般条款。

环境污染和生态破坏责任适用无过错责任原则，关于这一规则《民法通则》第124条就确定了，《侵权责任法》第65条和本条坚持这个立场，故构成环境污染和生态破坏责任无须具备过错要件。

环境污染和生态破坏责任的构成要件是：（1）行为人实施了污染环境或者破坏生态的行为。（2）环境受到污染、生态受到破坏。其中，生态是指一切生物的生存状态，以及它们之间和它们与环境之间环环相扣的关系；环境通常是指人类生活的自然环境，按环境要素可分为大气环境、水环境、土壤环境、地质环境和生物环境等。生态和环境原本是分开的，因而使环境污染责任和生态破坏责任对立起来。本条把生态和环境规定在一起，形成统一的概念，凡是造成生态环境损害的，都构成环境污染和生态破坏责任的要件。（3）行为人实施的行为与环境被污染和生态被破坏的损害结果之间有因果关系。

符合上述要件的行为构成环境污染和生态破坏行为，行为人对受到损害的被侵权人承担损害赔偿责任。

本条规定环境污染和生态破坏责任的一般条款的新规则，与《侵权责任法》第

---

① 王胜明．中华人民共和国侵权责任法释义．2版．北京：法律出版社，2013：361．

65 条相比，主要变化的内容有：

（1）将环境污染责任改称为环境污染和生态破坏责任，使民法典保护生态的态度明显、准确地展示出来。

（2）将原来的笼统规定"造成损害"改为"造成他人损害"，将受害人确定为特定的民事主体，凸显民法典保护的是个人的私权利，救济的是受害人的私权利损害而不是一般的损害。

（3）将"污染者"的称谓改为"侵权人"，既使其扩大了内涵，包括对生态造成损害的行为人，又能够统一侵权人的称谓，使权利主体的概念更加准确。

🔖 案例评析

北京市朱家湾村委会诉首发集团环境污染责任纠纷案①

案情： 首发集团建设京承高速公路时，高架桥的附属排水设施处于未完工状态，桥上流水流到桥下朱家湾，使其水泥路面呈现不同程度破损。朱家湾村委会诉请法院判决首发集团赔偿朱家湾村委会各项经济损失。一审法院认为，首发集团所举证据不能证明朱家湾村委会的损失与高架桥排水之间不存在因果关系，亦不能证明其不应承担责任或者减轻责任的情形存在，故其应进行合理赔偿。首发集团不服一审判决，提起上诉。二审法院认为，根据《侵权责任法》第 65 条关于环境侵权责任的构成要件的规定，首发集团实施了环境侵权行为，造成了损害，排水系统不完善导致含有融雪剂的雪水不当排放与涉案道路路面损毁具有一定的因果关系，首发集团公司应承担侵权责任。

评析： 本案涉及的是污染环境损害责任问题。《侵权责任法》第 65 条规定污染环境损害责任适用无过错责任的归责原则，即侵权人不论是否具有过错都需要承担侵权责任。本案中，首发集团存在排水系统不完善导致含有融雪剂的雪水不当排放的污染行为，该污染行为导致朱家湾村的道路发生不同程度的磨损，应当承担侵权责任，赔偿损失。值得注意的是，首发集团曾以合规作为抗辩事由。对此，我们认为，尽管合规可以说明首发集团在使用融雪剂过程中没有过错，但是基于生态环境损害责任适用无过错责任原则，首发集团无法以合规为由拒绝承担赔偿责任。

应当补充说明的是，民法典第 1229 条将原来的笼统规定"环境污染责任"改为"环境污染和生态破坏责任，"凸显对生态的保护。据此，如果本案中首发集团不当排放含有融雪剂的雪水导致了生态受到破坏，同样需要适用无过错责任归责原则，首发集团承担侵权责任。

---

① 审理法院：一审法院为北京市密云区人民法院，案号：（2016）京 0118 民初 3991 号。二审法院为北京市第三中级人民法院，案号：（2017）京 03 民终 3482 号。

▶▶ 第一千二百三十条　因污染环境、破坏生态发生纠纷，行为人应当就法律规定的不承担责任或者减轻责任的情形及其行为与损害之间不存在因果关系承担举证责任。

🏛 条文要义

本条是关于环境污染和生态破坏责任举证责任倒置的规定。

环境污染和生态破坏责任的免责事由、减责事由实行举证责任倒置，由侵权人一方承担。这其实是一个赘文，是不必规定的规则，因为凡是主张免责、减责的当事人都是侵权人一方，对方当事人不会为其主张和证明。既然是侵权人主张减责或者免责，当然是由其承担举证责任，举证不能或者举证不足，自应驳回其请求。

对环境污染和生态破坏责任的因果关系要件的证明实行因果关系推定规则，这个规定是必要的。被侵权人对此不必证明，只要证明了行为人的损害行为和自己受到损害的事实，就可以直接推定被侵权人的行为与该损害结果之间有因果关系。如果行为人主张自己的行为与损害结果之间没有因果关系，则应当举证推翻因果关系推定。能够证明者，不成立侵权责任；不能证明或者证明不足，不能推翻因果关系推定的，推定因果关系成立，构成侵权责任。

🔍 案例评析

张某军诉周某等环境污染责任纠纷案[①]

案情： 周某代表新辉物流公司在与张某军的果园仅一墙之隔处建立了大型粉煤灰堆放场。每当有风时会有粉尘进入张某军的果园，对果树的生长、挂果造成很大的影响。张某军诉至法院，要求周某赔偿损失。法院认为：根据《侵权责任法》第66条的规定，被告新辉物流公司、周某实施了污染环境的行为，且未提供证据证明环境污染损害事实与其不存在因果关系。被告新辉物流公司、周某应当承担由此而产生的民事赔偿责任。被告新辉物流公司系一人有限责任公司，不能证明公司财产独立，周某应当对新辉物流公司的债务承担连带责任。

评析： 本案的争议焦点是侵权人的行为与环境污染损害事实之间是否具有因果关系。一般侵权行为中，应当由受害人举证证明违法行为与损害事实之间的因果关系。然而，污染环境、破坏生态是特殊侵权行为。《侵权责任法》第66条特别规定了举证责任倒置，即侵权人应当就行为与损害之间不存在因果关系承担举

---

① 审理法院：新疆生产建设兵团阿克苏垦区人民法院，案号：（2016）兵 0102 民初 355 号。

证责任。民法典第 1230 条考虑到受害人的举证能力，继续规定了因果关系举证责任倒置规则，如若无法举证证明，则侵权人应当承担举证不能的后果。本案中，周某、新辉物流公司称，已用大棚膜将煤粉堆覆盖，且 2015 年并没有刮过大风，张某军的果树受损由多种原因造成，张某军的损失并不是环境污染造成的，但是未提出证据证明堆放粉煤灰场与张某军的损失之间不存在因果关系，故应当承担举证不能的后果，即法院有理由认定新辉物流公司堆放粉煤灰场的行为与张某军的果园损失之间具有因果关系，新辉物流公司、周某应当对张某军的损失承担赔偿责任。

▶▶ **第一千二百三十一条**　两个以上侵权人污染环境、破坏生态的，承担责任的大小，根据污染物的种类、浓度、排放量，破坏生态的方式、范围、程度，以及行为对损害后果所起的作用等因素确定。

🏛 条文要义

本条是对环境污染和生态破坏责任准用市场份额规则的规定。

市场份额规则是确定多数人产品责任分担责任份额的规则，即同一类产品能够造成受害人的此种损害，不能确定究竟是哪一个生产者生产的产品所致时，按照该类产品同时期各生产者生产份额确定各自责任份额，承担按份责任的规则。

本条规定的多数人环境污染和生态破坏责任，确定各自所造成的损害时，参照适用市场份额规则确定各自的责任份额。具体适用的条件是：（1）被侵权人已经受到实际损害，包括人身损害和财产损害；（2）造成这种损害的行为人为二人以上，数个行为人的同类行为都能造成该种损害；（3）究竟每个行为人造成的是哪一部分损害不能实际确定，即每一个行为人的行为对损害发生的原因力无法确定。由于环境污染和生态破坏责任适用无过错责任，故不考察过错要件。

符合上述适用市场份额规则确定数人环境污染和生态破坏责任的责任份额要求的，具体根据污染物的种类、浓度、排放量，破坏生态的方式、范围、程度，行为对损害后果所起的作用等因素，按照实际比例，确定每个行为人应当承担的责任份额。

按照市场份额规则，多数人承担责任的形态是按份责任，即只对个人的责任份额负责，不承担连带责任。对此，本条没有明确规定适用连带责任，而民法典第 178 条第 3 款关于"连带责任，由法律规定或者当事人约定"的规定，法律没有明文规定连带责任的多数人责任，应当是按份责任，故将本条规定的多数人环境污染和生态破坏责任的形态确定为按份责任，是有依据的。

案例评析

沈某拥诉光环公司等水污染责任纠纷案①

案情：沈某拥发现其网箱养殖的鱼出现死亡现象。经调查，发现系被告光辉、光环、巨腾、学永公司排污所致。沈某拥向法院起诉请求判令光环公司等赔偿损失。一审法院认为：被告光辉、光环、巨腾、学永公司均有排污行为，且与损害结果存在因果关系。结合四被告的企业规模、排污持续时间、排污量、污染物的有害物质构成及造成的损害后果等因素，四被告应共同承担责任。四被告不服一审判决，提起上诉。二审法院认为：光辉公司、巨腾公司、学永公司实施了排污行为，且与损害结果存在因果关系，光环公司未实施排污行为。因光辉公司、巨腾公司、学永公司未就其污染行为是否足以造成全部损害提交足够的证据，故其应在上述养殖损失20％的责任份额内承担连带责任。一审法院判令各污染企业平均担责无相应法律依据，二审法院对其内部责任份额不再予以区分。

评析：本案涉及的是光环公司等四企业的责任分担问题。《侵权责任法》第67条规定了根据污染物的种类、排放量等因素来确定责任的分担。上述所提及的污染物的种类、排放量等相关证据均由污染企业掌握，因此，污染企业应当承担举证责任，证明自家企业所排放的污染物的种类、浓度、排放量等对损害事实发生的作用力。本案中，光辉公司、巨腾公司、学永公司均未提交足够的关于污染物的种类、排放量等的证据，法院无法确定是否每个污染企业的行为都足以造成全部损害，也无法确定某个污染企业的行为足以造成全部损害、其他污染企业的行为只能造成部分损害。有鉴于连带责任的适用条件是法律规定或者当事人约定，在无法对上述情形作出明确的认定时，法院不应当判决每个污染企业承担连带责任，故一审、二审法院判决上述公司承担连带责任有误。尽管其能够充分地保障被污染者的合法权益，但忽略了案件的重要事实。因而，正确的做法是，法院依职权调取证据，确定光环公司等三企业的责任份额。

应当补充说明的是，民法典第1231条承继了《侵权责任法》第67条规定的内容。与此同时，为了与民法典第七编第七章新增加的生态破坏责任相一致，本条还增加规定以破坏生态的方式、范围、程度等作为确定责任份额的考量因素。据此，如果本案中光辉公司、巨腾公司、学永公司的排污行为导致了生态受到破坏，法院应当充分考虑三家公司破坏生态的方式、范围、程度等，以确定这三家公司的责任份额。

---

① 审理法院：一审法院为江苏省新沂市人民法院，案号：（2016）苏0381民初733号。二审法院为江苏省徐州市中级人民法院，案号：（2017）苏03民终4057号。

▶▶**第一千二百三十二条**　侵权人违反法律规定故意污染环境、破坏生态造成严重后果的，被侵权人有权请求相应的惩罚性赔偿。

🏛 条文要义

本条是对污染环境、破坏生态惩罚性赔偿责任的规定。

在我国侵权行为对生态和环境造成的损害，已经达到了相当的程度，甚至威胁到每一个人的生存与发展。因此，立法机关对生态环境侵权惩罚性赔偿责任的立法重新进行审视，根据 2017 年中共中央办公厅和国务院办公厅印发的《生态环境损害赔偿制度改革方案》中关于完善生态环境损害责任制度的原则要求，在民法典中增加了生态环境侵权惩罚性赔偿责任的条文。

污染环境、破坏生态承担惩罚性赔偿责任的要件是：（1）侵权人实施了损害生态环境的行为。（2）侵权人违反法律规定故意损害生态环境，即明知法律禁止损害生态环境而执意为之。侵权人有重大过失时不适用惩罚性赔偿责任。（3）侵权人故意实施的损害生态环境的行为造成的损害后果严重，而不是一般性的损害，表现为受害人的死亡或者健康严重损害。

符合上述要件的，被侵权人有权向侵权人请求承担相应的惩罚性赔偿。本条没有规定惩罚性赔偿责任的计算方法。根据民法典和相关法律的规定，损害生态环境，造成受害人死亡或者健康严重损害的，与《消费者权益保护法》第 55 条规定的情形最为相似，因此故意污染环境和破坏生态者，应当在赔偿实际损失后，再承担赔偿实际损失两倍以下的惩罚性赔偿责任比较合适。

🔵 案例评析

范某东诉张某兵、李某侵害生命权、健康权、身体权纠纷案[①]

案情：张某兵、李某开办养猪场，未取得"排污许可证"就将废水排放在蓄粪池内。该蓄粪池系在张某兵、李某租用的莫某祥的责任田内。莫某祥的责任田与下游范某东诉称感染钩体的田虽隔有其他责任田，但之间有缺口。2015 年 7 月范某东下班后到田内施肥，随后被诊断为钩端螺旋体病。范某东向法院提起诉讼，请求判决张某兵、李某赔偿范某东因伤所受的损失。一审法院认为，原告范某东所举证据能够证明被告张某兵、李某养殖猪排放的污染物与其患钩端螺旋体病之间存在关联。被告张某兵、李某所举证据不能证明存在法律规定的不承担责任或者减轻责任的情

---

① 审理法院：一审法院为四川省资阳市雁江区人民法院，案号：（2015）雁江民初字第 3278 号。二审法院为四川省资阳市中级人民法院，案号：（2016）川 20 民终 447 号。

形以及其行为与损害之间不存在因果关系，应承担赔偿责任。宣判后，张某兵、李某不服一审判决，提起上诉。二审法院认为，一审法院判决张某兵、李某应对范某东感染钩端螺旋体病造成的损害后果承担赔偿责任并无不妥。

评析：本案涉及的是惩罚性赔偿问题。《侵权责任法》未将惩罚性赔偿适用于环境污染致害责任。民法典第 1232 条新增了这一内容。若本案发生在民法典生效之后，即可适用惩罚性赔偿责任，申言之，在本案中，张某兵、李某开办养猪场时，在未取得"排污许可证"的情况下就向外排放污染物和养殖废水，经沼气池处理后进入净化池，再经过管道排放到未经防渗漏的水田。张某兵、李某明知排放污水需要取得"排污许可证"，在未获得"排污许可证"时就排放污水，是故意违反法律规定实施污染环境的行为。该行为不仅造成了严重的环境污染后果，还导致范某东感染钩端螺旋体病，健康受到了严重的损害。张某兵、李某的排污行为符合环境侵权惩罚性赔偿责任的构成要件，张某兵、李某应当对范某东承担惩罚性赔偿责任。这样一来，不仅能够填补受害人范某东的损失，还能惩罚张某兵、李某两个不法行为人，督促其积极纠正违法行为，并进一步吓阻其他不法行为人。

> ▶▶ **第一千二百三十三条**　因第三人的过错污染环境、破坏生态的，被侵权人可以向侵权人请求赔偿，也可以向第三人请求赔偿。侵权人赔偿后，有权向第三人追偿。

🏛 条文要义

本条是对环境污染和生态破坏第三人责任的规定。

环境污染和生态破坏责任中的第三人责任，是指第三人的过错使他人的行为造成了环境污染或者生态破坏的损害。例如，第三人为非法占有目的损坏石油输送管道，偷盗石油输送管道中的石油，使管道中的石油泄漏，造成环境污染。

环境污染和生态破坏责任适用无过错责任原则，环境污染和生态破坏责任中第三人的过错行为造成损害的，不适用民法典第 1175 条规定的第三人过错免责的规定，而适用本条规定。

第三人的过错行为造成生态破坏、环境污染的，行为人和第三人承担不真正连带责任，具体规则是：

（1）构成第三人过错环境污染和生态破坏责任的，有过错的第三人和实际造成损害的行为人都应当承担不真正连带责任的中间性责任，被侵权人可以向任何一方请求承担赔偿责任，请求哪一方承担责任，哪一方就应当承担赔偿责任。

（2）最终责任的责任人是有过错的第三人，第三人应当承担全部赔偿责任。

（3）造成损害的行为人承担了赔偿责任后，有权向有过错的第三人请求追偿，第三人应当向实际承担损害赔偿责任的行为人承担赔偿全部损失的责任。

 **案例评析**

纪某广等诉药大公司噪声污染纠纷案[①]

案情：药大公司建设房屋时，从电梯公司购进电梯。纪某广所购房屋与电梯井相邻，纪某广在装修过程中发现电梯噪声大，遂向法院诉请判决药大公司立即采取隔音治理措施，并支付纪某广为检测噪声而支付的费用。在案件审理过程中，法院追加物业公司为被告。一审法院认为，涉案电梯噪声对原告纪某广房屋的室内影响值可以推定超过国家规定的标准，被告药大公司、紫竹物业公司应当对涉案电梯采取隔声降噪措施，支付检测费。药大公司不服一审判决，提起上诉，理由是，其不是本案适格主体。二审法院认为，药大公司为涉案房屋的建设方和涉案电梯的购买方，电梯运行产生的噪声超过国家规定的环境噪声排放标准，干扰他人正常生活，故药大公司依法应当承担侵权责任。

评析：本案的核心在于第三人过错污染环境、破坏生态的赔偿责任承担。第三人的行为作用于污染者，污染者的污染行为造成了被侵权人的损害的，根据《侵权责任法》第68条的规定，侵权人与第三人之间承担不真正连带责任，即被侵权人可以向侵权人请求赔偿，也可以向第三人请求赔偿。本案中，电梯的设计、安装存在缺陷，电梯运行所产生的噪声超出了合理的限度。药大公司建设该房屋并购买涉案电梯后安装，使业主纪某广遭受噪声污染。可以说，是电梯设计、安装单位的过错作用于药大公司，从而发生了噪声污染，致使业主的权益受到了侵害。据此，本案中纪某广既可以向药大公司请求赔偿，也可以向电梯设计、安装单位请求赔偿，择一行使即可。纪某广从药大公司获得赔偿后，药大公司有权向电梯设计、安装单位追偿。这样的规则最大的效果就在于充分保护被侵权人的民事权益，从而推动各民事主体更好地保护生活、生态环境。因而，民法典第1233条继续保留了这一规则。

> ▶▶**第一千二百三十四条**　违反国家规定造成生态环境损害，生态环境能够修复的，国家规定的机关或者法律规定的组织有权请求侵权人在合理期限内承担修复责任。侵权人在期限内未修复的，国家规定的机关或者法律规定的组织可以自行或者委托他人进行修复，所需费用由侵权人负担。

条文要义

本条是对生态环境损害修复责任的规定。

---

① 审理法院：一审法院为江苏省南京市建邺区人民法院，案号：(2016) 苏0105民初4715号。二审法院为江苏省南京市中级人民法院，案号：(2017) 苏01民终9165号。

生态环境损害的修复责任，是指将生态环境受到的损害恢复原状。《草原法》规定的限期恢复植被和《森林法》规定的补种毁坏的树木等，都是修复责任。之所以选择生态环境修复这个词，而不是使用已有的恢复原状，是因为恢复原状指的是恢复到利益受损害前的状态，而生态环境具有特殊性，一旦遭到污染或者破坏，不可能完全恢复到原来的状态，而只能通过技术措施，尽可能地恢复。①

生态环境受到的损害一般不是实际被侵权人的损害，而是国家、政府受到的损害，故请求承担修复责任的主体一般不是被侵权人，而是国家规定的机关或者法律规定的组织。国家规定的机关，主要指的是《生态环境损害赔偿制度改革方案》规定的省级、市地级政府以及民事诉讼法规定的检察机关；"法律规定的组织"主要指的是符合《环境保护法》以及其他单行法律之规定的社会组织。② 故在环境污染和生态破坏责任的修复责任法律关系中，权利主体是国家规定的机关和法律规定的组织，义务主体是侵权人。

修复责任的承担规则是：（1）违反国家规定造成生态环境损害，能够修复。（2）国家规定的机关或者法律规定的组织是请求权人，有权请求侵权人在合理期限内承担修复责任。（3）侵权人在合理期限内未履行修复责任的，国家规定的机关或者组织可以自行或者委托他人进行修复，所需费用责令由侵权人承担。

案例评析

抚州市人民检察院诉时某、黄某生污染环境民事公益诉讼案③

案情：时某、黄某生在没有取得危险废物经营许可证、未办理任何环保手续的情况下，采用柴油引燃的方式焚烧废旧电子元件提取金属出售，致附近多名村民因连日吸入有害气体入院治疗。抚州市人民检察院向法院诉请判决时某、黄某生承担生态环境污染修复费等费用。法院认为：被告时某、黄某生以营利为目的，违反国家规定，在未获得处理危险废物经营许可证的情况下采用焚烧的方式非法处置有毒危险废物，直接向大气中排放有毒有害气体，严重污染大气环境，损害了社会公共利益，根据电子垃圾的具体焚烧程度等实际情况，综合酌情认定本案的生态环境修复费用为 16 万元，其中 8 万元由被告时某、黄某生缴纳至本院指定的环境公益诉讼基金账户用于开展替代修复，8 万元由被告时某、黄某生自行用于电子垃圾焚烧现场及周边的植树造林和养护。

评析：本案涉及的是生态环境修复的问题。2015 年《最高人民法院关于审理环境民事公益诉讼案件适用法律若干问题的解释》第 20 条第一次规定了生态环境修复

---

① 黄薇. 中华人民共和国民法典侵权责任编释义. 北京：法律出版社，2020：202.

② 同①201.

③ 审理法院：江西省抚州市中级人民法院，案号：（2017）赣 10 民初 142 号。

责任,即"原告请求恢复原状的,人民法院可以依法判决被告将生态环境修复到损害发生之前的状态和功能。无法完全修复的,可以准许采用替代性修复方式。人民法院可以在判决被告修复生态环境的同时,确定被告不履行修复义务时应承担的生态环境修复费用;也可以直接判决被告承担生态环境修复费用。生态环境修复费用包括制定、实施修复方案的费用和监测、监管等费用"。在本案中,叶某、黄某生违反国家规定,燃烧危险废物,向大气中排放有毒有害气体,污染大气环境,应当承担修复责任。本案法院根据危险物焚烧的实际情况,要求叶某、黄某生植树造林、恢复植被,并养护 3 年,就是关于修复责任承担的具体措施。3 年后,叶某、黄某生未能达到植树造林的要求恢复生态环境的,抚州市人民检察院可以自行或者委托他人进行修复,所需费用由叶某、黄某生负担。因而,本案法院判决植树造林期限届满后将会同相关部门对所植树木进行验收,如未达到植树造林的要求,叶某、黄某生再缴纳 8 万元生态环境修复费用。

生态环境修复责任的实质是恢复原状。恢复原状与赔偿损失是侵权责任的主要承担方式。两者相比,恢复原状因更能恢复到侵权之前的圆满状态而具有优先性。在环境污染和生态破坏案件中,如若生态环境能够修复,优先要求侵权人承担生态环境修复责任更加具有重大意义:不仅能够实现对受害人的救济,还体现了自负其责的理念,即"谁破坏,谁修复"。总体上,还有利于减轻政府修复生态环境的压力,促进生态环境的可持续发展。有鉴于此,2015 年《最高人民法院关于审理环境侵权责任纠纷案件适用法律若干问题的解释》第 14 条也对此作出了规定。民法典第 1234 条借鉴前述提及的司法解释的规定,新增了这一内容。因而,如若民法典生效后再次发生类似的案件,法院可援引民法典第 1234 条作为法律依据判决侵权人承担修复责任。

> ▶▶ **第一千二百三十五条** 违反国家规定造成生态环境损害的,国家规定的机关或者法律规定的组织有权请求侵权人赔偿下列损失和费用:
> (一)生态环境受到损害至修复完成期间服务功能丧失导致的损失;
> (二)生态环境功能永久性损害造成的损失;
> (三)生态环境损害调查、鉴定评估等费用;
> (四)清除污染、修复生态环境费用;
> (五)防止损害的发生和扩大所支出的合理费用。

🏛 条文要义

本条是关于国家机关或公益组织请求损害生态环境赔偿的规定。

如前条之"条文要义"所述,环境污染和生态破坏责任赔偿法律关系中请求权主体具有双重性：一是私人，原因是环境污染和生态破坏侵害了被侵权人的民事权益；二是国家，原因是国家的生态环境遭受了损害。在双重的环境损害责任法律关系中，前者救济的是被侵权人的权益损失，后者救济的是国家的生态环境损失。这双重的损害赔偿责任并行不悖，损害生态环境的行为人都须承担。

就后者而言，违反国家规定造成生态环境损害的，国家规定的机关或者法律规定的组织有权请求侵权人赔偿，侵权人应当承担赔偿责任。

具体的损害赔偿范围是：

（1）生态环境受到损害至修复完成期间服务功能丧失导致的损失。如果生态环境受到损害，造成了服务功能的丧失，则在修复期间应当得到的利益是侵权行为造成的损失，为赔偿范围。

（2）生态环境功能永久性损害造成的损失。生态环境受到侵害，造成的后果是其功能永久丧失的，应当进行评估，确定具体的损失范围，侵权人应当予以赔偿。

（3）生态环境损害调查、鉴定评估等费用。损害调查、鉴定评估是恢复生态环境、确定赔偿责任范围所必须进行的工作，支付的费用由侵权人负责赔偿。

（4）清除污染、修复生态环境费用。这些费用是清除污染、修复生态环境所必需的费用，侵权人应当予以赔偿。

（5）防止损害的发生和扩大所支出的合理费用。在生态环境受到损害后，对于有关机关和组织为了防止损害的发生和扩大所支出的费用，应当予以赔偿。

案例评析

铜仁市人民检察院起诉湘盛公司土壤污染责任纠纷案①

案情： 沃某的公司与湘盛公司建立硫精砂制酸工程项目合作关系，沃某的公司提供原料，硫酸产品及废渣由沃某的公司独自负责接收销售。2015年，湘盛公司的高温水管破裂，造成冷却水排放到公司后面的河里，造成污染。公益诉讼人诉请湘盛公司与沃某的公司共同承担停止侵害、消除危险、环境污染修复责任。法院认为，湘盛公司、沃某的公司在生产过程中实施了污染行为，发生了污染损害后果，且具有因果关系，湘盛公司、沃某的公司对全部污染损害后果应当共同承担连带责任。因而，法院判决湘盛公司、沃某的公司立即停止侵害，对厂区留存全部原料及废渣进行彻底无污染清除，对涉案土壤进行修复，赔偿生态环境期间服务功能损失费和鉴定费等。

评析： 本案涉及的是生态环境损害赔偿范围的问题。在本案中，湘盛公司、沃某的公司在生产过程中实施了污染行为，非法处置危险废物，违法排放生产废水，造成土壤环境严重污染，故其需要对全部污染损害后果承担赔偿责任。关于损害赔

---

① 审理法院：贵州省遵义市中级人民法院，案号：（2016）黔03民初520号。

偿的范围，《侵权责任法》未作出具体的规定。2015 年《最高人民法院关于审理环境民事公益诉讼案件适用法律若干问题的解释》第 20 条、第 21 条以及第 22 条细化了这一内容，规定了具体赔偿的项目包括生态环境修复费用、生态环境受到损害至恢复原状期间服务功能损失，检验、鉴定费用，合理的律师费以及为诉讼支出的其他合理费用等。因而，本案中公益诉讼人铜仁市人民检察院诉请判令湘盛公司赔偿生态环境受到损害至恢复原状期间服务功能损失费、鉴定费用等，得到法院的支持于法有据。

生态环境损害赔偿的范围，不同于民事主体权益受损后损害赔偿的范围。《侵权责任法》未对此作出具体的规定，2015 年《最高人民法院关于审理环境民事公益诉讼案件适用法律若干问题的解释》第 20 条、第 21 条以及第 22 条规定细化了这一内容，便于司法裁判中认定赔偿项目。民法典第 1235 条吸收了这一有益经验，完善了生态环境损害赔偿规则。因而，若本案发生在民法典生效之后，法院即可援用民法典第 1235 条判决赔偿损失。

第八章　高度危险责任

▶▶第一千二百三十六条　从事高度危险作业造成他人损害的，应当承担侵权责任。

🏛 条文要义

本条是对高度危险责任一般条款的规定。

高度危险责任是指从事高度危险活动和持有高度危险物，在相关的作业活动中造成他人损害时，应当适用无过错责任原则承担侵权责任的特殊侵权责任。

高度危险责任适用无过错责任原则，其构成中无须具备过错要件。对高度危险活动的行为人科以严格责任，可以提高危险活动的行为人的责任心，保障社会安全，保护受害人的合法权益，及时、妥善地救济损害，减少和消灭社会危险因素。在市场经济条件下，危险活动和危险物经营多是营利性的活动，有的甚至是高利润的垄断性经营活动，因此，风险说和公平说可以作为无过错责任的理论基础来解释高度危险责任的赔偿责任。[①]

高度危险责任的构成要件是：（1）行为人从事高度危险活动或者持有高度危险物。高度危险作业概念概括的就是从事高度危险活动或者持有高度危险物的作业活动。（2）从事的高度危险活动或者持有高度危险物的活动造成了他人的人身损害或者财产损害。（3）进行高度危险活动或者持有高度危险物的作业与他人受到损害之间具有因果关系。

高度危险责任的承担规则是，高度危险活动或者高度危险物致人损害的，高度危险活动和高度危险物的经营者承担侵权责任。

本条为高度危险责任的一般条款，其作用是：（1）规范高度危险活动的责任，统一按照一般规则适用法律，例如都适用无过错责任原则。（2）本条之下规定的高度危险责任不同类型之外的高度危险责任，因没有具体责任规范，符合该一般条款要求的，可以适用本条确定侵权责任，作为请求权的基础。

---

① 张新宝. 侵权责任法原理. 北京：中国人民大学出版社，2005：326—327.

🎯 案例评析

尤某龙诉北方射击场侵害生命权、健康权、身体权纠纷案①

案情： 某年 9 月 27 日上午 11 时，尤某龙到北方射击场西墙外的北山坡摘酸枣，被北方射击场进行兵器试验的跳弹打伤，后就经济赔偿问题双方发生纠纷。法院认为：北方射击场在从事高度危险作业过程中，造成尤某龙受伤，应当承担民事责任，现北方射击场同意在法律范围内赔偿尤某龙的损失，法院不持异议。尤某龙的医药费根据其提交的医疗机构出具的收费票据予以确认。营养费、住院伙食补助费、交通费符合法律规定，法院予以支持。护理期为人体损伤后，在医疗或者功能康复期间生活不能自理，需要他人帮助的时间，故护理费用实际为护理人员的误工损失。关于尤某龙主张的今后十年的护理费用，法院根据尤某龙的护理依赖程度、护理同等级别护理劳务报酬标准、护理年限酌情予以确定。

评析： 民法典第 1236 条沿袭《侵权责任法》第 69 条的规定，被认为是关于高度危险责任的一般条款，它为司法实践处理法律未明确规范的高度危险行为提供了一个指导性原则，具有兜底性功能，将那些法律没有规定的高度危险作业也涵盖进来。虽然该条是关于高度危险责任的一般条款，但该条只是为将来单行立法确立新的高度危险责任类型提供了基本的法律依据。它并不意味着，法官可据此任意决定哪些行为属于高度危险责任，进而适用无过错责任原则。理由在于：高度危险责任适用的是无过错责任。而依据民法典第 1166 条，无过错责任的适用范围必须由法律加以规定。倘任由法官在司法裁判中适用无过错责任，必然导致整个侵权法之归责原则体系的崩溃，对人们的合理行为自由构成极不适当的限制。也就是说，如无立法或司法解释对"高度危险作业"加以具体之规定（如对"高压电"的界定那样），司法实践对高度危险活动的界定会出现混乱。本案是适用高度危险责任的一般条款，将北方射击场的兵器试验界定为"高度危险作业"，从而适用无过错责任原则，使受害人获得侵权救济的典型案例。众所周知，兵器的功能即在于造成目标的人身伤害或财产损失，且兵器一旦使用，该潜在危险即转化为现实损害。因此，兵器具有致人伤亡的高度危险性。而且，兵器试验对于场地、程序、操作方法等方面都有严格的要求，以防止在试验过程中意外造成他人损害。因此，兵器试验要控制兵器的威力范围，从而可以被认定为高度危险作业。在本案中，尤某龙到北方射击场西墙外的北山坡摘酸枣，被北方射击场进行兵器试验的跳弹打伤，从而导致伤残的损害结果。由此可见，尤某龙的损害结果与北方射击场的兵器实验行为之间有法律上的因果关系，从而符合高度危险责任的构成要件。

---

① 审理法院：一审法院为北京市昌平区人民法院，案号：（2016）京 0114 民初 16153 号。二审法院为北京市第一中级人民法院，案号：（2018）京 01 民终 534 号。

▶▶ **第一千二百三十七条** 民用核设施或者运入运出核设施的核材料发生核事故造成他人损害的，民用核设施的营运单位应当承担侵权责任；但是，能够证明损害是因战争、武装冲突、暴乱等情形或者受害人故意造成的，不承担责任。

🏛 条文要义

本条是对民用核设施和核材料损害责任的规定。

民用核设施以及运入运出核设施的核材料发生核事故致人损害的，适用无过错责任原则。

民用核设施和核材料损害责任的构成要件是：（1）民用核设施和核材料发生了核事故。《核安全法》第93条规定："核事故是指核设施内的核燃料、放射性产物、放射性废物或者运入运出核设施的核材料所发生的放射性、毒害性、爆炸性或者其他危害性事故，或者一系列事故。"如日本福岛核电站发生的核泄漏、苏联切尔诺贝利核电站发生的核泄漏事故，都引发了民用核设施损害责任。（2）民用核设施和核材料的核事故造成了他人的人身损害或者财产损害。（3）民用核设施和核材料的核事故与他人人身损害和财产损害结果之间有因果关系。

民用核设施和核材料损害责任的主体，是核设施的营运单位，即核设施的占有人。《核安全法》第93条第4款规定："核设施营运单位，是指在中华人民共和国境内，申请或者持有核设施安全许可证，可以经营和运行核设施的单位。"核设施的营运单位是核设施的经营者。当发生核事故致人损害时，核设施的占有人即营运单位对受害人承担赔偿责任。确定核损害责任，应当适用《核安全法》的相关规定。

与《侵权责任法》第70条相比，本条的主要变化有如下两点：

（1）将《侵权责任法》第70条规定的"民用核设施发生核事故"改为"民用核设施或者运入运出核设施的核材料发生核事故"，使核事故的发生地点不仅包括在核设施之内的地点，也包括核材料运出运入核设施之外的地点，从而扩大了发生核事故的地域范围。

（2）与其他高度危险责任的承担规则有所区别的是免责事由，即只有证明损害是战争、武装冲突、暴乱等情形以及受害人故意造成的，才可以免除核设施和核材料的占有人的责任。《侵权责任法》第70条在规定免责事由时，只规定了"战争等情形"，本条将其细化规定为"战争、武装冲突、暴乱等情形"。这些修改都使条文规定的规则更便于适用。

本条没有规定民用核设施和核材料损害责任的过失相抵规则，应该理解为不适用过失相抵规则而减轻营运单位的损害赔偿责任。

［暂无相关案例］

▶▶**第一千二百三十八条** 民用航空器造成他人损害的，民用航空器的经营者应当承担侵权责任；但是，能够证明损害是因受害人故意造成的，不承担责任。

🏛 条文要义

本条是对民用航空器损害责任的规定。

本条所称航空器，是指通过空气的反作用，而不是通过空气对地面发生的反作用，在大气中取得支撑的任何机器，主要包括固定翼飞机、滑翔机、直升机等飞机，热气球及飞艇。[①] 民用航空器是指经国家有关部门批准而投入营运的民用飞机、热气球等飞行器。现代社会，民用航空器一旦发生事故，将造成严重的损害后果，规定这种损害赔偿责任是为了保障受害人的损害得到救济。

民用航空器损害是指民用航空器发生事故，对地面人员和财产造成的损害，而不是对航空器所载人员或者财产的损害，如航空器失事造成的他人损害，从航空器上坠落或者投掷人员或物品、能量造成他人的损害等。

该种侵权责任适用无过错责任原则，赔偿责任主体是航空器的经营者，由它们承担侵权民事责任。将民用航空器损害责任的归责原则确定为无过错责任原则，主要原因在于其运行中所具有的高度危险性。尽管随着科学技术的发展，民用航空器、航天器发生事故的概率不大，但一旦发生事故，所造成的损害后果往往极为严重且在很多情形下事故的发生不具有可控性。我国《民用航空法》（2021 年修正）第 125 条也确定了无过错责任原则。同时，由于民用航天器的运行在危险性上并不低于民用航空器，甚至高于民用航空器，故民用航天器损害责任采无过错责任原则符合体系协调原则。本条虽未明确规定民用航天器损害责任，但对此可作同等解释。

民用航空器损害责任的构成要件是：（1）民用航空器发生事故；（2）造成了航空器之外的人的人身损害或者财产损害；（3）民用航空器发生事故与人身损害或者财产损害之间有因果关系。

对于民用航空器发生事故时的免责事由，本条仅规定了受害人故意。这意味着，除受害人故意之外，其他免责事由原则上均不被加以考虑。如此规定的理由在于，民用航空器的运行具有高度危险性，因此，责任的严格性应与其危险程度相匹配，即危险程度越高，免责事由越少。当然，本条将免责事由确定为受害人故意，仅为一般性规定，并不排除在特别法中立法者基于特殊的价值判断规定了其他免责事由。当特别法中针对民用航空器损害责任的抗辩事由存在特殊规定时，应适用特别法的规定。《民用航空法》关于民用航空器发生事故时的免责事由规定得很复杂，规定了受害人过错可以免责，不可抗力造成损害时免除责任，等等。其中，第 124 条、第

---

① 全国人大常委会法制工作委员会民法室．中华人民共和国侵权责任法：条文说明、立法理由及相关规定．北京：北京大学出版社，2010：292.

125 条及第 157 条中所规定的抗辩事由，应当参酌适用。

民用航空器损害责任不适用过失相抵规则，即使受害人有重大过失，一般也不能减轻民用航空器经营者的赔偿责任。

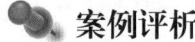 **案例评析**

邓甲等诉神州运动俱乐部侵害健康权纠纷案①

案情：两江蚕业公司与神州运动俱乐部合作开发航空基地，邓丙驾驶二轮摩托车搭载邓甲经过该基地时，遇罗宾逊 R44 Ⅱ 型民用航空器准备着陆，邓丙遂让邓甲坐在其前面，双脚撑在二轮摩托车上，在基地围墙外面的公路边停驻观看。罗宾逊 R44 Ⅱ 型民用航空器从邓甲头顶上空飞过后，邓丙与邓甲随二轮摩托车摔倒在地，邓甲受伤。双方发生纠纷。一审法院判决神州运动俱乐部对原告邓甲等的损失承担 70% 的赔偿责任。二审法院认为，本案适用无过错责任原则，受害人仍应就侵权行为、因果关系、损害事实承担举证责任。本案中，邓甲承担的举证责任应达到使人相信其摔倒受伤有较大可能性系直升机飞行产生风力所致的标准，但事实上其举证并未达标，故其要求神州运动俱乐部承担侵权责任的请求缺乏事实依据，依法应予驳回。

评析：民用航空器损害责任包括两种类型：其一为民用航空器对运输的旅客、货物造成损害时的侵权责任，其二为民用航空器对地面第三人造成损害时的侵权责任。后者是指飞行中的民用航空器或从飞行中的民用航空器上下落的人或者物，造成地面、水面上的民事主体人身伤亡或财产损害，民用航空器的经营者依法应当承担侵权责任的情形。本案即为这种情形的典型案例。根据民法典第 1238 条的规定，民用航空器具有高度危险性，因其造成损害所引发的侵权纠纷案件应适用无过错责任原则。因此，在本案中，神州运动俱乐部作为损害发生时使用民用航空器的人，即为民用航空器的经营者，其应否承担侵权责任的关键在于邓甲受伤是否与其所使用的罗宾逊 R44 Ⅱ 型民用航空器存在因果关系。由于高度危险作业的特殊性，不应苛求受害人所承担的举证责任，但受害人的举证应达到高度盖然性的标准。具体就本案而言，由邓甲对因果关系承担举证责任。根据案情，邓甲并未证明摩托车失去平衡、摔倒是直升机飞行的风力造成的，因此，因果关系这一构成要件尚未落实，自然无法构成民用航空器致害的侵权责任。

> ▶▶ **第一千二百三十九条**　占有或者使用易燃、易爆、剧毒、高放射性、强腐蚀性、高致病性等高度危险物造成他人损害的，占有人或者使用人应当承担侵权责任；但是，能够证明损害是因受害人故意或者不可抗力造成的，不承担责任。被侵权人对损害的发生有重大过失的，可以减轻占有人或者使用人的责任。

---

① 审理法院：一审法院为重庆市北碚区人民法院，案号：（2016）渝 0109 民初 5279 号。二审法院为重庆市第一中级人民法院，案号：（2017）渝 01 民终 1667 号。

🏛 条文要义

本条是对占有、使用高度危险物损害责任的规定。

占有、使用高度危险物损害责任适用无过错责任原则，其构成要件是：（1）高度危险物的范围包括易燃物品、易爆物品、剧毒物品、高放射性物品、强腐蚀性物品、高致病性物品等。行为人实施了占有或者使用易燃物品、易爆物品、剧毒物品、高放射性物品、强腐蚀性物品、高致病性物品等高度危险物的行为。（2）高度危险物造成他人人身损害或者财产损害。（3）占有或者使用高度危险物与人身损害或者财产损害之间有因果关系。

具备上述构成要件，占有、使用高度危险物损害责任成立，其责任主体是高度危险物的占有人或者使用人。

占有或者使用高度危险物损害责任的免责事由是：（1）受害人故意；（2）不可抗力。减责事由是：被侵权人对损害的发生有重大过失。被侵权人的一般过失不是减轻责任的事由。

与《侵权责任法》第72条相比，本条的主要变化有如下几点：

（1）将放射性修改为高放射性。根据放射源危险性的不同，可以将放射性物质从高到低分为Ⅰ类（极高危险源）、Ⅱ类（高度危险源）、Ⅲ类（危险源）、Ⅳ类（低危险源）、Ⅴ类（极低危险源）。可见，Ⅳ类与Ⅴ类放射性物质并不具有高度危险性。《侵权责任法》第72条规定放射性危险物致人损害责任，实质上是不妥当的。本条将其修改为高放射性，符合高度危险物的基本特征，在立法用语的表达上更为准确。

（2）新增强腐蚀性的高度危险物。腐蚀，是一种物理电化学变化，如硫酸是将被腐蚀物体中的氢原子和氧原子以2∶1的比例脱出，因H_2O中H、O的比例也为2∶1，故硫酸的腐蚀性又称脱水性。常见的腐蚀品有硫酸、硝酸、氢氯酸、氢溴酸、氢碘酸、高氯酸，由1体积的浓硝酸和3体积的浓盐酸混合而成的王水等酸性腐蚀品，以及NaOH等碱性腐蚀品。腐蚀性介质按其对建筑的腐蚀可分为气态介质、腐蚀性水、酸碱盐溶液、固态介质和污染土五种；对各种介质可按其性质、含量划分类别。各种介质对建筑材料长期作用下的腐蚀性，可分为强腐蚀、中等腐蚀、弱腐蚀、无腐蚀四个等级。多种介质同时作用时，腐蚀性等级应取最高者。将强腐蚀性物品列入高度危险物，适用高度危险责任确定其占有、使用人对造成的损害应当承担的侵权责任，是正确的。

（3）新增高致病性的高度危险物。《病原微生物实验室生物安全管理条例》第7条根据病原微生物的传染性、感染后对个体或者群体的危害程度，将病原微生物分为四类，其中，第一类和第二类是高致病性病原微生物。这类高度危险物将引起人类严重的疾病，属于高度危险物的范畴，应当适用占有、使用高度危险物损害责任。

案例评析

吴某英等诉周某师占有、使用高度危险物损害责任纠纷案①

案情：周某师购买油罐车从事危化品运输。因得知装货单位对罐要求高且要求洗罐，经人介绍，周某师将车开到吴某英处洗车。吴某英的丈夫钱某在进入车内洗车过程中身亡，双方发生纠纷。一审法院认为，被害人钱某是因给周某师所有的车辆清洗时吸入车内有毒气体导致死亡的，本案适用无过错责任原则，周某师对该车辆所发生的一切侵权行为承担侵权责任。二审法院认为：运输化学危险品的油罐车应到有资质的场所清理。死者钱某的洗车店没有清理危险化学品的资质，钱某没有对油罐车内存在的大量危害人体生命安全的气体进行测验，就直接下到了罐体内，不符合相关的安全操作规定，也没有采取相应的安全防护措施，便盲目进行操作，导致钱某的死亡。钱某对自己的死亡明显有重大过失。被侵权人对损害的发生有重大过失的，可以减轻占有人或者使用人的责任。故死者钱某应当承担30％的责任，周某师应当承担70％的责任。

评析：高度危险物损害责任适用的是无过错责任原则，因为这些物品具有"易燃、易爆、剧毒、高放射性、强腐蚀性、高致病性等"高度危险性。一方面，由于独特的物理或化学属性，这些物品非常容易造成人身伤亡和财产损失；另一方面，在占有、使用这些物品时，占有人、使用人必须尽到高度的注意义务，采取特别的防护措施。稍有不慎，在这些物品的运输、装卸、储存或使用的过程中，其内在的高度危险性就可能现实化，给他人造成损害。构成高度危险物损害责任，必须符合"占有或者使用"高度危险物的要求。占有、使用高度危险物的情形包括生产、装卸、运输、储存、保管高度危险物等。在本案中，高度危险物为有毒气体甲苯，而周某师为含有该有毒气体甲苯的油罐车的驾驶人，其以运输的方式占有和使用高度危险物。周某师作为高度危险物的占有人和使用人，应当采取特别的防护措施，即尽到高度注意义务，但其并未尽到相应的义务。因此，周某师作为含有有毒气体的油罐车的实际占有人、使用人和实际支配、控制者，也作为该车辆运营利益的享有者，应对该车辆所载高度危险物致害的后果承担侵权责任。受害人故意和不可抗力可以作为高度危险物致害责任的免责事由，被侵权人的重大过失可作为高度危险物致害责任的减责事由。在本案中，受害人进入油罐车进行清洗之前，未进行相应的检查，具有过失，但是否构成重大过失，还应当根据受害人是否是油罐车专业清洗人员、是否具有相应的专业技能等方面进行认定。

---

① 审理法院：一审法院为安徽省铜陵市郊区人民法院，案号：（2017）皖 0711 民初 278 号。二审法院为安徽省铜陵市中级人民法院，案号：（2017）皖 07 民终 792 号。

▶▶第一千二百四十条　从事高空、高压、地下挖掘活动或者使用高速轨道运输工具造成他人损害的，经营者应当承担侵权责任；但是，能够证明损害是因受害人故意或者不可抗力造成的，不承担责任。被侵权人对损害的发生有重大过失的，可以减轻经营者的责任。

🏛 条文要义

本条是对高度危险活动损害责任的规定。

高度危险活动是经营者从事的高空、高压、地下挖掘、使用高速轨道运输工具等具有高度危险性的经营活动。高空作业是在离开地面相当距离进行的具有高度危险性的作业。高压作业是指从事的经营活动的压力超过普通的程度，例如高压电、高压水、高压气泵等，其压强超过通常的标准，即为高压。地下挖掘不同于民法典第1258条规定的道路上挖掘，而是在地面以下进行的挖掘活动。使用高速轨道运输工具通常指使用火车等有轨道的高速运输工具。这样的经营活动，都属于高度危险活动。

高度危险活动损害责任的构成要件是：（1）经营者从事了高度危险活动，且该高度危险活动是合法经营。如果是违法经营，经营者要承担更重的责任。（2）造成了他人的人身损害和财产损害。（3）高度危险活动是造成人身损害或者财产损害的原因，两者间有因果关系。

高度危险活动损害责任的主体，是高度危险活动经营者。确定高度危险活动的经营者时，在用输送管线输送的情况下，应当以管线的产权界限为标准。例如，高压电的经营活动，有发电者、送电者、用电者等不同经营者，但都是在一条高压电线之上，当高压电引发事故造成损害时，究竟应当由谁承担责任，就须以高压电线的产权单位作为经营者的界限，在哪一个产权权属范围内发生事故造成损害的，就由这一段高压线路的经营者承担损害赔偿责任。

高度危险活动损害责任的免责事由是：（1）受害人故意；（2）不可抗力。减责事由是：被侵权人有重大过失。被侵权人的一般过失引发损害的，不能减轻经营者的责任。

《侵权责任法》第73条规定"被侵权人对损害的发生有过失的，可以减轻经营者的责任"的目的，是在高度危险物损害责任（第72条）和高度危险行为损害责任（第73条）之间进行责任的轻重区别，即高度危险物损害责任须被侵权人有重大过失方可过失相抵，而高度危险行为的被侵权人有过失就可以过失相抵，其责任轻重显然是有区别的。本条将被侵权人有过失可以过失相抵的规定，改变为有重大过失才可以过失相抵，显然是将两种高度危险责任作为同等轻重程度的高度危险责任，这样规定更符合民法典的体系性。

案例评析

周某某等诉贞丰供电局触电人身损害责任纠纷案①

案情：周某某、教某某系死者周某友的父母。周某友与周某某等人在顶岸村顶岸一组王某家后面的水池钓鱼时，周某友因抛竿不慎触及上方 10KV 高压电线而死亡。高压线距离地面 5.1 米。一审法院认为，死者周某友生前作为大学二年级学生，且年满 18 周岁，对高空高压的危险性及钓鱼竿的长短具有充分的预估能力，其在明知存在危险的情况下放任自己的行为导致被电击身亡，周某友对事故的发生具有重大过失，应当承担事故的主要责任，贞丰供电局承担事故的次要责任，确定由贞丰供电局承担 30% 的赔偿责任，其余 70% 的责任由周某友自行承担。二审法院认为：贞丰供电局作为涉案高压输电线的经营者，应对本案损害结果承担无过错赔偿责任，法定免责事由仅有受害人故意和不可抗力两种情形。本案中并无证据证明有免责事由存在，只能根据受害人的过错程度减轻其民事责任，遂维持原判。

评析：本案涉及的是高度危险活动损害责任中的免责与减责。《侵权责任法》第 73 条规定故意与不可抗力为免责事由、过失为减责事由。民法典第 1240 条将减责事由修改为受害人有重大过失。受害人故意分为两种情形：一是受害人以触电方式自杀、自伤；二是从事与电有关的犯罪行为，包括盗窃电能，盗窃、破坏电力设施或者进行其他犯罪活动。不可抗力作为免责事由的前提条件是不可抗力是触电事故发生的唯一原因。本案中并不存在上述情形，因此侵权人不能被免除责任。过失包括重大过失与一般过失。在本案中，被害人周某友作为完全民事行为能力人，应当具有关于高压危险的常识与判断能力。其在电力设施保护区内的高压电线下手持导电鱼竿垂钓，将自身置于高度危险境地。其手持鱼竿抛竿，导致高压电线对地安全距离不够是发生本案事故的直接原因，其自身具有重大过失，因而可以减轻贞丰供电局的责任。民法典第 1240 条对《侵权责任法》第 73 条的规定作出了调整，在坚持高度危险活动致害责任的法定免责事由仅有受害人故意或不可抗力两种情形的基础上，同时限定只有被侵权人具有重大过失可以作为高度危险活动致害的减责事由。因而，如若本案发生在民法典生效之后，当周某友存在重大过失时，仍然需要减轻贞丰供电局的侵权责任；当周某友存在一般过失时，贞丰供电局就不得请求减轻责任。

▶▶**第一千二百四十一条**　遗失、抛弃高度危险物造成他人损害的，由所有人承担侵权责任。所有人将高度危险物交由他人管理的，由管理人承担侵权责任；所有人有过错的，与管理人承担连带责任。

---

① 审理法院：一审法院为贵州省黔西南布依族苗族自治州贞丰县人民法院，案号：（2017）黔 2325 民初 1413 号。二审法院为贵州省黔西南布依族苗族自治州中级人民法院，案号：（2018）黔 23 民终 493 号。

🏛 条文要义

本条是对遗失、抛弃高度危险物损害责任的规定。

遗失、抛弃高度危险物损害责任是指自然人、法人或者非法人组织所有、占有、管理的危险物遗失、被抛弃后造成他人损害，自然人、法人或非法人组织应当承担的侵权责任。对这种高度危险责任适用无过错责任原则，具体包括三种类型：

（1）遗失高度危险物损害责任，是指权利主体非基于自身的意思而丧失对高度危险物的占有，但不包括他人非法占有的情形。高度危险物遗失的，所有权人对遗失物虽然丧失了占有，但并没有丧失所有权，遗失物仍然是自己的财产。遗失的危险物造成被侵权人损害的，追究损害赔偿责任，还是应当由该物的实际权利人承担责任。因此，遗失的危险物因其自身的危险性质致人损害的，由其所有人承担民事责任。

（2）抛弃高度危险物损害责任，是指权利主体基于放弃权利的意思而不再占有高度危险物。高度危险物被抛弃的，所有权人丧失了该危险物的所有权。该高度危险物由于其自身的危险性而致害他人时，虽然抛弃该危险物的原所有权人已经丧失了对该物的所有权，但是，造成损害的原因还是抛弃者所为，只要该危险物没有被他人占有，或者他人没有对此产生有权，仍然由抛弃物的原所有权人承担侵权责任。

（3）危险物交由他人管理损害责任。所有人将高度危险物交由他人管理，该危险物造成他人损害的，由危险物的管理人承担侵权责任；危险物的所有人如果有过错的，则与管理人承担连带责任。所有人的过错，是将高度危险物交由他人管理时未尽高度注意义务，具有疏忽或者懈怠，如未交化危险物的性质、保管方法、危险后果等。

本条规定的归责原则总体上体现为无过错责任原则，例外情形下适用过错责任原则。根据本条第一句的规定，在所有人遗失高度危险物的情形下，其不论是否具有过错均应承担侵权责任；同样，在所有人抛弃高度危险物的情形下，其也应承担侵权责任。根据本条第二句前半句，管理人承担的也是无过错责任，即当高度危险物为管理人所管控时，管理人不论是否存在过错，当高度危险物致害时均应承担责任。遗失、抛弃情形同样被包括在内。根据本条第二句后半句，所有人有过错的，所有人与管理人承担连带责任。在此情形下，就管理人而言，其承担的仍旧为无过错责任，但就所有人而言，其承担的是过错责任。

🍃 案例评析

冶乙诉新疆石油管理局遗失、抛弃高度危险物损害责任纠纷案[①]

案情：冶乙在 500 干渠乌鲁木齐市米东区长山镇六户地村段被爆炸物炸伤，故

---

① 审理法院：一审法院为新疆维吾尔自治区乌鲁木齐市米东区人民法院，案号：（2016）新 0109 民初 2198 号。二审法院为新疆维吾尔自治区乌鲁木齐市中级人民法院，案号：（2017）新 01 民终 1684 号。

诉至法院。一审法院认为：根据证据可以认定炸伤原告冶乙的系"天鹅"牌45-1-G型号震源药柱之法律事实。被告新疆石油管理局应就原告冶乙故意造成损害承担举证责任，如举证不能，则应承担赔偿责任。二审法院认为：根据可被采信的事故调查报告，涉案震源药柱销售至新疆石油管理局的时间有二十年之久，在此期间新疆石油管理局仅辩称已尽高度注意义务，不存在遗失、抛弃高度危险物的行为，不足以抗辩该调查报告的证明力。故新疆石油管理局提出不承担赔偿责任的理由不能成立，不予支持。

评析：根据民法典第1241条的规定，遗失、抛弃高度危险物损害责任，是指自然人、法人或者非法人组织在其所有、占有、管理的高度危险物被遗失、被抛弃后造成他人损害时应当承担的侵权责任。这包括遗失高度危险物、抛弃高度危险物和将高度危险物交由他人管理三种情形。其所适用的归责原则总体上体现为无过错责任原则。换言之，在所有人遗失或抛弃高度危险物的情形下，其不论是否具有过错，均应承担侵权责任。尽管遗失、抛弃高度危险物往往体现为所有人违反有关管理规范，可被认定为存在过错，但事实上，此种情形下所有人是否具有过错是不被加以考虑的，因此，仍构成无过错责任。本案中，炸伤冶乙的爆炸物系"天鹅"牌45-1-G型号震源药柱，该震源弹为地质勘探所用，且根据生产厂家山西江阳化工厂提供的线索，可推断米东区长山子500水渠的震源药柱的生产时间应该是1981年至2001年，且从1996年至2001年发往新疆的"天鹅"牌震源药柱的明细可以看出"天鹅"牌震源药柱的接收单位为新疆石油管理局，由此认定涉案爆炸物的所有人应为新疆石油管理局。无论出于何种原因，涉案高度危险物"天鹅"牌震源药柱从新疆石油管理局处遗失。对于其造成的损害，仍应由作为原所有权人的新疆石油管理局承担侵权责任。在高度危险物致害责任中，责任主体确定的法理基础并非完全在于所有权是否发生变动，而在于应由何人控制此高度危险。对于高度危险物而言，无论是所有权人随意将其予以抛弃，还是因其他原因遗失，都有可能造成对社会民众的损害。这也是民法典第1241条规定遗失、抛弃高度危险物致害的侵权责任的原因所在。

▶▶第一千二百四十二条　非法占有高度危险物造成他人损害的，由非法占有人承担侵权责任。所有人、管理人不能证明对防止非法占有尽到高度注意义务的，与非法占有人承担连带责任。

🏛 条文要义

本条是对非法占有高度危险物损害责任的规定。

高度危险责任的归责基础在于危险的存在，因此，应当由实际控制该危险之人承担侵权责任。非法占有高度危险物，是指通过盗窃、抢劫、抢夺等方法违背所有人或管理人的意志而取得对高度危险物的占有之情形。[1] 危险物被他人非法占有，在被非法占有状态下造成他人损害的，因非法占有人是危险物的直接占有人，对该危险物实行事实上的管领，故应当由他承担侵权责任；在特定情况下，高度危险物的所有人也应当承担责任。

该侵权责任的承担规则是：

（1）被他人非法占有的危险物致人损害的，无论是造成人身损害还是造成财产损害，都由该非法占有人承担民事责任。非法占有高度危险物造成他人损害者承担无过错侵权责任。

（2）该危险物的所有人如果不能证明自己对他人非法取得占有已尽到高度注意义务，即对危险物的管理存在过失的，应当与危险物的非法占有人承担连带赔偿责任。高度危险物被他人非法占有之时，该高度危险物已经脱离所有人、管理人的实际控制，因此，当被非法占有的高度危险物造成他人损害时，对该高度危险物的所有人、管理人无法适用高度危险物损害无过错责任。然而，考虑到高度危险物的非法占有对社会产生危害的严重性，应当要求所有人、管理人为防止他人非法占有高度危险物而尽到高度注意义务。[2] 高度危险物的所有人或者管理人对高度危险物没有尽到高度注意义务，致使第三人非法占有高度危险物并使高度危险物的危险性现实化、造成他人损害的，本应当对该损失承担过错责任，并且，根据举证责任分配原则，应当由被侵权人对加害人违反高度注意义务负担举证责任，但是，关于高度危险物的所有人或者管理人是否尽到高度注意义务的证明，在信息严重不对称的情况下受害人处于明显劣势，因此，为了保护受害人的合法权益，本条沿袭《侵权责任法》第75条的规定：高度危险物的所有人或者管理人的责任为过错推定责任，由其对自己已尽到高度注意义务负举证责任。

（3）当被非法占有的高度危险物造成他人损害之时，非法占有人与高度危险物的所有人或管理人，基于不同责任产生原因均须对受害人承担赔偿责任，二者之间承担连带责任，适用民法典第178条规定的规则。

案例评析

陈乙、陈丙等诉 T 村民委员会侵害生命权、健康权、身体权纠纷案[3]

案情： 受害人陈甲与其他同学（均系未成年人）一起到位于 T 村委会、土名为"草沟"的一废弃水潭中玩水时溺水身亡。一审法院认为：本案的事故发生地涉案水潭地

---

[1]　王胜明. 中华人民共和国侵权责任法释义. 2 版. 北京：法律出版社，2013：418.
[2]　周友军. 侵权责任法专题讲座. 北京：人民法院出版社，2011：458.
[3]　审理法院：一审法院为广东省阳江市阳西县人民法院，案号：（2015）阳西法民初字第 41 号。二审法院为广东省阳江市中级人民法院，案号：（2015）阳中法民一终字第 686 号。

处偏僻且系历史原因形成，并不是严格意义上的对公众开放的公共场所，法律并没有为其所有人或者其占有、使用人设定安全保障义务，也没有规定应当设置警示标志。而受害人陈甲当时已年满12周岁，具备一定的判断、识别能力，应当认识到在涉案水潭玩水本身具有一定的危险性，其应自行对损害结果承担责任；陈乙、陈丙作为受害人陈甲的父母，对受害人陈甲负有法定的监护义务，其没有尽到监护职责，亦应自行承担全部责任。二审法院认为，本案出事水潭并不属的高度危险物，上诉人陈乙、陈丙主张适用该法条判决被上诉人T村委员承担侵权责任的理据不足，应予以驳回，维持原判。

评析：高度危险责任的归责基础在于危险的存在，因此，应当由实际控制该危险之人承担侵权责任。在高度危险物被非法占有的情形下，实际控制高度危险物的是非法占有人，所以应当由非法占有人对高度危险物致害承担侵权责任。另外，高度危险责任的成立不以过错为要件，故此，非法占有人也应对其非法占有高度危险物造成的损害承担无过错责任。其中的"高度危险物"泛指易燃物、易爆物、剧毒物、高放射性物、强腐蚀性物等高度危险物。而非法占有的行为包括盗窃、抢劫、抢夺等违背所有人或管理人的意志而取得对高度危险物的占有的情形。在本案中，尽管该导致被害人溺毙的水潭系在平坦的沙滩上挖掘形成的，水深超过4米，而且周边陡峭，潭内海沙细嫩而松软，加上长期有水泡浸，人踩上去很容易陷下去且越陷越深，具有潜在危险，存在安全隐患，但其危险性并非"高度危险物"所指的因物的性质所产生的易燃、易爆、剧毒、高放射性、强腐蚀性等危险性，因此，其不能被认定为高度危险物，本案自然也就无法适用民法典第1242条规定的非法占有高度危险物损害责任。

▶▶**第一千二百四十三条**　未经许可进入高度危险活动区域或者高度危险物存放区域受到损害，管理人能够证明已经采取足够安全措施并尽到充分警示义务的，可以减轻或者不承担责任。

🏛 条文要义

本条是对进入高度危险活动区域、高度危险物存放区域损害责任的规定。

未经许可进入高度危险活动区域或者高度危险物存放区域损害责任适用无过错责任原则。由于高度危险活动或高度危险物的高度危险作业是合法的、正当的，是利用现代科学技术服务于社会，有利于国计民生，所以，对这种高度危险责任适用无过错责任原则的要求应当适当放宽：未经许可进入高度危险活动区域或者高度危险物存放区域受到损害，高度危险管理人如果已经采取足够安全的措施，并且尽到警示义务的，不承担全部赔偿责任，而是被减轻或者免除责任。只有没有采取足够安全措施，也没有尽到警示义务的，高度危险管理人才承担全部赔偿责任。这是比较宽松的无过错责任原则，接近于过错推定原则。这里的关键词是足够和充分，前者要求的是安全措施须达到足够的标准，后者要求的是警示义务须达到充分的标准。

未经许可进入高度危险活动区域、高度危险物存放区域损害责任的构成要件是：（1）须是在高度危险活动区或者高度危险物存放区；（2）高度危险活动人或者高度危险物管理人已经尽到相当注意义务，采取了足够安全措施，并尽到了充分警示义务；（3）受害人未经许可进入该区域，造成损害。其中第二个要件，应当由高度危险作业人承担举证责任。

符合上述要件的，首先应当考虑适用减轻责任；如果擅自进入高度危险作业区域，对于损害的发生具有重大过失的，应当免除高度危险作业人的赔偿责任。

与《侵权责任法》第76条相比，本条的主要变化有如下几点：

（1）明确规定证明责任分配规则，即管理人是证明责任主体。被侵权人证明受到损害、损害的区域是高度危险活动区域或者高度危险物存放区域的，其证明责任已经完成。对于已经采取足够安全的措施并尽到充分警示义务的要件，举证责任主体明确规定为管理人，而不是被侵权人。这当然是不言而喻的，因为这是被告一方免责的证明，当然应由侵权人承担，但是，法律条文作此明确规定，就是让证明责任主体更加明确，避免无意义的争论。

（2）明确规定侵权人证明的标准，即已经采取安全措施的标准是"足够"，已经尽到警示义务的标准是"充分"。足够安全的措施，要求的是证明到不仅采取了安全措施，而且已经达到足够的标准，即在这种危险区域所采取的安全措施通常是能够避免造成损害的。充分警示的义务，要求的是证明到不仅尽到了警示义务，而且已经达到了充分的标准，即警示，通过字体、字形、内容、位置，达到了一般人能够注意到的标准。达到这样的证明程度的，可以减轻或者免除管理人的责任。

案例评析

陈某国等诉四川省高速公路建设开发总公司等侵权责任纠纷案[①]

案情： 陈某国携其妻杨某华、女陈某华步行进入成巴高速路段。杨某华、陈某国被田某驾驶的小型普通客车在成都市向巴中市方向K227＋740M路段处撞倒。陈某国受伤，杨某华当场死亡。一审法院认为：本案中，事发路段高速公路相关防护警示设施安装符合设计要求。高速公路线路一般都较长，不能做到绝对防止行人进入，也不能在每地每处路段都设置禁止行人进入的警示标志。巴南高速公司作为高速公路经营方，对群众进行了高速公路交通安全法律宣传教育，在发现进入高速公路的行人时给予了劝离，通过波形护栏等设施对高速公路予以了隔离，部分路段设

置有禁止行人上高速的警示标志。因此，应当认定巴南高速公司已采取了必要的安全措施，并在合理范围内尽到了警示义务。陈某国、杨某华作为具有正常认知能力的成年人，应当知道行人进入高速公路通行车道的严重危险性、违法性，仍故意进入高速公路行走，发生交通事故，对已获赔之外的损失，应自行负担。二审维持原判。

评析：高度危险活动区域、高度危险物存放区域损害责任，是指受害人未经许可进入高度危险活动区域或者高度危险物存放区域遭受损害，该区域的管理人依法应当承担的侵权责任。高度危险活动区域、高度危险物存放区域损害责任也是无过错责任。但是，与高度危险活动损害责任和高度危险物损害责任相比，高度危险活动区域、高度危险物存放区域损害责任最大的特点在于免责和减责事由不同。根据民法典第1243条的规定，高度危险活动区域、高度危险物存放区域损害责任的减责和免责事由必须同时符合两个条件：其一，受害人是未经允许而进入高度危险活动区域、高度危险物存放区域的。其二，管理人必须已经采取安全措施且尽到了警示义务。这两项条件缺一不可。基于高速公路全线封闭、快速、高度危险的特点，高速公路属于高度危险活动区域。在高速公路上行驶的车辆速度很快，对周围环境具有高度危险，应当进行封闭管理。《道路交通安全法》第67条第一句规定："行人、非机动车、拖拉机、轮式专用机械车、铰接式客车、全挂拖斗车以及其他设计最高时速低于七十公里的机动车，不得进入高速公路。"本案中，陈某国等步行进入高速公路，属于未经许可进入高速公路这一高度危险活动区域。在高速公路的建设方和经营者安装了防护栏、隔离栏等安全设施，建立了方便行人通行的人行涵洞之外，再要求建设方和经营者在高速公路沿线都设置警示标志，既无法律的明确规定，也明显超过了当前社会的普遍认同。本案中，巴南高速公司已尽到安全保障和警示义务，不存在设置缺陷。因此，对于陈某国等未经许可步行进入高速公路遭受交通事故所造成的损害，高速公路的管理人巴南高速公司不承担责任。

> ▶▶ **第一千二百四十四条**　承担高度危险责任，法律规定赔偿限额的，依照其规定，但是行为人有故意或者重大过失的除外。

🏛 条文要义

本条是对高度危险责任赔偿限额的规定。

限额赔偿是相对于全额赔偿而言，是指行为人的行为已经构成侵权责任，在法律有特别规定的情况下，不适用全额赔偿责任而按照法律规定实行限额赔偿的侵权责任制度。

本条规定的限额赔偿的适用要件是：（1）侵权人已经确定应当承担侵权责任，且承担的是高度危险责任；（2）法律对这种高度危险责任规定了实行限额赔偿。按照这一规定，本章规定的高度危险责任，只要法律规定了限额赔偿，都可以适用限额赔偿制度。

我国目前规定限额赔偿有三种不同方法：（1）规定企业应当承担损害赔偿责任的总额限额，如核设施和核材料损害赔偿责任最高为 3 亿元加 8 亿元人民币的限额。（2）规定对受害人个体的赔偿限额，如铁路运输损害赔偿责任和航空运输损害赔偿责任，最高限额分别为个人 15 万元人民币和 40 万元人民币。（3）既规定个人限额也规定总限额，如海上运输损害赔偿。

限额赔偿适用的对象包括两种：（1）合同当事人的损害，如铁路运输、航空运输、海上运输损害赔偿的限额赔偿都是规定，对旅客的损害适用，不适用于运输合同之外的其他人的损害。（2）既包括企业合同当事人的损害赔偿，也包括合同当事人以外的人的损害赔偿，如核设施和核材料损害赔偿责任。

本条新增但书规定，在高度危险责任中，排除限额赔偿法律规定适用的情况是，如果行为人在造成被侵权人损害的高度危险责任中有故意或者重大过失，则不适用限额赔偿规则，行为人应当承担全部赔偿责任。

适用上述规则，应当明确的是：首先，行为人的故意或者重大过失是排除法定限额赔偿的要件，原因是，高度危险责任适用无过错责任原则，在适用无过错责任的场合，被侵权人不负担证明行为人过错的责任，因此，其诉讼成本就低于适用过错责任原则的场合，法定限额赔偿恰好与诉讼成本较低的举证责任相对应。反之，如果被侵权人能够证明行为人在高度危险活动和高度危险物造成自己损害时有故意或者重大过失，则其付出的诉讼成本将大大增加，与举证责任相适应，限额赔偿就不适当，因而行为人应当承担全部赔偿责任。其次，行为人有故意或者重大过失的证明责任由被侵权人承担。被侵权人应当举证证明行为人在造成其损害的高度危险活动或者高度危险物的管理中对损害的发生具有故意或者重大过失。被侵权人能够证明成立的，行为人应当不受法定限额赔偿的约束，被侵权人可以主张行为人承担全部赔偿责任，法院应当予以支持。

案例评析

目前，在我国的司法实践中鲜少存在高度危险责任各项案由之下适用赔偿限额制度的裁判案例。赔偿限额制度，主要是在航空、铁路旅客或货物运输合同纠纷中予以适用，作为承运人在存在违约行为导致托运人受有财产损失的情形下承担的违约损害赔偿责任的数额限制，例如，董某俭与中国东方航空股份有限公司西北分公司等航空旅客运输合同纠纷案[1]等。在作为侵权责任的高度危险责任中适用赔偿限额制度的典型案例空缺。

---

[1] 审理法院：一审法院为西安铁路运输法院，案号：（2016）陕 7102 民初 412 号。二审法院为西安铁路运输中级法院，案号：（2016）陕 71 民终 36 号。

第九章　饲养动物损害责任

▶▶**第一千二百四十五条**　饲养的动物造成他人损害的，动物饲养人或者管理人应当承担侵权责任；但是，能够证明损害是因被侵权人故意或者重大过失造成的，可以不承担或者减轻责任。

🏛 条文要义

本条是对饲养动物损害责任一般条款的规定。

饲养动物损害责任适用无过错责任原则，因此，在本章规定之下，只有第1248条规定的动物园饲养的动物损害责任适用过错推定原则，其他都适用无过错责任原则。

饲养动物损害责任的构成要件是：（1）民事主体饲养了动物；（2）被侵权人受到了人身损害或者财产损害；（3）造成被侵权人人身损害或者财产损害的原因是该民事主体饲养的动物，二者之间有因果关系。

饲养动物损害责任中如果是被侵权人的故意或者重大过失导致损害，则动物饲养人或管理人不承担责任或者减轻责任。对于本条关于"能够证明损害是因被侵权人故意或者重大过失造成的，可以不承担或者减轻责任"的规定，很多人认为免责或者减责的界限不清晰。对此应当解读为，无论被侵权人是故意造成损害还是重大过失造成损害，应当依被侵权人的过错行为对损害发生具有的原因力确定：故意或者重大过失是损害发生的全部原因的，应当免除责任；故意或者重大过失是损害发生的部分原因，即不具有百分之百原因力的，应当减轻责任。

饲养动物损害责任一般条款的作用是：

（1）概括本条之下规定的饲养动物损害责任的类型，受到本条规定的约束，但第1248条规定的动物园饲养的动物损害责任除外。

（2）对于本章没有规定的具体饲养动物损害责任，应当依照本条规定的一般条款确定责任构成和承担。

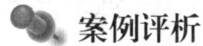

案例评析

曾某艳诉陈某华侵权责任纠纷案①

案情： 曾某艳下班回家途经陈某华的养蛇场时，被突然蹿出的大狗咬伤右大腿并摔伤，后被陈某华的儿子陈某送入医院治疗，陈某垫交了 500 元住院费等费用。曾某艳诉请法院判令陈某华赔偿损失。一审法院认为：本案中被告陈某华不能举证证明原告曾某艳被狗咬伤及撞倒摔伤不是自己饲养的狗所为，故被告陈某华应承担民事赔偿责任。原告曾某艳知道被告陈某华的养蛇场中养有大狗且知道发生过狗咬人事件，却没有尽到注意义务，其本身也存有过错，应承担本案一定的责任。综上，原告曾某艳承担 20% 的责任，被告陈某华承担 80% 的责任。曾某艳、陈某华均不服一审判决，提起上诉。二审法院认为：一审判决认定曾某艳受伤系陈某华所饲养的狗咬伤及撞倒摔伤是正确的。曾某艳未尽到谨慎注意义务，存在一定过错。一审法院判令其承担 20% 的责任是正确的。

评析： 本案涉及的是饲养动物损害责任。饲养动物损害责任适用无过错责任归责原则：当动物的加害行为造成损害事实发生时，动物的饲养人或者管理人应当承担侵权责任。本案中，陈某华所饲养的动物咬伤了曾某艳，曾某艳左下肢损伤，被评定为九级伤残。一审、二审法院根据优势证据原则并结合日常生活经验法则综合认定了曾某艳的损害与陈某华所饲养的动物加害行为之间具有因果关系。可见，本案符合饲养动物损害责任的构成要件，陈某华应当对曾某艳承担饲养动物损害责任。饲养动物损害责任的减免事由是受害人有故意或者重大过失。本案中，曾某艳明知该条道路上存在严重的安全隐患，但没有尽到审慎的注意义务，存在重大过失。曾某艳的重大过失对于损害的发生具有部分原因力，故应当减轻陈某华的责任。一审、二审法院结合本案的具体事实酌定陈某华承担 80% 的责任，于法有据，合情合理。

> ▶▶ **第一千二百四十六条**　违反管理规定，未对动物采取安全措施造成他人损害的，动物饲养人或者管理人应当承担侵权责任；但是，能够证明损害是因被侵权人故意造成的，可以减轻责任。

🏛 条文要义

本条是关于未对动物采取安全措施损害责任的规定。

未对动物采取安全措施造成他人损害的饲养动物损害责任，适用无过错责任确定

---

① 审理法院：一审法院为四川省隆昌市人民法院，案号：(2017) 川 1028 民初 2979 号。二审法院为四川省内江市中级人民法院，案号：(2018) 川 10 民终 252 号。

侵权责任。动物饲养人或者管理人违反管理规定未对动物采取安全措施，造成他人损害的，无须考察动物饲养人或者管理人的过错，直接按照无过错责任原则确定侵权责任。

未对饲养动物采取安全措施损害责任的构成要件是：（1）动物饲养人在饲养动物时违反国家法律、法规和规章规定的管理规定；（2）对于应当按照规定采取安全措施的饲养动物，没有采取安全措施；（3）饲养的动物造成了被侵权人的人身损害或者财产损害。例如，在城市饲养大型犬，没有按照规定采取安全措施进行饲养，造成他人损害的，动物饲养人或管理人应当承担赔偿责任。

《侵权责任法》第79条规定这种饲养动物损害责任时并没有规定减轻责任的规则，因此可将其称为绝对责任条款。这样的规定是不合适的，原因是，饲养动物，仅仅违反了管理规定未对动物采取安全措施，造成损害时，动物饲养人或管理人不仅要承担无过错责任，而且还不得适用任何免责、减责事由，明显过于苛刻。本条增加了减轻责任的规则：动物饲养人或者管理人能够证明损害是由被侵权人故意造成的，不是免除其责任，而是减轻其责任。被侵权人有重大过失或者过失导致损害的，不减轻动物饲养人或管理人的责任。

案例评析

李某广诉张某军等饲养动物致害责任纠纷案①

案情：张某军饲养金毛宠物犬，宋某铭饲养拉布拉多宠物犬。某日，张某军、宋某铭带领各自的宠物遛弯时，未对其拴绳或牵引，亦未佩戴相关护具。李某广经过附近时，两只宠物犬向其行走的方向奔去，致其害怕而摔倒。李某广向法院诉请张某军、宋某铭承担连带赔偿责任。一审法院认为：张某军、宋某铭未采取安全措施，具有过错。其饲养犬均属于体型较大、具有一定的人身危险性的宠物，造成李某广害怕而摔倒，具有因果关系，应当承担赔偿责任。本案无法确定两条狗的过错程度和张某军、宋某铭的责任大小，故应由二被告人平均承担赔偿责任。张某军、宋某铭不服一审判决，提起上诉。二审法院认为，张某军、宋某铭未办理饲养犬类备案手续，且事故发生时二人所饲养的宠物犬均处于放任状态，并未束犬链，造成李某广害怕、摔倒，故一审法院认定李某广受伤与张某军、宋某铭的过错行为之间具有因果关系，并判决张某军、宋某铭承担赔偿责任并无不当。

评析：本案涉及的是未采取安全措施的饲养动物致害责任。张某军饲养的金毛犬和宋某铭饲养的拉布拉多犬均应当办理饲养犬类备案手续。除此之外，由于金毛犬和拉布拉多犬均属于体型较大的宠物犬，具有一定的人身危险性，在外出活动时应用束犬链牵领，避免造成他人人身、财产权益损害。然而，根据张某军、宋某铭

---

① 审理法院：一审法院为吉林市昌邑区人民法院，案号：（2017）吉0202民初1794号。二审法院为吉林省吉林市中级人民法院，案号：（2018）吉02民终87号。

的自述，该二人的宠物犬均未办理备案手续，而且携带其饲养的宠物犬外出时，未携带束犬链，均违反了相关养犬管理规定，足以认定该二人未尽到对各自所饲养的宠物犬的管理义务。该二人未对饲养的宠物犬采取安全措施，致使李某广受伤住院，应当对李某广承担侵权责任。

应当补充说明的是，《侵权责任法》第 79 条关于未对动物采取安全措施损害责任的规定是绝对责任条款，未规定任何免责或者减责事由。民法典第 1246 条新增受害人故意为减责事由。据此，如果本案中李某广受伤是因其故意挑逗宠物犬而发生，则张某军和宋某铭有权请求减轻责任。这样一来，不仅能够督促动物饲养人及管理人遵守养犬管理规定，尽到合理的管理义务，保障他人的人身、财产安全，也能够督促被侵权人正确认识到自己的行为和产生的后果，避免故意挑逗动物。

> ▶▶ **第一千二百四十七条**　禁止饲养的烈性犬等危险动物造成他人损害的，动物饲养人或者管理人应当承担侵权责任。

🏛 条文要义

本条是对禁止饲养的危险动物损害责任的规定。

禁止饲养的烈性犬等危险动物造成他人损害的，适用饲养动物损害责任中最严格的责任，不仅适用无过错责任原则，而且没有免责事由，因而被称为绝对责任条款。

禁止饲养的动物，即禁止饲养的烈性犬等危险动物，不仅包括烈性犬，还包括类似烈性犬的其他凶猛的危险动物，具体的范围是：（1）烈性犬，如藏獒等；（2）家畜、家禽中的其他危险动物；（3）禁止饲养的属于危险动物的野生动物，如野猪、狼、豺、虎、豹、狮等。

凡是饲养禁止饲养的动物，造成损害的，应当按照无过错责任原则的要求，由动物的饲养人或者管理人对被侵权人承担赔偿责任。本条是绝对责任条款，即使受害人出于故意或者重大过失引起损害，也不能免除或者减轻动物饲养人或者管理人的赔偿责任。

🎯 案例评析

艾某英诉于某鹏饲养动物损害责任纠纷案①

案情：艾某英与女儿徐某在小区遛斗牛犬过程中，适有于某鹏所有、饲养的两只雪橇犬由吕某柱代为在该小区内活动。双方的犬只均有犬绳牵领。双方的犬只相

---

① 审理法院：一审法院为北京市通州区人民法院，案号：（2016）京 0112 民初 25794 号。二审法院为北京市第三中级人民法院，案号：（2017）京 03 民终 13602 号。

遇时，互相吠叫并发生冲击。现艾某英诉至法院，主张其在该过程中受伤，请求于某鹏赔偿损失。一审法院认为：根据《侵权责任法》第78条的规定，艾某英案发时采取措施明显失当，存在重大过失，应减轻于某鹏的赔偿责任。综合过错程度，各自承担50％的责任。艾某英不服一审判决，提起上诉。二审法院认为，根据《侵权责任法》第80条的规定，于某鹏在事发小区违反禁止性规定饲养阿拉斯加雪橇犬，虽然艾某英对此亦有过错，但其由此产生的合理损失，于某鹏均应予以赔偿。一审法院适用法律有误，本院予以纠正。

评析：本案涉及的是禁止饲养的危险动物损害责任。民法典第1247条沿袭了《侵权责任法》第80条的规定，继续规定禁止饲养的烈性犬等危险动物造成他人损害的，承担最为严格的无过错责任。也就是说，受害人故意或者重大过失引起损害的，不得减轻也不得免除侵权人的责任。本案中，于某鹏饲养的阿拉斯加雪橇犬属于禁止饲养的危险动物，造成艾某英损害，于某鹏应当按照无过错责任的归责原则承担赔偿责任。艾某英在处理于某鹏饲养的阿拉斯加雪橇犬与自己饲养的斗牛犬之间的纠纷时，采取的措施明显失当，对于受伤的损害后果存在重大过失，并不能作为于某鹏请求减轻或者免除责任的事由。一审判决于某鹏减轻责任有失妥当，二审判决纠正了该错误，是正确的。这主要是为了规范饲养动物的行为，督促动物饲养人严格遵守规定、尽到合理的管理义务，营造安全的居住环境。

> ▶▶ **第一千二百四十八条**　动物园的动物造成他人损害的，动物园应当承担侵权责任；但是，能够证明尽到管理职责的，不承担侵权责任。

🏛 条文要义

本条是对动物园的动物损害责任的规定。

动物园饲养动物，是经过国家批准、符合国家管理规定的经营活动，因而动物园均有专业的资质，符合饲养某些动物的特别要求。动物园饲养野生动物，必须按照法律、法规的规定进行管理，以善良管理人的标准善尽管理职责。

动物园的动物损害责任不适用无过错责任原则，而适用过错推定原则。动物园的动物造成他人损害的，首先推定动物园具有过错，动物园主张自己无过错的，实行举证责任倒置，必须证明自己已经尽到管理职责。能够证明已经尽到管理职责的，为无过错，免除侵权责任；不能证明者，为有过错，应当承担侵权责任。

动物园的动物损害责任的构成要件是：（1）动物园符合设置的资质要求，经过国家主管部门的批准；（2）动物园饲养的动物造成了受害人的人身损害或者财产损害；（3）动物园饲养动物的行为与损害后果之间具有因果关系；（4）动物园具有未尽管理职责的过失。符合上述要件的，动物园应当承担侵权责任。

动物园的动物造成他人损害，动物园已尽管理职责的，动物园不承担侵权责任。对于这一规定，批评者较多，认为动物园的动物多是凶猛动物，应当严格要求，应当适用无过错责任。

案例评析

谢某诉上海动物园饲养动物致人损害纠纷案①

案情：谢某与其父母至上海动物园游玩时穿过笼舍外设置的防护栏，给猴子喂食，被咬伤。事发时，上海动物园无工作人员在场。谢某的父亲向动物园相关部门投诉后，因情况紧急，自行带谢某至医院医治并报警。谢某起诉上海动物园，要求赔偿损失。一审法院认为原告谢某的法定代理人未看护好无民事行为能力的原告谢某导致原告谢某擅自穿越防护栏，喂食猴子，是原告谢某受伤的近原因及主要原因，应当承担主要责任。被告上海动物园的防护栏存在安全瑕疵，未有效阻止原告谢某穿越，应承担次要责任。谢某、上海动物园均不服一审判决，提起上诉。二审法院认为，原审法院判定上海动物园未尽到管理职责，谢某的监护人存在重大过失，综合本案双方过错情况，酌定谢某的法定代理人对谢某的受伤承担60％的责任，上海动物园承担40％的责任，尚属合理。

评析：本案涉及的是动物园的动物损害责任。动物园是饲养、管理动物的专业机构，比一般的动物饲养人负有更高的注意和管理义务，具体包括设置、配备安全的设施，建立管理人员巡视制度，尽到告知提醒义务等。动物园尽到上述管理职责，才能最大限度杜绝损害后果发生，保障游客的人身、财产安全。本案中，上海动物园所配备的防护栏设施隔离了成年人与动物之间有直接的接触，却无法杜绝幼童钻入。不完善的公共管理设施致使4岁的谢某被猴子咬伤手指，上海动物园存在管理上的失责。动物园饲养动物损害责任适用过错推定责任。现有证据证明上海动物园未尽到管理职责，存在过错，造成损害发生，应当承担侵权责任。同时，谢某的法定代理人未尽到警示教育和看护义务，导致谢某穿过防护栏受伤，存在监管上的过失，应当减轻上海动物园的民事责任。因而，本案的一审、二审法院结合案件的基本事实酌定谢某的法定代理人承担60％的责任、上海动物园承担40％的责任，实属正当。

▶▶ **第一千二百四十九条**　遗弃、逃逸的动物在遗弃、逃逸期间造成他人损害的，由动物原饲养人或者管理人承担侵权责任。

---

① 最高人民法院公报，2013（8）．

🏛 条文要义

本条是对遗弃、逃逸的动物损害责任的规定。

遗弃、逃逸的动物，称为丧失占有的动物，是指动物饲养人或者管理人将动物遗弃或者动物逃逸，而使动物的饲养人或者管理人失去了对该动物的占有。例如遗弃猫、狗而形成流浪猫、流浪狗。

遗弃、逃逸的饲养动物损害责任适用无过错责任原则。

动物的遗弃，包括遗失和抛弃。动物遗失，不是所有人放弃了自己的权利，而是暂时丧失了对该动物的占有，所有权关系没有变化，因而遗失的动物造成了他人损害的，应当由动物的饲养人或者管理人承担侵权责任。动物被抛弃，是权利人对自己饲养动物的权利的事实处分，对自己财产权的抛弃，被抛弃的动物与原权利人就没有关系了。被抛弃的动物造成他人损害的，原则上应当由其原饲养人或者管理人承担民事责任；如果被抛弃的动物已经被他人占有，动物的占有人在事实上已经管领了该动物，是该动物的事实上的占有人，则该动物造成的损害应当由其占有人承担民事责任。

动物逃逸后，动物的所有权关系并没有变化，仍然由权利人所有。逃逸的动物造成他人损害的，应当由动物的所有人或者管理人承担侵权责任。

驯养的野生动物被抛弃、遗失或者逃逸，该动物有可能彻底脱离驯养人而回归自然，重新成为野生动物。初回野生状态的动物可能难以迅速适应新的生活，从而接近人类，侵害他人的财产或人身的，动物的原饲养人或管理人应承担赔偿责任。如果回到野生状态的动物适应了新的生活，与其群体一样生存栖息，则动物的原饲养人或管理人不再对其所造成的侵害负赔偿责任。

本条没有规定免除或者减轻责任的事由，应当适用民法典第 1245 条规定的免责或者减责事由，即能够证明损害是因被侵权人故意或者重大过失造成的，动物的饲养人或管理人可以不承担或者减轻责任。

●● 案例评析

张某文诉杨某会饲养动物损害责任纠纷案①

案情： 张某文被狗咬伤，向法院起诉，请求杨某会赔偿损失。一审法院认为，张某文是被杨某会饲养过后又逃逸的狗咬伤，原饲养人杨某会应承担赔偿责任。张某文的监护人未对张某文及时治疗，未尽到监护责任，对本案损害结果的扩大有过错，应适当减轻杨某会的民事赔偿责任。杨某会不服，提起上诉。二审法院认为：

---

① 审理法院：一审法院为云南省禄劝彝族苗族自治县人民法院，案号：（2017）云 0128 民初 620 号。二审法院为云南省昆明市中级人民法院，案号：（2017）云 01 民终 3788 号。

本案初步证据可以证明系杨某会曾经管理过的狗造成张某文伤害。杨某会认为，该条狗其已经多年没有管理了，因此，不应当对张某文的损失承担赔偿责任的主张，与《侵权责任法》第 82 条规定的责任承担不符，不予支持。

评析：本案是一起典型的逃逸的饲养动物致人损害案件。关于逃逸的饲养动物致人损害案件的责任承担，民法典第 1249 条与《侵权责任法》第 82 条的规定相一致，即逃逸的动物损害责任由原饲养人、管理人承担。之所以原来的饲养人、管理人要承担侵权责任，是因为动物逃逸后，动物的所有权关系并没有发生变化。据此，杨某会原来饲养后来逃逸的狗咬伤了张某文，使张某文遭受到了人身损害，符合逃逸动物损害责任的构成要件，杨某会应当对张某文承担侵权责任，赔偿损失。值得注意的是，若杨某会能够提供充分的证据证明逃逸后的动物被他人继续长时间饲养或管理，则应当由现在的饲养人或者管理人承担侵权责任。

> ▶▶ **第一千二百五十条**　因第三人的过错致使动物造成他人损害的，被侵权人可以向动物饲养人或者管理人请求赔偿，也可以向第三人请求赔偿。动物饲养人或者管理人赔偿后，有权向第三人追偿。

🏛 条文要义

本条是对饲养动物损害责任的第三人过错的规定。

饲养动物损害责任的第三人过错，是指饲养的动物造成他人损害，是第三人故意或者过失引起的。依照民法典第 1175 条的规定，第三人的原因造成损害的，是可以免除行为人的责任的，但是第三人过错引起的饲养动物致害责任适用无过错责任原则，因而本条规定采用不真正连带责任规则，而不是动物的饲养人或者管理人免责。

饲养动物损害责任的第三人过错的构成要件是：（1）造成损害的动物由饲养人或者管理人饲养；（2）该动物造成了被侵权人的人身损害或者财产损害；（3）造成损害的尽管是饲养人或者管理人饲养的动物，但是损害是第三人过错引起的，例如第三人唆使饲养人饲养的动物侵害他人。

饲养动物损害责任的第三人所承担的责任是不真正连带责任，具体承担规则是：

（1）被侵权人可以向动物的饲养人或者管理人请求赔偿，也可以向第三人请求赔偿，被请求的任何一方都应承担责任。

（2）动物的饲养人或者管理人承担的赔偿责任属于中间性责任，因而动物的饲养人或管理人有权向第三人追偿。第三人才是最终责任人，应当对动物的饲养人或者管理人承担全部赔偿责任。

案例评析

张某荣诉张某年、刘某喜饲养动物损害责任纠纷案①

案情： 张某年焚烧杂草时，将刘某春家的木材引燃，导致木材附近刘某喜家的狗窝烧坏，窝内养殖狗跑出，将张某荣咬伤。张某荣向法院诉请张某年、刘某喜连带赔偿经济损失。法院认为：原告张某荣无过错；被告张某年私自烧荒，且未尽到安全注意义务，致被告刘某喜家饲养的狗遇火跑出咬伤原告张某荣的情形发生，其行为存在过错，是原告张某荣被狗咬伤的直接原因，应负该起侵权纠纷的主要责任（70％）；被告刘某喜饲养烈性犬，且未尽到安全管理义务，对原告张某荣的伤害存在过错，应承担次要民事责任（30％）。根据《侵权责任法》第 16、22、83 条的规定，本案属二被告共同过错发生的侵权行为，二被告应承担连带责任。

评析： 本案是一起典型的第三人过错导致的动物致害案例。《侵权责任法》第 83 条赋予了受害人选择权，即张某荣承既可以请求动物饲养人刘某喜承担侵权责任，也可以请求第三人张某年承担侵权责任。动物饲养人刘某喜承担赔偿责任后，有权向第三人张某年追偿。现张某荣同时起诉动物饲养人刘某喜、第三人张某年，为简化诉讼，法院应当确认二者之间的责任分担。可以明确的是，张某年私自烧荒，且未尽到安全注意义务，致使刘某喜家饲养的狗遇火跑出，是损害发生的主要原因；刘某喜饲养烈性犬，且未尽到安全管理义务，是损害发生的次要原因。法院酌定张某年、刘某喜按照 7∶3 的比例承担责任，合乎实际情况。问题在于，法院何以酌定张某年、刘某喜承担连带责任。《侵权责任法》第 83 条遵循动物的饲养人承担无过错责任的基本原则，规定了动物的饲养人与第三人之间的不真正连带责任。不真正连带责任与连带责任有本质上的不同。我们认为，应当是动物的饲养人刘某喜对第三人张某年的 70％责任份额承担连带责任，第三人张某年无须对动物的饲养人刘某喜 30％的责任份额承担连带责任。

> ▶▶ **第一千二百五十一条**　饲养动物应当遵守法律法规，尊重社会公德，不得妨碍他人生活。

🏛 条文要义

本条是对动物的饲养人或者管理人之义务的规定。

饲养人或者管理人饲养动物，应当遵守法律，按照法律的有关规定进行饲养；应当遵守社会公德，按照公序良俗的要求饲养动物，不得妨碍他人的生活，破坏左

---

① 审理法院：河北省昌黎县人民法院，案号：（2015）昌民初字第 1836 号。

邻右舍的生活安宁。

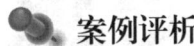 **案例评析**

邹某萍诉马某峰侵害身体权纠纷案①

案情：邹某萍与牵着巴哥狗从酒吧出来准备上车的马某峰及其狗相遇，邹某萍停止前行并问马某峰狗是否咬人，马某峰说：狗不咬人，你走吧。邹某萍继续前行时狗绳绊着邹某萍，导致被狗咬伤右小腿。邹某萍向法院诉请马某峰赔付医疗费用。一审法院认为：根据《侵权责任法》第 78、79、80、84 条的规定，原告邹某萍停下脚步征询被告马某峰狗是否咬人，被告马某峰告知原告邹某萍狗不咬人并让原告邹某萍继续前行的事实，可以证明原告邹某萍并无任何故意或者重大过失行为。被告马某峰虽然手牵着狗绳，但并未把狗控制在与原告邹某萍保持安全有效距离的范围内，应当承担动物饲养人未对狗采取有效安全措施造成原告邹某萍损害的侵权责任。马某峰不服一审判决，提起上诉，理由是邹某萍只是被狗绳绊了一下，自己的狗并未咬伤邹某萍。二审法院认为，一审庭审中上诉人马某峰对相关证据均无异议，故本院对被上诉人马某峰被咬伤的事实及产生的医疗费等损失予以确认，上诉人马某峰理应承担相应的民事赔偿责任。

评析：本案一审法院特别援引了《侵权责任法》第 84 条关于动物饲养人行为规范的规定，即饲养动物应当遵守法律，尊重社会公德，不得妨害他人生活。据此，本案中马某峰未把狗控制在与邹某萍保持安全距离的范围内，违反《克拉玛依市养犬管理条例》第 13 条、第 14 条关于外出携犬应当主动避让他人，避免发生损害的规定，就是违反了守法义务，应当对邹某萍承担侵权责任。

需要说明的是，《侵权责任法》第 84 条提到的动物饲养人应当遵守的法律，指的是广泛意义上的法律，包括行政法规在内。为了避免歧义，民法典第 1251 条将其修改为遵守法律法规，进一步强调了动物饲养人的守法义务。

---

① 审理法院：一审法院为新疆维吾尔自治区克拉玛依市克拉玛依区人民法院，案号：（2016）新 0203 民初 2967 号。二审法院为新疆维吾尔自治区克拉玛依市中级人民法院，案号：（2017）新 02 民终 159 号。

第十章　建筑物和物件致害责任

▶▶ **第一千二百五十二条**　建筑物、构筑物或者其他设施倒塌、塌陷造成他人损害的，由建设单位与施工单位承担连带责任，但是建设单位与施工单位能够证明不存在质量缺陷的除外。建设单位、施工单位赔偿后，有其他责任人的，有权向其他责任人追偿。

因所有人、管理人、使用人或者第三人的原因，建筑物、构筑物或者其他设施倒塌、塌陷造成他人损害的，由所有人、管理人、使用人或者第三人承担侵权责任。

🏛 条文要义

本条是对不动产倒塌、塌陷致害责任的规定。

不动产倒塌、塌陷致害责任分为两种类型：

（1）不动产建设缺陷致害责任。具体规则是：1）该致害责任适用过错推定原则。在建筑物、构筑物或者其他设施倒塌、塌陷造成他人损害时，推定该建筑物、构筑物或者其他设施存在建设缺陷，由建设单位与施工单位对被侵权人的损害承担连带责任。2）建设单位与施工单位能够证明自己的建筑物、构筑物或者其他设施不存在质量缺陷的，就不承担赔偿责任。3）建设单位与施工单位不能证明自己的建筑物、构筑物或者其他设施不存在建设缺陷，但是能够证明建设缺陷是其他责任人例如勘察单位、设计单位、监理单位或者建筑材料供应单位造成的，则建设单位、施工单位在赔偿后，有权向其他责任人追偿。

（2）不动产管理缺陷致害责任。建筑物、构筑物或者其他设施的倒塌、塌陷，不是建设缺陷所致，而是所有人、管理人、使用人或者第三人存在管理缺陷所致的，在建筑物、构筑物或者其他设施倒塌、塌陷造成他人人身损害或者财产损害时，不是由建设单位与施工单位承担赔偿责任，而是由建筑物、构筑物或者其他设施的所有人、管理人、使用人或者第三人承担侵权责任。确定赔偿责任主体的方法是，能证明是谁造成的管理缺陷致使建筑物等倒塌、塌陷，就向谁请求承担赔偿责任，而不适用不真正连带责任规则分担损害赔偿责任。

本条规定与《侵权责任法》第86条相比，发生了如下的变化：

（1）条文位置的变化。建筑物倒塌致害责任原本是被放在建筑物脱落致害责任之后，这两种侵权责任中显然建筑物倒塌致害责任更重，因此，将其位置调整在前。

（2）新增了不动产塌陷致害责任。近年来，多地发生地面塌陷的情形，严重危害了人民群众的人身、财产安全。为了解决实践中这类情形的责任主体认定问题，本条新增了不动产塌陷致害责任。

（3）对于建筑缺陷造成的损害，建设单位和施工单位的连带责任可以免除。《侵权责任法》第86条规定，建筑物倒塌，完全由建设单位和施工单位承担连带责任，不可以免责，是过于严苛的。本条增加了"建设单位和施工单位能够证明不存在质量缺陷的除外"的规则，不仅公平合理，而且符合侵权法原理的要求，因为行为与损害的发生没有原因力，就没有责任。

（4）将管理缺陷致害责任的责任人，原来称为"其他责任人"，现改为"所有人、管理人、使用人或者第三人"。《侵权责任法》第86条第1款和第2款都使用了其他责任人的概念，混淆了建筑物建造缺陷责任人与建筑物管理缺陷责任人，第2款规定的其他责任人并不是其他责任人，而是所有人、管理人、使用人或者第三人的概念。本条第2款对此作出了修改，使条文的内容更加准确。

案例评析

张某诉朱某等建筑物倒塌致害责任纠纷案①

案情：凯银公司将单砌墙体工程发包给朱某，随后安格德公司承继凯银公司发包方的权利、义务。张某受雇铺设地板砖的过程中，朱某承建的一楼室内墙突然倒塌，将张某砸伤，构成一级伤残。张某诉请安格德公司、凯银公司、朱某连带赔偿损失。一审法院认为，根据《侵权责任法》第86条的规定，建筑物倒塌致人损害的，是严格责任，建设单位与施工单位无论是否有过错，都必须直接承担责任。朱某不服，提起上诉。二审法院认为，根据《侵权责任法》第86条的规定，交付时间并不是建设单位与施工单位免除责任承担的条件，对于因建筑物、构筑物工程质量本身造成的人身损害，即使工程交付后建设单位与施工单位也应当承担连带赔偿责任，故朱某以其施工的砌墙工程已交付为由提出不承担赔偿责任无法律依据，不予采纳。

评析：本案是一起典型的建筑物倒塌致人损害的案件。本案的一审、二审法院均援引了《侵权责任法》第86条的规定。根据《侵权责任法》第86条，建设单位与施工单位承担过错推定责任。建设单位与施工单位赔偿后，有其他责任人的，有权向其他责任人追偿。具体到本案，安格德公司是倒塌墙体的建设单位，朱某是倒塌墙体的施工方。涉案倒塌墙体导致张某伤残，安格德公司与朱某应当先承担连带

---

① 审理法院：一审法院为湖北省襄阳市樊城区人民法院，案号：（2017）鄂0606民初1696号。二审法院为湖北省襄阳市中级人民法院，案号：（2017）鄂06民终3556号。

责任。朱某主张涉案墙体被他人挖空，不妨碍受害人张某向安格德公司与朱某先行主张赔偿责任。

应当补充说明的是，民法典第 1252 条修改了《侵权责任法》第 86 条的规则，即建设单位与施工单位能够证明不存在质量缺陷时无须承担连带责任。据此，如果建设单位安格德公司与施工方朱某能够证明涉案墙体倒塌并非质量缺陷，而是管理缺陷，则二者不需要承担责任。这样一来，减轻了建设单位与施工单位的责任压力，还将进一步督促建设单位与施工单位交付质量合格的建筑物、构筑物。

> ▶▶第一千二百五十三条　建筑物、构筑物或者其他设施及其搁置物、悬挂物发生脱落、坠落造成他人损害，所有人、管理人或者使用人不能证明自己没有过错的，应当承担侵权责任。所有人、管理人或者使用人赔偿后，有其他责任人的，有权向其他责任人追偿。

🏛 条文要义

本条是对不动产及其搁置物、悬挂物脱落、坠落致害责任的规定。

不动产及其搁置物、悬挂物脱落、坠落致害责任是指建筑物、构筑物或者其他设施及其搁置物、悬挂物因设置或保管不善而脱落、坠落等，造成他人人身或财产损害，不动产或者物件的所有人或管理人应当承担损害赔偿责任的物件损害责任。

不动产及其搁置物、悬挂物脱落、坠落致害责任的构成要件是：（1）造成损害的物件是建筑物、构筑物或者其他设施及其搁置物、悬挂物。建筑物、构筑物或者其他设施其实就是不动产，不动产上的搁置物、悬挂物是动产，依附在不动产上，搁置物都是人工搁置的；而悬挂物包括人工悬挂物和自然悬挂物，例如建筑物上的冰柱、积雪属于自然悬挂物。（2）不动产及其搁置物、悬挂物造成损害的方式是脱落、坠落等。（3）脱落、坠落的不动产组成部分或者搁置物、悬挂物造成了他人的人身损害或者财产损害。（4）不动产及其搁置物、悬挂物的所有人、管理人或者使用人存在管理过失。本责任实行过错推定原则，由不动产的所有人、管理人或者使用人举证证明自己没有过失，不能证明或者证明不足的，即确认存在过失。

不动产及其搁置物、悬挂物脱落、坠落致害责任的主体为所有人、管理人或者使用人。被侵权人可以选择所有人、管理人或者使用人承担赔偿责任。按照过错推定原则的要求，所有人、管理人或者使用人只要不能证明自己没有过错的，就应当承担侵权责任。

若建筑物、构筑物或者其他设施及其搁置物或者悬挂物造成损害是所有人、管理人或者使用人以外的第三人所致，则不动产的所有人、管理人或者使用人在承担了赔偿责任后，有权向其他责任人追偿。

案例评析

中国电信股份有限公司巢湖分公司诉李业发追偿权纠纷案①

案情： 李某发驾驶平板汽车载着挖掘机将中国电信股份有限公司巢湖分公司（以下简称巢湖分公司）的通信线缆挂住并将电线杆拉断，倒在路边。案外人伍某梅驾车从该路段行驶，被坠落地面的电缆线绊倒受伤。后伍某梅诉至法院，要求巢湖公司赔偿损失，一审和二审判决都予以认同。其后伍某梅因后续治疗费将巢湖分公司诉至法院，经调解巢湖公司一次性赔偿伍某梅后续治疗费。巢湖分公司认为，伍某梅受伤系李某发将电线杆挂断导致，便向法院诉请李某发偿付由其垫付的赔偿款及案件受理费。法院认为，被告李某发驾车将原告巢湖分公司所有和管理的电缆线杆挂断后绊倒他人并致他人受伤，巢湖分公司赔偿他人损失后有权向李某发追偿。但本案中巢湖分公司在电线杆挂断后虽派员到现场，但当天并未维修，也未在现场设置安全警示标志或采取足以消除危险的有效安全措施，存在明显过错，应当自行承担主要责任。酌定由巢湖分公司自行承担65%的责任，由李某发承担35%的责任。

评析： 本案是一起典型的建筑物、构筑物或者其他设施及其搁置物、悬挂物造成他人损害的案例。巢湖分公司是案发现场通信线缆的所有人和管理人，应当及时查验通信电缆是否运行正常；在接到通信电缆坠落的消息后，应当及时派工作人员前往现场进行修理，采取相应的安全措施，同时在现场设置安全警示标志等。然而，李某发将通信电缆挂断后，巢湖分公司无法提供充足的证据证明进行了维修或者采取了相应的措施。巢湖分公司无法证明自己尽到了合理的注意义务，应当对案外人伍某梅承担侵权责任。不过，尽管伍某梅的损害事实与通信电缆坠落之间具有直接的因果关系，但是通信电缆坠落是李某发驾驶平板汽车载着挖掘机行驶时所挂断，因而李某发也是责任人之一。巢湖分公司对伍某梅承担赔偿责任后，有权向李某发追偿。

▶▶ **第一千二百五十四条** 禁止从建筑物中抛掷物品。从建筑物中抛掷物品或者从建筑物上坠落的物品造成他人损害的，由侵权人依法承担侵权责任；经调查难以确定具体侵权人的，除能够证明自己不是侵权人的外，由可能加害的建筑物使用人给予补偿。可能加害的建筑物使用人补偿后，有权向侵权人追偿。

物业服务企业等建筑物管理人应当采取必要的安全保障措施防止前款规定的情形的发生；未采取必要的安全保障措施的，应当依法承担未履行安全保障义务的侵权责任。

发生本条第一款规定的情形的，公安等机关应当依法及时调查，查清责任人。

① 审理法院：安徽省巢湖市人民法院，案号：(2016) 皖 0181 民初 4652 号。

🏛 条文要义

本条是对不明抛掷物、坠落物致害责任的规定。

本条与《侵权责任法》第 87 条规定相比，有了重大改变，确定了以下基本规则。

1. 禁止从建筑物中抛掷物品

这是一个禁止性规定，是对建筑物的抛掷物、坠落物致害责任的基础性规定。在建筑物中抛掷物品，是非常危险的危害公共安全的行为。很多建筑物中的居民习惯于向窗外抛掷物品，是非常不道德、违反公序良俗的。这些行为必须严格禁止。

2. 建筑物的抛掷物品或者坠落物品造成损害的，由侵权人承担责任

任何人从建筑物中抛掷物品，或者建筑物坠落物品，造成他人损害的，都由侵权人承担责任。侵权人就是抛掷物品的行为人，或者坠落物品的建筑物的所有人、管理人或者使用人。他们的作为或者不作为造成他人损害，当然要由他们自己承担侵权责任。

3. 经调查难以确定具体侵权人的，由可能加害的建筑物使用人给予补偿

经调查难以确定具体侵权人的，由可能加害的建筑物使用人给予补偿，就是《侵权责任法》第 87 条规定的规则。从建筑物抛掷、坠落的物品致人损害，侵权人不明时的补偿责任的构成要件是：（1）行为人在建筑物中抛掷物品，或者建筑物有坠落物品；（2）抛掷的物品或者坠落的物品造成他人损害，主要是人身损害；（3）实施抛掷行为或者坠落物品的所有人不明，不能确定真正的加害人；（4）在特定建筑物的使用人中，有的不能证明自己不是侵权人。

具备上述四个要件，该建筑物的使用人是可能加害的建筑物使用人。责任承担的方式，是由可能加害的建筑物使用人对受害人的损失给予补偿，而不是承担连带责任。补偿的责任范围，应当依照每一个人的经济状况适当确定。

能够证明自己不是加害人，即没有实施建筑物抛掷物品行为，也不是建筑物坠落物品的权利人的，不承担补偿责任。

4. 可能加害的建筑物使用人补偿后，有权向侵权人追偿

由可能加害的建筑物使用人承担补偿责任，其中必定有无辜者，即没有加害的建筑物使用人。为公平起见，可能加害的建筑物使用人承担了补偿责任后，查到了侵权人的，当然对其享有追偿权，可以向其进行追偿。

5. 建筑物管理人未采取必要的安全保障措施的，依法承担责任

建筑物管理人是建筑物的管理者，即物业管理企业或者物业管理人，它们对建筑物的安全负有安全保障义务。因此，本条第 2 款规定，建筑物管理人应当采取必要的安全保障措施，防止高空抛掷物品或者坠落物品造成损害的发生。未尽此安全

保障义务，造成损害的，应当依照民法典第 1198 条的规定，承担未履行安全保障义务的损害责任。

6. 公安等机关应当依法及时调查，查清责任人

在加害人不明的高空抛物损害责任中，绝大多数其实都是能够查清加害人的，但是由于高空抛物损害责任是被规定在民法中的民事责任，因此案件发生后，公安机关并不进行立案侦查，否认是自己的职责范围。正因为如此，才出现了大量的加害人不明的高空抛物损害问题，被称为"连坐法"，使承担补偿责任的人怨声载道，抱怨法律的不公平。为避免大量出现加害人不明的高空抛物致害责任，在民法典审议稿时本条曾规定"有关机关应当依法及时调查，查清责任人"，最后草案通过时，将其明确为公安等机关。对此，立法说明认为，对于造成损害后果的，公安机关应当依法立案调查，对责任人依法给予治安管理处罚；构成犯罪的，应当依法追究刑事责任。① 这样就明确了侦查的职责主要在公安机关。出现高空抛物损害案件，公安机关应当及时立案侦查，查清责任人，依法处置。只有动用侦查手段仍然查不清责任人的，才可以适用本条规定的第三个规则。

配套司法解释

最高人民法院关于适用《中华人民共和国民法典》时间效力的若干规定

第十九条　民法典施行前，从建筑物中抛掷物品或者从建筑物上坠落的物品造成他人损害引起的民事纠纷案件，适用民法典第一千二百五十四条的规定。

案例评析

管某松诉刘某霞等不明抛掷物、坠落物致害责任纠纷案②

案情：管某松的车辆在停放期间被高空掉下的花盆砸坏。报警后，公安机关出警，但无法查明侵权人。管某松遂向法院诉请刘某霞等该楼的住户对其车辆维修费予以全额补偿。一审法院认为：无法确定具体侵权人，应由可能实施侵权行为的业主对其所受损害予以补偿。管某松的车辆紧靠居民住宅楼随意停放，自身存在一定过错。综合确定管某松对其自身过错承担 40％的责任，由可能实施侵权行为的住户承担 60％的责任。刘某霞不服一审判决，提起上诉，理由是：刘某霞长期生病，爱人董某义案发时尚在单位，皆无法实施侵害行为。二审法院认为：并不能排除刘某霞住户存在侵权行为的可能。一审法院根据法律的规定，推定刘某霞为加害人，并非确定刘某霞实际实施了侵权行为，故一审法院酌定不能证明自己未实施侵权行为的可能加害人对管某松的损失进行一定补偿并无不当。遂判决驳回上诉、

---

① 全国人民代表大会宪法和法律委员会《关于〈民法典侵权责任编（草案）〉修改情况的汇报》，4 页。
② 审理法院：安徽省合肥市中级人民法院，案号：（2017）皖 01 民终 4324 号。

维持原判。

评析：本案是一起典型的高空抛掷物品致人损害加害人不明的案件。抛掷物、坠落物致人损害，应当由侵权人承担侵权责任，自不待言。当无法查清加害人时，如何救济受害人成了一道难题。《侵权责任法》第 87 条作了特别规定，即由可能加害的建筑物使用人补偿。本案中，公安机关出警后，仍然无法查明花盆来源于哪家业主，无法确定具体的侵权人承担侵权责任。因此，为了救济受害人，法院判决由可能加害的住户刘某霞等来补偿管某松的损失。

应当补充说明的是，民法典第 1254 条在《侵权责任法》第 87 条的基础上，新增了可能的加害人的追偿权以及建筑的管理人未尽到安全保障义务的侵权责任。按照这一规定，刘某霞等人在承担补偿责任后，根据民法典第 1254 条第 1 款第三句的规定，有权向真正的加害人追偿；根据民法典第 1254 条第 2 款的规定，如果该小区的物业管理人未尽到安全保障义务，致使高空坠物的现象发生，物业管理人也需要承担违反安全保障义务的侵权责任。

▶▶ **第一千二百五十五条** 堆放物倒塌、滚落或者滑落造成他人损害，堆放人不能证明自己没有过错的，应当承担侵权责任。

🏛 条文要义

本条是对堆放物致害责任的规定。

堆放物致害责任适用过错推定原则：受害人在请求赔偿时无须举证证明堆放物的所有人或者管理人对致害有过错，而是从损失事实推定所有人或者管理人有过错。所有人或者管理人主张自己无过错的，应当举证证明，不能证明或者证明不足则推定成立。

堆放物致害责任的构成要件是：（1）须有堆放物的致害行为，如堆放物倒塌、滚落、滑落。其中，滚落或者滑落是本条新增加的堆放物的致害形式，都可以适用本条规定的侵权责任承担规则，由堆放人承担赔偿责任。此外，所谓堆放物倒塌、滚落或者滑落，都是堆放物的异常移动，也可能还存在其他不同的方式，都应当适用本条规定确定侵权责任。（2）须有受害人受到损害的事实，受害人遭受了人身伤害或者财产损失。（3）堆放物滚落、滑落或者倒塌与受害人的损害事实之间存在因果关系。倒塌、滚落、滑落等物理力并未直接作用于他人，而是引发其他现象致他人受损害的，亦为有因果关系。（4）须堆放物的所有人或管理人有过错，例如堆放或管理不当，使用方法不当，均为过失方式。

堆放物致害责任的赔偿权利主体是被侵权人，其可以直接向责任主体索赔。赔偿责任主体是堆放人：堆放物是由谁堆放的，谁就是损害赔偿责任主体。

堆放人能够证明自己无过错的，不构成侵权责任。堆放物致害完全是受害人自己的过错造成的，免除堆放物的堆放人的损害赔偿责任；若损害是由双方的过错行为造成的，则依过失相抵规则处理。

案例评析

万某先诉润宇建设公司堆放物倒塌致害责任纠纷案①

案情： 万某先被润宇建设公司搬运工堆放在电梯口外的石膏板砸伤，向法院诉请润宇建设公司赔偿损失。一审法院认为：润宇建设公司的工作人员没有尽到必要的谨慎注意义务而将石膏板堆放在危险位置，导致万某先被倒下的石膏板砸伤，存在一定过错，润宇建设公司承担侵权责任。万某先疏于防范，自身具有一定的过错，应当自担部分损失。润宇建设公司不服一审判决，提起上诉。二审法院认为，上诉人润宇建设公司认为堆放物倒塌完全是被上诉人万某先不当行为所致，应提供证据予以证实。其在一审提交了单位工作人员曹某强的证人证言，并无其他证据佐证。上诉人润宇建设公司关于其不应承担责任的上诉主张无事实及法律依据，不予支持。

评析： 本案是一起典型的堆放物倒塌致人损害案件。润宇建设公司的工作人员将用于装修的石膏板堆放在电梯口外。堆放在该位置不仅影响过往人员的通行，而且有安全隐患。为了避免损害的发生，润宇建设公司理应尽到高度的注意义务，将石膏板堆放在相对安全的位置，同时配备其他防护措施，并放置警示标牌提醒他人注意。然而，润宇建设公司并没有尽到上述注意义务，而是把石膏板堆放在危险位置后就不再照看，导致万某先被倒下的石膏板砸伤。润宇建设公司存在主观上的过错。根据《侵权责任法》第88条的规定，润宇建设公司不能证明自己没有过错的，应当承担侵权责任。同时，万某先在前往电梯口的过程中，未谨慎通行，疏于防范，也存在主观上的过错应当减轻润宇建设公司的侵权责任。本案一审、二审法院结合案件事实酌定润宇建设公司承担75%的责任，合情合理。

应当补充说明的是，民法典第1255条在《侵权责任法》第88条的基础上，新增了滚落或者滑落为堆放物致害形式。据此，如果本案中石膏板并非倒塌致人损害，而是滚落或者滑落致人损害，则润宇建设公司同样需要承担侵权责任。

> ▶▶ **第一千二百五十六条**　在公共道路上堆放、倾倒、遗撒妨碍通行的物品造成他人损害的，由行为人承担侵权责任。公共道路管理人不能证明已经尽到清理、防护、警示等义务的，应当承担相应的责任。

---

① 审理法院：一审法院为四川省成都高新技术产业开发区人民法院，案号：（2017）川0191民初1727号。二审法院为四川省成都市中级人民法院，案号：（2018）川01民终1110号。

🏛 条文要义

本条是对障碍通行物致害责任的规定。

障碍通行物致害责任是指在公共道路上堆放、倾倒、遗撒妨碍通行的障碍物，造成他人损害的，行为人承担过错责任，公共道路管理人承担过错推定责任的侵权赔偿责任。这里包括两种责任：一是行为人的责任，二是公共道路管理人的责任。

在公共道路上堆放、倾倒、遗撒妨碍通行的障碍物，造成了他人的损害，行为人有过错，符合过错责任的要求，应当承担赔偿责任。

公共道路管理人承担障碍通行物致害责任，应当遵守以下规则：

（1）障碍通行物致害责任的构成要件是：1）造成损害的物件是在公共道路上堆放、倾倒、遗撒的障碍物，该障碍物妨碍通行；2）堆放、倾倒、遗撒的障碍物造成了他人的人身损害或者财产损害；3）公共道路管理人对障碍通行物未尽到清理、防护、警示义务，存在过错。

（2）障碍通行物致害责任的责任主体，是公共道路管理人。《侵权责任法》第89条规定的是"有关单位或者个人"，含义不十分明确。本条明确规定由公共道路管理人承担赔偿责任。

（3）公共道路管理人承担责任的范围，是"相应的责任"，而不是全部赔偿责任。具体确定方法就是，公共道路管理人在管理有多少过失，就承担多少责任。

（4）公共道路管理人在承担了赔偿责任之后，对堆放、倾倒、遗撒障碍物的行为人是否享有追偿权，本条没有规定。公共道路管理人在承担了赔偿责任后发现了障碍物的权利人的，依照法理，其有权向堆放、倾倒、遗撒障碍物的行为人主张、行使追偿权，使自己的损失得到赔偿。

本条规定的新规则如下：

（1）妨碍通行物致害责任的侵权人是行为人。《侵权责任法》第89条规定的妨碍通行物损害责任的主体，只是被笼统地规定为有关单位或者个人，不仅不明确，而且承担的责任形式也不清楚。本条明确规定，妨碍通行物致害责任的直接责任主体就是行为人，是堆放人、倾倒人、遗撒人：是他们的行为造成他人的损害，他们当然是侵权人，应当承担侵权责任。

（2）妨碍通行物致害责任的相应责任主体是公共道路管理人。本条规定，妨碍通行物致害责任的相应责任主体是公共道路管理人。公共道路管理人承担相应责任的要件是，不能证明已经尽到清理、防护、警示等义务。这一举证责任由公共道路管理人承担。能够证明自己已经尽到上述义务的，免除责任；不能证明者，存在过错，应当承担相应责任。

（3）行为人和公共道路管理人承担责任的方式是单向连带责任。本条规定妨碍通行物致害责任有两个责任人，因此，该责任属于多数人侵权责任，应当实行责任分担。责任分担的方式是单向连带责任，即混合责任。其规则是：首先，行为人应当对全部损害后果承担连带责任，不管公共道路管理人是否应当承担责任，行为人都须对全部损害承担责任。其次，公共道路管理人不能证明自己已经尽到管理义务的，应当承担相应的责任，但不是全部赔偿责任，而是按份责任。这样规定的后果是，如果妨碍通行物的行为人无法查清，公共道路管理人即使不能证明自己已经尽到必要义务，也应当承担责任；但是，其承担的是"相应的责任"即按份责任，其并不对全部损害负责，所以受害人存在无法获得全部赔偿的可能。如果公共道路管理人已经尽到必要义务，则受害人无法从公共道路管理人处获得任何赔偿。对这样的后果还须特别注意。

🐾 案例评析

宋某玉等诉饶河县农村公路管理站公共道路妨碍通行致害责任纠纷案[①]

案情： 宋某醉酒、未佩戴安全头盔驾驶无牌两轮摩托与碎石料接触后车辆失控发生道路交通事故当场死亡，当日共有 5 辆石料车行经事故地点，但路面散落碎石成因无法查清。死者宋某的近亲属宋某玉等向法院诉请饶河县农村公路管理站赔偿损失。一审法院认为：遗撒行为是造成损害的主要原因，故遗撒行为人应当承担主要责任。道路管理者疏于照管而未能及时履行清理妨碍物、进行防护、警示的义务，是损害发生的次要原因，故道路管理者应当承担次要责任。受害人醉酒、未佩戴安全头盔驾驶车辆，存在重大过失，故应当减轻赔偿义务人的赔偿责任。饶河县农村公路管理站不服一审判决，提起上诉。二审法院认为，事发路段上面有散落碎石，上诉人饶河县农村公路管理站未及时发现继而发出警示，道路管理者即上诉人饶河县农村公路管理站不能证明其没有过错，应当承担过错责任，并向被上诉人宋某玉等赔偿损失。

评析： 本案是一起典型的障碍通行物造成损害的案例。宋某驾驶摩托车发生道路交通事故，除驾驶过失外，原因之一是摩托车前轮与事故地点碎石料接触后车辆失控发生交通事故。路面散落的碎石影响了宋某的正常通行，与宋某死亡之间存在因果关系。路面散落的碎石造成他人损害时，遗撒行为人承担侵权责任自不待言。然而，碎石散落后，道路管理者还需要对路面养护尽到注意义务，比如及时清理妨碍物，进行防护、警示等。本案中饶河县农村公路管理站在路面散落碎石后，未能及时发现，进而清理遗撒物、警示他人注意路段障碍，存在主观上的过错。因而，饶河县农村公路管理站作为公共道路的管理人，应当承担与其过错相应的责任，赔偿损失。

应当补充说明的是，《侵权责任法》第 89 条只规定了有关单位和个人承担侵权责任，民法典第 1256 条在其基础上，明确了责任主体为行为人和公共道路管理人，

[①]　审理法院：一审法院为黑龙江省双鸭山市饶河县人民法院，案号：（2017）黑 0524 民初 879 号。二审法院为黑龙江省双鸭山市中级人民法院，案号：（2018）黑 05 民终 126 号。

责任承担方式为单向连带责任，从而使障碍通行物致害责任承担规则更加明晰。如果本案发生在民法典生效之后，法院可以直接援引民法典第 1256 条，判决遗撒行为人宋某承担侵权责任、公共道路管理人饶河县农村公路管理站承担相应的责任。

> ▶▶第一千二百五十七条　因林木折断、倾倒或者果实坠落等造成他人损害，林木的所有人或者管理人不能证明自己没有过错的，应当承担侵权责任。

🏛 条文要义

本条是对林木致害责任的规定。

林木致害责任是指林木折断、倾倒或者果实坠落等造成他人人身损害、财产损害的，由林木所有人或者管理人承担损害赔偿责任的物件致害责任。本条增加规定了林木倾倒和果实坠落的内容，扩大了本条的适用范围。这样的做法是对的。不管在现实生活中某一种行为出现的频率是多是少，只要会出现，民法典就应当给出解决问题的方法，使民事主体在遇到这类问题时能够找到法律依据。本条增加这一规定，是完全符合这样的立法要求的。

林木致害责任的归责原则是过错推定原则：被侵权人请求赔偿时无须举证证明林木所有人或者管理人对造成他人损害有过错，从损害事实中推定林木所有人或者管理人在主观上有过错。林木所有人或者管理人主张自己无过错的，应当举证证明。不能证明或者证明不足，则推定成立，即应承担损害赔偿责任；确能证明者，免除其损害赔偿责任。

林木致害责任须具备的构成要件是：（1）须有林木致害的事实。林木折断、倾倒，果实坠落，都是林木致害事实。（2）须有被侵权人的人身或者财产受损害的事实，即林木折断造成被侵权人的人身损害或者财产损害。（3）损害事实须与林木折断事实之间有因果关系。（4）须林木的所有人或管理人有过错，过错包含在管理不当的行为中，确定过错时采推定方式。

林木致害责任的赔偿权利主体是被侵权人，赔偿责任主体是林木的所有人或者管理人。被侵权人向林木的所有人或者管理人请求承担赔偿责任。林木所有人或者管理人能够证明自己无过错的，不承担赔偿责任。

🫘 案例评析

张某诉陈某录等林木折断致害责任纠纷案①

案情：张某驾车时被公路杨树折断砸到，造成车辆受损。陈某录等共同承包了

---

① 审理法院：一审法院为辽宁省铁岭市西丰县人民法院，案号：（2017）辽 1223 民初 701 号。二审法院为辽宁省铁岭市中级人民法院，案号：（2017）辽 12 民终 1648 号。

事发地段的杨树。张某向法院起诉，请求陈某录等赔偿修车费。一审法院认为：根据原告张某提供的行车记录仪视频和事故现场照片，结合现场勘验情况，可以证明树木折断造成原告张某车辆受损的事实存在以及折断树木的具体位置，可以确定折断的树木是三被告陈某录等承包管理范围内的杨树。本案被告陈某录等均未提供证据证明对其管理、承包的树木尽到了管理义务，或者所尽管理义务达到了防止损害发生的程度，故应对其树木折断给原告张某造成的损失承担侵权的民事责任。二审法院维持了原则。

评析： 本案涉及的是林木折断致害责任。林木的所有人或者管理人应当对林木尽到注意义务，避免林木断裂等，造成他人人身或者财产权益损害。林木的所有人或者管理人不能证明自己没有过错的，应当承担侵权责任，即林木致害责任适用过错推定的归责原则。本案中，折断的树木在陈某录等三人的承包范围内，陈某录等三人应当及时查验林木的情况，避免折断。现陈某录等三人未提供证据证明其尽到了合理的注意义务避免损害发生，推定其存在主观上的过错，应当对张某的损害承担侵权责任。

应当补充说明的是，民法典第 1257 条在《侵权责任法》第 90 条的基础上，新增了林木倾倒与果实坠落为林木致害形式。据此，如果本案并非林木折断，而是林木倾倒或者果实坠落，陈某录等三人未能提供有效的证据证明其尽到了管理义务的，同样推定其存在过错，其应当对张某的损害进行赔偿。

> ▶▶ **第一千二百五十八条**　在公共场所或者道路上挖坑、修缮安装地下设施等造成他人损害，施工人不能证明已经设置明显标志和采取安全措施的，应当承担侵权责任。
>
> 窨井等地下设施造成他人损害，管理人不能证明尽到管理职责的，应当承担侵权责任。

🏛 条文要义

本条是对地下工作物致害责任的规定。

地下工作物致害责任是指对于在公共场所或者道路上挖坑、修缮安装地下设施等形成的地下物，或者窨井等地下工作物，施工人或者管理人没有设置明显标志和采取安全措施，或者没有尽到管理职责，造成他人人身或者财产损害，施工人或者管理人应当承担赔偿责任的物件致害责任。

地下工作物致害责任适用过错推定原则，其构成要件是：（1）致害物件为地下工作物，即在公共场所或者道路上挖坑、修缮安装地下设施等形成的工作物，都以空间的形式与土地的地表相连。（2）地下工作物造成了他人的人身损害或者财产损害。（3）地下工作物与受害人的损害事实存在因果关系。（4）地下工作物的施工人或者管理人存在未设置明显标志和采取安全措施或者未尽管理职责的过失。

地下工作物致害责任分为两种类型：（1）施工中的地下工作物致害责任：地下工作物致人损害原因在于施工人未设置明显标志和采取安全措施，即施工人存在过失，是赔偿责任主体，应当对被侵权人承担赔偿责任。（2）使用中的地下工作物致害责任：窨井等地下设施造成他人损害原因在于管理人未尽管理职责，因而管理人对于被侵权人遭受的损害，应当承担赔偿责任。

不论是施工中的地下工作物致害责任，还是使用中的地下工作物致害责任，施工人或者管理人能够证明自己没有过失的，都不构成侵权责任，对被侵权人不承担赔偿责任。如果完全是受害人的过错致使地下工作物造成损害的，则免除地下工作物施工人、管理人的损害赔偿责任。如果损害是由双方的过错行为造成的，则依照民法典第1173条关于过失相抵的规则进行责任分担。

《侵权责任法》第91条规定的是"没有设置明显标志和采取安全措施造成他人损害的"，本条规定的是"施工人不能证明已经设置明显标志和采取安全措施的"（第1款）。这样的规定，明确了关于设置明显标志和采取安全措施的事实，应当由施工人承担举证责任。这样，就与本条第2款规定的"管理人不能证明"的规则相一致，形成统一、和谐的规范体系。

案例评析

曹某诉宏能公司等地面施工、地下设施致害纠纷案[①]

案情： 电力公司将电缆线路工程发包给宏能公司施工，市政局通过了施工方案。宏能公司施工完毕后，尚未交付给电力公司，其中有一处基坑未加盖和设置相应的安全警示标志。曹某沿人行道行走时触及前述基坑摔倒受伤。曹某向法院诉请电力公司、宏能公司、市政局赔偿损失。一审法院认为：宏能公司未在上方加盖防护盖或在其周围设置安全警示标志，致使曹某跌入坑内受伤，宏能公司应承担赔偿责任。曹某作为成年人，未尽注意义务，自身亦存在过错。故酌情确定曹某承担次要责任，宏能公司承担主要责任。涉案工程尚未交付，电力公司不应承担责任。市政局在本案中不存在过错，不应承担责任。二审法院维持原判。

评析： 本案涉及的是地下工作物致害责任。施工人在进行地下工作时，应当在周围设置明显的标志，尤其是安全警示标志，并且采取安全措施，比如配备相应的防护措施等，以保障他人的人身、财产安全。如若未尽到注意义务，造成他人损害，施工人应当承担侵权责任。至于设置明显标志和采取安全措施的事实，应当由施工

---

① 审理法院：一审法院为江苏省淮安市清江浦区人民法院，案号：（2017）苏0812民初4012号。二审法院为江苏省淮安市中级人民法院，案号：（2018）苏08民终289号。

人来承担举证责任。本案中，电力公司将涉案工程发包给宏能公司施工，宏能公司在施工期间以及施工完毕后交付前的期间内，理应尽到高度的注意义务，确保工作人员以及路人的安全。然而，宏能公司在施工完毕后，未能举证证明在周围设置了安全警示标志，也未能举证证明在上方加盖了防护盖，其主观上存在过错。宏能公司疏于注意，致使曹某跌入受伤，应当对曹某承担赔偿责任。

应当补充说明的是，《侵权责任法》第 91 条规定的是"没有设置明显标志和采取安全措施造成他人损害的，施工人应当承担侵权责任"，这导致了对于地下工作物致害责任是否适用过错推定原则存疑。民法典第 1258 条将其修改为"施工人不能证明已经设置明显标志和采取安全措施的，施工人应当承担侵权责任"，明确了地下工作物致害责任适用过错推定原则，避免了将来案件中出现不必要的争议。按照这一内容，如果本案中宏能公司主张自己不承担举证责任，法院即可援引该条规定，否认其主张。

《中华人民共和国民法典》条文精释与实案全析（珍藏版）

《Zhonghua Renmin Gongheguo Minfadian》

Tiaowen Jingshi yu Shian Quanxi

附 则

▶▶ **第一千二百五十九条**　民法所称的"以上"、"以下"、"以内"、"届满"，包括本数；所称的"不满"、"超过"、"以外"，不包括本数。

🏛 条文要义

本条是对民法部分术语解释的规定。

在民法范围内，凡是规定以上、以下的，都是在基数的基础上，向上提升和向下降低，因此都包含本数。以内和届满通常说的是期间，是指期间范围，以及期间的最后完成，当然都包括本数在内。对于以上和以下，用在自然人的年龄上比较多，六周岁以上为限制民事行为能力人，十八周岁以上为完全民事行为能力人，这些当然都包括本数。

在民法范围内，凡是规定不满、超过和以外的，都不包括本数。例如不满十八周岁的自然人为未成年人，就不包括本数，因为一旦包括本数，自然人就成了成年人。超过和以外与以内相对应，超过和以外不包括本数，以内就包括本数。

本条规定的新规则就是，民法使用"超过"的概念时也不包括本数。

🕳 案例评析

丁某梅等诉盛赢房地产公司商品房预售合同纠纷案①

案情：丁某梅与罗某权系夫妻关系。2013 年 5 月，盛赢房地产公司（甲方）与丁某梅、罗某权（乙方）签订商品房买卖合同，约定乙方购买甲方开发的房屋，甲方于 2013 年 12 月 31 日前交付。2013 年 12 月，经武隆县江口镇人民调解委员会调解，盛赢房地产公司与丁某梅、罗某权达成人民调解协议，约定若 2014 年 7 月 31 日之后盛赢房地产公司才交付房屋，则按同期银行贷款利率的四倍以下支付购房人违约金。现盛赢房地产公司逾期交房，丁某梅等向法院起诉，请求判决盛赢房地产公司按照中国人民银行同期贷款利率的四倍支付违约金。关于违约金的计算，一审、二审法院均认为，根据《民法通则》第 155 条关于"民法所称的……'以下'……包括本数"的规定，按照同期贷款利率的四倍计算违约金并不违反丁某福、罗某权

---

① 审理法院：一审法院为重庆市武隆区人民法院，案号：（2017）渝 0156 民初 1777 号。二审法院为重庆市第三中级人民法院，案号：（2017）渝 03 民终 1956 号。

与盛赢房地产公司的真实意思，故对丁某梅、罗某权主张按照同期贷款利率的四倍计算违约金予以支持。

评析：本案的争议焦点是"同期银行贷款利率的四倍以下"的术语解释。对于这一内容，《民法通则》第 155 条作出了规定。在本案中，丁某梅、罗某权与盛赢房地产公司签订的"人民调解协议书"约定盛赢房地产公司逾期交付房产时须支付同期银行贷款利率的四倍以下的违约金。根据《民法通则》第 155 条关于"'以下'……包含本数"的规定，违约金的支付标准为同期银行贷款利率的四倍以下（包括四倍）。本案一审、二审法院结合案件的具体情况判决盛赢房地产公司按照四倍同期银行贷款利率支付违约金，既符合《民法通则》第 155 条的规定，也未超出双方的意思表示，是完全正确的。

应当补充说明的是，《民法总则》第 205 条在《民法通则》第 155 条的基础上，新增了关于"超过"术语的解释规则。民法典第 1259 条承继了这一内容，继续规定了"'超过'……不包括本数"。因此，假定本案发生在民法典生效之后，则因丁某梅、罗某权与盛赢房地产公司约定的是超过同期银行贷款利率四倍的违约金，法院就不应判决盛赢房地产公司按照四倍同期银行贷款利率支付违约金。

▶▶ **第一千二百六十条**　本法自 2021 年 1 月 1 日起施行。《中华人民共和国婚姻法》、《中华人民共和国继承法》、《中华人民共和国民法通则》、《中华人民共和国收养法》、《中华人民共和国担保法》、《中华人民共和国合同法》、《中华人民共和国物权法》、《中华人民共和国侵权责任法》、《中华人民共和国民法总则》同时废止。

🏛 条文要义

本条是对民法典生效时间和原法律废止的规定。

民法在时间上的适用范围，是指民事法律规范在时间上所具有的法律效力。具体包括两个方面：民法的生效和民法的失效。民事法律规范开始生效的时间通常有两种情况：一是自民事法律颁布之日起生效，二是民事法律通过并颁布以后经过一段时间再开始生效。民法典第 1260 条规定了生效的日期为 2021 年 1 月 1 日。因此，自 2021 年 1 月 1 日起，《中华人民共和国民法典》就正式生效。

民法典生效实施后，原有的民事单行法即《中华人民共和国婚姻法》《中华人民共和国继承法》《中华人民共和国民法通则》《中华人民共和国收养法》《中华人民共和国担保法》《中华人民共和国合同法》《中华人民共和国物权法》《中华人民共和国侵权责任法》《中华人民共和国民法总则》同时废止。

📋 配套司法解释

最高人民法院关于适用《中华人民共和国民法典》时间效力的若干规定

第一条　民法典施行后的法律事实引起的民事纠纷案件，适用民法典的规定。

民法典施行前的法律事实引起的民事纠纷案件，适用当时的法律、司法解释的规定，但是法律、司法解释另有规定的除外。

民法典施行前的法律事实持续至民法典施行后，该法律事实引起的民事纠纷案件，适用民法典的规定，但是法律、司法解释另有规定的除外。

第二条　民法典施行前的法律事实引起的民事纠纷案件，当时的法律、司法解释有规定，适用当时的法律、司法解释的规定，但是适用民法典的规定更有利于保护民事主体合法权益，更有利于维护社会和经济秩序，更有利于弘扬社会主义核心价值观的除外。

第三条　民法典施行前的法律事实引起的民事纠纷案件，当时的法律、司法解释没有规定而民法典有规定的，可以适用民法典的规定，但是明显减损当事人合法权益、增加当事人法定义务或者背离当事人合理预期的除外。

第四条　民法典施行前的法律事实引起的民事纠纷案件，当时的法律、司法解释仅有原则性规定而民法典有具体规定的，适用当时的法律、司法解释的规定，但是可以依据民法典具体规定进行裁判说理。

第五条　民法典施行前已经终审的案件，当事人申请再审或者按照审判监督程序决定再审的，不适用民法典的规定。

第二十八条　本规定自 2021 年 1 月 1 日起施行。

本规定施行后，人民法院尚未审结的一审、二审案件适用本规定。

🔘 案例评析

叶某贵等诉人保财险公司机动车交通事故责任纠纷案①

案情：严某宗驾车与行人叶某贵（抱着叶某）发生碰撞，造成叶某贵和叶某受伤。严某宗承担此事故的全部责任，叶某贵、叶某不承担此事故的责任。该车车主是江门市常汉电镀有限公司并已投保。事故发生在保险期限内。事故发生后，人保财险公司与叶某贵、严某宗、江门市常汉电镀有限公司达成道路交通事故损害赔偿调解协议。叶某贵向法院请求撤销该调解协议。一审法院认为，根据《经济合同法》第 54 条第 1 款以及第 55 条第 1 款的规定，本案属于重大误解，应当撤销。二审法院认为，根据《合同法》第 428 条的规定，一审法院依据《经济合同法》调整本案属于法律适用不当，而且，本案不存在重大误解的情形，故判决撤销原判。遂驳回叶

---

① 审理法院：一审法院为广东省鹤山市人民法院，案号：（2016）粤 0784 民初 2124 号。二审法院为广东省江门市中级人民法院，案号：（2016）粤 07 民终 2432 号。

某贵的诉讼请求。

评析：案涉"道路交通事故损害赔偿调解书"签订于 2015 年 2 月 10 日。根据《合同法》第 428 条的规定，是否能够撤销该调解书应当适用《合同法》，而不能适用《合同法》施行之前的《经济合同法》，因而，本案二审法院纠正了一审法院适用法律不当的情形，是非常正确的。假定"道路交通事故损害赔偿调解书"签订于 2021 年 1 月 1 日之后，此时民法典已经施行。根据民法典第 1260 条的规定，法院应当适用民法典第三编"合同"的规定进行裁判，而不能寻求《合同法》的规定作为裁判依据。如若未遵循民法典第 1260 条规定的法律适用规则，将出现法律适用不当或者法律适用错误的情形。比如，当"道路交通事故损害赔偿调解书"确实存在可撤销的情形时，根据《合同法》的规定可以进行撤销或者变更，根据民法典第三编"合同"的规定只可以进行撤销。此时法院适用《合同法》的规定判决变更该调解书，就属于适用法律错误。

图书在版编目（CIP）数据

《中华人民共和国民法典》条文精释与实案全析：
珍藏版. 下/杨立新主编. -- 2 版. -- 北京：中国人
民大学出版社，2021.10
　　ISBN 978-7-300-29416-2

　　Ⅰ.①中… Ⅱ.①杨… Ⅲ.①民法－法典－法律解释
－中国 Ⅳ.①D923.05
　　中国版本图书馆 CIP 数据核字（2021）第 098654 号

《中华人民共和国民法典》条文精释与实案全析（珍藏版）（下）
主　编　杨立新
《Zhonghua Renmin Gongheguo Minfadian》Tiaowen Jingshi yu Shian Quanxi

出版发行	中国人民大学出版社		
社　　址	北京中关村大街 31 号	**邮政编码**	100080
电　　话	010 - 62511242（总编室）	010 - 62511770（质管部）	
	010 - 82501766（邮购部）	010 - 62514148（门市部）	
	010 - 62515195（发行公司）	010 - 62515275（盗版举报）	
网　　址	http://www.crup.com.cn		
经　　销	新华书店		
印　　刷	涿州市星河印刷有限公司	**版　次**	2020 年 6 月第 1 版
规　　格	185 mm×260 mm　16 开本		2021 年 10 月第 2 版
印　　张	32 插页 3	**印　次**	2023 年 1 月第 2 次印刷
字　　数	628 000	**定　价**	498.00 元（全三册）